SCHÄFFER
POESCHEL

N. Gregory Mankiw / Mark P. Taylor

Grundzüge der Volkswirtschaftslehre

8., überarbeitete Auflage

Ins Deutsche übertragen von
Marco Herrmann, Christian Müller,
Diana Püplichhuysen

Schäffer-Poeschel Verlag Stuttgart

Titel der Originalausgabe: »Economics«, 5th Edition
N. Gregory Mankiw and Mark P. Taylor

® 2020, Cengage Learning EMEA
Translation Copyright ® 2021 by Schäffer-Poeschel Verlag für Wirtschaft • Steuern • Recht GmbH.
All rights reserved

Ins Deutsche übertragen von Marco Herrmann,
Christian Müller, Diana Püplichhuysen

Lehrmaterialien für dieses Lehrbuch finden Sie unter
www.sp-dozenten.de (Registrierung erforderlich).

Bibliografische Information der Deutschen Nationalbibliothek
Die Deutsche Nationalbibliothek verzeichnet diese Publikation in der Deutschen Nationalbibliografie; detaillierte bibliografische Daten sind im Internet über http://dnb.d-nb.de abrufbar.

Print ISBN 978-3-7910-4996-0   Bestell-Nr. 20729-0004
EPDF ISBN 978-3-7910-4997-7   Bestell-Nr. 20729-0151
EPub ISBN 978-3-7910-4998-4   Bestell-Nr. 20729-0100

Dieses Werk einschließlich aller seiner Teile ist urheberrechtlich geschützt.
Jede Verwendung außerhalb der engen Grenzen des Urheberrechtsgesetzes ist ohne Zustimmung des Verlages unzulässig und strafbar. Das gilt insbesondere für Vervielfältigungen, Übersetzungen, Mikroverfilmungen und die Einspeicherung und Verarbeitung in elektronischen Systemen.

® 2020, Cengage Learning EMEA
® der deutschen Übersetzung 2021 Schäffer-Poeschel Verlag
für Wirtschaft · Steuern · Recht GmbH

N. Gregory Mankiw/Mark P. Taylor
Grundzüge der Volkswirtschaftslehre
8. Auflage, August 2021

www.schaeffer-poeschel.de
service@schaeffer-poeschel.de

Bildnachweis Cover: ® blvdone, shutterstock
Produktmanager: Alexander Kühn
Lektorat: Bernd Marquard, Stuttgart

Schäffer-Poeschel Verlag Stuttgart
Ein Tochterunternehmen der Haufe Group

Die Verfasser

Autoren

N. Gregory Mankiw ist Professor für Wirtschaftswissenschaften an der Harvard University. Er studierte an der Princeton University und am Massachusetts Institute of Technology (MIT). Als Hochschullehrer hielt und hält er Vorlesungen zu Makroökonomik, Mikroökonomik, Statistik und Grundlagen der Volkswirtschaftslehre. Professor Mankiw ist ein überaus produktiver Autor und nimmt regelmäßig an wissenschaftlichen und politischen Debatten teil. Zusätzlich zu seiner Lehr-, Forschungs- und Autorentätigkeit forschte er im National Bureau of Economic Research, war Berater der Federal Reserve Bank in Boston und des Congressional Budget Office. Von 2003 bis 2005 war Mankiw Vorsitzender des Council of Economic Advisers, er war auch Berater des Kandidaten Mitt Romney während des US-Präsidentschaftswahlkampfes 2012.

Mark P. Taylor ist Dekan der John M. Olin Business School an der Washington Universität, USA. Zuvor war er Dekan der Warwick Business School an der Universität Warwick und Professor für Internationale Finanzen. Seinen ersten Abschluss erwarb er in Philosophie, Politik und Volkswirtschaftslehre an der Universität Oxford. An der Universität London schloss er das Studium der Volkswirtschaftslehre mit dem Master ab und promovierte anschließend in Ökonomie und Internationalen Finanzen. Professor Taylor lehrte und lehrt Volkswirtschaftslehre und Finanzen an verschiedenen Universitäten (u. a. Oxford, Warwick und New York) und in verschiedenen Veranstaltungen (Grundlagen-, Fortgeschrittenen- und Doktorandenveranstaltungen). Er arbeitete als leitender Wirtschaftswissenschaftler beim Internationalen Währungsfonds und bei der Bank of England. Bevor er Dekan der Warwick Business School wurde, war er leitender Direktor bei Black Rock, dem weltweit größten Vermögensverwalter, wo er an internationalen Anlagestrategien arbeitete, die auf makroökonomischen Analysen basierten. Seine Forschungsarbeiten wurden in vielen Journals und wissenschaftlichen Fachzeitschriften veröffentlicht. Professor Taylor ist weltweit einer der am häufigsten zitierten Ökonomen. Er war auch Mitglied einer Beratergruppe für Faire und Effektive Märkte an der Bank of England.

Mitwirkender Autor

Andrew Ashwin hat über 20 Jahre Erfahrung als Dozent für Wirtschaftswissenschaften. Er hat einen Abschluss als Master of Business Administration (MBA) und hat an der Universität Leicester über die Idee und die Bewertung von Schwellenkonzepten in der Wirtschaftswissenschaft promoviert. Ashwin ist ein erfahrener Autor, der mehrere Studientexte unterschiedlichen Schwierigkeitsgrades und Publikationen für Fachzeitschriften verfasst hat, die sich auf seine Forschung bezogen auf sein Promotionsvorhaben richten. Er hat auch an der Entwicklung von Online-Lehrunterlagen am Institute of Learning and Research Technologies an der Universität Bristol mitgearbeitet. Andrew Ashwin war vorsitzender Prüfer einer großen Qualifikationsvergabestelle für Betriebswirtschaft und Wirtschaftswissenschaften in England und arbeitet als Berater für das Office of Qualifications and Examinations Regulation (Ofqual). Ashwin hat ein großes Interesse an Beurteilung und Lernen in den Wirtschaftswissenschaften und ist akkreditierter Gutachter am Chartered Institute of Educational Assessors. Er ist Herausgeber des Journals der Economics, Business and Enterprise Association (EBEA).

Die Bearbeiter der deutschen Auflage

Dr. **Marco Herrmann** hat an der Freien Universität Berlin Volkswirtschaftslehre studiert und am Institut für Empirische Wirtschaftsforschung der Universität Leipzig promoviert. Er ist heute bei der ECC – European Commodity Clearing AG im Bereich Clearing Strategy tätig.

Univ.-Prof. Dr. **Christian Müller** ist seit 2008 Professor für Wirtschaftswissenschaften und Ökonomische Bildung an der Westfälischen Wilhelms-Universität Münster. Er promovierte 1999 und habilitierte 2004 in Volkswirtschaftslehre an der Universität Duisburg-Essen. Seine Forschungsschwerpunkte sind die Ökonomische Bildung, Theorie der Wirtschaftspolitik sowie Wirtschafts- und Unternehmensethik.

Diana Püplichhuysen (M. A., MBA) studierte an der Westfälischen Wilhelms-Universität Münster sowie an der Carl von Ossietzky Universität Oldenburg. Seit 2014 ist sie als wissenschaftliche Mitarbeiterin am Institut für Ökonomische Bildung tätig und promoviert hier zum Dr. rer. pol. Ihre Dissertation befasst sich mit Entrepreneurship im Kontext der Migrationsökonomik.

Vorwort der deutschen Bearbeiter zur 8. Auflage

Wir leben in turbulenten Zeiten. Das Corona-Virus hat die Gesellschaft und die Wirtschaft in Deutschland und der Welt in nie dagewesener Weise durcheinandergebracht. Auch in unserer deutschen Bearbeitung des »Mankiw«, des international führenden Lehrbuchs für Volkswirtschaftslehre, nehmen wir darauf deshalb immer wieder Bezug. Aber auch andere aktuelle Fragen der Wirtschaftspolitik wie die Regulierung des Fahrdienstleisters Uber, die Bereitstellung von Internetbandbreiten in Indien, der Handelskrieg zwischen China und den USA oder die Gewährung von Subventionen für E-Autos werden in dieser Ausgabe aufgegriffen, diskutiert und in die größeren Zusammenhänge der Volkswirtschaftslehre eingeordnet. Bei alledem ist auch die neue, 8. deutsche Auflage der »Grundzüge der Volkswirtschaftslehre« durch ihren lebendigen und engagierten Schreibstil gekennzeichnet. In bewährter Weise werden wiederum überall, wo es möglich ist, Mathematisierungen vermieden und die behandelten Theorien und Modelle in möglichst intuitiver Weise dargestellt.

Die neue Auflage nimmt auch die immer wieder aufflammende Kritik an allzu stark vereinfachenden Vorstellungen eines kühl und rational kalkulierenden Homo oeconomicus auf, der die grundlegenden Modelle der neoklassischen Standardtheorie der Volkswirtschaftslehre prägt, und zwar zugunsten sogenannter heterodoxer Ansätze, denen nunmehr der gesamte Teil 8 des Lehrbuchs gewidmet wird. Einen viel höheren Stellenwert erhält dabei die mittlerweile mit mehreren Nobelpreisen ausgezeichnete Informations- und Verhaltensökonomik. Völlig neu ist auch das Kapitel 19, das Überblicke über die Erkenntnisse der Institutionenökonomik, der feministischen Ökonomik und der Komplexitätsökonomik gibt. Die Betrachtung unterschiedlicher Marktstrukturen wurde in dieser Ausgabe um einen Überblick über die Theorie der bestreitbaren Märkte (Kapitel 14) ergänzt. Und in Kapitel 17 wirft das Lehrbuch nach den gewohnt gründlichen Vorstellungen der Regel vom komparativen Vorteil nun auch einen Blick auf weitere Außenhandelstheorien wie das Heckscher-Ohlin- und das Stolper-Samuelson-Theorem. Wichtige Finanzmarktthemen haben jetzt ihren Platz in Kapitel 24 gefunden.

Wir Übertrager der deutschen Ausgabe haben uns wiederum nicht auf eine bloße Übersetzung der englischsprachigen Vorlage – der 5th European Edition von »Economics« – beschränkt, sondern diese wie üblich auf die Lebensumstände deutschsprachiger Leserinnen und Leser übertragen. So behandeln wir außer der Corona-Krise, die erst nach dem Erscheinen der britischen Originalpublikation ausbrach, die aktuelle Einkommens- und Vermögensverteilung in Deutschland, die Marktmacht von Unternehmen wie Google oder Edeka und die daraus folgenden Regulierungsbestrebungen der deutschen und europäischen Kartellbehörden, die Hyperinflation in Venezuela und natürlich auch den Brexit.

Einen besonderen Vorzug der deutschen Ausgabe sehen wir auch im begleitenden Arbeitsbuch von Dr. Marco Herrmann, das eine exzellente Möglichkeit bietet, die behandelten Theorien und Modelle anhand von Wiederholungsfragen sowie praxisnahen Aufgaben und Anwendungen zu festigen und zu vertiefen. Das Arbeitsbuch erscheint zeitgleich mit der neuen deutschen Auflage des Lehrbuchs komplett überarbeitet.

Wir danken dem Verlag, namentlich Herrn Dipl.-Betriebsw. Alexander Kühn, für die überaus angenehme und vielversprechende Zusammenarbeit. Ein besonderer Dank gilt unserem Lektor, Herrn Dipl.-Volksw. Bernd Marquard, dessen Sachverstand, Professionalität und Liebe zum Detail uns wiederum eine enorme Hilfe waren.

März 2021
Marco Herrmann, Christian Müller und Diana Püplichhuysen

Inhaltsübersicht

Teil 1 Einführung in die Volkswirtschaftslehre

1. Was ist Volkswirtschaftslehre?
2. Denken wie ein Volkswirt

> Einige der wichtigen Grundbegriffe der Volkswirtschaftslehre sind Opportunitätskosten, Entscheidungen nach dem Marginalprinzip, Anreize, Vorteile des Handels und die Effizienz von Märkten. Die Volkswirtschaftslehre ist durch verschiedene Methoden und Schulen gekennzeichnet. Volkswirte können sowohl Wissenschaftler als auch Politikberater sein.

Teil 2 Die Theorie der Wettbewerbsmärkte

3. Die Marktkräfte von Angebot und Nachfrage

> Auf einem Wettbewerbsmarkt bestimmen die Nachfrage der Konsumenten und das Angebot der Unternehmen Preis und Menge. Änderungen des Marktgleichgewichts werden in drei Schritten analysiert. Mithilfe des Konzepts der Elastizität lassen sich Reaktionen von Nachfrage und Angebot sowie von Märkten auf Veränderungen genauer untersuchen.

4. Hintergründe zur Nachfrage: Konsumentscheidungen
5. Hintergründe zum Angebot: Unternehmen in Wettbewerbsmärkten

> Individuelle Entscheidungen unter Budgetbeschränkungen bilden die Grundlage der Nachfragekurve. Die auf kurze und lange Sicht unterschiedlichen Produktionskosten bilden die Grundlage der Angebotskurve. Aus dem Verhalten einzelner Unternehmen lässt sich die zugehörige Marktangebotskurve ableiten.

6. Konsumenten, Produzenten und die Effizienz von Märkten

> Die Effizienz von Märkten wird mithilfe der Konzepte Konsumentenrente und Produzentenrente beurteilt. Ein Wettbewerbsmarkt maximiert die Summe aus Produzenten- und Konsumentenrente und damit die Wohlfahrt.

Teil 3 Eingriffe in Märkte

7. Angebot, Nachfrage und die Politik der Regierung

> Wirtschaftspolitische Maßnahmen wie Preiskontrollen, Steuern und Subventionen verändern das Marktgleichgewicht. Der durch Steuern erzeugte Nettowohlfahrtsverlust misst die gesellschaftlichen Kosten der Steuer. Ein Steuersystem kann nach verschiedenen Gerechtigkeitsvorstellungen konstruiert werden.

8. Öffentliche Güter, Allmendegüter und meritorische Güter
9. Externalitäten und Marktversagen

> Märkte teilen öffentliche Güter, Allmendegüter und meritorische Güter ineffizient zu. Das Gleiche gilt bei Vorliegen von Externalitäten bzw. externen Effekten. Der Staat kann unter diesen Umständen Marktergebnisse verbessern, andererseits können private Lösungen Staatsversagen vermeiden.

Teil 4 Unternehmensverhalten und Marktstrukturen

10 Die Produktionsentscheidung des Unternehmens — Unternehmen setzen Arbeit und Kapital so ein, dass sie ihre Produktionskosten minimieren.

11 Marktstrukturen I: Monopol — Ein Monopolist ist auf seinem Markt der Alleinanbieter. Aus der Monopolstellung resultieren Ineffizienz und Versuche, den Markt zu spalten.

12 Marktstrukturen II: Monopolistische Konkurrenz — Unternehmen auf Märkten mit ähnlichen, aber unterschiedlichen Produkten stehen in monopolistischer Konkurrenz.

13 Marktstrukturen III: Oligopol — Ein Oligopol ist ein Markt, der nur von einigen wenigen Anbietern beherrscht wird. Mithilfe der Spieltheorie wird das Verhalten von Oligopolen untersucht.

14 Marktstrukturen IV: Bestreitbare Märkte — In einem vollständig bestreitbaren Markt (Markt mit freiem Markteintritt und -austritt) gibt es keine Ineffizienz, unabhängig von der Zahl der Anbieter.

Teil 5 Faktormärkte

15 Arbeitsmarktökonomik — Am Arbeitsmarkt ist die Verbindung zwischen Faktorpreis und Grenzproduktivität zentral. Einkommensungleichheiten können damit erklärt werden. Wettbewerb wirkt der ungleichen Behandlung vergleichbarer Individuen, der Diskriminierung, entgegen.

Teil 6 Ungleichheit

16 Einkommensungleichheit und Armut — Die Messung der Einkommensungleichheit stößt auf erhebliche Schwierigkeiten. Aus verschiedenen politischen Philosophien und ihrer Position zur Ungleichheit resultieren unterschiedliche politische Maßnahmen zur Einkommensumverteilung.

Teil 7 Handel

17 Interdependenz und Handelsvorteile — Spezialisierung und Handel erhöhen die Wohlfahrt der Beteiligten. Das gilt auch für den Außenhandel eines Landes. Dabei gibt es Gewinner und Verlierer, die Zölle, Quoten und nichttarifäre Maßnahmen gegenüber dem Ausland fordern können.

Teil 8 Heterodoxe Ökonomik

18 Information und Verhaltensökonomik — Die Konzepte von Prinzipal und Agent, asymmetrischer Information und Verhaltensökonomik erlauben ein genaueres Verständnis der Unzulänglichkeiten menschlicher Entscheidungsfindung.

19 Heterodoxe Theorien in der Volkswirtschaftslehre — Heterodoxe Ökonomik umfasst die Institutionenökonomik, die feministische Ökonomik und die Komplexitätsökonomik.

Teil 9 Makroökonomische Daten

20 Die Messung der gesamtwirtschaftlichen Wohlfahrt und das Preisniveau — Verschiedene ökonomische Denkschulen setzen unterschiedliche Schwerpunkte in ihrem Verständnis von Wirtschaft. Das Bruttoinlandsprodukt misst das gesamte Einkommen eines Landes und kann nominal und real ermittelt werden. Mithilfe eines Verbraucherpreisindex lässt sich eine Inflationsrate berechnen, die zur Inflationsbereinigung nominaler Größen verwendet wird.

Teil 10 Die realökonomische Entwicklung auf lange Sicht

21 Produktion und Wachstum

22 Arbeitslosigkeit

Der Lebensstandard eines Landes (BIP pro Kopf) hängt ab von der Produktivität, die durch staatliche Maßnahmen beeinflussbar ist. Langfristige Ursachen von Arbeitslosigkeit sind in Mindestlöhnen, Gewerkschaftsmacht oder Effizienzlöhnen zu suchen. Arbeitslosigkeit verursacht hohe Kosten für den Einzelnen und die Gesellschaft.

Teil 11 Zinssätze, Geld und Preise auf lange Sicht

23 Sparen, Investieren und das Finanzsystem

24 Grundlagen der Finanzierung

Die Finanzmärkte einer Volkswirtschaft koordinieren Kreditvergabe (Ersparnis) und Kreditaufnahme (Investitionen). Das Barwertkonzept, die Theorie der Risikomischung und die Effizienzmarkthypothese sind grundlegende Instrumente der Vermögensbewertung. Die Entwicklung der Finanzmärkte seit 2000 wird dargestellt, Schwerpunkt ist die Finanzkrise von 2007 bis 2009.

25 Das monetäre System

26 Geldmengenwachstum und Inflation

Geld erfüllt wesentliche Funktionen in der Wirtschaft. Zentralbank und Geschäftsbanken bestimmen zusammen die Geldmenge. Übermäßiges Geldmengenwachstum führt regelmäßig zu Inflation.

Teil 12 Die Makroökonomik der offenen Volkswirtschaft

27 Grundsätzliches über die offene Volkswirtschaft

28 Eine makroökonomische Theorie der offenen Volkswirtschaft

> In der offenen Volkswirtschaft sind Ersparnis und Investitionen mit Kapitalexporten verknüpft. Die Kaufkraftparitätentheorie kann die Höhe des nominalen und realen Wechselkurses erklären. In einem klassischen Modell der internationalen Güter- und Kapitalströme werden die Auswirkungen unterschiedlicher wirtschaftspolitischer Maßnahmen untersucht.

Teil 13 Kurzfristige wirtschaftliche Schwankungen

29 Konjunkturzyklen

30 Keynes, Keynesianer und die IS-LM-Analyse

31 Gesamtwirtschaftliche Nachfrage und gesamtwirtschaftliches Angebot

32 Der Einfluss von Geldpolitik und Fiskalpolitik auf die gesamtwirtschaftliche Nachfrage

33 Inflation und Arbeitslosigkeit als kurzfristige Alternativen

34 Angebotspolitik

> Zeitreihendaten zeigen Schwankungen der wirtschaftlichen Aktivität. Diese werden durch moderne Konjunkturmodelle oder traditionell im Rahmen des IS-LM-Modells bzw. des AD-AS-Modells erklärt. Geld- und Fiskalpolitik wirken auf die gesamtwirtschaftliche Nachfrage und können damit Wirtschaftsschwankungen entgegenwirken. Kurzfristig ist die Wirtschaftspolitik dem Zielkonflikt zwischen Inflation und Arbeitslosigkeit ausgesetzt, langfristig dagegen nicht. Angebotspolitische Maßnahmen wirken eher langfristig auf das gesamtwirtschaftliche Angebot.

Teil 14 Internationale Makroökonomik

35 Gebiete mit einheitlicher Währung und die Europäische Währungsunion

36 Die Finanzkrise und die Staatsverschuldung in Europa

> Die einheitliche Währung Euro ist mit Vorteilen und mit Kosten verbunden. Ob Europa ein optimaler Währungsraum ist, lässt sich nicht abschließend beurteilen. Der weltweiten Finanzkrise folgte eine Schuldenkrise in Europa. Staatliche Sparpolitik als Antwort auf diese Schuldenkrise wird umfassend debattiert.

Inhaltsverzeichnis

Die Verfasser	V
Autoren	V
Mitwirkender Autor	V
Die Bearbeiter der deutschen Auflage	VII
Vorwort der deutschen Bearbeiter zur 8. Auflage	IX
Inhaltsübersicht	XI
Abkürzungsverzeichnis	XXIII
Hinweise für den Benutzer	XXVI

Teil 1 Einführung in die Volkswirtschaftslehre

1	**Was ist Volkswirtschaftslehre?**	**1**
1.1	Die Wirtschaft und die Wirtschaftsordnung	1
1.2	Wie Menschen Entscheidungen treffen	3
1.3	Wie Menschen zusammenwirken	8
1.4	Wie die Volkswirtschaft insgesamt funktioniert	12
1.5	Fazit	16

2	**Denken wie ein Volkswirt**	**21**
2.1	Ökonomische Methodologie	22
2.2	Theorieschulen	36
2.3	Der Volkswirt als politischer Berater	38
2.4	Warum Volkswirte einander widersprechen	39
	Anhang Kapitel 2	
	Grafische Darstellungen und die Instrumente der Volkswirtschaftslehre: Ein kurzer Überblick	46

Teil 2 Angebot und Nachfrage: Wie Märkte funktionieren

3	**Die Marktkräfte von Angebot und Nachfrage**	**63**
3.1	Die Annahmen des Marktmodells	63
3.2	Nachfrage	66
3.3	Angebot	74
3.4	Angebot und Nachfrage zusammen	81
3.5	Die Preiselastizität der Nachfrage	91
3.6	Andere Nachfrageelastizitäten	104
3.7	Die Preiselastizität des Angebots	107
3.8	Anwendungsfälle für Elastizität von Angebot und Nachfrage	115
3.9	Fazit: Wie Preise Ressourcen zuteilen	119

4	**Hintergründe zur Nachfrage: Die klassische Theorie der Konsumentscheidung**	**129**
4.1	Das mikroökonomische Standardmodell	129
4.2	Budgetbeschränkung: Was der Konsument sich leisten kann ...	132
4.3	Präferenzen: Was der Konsument will	139
4.4	Optimierung: Was der Konsument wählt	147
4.5	Der verhaltensökonomische Blick auf das Konsumentenverhalten	167
5	**Hintergründe zum Angebot: Unternehmen in Wettbewerbsmärkten**	**177**
5.1	Kosten und Opportunitätskosten	177
5.2	Produktion und Kosten	179
5.3	Verschiedene Kostenarten	183
5.4	Kurzfristige und langfristige Kosten	192
5.5	Skalenerträge	195
5.6	Was ist ein Wettbewerbsmarkt?	203
5.7	Gewinnmaximierung und die Angebotskurve des Unternehmens bei vollständiger Konkurrenz	207
5.8	Die Marktangebotskurve bei vollständiger Konkurrenz	218
5.9	Fazit	224
6	**Konsumenten, Produzenten und die Effizienz von Märkten**	**233**
6.1	Konsumentenrente	233
6.2	Produzentenrente	241
6.3	Markteffizienz	246
6.4	Fazit	253

Teil 3 Eingriffe in Märkte

7	**Angebot, Nachfrage und die Politik der Regierung**	**259**
7.1	Preiskontrollen	259
7.2	Steuern	264
7.3	Subventionen	273
7.4	Steuern und Effizienz	275
7.5	Der Nettowohlfahrtsverlust der Besteuerung	276
7.6	Administrative Kosten der Steuererhebung	286
7.7	Die Ausgestaltung des Steuersystems	287
7.8	Steuern und Gerechtigkeit	289
7.9	Fazit	295
8	**Öffentliche Güter, Allmendegüter und meritorische Güter** ..	**303**
8.1	Die verschiedenen Arten von Gütern	304
8.2	Öffentliche Güter	306
8.3	Allmendegüter	312

8.4	Meritorische Güter	315
8.5	Fazit	319

9	**Externalitäten und Marktversagen**	**323**
9.1	Externalitäten	323
9.2	Externe Effekte und Ineffizienz der Märkte	326
9.3	Private Lösungen bei externen Effekten	333
9.4	Politische Maßnahmen gegen Externalitäten	337
9.5	Öffentlich-private Maßnahmen gegen Externalitäten	344
9.6	Staatsversagen	347
9.7	Fazit	354

Teil 4 Unternehmensverhalten und Marktstrukturen

10	**Die Produktionsentscheidung des Unternehmens**	**361**
10.1	Isoquanten und Isokostenlinien	361
10.2	Die Minimalkostenkombination	367
10.3	Fazit	370

11	**Marktstrukturen I: Monopol**	**375**
11.1	Unvollständige Konkurrenz	375
11.2	Warum Monopole entstehen	376
11.3	Wie Monopole Produktions- und Preisentscheidungen treffen	381
11.4	Wohlfahrtseinbußen durch Monopole	389
11.5	Preisdifferenzierung	393
11.6	Wirtschaftspolitische Maßnahmen gegen Monopole	399
11.7	Fazit	403

12	**Markstrukturen II: Monopolistische Konkurrenz**	**413**
12.1	Wettbewerb mit unterschiedlichen Produkten	414
12.2	Werbung und Markenbildung	421
12.3	Fazit	427

13	**Marktstrukturen III: Oligopol**	**433**
13.1	Märkte mit nur wenigen Anbietern	433
13.2	Die Spieltheorie und die Ökonomik der Kooperation	440
13.3	Eintrittsbarrieren auf Oligopolmärkten	459
13.4	Wirtschaftspolitische Maßnahmen gegen Oligopole	460
13.5	Fazit	464

14	**Marktstrukturen IV: Bestreitbare Märkte**	**471**
14.1	Die Eigenschaften bestreitbarer Märkte	472
14.2	Die Grenzen der Bestreitbarkeit	476
14.3	Fazit	480

Teil 5 Faktormärkte

15 Arbeitsmarktökonomik 485
15.1 Die Arbeitsnachfrage 486
15.2 Das Arbeitsangebot 491
15.3 Gleichgewicht auf dem Arbeitsmarkt 497
15.4 Andere Arbeitsmarkttheorien 500
15.5 Einkommensunterschiede 506
15.6 Die ökonomischen Aspekte der Diskriminierung 511
15.7 Sonstige Produktionsfaktoren: Boden und Kapital 517
15.8 Ökonomische Rente 521
15.9 Fazit 523

Teil 6 Ungleichheit

16 Einkommensungleichheit und Armut 531
16.1 Die Messung der Ungleichheit 532
16.2 Die politische Philosophie der Einkommensumverteilung 547
16.3 Politische Maßnahmen zur Armutsbekämpfung 553
16.4 Fazit 557

Teil 7 Handel

17 Interdependenz und Handelsvorteile 565
17.1 Die Produktionsmöglichkeitenkurve 565
17.2 Produktionsmöglichkeiten und Handel 572
17.3 Das Prinzip des komparativen Vorteils 579
17.4 Die Bestimmungsfaktoren des Außenhandels 583
17.5 Gewinner und Verlierer des Außenhandels 586
17.6 Handelsbeschränkungen 592
17.7 Weitere Außenhandelstheorien 603
17.8 Fazit 609

Teil 8 Heterodoxe Ökonomik

18 Informations- und Verhaltensökonomik 617
18.1 Abweichung von der Annahme vollkommener Information: Informationsökonomik 617
18.2 Abweichungen von der Annahme rationalen Verhaltens: Verhaltensökonomik 626
18.3 Fazit 631

19	**Heterodoxe Theorien in der Volkswirtschaftslehre**	**637**
19.1	Einleitung	637
19.2	Institutionenökonomik	641
19.3	Feministische Ökonomik	647
19.4	Komplexitätsökonomik	652
19.5	Fazit	656

Teil 9 Makroökonomische Daten

20	**Die Messung der gesamtwirtschaftlichen Wohlfahrt und das Preisniveau**	**659**
20.1	Makroökonomische Denkschulen	659
20.2	Das Wesen der Makroökonomik	663
20.3	Einkommen und Ausgaben einer Volkswirtschaft	664
20.4	Die Messung des Bruttoinlandsprodukts	667
20.5	Die Bestandteile des BIP	671
20.6	Reales versus nominales BIP	674
20.7	Die Grenzen des BIP als Wohlstandsmaß	678
20.8	Die Messung der Lebenshaltungskosten	684
20.9	Der Verbraucherpreisindex	684
20.10	Inflationsbereinigung von ökonomischen Größen	693
20.11	Fazit	696

Teil 10 Die realökonomische Entwicklung auf lange Sicht

21	**Produktion und Wachstum**	**703**
21.1	Das Wirtschaftswachstum rund um die Welt	703
21.2	Die Bestimmungsgrößen der Produktivität und die Rolle der Produktivität für das Wachstum	707
21.3	Wachstumstheorien	711
21.4	Wirtschaftswachstum und staatliche Politik	721
21.5	Fazit	731

22	**Arbeitslosigkeit**	**737**
22.1	Die Erfassung von Arbeitslosigkeit	738
22.2	Arbeitsplatzsuche	747
22.3	Strukturelle Arbeitslosigkeit	750
22.4	Die Kosten der Arbeitslosigkeit	758
22.5	Fazit	762

Teil 11 Zinssätze, Geld und Preise auf lange Sicht

23	**Sparen, Investieren und das Finanzsystem**	**767**
23.1	Finanzinstitutionen	768
23.2	Sparen und Investieren in der nationalen Einkommensrechnung	778
23.3	Der Kreditmarkt	782
23.4	Fazit	792

24	**Grundlagen der Finanzierung**	**797**
24.1	Der Barwert: Ein Maß für den Zeitwert des Geldes	798
24.2	Der Umgang mit Risiko	800
24.3	Vermögensbewertung	807
24.4	Neue Produkte in der Finanzwelt	811
24.5	Die Effizienzmarkthypothese in der (Finanz-)Krise	819
24.6	Fazit	825

25	**Das monetäre System**	**831**
25.1	Die Bedeutung des Geldes	832
25.2	Die Rolle von Zentralbanken	839
25.3	Banken und das Geldangebot	842
25.4	Die geldpolitischen Instrumente der Zentralbank	849
25.5	Fazit	856

26	**Geldmengenwachstum und Inflation**	**863**
26.1	Die klassische Inflationstheorie	864
26.2	Die Kosten der Inflation	878
26.3	Das Inflationsziel der Zentralbank	885
26.4	Fazit	889

Teil 12 Die Makroökonomik der offenen Volkswirtschaft

27	**Grundsätzliches über die offene Volkswirtschaft**	**895**
27.1	Die internationalen Güter- und Kapitalströme	896
27.2	Die Preise für internationale Transaktionen: Nominale und reale Wechselkurse	903
27.3	Eine Erklärung der Wechselkursbestimmung: Die Kaufkraftparitätentheorie	907
27.4	Fazit	912

28	**Eine makroökonomische Theorie der offenen Volkswirtschaft**	**917**
28.1	Das Angebot an und die Nachfrage nach Kreditmitteln und Devisen	918
28.2	Das Gleichgewicht in der offenen Volkswirtschaft	922
28.3	Wie wirtschaftspolitische Maßnahmen und andere Ereignisse eine offene Volkswirtschaft beeinflussen	927
28.4	Fazit	935

Teil 13 Kurzfristige wirtschaftliche Schwankungen

29	**Konjunkturzyklen**	**941**
29.1	Trendwachstum	942
29.2	Ursachen für Konjunkturzyklen	950
29.3	Konjunkturmodelle	953
29.4	Fazit	964

30	**Keynes, Keynesianer und die IS-LM-Analyse**	**967**
30.1	Das Keynesianische Kreuz	968
30.2	Der Multiplikatoreffekt	972
30.3	Die IS- und die LM-Kurve	979
30.4	Das gesamtwirtschaftliche Gleichgewicht im IS-LM-Modell	983
30.5	Vom IS-LM-Modell zur aggregierten Nachfragekurve	989
30.6	Fazit	993

31	**Gesamtwirtschaftliche Nachfrage und gesamtwirtschaftliches Angebot**	**999**
31.1	Drei wichtige Befunde zu den konjunkturellen Schwankungen .	999
31.2	Zur Erklärung von kurzfristigen konjunkturellen Schwankungen	1001
31.3	Die aggregierte Nachfragekurve	1004
31.4	Die aggregierte Angebotskurve	1010
31.5	Zwei Ursachen von kurzfristigen Wirtschaftsschwankungen ...	1021
31.6	Fazit	1028

32	**Der Einfluss von Geldpolitik und Fiskalpolitik auf die gesamtwirtschaftliche Nachfrage**	**1035**
32.1	Wie die Geldpolitik auf die gesamtwirtschaftliche Nachfrage wirkt	1036
32.2	Der Einfluss der Fiskalpolitik auf die gesamtwirtschaftliche Nachfrage	1046
32.3	Der Einsatz der Geld- und Fiskalpolitik zur Stabilisierung der Volkswirtschaft	1049
32.4	Fazit	1054

33	**Inflation und Arbeitslosigkeit als kurzfristige Alternativen**	**1061**
33.1	Die Phillips-Kurve	1062
33.2	Verschiebungen der Phillips-Kurve: Die Rolle von Erwartungen	1066
33.3	Verschiebungen der Phillips-Kurve: Zur Rolle von Angebotsschocks	1076
33.4	Die Kosten einer Senkung der Inflationsrate	1078
33.5	Empirische Befunde zur Phillips-Kurve	1083
33.6	Fazit	1086

34	**Angebotspolitik**	**1091**
34.1	Verschiebungen der aggregierten Angebotskurve	1091
34.2	Angebotspolitische Maßnahmen	1097
34.3	Fazit	1107

Teil 14   Internationale Makroökonomik

35	**Gebiete mit einheitlicher Währung und die Europäische Währungsunion**	**1111**
35.1	Der Euro	1111
35.2	Der europäische Binnenmarkt	1113
35.3	Vorteile und Kosten einer Gemeinschaftswährung	1115
35.4	Die Theorie optimaler Währungsräume	1120
35.5	Ist Europa ein optimaler Währungsraum?	1124
35.6	Fiskalpolitik und Währungsunion	1128
35.7	Fazit	1134

36	**Die Finanzkrise und die Staatsverschuldung in Europa**	**1141**
36.1	Die Finanzkrise	1141
36.2	Die Schuldenkrise in Europa	1153
36.3	Die eingeleitete Sparpolitik	1159
36.4	Fazit	1165

Glossar	1170
Fachbegriffe Deutsch-Englisch	1190
Stichwortverzeichnis	1201

Abkürzungsverzeichnis

Abkürzung	englischer Begriff	deutscher Begriff	Kapitel
AFC	average fixed cost	durchschnittliche fixe Kosten	5
AR	average revenue	Durchschnittserlös	5
ATC	average total cost	durchschnittliche Gesamtkosten	5
AVC	average variable cost	durchschnittliche variable Kosten	5
BC	budget constraint	Budgetgerade	4
C	consumption	Konsum, privater Verbrauch	20
D	demand	Nachfrage	2
e	exchange rate	nominaler Wechselkurs (in Mengennotierung)	27
E	expenditures	geplante Ausgaben	30
FC	fixed cost	fixe Kosten	5
G	government purchases	Staatsausgaben	20
I	indifference curve	Indifferenzkurve (des Konsumenten)	4
I	investment	Investitionen (im makroökonomischen Kontext)	20
K	capital	Kapital (Realkapital)	5
L	labour	Arbeit	5
M	quantity of money	Geldmenge	26
MC	marginal cost	Grenzkosten	5
MD	demand for money	Geldnachfrage	30
MPC	marginal propensity to consume	marginale Konsumquote	30
MP_K	marginal product of capital	Grenzprodukt des Kapitals	10
MP_L	marginal product of labour	Grenzprodukt der Arbeit	5
MPS	marginal propensity to save	marginale Sparquote	30
MR	marginal revenue	Grenzerlös	5
MRS	marginal rate of substitution	Grenzrate der Substitution	4
MS	money supply	Geldangebot	26
NCO	net capital outflow	Nettokapitalabfluss	27
NX	net exports	Nettoexporte	20
OC	opportunity cost	Opportunitätskosten	17
P	price	Preis (im Angebots-Nachfrage-Diagramm)	3
P	(domestic) price level	Preisniveau (Index, im makroökonomischen Kontext)	27
P*	foreign price level	Preisniveau des Auslands (Index, im makroökonomischen Kontext)	27
Q	quantity	Menge	2
Q_D	quantity demanded	Nachfragemenge	3
Q_S	quantity supplied	Angebotsmenge	3
r	interest rate	Zinssatz	24

Abkürzung	englischer Begriff	deutscher Begriff	Kapitel
R	reserve ratio	Reservesatz der Banken	25
S	supply	Angebot (im Angebots-Nachfrage-Diagramm)	3
S	saving	Ersparnis (im makroökonomischen Kontext)	23
T	taxes (minus transfer payments)	Steuern (abzüglich Transferleistungen des Staates)	23
TC	total cost	Gesamtkosten	5
TR	total revenue	Gesamterlös	3
V	velocity of money	Umlaufgeschwindigkeit des Geldes	26
VC	variable cost	variable Kosten	5
VMP_L	value of the marginal product of labour	Wertgrenzprodukt der Arbeit	15
W	wage	(Nominal-)Lohn	15
Y	quantity of output (real GDP)	(gesamtwirtschaftliches) Produktionsniveau, Einkommen (real)	26

Hinweise für den Benutzer

Jedes Kapitel dieses Buches wird durch verschiedene Elemente strukturiert.
Sie helfen Ihnen, die vorgestellten ökonomischen Ideen und Sachverhalte besser zu verstehen.

Kurztest: Am Ende jedes Abschnitts dienen Fragen und kurze Aufgaben der Rekapitulation des Inhalts.

Information: Zusätzliche Inhalte, die für Studierende interessant sind, z. B. Vertiefung bestimmter Aspekte, Stichworte und Theorien, zusätzliche Daten oder Erläuterung mathematischer Konzepte. »Information« ergänzt und vertieft die Kenntnisse und das Verständnis von Ökonomie.

Fallstudie: Ökonomische Begriffe und Konzepte dienen dazu, die Hintergründe aktueller Begebenheiten zu erhellen. Daher enthält dieses Buch verschiedene Fallstudien, die Vorgänge, Zusammenhänge und wirtschaftspolitische Entscheidungen erklären.

Aus der Praxis: Diese Texte finden sich in der Regel am Ende eines Kapitels und dienen dazu, das Gelernte praktisch anzuwenden. »Aus der Praxis« nutzt den zentralen Inhalt des Kapitels, um beobachtbare Phänomene zu erklären oder deren Hintergründe zu erläutern.

Zusammenfassung: Kurzfassungen der wichtigsten Aussagen des Kapitels in wenigen Absätzen unterstützen Sie bei der Vorbereitung auf Abschlussprüfungen.

Wiederholungsfragen: Am Ende jedes Kapitels finden sich Wiederholungsfragen, die die zentralen Kapitelinhalte noch einmal aufnehmen. Antworten zu den Fragen finden Sie in Marco Herrmann, Arbeitsbuch Grundlagen der Volkswirtschaftslehre, 6. Auflage.

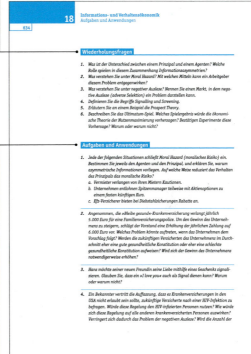

Stichwörter: Eine Liste der Schlüsselbegriffe am Ende jedes Kapitels dient der Wiederholung und Einübung der wichtigsten Begriffe.

Aufgaben und Anwendungen: Ausführliche Arbeitsaufgaben am Kapitelende wiederholen, vertiefen und wenden das an, was Sie in diesem Kapitel gelernt haben. Lösungen finden Sie in Marco Herrmann, Arbeitsbuch Grundlagen der Volkswirtschaftslehre, 6. Auflage.

1 Was ist Volkswirtschaftslehre?

1.1 Die Wirtschaft und die Wirtschaftsordnung

Jeden Tag treffen Milliarden von Menschen überall auf der Welt Entscheidungen. Sie entscheiden über die grundlegenden Dinge in ihrem Leben wie ihr Essen, ihre Kleidung oder ihre Unterkunft und wie sie ihre Nichtarbeitszeit auf Freizeit- und Hausarbeitsaktivitäten aufteilen wollen. Das Treffen dieser Entscheidungen verlangt eine Interaktion mit anderen Menschen, mit dem Staat und mit Unternehmen. Diese Individuen könnten Mütter, Väter, Söhne, Töchter, Pfleger, Arbeitgeber, Beschäftigte, Hausangestellte, Produzenten, Konsumenten, Sparer, Steuerzahler oder Unterstützungsempfänger sein. Viele, wenn auch nicht alle dieser Interaktionen sind in irgendeiner Weise mit einem Tausch verbunden, normalerweise einem Tausch gegen ein Medium wie Geld, manchmal aber auch einem direkten Tausch von Leistungen. Individuen kaufen Waren und Dienstleistungen für den Endverbrauch und stellen zudem Inputs für die Produktion bereit – Arbeit, Kapital und Boden. Wir bezeichnen diese Individuen allgemein als Haushalte. Die Organisationen, welche diese Faktoren kaufen und nutzen, um damit Waren und Dienstleistungen zu produzieren, werden allgemein als Unternehmen bezeichnet.

Der Umfang der Interaktion zwischen Haushalten und Unternehmen – der Umfang des Kaufens und Verkaufens – repräsentiert das Ausmaß der **Wirtschaftstätigkeit**. Je mehr gekauft und verkauft wird, desto größer ist die ökonomische Aktivität. Haushalte und Unternehmen in einer bestimmten geografischen Region zusammengenommen werden als **Wirtschaft** bezeichnet.

Die Volkswirtschaftslehre untersucht die Interaktionen zwischen Haushalten und Unternehmen durch Tausch. Sie beschäftigt sich auch mit Situationen, in denen ein Output produziert wird, ohne dass zugleich Einkommen entsteht, wie mit der Arbeit von unbezahlten Pflegekräften oder von Hausfrauen und Hausmännern. Sie untersucht, wie Menschen ihren Lebensunterhalt verdienen; wie Ressourcen auf die vielen unterschiedlichen Nutzungsmöglichkeiten aufgeteilt werden; und die Art, wie unsere Aktivitäten nicht nur unser eigenes Wohlergehen beeinflussen, sondern auch das anderer Menschen und das der Umwelt.

Wirtschaftstätigkeit
Der Umfang der Interaktion zwischen Haushalten und Unternehmen – der Umfang des Kaufens und Verkaufens.

Wirtschaft
Haushalte und Unternehmen in einer bestimmten geografischen Region zusammengenommen.

Das ökonomische Problem

Es gibt drei Grundfragen, die sich jede Gesellschaft stellen muss:
▸ Welche Waren und Dienstleistungen sollen produziert werden?
▸ Wie viel soll von diesen Waren und Dienstleistungen produziert werden?
▸ Wer soll die produzierten Waren und Dienstleistungen erhalten?

1.1 Was ist Volkswirtschaftslehre?
Die Wirtschaft und die Wirtschaftsordnung

Um diesen Fragen gerecht zu werden, stehen den Volkswirtschaften Ressourcen zur Verfügung, die als Boden (Land), Arbeit und Kapital bezeichnet werden.

> **Boden**
> Alle natürlichen Ressourcen der Welt.

- **Boden** umfasst alle natürlichen Ressourcen der Welt. Das schließt Mineralvorkommen wie Eisenerz, Gold und Kupfer mit ein, aber auch die Fischvorräte in den Ozeanen, Kohle und alle Nahrungsmittel, die das Land hervorbringt.

> **Arbeit**
> Die – geistige und körperliche – menschliche Leistung, die in die Produktion einfließt.

- **Arbeit** ist die menschliche Leistung – körperliche und geistige –, welche in die Produktion eingeht. Eine Arbeiterin in einer Fabrik für feinmechanische Geräte, ein Investmentbanker, eine unbezahlte Pflegekraft, ein Straßenreiniger, eine Lehrerin – sie alle repräsentieren unterschiedliche Formen von Arbeit.

> **Kapital (Realkapital)**
> Ausrüstung und Anlagen, die genutzt werden, um Waren und Dienstleistungen zu produzieren.

- **Kapital (Realkapital)** sind Ausrüstung und Anlagen, die genutzt werden, um ein **Gut** zu produzieren, das heißt eine Ware oder eine Dienstleistung. Kapitalgüter sind Maschinen in Fabriken, Gebäude, Traktoren, Computer, Öfen und alle weiteren Güter, die nicht genutzt werden, sondern in die Produktion eines anderen Gutes eingehen.

> **Gut**
> Oberbegriff für Ware (materielles Gut) und Dienstleistung (immaterielles Gut).

Knappheit und Wahl

Es wird oft angenommen, dass die Ressourcen letztlich in Bezug zur Nachfrage nach ihnen knapp sind. Als Mitglieder von Haushalten haben wir oft nicht die Fähigkeit, alle unsere Wünsche und Bedürfnisse zu erfüllen. Unsere Bedürfnisse umfassen die notwendigen Dinge des Lebens, die es uns ermöglichen zu überleben – wie Nahrung und Wasser, Kleidung, Unterkunft und geeignete Gesundheitsversorgung. Unsere Wünsche dagegen richten sich auf diejenigen Dinge, von denen wir glauben, dass sie unser Leben komfortabler und erfreulicher machen würden – Urlaube, verschiedene Kleidungsstile, Smartphones, Freizeitaktivitäten, Möbel und sonstige Gegenstände, die wir in unseren Häusern haben usw. Unsere Wünsche und Bedürfnisse sind im Allgemeinen größer als unsere Fähigkeiten, sie zu erfüllen. **Knappheit** impliziert, dass die Gesellschaft weniger anzubieten hat, als die Menschen haben wollen. So wie ein Haushalt nicht jedem Mitglied alles geben kann, was es wünscht, kann auch eine Gesellschaft nicht jedem Individuum den höchsten von ihm angestrebten Lebensstandard ermöglichen.

> **Knappheit**
> Die Gesellschaft hat weniger anzubieten, als die Menschen haben wollen.

Aufgrund der Spannung zwischen unseren Wünschen und Bedürfnissen einerseits und der Knappheit andererseits müssen von Haushalten und Unternehmen Entscheidungen getroffen werden, wie wir unser Einkommen und unsere Ressourcen verwenden wollen, um unsere Wünsche und Bedürfnisse zu erfüllen.

Die Volkswirtschaftslehre untersucht nun die Probleme, die aus diesen Entscheidungen resultieren. Eine typische Lehrbuchdefinition von **Volkswirtschaftslehre** besteht darin, dass sich diese Disziplin mit den Entscheidungen einer Gesellschaft befasst, wie mit den knappen Ressourcen umzugehen ist, sowie mit den Konsequenzen dieser Entscheidungen. Diese Definition kann jedoch die Komplexität und das Ausmaß der Volkswirtschaftslehre verschleiern. Wir können Haushalte dadurch charakterisieren, dass sie unbeschränkte Wünsche haben, aber nicht jeder Haushalt ist materialistisch, wie es die Idee der unbeschränkten Wünsche implizieren könnte. Einige Menschen sind bereits mit wenigen Dingen im Leben zufrieden und sie treffen ihre Entscheidungen im Hinblick darauf, was ihnen wichtig erscheint. Diese Entschei-

> **Volkswirtschaftslehre**
> Sie befasst sich mit den Entscheidungen einer Gesellschaft, wie mit den knappen Ressourcen umzugehen ist, sowie mit den Konsequenzen dieser Entscheidungen.

dungen sind nicht weniger wertvoll oder wichtig, sondern reflektieren die Komplexität des Themas. Einige Menschen ziehen es vor, ihren Lebensunterhalt durch Verbrechen zu verdienen. Eine Entscheidung, Verbrechen zu verüben, hat Gründe und Konsequenzen, und diese können für einen Volkswirt ebenso von Interesse sein wie die Gründe, aus denen Unternehmen entscheiden, ihre Produkte zu bewerben, oder aus denen Zentralbanken sich für eine bestimmte Geldpolitik entscheiden.

Man mag betonen, dass die Idee der Knappheit selbst in einigen Bereichen in Zweifel zu ziehen ist. In Griechenland, in Spanien und in anderen europäischen Ländern gibt es Millionen von Menschen, die gern arbeiten wollen, aber keinen Job finden. Man könnte dagegen einwenden, dass in dieser Situation zwar nicht die Arbeit knapp ist, aber doch die offenen Stellen. Und Ökonomen werden sehr daran interessiert sein, wie eine solche Situation entsteht und was man dagegen tun kann, dass hohe Arbeitslosenquoten entstehen.

Obwohl das Studium der Volkswirtschaftslehre also viele Facetten hat, wird das Arbeitsfeld durch mehrere Leitvorstellungen verbunden, und zwar auch dann, wenn auf verwandte Disziplinen wie Psychologie, Soziologie, Jura, Anthropologie, Geografie, Statistik oder Mathematik Bezug genommen wird. Diese Leitideen sind die Themen, um die dieses Buch kreist, und die die Grundlage vieler Erstsemesterkurse bilden.

1.2 Wie Menschen Entscheidungen treffen

Eine Volkswirtschaft ist kein Mysterium. Ob wir über die Volkswirtschaft eines einzelnen Landes wie Deutschland, einer Gruppe von Ländern wie der Europäischen Union (EU) oder über die Volkswirtschaft der gesamten Welt reden – stets ist eine Volkswirtschaft nichts weiter als eine Gruppe von Menschen, die in ihrem täglichen Leben zusammenwirken. Die **Volkswirtschaft** umfasst alle Produktions- und Handelsaktivitäten, alle Käufe und Verkäufe, die jeden Tag stattfinden. Das Niveau der **gesamtwirtschaftlichen Aktivität** zeigt an, wie viele Käufe und Verkäufe in einer Volkswirtschaft über einen bestimmten Zeitraum stattfinden.

Volkswirtschaft
Die Gesamtheit aller täglichen Produktions- und Handelsaktivitäten.

Gesamtwirtschaftliche Aktivität
Alle Käufe und Verkäufe in einer Volkswirtschaft innerhalb eines bestimmten Zeitraums.

Alle Menschen stehen vor abzuwägenden Alternativen

Haushalte und Unternehmen müssen Entscheidungen treffen. Das Treffen von Entscheidungen erfordert Kompromisse. Ein **Trade-off** ist der Verlust der Vorteile aus einer Entscheidung, auf die man verzichtet hat, gegen die Vorteile aus einer getroffenen Wahl. Bei der Wahl zwischen Alternativen müssen wir die Vorteile berücksichtigen, die sich aus der Wahl einer Handlungsoption ergeben, aber auch berücksichtigen, dass wir auf die Vorteile verzichten müssen, die sich aus den Alternativen ergeben könnten. Um eine Sache zu bekommen, die uns gefällt, müssen wir normalerweise auf eine andere Sache verzichten, die uns auch gefallen könnte. Entscheidungen zu treffen erfordert daher einen Trade-off der Vorteile einer Handlung gegen die Vorteile anderer Handlungen. Um dieses wichtige Konzept zu illustrieren, betrachten wir nachfolgend einige Beispiele.

Trade-off
Der Verzicht auf die Vorteile aus einer entgangenen oder aufgegebenen Option im Vergleich zu den Vorteilen aus der getroffenen Wahl.

1.2 Was ist Volkswirtschaftslehre?
Wie Menschen Entscheidungen treffen

Beispiel 1: Denken wir an eine Studierende, die ihre wertvollste Ressource verteilen muss – ihre Zeit. Sie kann all ihre Zeit darauf verwenden, Volkswirtschaftslehre zu studieren, was ihr den Vorteil eines besseren Abschlusses bietet. Sie kann all ihre Zeit für Freizeitaktivitäten verwenden, was ihr verschiedene Vorteile bringt. Oder sie kann ihre Zeit zwischen beiden Möglichkeiten aufteilen. Für jede Stunde, in der sie studiert, gibt sie eine Stunde auf, in der sie hätte Sport treiben, fernsehen, schlafen oder Geld in ihrem Nebenjob verdienen können.

Beispiel 2: Ein Unternehmen könnte die Entscheidung zu treffen haben, in ein neues Produkt oder ein neues Kostenrechnungssystem zu investieren. Beides hat Vorteile. Das neue Produkt kann zu verbesserten Erträgen und Gewinnen in der Zukunft führen, und das Kostenrechnungssystem kann es effektiver machen, die Kosten zu kontrollieren, und hierdurch ebenfalls zu höheren Gewinnen führen. Wenn die knappen Investitionsmittel in das Kostenrechnungssystem gesteckt werden, muss das Unternehmen dagegen die Vorteile abwägen, die das neue Produkt stattdessen hätte einbringen können.

Beispiel 3: Wenn wir Gesellschaften betrachten, dann stehen diese verschiedenen Alternativen oder Zielkonflikten gegenüber. Ein Beispiel ist der Trade-off zwischen sauberer Umwelt und hohem Einkommensniveau. Gesetzliche Vorschriften, die Unternehmen zur Verringerung der Luftverschmutzung verpflichten, erhöhen die Produktionskosten für Waren und Dienstleistungen. Die höheren Kosten führen bei den Unternehmen zu niedrigeren Gewinnen, niedrigeren Löhnen, höheren Preisen oder zu Kombinationen dieser drei Komponenten. Während also Vorschriften gegen Luftverschmutzung uns den Nutzen einer sauberen Umwelt und besserer Gesundheit bieten, »kosten« sie eine Reduzierung des Einkommens der Unternehmenseigentümer, Arbeitnehmer und Kunden.

Ein weiterer Zielkonflikt der Gesellschaft besteht zwischen Effizienz und Verteilungsgerechtigkeit. *Effizienz* bedeutet, dass die Gesellschaft aus ihren knappen Ressourcen herausholt, so viel sie kann. Ein Ergebnis, das effizient ist, muss allerdings nicht unbedingt wünschenswert sein. **Verteilungsgerechtigkeit** bedeutet, dass der jeweilige Nutzen dieser Ressourcen fair unter den Bürgern verteilt wird. In der Politik stehen diese beiden Ziele häufig im Widerspruch zueinander. Da es bei der Verteilungsgerechtigkeit um »Fairness« geht, sind unausweichlich Werturteile involviert. Unterschiedliche Werturteile führen daher nicht selten zu Uneinigkeit zwischen Politikern und Volkswirten.

Eine Politik, die auf eine gleichmäßigere Verteilung der volkswirtschaftlichen Wohlfahrt zielt, erfordert eine Abwägung zwischen den Leistungen des Wohlfahrtssystems auf der einen Seite und der Effizienz des Steuersystems, das für sie aufkommen muss, auf der anderen. Beschließt die Regierung etwa, den Spitzensatz der Einkommensteuer für die »Superreichen« anzuheben und die Einkommensteuer für die Bezieher des Mindestlohns auszusetzen, dann ist das im Ergebnis eine Einkommensumverteilung von den Reichen zu den Armen. Diese mag für einige den Anreiz bieten, Arbeit zu suchen, aber sie kann auch den Lohn für harte Arbeit schmälern, so dass manche in der Gesellschaft sich dafür entscheiden werden, weniger zu arbeiten oder sogar in ein anderes Land mit einem weniger belastenden Steuersystem umzuziehen. Ob die getroffene Abwägung als gelungen zu betrachten ist, dürfte letztlich von der Philosophie, von Glaubensüberzeugungen und den Meinungen der Entscheidungsträger abhängen und nicht zuletzt von

---

Verteilungsgerechtigkeit
Die Fähigkeit einer Gesellschaft, die wirtschaftliche Wohlfahrt fair auf ihre Mitglieder aufzuteilen.

der Macht, die sie in der Gesellschaft haben. Die Erkenntnis, dass Menschen Abwägungen zu treffen haben, bedeutet natürlich nicht zu wissen, welche Entscheidungen sie tatsächlich treffen werden oder treffen sollten. Es ist jedoch wichtig, Trade-offs zu erkennen und ihre Konsequenzen zu verstehen, weil Menschen wahrscheinlich informiertere Entscheidungen treffen, wenn sie die Optionen verstehen, die sie zur Auswahl haben.

Einige Volkswirte glauben, dass Verteilungsgerechtigkeit und Effizienz nicht immer in einem Zielkonflikt zueinander stehen müssen. Auch hier ist es daher wichtig, auf den historischen Zusammenhang und die Ursprünge der Idee zu schauen. Die Behauptung eines Trade-offs zwischen Verteilungsgerechtigkeit und Effizienz geht auf Arthur Okun in den 1970er-Jahren zurück. Einige Volkswirte argumentieren jedoch, dass eine Verbesserung der Gerechtigkeit durchaus auch zu Effizienzverbesserungen führen kann, so dass es letztendlich möglich wäre, durch mehr Verteilungsgerechtigkeit den Kuchen sogar noch zu vergrößern.

> **Kurztest**
> Sie haben sicher schon den Satz gehört »There is no such thing as a free lunch.« Bezieht sich diese Aussage nur darauf, dass man für sein Essen bezahlen muss, oder entstehen dem Empfänger eines »free lunch« ebenfalls Kosten?

Opportunitätskosten

Weil die Menschen Zielkonflikten ausgesetzt sind, erfordern Entscheidungen einen Vergleich von Kosten und Nutzen alternativer Aktivitäten. In vielen Fällen sind die Kosten einer Aktivität jedoch nicht so offensichtlich, wie es zunächst scheint.

Betrachten wir zum Beispiel die Entscheidung für oder gegen das Studium. Der Nutzen besteht in der intellektuellen Bereicherung und in lebenslang besseren Karrierechancen. Aber worin bestehen die Kosten? Um diese Frage zu beantworten, könnte man versucht sein, alle finanziellen Kosten des Studiums zu addieren. Aber diese Summe zeigt nicht wirklich, worauf man für ein Studienjahr verzichtet.

Die erste Schwierigkeit besteht darin, dass diese Summe Dinge umfasst, die keine wirklichen Studienkosten sind. Auch wenn Sie nicht studieren, brauchen Sie ein Dach über dem Kopf und etwas zu essen. Zu veranschlagen sind also nur die durch das Studium bedingten zusätzlichen Kosten.

Ein zweites Problem bei dieser Berechnung der Kosten besteht darin, dass sie den größten Kostenfaktor des Studiums gar nicht enthält – die Zeit. Wenn Sie ein Jahr damit verbringen, Vorlesungen zu besuchen, Lehrbücher zu lesen und Hausarbeiten zu schreiben, können Sie in dieser Zeit nicht arbeiten, zumindest nicht voll. Für die meisten Studierenden ist der Lohn- beziehungsweise Gehaltsverzicht der größte Einzelposten der Kosten ihrer Hochschulbildung.

Wenn man Entscheidungen trifft, kann es manchmal besser sein, ihre Kosten danach zu bemessen, welche anderen Optionen man dafür aufgibt, als die Kosten der Entscheidungen in Geldeinheiten zu bemessen. Die **Opportunitätskosten** sind ein Maß für die Optionen, die man durch die Entscheidung aufgibt. Die Opportunitätskos-

Opportunitätskosten
Was aufgegeben werden muss, um etwas anderes zu erlangen.

1.2 Was ist Volkswirtschaftslehre?
Wie Menschen Entscheidungen treffen

ten, zur Universität zu gehen, bestehen beispielsweise im Lohn eines Vollzeitjobs, den Sie gleichzeitig nicht ausüben können.

Opportunitätskosten sind die Kosten einer aufgegebenen nächstbesten Alternative – also das, auf was man verzichten muss, um etwas zu erlangen. Allgemein können wir die Opportunitätskosten als Beziehung des Verzichts auf ein Gut in Einheiten eines erlangten anderen Guts ausdrücken:

Opportunitätskosten eines Gutes y = Verzicht auf Gut x / Zugewinn von Gut y

Drückt man dagegen die Opportunitätskosten in Einheiten des Gutes x aus, so erhält man:

Opportunitätskosten eines Gutes x = Verzicht auf Gut y / Zugewinn von Gut x

Opportunitätskosten können in Einheiten des einen wie des anderen Gutes ausgedrückt werden.

> **Kurztest**
> Nehmen Sie an, einer Studierenden entstehen im Lauf ihres dreijährigen Studiums folgende Kosten:
> Semesterbeitrag: 200 Euro pro Semester = 1.200 Euro
> für das Bachelorstudium insgesamt
> Unterkunft (Durchschnittskosten): 4.500 Euro pro Jahr = 13.500 Euro
> Opportunitätskosten (Durchschnittsverdienst):
> 15.000 Euro pro Jahr = 45.000 Euro
> Gesamtkosten = 59.700 Euro
> Wieso sollte sie zu solch hohen Kosten studieren wollen?

In Grenzbegriffen denken

Entscheidungen im Leben zu treffen, ist selten ganz einfach; vielmehr fordern sie in der Regel eine Abwägung von Kosten und Nutzen. Wenn wir den Nutzen maximieren oder die Kosten minimieren wollen, kann es hilfreich sein, über ein Konzept zu verfügen, auf das man seine Entscheidung gründen kann. Das Denken in Grenzbegriffen ist ein solches Konzept, das Volkswirte auf das Treffen von Entscheidungen anwenden. **Marginale Veränderungen** beschreiben kleine, schrittweise Anpassungen an einen bestehenden Handlungsplan. Die Marginalanalyse unterstellt, dass **Wirtschaftssubjekte** (eine Einzelperson, ein Unternehmen oder eine Organisation, welche die Wirtschaft in irgendeiner Weise beeinflusst) versuchen, ihre Ergebnisse zu maximieren oder zu minimieren, wenn sie Entscheidungen treffen. Man kann davon ausgehen, dass Konsumenten versuchen, die Zufriedenheit zu maximieren, die sie aus ihren Einkommen ziehen, während Unternehmen ihre Gewinne maximieren und ihre Kosten minimieren. Dieses Maximierungs- und Minimierungsverhalten basiert dabei auf der zusätzlichen Annahme, dass sich Wirtschaftssubjekte rational verhalten.

Es ist wichtig, kurz innezuhalten und zu überlegen, was wir in diesem Zusammenhang unter dem Begriff »rational« verstehen. Wenn einige Volkswirte den Begriff »**rational**« im Zusammenhang mit einer Entscheidung verwenden, dann steht er einfach für die Annahme, dass Entscheidungsträger konsistent zwischen bestehenden

---

Marginale Veränderungen
Kleine schrittweise Änderungen einer geplanten Aktivität.

Wirtschaftssubjekt
Ein Individuum, ein Unternehmen oder eine Organisation, das oder die in irgendeiner Weise Einfluss auf die Wirtschaft hat.

Rational
Die Annahme, dass Entscheidungsträger konsistent zwischen Alternativen wählen.

Alternativen wählen. Wir werden dies in diesem Buch später noch genauer ansehen, aber an dieser Stelle bezeichnen wir Rationalität als die Fähigkeit eines Entscheidungsträgers, seine Präferenzen zu ordnen und das Bestmögliche aus seinen Ressourcen zu machen. In Grenzbegriffen zu denken, bedeutet dabei, dass die Entscheidungsträger ihre Entscheidung so planen, dass ihre Grenzkosten ihrem Grenznutzen gleich sind. Solange eine Entscheidung zu einem höheren Grenznutzen als Grenzkosten führt, dann lohnt es, diese Entscheidung zu treffen und so lange damit fortzufahren, bis die Grenzkosten dieser Entscheidung den Grenznutzen gleich sind.

Die Rationalverhaltensannahme bietet einen Bezugsrahmen, um Entscheidungen zu analysieren. Seit den 1870er-Jahren ist sie ein Grundprinzip der Volkswirtschaftslehre – bei Denkern wie William Stanley Jevons und Carl Menger, die ihrerseits auf den Arbeiten von David Ricardo und Jeremy Bentham aufbauten und die sogenannte Grenznutzenschule bildeten. Die Annahmen eines ökonomischen Rationalverhaltens haben allerdings auch Implikationen, die Gegenstand von Kritik waren. Bei der Untersuchung ökonomischer Modelle auf der Basis der Rationalverhaltensannahme ist es daher wichtig, im Hinterkopf zu behalten, dass sich erheblich andere Ergebnisse einstellen können, wenn diese Annahme aufgehoben wird. Wir werden eine Reihe von ökonomischen Modellen behandeln, die auf dieser Annahme basieren, weil das einen Einblick in die Art und Weise gibt, wie sich die volkswirtschaftliche Analyse historisch entwickelt und im Laufe der Zeit beständig verändert hat. Sie stellt zudem eine spezifische Art dar, über Probleme nachzudenken, die mit anderen Denkweisen unter anderen Annahmen verglichen werden kann.

Menschen reagieren auf Anreize

Wenn wir mit dem Grundsatz des Rationalverhaltens annehmen, dass Menschen Entscheidungen treffen, indem sie ihre Kosten und Nutzen miteinander vergleichen, ist es logisch zu unterstellen, dass sich ihr Verhalten verändern kann, wenn die Kosten und Nutzen sich verändern. Das bedeutet: Menschen reagieren auf Anreize. Die Drohung mit einem Bußgeld und dem Entzug des Führerscheins soll regulieren, wie Menschen ihr Auto fahren oder parken; ein Preis für Plastiktüten im Supermarkt zielt darauf ab, Menschen zu bewegen, die Taschen wiederzuverwenden und ihre Gesamtzahl zu reduzieren.

In den letzten Jahren ist zunehmend über Anreize geforscht worden, weil Absichten von Politikern nicht immer zu den erwarteten oder gewünschten Ergebnissen führen. So würde man erwarten, dass ein Bußgeld für Eltern, die ihre Kinder zu spät aus der Tageseinrichtung abholen, dazu führen müsste, die Anzahl der Spätabholungen zu verringern. Eine Studie in Israel zeigte jedoch, dass ganz im Gegenteil Eltern bereit waren, die Gebühr zu bezahlen, sodass sich die Anzahl der zu spät kommenden Eltern sogar noch erhöhte. Solche Folgen etwa zählen zu den »unbeabsichtigten Konsequenzen«.

> **Kurztest**
> Die Regierung eines Landes führt einen gesetzlichen Kündigungsschutz für Arbeitnehmer ein. Was bezweckt diese politische Maßnahme? Welche unbeabsichtigten Konsequenzen kann diese Maßnahme haben?

1.3 Wie Menschen zusammenwirken

Entscheidungen betreffen nicht nur uns allein, sondern auch andere Wirtschaftssubjekte. Wir werden nun einige Probleme betrachten, die entstehen, wenn Wirtschaftssubjekte mit anderen interagieren.

Durch Handel kann es jedem besser gehen

Die Vereinigten Staaten und China sind in der Weltwirtschaft Europas Konkurrenten, weil amerikanische und chinesische Unternehmen vielfach die gleichen Güter produzieren wie europäische Unternehmen. Man könnte meinen, wenn China auf Kosten Europas seinen Anteil am Welthandel erhöhte, dies schlecht für die Menschen in Europa wäre. Doch das muss nicht der Fall sein. Denn der Handel zwischen Europa und den Vereinigten Staaten und China ist nicht wie ein Sportwettbewerb, bei dem die eine Seite gewinnt und die andere Seite verliert (ein Nullsummenspiel). Unter bestimmten Umständen kann der Handel zwischen Volkswirtschaften alle besser stellen. Haushalte, Unternehmen und Länder verfügen über unterschiedliche Ressourcenausstattungen; Individuen haben Talente und Fähigkeiten, die es ihnen ermöglichen, einige Dinge effizienter zu produzieren als andere; einige Unternehmen haben besondere Erfahrungen und Fachwissen in der Produktion von Waren und Dienstleistungen; und bestimmte Länder wie Spanien sind mit viel Sonnenschein gesegnet, der es ihren Landwirten ermöglicht, qualitativ hochwertiges Obst anzubauen. Handel ermöglicht Individuen, Unternehmen und Ländern dabei, sich auf diejenigen Aktivitäten zu spezialisieren, die sie am besten beherrschen. Mit dem Einkommen, das sie aus ihrer Spezialisierung erzielen, können sie dann mit anderen, die sich ebenfalls spezialisiert haben, Handel treiben und so im Ergebnis den Lebensstandard insgesamt erhöhen.

Doch während der Handel Vorteile und Gewinner haben kann, wird es wahrscheinlich auch Nachteile und Verlierer geben. Die wirtschaftliche Entwicklung einiger Länder in den letzten 50 Jahren hat dazu geführt, dass viele Menschen Zugang zu preiswerten, qualitativ hochwertigen Waren und Dienstleistungen haben, weil diese exportiert werden. Für Arbeitnehmer und Arbeitgeber dieser Branchen in den entwickelten Volkswirtschaften kann die Konkurrenz aus den Entwicklungsländern daher bedeuten, dass sie ihre Arbeit verlieren oder ihre Unternehmen schließen müssen. Manchmal ist es für diese Menschen schwierig, eine andere Arbeit zu finden. Die Gesellschaftsschichten, die stark von solchen Veränderungen berührt sind, werden dann womöglich nicht zustimmen, dass »Handel allen zugutekommen kann«.

Die kapitalistische Wirtschaftsordnung

Das Grundproblem des Wirtschaftens besteht in drei Fragen, die jede Gesellschaft zu beantworten hat: Welche Waren und Dienstleistungen produziert werden sollen, wie sie produziert werden sollen und wer bekommen soll, was produziert wurde, muss die Wirtschaftsordnung regeln. Eine **Wirtschaftsordnung** ist ein Rahmen, in dem Ressourcen organisiert und aufgeteilt werden, um die Bedürfnisse der Wirtschaftsbürgerinnen und -bürger zu erfüllen. In vielen Ländern der Welt antworten die Gesellschaften auf die drei aufgeworfenen Fragen mit einer kapitalistischen Wirtschaftsordnung, die auf Märkten basiert. Eine **kapitalistische Wirtschaftsordnung** beinhaltet das Prinzip des Privateigentums an Produktionsfaktoren, um Waren und Dienstleistungen zu produzieren, die mittels eines Preismechanismus ausgetauscht werden; die Produktion wird dabei vor allem zu Gewinnzwecken ausgeführt. Kapitalistische Wirtschaftsordnungen haben sich als fähig erwiesen, den Lebensstandard von Millionen von Menschen während der letzten zweihundert Jahre anzuheben. Wir können den Lebensstandard anhand des Einkommens messen, das Menschen verdienen und das es ihnen erlaubt, Waren und Dienstleistungen zu erwerben, die sie für ihr Überleben benötigen oder dazu, ihr Leben zu genießen. Obwohl kapitalistische Wirtschaftsordnungen den Lebensstandard für viele angehoben haben, bedeutet das nicht, dass jeder und jede in der Gesellschaft gleichermaßen profitiert. Kapitalismus bedeutet auch, dass einige Menschen und Länder sehr reich wurden, während andere arm blieben. Die Existenz des Profitmotivs bietet für Unternehmer einen Anreiz, Risiken bei der Organisation von Produktionsfaktoren zu übernehmen. Diese Dynamik in kapitalistischen Wirtschaftsordnungen führt zu Entwicklungen in der Technologie und der Kapitaleffizienz, die zu Gewinnen der betroffenen Individuen und Unternehmen führen, aber auch das Wissen und den Informationsstand in der Gesellschaft insgesamt vergrößern, was wiederum zu weiteren wirtschaftlichen Entwicklungen führt.

Kritiker kapitalistischer Wirtschaftsordnungen argumentieren, dass diese inhärent instabil seien. Zudem bevorteilen kapitalistische Systeme diejenigen, die Privateigentum an den Einsatzfaktoren erlangt haben und so in der Lage sind, Arbeiter auszubeuten und beträchtliche ökonomische und politische Macht auszuüben, welche die Ressourcenallokation stört. Karl Marx verwendete einen wesentlichen Teil seines Lebens darauf, die kapitalistische Wirtschaftsordnung zu verstehen und zu analysieren und Theorien zu entwickeln, um zu erklären, warum es zur Ausbeutung von Arbeitern und zu Instabilitäten kam.

Wirtschaftsordnung
Ein Rahmen, in dem Ressourcen organisiert und aufgeteilt werden, um die Bedürfnisse der Wirtschaftsbürgerinnen und -bürger zu erfüllen.

Kapitalistische Wirtschaftsordnung
Sie beinhaltet das Prinzip des Privateigentums an Produktionsfaktoren, um Waren und Dienstleistungen zu produzieren, die mittels eines Preismechanismus ausgetauscht werden; die Produktion wird dabei vor allem zu Gewinnzwecken ausgeführt.

Märkte sind gewöhnlich gut geeignet, um die Wirtschaftstätigkeit zu organisieren

Die Rolle von Märkten ist in einem kapitalistischen System zentral. In einer **Marktwirtschaft** werden die drei Grundfragen des ökonomischen Problems durch dezentralisierte Entscheidungen vieler Unternehmen und Haushalte beantwortet, die auf Märkten in Bezug auf Waren und Dienstleistungen miteinander interagieren. Unternehmen entscheiden selbst, wen sie einstellen und was sie tun wollen. Haushalte

Marktwirtschaft
Die drei Grundfragen des ökonomischen Problems werden durch dezentralisierte Entscheidungen vieler Unternehmen und Haushalte beantwortet, die auf Märkten in Bezug auf Waren und Dienstleistungen miteinander interagieren.

entscheiden selbst, bei welchen Unternehmen sie arbeiten und was sie von ihrem Einkommen kaufen wollen. Diese Unternehmen und Haushalte interagieren im Markt, auf dem Preise und, wie angenommen, Eigennutz ihre Entscheidungen lenken.

In einer reinen Marktwirtschaft (ohne Staatseingriffe) betrachtet niemand das ökonomische Wohlergehen der Gesellschaft als Ganzes. Freie Märkte umfassen viele Käufer und Verkäufer zahlreicher Waren und Dienstleistungen, von denen alle primär an ihrem eigenen Wohlergehen interessiert sind. Trotz der dezentralen Entscheidungsfindung und der selbstinteressierten Entscheidungsträger haben sich Marktwirtschaften bemerkenswert erfolgreich darin erwiesen, die Wirtschaftstätigkeit in einer Weise zu organisieren, die das ökonomische Wohlergehen von Millionen von Menschen befördert, wenn auch anzuerkennen ist, dass dabei Ungleichheiten entstehen können.

Die ungleiche Verteilung von Wohlstand in kapitalistischen Gesellschaften, die in den Ländern der Industriellen Revolution des 18. und 19. Jahrhunderts festzustellen war, führte zur Entwicklung anderer Wirtschaftsordnungen, von denen die **Zentralverwaltungswirtschaften** manchmal als kommunistische Systeme oder Befehlswirtschaften bezeichnet werden. Kommunistische Länder arbeiteten mit der Annahme, dass Zentralplaner die Wirtschaftstätigkeit leiten und die drei zentralen Fragen des ökonomischen Problems beantworten konnten. Die Theorie hinter der Zentralplanung war, dass der Staat die wirtschaftliche Tätigkeit in einer Weise organisieren könne, die den ökonomischen Wohlstand für das Land insgesamt befördern und zu gleicheren Ergebnissen führen könne. Heute haben die meisten Länder wie Russland, Polen, Angola, Mosambik und die Demokratische Republik Kongo, die früher Zentralverwaltungswirtschaften waren, dieses System aufgegeben und entwickeln nun stärker marktbasierte Wirtschaften.

Regierungen können manchmal die Marktergebnisse verbessern

Wenn Märkte so wunderbar funktionieren, wozu brauchen wir dann die Regierung? Nun, eine Aufgabe der Regierung besteht gerade darin, Märkte zu schützen. Märkte werden nur dann richtig funktionieren, wenn die Eigentumsrechte durchgesetzt werden. Kein Landwirt wird Getreide anbauen, wenn er damit rechnen muss, dass seine Ernte gestohlen wird. Kein Restaurant wird Essen servieren, wenn nicht sichergestellt ist, dass der Gast auch dafür bezahlt. Wir alle verlassen uns darauf, dass staatliche Institutionen wie zum Beispiel die Polizei und die Gerichte unsere Rechte über die Güter sichern, die wir produzieren.

Zentralverwaltungswirtschaften
Kommunistische Systeme oder Befehlswirtschaften.

Wie Menschen zusammenwirken 1.3

In einer Volkswirtschaft können Waren und Dienstleistungen über den Preismechanismus zugeteilt werden. Doch führen Märkte nicht immer zu effizienten oder gerechten Ergebnissen. In einigen Fällen würden Waren und Dienstleistungen durch das Marktsystem nicht bereitgestellt, da dies nicht praktikabel ist oder man die Bereitstellung durch den Markt als unerwünscht betrachtet, weil entweder zu wenige oder zu viele Waren und Dienstleistungen verbraucht werden.

Regierungen stellen Waren und Dienstleistungen bereit, die in einer Marktwirtschaft möglicherweise nicht in ausreichender Menge bereitgestellt würden, und sie legen einen Rechts- und Regelrahmen fest, innerhalb dessen Unternehmen und Haushalte operieren können. Staatliche Eingriffe in Märkte können bestrebt sein, Effizienz und Verteilungsgerechtigkeit zu fördern. Das bedeutet, dass die meisten Maßnahmen entweder darauf gerichtet sind, den wirtschaftlichen Kuchen zu vergrößern oder die Art und Weise zu ändern, in welcher der Kuchen aufgeteilt wird, oder sie werden sogar versuchen, beides gleichzeitig zu erreichen. Marktordnungen sind keine Garantie dafür, dass alle über genug zu essen, ordentliche Kleidung und angemessene Gesundheitsversorgung verfügen. Viele politische Maßnahmen wie die Einkommensteuer oder das Sozialversicherungssystem sind darauf ausgerichtet, eine gerechtere Verteilung des wirtschaftlichen Wohlstands zu erreichen.

Wenn Märkte Ressourcen zuteilen, können ihre Ergebnisse immer noch ineffizient sein. Volkswirte verwenden hierfür den Begriff **Marktversagen**, um Situationen zu bezeichnen, in denen der Markt allein nicht in der Lage ist, eine effiziente Ressourcenallokation hervorzubringen. Ein möglicher Grund von Marktversagen sind externe Effekte oder sogenannte Externalitäten. Eine **Externalität** oder ein **externer Effekt** ist die Auswirkung des Handelns einer Person in Form von Kosten oder Nutzen auf die Wohlfahrt eines unbeteiligten Dritten, die von der Person bei der Entscheidung aber nicht berücksichtigt werden. Ein klassisches Beispiel ist die Luftverschmutzung. Eine andere mögliche Ursache für Marktversagen kann in der Marktmacht liegen. **Marktmacht** ist die Fähigkeit eines Einzelnen oder einer kleinen Gruppe, die Marktpreise übermäßig zu beeinflussen. Im Fall des Marktversagens kann eine gut gestaltete Politik die ökonomische Effizienz steigern.

Marktversagen
Eine Situation, in der es einem sich selbst überlassenen Markt nicht gelingt, die Ressourcen effizient zuzuteilen.

Externalität, externer Effekt
Kosten oder Nutzen der Entscheidung einer Person, die von dieser nicht berücksichtigt wurden und die das ökonomische Wohlergehen eines unbeteiligten Dritten beeinflussen.

Marktmacht
Die Fähigkeit eines Einzelnen oder einer kleinen Gruppe, den Marktpreis maßgeblich zu beeinflussen.

Information

Die unsichtbare Hand des Markts

Adam Smiths bedeutendes Werk »The Wealth of Nations« wurde 1776 veröffentlicht und war ein Meilenstein der Volkswirtschaftslehre. Mit seiner Darstellung der unsichtbaren Hand des Markts repräsentierte das Werk eine Geisteshaltung, die typisch war für Aufklärer wie Smith: Die Menschen sollten selbstständig über ihr Dasein bestimmen, ohne dass sich die Regierung einmischt und eine Zentrale alles steuert. Diese politische Philosophie schuf die Basis der freien Marktwirtschaft. Warum funktionieren dezentrale Marktwirtschaften so gut? Weil man sich darauf verlassen kann, dass sich Menschen gegenseitig mit Liebe und Gutmütigkeit begegnen? Nicht im Geringsten. Wie Menschen in der Marktwirtschaft zusammenwirken, beschreibt Adam Smith wie folgt:

»(D)er Mensch dagegen braucht fortwährend die Hülfe seiner Mitmenschen, und er würde diese vergeblich von ihrem Wohlwollen allein erwarten. Er wird viel eher zum Ziele kommen, wenn er ihre Eigenliebe zu seinen Gunsten interessieren und ihnen zeigen kann, daß sie ihren eigenen Nutzen davon haben, wenn sie für ihn thun, was er von ihnen haben will. (...) Nicht von dem Wohlwollen des Fleischers, Brauers oder Bäckers erwarten wir unsere Mahlzeit, son-

Fortsetzung auf Folgeseite

Fortsetzung von Vorseite

dern von ihrer Bedachtnahme auf ihr eigenes Interesse« (Smith, A. (1776): Untersuchungen über das Wesen und die Ursachen des Nationalreichthums, Bd. 1, Deutsch mit Anmerkungen von Max Stirner, in: Stirner, M.: Die National-Oekonomen der Franzosen und Engländer, Bd. 5 und 6, Leipzig 1846, S. 25 f.).
»Allerdings ist es in der Regel weder sein Streben, das allgemeine Wohl zu fördern, noch weiß er auch, wie sehr er dasselbe befördert. (…) (Er) beabsichtigt (…) lediglich seinen eigenen Gewinn, und wird in diesen wie in vielen anderen Fällen von einer unsichtbaren Hand geleitet, daß er einen Zweck befördern muß, den er sich in keiner Weise vorgesetzt hatte. Auch ist es nicht eben ein Unglück für die Gesellschaft, daß er diesen Zweck nicht hatte. Verfolgt er sein eigenes Interesse, so befördert er das der Gesellschaft weit wirksamer, als wenn er dieses wirklich zu befördern die Absicht hätte« (Smith, A. (1776): Untersuchungen über das Wesen und die Ursachen des Nationalreichthums, Bd. 3, Deutsch mit Anmerkungen von Max Stirner, in: Stirner, M.: Die National-Oekonomen der Franzosen und Engländer, Bd. 7 und 8, Leipzig 1847. S. 41).
Smith unterstellte, dass die an der Wirtschaft Beteiligten durch ihr Eigeninteresse motiviert sind und dass die »unsichtbare Hand des Markts« dieses Eigeninteresse zu einer Förderung des allgemeinen wirtschaftlichen Wohlergehens hinlenkt. Smith' Gebrauch des Begriffs »Eigeninteresse« sollte jedoch nicht im Sinne von »Egoismus« interpretiert werden. Denn Smith interessierte sich dafür, wie die Menschen ihr Eigeninteresse *auf ihre eigene Weise* verfolgen. Oder wie es der Wirtschaftsnobelpreisträger von 2002, Vernon L. Smith, in der Rede zu seiner Preisverleihung ausdrückte: »Gutes für andere zu tun, erfordert keine bewusste Handlung, um das wahrgenommene Interesse der anderen zu fördern.«
Der Begriff »unsichtbare Hand« wird in der Volkswirtschaftslehre häufig dazu verwendet, zu beschreiben, wie Marktwirtschaften knappe Ressourcen zuteilen. Doch verwendete Adam Smith diese Bezeichnung in seinem *Wealth of Nations* nur ein einziges Mal. Der Ausdruck kam auch in seinem früheren Buch *A Theory of Moral Sentiments* vor. In beiden Fällen beschrieb Smith damit die Idee, dass die Handlungen eigeninteressierter Individuen gesellschaftlich wünschenswerte Ergebnisse hervorbringen können.
In seiner »Theorie der ethischen Gefühle« verwendet er den Ausdruck, um zu zeigen, wie der Wunsch des Menschen nach Luxus dazu führen kann, Beschäftigung für andere zu schaffen, und in *The Wealth of Nations* findet sich der Ausdruck im Zusammenhang mit Investitionsentscheidungen. Beides mag ähnlich klingen, aber im ersten Fall ging es Smith, wie es scheint, um die politische Philosophie der Wirtschaftsordnung, über die er schrieb – ein System, das in vieler Hinsicht sehr verschieden ist von dem, was wir heute erleben.

Zu sagen, dass die Regierung die Marktergebnisse bisweilen verbessern *kann*, heißt nicht, dass dies tatsächlich immer geschehen *wird*. Die Politik wird nicht von Engeln gemacht, sondern in einem bei Weitem nicht perfekten politischen Prozess bestimmt. Manchmal werden Maßnahmen einfach deshalb entwickelt, um mächtige Gruppen zu belohnen. Manchmal werden sie von Politikern entworfen, die es zwar gut meinen, die aber nicht hinreichend informiert sind. Das Studium der Volkswirtschaftslehre hat auch dieses Ziel: Es soll Ihnen helfen, zu beurteilen, ob politische Maßnahmen geeignet sind, Effizienz oder Gerechtigkeit zu fördern oder nicht.

1.4 Wie die Volkswirtschaft insgesamt funktioniert

Zuerst haben wir erörtert, wie Menschen sich individuell entscheiden, und danach, wie sie zusammenwirken. Alle Entscheidungen und Interaktionen zusammen machen »die Volkswirtschaft« aus.

Mikroökonomik und Makroökonomik

Seit etwa den 1930er-Jahren wird das Arbeitsgebiet der Volkswirtschaftslehre in zwei große Teilbereiche untergliedert. Die **Mikroökonomik** untersucht, wie Haushalte und Unternehmen Entscheidungen treffen und wie die Wirtschaftseinheiten auf den einzelnen Märkten zusammenwirken. Die **Makroökonomik** befasst sich mit gesamtwirtschaftlichen Phänomenen. Dem Wirtschaftsnobelpreisträger Ragnar Frisch wird zugeschrieben, der erste gewesen zu sein, der diese beiden Ausdrücke verwendete (übrigens gemeinsam mit dem Ausdruck »Ökonometrie«), und es war die Cambridger Volkswirtin Joan Robinson, eine Verbündete von Keynes, die als erste die Makroökonomik als »die Theorie der gesamtwirtschaftlichen Produktion« definierte. Ein Mikroökonom beschäftigt sich vielleicht mit den Auswirkungen einer Mietpreisbindung auf den Wohnungsmarkt in München, der japanischen Konkurrenz auf den deutschen Automobilmarkt oder der Schulpflicht auf das Lohnniveau. Ein Makroökonom untersucht dagegen die Auswirkungen der Staatsverschuldung, die Veränderungen der Arbeitslosenquote oder Effekte unterschiedlicher wachstumspolitischer Maßnahmen auf den nationalen Lebensstandard.

Mikroökonomik und Makroökonomik sind eng miteinander verbunden. Da gesamtwirtschaftliche Entwicklungen durch Millionen individueller Entscheidungen entstehen, kann man makroökonomische Analysen nicht ohne die zugehörigen Mikroentscheidungen begreifen. Ein Makroökonom untersucht zum Beispiel die Auswirkung einer Einkommensteuersenkung auf das gesamtwirtschaftliche Produktionsniveau, d. h. die Menge an Waren und Dienstleistungen, die in einer Volkswirtschaft erzeugt wird. Um dieses Problem zu klären, muss er oder sie danach fragen, wie die Steuersenkung den einzelnen Haushalt bei seiner Nachfrageentscheidung beeinflusst.

Trotz der inneren Verbindung zwischen Mikroökonomik und Makroökonomik sind die beiden Teilgebiete voneinander verschieden. In der Volkswirtschaftslehre scheint es sich anzubieten, mit den kleinsten Einheiten zu beginnen und darauf aufzubauen. Doch dieses Vorgehen ist weder notwendig noch stets der beste Weg. Mikroökonomik und Makroökonomik behandeln verschiedene Fragestellungen mit recht unterschiedlichen Ansätzen. Beide Gebiete werden daher auch häufig getrennt gelehrt.

Mikroökonomik
Die Analyse, wie Haushalte und Unternehmen Entscheidungen treffen und auf den Märkten interagieren.

Makroökonomik
Die Untersuchung gesamtwirtschaftlicher Phänomene einschließlich Inflation, Arbeitslosigkeit und Wirtschaftswachstum.

Der Lebensstandard einer Volkswirtschaft hängt von ihrer Fähigkeit ab, Waren und Dienstleistungen herzustellen

Ein Schlüsselbegriff der Makroökonomik ist das **Wirtschaftswachstum** – die prozentuale Veränderung der Menge aller Waren und Dienstleistungen, die in einer Volkswirtschaft in einem bestimmten Zeitraum produziert wurden, in der Regel innerhalb eines Quartals oder eines Jahres.

Eine Maßgröße des ökonomischen Wohlstands einer Nation ist das **Bruttoinlandsprodukt (BIP) pro Kopf**, das als Durchschnittseinkommen pro Kopf einer Population interpretiert werden kann. Nach Statistiken des BIP pro Kopf haben viele entwickelte Wirtschaften ein relativ hohes Pro-Kopf-Einkommen, während in den Ländern südlich der Sahara in Afrika die Durchschnittseinkommen niedriger und in einigen Fällen sogar signifikant niedriger sind. Beispielsweise betrug das BIP im Jahr 2019 pro Kopf

Wirtschaftswachstum
Die prozentuale Veränderung der Menge an Waren und Dienstleistungen, die in einer Volkswirtschaft innerhalb eines bestimmten Zeitraums produziert wurden.

Bruttoinlandsprodukt (BIP) pro Kopf
Das Durchschnittseinkommen pro Kopf einer Population.

1.4 Was ist Volkswirtschaftslehre?
Wie die Volkswirtschaft insgesamt funktioniert

in Benin in Westafrika nach Statistiken der Weltbank 1.218 Dollar. Das BIP pro Kopf in Deutschland dagegen betrug 46.473 Dollar. Mit anderen Worten betrugen die Einkommen in Benin rund 2,62 Prozent der Einkommen in Deutschland.

Selbstverständlich schlägt sich diese große Streuung des Pro-Kopf-Einkommens in den verschiedenen Maßen der Lebensqualität und im **Lebensstandard** nieder. Bürger von Ländern mit hohen Pro-Kopf-Einkommen haben mehr Fernsehgeräte, mehr Autos, bessere Ernährung, bessere Gesundheitsfürsorge und eine längere Lebenserwartung als Bürger von Ländern mit niedrigen Einkommen.

Zwischen 2010 und 2016 betrug das Wirtschaftswachstum, also die prozentuale Wachstumsrate des BIP, in Bangladesch durchschnittlich etwa 6,3 Prozent pro Jahr und in China etwa 8,0 Prozent pro Jahr, aber in Brasilien wuchs während des gleichen Zeitraums die Wirtschaft nur um etwa 1,35 Prozent. Und im Zeitraum von 2014 bis 2016 schrumpfte die brasilianische Wirtschaft sogar um rund 3 Prozent (Quelle: Weltbank).

Die Unterschiede der Lebensstandards sind fast gänzlich den nationalen Unterschieden der **Produktivität** zuzurechnen, das heißt der Menge der pro Arbeitsstunde produzierten Güter. In Staaten, in denen die Beschäftigten eine große Gütermenge pro Zeiteinheit herstellen können, erfreuen sich die meisten Menschen eines hohen Lebensstandards. In Staaten mit weniger produktiven Arbeitskräften (und oft erheblich niedrigerer Kapitalausstattung) müssen die Menschen bescheidenere Lebensbedingungen ertragen. Ähnlich bestimmt die Wachstumsrate der Produktivität die des Pro-Kopf-Einkommens.

Die Beziehung zwischen der Produktivität und dem Lebensstandard hat auch tief greifende Auswirkungen auf die Politik. Wenn man über die Auswirkung einer politischen Maßnahme auf den Lebensstandard nachdenkt, ist die zentrale Frage, in welcher Weise die Maßnahme die gesellschaftliche Fähigkeit zur Produktion von Gütern beeinflusst. Um den Lebensstandard zu erhöhen, müssen die Politiker die Produktivität erhöhen, indem sie für hohen Ausbildungsstand, gute Realkapitalausstattung und Zugang zu den bestmöglichen Technologien sorgen.

Die Preise steigen, wenn die Regierung zu viel Geld in Umlauf bringt

In Deutschland kostete eine Tageszeitung im Jahr 1921 30 Pfennig. Weniger als zwei Jahre später, im November 1922, kostete dieselbe Ausgabe einer Tageszeitung 70 Millionen Mark. Alle anderen Preise in der deutschen Volkswirtschaft stiegen um ähnliche Zuwachsraten. Es handelt sich um eines der spektakulärsten historischen Beispiele für **Inflation**, einen Anstieg sämtlicher Preise der Volkswirtschaft. Weil hohe Inflationsraten einer Gesellschaft Kosten aufbürden, ist es ein weltweites Ziel aller Staaten, die Inflationsrate niedrig zu halten. Was verursacht eine Inflation? In den meisten Fällen hoher und anhaltender Inflation lässt sich ein und derselbe Schuldige finden: das Geldmengenwachstum. Wenn ein Staat oder eine Zentralbank die Geldmenge stark ausweitet, sinkt der Geldwert. Als sich in den frühen 1920er-Jahren in Deutschland sämtliche Preise im Durchschnitt monatlich verdreifachten, verdreifachte sich auch die Geldmenge. Es gilt gemeinhin als anerkannt, dass der Anstieg der Geldmenge und der Anstieg der Preise zusammenhängen.

Lebensstandard
Bezieht sich auf die Menge an Waren und Dienstleistungen, die von der Bevölkerung eines Landes gekauft werden kann.

Produktivität
Die Menge der pro Arbeitsstunde produzierten Güter.

Inflation
Ein Anstieg sämtlicher Preise der Volkswirtschaft.

1.4 Wie die Volkswirtschaft insgesamt funktioniert

Kurztest
Was ist der Unterschied zwischen Makroökonomik und Mikroökonomik? Nennen Sie drei Fragen, mit denen sich das Studium der Mikroökonomik befassen könnte, und drei Fragen, mit denen sich das Studium der Makroökonomik befassen könnte.

Aus der Praxis

Anreize

Die Intuition sagt uns, dass Menschen auf Anreize reagieren. Die Volkswirtschaftslehre beschäftigt sich mit Menschen, und das führt dazu, dass nicht immer das eintritt, was man nach dem gesunden Menschenverstand eigentlich erwarten sollte. Gneezy, Meier und Ray-Biel (2011) betrachten in ihrer Forschung einige dieser komplexen Zusammenhänge. Ihre Untersuchungen legen nahe, dass Anreize unter bestimmten Umständen besser funktionieren können als unter anderen. Politiker müssen daher eine Vielzahl von Faktoren berücksichtigen, wenn sie darüber zu entscheiden haben, Anreize einzusetzen.

Zunächst müssten sie dabei die Art des Verhaltens berücksichtigen, das verändert werden soll. Die Gesellschaft möchte vielleicht »prosoziales« Verhalten fördern. Dazu könnte etwa das Spenden von Blut, Sperma oder Organen gehören, das Recyceln von Abfall, der Besuch einer Schule oder Universität, die Installation von Wärmedämmung oder Sonnenkollektoren in Häusern zur Reduktion von Energieverschwendung oder die Suche nach Methoden, um Menschen das Rauchen abzugewöhnen. Die Politiker müssten dann auch die beteiligten Parteien betrachten. Dies kann als ein Prinzipal-Agenten-Problem formuliert werden. Der Prinzipal ist eine Person oder Personengruppe, für die eine andere Person oder Gruppe, der Agent, eine Handlung ausübt. Im Fall der Ermutigung von Menschen, mit dem Rauchen aufzuhören, wäre der Raucher der Agent und die Gesellschaft der Prinzipal. Darüber hinaus muss man auch auf die Art des angebotenen Anreizes achten, der eine erwünschte Verhaltensweise hervorrufen soll. Dabei wird es sich häufig um einen Geldanreiz handeln. Gneezy et al. fanden heraus, dass monetäre Anreize nicht nur einen direkten Preiseffekt aufweisen können, sondern auch einen psychologischen Effekt. Und schließlich hätten die Politiker zu berücksichtigen, in welchem »Framing« der Anreiz angeboten – wie er also präsentiert – wird.

Die Bereitstellung eines monetären Anreizes zur Herbeiführung einer gewünschten Verhaltensänderung mag als eine einfache politische Entscheidung erscheinen, beispielsweise eines Geldanreizes zur Blutspende oder zur Installation von Sonnenkollektoren. Gneezy et al. führen jedoch Gründe an, warum das Ergebnis nicht so offensichtlich sein muss wie zunächst erhofft. Sie legen nahe, dass in einigen Fällen das Anbieten finanzieller Anreize das gewünschte Verhalten sogar »verdrängen« kann. So kann das Angebot eines monetären Anreizes die Art verändern, wie die Agenten wahrgenommen werden. Menschen können auch intrinsisch motiviert sein, d.h. persönliche Gründe für bestimmte Verhaltensweisen haben. Menschen nehmen das Verhalten von jemandem, der Blut spendet, als »nett« wahr. Auch soziale Normen können davon berührt sein, zum Beispiel die Einstellung zum Rauchen oder zur Abfallverwertung.

Gneezy et al. vermuten, dass das Gewähren von Geldanreizen die Psychologie verändert und ihre psychologische Wirkung größer sein kann als der direkte Preiseffekt. Der Preiseffekt würde erwarten lassen, dass, wenn Sie für Blutspenden Geld erhalten, Ihre Spenderbereitschaft steigen müsste. Menschen, die ihr Blut spenden, tun dies jedoch möglicherweise aus der persönlichen Überzeugung heraus, dass es richtig ist, dies zu tun – weil sie also intrinsisch motiviert sind. Wird ihnen nun ein finanzieller Anreiz geboten, so könnte sich die Fremdwahrnehmung der Spender verändern. Möglicherweise würden sie nun gar nicht mehr als »nett« erscheinen, sondern vielmehr als habgierig. Man würde ihnen nicht mehr unterstellen, intrinsisch motiviert, sondern stattdessen nur an extrinsischer Entlohnung interessiert zu sein – mit anderen Worten: geldgierig. Wenn dieser psychologische Effekt den direkten Geldeffekt überwiegt, könnte es sein, dass nach der Anreizsetzung die Zahl der Blutspender nicht – wie erwartet – zunimmt, sondern abnimmt.

Wenn jemand einen Anreiz bekommen soll, künftig nicht mehr zu rauchen, könnte auch die Höhe des Geldeffekts ein Faktor sein. In diesem Kapitel war die Rede von rationalen

Fortsetzung auf Folgeseite

1.5 Was ist Volkswirtschaftslehre?
Fazit

Fortsetzung von Vorseite

Menschen, die in Grenzbegriffen denken. Bei Rauchern verursacht die Entscheidung, eine zusätzliche Zigarette zu rauchen, sowohl Grenzkosten als auch Grenznutzen. Der Grenznutzen besteht in dem Vergnügen, eine weitere Zigarette zu rauchen, während die Grenzkosten in einer Lebensverringerung um (geschätzte) elf Minuten bestehen. Das Problem dabei ist, dass die Grenzkosten nicht greifbar sind und wahrscheinlich durch den Grenznutzen aufgewogen werden (ganz zu schweigen vom Suchtpotenzial von Tabakprodukten). Über die Zeit hinweg wird der Gesamtnutzen der Raucherentwöhnung dennoch viel größer sein als ihre Gesamtkosten. Der angebotene Anreiz sollte daher dieses Grenzkalkül berücksichtigen, wobei es schwierig sein dürfte, die Größe des erforderlichen Anreizes genau zu bestimmen.

Andere Fragen im Zusammenhang mit Anreizen betreffen das Vertrauen zwischen dem Prinzipal und dem Agenten. Wenn ein Anreiz geboten wird, so kann dies als ein Hinweis darauf interpretiert werden, dass das gewünschte Verhalten ohne diesen Anreiz unterbleiben würde. Dafür kann es einen Grund geben. So kann es sein, dass das gewünschte Verhalten nicht attraktiv und/oder schwer ausführbar ist. Anreize sendet möglicherweise auch die Botschaft, dass der Prinzipal der intrinsischen Motivation des Agenten misstraut und er zum Beispiel unterstellt, dass die Menschen nicht freiwillig ihr Blut spenden oder ihre Abfälle wirksam recyceln würden. Einige Anreize können auch dazu beitragen, dass sich das gewünschte Verhalten kurzfristig zwar einstellt, dass es aber wieder aufhört, wenn der Anreiz nach einiger Zeit wegfällt.

Anreize können auch durch die Art und Weise beeinflusst werden, wie sie »geframed« werden – mit welcher Formulierung also der Anreiz präsentiert wird. Wenn beispielsweise ein Arzt seiner Patientin eine bestimmte Therapie empfehlen will, dürfte er mit der Formulierung, es sei »eine Therapie, die in 90 Prozent der Fälle wirkt« mehr Erfolg haben als wenn er sagt, es handele sich um »eine Therapie, die in 10 Prozent der Fälle nicht wirkt«.

Zu guter Letzt müssen auch die Kosten von Anreizen berücksichtigt werden. Gesundheitsbehörden geben etwa Millionen von Euros in ganz Europa für blutdruck- und cholesterinsenkende Medikamente aus. Das gleiche Ergebnis könnte man aber auch dadurch erreichen, dass man Leute dazu bringt, sich mehr zu bewegen. Was wäre wohl die kostengünstigere und effizientere Ressourcenallokation: die Bereitstellung von Anreizen zu körperlicher Bewegung (vorausgesetzt sie wirken), indem man Menschen die Mitgliedschaft im Fitnessstudio finanziert, oder die Bezahlung des gleichen Betrags für Medikamente, ohne sich dabei um die tiefer liegenden Ursachen zu kümmern?

Quelle: Gneezy, U./Meier, S./Rey-Biel, P.: When and Why Incentives (Don't) Work to Modify Behavior, in: Journal of Economic Perspectives 25 (4), 2011, S. 191–210.

Fragen

1. Warum sollten Menschen Anreize benötigen, um »gute« Dinge zu tun, wie z.B. Blut zu spenden oder mehr Müll zu recyceln?
2. Was versteht man unter einem »Prinzipal-Agenten-Problem«?
3. Worin könnten der Preiseffekt und der psychologische Effekt bestehen, wenn Studierenden ein monetärer Anreiz geboten würde, in ihren Universitätsprüfungen Spitzennoten zu erzielen?
4. Inwiefern könnte die Größe eines monetären Anreizes ein wichtiger Faktor sein, um ein erwünschtes Verhalten zu fördern, und welche Nebenwirkungen könnten auftreten, wenn die Höhe des Anreizes vergrößert würde?
5. Was versteht man unter »Framing« und warum könnte es für die Wirkung eines Anreizes wichtig sein? Beziehen Sie sich in Ihrer Antwort auf die Notwendigkeit, die Zahl der Organspender zu erhöhen.

1.5 Fazit

Sie haben nun einen Vorgeschmack auf das bekommen, worum es in der Volkswirtschaftslehre geht. In den nachfolgenden Kapiteln werden wir uns zahlreiche spezielle Erkenntnisse über Menschen, Märkte und Volkswirtschaften erarbeiten. Diese Erkenntnisse zu erlangen, erfordert Einsatz. Es ist jedoch keine Aufgabe, die Sie überfordern wird. Das Gebiet der Volkswirtschaftslehre beruht auf einigen grundlegenden Ideen, die auf zahlreiche verschiedene Lebenslagen anwendbar sind.

Zusammenfassung

- Die Grundlagen individueller Entscheidungsprozesse bestehen darin, dass die Menschen zwischen Alternativen wählen müssen, dass die Kosten jeder Aktivität in den dafür aufgegebenen anderen Aktivitäten gemessen werden, dass rationale Entscheidungsträger Grenznutzen und Grenzkosten vergleichen und dass die Menschen ihr Verhalten aufgrund von Anreizen ändern.
- Wenn Wirtschaftssubjekte miteinander Handel treiben, kann ihre Transaktion wechselseitig vorteilhaft sein.
- In kapitalistischen Wirtschaftsordnungen ist der Markt der vorrangige Weg, um die drei Grundfragen zu beantworten, was und wie viel produziert werden und wer das Produktionsergebnis bekommen sollte.

Stichwörter

- Wirtschaftstätigkeit
- Wirtschaft
- Boden
- Arbeit
- Kapital
- Gut
- Knappheit
- Volkswirtschaftslehre
- Volkswirtschaft
- gesamtwirtschaftliche Aktivität

Information

Wie Sie dieses Buch lesen sollten

Volkswirtschaftslehre macht Spaß – aber es kann auch viel Arbeit sein. Unser Ziel ist es, Ihnen mit diesem Buch den Zugang zur Ökonomik so einfach und spannend wie möglich zu machen. Aber Sie als Studierende müssen auch etwas tun. Die Erfahrung hat gezeigt, dass bessere Resultate erzielt werden, wenn Studierende den Stoff aktiv lernen, statt ihn nur passiv zu konsumieren. Daher möchten wir Ihnen ein paar Tipps geben, wie Sie mit diesem Buch am besten lernen können.

1. *Fassen Sie zusammen, statt zu unterstreichen.* Mit einem Textmarker über die Seiten zu gehen ist zu passiv, um aufmerksam zu bleiben. Nehmen Sie sich doch stattdessen am Ende eines jeden Abschnitts ein paar Minuten Zeit und fassen Sie das gerade Gelesene mit Ihren eigenen Worten zusammen. Wenn Sie ein Kapitel abgeschlossen haben, vergleichen Sie *Ihre Zusammenfassung* mit der am Ende eines jeden Kapitels. Haben Sie die wichtigsten Punkte erkannt?
2. *Überprüfen Sie Ihr Wissen.* Durch das gesamte Buch geben Ihnen *Kurztests* die Möglichkeit, Ihr Verständnis des Lernstoffs zu überprüfen. Nutzen Sie die Möglichkeit, hier Ihre eigenen Ideen und Gedanken zu notieren. Auf diese Weise können Sie kontrollieren, ob Sie die im jeweiligen Kapitel vermittelten Ideen und Konzepte verstanden haben und anwenden können. Wenn Sie nicht sicher sind, ob Ihre Antwort stimmt, sollten Sie die betreffenden Textstellen noch einmal lesen.
3. *Üben, üben, üben.* Am Ende eines jeden Kapitels überprüfen *Wiederholungsfragen* Ihr Verständnis des Lernstoffs. In den *Aufgaben und Anwendungen* sollen Sie Ihr Wissen anwenden und erweitern. Vielleicht wird Ihr Dozent oder Ihre Dozentin Ihnen einige dieser Aufgaben stellen. Wenn nicht, bearbeiten Sie sie trotzdem. Je mehr Sie Ihr neues Wissen nutzen, desto sicherer werden Sie.
4. *Arbeiten Sie in Gruppen.* Nachdem Sie dieses Buch gelesen und es für sich selbst durchgearbeitet haben, sollten Sie sich mit Ihren Kommilitonen zusammensetzen und den Stoff besprechen. Sie werden voneinander lernen – ein Beispiel für Handelsvorteile.
5. *Vergessen Sie nicht das reale Leben.* Inmitten all der Zahlen, Diagramme und ungewohnten neuen Begriffe ist es leicht, zu vergessen, um was es in der Volkswirtschaftslehre wirklich geht. Die *Fallstudien* und die Beiträge *Aus der Praxis* erinnern Sie immer wieder daran. Überblättern Sie sie deshalb nicht. Sie zeigen Ihnen, wie die ökonomische Theorie mit den alltäglichen Ereignissen verbunden ist. *Aus der Praxis* regt dazu an, nochmals über das nachzudenken, was im Kapitel behandelt wurde und dieses Wissen nun auf konkrete Zusammenhänge anzuwenden. Versuchen Sie die hier aufkommenden Fragen für sich zu beantworten, ähnlich wie Sie es im *Kurztest* tun. So vertiefen Sie Ihr Verständnis des Lernstoffs.

Was ist Volkswirtschaftslehre?
Aufgaben und Anwendungen

- Trade-off
- Verteilungsgerechtigkeit
- Opportunitätskosten
- marginale Veränderungen
- Wirtschaftssubjekt
- rational
- Wirtschaftsordnung
- kapitalistische Wirtschaftsordnung
- Marktwirtschaft
- Zentralverwaltungswirtschaft
- Marktversagen
- Externalität, externer Effekt
- Marktmacht
- Mikroökonomik
- Makroökonomik
- Wirtschaftswachstum
- Bruttoinlandsprodukt (BIP) pro Kopf
- Lebensstandard
- Produktivität
- Inflation

▸ Märkte führen nicht immer zu Ergebnissen, die effizient oder verteilungsgerecht sind. In solchen Fällen können Staatseingriffe Marktergebnisse möglicherweise verbessern.

▸ Die Volkswirtschaftslehre wird in Mikroökonomik und Makroökonomik unterteilt. Mikroökonomen befassen sich mit der Entscheidungsfindung von Haushalten und Unternehmen sowie mit dem Zusammenspiel von Haushalten und Unternehmen auf Märkten. Makroökonomen untersuchen Kräfte und Trends, welche die Volkswirtschaft im Ganzen beeinflussen.

▸ Die grundlegenden Lehren zur Volkswirtschaft als Ganzes bestehen darin, dass die Produktivität eine wichtige Quelle des Lebensstandards ist, dass das Geldmengenwachstum die primäre Ursache von Inflation sein kann.

Wiederholungsfragen

1. Nennen Sie drei Beispiele für bedeutende abzuwägende Alternativen und Zielkonflikte aus Ihrem Leben.
2. Welches sind die Opportunitätskosten eines Kinobesuchs?
3. Wasser ist lebenswichtig. Ist der Grenznutzen eines Glases Wasser groß oder klein?
4. Warum sollten Wirtschaftspolitiker über Anreize nachdenken?
5. Warum ist der zwischenstaatliche Handel etwas anderes als ein Spiel mit einem Sieger und einem Verlierer?
6. Was macht die unsichtbare Hand des Markts?
7. Was bedeuten »Effizienz« und »Verteilungsgerechtigkeit« und inwiefern hängen Sie mit der Politik zusammen?
8. Warum ist die Produktivität wichtig?
9. Was ist Inflation und wodurch wird sie verursacht?

Aufgaben und Anwendungen

1. Beschreiben Sie einige der Zielkonflikte, denen gegenüberstehen
   a. eine Familie bei der Entscheidung über den Kauf eines neuen Autos,
   b. ein Parlamentarier bei der Abstimmung über die Erhöhung der Ausgaben für öffentliche Grünflächen,
   c. ein Vorstandsvorsitzender bei der Entscheidung über den Bau eines neuen Werks,
   d. ein Professor bei der Frage, ob er sich auf die Vorlesung vorbereiten soll.

2. Sie wollen über eine Urlaubsreise entscheiden. Der größte Teil der Kosten (Flug, Hotel, Einkommensausfall) wird in Euro gemessen, aber die Nutzengrößen des Urlaubs sind psychischer Natur. Wie können Sie Kosten und Nutzen vergleichen?

Aufgaben und Anwendungen 1

3. Sie haben vor, samstags Ihrer Teilzeitarbeit nachzugehen, aber ein Freund schlägt einen Skiausflug vor. Welches sind die wahren Kosten des Skiausflugs? Nun überlegen Sie unter der Annahme, Sie hätten in der Bibliothek studieren wollen. Welches sind die Kosten des Skiausflugs in diesem Fall? Erklären Sie die einzelnen Schritte.

4. Sie gewinnen 1.000 Euro im Lotto. Sie haben die Möglichkeit, das Geld auszugeben oder für ein Jahr zu 5 Prozent Zinsen auf ein Konto einzuzahlen. Welches sind die Opportunitätskosten für 1.000 Euro Ausgaben sofort?

5. Das von Ihnen geführte Unternehmen investiert 5.000.000 Euro in die Entwicklung eines neuen Produkts, doch die Entwicklung ist noch nicht ganz abgeschlossen. Bei einer Sitzung berichten Ihre Verkäufer, dass die Markteinführung von Konkurrenzprodukten die zu erwartenden Verkaufserlöse Ihres neuen Produkts auf 3.000.000 Euro reduziert hat. Sollten Sie die Entwicklung zum Abschluss bringen, wenn Sie dafür 1.000.000 Euro aufbringen müssen? Was sollten Sie höchstens für den Abschluss der Entwicklung aufwenden?

6. Die drei verantwortlichen Manager eines Getränkeherstellers diskutieren darüber, ob sie die Produktion des erfolgreichen Erfrischungsgetränkes WellFit weiter ausdehnen sollen. Jeder der drei Manager präsentiert seinen Vorschlag für eine Entscheidung.
Manager A: Wir müssen entscheiden, wie viele Flaschen WellFit wir zusätzlich produzieren wollen. Also ich denke, wir sollten untersuchen, ob die Produktivität unseres Unternehmens – also die Anzahl der produzierten Flaschen pro Arbeitskraft – sinkt oder steigt, wenn wir die Produktion erhöhen.
Manager B: Wir sollten uns lieber anschauen, ob unsere durchschnittlichen Produktionskosten je Arbeitskraft steigen oder sinken.
Manager C: Ich bin der Meinung, dass wir überprüfen müssen, ob der zusätzliche Erlös, den wir durch den Verkauf weiterer Flaschen WellFit erzielen können, größer ist als die zusätzlichen Kosten der Produktionsausweitung.
Welcher Manager hat Recht? Und warum?

7. Die Vorschriften der Sozialgesetzgebung werden immer wieder einmal geändert. Nehmen wir an, es hätte eine Gesetzesänderung gegeben, sodass arbeitsfähige Sozialhilfeempfänger nach zwei Jahren keine Zahlungen mehr erhalten.
   a. Wie beeinflusst dies die Arbeitsneigung?
   b. Inwiefern könnte diese Gesetzesänderung einem Zielkonflikt zwischen Verteilungsgerechtigkeit und Effizienz entsprungen sein?

8. Ihre Mitbewohnerin kann schneller Rasen mähen als Sie, aber Sie können schneller putzen. Wenn Ihre Mitbewohnerin immer den Rasen mäht und Sie alle Putzarbeiten erledigen, würden dann die Routinearbeiten mehr oder weniger Zeit in Anspruch nehmen, als wenn sie jede Teilaufgabe gleichmäßig aufteilten? Nennen Sie ein ähnliches Beispiel dafür, inwiefern Spezialisierung und Handel zwei Länder besser stellen können.

9. Nehmen wir an, die Bundesrepublik Deutschland würde eine zentrale volkswirtschaftliche Planung einführen und Sie wären der Chefplaner. Unter den Millionen von Entscheidungen für das nächste Jahr sind auch die, wie viele Autoreifen hergestellt werden sollen, welche Modelle produziert werden sollen und wer die Reifen erhalten soll.
   a. Was würden Sie gerne aus der Reifenindustrie erfahren wollen, sodass Sie die Entscheidungen intelligent fällen können? Welche Information würden Sie von jedem Einwohner der Bundesrepublik Deutschland haben wollen?
   b. Wie würden Ihre Entscheidungen über Autoreifen irgendwelche anderen Ihrer Entscheidungen tangieren, z. B. über die Produktion von Pkws und Pkw-Felgen? Wie könnten Ihre anderen Entscheidungen über die Volkswirtschaft Ihre Ansichten über Reifen verändern?

10. Führen Sie zu jeder einzelnen der nachfolgenden staatlichen Aktivitäten aus, ob sie mit Blick auf die Verteilungsgerechtigkeit oder mit Blick auf die Effizienz zu begründen wäre. Für den Fall der Effizienz erörtern Sie bitte die Art des vorliegenden Marktversagens.
   a. Regulierung der Gebühren für Wasser
   b. Ausgabe von Essensgutscheinen an Arme
   c. Rauchverbot in der Öffentlichkeit
   d. Überführung des früheren Telefonmonopols der Bundespost auf mehrere private Träger
   e. Erhöhung der Einkommensteuersätze für Besserverdienende
   f. Gesetzliches Fahrverbot bei Drogeneinnahme

11. »Jede und jeder in der Gesellschaft sollte die bestmögliche Gesundheitsfürsorge garantiert bekommen.« Erörtern Sie diese Aussage von den Standpunkten der Verteilungsgerechtigkeit und der Effizienz aus.

12. Inwiefern ist Ihr Lebensstandard anders als der Ihrer Eltern oder Großeltern in Ihrem Alter? Warum ist es zu diesen Veränderungen gekommen?

2 Denken wie ein Volkswirt

Eine andauernde Debatte in vielen Volkswirtschaften dreht sich um die Bereitstellung von Gesundheitsdiensten. In Deutschland wie in vielen anderen europäischen Ländern ist die Gesundheitsversorgung allgemein zugänglich, d.h., sie steht allen unabhängig von ihrem Einkommen oder Status zur Verfügung. Natürlich ist die Gesundheitsversorgung deshalb nicht »kostenlos«; vielmehr ist sie extrem teuer. Wenn eine Regierung die Gesundheitsausgaben erhöhen will, muss sie einen Weg finden, diese zu finanzieren. Nehmen Sie an, dass eine Regierung eine Erhöhung der Investitionen für ihr Gesundheitswesen in Höhe von 2,8 Milliarden Euro ankündigt, die dadurch finanziert werden sollen, dass die Möglichkeiten von Großunternehmen zur Steuervermeidung beschnitten werden. Wie würde ein Volkswirt über diese Politik denken?

Ein Volkswirt würde wissen wollen, wofür die zusätzlichen Investitionen ausgegeben werden sollen, ob diese zusätzlichen Ausgaben zu einer effizienteren Gesundheitsversorgung führen und vor allem, was »effizient« in diesem Zusammenhang überhaupt heißen soll. Unabhängig von seiner persönlichen Meinung dazu, ob die Aufstockung der Mittel »richtig« ist, würde der Volkswirt darüber nachdenken, ob der durch diese Maßnahmen aufgebrachte Geldbetrag ausreichen würde und ob eine Verschärfung der Vorschriften zur Steuervermeidung Auswirkungen auf das Verhalten der betroffenen Wirtschaftssubjekte hätte. Die politischen Parteien könnten diese Veränderungen möglicherweise nicht vorhergesehen haben, was das von ihnen beabsichtigte Ergebnis gefährden könnte. Letztlich würde ein Volkswirt die Kosten und den Nutzen einer solchen Politik untersuchen wollen und versuchen, diese zu quantifizieren und eine informierte Sicht der Konsequenzen anzubieten. Dabei würde es nicht einfach darum gehen, auf die offensichtlichen Kosten und Nutzen zu schauen, sondern auch auf die versteckten Kosten und Nutzen, die zu sehr anderen Ergebnissen führen könnten als den beabsichtigten.

Die Volkswirtschaftslehre hat, wie die meisten anderen Studienfächer, ihre eigene Sprache, ihre eigenen Verfahren, Forschungsmethoden und Denkweisen. Wenn Sie Ihr Studium der Volkswirtschaftslehre beginnen, müssen Sie viele Begriffe und Konzepte kennenlernen. Viele der Begriffe, auf die Sie in diesem Buch stoßen werden, sind theoretisch. Theoretische Begriffe sind solche, die nicht konkret oder real sind und damit auch nicht greifbar. Wir werden beispielsweise über Märkte, Effizienz, komparative Vorteile oder Gleichgewichte sprechen, aber es ist nicht möglich, diese Begriffe physisch zu beobachten.

Wenn Sie die Kapitel dieses Lehrbuchs durcharbeiten, werden Sie feststellen, dass es nicht immer einfach ist, wie ein Volkswirt zu denken, und es wird Zeiten geben, in denen Sie verwirrt sind und meinen, dass einige der vorgestellten Ideen und Konzepte dem gesunden Menschenverstand widersprechen, also kontraintuitiv sind. Doch das ist völlig normal und ein Teil Ihrer Lernerfahrung.

2.1 Ökonomische Methodologie

Woher wissen Volkswirte, was sie wissen? Welche Methoden wenden sie an, um an Informationen und zu Theorien gelangen? In diesem Kapitel werden wir die Methodologie der Volkswirtschaftslehre diskutieren. Es gibt eine erhebliche Auseinandersetzung über diese Methodologie und, was besonders entscheidend ist, über die Annahmen, die dieser Disziplin zugrunde liegen. Eine Reihe von Büchern und Artikeln äußern sich kritisch über die Volkswirtschaftslehre und die Volkswirte. Dies hat sich durch die Finanzkrise von 2007 bis 2009 noch verschärft. Wenn Sie einige dieser Bücher und Artikel lesen, werden Sie sich möglicherweise fragen, wie in aller Welt Sie auf die Idee kommen konnten, ein solch bankrottes Fach zu studieren – ein Fach, das von Handlungsautomaten bevölkert ist, die alles »Reale« ignorieren und blind darauf fokussiert sind, das zu tun, was ihnen passt. Die Realität sieht jedoch etwas anders aus. In der Volkswirtschaftslehre gibt es seit Jahrhunderten Debatten und Meinungsverschiedenheiten. Einige von ihnen beziehen sich auf die Annahmen, die getroffen werden, um ökonomische Phänomene zu untersuchen. In anderen Fällen gibt es vielleicht eine breite Übereinstimmung über die Richtung von Ursache und Wirkung, aber Meinungsverschiedenheiten über das Ausmaß des Zusammenhangs.

Volkswirtschaftslehre als Wissenschaft

Eine der Debatten über die Volkswirtschaftslehre geht um die Frage, inwieweit sie überhaupt eine »Wissenschaft« ist. Wissenschaft ist ein Prozess; er besteht in der Entdeckung und Schaffung von neuem Wissen und Erkenntnissen, stützt sich aber auch auf bereits vorhandenes Wissen und Erkenntnisse. Wissenschaft ist fortlaufend. Das in diesem Prozess entstehende Wissen und Verständnis entwickelt sich ständig weiter, da neue Entdeckungen dazu beitragen, unser Wissen und Verständnis der Welt um uns herum zu verbessern.

Natürlich neigen wir dazu, die Wissenschaft aus der Perspektive der Physik, Chemie und Biologie zu betrachten, wie es viele Menschen in der Schule gelernt haben. Diese Fächer werden als »Naturwissenschaften« bezeichnet, weil sie mit dem Studium der physischen Gegenstände und der natürlichen Welt verbunden sind. Beim Studium von Naturphänomenen ist es oft möglich, kontrollierte Experimente durchzuführen. Das bedeutet, dass Forscher ein Objekt von Interesse verändern und dann beobachten können, was mit anderen Variablen und Objekten passiert. Das Experiment kann wiederholt und Daten können gesammelt werden, die bei der Erklärung von Ereignissen und der Feststellung von Ursache und Wirkung helfen können.

Andere Disziplinen können nicht in gleicher Weise Experimente durchführen. Die Volkswirtschaftslehre ist eine dieser Disziplinen. Sie untersucht Entscheidungen und ihre Auswirkungen auf ein breites Themenspektrum, aber im Mittelpunkt ihrer Untersuchungen stehen Menschen. Kontrollierte Experimente, wie sie in den Naturwissenschaften betrieben werden, lassen sich daher nicht in gleicher Weise in der Volkswirtschaftslehre durchführen. Die Volkswirtschaftslehre ist eine »Sozialwissenschaft«,

Ökonomische Methodologie **2.1**

weil sie sich mit Menschen als Individuum und in Gruppen befasst. Der Prozess der Wissenserzeugung und -entwicklung in den Sozialwissenschaften kann im Vergleich zu den Naturwissenschaften unterschiedlich nuanciert sein, aber es gibt dennoch Prozesse und Methoden, die beiden gemeinsam sind.

> **Kurztest**
> Kann sich jede Disziplin, die sich mit menschlichem Verhalten befasst, wirklich als »Wissenschaft« bezeichnen?

Modelle

Die Volkswirtschaftslehre verwendet viele Modelle. Ein Modell ist eine Darstellung der Wirklichkeit, die es erleichtert zu verstehen, wie etwas funktioniert. Modelle können als Mittel verwendet werden, um die reale Welt besser zu verstehen und fundierte Entscheidungen und Urteile zu treffen. Modelle sind jedoch notwendigerweise Vereinfachungen der Wirklichkeit und nicht dazu gedacht, jede Eigenschaft, jede Nuance oder jeden Aspekt der realen Welt darzustellen, die sie zu erklären versuchen. Denken Sie beispielsweise an die Modelle, die Architekten verwenden, um zu zeigen, wie ein Gebäude aussehen wird. Das Modell wird dem Betrachter ein Bild davon vermitteln, wie das spätere Gebäude aussehen soll. Es zeigt seine Hauptmerkmale und hilft, den Maßstab des Gebäudes sowie seine Hauptstrukturen zu verstehen und wie es sich in seine Umgebung integriert. Was das Modell aber nicht leistet, ist, alle Merkmale und Aspekte des Gebäudes einzubeziehen. Das wäre auch nicht notwendig, um ein umfassendes Verständnis des Gebäudes und seiner Umgebung zu entwickeln.

In ähnlicher Weise verwenden Volkswirte Modelle, um die Welt um sie herum darzustellen. Wir verwenden etwa Modelle, um darzustellen, wie Märkte funktionieren, wie die Volkswirtschaft als Ganzes funktioniert oder wie sich Verbraucher und Unternehmen verhalten. Diese Modelle basieren auf Annahmen, von denen einige als Darstellung der Funktionsweise der realen Welt oder des Verhaltens der betrachteten Wirtschaftssubjekte möglicherweise nicht ganz genau sind. Dies schmälert aber nicht notwendigerweise den Wert des Modells für die Beschreibung der Funktionsweise des untersuchten Phänomens.

Ökonomische Modelle haben zwei grundlegende Zwecke: Zum einen sollen sie vorhersagen, was in der Zukunft passieren wird, wenn eine bestimmte Entscheidung getroffen oder eine Politik umgesetzt wird; zum anderen sollen sie ein Ereignis simulieren und **kontrafaktische** Vergleiche ermöglichen, was hätte passieren können, wenn eine Entscheidung, Politik oder Reform nicht durchgeführt worden wäre.

Modelle sind insofern wertvoll, als sie es Volkswirten ermöglichen, Variablen, die Teil des Modells sind, zu verändern und zu untersuchen, was passieren könnte. Ökonomische Modelle werden immer eine Reihe von Variablen enthalten. Einige dieser Variablen werden durch das Modell bestimmt und andere innerhalb des Modells generiert. Nehmen wir zum Beispiel das Marktmodell, bei dem die nachgefragte Menge (Q_d) vom Preis (P) abhängt. Q_d ist dabei die abhängige Variable. Ihr Wert hängt von den

Kontrafaktisch
Eine Analyse, die unter der Prämisse durchgeführt wird, was geschehen wäre, wenn etwas nicht passiert wäre.

2.1 Denken wie ein Volkswirt
Ökonomische Methodologie

funktionalen Beziehungen im Modell ab (den Faktoren, die die Nachfrage beeinflussen), wie z.B. vom Einkommen, vom Geschmack und den Preisen anderer Güter. Q_d kann als eine **endogene Variable** bezeichnet werden. Der Preis P hingegen ist die unabhängige Variable; er beeinflusst das Modell (die nachgefragte Menge), wird aber von diesem selbst nicht beeinflusst. Der Preis wird nicht durch die nachgefragte Menge bestimmt oder ist von ihr abhängig. Man würde den Preis daher als **exogene Variable** bezeichnen.

Modelle sind inhärent instabil, je länger die Betrachtungs- und Vorhersageperiode ist. Denn es können Schocks auftreten, die bei der Aufstellung der Modelle nicht berücksichtigt werden konnten. Diese haben nicht nur kurzfristige Auswirkungen, sondern können auch die längerfristige Dynamik verändern. So hatten beispielsweise die Anschläge auf das World Trade Center am 11. September 2001 grundlegende Auswirkungen auf die Denk- und Verhaltensweisen von Regierungen, die vor dem Ereignis nicht vorhersehbar waren. Einer der Gründe, warum Modelle des Klimawandels Gegenstand von Debatten und Meinungsverschiedenheiten sind, besteht darin, dass sich die interne Dynamik von Modellen im Laufe der Zeit in einer Weise verändert, die Zukunftsprognosen inhärent instabil macht.

Der sogenannte »Schmetterlingseffekt«, wie er in der Chaostheorie beschrieben wird, verdeutlicht etwa die Komplexität der Modellierung in der Meteorologie. Der Schmetterlingseffekt weist darauf hin, dass der Flügelschlag eines Schmetterlings zu einem bestimmten Zeitpunkt und in einem bestimmten Raum kleine Veränderungen der Bedingungen erzeugt, die zu bedeutenden Veränderungen an weit entfernten Orten führen können; der Flügelschlag eines Schmetterlings in Mexiko kann dann irgendwann in der Zukunft als Ausgangsursache eines Hurrikans in China ausgemacht werden. Die Chaostheorie sagt uns ferner, dass kleinere Fehler bei Messungen oder Annahmen sich so weit verstärken können, dass alle Vorhersagen des Modells unbrauchbar werden, und dass unsere Modelle umso instabiler werden, je weiter in die Zukunft hinein wir versuchen, Vorhersagen und Prognosen zu machen.

Ursache und Wirkung. Ein Problem, vor dem Volkswirte stehen, ist das Auseinanderhalten von Ursache und Wirkung. Beobachtung und Erfahrung können dazu führen, dass auftretende Phänomene identifiziert werden, bei denen man intuitiv vermuten könnte, sie stünden in irgendeinem Zusammenhang. Führt eine Preisänderung beispielsweise zu einer Änderung der von den Verbrauchern gekauften Menge oder wirkt sich die gekaufte Menge umgekehrt auf den Preis aus?

Um ein klareres Bild zu erhalten, werden Volkswirte einen wichtigen Aspekt nutzen, den andere Wissenschaften auch nutzen, nämlich die Konstanthaltung anderer Variablen im Modell. Der lateinische Begriff **ceteris paribus** bedeutet »unter sonst gleichen Bedingungen«; das heißt, dass andere Faktoren, die die Ergebnisse beeinflussen könnten, als konstant angenommen werden. Auf diese Weise kann die Forschung zu einer klaren Antwort führen. Die Frage, die gestellt werden muss, lautet: »Woher wissen wir, ob diese ›Antwort‹ zutrifft?«

Endogene Variable
Eine Variable, deren Wert durch die Lösung des Modells bestimmt wird.

Exogene Variable
Eine Variable, deren Wert außerhalb des Modells bestimmt wird.

ceteris paribus (unter sonst gleichen Bedingungen)
Ein Begriff, der zur Beschreibung von Analysen verwendet wird, bei denen eine Variable im Modell variiert wird, während andere konstant gehalten werden.

Betrachten Sie den Fall des Zusammenhangs von Kriminalitätsrate und Arbeitslosigkeit. Ist ein Anstieg der Kriminalitätsrate zum Beispiel immer durch einen Anstieg der Arbeitslosigkeit bedingt oder gibt es andere Faktoren, welche die Kriminalitätsrate ebenfalls beeinflussen können? Wie wichtig ist das Auftreten von Arbeitslosigkeit für die Bestimmung der Kriminalitätsrate? Wie stellen diejenigen, die einen solchen Zusammenhang erforschen, diesen Sachverhalt fest?

Menschliche Wertvorstellungen in Modellen. Man kann Modelle entwickeln, Vorhersagen mit ihnen machen und Schlussfolgerungen aus ihnen ziehen, aber es gibt immer auch menschliche Werte, die es zu berücksichtigen gilt. Viele Volkswirte werden beispielsweise darin übereinstimmen, dass es genügend Evidenz dafür gibt, dass eine Steigerung der Staatsausgaben in einer Zeit des wirtschaftlichen Abschwungs dazu beitragen kann, die Arbeitslosenzahl zu reduzieren. Stärker umstritten dürfte hingegen die Bedeutung dieses Effekts sein oder der Wert der mit einer solchen Politik verbundenen Kosten und Nutzen.

Modelle des Klimawandels legen nahe, dass die Zunahme der vom Menschen verursachten Kohlendioxidemissionen zu einer Veränderung des globalen Klimas beiträgt. Es mag hier jedoch einige geben, die dieser grundlegenden Schlussfolgerung nicht zustimmen würden, zum Teil, weil sie die »Fakten« bestreiten, die die Grundlage für das Modell bilden.

Modelle lassen **Herleitungen** zu, indem logische Schlussfolgerungen, Konsequenzen oder Erklärungen auf der Grundlage des Modells abgeleitet werden können. Das bedeutet jedoch nicht, dass diese Schlussfolgerungen vollständig und endgültig sein müssen; sie sind einfach das, was vernünftigerweise und logisch auf der Grundlage der Untersuchungen abgeleitet werden kann.

Herleitung
Schlussfolgerung oder Erklärung, die aus den Beweisen und der Argumentation abgeleitet wurde.

Aus einem Klimamodell könnte man zum Beispiel den politischen Vorschlag herleiten, dass in den nächsten zehn Jahren erhebliche Maßnahmen zur Senkung der Kohlendioxidemissionen ergriffen werden müssen, um die daraus resultierenden Kosten zu vermeiden, die unsere Kinder und Enkelkinder zu tragen haben werden. Es mag dann jedoch Leute geben, die uneins darüber sind, ob die Kosten der gegenwärtig erforderlichen Opfer durch die Nutzen aufgewogen werden, die in 50 bis 100 Jahren auftreten werden.

Manipulation von Modellen. Volkswirte werden häufig Modelle verwenden, die auf mathematischen Formeln basieren. Das ermöglicht es, die Zahlen in der Formel zu ändern und festzustellen, inwieweit sich die Ergebnisse dann unterscheiden. Wenn ein Modell verändert wird, kann man die unterschiedlichen Ergebnisse identifizieren. Das Modell kann helfen, den Mechanismus oder die Ursachen für das Auftreten der unterschiedlichen Ergebnisse zu erklären. Die Modellergebnisse können dann mit den tatsächlichen Daten verglichen werden, um festzustellen, inwieweit das Modell zur Erklärung beobachteter Daten und Verhaltensweisen nützlich ist.

Dies ist ein völlig normaler Teil des wissenschaftlichen Prozesses. Kritiker eines Modells und seiner Ergebnisse können das Modell verfeinern, um die Phänomene, die

2.1 Denken wie ein Volkswirt
Ökonomische Methodologie

es beschreiben oder erklären soll, besser abzubilden. Auf diese Weise wird Wissen aufgebaut, entwickelt und verbessert. Die Erklärungskraft von Modellen hängt davon ab, wie gut sie konstruiert sind. Wenn sie zu stark vereinfachen oder ihre Annahmen in der realen Welt nicht nachvollziehbar beobachtet werden können, dann verlieren sie ihre Erklärungskraft.

> **Kurztest**
> Erstellen Sie eine Liste mit fünf Vorteilen der Modellbildung in der Volkswirtschaftslehre und fünf Grenzen.

Arten der Erkenntnisgewinnung

Eine der Methoden, mit denen die Wissenschaft neues Wissen entdeckt, besteht darin, Fragen zu stellen. Die Resultate, die sich aus diesen Fragen ergeben, können erheblich sein. Wenn zum Beispiel Isaac Newton tatsächlich von einem Apfel auf den Kopf getroffen wurde und sich unter Schmerzen fragte: »Ich frage mich, warum Äpfel zu Boden fallen«, dann haben die Antworten, die er gegeben hat, die Art und Weise, wie wir die Welt betrachten, grundlegend verändert. Newtons Arbeit über die Schwerkraft warf viele andere Fragen auf und führte Einstein zu seiner Relativitätstheorie. Die Relativitätstheorie diente dann ihrerseits als Hilfe bei der Entwicklung des globalen Positionsbestimmungssystems (GPS), die heute sehr viele Menschen auf der Welt in ihren Autos, Smartphones, Uhren und anderen Geräten benutzen und auf die sie sich verlassen.

Wenn Fragen gestellt werden, gibt es verschiedene Wege, die Wissenschaftler beschreiben können, um ihnen nachzugehen oder in einigen Fällen zu den Fragen selbst zu gelangen. Wir können verschiedene Arten der Argumentation identifizieren, die zur Klärung des betreffenden Verfahrens beitragen. Es gibt keine »richtige« Art der Argumentation, aber es gibt eine Debatte darüber, welche zuverlässigere Theorien hervorbringt, die wiederum Vorhersagekraft haben.

Deduktive Argumentation. Die deduktive Argumentation beginnt mit bekannten »Fakten« oder »Wahrheiten«, also mit Dingen, von denen wir wissen (oder zumindest glauben), dass sie wahr sind. Dann arbeitet sie einen Prozess durch, in dem diese Fakten oder Wahrheiten verwendet werden, um zu Antworten auf die uns interessierende Frage zu gelangen und als Folge davon auch zu neuen Fakten oder Wahrheiten.

Die »Frage« kann dabei die Form einer allgemeinen Aussage oder **Hypothese** annehmen. Das Wort stammt aus dem Griechischen (hypotithenai) und bedeutet »eine Unterordnung unter« oder »annehmen«. Eine Hypothese ist eine Annahme, eine vorläufige Vorhersage, Erklärung oder Vermutung für etwas. Um herauszufinden, ob die Hypothese wahr oder richtig ist, muss sie getestet werden. Wenn die Tatsachen oder bekannten Wahrheiten auf die Hypothese angewandt werden, dann erlauben uns die gezogenen Schlussfolgerungen festzustellen, ob die Hypothese »wahr« oder »richtig« ist.

Hypothese
Eine Annahme, vorläufige Vorhersage, Erklärung oder Vermutung für etwas.

Ein sehr einfaches Beispiel kann dazu dienen, die deduktive Argumentation zu verstehen. Sie beobachten ein Tier, das Sie noch nie zuvor gesehen haben, und stellen die Frage: »Ich frage mich, ob dieses Tier ein Vogel ist?« Die Hypothese oder Vermutung wäre, dass dieses Tier ein Vogel ist. Sie beobachten, dass das Tier Federn hat. Ausgehend von der bekannten Tatsache, dass alle Vögel Federn haben, können Sie, wenn dieses Tier Federn hat, schlussfolgern, dass es ein Vogel ist.

Diese Schlussfolgerung beruht auf der Annahme, dass die Tatsachen oder bekannten Wahrheiten, die zu der Schlussfolgerung geführt haben, tatsächlich wahr sind, in diesem Fall also darauf, dass alle Vögel Federn haben. Wenn die in unserem Beispiel verwendeten Tatsachen oder die Prämisse »Alle Vögel haben Federn und fliegen« lautet, könnten wir jedoch auch zu einer Schlussfolgerung kommen, die nicht stichhaltig ist. Das liegt daran, dass zwar alle Vögel Federn haben, aber nicht alle Vögel fliegen. Dieses einfache Beispiel verdeutlicht einen der Gründe, warum es in der Wirtschaftswissenschaft zu Meinungsverschiedenheiten kommen kann. Die »Wahrheiten« oder Tatsachen, die in der deduktiven Argumentation verwendet werden, können umstritten sein. Wir werden dies später in diesem Buch noch sehen, in unserer Diskussion über das Verbraucherverhalten. Die Annahmen oder »Wahrheiten«, die verwendet werden, um menschliches Verhalten zu erklären und in diesem Zusammenhang zu Schlussfolgerungen zu gelangen, sind umstritten und haben zu alternativen Schlussfolgerungen geführt.

Betrachten wir ein einfaches Beispiel aus der Volkswirtschaftslehre. Viele Länder haben Gesetze zur Einführung eines Mindestlohns als Mittel zum Schutz der am schlechtesten bezahlten Arbeitnehmer erlassen. Was werden die Konsequenzen dieser Gesetzgebung sein? Ein Volkswirt könnte die Hypothese aufstellen, dass ein Mindestlohn zu erhöhter Arbeitslosigkeit führen wird. Bei der Analyse, ob diese Hypothese »wahr« ist oder nicht, könnte der Ökonom »bekannte Tatsachen« heranziehen, dass, wenn der Preis für ein Gut über dem Gleichgewichtspreis liegt, die nachgefragte Menge sinkt und die angebotene Menge steigt, was zu einem Angebotsüberschuss führt. In diesem Beispiel wird der Angebotsüberschuss ein Arbeitsangebotsüberschuss sein, d.h., es gibt mehr Menschen, die bereit sind, Arbeitsleistungen zu erbringen, als von den Arbeitgebern nachgefragt werden. Daraus ergibt sich die Schlussfolgerung, dass ein Mindestlohn tatsächlich zu Arbeitslosigkeit führen wird.

Volkswirte können Modelle des Arbeitsmarkts verwenden, die auf mathematischen Gleichungen basieren, um das Ausmaß der auftretenden Arbeitslosigkeit zu quantifizieren. Diese Modelle basieren wiederum auf den »bekannten Wahrheiten« über den Arbeitsmarkt und seine Funktionsweise. Es gibt eine ausführliche Debatte über die Gesetze zum Mindestlohn, bei der auch die Meinungsverschiedenheiten unter Volkswirten deutlich wurden. Die Gründe hierfür sind auch Uneinigkeiten über die »bekannten Wahrheiten« und die Parameter des Modells, also über die Art und Weise, wie die Variablen definiert und quantifiziert werden. Einer der Gründe, warum sich die Volkswirtschaftslehre von den Naturwissenschaften unterscheidet, ist, dass die verwendeten Modelle auf menschlichem Verhalten und nicht auf Naturkräften basieren. Menschliches Verhalten tendiert dazu, unvorhersehbar und nicht immer vollkommen verstehbar zu sein, während Einflussfaktoren in der Naturwissenschaft stabiler und »leichter« zu definieren und zu quantifizieren sein können.

2.1 Denken wie ein Volkswirt
Ökonomische Methodologie

Induktive Argumentation. Induktive Argumentation beginnt mit Daten und Beobachtungen, die zu untersuchen sind. Aus dieser Analyse werden Muster identifiziert, beispielsweise Verhaltensmuster. Diese Muster erzeugen eine Frage oder eine Hypothese, die das beobachtete Verhalten oder Muster erklärt. Diese Erklärung oder Schlussfolgerung wird dann auf alle anderen vorkommenden Phänomene angewandt. Dies wird als **Verallgemeinerung** bezeichnet. Mit der Verallgemeinerung bietet der Forscher eine Theorie oder Erklärung von Ereignissen und Phänomenen an, die dann getestet werden kann. Dabei kann sie sich bewähren oder als unpassend erweisen, sie kann daraufhin geändert werden oder es wird eine ganz neue Theorie vorgeschlagen, um die falsche zu ersetzen.

> **Verallgemeinerung**
> Eine Handlung, allgemeine Konzepte oder Erklärungen zu formulieren, indem aus bestimmten Fällen eines Ereignisses oder Verhaltens gefolgert wird.

Ein Beispiel für induktives Denken in der Volkswirtschaftslehre könnte die Beobachtung sein, dass Länder, die eine rasante und sich beschleunigende Inflation (Hyperinflation) erleben, auch Zentralbanken zu haben scheinen, die große Mengen Geld drucken. Das »Muster« scheint dabei zu sein, dass ein rascher Anstieg der Geldmenge offenbar mit Fällen von Hyperinflation verbunden ist. Wenn es nur einen Fall dieses »Musters« gäbe, könnte es sein, dass der Forscher nicht auf alle Fälle hätte verallgemeinern dürfen, wenn aber dieses Muster in einer ganzen Reihe von Fällen beobachtet und durch die Daten verifiziert wurde, könnte es möglich sein, dass man zu einer allgemeinen Theorie gelangt, die behauptet, dass Hyperinflation durch rasche Geldmengensteigerungen verursacht wird. Andere Fälle von Hyperinflation können dann beobachtet, die Daten analysiert und die Theorie je nach Art der Beweise, die sich aus weiteren Fällen dieses Phänomens ergeben, bestätigt oder verworfen werden.

Die induktive Argumentation ist also empirischer Natur; sie bezieht sich auf anschauliche Nachweise, um Theorien zu bewähren oder abzulehnen. Aus diesem Grund wird die induktive Argumentation als ein Maßstab für die Entwicklung von Wissen und Verständnis angesehen. Eine der Herausforderungen, vor denen Sozialwissenschaften wie die Volkswirtschaftslehre bei der Anwendung des induktiven Denkens stehen, besteht darin, dass die Schlussfolgerungen und Verallgemeinerungen auf der Grundlage partieller oder unvollständiger Daten vorgenommen worden sein könnten.

Angesichts der Natur des Menschen ist dies für die Volkswirtschaftslehre ein besonderes Problem. Wenn wir zum Beispiel Verhaltensmuster für Zehntausende von Haushalten in Irland beobachten und daraus eine allgemeine Schlussfolgerung und Verhaltenstheorie ableiten, können wir dann mit Sicherheit davon ausgehen, dass diese auch ähnliche Verhaltensweisen in Europa oder sogar weltweit erklärt? Das Erkennen von Mustern in Daten setzt voraus, dass Daten gesammelt, für Studien zur Verfügung gestellt und zuverlässig vollständig sein müssen. Dies ist nicht immer gegeben. Betrachtet man z.B. die Online-Daten zum Bruttoinlandsprodukt verschiedener Länder, so finden sich je nach Quelle unterschiedliche Angaben über die jeweilige Höhe des Bruttoinlandsprodukts. Dies kann dadurch erklärt werden, mit welcher Methode die Daten gesammelt oder verarbeitet werden, wer die Daten sammelt und analysiert und welche statistischen Verfahren verwendet werden.

Experimente in der Volkswirtschaftslehre

Obwohl Volkswirte wie andere Wissenschaftler auch induktiv vorgehen, sehen sie sich einem Hindernis gegenüber, das ihre Aufgabe besonders herausfordernd macht. Physiker können zum Beispiel kontrollierte Experimente wie den Large Hadron Collider aufstellen, der versucht, Bedingungen wiederherzustellen, die Millisekunden nach dem Urknall herrschten. Die durchgeführten Experimente sollen dazu beitragen, bestehende Theorien über den Urknall zu bewähren und/oder neue Theorien zu entwickeln, um Kräfte und Materie sowie die Entstehung des Universums zu erklären. Im Gegensatz dazu ist es Volkswirten, die sich mit Inflation befassen, nicht erlaubt, die Geldpolitik einer Nation zu verändern, nur um nützliche Daten zu gewinnen.

Volkswirte schenken den natürlichen Experimenten, welche die Geschichte bietet, dennoch große Aufmerksamkeit. Wenn zum Beispiel wegen politischer Instabilität Rohöllieferungen ausbleiben, steigen die Ölpreise auf der ganzen Welt. Für die Verbraucher von Öl und Ölprodukten senkt ein solches Ereignis den Lebensstandard. Für die Wirtschaftspolitiker ist es eine schwierige Entscheidung, wie sie am besten reagieren sollen. Für Volkswirte bietet dies die Möglichkeit, die Auswirkungen einer wichtigen natürlichen Ressource auf die Volkswirtschaften der Welt zu untersuchen, und diese Möglichkeit besteht noch lange nach dem Anstieg der Ölpreise. In diesem Buch betrachten wir daher viele historische Ereignisse. Sie zu studieren ist wertvoll, weil uns das einen Einblick in Volkswirtschaften früherer Zeiten gibt und, was noch wichtiger ist, es uns erlaubt, Wirtschaftstheorien der Gegenwart zu veranschaulichen und zu bewerten.

Trotz der Herausforderungen, denen sich Volkswirte bei der Durchführung von Experimenten gegenübersehen, gibt es zwei Hauptbereiche, die Erwähnung verdienen. Volkswirtschaftliche Experimente können zum einen in einem »Labor« durchgeführt werden, in dem Daten durch Beobachtungen des Verhaltens von Einzelpersonen oder Gruppen mittels Fragebögen und Umfragen, Interviews usw. oder durch die Sammlung vorhandener Daten wie Löhne, Preise, Aktienkurse, Handelsvolumen, Arbeitslosenzahlen, Inflation usw. analysiert werden können. Die Daten können in Bezug auf eine Forschungsfrage untersucht und Schlussfolgerungen aus ihnen gezogen werden, die dazu beitragen, neue Erkenntnisse zu entwickeln oder bestehende Erkenntnisse zu verfeinern und zu verbessern. Die aus solchen Experimenten gezogenen Schlussfolgerungen können verallgemeinerbar sein; mit anderen Worten, die Ergebnisse des Experiments können außerhalb des »Labors« erweitert werden, um Verhalten oder wirtschaftliche Phänomene zu erklären und die Grundlage für Vorhersagen zu schaffen.

Ein Beispiel dafür, wie solche Laborexperimente dazu beitragen können, Erkenntnisse zu verändern, ist die Arbeit von Daniel Kahneman, Amos Tversky, Richard Thaler und Cass Sunstein, deren Forschung dazu beigetragen hat, neue Erkenntnisse über die Urteils- und Entscheidungsfindung und eine andere Perspektive auf die Annahmen rationaler Entscheidungsfindung zu gewinnen. Thaler führte beispielsweise mehrere Experimente durch, mit welchen er das Verhalten des Einzelnen zu Fragen von Gewinn und Verlust in Relation zu einem Referenzpunkt überprüfte. Dabei fand er heraus, dass vorausgegangener Besitz eines Gutes, beispielsweise einer Karte für ein

Fußballspiel, die Verkaufsbereitschaft einer Person beeinflusst, auch wenn sie weitaus mehr für das Gut erhalten würde, als sie selbst gezahlt hat. Thaler beobachtete die Konsistenz dieses Verhaltens über mehrere Experimente hinweg und prägte daraufhin den Begriff *Besitzeffekt* (endowment effect), um dieses Verhalten zu beschreiben. Es ist mittlerweile weithin akzeptiert, dass der Besitzeffekt existiert und dass er konträr zur volkswirtschaftlichen Annahme des rationalen Verhaltens läuft. Gemeinsam mit Kahneman und Tversky erweiterte Thaler die Theorie schließlich durch eine differenzierte Betrachtung von Gebrauchs- und Handelsgütern. Die Forscher fanden heraus, dass der Besitzeffekt stärker die Gebrauchsgüter betrifft.

Fallstudie

Das Experiment mit dem bedingungslosen Grundeinkommen

Es wird manchmal gesagt, dass Volkswirte keine großen Experimente durchführen können, indem sie in Volkswirtschaften eingreifen, aber in Finnland haben sie genau das getan. Im Januar 2017 wurde ein zweijähriges Pilotprojekt eingeführt, um die Auswirkungen der Einführung eines Grundeinkommenssystems zu untersuchen. Etwa 2.000 Teilnehmer wurden nach dem Zufallsprinzip ausgewählt, um an dem Experiment teilzunehmen. Untersucht wurde die Hypothese, ob sich die Gewährung eines bedingungslosen Grundeinkommens auf die Beschäftigungsaussichten von Arbeitslosen auswirkt. Die Höhe des Einkommens war dabei für jede Person unabhängig von ihrem Hintergrund oder ihrer Position gleich; der Betrag wurde periodisch ausgezahlt, z.B. monatlich. Im Gegensatz zu vielen Arbeitslosenversicherungssystemen war der Bezug des Grundeinkommens nicht davon abhängig, dass die Personen nachweisen mussten, dass sie eine Beschäftigung suchten. Wenn eine Person ein bedingungsloses Grundeinkommen erhält, würde das dazu beitragen, Armut und Ungleichheit zu lindern und den Einzelnen zu ermutigen, Arbeit zu finden?

Es gibt eine Reihe ähnlicher Experimente im Zusammenhang mit dem Grundeinkommen. In Kanada wurde zum Beispiel im Juni 2017 in zwei Städten ein Grundeinkommensexperiment durchgeführt. Zwei Personengruppen wurden ausgewählt. Die eine Gruppe erhielt ein jährliches Grundeinkommen von bis zu 17.000 kanadischen Dollar (ca. 11.100 Euro), die andere Gruppe erhielt nichts. In diesem Experiment mussten die Teilnehmer ein niedriges Einkommen haben und für diejenigen, die das Grundeinkommen erhielten, wurde das Grundeinkommen um die Hälfte reduziert, wenn sie Arbeit fanden.

Barcelona startete im Oktober 2017 ein Grundeinkommensexperiment, das wie das finnische Experiment 2.000 Teilnehmer einbezog, von denen die Hälfte über einen Zeitraum von zwei Jahren zwischen 400 und 525 Euro pro Monat erhielt. Im Gegensatz zum Finnland-Experiment wurde das Geld in Barcelona jedoch nicht an Einzelpersonen, sondern an Haushalte vergeben, und die Empfänger des Geldes mussten etwas zurückgeben, und zwar in Form der Teilnahme an Unterstützungsprogrammen, die ihnen bei der Arbeitssuche halfen, sowie an anderen kommunalen Programmen.

In Finnland erhielten die 2.000 arbeitslosen Teilnehmer 560 Euro pro Monat als Grundeinkommen. Mit dieser garantierten Summe, so die Hypothese, wäre jeder Einzelne wahrscheinlich flexibler bei seiner Suche nach Arbeit, beim Wechsel zwischen verschiedenen Jobs oder wenn er in der sogenannten Gig Economy kleinere Aufträge übernimmt – vom Taxifahren über Handwerksaufträge bis zum Verfassen von Übersetzungen. Die Bilanz, welche die finnische Sozialbehörde Kela als Trägerin der zweijährigen Maßnahme im Mai 2020 zog, war durchaus enttäuschend. Das Experiment hatte zwar durchaus zu einer leichten Verschlankung des komplizierten finnischen Sozialsystems geführt; die Teilnehmer gaben an, weniger Stress verspürt zu haben und sogar die Arbeitslosigkeit war leicht zurückgegangen. Aber die eigentliche Frage, ob ein bedingungsloses Grundeinkommen einen Anreiz liefert, einen Job zu suchen, blieb unbeantwortet. Denn etwa gleichzeitig wurde in Finnland ein sogenanntes Aktivierungsmodell auf dem Arbeitsmarkt gestartet, das weitere Anreize zur Jobsuche schuf. Ob es also das Grundeinkommen war, das zur Jobsuche geführt hat, oder das Aktivierungsmodell, ließ sich am Ende nicht beantworten. Entsprechend ernüchtert äußerte sich Minna Ylikännö, die Forschungschefin der Sozialbehörde, am Ende des Experiments: »Wir können lediglich sagen, dass die beobachteten Effekte sowohl auf das Grundeinkommen als auch das Aktivierungsmodell zurückzuführen sind. Aber in welchem Maße und wie, das wissen wir nicht.« In Volkswirtschaften ist es eben schwierig, die Ceteris-paribus-Bedingung einzuhalten.

Quelle: Schmiester, C.: Finnen ziehen ernüchtert Bilanz, 07.05.2020, https://www.tagesschau.de/ausland/grundeinkommen-finnland-103.html

Eine zweite Art von Experimenten in der Wirtschaft sind *natürliche Experimente*. Ein natürliches Experiment ist eines, bei dem die Untersuchung eines Phänomens durch natürliche Umstände bestimmt wird, die außerhalb der Kontrolle dessen liegen, der das Experiment durchführt. Natürliche Experimente können durchgeführt werden, wenn eine Veränderung auftritt, welche es ermöglicht, die Auswirkungen dieser Veränderung auf die Bevölkerung zu untersuchen und Vergleiche mit einer nicht von diesen Veränderungen betroffenen Bevölkerung zu ziehen.

Beispiele für natürliche Experimente wären Untersuchungen dazu, wie sich das Rauchverbot an öffentlichen Plätzen auf die Zahl der Raucher oder die Ausgaben der Krankenkassen auswirkt, eine Veränderung in der Finanzierung des Bildungssystems auf den Bildungsstand der Bevölkerung, eine Erhöhung der Vermögensteuer auf den Immobilienmarkt oder die Einführung einer Frauenquote auf die Zahl der Frauen in Führungspositionen.

Typischerweise nutzen natürliche Experimente die statistischen Werkzeuge der Korrelation und der Regression, um zu bestimmen, ob zwischen zwei oder mehr Variablen eine Beziehung besteht, was deren Charakter ausmacht und wie stark die Beziehung zwischen ihnen sein könnte. Ausgehend von solch einer Analyse kann ein Modell entwickelt werden, das für Prognosen genutzt werden kann. Im Zentrum der Analyse steht, in welchem Ausmaß zwei oder mehr Variablen als Ursache und Wirkung interpretiert werden können. Nur weil zwei Variablen irgendeine Form von Beziehung aufweisen, impliziert dies noch nicht Ursache und Wirkung. Beispielsweise findet ein Wissenschaftler bei seinen Beobachtungen von Hochschulabsolventen innerhalb der Arbeitnehmerschaft heraus, dass diese grundsätzlich mehr verdienen als Arbeitnehmer ohne Hochschulabschluss. Kann der Forscher daraus schließen, dass ein Hochschulabschluss zu einem höheren Gehalt führt? Möglicherweise, aber nicht notwendigerweise. Es kann abgesehen vom Hochschulabschluss andere Faktoren geben, die Einfluss auf die Gehaltshöhe haben. Ein Modell zu entwickeln, welches verschiedene Faktoren berücksichtigt, ist ein wichtiger Bestandteil des Nutzens natürlicher Experimente.

Theorien

Theorien können verwendet werden, um etwas zu erklären oder Vorhersagen zu treffen. So kann etwa die Theorie der Indifferenzkurven und Budgetrestriktion benutzt werden, um das Verhalten von Verbrauchern zu erklären. Der Wert dieser Theorie liegt jedoch darin, wie zuverlässig ihre Vorhersagen sind. Wenn wir beobachten, wie sich Verbraucher tatsächlich verhalten und diese Ergebnisse nicht mit der Theorie übereinstimmen, dann kann es sein, dass neue Forschungen durchgeführt werden müssen, um die Theorie zu verfeinern. Vielleicht aber wird man die Theorie auch einfach der Geschichte überlassen müssen …

Ein Kritikpunkt an der Volkswirtschaftslehre besteht darin, dass einige Theorien, die üblicherweise in den Bachelor-Studiengängen gelehrt werden, durch Deduktion gewonnen wurden, dass aber die Prämissen, die als Grundlage für die gezogenen Schlussfolgerungen dienen, ungenau oder sogar einfach falsch sind und nicht durch

Daten und Beweise gestützt werden. So geht beispielsweise die neoklassische Theorie des Konsumentenverhaltens davon aus, dass Verbraucher rational handeln, mehr statt weniger bevorzugen und Kaufentscheidungen aus reinem Eigeninteresse treffen. Die Prämissen für diese Theorie wurden im 19. Jahrhundert entwickelt, als Wirtschaft und Gesellschaft ganz anders waren als heute. Der historische Kontext vieler Wirtschaftstheorien sollte nicht ignoriert werden.

Kritiker argumentieren, dass diese Annahmen nicht durch Beweise und Daten untermauert werden und daher alle Vorhersagen aus solchen Theorien unzuverlässig oder falsch seien. Befürworter halten dem jedoch entgegen, dass die Theorien nützliche Einsichten in das Verhalten enthalten, die es erlauben, gültige Vorhersagen zu machen. Auch wenn sie nicht in jedem Fall menschliches Verhalten erklären können, so haben sie doch einen gewissen Wert. Modelle, so argumentieren sie, sind schließlich Vereinfachungen der Realität, sodass man nicht darauf hoffen könne, jeden einzelnen Aspekt des menschlichen Verhaltens zu reproduzieren.

Falsifizierbarkeit

Wie bereits angedeutet, bestand einer der Kritikpunkte an der Volkswirtschaftslehre der letzten Jahre darin, dass sie zwar behaupte, eine Wissenschaft zu sein, aber nicht wissenschaftlichen Prinzipien folge – oder zumindest nur dann, wenn sie dies für zweckmäßig halte. Insbesondere argumentierten Kritiker, dass viele der Theorien, die wir in diesem Buch vorstellen werden, nicht mehr zutreffend seien und daher eigentlich verworfen werden sollten. Aber trotz der Kritik, dass auch dieses Buch dazu beitrage, das Problem zu verewigen, bilden diese Theorien doch nach wie vor die Grundlage für viele wirtschaftswissenschaftliche grundständige Studiengänge. Warum aber lehren wir weiterhin Theorien, die ungenau oder einfach falsch sind? Kritiker würden argumentieren, dass die Aufnahme solcher Theorien in einen Volkswirtschaftskurs ungefähr so ist, als würde im Physikstudium weiterhin gelehrt, dass die Erde eine Scheibe sei.

Wahrheit und Falsifizierbarkeit. Bei der Beurteilung dieser Auseinandersetzungen können wir uns auf die Wissenschaftsphilosophie und einen ihrer wichtigsten Vertreter, Sir Karl Popper, berufen. Popper wurde 1902 in Wien geboren und zog 1946 nach Großbritannien, um an der London School of Economics zu lehren. 1965 wurde er zum Ritter geschlagen. Sein Beitrag zur Wissenschaftsphilosophie war weitreichend und wurde umfassend beachtet.

Einer von Poppers wichtigen Beiträgen war das Prinzip der **Falsifizierbarkeit**. Popper ging von der Grundannahme aus, dass es nicht möglich ist, die Wahrheit von allem zu kennen. Theorien mögen weithin akzeptiert sein, aber letztlich können wir nicht hundertprozentig sicher sein, dass sie auch richtig sind. Wissen ist immer einer Entwicklung unterworfen und im Lichte neuer Erkenntnisse werden sich unsere Theorien und Ideen beständig ändern.

Popper argumentierte, dass es logisch nicht möglich ist zu beweisen, dass eine Theorie »wahr« ist. Was aber möglich wäre, ist eindeutig zu zeigen, dass eine Theorie

---

Falsifizierbarkeit
Die Widerlegbarkeit einer Theorie aufgrund neuer Beobachtungen oder Daten.

falsch ist. Denn es kann immer sein, dass neue Beobachtungen entdeckt oder produziert werden, die zeigen, dass die Theorie falsch ist. Popper argumentierte weiter, dass die induktive Methode der Wissensgewinnung fehlerhaft sei, weil wir niemals behaupten könnten, die »Wahrheit« aus einer stets begrenzten Anzahl von Beobachtungen zu erkennen. Nur weil wir viele Fälle eines Phänomens oder Verhaltens beobachten, bedeutet das nicht, dass wir dies auf alle Fälle dieses Phänomens oder Verhaltens verallgemeinern können. Das berühmte Beispiel, das Popper dazu anführt, ist das des »schwarzen Schwans«. Ein Beobachter könnte viele tausend Fälle von weißen Schwänen aufzeichnen und daraus verallgemeinern: »Alle Schwäne sind weiß.« Doch es ist logisch nicht erlaubt, diese Schlussfolgerung zu ziehen, da nicht alle Schwäne beobachtet worden sind. Wenn eine Person anschließend einen schwarzen Schwan beobachtet, dann würde sich die Vermutung, dass alle Schwäne weiß sind, als falsch erweisen.

Popper war der Ansicht, dass »gute« Wissenschaft danach streben sollte, Theorien zu widerlegen statt zu versuchen, sie zu beweisen. Ein Forscher sollte in seinen Ergebnissen deutlich machen, unter welchen Bedingungen eine von ihm vorgestellte Theorie widerlegt werden könnte. Das bedeutet, dass Forscher, die versuchen, eine Theorie zu verteidigen und Wege zu finden, um selbst angesichts eines Gegenbeweises unbedingt ihre Richtigkeit zu beweisen, die Grundlagen des wissenschaftlichen Arbeitens verletzen. Ein allgemeines Prinzip wissenschaftlichen Arbeitens ist daher, dass es möglich sein sollte, eine Theorie zu falsifizieren. »Gute Wissenschaft« sollte sich allein darauf konzentrieren und nicht danach streben, existierende Theorien beweisen zu wollen.

Bedeutung für die Volkswirtschaftslehre. Diese Debatte ist besonders für die Volkswirtschaftslehre von Bedeutung, da diese Kritik vor allem seit der Finanzkrise von 2007 bis 2009 geäußert wird. Sie werden vielleicht feststellen, dass einige Ihrer Dozenten heftige Verteidiger bestimmter Theorien sind oder zumindest nach Wegen suchen werden, um eine Theorie ganz oder teilweise gegen Gegenbeweise zu verteidigen oder sie daraufhin anzupassen. Wenn Sie Ihr Studium fortsetzen, ist es wichtig, die Diskussion dieses Kapitels über die Art und Weise, wie wir neue Theorien, Wissen und Erkenntnisse entdecken und überprüfen, im Gedächtnis zu behalten.

Die Volkswirtschaft ist ein dynamisches Fach und die detaillierte Forschung, die viele Volkswirte weiterhin betreiben, könnte überdecken, wie tief die Kritik an diesem Fach greift. Nun kann es sich dabei um rein populäre Kritik handeln – um einen Versuch, die Massen anzusprechen, von denen viele wenig oder gar kein Verständnis davon haben, was genau Volkswirte tun, wie sie forschen oder welche Kontrollen sie einführen, um die Qualität der Forschung und der Ergebnisse zu verbessern. Es lohnt sich, daran zu denken, dass die Modellierungsmethode es den Volkswirten ermöglicht, Fragen anzugehen, sie zu erforschen, über sie nachzudenken und zu versuchen, Wissen und Erkenntnisse zu gewinnen. Damit wird natürlich nicht gesagt, dass die Modelle selbst, was immer sie auch sonst sein mögen, endgültige Wahrheiten darstellten.

Auch wenn dieses Buch viele Theorien enthält, die Gegenstand beträchtlicher Kritik waren, so sind sie doch wichtig für das Verständnis der historischen Entwicklung der Volkswirtschaftslehre und dafür, wie wir dazu gekommen sind zu wissen, was wir wissen. Es ist jedoch auch wichtig zu erkennen, dass es noch viel gibt, was wir nicht wissen, und dass es noch viel zu entdecken gibt. Jeder Volkswirt weiß das.

Aufgeschlossenheit bewahren. Die Prozesse und Debatten rund um die wissenschaftliche Methode zu verstehen, die Theorien und ihre Grenzen zu verstehen, trägt dazu bei, neue Fragen zu generieren und nach besseren Wegen zu suchen, wie wir die Volkswirtschaft und das menschliche Verhalten verstehen können. Alles, worum wir Sie bitten, ist unvoreingenommen zu sein und zu erkennen, dass in Theorien einige Wahrheiten verborgen sein können, auch wenn sie keine vollständigen Wahrheiten sind – und dass diese Theorien und die Disziplin insgesamt einer ständigen Weiterentwicklung unterliegen. Die Volkswirtschaftslehre ist eher eine Methode, sich Problemen und Fragen zu nähern, als eine Abfolge endgültiger Wahrheiten. Die Debatte darüber, wie Volkswirte Dinge erkennen und Theorien und Modelle präsentieren, die den Anspruch erheben, Vorhersagen zu generieren, ist eine Debatte, welche die Disziplin nach wie vor durchdringt.

Die Cambridge-Ökonomin Joan Robinson fing diese Debatte wohl ziemlich gut ein, indem sie schrieb, die Volkswirtschaftslehre »humpelt mit einem Fuß in ungeprüften Hypothesen herum und mit dem anderen in unüberprüfbaren Slogans ... Unsere Aufgabe ist es, diese Mischung aus Ideologie und Wissenschaft so gut wie möglich aufzulösen« (Joan Robinson, Economic Philosophy, Pelican 1968).

Wie bereits erwähnt, kann die Trennung von Ursache und Wirkung problematisch sein. Beobachtungen und Erfahrung können dazu führen, Phänomene zu identifizieren, die intuitiv irgendwie miteinander verbunden zu sein scheinen. Empirische Forschung kann dabei helfen, einen Schluss zu ziehen, der beispielsweise eine Antwort darauf gibt, ob ein Anstieg der Geldmenge einen Anstieg des Preisniveaus verursacht. Die Frage, die gestellt werden muss, lautet: »Woher wissen wir, dass diese ›Antwort‹ richtig ist?« Welche sind die Faktoren, die das Preisniveau beeinflussen? Wie wichtig ist die Rolle der Geldmenge bei der Bestimmung des Preisniveaus? Wie wurde die Forschung durchgeführt, und welche »Fakten« und Annahmen wurden bei der Erstellung des Modells verwendet? Können diese Fakten und Annahmen als eine genaue Darstellung der »Wahrheit« akzeptiert werden oder gibt es für beides Interpretationen, die sich auf die Schlussfolgerungen auswirken könnten?

Wenn Fakten und Annahmen akzeptiert werden, dann müssen wir davon ausgehen, dass diejenigen, die sie gesammelt haben, dies unvoreingenommen und vorurteilsfrei getan haben, dass sie fachlich kompetent waren und über genügend Fachwissen verfügten, um dies in einer Weise tun zu können, der wir vertrauen können. Die Abgrenzung von Ursache und Wirkung kann zwar durch statistische Tests vorgenommen werden, sie unterliegt aber auch einem gewissen Interpretationsspielraum. Es ist nicht immer einfach, Ursache und Wirkung festzustellen, insbesondere, wenn kontrollierte Experimente nicht möglich sind, und das gilt für einen Großteil der Volkswirtschaftslehre.

Die Funktion von Annahmen

Wenn man eine Physikerin danach fragt, wie lange der Fall einer Marmorkugel von der Spitze des Schiefen Turms von Pisa dauert, wird sie die Frage wahrscheinlich unter der Annahme beantworten, dass die Kugel in einem Vakuum fällt. Natürlich ist diese

Annahme unzutreffend, denn das Gebäude ist ja von Luft umgeben, die Reibung auf die Marmorkugel ausübt und den Fall verlangsamt. Doch die Physikerin wird zu Recht darauf hinweisen, dass die Reibung der Marmorkugel mit der Luft so geringfügig ist, dass der Effekt vernachlässigt werden kann. Die Annahme des Falls im Vakuum bietet eine große Vereinfachung des Problems, ohne dass die Lösung wesentlich darunter leiden würde.

Volkswirte treffen aus denselben Gründen Annahmen: Annahmen reduzieren die Komplexität der Welt und machen sie so leichter verständlich. So können wir zum Beispiel bei der Untersuchung der Auswirkungen des internationalen Handels annehmen, dass die Welt nur aus zwei Ländern besteht und jedes Land nur zwei Güter herstellt. Natürlich besteht die Welt aus Dutzenden von Ländern, die Tausende von Gütern verschiedenen Typs produzieren, doch durch die Annahme von zwei Ländern und zwei Gütern können wir unser Denken fokussieren. Sobald wir den internationalen Handel in einer imaginären Zwei-Länder-zwei-Güter-Welt verstehen, sind wir gut dafür gerüstet, den Welthandel in unserer komplexen wirklichen Welt zu begreifen. Die Kunst des wissenschaftlichen Denkens besteht darin zu entscheiden, welche Annahmen man trifft. Angenommen, wir ließen beispielsweise einen Fußball statt einer Marmorkugel von der Spitze des Gebäudes fallen. Unsere Physikerin würde in diesem Fall bemerken, dass die Annahme »keine Reibung« in diesem Fall weit weniger korrekt ist: Die Reibung übt auf den Fußball eine größere Wirkung aus als auf eine Marmorkugel. Die Annahme des Falls im Vakuum ist für die Untersuchung einer Marmorkugel sinnvoller als für die Analyse eines fallenden Fußballs.

In gleicher Weise benutzen Volkswirte unterschiedliche Annahmen, um unterschiedliche Fragen zu beantworten. Die meisten wirtschaftlichen Sachverhalte dürften von einer Reihe verschiedener Faktoren beeinflusst werden. Wenn wir versuchen, diesen Sachverhalt unter Berücksichtigung all dieser Faktoren zu modellieren, so könnte die Analyse schnell so komplex werden, dass dies nicht zu einem besseren Verständnis der untersuchten Phänomene führen dürfte. Bei der Erforschung eines Phänomens werden Volkswirte untersuchen, was passiert, wenn sich ein einziger Faktor verändert, während alle anderen Faktoren, von denen man annehmen kann, dass sie auch Wirkungen haben, konstant gehalten werden. Dies ist ein Kernmerkmal der neoklassischen Wirtschaftsmethodik. So ist anzunehmen, dass die Menge, welche die Verbraucher kaufen möchten, durch den Preis des betreffenden Gutes, das Einkommen, den Geschmack und die Preise anderer verwandter Güter beeinflusst wird. Unsere Untersuchung des Verbraucherverhaltens wird jedoch vereinfacht, wenn wir zunächst nur die Auswirkungen einer Einkommensänderung auf die Nachfrage betrachten und dabei alle anderen Faktoren konstant halten. Dies kann mit den anderen Faktoren wiederholt werden, um einige allgemeine Regeln über die Nachfrage nach Gütern und Dienstleistungen zu generieren.

Annahmen müssen daraufhin geprüft werden, inwieweit sie zutreffend und vernünftig sind, so wie es auch die Physikerin für vernünftig hält, die Annahme der Reibung fallen zu lassen, wenn sie den Fall einer Kanonenkugel aus dem Schiefen Turm von Pisa betrachtet.

2.2 Theorieschulen

Angesichts unserer vorangegangenen Diskussion über die ökonomische Methodologie mag es nicht überraschen, dass es unterschiedliche Ansätze in den Wirtschaftswissenschaften und unterschiedliche Sichtweisen gibt. Diese können von Annahmen und Glaubenssystemen geprägt sein, welche die Art und Weise beeinflussen, wie Fragen betrachtet werden sowie die Ergebnisse und politischen Implikationen, die sich daraus ergeben. Vielleicht ist die vorherrschende Methode der neoklassische Ansatz, der manchmal als »Mainstream-Ökonomik« bezeichnet wird.

Neoklassische Ökonomik

Der neoklassische Ansatz vertritt die Auffassung, dass der Markt ein zentrales Instrument bei der Schaffung von Wohlstand und bei der Beantwortung der drei Fragen ist, mit denen sich alle Gesellschaften auseinandersetzen müssen und die wir in Kapitel 1 untersucht haben. Bei der Analyse von Märkten und Marktergebnissen geht der neoklassische Ansatz davon aus, dass Entscheidungen auf Rationalität beruhen, dass Wirtschaftssubjekte aus Eigeninteresse handeln und autonom sind. Der neoklassische Ansatz modelliert Verhalten als Problem der Optimierung unter Beschränkungen. Das heißt, es wird davon ausgegangen, dass Wirtschaftssubjekte versuchen, Ergebnisse zu maximieren oder zu minimieren, aber Einschränkungen unterliegen. Individuen versuchen, den Nutzen unter der Beschränkung ihres Einkommens zu maximieren; Firmen versuchen, die Kosten unter der Beschränkung der verfügbaren Ressourcen und des Preises dieser Ressourcen zu minimieren.

Kritiker dieses Ansatzes wenden dagegen ein, dass seine Annahmen unzutreffend sind und dass das, was an menschlichem Verhalten beobachtet wird, nicht mit der neoklassischen Sichtweise übereinstimmt. Sie argumentieren, dass der neoklassische Einfluss auf die Volkswirtschaftslehre so groß ist, dass andere Ansichten, die sogenannte heterodoxe Ökonomik, nur schwer Fuß fassen können (wobei der Begriff »heterodox« Ansichten bedeutet, die im Widerspruch zum Mainstream stehen). Zu diesen unterschiedlichen Ansichten gehören die feministische Ökonomik, die marxistische Ökonomik und die Österreichische Schule.

Feministische Ökonomik

Die feministische Ökonomik stellt viele Annahmen der neoklassischen Schule infrage. Ökonomischer Wohlstand, so wird argumentiert, werde nicht allein durch Markttransaktionen geschaffen, sondern auch durch unbezahlte Arbeit, die in Haushalten geleistet wird. Diese Hausarbeit, die von Männern wie Frauen gleichermaßen geleistet werden kann, soll dabei die Anerkennung erhalten, die sie verdient. In die Wirtschaftstätigkeit ist daher auch eine Bewertung der unbezahlten Arbeit mit einzubeziehen. Feministische Ökonominnen forschen auch in anderen Bereichen, in denen es Genderunterschiede und soziale Ungleichheiten gibt, und vertreten den Standpunkt, dass es nicht möglich sei, ökonomische Probleme wertfrei zu analysieren und zu erforschen. Beispielsweise sei die neoklassische Annahme, dass Menschen stets Arbeit gegen Freizeit abzuwägen haben, irreführend, insofern »Freizeit« üblicherweise mit erfreulichen, frei gewählten Aktivitäten assoziiert werde. Für viele Frauen jedoch stelle die unbezahlte »Nichtarbeitszeit« keineswegs Freizeit dar, sondern erhebliche Arbeit im Haushalt und für die Familie. Die Annahme, dass nur Erwerbsarbeit wertvoll sei, stelle hingegen ein Werturteil dar, das die unbezahlte gegenüber der bezahlten Arbeit abwerte.

Marxistische Ökonomik

In späteren Kapiteln werden wir die Funktionsweise von Märkten und Unternehmen genauer betrachten, wobei ein großer Teil der Analyse aus dem neoklassischen Ansatz stammt. Es gibt jedoch auch andere Erklärungen dafür, wie Märkte und Unternehmen funktionieren, darunter jene der marxistischen Ökonomik, die sich aus dem Werk von Karl Marx im 19. Jahrhundert entwickelte. Marx versuchte, kapitalistische Systeme zu analysieren und zu verstehen sowie zu erklären, wie und warum Produktion stattfindet. Auch ging es ihm um die Umstände, unter denen verschiedene gesellschaftliche Gruppen ökonomische Macht ausüben. Die marxistische Ökonomik betrachtet Unternehmen und Märkte dabei nicht als Einheiten, sondern als Ansammlungen von Menschen, und es sind diese Menschen, welche Entscheidungen treffen. Einige Menschen haben die Kontrolle über die Produktionsmittel und sind in der Lage, diese Macht so auszuüben, dass sie zu verschiedenen Ergebnissen führt und die wirtschaftliche Dynamik antreibt. Diese Dynamik kann jedoch selbstzerstörend sein und der Wettbewerb zwischen den Kapitalisten um die Macht über Produktionsmittel erzeugt teilweise die Auf- und Abschwünge in kapitalistischen Wirtschaften. Neoklassische Ökonomen hingegen würden andere Erklärungen für den Konjunkturzyklus vorschlagen.

Österreichische Schule

Die Österreichische Schule der Nationalökonomie geht auf Arbeiten aus dem ausgehenden 19. Jahrhundert an der Universität Wien zurück. Die Forscher in Wien glaubten, dass der ökonomische Wohlstand maximiert werde, wenn es Märkten gestattet werde, ihre Arbeit zu tun, und dass der Staat eine nur minimale Rolle in der Wirtschaft spielen solle. Daher wird diese Sicht auch als Ansatz des »Laissez-faire« bezeichnet (was man grob mit »laufen lassen« übersetzen könnte). Die individuelle Freiheit ist dabei das Grundprinzip der österreichischen Nationalökonomie. Die Österreichische Schule ist heute nicht mehr nur in Wien ansässig, sondern hat Anhänger in ganz verschiedenen Teilen der Welt. Zentrale Protagonisten der Österreichischen Schule waren vor allem Carl Menger, Eugen von Böhm-Bawerk, Friedrich Wieser, Ludwig von Mises und der Nobelpreisträger Friedrich August von Hayek. Andere einflussreiche Ökonomen, etwa der 1991 ebenfalls mit dem Wirtschaftsnobelpreis ausgezeichnete Ronald

Coase (der eine Zeit lang gemeinsam mit Hayek an der London School of Economics tätig war), sollen von der Österreichischen Schule beeinflusst gewesen sein. »Österreichische« Ökonomen würden zur Erklärung des Konjunkturzyklus auf die Angebotsseite der Wirtschaft schauen und weniger auf ihre Nachfrageseite. So ist es danach ein Angebotsüberschuss, der die Wirtschaft in eine Rezession treibt, was in zu geringen Zinssätzen begründet sein kann, die ihrerseits in zu vielen Investitionen und zu viel billigem Geld resultieren. Das wiederum kann Inflation auslösen. Für Österreichische Ökonomen ist daher Inflation nicht das Hauptproblem der Wirtschaftspolitik; Inflation ist vielmehr ein Symptom von Ungleichgewichten im Finanzsektor der Wirtschaft. Zu Anfang des 21. Jahrhunderts warnten die Ökonomen der Österreichischen Schule stets vor zu geringen Zinssätzen und zu hoher Staatsverschuldung und es gibt Stimmen, dass es diese Volkswirte und nicht Mainstream-Ökonomen waren, welche die Finanzkrise von 2007 bis 2009 korrekt vorhersagten. Kritiker der Österreichischen Schule wenden hingegen ein, dass diese vor allem auf verbalen statt auf mathematischen, statistischen oder empirischen Analysen basierten, sodass ihre Aussagen nicht testbar seien.

2.3 Der Volkswirt als politischer Berater

Oft werden Volkswirte gebeten, die Ursachen ökonomischer Ereignisse zu erklären und Politikempfehlungen zur Verbesserung der Wirtschaftsergebnisse zu machen. Warum ist die Arbeitslosenquote bei Jugendlichen zum Beispiel höher als die anderer Bevölkerungsgruppen und was sollte die Regierung tun, um das ökonomische Wohlergehen Jugendlicher zu steigern? Diese beiden Fragen führen zu wichtigen Unterschieden in der Art und Weise, wie wir Aussagen und Analysen betrachten müssen. Um die erste Frage zu beantworten, könnte der Ökonom eine wissenschaftliche Methode anwenden, um eine Erklärung anzubieten, aber die zweite beinhaltet ein Werturteil. Dies verdeutlicht die Unterscheidung zwischen dem, was als positive und normative Ökonomik bezeichnet wird.

Positive versus normative Analyse

Angenommen, zwei Personen diskutieren über Mindestlohnbestimmungen:
    Pascale: Mindestlohnbestimmungen verursachen Arbeitslosigkeit.
    Sophie: Man sollte die gesetzlichen Mindestlöhne erhöhen.
    Pascales Aussage stellt eine Behauptung darüber auf, wie die Welt funktioniert. Sophie gibt dagegen ein Werturteil über eine Veränderung ab, die sie gerne umgesetzt sehen würde. Pascales Aussage wird als eine positive Aussage bezeichnet. **Positive Aussagen** haben die Eigenschaft, dass die darin enthaltenen Behauptungen getestet und bestätigt, widerlegt oder bewiesen werden können. Es wäre möglich Untersuchungen durchzuführen, um zu zeigen, ob es einen Zusammenhang zwischen dem Erlass von Mindestlohngesetzen und einem Anstieg der Arbeitslosigkeit gibt. Eine

---

Positive Aussagen
Behauptungen, die versuchen, die Welt so zu beschreiben, wie sie ist.

positive Aussage muss nicht wahr sein. Es ist durchaus möglich, dass die Forschung zu dem Schluss kommt, dass es keinen Zusammenhang zwischen Mindestlöhnen und Arbeitslosigkeit gibt.

Die Aussage von Sophie ist dagegen normativ. **Normative Aussagen** haben die Eigenschaft, dass sie Meinungen enthalten und behaupten, wie die Welt sein sollte. Es ist nicht möglich, Meinungen zu testen und sie zu bestätigen oder abzulehnen.

Die positive Analyse schließt die Anwendung wissenschaftlicher Methodik ein, um zu Schlussfolgerungen zu gelangen, die überprüft werden können. Die normative Analyse ist der Prozess, Empfehlungen zu bestimmten Politiken oder Handlungen abzugeben. Es ist durchaus möglich, sowohl positive als auch normative Analysen durchzuführen. Zum Beispiel enthält der Satz »Die Regierung sollte das Defizit abbauen, da dies der Wirtschaft zugutekommt« eine normative Aussage, nämlich die Meinung, dass die Regierung das Defizit abbauen sollte. Sie enthält auch eine positive Feststellung – »Eine Reduzierung des Staatsdefizits wird der Wirtschaft zugutekommen« –, die getestet werden kann.

Ein wesentlicher Unterschied zwischen positiven und normativen Aussagen besteht also darin, wie wir ihre Gültigkeit beurteilen. Die Entscheidung, was gute oder schlechte Politik ist, ist nicht nur eine Frage der Wissenschaft, sondern bezieht auch unsere Ansichten über Ethik, Religion und politische Philosophie mit ein.

Natürlich können positive und normative Aussagen miteinander verbunden sein. Unsere positiven Ansichten darüber, wie die Welt funktioniert, beeinflussen unsere normativen Ansichten darüber, welche Politik wünschenswert ist. Pascales Behauptung, dass der Mindestlohn Arbeitslosigkeit verursacht, könnte uns dazu veranlassen, Sophies Schlussfolgerung zurückzuweisen, dass die Regierung den Mindestlohn anheben sollte.

Normative Aussagen
Behauptungen, die versuchen vorzuschreiben, wie die Welt sein sollte.

2.4 Warum Volkswirte einander widersprechen

Wenn doch die Volkswirtschaftslehre eine Wissenschaft sein und sich wissenschaftlicher Methoden bedienen soll, warum gibt es dann anscheinend trotzdem so viel Uneinigkeit unter Volkswirten in Bezug auf zahlreiche Empfehlungen für die Politik? Dafür gibt es zwei wesentliche Gründe:
▸ Volkswirte können uneins sein, ob eine positive Theorie darüber, wie die Welt funktioniert, auch valide ist.
▸ Volkswirte können unterschiedliche Werte und deshalb unterschiedliche normative Sichtweisen darüber haben, was die Politik erreichen sollte.

Lassen Sie uns diese beiden Gründe diskutieren.

Unterschiede in wissenschaftlichen Urteilen

Die Geschichte zeigt uns, dass es immer Uneinigkeit zwischen Wissenschaftlern über die »Wahrheit« und die Wirklichkeit gegeben hat. So wurde etwa 1964 der Aufsatz von

Peter Higgs mit einem theoretischen Modell zur Erklärung der später sogenannten »Higgs-Teilchen« von der Fachzeitschrift Physics Lectures mit der Begründung abgelehnt, die Theorie des Autors habe »wenig Relevanz für die Physik«. Im Jahr 2012 bestätigten jedoch Experimente des europäischen Kernforschungszentrums CERN in der Schweiz die Existenz der Higgs-Teilchen und 2013 wurde Higgs für seine Entdeckung sogar der Nobelpreis für Physik zuerkannt. Wissenschaft ist eben ein Suchprozess zum Verständnis der Welt um uns herum. Es ist nicht überraschend, dass die Wissenschaftler im Lauf dieses Suchprozesses immer wieder darüber uneins sind, in welcher Richtung die Wahrheit zu finden ist.

Volkswirte sind oft aus dem gleichen Grund uneins. Die Volkswirtschaftslehre ist eine junge Wissenschaft und es muss noch vieles erforscht werden. Tatsächlich gibt es einige, die behaupten, dass die Volkswirtschaftslehre niemals eine wahre »Wissenschaft« sein könne, weil die in den Naturwissenschaften geeigneten und notwendigen Verfahren nicht auf die Volkswirtschaftslehre anwendbar seien, da diese es mit menschlichem Verhalten zu tun hat. Menschen lassen sich eben nicht den gleichen Kontrollen und Vergleichen unterwerfen, die in der Physik möglich sind.

Außerdem widersprechen Volkswirte einander manchmal auch deshalb, weil ihnen unterschiedliche Befunde zur empirischen Gültigkeit alternativer Theorien oder zum Zahlenwert wichtiger Parameter vorliegen. Beispielsweise sind Volkswirte unterschiedlicher Ansicht darüber, ob der Staat die Steuern nach dem Haushaltseinkommen oder nach den Konsumausgaben des Haushalts bemessen sollte. Verfechter eines Übergangs von der üblichen Einkommensteuer zu einer Konsumsteuer glauben, auf diese Weise würde mehr gespart, weil das nicht konsumierte Einkommen steuerfrei bleibt. Höhere Ersparnisse würden wiederum zu mehr Produktivitäts- und Wirtschaftswachstum führen. Befürworter der bestehenden Einkommensbesteuerung glauben nicht daran, dass die Sparneigung in nennenswertem Umfang auf die Änderung der Steuergesetze reagieren würde. Die beiden Seiten vertreten unterschiedliche normative Ansichten über das Besteuerungssystem, weil sie unterschiedliche positive Ansichten über die Empfänglichkeit des Sparens für Steueranreize haben.

> **Kurztest**
> »Manchmal sollte man Theorien gegen Widerspruch verteidigen. Das zeigt sehr anschaulich das Beispiel von Peter Higgs.« Diskutieren Sie diese Aussage mit Rücksicht auf die Wirtschaftswissenschaften und das Prinzip der Falsifizierbarkeit.

Unterschiede in Werturteilen

Nehmen wir an, Sabine und Paul beziehen von der städtischen Wasserversorgung die gleiche Menge an Wasser. Um die Wasserversorgung betreiben zu können, erhebt die Stadt von den Einwohnern Steuern oder Gebühren. Sabine hat ein Jahreseinkommen von 100.000 Euro und wird – angenommen – mit 10.000 Euro oder 10 Prozent belastet. Paul hat ein Einkommen von 20.000 Euro und würde – wiederum angenommen – mit 4.000 Euro oder 20 Prozent des Einkommens belastet. Wäre das fair? Wenn nicht: Wer bezahlt zu viel und wer zu wenig? Spielt es dabei eine Rolle, ob Pauls geringes Einkommen darauf zurückzuführen ist, dass er aus gesundheitlichen Gründen in seiner Erwerbsfähigkeit eingeschränkt ist oder er sich mit Aushilfsjobs über Wasser hält, da er nebenbei eine Schauspielkarriere anstrebt? Ist es von Bedeutung, ob Sabines hohes Einkommen aus einer großen Erbschaft stammt oder das Ergebnis vieler Überstunden in einem anstrengenden Beruf ist? Das sind schwierige Fragen, über die man leicht unterschiedlicher Meinung sein kann. Würde die Stadtverwaltung zwei Experten mit Gutachten über die geeignete Besteuerung und Gebührenbelastung der Bürger beauftragen, wäre niemand überrascht, wenn die Gutachter zu unterschiedlichen Resultaten kämen. Dieses einfache Beispiel lässt erkennen, warum Volkswirte manchmal uneins über wirtschaftspolitische Maßnahmen sind. Wie wir bereits aus der Behandlung normativer und positiver Aussagen wissen, kann die Politik nicht allein nach wissenschaftlichen Maßstäben beurteilt werden. Aufgrund unterschiedlicher Werturteile kommen Volkswirte in ihren Gutachten oft zu unterschiedlichen Aussagen. Eine Vervollkommnung der Volkswirtschaftslehre wird nicht die Frage beantworten, ob Sabine oder ob Paul zu viel bezahlt.

Kurztest
Warum kommt es zu Meinungsverschiedenheiten zwischen den Wirtschaftsberatern von Regierungen über Fragen wie eine Reduktion des staatlichen Haushaltsbudgets?

Entscheidungen in der Volkswirtschaftslehre

Man konnte sagen, dass die Volkswirtschaftslehre die Wissenschaft vom Entscheiden ist. Dabei gehen Volkswirte auf eine ganz bestimmte Art und Weise vor: Zunächst werden sie versuchen, das Thema oder Problem zu identifizieren, das mit der Entscheidung verbunden ist. Zum Beispiel: Werden Maßnahmen zur Reduzierung von Treibhausgasemissionen effizient sein? Lohnt es sich, 50 Kilometer zu einem Einkaufszentrum zu fahren, um einen Einkaufsgutschein im Wert von 50 Euro einzulösen?

Der nächste Schritt besteht darin, Kosten und Nutzen, die mit der Entscheidung verknüpft sind, näher zu betrachten. Damit sind nicht nur Kosten und Nutzen für den Einzelnen gemeint, sondern auch Kosten und Nutzen für Dritte, die nicht unmittelbar in den Entscheidungsprozess einbezogen sind. So bedeutet die Reduktion von CO_2-Emissionen, dass Ressourcen zur Produktion und zur Energieerzeugung zukünftig anders eingesetzt werden müssen. Die privaten Kosten werden unmittelbar von den betroffenen Unternehmen getragen, die die entsprechenden Maßnahmen und Vorschriften umsetzen müssen. Die volkswirtschaftlichen Kosten schließen jedoch auch die Auswirkungen auf die Menschen ein, die in der näheren Umgebung von neuen Windparks oder Biogaserzeugungsanlagen wohnen.

Wenn ich mich entscheide, die 50 Kilometer zum Einkaufszentrum zu fahren, so beinhaltet dies Kosten für Benzin, die Abnutzung meines Autos usw., aber auch meine Zeit, die ich hierfür opfere (Opportunitätskosten). Die volkswirtschaftlichen Kosten

2.4 Denken wie ein Volkswirt
Warum Volkswirte einander widersprechen

umfassen jedoch auch die gestiegene Wahrscheinlichkeit eines Staus und auch die mögliche Unfallgefahr, die von mir auf andere Verkehrsteilnehmer ausgeht.

Nachdem Kosten und Nutzen identifiziert sind, versuchen Volkswirte diese zu bewerten, um eine Vorstellung vom Verhältnis von Kosten und Nutzen bei der jeweiligen Entscheidung zu bekommen. In manchen Fällen ist die Bewertung von Kosten und Nutzen einfach. Der Nutzen meines Ausflugs ins Einkaufszentrum sind die 50 Euro, die ich beim Einkauf sparen kann. Und auch die Kosten für Benzin sind leicht zu ermitteln. In anderen Fällen ist es dagegen wesentlich schwerer, Kosten und Nutzen zu bewerten. Welchen Wert hat der Verlust einer Aussicht auf unberührte Landschaften durch den Bau einer Windkraftanlage oder die mögliche Geruchsbelästigung durch eine Biogasanlage? Volkswirte haben jedoch Wege gefunden, um diese Fragen zu bewerten.

Sobald die Höhe der Kosten und des Nutzens ermittelt wurden, wird die Entscheidung klarer. Übersteigen die Kosten den Nutzen, dann wäre es nicht klug, die Entscheidung zu treffen. Ist der Nutzen jedoch größer als die Kosten, dann konnte dies die Entscheidung rechtfertigen. Dabei spielt es natürlich eine Rolle, wie stark der

Fallstudie

Das Positive und das Normative entwirren

Seit 2005 verhandelten 12 Länder über die Schaffung einer Transpazifischen Partnerschaft (TPP). Dabei handelte es sich um Australien, Brunei, Chile, Japan, Kanada, Malaysia, Mexiko, Neuseeland, Peru, Singapur, die USA und Vietnam. Das Abkommen sollte zu einer Zunahme des Freihandels zwischen den Partnerländern führen. Im April 2015 schrieb Professor Mankiw einen Artikel in der New York Times mit der Überschrift: »Volkswirte sind sich über die Vorzüge des Freihandels einig.« Professor Mankiw stellte in dem Artikel fest, es gebe »nahezu Einstimmigkeit« unter Volkswirten über die Vorteile von Freihandel. Drei Tage, nachdem der Artikel erschienen war, verfasste jedoch Jim Naureckas, der Herausgeber des Magazins Extra! der Media-Watch-Gruppe FAIR (Fairness and Accuracy in Reporting), eine harte Zurechtweisung der New York Times, in der er behauptete, Professor Mankiw habe die Tatsache ignoriert, dass es in Wahrheit »keinen Konsens in der Volkswirtschaftslehre darüber gibt, dass Freihandel notwendigerweise den meisten Menschen nützt«. Mankiws Artikel, so argumentierte er, habe den Eindruck erweckt, dass »alle Ökonomen für die TPP seien, weil es ein Freihandelsabkommen sei«. Weiter gab er an, dass aber »tatsächlich viele Volkswirte gegen die TPP eingestellt seien« und dass es sogar »Volkswirte gibt, welche die Darstellung von TPP ... als Freihandelsabkommen zurückweisen«. Naureckas gibt zudem an, dass Professor Mankiw selbst Volkswirte wie Paul Krugman und Joseph Stiglitz (beide Nobelpreisträger) ignoriere, und betont damit, wie wackelig Mankiws Argument in Wahrheit sei:

»Wenn Sie angeben, dass es keinen ernsthaften Widerspruch zu Ihrer Meinung gebe, so ist das nur ein Hinweis darauf, dass Ihre Meinung eigentlich keinem Widerspruch standhält«, stellte er fest.

So ein »Gezänk« ist typisch für die Art von Auseinandersetzung um die Volkswirtschaftslehre. Als Student oder Studentin dieses Faches wird es ein Teil Ihrer Ausbildung sein, Fakten von Fiktion zu trennen und das Positive vom Normativen; das aber ist selten einfach. In den oben genannten Zeitungsartikeln gibt es einige Schlüsselwörter und -ausdrücke wie »nahezu Einstimmigkeit«, »viele« und »ernsthafter Widerspruch«. Als Student oder Studentin der VWL werden Sie vernünftigerweise nach klareren Definitionen dieser Worte fragen wollen. »Nahezu Einstimmigkeit« heißt nicht »alle«. Welchen Beweis gibt es für die Behauptung von Professor Mankiw, vorausgesetzt, sie trifft überhaupt zu? Wenn es »viele« Volkswirte gibt, die nicht glauben, dass Freihandel notwendigerweise Vorteile für die meisten Menschen bringt (und was soll hier überhaupt »die meisten« heißen?), über welche Anzahl und welche Art von Volkswirten sprechen wir dann hier? Der wichtigste Rat, den man vielleicht geben könnte ist, »nicht alles zu glauben, was man liest« und kritisch bei der Analyse von Artikeln und widerstreitenden Meinungen zu sein, sodass man am Ende ein gewisses Verständnis davon hat, woher die Vertreter unterschiedlicher Auffassungen kommen und warum sie wohl zu ihren unterschiedlichen Sichtweisen gelangt sein könnten.

Nutzen die Kosten übersteigt. Wenn der Einkaufsgutschein für mich einen Wert von 50 Euro hat und sich die Kosten für die Fahrt ins Einkaufszentrum auf 49 Euro belaufen, dann wurde sich mein Ausflug nicht wirklich lohnen. Anders sieht es aus, wenn die Kosten nur 10 Euro betragen.

Jeden Tag treffen Individuen, Unternehmen und Regierungen Millionen von Entscheidungen. Auch wenn nicht jede dieser Entscheidungen so getroffen wird, wie wir es gerade beschrieben haben, und wir sicherlich nicht innehalten, um darüber nachzudenken, so laufen im Gehirn dennoch rechnerische Prozesse ab, während wir Entscheidungen treffen. Nur sind diese meistens unterbewusst. Volkswirte und Psychologen finden mehr und mehr darüber heraus, wie Menschen Entscheidungen treffen. Dies hilft uns dabei, das Verständnis der Modelle zu verbessern, mit denen wir das Konsumentenverhalten analysieren.

Zusammenfassung

- Die Volkswirtschaftslehre ist durch verschiedene Methoden und Schulen gekennzeichnet. Zu ihnen gehören die neoklassische, die feministische und die marxistische Ökonomik sowie die Österreichische Schule der Nationalökonomie.
- Volkswirte treffen Annahmen und erstellen vereinfachte Modelle, um die Welt besser zu verstehen. Außerdem verwenden sie empirische Methoden, um Hypothesen zu entwickeln und diese zu testen.
- Volkswirte müssen versuchen, Ursachen und Wirkungen zu identifizieren, was nicht immer einfach ist.
- Forschung kann induktiv oder deduktiv erfolgen. Keiner dieser beiden Wege ist der einzig »richtige«.
- Volkswirte entwickeln Theorien, mit denen sich Phänomene erklären und Vorhersagen treffen lassen.
- Das Prinzip der Falsifizierbarkeit basiert auf der Erkenntnis, dass man Theorien nicht sicher beweisen kann. Deshalb sollten Forscher danach trachten, Theorien zu widerlegen.
- Die Sammlung von Beobachtungen und das Aufstellen von Theorien gehört zur Methodik der Wissenschaften. Volkswirte müssen jedoch immer im Hinterkopf behalten, dass sie das Verhalten von Menschen untersuchen, die nicht immer konsistent und rational handeln.
- Volkswirte können nicht nur Laborexperimente durchführen, sondern auch natürliche Experimente, indem sie politische Handlungen und ihre Ergebnisse beobachten.
- Eine positive Aussage ist eine Behauptung darüber, wie die Welt tatsächlich *ist*. Demgegenüber ist eine normative Aussage eine Behauptung darüber, wie die Welt sein *sollte*.
- Volkswirte, die Politiker beraten, geben oft einander widersprechende Empfehlungen ab, entweder aufgrund unterschiedlicher wissenschaftlicher Einschätzungen oder weil sie unterschiedliche Werte verfolgen. Daneben kann es auch sein, dass sich die Volks-

Stichwörter

- **kontrafaktisch**
- **endogene Variable**
- **exogene Variable**
- **ceteris paribus (unter sonst gleichen Bedingungen)**
- **Herleitung**
- **Hypothese**
- **Verallgemeinerung**
- **Falsifizierbarkeit**
- **positive Aussagen**
- **normative Aussagen**

wirte weitgehend einig sind, aber die Politiker ihre Empfehlungen weitgehend ignorieren.
▸ Entscheidungen in der Volkswirtschaftslehre können häufig dadurch verbessert werden, dass man ihre Kosten und Nutzen quantifiziert.

Wiederholungsfragen

1. Inwiefern ist die Volkswirtschaftslehre wie eine Naturwissenschaft?
2. Warum treffen Ökonomen Annahmen?
3. Soll ein ökonomisches Modell die Realität exakt beschreiben?
4. In welchem Zusammenhang stehen Theorie und Empirie in der Volkswirtschaftslehre?
5. Worin besteht der Unterschied zwischen einer positiven und einer normativen Aussage? Nennen Sie zu jeder Aussage ein Beispiel.
6. Warum erhalten die Wirtschaftspolitiker des Öfteren widersprüchliche volkswirtschaftliche Ratschläge?

Aufgaben und Anwendungen

1. Inwiefern weichen die methodologischen Ansätze der sogenannten heterodoxen Ökonomik vom ökonomischen Mainstream ab?

2. Ein Professor möchte im Sommer Urlaub machen und stellt fest, dass Urlaubsreisen während der Schulferien deutlich teurer sind als in der Zeit vor und nach den Schulferien. Er entwickelt daraufhin eine Theorie, um dieses Phänomen zu erklären. Ist der Professor durch Induktion oder durch Deduktion zu seiner Erkenntnis gekommen? Wie könnte der Professor seine Theorie überprüfen?

3. Klassifizieren Sie jede der nachfolgenden Aussagen als positiv oder normativ und erklären Sie Ihre Einstufung.
    a. Auf kurze Sicht hat die Gesellschaft zwischen Inflation und Arbeitslosigkeit zu wählen.
    b. Eine Senkung der Wachstumsrate der Geldmenge wird die Inflationsrate senken.
    c. Die Zentralbank jedes Landes sollte die Steigerungsrate der Geldmenge senken.
    d. Von den Sozialhilfeempfängern sollte der Staat die Suche nach Arbeit verlangen können.
    e. Niedrigere Steuern führen zu mehr Arbeit und höheren Ersparnissen.

4. Wenn Sie Regierungschef wären, würden Sie sich mehr für die positiven oder die normativen Ansichten Ihrer Wirtschaftsberater interessieren? Warum?

5. Warum sind ökonomische Modelle immer wieder starker Kritik ausgesetzt?

6. Rechnen Sie damit, dass die volkswirtschaftlichen Berater im Lauf der Zeit immer weniger in ihren Ratschlägen und Gutachten voneinander abweichen? Warum oder warum nicht? Können die Unterschiede völlig ausgeräumt werden? Warum oder warum nicht?

7. Nehmen Sie an, Ihr Mitbewohner erzählt Ihnen am Frühstückstisch, dass am Stadtrand ein neues Einkaufszentrum eröffnet und es dort heute für jeden Einkauf im Wert von mindestens 100 Euro einen Kinogutschein gratis gibt. Ihr Mitbewohner ist hellauf begeistert und möchte sich unbedingt den Kinogutschein holen. Was meinen Sie? Was sollten Sie als Ökonom bei Ihrer Entscheidung bedenken?

8. Im American Football galt es bis vor kurzem als ungeschriebenes Gesetz, dass Quarterbacks, die älter als 40 Jahre sind, keinen Super Bowl mehr gewinnen können. Im Super Bowl 55 konnten jedoch die Tampa Bay Buccaneers, angeführt von ihrem 43-jährigen Quarterback Tom Brady, gegen die hoch favorisierten Kansas City Chiefs gewinnen. Was hätte wohl der berühmte Wissenschaftsphilosoph Karl Popper dazu gesagt?

Anhang Kapitel 2
Grafische Darstellungen und die Instrumente der Volkswirtschaftslehre: Ein kurzer Überblick

Während Sie in diesem Buch und in Ihrer Lehrveranstaltung weiter voranschreiten, werden Sie einer Anzahl ökonomischer Methoden und Prozesse begegnen, mit denen Volkswirte die Welt analysieren. In diesem Anhang werden wir einige von ihnen kurz vorstellen.

Viele der Sachverhalte, die Ökonomen untersuchen, können in Zahlen ausgedrückt werden – der Preis einer Banane, die Menge der verkauften Bananen, die Kosten des Bananenanbaus usw. Diese Zahlen repräsentieren Variablen, das heißt Dinge, die sich verändern können. Volkswirte interessieren sich für diese Variablen, besonders dafür, wie sie zueinander in Beziehung stehen. Wenn beispielsweise der Preis für Bananen steigt, kaufen die Menschen weniger Bananen. Bedeutet das, dass es zwischen der Variablen »Preis« und der Variablen »Nachfrage« einen Zusammenhang gibt? Wenn es ausreichende Beweise dafür gibt, dass die beiden Variablen nicht nur zusammenhängen, sondern dass der Zusammenhang zwischen ihnen stark ist, kann dies zu der Annahme führen, dass zwischen ihnen eine grundsätzliche Beziehung existiert. Volkswirte nutzen die Mathematik und grafische Darstellungen, um solche Beziehungen darzustellen.

Funktionen

In der Volkswirtschaftslehre kommen häufig Funktionen zum Einsatz. Nachfrage- und Angebotsgleichungen sind zwei Beispiele für Funktionen. Üblicherweise werden Funktionen wie folgt ausgedrückt:

$y = f(x)$
oder einfach $f(x)$.

Das bedeutet, dass der Wert von y von den Werten in der Klammer abhängt. In unserem Beispiel gibt es nur einen Wert, nämlich x, sodass der Wert von y vom Wert von x abhängt.

Es ist jedoch weitaus wahrscheinlicher, dass y von verschiedenen Variablen abhängt. Dies kann ebenfalls in Form einer Funktion dargestellt werden, die wie folgt aussehen würde:

$y = f(x_1, \ldots x_n)$
wobei $x_1, \ldots x_n$ eine Bandbreite unterschiedlicher Variablen repräsentiert.

Lineare Gleichungen. Während Ihrer Lehrveranstaltung werden Sie wahrscheinlich mit linearen Gleichungen arbeiten müssen – Gleichungen, die grafisch als gerade Linien dargestellt werden. Eine lineare Gleichung sieht üblicherweise wie folgt aus:

$y = a + bx$

In dieser Gleichung ist y der Wert, der auf der senkrechten Achse abgetragen wird (die abhängige Variable), und x ist der Wert auf der waagerechten Achse (unabhängige Variable).

a ist eine Konstante und repräsentiert den Punkt, an dem die Gerade die y-Achse schneidet. b ist die Steigung der Geraden oder ihr Gradient. Wir können eine lineare Gleichung grafisch darstellen, indem wir verschiedene Werte für x einsetzen und durch die Gleichung die jeweiligen Werte von y herleiten. Dies zeigt die Abbildung 2A-1 für die lineare Gleichung $y = 5 + 2x$.

Wir stellen fest, dass die Gerade die senkrechte Achse schneidet, wenn x gleich 0 ist. Der Wert der Konstante a ist in dieser Gleichung 5 und steht für den senkrechten Schnittpunkt, den Punkt, an dem die Geradengleichung die senkrechte Achse schneidet. Des Weiteren stellen wir fest: Wenn der Wert von x um jeweils 1 ansteigt, steigt der Wert von y um jeweils 2 an. In der Gleichung ist die Konstante $b = 2$ und bildet die Steigung der Geraden. Mehr zu Steigungen erfahren Sie später in diesem Anhang.

Typen von Graphen

Der lineare Graph, den wir aus der Gleichung abgeleitet haben, ist einer von mehreren Typen von Graphen, die Sie in Ihrem Studium nutzen werden. Doch warum benutzt man sie überhaupt? Graphen erfüllen zwei Zwecke. Erstens: Bei der Entwicklung ökonomischer Theorien bieten sie die Möglichkeit, Ideen visuell darzustellen, die man mit Worten oder Gleichungen weniger klar ausdrücken könnte. Zweitens: Bei der Analyse ökonomischer Daten eröffnen Graphen einen Weg herauszufinden, wie bestimmte Variablen zusammenhängen. Der **Graph** stellt also die Zusammenhänge zwischen den Variablen visuell dar.

Graph
Stellt Zusammenhänge zwischen Variablen visuell dar.

Abb. 2A-1

Graph einer linearen Gleichung

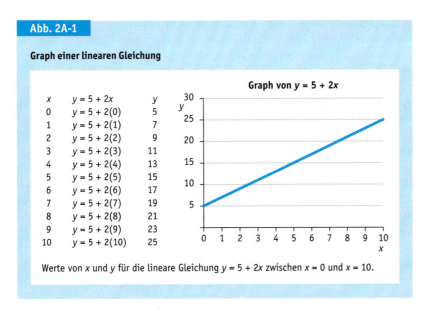

Werte von x und y für die lineare Gleichung $y = 5 + 2x$ zwischen $x = 0$ und $x = 10$.

Ob wir nun mit Theorien oder Datenmaterial arbeiten – Graphen sind ein geeignetes Mittel, um Muster und Zusammenhänge sichtbar zu machen. Um die zu erlangende Information so deutlich wie möglich zu machen, ist es wichtig, die passende Darstellungsmethode zu wählen. Der effektive Volkswirt nutzt den Typ grafischer Darstellung, der am besten zum Untersuchungsgegenstand passt.

In Abbildung 2A-2 werden drei verbreitete Typen von Graphen (bzw. Diagrammen) gezeigt. Das Kreisdiagramm (a) – auch Torten- oder Kuchendiagramm – zeigt, wie das deutsche Bruttoinlandsprodukt (BIP) 2020 verwendet wurde. Die unterschiedlichen Kreissektoren oder Kuchenstücke zeigen den prozentualen Anteil der jeweiligen Verwendung am BIP. Das Balkendiagramm (b) zeigt die Entwicklung des Leitzinses der Europäischen Zentralbank zwischen April 2011 und März 2021. Der Zinssatz in Prozent wird auf der senkrechten Achse dargestellt, der Zeitraum auf der waagerechten Achse. Die Höhe eines jeden Balkens repräsentiert die Höhe des Zinssatzes. Das Zeitreihendiagramm (c) zeigt die Entwicklung der Arbeitslosenquote im Euroraum zwischen 2010 und 2019. Die Arbeitslosenquote in Prozent wird auf der senkrechten Achse dargestellt, die Jahre auf der waagerechten Achse. Die Punkte des Graphen zeigen die Höhe der Arbeitslosenquote in dem jeweiligen Jahr an.

Liniendiagramme interpretieren. Schauen Sie sich das Liniendiagramm (c) der Abbildung 2A-2 an. Die Arbeitslosenquote im Euroraum betrug 2000 8,7 Prozent, fiel 2001 auf 8,1 Prozent und stieg dann stetig an – bis auf 9,2 Prozent im Jahr 2004. Die Differenz zwischen 2001 und 2004 beträgt 1,1 Prozentpunkte – ein relativ geringer Anstieg, der durch eine moderat ansteigende Kurve wiedergegeben wird. Zwischen 2004 und 2007 fiel die Arbeitslosenrate um 1,7 Prozentpunkte auf 7,5 Prozent: Ein Rückgang, der durch einen bereits etwas steileren Kurvenverlauf, dieses Mal abfallend, repräsentiert wird. Ab 2008 steigt die Arbeitslosenrate schnell und kräftig an. Die Kurve steigt entsprechend steil nach oben. Die Arbeitslosigkeit im Euroraum wuchs zwischen 2007 und 2009, das heißt in nur zwei Jahren, um 2 Prozentpunkte, während sie zwischen 2001 und 2004 in drei Jahren nur um 1,1 Prozentpunkte angestiegen war. 2010 und 2011 blieb die Arbeitslosenquote bei 10,1 Prozent; der Graph verläuft zwischen diesen beiden Daten flach, als ebene Linie.

Der flache oder steile Verlauf eines Graphen verrät uns viel darüber, ob sich unsere Variable langsam oder schnell verändert. Jedoch müssen wir uns bewusst machen, dass wir dabei immer auf den Maßstab des Graphen achten müssen. Werfen Sie in diesem Zusammenhang einen Blick auf Diagramm (d). Dieser Graph repräsentiert genau dieselben Informationen wie der in Diagramm (c), doch der Maßstab der senkrechten Achse wurde verändert. Die Entwicklung der Arbeitslosenrate wirkt dadurch in Diagramm (d) weit weniger dramatisch, der Graph wirkt relativ flach. Wenn Sie also die Informationen von zwei Liniendiagrammen miteinander vergleichen, müssen Sie sich immer erst des Maßstabes bewusst werden, bevor Sie Schlussfolgerungen ziehen.

Abb. 2A-2

Typen von Graphen

(a) Verwendung des Bruttoinlandsprodukts (Deutschland, 2020)

- Außenbeitrag: 5,7 %
- Bruttoinvestitionen: 20,5 %
- Privater Konsum: 51,3 %
- Staatlicher Konsum: 22,5 %

Quelle: Statistisches Bundesamt (Hrsg.): Volkswirtschaftliche Gesamtrechnungen 2020. Wichtige Zusammenhänge im Überblick, Stand: Januar 2021, www.destatis.de

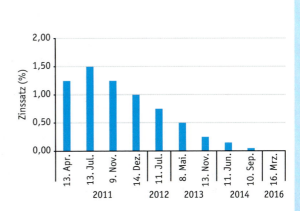

(b) EZB-Leitzins (2011–2020)

In der Zeit vom 16. März 2016 bis 31. März 2021 erfolgte keine Änderung des Leitzinses.
Quelle: European Central Bank, http://www.ecb.europa.eu, Stand: 31. März 2021

(c) Arbeitslosenquote im Euroraum (2010–2019)

Quelle: Eurostat, http://ec.europa.eu/eurostat

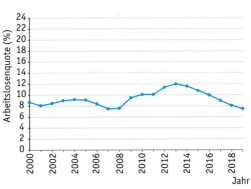

(d) Arbeitslosenquote im Euroraum (2010–2019)

Quelle: Eurostat, http://ec.europa.eu/eurostat

Das Kreis- oder Kuchendiagramm (a) zeigt die Verwendung des deutschen Bruttoinlandsprodukts (BIP) 2020. Die unterschiedlichen Kreissektoren oder Kuchenstücke zeigen den prozentualen Anteil der jeweiligen Verwendung am BIP. Das Balkendiagramm (b) zeigt den Leitzins der Europäischen Zentralbank. Das Liniendiagramm (c) zeigt die Entwicklung der Arbeitslosenquote im Euroraum zwischen 2010 und 2019. Das Diagramm (d) zeigt den gleichen Sachverhalt wie Diagramm (c), verwendet aber für die Ordinate einen anderen Maßstab.

Graphen für zwei Variablen: Das Koordinatensystem

Obwohl die drei Diagramme in Abbildung 2A-2 gut geeignet sind, um zu verdeutlichen, wie sich eine Variable über einen bestimmten Zeitraum oder zwischen Individuen verändert, sind solche Graphen in ihren Ausdrucksmöglichkeiten begrenzt, denn sie visualisieren nur Informationen zur Entwicklung einer einzelnen Variablen. Da sich aber Ökonomen – wie bereits angesprochen – häufig mit der Beziehung zwischen Variablen befassen, müssen sie zwei Variablen in einem einzigen Graphen wiedergeben können. Die Möglichkeit dazu bietet das **Koordinatensystem,** durch das zwei Variablen (eine auf der x-Achse, eine auf der y-Achse) in ihrer Abhängigkeit voneinander visuell dargestellt werden können.

Nehmen wir an, Sie wollen das Verhältnis zwischen Lernzeit und Prüfungsergebnissen für Studierende volkswirtschaftlicher Lehrveranstaltungen analysieren. Hierzu könnten Sie folgende Daten erheben: Lernstunden jedes Studierenden pro Woche und Noten in der Modulprüfung. Diese Variablen können dann als *geordnete Paare* in Klammern gesetzt werden und erscheinen im Diagramm jeweils als Punkte. Diese Art des Diagramms wird **Streudiagramm** genannt.

In Abbildung 2A-3 steht Albert für das geordnete Paar (25 Stunden/Woche, Prüfungsergebnis 70 Prozent), sein Kommilitone Alfred repräsentiert das geordnete Paar (5 Stunden/Woche, Prüfungsergebnis 40 Prozent). Wir können diese geordneten Paare in einem Koordinatensystem darstellen. Die erste Zahl in jedem geordneten Paar ist die x-Koordinate, die zweite Zahl ist die y-Koordinate. Sie geben an, wo sich der

Koordinatensystem
Eröffnet die Möglichkeit, zwei Variablen (eine auf der x-Achse, eine auf der y-Achse) in ihrer Abhängigkeit voneinander visuell darzustellen.

Streudiagramm
Wertepaare (geordnete Paare) in einem Koordinatensystem, die durch Punkte markiert sind.

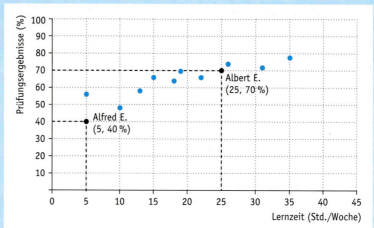

Abb. 2A-3

Anwendung des Koordinatensystems

Die Prüfungsergebnisse werden auf der senkrechten Achse angeben, die Lernzeit auf der waagerechten Achse. Albert, Alfred und ihre Kommilitonen werden durch Punkte wiedergegeben. Das Streudiagramm zeigt, dass Studierende, die mehr Zeit zum Lernen verwenden, tendenziell bessere Noten bekommen.

Punkt im Koordinatensystem befindet: Vom Nullpunkt aus x Einheiten nach rechts und y Einheiten nach oben.

Das Streudiagramm in Abbildung 2A-3 stellt also die Lernzeit im Verhältnis zum Prüfungsergebnis für Albert, Alfred und ihre Kommilitonen dar. Wenn wir das Streudiagramm näher betrachten, fällt sofort auf, dass die weiter rechts liegenden Punkte (mehr Lernzeit) auch höher liegen (bessere Prüfungsergebnisse). Die Variablen Lernzeit und Prüfungsergebnis entwickeln sich also in dieselbe Richtung, was als *positive Korrelation* bezeichnet wird. Auf der anderen Seite wird mehr Zeit zum Feiern meist zu schlechteren Prüfungsergebnissen führen. Da diese Variablen sich also in entgegengesetzte Richtungen entwickeln, spricht man hier von *negativer Korrelation*.

Begrenztheit der Aussagekraft von Streudiagrammen. Mit Blick auf das Streudiagramm 2A-3 erscheint es vernünftig, dass mehr Lernzeit zu besseren Noten führt. Doch nur weil zwei Variablen in einer Beziehung zu stehen scheinen, heißt das noch nicht, das dem auch so ist. Als Wirtschaftswissenschaftler müssen wir immer kritisch bleiben und das, was wir sehen, hinterfragen. Ein Beispiel verdeutlicht die Notwendigkeit kritischer Distanz: Nehmen Sie an, in einer Region X werden Daten veröffentlicht, welche einen Zuwachs von Neugeborenen über einen bestimmten Zeitraum zeigen. Es wurde beobachtet, dass im gleichen Zeitraum auch die Storchenpopulation in der Region X angestiegen ist. Es gibt die »Theorie«, dass Störche die Babys bringen. Sie kommt daher, dass der Storch ein Fruchtbarkeitssymbol ist. Zudem gab es in früheren Zeiten den Glauben, dass Störche, die in Sumpfgebieten leben, die Seelen der Babys aus dem Wasser fischen und zu ihren Müttern bringen würden.

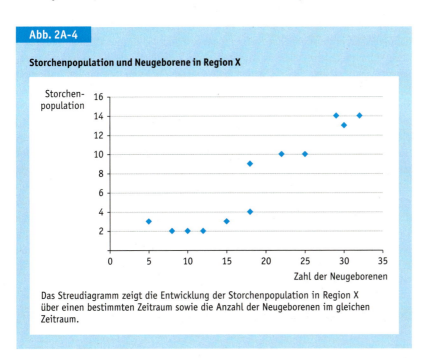

Abb. 2A-4

Storchenpopulation und Neugeborene in Region X

Das Streudiagramm zeigt die Entwicklung der Storchenpopulation in Region X über einen bestimmten Zeitraum sowie die Anzahl der Neugeborenen im gleichen Zeitraum.

Wenn man das Streudiagramm in Abbildung 2A-4 betrachtet, scheint es zwischen den beiden Variablen – der Population der Störche und der Anzahl der Neugeborenen – eine positive Korrelation zu geben. Doch der gesunde Menschenverstand und die Biologie sagen uns, dass das, was wir sehen, reiner Zufall ist – zwei Variablen, die miteinander in einem Zusammenhang zu stehen scheinen, der aber nicht existiert. Ob es einen wirklichen Zusammenhang zwischen Variablen gibt oder ob dieser Zufall ist, können verschiedene statistische Tests ermitteln. Wenn die entsprechenden Tests auf das Beispiel mit den Störchen angewendet werden würden, würden sie zeigen, dass eine signifikante Korrelation existiert. Sie würden aber auch anzeigen, zu welchem Grad diese Korrelation einzig dem Zufall geschuldet ist. Dieses Beispiel ist eine weitere Erinnerung daran, dass Volkswirte Dinge niemals einfach akzeptieren, sondern sie immer hinterfragen sollten.

Kurven in einem Koordinatensystem: Die Nachfragekurve als Beispiel

Studierende, die mehr lernen, erreichen bessere Prüfungsergebnisse. Doch andere Faktoren können auch eine Rolle spielen – Vorkenntnisse, Begabung, gute Betreuung durch den Dozenten bzw. die Dozentin und sogar ein gutes Frühstück. Ein Streudiagramm wie das in Abbildung 2A-3 versucht nicht, den Einfluss, den die Lernzeit auf das Prüfungsergebnis hat, von anderen Faktoren zu isolieren, die ebenfalls eine Rolle spielen. Volkswirte sind sich völlig bewusst, dass die Probleme, welche sie analysieren, von vielzähligen Faktoren beeinflusst werden können. Um nun aber die wichtigsten Faktoren analysieren zu können, wird die Ceteris-paribus-Annahme angewandt, das heißt »unter sonst gleichen Bedingungen«. Indem die übrigen Variablen konstant gehalten werden, können die Auswirkungen von Veränderungen jeweils einer Variablen analysiert werden. Später können dann weitere Variablen hinzugefügt und somit komplexere Abbilder davon entworfen werden, wie sich Veränderungen der Variablen auswirken.

Um nachvollziehen zu können, wie dies geschieht, lassen Sie uns einen Blick auf eine der wichtigsten Kurven in der Volkswirtschaftslehre werfen – die *Nachfragekurve*. Die Nachfragekurve bildet ab, wie sich der Preis eines Gutes auf die Menge des Gutes auswirkt, welche die Konsumenten kaufen möchten. Die Tabelle 2A-1 zeigt die Anzahl von Taschenbüchern, die Emma je nach ihrem Einkommen und dem Preis kauft. Wenn die Taschenbücher billig sind, kauft Emma eine vergleichsweise große Menge. Werden die Taschenbücher teurer, geht Emma gelegentlich einmal in eine Leihbücherei. Sie kauft weniger. Ähnlich verhält es sich mit der Auswirkung der Einkommenshöhe auf die Nachfragemengen. Wenn ihr Einkommen steigt, kauft Emma zu jedem denkbaren Preis eine größere Menge. Sie gibt also von dem zusätzlichen Einkommen etwas für mehr Taschenbücher und einen Teil für andere Güter aus.

Wir haben drei Variablen – den Preis pro Taschenbuch, das Einkommen und die gekaufte Menge an Taschenbüchern – was mehr ist, als wir in zwei Dimensionen grafisch darstellen können.

Tab. 2A-1

Wie viele Taschenbücher kauft Emma?

Die Tabelle zeigt die Anzahl der Taschenbücher, die Emma bei unterschiedlichen Preisen und unterschiedlichem Einkommen kauft. Für jede Einkommenshöhe kann aus Preisen und Nachfragemengen Emmas jeweilige Nachfragekurve gezeichnet werden (Abbildung 2A-5 und 2A-6).

Preis	Einkommen		
	20.000 €	30.000 €	40.000 €
10 €	2	5	8
9 €	6	9	12
8 €	10	13	16
7 €	14	17	20
6 €	18	21	24
5 €	22	25	28
	Nachfragekurve, D_3	Nachfragekurve, D_1	Nachfragekurve, D_2

Um also die Informationen aus Tabelle 2A-1 grafisch wiederzugeben, müssen wir eine Variable konstant halten und die Korrelation der anderen beiden Variablen untersuchen. Da die Nachfragekurve das Verhältnis zwischen Preis und Nachfragemenge wiedergibt, halten wir Emmas Einkommen konstant, um zu zeigen, wie Veränderungen des Preises pro Taschenbuch ihre Nachfragemenge verändern.

Angenommen, Emma hätte ein Einkommen von 30.000 Euro pro Jahr. Wenn wir die von Emma nachgefragten Taschenbücher auf der x-Achse und den Taschenbuchpreis auf der y-Achse abbilden, können wir die mittlere Spalte der Tabelle 2A-1 zeichnen (vgl. Abbildung 2A-5). Wenn man die Eintragungen der Tabelle als Einzelpunkte – (5 Taschenbücher, 10 Euro), (9 Taschenbücher, 9 Euro) usw. – einzeichnet und verbindet, entsteht die Nachfragekurve D_1 der Abbildung 2A-5 und der Abbildung 2A-6. Die Nachfragekurve fällt, womit angezeigt wird, dass ein steigender Preis die Nachfragemenge verringert. Da sich Preis und Nachfragemenge in entgegengesetzte Richtungen entwickeln, spricht man von negativer oder umgekehrter Korrelation. Positive Korrelation (die Variablen entwickeln sich in die gleiche Richtung) führt hingegen zu einer steigenden Nachfragekurve.

Wenn wir nun annehmen, dass Emmas Einkommen auf 40.000 Euro im Jahr steigt, verwenden wir die Einträge in der rechten Spalte von Tabelle 2A-1 und erhalten eine neue Nachfragekurve (D_2), die rechts von D_1 liegt. Man sagt daher, dass sich Emmas Nachfragekurve bei steigendem Einkommen nach rechts verschiebt. Sie kauft zu jedem Preis nun mehr Bücher, als sie es mit einem jährlichen Einkommen von 30.000 Euro getan hat. Gleichermaßen verschiebt sich ihre Nachfragekurve nach links, wenn ihr Einkommen auf 20.000 Euro sinkt. Sie kauft nun zu jedem gegebenen Preis weniger Bücher.

Es ist in den Wirtschaftswissenschaften wichtig, zwischen *Bewegungen entlang einer Kurve* und *Verschiebungen einer Kurve* zu unterscheiden. Wie man aus Abbil-

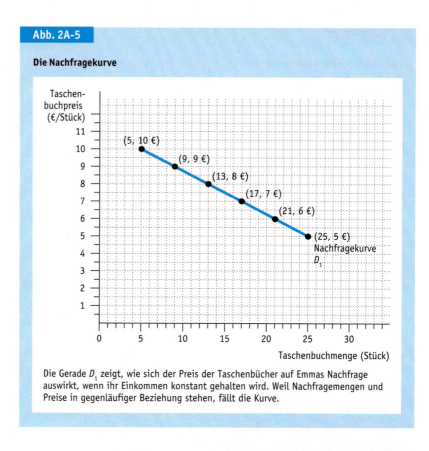

Abb. 2A-5

Die Nachfragekurve

Die Gerade D_1 zeigt, wie sich der Preis der Taschenbücher auf Emmas Nachfrage auswirkt, wenn ihr Einkommen konstant gehalten wird. Weil Nachfragemengen und Preise in gegenläufiger Beziehung stehen, fällt die Kurve.

dung 2A-5 entnehmen kann, wird Emma bei einem Jahreseinkommen von 30.000 Euro und einem Preis von 8 Euro pro Stück insgesamt 13 Taschenbücher pro Jahr kaufen. Wenn der Preis auf 7 Euro fällt, wird Emma ihre Käufe auf 17 Stück ausdehnen. Sie bewegt sich entlang der Kurve D_1, falls der Preis (und nur der Preis) sinkt oder steigt. Man kann auch der Frage nachgehen, wie sich die Nachfragemenge verändert, wenn sich das Einkommen (und nur das Einkommen) verändert. Bei einem Stückpreis von 8 Euro werden – wie eben schon für ein Einkommen von 30.000 Euro festgestellt – 13 Stück gekauft. Bei einem Einkommensrückgang auf 20.000 Euro würden zum Preis von 8 Euro 10 Stück und bei einem Einkommensanstieg auf 40.000 Euro zum Preis von 8 Euro 16 Taschenbücher gekauft. Die Nachfragekurve verschiebt sich (Abbildung 2A-6).

Man kann sicher sagen, wann es zu einer Kurvenverschiebung kommt, nämlich immer dann, wenn sich eine ökonomisch relevante Variable ändert (hier das Einkommen), die auf keiner der beiden Achsen angegeben ist. Jede Veränderung, die Emmas Kaufgewohnheiten tangiert, kann zu einer Verschiebung der Nachfragekurve führen. So könnte zum Beispiel die Leihbücherei aufgelöst werden, weshalb Emma dann zu jedem Preis mehr Taschenbücher kaufen wird und eine Rechtsverschiebung der Nachfragekurve eintritt. Ein Anstieg der Kinoeintrittspreise könnte per Substitutionseffekt

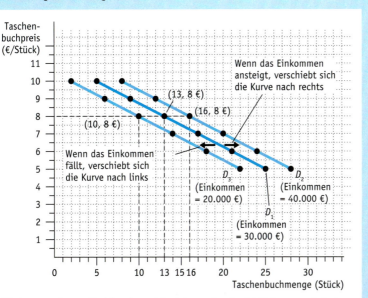

Abb. 2A-6

Verschiebung von Nachfragekurven

Die Lage von Emmas Nachfragekurve hängt davon ab, wie viel Einkommen sie hat. Je mehr Einkommen sie verdient, umso mehr Taschenbücher wird sie bei jedem gegebenen Preis kaufen. Ihre Nachfragekurve wird weiter rechts liegen. Kurve D_1 stellt Emmas ursprüngliche Nachfragekurve bei einem Einkommen von 30.000 Euro pro Jahr dar. Wenn ihr Einkommen auf 40.000 Euro pro Jahr ansteigt, verschiebt sich ihre Nachfragekurve zu D_2. Wenn ihr Einkommen auf 20.000 Euro pro Jahr zurückgeht, verschiebt sich die Nachfragekurve zu D_3.

zu einer stärkeren Verlegung auf das Lesen und ebenfalls zu einer Rechtsverschiebung der Nachfragekurve für Taschenbücher führen.

Im Gegensatz hierzu: Wenn eine Variable auf einer der Achsen des Koordinatensystems sich verändert (in diesem Fall der Preis oder die Nachfragemenge), wird sich die Kurve nicht verschieben, sondern wir lesen die Veränderung als Bewegung entlang der Kurve.

Steigung

Wir könnten uns die Frage stellen, wie stark Emmas Nachfrage auf Preisänderungen reagiert. Sehen wir uns die in Abbildung 2A-7 dargestellte Nachfragekurve D_2 an. Die Kurve ist sehr steil, das heißt, Emma kauft nahezu die gleiche Menge an Taschenbüchern, egal ob sie billig oder teuer sind. Die Nachfragekurve D_1 ist viel flacher, das heißt Emma erwirbt weniger Taschenbücher, wenn der Preis steigt. Um die Frage zu beantworten, wie stark eine Variable auf Veränderungen einer anderen Variablen

Anhang Kapitel 2
Denken wie ein Volkswirt
Grafische Darstellungen und die Instrumente der Volkswirtschaftslehre

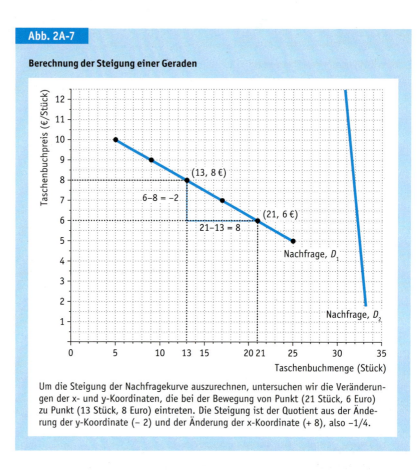

Abb. 2A-7

Berechnung der Steigung einer Geraden

Um die Steigung der Nachfragekurve auszurechnen, untersuchen wir die Veränderungen der x- und y-Koordinaten, die bei der Bewegung von Punkt (21 Stück, 6 Euro) zu Punkt (13 Stück, 8 Euro) eintreten. Die Steigung ist der Quotient aus der Änderung der y-Koordinate (− 2) und der Änderung der x-Koordinate (+ 8), also −1/4.

Steigung
Das Verhältnis von senkrechtem zu waagerechtem Abstand, der beim Übergang zwischen zwei Punkten zurückgelegt wird.

reagiert, benutzen wir das Konzept der Steigung. Die **Steigung** einer Geraden ist das Verhältnis von senkrechtem zu waagerechtem Abstand, der beim Übergang zwischen zwei Punkten zurückgelegt wird.

In mathematischen Symbolen wird die Definition üblicherweise so ausgedrückt:

$$\text{Steigung} = \frac{\Delta y}{\Delta x}$$

wobei der griechische Buchstabe Δ (groß Delta) für die Differenz oder Veränderung der Variablen steht. Mit anderen Worten ist die Steigung einer Geraden gleich der Veränderung von y dividiert durch die Veränderung von x (rise over run). Die Steigung wird für eine eher flach ansteigende Linie eine niedrige positive Zahl sein, für eine steil ansteigende Gerade eine hohe positive Zahl, und eine negative Zahl für eine fallende Gerade. Eine waagerechte Linie hat die Steigung null, weil sich in diesem Fall die y-Variable nicht verändert. Eine senkrechte Linie hat definitionsgemäß die Steigung unendlich, weil die y-Variable jeden beliebigen Wert annehmen kann, ohne dass sich die x-Variable überhaupt verändert.

Wie groß ist die Steigung von Emmas Nachfragekurve für Taschenbücher? Zunächst einmal ist die Steigung negativ, weil die Kurve fällt. Um einen numerischen Wert dafür auszurechnen, müssen wir zwei Punkte auf der Geraden herausgreifen. Mit einem Einkommen von 30.000 Euro wird Emma 21 Taschenbücher zum Preis von 6 Euro und 13 Taschenbücher zum Preis von 8 Euro kaufen. Wenn wir die Steigungsformel anwenden, geht es um die Veränderungen zwischen den beiden Punkten, die in Abbildung 2A-7 markiert sind:

$$\text{Steigung} = \frac{\Delta y}{\Delta x} = \frac{\text{erste } y\text{-Koordinate} - \text{zweite } y\text{-Koordinate}}{\text{erste } x\text{-Koordinate} - \text{zweite } x\text{-Koordinate}} = \frac{6-8}{21-13} = \frac{-2}{8} = -\frac{1}{4}$$

Abbildung 2A-7 zeigt grafisch, wie dieser Rechengang funktioniert. Versuchen Sie es mit zwei anderen Punkten. Es wird stets –1/4 herauskommen. Warum? Eine der Eigenschaften einer Geraden ist die, dass ihre Steigung konstant ist. Bei anderen Kurven, die bereichsweise steiler oder weniger steil sind, gilt dies nicht.

Die Steigung der Nachfragekurve sagt etwas darüber aus, wie stark Emmas Kaufverhalten auf Preisänderungen reagiert. Eine kleine Steigung (mit einem Wert nahe 0) bedeutet, dass Emmas Nachfragekurve vergleichsweise flach verläuft. In diesem Fall wird Emma ihre Nachfrage nach Taschenbüchern bei Preisänderungen stark anpassen. Bei einer größeren Steigung verläuft Emmas Nachfragekurve deutlich steiler. In diesem Fall passt sie die Menge, die sie kauft, nur in sehr geringem Umfang den Preisänderungen an.

Ursache und Wirkung

Volkswirte benutzen Graphen oft dazu, um ein Argument vorzubringen, das sich darauf bezieht, wie die Volkswirtschaft funktioniert. Mit anderen Worten benutzen sie Graphen, um zu argumentieren, wie eine bestimmte Ereignismenge eine andere Ereignismenge *verursacht*.

Bei einem Graphen wie der Nachfragekurve besteht kein Zweifel über Ursache und Wirkung. Da wir den Preis variieren und dabei alle anderen Variablen konstant halten, wissen wir, dass eine Veränderung des Taschenbuchpreises Emmas Nachfrage nach Taschenbüchern verändert. Vergessen wir aber nicht, dass unsere Nachfragekurve von einem hypothetischen Beispiel abgeleitet wurde.

Sobald man Daten aus dem wirklichen Leben verwendet, ist es oft viel schwieriger nachzuweisen, wie die eine Variable die andere beeinflusst. Zuerst einmal ist es schwierig, alles Übrige konstant zu halten. Wenn wir andere Variablen aber nicht konstant halten können, könnten wir zu dem Schluss gelangen, dass die eine Variable unseres Graphen die Veränderung der anderen Variablen verursacht. In Wirklichkeit werden diese Veränderungen aber durch eine dritte, **ausgelassene Variable** verursacht, die nicht auf unserem Graph angezeigt wird. Und selbst dann, wenn wir die beiden richtigen Variablen identifiziert haben, könnten wir einem zweiten Problem begegnen – *der umgekehrten Kausalität*. Mit anderen Worten: Wir entscheiden uns vielleicht dafür, dass A stets B verursacht, obwohl in Wirklichkeit B die Ursache für A ist. Die Gefahren von *ausgelassenen Variablen* und *umgekehrter Kausalität* erfordern große Vorsicht, wenn wir von den Graphen aus auf Ursache und Wirkung schließen wollen.

Ausgelassene Variable
Variable, die statt der betrachteten Variablen die Untersuchungsergebnisse erklären kann.

Ausgelassene Variablen. Ein Beispiel soll verdeutlichen, wie man durch das Auslassen einer *Variablen* zu einem irreführenden Graphen gelangen kann: Von der öffentlichen Meinung angestoßen, gibt die Regierung eine umfassende statistische Untersuchung über Krebstote in Auftrag. Die Forschergruppe überprüft alle möglichen häuslichen Gegenstände, die mit dem Krebsrisiko zusammenhängen könnten. In der abschließenden Studie liest man dann über zwei Variablen: die Zahl der Feuerzeuge in einem Haushalt und die Krebswahrscheinlichkeit für eine im Haushalt lebende Person. Die Krebswahrscheinlichkeit einer Person ist umso höher, je mehr Feuerzeuge im Haushalt vorhanden sind. Die Abbildung 2A-8 zeigt diesen Zusammenhang.

Was sollen wir mit diesem Ergebnis anfangen? Die beauftragte Forschergruppe rät zu einer raschen politischen Reaktion. Sie empfiehlt, den Kauf von Feuerzeugen durch eine Besteuerung einzudämmen. Sie empfiehlt auch ein Warnschild für alle Feuerzeuge: »Forschungen haben ergeben, dass dieses Feuerzeug Ihre Gesundheit gefährdet.«

Bei der Einschätzung der empirischen Gültigkeit des Ergebnisses gibt es eine übergeordnete Frage: Hat die Forschergruppe jede relevante Variable konstant gehalten, ausgenommen die zu untersuchende Variable? Wenn die Antwort »Nein« ist, sind die

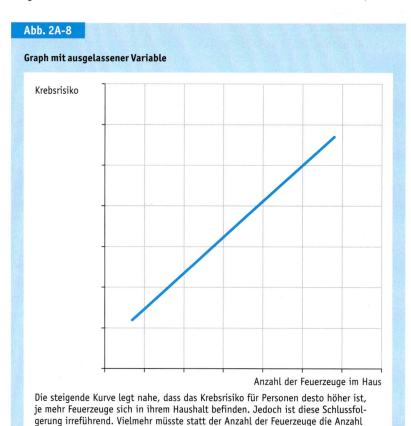

Abb. 2A-8

Graph mit ausgelassener Variable

Die steigende Kurve legt nahe, dass das Krebsrisiko für Personen desto höher ist, je mehr Feuerzeuge sich in ihrem Haushalt befinden. Jedoch ist diese Schlussfolgerung irreführend. Vielmehr müsste statt der Anzahl der Feuerzeuge die Anzahl der gerauchten Zigaretten berücksichtigt werden.

Resultate fragwürdig. Die Besitzer von Feuerzeugen sind wohl überwiegend Menschen, die rauchen. Sicher sind es eher die Zigaretten als die Feuerzeuge, die das Krebsrisiko erhöhen. Wenn das Ausmaß des Rauchens in der Analyse nicht konstant gehalten wurde, sagt sie uns nichts darüber, welchen Effekt der Besitz eines Feuerzeugs wirklich hat.

Die Geschichte illustriert ein wichtiges Prinzip: Wenn man einen Graphen zur Illustration der Argumente über Ursachen und Wirkungen vor sich sieht, muss man sich fragen, ob Veränderungen einer ausgelassenen dritten Variablen die vorgelegten Ergebnisse erklären könnten.

Umgekehrte Kausalität. Volkswirte können sich bezüglich der Kausalität auch irren, indem sie ihre Richtung verkehrt herum ablesen. Wie das möglich ist, zeigt ein Beispiel aus der Kriminalstatistik. Man hat dabei für einige Städte die Anzahl der Gewaltverbrechen pro Tausend Einwohner mit der Anzahl der Polizisten je Tausend Einwohner korreliert und grafisch dargestellt (Abbildung 2A-9). Ein Anstieg der Kurve wurde

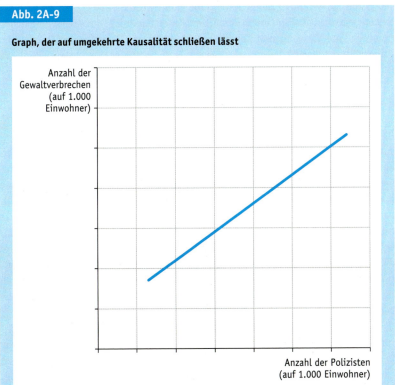

Abb. 2A-9

Graph, der auf umgekehrte Kausalität schließen lässt

Der Anstieg der Kurve zeigt, dass Städte mit einer höheren Polizeidichte gefährlicher sind. Jedoch sagt der Graph nichts darüber aus, ob die steigende Zahl an Polizisten die Kriminalität erhöht oder ob die steigende Kriminalitätsrate dazu führt, dass die Städte mehr Polizisten beschäftigen.

Umgekehrte Kausalität
Die Richtung der Verursachung wird verkehrt herum gelesen.

vereinzelt in der Weise missdeutet, dass man meinte, die Verstärkung der Polizei rege das Verbrechen an: Die Richtung der Verursachung wird verkehrt herum gelesen, es handelt sich um eine **umgekehrte Kausalität**. Scheinbar besteht ein einfacher Weg zur Klärung der Kausalitätsrichtung darin zu fragen, welche Variable sich zuerst bewegt oder verändert. Wenn wir erkennen, dass sich nach einem Kriminalitätsanstieg jeweils die Polizeistärke erhöht, haben wir ein Ergebnis. Wenn wir erst die Ausweitung der Polizei und anschließend den Verbrechensanstieg registrieren, haben wir auch ein Ergebnis zur Kausalitätsrichtung. Doch der Ansatz weist eine Schwäche auf: Oft ändern Menschen ihr Verhalten nicht als Reaktion auf gegenwärtige Bedingungen der gleichen Periode, sondern wegen der *Erwartung* künftiger Änderungen. Eine Stadt, die eine Kriminalitätswelle voraussieht, wird vorbeugend die Polizeikräfte verstärken.

Bei Kombis und Babys sieht man den Zusammenhang noch deutlicher. Wenn sich Nachwuchs ankündigt, kaufen viele Paare einen Kombi. Aber niemand würde denken, der Kauf von Kombis verursache das Bevölkerungswachstum.

Es gibt keine erschöpfende Auflistung von Regeln dafür, wie man aus Graphen kausale Schlussfolgerungen ziehen kann. Eine kleine Absicherung gegen Fehlschlüsse besteht jedoch in der Erinnerung daran, dass Feuerzeuge nicht den Krebs verursachen (ausgelassene Variable) und Kombiwagenkäufe keinen Geburtenanstieg auslösen (umgekehrte Kausalität).

Beschränkte Optimierung

In diesem Buch werden Sie Sachverhalte unter der Annahme untersuchen, dass Konsumenten, Unternehmen und Regierungen maximierendes oder minimierendes Verhalten an den Tag legen. Es mag beispielsweise angenommen werden, dass Konsumenten den Nutzen des Konsums maximieren wollen, dass Unternehmen ihre Gewinne maximieren, aber die Kosten minimieren wollen und dass Regierungen die Steuereinnahmen maximieren wollen. In den meisten Fällen wird es Faktoren geben, die das Ausmaß der Umsetzung dieses maximierenden oder minimierenden Verhaltens begrenzen, so wie Zeit, Einkommen oder Ressourcen. Im Fall der Konsumenten wird die Möglichkeit, ihren Nutzen zu maximieren, durch den Faktor Einkommen begrenzt. Unternehmen wollen vielleicht ihre Kosten minimieren, werden dabei jedoch durch ihre Umsätze oder durch die ihnen zur Verfügung stehenden Produktionsfaktoren beschränkt.

Volkswirte führen Analysen häufig unter den Bedingungen beschränkter Optimierung durch, typischerweise in folgender Form: Maximieren Sie x in Abhängigkeit von Beschränkung y. Normalerweise wird die Beschränkung konstant gehalten, sodass eine Berechnung durchgeführt werden kann, welche das optimale (maximale oder minimale) Verhalten unter der gegebenen Beschränkung aufzeigt. Daraufhin kann man die Beschränkung verändern und untersuchen, wie sich das Verhalten ändern würde und mit welchem Resultat. Während Ihres Studiums werden Sie in den Modulen zu quantitativen Methoden sicherlich mathematische Methoden zur Lösung von Problemen der beschränkten Optimierung kennenlernen.

Reale versus nominale Werte

Volkswirte arbeiten mit Zahlen, und es ist wichtig, ein näheres Verständnis von den Zahlen zu haben, mit denen wir arbeiten. Dabei ist es besonders wichtig, zwischen realen und nominalen Werten zu unterscheiden. Eine einfache Unterscheidung zwischen nominalen und realen Werten ist es, dass nominale Werte in Geldbeträgen ausgedrückt werden, während reale Werte in Mengenangaben ausgedrückt werden. Typischerweise werden wir Werte untersuchen, welche im Zeitverlauf durch Preisänderungen beeinflusst werden. Wenn beispielsweise ein Unternehmen Ihnen mitteilen würde, dass es im letzten Jahr (2017) ein Umsatzplus von 1 Million Euro gemacht hat, was sagt Ihnen das? Die Antwort ist: Nicht sehr viel. Wenn das Unternehmen im Jahr davor (2016) Güter im Wert von 10 Millionen Euro verkauft hat, sind Sie vielleicht versucht zu denken, dass ein Verkauf im Wert von 11 Millionen Euro im letzten Jahr gut ist, und das mag sogar auch so sein.

Jetzt nehmen Sie aber an, dass Sie ein bisschen mehr über das Unternehmen wissen. Nehmen Sie an, das Unternehmen hat 2016 10 Millionen Gütereinheiten verkauft, jede zum Preis von 1 Euro. Um die Leistung des Unternehmens im Jahr 2017 beurteilen zu können, benötigen wir mehr Informationen über die zusätzliche 1 Million Umsatz – den nominalen Wert. Wenn der Stückpreis der Güter bei 1 Euro geblieben ist, dann wissen wir, dass das Unternehmen 1 Million Gütereinheiten mehr verkauft hat. Das wäre eine Steigerung des Absatzes (verkaufte Menge an Gütern) um 10 Prozent, eine anerkennenswerte Leistung. Würden Sie aber zu der gleichen Schlussfolgerung gelangen, wenn Sie herausfinden würden, dass im Jahr 2017 der Stückpreis 10 Euro betrug und das Unternehmen somit nur 100.000 Gütereinheiten zusätzlich verkauft hat? Nun beträgt die Absatzsteigerung nur noch 1 Prozent, kein besonders gutes Ergebnis. Die Leistung des Unternehmens beruht also größtenteils auf der Preissteigerung und nicht auf der Menge der verkauften Güter. In diesem Fall beträgt die nominale Verkaufssteigerung (Umsatz) 1 Million Euro, die reale Verkaufssteigerung (Absatz) 100.000 Gütereinheiten.

Reale Werte berücksichtigen also Preisänderungen im Zeitverlauf oder saisonale Schwankungen, während nominale Werte das nicht tun. Aus diesem Grund kann auf nominale Werte als *laufende Preise* und auf reale Werte als *konstante Preise* verwiesen werden.

Stichwörter

- Graph
- Koordinatensystem
- Streudiagramm
- Steigung
- ausgelassene Variable
- umgekehrte Kausalität

3 Die Marktkräfte von Angebot und Nachfrage

Dieses Kapitel führt in die Theorie von Angebot und Nachfrage ein. Es betrachtet das Verhalten von Käufern und Verkäufern und wie sie miteinander interagieren. Es behandelt, wie sich Käufer und Verkäufer verhalten und wie sie miteinander in Beziehung treten. Es zeigt, wie Preise als Signal sowohl für Käufer als auch für Verkäufer wirken und ihnen helfen, Entscheidungen zu treffen, was wiederum zur Allokation (Zuteilung) der knappen Ressourcen in der Wirtschaft beiträgt. Das Modell von Angebot und Nachfrage basiert, wie jedes andere Modell auch, auf einer Reihe von Annahmen. Diese Annahmen sind der Kritik ausgesetzt, dass sie die Realität nicht adäquat wiedergäben, sodass die Vorhersagekraft des Modells beschränkt sei. Andere haben dagegen argumentiert, dass das Modell durchaus geeignet sei, eine nützliche Referenzsituation zu beschreiben für einen Vergleich, wie viele Märkte funktionieren. Zumindest jedoch stellt das Modell einen Rahmen dar, der hilft, das Denken darüber zu formen, wie ökonomische Akteure agieren. Viele Module im Bachelorstudium werden das Modell von Angebot und Nachfrage daher als einen zentralen Bestandteil eines Mikroökonomik-Kurses behandeln, und darum soll es in diesem Kapitel gehen. Wenn wir mit dem Kapitel und der Analyse fortschreiten, ist es wichtig, die Annahmen des Modells im Hinterkopf zu behalten.

3.1 Die Annahmen des Marktmodells

Die Begriffe *Angebot* und *Nachfrage* beziehen sich auf das Verhalten der Menschen bei ihrem Zusammenwirken auf den Märkten. Ein **Markt** besteht aus Gruppen potenzieller Käufer und Verkäufer einer bestimmten Ware oder Dienstleistung. Die Gruppe der potenziellen Käufer bestimmt die Nachfrage nach dem Gut, die Gruppe der Verkäufer bestimmt dessen Angebot. Das Marktmodell stellt die neoklassische Sicht dar, wie Ressourcen alloziert (zugeteilt) werden. Es entstand aus einer im 19. Jahrhundert entwickelten Analyse und folgt dem Werk von Adam Smith und seiner unsichtbaren Hand. Eines der grundlegenden Prinzipien des Marktmodells ist, dass unter den geltenden Annahmen die resultierende Allokation der Ressourcen »effizient« sein wird. Das bedeutet, dass der Preis, den die Käufer für die Güter auf dem Markt bezahlen, den Wert und den Nutzen widerspiegeln, die sie aus dem Erwerb der Güter erlangen, und dass der Preis, den die Produzenten erhalten, die Produktionskosten zuzüglich eines Gewinnanteils reflektiert, sodass sie die Produktion dauerhaft aufrechterhalten können. Wenn sowohl die Konsumenten als auch die Produzenten ihren Nutzen maximieren bzw. ihre Kosten minimieren, so ergibt sich, dass auch die Wohlfahrt in der Gesellschaft als Ganzes maximiert wird, weil diejenigen Waren und Dienstleistungen produziert werden, die am meisten gewünscht und nachgefragt werden.

Markt
Gruppen potenzieller Käufer und Verkäufer einer bestimmten Ware oder Dienstleistung.

3.1 Die Marktkräfte von Angebot und Nachfrage
Die Annahmen des Marktmodells

Das Modell von Angebot und Nachfrage, das zu diesem »effizienten« Ergebnis führt, basiert auf den folgenden Annahmen:

1. Es gibt viele Käufer und Verkäufer im Markt.
2. Jeder Käufer und Verkäufer verfügt über vollkommene Information.
3. Kein einzelner Käufer und Verkäufer ist groß genug oder hat die Macht, um den Preis zu beeinflussen. (Beide werden deshalb »Mengenanpasser« oder »Preisnehmer« genannt.)
4. Es gibt freien Markteintritt und freien Marktaustritt.
5. Die produzierten Güter sind homogen (identisch).
6. Käufer und Verkäufer handeln unabhängig voneinander und berücksichtigen bei ihren Entscheidungen ausschließlich ihre eigene Situation.
7. Es gibt vollständig definierte Eigentumsrechte, d. h., dass sowohl die Produzenten als auch die Konsumenten in ihre Entscheidungen alle Kosten und Nutzen einbeziehen.

Es gibt Volkswirte, die glauben, dass Märkte die effektivste bisher entdeckte Art seien, knappe Ressourcen zu allozieren. Das würde bedeuten, dass Staatseingriffe in den Markt auf ein Minimum beschränkt bleiben sollten. Andere hingegen sagen, dass das Modell so mangelhaft sei, dass der Staat eine viel größere Rolle in der Wirtschaft spielen müsse. Die Bandbreite der Auffassungen unter Volkswirten ist einer der Gründe, die dieses Fach so faszinierend machen. Wachsamkeit bezüglich der Unterschiede zwischen positiver und normativer Volkswirtschaftslehre ist wichtig, um die Glaubenssysteme unterscheiden zu können, auf denen bestimmte Sichtweisen beruhen, und um entscheiden zu können, ob die behaupteten Ergebnisse auch überprüfbar sind. Teil des volkswirtschaftlichen Denkens ist es, die bestimmten Aussagen zugrunde liegenden (manchmal gar nicht so) subtilen Glaubenssysteme und Werturteile zu entdecken und darauf gefasst zu sein, solche Aussagen einer Kritik und Analyse auszusetzen. Das Marktmodell wurde genau dafür kritisiert, dass es auf einer Anzahl von Werturteilen beruht. Dass Konsumenten versuchen, ihren Nutzen zu maximieren, setzt die Annahme voraus, dass »mehr« immer besser ist als »weniger«. Wenn Produzenten ihre Gewinne maximieren, impliziert dies, dass sie ihre Ausbringungsmenge so produzieren, dass hierdurch ihre Kosten minimiert und Verschwendung auf ein Minimum reduziert bleibt. Ob dies alles aber tatsächlich wünschenswert ist, ist Gegenstand beträchtlicher Auseinandersetzungen und im Wesentlichen normativer Werturteile.

Wettbewerbsmärkte

Wettbewerbsmarkt
Ein Markt mit sehr vielen Anbietern und Nachfragern, sodass der Einzelne einen verschwindend kleinen und ihm selbst unbekannten Einfluss auf den Marktpreis hat.

Mengenanpasser oder **Preisnehmer**
Anbieter und Nachfrager müssen den gegebenen Marktpreis akzeptieren.

Wettbewerb existiert, wenn zwei oder mehr Unternehmen um Konsumenten rivalisieren. In der Volkswirtschaftslehre jedoch bezeichnet ein **Wettbewerbsmarkt** (die Ausdrücke »vollständiger Markt« oder »vollständiger Wettbewerb« sind nur Synonyme für »Wettbewerbsmarkt«) einen Markt, der die oben genannten Annahmen erfüllt. Dies führt zu einigen wichtigen Schlussfolgerungen. Da es auf dem Markt mit vollständiger Konkurrenz sehr viele Käufer und Verkäufer gibt, kann der Einzelne den Marktpreis nicht beeinflussen. Weil Anbieter und Nachfrager den gegebenen Marktpreis akzeptieren müssen, bezeichnet man sie als **Mengenanpasser** oder **Preisnehmer.** Kein Verkäufer hat Kontrolle über den Preis, weil andere Verkäufer identische Produkte anbieten und jeder Verkäufer nur einen sehr kleinen Teil des Gesamtangebots auf dem Markt anbietet. Weil Produkte homogen sind, hat ein Verkäufer wenig Grund, weniger in Rechnung zu stellen als den vorherrschenden Preis, und wenn er mehr berechnete, würden die Käufer ihre Käufe anderswo tätigen. In ähnlicher Weise kann kein einzelner Käufer den Preis beeinflussen, weil seine Käufe nur einen kleinen Anteil am Gesamtvolumen des Markts ausmachen. Käufer treffen ihre Entscheidungen auf der Basis des Nutzens oder der Zufriedenheit, die sie aus ihrem Konsum erlangen – und dies völlig unabhängig von den Entscheidungen der Anbieter. Sowohl Käufer als auch Verkäufer haben vollkommene Information und treffen so ihre Entscheidungen komplett unabhängig voneinander. Das bedeutet, dass es keinen Bedarf an Werbung oder Markenbildung gibt und dass sowohl die Produzenten als auch die Konsumenten alle Kosten und Nutzen berücksichtigen, inklusive jener sogenannten externen Kosten und Nutzen, die durch ihre Entscheidungen für eine dritte Partei anfallen. Beispielsweise werden die Produzenten auch die Kosten in Rechnung ziehen, die aufgrund von Umweltverschmutzung für die Gesellschaft anfallen.

Es gibt einige Märkte, auf welche die Annahme der vollständigen Konkurrenz weitestgehend zutrifft. Betrachten Sie zum Beispiel den Markt für Rapsöl, der Teil des Markts für Agrarprodukte ist. Die Produktion von Rapsöl in der Europäischen Union (EU) betrug 2018 etwa 10 Millionen Tonnen. Raps ist Teil eines globalen Ölsaatenmarkts, zu dem auch die Produktion von Sojabohnen gehört, die etwa 70 Prozent der gesamten Ölsaatenproduktion ausmachen. Auf dem EU-Agrarmarkt beispielsweise gibt es rund 14 Millionen Landwirte, die Getreide, Obst und Gemüse, Milch, Fleisch und weitere Produkte verkaufen, und Millionen von Konsumenten, die diese Produkte kaufen. Da der einzelne Käufer oder Verkäufer die Preise der landwirtschaftlichen Produkte nicht beeinflussen kann, nimmt jeder die Preise als gegeben hin. (Erinnern Sie sich daran, dass das Angebot eines einzelnen Verkäufers nur einen kleinen Anteil des Gesamtangebots auf dem Markt ausmacht.) Agrarprodukte sind einander weithin ähnlich. So unterscheidet sich die Milch, die ein Landwirt produziert hat, kaum von der von einem anderen Landwirt produzierten Milch, obwohl es wichtig ist daran zu erinnern, dass selbst in Märkten, in denen die Produkte als homogen angesehen werden können, es dennoch Unterschiede in Qualität und Nutzung geben kann. So kann beispielsweise Weizen mit unterschiedlichen Qualitätsabstufungen hergestellt werden, von denen sich ein Teil allenfalls als Tierfutter eignet, während ein anderer Teil sogar für die Brotproduktion verwendet werden kann.

Die Eigenschaften von Agrarmärkten machen sie zu einem nützlichen Beispiel für Wettbewerbsmärkte. Denken Sie daher im weiteren Verlauf der Untersuchung des Marktmodells stets an ein bestimmtes Gut – Milch. Denn der Milchmarkt erfüllt viele der Eigenschaften von Märkten mit vollständiger Konkurrenz: Milch ist ein weitgehend homogenes Gut und es gibt in der Europäischen Union rund eine halbe Million Milchproduzenten und Millionen von Konsumenten.

> **Kurztest**
> Was macht einen Markt aus? Zählen Sie die Hauptmerkmale eines Wettbewerbsmarkts auf.

3.2 Nachfrage

Wir beginnen unser Studium der Märkte mit der Untersuchung des Nachfrageverhaltens der Käufer oder Verbraucher.

Die Nachfragekurve: Die Beziehung zwischen Preis und Nachfragemenge

Nachfragemenge
Die Menge eines Gutes, welche die Käufer zu unterschiedlichen Preisen erwerben wollen und können.

Die **Nachfragemenge** nach einem Gut ist die Menge des Gutes, welche die Käufer zu unterschiedlichen Preisen erwerben wollen und können. Wie wir sehen werden, gibt es eine Vielzahl von Faktoren, die die Nachfragemenge nach einem Gut beeinflussen. Ein Faktor spielt jedoch eine entscheidende Rolle – der Preis des Gutes. Wenn der Milchpreis von 25 Cent pro Liter auf 35 Cent pro Liter ansteigen würde, würde weniger Milch gekauft werden. Würde der Milchpreis auf 20 Cent pro Liter fallen, würde mehr Milch gekauft werden.

Weil die nachgefragte Menge mit steigendem Preis fällt und mit fallendem Preis steigt, sagt man, die Nachfragemenge ist *negativ* oder *umgekehrt abhängig* vom Preis (negative Korrelation). Dieser Zusammenhang zwischen Preis und nachgefragter Menge gilt für die weitaus meisten Güter einer Volkswirtschaft. Volkswirte sprechen deshalb vom **Gesetz der Nachfrage**. Unter sonst gleichen Bedingungen (Ceteris-paribus-Annahme) fällt die nachgefragte Menge des Gutes, wenn der Preis steigt, wenn der Preis des Gutes fällt, steigt die nachgefragte Menge. Die Bezeichnung »Gesetz« geht auf Beobachtungen aus dem 18. und 19. Jahrhundert zurück, zu denen Alfred Marshall in seinem 1890 erschienenen Werk *Principles of Economics* notierte: »Es gibt also ein allgemeines Gesetz der Nachfrage: Je größer die zu verkaufende Menge ist, desto kleiner muss der Preis sein, zu dem sie angeboten wird, damit sie Abnehmer findet, oder anders ausgedrückt: Die nachgefragte Menge steigt mit sinkendem Preis und sinkt mit steigendem Preis.«

Gesetz der Nachfrage
Unter sonst gleichen Bedingungen (Ceteris-paribus-Annahme) sinkt die nachgefragte Menge eines Gutes sinkt bei steigendem Preis des Gutes.

Wir können das Verhältnis zwischen dem Preis und der nachgefragten Menge wie in Tabelle 3-1 darstellen. Die Tabelle zeigt die Bereitschaft von Katrin, jeden Monat Milch (in Litern) zu unterschiedlichen Preisen zu kaufen, wobei andere Faktoren wie ihr Einkommen, ihr Geschmack und die Preise anderer Güter konstant gehalten werden. Die Zahlungsbereitschaft bestimmt die Lage der Nachfragekurve und steht im Zusammenhang mit dem Nutzen oder dem Grad der Zufriedenheit, den Katrin aus ihrem Milchkonsum zieht. Wenn Milch kostenlos wäre, würde Katrin 20 Liter kaufen (*Sättigungsmenge*). Bei 10 Cent pro Liter wäre Katrin bereit, 18 Liter zu kaufen. Je höher der Preis steigt, desto weniger wird sie kaufen. Bei einem Preis von 1 Euro pro Liter würde Katrin überhaupt keine Milch mehr kaufen (*Prohibitivpreis für Nachfrager*). Die Tabelle 3-1 ist ein **Nachfrageplan** oder eine **Nachfragetabelle**. Diese zeigt, wie die Nachfrage bei unterschiedlichen Preisen steigt oder fällt – unter der Voraussetzung, dass alle anderen Variablen, welche die Nachfrage beeinflussen könnten, konstant gehalten werden (Ceteris-paribus-Annahme).

Nachfrageplan, Nachfragetabelle
Eine Tabelle für die zusammengehörigen Wertepaare Güterpreis und Nachfragemenge.

3.2 Nachfrage

Tab. 3-1

Katrins Nachfrageplan

Milchpreis (€/Liter)	Nachfragemenge nach Milch (Liter/Monat)
0,00	20
0,10	18
0,20	16
0,30	14
0,40	12
0,50	10
0,60	8
0,70	6
0,80	4
0,90	2
1,00	0

Abb. 3-1

Katrins Nachfragekurve

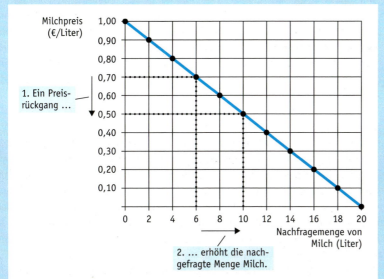

1. Ein Preisrückgang …
2. … erhöht die nachgefragte Menge Milch.

Diese Nachfragekurve, eine grafische Darstellung der Nachfragetabelle, zeigt die Mengenveränderungen der Nachfrage bei variierenden Preisen. Weil ein niedrigerer Preis die nachgefragte Menge ansteigen lässt, fällt die Kurve.

Nachfragekurve
Grafische Darstellung der Korrelation zwischen Preisen und Nachfragemengen eines Gutes.

Abbildung 3-1 illustriert mit den Wertepaaren aus Tabelle 3-1 das Gesetz der Nachfrage. Wie in der Volkswirtschaftslehre üblich, ist der Preis auf der senkrechten Achse abgetragen, die Nachfragemenge auf der waagerechten Achse. Die fallende Linie, die Preise und Nachfragemengen zueinander in Beziehung setzt, nennt man **Nachfragekurve**.

Bewegung entlang der Nachfragekurve

Es ist wichtig, sich über die Terminologie klar zu werden, die verwendet wird, wenn man sich auf die Nachfrage bezieht. Eine Änderung des Preises einer Ware, die ceteris paribus zu einer Änderung der Nachfragemenge führt, wird grafisch als Bewegung entlang der Nachfragekurve dargestellt. Wenn wir davon ausgehen, dass der Milchpreis sinkt, führt dies zu einer Erhöhung der Nachfragemenge. Für diesen Anstieg gibt es zwei Gründe:

1. **Der Einkommenseffekt**
   Wenn wir davon ausgehen, dass die Einkommen konstant bleiben, dann bedeutet ein Rückgang des Milchpreises, dass die Konsumenten es sich jetzt leisten können, mit ihrem Einkommen mehr zu kaufen. Mit anderen Worten, ihr *Realeinkommen* – also das, was sie sich zu einem gegebenen Zeitpunkt von einem bestimmten Geldbetrag kaufen können – hat sich erhöht, und ein Teil des Anstiegs der Nachfragemenge kann auf diesen Effekt zurückgeführt werden.

2. **Der Substitutionseffekt**
   Nachdem die Milch im Vergleich zu anderen Produkten wie z.B. Fruchtsaft nun preiswerter ist, werden einige Konsumenten sich dafür entscheiden, die teureren Getränke durch die jetzt billigere Milch zu ersetzen. Diese Umstellung macht den verbleibenden Teil des Anstiegs der Nachfragemenge aus.

Marktnachfrage und individuelle Nachfrage

Die Nachfragekurve in Abbildung 3-1 zeigt die Nachfrage eines Individuums nach einem bestimmten Gut. Um zu analysieren, wie Märkte funktionieren, müssen wir jedoch die *Marktnachfrage* bestimmen. Sie ist die Summe aller individuellen Nachfragemengen nach einer bestimmten Ware oder Dienstleistung.

Tabelle 3-2 zeigt die Nachfrage von zwei Personen – Katrin und Lars. Für jeden beliebigen Preis gibt uns Katrins Nachfrageplan die von ihr nachgefragte Menge an Milch an, und Lars' Nachfrageplan verrät uns, wie viel er kaufen würde. Die Marktnachfrage zu jedem gegebenen Preis ist die Summe der beiden individuellen Nachfragen.

Die Abbildung 3-2 zeigt die Nachfragekurven, die den Nachfrageplänen in Tabelle 3-2 entsprechen. Um die Gesamtmenge zu ermitteln, die bei jedem gegebenen Preis im Markt nachgefragt wird, addieren wir die individuellen Nachfragemengen auf der waagerechten Achse der individuellen Nachfragekurven. Die Marktnachfragekurve zeigt die nachgefragte Gesamtmenge eines Gutes (waagerechte Achse) bei unterschiedlichen Preisen des Gutes (senkrechte Achse), während alle anderen Fak-

3.2 Nachfrage

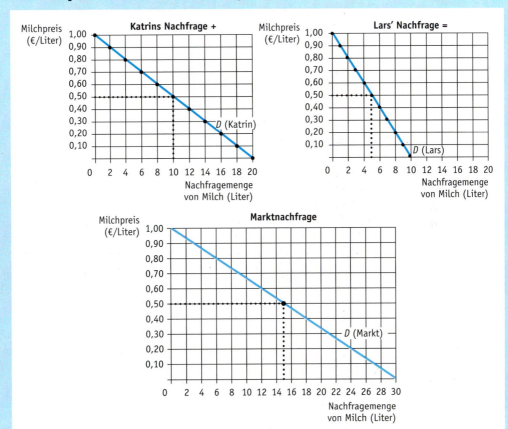

Abb. 3-2

Marktnachfrage als Summe der individuellen Nachfragen

Die nachgefragte Menge in einem Markt ist die Summe der Nachfragemengen aller Käufer zu jedem gegebenen Preis. Durch waagerechte Addition der individuellen Nachfragekurven (in Richtung der Mengenachse) findet man die Marktnachfragekurve. Bei einem Preis von 0,50 Euro würde Katrin 10 Liter Milch kaufen, Lars jedoch nur 5. Die Marktnachfrage zum Preis von 0,50 Euro beträgt also 15 Liter.

toren, die die Nachfrage der Konsumenten beeinflussen, wie Einkommen oder Präferenzen, konstant gehalten werden.

Denken Sie daran: Eine »Änderung der nachgefragten Menge« bezieht sich auf den Anstieg oder den Rückgang Nachfragemenge als Folge einer Preisänderung, wobei alle anderen Faktoren, welche die Nachfrage beeinflussen, konstant gehalten werden. Eine Änderung der nachgefragten Menge wird durch eine Bewegung entlang der Nachfragekurve angezeigt.

3.2 Die Marktkräfte von Angebot und Nachfrage
Nachfrage

Tab. 3-2

Individuelle Nachfrage und Marktnachfrage

Milchpreis (€/Liter)	Nachfragemenge (Liter/Monat)		
	Katrin +	Lars =	Markt
0,00	20	10	30
0,10	18	9	27
0,20	16	8	24
0,30	14	7	21
0,40	12	6	18
0,50	10	5	15
0,60	8	4	12
0,70	6	3	9
0,80	4	2	6
0,90	2	1	3
1,00	0	0	0

Verschiebungen der und Bewegungen entlang der Nachfragekurve

Die obigen Einzel- und Marktnachfragekurven wurden unter der *Ceteris-paribus*-Annahme gezeichnet, d. h., dass alle übrigen Dinge gleich bleiben. Wir nahmen an, dass die anderen Faktoren, welche die Nachfrage beeinflussen können, konstant gehalten wurden, sodass wir den Effekt einer Preisveränderung auf die Nachfrage analysieren können.

Wenn sich irgendeine der Variablen verändert, welche die Nachfrage beeinflusst – den Preis ausgenommen –, wird sich die Nachfragekurve verschieben, entweder nach rechts (Anstieg der Nachfrage) oder nach links (Rückgang der Nachfrage). Wenn beispielsweise der Preis für einen Liter Milch 30 Cent beträgt, wird eine Familie vielleicht 5 Liter pro Woche kaufen. Wenn das Familieneinkommen steigt, kann sie sich mehr leisten, sodass sie vielleicht 7 Liter Milch pro Woche kauft. Der Milchpreis hat sich nicht verändert; er beträgt immer noch 30 Cent pro Liter. Aber die Menge, welche die Familie nachfragt, hat sich verändert. Bei einer Veränderung einer dieser Einflussfaktoren auf die Nachfrage (den Preis ausgenommen) ändert sich die Nachfragemenge also zu jedem gegebenen Preis. Eine Verschiebung der Nachfragekurve wird als *Nachfrageanstieg* oder *Nachfragerückgang* bezeichnet.

Eine Bewegung entlang der Nachfragekurve tritt hingegen auf, wenn sich nur der Preis ändert und alle anderen Einflussfaktoren der Nachfrage unverändert bleiben. Eine Preisänderung führt zu einer Bewegung entlang der Nachfragekurve und verweist auf eine Veränderung der *nachgefragten Menge* oder *Nachfragemenge*.

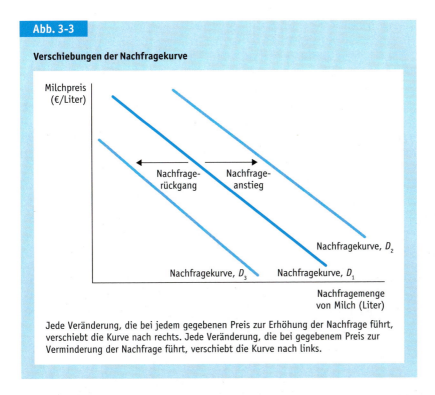

Abb. 3-3

Verschiebungen der Nachfragekurve

Jede Veränderung, die bei jedem gegebenen Preis zur Erhöhung der Nachfrage führt, verschiebt die Kurve nach rechts. Jede Veränderung, die bei gegebenem Preis zur Verminderung der Nachfrage führt, verschiebt die Kurve nach links.

Verschiebung der Nachfragekurve

Wenn irgendetwas passiert, das die Nachfrage zu jedem gegebenen Preis verändert, verschiebt sich die Nachfragekurve. Stellen wir uns beispielsweise vor, eine angesehene europäische Forschungsgesellschaft publiziert, dass Menschen, die regelmäßig Milch trinken, gesünder und damit länger leben. Diese Entdeckung würde die Nachfrage nach Milch sicher steigern. Zu jedem gegebenen Preis würden die Konsumenten nun mehr Milch nachfragen und die Nachfragekurve würde sich folglich verschieben (nach rechts).

Abbildung 3-3 illustriert Verschiebungen der Nachfragekurve. Jede Veränderung, die dazu führt, dass sich die Nachfragemenge zu jedem gegebenen Preis erhöht, verschiebt die Nachfragekurve nach rechts und wird als *Nachfrageanstieg* bezeichnet. Jede Veränderung, die dazu führt, dass die Nachfragemenge zu jedem gegebenen Preis sinkt, verschiebt die Nachfragekurve hingegen nach links und wird als *Nachfragerückgang* bezeichnet.

Wir wollen im Folgenden kurz auf die einzelnen Einflussfaktoren eingehen, welche zu einer Verschiebung der Nachfragekurve führen können.

Preise verwandter Güter. Angenommen, der Preis für Milch würde sinken. Das Gesetz der Nachfrage besagt für diesen Fall, dass Sie mehr Milch kaufen würden. Zugleich würden Sie vielleicht weniger Fruchtsaft kaufen. Weil Milch und Fruchtsaft beides erfri-

3.2 Die Marktkräfte von Angebot und Nachfrage
Nachfrage

Substitute oder **substitutive Güter**
Zwei Güter, bei denen der Preisanstieg des einen Gutes einen Nachfrageanstieg des anderen Gutes auslöst.

schende Getränke sind, erfüllen sie ähnliche Bedürfnisse. Wenn der Preisrückgang bei einem bestimmten Gut die Nachfrage nach einem anderen Gut sinken lässt, nennt man die beiden Güter **Substitute** oder **substitutive Güter**. Substitutive Güter sind solche, bei denen das eine Gut anstelle des anderen konsumiert wird, wie z. B. Butter und Margarine, Sweatshirts und Pullover oder Kinokarten und das Streaming von Filmen. Je enger die substitutiven Güter aufeinander bezogen sind, desto größer wird der Effekt auf die Nachfrage des anderen Gutes sein, wenn sich der Preis eines Gutes ändert.

Nun nehmen Sie an, der Preis für Frühstückscerealien fällt. Nach dem Gesetz der Nachfrage werden nun mehr Cerealien gekauft. Doch in diesem Fall wird auch die Nachfrage nach Milch steigen, da Frühstückscerealien und Milch oft zusammen gegessen werden. Wenn ein Preisrückgang bei einem Gut auch die Nachfrage nach einem anderen Gut erhöht, handelt es sich bei den beiden Güterarten um **Komplemente** oder **komplementäre Güter**. Komplemente sind solche Güter, die in der Regel zusammen verwendet werden, wie Benzin und Autos, Computer und Software, Brot und Käse, Erdbeeren und Sahne sowie Würstchen und Senf.

Komplemente oder **komplementäre Güter**
Zwei Güter, bei denen der Preisanstieg des einen Gutes einen Nachfragerückgang (auch) des anderen Gutes bewirkt.

> **Kurztest**
> In welcher Beziehung stehen Apps und Smartphones zueinander? Wenn der Preis von Smartphones steigt, was würden Sie erwarten, wird mit der Nachfrage nach Apps geschehen? Erstellen Sie eine Grafik, um Ihre Antwort zu veranschaulichen.

Einkommen. Auch Einkommensveränderungen beeinflussen die Nachfrage. Ein geringeres Einkommen bedeutet, dass Sie insgesamt weniger ausgeben können. Daher würden Sie für einige – wahrscheinlich fast alle – Güter weniger Geld ausgeben. Wenn die Nachfrage nach einem Gut dadurch sinkt, dass das Einkommen sinkt (und anders herum), handelt es sich um ein **normales Gut**.

Normales Gut
Ein Gut, dessen nachgefragte Menge bei einem Einkommenszuwachs ansteigt (und andersherum).

Jedoch sind nicht alle Güter normale Güter. Wenn die Nachfrage nach einem Gut steigt, sobald das Einkommen sinkt (und andersherum), handelt es sich um ein **inferiores Gut**. So werden Sie bei niedrigerem Einkommen vielleicht häufiger den Bus nehmen, statt ein Taxi zu bezahlen. Andersherum gilt es genauso. Bei höherem Einkommen geht die Nachfrage nach Busfahrten wahrscheinlich zurück und man leistet sich ein Taxi oder das eigene Auto.

Inferiores Gut
Ein Gut, dessen nachgefragte Menge bei einem Einkommenszuwachs sinkt (und andersherum).

Präferenzen. Eine zentrale Bestimmungsgröße Ihrer Nachfrage sind Ihre Vorlieben oder Präferenzen. Wenn Sie Milch mögen, werden Sie mehr davon kaufen. Im Zuge wachsenden Einflusses psychologischer und neurologischer Forschung auf die Ökonomik werden Untersuchungen zum Einfluss von Präferenzen auf das Konsumentenverhalten immer wichtiger.

Bevölkerungsgröße und -struktur. Weil die Marktnachfrage aus den individuellen Bedürfnissen abgeleitet wird, folgt daraus, dass die Nachfrage umso höher sein dürfte, je mehr Käufer es gibt. Die Größe der Bevölkerung, ist daher eine Determinante der Nachfrage. Eine größere Bevölkerung bedeutet ceteris paribus eine höhere Nachfrage nach allen Waren und Dienstleistungen.

Tab. 3-3

Die Bestimmungsgrößen der Nachfrage

Variablen mit Einfluss auf die Nachfragemenge	Eine Veränderung dieser Variablen ...
Preis	ergibt eine Bewegung auf der Nachfragekurve
Preise verwandter Güter	verschiebt die Nachfragekurve
Einkommen	verschiebt die Nachfragekurve
Präferenzen	verschiebt die Nachfragekurve
Bevölkerungsgröße und -struktur	verschiebt die Nachfragekurve
Werbung	verschiebt die Nachfragekurve
Erwartungen der Konsumenten	verschiebt die Nachfragekurve

Auch Veränderungen in der Bevölkerungsstruktur beeinflussen die Nachfrage. Viele Länder haben eine alternde Bevölkerung und dies führt zu einer Veränderung der Nachfrage. Wenn der Anteil der Bevölkerung im Alter von 65 Jahren und darüber steigt, wird die Nachfrage nach Waren und Dienstleistungen steigen, die von älteren Menschen genutzt werden, z.B. die Nachfrage nach Altenheimplätzen, nach altersgerechten Versicherungspolicen oder Pflegedienstleistungen.

Werbung. Wenn Käufer nicht über vollkommene Informationen verfügen, dann hat Werbung eine Wirkung. Unternehmen werben auf vielerlei Art und Weise für ihre Produkte. Wenn ein Unternehmen für ein Produkt eine Werbekampagne startet, ist es wahrscheinlich, dass die Nachfrage nach diesem Produkt steigt.

Erwartungen der Konsumenten. Ihre Erwartungen im Hinblick auf die Zukunft können Ihr gegenwärtiges Kaufinteresse an Waren und Dienstleistungen bestimmen. Wenn beispielsweise veröffentlicht würde, dass der Milchpreis im nächsten Monat wahrscheinlich ansteigt, werden Konsumenten womöglich eher geneigt sein, Milch zum aktuellen Preis zu kaufen.

Zusammenfassung. Die Nachfragekurve zeigt uns, was mit der nachgefragten Menge eines Gutes passiert, wenn sich der Preis des Gutes verändert und alle anderen Einflussfaktoren konstant gehalten werden. Ändern sich jedoch eine oder mehrere dieser anderen Einflussfaktoren, so verschiebt sich die Nachfragekurve. Die Tabelle 3-3 gibt einen Überblick über die Variablen, die beeinflussen, wie viel von einem Gut die Konsumenten zu kaufen bereit sind.

Kurztest

Entwerfen Sie einen fiktiven Nachfrageplan für Pizza und zeichnen Sie hierfür die Nachfragekurve. Nennen Sie ein Beispiel für etwas, das zu einer Verschiebung der Nachfragekurve nach rechts führen würde. Was würde dazu führen, dass sich die Nachfragekurve nach links verschiebt? Nennen Sie ein Beispiel.

3.3 Angebot

Wir wenden uns nun der anderen Seite des Markts zu und untersuchen das Verhalten der Anbieter und Verkäufer. Dabei wollen wir weiterhin den Markt für Milch betrachten.

Die Angebotskurve: Die Beziehung zwischen Preis und Angebotsmenge

Angebotsmenge
Die Gütermenge, die Verkäufer veräußern wollen und können.

Die **Angebotsmenge** eines beliebigen Gutes ist die Menge, die Verkäufer veräußern wollen und können. Es gibt eine Vielzahl von Faktoren, die die Angebotsmenge beeinflussen, doch wieder spielt der Preis die entscheidende Rolle. Wenn der Preis für Milch hoch ist, lohnt sich der Verkauf mehr als bei einem niedrigen Preis, und so sind die Verkäufer gewillt, bei steigendem Preis mehr anzubieten. Die Milcherzeuger würden länger arbeiten, zusätzliche Milchkühe kaufen und zusätzliche Arbeitskräfte einstellen. Sind die Preise aber niedrig, ist der Milchverkauf weniger lohnend und die Anbieter von Milch werden weniger produzieren. Bei einem sehr niedrigen Preis würden sich einige Milcherzeuger vielleicht dazu entschließen, auf Viehzucht umzusteigen, und ihre Angebotsmenge an Milch fällt auf 0. Da die angebotene Menge bei steigendem Marktpreis wächst und bei fallendem Marktpreis zurückgeht, sagt man die Angebotsmenge ist *positiv abhängig* vom Preis (positive Korrelation). Diese funktionale Verknüpfung zwischen Preis und angebotener Menge nennt man das **Gesetz des Angebots**: Unter sonst gleichen Bedingungen (Ceteris-paribus-Annahme) nimmt die angebotene Menge eines Gutes bei steigendem Preis des Gutes zu, während sie bei fallendem Preis sinkt.

Gesetz des Angebots
Unter sonst gleichen Bedingungen (Ceteris-paribus-Annahme) steigt die angebotene Menge eines Gutes bei steigendem Preis des Gutes.

Angebotsplan, Angebotstabelle
Eine Tabelle für die zusammengehörigen Wertepaare Güterpreis und Angebotsmenge.

Die Tabelle 3-4 zeigt die Menge, die der Milchproduzent Richard bei verschiedenen Preisen gewillt ist anzubieten. Unter einem Preis von 10 Cent pro Liter bietet Richard gar keine Milch an. Steigt der Verkaufspreis nach und nach an, so bietet er auch mehr und mehr an. Dieser **Angebotsplan** oder die **Angebotstabelle** zeigt die Beziehung zwischen Preis und Angebotsmenge, während alle anderen Variablen, welche die Angebotsmenge beeinflussen könnten, konstant gehalten werden.

Angebotskurve
Ein Graph für die Zuordnungen von Güterpreisen und Angebotsmengen.

In Abbildung 3-4 werden die Wertepaare aus Richards Angebotsplan grafisch dargestellt. Die Kurve, die Preise und Angebotsmengen zueinander in Beziehung setzt, wird **Angebotskurve** genannt. Die Angebotskurve steigt an, weil ein höherer Preis – unter sonst gleichen Bedingungen – zu einer größeren Angebotsmenge führt.

Bewegung entlang der Angebotskurve

Wie bei der Nachfrage ist es wichtig, die richtige Terminologie zu verwenden, um Fehler zu vermeiden. Wenn der Preis einer Ware steigt, dann kommt es ceteris paribus zu einer Änderung der Angebotsmenge. Dies wird grafisch als eine Bewegung entlang der Angebotskurve dargestellt.

Tab. 3-4

Richards Angebotsplan

Milchpreis (€/Liter)	Angebotsmenge (Liter/Monat)
0,00	0
0,10	0
0,20	2
0,30	4
0,40	6
0,50	8
0,60	10
0,70	12
0,80	14
0,90	16
1,00	18

Abb. 3-4

Richards Angebotskurve

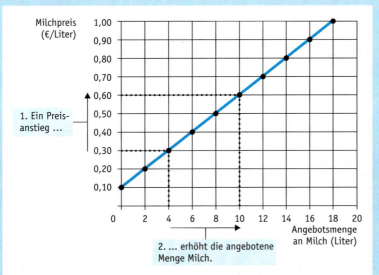

Diese nach der Tabelle 3-4 gezeichnete Angebotskurve zeigt, wie die angebotene Gütermenge mit dem Preis variiert. Da ein höherer Preis zu einer größeren Angebotsmenge führt, steigt die Kurve an.

Marktangebot und individuelles Angebot

So wie die Marktnachfrage die Summe der Einzelnachfragen aller potenzieller Käufer ist, so ergibt sich das Marktangebot als Summe der individuellen Angebote aller potenziellen Verkäufer. Die Tabelle 3-5 zeigt die Angebotspläne von zwei Milcherzeugern – Richard und Markus. Zu jedem Preis sehen wir Richards Angebotsentscheidung und die Angebotsentscheidung von Markus. Die Summe der beiden individuellen Angebote bildet jeweils das Marktangebot.

Tab. 3-5

Individuelles Angebot und Marktangebot

Milchpreis (€/Liter)	Angebotsmenge (Liter/Monat)		
	Richard +	Markus =	Markt
0,00	0	0	0
0,10	0	1	1
0,20	2	2	4
0,30	4	3	7
0,40	6	4	10
0,50	8	5	13
0,60	10	6	16
0,70	12	7	19
0,80	14	8	22
0,90	16	9	25
1,00	18	10	28

Die Abbildung 3-5 zeigt die Angebotskurven, die den Angebotstabellen entsprechen. Wie bei den Nachfragekurven addieren wir die einzelnen Angebotskurven *waagerecht* (in Richtung der Mengenachse), um die Marktangebotskurve zu erhalten. Um die gesamte Angebotsmenge bei einem gegebenen Preis zu bestimmen, müssen wir demnach die einzelnen Angebotsmengen auf der waagerechten Achse der individuellen Angebotskurven addieren. Die Marktangebotskurve zeigt, wie sich die Menge des Gesamtangebots verändert, wenn der Preis variiert.

Verschiebungen der Angebotskurve

Die Angebotskurve für Milch zeigt, welche Menge die Produzenten bei einem bestimmten Preis zum Verkauf anbieten, wenn die vielen anderen Faktoren, welche die Angebotsentscheidung der Produzenten auch beeinflussen können, konstant bleiben. Diese Beziehung kann sich im Lauf der Zeit ändern, was durch eine Verschiebung der

3.3 Angebot

Abb. 3-5

Marktangebot als Summe der individuellen Angebote

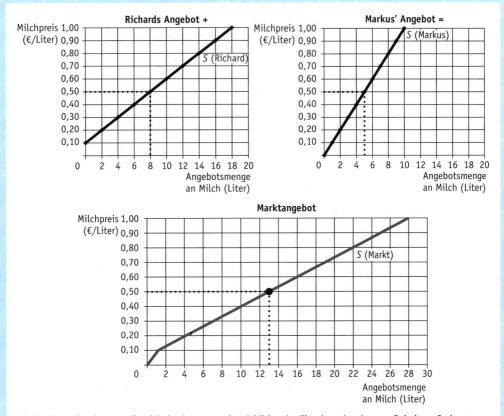

Die Marktangebotskurve ergibt sich durch waagerechte Addition der Einzelangebotskurven. Bei einem Preis von 0,50 Euro ist Richard bereit, 8 Liter Milch anzubieten, und Markus 5 Liter. Das Marktangebot zu diesem Preis beträgt also 13 Liter.

Angebotskurve wiedergegeben wird. Nehmen wir beispielsweise an, der Futtermittelpreis sinkt. Da Viehfutter ein Inputfaktor bei der Produktion von Milch ist, macht dieser Preisrückgang die Produktion von Milch rentabler. Dadurch kommt es zu einem Anstieg des Angebots: Zu jedem beliebigen Preis werden die Milchproduzenten nun größere Mengen anbieten wollen. So wird sich die Angebotskurve für Milch nach rechts verschieben.

Abbildung 3-6 zeigt Verschiebungen der Angebotskurve. Jede Veränderung, die das Angebot vergrößert, wie ein Preisrückgang bei Viehfutter, führt zu einer Rechtsverschiebung der Angebotskurve und wird als *Angebotsanstieg* bezeichnet. Dementsprechend verursacht jede Veränderung, die das Angebot vermindert, eine Linksverschiebung der Angebotskurve und wird als *Angebotsrückgang* bezeichnet.

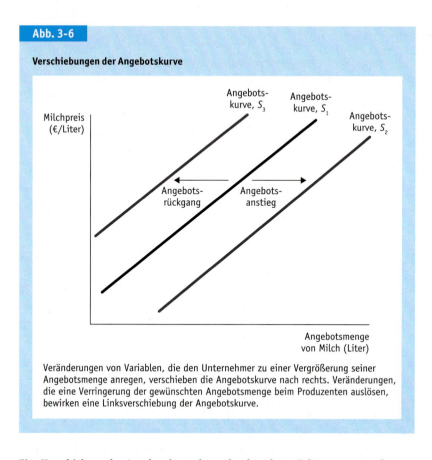

Abb. 3-6

Verschiebungen der Angebotskurve

Veränderungen von Variablen, die den Unternehmer zu einer Vergrößerung seiner Angebotsmenge anregen, verschieben die Angebotskurve nach rechts. Veränderungen, die eine Verringerung der gewünschten Angebotsmenge beim Produzenten auslösen, bewirken eine Linksverschiebung der Angebotskurve.

Eine Verschiebung der Angebotskurve kann durch mehrere Faktoren verursacht werden – *den Preis ausgenommen*. Die Einflussfaktoren sind im Folgenden kurz erläutert.

Rentabilität der Produktion und Preise von Kuppelprodukten. Unternehmen haben eine gewisse Flexibilität bezüglich ihres Angebots und können ihre Produktion auf andere Güter umstellen. So produzieren beispielsweise Autohersteller verschiedene Modelle. Sollte es sich herausstellen, dass sich der Verkauf eines Modells mehr lohnt, als der eines anderen, so wird das Unternehmen seine Produktion wahrscheinlich stärker auf das rentable Modell verlagern. In anderen Fällen erzeugen Unternehmen mehrere Güter in einem Produktionsprozess (Kuppelprodukte). Daraus folgt, dass beispielsweise ein Angebotsanstieg von Lammfleisch auch zu einem Angebotsanstieg von Wolle führt.

Technik. Technischer Fortschritt ermöglicht es, die Produktivität zu erhöhen, während weniger Inputfaktoren benötigt werden. So hat beispielsweise die Erfindung von Düngemitteln und effizienteren Melkständen die Milchleistung pro Kuh erhöht und somit die Produktionskosten reduziert. Technischer Fortschritt senkt also Produktionskosten und erhöht damit die angebotene Gütermenge.

Natürliche und gesellschaftliche Faktoren. Es existiert oft eine Reihe natürlicher und gesellschaftlicher Faktoren, die das Angebot beeinflussen. Klimatische Bedingungen eines Jahres bestimmen die Erntemenge, ebenso Naturkatastrophen, Krankheiten und Schädlingsbefall. Ebenso können sich Veränderungen in der öffentlichen Meinung auf die Produktionsentscheidungen auswirken. Dazu gehören zum Beispiel die Erwartungen an die landwirtschaftliche Nahrungsmittelproduktion allgemein (z. B. Bevorzugung ökologischer Landwirtschaft), zur Regelung von Abfallproblemen, zum Kohlendioxidausstoß sowie sozialethische Aspekte. Einige oder alle dieser Faktoren können auch einen Einfluss auf die Preise der Produktionsfaktoren haben.

Inputpreise – Preise der Produktionsfaktoren. Um irgendeinen Output herzustellen, benötigen die Produzenten verschiedene Inputfaktoren wie Land, Arbeit und Kapital. Landwirte zum Beispiel benötigen Dünger, Viehfutter, Gebäude, tierärztliche Dienstleistungen und Arbeitskräfte. Wenn der (Einkaufs-)Preis eines dieser Inputfaktoren steigt, wird die Milchproduktion weniger rentabel und die Hersteller werden weniger Milch anbieten. Eine sehr starke und dauerhafte Erhöhung der Einkaufspreise kann sogar zur Schließung des Unternehmens beziehungsweise zur Einstellung der Produktion führen. Wenn die Preise der Produktionsfaktoren jedoch fallen, kann dies die Produktion rentabler machen und dazu führen, dass zu jedem beliebigen Preis mehr angeboten wird. Die produzierte und angebotene Menge eines Gutes ist demnach negativ mit den Einkaufs- oder Inputpreisen verknüpft.

Erwartungen der Anbieter. Die Höhe des Angebots kann auch von den Erwartungen abhängen, welche die Produzenten über die zukünftige Entwicklung des Markts haben. Die heute produzierte und angebotene Milchmenge kann von den Zukunftserwartungen des Milchproduzenten abhängen. Wenn der Milcherzeuger erwartet, dass der Milchpreis in Zukunft steigt, investiert er vielleicht in eine Erhöhung seiner Produktionskapazität oder er kauft zusätzliche Milchkühe.

Anzahl der Anbieter. Neben den bereits genannten Faktoren, die das Verhalten des einzelnen Verkäufers beeinflussen, hängt das Marktangebot auch von der Anzahl der Anbieter in den einzelnen Branchen ab. Wenn sich Richard oder Markus aus der Milchproduktion zurückziehen, wird das Angebot an Milch zurückgehen.

> **Kurztest**
> Entwerfen Sie einen fiktiven Angebotsplan für Pizza und zeichnen Sie hierfür die Angebotskurve. Nennen Sie ein Beispiel für etwas, das zu einer Verschiebung der Angebotskurve führen würde. Würde eine Preisänderung die Angebotskurve verschieben?

3.3 Die Marktkräfte von Angebot und Nachfrage
Angebot

Zusammenfassung

Die Angebotskurve zeigt uns, was mit der Angebotsmenge eines Gutes passiert, wenn sich der Güterpreis verändert und alle anderen Einflussfaktoren konstant bleiben. Ändert sich jedoch einer der anderen Einflussfaktoren, dann verschiebt sich die Angebotskurve. Die Tabelle 3-6 gibt einen Überblick darüber, in welcher Weise die Angebotsmenge von anderen Variablen und ihren Änderungen beeinflusst wird.

Tab. 3-6

Die Bestimmungsgrößen des Angebots

Variablen mit Einfluss auf die Angebotsmenge	Eine Veränderung dieser Variablen ...
Preis	ergibt eine Bewegung auf der Angebotskurve
Inputpreise – Preise der Produktionsfaktoren	verschiebt die Angebotskurve
Rentabilität der Produktion und Preise von Kuppelprodukten	verschiebt die Angebotskurve
Technik	verschiebt die Angebotskurve
Natürliche und gesellschaftliche Faktoren	verschiebt die Angebotskurve
Erwartungen der Anbieter	verschiebt die Angebotskurve
Anzahl der Anbieter	verschiebt die Angebotskurve

Fallstudie

Der Effekt des Fracking auf den Ölpreis

Technischer Fortschritt wirkt sich in Wellenbewegungen auf viele Märkte aus. Auf der ständigen Suche nach neuen Energiequellen hat die Menschheit viele Ideen hervorgebracht. In den letzten Jahren war es die Erfindung des Fracking, die sowohl Begeisterung als auch Bedenken hervorgerufen hat. Der Förderprozess des Fracking besteht daraus, dass eine Flüssigkeit aus Wasser und verschiedenen Chemikalien unter sehr hohem Druck in die unterirdischen Schiefervorkommen gepumpt wird. Der Druck bricht das Gestein auf, sodass Gas und Öl herausströmen, welche dann zur Energiegewinnung »geerntet« werden. Das Förderpotenzial durch Fracking ist weltweit hoch, jedoch bezweifeln kritische Stimmen, dass die Menge an Gas und Öl, die über Fracking gefördert werden kann, die Kosten rechtfertigt. Zu den Kosten zählen der immense Wasserverbrauch beim Fracking, die potenzielle Verseuchung des Trinkwassers durch Chemikalienrückstände, Umweltverschmutzung und die erhöhte Erdbebengefahr im Areal um die Förderstätten herum.

Das Förderpotenzial an Gas und Öl ist jedoch nicht unerheblich. Der Vorstandsvorsitzende des US-amerikanischen Energieunternehmens Conoco, Ryan Lance, prognostizierte laut Medienberichten, dass die Vereinigten Staaten über Fracking schon innerhalb des nächsten Jahrzehnts Selbstversorger in Öl und Gas werden könnten.

In unserem Modell von Angebot und Nachfrage haben wir angenommen, dass kein einzelner Käufer oder Verkäufer den Marktpreis bestimmen kann. Ein Gegenbeispiel ist die OPEC (Organization of the Petroleum Exporting Countries), in der sich die größten Erdölexporteure der Welt zusammengeschlossen haben. Da ein Land wie Saudi-Arabien über riesige Erdölvorkommen verfügt, kann es den Marktpreis durch Erhöhung oder Drosselung der Angebotsmenge beeinflussen. Zusammen beeinflussen die OPEC-Staaten das Ölangebot, um den Ölpreis im eigenen Interesse stabil zu halten. Was die OPEC jedoch nicht beeinflus-

Fortsetzung auf Folgeseite

Fortsetzung von Vorseite

sen kann, ist die Nachfrage, und so führen Veränderungen der volkswirtschaftlichen Aktivität, das Wetter oder Naturkatastrophen wie Erdbeben und Tsunamis dazu, dass sich die Nachfrage verändert und so zu Marktpreisveränderungen beiträgt.

Im November 2012 räumte die OPEC ein, dass die Möglichkeiten, welche das Fracking eröffnet, eine langfristige Auswirkung auf den Ölpreis haben könnten. So entspricht beispielsweise die prognostizierte tägliche Fördermenge von 2 Millionen Barrel in etwa der täglichen Fördermenge des OPEC-Mitglieds Nigeria. Sollte Fracking nicht nur in den USA, sondern in der ganzen Welt genutzt werden, würde dies die Angebotskurve nach rechts verschieben und – angenommen die Nachfrage bleibt stabil – den Ölpreis senken. Die OPEC könnte hierauf reagieren, indem sie ihre eigene Angebotsmenge auf dem Markt reduziert, um den Ölpreis stabil zu halten. Da Schieferöl ein Substitut für Erdöl ist, erwartet die OPEC, dass Konsumenten zu dem durch Fracking geförderten Öl wechseln und sich folglich die Nachfrage nach Erdöl abschwächen wird. Alle diese Einflussfaktoren könnten bedeuten, dass sich die Ölpreise mittel- und langfristig stabilisieren und dass sie auch fallen könnten.

Sind das gute Nachrichten für die Verbraucher? Das hängt davon ab, ob die Bedenken der Umweltschützer berechtigt sind oder nicht. Diese argumentieren, dass von den betreffenden Energieunternehmen nicht die echten Kosten der Förderung von Schieferöl und -gas erfasst werden, da diese die potenziellen Umweltschäden nicht berücksichtigen. Dies ist ein hervorragendes Beispiel für die Funktionsweise der Märkte sowie für das ökonomische Problem: Sind die Vorteile einer größeren Angebotsmenge an Öl und Gas und eines stabileren Ölpreises größer als die Kosten? Und können wir wirklich die realen Kosten des Fracking einschätzen, wenn die Energieunternehmen die Einwände der Umweltschützer abstreiten?

3.4 Angebot und Nachfrage zusammen

Nachdem wir das Angebot und die Nachfrage getrennt untersucht haben, führen wir sie nun zusammen, um zu sehen, wie Angebot und Nachfrage die auf einem Markt umgesetzte Menge und den Preis bestimmen.

Gleichgewicht

Die Abbildung 3-7 zeigt die Marktangebotskurve und die Marktnachfragekurve zusammen. Dabei gibt es einen Punkt, bei dem sich Angebotskurve und Nachfragekurve schneiden; dieser Punkt heißt *Marktgleichgewicht*. Gleichgewicht beschreibt ein Stadium der Ruhe, einen Punkt, wo keine Kraft nach Veränderung strebt. Ökonomen bezeichnen Nachfrage und Angebot als *Marktkräfte*. In jedem Markt übt das Verhältnis der Kräfte von Angebot und Nachfrage demnach Druck auf den Preis aus. Ein Marktgleichgewicht herrscht an dem Punkt, wo die Menge, welche die Nachfrager zu einem bestimmten Preis erwerben wollen, genau der Menge entspricht, welche die Produzenten zu demselben Preis gewillt sind anzubieten.

Der Preis, bei dem sich die beiden Kurven schneiden, heißt **Gleichgewichtspreis** und die zugeordnete Menge heißt **Gleichgewichtsmenge**. In Abbildung 3-7 beträgt der Gleichgewichtspreis 40 Cent pro Liter und die dazu gehörige Gleichgewichtsmenge beträgt 7.000 verkaufte und gekaufte Liter Milch.

Beim Gleichgewichtspreis ist die Menge, die Nachfrager kaufen wollen und können, genau gleich der Menge, die Anbieter verkaufen wollen und können. Manchmal

Gleichgewichtspreis
Der Preis, bei dem die Nachfragemenge gleich der Angebotsmenge ist.

Gleichgewichtsmenge
Angebotene und nachgefragte Menge zum Gleichgewichtspreis.

3.4 Die Marktkräfte von Angebot und Nachfrage
Angebot und Nachfrage zusammen

wird der Gleichgewichtspreis auch *Markträumungspreis* genannt, weil zu diesem Preis jeder Marktteilnehmer zufrieden und der Markt »geräumt« ist: Nachfrager haben ihre Kaufabsichten verwirklicht, Anbieter haben ihre Verkaufspläne erfüllt. Es gibt keinen Nachfrageüberschuss, bei dem die Nachfrage größer als das Angebot wäre, noch gibt es einen Angebotsüberschuss.

Der Markt bleibt im Gleichgewicht, bis etwas eine Verschiebung der Nachfragekurve oder der Angebotskurve (oder beider) verursacht. Wenn sich eine oder beide Kurven zum gegebenen Gleichgewichtspreis verschieben, entsteht entweder ein Nachfrage- oder ein Angebotsüberschuss. Der Markt braucht dann etwas Zeit, um sich anzupassen. Manchmal geht das sehr schnell (meist in hoch organisierten Märkten wie den Aktienmärkten oder den Rohstoffmärkten), manchmal braucht er jedoch länger, um zu reagieren. Wenn der Markt im Ungleichgewicht ist und ein Angebots- oder Nachfrageüberschuss herrscht, wirkt das Verhalten der Käufer und der Verkäufer als Kraft auf den Preis ein.

Angebotsüberschuss
Eine Situation, in der die zum Marktpreis angebotene Menge größer ist als die Nachfragemenge.

Wenn ein **Angebotsüberschuss** eines Gutes, zum Beispiel Milch, besteht, können die Anbieter zum herrschenden Preis nicht mehr alles verkaufen. Wenn die Milchbestände der Anbieter wachsen, werden sie auf den Angebotsüberschuss reagieren, indem sie ihre Preise senken. Wenn die Preise sinken, werden wiederum einige Konsumenten motiviert sein, mehr Milch zu kaufen, wodurch es zu einer Bewegung ent-

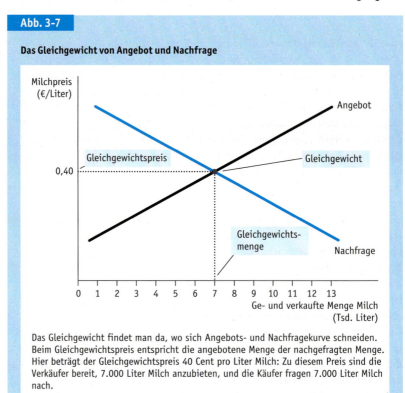

Abb. 3-7

Das Gleichgewicht von Angebot und Nachfrage

Das Gleichgewicht findet man da, wo sich Angebots- und Nachfragekurve schneiden. Beim Gleichgewichtspreis entspricht die angebotene Menge der nachgefragten Menge. Hier beträgt der Gleichgewichtspreis 40 Cent pro Liter Milch: Zu diesem Preis sind die Verkäufer bereit, 7.000 Liter Milch anzubieten, und die Käufer fragen 7.000 Liter Milch nach.

lang der Nachfragekurve kommt. Gleichermaßen reagieren einige Anbieter auf dem Markt auf den fallenden Preis, indem sie die Menge reduzieren, die sie bereit sind, zu diesem Preis zu verkaufen (Bewegung entlang der Angebotskurve). Die Preise fallen weiter, bis der Markt ein erneutes Gleichgewicht erreicht. Die Auswirkung auf den Preis und in der Folge auf die Nachfrage- und Angebotsmenge ist dadurch begründet, dass sich vorher, bei Marktgleichgewicht, die Angebots- oder die Nachfragekurve verschoben hat (oder sich beide verschoben haben). Daher wird die Analyse von Märkten als **komparative Statik** bezeichnet. Ein ursprünglicher, statischer Gleichgewichtszustand wird mit einem späteren Gleichgewichtszustand verglichen, nachdem dieser durch die Marktkräfte hergestellt wurde. Wenn eine Verschiebung von Angebot oder Nachfrage, welche das Marktgleichgewicht gestört hat, einen Überschuss im Markt erzeugt, erzwingt das daraus folgende Verhalten von Käufern und Verkäufern eine Preisänderung, die den Markt dann wiederum zurück ins Gleichgewicht bringt.

Ein **Nachfrageüberschuss** tritt auf, wenn die zum Marktpreis nachgefragte Menge nach einem Gut die zum Marktpreis angebotene Menge des Gutes übersteigt, Käufer also nicht in der Lage sind, die Menge zu kaufen, die sie kaufen möchten. Wenn zu viele Käufer ein Produkt nachfragen, von dem es auf dem Markt eine zu geringe Angebotsmenge gibt, können die Anbieter die Preise anheben, ohne dadurch Absatzeinbußen befürchten zu müssen. Durch den Preisanstieg werden einige Käufer den Markt verlassen und die Nachfragemenge fällt (Bewegung entlang der Nachfragekurve). So können beispielsweise steigende Preise einige Milcherzeuger motivieren, mehr Milch anzubieten; die Angebotsmenge steigt. Die Marktkräfte treten wieder in Aktion, bis ein erneutes Marktgleichgewicht erreicht ist.

Das heißt, die Aktivitäten der Käufer und Verkäufer drücken den Markt »automatisch« zum Gleichgewichtspreis. Natürlich ist dies dem einzelnen Konsumenten oder Anbieter nicht bewusst, doch die Masse ihrer Aktivitäten entfaltet diese Kräfte. Tatsächlich ist dieses Phänomen der Preisanpassung in der Praxis so sehr beherrschend, dass man ein **Gesetz von Angebot und Nachfrage** postuliert: Der Preis eines beliebigen Gutes passt sich in der Weise an, dass dadurch Angebots- und Nachfragemenge dieses Gutes zur Übereinstimmung gelangen.

Komparative Statik
Vergleich eines ursprünglichen Gleichgewichtszustands mit einem anderen.

Nachfrageüberschuss
Eine Situation, in der die zum Marktpreis nachgefragte Menge größer ist als die Angebotsmenge.

Gesetz von Angebot und Nachfrage
Preisanpassungen zur Angleichung angebotener und nachgefragter Gütermengen auf Märkten.

Die Signalwirkung von Preisen

Die Hauptfunktion des Preises in einem freien Markt ist es, Käufern und Verkäufern ein Signal zu geben.

Der Preis als Signal für die Käufer. Den Käufern sagt der Preis, auf was sie verzichten müssen (normalerweise einen gewissen Geldbetrag), um die Vorteile zu erhalten, die sie mit dem Besitz des Gutes verbinden. Diese Vorteile werden als Nutzen oder Bedürfnisbefriedigung durch Konsum bezeichnet. Wenn jemand bereit ist, 10 Euro für einen Kinobesuch zu bezahlen, dann geht der Volkswirt davon aus, dass der Nutzen, den das Individuum durch den Kinobesuch gewinnt, ihm diesen Geldbetrag wert ist. Doch was bedeutet das? Wie viel sind 10 Euro wert? Volkswirte gehen davon aus, dass dem Individuum der Kinobesuch mehr wert ist als die nächstbeste Alternative, für die man

3.4 Die Marktkräfte von Angebot und Nachfrage
Angebot und Nachfrage zusammen

ebenfalls 10 Euro hätte ausgeben können. Darin spiegeln sich die Trade-offs wider, mit denen die Menschen konfrontiert sind, und dass die Kosten für etwas in dem bestehen, was man aufgeben muss, um es zu erwerben. Dies ist grundlegend für das Gesetz der Nachfrage. Je höher der Preis eines Gutes ist, umso mehr muss ich aufgeben, um dieses Gut zu kaufen. Und je mehr ich für den Kauf eines Gutes aufgeben muss, desto weniger werde ich dazu bereit sein. Kostet die Kinokarte 15 Euro, muss es schon ein sehr guter Film sein, damit ich auch bereit bin, das aufzugeben, was ich mir sonst für 15 Euro hätte kaufen können. Preise wirken auch als Signale in Bezug auf Grenzkosten und Grenznutzen. Die meisten Konsumenten haben den qualvollen Entscheidungsprozess für oder gegen den Kauf eines Gutes schon selbst erlebt. Das Paar Schuhe, das Sie unbedingt wollen, kostet 120 Euro. Für 100 Euro hätten Sie nicht lange nachgedacht, aber die 20 Euro zusätzlich können den entscheidenden Unterschied machen, ob Sie sich zum Kauf entschließen oder dagegen.

Die Wirtschaftswissenschaften und andere Disziplinen, wie die Psychologie, untersuchen mit wachsendem Interesse die komplexen Hintergründe menschlicher Kaufentscheidungen. Die Entwicklung der Magnetresonanztomografie (MRT) beispielsweise hat es Forschern ermöglicht, die Reaktion des Gehirns auf unterschiedliche Reize während der Kaufentscheidung zu untersuchen (dieses Forschungsgebiet wird auch als Neuroökonomik bezeichnet).

Der Preis als Signal an die Verkäufer. Für die Verkäufer hat der Preis eine Signalwirkung in Bezug auf die Rentabilität der Produktion. Für viele Verkäufer ist die Erhöhung der Produktionsmenge eines Gutes mit zusätzlichen Faktorkosten verbunden. Ein höherer Preis ist erforderlich, um die zusätzlichen Kosten auszugleichen und es dem Produzenten zu ermöglichen, aus dem Risiko, das er mit der Produktion eingeht, einen gewissen Gewinn zu erzielen. Diese Belohnung wird als Gewinn bezeichnet.

Steigende Preise in einem Wettbewerbsmarkt. Wenn die Preise auf einem freien Markt steigen, wirkt dies als ein anderes, aber verwandtes Signal an Käufer und Verkäufer. Steigen die Preise für einen Verkäufer, so bedeutet dies eine Verknappung. Dies wirkt als Signal zur Ausweitung der Produktion, weil der Verkäufer weiß, dass er das, was er produziert, verkaufen kann. Für die Käufer verändert ein steigender Preis die Art des Trade-offs, mit dem sie konfrontiert sind. Steigende Preise wirken wie ein Signal, dass mehr aufgegeben werden muss, um das Gut zu erwerben. Sie müssen sich entscheiden, ob der Wert des Nutzens, den sie durch den Erwerb des Gutes erhalten werden, den zusätzlich zu zahlenden Preis und den Verzicht auf den Wert des Nutzens der nächstbesten Alternative wert ist.

Wenn beispielsweise die Preise für Kinobesuche generell von 10 auf 15 Euro steigen, werden manche Kinogänger gerne bereit sein, die 5 Euro zusätzlich zu zahlen, da es ihnen so große Freude macht, ins Kino zu gehen. Anderen wird das zu teuer sein. Sie werden vielleicht dagegenhalten, dass sie für 15 Euro mit ihren Freunden in ein Restaurant gehen, essen und trinken könnten, und dies würde für sie einen größeren Nutzen bedeuten als der Kinobesuch. Einige würden also nicht mehr ins Kino und stattdessen ins Restaurant gehen – das Signal, das der Preis an diese Konsumenten aussendet, hat sich verändert.

Käufer und Verkäufer durchlaufen bei der Entscheidungsfindung viele komplexe Prozesse. Solange diese Prozesse noch nicht vollständig verstanden sind, sind Ökonomen ständig auf der Suche nach neuen Einsichten, die helfen, die Wirkungsweise von Märkten noch besser zu verstehen. Auch wenn wir es nicht bemerken, geht doch jeder von uns jeden Tag bei seinen Kaufentscheidungen durch diese komplexen Prozesse. Ein Bewusstsein dafür zu besitzen ist grundlegend für die Denkweise eines Ökonomen.

Drei Schritte zur Analyse von Gleichgewichtsänderungen

Wir haben nun gesehen, wie Angebot und Nachfrage zusammen das Marktgleichgewicht bestimmen, welches wiederum den Preis und die Menge eines Gutes bestimmt, die Konsumenten nachfragen und Verkäufer anbieten.

Selbstverständlich hängen Gleichgewichtspreis und Gleichgewichtsmenge entscheidend von der Lage der Angebots- und Nachfragekurven ab. Wir verwenden eine komparativ-statische Analyse, wenn wir untersuchen, was passiert, wenn irgendein Ereignis eine dieser Kurven verschiebt und dafür sorgt, dass sich das Marktgleichgewicht verändert.

Hierbei gehen wir in drei Schritten vor:
1. Wir klären, ob das betreffende Ereignis zur Verschiebung der Angebotskurve, der Nachfragekurve oder beider Kurven führt.
2. Wir untersuchen, ob es zu einer Rechts- oder zu einer Linksverschiebung kommt.
3. Wir nutzen das Angebots-Nachfrage-Diagramm, um das ursprüngliche mit dem neuen Marktgleichgewicht zu vergleichen und so zu sehen, wie die Verschiebung den Gleichgewichtspreis und die Gleichgewichtsmenge beeinflusst.

Um nachvollziehen zu können, wie diese dreistufige Analyse funktioniert, lassen Sie uns verschiedene Ereignisse annehmen, die zu einer Veränderung des Markts für Milch führen. Wir beginnen die Analyse mit der Annahme, dass der Milchmarkt im Gleichgewicht ist – mit einem Preis von 50 Cent pro Liter und 13.000 gekauften und verkauften Litern Milch.

Beispiel 1: Eine Veränderung der Nachfrage. Gehen wir nun davon aus, dass es ein sehr heißer Sommer ist. Wie wird dadurch wohl der Markt für Milch beeinflusst? Um diese Frage zu beantworten, folgen wir unseren drei Analyseschritten:
1. Die Hitze verstärkt das Verlangen der Menschen nach Milch. Das Wetter bewirkt, dass sich die Nachfrage nach Milch zu jedem gegebenen Preis erhöht. Die Nachfragekurve verschiebt sich. Die Angebotskurve bleibt unverändert, weil das Wetter die Milchproduzenten nicht unmittelbar tangiert.
2. Weil das Wetter dazu führt, dass die Menschen mehr Milch oder erfrischende Milchshakes trinken und Eisproduzenten mehr Milch kaufen, um Eiscreme herzustellen, verschiebt sich die Nachfragekurve nach rechts. Abbildung 3-8 verdeutlicht diesen Nachfrageanstieg über die Verschiebung der Nachfragekurve von D_1 nach D_2. Diese Verschiebung weist darauf hin, dass nun zu jedem Preis eine höhere Menge Milch nachgefragt wird. Zum Marktpreis von 50 Cent pro Liter wollen die Konsumenten

3.4 Die Marktkräfte von Angebot und Nachfrage
Angebot und Nachfrage zusammen

nun 19.000 Liter kaufen, die Verkäufer bieten zu diesem Preis jedoch nur 13.000 Liter an. Die Verschiebung der Nachfragekurve hat also im Markt zu einem Nachfrageüberschuss von 6.000 Litern geführt, der in der Abbildung durch die Klammer gekennzeichnet ist.

3. Der Nachfrageüberschuss veranlasst die Verkäufer, ihr Angebot an Milch zu erhöhen (eine Bewegung entlang der Angebotskurve). Die Angebotsmenge steigt. Die zusätzliche Produktion führt jedoch zu zusätzlichen Kosten, sodass ein höherer Preis notwendig ist, um die Verkäufer dafür zu kompensieren. Die Konsumenten verhalten sich anders: Einige, die bereit waren, Milch zu einem Preis von 50 Cent pro Liter zu kaufen, sind nicht bereit, mehr zu zahlen, und verlassen den Markt. Während der Preis steigt, kommt es folglich zu einer Bewegung entlang der Nachfragekurve, welche das Ausscheiden von Nachfragern aus dem Markt widerspiegelt. Die Marktkräfte von Angebot und Nachfrage arbeiten weiter, bis ein neues Marktgleichgewicht erreicht ist. Der neue Gleichgewichtspreis beträgt nun 60 Cent pro Liter Milch und die neue Gleichgewichtsmenge 16.000 Liter. Wenn wir nun unsere Start- und Endposition vergleichen, so hat die Hitze, welche eine Verschiebung der Nachfragekurve bewirkt hat, zu einem Anstieg des Marktpreises für Milch und zu einem Anstieg der angebotenen Menge geführt.

Abb. 3-8

Wie eine Steigerung der Nachfrage das Marktgleichgewicht verändert

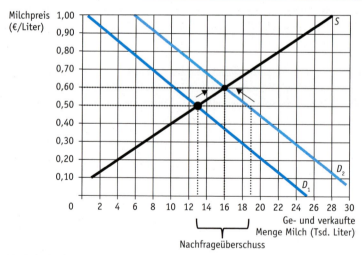

Ein Ereignis, das die Nachfragemenge zu jedem beliebigen Preis erhöht, bewirkt eine Rechtsverschiebung der Nachfragekurve. Sowohl der Gleichgewichtspreis als auch die Gleichgewichtsmenge steigen an. Hier hat ein ungewöhnlich heißer Sommer bewirkt, dass die Konsumenten mehr Milch nachfragen. Die Nachfragekurve verschiebt sich nach rechts von D_1 nach D_2. Dies führt wiederum dazu, dass der Gleichgewichtspreis von 50 Cent auf 60 Cent und die ge- und verkaufte Gleichgewichtsmenge von 13.000 auf 16.000 Liter steigt.

3.4 Angebot und Nachfrage zusammen

Beispiel 2: Eine Veränderung des Angebots. Nehmen wir an, dass in einem anderen Sommer eine Dürre die Preise für Viehfutter nach oben treibt. Wie beeinflusst dieser Umstand den Markt für Milch? Um diese Frage zu beantworten, wenden wir abermals unsere drei Analyseschritte an:

1. Der Preisanstieg bei Viehfutter, einem wichtigen Inputfaktor bei der Herstellung von Milch, beeinflusst die Angebotskurve. Durch die Erhöhung der Produktionskosten führt der Preisanstieg für Viehfutter dazu, dass die zu jedem Preis produzierte und angebotene Menge an Milch sinkt. Die Nachfragekurve bleibt unverändert, da die höheren Produktionskosten nicht unmittelbar beeinflussen, welche Menge an Milch die Konsumenten kaufen wollen.
2. Die Angebotskurve verschiebt sich nach links, weil sich die Menge verringert, welche die Milcherzeuger zu jedem gegebenen Preis verkaufen wollen und können. Abbildung 3-9 verdeutlicht diesen Angebotsrückgang durch eine Verschiebung der Angebotskurve von S_1 nach S_2. Bei einem Preis von 50 Cent können die Verkäufer nun nur noch 2.000 Liter anbieten, während die Nachfrage weiterhin 13.000 Liter beträgt. Die Angebotsverschiebung nach links hat im Markt einen Nachfrageüberschuss von 11.000 Litern erzeugt. Diese Verknappung wird wiederum einen Preisanstieg erzeugen, da die Nachfrage nach Milch gleich geblieben ist.

Abb. 3-9

Wie ein Rückgang des Angebots das Marktgleichgewicht verändert

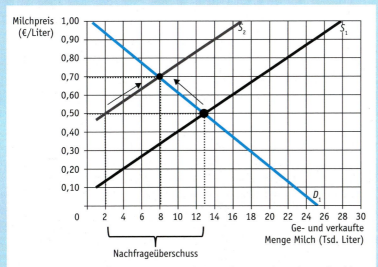

Ein Ereignis, das die Angebotsmenge zu jedem gegebenen Preis verringert, bewirkt eine Linksverschiebung der Angebotskurve. Der Gleichgewichtspreis steigt und die Gleichgewichtsmenge sinkt. Hier führt ein Preisanstieg beim Viehfutter (Inputfaktor) dazu, dass Produzenten weniger Milch anbieten. Die Angebotskurve verschiebt sich von S_1 nach S_2, was dazu führt, dass der Gleichgewichtspreis von 50 Cent auf 70 Cent pro Liter steigt und die Gleichgewichtsmenge von 13.000 Litern auf 8.000 Liter sinkt.

3. Wie Abbildung 3-9 zeigt, erhöht dieser Nachfrageüberschuss den Gleichgewichtspreis von 50 auf 70 Cent und senkt die Gleichgewichtsmenge der gekauften und verkauften Milch von 13.000 Litern auf 8.000 Liter. Im Zuge der Erhöhung des Viehfutterpreises erhöht sich also der Milchpreis und die Angebotsmenge fällt.

Beispiel: Eine Veränderung von Angebot und Nachfrage – Fall 1. Nehmen wir nun an, die Hitzewelle und der Anstieg des Viehfutterpreises fallen in denselben Zeitraum. Um die Wirkung dieser Kombination von Ereignissen zu untersuchen, folgen wir erneut unserem Drei-Schritte-Schema.

1. Fest steht, dass sich beide Kurven verschieben müssen. Die Hitzewelle verändert die Nachfragekurve für Milch, indem von den Haushalten zu jedem denkbaren Preis andere Mengen nachgefragt und gekauft werden. Zugleich erhöht der Preisanstieg beim Viehfutter die Produktionskosten und verschiebt damit die Angebotskurve, da von den Unternehmen nun zu jedem gegebenen Preis veränderte Mengen produziert und angeboten werden.
2. Die Kurvenverschiebungen entsprechen den zuvor besprochenen Beispielfällen: Die Nachfragekurve verschiebt sich nach rechts, die Angebotskurve nach links – wie in Abbildung 3-10 zu sehen.
3. Wie Abbildung 3-10 zeigt, gibt es zwei mögliche Ergebnisse, je nach der relativen Größe der Nachfrage- und Angebotsverschiebungen. In beiden Fällen steigt der Gleichgewichtspreis. In Diagramm (a) – deutlicher Nachfrageanstieg bei geringem Angebotsrückgang – steigt die Gleichgewichtsmenge ebenfalls an. In Diagramm (b) dagegen – erheblicher Angebotsrückgang bei geringem Nachfrageanstieg – geht die Gleichgewichtsmenge zurück. Beide Ereignisse führen also zu einer Preissteigerung, doch ist ihre Wirkung auf die gekaufte und verkaufte Menge nicht eindeutig (d. h., diese kann sowohl steigen als auch zurückgehen).

Eine Veränderung von Angebot und Nachfrage – Fall 2. Wir wollen nun eine etwas andere Konstellation betrachten, bei der sich Angebot und Nachfrage gleichzeitig in dieselbe Richtung verschieben. Nehmen wir an, der Wetterbericht hat für die nächsten Wochen eine anhaltende Hitzewelle vorhergesagt. Wir wissen, dass die Hitzewelle zu einem Anstieg der Nachfrage nach Milch führen wird und sich die Nachfragekurve daher nach rechts verschiebt. Da die Milchproduzenten aufgrund der Wettervorhersage diesen Nachfrageanstieg erwarten, werden sie die Produktion ausweiten. Daraus resultiert eine Verschiebung der Angebotskurve nach rechts, da nun bei jedem Preis eine größere Menge an Milch angeboten wird. Um diese besondere Kombination von Ereignissen zu analysieren, folgen wir wieder unseren drei Analyseschritten.

1. Wir haben bereits festgestellt, dass sich beide Kurven verschieben müssen. Die Hitzewelle verschiebt die Nachfragekurve, da die Haushalte nun zu jedem Preis mehr Milch kaufen wollen. Zugleich führen die Erwartungen der Anbieter dazu, dass sich die Angebotskurve verschiebt, da die Unternehmen nun zu jedem denkbaren Preis eine größere Menge an Milch verkaufen wollen.
2. Beide Kurven – Nachfragekurve und Angebotskurve – verschieben sich nach rechts, wie in Abbildung 3-11 zu sehen ist.

3.4 Angebot und Nachfrage zusammen

Abb. 3-10

Eine Verschiebung von Angebotskurve und Nachfragekurve – Fall 1

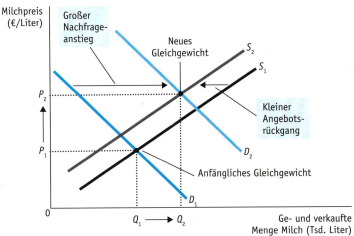

(a) Preisanstieg, Mengenanstieg

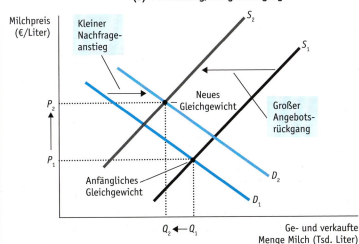

(b) Preisanstieg, Mengenrückgang

Hier beobachten wir einen gleichzeitigen Anstieg der Nachfrage und Rückgang des Angebots. Zwei Ergebnisse sind möglich. Im Diagramm (a) steigt der Gleichgewichtspreis von P_1 auf P_2 und die Gleichgewichtsmenge von Q_1 auf Q_2. Im Diagramm (b) steigt der Gleichgewichtspreis wiederum von P_1 auf P_2, die Gleichgewichtsmenge sinkt jedoch von Q_1 auf Q_2.

Abb. 3-11

Eine Verschiebung von Angebotskurve und Nachfragekurve – Fall 2

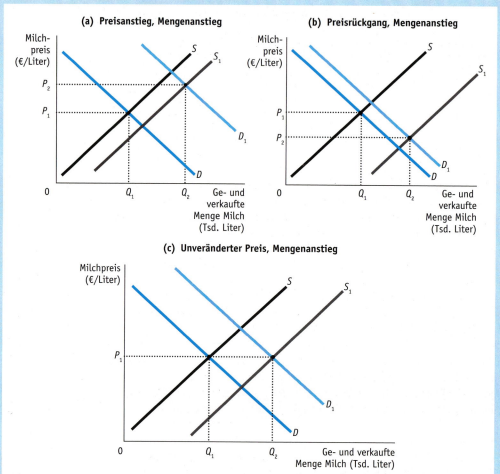

Hier beobachten wir gleichzeitig einen Anstieg der Nachfrage und einen Anstieg des Angebots. Drei Ergebnisse sind möglich. In Diagramm (a) steigt der Gleichgewichtspreis von P_1 auf P_2 und die Gleichgewichtsmenge erhöht sich von Q_1 auf Q_2. In Diagramm (b) sinkt der Gleichgewichtspreis von P_1 auf P_2, aber die Gleichgewichtsmenge erhöht sich von Q_1 auf Q_2. In Diagramm (c) bleibt der Gleichgewichtspreis konstant, doch die Gleichgewichtsmenge erhöht sich von Q_1 auf Q_2.

3. Gleichzeitig verdeutlicht Abbildung 3-11, dass je nach der relativen Größe der Verschiebungen drei verschiedene Ergebnisse möglich sind. In Diagramm (a) – deutlicher Nachfrageanstieg bei geringem Angebotsrückgang – steigen Gleichgewichtspreis und Gleichgewichtsmenge. In Diagramm (b) – erheblicher Angebotsanstieg bei geringem Nachfrageanstieg – fällt der Gleichgewichtspreis, aber die Gleichgewichtsmenge steigt. In Diagramm (c) – Angebotsanstieg und Nachfrageanstieg sind gleich

Tab. 3-7

Auswirkungen von Angebots- und Nachfrageänderungen

	Keine Angebotsänderung	Angebotsanstieg	Angebotsrückgang
Keine Nachfrageänderung	Menge unverändert Preis unverändert	Menge steigt Preis sinkt	Menge sinkt Preis steigt
Nachfrageanstieg	Menge steigt Preis steigt	Menge steigt Preis nicht eindeutig	Menge nicht eindeutig Preis steigt
Nachfragerückgang	Menge sinkt Preis sinkt	Menge nicht eindeutig Preis sinkt	Menge sinkt Preis nicht eindeutig

groß – bleibt der Gleichgewichtspreis unverändert, die Gleichgewichtsmenge steigt jedoch. Obwohl es in allen drei Fällen zu einem Anstieg der Gleichgewichtsmenge kommt, sind die Auswirkungen auf den Gleichgewichtspreis unterschiedlich. Damit ist die Wirkung auf den Preis nicht eindeutig zu bestimmen.

Zusammenfassung. Wir haben gerade anhand von vier Beispielen gesehen, wie man die Angebots- und Nachfragekurve dazu nutzen kann, um eine Änderung im Marktgleichgewicht zu analysieren. Wann immer ein Ereignis die Angebotskurve, die Nachfragekurve oder beide Kurven verschiebt, können wir mithilfe dieser Analyseschritte feststellen, wie Gleichgewichtsmenge und Gleichgewichtspreis durch dieses Ereignis verändert werden. Tabelle 3-7 zeigt, wie sich Gleichgewichtsmenge und Gleichgewichtspreis in Abhängigkeit von einer Verschiebung der beiden Kurven verändern. Damit Sie sicher sein können, dass Sie alles verstanden haben, wählen Sie einige Einträge aus der Tabelle aus und erklären Sie mit eigenen Worten, warum sich Gleichgewichtsmenge und Gleichgewichtspreis in die vorgegebene Richtung bewegen.

> **Kurztest**
> Untersuchen Sie die Veränderungen auf dem Pizzamarkt, wenn die Preise für Tomaten steigen. Untersuchen Sie die Veränderungen auf dem Pizzamarkt im Fall einer Preissenkung für Hamburger.

3.5 Die Preiselastizität der Nachfrage

Bisher haben wir festgestellt, dass Preisveränderungen Einfluss auf die Nachfragemenge und die Angebotsmenge haben können. Was bisher nicht thematisiert wurde ist, *in welchem Maße* Nachfragemenge und Angebotsmenge sich verändern, wenn der Preis sich ändert, in anderen Worten, wie anfällig oder empfänglich Angebot und Nachfrage für Preisänderungen sind. Wenn wir die Wirkung eines Ereignisses oder einer politischen Maßnahme auf den Markt untersuchen, so untersuchen wir nicht nur die Wirkungsrich-

3.5 Die Marktkräfte von Angebot und Nachfrage
Die Preiselastizität der Nachfrage

Elastizität
Ein Maß für die Stärke, mit der die Nachfragemenge oder die Angebotsmenge auf eine Veränderung der Gegebenheiten im Markt reagiert.

tung, sondern auch ihr Ausmaß. Als Maß dessen, wie stark Käufer und Verkäufer auf eine Veränderung der Gegebenheiten im Markt reagieren, dient die **Elastizität**. Das Konzept der Elastizität erlaubt es uns, Angebot und Nachfrage präziser zu analysieren.

Unternehmen können die Nachfrage nicht direkt kontrollieren; letztlich entscheidet der Konsument, ob er ein Produkt kauft oder nicht. Sie können jedoch versuchen, die Nachfrage durch eine Reihe von Strategien zu beeinflussen, und tun dies auch. Ein besonders wirkungsvoller Weg der Einflussnahme auf das Verhalten der Konsumenten besteht darin, dass ein Unternehmen den Preis ändert. Viele Unternehmen haben in der Realität durchaus eine gewisse Kontrolle über den Preis, den sie verlangen können, obwohl, wie wir gesehen haben, das bei vollständiger Konkurrenz nicht möglich ist, weil das Unternehmen hier Preisnehmer ist. Ein Verständnis der Preiselastizität der Nachfrage ist wichtig, um die wahrscheinlichen Auswirkungen von Preisänderungen auf die Nachfrage einzuschätzen.

Aus der Praxis

Märkte in Aktion: Der Markt für Baumwolle

Wir haben gesehen, wie wir Nachfrage- und Angebotsanalyse nutzen können, um Märkte zu verstehen. Im Alltag existieren viele Beispiele für die Aktivität auf den Märkten. Im Folgenden betrachten wir ein Beispiel aus der Praxis. Baumwolle ist der wichtigste Textilrohstoff der Welt, ein handelbares Gut, welches besonders in der Textilproduktion genutzt wird, aber auch für die Produktion weiterer Güter wie Filter und Netze. Baumwolle hat verschiedene Qualitätsstufen, ist ansonsten aber ein relativ homogenes Gut. Rund 90 Länder der Welt betreiben Baumwollproduktion, wobei die USA, China und Indien zusammen die Hälfte des weltweiten Angebots produzieren. Im Euroraum ist Griechenland das einzige Land mit einer nennenswerten Baumwollproduktion. Es gibt weltweit Tausende Baumwollzüchter und eine riesige Anzahl an Käufern, die auf den organisierten Rohstoffmärkten zusammentreffen.

Änderungen des Baumwollpreises verdeutlichen sehr gut, wie Märkte im realen Wirtschaftsleben funktionieren. Der Baumwollpreis reagiert auf eine Änderung der Nachfrage nach Baumwolle sowie auf eine Änderung des Baumwollangebots. Das Baumwollangebot kann dabei vom Wetter beeinflusst werden, aber auch von weiteren Faktoren wie beispielsweise den Erwartungen der Produzenten, was die zukünftige Entwicklung des Baumwollpreises betrifft.

Was könnte Veränderungen des Baumwollpreises bewirken? Einer der Hauptgründe wäre eine Veränderung des Angebots. In den Jahren vor 2010 standen Baumwollzüchter vor wachsenden Herausforderungen. Die Landmenge, die zum Baumwollanbau genutzt werden konnte, hatte sich verringert, sodass das Baumwollangebot zurückgegangen war. Im Jahr 2010 kam schließlich hinzu, dass ein Teil der Ernte witterungsbedingt zerstört wurde, was zu einem Nachfrageüberschuss führte und so wiederum zu einem rasanten Anstieg des Baumwollpreises zwischen Oktober 2010 und März 2011. Wie könnten die Baumwollerzeuger auf diesen Preisanstieg reagiert haben? Einigen Landwirten mochte der Anbau von Baumwolle nun, da sie statt 90 Cent (im Oktober 2010) 1,50 bis 1,60 Euro pro Pfund (2011) erwarten konnten, lohnender erscheinen. Jeder Baumwollzüchter entscheidet für sich, doch wenn sich der Großteil der Baumwollerzeuger weltweit dazu entschließt, mehr Baumwolle anzubauen, so resultiert dies in einem steigenden Angebot. Ein Blick auf die weltweiten Baumwollbestände zwischen 2006 und 2009 zeigt, dass diese relativ stabil bei um die 60 Millionen Ballen lagen. 2010 fielen die Bestände auf 48 Millionen Ballen. Nach 2010 sind sie jedoch wieder gestiegen und dieser Angebotsanstieg sorgte wiederum dafür, dass der Baumwollpreis nach März 2011 wieder fiel – bis Oktober 2012 auf 58 Cent pro Pfund. Seitdem bewegte er sich bis Ende 2014 relativ konstant zwischen 70 und 50 Cent. Dies war von der Baumwollindustrie auch so prognostiziert worden – obwohl natürlich niemand völlig verlässlich vorhersagen kann, ob der Preis stabil bleiben wird. Einige der Prognosen über zukünftige Baumwollbestände waren auf Basis der zum gegenwärtigen Zeitpunkt bestehenden Anbauflächen getroffen worden sowie unter der Voraussetzung, dass nichts die Baumwollernte dramatisch beeinflussen würde. Doch Baumwolle ist eine Pflanze und damit anfällig für Schädlinge, Krankheiten und jegliche Wetterlaunen. Niemand kann vorhersehen, ob die weltweite Baumwollernte in der Zukunft nicht durch Dürre oder Überflutung beeinträchtigt wird.

Fortsetzung auf Folgeseite

3.5 Die Preiselastizität der Nachfrage

Fortsetzung von Vorseite

Abb. 3-12: Der Baumwollpreis

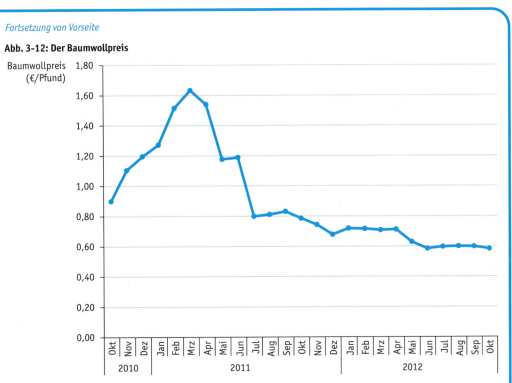

Der Graph zeigt die Entwicklung des Weltmarktpreises für Baumwolle von Oktober 2010 bis Oktober 2012 gemessen in Euro pro Pfund. Betrug der Baumwollpreis im Oktober 2010 noch 90 Cent pro Pfund, so stieg er zwischen November 2010 und März 2011 bis auf 1,63 Euro pro Pfund an. Danach fiel der Preis wieder – bis Oktober 2012 auf 58 Cent pro Pfund.

Fragen

1. In welchem Maße ist der Baumwollmarkt ein Beispiel für vollständige Konkurrenz? Erläutern Sie Ihre Antwort.
2. Was macht den Markt für Baumwolle aus?
3. Welches Signal hat der Preis nach dem Anstieg im ersten Quartal 2011 an die Baumwollzüchter gesendet? Wie könnten die Baumwollzüchter auf dieses Signal reagieren, und welchen Effekt könnte dies auf die folgende Preisentwicklung haben? Erklären Sie Ihre Antwort mit einem Angebots-Nachfrage-Diagramm.
4. Der Bericht über den Baumwollmarkt beinhaltete eine Ceteris-paribus-Annahme. Was wurde Ihrer Meinung nach konstant gehalten, und ist diese Annahme für das hier gegebene Beispiel angemessen?
5. Wenn Datenerhebungen nahelegen würden, dass sich die Baumwollanbaufläche in den nächsten 5 Jahren weltweit nicht signifikant verändert, wie hilfreich ist dann das Modell von Nachfrage und Angebot, um zukünftige Preisänderungen auf dem Baumwollmarkt zu prognostizieren? Erläutern Sie Ihre Antwort.

Preiselastizität der Nachfrage
Ein Maß für die Stärke, mit der die Nachfragemenge eines Gutes auf Änderungen seines Preises reagiert – berechnet als Quotient von prozentualer Änderung der Nachfragemenge und prozentualer Preisänderung.

Die Preiselastizität der Nachfrage und ihre Einflussgrößen

Die **Preiselastizität der Nachfrage** misst, wie die Nachfragemenge auf eine Preisänderung reagiert. Man bezeichnet die Nachfrage als *elastisch*, wenn Preisänderungen relativ große Mengenänderungen bewirken. Reagiert die Nachfragemenge kaum merklich auf Preisänderungen, so gilt die Nachfrage als *unelastisch*.

Die Preiselastizität der Nachfrage misst für jedes Gut, wie stark sich die Konsumenten bei einer Preissteigerung von dem Gut wegbewegen. Folglich reflektiert die Preiselastizität der Nachfrage die vielen ökonomischen, sozialen und psychologischen Kräfte, welche den Geschmack bzw. die Präferenzen der Konsumenten formen. Ausgehend von empirischen Untersuchungen können wir die Einflussgrößen benennen, welche die Preiselastizität der Nachfrage maßgeblich bestimmen.

Verfügbarkeit substitutiver Güter. Güter mit nahen Substituten haben oft eine elastischere Nachfrage, weil die potenziellen Käufer bei Preisänderungen leicht von dem betreffenden Gut zu einem Substitut wechseln können. Zum Beispiel sind Butter und Margarine leicht substituierbar. Ein relativ kleiner Anstieg des Butterpreises wird deshalb – bei konstantem Margarinepreis – einen deutlichen Rückgang der Nachfrage nach Butter bewirken. Als Regel kann man sagen, dass ein Gut umso preiselastischer ist, je näher die Substitute sind. Im Gegensatz zur Butter ist die Nachfrage nach Eiern beispielsweise weniger preiselastisch, da es für Eier keinen direkten Ersatz, das heißt kein nahes Substitut gibt.

Notwendige Güter versus Luxusgüter. Notwendige Güter oder Güter zur Befriedigung von Grundbedürfnissen weisen eine relativ unelastische Nachfrage auf, während die Nachfrage nach Luxusgütern gewöhnlich elastisch ist. Die Menschen nutzen Gas und Strom, um ihre Wohnungen zu beheizen und Essen zu kochen. Wenn die Preise für Gas und Strom gleichzeitig steigen, so werden daher nicht wesentlich weniger Gas und Strom nachgefragt. Natürlich würden die Menschen versuchen, Gas und Strom zu sparen und ihre Nachfrage reduzieren, aber sie möchten natürlich trotzdem nicht auf eine warme Wohnung und ein warmes Essen verzichten. Anders ist es beim Preisanstieg für ein Segelboot. Hier wird die Nachfrage deutlich zurückgehen. Der Grund liegt darin, dass die meisten Menschen eine warme Wohnung und warmes Essen als notwendige Güter ansehen, Segelboote dagegen als Luxusgüter. Ob ein Gut als notwendig eingestuft wird oder nicht, hängt jedoch nicht von den technischen Eigenschaften des Gutes ab, sondern von den Präferenzen und persönlichen Bewertungen der Nachfrager. Für einen passionierten Segler, der sich wenig Gedanken um seine Gesundheit macht, mag ein Segelboot ein notwendiges Gut, ein warmes Essen und ein warmer Platz zum Schlafen mögen dagegen Luxus sein.

Marktabgrenzung. Die Preiselastizität der Nachfrage hängt stets davon ab, wie klar ein Markt abgegrenzt ist. Speziell definierte Märkte und Güter werden eine elastischere Nachfrage aufweisen als breit abgegrenzte Märkte und Güter, da man zu den speziell und eng definierten Gütern leichter Substitute findet. So werden z. B. »Nahrungsmittel« insgesamt eine ziemlich unelastische Nachfrage aufweisen, weil es dazu keine geeigneten Substitute gibt. Die engere Kategorie »Eiscreme« dagegen weist eine elastischere Nachfrage auf, weil man andere Desserts leicht gegen Eiscreme substituieren kann. »Vanilleeis«, eine sehr enge Kategorie, hat schließlich eine sehr elastische Nachfrage, weil andere Geschmacksrichtungen von Speiseeis fast vollkommene Substitute für Vanilleeis darstellen.

Der Anteil des Einkommens, der für ein Gut ausgegeben wird. Einige Güter haben einen relativ hohen Preis und nehmen damit einen größeren Teil des Einkommens in Anspruch als andere. Während der Kauf von Möbeln einen großen Teil des Einkommens verbraucht, benötigt man für den Kauf von Eiscreme nur einen winzigen Teil seines Einkommens. Damit wird ein Preisanstieg von 10 Prozent bei Möbeln eine größere Auswirkung auf die Nachfrage haben als ein Preisanstieg von 10 Prozent bei Eiscreme. Je mehr man von seinem Einkommen für ein bestimmtes Gut ausgeben muss, desto größer wird die Elastizität der Nachfrage für dieses Gut sein.

Zeithorizont. Auf lange Sicht und in langen Untersuchungsperioden weisen alle Güter eine größere Preiselastizität der Nachfrage auf als in kurzen Untersuchungsperioden. Wenn der Benzinpreis steigt, geht die Nachfrage nach Benzin zunächst langsam zurück. Erst nach vielen Monaten oder Jahren – mit dem Übergang vieler Autofahrer zu öffentlichen Verkehrsmitteln oder treibstoffsparenden Autos – stellt man einen kräftigeren Nachfragerückgang fest. Ähnlich dürfte, wenn der Preis einer Einheit Strom deutlich über den Gaspreis steigt, die Nachfrage zunächst nur geringfügig fallen, weil viele Menschen in ihren Häusern bereits Elektroöfen oder elektrische Heizgeräte installiert haben und deshalb nicht so einfach wechseln können. Wenn der Preisunterschied jedoch über mehrere Jahre fortbesteht, so werden es die Menschen lohnend finden, ihre alten elektrischen Heizungen und Kochgeräte gegen neue Gasgeräte auszutauschen, und die Nachfrage nach Strom wird entsprechend sinken.

Berechnung der Preiselastizität der Nachfrage

Volkswirte berechnen die Preiselastizität der Nachfrage als die prozentuale Mengenänderung dividiert durch die prozentuale Preisänderung:

$$\text{Preiselastizität der Nachfrage} = \frac{\text{Prozentuale Änderung der Nachfragemenge}}{\text{Prozentuale Preisänderung}}$$

Nehmen wir beispielsweise an, dass ein Preisanstieg von 10 Prozent bei Frühstückscerealien zu einem Rückgang der gekauften Menge um 20 Prozent führt. Da die Nachfragemenge eines Gutes immer negativ mit seinem Preis korreliert, hat die prozentuale Veränderung der nachgefragten Menge immer das entgegengesetzte Vorzeichen der prozentualen Veränderung des Güterpreises. In dem vorliegenden Beispiel beträgt die prozentuale Preisänderung plus 10 Prozent (Preisanstieg), während die prozentuale Veränderung der Nachfragemenge minus 20 Prozent beträgt (Nachfragerückgang). Aus diesem Grund werden Preiselastizitäten teilweise als negative Werte angegeben. In diesem Buch folgen wir jedoch der verbreiteten Praxis, das Minuszeichen zu vernachlässigen und alle Preiselastizitäten positiv zu definieren (als *Betrag*, wie Mathematiker dies nennen). Vor diesem Hintergrund impliziert eine größere Preiselastizität eine stärkere Reaktion der Nachfrage auf den Preis.

Wir wenden diese Vorgehensweise an und errechnen die Elastizität der Nachfrage wie folgt:

$$\text{Preiselastizität der Nachfrage} = \frac{20\,\%}{10\,\%} = 2$$

Eine Preiselastizität von 2 impliziert, dass die prozentuale Veränderung der Nachfragemenge zweimal so groß ist wie die prozentuale Preisänderung.

Die Elastizität kann einen Wert zwischen 0 und unendlich annehmen. Zwischen 0 und 1 gilt die Elastizität als *unelastisch*, das heißt die prozentuale Veränderung der Nachfragemenge ist geringer als die prozentuale Veränderung des Preises. Wenn die Elastizität größer als 1 ist, wird sie als *elastisch* bezeichnet: Die prozentuale Veränderung der Nachfragemenge ist größer als die prozentuale Preisänderung. Sind die prozentuale Änderung der nachgefragten Menge und die prozentuale Preisänderung gleich groß, so ist die Elastizität gleich 1 und wird als *einheitselastisch* bezeichnet.

Wir haben bisher die Bezeichnung »relativ« elastisch oder unelastisch verwendet und werden es auch weiterhin tun, denn, wie so oft in der Volkswirtschaftslehre, ist die umsichtige Nutzung der Terminologie in diesem Kontext nötig, um Aussagen klar und unmissverständlich zu vermitteln. So könnten wir beispielsweise zwei Güter untersuchen, die beide als »unelastisch« klassifiziert sind, bei denen jedoch eines unelastischer ist als das andere. Wenn wir Gut *x*, das eine Preiselastizität von 0,2 hat, mit Gut *y* vergleichen, das eine Preiselastizität von 0,5 hat, so sind beide preisunelastisch. In Relation ist Gut *y* jedoch elastischer als Gut *x*. Wie so häufig in der Volkswirtschaftslehre gilt auch hier, dass eine sorgfältige Verwendung der Terminologie für ein klares Verständnis sorgt.

Möglicherweise werden Sie in Ihrem Studium detailliertere Methoden anwenden, um Elastizitäten zu berechnen. Im folgenden Abschnitt werden zwei solcher Methoden vorgestellt: die Mittelwertmethode bzw. die Berechnung der Bogenelastizität und die Berechnung der Punktelastizität.

Berechnung als Mittelwert (Bogenelastizität der Nachfrage)

Wenn Sie die Preiselastizität der Nachfrage zwischen zwei Punkten auf der Nachfragekurve berechnen wollen, so werden Sie schnell auf ein irritierendes Problem stoßen: Die Elastizität von Punkt A zu Punkt B unterscheidet sich von der Elastizität von Punkt B zu Punkt A.

Nehmen wir hierzu folgendes Zahlenbeispiel:

Punkt A: Preis = 4 €   Menge = 120
Punkt B: Preis = 6 €   Menge = 80

Von Punkt A zu Punkt B steigt der Preis um 50 Prozent, die Menge sinkt um 33 Prozent, sodass die Preiselastizität 33/50 oder 0,66 ist. Von Punkt B zu Punkt A hingegen fällt der Preis um 33 Prozent und die Nachfragemenge steigt um 50 Prozent, sodass die Preiselastizität 50/33 oder 1,5 ist. Diese Unterschiede sind darauf zurückzuführen, dass sich die prozentualen Änderungen auf unterschiedliche Ausgangswerte beziehen.

Eine Möglichkeit, dieses Problem zu lösen, besteht darin, Elastizitäten mithilfe der Mittelwertmethode zu berechnen. Wir können die Mittelwertmethode mithilfe folgender Formel für die Preiselastizität der Nachfrage zwischen zwei Punkten (Q_1, P_1) und (Q_2, P_2) darstellen:

Preiselastizität der Nachfrage: $\dfrac{(Q_2 - Q_1)/[(Q_2 + Q_1)/2]}{(P_2 - P_1)/[(P_2 + P_1)/2]}$

Der Zähler gibt die mit der Mittelwertmethode errechnete prozentuale Änderung der Nachfragemenge wieder, der Nenner die mit der Mittelwertmethode errechnete prozentuale Preisänderung. Im Beispiel oben sind 5 Euro der Mittelwert zwischen 4 Euro und 6 Euro. Durch Anwendung der Mittelwertmethode erhält man für einen Preisanstieg von 4 Euro auf 6 Euro eine prozentuale Veränderung von 40, da (6 − 4)/5 × 100 = 40. Für einen Preisrückgang von 6 Euro auf 4 Euro ergibt sich ebenfalls eine prozentuale Veränderung von 40.

Da die Mittelwertmethode unabhängig von der Richtung der Veränderung zum gleichen Ergebnis führt, wird sie häufig angewandt, um die Preiselastizität der Nachfrage zwischen zwei Punkten zu ermitteln. In unserem Beispiel beträgt der Mittelwert zwischen den Punkten A und B:

Mittelwerte: Preis = 5 €   Nachfragemenge = 100

Mit der Mittelwertmethode erhält man für die Bewegung von Punkt A zu Punkt B einen 40-prozentigen Preisanstieg und einen 40-prozentigen Rückgang der Nachfragemenge. Zum gleichen Ergebnis gelangt man, wenn man die prozentuale Preis- und Mengenänderung für eine Bewegung von Punkt B zu Punkt A berechnet. In beiden Richtungen ergibt sich eine Elastizität von 1.

Berechnung als Punktelastizität der Nachfrage

Anstatt die Elastizität zwischen zwei Punkten auf der Nachfragekurve zu messen, misst die Punktelastizität der Nachfrage die Elastizität an einem bestimmten Punkt auf der Nachfragekurve. Hierfür nutzen wir wieder unsere allgemeine Formel für die Preiselastizität der Nachfrage:

Preiselastizität der Nachfrage = $\dfrac{\% \Delta Q_D}{\% \Delta P}$

Der griechische Buchstabe Delta (Δ) bezeichnet eine endlich große Veränderung. Um die prozentuale Veränderung der Nachfragemenge und die prozentuale Veränderung des Preises zu errechnen, nutzen wir die folgenden Formeln:

prozentuale Änderung der Nachfragemenge = $\% \Delta Q_D = \dfrac{\Delta Q_D}{Q_D} \times 100$

und

prozentuale Änderung des Güterpreises = $\% \Delta P = \dfrac{\Delta P}{P} \times 100$

Wir können diese beiden Formeln in unsere Elastizitätsformel einsetzen und erhalten:

Preiselastizität der Nachfrage = $\dfrac{\Delta Q_D}{Q_D} \Big/ \dfrac{\Delta P}{P}$

Diese Formel kann wiederum so umgestellt werden, dass sich ergibt:

Preiselastizität der Nachfrage = $\dfrac{P}{Q_D} \times \dfrac{\Delta Q_D}{\Delta P}$ \qquad (1)

Die Steigung der Nachfragekurve ist:

Steigung = $\dfrac{\Delta P}{\Delta Q_D}$

Der Quotient $\dfrac{\Delta Q_D}{\Delta P}$ ist der Kehrwert der Steigung der Nachfragekurve, sodass die Formel für die Preiselastizität der Nachfrage auch wie folgt wiedergegeben werden kann:

Preiselastizität der Nachfrage = $\dfrac{P}{Q_D} \times \dfrac{1}{\dfrac{\Delta P}{\Delta Q_D}}$ \qquad (2)

Gleichung 1 und Gleichung 2 führen uns zu demselben Ergebnis. (Der Unterschied liegt lediglich im negativen Vorzeichen, das wir jedoch ignorieren können, indem wir uns immer auf den Betrag beziehen.)

Wir wenden Differenzialrechnung an und erhalten den folgenden Ausdruck:

Preiselastizität der Nachfrage = $\dfrac{P}{Q_D} \times \dfrac{dQ_D}{dP}$

Der Ausdruck gibt an, wie die nachgefragte Menge auf eine infinitesimal kleine Veränderung des Preises reagiert.

Die Vielfalt der Nachfragekurven

Da die Preiselastizität misst, wie stark die Nachfrage auf Preisänderungen reagiert, ist die Elastizität eng mit der Steigung der Nachfragekurve verbunden. Nützlich ist die folgende Faustregel: Je flacher die Nachfragekurve ist, die durch einen bestimmten Punkt verläuft, umso größer ist die Preiselastizität der Nachfrage. Je steiler die Nachfragekurve ist, die durch einen bestimmten Punkt verläuft, umso kleiner ist die Preiselastizität der Nachfrage.

Abbildung 3-13 zeigt fünf charakteristische Fälle, die alle im gleichen Maßstab dargestellt sind. Dies ist ein wichtiger Punkt, an den wir uns an dieser Stelle erinnern sollten (vgl. Kapitel 2), denn die Interpretation einer Kurve ohne die Berücksichtigung des Achsenmaßstabes kann uns zu falschen Schlussfolgerungen bezüglich der Elastizität führen. Im Extremfall einer Elastizität von 0, die in Diagramm (a) dargestellt ist, ist die Nachfrage vollkommen unelastisch; die Nachfragekurve verläuft senkrecht. Ohne Rücksicht auf den Preis bleibt die Nachfragemenge in diesem Fall gleich. Mit dem Anstieg der Elastizität wird die Kurve flacher und flacher (Diagramme (b), (c) und (d)). Der andere Extremfall, dargestellt in Diagramm (e), ist der einer vollkommen elastischen Nachfrage mit einer Preiselastizität der Nachfrage »gegen unendlich«. Die Nachfragekurve verläuft in diesem Fall waagerecht, womit angedeu-

3.5 Die Preiselastizität der Nachfrage

Abb. 3-13

Die Preiselastizität der Nachfrage

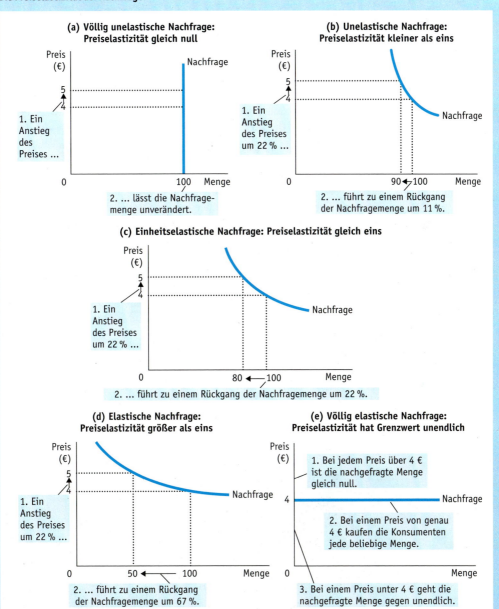

Der Verlauf der Nachfragekurve (steil oder flach) lässt auf die Preiselastizität der Nachfrage schließen (vorausgesetzt die Achsenmaßstäbe bleiben unverändert). Alle prozentualen Änderungen wurden mit der Mittelwertmethode berechnet.

tet ist, dass bereits winzig kleine Preisänderungen zu riesigen Veränderungen der Nachfragemenge führen.

Gesamtausgaben, Gesamterlös und Preiselastizität der Nachfrage

Wenn wir die Veränderungen der Nachfrage auf einem Markt untersuchen, interessieren wir uns für die Ausgaben der Käufer, die auf der Seite der Verkäufer den Erlös bzw. Umsatz darstellen. Die **Gesamtausgaben** aller Käufer auf einem Markt ergeben sich durch die gesamte gekaufte Menge multipliziert mit dem Güterpreis. In gleicher Weise ist der **Gesamterlös (Umsatz)**, den die Verkäufer erzielen, auf jedem Markt Güterpreis mal verkaufte Menge ($P \times Q$). Wir können die Gesamtausgaben wie in Abbildung 3-14 auch grafisch darstellen. Die Höhe des Rechtecks unter der Nachfragekurve entspricht P (Preis), die Länge Q (Menge). Die Fläche des Rechtecks $P \times Q$ entspricht den Gesamtausgaben bzw. Gesamterlösen in diesem Markt. In Abbildung 3-14 ergeben sich aus $P = 4$ Euro und $Q = 100$ Gesamtausgaben bzw. Gesamterlöse von 400 Euro.

Für die Entscheidungsfindung in Unternehmen, die keine Preisnehmer sind, ist es wichtig, die Preiselastizität der Nachfrage für die produzierten Güter zu kennen. Wenn ein Unternehmen den Preis für eines seiner Produkte ändern würde, wie würde die Nachfrage darauf reagieren? Preis und Nachfrage stehen in einem entgegengesetzten Verhältnis zueinander, doch die Auswirkung auf den Umsatz ist abhängig von der Preiselastizität der Nachfrage. Es ist möglich, dass ein Unternehmen den Güterpreis senkt und dadurch seinen Umsatz erhöht. Gleichermaßen kann ein Unternehmen, das

Gesamtausgaben
Geldbetrag, der von den Käufern gezahlt wird, berechnet als Produkt aus Güterpreis und gekaufter Menge.

Gesamterlös (Umsatz)
Geldbetrag, der von den Verkäufern eines Gutes eingenommen wird, berechnet als Produkt aus Güterpreis und verkaufter Menge.

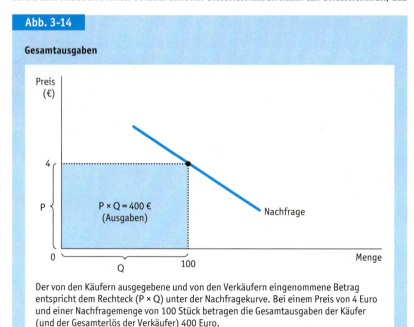

Abb. 3-14

Gesamtausgaben

Der von den Käufern ausgegebene und von den Verkäufern eingenommene Betrag entspricht dem Rechteck ($P \times Q$) unter der Nachfragekurve. Bei einem Preis von 4 Euro und einer Nachfragemenge von 100 Stück betragen die Gesamtausgaben der Käufer (und der Gesamterlös der Verkäufer) 400 Euro.

den Güterpreis senkt, aber auch einen sinkenden Umsatz verzeichnen. Auf den ersten Blick mag das widersinnig erscheinen, es hängt jedoch alles von der Preiselastizität der Nachfrage nach dem betreffenden Gut ab.

Ist die Nachfrage preisunelastisch, wie in Abbildung 3-15 dargestellt, so bewirkt ein Preisanstieg einen Umsatzanstieg. Hier ist ein Preisanstieg von 1 Euro auf 3 Euro nur mit einem Rückgang der Nachfragemenge von 100 auf 80 verknüpft, sodass die Gesamtausgaben der Käufer (und damit der Gesamterlös bzw. Umsatz) von 100 Euro auf 240 Euro ansteigen. Ein Preisanstieg vergrößert $P \times Q$, weil der Rückgang von Q relativ kleiner ist als der Anstieg von P.

Bei elastischer Nachfrage erhalten wir ein gegenteiliges Resultat, wie in Abbildung 3-16 dargestellt: Ein Preisanstieg führt zu einem Rückgang der Gesamtausgaben der Käufer bzw. des Gesamterlöses der Verkäufer. Bei einem Preisanstieg von 4 Euro auf 5 Euro fällt die Nachfragemenge von 50 auf 20 Stück, sodass die Ausgaben bzw. der Umsatz von 200 Euro auf 100 Euro zurückgehen. Da die Nachfrage elastisch ist, wird der Preisanstieg durch den Nachfragerückgang überkompensiert. Ein Preisanstieg verkleinert $P \times Q$, weil der Rückgang von Q relativ größer ist als der Anstieg von P.

Obwohl die Beispiele der Abbildungen 3-15 und 3-16 extrem gewählt sind, veranschaulichen sie doch eine allgemeine Regel:
- Ist die Nachfrage unelastisch (bei einer Preiselastizität, die kleiner als 1 ist), bewegen sich der Preis und die Gesamtausgaben in die gleiche Richtung.
- Ist die Nachfrage elastisch (bei einer Preiselastizität, die größer als 1 ist), bewegen sich der Preis und die Gesamtausgaben in unterschiedliche Richtungen.
- Ist die Nachfrage einheitselastisch (bei einer Preiselastizität, die genau 1 beträgt), bleiben die Gesamtausgaben konstant, wenn der Preis sich verändert.

Abb. 3-15

Wie sich die Gesamtausgaben bei einer Preisänderung verändern: Unelastische Nachfrage

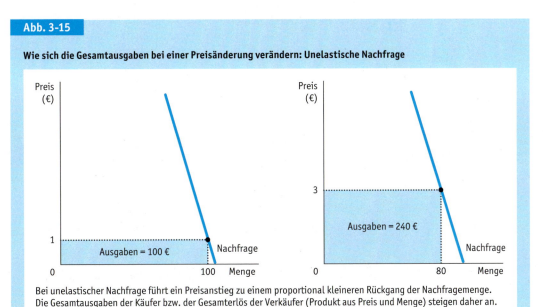

Bei unelastischer Nachfrage führt ein Preisanstieg zu einem proportional kleineren Rückgang der Nachfragemenge. Die Gesamtausgaben der Käufer bzw. der Gesamterlös der Verkäufer (Produkt aus Preis und Menge) steigen daher an.

3.5 Die Marktkräfte von Angebot und Nachfrage
Die Preiselastizität der Nachfrage

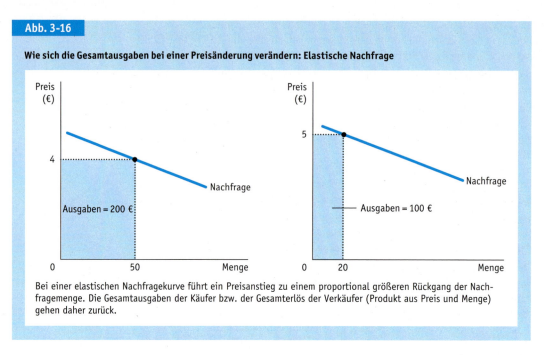

Abb. 3-16

Wie sich die Gesamtausgaben bei einer Preisänderung verändern: Elastische Nachfrage

Bei einer elastischen Nachfragekurve führt ein Preisanstieg zu einem proportional größeren Rückgang der Nachfragemenge. Die Gesamtausgaben der Käufer bzw. der Gesamterlös der Verkäufer (Produkt aus Preis und Menge) gehen daher zurück.

Volkswirte haben versucht, die Preiselastizität der Nachfrage für bestimmte Güter zu schätzen. Je nach Quelle und Forschungsansatz variieren diese Schätzungen, trotzdem sind einige in Tabelle 3-8 zusammengefasst.

Tab. 3-8

Schätzungen der Preiselastizität der Nachfrage für ausgewählte Güter

Produkt	Preiselastizität der Nachfrage
Tabak	0,4
Milch	0,3
Wein	0,6
Schuhe	0,7
Autos	1,9
Spezielle Automarken	4,0
Kino	0,9
Unterhaltung	1,4
Möbel	3,04
Treibstoff	0,4
Brot	0,25

Preiselastizität und Gesamtausgaben entlang einer linearen Nachfragekurve

Nachfragekurven können linear oder gekrümmt sein. Die Elastizität an jedem Punkt der Nachfragekurve hängt dabei von ihrer Form ab. Eine lineare Kurve hat eine konstante Steigung. Denken Sie daran, dass sich die Steigung als Verhältnis von Preisänderung zu Mengenänderung ergibt. Die Steigung der linearen Nachfragekurve in Abbildung 3-17 ist konstant, da jede Änderung des Preises um 1 Euro zu einer Mengenänderung von 2 Einheiten führt.

Doch obwohl die Steigung einer linearen Nachfragekurve konstant ist, gilt dies nicht für die Preiselastizität. Das liegt darin begründet, dass die Steigung das Verhältnis der *Veränderung* von zwei Variablen ist, die Elastizität wiederum das Verhältnis der *prozentualen Veränderung* der beiden Variablen.

Dies wird durch einen Blick auf Tabelle 3-9 deutlich, welche den Nachfrageplan für die lineare Nachfragekurve in Abbildung 3-17 zeigt. Die Preiselastizitäten sind mit der Mittelwertmethode berechnet und zur Ergänzung für Interessierte exakt mit Differenzialquotienten. Bei geringen Preisen und hohen Nachfragemengen ist die Nachfragekurve unelastisch. Bei hohen Preisen und kleinen Nachfragemengen ist die Nachfragekurve dagegen elastisch.

Abb. 3-17

Elastizität einer linearen Nachfragekurve

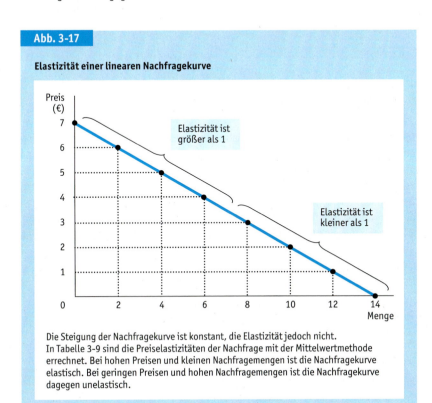

Die Steigung der Nachfragekurve ist konstant, die Elastizität jedoch nicht. In Tabelle 3-9 sind die Preiselastizitäten der Nachfrage mit der Mittelwertmethode errechnet. Bei hohen Preisen und kleinen Nachfragemengen ist die Nachfragekurve elastisch. Bei geringen Preisen und hohen Nachfragemengen ist die Nachfragekurve dagegen unelastisch.

Tab. 3-9

Berechnungen zur Preiselastizität der linearen Nachfragekurve in Abbildung 3-17

Preis (€)	Menge (Stück)	Gesamtausgaben (Preis × Menge)	Preisänderung (%)	Mengenänderung (%)	Preiselastizität (Mittelwert)	Preiselastizität (mathematisch)	Beschreibung
0,00	14	0				0,00	
0,50	13		200	15	0,1	0,08	unelastisch
1,00	12	12				0,17	
1,50	11		67	18	0,3	0,27	unelastisch
2,00	10	20				0,40	
2,50	9		40	22	0,6	0,56	unelastisch
3,00	8	24				0,75	
3,50	7	24,5	29	29	1,0	1,00	Elastizität = 1
4,00	6	24				1,33	
4,50	5		22	40	1,8	1,80	elastisch
5,00	4	20				2,50	
5,50	3		18	67	3,7	3,67	elastisch
6,00	2	12				6,00	
6,50	1		15	200	13,0	13,00	elastisch
7,00	0	0				–	

Die Tabelle zeigt auch die Gesamtausgaben für die einzelnen Punkte auf der Nachfragekurve. Die Ergebnisse verdeutlichen den Zusammenhang zwischen Ausgaben und Elastizität. Bei einem Preis von 1 Euro beispielsweise ist die Nachfrage unelastisch, sodass ein Preisanstieg auf 2 Euro zu einem Anstieg der Gesamtausgaben führt. Beträgt der Preis dagegen 5 Euro, dann ist die Nachfrage elastisch, sodass ein Preisanstieg auf 6 Euro die Gesamtausgaben senkt. Zwischen 3 Euro und 4 Euro hat die Nachfragekurve eine Elastizität von 1 (Einheitselastizität), und die Ausgaben bleiben in diesem Bereich konstant.

3.6 Andere Nachfrageelastizitäten

Zusätzlich zur Preiselastizität der Nachfrage verwenden Volkswirte noch andere Elastizitätsmaße, um das Verhalten von Nachfragern zu beschreiben.

Die Einkommenselastizität der Nachfrage

Mit der **Einkommenselastizität der Nachfrage** werden Veränderungen der Nachfrage nach einem Gut bei Veränderungen des Einkommens der Konsumenten gemessen. Die Einkommenselastizität ist der Quotient aus prozentualer Nachfrageänderung und prozentualer Einkommensänderung:

$$\text{Einkommenselastizität der Nachfrage} = \frac{\text{Änderung der Nachfragemenge in Prozent}}{\text{Einkommensänderung in Prozent}}$$

Wie schon thematisiert, sind die meisten Güter *normale Güter*, d. h., ein höheres Einkommen führt zu größerer Nachfrage nach diesem Gut. Weil sich Nachfragemenge und Einkommen in dieselbe Richtung bewegen, weisen normale Güter eine positive Einkommenselastizität auf. Einige wenige Güter, wie zum Beispiel Busfahrten, sind *inferiore Güter*, d. h., ein höheres Einkommen führt zu einer geringeren Nachfrage nach diesem Gut, ein niedrigeres Einkommen zu einer höheren Nachfrage. Weil sich Nachfragemenge und Einkommen gegenläufig verändern, weisen inferiore Güter eine negative Einkommenselastizität auf.

Doch auch bei normalen Gütern variieren die Einkommenselastizitäten beträchtlich. Notwendige Güter, wie etwa Nahrungsmittel und Kleidung, weisen relativ kleine Einkommenselastizitäten auf, da die Konsumenten – ohne Rücksicht auf die Einkommenshöhe – gewisse Mengen davon kaufen müssen. Luxusgüter, wie etwa Kaviar und Diamanten, weisen relativ große Einkommenselastizitäten auf. Die Konsumenten können, wenn ihr Einkommen für den Konsum dieser Güter zu niedrig ist, vollständig ohne sie auskommen.

> **Einkommenselastizität der Nachfrage**
> Ein Maß dafür, wie stark die Nachfragemenge eines Gutes auf eine Veränderung des Verbrauchereinkommens reagiert – gemessen als prozentuale Veränderung der Nachfragemenge dividiert durch die prozentuale Einkommensänderung.

Tab. 3-10

Schätzungen der Einkommenselastizität der Nachfrage für ausgewählte Waren- und Dienstleistungsgruppen

Waren-/Dienstleistungsgruppe	Einkommenselastizität der Nachfrage
Bildung	−6,9
Alkoholische Getränke, Tabak, Narkotika	−6,6
Transport	−2,8
Nahrungsmittel und nichtalkoholische Getränke	−1,0
Haushaltsgüter und -dienste	−0,5
Restaurants und Hotels	0,4
Gesundheit	1,7
Wohnung, Benzin und Elektrizität	2,7
Freizeit und Kultur	5,0
Kommunikation	6,4
Kleidung und Schuhe	9,8

Quelle: Office for National Statistics, Family Spending Survey 2014

Tabelle 3-10 zeigt einige grobe Schätzungen der Einkommenselastizität der Nachfrage für Gruppen bestimmter Waren und Dienstleistungen. Sie wurden als Quotient aus der prozentualen Veränderung der durchschnittlichen Wochenausgaben von Haushalten für diese Waren und Dienstleistungen und den wöchentlichen Bruttoeinkommen (in britischen Pfund) zwischen den Jahren 2001/2002 und 2014 berechnet.

Die Kreuzpreiselastizität der Nachfrage

Die **Kreuzpreiselastizität der Nachfrage** misst, wie stark sich die Nachfrage nach einem Gut verändert, wenn sich der Preis eines anderen Gutes ändert. Sie wird berechnet als Quotient aus der prozentualen Änderung der Nachfragemenge nach Gut Nr. 1 und der Preisänderung von Gut Nr. 2. Das bedeutet:

> **Kreuzpreiselastizität der Nachfrage**
> Ein Maß dafür, wie stark die Nachfragemenge eines Gutes auf die Preisänderung eines anderen Gutes reagiert – gemessen als prozentuale Änderung der Nachfragemenge des ersten Gutes dividiert durch die prozentuale Preisänderung des zweiten Gutes.

$$\text{Kreuzpreiselastizität der Nachfrage} = \frac{\text{Änderung der Nachfragemenge von Gut 1 in Prozent}}{\text{Preisänderung von Gut 2 in Prozent}}$$

Ob die Kreuzpreiselastizität positiv oder negativ ist, hängt davon ab, ob es sich bei den beiden betrachteten Gütern um substitutive oder um komplementäre Güter handelt. Substitute sind Güter, die sich gegenseitig ersetzen können, wie beispielsweise Pepsi und Coca Cola. Ein Preisanstieg bei Pepsi wird die Menschen dazu veranlassen, mehr Coca Cola zu kaufen. Da sich der Preis von Pepsi und die Nachfragemenge für Coca Cola in die gleiche Richtung verändern, ist die Kreuzpreiselastizität von substitutiven Gütern positiv. Komplementäre Güter werden dagegen gemeinsam konsumiert, wie beispielsweise Computer und Software. In diesem Fall ist die Kreuzpreiselastizität negativ, da ein Preisanstieg für Computer auch die Nachfrage nach Software senkt.

Wie die Preiselastizität kann auch die Kreuzpreiselastizität der Nachfrage mit der Zeit steigen: So dürfte eine Änderung des Strompreises auf kurze Sicht nur einen geringen Einfluss auf die Nachfragemenge nach Gas haben, während er über einige Jahre hinweg deutlich stärker sein kann.

Handelt es sich bei den beiden betrachteten Gütern um völlig unabhängige Mengenentscheidungen, so beträgt die Kreuzpreiselastizität null. Eine Kreuzpreiselastizität von null zwischen zwei Gütern dient oft auch als Indiz für die Abgrenzung zweier Märkte.

> **Kurztest**
> Definieren Sie die Preiselastizität der Nachfrage. Erläutern Sie den Zusammenhang zwischen den Gesamtausgaben und der Preiselastizität der Nachfrage.

3.7 Die Preiselastizität des Angebots

Das Gesetz des Angebots besagt, dass höhere Preise zu größeren Angebotsmengen führen. Die **Preiselastizität des Angebots** misst, wie die Angebotsmenge auf eine Preisänderung reagiert. Man bezeichnet das Angebot als elastisch, wenn Preisänderungen relativ große Mengenänderungen bewirken. Reagiert die Angebotsmenge dagegen kaum merklich auf Preisänderungen, so gilt das Angebot als preisunelastisch.

Preiselastizität des Angebots
Ein Maß dessen, wie stark die Angebotsmenge eines Gutes auf Änderungen des Preises reagiert – gemessen als Quotient von prozentualer Änderung der Angebotsmenge und prozentualer Änderung des Preises.

Die Preiselastizität des Angebots und ihre Einflussgrößen

Die Preiselastizität des Angebots hängt von der Flexibilität der Unternehmen ab, die von ihnen produzierten Mengen zu ändern. So haben z. B. Strandgrundstücke an bayerischen Seen eine unelastische Angebotsfunktion, weil es nahezu ausgeschlossen ist, davon mehr anzubieten. Im Gegensatz dazu sind die Verkäufer von Gütern wie Büchern, Autos und Fernsehgeräten flexibel; das Angebot ist preiselastisch. Die Unternehmen können – beispielsweise mit einer Variation der Maschinenlaufzeiten und Betriebszeiten – auf Preisänderungen reagieren.

Die Elastizität kann jeden Wert größer oder gleich 0 annehmen; je näher der Wert an 0 herangeht, desto unelastischer, je weiter er in Richtung unendlich geht, desto elastischer ist das Angebot.

Zeitraum. Für die meisten Märkte spielt der Betrachtungszeitraum bei der Bestimmung der Preiselastizität eine Schlüsselrolle: Auf lange Sicht ist das Angebot in der Regel elastischer als auf kurze Sicht. Geht es darum, ad hoc auf eine Preisänderung zu reagieren, mag das für viele Unternehmen sogar unmöglich sein. Kurzfristig bleibt es für viele Unternehmen zumindest schwierig, ihre Produktionskapazität zu senken oder zu erhöhen, jedoch haben sie einen gewissen Spielraum. So kann es beispielsweise einen Monat dauern, um zusätzliche Arbeitskräfte einzustellen, doch danach kann eine gewisse Erhöhung der Angebotsmenge realisiert werden. Grundsätzlich ist aber anzumerken, dass die Angebotsmenge kurzfristig nicht sehr preisreagibel ist. Anders verhält es sich bei längeren Zeiträumen. Die Unternehmen können neue Fabriken bauen oder alte Werke schließen. Die Zahl der Marktteilnehmer auf der Angebotsseite kann sich durch »Newcomer« vergrößern und durch Liquidationen verkleinern. Folglich kann die Angebotsmenge langfristig substanziell auf Preisänderungen reagieren.

Produktionskapazität. Kurzfristig werden die meisten Unternehmen eine begrenzte Kapazität haben, d. h. eine Obergrenze dessen, was sie unabhängig vom Zeitpunkt mit den ihnen zur Verfügung stehenden Inputfaktoren produzieren können. Wie weit sie diese Kapazität ausschöpfen, hängt wiederum vom Zustand der Volkswirtschaft ab. In Zeiten starken Wirtschaftswachstums arbeiten Unternehmen möglicherweise mit voller oder nahezu voller Kapazitätsauslastung. Wenn die Nachfrage nach dem Gut in solch einer Situation steigt, kann es für diese Unternehmen schwierig werden, die Produktion weiter zu erhöhen; das Angebot ist unelastisch. Wenn die Wirtschaft hingegen nur langsam wächst oder sogar schrumpft, reagieren manche Unternehmen gegebenenfalls darauf, indem sie die Produktion auf eine Kapazitätsauslastung von 60 Prozent zurückfahren. Wenn dann schließlich die Nachfrage wieder wächst und die Preise steigen, kann es für das Unternehmen viel einfacher sein, seine Produktion relativ schnell zu erhöhen; das Angebot ist dann elastischer.

Größe des Unternehmens/der Branche. In der Regel kann man sagen, dass das Angebot kleiner Unternehmen oder Branchen elastischer ist als das großer Konzerne oder Industrien. Denken Sie beispielsweise an einen kleinen, unabhängigen Möbelhersteller. Wenn die Nachfrage nach seinen Erzeugnissen wächst, könnte er darauf reagieren, indem er mehr Rohstoffe kauft, z. B. Holz, um die gestiegene Nachfrage decken zu können. Obwohl dies für das Unternehmen Kosten bedeutet, ist es doch unwahrscheinlich, dass die Kosten pro Materialeinheit Holz steigen werden (Kosten der Produktionsfaktoren). Vergleichen Sie diese Situation mit einem Stahlproduzenten, der seine Einkaufmenge an Inputfaktoren erhöht, z. B. Eisen. Große Mengen Eisenerz auf den globalen Rohstoffmärkten zu kaufen, kann die Stückpreise nach oben treiben und damit die Stückkosten. Aus diesem Grund kann das Angebot großer Unternehmen weniger elastisch auf eine Preisänderung reagieren als das Angebot kleinerer Unternehmen. Dies betrifft auch die Anzahl von Unternehmen in einer Branche: Je mehr Unternehmen, desto einfacher ist es, das Angebot zu erhöhen (unter der Ceteris-paribus-Annahme).

Die Mobilität der Produktionsfaktoren. Denken Sie an einen Landwirt, der gegenwärtig auf seinem Land Weizen anbaut. Ein rapider Anstieg des Preises von Raps könnte diesen Landwirt veranlassen, eine Produktionsumstellung von Weizen auf Raps in Erwägung zu ziehen. Dies erscheint leicht möglich, wenn man die Verzögerungen um die Erntejahre einkalkuliert. Die Mobilität des Produktionsfaktors Land ist in diesem Fall also relativ hoch; das Angebot relativ elastisch.

Einige multinationale Konzerne mit Werken in verschiedenen Ländern lassen diese Werke mittlerweile identisch bauen. Sollte es in einem Werk zu einer Störung kommen, kann der Produktionsprozess auf diese Weise in ein anderes Werk verlegt und die Produktion dort »nahtlos« fortgeführt werden. Automobilhersteller bieten ein weiteres Beispiel für diese Austauschbarkeit von Produktionsbereichen und -prozessen mit der Nutzung ein und desselben Fahrwerks für unterschiedliche Modelle. Dies gilt zum Beispiel für einige Modelle von Audi, VW, Seat und Škoda. Im Resultat kann das Angebot elastischer sein.

Vergleichen Sie diese Beispiele mit dem Angebot an hoch professionalisierten Ärzten für Onkologie. Ein Einkommensanstieg bei Onkologen (vorausgesetzt, es existiert ein Nachfrageüberschuss) bedeutet nicht, dass Allgemeinmediziner oder andere Fachärzte ad hoc zur Onkologie wechseln könnten, um vom Einkommensanstieg zu profitieren und das Angebot an Onkologie-Dienstleistungen zu erhöhen. In diesem Beispiel ist die Mobilität des Produktionsfaktors Arbeit begrenzt und daher ist das Angebot dieser spezialisierten Dienstleistung wahrscheinlich relativ unelastisch.

Die Möglichkeit der Lagerung. Einige Unternehmen können zur flexibleren Anpassung an Nachfrage- und Preisänderungen die Lagerhaltung nutzen. In einigen Branchen, in denen die Lagerhaltung relativ leicht und günstig ist, ist die Preiselastizität des Angebots elastischer, als in Branchen, in denen Lagermöglichkeiten begrenzt sind. Beispielsweise ist die Lagerung von Obst und Gemüse schwierig (oft auch teuer), weil es schnell verderben kann, wodurch die Preiselastizität des Angebots bei Obst- und Gemüseproduzenten eher unelastisch sein kann.

Tabelle 3-11 stellt einige Schätzungen von Preiselastizitäten des Angebots zusammen.

Tab. 3-11

Geschätzte Preiselastizitäten des Angebots

Gut	Preiselastizität des Angebots (geschätzt)
Öffentlicher Nahverkehr in Schweden	0,44–0,66
Arbeitskraft in Südafrika	0,35–1,75
Rindfleisch in ▸ Simbabwe ▸ Brasilien ▸ Argentinien	 2,0 0,11–0,56 0,67–0,96
Mais (kurzfristig, USA)	0,96
Wohnraum, langfristig, in ▸ Dallas ▸ San Francisco ▸ New Orleans	 38,6 2,4 0,9
Uran	2,3–3,3
Recyceltes Aluminium	0,5
Austern	1,64–2,00
Geschäftsflächen	3,2
Erdgas	0,5

Berechnung der Preiselastizität des Angebots

Wenn wir die Preiselastizität des Angebots ermitteln wollen, gehen wir ähnlich vor wie bei der Berechnung der Preiselastizität der Nachfrage. Sowohl die Mittelwertmethode (oder Methode der Bogenelastizität) als auch die Methode der Punktelastizität lassen sich hier ebenfalls anwenden.

Die Preiselastizität des Angebots ist die prozentuale Änderung der Angebotsmenge dividiert durch die prozentuale Preisänderung. Das heißt:

$$\text{Preiselastizität des Angebots} = \frac{\text{Prozentuale Änderung der Angebotsmenge}}{\text{Prozentuale Preisänderung}}$$

Nehmen Sie zum Beispiel an, dass ein 10-prozentiger Preisanstieg zu einem 15-prozentigen Anstieg der Angebotsmenge führt. Die Elastizität des Angebots beträgt damit:

$$\text{Preiselastizität des Angebots} = \frac{15}{10}$$

Preiselastizität des Angebots = 1,5

In diesem Beispiel spiegelt die Preiselastizität von 1,5 den Umstand wider, dass sich die Angebotsmenge proportional anderthalbmal stärker verändert als der Preis.

Berechnung als Mittelwert (Bogenelastizität des Angebots)

Wie bei der Berechnung der Preiselastizität der Nachfrage nutzen wir die Mittelwertmethode mit der folgenden Formel für die Berechnung der Preiselastizität des Angebots zwischen zwei Punkten, bezeichnet als (Q_1, P_1) und (Q_2, P_2):

$$\text{Preiselastizität des Angebots} = \frac{(Q_2 - Q_1)/[(Q_2 + Q_1)/2]}{(P_2 - P_1)/[(P_2 + P_1)/2]}$$

Der Zähler des Bruchs ist die prozentuale Änderung der Angebotsmenge, berechnet mit der Mittelwertmethode, der Nenner ist die prozentuale Preisänderung, ebenfalls mit Mittelwertmethode berechnet. Nehmen Sie als Beispiel an, dass ein Preisanstieg bei Milch von 2,85 Euro auf 3,15 Euro die Angebotsmenge der Milcherzeuger von 90.000 auf 110.000 Liter pro Monat erhöht. Mit der Mittelwertmethode errechnen wir die prozentuale Veränderung des Preises als:

Prozentuale Preisänderung = (3,15 – 2,85)/3,00 × 100 = 10 %

Auf ähnliche Weise errechnen wir die Änderung der Angebotsmenge als:

Prozentuale Änderung der Angebotsmenge = (110.000 – 90.000)/100.000 × 100 = 20 %

In diesem Fall ist die Preiselastizität des Angebots:

Preiselastizität des Angebots = 20 %/ 10 % = 2

Eine Elastizität von 2 bedeutet in diesem Beispiel, dass sich die Angebotsmenge 2-mal so stark verändert wie der Preis.

Berechnung als Punktelastizität des Angebots

Genauso wie die Punktelastizität der Nachfrage so misst auch die Punktelastizität des Angebots die Elastizität für einen speziellen Punkt auf der Angebotskurve. Es ergibt sich als Formel für die Punktelastizität des Angebots:

$$\text{Preiselastizität des Angebots} = \frac{\% \Delta Q_S}{\% \Delta P}$$

Zur Verdeutlichung betrachten wir folgendes Beispiel:

Gegeben ist die Angebotskurve $Q_S = -2 + 5P$. Wenn sich der Preis um 1 ändert, ändert sich die Angebotsmenge um 5.

Der Quotient $\frac{\Delta Q_S}{\Delta P}$ (Kehrwert der Steigung) ist in diesem Fall also 5/1 = 5.

Durch Differenzialrechnung erhalten wir die folgende Gleichung:

Preiselastizität des Angebots = $\frac{P}{Q_S} \times \frac{dQ_S}{dP}$

Der Ausdruck gibt an, wie die angebotene Menge auf eine infinitesimal kleine Veränderung des Preises reagiert.

Die Vielfalt der Angebotskurven

Die Preiselastizität des Angebots zeigt sich auch in der Form der Angebotskurve. Die Abbildung 3-18 zeigt fünf charakteristische Fälle (abermals unter der Annahme, dass wir auf den Achsen aller Diagramme einen ähnlichen Maßstab verwenden). Im Extremfall einer Elastizität von 0, die in Diagramm (a) dargestellt ist, ist das Angebot vollkommen unelastisch und die Angebotskurve eine Senkrechte. In diesem Fall bleibt die Angebotsmenge gleich, ungeachtet des Preises. In Diagramm (b), (c) und (d) werden die Angebotskurven immer flacher, was mit der steigenden Preiselastizität zusammenhängt. Die Angebotsmenge reagiert mehr und mehr auf Preisänderungen. Im entgegengesetzten Extremum, dargestellt in Diagramm (e), ist das Angebot vollkommen elastisch. Die Angebotskurve verläuft waagerecht; bereits winzig kleine Preisänderungen führen zu riesigen Veränderungen der Angebotsmenge.

> **Kurztest**
> Definieren Sie die *Preiselastizität des Angebots*. Begründen Sie, warum die Preiselastizität des Angebots auf lange Sicht oft größer ist als auf kurze Sicht.

Auf einigen Märkten ist die Preiselastizität des Angebots nicht konstant, sondern verändert sich entlang der Angebotskurve. Abbildung 3-19 zeigt solch einen Fall. Man stelle sich dazu ein Unternehmen mit mehreren Produktionsstätten vor, das je nach der Preisentwicklung bestimmte Einheiten abschaltet oder aktiviert. Nahe der Kapazitätsgrenze tritt die Frage auf, ob man weitere Preissteigerungen zum Anlass für Erweiterungsinvestitionen nimmt oder nicht. Dazu muss der Preis in der Regel substanziell ansteigen; das Angebot wird weniger elastisch.

Das Zahlenbeispiel in Abbildung 3-19 zeigt zunächst für eine Preissteigerung von 3 Euro auf 4 Euro (29 Prozent nach der Mittelwertmethode) eine Angebotserhöhung von 100 Stück auf 200 Stück (67 Prozent nach der Mittelwertmethode). Da die Angebotsmenge proportional stärker steigt als der Preis, ist die Elastizität der Angebotskurve größer als 1. Im Gegensatz hierzu kommt es bei einer Preissteigerung von 12 Euro auf 15 Euro (22 Prozent nach der Mittelwertmethode) lediglich zu einer Ausweitung des Angebots von 500 Stück auf 525 Stück (5 Prozent nach der Mittelwertmethode). In diesem Fall steigt die Angebotsmenge proportional deutlich weniger als der Preis; die Elastizität ist kleiner als 1.

3.7 Die Marktkräfte von Angebot und Nachfrage
Die Preiselastizität des Angebots

Abb. 3-18

Die Preiselastizität des Angebots

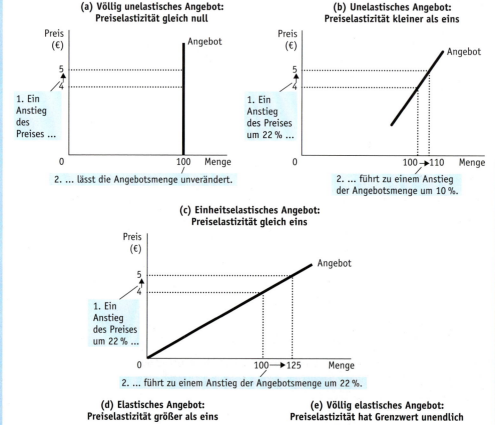

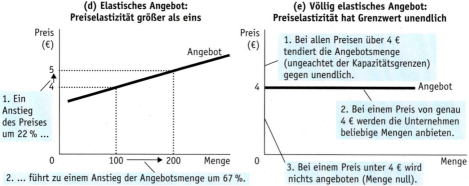

Die Preiselastizität des Angebots sagt etwas darüber aus, ob die Angebotskurve steil oder flach verläuft (angenommen die Achsenmaßstäbe der betreffenden Diagramme weichen nicht stark voneinander ab). Alle prozentualen Veränderungen wurden mit der Mittelwertmethode errechnet.

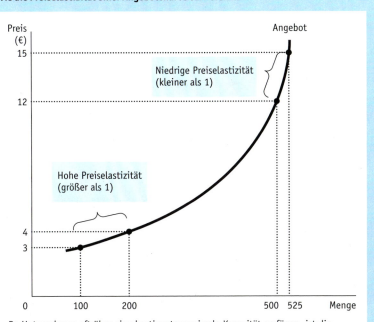

Abb. 3-19

Wie die Preiselastizität einer Angebotskurve variieren kann

Da Unternehmen oft über eine bestimmte maximale Kapazität verfügen, ist die Preiselastizität häufig bei niedrigen Mengen der Produktion und des Angebots höher als bei großen Mengen. Hier führt ein Preisanstieg von zunächst 3 Euro auf 4 Euro zu einem Mengenanstieg von 100 Stück auf 200 Stück. Da der Anstieg der Angebotsmenge mit 67 Prozent (errechnet mit der Mittelwertmethode) größer als der Preisanstieg von 29 Prozent ist, ist die Elastizität in diesem Intervall größer als 1, also elastisch. Steigt der Preis hingegen von 12 Euro auf 15 Euro (22 Prozent), steigt die Angebotsmenge lediglich von 500 Stück auf 525 Stück (5 Prozent). In diesem Intervall ist die Elastizität daher kleiner als 1, also unelastisch.

Der Gesamterlös und die Preiselastizität des Angebots

Wenn wir die Veränderungen der Angebotsmenge in einem Markt untersuchen, sind wir oft auch an den daraus resultierenden Veränderungen des Gesamterlöses bzw. des Umsatzes der Verkäufer interessiert. In jedem Markt ist der Gesamterlös, den die Verkäufer erhalten, $P \times Q$ – der Güterpreis multipliziert mit der verkauften Gütermenge. Abbildung 3-20 zeigt die steigende Angebotskurve für P = 5 Euro und Q = 100 Stück. Der farblich hervorgehobene Bereich $P \times Q$ entspricht dem Gesamterlös, der auf dem Markt erzielt wird; er beträgt 5 Euro × 100 = 500 Euro.

Wie sich der Gesamterlös entlang der Angebotskurve verändert, hängt von der Preiselastizität des Angebots ab. Ist das Angebot unelastisch wie in Abbildung 3-21, erzeugt der proportional größere Preisanstieg einen Anstieg des Umsatzes. Hier erzeugt ein Preisanstieg von 4 Euro auf 5 Euro nur einen Mengenanstieg von 80 auf

3.7 Die Marktkräfte von Angebot und Nachfrage
Die Preiselastizität des Angebots

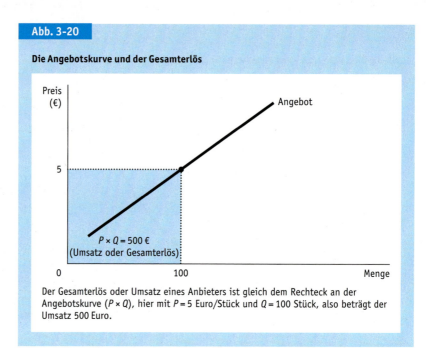

Abb. 3-20

Die Angebotskurve und der Gesamterlös

Der Gesamterlös oder Umsatz eines Anbieters ist gleich dem Rechteck an der Angebotskurve ($P \times Q$), hier mit $P = 5$ Euro/Stück und $Q = 100$ Stück, also beträgt der Umsatz 500 Euro.

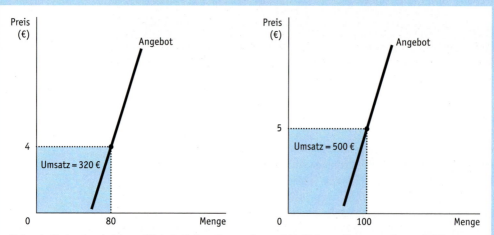

Abb. 3-21

Wie der Gesamterlös sich verändert, wenn der Preis sich verändert: Unelastisches Angebot

Bei unelastischer Angebotskurve führt ein Preisanstieg zu einem relativ kleineren Mengenanstieg, wobei Umsatz oder Gesamterlöse (Preis mal Menge) ansteigen. Im vorliegenden Beispiel steigt der Preis von 4 Euro auf 5 Euro und löst damit einen Mengenanstieg von 80 auf 100 aus, sodass der Umsatz oder Gesamterlös von 320 Euro auf 500 Euro steigt.

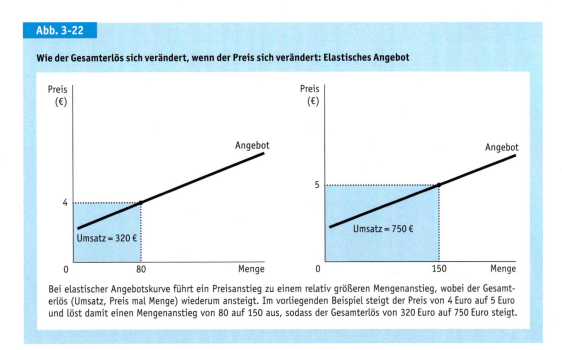

Abb. 3-22

Wie der Gesamterlös sich verändert, wenn der Preis sich verändert: Elastisches Angebot

Bei elastischer Angebotskurve führt ein Preisanstieg zu einem relativ größeren Mengenanstieg, wobei der Gesamterlös (Umsatz, Preis mal Menge) wiederum ansteigt. Im vorliegenden Beispiel steigt der Preis von 4 Euro auf 5 Euro und löst damit einen Mengenanstieg von 80 auf 150 aus, sodass der Gesamterlös von 320 Euro auf 750 Euro steigt.

100 Stück; der Umsatz steigt von 320 auf 500 Euro (vorausgesetzt das Unternehmen hat die zusätzlich produzierte Menge auch verkauft).

Ist das Angebot aber elastisch, dann führt der gleiche Preisanstieg zu einem weitaus größeren Anstieg der Angebotsmenge. In Abbildung 3-22 gehen wir davon aus, dass der Preis 4 Euro beträgt und die Angebotsmenge 80 Stück, was zu einem Gesamterlös von 320 Euro führt. In diesem Fall führt nun der Preisanstieg von 4 auf 5 Euro zu einem proportional weitaus größeren Mengenanstieg von 80 auf 150 Stück. Der Gesamterlös steigt folglich auf 750 Euro (vorausgesetzt, das Unternehmen hat die zusätzlich produzierte Menge auch verkauft).

3.8 Anwendungsfälle für Elastizität von Angebot und Nachfrage

Warum steigen die Preise für Skiurlaub während der Feiertage und in den Schulferien so stark an? Warum sind die Einkommen der Landwirte trotz eines Produktionsanstiegs in der Landwirtschaft im Schnitt in den letzten Jahren zurückgegangen? Auf den ersten Blick scheinen diese Fragen wenig gemeinsam zu haben. Doch beide beziehen sich auf Märkte, und Märkte werden durch die Kräfte von Angebot und Nachfrage bestimmt. Die Frage der Elastizität ist daher ein Schlüssel zur Beantwortung dieser und vieler weiterer Fragen.

3.8 Die Marktkräfte von Angebot und Nachfrage
Anwendungsfälle für Elastizität von Angebot und Nachfrage

Fallstudie

kino.to und die Angebotselastizität in der Medienindustrie

Technische Entwicklungen haben dazu geführt, dass Piraterie und Verletzungen von Copyright und intellektuellem Eigentum ein wesentliches Problem in der Medienindustrie darstellen. Wo solche Rechtsverletzungen auftreten, kann der Staat einschreiten, um das Angebot illegaler oder gefälschter Produkte zu reduzieren. Eine Studie eines internationalen Forscherteams für das Institute for Prospective Technological Studies der Europäischen Kommission untersuchte kürzlich den Einfluss einer angebotsseitigen Intervention mit dem Ziel der Verhinderung von Piraterie in der Filmindustrie. Die Studie analysierte, was geschah, nachdem 2010 in Deutschland die illegale Streaming-Seite kino.to für Filme geschlossen wurde. Auf kurze Sicht fiel das unlizenzierte Streaming von Webseiten ab – nicht nur für kino.to, sondern auch für andere illegale Seiten. Vier Wochen nach der Zwangsschließung jedoch stieg die Nutzung illegaler Seiten wieder an. Die Forscher stellten fest, dass die Konsumenten schnell andere illegale Seiten fanden und sogar neue Anbieter am Markt noch weitere Angebote unterbreiteten. Die Angebotselastizität in Reaktion auf die Schließung illegaler Seiten ist also extrem hoch: Legt der Staat eine große illegale Website still, dann schießen sogleich viele andere Seiten mit illegalem Content aus dem Boden. Für die Erfolgsaussichten der EU-Medienregulierung ein wohl ziemlich ernüchternder Befund ...

Quelle: Aguiar, L./Claussen, J./Peukert, C.: Online Copyright Enforcement, Consumer Behavior, and Market Structure. IPTS Digital Economy Working Paper 2015/01.

Warum sind die Preise für einen Skiurlaub im Verlauf der Saison so unterschiedlich?

Skiurlaub ist in Europa sehr beliebt. Für immer mehr Menschen gehört der Urlaub auf der Skipiste zum Winter dazu. Dabei können die Preise für eine Woche Skiurlaub innerhalb eines Winters um mehr als 500 Euro schwanken. Die höchsten Preise sind in der Regel für Ende Dezember bis Mitte Februar zu zahlen, also während der Weihnachtsfeiertage und der Winterferien – weil dann die Nachfrage am größten ist.

Das Angebot an Urlaubsplätzen für den Skiurlaub ist jedoch begrenzt – es gibt nur eine begrenzte Anzahl an Hotelzimmern und Skipässen für Skilifte, die die Reiseveranstalter vermitteln können –, sodass das Angebot vergleichsweise unelastisch ist, wie in Abbildung 3-23 dargestellt. Da die Anzahl an Hotelzimmern bei einer steigenden Nachfrage kurzfristig nicht verändert werden kann, führt die steigende Nachfrage zu den Hauptreisezeiten zu deutlichen Preissprüngen. Ist man als Urlauber flexibel, was den Urlaubszeitraum angeht, dann kann man von niedrigen Preisen in der Nebensaison profitieren. Außerhalb der Hauptreisezeiten ist die Nachfrage nach Urlaubsplätzen deutlich geringer und die Reiseveranstalter haben genügend freie Hotelzimmer zur Verfügung, sodass die Angebotskurve wesentlich elastischer verläuft. Bei einem plötzlichen Anstieg der Nachfrage Anfang Dezember würden die Preise nicht so stark ansteigen wie bei voll ausgelasteten Hotelzimmern Ende Dezember.

In den Fällen, in denen die Angebotskurve kurzfristig unelastisch und langfristig dagegen eher elastisch verläuft, kann es zu unterschiedlichen Preisen im Markt kommen. Beispiele dafür sind Flugtickets, Bahnfahrkarten oder der Stromverbrauch, bei denen sich Preise zu Spitzenzeiten deutlich von Preisen zu Nebenzeiten unterscheiden. Aufgrund von Einschränkungen im Angebot sind die Unternehmen in der Lage, den Käufern zu unterschiedlichen Zeiten unterschiedliche Preise abzuverlangen.

3.8 Anwendungsfälle für Elastizität von Angebot und Nachfrage

Abb. 3-23

Das Angebot an Urlaubsplätzen für einen Skiurlaub in Mitteleuropa

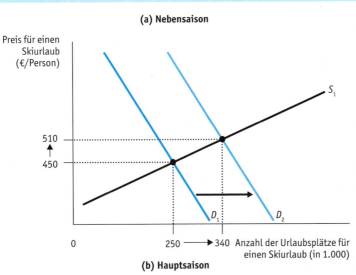

(a) Nebensaison

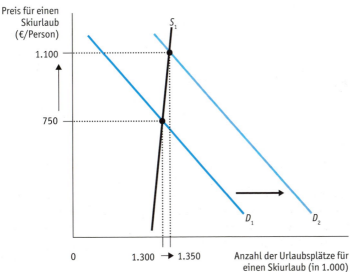

(b) Hauptsaison

Diagramm (a) zeigt den Markt für einen Skiurlaub in der Nebensaison. Die Angebotskurve S_1 verläuft auf kurze Sicht vergleichsweise elastisch. Ein Anstieg der Nachfrage von D_1 auf D_2 führt in dieser Zeit nur zu einem relativ kleinen Preisanstieg, da die höhere Nachfrage durch freie Kapazitäten an Hotelzimmern ausgeglichen werden kann. Diagramm (b) zeigt den Markt in der Hauptsaison. Die Angebotskurve S_1 verläuft auf kurze Sicht vergleichsweise unelastisch. Ein Anstieg der Nachfrage von D_1 auf D_2 kann in dieser Zeit nur durch einen starken Preisanstieg ausgeglichen werden.

Warum sind die Einkommen der Landwirte trotz eines Produktionsanstiegs in der Landwirtschaft zurückgegangen?

In vielen Industrieländern ist die landwirtschaftliche Produktion in den letzten 50 Jahren gestiegen. Das liegt besonders daran, dass Landwirte mehr und mehr Maschinen einsetzen konnten und der technische Fortschritt dazu geführt hat, dass der Ertrag pro Hektar Land erhöht werden konnte. Nehmen wir an, ein Landwirt verfügt über 1.000 Hektar Land, wo er Getreide anbaut. Vor 20 Jahren brachte ihm jeder Hektar Land einen durchschnittlichen Ertrag von 2 Tonnen Getreide ein. Wir reden von durchschnittlichem Ertrag, da die Produktionsmenge auch von Faktoren abhängt, die der Landwirt nicht kontrollieren kann, wie Wetter, Schädlinge und Krankheiten. Nehmen wir an, der Preis pro Tonne beträgt 200 Euro. Vor 20 Jahren betrug das durchschnittliche Einkommen eines Landwirtes folglich 200 Euro × 2.000 Tonnen = 400.000 Euro. Unter der Ceteris-paribus-Annahme würde ein Produktivitätsanstieg auf 3 Tonnen pro Hektar bedeuten, dass das Durchschnittseinkommen der Landwirte auf 600.000 Euro ansteigt.

Hierbei wird jedoch angenommen, dass alle anderen Faktoren konstant bleiben. Forschungsergebnisse legen jedoch nahe, dass bei Lebensmitteln sowohl die Preiselastizität als auch die Einkommenselastizität der Nachfrage relativ klein sind. Wir können zudem annehmen, dass in einem Zeitraum von 20 Jahren die Nachfrage nach Getreide nur relativ geringfügig gestiegen ist. Die Bevölkerung in den Industrienationen verdient heute vermutlich mehr als vor 20 Jahren, doch geht nach dem Engelschen Gesetz (siehe Kapitel 4) mit steigendem Einkommen der Teil des Einkommens, der für Lebensmittel ausgegeben wird, zurück. Abbildung 3-24 zeigt diese Situation. Zum ersten Zeitpunkt (vor 20 Jahren) schneidet die Angebotskurve S_1, welche den Ertrag von 2 Tonnen pro Hektar darstellt, die Nachfragekurve D_1 bei einem Preis von 200 Euro pro Tonne. Dies führt zu einem durchschnittlichen Einkommen von 400.000 Euro.

20 Jahre später hat die Verbesserung der Produktionsmethoden dazu geführt, dass die Produktivität auf 3 Tonnen pro Hektar angestiegen ist, dargestellt durch Angebotskurve S_2. In den letzten 20 Jahren hat sich die Nachfrage nach Getreide zwar erhöht, jedoch nur geringfügig, da die Menschen mit steigendem Wohlstand einen kleineren Anteil ihres Einkommens für Nahrungsmittel ausgeben. Der Umstand, dass Lebensmittel relativ preisunelastisch sind, zeigt sich in der relativ steilen Steigung der Nachfragekurve. Im Ergebnis ist der Marktpreis pro Tonne Getreide auf 100 Euro gefallen. Die Landwirte verkaufen nun zwar 3.000 Tonnen, ihr Durchschnittseinkommen ist jedoch auf 300.000 Euro gefallen.

> **Kurztest**
> Inwiefern kann eine Dürreperiode, die zur Halbierung der üblichen Erntemenge führt, für die Landwirte ein Vorteil sein? Wenn solch ein Ernteschaden vorteilhaft für die Landwirte ist, warum zerstören sie dann nicht selbst einen Teil der Ernte?

Abb. 3-24

Die Auswirkungen eines Anstiegs von Angebot und Nachfrage nach Getreide auf das Einkommen der Landwirte

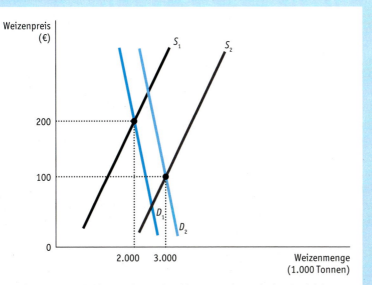

Angebotskurve S_1 zeigt das Angebot an Getreide vor 20 Jahren mit einer Produktionsmenge von 2 Tonnen pro Hektar. Die Nachfrage zu diesem Zeitpunkt wird dargestellt durch die Nachfragekurve D_1. Bei einem Marktpreis von 200 Euro pro Tonne beträgt das Einkommen der Landwirte 400.000 Euro. Mit steigender Produktivität ist der Ertrag pro Hektar 20 Jahre später auf 3.000 Tonnen gestiegen. Das Angebot hat sich erhöht, dargestellt durch Angebotskurve S_2. Jedoch ist die Nachfrage nur leicht angestiegen bedingt durch die preis- und einkommensunelastische Nachfrage nach Lebensmitteln (Nachfragekurve D_2). Die Kombination aus einem starken Anstieg im Angebot und einem geringen Anstieg der Nachfrage führt dazu, dass der Preis pro Tonne fällt und die Landwirte ein geringeres Einkommen erzielen.

3.9 Fazit: Wie Preise Ressourcen zuteilen

Im vorliegenden Kapitel haben wir Angebot und Nachfrage auf einem einzelnen Gütermarkt untersucht. Obwohl das Augenmerk dabei auf den Markt für Milch gerichtet war, sind die dabei gewonnenen Erkenntnisse auf nahezu alle Märkte übertragbar. Wir müssen jedoch die Annahmen des Modells in Erinnerung behalten. In vielen Markten werden einige dieser Annahmen nicht erfüllt sein, weshalb auch ihre Ergebnisse anders sein werden als vorhergesagt.

Wann immer Sie in ein Geschäft gehen, um irgendetwas zu kaufen, tragen Sie zur Nachfrage nach diesem Gut bei. Wann immer Sie sich um eine Anstellung bemühen, tragen Sie zum Angebot an Arbeitsleistungen bei. Da Angebot und Nachfrage allgegenwärtige ökonomische Erscheinungen sind, stellt das Marktmodell von Angebot und Nachfrage ein wirkungsvolles Analyseinstrument dar. Wir werden es in den nach-

3.9 Die Marktkräfte von Angebot und Nachfrage
Fazit: Wie Preise Ressourcen zuteilen

folgenden Kapiteln daher immer wieder nutzen. In Kapitel 1 haben wir festgestellt, dass Märkte gewöhnlich gut geeignet sind, um die volkswirtschaftliche Aktivität zu organisieren. Obwohl es noch ein wenig verfrüht ist, darüber zu urteilen, ob Marktergebnisse gut oder schlecht sind, haben wir in diesem Kapitel damit begonnen, die Wirkungsweise von Märkten zu analysieren. In jeder Volkswirtschaft geht es darum, knappe Ressourcen für konkurrierende Zwecke zuzuteilen. Marktwirtschaften setzen dafür die Kräfte von Angebot und Nachfrage ein. Angebot und Nachfrage zusammen bestimmen die Preise aller Waren und Dienstleistungen einer Volkswirtschaft, und die Preise wiederum sind die Signale für die Verteilung der Ressourcen.

Ändern sich die Preise, dann erhalten die Käufer und Verkäufer neue Signale. Auch Änderungen der Preise anderer Güter oder der Einkommen von Konsumenten können neue Signale setzen, an die die Marktteilnehmer ihr Verhalten anpassen. Das Ausmaß, in dem Käufer und Verkäufer auf eine solche Veränderung von Marktbedingungen reagieren, wird als Elastizität bezeichnet. Je nachdem, ob die Ursache der Veränderung eine Preis- oder eine Einkommensveränderung ist, sprechen wir auf der Seite der Käufer von einer Preis- oder Einkommenselastizität der Nachfrage. Das Ausmaß, in dem die Verkäufer auf eine Preisänderung reagieren, wird durch die Einkommenselastizität des Angebots bestimmt.

Aus der Praxis

Das iPhone 7 und die AirPods

Im Jahr 2016 brachte Apple die neueste Version seines iPhones auf den Markt, das iPhone 7. Im Gegensatz zu früheren Versionen kam dieses neue Telefon ganz ohne Kopfhöreranschluss aus. Denn komplementär zu diesem iPhone wurden AirPods angeboten, ein Paar kabelloser Ohrhörer, die sich »sofort einschalten und mit Ihrem iPhone, Ihrer Apple Watch, Ihrem iPad oder Mac verbinden« und »automatisch starten, sobald Sie sie in Ihre Ohren stecken«. Die AirPods funktionieren über eine Bluetooth-Verbindung. Für Personen, die ihre Musik zuvor mit kabelgebundenen Kopfhörern gehört hatten, bedeutete das neue iPhone, dass sie entweder die neuen Kopfhörer kaufen mussten oder einen anderen Telefontyp mit Kopfhörerbuchse kaufen mussten. Lässt sich mithilfe des Marktmodells eine Vorhersage machen, was nun geschehen würde? Auf den ersten Blick erscheint das schwierig. Schließlich ist der Smartphone-Markt alles andere als ein Wettbewerbsmarkt: Es gibt nur einige wenige große Anbieter von Smartphones; die Produkte sind aufgrund unterschiedlicher Betriebssysteme nicht völlig homogen und die Hersteller sind Preissetzer und nicht Preisnehmer. Immerhin sind die Millionen von Kleinverbrauchern Preisnehmer, und Smartphones sind durchaus homogene Massengüter.

Auf der Basis des Marktmodells könnte man überlegen, welche Auswirkungen das neue iPhone auf substitutive und komplementäre Güter haben könnte. Insbesondere der Wegfall des Kopfhöreranschlusses könnte eine Veränderung auf dem Markt für Bluetooth-Kopfhörer auslösen. Angesichts der Popularität von Apple könnte das Marktmodell erwarten lassen, dass die Hersteller von Kopfhörern versuchen würden, ihre Produktion stärker auf Bluetooth-Kopfhörer zu konzentrieren. Konkurrenten von Apple könnten ebenfalls auf Kopfhöreranschlüsse verzichten und ihre neuen Modelle auf Bluetooth umstellen. Man hätte also eine Verschiebung der Nachfragekurve für Bluetooth-Kopfhörer bei kurzfristig steigenden Preisen zu erwarten. Steigende Preise würden wiederum mehr Hersteller dazu veranlassen, die Produktion auf Bluetooth-Headsets umzustellen; ihr Angebot dürfte relativ elastisch sein und würde daher wohl steigen.

Unser Modell könnte auch einen Rückgang der Nachfrage nach kabelgebundenen Kopfhörern vorhersagen, wenn mehr Bluetooth-Geräte verfügbar werden. Die Preise für diese Headsets dürften langsam sinken, daher würden die Anbieter irgendwann die Produktion ganz aufgeben.

Fortsetzung auf Folgeseite

Fortsetzung von Vorseite

Fragen

1. Der Artikel enthält mehrere Vorhersagen über den Markt für Kopfhörer infolge der Markteinführung des iPhone 7 durch Apple. Verwenden Sie das Marktmodell, um zu skizzieren, was mit dem Markt für kabelgebundene Kopfhörer und dem Markt für Bluetooth-Kopfhörer geschehen dürfte. Berücksichtigen Sie in Ihren Diagrammen die Preiselastizität der Nachfrage und des Angebots, da diese das Ergebnis Ihrer Analyse und Vorhersagen wesentlich beeinflussen könnten.
2. Jedes Modell muss sich empirisch bewähren. Recherchieren Sie die Preise und die Verkaufsmengen von kabelgebundenen und Bluetooth-Kopfhörern, um zu sehen, welche die Vorhersagen Ihrer Analyse in Frage 1 stützen. Geben Sie dem Marktmodell recht oder nicht? Erläutern Sie Ihre Antwort.
3. Wie ist die Beziehung zwischen Bluetooth-Kopfhörern und Smartphones, die keine Kopfhöreranschlüsse haben? Wie wirkt sich diese Beziehung auf die Preiselastizität der Nachfrage, die Einkommenselastizität der Nachfrage und die Kreuzpreiselastizität der Nachfrage nach kabelgebundenen und Bluetooth-Kopfhörern aus?
4. Was würden Sie für die Preiselastizität des Angebots von Bluetooth-Kopfhörern erwarten? Berücksichtigen Sie, dass die Hersteller von kabelgebundenen Kopfhörern wahrscheinlich auch die Hersteller von Bluetooth-Kopfhörern sein werden. Wovon dürfte die Preiselastizität des Angebots abhängen?
5. Was glauben Sie, wie gut sich der Markt für kabelgebundene und Bluetooth-Kopfhörer mit den Annahmen des wettbewerbsorientierten Marktmodells erklären lässt? Begründen und erläutern Sie Ihre Antwort.

Zusammenfassung

- Ökonomen verwenden das Modell von Angebot und Nachfrage, um Wettbewerbsmärkte zu untersuchen. Auf einem Wettbewerbsmarkt gibt es viele Anbieter und Nachfrager, die als Einzelne keinen oder fast keinen Einfluss auf den Marktpreis haben.
- Die Nachfragekurve zeigt, wie die Nachfragemenge eines Gutes vom Preis des Gutes abhängt. Nach dem Gesetz der Nachfrage nimmt die nachgefragte Menge bei sinkendem Preis zu. Die Nachfragekurve fällt daher.
- Neben dem Preis sind die anderen Einflussgrößen auf die Nachfrage: die Einkommen, die Preise der Substitute und der komplementären Güter, die Präferenzen der Konsumenten, Erwartungen der Konsumenten, Bevölkerungsgröße und -struktur sowie die Werbung. Wenn sich eine dieser anderen Einflussgrößen verändert, kommt es zu einer Verschiebung der Nachfragekurve.
- Die Angebotskurve zeigt, wie die Angebotsmenge eines Gutes von dessen Preis abhängt. Nach dem Gesetz des Angebots erzeugt die Preissteigerung eines Gutes einen Anstieg der Angebotsmenge. Die Angebotskurve steigt daher.
- Neben dem Preis sind die anderen Einflussgrößen auf das Angebot: die Rentabilität der Produktion und Preise von Kuppelprodukten, Inputpreise, Technik, Erwartungen der Produzenten, die Anzahl der Verkäufer sowie natürliche und gesellschaftliche Faktoren. Wenn sich eine dieser anderen Einflussgrößen verändert, kommt es zu einer Verschiebung der Angebotskurve.

Stichwörter

- Markt
- Wettbewerbsmarkt
- Mengenanpasser, Preisnehmer
- Nachfragemenge
- Gesetz der Nachfrage
- Nachfrageplan, Nachfragetabelle
- Nachfragekurve
- Substitute oder substitutive Güter
- Komplemente, komplementäre Güter
- normales Gut
- inferiores Gut
- Angebotsmenge
- Gesetz des Angebots
- Angebotsplan, Angebotstabelle
- Angebotskurve
- Gleichgewichtspreis
- Gleichgewichtsmenge
- Angebotsüberschuss
- komparative Statik

3.9 Die Marktkräfte von Angebot und Nachfrage
Fazit: Wie Preise Ressourcen zuteilen

- **Nachfrageüberschuss**
- **Gesetz von Angebot und Nachfrage**
- **Elastizität**
- **Preiselastizität der Nachfrage**
- **Gesamtausgaben**
- **Gesamterlös (Umsatz)**
- **Einkommenselastizität der Nachfrage**
- **Kreuzpreiselastizität der Nachfrage**
- **Preiselastizität des Angebots**

▶ Der Schnittpunkt von Angebots- und Nachfragekurve bestimmt das Marktgleichgewicht. Beim Gleichgewichtspreis stimmt die nachgefragte Menge mit der angebotenen Menge überein.

▶ Das Verhalten von Käufern und Verkäufern treibt Märkte auf natürliche Weise zu ihrem Gleichgewicht. Wenn der Marktpreis über dem Gleichgewichtspreis liegt, folgt daraus ein Angebotsüberschuss, der einen Rückgang des Marktpreises auslöst. Wenn der Marktpreis unter dem Gleichgewichtspreis liegt, folgt daraus ein Nachfrageüberschuss, der zu einem Anstieg des Marktpreises führt.

▶ Wir nutzen das Angebots-Nachfrage-Diagramm, um die Auswirkungen bestimmter Ereignisse auf Gleichgewichtspreis und Gleichgewichtsmenge zu untersuchen. Dabei wenden wir nacheinander drei Analyseschritte an: 1. Wir klären, ob das Ereignis die Angebotskurve oder die Nachfragekurve (oder beide Kurven) verschiebt. 2. Wir bestimmen, in welche Richtung sich die Kurve verschiebt. 3. Wir vergleichen das neue Gleichgewicht mit dem alten Marktgleichgewicht.

▶ In Marktwirtschaften sind Preise die Signale, welche alle ökonomischen Entscheidungen leiten und folglich die knappen Ressourcen zuteilen. Für jedes Gut in der Volkswirtschaft gewährleistet der Preis, dass Angebot und Nachfrage zur Übereinstimmung kommen. Der Gleichgewichtspreis bestimmt dabei, welche Menge die Käufer von dem Gut nachfragen und welche Menge die Verkäufer wiederum produzieren und anbieten.

▶ Die Preiselastizität der Nachfrage misst die relative Veränderung der Nachfragemenge, die durch eine bestimmte relative Preisänderung bewirkt wird. Die Nachfrage nach einem Gut wird umso elastischer, je mehr nahe Substitute verfügbar sind, je mehr das Gut ein Luxusgut ist und kein notwendiges Gut, je enger der Markt abgegrenzt ist oder je länger die Reaktionszeit der Nachfrager auf Preisänderungen ist.

▶ Die Preiselastizität der Nachfrage wird berechnet als Quotient der prozentualen Veränderung der Nachfragemenge und der prozentualen Preisänderung. Wenn die Elastizität kleiner als 1 ist, sich also die nachgefragte Menge proportional weniger verändert als der Preis, spricht man von unelastischer Nachfrage. Ist die Elastizität größer als 1 und damit die proportionale Änderung der Nachfragemenge größer als die proportionale Preisänderung, bezeichnet man die Nachfrage als elastisch.

▶ Die Preiselastizität des Angebots misst die relative Veränderung der Angebotsmenge, die durch eine bestimmte relative Preisänderung bewirkt wird. Diese Elastizität hängt oft vom Zeithorizont der Analyse ab. In den meisten Märkten ist das Angebot langfristig elastischer als kurzfristig.

▶ Die Preiselastizität des Angebots wird berechnet als Quotient der prozentualen Veränderung der Angebotsmenge und der prozentualen Preisänderung. Wenn die

Elastizität kleiner als 1 ist, sich also die angebotene Menge proportional weniger verändert als der Preis, spricht man von unelastischem Angebot. Ist die Elastizität größer als 1 und damit die proportionale Änderung der Angebotsmenge größer als die proportionale Preisänderung, so bezeichnet man das Angebot als elastisch.

▸ Der Umsatz oder Gesamterlös der Verkäufer eines Gutes entspricht dem rechnerischen Produkt aus Preis und Menge. Bei unelastischen Nachfragekurven steigt der Umsatz bei steigendem Preis, bei elastischen Nachfragekurven sinkt der Umsatz bei steigendem Preis.

▸ Die Einkommenselastizität der Nachfrage misst, wie stark die Nachfragemenge eines Gutes auf Einkommensänderungen der Konsumenten reagiert. Die Kreuzpreiselastizität der Nachfrage misst, wie stark die Nachfrage nach einem Gut auf Preisänderungen eines anderen Gutes reagiert.

Wiederholungsfragen

1. Wodurch wird die nachgefragte Gütermenge bestimmt?
2. Führt eine Bedürfnis- und Geschmacksänderung der Konsumenten zu einer Bewegung auf der Nachfragekurve oder zu einer Verschiebung der Nachfragekurve? Führt eine Preisänderung zu einer Bewegung auf der Nachfragekurve oder zu einer Verschiebung der Nachfragekurve?
3. Wenn sich Popeyes Einkommen verringert, konsumiert er mehr Spinat. Ist Spinat ein inferiores oder ein normales Gut?
4. Wodurch wird die angebotene Gütermenge bestimmt?
5. Führt eine Veränderung der Produktionstechnik zu einer Bewegung auf der Angebotskurve oder zu einer Verschiebung der Angebotskurve? Führt eine Preisänderung zu einer Bewegung auf der Angebotskurve oder zu einer Verschiebung der Angebotskurve?
6. Definieren Sie »Marktgleichgewicht«. Beschreiben Sie die Kräfte, die einen Markt zum Gleichgewicht drängen.
7. Da man Bier und Pizza oft zusammen konsumiert, sind sie komplementäre Güter. Was geschieht mit Angebot, Nachfrage, Angebotsmenge, Nachfragemenge und Preis auf dem Pizzamarkt, wenn der Bierpreis ansteigt?
8. Definieren Sie die Preiselastizität und die Einkommenselastizität der Nachfrage.
9. Zählen Sie die wichtigen Bestimmungsgründe der Preiselastizität der Nachfrage auf und erläutern Sie Ihre Antwort.
10. Ist die Nachfrage elastisch oder unelastisch, wenn die Elastizität größer als 1 ist? Ist die Nachfrage vollkommen unelastisch oder vollkommen elastisch, wenn die Elastizität gleich 0 ist?
11. Wie nennt man ein Gut, dessen Einkommenselastizität negativ ist?
12. Wie lautet die Rechenformel zur Preiselastizität des Angebots? Erläutern Sie die Formel.
13. Ist die Preiselastizität des Angebots üblicherweise auf kurze Sicht oder auf lange Sicht größer? Warum?

Aufgaben und Anwendungen

1. Erläutern Sie jede der nachfolgenden Aussagen mit Blick auf das Angebots-Nachfrage-Diagramm.
   a. Wenn eine Kältewelle über Florida hereinbricht, steigt der Preis von Orangensaft überall in den USA an.
   b. Wenn das Wetter an der deutschen Nordseeküste jeden Sommer sehr warm wäre, würden die Hotelpreise an der Adria sinken.
   c. Wenn im Nahen Osten Krieg ausbricht, steigt der Benzinpreis an, während der Preis der Gebrauchtwagen mit hohem Benzinverbrauch sinkt.

2. Stimmen Sie der folgenden Argumentation zu? Begründen Sie Ihre Ansicht. »Wenn mehr Deutsche eine Low-Carb-Diät (›wenig Kohlenhydrate‹) machen würden, wird die Nachfrage nach Brot zurückgehen. Durch die rückläufige Nachfrage nach Brot wird der Preis für Brot fallen. Der sinkende Preis wird jedoch die Nachfrage nach Brot wieder ansteigen lassen, sodass im neuen Gleichgewicht die Deutschen mehr Brot als vorher essen werden.«

3. Betrachten Sie den Markt für Eier und klären Sie für jedes der angegebenen Ereignisse die Auswirkungen auf Angebot und Nachfrage sowie auf Angebotsmengen und Nachfragemengen. Zeichnen Sie ein Angebots-Nachfrage-Diagramm, um die Auswirkungen auf den Gleichgewichtspreis und die Gleichgewichtsmenge von Eiern zu zeigen.
   a. Der Preis für Getreide, mit dem die Hühner gefüttert werden, steigt.
   b. Der Preis für Schinken fällt.
   c. Eine neue Studie zeigt, dass der Konsum von Eiern gesundheitsschädigende Auswirkungen hat.

4. Betrachten Sie die Märkte für Blu-Ray-Filme, Fernseher und Kinokarten.
   a. Bestimmen Sie für die folgenden Güterpaare, ob es sich um komplementäre oder um substitutive Güter handelt:
      ▸ Blu-Ray-Filme und Fernseher
      ▸ Blu-Ray-Filme und Kinokarten
      ▸ Fernseher und Kinokarten
   b. Nehmen Sie an, die Produktionskosten für Fernsehgeräte sinken durch technischen Fortschritt. Zeigen Sie die Auswirkungen auf den Markt für Fernsehgeräte anhand eines Angebots-Nachfrage-Diagramms.
   c. Zeigen Sie anhand von zwei weiteren Angebots-Nachfrage-Diagrammen, wie sich die Änderungen im Markt für Fernsehgeräte auf den Markt für Blu-Ray-Filme und den Markt für Kinokarten auswirken.

5. Da Weißwürste und süßer Senf in München zusammen verzehrt werden, können sie als komplementäre Güter betrachtet werden.

a. Wir beobachten einen Preisanstieg bei Weißwurst und einen Mengenanstieg bei Senf. Könnte dies durch einen Preisrückgang bei Senfkörnern oder durch einen Preisrückgang bei Kalbfleisch verursacht sein?
b. Nehmen Sie stattdessen an, der Preis für Weißwürste sei gestiegen, die Gleichgewichtsmenge an Senf dagegen gesunken. Könnte dies durch einen Preisanstieg bei Senfkörnern oder durch einen Preisanstieg bei Kalbfleisch verursacht sein?

6. Die Eintrittspreise und die Sitzplätze in einem kleinen Fußballstadion sind durch diese Nachfrage- und Angebotstabelle gegeben:

Preis (€)	Nachfragemenge (Stück)	Angebotsmenge (Stück)
4	10.000	8.000
8	8.000	8.000
12	6.000	8.000
16	4.000	8.000
20	2.000	8.000

a. Zeichnen Sie die Angebots- und die Nachfragekurve. Was ist an diesen Kurven ungewöhnlich?
b. Wie hoch sind Gleichgewichtspreis und Gleichgewichtsmenge?
c. Durch Schließung einer benachbarten Anlage kommt Nachfrage hinzu:

Preis (€)	Nachfragemenge (Stück)
4	4.000
8	3.000
12	2.000
16	1.000
20	0

Ermitteln Sie die neue Angebots- und Nachfragetabelle. Zeichnen Sie die neuen Kurven und geben Sie die neuen Gleichgewichtswerte an.

7. Vergleichen Sie die nachfolgenden Paare von Gütern. Für welches Gut würde man aus welchen Gründen eine höhere Preiselastizität der Nachfrage erwarten?
a. Gefragte Lehrbücher und Unterhaltungsromane
b. Aufnahmen von Beethoven und Aufnahmen klassischer Musik allgemein
c. Heizöl während der nächsten sechs Monate und Heizöl während der kommenden fünf Jahre
d. Limonade und Wasser

8. Nehmen wir an, Geschäftsreisende und Urlaubsreisende hätten die folgenden Nachfragewerte für Flüge von München nach Hamburg:

Preis (€)	Nachfragemenge für Geschäftsreisen	Nachfragemenge für Urlaubsreisen
150	2.100	1.000
200	2.000	800
250	1.900	600
300	1.800	400

a. Wie groß ist die Preiselastizität der Nachfrage für Geschäftsreisen und für Urlaubsreisen bei einem Preisanstieg von 200 Euro auf 250 Euro?

b. Warum wohl zeigen Urlaubsreisende eine andere Preiselastizität als Geschäftsreisende?

9. Emilie will stets ein Drittel ihres Einkommens für Bekleidung ausgeben.
   a. Wie groß ist die Einkommenselastizität ihrer Bekleidungsnachfrage?
   b. Wie groß ist die Preiselastizität ihrer Bekleidungsnachfrage?
   c. Wie verändert sich die Nachfragekurve, wenn sich Emilie entscheidet, künftig nur ein Viertel für Bekleidung auszugeben? Wie groß sind in diesem Fall Einkommenselastizität und Preiselastizität?

10. Der Gleichgewichtspreis für einen Becher Kaffee ist im letzten Monat stark angestiegen, während die Gleichgewichtsmenge unverändert geblieben ist. Drei Personen versuchen diese Entwicklung zu erklären. Wer von ihnen hat Recht? Warum?
    Romy: »Die Nachfrage ist angestiegen, aber das Angebot war vollkommen unelastisch.«
    Isabel: »Das Angebot ist genauso stark angestiegen wie die Nachfrage.«
    Frank: »Das Angebot ist angestiegen, aber die Nachfrage war vollkommen unelastisch.«

11. Arzneimittel weisen eine preisunelastische Nachfrage auf und Computer eine preiselastische Nachfrage. Nehmen Sie an, dass sich das Angebot an Arzneimitteln und Computern durch den technischen Fortschritt verdoppelt (das bedeutet, dass sich die zu jedem Preis angebotene Menge verdoppelt).
    a. Was passiert in beiden Märkten mit dem Gleichgewichtspreis und der Gleichgewichtsmenge?
    b. In welchem Markt fällt die Preisänderung größer aus?
    c. In welchem Markt verändert sich die Gleichgewichtsmenge stärker?
    d. Wie entwickeln sich die Ausgaben der Konsumenten?

12. Betrachten Sie staatliche Maßnahmen gegen das Rauchen:
    a. Die empirisch ermittelte Preiselastizität der Zigarettennachfrage ist ungefähr 0,4. Um wie viel sollte der Preis steigen, wenn die Packung Zigaretten 5 Euro kostet und eine Senkung des Zigarettenkonsums um 20 Prozent beabsichtigt ist?
    b. Durch Besteuerung werde der Zigarettenpreis fortlaufend erhöht. Werden die Auswirkungen innerhalb eines Jahres oder innerhalb einer Periode von fünf Jah-

ren größer sein?
c. Warum zeigen Teenager bei Zigaretten – wie empirische Studien belegen – eine größere Preiselastizität als Erwachsene?

13. Seegrundstücke am Starnberger See weisen ein preisunelastisches Angebot auf, Pkws dagegen ein preiselastisches Angebot. Nehmen Sie an, dass sich die Nachfrage nach beiden Gütern durch einen Bevölkerungsanstieg verdoppelt (das bedeutet, dass sich die zu jedem Preis nachgefragte Menge verdoppelt).
   a. Was passiert in beiden Märkten mit dem Gleichgewichtspreis und der Gleichgewichtsmenge?
   b. In welchem Markt fällt die Preisänderung größer aus?
   c. In welchem Markt verändert sich die Gleichgewichtsmenge stärker?
   d. Wie entwickeln sich die Ausgaben der Konsumenten?

4 Hintergründe zur Nachfrage: Die klassische Theorie der Konsumentscheidung

In diesem Kapitel wollen wir uns das Konsumentenverhalten etwas detaillierter ansehen. Die Standardtheorie des Haushalts beruht auf einer Reihe von Annahmen darüber, wie sich Menschen verhalten. Wie andere Theorien auch trifft sie einige Vorhersagen über Verhaltensergebnisse, die uns erlauben, hieraus die Nachfragekurve herzuleiten und den Einfluss von Preisen und anderen Größen auf die Position und auf Verschiebungen der Nachfragekurve zu bestimmen.

Die Standardtheorie war immer wieder der Kritik ausgesetzt, dass ihre Annahmen unrealistisch seien und menschliches Entscheidungsverhalten nicht adäquat darstellten. Neuere Forschungen, ursprünglich von Psychologen, haben eine Anzahl verschiedener Ansätze zum Konsumentenverhalten hervorgebracht. Wir beginnen jedoch mit einem Blick auf die Standardtheorie der Konsumentscheidung.

4.1 Das mikroökonomische Standardmodell

Wenn Sie ein Geschäft betreten, werden Sie mit dem Angebot Tausender Güter konfrontiert. Da Ihre finanziellen Mittel jedoch begrenzt sind, können Sie natürlich nicht alles kaufen, was Sie sich wünschen. Es wird daher angenommen, dass Sie unter Berücksichtigung der Preise der verschiedenen Güter ein Bündel an Gütern erwerben werden, das bei gegebener Mittelausstattung Ihren Bedürfnissen und Wünschen am besten entspricht. Ökonomisch ausgedrückt streben Sie danach, Ihren Nutzen im Rahmen Ihres begrenzten Einkommens zu maximieren.

Dieses Modell wird die klassische Theorie des Konsumentenverhaltens oder das mikroökonomische Standardmodell genannt und basiert auf der Annahme, dass Menschen rational handeln, wenn sie Konsumentscheidungen treffen.

Das mikroökonomische Standardmodell bietet eine Theorie der Konsumentscheidungen, die ein umfassenderes Verständnis der Nachfrage ermöglicht. Es untersucht diejenigen Zielkonflikte, mit denen die Menschen in ihrer Rolle als Konsumenten konfrontiert sind. Wenn ein Konsument von einem Gut mehr erwirbt, muss er beim Konsum eines anderen Gutes Abstriche machen. Wenn er mehr Zeit für Freizeitaktivitäten verwendet und weniger dafür, zu arbeiten, hat er in der Regel ein geringeres Einkommen und kann folglich weniger konsumieren. Gibt er einen größeren Teil seines Einkommens in der Gegenwart aus und spart einen geringeren Anteil für die Zukunft, muss er ein niedrigeres Konsumniveau in der Zukunft in Kauf nehmen. Die Theorie der Konsumentscheidungen untersucht, wie Verbraucher unter diesen Zielkonflikten Entscheidungen treffen und wie sie auf Änderungen in Ihrem Umfeld reagieren. Diese Zielkonflikte erfordern eine Berücksichtigung von Opportunitätskosten. Wenn Konsumenten auf der Basis ihres beschränkten Einkommens Entscheidungen über ihren Verbrauch treffen, müssen sie an anderer Stelle Opfer bringen; hierdurch offenbaren

4.1 Hintergründe zur Nachfrage: Die klassische Theorie der Konsumentscheidung
Das mikroökonomische Standardmodell

sie wichtige Informationen über den relativen Wert, den sie ihren Wahlalternativen beimessen. Wenn eine Konsumentin etwa ein Gut A einem anderen Gut B vorzieht, so macht sie damit deutlich, dass Gut A ihr einen größeren Nutzen stiftet als die nicht gewählte, nächstbessere Alternative (also B).

Bei der Konsumentscheidung wird eine Reihe von Annahmen zugrunde gelegt:
- Konsumenten (häufig auch als »Wirtschaftssubjekte« bezeichnet) sind rational.
- Es wird lieber mehr als weniger konsumiert.
- Konsumenten streben nach Nutzenmaximierung.
- Konsumenten werden von Eigeninteressen gesteuert und berücksichtigen nicht den Nutzen anderer.

Wertschätzung

Ein Schlüsselbegriff des Konsumentenverhaltens sowie vieler weiterer Bereiche der Volkswirtschaftslehre ist die Wertschätzung. Wertschätzung ist ein subjektiver Begriff: Was für das eine Individuum einen Wert darstellt, muss für das andere noch lange kein Wert sein. Wertschätzung bezeichnet den Wert, den der Besitz eines Gegenstands für ein bestimmtes Individuum stiftet – ausgedrückt als Zufriedenheit, die es aus dem Konsum dieses Gegenstands zieht. Ganz allgemein bezieht sich der Konsum in diesem Fall nicht nur auf den Endverbraucher. Die Wertschätzung kann sich auch auf den Kauf eines Produkts, das ein Geschenk sein soll, beziehen oder auf etwas, das in einem Unternehmen für die Produktion eingesetzt wird.

Was aber macht ein Gut wertvoll? Graben Unternehmen nach Gold, weil es wertvoll ist, oder ist der Wert des Goldes durch die Arbeit von Minenbetreibern bestimmt, um das Gold zu bergen und zu verfeinern? Diese Art von Fragen beschäftigte die frühen klassischen Ökonomen und ist der Gegenstand des sogenannten klassischen Wertparadoxons (auch: Wasser-Diamanten-Paradox). Adam Smith bemerkte, dass Wasser ein extrem wichtiges Gut ist, dass aber der Wasserpreis relativ niedrig ist, während umgekehrt Diamanten einen ziemlich geringen praktischen Wert aufweisen, aber einen vergleichsweise hohen Preis haben. Smith unterschied deshalb zwischen dem Gebrauchswert, der durch die hohe Bedeutung eines Gutes für das Leben bestimmt ist, und dem Tauschwert, der – wie das Beispiel der Diamanten zeigt – von dem praktischen Wert eines Gutes sehr verschieden sein kann. Smith schrieb den Wert eines Produkts der Arbeit zu, die geleistet werden muss, um es zu produzieren. Der Wert von Gold etwa ist deshalb durch die aufgewendeten Produktionsfaktoren bestimmt.

Rund 100 Jahre später führte William Stanley Jevons an, dass Produkte wie Gold einen Wert hätten, der sich aus dem Nutzen ergebe, den sie ihren Käufern stifteten. Die klassischen Ökonomen verwendeten den Ausdruck **Nutzen**, um die Zufriedenheit auszudrücken, die aus dem Konsum resultiert. Nutzen ist ein ordinales Konzept. Das bedeutet, er kann dazu dienen, um Rangordnungen zu bilden, nicht aber um irgendeine bedeutsame arithmetische Operation durchzuführen. Nutzen kann als Maß dazu dienen, Konsumentscheidungen einzugruppieren, jedoch sagt diese Rangordnung nichts über die verschiedenen Wertmaßstäbe aus, die bei diesen Entscheidungen zum Tragen kommen. Wenn wir zum Beispiel Menschen bitten würden, verschiedene Filme

> **Nutzen**
> Die Zufriedenheit, die aus dem Konsum einer bestimmten Menge eines Produkts resultiert.

nach ihren Präferenzen auf einer Nutzenskala von 1 bis 10 Punkten einzuordnen, könnten wir daraus vielleicht schließen, dass Film 5 der beliebteste ist, gefolgt von Film 3 und Film 8. Wenn hingegen aber Person 1 den Film Nummer 5 mit 10 Punkten auf der Nutzenskala bewertet hätte und Person 2 den gleichen Film nur mit 5 Punkten, könnten wir daraus nicht schließen, dass Person 1 den Film doppelt so sehr schätzt wie Person 2. Die einzige mögliche Schlussfolgerung wäre, dass Person 1 den Film in der Skala ihrer Präferenzen höher ansiedelt als Person 2. Die Wertschätzung kann somit durch die Bildung einer Rangordnung gemessen werden, aber die Aussagekraft solcher Rangordnungen ist begrenzt.

Eine Möglichkeit, um diese Einschränkung zu überwinden, ist, dass wir die Wertschätzung darüber definieren, wie viel ihres Einkommens die Konsumenten bereit sind zu bezahlen, um sich die Vorteile des Konsums eines bestimmten Gutes zu sichern. Dies wird das *Prinzip der Zahlungsbereitschaft* genannt. Wie viel unseres begrenzten Einkommens wir bereit sind zu bezahlen, spiegelt die Wertschätzung wider, die wir für ein bestimmtes Gut zeigen. Es sagt uns vielleicht nicht viel über die Bedürfnisbefriedigung, die eintritt, wenn das Gut schließlich konsumiert wird, denn der Käufer ist vielleicht nicht der Endkonsument. Aber es gibt uns doch eine bestimmte Vorstellung von dessen Wert.

Ein Beispiel: Zwei Freundinnen, Paula und Leonie, gehen in ein Schuhgeschäft. Paula steuert auf ein Paar High Heels mit Leopardenmuster zu. Sie kosten 75 Euro. Leonie runzelt die Stirn und denkt: »Warum um alles in der Welt will Paula so etwas kaufen?« Niemals würde sie für solch ein hässliches Paar Schuhe so viel Geld ausgeben. Es kommt zu einer Diskussion über die Schuhe, wobei sich die Meinungen darüber, wie viel es »wert« ist, sie zu besitzen, stark unterscheiden. Hier können wir den Unterschied zwischen »Preis« und »Wert« sehen. Wenn Paula die Schuhe kauft, muss für sie ihr Wert mindestens 75 Euro entsprechen. Denn das ist es, worauf sie, in Geld bewertet, verzichten muss, um die Schuhe zu bekommen. Wir müssen außerdem die Opportunitätskosten des Kaufs betrachten, da Paula die Gelegenheit aufgegeben hat, irgendetwas anderes für ihre 75 Euro zu kaufen. Wir könnten vernünftigerweise sogar annehmen, dass Paulas Freundin Leonie glaubt, dass man die 75 Euro besser hätte anders ausgeben können, um etwas von höherem Wert zu erhalten. Mit anderen Worten: Was immer Leonie hätte sonst noch für die 75 Euro kaufen können, hätte für sie einen größeren Wert bedeutet, als diese Schuhe zu kaufen. Es kann sogar sein, dass Paula bereit gewesen wäre, für solch ein Paar Schuhe auch mehr auszugeben. In diesem Fall erhält sie einen zusätzlichen Nutzen, für den sie nicht zahlen muss. Ökonomen bezeichnen das als Konsumentenrente. Wir werden darauf später in diesem Buch noch zurückkommen. Paula lässt sich von Leonie nicht umstimmen und kauft die Schuhe. Eine Entscheidung, die Leonie nicht nachvollziehen kann. Für dieses Paar Schuhe auf 75 Euro zu verzichten, ist für sie ganz klar Geldverschwendung. Leonies Zahlungsbereitschaft für dieses Paar Schuhe ist viel geringer als die ihrer Freundin; vielleicht ist sie sogar null.

Der Geldbetrag, den Käufer bereit sind für ein Gut auszugeben, sagt uns also etwas über den Wert, den sie ihm beimessen.

4.2 Hintergründe zur Nachfrage: Die klassische Theorie der Konsumentscheidung
Budgetbeschränkung: Was der Konsument sich leisten kann

> **Kurztest**
> Denken Sie an Ihre Kaufentscheidungen. Manchmal haben Sie das Gefühl, ein »Schnäppchen« zu machen, und manchmal entscheiden Sie sich gegen den Kauf von etwas, weil Sie es als »Geldverschwendung« erachten. Woraus besteht – ökonomisch betrachtet – der Unterschied und warum?

4.2 Budgetbeschränkung: Was der Konsument sich leisten kann

Eine Annahme des Standardmodells ist es, dass Menschen lieber mehr statt weniger konsumieren. Die meisten Menschen würden gerne die Quantität oder die Qualität der Güter erhöhen, die sie konsumieren, erhöhen – längere Urlaube machen, schickere Autos fahren oder größere Häuser kaufen. Die Menschen konsumieren weniger, als sie möchten, weil sie durch ihr Einkommen in ihren Ausgaben beschränkt sind.

Um die Analyse einfach zu halten, untersuchen wir die Entscheidungssituation eines Modellkonsumenten, der nur zwei Güter kauft: Cola und Pizza. Nehmen wir an, der Konsument hat ein monatliches Einkommen von 1.000 Euro und gibt dieses jeden Monat vollständig für Cola und Pizza aus. Der Preis einer Dose Cola ist in unserem Beispiel 2 Euro, eine Pizza kostet 10 Euro.

Die Tabelle in der Abbildung 4-1 gibt einige der vielen denkbaren Kombinationen von Cola und Pizza an, die der Konsument kaufen kann. Die erste Zeile der Tabelle zeigt, dass wenn der Konsument sein gesamtes Einkommen für Pizza ausgibt, er im Monat 100 Pizzen, jedoch keine einzige Dose Cola kaufen kann. Die zweite Zeile zeigt ein weiteres mögliches Konsumbündel: 90 Pizzen und 50 Dosen Cola usw. Jedes in der Tabelle aufgeführte Konsumbündel kostet genau 1.000 Euro. Dieser Geldbetrag (Einkommen), der dem Konsumenten zum Erwerb von Konsumgüterbündeln zur Verfügung steht, ist seine **Budgetbeschränkung**.

In Abbildung 4-1 stellt die **Budgetgerade** die Budgetbeschränkung grafisch dar. Die Budgetgerade zeigt, welche Güterbündel sich der Konsument bei gegebener Budgetbeschränkung leisten kann. Im Punkt A kauft der Konsument keine Cola, aber konsumiert 100 Pizzen. Im Punkt B kauft der Konsument keine Pizza, jedoch 500 Dosen Cola. Im Punkt C kauft der Konsument 50 Pizzen und 250 Dosen Cola. In diesem Punkt, der genau auf der Mitte der Linie liegt, wird die jeweils gleiche Summe (500 Euro) für Cola und Pizza ausgegeben. Punkt D liegt links von der Budgetgerade bzw. innerhalb der Budgetbeschränkung.

Innerhalb der Budgetbeschränkung kann sich der Konsument jede denkbare Kombination leisten. In diesem Beispiel zeigt Punkt D eine Kombination von 270 Dosen Cola und 15 Pizzen. Und würde der Konsument entscheiden, dieses Güterbündel zu kaufen, würde er nicht sein gesamtes Einkommen hierfür ausgeben, sondern nur 690 Euro. Im Standardmodell wird angenommen, dass der Konsument seinen Nutzen maximieren will und daher sein gesamtes Einkommen ausgeben würde. Punkt E liegt rechts von der Budgetgerade bzw. außerhalb der Budgetbeschränkung. Der Konsument kann sich keine der möglichen Kombinationen außerhalb der Budgetbeschrän-

---

Budgetbeschränkung
Derjenige Geldbetrag, der dem Konsumenten zum Erwerb von Konsumgüterbündeln zur Verfügung steht (Einkommen).

Budgetgerade
Die grafische Darstellung der Budgetbeschränkung des Konsumenten.

4.2 Budgetbeschränkung: Was der Konsument sich leisten kann

Abb. 4-1

Die Budgetbeschränkung des Konsumenten

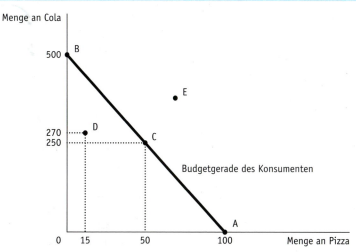

Die Budgetgerade stellt die Budgetbeschränkung des Konsumenten grafisch dar. Sie zeigt die verschiedenen Güterbündel, die ein Konsument mit seinem gegebenen Einkommen erwerben kann. In diesem Fall kauft der Konsument Bündel von Cola und Pizza. Die Tabelle zeigt, welche Kombinationen aus Cola und Pizza sich der Konsument bei einem Einkommen von 1.000 Euro leisten kann, wenn der Preis einer Dose Cola 2 Euro und der Preis einer Pizza 10 Euro beträgt.

Dosen Cola	Anzahl Pizzen	Ausgaben für Cola (€)	Ausgaben für Pizzen (€)	Gesamt-ausgaben (€)
0	100	0	1.000	1.000
50	90	100	900	1.000
100	80	200	800	1.000
150	70	300	700	1.000
200	60	400	600	1.000
250	50	500	500	1.000
300	40	600	400	1.000
350	30	700	300	1.000
400	20	800	200	1.000
450	10	900	100	1.000
500	0	1.000	0	1.000

kung leisten, da sein Einkommen hierfür nicht ausreicht. Natürlich sind dies nur vier der vielen möglichen Kombinationen von Cola und Pizza, die der Konsument bei seinem gegebenen Einkommen wählen kann. Alle Punkte auf der Linie von A nach B sowie links davon (innerhalb der Budgetbeschränkung) stellen mögliche Kombinationen dar. In diesem Fall zeigt es den Zielkonflikt zwischen Cola und Pizza, dem der Konsument gegenübersteht.

Nehmen wir beispielsweise an, der Konsument wäre an Punkt A, wo er 100 Pizzen und keine Cola konsumiert. Wenn er nun zur Pizza etwas trinken möchte, muss er auf eine gewisse Menge Pizza verzichten, um Cola kaufen zu können – er muss also den Nutzen des Cola-Konsums gegen den entgangenen Nutzen durch die Reduzierung des Pizzakonsums abwägen. Diesen Zielkonflikt können wir quantifizieren: Wenn sich der Konsument zu Punkt C bewegt, muss er auf den Nutzen von 50 Pizzen verzichten, um den Nutzen zu erlangen, den ihm 250 Dosen Cola verschaffen. Der Konsument muss eine Entscheidung treffen, nämlich ob der Nutzen der Cola den Verzicht auf 50 Pizzen wert ist.

Bei dieser Entscheidung muss der Konsument seine Opportunitätskosten betrachten. Die Opportunitätskosten bestehen in der Steigung der Budgetgerade, welche das Ausmaß wiedergibt, zu dem der Konsument das eine Gut gegen das andere tauschen kann. Erinnern Sie sich daran, dass sich die Steigung zwischen zwei Punkten als Veränderung der senkrechten Entfernung geteilt durch die Veränderung der waagerechten Entfernung (»rise over run«) ergibt. Von Punkt A zu Punkt B beträgt die senkrechte Entfernung 500 Dosen Cola, die waagerechte Entfernung 100 Pizzen. Die Steigung der Budgetgeraden ist negativ, was den Umstand widerspiegelt, dass der Verbraucher, will er eine zusätzliche Pizza konsumieren, seinen Cola-Konsum um 5 Dosen reduzieren muss. Genau genommen entspricht die Steigung der Budgetgeraden betragsmäßig dem relativen Preis zweier Güter, d. h. dem Preis des einen Gutes verglichen mit dem Preis des anderen Gutes. Eine Pizza kostet 5-mal so viel wie eine Dose Cola, also betragen die Opportunitätskosten einer Pizza 5 Dosen Cola. Die Steigung der Budgetgeraden von 5 spiegelt die abzuwägenden Alternativen wider, welche der Markt dem Konsumenten bietet: 1 Pizza für 5 Dosen Cola. Die Opportunitätskosten jeder weiteren Pizza betragen also 5 Dosen Cola.

Es ist nützlich, hier eine Faustregel (Heuristik) anzuwenden: Die Opportunitätskosten eines Gutes auf der waagerechten Achse (in unserem Beispiel der Pizza) sind betragsmäßig die Steigung der Budgetgeraden (in unserem Beispiel –5). Worin bestehen die Opportunitätskosten einer zusätzlichen Dose Cola in unserem Beispiel? Die Opportunitätskosten des Gutes auf der senkrechten Achse sind betragsmäßig der Kehrwert der Steigung der Budgetgeraden, in diesem Fall –1/5 oder –0,2. Um eine zusätzliche Dose Cola zu erhalten, muss der Konsument also auf 1/5 Pizza verzichten. Es ist nützlich, die Opportunitätskosten mithilfe der folgenden Formel zu errechnen, die wir in Kapitel 1 eingeführt haben:

$$\text{Opportunitätskosten von Cola} = \frac{\text{Verzicht auf Pizza}}{\text{Gewinn an Cola}}$$

Wenn er sich von Punkt A zu Punkt C bewegt, hätte der Konsument auf 50 Pizzen zu verzichten, um 250 Dosen Cola zu erhalten. Die Opportunitätskosten von zusätzlichen

Coladosen bestehen also in der Menge der Pizza, die er deshalb nicht konsumiert. Opportunitätskosten in Höhe von 0,2 bedeuten also, dass der Konsum einer zusätzlichen Dose Cola den Verzicht von 0,2 Einheiten Pizza verlangt. Beachten Sie, dass wir in dieser Analyse nicht auf Geldkosten abstellen; vielmehr werden hier die Kosten durch den Verzicht auf die nächstbeste Alternative (in diesem Beispiel die Pizza) ausgedrückt.

In einigen Beispielen für Budgetbeschränkungen, die Ihnen begegnen, mag die Errechnung der Opportunitätskosten wenig sinnvoll erscheinen. Wenn es beispielsweise um Cola und Dosensuppe gehen würde, könnten Sie den Verkäufer nicht bitten, die Dose in fünf Stücke zu teilen. Wichtig ist jedoch, dass die Steigung der Budgetgeraden betragsmäßig dem Preisverhältnis der betreffenden Güter, d.h. dem relativen Preis P_x/P_y entspricht, wobei P_y der Preis des Gutes auf der senkrechten Achse und P_x der Preis des Gutes auf der waagerechten Achse ist. In unserem Beispiel ist das Verhältnis der Preise 10/2, also 5.

> **Kurztest**
> Zeichnen Sie die Budgetgerade einer Person mit einem Einkommen von 5.000 Euro, wenn der Preis einer Einheit Lebensmittel 10 Euro beträgt und der Preis von Freizeitaktivitäten 15 Euro pro Stunde. Welche Steigung hat diese Budgetgerade? Was sind die Opportunitätskosten einer zusätzlichen Stunde an Freizeitaktivitäten ausgedrückt in Lebensmitteln?

Einkommensänderungen

Die Einkommen von Menschen ändern sich mit der Zeit. Manchmal steigt ihr Einkommen, manchmal fällt es aber auch, beispielsweise wenn sie arbeitslos werden. Wenn unser Modellkonsument eine Gehaltserhöhung bekommt und nun monatlich 1.500 Euro zur Verfügung hat, kann er sich mehr Pizza und Cola leisten, angenommen die Preise dieser beiden Güter verändern sich nicht. Die Auswirkung auf die Budgetbeschränkung zeigt sich in einer Verschiebung der Budgetgeraden nach rechts, wie in Abbildung 4-2 zu sehen ist. Wenn der Konsument nun sein gesamtes Einkommen für Cola ausgeben würde, so könnte er sich 750 Dosen pro Monat leisten, verglichen mit 500 Dosen, als sein monatliches Einkommen noch 1.000 Euro betrug. Wenn er hingegen mit seinem gesamten Einkommen Pizza kaufen würde, könnte er sich nun 150 Pizzen leisten – im Vergleich zu 100 Pizzen, als sein Einkommen noch 1.000 Euro betrug. Jeder Punkt entlang der neuen Budgetgeraden zeigt, dass der Konsument nun von beiden Gütern mehr kaufen kann. Wenn das Einkommen des Konsumenten nun beispielsweise durch Arbeitsplatzverlust fallen würde, würde sich die Budgetgerade nach links verschieben, was ausdrückt, dass der Konsument mit seinem Einkommen von beiden Gütern jetzt weniger erwerben kann.

Beachten Sie jedoch: Obwohl sich die Budgetgerade in Abbildung 4-2 nach rechts verschoben hat, ist die Steigung gleich geblieben. Das liegt daran, dass sich die Preise der beiden Güter nicht verändert haben. Was geschieht mit der Budgetgeraden, wenn sich ein Preis ändert oder sich beide Preise, von Cola und Pizza, ändern?

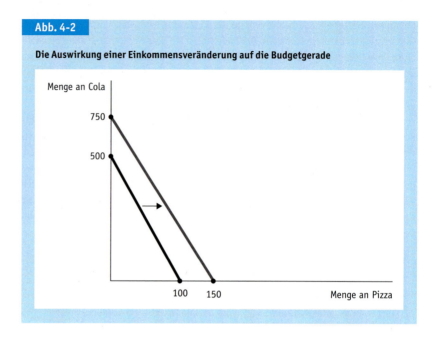

Abb. 4-2

Die Auswirkung einer Einkommensveränderung auf die Budgetgerade

Preisänderungen

Eine Preisänderung bei Cola. Nehmen Sie an, das Einkommen des Konsumenten beträgt 1.000 Euro pro Monat. Der Preis für eine Dose Cola beträgt 2 Euro und der für eine Pizza 10 Euro. Die Budgetgerade würde unter diesen Bedingungen genauso aussehen wie die in Abbildung 4-1. Nun nehmen Sie an, dass der Preis für Cola auf 5 Euro pro Dose ansteigt. Würde der Konsument sein gesamtes Einkommen für Cola ausgeben, könnte er nun nur noch 200 Dosen kaufen. Die Budgetgerade würde sich nach innen drehen, wie in Abbildung 4-3 zu sehen.

Nun hat sich die Steigung der Budgetgeraden verändert. Das Preisverhältnis von Cola und Pizza beträgt jetzt 5/10, also ist die Steigung der Budgetgeraden –2. Für jede zusätzliche Dose Cola, die der Konsument erwirbt, muss er eine halbe Pizza aufgeben. Für jede zusätzliche Pizza muss er auf 2 Dosen Cola verzichten. Beachten Sie, dass jetzt, da der Preis für Cola gestiegen ist, der Konsument weniger Cola aufgeben muss, um eine zusätzliche Pizza erwerben zu können. Wenn er jedoch von Pizza zu Cola wechselt, muss er eine größere Pizzamenge aufgeben, um eine zusätzliche Dose Cola zu erhalten. Würde der Preis für Cola fallen, während der für Pizza konstant bleibt, dreht sich die Budgetgerade nach außen, wie ebenfalls in Abbildung 4-3 zu sehen ist. Fällt der Preis für eine Dose Cola beispielsweise auf 1,60 Euro, könnte sich der Konsument bei Aufwendung seines gesamten Einkommens 625 Dosen Cola leisten.

Eine Preisänderung bei Pizza. Das Gegenteil passiert, wenn der Preis für Pizza sich ändert und der für Cola konstant bleibt. Nehmen wir an, dass der Preis pro Dose Cola

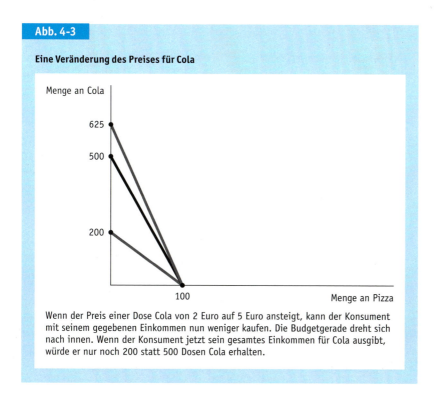

Abb. 4-3

Eine Veränderung des Preises für Cola

Wenn der Preis einer Dose Cola von 2 Euro auf 5 Euro ansteigt, kann der Konsument mit seinem gegebenen Einkommen nun weniger kaufen. Die Budgetgerade dreht sich nach innen. Wenn der Konsument jetzt sein gesamtes Einkommen für Cola ausgibt, würde er nur noch 200 statt 500 Dosen Cola erhalten.

weiterhin 2 Euro beträgt, aber der Preis für eine Pizza auf 12,50 Euro steigt. Wenn der Konsument sein gesamtes Einkommen von 1.000 Euro für Pizza ausgeben würde, erhielte er hierfür nun nur noch 80 Pizzen. Die Budgetgerade dreht sich nach innen und die Steigung ändert sich. Die Preisrelation beträgt nun 2/12,5 und die Steigung −6,25. Der Kehrwert der Steigung beträgt −0,16, d.h., für jede Dose Cola muss der Konsument nun auf 0,16 Pizzen verzichten und für jede Pizza auf 6,25 Dosen Cola. Wenn der Pizzapreis auf 8 Euro fiele, könnte der Konsument mit dem gegebenen Einkommen mehr Pizzen erwerben (125), die Budgetgerade würde sich folglich nach außen drehen, wie in Abbildung 4-4 zu sehen.

Eine Preisänderung bei beiden Gütern. Wenn sich die Preise beider Güter ändern, hängt der neue Verlauf der Budgetgeraden von der relativen Preisänderung der beiden Güter ab. Die Steigung ist weiterhin das Verhältnis von Cola-Preis zu Pizzapreis. Abbildung 4-5 zeigt einen Preisanstieg bei Cola von 2 auf 4 Euro und einen Preisrückgang bei Pizza von 10 auf 8 Euro. Wenn der Konsument sein gesamtes monatliches Einkommen von 1.000 Euro für den Erwerb von Cola aufwenden würde, erhielte er nun 250 Dosen Cola, bei Verwendung des gesamten Einkommens für Pizza könnte er im Monat 125 Pizzen kaufen. Das Preisverhältnis von Cola und Pizza ist 4/8, die Steigung der Budgetgerade ist folglich −2.

4.2 Hintergründe zur Nachfrage: Die klassische Theorie der Konsumentscheidung
Budgetbeschränkung: Was der Konsument sich leisten kann

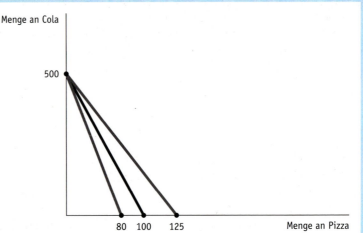

Abb. 4-4

Eine Veränderung des Preises für Pizza

Eine Veränderung des Pizzapreises würde (ceteris paribus) dazu führen, dass die Budgetgerade sich dreht. Wenn der Preis für Pizza fällt, dreht sie sich nach außen, steigt er, dreht sie sich nach innen.

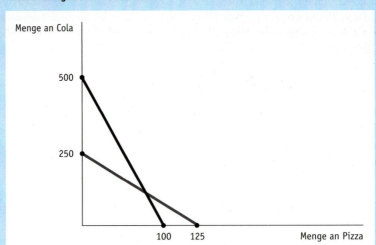

Abb. 4-5

Preisänderungen bei Cola und Pizza

Die Auswirkung von Preisänderungen bei beiden Gütern auf die Budgetgerade hängt von der relativen Preisänderung beider Güter ab. In diesem Beispiel ist der Preis für Cola gestiegen und der Pizzapreis gefallen, wodurch sich der Verlauf der Budgetgerade geändert hat. Die Steigung ist nun −2.

4.3 Präferenzen: Was der Konsument will

Die Budgetgerade zeigt, welche Güterkombinationen der Konsument sich bei gegebenem Einkommen und gegebenen Güterpreisen leisten kann. Die Konsumentscheidungen hängen von seinen Präferenzen ab. Wir werden unsere Analyse fortführen, indem wir weiterhin Cola und Pizza als seine **Auswahlmenge** voraussetzen – die Menge der Alternativen also, die dem Konsumenten zur Verfügung stehen.

Auswahlmenge
Die Menge der Handlungsalternativen, die dem Konsumenten zur Verfügung stehen.

Die Darstellung von Präferenzen mithilfe von Indifferenzkurven

Die Präferenzen des Konsumenten erlauben es ihm, zwischen verschiedenen Güterbündeln von Cola und Pizza zu wählen. Das mikroökonomische Standardmodell geht davon aus, dass Konsumenten rational handeln und dass sie bei zwei möglichen Güterbündeln das wählen, das ihren Präferenzen am nächsten kommt. Erinnern Sie sich daran, dass wir den Grad der Bedürfnisbefriedigung im Sinne von gestiftetem Nutzen messen. Somit können wir die Präferenzen der Konsumenten in Relation zum Nutzen messen, den ihm verschiedene Güterbündel bieten. Wenn ein Konsument ein Güterbündel dem anderen vorzieht, dann – so die Annahme des Standardmodells – bietet ihm das gewählte Güterbündel mehr Nutzen als das andere. Wenn zwei Güterbündel den gleichen Nutzen stiften, so ist der Konsument, was die Wahl betrifft, *indifferent* oder gleichgültig. Wir können seine Präferenzen dann als Indifferenzkurven darstellen. Eine **Indifferenzkurve** zeigt alle diejenigen Güterbündel des Konsums, die den gleichen Nutzen stiften, d. h. den Konsumenten gleichermaßen zufriedenstellen. Sie können sich eine Indifferenzkurve also als eine »Nutzengleichheitskurve« vorstellen.

Als Beispiel nutzen wir Indifferenzkurven, welche Kombinationen von Cola und Pizza zeigen, mit denen der Konsument gleichermaßen zufrieden ist. Für das Modell der Präferenzen, das wir näher betrachten, gelten bestimmte Annahmen, die auf zwei Axiomen basieren.

Indifferenzkurve
Eine Kurve, die all jene Güterbündel angibt, die dem Konsumenten den gleichen Grad an Bedürfnisbefriedigung stiften.

Das Vollständigkeitsaxiom. Gegeben zwei Güterbündel A und B, welche die Wahlmöglichkeiten darstellen, ist ein Konsument in der Lage, diese Bündel so zu vergleichen, dass er entweder Bündel A dem Bündel B vorzieht oder Bündel B dem Bündel A oder dass er zwischen A und B indifferent ist.

Das Transitivitätsaxiom. Gegeben drei Güterbündel A, B und C gilt, dass wenn der Konsument A gegenüber B präferiert und B gegenüber C, dass er dann auch A gegenüber C präferiert. Gleichermaßen gilt, dass, wenn der Konsument indifferent zwischen A und B ist sowie zwischen B und C, er auch indifferent zwischen A und C sein muss.

Die grafische Darstellung von Indifferenzkurven

Wir können Indifferenzkurven grafisch darstellen, wobei die Menge an Cola auf der senkrechten Achse und die Menge an Pizzen auf der waagerechten Achse abgetragen wird. Dieses Diagramm wird manchmal als Indifferenzkarte bezeichnet, die eine unendliche Anzahl von Indifferenzkurven beinhaltet. Abbildung 4-6 zeigt zwei der vielen verschiedenen Indifferenzkurven des Konsumenten. Die Punkte A, B und C auf der Indifferenzkurve I_1 in Abbildung 4-6 repräsentieren verschiedene Kombinationen von Cola und Pizza. Der Konsument ist zwischen diesen Kombinationen indifferent. Nichtsdestotrotz liegt Indifferenzkurve I_2 weiter rechts als Indifferenzkurve I_1 und der Annahme folgend, dass Konsumenten höhere Mengen eines Gutes niedrigeren Mengen vorziehen, würde der Konsument die höchst mögliche Indifferenzkurve bevorzugen. Jeder Punkt auf I_2 wird daher jedem Punkt auf I_1 vorgezogen. Da der Konsument Punkte auf höheren Indifferenzkurven bevorzugt, bieten Güterbündel auf höheren Indifferenzkurven einen höheren Nutzen.

Wir können Indifferenzkurven dazu verwenden, zwei beliebige Güterbündel in eine Rangordnung zu setzen. Die hier dargestellten Indifferenzkurven sagen uns bei-

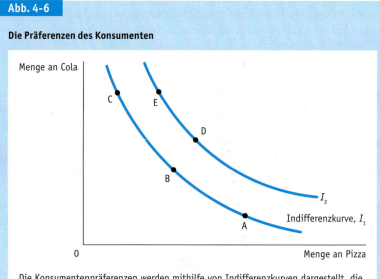

Abb. 4-6

Die Präferenzen des Konsumenten

Die Konsumentenpräferenzen werden mithilfe von Indifferenzkurven dargestellt, die solche Kombinationen von Cola und Pizza darstellen, die dem Konsumenten den gleichen Nutzen stiften. Gemäß der Annahme, dass der Konsument höhere Mengen eines jeden Gutes vorzieht, werden Punkte auf einer höher liegenden Indifferenzkurve (hier I_2) gegenüber Punkten auf einer niedriger liegenden Indifferenzkurve (I_1) präferiert. Ein Punkt auf einer Indifferenzkurve, so wie B auf Indifferenzkurve I_1, stellt ein Güterbündel oder eine Güterkombination dar, in diesem Fall Cola und Pizza. Der Konsument ist indifferent oder gleichgültig bezüglich jedes Punktes entlang der Indifferenzkurve, so wie A, B oder C entlang der Indifferenzkurve I_1. Die Punkte D und E auf der Indifferenzkurve I_2 repräsentieren ebenfalls Kombinationen von Gütern, zwischen denen der Konsument indifferent ist, doch wird jeder Punkt auf der Indifferenzkurve I_2 jedem Punkt auf der Indifferenzkurve I_1 vorgezogen.

spielsweise, dass der Punkt D gegenüber Punkt B bevorzugt wird, da Punkt D auf einer höheren Indifferenzkurve liegt als Punkt B. Diese Schlussfolgerung liegt nahe, da Punkt D dem Konsumenten von beiden Gütern – von Cola und von Pizza – mehr bietet als Punkt B. Die Indifferenzkurven zeigen uns außerdem, dass Punkt D, da er auf einer höheren Indifferenzkurve liegt, auch Punkt A vorgezogen wird. Obwohl Punkt D weniger Pizza bietet als Punkt A, enthält der Punkt D mehr als genug zusätzliche Cola, um den Konsumenten dieses Güterbündel bevorzugen zu lassen. Indem wir prüfen, welcher Punkt auf einer höheren Indifferenzkurve liegt, können wir die Schar von Indifferenzkurven dazu nutzen, alle denkbaren Cola-Pizza-Kombinationen in eine Rangordnung zu bringen.

Vier Eigenschaften von Indifferenzkurven

Da Indifferenzkurven die Präferenzen eines Konsumenten darstellen, weisen sie bestimmte Eigenschaften auf, die diese Präferenzen widerspiegeln.

- *Eigenschaft 1: Höher liegende Indifferenzkurven (weiter rechts oben liegende) werden gegenüber niedriger liegenden bevorzugt.* Das resultiert aus unserer Annahme, dass Konsumenten größere Mengen eines Gutes geringeren Mengen vorziehen. Höhere Indifferenzkurven repräsentieren somit größere Gütermengen, während niedrigere Indifferenzkurven geringere Gütermengen repräsentieren. Daher zieht der Konsument es vor, sich auf höher liegenden Indifferenzkurven zu bewegen.
- *Eigenschaft 2: Indifferenzkurven weisen eine negative Steigung auf.* Die Steigung einer Indifferenzkurve gibt das Verhältnis an, zu dem ein Konsument bereit ist, das eine Gut gegen das andere zu tauschen. In den meisten Fällen wollen Verbraucher beide zur Wahl stehenden Güter konsumieren. Wenn sich die Menge des einen Gutes verringert, muss sich folglich die Menge des anderen Guts vergrößern, um den Konsumenten gleichermaßen zufriedenzustellen. Daher ist die Steigung der meisten Indifferenzkurven negativ.
- *Eigenschaft 3: Indifferenzkurven schneiden sich nicht.* Um zu zeigen, dass diese Behauptung stimmt, nehmen wir an, zwei Indifferenzkurven würden sich schneiden, wie in Abbildung 4-7 dargestellt. Da Punkt A auf derselben Indifferenzkurve liegt wie Punkt B, würden diese beiden Punkte den Konsumenten gleichermaßen zufriedenstellen. Da Punkt B zudem auf derselben Indifferenzkurve liegt wie Punkt C, würden diese beiden Punkte den Konsumenten ebenfalls gleichermaßen zufrieden stimmen. Aber diese Überlegungen würden zu dem Ergebnis führen, dass auch die Punkte A und C den Verbraucher gleichermaßen zufriedenstellen müssten, obwohl in Punkt C größere Mengen von beiden Gütern konsumiert werden können. Das aber wäre ein Widerspruch zum Transitivitätsaxiom, und folglich können sich Indifferenzkurven nicht schneiden.
- *Eigenschaft 4: Indifferenzkurven verlaufen konvex (nach innen gekrümmt).* Die Steigung einer Indifferenzkurve entspricht der Grenzrate der Substitution, welche wir später noch detailliert behandeln werden. Die Grenzrate der Substitution hängt in der Regel von der Menge eines jeden Gutes ab, die der Konsument zum gegenwärtigen Zeitpunkt konsumiert. Da die Menschen eher bereit sind, von demjenigen Gut

4.3 Hintergründe zur Nachfrage: Die klassische Theorie der Konsumentscheidung
Präferenzen: Was der Konsument will

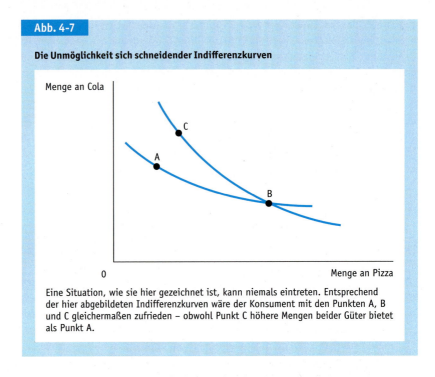

Abb. 4-7

Die Unmöglichkeit sich schneidender Indifferenzkurven

Eine Situation, wie sie hier gezeichnet ist, kann niemals eintreten. Entsprechend der hier abgebildeten Indifferenzkurven wäre der Konsument mit den Punkten A, B und C gleichermaßen zufrieden – obwohl Punkt C höhere Mengen beider Güter bietet als Punkt A.

etwas herzugeben bzw. zu tauschen, das sie im Überfluss haben, und nur in geringerem Ausmaß gewillt sind, von demjenigen Gut, von dem sie sowieso schon wenig haben, etwas herzugeben, sind die Indifferenzkurven nach innen gekrümmt (verlaufen also konvex). Betrachten Sie dazu Abbildung 4-8. Im Punkt A stehen dem Konsumenten viele Dosen Cola, aber wenige Pizzen zur Verfügung; er ist daher sehr hungrig, aber nicht sehr durstig.

Um den Verbraucher dazu zu bringen, eine Pizza aufzugeben, muss man ihm sechs Dosen Cola anbieten: Die Grenzrate der Substitution beträgt also sechs Dosen Cola pro Pizza. Hingegen stehen dem Konsumenten in Punkt B nur eine geringere Anzahl an Dosen Cola, jedoch viele Pizzen zur Verfügung; er ist daher sehr durstig, aber nicht sehr hungrig. In diesem Punkt wäre er bereit, auf eine Pizza zu verzichten, um dafür im Gegenzug eine Dose Cola zu erhalten: Die Grenzrate der Substitution beträgt also eine Dose Cola pro Pizza. Folglich zeigt der nach innen gekrümmte Verlauf der Indifferenzkurve die größere Bereitschaft eines Konsumenten, auf Einheiten eines Gutes zu verzichten, von dem er bereits eine große Menge besitzt.

Gesamtnutzen und Grenznutzen

Denken Sie an unsere Annahme, dass Konsumenten größere Mengen eines Gutes geringeren Mengen vorziehen. Dies bedeutet nicht, dass wenn ein Konsument mehr und mehr Pizza isst und mehr und mehr Cola trinkt, der Nutzen jeder zusätzlichen

4.3 Präferenzen: Was der Konsument will

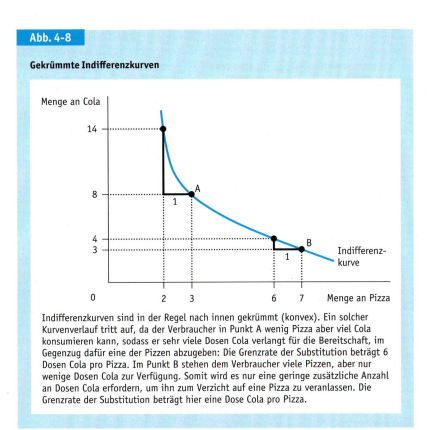

Abb. 4-8

Gekrümmte Indifferenzkurven

Indifferenzkurven sind in der Regel nach innen gekrümmt (konvex). Ein solcher Kurvenverlauf tritt auf, da der Verbraucher in Punkt A wenig Pizza aber viel Cola konsumieren kann, sodass er sehr viele Dosen Cola verlangt für die Bereitschaft, im Gegenzug dafür eine der Pizzen abzugeben: Die Grenzrate der Substitution beträgt 6 Dosen Cola pro Pizza. Im Punkt B stehen dem Verbraucher viele Pizzen, aber nur wenige Dosen Cola zur Verfügung. Somit wird es nur eine geringe zusätzliche Anzahl an Dosen Cola erfordern, um ihn zum Verzicht auf eine Pizza zu veranlassen. Die Grenzrate der Substitution beträgt hier eine Dose Cola pro Pizza.

konsumierten Gütereinheit immer gleich bleibt. Stattdessen muss zwischen Gesamtnutzen und Grenznutzen unterschieden werden. **Gesamtnutzen** ist die Bedürfnisbefriedigung, die Verbraucher durch den Konsum eines Gutes erlangen. Der **Grenznutzen** des Konsums ist hingegen der Nutzenzuwachs, den der Konsument mit jeder zusätzlichen konsumierten Einheit dieses Gutes erlangt.

Stellen Sie sich vor, dass sie hart gearbeitet haben und nun sehr hungrig sind. Sie gehen in die Mensa und kaufen sich eine Pizza. Das erste Stück essen Sie sehr schnell, weil Sie so hungrig sind. Wenn Sie den Nutzen dieses ersten Stückes auf einer Skala zwischen 0 und 10 einordnen müssten, würden Sie es wahrscheinlich mit 10 bewerten. Das zweite Stück bewerten Sie schon nicht mehr ganz so hoch, nehmen wir an, Sie geben ihm 9 von 10 Punkten. Der Gesamtnutzen der beiden Stücke Pizza beträgt 19, aber der Grenznutzen für das erste Stück Pizza beträgt 10, für das zweite nur noch 9. Nun konsumieren Sie das dritte Stück Pizza. Mittlerweile ist Ihr erster Hunger gestillt und so bewerten Sie das dritte Stück nur noch mit einer 7. Der Gesamtnutzen steigt damit auf 26, aber der Grenznutzen dieses dritten Stücks Pizza ist 7. Während Sie den Rest der Pizza essen, kommen Sie zu dem Schluss, dass Ihnen das letzte Stück nicht mehr wirklich schmeckt. Vielleicht entschließen Sie sich sogar, es übrig zu lassen, da Sie jetzt satt sind. Wenn Ihnen nun jemand anbieten würde, Ihnen eine zweite Pizza

Gesamtnutzen
Die Bedürfnisbefriedigung, die durch den Konsum eines Gutes erlangt wird.

Grenznutzen
Der zusätzliche Nutzen, den der Konsum einer zusätzlichen Einheit eines Gutes stiftet.

4.3 Hintergründe zur Nachfrage: Die klassische Theorie der Konsumentscheidung
Präferenzen: Was der Konsument will

Abnehmender Grenznutzen
Tendenz, dass die zusätzliche Bedürfnisbefriedigung durch den Konsum eines Gutes mit jeder weiteren konsumierten Gütereinheit immer geringer wird.

zu kaufen, würden Sie wahrscheinlich dankend ablehnen – durch jedes weitere Stück würde Ihnen sicher schlecht werden. Wenn dem so ist, hätte jedes extra Stück Pizza für Sie einen negativen Nutzen. Die Tendenz, dass der Gesamtnutzen des Konsums mit jeder konsumierten Einheit steigt, jedoch mit einer immer kleineren Rate, wird abnehmender Grenznutzen genannt. **Abnehmender Grenznutzen** bezieht sich also darauf, dass die zusätzliche Bedürfnisbefriedigung durch den Konsum eines Gutes mit jeder weiteren konsumierten Gütereinheit tendenziell fällt.

Es wird angenommen, dass die meisten Güter abnehmenden Grenznutzen aufweisen. Je mehr der Konsument von diesem Gut bereits besitzt oder konsumiert hat, desto niedriger ist der Grenznutzen, den ihm jede weitere Einheit dieses Gutes bietet.

Die Grenzrate der Substitution

Abbildung 4-9 zeigt eine Indifferenzkurve mit drei Konsumkombinationen von Cola und Pizza, die durch die Punkte A, B und C repräsentiert werden. Wir wissen, dass der Konsument bezüglich dieser drei Kombinationen indifferent ist. Nehmen wir an, der Konsument beginnt mit der Kombination von Cola und Pizza, die durch Punkt C dargestellt wird. Soll sein Pizzakonsum gesenkt werden, zum Beispiel von Punkt C auf Punkt B, so müsste sein Cola-Konsum entsprechend steigen, um ihn gleichermaßen zufriedenzustellen. Soll der Pizzakonsum noch weiter reduziert werden, von Punkt B zu Punkt A, so müsste der Cola-Konsum noch mehr steigen.

Beim Übergang von Punkt C zu Punkt B ist der Konsument gewillt, 10 Pizzen abzugeben, um seinen Cola-Konsum von 5 Dosen auf 12 Dosen zu erhöhen. Wir wissen

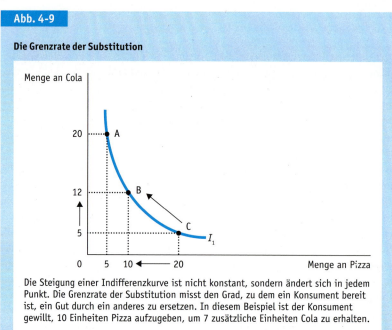

Abb. 4-9

Die Grenzrate der Substitution

Die Steigung einer Indifferenzkurve ist nicht konstant, sondern ändert sich in jedem Punkt. Die Grenzrate der Substitution misst den Grad, zu dem ein Konsument bereit ist, ein Gut durch ein anderes zu ersetzen. In diesem Beispiel ist der Konsument gewillt, 10 Einheiten Pizza aufzugeben, um 7 zusätzliche Einheiten Cola zu erhalten.

jedoch auch, dass mit dem steigenden Cola-Konsum der Grenznutzen dieses Konsums abnimmt. In unserem Beispiel beginnt der Konsument mit einer relativ großen Menge Pizza und einer relativ kleinen Menge Cola. Wie wir bereits gesehen haben, ist es logisch anzunehmen, dass der Konsument gewillt sein wird, relativ große Mengen Pizza aufzugeben, um zusätzliche Einheiten Cola konsumieren zu können. Etwas anderes ist jedoch bei der Bewegung von Punkt B zu Punkt A der Fall. Die Situation stellt nahezu das Gegenteil der Ausgangssituation dar: Um zusätzliche Dosen Cola zu erhalten, ist der Konsument weniger Pizzen aufzugeben bereit.

Der Grad, zu dem ein Konsument gewillt ist, ein Gut durch das andere zu ersetzen, wird Grenzrate der Substitution genannt. Die Steigung in jedem Punkt einer Indifferenzkurve entspricht dem Grad, zu dem der Konsument bereit ist, das eine Gut durch das andere zu ersetzen. Die **Grenzrate der Substitution** (MRS – marginal rate of substitution) zwischen zwei Gütern hängt von deren Grenznutzen ab. In unserem Beispiel misst die Grenzrate der Substitution, wie viele Einheiten Cola der Konsument benötigt, um für den Verzicht auf eine Einheit Pizza entschädigt zu werden. Wenn beispielsweise der Grenznutzen der Cola doppelt so hoch ist wie der Grenznutzen der Pizza, würde eine Person zwei Einheiten Pizza benötigen, um für den Verlust einer Einheit Cola entschädigt zu werden. Die Grenzrate der Substitution beträgt in diesem Fall –2. Genereller formuliert entspricht die Grenzrate der Substitution (und folglich der negative Wert der Steigung der Indifferenzkurve) dem Grenznutzen des einen Gutes dividiert durch den Grenznutzen des anderen Gutes, MU_x/MU_y.

Grenzrate der Substitution
Das Verhältnis, zu welchem ein Konsument bereit ist, ein Gut durch das andere zu ersetzen.

Beachten Sie, dass Indifferenzkurven keinen geraden Verlauf haben und daher die Grenzrate der Substitution nicht an jedem Punkt einer Indifferenzkurve gleich ist.

Zwei extreme Beispiele von Indifferenzkurven

Der Verlauf einer Indifferenzkurve gibt uns Auskunft über die Bereitschaft eines Konsumenten, ein Gut gegen das andere zu tauschen. Wenn die betreffenden Güter gegenseitig leicht zu ersetzen sind, so sind die Indifferenzkurven weniger gekrümmt. Fällt die Substitution der Güter schwer, so weisen die Indifferenzkurven dagegen eine starke Krümmung auf. Zur Verdeutlichung dieser Behauptungen werden wir die Extremfälle betrachten.

Vollkommene Substitute. Nehmen wir an, jemand biete ihnen Rollen bestehend aus 1-Euro-Stücken und aus 2-Euro-Stücken an. Wie würden Sie die unterschiedlichen Rollen in eine Rangordnung bringen?

Höchstwahrscheinlich wäre Ihnen allein der gesamte (Geld-)Wert der entsprechenden Rollen wichtig. Wenn dies so ist, so würden Sie den Wert nach der Anzahl der 1-Euro-Stücke sowie der mit 2 multiplizierten Anzahl der 2-Euro-Stücke beurteilen. Anders ausgedrückt wären Sie stets bereit, ein 2-Euro-Stück gegen zwei 1-Euro-Stücke zu tauschen, unabhängig davon, wie viele 1-Euro- und 2-Euro-Stücke die Rollen enthalten. Ihre Grenzrate der Substitution zwischen 1-Euro- und 2-Euro-Stücken wäre eine feste Zahl, hier 2.

4.3 Hintergründe zur Nachfrage: Die klassische Theorie der Konsumentscheidung
Präferenzen: Was der Konsument will

Vollkommene Substitute
Zwei Güter, deren Indifferenzkurven linear verlaufen.

Ihre Präferenzen bezüglich 1-Euro- und 2-Euro-Stücken lassen sich mit den in Diagramm (a) der Abbildung 4-10 dargestellten Indifferenzkurven veranschaulichen. Da die Grenzrate der Substitution konstant ist, sind die Indifferenzkurven Geraden. In diesem extremen Fall linear verlaufender Indifferenzkurven sprechen wir davon, dass die zwei betrachteten Güter **vollkommene Substitute** sind.

Vollkommene Komplemente. Nehmen Sie nun an, jemand bietet Ihnen ein Bündel Schuhe an. Einige der Schuhe passen an Ihren linken Fuß, andere an Ihren rechten Fuß. Wie würden Sie diese verschiedenen Bündel in eine Rangordnung bringen?

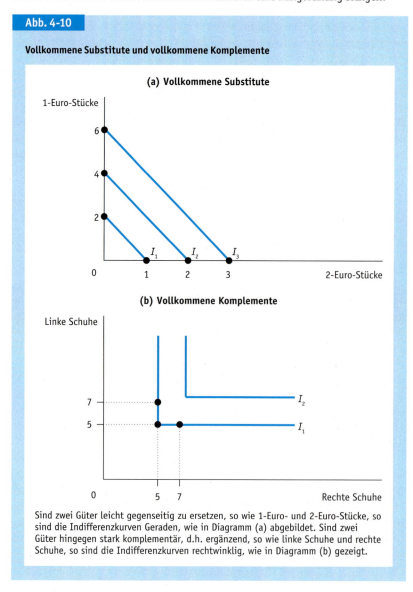

Abb. 4-10

Vollkommene Substitute und vollkommene Komplemente

Sind zwei Güter leicht gegenseitig zu ersetzen, so wie 1-Euro- und 2-Euro-Stücke, so sind die Indifferenzkurven Geraden, wie in Diagramm (a) abgebildet. Sind zwei Güter hingegen stark komplementär, d.h. ergänzend, so wie linke Schuhe und rechte Schuhe, so sind die Indifferenzkurven rechtwinklig, wie in Diagramm (b) gezeigt.

In diesem Fall wird Ihnen wahrscheinlich nur die paarweise Anzahl an Schuhen wichtig sein. Anders ausgedrückt würden Sie wohl ein Bündel an Schuhen nach der Anzahl an zusammenpassenden Paaren bewerten. Ein Bündel, bestehend aus fünf linken Schuhen und sieben rechten Schuhen, ergibt nur fünf Paare. Ein zusätzlicher rechter Schuh hat keinen Wert, wenn kein dazu passender linker Schuh übrig ist.

Ihre Präferenzen bezüglich linker und rechter Schuhe lassen sich mit den in Diagramm (b) der Abbildung 4-10 dargestellten Indifferenzkurven veranschaulichen. In diesem Fall ist ein Bündel mit fünf linken und fünf rechten Schuhen ebenso gut wie ein Bündel mit fünf linken Schuhen und sieben rechten Schuhen. Und es ist ebenso gut wie ein Bündel mit sieben linken Schuhen und fünf rechten Schuhen. Daher sind die Indifferenzkurven Winkelzüge. In diesem extremen Fall rechtwinkliger Indifferenzkurven sprechen wir davon, dass die zwei betrachteten Güter **vollkommene Komplemente** sind.

Selbstverständlich sind im realen Leben die meisten Güter weder vollkommene Substitute (wie 1-Euro-Stücke und 2-Euro-Stücke) noch vollkommene Komplemente (wie linke Schuhe und rechte Schuhe). Typischerweise werden daher die Indifferenzkurven nach innen gekrümmt verlaufen, jedoch nicht so stark gekrümmt, dass diese zu rechten Winkelzügen werden.

Vollkommene Komplemente
Zwei Güter, deren Indifferenzkurven rechtwinklig verlaufen.

> **Kurztest**
> Warum ist die Menge eines Gutes, welche eine Person zu einem bestimmten Zeitpunkt konsumiert, ein wichtiger Faktor bei der Bestimmung der Grenzrate der Substitution? Was geschieht mit dem Gesamtnutzen und dem Grenznutzen zweier Güter x und y, wenn der Konsument eine große Menge von Gut x besitzt, aber fast nichts von Gut y und sich daraufhin entschließt, mehr von Gut x zu konsumieren?

4.4 Optimierung: Was der Konsument wählt

Eine der Annahmen des mikroökonomischen Standardmodells ist es, dass der Konsument danach strebt, den Nutzen im Rahmen eines beschränkten Einkommens zu maximieren – ein Beispiel für ein Optimierungsproblem unter einer Nebenbedingung. Wie kann dieses Optimierungsproblem gelöst werden?

Die optimale Konsumentscheidung

In unserem »Cola und Pizza«-Beispiel würde der Konsument die bestmögliche Kombination aus Cola und Pizza realisieren wollen, d. h. diejenige Kombination, die auf der höchstmöglichen Indifferenzkurve liegt. Doch wird der Konsument dabei durch die verfügbaren Ressourcen – sein Einkommen – beschränkt, wie es durch die Budgetgerade gezeigt wird.

4.4 Hintergründe zur Nachfrage: Die klassische Theorie der Konsumentscheidung
Optimierung: Was der Konsument wählt

Abbildung 4-11 zeigt die Budgetgerade des Konsumenten und vier seiner vielen Indifferenzkurven. Die höchstmögliche erreichbare Indifferenzkurve (I_2 in der Abbildung) ist diejenige, die eben noch die Budgetgerade berührt. Der Punkt, in dem die Budgetgerade und die Indifferenzkurve einander tangieren, wird *Optimum* oder *Haushaltsoptimum* genannt. Der Konsument würde zwar den Punkt A vorziehen, diesen kann er jedoch nicht erreichen, da er außerhalb seiner Budgetgeraden liegt und somit für ihn nicht erschwinglich ist. Der Verbraucher kann sich den Punkt B leisten, aber dieser Punkt liegt auf einer niedrigeren Indifferenzkurve und bietet ihm daher weniger Bedürfnisbefriedigung. Auf der Basis der Modellannahmen gibt es ein alternatives Güterbündel, das der Konsument bei gegebenem Einkommen vorzieht.

Die Kombination aus Cola und Pizza in Punkt C ist erschwinglich, da sie sich auf der Budgetgeraden befindet. Jedoch ist der Konsument nicht im Gleichgewicht, denn es besteht ein Anreiz für ihn, seine Konsumentscheidung zu ändern, um eine höhere Indifferenzkure zu erreichen – was bedeutet, dass er seine Kaufentscheidungen ändern und so mit seinem beschränkten Einkommen einen größeren Nutzen generieren kann. Er hat einen Anreiz, den Konsum von Pizza einzuschränken und den Cola-Konsum zu steigern und somit das Konsumbündel in Punkt D auf der Indifferenzkurve I_2 zu realisieren. Indem er dies tut, stiftet jeder zusätzliche Cent, den der Konsument

Abb. 4-11

Das Haushaltsoptimum (der optimale Verbrauchsplan)

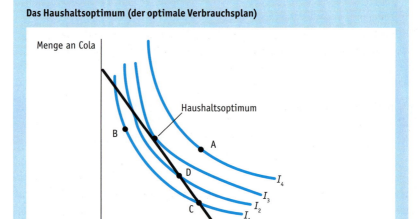

Der Konsument wählt denjenigen Punkt auf seiner Budgetgeraden, der auf der höchsten Indifferenzkurve liegt. In diesem Punkt, (Haushalts-)Optimum genannt, entspricht die Grenzrate der Substitution genau dem relativen Preis der beiden Güter. Hier ist I_1 die höchstmögliche Indifferenzkurve, die der Konsument erreichen kann. Der Verbraucher würde den Punkt A, der auf der Indifferenzkurve I_4 liegt, vorziehen, kann sich jedoch dieses Güterbündel aus Cola und Pizza nicht leisten. Im Gegensatz dazu kann er sich den Punkt B leisten. Da dieser jedoch auf einer niedrigeren Indifferenzkurve liegt, wird er ihn nicht wählen

für Cola ausgibt, einen Nutzen, der höher ist als der Grenznutzen für jedes zusätzliche Stück Pizza. Das ist vollkommen logisch. Wenn Sie durch einen Cent, den sie zusätzlich für Cola ausgeben, zusätzliche 7 Punkte auf Ihrer Nutzenskala erreichen könnten, verglichen mit 5 zusätzlichen Punkten, wenn Sie denselben Cent für Pizza ausgeben, ist es sinnvoller, Cola zu kaufen.

Nichtsdestotrotz ist dies noch nicht das Optimum. Der Konsument kann seine Ausgaben weiter umschichten und dabei immer höhere Indifferenzkurven erreichen (denken Sie daran, dass es von ihnen unendlich viele gibt), bis der Grenznutzen des letzten Cents, der für Cola ausgegeben wird, dem Grenznutzen des letzten Cents entspricht, der für Pizza ausgegeben wird. Das Optimum stellt somit die bestmögliche Kombination von Cola und Pizza dar, die der Konsument erreichen kann.

Im Punkt des Haushaltsgleichgewichts, dem Haushaltsoptimum, entspricht die Steigung der Indifferenzkurve der Steigung der Budgetgeraden. Wir sprechen davon, dass die Indifferenzkurve die Budgetgerade *tangiert*. Die Steigung der Indifferenzkurve entspricht der Grenzrate der Substitution zwischen Cola und Pizza, und die Steigung der Budgetgeraden gibt den relativen Preis von Cola und Pizza an. Der Konsument wählt also die Konsummengen der beiden Güter so, dass die Grenzrate der Substitution dem relativen Preis, d. h. dem Preisverhältnis der beiden Güter entspricht.

Im Haushaltsoptimum entspricht die Grenzrate der Substitution also dem Preisverhältnis der beiden Güter x und y, das bedeutet dass

$$\text{MRS} = \frac{P_x}{P_y}$$

Da die Grenzrate der Substitution dem Verhältnis der Grenznutzen (*marginal utility*) beider Güter entspricht, können wir die Gleichung auch wie folgt ausdrücken

$$\frac{MU_x}{MU_y} = \frac{P_x}{P_y}$$

Wir stellen um und erhalten

$$\frac{MU_x}{P_x} = \frac{MU_y}{P_y}$$

Im Optimum entspricht der Grenznutzen eines jeden Euro, der für Gut x ausgegeben wurde, dem Grenznutzen eines jeden Euro, der für Gut y ausgegeben wurde. An jedem anderen Punkt befindet sich der Konsument nicht im Gleichgewicht. Wie bereits angesprochen, liegt dieser Umstand darin begründet, dass der Konsument seinen Nutzen dadurch erhöhen kann, dass er sein Kaufverhalten ändert, indem er weniger für das Gut ausgibt, das ihm einen geringeren Grenznutzen pro Euro bietet, und stattdessen mehr für das Gut ausgibt, das ihm einen höheren Grenznutzen pro Euro bietet.

Im Haushaltsoptimum entspricht die Bewertung der beiden Güter durch den Konsumenten (gemessen durch die Grenzrate der Substitution) genau der Bewertung durch den Markt (gemessen durch den relativen Preis). Als ein Ergebnis des Optimierungsverhaltens des Konsumenten lässt sich ableiten, dass die Marktpreise verschiedener Güter den jeweiligen Wert wiedergeben, den die Konsumenten diesen Gütern beimessen.

Wie Einkommensänderungen die Entscheidung des Konsumenten beeinflussen

Wenn das Einkommen eines Konsumenten steigt, führt dies zu einer parallelen Verschiebung der Budgetgeraden. Die Steigung bleibt dabei gleich, da sich der relative Preis der beiden Güter nicht verändert hat. Die Einkommensänderung bedeutet, dass sich der Konsument mehr leisten kann und er somit einen Anreiz hat, seine Ausgaben neu zu verteilen, um seinen Nutzen zu maximieren und eine bessere Güterkombination, zum Beispiel von Cola und Pizza, zu realisieren. Mit anderen Worten kann der Konsument nun eine höhere Indifferenzkurve erreichen, wie in Abbildung 4-12 zu sehen ist. Der Konsument verteilt sein Einkommen um, bis er ein neues Optimum erreicht.

Beachten Sie, dass in Abbildung 4-12 der Konsument im neuen Optimum mehr von beiden Gütern wählt. Obwohl nach der Logik des Modells aus einer Einkommenserhö-

Fallstudie

Weihnachten und der rationale Konsument

Es ist jedes Jahr dasselbe: Wenn Weihnachten vor der Tür steht, drängen Millionen von Menschen in ganz Europa in die Geschäfte, um Geschenke für ihre Lieben zu kaufen, oder sie bestellen sie online. Die Werbung in Print und TV versucht die Menschen dazu zu bewegen, Weihnachtsschokolade, Parfüm, Spielzeug oder sonstige Produkte zu erwerben, die Weihnachten »nicht fehlen dürfen«. Gibt uns unsere Theorie der Konsumentscheidungen irgendwelche Anhaltspunkte, wie sich die Konsumenten zu dieser Jahreszeit verhalten? Agieren Konsumenten rational, um ihr beschränktes Einkommen optimal auf verschiedene Güter zu verteilen? Viele Menschen würden gerne glauben, dass sie das tun. Den meisten von uns ist bewusst, dass ihr Einkommen begrenzt ist, und wenn die Zeiten wirtschaftlich schwierig sind, was auf mehrere Länder im Euroraum zutrifft, gibt es sogar noch mehr Anreiz, so viel Nutzen wie möglich aus seinem beschränkten Einkommen zu ziehen.

Es gibt jedoch Hinweise, dass Konsumenten nicht so rational handeln, wie sie es gerne von sich annehmen. Das erste Problem ist, dass derjenige, der ein Geschenk kauft, nicht der Endkonsument ist und daher den Nutzen eines anderen antizipiert. Anders gesagt ist es nicht klar, ob der Beschenkte das Geschenk wirklich mögen wird. Das zweite Problem ist der Dauerbeschuss durch Werbung und Verkaufsaktionen, dem die Konsumenten ausgesetzt sind. In den Geschäften gibt es an jeder Ecke »Sonderangebote« und die Anzahl der Menschen, die stehen bleiben und infolge dieses speziellen »Angebots« etwas kaufen, ist bemerkenswert. In einigen Fällen werden teure Verkaufsartikel wie Fernsehgeräte bewusst unter dem Selbstkostenpreis der Verkäufer angeboten, um die Kunden zum Kaufen zu animieren. Was ist an dieser Entscheidung der Verkäufer rational? Eine Erklärung ist, dass mit dem Kauf eines Fernsehers der Konsument immer auch weitere Produkte kauft, die er dann benötigt – Kabel, Receiver, Wandhalterungen, vielleicht sogar einen DVD-Recorder oder eine Spielekonsole, um den wunderbaren neuen Fernseher zu komplettieren. Und bevor man sich versieht, hat man weit mehr Geld ausgegeben, als man durch das Sonderangebot »eingespart« hat.

Wir könnten auch fragen, ob der Konsument den Fernseher ursprünglich überhaupt brauchte. Ist er mit dieser Absicht in das Geschäft gegangen? In manchen Fällen sicherlich, aber in anderen Fällen wird ein Impulskauf getätigt – kann das rational sein?

Der Einkauf für das Weihnachtsessen ist ein weiteres gutes Beispiel. So entscheidet sich der Konsument vielleicht, statt zwei Flaschen Sekt direkt eine Kiste mit sechs Flaschen zu kaufen, weil diese im Sonderangebot ist. Dadurch »spart« er bei sechs Flaschen insgesamt 6 Euro. Jedoch wollte er ursprünglich nur zwei Flaschen kaufen; er gibt jetzt also mehr aus, als er vorhatte. Natürlich kann er sich sagen, dass alle Flaschen irgendwann auf jeden Fall getrunken werden. Aber ist das eine rationale Sichtweise? Die Ersparnisse pro Produkt in den Werbeblättern der Supermärkte erscheinen auf den ersten Blick überzeugend. Aber diese sagen Ihnen nichts über die Gemeinkosten, die Ihnen entstehen – die Zeit, die Sie in der Schlange stehen, die Benzinkosten und die Abnutzung Ihres Autos, damit Sie das Geschäft überhaupt erreichen können, Parkgebühren oder Ihre Opportunitätskosten, d. h., was Sie sonst in dieser Zeit hätten tun können.

Und dann gibt es da den strahlenden Verkäufer, der Ihnen sagt, dass Sie 30 Euro gespart haben, weil sie das Angebot

Fortsetzung auf Folgeseite

4.4 Optimierung: Was der Konsument wählt

Abb. 4-12

Ein Einkommensanstieg

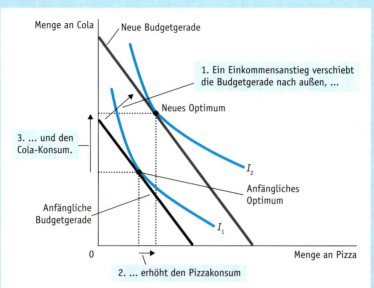

Steigt das Einkommen des Verbrauchers, so verschiebt sich seine Budgetgerade nach außen. Sind beide Güter normale Güter, so wird der Konsument die Einkommenserhöhung damit beantworten, dass er von beiden Gütern mehr kauft. Hier erwirbt der Verbraucher größere Mengen an Pizza und Cola.

Fortsetzung von Vorseite

»Zwei-für-ein-T-Shirt« wahrgenommen haben. Ihre Antwort? Nein, ich habe 30 Euro ausgegeben! Ich brauchte nicht zwei T-Shirts, wahrscheinlich brauchte ich noch nicht einmal eines. Und wenn ich 60 Euro für jedes T-Shirt hätte zahlen müssen, hätte ich das nicht getan. Ich würde niemals so viel für dieses Produkt ausgeben, also habe ich nichts gespart. Trotzdem berichten viele Konsumenten, dass sie als Resultat ihrer Einkaufstour viel »gespart« haben und ignorieren die Fakten. Psychologen nennen das Bestätigungsfehler.

Es gibt sogar Forschungsergebnisse, die belegen, dass wir bei unseren Konsumentscheidungen nicht nur nicht rational, sondern sogar zutiefst irrational agieren können. Wenn wir einkaufen, reagiert unser Gehirn anders auf Informationen, die wir sehen, als gewöhnlich – und Verkäufer wissen das. Einerseits gehen wir nicht unvoreingenommen einkaufen. Die Psychologie hat bewiesen, dass Menschen, wenn sie Informationen erhalten, die eine Assoziation hervorrufen, sich häufig so verhalten, dass ihr Verhalten die Assoziation bestätigt. Wenn unser Gehirn instruiert ist, auf »Schnäppchen« oder Sonderangebote zu achten, ist es wahrscheinlich, dass wir etwas kaufen, wenn wir mit Informationen konfrontiert werden, die wir mit einem »Schnäppchen« oder Sonderangebot assoziieren. Wenn der Preis für ein Gut niedriger ist als erwartet, wird dies von der Hirnregion, die für Entscheidungen zuständig ist, registriert und die Wahrscheinlichkeit steigt, dass wir das Produkt kaufen. Gleichermaßen: Wenn der Preis für ein Gut höher ist als erwartet, wird die Hirnregion aktiviert, die mit dem Registrieren von Schmerzen verbunden ist, und wir vermeiden den Kauf dieses Gutes.

Alles in allem ist unser Modell des Konsumentenverhaltens, obwohl es uns hilfreiche Einblicke ermöglicht, also wie jedes Modell lediglich ein Abbild der Realität und nicht die Realität selbst. Aktuelle Forschungen werfen mehr Licht auf das Konsumentenverhalten und lassen es fraglich erscheinen, inwieweit wir überhaupt zu rationalen Entscheidungen fähig sind.

hung nicht zwangsläufig ein erhöhter Konsum beider Güter folgt, ist dieser Fall der übliche. Wie Sie bereits aus Kapitel 3 wissen, nennen Volkswirte ein Gut, dessen Nachfrage mit steigendem Einkommen steigt, ein normales Gut. Die in Abbildung 4-12 dargestellten Indifferenzkurven unterliegen der Annahme, dass sowohl Cola als auch Pizza normale Güter sind.

Abbildung 4-13 zeigt einen anderen Fall, in dem ein Einkommensanstieg den Konsumenten dazu veranlasst, mehr Pizza, aber weniger Cola zu kaufen. Erwirbt ein Verbraucher weniger von einem Gut, wenn sein Einkommen ansteigt, so bezeichnen Ökonomen dieses Gut als inferiores Gut. Die Darstellung in Abbildung 4-13 unterliegt der Annahme, Pizza sei ein normales Gut und Cola ein inferiores Gut.

Ein anderes Beispiel für inferiore Güter sind Busfahrten. Konsumenten mit hohem Einkommen besitzen mit hoher Wahrscheinlichkeit ein eigenes Auto und werden daher mit einer geringeren Wahrscheinlichkeit Bus fahren als Verbraucher mit einem niedrigen Einkommen. Busfahrten sind daher ein inferiores Gut; sie werden bei einem Einkommensanstieg weniger nachgefragt.

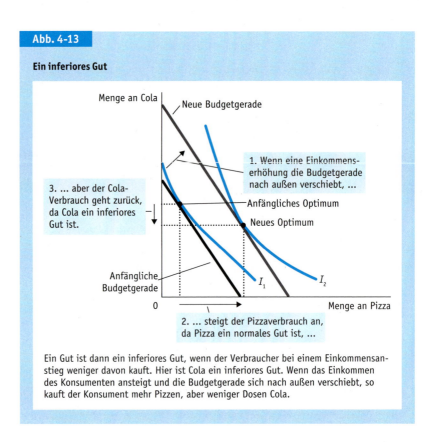

Abb. 4-13

Ein inferiores Gut

Ein Gut ist dann ein inferiores Gut, wenn der Verbraucher bei einem Einkommensanstieg weniger davon kauft. Hier ist Cola ein inferiores Gut. Wenn das Einkommen des Konsumenten ansteigt und die Budgetgerade sich nach außen verschiebt, so kauft der Konsument mehr Pizzen, aber weniger Dosen Cola.

Wie Preisänderungen die Wahl des Konsumenten beeinflussen

Nehmen Sie an, dass der Preis für Cola von 2 Euro auf 1 Euro pro Dose fällt. Wir haben gesehen, wie eine Preisänderung bei einem Gut dazu führt, dass die Budgetgerade sich nach innen oder außen dreht. Mit einem gegebenen Einkommen von 1.000 Euro kann der Konsument nun doppelt so viele Dosen Cola kaufen. Die Menge an Pizza, die er sich leisten kann, ist jedoch konstant geblieben. Abbildung 4-14 zeigt, dass Punkt A gleich bleibt (100 Pizzen). Gibt der Konsument jedoch sein gesamtes Einkommen von 1.000 Euro ausschließlich für Cola aus, so kann er sich nun 1.000 Dosen leisten im Vergleich zu 500 Dosen zuvor. Der Endpunkt der Budgetgerade dreht sich daher nach außen, von Punkt B zu Punkt C.

Die Drehung der Budgetgeraden hat ihre Steigung verändert. Da der Preis für Cola von 2 Euro auf 1 Euro gefallen ist, während der Preis für Pizza bei 10 Euro verblieben ist, erhält der Konsument für eine Pizza anstatt 5 Dosen nun 10 Dosen Cola. Deshalb steigt die neue Budgetgerade steiler an als die alte.

Wie eine solche Veränderung in der Budgetbeschränkung die Konsummengen der beiden Güter beeinflusst, hängt von den Präferenzen des Konsumenten ab. Für die Indifferenzkurven in Abbildung 4-14 gilt, dass der Konsument mehr Cola und weniger Pizza kauft.

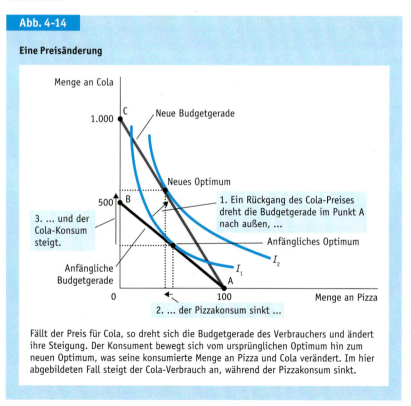

Abb. 4-14

Eine Preisänderung

Fällt der Preis für Cola, so dreht sich die Budgetgerade des Verbrauchers und ändert ihre Steigung. Der Konsument bewegt sich vom ursprünglichen Optimum hin zum neuen Optimum, was seine konsumierte Menge an Pizza und Cola verändert. Im hier abgebildeten Fall steigt der Cola-Verbrauch an, während der Pizzakonsum sinkt.

4.4 Hintergründe zur Nachfrage: Die klassische Theorie der Konsumentscheidung
Optimierung: Was der Konsument wählt

Einkommens- und Substitutionseffekte

In Kapitel 3 haben wir einen kurzen Blick auf den **Einkommenseffekt** und den **Substitutionseffekt** geworfen als Gründe dafür, dass ein Preisrückgang einen Anstieg der Nachfragemenge bewirkt. Lassen Sie uns folgendes Gedankenexperiment durchführen: Wenn der Preis für Cola fällt, können Sie mit Ihrem Einkommen nun mehr Cola erwerben – Sie sind faktisch reicher. Da Sie reicher sind, können Sie nun sowohl mehr Cola als auch mehr Pizza konsumieren. Nehmen Sie an, Ihr monatliches Einkommen sei 1.000 Euro, der ursprüngliche Preis für Cola sei 2 Euro und der für Pizza 10 Euro. Derzeit kaufen Sie im Monat 250 Dosen Cola und 50 Pizzen. Wenn der Preis pro Dose Cola auf 1 Euro fällt, können Sie Ihre Ausgaben anpassen, um 300 Dosen zu kaufen (für 300 Euro) und für die verbleibenden 700 Euro mehr Pizzen zu kaufen (70 Pizzen). Das ist der Einkommenseffekt.

Beachten Sie außerdem, dass jetzt, da der Preis für Cola gefallen ist, Sie für jede Pizza mehr Dosen Cola erhalten als vorher. Da Pizza nun *relativ* teurer ist, entscheiden Sie sich vielleicht dafür, weniger Pizza, aber mehr Cola zu kaufen. Das ist der Substitutionseffekt.

Beide Effekte treten auf, wenn die Preise sich ändern. Der Rückgang des Cola-Preises bewirkt, dass sich der Konsument mehr leisten kann. Wenn Cola und Pizza beides normale Güter sind, so wird der Konsument die Erhöhung seiner Kaufkraft auf beide Güter verteilen wollen. Dieser Einkommenseffekt führt meist dazu, dass der Konsument mehr Cola und mehr Pizza kauft. Da jedoch gleichzeitig der Konsum von Cola *relativ* billiger geworden ist als der Konsum von Pizza, tritt der Substitutionseffekt in Kraft, und der Konsument neigt dazu, mehr Cola als Pizza zu kaufen.

Die Auswirkungen beider Effekte zusammen bestehen darin, dass der Konsument auf jeden Fall mehr Cola kauft, da sowohl der Einkommens- als auch der Substitutionseffekt bewirken, dass sein Cola-Konsum steigt. Unklar ist jedoch, ob der Konsument mehr Pizza kaufen wird, da der Einkommenseffekt und der Substitutionseffekt hier in entgegengesetzte Richtungen wirken. Die Ergebnisse unseres Gedankenexperiments sind in Tabelle 4-1 zusammengefasst.

Einkommenseffekt
Diejenige Veränderung der Konsummenge, die sich ergibt, wenn eine Preisänderung den Konsumenten auf eine höher oder niedriger liegende Indifferenzkurve gelangen lässt.

Substitutionseffekt
Diejenige Veränderung der Konsummenge, die sich ergibt, wenn eine Preisänderung eine Bewegung entlang einer gegebenen Indifferenzkurve hin zu einem Punkt mit einer neuen Grenzrate der Substitution auslöst.

Tab. 4-1

Einkommens- und Substitutionseffekt, wenn der Preis für Cola fällt

Gut	Einkommenseffekt	Substitutionseffekt	Gesamteffekt
Cola	Der Verbraucher ist reicher, also kauft er mehr Cola.	Cola ist relativ billiger, also kauft der Verbraucher mehr Cola.	Einkommens- und Substitutionseffekt wirken in dieselbe Richtung, also kauft der Verbraucher mehr Cola.
Pizza	Der Verbraucher ist reicher, also kauft er mehr Pizza.	Pizza ist relativ teurer, also kauft der Verbraucher weniger Pizza.	Einkommens- und Substitutionseffekt wirken in entgegengesetzte Richtungen; daher ist der Gesamteffekt bezüglich der konsumierten Pizzamenge nicht eindeutig.

4.4 Optimierung: Was der Konsument wählt

Wir können Einkommens- und Substitutionseffekt mithilfe der Indifferenzkurven interpretieren.
- Der Einkommenseffekt ist diejenige Veränderung in der Konsummenge, die das Ergebnis einer Bewegung hin auf eine höher liegende Indifferenzkurve ist.
- Der Substitutionseffekt ist diejenige Änderung der Konsummenge, die aus der Bewegung hin zu einem anderen Punkt auf der Indifferenzkurve (mit einer geänderten Grenzrate der Substitution) resultiert.

Abbildung 4-15 zeigt, wie Sie die Veränderung in der Konsumentscheidung des Verbrauchers grafisch in den Einkommens- und den Substitutionseffekt zerlegen können. Wenn der Preis für Cola fällt, bewegt sich der Konsument vom ursprünglichen Optimum, also vom Punkt A, hin zum neuen Optimum, zum Punkt C. Wir können diese Veränderung in zwei Schritte zerlegen. Zuerst bewegt sich der Verbraucher entlang seiner ursprünglichen Indifferenzkurve I_1 von Punkt A zu Punkt B – das ist der Substitutionseffekt. Der Konsument ist an beiden Punkten gleichermaßen zufrieden, jedoch spiegelt in Punkt B die Grenzrate der Substitution das neue Preisverhältnis wider. (Die graue Linie durch Punkt B spiegelt das neue Preisverhältnis wider und verläuft parallel

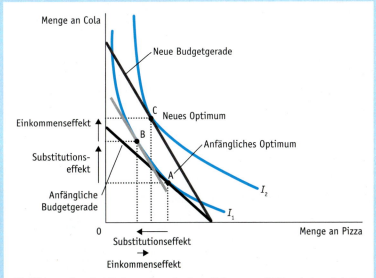

Abb. 4-15

Einkommens- und Substitutionseffekt

Die Wirkung einer Preisänderung kann in einen Einkommenseffekt und einen Substitutionseffekt zerlegt werden. Der Substitutionseffekt – die Bewegung entlang einer Indifferenzkurve hin zu einem Punkt mit veränderter Grenzrate der Substitution – ist hier als Bewegung von Punkt A zu Punkt B entlang der Indifferenzkurve I_1 abgebildet. Der Einkommenseffekt – der Übergang auf eine höher liegende Indifferenzkurve – ist hier als Bewegung von Punkt B auf der Indifferenzkurve I_1 zu Punkt C auf der Indifferenzkurve I_2 dargestellt.

4.4 Hintergründe zur Nachfrage: Die klassische Theorie der Konsumentscheidung
Optimierung: Was der Konsument wählt

zur neuen Budgetgeraden.) Als nächstes begibt sich der Verbraucher auf die höher liegende Indifferenzkurve I_2, indem er sich von Punkt B zu Punkt C bewegt. Obwohl die Punkte B und C auf unterschiedlichen Indifferenzkurven liegen, ist in beiden Punkten die Grenzrate der Substitution gleich, d. h., die Steigung der Indifferenzkurve I_1 in Punkt B entspricht der Steigung der Indifferenzkurve I_2 in Punkt C.

Fallstudie

»Kiffen für die schwarze Null«

Wenns um Geld geht, sind Politiker erfinderisch. Um den staatlichen Schuldenberg abzubauen, fiel 2014 etwa dem grünen Bundestagsabgeordneten Dieter Janecek ein, einfach Cannabis-Produkte (Marihuana und Haschisch) zu besteuern. Sein Slogan: »Kiffen für die schwarze Null.« Und das dachte er sich so: Das Rauschgift wird legalisiert und von da an in »Drogenfachgeschäften« oder Apotheken verkauft – ausschließlich an Erwachsene. Der Staat erhebt eine Cannabis-Steuer, die von den Händlern abzuführen ist. Der Politiker rechnete vor: Da 2,5 Millionen Erwachsene regelmäßig kifften und etwa 20 Gramm pro Monat konsumierten, würden pro Jahr 600 Millionen Gramm (600 Tonnen) umgesetzt. Der Schwarzmarktpreis beträgt bisher etwa 6 Euro pro Gramm. Wenn der Staat hierauf eine Steuer von 3 Euro pro Gramm erheben würde, könnte er, so die Überlegung, 1,8 Milliarden Euro pro Jahr an Steuern einnehmen – fast so viel wie durch die Branntweinsteuer, die 2013 ein Aufkommen von 2,1 Milliarden Euro in den Staatshaushalt spülte (Focus.de vom 9.12.2014).

Wir wollen dieses Beispiel dazu verwenden, den Einkommens- und den Substitutionseffekt besser zu verstehen. Nehmen wir völlig willkürlich an, die monatliche Nachfragefunktion eines repräsentativen Cannabis-Konsumenten ist:

$$D_1 = 10 + \frac{Y}{50 \times P}.$$

Das durchschnittliche Nettoeinkommen von Cannabis-Nutzern (Y) liege im Bundesschnitt bei etwa 3.000 Euro. Wir nehmen außerdem an, dass der Preis pro Gramm Cannabis (P) auch nach der Legalisierung bei 6 Euro liegen würde. Eingesetzt in die Nachfragefunktion ergibt sich:

$$D_1 = 10 + \frac{3.000}{50 \times 6} = 10 + \frac{3.000}{300} = 20.$$

Ein durchschnittlicher Cannabis-Nutzer verbraucht somit 20 Gramm pro Monat.

Angenommen, jedes Gramm »Gras« wird nun wie vorgeschlagen mit einer Steuer von 3 Euro belegt. Der Bruttopreis pro Gramm steigt also auf 9 Euro. Bei gegebenem Einkommen ergibt sich für die Nachfrage:

$$D_2 = 10 + \frac{3.000}{50 \times 9} = 10 + \frac{3.000}{450} = 16{,}67.$$

Der Effekt der Einführung der Cannabis-Steuer würde somit die individuelle Nachfrage pro Monat um 3,33 Gramm reduzieren.

Hierin liegt bereits der erste – steuerpolitische – Haken des Vorschlags: Er übersieht, dass die Steuer Nachfrage verdrängen würde, auf der Basis der von uns unterstellten Nachfragefunktion von 20 Gramm im Monat auf 16,67 Gramm. Das Steueraufkommen wäre daher nicht, wie vermutet, 1,8 Milliarden Euro pro Jahr, sondern nur ca. 1,5 Milliarden Euro.

Uns interessiert hier jedoch primär, ob diese Reduktion eine Folge des Einkommens- oder des Substitutionseffekts ist. Um das herauszufinden, müssen wir danach fragen, wie hoch die Nachfrage wäre, wenn der Haushalt hypothetisch für den durch die Preiserhöhung bewirkten Kaufkraftentzug kompensiert würde. Dazu multiplizieren wir D_1 mit der Preisdifferenz, also 20 × (9 – 6) = 60. Um die Kaufkraft des Konsumenten konstant zu halten, müsste er also nach der Steuereinführung ein Nettoeinkommen von 3.060 Euro pro Monat verdienen.

Den Substitutionseffekt erhalten wir, wenn wir das kompensierte Einkommen und den Bruttopreis in die Nachfragefunktion einsetzen:

$$D_3 = 10 + \frac{3.060}{50 \times 9} = 10 + \frac{3.060}{450} = 16{,}8.$$

Der Substitutionseffekt bestünde also in einer Nachfragereduktion um 3,2 Gramm (= 16,8 – 20). Der Einkommenseffekt betrüge somit –0,13 Gramm (= 16,67 – 16,8) und würde den Substitutionseffekt damit leicht verstärken. Das Gros der Nachfragereduktion geht also – unter unseren Annahmen – auf den Substitutionseffekt zurück.

Doch wird all das wohl bloße Theorie bleiben. Denn trotz aller Originalität scheiterte der Vorschlag einer Besteuerung von Cannabis am politischen Widerstand. Die regierende Koalition aus Union und SPD sperrte sich bereits gegen die Legalisierung der Droge, musste dann aber nach eigenen Wegen zur »schwarzen Null« suchen …

Optimierung: Was der Konsument wählt 4.4

Obwohl der Konsument niemals tatsächlich den Punkt B wählt, ist dieser hypothetische Punkt nützlich, um die zwei Effekte, welche die Konsumentscheidung bestimmen, zu verdeutlichen. Beachten Sie dabei, dass die Bewegung von Punkt A zu Punkt B ausschließlich die Veränderung der Grenzrate der Substitution widerspiegelt, ohne den Nutzen des Verbrauchers zu tangieren. Gleichermaßen gibt die Bewegung von Punkt B zu Punkt C die reine Veränderung des Nutzens wieder, ohne dass sich die Grenzrate der Substitution ändert. Folglich zeigt die Bewegung von A nach B den Substitutionseffekt, die Bewegung von B nach C den Einkommenseffekt.

> **Kurztest**
> Zeichnen Sie eine Budgetgerade und einige Indifferenzkurven für Cola und Pizza. Zeigen Sie, was mit der Budgetgeraden und dem Haushaltsoptimum geschieht, wenn der Preis für Pizza steigt. Zerlegen Sie in Ihrer Darstellung die Veränderung in einen Einkommens- und einen Substitutionseffekt.

Die Herleitung der Nachfragekurve

Auf Grundlage der Logik, die wir bis hierhin entwickelt haben, können wir nun untersuchen, wie die Nachfragekurve abgeleitet wird. Die Nachfragekurve zeigt die nachgefragte Menge eines Gutes zu jedem gegebenen Preis an. Wir können die Nachfragekurve eines Konsumenten als Zusammenfassung seiner optimalen Entscheidungen betrachten, die sich aus seiner Budgetgeraden und seinen Indifferenzkurven ergeben.

Abbildung 4-16 untersucht den Konsum von Pizza. Nehmen Sie an, dass der Preis pro Pizza 10 Euro beträgt, angezeigt durch die Budgetgerade BC_1 und ein Haushaltsoptimum mit Indifferenzkurve I_1, in dem die gekaufte Menge Pizza bei Q_1 liegt. Eine Reihe weiterer Budgetgeraden BC_2 bis BC_5 geben die Güterbündel bei niedrigeren Pizzapreisen wieder sowie das jeweilige Haushaltsoptimum (Q_2 bis Q_5), angezeigt durch die jeweils gekaufte Menge an Pizza. Das Haushaltsoptimum bei jedem gegebenen Pizzapreis ist als **Preis-Konsum-Kurve** dargestellt. Die Preis-Konsum-Kurve zeigt die Entwicklung des Haushaltsoptimums für zwei Güter, während sich der Preis des einen Gutes verändert (unter der Ceteris-paribus-Annahme).

Abbildung 4-16 zeigt das Verhältnis zwischen Pizzapreis und nachgefragter Menge. Das Preis-Mengen-Verhältnis ist im unteren Diagramm dargestellt und zeigt die uns bekannte Nachfragekurve. Wenn der Pizzapreis fällt, steigt die Nachfragemenge, was zum Teil im Einkommenseffekt begründet liegt und zum Teil im Substitutionseffekt. Die klassische Theorie der Konsumentscheidungen bietet daher das theoretische Fundament für die Nachfragekurve des Konsumenten, die wir bereits in Kapitel 3 vorgestellt haben.

> **Preis-Konsum-Kurve**
> Eine Kurve, die die Entwicklung des Haushaltsoptimums für zwei Güter wiedergibt, wenn sich der Preis des einen Gutes ändert, vorausgesetzt, Einkommen und Preis des anderen Gutes werden konstant gehalten (Ceteris-paribus-Annahme).

4.4 Hintergründe zur Nachfrage: Die klassische Theorie der Konsumentscheidung
Optimierung: Was der Konsument wählt

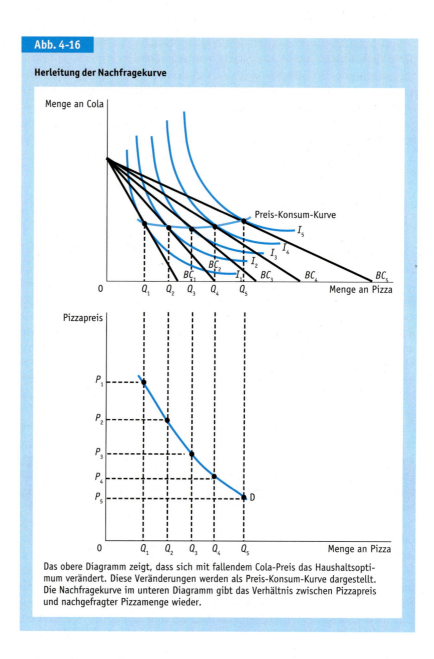

Abb. 4-16

Herleitung der Nachfragekurve

Das obere Diagramm zeigt, dass sich mit fallendem Cola-Preis das Haushaltsoptimum verändert. Diese Veränderungen werden als Preis-Konsum-Kurve dargestellt. Die Nachfragekurve im unteren Diagramm gibt das Verhältnis zwischen Pizzapreis und nachgefragter Pizzamenge wieder.

Weisen alle Nachfragekurven einen fallenden Verlauf auf?

Das Gesetz der Nachfrage besagt: Wenn der Preis eines Gutes steigt, kaufen Menschen weniger davon. Dieses Gesetz spiegelt sich im fallenden Verlauf der Nachfragekurve wider.

Jedoch können der ökonomischen Theorie zufolge Nachfragekurven manchmal auch eine positive Steigung aufweisen. Anders ausgedrückt kann es vorkommen, dass Verbraucher manchmal entgegen dem Gesetz der Nachfrage mehr von einem Gut kaufen, wenn der Preis steigt. Um zu sehen, wie dies zustande kommen kann, betrachten wir Abbildung 4-17. In diesem Beispiel kauft der Verbraucher zwei Güter – Fleisch und Kartoffeln. Die ursprüngliche Budgetgerade des Verbrauchers verläuft von Punkt A zu Punkt B. Das Optimum liegt in Punkt C. Steigt nun der Preis für Kartoffeln, so dreht sich die Budgetgerade nach innen und verläuft nun zwischen Punkt A und Punkt D. Das Optimum liegt jetzt in Punkt E. Beachten Sie, dass ein Anstieg des Preises für Kartoffeln dazu geführt hat, dass der Verbraucher eine größere Menge kauft.

Warum handelt der Konsument in dieser scheinbar widersinnigen Art und Weise? Der Grund hierfür liegt darin, dass Kartoffeln in diesem Beispiel ein stark inferiores Gut sind. Steigt der Preis für Kartoffeln, so wird der Verbraucher ärmer. Dieser Einkommenseffekt bewirkt, dass der Konsument weniger Fleisch und mehr Kartoffeln kaufen möchte. Gleichzeitig sorgt der Substitutionseffekt dafür, dass der Verbraucher mehr Fleisch und weniger Kartoffeln kaufen möchte, da Kartoffeln relativ teuer geworden sind. In diesem speziellen Fall ist jedoch der Einkommenseffekt so stark, dass er den Substitutionseffekt übersteigt. Letztendlich reagiert der Verbraucher somit auf den höheren Kartoffelpreis, indem er weniger Fleisch und mehr Kartoffeln kauft.

Abb. 4-17

Ein Giffen-Gut

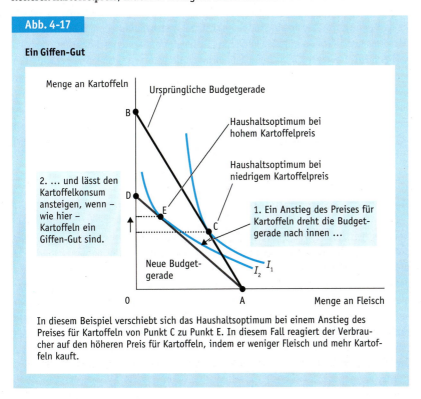

In diesem Beispiel verschiebt sich das Haushaltsoptimum bei einem Anstieg des Preises für Kartoffeln von Punkt C zu Punkt E. In diesem Fall reagiert der Verbraucher auf den höheren Preis für Kartoffeln, indem er weniger Fleisch und mehr Kartoffeln kauft.

Giffen-Gut
Ein Gut, bei dem ein Preisanstieg einen Anstieg der Nachfragemenge auslöst.

Volkswirte verwenden den Begriff **Giffen-Gut**, um ein Gut zu beschreiben, das das Gesetz der Nachfrage verletzt. (Die Begriffsbildung geht auf den Ökonomen Robert Giffen zurück, der als Erster diese Möglichkeit in Betracht zog.) In unserem Beispiel sind Kartoffeln ein Giffen-Gut. Giffen-Güter sind inferiore Güter, bei denen der Einkommenseffekt den Substitutionseffekt dominiert. Sie weisen daher steigend verlaufende Nachfragekurven auf.

Ökonomen sind darüber uneins, ob ein Giffen-Gut jemals in der Realität beobachtet wurde. Einige Historiker sind der Auffassung, dass Kartoffeln während der großen Hungersnot in Irland im 19. Jahrhundert ein Giffen-Gut darstellten. Kartoffeln waren damals solch ein wichtiger Bestandteil in der Ernährung vieler Menschen – Historiker schätzen, dass ein durchschnittlicher arbeitender Mann am Tag bis zu 6,5 Kilogramm Kartoffeln gegessen hat –, dass der Preisanstieg bei Kartoffeln einen entsprechend großen Einkommenseffekt hatte. Die Menschen reagierten auf ihren gesunkenen Lebensstandard, indem sie sich bei Luxusgütern wie Fleisch beschränkten und stattdessen mehr vom Grundnahrungsmittel Kartoffeln konsumierten. Auf diese Weise, so wird argumentiert, führte ein höherer Preis für Kartoffeln in der Tat zu einer Erhöhung der Nachfrage nach Kartoffeln.

Ob die Historiker nun Recht haben oder nicht, Fakt ist, dass Giffen-Güter sehr selten sind. Einige Ökonomen, zum Beispiel Dwyer & Lindsey (1984) und Rosen (1999) haben behauptet, dass um Robert Giffen eine Legende aufgebaut wurde, es jedoch keine Beweise gibt, die dessen Annahme stützen. Andere sind zu dem Schluss gelangt, dass Reis und Getreide in Teilen von China Giffen-Güter darstellen könnten.

Nach der Theorie der Konsumentscheidungen sind steigend verlaufende Nachfragekurven möglich. Jedoch sind solche Ereignisse so selten, dass das Gesetz der Nachfrage genauso verlässlich ist wie jedes andere Gesetz in der Volkswirtschaftslehre (Dwyer, G. P./Lindsay, C. M.: Robert Giffen and the Irish Potato, in: The American Economic Review 74, 1984, S. 188–192; Jensen, R./Miller, N.: Giffen Behavior and Subsistence Consumption, in: American Economic Review, 97, 2008, S. 1553–1577; Rosen, S.: Potato Paradoxes, in: The Journal of Political Economy, 107, 1999, S. 294–313).

Der Einkommensexpansionspfad

Nachdem wir gesehen haben, welche Schlussfolgerungen wir ziehen können, wenn wir annehmen, dass sich Preise ändern (unter der Ceteris-paribus-Annahme), wollen wir unsere Aufmerksamkeit nun darauf lenken, was passiert, wenn sich das Einkommen verändert (unter der Ceteris-paribus-Annahme). Wie reagiert der rationale Konsument auf eine Einkommensänderung? In Kapitel 3 wurde festgestellt, dass bezogen auf ein normales Gut ein Einkommensanstieg zu einem Anstieg der Nachfragemenge führt, jedoch bezogen auf ein inferiores Gut ein Einkommensanstieg beim Konsumenten dazu führt, dass die Nachfrage nach diesem Gut zurückgeht. Nun verfügen wir über die analytischen Instrumente, um zu verstehen, wieso dem so ist.

Normales Gut. Abbildung 4-18 zeigt eine Reihe von Einkommenszuwächsen, dargestellt durch drei Budgetgeraden BC_1, BC_2 und BC_3 für Cola und Pizza. Das Haushaltsop-

Abb. 4-18

Der Einkommensexpansionspfad (oder die Einkommens-Konsum-Kurve)

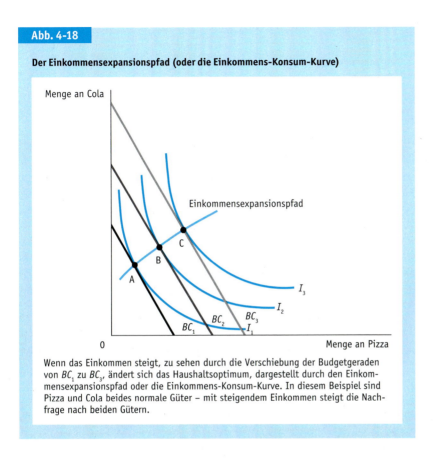

Wenn das Einkommen steigt, zu sehen durch die Verschiebung der Budgetgeraden von BC_1 zu BC_3, ändert sich das Haushaltsoptimum, dargestellt durch den Einkommensexpansionspfad oder die Einkommens-Konsum-Kurve. In diesem Beispiel sind Pizza und Cola beides normale Güter – mit steigendem Einkommen steigt die Nachfrage nach beiden Gütern.

timum wird für jeden Fall angezeigt durch die Punkte A, B und C. Wenn wir diese Punkte verbinden, erhalten wir den Einkommensexpansionspfad (oder die Einkommens-Konsum-Kurve), welcher die Reaktion des rationalen Konsumenten auf eine Einkommenserhöhung widerspiegelt. In diesem Beispiel hat die Erhöhung des Einkommens zu einem erhöhten Konsum von sowohl Cola als auch Pizza geführt, woraus wir wiederum schließen können, dass beide Güter normale Güter sind. Bei beiden Gütern ist der Einkommenseffekt stärker als der Substitutionseffekt.

Pizza als inferiores Gut. Abbildung 4-19 zeigt eine Situation, in welcher der Einkommenszuwachs, dargestellt durch die Verschiebung der Budgetgeraden von BC_1 zu BC_2 dazu führt, dass sich das Haushaltsoptimum von Punkt A zu Punkt B bewegt. Der Einkommensexpansionspfad deutet darauf hin, dass bei steigendem Einkommen die Nachfrage nach Cola (als normales Gut) ansteigt, jedoch die Nachfrage nach Pizza zurückgeht, was darauf schließen lässt, dass es sich dabei um ein inferiores Gut handelt. In diesem Fall überwiegt der Substitutionseffekt gegenüber dem Einkommenseffekt.

4.4 Hintergründe zur Nachfrage: Die klassische Theorie der Konsumentscheidung
Optimierung: Was der Konsument wählt

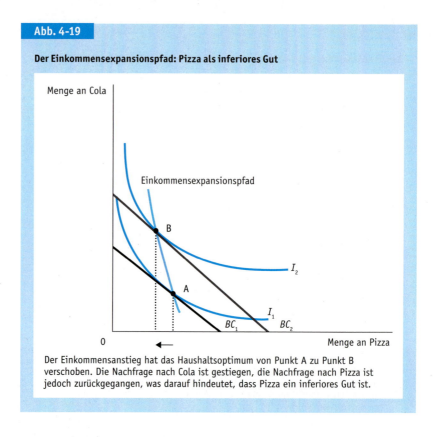

Abb. 4-19

Der Einkommensexpansionspfad: Pizza als inferiores Gut

Der Einkommensanstieg hat das Haushaltsoptimum von Punkt A zu Punkt B verschoben. Die Nachfrage nach Cola ist gestiegen, die Nachfrage nach Pizza ist jedoch zurückgegangen, was darauf hindeutet, dass Pizza ein inferiores Gut ist.

Cola als inferiores Gut. Abbildung 4-20 zeigt wieder eine Situation, in der sich die Budgetgerade als Reaktion auf eine Einkommenserhöhung von BC_1 zu BC_2 verschiebt und sich das Haushaltsoptimum von Punkt A zu Punkt B bewegt. In diesem Fall zeigt der Einkommensexpansionspfad, dass mit steigendem Einkommen die Nachfrage nach Cola zurückgeht, was nahelegt, dass Cola ein inferiores Gut ist. Die Nachfrage nach Pizza wiederum ist mit steigendem Einkommen gestiegen, was darauf schließen lässt, dass es ein normales Gut ist. In diesem Fall ist der Substitutionseffekt der Einkommenserhöhung bezogen auf Cola stärker als der Einkommenseffekt.

Die Engel-Kurve

Der Einkommensexpansionspfad ermöglicht es uns, eine interessante Entdeckung des deutschen Statistikers Ernst Engel (1821–1896) nachzuvollziehen. Engel untersuchte das Verhältnis zwischen Einkommensveränderungen und Veränderungen der Ausgaben, bezogen auf weit gefasste Güterkategorien wie Lebensmittel. 1857 unterbreitete er eine Theorie, die als das Engelsche Gesetz bekannt geworden ist. Engel beobachtete, dass bei steigendem Einkommen der prozentuale Anteil des Einkommens zurückgeht, der für Lebensmittel ausgegeben wird, während der prozentuale Anteil des Ein-

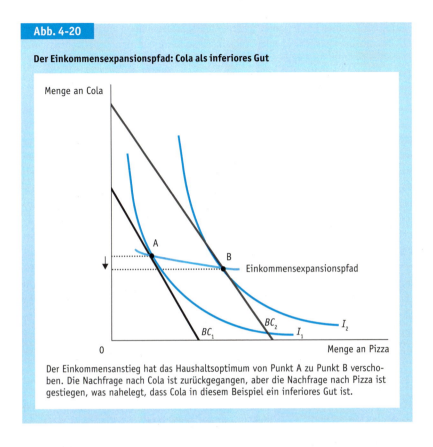

Abb. 4-20

Der Einkommensexpansionspfad: Cola als inferiores Gut

Der Einkommensanstieg hat das Haushaltsoptimum von Punkt A zu Punkt B verschoben. Die Nachfrage nach Cola ist zurückgegangen, aber die Nachfrage nach Pizza ist gestiegen, was nahelegt, dass Cola in diesem Beispiel ein inferiores Gut ist.

kommens steigt, der für andere Güter wie Freizeitaktivitäten ausgegeben wird. Nehmen Sie beispielsweise an, eine vierköpfige Familie verfügt über ein Jahreseinkommen von 45.000 Euro und gibt davon 15.000 Euro, also ein Drittel, für Lebensmittel aus. Wenn sich nun das Jahreseinkommen auf 90.000 Euro verdoppelt, so ist es unwahrscheinlich, dass der Anteil, der für Lebensmittel ausgegeben wird, auf 30.000 Euro steigt. Der Anteil steigt vielleicht auf 20.000 Euro und würde damit nur noch 22 Prozent des Gesamteinkommens darstellen. Engels Entdeckung wurde mehrfach beobachtet und belegt und hat besondere Bedeutung für die Politik und für Unternehmen. Beispielsweise verzeichnen Nahrungsmittelproduzenten bei steigenden Einkommen der Konsumenten keinen prozentual gleichen Umsatzzuwachs. In Volkswirtschaften mit sehr niedrigem Pro-Kopf-Einkommen bewirkt ein Einkommensanstieg anfangs immer, dass der prozentuale Anteil des Einkommens steigt, der für Lebensmittel ausgegeben wird. Wenn diese Volkswirtschaften sich jedoch weiterentwickeln und zu Schwellenländern werden, beginnt der prozentuale Anteil zurückzugehen. Gleichermaßen geben in den meisten Ländern die ärmeren Bevölkerungsschichten prozentual mehr ihres Einkommens für Lebensmittel aus als die Menschen mit mittlerem oder hohem Einkommen. Unternehmen der Freizeitbranche dagegen verzeichnen bei steigenden Einkommen oftmals steigende Umsätze.

Obwohl Familien bei steigendem Einkommen zumeist einen prozentual kleineren Teil des Einkommens für Lebensmittel ausgeben, heißt das nicht, dass Lebensmittel ein inferiores Gut sind. Auf einem niedrigen Einkommensniveau sind Ausgaben für Lebensmittel unentbehrlich, da Familien von etwas leben müssen. Mit steigendem Einkommen steigen natürlich auch die Ausgaben für Lebensmittel, jedoch geht ihr prozentualer Anteil zurück. Die Einkommenselastizität der Nachfrage neigt dazu, mit steigendem Einkommen zurückzugehen. Im Gegenzug steigt mit steigendem Einkommen die Einkommenselastizität der Nachfrage nach anderen Gütern (die wir Luxusgüter nennen wollen) und das mit größerer Geschwindigkeit, d. h., die Einkommenselastizität der Nachfrage nach Luxusgütern wird mit steigendem Einkommen elastischer. Das obere Diagramm in Abbildung 4-21 zeigt zwei Güter: Lebensmittel auf der senkrechten Achse und Luxusgüter auf der waagerechten Achse. Mit steigendem Einkommen, dargestellt durch die drei Budgetgeraden BC_1 bis BC_3, verändert sich das Haushaltsoptimum, dargestellt durch die Punkte A, B und C. Wenn das Einkommen steigt, vergrößert sich die Nachfrage sowohl nach Lebensmitteln als auch nach Luxusgütern – beide sind normale Güter. Allerdings steigt die nachgefragte Menge an Lebensmitteln mit abnehmender Geschwindigkeit, während die Nachfrage nach Luxusgütern stark steigt. Man kann daher schlussfolgern, dass die Nachfrage nach Lebensmitteln einkommensunelastisch ist, die Nachfrage nach Luxusgütern hingegen einkommenselastisch.

Fallstudie

Umwelt-Engelkurven

Die weit verbreitete Sorge über das Ausmaß des menschengemachten Klimawandels hat einige Volkswirte veranlasst, das »Engelsche Gesetz« auch auf die Beziehung zwischen Einkommen und Umweltbelastung anzuwenden. Eine Umwelt-Engelkurve stellt demnach die Beziehung zwischen Veränderungen des Haushaltseinkommens und den konsumierten Gütern einerseits und der Umweltverschmutzung andererseits dar, die aus der Produktion dieser Güter resultiert.

Wie diese Forschung zeigte, weisen solche Umwelt-Engelkurven stets eine positive Steigung auf, was darauf hindeutet, dass mit steigendem Einkommen mehr Güter mit einem höheren Verschmutzungsgrad verbraucht werden. So besteht mit steigendem Haushaltseinkommen beispielsweise die Tendenz, Fahrten mit öffentlichen Verkehrsmitteln (die als inferiores Gut betrachtet werden) durch Fahrten mit dem Auto zu ersetzen. Je mehr Menschen sich aber ein Auto anschaffen, desto größer ist die mit ihrer Nutzung verbundene Umweltbelastung. Menschen mit höherem Einkommen werden auch grundsätzlich mehr Strom verbrauchen, und wenn dieser Strom durch die Verwendung fossiler Brennstoffe erzeugt wird, erhöht sich hierdurch indirekt auch die Umweltbelastung.

Für die Umweltpolitik bedeutet die positive Steigung der Umwelt-Engelkurve, dass Maßnahmen ergriffen werden sollten, die die Auswirkungen steigender Einkommen auf die Umweltverschmutzung kompensieren. So könnte man zum Beispiel einen diversifizierteren Mix der Energieversorgung wählen, der nicht nur auf Strom aus fossilen Brennstoffen setzt, sondern die Anwendung umweltfreundlicher Technologien vorsieht. Eine Studie von Arik Levinson und James O'Brien in den Vereinigten Staaten zeigte etwa, dass unter der Annahme steigender Umwelt-Engelkurven der Einkommensanstieg in den USA in ihrem Untersuchungszeitraum von 1984 bis 2002 auch zu einem Anstieg der Umweltverschmutzung geführt haben dürfte, dass aber andererseits die Umweltverschmutzung in den USA insgesamt zurückgegangen war, weil andere Faktoren den Anstieg des Einkommens überkompensiert hatten.

Quelle: Levinson, A./O'Brien, J.: Environmental Engel Curves. National Bureau of Economic Research Working Paper 20914, 2015. www.nber.org/papers/w20914, Zugriff am 18.05.2019.

4.4 Optimierung: Was der Konsument wählt

Abb. 4-21

Die Engel-Kurve

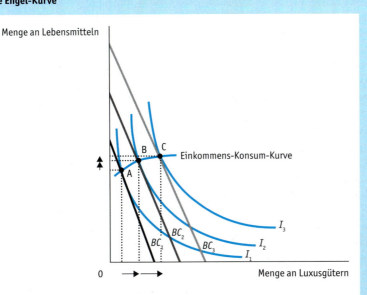

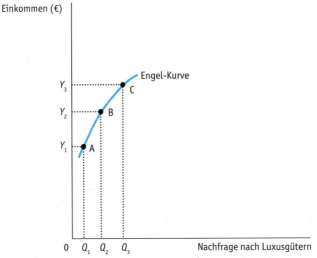

Das obere Diagramm zeigt die Einkommens-Konsum-Kurve für zwei Güter – Lebensmittel und Luxusgüter. Das untere Diagramm stellt die Veränderung der Nachfrage nach Luxusgütern verglichen mit der Veränderung im Einkommen dar.

4.4 Hintergründe zur Nachfrage: Die klassische Theorie der Konsumentscheidung
Optimierung: Was der Konsument wählt

Engel-Kurve
Eine Kurve, welche das Verhältnis von unterschiedlichen Einkommensniveaus und der Nachfrage darstellt.

Das Verhältnis zwischen Einkommen und der Nachfrage nach Luxusgütern ist im unteren Diagramm der Abbildung 4-21 dargestellt und zeigt, wie die Nachfrage nach Luxusgütern als Folge steigenden Einkommens zunimmt. Die Kurve, welche die Punkte A, B und C verbindet, wird **Engel-Kurve** genannt. Sie zeigt das Verhältnis zwischen unterschiedlichen Einkommensniveaus und der Nachfrage.

In diesem Beispiel ist der Zuwachs der Nachfrage nach Luxusgütern zwischen den Einkommensniveaus Y_2 und Y_3 größer als zwischen Y_1 und Y_2, was darauf schließen lässt, dass die Einkommenselastizität der Nachfrage mit steigendem Einkommen größer wird. Jedoch können wir ebenfalls sehen, dass der prozentuale Zuwachs der Nachfrage nach Luxusgütern zwischen Y_1 und Y_2 geringer ist als der prozentuale Einkommenszuwachs, was darauf hinweist, dass zwischen diesen beiden Einkommensniveaus die Nachfrage nach Luxusgütern einkommensunelastisch ist.

Zusammenfassung: Denken Menschen wirklich so?

Das mikroökonomische Standardmodell beschreibt, basierend auf bestimmten Annahmen, wie Menschen Entscheidungen treffen. Es kann sehr breit angewendet werden und erklären, wie eine Person zwischen Cola und Pizza, Lebensmitteln und Freizeitaktivitäten usw. wählt. Trotzdem neigen Sie vielleicht an diesem Punkt dazu, die klassische Theorie der Konsumentscheidungen mit einer gewissen Skepsis zu betrachten. Nicht zuletzt sind Sie selbst ein Konsument. Jedes Mal, wenn Sie ein Geschäft betreten, fällen Sie Entscheidungen und Sie wissen, dass Sie das nicht tun, indem Sie Budgetgeraden und Indifferenzkurven aufzeichnen.

Es ist wichtig, sich daran zu erinnern, dass das mikroökonomische Standardmodell nicht versucht, punktgenau darzustellen, wie Menschen ihre Entscheidungen treffen. Es ist nur ein Modell und, wie wir bereits gesehen haben, verfolgen Modelle nicht den Zweck, hundertprozentig realistisch zu sein. Das Modell hat einige Verdienste: Konsumenten sind sich bewusst, dass ihre Entscheidungen durch ihre finanziellen Ressourcen beschränkt sind. Viele werden unter den gegebenen Beschränkungen ihr Bestes versuchen, um den höchstmöglichen Nutzen zu erlangen. Es gibt jedoch auch deutliche Hinweise darauf, dass die Möglichkeiten des Standardmodells, Konsumentenverhalten zu beschreiben, limitiert sind. Wir denken gerne, dass unser Verhalten rational ist, doch haben Forschungen belegt, dass unsere Fähigkeit, Urteile zu fällen und Entscheidungen zu treffen, konsistente und systematische Schwachstellen – Befangenheiten – aufweist. Somit stellt das Standardmodell im besten Falle ein durchaus beschränktes Modell des Konsumentenverhaltens dar. Viele der Forschungsarbeiten in diesem Bereich sind inspiriert von zwei Psychologen – Daniel Kahneman und Amos Tversky. Tatsächlich war ihr Einfluss so groß, dass Kahneman 2002 der Nobelpreis für Wirtschaftswissenschaften verliehen wurde (Tversky verstarb leider 1996 mit nur 59 Jahren). Den verhaltensökonomischen Blick auf das Konsumentenverhalten werden wir im Folgenden kennenlernen.

4.5 Der verhaltensökonomische Blick auf das Konsumentenverhalten

Viele unserer Handlungen und Entscheidungen kann man nicht als Entscheidungen rationaler Individuen bewerten. (Ein rationales Individuum wird auch »Homo Oeconomicus« genannt.) Statt rational zu sein, können Menschen vergesslich, impulsiv, verwirrt, emotional und kurzsichtig sein. Einige Volkswirte nehmen folglich an, dass Menschen lediglich »begrenzte Rationalität« aufweisen. **Begrenzte Rationalität** beinhaltet die Vorstellung, dass Menschen nur einen begrenzten Zugang zu Informationen sowie begrenzte Kapazitäten haben, diese zu verarbeiten. Hinzu kommt, dass sie bei ihren Entscheidungen auch zeitlichen Begrenzungen unterliegen.

Das mikroökonomische Standardmodell geht davon aus, dass die Konsumenten bei ihren nutzenmaximierenden rationalen Entscheidungen vollständigen Zugang zu allen entscheidungsrelevanten Informationen haben und dass sie diese zudem schnell verarbeiten können. Die Forschung hat aber gezeigt, dass das von der Realität weit entfernt ist. Einige der grundlegenden Fehler in unserer Urteilsbildung und Entscheidungsfindung werden im Folgenden beschrieben.

Begrenzte Rationalität
Die Vorstellung, dass Menschen ihre Entscheidungen unter den Bedingungen begrenzter und manchmal nicht verlässlicher Informationen treffen.

Begrenzte Rationalität

Menschen überschätzen sich. Stellen Sie sich vor, man würde Sie nach einigen Zahlenangaben fragen, etwa nach der Anzahl afrikanischer Staaten in den Vereinten Nationen, der Höhe des höchsten europäischen Berges und so weiter. Statt einer Punktschätzung sollen Sie bei Ihren Antworten ein Vertrauensintervall von 90 Prozent angeben: Mit einer Wahrscheinlichkeit von 90 Prozent soll der tatsächliche Wert innerhalb des von Ihnen genannten Intervalls liegen. Wenn Psychologen solche Befragungen anstellen, geben die meisten Menschen zu enge Intervalle an. Der tatsächliche Wert fällt erheblich seltener als 90 Prozent in das angegebene Intervall. Das bedeutet, dass die meisten Menschen von ihren eigenen Fähigkeiten zu sehr überzeugt sind.

Menschen legen zu viel Vertrauen in eine kleine Anzahl besonders lebhafter Beobachtungen. Stellen Sie sich vor, Sie wollen ein neues Smartphone der Gesellschaft X kaufen. Um ein Bild von der Verlässlichkeit des Geräts zu gewinnen, lesen Sie Erfahrungsberichte, die sich auf 1.000 Inhaber solcher Geräte stützen. Dann begegnen Sie einer Freundin, die solch ein Gerät besitzt, und sie erzählt Ihnen, dass sie damit wirklich unglücklich ist. Wie bewerten Sie die Auskunft der Freundin? Blieben Sie rational, so sähen Sie Ihre bisherige Stichprobe lediglich von 1.000 auf 1.001 vergrößert und nur unwesentlich verändert. Es gibt jedoch neurologische Prozesse, die Ihre Informationen nach besonderen Aufmerksamkeiten gewichten: Die Geschichte Ihrer Freundin kann Sie dazu verleiten, dass Sie sie bei Ihrer Entscheidungsfindung überproportional stark bewerten – weil ihre Schilderung so lebhaft war.

4.5 Hintergründe zur Nachfrage: Die klassische Theorie der Konsumentscheidung
Der verhaltensökonomische Blick auf das Konsumentenverhalten

Menschen zögern, ihre Einstellung zu ändern. Menschen neigen dazu, Befunde so zu interpretieren, dass sie ihre Überzeugungen bestätigen. In einer Studie wurden die Teilnehmer gebeten, einen Bericht zu lesen und zu bewerten, der sich darum drehte, ob die Todesstrafe die Kriminalität senken kann. Anhänger und Gegner der Todesstrafe sahen sich nach Auswertung der Studie in ihren jeweiligen Positionen gleichermaßen bestärkt, d. h., beide Gruppen haben identische Befunde ganz unterschiedlich gedeutet.

Menschen weisen eine natürliche Tendenz auf, nach Bestätigungen für ihre bereits bestehenden Einstellungen oder Hypothesen zu suchen. Menschen identifizieren, wählen oder beobachten vergangene Ereignisse und führen sie als Beweis für einen Standpunkt oder eine Hypothese an. Nassim Nicholas Taleb, Autor des Buches »Der schwarze Schwan«, nennt dies »naiven Empirismus«. Menschen identifizieren, selektieren oder beobachten vergangene Ereignisse und führen sie als Beweise für ihre Standpunkte oder Hypothesen ins Feld. So versteht man jede extreme Wetterlage als Beweis für den Klimawandel oder ein Anstieg des Benzinpreises um 10 Cent wird vorschnell als allgemeiner Anstieg des Preisniveaus gedeutet.

Menschen nutzen Faustregeln – Heuristiken

Das mikroökonomische Standardmodell geht davon aus, dass die Käufer, um rational handeln zu können, bei ihren Kaufentscheidungen alle verfügbaren Informationen berücksichtigen und gegeneinander abwägen, um schließlich im Rahmen ihrer Budgetbeschränkung ihren Nutzen zu maximieren. In der Realität jedoch haben die Konsumenten

1. oftmals keinen Zugang zu ausreichenden Informationen, um völlig rationale Entscheidungen treffen zu können, und
2. selbst wenn sie diesen Zugang hätten, wären sie nicht in der Lage, sie zu verarbeiten, teilweise aufgrund begrenzter kognitiver Fähigkeiten. (Nicht jeder kann z. B. im Kopf statistische Kalkulationen durchführen, auf die er dann seine Entscheidungen stützt.) Stattdessen nutzen Menschen Abkürzungen, um ihre Entscheidungen zu vereinfachen. Diese Abkürzungen bezeichnet man als Faustregeln oder **Heuristiken**. Einige dieser Heuristiken sind tief verwurzelt und können von Unternehmen genutzt werden, um das Verhalten der Konsumenten zu beeinflussen.

Es gibt verschiedene Typen von Heuristiken.

Ankern. Dies bezieht sich auf Entscheidungsprozesse, bei denen Menschen von Vertrautem oder ihrem Wissen ausgehen und auf diesem Anker aufbauen. So mag zum Beispiel ein Konsument, der in ein Restaurant geht, seine Preiserwartungen an ein bestimmtes Gericht an die beiden letzten Preise knüpfen, die er für dieses Gericht in einem anderen Restaurant bezahlt hat. Ist der Preis im nächsten Restaurant höher als dieser »Ankerpreis«, erscheint das Restaurant dem Konsumenten vielleicht als »zu teuer«, oder es hat für ihn »kein gutes Preis-Leistungs-Verhältnis«. Fällt die Rech-

---

Heuristiken
Vereinfachungen oder Faustregeln, die Menschen bei Entscheidungen nutzen.

nung hingegen niedriger aus, erscheint das Restaurant dem Konsumenten vielleicht »preiswert« und »empfehlenswert«. Diese Anker sind nicht neutral und die darauf basierenden Entscheidungen daher fehleranfällig.

Verfügbarkeitsheuristik. Entscheidungen, die auf Risikoabschätzungen von möglichen Ereignissen basieren, werden als Verfügbarkeitsheuristik bezeichnet. Wenn sich beispielsweise die Medien ausgiebig mit bestimmten Ereignissen beschäftigt haben, können sie bei der Entscheidungsfindung der Menschen eine Rolle spielen und dazu beitragen, dass die Risikoeinschätzung entsprechend verzerrt ist. Sind Konsumenten etwa der Meinung, dass die letzten beiden Winter besonders hart waren, werden sie eher geneigt sein, entsprechende Winterkleidung zu kaufen. Wer jeden Tag mit dem Zug zur Arbeit pendelt und dabei in letzter Zeit einige Verspätungen und Zugausfälle erlebt hat, bewertet die Pünktlichkeit der Züge wahrscheinlich als unzureichend, obwohl dies statistisch vielleicht nicht belegt werden kann.

Repräsentativitätsheuristik. Im Fall der Repräsentativitätsheuristik fällen Menschen Urteile danach, wie repräsentativ etwas in Bezug auf eigene Vorstellungen oder Vorurteile ist. So spielen Menschen eher Lotto, wenn ein guter Freund gerade eine namhafte Summe gewonnen hat. Oder Konsumenten bewerten die Kopfhörer einer bestimmten Marke als qualitativ hochwertig und stufen daher auch die tragbaren Bluetooth-Lautsprecher dieser Marke als qualitativ hochwertig ein, was sie dann in ihrer Kaufentscheidung beeinflusst.

Die persuasive Heuristik. Solche Überredungsheuristiken sind an die Eigenschaften gekoppelt, die ein Konsument einem Produkt oder einer Marke zuschreibt. Je mehr es Werbefachleuten gelingt, die Eigenschaften eines Produkts positiv herauszustellen (und die negativen Eigenschaften der Konkurrenzprodukte), umso wahrscheinlicher ist es, dass sich Konsumenten für dieses Produkt entscheiden. Außerdem werden Konsumenten eher von Menschen überzeugt, die sie mögen beziehungsweise respektieren. Diesen Umstand berücksichtigen Unternehmen zum Beispiel, indem sie mit Prominenten werben, sowie bei der Wahl ihrer Handelsvertreter, PR- und Marketingverantwortlichen. Die persuasive Heuristik kommt auch zum Tragen, wenn Kollegen und Freunde über bestimmte Produkte reden, weshalb Unternehmen ihre Werbe- und PR-Strategien zunehmend auch auf die sozialen Netzwerke ausrichten. Schließlich können mit der persuasiven Heuristik auch die bekannten »Bandwagon-Effekte« erklärt werden: Wenn viele Menschen einen bestimmten Film gesehen haben und darüber reden, ist der Anreiz für andere größer, sich diesen Film ebenfalls anzusehen. Unternehmen versuchen »Bandwagon-Effekte« zu erzeugen und für ihre Werbung zu nutzen.

Simulationsheuristik. Solche Heuristiken treten überall dort auf, wo Menschen mentale Prozesse nutzen, um das wahrscheinliche Resultat von etwas zu ermitteln. Je leichter das Resultat zu simulieren oder zu visualisieren ist, umso eher werden Menschen ihre Entscheidungen darauf beziehen. Kann man beispielsweise ganz leicht ein Produkt beschreiben, das zu gutem Aussehen beiträgt, dann wird es gerne gekauft. Pharmaunternehmen wissen, dass Produkte für bekannte und erlebte Symptome wie Kopfschmerzen, Muskelzerrungen, Halsschmerzen oder Schnupfen leicht zu verkaufen sind. Bei hohem Blutdruck oder hohem Cholesterinspiegel funktioniert diese Heuristik hingegen kaum, weil die unmittelbare Wahrnehmbarkeit fehlt.

Erwartungsnutzentheorie und Framing

In unserer Analyse des mikroökonomischen Standardmodells haben wir festgestellt, dass Indifferenzkurven implizieren, dass Konsumenten bezüglich ihrer Präferenzen Rangordnungen bilden – von gut bis schlecht (oder andersherum). Dies nennt man **Erwartungsnutzentheorie**.

Erwartungsnutzentheorie
Die Vorstellung, dass die Käufer bezüglich ihrer Präferenzen Rangordnungen bilden können und dies auch tun.

Die Erwartungsnutzentheorie ist bedeutsam, da Konsumenten jeden Tag Entscheidungen treffen müssen, die auf einer Rangfolge ihrer Präferenzen beruhen. Stellen Sie sich vor, sie müssen zwischen zwei Typen von Operationen in einem Krankenhaus wählen. Der Chirurg bespricht mit Ihnen Ihre Behandlung und stellt Sie vor die folgende Alternative:
Operation 1: 90 Prozent der Patienten überleben und leben danach länger als ein Jahr
Operation 2: 10 Prozent der Patienten sterben innerhalb des ersten Jahres
Welche Operation würden Sie wählen?

Die Erwartungsnutzentheorie unterstellt, dass Verbraucher ihre Präferenzen in Bezug auf diese beiden Optionen konsistent ordnen können. Arbeiten von Kahneman und Tversky zeigen, dass die Mehrheit der Menschen Operation 1 wählen würde. Den-

Aus der Praxis

Wie tot ist der Homo oeoconomicus?

Es gibt keinen Mangel an Leuten, ob Volkswirte oder nicht, die gerne betonen, dass die Standardtheorie, wie sie in diesem Kapitel skizziert wurde, »tot« sei und der Geschichte übergeben werden sollte.
Nicholas Hanley, Professor für Umweltökonomie an der Universität von St. Andrews, leitet einen Artikel in *The Conversation* so ein: »Seit Jahren streiten Volkswirte und Psychologen darüber, ob das Standardmodell korrekt ist, das Volkswirte verwenden, um zu erklären, wie Menschen Entscheidungen treffen.« Ebenfalls in *The Conversation* kommentiert Brendan Markey-Towler, Industry Research Fellow am Australian Institute for Business and Economics und der Wirtschaftsfakultät der University of Queensland, den hohen Preis, den Apple für sein neuestes iPhone verlangt, und stellt fest: »Die Antwort dafür findet sich in der Verhaltensökonomik.« Derek Thompson schreibt in *The Atlantic* unter der Schlagzeile: »Richard Thaler gewinnt den Wirtschaftsnobelpreis für die Tötung des Homo Oeconomicus.« Und er fährt fort: »Bekannt für seine Verwendung von Daten zur Beobachtung und Prognose des Verhaltens von Menschen in der realen Welt, war Thalers Karriere ein lebenslanger Krieg gegen den Homo Oeconomicus, jene mythische Spezies rein rationaler Hominiden, die ausschließlich in den Modellen der klassischen Wirtschaftstheorie leben.« Richard Partington schreibt in *The Guardian* über die Verleihung des Nobelpreises an Thaler: »Im Gegensatz zur klassischen Ökonomie, in der die Entscheidungsfindung ausschließlich auf kalter Logik beruht, lässt die Verhaltensökonomik irrationales Verhalten zu und versucht zu verstehen, warum es auftreten könnte.«

Dennoch gibt es einige Forscher, die darauf hinweisen, dass das Standardmodell das menschliche Entscheidungsverhalten sehr wohl erklären kann. So schreibt Dean Pearson, Leiter der Abteilung für Verhaltensökonomik bei der National Australia Bank, im *Sydney Morning Herald*, dass beispielsweise viele Menschen, die über Zeitmangel klagen, andere Personen dafür bezahlen, alltägliche Aufgaben in ihrem Haushalt wie Rasenmähen oder Putzen zu erledigen, sodass sie die hierdurch frei werdende Zeit dann mit Dingen verbringen könnten, die sie wirklich genießen und schätzen. Wer sich aber so

Fortsetzung auf Folgeseite

Fortsetzung von Vorseite

verhalte, treffe eine klassische Rationalentscheidung, die das eigene Verhalten angesichts der persönlichen Umstände optimiere und damit den persönlichen Nutzen steigere.
Überlegen Sie auch, wie Sie selbst Ihre Universität ausgewählt haben.
Sicher waren Sie dabei durch eine Reihe von Faktoren eingeschränkt: Geld, Qualifikationen, Reisemöglichkeiten, Unterkunft und so weiter. Möglicherweise haben Sie auch verschiedene Studienprogramme und Universitäten in Betracht gezogen, bevor Sie sich schließlich entschieden haben. Inwieweit spiegelt Ihre Entscheidung die Vorstellung eines rationalen Menschen wider, der in Anbetracht seiner Umstände das Bestmögliche tut? Vielleicht haben Sie bei Ihrer Entscheidungsfindung nicht die Terminologie verwendet, die wir in diesem Kapitel eingeführt haben, aber gibt es irgendeinen Teil des Modells des Verbraucherverhaltens, das wir vorgestellt haben, der Ihr Verhalten bei der Wahl Ihrer Universität widerspiegelt?

Fragen
1. Würden Sie diesen Artikel als eine Verteidigung des ökonomischen Standardmodells oder als eine ausgewogene Sichtweise auf die Vorzüge sowohl des Standardmodells als auch der Verhaltenstheorien des Verbraucherverhaltens betrachten?
2. Betrachten Sie das Zitat von Nicholas Hanley. Kommentieren Sie die Verwendung des Wortes »korrekt« im Kontext des Zitats.
3. Wenn ein Unternehmen wie Apple ein Produkt auf den Markt bringt und dafür einen sehr hohen Preis verlangt, kann dies, so der Vorschlag von Brendan Markey-Towler, durch die Verhaltensökonomik erklärt werden. Präsentieren Sie ein Argument, mit dem der hohe Preis für ein Produkt wie ein Smartphone ebenso durch das ökonomische Standardmodell erklärt werden könnte.
4. Richard Thaler, Nobelpreisträger für Wirtschaftswissenschaften 2017, wird als »einer der Väter der Verhaltensökonomik« bezeichnet. In den Zitaten im Artikel wird er als jemand dargestellt, der sein Leben im »Krieg« mit dem Homo Oeconomicus verbracht hat – und damit auch mit Ökonomen, die das ökonomische Standardmodell vertreten. Welche Rolle spielt die Sprache, die von den Autoren in ihren Zitaten verwendet wird, bei der Formulierung der vorgebrachten Argumente? (Vielleicht sollten Sie sich auch ein Exemplar von Thalers Buch »Misbehaving: Was uns die Verhaltensökonomik über unsere Entscheidungen verrät« besorgen, um selbst zu beurteilen, ob er wirklich seine gesamte Karriere im »Krieg« mit den Wirtschaftswissenschaftlern verbracht hat.)
5. Betrachten Sie den Hinweis über das »Outsourcing« von alltäglichen Haushaltsaufgaben an andere Personen und Ihren eigenen Entscheidungsprozess bei der Wahl einer Universität (als Konsument von Hochschulbildung). Kommentieren Sie, inwieweit diese beiden Beispiele eher durch das ökonomische Standardmodell oder verhaltensökonomisch zu erklären sind. Ist Ihre Antwort ein »entweder/oder«? Welches Licht wirft Ihre Analyse Ihrer Meinung nach auf die Debatte zwischen dem Standardmodell und anderen Erklärungen des Verbraucherverhaltens?

noch bieten die beiden Operationen eigentlich die gleiche Chance auf einen erfolgreichen Ausgang. Nach der Erwartungsnutzentheorie wäre ein rationaler ökonomischer Entscheidungsträger indifferent zwischen beiden Operationen. Kahneman und Tverskys Arbeiten jedoch konnten nachweisen, dass die Art und Weise, in der uns diese Alternative vorgelegt wird, unser Urteil darüber beeinflussen kann. Das aber stellt eine Verletzung der ökonomischen Annahme rationalen Handelns dar.

Unternehmen verfahren sehr sorgfältig bei der Art und Weise, wie sie ein Produkt vorstellen und Informationen an den Konsumenten weitergeben. Sie wollen damit Kaufentscheidungen beeinflussen und unterschiedliche Wahrnehmungen ausnutzen. Dies wird als **Framing-Effekt** bezeichnet. Danach reagieren Menschen in Entscheidungssituationen unterschiedlich, je nachdem, wie ihnen die zur Auswahl stehenden Alternativen präsentiert werden. Beispielsweise wissen Versicherungsunternehmen, dass Menschen sich ein Urteil darüber bilden, wie sehr sie einem Risiko ausgesetzt sind, und auf

Framing-Effekt
Menschen reagieren in Entscheidungssituationen je nachdem, wie ihnen die zur Auswahl stehenden Alternativen präsentiert werden.

der Grundlage dieses Urteils darüber entscheiden, eine Versicherung abzuschließen oder nicht. Die Werbung von Versicherungen kann daher so gestaltet sein, dass sie Konsumenten den Eindruck vermittelt, sie wären einem erhöhten Risiko ausgesetzt.

Zusammenfassung

- Die Theorie der Konsumentscheidungen untersucht, wie Konsumenten ihre Entscheidungen treffen. Das Modell basiert auf mehreren Annahmen, zuallererst darauf, dass Menschen rational handeln, um mit den ihnen gegebenen Ressourcen ihren Nutzen zu maximieren.
- Die Budgetbeschränkung eines Konsumenten zeigt die möglichen Kombinationen unterschiedlicher Güter, die er sich bei gegebenem Einkommen und gegebenen Preisen leisten kann. Die grafische Darstellung der Budgetbeschränkung ist die Budgetgerade. Die Steigung der Budgetgeraden entspricht dem relativen Preis der Güter.
- Die Indifferenzkurven eines Konsumenten bilden seine Präferenzen ab. Eine Indifferenzkurve zeigt die verschiedenen Güterbündel, die den Verbraucher gleichermaßen zufriedenstellen. Punkte auf höheren Indifferenzkurven werden Punkten auf niedriger liegenden Indifferenzkurven vorgezogen. Die Steigung einer Indifferenzkurve entspricht in jedem Punkt der Grenzrate der Substitution des Konsumenten – das ist dasjenige Verhältnis, zu dem ein Verbraucher bereit ist, ein Gut gegen das andere zu tauschen.
- Der Konsument optimiert, indem er den Punkt auf seiner Budgetgeraden wählt, der auf der höchstmöglichen erreichbaren Indifferenzkurve liegt. In diesem Punkt entspricht die Steigung der Indifferenzkurve (die Grenzrate der Substitution zwischen den Gütern) genau der Steigung der Budgetgeraden (dem relativen Preis der Güter).
- Fällt der Preis eines Gutes, so kann die Wirkung auf die Konsumentscheidung des Verbrauchers in einen Einkommens- und einen Substitutionseffekt unterteilt werden. Der Einkommenseffekt gibt die Veränderung der konsumierten Mengen an, die dadurch entsteht, dass sich ein Konsument durch einen niedrigeren Preis mehr leisten kann. Der Substitutionseffekt ist diejenige Veränderung in den konsumierten Mengen, die daraus resultiert, dass eine Preisänderung einen höheren Konsum desjenigen Gutes fördert, das relativ billiger geworden ist. Der Einkommenseffekt spiegelt sich in der Bewegung von einer niedrigeren zu einer höheren Indifferenzkurve wider, wohingegen der Substitutionseffekt durch eine Bewegung entlang einer Indifferenzkurve hin zu einem Punkt mit veränderter Steigung charakterisiert ist.
- Die klassische Theorie der Konsumentscheidungen kann auf viele Situationen angewandt werden. Mit ihrer Hilfe kann erklärt werden, warum Nachfragekurven eine positive Steigung aufweisen können, wieso Lohnerhöhungen das Arbeitsangebot sowohl erhö-

Stichwörter

- Nutzen
- Budgetbeschränkung
- Budgetgerade
- Auswahlmenge
- Indifferenzkurve
- Gesamtnutzen
- Grenznutzen
- abnehmender Grenznutzen
- Grenzrate der Substitution
- vollkommene Substitute
- vollkommene Komplemente
- Einkommenseffekt
- Substitutionseffekt
- Preis-Konsum-Kurve
- Giffen-Gut
- Engel-Kurve
- begrenzte Rationalität
- Heuristiken
- Erwartungsnutzentheorie
- Framing-Effekt

hen als auch senken können und weshalb höhere Zinssätze das Sparverhalten fördern oder auch verringern können.

Wiederholungsfragen

1. Ein Verbraucher hat ein Einkommen von 3.000 Euro. Ein Glas Wein kostet 3 Euro, ein Kilogramm Käse kostet 6 Euro. Zeichnen Sie die Budgetgerade des Konsumenten. Welche Steigung weist diese Budgetgerade auf?
2. Zeichnen Sie die Indifferenzkurven für Wein und Käse. Beschreiben und erläutern Sie die vier Eigenschaften dieser Indifferenzkurven.
3. Wählen Sie einen beliebigen Punkt auf der Indifferenzkurve und verdeutlichen Sie die Grenzrate der Substitution. Was gibt die Grenzrate der Substitution an?
4. Zeichnen Sie eine Budgetgerade des Konsumenten und die Indifferenzkurven für Wein und Käse. Zeigen Sie das Haushaltsoptimum, das der Konsument wählt. Wenn der Preis eines Glases Wein 3 Euro und der Preis eines Kilogramms Käse 6 Euro betragen, wie hoch ist dann die Grenzrate der Substitution in diesem Optimum?
5. Eine Person, die Wein und Käse konsumiert, erhält eine Gehaltserhöhung von 3.000 Euro auf 4.000 Euro. Zeigen Sie, was passiert, wenn Wein und Käse normale Güter sind. Zeigen Sie anschließend, was passiert, wenn Käse ein inferiores Gut ist.
6. Der Preis für ein Kilogramm Käse steigt von 6 Euro auf 10 Euro, während der Preis für ein Glas Wein unverändert bei 3 Euro bleibt. Zeigen Sie, wie sich der Konsum von Wein und Käse eines Verbrauchers verändert, der ein konstantes Einkommen von 3.000 Euro erhält. Zerlegen Sie diese Veränderung in den Einkommens- und den Substitutionseffekt.
7. Kann ein Anstieg des Preises für Käse den Konsumenten möglicherweise dazu veranlassen, mehr Käse zu kaufen? Erläutern Sie Ihre Antwort.
8. Was sind Heuristiken und auf welche Weise können sie Entscheidungen der Konsumenten beeinflussen?

Aufgaben und Anwendungen

1. Jennifer teilt ihr Einkommen auf Kaffee und Croissants auf. Ein früher Frosteinbruch in Brasilien verursacht einen starken Anstieg des Kaffeepreises in Deutschland.
    a. Zeigen Sie die Auswirkungen des Frosteinbruchs auf Jennifers Budgetgerade.
    b. Zeigen Sie die Auswirkungen des Frosteinbruchs auf Jennifers Haushaltsoptimum unter der Annahme, dass für Croissants der Substitutionseffekt stärker als der Einkommenseffekt ist.
    c. Zeigen Sie die Auswirkungen des Frosteinbruchs auf Jennifers Haushaltsoptimum unter der Annahme, dass für Croissants der Einkommenseffekt stärker als der Substitutionseffekt ist.

2. Vergleichen Sie die folgenden Paare von Gütern: Coke und Pepsi sowie Skier und Skibindungen. In welchem Fall erwarten Sie annähernd lineare Indifferenzkurven,

und in welchem Fall erwarten Sie, dass die Indifferenzkurven eine starke Krümmung aufweisen? In welchem Fall wird der Konsument stärker auf eine Änderung des relativen Preises der beiden Güter reagieren.

3. Mario isst nur Käse und Cracker.
   a. Können Käse und Cracker beide inferiore Güter für Mario sein? Erläutern Sie Ihre Antwort.
   b. Nehmen wir an, Käse ist für Mario ein normales Gut, während Cracker ein inferiores Gut sind. Was geschieht mit Marios Konsum an Crackern, wenn der Preis für Käse fällt? Was passiert bezüglich seines Käsekonsums? Erläutern Sie Ihre Antwort.

4. Jim kauft ausschließlich Milch und Kekse.
   a. Im letzten Jahr verdiente Jim 100 Euro, Milch kostete 2 Euro pro Liter, ein Dutzend Kekse kosteten 4 Euro. Zeichnen Sie Jims Budgetgerade.
   b. Nehmen Sie nun an, im laufenden Jahr steigen alle Preise um 10 Prozent, und Jims Einkommen steigt ebenfalls um 10 Prozent. Zeichnen Sie Jims neue Budgetgerade. Wie sieht Jims optimale Kombination aus Milch und Keksen im letzten Jahr im Vergleich zur optimalen Kombination des laufenden Jahres aus?

5. Nehmen Sie an, Sie müssen sich entscheiden, wie viele Stunden Sie arbeiten wollen. Dabei stehen Sie letztlich vor der Entscheidung zwischen Konsum und Freizeit.
   a. Zeichnen Sie Ihre Budgetgerade unter der Annahme, Sie zahlten keine Steuern auf Ihr Einkommen. Zeichnen Sie in dasselbe Diagramm eine weitere Budgetgerade, die der Annahme unterliegt, Sie müssten 15 Prozent Steuern auf Ihr Einkommen zahlen.
   b. Zeigen Sie, wie die Steuer Sie dazu veranlassen kann, mehr oder weniger Stunden zu arbeiten als im Fall ohne Besteuerung. Erläutern Sie Ihre Skizzen.

6. Nehmen Sie an, Sie treten eine Arbeitsstelle an, die Ihnen ein Einkommen von 30.000 Euro verschafft. Einen Teil dieses Einkommens sparen Sie, was Ihnen eine jährliche Verzinsung von 2 Prozent erbringt. Zeigen Sie in einem Diagramm mithilfe von Budgetgerade und Indifferenzkurven, wie sich Ihr Konsumverhalten – und damit die Entscheidung zwischen gegenwärtigem Konsum und zukünftigem Konsum – in jeder der nachfolgenden Situationen ändert. Um die Dinge einfach zu halten, nehmen Sie an, Sie würden keine Steuern auf Ihr Einkommen zahlen.
   a. Ihr Einkommen steigt auf 40.000 Euro.
   b. Der Zinssatz für Ihre Ersparnisse steigt auf 5 Prozent.

7. Nehmen Sie an, Sie teilen Ihr gesamtes Einkommen auf Bier und Pizza auf. Stellen Sie Ihre Budgetbeschränkung und Ihre optimale Konsumentscheidung grafisch dar. Was passiert bei einem Preisrückgang für Pizza? Leiten Sie aus der Preis-Konsum-Kurve Ihre Nachfragekurve nach Pizza ab.

8. »Wenn die Konsumenten bei steigendem Einkommen von einem bestimmten Gut nicht mehr, sondern weniger kaufen, dann kann es sein, dass sie bei steigenden Preisen mehr von diesem Gut kaufen.« Können Sie diese Aussage erklären?

9. Betrachten wir eine Person, die eine Entscheidung treffen muss, wie viel sie konsumieren soll und wie viel sie für das Alter sparen soll. Diese Person hat spezielle Präferenzen: Das niedrigere der beiden in den jeweilgen Lebensabschnitten erzielte Konsumniveau bestimmt den Nutzen. Formal heißt das:
Nutzen = Minimum {Konsum in jungen Jahren, Konsum im Alter}.
   a. Zeichnen Sie die Indifferenzkurven dieser Person. (Hinweis: Erinnern Sie sich daran, dass die Indifferenzkurven diejenigen Konsumkombinationen beider Lebensperioden aufzeigen, die denselben Nutzen stiften.)
   b. Zeichnen Sie die Budgetgerade und das Haushaltsoptimum.
   c. Wird diese Person bei einem Anstieg des Zinssatzes mehr oder weniger sparen? Erläutern Sie Ihre Antwort unter Verwendung der Begriffe Substitutions- und Einkommenseffekt.

5 Hintergründe zum Angebot: Unternehmen in Wettbewerbsmärkten

In diesem Kapitel wollen wir das Verhalten von Unternehmen in Wettbewerbsmärkten untersuchen, in denen jeder Käufer und Verkäufer nur verschwindend klein im Verhältnis zum Volumen des gesamten Markts ist und deshalb keine Möglichkeit hat, den Marktpreis zu beeinflussen. Unter den Bedingungen der vollständigen Konkurrenz spielen die verschiedenen fixen, variablen und durchschnittlichen Kosten sowie die Grenzkosten eines Unternehmens eine wichtige und voneinander abhängige Rolle. Wir werden den Ausdruck »Unternehmen« als repräsentativ für den Akteur auf der Angebotsseite des Markts verwenden. Dennoch ist es wichtig, im Gedächtnis zu behalten, dass Unternehmen eigentlich aus vielen Menschen bestehen und dass das Verhalten dieser Menschen zu Marktergebnissen führen kann, die ganz anders sind als die in diesem Kapitel analysierten. Die Analyse in diesem Kapitel bildet die Basis für die weitere Diskussion in späteren Kapiteln darüber, wie sich Unternehmen unter anderen als wettbewerblichen Marktstrukturen verhalten.

5.1 Kosten und Opportunitätskosten

Allen Unternehmen entstehen bei der Herstellung ihrer Waren und Dienstleistungen Kosten – von der Lufthansa bis hin zu Ihrer Bäckerei an der Ecke. Kosten entstehen, weil das Unternehmen Produktionsfaktoren (Inputfaktoren) in seinen Herstellungsprozess einsetzt und hierfür zu bezahlen hat.

Wir untersuchen die Kosten eines Unternehmens im Kontext eines Beispiels: »Paolos Tiefkühlpizza«. Paolo, der Eigentümer des Unternehmens, kauft Mehl, Tomatenmark, Mozzarella, Salami und weitere Zutaten. Er kauft oder mietet Produktionshallen, kauft die Mischmaschinen und Backöfen und er stellt die für die Produktion notwendigen Arbeitskräfte ein. Die hergestellten Pizzen werden schließlich an die Konsumenten verkauft.

Kosten als Opportunitätskosten

Erinnern Sie sich, dass die Opportunitätskosten eines Gegenstands in all dem bestehen, was für seinen Erwerb aufgegeben werden muss. Wenn Volkswirte von den Produktionskosten eines Unternehmens sprechen, berücksichtigen sie die Opportunitätskosten der Herstellung von Waren und Dienstleistungen.

5.1 Hintergründe zum Angebot: Unternehmen in Wettbewerbsmärkten
Kosten und Opportunitätskosten

Die unternehmerischen Opportunitätskosten sind dabei manchmal sehr offensichtlich, manchmal aber auch nicht. Wenn Paolo 1.000 Euro für Mehl ausgibt, kann er diesen Geldbetrag für nichts anderes mehr ausgeben. Er opfert also das, was er sonst noch für 1.000 Euro hätte kaufen können. Ähnlich verhält es sich, wenn Paolo Löhne an seine Beschäftigten bezahlt. Weil diese Kosten mit einer Auszahlung verbunden sind, werden sie **explizite Kosten** genannt. Im Gegensatz dazu sind einige Opportunitätskosten des Unternehmens **implizite Kosten,** da sie keine Auszahlung erfordern. Stellen Sie sich vor, Paolo wäre ein Computerfachmann und könnte als Programmierer 100 Euro pro Stunde verdienen. Für jede Stunde, die er in seinem Unternehmen arbeitet, verzichtet er also auf 100 Euro Einkommen und dieses entgangene Einkommen wird von Volkswirten ebenfalls zu seinen Kosten gezählt.

Die Unterteilung in explizite und implizite Kosten hebt die Unterschiede in den Herangehensweisen von Volkswirten und Buchhaltern hervor, wenn sie ein Unternehmen analysieren. Volkswirte sind daran interessiert, wie Unternehmen ihre Produktions- und Preisentscheidungen fällen. Und da diese sowohl auf den expliziten als auch den impliziten Kosten beruhen, werden beide Kostenkategorien berücksichtigt. Im Gegensatz dazu ist es die Aufgabe von Buchhaltern, die eingehenden und ausgehenden Zahlungsströme eines Unternehmens zu dokumentieren. Sie messen daher die expliziten Kosten und ignorieren meistens die impliziten Kosten.

Den Unterschied zwischen dem Standpunkt eines Volkswirts und dem Standpunkt eines Buchhalters kann man an »Paolos Tiefkühlpizza« leicht nachverfolgen. Wenn Paolo darauf verzichtet, mit seinen Fachkenntnissen als Computerspezialist 100 Euro pro Arbeitsstunde zu verdienen, wird dies der Buchhalter nicht zu den Kosten der Pizzaherstellung rechnen. Es fließt ja kein Geld aus dem Unternehmen hinaus, mit dem man für diese Art Kosten bezahlt. Der Posten kommt im Finanzstatus nicht vor. Der Volkswirt jedoch wird den Einkommensverzicht sehr wohl zu den Kosten rechnen, denn er beeinflusst Paolos Entscheidungen als Unternehmer.

Dies ist ein wichtiger Schritt hin zu ökonomischem Denken. Sollte in Paolos Fall der Stundenlohn für Programmierer von 100 Euro auf 500 Euro pro Stunde steigen, kann die Höhe der Opportunitätskosten seiner unternehmerischen Tätigkeit nun dazu führen, dass er seine Entscheidung ändert. Die (impliziten) Kosten im Sinne des entgangenen Einkommens sind gestiegen. Paolo könnte sich daraufhin dazu entschließen, sein Unternehmen aufzugeben und fortan ganztags als Programmierer zu arbeiten.

Die Kapitalkosten als Opportunitätskosten

Nehmen wir beispielsweise an, Paolo hätte für die Fabrikanlage 300.000 Euro seiner Ersparnisse an den vorherigen Eigentümer als Kaufpreis gezahlt. Hätte Paolo das Geld stattdessen auf seinem Sparkonto belassen, auf dem er 5 Prozent Verzinsung erhält, so hätte er ein Zinseinkommen von 15.000 Euro pro Jahr (bei einfacher Verzinsung) erhalten. Paolo hat also ein jährliches Zinseinkommen von 15.000 Euro aufgegeben, um Eigentümer der Fabrik zu werden. Dieses entgangene Einkommen zählt zu den impliziten Kosten von Paolos Unternehmen. Ein Volkswirt betrachtet den Betrag von

---

Explizite Kosten
Kosten, die mit einer Geldauszahlung des Unternehmens verbunden sind.

Implizite Kosten
Kosten, die nicht mit einer Geldauszahlung des Unternehmens verbunden sind.

15.000 Euro an entgangenem Zinseinkommen als Kosten des Unternehmens, obwohl es sich nur um implizite Kosten handelt. Paolos Buchhalter führt diese Kosten jedoch nicht als Posten auf, da sie mit keinem Zahlungsmittelabgang verbunden sind.

Um den Unterschied zwischen ökonomischer und buchhalterischer Sicht weiter auszuloten, wandeln wir das Beispiel ein wenig ab. Angenommen, Paolo könnte nicht den gesamten Kaufpreis von 300.000 Euro aus Eigenmitteln aufbringen. Stattdessen hätte er 100.000 Euro Ersparnisse; über die restlichen 200.000 Euro nimmt er einen Bankkredit mit 5 Prozent Verzinsung auf. Der Buchhalter, der nur die expliziten Kosten misst, wird nun 10.000 Euro als Kosten veranschlagen, die jährlich als Zinszahlung für den Bankkredit anfallen und somit für das Unternehmen einen Zahlungsmittelabgang darstellen. Im Gegensatz dazu wird der Volkswirt die Opportunitätskosten für das Eigentum an der Pizzafabrik nach wie vor mit 15.000 Euro ansetzen. Die Opportunitätskosten entsprechen den Bankzinsen (10.000 Euro explizite Kosten) und den entgangenen Sparzinsen (5.000 Euro implizite Kosten).

> **Kurztest**
> Landwirt Matthias ist auch ausgebildeter Grafikdesigner. Als Designer könnte er pro Stunde 40 Euro verdienen. An einem bestimmten Tag verbringt er 10 Stunden damit, auf seinem Acker 500 Euro teure Stecklinge zu pflanzen. Welche Opportunitätskosten sind entstanden? Welche Kosten würden in der Buchhaltung aufgeführt? Wenn er aus der Pflanzung im darauf folgenden Herbst 1.000 Euro Verkaufswert erzielt, hat er dann einen Gewinn erzielt? Würden Sie Matthias raten, Landwirt zu bleiben, oder sollte er lieber als Grafikdesigner arbeiten?

5.2 Produktion und Kosten

Den Unternehmen entstehen Kosten, sobald sie Produktionsfaktoren (oder Inputfaktoren) einkaufen, um ihre Waren oder Dienstleistungen herzustellen. In der folgenden Analyse treffen wir eine wichtige vereinfachende Annahme. Wir nehmen an, die Größe von Paolos Fabrik sei unveränderbar, sodass er seine Pizzaproduktion nur erhöhen kann, indem er zusätzliche Arbeitskräfte einstellt. Diese Annahme ist **auf kurze Sicht (kurzfristig)** realistisch, **auf lange Sicht (langfristig)** betrachtet jedoch nicht. Paolo kann seine Pizzafabrik sicherlich nicht über Nacht vergrößern, innerhalb von ein oder zwei Jahren dagegen schon. Diese erste Analyse beschreibt daher Paolos kurzfristige Produktionsentscheidungen.

Auf kurze Sicht (kurzfristig)
Zeitraum, in dem einige Produktionsfaktoren unveränderbar sind.

Auf lange Sicht (langfristig)
Zeitraum, in dem alle Produktionsfaktoren verändert werden können.

Die Produktionsfunktion

Tabelle 5-1 zeigt, wie die Menge der durch »Paolos Tiefkühlpizza« pro Stunde produzierten Pizzen von der Zahl der Arbeitskräfte abhängt. Sind keine Arbeiter in der Fab-

5.2 Hintergründe zum Angebot: Unternehmen in Wettbewerbsmärkten
Produktion und Kosten

rik, werden keine Pizzen produziert. Arbeitet eine Kraft, werden 50 Pizzen hergestellt. Bei 2 Arbeitern erhält man 90 Pizzen und so weiter.

Diagramm (a) der Abbildung 5-1 zeigt eine Kurve für die Wertepaare der ersten beiden Spalten der Tabelle 5-1. Die Zahl der Arbeitskräfte ist auf der waagerechten Achse, die Zahl der produzierten Pizzen auf der senkrechten Achse abzulesen. Dieses Verhältnis zwischen Inputmenge (z. B. Arbeitskräfte) und Output- bzw. Produktionsmenge (z. B. Pizzen) bezeichnet man als **Produktionsfunktion**.

Die Produktionsfunktion kann als mathematische Funktion dargestellt werden, wobei der Output (Q) von den Produktionsfaktoren Kapital (K) und Arbeit (L) abhängig ist:

$$Q = f(K, L)$$

> **Produktionsfunktion**
> Das Verhältnis zwischen der Inputmenge (d.h. der Menge der eingesetzten Produktionsfaktoren) und der erzielten Produktionsmenge.

Spalte drei in der Tabelle 5-1 zeigt das Grenzprodukt eines Arbeiters. Das **Grenzprodukt** eines jeden einzelnen Produktionsfaktors (MP_F) im Produktionsprozess ist der Zuwachs der Produktionsmenge, den man durch eine zusätzliche Einheit dieses Faktors erhält, angegeben durch:

$$MP_F = \frac{\text{Veränderung der Produktionsmenge}}{\text{Veränderung der Faktormenge}}$$

> **Grenzprodukt**
> Der Zuwachs der Produktionsmenge, den man durch den Einsatz einer zusätzlichen Einheit eines Produktionsfaktors erzielt.

Das Grenzprodukt der Arbeit wäre demnach:

$$MP_L = \frac{\Delta Q}{\Delta L}$$

Wenn wir die Differenzialrechnung anwenden, so ist das Grenzprodukt einer infinitesimal kleinen Änderung des Arbeitskräfteeinsatzes die partielle Ableitung:

$$MP_L = \frac{\partial Q}{\partial L}$$

Wir nutzen in diesem Fall partielle Ableitungen, da die Produktionsfunktion mehr als eine unabhängige Variable hat (Kapital und Arbeit). Wir betrachten den Veränderungsgrad von Q, wenn sich entweder K oder L ändert, und halten jeweils die andere Variable dabei konstant. Um das Grenzprodukt der Arbeit zu ermitteln, leiten wir also Q in Bezug auf L ab, während wir K konstant halten.

Wenn die Zahl der Arbeitskräfte von 1 auf 2 ansteigt, nimmt die Pizzaproduktion von 50 auf 90 Stück zu; das Grenzprodukt des zweiten Arbeiters beträgt also 40 Pizzen. Und wenn die Zahl der Arbeitskräfte nochmals von 2 auf 3 ansteigt, erhöht sich die Gesamtproduktion von 90 auf 120 Pizzen. Das Grenzprodukt der dritten Arbeitskraft beträgt also 30 Stück.

Wir sehen, dass mit zunehmender Zahl an Arbeitskräften das Grenzprodukt der Arbeit (MP_L) abnimmt. Der zweite Arbeiter hat ein MP_L von 40 Pizzen, der dritte ein MP_L von 30 Pizzen und die vierte Arbeitskraft erzeugt nur noch ein Grenzprodukt von 20 Pizzen. Diese Eigenschaft der Produktionsfunktion heißt **abnehmendes Grenzprodukt**. Wie kommt es dazu? Anfangs arbeiten nur wenige Mitarbeiter in der Pizzafabrik und haben leichten Zugang zu den Produktionsmitteln – zu ihren Arbeitsplätzen, den Mischmaschinen, Backöfen usw. Während Paolo mehr und mehr Arbeiter einstellt, wird es nach und nach immer enger, Arbeitsmittel müssen geteilt werden, und schließlich behindern sich die Arbeitskräfte sogar gegenseitig, sollten es zu viele werden.

> **Abnehmendes Grenzprodukt**
> Eigenschaft der Produktionsfunktion, dass mit steigendem Input (Einsatz von Produktionsfaktoren) das Grenzprodukt dieses Inputs abnimmt.

Tab. 5-1

Produktionsfunktion und Gesamtkosten: »Paolos Tiefkühlpizza«

Zahl der Arbeiter	Output (produzierte Menge an Pizzen pro Stunde)	Grenz-produkt der Arbeit	Kosten der Fabrikanlage (€)	Kosten der Arbeitskräfte (€)	Gesamtkosten der Produktionsfaktoren (€)
0	0	0	30	0	30
1	50	50	30	10	40
2	90	40	30	20	50
3	120	30	30	30	60
4	140	20	30	40	70
5	150	10	30	50	80

Folglich trägt bei zunehmender Menge an Arbeitskräften jede zusätzliche Arbeitskraft immer weniger zur Steigerung der Produktion bei.

Man sieht die Abnahme des Grenzprodukts ganz deutlich in Diagramm (a) der Abbildung 5-1. Die Steigung der Produktionsfunktion (»rise over run«) zeigt die Veränderung der Produktionsmenge (»rise«) von »Paolos Tiefkühlpizza« je zusätzlichem Faktoreinsatz an Arbeit (»run«). Das heißt, die Steigung der Produktionsfunktion misst das Grenzprodukt der Arbeit. Mit zunehmendem Arbeitskräfteeinsatz sinkt das Grenzprodukt der Arbeit und die Kurve wird flacher.

Von der Produktionsfunktion zur Kostenkurve

Die letzten drei Spalten der Tabelle 5-1 sind in Diagramm (b) der Abbildung 5-1 grafisch dargestellt und zeigen die Kosten von Paolos Pizzaproduktion. In diesem Beispiel betragen die Kosten der Fabrikanlage 30 Euro pro Stunde und die Kosten einer Arbeitskraft 10 Euro pro Stunde. Nimmt Paolo die Produktion mit einer Arbeitskraft auf, so belaufen sich die Gesamtkosten auf 40 Euro. Stellt Paolo zwei Arbeitskräfte ein, ergeben sich Gesamtkosten von 50 Euro usw. Somit legen die Informationen der Tabelle 5-1 dar, wie die Zahl der Arbeitskräfte, die Paolo beschäftigt, mit seiner Produktionsmenge und den Gesamtkosten der Produktion zusammenhängt.

Eine wichtige Beziehung besteht in Tabelle 5-1 zwischen der Produktionsmenge (zweite Spalte) und den Gesamtkosten (sechste Spalte). Die grafische Wiedergabe der beiden Zahlenreihen führt zur *Gesamtkostenkurve* in Diagramm (b) von Abbildung 5-1, wobei die Produktionsmenge auf der waagerechten und die Kosten auf der senkrechten Achse abgetragen sind.

Nun vergleichen wir die Gesamtkostenkurve in Diagramm (b) von Abbildung 5-1 mit der Produktionsfunktion in Diagramm (a). Die Gesamtkosten der Produktion von Menge Q sind die Summe der Kosten aller Produktionsfaktoren, wobei P_L die Kosten pro Arbeitsstunde und P_K die Kosten für die Kapitalbeschaffung darstellen: $C(Q) = P_L \times L(Q) + P_K \times K(Q)$. $L(Q)$ und $K(Q)$ stehen hierbei für die Arbeitsstunden und den

5.2 Hintergründe zum Angebot: Unternehmen in Wettbewerbsmärkten
Produktion und Kosten

Abb. 5-1

Paolos Produktionsfunktion und Gesamtkostenkurve

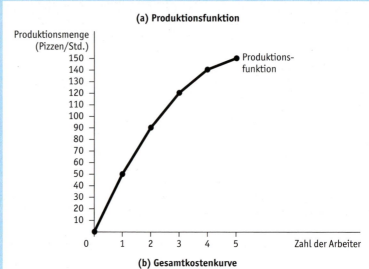

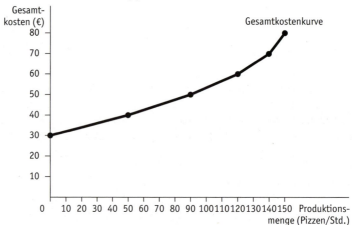

Die Produktionsfunktion in Diagramm (a) zeigt den Zusammenhang zwischen Faktoreinsatz der Anzahl der beschäftigten Arbeiter und der Produktionsmenge. Hier sind die Anzahl der Arbeitskräfte (waagerechte Achse) aus der ersten Spalte der Tabelle 5-1 entnommen und die Produktionsmengen (senkrechte Achse) aus der zweiten Spalte. Die Kurve der Produktionsfunktion verläuft bei höherem Arbeitskräfteeinsatz flacher, was das abnehmende Grenzprodukt widerspiegelt.
Die Gesamtkostenkurve in Diagramm (b) zeigt das Verhältnis zwischen der Produktionsmenge und den Gesamtkosten der Produktionsfaktoren. In diesem Fall stammen die Produktionsmengen (waagerechte Achse) aus der zweiten Spalte der Tabelle 5-1 und die Gesamtkosten der Produktionsfaktoren auf der senkrechten Achse stammen aus der sechsten Spalte der Tabelle 5-1. Aufgrund des abnehmenden Grenzprodukts wird die Kostenkurve bei größeren Produktionsmengen steiler.

Kapitaleinsatz für die Produktion von Q Einheiten Output. Die beiden Kurven stellen zwei Seiten derselben Medaille dar. Mit zunehmender Produktionsmenge wird die Kostenkurve steiler, die Produktionsfunktion dagegen flacher. Diese Unterschiede in der Steigung entstehen aus demselben Grund. Eine hohe Pizzaproduktion bedeutet, dass Paolos Fabrik mit Arbeitskräften überfüllt ist. Somit trägt jede zusätzliche Arbeitskraft immer weniger zur Produktion bei, was sich in einem abnehmenden Grenzprodukt widerspiegelt. Aus diesem Grund kommt es zu einer Abflachung der Produktionsfunktion bei steigendem Arbeitseinsatz. Auf der anderen Seite: Wenn die Fabrik überfüllt ist, erfordert die Herstellung jeder zusätzlichen Pizza viel zusätzliche Arbeitskraft und ist daher sehr kostspielig. So nimmt die Gesamtkostenkurve mit wachsender Produktionsmenge einen steileren Verlauf.

> **Kurztest**
> Wenn ein Landwirt nichts sät oder pflanzt, wird er nichts ernten. Wenn er 100 Kilogramm Weizen sät, wird er auf seinem Ackerland 5 Tonnen ernten. Sät er 200 Kilogramm, erhält er bei der Ernte 7 Tonnen Weizen. Bei 300 Kilogramm Saatgut wachsen 8 Tonnen. 100 Kilogramm Saatweizen kosten 100 Euro, und dies sind seine einzigen expliziten Kosten. Zeichnen Sie auf Grundlage dieser Zahlenangaben seine Produktionsfunktion und seine Gesamtkostenkurve. Erläutern Sie die Kurvenverläufe.

5.3 Verschiedene Kostenarten

Unsere Analyse des Unternehmens »Paolos Tiefkühlpizza« hat gezeigt, wie die Gesamtkosten eines Unternehmens dessen Produktionsfunktion widerspiegeln. Aus Angaben zu den Gesamtkosten eines Unternehmens kann man mehrere verwandte Kostenarten ableiten, durch welche sich Produktions- und Preisentscheidungen erklären lassen. Betrachten Sie dazu Tabelle 5-2. Sie zeigt die Kosten eines anderen Unternehmens: »Lucianos Limonade«.

Die erste Spalte der Tabelle zeigt die möglichen Produktionsmengen an Gläsern Limonade pro Stunde. Die zweite Spalte weist die Gesamtkosten der Limonadenherstellung aus. Abbildung 5-2 zeigt Lucianos Gesamtkostenkurve. Die Produktionsmengen aus der ersten Tabellenspalte sind auf der waagerechten Achse, die Gesamtkosten der zweiten Tabellenspalte auf der senkrechten Achse abgetragen. Lucianos Gesamtkostenkurve hat einen ähnlichen Verlauf wie Paolos. Insbesondere wird der Kurvenverlauf mit steigender Produktionsmenge steiler, was, wie bereits angesprochen, das abnehmende Grenzprodukt widerspiegelt.

5.3 Hintergründe zum Angebot: Unternehmen in Wettbewerbsmärkten
Verschiedene Kostenarten

Tab. 5-2

Verschiedene Kostenarten: »Lucianos Limonade«

Menge an Limonade	Gesamtkosten (€)	Fixe Kosten (€)	Variable Kosten (€)	Durchschnittliche fixe Kosten (€)	Durchschnittliche variable Kosten (€)	Durchschnittliche Gesamtkosten (€)	Grenzkosten (€)
0	3,00	3,00	0,00	–	–	–	
							0,30
1	3,30	3,00	0,30	3,00	0,30	3,30	
							0,50
2	3,80	3,00	0,80	1,50	0,40	1,90	
							0,70
3	4,50	3,00	1,50	1,00	0,50	1,50	
							0,90
4	5,40	3,00	2,40	0,75	0,60	1,35	
							1,10
5	6,50	3,00	3,50	0,60	0,70	1,30	
							1,30
6	7,80	3,00	4,80	0,50	0,80	1,30	
							1,50
7	9,30	3,00	6,30	0,43	0,90	1,33	
							1,70
8	11,00	3,00	8,00	0,38	1,00	1,38	
							1,90
9	12,90	3,00	9,90	0,33	1,10	1,43	
							2,10
10	15,00	3,00	12,00	0,30	1,20	1,50	

Fixe und variable Kosten

Fixe Kosten (FC)
Kosten, die von der Produktionsmenge unabhängig sind.

Lucianos Gesamtkosten (TC) können in zwei Komponenten unterteilt werden. Einige der Kosten, sogenannte **fixe Kosten** (oder Fixkosten), verändern sich nicht mit der hergestellten Produktionsmenge. Sie treten sogar auf, wenn das Unternehmen gar nichts produziert. Lucianos Fixkosten beinhalten zum Beispiel die Miete für seine Geschäftsräume. Diese ist jeden Monat gleich hoch, egal, wie viele Gläser Limonade er verkauft. Ebenso verhält es sich mit dem Gehalt für einen Kellner, das ebenfalls immer gleich hoch ist, unabhängig davon, wie viel Limonade verkauft wird. Lucianos Fixkosten sind in der dritten Spalte von Tabelle 5-2 mit 3 Euro pro Stunde angegeben.

5.3 Verschiedene Kostenarten

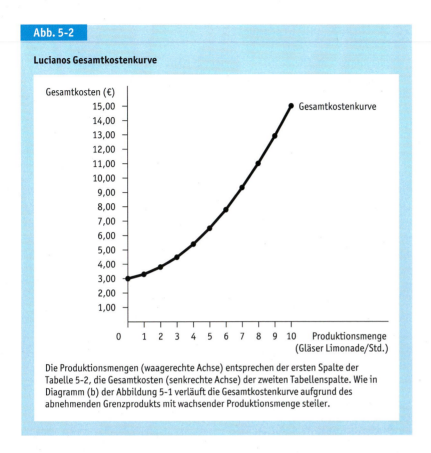

Abb. 5-2

Lucianos Gesamtkostenkurve

Die Produktionsmengen (waagerechte Achse) entsprechen der ersten Spalte der Tabelle 5-2, die Gesamtkosten (senkrechte Achse) der zweiten Tabellenspalte. Wie in Diagramm (b) der Abbildung 5-1 verläuft die Gesamtkostenkurve aufgrund des abnehmenden Grenzprodukts mit wachsender Produktionsmenge steiler.

Sogenannte **variable Kosten** verändern sich hingegen mit der Produktionsmenge. Dazu gehören etwa Zitronen und Zucker, von denen man umso mehr benötigt, je mehr Limonade hergestellt wird. Ähnlich verhält es sich mit Akkordlöhnen, die an die produzierte Menge gekoppelt sind und somit ebenfalls variable Kosten darstellen. Lucianos variable Kosten sind in der vierten Spalte von Tabelle 5-2 aufgelistet. Wenn nichts produziert wird, betragen die variablen Kosten 0 Euro, wenn 1 Glas Limonade produziert wird, betragen sie 30 Cent, bei 2 Gläsern 80 Cent usw.

Die Gesamtkosten eines Unternehmens bestehen aus den fixen und den variablen Kosten. Tabelle 5-2 veranschaulicht dies. Die Gesamtkosten (Spalte 2) sind gleich den Fixkosten (Spalte 3) plus den variablen Kosten (Spalte 4).

$TC(Q) = VC(Q) + FC$

Variable Kosten (*VC*)
Kosten, die von der Produktionsmenge abhängig sind.

Durchschnitts- und Grenzkosten

Als Inhaber des Unternehmens entscheidet Luciano, wie viel Limonade hergestellt wird. Wesentlich bei dieser Entscheidung ist die Frage, wie sich die Kosten in Abhängigkeit von der Produktionsmenge verändern. Deshalb wird sich Luciano vor der Entscheidung etwa folgende Fragen stellen:
- Wie viel kostet es im Durchschnitt, ein Glas Limonade herzustellen?
- Wie viel kostet es, die Limonadenproduktion um ein weiteres Glas auszudehnen?

Um die Kosten der typischen, durchschnittlichen Produkteinheit herauszufinden, dividiert man die Gesamtkosten durch die hergestellte Menge. Wenn das Unternehmen beispielsweise 2 Gläser Limonade pro Stunde herstellt, betragen die Gesamtkosten 3,80 Euro und die durchschnittlichen Gesamtkosten für ein Glas Limonade betragen 1,90 Euro (3,80 €/2). Die Gesamtkosten dividiert durch die Produktionsmenge ergeben die **durchschnittlichen Gesamtkosten (ATC)**. Sie sind auch als Stückkosten zu verstehen.

Durchschnittliche Gesamtkosten (ATC) Gesamtkosten dividiert durch die Produktionsmenge.

$$ATC = \frac{TC}{Q}$$

Da sich die Gesamtkosten aus den fixen und den variablen Kosten zusammensetzen, kann man auch die durchschnittlichen Gesamtkosten als Summe der durchschnittlichen fixen Kosten und der durchschnittlichen variablen Kosten auffassen. **Durchschnittliche fixe Kosten (AFC)** sind die fixen Kosten dividiert durch die Produktionsmenge:

Durchschnittliche fixe Kosten (AFC) Fixe Kosten dividiert durch die Produktionsmenge.

$$AFC = \frac{FC}{Q}$$

Durchschnittliche variable Kosten (AVC) sind dementsprechend die variablen Kosten geteilt durch die Produktionsmenge:

Durchschnittliche variable Kosten (AVC) Variable Kosten dividiert durch die Produktionsmenge.

$$AVC = \frac{VC}{Q}$$

Die letzte Spalte der Tabelle 5-2 zeigt, um welchen Betrag die Gesamtkosten jeweils steigen, wenn das Unternehmen die Produktion um eine Einheit erhöht. Dabei handelt es sich um die sogenannten **Grenzkosten**. Wenn beispielsweise Luciano die Limonadenproduktion von 2 auf 3 Gläser pro Stunde erhöht, so steigen die Gesamtkosten von 3,80 Euro auf 4,50 Euro. Die Grenzkosten für das dritte Glas belaufen sich also auf 70 Cent.

Grenzkosten (MC) Betrag, um den die Gesamtkosten bei der Herstellung einer zusätzlichen Produktionseinheit ansteigen.

$$MC = \frac{\Delta TC}{\Delta Q}$$

Unter Verwendung der Differenzialrechnung:

$$MC = \frac{dTC}{dQ}$$

Wir können verschiedene Durchschnittskosten sowie die Grenzkosten von der Gesamtkostenfunktion des Typs $TC = f(Q)$ ableiten.

Bei gegebener Gesamtkostenfunktion $TC = 7Q^2 + 5Q + 1.500$ sehen wir, dass die fixen Kosten 1.500 betragen, da bei einer Produktionsmenge $Q = 0$ die Gesamtkosten $TC = 1.500$ betragen. Der Term $7Q^2 + 5Q$ entspricht folglich den variablen Kosten.

Die durchschnittlichen Gesamtkosten (ATC) wären in diesem Fall $(7Q^2 +5Q +1.500)/Q$, die durchschnittlichen variablen Kosten (AVC) wären $(7Q^2 +5Q)/Q$ und die durchschnittlichen Fixkosten (AFC) entsprächen $1.500/Q$. Die Grenzkosten (MC) wären $dTC/dQ = 14Q +5$.

Kostenkurven und ihre Verläufe

So wie in den vorausgegangenen Kapiteln Angebots- und Nachfragekurven bei der Analyse der Märkte nützlich waren, so werden sich nun Kurven der Durchschnitts- und der Grenzkosten für die Analyse des unternehmerischen Verhaltens als nützlich erweisen. Abbildung 5-3 zeigt Lucianos Kostenkurven auf Basis der Daten aus Tabelle 5-2. Die waagerechte Achse misst die Produktionsmenge, die senkrechte Achse des Diagramms misst Grenz- und Durchschnittskosten. Im Diagramm sind vier Kurven zu sehen: die durchschnittlichen Gesamtkosten (ATC), die durchschnittlichen fixen Kosten (AFC), die durchschnittlichen variablen Kosten (AVC) und Grenzkosten (MC).

Die Kostenkurven von »Lucianos Limonade« zeigen einige Charakteristika, die auf die Kostenkurven der meisten Unternehmen zutreffen. Schauen wir uns drei Eigenschaften der Kurven genauer an: den Verlauf der Grenzkostenkurve, den Verlauf der Kurve der durchschnittlichen Gesamtkosten und das Verhältnis zwischen Grenzkosten und durchschnittlichen Gesamtkosten.

Steigende Grenzkosten. Lucianos Grenzkosten steigen mit zunehmender Produktionsmenge an. Darin spiegelt sich der Umstand abnehmender Grenzprodukte wider. Bei der Herstellung einer kleinen Menge sind nur wenige Arbeitskräfte beschäftigt und die Kapazitäten der Anlagen zum Großteil nicht ausgelastet. Da die brachliegenden Ressourcen leicht eingesetzt werden können, erfolgt die Produktionsausdehnung mit vergleichsweise geringen Kosten. Wird jedoch eine sehr große Menge erzeugt, arbeiten zahlreiche Beschäftigte auf engem Raum und die Maschinen laufen auf Vollauslastung. Zwar kann die Produktion mit zusätzlichen Arbeitskräften weiter ausgedehnt werden, doch stehen sich die Beschäftigten bei Wartezeiten an den Maschinen zunehmend im Weg. Deshalb wird die Herstellung eines zusätzlichen Glases Limonade bei bereits hoher Produktionsmenge mit hohen zusätzlichen Kosten verbunden sein.

U-förmiger Verlauf der durchschnittlichen Gesamtkosten. Lucianos durchschnittliche Gesamtkosten ergeben einen u-förmigen Verlauf der entsprechenden Kurve. Man versteht dies sofort, wenn man die durchschnittlichen Gesamtkosten als Summe aus durchschnittlichen Fixkosten und durchschnittlichen variablen Kosten betrachtet. Die durchschnittlichen Fixkosten sinken mit zunehmender Produktion beständig, da sie auf eine immer größere Anzahl von Produktionseinheiten (Kostenträgern) verteilt werden. Die durchschnittlichen variablen Kosten steigen mit zunehmender Produkti-

5.3 Hintergründe zum Angebot: Unternehmen in Wettbewerbsmärkten
Verschiedene Kostenarten

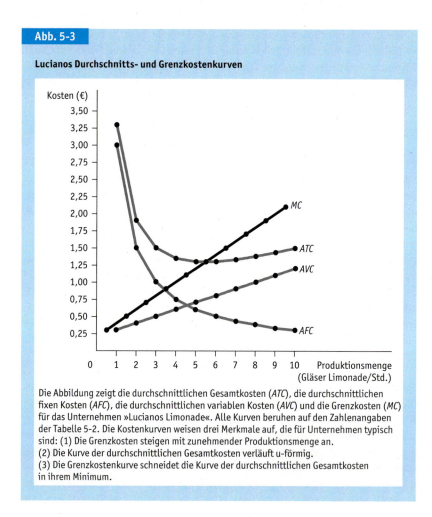

Abb. 5-3

Lucianos Durchschnitts- und Grenzkostenkurven

Die Abbildung zeigt die durchschnittlichen Gesamtkosten (*ATC*), die durchschnittlichen fixen Kosten (*AFC*), die durchschnittlichen variablen Kosten (*AVC*) und die Grenzkosten (*MC*) für das Unternehmen »Lucianos Limonade«. Alle Kurven beruhen auf den Zahlenangaben der Tabelle 5-2. Die Kostenkurven weisen drei Merkmale auf, die für Unternehmen typisch sind: (1) Die Grenzkosten steigen mit zunehmender Produktionsmenge an.
(2) Die Kurve der durchschnittlichen Gesamtkosten verläuft u-förmig.
(3) Die Grenzkostenkurve schneidet die Kurve der durchschnittlichen Gesamtkosten in ihrem Minimum.

onsmenge typischerweise an, da das Grenzprodukt sinkt. Die durchschnittlichen Gesamtkosten spiegeln den Verlauf von durchschnittlichen Fixkosten und durchschnittlichen variablen Kosten wider.

Wie in Abbildung 5-3 zu sehen ist, sind die durchschnittlichen Gesamtkosten bei sehr niedriger Produktionsmenge hoch, beispielsweise bei 1 Glas oder 2 Gläsern pro Stunde, da die Fixkosten auf nur wenige Produktionseinheiten verteilt werden. Mit wachsender Produktionsausdehnung sinken die durchschnittlichen Gesamtkosten – bis die Produktionsmenge 5 Gläser Limonade pro Stunde erreicht, mit durchschnittlichen Gesamtkosten bzw. Stückkosten von 1,30 Euro pro Glas. Wenn Luciano danach mehr als 6 Gläser produziert, so beginnen die durchschnittlichen Gesamtkosten wieder anzusteigen, da die durchschnittlichen variablen Kosten – in Relation zum Rückgang der durchschnittlichen fixen Kosten – stark ansteigen. Werden weitere Produktionseinheiten hergestellt, steigen die durchschnittlichen Gesamtkosten weiter an, was die erwähnte typische U-Form der Kurve der durchschnittlichen Gesamtkosten ergibt.

Die Talsohle der U-Kurve liegt genau bei der Produktionsmenge, welche die durchschnittlichen Gesamtkosten auf ihr Minimum senkt. Diese Menge bezeichnet man als die **effiziente Produktionsmenge**, **effiziente Betriebsgröße** oder auch **Betriebsoptimum**. Für »Lucianos Limonade« liegt die effiziente Betriebsgröße bei 5 oder 6 Gläsern Limonade pro Stunde. Wird mehr oder weniger als diese Menge produziert, übersteigen die durchschnittlichen Gesamtkosten das Minimum von 1,30 Euro.

> **Effiziente Produktionsmenge, effiziente Betriebsgröße, Betriebsoptimum**
> Produktionsmenge, die zur Minimierung der durchschnittlichen Gesamtkosten führt.

Das Verhältnis von Grenzkosten und durchschnittlichen Gesamtkosten. Wann immer die Grenzkosten niedriger sind als die durchschnittlichen Gesamtkosten, fallen die durchschnittlichen Gesamtkosten. Wann immer die Grenzkosten höher sind als die durchschnittlichen Gesamtkosten, steigen die durchschnittlichen Gesamtkosten.

Um zu verstehen, warum das so ist, denken Sie daran, was man ganz allgemein unter einem Durchschnitt versteht. Sehen wir uns an, was mit den durchschnittlichen Gesamtkosten passiert, wenn die Produktionsmenge um eine Einheit gesteigert wird. Wenn beispielsweise die durchschnittlichen Gesamtkosten für die Produktion von 10 Einheiten 5 Euro betragen und die Kosten der nächsten produzierten Einheit 3 Euro, dann werden die durchschnittlichen Gesamtkosten auf 4,82 Euro fallen. Wenn die Kosten der zusätzlichen Einheit dagegen 8 Euro betrügen, dann würden die durchschnittlichen Gesamtkosten auf 5,27 Euro ansteigen. Die Kosten einer zusätzlichen Einheit sind die Grenzkosten. Wenn die Grenzkosten kleiner sind als die durchschnittlichen Gesamtkosten, fallen die durchschnittlichen Gesamtkosten. Wenn hingegen die Grenzkosten höher sind als die durchschnittlichen Gesamtkosten, steigen die durchschnittlichen Gesamtkosten.

Diese Beziehung zwischen durchschnittlichen Gesamtkosten und Grenzkosten führt zu einer wichtigen logischen Schlussfolgerung: Die Grenzkostenkurve schneidet die Kurve der durchschnittlichen Gesamtkosten in ihrem Minimum. Bei niedrigen Produktionsmengen liegen die Grenzkosten unter den durchschnittlichen Gesamtkosten, also fallen die durchschnittlichen Gesamtkosten. Nach dem Schnittpunkt der beiden Kurven sind die Grenzkosten jedoch größer als die durchschnittlichen Gesamtkosten. Ab dieser Produktionsmenge müssen die durchschnittlichen Gesamtkosten folglich steigen. Daher sind im Schnittpunkt die Kosten der Produktion einer zusätzlichen Einheit genauso hoch wie die durchschnittlichen Gesamtkosten, sodass die durchschnittlichen Gesamtkosten sich nicht ändern. In diesem Punkt weist die Kurve der durchschnittlichen Gesamtkosten ein Minimum auf.

Typische Kostenkurven

In den bisher vorgestellten Beispielen treten abnehmende Grenzprodukte und steigende Grenzkosten bei *jeder* Produktionsmenge auf. Die Realität ist jedoch oft etwas komplizierter. In vielen Unternehmen treten nicht schon ab der ersten produzierten Einheit fallende Grenzprodukte auf. In Abhängigkeit von der Produktionsfunktion kann der zweite oder dritte Arbeiter ein höheres Grenzprodukt erzeugen, da ein Team

Abb. 5-4

Berits Kostenkurven

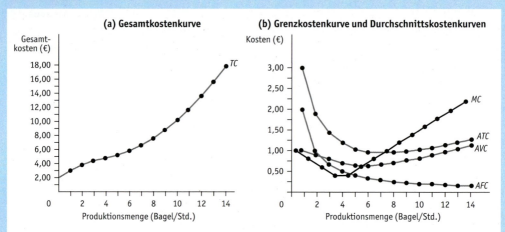

Zahlreiche Unternehmen verzeichnen wie Berits Bagel-Bäckerei zunehmende Grenzprodukte, ehe die Grenzprodukte zu sinken beginnen. Dies spiegelt sich in den Kostenkurven. Das Diagramm (a) zeigt die Entwicklung der Gesamtkosten (TC) mit Blick auf die Produktionsmenge. Diagramm (b) bildet die durchschnittlichen Gesamtkosten (ATC), die durchschnittlichen fixen Kosten (AFC), die durchschnittlichen variablen Kosten (AVC) und die Grenzkosten (MC) ab, wie sie in Abhängigkeit von der Produktion anfallen. Die Daten zu den Kurven sind der Wertetabelle zu entnehmen. Beachten Sie, dass die Grenzkosten und die durchschnittlichen variablen Kosten zunächst fallen und dann ansteigen.

die Arbeit aufteilen und somit produktiver als ein einzelner Arbeiter sein kann. Solche Unternehmen realisieren zuerst eine gewisse Zeit lang steigende Grenzprodukte, bevor die Grenzprodukte beginnen abzunehmen.

Abbildung 5-4 zeigt die Kosten für ein solches Unternehmen, »Berits Bagel-Bäckerei«. Diagramm (a) zeigt die Gesamtkosten (TC) in Abhängigkeit von der Produktionsmenge. Diagramm (b) zeigt die durchschnittlichen Gesamtkosten (ATC), die durchschnittlichen Fixkosten (AFC), die durchschnittlichen variablen Kosten (AVC) und die Grenzkosten (MC). Im Produktionsbereich von 0 bis 4 Bagels pro Stunde verzeichnet das Unternehmen ein zunehmendes Grenzprodukt mit fallenden Grenzkosten. Ab 5 Bagels pro Stunde schlägt die Kurve jedoch um: Die Bäckerei verzeichnet abnehmende Grenzprodukte und zunehmende Grenzkosten. Diese Kombination von anfänglich zunehmenden und später abnehmenden Grenzprodukten begründet die u-förmige Kurve der durchschnittlichen variablen Kosten.

Trotz einiger Unterschiede zum vorherigen Beispiel weisen auch Berits Kostenkurven die drei charakteristischen Eigenschaften auf, die wir uns in erster Linie merken müssen.

- Die Grenzkosten steigen letztlich mit zunehmender Produktionsmenge.
- Die Kurve der durchschnittlichen Gesamtkosten ist u-förmig.

5.3 Verschiedene Kostenarten

Abb. 5-4

Berits Kostenkurven (Fortsetzung)

Bagel-menge	Gesamt-kosten (€)	Fixe Kosten (€)	Variable Kosten (€)	Durchschnittliche fixe Kosten (€)	Durchschnittliche variable Kosten (€)	Durchschnittliche Gesamtkosten (€)	Grenzkosten (€)
Q	TC = FC + VC	FC	VC	AFC = FC/Q	AVC = VC/Q	ATC = TC/Q	MC = ΔTC/ΔQ
0	2,00	2,00	0,00	–	–	–	
							1,00
1	3,00	2,00	1,00	2,00	1,00	3,00	
							0,80
2	3,80	2,00	1,80	1,00	0,90	1,90	
							0,60
3	4,40	2,00	2,40	0,67	0,80	1,47	
							0,40
4	4,80	2,00	2,80	0,50	0,70	1,20	
							0,40
5	5,20	2,00	3,20	0,40	0,64	1,04	
							0,60
6	5,80	2,00	3,80	0,33	0,63	0,96	
							0,80
7	6,60	2,00	4,60	0,29	0,66	0,95	
							1,00
8	7,60	2,00	5,60	0,25	0,70	0,95	
							1,20
9	8,80	2,00	6,80	0,22	0,76	0,98	
							1,40
10	10,20	2,00	8,20	0,20	0,82	1,02	
							1,60
11	11,80	2,00	9,80	0,18	0,89	1,07	
							1,80
12	13,60	2,00	11,60	0,17	0,97	1,14	
							2,00
13	15,60	2,00	13,60	0,15	1,05	1,20	
							2,20
14	17,80	2,00	15,80	0,14	1,13	1,27	

▸ Die Grenzkostenkurve schneidet die Kurve der durchschnittlichen Gesamtkosten im Minimum der durchschnittlichen Gesamtkosten.

Kurztest

Die Gesamtkostenfunktion eines Unternehmens lautet $TC = 0{,}000002Q^3 - 0{,}006Q^2 + 8Q$. Ermitteln Sie die Gesamtkosten bei einer Produktion von 1.000 Einheiten. Wie hoch sind die durchschnittlichen Gesamtkosten und die durchschnittlichen Fixkosten von 1.000 Einheiten? Wie hoch sind die Grenzkosten der 1.000. Einheit?

5.4 Kurzfristige und langfristige Kosten

Bisher haben wir kurzfristige Kosten unter der Annahme betrachtet, dass einige Produktionsfaktoren, wie die Größe von Paolos Fabrikanlage, unveränderbar sind. Lassen Sie uns nun untersuchen, was passiert, wenn diese Annahme gelockert wird.

Das Verhältnis zwischen kurzfristigen und langfristigen durchschnittlichen Gesamtkosten

Für die meisten Unternehmen hängt die Unterscheidung zwischen fixen und variablen Kosten vom Zeithorizont der Betrachtung ab. Denken Sie an »Paolos Tiefkühlpizza«. Über einige Monate hinweg kann Paolo die Kapazität seines Werks nicht erweitern. Nur durch die Anstellung zusätzlicher Arbeitskräfte in der vorhandenen Fabrik mit den bestehenden Anlagen kann mehr produziert werden. Daher sind die Kosten für Fabrikgebäude und Maschinen kurzfristig gesehen fixe Kosten.

Anders verhält es sich über einen Zeitraum von mehreren Jahren hinweg. Paolo ist durch Investitionen nun sehr wohl in der Lage, die Fabrik zu vergrößern und damit die Produktionskapazitäten seiner Fabrik zu erweitern. Daher zählen auf lange Sicht die Kosten der Anlagen zu den variablen Kosten.

Weil viele Entscheidungen kurzfristig nicht, langfristig aber sehr wohl geändert werden können, unterscheiden sich die langfristigen Kostenkurven eines Unternehmens von den kurzfristigen Kostenkurven. Abbildung 5-5 zeigt ein Beispiel: drei unterschiedlich große Unternehmen in unterschiedlichen Betrachtungszeiträumen. Die Abbildung zeigt drei Kurven der kurzfristigen durchschnittlichen Gesamtkosten, welche die Kostenstrukturen einer kleinen, einer mittleren und einer großen Fabrik widerspiegeln. Zudem zeigt die Abbildung die Kurve der langfristigen durchschnittlichen Gesamtkosten. Indem Paolo seine Produktionskapazität an die Produktionsmenge anpasst, bewegt er sich auf der Kurve der langfristigen durchschnittlichen Gesamtkosten.

Wie man der Abbildung entnehmen kann, sind kurzfristige und langfristige Kosten systematisch verknüpft. Die U-Form der Kurve der langfristigen durchschnittlichen Gesamtkosten verläuft sehr viel flacher als die Kurven der kurzfristigen durchschnittlichen Gesamtkosten. Zusätzlich verlaufen die Kurven der kurzfristigen durchschnittlichen Gesamtkosten auf oder über der Kurve der langfristigen durchschnittlichen Gesamtkosten. Dieser Kurvenverlauf ergibt sich daraus, dass die Unternehmen langfristig flexibler entscheiden können als kurzfristig. Im Wesentlichen können Unternehmen langfristig zwischen verschiedenen kurzfristigen Kostenkurven wählen, während das Unternehmen auf kurze Sicht die Kostenkurve nehmen muss, die es in der Vergangenheit gewählt hat.

Die Abbildung 5-5 zeigt beispielhaft, wie eine Produktionsveränderung die Kosten über verschiedene Zeiträume beeinflusst. Wenn Paolo seine Produktion von 150 auf 200 Pizzen pro Tag erhöhen will, hat er auf kurze Sicht keine andere Möglichkeit, als bei gegebenen Produktionsanlagen weitere Arbeitskräfte einzustellen. Aufgrund des sinkenden Grenzprodukts steigen die durchschnittlichen Gesamtkosten dadurch von

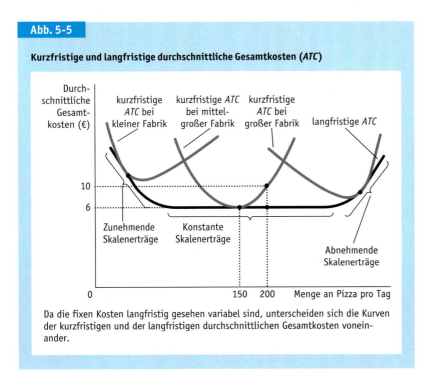

Abb. 5-5

Kurzfristige und langfristige durchschnittliche Gesamtkosten (ATC)

Da die fixen Kosten langfristig gesehen variabel sind, unterscheiden sich die Kurven der kurzfristigen und der langfristigen durchschnittlichen Gesamtkosten voneinander.

6 Euro auf 10 Euro pro Pizza. Auf lange Sicht jedoch kann Paolo sowohl seine räumliche als auch seine personelle Kapazität erweitern. Die durchschnittlichen Gesamtkosten sinken somit wieder auf 6 Euro.

Aber was heißt nun langfristig für ein Unternehmen? Die Antwort hängt vom Unternehmen selbst ab. Ein großer Autohersteller kann beispielsweise ein Jahr und mehr benötigen, um eine neue Fabrik zu bauen. Im Gegensatz dazu ist der Betreiber eines Cafés in der Lage, in höchstens einer Stunde eine neue Espressomaschine zu kaufen. Es gibt demnach keine allgemeingültige Antwort auf die Frage, wie viel Zeit ein Unternehmen benötigt, um seine Produktionsanlagen anzupassen.

Warum ist die Kurve der langfristigen durchschnittlichen Gesamtkosten oft u-förmig? Auf niedrigem Produktionslevel profitiert das Unternehmen von einer Ausdehnung der Betriebsgröße, da es sich beispielsweise stärker spezialisieren kann. Es kommt gegebenenfalls zu ersten Koordinierungsproblemen, die aber noch nicht akut sind. Während das Unternehmen weiter wächst, erreicht es schließlich eine Produktionsmenge, bei der die Vorteile der Spezialisierung bereits ausgenutzt wurden, hingegen die Koordinierungsprobleme wachsen. Daher fallen auf lange Sicht die durchschnittlichen Gesamtkosten bei niedriger Produktionsmenge aufgrund wachsender Spezialisierung und steigen bei hoher Produktionsmenge aufgrund wachsender Koordinierungsprobleme.

5.4 Hintergründe zum Angebot: Unternehmen in Wettbewerbsmärkten
Kurzfristige und langfristige Kosten

Kurztest

Warum ist die Kurve der kurzfristigen durchschnittlichen Gesamtkosten u-förmig? Warum ist die Kurve der langfristigen durchschnittlichen Gesamtkosten ebenfalls u-förmig?

Zusammenfassung

Als Zusammenfassung unseres bisher behandelten Stoffs listet Tabelle 5-3 einige wichtige Definitionen auf.

Tab. 5-3

Verschiedene Kostenarten: Eine Übersicht

Bezeichnung	Definition	Mathematische Bezeichnung
Explizite Kosten (Explicit cost)	Kosten, die mit einer Auszahlung durch das Unternehmen verbunden sind	–
Implizite Kosten (Implicit cost)	Kosten, die nicht mit einer Auszahlung des Unternehmens verbunden sind	–
Fixkosten (Fixed cost)	Kosten, die von der Produktionsmenge unabhängig sind	FC
Variable Kosten (Variable cost)	Kosten, die abhängig von der Produktionsmenge sind	VC
Gesamtkosten (Total cost)	Der Marktwert aller Inputfaktoren, welche das Unternehmen für seine Produktion einsetzt	$TC = FC + VC$
Durchschnittliche Fixkosten (Average fixed cost)	Fixe Kosten dividiert durch die Produktionsmenge	$AFC = FC/Q$
Durchschnittliche variable Kosten (Average variable cost)	Variable Kosten dividiert durch die Produktionsmenge	$AVC = VC/Q$
Durchschnittliche Gesamtkosten (Average total cost)	Gesamtkosten dividiert durch die Produktionsmenge.	$ATC = TC/Q$
Grenzkosten (Marginal cost)	Zunahme der Gesamtkosten für die Herstellung einer zusätzlichen Produktionseinheit	$MC = \dfrac{\Delta TC}{\Delta Q}$

5.5 Skalenerträge

Unsere Analyse hat gezeigt, dass Unternehmen auf kurze Sicht ihre Produktionsmenge erhöhen können, indem sie *einige* Produktionsfaktoren entsprechend anpassen, beispielsweise die Belegschaft vergrößern oder ihre Produktionsprozesse reorganisieren. Auf lange Sicht können Unternehmen *alle* Produktionsfaktoren ausdehnen und somit die Produktionskapazität erweitern. In Abbildung 5-5 sind die drei möglichen langfristigen Auswirkungen auf die Produktion dargestellt. Sie werden als Skalenerträge bezeichnet.

Nehmen wir an, die Geschäfte unseres Pizzaunternehmers Paolo laufen gut. Er hat alle seine verfügbaren Ressourcen effizient genutzt, jedoch kann er aufgrund der begrenzten Kapazitäten seiner Produktionsanlagen die Nachfrage am Markt nicht komplett decken. Er weiß, dass er die Produktion weiter steigern kann, indem er die Maschinenlaufzeiten und die Arbeitsstunden des Personals erhöht. Jedoch weiß er auch, dass die Grenzproduktivität wahrscheinlich abnehmen wird, wenn er die Produktionsanlagen nicht erweitert. Langfristig können alle Produktionsfaktoren erweitert werden. Paolo könnte einen Kredit aufnehmen und eine weitere Fabrik kaufen oder bauen lassen. Wenn alle Produktionsfaktoren verändert werden, kann das Unternehmen in einer neuen Größenordnung bzw. auf einer neuen Skala produzieren.

Zunehmende und abnehmende Skalenerträge

Wenn ein Unternehmen seine Produktionsskala ausweitet, gibt es drei mögliche Resultate, die in Abbildung 5-5 definiert sind. Nehmen Sie an, unser Pizzaunternehmer produziert derzeit 2.000 Pizzen pro Tag mit 50 Arbeitern und 10 Maschinen auf einer Produktionsfläche von 1.000 Quadratmetern. Die Gesamtkosten der Pizzaproduktion betragen pro Tag 4.000 Euro. Die durchschnittlichen Gesamtkosten für eine Pizza betragen demnach 2 Euro (4.000 Euro/2.000).

Nun verdoppelt Paolo die Menge seiner Inputfaktoren auf 100 Mitarbeiter, 20 Maschinen und 2.000 Quadratmeter Produktionsfläche. Dies erhöht natürlich seine Kosten. Aber wie sieht es mit den durchschnittlichen Produktionskosten aus? Dies hängt wiederum davon ab, wie weit sich die Gesamtkosten erhöhen und wie sich die Produktionsmenge verändert. Wenn die Gesamtkosten und die Produktionsmenge sich ebenfalls verdoppeln sollten – auf 8.000 Euro Gesamtkosten und 4.000 Pizzen Produktionsmenge pro Tag – würden die durchschnittlichen Gesamtkosten einer Pizza weiterhin bei 2 Euro liegen. Man sagt in diesem Fall, das Unternehmen verzeichnet **konstante Skalenerträge**, d. h., die langfristigen durchschnittlichen Gesamtkosten werden von einer Veränderung der Produktionsmenge nicht beeinflusst. Wenn jedoch die Gesamtkosten der Produktion bei der neuen Produktionsmenge nur auf 6.000 Euro ansteigen würden, die Produktionsmenge sich jedoch abermals auf 4.000 Pizzen pro Tag erhöhen würde, so würden die durchschnittlichen Gesamtkosten für eine Pizza auf 1,50 Euro fallen. In diesem Fall verzeichnet das Unternehmen zunehmende Skalenerträge, da der proportionale Anstieg der Produktionsmenge größer ist als der propor-

Konstante Skalenerträge
Die langfristigen durchschnittlichen Gesamtkosten werden von einer Veränderung der Produktionsmenge nicht beeinflusst.

Zunehmende Skalenerträge (Economies of Scale)
Die langfristigen durchschnittlichen Gesamtkosten gehen mit steigender Produktionsmenge zurück.

Abnehmende Skalenerträge (Diseconomies of Scale)
Die langfristigen durchschnittlichen Gesamtkosten steigen mit steigender Produktionsmenge.

tionale Anstieg der Gesamtkosten. **Zunehmende Skalenerträge** treten auf, wenn die langfristigen durchschnittlichen Gesamtkosten mit steigender Produktionsmenge zurückgehen.

Wenn die Verdoppelung der Produktionsfaktoren jedoch zu einem Anstieg der Gesamtkosten führt (z. B. auf 10.000 Euro), der größer ist als der Anstieg der Produktionsmenge (z. B. 4.000 Pizzen/Tag), spricht man von abnehmenden Skalenerträgen. In diesem Fall würden die durchschnittlichen Gesamtkosten pro Pizza 2,50 Euro betragen. **Abnehmende Skalenerträge** treten auf, wenn mit steigender Produktionsmenge die langfristigen durchschnittlichen Gesamtkosten ebenfalls steigen.

Beachten Sie, dass wir uns immer auf die durchschnittlichen Gesamtkosten im Sinne von *Stückkosten* beziehen, wenn wir von zunehmenden Skalenerträgen sprechen. Es ist klar, dass die Gesamtkosten der Produktion steigen, sobald ein Unternehmen seine Produktionskapazität erhöht, indem es beispielsweise eine neue Fabrik baut, zusätzliches Kapital beschafft und neues Personal einstellt. Wenn im Verhältnis betrachtet jedoch der Anstieg der Produktionsmenge größer ist als der Anstieg der Gesamtkosten, so fallen die Stückkosten der Produktion.

Beachten Sie außerdem, dass wir uns bei der Ermittlung von Skalenerträgen immer auf den proportionalen Anstieg aller Produktionsfaktoren und den daraus resultierenden relativen Anstieg der Produktionsmenge beziehen. Dabei müssen die Preise der Produktionsfaktoren einbezogen werden. In unserem Beispiel betragen die Personalkosten 60 Euro pro Einheit und die Kapitalkosten 100 Euro pro Einheit. Wenn diese Preise konstant bleiben, führt ein 50-prozentiger Anstieg aller Produktionsfaktoren zu einem Anstieg der Gesamtkosten von 50 Prozent. Sollte dieser 50-prozentige Anstieg der Produktionsfaktoren nun zu einem 75-prozentigen Anstieg der Produktionsmenge führen, so fallen die Stückkosten.

Skalenerträge können mit folgender Formel berechnet werden:

$$\text{Skalenerträge} = \frac{\% \Delta \text{ Produktionsmenge}}{\% \Delta \text{ Menge aller Produktionsfaktoren}}$$

Interne Skalenerträge

Interne Skalenerträge
Sie bezeichnen die Vorteile der Größe einer Produktion, die durch das Wachstum des Unternehmens entstehen.

Es gibt im Wesentlichen zwei Arten von Skalenerträgen. **Interne Skalenerträge** entstehen durch das Wachstum eines Unternehmens. Es handelt sich dabei um Kostenvorteile, die ein Unternehmen erlangen kann, wenn es expandiert und effektivere Produktionstechniken findet. Die möglichen Gründe für interne Skalenvorteile sind vielfältig.

Technische Skalenerträge. Technische Skalenerträge entstehen dadurch, dass Maschinen und andere Produktionsfaktoren in größerem Umfang eingesetzt werden können, um die durchschnittlichen Gesamtkosten einer Produktion zu senken. Sie können auf verschiedene Arten entstehen.

Das Wachstum der Transportkapazitäten von Straßen-, Schienen-, See- und Luftfracht wurde weitgehend durch das sogenannte *Prinzip vergrößerter Dimensionen* vorangetrieben. Nehmen wir an, dass der Anhänger eines Lastwagens, der Pakete mit einem Würfelmaß von einem Meter transportiert, 10 Meter lang, 2 Meter breit und 4 Meter hoch ist. Das Fassungsvermögen des Anhängers beträgt 80 Kubikmeter; er kann somit 80 Pakete transportieren. Würden sich die Abmessungen des Anhängers verdoppeln, so würde die Tragfähigkeit nun 20 Meter × 4 Meter × 8 Meter = 640 Kubikmeter betragen. Die Tragfähigkeit hat sich also verachtfacht und es könnten nun 640 Pakete pro Fahrt befördert werden. Die Kosten für die Herstellung des größeren Anhängers wären durch die Verdopplung der Abmessungen höher, aber es ist unwahrscheinlich, dass sie sich verdoppeln würden. Es ist auch unwahrscheinlich, dass sich die Kosten für den Betrieb des Lastwagens verdoppeln würden. Wenn die Gesamtkosten um einen geringeren Anteil ansteigen als die Erhöhung der Ladekapazität, werden die Stückkosten sinken. Das Prinzip der vergrößerten Dimensionen ist relevant in den Bereichen von Transport, Fracht, Distribution oder Lagerhaltung.

Das *Multiplikationsprinzip* basiert auf der Idee, dass Unternehmen, die in größerem Umfang tätig sind, Anlagen effektiver nutzen können als kleine Unternehmen und dadurch die Stückkosten reduzieren. Als Beispiel wollen wir annehmen, dass zwei Unternehmen Softdrinks der gehobenen Preisklasse herstellen und dass es vier Kernprozesse gibt, in denen jeweils Maschinen mit unterschiedlichen Kapazitäten arbeiten, wie Tabelle 5-4 zeigt.

Tab. 5-4

Das Multiplikationsprinzip

	Maschine A Abfüllung	Maschine B Verkorkung	Maschine C Etikettierung	Maschine D Verpackung
Kapazität/ Stunde	1.000	2.000	1.500	3.000
Kosten (€)/ Maschine	1.000	500	1.500	2.000

Unternehmen I ist ein kleines Unternehmen und kann es sich nur leisten, von jeder für den Prozess benötigten Maschine eine zu kaufen. Seine maximale Kapazität beträgt 1.000 Einheiten pro Stunde, da sie durch die Kapazität von Maschine A begrenzt ist. 1.000 Einheiten pro Stunde herzustellen verursacht Gesamtkosten von 5.000 Euro. Die durchschnittlichen Gesamtkosten pro Einheit betragen daher 5 Euro. Unternehmen II hingegen ist deutlich größer und kann es sich leisten, mehrere Maschinen einzusetzen, um die Effizienz zu maximieren. Es kann sechs A-Maschinen, drei B-Maschinen, vier C-Maschinen und zwei D-Maschinen einsetzen. Folglich beträgt seine Kapazität 6.000 Einheiten pro Stunde.

Beachten Sie, dass in diesem Beispiel das Unternehmen II das kleinste gemeinsame Vielfache benutzt, um die Effizienz zu maximieren. Beim Betrieb mehrerer Maschinen betragen seine Gesamtkosten 17.500 Euro, aber da 6.000 Einheiten produziert werden, liegen die durchschnittlichen Gesamtkosten pro Einheit bei etwa 2,92 Euro. Da

5.5 Hintergründe zum Angebot: Unternehmen in Wettbewerbsmärkten
Skalenerträge

Unternehmen II in einem viel größeren Maßstab operieren kann, ist es in der Lage, sich Wettbewerbsvorteile gegenüber Unternehmen I auf dem Markt zu sichern.

In vielen Branchen gibt es eine Mischung aus Groß- und Kleinbetrieben, die alle effizient arbeiten. Bei Küchen zum Beispiel gibt es einige große Massenhersteller, die in effizienter Weise standardisierte Einheiten herstellen, die von den Kunden zu individuellen Küchen zusammengestellt werden können. Daneben gibt es auch Platz für Maßhersteller, die Küchen für einzelne Kunden entwerfen und sich auf individualisierte Angebote als Wettbewerbsstrategie konzentrieren. Auch diese kleineren Unternehmen können effizient arbeiten.

Demgegenüber gibt es jedoch auch Branchen, in denen nur im großen Maßstab effizient gearbeitet werden kann. Einer der Gründe liegt in der *Unteilbarkeit der Anlagen*. In der chemischen Industrie zum Beispiel erfordern die Prozesse, die für die kommerzielle Herstellung von Produkten notwendig sind, große Investitionen in Kapitalanlagen und es ist nicht möglich, kleine Mengen gewinnbringend zu produzieren. Die für die Produktion erforderlichen Investitionsgüter können nicht in kleinere Einheiten zerlegt werden.

Unternehmen können durch die Beschäftigung von Spezialisten ihre Stückkosten senken, was zu einer erhöhten Effizienz führt. In vielen Branchen sind nur wenige Arbeiter für den gesamten Produktionsprozess verantwortlich, und viele ihrer Arbeiter sehen nie das Endprodukt, zu dem sie beigetragen haben. Der Produktionsprozess ist hier typischerweise in kleinere Prozesse unterteilt, wobei in jeder Produktionsstufe *Spezialisten* eingesetzt werden. Solche Prozesse eignen sich für die Massenproduktion und führen zu einer Verteilung der Kosten auf einen großen Produktionsumfang. Der prozentuale Anstieg des Produktionsumfangs durch die Arbeitsteilung ist größer als der prozentuale Anstieg der Gesamtkosten, sodass die Stückkosten sinken.

Kommerzielle Skalenerträge. Kommerzielle Skalenerträge bezeichnen die Fähigkeit von Großunternehmen, durch Massenbeschaffung von Gütern niedrigere Preise für Lieferungen und andere Produktionsfaktoren auszuhandeln. Supermärkte zum Beispiel schließen mit Landwirten Verträge ab, um fast ihre gesamte Produktion aufzukaufen. Für einen einzelnen Landwirt kann die Garantie, seine gesamte Produktionsmenge zu verkaufen, von Vorteil sein, selbst wenn jede Einheit zu einem niedrigeren Preis verkauft wird. Denn wären sie auf den Einzelverkauf am Markt angewiesen, könnten einige Landwirte auf Teilen ihrer Produktion sitzen bleiben. Bei der Produktion verderblicher Ware würde dies nicht nur entgangene Einnahmen bedeuten, sondern auch erhebliche Entsorgungskosten.

Viele Großunternehmen schließen Vereinbarungen mit Zulieferern ab, um Rohstoffe, Bauteile usw. zu liefern, was wiederum sowohl für den Zulieferer als auch für den Käufer Vorteile bringt. Automobilhersteller können beispielsweise vereinbaren, Soundsysteme von einem anderen Unternehmen zuzukaufen, um sie in großen Mengen in ihre Fahrzeuge einzubauen. Der Einzelpreis für jede Einheit kann aufgrund des Einkaufsvolumens niedriger sein und aufgrund der Spezialisierung des Lieferanten eine bessere Qualität aufweisen, als der Autohersteller selbst entwickeln und herstellen könnte.

Finanzielle Skalenerträge. Die Beschaffung von Finanzmitteln ist für die meisten Unternehmen von besonderer Bedeutung. Je kleiner ein Unternehmen ist, desto größer ist das Risiko aus Sicht eines Investors. Großunternehmen sind tendenziell sicherer. Sie sind daher oft in der Lage, günstigere Finanzierungskonditionen auszuhandeln und aus einer größeren Anzahl an Finanzierungsoptionen auszuwählen. Größere Unternehmen können zum Beispiel Anleihen ausgeben, die auf dem Markt für festverzinsliche Wertpapiere gekauft und verkauft werden können – eine Option, die kleinen Unternehmen (die in den meisten Volkswirtschaften die übergroße Mehrzahl ausmachen) nicht zur Verfügung steht. Großunternehmen sind auch eher in der Lage, spezialisierte Finanzabteilungen zu unterhalten, die den Zugang zu und die Nutzung von Finanzmitteln optimieren können, um die Effizienz des Unternehmens zu verbessern und hierdurch seine Stückkosten zu senken.

Managementvorteile. Großunternehmen können Spezialisten beschäftigen, die über Fachwissen verfügen, das dem Unternehmen zu mehr Effizienz verhelfen kann. Dazu können Experten für Personalmanagement, Finanz- und Rechnungswesen, Marketing, Vertrieb, Betriebsführung usw. gehören. Indem Großunternehmen mehr für die Beschäftigung solcher Spezialisten ausgeben als kleinere Unternehmen, sinken ihre Stückkosten, wenn die daraus resultierende prozentuale Steigerung der Produktion größer ist als die hierdurch verursachte zusätzliche prozentuale Gesamtkostensteigerung. In vielen kleineren Unternehmen hingegen müssen sich einige wenige Personen um viele betriebliche Aufgaben gleichzeitig kümmern und sicherstellen, dass das Unternehmen seine Steuern richtig abführt, die Gesetze und Vorschriften einhält, Personal beschafft und so weiter, was möglicherweise weniger effektive ist als die Einstellung von Spezialisten für jede Aufgabe.

Risikovorteile. Kleinere Unternehmen sind tendenziell auch mit einem größeren Risiko des Scheiterns verbunden. Großunternehmen können diese Risiken leichter abmildern, indem sie sich in verschiedene Produktbereiche diversifizieren, was dazu führt, dass ihr Überleben nicht von einem einzigen Produkt abhängt. Wenn die Nachfrage nach einem seiner Produkte zurückgeht, kann sich das Unternehmen entsprechend auf andere Produkte konzentrieren, um seine Rentabilität und Effizienz zu erhalten. Größere Unternehmen werden auch eher über Regionen, Länder und Kontinente hinweg tätig sein, was ebenfalls dazu beitragen kann, Schwankungen in der Geschäftstätigkeit zu bewältigen. Ein Abschwung auf dem lateinamerikanischen Markt kann dann zum Beispiel durch einen Aufschwung auf den asiatischen Märkten eines Unternehmens ausgeglichen werden. Großunternehmen können auch leichter in Forschung und Entwicklung (F&E) oder in die Erweiterung ihrer Produktpalette investieren, was zu einer weiteren Risikominderung beiträgt.

Externe Skalenerträge

Die Vorteile einer Großproduktion, die durch das Wachstum der gesamten Branche entstehen, werden als **externe Skalenerträge** bezeichnet. Sie können sich für Unternehmen aufgrund der Konzentration von Unternehmen einer Branche in einem bestimmten Gebiet oder einer Region ergeben. So ist die City von London durch eine

Externe Skalenerträge
Vorteile einer groß angelegten Produktion durch Wachstum und Konzentration einer Branche.

Konzentration von Finanzunternehmen in den Bereichen Bankwesen, Buchhaltung, Versicherung und Finanzen gekennzeichnet. Diese Ballung von Unternehmen bietet Vorteile durch das Angebot an qualifizierten Arbeitskräften, den Zugang zu Fachwissen sowie Vorteile, die sich aus der Reputation, den Ausbildungsmöglichkeiten, der Infrastruktur und den lokalen Kenntnissen und Fähigkeiten ergeben.

Auch das Wachstum von Häfen hat beträchtliche Investitionen in die Infrastruktur im Straßen- und Schienenverkehr nach sich gezogen und damit die Effizienz verbessert, mit der Waren über Ländergrenzen hinweg transportiert werden können. Zudem kann in einigen Branchen der Informationsaustausch in Form von Fachzeitschriften, F&E- oder Marktinformationen und Prognosen zwischen verschiedenen Unternehmen hoch entwickelt sein. In der Landwirtschaft können Landwirte beispielsweise auf hochwertige Preisinformationen, Angebotsprognosen und wissenschaftliche Erkenntnisse zugreifen, die ihnen helfen, effektiver zu planen, ihre Produktion zu maximieren oder ihren Input zu minimieren. Im Norden Englands gibt es eine Konzentration von Chemiefabriken rund um den Fluss Tees, die von der Expertise von Notdiensten profitieren können, die speziell für den Umgang mit Bränden oder Sicherheitsvorfällen mit Chemikalien geschult sind. Unternehmen können auch die Vorteile der lokalen Infrastruktur oder des Fachwissens im Bereich der Abfallentsorgung nutzen, was ihre Stückkosten im Vergleich zu einer individuellen Abrechnung absenkt.

Ursachen abnehmender Skalenerträge. Abnehmende Skalenerträge können aufgrund von Koordinationsproblemen entstehen, die jeder großen Organisation zu eigen sind. Mit zunehmender Unternehmensgröße wird das Management einer Organisation immer schwerer und die Möglichkeiten der Kostensenkung werden weniger effektiv. So kann die Kommunikation zwischen Mitarbeitern und Management sowie zwischen verschiedenen Funktionsbereichen schwieriger werden. Dies kann dazu führen, dass die Umsetzung von Entscheidungen länger dauert, die Flexibilität bei der Reaktion auf Kunden- und Marktveränderungen abnimmt und die Stückkosten ansteigen. In größeren Unternehmen kann auch die Motivation der Mitarbeiter beeinträchtigt sein, da diese jeweils nicht das »Gesamtbild« des Unternehmens sehen. Wenn einige Mitarbeiter immer nur einen kleinen Ausschnitt der Gesamtproduktion sehen, wird es für sie schwieriger, sich als Teil des Unternehmens zu fühlen und Einfluss auf die Art und Weise zu nehmen, wie sich das Unternehmen entwickelt und arbeitet. Dies kann zu geringerer Produktivität und Entfremdung und wiederum zu steigenden Stückkosten führen.

Wenn ein Unternehmen groß und über verschiedene Länder verteilt ist, werden die Kontrolle und die Überwachung der Handlungen der einzelnen Mitarbeiter schwieriger. Solche Unternehmen müssen daher unter Umständen teure Kontrollsysteme errichten, um die Effizienz und die Effektivität ihrer Entscheidungsfindung zu fördern. Und selbst mit solchen Kontrollsystemen können diese Unternehmen nicht sicher sein, dass Manager stets die Entscheidungen treffen, die im Interesse des gesamten Unternehmens sind. Einige Mitarbeiter könnten auch eigeninteressierte Entscheidungen treffen, die für das Unternehmen von Nachteil sind. Woher wissen Unternehmen zum Beispiel, dass die Rekrutierung von Mitarbeitern in allen globalen Niederlassungen des Unternehmens gewissenhaft und mit dem Ziel der Produktivitätssteigerung durchgeführt wird und nicht lediglich aus sehr persönlichen Gründen der beteiligten Personen? Ist es beispielsweise notwendig, die Anzahl der beschäftigten Mitarbeiter zu erhöhen, um die Produktivität und Effizienz zu verbessern, oder geht es einigen Personen nur darum, ihren eigenen Status und ihre Machtbasis zu stärken?

Im Jahr 1966 prägte Harvey Leibenstein in einem Artikel in der American Economic Review den Begriff der »X-Effizienz«. X-Effizienz liegt vor, wenn die Produktion bei einer gegebenen Menge von Produktionsfaktoren ihr Maximum erreicht. Leibenstein stellte die These auf, dass einige große Unternehmen nicht in der Lage seien oder nicht genügend Anreize hätten, ihre Kosten so genau zu kontrollieren, wie es die traditionelle Theorie nahelegt, was wiederum zu höheren Stückkosten führe. Für diesen Mangel an Anreizen verwendete er den Begriff der **X-Ineffizienz**. Anreize zur Kostenkontrolle könnten besonders in solchen Unternehmen fehlen, die unter geringem Wettbewerbsdruck stehen und über ein beträchtliches Maß an Marktmacht verfügen. X-Ineffizienzen in Unternehmen könnten beispielsweise aus einem Überschuss an Arbeitskräften resultieren, der die Produktivität senkt, aus Marketing-, Bewirtungs- und Reisekosten, die keiner strengen Kontrolle unterliegen, aus einem Versäumnis, beständig nach billigeren oder qualitativ besseren Lieferungen zu suchen, einem schleppenden Kundenservice oder einem Mangel an Innovation und Dynamik in der Produktentwicklung. Unternehmen, die effizienter sein könnten, als sie es tatsächlich sind, nennt man X-ineffizient.

X-Ineffizienz
Das Versagen eines Unternehmens, mit maximaler Effizienz zu arbeiten, aufgrund von fehlendem Wettbewerbsdruck und reduzierten Anreizen zur Kostenkontrolle.

Implikationen von zunehmenden Skalenerträgen

Stellen Sie sich ein Unternehmen vor, das Ziegelsteine herstellt. Das bestehende Werk des Unternehmens hat eine maximale Kapazität von 100.000 Ziegelsteinen pro Woche und die Gesamtkosten betragen 30.000 Euro pro Woche. Die durchschnittlichen Gesamtkosten für jeden Ziegelstein betragen unter der Annahme, dass die Anlage mit voller Kapazität arbeitet, 0,30 Euro. Das Unternehmen legt einen Preis von 0,40 Euro pro Ziegelstein fest, was einen Gewinn von 0,10 Euro pro Ziegelstein ergibt. Wenn alle 100.000 produzierten Ziegelsteine pro Woche verkauft werden, beträgt der Gesamterlös pro Woche 40.000 Euro.

Stellen Sie sich nun vor, dass das Unternehmen langfristig expandiert und die Größe seiner Anlage verdoppelt. Die Gesamtkosten steigen hierdurch natürlich, denn es werden nun mehr Grundstücke benötigt, mehr Gebäude errichtet, zusätzliche Arbeitskräfte eingestellt und mehr Ausrüstung und Rohstoffe gekauft. All diese Erweiterungen erhöhen die Gesamtkosten, aber wir nehmen an, dass die Verdoppelung der Kapazität nicht zu einer entsprechenden Verdoppelung der Kosten führt.

Gehen Sie davon aus, dass nach dieser Erweiterung die Gesamtkosten nun 50.000 Euro pro Woche betragen. Die Erweiterung der Anlage hat zur Folge, dass das Unternehmen seine Produktion verdoppeln kann, sodass seine Kapazität jetzt 200.000 Ziegelsteine pro Woche beträgt. Der prozentuale Anstieg der Gesamtkosten ist geringer als der prozentuale Anstieg der Produktion. Die Gesamtkosten sind um 20.000 Euro oder 66 Prozent gestiegen und der Gesamtausstoß um 100 Prozent, was bedeutet, dass die durchschnittlichen Gesamtkosten pro Ziegelstein jetzt nur noch 0,25 Euro betragen.

5.5 Hintergründe zum Angebot: Unternehmen in Wettbewerbsmärkten
Skalenerträge

Das Unternehmen steht nun vor zwei Szenarien. In Szenario 1 könnte es seinen Preis bei 0,40 Euro belassen und seinen Gewinn für jeden verkauften Ziegelstein von 0,10 Euro auf 0,15 Euro erhöhen. Unter der Annahme, dass alle produzierten Ziegelsteins verkauft werden, würde der Umsatz auf 80.000 Euro pro Woche steigen. In Szenario 2 könnte sich das Unternehmen für eine Preissenkung entscheiden, um seine Wettbewerbfähigkeit gegenüber seinen Konkurrenten zu verbessern. Es könnte seinen früheren Gewinn von 0,10 Euro beibehalten und den Preis auf 0,35 Euro senken, was die Chancen auf eine Verbesserung der Wettbewerbfähigkeit erhöht. In diesem Fall würde der Umsatz, wenn wiederum die gesamte Produktion verkauft wird, 70.000 Euro pro Woche betragen.

Wie sich das Unternehmen entscheidet, dürfte von seiner Wettbewerbsposition abhängen. Wenn es sich in einem wettbewerbsintensiveren Markt befindet, könnte es wahrscheinlich alles verkaufen, was es produziert. Wenn es eine dominante Rolle auf dem Markt spielt, könnte es bei gegebenem Preis vielleicht nicht die gesamte Produktionsmenge verkaufen. Eine Preissenkung würde eine Erhöhung seines Absatzes und (bei preiselastischer Nachfrage) eine Steigerung der Gesamterlöse bedeuten. Zunehmende Skalenerträge treten auf, wenn der prozentuale Produktionsanstieg infolge einer Unternehmensexpansion durch einen gleichmäßigen Anstieg aller Inputfaktoren größer ist als der prozentuale Gesamtkostenanstieg.

Fallstudie

Skalenerträge in der Schifffahrt

Im Lauf der Zeit wurden Frachtschiffe immer größer. Einer der Gründe hierfür sind steigende Skalenerträge. Betrachten wir ein Schiff mit einer Größe von 137 Meter × 17 Meter × 9 Meter (Länge × Breite × Tiefgang, es handelt sich um eine typische Containerschiffgröße in den 1950er-Jahren). Dieses Schiff hat eine Gesamtfrachtkapazität von 20.961 Kubikmetern. Nehmen wir an, die Gesamtkosten der Verschiffung einer Fracht von Hafen A nach Hafen B betragen 100.000 Euro. Das bedeutet, dass jeder beförderte Kubikmeter Fracht durchschnittliche Gesamtkosten von 4,77 Euro aufweist. Nehmen wir weiterhin an, die Dimensionen eines Schiffes würden auf 400 Meter × 59 Meter × 15,5 Meter ausgedehnt, was die Ausmaße der nach 2013 gebauten Containerschiffe sind. Die gesamte Kapazität dieses Schiffs wäre nun also 365.800 Kubikmeter. Das ist mehr als das 17-Fache der Frachtkapazität des früheren Schiffstyps. Die Kosten des Baus und Betriebs dieses größeren Schiffs werden natürlich höher sein, aber es ist unwahrscheinlich, dass die Kosten ebenfalls mehr als 17-mal höher sind. Angenommen, die Gesamtkosten für eine Fahrt betragen nun 900.000 Euro. Dann betragen die durchschnittlichen Gesamtkosten jedes Kubikmeters Fracht nur noch 2,46 Euro.

Die Skalenerträge des Baus größerer Schiffe sind in diesem Beispiel offensichtlich. Wenn dies aber der Fall ist, warum sollte man dann nicht einfach fortfahren und immer größere Schiffe bauen, um diesen Effekt maximal auszubeuten? In gewisser Hinsicht ist es das, was seit den 1950er-Jahren tatsächlich passierte: Containerschiffe wurden immer größer, weil ihre Betreiberunternehmen versuchten, ihre durchschnittlichen Gesamtkosten zu senken und hierdurch immer wettbewerbfähiger zu werden. Niedrigere Verschiffungskosten haben entsprechende Vorteile in der Lieferkette, da auf diese Weise die Güter in einer globalisierten Wirtschaft preiswerter an ihre Bestimmungsorte gelangen und deshalb die Preise für Konsumenten gesenkt werden können.

Neuere Studien zeigen jedoch, dass die Skalenerträge immer größerer Schiffe irgendwann ausgeschöpft sind und sich Größennachteile bemerkbar machen. Es mögen dann immer noch Skalvorteile bei einem gegebenen Gütertransfer zu See bestehen, aber diese Vorteile werden aufgebraucht, sobald das Schiff den Hafen erreicht. Wenn Schiffe nämlich größer werden, dann wird es immer schwieriger, ihre Ladung in Frachtterminals zu handhaben. Das führt zu im Ergebnis wieder steigenden Stückkosten – also sinkenden Skalenerträgen. Investitionen sind hier wahrscheinlich erforderlich, um sicherzustellen, dass die Terminals in der Lage sind, mit der Größe des im Hafen ankommenden Schiffs umzugehen, wenn die Produktivitätsverbesserungen aufrechterhalten werden sollen. Das Volumen solcher Investitionen dürfte beträchtlich sein und die Unternehmen müssten genau rechnen, damit sie am Ende tatsächlich noch Skalenerträge ausschöpfen und die Größennachteile nicht die Stückkostenvorteile immer größerer Schiffe überkompensieren.

5.6 Was ist ein Wettbewerbsmarkt?

Nachdem wir die Kosten der Unternehmen näher betrachtet haben, wenden wir uns nun dem Umsatz zu. Um dies tun zu können, müssen wir die Spezifika des Konkurrenz- bzw. Wettbewerbsmarkts berücksichtigen.

Ein Beispiel für einen nahezu vollständigen Wettbewerbsmarkt ist der Markt für Milch. Kein einzelner Käufer von Milch kann den Milchpreis beeinflussen, weil jeder Käufer im Verhältnis zur gesamten Angebotsmenge des Markts nur einen sehr kleinen Anteil kauft. Gleichermaßen haben auch die Anbieter wenig Möglichkeit, den Preis zu steuern, da viele andere Verkäufer ein essenziell homogenes Gut anbieten (obwohl die Unternehmen auch in diesem Markt versuchen werden, ihre Produkte von den anderen abzuheben, indem sie fettreduzierte Milch, Fruchtmilch, Bio-Milch, Milch mit extra viel Calcium usw. anbieten). Jeder kann beschließen, Milcherzeuger zu werden, und wenn sich andererseits ein bereits etablierter Milchproduzent entschließt, die Branche zu verlassen, so kann er das ebenfalls jederzeit tun. Informationen zur Milchproduktion sind überall erhältlich, und so sind sowohl Konsumenten als auch Produzenten in der Lage, informierte Entscheidungen zu treffen.

Es gibt viele einzelne Milchkäufer: Endverbraucher, die ihre Milch im Supermarkt kaufen, die Supermärkte selbst, aber auch Nahrungsmittelproduzenten, die Milch als Produktionsfaktor in ihre Produkte wie Käse, Joghurts usw. einsetzen. Der Milchmarkt dürfte damit wesentliche Eigenschaften eines Markts im Modell der vollständigen Konkurrenz erfüllen.

Der Umsatz eines Unternehmens auf dem Wettbewerbsmarkt

Wir untersuchen den Milchviehbetrieb »Moritz Müller«. »Moritz Müller« produziert die Menge Q und verkauft jede Mengeneinheit zum Marktpreis P. Der Gesamterlös oder Umsatz des Unternehmens ist $P \times Q$. Wenn beispielsweise ein Liter Milch am Markt 0,40 Euro kostet und der Milchviehbetrieb 10.000 Liter absetzt, beträgt der Umsatz 4.000 Euro.

Da »Moritz Müller« im Vergleich zum Weltmarkt für Milch klein ist, nimmt das Unternehmen den Marktpreis als gegeben hin. Das bedeutet insbesondere, dass der Preis der Milch nicht von der Menge abhängt, welche der Milchviehbetrieb »Moritz Müller« erzeugt und verkauft. Selbst wenn das Unternehmen die Produktionsmenge verdoppelt, bleibt der Preis unverändert und der Umsatz verdoppelt sich. Als Folge der Unveränderlichkeit des Preises verändert sich der Umsatz stets proportional zur Produktionsmenge.

Tabelle 5-5 zeigt den Umsatz des Milchviehbetriebs »Moritz Müller«. Die ersten beiden Spalten weisen die Produktionsmenge und den Verkaufspreis aus. Die dritte Spalte zeigt den Gesamterlös des Unternehmens. Es wird angenommen, dass der Marktpreis für Milch 0,40 Euro pro Liter beträgt; der Umsatz beträgt somit 0,40 Euro mal der Produktionsmenge.

5.6 Hintergründe zum Angebot: Unternehmen in Wettbewerbsmärkten
Was ist ein Wettbewerbsmarkt?

Tab. 5-5

Gesamt-, Durchschnitts- und Grenzerlös eines Unternehmens bei vollständiger Konkurrenz

Verkaufsmenge (Liter) (Q)	Preis (€) (P)	Gesamterlös/ Umsatz (€) (TR = P × Q)	Durchschnittserlös/ Durchschnittsumsatz (€) (AR = TR/Q)	Grenzerlös/ Grenzumsatz (€) (MR = ΔTR/ΔQ)
1.000	0,40	400	0,40	
				0,40
2.000	0,40	800	0,40	
				0,40
3.000	0,40	1.200	0,40	
				0,40
4.000	0,40	1.600	0,40	
				0,40
5.000	0,40	2.000	0,40	
				0,40
6.000	0,40	2.400	0,40	
				0,40
7.000	0,40	2.800	0,40	
				0,40
8.000	0,40	3.200	0,40	

Ebenso wie wir es bei der Analyse der Kosten des Unternehmens getan haben, wollen wir nun bezüglich Gesamterlös bzw. Umsatz den folgenden zwei Fragen nachgehen:
▸ Wie viel Umsatz erwirtschaftet das Unternehmen für einen typischen durchschnittlichen Liter Milch?
▸ Wie viel zusätzlichen Umsatz erwirtschaftet das Unternehmen, wenn es die Milchproduktion um einen Liter ausdehnt?

Durchschnittserlös, Durchschnittsumsatz
Gesamterlös (Umsatz) dividiert durch die verkaufte Menge.

Die letzten beiden Spalten der Tabelle 5-5 beantworten diese Fragen. In der vierten Spalte der Tabelle steht der **Durchschnittserlös** oder **Durchschnittsumsatz**, welcher dem Gesamterlös oder Umsatz (dritte Spalte) dividiert durch die Verkaufsmenge (erste Spalte) entspricht.

$AR = TR/Q$

Der Durchschnittserlös informiert darüber, wie viel das Unternehmen für die typische verkaufte Produkteinheit erhält. Aus Tabelle 5-5 ist zu entnehmen, dass der Durchschnittsumsatz bei 0,40 Euro liegt. Er entspricht damit dem Preis für einen Liter Milch. Dies gilt allgemein nicht nur für Unternehmen auf Wettbewerbsmärkten, sondern für alle Unternehmen: Der Gesamterlös entspricht dem Preis mal der Verkaufsmenge ($P \times Q$), und der Durchschnittserlös entspricht dem Gesamterlös ($P \times Q$) dividiert durch die Produktionsmenge (Q). Daher ist der Durchschnittsumsatz immer gleich dem Preis für das jeweilige Gut.

Die fünfte Spalte der Tabelle zeigt den **Grenzerlös** oder **Grenzumsatz**. Er entspricht der Veränderung des Gesamterlöses durch den Verkauf einer zusätzlichen Produkteinheit.

$MR = \Delta TR / \Delta Q$

Unter Verwendung der Differenzialrechnung:

$$\frac{dTR}{dQ}$$

Der Verkauf einer zusätzlichen Produkteinheit, in diesem Fall eines Liters Milch, vergrößert den Gesamtumsatz um 0,40 Euro. Somit entspricht der Grenzumsatz ebenfalls 0,40 Euro. In Tabelle 5-5 entspricht der Grenzerlös 0,40 Euro, dem Preis für einen Liter Milch. Dieser Tatbestand trifft nur auf Unternehmen in Wettbewerbsmärkten zu, da für diese der Preis P unveränderlich ist (Preisnehmer). Wenn somit Q um eine Einheit steigt, erhöht sich der Gesamterlös dieser Unternehmen um P Euro. Bei Unternehmen auf Märkten mit vollständiger Konkurrenz ist der Grenzerlös somit gleich dem Preis des Gutes.

> **Kurztest**
> Wenn ein Unternehmen in einem Markt mit vollständiger Konkurrenz seine Verkaufsmenge verdoppelt, wie verändern sich dann Verkaufspreis und Umsatz?

Grenzerlös, Grenzumsatz
Die Veränderung des Gesamterlöses durch den Verkauf einer zusätzlichen Produkteinheit.

Gesamterlös, Gesamtkosten und Gewinn

Es ist natürlich denkbar, dass Paolo oder Moritz Müller ihre Unternehmen gründen, weil sie die Welt mit Pizza oder Milch versorgen wollen oder weil sie sich einfach für Pizzaherstellung oder Milchwirtschaft begeistern. Wahrscheinlicher ist es jedoch, dass sie es tun, weil sie Geld verdienen wollen. Ökonomen legen ihren Analysen die Annahme zugrunde, dass es das Ziel eines Unternehmens ist, seinen Gewinn zu maximieren. Während es fraglich ist, inwiefern diese Annahme in der Realität zutrifft, so ist sie doch eine gute Grundlage für unsere Analyse.

Was ist der Gewinn eines Unternehmens? Der Gewinn ist die Differenz zwischen Gesamterlös und Gesamtkosten.

Gewinn = Gesamterlös − Gesamtkosten

Wir können dies auch als Formel ausdrücken

Gewinn = $TR - TC$

Wir nehmen an, dass es das Ziel des Unternehmens ist, den Gewinn zu maximieren.

5.6 Hintergründe zum Angebot: Unternehmen in Wettbewerbsmärkten
Was ist ein Wettbewerbsmarkt?

Wirtschaftlicher Gewinn versus buchhalterischer Gewinn

Da Ökonomen und Buchhalter die Kosten unterschiedlich erfassen, messen sie auch den Gewinn unterschiedlich. Ein Ökonom misst den **wirtschaftlichen Gewinn** des Unternehmens als Gesamterlös abzüglich aller Kosten (implizite und explizite) für die Produktion seiner verkauften Güter. Ein Buchhalter dagegen misst den **buchhalterischen Gewinn** des Unternehmens als Gesamterlös abzüglich nur der expliziten Kosten des Unternehmens.

Die Abbildung 5-6 fasst die Unterschiede in der Betrachtungsweise anschaulich zusammen. Da der Buchhalter die impliziten Kosten ignoriert, ist der buchhalterische Gewinn stets größer als der wirtschaftliche Gewinn. Damit ein Unternehmen vom ökonomischen Standpunkt aus ergiebig ist, muss der Umsatz jedoch alle Kosten decken – die expliziten und die impliziten.

Wirtschaftlicher Gewinn
Gesamterlös minus Gesamtkosten, die aus impliziten und expliziten Kosten bestehen.

Buchhalterischer Gewinn
Gesamterlös minus explizite Kosten.

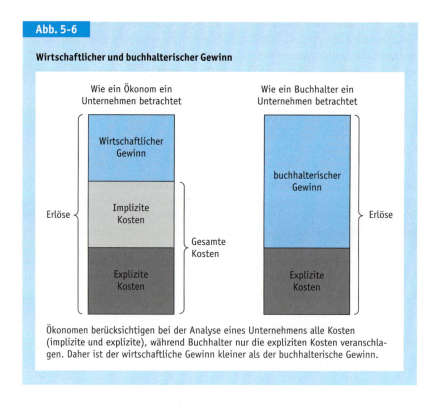

Abb. 5-6

Wirtschaftlicher und buchhalterischer Gewinn

Ökonomen berücksichtigen bei der Analyse eines Unternehmens alle Kosten (implizite und explizite), während Buchhalter nur die expliziten Kosten veranschlagen. Daher ist der wirtschaftliche Gewinn kleiner als der buchhalterische Gewinn.

5.7 Gewinnmaximierung und die Angebotskurve des Unternehmens bei vollständiger Konkurrenz

Wie bereits erwähnt, nehmen wir an, dass es ein Ziel von Unternehmen auf dem Wettbewerbsmarkt ist, ihren Gewinn zu maximieren. Vor dem Hintergrund dieser Annahme können wir nun untersuchen, wie Unternehmen ihren Gewinn maximieren und was dies für die Angebotskurve bedeutet.

Ein einfaches Beispiel der Gewinnmaximierung

Beginnen wir unsere Analyse der Angebotsentscheidungen des Unternehmens mit dem Beispiel in Tabelle 5-6. Die Zahlen beziehen sich erneut auf unseren Milchviehbetrieb »Moritz Müller«. Die erste Tabellenspalte führt die Menge an Milch auf, welche der Betrieb produziert und verkauft. Die zweite Spalte zeigt den Gesamterlös, der sich auf 0,40 Euro mal der jeweiligen Literanzahl beläuft. Die dritte Spalte enthält die Gesamtkosten des Unternehmens. Sie bestehen aus den fixen Kosten (im Beispiel 200 Euro) und den variablen Kosten, die von der produzierten Menge abhängen.

Die vierte Spalte weist den Gewinn des Milchviehbetriebs aus, der durch Subtraktion der Gesamtkosten vom Gesamterlös definiert ist. Wenn »Moritz Müller« nichts produziert, entsteht ein Verlust von 200 Euro (Fixkosten). Werden 1.000 Liter produziert, beläuft sich der Gewinn auf 100 Euro. Bei 2.000 Litern beträgt der Gewinn 300 Euro usw. Um den Gewinn zu maximieren, wählt das Unternehmen »Moritz Müller« diejenige Produktionsmenge, welche die höchsten Gewinnmöglichkeiten bietet. Im gegebenen Beispiel sind das 3.000 oder 4.000 Liter, wobei der Gewinn jeweils 400 Euro beträgt.

Man kann die Unternehmensentscheidung des Milchviehbetriebs »Moritz Müller« auch noch auf andere Weise betrachten: Das Unternehmen ermittelt seine gewinnmaximierende Menge auch durch einen Vergleich der Grenzerlöse und der Grenzkosten bei den verschiedenen Produktionsmengen. Die Spalten fünf und sechs der Tabelle 5-5 zeigen die Berechnung von Grenzerlösen und Grenzkosten aus den Gesamterlösen und den Gesamtkosten. Die ersten 1.000 Liter Milch erzielen einen Grenzerlös von 0,40 Euro pro Liter und verursachen Grenzkosten von 0,10 Euro pro Liter, sodass sich durch die Produktion dieser 1.000 Liter Milch der Gewinn um 0,30 Euro pro Liter erhöhen wird (von insgesamt –200 auf + 100 Euro Gewinn). Die zweiten 1.000 Liter bringen einen Grenzumsatz von 0,40 Euro pro Liter und Grenzkosten von 0,20 Euro pro Liter, wodurch ein Gewinnzuwachs von 0,20 Euro pro Liter entsteht. Solange der Grenzerlös die Grenzkosten übersteigt, kann man durch eine Steigerung der Produktionsmenge den Gewinn erhöhen. Sobald das Unternehmen »Moritz Müller« die Menge von 4.000 Litern erreicht hat, wird die Lage anders. Die sechsten produzierten 1.000 Liter Milch erzielen 0,40 Euro Grenzerlös pro Liter und verursachen 0,50 Euro Grenzkosten pro Liter und würden damit den bereits erreichten Gewinn um 100 Euro verringern (von 400 auf 300 Euro). Folglich wird man bei der Produktion nicht über die Menge von 4.000 Litern hinausgehen.

Tab. 5-6

Gewinnmaximierung: Ein Zahlenbeispiel

Menge (Liter) (Q)	Gesamt-erlös (€) (TR)	Gesamtkosten (€) (TC)	Gewinn (€) (TR − TC)	Grenzerlös (€) (MR = ΔTR/ΔQ)	Grenzkosten (€) (MC = ΔTC/ΔQ)	Gewinn-veränderung (€) (MR − MC)
0	0	200	−200			
				0,40	0,10	0,30
1.000	400	300	100			
				0,40	0,20	0,20
2.000	800	500	300			
				0,40	0,30	0,10
3.000	1.200	800	400			
				0,40	0,40	0
4.000	1.600	1.200	400			
				0,40	0,50	−0,10
5.000	2.000	1.700	300			
				0,40	0,60	−0,20
6.000	2.400	2.300	100			
				0,40	0,70	−0,30
7.000	2.800	3.000	−200			
				0,40	0,80	−0,40
8.000	3.200	3.800	−600			

Dies ist ein weiteres Beispiel für das Denken in Grenzbegriffen, das für die Volkswirtschaftslehre grundlegend ist. Wenn der Grenzerlös höher ist als die Grenzkosten (wie bei 1.000, 2.000 oder 3.000 Litern), lohnt es sich für »Moritz Müller«, die Produktion auszudehnen. Wenn der Grenzerlös jedoch kleiner ist als die Grenzkosten (wie etwa bei 6.000, 7.000 oder 8.000 Litern), sollte das Unternehmen die Produktion einschränken. Wenn Moritz Müller in Grenzbegriffen denkt und schrittweise Anpassungen der Produktionsmenge vornimmt, findet er wie von selbst zur gewinnmaximierenden Menge. Die gewinnmaximierende Produktions- bzw. Angebotsmenge liegt bei dem Punkt, an dem die Grenzkosten den Grenzerlösen entsprechen ($MR = MC$).

Normalgewinn und außergewöhnlicher Gewinn

In der folgenden Analyse treffen wir eine wichtige Annahme, die in Zusammenhang mit dem bereits angesprochenen wirtschaftlichen Gewinn steht. Wir wissen, dass der Gewinn Umsatz minus Kosten entspricht und dass zu den Gesamtkosten auch die Opportunitätskosten im Sinne von Zeit und Geld zählen, die der Unternehmensinhaber in das Geschäft steckt. Der Umsatz muss die Inhaber also auch für Zeit und Geld entschädigen, die sie aufwenden, um das Unternehmen am Laufen zu halten. Der Punkt, in dem dies erreicht ist, wird auch Normalgewinn- oder Nullgewinn-Gleichgewicht genannt.

Nehmen wir folgendes Beispiel: Um einen landwirtschaftlichen Betrieb zu eröffnen, müsste ein Landwirt 1 Million Euro investieren. Anderenfalls hätte er dieses Geld auch anlegen können, wofür er von der Bank im Jahr 50.000 Euro Zinsen erhalten würde. Außerdem müsste er auf eine Arbeitsstelle verzichten, die ihm 30.000 Euro pro Jahr einbringen würde. Alles in allem betrügen seine Opportunitätskosten der selbstständigen Tätigkeit in der Landwirtschaft also 80.000 Euro. Dieser Betrag muss in die Gesamtkosten des landwirtschaftlichen Betriebs eingerechnet werden. Er wird als Normalgewinn bezeichnet. Der **Normalgewinn** ist der Minimalbetrag, den ein Unternehmen abwerfen muss, damit die Produktionsfaktoren im Betrieb gehalten werden können. Selbst wenn der Gewinn null ist, deckt der Umsatz des Landwirtschaftsbetriebs diese Opportunitätskosten des Landwirts.

> **Normalgewinn**
> Der Minimalbetrag, den ein Unternehmen abwerfen muss, damit die Produktionsfaktoren im Betrieb gehalten werden können.

Da Volkswirte und Buchhalter wie erwähnt den Gewinn unterschiedlich messen, ist der wirtschaftliche Gewinn im Nullgewinn-Gleichgewicht null, aber der buchhalterische Gewinn ist positiv. Der Buchhalter unseres Landwirts würde beispielsweise registrieren, dass ein buchhalterischer Gewinn von 80.000 Euro gemacht wurde, was ausreicht, das Unternehmen in Gang zu halten. Wir werden sehen, dass kurzfristig der Gewinn eines Unternehmens größer als null sein kann und damit größer als der Normalgewinn. Dieser Gewinn wird als **außergewöhnlicher Gewinn** bezeichnet.

> **Außergewöhnlicher Gewinn**
> Ein Gewinn, der größer als der Normalgewinn ist.

Wenn Unternehmen außergewöhnliche Gewinne erzielen, so ist dies ein Anreiz für weitere Unternehmen, in den Markt einzutreten, um die Gewinnmöglichkeiten für sich zu nutzen. Dies kreiert wiederum eine Dynamik, welche den Markt zum Gleichgewicht bewegt.

Die Grenzkostenkurve und die Angebotsentscheidung des Unternehmens

Um diese Analyse der Gewinnmaximierung zu erweitern, lassen Sie uns einen Blick auf die Kostenkurven in Abbildung 5-7 werfen. Diese Kostenkurven weisen die drei Eigenschaften auf, die wir in diesem Kapitel bereits angesprochen haben:
- die Grenzkostenkurve (MC) verläuft steigend,
- die Kurve der durchschnittlichen Gesamtkosten (ATC) ist u-förmig und
- die Grenzkostenkurve schneidet die Kurve der durchschnittlichen Gesamtkosten in ihrem Minimum.

Die Abbildung enthält auch eine waagerechte Linie in Höhe des Marktpreises (P). Die Preislinie ist eine Gerade, da das Unternehmen bei vollständiger Konkurrenz ein Preisnehmer ist: Der Preis für ein Produkt bleibt immer gleich, unabhängig von der Produktionsmenge des betreffenden Unternehmens. Denken Sie daran, dass für Unternehmen bei vollständiger Konkurrenz der Preis sowohl dem Durchschnittserlös (AR) als auch dem Grenzerlös (MR) entspricht.

5.7 Hintergründe zum Angebot: Unternehmen in Wettbewerbsmärkten
Gewinnmaximierung und die Angebotskurve des Unternehmens

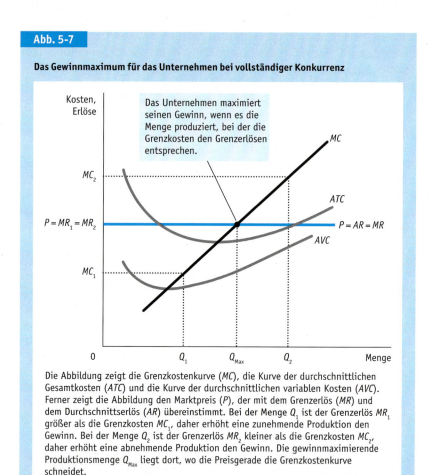

Abb. 5-7

Das Gewinnmaximum für das Unternehmen bei vollständiger Konkurrenz

Die Abbildung zeigt die Grenzkostenkurve (MC), die Kurve der durchschnittlichen Gesamtkosten (ATC) und die Kurve der durchschnittlichen variablen Kosten (AVC). Ferner zeigt die Abbildung den Marktpreis (P), der mit dem Grenzerlös (MR) und dem Durchschnittserlös (AR) übereinstimmt. Bei der Menge Q_1 ist der Grenzerlös MR_1 größer als die Grenzkosten MC_1, daher erhöht eine zunehmende Produktion den Gewinn. Bei der Menge Q_2 ist der Grenzerlös MR_2 kleiner als die Grenzkosten MC_2, daher erhöht eine abnehmende Produktion den Gewinn. Die gewinnmaximierende Produktionsmenge Q_{Max} liegt dort, wo die Preisgerade die Grenzkostenkurve schneidet.

Wir können Abbildung 5-7 dazu nutzen, die gewinnmaximierende Produktionsmenge zu ermitteln. Stellen wir uns zunächst vor, der Milchviehbetrieb »Moritz Müller« würde die Menge Q_1 produzieren. Bei dieser Produktionsmenge ist der Grenzerlös größer als die Grenzkosten. Demnach würde bei einer Mengenerhöhung um eine Einheit der zusätzliche Erlös (MR_1) die zusätzlichen Kosten (MC_1) übersteigen. Der Gewinn (Gesamterlös minus Gesamtkosten) würde also steigen. Wenn der Grenzerlös größer ist als die Grenzkosten, wie im Fall der Produktionsmenge Q_1, lohnt es sich für ein Unternehmen, mehr zu produzieren, da es damit seinen Gewinn erhöhen kann.

Eine vergleichbare Argumentation gilt für die Menge Q_2. In diesem Fall sind die Grenzkosten höher als der Grenzerlös. Wird die Produktion um eine Einheit reduziert, werden mehr Kosten eingespart (MC_2) als dass Erlös eingebüßt wird (MR_2). Wenn der Grenzerlös also niedriger ist als die Grenzkosten, wie im Fall der Produktionsmenge Q_2, sollte das Unternehmen die Produktionsmenge senken, um so den Gewinn zu erhöhen.

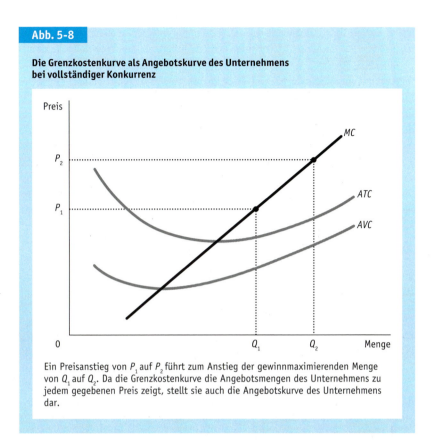

Abb. 5-8

Die Grenzkostenkurve als Angebotskurve des Unternehmens bei vollständiger Konkurrenz

Ein Preisanstieg von P_1 auf P_2 führt zum Anstieg der gewinnmaximierenden Menge von Q_1 auf Q_2. Da die Grenzkostenkurve die Angebotsmengen des Unternehmens zu jedem gegebenen Preis zeigt, stellt sie auch die Angebotskurve des Unternehmens dar.

Doch wo enden diese Grenzanpassungen der Produktionsmenge? Unabhängig davon, ob das Unternehmen mit einer niedrigen (z. B. Q_1) oder mit einer vergleichsweise hohen Produktionsmenge (z. B. Q_2) beginnt, besteht der Anreiz, die Produktionsentscheidungen so lange anzupassen, bis Q_{Max} erreicht ist. Bei jeder anderen Produktionsmenge besteht immer noch ein Anreiz für das Unternehmen, die Produktionsmenge entweder zu erhöhen oder zu senken. Diese Analyse zeigt eine grundlegende Regel für die Gewinnmaximierung: Die gewinnmaximale Produktionsmenge ist dann erreicht, wenn Grenzerlös und Grenzkosten exakt gleich sind.

Wir können nun verstehen, wie die Angebotskurve hergeleitet wird. Da das Unternehmen bei vollständiger Konkurrenz Preisnehmer ist, stimmt der Grenzerlös mit dem Marktpreis überein. Für jeden gegebenen Marktpreis liegt die gewinnmaximierende Produktionsmenge eines Unternehmens im Schnittpunkt von Preis- und Grenzkostenkurve. In Abbildung 5-7 ist diese Produktionsmenge Q_{Max}.

Abbildung 5-8 zeigt, wie ein Unternehmen bei vollständiger Konkurrenz auf einen Anstieg des Marktpreises reagiert, der möglicherweise durch eine Veränderung der Konditionen auf dem Weltmarkt ausgelöst wurde. Wir wissen, dass Unternehmen bei vollständiger Konkurrenz Preisnehmer sind und damit den gegebenen Marktpreis für ihr Produkt akzeptieren müssen. Preise für Güter wie Weizen, Stahl, Zucker, Baumwolle, Kaffee, Schweinebäuche oder Öl werden auf internationalen Märkten festgelegt, sodass das einzelne Unternehmen keinen Einfluss auf den Preis nehmen kann.

Beim Preis P_1 produziert das Unternehmen die gewinnmaximierende Menge Q_1, das heißt die Menge, bei welcher die Grenzkosten dem Preis entsprechen. Kommt es nun beispielsweise zu einem Ausbruch einer Tierseuche wie dem »Rinderwahn« BSE, dann wird ein Teil der Milchkühe geschlachtet und die Milchproduktion sinkt. Wenn der Marktpreis infolge des Produktionsrückgangs auf P_2 ansteigt, wird das Unternehmen feststellen, dass der Grenzerlös nun größer ist als die Grenzkosten und die Produktion ausdehnen. Die neue gewinnmaximierende Produktionsmenge ist Q_2, bei der die Grenzkosten nun mit dem neuen, höheren Preis übereinstimmen. Da die Grenzkostenkurve demnach also festlegt, welche Mengen das Unternehmen bei jedem gegebenen Preis anzubieten gewillt ist, bildet sie bei vollständiger Konkurrenz die Angebotskurve des Unternehmens.

Die kurzfristige Unternehmensentscheidung über die Produktionseinstellung

Bisher haben wir uns mit der Frage befasst, welche Produktionsmenge ein Unternehmen bei vollständiger Konkurrenz herstellen wird. Unter bestimmten Umständen jedoch wird das Unternehmen die Produktion einstellen und überhaupt nichts mehr anbieten.

Hier sollten wir zwischen einer zeitweiligen Produktionseinstellung eines Unternehmens und dem endgültigen Austritt aus dem Markt unterscheiden. Eine Produktionseinstellung ist die kurzfristige Entscheidung, mit Blick auf die Marktbedingungen vorübergehend nichts herzustellen. Ein Marktaustritt ist hingegen die langfristige Entscheidung, für einen bestimmten Markt dauerhaft nichts mehr herzustellen. Dies bedeutet die komplette Auflösung eines Unternehmens oder die eines Geschäftsbereichs (z. B. eines Auslandsgeschäfts). Die lang- und die kurzfristigen Entscheidungen sind nicht deckungsgleich; sie unterscheiden sich bezüglich der fixen Kosten. Wenn ein Unternehmen vorübergehend die Produktion einstellt, muss es weiterhin seine Fixkosten decken. Wenn hingegen ein Unternehmen oder Geschäftsbereich aufgelöst wird, entfallen sowohl die variablen Kosten als auch die Fixkosten.

Denken Sie an die Produktionsentscheidung unseres Pizzaproduzenten Paolo. Die Kosten des Fabrikgebäudes (Miete oder Abbezahlung und Zinsen eines Immobilienkredits) gehören zu seinen fixen Kosten. Wenn sich Paolo entscheidet, über einen bestimmten Zeitraum keine Pizza zu produzieren, so stellt das Fabrikgebäude weiterhin Kosten dar, die er in diesem Zeitraum nicht durch Erlöse decken kann. Wenn Paolo also die Entscheidung trifft, seine Produktion vorübergehend einzustellen, so sind die Fixkosten für das Fabrikgebäude sogenannte *Sunk Costs* (versunkene Kosten). Wenn er sich aber entschließt, seine Pizzaproduktion komplett aufzugeben, kann er das Fabrikgebäude verkaufen.

Wovon hängt es nun ab, ob sich ein Unternehmen zur Produktionseinstellung entschließt? Das Unternehmen verliert zwar alle Erlöse aus dem Verkauf möglicher Produkte, es vermeidet aber auch die dafür anfallenden variablen Kosten (bezahlt jedoch die Fixkosten weiterhin). Folglich wird ein Unternehmen die Produktion einstellen, wenn die zu erwartenden Erlöse niedriger sind als die variablen Kosten der Produktion. Es ist einfach nicht sinnvoll, ein Gut herzustellen, dessen Produktion mehr kostet als sein Verkauf einbringt. Dies würde den Gewinn reduzieren beziehungsweise eventuell existierende Verluste noch weiter erhöhen.

Wenn TR für die Gesamterlöse und VC für die variablen Kosten stehen, kann die Entscheidung des Unternehmens wie folgt formuliert werden:

Produktionseinstellung, falls $TR < VC$

Das Unternehmen stellt die Produktion ein, wenn die Erlöse geringer sind als die variablen Kosten. Wenn man beide Seiten der Ungleichung durch die Menge Q dividiert, kann dies auch dargestellt werden als:

Produktionseinstellung, falls $TR/Q < VC/Q$

Dies kann weiter vereinfacht werden. TR/Q ist der Gesamterlös dividiert durch die Menge, d.h. der Durchschnittserlös. Wie bereits erwähnt, entspricht der Durchschnittserlös dem Preis für das Gut P. VC/Q sind die durchschnittlichen variablen Kosten. Folglich ist das Entscheidungskriterium für das Unternehmen:

Produktionseinstellung, falls $P < AVC$

Das bedeutet, dass ein Unternehmen die Produktion einstellt, wenn der Preis unter den durchschnittlichen variablen Produktionskosten liegt. Dieses Kriterium ist einleuchtend: Wenn ein Unternehmen vor der Frage steht, ob es produzieren soll oder nicht, vergleicht es den Preis, den es für eine typische Produkteinheit erhält, mit den durchschnittlichen variablen Kosten, die ihm bei der Produktion dieser typischen Einheit entstehen. Wenn der Preis die durchschnittlichen variablen Kosten nicht deckt, dann ist es besser, die Produktion einzustellen. In diesem Fall wird das Unternehmen zwar Geld verlieren, weil die Fixkosten weiter gezahlt werden müssen, es würde aber noch mehr Geld verlieren, wenn es weiter produziert. Bei der Entscheidung für die vorübergehende Produktionseinstellung kann das Unternehmen im Gegensatz zum Marktaustritt schnell reagieren, wenn der Preis wieder über den durchschnittlichen variablen Kosten liegt und seine Produktion wieder aufnehmen.

Damit haben wir nun die vollständige Beschreibung des Gewinnmaximierungsverhaltens eines Unternehmens unter vollständiger Konkurrenz. Wenn das Unternehmen überhaupt etwas produziert und anbietet, so ist es die Menge, bei der Preis und Grenzkosten übereinstimmen. Wenn jedoch bei dieser Menge der Preis niedriger ist als die durchschnittlichen variablen Kosten, ist das Unternehmen mit einer Produktionseinstellung besser gestellt. In Abbildung 5-9 sind diese Zusammenhänge dargestellt. Die kurzfristige Angebotskurve des Unternehmens unter vollständiger Konkurrenz ist der Bereich der Grenzkostenkurve (MC), der über den durchschnittlichen variablen Kosten (AVC) verläuft.

5.7 Hintergründe zum Angebot: Unternehmen in Wettbewerbsmärkten
Gewinnmaximierung und die Angebotskurve des Unternehmens

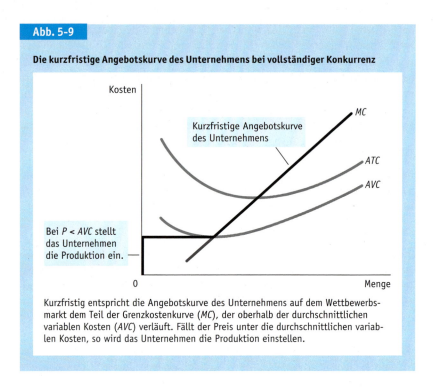

Abb. 5-9

Die kurzfristige Angebotskurve des Unternehmens bei vollständiger Konkurrenz

Kurzfristig entspricht die Angebotskurve des Unternehmens auf dem Wettbewerbsmarkt dem Teil der Grenzkostenkurve (*MC*), der oberhalb der durchschnittlichen variablen Kosten (*AVC*) verläuft. Fällt der Preis unter die durchschnittlichen variablen Kosten, so wird das Unternehmen die Produktion einstellen.

Sunk Costs – Versunkene Kosten

Versunkene Kosten (Sunk Costs)
Bereits angefallene Kosten, die nicht mehr zurückgeholt werden können.

Volkswirte sagen, dass Kosten dann **versunkene Kosten** darstellen, wenn sie bereits angefallen sind und nicht mehr zurückgeholt werden können. In diesem Sinne sind versunkene Kosten das exakte Gegenteil von Opportunitätskosten. Opportunitätskosten bestehen aus dem, was man aufgeben muss, wenn man sich für eine Sache anstelle einer anderen entscheidet. Versunkene Kosten können dagegen nicht zurückgeholt werden, unabhängig davon wie man sich entscheidet. Da man versunkene Kosten nicht rückgängig machen kann, können sie bei der Entscheidungsfindung im täglichen Leben ignoriert werden, auch bei der Entscheidung über eine Unternehmensstrategie.

Unsere Analyse der Entscheidung zur Produktionseinstellung ist ein Beispiel für die Bedeutung von versunkenen Kosten. Das Unternehmen kann seine fixen Kosten durch eine zwischenzeitliche Produktionseinstellung nicht wieder zurückholen. Dadurch sind die Fixkosten des Unternehmens auf kurze Sicht »versunken«, und das Unternehmen kann sie daher bei der Entscheidung darüber, wie viel es produzieren will, ignorieren. Die kurzfristige Angebotskurve des Unternehmens ist der Teil der Grenzkostenkurve, der oberhalb der durchschnittlichen variablen Kosten verläuft, und die Höhe der Fixkosten spielt bei dieser Angebotsentscheidung keine Rolle.

Die langfristige Unternehmensentscheidung über Marktaustritt oder Markteintritt

Die langfristige Entscheidung eines Unternehmens zum Austritt aus dem Markt ist ähnlich angelegt wie die kurzfristige Entscheidung zur Produktionseinstellung. Wenn das Unternehmen den Markt verlässt, wird es alle Erlöse aus dem Verkauf seines Produkts verlieren, jedoch spart es nun sowohl die variablen als auch die fixen Kosten ein, die mit der Produktion anfallen. Daher wird ein Unternehmen sich für den Marktaustritt entscheiden, wenn die Erlöse, die mit der Produktion erzielt werden, geringer sind als die anfallenden Gesamtkosten.

Wir können diese Entscheidung erneut mit einigen mathematischen Abkürzungen präzisieren. Wenn TR für den Gesamterlös steht und TC für die Gesamtkosten, kann man als Regel festhalten:

Marktaustritt bei $TR < TC$

Das Unternehmen verlässt den Markt, wenn die Erlöse auf Dauer unter den Kosten liegen. Dividiert man beide Seiten der Ungleichung durch die Menge Q, kann man die Regel auch so formulieren:

Marktaustritt bei $TR/Q < TC/Q$

Wir können weiter vereinfachen, indem wir feststellen, dass TR/Q dem Durchschnittserlös entspricht, der gleich dem Preis P ist und TC/Q die durchschnittlichen Gesamtkosten ATC sind. Folglich ist das Entscheidungskriterium für das Unternehmen:

Marktaustritt bei $P < ATC$

Das Unternehmen entscheidet, aus dem Markt auszutreten, wenn der Preis auf Dauer unter den durchschnittlichen Gesamtkosten liegt.

Eine vergleichbare Entscheidung hat ein Unternehmen vor sich, das erwägt, in einen Markt einzutreten. Das Unternehmen wird dann in den Markt eintreten, wenn sich dieser Schritt lohnt, weil der Preis höher ist als die durchschnittlichen Gesamtkosten. Das Kriterium lautet:

Markteintritt bei $P > ATC$

Es ist also genau das Gegenteil des Marktaustrittskriteriums.

Nun können wir die langfristige Strategie der unternehmerischen Gewinnmaximierung bei vollständiger Konkurrenz beschreiben. Falls sich ein Unternehmen bereits im Markt befindet, wird es jene Menge herstellen und verkaufen, bei der die Grenzkosten mit dem Preis übereinstimmen. Wenn jedoch bei dieser Produktionsmenge der Preis niedriger ist als die durchschnittlichen Gesamtkosten bzw. die Stückkosten, wird sich das Unternehmen zum Marktaustritt entschließen (oder vom Markteintritt Abstand nehmen). Diese Ergebnisse zeigt die Abbildung 5-10. Die langfristige Angebotskurve eines Unternehmens ist der Teil seiner Grenzkostenkurve, der über der Kurve der durchschnittlichen Gesamtkosten liegt.

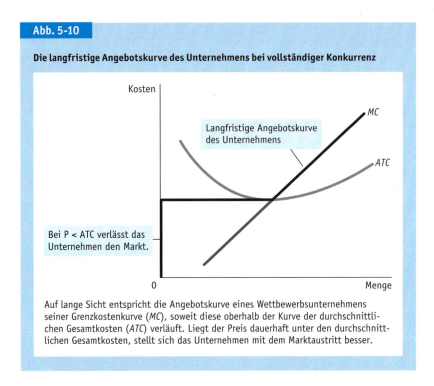

Abb. 5-10

Die langfristige Angebotskurve des Unternehmens bei vollständiger Konkurrenz

Auf lange Sicht entspricht die Angebotskurve eines Wettbewerbsunternehmens seiner Grenzkostenkurve (*MC*), soweit diese oberhalb der Kurve der durchschnittlichen Gesamtkosten (*ATC*) verläuft. Liegt der Preis dauerhaft unter den durchschnittlichen Gesamtkosten, stellt sich das Unternehmen mit dem Marktaustritt besser.

Grafische Darstellung des Gewinns eines Unternehmens bei vollständiger Konkurrenz

So wie wir Markteintritt und Marktaustritt untersucht haben, empfiehlt es sich auch, die Gewinnsituation genauer zu analysieren. Sie wissen bereits, dass der Gewinn gleich dem Gesamterlös (*TR*) minus der Gesamtkosten (*TC*) ist:

Gewinn = *TR* – *TC*

Durch Multiplikation und Division der rechten Seite mit *Q* kann man die Definition auch auf diese Weise schreiben:

Gewinn = (*TR*/*Q* – *TC*/*Q*) × *Q*

Da nun aber der Durchschnittserlös *TR*/*C* gleich dem Preis *P* ist und *TC*/*Q* den durchschnittlichen Gesamtkosten *ATC* entspricht, ergibt sich:

Gewinn = (*P* – *ATC*) × *Q*

Diese Definition des Gewinns können wir in einer Abbildung darstellen. Diagramm (a) der Abbildung 5-11 gilt für ein Unternehmen, das Gewinn erzielt. Es produziert jene Menge, bei der Preis und Grenzkosten übereinstimmen. Das zeigt das blaue Rechteck mit der Breite *P* – *ATC*. Die Länge des Rechtecks beträgt *Q*, das ist die produzierte Menge. Der Gewinn wird durch das Rechteck (*P* – *ATC*) × *Q* dargestellt.

5.7 Gewinnmaximierung und die Angebotskurve des Unternehmens

Abb. 5-11

Gewinn als Fläche zwischen Preis und durchschnittlichen Gesamtkosten

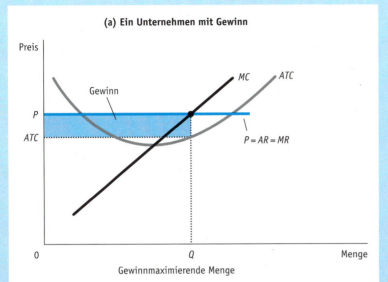

(a) Ein Unternehmen mit Gewinn

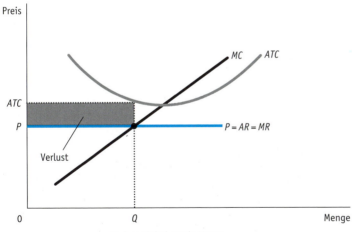

(b) Ein Unternehmen mit Verlust

Die farbigen Flächenstücke zwischen Preis und durchschnittlichen Gesamtkosten zeigen den Gewinn. Die Höhe des Rechtecks wird durch die Differenz von Preis und durchschnittlichen Gesamtkosten angegeben ($P - ATC$), die Breite durch die produzierte Menge (Q). Im Diagramm (a) liegt der Preis über den durchschnittlichen Gesamtkosten, sodass das Unternehmen einen Gewinn erzielt. Im Diagramm (b) liegt der Preis unter den durchschnittlichen Gesamtkosten, sodass das Unternehmen einen Verlust realisiert.

Das Diagramm (b) ist ähnlich aufgebaut, zeigt jedoch ein Unternehmen mit Verlust (negativem Gewinn). Gewinnmaximierung heißt hier Verlustminimierung. Auch das wird dadurch erreicht, dass genau die Menge produziert wird, bei der die Grenzkosten dem Preis entsprechen. Dies zeigt das graue Rechteck mit der Breite $ATC - P$ und der Länge Q. Die Fläche $(ATC - P) \times Q$ ist der Verlust des Unternehmens. Man kann auch sagen: Stückverlust mal Menge. Da das Unternehmen nicht genügend Erlöse erzielt, um die durchschnittlichen Gesamtkosten zu decken, würde es sich in dieser Lage für einen Marktaustritt entscheiden.

> **Kurztest**
> Wie hängt der Marktpreis, dem ein gewinnmaximierendes Unternehmen auf dem Wettbewerbsmarkt gegenübersteht, mit den Grenzkosten des Unternehmens zusammen? Erläutern Sie Ihre Antwort. In welcher Situation entscheidet sich ein gewinnmaximierendes Unternehmen für die vorübergehende Produktionseinstellung? Wann entscheidet es sich zum Marktaustritt?

5.8 Die Marktangebotskurve bei vollständiger Konkurrenz

Nachdem wir nun die Angebotskurve eines einzelnen Unternehmens analysiert haben, können wir uns der Marktangebotskurve zuwenden. Hierbei muss man zwei Fälle unterscheiden. Zunächst betrachten wir einen Markt mit einer festen Zahl an Unternehmen. Danach untersuchen wir einen Markt, in dem sich die Zahl der Unternehmen laufend ändert, indem etablierte Unternehmen aus dem Markt austreten und neue Unternehmen eintreten. Beide Fälle sind wichtig, denn jeder ist auf einen bestimmten Zeithorizont abgestellt. Unternehmen können schwer kurzfristig in einen Markt eintreten oder aus ihm austreten, daher ist die Annahme einer konstanten Zahl von Unternehmen auf kurze Sicht zutreffend. Langfristig gesehen jedoch, kann sich die Zahl der Unternehmen entsprechend den Marktbedingungen ändern.

Die kurzfristige Perspektive: Marktangebot bei konstanter Zahl von Unternehmen

Betrachten wir zuerst einen Markt mit 1.000 identischen Unternehmen. Zu jedem beliebigen Preis bietet jedes Unternehmen die Gütermenge an, bei der seine Grenzkosten gleich dem Preis sind (siehe Diagramm (a) in Abbildung 5-12). Solange der Preis höher ist als die durchschnittlichen variablen Kosten, ist die Grenzkostenkurve jedes Unternehmens seine Angebotskurve. Die auf dem Markt angebotene Menge ergibt sich als Summe der Angebotsmengen dieser 1.000 Unternehmen. Um die Angebotskurve des Markts zu ermitteln, addieren wir also die Angebotsmengen aller Unternehmen waagerecht. Wie Diagramm (b) der Abbildung 5-12 zeigt, ist das Marktange-

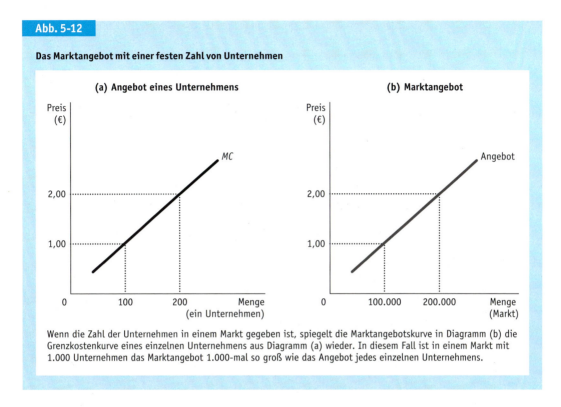

Abb. 5-12

Das Marktangebot mit einer festen Zahl von Unternehmen

Wenn die Zahl der Unternehmen in einem Markt gegeben ist, spiegelt die Marktangebotskurve in Diagramm (b) die Grenzkostenkurve eines einzelnen Unternehmens aus Diagramm (a) wieder. In diesem Fall ist in einem Markt mit 1.000 Unternehmen das Marktangebot 1.000-mal so groß wie das Angebot jedes einzelnen Unternehmens.

bot der 1.000 Unternehmen – da sie identisch sind – gleich dem Einzelangebot eines Unternehmens mal 1.000.

Die langfristige Perspektive: Marktangebot bei Eintritt und Austritt von Unternehmen

Schauen wir nun, was geschieht, wenn neue Unternehmen in Märkte eintreten oder etablierte Unternehmen aus Märkten austreten können. Wir gehen dabei davon aus, dass jedes Unternehmen Zugang zur gleichen aktuellen Technik und zu den Beschaffungsmärkten für die Produktionsfaktoren hat. Folglich haben alle bestehenden und alle potenziellen Unternehmen dieselben Kostenkurven.

Entscheidungen über Markteintritt und Marktaustritt hängen von den Anreizen ab, die Eigentümer etablierter Unternehmen und Gründer neuer Unternehmen registrieren. Sofern die bereits am Markt präsenten Unternehmen Gewinne erwirtschaften, besteht ein Anreiz für neue Unternehmen, ebenfalls in den Markt einzutreten. Diese Markteintritte vergrößern die Zahl der Unternehmen, erhöhen die Angebotsmenge und senken Preise und Gewinne. Auf der anderen Seite, wenn Unternehmen im Markt Verluste machen, so werden einige den Markt verlassen. Ihr Marktaustritt senkt die

Zahl der Unternehmen, senkt die Angebotsmenge und erhöht Preise und Gewinne der verbleibenden Unternehmen.

Am Ende aller Eintritts- und Austrittsprozesse werden die im Markt verbliebenen Unternehmen jeweils ohne Gewinn bei Kostendeckung existieren. Denken Sie daran, wie wir den Gewinn des Unternehmens bereits definiert haben:

Gewinn = $(P - ATC) \times Q$

Diese Gleichung zeigt, dass ein produzierendes Unternehmen dann (und nur dann) einen Gewinn von null verzeichnet, wenn der Preis des Gutes den durchschnittlichen Gesamtkosten seiner Herstellung entspricht. Liegt der Preis über den durchschnittlichen Gesamtkosten, so ist der Gewinn positiv, was neue Unternehmen ermutigt, in den Markt einzutreten. Liegt der Preis dagegen unter den durchschnittlichen Gesamtkosten, so ist der Gewinn negativ (es entsteht ein Verlust), was einige Unternehmen dazu bringen wird, den Markt zu verlassen. Der Prozess des Ein- und Austritts endet erst, wenn der Preis und die durchschnittlichen Gesamtkosten wieder gleich groß sind.

Diese Analyse führt zu einer überraschenden Schlussfolgerung. Wie wir wissen, produzieren Unternehmen bei vollständiger Konkurrenz die Menge, bei der Grenzkosten und Preis übereinstimmen. Nun haben wir gelernt, dass Markteintritte und Marktaustritte den Preis zur Angleichung an die durchschnittlichen Gesamtkosten zwingen. Doch wenn der Preis sowohl den Grenzkosten als auch den durchschnittlichen Gesamtkosten entsprechen soll, müssen diese ebenfalls gleich sein. Grenzkosten

Abb. 5-13

Das Marktangebot bei freiem Markteintritt und -austritt

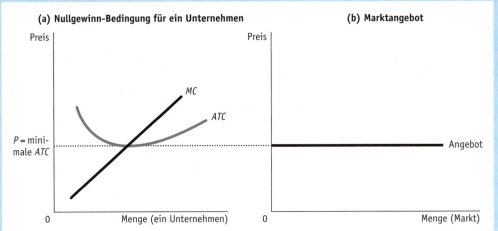

Markteintritt und -austritt von Unternehmen geschehen so lange, bis der Gewinn auf null gesunken ist. Langfristig entspricht der Preis daher den minimalen langfristigen durchschnittlichen Gesamtkosten, wie das Diagramm (a) zeigt. Die Anzahl der Unternehmen im Markt passt sich so an, dass zum herrschenden Preis die Nachfrage befriedigt wird. Die langfristige Marktangebotskurve im Diagramm (b) ist eine waagerechte Gerade in Höhe des herrschenden Preises.

und durchschnittliche Gesamtkosten stimmen tatsächlich überein, aber nur dann, wenn ein Unternehmen im Minimum der durchschnittlichen Gesamtkosten produziert. Denken Sie an den Abschnitt 5.3 zurück: Die Produktionsmenge mit den niedrigsten durchschnittlichen Gesamtkosten wird die effiziente Produktionsmenge genannt. Demnach müssen die Unternehmen bei vollständiger Konkurrenz sowie freiem Markteintritt und Marktaustritt langfristig bei effizienter Produktionsmenge bzw. effizienter Betriebsgröße arbeiten.

Diagramm (a) der Abbildung 5-13 zeigt ein Unternehmen in solch einem langfristigen Gleichgewicht. In der Abbildung stimmen Preis P und Grenzkosten MC überein, was Gewinnmaximierung bedeutet. Der Preis stimmt aber auch mit den durchschnittlichen Gesamtkosten ATC überein, weshalb der Gewinn null ist. Neue Unternehmen haben keinen Anreiz zum Markteintritt, und Unternehmen im Markt haben keine Motivation, ihn zu verlassen. Auf dieser Grundlage können wir die langfristige Marktangebotskurve bestimmen. In einem Markt mit freiem Eintritt und Austritt ist nur ein einziger Preis mit Nullgewinnen vereinbar: der Preis, der so hoch ist wie das Minimum der durchschnittlichen Gesamtkosten. Daher muss die langfristige Marktangebotskurve waagerecht in Höhe dieses Preises verlaufen, wie im Diagramm (b) der Abbildung 5-13 dargestellt. Jeder Preis darüber würde zu Gewinnen führen, die Markteintritte und eine Zunahme der Angebotsmenge nach sich zögen. Jeder Preis darunter würde zu Verlusten führen und in der Folge zu Marktaustritten und einer Abnahme der Angebotsmenge.

Letztlich passt sich die Zahl der Unternehmen im Markt derart an, dass der Preis den minimalen durchschnittlichen Gesamtkosten entspricht, und die Zahl der Unternehmen reicht aus, um die zu diesem Preis bestehende Nachfrage zu befriedigen.

Ein Nachfrageanstieg auf kurze und auf lange Sicht

Da Unternehmen nur langfristig in Märkte eintreten und aus Märkten ausscheiden können, aber nicht kurzfristig, hängt die Reaktion des Markts auf einen Nachfrageanstieg vom Zeithorizont ab. Um dies nachzuvollziehen, wollen wir die Folgen eines Nachfrageanstiegs untersuchen. Die Analyse wird darlegen, wie Märkte im Zeitablauf reagieren und wie sie langfristig durch Eintritte oder Austritte zum Gleichgewicht finden.

Nehmen wir an, der Milchmarkt befindet sich anfangs im langfristigen Gleichgewicht. Die Unternehmen verdienen nichts, da der Preis gerade einmal mit den durchschnittlichen Gesamtkosten übereinstimmt. Die Situation entspricht Diagramm (a) der Abbildung 5-14. Das langfristige Gleichgewicht ist Punkt A, die auf dem Markt verkaufte Menge ist Q_1 und der Preis beträgt P_1.

Nehmen Sie nun an, Wissenschaftler würden herausfinden, dass Milch eine wundersame Wirkung auf die Gesundheit hat. Als Folge dessen verschiebt sich die Nachfragekurve von Milch, wie im Diagramm (b) dargestellt, nach rechts, von D_1 zu D_2. Das kurzfristige Gleichgewicht bewegt sich von Punkt A zu Punkt B, die Menge erhöht sich von Q_1 auf Q_2 und der Preis steigt von P_1 auf P_2. Alle Unternehmen am Markt reagieren auf den Preisanstieg mit einer Ausweitung ihrer Produktion. Da die individuelle Ange-

5.8 Hintergründe zum Angebot: Unternehmen in Wettbewerbsmärkten
Die Marktangebotskurve bei vollständiger Konkurrenz

Abb. 5-14

Kurzfristige und langfristige Reaktion auf einen Nachfrageanstieg

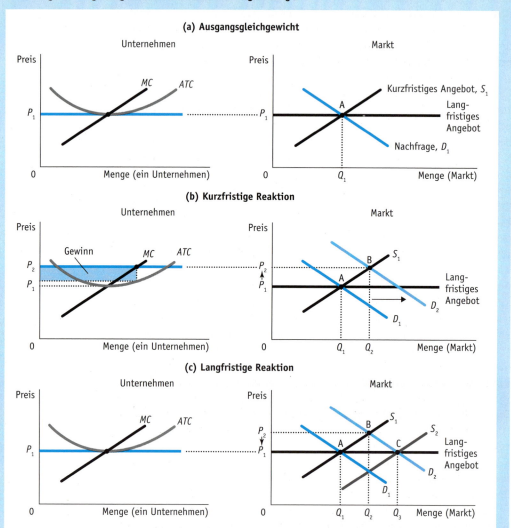

Die Marktbewegungen beginnen im langfristigen Gleichgewicht, Punkt A des Diagramms (a). Dort gleicht der Preis den minimalen durchschnittlichen Gesamtkosten und alle Unternehmen erzielen einen Nullgewinn. Das Diagramm (b) zeigt, was kurzfristig geschieht, wenn die Nachfrage von D_1 auf D_2 ansteigt. Das Marktgleichgewicht verlagert sich von A nach B, und der Preis steigt von P_1 auf P_2 an. Die Gleichgewichtsmenge erhöht sich von Q_1 auf Q_2. Da der Preis nun die durchschnittlichen Gesamtkosten übersteigt, erzielen die Unternehmen Gewinne, die zu Markteintritten anregen. Die Markteintritte verschieben gemäß Diagramm (c) die kurzfristige Angebotskurve von S_1 nach S_2. Im neuen langfristigen Gleichgewicht (Punkt C) fällt der Preis auf die ursprüngliche Höhe P_1 zurück, doch die Gleichgewichtsmenge hat sich auf Q_3 erhöht. Die Unternehmen erzielen wieder Nullgewinne, der Preis entspricht wieder dem Minimum der durchschnittlichen Gesamtkosten. Im Markt befinden sich nun mehr Unternehmen zur Deckung der größeren Nachfrage.

botskurve der Unternehmen ihrer Grenzkostenkurve entspricht, hängt die Produktionssteigerung vom Verlauf der Grenzkostenkurve ab. Im neuen kurzfristigen Gleichgewicht übersteigt der Preis die durchschnittlichen Gesamtkosten, weshalb die Unternehmen nun Gewinne machen.

Im Lauf der Zeit wird der im Markt zu erzielende Gewinn neue Unternehmen anlocken und zum Markteintritt bewegen. Vielleicht wechseln beispielsweise einige Landwirte vom Getreideanbau zur Milchwirtschaft. Mit der Zunahme der Unternehmen verschiebt sich die Angebotskurve nach rechts von S_1 zu S_2, wie es in Diagramm (c) zu sehen ist. Die Verschiebung bewirkt, dass der Milchpreis fällt. Schließlich wird der Preis bis auf das Minimum der durchschnittlichen Gesamtkosten gedrückt, sodass die Gewinne wegfallen und die Markteintritte enden. Auf diese Weise erreicht der Markt den neuen langfristigen Gleichgewichtspunkt C. Der Milchpreis ist zwar wieder bei P_1, doch die gekaufte und verkaufte Menge hat sich auf Q_3 erhöht. Jedes einzelne Unternehmen produziert wieder seine effiziente Produktionsmenge. Da nun jedoch mehr Unternehmen im Milchgeschäft tätig sind, ist die gekaufte und verkaufte Milchmenge größer.

Weshalb die langfristige Angebotskurve ansteigen könnte

Wir haben gesehen, dass bei freien Markteintritten und -austritten die langfristige Angebotskurve waagerecht verlaufen kann. Wesentlich war dabei eine große Zahl potenzieller Neueinsteiger, wobei sich jedes einzelne dieser Unternehmen den gleichen Kosten gegenübersieht. Daher verläuft die langfristige Marktangebotskurve waagerecht in Höhe der minimalen durchschnittlichen Gesamtkosten. Wenn die Nachfrage nach dem Gut zunimmt, werden als langfristige Folge die Zahl der im Markt befindlichen Unternehmen und die Angebotsmenge zunehmen, ohne dass sich der Preis ändert. In der Realität werden die diesem Modell zugrunde liegenden Annahmen aber nicht unbedingt zutreffen. Zwei Gründe sind zu nennen, weshalb die langfristige Marktangebotskurve (statt waagerecht zu verlaufen) auch ansteigen könnte.

Einige produktionsnotwendige Faktoren könnten nur in begrenzter Menge verfügbar sein. Denken Sie zum Beispiel an den Markt für landwirtschaftliche Produkte. Theoretisch kann jeder Land kaufen und einen landwirtschaftlichen Betrieb gründen, aber Menge und Qualität des landwirtschaftlich nutzbaren Bodens sind begrenzt. Wenn viele neue landwirtschaftliche Betriebe gegründet werden, wird die zunehmende Nachfrage nach Land dessen Preis erhöhen. Damit steigen die Kosten für alle schon existierenden landwirtschaftlichen Betriebe. Ein Anstieg der Nachfrage nach landwirtschaftlichen Produkten kann unter diesen Bedingungen nicht zu einem Angebotsanstieg führen, ohne zugleich die Kosten für alle existierenden Landwirtschaftsbetriebe zu erhöhen. Daraus folgt ein Preisanstieg für die landwirtschaftlichen Produkte. Trotz freien Markteintritts kommt es somit zu einer steigenden langfristigen Angebotskurve.

Unternehmen könnten unterschiedliche Kosten haben. Betrachten wir den Markt für Maler und Anstreicher. Jeder kann Malerarbeiten anbieten, aber nicht jeder wird die Dienstleistung zu den gleichen Kosten anbieten. Die Kosten sind unterschiedlich, weil einige schneller als andere arbeiten, andere Farben und Werkzeuge nutzen und weil einige Menschen bessere alternative Betätigungsmöglichkeiten haben als andere. Bei jedem gegebenen Preis werden Anstreicher mit geringeren Kosten eher ihre Dienste anbieten, als die mit höheren Kosten. Um die Menge der angebotenen Anstreicherarbeiten zu erhöhen, müssen zusätzliche Anbieter motiviert sein, in den Markt einzutreten. Da diese neuen Marktteilnehmer höhere Kosten haben, muss der Preis steigen, damit der Markteintritt für sie rentabel wird. Daher wird die langfristige Marktangebotskurve für Malerarbeiten einen steigenden Verlauf haben – trotz freien Markteintritts und -austritts.

Beachten Sie, dass aufgrund der unterschiedlichen Kostenstrukturen einige Unternehmen sogar langfristig Gewinne erwirtschaften. In diesem Fall spiegelt der Marktpreis die durchschnittlichen Gesamtkosten des *Grenzunternehmens* wider – des Unternehmens, das aus dem Markt austreten würde, wäre der Preis auch nur geringfügig niedriger. Dieses Unternehmen erzielt einen Nullgewinn, aber Unternehmen mit geringeren Kosten erzielen einen positiven Gewinn. Neue Markteintritte bringen diesen Gewinn nicht auf null, weil die neuen Unternehmen unter höheren Kosten produzieren als die schon im Markt befindlichen. Unternehmen mit höheren Kosten werden nur in den Markt eintreten, wenn der Preis steigt, denn erst dann wird der Markt für sie lukrativ.

Aus diesen beiden Gründen könnte die Angebotskurve also ansteigen anstatt waagerecht zu verlaufen. Der steigende Verlauf zeigt an, dass ein höherer Preis erforderlich ist, um eine größere Angebotsmenge zu bewirken. Gleichwohl bleibt die Grundaussage über Markteintritt und Marktaustritt richtig. Weil Unternehmen langfristig gesehen leichter in einen Markt eintreten oder aus ihm austreten können als kurzfristig, ist die langfristige Angebotskurve üblicherweise elastischer als die kurzfristige.

> **Kurztest**
> Entspricht der Preis langfristig bei freiem Markteintritt und Marktaustritt den Grenzkosten, den durchschnittlichen Gesamtkosten, beiden Kostenarten oder keiner von beiden? Erklären Sie dies mithilfe eines Diagramms.

5.9 Fazit

Wir haben in diesem Kapitel das Verhalten von Unternehmen bei vollständiger Konkurrenz beleuchtet. Die Marginalanalyse (oder Grenzanalyse) hat uns eine Theorie der Angebotskurve auf dem Wettbewerbsmarkt geliefert und uns dabei ein tieferes Verständnis von Marktergebnissen erschlossen.

Wir haben gelernt, dass wenn Sie das Produkt eines Unternehmens auf einem Wettbewerbsmarkt kaufen, Sie sicher sein können, dass der Preis, den Sie zahlen, nahe an

Fazit 5.9

den Produktionskosten dieses Gutes liegt. Insbesondere dann, wenn es sich um gewinnmaximierende Unternehmen bei vollständiger Konkurrenz handelt, stimmt der Marktpreis des Gutes mit den Grenzkosten der Herstellung überein. Darüber hinaus wird der Preis bei freiem Markteintritt und freiem Marktaustritt den niedrigstmöglichen durchschnittlichen Gesamtkosten der Produktion entsprechen. In späteren Kapiteln werden wir hingegen das Verhalten von Unternehmen mit Marktmacht untersuchen. Hierbei wird uns die Marginalanalyse erneut von Nutzen sein, jedoch wird sie zu ganz anderen Schlussfolgerungen führen.

Aus der Praxis

Märkte mit vollkommener Konkurrenz: Die europäische Milchindustrie

Bei der Behandlung vollkommener Konkurrenzmärkte haben wir die Milchindustrie als Beispiel verwendet. Ein Blick auf die Milchindustrie in Europa liefert einige interessante Hintergründe zu den Theorien und Modellen, die wir bisher betrachtet haben. Nach einem Bericht der Europäischen Kommission über die Milchproduktion, der im Juni 2018 veröffentlicht wurde (siehe »EU market prices for representative products: Dairy Products«), schwankte der Preis für Rohmilch zwischen 1990 und 2020 zwischen 25 und 40 Euro pro 100 kg. Ab 2007 war die Preisschwankung stärker, aber der Durchschnittspreis lag während des Beobachtungszeitraums meistens bei etwa 30 Euro pro 100 kg. Die Preise in den einzelnen Ländern schienen stärker zu schwanken, aber die entsprechenden Zahlen liegen erst ab dem ersten Quartal 2004 vor.

Ein Faktor, der die Milchindustrie in der gesamten Europäischen Union veränderte, war das Auslaufen der Milchquoten im Jahr 2015. Eine Milchquote für einen Milchhersteller beschränkte die Produktionsmenge von Milch. Die Milchproduktion stieg nach dem Wegfall der Quoten an, und Eurostat, die offizielle Statistikbehörde der EU, stellte fest, dass es sowohl ein Wachstum bei den produktivsten Herden und als auch einen Rückgang bei den weniger produktiven Herden gab. Insgesamt hat die Anzahl der Kühe jedoch abgenommen. In der gesamten EU wurden 2016 rund 168 Millionen Tonnen Milch produziert, fast ausschließlich von Kühen. Die Milchleistung pro Kuh variierte innerhalb der EU-Staaten, wobei Teile von Bulgarien, Rumänien und Ungarn die niedrigsten und Teile von Italien, Dänemark und Finnland die höchsten Werte aufwiesen.

Über die gesamte EU variiert die Größe der Milchviehbetriebe und damit die Größe der Herden erheblich. Schwankungen der Produktion sind oft auf technische Gründe zurückzuführen. Die meisten Milcherzeuger in der EU vertreiben ihre Milch an milchverarbeitende Betriebe, nur eine relativ kleine Zahl – dabei handelt es sich zumeist um bäuerliche Genossenschaften – verkauft direkt an die Verbraucher.

Quelle: ec.europa.eu/agriculture/milk_en, abgerufen am 18.02.2019.

Fragen

1. Würden Sie anhand der Informationen in dem Artikel die Milchindustrie in der EU als ein gutes Beispiel für einen Markt mit vollständiger Konkurrenz bezeichnen? Begründen Sie Ihr Urteil.
2. Warum, glauben Sie, ist der durchschnittliche Erlös in der Milchindustrie in der EU relativ stabil?
3. Warum wurden Ihrer Meinung nach Quoten in der Milchindustrie eingeführt? Wurden die Quoten zum Schutz der Erzeuger, der Verbraucher oder beider Marktseiten eingeführt? Begründen Sie Ihre Antwort.
4. Unterschiede in den Milcherträgen sind größtenteils auf technische Faktoren zurückzuführen, und Milchviehbetriebe und Herden sind unterschiedlich groß. Erklären Sie dies mit dem Konzept der Skalenerträge.
5. Wenn Sie ein Interview mit einer Reihe von Milcherzeugern führen würden, glauben Sie, dass diese sich in der in diesem Kapitel angeführten Gewinnmaximierungserklärung wiedererkennen würden? Erläutern Sie Ihre Überlegungen.

Zusammenfassung

Stichwörter

- explizite Kosten
- implizite Kosten
- auf kurze Sicht (kurzfristig)
- auf lange Sicht (langfristig)
- Produktionsfunktion
- Grenzprodukt
- abnehmendes Grenzprodukt
- fixe Kosten (*FC*)
- variable Kosten (*VC*)
- durchschnittliche Gesamtkosten (*ATC*)
- durchschnittliche fixe Kosten (*AFC*)
- durchschnittliche variable Kosten (*AVC*)
- Grenzkosten (*MC*)
- effiziente Produktionsmenge, effiziente Betriebsgröße, Betriebsoptimum
- konstante Skalenerträge
- zunehmende Skalenerträge (Economies of Scale)
- abnehmende Skalenerträge (Diseconomies of Scale)
- interne Skalenerträge
- externe Skalenerträge
- X-Ineffizienz
- Durchschnittserlös, Durchschnittsumsatz
- Grenzerlös, Grenzumsatz
- wirtschaftlicher Gewinn
- buchhalterischer Gewinn
- Normalgewinn
- außergewöhnlicher Gewinn
- versunkene Kosten (Sunk Costs)

▸ Wenn man das Verhalten eines Unternehmens untersucht, ist es wichtig, alle Opportunitätskosten der Produktion zu berücksichtigen. Einige dieser Kosten, wie etwa ausbezahlte Löhne und Gehälter, sind explizite Kosten. Einige andere Kosten, etwa der Verzicht des Unternehmers auf Einkommen aus anderer Betätigung, sind implizite Kosten.

▸ Die Kosten des Unternehmens bilden den Produktionsprozess ab. Die typische Produktionsfunktion eines Unternehmens flacht bei zunehmender Produktionsmenge ab. Darin zeigt sich das abnehmende Grenzprodukt. Es begründet zunehmende Grenzkosten und einen immer steileren Verlauf der Gesamtkostenkurve.

▸ Die Gesamtkosten eines Unternehmens setzen sich aus fixen Kosten und variablen Kosten zusammen. Fixkosten liegen dann vor, wenn sie durch die Änderung der Produktionsmenge nicht beeinflusst werden. Variable Kosten variieren dagegen mit Änderungen der Produktionsmenge.

▸ Durchschnittliche Gesamtkosten sind die Gesamtkosten dividiert durch die Produktionsmenge. Grenzkosten sind der Betrag, um den sich die Gesamtkosten verändern, wenn die Produktion um eine Einheit ausgedehnt oder verringert wird.

▸ Bei einem typischen Unternehmen steigen die Grenzkosten mit zunehmender Produktionsmenge. Die durchschnittlichen Gesamtkosten fallen mit steigender Produktionsmenge zunächst, steigen ab einem bestimmten Punkt aber wieder an.

▸ Viele Kosten sind auf kurze Sicht Fixkosten, auf lange Sicht aber variable Kosten. Deshalb kann es sein, dass die durchschnittlichen Gesamtkosten bei einer Produktionsausdehnung kurzfristig stärker ansteigen als langfristig.

▸ Da ein Unternehmen bei vollständiger Konkurrenz ein Preisnehmer ist, ist sein Umsatz proportional zur Produktionsmenge. Der Marktpreis des Gutes entspricht sowohl dem Durchschnittserlös als auch dem Grenzerlös des Unternehmens.

▸ Ein Ziel von Unternehmen ist es, den Gewinn zu maximieren. Der Gewinn entspricht dem Gesamterlös minus der Gesamtkosten.

▸ Zur Gewinnmaximierung wählt das Unternehmen eine Produktionsmenge, bei der Grenzerlös und Grenzkosten übereinstimmen. Da bei vollständiger Konkurrenz der Grenzerlös gleich dem Marktpreis ist, entscheidet sich das Unternehmen für eine Produktionsmenge, bei welcher die Grenzkosten und der Marktpreis übereinstimmen. Folglich ist die Grenzkostenkurve des Unternehmens seine Angebotskurve.

▸ Sofern ein Unternehmen kurzfristig seine Fixkosten nicht decken kann und der Preis niedriger ist als die durchschnittlichen variablen Kosten, wird es sich zu einer vorübergehenden Produktionseinstellung entschließen. Langfristig, wenn ein Unternehmen Fixkosten und variable Kosten decken kann, wird es sich für den Marktaustritt entscheiden, sobald der Preis unter den durchschnittlichen Gesamtkosten liegt.

- Auf Märkten mit freiem Zutritt und Austritt pendeln sich die Gewinne langfristig bei null ein. Im langfristigen Marktgleichgewicht produzieren alle Unternehmen die effiziente Produktionsmenge, der Preis entspricht dem Minimum der durchschnittlichen Gesamtkosten und die Zahl der Unternehmen passt sich so an, dass die Nachfragemenge zu diesem Preis gedeckt wird.
- Nachfrageveränderungen haben über verschiedene Zeiträume unterschiedliche Wirkungen. Kurzfristig steigert ein Nachfrageanstieg den Preis und die Gewinne; ein Nachfragerückgang senkt den Preis und führt zu Verlusten. Wenn jedoch freier Markteintritt und Marktaustritt möglich sind, passt sich auf lange Sicht die Zahl der Unternehmen so an, dass der Markt wieder auf ein Nullgewinn-Gleichgewicht zurückkommt.

Wiederholungsfragen

1. Welcher Zusammenhang besteht zwischen den Erlösen, dem Gewinn und den Kosten eines Unternehmens?
2. Bilden Sie ein Beispiel für Opportunitätskosten, die ein Buchhalter nicht als Kosten rechnet. Warum wird der Buchhalter diese Kosten außer Acht lassen?
3. Definieren Sie Gesamtkosten, durchschnittliche Gesamtkosten und Grenzkosten. Wie hängen die Begriffe zusammen?
4. Zeichnen Sie die Kurven der Grenzkosten und der durchschnittlichen Gesamtkosten für ein typisches Unternehmen. Erklären Sie anhand der Kurven, wie ein Unternehmen die Produktionsmenge wählt, das zur Gewinnmaximierung führt.
5. Inwiefern und warum unterscheiden sich die Kurven der kurzfristigen und langfristigen durchschnittlichen Gesamtkosten eines Unternehmens?
6. Wann wird sich ein Unternehmen für eine zeitweilige Produktionseinstellung entscheiden? Welche Gegebenheiten bringen ein Unternehmen zur Aufgabe und zum Ausscheiden aus dem Markt?
7. Gleicht der Verkaufspreis der Produkte eines Unternehmens kurzfristig, langfristig oder immer den Grenzkosten und dem Minimum der durchschnittlichen Gesamtkosten?
8. Was versteht man unter zunehmenden und abnehmenden Skalenerträgen? Wodurch können zunehmende und abnehmende Skalenerträge zustande kommen?
9. Wann sind Angebotskurven elastischer: kurzfristig oder langfristig?

Aufgaben und Anwendungen

1. Mehrere Kostenbegriffe wurden bisher verwendet: Opportunitätskosten, Gesamtkosten, fixe Kosten, variable Kosten, durchschnittliche Gesamtkosten, Grenzkosten. Ergänzen Sie bitte die nachfolgenden Sätze mit den passenden Begriffen:
   a. Die wahren Kosten einer Aktivität sind die ....
   b. Die .... fallen, wenn die Grenzkosten darunter liegen, und steigen, wenn die Grenzkosten höher sind.
   c. Eine von der Produktionsmenge unbeeinflusste Kostenart gehört zu den ....
   d. Bei der Eiscremeerzeugung enthalten .... kurzfristig die Kosten für Zucker und Milch, aber nicht Gebäude- und Maschinenkosten.
   e. Der Gewinn ist gleich dem Gesamterlös minus ....
   f. Die Kosten der Herstellung einer zusätzlichen Produkteinheit nennt man ....

2. Ihre Tante trägt sich mit dem Gedanken, ein Geschäft für PC-Hardware zu eröffnen. Sie schätzt, dass sie pro Jahr 500.000 Euro Umsatz erzielen muss, um die Geschäftsräume anzumieten und den Warenbestand zu halten. Dabei müsste sie ihre Stelle als Buchhalterin mit einem Jahresgehalt von 50.000 Euro aufgeben.
   a. Definieren Sie den Begriff der Opportunitätskosten.
   b. Wie hoch sind die Opportunitätskosten Ihrer Tante für den Betrieb des PC-Ladens? Sollte Ihre Tante das Geschäft eröffnen, wenn der Jahresumsatz mit 510.000 Euro prognostiziert wird?

3. Erik betreibt eine Bäckerei. Je nachdem wie viele Arbeitskräfte in seiner Backstube arbeiten, kann er pro Tag die folgende Anzahl an Broten backen:

Arbeitskräfte	Anzahl der Brote
0	0
1	20
2	50
3	90
4	120
5	140
6	150
7	155

   a. Berechnen Sie die Werte für das Grenzprodukt beim Brotbacken. Welchen Verlauf des Grenzprodukts können Sie erkennen? Wie könnte man diesen Verlauf erklären?
   b. Nehmen wir an, eine Arbeitskraft verdient 100 Euro pro Tag, und Erik hat zusätzlich fixe Kosten in Höhe von 200 Euro. Berechnen Sie auf der Grundlage dieser Informationen die durchschnittlichen Gesamtkosten. Welchen Verlauf können Sie erkennen?

c. Ermitteln Sie die Werte für die Grenzkosten. Welchen Verlauf können Sie erkennen?
d. Vergleichen Sie die Werte für das Grenzprodukt mit den Werten für die Grenzkosten und die durchschnittlichen Gesamtkosten. Erklären Sie die Zusammenhänge.

4. Eine Bierbrauerei verzeichnet folgende Kosten für ihre Bierfässer:

Anzahl Bierfässer	Variable Kosten (€)	Gesamtkosten (€)
0	0	30
1	10	40
2	25	55
3	45	75
4	70	100
5	100	130
6	135	165

a. Berechnen Sie die durchschnittlichen variablen Kosten, die durchschnittlichen Gesamtkosten und die Grenzkosten für jede Menge.
b. Zeichnen Sie alle drei Kurven. Wie ist der Zusammenhang zwischen der Grenzkostenkurve und der Kurve der durchschnittlichen Gesamtkosten sowie zwischen der Grenzkostenkurve und der Kurve der durchschnittlichen variablen Kosten? Erläutern Sie die Sachverhalte.

5. Was sind die Merkmale eines Wettbewerbsmarkts? Welche der folgenden Getränke entsprechen am besten diesen Marktbedingungen? Weshalb nicht die anderen?
a. Leitungswasser
b. Wasser in Plastikflaschen
c. Cola
d. Bier

6. Die langen Stunden Ihrer Zimmerkollegin im Chemielabor haben sich schließlich bezahlt gemacht. Sie entdeckt eine Geheimformel, nach der Menschen in fünf Minuten das geistige Arbeitspensum von bisher einer Stunde erledigen können. Bisher hat sie 200 Dosen des Mittels verkauft, wobei sie diese durchschnittlichen Gesamtkosten verzeichnet:

Stück	Durchschnittliche Gesamtkosten (€)
199	199
200	200
201	201

Falls ein neuer Kunde die Zahlung von 300 Euro für eine Dose anbietet, soll sie auf dieses Angebot eingehen?

7. Die Schrauben GmbH sieht sich folgenden Produktionskosten gegenüber:

Menge (Kisten)	Fixkosten (€)	Variable Kosten (€)
0	100	0
1	100	50
2	100	70
3	100	90
4	100	140
5	100	200
6	100	360

a. Ermitteln Sie die durchschnittlichen fixen Kosten, die durchschnittlichen variablen Kosten, die durchschnittlichen Gesamtkosten und die Grenzkosten des Unternehmens.

b. Der Preis für eine Kiste Schrauben Kugellager beläuft sich derzeit auf 50 Euro. Geschäftsführerin Romy erkennt, dass sie bei diesem Preis keinen Gewinn mit der Produktion machen kann und beschließt, die Produktion deswegen einzustellen. Wie hoch ist der Gewinn/Verlust des Unternehmens? Ist die Produktionseinstellung die richtige Entscheidung?

c. Chefbuchhalter Frank erinnert sich an seine Einführungsvorlesung VWL und schlägt der Geschäftsführerin vor, dass es besser für das Unternehmen ist, eine Kiste Schrauben zu produzieren, da in diesem Fall der Grenzertrag genau den Grenzkosten entspricht. Wie hoch ist in diesem Fall der Gewinn/Verlust des Unternehmens? Ist das die richtige Entscheidung?

8. Steffi betreibt ein kleines Serviceunternehmen zum Rasenmähen. Für das Mähen eines Rasens verlangt sie 27 Euro. Ihre gesamten Kosten pro Tag betragen 280 Euro, von denen 30 Euro fixe Kosten sind. In der Regel schafft es Steffi, am Tag 10 Rasenflächen zu mähen. Analysieren Sie Steffis Entscheidungen bezüglich einer kurzfristigen Produktionseinstellung und bezüglich eines langfristigen Marktaustritts.

9. Betrachten Sie die folgenden Gesamtkosten und Gesamterlöse eines Unternehmens:

Produktionsmenge (Stück)	0	1	2	3	4	5	6	7
Gesamtkosten (€)	8	9	10	11	13	19	27	37
Gesamterlöse (€)	0	8	16	24	32	40	48	56

a. Berechnen Sie den Gewinn des Unternehmens für jede Produktionsmenge. Wie viel sollte das Unternehmen produzieren, um den Gewinn zu maximieren?

b. Berechnen Sie Grenzerlös und Grenzkosten für jede Produktionsmenge. Stellen Sie Grenzerlös und Grenzkosten grafisch dar. Bei welcher Produktionsmenge schneiden sich beide Kurven? Wie passt das Ergebnis Ihrer grafischen Analyse zu Ihrer Antwort in a?

c. Können Sie sagen, ob das Unternehmen in einem Wettbewerbsmarkt agiert? Wenn ja, befindet sich der Markt im langfristigen Gleichgewicht?

10. Zahlreiche kleine Boote werden aus Fiberglas hergestellt, das aus Erdöl gewonnen wird. Angenommen, der Ölpreis steigt.
    a. Skizzieren Sie die möglichen Veränderungen der individuellen Kostenkurven der Bootshersteller und der Marktangebotskurve (nehmen Sie an, dass alle Bootshersteller identisch sind).
    b. Wie ändern sich die Gewinne der Bootshersteller kurzfristig? Wie verändert sich langfristig die Zahl der Bootshersteller?

11. Angenommen, in München gebe es 1.000 Verkaufsbuden für Weißwürste. Jede Bude habe eine u-förmige Kurve der durchschnittlichen Gesamtkosten. Die Marktnachfragekurve nach Weißwürsten hat einen normalen Verlauf (sinkende Nachfragemenge bei höherem Preis), und der Markt für Weißwürste im Straßenverkauf befindet sich im langfristigen Marktgleichgewicht.
    a. Beschreiben Sie das Gleichgewicht mit Zeichnungen für den Markt und für eine einzelne Verkaufsbude (nehmen Sie an, dass alle Verkaufsbuden identisch sind).
    b. Nun verfüge die Stadt, dass es nur noch 800 Lizenzen für den Verkauf von Weißwürsten gibt. Welche Auswirkungen auf den Markt und die im Markt befindlichen Anbieter wird die Maßnahme haben? Stützen Sie Ihre Antwort mit einem Diagramm.
    c. Angenommen, die Stadt erhebe eine Lizenzgebühr. Welche Effekte gehen davon auf die Anzahl der verkauften Weißwürste und auf den Gewinn einer Verkaufsbude aus? Welche Lizenzgebühr wird die Stadt festsetzen, damit auf Dauer 800 Verkaufsbuden bestehen bleiben und so viel Geld wie möglich in die Stadtkasse kommt?

12. Angenommen, in der Industrie der Goldgewinnung herrscht vollständige Konkurrenz.
    a. Beschreiben Sie das langfristige Gleichgewicht zeichnerisch für den Goldmarkt und für eine einzelne Goldmine (nehmen Sie an, dass alle Goldminen identisch sind).
    b. Unterstellen Sie nun, dass ein Anstieg der Nachfrage nach Schmuck die Nachfrage nach Gold erhöht. Verwenden Sie die Zeichnungen aus a und klären Sie bitte, welche kurzfristigen Wirkungen sich für den Goldmarkt und die einzelne Goldmine ergeben.
    c. Wie würde sich der Preis im Lauf der Zeit entwickeln, wenn die Nachfrage hoch bliebe? Läge der neue langfristige Gleichgewichtspreis über, unter oder genau bei dem kurzfristigen Gleichgewichtspreis von b?

6 Konsumenten, Produzenten und die Effizienz von Märkten

In den vorangegangenen Kapiteln haben wir Modelle vorgestellt, die erklären, wie Märkte knappe Ressourcen zuteilen. Wir gehen nun der Frage nach, ob diese Zuteilungen erstrebenswert sind. Wir wissen, dass der Preis eines Gutes sich so anpasst, dass die Angebotsmenge eines Gutes der Nachfragemenge entspricht. Ist die Menge, die in diesem Marktgleichgewicht produziert und konsumiert wird, jedoch zu klein, zu groß oder genau richtig?

In diesem Kapitel wenden wir uns der **Wohlfahrtsökonomik** zu. Die Wohlfahrtsökonomik ist die Lehre davon, wie die Zuteilung (Allokation) der Ressourcen die wirtschaftliche *Wohlfahrt* beeinflusst. Der Begriff der **Wohlfahrt** wird von Volkswirten häufig verwendet. Dabei unterscheidet man zwischen der subjektiven ökonomischen Wohlfahrt und der objektiven ökonomischen Wohlfahrt. Die subjektive Wohlfahrt spiegelt wider, wie zufrieden die Menschen mit ihrem eigenen Leben sind, wie sie Arbeitsplatz und Einkommen, ihr Privatleben und alle Ereignisse, die in ihrem Leben passieren, bewerten. Die objektive Wohlfahrt bezieht sich hingegen auf die Lebensqualität und stützt sich auf Indikatoren wie den Lebensstandard, die Lebenserwartung usw.

Die Wohlfahrtsökonomik verwendet einige der mikroökonomischen Analysemethoden, die wir bereits kennengelernt haben, um die *Allokationseffizienz* zu bestimmen. Die **Allokationseffizienz** ist ein Maßstab, der den Nutzen bzw. die Zufriedenheit aus der Zuteilung der Ressourcen widerspiegelt. In Kapitel 4 haben wir erfahren, dass der Konsum eines Gutes dem Käufer einen Nutzen stiften muss, der sich in ihrer Zahlungsbereitschaft widerspiegelt. Eine effiziente Allokation liegt genau dann vor, wenn die Verkäufer der Produktion einer Gütermenge genau den gleichen Wert beimessen wie die Käufer dem Konsum dieser Gütermenge. Natürlich basiert auch diese Analyse wiederum auf den Annahmen, dass Käufer es vorziehen, mehr statt weniger zu konsumieren, und darauf, dass sie ihre Vorlieben ordnen können. Das Modell nimmt an, dass sich die Wohlfahrt der Konsumenten verbessert, wenn sie mehr Güter haben und ihr Gesamtnutzen steigt.

> **Wohlfahrtsökonomik**
> Die Lehre davon, wie die Allokation der Ressourcen die wirtschaftliche Wohlfahrt beeinflusst.
>
> **Wohlfahrt**
> Die subjektive Zufriedenheit der Individuen mit ihren Lebensumständen und die objektive Lebensqualität, die mithilfe von Indikatoren gemessen wird.
>
> **Allokationseffizienz**
> Eine Allokation (Zuteilung) der Ressourcen, bei der die Verkäufer der Produktion einer Gütermenge genau den gleichen Nutzen beimessen wie die Käufer dem Konsum dieser Gütermenge.

6.1 Konsumentenrente

Am Anfang unserer Betrachtungen zur Wohlfahrtsökonomik blicken wir auf den Nutzen der Käufer, den diese durch ihre Marktteilnahme erlangen.

Stellen Sie sich vor, Sie wären im Besitz einer sehr seltenen, handsignierten elektrischen Gitarre, einem Einzelstück, das Sie nun verkaufen wollen. Eine Möglichkeit, dies zu tun, ist eine Auktion. Zu Ihrer Auktion erscheinen vier Sammler: John, Paul, George und Ringo. Jeder möchte die Gitarre gerne ersteigern, doch für jeden gibt es

6.1 Konsumenten, Produzenten und die Effizienz von Märkten
Konsumentenrente

Zahlungsbereitschaft
Der höchste Preis, den ein Käufer für ein Gut zu zahlen bereit ist.

eine preisliche Obergrenze. Tabelle 6-1 zeigt die preislichen Obergrenzen der vier potenziellen Käufer. Der höchste Preis eines jeden Bieters ist seine **Zahlungsbereitschaft**. Die Zahlungsbereitschaft drückt aus, wie hoch der Käufer das Gut wertschätzt.

Keiner der Bieter ist bereit, mehr als die Höchstgrenze zu zahlen (weil ihm die Gitarre nicht mehr wert ist oder weil er nicht mehr zahlen kann). Zu jedem Preis unterhalb seiner Zahlungsbereitschaft würde der Bieter versuchen, die Gitarre zu ersteigern.

Sie beginnen die Versteigerung der Gitarre mit einem niedrigen Gebot, sagen wir 100 Euro. Da alle vier potenziellen Käufer eine viel höhere Zahlungsbereitschaft haben, wird der Preis rasch steigen. Die Gebote hören auf, sobald John 801 Euro bietet.

An diesem Punkt sind Paul, George und Ringo aus der Versteigerung ausgestiegen, da sie nicht bereit sind, mehr als 800 Euro zu bezahlen. John zahlt Ihnen 801 Euro und erhält dafür die Gitarre. Es hat somit derjenige die Gitarre erhalten, der sie am meisten wertschätzt.

Welchen Nutzen hat der Kauf der Gitarre für John gestiftet? In einem gewissen Sinn hat John ein gutes Geschäft gemacht: Er war bereit, 1.000 Euro für die Gitarre zu zahlen, und zahlt nur 801 Euro. John hat den Nutzen, den ihm der Besitz der Gitarre stiftet, mit einer höheren Geldsumme bewertet, als er schlussendlich dafür ausgeben musste. Aus volkswirtschaftlicher Sicht hat John damit eine Konsumentenrente von 199 Euro erhalten. Die **Konsumentenrente** ist der Betrag, den ein Käufer für ein Gut bezahlen würde, minus des tatsächlich bezahlten Betrags. Im täglichen Leben sprechen wir oft davon, ein »Schnäppchen« gemacht zu haben. In der Volkswirtschaftslehre versteht man unter einem »Schnäppchen«, wenn man für etwas sehr viel weniger als erwartet bezahlt hat und dadurch eine höhere Konsumentenrente als erwartet erhält.

Konsumentenrente
Zahlungsbereitschaft (persönlicher Höchstpreis) des Käufers minus des tatsächlich gezahlten Preises.

Die Konsumentenrente misst den Nutzen eines Käufers aus der Teilnahme am Marktgeschehen. Im erwähnten Beispiel erhält John 199 Euro Konsumentenrente durch die Teilnahme an der Versteigerung, weil er nur 801 Euro für etwas bezahlt, was ihm 1.000 Euro wert ist. Paul, George und Ringo haben keine Konsumentenrente erhalten, da sie die Versteigerung ohne Gitarre und ohne etwas zu zahlen verlassen haben.

Nehmen wir nun ein etwas anderes Beispiel. Gesetzt den Fall, Sie hätten zwei identische Gitarren zu verkaufen. Wieder würden Sie sie im Rahmen einer Auktion unter den vier gleichen Bietern versteigern. Zur Vereinfachung unterstellen wir, dass beide Gitarren zum selben Preis verkauft werden sollen und dass kein Käufer mehr als eine Gitarre kaufen möchte. Folglich steigt der Preis so lange an, bis zwei Bieter übrig bleiben.

Im Beispielfall hören die Gebote auf, sobald John und Paul 701 Euro bieten. Bei diesem Preis sind beide – John und Paul – zufrieden, eine der beiden Gitarren kaufen zu können, und George und Ringo wollen nicht höher bieten. John und Paul erhalten eine Konsumentenrente in Höhe ihrer Zahlungsbereitschaft abzüglich des gezahlten Preises. Johns Konsumentenrente beträgt demnach 299 Euro und Pauls 99 Euro. Die Konsumentenrente von John ist nun höher als zuvor, da er die Gitarre billiger erwirbt. Die gesamte Konsumentenrente im Markt beträgt 398 Euro.

6.1 Konsumentenrente

Tab. 6-1

Die Zahlungsbereitschaft vier potenzieller Käufer

Käufer	Zahlungsbereitschaft (€)
John	1.000
Paul	800
George	700
Ringo	500

Messung der Konsumentenrente mit der Nachfragekurve

Die Konsumentenrente ist eng mit der Nachfragekurve eines Gutes verknüpft. Um diesen Zusammenhang zu erläutern, führen wir unser Fallbeispiel der Gitarren-Auktion mit einer Betrachtung der Nachfragekurve fort.

Wir setzen bei der Zahlungsbereitschaft der vier potenziellen Käufer an, um die Nachfragekurve abzuleiten. Die Tabelle 6-2 korrespondiert mit der Nachfragekurve in Abbildung 6-1. Wenn der Preis über 1.000 Euro liegt, beträgt die Marktnachfrage 0, da keiner der vier potenziellen Käufer bereit ist, diese Summe zu zahlen. Liegt der Preis zwischen 801 Euro und 1.000 Euro, so beträgt die Nachfragemenge 1, da nur John bereit ist, diesen Preis zu zahlen. Bei einem Preis von 701 bis 800 Euro ist die Nachfragemenge 2, da sowohl John als auch Paul zahlungsbereit sind. Wir könnten diese Betrachtung auch auf andere Preise ausdehnen. Auf diese Weise wird die Nachfragekurve aus der Zahlungsbereitschaft der vier möglichen Käufer abgeleitet.

Die Abbildung 6-1 zeigt die Nachfragekurve, die den Angaben in Tabelle 6-2 entspricht. Beachten Sie die Beziehung zwischen der Höhe der Kurvenpunkte und der Zahlungsbereitschaft der Nachfrager. Die Höhe der Nachfragekurve gibt zu jeder Menge die Zahlungsbereitschaft des **Grenznachfragers** an, d.h. des Nachfragers, der den Markt bei einem höheren Preis als erster verlassen würde.

Bei einer Menge von 4 Gitarren hat die Nachfragekurve beispielsweise eine Höhe von 500 Euro, das ist der Höchstpreis, den Ringo (der Grenznachfrager) für eine

Grenznachfrager
Der Nachfrager, der den Markt bei einer Preiserhöhung als erster verlässt.

Tab. 6-2

Nachfrage der vier Käufer aus Tabelle 6-1

Preis (€)	Käufer	Nachfragemenge (Stück)
Mehr als 1.000	Niemand	0
801–1.000	John	1
701–800	John, Paul	2
501–700	John, Paul, George	3
500 oder weniger	John, Paul, George, Ringo	4

6.1 Konsumenten, Produzenten und die Effizienz von Märkten
Konsumentenrente

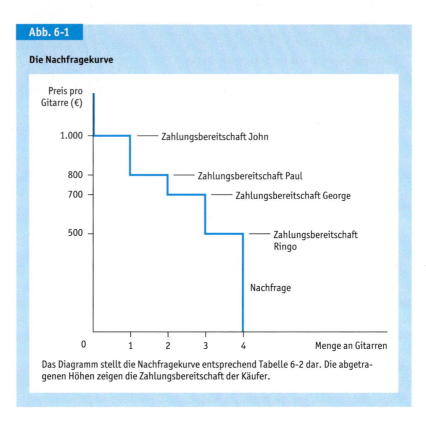

Abb. 6-1

Die Nachfragekurve

Das Diagramm stellt die Nachfragekurve entsprechend Tabelle 6-2 dar. Die abgetragenen Höhen zeigen die Zahlungsbereitschaft der Käufer.

Gitarre zu zahlen bereit ist. Bei einer Menge von 3 Gitarren hat die Nachfragekurve eine Höhe von 700 Euro. Dies ist der Höchstpreis, den George, der nun Grenznachfrager ist, zahlen würde.

Da die Nachfragekurve die Zahlungsbereitschaft der Nachfrager widerspiegelt, können wir sie auch zur Messung der Konsumentenrente heranziehen. Abbildung 6-2 ermittelt die Konsumentenrente mit der Nachfragekurve des Fallbeispiels. Im Diagramm (a) beträgt der Preis 801 Euro und die nachgefragte Menge ist 1. Die markierte Fläche oberhalb des Preises und unterhalb der Kurve beträgt 199 Euro (1.000 Euro − 801 Euro × 1). Dies ist genau der Betrag der Konsumentenrente, den wir bereits weiter oben berechnet haben, als nur eine Gitarre zum Verkauf stand.

Das Diagramm (b) der Abbildung 6-2 zeigt die Konsumentenrente, wenn der Preis 701 Euro beträgt. In diesem Fall setzt sich die Fläche oberhalb des Preises und unterhalb der Nachfragekurve aus zwei Rechtecken zusammen: Die Konsumentenrente von John beträgt 299 Euro, die von Paul 99 Euro. Insgesamt entspricht diese Fläche 398 Euro. Diese Summe entspricht der oben errechneten gesamten Konsumentenrente im Markt.

Der Bereich unterhalb der Kurve und oberhalb des Preises misst die Konsumentenrente in einem Markt. Der Grund liegt darin, dass die Höhe der Nachfragekurve multipliziert mit der Nachfragemenge den Nutzen des Gutes darstellt, den ihm die Käufer beimessen, ausgedrückt durch deren Zahlungsbereitschaft. Die Differenz zwischen

6.1 Konsumentenrente

Abb. 6-2

Messung der Konsumentenrente mit der Nachfragekurve

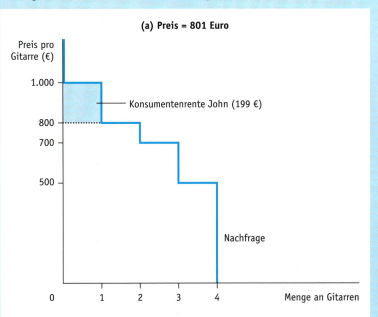

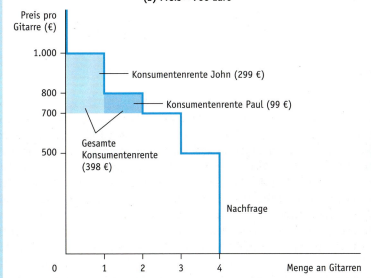

In Diagramm (a) beträgt der Preis 801 Euro und die Konsumentenrente 199 Euro. In Diagramm (b) beträgt der Preis 701 Euro und die Konsumentenrente 398 Euro.

Zahlungsbereitschaft und Marktpreis ist die Konsumentenrente jedes Käufers. Somit ist die Gesamtfläche unter der Nachfragekurve und oberhalb des Marktpreises die Summe der Konsumentenrenten aller Käufer in dem Markt für eine Ware oder Dienstleistung.

Wie ein niedrigerer Preis die Konsumentenrente erhöht

In unserem Modell wird angenommen, dass Käufer immer danach trachten, möglichst wenig für ein Gut auszugeben, ein niedriger Preis die Käufer eines Gutes besser stellt und ihre Wohlfahrt steigert. Abbildung 6-3 zeigt eine typische fallende Nachfragekurve. Obwohl diese Nachfragekurve einen anderen Verlauf hat als die Stufenkurven der vorherigen zwei Abbildungen, sind die eben abgeleiteten Konzepte und Vorgehensweisen auch hier gleichermaßen anwendbar: Die Konsumentenrente entspricht der Fläche oberhalb eines Preises und unterhalb der Nachfragekurve. In Diagramm (a) ist die Konsumentenrente beim Preis P_1 gleich der Dreiecksfläche ABC.

Nun nehmen wir an, dass ein Preisrückgang von P_1 auf P_2 eintritt, wie im Diagramm (b) zu sehen. Die Konsumentenrente entspricht jetzt der Fläche ADF. Der Anstieg der Konsumentenrente durch den Preisrückgang ist gleich der Fläche BCFD. Dieser Anstieg der Konsumentenrente setzt sich aus zwei Teilen zusammen. Erstens sind die Käufer des Gutes Q_1, die es bereits zum höheren Preis P_1 gekauft hatten, nun durch den niedrigeren Preis besser gestellt. Der Zuwachs ihrer Konsumentenrente entspricht dem Rückgang ihrer Ausgaben, also dem Rechteck BCED. Zweitens treten einige neue Käufer (Newcomer) in den Markt ein, die nun, zum niedrigeren Preis kauf- und zahlungsbereit sind. Daher steigt die nachgefragte Menge von Q_1 auf Q_2. Die Konsumentenrente der Newcomer entspricht dem Dreieck CEF.

Was wird mit der Konsumentenrente gemessen?

Mit dem Konzept der Konsumentenrente verfolgen wir das Ziel, Bewertungen darüber abgeben zu können, wie wünschenswert bestimmte Marktergebnisse sind. Stellen Sie sich vor, Sie sind ein politischer Entscheidungsträger, der ein gutes volkswirtschaftliches System entwickeln will. Dabei ist es wichtig, die Konsumentenrente zu berücksichtigen. Denn sie misst den ökonomischen Nettovorteil, d. h. die durch die Käufer subjektiv empfundene Besserstellung durch den Kauf eines Gutes. Die Nachfragekurve gibt den ökonomischen Vorteil an, den die Konsumenten aus dem Verbrauch erzielen, bezogen auf den Preis, den sie zu zahlen haben, um das Gut zu erwerben. Dabei wird angenommen, dass sie in der Lage sind, ihre Präferenzen und die Opportunitätskosten des Preises, den sie zu bezahlen haben, selbst festzustellen, und dass ihre Wohlfahrt durch einen höheren Verbrauch gesteigert wird. Jeder Konsument wägt (meist unterbewusst) den Nutzen ab, den ihm der Erwerb eines Gutes stiftet. Wie Psychologen nachgewiesen haben, laufen in unserem Gehirn viele Dinge ab, wenn wir Kaufentscheidungen treffen. Es ist nicht nur die rationale Abwägung zwischen Kosten und Nutzen. Sie als Konsument können sich sicherlich an einige Situationen erinnern, in

6.1 Konsumentenrente

Abb. 6-3
Wie der Preis die Konsumentenrente beeinflusst

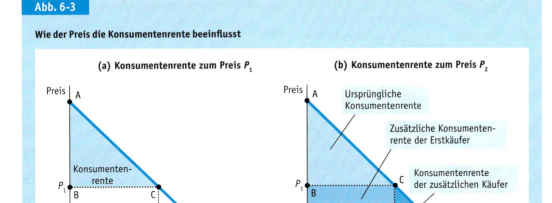

Im Diagramm (a) wird zum Preis P_1 die Menge Q_1 nachgefragt. Die Konsumentenrente entspricht der Dreiecksfläche ABC. Wenn der Preis – wie in Diagramm (b) – von P_1 auf P_2 fällt, steigt die Nachfragemenge von Q_1 auf Q_2 an und die Konsumentenrente wächst auf die Dreiecksfläche ADF an. Der Zuwachs der Konsumentenrente (BCFD) entsteht zum einen Teil deswegen, weil die bisherigen Konsumenten nun weniger zahlen (BCED), und zum anderen Teil, weil aufgrund des niedrigeren Preises neue Konsumenten in den Markt eintreten (CEF).

denen Sie sich mit der Entscheidung gequält haben, ob Sie etwas kaufen sollen oder nicht. Und hätte Sie in diesem Moment jemand danach gefragt, was Sie denken, so wäre Ihnen bestimmt aufgefallen, dass Sie eine Reihe unterschiedlicher Faktoren gegeneinander abwägen. Wenn Sie sich mit der Entscheidung schwertun, dann sind Sie an der Grenze Ihrer Zahlungsbereitschaft angekommen – dem höchsten Betrag, den Sie zu zahlen gewillt sind. Aus irgendeinem Grund werden Sie nicht bereit sein, einen Preis zu zahlen, der auch nur geringfügig über Ihrer Zahlungsbereitschaft liegt. Was Sie aufgeben sollen, entspricht aus Ihrer Sicht nicht dem Nutzen, den Ihnen das Gut bieten würde. Sie werden sich aber auch an Situationen erinnern, in denen Sie etwas gesehen haben und es direkt gekauft haben, weil Sie sich sicher waren, dass es ein »Schnäppchen« ist. Nun können Sie verstehen, wodurch Sie das Gefühl bekommen, ein »Schnäppchen« gemacht zu haben: Es entsteht durch die Höhe der Konsumentenrente, die Sie durch den Kauf erzielen (Preis, den Sie gewillt gewesen wären zu zahlen, minus tatsächlichem Preis). Somit ist die Konsumentenrente eine Möglichkeit, die Besserstellung von Konsumenten durch den Güterverbrauch zu bemessen.

Der Preis als Verhandlungsergebnis. In unserer bisherigen Analyse der Märkte wurde festgestellt, dass Preise für Käufer und Verkäufer eine Signalfunktion haben. Die eigentliche Konsumtscheidung kann aus der Perspektive eines Verhandlungsmodells betrachtet werden. Verkäufer bieten den Konsumenten Güter zu unterschiedlichen

6.1 Konsumenten, Produzenten und die Effizienz von Märkten
Konsumentenrente

Preisen und die Konsumenten müssen entscheiden, ob die Preise für sie selbst einen Nettovorteil darstellen. Somit kommt es zu einer Interaktion zwischen Anbietern und Nachfragern, Verkäufern und Käufern, die man als Verhandlungsprozess charakterisieren kann. Der Preis ist folglich ein zwischen zwei interessierten und konkurrierenden ökonomischen Akteuren (Käufern und Verkäufern) ausgehandeltes Ergebnis.

Denken Sie an die Male, in denen Sie Preisvergleiche im Internet angestellt oder mehrere Geschäfte abgeklappert haben, nur um am Ende in den ersten Laden zurückzukehren, in dem Sie waren, und das entsprechende Produkt dort zu kaufen. Konsumenten reagieren auf die angebotenen Preise und fällen ihre Entscheidung ausgehend von den konkurrierenden Preisen. Die Anbieter reagieren wiederum auf die Entscheidungen der Konsumenten. Wenn zu wenige Menschen bereit sind, ihr Produkt zu kaufen, sind sie gezwungen, ihr Angebot zu ändern (u. a. den Preis). Wenn ein Produkt hingegen in solch einer Menge gekauft wird, dass sich die Produktion lohnt, impliziert dies, dass der Anbieter den Nettovorteil des Konsumenten richtig einschätzt. Er kann dann in diesem Fall daran arbeiten, Strategien zu entwickeln, um diesen Nutzen weiter zu maximieren – zu Preisen, welche die Konsumenten zu zahlen bereit sind.

Ist die Konsumentenrente immer ein gutes Maß für wirtschaftliche Wohlfahrt?

Unter manchen Umständen kann es aber auch sein, dass sich Politiker bei ihren Entscheidungen nicht nach der Konsumentenrente richten, da sie die Präferenzen der Käufer nicht fördern wollen. So wären Drogenabhängige bereit, einen hohen Preis für beispielsweise Heroin zu zahlen. Dennoch würde man nicht sagen, dass Drogenabhängige einen großen Vorteil dadurch erhalten, dass sie billig an Heroin kommen (obwohl das die Abhängigen selbst wohl so sehen würden). Vom Standpunkt der Gesellschaft aus ist die Zahlungsbereitschaft in diesem Fall kein guter Maßstab für die Besserstellung der Käufer und die Konsumentenrente kein gutes Maß für wirtschaftliche Wohlfahrt, da die Abhängigen nicht auf ihr eigenes Wohl achten.

Der Gebrauch des Wortes »Gut« für eine Ware oder Dienstleistung kommt nicht von ungefähr. Eine Ware oder Dienstleistung, die als ein »Gut« beschrieben wird, impliziert einen positiven Nutzen für den Konsumenten. Mehrere Waren und Dienstleistungen wie Drogen, Tabak, Alkohol, Glücksspiele, Fast Food usw. bringen dem Konsumenten jedoch einen negativen Nutzen, obwohl viele der Käufer selbst behaupten würden, dass sie den Konsum genießen.

Jedoch wird in der Volkswirtschaftslehre davon ausgegangen, dass für die meisten Märkte die Konsumentenrente die wirtschaftliche Wohlfahrt widerspiegelt. Die dieser Sichtweise zugrunde liegende Annahme ist, dass sich die Käufer bei ihren Entscheidungen rational verhalten und ihre Präferenzen daher respektiert werden sollten. Aus dieser Perspektive können die Konsumenten selbst am besten beurteilen, welchen Nutzen ihnen bestimmte Güter stiften. Wie wir gesehen haben, ist diese Annahme diskussionswürdig. Zusätzlich muss beachtet werden, dass wir bis hierhin davon ausgegangen sind, dass der Wert eines zusätzlichen Euro für eine Person genauso hoch ist wie für eine andere. Wenn beispielsweise der Preis der Gitarre in unserer Auktion von 750 Euro auf 751 Euro steigt, stellt dann dieser zusätzliche Euro für Paul und für John den gleichen Wert dar? In unserer Analyse gehen wir davon aus, dass dem so ist. In der Realität ist dem jedoch vielleicht nicht so. Ein zusätzlich ausgegebener Euro dürfte für eine sehr wohlhabende Person wohl kaum den gleichen Wert haben wie ein zusätzlich ausgegebener Euro für einen sehr armen Menschen. Wie für viele weitere Themenfelder der Volkswirtschaftslehre versuchen wir einige Grundprinzipien aufzustellen. Im Lauf Ihres Studiums werden Sie jedoch feststellen, dass diese vereinfachenden Annahmen angezweifelt werden können (und sollen). So entsteht letztlich ein neues, tieferes Verständnis der Volkswirtschaft.

> **Kurztest**
> Denken Sie an eine Gelegenheit, bei der Sie Auktionswebseiten wie E-Bay im Internet besucht haben. Wenn Sie die Auktion gewonnen haben: Wie viel Konsumentenrente haben Sie dann erzielt? Wenn Sie aus einer Auktion ausgestiegen sind: Was waren die Faktoren, die Ihre Entscheidung bestimmt haben? Wenn Sie ein Gebot knapp verpasst haben: Wären Sie im Nachhinein bereit gewesen, etwas mehr zu zahlen? Was sagt das über Ihre Zahlungsbereitschaft aus?

6.2 Produzentenrente

Nun wenden wir uns der anderen Seite des Markts zu und betrachten den Vorteil, den die Verkäufer aus der Teilnahme am Marktgeschehen ziehen. Um die sogenannte Produzentenrente zu ermitteln, gehen wir ähnlich vor wie bei der Ermittlung der Konsumentenrente.

Versetzen Sie sich in die Lage eines Wohnungseigentümers, der seine Wohnung neu streichen lassen möchte. Er wendet sich an vier potenzielle Anbieter von Malerdienstleistungen: Maria, Luise, Georgine und Großmutter. Jede der Anstreicherinnen ist zur Erledigung des Auftrags bereit, wenn der Preis stimmt. Sie holen von allen vieren Angebote ein und versteigern den Auftrag an die Bieterin mit dem niedrigsten Preis. (Dabei nehmen wir an, dass die Qualität der angebotenen Dienstleistungen gleich ist.)

Jede der vier Anstreicherinnen nimmt den Auftrag dann an, wenn der Preis ihre **Kosten** übersteigt. Wir definieren den Begriff Kosten im Sinne von Opportunitätskosten. Die Kosten umfassen demnach sowohl die Auslagen für Pinsel, Farbe usw. als auch den subjektiven Wert der aufgewandten Zeit. Tabelle 6-3 zeigt die Kosten jeder Anbieterin. Da die Kosten für jede der vier potenziellen Anstreicherinnen die Untergrenze des akzeptablen Preises markieren, sind die Kosten ein Maß für ihre **Verkaufsbereitschaft**. Jede der vier Anbieterinnen würde ihre Malerarbeiten zu einem Preis über dem Kostenniveau sofort verkaufen. Zu einem Preis unterhalb ihrer Kosten wäre sie nicht dazu bereit, und bei einem Preis gleich den Kosten wäre sie unentschlossen (indifferent).

Die Versteigerung kann bei einem hohen Gebot beginnen, doch der Preis wird im Verlauf rasch fallen. Sobald die Großmutter etwas unter 600 Euro (z. B. 599,99 Euro) geboten hat, ist sie die einzige verbleibende Bieterin. Die Großmutter wird den Auftrag

Kosten
Wert von allem, worauf ein Verkäufer bei der Herstellung eines Gutes verzichten muss (explizite und implizite Kosten).

Verkaufsbereitschaft
Minimumpreis, zu dem ein Verkäufer zum Verkauf eines Gutes bereit ist (entspricht den Kosten).

Tab. 6-3

Die Kosten der vier potenziellen Verkäufer

Verkäufer	Kosten (€)
Maria	900
Luise	800
Georgine	600
Großmutter	500

Produzentenrente
Verkaufspreis minus Produktionskosten eines Gutes.

gerne annehmen, denn ihre Kosten betragen nur 500 Euro. Maria, Luise und Georgine sind nicht gewillt, die Dienstleistung für unter 600 Euro anzubieten. Beachten Sie, dass der Auftrag an jene Person geht, die ihn zu den geringsten Kosten ausführen kann.

Welchen Nutzen zieht die Großmutter aus diesem Auftrag? Da sie den Auftrag für 500 Euro übernehmen würde, jedoch 599,99 Euro bekommt, erhält sie nach volkswirtschaftlicher Definition eine Produzentenrente von 99,99 Euro. Die **Produzentenrente** ist der an den Verkäufer gezahlte Preis abzüglich seiner Produktionskosten. Die Produzentenrente misst somit den Nutzen der Verkäufer aus der Teilnahme am Marktgeschehen.

Nehmen wir nun an, Sie hätten zwei renovierungsbedürftige Wohnungen. Sie versteigern die zwei Aufträge erneut unter den vier Anstreicherinnen. Zur Vereinfachung nehmen wir an, dass keine der Frauen beide Wohnungen streichen kann und für jeden Wohnungsanstrich der gleiche Preis bezahlt wird. Deshalb fällt der Preis in der Versteigerung so lange, bis zwei Bieterinnen übrig bleiben. Im vorliegenden Fall endet die Versteigerung, wenn Georgine und Großmutter jeweils die Auftragsübernahme zu einem Preis anbieten, der leicht unter 800 Euro liegt (z.B. 799,99 Euro). Bei diesem Preis sind Georgine und Großmutter zur Ausführung der Malerarbeiten bereit, Maria und Luise bieten nicht mehr mit. Bei einem Preis von 799,99 Euro erhält die Großmutter eine Produzentenrente von 299,99 Euro und Georgine eine Produzentenrente von 199,99 Euro. Die gesamte Produzentenrente aller Anbieter in diesem Markt beträgt 499,98 Euro.

Messung der Produzentenrente mit der Angebotskurve

Wir beginnen mit den Kosten der vier Anstreicherinnen, um damit die Angebotstabelle 6-4 aufzustellen, welche mit den Kosten in Tabelle 6-3 korrespondiert. Abbildung 6-4 zeigt die Angebotskurve, welche den Angaben der Angebotstabelle 6-4 entspricht. Wenn der Preis unter 500 Euro liegt, ist niemand zur Übernahme des Auftrags bereit, die Angebotsmenge ist 0. Liegt der Preis zwischen 500 Euro und 599,99 Euro, so wird nur die Großmutter gewillt sein, den Auftrag auszuführen, und die Angebotsmenge beträgt 1. Bei einem Preis zwischen 600 Euro und 799,99 Euro bieten sowohl die Großmutter als auch Georgine an, den Auftrag zu übernehmen. Die Angebots-

6.2 Produzentenrente

Tab. 6-4

Die Angebotstabelle der vier potenziellen Verkäufer nach Tabelle 6-3

Preis (€)	Anbieter	Angebotsmenge (Stück)
900 oder mehr	Marie, Luise, Georgine, Großmutter	4
800–899,99	Luise, Georgine, Großmutter	3
600–799,99	Georgine, Großmutter	2
500–599,99	Großmutter	1
Weniger als 500	Niemand	0

menge für den Auftrag beträgt 2 – und so fort. Folglich wird die Angebotskurve aus den Kosten der vier Anstreicherinnen abgeleitet.

Die zur Tabelle 6-4 passende Angebotskurve zeigt die Abbildung 6-4. Man beachte wiederum, dass die Höhe der Kurve mit den Kosten der Anbieter korrespondiert. Bei jeder beliebigen Angebotsmenge zeigt die Höhe der Angebotskurve die Kosten des Grenzanbieters, des potenziellen Verkäufers also, der bei einem noch niedrigeren Preis als erster den Markt verlassen würde.

Bei vier durch die Anstreicher zu renovierenden Wohnungen hat die Angebotskurve beispielsweise die Höhe von 900 Euro. Diese Summe entspricht den Kosten, die Grenzanbieterin Maria beim Verkauf ihrer Malerarbeiten wieder hereinholen muss. Bei

Abb. 6-4

Die Angebotskurve

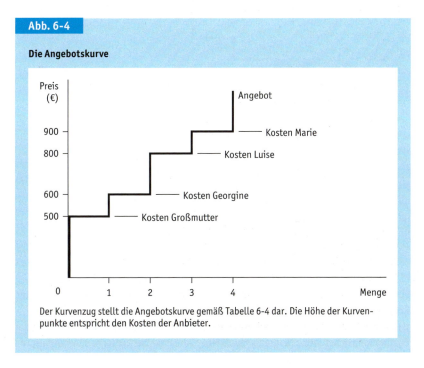

Der Kurvenzug stellt die Angebotskurve gemäß Tabelle 6-4 dar. Die Höhe der Kurvenpunkte entspricht den Kosten der Anbieter.

6.2 Konsumenten, Produzenten und die Effizienz von Märkten
Produzentenrente

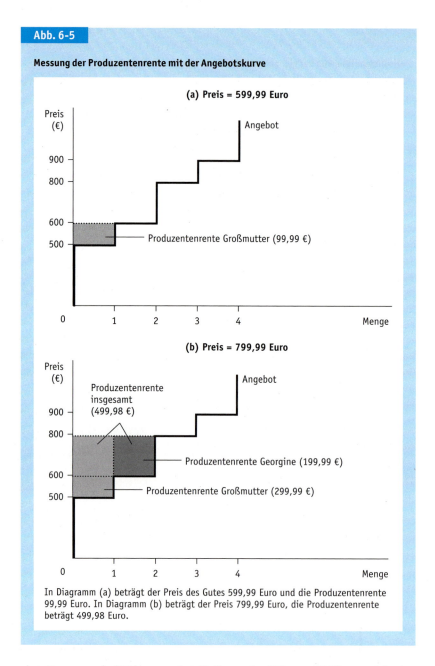

Abb. 6-5

Messung der Produzentenrente mit der Angebotskurve

In Diagramm (a) beträgt der Preis des Gutes 599,99 Euro und die Produzentenrente 99,99 Euro. In Diagramm (b) beträgt der Preis 799,99 Euro, die Produzentenrente beträgt 499,98 Euro.

einer Menge von drei Wohnungen hat die Kurve eine Höhe von 800 Euro, welche den Kosten von Luise entsprechen, die nun Grenzanbieterin ist.

Da die Angebotskurve die Kosten der Anbieter widerspiegelt, kann man sie zur Bestimmung der Produzentenrente heranziehen. Die Produzentenrente unseres Beispiels wird in Abbildung 6-5 ermittelt. Im Diagramm (a) wird ein Preis von 599,99 Euro unterstellt. In diesem Fall beträgt die Angebotsmenge 1. Das Flächenstück unter dem Preis und über der Kurve entspricht 99,99 Euro. Dies ist die Produzentenrente der Großmutter.

Das Diagramm (b) der Abbildung 6-5 zeigt die Produzentenrente bei einem Preis von 799,99 Euro. Der Bereich unter dem Preis und oberhalb der Angebotskurve entspricht in diesem Fall der Fläche zweier Rechtecke. Dieser Bereich entspricht 499,98 Euro, also genau dem Betrag, den wir zuvor als Produzentenrente für Georgine und Großmutter beim Streichen zweier Wohnungen errechnet hatten.

Die Lehre aus diesem Beispiel gilt für alle Angebotskurven: Der Bereich unterhalb eines Preises und oberhalb der Angebotskurve misst die Produzentenrente eines Markts. Der Grund liegt darin, dass die Höhe der Angebotskurve die Kosten misst und die Differenz zwischen Preis und Produktionskosten jeweils die Produzentenrente darstellt. Multipliziert mit der Menge stellt die Gesamtfläche die Summe aller Produzentenrenten des Markts dar.

Wie ein höherer Preis die Produzentenrente steigert

Das Konzept der Produzentenrente erlaubt eine Einschätzung, wie stark die Wohlfahrt der Verkäufer in Reaktion auf eine Preiserhöhung ansteigt. Abbildung 6-6 zeigt eine typische ansteigende Angebotskurve. Obwohl die Kurve der Form nach anders ist als

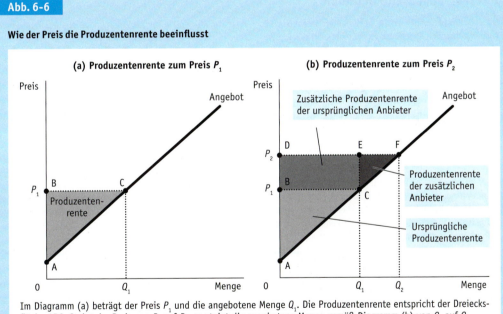

Abb. 6-6

Wie der Preis die Produzentenrente beeinflusst

Im Diagramm (a) beträgt der Preis P_1 und die angebotene Menge Q_1. Die Produzentenrente entspricht der Dreiecksfläche ABC. Steigt der Preis von P_1 auf P_2, so steigt die angebotene Menge gemäß Diagramm (b) von Q_1 auf Q_2. Die Produzentenrente erhöht sich insgesamt auf die Dreiecksfläche ADF.

Der Anstieg (Flächenstück BCFD) erklärt sich teilweise durch die erhöhte Produzentenrente der ursprünglichen Anbieter (Flächenstück BCED) und teilweise durch die Produzentenrente der zusätzlichen Anbieter (Flächenstück CEF).

die zuvor dargestellte Treppenkurve des Angebots, messen wir die Produzentenrente auf die gleiche Weise: Die Produzentenrente entspricht der Fläche unterhalb eines Preises und oberhalb der Angebotskurve. In Diagramm (a) ist der Preis P_1 und die Produzentenrente entspricht der Fläche des Dreiecks ABC.

Diagramm (b) zeigt, was bei einem Preisanstieg von P_1 auf P_2 geschieht. Die Produzentenrente entspricht nun der Fläche ADF. Dieser Zuwachs der Produzentenrente besteht aus zwei Komponenten. Erstens erhalten die Anbieter, die schon zum Preis P_1 die Menge Q_1 angeboten haben, nun eine höhere Produzentenrente für die gleiche Angebotsmenge. Ihre zusätzliche Produzentenrente entspricht der Rechteckfläche BCED. Zweitens treten durch den höheren Preis nun neue Verkäufer (Newcomer) in den Markt ein, was zu einem Anstieg der Angebotsmenge von Q_1 auf Q_2 führt. Die Produzentenrente dieser Newcomer entspricht der Dreiecksfläche CEF.

> **Kurztest**
> Ist die Produzentenrente das gleiche wie der Gewinn? Erklären Sie Ihre Antwort.

Fallstudie

Internet-Bandbreite in Indien

Mit einer Bevölkerung von ca. 1,34 Milliarden Menschen und einem wachsenden Appetit auf Technologie sieht sich Indien mit der Notwendigkeit konfrontiert, die Bandbreite für mobiles Internet im Land zu erhöhen. Den Behörden in Indien stehen dabei zwei Optionen zur Verfügung, die beide Teil des Mikrowellenspektrums sind: das V-Band und das E-Band. Um diese zusätzlichen Frequenzbandbreiten verfügbar zu machen, erwägt die Regierung verschiedene Möglichkeiten. Eines ihrer wichtigsten Ziele ist es jedoch, die Nettowohlfahrt für die Bürger des Landes zu maximieren, mit anderen Worten, die Produzenten- und Konsumentenrente aus der Bereitstellung der neuen Bandbreiten zu maximieren.

Die Installation der neuen Bandbreiten ist mit hohen Fixkosten verbunden. Demgegenüber sind jedoch die Grenzkosten für die Bereitstellung zusätzlicher Einheiten Bandbreite für die Nutzer relativ gering. Dies bedeutet, dass es möglich sein dürfte, WLAN und einen Internetzugang zu relativ niedrigen Preisen zur Verfügung zu stellen. Darüber hinaus würde die Verfügbarkeit von V- und E-Bändern bedeuten, dass das Angebot an WLAN und Internetzugang zunehmen würde, was den Druck auf die Preise weiter verstärken könnte. Es ist daher möglich, dass die Produzentenrente für Unternehmen, die Internetdienste anbieten, bei gegebenen Preisen unter anderem aufgrund des Kostendrucks steigen würde, sobald die ursprünglichen Fixkosten einmal aufgewendet worden sind. Für die Konsumenten würde die zunehmende Verfügbarkeit von WLAN und Internetdiensten sowohl in ländlicheren Gebieten als auch in dicht besiedelten städtischen Gebieten ebenfalls zu einem möglichen Anstieg der Konsumentenrente führen. Dabei dürfte der Anstieg der Konsumentenrente wahrscheinlich größer sein als die Veränderung der Produzentenrente, und beide Größen zusammen werden einen Nettowohlfahrtsgewinn für das Land und seine Bevölkerung stiften.

6.3 Markteffizienz

Auf den globalen Märkten werden jeden Tag Millionen von Handelsgeschäften betrieben. In unserer Analyse der freien Märkte sind wir von vielen Annahmen ausgegangen. Zum Beispiel sind wir davon ausgegangen, dass wenn ein Konsument für eine Jeans 25 Euro zahlt, sein Nutzen mindestens dem Kaufpreis entsprechen muss. Vielleicht erhält er aber auch etwas Konsumentenrente, falls er darauf eingestellt war, mehr als

25 Euro für die Jeans zu zahlen. Gleichermaßen nehmen wir an, dass der Verkäufer den Nutzen durch den Verkauf ebenfalls mit mindestens 25 Euro bewertet, da er die Jeans ansonsten nicht verkaufen würde. Und vielleicht hat auch er durch den Verkauf etwas Produzentenrente erhalten. Können wir daraus schließen, dass das Allokationsresultat in einem freien Markt effizient ist? Hierfür müssen wir Effizienz in diesem Kontext erst definieren.

Konsumenten- und Produzentenrente bieten einen Weg, die Handelsvorteile für Konsumenten und Produzenten zu messen. Denken Sie daran, dass das Haushaltsoptimum (die optimale Konsumentscheidung) dort liegt, wo der Grenznutzen eines Euro, der für ein Gut x ausgegeben wurde, dem Grenznutzen eines Euro entspricht, der für ein Gut y ausgegeben wurde. Das Optimum des gewinnmaximierenden Unternehmens liegt demgegenüber in dem Punkt, in dem die Grenzkosten der Produktion einer zusätzlichen Einheit dem Grenzerlös dieser zusätzlichen Einheit entsprechen. In beiden Fällen haben wir festgestellt, dass wenn sich Unternehmen und Konsumenten nicht in ihrem Optimum befinden, sie einen Anreiz haben, ihr Verhalten zu ändern.

Adam Smiths Theorem der unsichtbaren Hand besagt, dass Millionen unabhängiger Konsumenten und Produzenten zwar alle ihre individuellen Entscheidungen treffen, die Marktkräfte jedoch für ein gewisses Maß an Kohärenz zwischen diesen Entscheidungen sorgen. In der Theorie ist es auf freien Märkten nicht möglich, dass über längere Zeiträume ein Angebots- oder Nachfrageüberschuss herrscht, da die jeweilige Marktsituation Produzenten und Konsumenten Anreize gibt, ihr Verhalten zu ändern und damit den Markt wieder zum Gleichgewicht zu steuern. Diese Analyse bildet die Grundlage des sogenannten allgemeinen Gleichgewichts. **Allgemeines (oder simultanes) Gleichgewicht** ist die Vorstellung, dass die Entscheidungen und Wahlmöglichkeiten der ökonomischen Akteure auf allen Teilmärkten der Volkswirtschaft aufeinander abgestimmt sind (Markträumung). Das allgemeine Gleichgewicht beinhaltet die Vorstellung, dass die Marktmechanismen zu Resultaten führen, die effizient sind. Konsumenten maximieren ihren Nutzen, Produzenten maximieren ihren Gewinn und produzieren zu minimalen durchschnittlichen Gesamtkosten.

Allgemeines (oder simultanes) Gleichgewicht
Die Vorstellung, dass die Entscheidungen und Wahlmöglichkeiten der ökonomischen Akteure auf allen Teilmärkten der Volkswirtschaft aufeinander abgestimmt sind (Markträumung).

Ökonomische Effizienz und Verschwendung

Wenn wir Effizienz als ein Konzept verstehen wollen, so müssen wir als Gegenbegriff die Verschwendung nennen. Wenn etwas ineffizient ist, so ist es verschwenderisch. Für einen Konsumenten kann es Verschwendung sein, für ein Gut Geld auszugeben, das ihm nicht den äquivalenten Nutzen stiftet. Gleichermaßen bedeutet es für einen Produzenten Verschwendung, wenn er Geld für die Produktion eines Gutes ausgibt, das die Konsumenten nicht kaufen, oder wenn er die Produktionsfaktoren hätte kostengünstiger einsetzen können.

Wir können daher die Frage stellen, ob freie Märkte verschwenderisch sind. Sollte Verschwendung existieren, so müsste es einen Weg geben, die Ressourcen so neu zu verteilen, dass die Verschwendung verringert wird. Die Konsumenten würden hierfür ihre Kaufgewohnheiten anpassen und Produzenten ihre Produktionsmethoden. Konsumentenrente ist der Vorteil, den die Konsumenten aus ihrer Teilnahme am Markt

6.3 Konsumenten, Produzenten und die Effizienz von Märkten
Markteffizienz

ziehen, Produzentenrente ist der Vorteil der Produzenten. Daher spiegelt der Preis an jedem Punkt der Nachfragekurve auch den Wert wider, den die Käufer jeder zusätzlichen konsumierten Einheit eines Gutes beimessen. Jeder Punkt auf der Angebotskurve hingegen zeigt die zusätzlichen Kosten jeder zusätzlichen produzierten Einheit eines Gutes. Zudem können wir an jedem Punkt messen, wie hoch die Konsumentenrente und wie hoch die Produzentenrente ist. Wenn zu diesem speziellen Preis die nachgefragte Menge höher ist als die angebotene Menge, so sagt uns das, dass der Nutzen dieser zusätzlichen Einheit für die Konsumenten höher ist als die zusätzlichen Kosten für die Produzenten. Im Marktgleichgewicht entspricht also der Nutzen, den die zusätzliche Einheit eines Gutes für die Konsumenten darstellt, genau den zusätzlichen Kosten der Produzenten. Wenn wir Konsumenten- und Produzentenrente im Marktgleichgewicht addieren, erhalten wir die Gesamtrente. Wenn die Konsumentenrente ein Maß für die Wohlfahrt der Konsumenten und die Produzentenrente ein Maß für die Wohlfahrt der Produzenten ist, dann ist die **Gesamtrente** ein Maß für die Wohlfahrt der Gesellschaft als Ganzes:

Gesamtrente = Wert für die Käufer − Kosten der Verkäufer

Wenn die Zuteilung der Ressourcen die Gesamtrente maximiert, so sagt man, dass die Allokation **Effizienz** aufweist. Ist eine Allokation nicht effizient, so wurden zwischen Käufern und Verkäufern einige Handelsvorteile nicht realisiert. Eine Allokation ist beispielsweise dann ineffizient, wenn ein Gut von den Verkäufern nicht zu den geringstmöglichen Kosten produziert wurde. In diesem Fall würde die Verlagerung der Produktion von einem kostenintensiven Produzenten zu einem Niedrigkosten-Produzenten die Gesamtkosten der Verkäufer senken und somit die Gesamtrente erhöhen. Ebenso ist eine Allokation ineffizient, wenn ein Gut nicht von den Käufern konsumiert wird, denen es den größten Nutzen stiftet. Um die Gesamtrente zu erhöhen, müsste in diesem Fall der Konsum von einem Käufer, der wenig Nutzen aus dem Gut zieht, hin zu einem Käufer, der viel Nutzen daraus zieht, verlagert werden. In beiden Fällen können also Tauschvorgänge vorgenommen werden, die die Gesamtrente erhöhen. Unter den Annahmen des betrachteten Modells gibt es für die Wirtschaftsakteure Anreize, diesen Tausch fortzusetzen, bis kein weiterer Nutzen mehr zu erzielen ist.

Wir haben Effizienz als die Fähigkeit der Gesellschaft definiert, aus ihren knappen Ressourcen das meiste herauszuholen. Nun, da wir das Konzept der Gesamtrente kennen, können wir präzisieren, was »das meiste« bedeutet. In diesem Zusammenhang wird die Gesellschaft das meiste aus ihren knappen Ressourcen herausholen, indem sie diese so zuteilt, dass die Gesamtrente maximiert wird.

Abbildung 6-7 zeigt Konsumenten- und Produzentenrente im Marktgleichgewicht. Erinnern Sie sich daran, dass die Konsumentenrente dem Bereich über dem Preis und unter der Nachfragekurve entspricht und die Produzentenrente dem Bereich unter dem Preis und über der Angebotskurve. Folglich repräsentiert die gesamte Fläche zwischen der Angebots- und der Nachfragekurve bis hin zum Marktgleichgewichtspunkt die Gesamtrente im Markt.

Pareto-Effizienz. An diesem Punkt wollen wir das Konzept der Pareto-Effizienz, auch Pareto-Optimum genannt, vorstellen. Es wurde durch den italienischen Nationalöko-

---

Gesamtrente
Gesamtwert eines Gutes für die Käufer, gemessen anhand der Zahlungsbereitschaft der Käufer minus der Kosten der Verkäufer. Oder einfach: Summe aus Konsumenten- und Produzentenrente.

Effizienz
Eine Allokation der Ressourcen, welche die Gesamtrente aller Mitglieder der Gesellschaft maximiert.

nomen, Vilfredo Pareto (1848–1923) entwickelt. Das Pareto-Optimum ist ein gesellschaftlicher Zustand, in dem es nicht möglich ist, durch eine Reallokation der Ressourcen die Wohlfahrt einer Person zu erhöhen, ohne dabei gleichzeitig die Wohlfahrt einer anderen zu verringern. Auf allen Märkten geht es um Handel und wie wir gesehen haben, sagt die Nachfragekurve etwas über den Nutzen aus, den die Konsumenten mit der Allokation ihres Einkommens erzielen, während die Angebotskurve den Nutzen der Produzenten aus dem Verkauf der Güter zeigt. Durch Handel erzielt sowohl der Konsument als auch der Produzent einen Vorteil. Dies wird als Pareto-Verbesserung bezeichnet. Zu einer **Pareto-Verbesserung** kommt es, wenn eine Umverteilung der Ressourcen mindestens einen ökonomischen Akteur besser stellt, ohne einen anderen ökonomischen Akteur schlechter zu stellen.

Konsumenten und Produzenten werden folglich ihre Entscheidungen so lange anpassen und die Ressourcen so umverteilen, bis alle Möglichkeiten der Pareto-Verbesserung ausgeschöpft sind. Ökonomische Effizienz (Pareto-Effizienz) ist somit in jenem Punkt gegeben, von dem aus keine weiteren Pareto-Verbesserungen mehr realisiert werden können.

Pareto-Verbesserung
Wenn eine Umverteilung der Ressourcen mindestens einen ökonomischen Akteur besser stellt, ohne einen anderen ökonomischen Akteur schlechter zu stellen.

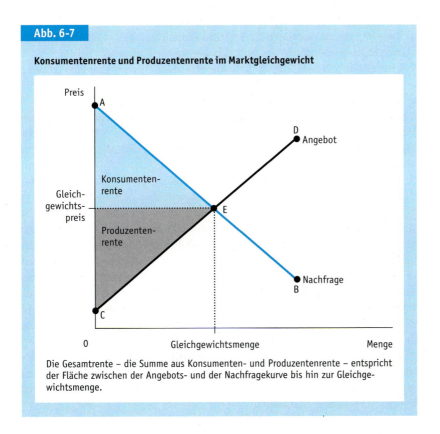

Abb. 6-7

Konsumentenrente und Produzentenrente im Marktgleichgewicht

Die Gesamtrente – die Summe aus Konsumenten- und Produzentenrente – entspricht der Fläche zwischen der Angebots- und der Nachfragekurve bis hin zur Gleichgewichtsmenge.

Beurteilung des Marktgleichgewichts

Wir haben festgestellt, dass die Gesamtrente an dem Punkt am höchsten ist, an dem der Markt im Gleichgewicht ist. An diesem Gleichgewichtspunkt sind die Ressourcen so zugeteilt, dass die Konsumenten ihren Nutzen maximieren und die Produzenten ihre Gewinne maximieren, während sie ihre durchschnittlichen Gesamtkosten minimieren. Ist es möglich, die Ressourcen in irgendeiner Weise anders zuzuteilen und somit die Wohlfahrt der Konsumenten und Produzenten zu erhöhen? Mit anderen Worten: Gibt es Pareto-Verbesserungen, die aus solchen Ressourcen-Reallokationen resultieren würden?

Der Preis im Marktgleichgewicht entscheidet darüber, welche Käufer und Verkäufer am Markt partizipieren. Jene Käufer, die das Gut mit mehr als dem zu zahlenden (Gleichgewichts-)Preis bewerten (dargestellt durch den Abschnitt AE der Nachfragekurve), entscheiden sich für den Kauf. Jene Käufer, die es mit weniger als dem Preis bewerten (dargestellt durch den Abschnitt EB), kaufen nicht. Auf der anderen Seite werden Verkäufer, deren Kosten niedriger sind als der zu zahlende Preis (dargestellt durch den Abschnitt CE auf der Angebotskurve), das Gut herstellen und verkaufen; jene Anbieter, deren Kosten über dem Preis liegen (dargestellt durch den Abschnitt ED), werden es nicht tun.

Damit kommen wir zu zwei Erkenntnissen über Marktergebnisse:

1. Freie Märkte teilen das Güterangebot jenen Käufern zu, die es – ausgedrückt durch die Zahlungsbereitschaft – am höchsten schätzen und bewerten.
2. Freie Märkte teilen die Güternachfrage jenen Verkäufern zu, die zur Produktion zu den niedrigsten Kosten in der Lage sind.

Das bedeutet, dass die im Marktgleichgewicht produzierte und verkaufte Menge durch Umverteilung unter Anbietern und Nachfragern nicht so verändert werden kann, dass die Wohlfahrt größer würde. Wir können an dieser Stelle also auch eine dritte Erkenntnis über Marktergebnisse festhalten:

3. Freie Märkte führen zur Produktion jener Gütermenge, die zum Maximum der Gesamtrente der Konsumenten und Produzenten führt.

Weshalb dies zutrifft, können Sie Abbildung 6-8 entnehmen. Denken Sie daran, dass die Nachfragekurve den Nutzen der Käufer und die Angebotskurve die Kosten der Verkäufer repräsentiert. Bei Mengen unterhalb der Gleichgewichtsmenge übersteigt der Nutzen der Käufer die Kosten der Verkäufer. In diesem Bereich bringt eine Steigerung der Menge eine Erhöhung der Gesamtrente, und zwar so lange, bis die Gleichgewichtsmenge erreicht ist. Jenseits der Gleichgewichtsmenge jedoch liegt der Nutzen der Käufer unter den Kosten der Verkäufer. Mehr als die Gleichgewichtsmenge zu produzieren, würde also die Gesamtrente mindern.

Die drei Erkenntnisse über Marktergebnisse sagen uns, dass das Marktgleichgewicht zu einer effizienten Allokation der Ressourcen führt. Diese Schlussfolgerung erklärt, warum einige Volkswirte dafür plädieren, die ökonomische Aktivität durch freie Märkte organisieren zu lassen.

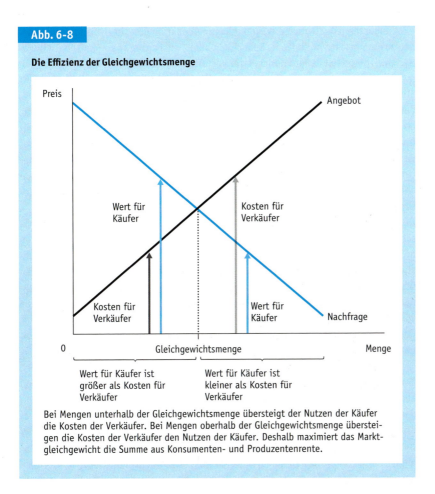

Bei Mengen unterhalb der Gleichgewichtsmenge übersteigt der Nutzen der Käufer die Kosten der Verkäufer. Bei Mengen oberhalb der Gleichgewichtsmenge übersteigen die Kosten der Verkäufer den Nutzen der Käufer. Deshalb maximiert das Marktgleichgewicht die Summe aus Konsumenten- und Produzentenrente.

Kurztest

Schauen Sie sich die Ausführungen zum Haushaltsoptimum in Kapitel 4 und zum Betriebsoptimum (effiziente Produktionsmenge) in Kapitel 5 noch einmal an. Wie lässt sich das Verhältnis dieser beiden Gleichgewichtspunkte zum Marktgleichgewicht im Sinne von ökonomischer Effizienz beschreiben?

Effizienz und Verteilungsgerechtigkeit

Ein Großteil dieses Kapitels hat sich mit der Effizienz befasst. Es ist nicht überraschend, dass sich die Volkswirtschaftslehre generell sehr viel mit Effizienz befasst, da Effizienz messbar und quantifizierbar. Effizienz ist ein positives Konzept, da dadurch festgestellt werden kann, *was* eine effiziente Allokation ist. Es sagt uns jedoch nichts darüber, ob eine effiziente Allokation erstrebenswert ist oder nicht.

6.3 Konsumenten, Produzenten und die Effizienz von Märkten
Markteffizienz

Wir müssen jedoch auch erwägen, ob eine Allokation gerecht ist, und das ist wiederum ein normatives Konzept. Eine Möglichkeit, die Fairness ökonomischer Allokationen zu bewerten, ist das Konzept der **Verteilungsgerechtigkeit**. Darunter versteht man die Fähigkeit einer Gesellschaft, die wirtschaftliche Wohlfahrt fair auf ihre Mitglieder aufzuteilen. Im Kern bedeutet das, dass Handelsvorteile wie ein Kuchen sind, der auf die Marktteilnehmer aufgeteilt werden muss. Das Konzept der Effizienz fragt, ob der Kuchen so groß wie möglich ist. Das Konzept der Verteilungsgerechtigkeit fragt, ob der Kuchen gerecht aufgeteilt ist. Die Gerechtigkeit eines Marktergebnisses ist schwieriger zu beurteilen als dessen Effizienz. Während Effizienz ein Ziel ist, das ganz objektiv beurteilt werden kann, beinhaltet Gerechtigkeit normative Urteile, welche über die Volkswirtschaftslehre hinaus- und in den Bereich der politischen Philosophie hineinreichen.

Ein Problem der hier vorgestellten Analyse ist die Annahme, dass alle ökonomischen Akteure bzw. Individuen ähnlich sind – dass Konsumenten und Produzenten homogene Gruppen sind. Offensichtlich ist dem nicht so. Eine der wichtigsten Tatsachen, die Volkswirte bedenken müssen, ist, dass sich Menschen mit unterschiedlichen finanziellen Möglichkeiten unterschiedlich verhalten. Beispielsweise wird der Grenznutzen einer zusätzlichen Einheit seines Einkommens für einen sehr armen Menschen völlig anders sein als der Grenznutzen für einen reichen Menschen. Wenn wir Wohlfahrt einzig als Addition der Konsumenten- und der Produzentenrente betrachten, ignorieren wir einige komplexe Aspekte des Themas.

Einige Volkswirte verweisen auf den Gesamtnutzen einer Gesellschaft, der durch Konsumenten- und Produzentenrente im Sinne einer **Sozialen Wohlfahrtsfunktion** abgebildet wird. Wohlfahrtsfunktionen versuchen die Tatsache zu berücksichtigen, dass nicht alle Haushalte einen identischen Grenznutzen haben und dass in der Realität ihre Präferenzen ebenso unterschiedlich sind. Dieser Ansatz basiert auf der Annahme, dass Wohlfahrt auf einer Ordinalskala abgebildet wird, d. h., dass Konsumenten ihre Präferenzen in eine Rangfolge bringen können. Jedoch wird auch davon ausgegangen, dass Haushalte mit unvollständigem Wissen agieren. So kann es sein, dass Entscheidungen im Markt lediglich von denen getroffen werden, die dazu die Macht haben. Die Kaufkraft besonders reicher oder politisch einflussreicher Marktakteure kann so die Marktergebnisse disproportional verzerren. Das Marktergebnis mag dann zwar effizient sein, aber es ist nicht zwangsläufig gerecht.

Wir müssen daher berücksichtigen, dass verschiedene Bevölkerungsgruppen unterschiedlicher Auffassung darüber sind, was für die Gesellschaft »gut« ist. Ein Beispiel für diese verschiedenen Perspektiven bezieht sich auf das Einkommen: Würden Sie eher eine Gesellschaft bevorzugen, die ihr Gesamteinkommen erhöht, unabhängig davon wie es verteilt wird, d. h., ein Großteil des Vermögens ist in den Händen weniger konzentriert? Oder würden Sie einen Staat bevorzugen, der das Vermögen gleichmäßiger auf seine Bürger verteilt? In den folgenden Kapiteln werden wir uns ansehen, wie diese Themen an Relevanz gewinnen, sobald Regierungen in freie Märkte eingreifen, um die Marktresultate zu verbessern. Wenn eine Regierung verkündet, dass sie politische Maßnahmen ergreift, um Marktergebnisse zu verbessern, befinden wir uns eindeutig im Bereich der normativen Volkswirtschaftslehre, da wir untersuchen, welches Marktergebnis *sein sollte* anstatt welches Marktergebnis vorhanden *ist*.

Verteilungsgerechtigkeit
Die Fähigkeit einer Gesellschaft, die wirtschaftliche Wohlfahrt fair auf ihre Mitglieder aufzuteilen.

Soziale Wohlfahrtsfunktion
Der Gesamtnutzen einer Gesellschaft, der durch Konsumenten- und Produzentenrente abgebildet wird.

6.4 Fazit

Im vorliegenden Kapitel wurden die elementaren Werkzeuge der Wohlfahrtsökonomik – Konsumentenrente und Produzentenrente – eingeführt und für die Abschätzung der Effizienz freier Märkte eingesetzt. Es wurde gezeigt, dass die Marktkräfte von Angebot und Nachfrage die Ressourcen effizient zuteilen. Obwohl die einzelnen Käu-

---

Aus der Praxis

Uber und die Konsumentenrente

Der Fahrdienstvermittler Uber hatte in den letzten Jahren mit einigen Herausforderungen zu kämpfen. In einigen Ländern führten Vorwürfe, das Unternehmen nehme seine Verantwortung für das Wohlergehen seiner Fahrgäste nicht ernst, dazu, dass Uber seine Lizenz verlor und seine Arbeitsweise ändern musste. Zudem gab es auch Beschwerden von Fahrern, dass sie in Wirklichkeit gar nicht selbstständig seien, sondern im Verhältnis zu Uber in einer abhängigen Beschäftigung stünden.

Für seine Kunden bieten die Taxi-App und der Service von Uber jedoch viele Vorteile. Wenn Kunden schnell von A nach B kommen müssen, bietet Uber einen Mehrwert, für den die Nutzer zu zahlen bereit sind. Von daher ist Uber ein gutes Beispiel für das Prinzip der Zahlungsbereitschaft. Die App sagt dem Kunden, wie lange das Auto brauchen wird und welchen Preis er zu zahlen hat. Wenn die Nachfrage nach Fahrten hoch ist, steigt der Preis. In solchen Fällen muss der Kunde entscheiden, ob sich die Fahrt zu diesem Preis für ihn noch lohnt oder ob er ihm nun zu hoch erscheint. Kunden werden somit oft zumindest unbewusst ihre Konsumentenrente neu berechnen müssen. Wie viel sind sie bereit zu zahlen und inwieweit entspricht der Preis, der ihnen angeboten wird, ihrer Zahlungsbereitschaft?

Genau das kann sich Uber zunutze machen. Als technologieorientiertes Unternehmen kann es große Mengen an Daten über seine Kunden und Nachfragemuster sammeln, mit seinem verfügbaren Angebot abgleichen und seine Preise entsprechend festlegen. In vielerlei Hinsicht nutzt es hierdurch die Zahlungsbereitschaft seiner Kunden aus und ist in der Lage, ihre Konsumentenrente maximal abzuschöpfen.

In einem Papier, das Peter Cohen, Robert Hahn, Jonathan Hall, Steven Levitt und Robert Metcalf im September 2016 für das National Bureau of Economic Research (NBER) verfasst haben, untersuchten die Autoren das Ausmaß der Konsumentenrente für Uber-Nutzer in den USA. Dabei legten sie rund 50 Millionen Beobachtungen zugrunde und schätzten mithilfe statistischer Methoden, dass Uber im Jahr 2015 in den vier Städten, die sie ihrer Untersuchung zugrunde legten, rund 2,9 Milliarden US-Dollar an Konsumentenrente erzeugte. Sie schätzten, dass jeder Verbraucher für jeden Dollar, den er für den Fahrdienst ausgab, etwa 1,60 Dollar an Konsumentenrente hinzugewann. Die Autoren schätzten, dass Ubers gesamte Konsumentenrente in den Vereinigten Staaten im Jahr 2015 etwa 6,8 Milliarden Dollar betrug.
Quelle: Cohen, P./Hahn, R./Hall, J./Levitt, S./Metcalf, R.: Using Big Data to Estimate Consumer Surplus in the Case of Uber, NBER Working Paper 22627, 2016, www.nber.org/papers/w22627, abgerufen am 04.07.2018. www.citylab.com/transportation/2016/09/uber-consumer-surplus/500135/, abgerufen am 04.02.2019.

Fragen
1. Zwei der Autoren des oben zitierten Berichts arbeiten bei Uber, zwei an der University of Chicago und einer an der University of Oxford. Beeinflusst diese Information Ihre Ansichten über die Studie und ihre Schlussfolgerungen?
2. Als Teil ihrer Analyse und Schätzung der Konsumentenrente stellen die Autoren fest, dass sie eine Reihe von »vereinfachenden Annahmen« treffen. Welche Fragen würden Sie den Autoren darüber stellen, wie sie zu diesen Annahmen gekommen sind, und welche Einschränkungen könnten diese für ihre Schlussfolgerungen darstellen?
3. Wird die Konsumentenrente eines Uber-Nutzers höher sein, wenn es spät, dunkel und regnerisch ist, oder eher tagsüber, wenn die Sonne scheint? Welche Faktoren könnten Ihre Antwort auf diese Frage beeinflussen?
4. Uber verwendet die von seinen Nutzern generierten Daten, um seine Preise zu berechnen. Wenn die Nachfrage hoch ist, steigt der Preis. Zeigen Sie in einem Diagramm, was mit der Konsumentenrente geschieht, wenn die Nachfrage ansteigt. Wovon hängt die Größe der Konsumentenrente in Ihrer Analyse ab?
5. Wenn die von den Autoren des Berichts geschätzte Konsumentenrente korrekt ist und in anderen Ländern, in denen es diesen Dienst gibt, repliziert wird, würde dies das Argument für Uber stärken, seine Lizenzen in den Ländern, in denen es tätig ist, zu behalten? Begründen Sie Ihre Einschätzung.

fer und Verkäufer nur ihre eigenen Ziele verfolgen, werden sie gemeinsam durch eine unsichtbare Hand zu einem Marktgleichgewicht geführt, das den Gesamtnutzen von Käufern und Verkäufern maximiert.

Allerdings kann es sein, dass ein Marktergebnis vielleicht als effizient zu bewerten ist, daraus folgt jedoch nicht zwangsläufig, dass es auch gerecht ist.

Zusammenfassung

Stichwörter

- Wohlfahrtsökonomik
- Wohlfahrt
- Allokationseffizienz
- Zahlungsbereitschaft
- Konsumentenrente
- Grenznachfrager
- Kosten
- Verkaufsbereitschaft
- Produzentenrente
- Allgemeines (oder simultanes) Gleichgewicht
- Gesamtrente
- Effizienz
- Pareto-Verbesserung
- Verteilungsgerechtigkeit
- Soziale Wohlfahrtsfunktion

▶ Die Konsumentenrente ist gleich der Zahlungsbereitschaft der Käufer minus der Summe der tatsächlich geleisteten Zahlungen. Sie misst den Nutzen der Käufer aus der Marktteilnahme. Die Konsumentenrente kann durch Berechnung des Flächenstücks unter der Nachfragekurve und über dem Preis bestimmt werden.

▶ Die Produzentenrente ist gleich der Summe der eingenommenen Zahlungen für die Güter minus der Produktionskosten. Sie misst den Nutzen der Verkäufer aus der Marktteilnahme. Die Produzentenrente kann durch die Berechnung des Flächenstücks unter dem Preis und über der Angebotskurve bestimmt werden.

▶ Eine Allokation der Ressourcen, die zur Maximierung der Summe aus Konsumentenrente und Produzentenrente führt, nennt man effizient. Politiker haben sich sehr oft mit der Effizienz der Märkte, aber auch mit der Verteilungsgerechtigkeit der Marktergebnisse zu befassen.

▶ Das Marktgleichgewicht von Angebot und Nachfrage maximiert die Summe der Konsumentenrente und der Produzentenrente. Insofern führt die unsichtbare Hand des Markts Käufer und Verkäufer zu einer effizienten Allokation der Ressourcen.

Wiederholungsfragen

1. Womit beschäftigt sich die Wohlfahrtsökonomik?
2. Erklären Sie den Zusammenhang von Zahlungsbereitschaft, Konsumentenrente und Nachfragekurve.
3. Erklären Sie, wie die Kosten der Verkäufer, die Produzentenrente und die Angebotskurve zusammenhängen.
4. Zeigen Sie in einem Angebots-Nachfrage-Diagramm, wie im Marktgleichgewicht Konsumentenrente und Produzentenrente bestimmt sind.
5. Was ist Effizienz? Ist Effizienz das einzige Kriterium für Politiker?
6. Wann kommt es bei der Umverteilung von Ressourcen zu einer Pareto-Verbesserung?

Aufgaben und Anwendungen

1. Ein Regenjahr verdirbt und mindert die Weinernte in Baden. Welche Folgen hat dies für die Konsumentenrente auf dem Markt für Trauben? Welche Folgen für die Konsumentenrente auf dem Weinmarkt sind denkbar? Illustrieren Sie die Antworten mit einem Diagramm.

2. Angenommen, die Nachfrage nach Weißbrot steigt. Wie wirkt sich das auf die Produzentenrente auf dem Weißbrotmarkt aus? Was geschieht mit der Produzentenrente auf dem Mehlmarkt? Illustrieren Sie die Antworten mit einem Angebots-Nachfrage-Diagramm.

3. Es ist ein glühend heißer Tag in München, und Stefan ist sehr durstig. Hier sind seine Bewertungen für eine Flasche Mineralwasser: Wert der ersten Flasche 7 Euro, Wert der zweiten Flasche 5 Euro, Wert der dritten Flasche 3 Euro, Wert der vierten Flasche 1 Euro.
   a. Leiten Sie aus diesen Informationen Stefans Nachfragetabelle und Stefans Nachfragekurve für Mineralwasser ab.
   b. Wie viele Flaschen Mineralwasser kauft Stefan beim Preis von 4 Euro? Welche Konsumentenrente bezieht Stefan aus diesem Kauf? Zeigen Sie Stefans Konsumentenrente in einem Diagramm.
   c. Wie verändert sich die Nachfragemenge, wenn der Preis auf 2 Euro zurückgeht? Wie verändert sich dabei Stefans Konsumentenrente? Zeigen Sie diese Veränderungen in einem Diagramm.

4. Alexander kann mit seiner Pumpe aus einer Mineralwasserquelle Flaschen abfüllen. Da die Abfüllung von Flaschen ihn nach und nach immer mehr anstrengt, steigt der Preis mit der Anzahl der für den einzelnen Käufer gefüllten Flaschen. Dies sind Alexanders Kostenangaben für die Wasserflaschen: Kosten der ersten Flasche 1 Euro, Kosten der zweiten Flasche 3 Euro, Kosten der dritten Flasche 5 Euro, Kosten der vierten Flasche 7 Euro.
   a. Leiten Sie aus den Informationen Alexanders Angebotstabelle und Alexanders Angebotskurve für Wasserflaschen ab.
   b. Wie viele Flaschen Wasser produziert und verkauft Alexander beim Marktpreis von 4 Euro? Wie hoch ist dabei die Produzentenrente? Zeigen Sie Alexanders Produzentenrente im Diagramm.
   c. Wie verändert sich die angebotene Menge, wenn der Preis auf 6 Euro ansteigt? Wie verändert sich dabei die Produzentenrente? Zeigen Sie die Veränderung im Diagramm.

5. Betrachten Sie einen Markt, auf dem Stefan (aus Aufgabe 3) als Nachfrager und Alexander (aus Aufgabe 4) als Anbieter zusammentreffen.
   a. Verwenden Sie Stefans Nachfragekurve und Alexanders Angebotskurve, um die nachgefragten und angebotenen Mengen zum Preis von 2 Euro, 4 Euro und 6 Euro zu bestimmen. Welcher dieser Preise bringt Angebot und Nachfrage ins Gleichgewicht?

b. Bestimmen Sie Konsumentenrente, Produzentenrente und Gesamtrente in diesem Gleichgewicht.
c. Wie verändert sich die Gesamtrente, wenn, ausgehend vom Gleichgewicht, Alexander eine Flasche weniger erzeugen und Stefan eine Flasche weniger konsumieren würde?
d. Was geschähe mit der Gesamtrente, wenn die beiden ausgehend vom Gleichgewicht eine zusätzliche Flasche produzieren bzw. konsumieren würden?

6. Die Produktionskosten für Smartphones sind im vergangenen Jahrzehnt erheblich zurückgegangen. Einige Implikationen dieser Tatsache sollen hier hinterfragt werden.
    a. Zeigen Sie die Auswirkung fallender Produktionskosten auf Preis und Menge verkaufter Smartphones in einem Angebots-Nachfrage-Diagramm.
    b. Zeigen Sie in Ihrem Diagramm, was bei dem Kostenrückgang mit Konsumentenrente und Produzentenrente geschieht.
    c. Angenommen, das Angebot an Smartphones sei elastischer als die Nachfrage. Wer profitiert mehr von fallenden Kosten – Käufer oder Hersteller?

7. Vier arme Studierende sind bereit, sich zu diesen Preisen das Haar schneiden zu lassen: Michael 7 Euro, Peter 2 Euro, Frank 8 Euro, Lutz 5 Euro. Gleichzeitig gibt es vier Friseurgeschäfte mit folgenden Preisen: 3 Euro bei A, 6 Euro bei B, 4 Euro bei C, 2 Euro bei D.
Jedes »Unternehmen« hat nur die Kapazität für einen Haarschnitt (pro Analyseperiode). Wie viele Haarschnitte sollten mit Blick auf die Effizienz geleistet werden? Welche Unternehmen sollten Haare schneiden, und welche Konsumenten sollten ihr Haar schneiden lassen? Wie groß ist die maximal mögliche Gesamtrente?

8. Durch den technischen Fortschritt sind die Produktionskosten für Computer in den 1970er- und 1980er-Jahren stark gesunken.
    a. Zeigen Sie die Auswirkungen fallender Produktionskosten auf Preis und Menge verkaufter Computer sowie auf Konsumentenrente und Produzentenrente im Markt für Computer in einem Angebots-Nachfrage-Diagramm.
    b. Computer und Rechenmaschinen waren zum damaligen Zeitpunkt noch Substitute. Zeigen Sie anhand eines Angebots-Nachfrage-Diagramms die Auswirkungen der sinkenden Produktionskosten für Computer auf Preis und Menge verkaufter Rechenmaschinen sowie auf Konsumentenrente und Produzentenrente im Markt für Rechenmaschinen.
    c. Computer und Software sind komplementäre Güter. Zeigen Sie anhand eines Angebots-Nachfrage-Diagramms die Auswirkungen der sinkenden Produktionskosten für Computer auf Preis und Menge verkaufter Software sowie auf Konsumentenrente und Produzentenrente im Markt für Software. Waren die Software-Produzenten glücklich oder unglücklich über die technischen Fortschritte in der Computerproduktion?
    d. Kann Ihre Analyse erklären, warum Bill Gates zu einem der reichsten Menschen der Welt geworden ist?

9. Ihr Freund ist ein großer Fußballfan und möchte eine Karte für das Finale der Champions League erwerben. Der Ticketpreis beträgt 100 Euro. Aufgrund der großen Nachfrage werden die Karten verlost und obwohl Ihr Freund bereit gewesen wäre, 200 Euro für eine Eintrittskarte zu bezahlen, geht er in der Verlosung leer aus. Ist das Marktergebnis effizient? Durch welche Maßnahme ließe sich ein effizientes Marktergebnis erreichen? Wäre das effiziente Marktergebnis in diesem Fall auch gerecht?

7 Angebot, Nachfrage und die Politik der Regierung

Im letzten Kapitel haben wir die Idee eingeführt, dass Marktergebnisse selbst dann, wenn sie effizient sind, nicht immer auch fair sein müssen. Deshalb und aufgrund von politischen Überzeugungen und Einflüssen werden Regierungen versuchen, Marktergebnisse zu beeinflussen.

Wir beginnen mit politischen Maßnahmen, die unmittelbar in die Preisbildung eingreifen und die normalerweise erlassen werden, wenn Politiker der Auffassung sind, dass der Marktpreis für ein bestimmtes Gut ungerecht ist, also Käufer oder Verkäufer benachteiligt. Danach werden wir uns dem Einfluss von Steuern und Subventionen zuwenden. Politiker nutzen Steuern und Subventionen, um Marktergebnisse zu beeinflussen und, im Fall der Steuern, die Staatseinnahmen für öffentliche Ausgaben zu erhöhen.

7.1 Preiskontrollen

Wir beginnen mit zwei Maßnahmen zur Preiskontrolle: Preisober- und Preisuntergrenzen. Diese Maßnahmen können durch eine Regierung oder eine andere Kontrollinstanz, in manchen Fällen jedoch auch durch eine Branche eingeführt werden. Häufig setzen beispielsweise Interessenvereinigungen der Sport- und Unterhaltungsindustrie Preise fest, was zu ähnlichen Resultaten führt wie die gesetzlichen Preiskontrollen. Eine **Preisobergrenze** ist der gesetzlich festgelegte Höchstpreis, zu dem ein Gut angeboten werden darf. Eine **Preisuntergrenze** ist das Gegenteil davon, nämlich der Mindestpreis, zu dem ein Gut angeboten werden darf.

Preisobergrenze
Gesetzlich festgelegter Höchstpreis, zu dem ein Gut angeboten werden darf.

Preisuntergrenze
Gesetzlich festgelegter Mindestpreis, zu dem ein Gut angeboten werden darf.

Um zu verdeutlichen, wie Preiskontrollen die Marktergebnisse beeinflussen, wenden wir uns einem Beispiel zu, das Volkswirte seit langer Zeit beschäftigt – Mietpreisbindungen. Wenn Mietraum (im Folgenden gemessen in Quadratmetern) auf einem freien Wettbewerbsmarkt ohne staatliche Regulierung angeboten wird, passt sich der Preis so an, dass Angebot und Nachfrage ins Gleichgewicht gebracht werden: Im Marktgleichgewicht entspricht die Menge des Mietraums, der nachgefragt wird, genau der Menge, die angeboten wird.

Um ein konkretes Beispiel zu nennen, nehmen wir nun an, der Marktpreis betrüge 30 Euro pro Quadratmeter. Nicht jeder ist vielleicht mit diesem Ergebnis des freien Wettbewerbsmarkts zufrieden. Mieter beklagen vielleicht, dass der Preis zu hoch ist, und Vermieter wiederum, dass er zu niedrig ist. Interessenvereinigungen von Mietern (wie der Deutsche Mieterbund) und Vermietern versuchen die Regierung dazu zu bewegen, dass sie Gesetze erlässt, die das Marktergebnis durch Mietpreisbindung verändern. Wenn die Lobbyarbeit der Mieter erfolgreich ist, erlässt die Regierung eine Preisobergrenze für Mietraum, die nicht überschritten werden darf. Ein Beispiel ist die sogenannte Mietpreisbremse, genauer gesagt das »Gesetz zur Dämpfung des Mietanstiegs auf angespannten Wohnungsmärkten und zur Stärkung des Bestellerprinzips bei der Wohnungsvermittlung (Mietrechtsnovellierungsgesetz – MietNovG)«, das am 5. März 2015 vom Deutschen Bundestag beschlossen wurde. Das Gesetz schreibt fest, dass in Regionen mit besonders angespanntem Wohnungsmarkt bei Neuvermietungen der Preis höchstens 10 Prozent über der ortsüblichen Vergleichsmiete liegen darf. Unser Marktmodell erlaubt es uns, einige Vorhersagen über die Auswirkungen dieser Politik zu treffen.

Wie Höchstpreise die Marktergebnisse verändern

Wenn eine Preisobergrenze (ein Höchstpreis) eingeführt wird, sind zwei Resultate möglich. In Diagramm (a) der Abbildung 7-1 verfügt die Regierung einen Höchstpreis von 40 Euro pro Quadratmeter. Da in diesem Fall der Gleichgewichtspreis niedriger liegt, bleibt die Preisobergrenze wirkungslos. Die zweite, interessantere Möglichkeit zeigt Diagramm (b) der Abbildung 7-1. In diesem Fall schreibt die Regierung eine Preisobergrenze von 20 Euro pro Quadratmeter vor. Da der Gleichgewichtspreis 30 Euro pro Quadratmeter beträgt und somit darüber liegt, wird die Preisobergrenze in ihrer Wirkung zu einer bindenden Marktbeschränkung.

Mit dieser gegebenen Preisgrenze ändern sich die Anreize. Für einige Vermieter wird es sich nicht mehr lohnen, ihren Wohnraum zu vermieten, und sie werden ihn vom Markt nehmen. Für die Nachfrager hingegen bedeutet der geringere Mietpreis, dass sie für den Wohnraum nun weniger alternative Verwendungsmöglichkeiten ihres Einkommens aufgeben müssen. Daher sind sie bereit, zum bindenden Höchstpreis mehr auszugeben. Bei 20 Euro pro Quadratmeter steigt die nachgefragte Menge nach Mietraum somit auf 6 Millionen Quadratmeter. Die angebotene Menge beträgt bei diesem Höchstpreis jedoch nur 4 Millionen Quadratmeter. Es herrscht ein Engpass an verfügbarem Mietraum, sodass einige Mieter nicht in der Lage sind, ihre Nachfrage zum gegebenen Preis zu decken.

Wenn durch die Preisobergrenze ein Nachfrageüberschuss an Mietraum entsteht, werden sich automatisch einige Rationierungsmechanismen einstellen. Ein Mechanismus könnten einfach lange Warteschlangen sein. Oder es wird sich ein Schwarzmarkt entwickeln, auf dem diejenigen Nachfrager, die bereit sind, Mieten oberhalb der Preisobergrenze zu bezahlen, zum Zuge kommen. Ein solches Ergebnis ist möglich, aber auch illegal, obwohl es oft Möglichkeiten gibt, eine Schwarzmarktlösung so zu verschleiern, dass es für die Behörden schwierig ist, sie aufzudecken und zu verfolgen.

Ein anderes Rationierungsverfahren könnte darin bestehen, dass die Vermieter nach persönlichen Präferenzen vorgehen und Freunde, Verwandte oder Angehörige der eigenen Volksgruppe vorziehen. Obwohl die Preisobergrenze dazu gedacht war, Menschen bei der Wohnraumsuche zu helfen, werden nicht alle potenziellen Mieter von dieser Maßnahme profitieren. Einige Nachfrager bezahlen zwar den niedrigen Preis, haben aber Zeitaufwand, da sie anstehen und warten müssen. Andere Nachfrager gehen ganz leer aus. Die Preisobergrenze wird auch die Anbieter betreffen. Einige Vermieter werden der Meinung sein, dass sich die Vermietung für sie nicht mehr lohnt

7.1 Preiskontrollen

Abb. 7-1

Ein Markt mit einer Preisobergrenze

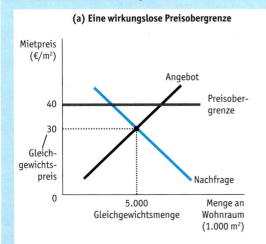
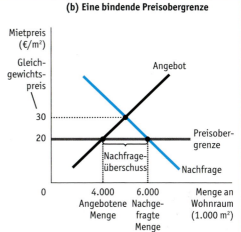

In Diagramm (a) setzt die Regierung eine Preisobergrenze von 40 Euro pro Quadratmeter fest. Da der Gleichgewichtspreis niedriger liegt, hat die Preisobergrenze keine Wirkung und der Markt erreicht trotzdem das Gleichgewicht. Im Gleichgewicht sind die angebotene und die nachgefragte Menge an Wohnraum gleichermaßen 5 Millionen Quadratmeter.

In Diagramm (b) erlässt die Regierung eine Preisobergrenze von 20 Euro pro Quadratmeter. Da die Preisobergrenze unter dem Gleichgewichtspreis von 30 Euro pro Quadratmeter liegt, drückt sie den Marktpreis auf 20 Euro pro Quadratmeter herunter. Zu diesem Preis werden 6 Millionen Quadratmeter nachgefragt, doch nur 4 Millionen Quadratmeter werden angeboten. Es herrscht also ein Nachfrageüberschuss von 2 Millionen Quadratmetern.

und den Markt verlassen, wodurch die Angebotsmenge reduziert wird. Dies kann wiederum einen Effekt auf Dienstleister haben, wie zum Beispiel Makler oder Handwerker, die Renovierungsarbeiten ausführen. Ihre Dienstleistungen werden durch das geringere Angebot im Markt nun weniger benötigt. Diese brachliegenden Produktionsfaktoren stellen für die Gesellschaft als Ganzes Opportunitätskosten dar.

Unser Beispiel der Mietpreisbindung führt zu einem Resultat, das generell Gültigkeit besitzt: Wenn auf einem Wettbewerbsmarkt eine bindende Preisobergrenze eingeführt wird, kommt es zu einem Nachfrageüberschuss und die Verkäufer müssen das knappe Gut rationieren. Wie wünschenswert ein solches Ergebnis ist, dürfte wesentlich von der relativen Größe der anfallenden Kosten und Nutzen abhängen, nicht zuletzt aber auch von den persönlichen Überzeugungen der Politiker. Ob das Marktergebnis mit einer Preisobergrenze »besser« ist als in einem freien Markt, ist letztlich eine normative Frage. Mit unserem Modell können wir die unterschiedlichen Folgen darstellen und versuchen, die relativen Kosten und Nutzen zu quantifizieren, um die Entscheidungsfindung zu unterstützen, aber letztendlich wird die Entscheidung vor allem von politischen Erwägungen abhängen.

Wie Mindestpreise die Marktergebnisse verändern

Um die Auswirkungen einer weiteren Art von staatlicher Preiskontrolle zu untersuchen, schauen wir uns den Markt für Alkohol an. Die schottische Regierung führte am 1. Mai 2018 Mindestpreise für Alkohol ein, um die schädlichen Auswirkungen von übermäßigem Alkoholkonsum auf die Gesundheit der Bürger und ihr Sozialverhalten einzudämmen. Dabei können wir unser Modell verwenden, um zwei mögliche Ergebnisse dieser Politik vorherzusagen. Wenn die Regierung einen Mindestpreis von 0,25 Euro pro Einheit einführt, während der Gleichgewichtspreis 0,35 Euro beträgt, erhalten wir das Ergebnis in Diagramm (a) von Abbildung 7-2. Da der Gleichgewichtspreis in diesem Fall über dem Mindestpreis liegt, ist die Preisuntergrenze nicht bindend. Die Marktkräfte bewegen die Wirtschaft zum Gleichgewicht und die Preisuntergrenze hat keine Wirkung.

Diagramm (b) in Abbildung 7-2 zeigt, was demgegenüber passiert, wenn die Regierung eine Preisuntergrenze von 0,45 Euro pro Einheit vorschreibt. Da in diesem Fall der Gleichgewichtspreis von 0,35 Euro pro Einheit unter dem Mindestpreis liegt, stellt die Preisuntergrenze eine bindende Marktbeschränkung dar. Bei diesem Mindestpreis übersteigt die angebotene Alkoholmenge (6 Millionen Einheiten) die nachgefragte

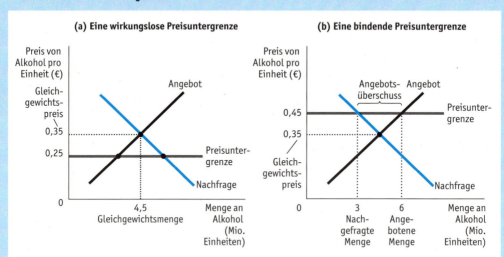

Abb. 7-2

Ein Markt mit einer Preisuntergrenze

In Diagramm (a) führt die Regierung eine Preisuntergrenze von 0,25 Euro pro Einheit ein. Da diese unter dem Gleichgewichtspreis von 0,35 Euro pro Einheit liegt, hat die Preisuntergrenze keine Wirkung. Der Marktpreis passt sich an und gleicht Angebot und Nachfrage wieder aus, bis im Gleichgewicht sowohl die angebotene als auch die nachgefragte Menge 4,5 Millionen Einheiten beträgt. In Diagramm (b) führt die Regierung eine Preisuntergrenze von 0,45 Euro pro Einheit ein, die über dem Gleichgewichtspreis von 0,35 Euro pro Einheit liegt. Daher entspricht der Marktpreis 0,45 Euro pro Einheit. Da zu diesem Preis 6 Millionen Einheiten angeboten und nur 3 Millionen Einheiten nachgefragt werden, besteht ein Angebotsüberschuss von 3 Millionen Einheiten.

Menge (3 Millionen Einheiten), sodass ein Angebotsüberschuss entsteht. Beachten Sie jedoch, dass der Mindestpreis die nachgefragte Menge um 1,5 Millionen Einheiten reduziert hat, von der ursprünglichen Gleichgewichtsmenge von 4,5 Millionen Einheiten auf nunmehr 3 Millionen Einheiten, wodurch das Ziel der Politik erreicht wurde.

Es wird eingewandt, dass Menschen mit niedrigem Einkommen von einer solchen Mindestpreispolitik unverhältnismäßig stark betroffen sein dürften, weil sie einen relativ größeren Anteil ihres Einkommens für Alkohol ausgeben als Menschen mit höherem Einkommen. Zudem müssen auch verantwortungsvolle Alkoholkonsumenten einen höheren Preis bezahlen, weil es Konsumenten gibt, die übermäßig viel Alkohol nachfragen und der Gesellschaft hierdurch Kosten auferlegen.

Zusammenfassung

Preiskontrollen werden eingesetzt, wenn Regierungen oder andere Entscheidungsträger der Meinung sind, dass der Markt die Ressourcen nicht gerecht zuteilt (obwohl er sie effizient zuteilt). Genauso wie es eine Debatte darüber gibt, ob effiziente Allokationen auch gerechte Allokationen sind, so gibt es auch eine Debatte darüber, ob Preiskontrollen sinnvoll sind oder nicht. Um Marktresultate zu erreichen, die als gerecht angesehen werden, stehen Regierungen neben Preiskontrollen noch weitere Instrumente zur Verfügung – Steuern und Subventionen. Wir werden uns diese Maßnahmen im Folgenden näher ansehen.

> **Kurztest**
> Wie kann es dazu kommen, dass Preisobergrenzen wie z. B. Mietpreisbindungen dazu führen, dass gerade denjenigen Nachteile entstehen, welchen die Politik mit der Maßnahme eigentlich helfen will? Welche Kosten könnten dem Einzelnen durch Preisuntergrenzen entstehen?

Fallstudie

Die Genauigkeit von Vorhersagen

In diesem Abschnitt haben wir uns zwei Möglichkeiten angesehen, wie Regierungen und Behörden versuchen können, Marktergebnisse zu korrigieren. Unser Marktmodell ermöglicht es uns, Vorhersagen über die Auswirkungen solcher Maßnahmen zu treffen. Dabei haben wir uns zwei Beispiele angesehen, eine Preisobergrenze zur Mietkontrolle und eine Preisuntergrenze für Alkohol. Der Wert eines jeden Modells besteht in seiner Vorhersagekraft. In dieser Fallstudie wollen wir daher einige Punkte betrachten, die bei der Beurteilung der Vorhersagekraft unseres Modells berücksichtigt werden müssen.

Beim Vergleich der Ergebnisse mit und ohne staatliche Intervention gehen wir davon aus, dass das Modell des Wettbewerbsmarkts eine nützliche Annäherung an die reale Welt ist. Dabei müssen wir uns zunächst einmal darüber im Klaren sein, was wir mit der »Gleichgewichtsmiete« und dem »Gleichgewichtspreis« für Alkohol meinen. Eine Vorhersage, dass Preisober- oder -untergrenzen zu »schlechteren« Ergebnissen führen als der freie Markt, würde bedeuten, dass es möglich sein müsste, den freien Gleichgewichtspreis eindeutig zu bestimmen. Dies ist jedoch

Fortsetzung auf Folgeseite

Fortsetzung von Vorseite

nicht immer der Fall. Zum Beispiel umfasst der Markt für Alkohol eine Vielzahl unterschiedlicher Produkttypen, von Bieren mit relativ niedrigem Alkoholgehalt bis hin zu Weinen und hochprozentigen Spirituosen. Sind alle Produkte in diesem Bereich gleichermaßen schädlich und werden sie von allen Verbrauchern in gleicher Weise konsumiert?

Auch die Arten von Mietimmobilien variieren stark – von Luxuswohnungen der gehobenen Klasse bis hin zu relativ einfachen Unterkünften für Studenten und Menschen mit geringem Einkommen. Mit anderen Worten: Auf den Märkten für Mietwohnungen und Alkohol werden jeweils keine homogenen Güter gehandelt und die Anbieter sind auch nicht immer Preisnehmer.

Um die Auswirkungen auf die Marktergebnisse zu betrachten, müssen wir zudem berücksichtigen, wie Politik entschieden und umgesetzt wird. In unserer Analyse haben wir einen relativ einfachen Mietpreisstopp und einen Festpreis für Alkohol angenommen. Preisober- und -untergrenzen sind jedoch sehr viel komplexer und die Politik hat aus den Fehlern der Vergangenheit gelernt. Studien über die Auswirkungen von Mietpreiskontrollen haben beispielsweise gezeigt, dass die Mietpreiskontrollen der »ersten Generation« durchaus schädlich waren, während spätere Maßnahmen besser konzipiert waren und daher nicht unbedingt die gleichen Auswirkungen hatten.

Richard Arnott argumentierte 1995 in einem Artikel im *Journal of Economic Perspectives*, dass die frühere Mietkontrollpolitik durch weitaus besser konzipierte Maßnahmen abgelöst wurde. Anstatt die Standardargumente gegen Mietpreiskontrollen immer wiederzukäuen, müsse man daher jeden Anwendungsfall dieses Instruments einzeln betrachten. In einem 1997 veröffentlichten Artikel (Rent Control, Boston College Working Paper 391) machte Arnott deutlich, dass frühe Versuche einer Mietpreiskontrolle größtenteils schädlich waren und stellte fest, dass »die vorliegenden quantitativen wie qualitativen Belege die Vorhersagen des Lehrbuchmodells in nahezu allen relevanten Dimensionen bestätigen. Der Verfall und die Schrumpfung der Mietwohnungsmärkte in Großbritannien und Israel, die durch langfristige Mietpreiskontrollen verursacht wurden, sind überzeugend dokumentiert in Coleman (1988) bzw. Werczberger (1988); Friedrich von Hayek (Fraser Institute, 1975) liefert Beweise für die schädlichen Auswirkungen harter Mietkontrollen im Wien der Zwischenkriegszeit, einschließlich ihrer negativen Auswirkungen auf die Mobilität der Arbeitskräfte; und Bertrand de Jouvenel (Fraser Institute, 1975) sowie Milton Friedman und George Stigler (Fraser Institute, 1975) argumentieren überzeugend, dass die Beibehaltung der Kontrollen unmittelbar nach dem Zweiten Weltkrieg den Pariser und den US-Wohnungsmarkt negativ beeinflusste« (Arnott 1997, S. 8).

Doch eine Politik ist nicht schon deshalb schlecht, wenn sie auch negative Ergebnisse hervorbringt; vielmehr kann sie auch die Grundlage für künftige Ausgestaltungsverbesserungen sein. Eine genauere Betrachtung des Markts und ein besseres Verständnis der Grenzen dieser Politik sowie der verschiedenen Faktoren, welche die Entscheidungen von Käufern und Verkäufern auf dem Markt beeinflussen, können durchaus auch zu besseren Marktergebnissen führen, wie Arnott (1995, S. 108) anmerkt: »Ein gut konzipiertes Mietkontrollprogramm kann das unbeschränkte Gleichgewicht eines unvollkommenen Markts durchaus verbessern.«

Quelle: www.aeaweb.org/articles.php?doi=10.1257/jep.9.1.99, Zugriff am 07.02.2019.

7.2 Steuern

Regierungen auf allen Ebenen – ob Bundes- oder Landesregierungen, Städte oder Gemeinden – erheben Steuern, um Einkünfte für öffentliche Aufgaben zu generieren und das Verhalten ihrer Bürger auf die eine oder andere Weise zu beeinflussen. Da Steuern ein besonders wichtiges politisches Instrument sind und unser Leben auf vielerlei Art beeinflussen, werden wir uns dieser Thematik an mehreren Stellen dieses Buches widmen. In diesem Abschnitt beginnen wir damit, zu analysieren, wie Steuern auf die Volkswirtschaft wirken. Zwar gibt es in den meisten Ländern eine Vielzahl verschiedener Steuern, grundsätzlich lassen sie sich jedoch in zwei Gruppen unterteilen: Steuern auf Einkommen und Erträge und Steuern auf Ausgaben. Ertragssteuern sind **direkte Steuern,** da sie wirtschaftlich von der gleichen natürlichen oder juristischen Person (Unternehmen) getragen werden sollen, bei der sie auch erhoben wer-

Direkte Steuern
Steuern, die auf Einkommen und Erträge erhoben werden (Ertragssteuern). Steuerzahler und Steuerdestinatar sind identisch.

den. Steuerzahler und Steuerdestinatar (derjenige, der nach den Vorstellungen des Gesetzgebers die Steuer tragen soll) sind in diesem Fall identisch.

Die Lohnsteuer als Erhebungsform der Einkommensteuer ist ein Beispiel. Ein anderes Beispiel ist die Kapitalertragsteuer, die Sie z. B. zahlen müssen, wenn Sie Aktien besitzen und Ihnen Dividenden ausgeschüttet werden. Unternehmen müssen ihre Kapitalerträge ebenfalls versteuern. Im Fall der Personengesellschaften zahlen die Gesellschafter Einkommensteuer, bei der Kapitalgesellschaft zahlt das Unternehmen eine Steuer auf den Gewinn – die Körperschaftsteuer.

Steuern auf Ausgaben (bzw. den Verkauf von Gütern) nennt man **indirekte Steuern.** Bei indirekten Steuern sind Steuerzahler und Steuerdestinatar nicht identisch. Die Mehrwertsteuer ist ein Beispiel für eine indirekte Steuer. Die Unternehmen sind hierbei die Steuerzahler, sie führen den Steuerbetrag an das Finanzamt ab; die Steuerlast jedoch wird an die Konsumenten (die Steuerdestinatare) weitergereicht.

Steuern auf Ausgaben sind weiter unterteilt in Mengensteuern und Wertsteuern. Eine **Mengensteuer** erhebt einen festen Steuerbetrag pro Einheit eines Gutes, zum Beispiel 75 Cent auf den Liter Benzin oder 2,50 Euro auf die Flasche Whisky. Eine **Wertsteuer** erhebt einen prozentualen Steuersatz, beispielsweise 19 Prozent Mehrwertsteuer auf Lebensmittel oder 7 Prozent Mehrwertsteuer auf Bücher.

Diese beiden Steuerarten beeinflussen die Marktergebnisse auf unterschiedliche Weise. Um die Marktergebnisse analysieren zu können, müssen wir uns fragen: Wer trägt die Steuerlast, wenn eine Regierung ein bestimmtes Gut besteuert? Die Käufer des Gutes? Die Verkäufer des Gutes? Oder wenn eine gewisse Teilung der Steuerlast eintritt, wovon hängt die Aufteilung ab? Kann die Aufteilung so einfach durch die Regierung verfügt werden oder wird die Aufteilung von den Marktkräften der Volkswirtschaft bestimmt? Volkswirte gebrauchen für die Verteilung der Steuertraglast den Fachausdruck **Steuerinzidenz.** Mithilfe der Instrumente von Angebot und Nachfrage werden wir zu überraschenden Erkenntnissen zur Steuerinzidenz gelangen.

> **Indirekte Steuern**
> Steuern, die auf Ausgaben (bzw. den Verkauf von Gütern) erhoben werden. Steuerzahler und Steuerdestinatar sind nicht identisch.
>
> **Mengensteuer**
> Eine Steuer, die als fester Betrag pro Mengeneinheit einer Ware oder Dienstleistung erhoben wird.
>
> **Wertsteuer**
> Eine Steuer, die als Prozentsatz des Preises einer Ware oder Dienstleistung erhoben wird.
>
> **Steuerinzidenz**
> Die Art und Weise, auf welche die Steuerlast auf die Marktteilnehmer (die Steuerträger) verteilt ist.

Wie eine Besteuerung der Verkäufer die Marktergebnisse verändert

Wir werden im Folgenden untersuchen, wie eine Mengenbesteuerung und wie eine Wertbesteuerung der Verkäufer die Marktergebnisse jeweils verändert.

Eine Mengensteuer. Nehmen wir an, die Regierung erhebt eine Steuer auf Benzin von 50 Cent pro Liter.
1. Die unmittelbare Wirkung der Steuer trifft in diesem Fall die Verkäufer von Benzin. Da die Steuer nicht bei den Käufern erhoben wird, verändert sich die zu jedem Preis nachgefragte Menge nicht und die Nachfragekurve bleibt unverändert. Im Gegensatz dazu schmälert die Steuer die Gewinne der Verkäufer zu jedem gegebenen Preis, da sie von ihrem Umsatz nun 50 Cent pro Liter Benzin an den Fiskus abführen müssen. Für die Verkäufer stellt die Steuer einen Anstieg ihrer Produktionskosten von 50 Cent pro Liter dar.
2. Da die Steuer die Kosten von Produktion und Verkauf des Benzins erhöht, reduziert sich die Angebotsmenge zu jedem gegebenen Preis. Die Angebotskurve verschiebt

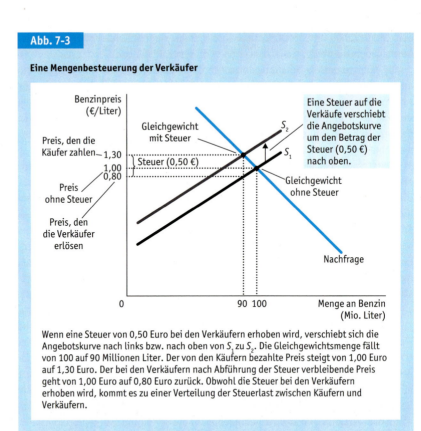

Abb. 7-3

Eine Mengenbesteuerung der Verkäufer

Wenn eine Steuer von 0,50 Euro bei den Verkäufern erhoben wird, verschiebt sich die Angebotskurve nach links bzw. nach oben von S_1 zu S_2. Die Gleichgewichtsmenge fällt von 100 auf 90 Millionen Liter. Der von den Käufern bezahlte Preis steigt von 1,00 Euro auf 1,30 Euro. Der bei den Verkäufern nach Abführung der Steuer verbleibende Preis geht von 1,00 Euro auf 0,80 Euro zurück. Obwohl die Steuer bei den Verkäufern erhoben wird, kommt es zu einer Verteilung der Steuerlast zwischen Käufern und Verkäufern.

sich parallel zur ursprünglichen Angebotskurve nach links bzw. nach oben. Die Verschiebung erfolgt deshalb parallel zur ursprünglichen Kurve, weil die Verkäufer unabhängig von der Angebotsmenge immer die gleiche Steuer pro Liter Benzin zahlen müssen und folglich der Abstand zwischen der ursprünglichen und der neuen Angebotskurve genau der Steuer entspricht, d. h. 50 Cent.

Zu jedem beliebigen Marktpreis sind die Nettoeinnahmen der Verkäufer pro Einheit (Liter) um 50 Cent geringer. Wenn beispielsweise der Marktpreis für einen Liter Benzin 2 Euro betrüge, würden die Verkäufer effektiv nun nur noch einen Erlös von 1,50 Euro erzielen. Egal, wie hoch der Marktpreis ist – die Angebotsmenge wird sich immer so bilden, als sei der Marktpreis 50 Cent niedriger. Anders ausgedrückt: Um den Verkäufern einen Anreiz zu geben, die gleiche Menge wie bisher anzubieten, müsste der Marktpreis nun 50 Cent höher liegen. Folglich verschiebt sich die Angebotskurve S_1 – wie in Abbildung 7-3 zu sehen – nach links (bzw. oben) zu S_2, und zwar genau um das Ausmaß der Steuer (50 Cent).

3. Nachdem wir uns angesehen haben, wie sich die Angebotskurve verschiebt, können wir nun das ursprüngliche und das neue Gleichgewicht miteinander vergleichen. Wie Abbildung 7-3 zeigt, steigt der Gleichgewichtspreis von 1 Euro auf 1,30 Euro, und die Gleichgewichtsmenge fällt von 100 auf 90 Millionen Liter. Die

7.2 Steuern

Abb. 7-4

Ermittlung der Steuerlast

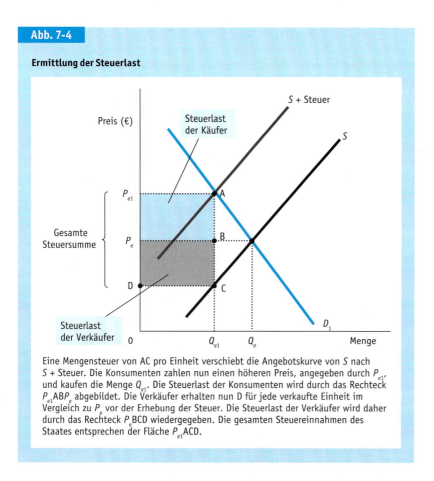

Eine Mengensteuer von AC pro Einheit verschiebt die Angebotskurve von S nach S + Steuer. Die Konsumenten zahlen nun einen höheren Preis, angegeben durch P_{e1}, und kaufen die Menge Q_{e1}. Die Steuerlast der Konsumenten wird durch das Rechteck $P_{e1}ABP_e$ abgebildet. Die Verkäufer erhalten nun D für jede verkaufte Einheit im Vergleich zu P_e vor der Erhebung der Steuer. Die Steuerlast der Verkäufer wird daher durch das Rechteck $P_e BCD$ wiedergegeben. Die gesamten Steuereinnahmen des Staates entsprechen der Fläche $P_{e1}ACD$.

Steuer verringert die Größe des Benzinmarkts, und Verkäufer und Käufer teilen sich die Steuerlast. Weil der Marktpreis steigt, müssen die Käufer 30 Cent pro Liter mehr zahlen als vor der Einführung der Steuer. Die Verkäufer erlösen zwar brutto einen höheren Verkaufspreis, jedoch beträgt der Nettopreis nach Abführung der Steuer nur noch 80 Cent pro Liter statt 1 Euro.

Die Summe der Steuern, die von Käufern und Verkäufern gezahlt wird, kann ebenfalls Abbildung 7-3 entnommen werden. Die Käufer zahlen zusätzliche 30 Cent pro Liter mal der konsumierten Menge (90 Millionen Liter). Dies entspricht einer Steuersumme von 27 Millionen Euro. Die Steuerlast der Verkäufer beträgt 20 Cent pro Liter multipliziert mit 90 Millionen verkauften Litern Benzin. Die Verkäufer zahlen somit 18 Millionen Euro an die Finanzämter. Das gesamte Steueraufkommen entspricht dem senkrechten Abstand der beiden Angebotskurven, multipliziert mit der verkauften und gekauften Menge. In diesem Beispiel betragen die gesamten staatlichen Einnahmen aus der Steuer 50 Cent pro Liter × 90 Millionen Liter = 45 Millionen Euro.

Dies zeigt ein allgemeines Prinzip, das in Abbildung 7-4 dargestellt wird. Der ursprüngliche Gleichgewichtspreis vor der Erhebung der Steuer ist P_e, die ursprüngliche Menge ist Q_e. Die Erhebung einer Steuer (in diesem Fall einer Mengensteuer) verschiebt die Angebotskurve nach links (bzw. nach oben) zu S + Steuer. Der neue Gleichgewichtspreis ist P_{e1}, die neue Gleichgewichtsmenge ist Q_{e1}. Die Höhe der Steuer entspricht dem senkrechten Abstand zwischen den zwei Angebotskurven im neuen Gleichgewicht (AC). Die Käufer zahlen statt des Preises P_e nun P_{e1} und somit eine Steuersumme von $(P_{e1} - P_e) \times Q_{e1}$, dargestellt durch das Rechteck $P_{e1}ABP_e$. Die Verkäufer erhalten statt P_e nach der Erhebung der Steuer nun D. Folglich entspricht die Steuerlast der Verkäufer der Menge $(P_e - D) \times Q_{e1}$; dies entspricht dem Rechteck P_eBCD. Die gesamten Einnahmen des Staates aus der Steuer entsprechen dem Bereich $P_{e1}ACD$.

Eine Steuer, die bei den Verkäufern erhoben wird, schiebt einen Keil zwischen den Preis, den die Käufer zahlen, und den Preis, den die Verkäufer erhalten. Der Keil ist immer gleich groß, unabhängig davon, ob die Steuer bei den Käufern oder bei den Verkäufern erhoben wird. In der Realität erheben die meisten Regierungen Steuern allerdings eher bei den Verkäufern als bei den Käufern. In jedem Fall verändert sich durch die Besteuerung die relative Position der Angebots- und Nachfragekurven. Im neuen Gleichgewicht kommt es zu einer Teilung der Steuerlast zwischen Käufern und Verkäufern.

Eine Wertsteuer. Die meisten Leserinnen und Leser dieses Buches dürften die Umsatzsteuer kennen, wenn auch nicht alle unter diesem Namen. Weil nämlich hierzulande auf jeder Handelsstufe nur der zusätzliche Teil der Umsätze mit der Steuer belegt wird, der nicht schon in einer Vorstufe besteuert wurde, ist die deutsche Umsatzsteuer im Allgemeinen besser als »Mehrwertsteuer« bekannt. Solche Wertsteuern werden, im Unterschied zu Mengensteuern, als Prozentsatz erhoben. Das grundlegende Prinzip der Teilung der Steuerlast zwischen Verkäufer und Käufer trifft hier aber genauso zu wie bei der Mengensteuer. Jedoch liegt ein feiner Unterschied darin, wie sich die Angebotskurve jeweils verschiebt. Diesen Unterschied werden wir im Folgenden untersuchen. Stellen Sie sich einen Markt für Sportschuhe vor, auf dem die Regierung die Verkäufe nun mit 20 Prozent besteuert, sodass die Unternehmen für jede mögliche Angebotsmenge 20 Prozent auf die Grenzkosten der Produktion und damit auf das Angebot aufschlagen müssen. Um die Auswirkung der Steuer zu untersuchen, führen wir erneut unsere dreischrittige Analyse durch.

1. Die Steuer wird erneut bei den Verkäufern erhoben. Die Menge der zu jedem gegebenen Preis nachgefragten Schuhe bleibt gleich; die Nachfragekurve ändert sich nicht. Die Verkäufer sehen sich jedoch einer Steigerung ihrer Produktionskosten gegenüber. Dieses Mal unterscheiden sich die tatsächlichen Kosten jedoch je nach Preis. Wenn die Steuer 20 Prozent beträgt und die Produktion der Schuhe 20 Euro kostet, müssen die Verkäufer an den Staat 4 Euro an Steuern zahlen (20 Prozent von 20 Euro). Wenn die Sportschuhe in der Produktion 50 Euro kosten, müssen die Verkäufer 10 Euro Steuern zahlen, wenn die Produktion 75 Euro kostet, müssen sie 15 Euro zahlen usw. Die Angebotskurve verschiebt sich folglich nach links. Im Gegensatz zum Fall der Mengensteuer ist es jedoch keine parallele Verschiebung.

Abb. 7-5

Eine Wertsteuer auf den Verkauf

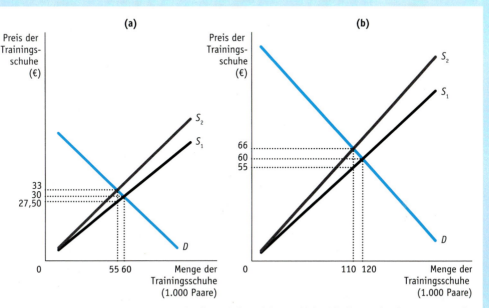

Wenn eine Steuer von 20 Prozent bei den Verkäufern erhoben wird, verschiebt sich die Angebotskurve von S_1 nach S_2. Bei niedrigen Preisen ist die abzuführende Steuer ebenfalls relativ niedrig, bei höheren Preisen ist sie relativ höher. Daher verschiebt sich die Angebotskurve nicht parallel. Das Marktergebnis verändert sich je nach Nachfrage und ursprünglichem Marktpreis. Wenn der Marktpreis – wie in Diagramm (a) zu sehen – 30 Euro beträgt, fällt die Gleichgewichtsmenge von 60.000 auf 55.000 Paar Schuhe. Der Preis, den die Käufer pro Paar Schuhe zahlen müssen, steigt von 30 Euro auf 33 Euro an und der Preis, den die Verkäufer (nach Abführung der Steuer) erzielen, fällt von 30 Euro auf 27,50 Euro. Obwohl die Steuer bei den Verkäufern erhoben wird, tragen Käufer und Verkäufer die Steuerlast gemeinsam.

In Diagramm (b) beträgt der Gleichgewichtspreis vor der Erhebung der Steuer 60 Euro pro Paar und die verkaufte und gekaufte Gleichgewichtsmenge beträgt 120.000 Paar Sportschuhe. Die Wertsteuer von 20 Prozent bedeutet, dass der senkrechte Abstand zwischen beiden Angebotskurven (vor und nach Steuer) bei dieser Menge 12 Euro beträgt. Der Käufer muss nach Einführung der Steuer 66 Euro pro Paar zahlen und der Preis, den der Verkäufer erhält (nach Steuern), fällt von 60 Euro auf 55 Euro.

2. Die Wertbesteuerung der Verkäufer erhöht die Kosten für Produktion und Verkauf der Sportschuhe ebenso wie die Mengenbesteuerung. Jedoch variiert die Höhe der Steuerabgabe mit dem Preis pro Paar, da es eine prozentuale Steuerabgabe ist. Wie in Abbildung 7-5 zu sehen, verschiebt sich die Angebotskurve nach links (bzw. nach oben) und wird dabei steiler. Zu niedrigen Preisen muss der Verkäufer eine relativ niedrigere Steuersumme abführen als zu höheren. Der senkrechte Abstand zwischen den Angebotskurven entspricht 20 Prozent der Grenzkosten jeder beliebigen Angebotsmenge.

Zu jeder Angebotsmenge ist der Nettopreis, den die Verkäufer erhalten, niedriger als der Verkaufspreis. Beispielsweise würde bei einem gleichgewichtigen Marktpreis von 24 Euro pro Paar der tatsächliche Preis, den die Verkäufer erzielen, 20 Euro betragen. Um Verkäufer dazu zu motivieren, eine beliebige Menge anzubieten, muss der Marktpreis zur Kompensierung des Steuereffekts nun 20 Prozent höher liegen. Folglich verschiebt sich die Angebotskurve, wie in Abbildung 7-5 zu sehen, zu jedem Preis um 20 Prozent der Grenzkosten der Produktion nach oben – von S_1 zu S_2.

3. Nachdem wir ermittelt haben, wie sich die Angebotskurve verschiebt, können wir nun das ursprüngliche Marktgleichgewicht mit dem neuen Marktgleichgewicht vergleichen. In Diagramm (a) ist zu sehen, dass der Gleichgewichtspreis der Sportschuhe von 30 auf 33 Euro ansteigt, während die Gleichgewichtsmenge von 60.000 auf 55.000 fällt. Die Steuer verkleinert also den Markt für Sportschuhe. Verkäufer und Käufer teilen sich die Steuerlast: Da der Marktpreis durch die Steuer steigt, zahlen die Käufer nun zusätzliche 3 Euro pro Paar. Die Verkäufer erhalten nun zwar einen höheren Preis als vor der Steuer, jedoch fällt für sie der effektive Preis (nach Abführung der Steuer) von 30 Euro auf 27,50 Euro pro Paar.

In Diagramm (b) beträgt der Preis im Marktgleichgewicht ohne die Steuer 60 Euro und die gekaufte und verkaufte Menge der Sportschuhe beträgt 120.000 Paar. Die Abbildung zeigt, dass der Gleichgewichtspreis mit Steuer auf 66 Euro angestiegen ist, d. h., die Käufer müssen nun 6 Euro pro Paar mehr zahlen, während die Verkäufer statt 60 Euro nur noch 55 Euro pro Paar erhalten. In diesem Beispiel ist die Steuerlast annähernd zu gleichen Teilen auf Käufer und Verkäufer verteilt.

Algebra der Mengensteuer. Nehmen Sie an, dass die Nachfragefunktion der folgenden Gleichung entspricht

$P_D = 30 - 1,5Q$

und die Angebotsfunktion wiederum dieser Gleichung

$P_S = 6 + 0,5Q$

Eine Mengenbesteuerung der Verkäufer von t würde folgende Angebotsfunktion ergeben:

$P_S = 6 + 0,5Q + t$

Das Gleichgewicht entspräche dann:

$6 + 0,5Q + t = 30 - 1,5Q$
$0,5Q + 1,5Q = 30 - 6 - t$
$2Q = 24 - t$
$Q = 12 - 0,5t$

Wenn keine Steuer erhoben würde, betrüge die Menge 12. Wenn eine Steuer t von 6 Euro pro Einheit erhoben würde, entspräche die Menge 9, wenn die Steuer bei 8 Euro pro Einheit läge, wäre $Q = 8$.

Wir können $Q = 12 - 0,5t$ in die Nachfragefunktion einsetzen und so den Steuereffekt auf den Preis ermitteln. Die Nachfragefunktion wäre folglich:

$P_D = 30 - 1,5(12 - 0,5t)$

Bei $t = 5$ wäre der Preis:

$P_D = 30 - 1{,}5\,(12 - 0{,}5(5))$
$P_D = 30 - 14{,}25$
$P_D = 15{,}75$

Bei $t = 8$ wäre der Preis:

$P_D = 30 - 1{,}5(12 - 4)$
$P_D = 30 - 12$
$P_D = 18$

Elastizität und Steuerinzidenz

Sobald ein Gut besteuert wird, kommt es zu einer Aufteilung der Steuerlast zwischen Käufern und Verkäufern. Doch wie wird die Steuerlast exakt aufgeteilt? Nur selten wird sie gleichmäßig aufgeteilt sein. Um zu untersuchen, wie die Steuerlast verteilt wird, wollen wir uns die beiden Märkte in Abbildung 7-6 näher ansehen. In beiden Fällen haben wir die ursprünglichen Angebots- und Nachfragekurven vor uns, wobei die Steuer einen Keil zwischen den bezahlten und den erlösten Preis treibt. (Es wird in den Diagrammen weder eine neue Angebots- noch eine neue Nachfragekurve gezeichnet. Wie wir bereits wissen, ist dies für die *Steuerinzidenz* irrelevant.)

Diagramm (a) der Abbildung 7-6 betrifft einen Markt mit sehr elastischem Angebot und relativ unelastischer Nachfrage, d. h., die Verkäufer reagieren sehr stark auf Preisänderungen (die Angebotskurve ist relativ flach), während die Käufer kaum reagieren (die Nachfragekurve ist relativ steil). Wenn auf einem Markt mit diesen Elastizitäten eine Steuer eingeführt wird, geht der von den Verkäufern erlöste Nettopreis nur wenig zurück, d. h., die Verkäufer tragen nur einen kleinen Teil der Steuerlast. Der von den Käufern gezahlte Preis steigt jedoch stark an, d. h., die Käufer tragen den größten Teil der Steuerlast. Dies ist vor dem Hintergrund der Informationen zur Elastizität in Kapitel 3 alles andere als überraschend. Wenn die Preiselastizität der Nachfrage gering ist (steiler Kurvenverlauf), so ist der durch den Preisanstieg ausgelöste Nachfragerückgang proportional geringer. Die Käufer reagieren wenig auf Preisänderungen. Die Verkäufer können folglich die Steuer ohne Bedenken an die Käufer weiterreichen, denn sie wissen, dass die Nachfrage dadurch nur wenig zurückgehen wird.

Diagramm (b) der Abbildung 7-6 zeigt die Steuerwirkungen in einem Markt mit elastischer Nachfrage und unelastischem Angebot. In diesem Fall reagieren die Verkäufer kaum auf Preisänderungen (die Angebotskurve ist steiler), während die Nachfrage sehr elastisch auf Preisänderungen reagiert (die Nachfragekurve ist flacher). Die Verkäufer sind sich bewusst, dass ein sehr großer Teil der Nachfrage wegbrechen würde, wenn sie versuchen würden, die Steuer an die Käufer weiterzureichen. Sie tragen daher den größeren Teil der Steuerlast.

Den beiden Diagrammen der Abbildung 7-6 entnehmen wir eine allgemeine Lektion zur Aufteilung der Steuertraglast: *Eine Steuerlast trifft jene Seite des Markts schwerer, die weniger elastisch ist.* Wie kommt das? Im Grunde misst die *Elastizität die Bereit-*

7.2 Angebot, Nachfrage und die Politik der Regierung
Steuern

Abb. 7-6

Wie die Steuerlast aufgeteilt wird

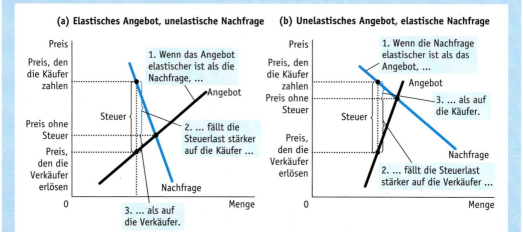

In Diagramm (a) ist die Angebotskurve elastisch und die Nachfragekurve unelastisch. Der von den Verkäufern erlöste Preis geht nur relativ wenig zurück, der von den Käufern bezahlte Preis steigt vergleichsweise stark. Die Käufer tragen den größten Teil der Steuerlast. Dagegen ist in Diagramm (b) die Angebotskurve unelastisch und die Nachfragekurve elastisch. In diesem Fall geht der von den Verkäufern erlöste Preis kräftig zurück, während der von den Käufern bezahlte Preis nur wenig ansteigt. Den größten Teil der Steuerlast tragen also die Verkäufer.

schaft von Anbietern und Nachfragern, bei Verschlechterung der Bedingungen den Markt zu verlassen. Eine niedrige Preiselastizität der Nachfrage besagt, dass die Käufer keine guten Alternativen zum Kauf und Konsum eines bestimmten Gutes haben. Eine geringe Preiselastizität des Angebots bedeutet, dass die Verkäufer keine lohnenswerten Alternativen zur Produktion und zum Verkauf des Gutes besitzen. Sobald das Gut besteuert wird, können die Marktteilnehmer mit den schlechteren Alternativen den Markt weniger leicht verlassen; sie müssen deshalb einen größeren Teil der Steuerlast tragen.

Kurztest

Zeigen Sie mit einem Angebots-Nachfrage-Diagramm, wie eine Mengenbesteuerung von Autokäufern in Höhe von 1.000 Euro pro Pkw den Autopreis und die verkaufte Menge verändert. Zeigen Sie in einem weiteren Diagramm, wie sich eine Besteuerung der Verkäufer mit 1.000 Euro pro Pkw auswirkt. Zeigen Sie in beiden Diagrammen, wie sich der von den Käufern bezahlte und der von den Verkäufern erlöste Preis verändert. In mehreren Ländern erhebt die Regierung sowohl Mengensteuern (wie Abgaben/Gebühren) als auch Wertsteuern (wie die Mehrwertsteuer). Zeigen Sie die Marktresultate erstens einer Mengensteuer von 500 Euro pro Auto und zweitens einer Wertsteuer mit einem Steuersatz von 15 Prozent.

7.3 Subventionen

Subventionen sind das Gegenteil von Steuern. Eine **Subvention** ist eine Zahlung an Käufer und Verkäufer mit dem Ziel, das Einkommen zu erhöhen oder die Produktionskosten zu senken und dadurch dem Empfänger der Subvention einen Vorteil zu verschaffen.

Regierungen gewähren Subventionen, wenn sie den Konsum eines Gutes ankurbeln wollen, das aus ihrer Sicht nicht genügend produziert wird. Steuern werden hingegen auf ein Gut erhoben, das aus Sicht der Regierung zu viel konsumiert wird. Subventionen werden grundsätzlich den Verkäufern gewährt. Sie reduzieren die Produktionskosten, wohingegen Steuern die Produktionskosten erhöhen. Subventionen gibt es in vielen verschiedenen Bereichen, unter anderem in der Bildung, im Transportwesen, in der Landwirtschaft, in der Regionalentwicklung und der Wohnungswirtschaft.

> **Subvention**
> Eine Zahlung an Käufer und Verkäufer mit dem Ziel, das Einkommen zu erhöhen oder die Produktionskosten zu senken und dadurch dem Empfänger der Subvention einen Vorteil zu verschaffen.

Wie Subventionen die Marktergebnisse verändern

Die meisten europäischen Staaten subventionieren das öffentliche Transportwesen und die Landwirtschaft. So subventioniert die Europäische Union im Rahmen ihrer Gemeinsamen Agrarpolitik Landwirte mit etwa 60 Milliarden Euro. In der Schweiz fließen rund 2,5 Milliarden Euro an Subventionen in den Schienenverkehr. In Deutschland sind es fast 9 Milliarden Euro, in Frankreich 6,8 Milliarden Euro und in Großbritannien rund 3 Milliarden Euro.

Abbildung 7-7 zeigt die Wirkung einer Subvention am Beispiel einer Subvention des Eisenbahnsystems, wobei wir wieder unseren dreischrittigen Ansatz verwenden. Wir nehmen an, dass vor der Subvention die Gleichgewichtsmenge an Eisenbahnfahrten bei Q_e liegt und der Gleichgewichtspreis für eine Fahrkarte 75 Euro beträgt.

1. Wenn der Staat den Eisenbahnunternehmen eine Subvention in Höhe von 20 Euro auf jede Fahrkarte gewährt, wird dadurch die Angebotskurve beeinflusst. Die Nachfragekurve bleibt unverändert, da die bei jedem Preis nachgefragte Menge an Bahnfahrten unverändert ist. Die Subvention an die Bahnbetreiber verringert die Kosten einer Bahnfahrt um 20 Euro und verschiebt dadurch die Angebotskurve.

2. Da die Subvention die Kosten für die Bahnbetreiber sinken lässt, verschiebt sich die Angebotskurve um den Betrag der Subvention nach rechts (bzw. unten) – von S zu S + Subvention. Die Höhe der Subvention pro Bahnfahrt entspricht dem senkrechten Abstand der beiden Angebotskurven AB. Betragen die Kosten für eine Bahnfahrt vorher durchschnittlich 75 Euro und beläuft sich die Subvention auf 20 Euro, dann verschiebt sich die Angebotskurve so, dass die Bahnbetreiber Bahnfahrten nun zu Kosten anbieten können, die um 20 Euro unter den bisherigen Kosten liegen. Sie sind daher nun bereit, zu jedem Preis mehr Bahnfahrten anzubieten.

3. Ein Vergleich des alten und des neuen Gleichgewichts zeigt, dass der Preis für eine Bahnfahrt nun auf 60 Euro gesunken und die Gleichgewichtsmenge auf Q_1 gestiegen ist. Somit profitieren sowohl die Fahrgäste als auch die Bahnbetreiber von der Subvention. Die Fahrgäste können nun Zugtickets zu einem geringeren Preis erwerben und haben mehr Bahnfahrten zur Auswahl. Die Bahnbetreiber wiederum

7.3 Angebot, Nachfrage und die Politik der Regierung
Subventionen

machen höhere Umsätze, was es ihnen potenziell ermöglicht, in die weitere Verbesserung ihrer Dienstleistung zu investieren. Die genaue Verteilung der Vorteile zwischen Fahrgästen und Bahnbetreibern hängt von den Elastizitäten der Nachfrage und des Angebots ab.

Die Gesamtkosten der gewährten Subvention sind der Subventionsbetrag (in diesem Fall 20 Euro pro Ticket) multipliziert mit der Menge der gekauften und verkauften Fahrkarten (Q_1). Diese Kosten entsprechen der Fläche 80, C, D, 60.

Über die Bewertung von Subventionen wird viel diskutiert. Wir haben in unserem Beispiel gesehen, wie Preis und Menge durch die Einführung einer Subvention beeinflusst werden können. Im Verkehrssektor kann die Subvention dazu führen, dass sich die Anreize für die Menschen verändern, sodass mehr Menschen mit der Bahn und weniger Menschen mit dem Auto fahren. Das hätte den Vorteil, dass es weniger Staus auf den Straßen gibt und die Umweltverschmutzung durch den Straßenverkehr zurückgeht. Mit Subventionen sind jedoch auch Kosten verbunden. Zunächst einmal muss jemand die Subventionen bezahlen, und das sind in der Regel die Steuerzahler. Gleichzeitig können Subventionen Unternehmen zur Überproduktion verleiten, was den gesamten Markt beeinflusst. Subventionen auf bestimmte Güter wie Baumwolle,

Abb. 7-7

Eine Subvention auf Bahnfahrten

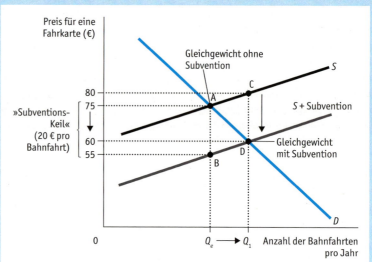

Wenn die Bahnunternehmen für jede Bahnfahrt eine Subvention in Höhe von 20 Euro erhalten, dann verschiebt sich die Angebotskurve um 20 nach unten von S zu S + Subvention. Die Gleichgewichtsmenge steigt von Q_e auf Q_1 Bahnreisen pro Jahr. Der Preis, den die Käufer für eine Bahnfahrt zahlen müssen, sinkt von 75 Euro auf 60 Euro. Die Subvention führt damit zu niedrigeren Preisen für die Fahrgäste und einer gestiegenen Anzahl an verfügbaren Bahnfahrten. Obwohl die Bahnunternehmen die Subvention erhalten, teilen sich Käufer und Verkäufer die Vorteile aus der Subvention.

Bananen und Zucker stören das Funktionieren der Märkte und verändern im weltweiten Vergleich die komparativen Vorteile. Überproduktion führt nicht nur zu einem Überangebot auf den Weltmärkten und zu sinkenden Preisen, sondern verschiebt auch den Handel zugunsten der reichen Volkswirtschaften, die es sich leisten können, die Produzenten mit Subventionen zu unterstützen. Dies geht zulasten der ärmeren Volkswirtschaften, deren Produzenten nicht mehr wettbewerbsfähig sind, weil die Preise unter den Preisen auf freien Märkten liegen.

7.4 Steuern und Effizienz

Steuern gibt es seit Menschengedenken. Schon in der Bibel ist zu lesen, dass Maria und Josef nach Nazareth gehen, um sich für die Besteuerung erfassen zu lassen. Und später bekehrt Jesus einen bekannten Steuereintreiber, der zu seinem Jünger wird. Da Steuern per Definition ein Mittel sind, gesetzlich legitimiert Individuen oder Organisationen Geld zu entziehen, sind sie durch die Geschichte hinweg immer wieder Gegenstand hitziger politischer Debatten gewesen.

Wir werden nun die Theorie hinter der Ausgestaltung des Steuersystems beleuchten und die grundlegenden Prinzipien der Besteuerung näher untersuchen und die Wohlfahrtswirkungen von Steuern analysieren.

Die meisten Staaten erheben aus zwei Gründen Steuern: Zum einen soll das Staatsbudget erhöht werden, um die zahlreichen öffentlichen Leistungen zu finanzieren. Zum anderen sollen durch die Erhebung bestimmter Steuern das Verhalten der Bürger beeinflusst und auf diese Weise Marktergebnisse generiert werden, die der Staat als erstrebenswert erachtet. Beispiele sind die Tabaksteuer, die den gesundheitsschädlichen Zigarettenkonsum der Bevölkerung reduzieren soll, oder Steuervergünstigungen für die Erzeugung erneuerbarer Energien. Es gibt viele verschiedene Wege, die gewünschten Ergebnisse zu erreichen. Bei der Ausgestaltung eines Steuersystems jedoch verfolgen Politiker zwei Zielsetzungen: Effizienz und (Verteilungs-)Gerechtigkeit.

Ein *Steuersystem* ist *effizienter* als ein anderes, wenn die Beschaffung desselben Einnahmenbetrags mit geringeren Kosten für die Steuerzahler verbunden ist. Der offenkundigste Kostenbestandteil ist die Steuerzahlung selbst. Dieser Geldtransfer vom Steuerzahler zum Staat ist ein unvermeidliches Merkmal jedes Steuersystems. Steuern bringen aber außerdem noch zwei andere Arten von Kosten mit sich, die eine wohlausgestaltete Steuerpolitik zu vermeiden oder wenigstens zu minimieren versucht: Steuern und Subventionen beeinflussen das Verhalten der Konsumenten und bringen somit andere Marktergebnisse hervor als freie Märkte. Wir können versuchen, diese Wohlfahrtseffekte zu messen, indem wir die aus den Steuern oder Subventionen resultierenden Veränderungen der Konsumenten- und Produzentenrente untersuchen. Wann immer im Marktergebnis nach der Steuererhebung die Gesamtrente geringer ist als im Ergebnis des freien Markts, spricht man von einem **Nettowohlfahrtsverlust** (auch: **Deadweight loss**).

Nettowohlfahrtsverlust (Deadweight loss)
Der Verlust an Gesamtrente als Resultat einer Marktverzerrung, z. B. durch eine Steuer.

Die zweite Art von Kosten, die neben einem Nettowohlfahrtsverlust mit der Steuererhebung auftreten können, sind die Verwaltungskosten der Steuererhebung. Ein effizientes Steuersystem ist demnach eines, das nur geringe Nettowohlfahrtsverluste und Verwaltungskosten bewirkt.

7.5 Der Nettowohlfahrtsverlust der Besteuerung

Steuern beeinflussen das Verhalten der Menschen. Wenn der Staat Tee besteuert, werden die Menschen weniger Tee und mehr Kaffee trinken. Wenn der Staat Wohnraum besteuert, werden einige Menschen in kleinere Wohnungen oder Häuser ziehen und mehr von ihrem Einkommen für andere Dinge ausgeben. Besteuert der Staat das Arbeitseinkommen, bewegt er Menschen dazu, zugunsten von mehr Freizeit ihre Arbeitszeit zu reduzieren bzw. sie nicht aufzustocken.

Die Wohlfahrtswirkungen der Besteuerung mögen auf den ersten Blick klar sein. Die Regierung verordnet Steuern, um die Staatseinnahmen zu erhöhen, und diese Staatseinnahmen müssen in irgendeiner Form aus dem Geldbeutel der Bürger kommen. Eine Steuer erhöht den vom Käufer gezahlten Preis und mindert den vom Verkäufer erzielten Preis. Um jedoch die Auswirkung von Steuern auf die Wohlfahrt vollständig zu verstehen, müssen wir die reduzierten Wohlfahrtsniveaus der Marktteilnehmer mit den erhöhten Staatseinnahmen vergleichen.

Der Nettowohlfahrtsverlust einer Steuer reflektiert die Ineffizienz, die eine Steuer verursacht, wenn Menschen Ressourcen nach dem Anreiz der Steuer zuteilen, anstatt nach den wahren Kosten und Nutzen der Güter, die sie kaufen und verkaufen.

Wenn die Steuer beim Käufer erhoben wird, verschiebt (bei einer Mengensteuer) oder dreht (bei einer Wertsteuer) sich die Nachfragekurve nach unten. Wenn die Steuer dem Verkäufer auferlegt wird, verschiebt sich die Angebotskurve um den Steuerbetrag nach oben. In beiden Fällen wird durch die Steuer der vom Käufer bezahlte Preis steigen und der vom Verkäufer erlöste Preis sinken. Am Ende teilen sich Käufer und Verkäufer die Steuerlast, ganz gleich, wo die Steuer erhoben wird.

Wie sich eine Steuer auf die Marktteilnehmer auswirkt

Um Gewinne und Verluste aus der Besteuerung eines Gutes zu messen, wenden wir nun die Werkzeuge der Wohlfahrtsökonomik an. Dazu müssen wir wissen, wie sich die Steuer auf Käufer, Verkäufer und den Staat auswirkt. Wir wissen bereits, dass die Veränderung der Wohlfahrt der Käufer und der Verkäufer anhand der Veränderungen der Konsumenten- und der Produzentenrente gemessen werden können. Doch wie steht es mit der dritten beteiligten Partei, dem Staat? Wenn T der Steuerbetrag pro Stück ist und Q die verkaufte Gütermenge, so erhält der Staat insgesamt den Betrag $T \times Q$ als Steueraufkommen bzw. Steuereinnahmen. Mit diesen Einnahmen kann der Staat in der Folge Leistungen bereitstellen, wie z. B. Straßen, Polizei, Bildung oder die Unter-

7.5 Der Nettowohlfahrtsverlust der Besteuerung

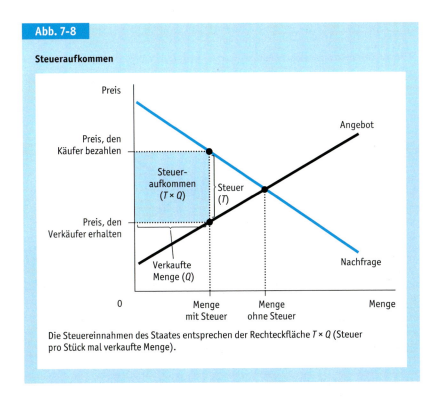

Abb. 7-8

Steueraufkommen

Die Steuereinnahmen des Staates entsprechen der Rechteckfläche $T \times Q$ (Steuer pro Stück mal verkaufte Menge).

stützung von Bedürftigen. Daher verwenden wir bei der Wohlfahrtsmessung der Besteuerung für den Staat das Steueraufkommen. Man muss jedoch daran denken, dass der Wohlfahrtsgewinn hieraus letztlich nicht dem Staat zufällt, sondern denjenigen, für welche die Steuereinnahmen ausgegeben werden.

Abbildung 7-8 zeigt die Steuereinnahmen des Staates als ein Rechteck zwischen der Angebots- und der Nachfragekurve. Die Höhe des Rechtecks entspricht der Steuer T, die Breite der verkauften Gütermenge Q. Da die Rechteckfläche gleich Breite mal Länge ist, stellt sie mit $T \times Q$ das Steueraufkommen dar.

Wohlfahrt ohne Besteuerung. Um die Wohlfahrtswirkungen der Besteuerung zu analysieren, stellen wir zunächst das Wohlfahrtsniveau vor Einführung der Steuer fest. Im Angebots-Nachfrage-Diagramm der Abbildung 7-9 sind die maßgeblichen Flächenstücke mit den Buchstaben A bis F gekennzeichnet.

Ohne Besteuerung werden Preis und Menge durch den Schnittpunkt der Kurven bestimmt. Der Preis beträgt P_1 und die verkaufte Gütermenge Q_1. Da die Nachfragekurve die Zahlungsbereitschaft der Käufer widerspiegelt, entspricht die Konsumentenrente den Flächenstücken A, B und C zwischen Nachfragekurve und Preis. Analog dazu zeigt die Angebotskurve die Kosten der Verkäufer, und die Produzentenrente ist durch die Flächenstücke D, E und F zwischen Angebotskurve und Preis bestimmt. Das Steueraufkommen ist in diesem Fall selbstverständlich null.

7.5 Angebot, Nachfrage und die Politik der Regierung
Der Nettowohlfahrtsverlust der Besteuerung

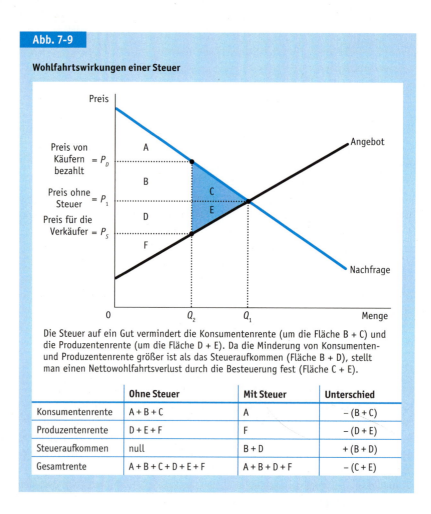

Abb. 7-9

Wohlfahrtswirkungen einer Steuer

Die Steuer auf ein Gut vermindert die Konsumentenrente (um die Fläche B + C) und die Produzentenrente (um die Fläche D + E). Da die Minderung von Konsumenten- und Produzentenrente größer ist als das Steueraufkommen (Fläche B + D), stellt man einen Nettowohlfahrtsverlust durch die Besteuerung fest (Fläche C + E).

	Ohne Steuer	Mit Steuer	Unterschied
Konsumentenrente	A + B + C	A	− (B + C)
Produzentenrente	D + E + F	F	− (D + E)
Steueraufkommen	null	B + D	+ (B + D)
Gesamtrente	A + B + C + D + E + F	A + B + D + F	− (C + E)

Die Gesamtrente aus Konsumenten- und Produzentenrente entspricht demnach der Summe der Flächenstücke A bis F. Anders ausgedrückt: Die Fläche zwischen Angebots- und Nachfragekurve von der Menge null bis zur Gleichgewichtsmenge misst die Gesamtrente. Diese Ergebnisse werden in der ersten Spalte der Tabelle in Abbildung 7-9 zusammengefasst.

Wohlfahrt mit Besteuerung. Betrachten wir jetzt die Lage nach Einführung einer Steuer. Der vom Käufer zu zahlende Preis steigt von P_1 auf P_D an, sodass die Konsumentenrente nur noch dem Flächenstück A gleicht (Fläche unter der Nachfragekurve und über dem vom Käufer zu zahlenden Preis). Der vom Verkäufer erlöste Preis geht von P_1 auf P_S zurück, sodass die Produzentenrente nur noch dem Flächenstück F entspricht (Fläche über der Angebotskurve und unter dem vom Verkäufer erlösten Preis). Die Verkaufsmenge fällt von Q_1 auf Q_2 und der Staat nimmt Steuern in Höhe der Fläche B + D ein.

Um die Gesamtrente mit der Steuer zu berechnen, addieren wir Konsumenten- und Produzentenrente sowie das Steueraufkommen. Die Gesamtrente ist demnach A + B + D + F. Eine Zusammenfassung unserer Ergebnisse findet sich in Spalte 2 der Tabelle in Abbildung 7-9.

Veränderungen der Wohlfahrt. Wir können nun die Wohlfahrt vor und nach einer Besteuerung vergleichen und damit die Steuerwirkung erkennen. Die dritte Spalte der Tabelle in Abbildung 7-9 zeigt die Veränderungen. Die Einführung einer Steuer führt zu einem Rückgang der Konsumentenrente um die Fläche B + C und einem Rückgang der Produzentenrente um die Fläche D + E. Das Steueraufkommen steigt um B + D an.

Die Veränderung der Gesamtrente beinhaltet die Änderung der Konsumentenrente (negativ), die Änderung der Produzentenrente (ebenfalls negativ) und das Steueraufkommen (positiv). Wenn wir diese drei Komponenten addieren, stellen wir einen Rückgang der Gesamtrente um C + E fest. Die Verluste der Käufer und Verkäufer durch die Einführung einer Steuer übersteigen also die staatlichen Steuereinnahmen. Die Minderung der Gesamtrente durch die Einführung einer Steuer nennt man Nettowohlfahrtsverlust. Die Fläche C + E misst das Ausmaß des Nettowohlfahrtsverlustes.

Um zu verstehen, warum Besteuerung zu Nettowohlfahrtsverlusten führt, erinnern Sie sich, dass Menschen auf Anreize reagieren. Wir haben angenommen, dass die Märkte für gewöhnlich die knappen Ressourcen effizient zuteilen. Im Marktgleichgewicht wird die Gesamtrente maximal. Sofern jedoch eine Steuer den Preis für die Käufer erhöht und für die Verkäufer vermindert, gibt sie Anreize dafür, dass Käufer weniger konsumieren und Verkäufer weniger produzieren, als es im Zustand ohne Steuer der Fall wäre. Indem Käufer und Verkäufer auf diese Anreize reagieren, schrumpft der Markt unter seine optimale Größe. Indem Steuern also Anreize verzerren, führen sie dazu, dass Märkte die Ressourcen ineffizient zuteilen.

Nettowohlfahrtsverluste und Handelsvorteile

Um ein besseres Verständnis dafür zu bekommen, warum Steuern zu Nettowohlfahrtsverlusten führen, betrachten wir ein Beispiel. Nehmen wir an, Alexander putzt jede Woche für 100 Euro Claudias Wohnung. Die Opportunitätskosten für Alexanders Zeit betragen 80 Euro. Claudia wiederum ist eine saubere Wohnung 120 Euro wert. Das Geschäft bringt also sowohl Alexander als auch Claudia einen Vorteil im Wert von 20 Euro. Die Gesamtrente von 40 Euro bemisst die Handelsvorteile dieser konkreten Transaktion.

Nun nehmen wir an, dass der Staat die Anbieter von Reinigungsdienstleistungen mit 50 Euro besteuert. Danach ist es für Claudia nicht mehr möglich, Alexander einen Preis zu zahlen, der beiden nach Entrichtung der Steuer noch einen Vorteil bringen würde. Da Claudia maximal 120 Euro zu zahlen bereit ist, verbleiben Alexander nach Abzug der Steuer nur noch 70 Euro. Das ist ein Preis, der unter seinen Opportunitätskosten von 80 Euro liegt. Umgekehrt betrachtet müsste Alexander von Claudia zum Ausgleich seiner Opportunitätskosten plus Steuer 130 Euro erhalten, also 10 Euro

7.5 Angebot, Nachfrage und die Politik der Regierung
Der Nettowohlfahrtsverlust der Besteuerung

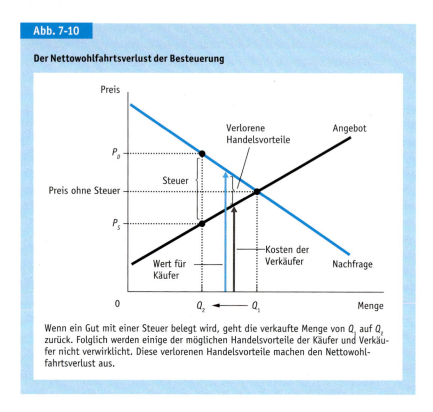

Abb. 7-10

Der Nettowohlfahrtsverlust der Besteuerung

Wenn ein Gut mit einer Steuer belegt wird, geht die verkaufte Menge von Q_1 auf Q_2 zurück. Folglich werden einige der möglichen Handelsvorteile der Käufer und Verkäufer nicht verwirklicht. Diese verlorenen Handelsvorteile machen den Nettowohlfahrtsverlust aus.

mehr, als Claudia für eine saubere Wohnung maximal auszugeben bereit ist. In der Folge beenden Alexander und Claudia ihre Geschäftsverbindung. Alexander erhält kein Einkommen und Claudia lebt in einer schmutzigeren Wohnung.

Die Besteuerung stellt Alexander und Claudia damit entsprechend der eingebüßten Gesamtrente um insgesamt 40 Euro schlechter. Zugleich entgeht dem Staat die Steuereinnahme, da das zu besteuernde Geschäft entfällt. Die 40 Euro stellen einen reinen Nettowohlfahrtsverlust dar, d. h. einen Verlust der Käufer und Verkäufer eines Markts, der nicht durch einen Anstieg der staatlichen Einnahmen kompensiert wird. Das Beispiel legt den Ursprung des Nettowohlfahrtsverlustes offen: *Steuern verursachen deshalb Nettowohlfahrtsverluste, weil sie Käufer und Verkäufer davon abhalten, einige der möglichen Handelsvorteile zu verwirklichen.*

Die Dreiecksfläche zwischen Angebots- und Nachfragekurve (Fläche C + E in Abbildung 7-9) misst diese Wohlfahrtsverluste. Am einfachsten ist der Verlust in Abbildung 7-10 zu erkennen, wenn man sich vergegenwärtigt, dass die Nachfragekurve den Wert eines Gutes für die Käufer widerspiegelt und die Angebotskurve die Kosten des Gutes für die Produzenten. Steigt der Preis für die Käufer durch die Steuer auf P_D an und geht der Preis für die Verkäufer durch die Steuer auf P_S zurück, ziehen sich die Grenzanbieter und Grenznachfrager aus dem Markt zurück, sodass die gehandelte Menge von Q_1 auf Q_2 fällt. Wie aber die Abbildung verrät, liegt der Güterwert für die im Markt verbleibenden Käufer immer noch über den Kosten der lieferbereiten Verkäufer. Wie in unserem Beispiel mit Alexander und Claudia sind die Handelsvorteile für die ausgeschiedenen Marktteilnehmer – der Unterschied zwischen dem Güterwert für die Käufer und den Güterkosten für die Verkäufer – dann allerdings geringer als die Steuer. Die Geschäfte unterbleiben also, sobald die Steuer eingeführt ist. Der Nettowohlfahrtsverlust entspricht dem Verlust der Gesamtrente, der dadurch eintritt, dass die Besteuerung Verkäufer und Käufer davon abhält, beiderseitig vorteilhafte Geschäfte zu realisieren.

> **Kurztest**
> Zeichnen Sie die Angebots- und die Nachfragekurve für das Parken auf Parkplätzen in Stadtzentren. Zeigen Sie, was passiert, wenn die Regierung Parkflächen besteuert. Was geschieht mit der verkauften Menge? Was geschieht mit dem Preis, den die Käufer zahlen sowie mit dem Preis, den die Verkäufer erhalten? Weisen Sie in Ihrem Diagramm den Nettowohlfahrtsverlust der Besteuerung aus und erklären Sie die Bedeutung des Nettowohlfahrtsverlustes näher. Warum könnte der Staat die Steuer erlassen haben? Geschah dies wohl aus Gründen der Effizienz oder der (Verteilungs-)Gerechtigkeit?

Die Bestimmungsgrößen des Nettowohlfahrtsverlustes

Das Ausmaß des durch eine Steuer verursachten Nettowohlfahrtsverlusts hängt von den Preiselastizitäten des Angebots und der Nachfrage ab.

In den oberen beiden Diagrammen der Abbildung 7-11 sind die Nachfragekurve und die Steuer jeweils gleich. Der einzige Unterschied besteht in der Preiselastizität des Angebots. Im Diagramm (a) ist das Angebot relativ unelastisch: Die Angebotsmenge reagiert nur wenig auf Preisänderungen. Im Diagramm (b) ist das Angebot relativ elastisch: Die Angebotsmenge reagiert recht deutlich auf Preisänderungen. Beachten Sie, dass der Nettowohlfahrtsverlust (das Dreieck zwischen Angebotskurve und Nachfragekurve) umso größer ausfällt, je elastischer das Angebot ist.

In den Diagrammen der Abbildung 7-11 werden Angebotskurve und Steuer konstant gehalten. Im Diagramm (c) ist die Nachfrage vergleichsweise unelastisch und der Nettowohlfahrtsverlust klein. Im Diagramm (d) ist die Nachfrage elastischer und der Nettowohlfahrtsverlust der Steuer größer.

Die Schlussfolgerungen aus Abbildung 7-11 sind leicht zu erklären. Eine Steuer verursacht einen Nettowohlfahrtsverlust, weil sie Käufer und Verkäufer veranlasst, ihr Verhalten zu ändern. Die Steuer erhöht den von den Käufern zu zahlenden Preis, sodass diese weniger konsumieren. Zugleich vermindert die Steuer den Preis, den die Verkäufer erzielen, weshalb diese weniger produzieren. Wegen dieser Verhaltensänderungen schrumpft die Größe des Markts unter sein Optimum. Die Preiselastizitäten von Angebot und Nachfrage drücken aus, wie stark Anbieter und Nachfrager auf Preisänderungen reagieren. Sie bestimmen deshalb, in welchem Ausmaß eine Steuer das Marktergebnis verzerrt. *Je größer die Preiselastizitäten von Angebot und Nachfrage sind, umso größer werden die Nettowohlfahrtsverluste einer Steuer ausfallen.*

7.5 Angebot, Nachfrage und die Politik der Regierung
Der Nettowohlfahrtsverlust der Besteuerung

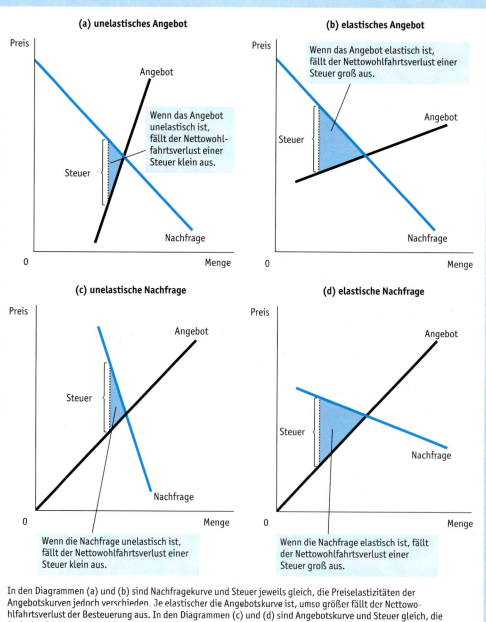

Abb. 7-11

Steuereinflüsse und Elastizitäten

(a) unelastisches Angebot — Wenn das Angebot unelastisch ist, fällt der Nettowohlfahrtsverlust einer Steuer klein aus.

(b) elastisches Angebot — Wenn das Angebot elastisch ist, fällt der Nettowohlfahrtsverlust einer Steuer groß aus.

(c) unelastische Nachfrage — Wenn die Nachfrage unelastisch ist, fällt der Nettowohlfahrtsverlust einer Steuer klein aus.

(d) elastische Nachfrage — Wenn die Nachfrage elastisch ist, fällt der Nettowohlfahrtsverlust einer Steuer groß aus.

In den Diagrammen (a) und (b) sind Nachfragekurve und Steuer jeweils gleich, die Preiselastizitäten der Angebotskurven jedoch verschieden. Je elastischer die Angebotskurve ist, umso größer fällt der Nettowohlfahrtsverlust der Besteuerung aus. In den Diagrammen (c) und (d) sind Angebotskurve und Steuer gleich, die Preiselastizitäten der Nachfragekurven jedoch verschieden. Je elastischer die Nachfragekurve ist, umso größer fällt wiederum der Nettowohlfahrtsverlust der Besteuerung aus.

Kurztest
Die Nachfrage nach Bier ist elastischer als die Nachfrage nach Milch. Würde eine Steuer auf Bier oder eine Steuer auf Milch einen größeren Nettowohlfahrtsverlust verursachen? Warum?

Nettowohlfahrtsverlust und Steueraufkommen bei variierendem Steuersatz

Wir wollen hier nun untersuchen, wie Veränderungen des Steuersatzes den Nettowohlfahrtsverlust und die Steuereinnahmen beeinflussen.

Abbildung 7-12 zeigt die Effekte eines niedrigen, eines mittleren und eines hohen Steuersatzes, während die Angebots- und Nachfragekurven des Markts konstant gehalten werden. Der Nettowohlfahrtsverlust, d. h. die Verringerung der Gesamtrente, die dadurch erzeugt wird, dass die Marktgröße im Zuge der Besteuerung unter ihr Optimum schrumpft, entspricht der Dreiecksfläche zwischen den Angebots- und Nachfragekurven. Im Fall des niedrigen Steuersatzes in Diagramm (a) ist die Dreiecksfläche des Nettowohlfahrtsverlustes ziemlich klein. Doch mit dem Anstieg des Steuersatzes in den Diagrammen (b) und (c) wächst auch der Nettowohlfahrtsverlust.

Dabei steigt der Nettowohlfahrtsverlust einer Steuererhöhung sogar noch stärker an als der Steuersatz. Dies liegt darin begründet, dass sich der Nettowohlfahrtsverlust durch die Fläche eines Dreiecks bemisst, die vom Quadrat des Steuersatzes abhängt. Verdoppelt sich beispielsweise der Steuersatz, so verdoppeln sich die Höhe und die Basis des Dreiecks, sodass der Nettowohlfahrtsverlust sich auf das Vierfache vergrößert. Verdreifacht sich der Steuerumfang sogar, so verdreifachen sich Höhe und Basis des Dreiecks, und der Nettowohlfahrtsverlust steigt um den Faktor 9.

Die Steuereinnahmen des Staates sind in den vorliegenden Fällen stets Steuersatz mal gehandelter Gütermenge. In Abbildung 7-12 entspricht das Steueraufkommen jeweils der Rechteckfläche zwischen der Angebots- und der Nachfragekurve. Bei niedrigem Steuersatz in Diagramm (a) sind die staatlichen Steuereinnahmen gering. Beim Übergang zu einem höheren Steuersatz von Diagramm (a) zu Diagramm (b) steigen die Steuereinnahmen. Bei einer weiteren Steigerung des Steuersatzes von Diagramm (b) zu Diagramm (c) fällt das Steueraufkommen jedoch, da die Besteuerung auf drastische Weise das Marktvolumen reduziert. Bei einer sehr hohen Steuer fallen die Steuereinnahmen auf null, da die Marktteilnehmer das Gut überhaupt nicht mehr kaufen und verkaufen würden.

Die Abbildung 7-13 fasst die eben abgeleiteten Steuerwirkungen pointiert zusammen. Im Diagramm (a) ist zu sehen, dass der Nettowohlfahrtsverlust mit Anstieg des Steuersatzes sehr schnell steigt. Dagegen zeigt das Diagramm (b), wie das Steueraufkommen mit steigendem Steuersatz zunächst zunimmt, jedoch ab einem bestimmten Maximum der Markt so stark schrumpft, dass das Steueraufkommen wieder abnimmt. Dieser Zusammenhang wird manchmal als Laffer-Kurve bezeichnet.

7.5 Angebot, Nachfrage und die Politik der Regierung
Der Nettowohlfahrtsverlust der Besteuerung

Abb. 7-12

Nettowohlfahrtsverlust und Steueraufkommen bei unterschiedlich hohen Steuersätzen

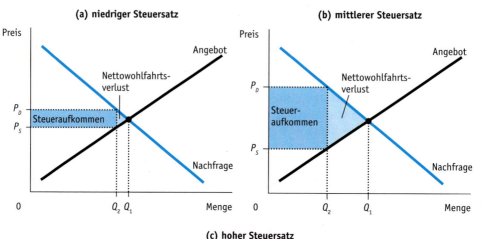
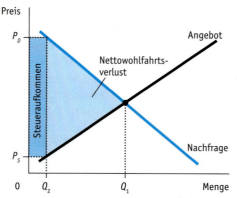

Der Nettowohlfahrtsverlust entspricht der steuerbedingten Verminderung der Gesamtrente. Das Steueraufkommen ist gleich Steuersatz mal verkaufter Gütermenge. Im Diagramm (a) bewirkt ein niedriger Steuersatz einen kleinen Nettowohlfahrtsverlust und ein geringes Steueraufkommen. Im Diagramm (b) ist der Steuersatz höher und Nettowohlfahrtsverlust sowie Steueraufkommen sind bereits größer. Im Diagramm (c) ergibt sich bei sehr hohem Steuersatz ein sehr großer Nettowohlfahrtsverlust, aufgrund des reduzierten Marktvolumens jedoch nur ein relativ geringes Steueraufkommen.

7.5 Der Nettowohlfahrtsverlust der Besteuerung

Abb. 7-13

Wie Nettowohlfahrtsverlust und Steueraufkommen mit dem Steuersatz variieren

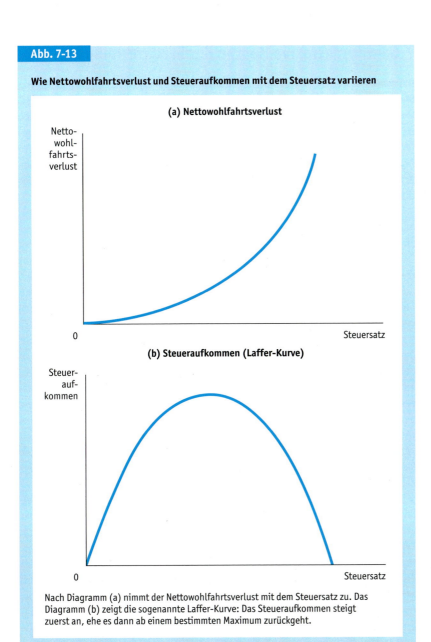

Nach Diagramm (a) nimmt der Nettowohlfahrtsverlust mit dem Steuersatz zu. Das Diagramm (b) zeigt die sogenannte Laffer-Kurve: Das Steueraufkommen steigt zuerst an, ehe es dann ab einem bestimmten Maximum zurückgeht.

Kurztest

Angenommen, der Staat verdoppelt den Energiesteuersatz. Kann der Staat dann sicher sein, dass auch das Steueraufkommen aus der Energiesteuer sich verdoppeln wird? Und kann man sicher davon ausgehen, dass der durch die Energiesteuer verursachte Nettowohlfahrtsverlust ansteigen wird? Erklären Sie die Zusammenhänge näher.

7.6 Administrative Kosten der Steuererhebung

Die zweite Kostenart, die neben dem Nettowohlfahrtsverlust mit der Erhebung von Steuern einhergeht, ist die administrative Last der Steuererhebung. Ein gut ausgestaltetes Steuersystem versucht, diese administrativen Kosten so gering wie möglich zu halten. In den meisten Ländern wird von Privatpersonen und Unternehmen erwartet, dass sie die Steuerbehörden über ihre Einkommen und Geschäftsaktivitäten in Kenntnis setzen, damit das korrekte Steueraufkommen eingezogen werden kann. Die Art und Weise der Steuererhebung kann komplex, langwierig und insbesondere für Unternehmen eine anstrengende und zeitraubende Aufgabe sein.

Die meisten Bürger, die Sie nach Abschluss ihrer Steuererklärung nach ihrer Meinung zum deutschen Steuersystem befragen, hätten wahrscheinlich nichts Positives zu sagen. Der mit jedem Steuersystem verbundene Erhebungsaufwand ist Teil der durch das Steuersystem verursachten Ineffizienz. Dieser Aufwand umfasst nicht nur die Zeit, die das Ausfüllen der Formulare in Anspruch nimmt, sondern auch die Zeit, die das Jahr hindurch aufgewendet wird, um Aufzeichnungen für Steuerzwecke zu führen. Außerdem zählen zum Erhebungsaufwand die Ressourcen, die der Staat einsetzt, um die Steuergesetze durchzusetzen.

Viele Steuerzahler beauftragen Steuerberater oder Fachanwälte für Steuerrecht damit, ihnen bei ihrer Steuererklärung zu helfen. Diese Experten auf dem komplexen Gebiet der Steuergesetzgebung füllen für ihre Kunden die Formulare für die Steuererklärung aus und helfen ihnen, die Bestimmungen des Steuerrechts voll auszunutzen, um die Steuerschuld zu verringern. Dieses Verhalten wird als Steuervermeidung bezeichnet (d. h. als Optimierung ihrer Angelegenheiten, sodass sie so wenig Steuern wie möglich bezahlen, ohne aber das Gesetz zu brechen), und es ist vollkommen legal. Davon ist die illegale Steuerhinterziehung zu unterscheiden, die auch Falschangaben des Steuerpflichtigen zu seiner Situation umfasst, um seine Steuerzahllast zu reduzieren.

Kritiker unseres Steuersystems sagen, dass diese Berater ihren Kunden dabei helfen, Steuerzahlungen zu vermeiden, indem sie einige der Detailbestimmungen des Steuerrechts als »Schlupflöcher« missbrauchen. Manchmal sind die Schlupflöcher Fehler des Gesetzgebers: Sie entstehen aufgrund von Mehrdeutigkeiten oder Auslassungen in den Steuergesetzen. In den meisten Fällen entstehen sie jedoch, weil der Gesetzgeber sich dafür entschieden hat, bestimmte Verhaltensweisen besonders zu behandeln. Ein Beispiel sind Steuervergünstigungen bei der privaten Altersvorsorge. Indem die Aufwendungen für die private Rente bis zu einer bestimmten Grenze steuermindernd als Sonderausgaben geltend gemacht werden können, will der Staat die Bürger dazu motivieren, privat für ihr Alter vorzusorgen.

Die Mittel, die für die Befolgung der Steuergesetze aufgewendet werden, sind eine Art von Wohlfahrtsverlust. Der Staat erhält nur den gezahlten Steuerbetrag. Im Gegensatz dazu verlieren die Steuerzahler nicht nur diesen Betrag, sondern ebenso die Zeit und das Geld, die sie dafür aufgewendet haben, Aufzeichnungen zu führen, Vordrucke auszufüllen und Steuern zu vermeiden.

Der Erhebungsaufwand des Steuersystems könnte durch eine Vereinfachung der Steuergesetze verringert werden. Allerdings ist eine Vereinfachung oftmals politisch schwierig. Die meisten Menschen unterstützen die Vereinfachung des Steuerrechts dahingehend, dass die Schlupflöcher geschlossen werden, die anderen zugutekommen. Aber nur wenige wollen die Schlupflöcher aufgeben, die sie selbst ausnutzen. Letztendlich resultiert die Komplexität der Steuergesetzgebung aus dem politischen Prozess, in dem die verschiedenen Steuerzahler ihre individuellen Interessen über Lobbyarbeit durchzusetzen versuchen. Dieser Prozess wird Rent-Seeking genannt und ist Teil eines speziellen Zweiges der Volkswirtschaftslehre, der Neuen Politischen Ökonomik oder Public-Choice-Theorie. Die Neue Politische Ökonomik analysiert das Handeln des Staates und der Individuen, die mit dem Staat interagieren, indem sie Politikern, Wählern oder Interessenverbänden ein Verhalten nach dem mikroökonomischen Standardmodell unterstellt.

7.7 Die Ausgestaltung des Steuersystems

Bei der Ausgestaltung eines funktionierenden Steuersystems gibt es eine Reihe von Schlüsselfaktoren. Die meisten Volkswirte würden zustimmen, dass es einige grundlegende Prinzipien gibt, die ein gutes Steuersystem auszeichnen. Die meisten Länder haben jedoch sehr komplexe Steuersysteme, was sowohl die Effizienz als auch die Gerechtigkeit des Systems beeinträchtigen kann. Einige dieser Prinzipien werden wir im nächsten Abschnitt betrachten.

Vier Grundsätze der Besteuerung nach Adam Smith

Bereits im 18. Jahrhundert schlug Adam Smith vor, dass jedes gute Steuersystem vier grundlegende Prinzipien oder Grundsätze wahren sollte. Diese vier Grundsätze sind:
1. (Verteilungs-)Gerechtigkeit: Jede Person sollte entsprechend ihrer Zahlungsfähigkeit besteuert werden. Das bedeutet, dass die Reichen mehr Steuern zahlen sollten als die Armen.
2. Verlässlichkeit: Steuerzahler sollten darüber informiert sein, welche Steuern sie zu zahlen haben und zwar im Sinne einer verlässlichen Basis, von der aus sie ihre Zukunft planen können. Gleichzeitig benötigen die Regierungen eine gewisse Sicherheit in Bezug auf die Höhe der Steuereinnahmen, die sie generieren können.
3. Bequemlichkeit: Es sollte einfach sein, Steuern zu entrichten. Ein Steuersystem sollte dementsprechend so einfach wie möglich aufgebaut sein, um die Steuererträge zu erhöhen.
4. Wirtschaftlichkeit: Jedes Steuersystem muss sicherstellen, dass die Kosten der Steuererhebung geringer sind als das generierte Steueraufkommen.

Während diese Grundsätze eine gewisse Orientierung bieten, wie ein gutes Steuersystem aufgebaut sein sollte, werfen sie auch viele Fragen auf. Wenn wir beispielsweise damit übereinstimmen, dass die Reichen mehr Steuern zahlen sollten als die Armen, müssen wir uns fragen, wie viel mehr sie zahlen sollten. Außerdem müssten wir erst einmal »reich«

definieren. Ist es gerecht, dass jemand, der hart gearbeitet hat, mehr Steuern zahlt als jemand, der grundsätzlich faul ist? An welchem Punkt wird dieses Prinzip »reiche« Bürger oder Unternehmen dazu bewegen, nach Wegen der Steuervermeidung zu suchen oder sogar das Land zu verlassen, um in einem Staat mit niedrigeren Steuern ihr Einkommen auszugeben oder Güter zu produzieren? Wir werden auf die unterschiedlichen Aspekte in der Ausgestaltung eines guten Steuersystems noch zurückkommen. Zuerst wollen wir nun aber einige Schüsselkonzepte eines jeden Steuersystems näher erläutern.

Grenzsteuersätze versus Durchschnittssteuersätze

Wenn Volkswirte die Effizienz und Gerechtigkeit von Einkommensteuern oder direkten Steuern diskutieren, unterscheiden sie zwischen zwei Arten von Steuersätzen: dem Durchschnitts- und dem Grenzsteuersatz. Der **Durchschnittssteuersatz** (average tax rate, ATR) gibt das Verhältnis des Steuerbetrags zum steuerpflichtigen Einkommen an und kann durch die folgende Formel ausgedrückt werden:

Durchschnittssteuersatz
Verhältnis des Steuerbetrags zum steuerpflichtigen Einkommen.

$$ATR = \frac{\text{Steuerbetrag}}{\text{steuerpflichtiges Einkommen}}$$

Dabei bezeichnet der Steuerbetrag den Geldbetrag, den der Steuerpflichtige ans Finanzamt abzuführen hat, also seine gesamte zu zahlende Steuer. Der **Grenzsteuersatz** (marginal tax rate, MTR) entspricht dem Verhältnis der Veränderung des Steuerbetrags um eine zusätzliche Einheit und der sie auslösenden Veränderung des steuerpflichtigen Einkommens um eine zusätzliche Einheit (ausgehend von der Steuerbemessungsgrundlage).

Grenzsteuersatz
Die auf eine zusätzliche Einheit steuerpflichtigen Einkommens zusätzlich gezahlte Steuer.

Der Grenzsteuersatz kann durch die folgende Formel ausgedrückt werden:

$$MTR = \frac{\text{Veränderung des Steuerbetrags}}{\text{Veränderung des steuerpflichtigen Einkommens}}$$

Nehmen wir zum Beispiel an, dass der Staat die ersten 50.000 Euro des Einkommens seiner Bürger mit 20 Prozent besteuert und alles Einkommen über 50.000 Euro mit 50 Prozent. Gemäß dieser Steuer zahlt eine Person, die 60.000 Euro verdient, 15.000 Euro Steuern (0,20 × € 50.000 Euro + 0,50 × € 10.000). Für diese Person beträgt der Durchschnittssteuersatz 15.000 Euro/60.000 Euro oder 25 Prozent. Der Grenzsteuersatz jedoch beträgt 50 Prozent, da der Steuerbetrag um 0,50 Euro steigen würde, wenn der Steuerzahler einen zusätzlichen Euro verdienen würde.

Grenz- und Durchschnittssteuersätze enthalten jeweils eine nützliche Information. Wenn wir versuchen, das von einem Steuerzahler gebrachte Opfer zu messen, ist der Durchschnittssteuersatz geeigneter, weil er den Einkommensanteil misst, der für die Steuerzahlung aufgewendet wird. Wenn wir im Gegensatz dazu versuchen zu beurteilen, in welchem Maß die Einkommensteuer Anreize verzerrt, ist der Grenzsteuersatz aussagekräftiger. Der Grenzsteuersatz gibt an, inwieweit die Einkommensteuer Menschen davon abbringt, zu arbeiten. Wenn Sie darüber nachdenken, einige zusätzliche Stunden zu arbeiten, legt der Grenzsteuersatz fest, wie viel der Staat von Ihrem zusätzlichen Verdienst einbehält. Es ist somit der Grenzsteuersatz, der den Wohlfahrtsverlust einer Einkommensteuer bestimmt.

Pauschalsteuern

Angenommen, der Staat belegt alle Bürger mit einer Steuer von 4.000 Euro. Das heißt, jeder schuldet den gleichen Betrag, ungeachtet seines Verdienstes oder seiner anderen wirtschaftlichen Aktivitäten. Eine solche Steuer wird als **Pauschalsteuer** bezeichnet. Eine Pauschalsteuer verdeutlicht den Unterschied zwischen Durchschnitts- und Grenzsteuersätzen. Für einen Steuerzahler mit einem Einkommen von 20.000 Euro beträgt der Durchschnittssteuersatz einer Pauschalsteuer von 4.000 Euro 20 Prozent; für einen Steuerzahler mit einem Einkommen von 40.000 Euro beträgt der Durchschnittssteuersatz 10 Prozent. Für beide Steuerzahler ist der Grenzsteuersatz 0 Prozent, da ein zusätzlicher Euro Einkommen den geschuldeten Steuerbetrag nicht verändern würde.

Eine Pauschalsteuer ist so effizient, wie es eine Steuer nur sein kann. Da die Entscheidungen einer Person den geschuldeten Betrag nicht verändern, verzerrt die Steuer keine Anreize und verursacht daher keinen Nettowohlfahrtsverlust. Weil die Steuerschuld feststeht und es keinen Nutzen bringt, Steuerrechtler oder Steuerberater zu engagieren, verursacht die Pauschalsteuer einen minimalen Erhebungsaufwand bei den Steuerzahlern.

Wenn aber Pauschalsteuern so effizient sind, warum beobachten wir sie in der wirklichen Welt dann nur selten? Der Grund liegt darin, dass Effizienz nur ein Ziel des Steuersystems ist. Eine Pauschalsteuer würde denselben Betrag bei Armen und Reichen erheben, ein Ergebnis, das die meisten Menschen als ungerecht ansehen würden und das dem ersten Grundsatz von Adam Smith entgegensteht: der (Verteilungs-)Gerechtigkeit. Im folgenden Abschnitt werden wir uns mit dem Aspekt der Gerechtigkeit näher befassen.

Pauschalsteuer
Steuer, bei der alle Bürger einen Steuerbetrag in gleicher Höhe zu entrichten haben.

> **Kurztest**
> Was ist unter Effizienz eines Steuersystems zu verstehen? Wodurch kann ein Steuersystem ineffizient sein?

7.8 Steuern und Gerechtigkeit

Die Steuerpolitik führt in jedem Land zu hitzigen politischen Debatten. Die Auseinandersetzungen entzünden sich selten an Fragen der Effizienz. Stattdessen sind sie auf die bestehende Uneinigkeit darüber zurückzuführen, wie die Steuerlast verteilt werden sollte. Wenn wir aber darauf angewiesen sind, dass der Staat einige der von uns benötigten Waren und Dienstleistungen bereitstellt, müssen die Steuern natürlich irgendjemanden treffen. Wie sollte die Last der Steuern auf die Bevölkerung aufgeteilt werden? Wie beurteilen wir, ob ein Steuersystem gerecht ist? Es herrscht breiter Konsens darüber, dass ein Steuersystem gerecht sein sollte. Jedoch existieren viele unterschiedliche Meinungen dazu, was Gerechtigkeit bedeutet und wie die (Verteilungs-)Gerechtigkeit eines Steuersystems beurteilt werden kann.

Das Äquivalenzprinzip

Äquivalenzprinzip
Prinzip, nach dem jeder Bürger Steuern entsprechend seiner aus den staatlichen Leistungen empfangenen Vorteile zahlt.

Ein Prinzip der Besteuerung, genannt das **Äquivalenzprinzip**, besagt, dass die Bürger Steuern entsprechend ihrer aus den staatlichen Leistungen empfangenen Vorteile zahlen sollen. So wie jemand, der oft ins Kino geht, insgesamt mehr für Kinokarten zahlt, als jemand, der selten ins Kino geht, sollte jemand, der einen großen Vorteil aus einem öffentlichen Gut empfängt, mehr dafür zahlen, als jemand, der nur einen geringen Vorteil erhält.

Beispielsweise wird die Energiesteuer durch das Äquivalenzprinzip gerechtfertigt. Die Einnahmen aus der Energiesteuer werden (im Wesentlichen) für den Bau und die Unterhaltung des öffentlichen Straßennetzes verwendet. Weil diejenigen, welche Kraftstoffe kaufen, auch die sind, die die Straßen nutzen, wird die Energiesteuer als ein gerechter Weg angesehen, für diese staatliche Leistung zu zahlen.

Mit dem Äquivalenzprinzip lässt sich auch Smiths erstes Besteuerungsprinzip begründen, dass reiche Bürger höhere Steuern zahlen sollten als arme. Warum? Schlichtweg deshalb, weil die Reichen mehr von öffentlichen Leistungen profitieren. Betrachten wir zum Beispiel die Vorteile des Diebstahlschutzes durch die Polizei. Bürger, die viel zu beschützen haben, ziehen einen größeren Vorteil aus der Polizeiarbeit, als diejenigen, die weniger zu beschützen haben. Nach dem Äquivalenzprinzip sollten sich die Reichen daher stärker als die Armen an den Kosten der Unterhaltung der Polizei beteiligen. Dasselbe Argument kann für viele andere öffentliche Leistungen herangezogen werden, wie etwa Brandschutz, nationale Verteidigung und das Rechtswesen.

Es ist sogar möglich, mithilfe des Äquivalenzprinzips Programme zur Armutsbekämpfung zu rechtfertigen, die mit Steuern zulasten der Reichen finanziert werden. Wenn wir annehmen, dass Menschen es vorziehen, in einer Gesellschaft ohne Armut zu leben, dann sind Programme zur Bekämpfung der Armut ein erstrebenswertes politisches Ziel. Wenn die Reichen dem gesamtgesellschaftlichen Wohlstand einen größeren Wert beimessen als andere Bevölkerungsschichten, zum Beispiel aus Gründen von Sicherheit, Infrastruktur und Konsummöglichkeiten, dann sollten sie nach dem Äquivalenzprinzip auch stärker für die Finanzierung dieser Programme besteuert werden.

Das Leistungsfähigkeitsprinzip

Einen anderen Weg, die Gerechtigkeit eines Steuersystems zu beurteilen, stellt das sogenannte **Leistungsfähigkeitsprinzip** dar. Es besagt, dass jeder Bürger entsprechend seiner individuellen Fähigkeit, Lasten tragen zu können, an der Aufbringung des Steueraufkommens beteiligt werden soll. Dieses Prinzip wird manchmal mit der Behauptung gerechtfertigt, dass alle Bürger das »gleiche Opfer« erbringen sollten, um den Staat zu unterstützen. Das Ausmaß des Opfers, das eine Person erbringt, hängt jedoch nicht nur von der Höhe der Steuerzahlung ab, sondern ebenso vom Einkommen und anderen Faktoren. Eine Steuer von 1.000 Euro kann für einen armen Menschen ein größeres Opfer bedeuten als eine Steuer von 10.000 Euro für einen reichen Menschen.

Aus dem Leistungsfähigkeitsprinzip folgen zwei Vorstellungen von Gerechtigkeit: vertikale Gerechtigkeit und horizontale Gerechtigkeit. **Vertikale Gerechtigkeit** bedeutet, dass Steuerzahler mit größerer steuerlicher Leistungsfähigkeit größere Steuerbeträge zahlen sollen. **Horizontale Gerechtigkeit** meint, dass Steuerzahler mit gleicher steuerlicher Leistungsfähigkeit den gleichen Steuerbetrag zahlen sollen. Obwohl diese Gerechtigkeitsvorstellungen weithin akzeptiert werden, ist ihre Anwendung zur Beurteilung eines Steuersystems nicht einfach.

Vertikale Gerechtigkeit. Wenn Steuern auf der Zahlungsfähigkeit basieren, dann sollten reiche Steuerzahler mehr zahlen als arme Steuerzahler. Doch wie viel mehr sollten die Reichen zahlen? Ein Großteil der steuerpolitischen Debatte betrifft diese Frage.

Betrachten Sie die drei Typen einer Einkommensteuer in Tabelle 7-1. In jedem Fall zahlen Steuerzahler mit höheren Einkommen mehr. Die Steuertypen unterscheiden sich aber darin, wie schnell der Steuerbetrag mit zunehmendem Einkommen ansteigt. Der erste Steuertyp wird als **proportionale Steuer** (oder **Flat Tax**) bezeichnet, da alle Steuerzahler denselben Bruchteil ihres Einkommens an Steuern zahlen. Der zweite Steuertyp wird **regressive Steuer** genannt, da Steuerzahler mit hohem Einkommen einen geringeren Bruchteil ihres Einkommens an Steuern zahlen, obwohl sie einen höheren absoluten Betrag zahlen. Der dritte Steuertyp wird **progressive Steuer** genannt, da Steuerzahler mit hohem Einkommen einen größeren Bruchteil ihres Einkommens an Steuern zahlen.

Welcher dieser drei Steuertypen ist am gerechtesten? Manchmal wird argumentiert, dass ein progressives Steuersystem gerechter sei, weil dann reichere Menschen mehr Steuern zahlen und diese sich das auch eher leisten können. Reichere Menschen werden jedoch auch in einem proportionalen und selbst einem regressiven Steuersystem mehr Steuern zahlen als ärmere Menschen. Letztlich gibt es keine eindeutige Antwort hierauf, und die Wirtschaftstheorie ist keinerlei Hilfe bei dem Versuch, eine zu finden. Gerechtigkeit liegt, ebenso wie Schönheit, im Auge des Betrachters.

Horizontale Gerechtigkeit. Wenn Steuern auf der Fähigkeit basieren, Steuern zu zahlen, dann sollten Steuerzahler mit gleicher steuerlicher Leistungsfähigkeit den gleichen Steuerbetrag zahlen. Aber was bestimmt, ob die Leistungsfähigkeit zweier Steuerzahler gleich ist? Die Lebensumstände von Individuen können sich in vielerlei Hinsicht unterscheiden. Um zu beurteilen, ob ein Steuerrecht horizontal gerecht ist,

---

Leistungsfähigkeitsprinzip
Prinzip, nach dem jeder Bürger entsprechend seiner steuerlichen Leistungsfähigkeit an der Aufbringung des Steueraufkommens beteiligt werden soll.

Vertikale Gerechtigkeit
Die Vorstellung, dass Steuerzahler mit größerer steuerlicher Leistungsfähigkeit größere Steuerbeträge zahlen sollen.

Horizontale Gerechtigkeit
Die Vorstellung, dass Steuerzahler mit gleicher steuerlicher Leistungsfähigkeit den gleichen Steuerbetrag zahlen sollen.

Proportionale Steuer (Flat Tax)
Steuer, bei der Steuerzahler mit hohem Einkommen und Steuerzahler mit niedrigem Einkommen denselben Bruchteil ihres Einkommens zahlen.

Regressive Steuer
Steuer, bei der Steuerzahler mit hohem Einkommen einen geringeren Bruchteil ihres Einkommens zahlen als Steuerzahler mit niedrigem Einkommen.

Progressive Steuer
Steuer, bei der Steuerzahler mit hohem Einkommen einen größeren Bruchteil ihres Einkommens zahlen als Steuerzahler mit niedrigem Einkommen.

7.8 Angebot, Nachfrage und die Politik der Regierung
Steuern und Gerechtigkeit

Tab. 7-1

Drei Typen einer Einkommensteuer

Einkommen (€)	Proportionale Steuer		Regressive Steuer		Progressive Steuer	
	Steuerbetrag (€)	Prozent des Einkommens	Steuerbetrag (€)	Prozent des Einkommens	Steuerbetrag (€)	Prozent des Einkommens
50.000	12.500	25	15.000	30	10.000	20
100.000	25.000	25	25.000	25	25.000	25
200.000	50.000	25	40.000	20	60.000	30

muss man feststellen, welche Unterschiede für die steuerliche Leistungsfähigkeit relevant sind und welche nicht.

Angenommen, Herr Schmidt und Frau Kruse haben beide ein Jahreseinkommen von 50.000 Euro. Herr Schmidt ist unverheiratet und hat keine Kinder. Er leidet an einer Krankheit, wodurch er jemanden benötigt, der ihn zur Arbeit bringt und abholt und auch darüber hinaus betreut. Die Ausgaben hierfür betragen 20.000 Euro im Jahr. Frau Kruse ist bei guter Gesundheit und ist eine alleinerziehende Mutter eines dreijährigen Kindes. Sie gibt im Jahr 15.000 Euro für die Kinderbetreuung aus. Wäre es gerecht, wenn Herr Schmidt und Frau Kruse Steuern in gleicher Höhe zahlen müssten, weil sie das gleiche Einkommen haben? Oder wäre es gerechter, Herrn Schmidt einen Steuerkredit, d. h. einen Abzug von der Steuerschuld, zu gewähren, um ihm zu helfen, die hohen Ausgaben für den Krankenpfleger auszugleichen, oder Frau Kruse, um sie für die Kinderbetreuungskosten zu entschädigen?

Diese Fragen sind nicht leicht zu beantworten. In der Praxis weist die deutsche Einkommensteuer eine Vielzahl spezieller Bestimmungen auf, welche die Steuerpflicht des Einzelnen seinen jeweiligen Lebensumständen anpassen.

Steuerinzidenz und Steuergerechtigkeit

Die Steuerinzidenz – die Frage danach, wer die Steuerlast tatsächlich trägt – ist zentral für die Beurteilung der Steuergerechtigkeit. Wie wir aus Kapitel 7 wissen, ist die Person, welche die Last einer Steuer trägt, nicht immer mit der Person identisch, die vom Staat den Steuerbescheid erhält. Da Steuern Angebot und Nachfrage verändern, verändern sie Gleichgewichtspreise. Infolgedessen wirken sie sich nicht nur auf diejenigen Menschen aus, die nach dem Gesetz tatsächlich die Steuer zahlen. Bei der Beurteilung der vertikalen und der horizontalen Gerechtigkeit jeder Steuer ist es daher wichtig, diesen indirekten Effekten Rechnung zu tragen.

Viele Diskussionen über Steuergerechtigkeit schenken den indirekten Effekten der Steuern keine Beachtung und basieren auf dem, was Volkswirte verächtlich als die *Fliegenfängertheorie* der Steuerinzidenz bezeichnen. Nach dieser Theorie »klebt« die Last einer Steuer dort, wo immer sie zuerst »landet« – wie eine Fliege am Fliegenfänger. Diese Annahme ist jedoch selten berechtigt.

Beispielsweise könnte eine Person ohne volkswirtschaftliche Ausbildung möglicherweise argumentieren, eine Steuer auf teure Diamantringe sei vertikal gerecht, weil die meisten Käufer von Ringen reich sind. Wenn diese Käufer die Ringe jedoch leicht durch andere Luxusgegenstände ersetzen könnten, würde durch eine Steuer auf Diamentringe möglicherweise lediglich der Verkauf von Diamantringen zurückgehen. Letztendlich würde die Last der Steuer mehr von denjenigen zu tragen sein, die solche Ringe herstellen und verkaufen, als von denjenigen, die sie kaufen. Da die meisten Arbeiter, die diese Ringe herstellen, nicht reich sind, könnte die Gerechtigkeit einer Steuer auf Diamantringe gänzlich anders zu beurteilen sein, als die *Fliegenfängertheorie* vermuten lässt.

Körperschaftsteuern, d. h. Steuern auf den Gewinn von Unternehmen, bilden ein gutes Beispiel für die Bedeutung der Steuerinzidenz für die Steuerpolitik. Die Körperschaftsteuer ist bei Wählern beliebt. Schließlich sind Körperschaften keine Menschen und Wähler sind immer bemüht, ihre Steuern zu verringern und stattdessen irgendeine unpersönliche Körperschaft zahlen zu lassen. Auf eine gewisse Art und Weise erscheint die Körperschaftsteuer wie eine Steuer, die bei niemandem erhoben wird. Kein Wunder also, dass sie auch bei Politikern beliebt ist.

Bevor man aber zu der Ansicht gelangt, dass die Körperschaftsteuer ein guter Weg für den Staat sein könnte, Einnahmen zu erzielen, sollte man sich überlegen, wer die Last der Körperschaftsteuer trägt. Dies ist eine schwierige Frage, über die sich die Volkswirte nicht einig sind. Aber eines ist sicher: Alle Steuern werden von Menschen gezahlt. Wenn der Staat eine Körperschaft besteuert, erfüllt die Körperschaft eher die Rolle eines Steuereintreibers als die eines Steuerzahlers. Die Last der Steuer tragen letzten Endes Menschen – die Eigentümer, Kunden oder Arbeitnehmer der Körperschaft.

Viele Volkswirte glauben, dass die Arbeiternehmer und Kunden den Großteil der Last der Körperschaftsteuer tragen. Um zu sehen warum, betrachten wir ein Beispiel. Angenommen, der Staat entscheidet sich, das von Automobilherstellern verdiente Einkommen mit einer Steuer zu belegen. Zunächst schadet diese Steuer den Eigentümern der Automobilunternehmen, die weniger Gewinn erzielen. Im Lauf der Zeit werden diese Eigentümer jedoch auf die Steuer reagieren. Da die Automobilherstellung weniger einträglich ist, investieren sie weniger in den Bau neuer Automobilfabriken. Stattdessen investieren sie ihr Vermögen auf andere Weise – zum Beispiel, indem sie größere Häuser kaufen oder Fabriken in anderen Industriezweigen oder in anderen Ländern aufbauen. Mit einer rückläufigen Zahl von Automobilherstellern geht das Angebot an Autos ebenso zurück wie die Nachfrage nach Arbeitern in der Automobilindustrie. Eine Besteuerung der Automobilhersteller hat daher einen Anstieg der Autopreise sowie einen Rückgang der Löhne in der Automobilindustrie zur Folge.

Die Körperschaftsteuer zeigt, wie gefährlich die *Fliegenfängertheorie* der Steuerinzidenz sein kann. Die Körperschaftsteuer ist zum Teil deswegen beliebt, weil es so scheint, als würde sie von reichen Körperschaften gezahlt werden. Doch sind diejenigen, die letztendlich die Last der Steuer tragen, nämlich die Kunden und Arbeitnehmer der Körperschaften, meistens nicht reich. Wenn die Kenntnis der wahren Inzidenz der Körperschaftsteuer weiter verbreitet wäre, wäre diese Steuer bei Wählern – und folglich auch bei Politikern – vielleicht weniger beliebt.

7.8 Angebot, Nachfrage und die Politik der Regierung
Steuern und Gerechtigkeit

Kurztest
Erklären Sie das Äquivalenzprinzip und das Leistungsfähigkeitsprinzip. Was ist unter horizontaler und vertikaler Gerechtigkeit zu verstehen? Warum ist eine genauere Untersuchung der Steuerinzidenz wichtig, um die Gerechtigkeit eines Steuersystems zu beurteilen?

Aus der Praxis

China und Subventionen für Elektrofahrzeuge

Die Regierungen vieler Länder sind sich der Umweltprobleme bewusst, die durch die Emissionen von Autos entstehen können. Viele Automobilproduzenten forschen daher an der Herstellung von Elektrofahrzeugen, deren Produktionskosten im Vergleich zu traditionellen Benzin- oder Dieselfahrzeugen immer noch relativ hoch sind – und mit ihnen auch die Preise für die Verbraucher. Dies dämpft die Nachfrage nach Elektrofahrzeugen und führt wohl auch zu einem Marktergebnis, das volkswirtschaftlich nicht effizient ist.
In China erhielten die Autohersteller in den letzten Jahren Subventionen zur Steigerung der Produktion von Elektrofahrzeugen. Es wird berichtet, dass im Jahr 2017 insgesamt eine Viertelmillion Elektrofahrzeuge – Fahrzeuge für den öffentlichen Verkehr wie auch private Autos – in China produziert wurden. Das bedeutete eine Steigerung von über 50 Prozent gegenüber dem Vorjahr. Ein Grund hierfür sind die Subventionen der chinesischen Regierung an die Hersteller von Elektrofahrzeugen.
Zusätzlich zu diesen Herstellersubventionen gewährten die chinesische Zentralregierung und die lokalen Regierungen auch den Verbrauchern Subventionen in Höhe von rund 8.500 Euro für den Kauf eines Elektrofahrzeugs. Der Umfang dieser Subventionen wurde allein für das Jahr 2017 auf rund 6,5 Milliarden Euro geschätzt. Ein Teil des Absatzwachstums von Elektrofahrzeugen ist daher offensichtlich auf die ausgezahlten Subventionen zurückzuführen.
Im Jahr 2018 kündigte die chinesische Regierung jedoch an, die Subventionen für Hersteller wie Verbraucher von 2019 an zu reduzieren. Auch die Struktur der gewährten Subventionen werde sich dahingehend verändern, dass Fahrzeuge mit größeren Reichweiten stärker und solche mit geringeren Reichweiten weniger oder gar nicht mehr subventioniert werden. Einer der Gründe für diese Politikänderung ist, dass die Autohersteller in China relativ profitabel sind und die Regierung glaubt, dass sie nun besser in der Lage sind, Innovationen zu entwickeln, die das Marktangebot vielfältiger und verbraucherfreundlicher gestalten. Weil Elektrofahrzeuge mit einer größeren Reichweite dabei als ein wesentlicher Faktor angesehen werden, erhöhte man jedoch die entsprechenden Subventionen für sie.

Fragen
1. Ein Grund, warum die chinesische Regierung für die Produktion und den Verbrauch von Elektrofahrzeugen Subventionen bereitstellt, ist, die Umweltbelastung zu reduzieren. Berücksichtigt man die Tatsache, dass auch Elektrofahrzeuge immer noch Energie benötigen, welche Faktoren dürften wohl dafür verantwortlich sein, ob die Umweltauswirkungen einer solchen Politik positiv sein werden?
2. Zeigen Sie anhand von Angebots- und Nachfragediagrammen die Auswirkungen einer Subvention auf die Produktion und den Verbrauch von Elektrofahrzeugen. Wovon hängt das Marktergebnis ab? Gibt es einen Nettowohlfahrtsverlust, der mit der Subvention verbunden ist?
3. Der Artikel stellt fest, dass die Kosten für Subventionen von Elektrofahrzeugen im Jahr 2017 auf etwa 6,5 Milliarden Euro geschätzt wurden. Kommentieren Sie, was ein Ökonom als die »wahren Kosten« solcher Subventionen ansehen würde. Ziehen Sie dabei auch die Konzepte der Gesamtrente, der Gerechtigkeit und der Effizienz heran.
4. Wären andere Marktergebnisse zu erwarten, wenn die chinesische Regierung Subventionen nur für Verbraucher und nicht für Produzenten bereitstellen würde? Begründen Sie Ihre Auffassung.
5. Wie können Ihrer Meinung nach Subventionen eingesetzt werden, um Innovationen zu fördern? Verwenden Sie das Beispiel der Elektrofahrzeuge als Grundlage für Ihre Antwort.

7.9 Fazit

»Steuern sind der Preis, den wir für eine zivilisierte Gesellschaft zahlen«, sagte 1870 Oliver Wendell Holmes Jr., Richter am Obersten Gerichtshof der USA. Und in der Tat können moderne Volkswirtschaften ohne bestimmte Formen der Besteuerung nicht existieren. Wir alle erwarten vom Staat, dass er bestimmte Leistungen wie Straßen, Parks, Polizei und Landesverteidigung sicherstellt. Die Finanzierung dieser öffentlichen Leistungen erfordert Steuereinnahmen.

Dieses Kapitel hat an einigen Stellen beleuchtet, wie hoch der Preis einer zivilisierten Gesellschaft sein kann. Märkte sind für gewöhnlich gut geeignet, um die volkswirtschaftliche Aktivität zu organisieren. Wenn der Staat jedoch den Käufern und Verkäufern Steuern auferlegt, büßt die Gesellschaft einige Vorteile der Markteffizienz ein. Steuern kommen die Marktteilnehmer nicht nur deshalb teuer zu stehen, weil damit Ressourcen von Anbietern und Nachfragern auf den Staat übergehen, sondern auch deshalb, weil sie Leistungsanreize verändern und somit die Marktergebnisse verfälschen.

Im Verlauf dieses Kapitels haben wir angenommen, dass der Vorteil für den Staat bzw. für die Nutznießer der gezahlten Steuern dem Steueraufkommen $T \times Q$ entspricht. Das muss jedoch nicht immer der Fall sein. Für eine genauere Berechnung der Größe des Nettowohlfahrtsverlustes der Besteuerung müssen wir den Vorteil aus den gezahlten Steuern irgendwie bewerten. Wenn die erhobenen Steuern beispielsweise ausgegeben werden, um die Straßeninfrastruktur zu verbessern, dann kommt der Vorteil aus dem effizienteren Transportwegenetz allen Autofahrern und der Wirtschaft gleichermaßen zugute, und der hiermit geschaffene Mehrwert kann die Summe der Steuerzahlungen durchaus übersteigen. Die Berechnung der durch die Steuerzahlungen geschaffenen Vorteile ist nicht einfach, aber sie ist nötig, um ein genaueres Bild der Wohlfahrtsveränderung zu zeichnen.

Auch die Entscheidung des Staates über die Verwendung der Steuergelder stellt einen wichtigen Faktor dar. Ein Aufsatz hierzu (Gupta, S./Verhoeven, M./Tiongson, E.R., Public Spending on Health Care and the Poor, in: Gupta, S./Clements, B./Inchauste, G. (Hrsg.): Helping Countries Develop: The Role of Fiscal Policy, Washington, DC 2004, IMF) kam zum Beispiel für 70 Entwicklungs- und Übergangsländer zu dem Ergebnis, dass die Auswirkungen öffentlicher Gesundheitsausgaben für Arme deutlich größer sind als für wohlhabendere Bevölkerungsanteile. So reduziert beispielsweise ein Anstieg der öffentlichen Gesundheitsausgaben um ein Prozent die Kindersterblichkeit bei den Armen etwa doppelt so stark wie bei den Nichtarmen und die Kindersterblichkeitsraten verändern sich in ähnlicher Weise. Dies zeigt, dass man noch viele weitere Faktoren bei der Analyse der Wohlfahrtsveränderungen berücksichtigen muss, die von der Besteuerung ausgelöst werden.

In der zweiten Hälfte dieses Kapitels haben wir Gerechtigkeit und Effizienz des Steuersystems näher betrachtet. Jedoch besteht zwischen diesen beiden Zielen oftmals ein Konflikt. Viele Vorschläge zur Änderung der Steuergesetze steigern die Effizienz, verringern zugleich aber die Gerechtigkeit. Oder sie erhöhen die Gerechtigkeit, verringern dabei aber die Effizienz. Da die Menschen den beiden Zielen unterschiedliche Bedeutung beimessen, herrscht bezüglich der Steuerpolitik häufig Uneinigkeit. Volkswirte alleine können nicht festlegen, was der beste Weg ist, um Effizienz und

Gerechtigkeit im Gleichgewicht zu halten. Diese Entscheidung erfordert sowohl politische Philosophie als auch die Einbeziehung ökonomischer Aspekte. Volkswirte spielen jedoch eine wichtige Rolle in der politischen Debatte zur Steuerpolitik: Sie können Licht in die Zielkonflikte bringen, denen sich die Gesellschaft gegenübersieht, und daher dazu beitragen, eine Steuerpolitik zu vermeiden, die Effizienz opfert, ohne dabei die Gerechtigkeit zu fördern.

Zusammenfassung

▸ Eine Preisobergrenze (Höchstpreis) ist ein gesetzlich vorgeschriebener maximaler Preis für ein Gut (Ware oder Dienstleistung). Ein Beispiel ist die Mietpreisbindung. Sofern der Höchstpreis unter dem Gleichgewichtspreis liegt, übersteigt die nachgefragte Menge die angebotene Menge. Aufgrund der Verknappung müssen die Anbieter zusätzlich zum Marktmechanismus ein Verfahren der Rationierung unter den Nachfragern finden.

▸ Eine Preisuntergrenze (Mindestpreis) ist ein gesetzlich vorgeschriebener minimaler Preis für ein Gut (Ware oder Dienstleistung). Ein Beispiel ist der Mindestlohn. Sofern der Mindestpreis über dem Gleichgewichtspreis liegt, übersteigt die angebotene Menge die nachgefragte Menge. Wegen des Angebotsüberschusses muss zusätzlich zum Marktmechanismus ein Verfahren der Rationierung unter den Anbietern angewandt werden.

▸ Sobald Steuern auf ein gehandeltes Gut erhoben werden, geht die Gleichgewichtsmenge des Gutes zurück. Eine Steuer reduziert also das Marktvolumen.

▸ Eine Steuer treibt einen Keil zwischen den vom Käufer bezahlten und den vom Verkäufer erlösten Preis. Wenn der Markt im neuen Gleichgewicht ankommt, zahlen die Käufer mehr für ein Gut und die Verkäufer erlösen weniger dafür. In diesem Sinn tritt eine Teilung der Steuerlast zwischen Käufern und Verkäufern ein. Die Steuerinzidenz (d. h. die Aufteilung der Steuerlast) hängt nicht davon ab, ob die Steuer vom Käufer oder vom Verkäufer bezahlt wird.

▸ Eine Subvention, die die Verkäufer erhalten, senkt die Produktionskosten und veranlasst die Unternehmen dazu, die Produktion zu erhöhen. Die Käufer profitieren von niedrigeren Preisen.

▸ Die Inzidenz einer Steuer oder einer Subvention hängt von der Preiselastizität von Angebot und Nachfrage ab. Die Last fällt tendenziell stärker auf jene Seite des Markts, die eine geringere Preiselastizität aufweist, also weniger leicht mit Mengenänderungen auf die Steuer/Subvention reagieren kann.

▸ Die Beurteilung der Effizienz eines Steuersystems bezieht sich auf die Kosten, die es den Steuerzahlern auferlegt. Zusätzlich zum Mitteltransfer vom Steuerzahler zum Staat entstehen zwei Arten von Kosten. Die erste entspricht der Verzerrung in

Stichwörter

▸ **Preisobergrenze**
▸ **Preisuntergrenze**
▸ **direkte Steuern**
▸ **indirekte Steuern**
▸ **Mengensteuer**
▸ **Wertsteuer**
▸ **Steuerinzidenz**
▸ **Subvention**
▸ **Nettowohlfahrtsverlust (Deadweight loss)**
▸ **Durchschnittssteuersatz**
▸ **Grenzsteuersatz**
▸ **Pauschalsteuer**
▸ **Äquivalenzprinzip**
▸ **Leistungsfähigkeitsprinzip**
▸ **vertikale Gerechtigkeit**
▸ **horizontale Gerechtigkeit**
▸ **proportionale Steuer (Flat Tax)**
▸ **regressive Steuer**
▸ **progressive Steuer**

der Allokation der Ressourcen, die darauf zurückzuführen ist, dass Steuern Anreize und Verhaltensweisen verändern. Die zweite ist der administrative Erhebungsaufwand, der mit der Befolgung der Steuergesetze einhergeht.
▸ Eine Steuer auf ein Gut vermindert die Wohlfahrt der Käufer und Verkäufer dieses Gutes, wobei der Rückgang von Konsumenten- und Produzentenrente in der Regel nicht von den erzielten Steuereinnahmen des Staates kompensiert wird. Den Rückgang der Gesamtrente – der Summe aus Konsumentenrente, Produzentenrente und Steueraufkommen – nennt man den Nettowohlfahrtsverlust einer Steuer.
▸ Steuern bewirken deshalb Nettowohlfahrtsverluste, weil sie die Käufer dazu veranlassen, weniger zu konsumieren und die Verkäufer dazu veranlassen, weniger zu produzieren. Durch diese Verhaltensänderung schrumpft der Markt unter das Optimum, d. h. unter die Größe, welche die Gesamtrente maximiert. Da die Preiselastizitäten von Angebot und Nachfrage messen, wie stark die Marktteilnehmer auf Veränderungen der Marktkonditionen reagieren, implizieren größere Elastizitäten höhere steuerbedingte Nettowohlfahrtsverluste.
▸ Ein steigender Steuersatz schwächt zunehmend die Leistungsanreize und führt zu einem Anstieg der Nettowohlfahrtsverluste. Mit dem Anstieg des Steuersatzes nehmen die Steuereinnahmen zunächst zu. Irgendwann führt ein hoher Steuersatz jedoch dazu, dass das Steueraufkommen sinkt, da die Marktgröße zurückgeht.
▸ Die Gerechtigkeit eines Steuersystems hängt davon ab, ob die Steuerlast fair auf die Bevölkerung verteilt ist. Nach dem Äquivalenzprinzip ist es gerecht, wenn die Bürger Steuern so zahlen, dass sie ihren jeweiligen persönlichen Vorteilen aus den staatlichen Leistungen entsprechen. Nach dem Leistungsfähigkeitsprinzip ist es gerecht, wenn die Bürger entsprechend ihrer steuerlichen Leistungsfähigkeit an der Aufbringung des Steueraufkommens beteiligt werden. Bei der Beurteilung der Gerechtigkeit eines Steuersystems ist es wichtig, sich einer Lektion über die Steuerinzidenz zu erinnern: Die Verteilung der Steuerlasten entspricht nicht der Verteilung der Steuerbescheide.
▸ Wenn Änderungen der Steuergesetze erwogen werden, befinden sich Politiker oftmals in einem Zielkonflikt zwischen Effizienz und Gerechtigkeit. Der Großteil der Debatte in Bezug auf die Steuerpolitik ist darauf zurückzuführen, dass die Menschen diesen zwei Zielen unterschiedliche Bedeutung beimessen.

Wiederholungsfragen

1. Was ist ein Höchstpreis? Was ist ein Mindestpreis? Welcher von beiden – Höchstpreis oder Mindestpreis – verursacht einen Nachfrageüberschuss? Welcher einen Angebotsüberschuss?
2. Erläutern Sie, warum Ökonomen generell gegen Preiskontrollen sind.
3. Was ist der Unterschied zwischen einer Mengensteuer und einer Wertsteuer?
4. Wie verändert die Besteuerung eines Gutes den vom Käufer bezahlten und den vom Verkäufer erlösten Preis sowie die gehandelte Menge des Gutes?
5. Was ist ausschlaggebend dafür, wie die Steuerlast zwischen Käufern und Verkäufern geteilt wird?

6. Wie beeinflusst eine Subvention auf ein Gut den Preis, den die Käufer zahlen müssen, den Preis, den die Verkäufer erlösen und die gehandelte Menge?
7. Wie verändern sich Konsumenten- und Produzentenrente, wenn der Verkauf eines Gutes besteuert wird? Wie sind die Größenverhältnisse zwischen den Renten und den erzielten Steuereinnahmen?
8. Zeichnen Sie ein Angebots-Nachfrage-Diagramm mit einer Steuer auf den Verkauf des Gutes. Kennzeichnen Sie den Nettowohlfahrtsverlust. Bestimmen Sie das Steueraufkommen.
9. Wie beeinflussen die Preiselastizitäten von Angebot und Nachfrage den Nettowohlfahrtsverlust einer Steuer? Weshalb kommt es zu dieser Auswirkung?
10. Warum ist die Last einer Steuer für die Steuerzahler größer als die vom Staat erzielten Einnahmen?
11. Nennen Sie zwei Gründe, warum reiche Steuerzahler mehr Steuern zahlen sollten als arme Steuerzahler.
12. Worin besteht der Aspekt der horizontalen Gerechtigkeit, und warum ist sie schwer zu erreichen?

Aufgaben und Anwendungen

1. Angenommen, für jeden Kasten Bier würde vom Verkäufer eine Steuer in Höhe von 2 Euro erhoben.
   a. Zeichnen Sie das Angebots-Nachfrage-Diagramm des Biermarkts ohne Steuer. Zeigen Sie den vom Käufer bezahlten und den vom Verkäufer erlösten Preis sowie die verkaufte Menge auf. Welches ist der Unterschied zwischen dem vom Käufer bezahlten und dem vom Verkäufer erlösten Preis?
   b. Nun zeichnen Sie das Angebots-Nachfrage-Diagramm des Biermarkts mit der Steuer. Bestimmen Sie den vom Käufer bezahlten und den vom Verkäufer erlösten Preis. Ist die gehandelte Menge nun größer oder kleiner als zuvor?

2. Die Regierung steht auf dem Standpunkt, dass der Käsepreis auf dem freien Markt zu niedrig ist.
   a. Nehmen wir an, es wird ein verbindlicher Mindestpreis für den Käsemarkt vorgeschrieben. Benutzen Sie ein Angebots-Nachfrage-Diagramm, um die Auswirkungen der politischen Maßnahme auf Preis und Mengen zu zeigen. Wird es zu einem Nachfrageüberschuss oder zu einem Angebotsüberschuss an Käse kommen?
   b. Landwirte beklagen sich gelegentlich darüber, dass Mindestpreise ihre Erlöse und Einkommen vermindern. Kann das sein? Wie lautet Ihre Erklärung?
   c. Als Reaktion auf die Klagen der Landwirte kommt es dazu, dass staatliche Stellen die Überschussmengen zum Mindestpreis aufkaufen. Wer profitiert von dieser neuen politischen Maßnahme, wenn man vom zuvor eingeführten Mindestpreis aus argumentiert? Gibt es dabei auch Verlierer?

3. Wenn die Bundesregierung eine Luxussteuer in Höhe von 1.000 Euro auf Pelzmäntel einführen würde, steigt dann der Preis, den die Käufer für einen Pelzmantel

bezahlen müssen, um weniger als 1.000 Euro, um genau 1.000 Euro oder um mehr als 1.000 Euro an? Begründen Sie Ihre Antwort!

4. Die Marktforschung hat die nachfolgende Angebots- und Nachfragetabelle für Frisbees ermittelt:

Preis (€/Stück)	Nachfragemenge (Stück)	Angebotsmenge (Stück)
11	1.000.000	15.000.000
10	2.000.000	12.000.000
9	4.000.000	9.000.000
8	6.000.000	6.000.000
7	8.000.000	3.000.000
6	10.000.000	1.000.000

   a. Bestimmen Sie Gleichgewichtspreis und Gleichgewichtsmenge des Frisbee-Markts.
   b. Den Frisbee-Produzenten gelingt es, die Regierung davon zu überzeugen, dass der Wissenschaftlereinsatz bei aerodynamischen Forschungen in der Produktion auch verteidigungspolitische Bedeutung hat und deshalb ein Mindestpreis 2 Euro über dem Gleichgewichtspreis verordnet werden muss. Welches ist der neue Marktpreis? Wie viele Frisbees werden verkauft?
   c. Verärgerte Schüler demonstrieren für eine Preissenkung bei Frisbees. Daraufhin wird der Mindestpreis abgeschafft und ein Höchstpreis 1 Euro unter dem früheren Marktpreis eingeführt. Wie hoch sind nun der Marktpreis und die verkaufte Menge?

5. Um den Gesundheitszustand der Bevölkerung zu verbessern, wird über verschiedene Maßnahmen nachgedacht, die den Konsum von Hamburgern einschränken sollen. Skizzieren Sie zu jeder einzelnen Maßnahme ein Angebots-Nachfrage-Diagramm:
   a. Einführung eines Mindestpreises für Hamburger
   b. Einführung einer Subvention für Hähnchen-Produzenten, die den Preis für Hähnchen-Baguettes senkt
   c. Einführung einer Steuer auf die Hamburger-Produzenten

6. Nach Forderungen von Liebhabern klassischer Musik führt die Regierung eine Vorschrift für einen Höchstpreis von 40 Euro pro Konzertkarte ein. Wird diese Maßnahme mehr oder weniger Menschen zum Besuch der Konzerte veranlassen?

7. In der Stadt Dresden wurde ein neues Fußballstadion gebaut. In das neue Stadion passen 32.000 Zuschauer. Da die Stadt Dresden aufgrund der Baukosten in Finanznöten ist, plant sie einen Aufschlag von 5 Euro auf den Ticketpreis von 15 Euro, um die Baukosten zu finanzieren. Zeigen Sie mithilfe eines Diagramms, wer am Ende die Steuerlast tragen wird, die Fans oder der Verein.

Angebot, Nachfrage und die Politik der Regierung
Aufgaben und Anwendungen

8. Nehmen Sie an, die Bundesregierung erwägt, den Käufern und nicht den Verkäufern von Eiscreme eine Subvention in Höhe von 0,50 Euro je Kugel zu gewähren.
   a. Zeigen Sie die Auswirkungen einer Subvention in Höhe von 0,50 Euro auf die Nachfragekurve für Eiscreme, den von den Käufern bezahlten Preis und den von den Verkäufern erlösten Preis sowie die Gleichgewichtsmenge.
   b. Haben die Käufer von dieser Maßnahme Vorteile oder Nachteile? Verlieren oder gewinnen die Verkäufer durch die Maßnahme? Wie steht es um Vor- und Nachteile für den Staat und die Allgemeinheit?
   c. Wem sollte der Staat die Subvention eher gewähren, den Käufern oder den Verkäufern?

9. Der Markt für Pizza weise eine normal fallende Nachfragekurve und eine normal steigende Angebotskurve auf. Zeichnen Sie das Marktgleichgewicht für vollständige Konkurrenz ein.
   a. Benennen Sie Preis, Menge, Konsumentenrente und Produzentenrente. Gibt es dabei einen Nettowohlfahrtsverlust? Erläutern Sie Ihre Antwort.
   b. Angenommen, für jede verkaufte Pizza muss der Anbieter eine Steuer in Höhe von 1 Euro abführen. Zeichnen Sie ein Angebots-Nachfrage-Diagramm und markieren Sie darin Konsumentenrente, Produzentenrente, Steueraufkommen und Nettowohlfahrtsverlust. Erörtern Sie die Unterschiede im Vergleich zu a.
   c. Wenn die Steuer wieder abgeschafft würde, wären die Pizzaesser und die Pizzaverkäufer besser gestellt, doch dem Staat gingen die Steuereinnahmen verloren. Könnten nicht die Käufer und Verkäufer freiwillig einen Teil ihrer Renten an den Staat abführen? Könnten dann vielleicht alle Beteiligten besser gestellt sein als mit der Steuer? Verwenden Sie bei den Erläuterungen Ihre Zeichnung zu b.

10. Bewerten Sie die nachfolgenden beiden Aussagen. Können Sie zustimmen? Warum oder warum nicht?
    a. »Wenn das Grundeigentum besteuert wird, wälzen die Eigentümer die Steuer auf die Pächter ab.«
    b. »Wenn der Wohnungsbau besteuert wird, geben die Eigentümer die Steuerlast an die Mieter weiter.«

11. Bewerten Sie die nachfolgenden beiden Aussagen. Können Sie zustimmen? Warum oder warum nicht?
    a. »Eine Steuer, die keinen Nettowohlfahrtsverlust verursacht, kann auch keine Staatseinnahmen erbringen.«
    b. »Eine Steuer, die keine Steuereinnahmen erbringt, kann auch keinen Nettowohlfahrtsverlust verursachen.«

12. Denken wir an eine Besteuerung des Heizöls.
    a. Wäre der Nettowohlfahrtsverlust im ersten Jahr oder im fünften Jahr nach Einführung der Steuer größer?
    b. Wäre das Steueraufkommen aus dieser Heizölsteuer im ersten oder im fünften Jahr nach der Einführung größer?

13. Nach der Volkswirtschaftsvorlesung meint Ihr Freund eines Tages, eine Besteuerung von Nahrungsmitteln wäre deshalb zweckmäßig zur Erzielung von Staatseinnahmen, weil die Nachfrage unelastisch ist. In welcher Hinsicht ist die Besteuerung von Nahrungsmitteln tatsächlich ein »guter« Weg zu Steuereinnahmen? In welcher Hinsicht ist diese Besteuerung weniger empfehlenswert?

14. Betrachten Sie den Markt für Käse. Nehmen wir an, der Staat führt eine Steuer auf den Verkauf von Käse ein.
   a. Wie verteilt sich die Steuerlast zwischen Konsumenten und Produzenten, wenn das Angebot eher elastisch und die Nachfrage eher unelastisch auf Preisänderungen reagiert? Zeigen Sie die Auswirkungen auf Konsumentenrente und Produzentenrente.
   b. Wie verteilt sich die Steuerlast zwischen Konsumenten und Produzenten, wenn das Angebot eher unelastisch und die Nachfrage eher elastisch auf Preisänderungen reagiert? Zeigen Sie die Auswirkungen auf Konsumentenrente und Produzentenrente.

15. Nehmen Sie an, die Regierung erzielt derzeit Steuereinnahmen in Höhe von 100 Millionen Euro durch eine Steuer in Höhe von 0,01 Euro auf ein beliebiges Gut (»Dingsbums«) und weitere Steuereinnahmen in Höhe von 100 Millionen Euro durch eine Steuer in Höhe von 0,01 Euro auf ein anderes beliebiges Gut (»Schnickschnack«). Wenn die Regierung nun den Steuersatz auf »Dingsbums« verdoppelt und dafür die Steuer auf »Schnickschnack« abschafft, werden die Steuereinnahmen insgesamt steigen, sinken oder unverändert bleiben? Begründen Sie Ihre Antwort.

16. Diskutieren wir nun das Gegenteil der Besteuerung eines Gutes, die Subvention. Der Käufer erhält für jedes gekaufte Stück 2 Euro aus der Staatskasse. Wie verändert diese Subvention die Konsumentenrente, die Produzentenrente, die Steuereinnahmen und die Gesamtrente? Kann es durch eine Subvention zu einem Nettowohlfahrtsverlust kommen?

17. Ein Steuertarif weist zwei Arten von Steuersätzen auf – Durchschnittssteuersätze und Grenzsteuersätze.
   a. In der Tabelle 7-1 sind die Durchschnittssteuersätze bei einem Einkommen von 50.000 Euro, 100.000 Euro und 200.000 Euro für eine proportionale, für eine regressive und für eine progressive Einkommensteuer dargestellt. Berechnen Sie den Grenzsteuersatz für den Fall der proportionalen Einkommensteuer, wenn sich das Einkommen von 50.000 Euro auf 100.000 Euro erhöht. Wie hoch ist der Grenzsteuersatz, wenn sich das Einkommen von 100.000 Euro auf 200.000 Euro erhöht? Berechnen Sie die entsprechenden Grenzsteuersätze für den Fall der regressiven bzw. progressiven Einkommensteuer.

b. Beschreiben Sie das Verhältnis zwischen Durchschnittssteuersätzen und Grenzsteuersätzen für jeden der drei Typen einer Einkommensteuer. Welcher Steuersatz ist im Allgemeinen relevant für jemanden, der entscheiden muss, ob er einen Job annimmt, bei dem die Bezahlung nur geringfügig höher liegt als bei seinem derzeitigen Job? Welcher Steuersatz ist relevant für die Beurteilung der vertikalen Gerechtigkeit einer Einkommensteuer?

8 Öffentliche Güter, Allmendegüter und meritorische Güter

In den bisherigen Kapiteln haben wir festgestellt, dass es der Markt ist, der uns Waren und Dienstleistungen bereitstellt. Dabei spiegelt die Nachfrage den Nutzen und Wert wider, den die Käufer den jeweiligen Gütern beimessen und das Angebot spiegelt die jeweiligen Kosten für die Verkäufer wider. Der Preis wirkt als Signal an Käufer und Verkäufer und teilt die knappen Ressourcen den konkurrierenden Verwendungszwecken zu. Ausgehend von diesem Verständnis: Wie viel sind Sie bereit für Landesverteidigung, Justiz oder Polizei auszugeben? Würden Sie für Straßenbeleuchtung, Spielplätze und Parks zahlen? Und haben Sie jemals darüber nachgedacht, wem die Natur gehört – Flüsse, Berge, der Strand und das Meer?

Viele Menschen profitieren von diesen Gütern, ohne direkt für sie zu zahlen. Diese Waren und Dienstleistungen bilden daher in der ökonomischen Analyse eigene Kategorien. Wenn Güter verfügbar sind, ohne dass die, die sie nutzen, direkt dafür zahlen müssen, werden Marktkräfte nicht aktiv, die üblicherweise die Ressourcen zuteilen.

Diese Art von Gütern würde im System des freien Markts entweder gar nicht angeboten oder nicht in den Mengen, die nötig sind, um die Bedürfnisse der Gesellschaft zu befriedigen. In diesem Fall teilt der Markt die Ressourcen nicht effizient zu (weil die Bedürfnisse nicht befriedigt werden) und die Regierung muss eingreifen, um dieses sogenannte Marktversagen zu beheben.

Wenn Regierungen in den Markt eingreifen und Güter zum Wohle der Allgemeinheit, finanziert durch Besteuerung, bereitstellen, so zählt man diese Waren und Dienstleistungen zum öffentlichen Sektor. Der **öffentliche Sektor** dient der Bereitstellung von Gütern, welche durch den Staat im Interesse der gesamten Bevölkerung finanziert und organisiert werden.

Das Gegenstück dazu bildet der **private Sektor**, in dem Waren und Dienstleistungen durch private Unternehmen finanziert und organisiert werden, nicht ausschließlich, aber in der Regel mit dem Ziel, Gewinne zu erwirtschaften. Zusätzlich kann man auch noch von einem dritten Sektor oder Nonprofit-Sektor sprechen, der Vereine, Verbände, Stiftungen und weitere gemeinnützige Organisationen umfasst.

Öffentlicher Sektor
Der Teil der Volkswirtschaft, in dem die Geschäftstätigkeit im Staatsbesitz ist und durch diesen finanziert und kontrolliert wird. Die Waren und Dienstleistungen des öffentlichen Sektors werden durch den Staat im Interesse der gesamten Bevölkerung bereitgestellt.

Privater Sektor
Der Teil der Volkswirtschaft, in dem die Geschäftstätigkeit im Besitz privater Unternehmen ist und durch diese finanziert und kontrolliert wird.

8.1 Die verschiedenen Arten von Gütern

Wenn wir über die Güter in einer Volkswirtschaft nachdenken, ist es sinnvoll, diese in zwei Kategorien zu unterteilen. Diese zwei Kategorien bilden wir anhand folgender Fragen:
- **Ausschließbarkeit von der Güternutzung**: Können Menschen, welche nicht für das Gut zahlen, von dessen Nutzung ausgeschlossen werden?
- **Rivalität der Güternutzung**: Verringert die Nutzung des Gutes durch die eine Person die Möglichkeiten der Nutzung durch eine andere Person?

> **Ausschließbarkeit von der Güternutzung**
> Eigenschaft eines Gutes, nach der Personen, die nicht dafür zahlen, von dessen Nutzung ausgeschlossen werden können.

> **Rivalität der Güternutzung**
> Eigenschaft eines Gutes, nach der dessen Nutzung durch eine Person die Möglichkeiten der Nutzung durch eine andere Person verringert.

> **Private Güter**
> Güter mit ausschließbarer und rivalisierender Nutzung.

> **Öffentliche Güter**
> Güter, die weder eine ausschließbare noch eine rivalisierende Nutzung aufweisen.

> **Allmendegüter**
> Güter, die zwar eine rivalisierende Nutzung aufweisen, aber nicht ausschließbar sind.

> **Clubgüter**
> Güter, die zwar dem Ausschlussprinzip unterliegen, bei denen jedoch keine Rivalität der Güternutzung besteht.

Im Hinblick auf diese beiden Merkmale entstehen vier Kategorien von Gütern (vgl. Abbildung 8-1).

1. **Private Güter** sind durch die Kriterien der Ausschließbarkeit und der Rivalität der Nutzung gekennzeichnet. Denken Sie an einen Schokoriegel. Der Schokoriegel ist ausschließbar, weil derjenige, der ihn besitzt, ihn einer anderen Person vorenthalten kann. Er gibt ihn ihr einfach nicht. Der Schokoriegel ist aber auch rivalisierend in der Nutzung. Wenn eine Person den Schokoriegel aufgegessen hat, kann eine andere nicht den gleichen Riegel essen. Die meisten Güter einer Volkswirtschaft sind private Güter wie der Schokoriegel. In unserer bisherigen Analyse von Angebot und Nachfrage haben wir unterstellt, dass alle Güter in der Nutzung sowohl ausschließbar als auch rivalisierend sind.

2. **Öffentliche Güter** sind weder durch Ausschließbarkeit noch durch Rivalität gekennzeichnet in der Nutzung. Die Menschen können nicht daran gehindert werden, ein öffentliches Gut zu nutzen, und die Nutzer nehmen sich gegenseitig nicht die Nutzungsmöglichkeiten weg. Beispiele sind das Verteidigungssystem eines Landes oder ein Damm gegen Überschwemmungen. Sie verteidigen und schützen die Bewohner eines Landes gleichermaßen und schließen niemanden aus. Darüber hinaus vermindert die Tatsache, dass eine Person geschützt wird, nicht den Schutz der anderen, d. h., es besteht auch keine Rivalität der Güternutzung.

3. **Allmendegüter** sind Güter, für die es keinen Ausschluss gibt, aber Rivalität der Nutzung. Fische im Meer sind ein Beispiel für ein solches rivalisierendes Gut: Wenn eine Person oder eine Gruppe von Personen im Meer fischt, bleiben für andere Fischer weniger Fische übrig. Jedoch handelt es sich bei den Fischen nicht um ausschließbare Güter, da es aufgrund der Größe der Weltmeere sehr schwierig ist, Menschen vom Fischfang abzuhalten, die beispielsweise nicht die nötigen Fanglizenzen besitzen. Ihren Namen haben diese Güter von den Gemeinschaftsweiden (Allmenden), die besonders im Mittelalter verbreitet waren, die es jedoch auch heute noch gibt, vor allem in Entwicklungsländern (vgl. hierzu auch Abschnitt 8.3).

4. **Clubgüter** sind Güter, die zwar dem Ausschlussprinzip unterliegen, bei denen jedoch keine Rivalität der Güternutzung besteht. Denken Sie z. B. an den Brandschutz in einem kleinen Ort. Es wäre nicht schwer, einzelne Menschen von diesem Gut auszuschließen: Die Feuerwehr könnte einfach ihre brennenden Häuser nicht löschen. Doch ist Brandschutz kein rivalisierendes Gut. Die meiste Zeit verbringen die Feuerwehrleute damit, auf einen Brandfall zu warten, sodass man davon aus-

Die verschiedenen Arten von Gütern 8.1

Abb. 8-1

Vier Kategorien von Gütern

		Rivalität	
		Ja	**Nein**
Ausschließbarkeit	**Ja**	Private Güter ▸ Schokoladenriegel ▸ Kleidung ▸ gebührenpflichtige Straßen mit Stau	Clubgüter ▸ Brandschutz ▸ Leitungswasser ▸ gebührenpflichtige Straßen ohne Stau
	Nein	Allmendegüter ▸ Fische im Meer ▸ Umwelt ▸ öffentliche Straßen mit Stau	Öffentliche Güter ▸ Staudamm ▸ Nationale Verteidigung ▸ öffentliche Straßen ohne Stau

Man kann Güter nach den folgenden zwei Fragestellungen in vier Kategorien einteilen:
(1) Sind andere von der Güternutzung ausschließbar? (Ausschließbarkeit von der Güternutzung)
(2) Nimmt ein Güternutzer den anderen ganz oder teilweise die Nutzungsmöglichkeit? (Rivalität in der Güternutzung)
Das Diagramm zeigt Beispiele für Güter der jeweiligen Kategorie private Güter, öffentliche Güter, Clubgüter und Allmendegüter.

gehen kann, dass der Brandschutz eines zusätzlichen Hauses oder einer zusätzlichen Wohnung den Brandschutz der anderen Häuser oder Wohnungen nicht verringert. Allenfalls in Kriegszeiten könnte der gesamte Ort gleichzeitig in Flammen stehen. Wenn sich also eine Stadt eine Feuerwehr hält, sind die zusätzlichen Kosten für den Schutz eines weiteren Haushalts – in normalen Zeiten – verschwindend gering. Clubgüter sind ein Beispiel für natürliche Monopole, auf die wir später in diesem Buch noch näher eingehen werden.

Sowohl öffentliche Güter als auch Allmendegüter bringen Kosten und Nutzen mit sich, da sie zwar einen Wert haben, aber keinen Preis. Wenn jemand die Landesverteidigung als ein öffentliches Gut bereitstellen würde, wären alle Menschen davon begünstigt, und doch könnte er dafür kein Geld einfordern. Ähnlich verhält es sich, wenn jemand im Meer fischt. Durch Nutzung des Allmendegutes »Meeresfische« durch einen Einzelnen wären zwar die anderen Menschen insgesamt schlechter gestellt, würden dafür jedoch nicht entschädigt. Dies wird als externer Effekt oder *Externalität* bezeichnet. Aufgrund externer Effekte können private Konsum- und Produktionsentscheidungen zu einer ineffizienten Allokation der Ressourcen führen. Staatliche Eingriffe können dann manchmal die Marktergebnisse verbessern und die wirtschaftliche Wohlfahrt steigern.

Öffentliche Güter, Allmendegüter und meritorische Güter
Öffentliche Güter

> **Kurztest**
> Erklären Sie, warum Sie nicht gewillt sein könnten, für die Straßenbeleuchtung vor Ihrem Haus zu zahlen, und inwiefern dies ein Beispiel für Marktversagen ist.

8.2 Öffentliche Güter

Um öffentliche Güter von den übrigen abgrenzen zu können und ihre besondere gesellschaftliche Problematik zu verstehen, nehmen wir das Beispiel eines Feuerwerks. Dieses Gut kennt keinen Ausschluss, weil es unmöglich ist, jemanden davon abzuhalten, das Feuerwerk zu sehen. Auch ist die Güternutzung nicht rivalisierend, da der Genuss des Feuerwerks durch die eine Person den Genuss durch eine andere Person nicht verringert.

Das Trittbrettfahrerproblem

Angenommen, die Bürger einer Kleinstadt in Deutschland möchten jedes Jahr zum Tag der Deutschen Einheit ein Feuerwerk geboten bekommen. Jeder der 500 Einwohner bewertet den Nutzen dieses Ereignisses mit 10 Euro. Die Kosten des Feuerwerks belaufen sich auf 1.000 Euro. Da die 5.000 Euro Nutzen die 1.000 Euro Kosten übersteigen, ist es für die Bürger der Stadt effizient, dass jedes Jahr ein Feuerwerk stattfindet.

Würde der freie Markt dasselbe Ergebnis erzeugen? Vermutlich nicht. Angenommen, eine Unternehmerin würde das Feuerwerk veranstalten wollen. Der Kartenverkauf wäre sehr wahrscheinlich schwierig, da viele Bürger der Kleinstadt schnell zu dem Schluss kommen würden, dass sie das Feuerwerk auch ohne Eintrittskarte sehen können (außer der Unternehmerin würde eine Möglichkeit einfallen, wie sie die Vorführung »privat« abhalten könnte). Weil Feuerwerke nicht dem Ausschlussprinzip unterliegen, haben Menschen einen Anreiz, zu Trittbrettfahrern zu werden. Ein **Trittbrettfahrer (Free Rider)** ist jemand, der den Nutzen eines Gutes erlangt, ohne dafür zu bezahlen.

Trittbrettfahrer (Free Rider)
Eine Person, die den Nutzen eines Gutes erlangt, ohne dafür zu bezahlen.

Diese Art von Marktversagen kann als Resultat einer Externalität betrachtet werden. Würde die Unternehmerin das Feuerwerk veranstalten, so würde sie auf all jene einen externen Nutzen übertragen, die zuschauen, ohne dafür zu zahlen. Diesen externen Nutzen kann sie aber nicht zur Grundlage ihrer Entscheidung machen. Auch wenn ein Feuerwerk volkswirtschaftlich nützlich und wünschenswert sein mag, bringt es unternehmerisch keinen Profit. Damit käme die Unternehmerin zu der volkswirtschaftlich ineffizienten Entscheidung, das Feuerwerk nicht zu veranstalten.

Obwohl es auf dem freien Markt nicht gelingt, das von den Bürgern nachgefragte Feuerwerk anzubieten, liegt eine Lösung für das Problem auf der Hand: Der Stadtrat kann die Unternehmerin anstellen und damit beauftragen, die Feier zum 3. Oktober durchzuführen und zur teilweisen Finanzierung eine Gebühr oder »Kopfsteuer« von 2 Euro erheben. Jeder wäre dann um 8 Euro besser gestellt (10 Euro Nutzen minus 2 Euro Gebühr). Die Unternehmerin könnte der Stadt also als Angestellte im öffentlichen Dienst zum effizienten Resultat verhelfen, jedoch nicht als Selbstständige.

Das Fallbeispiel ist zwar vereinfacht dargestellt, jedoch durchaus realitätsnah. Viele Kommunalverwaltungen weltweit zahlen für ihr Feuerwerk an wichtigen Feiertagen, z.B. in Frankreich zum Nationalfeiertag am 14. Juli oder in den USA zum Unabhängigkeitstag am 4. Juli. Darüber hinaus kann man aus dem Beispiel allgemeine Lehren für öffentliche Güter ziehen: Da öffentliche Güter bei der Nutzung nicht dem Ausschlussprinzip unterliegen, kann der Markt aufgrund des Trittbrettfahrerproblems diese Güter nicht bereitstellen. Die öffentliche Hand kann hier jedoch Abhilfe schaffen. Wenn der Staat in solchen Fällen feststellt, dass der Gesamtnutzen die Kosten übersteigt, kann er das Gut als öffentliches Gut, finanziert aus Steuergeldern bereitstellen und damit die ökonomische Wohlfahrt für alle Bürger steigern.

Einige wichtige öffentliche Güter

Für öffentliche Güter gibt es viele Beispiele. An dieser Stelle wollen wir auf drei näher eingehen, die mit zu den wichtigsten zählen.

Nationale Verteidigung. Die Verteidigung des Landes vor feindlichen Angriffen ist ein klassisches Beispiel für ein öffentliches Gut. Wenn ein Land gegen einen Angriff verteidigt wird, ist es unmöglich, eine einzelne Person vom Nutzen der Verteidigung auszuschließen. Gleichzeitig reduziert der Nutzen, den die eine Person aus der Landesverteidigung zieht, nicht den Nutzen einer anderen Person. Die nationale Verteidigung ist also ein Gut, dessen Nutzung weder ausschließbar noch rivalisierend ist.

Grundlagenforschung. Zu den öffentlichen Gütern zählt auch die Erzeugung von Wissen. Gemeint ist hiermit vorrangig das nicht anwendungsorientierte Allgemeinwissen, das durch die sogenannte Grundlagenforschung generiert wird. Wenn ein Mathematiker ein neues Theorem entwickelt, geht es in den Wissensbestand einer Gesellschaft ein, den jeder kostenlos nutzen kann. Da Wissen ein öffentliches Gut ist, besteht bei gewinnorientierten Unternehmen die Tendenz, als Trittbrettfahrer auf das Wissen anderer aufzuspringen und folglich zu geringe Ressourcen für die Erzeugung neuen Wissens einzusetzen.

Um beurteilen zu können, welche Politik für die Erzeugung von Wissen die richtige ist, muss man zwischen Allgemeinwissen und dem konkreten, anwendungsorientierten Wissen unterscheiden. Das anwendungsorientierte Wissen, das durch die angewandte Forschung generiert wird, wie etwa die Erfindung einer neuartigen Batterie, kann patentiert werden. Durch das Patent kann der Erfinder den Nutzen seiner Erfindung im Fall der erfolgreichen Markteinführung für sich zu Geld machen, wenn auch sicherlich nicht zur Gänze. Im Gegensatz dazu kann ein Mathematiker sich aber kein Theorem patentieren lassen. Diese Art von Allgemeinwissen ist für jedermann frei zugänglich. Mit anderen Worten macht das Patentwesen konkretes, anwendungsorientiertes Wissen zu einem ausschließbaren Gut, wohingegen allgemeines Grundlagenwissen nicht ausschließbar ist. Allgemeinwissen ist Resultat der Grundlagenforschung.

Armutsbekämpfung. In Deutschland wie auch in vielen anderen Ländern gibt es eine Vielzahl staatlicher Programme zur Armutsbekämpfung. Diese Programme, die Armut

8.2 Öffentliche Güter, Allmendegüter und meritorische Güter
Öffentliche Güter

lindern, aber auch Armut vorbeugen sollen, wie etwa die deutsche Sozialhilfe, bildungs- und integrationspolitische Programme, werden durch die Steuern der einkommensstärkeren Mitglieder der Gesellschaft getragen.

Volkswirte sind darüber uneins, welche Rolle der Staat bei der Armutsbekämpfung spielen sollte. Hier kommt ein wichtiges Argument ins Spiel: Verfechter staatlicher Umverteilungsprogramme behaupten, dass die Armutsbekämpfung ein öffentliches Gut sei. Nehmen wir an, jedermann zieht es vor, in einer Gesellschaft ohne Armut zu leben. Selbst wenn dieses Bedürfnis stark und sehr weit verbreitet ist, ist Armutsbekämpfung kein »Gut«, das der freie Markt bereitstellen wird. Da das Problem gewaltig ist, vermag kein einzelner Bürger allein die Armut zu beseitigen. Hinzu kommt, dass die private Spendenbereitschaft überstrapaziert würde: Menschen, die nicht spenden, können als Trittbrettfahrer durch die Großzügigkeit der anderen durchs Leben kommen. Bei dieser Sachlage kann die Besteuerung der vermögenderen Bürger zur Erhöhung des Lebensstandards der ärmeren Bürger alle besser stellen. Den Armen geht es besser, da sich ihr Lebensstandard erhöht, und den vermögenderen Steuerzahlern geht es ebenfalls besser, weil sie in einer Gesellschaft mit weniger Armut und den damit verbundenen Problemen wie Kriminalität und Drogenmissbrauch leben können.

Die schwierige Aufgabe der Kosten-Nutzen-Analyse

Bisher haben wir festgestellt, dass der Staat öffentliche Güter bereitstellt, da freie Märkte aus sich heraus nicht die effiziente Menge dieser Güter bereitstellen. Doch der Entschluss, dass der Staat eingebunden werden muss, ist nur der erste Schritt. Danach ist es Aufgabe des Staates zu entscheiden, welche Arten öffentlicher Güter in welchen Mengen bereitgestellt werden müssen.

Nehmen wir z. B. an, es geht um ein öffentliches Bauprojekt. Um entscheiden zu können, ob der Bau durchgeführt werden sollte, muss der gesamte Nutzen mit den Kosten von Bau und Unterhalt verglichen werden. Dafür beauftragt der Staat eine Arbeitsgruppe aus Ökonomen und Ingenieuren damit, eine **Kosten-Nutzen-Analyse** durchzuführen. In einer Kosten-Nutzen-Analyse werden der Nutzen und die Kosten des Projekts für die Volkswirtschaft als Ganzes abgeschätzt.

Kosten-Nutzen-Analysen werden häufig in Auftrag gegeben, wenn es sich um große Infrastrukturprojekte handelt, wie den Bau von Brücken, Staudämmen, Flughäfen oder Eisenbahn-, U-Bahn- und Straßenbahnlinien, aber auch die Erschließung neuer Logistikflächen, neuer Stadtquartiere usw. Kosten-Nutzen-Analysen sind jedoch ein schwieriges Unterfangen: Da der Autobahnabschnitt oder der Flughafen jedem ohne besondere Gebühren zur Verfügung stehen wird, existiert kein Güterpreis für die Bewertung der Investition. Und die Bürger einfach danach zu fragen, wie viel ihnen die Autobahn oder der Flughafen wert ist, wäre auch keine Lösung, denn erstens ist die Quantifizierung von Nutzen anhand der Antworten in Fragebögen schwierig und zweitens haben die Befragten wenig Anlass, ehrlich zu antworten. Die potenziell Begünstigten haben einen Anreiz, den Nutzen überzubetonen, um den Bau zu befördern. Negativ Betroffene wie beispielsweise Anwohner hingegen haben einen Anreiz, die Kosten überzubetonen, um das Projekt zu verhindern.

> **Kosten-Nutzen-Analyse**
> Eine Untersuchung, welche Kosten und Nutzen vergleicht, die der Volkswirtschaft als Ganzes aus der Bereitstellung eines öffentlichen Gutes entstehen.

Die effiziente Bereitstellung öffentlicher Güter ist demnach wesentlich schwieriger als die effiziente Bereitstellung privater Güter. Private Güter werden auf Märkten angeboten. Die Käufer offenbaren den Wert, den das Gut für sie darstellt, durch ihre Zahlungsbereitschaft (was man daher auch als *offenbarte Präferenzen* bezeichnet). Die Verkäufer wiederum offenbaren ihre Kosten durch die Preise, die sie noch akzeptieren. Im Gegensatz dazu können sich die Kosten-Nutzen-Analytiker, die für den Staat ermitteln, ob er ein bestimmtes öffentliches Gut bereitstellen sollte, nicht an Preissignalen orientieren. Ihre Befunde zu den Kosten und Nutzen öffentlicher Vorhaben sind deshalb im besten Falle grobe Schätzungen.

Kontingente Bewertungsmethoden (Contingent Valuation Methods, CVM). Einige der beschriebenen Probleme, die mit der Kosten-Nutzen-Analyse einhergehen, können durch Einsatz der kontingenten Bewertungsmethode (CVM) überwunden werden. Diese Methode ist ein umfragebasierter Ansatz, der darauf abzielt, einem Gut mittels der von den Befragten angegebenen Präferenzen und Zahlungsbereitschaften einen monetären Wert zuzuordnen. Der Unterschied zwischen offenbarten Präferenzen, wie sie oben beschrieben wurden, und angegebenen Präferenzen liegt darin, dass letztere eine Bewertung zulassen, die auf »Nicht-Nutzung« basiert. Das bedeutet, es wird ermittelt, welchen Wert ein bestimmtes Gut für die Befragten darstellt, auch wenn sie es nicht nutzen. Die Fragebögen offerieren den Befragten Antwortmöglichkeiten, welche darauf abzielen, ihre Präferenzen zu ermitteln. Dabei wird sowohl die Zahlungsbereitschaft (*willingness to pay*, WTP) der Befragten ermittelt – d. h., wie viel sie bereit sind aufzugeben, um sich den Nutzen eines Gutes zu sichern (beispielsweise eine Verringerung der Luftverschmutzung) – als auch ihre Akzeptanzbereitschaft (*willingness to accept*, WTA), d. h., wie viel man ihnen zahlen müsste, damit sie die Kosten eines Gutes (beispielsweise ein bestimmtes Maß an Luftverschmutzung) dulden. Kontingente Bewertungsmethoden kommen z. B. zum Einsatz, wenn die Regierung herausfinden will, welchen Wert eine verbesserte Wasseraufbereitung für die Bürger darstellt.

Bei der Vorbereitung der Umfragen muss darauf geachtet werden, dass das Gut selbst und die geplanten Änderungen an dem Gut so definiert sind, dass den Befragten völlig klar ist, was genau sie bewerten sollen. Die erhobenen Daten ermöglichen es den Forschern, WTP- und WTA-Antworten mit Veränderungen des Nutzens in Bezug zu setzen, die dann als monetäre Einheiten gemessen werden. Eine Schwierigkeit der kontingenten Bewertungsmethode liegt jedoch darin, dass die Befragten zuweilen nicht mit den Szenarien und Entscheidungen, zu denen sie befragt werden, vertraut sind. Zudem ist nicht immer klar, wie ernsthaft die Befragten an die Fragen herangehen oder ihre Antworten überdenken, da ihnen keine Kosten entstehen, wenn sie es nicht tun. Folglich sind die Resultate der Erhebungen manchmal fragwürdig.

> **Kurztest**
> Worin besteht das Trittbrettfahrerproblem? Warum veranlasst das Trittbrettfahrerproblem den Staat dazu, öffentliche Güter bereitzustellen? Wie kann der Staat Entscheidungen darüber treffen, ob ein öffentliches Gut bereitgestellt werden soll oder nicht?

Die optimale Bereitstellung eines öffentlichen Gutes

Regierungen stellen öffentliche Güter bereit, weil sie der Gesellschaft als Ganzes einen Nutzen stiften. Wir können daher davon ausgehen, dass der Staat ein öffentliches Gut bis zu dem Punkt bereitstellen sollte, an dem der Grenznutzen der Bereitstellung einer zusätzlichen Einheit dieses Gutes den Grenzkosten der Bereitstellung dieser zusätzlichen Einheit entspricht. Wenn wir die Grenzkosten der Bereitstellung öffentlicher Güter berücksichtigen, müssen wir auch die Opportunitätskosten der Ressourcen betrachten, die bei der Bereitstellung der öffentlichen Güter genutzt werden. Da öffentliche Güter, wie wir gesehen haben, nicht rivalisierend sind, wird der Grenznutzen jeder zusätzlichen Einheit, die bereitgestellt wird, unter einer großen Anzahl von Konsumenten aufgeteilt. Um den Gesamtnutzen der Bereitstellung des jeweiligen öffentlichen Gutes zu ermitteln, müssen wir die Grenznutzen aller Konsumenten zusammenrechnen.

Dieses Vorgehen zeigt Abbildung 8-2. Auf der senkrechten Achse ist der Preis in Euro angegeben, auf der waagerechten Achse die bereitgestellte Menge des öffentlichen Gutes. In der Realität profitiert eine große Masse von Menschen von öffentlichen Gütern. In Abbildung 8-2 wird jedoch zur Vereinfachung davon ausgegangen, dass es nur zwei Konsumenten gibt, dargestellt durch die Nachfragekurven D_1 und D_2. Wir könnten die Anzahl der Nachfragekurven erweitern, um die reale Anzahl an Mitgliedern der Gesellschaft abzubilden, doch die vereinfachte Darstellung mit zwei Nachfragern stellt das grundlegende Prinzip ebenso gut dar.

D_1 bildet die Nachfrage nach dem öffentlichen Gut durch Konsument 1 ab, D_2 die Nachfrage durch Konsument 2. Die Nachfragekurve D_1 zeigt, dass Konsument 1 die 20. Einheit des bereitgestellten öffentlichen Gutes mit 31,25 Euro bewertet. Die Nachfragekurve von Konsument 2 zeigt, dass die 20. Einheit für ihn einen Wert von 93,75 Euro hat. Da die Nutzung des öffentlichen Gutes nicht rivalisierend ist, ziehen beide Konsumenten einen Nutzen daraus, sodass sich die Summe der Nutzen der 20. Einheit aus der senkrechten Summierung beider Werte ergibt (125 Euro). Wenn wir die Nutzen der beiden Konsumenten aus 0 bis 80 Einheiten des öffentliche Gutes jeweils addieren, erhalten wir die Kurve des sozialen Grenznutzen (marginal social benefit, MSB) in Form einer geknickten Nachfragekurve, dargestellt durch ABC – der senkrechten Summierung der beiden Nachfragekurven.

Die optimale Bereitstellung des öffentlichen Gutes liegt in dem Punkt, in dem die Grenzkostenkurve der Bereitstellung (MC) die Kurve des sozialen Grenznutzen (MSB) schneidet. Wenn beispielsweise die Grenzkosten 100 Euro pro Einheit betragen, dann läge die optimale Bereitstellung des öffentlichen Gutes bei 30 Einheiten. Sollte die Regierung mehr als 30 Einheiten bereitstellen, zum Beispiel 40, so würden die Grenzkosten der Bereitstellung den sozialen Grenznutzen übersteigen, der bei 40 Einheiten nur noch 75 Euro beträgt. Ebenfalls ineffizient wäre es, weniger als 30 Einheiten bereitzustellen, zum Beispiel 20. Da der soziale Grenznutzen bei 20 Einheiten größer ist (125 Euro) als die Grenzkosten (100 Euro), wäre es in dem Fall angebracht, die Bereitstellung des Gutes auszuweiten.

Wie bereits an vielen Stellen dieses Buches betont, handelt es sich hierbei erneut lediglich um ein Modell, mit dem ein bestimmter Sachverhalt dargestellt werden kann.

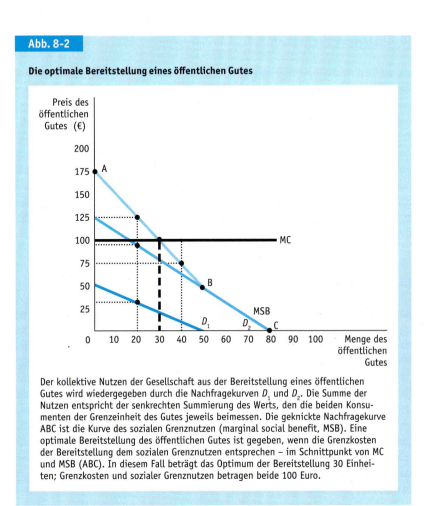

Abb. 8-2

Die optimale Bereitstellung eines öffentlichen Gutes

Der kollektive Nutzen der Gesellschaft aus der Bereitstellung eines öffentlichen Gutes wird wiedergegeben durch die Nachfragekurven D_1 und D_2. Die Summe der Nutzen entspricht der senkrechten Summierung des Werts, den die beiden Konsumenten der Grenzeinheit des Gutes jeweils beimessen. Die geknickte Nachfragekurve ABC ist die Kurve des sozialen Grenznutzen (marginal social benefit, MSB). Eine optimale Bereitstellung des öffentlichen Gutes ist gegeben, wenn die Grenzkosten der Bereitstellung dem sozialen Grenznutzen entsprechen – im Schnittpunkt von MC und MSB (ABC). In diesem Fall beträgt das Optimum der Bereitstellung 30 Einheiten; Grenzkosten und sozialer Grenznutzen betragen beide 100 Euro.

In diesem Fall geht es darum herauszustellen, dass bei der Entscheidung über eine angemessene Allokation der Ressourcen zum Zwecke der Bereitstellung öffentlicher Güter die Kosten der Bereitstellung und der Nutzen für die Gesellschaft als Ganzes berücksichtigt bzw. verglichen werden müssen. Volkswirte versuchen dabei, Kosten und Nutzen zu quantifizieren. Während es in der Realität niemals möglich sein wird, Kosten und Nutzen der Bereitstellung öffentlicher Güter vollständig zu quantifizieren, so ermöglicht uns dieser Ansatz dennoch, sachkundigere Entscheidungen zu treffen, welche dem Bedarf der Gesellschaft besser entsprechen und die knappen Ressourcen effizienter zuteilen.

8.3 Allmendegüter

Wie im Fall öffentlicher Güter können auch bei Allmendegütern keine Individuen von der Nutzung ausgeschlossen werden. Solche Gemeinschaftsgüter sind für jeden, der sie nutzen will, frei zugänglich. Die Nutzer rivalisieren jedoch um das Allmendegut, denn die Nutzung der Ressource durch die eine Person mindert die Nutzungsmöglichkeiten für andere. Insofern führen Allmendegüter zu einem neuen Problem: Sobald das Gut einmal bereitgestellt ist, müssen sich die Politiker damit befassen, in welchem Ausmaß es genutzt wird. Diese Problematik der Übernutzung von Allmendegütern nennt man auch die **Tragik der Allmende**, nach einer Parabel, welche der Biologe Garret Hardin in seinem 1968 veröffentlichten Essay nutzte. Die Tragik der Allmende illustriert, warum solche Gemeinschaftsgüter stärker ausgebeutet werden, als dies für die Gesellschaft als Ganzes wünschenswert ist.

> **Tragik der Allmende**
> Eine Parabel, die illustriert, warum Allmendegüter aus gesellschaftlicher Sicht übernutzt werden.

Die Tragik der Allmende

Stellen Sie sich den Alltag in einer kleinen mittelalterlichen Stadt vor. Eine der wichtigsten ökonomischen Aktivitäten in der Stadt ist die Schafzucht. Viele Familien in der Stadt haben eigene Schafherden und verdienen ihren Lebensunterhalt durch den Verkauf der Schafwolle, die für Kleidung verwendet wird.

Am Anfang unserer Geschichte grasen die Schafe die meiste Zeit über auf dem Land, welches die Stadt »Wiesenthal« umgibt. Das Land gehört keiner Privatperson. Die Einwohner der Stadt sind Kollektiveigentümer und jeder Bürger hat das Recht, seine Schafe auf den Wiesen grasen zu lassen. Da Land im Überfluss vorhanden ist, funktioniert das Kollektiveigentum gut. Solange jedermann so viel Weideland nutzen kann, wie er will, ist die Nutzung des Gutes nicht rivalisierend und die freie Nutzung des Landes als Weideland durch alle Bürger bringt keine Schwierigkeiten mit sich. Alle in der Stadt sind zufrieden.

Doch im Lauf der Zeit wächst die Bevölkerung der Stadt und damit wächst auch die Anzahl der Schafe. Durch die zunehmende Anzahl der weidenden Schafe auf einer begrenzten Fläche an Weideland verlieren die Wiesen nach und nach ihre Fähigkeit zur Erneuerung. Schließlich wird das Grasland so stark abgeweidet, dass es kahl bleibt. Ohne Gras auf den Gemeinschaftswiesen wird die Schafhaltung unmöglich, und die einst blühende Wollproduktion der Stadt kommt zum Erliegen. Viele Familien verlieren die Quelle ihres Lebensunterhalts.

Zur »Tragik« der Allmende kommt es, weil die sozialen und die privaten Anreize auseinanderlaufen. Um die Zerstörung des Weidelandes zu vermeiden, wäre eine Gemeinschaftsaktion der Schäfer notwendig. Sie müssten zusammenarbeiten und so die Schafe auf eine für Wiesenthal tragfähige Population reduzieren. Jedoch hat keine Familie für sich selbst einen Anreiz, die eigene Herde zu verkleinern, denn sie bildet aus ihrer Sicht nur einen kleinen Teil des Problems.

Letztlich beruht die Tragik der Allmende auf einer negativen Externalität. Wenn die Herde einer Familie auf dem Gemeinschaftsland weidet, vermindert sie die Qualität des verfügbaren Weidelandes für die übrigen Familien. Dies sind soziale oder externe

Kosten. Doch da die Menschen die sozialen Kosten ignorieren, wenn es darum geht, wie viele Schafe sie selbst besitzen, kommt es zu übergroßen Herden. Wäre die Tragik vorhersehbar gewesen, hätte die Stadt auf verschiedenen Wegen dagegen angehen können – z. B. durch Begrenzung der Schafzahl pro Familie, Internalisierung der externen Kosten durch Besteuerung der Schafe oder Versteigerung einer begrenzten Anzahl von Weidezertifikaten (vgl. Kapitel 9).

Im Fall des Weidelandes gibt es jedoch noch eine einfachere Lösung. Die Stadtverwaltung kann das gemeinschaftliche Weideland auf die Familien verteilen, sodass jede Familie ihre Parzelle einzäunen und vor übermäßigem Abweiden schützen kann. Das Weideland wird dadurch von einem Allmendegut zu einem privaten Gut. Zu diesem Ergebnis ist es während der englischen Einzäunungsbewegung im 17. Jahrhundert gekommen.

Die Tragik der Allmende ist eine Parabel mit einer allgemeingültigen Botschaft: Sobald jemand ein Allmendegut nutzt, vermindert er die Nutzungsmöglichkeiten der anderen. Da diese negativen externen Effekte nicht berücksichtigt bzw. internalisiert werden, besteht eine Tendenz zur Übernutzung von Allmendegütern. Der Staat kann durch Nutzungsbeschränkungen oder Steuern zur Problemlösung beitragen. Bisweilen bietet die Privatisierung eine Möglichkeit. Seit Tausenden von Jahren schon weiß man um diesen Sachverhalt. Bereits der griechische Philosoph Aristoteles kam darauf zu sprechen, als er sagte: »Was vielen gehört, wird mit geringer Sorgfalt behandelt, da jeder vorzugsweise eher auf sein privates Eigentum achtet als auf das Gemeinschaftseigentum.«

Einige wichtige Allmendegüter

Es gibt zahlreiche Beispiele für Allmendegüter. Häufig neigen private Entscheidungsträger zur Übernutzung von Allmendegütern. Dann muss der Staat mit Verhaltensvorschriften oder Gebühren eingreifen.

Saubere Luft und sauberes Wasser. Freie Märkte schonen die Umwelt nur unzureichend. Umweltverschmutzung gehört zu den sozialen Kosten, die mithilfe staatlicher Regulierung oder Besteuerung umweltbelastender Aktivitäten abgestellt werden können. Hiermit werden wir uns im folgenden Kapitel 9 noch näher befassen. Diese Art von Marktversagen ist ein Beispiel für die Problematik von Allmendegütern. Saubere Luft und sauberes Wasser sind genauso Allmendegüter wie freies Weideland, und übermäßige Umweltverschmutzung ist mit der übermäßigen Nutzung von Weideland vergleichbar. Umweltverschmutzung ist eine moderne Form der Allmendeproblematik.

Verstopfte Straßen. Straßen sind entweder öffentliche Güter oder Allmendegüter. Sofern eine Straße frei und nicht verstopft ist, beeinträchtigt ihre Nutzung durch eine Person niemanden. In diesem Fall ist die Straßennutzung nicht rivalisierend mit anderen Nutzern, und die Straße ist ein öffentliches Gut. Ist die Straße jedoch blockiert, dann führt die Straßennutzung zu sozialen Kosten. Fährt eine zusätzliche

Person auf der Straße, nimmt die Verkehrsdichte zu und andere Verkehrsteilnehmer müssen langsamer fahren. In diesem Fall ist die Straße ein Allmendegut.

Auf das Problem blockierter Straßen kann die Regierung reagieren, indem sie den Fahrern eine Gebühr auferlegt (Maut). Im Fall lokaler Straßen sind Mautgebühren jedoch keine sehr praktikable Lösung, da die administrativen Kosten der Steuererhebung zu hoch sind. Nichtsdestotrotz werden auf einigen Straßenabschnitten in Europa und den USA Mautgebühren erhoben.

Oft sind Staus nur eine Frage der Tageszeit. Wenn eine Brücke zur Zeit des Berufsverkehrs besonders stark befahren wird, so sind die sozialen Kosten der Straßenverstopfung zu diesen Tageszeiten höher als zu den übrigen. Ein effizienter Weg, mit diesen sozialen Kosten umzugehen, ist es daher, während der Stoßzeiten (z. B. Berufsverkehr) höhere Straßennutzungsgebühren zu veranschlagen. Die Abstufung der Benutzungsgebühren soll den Fahrern einen Anreiz geben, auf »billigere Zeiten« auszuweichen und dadurch Staus zu mildern.

Eine weitere Möglichkeit, auf verstopfte Straßen und Staus zu reagieren, knüpft bei der Besteuerung des Treibstoffes an. Treibstoff ist ein komplementäres Gut zu dem des Autofahrens: Eine Verteuerung des Treibstoffs kann daher die nachgefragte Menge an Autofahrten drosseln. Somit kann auch eine Treibstoffsteuer Staus verringern. Doch ist eine Erhöhung der Besteuerung des Treibstoffs eine sehr unvollkommene Maßnahme gegen Staus auf Straßen. Die Besteuerung beeinflusst nämlich nicht nur die Menge nachgefragter Autofahrten, sondern auch weitere Entscheidungen. So hält die Steuer zum Beispiel auch davon ab, die staufreien Straßen zu befahren, obwohl damit keine sozialen Kosten verbunden sind.

Fische, Wale und andere Wildtiere. Zahlreiche Tierarten muss man als Allmendegüter einstufen. Meeresfische und Wale z. B. haben erheblichen Handelswert, und jedermann kann aufs Meer hinausfahren und so viel wie möglich fangen. Für eine Einzelperson bestehen jedoch kaum Anreize, diese Tierarten vor dem Aussterben zu bewahren und ihren Bestand für die nächsten Jahre zu sichern. So wie übermäßige Weidenutzung die oben erwähnte Stadt Wiesenthal zerstört, kann exzessiver Fisch- und Walfang wertvolle Meerespopulationen ausrotten.

Die Meere gehören zu den am wenigsten regulierten Allmendegütern. Einer einfachen Lösung stehen zwei Probleme im Weg: Erstens haben sehr viele Länder Zugang zu den Meeren; man müsste deshalb zu einer internationalen Kooperation bei unterschiedlichen nationalen Wertesystemen gelangen. Zweitens sind die Ozeane von solch riesiger Ausdehnung, dass die Durchsetzung von Vereinbarungen schwerfällt. Deshalb ist es um die Fischereirechte bereits häufig zu erheblichen Spannungen zwischen Staaten gekommen, die ansonsten gut miteinander auskommen.

In allen hoch entwickelten Staaten gibt es Gesetze zum Schutz der jeweiligen Artenbestände. Für Jagd und Fischerei müssen Lizenzen erworben werden und das Recht auf Jagen und Fischen ist auf bestimmte Zeiträume beschränkt. Jägern ist oft nur der Abschuss einer bestimmten Anzahl von Tieren gestattet, und Fischer müssen die kleinen Fische wieder ins Wasser werfen. Solche Gesetze dienen dazu, dieses Allmendegut vor der Übernutzung zu schützen, das heißt den Bestand dieser Tierpopulationen zu erhalten.

Fallstudie

Führt die Nutzung von Allmendegütern zwangsläufig zur Tragik der Allmende?

Der Parabel von der Tragik der Allmende liegt eine Reihe von Annahmen zugrunde, die allesamt recht plausibel erscheinen. Jedoch ist es bei jedem ökonomischen Modell ratsam, die ihm zugrunde liegenden Annahmen genauer zu betrachten und gegebenenfalls zu hinterfragen. Einige Wissenschaftler haben genau das getan und sind dabei zu anderen Schlussfolgerungen gelangt als Garret Hardin in seinem 1968 veröffentlichten Essay. Hardins Analyse kommt zu dem Schluss, dass wann immer eine Gemeinschaft Allmendegüter teilt, dies zwangsläufig die Zerstörung dieser Güter zur Folge hat. Diese Schlussfolgerung basiert auf der Annahme, dass jedes Individuum für sich »rational« handelt, indem es die öffentlichen Ressourcen zu seinen Gunsten ausbeutet ohne dabei die Konsequenzen für die anderen Nutzer zu beachten. Die einzige Lösung ist aus Hardins Sicht die Intervention des Staates durch Gesetze und Regulierungen. Kritiker von Hardins Modell weisen darauf hin, dass es Beispiele kollektiver Selbstregulierung gibt, welche die »Tragik der Allmende«, also die Zerstörung der gemeinschaftlichen Ressourcen erfolgreich verhindern. Die Mülltrennung sowie gemeinnützige, freiwillige Müllsammelaktionen, wie sie sich in vielen Kreisen und Gemeinden in Deutschland, aber auch in anderen Ländern etabliert haben, sind Beispiele dafür.

Wir Menschen sind soziale Wesen und können nicht voneinander isoliert existieren. Somit ist Hardins Annahme, dass jeder Schäfer ausschließlich rational seinem Eigeninteresse folgt, zu relativieren. Letztlich zeigen Beispiele wie das hier genannte, dass ein kollektives Bewusstsein für die Problematik der Übernutzung von Allmendegütern existiert und dass auf dieser Basis gemeinschaftlich getragene Lösungen entwickelt werden können, die wiederum der Gemeinschaft als Ganzes zu Gute kommen. Notwendig kann es hingegen sein, Menschen Anreize zu bieten, die sie davon abhalten, die sozialen Vereinbarungen zu brechen. Wie die Spieltheorie dabei helfen kann, das menschliche Verhalten zu verstehen und auf dieser Basis solche Anreize zu kreieren, werden wir in Kapitel 13 erfahren.

Kurztest
Warum versuchen Regierungen, die Nutzung von Allmendegütern zu begrenzen?

8.4 Meritorische Güter

Einige Güter können zwar durch die Mechanismen des freien Markts bereitgestellt werden, wenn sie jedoch ausschließlich dem freien Markt überlassen werden, so kann es sein, dass sie in zu geringem Umfang konsumiert werden. Diese Güter werden als **meritorische Güter** bezeichnet. Meritorisch können Güter sein, wenn Konsumenten unvollständige Informationen über ihren Nutzen besitzen und sie folglich nicht angemessen bewerten können. Wenn die Marktsignale den Wert und Nutzen dieser Güter den Konsumenten nicht vollständig vermitteln können, ist es wahrscheinlich, dass diese zu wenig in diese Güter investieren. So kann der Nutzen solcher Güter in der Zukunft liegen, während der Konsument aber bereits in der Gegenwart dafür zahlen muss. Somit sind meritorische Güter ein Beispiel für intertemporale Wahlentscheidungen und deren Problematik in der volkswirtschaftlichen Betrachtung. **Intertemporale Wahlentscheidungen** sind Entscheidungen heute, welche die Wahlmöglichkeiten von Individuen in der Zukunft beeinflussen können.

Beispiele für meritorische Güter sind die Bildung, die Gesundheits- und Altersvorsorge oder Versicherungen. In allen diesen Fällen kann der freie Markt diese Güter

Meritorische Güter
Güter, die der freie Markt zwar bereitstellen kann, die jedoch unterkonsumiert werden können.

Intertemporale Wahlentscheidungen
Wahlhandlungen, bei denen eine Entscheidung heute die Wahlmöglichkeiten von Individuen in der Zukunft beeinflussen kann.

bereitstellen und es gibt zahlreiche Beispiele privater Unternehmen, die sie anbieten, unter anderem Privatschulen und private Hochschulen, die Bildung anbieten, und Versicherungsunternehmen, die über eine Produktpalette privater Kranken-, Renten- und weiterer Versicherungen verfügen.

Bildung als meritorisches Gut

Die Wahrscheinlichkeit ist hoch, dass Sie als Leser eine Studierende oder ein Studierender sind. In diesem Fall haben Sie die Entscheidung getroffen, mit einem Studium in ihre Zukunft zu investieren. Mit dieser Entscheidung geht vielleicht einher, dass Sie auf ein mögliches Einkommen oder einen Teil des möglichen Einkommens aus beruflicher Tätigkeit verzichten. Vielleicht haben Sie auch für Ihr Studium bezahlt und mussten dafür einen Kredit aufnehmen, den Sie zu einem bestimmten Zeitpunkt in der Zukunft zurückzahlen müssen. Ein Grund dafür, dass Sie sich für ein Studium entschieden haben, ist höchstwahrscheinlich die Aussicht auf eine berufliche Tätigkeit, die Ihnen gefällt und gut bezahlt ist. Menschen mit Hochschulabschluss verdienen meist mehr als Menschen ohne Hochschulabschluss.

Zum jetzigen Zeitpunkt wissen Sie jedoch nicht, wie der zukünftige Nutzen genau aussehen wird, oder welche Wahlmöglichkeiten Ihnen Ihr Hochschulabschluss in der Zukunft eröffnen wird. Aufgrund dieser unvollständigen Information, entscheiden sich einige Menschen vielleicht dazu, nicht zu studieren. Mit dem Studium ist aber nicht nur der private Nutzen des Individuums verbunden, sondern auch gesellschaftlicher Nutzen. Eine besser ausgebildete Arbeitnehmerschaft ist mit hoher Wahrscheinlichkeit produktiver, und wenn dem so ist, ist gewöhnlich auch der durchschnittliche Lebensstandard der Gesellschaft höher. Wenn Sie eine besser bezahlte Arbeitsstelle bekommen, zahlen Sie mehr Steuern, wodurch wiederum der Gesellschaft als Ganzes mehr staatliche Leistungen bereitgestellt werden können.

Als wir uns mit der Allmendeproblematik befassten, stellten wir fest, dass mit der Entscheidung zum Konsum eines Allmendegutes **soziale** bzw. **externe Kosten** entstehen, die andere Menschen betreffen als den Entscheidungsträger selbst. Im Fall meritorischer Güter, z. B. der Bildung, entsteht mit dem Konsum hingegen ein externer Nutzen, der aber von dem einzelnen Individuum bei seiner Wahlentscheidung nicht berücksichtigt wird.

Im Fall der Schulbildung ist die Sachlage etwas komplizierter. Die Entscheidung darüber, in welche Schule das Kind geht, fällen zum größten Teil die Eltern (gegebenenfalls neben der Kommune oder der Schule selbst), doch der Begünstigte ist das Kind. Es handelt sich um ein klassisches Prinzipal-Agenten-Problem. Der Agent (die Eltern) entscheidet im Auftrag des Prinzipal (des Kindes), wobei der Agent einen Wissensvorsprung hat (Informationsasymmetrie), den er zugunsten oder zuungunsten des Prinzipals einsetzen kann (vgl. Kapitel 18). Wenn nun die Schulbildung dem freien Markt überlassen würde, gäbe es möglicherweise einen Interessenkonflikt. Denn, wenn es in Deutschland keine Schulpflicht gäbe und alle Eltern für die Schulbildung ihrer Kinder zahlen müssten, sie selbst jedoch nicht die Begünstigten (Prinzipale) sind, so bestünde ein Anreiz, das Kind nicht zur Schule zu schicken.

Soziale bzw. externe Kosten
Kosten, die unbeteiligten Dritten aus den Entscheidungen (Konsum- oder Produktionsentscheidungen) anderer entstehen.

Die Fort- und Weiterbildung ist ein Bereich der Bildung, von dem zu wenig konsumiert wird. Personalverantwortliche beklagen häufig, dass Berufsanfänger durch die normale Schulbildung oder Hochschulbildung nicht adäquat auf die Berufstätigkeit vorbereitet sind. Unternehmen müssen somit zwangsläufig in die Fort- und Weiterbildung ihrer Mitarbeiter investieren, jedoch liegen die Beträge, die dafür investiert werden, in der Regel unter der gesellschaftlich optimalen Höhe. Ausgaben für die Fort- und Weiterbildung der Mitarbeiter würden dem jeweilgen Unternehmen einen privaten Nutzen in Form verbesserter Produktivität stiften, jedoch würde diese erhöhte Produktivität, wie oben erläutert, auch einen sozialen Nutzen mit sich bringen. Die einzelne Arbeitnehmerin oder der einzelne Arbeitnehmer hätte es zudem leichter, im Fall einer Kündigung eine neue Beschäftigung zu finden, was wiederum die potenziellen Kosten der staatlichen Sozialversicherung verringert. Da Fort- und Weiterbildung die Möglichkeiten des Arbeitsplatzwechsels erhöht, investieren einige Unternehmen jedoch weniger in diesen Bereich, als sie könnten, da sie fürchten, dass ein anderes Unternehmen den Nutzen ihrer Investition einfährt.

Aus den Gründen, die mit den beiden Beispielen angesprochen wurden, sorgt im Euroraum in erster Linie der Staat für die Bereitstellung der Bildung und subventioniert berufliche Fort- und Weiterbildung, z. B. durch Weiterbildungsgutscheine.

Gesundheitsvorsorge, Versicherungen und Altersvorsorge als meritorische Güter

Nur wenige Menschen sind in der Lage zu beurteilen, wann und ob sie eine Krankenversicherung oder andere Versicherungen benötigen. Und viele junge Menschen fühlen sich nicht in der Lage zu entscheiden, ob und wie viel sie heute sparen sollten, um in 30 bis 40 Jahren daraus eine Rente zu erhalten. Der Nutzen liegt zu weit in der Zukunft, um Bedeutung zu haben. Wenn also Individuen ausschließlich privat für ihre eigene Gesundheitsvorsorge, für Versicherungen und Altersvorsorge aufkommen müssten, gäbe es einen Anreiz zum Unterkonsum.

Viele junge Menschen fühlen sich gesund, stehen voll im Berufsleben und können es sich nur schwer vorstellen, wie es sein könnte, arbeitsunfähig zu sein oder welches Einkommen sie wohl benötigen werden, wenn sie pensioniert sind. Der monatliche Beitrag zu einer Krankenversicherung oder zur Rente würde von vielen als zu hoch erachtet werden, sodass viele nicht in diese wichtigen Formen der Vorsorge investieren würden.

Manche Menschen haben die gleiche Sichtweise bezüglich anderer Versicherungen, wie zum Beispiel Risikolebensversicherungen. Da nicht wir selbst die Begünstigten der Versicherungsleistung sind, besteht wenig Anreiz, solch eine Versicherung abzuschließen – es sei denn, wir haben selbst Kinder, Partner oder andere Angehörige, die wir versorgt wissen wollen. Im Fall von Brandschutz-, Rechtsschutz-, Hausrat- oder Unfallversicherungen ist es ähnlich. Es kann sein, dass unser Hausrat beschädigt wird, unsere Wohnung oder unser Haus abbrennt, wir dringend einen Anwalt brauchen oder wir außerhalb der Arbeit einen Unfall haben. Jedoch kann es ebenso sein, dass uns alle diese Versicherungsfälle in unserem ganzen Leben niemals zustoßen.

8.4 Öffentliche Güter, Allmendegüter und meritorische Güter
Meritorische Güter

Das Problem besteht darin, dass Individuen bei all diesen Wahlentscheidungen nicht auf vollständige Informationen zurückgreifen können, um relative Kosten und relativen Nutzen abschätzen zu können. Daher werden diese Güter meist in zu geringem Maße konsumiert.

Der Staat kann eingreifen, indem er beispielsweise Unternehmen und Privatpersonen über ihre Steuerabgaben zur Altersvorsorge und zur Gesundheitsvorsorge zwingt. Darüber hinaus schafft er vielleicht durch staatliche Zuschüsse und Steuererleichterungen Anreize, in private Zusatzvorsorge zu investieren, wie beispielsweise im Fall der Riester-Rente oder der betrieblichen Altersvorsorge. Ein weiteres Beispiel für staatliche Eingriffe ist die Kfz-Versicherungspflicht. In den meisten Ländern muss eine Kfz-Versicherung abgeschlossen werden, bevor ein Auto gefahren werden darf. Es kann argumentiert werden, dass in den genannten Fällen die Bürger durch unvollständige Informationen nicht in der Lage sind zu beurteilen, welchen Nutzen der Konsum des Gutes – sowohl privat als auch sozial – haben würde. Der Staat muss somit eingreifen, um die Bereitstellung dieser meritorischen Güter zu sichern.

Demeritorische Güter

Demeritorische Güter
Güter, die überkonsumiert werden, wenn sie dem Mechanismus des freien Markts überlassen werden, und die sowohl private als auch soziale Kosten verursachen, die durch den Konsumenten bei seiner Wahlentscheidung nicht berücksichtigt werden.

Nicht alle Güter, die wir konsumieren, sind gut für uns. **Demeritorische Güter** zeichnen sich dadurch aus, dass sie überkonsumiert würden, wenn man sie einzig dem freien Markt überlassen würde, in dem Sinne, dass der Konsum dieser Güter private und soziale (externe) Kosten verursacht, die durch das Individuum aufgrund unvollständiger Information nicht richtig abgeschätzt werden können. Tabak, Alkohol, Pornografie und Drogen sind Beispiele für demeritorische Güter.

Wenn Individuen Güter wie Alkohol und Zigaretten konsumieren, entstehen ihnen (obwohl diese Güter legal sind) private Kosten. Die möglichen Gesundheitsschäden, die aus dem Konsum dieser beiden Güter entstehen können, sind vielleicht bekannt, jedoch selten in ihrem vollen Ausmaß. Hinzu kommt womöglich eine Abhängigkeit, die es dem einzelnen schwer macht, den Konsum des Gutes einzustellen oder zu reduzieren.

Zu den privaten Kosten kommen soziale bzw. externe Kosten hinzu. Die Kosten der Behandlung von Krankheiten, die durch Rauchen oder Alkoholmissbrauch entstehen, sind immens, und die Ressourcen, die hierfür verbraucht werden, könnten genutzt werden, um andere Patienten und Krankheiten zu behandeln. Mit anderen Worten: Die Konsumentscheidung von Rauchern oder Alkoholikern entzieht sozial effizienteren Allokationen Ressourcen. Alkoholkonsum kann zudem zu aggressivem Verhalten führen, und die Maßnahmen, die ergriffen werden, um diesem Problem zu begegnen, stellen ebenfalls Kosten für die gesamte Gesellschaft dar und entziehen anderen Verwendungszwecken ebenfalls Ressourcen.

Es gibt also einen Bedarf, in diese Gütermärkte durch staatliche Regulierung, Gesetzgebung oder Besteuerung einzugreifen, um somit den Konsum dieser demeritorischen Güter und die damit verbundenen privaten und sozialen Kosten zu senken.

8.5 Fazit

In diesem Kapitel haben wir festgestellt, dass es einige »Güter« gibt, die der Markt nicht hinreichend bereitstellt. Märkte garantieren keine saubere Luft zum Atmen und keine Landesverteidigung gegen mögliche Angreifer. Stattdessen müssen sich Gesellschaften beim Umweltschutz und bei der nationalen Sicherheit sowie bei der Bereitstellung von Gütern, die auf dem freien Markt unter- oder überkonsumiert würden, auf den Staat verlassen.

Es gibt erhebliche Diskussion darüber, zu welchem Ausmaß sich der Staat in die Bereitstellung öffentlicher und meritorischer Güter einschalten sollte und ob diese Eingriffe sowohl eine effiziente als auch eine gerechte Ressourcenallokation darstellen. Diese Debatten drehen sich im Kern um Fragen, die nicht nur vom ökonomischen Verständnis, sondern auch von der Politik abhängen. Politik hat mit Macht zu tun und einige Gruppen in der Gesellschaft besitzen vielleicht mehr Macht, politische Entscheidungen zu beeinflussen als andere. Somit kann die Ressourcenallokation weiter verzerrt werden. Die Themen, die in diesem Kapitel berührt wurden, werden Ihnen in Ihrem Studium noch an vielen Stellen begegnen. Hier haben wir den Versuch unternommen, Ihnen die entscheidenden Prinzipien zu vermitteln, die diesen Themen zugrunde liegen.

Zusammenfassung

▸ Güter unterscheiden sich danach, ob sie in ihrer Nutzung ausschließbar oder rivalisierend sind. Ausschließbar ist ein Gut, wenn man jemanden davon abhalten kann, es zu nutzen. Es besteht Rivalität in der Güternutzung, wenn die Nutzung des Gutes durch die eine Person die Möglichkeiten der Nutzung durch eine andere Person verringert. Es kann argumentiert werden, dass Märkte die besten Resultate für private Güter hervorbringen, die sowohl ausschließbar als auch rivalisierend in der Nutzung sind. Für andere Typen von Gütern funktionieren Märkte nicht so gut.

▸ Öffentliche Güter unterliegen weder der Ausschließbarkeit von noch der Rivalität in der Güternutzung. Beispiele öffentlicher Güter sind Feuerwerke, Landesverteidigung und Grundlagenforschung. Da die Bürger für den Gebrauch öffentlicher Güter nicht zur Zahlung herangezogen werden können, besteht für sie bei privatwirtschaftlicher Bereitstellung dieser Güter Anreiz zum Trittbrettfahrerverhalten. Deshalb werden öffentliche Güter durch den Staat bereitgestellt, wobei über die Menge der Bereitstellung mithilfe von Kosten-Nutzen-Analysen entschieden wird.

▸ Allmendegüter sind in der Nutzung rivalisierend, aber nicht ausschließbar. Beispiele sind Weideland im Gemeineigentum (Allmende), saubere Luft und viel befahrene Straßen mit Staus. Da die Menschen für den Gebrauch von Allmendegütern nicht zur Zahlung herangezogen werden können, neigen sie zur Übernutzung solcher

Stichwörter

▸ **öffentlicher Sektor**
▸ **privater Sektor**
▸ **Ausschließbarkeit von der Güternutzung**
▸ **Rivalität der Güternutzung**
▸ **private Güter**
▸ **öffentliche Güter**
▸ **Allmendegüter**
▸ **Clubgüter**
▸ **Trittbrettfahrer (Free Rider)**
▸ **Kosten-Nutzen-Analyse**
▸ **Tragik der Allmende**
▸ **meritorische Güter**
▸ **intertemporale Wahlentscheidungen**
▸ **soziale** bzw. **externe Kosten**
▸ **demeritorische Güter**

Ressourcen. Deshalb versucht der Staat die Nutzung von Allmendegütern zu begrenzen.
- Meritorische Güter wie Bildung und Gesundheitsvorsorge können unterkonsumiert werden, wenn man sie dem freien Markt überlässt. Der Staat kann in den Markt eingreifen und u. a. durch Vorschriften und Anreize dazu beitragen, dass diese privaten und sozialen Nutzen stiftenden Güter in größerem Umfang konsumiert werden.
- Demeritorische Güter sind Güter, die überkonsumiert werden und deren Konsum sowohl private als auch soziale Kosten verursacht. Regierungen können in den Markt eingreifen, um den Konsum demeritorischer Güter zu drosseln, ob durch Preismechanismen (z. B. die Besteuerung dieser Güter), Regulierung oder Gesetzgebung.

Wiederholungsfragen

1. Erklären Sie die Bedeutung der Ausschließbarkeit von der Güternutzung und der Rivalität der Güternutzung. Ist eine Pizza »ausschließbar«? Ist sie »rivalisierend«?
2. Definieren Sie den Begriff »öffentliches Gut« und nennen Sie ein Beispiel dafür. Kann der freie Markt dieses Gut aus sich selbst heraus bereitstellen? Erläutern Sie Ihre Antwort.
3. Definieren Sie ein Allmendegut und nennen Sie ein Beispiel dafür. Wird die Bevölkerung das Gut ohne Staatseingriffe zu viel oder zu wenig nutzen? Warum?
4. Warum werden meritorische Güter zu wenig konsumiert?
5. Auf welche Weise versucht der Staat, den Konsum von demeritorischen Gütern zu beschränken?

Aufgaben und Anwendungen

1. Nach dem Lehrbuchtext umschließen sowohl öffentliche Güter als auch Allmendegüter externe Effekte.
   a. Sind die mit dem Angebot an öffentlichen Gütern verbundenen externen Effekte grundsätzlich positiv oder negativ? Antworten Sie anhand von Beispielen. Ist die Menge öffentlicher Güter nach dem Marktgleichgewicht auf dem freien Markt im Allgemeinen größer oder kleiner als die effiziente Gütermenge?
   b. Sind die mit Allmendegütern gekoppelten externen Effekte im Allgemeinen positiv oder negativ? Geben Sie in Ihrer Antwort auch Beispiele an. Werden die Allmendegüter im Gleichgewicht auf dem freien Markt eher stärker oder weniger stark genutzt als dies effizient wäre?

2. Denken Sie darüber nach, welche Waren und Dienstleistungen von Ihrer Kommune bereitgestellt werden.
   a. Ordnen Sie anhand der Klassifikation der Abbildung 8-1 die nachfolgenden Güter ein:
      - Polizeischutz
      - Schneeräumdienst

- Straßenbeleuchtung
- Schulbildung
- Kindertagesstätte
- Gemeindestraßen und städtische Straßen

b. Was meinen Sie, weshalb die öffentliche Hand gelegentlich Güter bereitstellt, die nicht zu den öffentlichen Gütern zählen?

3. Die vier Bewohner einer WG wollen am Wochenende gemeinsam einen Filmabend veranstalten und überlegen nun, wie viele Filme sie sich im Sky Store bestellen sollen. Die Zahlungsbereitschaft der einzelnen Bewohner (pro Film) sieht dabei wie folgt aus:

	Thomas	Arthur	Felix	Philipp
Ein Film	7 Euro	5 Euro	3 Euro	2 Euro
Zwei Filme	6 Euro	4 Euro	2 Euro	1 Euro
Drei Filme	5 Euro	3 Euro	1 Euro	0 Euro
Vier Filme	4 Euro	2 Euro	0 Euro	0 Euro
Fünf Filme	3 Euro	1 Euro	0 Euro	0 Euro

a. Ist das Anschauen der Filme innerhalb der WG ein öffentliches Gut? Warum oder warum nicht?
b. Wenn die Kosten für das Bestellen eines Films 8 Euro betragen, wie viele Filme sollten die WG-Bewohner bestellen, um ihre Gesamtrente zu maximieren?
c. Wenn sich die WG-Bewohner für die optimale Anzahl an Filmen aus b entscheiden und die Kosten für die Ausleihe gleichmäßig untereinander aufteilen, wie hoch ist der Nutzen jedes einzelnen Bewohners aus dem Filme-Abend?
d. Gibt es eine Möglichkeit, die Kosten für die Filme so aufzuteilen, dass alle WG-Bewohner einen positiven Nutzen aus den Filmen ziehen? Welche praktischen Probleme werden sich dabei einstellen?
e. Welche Erkenntnis vermittelt uns dieses Beispiel in Bezug auf die optimale Bereitstellung öffentlicher Güter?

4. Warum liegt Abfall auf den meisten Straßen, aber selten in den Gärten der Privatleute?

5. Die Untergrundbahn in Washington, D. C., berechnet während der Hauptverkehrszeit höhere Fahrgelder als zu den übrigen Tageszeiten. Worin liegt die Begründung?

6. Der Fischbestand in den Weltmeeren ist mehr denn je durch Überfischung gefährdet.
a. Welches grundsätzliche Problem führt zur Überfischung der Weltmeere?
b. Könnte eine gemeinsame Bewirtschaftung des Fischbestands das Problem der Überfischung lösen?

c. Seit 1976 existieren nationale Fischereizonen vor den Küsten der Anrainerländer. Begründen Sie aufgrund der Institution der Eigentumsrechte, inwiefern damit die Problematik gemildert werden kann.

d. Einige Länder haben in der Vergangenheit betroffene Fischer durch bestimmte Unterstützungsleistungen zu größeren Fängen ermutigt. Wie könnte sich durch die politischen Maßnahmen ein Teufelskreis der Überfischung einstellen?

e. Was wäre Ihrer Meinung nach Voraussetzung dafür, dass die Fischer genauso verantwortungsvoll und ressourcenschonend mit dem Fischbestand umgehen wie es Landwirte mit Acker- und Weideland machen?

f. Über welche staatlichen Maßnahmen gegen das Überfischen könnte man nachdenken?

7. Ist das Internet ein öffentliches Gut? Warum oder warum nicht?

8. Menschen mit hohem Einkommen zahlen mehr zur Vermeidung des Sterberisikos als Menschen mit niedrigem Einkommen. Das sieht man z. B. an den Sicherheitseinrichtungen in Autos. Glauben Sie, dass Kosten-Nutzen-Analysen zur Bewertung staatlicher Projekte dies berücksichtigen sollten? Betrachten Sie eine reiche Stadt und eine arme Stadt bei der Installation von Ampelanlagen. Sollte die reiche Stadt in die Kosten-Nutzen-Analyse einen höheren Euro-Betrag für ein Menschenleben einsetzen? Warum oder warum nicht?

9 Externalitäten und Marktversagen

In Kapitel 8 haben wir Beispiele von Gütern kennengelernt, die der Markt aufgrund ihrer Beschaffenheit nicht effizient zuteilt. Zuvor wurde die Regel aufgestellt, dass Märkte gewöhnlich gut geeignet sind, knappe Ressourcen zuzuteilen. Doch haben wir ebenfalls bereits gelernt, dass diese effiziente Allokation von bestimmten Annahmen abhängt. Zwei dieser Annahmen sind vollständige Information und rationales Verhalten. Wenn diese beiden Annahmen jedoch wegfallen, verliert das Marktmodell seine Fähigkeit, Marktentwicklungen zu prognostizieren. Hinzu kommt, dass Unternehmen und Haushalte auf verschiedenen Märkten verschiedene Einflussmöglichkeiten haben, welche die Marktergebnisse verändern können. All diese Faktoren können dazu führen, dass der Markt die Ressourcen nicht auf die Weise zuteilt, wie sie unser Marktmodell prognostiziert.

In diesem Kapitel werden wir einige Gründe für dieses Marktversagen untersuchen. Dabei beginnen wir mit einer Analyse der Probleme, die größtenteils durch unvollständige Information aufseiten der Akteure entstehen. Sie werden als Externalitäten bezeichnet.

9.1 Externalitäten

Märkte sind in vielerlei Hinsicht unvollständig. Zu diesen Unvollständigkeiten zählen nicht zuletzt die verschieden ausgeprägten Einflussmöglichkeiten der Wirtschaftssubjekte, die zu anderen Resultaten führen können, als sie das standardökonomische Marktmodell erwarten lässt. Selbst wenn wir annehmen, dass die Marktergebnisse des mikroökonomischen Standardmodells einigermaßen präzise sind, müssen wir uns bewusst sein, dass die Wirtschaftssubjekte unterschiedliche Überzeugungen haben, welche Marktergebnisse als erstrebenswert anzusehen und wie die Kernfragen einer Volkswirtschaft zu beantworten sind.

Verfechter des Standardmodells verweisen häufig auf Adam Smiths Prinzip der unsichtbaren Hand des Markts. Dieses besagt, wie wir in Kapitel 1 bereits gelernt haben, dass der Markt funktioniert, wenn die Individuen auf Basis ihrer eigenen Anreize agieren können, ohne dass der Staat eingreift. Wenn Individuen auf dem Markt von ihren eigenen Interessen gesteuert handeln können, so verwandelt nach Adam Smith die unsichtbare Hand des Markts den Eigennutz des Einzelnen in einen Wohlstand für alle. Kritiker dieses Modells betonen jedoch, dass Individuen nicht selten Entscheidungen treffen, ohne die daraus folgenden Kosten und Nutzen für die Allgemeinheit abschätzen zu können. Dies führt wiederum zu ineffizienter Allokation der Ressourcen, welche der Markt alleine nicht lösen kann.

9.1 Externalitäten und Marktversagen
Externalitäten

Externalität, externer Effekt
Kosten oder Nutzen der Entscheidung einer Person, die von dieser nicht berücksichtigt wurden und die das ökonomische Wohlergehen eines unbeteiligten Dritten beeinflussen.

Negativer externer Effekt
Die Kosten einer Entscheidung, die einem unbeteiligten Dritten aufgebürdet werden.

Positiver externer Effekt
Der Nutzen, den eine Entscheidung einem unbeteiligten Dritten verschafft.

So setzen beispielsweise Unternehmen, die Papier herstellen und verkaufen, als Nebenprodukt des Produktionsprozesses auch das Umweltgift Dioxin frei. Wissenschaftler befürchten, dass Dioxin das Risiko von Krebserkrankungen und Missgeburten erhöht und verschiedene andere Gefahren für die Gesundheit birgt.

Die Dioxinemission verursacht demnach Kosten für die Allgemeinheit, welche die Papier produzierenden Unternehmen nicht tragen müssen. Solche Probleme fallen unter die Kategorie **Externalität** oder **externer Effekt**. Ein externer Effekt entsteht, wenn das Handeln eines Wirtschaftssubjekts die Wohlfahrt eines unbeteiligten Dritten beeinflusst, der dafür weder bezahlt noch einen Ausgleich dafür erhält. Ist der Effekt schädigend, so wird er **negativer externer Effekt** genannt, ist er begünstigend, so ist es ein sogenannter **positiver externer Effekt**. Negative und positive Externalitäten sind mit sozialen bzw. externen Kosten und sozialem bzw. externem Nutzen verbunden, die aus den Entscheidungen von Konsumenten und Produzenten resultieren (vgl. Kapitel 8). Viele Privatpersonen und Unternehmen treffen ihre Entscheidungen, indem sie private Kosten gegen privaten Nutzen abwägen. Selten bedenken sie dabei die aus der Entscheidung resultierenden Kosten und Nutzen für die Gesellschaft als Ganzes. Daraus resultiert, dass der Preismechanismus nicht die wahren Kosten und Nutzen einer Entscheidung widerspiegelt. Dies kann wiederum zu einem Marktergebnis führen, bei dem die Gütermenge zwar für das Individuum oder das Unternehmen jeweils effizient ist, jedoch nicht gesamtgesellschaftlich betrachtet. Die Marktgleichgewichtsmenge ist im Ergebnis zu hoch oder zu niedrig. Der Preis verliert seine Signalfunktion, sodass Konsumenten und Produzenten keine informierten Entscheidungen mehr treffen können.

Soziale Kosten und sozialer Nutzen von Entscheidungen

Wir wissen, dass das Marktgeschehen auf Millionen von Entscheidungen beruht, die von einzelnen Personen oder Personengruppen getroffen werden. Mit den Entscheidungen gehen private Kosten und privater Nutzen einher. Wenn man sich zu einem Wochenendausflug mit dem Auto entschließt, dann sind damit verschiedene private Kosten verbunden wie die Ausgaben für Benzin, die Kosten für den zusätzlichen Verschleiß des Autos oder die (anteiligen) Kosten für Versicherung und Steuern. Gleichzeitig hat die Nutzung eines Pkws auch eine Reihe von privaten Vorteilen. Im Auto ist es bequem und warm, man kann im Radio Musik oder eine CD hören und man kommt natürlich vergleichsweise schnell an sein Ziel. Wenn man sich für einen Wochenendausflug mit dem Auto entscheidet, dann berücksichtigt man dabei aber nicht die Kosten oder den Nutzen, der sich dadurch für die Gesellschaft ergibt. Mit jedem zusätzlichen Auto auf der Straße steigt die Wahrscheinlichkeit für einen Stau, die Straßen nutzen sich schneller ab, es entstehen mehr Abgase und das Risiko eines Unfalls nimmt zu, durch den ein an der Entscheidung unbeteiligter Dritter verletzt oder sogar getötet werden kann. Gleichzeitig kann die Entscheidung auch sozialen bzw. externen Nutzen bringen, z. B. dass in öffentlichen Verkehrsmitteln mehr Sitzplätze zur Verfügung stehen.

Wenn man in sein Auto einsteigt, denkt man nicht an die sozialen Kosten. Die Kosten für die Reparatur der Straßen, die Kosten der Umweltverschmutzung oder die

Kosten von Unfällen, ausgelöst durch Staus, werden von anderen getragen – meist sind es die Steuerzahler. Gleichermaßen müssen für den sozialen Nutzen, der aus einer privaten Entscheidung resultiert, nicht diejenigen zahlen, die davon profitieren.

Sofern externe Effekte vorkommen, muss das Interesse der Gesellschaft am Marktergebnis mehr als nur das wirtschaftliche Wohlergehen von Käufern und Verkäufern umfassen und auch das Wohlergehen der an den Geschäften nicht beteiligten, jedoch davon betroffenen Dritten einschließen. Da die Käufer und Verkäufer die externen Effekte bei ihren Entscheidungen nicht berücksichtigen, ist das Marktgleichgewicht, sollten Externalitäten bestehen, nicht effizient. Die Wohlfahrt der Gesellschaft wird durch das Marktgleichgewicht also nicht maximiert.

Typen externer Effekte. Externe Effekte können auf vielfältige Art und Weise in Erscheinung treten, und dementsprechend vielfältig sind auch die politischen Maßnahmen, mit denen versucht wird, das Marktversagen zu korrigieren. Betrachten wir einige Beispiele:

- Abgase von Pkw stellen negative externe Effekte dar, denn sie führen zu Smog, den andere Menschen einatmen müssen. Individuen berücksichtigen jedoch nicht den Abgasausstoß, wenn sie sich entscheiden, mit dem Auto zu fahren statt z. B. mit dem Bus. Der Staat versucht, das Problem dadurch zu lösen, dass er technische Standards für die Emissionen der Autos festlegt, Umweltplaketten einführt und die Kraftstoffe sowie die Pkw selbst besteuert, um die Zahl der gefahrenen Kilometer zu begrenzen.
- Restaurierte historische Gebäude sind mit positiven externen Effekten verbunden, weil sich die vorbeigehenden Menschen an der Schönheit und an der Geschichte der Gebäude erfreuen. Den Eigentümern kommt jedoch nicht der gesamte Nutzen der Restaurierung zugute und sie neigen daher dazu, alte Gebäude zu schnell abzustoßen. Deshalb gibt es Denkmalschutzvorschriften sowie Steuervergünstigungen für die Restaurierung.
- Bellende Hunde erzeugen negative externe Effekte, weil die Nachbarn durch den Lärm gestört werden. Die Hundebesitzer tragen nicht die vollen Kosten des Gebells. Sie treffen deshalb zu wenige Vorkehrungen gegen das Hundegebell. Es gibt daher Vorschriften gegen die Störung der Mittagsruhe oder der Nachtruhe.
- Erfindungen entfalten positive externe Effekte, weil dadurch Wissen entsteht, das andere Menschen nutzen können. Da die Erfinder jedoch meist nicht alleine von ihren Erfindungen profitieren können, neigen sie zur Minderung ihres Forschungseinsatzes. Deshalb gibt es das Patentrecht, das Erfindern eine gewisse Zeit lang das ausschließliche Recht an der wirtschaftlichen Verwertung ihrer Erfindung zusichert.
- Eine Impfung gegen Grippe oder andere ansteckende Krankheiten schützt diejenigen, die sich geimpft haben, davor, mit dem Virus angesteckt zu werden. Gleichzeitig profitieren aber auch diejenigen davon, die sich nicht haben impfen lassen. Je mehr Menschen sich impfen lassen, desto geringer ist die Wahrscheinlichkeit, angesteckt zu werden. Gleichzeitig bringt die Impfung auch Vorteile für das Gesundheitswesen, da weniger Ressourcen für die Behandlung der jeweiligen Krankheit benötigt werden. Da Impfungen Vorteile für die gesamte Gesellschaft mit

sich bringen, versucht der Staat mit Kampagnen die Bürger dazu zu motivieren, sich impfen zu lassen.

In jedem dieser Beispiele berücksichtigen einige Entscheidungsträger die externen Effekte ihres Verhaltens nicht oder nicht vollständig. Regierungen können darauf reagieren und versuchen, dieses Verhalten dahingehend zu beeinflussen, dass unbeteiligte Dritte geschützt werden.

9.2 Externe Effekte und Ineffizienz der Märkte

In diesem Abschnitt wenden wir die Konzepte der Konsumenten- und der Produzentenrente sowie des Nettowohlfahrtsverlustes an, um zu überprüfen, auf welche Weise Externalitäten die ökonomische Wohlfahrt beeinflussen. Die Analyse zeigt genau, warum externe Effekte die Ursache für eine ineffiziente Ressourcenallokation der Märkte sind.

Wohlfahrtsökonomik: Eine Wiederholung

Um unsere Analyse zu konkretisieren, betrachten wir einen speziellen Markt – den Aluminiummarkt. Abbildung 9-1 zeigt die Angebots- und die Nachfragekurve für den Markt für Aluminium.

Die Angebots- und die Nachfragekurve enthalten wichtige Informationen über Kosten und Nutzen. Die Nachfragekurve nach Aluminium zeigt den Wert des Nutzens des Aluminiums für die Konsumenten, gemessen durch ihre Zahlungsbereitschaft. Bei jeder beliebigen Menge gibt die Höhe der Nachfragekurve die Zahlungsbereitschaft des Grenznachfragers an. Mit anderen Worten zeigt sie den Wert der letzten gekauften Mengeneinheit an Aluminium. Ebenso bildet die Angebotskurve die Kosten der Aluminiumhersteller ab. Bei jeder beliebigen Menge zeigt die Höhe der Angebotskurve die Kosten des Grenzanbieters. Sie spiegelt, anders gesagt, die Kosten der letzten verkauften Mengeneinheit an Aluminium wider. Dementsprechend bilden die Nachfrage- und die Angebotskurve den privaten Nutzen der Konsumenten und die privaten Kosten der Produzenten ab.

Die Gleichgewichtsmenge Q_{Markt} in Abbildung 9-1 ist insofern effizient, als dass die Summe aus Produzenten- und Konsumentenrente maximiert wird. Der Marktmechanismus teilt die Ressourcen also in der Weise zu, dass der Gesamtnutzen für die Käufer und Konsumenten von Aluminium maximiert wird, abzüglich der Gesamtkosten der Verkäufer und Produzenten des Aluminiums. Zum Gleichgewichtspreis entspricht der Wert, den die Konsumenten der letzten Einheit Aluminium beimessen, den Kosten der Produzenten, die diese letzte Einheit anbieten.

9.2 Externe Effekte und Ineffizienz der Märkte

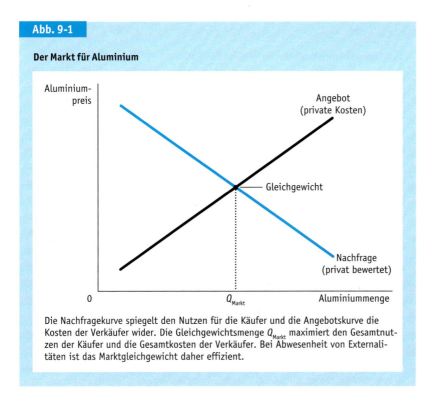

Abb. 9-1

Der Markt für Aluminium

Die Nachfragekurve spiegelt den Nutzen für die Käufer und die Angebotskurve die Kosten der Verkäufer wider. Die Gleichgewichtsmenge Q_{Markt} maximiert den Gesamtnutzen der Käufer und die Gesamtkosten der Verkäufer. Bei Abwesenheit von Externalitäten ist das Marktgleichgewicht daher effizient.

Negative externe Effekte

Nehmen wir nun an, dass die Aluminiumfabriken die Luft verschmutzen: Für jede produzierte Mengeneinheit an Aluminium tritt eine bestimmte Menge an Abgasen in die Atmosphäre aus. Da diese Abgase zu Gesundheitsrisiken für all jene Menschen führen, die die Luft einatmen, liegen negative externe Effekte vor. Die Luftverschmutzung verursacht steigende Kosten im Gesundheitswesen durch notwendige Behandlungen für die betroffenen Personen. Diese sozialen bzw. externen Kosten werden von den Aluminiumproduzenten, die nur ihre privaten Kosten im Auge haben, bei der Produktionsentscheidung nicht berücksichtigt. Wie verändert diese Externalität die Effizienz des Marktergebnisses?

Aufgrund der externen Effekte sind die volkswirtschaftlichen Kosten der Aluminiumproduktion höher als die privaten bzw. betriebswirtschaftlichen Kosten der Aluminiumproduzenten. Für jede produzierte Mengeneinheit an Aluminium belaufen sich die **volkswirtschaftlichen Kosten** auf die Summe aus privaten Kosten der Unternehmen und den sozialen bzw. externen Kosten der negativ betroffenen unbeteiligten Dritten.

Abbildung 9-2 zeigt die volkswirtschaftlichen Kosten der Aluminiumproduktion. Die Kurve der volkswirtschaftlichen Kosten liegt oberhalb der betriebswirtschaftlichen Kostenkurve, d. h. der Angebotskurve des Unternehmens, da sie die sozialen

Volkswirtschaftliche Kosten
Summe aus privaten oder betriebswirtschaftlichen Kosten der Produktion und sozialen oder externen Kosten, welche unbeteiligten Dritten durch die Produktion entstehen.

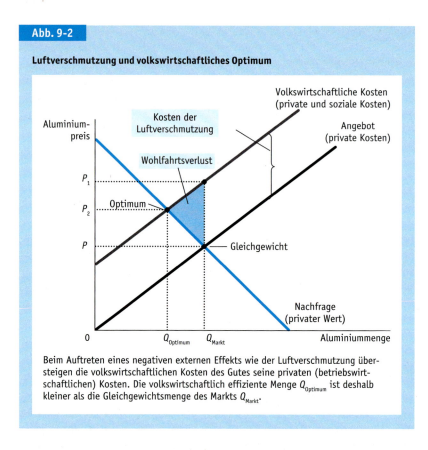

Abb. 9-2

Luftverschmutzung und volkswirtschaftliches Optimum

Beim Auftreten eines negativen externen Effekts wie der Luftverschmutzung übersteigen die volkswirtschaftlichen Kosten des Gutes seine privaten (betriebswirtschaftlichen) Kosten. Die volkswirtschaftlich effiziente Menge $Q_{Optimum}$ ist deshalb kleiner als die Gleichgewichtsmenge des Markts Q_{Markt}.

bzw. externen Kosten, welche die Aluminiumproduktion der Gesellschaft auferlegt, mit einschließt. Zu jedem Preis sind die volkswirtschaftlichen Kosten höher als die betriebswirtschaftlichen Kosten, gemessen durch den senkrechten Abstand zwischen der volkswirtschaftlichen Kostenkurve und der Angebotskurve. Die volkswirtschaftliche Kostenkurve ist also die Summe der privaten Kosten und der sozialen Kosten. Die Differenz zwischen der volkswirtschaftlichen Kostenkurve und der Angebotskurve weist wiederum die sozialen Kosten der Luftverschmutzung aus.

Das volkswirtschaftliche Optimum oder das volkswirtschaftlich effiziente Marktergebnis. Beim Marktergebnis Q_{Markt} bewerten die Konsumenten den Nutzen des Konsums dieser Menge an Aluminium mit dem Preis $0P$. Die tatsächlichen Kosten der Produktionsmenge Q_{Markt} liegen jedoch höher – bei $0P_1$; d.h. dass die Bewertung durch den Grenzkonsumenten unter den volkswirtschaftlichen Kosten der Produktion des Aluminiums liegt. Der senkrechte Abstand zwischen $0P$ und $0P_1$ gibt den marginalen Wohlfahrtsverlust bei der Produktionsmenge Q_{Markt} an und entspricht den externen Grenzkosten der Produktion. Die volkswirtschaftlich effiziente Produktionsmenge – $Q_{Optimum}$ – liegt da, wo die Nachfragekurve die Kurve der volkswirtschaftlichen Kosten schneidet, bei einem Preis von $0P_2$.

Diese Menge wird auch als volkswirtschaftliches Optimum bezeichnet. Es ist in diesem Fall die optimale Produktionsmenge an Aluminimum für die Volkswirtschaft als Ganzes. Bei OP_2 entspricht der Nutzen des Aluminiums für die Konsumenten den privaten Kosten der Anbieter und den externen Kosten für die Gesellschaft. In diesem Fall ist die volkswirtschaftlich effiziente Menge niedriger als im Ergebnis des privaten Markts und der volkswirtschaftlich effiziente Preis ist höher, weil er den wahren Wert des volkswirtschaftlich effizienten Marktergebnisses für die Gesellschaft widerspiegelt.

Die Marktgleichgewichtsmenge an Aluminium Q_{Markt} ist größer als die volkswirtschaftlich effiziente Menge Q_{Optimum}. Der Grund für die Ineffizienz liegt darin, dass der Markt nur die privaten Kosten der Produktion berücksichtigt. Deshalb erhöht eine Absenkung der Aluminiumproduktion und des Aluminiumkonsums unter die Marktgleichgewichtsmenge die gesamtwirtschaftliche Wohlfahrt. Die Veränderung der gesamtwirtschaftlichen Wohlfahrt wird durch den Wohlfahrtsverlust gemessen, der aus den unterschiedlichen Marktergebnissen resultiert. Wir können diesen Wohlfahrtsverlust messen, indem wir den Abstand zwischen dem Wert des Konsums und den volkswirtschaftlichen Kosten der Produktion des Aluminiums zwischen den beiden Marktergebnissen Q_{Markt} und Q_{Optimum} addieren. Der gesamte Wohlfahrtsverlust entspricht dem blauen Dreieck in Abbildung 9-2. Dieses Dreieck wird als *Wohlfahrtsdreieck* bezeichnet.

Um die Ineffizienz des Marktergebnisses zu beheben, müssen Maßnahmen ergriffen werden, welche die Entscheidungsträger dazu zwingen, die sozialen Kosten bei ihrer Entscheidung mit zu berücksichtigen. Im vorliegenden Beispiel würde eine Möglichkeit darin bestehen, die Aluminiumhersteller für jede Tonne verkauften Aluminiums zu besteuern. Die Besteuerung würde die Angebotskurve für Aluminium um den Steuerbetrag nach oben verschieben. Entspräche die Steuer genau den externen Kosten der Luftverschmutzung, so wäre die neue Angebotskurve mit der volkswirtschaftlichen Kostenkurve deckungsgleich. Im neuen Marktgleichgewicht mit Besteuerung würden die Aluminiumproduzenten die volkswirtschaftlich effiziente Menge erzeugen.

Der Sinn einer solchen Steuer besteht in der **Internalisierung externer Effekte**, indem sie Käufern und Verkäufern im Markt einen Anreiz gibt, die externen Effekte ihrer Aktivitäten mit zu berücksichtigen. Indem Käufer und Verkäufer die Steuer bei ihren Entscheidungen berücksichtigen müssen, wird die Signalwirkung der Preise wieder exakter. Die Aluminiumproduzenten würden im Wesentlichen die Kosten der Umweltverschmutzung mit veranschlagen, wenn sie über die Angebotsmengen entscheiden, da sie für diese externen Effekte in Form der Steuer bezahlen müssen. Diese Verfahrensweise basiert auf der ökonomischen Erkenntnis, dass Menschen auf Anreize reagieren. Im Verlauf dieses Kapitels werden wir weitere Möglichkeiten kennenlernen, wie der Staat mit Externalitäten umgehen kann.

Internalisierung externer Effekte
Eine Veränderung der Anreize derart, dass die Menschen die externen Effekte ihrer Aktivitäten bei Entscheidungen mit berücksichtigen.

Positive externe Effekte

Auch wenn es eine Reihe ökonomischer Aktivitäten gibt, die Dritten zusätzliche Kosten auferlegen, gibt es auch solche, die zusätzlichen Nutzen erzeugen. Betrachten wir das Beispiel Bildung. Bildung verursacht positive externe Effekte, da eine gebildetere Bevölkerung in der Regel die volkswirtschaftliche Produktivität und das Potenzial für wirtschaftliches Wachstum erhöht (vgl. Kapitel 8.4). Zwar ist der Produktivitätsgewinn der Bildung nicht zwangsläufig immer ein externer Effekt: Der Nutzen von Bildung zeigt sich zunächst einmal bei denen, die sie konsumieren – in Form höherer Arbeitsentgelte und höherer Arbeitsmobilität. Wenn jedoch auch unbeteiligte Dritte von diesem Produktivitätsgewinn der Bildung profitieren, wie es der Fall ist, wenn das wirtschaftliche Wachstum der Volkswirtschaft als Ganzes angeregt wird, so kann man von einem positiven externen Effekt sprechen.

Die Analyse positiver externer Effekte ähnelt der Analyse negativer externer Effekte. Wie Abbildung 9-3 zeigt, spiegelt die Nachfragekurve nach Bildung nicht den volkswirtschaftlichen Wert der Bildung wider. Der Wert, den die Konsumenten eines Gutes wie der Bildung beimessen, ist geringer als dessen Wert für die Volkswirtschaft als Ganzes. Im Marktgleichgewicht Q_{Markt} entspricht der private Wert, den die Nachfrager der Bildung beimessen $0P$, der volkswirtschaftliche Wert liegt jedoch höher, bei $0P_1$. Der senkrechte Abstand zwischen $0P$ und $0P_1$ entspricht dem Wert des

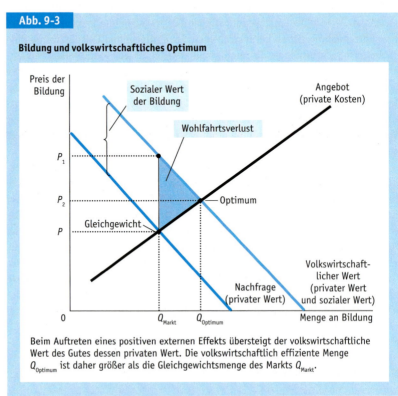

Abb. 9-3

Bildung und volkswirtschaftliches Optimum

Beim Auftreten eines positiven externen Effekts übersteigt der volkswirtschaftliche Wert des Gutes dessen privaten Wert. Die volkswirtschaftlich effiziente Menge $Q_{Optimum}$ ist daher größer als die Gleichgewichtsmenge des Markts Q_{Markt}.

externen oder sozialen Nutzens. Da der soziale Wert (oder externe Nutzen) größer ist als der private, liegt die Kurve des volkswirtschaftlichen Werts oberhalb der Nachfragekurve. Der volkswirtschaftliche Wert entspricht dem privaten Wert eines Gutes plus dessen sozialen Wert bei jedem gegebenen Preis. Da zu jedem Preis der Nutzen für die Volkswirtschaft als Ganzes größer ist als der private Nutzen der Konsumenten, liegt die Kurve des volkswirtschaftlichen Werts oberhalb oder rechts der privaten Nachfragekurve. Das volkswirtschaftliche Optimum liegt in dem Punkt, in dem die Kurve des volkswirtschaftlichen Werts die Angebotskurve (welche die privaten Kosten widerspiegelt) schneidet – beim Preis $0P_2$. Folglich ist die volkswirtschaftlich effiziente Menge des Gutes Bildung in diesem Fall größer als die Menge, die durch den freien Markt festgelegt wurde, und der Preis ist höher als der Gleichgewichtspreis des freien Markts. Das Gut Bildung hat also einen zu niedrigen Preis. Der Wohlfahrtsverlust, der mit dem Ergebnis des freien Markts Q_{Markt} verbunden ist, entspricht dem blauen Dreieck in der Abbildung 9-3.

Das Marktversagen kann behoben werden, indem die Marktteilnehmer dazu veranlasst werden, Externalitäten zu internalisieren. Um den Markt näher an das volkswirtschaftliche Optimum heranzuführen, könnte sich der Staat beispielsweise für eine Subvention entscheiden. Tatsächlich ist dies auch der Weg, den die meisten Regierungen gehen, indem sie Bildung stark subventionieren.

> **Kurztest**
> Nennen Sie je ein Beispiel für eine negative und eine positive Externalität. Erklären Sie, warum bei Vorliegen von Externalitäten Marktergebnisse ineffizient sind.

Positionsexternalitäten

Positionsgüter zeichnen sich dadurch aus, dass ihr Nutzen an dem anderer Güter in derselben Güterklasse gemessen wird. So wird beispielsweise einigen Autos eine höhere Qualität zugeschrieben oder eine höhere Wertschätzung entgegengebracht als anderen. Käufe oder andere Entscheidungen, die darauf beruhen, dass Individuen Positionsgüter miteinander vergleichen, nennt man **Positionsexternalitäten**.

Positionsexternalitäten entstehen, weil Menschen dazu neigen, relative Positionen zu vergleichen. Wenn Sie mit den folgenden beiden Wahlmöglichkeiten konfrontiert wären, für welche würden Sie sich entscheiden?
▸ Option A
  Ihr Jahreseinkommen beträgt 60.000 Euro, das aller anderen Personen 150.000 Euro.
▸ Option B
  Ihr Jahreseinkommen beträgt 50.000 Euro, das aller anderen Personen 40.000 Euro.

Wenn wir rationales Verhalten voraussetzen, wäre Option A die logische Wahl, denn die absolute Gütermenge, die mit 60.000 Euro erworben werden kann, ist höher als die, welche Sie mit 50.000 Euro erwerben können. Studien haben jedoch gezeigt, dass die meisten Menschen Option B wählen, da für sie der relative Einkommensvorsprung

Positionsexternalitäten
Käufe oder andere Entscheidungen, die darauf beruhen, dass Individuen den Nutzen von Positionsgütern mit dem anderer Güter vergleichen.

9.2 Externalitäten und Marktversagen
Externe Effekte und Ineffizienz der Märkte

vor den anderen wichtiger ist. Menschen wählen Option B, weil ihnen ihre relative Position in diesem Fall besser erscheint. Solche »irrationalen« Entscheidungen wurden zum Teil angeführt, um zu erklären, warum trotz des Anstiegs der durchschnittlichen Einkommen und des Wohnraums, der in den letzten 50 Jahren zu beobachten ist, die Lebenszufriedenheit im gleichen Zeitraum nicht nennenswert angestiegen ist.

Positionsexternalitäten können erhebliche Auswirkungen haben. Betrachten wir einige Beispiele: Privatpersonen und Unternehmen streben immer danach, sich in dem einen oder anderen Bereich zu verbessern. Wann immer Entscheidungen in der Absicht getroffen werden, die eigene Leistung (oder Entlohnung) im Verhältnis zu anderen zu verbessern, haben sie einen Effekt auf andere Menschen. Wenn beispielsweise eine professionelle Tennisspielerin ihre Leistung verbessern will, konsultiert sie vielleicht einen Sportpsychologen, der sie dahingehend berät, wie sie einen Vorsprung aufbauen kann, der ihre Gewinnchancen verbessert. Diese Entscheidung der Tennisspielerin hat einen negativen Effekt auf die Leistung (und Entlohnung) der anderen Tennisspieler. Zwar wird die Entlohnung der durch die psychologische Beratung verbesserten Leistung der Tennisspielerin (im Sinne von Gewinn) nicht zwangsläufig die Entlohnung ihrer Gegner verschlechtern (im Sinne von Niederlage). Doch welcher Anreiz entsteht für die übrigen professionellen Tennisspieler? Der Anreiz besteht darin, sich ebenfalls von einem Sportpsychologen coachen zu lassen, um den Vorsprung der Tennisspielerin wieder wettzumachen und sie, wenn möglich, sogar zu überholen. Wenn jedoch alle übrigen Tennisspieler genau diesem Anreiz nachgehen, wird der Effekt im Ganzen bei null liegen, ebenso wie der Nutzen der Tennisspieler als Gruppe – und das, obwohl zusätzliche Kosten angefallen sind. Solch ein Ergebnis ist ineffizient.

Unternehmen legen bei ihrer Personalsuche häufig Wert auf einen Masterabschluss, relevante Praxiserfahrung und entsprechende organisatorische Fähigkeiten. Die potenziellen Bewerber haben somit einen Anreiz, Zeit und Geld in den Erwerb solcher Kompetenzen zu investieren, um sich gegenüber der Konkurrenz durchzusetzen. Das Ergebnis ist eine große Masse an Bewerbern mit einem Masterabschluss, Praxiserfahrungen und nachgewiesenen organisatorischen Fähigkeiten. Der Nutzen für die Personalbeschaffung des jeweiligen Unternehmens ist folglich gering, die Kosten für die Bewerber sind jedoch beachtlich.

Positionsexternalitäten, die dazu führen, dass Individuen, um sich von der Konkurrenz abzuheben, in eine Reihe von Maßnahmen investieren, die sich jedoch gegenseitig aufheben, werden auch als **positionales Wettrüsten** bezeichnet. Um das Auftreten von positionalem Wettrüsten zu reduzieren, muss ein Anreiz geschaffen werden, welcher Menschen davon abhält, in vermeintlich Nutzen erweiternde Maßnahmen zu investieren, die sich letztlich gegenseitig aufheben. Ein Beispiel ist das Verbot bestimmter leistungssteigernder Substanzen im Profisport. Andere Beispiele sind informelle Vereinbarungen zwischen Interessenparteien, die Etablierung einer sozialen Verhaltensnorm, welche von der breiten Masse der Bevölkerung akzeptiert wird, oder der Abschluss von Schiedsabkommen. Im Fall von Schiedsabkommen einigen sich die Interessenparteien auf eine unabhängige Schiedsinstanz, welche im Konfliktfall eine Entscheidung trifft, die von allen akzeptiert werden muss.

Positionales Wettrüsten
Situationen, in denen Individuen in eine Reihe vermeintlich vorteilsbringender Maßnahmen investieren, die sich jedoch gegenseitig aufheben.

9.3 Private Lösungen bei externen Effekten

In der Praxis reagieren sowohl private Akteure als auch öffentliche Stellen in unterschiedlicher Weise auf externe Effekte. Allen Maßnahmen ist das Ziel gemeinsam, die Marktallokation der Ressourcen näher an das volkswirtschaftliche Optimum heranzuführen. Wir werden uns nun zuerst näher mit privaten Lösungen des Problems befassen.

Typen privater Lösungen

Obwohl externe Effekte die Gefahr bergen, dass Märkte ineffizient werden, erfordert die Lösung des Problems nicht unbedingt staatliches Handeln. Unter bestimmten Umständen können geeignete private Lösungen gefunden werden.

Soziale Normen und moralisches Verhalten. Manchmal werden die Probleme externer Effekte durch den gesellschaftlichen Moralkodex und gesellschaftliche Sanktionen gelöst. Denken Sie einmal darüber nach, warum die meisten Menschen ihren Abfall nicht einfach aus dem Fenster werfen. Obwohl es auch entsprechende gesetzliche Vorschriften gibt, müssen diese meist nicht allzu energisch durchgesetzt werden. Die meisten Menschen werfen einfach deshalb ihren Abfall nicht aus dem Fenster oder auf die Straße, weil sie es für falsch halten. Die Erziehung durch unsere Eltern, unsere Schullaufbahn, unsere Religion, unsere Arbeitsumwelt, die Botschaften der Medien usw. bilden in uns ein Bewusstsein dafür, was gesellschaftlich akzeptiert ist und was nicht. In den meisten Gesellschaften beinhaltet sozialkonformes Verhalten, die Auswirkungen unseres Tuns auf unsere Mitmenschen zu berücksichtigen. In Begriffen der Volkswirtschaftslehre verlangt moralisches Verhalten von uns, Externalitäten zu internalisieren.

Wohltätigkeit. Andere private Lösungen beruhen auf der Hilfsbereitschaft der Menschen. Jeder kennt Stiftungen und Vereine, die als gemeinnützig anerkannt sind. Sie erbitten und erhalten Spenden von Tausenden einfacher und gewiss nicht reicher Menschen. Damit werden Rettungsdienste, soziale Projekte, Naturschutz und vieles mehr finanziert. Fördervereine von Schulen erhalten von Eltern der Schülerinnen und Schüler Zuwendungen für den Schulbetrieb, die dem Grund nach mit positiven externen Effekten von Bildung zu tun haben. Der Staat fördert diese privaten Lösungen durch Regelungen, die Spenden für gemeinnützige Zwecke von der Steuer befreien.

Eigeninteresse. Oft kann der Markt das Problem der Externalitäten dadurch lösen, dass er sich auf das Eigeninteresse der Betroffenen stützt. Bisweilen liegt die Lösung dann im Zusammenschluss verschiedener Geschäftstätigkeiten. Schauen wir uns z. B. einen Apfelerzeuger und einen Imker an, die Nachbarn sind und sich somit gegenseitig positive externe Effekte bescheren: Die Bienen begünstigen die Apfelernte, indem sie die Blüten der Apfelbäume bestäuben, und die Bienen nutzen den Nektar der Apfelblüten für ihre Honigerzeugung. Dennoch wird weder der Apfelerzeuger bei seiner Entscheidung über die Anzahl zu pflanzender Bäume noch der

Imker bei der Entscheidung über die Zahl seiner Bienenvölker diese positiven Externalitäten mit berücksichtigen. Folglich pflanzt der Apfelerzeuger zu wenige Apfelbäume und der Imker hält sich zu wenige Bienenvölker. Die Externalitäten würden leicht internalisiert, wenn entweder der Apfelerzeuger die Bienenvölker kauft oder der Imker die Apfelplantage erwirbt. Dann spielten sich beide Produktionen in ein und demselben Unternehmen ab, welches gleichzeitig die optimale Zahl von Bienenvölkern und Apfelbäumen festlegen könnte. Die Internalisierung externer Effekte ist tatsächlich ein Grund dafür, dass sich einige Unternehmen gleichzeitig in verschiedenen Geschäftsfeldern oder Branchen betätigen.

Verträge. Eine weitere Möglichkeit, externe Effekte privatwirtschaftlich auszugleichen, besteht im Abschluss von Verträgen zwischen den Betroffenen. So könnten im eben behandelten Beispiel der Apfelerzeuger und der Imker einen Vertrag schließen, um der Gefahr einer zu geringen Zahl von Apfelbäumen oder Bienenvölkern vorzubeugen. Mit dem Vertrag können die Anzahl der Apfelbäume und die Anzahl der Bienenvölker festgelegt sowie vielleicht noch Ausgleichszahlungen der einen Partei an die andere vereinbart werden. Durch eine glückliche Vertragsgestaltung kann die Ineffizienz, die normalerweise aus diesen Externalitäten erwächst, beseitigt werden, und jede der Parteien wäre dann besser gestellt. Joint Ventures und andere Unternehmenskooperationen sind Beispiele dafür, dass solche Verträge positive Externalitäten generieren und die Effizienz erhöhen können.

Das Coase-Theorem

Wie effektiv sind freie Märkte bei der Bewältigung von Externalitäten? Ein bekanntes Forschungsergebnis des britischen Volkswirts Ronald Coase, genannt das Coase-Theorem, nimmt an, dass sie unter bestimmten Bedingungen sehr effektiv sein können. Nach dem **Coase-Theorem** teilen freie Märkte trotz Externalitäten die Ressourcen immer dann effizient zu, wenn die Marktteilnehmer die Ressourcenallokation *kostenlos* verhandeln können.

Um zu verstehen, was das Coase-Theorem ausmacht, betrachten wir ein Beispiel. Nora hat einen Hund namens Brandy. Brandy bellt gelegentlich und stört damit Lucas, den Nachbarn. Nora hat zwar von ihrem Hund Nutzen, aber das Bellen des Hundes beeinträchtigt Lucas mit einer negativen Externalität. Sollte Nora gezwungen werden, Brandy abzugeben, oder sollte Lucas schlaflose Nächte aufgrund des Bellens über sich ergehen lassen müssen?

Überlegen wir zuerst welches Ergebnis volkswirtschaftlich betrachtet effizienter wäre. Dazu vergleichen wir den Nutzen, den Nora durch den Hund hat, mit den Kosten, die Lucas entstehen. Wir können zwei Möglichkeiten in Betracht ziehen. Erstens: Wenn Noras Nutzen die externen Kosten für Lucas übersteigt, ist es insgesamt effizienter, wenn Nora den Hund behält und Lucas lernt, mit dem Bellen zu leben. Zweitens: Wenn Lucas' Kosten den Nutzen für Nora übersteigen, so sollte sie Brandy abgeben – volkswirtschaftlich betrachtet. Das Problem besteht jedoch darin, Kosten und Nutzen entsprechend zu bewerten.

Coase-Theorem
Die Aussage, dass die Marktteilnehmer das Problem der Externalitäten selbst lösen können, wenn sie die Allokation der Ressourcen verhandeln können, ohne dass ihnen Kosten entstehen.

Nach dem Coase-Theorem kann der freie Markt eigenständig zu einem effizienten Marktergebnis gelangen, indem die betroffenen Marktteilnehmer die Allokation der Ressourcen verhandeln. In diesem Fall könnte Lucas Nora Geld anbieten, damit sie ihren Hund abgibt. Unter der Annahme, dass die Marktteilnehmer ausschließlich rational handeln, würde Nora ihren Hund tatsächlich verkaufen, sofern der angebotene Geldbetrag den Nutzen der Hundehaltung übersteigt.

Durch Verhandlungen über den Preis können Nora und Lucas grundsätzlich immer ein effizientes Ergebnis erzielen. Nehmen wir z. B. an, ihr Hund würde für Nora einen Nutzen von 500 Euro bedeuten und Lucas entstehen durch das Hundegebell 800 Euro Kosten. In diesem Fall kann Lucas Nora 600 Euro anbieten und Nora wird sein Angebot annehmen. Beide sind besser gestellt als zuvor und es wird ein effizientes Ergebnis erreicht.

Natürlich kann es sein, dass Lucas nicht bereit ist, einen Preis zu zahlen, den Nora annehmen würde. Sofern Nora von Brandy einen Nutzen von 1.000 Euro hat, Lucas seine Kosten durch das Gebell aber nur mit 800 Euro veranschlagt, ändert sich die Situation nicht. Denn Lucas würde nicht mehr als 800 Euro bieten, und Nora würde jedes Angebot unter 1.000 Euro ablehnen. Nora behält also ihren Hund und dieses Ergebnis wäre ebenfalls volkswirtschaftlich effizient.

Bis hierher haben wir unterstellt, dass Nora legal ein Recht auf die Haltung eines bellenden Hundes hat. Mit anderen Worten sind wir davon ausgegangen, dass Nora ihren Hund so lange behalten kann, bis Lucas ihr für eine freiwillige Aufgabe des Hundes genügend bezahlt. Würde das Ergebnis anders ausfallen, wenn Lucas ein gesetzlich geschütztes Recht auf Ruhe und Frieden hätte?

Nach dem Coase-Theorem wird die Fähigkeit des Markts, zu einer effizienten Allokation zu gelangen, durch die ursprüngliche Verteilung der Rechte nicht beeinflusst. Nehmen wir an, Lucas kann Nora rechtmäßig dazu zwingen, ihren Hund abzuschaffen. Trotz dieser Rechtslage würde sich womöglich am Ergebnis nichts ändern. Nora würde Lucas einen Preis dafür bieten, den Hund halten zu dürfen. Wenn der Nutzen des Hundes für Nora die Kosten des Gebells für Lucas übersteigt, werden die beiden eine Übereinkunft verhandeln, nach der Nora ihren Hund ebenfalls behält.

Obwohl Lucas und Nora ohne Rücksicht auf die anfängliche Verteilung der Rechte zu einem effizienten Ergebnis kommen können, ist die Rechtslage doch nicht völlig unerheblich, denn sie bestimmt, wie die ökonomische Wohlfahrt verteilt wird. Ob Nora das Recht auf Haltung eines bellenden Hundes oder Lucas das Recht auf Ruhe und Frieden hat, entscheidet am Ende darüber, wer an wen zahlt. Gleichwohl können die beiden Parteien verhandeln und das Problem der externen Effekte lösen. Nora wird den Hund schlussendlich nur dann behalten, wenn ihr Nutzen die Kosten übersteigt.

Warum private Lösungen nicht immer funktionieren

Trotz der ansprechenden Logik des Coase-Theorems trifft es nur dann zu, wenn die interessierten Parteien keine Schwierigkeiten haben, eine Übereinkunft zu erzielen und umzusetzen. Jedoch funktioniert in der realen Welt das Verhandeln nicht immer, manchmal selbst dann nicht, wenn beide Seiten von der Vereinbarung profitieren würden.

Transaktionskosten. Manchmal scheitern die beteiligten Interessenparteien bei der Lösung des Externalitätenproblems aufgrund von **Transaktionskosten,** das sind Kosten, welche den Beteiligten im Zuge der Aushandlung und Umsetzung einer Vereinbarung entstehen, beispielsweise für Rechtsanwälte, die man für das Aushandeln und Umsetzen von Verträgen benötigt.

> **Transaktionskosten**
> Die Kosten, welche den Beteiligten im Zuge der Aushandlung und Umsetzung einer Vereinbarung entstehen (können).

Verhandlungsschwierigkeiten. Ein andermal brechen Verhandlungen einfach zusammen. Die Wiederkehr von Kriegen und Streiks zeigt uns, dass es schwierig ist, Übereinkünfte zu erzielen und dass das Scheitern von Verhandlungen teuer werden kann. Oftmals beharren die Parteien auf ihren Positionen, um einen besseren Abschluss abzuwarten und die Problemlösung »auszusitzen«. Nehmen wir wieder unser Beispiel: Nora hat von ihrem Hund einen Nutzen im Wert von 500 Euro; Lucas wiederum entstehen durch das Bellen Kosten von 800 Euro. Zwar ist es für Lucas effizient, Nora dafür zu bezahlen, dass sie ihren Hund abgibt, doch wie viel er zahlt, muss verhandelt werden. Nora wird vielleicht 750 Euro verlangen, und Lucas bietet nur 550 Euro. Solange die beiden verhandeln, bleibt das ineffiziente Marktergebnis bestehen.

Koordinierung der Betroffenen. Ein effizientes Verhandlungsergebnis zu erzielen ist vor allem dann schwierig, wenn die Anzahl der Beteiligten sehr groß ist, denn dann sind die Kosten der Koordination der Interessenparteien hoch. Denken Sie an eine Fabrik, die das Wasser eines nahe gelegenen Sees verschmutzt. Zahlreiche örtliche Fischer bekommen die negativen Externalitäten zu spüren. Nach dem Coase-Theorem könnte es – da die Verschmutzung ineffizient ist – zwischen der Fabrik und den Fischern zu einer Übereinkunft kommen, nach der die Fischer die Fabrik dafür bezahlen, dass sie ihre schädliche Abwassereinleitung in den See unterlässt. Bei einer großen Anzahl an Fischern kann es jedoch nahezu unmöglich sein, die Interessen aller für die Verhandlungen mit der Fabrik zu koordinieren.

Asymmetrische Information und die Annahme rationalen Verhaltens. Es gibt zwei weitere Gründe, warum ein effizientes Verhandlungsergebnis nicht erreicht werden kann: asymmetrische Informationen und die Annahme rationalen Verhaltens. Asymmetrische Information würde beispielsweise vorliegen, wenn Nora und Lucas über ihre gegenseitigen Kosten und Nutzen nicht genau informiert sind. In einer derartigen Situation ist es sehr schwierig, ein effizientes Verhandlungsergebnis zu erreichen. Haben beide Seiten keine vollkommenen Informationen über die gesamte Situation, dann könnte Lucas unter Umständen seine eigenen Kosten des Hundegebells aufbauschen und Nora könnte ihren Nutzen aus der Hundehaltung übertreiben. Zusätzlich kann die Verhandlung noch durch Trittbrettfahrer verkompliziert werden. Lucas könnte nicht die einzige Person in der Nachbarschaft sein, die sich durch das Hundegebell gestört fühlt. Die anderen »Leidtragenden« würden von einer Einigung zwischen Nora und Lucas profitieren, müssten dafür aber nichts bezahlen. Wenn sich Lucas dieser Konstellation bewusst ist, dann wird er nicht bereit sein, allein die gesamten Kosten für die Lösung des Problems zu tragen. Und wenn alle Leidtragenden so denken, dann wird das Problem gar nicht gelöst werden und es kommt zu einem ineffizienten Marktergebnis.

Was die Annahme rationalen Verhaltens betrifft, so haben wir unterstellt, dass ein effizientes Verhandlungsergebnis erreicht werden kann, wenn Lucas Nora 600 Euro dafür anbietet, ihren Hund abzuschaffen. Wenn Nora in der Lage ist, der Haltung ihres Hundes einen Wert beizumessen und dieser Wert bei 500 Euro liegt, dann wäre es irrational, das angebotene Geld nicht anzunehmen und den Hund zu behalten. Nora könnte das Geld dazu nutzen, sich etwas zu kaufen, das für sie einen größeren Wert besitzt als ihr Hund. Im realen Leben wird solch ein rationales Verhalten natürlich durch eine Vielzahl psychologischer Faktoren beeinflusst, die Nora nicht bewerten kann: Das Schuldgefühl, wenn sie den Hund ins Tierheim bringen muss, die Reaktionen von Freunden und Familie, ihre eigene enge emotionale Verbindung zu ihrem Hund usw. würden sie vielleicht dazu veranlassen, das Angebot von Lucas nicht anzunehmen.

Wenn private Verhandlungen nicht möglich sind oder scheitern, kann manchmal der Staat helfen. Schließlich ist der Staat eine Organisationsform kollektiven Handelns. Im Beispiel der Wasserverschmutzung durch die Fabrik kann der Staat die große Zahl der Fischer in ihren Interessen vertreten und kollektiv verhandeln, während es nicht tauglich wäre, in diesem Fall individuell zu verhandeln. Im nächsten Abschnitt werden wir uns ansehen, wie genau der Staat versuchen kann, das Externalitätenproblem zu lösen.

> **Kurztest**
> Geben Sie ein Beispiel an für eine private Lösung einer Externalitätenproblematik. Was besagt das Coase-Theorem? Warum sind private Marktteilnehmer manchmal nicht in der Lage, ein Problem zu lösen, das mit einem externen Effekt verbunden ist?

9.4 Politische Maßnahmen gegen Externalitäten

Wenn externe Effekte dazu führen, dass Märkte Ressourcen ineffizient zuteilen, kann der Staat auf zweierlei Weise reagieren. *Ordnungsrechtliche Maßnahmen* in Form von Regulierung beeinflussen das Verhalten unmittelbar. *Marktbasierte Maßnahmen* geben dem privaten Entscheidungsträger durch Manipulation der Preissignale Anreize für eigenständige Problemlösungen.

Ordnungsrechtliche Maßnahmen: Regulierung

Die Regierung kann durch ordnungsrechtliche Auflagen sowie Ge- und Verbote Externalitäten beheben. So ist es z. B. bei Strafe verboten, giftige Chemikalien in das Grundwasser zu leiten. Die volkswirtschaftlichen Kosten übertreffen in diesem Fall bei weitem den privaten Nutzen für den Verschmutzer. Deshalb erlässt die Regierung in diesem Fall ein Verbot, das die Wasservergiftung gänzlich unterbindet.

In den meisten Fällen von Umweltverschmutzung ist die Lage jedoch nicht so klar überschaubar. Trotz bestehender umweltpolitischer Ziele wäre es unmöglich, alle Formen der Umweltverschmutzung vollständig zu verhindern. So entstehen praktisch bei allen Arten des Transports – sogar mit Pferden und anderen Zugtieren – gewisse unerwünschte Nebenprodukte an Verschmutzung. Es wäre jedoch nicht sinnvoll, wenn die Regierung jegliche Transportmittel verbieten würde. Statt darüber nachzudenken, wie Umweltverschmutzung vollständig beseitigt werden kann, muss eine Gesellschaft Nutzen und Kosten gegeneinander abwägen, um entscheiden zu können, welche Arten und Mengen von Umweltverschmutzung man erlaubt und in Kauf nimmt.

Die umweltpolitische Regulierung kann vielerlei Formen annehmen. Manchmal werden Grenzwerte für tolerierbare Emissionen bestimmter Stoffe verfügt. Ein andermal wird den Unternehmen der Einsatz bestimmter Technik vorgeschrieben, um die Umweltverschmutzung zu senken. Um gute und zweckmäßige Regeln festzulegen, benötigen die damit befassten staatlichen Stellen profunde Kenntnisse der verschiedenen Industriezweige und ihrer alternativen Technologien. Für staatliche Stellen ist es jedoch oft schwer, alle diese Informationen zu generieren.

Marktbasierte Maßnahmen: Pigou-Steuern

Statt mit ordnungsrechtlichen Regulierungen auf eine Externalität zu reagieren, kann der Staat auch marktbasierte politische Maßnahmen ergreifen, um die privaten Anreize auf soziale Effizienz abzustimmen. In Kapitel 8 wurde bereits erörtert, wie der Staat mit der Besteuerung negativer externer Effekte und der Subventionierung positiver externer Effekte zu deren Internalisierung beitragen kann. Eine Steuer zur Korrektur negativer externer Effekte nennt man **Pigou-Steuer** – nach dem britischen Ökonomen Arthur C. Pigou (1877–1959), einem frühen Verfechter ihres Einsatzes.

Pigou-Steuer
Eine Steuer zur Korrektur negativer externer Effekte.

Man kann argumentieren, dass Pigou-Steuern in der Umweltpolitik gegenüber Auflagen und Ge- oder Verboten zu bevorzugen sind, weil damit die Umweltverschmutzung zu geringeren Kosten für die Gesellschaft reduziert werden kann. Zur Begründung betrachten wir ein Beispiel. Denken wir uns zwei Fabriken, eine Papierfabrik und eine Stahlfabrik, die pro Jahr je 500 Tonnen Abwasser in einen Fluss leiten. Eine Umweltbehörde (z. B. die Environmental Protection Agency in den USA oder das Umweltbundesamt in Deutschland) will den Umfang dieser Verschmutzung reduzieren. Sie zieht zweierlei Vorgehensweisen in Betracht:
- Regulierung: Jedes der beiden Unternehmen erhält die staatliche Auflage, die Abwassereinleitung in den Fluss auf 300 Tonnen pro Jahr zu reduzieren.
- Pigou-Steuer: Die Regierung erhebt bei den Unternehmen eine Steuer von 50.000 Euro pro Tonne Abwasser.

Die Regulierung würde ein Verschmutzungsmaximum vorschreiben, die Pigou-Steuer dagegen würde den Unternehmen einen wirtschaftlichen Anreiz geben, die Umweltbelastung zu reduzieren. Die Intention der Pigou-Steuer wäre es, die Unternehmen dazu zu bewegen, die Umweltverschmutzung bis zu dem Punkt zu reduzieren, in dem die Grenzkosten der Verschmutzungsvermeidung dem Steuersatz entsprechen. Die **Grenzkosten der Verschmutzungsvermeidung** sind die Kosten der letzten Einheit nicht emittierter (vermiedener) Umweltverschmutzung.

Einige Ökonomen würden darauf hinweisen, dass eine Steuer für die Senkung der Umweltbelastung ebenso wirksam ist wie ordnungsrechtliche Regulierung über Ge- oder Verbote. Durch eine geeignete Bemessung der Steuer kann jedes gewünschte niedrigere Niveau an Umweltverschmutzung erreicht werden. Je höher die Steuer angesetzt wird, desto höher wird die Reduzierung der Umweltverschmutzung sein. Eine hinreichend hohe Steuer könnte sogar bewirken, dass beide Fabriken wegen fehlender Rentabilität schließen (was nicht erstrebenswert ist) und so die Verschmutzung auf null geht.

Die oben erwähnte Regulierung verlangt von beiden Fabriken die mengenmäßig gleiche Senkung ihrer Abwassereinleitung in den Fluss, obwohl eine gleiche Mengenabsenkung nicht notwendigerweise auch am billigsten und am wirksamsten für die Verbesserung der Wasserqualität ist. Es ist durchaus möglich, dass die Papierfabrik die Abwassermenge leichter und billiger reduzieren kann als die Stahlfabrik. Wenn dem so ist, wird die Papierfabrik die Abwassereinleitung in den Fluss deutlich reduzieren, um Steuerzahlungen zu vermeiden, die Stahlfabrik hingegen wird die Umweltverschmutzung geringfügiger reduzieren und die Steuer zahlen.

Im Grunde ist die Pigou-Steuer ein Preis für das Recht auf ein bestimmtes Maß an Umweltverschmutzung. Wie der Marktmechanismus die Güter jenen Käufern zuteilt, die sie am höchsten bewerten, so wird durch eine Pigou-Steuer die Umweltverschmutzung jenen Fabriken zugeteilt, denen die Reduzierung dieser Verschmutzung die höchsten Kosten verursacht. Welches Maß an Reduzierung der Umweltverschmutzung die Regierung auch immer erreichen will, mittels einer Steuer kann sie dieses Ziel zu den geringstmöglichen Gesamtkosten erreichen.

Einige Ökonomen vertreten auch die Auffassung, dass Pigou-Steuern für die Umwelt besser sind als Maßnahmen ordnungsrechtlicher Regulierung. Im Fall der Auflage im obigen Beispiel haben die Fabriken keinen Anreiz, ihre Emission weiter abzusenken als auf 300 Tonnen. Im Gegensatz dazu gibt die Steuer den Unternehmen Anreize, umweltfreundlichere Methoden zu entwickeln, da diese die Steuerlast des Unternehmens senken würden.

Pigou-Steuern sind so konzipiert, dass sie die bestehenden Anreize bei Externalitäten nutzen und damit die Allokation der Ressourcen wieder näher an das volkswirtschaftliche Optimum heranführen. Auf diese Weise führen Pigou-Steuern zugleich zu Staatseinnahmen und ökonomischer Effizienz.

Trotz dieser Logik der Pigou-Steuer sind Beispiele für Umweltsteuern rar. Einige Volkswirte weisen darauf hin, dass die Ausgestaltung einer Umweltsteuer sehr von den jeweiligen Rahmenbedingungen des Steuersystems abhängt. Nicht zuletzt ist es problematisch, den angemessenen Steuersatz festzulegen. Zudem können mit der Erhebung von Pigou-Steuern auch politische Probleme einhergehen. So können die administrativen Kosten der Steuererhebung höher sein als die einer Regulierung.

Grenzkosten der Verschmutzungsvermeidung
Die Kosten der letzten Einheit nicht emittierter (vermiedener) Umweltverschmutzung.

Marktbasierte Maßnahmen: Handelbare Umweltzertifikate

Kehren wir zurück zu unserem Beispiel der Papierfabrik und der Stahlfabrik und nehmen nun an, die Regierung entscheidet sich für eine ordnungsrechtliche Regulierung und macht beiden Fabriken die Auflage, ihre Abwassereinleitung auf maximal 300 Tonnen pro Jahr zu senken. Die Auflage ist in Kraft und beide Fabriken haben sie erfüllt. Doch dann machen eines Tages beide Unternehmen einen gemeinsamen Vorschlag. Die Stahlfabrik möchte die Abwassereinleitung in den Fluss um 100 Tonnen erhöhen, die Papierfabrik hingegen würde ihre Emission um genau diese Menge weiter senken (auf 200 Tonnen) und erhielte im Gegenzug von der Stahlfabrik 5 Millionen Euro.

Vom Standpunkt ökonomischer Effizienz aus entspräche dies guter Politik. Da sich die Eigentümer beider Fabriken freiwillig zu der Übereinkunft entschließen, muss diese beide besser stellen. Darüber hinaus hat die Vereinbarung keinerlei externe Effekte, da das Ausmaß der Umweltverschmutzung insgesamt gleich bleibt. Indem der Papierfabrik gestattet wird, ihr Recht auf Umweltverschmutzung an die Stahlfabrik zu verkaufen, wird also die Wohlfahrt gesteigert.

Die gleiche Logik gilt für alle Arten freiwilliger Übertragungen des Rechts auf Umweltverschmutzung von einem Unternehmen auf ein anderes. Sofern der Staat derlei Vereinbarungen genehmigt, schafft er im Grunde eine neue knappe Ressource: Umweltzertifikate. Ein Markt für den Handel dieser Zertifikate kann sich herausbilden, der durch die Kräfte von Angebot und Nachfrage gesteuert wird. Die Signalwirkung des Preises teilt auf diesem Markt die Verschmutzungsrechte zu. Jene Unternehmen, die ihre Emission nur mit sehr hohen Kosten senken können, werden gewillt sein, am meisten für Umweltzertifikate zu bezahlen. Unternehmen, welche den Ausstoß an Schadstoffen mit geringen Kosten reduzieren können, werden es dagegen vorziehen, alle ihre Zertifikate zu veräußern (vgl. Fallstudie unten).

Ein offenkundiger Vorteil des Markts für Umweltzertifikate besteht darin, dass die anfängliche Verteilung der Zertifikate auf die Unternehmen nach dem Kriterium ökonomischer Effizienz belanglos ist. Dahinter steckt eine ähnliche Logik wie beim Coase-Theorem. Die Unternehmen, welche ihre Schadstoffe am leichtesten senken können, werden die ihnen zugeteilten Zertifikate verkaufen wollen, und die Unternehmen, für welche die Emissionsreduzierung teuer ist, werden die erforderlichen Zertifikate kaufen wollen. Solange ein freier Markt für die Zertifikate besteht, wird die daraus resultierende Allokation effizient sein – unabhängig von der anfänglichen Verteilung der Zertifikate.

Obwohl sich der Einsatz von Umweltzertifikaten zur Senkung der Umweltverschmutzung auf den ersten Blick von einer Pigou-Steuer stark unterscheidet, haben die beiden Maßnahmen tatsächlich sehr viel gemeinsam. In beiden Fällen zahlen die Unternehmen für ihre Umweltverschmutzung. Im Fall der Pigou-Steuer zahlen sie an den Staat, im Fall von Umweltzertifikaten zahlen sie an den Verkäufer des Zertifikats. (Selbst Unternehmen, die bereits Umweltzertifikate besitzen, zahlen für ihre Verschmutzung: Die Opportunitätskosten ihrer Verschmutzung bestehen in dem Geldbetrag, den sie durch den Verkauf ihrer Umweltzertifikate auf dem freien Markt hätten erhalten können.) Sowohl Pigou-Steuern als auch Umweltzertifikate internalisieren

Abb. 9-4

Die Äquivalenz von Pigou-Steuern und Umweltzertifikaten

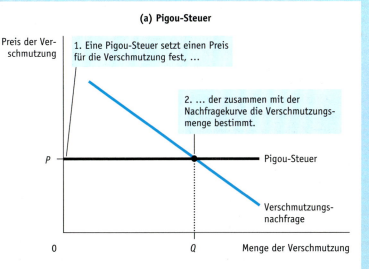

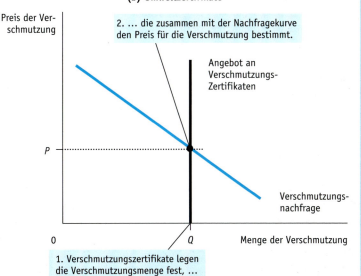

In Diagramm (a) wird durch Erhebung einer Pigou-Steuer vom Staat der Preis der Umweltverschmutzung festgelegt, und die Nachfragekurve bestimmt die Verschmutzungsmenge. In Diagramm (b) wird die Verschmutzungsmenge durch Ausgabe einer beschränkten Zahl staatlicher Umweltzertifikate festgelegt, und die Nachfragekurve bestimmt den Preis der Umweltverschmutzung. In beiden Fällen stimmen Preis und Menge der Verschmutzung überein.

die externen Effekte der Umweltverschmutzung dadurch, dass sie diese für Unternehmen kostspielig machen.

Eine Betrachtung des Markts für Verschmutzungsrechte zeigt die Ähnlichkeit der beiden politischen Maßnahmen: Beide Diagramme der Abbildung 9-4 zeigen die Nachfragekurve für Verschmutzungsrechte. Je niedriger der Preis für die Umweltverschmutzung ist, desto mehr Unternehmen werden sich für die Verschmutzung und gegen eine Vermeidung entscheiden. In Diagramm (a) setzt die Regierung durch eine Pigou-Steuer den Preis der Umweltverschmutzung fest. In diesem Fall ist die Angebotskurve für Verschmutzungsrechte vollkommen elastisch (da Unternehmen, welche die Steuer entrichten, so viel verschmutzen können, wie sie wollen), und die Lage der Nachfragekurve bestimmt die Menge der Umweltverschmutzung. In Diagramm (b) dagegen setzt die Regierung durch die Ausgabe von Umweltzertifikaten die Menge der Umweltverschmutzung fest. Das festgesetzte Mengenniveau ist dabei entscheidend. In diesem Fall ist die Angebotskurve für Verschmutzungsrechte vollkommen unelastisch (da die Menge der Verschmutzung durch die Anzahl der Zertifikate festgesetzt ist) und die Lage der Nachfragekurve bestimmt den Preis der Umweltverschmutzung. Insofern kann der Staat jeden Punkt einer gegebenen Nachfragekurve nach Umweltverschmutzung durch Maßnahmen ansteuern und erreichen – entweder durch Preissetzung mit einer Pigou-Steuer oder durch Mengensetzung mit Umweltzertifikaten.

Unter bestimmten Bedingungen jedoch kann der Verkauf von Umweltzertifikaten günstiger sein als die Erhebung einer Pigou-Steuer. Nehmen wir an, die Regierung will die Abwassereinleitung in den Fluss auf 600 Tonnen begrenzen. Doch die Nachfragekurve nach Umweltverschmutzung ist unbekannt. Somit weiß die Regierung nicht,

Fallstudie

Der Handel mit Emissionszertifikaten in der Europäischen Union

Seit 2005 handeln Unternehmen innerhalb der Europäischen Union mit Emissionszertifikaten (CO_2 European Emission Allowances). Ziel des Europäischen Emissionshandelssystems (EU ETS) ist die kosteneffiziente Verringerung von Treibhausgasemissionen. Das EU ETS ist der größte und wichtigste CO_2-Markt weltweit. Rund 45 Prozent aller europäischen Treibhausgasemissionen werden davon erfasst. Neben Zertifikaten für das »Haupt«-Treibhausgas CO_2 werden auch Zertifikate für Lachgas und perfluorierte Kohlenwasserstoffe gehandelt.

Das EU ETS basiert auf Obergrenzen und Handel (Cap and Trade). Dabei ist das Gesamtvolumen der Treibhausgase, die emittiert werden dürfen, durch eine Obergrenze (Cap) festgeschrieben, innerhalb derer die Unternehmen Emissionszertifikate erhalten oder erwerben und mit denen sie handeln können. Der Großteil der Zertifikate wird über die Europäische Energiebörse versteigert. Einige wenige werden kostenlos zugeteilt, insbesondere an Unternehmen, bei denen ein hohes Risiko besteht, dass sie emissionsintensive Produktion ins außereuropäische Ausland verlagern (Carbon Leakage).

Der Emissionshandel soll bewirken, dass Emissionsberechtigungen in denjenigen Unternehmen angesiedelt werden, die die höchste Zahlungsbereitschaft dafür haben. Dadurch, dass Unternehmen mit einer geringeren Zahlungsbereitschaft gegebenenfalls keine Zertifikate erwerben, kommt es zur beabsichtigten Reduktion der Emissionen.

Das EU ETS soll es den Ländern der EU ermöglichen, ihre Reduktionsverpflichtungen aus dem Kyoto-Protokoll zu erfüllen, das im Februar 2005 in Kraft getreten ist. In der 1. Verpflichtungsperiode des Kyoto-Protokolls (2008–2012) kamen 37 Industrienationen und die EU darin überein, die durchschnittlichen Treibhausgasemissionen um mindestens 5,2 Prozent gegenüber den Werten von 1990 zu senken. Auf der UN-Klimakonferenz in Doha 2012 wurde die 2. Verpflichtungsperiode für den Zeitraum 2013 bis 2020 beschlossen,

Fortsetzung auf Folgeseite

Fortsetzung von Vorseite

mit dem Ziel einer weiteren Emissionssenkung um 18 Prozent gegenüber 1990. Da die drei Länder mit den weltweit höchsten CO2-Emissionen, die USA, Indien und China, an der zweiten Verpflichtungsperiode nicht mehr teilnehmen, verantworten die Unterzeichnerstaaten nur noch 15 Prozent des weltweiten Schadstoffausstoßes. Ab 2020 wird das Kyoto-Protokoll durch das Pariser Klimaschutzabkommen abgelöst, das 2015 von 195 Ländern unterzeichnet wurde. Ziel ist die Absenkung der Erderwärmung gegenüber der vorindustriellen Zeit um mehr als zwei Grad. Die Reduktionsverpflichtungen der einzelnen Unterzeichnerstaaten differieren dabei. Die EU als Ganzes hat sich bis 2030 zu einer Reduktion der Treibhausgasemissionen von mindestens 40 Prozent verpflichtet. Deutschland will seine CO_2-Emissionen bis 2030 um 55 Prozent gegenüber 1990 senken.

Der Emissionshandel in der EU konzentriert sich auf die energieintensiven Branchen wie die Stahl- und Zementindustrie und die Stromerzeugung. Seit Beginn des EU ETS am 1. Januar 2005 setzen CO_2-Emissionen in diesen Branchen eine behördliche Genehmigung (*permit*) für die emissionsverursachende Tätigkeit voraus. Die Genehmigung ist für den Betreiber der Anlage gleichzeitig mit der Verpflichtung verknüpft, Emissionsrechte (*allowances*) in Höhe der tatsächlichen Emissionen zu halten sowie bestimmte Vorschriften zur Überwachung, Berichterstattung und Zertifizierung (*verification*) der Emissionen zu erfüllen. Ist der Anlagenbetreiber nicht in der Lage, zum Stichtag (30. April) eine ausreichende Menge an Emissionsrechten für die CO_2-Emissionen im abgelaufenen Jahr nachzuweisen, muss er für jede ausgestoßene Tonne CO_2, die nicht durch eine entsprechende Emissionsberechtigung gedeckt ist, eine Strafe von 100 Euro zahlen und die fehlenden Emissionsrechte nachreichen.

Die erste Handelsperiode des EU ETS (2005–2007) galt als Lernphase, in der erste Erfahrungen mit dem neuen System und dem CO_2-Markt gesammelt werden mussten. Die Zuteilung der Emissionsrechte erfolgte in dieser Phase zu 100 Prozent kostenlos. Aus der Unkenntnis des CO_2-Markts resultierten starke Preisschwankungen. Viele Anlagenbetreiber erhielten vom Staat eine Zuteilung von Berechtigungen, die über ihren tatsächlichen Emissionen lag, sodass der Preis für die Zertifikate von anfangs 30 Euro je Tonne CO_2 auf 7 Cent je Tonne Ende 2007 fiel.

Für die zweite Handelsperiode (2008–2012) galten folglich strengere Zuteilungsregeln. Vom sogenannten *grandfathering*, einer Zuteilung der Berechtigungen auf Basis der Emissionswerte der Anlage in der Vergangenheit, wurde zum BAT-Benchmarking übergegangen, d. h. einer Zuteilung nach der Emissionshöhe der besten verfügbaren technischen Anlage (*best available technology*). Außerdem ging man verstärkt dazu über, Emissionsrechte nicht nur kostenlos zu vergeben, sondern auch zu versteigern. Deutschland versteigerte in dieser Phase ca. 10 Prozent seiner Emissionsrechte.

Mit der dritten Handelsperiode (2013–2020) wurde die Versteigerung gegenüber der kostenlosen Zuteilung zum Standard erhoben. Stromanbieter erhalten bereits seit 2013 keine kostenlosen Zertifikate mehr (da einige diese als Kosten an ihre Kunden weitergegeben hatten [*Windfall Profits*]). Ausnahmeregelungen für bestimmte Industriezweige sind entfallen, und der Emissionshandel wurde auf weitere Industrien wie die Chemische Industrie und die Aluminiumindustrie ausgedehnt. Bereits seit 2012 nimmt auch der innereuropäische Luftverkehr am EU ETS teil.

Anstelle der nationalen Obergrenzen wurde in der dritten Handelsperiode eine EU-weite Emissionsobergrenze (Cap) festgelegt sowie eine jährliche lineare Reduktion der Zertifikate um 1,74 Prozent, wodurch bis 2020 immer weniger Zertifikate ausgegeben wurden.

Für die laufende vierte Handelsperiode (2021–2030) wurde der jährliche Reduktionsfaktor auf 2,2 Prozent pro Jahr erhöht, um die Anreize für klimaneutrale Investitionen noch zu verstärken. Die bereits 2019 eingeführte Marktstabilitätsreserve zur Beschränkung des Angebotsüberschusses an Zertifikaten auf dem Markt wird in der vierten Handelsperiode weiter ausgebaut.

Um das europäische Ziel der Emissionssenkung von 40 Prozent gegenüber 1990 bis 2030 zu erreichen, werden die vom EU ETS erfassten Industrien in der vierten Handelsperiode verpflichtet, ihre Emissionen bis 2030 um 43 Prozent gegenüber 2005 zu senken. Alle übrigen Industrien müssen ihre Emissionen um 30 Prozent gegenüber 2005 senken.

Nach dem rapiden Preisrückgang bei den Zertifikaten auf 7 Cent je Tonne CO_2 im Jahr 2007 stabilisierten sich die Preise in der zweiten Handelsperiode und pendelten sich zwischen 10 und 20 Euro je Tonne CO_2 ein. 2012 setzte ein erneuter Preisverfall ein, der, wie bereits 2007, auf einen Angebotsüberschuss an Zertifikaten auf dem CO_2-Markt zurückzuführen war. Im Zuge der Wirtschaftskrise 2009 kam es zu Emissionsminderungen, sodass viele Unternehmen über mehr Zertifikate verfügten, als sie schlussendlich benötigten. Mittlerweile hat sich der Preis wieder stabilisiert und beträgt (2020) je Tonne CO_2 rund 20 Euro.

Quelle: Gschnaller, S./Lippelt, J./Pittel, K.: Kurz zum Klima: Die Coronakrise und ihre Auswirkungen auf den Europäischen Emissionshandel, Ifo Schnelldienst 73 (5), 2020, S. 71–75; https://www.ifo.de/DocDL/sd-2020-05-pittel-gschnaller-lippelt-klima-umweltwirkungen-corona.pdf

welche Höhe eine Pigou-Steuer haben müsste, um das gesteckte Ziel von 600 Tonnen zu erreichen. In diesem Fall kann die Regierung einfach 600 Umweltzertifikate mit je 1 Tonne Verschmutzungsrecht versteigern. Der Auktionspreis würde im Nachhinein die angemessene Höhe einer Pigou-Steuer ergeben.

Eine Reihe von Staaten und Staatenverbünden weltweit hat den Handel mit Umweltzertifikaten eingeführt, um die Umweltverschmutzung einzudämmen. Die Umweltminister der Europäischen Union haben sich angesichts des Treibhauseffekts bereits 2002 darauf geeinigt, einen Markt für den Handel mit CO_2-Emissionszertifikaten zu etablieren (vgl. Fallstudie). Emissionszertifikate werden, ebenso wie Pigou-Steuern, zunehmend als ein Weg erachtet, umweltpolitische Zielsetzungen kosteneffizient zu erreichen.

9.5 Öffentlich-private Maßnahmen gegen Externalitäten

Eigentumsrechte

In einigen Fällen sind private Lösungen für externe Effekte möglich, wenn die entsprechenden rechtlichen Grundlagen vorhanden sind. Ein Beispiel dafür ist die Einrichtung von Eigentumsrechten. **Eigentumsrechte** sprechen einer Person, einer Gruppe oder einer Organisation das alleinige Recht zu, über die Verwendung einer Ressource zu entscheiden. Gut etablierte, gesetzlich verankerte Eigentumsrechte erlauben es einem Eigentümer, seinen Besitz so zu verwenden, wie es ihm am sinnvollsten erscheint, und dabei vor einer Verletzung seiner Eigentumsrechte durch andere geschützt zu sein.

Um das Prinzip der Eigentumsrechte besser zu verstehen, betrachten wir ein Beispiel. Lothar ist der gesetzlich legitimierte Besitzer eines Mercedes. Max ist eines Nachts auf dem Weg von einer Party nach Hause und kommt im Rausch auf die Idee, die Reifen von Lothars Auto zu zerstechen. Dabei wird er von einer Überwachungskamera gefilmt und kurz darauf verhaftet. Lothar hat das Recht, Max gerichtlich zu belangen und von ihm Schadensersatz zu verlangen. Der Schadensersatz umfasst dabei möglicherweise nicht nur die Kosten für neue Reifen, sondern auch die (durch das Gericht) geschätzten Kosten, die Lothar entstanden sind, weil er aufgrund des kaputten Autos am Morgen einen wichtigen Geschäftstermin verpasst hat.

Man kann argumentieren, dass der Grund für eine ineffiziente Ressourcenallokation des Markts manchmal fehlende gesetzlich verankerte Eigentumsrechte sind, d. h., dass einige Wertgegenstände keinen gesetzlich legitimierten Besitzer haben, welcher ihre Verwendung kontrolliert. Beispielsweise hat niemand das Recht, für Güter wie saubere Luft oder Landesverteidigung – obwohl sie zweifelsfrei einen Wert haben – einen Preis festzusetzen und von dessen Nutzung zu profitieren. Fabriken verschmutzen die Luft zu stark, weil niemand Besitzer der Luft ist und in dieser Funktion die Unternehmen zur Kasse bitten könnte. Und Landesverteidigung wird deshalb nicht

---

Eigentumsrechte
Das alleinige Recht einer Person, einer Gruppe oder einer Organisation, über die Verwendung einer Ressource zu entscheiden.

über den freien Markt bereitgestellt, weil keinem Bürger dieses Gut in Rechnung gestellt werden kann.

Staatliche Lösungen beim Fehlen von Eigentumsrechten. Sofern das Fehlen von Eigentumsrechten die Ursache für Marktversagen ist, kann der Staat die Probleme grundsätzlich durch geeignete Rechtsregelungen beheben. Manchmal, wie beim Verkauf von Umweltzertifikaten, besteht die staatliche Hilfestellung in der Definition der Eigentumsrechte und in einer dadurch ermöglichten Freisetzung der Marktkräfte. Oder Allmendegüter wie z. B. Flüsse werden zum Besitz einer Behörde erklärt. Durch das Eigentumsrecht am Fluss kann die Behörde rechtliche Schritte gegen all jene einleiten, welche den Fluss verschmutzen oder ihm auf irgendeine andere Art schaden. In anderen Fällen, wie bei der Beschränkung der Jagdzeiten, besteht die staatliche Hilfestellung für Marktlösungen in der Eingrenzung menschlicher Verhaltensspielräume. In wieder anderen Fällen, etwa bei der nationalen Verteidigung, bietet der Staat selbst ein Gut an, das über den Markt nicht angeboten wird. Wenn die politischen Maßnahmen gut geplant und gut durchgeführt werden, können sie in all diesen Fällen die Effizienz der Ressourcenallokation verbessern und die Wohlfahrt steigern.

Für das effiziente Funktionieren einer jeden Volkswirtschaft ist es unabdingbar, dass ein System von Eigentumsrechten rechtlich verankert und von allen Beteiligten verstanden wird. Dies ist jedoch nicht immer so einfach, wie es scheint.

Bei Dingen wie Flüssen, Land und Luft ist es nicht leicht, festzulegen, wer der rechtmäßige Besitzer ist. Wenn man ein System entwickeln könnte, durch das das Eigentum eindeutig festgelegt wird, dann könnten diejenigen, die einen Schaden an diesem Eigentum verursacht haben, zur Rechenschaft gezogen werden. Durch die Erweiterung von Eigentumsrechten könnten demnach auch externe Effekte internalisiert werden. Wenn man beispielsweise das Eigentumsrecht auf die Luft, die wir atmen, ausdehnen würde, dann könnte jedes Unternehmen für jede Luftverschmutzung, die es verursacht (egal ob durch Lärm, Gerüche oder Abgase), rechtlich zur Verantwortung gezogen werden. Die drohende rechtliche Verfolgung ist dann stark genug, um als Anreiz zur Vermeidung der Luftverschmutzung zu wirken. Dies könnte so aussehen, dass eine imaginäre Eigentumszone um ein Eigentum herum errichtet wird, in welcher der Eigentümer auch die umgebende Luft »besitzt«. Wenn diese Luft verschmutzt wird, könnte der Eigentümer rechtlich dagegen vorgehen.

Die Erweiterung von Eigentumsrechten bedeutet, dass ein Eigentümer auch das Recht hat, seinen (physischen und geistigen) Besitz gegen einen einvernehmlich vereinbarten Preis zu verkaufen oder zu teilen. Die Erweiterung von Eigentumsrechten ermöglicht es Individuen, Gruppen und Organisationen, effiziente Lösungen zu erzielen. Würde beispielsweise einem Hauseigentümer auch das Eigentum an der Luft in bis zu 1 Kilometer Höhe über seinem Grundstück zugesprochen, dann müsste eine nahe gelegene Fabrik, welche die Luft verschmutzen möchte, in Verhandlungen mit dem Hauseigentümer eintreten, um von ihm zu einem beidseitig annehmbaren Preis dieses Recht zu erhalten. Das Recht zur Luftverschmutzung könnte dann auch an einen Dritten weiterverkauft werden. Eindeutig definierte Eigentumsrechte tragen demnach dazu bei, die gesamtwirtschaftliche Wohlfahrt zu verbessern und sind erwiesenermaßen ein entscheidendes Element guter Regierungsführung (good governance). Gerade für Entwicklungsländer, die bestrebt sind, ausländische Investoren anzuziehen, um die eigene wirtschaftliche Entwicklung zu unterstützen, ist die Definition und Sicherung von Eigentumsrechten von entscheidender Bedeutung.

Probleme bei der Einführung von Eigentumsrechten. Mit der Erweiterung von Eigentumsrechten sind jedoch auch Probleme verknüpft. Wie teilt man Eigentumsrechte für die Luft, die Meere, Flüsse, Grund und Boden zu? Die Kosten für die Einführung von Eigentumsrechten und von internationalen Vereinbarungen darüber, was die Eigentumsrechte beinhalten, sind beträchtlich und können den gesellschaftlichen Nutzen der Eigentumsrechte konterkarieren. Man stelle sich vor, wie viele Verhandlungen mit privaten Unternehmen in der Umgebung, mit Fluggesellschaften oder öffentlichen Nahverkehrsunternehmen notwendig wären, wenn die Eigentumsrechte jedes Hauseigentümers auf die Luft in bis zu 1 Kilometer Höhe über seinem Haus erweitert würden. Gleichzeitig ist es denkbar, dass die Eigentümer gar nicht genau über ihre Rechte und die daraus resultierenden Ansprüche informiert sind. Außerdem ist der Nachweis über die Verletzung der Eigentumsrechte mit erheblichen Kosten verbunden.

In der Musikindustrie ist die Frage von Eigentumsrechten in den letzten Jahren oft Anlass für Diskussionen und unzählige Gerichtsverfahren gewesen. Gegenstand der rechtlichen Auseinandersetzungen ist nicht nur das illegale Kopieren, Brennen und Verteilen von Musik-CDs für den privaten Gebrauch, sondern auch die Frage nach den Rechten der Künstler an ihrer Musik. Das Recht an geistigem Eigentum ist ein sehr komplexes Thema. Zudem wird die Frage nach dem Umfang von geistigen Eigentumsrechten in einzelnen Ländern unterschiedlich beantwortet, sodass internationale Vereinbarungen schwierig sind.

Trotz all dieser Schwierigkeiten gibt es Bemühungen, die Eigentumsrechte zum Wohle der Gesellschaft zu erweitern. In vielen Teilen Europas haben es Eigentumsrechte an öffentlichen Flächen wie Nationalparks, Flüssen, Seen und Meeren möglich gemacht, dass Umweltgesetze eingeführt und umgesetzt wurden. Dies hat zu einer größeren Wohlfahrt für Millionen von Menschen geführt, die diese Gebiete nutzen und sich an sauberen Wäldern, Wiesen, Flüssen und Seen erfreuen können.

Einwände gegen die ökonomische Analyse der Umweltverschmutzung

Einige Menschen sind der Auffassung, dass es unmoralisch ist, jemandem gegen Zahlung einer Gebühr zu erlauben, die Umwelt zu verschmutzen. Reine Luft und sauberes Wasser müsse man den elementaren Menschenrechten zuordnen, die nicht durch ihre Darstellung in ökonomischen Begriffen entwertet werden dürften.

Das ökonomische Gegenargument zu dieser Auffassung ist ein Grundsatz aus dem Kapitel 1: Alle Menschen stehen vor abzuwägenden Alternativen. Ganz gewiss sind reine Luft und sauberes Wasser wertvoll, doch muss ihr Wert mit ihren Opportunitätskosten verglichen werden – dem also, worauf man verzichten muss, um sie zu erlangen. Umweltverschmutzung komplett zu beseitigen ist unmöglich. Es würde bedeuten, dass man einen Großteil des technischen Fortschritts rückgängig machen müsste, der uns in den Genuss eines hohen Lebensstandards gebracht hat. Wenige Menschen würden eine mangelhafte Ernährung, medizinische Unterversorgung oder einfache Behausungen in Kauf nehmen, um die Umwelt so sauber wie nur möglich machen zu können.

Eine saubere Umwelt ist ein Gut wie andere Güter auch. Wie alle normalen Güter hat sie eine positive Einkommenselastizität: Reiche Länder können sich eine sauberere Umwelt leisten als arme Länder und haben folglich in der Regel strengere Vorschriften zum Umweltschutz. Außerdem unterliegen frische Luft und sauberes Wasser wie andere Güter dem Gesetz der Nachfrage: Je niedriger der Preis für den Schutz der Umwelt ist, desto mehr davon wird die Gesellschaft wollen. Die ökonomische Herangehensweise an den Umweltschutz über Umweltzertifikate und Pigou-Steuern reduziert die Kosten des Umweltschutzes und kann dadurch die Nachfrage der Allgemeinheit nach sauberer Umwelt erhöhen.

> **Kurztest**
> Eine Klebstoff- und eine Stahlfabrik emittieren Rauch mit einer chemischen Substanz, die krank macht, wenn man sie in größeren Mengen einatmet. Skizzieren Sie drei Maßnahmen, wie staatliche oder kommunale Stellen gegen diese Externalität vorgehen können. Was sind die Vor- und Nachteile der jeweiligen Lösung?

9.6 Staatsversagen

In diesem Kapitel haben wir untersucht, auf welche Weise der Staat in das Marktgeschehen eingreifen kann, um die Marktergebnisse zu verbessern. Diese Analyse basiert auf der Annahme, dass der Staat die Marktergebnisse auch verbessern *kann*, was weiterhin impliziert, dass der Staat seine Entscheidungen auf Basis hochwertiger Informationen und positiver statt normativer Analyse trifft.

Regierungen bestehen jedoch aus Menschen – ausgestattet mit der Macht, Entscheidungen zu treffen. Und Entscheidungen, bei denen wir vielleicht unterstellen, dass sie ökonomische Entscheidungen sind, werden zwangsläufig zu politischen Entscheidungen, wenn sie von der Regierung getroffen werden. In der Politik geht es um Macht. Wer diese Macht ausübt und wie sie bei den einzelnen Personen und Gruppen innerhalb der Regierung zum Tragen kommt, beeinflusst die politische Entscheidungsfindung. Dies kann dazu führen, dass manche Entscheidungen weder effiziente noch gerechte Ergebnisse hervorbringen – egal, was die Politiker uns glauben machen wollen. Die Bewertung dieser Ergebnisse machen wir davon abhängig, in welchem Verhältnis Nutzen und Kosten für die Gesellschaft stehen. Ist der Nutzen größer als die Kosten, so kann die Regierungsentscheidung als »effizient« betrachtet werden. Es kann jedoch auch Fälle geben, bei denen der Nutzen nur einer kleinen Gruppe von Personen zugutekommt, die Kosten jedoch von weiten Teilen der Bevölkerung getragen werden müssen. Unter diesen Voraussetzungen kann das Marktergebnis als

9.6 Externalitäten und Marktversagen
Staatsversagen

Staatsversagen
Eine Situation, in der Machtfragen und Anreize die politische Entscheidungsfindung derart verzerren, dass ökonomisch ineffiziente Entscheidungen getroffen werden.

ineffizient beurteilt werden. Wenn Regierungen Entscheidungen treffen, die der ökonomischen Effizienz zuwiderlaufen, wird dies als **Staatsversagen** bezeichnet. Keine Regierungsentscheidung sollte einfach unkritisch hingenommen werden. Es sollte immer bedacht werden, welche Politik dahinter steht. Im letzten Teil dieses Kapitels werden einige Aspekte von Staatsversagen näher beleuchtet.

Die Neue Politische Ökonomie

Von Regierungen wird gefordert, dass sie in viele verschiedene Bereiche eingreifen und Marktergebnisse verbessern bzw. Probleme lösen, von Armut und Kriminalität über Gesundheit, Bildung, soziale Sicherheit und Gleichberechtigung bis hin zu Rassismus, Terrorismus und vielem mehr. Scheinbar agiert die Regierung im Interesse der Öffentlichkeit und ist bestrebt, die Marktergebnisse zu verbessern. Das **öffentliche Interesse** kann als ein Prinzip definiert werden, nach dem Entscheidungen mit dem Ziel getroffen werden, den Nutzen des Großteils der Bevölkerung mit minimalen Kosten zu maximieren.

Öffentliches Interesse
Prinzip, nach dem Entscheidungen mit dem Ziel getroffen werden, den Nutzen des größten Teils der Bevölkerung mit minimalen Kosten zu maximieren.

Manchmal greifen Regierungen jedoch nicht auf Basis einer rationalen Analyse aller verfügbaren Optionen in das Marktgeschehen ein, sondern als Reaktion auf öffentlichen Druck oder durch Nachrichten geschürte Massenhysterie. Dies kann Regierungen so weit unter Zugzwang setzen, dass Entscheidungen nicht rational getroffen werden, sondern vorrangig mit dem Ziel, bestimmte Personen oder Bevölkerungsgruppen zu beschwichtigen.

Neue Politische Ökonomie, Public-Choice-Theorie
Ökonomische Analyse des Regierungsverhaltens sowie des Verhaltens von Individuen, die mit der Regierung interagieren.

Entscheidungsfindung unter solchen Bedingungen fällt in den Untersuchungsbereich der **Neuen Politischen Ökonomie** oder **Public-Choice-Theorie**. Sie analysiert das Regierungsverhalten sowie das Verhalten von Individuen, die mit der Regierung interagieren. In der Public-Choice-Theorie gibt es drei Kerngruppen von Akteuren: Wähler, Politiker bzw. Gesetzgeber und Bürokraten.

Die Public-Choice-Theorie entstand im Zuge der ökonomischen Untersuchung auffälliger Widersprüchlichkeiten im menschlichen Verhalten. Jegliche Entscheidung beinhaltet irgendeine Art Kosten, sodass einige Menschen durch politische Entscheidungen negativ beeinflusst werden – die »Verlierer«. Wenn diese »Verlierer« die Minderheit sind und der Nutzen der Mehrheit – der »Gewinner« – diese Kosten übersteigt, so kann man von einer Entscheidung im öffentlichen Interesse sprechen. Wenn jedoch die Gewinner die Minderheit darstellen und die Mehrheit der Verlierer die Kosten tragen muss, so kann Staatsversagen vorliegen.

Ein Beispiel: Verstopfte Straßen. Ein Ansatz zur Stauvermeidung ist die Einführung einer Maut für stark genutzte Straßen. Sofern diese darin resultiert, dass die Straßen weniger oder effizienter genutzt werden, wird ein weitreichender Nutzen für die Autofahrer, aber auch für die Umwelt entstehen. Sollte es jedoch eine Interessengruppe geben, die vehement gegen die Straßennutzungsgebühr eintritt und die politischen Einfluss hat (beispielsweise unterstützt durch ein einflussreiches Medium), so kann diese Gruppe ihren politischen Einfluss nutzen, um zu erreichen, dass die Maut wieder abgeschafft wird. Wäre dies ein effizientes Ergebnis?

Staatsversagen 9.6

Unsichtbare Hand versus öffentliches Interesse

Die Neue Politische Ökonomie steht in der ökonomischen Tradition von Adam Smiths unsichtbarer Hand des Markts. Ungeachtet der offenkundigen Verfechtung der Eigeninteressen hat sich Smith in seinem Buch *The Wealth of Nations* an vielen Stellen mit der Rolle des Staates beschäftigt. Dabei drehte sich die Diskussion in erster Linie um die moralische Verpflichtung gegenüber dem öffentlichen Interesse.

Im Kern beschäftigt sich die Public-Choice-Theorie mit den Unterschieden im Verhalten von Individuen, bevor und nachdem sie zu politischen Akteuren werden. Kann ein Individuum, wenn es Mitglied der Regierung wird, seine persönlichen Gefühle und Überzeugungen ablegen und stattdessen die breitere öffentliche Perspektive einnehmen?

Die Neue Politische Ökonomie überträgt die ökonomische Analyse menschlichen Verhaltens auf die Politik. Sie widmet sich dabei jenen Fällen, in denen individuelle Interessen zu Entscheidungen und somit zu einer Ressourcenallokation führen, die nicht so effizient ist, wie sie sein könnte.

Anreize der Wähler

Wähler sind in demokratischen Staatssystemen gefordert, regelmäßig ihre Stimme abzugeben, und somit Politiker zu wählen, die ihre Ansichten in der Regierung repräsentieren. Dabei wird angenommen, dass der Wähler im Eigeninteresse entscheiden wird, d. h., er wählt die Partei oder den Politiker, dessen Wahlversprechen für ihn den meisten Nutzen oder die geringsten Kosten darstellen. Wähler mögen jedoch auch denken, dass ihre einzelne Stimme insgesamt betrachtet nicht sehr viel zählt. Folglich haben sie wenig Anreiz, genügend Informationen zu sammeln, um wirklich eine sachkundige Entscheidung treffen zu können. Diesen Effekt nennt man **rationale Ignoranz**.

Die Informationen, auf denen der Wähler seine Entscheidung begründet, bezieht er häufig entweder vom Elternhaus (empirische Studien zeigen, dass das Wahlverhalten solchen Mustern folgt), durch das Fernsehen, das Informationsmaterial der Parteien oder auch den Wahl-O-Mat. Solche Informationsquellen sind tendenziös oder gehen zu wenig ins Detail der Fülle politischer Entscheidungen, die eine Regierung treffen muss. Folglich wird der Effekt der rationalen Ignoranz noch verstärkt. Der Effekt erklärt auch, warum in manchen Ländern die Wahlbeteiligung generell niedrig ist oder zurückgeht. Die Menschen glauben nicht daran, dass ihre Stimme etwas bewegen kann, und haben folglich wenig Anreize, wählen zu gehen.

Rationale Ignoranz
Die Tendenz, dass Wähler sich nicht darum bemühen, vor einer Wahlentscheidung genügend Informationen einzuholen, sodass eine informierte Entscheidung nicht möglich ist.

Anreize der Politiker

Politiker geben in der Regel vor, dass sie in die Politik gegangen sind, um ihren brennenden Wunsch zu erfüllen, dem öffentlichen Interesse zu dienen. Zynischere Stimmen könnten behaupten, dass die Handlungen und Entscheidungen der Politiker von dem Ziel geleitet sind, Wählerstimmen auf sich zu vereinen. Denn ohne Wählerstimmen sind Politiker nicht handlungsfähig – selbst wenn sie wirklich aufrichtig dem öffentlichen Interesse dienen wollen.

Folglich liegt es im Interesse der Politiker, die Interessen ihres Wahlkreises zu repräsentieren, da sie in diesem Fall eine Chance haben, gewählt und wiedergewählt zu werden. Dabei profitieren manche Politiker von der rationalen Ignoranz in ihrem Wahlkreis im Sinne von Wahlfaulheit, d. h., der entsprechende Wahlkreis ist bereits so lange von einer politischen Partei geprägt, dass es sehr unwahrscheinlich ist, dass der Vertreter dieser Partei nicht gewählt oder nicht wiedergewählt wird. Wobei die letzten Wahlergebnisse in Deutschland und Europa gezeigt haben, dass sich auch lang etablierte politische Überzeugungen der Wähler in manchen Wahlkreisen zum Teil eklatant verändern können.

Anreize der Bürokraten

Regierungen benötigen die Mitarbeiterinnen und Mitarbeiter der staatlichen Behörden, um die Regierungsbeschlüsse umzusetzen und die Regierung fachlich zu beraten. Insbesondere Staatsbeamte in hohen Positionen können folglich immensen Einfluss auf die Regierung haben und streben häufig danach, diesen Einfluss im Interesse ihrer Behörde geltend zu machen. Dies kann im Einzelnen bedeuten, dass sie versuchen, das Budget ihrer Behörde zu sichern oder zu vergrößern oder die eigene Karriere voranzutreiben. Diese Interessen sind nicht notwendigerweise ökonomisch effizient. So wollen beispielsweise die Wähler in wirtschaftlich schwierigen Zeiten vielleicht, dass die Gelder für Entwicklungszusammenarbeit oder Kultur zurückgefahren werden und stattdessen mehr für sozialpolitische oder wirtschaftsfördernde Maßnahmen bereitgestellt wird. Diese politischen Maßnahmen hätten in der gegebenen Situation für die Volkswirtschaft vielleicht einen Wert. Für die Politiker, Beamten und Angestellten der Behörde, deren Budget gekürzt werden soll, hätten sie jedoch negative Folgen. Dieser Interessenkonflikt kann dazu führen, dass ein ökonomisch effizientes Ergebnis verhindert wird.

Der Interessengruppeneffekt

Wie kann sich Staatsversagen darstellen? Die Neue Politische Ökonomie setzt Politiker mit Unternehmen gleich. Stellen Sie sich vor, dass ein Unternehmen ein Gut an den Bedürfnissen der Kunden vorbeiproduziert. Es ist sehr wahrscheinlich, dass die Produktion dieses Gutes wieder eingestellt werden muss. Politiker sind in der Public-Choice-Theorie wie »Güter«. Wenn sie nicht den Bedürfnissen der »Konsumenten«, d. h. der Wähler, entsprechen, werden sie nicht (wieder-)gewählt. Es ist daher naheliegend, dass Politiker das machen, was die Wähler wollen. Was die Wähler wollen, ist jedoch nicht immer klar. Klar ist, dass die Personen, die am besten organisiert sind und ihre Anliegen am eindringlichsten artikulieren können, die meiste mediale Aufmerksamkeit erhalten und den besten Zugang zu den politischen Entscheidungsträgern (Politiker oder Bürokraten) erzielen. Diesen (potenziellen) Wählern werden Politiker folglich am ehesten zuhören.

Jeder Einzelne hat in der Regel besonders gute Kenntnis von den Themen, mit denen er oder sie tagtäglich am meisten privat oder beruflich zu tun hat. Diese Kenntnisse und Informationen können in Interessengruppen gebündelt werden, die durch ein starkes Netzwerk und Lobbyarbeit viel Macht entfalten können. Politische Entscheidungsträger tendieren dazu, diesen Gruppen besonders viel Gehör zu schenken und ihre Entscheidungen danach auszurichten. Dieser **Interessengruppeneffekt** kann dazu führen, dass ein kleiner Anteil der Bevölkerung signifikanten Nutzen erhält, die Kosten jedoch von der gesamten Bevölkerung getragen werden. Der Nutzen der Gewinner wird von den Kosten der Verlierer massiv überwogen. Wenn der Wert oder Nutzen für die Interessengruppe geringer ist, als die Kosten für die Bevölkerung als Ganzes, so ist dies ein Beispiel für Ineffizienz.

In vielen Fällen mag es für Politiker naheliegend sein, sich an den Wünschen einer Interessengruppe zu orientieren, besonders wenn diese über Kontakte zu wichtigen Medien verfügt oder Teil einer starken Lobbyvereinigung ist und somit politische Macht besitzt. Zu den Anreizen der Politiker, sich nach diesen Gruppen auszurichten, zählt nicht nur die positive öffentliche Wahrnehmung, sondern auch die Möglichkeit, Parteispenden zu generieren. Folglich neigen Politiker in der Regel dazu, die Anliegen dieser organisierten Gruppen eher zu berücksichtigen, als die der unorganisierten rational ignoranten Wähler.

Interessengruppeneffekt
Zustand, in dem der Nutzen einer kleinen Gruppe von den Kosten, die daraus der Mehrheit der Bevölkerung entstehen, überwogen wird.

Stimmentausch

Ein Aspekt des Staatsversagens, der den Interessengruppeneffekt noch verstärken kann, ist der **Stimmentausch (logrolling)**. Darunter versteht man die Vereinbarung unter Politikern, sich gegenseitig bei Abstimmungen zu unterstützen. Ein Abgeordneter eines Landtags, des Deutschen Bundestags oder des Europäischen Parlaments stimmt in einer Sache, die ihm nicht so wichtig ist, für den Vorschlag eines anderen, obwohl er selbst nicht davon überzeugt ist. Er tut dies in dem Wissen, dass dafür ein anderer Abgeordneter für seine Sache stimmen wird.

Ein Argument für Stimmentausch ist, dass dadurch gesichert werden kann, dass auch Beschlüsse oder Gesetze verabschiedet werden, welche für kleine Gruppen sehr wichtig sind, aber nicht die Gesellschaft als Ganzes betreffen und folglich oftmals nicht genügend Stimmen erhalten würden. Obwohl die Gruppe klein ist, kann ihr Nutzen trotzdem größer sein als die Kosten, welche der Gesellschaft durch die Implementierung des Gesetzes oder der politischen Maßnahme entstehen. Ohne Stimmentausch könnte dieser Nutzen jedoch nicht erreicht werden.

Problematisch wird Stimmentausch, wenn der Nutzen der Gewinner nur geringfügig über den Kosten der Verlierer liegt. Berücksichtigt man das komplexe Netz von Absprachen und Vereinbarungen im Vorfeld von Abstimmungen, so ist es sehr gut möglich, dass der Nettogewinn für die Gesellschaft geringer ist als die Kosten seiner Realisierung. Ein hervorragendes Beispiel ist der gesamte Bereich der Agrarsubventionen. Der Großteil der Bevölkerung weiß, dass Agrarsubventionen existieren, ver-

Stimmentausch (logrolling)
Vereinbarung unter Politikern, sich gegenseitig bei Abstimmungen zu unterstützen.

steht jedoch nicht ihre Komplexität und die Auswirkungen, welche sie auf die Gesellschaft haben.

Für Landwirte ist das Thema hingegen sehr präsent und so gibt es viele Lobbygruppen, die verschiedene Eigeninteressen vertreten – von den Interessen der Milchwirtschaft über Ackerbau bis hin zur Viehzucht. Das Nettoergebnis dieses weltweiten Netzwerks von Unterstützungsmechanismen für die Landwirtschaft stellt für die Gesellschaft als Ganzes eine erhebliche Fehlallokation der Ressourcen dar. Der Nutzen der Agrarsubventionen ist geringer als die Kosten. Jedoch ist der Nutzen für die Landwirte, die ihn erhalten, besonders wichtig und kann sogar entscheidend dafür sein, ob sie ihren Betrieb weiterführen können oder nicht.

Rent Seeking

Der Begriff »Rente« bezieht sich in diesem Zusammenhang auf das Einkommen, das ein Individuum oder eine Gruppe durch eine Aktivität erzielt. Die betreffenden Einkommen haben jedoch nicht immer einen positiven Effekt auf die Gesellschaft, tatsächlich haben sie sogar häufig negative Auswirkungen. **Rent Seeking** ist das Streben von Individuen oder Gruppen, eine Reallokation der Ressourcen zu erreichen, die ihnen selbst Einkommen (Renten) generiert. Diese Einkommen haben volkswirtschaftlich betrachtet jedoch einen negativen Wert.

Beispielsweise wurden in den USA unter verschiedenen Präsidenten Zölle auf Stahlimporte erlassen. Diese Entscheidungen wurde von vielen Unternehmen der US-amerikanischen Stahlindustrie sehr begrüßt. Der Nutzen der Zölle für diese Gruppe mag hoch sein, nicht zuletzt im Hinblick auf die Arbeitsplätze, die so möglicherweise gerettet werden können. Stellt man diesen Aspekten jedoch die langfristigen Auswirkungen gegenüber, so verblasst der Nutzen der Zölle bis hin zur Bedeutungslosigkeit. Gegenmaßnahmen der Länder, deren Außenhandel durch die Zölle negativ beeinflusst wird, können zu einem Rückgang der Nachfrage nach US-amerikanischen Produkten führen, begleitet von einem potenziellen Arbeitsplatzabbau in stahlverarbeitenden Branchen, aber auch in solchen, die gar nichts mit der Stahlindustrie zu tun haben. Zusätzlich führen die Zölle dazu, dass Stahl für Abnehmer in den USA selbst teurer wird, entweder verursacht durch die notwendigen Zahlungen von Importzöllen oder durch den erzwungenen Wechsel zu teureren heimischen Herstellern. Schlussendlich lässt sich behaupten, dass die durch die Zölle erzeugten Einkommen für die Stahlindustrie einen negativen volkswirtschaftlichen Wert haben.

Rent Seeking läuft also darauf hinaus, dass eine Gruppe in der Lage ist, die Politik so weit zu beeinflussen, dass ihr Vorteile gewährt werden, welche den Wohlstand von anderen zu ihr selbst umverteilen. Ob diese Ressourcenallokation ökonomisch effizient ist oder nicht, ist für die Gruppe nicht von Interesse. Man kann sogar sagen, dass, sollte das Rent Seeking erfolgreich sein, diese Gruppen dazu neigen, noch mehr Ressourcen in solche Aktivitäten zu investieren, anstatt ihre Probleme zu lösen (z. B. die Konkurrenzfähigkeit der Branche zu erhöhen) oder ihre Produktivität zu steigern.

Rent Seeking
Das Streben von Individuen oder Gruppen, eine Reallokation der Ressourcen zu erreichen, durch die sie für sich oder ihre Gruppe Einkommen (Renten) erzielen.

Kurzfristigkeit

In den meisten Ländern sind die Legislaturperioden relativ kurz, i. d. R. zwischen vier und fünf Jahren. In Deutschland sind es vier Jahre (in einigen Bundesländern fünf Jahre). Die Legislaturperiode des Repräsentantenhauses der USA (und der Unterhäuser der meisten Bundesstaaten) beträgt sogar nur zwei Jahre. Folglich besteht für die Politiker immer ein größerer Anreiz darin, Maßnahmen zu unterstützen, die kurzfristig Nutzen versprechen und somit die Chancen auf ihre Wiederwahl erhöhen, als solche Projekte zu unterstützen, die möglicherweise ökonomisch effizienter sind, bei denen sich der Nutzen voraussichtlich jedoch erst langfristig einstellen wird.

Die Auswirkungen der Finanzkrise von 2007 bis 2009 haben gezeigt, wie viele europäische Regierungen staatliche Ausgabenprogramme über Verschuldung finanziert hatten. Diese Programme (wie z. B. Ausgaben für Arbeitsplätze im Öffentlichen Dienst, für Olympische Spiele und andere sportliche Großveranstaltungen) haben der Bevölkerung zwar kurzfristig Nutzen gebracht, langfristig betrachtet erfordert ihre Finanzierung jedoch Steuererhöhungen und Sparprogramme, welche der Bevölkerung als Ganzes beträchtliche Kosten auferlegen. Erneut überwiegen die Kosten gegenüber dem Nutzen; die Ressourcenallokation ist ineffizient.

Ineffizienz des öffentlichen Sektors

In den 1980er-Jahren entschlossen sich viele Industrieländer zur sogenannten **Privatisierung**, d. h. Staatsvermögen in Privatbesitz zu überführen.

> **Privatisierung**
> Die Übertragung von Staatsvermögen in Privatbesitz.

Einer der Gründe für Privatisierungsprogramme war die Überzeugung, dass die öffentliche Hand einige Aktivitäten nicht so effizient ausführen kann wie der private Sektor. Dies hängt damit zusammen, dass das Motiv der Gewinnmaximierung in der Privatwirtschaft einen starken Anreiz bildet, die Produktion zu verbessern, Kosten zu senken und die Effizienz zu erhöhen. Im öffentlichen Sektor hingegen herrschen andere Anreize. Manager staatlicher Betriebe wissen, dass schlussendlich der Steuerzahler für ihre Fehler geradestehen muss. Das Risiko von Entscheidungen ist also geringer als in der Privatwirtschaft, wo Individuen ihr eigenes Vermögen riskieren. Im öffentlichen Sektor können Entscheidungsträger, welche die Effizienz erhöhen und die Kosten senken, nicht den gleichen Nutzen und die gleichen persönlichen Erträge erwarten wie in der Privatwirtschaft. Folglich ist Ineffizienz im öffentlichen Sektor wahrscheinlicher als im privaten.

Vetternwirtschaft

Wir haben bisher angenommen, dass Märkte die Ressourcen auf der Grundlage der Interaktion von Angebot und Nachfrage und der Signalwirkung der Preise zuteilen. Wenn Regierungen in den Preismechanismus eingreifen – durch Steuererhebung, das Gewähren von Subventionen, Marktregulierung oder Gesetze, welche den Handlungsspielraum der Unternehmen einschränken –, so wird der Marktmechanismus gestört und es besteht das Potenzial, dass die Ressourcenallokation durch politische statt durch ökonomische Kräfte gesteuert wird. Wenn diese politischen Kräfte durch politische Gefälligkeiten und Vorteilsnahmen beeinflusst werden, spricht man von **Vetternwirtschaft**.

Vetternwirtschaft kann bedeuten, dass die Regierung Gesetze erlässt, Regulierungen einführt, Steuern erhebt und Subventionen gewährt, die aus dem starken politischen Einfluss bestimmter Lobby- und Interessengruppen resultieren, welche den Politikern im Gegenzug Gefälligkeiten erweisen, die deren individuellen Wohlstand oder den der Regierung als Ganzes mehren. Solche Gefälligkeiten können darin bestehen, dass Organisationen öffentlich die Regierungspolitik unterstützen, dass einer Partei große Geldspenden zugehen, Politikern persönliche Geschenke gemacht werden oder Managerposten in der Wirtschaft für die Zeit nach der politischen Laufbahn zugesichert werden.

> **Vetternwirtschaft**
> Eine Situation, in der die Ressourcenallokation im Markt zum Teil mehr durch politische Entscheidungen und Vorteilsnahmen gesteuert wird als durch die Marktkräfte.

Ineffizienz des Steuersystems

Steuern gehören zum Leben der meisten Menschen. Wir alle müssen Steuern zahlen. Wie wir gelernt haben, gibt es jedoch auch Unternehmen und Privatpersonen, die versuchen, Steuern entweder auf legalem Weg zu vermeiden oder illegal zu hinterziehen.

Die gesamten Kosten, die der Gesellschaft aus Steuervermeidung und Steuerhinterziehung entstehen, sind beträchtlich. Die Schätzungen zur Größe der Schattenwirtschaft gehen auseinander, es wird jedoch vermutet, dass sie in einigen Staaten um die 15 Prozent des gesamten Steueraufkommens ausmacht. Die Opportunitätskosten solcher Zahlen sind gewaltig und viele Menschen sehen Steuerbetrug als falsch an. Es gibt aber auch genügend, die nicht dieser Meinung sind. Auch gibt es wenig Menschen, die nicht schon einmal auf die eine oder andere Art und Weise »schwarz« gearbeitet haben und die meisten davon würden sich selbst nicht als Kriminelle bezeichnen.

Einer der Gründe für Steuervermeidung und Steuerhinterziehung könnte in der Struktur des Steuersystems liegen. Kein System ist perfekt, wenn Menschen es jedoch als unfair empfinden, ist der Anreiz größer, Wege zu finden, das System zu umgehen. Solche Sachverhalte sind ein weiterer klarer Fall von Staatsversagen.

9.7 Fazit

Die Annahmen, die dem mikroökonomischen Standardmodell zugrunde liegen, führen zu einem Marktergebnis, das für die gesamte Volkswirtschaft effizient ist. Da die Annahmen jedoch keine Externalitäten wie Umweltverschmutzung beinhalten, muss man bei der Bewertung des Marktergebnisses auch die Wohlfahrt Dritter berücksichtigen. In diesem Fall kann der Markt dabei versagen, die Ressourcen effizient zuzuteilen.

In einigen Fällen sind die Menschen in der Lage, das Externalitätenproblem allein zu lösen. Nach dem Coase-Theorem können die interessierten Parteien untereinander verhandeln und als Übereinkunft eine effiziente Lösung erreichen. Bisweilen jedoch

Aus der Praxis

Das Erneuerbare-Energien-Gesetz: Politischer Exportschlager oder Staatsversagen?

Das Erneuerbare-Energien-Gesetz (EEG) aus dem Jahr 2000 ist ein Beispiel für den Versuch des Staates, der Externalitätenproblematik zu begegnen. Doch die Subventionierung des Ökostroms ist sowohl ökonomisch als auch ökologisch umstritten.

Das EEG stellt eine der wichtigsten Säulen der sogenannten Energiewende der Bundesregierung dar, zu deren Zielen es gehört, die externen (gesundheitlichen und ökologischen) Kosten der konventionellen Energiewirtschaft zu internalisieren, die weltweiten Treibhausgasemissionen, wie im Kyoto-Protokoll beschlossen, zu senken und eine größere Unabhängigkeit Deutschlands von Öl- und Gasimporten zu erreichen.

Das EEG garantiert Ökostromerzeugern die Abnahme ihres Stroms sowie eine fixe Einspeisevergütung, die je nach Erzeugungsart und Größe der Anlage variiert und alle paar Jahre vom Gesetzgeber neu festgelegt wird. Für Neuanlagen beträgt die EEG-Vergütung beispielsweise bei der Photovoltaik etwa 9 Cent pro Kilowattstunde. Den Solarstromerzeugern werden somit im Schnitt stets 12 Cent garantiert – unabhängig davon, wie hoch der Marktpreis für eine Kilowattstunde gerade ist. Dadurch wird ihnen nicht nur eine Sicherheit geschaffen, die anderen Konkurrenten, insbesondere den Erzeugern konventionellen Stroms aus Kohle- oder Atomkraft, nicht zur Verfügung steht. Zusätzlich bewegt sich die Einspeisevergütung auch oberhalb des Marktpreises, der an der Strombörse in den vergangenen Jahren zwischen 3 und 4 Cent pro Kilowattstunde betrug. Die Differenz aus der garantierten Vergütung für Ökostrom und dem Börsenpreis wird aus der EEG-Umlage finanziert: Sie wird dem Strompreis für die Verbraucher aufgeschlagen. Energieintensive Unternehmen zahlen jedoch keine EEG-Umlage.

Seit der Einführung des EEG konnte bis 2020 (1. Halbjahr) der Anteil erneuerbarer Energien am Bruttostromverbrauch in Deutschland bereits von 6,6 auf 49,7 Prozent mehr als versiebenfacht werden. Kein Wunder, dass die Idee des EEG geradezu ein Exportschlager wurde: So gibt es mittlerweile (2020) in 17 von 27 EU-Staaten Einspeisevergütungen für Ökostrom.

Doch das EEG steht auch in der Kritik: Verbraucherschützer und Sozialverbände bemängeln die Verteilungswirkungen, insbesondere die Nichtbeteiligung von Unternehmen an der EEG-Umlage. Ökonomen kritisieren vor allem die staatlich produzierten Allokationsverzerrungen: Denn durch die Abnahmegarantie und die fixe Vergütung werde weit über den Bedarf hinaus Strom produziert. Da der Mindestpreis über dem Gleichgewichtspreis liegt, komme es zu einem Angebotsüberschuss, d. h. zu Überkapazitäten, die letztlich die Auswirkungen auf das Klima relativierten. Dies liegt vor allem daran, dass man die negativen Externalitäten der konventionellen Stromerzeugung durch Kohle- und Atomkraft (höhere CO_2-Emissionen, Endlagerfrage usw.) nicht direkt internalisiert, sondern lediglich die Konkurrenz subventioniert, d. h. die erneuerbaren Energien. Ferner bietet das EEG nur geringe Anreize zu einer kosteneffizienten Stromerzeugung, da mit der garantierten Einspeisevergütung auch relativ ineffiziente Erzeuger und Technologien überleben könnten. Mehr noch: Unter den Bedingungen des Europäischen Emissionshandels ist die Umweltentlastung praktisch null. Denn durch die vom EEG forcierte Reduktion der CO_2-Emissionen sinken tendenziell die Preise für Umweltzertifikate; das CO_2 wird dann einfach andernorts emittiert. Was auf der politischen Bühne als sichtbarer Erfolg verkauft werden kann, erscheint in der volkswirtschaftlichen Analyse somit ungleich nüchterner. Nicht wenige Ökonomen verbuchen das EEG daher eher unter der Kategorie »Staatsversagen«.

Fragen

1. Welche Gründe sprechen dafür, die erneuerbaren Energien zu subventionieren?
2. Welche Gründe sprechen dagegen, die erneuerbaren Energien zu subventionieren?
3. Erklären Sie, warum die Einspeisevergütung für erneuerbare Energien im Endeffekt wie ein Mindestpreis wirkt. Warum werden hierdurch nicht die negativen Externalitäten der konventionellen Stromerzeugung internalisiert? Mit welchen anderen Instrumenten könnte man das erreichen?
4. Wieso kann ein sinkender Strompreis an der Börse letztlich zu einer größeren Belastung der privaten Verbraucher führen?

9.7 Fazit

wird auf diese Weise kein befriedigendes Ergebnis zustande kommen, z. B. deshalb, weil eine übergroße Teilnehmerzahl Verhandlungen erschwert.

Sind private Verhandlungslösungen zu externen Effekten nicht möglich, schreitet häufig der Staat ein. Doch selbst hierbei sollte die Gesellschaft nicht gänzlich auf die Marktkräfte verzichten. Der Staat kann das Problem vielmehr in der Weise angehen, dass er die am Markt agierenden Entscheidungsträger dazu bringt, die vollständigen Kosten ihrer Aktivitäten zu tragen. So sind beispielsweise Pigou-Steuern auf belastende Emissionen und Umweltzertifikate dazu geeignet, die externen Effekte der Umweltverschmutzung zu internalisieren. Und sie werden zunehmend als effektive Maßnahmen des Umweltschutzes angesehen, denn Marktkräfte, die passend umgeleitet werden, können ein effektives Mittel gegen Marktversagen sein.

Doch obwohl Regierungen vielleicht einschreiten und Marktversagen korrigieren, müssen wir auch mit Staatsversagen rechnen. Der Einfluss der Politik und die Anreize von Wählern, Politikern und Bürokraten können häufig zu Interessenkonflikten führen, die letztlich darin resultieren, dass die Kosten der Gesellschaft als Ganzes den Nutzen einer kleinen Gruppe bei weitem überwiegen. In solchen Fällen können die staatlichen Versuche, die Marktergebnisse zu verbessern, ins Gegenteil umschlagen und weitere Verzerrung erzeugen. Die Allokation ist demnach ineffizient.

Stichwörter

- Externalität, externer Effekt
- negativer externer Effekt
- positiver externer Effekt
- volkswirtschaftliche Kosten
- Internalisierung externer Effekte
- Positionsexternalitäten
- positionales Wettrüsten
- Coase-Theorem
- Transaktionskosten
- Pigou-Steuer
- Grenzkosten der Verschmutzungsvermeidung
- Eigentumsrechte
- Staatsversagen
- öffentliches Interesse
- Neue Politische Ökonomie, Public-Choice-Theorie
- rationale Ignoranz
- Interessengruppeneffekt
- Stimmentausch (logrolling)
- Rent Seeking
- Privatisierung
- Vetternwirtschaft

Zusammenfassung

- Sofern eine Transaktion zwischen einem Käufer und einem Verkäufer unmittelbar auch einen Dritten betrifft, spricht man von einem externen Effekt oder von einer Externalität. Negative externe Effekte wie etwa die Umweltverschmutzung bringen es mit sich, dass die volkswirtschaftlich effiziente Menge niedriger ist als die Gleichgewichtsmenge des Markts. Positive externe Effekte, wie etwa höheres Wirtschaftswachstum durch zunehmende Bildung, bewirken, dass die Gleichgewichtsmenge des Markts im Vergleich zur volkswirtschaftlich effizienten Menge zu niedrig ist.

- Die von externen Effekten betroffenen Menschen können das Problem der Externalitäten bisweilen alleine lösen. Wenn etwa von einem Unternehmen externe Effekte auf ein anderes Unternehmen ausgehen, können die beiden Unternehmen das Problem durch Fusion internalisieren. Auch durch Abschluss eines Vertrags können die beiden betroffenen Unternehmen zu einer Internalisierung externer Effekte gelangen. Nach dem Coase-Theorem können Privatpersonen immer dann zu einer effizienten Allokation gelangen, wenn Verhandlungslösungen ohne besondere Kosten möglich sind. In vielen Fällen jedoch sind Verhandlungslösungen nach dem Coase-Theorem schon deshalb ausgeschlossen, weil die Anzahl der potenziellen Verhandlungsparteien zu groß ist.

- Der Staat wird sich engagieren, sofern private Verhandlungslösungen bei externen Effekten nicht möglich sind (etwa bei Umweltverschmutzungen). Manchmal beugt der Staat volkswirtschaftlich ineffizienten Aktivitäten durch Regulierung vor. Ein andermal kommen Pigou-Steuern zur Anwendung, um externe Effekte zu internalisieren. Ein weiterer Weg für den Umweltschutz besteht in der Ausgabe einer begrenzten Anzahl von Umweltzertifikaten. Das Endergebnis dieser politischen Maßnahme stimmt mit dem einer Pigou-Steuer auf Umweltverschmutzung überein.
- Das Einschreiten der Regierung, um Marktversagen zu korrigieren, kann eigenem (Staats-)Versagen unterliegen. Dies ist dadurch bedingt, dass einige kleine Gruppen die Macht besitzen, auf Politiker und Bürokraten Einfluss zu nehmen und so Nutzen zu erlangen, der jedoch weit unter den Kosten liegt, die der Allgemeinheit dadurch entstehen.

Wiederholungsfragen

1. Erklären Sie anhand eines Angebots-Nachfrage-Diagramms die Wirkung eines negativen externen Effekts.
2. Zählen Sie einige Problemlösungen bei Externalitäten ohne Mitwirken des Staates auf.
3. Sie teilen sich als Nichtraucher ein Zimmer mit einem Raucher. Wovon hängt es nach dem Coase-Theorem ab, ob Ihr Zimmergenosse im gemeinsamen Zimmer raucht? Ist das Resultat effizient? Wie kommen Sie und Ihr Zimmergenosse zu dieser Coase-Lösung?
4. Warum können Pigou-Steuern zu einem effizienten Marktergebnis führen?
5. Wodurch entstehen Positionsexternalitäten?
6. Wie können Eigentumsrechte dabei helfen, das Vorliegen von Marktversagen zu reduzieren?
7. Warum führen staatliche Eingriffe bei Marktversagen nicht notwendigerweise zu einer Verbesserung des Marktergebnisses?

Aufgaben und Anwendungen

1. Stimmen Sie den folgenden Aussagen zu? Warum oder warum nicht?
    a. »Die nützlichen Wirkungen von Pigou-Steuern gegen Umweltverschmutzungen müssen mit den Nettowohlfahrtsverlusten dieser Steuern verglichen werden.«
    b. »Bei der Erhebung einer Pigou-Steuer sollte der Staat die Steuer der Marktseite auferlegen, die für die Externalität verantwortlich ist.«

2. Betrachten Sie den Markt für Feuerlöscher.
    a. Inwiefern könnten Feuerlöscher positive externe Effekte im Konsum haben?
    b. Zeichnen Sie ein Marktdiagramm für Feuerlöscher und tragen Sie Angebotskurve, Nachfragekurve, Kurve des volkswirtschaftlichen Werts und Kurve der volkswirtschaftlichen Kosten ein.

c. Markieren Sie das Marktgleichgewichtsniveau und die volkswirtschaftlich effiziente Menge der Produktion.
d. Beschreiben Sie eine mögliche politische Maßnahme für den Fall, dass pro Feuerlöscher 10 Euro an externen Nutzeneffekten auftreten.

3. Beiträge und Spenden an gemeinnützige Vereine sind von der Einkommensteuer absetzbar. Inwiefern kann man darin einen staatlichen Anreiz zu privaten Lösungen bei externen Effekten sehen?

4. Es geht das Gerücht um, dass die Schweizerische Regierung die Viehhaltung subventioniert und dass die Subvention in Gegenden mit Fremdenverkehr größer ist als anderswo. Gibt es Gründe dafür, dass so eine Politik effizient sein könnte?

5. Ein höherer Alkoholkonsum führt zu mehr Verkehrsunfällen und dadurch zu Kosten auch für Personen, die weder Auto fahren noch Alkohol trinken.
    a. Illustrieren Sie den Markt für alkoholische Getränke mit Nachfragekurve, Angebotskurve, Kurve des volkswirtschaftlichen Werts, Kurve der volkswirtschaftlichen Kosten, Marktgleichgewicht und volkswirtschaftlich effizientem Niveau.
    b. Schraffieren Sie in Ihrem Diagramm den Bereich des Nettowohlfahrtsverlustes des Marktgleichgewichts. (Hinweis: Der Nettowohlfahrtsverlust stellt sich dadurch ein, dass einige Einheiten an Alkohol konsumiert werden, für die die volkswirtschaftlichen Kosten höher sind als der volkswirtschaftliche Wert.) Erläutern Sie diesen Sachverhalt.

6. Zahlreiche Beobachter glauben, dass die Umweltverschmutzungen in unserer Volkswirtschaft zu hoch sind.
    a. Warum könnte es effizient sein, bei einzelnen Unternehmen unterschiedliche Absenkungen der Umweltverschmutzung zu erreichen, wenn die Gesellschaft eine bestimmte globale Absenkung erreichen möchte?
    b. Staatliche Regulierungen stützen sich oft auf einheitliche Senkungen bei den Unternehmen. Weshalb sind diese Ansätze generell ungeeignet, gezielt jene Unternehmen zu treffen, die überproportionale Absenkungen der Verschmutzung vornehmen sollten?
    c. Volkswirte behaupten, dass angemessene Pigou-Steuern oder handelbare Umweltzertifikate zu einer effizienten Absenkung der Umweltverschmutzung führen werden. Wie wirken diese Maßnahmen auf jene Unternehmen, denen eigentlich größere Anstrengungen beim Umweltschutz zugemutet werden müssten als anderen?

7. Die Abbildung 9-4 im Lehrbuch lässt erkennen, dass der Staat für eine beliebige Nachfragekurve nach Umweltverschmutzung entweder mit einer Pigou-Steuer oder mit Umweltzertifikaten das gleiche Ergebnis an Mengenreduktion zu erreichen vermag. Stellen Sie sich nun eine gewaltige technologische Innovation bei der Kontrolle von Emissionen vor, die es dem Staat erleichtert, Unternehmen zu entdecken, die die Umwelt verschmutzen.

a. Verwenden Sie die Darstellung nach Abbildung 9-4, um die Wirkung der Innovation auf die Verschmutzungsnachfrage zu illustrieren.
b. Welche Preis- und Mengenwirkungen für die Umweltverschmutzung ergeben sich unter jedem der beiden Systeme? Erläutern Sie Ihre Antwort.

8. Angenommen, die Regierung führt bei einer bestimmten Art von Umweltverschmutzung handelbare Zertifikate ein.
    a. Ist es irgendwie wichtig für die ökonomische Effizienz, ob die Zertifikate verteilt oder versteigert werden? Hat es sonst eine Bedeutung?
    b. Wenn sich der Staat entschließt, die Zertifikate einfach zu verteilen, beeinflusst die Verteilung die Effizienz? Hat die tatsächliche Verteilung in anderer Hinsicht Bedeutung?

9. Es gibt zwei Möglichkeiten, sein Auto gegen einen Diebstahl zu sichern. Entweder nutzt man eine elektronische Wegfahrsperre, um den Diebstahl zu erschweren, oder man vertraut auf einen elektronischen Überwachungssender, der das Auto nach einem Diebstahl ortet. Welches dieser beiden Instrumente übt eine negative Externalität auf andere Autobesitzer aus? Welches Instrument übt eine positive Externalität auf andere Autobesitzer aus? Welche Schlussfolgerungen für die gegenwärtige Praxis, in alle Neufahrzeuge eine elektronische Wegfahrsperre einzubauen, ergeben sich daraus?

10. An einem Fluss liegen zwei Chemieunternehmen, die Grüne-Pampe-AG und die Braune-Brühe-AG, die beide jedes Jahr 100 Tonnen Abwässer in den Fluss leiten. Die Kosten zur Vermeidung von einer Tonne Abwässer belaufen sich für die Grüne-Pampe-AG auf 10 Euro und für die Braune-Brühe-AG auf 100 Euro. Das Umweltministerium möchte zur Verbesserung der Wasserqualität im Fluss die Menge an Abwässern von 200 Tonnen auf 50 Tonnen pro Jahr senken.
    a. Nehmen Sie an, das Umweltministerium kennt die Vermeidungskosten der beiden Unternehmen. Welche Auflagen würde die Regierung den beiden Unternehmen dann erteilen, um das Minderungsziel zu erreichen? Wie hoch wären die Kosten der beiden Unternehmen zur Erfüllung der Auflagen?
    b. Nehmen Sie nun an, dass das Umweltministerium keinerlei Informationen über die Vermeidungskosten der beiden Unternehmen hat und daher beiden das gleiche Minderungsziel auferlegt. Wie hoch wären nun die Kosten der beiden Unternehmen zur Erfüllung der Auflagen?
    c. Gibt es Ihrer Meinung nach eine Möglichkeit für das Umweltministerium, das Umweltziel zu den geringeren Kosten unter a zu erreichen, auch wenn es die Vermeidungskosten der beiden Unternehmen nicht kennt?
    d. Nehmen Sie an, die beiden Unternehmen verfügen über gute Kontakte zum Umweltministerium. Welchen Einfluss könnte das auf das Vorgehen des Umweltministeriums haben?

11. Es gibt drei Industriebetriebe im »Tal der Glückseligen«:

Unternehmen	Verschmutzungsniveau am Anfang (Einheiten)	Kosten der Verschmutzungssenkung (€)
A	70	20
B	80	25
C	50	10

Die Regierung möchte die Umweltverschmutzung auf 120 Einheiten begrenzen und gibt deshalb jedem einzelnen Unternehmen 40 handelbare Umweltzertifikate für Verschmutzungsrechte. Ein Zertifikat berechtigt zu einer Verschmutzung von einer Einheit.

a. Wer wird Zertifikate verkaufen – und wie viele? Welches Unternehmen wird – wie viele – Zertifikate kaufen? Erklären Sie kurz die Motivation der Käufer und der Verkäufer. Wie hoch sind die Gesamtkosten der Absenkung der Umweltverschmutzung?

b. Um wie viel höher wären die Kosten der umweltpolitischen Maßnahme, wenn die Zertifikate nicht handelbar wären?

10 Die Produktionsentscheidung des Unternehmens

In Kapitel 5 haben wir bereits einen Blick auf die Kosten, den Erlös und die gewinnmaximierende Produktionsmenge des Unternehmens geworfen. Auch mit der Herleitung der Nachfragekurve haben wir uns bereits beschäftigt. Dies alles geschah unter der Annahme, dass sich das Unternehmen auf einem Markt mit vollständiger Konkurrenz befindet. In diesem Kapitel werden wir noch tiefer in die Details der unternehmerischen Produktionsentscheidungen einsteigen. Ab Kapitel 11 werden Sie dann erfahren, wie sich diese Entscheidungen verändern, wenn die Annahme der vollständigen Konkurrenz wegfällt.

10.1 Isoquanten und Isokostenlinien

Bei ihren Produktionsentscheidungen verfolgen die Unternehmen das Ziel, die Produktionsmenge zu maximieren und die Kosten zu minimieren. Dies geschieht in dem Bewusstsein beschränkter Ressourcen und ist somit ein weiteres Beispiel für ein Optimierungsproblem unter Nebenbedingungen. Unterschiedliche Unternehmen setzen die Produktionsfaktoren – Boden, Arbeit, Kapital – in unterschiedlichen Verhältnissen in der Produktion ein. Dies trifft nicht nur auf Unternehmen unterschiedlicher Branchen zu, sondern auch auf Unternehmen innerhalb einer Branche. So spielt für einige Landwirtschaftsbetriebe der Faktor Boden eine sehr große Rolle, während andere eher arbeits- oder kapitalintensiv sind. Ackerbaubetriebe sind beispielsweise meist sehr bodenintensiv, während Geflügelfarmen häufig viele Arbeiter und wenig Land haben, also eher arbeitsintensiv sind.

Unternehmen können ihre Produktionsfaktoren unterschiedlich nutzen, um eine bestimmte Produktionsmenge zu realisieren. Daher ist es für Unternehmen eine wichtige Frage, wie sie ihren Faktoreinsatz am besten organisieren, um die größtmögliche Produktionsmenge bei gegebenen Kosten zu erreichen. Isoquanten und Isokostenlinien bilden ein Modell für die Planung dieses Prozesses. Es ähnelt dem Modell des Konsumentenverhaltens in Kapitel 4, in dem Indifferenzkurven und Budgetbeschränkungen eingesetzt werden. Das Modell bildet im Hinblick auf die zu erreichende Produktionsmenge die verschiedenen möglichen Kombinationen von Produktionsfaktoren (Isoquanten) sowie das dem Unternehmen für die Anschaffung der Produktionsfaktoren zur Verfügung stehende Budget (Isokosten) ab.

10.1 Die Produktionsentscheidung des Unternehmens
Isoquanten und Isokostenlinien

Isoquanten

Isoquante
Funktion, die alle möglichen Kombinationen an Produktionsfaktoren zur Herstellung einer bestimmten Produktionsmenge darstellt.

Eine **Isoquante** ist eine Funktion, die alle möglichen Kombinationen an Produktionsfaktoren darstellt, die jeweils die Herstellung einer bestimmten Produktionsmenge erlauben. Zur Vereinfachung gehen wir davon aus, dass es nur zwei Produktionsfaktoren gibt: Arbeit und Kapital. Wir nehmen weiterhin an, dass der Produktionsfaktor Kapital in unserem Fall eine Maschine ist, welche Pizzen mit Tomatensoße bestreicht, den Belag aufträgt und sie dann backt. Die Anzahl der Maschinenstunden variiert mit der Anzahl der herzustellenden Pizzen. Der Faktor Arbeit beinhaltet die Anzahl der Arbeitsstunden, welche die Arbeiter benötigen, um den Pizzateig herzustellen, die Maschine zu befüllen und schließlich die fertigen Pizzen zu verpacken.

Abbildung 10-1 zeigt eine grafische Darstellung der Isoquanten zur Pizzaproduktion mit den möglichen Faktoreinsatzkombinationen von Arbeit und Kapital. Wie hier zu sehen ist, kann eine Produktionsmenge von $Q = 600$ durch den Faktoreinsatz von pro Tag 5 Arbeitsstunden und einer Maschinenstunde oder 2 Arbeitsstunden und 2 Maschinenstunden realisiert werden. Die Isoquante für $Q = 600$ verbindet alle mög-

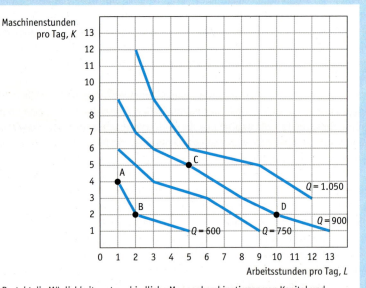

Abb. 10-1

Isoquanten für eine Pizzafabrik

Besteht die Möglichkeit, unterschiedliche Mengenkombinationen von Kapital und Arbeit einzusetzen, so bilden die Isoquanten die jeweils möglichen Kombinationen von Arbeit und Kapital ab, die zur Produktion einer bestimmten Menge eingesetzt werden können. Zur Produktion einer Menge von $Q = 600$ können 4 Maschinenstunden und 1 Arbeitsstunde eingesetzt werden (Punkt A), aber ebenso auch 2 Maschinenstunden und 2 Arbeitsstunden (Punkt B). Mit 5 Maschinenstunden und 5 Arbeitsstunden ließen sich 900 Pizzen herstellen (Punkt C), aber ebenso mit einer Kombination aus 2 Maschinenstunden und 10 Arbeitsstunden (Punkt D).

10.1 Isoquanten und Isokostenlinien

lichen Kombinationen von Arbeit und Kapital, die zu einer Produktion von 600 Pizzen führen. Mit der in der Fabrik verfügbaren Menge an Arbeit und Kapital kann eine Vielzahl verschiedener Produktionsmengen realisiert werden, die alle durch Isoquanten abgebildet werden können. In Abbildung 10-1 sind die Isoquanten für die Produktionsmenge $Q = 600$, $Q = 750$, $Q = 900$ und $Q = 1.050$ dargestellt. In der Theorie wäre die gesamte Grafik mit einer Vielzahl von Isoquanten überzogen, die sich auf alle unterschiedlichen denkbaren Produktionsmengen beziehen.

Es ist sehr unwahrscheinlich, dass ein Unternehmen sich hinsetzt und seine Isoquanten in der Weise aufzeichnet, wie wir das hier tun: Denken Sie daran, dass es sich hier um ein Modell handelt. Fakt ist jedoch, dass Unternehmen bei ihren Produktionsmengenentscheidungen immer auch Entscheidungen über die einzusetzende Mengenkombination der Produktionsfaktoren treffen. In der Realität geht es dabei besonders häufig darum, den Faktor Arbeit durch den Faktor Kapital zu ersetzen, indem Personal abgebaut und stattdessen beispielsweise in neue technische Anlagen investiert wird. Oder Unternehmen entscheiden, bestehende Maschinen durch neue zu ersetzen oder bestimmte Produktionsprozesse auszulagern. Beide Entscheidungen hätten Auswirkung auf Verlauf und Lage der Isoquanten.

Wenn ein Produktionsfaktor durch einen anderen ersetzt wird, fallen Kosten an. Es ist nicht immer einfach, einen Produktionsfaktor durch einen anderen zu ersetzen: Maschinen können hoch spezialisiert sein und Arbeiternehmer können Fähigkeiten besitzen, die nicht durch Maschinen zu ersetzen sind (beispielsweise die Fähigkeit, Kunden ein Gefühl von Sicherheit und guter Beratung zu geben). Die Steigung der Isoquante gibt die **Grenzrate der technischen Substitution (MRTS)** wieder, d. h. das Größenverhältnis, mit dem bei Produktion einer festgelegten Menge ein Produktionsfaktor durch einen anderen ersetzt werden kann.

Nehmen wir aus der Abbildung 10-1 das Beispiel von $Q = 1.050$ und dazu eine Kombination von 5 Einheiten Arbeit (Arbeitsstunden) und 6 Einheiten Kapital (Maschinenstunden). Sollte die Besitzerin der Pizzafabrik nun erwägen, den Faktor Arbeit um 2 Arbeitsstunden zu reduzieren, so müsste sie dafür die Maschinenstunden um 3 auf 9 Stunden pro Tag erhöhen. Die MRTS ist in diesem Fall das Verhältnis der Veränderung im Faktoreinsatz Kapital (K) und der Veränderung im Faktoreinsatz Arbeit (L), $\Delta K/\Delta L$. Der Kapitaleinsatz erhöht sich von 6 auf 9 Maschinenstunden, der Arbeitseinsatz reduziert sich von 5 auf 3 Arbeitsstunden. Die MRTS beträgt also 3/2 oder 1,5. Die Besitzerin der Fabrik kann so ersehen, dass sie, um eine Produktionsmenge von $Q = 1.050$ aufrechtzuerhalten, für jede reduzierte Arbeitsstunde die Maschinenstunden um 1,5 erhöhen muss.

Die Darstellung der Isoquanten in Abbildung 10-1 legt nahe, dass unterschiedliche Punkte eine unterschiedliche Grenzrate der Substitution aufweisen, da sich die Steigungen der Isoquanten unterscheiden. In Lehrbüchern dagegen ist es üblich, die Isoquanten als glatte Kurven wie in Abbildung 10-2 darzustellen.

Wenn ein Unternehmen den Einsatz eines Produktionsfaktors um eine Einheit reduziert und dafür den Einsatz eines anderen Produktionsfaktors um eine Einheit erhöht, so wird die zusätzliche Produktionsmenge jeder weiteren Einheit dieses ersetzenden Produktionsfaktors nach der Gesetzmäßigkeit des abnehmenden Grenzprodukts rückläufig sein (es sei denn, die Produktionsfaktoren sind vollkommene Substitute). Gleich-

> **Grenzrate der technischen Substitution (MRTS)**
> Das Größenverhältnis, mit dem bei Produktion einer festgelegten Menge ein Produktionsfaktor durch einen anderen ersetzt werden kann.

10.1 Die Produktionsentscheidung des Unternehmens
Isoquanten und Isokostenlinien

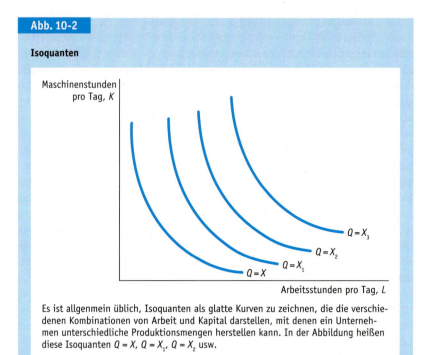

Abb. 10-2

Isoquanten

Es ist allgenmein üblich, Isoquanten als glatte Kurven zu zeichnen, die die verschiedenen Kombinationen von Arbeit und Kapital darstellen, mit denen ein Unternehmen unterschiedliche Produktionsmengen herstellen kann. In der Abbildung heißen diese Isoquanten $Q = X$, $Q = X_1$, $Q = X_2$ usw.

zeitig wird das Grenzprodukt des nun weniger genutzten Produktionsfaktors steigen. Dies erklärt, warum Isoquanten konvex zum Ursprung verlaufen. Wenn ein Unternehmen zur Produktion große Mengen Kapital einsetzt, aber wenig Arbeit, und dann eine Einheit Kapital durch eine Einheit Arbeit ersetzt, so ist das Grenzprodukt dieser zusätzlichen Einheit Arbeit wahrscheinlich hoch (und die Steigung der Isoquante relativ steil). Wenn in der Folge jedoch weitere Einheiten von Kapital durch Arbeit ersetzt werden, sinkt das Grenzprodukt und die Steigung der Isoquante flacht allmählich ab. Die Grenzrate der technischen Substitution ist das Verhältnis der Grenzprodukte von Arbeit und Kapital

$$MRTS = MP_L / MP_K$$

Dabei gilt:

$$MP_L = \frac{\text{Veränderung der Produktionsmenge } (\Delta Q)}{\text{Veränderung der Menge an Arbeit } (\Delta L)}$$

und

$$MP_K = \frac{\text{Veränderung der Produktionsmenge } (\Delta Q)}{\text{Veränderung der Menge an Kapital } (\Delta K)}$$

10.1 Isoquanten und Isokostenlinien

Isokostenlinien

Unsere Analyse hat sich bisher darauf beschränkt, die für die Herstellung einer bestimmten Produktionsmenge einsetzbaren unterschiedlichen Faktorkombinationen zu betrachten. Ein Unternehmen muss jedoch auch berücksichtigen, dass Produktionsfaktoren Geld kosten. Die Beschäftigten erhalten Löhne und Gehälter und die Maschinen müssen angeschafft werden, benötigen Strom und Reparaturen. Unternehmen haben jedoch bestimmte Budgetbeschränkungen und somit häufig festgesetzte Budgets für den Erwerb der Produktionsfaktoren, an die sie sich halten müssen.

Isokostenlinien berücksichtigen die Kosten der Produktionsfaktoren. Eine **Isokostenlinie** oder Isokostengerade zeigt die unterschiedlichen Kombinationen von Produktionsfaktoren, die ein Unternehmen mit einem gegebenen Budget erwerben kann.

> **Isokostenlinie**
> Eine Gerade, welche die unterschiedlichen Faktorkombinationen wiedergibt, die ein Unternehmen mit einem gegebenen Budget erwerben kann.

Nehmen wir an, der Preis für den Betrieb der Pizzamaschine pro Stunde wäre P_K, dann wären die Kosten des Kapitals $P_K K$ (Preis des Kapitals multipliziert mit den benötigten Maschinenstunden) und die Kosten des Faktors Arbeit wären $P_L L$ (Preis des Faktors Arbeit multipliziert mit den benötigten Arbeitsstunden). Bei einer gegebenen Budgetbeschränkung, dargestellt als TC_{KL}, können wir das Verhältnis wie folgt ausdrücken:

$$P_K K + P_L L = TC_{KL}$$

Nun nehmen wir an, dass der Preis des Kapitals für die Pizzaproduktion 10 Euro pro Stunde beträgt und der Preis für den Faktor Arbeit 6 Euro pro Stunde. Unsere Formel sieht dann wie folgt aus:

$$10K + 6L = TC_{KL}$$

Bei 3 Maschinenstunden und 9 Arbeitsstunden kämen wir auf $10(3) + 6(9) = 84$ €. Gibt es andere Kombinationen des Faktoreinsatzes, bei denen die Produktion der gleichen Menge Pizza ebenfalls für 84 Euro möglich wäre? Wir können dies herausfinden, indem wir die Gleichung umstellen, um zu erhalten:

$$84\ \text{€} = 10K + 6L$$

Wir können nun die Werte für K und L ermitteln, die diese Gleichung erfüllen. Indem wir beispielsweise beide Seiten durch 10 dividieren und nach K auflösen, erhalten wir

$$K = \frac{84}{10} - \frac{6L}{10}$$
$$K = 8{,}4 - 0{,}6L$$

Tabelle 10-1 zeigt die Kombinationen von Kapital und Arbeit, die diese Gleichung erfüllen. Würde das Unternehmen beispielsweise 6 Arbeitsstunden einsetzen, so ergäbe sich $K = 8{,}4 - 0{,}6(6)$ und

$$K = 8{,}4 - 3{,}6$$
$$K = 4{,}8$$

Die Daten aus Tabelle 10-1 sind in Abbildung 10-3 abgebildet. Hier wird die Kapitaleinsatzmenge in Stunden auf der senkrechten Achse gemessen, die Arbeitseinsatzmenge in Stunden auf der waagerechten Achse. Der Preis pro Stunde beträgt für den

Tab. 10-1

Faktorkombinationen, welche die Gleichung $K = 8{,}4 - 0{,}6(L)$ erfüllen

K	L
8,4	0
7,8	1
7,2	2
6,6	3
6,0	4
5,4	5
4,8	6
4,2	7
3,6	8
3,0	9
2,4	10
1,8	11
1,2	12
0,6	13
0	14

Produktionsfaktor Kapital 10 Euro, für den Produktionsfaktor Arbeit 6 Euro. Die Isokostenlinie $TC_{KL} = 84$ verbindet alle die Kombinationen von Arbeits- und Kapitaleinsatzmengen, mit denen die gleiche Menge Pizza zu Kosten von 84 Euro produziert werden kann. So kann für 84 Euro beispielsweise Punkt A mit 5,4 Stunden Kapitaleinsatz und 5 Stunden Arbeitseinsatz realisiert werden, aber auch Punkt B mit einer Faktorkombination von 1,2 Stunden Kapitaleinsatz und 12 Stunden Arbeitseinsatz.

Weitere Isokostenlinien könnten eingezeichnet werden, die wiederum andere Gesamtkosten repräsentieren. Bei jeder dieser Isokostenlinien gibt der Schnittpunkt mit der waagerechten Achse an, wie viele Arbeitsstunden die Fabrikbesitzerin bei gegebener Budgetbeschränkung einsetzen kann, ohne eine einzige Maschinenstunde einzusetzen. Der Schnittpunkt mit der senkrechten Achse gibt an, wie viele Einheiten Kapital (Maschinenstunden) die Fabrikbesitzerin bei gegebenem Budget einsetzen kann, ohne eine einzige Arbeitsstunde einzusetzen. Die Isokostenlinie zeigt alle möglichen Kombinationen des Faktoreinsatzes von Kapital und Arbeit bei gegebener Budgetbeschränkung, die zwischen diesen beiden Extremen liegen.

Die Steigung der Isokostenlinie ergibt sich aus dem Verhältnis des Preises der Arbeit zum Preis des Kapitals. Da die Isokostenlinie eine Gerade ist, ist ihre Steigung konstant. In diesem Beispiel beträgt die Steigung –0,6. Dies sagt uns, dass die Fabrikbesitzerin, um ihre Kosten nicht über die Budgetbeschränkung hinaus zu erhöhen, für jede zusätzliche Arbeitsstunde auf 0,6 Stunden Kapitaleinsatz verzichten müsste.

10.2 Die Minimalkostenkombination

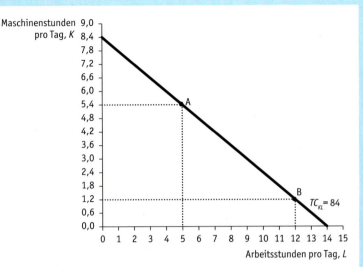

Abb. 10-3

Isokostenlinien

Die Isokostenlinien verbinden Mengenkombinationen der Produktionsfaktoren Kapital und Arbeit, die sich ein Unternehmen bei gegebener Budgetbeschränkung leisten kann. Hier bezieht sich die Isokostenlinie auf eine Budgetbeschränkung von 84 Euro. Die Fabrikbesitzerin könnte das gesamte Budget für 8,4 Maschinenstunden pro Tag ausgeben, wäre in diesem Fall jedoch nicht mehr in der Lage, Arbeitskräfte in der Produktion einzusetzen. Dieser Fall ist im Schnittpunkt der Isokostenlinie mit der senkrechten Achse gegeben. Umgekehrt könnte die Fabrikbesitzerin das Budget auch komplett in 14 Arbeitsstunden pro Tag investieren, könnte in diesem Fall für die Produktion jedoch keine Maschinen nutzen (Schnittpunkt der Isokostenlinie mit der waagerechten Achse). Zwischen den Extrempositionen wird man die realistischeren Sowohl-als-auch-Punkte suchen (z. B. A oder B).

Umgekehrt müsste sie für jede zusätzliche Maschinenstunde auf den Einsatz von 1,66 Arbeitsstunden verzichten.

Kurztest
Welche Faktoren könnten bewirken, dass sich die Steigung der Isoquanten- und der Isokostenlinien verändert?

10.2 Die Minimalkostenkombination

Wir kennen jetzt die Faktorkombinationen (oder allgemeiner: die Inputkombinationen), die zur Herstellung einer bestimmten Produktionsmenge benötigt werden (in unserem Fall Pizzen). Diese werden durch die Isoquanten angegeben. Gleichzeitig

10.2 Die Produktionsentscheidung des Unternehmens
Die Minimalkostenkombination

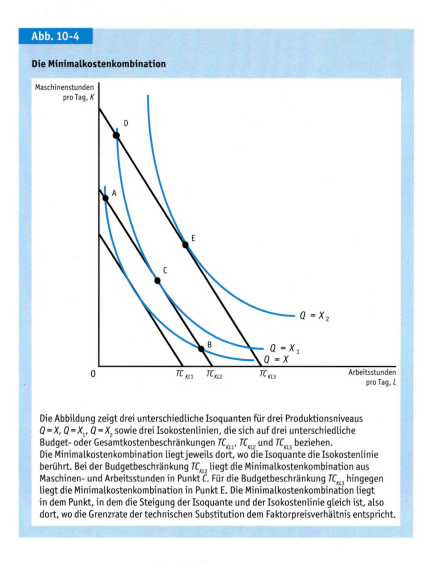

Abb. 10-4

Die Minimalkostenkombination

Die Abbildung zeigt drei unterschiedliche Isoquanten für drei Produktionsniveaus $Q = X$, $Q = X_1$, $Q = X_2$ sowie drei Isokostenlinien, die sich auf drei unterschiedliche Budget- oder Gesamtkostenbeschränkungen TC_{KL1}, TC_{KL2} und TC_{KL3} beziehen. Die Minimalkostenkombination liegt jeweils dort, wo die Isoquante die Isokostenlinie berührt. Bei der Budgetbeschränkung TC_{KL2} liegt die Minimalkostenkombination aus Maschinen- und Arbeitsstunden in Punkt C. Für die Budgetbeschränkung TC_{KL3} hingegen liegt die Minimalkostenkombination in Punkt E. Die Minimalkostenkombination liegt in dem Punkt, in dem die Steigung der Isoquante und der Isokostenlinie gleich ist, also dort, wo die Grenzrate der technischen Substitution dem Faktorpreisverhältnis entspricht.

kennen wir auch die Kosten der unterschiedlichen Faktorkombinationen, die wiederum durch Isokostenlinien dargestellt werden. Wir verwenden nun beide zusammen, um die Minimalkostenkombination der Inputfaktoren zu bestimmen. Die Abbildung 10-4 zeigt verschiedene Isoquanten, die sich auf drei unterschiedliche Produktionsmengen beziehen – $Q = X$, $Q = X_1$, $Q = X_2$ – und drei Isokostenlinien für die drei unterschiedlichen Budgetbeschränkungen TC_{KL1}, TC_{KL2} und TC_{KL3}.

Jeder Punkt, bei dem die Isokostenlinie die Isoquante schneidet oder berührt, ist eine mögliche Faktoreinsatzkombination. Je mehr Ressourcen ein Unternehmen einsetzen kann, desto mehr kann es produzieren. Und diese Menge wird wiederum durch das ihm zur Verfügung stehende Budget und demzufolge auch durch die Preise für Kapital und Arbeit bestimmt.

Die Minimalkostenkombination 10.2

Nehmen wir an, die Fabrikbesitzerin unterliegt einer Budgetbeschränkung von TC_{KL2}. Hiermit könnte sie die Menge $Q = X$ produzieren und dabei die Faktorkombination einsetzen, die der Punkt A darstellt. Sie könnte aber auch weniger Stunden Kapital und mehr Stunden Arbeit einsetzen und in Punkt B dieselbe Menge herstellen. Allerdings können wir vernünftigerweise annehmen, dass ein Unternehmen sein existierendes Budget und die vorhandenen Ressourcen anders einsetzen wird, wenn es damit mehr erzeugen kann. Wenn das Unternehmen davon ausgeht, dass es mehr verkaufen kann, wird es diese Entscheidung treffen.

Ausgehend von Punkt A könnte die Fabrikbesitzerin die Kapitaleinsatzmenge verringern und die Arbeitseinsatzmenge erhöhen, um eine größere Menge $Q = X_1$ zu produzieren (Punkt C). Die Fabrikbesitzerin könnte diese Menge jedoch nicht mit der Faktorkombination herstellen, die durch den Punkt D angegeben wird, da diese Kombination nicht auf ihrer Isokostenlinie TC_{KL2} liegt, ihre Budgetbeschränkung es ihr also nicht erlaubt, diese Faktorkombination einzusetzen. Sie kann die Produktionsmenge $Q = X_1$ jedoch mit der Faktorkombination realisieren, die durch Punkt C repräsentiert ist. Hier berührt ihre Isokostenlinie TC_{KL2} die Isoquante $Q = X_1$. Der Punkt C stellt somit für die zu erreichende Produktionsmenge die Minimalkostenkombination der Inputfaktoren dar. In diesem Punkt existiert für die Fabrikbesitzerin kein Anreiz mehr, die Faktoreinsatzkombination zu ändern, da jeder andere Punkt von einer Produktion mit maximaler Effizienz und zu minimalen Kosten wegführen würde.

Die Fabrikbesitzerin würde vielleicht gerne auch die Menge $Q = X_2$ produzieren, hat durch ihre gegebene Budgetbeschränkung jedoch nicht die Möglichkeit hierzu. Bei gegebenen Faktorproduktivitäten und Faktorpreisen ist der Punkt C daher der optimale Punkt. Dieser Punkt der Minimalkostenkombination liegt dort, wo die Steigungen der beiden Kurven (Isoquante und Isokostenlinie) gleich sind, wo also die Grenzrate der technischen Substitution gleich dem Faktorpreisverhältnis ist. Es gilt:

$MP_L / MP_K = P_L / P_K$

oder

$MP_L / P_L = MP_K / P_K$

> **Kurztest**
> Erklären Sie mit Bezugnahme auf Abbildung 10-4 was passiert, wenn der Preis für eine Stunde Arbeit fällt, während der Preis für eine Stunde Kapitaleinsatz gleich bleibt. Wie würde sich dies auf die Minimalkostenkombination der Inputfaktoren auswirken?

Zusammenfassung

Lassen Sie uns nochmals diesen Abschnitt zusammenfassen und logisch durchdenken. Wären Sie die Fabrikbesitzerin, so würden auch Sie sicherstellen wollen, dass Ihr Geld so eingesetzt wird, dass damit die größtmögliche Produktionsmenge erreicht wird. Nehmen Sie an, Sie würden mit der Faktorkombination in Punkt A produzieren.

Sie hätten nun die Möglichkeit, die eingesetzten Produktionsfaktoren auf solch eine Weise umzuorganisieren, dass es Sie nicht mehr Geld kostet, aber zu einer größeren Produktionsmenge führt. Solch eine Möglichkeit würden Sie sicher wahrnehmen.

Vom Punkt A aus könnten Sie den Kapitaleinsatz reduzieren und dafür den Arbeitseinsatz erhöhen und würden so eine größere Anzahl Pizzen produzieren, ohne dass sich Ihre Kosten erhöhen. Diese Umschichtung der eingesetzten Produktionsfaktoren wäre so lange sinnvoll, bis Sie einen Punkt erreichen, bei dem Sie von der Reorganisation nicht mehr profitieren. Dieser Punkt ist Ihre Minimalkostenkombination.

Die Minimalkostenkombination kann sich ändern, wenn sich der Preis für Kapital oder Arbeit ändert. In diesem Fall würde sich die Steigung Ihrer Isokostenlinie ändern. Wenn sich der Preis für beide Produktionsfaktoren ändert, würde die Isokostenlinie sich entweder nach innen oder nach außen drehen – abhängig davon, ob der Preis steigt oder fällt. Auch der Verlauf der Isoquanten könnte sich verändern, nämlich wenn sich das Grenzprodukt des Kapitals oder das der Arbeit verändert.

Denken Sie noch einmal daran, dass wir zu Beginn unserer Analyse erwähnt haben, dass dieses Modell eine Möglichkeit ist, das Unternehmensverhalten zu planen. Dabei wird angenommen, dass Unternehmen ihren Gewinn bei gegebenen Kosten maximieren wollen. Unternehmen werden eine Vorstellung haben, wie hoch Produktivität und Kosten ihrer Produktionsfaktoren sind und kontinuierlich nach Wegen suchen, den Einsatz der Produktionsfaktoren so umzuorganisieren, dass die Produktionsmenge erhöht, die Kosten aber unter Kontrolle gehalten werden. Das hier vorgestellte Modell hilft uns, zu verstehen, was hinter der Restrukturierung von Unternehmen, Outsourcing, der Suche nach günstigeren Lieferanten, der Nutzung unterschiedlicher Rohstoffe auf unterschiedliche Art, dem Aufwand für Weiterbildung der Mitarbeiter und anderen Möglichkeiten steht, die Produktivität zu erhöhen. Es erklärt auch, warum Unternehmen dynamische, sich dauernd verändernde und weiterentwickelnde Organisationen sind.

10.3 Fazit

In diesem Kapitel haben wir durch eine vereinfachende Analyse mit zwei auf kurze Sicht variablen Produktionsfaktoren gezeigt, wie Unternehmen Produktionsentscheidungen treffen. Die Preise der Produktionsfaktoren und die Budgetbeschränkung des Unternehmens bestimmen dabei, welche Mengenkombinationen an Produktionsfaktoren eingesetzt werden können, um eine bestimmte Produktionsmenge zu erreichen. Mit dem Ziel, die maximale Produktionsmenge mit minimalen Kosten herzustellen, überprüfen Unternehmen kontinuierlich die von ihnen eingesetzten Faktorkombinationen und passen diese immer wieder an wechselnde Faktorpreise und -produktivitäten an. Das Modell der Minimalkostenkombination von Inputfaktoren erlaubt es uns, Reaktionsmöglichkeiten der Unternehmen auf sich ändernde Marktkonditionen zu konzipieren.

Aus der Praxis

Robotic Process Automation

In der Industrie ist die Automatisierung wiederkehrender Prozesse bereits gang und gäbe. Dies betrifft selbst Bereiche, in denen man es nicht direkt vermuten würde. So wird beispielsweise ein Großteil des Brotes, das wir essen, komplett von Robotern gebacken: von der Mischung der Zutaten über das Kneten und Auswalzen des Teiges bis hin zum Backprozess. Und selbst außerhalb der Fabrik kann man Roboter antreffen, wie sie Brötchen belegen, Hamburger zubereiten oder Klavier spielen.

Hingegen werden Büroarbeiten in vielen Unternehmen noch weitgehend »manuell« erledigt. Dabei ist nicht die Rede von strategischen Entscheidungen oder Kundenkontakten, sondern von Routinearbeiten wie der Bearbeitung von E-Mails, der Übertragung von Kundendaten in Datenbanken oder der Weitergabe von Finanzdaten des Einkaufs an die Buchhaltung. Alle diese Aufgaben sind personalintensiv und somit kostenintensiv. Denn diese Tätigkeiten sind nicht nur zeitaufwendig, sie werden häufig auch von Personal »nebenbei« erledigt, das eigentlich für strategische und wissensintensive Aufgaben zuständig ist und somit auch einen entsprechend hohen Lohnsatz erhält. Hinzu kommt die Fehleranfälligkeit dieser Routinetätigkeiten, die vermeintlich nicht viel Aufmerksamkeit erfordern, ungeliebt sind und somit oft zwischendurch erledigt werden. Gehen die so prozessierten Daten durch mehrere Abteilungen, können sich Fehler anhäufen, die das Unternehmen letztendlich Geld kosten, im schlimmsten Falle viel Geld.

Eine Möglichkeit, in diesen Unternehmensbereichen nicht ausschließlich die Ressource Arbeit einsetzen zu müssen, sondern auch auf die Ressource Kapital zurückgreifen zu können, bietet die sogenannte Robotic Process Automation (RPA). Der Roboter ist in diesem Fall jedoch keine Maschine wie in der Industrie, im Handwerk oder der Gastronomie, sondern eine Softwareanwendung. Der digitale Softwareroboter ahmt dabei die menschliche Interaktion mit Softwaresystemen nach. Hierbei geht es um die beschriebenen einfachen, wiederkehrenden und somit meist langweiligen Routineaufgaben, solche Aufgaben, die regelgetriebene Prozesse sind und somit keine Überlegungen, Abwägungen oder Beurteilungen erfordern. Der Softwareroboter kann diese einfachen Routineaufgaben schneller und weitaus akkurater erledigen, weshalb der Einsatz von RPA gerade auch für die interne und externe Qualitätssicherung in Unternehmen interessant ist. Die Umsetzung von Compliance-Vorschriften oder Auditierungsauflagen ist fehleranfällig, personal- und somit kostenintensiv.

Der Softwareroboter kann 24 Stunden am Stück arbeiten, braucht keine Pause, kann nicht krank werden und hat nie einen schlechten Tag. Und dabei kostet die Software heruntergerechnet pro Stunde weniger als der Stundensatz eines Mitarbeiters. Bei den Produktionsentscheidungen eines Unternehmens, das, wie in diesem Kapitel besprochen, immer einer bestimmten Budgetbeschränkung unterliegt, kann es also durchaus Sinn machen, Arbeitsstunden durch Maschinenstunden zu ersetzen, sprich statt des Mitarbeiters den Roboter die entsprechenden Aufgaben erledigen zu lassen. Dies führt natürlich nicht nur dazu, dass die Beschäftigten des Unternehmens von lästigen Routineaufgaben entlastet werden. Es kann letztlich auch Personalabbau zur Folge haben, weshalb nicht alle der Automatisierung des Arbeitslebens positiv gegenüberstehen.

Fragen

1. In welchen Unternehmen oder Unternehmensbereichen kann es sinnvoll sein, Mitarbeiter (Arbeitsstunden) durch Roboter (Maschinenstunden) zu ersetzen? Diskutieren Sie anhand konkreter Beispiele.
2. Der Einsatz von RPA kostet pro Stunde weniger als ein Mitarbeiter. Welche Auswirkung hat das auf die Isokostenlinie und die Minimalkostenkombination? Illustrieren Sie Ihre Antwort anhand eines geeigneten Diagramms.
3. Inwiefern kann aus Ihrer Sicht RPA die Produktivität eines Unternehmens steigern? Wo liegen Ihrer Meinung nach die Grenzen von RPA? Begründen Sie.
4. Warum könnten gerade Unternehmen, die strengen Qualitätsstandards genügen müssen, den Einsatz von RPA in Betracht ziehen?

10 Die Produktionsentscheidung des Unternehmens
Aufgaben und Anwendungen

Zusammenfassung

Stichwörter

- Isoquante
- Grenzrate der technischen Substitution (MRTS)
- Isokostenlinie

▸ Mithilfe von Isoquanten und Isokostenlinien kann die optimale Produktionsentscheidung eines Unternehmens als Minimalkostenkombination ermittelt werden.

▸ Mit ihrer Hilfe lässt sich verdeutlichen, wieso Unternehmen ihre zur Produktion eingesetzten Faktorkombinationen ändern und wie Veränderungen der Faktorpreise diese Entscheidungen beeinflussen können.

▸ Die Minimalkostenkombination ist erreicht, wenn die Isoquante die Isokostenlinie berührt. In diesem Punkt kann bei gegebener Budgetbeschränkung durch keine andere Faktorkombination eine höhere Produktionsmenge realisiert werden.

▸ Verändert sich das Grenzprodukt der Produktionsfaktoren, so ändert sich der Verlauf der Isoquanten. Verändern sich die Preise der Produktionsfaktoren, so ändert sich der Verlauf der Isokostenline.

Wiederholungsfragen

1. Welchem Optimierungsproblem stehen Unternehmen bei der Entscheidung über die Produktionsmenge gegenüber?
2. Was sind Isoquanten? Was beschreibt die Grenzrate der technischen Substitution?
3. Was sind Isokostenlinien? Wovon hängt die Steigung einer Isokostenlinie ab?
4. Wann realisiert ein Unternehmen die Minimalkostenkombination?
5. Welchen Verlauf hätten die Isoquanten, wenn die Inputfaktoren (Real-)Kapital und Arbeit perfekte Substitute wären?

Aufgaben und Anwendungen

1. Warum zeigen Isoquanten einen konvexen Verlauf?

2. Gegeben seien die folgenden Faktoreinsatzkombinationen:

		Arbeit (Arbeitsstunden pro Tag)					
		1	2	3	4	5	6
Realkapital (Maschinenstunden pro Tag)	1	40	80	110	130	150	170
	2	80	110	150	170	210	200
	3	110	150	170	200	220	240
	4	130	170	200	220	230	250
	5	150	180	210	230	240	260
	6	170	200	220	240	250	270

a. Zeichnen Sie die Isoquanten für eine Produktionsmenge von 150 Stück und 200 Stück.

b. Ermitteln Sie die Grenzrate der technischen Substitution bei einer Produktionsmenge von 150 Stück, wenn das Unternehmen von einer Faktoreinsatzkombination von 3 Maschinenstunden und 2 Arbeitsstunden zu einer Faktoreinsatzkombination von 2 Maschinenstunden und 3 Arbeitsstunden wechselt.

3. Gegeben sei die Gesamtkostenfunktion $TC = 30 \times K + 10 \times L$. Ermitteln Sie die Gesamtkosten für folgende Faktoreinsatzkombinationen:
   a. 5 Einheiten Realkapital und 8 Einheiten Arbeit,
   b. 10 Einheiten Arbeit und 3 Einheiten Realkapital,
   c. 7 Einheiten Realkapital und 12 Einheiten Arbeit.

4. Gegeben sei wiederum die Gesamtkostenfunktion $TC = 30 \times K + 10 \times L$. Ermitteln Sie die Faktoreinsatzkombinationen für $K = 1$ bis $K = 5$, die zu folgenden Gesamtkosten führen:
   a. $TC = 170$,
   b. $TC = 510$,
   c. $TC = 850$.

5. Stellen Sie die Minimalkostenkombination eines Unternehmens grafisch dar. Wie wird die Minimalkostenkombination beeinflusst, wenn
   a. sich der Preis für Realkapital erhöht, während der Preis für Arbeit gleich bleibt,
   b. sich der Preis für Realkapital und der Preis für Arbeit im gleichen Ausmaß (prozentual) erhöhen,
   c. der Preis für Realkapital und der Preis für Arbeit sinken, aber der Preis für Realkapital prozentual stärker sinkt als der Preis für Arbeit?

11 Marktstrukturen I: Monopol

11.1 Unvollständige Konkurrenz

In unserer bisherigen Analyse der Unternehmensentscheidungen sind wir davon ausgegangen, dass die Marktbedingungen vollständiger Konkurrenz gelten. In den meisten Fällen sind diese Bedingungen jedoch nicht gegeben. Unternehmen können den Preis auf gewisse Art und Weise kontrollieren, und sie suchen bewusst nach Wegen der Produktdifferenzierung, um ihr Angebot von dem der Konkurrenz abzuheben. Einige Unternehmen haben mehr Marktmacht als andere, und kein Marktteilnehmer ist in Besitz vollkommener Information. Wenn die Annahmen der vollständigen Konkurrenz nicht zutreffen, sprechen wir von unvollständiger Konkurrenz. Ein Unternehmen, das bei **unvollständiger Konkurrenz** im Markt agiert, kann sein Produkt auf eine gewisse Art und Weise von den anderen abheben und somit Einfluss auf den Güterpreis nehmen.

Es gibt unterschiedliche Ausprägungen unvollständiger Konkurrenz. Wir beginnen mit der extremsten Ausprägung: dem Monopol. Streng genommen ist ein Monopol eine Marktstruktur mit nur einem Unternehmen, jedoch kann ein Unternehmen auch dann Monopolmacht ausüben, wenn es einfach nur das marktbeherrschende Unternehmen ist. Tatsächlich werden in vielen Ländern Unternehmen bereits von Aufsichtsbehören geprüft, sobald sie mehr als 25 Prozent **Marktanteil** haben, wobei der Anteil des Unternehmens am Absatzmarkt gemeint ist. Je größer der Marktanteil, desto größer die Marktmacht des Unternehmens. Ein Unternehmen kann Marktmacht ausüben, wenn es in der Position ist, die Preise für sein Produkt anzuheben, ohne seinen kompletten Absatz an die Konkurrenz zu verlieren. Mit anderen Worten ist es das Gegenteil zu einem Unternehmen bei vollständiger Konkurrenz, das *Preisnehmer* ist: Es ist *Preisfixierer*.

Das vielleicht eindrücklichste Beispiel, wie ein Unternehmen einen Markt beherrschen kann, ist das von Microsoft auf dem Markt für Betriebssysteme. Microsoft produziert sein Betriebssystem Windows, dessen Anteil am Absatzmarkt für Desktop-Systeme (also ohne Tablet-PCs und Smartphones) 2020 rund 89 Prozent betrug (in erster Linie Windows 10 und Windows 7). Es gibt die Betriebssysteme anderer Unternehmen wie Apples iOS und die Open-Source-Betriebssysteme Linux und Android – aber Microsofts Windows beherrscht den Markt.

Wenn eine Person oder ein Unternehmen Windows auf seinem Rechner installieren will, hat es keine andere Wahl, als den Preis zu zahlen, den Microsoft für seine Produkte festgesetzt hat. Aufgrund seiner Fähigkeit, den Markt für Betriebssysteme zu kontrollieren, wird Microsoft als Monopolist auf dem Markt bezeichnet. Microsoft hat es geschafft, eine Marktmacht aufzubauen und zu sichern. Die Monopolstellung führt zu einem Verhalten, das sich von dem bisher beschriebenen Verhalten des Unternehmens bei vollständiger Konkurrenz unterscheidet.

Unvollständige Konkurrenz
Eine Situation, in der Unternehmen ihr Produkt auf irgendeine Weise von anderen Produkten abheben und somit Einfluss auf den Güterpreis nehmen können.

Marktanteil
Der Anteil am Absatzmarkt, der auf das jeweilige Unternehmen entfällt.

Marktstrukturen I: Monopol
Warum Monopole entstehen

Im vorliegenden Kapitel gehen wir der Bedeutung dieser Marktmacht des Monopolisten nach. Wir werden sehen, dass Marktmacht die Beziehung zwischen den Kosten eines Unternehmens und dem Preis, zu dem es sein Produkt auf dem Markt verkauft, verändert. Ein Unternehmen unter vollständiger Konkurrenz nimmt den Verkaufspreis als gegeben hin und passt dann nach der Regel »Grenzkosten gleich Preis« seine Angebotsmenge an. Im Gegensatz dazu liegt der vom Monopolisten gesetzte Preis über den Grenzkosten. Im Fall von Windows trifft dies ganz klar zu. Die Grenzkosten von Windows – die zusätzlichen Kosten, die Microsoft entstehen, wenn es eine zusätzlich Kopie von Windows auf eine CD brennt – betragen nur ein paar Euro. Wenn Microsoft das Betriebssystem – wie zumeist üblich – als Download zur Verfügung stellt, sind die Grenzkosten nahezu null. Der Marktpreis von Windows beträgt jedoch ein Vielfaches dieser Grenzkosten.

Vielleicht ist es gar nicht überraschend, dass Monopolisten hohe Preise für ihre Produkte verlangen. Die Kunden der Monopolisten scheinen keine andere Wahl zu haben, als zu bezahlen, was immer der Monopolist verlangt. Doch wenn dem so ist: Warum kostet dann eine Kopie von Windows nicht 1.000 Euro oder sogar 10.000 Euro? Der Grund liegt in dem Verhältnis von Preis und nachgefragter Menge. Bei zu hohem Preis wird weniger gekauft. Die Menschen würden Raubkopien verwenden oder auf Computer mit anderen Betriebssystemen (z. B. Apple) umsteigen. Monopolisten können nicht beliebig hohe Gewinne durch beliebig hohe Preise erreichen, weil hohe Preise die abgesetzte Menge vermindern. Obwohl der Monopolist den Preis seines Produkts steuern kann, ist sein Gewinn also nicht grenzenlos.

Wenn wir uns die Entscheidungen des Monopolisten zur Produktion und Preissetzung näher ansehen, beziehen wir die Auswirkungen von Monopolen auf die Gesellschaft mit ein. Wir gehen davon aus, dass Monopolisten ebenso wie Unternehmen im Wettbewerb das Ziel verfolgen, den Gewinn zu maximieren. Das Ziel hat jedoch bei beiden ganz unterschiedliche Konsequenzen.

11.2 Warum Monopole entstehen

Monopolist
Ein Unternehmen, das der Alleinanbieter eines Gutes ist, für das es keine nahen Substitute gibt.

Ein Unternehmen hält ein Monopol oder ist ein **Monopolist**, wenn es der Alleinanbieter eines Gutes ist, für das es keine nahen Substitute gibt. Während dies die exakte Definition ist, bezeichnet man umgangssprachlich ein Unternehmen als Monopol, wenn es der dominierende Anbieter in einem Markt ist und dadurch den Markt in einem bestimmten Umfang kontrollieren kann. In der folgenden Analyse werden wir jedoch immer davon ausgehen, dass nur ein Anbieter im Markt existiert.

Markteintrittsbarriere
Etwas, das ein Unternehmen davon abhält, in einen Markt oder eine Branche einzutreten.

Die wesentliche Ursache für Monopole sind Markteintrittsbarrieren. Eine **Markteintrittsbarriere** ist etwas, das ein Unternehmen davon abhält, in einen Markt oder eine Branche einzutreten. Erinnern Sie sich daran, dass wir bei unserer Analyse vollständiger Konkurrenz (Kapitel 5) angenommen haben, dass es für Unternehmen keine Markteintritts- und Marktaustrittsbarrieren gibt. Je höher die Markteintrittsbarriere, desto schwieriger ist es für ein Unternehmen, in einen Markt einzutreten und umso mehr Macht kann ein Unternehmen im Markt ausüben.

Ein Monopolist kann zum einzigen Anbieter auf dem Markt werden, wenn andere Unternehmen nicht in den Markt eintreten können, um mit ihm zu konkurrieren. Die Markteintrittsbarrieren wiederum haben vier Ursachen:
- Eine entscheidende Ressource ist Eigentum eines einzigen Unternehmens.
- Eine staatliche Lizenz gibt einem Unternehmen ein ausschließliches Produktionsrecht.
- Ein einzelner Produzent kann ein Gut viel effizienter herstellen als eine größere Zahl von Produzenten (natürliches Monopol).
- Ein Unternehmen ist in der Lage, andere Unternehmen zu übernehmen und folglich zu wachsen.

Betrachten wir die vier Faktoren näher.

Alleineigentum an einer entscheidenden Ressource

Am einfachsten entsteht ein Monopol dann, wenn ein einziges Unternehmen eine entscheidende Ressource allein besitzt. Betrachten wir beispielsweise den Markt für Mineralwasser in einer Kleinstadt. Gibt es in der Kleinstadt nur eine Wasserquelle und besteht keine Möglichkeit, das Mineralwasser aus einer anderen Stadt zu beziehen, dann besitzt der Eigentümer der Wasserquelle ein Monopol für Mineralwasser. Es ist nicht überraschend, dass ein Monopolist eine viel größere Marktmacht hat als ein Unternehmen im Wettbewerbsmarkt. Da die Einwohner auf Mineralwasser angewiesen sind, kann der Monopolist einen hohen Preis dafür verlangen, selbst wenn die Grenzkosten gering sind.

Obwohl das Alleineigentum an einer entscheidenden Ressource eine mögliche Ursache für Monopole ist, entstehen Monopole in der Praxis sehr selten aus diesem Grund. Die Volkswirtschaften sind heutzutage groß und die Ressourcen im Besitz vieler. Da viele Güter international gehandelt werden, ist der natürliche Umfang ihres Markts oft weltumfassend. Folglich gibt es wenige Beispiele von Unternehmen, die eine Produktionsressource besitzen, für die es kein nahes Substitut gibt.

Staatlich geschaffene Monopole

Oft entstehen Monopole auch dadurch, dass der Staat einzelnen Personen oder Unternehmen das alleinige Recht zuspricht, bestimmte Waren oder Dienstleistungen zu verkaufen. Die Entstehung der deutschen Tageszeitungen nach dem Zweiten Weltkrieg durch Lizenzen der Besatzungsmächte ist ein Beispiel hierfür. Gelegentlich entstehen Monopole auch durch den politischen Einfluss einer Person (oder eines Unternehmens), die gern Monopolist wäre. So gewährten beispielsweise die europäischen Könige Freunden und Verbündeten exklusive Handelsrechte, um Geld einzunehmen. Ein besonders teures Monopol war die alleinige Lizenz auf den Salzhandel in verschiedenen europäischen Regionen. Salz galt als besonders wertvolles Gut, das nicht nur

11.2 Marktstrukturen I: Monopol
Warum Monopole entstehen

zum Konservieren und Würzen von Speisen genutzt wurde, sondern auch als Zahlungsmittel.

In einigen Fällen wird vom Staat ein Monopol (vielleicht sogar für sich selbst) gewährt, da es aus staatlicher Sicht dem öffentlichen Interesse dient. Wichtige Beispiele für eine staatliche Monopolisierung im öffentlichen Interesse sind Patentrechte und Copyrights. Wenn ein Unternehmen aus der Pharmabranche ein neues Arzneimittel entwickelt hat, so kann es dafür ein Patent beantragen. Ist die zuständige Regierungsbehörde überzeugt, dass es sich wirklich um ein neues Produkt handelt, dann wird die Behörde dafür ein Patent vergeben. Dieses **Patent** erteilt dem Unternehmen für einen bestimmten Zeitraum (oftmals 20 Jahre) das alleinige Recht, das Produkt herzustellen und zu verkaufen. Ein Patent ist somit ein Mittel, Eigentumsrechte zu etablieren und durchzusetzen.

In ähnlicher Weise kann der Autor eines Buches für sein Werk ein Copyright beantragen. Mit dem **Copyright** erhält der Autor des Buches die Garantie, dass niemand das Buch vervielfältigen und verkaufen kann. Das Copyright schützt geistiges Eigentum, Ideen und geistige Werke, wie literarische und künstlerische Werke, Musikstücke, Kunst, Filmaufnahmen usw. Die Unterschiede des Copyright, das in Großbritannien gilt, zum deutschen Urheberrecht bestehen darin, dass das Copyright beantragt werden muss (das Urheberrecht nicht) und dass das Copyright vom geistigen Urheber auch auf weitere Personen übertragen werden kann. Durch das Copyright wird der Autor zum Monopolisten im Verkauf seiner Bücher und es ist ein Weg, das Recht am geistigen Eigentum nachzuweisen.

Die Auswirkungen von Patenten und Copyrights sind leicht zu erkennen. Da diese gesetzlichen Regelungen einem Produzenten ein Monopol verschaffen, kommt es zu höheren Preisen als im Wettbewerb. Dadurch, dass den Monopolisten ein höherer Preis und damit ein größerer Gewinn zugebilligt werden, fördern diese gesetzlichen Regelungen jedoch gleichzeitig ein wünschenswertes Verhalten. Unternehmen aus der Arzneimittelbranche erhalten ein Monopol auf ihre Arzneimittel, um auf diese Weise die Forschung nach neuen Arzneimitteln anzukurbeln. Schriftsteller dürfen zum Monopolisten werden, damit sie auch in Zukunft viele neue und gute Bücher schreiben.

Die gesetzlichen Regelungen zu Patenten und Copyrights verursachen damit Nutzen und Kosten. Die Nutzen von Patenten und Copyrights bestehen in einem stärkeren Anreiz für kreative Aktivitäten. Diese Vorteile werden zum Teil durch die Kosten eines (höheren) Monopolpreises kompensiert, wie wir im Verlauf dieses Kapitels noch erfahren werden.

Natürliche Monopole

In Kapitel 8 haben wir Clubgüter kennengelernt. Clubgüter sind definiert als Güter, die zwar dem Ausschlussprinzip unterliegen, bei denen jedoch keine Rivalität der Güternutzung besteht. Clubgüter sind ein Beispiel für ein natürliches Monopol. Von einem **natürlichen Monopol** spricht man, wenn ein einzelnes Unternehmen eine Ware oder Dienstleistung dem gesamten Markt zu niedrigeren Kosten bereitstellen kann, als zwei oder mehrere Unternehmen es könnten. Ein natürliches Monopol entsteht, wenn

---

Patent
Das für einen bestimmten Zeitraum zugesicherte Recht, ein Produkt allein herzustellen und zu verkaufen.

Copyright
Das alleinige Recht einer Person oder Organisation an der Idee bzw. dem geistigen Werk verbunden mit der Garantie, dass niemand dieses ohne Einwilligung des Copyrightinhabers kopieren und verkaufen darf.

Natürliches Monopol
Ein Monopol, das deshalb entsteht, weil ein einzelnes Unternehmen ein bestimmtes Gut für den gesamten Markt zu niedrigeren Kosten als zwei oder mehr Unternehmen produzieren kann.

11.2 Warum Monopole entstehen

zunehmende Skalenerträge für den gesamten relevanten Mengenbereich anfallen. Abbildung 11-1 zeigt die durchschnittlichen Gesamtkosten eines Unternehmens mit zunehmenden Skalenerträgen. In diesem Fall kann ein einziges Unternehmen jede beliebige Produktionsmenge zu den niedrigsten Kosten herstellen. Anders betrachtet würde man für jede beliebige Produktionsmenge bei einer größeren Zahl von Herstellern zu höheren durchschnittlichen Gesamtkosten und geringerer Produktionsmenge je Unternehmen kommen.

Ein Beispiel für ein natürliches Monopol ist die Verteilung von Wasser. Um den Bürgern einer Stadt Wasser zur Verfügung zu stellen, muss ein Unternehmen ein Leitungsnetz durch die Stadt verlegen. Wenn zwei oder mehr Anbieter um diese Dienstleistung konkurrieren würden, müsste jeder die Fixkosten für den Bau eines eigenen Leitungsnetzes aufbringen. Demnach sind die durchschnittlichen Gesamtkosten der Verteilung von Wasser dann am niedrigsten, wenn ein einzelnes Unternehmen den gesamten Markt bedient.

Wie erwähnt sind einige Güter – sogenannte Clubgüter – in ihrer Nutzung ausschließbar, aber nicht rivalisierend. Ein Beispiel ist eine wenig befahrene Brücke, bei der kein Stau entsteht. Die Brückennutzung unterliegt dem Ausschlussprinzip, weil man die Benutzung durch eine Zollkontrolle beschränken kann. Die Brückennutzung unterliegt jedoch nicht dem Rivalitätsprinzip, weil ein Nutzer nicht den Nutzen der anderen mindert. Da für die Brücke zwar sehr hohe Fixkosten, jedoch verschwindend geringe Grenzkosten für einen weiteren Nutzer anfallen, sinken die durchschnittlichen Gesamtkosten einer Überfahrt über die Brücke (Gesamtkosten dividiert durch

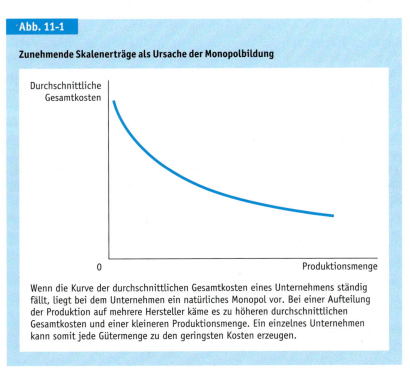

Abb. 11-1

Zunehmende Skalenerträge als Ursache der Monopolbildung

Wenn die Kurve der durchschnittlichen Gesamtkosten eines Unternehmens ständig fällt, liegt bei dem Unternehmen ein natürliches Monopol vor. Bei einer Aufteilung der Produktion auf mehrere Hersteller käme es zu höheren durchschnittlichen Gesamtkosten und einer kleineren Produktionsmenge. Ein einzelnes Unternehmen kann somit jede Gütermenge zu den geringsten Kosten erzeugen.

die Anzahl der Überfahrten) mit der Zunahme der Überfahrten beständig. Somit bildet die Brücke ein gutes Beispiel für ein natürliches Monopol.

Wenn ein Unternehmen ein natürliches Monopol hat, muss es sich wenig Sorgen darüber machen, ob neu in den Markt eintretende Unternehmen seine Monopolmacht gefährden könnten. Normalerweise hat ein Unternehmen Probleme damit, die Monopolmacht zu erhalten, wenn es nicht gerade durch das Eigentum an einer Schlüsselressource oder durch staatliche Protektion abgesichert ist. Der Monopolgewinn lockt nämlich neue Anbieter in den Markt und diese neuen Anbieter bewirken schrittweise mehr Wettbewerb. Im Gegensatz zur üblichen Marktlage bei einem Monopol ist der Eintritt für Newcomer bei einem natürlichen Monopol reizlos, denn sie wissen, dass sie unmöglich dieselben niedrigen Kosten erreichen können, derer sich der Monopolist erfreut, da nach dem Markteintritt jedes Unternehmen ein kleineres Stück vom Markt hätte.

In einigen Fällen ist die Größe des Markts ausschlaggebend dafür, ob ein natürliches Monopol vorliegen kann. Betrachten wir nochmals die Brücke über den Fluss. Bei geringer Bevölkerungszahl mag die Brücke ein natürliches Monopol schaffen. Eine einzige Brücke kann die gesamte Nachfrage nach Flussüberquerungen zu den niedrigsten Kosten bedienen. Wenn die Bevölkerung jedoch wächst und auf der Brücke zunehmend Staus entstehen, kann zur Befriedigung der gesamten Nachfrage nach und nach eine zweite und eine dritte Brücke über diesen Fluss notwendig werden. Auf diese Weise kann sich ein natürliches Monopol mit dem Wachstum des Markts in einen Konkurrenzmarkt verwandeln.

Externes Wachstum

Viele der größten Unternehmen der Welt sind durch Übernahmen von anderen Unternehmen oder durch den Zusammenschluss mit anderen Unternehmen gewachsen. Dadurch erhöht sich die Konzentration in einer bestimmten Branche; die Zahl der Unternehmen sinkt. Durch die Übernahme von anderen Unternehmen kann ein Unternehmen gegenüber Konkurrenten so stark werden, dass es am Ende Monopolmacht besitzt und neuen Unternehmen den Markteintritt erschwert. Aus diesem Grund wird die Übernahme von Unternehmen vom Staat überwacht und auf mögliche Auswirkungen auf den Wettbewerb hin überprüft. In Deutschland ist das Bundeskartellamt für die Kontrolle von Unternehmenszusammenschlüssen verantwortlich.

> **Kurztest**
> Wie lauten die vier Gründe für die Entstehung eines Monopolmarkts? Nennen Sie drei Beispiele für Monopole und geben Sie Begründungen dafür an.

11.3 Wie Monopole Produktions- und Preisentscheidungen treffen

Da wir nun wissen, wie Monopole entstehen, können wir uns den Fragen zuwenden, wie Monopolisten über die Produktionsmenge entscheiden und welchen Preis Monopolisten festsetzen. Die Untersuchung des Verhaltens von Monopolisten in diesem Abschnitt bildet den Ausgangspunkt der Überlegung, ob Monopole wünschenswert sind und welche wirtschaftspolitischen Maßnahmen für Monopolmärkte angezeigt sind.

Monopol versus Konkurrenz

Der Hauptunterschied zwischen einem Unternehmen bei vollständiger Konkurrenz (Polypolist) und einem Anbieter im Monopolmarkt besteht darin, dass der Monopolist den Preis seiner Produkte beeinflussen kann. Der Polypolist ist im Vergleich zum Marktvolumen relativ klein und nimmt daher den Preis als durch den Markt gegeben hin. Im Gegensatz dazu ist der Monopolist der Alleinanbieter im Markt, der den Marktpreis seines Produkts durch Variation seiner Angebotsmenge verändern kann.

Eine Möglichkeit, die Unterschiede zwischen Wettbewerbsunternehmen und Monopol näher zu untersuchen, besteht in einem Vergleich der Nachfragekurven, denen sie jeweils gegenüberstehen. Als wir die Gewinnmaximierung bei vollständiger Konkurrenz untersuchten, zeichneten wir den Marktpreis als eine waagerechte Linie. Da ein Unternehmen bei vollständiger Konkurrenz zum herrschenden Preis so viel oder so wenig verkaufen kann, wie es will, steht es vor einer waagerechten Nachfragekurve, wie wir sie in Diagramm (a) der Abbildung 11-2 sehen. Wenn das Unternehmen für sein Produkt einen Preis oberhalb P_0 verlangen würde, so verlöre es seinen kompletten Absatz an die Konkurrenz. Da ein Anbieter bei vollständiger Konkurrenz letztlich ein Produkt herstellt, zu dem es viele vollkommene Substitute gibt (nämlich die Produkte aller anderen Mitanbieter in diesem Markt), ist die Nachfragekurve aus der Sicht jedes einzelnen Unternehmens vollkommen elastisch.

Ganz anders verhält es sich für den Monopolisten. Da er der Alleinanbieter in seinem Markt ist, entspricht die Nachfrage nach seinem Gut der Marktnachfrage. Deshalb weist die Nachfragekurve für den Monopolisten – wie in Diagramm (b) der Abbildung 11-2 zu sehen ist – aus den bereits bekannten Gründen eine negative Steigung auf. Wenn der Monopolist den Preis des Gutes erhöht, kaufen die Konsumenten weniger. Andersherum betrachtet: Wenn der Monopolist die Verkaufsmenge reduziert, steigt der Preis seines Produkts an.

Die Marktnachfragekurve beschränkt die Möglichkeiten des Monopolisten, seine Marktmacht in Gewinn umzusetzen. Selbstverständlich würde es ein Monopolist vorziehen, einen hohen Preis zu verlangen und zu diesem hohen Preis eine große Menge zu verkaufen. Dem steht jedoch die Marktnachfragekurve im Weg. Die Marktnachfragekurve zeigt die für einen Monopolisten erreichbaren Preis-Mengen-Wertepaare an. Durch Fixierung einer bestimmten Menge (oder umgekehrt: Fixierung eines bestimmten Preises) kann der Monopolist jeden beliebigen Punkt auf der Nachfragekurve auswählen. Doch er vermag keine Punkte abseits der Marktnachfragekurve zu ver-

11.3 Marktstrukturen I: Monopol
Wie Monopole Produktions- und Preisentscheidungen treffen

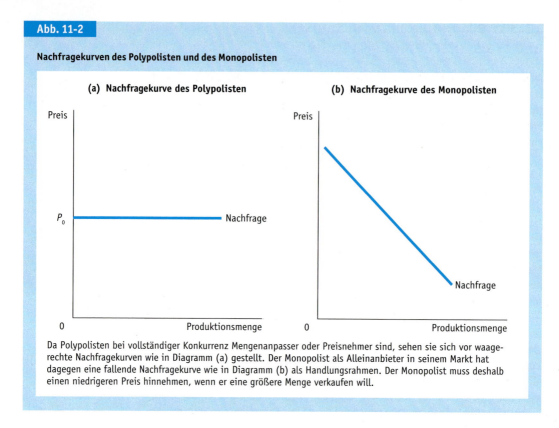

Abb. 11-2

Nachfragekurven des Polypolisten und des Monopolisten

Da Polypolisten bei vollständiger Konkurrenz Mengenanpasser oder Preisnehmer sind, sehen sie sich vor waagerechte Nachfragekurven wie in Diagramm (a) gestellt. Der Monopolist als Alleinanbieter in seinem Markt hat dagegen eine fallende Nachfragekurve wie in Diagramm (b) als Handlungsrahmen. Der Monopolist muss deshalb einen niedrigeren Preis hinnehmen, wenn er eine größere Menge verkaufen will.

wirklichen. Um Produktions- und Preisentscheidungen treffen zu können, ist es für den Monopolisten also entscheidend, zuerst die Marktnachfragekurve für sein Gut durch Marktforschung zu ermitteln.

Der Erlös eines Monopolisten

Nehmen wir wieder eine Stadt mit einem einzigen Wasserwerk. Die Tabelle 11-1 lässt erkennen, wie der Erlös dieses Monopolisten von der Menge des produzierten Wassers abhängen könnte.

Die ersten beiden Spalten zeigen Werte zur Nachfragekurve des Monopolisten. Wenn er einen Liter Trinkwasser herstellt, kann er diesen für 10 Euro verkaufen. Bei 2 Litern muss er beim Verkauf auf 9 Euro pro Liter heruntergehen. Wenn er 3 Liter produzieren und verkaufen will, senkt er den Preis auf 8 Euro usw. – ganz nach dem Bild der negativ geneigten Nachfragekurve (vgl. Abbildung 11-2 (b)).

Die dritte Spalte der Tabelle gibt den Gesamterlös (TR) des Monopolisten an (verkaufte Menge nach der ersten Tabellenspalte mal Preis nach der zweiten Tabellenspalte). In der vierten Spalte wird der Durchschnittserlös (AR) des Unternehmens

Tab. 11-1

Gesamterlös, Durchschnittserlös und Grenzerlös eines Monopolisten

Wassermenge (Liter) Q	Wasserpreis (€) P	Gesamterlös (€) TR = P × Q	Durchschnitterlös (€) AR = TR/Q	Grenzerlös (€) MR = ΔTR/ΔQ
0	11	0	–	
				10
1	10	10	10	
				8
2	9	18	9	
				6
3	8	24	8	
				4
4	7	28	7	
				2
5	6	30	6	
				0
6	5	30	5	
				−2
7	4	28	4	
				−4
8	3	24	3	

berechnet (Erlös nach Spalte drei pro verkaufte Mengeneinheit nach Spalte eins), der dem Preis des Gutes entspricht.

Die letzte Spalte der Tabelle 11-1 weist den Grenzerlös (MR) aus, d. h. den zusätzlichen Erlös des Unternehmens für jede zusätzlich verkaufte Mengeneinheit.

Diese Angabe in der Tabelle 11-1 ist besonders wichtig für das Verständnis des Verhaltens von Monopolisten: Der Grenzerlös eines Monopolisten ist stets geringer als der Preis des Gutes. Wenn das Unternehmen beispielsweise die Wasserproduktion von 3 auf 4 Liter erhöht, wird der Gesamterlös nur um 4 Euro steigen, obwohl jeder einzelne Liter für 7 Euro verkauft werden kann. Für einen Monopolisten ist der Grenzerlös deshalb niedriger als der Preis, weil für die Marktform des Monopols eine fallende Nachfragekurve gilt. Zur Steigerung der Absatzmenge muss der Monopolist den Preis senken. Deshalb wird der Monopolist beim Verkauf eines vierten Liters Wasser auch weniger für die drei zuvor produzierten und verkauften Mengeneinheiten erlösen.

Der Grenzerlös des Monopolisten entsteht ganz anders als der Grenzerlös des Polypolisten. Wenn ein Monopolist die produzierte und zum Verkauf angebotene Menge steigert, so hat das zweierlei Wirkungen auf den Gesamterlös ($P \times Q$):

- Einen Mengeneffekt: Da mehr verkauft wird, ist Q größer, was den Gesamterlös erhöht.
- Einen Preiseffekt: Da der Preis zurückgeht, ist P kleiner, was den Gesamterlös senkt.

Da ein Unternehmen bei vollständiger Konkurrenz davon ausgeht, dass es zum herrschenden Marktpreis beliebige Mengen verkaufen kann, gibt es im Wettbewerbsfall keinen Preiseffekt. Wenn das Unternehmen die Produktion um eine Einheit erhöht, erhält es dafür den Marktpreis – auch für die bereits zuvor für den Verkauf vorgesehenen Mengeneinheiten. Da der Polypolist ein Preisnehmer ist, entspricht sein Grenzerlös dem Preis des Gutes.

Wenn dagegen der Monopolist die Produktion um eine Mengeneinheit erhöht, muss er den Preis für die gesamte Menge senken, und diese Preissenkung reduziert den Erlös pro Stück bei allen Einheiten. Der Grenzerlös des Monopolisten ist also niedriger als der Preis.

Die Abbildung 11-3 zeigt die Nachfragekurve und die Grenzerlöskurve des Monopolisten aus unserem Beispiel, nämlich des Wasserwerks (vgl. Tabelle 11-1). (Da der Preis dem Durchschnittserlös des Unternehmens entspricht, ist die Nachfragekurve zugleich die Kurve des Durchschnittserlöses des Monopolisten.) Beide Kurven beginnen jeweils

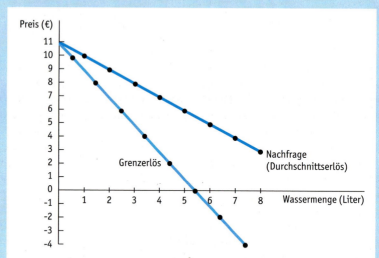

Abb. 11-3

Nachfragekurve und Grenzerlöskurve des Monopolisten

Die Nachfragekurve zeigt, wie die Menge den Preis des Gutes beeinflusst. Die Grenzerlöskurve zeigt dagegen, wie sich der Gesamterlös oder Umsatz des Unternehmens verändert, wenn die Menge um eine Einheit erhöht wird. Da beim Produktions- und Absatzanstieg des Monopolisten alle Einheiten zu einem niedrigeren Preis verkauft werden müssen, ist der Grenzerlös stets niedriger als der Preis.

im selben Punkt auf der senkrechten Achse, weil Grenzerlös und Durchschnittserlös der ersten Einheit stets gleich sind. Doch danach ist aus den zuvor erörterten Gründen der Grenzerlös des Monopolisten stets niedriger als der Preis des Gutes. Somit liegt die Grenzerlöskurve des Monopolisten unterhalb der Nachfragekurve.

Aus der Abbildung können Sie ebenso wie aus der Tabelle 11-1 entnehmen, dass der Grenzerlös sogar negativ werden kann. Der Grenzerlös ist dann negativ, wenn der Preiseffekt stärker auf den Gesamterlös wirkt als der Mengeneffekt. Wenn das Unternehmen in dieser Situation eine zusätzliche Einheit produziert, fällt der Preis so weit, dass daraus trotz höherer Absatzmenge eine Einbuße am Gesamterlös resultiert.

Gewinnmaximierung

Nachdem wir nun mit dem Umsatz des Monopolisten vertraut sind, können wir untersuchen, wie er seine Gewinne maximiert.

In Abbildung 11-4 sieht man die Nachfragekurve, die Grenzerlöskurve und die Kostenkurven für ein Monopolunternehmen. Diese Kurven enthalten alle Informationen, die wir benötigen, um bestimmen zu können, welche Produktionsmenge ein Monopolist zur Gewinnmaximierung wählen wird.

Zuerst unterstellen wir, dass das Unternehmen eine vergleichsweise niedrige Produktionsmenge Q_1 verwirklicht. In diesem Fall sind die Grenzkosten niedriger als der Grenzerlös. Wenn die Produktionsmenge um eine Einheit erhöht wird, übersteigt der zusätzliche Erlös die zusätzlichen Kosten und der Gewinn nimmt zu. Demnach kann das Unternehmen durch Ausdehnung der Produktion den Gewinn steigern, wenn und solange die Grenzkosten unter dem Grenzerlös liegen.

Eine ähnliche Argumentation gilt bei einer hohen Produktionsmenge wie Q_2. In diesem Fall sind die Grenzkosten höher als der Grenzerlös. Wenn das Unternehmen seine Produktionsmenge um eine Einheit senkt, ist die Kostenersparnis größer als die Erlöseinbuße. Demnach kann ein Unternehmen den Gewinn durch eine Senkung der Produktion steigern, wenn und solange die Grenzkosten höher sind als der Grenzerlös.

Schlussendlich passt das Unternehmen seine Produktion an, bis die Menge Q_{Max} erreicht ist, bei der Grenzerlös und Grenzkosten genau übereinstimmen. Die gewinnmaximierende Produktionsmenge des Monopolisten wird durch den Schnittpunkt von Grenzerlöskurve und Grenzkostenkurve bestimmt. In Abbildung 11-4 liegt der Schnittpunkt bei A.

Denken Sie daran zurück, dass auch die Unternehmen im Wettbewerb ihre Gewinne maximieren, wenn sie die Menge produzieren, bei der Grenzerlös (MR) und Grenzkosten (MC) übereinstimmen. Insofern besteht bei dieser Regel eine Gemeinsamkeit zwischen Monopolisten und Polypolisten. Jedoch gibt es auch einen wichtigen Unterschied zwischen beiden Typen von Unternehmen: Der Grenzerlös entspricht bei vollständiger Konkurrenz dem Preis, während der Grenzerlös im Monopolfall niedriger ist als der Preis. Somit gilt

für ein Unternehmen bei vollständiger Konkurrenz: $P = MR = MC$
für einen Monopolisten: $P > MR = MC$

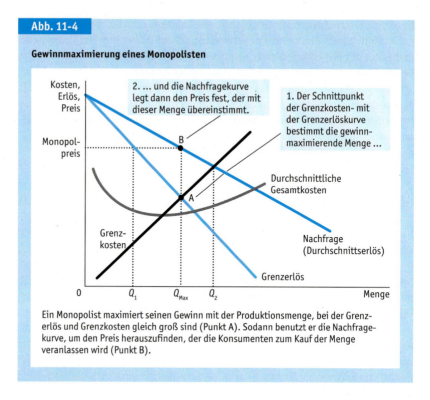

Abb. 11-4

Gewinnmaximierung eines Monopolisten

Ein Monopolist maximiert seinen Gewinn mit der Produktionsmenge, bei der Grenzerlös und Grenzkosten gleich groß sind (Punkt A). Sodann benutzt er die Nachfragekurve, um den Preis herauszufinden, der die Konsumenten zum Kauf der Menge veranlassen wird (Punkt B).

Die Übereinstimmung von Grenzerlös und Grenzkosten bei der gewinnmaximierenden Menge trifft für beide Unternehmen zu. Der Unterschied liegt im Größenverhältnis des Preises zum Grenzerlös und zu den Grenzkosten.

Der Monopolist findet den gewinnmaximierenden Preis für sein Produkt über die Nachfragekurve, denn diese setzt die Zahlungsbereitschaft der Konsumenten in Beziehung zur Absatzmenge. Sobald ein Monopolist die Produktionsmenge ermittelt hat, bei der Grenzerlös und Grenzkosten übereinstimmen, findet er mithilfe der Nachfragekurve den zur geplanten Absatzmenge passenden Preis. In Abbildung 11-4 liegt der gewinnmaximierende Preis in Punkt B.

Dies ist ein wesentlicher Unterschied zwischen Monopolmärkten und Wettbewerbsmärkten: Auf Wettbewerbsmärkten ist der Preis gleich den Grenzkosten. Auf Monopolmärkten übersteigt der Preis die Grenzkosten. Wir werden sehen, dass diese Erkenntnis entscheidend ist, um die mit einem Monopol verbundenen volkswirtschaftlichen Kosten zu verstehen.

Wie Monopole Produktions- und Preisentscheidungen treffen 11.3

Information

Warum Monopole keine Angebotskurve haben

Möglicherweise ist Ihnen aufgefallen, dass wir den Preis in einem Monopolmarkt mithilfe der Kurve der Marktnachfrage und der Grenzkostenkurve des Unternehmens analysiert haben. Eine Angebotskurve haben wir gar nicht erwähnt. Was ist mit der Angebotskurve passiert? Obwohl auch Monopole eine Entscheidung über ihre Angebotsmenge treffen, haben sie keine Angebotskurve. Eine Angebotskurve zeigt uns die Angebotsmenge, die ein Unternehmen bei einem gegebenen Preis wählt. Dieses Konzept ist sinnvoll, wenn wir Unternehmen bei vollständiger Konkurrenz analysieren, die Preisnehmer sind. Ein Monopol ist dagegen kein Preisnehmer, ein Monopol setzt den Preis. Es hat keinen Sinn, danach zu fragen, welche Menge ein Monopol bei einem bestimmten Preis anbieten würde, da der Monopolist den Preis in dem Augenblick festsetzt, in dem er auch seine Angebotsmenge wählt.

Tatsächlich ist die Angebotsentscheidung des Monopolisten untrennbar mit der Marktnachfragekurve verknüpft, der er sich gegenübersieht. Der Verlauf der Marktnachfragekurve definiert den Verlauf der Grenzerlöskurve, die ihrerseits die gewinnmaximierende Ausbringungsmenge des Monopolisten bestimmt. Auf einem Wettbewerbsmarkt kann die Angebotsentscheidung ohne Kenntnis der Nachfragekurve getroffen werden, jedoch nicht auf einem Monopolmarkt. Aus diesem Grund sprechen wir nie von einer Angebotskurve des Monopolisten.

Der Gewinn des Monopolisten

Um den Gewinn eines Monopolisten zu ermitteln, denken Sie daran, dass der Gewinn als Gesamterlös (TR) minus Gesamtkosten (TC) definiert ist:

Gewinn = $TR - TC$

Eine Umformung dieser Gleichung ergibt:

Gewinn = $(TR/Q - TC/Q) \times Q$

TR/Q ist der Durchschnittserlös, der dem Preis P entspricht, und TC/Q sind die durchschnittlichen Gesamtkosten (ATC). Somit gilt auch:

Gewinn = $(P - ATC) \times Q$

Diese Gewinngleichung, die selbstverständlich auch für Unternehmen bei vollständiger Konkurrenz gilt, ermöglicht eine geometrische Messung des Gewinns des Monopolisten im üblichen Entscheidungs- und Marktdiagramm. Betrachten Sie Abbildung 11-5. Der Gewinn entspricht hier der blauen Rechteckfläche.

Die Höhe des Rechtecks in Abbildung 11-5, die Strecke BC, ist der Preis minus durchschnittliche Gesamtkosten ($P - ATC$), also der Stückgewinn. Die Breite des Rechtecks, die Strecke DC, entspricht der Absatzmenge Q_{Max}. Gewinn pro Stück mal verkaufte Stückzahl ergibt den geometrisch abgebildeten Gesamtgewinn des Monopolisten.

Kurztest
Kann ein Monopolist für sein Gut sowohl den Preis als auch die Absatzmenge festlegen? Erläutern Sie warum bzw. warum nicht.

11.3 Marktstrukturen I: Monopol
Wie Monopole Produktions- und Preisentscheidungen treffen

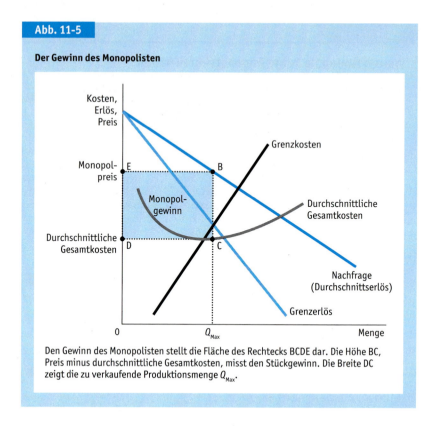

Abb. 11-5

Der Gewinn des Monopolisten

Den Gewinn des Monopolisten stellt die Fläche des Rechtecks BCDE dar. Die Höhe BC, Preis minus durchschnittliche Gesamtkosten, misst den Stückgewinn. Die Breite DC zeigt die zu verkaufende Produktionsmenge Q_{Max}.

Fallstudie

Arzneimittel mit Monopol- und Konkurrenzpreisen

Nach unserer vorangegangenen Analyse werden die Preise in Monopolmärkten und in Konkurrenzmärkten völlig unterschiedlich bestimmt. Ein geeigneter Markt, um diese Theorie anzuwenden, ist der Arzneimittelmarkt, denn hier existieren beide Marktformen nebeneinander. Durch den Patentschutz neuer Medikamente besteht ein Monopol auf deren Verkauf. Nach einer gewissen Zeit jedoch läuft dieser Patentschutz aus und jedes Unternehmen kann dieses Medikament herstellen und verkaufen; der Monopolmarkt verwandelt sich in einen Konkurrenzmarkt. Was geschieht in diesem Fall mit dem Preis?

Betrachten wir dazu Abbildung 11-6. Die Grenzkosten der Arzneimittelherstellung sind als konstant angenommen, was näherungsweise für zahlreiche Arzneimittel zutrifft. Während der Laufzeit des Patents maximiert der Monopolist seinen Gewinn aus dem Arzneimittelverkauf, indem er jene Menge produziert und anbietet, bei der Grenzkosten und Grenzerlös gleich sind. Theoretisch könnte er diese Menge »auf den Markt werfen« (Mengenfixierung) und dann den entsprechenden Preis erzielen. Praktisch jedoch muss er den potenziellen Käufern einen Angebotspreis nennen und in seinen Listen ausweisen, weshalb der Monopolist anhand der ihm durch Marktforschung bekannt gewordenen Nachfragekurve den zur Menge passenden Verkaufspreis ermittelt und festsetzt (Preisfixierung).

Mit dem Auslaufen des Patents werden andere Anbieter und Wettbewerber in den gewinnträchtigen Markt gelockt. Nach und nach wandelt sich der Monopolmarkt zu einem Konkurrenzmarkt und der Preis sinkt schließlich auf die Höhe der Grenzkosten ab. Die empirische Erfahrung deckt sich mit den Hypothesen der Theorie. Neben den bisherigen Markenartikel des Alleinanbieters treten pharmakologisch äquiva-

Fortsetzung auf Folgeseite

Fortsetzung von Vorseite

lente Generika anderer Hersteller. Seine komplette Marktmacht verliert der Monopolist eines Arzneimittels mit dem Ende des Patentschutzes jedoch nicht. Einige Käufer bleiben seiner Marke treu, weil sie sich über Jahre hinweg an den Namen des Produkts gewöhnt haben oder weil sie insgeheim die Qualität der Generika anzweifeln. Im Endeffekt kann der ehemalige Monopolist weiterhin einen Preis erzielen, der über dem Preis liegt, den die neuen Wettbewerber verlangen.

Abb. 11-6: Der Markt für Arzneimittel

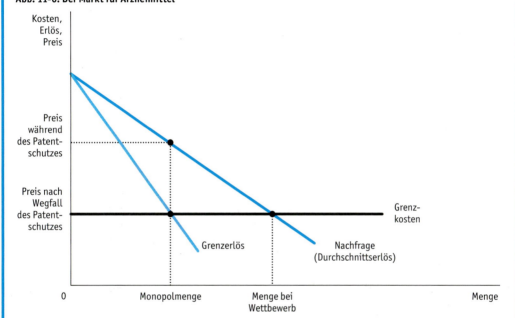

Solange der Hersteller über ein Patent verfügt und Alleinanbieter eines Arzneimittels ist, setzt er den deutlich über den Grenzkosten liegenden Monopolpreis fest. Nach dem Wegfall des Patentschutzes werden neue Anbieter in den Markt eintreten und für Wettbewerb sorgen. Deshalb wird der Preis schließlich auf die Grenzkosten absinken.

11.4 Wohlfahrtseinbußen durch Monopole

Ist ein Monopol eine gute Marktform oder nicht? Wir haben gesehen, dass ein Monopolist anders als ein Unternehmen im Wettbewerb einen Preis veranschlagt, der über den Grenzkosten liegt. Aus Sicht der Konsumenten kann ein Monopol also nicht wünschenswert sein. Für den Monopolisten bedeutet der hohe Preis jedoch hohe Gewinnmöglichkeiten. Vom Standpunkt der Eigentümer des Unternehmens macht der hohe Preis ein Monopol also sehr erstrebenswert. Ist es demnach möglich, dass der Nutzen für die Eigentümer von Monopolunternehmen die Kosten der Konsumenten übersteigt, sodass Monopole aus volkswirtschaftlicher Perspektive wünschenswert sind?

Wir können diese Frage beantworten, indem wir die Gesamtrente – die Summe aus Konsumentenrente und Produzentenrente – zur Wohlfahrtsmessung verwenden. Wir erinnern uns: Die Konsumentenrente entspricht der Zahlungsbereitschaft der Konsumenten minus des Preises, den sie tatsächlich bezahlen. Die Produzentenrente besteht im Erlös der Unternehmen minus ihrer Kosten für die Produktion. In unserem Fall haben wir einen einzigen Produzenten, den Monopolisten.

Wir haben festgestellt, dass das Marktgleichgewicht zwischen Angebot und Nachfrage auf dem Markt mit vollständiger Konkurrenz die Gesamtrente maximiert. Da ein Monopol zu einer anderen Allokation führt als der Markt bei vollständiger Konkurrenz, muss es das Wohlfahrtsmaximum auf irgendeine Art und Weise verfehlen.

Der Nettowohlfahrtsverlust

Da das Marktergebnis im Fall eines Monopols anders ist als bei vollständiger Konkurrenz, geht mit dem Monopol ein Nettowohlfahrtsverlust einher. Die Wohlfahrt beläuft sich auf den Nutzen der Güter für die Käufer oder Konsumenten abzüglich der Produktionskosten des Monopolunternehmens.

In Abbildung 11-7 zeigt die Nachfragekurve die Bewertung des Gutes durch die potenziellen Käufer, gemessen durch ihre Zahlungsbereitschaft. Die Grenzkostenkurve stellt die Kosten des Monopolisten dar. Die volkswirtschaftlich effiziente Menge oder das volkswirtschaftliche Optimum liegt im Schnittpunkt der Nachfragekurve und der Grenzkostenkurve. Bei einer niedrigeren Menge wäre der Nutzen für die Konsumenten höher als die Grenzkosten des Anbieters; die Gesamtrente ließe sich folglich durch eine Mengensteigerung erhöhen. Bei einer Menge oberhalb der volkswirtschaftlich effizienten Menge übersteigen die Grenzkosten den Wert für die Konsumenten; die Gesamtrente ließe sich in dem Fall durch eine Mengensenkung erhöhen.

Das effiziente Marktergebnis läge in dem Punkt, in dem die Nachfragekurve die Grenzkostenkurve schneidet, also wo $P = MC$. Da dieser Preis an die Konsumenten präzise Informationen über die Produktionskosten aussendet, würden die Konsumenten die effiziente Menge kaufen.

Der Monopolist wählt seine gewinnmaximierende Produktionsmenge, die gegeben ist, wenn sich die Grenzerlös- und die Grenzkostenkurve schneiden (Grenzerlös gleich Grenzkosten). Diese Menge entspricht jedoch nicht der volkswirtschaftlich effizienten Menge, die im Schnittpunkt von Nachfrage- und Grenzkostenkurve liegt (Nachfragepreis gleich Grenzkosten). Welche Mengenunterschiede dabei herauskommen, zeigt die Abbildung 11-8. Der Monopolist produziert demnach weniger als die volkswirtschaftlich effiziente Menge.

Wir können die Ineffizienz eines Monopols auch im Monopolpreis sehen. Da die Marktnachfragekurve eine gegenläufige Verknüpfung zwischen Menge und Preis festlegt, muss eine ineffizient niedrige Gütermenge mit einem ineffizient hohen Preis korreliert sein. Wenn ein Monopolist einen Preis über dem Niveau der Grenzkosten setzt, so werden einige potenzielle Konsumenten das Gut mit mehr als den Grenzkosten, aber doch mit weniger als dem Monopolpreis bewerten. Diese Konsumenten werden das Gut nicht kaufen. Weil der Wert des Gutes für die potenziellen Käufer höher

11.4 Wohlfahrtseinbußen durch Monopole

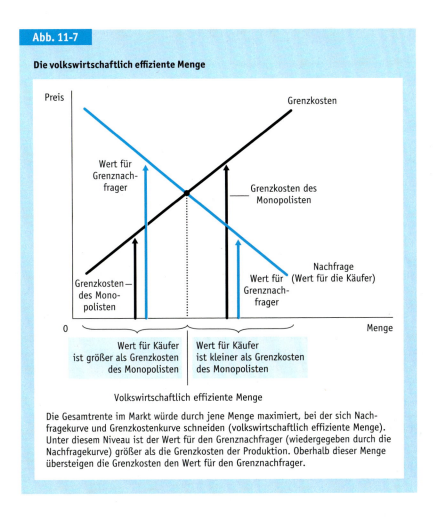

Abb. 11-7

Die volkswirtschaftlich effiziente Menge

Die Gesamtrente im Markt würde durch jene Menge maximiert, bei der sich Nachfragekurve und Grenzkostenkurve schneiden (volkswirtschaftlich effiziente Menge). Unter diesem Niveau ist der Wert für den Grenznachfrager (wiedergegeben durch die Nachfragekurve) größer als die Grenzkosten der Produktion. Oberhalb dieser Menge übersteigen die Grenzkosten den Wert für den Grenznachfrager.

ist als die Kosten der Gütererzeugung, ist dieses Marktergebnis ineffizient. Der Monopolpreis ist folglich die Ursache dafür, dass einige Kaufabschlüsse, die für beide Seiten vorteilhaft wären, nicht zustande kommen.

Abbildung 11-8 zeigt den Nettowohlfahrtsverlust. Denken Sie daran, dass die Nachfragekurve den Wert des Gutes für die potenziellen Käufer wiedergibt und die Grenzkostenkurve die Produktionskosten des Monopolisten. Folglich entspricht die Fläche des Dreiecks des Nettowohlfahrtsverlustes zwischen Nachfragekurve und Grenzkostenkurve dem Gesamtverlust, der durch den Monopolpreis entsteht.

Der vom Monopol ausgelöste Nettowohlfahrtsverlust ist ganz ähnlich dem von Steuern verursachten Nettowohlfahrtsverlust. Man kann es anschaulich so ausdrücken: Ein Monopolist wirkt wie ein privater Steuereintreiber. Auch der Monopolist treibt einen Keil zwischen die Zahlungsbereitschaft der Konsumenten (in Form der Nachfragekurve) und die Produktionskosten (in Form der Grenzkostenkurve). In beiden Fällen führt der Keil dazu, dass die im Marktgleichgewicht abgesetzte Menge nicht

11.4 Marktstrukturen I: Monopol
Wohlfahrtseinbußen durch Monopole

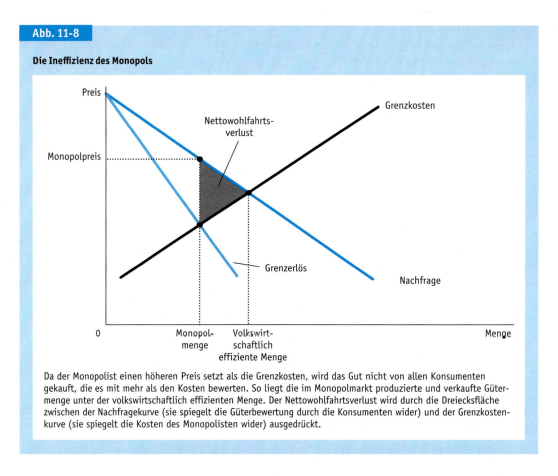

Abb. 11-8

Die Ineffizienz des Monopols

Da der Monopolist einen höheren Preis setzt als die Grenzkosten, wird das Gut nicht von allen Konsumenten gekauft, die es mit mehr als den Kosten bewerten. So liegt die im Monopolmarkt produzierte und verkaufte Gütermenge unter der volkswirtschaftlich effizienten Menge. Der Nettowohlfahrtsverlust wird durch die Dreiecksfläche zwischen der Nachfragekurve (sie spiegelt die Güterbewertung durch die Konsumenten wider) und der Grenzkostenkurve (sie spiegelt die Kosten des Monopolisten wider) ausgedrückt.

dem volkswirtschaftlichen Optimum entspricht. Der Unterschied besteht darin, dass der Staat die Steuereinnahmen erhält, während der Monopolist einen Monopolgewinn realisiert.

Der Monopolgewinn – ein Posten volkswirtschaftlicher Kosten?

Es besteht eine gewisse Versuchung, die Monopolisten als »Profiteure« zulasten der Allgemeinheit in Verruf zu bringen. Und tatsächlich streichen die Monopolisten ihre hohen Gewinne aufgrund ihrer Marktmacht ein. Die Analyse zeigt uns jedoch, dass der unternehmerische Gewinn an sich nicht notwendigerweise ein Problem für die Gesellschaft als Ganzes darstellt.

Wohlfahrt in einem monopolisierten Markt umschließt wie in jedem Markt die Wohlfahrt der beiden beteiligten Gruppen: Konsumenten und Produzenten. Sofern ein Konsument aufgrund der Monopolmacht einen Euro mehr an den Produzenten bezahlt, ist der Konsument um einen Euro schlechter und der Produzent um denselben Betrag besser gestellt als in einem Konkurrenzmarkt. Dieser Transfer von den Konsumenten zu den Produzenten des Gutes verändert jedoch nichts an der Gesamtrente des Markts – der Summe aus Konsumentenrente und Produzentenrente. Der Monopolgewinn macht den zu verteilenden Kuchen nicht kleiner; es fällt nur ein größeres Stück davon an den Produzenten und ein kleineres Stück an den Konsumenten. Ob die Konsumenten mehr erhalten sollen als die Produzenten, obliegt hingegen der Beurteilung durch die politischen Entscheidungsträger.

Das wirkliche Problem in einem monopolisierten Markt liegt darin, dass der Monopolist eine Gütermenge produziert und verkauft, die unter der Menge liegt, welche die Gesamtrente maximiert. Der Nettowohlfahrtsverlust misst, um wie viel der ökonomische Kuchen aufgrund dieser Situation kleiner wird. Diese Ineffizienz ist mit den hohen Preisen des Monopolisten verbunden: Die Konsumenten kaufen weniger Einheiten eines Gutes, wenn das Unternehmen dessen Preis höher setzt als die Grenzkosten der Produktion. Doch die Gewinne auf die immer noch verkauften Mengen bilden nicht das wirkliche Problem. Kern des Problems ist die ineffizient niedrige Verkaufsmenge. Anders gesagt, wenn der hohe Monopolpreis nicht einige Konsumenten vom Kauf abhielte, stiege lediglich die Produzentenrente um die Kürzung der Konsumentenrente an und die Gesamtrente bliebe auf ihrem volkswirtschaftlich effizienten Niveau.

Es gibt jedoch eine mögliche Ausnahme von dieser Schlussfolgerung. Nehmen wir an, ein Monopolist muss zur Aufrechterhaltung seiner Monopolstellung zusätzliche Kosten auf sich nehmen. Sie könnten bei einem staatlichen Privileg z. B. darin bestehen, dass man Lobbyisten bezahlen und auf die Abgeordneten ansetzen muss. In dem Fall werden diese Kosten einen Teil des Monopolgewinns aufzehren. Wenn dem so ist, errechnet sich die volkswirtschaftliche Wohlfahrtseinbuße durch das Monopol aus diesen Kosten zuzüglich des Nettowohlfahrtsverlustes, der aus dem über den Grenzkosten liegenden Monopolpreis resultiert.

> **Kurztest**
> Sollte es keine Übertragung von Monopolmacht an Unternehmen durch Markteintrittsbarrieren wie Patente geben, würde es dann Wettbewerbsunternehmen geben, die trotzdem Güter von gesamtgesellschaftlichem Nutzen produzieren – z. B. Medikamente? Und muss diese Überlegung bei der Messung des Nettowohlfahrtsverlustes durch Monopole berücksichtigt werden?

11.5 Preisdifferenzierung

Wir haben bisher unterstellt, dass der Monopolist von allen Kunden dieselben Preise fordert. In vielen Fällen jedoch versuchen die Unternehmen, das gleiche Gut an verschiedene Kunden zu unterschiedlichen Preisen zu verkaufen, obwohl die Produktionskosten immer dieselben sind. Diese Geschäftspraktik wird monopolistische **Preisdifferenzierung** genannt. Um Preisdifferenzierung zu betreiben, muss ein Unternehmen über eine gewisse Marktmacht verfügen.

Preisdifferenzierung
Die Geschäftspraktik, das gleiche Gut an verschiedene Kunden zu unterschiedlichen Preisen zu verkaufen.

Eine Parabel über die Preissetzung

Mit einem einfachen Beispiel wollen wir den Anreiz des Monopolisten zur Preisdifferenzierung veranschaulichen. Stellen Sie sich vor, Sie wären der Geschäftsführer oder die Geschäftsführerin der Verlagsgesellschaft Readalot GmbH. Die Bestsellerautorin von Readalot hat soeben ihren neuesten Roman abgeschlossen. Nehmen wir der Einfachheit halber an, Sie hätten der Autorin lumpige 2 Millionen Euro für die Exklusivrechte der Publikation gezahlt. Nehmen wir weiter an, die Druckkosten wären praktisch null. Der Gewinn der Readalot GmbH besteht also in dem Betrag, der von den künftigen Markterlösen aus dem Buchverkauf nach Abzug des Autorenhonorars verbleibt. Welchen Preis würden Sie für das Buch festsetzen?

Der erste Schritt zu dieser Preisentscheidung besteht in der Abschätzung der Nachfrage. Ihre Marketingabteilung sagt Ihnen, die Marktforschung hätte ergeben, dass das Buch zwei Lesertypen ansprechen wird: Erstens die etwa 100.000 eingeschworenen Fans der Autorin, die rund 30 Euro für das Buch bezahlen würden. Zweitens etwa 400.000 Durchschnittsleser, die das Buch bis zu einem Ladenpreis von etwa 5 Euro kaufen würden.

Welche Preise sind dazu geeignet, den Gewinn der Readalot GmbH zu maximieren? Selbstverständlich wird man zwei Preisen besondere Aufmerksamkeit widmen: 30 Euro ist der höchste Preis, bei dem Readalot die 100.000 Fans als Kunden gewinnen kann, und 5 Euro ist der höchste Preis, zu dem die Verlagsgesellschaft den gesamten Markt mit 500.000 potenziellen Käufern abschöpft. Zum Preis von 30 Euro werden also 100.000 Exemplare verkauft. Bei 2 Millionen Euro Autorenhonorar verbleibt in dem Fall vom Erlös noch ein Gewinn in Höhe von 1 Million Euro. Zum Preis von 5 Euro kann Readalot 500.000 Stück absetzen. Der Erlös von 2,5 Millionen Euro vermindert sich um 2 Millionen Euro Autorenhonorar, sodass dem Verlag ein Gewinn in Höhe von 500.000 Euro bleibt. Somit erreicht die Readalot GmbH ihre Gewinnmaximierung bei einem Preis von 30 Euro, zu dem 400.000 weniger enthusiastische Interessenten auf den Kauf verzichten werden.

Achten Sie darauf, dass die Preisentscheidung von Readalot einen Nettowohlfahrtsverlust mit sich bringt. Es gibt 400.000 Interessenten an dem Buch, die immerhin 5 Euro bezahlen würden, und die Grenzkosten ihrer Belieferung wären im gewählten Beispiel null. Mit der Setzung des höheren Preises gehen also 2 Millionen Euro von der Gesamtrente verloren. Dieser Nettowohlfahrtsverlust entspricht der üblichen Ineffizienz, die entsteht, wann immer der Monopolist einen Preis über seinen Grenzkosten verlangt.

Stellen Sie sich nun vor, die Marketingabteilung von Readalot macht eine wichtige Beobachtung: Die beiden Gruppen von Lesern befinden sich in unterschiedlichen, getrennten Märkten. Alle wirklichen Fans wohnen in Australien und die übrigen Leser leben in Deutschland. Wir gehen in diesem Beispiel davon aus, dass es für die geografisch entfernten Leser der beiden Länder schwierig und kostspielig ist, sich Bücher aus dem jeweils anderen Land zu beschaffen. Wie wird dieser Befund die Absatzüberlegungen der Readalot GmbH verändern?

Der Verlag kann mit unterschiedlichen Preisen einen noch höheren Gewinn erzielen als mit dem gewinnmaximierenden Einheitspreis von 30 Euro. Für die 100.000

australischen Leser kostet das Buch umgerechnet 30 Euro, für die 400.000 deutschen Leser kostet das Buch 5 Euro. Als Erlöse kommen 3 Millionen Euro in Australien und 2 Millionen Euro in Deutschland zusammen. Von dem Gesamterlös in Höhe von 5 Millionen Euro verbleiben nach Abzug von 2 Millionen Euro Honorar noch 3 Millionen an Gewinn. Der Gewinn ist nun um 2 Millionen Euro höher, als wenn das Unternehmen für alle Absatzmärkte den gleichen Preis gesetzt hätte. Es ist nicht verwunderlich, dass sich die Readalot GmbH zu dieser Strategie der Preisdifferenzierung entschließt.

Obwohl das Beispiel der Readalot GmbH konstruiert ist, beschreibt es zutreffend das Vorgehen vieler Verlagshäuser. So werden beispielsweise einige Lehrbücher in den USA und in Europa zu unterschiedlichen Preisen verkauft. Noch wichtiger ist die Preisdifferenzierung zwischen Hardcover- und Paperback-Buchausgaben. Wenn ein Verleger einen neuen Roman herausbringt, so zuerst als teurere Hardcover-Ausgabe für die eingeschworenen Fans (und Bibliotheken), die das Buch sofort nach der Veröffentlichung haben wollen. Die billigere Taschenbuchausgabe für alle übrigen Leser folgt später.

Die Moral von der Geschicht'

Wie jede Parabel ist die Geschichte der Readalot GmbH stilisiert. Doch wie jede Parabel vermittelt sie auch eine wichtige und allgemeingültige Einsicht. Hier werden dreierlei Lehrsätze über die Preisdifferenzierung aufgestellt. Die erste und ganz offensichtliche Lehre besteht darin, dass Preisdifferenzierung für einen gewinnmaximierenden Monopolisten eine rationale Strategie ist. Ein Monopolist kann seinen Gewinn steigern, indem er verschiedene Kunden mit unterschiedlichen Preisen zur Kasse bittet. Im Wesentlichen kann der Monopolist mit unterschiedlichen Preisen die unterschiedlichen Zahlungsbereitschaften der Kunden besser nutzen als mit einem Einheitspreis.

Eine zweite Lehre besteht darin, dass Preisdifferenzierung eine vorgegebene oder eine machbare Marktspaltung der Kunden nach ihrer Zahlungsbereitschaft voraussetzt. In unserem Beispiel war die Marktspaltung bereits geografisch vorgegeben. Doch manchmal folgen die Anbieter bei der Marktspaltung anderen Kriterien (z. B. Einkommen oder Alter). Energieversorger betreiben Preisdifferenzierung, indem sie zu Tageszeiten mit geringem Verbrauch einen anderen Preis veranschlagen als in Spitzenzeiten. Ähnlich machen es Bahngesellschaften, indem sie beispielsweise im Fernverkehr an den Wochenenden (ab Freitag), wenn die Züge in der Regel besonders voll sind, etwas höhere Ticketpreise verlangen als an Wochentagen, in denen die Züge leerer sind. Zu Stoßzeiten profitiert das Unternehmen von den höheren Verkaufspreisen der Bahnkarten, da Passagiere wenige Ausweichmöglichkeiten haben. Da die Kosten des Zugbetriebs in erster Linie Fixkosten sind und die Grenzkosten jedes weiteren Passagiers damit nahezu null, ist es hingegen an Tagen mit geringer Auslastung der Züge sinnvoll, zusätzliche Passagiere durch niedrigere Ticketpreise anzulocken und so den Gewinn zu steigern.

Mit der zweiten Lehre geht einher, dass bestimmte Marktkräfte Unternehmen an der Preisdifferenzierung hindern können. Eine dieser Marktkräfte ist **Arbitrage**. Hier-

Arbitrage
Der Einkauf des Gutes zum niedrigen Preis in einem Markt und der Wiederverkauf zum höheren Preis in einem anderen Markt, um so Gewinne aus der Preisdifferenz zu erzielen.

mit ist der Einkauf des Gutes zum niedrigen Preis in einem Markt und der Wiederverkauf zum höheren Preis in einem anderen Markt gemeint. Ziel der Arbitrage ist die Generierung von Gewinnen aus der Preisdifferenz.

Nehmen Sie an, dass in unserem Beispiel der Readalot GmbH das Unternehmen Australian Books Ltd. das Buch für 5 Euro in Deutschland kaufen könnte und es dann zu einem Preis von unter 30 Euro an australische Leser verkauft. Diese Arbitrage würde verhindern, dass die Readalot GmbH Preisdifferenzierung betreibt, da kein australischer Leser das Buch mehr für 30 Euro erwerben würde. Tatsächlich schränkt der wachsende Internethandel von Unternehmen wie Amazon die Möglichkeiten internationaler Preisdifferenzierung zunehmend ein. Günstigere Zugtickets haben hingegen oft eine Zugbindung und können somit nicht für andere (teurere) Reisezeiten genutzt werden. So wird Arbitrage unmöglich.

Die dritte Lehre aus unserer Parabel ist überraschend: Preisdifferenzierung steigert die gesamtwirtschaftliche Wohlfahrt. Denken Sie daran, dass 400.000 potenzielle Kunden beim Preis von 30 Euro leer ausgegangen sind, obwohl das Buch für sie einen Wert hat, der über den Grenzkosten der Produktion liegt. Wenn jedoch Readalot die vorgesehene Preisdifferenzierung durchführt, haben am Ende alle interessierten Leser ein Buch, und das Resultat ist effizient. Folglich kann Preisdifferenzierung die Ineffizienz beseitigen, die mit der Preissetzung des Monopolisten einhergeht.

Die Wohlfahrtssteigerung der Preisdifferenzierung zeigt sich eher in einer höheren Produzentenrente als in einer höheren Konsumentenrente. In unserem Beispiel sind die Käufer des Buches nicht besser gestellt: Der Preis, den sie zahlen, entspricht exakt ihrer Wertschätzung des Buches, sodass sie keine Konsumentenrente erhalten. Der gesamte Anstieg der Wohlfahrt fällt in unserem Beispiel der Readalot GmbH in Form höherer Gewinne zu.

Die Analyse der Preisdifferenzierung

Blicken wir nun ein wenig formeller auf die Preisdifferenzierung und ihre Wohlfahrtswirkungen. Wir beginnen mit der Annahme, dass der Monopolist den Preis vollständig differenzieren kann. **Vollständige Preisdifferenzierung** beschreibt eine Situation, in der ein Unternehmen die Zahlungsbereitschaft jedes einzelnen potenziellen Käufers genau kennt und durch einen individuell passenden Preis nutzen kann.

Auf diese Weise könnte der Monopolist die gesamte Konsumentenrente abschöpfen. Abbildung 11-9 zeigt Produzenten- und Konsumentenrente mit und ohne Preisdifferenzierung. Ohne Preisdifferenzierung setzt das Unternehmen – wie in Diagramm (a) zu sehen – einen Einheitspreis oberhalb der Grenzkosten fest. Da einige potenzielle Kunden, die das Gut höher als dessen Grenzkosten bewerten, es aufgrund des hohen Preises nicht kaufen können, verursacht der einheitliche Monopolpreis einen Nettowohlfahrtsverlust. Kann ein Unternehmen dagegen – wie in Diagramm (b) – den Preis vollständig nach einzelnen Kunden differenzieren, kauft jeder Einzelne zum Preis gleich Zahlungsbereitschaft. Alle wechselseitig Nutzen stiftenden Geschäfte werden getätigt, es entsteht kein Nettowohlfahrtsverlust und die Gesamtrente aus dem Markt geht als Gewinn an den Monopolisten.

Vollständige Preisdifferenzierung
Ein Unternehmen kennt die Zahlungsbereitschaft jedes einzelnen Kunden und nutzt sie durch einen individuell passenden Preis.

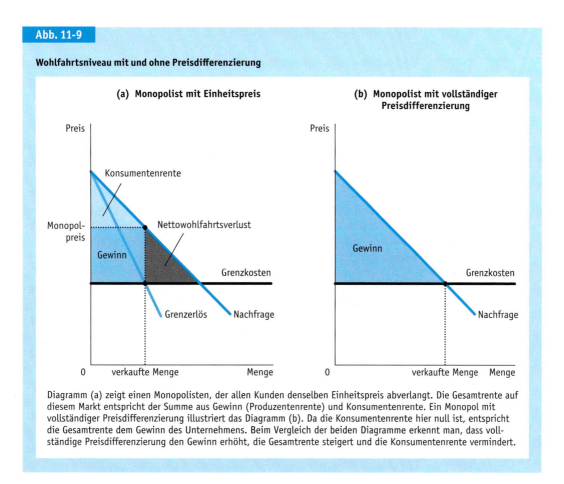

Abb. 11-9

Wohlfahrtsniveau mit und ohne Preisdifferenzierung

Diagramm (a) zeigt einen Monopolisten, der allen Kunden denselben Einheitspreis abverlangt. Die Gesamtrente auf diesem Markt entspricht der Summe aus Gewinn (Produzentenrente) und Konsumentenrente. Ein Monopol mit vollständiger Preisdifferenzierung illustriert das Diagramm (b). Da die Konsumentenrente hier null ist, entspricht die Gesamtrente dem Gewinn des Unternehmens. Beim Vergleich der beiden Diagramme erkennt man, dass vollständige Preisdifferenzierung den Gewinn erhöht, die Gesamtrente steigert und die Konsumentenrente vermindert.

In der Realität kann Preisdifferenzierung allerdings niemals vollständig gelingen. Kunden gehen nicht mit Schildern in die Geschäfte, die ihre Zahlungsbereitschaft angeben. Den Unternehmen kann Preisdifferenzierung nur durch Gruppierung der Kunden (Alte – Junge, Inländer – Ausländer, Werktagskäufer – Sonntagskäufer usw.) gelingen. Und selbst dann ist die Marktspaltung oft sehr schwer zu bewerkstelligen. Anders als in unserem Beispiel der Readalot GmbH wird die Zahlungsbereitschaft innerhalb jeder Kundengruppe differieren, was vollständige Preisdifferenzierung unmöglich macht.

Wie wirkt sich diese unvollständige Preisdifferenzierung auf das Wohlfahrtsniveau aus? Die Analyse ist ziemlich kompliziert und führt zu keiner allgemeingültigen Antwort. Anders als die Vorgehensweise des Monopolisten mit Setzung eines Einheitspreises kann die unvollständige Preisdifferenzierung – je nach den näheren Umständen – die Gesamtrente des Markts erhöhen, senken oder unverändert lassen. Die einzig verlässliche Schlussfolgerung ist, dass Preisdifferenzierung – wenn sie stattfindet – den Gewinn des Monopolisten erhöht.

Beispiele für Preisdifferenzierung

Unternehmen nutzen diverse Geschäftsstrategien, um von verschiedenen Kunden(-gruppen) unterschiedliche Preise verlangen zu können. Betrachten wir einige Beispiele:

Kinokarten. In vielen Kinos zahlen Schüler und Studierende einen geringeren Preis als andere Kinobesucher. Diese Tatsache lässt sich in einem Wettbewerbsmarkt nur schwer erklären, denn hier entspricht der Preis den Grenzkosten. Die Grenzkosten für die Bereitstellung eines Kinosessels für Schüler oder Studierende sind aber genauso hoch wie die Grenzkosten für die Bereitstellung eines Kinosessels für die übrigen Kinobesucher. Die Sache wird jedoch verständlich, wenn man berücksichtigt, dass viele Kinos über eine gewisse lokale Monopolmacht verfügen und Schüler und Studierende eine niedrigere Zahlungsbereitschaft haben. In diesem Fall können die Kinobesitzer ihren Gewinn durch Preisdifferenzierung erhöhen.

Flugtickets. Die Plätze in einem Flugzeug werden zu unterschiedlichen Preisen verkauft. So verlangen viele Fluggesellschaften für ein Hin- und Rückflugticket zwischen zwei Städten einen geringeren Preis, wenn in der Reisezeit eine Übernachtung von Samstag auf Sonntag eingeschlossen ist. Auf den ersten Blick erscheint dies merkwürdig. Warum sollte es eine Rolle spielen, ob der Fluggast eine Samstagnacht am Zielort verbringt? Die Erklärung ist einfach. Fluggesellschaften sind dadurch in der Lage, Geschäftsreisende von Privatreisenden zu unterscheiden. Ein Fluggast auf Geschäftsreise hat eine höhere Zahlungsbereitschaft und wird in der Regel vor Samstagabend zurückreisen wollen. Dagegen hat ein Privatreisender eine geringere Zahlungsbereitschaft und hat in seiner Reisezeit häufig ein Wochenende bzw. eine Übernachtung von Samstag auf Sonntag eingeschlossen. Auf diese Weise können Fluggesellschaften erfolgreich Preisdifferenzierung betreiben, indem sie von Fluggästen, in deren Reisezeit eine Übernachtung von Samstag auf Sonntag liegt, einen geringeren Preis verlangen.

Rabattcoupons. Viele Unternehmen bieten in Zeitungen und Zeitschriften Rabattcoupons an. Der Konsument muss nur den Coupon ausschneiden und erhält bei seinem nächsten Einkauf einen Rabatt – z. B. von 50 Cent. Warum bieten Unternehmen diese Coupons an und senken nicht einfach den Preis des Produkts um 50 Cent? Die Antwort ist, dass die Coupons es den Unternehmen ermöglichen, Preisdifferenzierung zu betreiben. Die Unternehmen sind sich bewusst, dass nicht alle Konsumenten bereit sind, Zeit dafür zu opfern, Coupons aus Zeitungen auszuschneiden. Außerdem gibt es zwischen der Bereitschaft, Coupons auszuschneiden und zu sammeln, und der Zahlungsbereitschaft der Konsumenten einen engen Zusammenhang. Ein wohlhabender und viel beschäftigter Geschäftsmann wird kaum Zeit dafür opfern, Coupons aus der Zeitung auszuschneiden und stattdessen lieber einen höheren Preis zahlen. Ein Arbeitsloser hat eine deutlich geringere Zahlungsbereitschaft und wird wahrscheinlich eher Coupons sammeln. Indem das Unternehmen nur den Kunden einen

Rabatt einräumt, welche die Coupons ausschneiden, kann es erfolgreich Preisdifferenzierung betreiben.

Mengenrabatte. In unseren bisherigen Beispielen zur Preisdifferenzierung haben Monopolisten von verschiedenen Kunden(-gruppen) unterschiedliche Preise verlangt. In manchen Fällen betreiben Monopolisten jedoch auch Preisdifferenzierung, indem sie allen Kunden in Abhängigkeit der gekauften Menge einen (gleichen) Rabatt einräumen. So könnte ein Donut-Geschäft für einen Donut 1,50 Euro verlangen, 10 Stück aber zum Preis von 10 Euro verkaufen. Auch das ist eine Form der Preisdifferenzierung, weil der Kunde für den ersten Donut einen anderen Preis bezahlt als für den zehnten. Mengenrabatte stellen in der Regel eine erfolgreiche Möglichkeit zur Preisdifferenzierung dar, da die Zahlungsbereitschaft des Kunden für jede zusätzliche Einheit abnimmt, je mehr Einheiten er kauft.

> **Kurztest**
> Nennen Sie zwei Beispiele für Preisdifferenzierung. Auf welche Weise beeinflusst vollständige Preisdifferenzierung die Konsumentenrente, die Produzentenrente und die Gesamtrente?

11.6 Wirtschaftspolitische Maßnahmen gegen Monopole

Wir haben gesehen, dass Monopole, verglichen mit Wettbewerbsunternehmen, die Ressourcen nicht effizient zuteilen. Monopolisten produzieren weniger als gesellschaftlich wünschenswert ist und sie verlangen in der Folge Preise über den Grenzkosten. Dem Monopolproblem können Wirtschaftspolitiker begegnen:
- mit dem Versuch, den Wettbewerb in Monopolmärkten zu intensivieren,
- mit Verhaltensvorschriften für Monopolisten,
- mit der Umwandlung privater Monopole in staatliche Unternehmen,
- mit Nichtstun.

Maßnahmen zur Intensivierung des Wettbewerbs

Alle Industrieländer haben rechtliche Regelwerke und Strukturen etabliert, um Zusammenschlüsse oder sonstige marktbeschränkende Aktivitäten von Unternehmen mit Marktmacht zu verhindern. Dies wird, je nachdem in welchem Land man sich befindet, als Kartellrecht bzw. Kartellpolitik oder als Wettbewerbsrecht bzw. Wettbewerbspolitik bezeichnet. Diese Gesetze eröffnen Regierungen verschiedene Möglichkeiten, den Wettbewerb zu schützen. In Deutschland geschieht dies im Rahmen des Gesetzes gegen Wettbewerbsbeschränkungen (GWB) von 1958. Für die Umsetzung der Gesetze sind in jedem Land des Euroraums spezielle Wettbewerbsbehörden zuständig; in Deutschland ist es das Bundeskartellamt. Im Rahmen des Europäi-

11.6 Marktstrukturen I: Monopol
Wirtschaftspolitische Maßnahmen gegen Monopole

schen Wettbewerbsnetzes (European Competition Network, ECN) kooperieren diese nationalen Wettbewerbsbehörden untereinander sowie mit der Generaldirektion Wettbewerb (GD COMP) innerhalb der Europäischen Kommission. Informationen werden ausgetauscht und Aktivitäten koordiniert, um besonders vor dem Hintergrund der mit der EU-Erweiterung gestiegenen Anzahl grenzüberschreitender Geschäftsaktivitäten die Einhaltung des EU-Wettbewerbsrechts in allen Mitgliedstaaten zu gewährleisten. Die Länder des Euroraums sind in ihrer wettbewerbsrechtlichen Gesetzgebung zwar grundsätzlich frei, müssen diese jedoch mit herrschendem EU-Wettbewerbsrecht synchronisieren. Bei geplanten grenzüberscheitenden Zusammenschlüssen von Unternehmen im Euroraum sind – je nach Rahmenbedingungen – nationale oder europäische Wettbewerbsbehörden zuständig. Treffen bestimmte, streng definierte Kriterien (z. B. die Umsatzhöhe der beteiligten Unternehmen) auf den Fusionsfall zu, so ist ausschließlich die Europäische Kommission zuständig. Das EU-Wettbewerbsrecht regelt im Kern die folgenden drei Bereiche:

- Maßnahmen gegen Kartelle und Praktiken, die den Freihandel beschränken
- Verbot von wettbewerbsbeschränkenden Preisstrategien (z. B. Preisdumping oder Wucherpreise) und Absprachen zwischen Unternehmen (z. B. über die Aufteilung von Absatzmärkten oder vorsätzliche Produktionseinschränkungen),
- Überwachung und Kontrolle von Unternehmensübernahmen und Joint Ventures.

Die Gesetzgebung erlaubt es den Wettbewerbsbehörden, Unternehmen, denen wettbewerbswidriges Verhalten nachgewiesen wurde, eine Geldstrafe aufzuerlegen, Maßnahmen zur Einstellung des wettbewerbsbeschränkenden Verhaltens anzuordnen oder eine geplante Fusion zu untersagen. Im Fall geplanter Fusionen prüfen die Wettbewerbsbehörden unabhängig von der Größe der beteiligten Unternehmen jedoch auch, ob der Unternehmenszusammenschluss gegebenenfalls im öffentlichen Interesse ist. Denn nicht immer wollen Unternehmen mit einer Fusion den Wettbewerb beschränken. Es geht ihnen stattdessen manchmal nur darum, durch effizientere gemeinsame Produktion ihre Kosten zu senken. Dies wird als Heben von Synergien bezeichnet. **Synergien** sind der Nutzen, der aus den zusammengeführten Prozessen resultiert und der von den Unternehmen vor dem Zusammenschluss nicht generiert werden konnte.

Die Wettbewerbsbehörden unterstützen die Regierungen dabei, zu entscheiden, ob ein Unternehmenszusammenschluss erstrebenswert ist oder nicht. Das bedeutet, dass der volkswirtschaftliche Nutzen der Synergien und die volkswirtschaftlichen Kosten des verringerten Wettbewerbs im Markt gegeneinander abgewogen werden müssen.

In Deutschland müssen Zusammenschlüsse von Unternehmen bestimmter Größenordnungen nach dem GWB beim Bundeskartellamt angemeldet oder angezeigt werden. Das Kartellamt prüft dann, ob ein vorgesehener Zusammenschluss zur Entstehung oder Verstärkung einer marktbeherrschenden Stellung auf einem nationalen Markt führt. Dabei ist der relevante Markt abzugrenzen, und es sind bestehende Verflechtungen zu analysieren. Die Möglichkeit einer marktbeherrschenden Stellung sowie fusionsbedingter Verschlechterungen der Wettbewerbsbedingungen gilt es vor dem Kartellamt zu widerlegen.

Synergien
Der Nutzen, der aus den zusammengeführten Prozessen resultiert und der von den Unternehmen vor dem Zusammenschluss nicht generiert werden konnte.

Je nach Prüfungsresultat wird der Zusammenschluss von der Regierung erlaubt oder verboten. Dabei kann die Regierung auch entgegen des Prüfungsresultats des Bundeskartellamts entscheiden. Wird ein vorgesehener Zusammenschluss in Deutschland vom Bundeskartellamt untersagt, so kann ein Antrag auf Ministererlaubnis gestellt werden. Dann trifft der Bundeswirtschaftsminister die Entscheidung nach Abwägung fusionsbedingter Wettbewerbseffekte und »gesamtwirtschaftlicher Vorteile« der Fusion. Ein bekanntes Fallbeispiel für eine sogenannte Ministererlaubnis ist der Zusammenschluss von Eon und Ruhrgas im Jahr 2003, ein weiteres der Kauf von Kaiser's Tengelmann durch Edeka im Jahr 2017.

Regulierung

Eine weitere Methode, mit der Regierungen auf die Problematik der Monopole reagieren, ist die Regulierung monopolistischen Verhaltens. Besonders im Fall natürlicher Monopole wie Wasser-, Gas- und Stromversorger ist diese Lösung üblich. Diesen Unternehmen ist es nicht gestattet, beliebig hohe Preise zu verlangen.

Welchen Preis soll der Staat im Fall eines natürlichen Monopols setzen? Die Frage ist gar nicht einfach zu beantworten. Einige würden vorschlagen, dafür die Grenzkosten des Monopolisten heranzuziehen. Wenn der Preis den Grenzkosten entspricht, werden die Konsumenten genau die Absatzmenge des Monopolisten kaufen, welche die Gesamtrente maximiert; die Ressourcenallokation ist folglich also effizient.

Es liegen jedoch zwei praktische Einwände gegen eine Regulierung über eine Grenzkosten-Preissetzung vor. Der erste ist in Abbildung 11-10 dargestellt. Natürliche Monopole haben definitionsgemäß sinkende durchschnittliche Gesamtkosten. In diesem Fall liegen die Grenzkosten unter den durchschnittlichen Gesamtkosten. Wenn man nun eine Preissetzung in Höhe der Grenzkosten verlangen würde, so läge der Preis also unter den durchschnittlichen Gesamtkosten und das Unternehmen würde Verluste machen. Anstatt solch einen Preis zu akzeptieren, würde das Monopolunternehmen aus dem Markt ausscheiden.

Die Regulierungsbehörden können auf dieses Problem auf zweierlei Weise reagieren, die jedoch beide Nachteile haben. Zunächst einmal könnte der Staat die aus der Grenzkosten-Preissetzung entstehenden Verluste per Subventionierung übernehmen. Dafür müssten jedoch Steuern erhoben werden, die ihre eigenen Nettowohlfahrtsverluste verursachen. Eine andere Möglichkeit bestünde darin, dem Monopolisten die Preissetzung in Höhe seiner durchschnittlichen Gesamtkosten zu gestatten. Aber auch eine Preissetzung in Höhe der durchschnittlichen Gesamtkosten führt zu Nettowohlfahrtsverlusten, weil der Preis des Monopolisten nicht die Grenzkosten der Produktion widerspiegelt. Letztendlich wirkt eine Preissetzung in Höhe der durchschnittlichen Gesamtkosten wie eine Steuer auf das Gut, das der Monopolist verkauft.

Der zweite Einwand gegen eine Preissetzung in Höhe der Grenzkosten (ebenso wie in Höhe der durchschnittlichen Gesamtkosten) lautet, dass der Monopolist dabei keine Anreize zur Kostensenkung hat. Jedes Unternehmen in Wettbewerbsmärkten strebt mit Prozessinnovationen nach Kostensenkungen, weil auf diese Weise der Gewinn steigt. Wenn jedoch ein Monopolist unter Regulierungsbedingungen weiß,

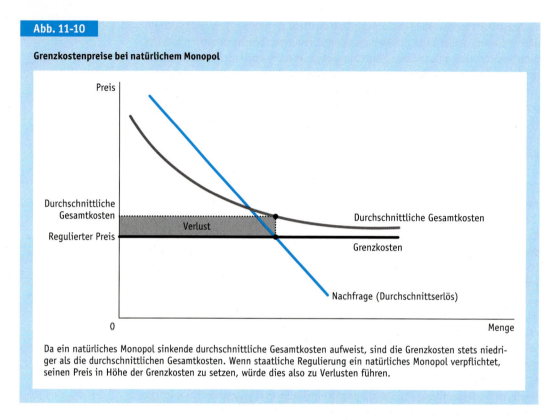

Abb. 11-10

Grenzkostenpreise bei natürlichem Monopol

Da ein natürliches Monopol sinkende durchschnittliche Gesamtkosten aufweist, sind die Grenzkosten stets niedriger als die durchschnittlichen Gesamtkosten. Wenn staatliche Regulierung ein natürliches Monopol verpflichtet, seinen Preis in Höhe der Grenzkosten zu setzen, würde dies also zu Verlusten führen.

dass er bei Kostensenkungen zu Preissenkungen verpflichtet ist, hat er nichts von den Rationalisierungserfolgen. In der Praxis wird dieses Problem in der Weise gelöst, dass die Behörden dem Monopolisten eine gewisse Gewinnspanne per Einzelfallentscheidung belassen. Eine durchgängige regelgebundene Anwendung des Grenzkostenprinzips oder des Prinzips der durchschnittlichen Gesamtkosten für die Preissetzung ist unzweckmäßig.

Verstaatlichung

Ein dritter Weg, mit privaten Monopolen umzugehen, besteht darin, sie in Staatsbesitz zu überführen. Anstatt ein natürliches Monopol zu regulieren, betreibt es der Staat einfach selbst. Man nennt dies Verstaatlichung. Diese Methode ist in vielen europäischen Ländern verbreitet, wo der Staat selbst Unternehmen zur Wasser-, Gas- und Stromversorgung, im Bereich der Telekommunikation oder des Schienenverkehrs betreibt.

Die Schlüsselfrage dabei ist, ob und wie das Eigentum an dem Unternehmen die Kosten der Produktion beeinflusst. Private Eigentümer haben einen ständigen Antrieb zur Kostenminimierung, solange sich daraus Gewinnsteigerungen ergeben. Wenn das Spitzenmanagement dabei versagt, die Kosten zu senken, wird es auf Betreiben der

Eigentümer entlassen. Im Gegensatz dazu trifft das Versagen von Bürokraten die Kunden und Steuerzahler, die ihre Wiedergutmachungsforderung einzig an das politische System stellen können. Die leitenden Mitarbeiter des öffentlichen Dienstes könnten unversehens zu einer besonderen Interessengruppe werden, die sich allen Reformen zur Kostensenkung widersetzt. Einfach ausgedrückt wird der Stimmzettel der Wähler als Sicherung guter Unternehmensleitung weniger verlässlich sein als das Profitmotiv.

Nichtstun

Jede der bisher erörterten politischen Maßnahmen gegen das Monopolproblem hat Nachteile und Schattenseiten. Daher treten einige Volkswirte dafür ein, dass der Staat gar nicht erst den Versuch unternimmt, die Ineffizienzen der Monopolpreise zu beheben. So stellte beispielsweise George Stigler (1911–1991), Nobelpreisträger und einer der Vordenker der Public-Choice-Theorie, in der *Fortune Encyclopedia of Economics* fest: »Ein berühmter Lehrsatz der Volkswirtschaftslehre besagt, dass eine freie Marktwirtschaft aus einer gegebenen Menge von Ressourcen das größtmögliche Einkommen hervorbringen wird. Keine reale Volkswirtschaft entspricht vollständig den Bedingungen dieses Lehrsatzes, und alle Volkswirtschaften werden hinter dem Idealbild zurückbleiben – ein Unterschied, der ›Marktversagen‹ genannt wird. Aus meiner Sicht ist jedoch das ›Marktversagen‹ der US-amerikanischen Volkswirtschaft bei weitem geringer als das ›Politikversagen‹, das den Unzulänglichkeiten wirtschaftspolitischer Maßnahmen in realen politischen Systemen entspringt.«

Dieses Zitat macht deutlich, dass, wenn man eruieren will, welche Rolle die Regierung in der Wirtschaft einnehmen sollte, sowohl politische als auch ökonomische Abwägungen notwendig sind. Dabei müssen Aspekte des möglichen Staatsversagens berücksichtigt werden, wie wir sie in Kapitel 9 kennengelernt haben.

> **Kurztest**
> Beschreiben Sie die möglichen Vorgehensweisen der Wirtschaftspolitik gegen die von Monopolen verursachten Ineffizienzen. Führen Sie jeweils ein möglicherweise damit verbundenes Problem an.

11.7 Fazit

In diesem Kapitel haben wir die Verhaltensweisen von Unternehmen analysiert, die ihre Preise mehr oder weniger stark beeinflussen können. Wir haben gesehen, dass sich diese Unternehmen anders verhalten als Unternehmen auf Wettbewerbsmärkten. Tabelle 11-2 stellt einige Gemeinsamkeiten und Unterschiede zwischen Monopol- und Wettbewerbsmärkten dar.

Entscheidend für die Politik ist, dass Monopole weniger als die volkswirtschaftlich effizienten Mengen produzieren und Preise über den Grenzkosten festsetzen, sodass es zu Nettowohlfahrtsverlusten kommt. In einigen Fällen können diese Ineffizienzen

Tab. 11-2

Vergleich zwischen Monopol und vollständiger Konkurrenz

	Vollständige Konkurrenz	Monopol
Gemeinsamkeiten		
Unternehmensziel	Gewinnmaximierung	Gewinnmaximierung
Maximierungsregel	Grenzerlös (MR) = Grenzkosten (MC)	Grenzerlös (MR) = Grenzkosten (MC)
Möglichkeit zur kurzfristigen Gewinnerzielung	ja	ja
Unterschiede		
Anzahl der Unternehmen	viele	eins
Grenzerlös	Grenzerlös (MR) = Preis (P)	Grenzerlös (MR) < Preis (P)
Preis	Preis (P) = Grenzkosten (MR)	Preis (P) > Grenzkosten (MC)
Entspricht die Produktionsmenge dem volkswirtschaftlichen Optimum?	ja	nein
Langfristiger Markteintritt	ja	nein
Möglichkeit zur langfristigen Gewinnerzielung	nein	ja
Möglichkeit zur Preisdifferenzierung	nein	ja

durch Preisdifferenzierung des Monopolisten abgemildert werden. Manchmal sind jedoch aktive Eingriffe der Politik notwendig.

Wie relevant sind die mit Monopolen verbundenen Probleme? Auf diese Frage gibt es zwei Antworten: Zunächst sind Monopole weit verbreitet. Die meisten Unternehmen verfügen über gewisse preisstrategische Möglichkeiten, da ihre Güter nicht ganz den Gütern entsprechen, die von anderen Unternehmen angeboten werden. Ein VW Beetle ist nicht das Gleiche wie ein Audi A3. Langnese-Eis schmeckt anders als Eis von Mövenpick. Jedes dieser Güter hat eine fallende Nachfragekurve, die dem Produzenten eine gewisse Monopolmacht gibt.

Echte Monopole mit wirklich großer Marktmacht sind jedoch selten. In erster Linie hängt dies wohl damit zusammen, dass sich Substitute finden lassen und die Nachfrager demzufolge bei hohen Preisen einfach andere Güter kaufen.

Letzten Endes ist Monopolmacht keine »Ja oder nein«-Frage, sondern eine Frage des Ausmaßes. Sicherlich verfügen einige Unternehmen über eine gewisse Monopolmacht, aber gleichzeitig ist die Monopolmacht dieser Unternehmen begrenzt.

Aus der Praxis

Missbrauch der Monopolmacht durch Google

Im Juli 2018 verhängte die Europäische Kommission eine Kartellstrafe in Höhe von 4,34 Milliarden Euro gegen Google wegen »Missbrauch der Marktmacht bei Android-Mobilgeräten«. Konkret wurde dem Unternehmen vorgeworfen, durch sein Betriebssystem Android die Monopolstellung seiner Suchmaschine zu festigen. So wurden Endgerätehersteller, die den Play Store von Google nutzen wollten, verpflichtet, im Gegenzug die Google-Suche-App sowie den Google-eigenen Browser Chrome vorzuinstallieren. Außerdem wurden Hersteller und Mobilfunkbetreiber mit erheblichen finanziellen Anreizen gelockt, wenn sie ausschließlich die Google-Suche auf ihren Geräten vorinstallieren. Doch damit nicht genug: Alle Endgerätehersteller, die Android-Anwendungen wie den Play Store oder die Google-Suche nutzen wollten, mussten sich darüber hinaus verpflichten, auf keinem einzigen der von ihnen produzierten und verkauften Geräte eine alternative, von Google nicht genehmigte Android-Version (Android-Fork) zu installieren.

Die EU Kommission sah hierin wettbewerbswidriges Verhalten. Drei Vorwürfe wurden formuliert:

1. Illegale Kopplung der Vorinstallation des Google Play Store mit den Apps Google Suche und Google Chrome;
2. Illegale, an die exklusive Vorinstallation der Google-Suche geknüpfte Zahlungen und
3. Illegale Behinderung der Entwicklung und des Vertriebs konkurrierender Android-Betriebssysteme (Android-Forks).

Da der Anteil von Android am weltweiten Markt für mobile Betriebssysteme bei 80 Prozent liegt, würden, so die EU-Kommission, solche Geschäftspraktiken Wettbewerb und Innovation verhindern.

EU-Wettbewerbskommissarin Margrethe Vestager sagte zu dem Urteil: »Google hat Android also dazu verwendet, die marktbeherrschende Stellung seiner Suchmaschine zu festigen. Durch diese Praktiken wurde Wettbewerbern von Google die Möglichkeit genommen, innovativ und konkurrenzfähig zu sein. Auch den europäischen Verbrauchern wurden somit die Vorteile eines wirksamen Wettbewerbs auf dem so wichtigen Markt für mobile Internetdienste verwehrt. Dies ist nach den EU-Kartellvorschriften rechtswidrig« (Europäische Kommission, 2018).

Google argumentierte seinerseits, dass es den Wettbewerb nicht beschränke, sondern sogar fördere. Googles CEO, Sundar Pichai, betonte die Vorteile für App-Entwickler und die Entwickler und Hersteller mobiler Endgeräte durch die »frei« verfügbare Android-Plattform. Dies habe ein Ökosystem von über 1.300 verschiedenen Android-Marken hervorgebracht, was den Verbrauchern faktisch mehr Auswahl bieten würde und nicht weniger. Google argumentierte, das Vorgehen gegen Android-Forks sei notwendig gewesen, um die Fragmentierung genau dieses Android-Ökosystems zu verhindern. Diese Argumentation ließ die Kommission jedoch nicht gelten. Sie gelangte hingegen zu dem Schluss, dass Android-Forks nicht nachweisbar zu technischen Störungen und Fehlern bei der Unterstützung von Apps und Diensten von Google führen würden und Google somit auch keinen Grund habe, dagegen vorzugehen. Auf der anderen Seite fand die Kommission Nachweise dafür, dass einige große Hersteller durch die Geschäftspraktiken von Google davon abgehalten wurden, mit dem Android-Fork »Fire OS« von Amazon betriebene Geräte zu entwickeln und zu verkaufen.

Die Strafe von 4,34 Milliarden Euro entspricht Googles Umsatz von zwei Wochen. Das Unternehmen wurde verpflichtet, das wettbewerbswidrige Verhalten innerhalb von 90 Tagen abzustellen. Ansonsten wurde Alphabet, der Muttergesellschaft von Google, mit Strafen in einer Gesamthöhe von bis zu 5 Prozent des durchschnittlichen weltweiten Tagesumsatzes gedroht.

Als Resultat aus der Milliarden-Kartellstrafe schaltete Google 2019 für Nutzer von Android-Handys in Europa die Option frei, zusätzliche Internet-Browser und Suchmaschinen zu installieren. Diese Option öffnet sich in Form von Screens, wenn nach dem Update zum ersten Mal Google Play geöffnet wird.

Quellen: Europäische Kommission (2018): Kommission verhängt Kartellbuße von 4,34 Milliarden Euro gegen Google wegen Missbrauch der Marktmacht bei Android-Mobilgeräten, Europäische Kommission, Vertretung in Deutschland, 18. Juli 2018, https://ec.europa.eu/germany/news/20180718-kommission-google-android-strafe-von-434-milliarden-euro_de; Jochum, K. (2019): Google ändert Android-Einstellungen nach EU-Strafe, Inside IT, 18. April 2019, https://www.inside-it.ch/de/post/google-aendert-android-einstellungen-nach-eu-strafe-20190418

Fortsetzung auf Folgeseite

11.7 Marktstrukturen I: Monopol
Fazit

Fortsetzung von Vorseite

Fragen

1. Inwiefern sind eine Kartellstrafe und Anweisungen zum Abstellen des wettbewerbswidrigen Verhaltens, wie in diesem Fall durch die EU-Kommission angeordnet, geeignet oder eben auch nicht, um die Geschäftspraktiken von Monopolisten wie Google zu verändern? Diskutieren Sie unter Bezugnahme auf Ihnen bekannte Unternehmen mit Monopolmacht.
2. Google argumentierte, dass Android auf dem Markt für Betriebssysteme in Konkurrenz zu Apples iOS stehen würde und somit keine Monopolstellung habe. Stimmen Sie dieser Darstellung zu oder nicht? Begründen Sie Ihre Position.
3. Die EU-Kommission sah im Kartellverfahren gegen Google zwei Formen illegaler Kopplung (vgl. Vorwurf 1) gegeben. Könnte Kopplung aus Ihrer Sicht auch Vorteile haben? Erklären Sie Ihre Position.
4. In der Pressemitteilung der EU-Kommission zur Kartellstrafe gegen Google ist Folgendes zu lesen: »Eine marktbeherrschende Stellung an sich ist nach den EU-Kartellvorschriften nicht verboten. Allerdings tragen marktbeherrschende Unternehmen eine besondere Verantwortung und dürfen ihre starke Marktstellung nicht missbrauchen, indem sie den Wettbewerb auf dem von ihnen beherrschten Markt oder auf anderen Märkten einschränken« (Europäische Kommission, 2018). Diskutieren Sie diese Aussage und nehmen Sie dabei Bezug auf das aus diesem Kapitel Gelernte.

Zusammenfassung

Stichwörter

- unvollständige Konkurrenz
- Marktanteil
- Monopolist
- Markteintrittsbarriere
- Patent
- Copyright
- natürliches Monopol
- Preisdifferenzierung
- Arbitrage
- vollständige Preisdifferenzierung
- Synergien

▸ Ein Monopolist ist ein Alleinverkäufer auf seinem Markt. Ein Monopol entsteht, wenn ein Unternehmen das Eigentum an einer entscheidenden Ressource hält, wenn der Staat an ein Unternehmen exklusive Produktionsrechte vergibt oder wenn ein einziges Unternehmen den gesamten Markt zu geringeren Kosten bedienen kann, als es mehrere Unternehmen könnten (natürliches Monopol).

▸ Da ein Monopolist der einzige Produzent und Anbieter auf seinem Markt ist, sieht er sich einer fallenden Marktnachfragekurve (Preis-Absatz-Kurve) gegenüber. Wenn der Monopolist seine Produktionsmenge um eine Einheit ausdehnt, verursacht er damit einen Rückgang des Preises für alle Produktionseinheiten. Folglich liegt der Grenzerlös des Monopolisten immer unter dem Preis des Gutes.

▸ Wie ein Unternehmen bei vollständiger Konkurrenz maximiert auch der Monopolist seinen Gewinn, indem er die Menge produziert, bei der Grenzerlös und Grenzkosten gleich sind. Sodann setzt der Monopolist jenen Preis, bei dem die gewinnmaximierende Produktionsmenge Absatz findet. Anders als beim Wettbewerbsunternehmen ist der Preis, den der Monopolist setzt, höher als sein Grenzerlös und höher als seine Grenzkosten.

▸ Die gewinnmaximierende Produktionsmenge des Monopolisten liegt unter der volkswirtschaftlich effizienten Menge, die die Summe aus Produzenten- und Konsumentenrente maximiert. Das heißt, wenn der Monopolist den Preis oberhalb seiner Grenzkosten setzt, werden einige Konsumenten, die das Gut höher als zu

seinen Produktionskosten bewerten, es nicht kaufen. Folglich verursacht ein Monopol einen Nettowohlfahrtsverlust, der dem Nettowohlfahrtsverlust durch Besteuerung ähnelt.
▸ Als Reaktion auf die Ineffizienz des Monopolmarkts kann die Wirtschaftspolitik vier alternative Maßnahmen ergreifen. Sie kann erstens auf Wettbewerbsgesetze zurückgreifen. Sie kann zweitens das Preissetzungsverhalten des Monopolisten regulieren. Sie kann drittens das Monopolunternehmen in ein Staatsunternehmen umwandeln. Oder sie kann sich viertens zum Nichtstun entschließen, wenn das Marktversagen geringere Auswirkungen hat als das zu befürchtende Politikversagen.
▸ Monopolisten können ihren Gewinn oft dadurch steigern, dass sie für ein und dasselbe Gut von verschiedenen Kunden unterschiedliche Preise verlangen. Diese Praxis der Preisdifferenzierung kann die gesellschaftliche Wohlfahrt dadurch erhöhen, dass nun einige Konsumenten das Gut kaufen, die es bei einem Einheitspreis nicht kaufen würden. Im Extremfall kann vollständige Preisdifferenzierung den monopolbedingten Nettowohlfahrtsverlust komplett beseitigen. Wenn die Preisdifferenzierung jedoch – wie in der Praxis üblich – unvollständig ist, kann sie das Wohlfahrtsniveau im Vergleich zum Monopol mit einem Einheitspreis entweder erhöhen, vermindern oder unverändert lassen.

Wiederholungsfragen

1. Nennen Sie ein Beispiel für ein vom Staat geschaffenes Monopol. Stellt die Schaffung eines Monopols notwendigerweise eine schlechte Wirtschaftspolitik dar?
2. Definieren Sie den Begriff des natürlichen Monopols. Was hat die Größe des Markts mit der Frage nach dem natürlichen Monopol zu tun?
3. Warum ist der Grenzerlös des Monopolisten niedriger als der Preis des Gutes?
4. Zeichnen Sie die Kurven der Nachfrage, des Grenzerlöses und der Grenzkosten für den Monopolisten. Zeigen Sie die Herleitung der gewinnmaximierenden Produktionsmenge und des gewinnmaximierenden Preises.
5. Zeichnen Sie in Ihr Diagramm zu 4. die volkswirtschaftlich effiziente Menge ein. Bestimmen Sie den Nettowohlfahrtsverlust des Monopols.
6. Wodurch werden staatliche Stellen in die Lage versetzt, Fusionen zwischen Unternehmen zu regulieren? Nennen Sie vom gesamtwirtschaftlichen Standpunkt aus ein gutes und ein schlechtes Beispiel dafür, dass Unternehmen eine Fusion anstreben.
7. Beschreiben Sie zwei besondere Schwierigkeiten, die dann entstehen, wenn ein natürliches Monopol zu einer Preissetzung in Höhe der Grenzkosten verpflichtet wird.
8. Nennen Sie zwei Beispiele für Preisdifferenzierung. Erläutern Sie jeweils, weshalb der Monopolist dieser Strategie folgen will.

Aufgaben und Anwendungen

1. Ein Verleger ermittelt für das neue Buch seines Bestsellerautors folgende Nachfragetabelle:

Preis (€)	Nachfrage (Stück)
100	0
90	100.000
80	200.000
70	300.000
60	400.000
50	500.000
40	600.000
30	700.000
20	800.000
10	900.000
0	1.000.000

Der Autor erhält ein Honorar in Höhe von 2 Millionen Euro und die Grenzkosten für den Druck eines Buches betragen konstant 10 Euro.
  a. Ermitteln Sie Gesamterlös, Gesamtkosten und Gewinn für die einzelnen Auflagemengen. Welche Auflage würde ein gewinnmaximierender Verleger wählen? Zu welchem Preis würde das Buch angeboten werden?
  b. Ermitteln Sie den Grenzerlös. Wie verhält sich der Grenzerlös zum Preis?
  c. Stellen Sie Grenzerlös, Grenzkosten und Nachfragekurve grafisch dar. Bei welcher Menge schneiden sich die Grenzerlös- und die Grenzkostenkurve? Was sagt der Schnittpunkt aus?
  d. Zeichnen Sie in Ihre grafische Darstellung den Nettowohlfahrtsverlust ein. Erklären Sie, was der Nettowohlfahrtsverlust bedeutet.
  e. Wenn der Autor statt 2 Millionen Euro an Honorar nun 3 Millionen Euro erhält, wie verändert sich dadurch die Preissetzung des Verlegers?
  f. Nehmen Sie an, der Verleger würde nicht das Prinzip der Gewinnmaximierung verfolgen, sondern stattdessen an einer Maximierung der gesamtwirtschaftlichen Wohlfahrt interessiert sein. Welchen Preis würde er in diesem Fall für das Buch verlangen? Wie viel Gewinn würde er dabei noch machen?

2. Angenommen, ein natürlicher Monopolist werde gesetzlich zu einer Preissetzung in Höhe der durchschnittlichen Gesamtkosten verpflichtet. Markieren Sie in einer Zeichnung die Preissetzung und den Nettowohlfahrtsverlust im Vergleich zur Preissetzung nach Grenzkosten.

3. Denken Sie an die Zustellung der Post. Welche Form wird die Kurve der durchschnittlichen Gesamtkosten aufweisen? Welche Unterschiede im Kurvenverlauf werden sich zwischen entlegenen ländlichen Gegenden und Stadtgebieten mit hoher Bevölkerungsdichte einstellen? Wie werden sich die Kurven im Zeitablauf verändern?

4. Es gebe in einer kleinen Stadt zahlreiche konkurrierende Supermärkte mit konstanten Grenzkosten.
   a. Zeichnen Sie ein Diagramm für den Lebensmittelmarkt und zeigen Sie damit Konsumentenrente, Produzentenrente und Gesamtrente.
   b. Nun unterstellen Sie, dass sich die bislang unabhängigen Supermärkte zu einer Handelskette zusammenschließen. Zeichnen Sie ein neues Diagramm mit Konsumenten-, Produzenten- und Gesamtrente. Welcher Transfer von Konsumenten zu Produzenten ergibt sich bei einem Vergleich mit dem Konkurrenzmarkt? Wie groß ist der Nettowohlfahrtsverlust?

5. Dem neuen Album von Taylor Swift wird folgende Downloadprognose gestellt:

Preis (€)	Downloads
24	10.000
22	20.000
20	30.000
18	40.000
16	50.000
14	60.000

Es fallen nur variable Kosten von 5 Euro pro Download und keine fixen Kosten an.
   a. Ermitteln Sie die Gesamterlöse für 10.000, 20.000 usw. Downloads. Wie hoch sind die Grenzkosten pro 10.000 Downloads Zunahme?
   b. Welche Menge an Downloads würde den Gewinn maximieren? Welches wäre dazu der Preis? Welcher Gewinn ergäbe sich?
   c. Angenommen, Sie sind der Manager von Taylor Swift. Welches Aufnahmehonorar, das die Plattenfirma zu bezahlen hätte, würden Sie Taylor Swift empfehlen? Warum?

6. Ein Unternehmen plant den Bau einer Brücke über einen Fluss. Es hätte dabei 2 Millionen Euro an Baukosten und keine laufenden Unterhaltskosten. Die nachfolgende Tabelle zeigt die von dem Unternehmen prognostizierte Nachfrage während der Lebenszeit der Brücke.

11 Marktstrukturen I: Monopol
Aufgaben und Anwendungen

Preis (€/Überquerung)	Anzahl der Überquerungen (in 1.000)
8	0
7	100
6	200
5	300
4	400
3	500
2	600
1	700
0	800

  a. Wenn sich das Unternehmen zum Bau der Brücke entschließt, welches wäre der gewinnmaximierende Preis? Ergäbe sich dabei die volkswirtschaftlich effiziente Menge? Warum oder warum nicht?
  b. Soll das Unternehmen die Brücke überhaupt bauen, wenn es an der Gewinnmaximierung interessiert ist? Wie steht es um Gewinn und Verlust?
  c. Welchen Preis sollte der Staat verlangen, wenn er den Brückenbau durchführt?
  d. Soll der Staat die Brücke bauen? Begründung?

7. Die Placebo GmbH hat Patente auf verschiedene Erfindungen.
  a. Illustrieren Sie die bei der Produktion anfallende gewinnmaximierende Menge und den Preis, wenn Sie von steigenden Grenzkosten ausgehen.
  b. Nun erhebe der Staat von jedem produzierten Fläschchen eine Steuer. Skizzieren Sie mit einem neuen Diagramm den neuen Preis und die neue Menge der Placebo GmbH. Diskutieren Sie einen Vergleich der Werte mit a.
  c. Die Steuer senkt den Gewinn von Placebo, obwohl man das in der Zeichnung nicht leicht sieht. Begründen Sie, warum dies so sein muss.
  d. Statt einer Steuer pro Fläschchen setzt der Staat nun ohne Rücksicht auf die Menge eine Steuer von 10.000 Euro fest. Erklären Sie, wie dies den Preis, die Menge und die Gewinne der Placebo GmbH beeinflusst.

8. Die Firma Infineon entwickelt einen neuen Chip, auf den sie sofort ein Patent erhält.
  a. Zeichnen Sie ein Diagramm, das Produzentenrente, Konsumentenrente und Gesamtrente für den Markt des neuen Chips zeigt.
  b. Wie ändern sich die Größen von a, wenn Infineon zu vollständiger Preisdifferenzierung in der Lage ist? Wie ändert sich der Nettowohlfahrtsverlust? Welche Transfers stellen sich ein?

9. Erklären Sie, warum ein Monopolist stets eine Menge produzieren wird, bei der die Nachfragekurve elastisch ist.

10. Henry, Bea und Romy betreiben die einzige Kneipe in der Stadt. Henry setzt sich zum Ziel, so viele Drinks wie möglich ohne Verlust zu verkaufen. Bea möchte dagegen mit der Kneipe so viel Erlös wie möglich realisieren und Romy den größtmöglichen Profit. Zeigen Sie grafisch die Preis-Mengen-Kombinationen, die sich aus den einzelnen Strategien ergeben.

11. Preisdifferenzierung ist in der Regel mit Kosten verbunden. Die folgende Frage beschäftigt sich mit dem Einfluss von Kosten auf die Entscheidung zur Preisdifferenzierung. Dabei wollen wir davon ausgehen, dass sich die Produktionskosten des Monopolisten proportional zur Produktionsmenge entwickeln, sodass die durchschnittlichen Gesamtkosten und die Grenzkosten konstant sind und einen identischen Verlauf haben.
   a. Stellen Sie die Kostenkurven, die Nachfragekurve und die Grenzerlöskurve des Monopolisten grafisch dar.
   b. Bezeichnen Sie die Fläche, die den Gewinn des Monopolisten widerspiegelt, mit X, die Fläche der Konsumentenrente mit Y und den Nettowohlfahrtsverlust mit Z.
   c. Nehmen Sie nun an, dass der Monopolist vollständige Preisdifferenzierung betreiben kann. Wie groß ist in diesem Fall der Gewinn des Monopolisten?
   d. Um welchen Betrag ist der Gewinn des Monopolisten durch die Preisdifferenzierung angestiegen? Um welchen Betrag hat sich die gesamtwirtschaftliche Wohlfahrt erhöht? Welcher Anstieg ist größer? Warum?
   e. Wir wollen von nun an unterstellen, dass die Preisdifferenzierung mit Kosten verbunden ist. Der Monopolist hat nun fixe Kosten in Höhe von C zu zahlen, wenn er Preisdifferenzierung betreiben will. Wovon wird der Monopolist die Entscheidung abhängig machen, ob er zur Preisdifferenzierung die Kosten in Höhe von C zahlt?
   f. Wie würde ein wohlmeinender gesellschaftlicher Planer, der an der Maximierung der gesamtwirtschaftlichen Wohlfahrt interessiert ist, entscheiden, ob der Monopolist in diesem Fall Preisdifferenzierung betreiben sollte?
   g. Unterscheiden sich die Anreize des Monopolisten zur Preisdifferenzierung von denen eines wohlmeinenden gesellschaftlichen Planers? Ist es möglich, dass der Monopolist Preisdifferenzierung betreibt, auch wenn dies aus gesellschaftlicher Sicht nicht wünschenswert ist?

12 Markstrukturen II: Monopolistische Konkurrenz

Sie sind im ersten Semester an Ihrer Hochschule und gehen mit Ihren Kommilitonen in die Stadt, um das Nachtleben zu erkunden. Die Stadt hat acht Clubs, die alle fußläufig vom Hauptbahnhof aus zu erreichen sind. Jeder Club hat Musik, Bars, Tanzflächen und Chill-out-Bereiche. Die Preise für die Getränke und den Eintritt sowie die Öffnungszeiten und Special Events variieren von Club zu Club. Wenn Sie zwischen diesen Clubs wählen, an welcher Marktform nehmen Sie damit teil?

Auf der einen Seite scheint der Markt für Clubs ein Wettbewerbsmarkt zu sein. In den meisten Städten gibt es viele verschiedene Clubs, die um Gäste konkurrieren. Der Käufer hat auf dem gesamten Markt Tausende konkurrierende Produkte zur Auswahl.

Auf der anderen Seite scheint der Markt monopolistisch zu sein. Da sich jeder Club sein ganz eigenes Image geben kann, haben die Besitzer bei ihrer Preissetzung einen gewissen Spielraum. Die Anbieter in diesem Markt sind eher Preisfixierer als Preisnehmer und der Eintrittspreis in einen Club übersteigt bei weitem die Grenzkosten eines zusätzlichen Gastes.

In diesem Kapitel befassen wir uns mit Märkten, die einige Charakteristika der vollständigen Konkurrenz und einige Merkmale des Monopols aufweisen. Man spricht bei dieser Marktstruktur von **monopolistischer Konkurrenz**.

Monopolistische Konkurrenz bezeichnet einen Markt mit den folgenden Eigenschaften:

- *Viele Anbieter*: Es gibt viele Unternehmen, die mit ihrem Angebot um die gleiche (sehr große) Gruppe von Nachfragern konkurrieren.
- *Produktdifferenzierung*: Jedes Unternehmen stellt ein Produkt her, das zumindest geringfügig anders ist als die Erzeugnisse der Konkurrenten. So sieht sich ein Anbieter nicht als Preisnehmer oder Mengenanpasser, sondern er sieht sich einer fallenden Nachfragekurve gegenüber.
- *Freier Markteintritt*: Die Unternehmen können in den Markt ohne Beschränkungen eintreten und frei aus dem Markt ausscheiden. Die Anbieterzahl im Markt passt sich so lange an, bis die Gewinne null betragen.

Tabelle 12-1 zeigt zusätzlich zum Markt für Clubs einige weitere Beispiele für Märkte mit monopolistischer Konkurrenz.

Die monopolistische Konkurrenz ist zwischen den Extremfällen der vollständigen Konkurrenz und des Monopolmarkts angesiedelt.

> **Monopolistische Konkurrenz**
> Ein Markt mit vielen Anbietern ähnlicher, aber nicht gleicher Produkte.

Tab. 12-1

Beispiele für Märkte mit monopolistischer Konkurrenz

Computerspiele	Friseurdienstleistungen
Restaurantbesuche	Fahrschulunterricht
Baudienstleistungen	Klempnerarbeiten
Möbel	Hundefutter
Kleidung	Müsli
Musikunterricht	Haarschampoo
Bücher	Brot
CDs/DVDs	Hotelübernachtungen

12.1 Wettbewerb mit unterschiedlichen Produkten

Zum besseren Verständnis des Markts mit monopolistischer Konkurrenz betrachten wir zuerst die Entscheidungen, denen das einzelne Unternehmen gegenübersteht. Danach untersuchen wir die langfristige Entwicklung bei Markteintritten und Marktaustritten und vergleichen das Marktgleichgewicht bei monopolistischer Konkurrenz mit dem Marktgleichgewicht bei vollständiger Konkurrenz. Zu guter Letzt gehen wir der Frage nach, ob das Ergebnis der monopolistischen Konkurrenz vom Standpunkt der Gesellschaft aus wünschenswert ist.

Das Unternehmen bei monopolistischer Konkurrenz auf kurze Sicht

Jedes Unternehmen auf einem Markt mit monopolistischer Konkurrenz ist in vielerlei Hinsicht wie ein Monopol. Aufgrund der Unterschiedlichkeit seines Produkts im Vergleich zu den Konkurrenzangeboten sieht es sich einer fallenden Nachfragekurve gegenüber. (Ein Unternehmen auf dem Markt mit vollständiger Konkurrenz steht dagegen vor einer waagerechten Nachfragekurve in Höhe des gegebenen Marktpreises.) Daher folgt das Unternehmen bei monopolistischer Konkurrenz der Entscheidungsregel des Monopolisten für die Gewinnmaximierung: Es wählt die Produktions- und Angebotsmenge, bei der Grenzkosten und Grenzerlös übereinstimmen, und es setzt den zu dieser Menge passenden Preis aufgrund der Nachfragekurve fest.

Abbildung 12-1 zeigt die Kurven der Kosten (MC, ATC), der Nachfrage und des Grenzerlöses (MR) für zwei typische Unternehmen, von denen jedes in einem anderen Markt mit monopolistischer Konkurrenz tätig ist. In beiden Diagrammen der Abbildung liegt die gewinnmaximierende Menge im Schnittpunkt von Grenzerlös- und Grenzkostenkurve. Die Gewinnsituationen sind jedoch unterschiedlich. In Diagramm (a) übersteigt der Preis die durchschnittlichen Gesamtkosten, sodass das Unternehmen Gewinn macht. In Diagramm (b) liegt der Preis unter den durchschnittlichen

12.1 Wettbewerb mit unterschiedlichen Produkten

Abb. 12-1

Monopolistische Konkurrenz auf kurze Sicht

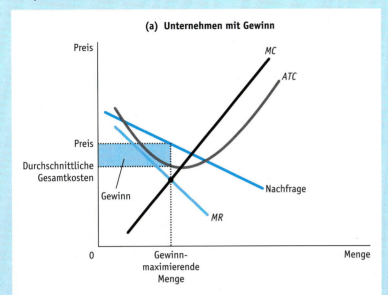

(a) Unternehmen mit Gewinn

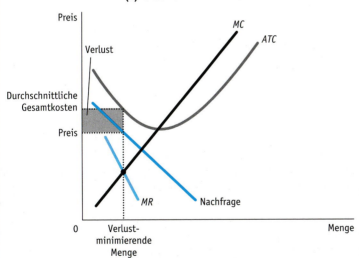

(b) Unternehmen mit Verlust

Unternehmen der monopolistischen Konkurrenz maximieren ihren Gewinn wie Monopolisten durch Erzeugung der Menge, bei der Grenzerlös (MR) und Grenzkosten (MC) gleich sind. Das Unternehmen des Diagramms (a) erzielt einen Gewinn, da bei dieser Menge der Preis über den durchschnittlichen Gesamtkosten (ATC) liegt. Das Unternehmen des Diagramms (b) erleidet einen Verlust, da bei der optimalen Menge der Preis unter den durchschnittlichen Gesamtkosten liegt.

Gesamtkosten. In diesem Fall ist kein Gewinn möglich, sondern lediglich eine Minimierung des Verlustes.

All das kommt uns bekannt vor. Ein Unternehmen in einem Markt mit monopolistischer Konkurrenz bestimmt Menge und Preis ebenso wie ein Monopolist. Bei kurzfristiger Betrachtung ähneln sich die beiden Wettbewerbslagen sehr.

Das langfristige Gleichgewicht

Die in Abbildung 12-1 dargestellten Situationen halten jedoch nicht lange an. Wenn die Nachfrage stark ist und Unternehmen Gewinne erzielen, wie in Diagramm (a), haben andere Unternehmen einen Anreiz zum Markteintritt. (Denken Sie daran, dass bei monopolistischer Konkurrenz freier Markteintritt und -austritt herrscht.) Durch die Newcomer im Markt nimmt die Anzahl der Produkte zu. Beispielsweise könnte der Erfolg der Clubs in Ihrer Stadt dazu führen, dass noch mehr Unternehmer dazu motiviert werden, ebenfalls Clubs zu eröffnen und so an der Nachfrage und den Gewinnmöglichkeiten zu partizipieren. Dieser Anstieg der Angebotsmenge im Markt führt dazu, dass die Konsumenten mehr Auswahl haben. Es gibt nun mehr Substitute und in der Folge fällt der bisher erzielte Preis für alle Unternehmen. Wenn ein bereits im Markt befindliches Unternehmen mehr verkaufen will, muss es seinen Preis nun senken. Gewinne ermutigen also zu Markteintritten, diese erhöhen die Angebotsmenge im Markt und verschieben folglich die Nachfrage- oder Preis-Absatz-Kurven der bisherigen Anbieter nach links. Mit dem Absatzrückgang erfahren diese Unternehmen zugleich einen Gewinnrückgang.

Einige der im Markt befindlichen Unternehmen haben vielleicht bisher nur so gerade eben überlebt. Nun verschiebt sich ihre Nachfragekurve nach links, da neue Unternehmen in den Markt eintreten. Als Folge davon sinken ihre Gewinne vielleicht weit unter das erforderliche Niveau und sie entscheiden sich zum Marktaustritt. Wenn Unternehmen Verluste machen, wie in Diagramm (b) gezeigt, haben die Unternehmen im Markt einen Anreiz zum Marktaustritt. Durch die Marktaustritte fällt wiederum das Angebot im Markt und die Preise steigen. Die Kunden haben nach und nach eine geringere Produktauswahl. Die Nachfrage- oder Preis-Absatz-Kurven der im Markt verbliebenen Anbieter verschieben sich nach rechts. Mit zunehmendem Absatzspielraum für die Unternehmen im Markt stellen sich auch Gewinnerhöhungen (oder Verlustrückgänge) ein. Dieses Wechselspiel von Markteintritten und Marktaustritten hält jeweils so lange an, bis die Unternehmen eines bestimmten Markts einen Gewinn von genau null erzielen (Normalgewinn).

Abbildung 12-2 zeigt das langfristige Marktgleichgewicht. Sobald der Markt in diesem langfristigen Gleichgewicht angelangt ist, besteht weder ein Anreiz zum Eintritt für Newcomer noch ein Anreiz zum Austritt für die im Markt befindlichen Anbieter.

Beachten Sie, dass die Nachfragekurve tangential zur Kurve der durchschnittlichen Gesamtkosten (*ATC*) verläuft. Die Nachfragekurve muss für die Kurve der durchschnittlichen Gesamtkosten eine Tangente sein, sobald Markteintritte und -austritte den Gewinn auf null gebracht haben. Da der Gewinn pro verkaufter Gütereinheit der Differenz zwischen dem Preis (bestimmt durch die Nachfragekurve) und den durch-

12.1 Wettbewerb mit unterschiedlichen Produkten

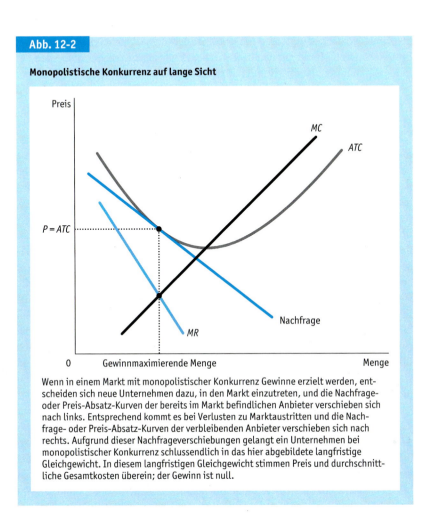

Abb. 12-2

Monopolistische Konkurrenz auf lange Sicht

Wenn in einem Markt mit monopolistischer Konkurrenz Gewinne erzielt werden, entscheiden sich neue Unternehmen dazu, in den Markt einzutreten, und die Nachfrage- oder Preis-Absatz-Kurven der bereits im Markt befindlichen Anbieter verschieben sich nach links. Entsprechend kommt es bei Verlusten zu Marktaustritten und die Nachfrage- oder Preis-Absatz-Kurven der verbleibenden Anbieter verschieben sich nach rechts. Aufgrund dieser Nachfrageverschiebungen gelangt ein Unternehmen bei monopolistischer Konkurrenz schlussendlich in das hier abgebildete langfristige Gleichgewicht. In diesem langfristigen Gleichgewicht stimmen Preis und durchschnittliche Gesamtkosten überein; der Gewinn ist null.

schnittlichen Gesamtkosten entspricht, ist der größtmögliche Gewinn nur dann null, wenn sich die beiden Kurven berühren, ohne sich zu schneiden.

Zusammenfassend kann man zwei Charakteristika des langfristigen Gleichgewichts auf einem Markt mit monopolistischer Konkurrenz festhalten:

▸ Wie auf einem Monopolmarkt übersteigt der Preis die Grenzkosten. Zu dieser Schlussfolgerung kommt es, da bei Gewinnmaximierung Grenzerlös und Grenzkosten übereinstimmen und aufgrund der fallenden Nachfragekurve der Grenzerlös stets unter dem Preis liegt.

▸ Wie auf einem Konkurrenzmarkt stimmt der Preis mit den durchschnittlichen Gesamtkosten überein. Dazu kommt es, weil der freie Markteintritt und -austritt den Gewinn auf null treibt.

Der zweite Punkt verdeutlicht den Unterschied zwischen monopolistischer Konkurrenz und Monopol. Da ein Monopolist der Alleinverkäufer eines Produkts ohne nahe

Substitute ist, kann er sogar langfristig positive Gewinne verzeichnen. Der Gewinn des Unternehmens im Markt mit monopolistischer Konkurrenz dagegen wird wegen des freien Markteintritts langfristig auf null gedrückt.

Monopolistische Konkurrenz und vollständige Konkurrenz

Abbildung 12-3 stellt das langfristige Gleichgewicht bei monopolistischer Konkurrenz dem langfristigen Gleichgewicht bei vollständiger Konkurrenz gegenüber. Es gibt zwei nennenswerte Unterschiede zwischen monopolistischer und vollständiger Konkurrenz – die Überkapazität und den Preisaufschlag.

Überkapazität. Die Annahme freier Markteintritte und Marktaustritte führt jedes Unternehmen bei monopolistischer Konkurrenz zum Tangentialpunkt von Nachfragekurve und der Kurve der durchschnittlichen Gesamtkosten. Wie das Diagramm (a) der Abbildung 12-3 zeigt, ist die Angebotsmenge in diesem Punkt kleiner als die Menge, welche die durchschnittlichen Gesamtkosten minimiert. Bei monopolistischer Konkurrenz produzieren die Unternehmen folglich auf dem fallenden Teil ihrer Kurve der durchschnittlichen Gesamtkosten. Insofern unterscheidet sich die monopolistische Konkurrenz sehr stark von der vollständigen Konkurrenz. Nach Diagramm (b) der Abbildung 12-3 treibt freier Markteintritt die Unternehmen in Wettbewerbsmärkten dazu, zu den minimalen durchschnittlichen Gesamtkosten zu produzieren.

Eine die durchschnittlichen Gesamtkosten minimierende Produktionsmenge nennt man die effiziente Produktionsmenge bzw. die effiziente Betriebsgröße oder das Betriebsoptimum (vgl. Kapitel 5). Langfristig gesehen produzieren die Unternehmen bei vollständiger Konkurrenz mit der effizienten Betriebsgröße, die Unternehmen bei monopolistischer Konkurrenz jedoch darunter. Man sagt, die Unternehmen haben bei monopolistischer Konkurrenz eine Überkapazität. Anders als ein Unternehmen bei vollständiger Konkurrenz könnte also ein Unternehmen bei monopolistischer Konkurrenz die Produktionsmenge erhöhen und dadurch die durchschnittlichen Gesamtkosten der Produktion senken.

Aufschlag auf die Grenzkosten. Der zweite Unterschied zwischen vollständiger und monopolistischer Konkurrenz ist das Größenverhältnis von Preis und Grenzkosten. Wie in Diagramm (b) der Abbildung 12-3 zu sehen, stimmt bei vollständiger Konkurrenz der Preis mit den Grenzkosten des Unternehmens überein. Bei monopolistischer Konkurrenz jedoch liegt der Preis, wie in Diagramm (a) zu sehen, über den Grenzkosten, da das Unternehmen immer über eine gewisse Marktmacht verfügt.

Inwiefern ist dieser Aufschlag auf die Grenzkosten mit freiem Markteintritt und Nullgewinn verträglich? Die Nullgewinn-Bedingung stellt nur sicher, dass der Preis den durchschnittlichen Gesamtkosten entspricht, nicht jedoch, dass Preis und Grenzkosten gleich sind. Die Unternehmen der monopolistischen Konkurrenz arbeiten langfristig auf dem fallenden Teil der Kurve der durchschnittlichen Gesamtkosten. Die Grenzkosten liegen daher unter den durchschnittlichen Gesamtkosten. Damit der

12.1 Wettbewerb mit unterschiedlichen Produkten

Abb. 12-3

Monopolistische und vollständige Konkurrenz

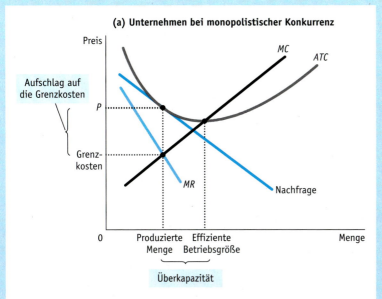

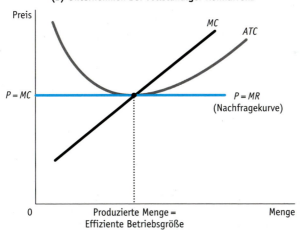

Diagramm (a) zeigt das langfristige Gleichgewicht bei monopolistischer Konkurrenz, Diagramm (b) das langfristige Gleichgewicht bei vollständiger Konkurrenz. Nennenswert sind zwei Unterschiede: (1) Bei vollständiger Konkurrenz produziert das Unternehmen die effiziente Menge beim Minimum der durchschnittlichen Gesamtkosten. Bei monopolistischer Konkurrenz dagegen wird weniger als die effiziente Menge produziert. (2) Der Preis entspricht bei vollständiger Konkurrenz den Grenzkosten, bei monopolistischer Konkurrenz liegt der Preis über den Grenzkosten.

Preis also mit den durchschnittlichen Gesamtkosten übereinstimmt, muss er über den Grenzkosten liegen.

In diesem Verhältnis von Preis und Grenzkosten liegt ein grundlegender Verhaltensunterschied zwischen Unternehmen der vollständigen und der monopolistischen Konkurrenz begründet. Stellen Sie sich vor, Sie würden einem Unternehmen die folgende Frage stellen: »Wären Sie über einen zusätzlichen Kunden froh, der zur Türe hereinkommt und ihr Produkt zum herrschenden Preis kaufen möchte?« Einem Unternehmen der vollständigen Konkurrenz wäre dies gleichgültig. Da der Preis genau mit den Grenzkosten übereinstimmt, ist der Stückgewinn aus einer zusätzlichen Einheit null. Bei monopolistischer Konkurrenz jedoch bleibt ein Unternehmen ständig um zusätzliche Kunden bemüht. Da sein Preis über den Grenzkosten liegt, bedeutet zusätzlicher Absatz beim gegebenen Preis mehr Gewinn. Ein alter Scherz lautet, dass in jenen Märkten monopolistische Konkurrenz herrscht, in denen die Unternehmen ihren Kunden Weihnachtskarten schreiben.

Monopolistische Konkurrenz und gesellschaftliche Wohlfahrt

Ist das Marktergebnis bei monopolistischer Konkurrenz vom Standpunkt der Gesellschaft aus wünschenswert? Können politische Entscheidungsträger das Marktergebnis irgendwie verbessern? Auf diese Fragen gibt es keine einfachen Antworten.

Eine Ursache der Ineffizienz ist der höhere Preis, der durch den Aufschlag auf die Grenzkosten entsteht. Durch den Aufschlag werden einige Kunden vom Kauf abgehalten, die das Gut mit mehr als den Grenzkosten, aber mit weniger als dem Preis bewerten. Somit kommt es bei monopolistischer Konkurrenz ebenso wie bei einem Monopol zu einem Nettowohlfahrtsverlust. Obwohl dieses Marktergebnis offenkundig unerwünscht ist (verglichen mit dem besten Ergebnis, bei dem der Preis gleich den Grenzkosten ist), ist es für politische Entscheidungsträger alles andere als leicht, das Problem zu lösen. Um eine Preissetzung in Höhe der Grenzkosten zu erzwingen, müsste man alle Unternehmen regulieren, die Produktdifferenzierung betreiben. Da differenzierte Produkte in der Volkswirtschaft sehr verbreitet sind, wäre der administrative Aufwand enorm. Überdies würde eine Regulierung der monopolistischen Wettbewerber die gleichen Schwierigkeiten nach sich ziehen, die bei der Überwindung natürlicher Monopole bestehen und bereits erwähnt wurden. Vor allem würde ein Zwang zur Grenzkosten-Preissetzung bei den ohnehin schon ohne Gewinn arbeitenden Unternehmen zu fortlaufenden Verlusten führen. Um sie im Markt zu halten, müsste der Staat die Verluste abdecken. Ehe man für diese Subventionen jedoch Steuergelder einsetzt, wird man sich lieber mit der Ineffizienz der monopolistischen Preissetzung abfinden.

Eine weitere Form der gesellschaftlichen Ineffizienz monopolistischer Konkurrenz kann darin bestehen, dass die Anzahl der Anbieter nicht die »ideale« Größe hat. Es gibt vielleicht zu viele oder zu wenige Markteintritte. Eine Möglichkeit, diese Frage anzugehen, liegt darin, externe Effekte von Markteintritten zu berücksichtigen. Wann immer ein Unternehmen über einen Markteintritt mit einem neuen Produkt entschei-

det, achtet es nur auf seinen eigenen Gewinn. Der Markteintritt zieht jedoch auch zwei externe Effekte nach sich:
- Externalität durch die Produktvielfalt: Da die Konsumenten von der Einführung eines neuen Produkts eine gewisse Konsumentenrente beziehen, ist mit dem Markteintritt ein positiver externer Effekt verbunden.
- Externalität durch die Geschäftsminderung: Da die vorhandenen Unternehmen durch einen Newcomer Kunden und Gewinn einbüßen, ist mit dem Markteintritt ein negativer externer Effekt verbunden.

Mit dem Markteintritt eines neuen Anbieters in das Marktgeschehen der monopolistischen Konkurrenz sind also sowohl ein positiver als auch ein positiver externer Effekt verbunden. Je nachdem, welcher dieser Effekte überwiegt, hat man bei monopolistischer Konkurrenz entweder zu viele oder zu wenige Anbieter.

Beide Arten externer Effekte sind eng mit den Bedingungen monopolistischer Konkurrenz verknüpft. Die Externalität durch die Produktvielfalt entsteht, weil ein neuer Marktteilnehmer ein etwas anderes Produkt als die bisher im Markt befindlichen Unternehmen anbietet. Die Externalität durch die Geschäftsminderung entsteht, da die Unternehmen die Preise über den Grenzkosten setzen und daher ständig bemüht sind, mehr zu verkaufen. Im Unterschied dazu werden bei vollständiger Konkurrenz gleiche Güter produziert und zu Preisen in Höhe der Grenzkosten verkauft. Bei vollständiger Konkurrenz entsteht keiner der erwähnten externen Effekte.

Resümierend können wir feststellen, dass Märkte mit monopolistischer Konkurrenz nicht alle die wohlfahrtsfördernden Eigenschaften aufweisen, die bei vollständiger Konkurrenz vorliegen. Sprich die Gesamtrente wird bei monopolistischer Konkurrenz nicht maximiert. Da jedoch die Ineffizienzen subtil, kaum messbar und nicht fassbar sind, gibt es für die Wirtschaftspolitik praktisch keinen gangbaren Weg zur Verbesserung des Marktergebnisses.

> **Kurztest**
> Nennen Sie drei Schlüsseleigenschaften von monopolistischer Konkurrenz. Zeichnen und erläutern Sie ein Diagramm zur Darstellung des langfristigen Gleichgewichts bei monopolistischer Konkurrenz. Wie unterscheidet sich dieses Gleichgewicht von jenem bei vollständiger Konkurrenz?

12.2 Werbung und Markenbildung

In einer modernen Volkswirtschaft ist es für die Menschen nahezu unmöglich, einen Tag ohne Werbung zu erleben oder Markennamen zu ignorieren. Ob man eine Tageszeitung liest, das Fernsehen einschaltet oder mit dem Auto unterwegs ist – stets versucht irgendein Unternehmen, Sie dazu zu bringen, sein Produkt zu kaufen oder sich seinen Markennamen einzuprägen. Das ist bei monopolistischer Konkurrenz völlig selbstverständlich. Sofern Unternehmen differenzierte Produkte verkaufen und

Preise über den Grenzkosten verlangen, besteht für alle ein Anreiz, Werbung zu treiben oder Marken zu etablieren, um noch mehr Kunden anzulocken bzw. zu binden.

Die Budgets für Werbung variieren erheblich von Produkt zu Produkt. Anbieter sehr differenzierter Konsumgüter, wie beispielsweise Vitaminpillen, Parfums, Rasierklingen, Fruchtsäfte, Frühstücksmüsli und Hundefutter, geben etwa 10 bis 20 Prozent ihres Umsatzes für Werbung aus. Unternehmen jedoch, die Industrieprodukte verkaufen, wie z. B. Nachrichtensatelliten oder Förderbänder, geben üblicherweise sehr wenig für ihre Werbung aus. Anbieter homogener Güter wie etwa Weizen oder Rohöl geben gar nichts für Werbung aus. In Deutschland gibt Procter & Gamble über 1 Milliarde Euro für Werbung aus, gefolgt von Ferrero Deutschland mit über 500 Millionen Euro, Lidl, Amazon und Loreal (jeweils rund 400 Millionen). Aber auch die Telekom (260 Millionen), Volkswagen (258 Millionen) und Beiersdorf (220 Millionen) lassen sich Ihre Werbung einiges kosten (Zahlen aus dem Jahr 2019). In der Volkswirtschaft insgesamt machen die Werbeaufwendungen in Normaljahren rund 2 Prozent der Umsätze aus. Im Jahr 2019 betrug der Anteil der Werbung am BIP 1,41 Prozent.

Die Formen der Werbung sind vielfältig. In Deutschland entfällt knapp die Hälfte der Werbeetats auf die Fernsehwerbung und etwa ein Viertel auf Anzeigen in Zeitungen und Zeitschriften, gefolgt von der Online-Werbung mit 12 Prozent Anteil an den Werbeetats. Der Rest, wenn auch weit weniger, wird für Außenwerbung (Plakate, Banner), Radio- und Kinowerbung ausgegeben.

Die Debatte um die Werbung

Verschwendet eine Volkswirtschaft ihre Ressourcen mit Werbung? Oder dient Werbung einem guten Zweck? Zum gesellschaftlichen Nutzen der Werbung bekommt man nur schwer Zugang, und man gerät unversehens in hitzige Debatten unter Ökonomen. Betrachten wir die Pro- und Kontra-Argumente:

Kontra Werbung. Kritiker bringen vor, dass die Unternehmen mit Werbung den Geschmack und die Präferenzen der Menschen zu ihren Gunsten manipulieren. Weniger der Information als der psychischen Beeinflussung diene die Werbung. Nehmen wir z. B. die Getränkewerbung im Fernsehen. Dem Zuschauer wird zumeist nichts über den Preis und die Qualität gesagt. Stattdessen werden Menschen in fröhlicher Stimmung gezeigt, die an einem sonnigen Sommertag bei einer Feier einen bestimmten Softdrink oder ein bestimmtes Bier in der Hand halten. Vermittelt wird unterbewusst die Botschaft: Auch Sie können als unsere Käufer viele Freunde haben und glücklich sein. Die Gegner der Werbung meinen, es werden Wünsche geweckt, die sonst gar nicht vorhanden wären.

Kritiker bringen ferner vor, die Werbung behindere den Wettbewerb. So versucht die Werbung häufig den Konsumenten einzureden, die Produkte seien unterschiedlicher, als sie es tatsächlich sind. Indem das Empfinden von Produktdifferenzierung gesteigert und die Markentreue verfestigt wird, lenkt die Werbung die Käufer von Preisunterschieden zwischen ähnlichen Gütern ab. Bei einer weniger elastischen Nachfragekurve gelingt jedem Unternehmen ein höherer Aufschlag auf die Grenzkosten.

Pro Werbung. Die Verfechter von Werbung argumentieren, dass Unternehmen die Werbung nutzen, um Informationen an die Kunden zu vermitteln. Werbung transportiere Preise, zentrale Merkmale und Eigenschaften einer Ware oder Dienstleistung und informiert über die Existenz neuer Güter und deren Bezugsquellen. Diese Informationen ermöglichen den Kunden bessere Kaufentscheidungen und erhöhen damit die Fähigkeit der Märkte zur effizienten Allokation der Ressourcen. Befürworter von Werbung sagen auch, der Wettbewerb würde gestärkt. Da Werbung die Kunden umfassender über alle Anbieter informiert, können Käufer leichter Preisunterschiede erkennen und nutzen. Dadurch habe jedes Unternehmen eine geringere Marktmacht. Ferner erleichtere die Werbung neuen Anbietern den Markteintritt, da sie ihnen die Möglichkeit eröffnet, Kunden von etablierten Anbietern abzuwerben.

Werbung als ein Zeichen von Qualität

Viele Arten der Werbung enthalten kaum offenkundige Informationen über das Produkt. Nehmen Sie an, ein Unternehmen will neue Frühstücksflocken einführen. Eine typische Werbesendung im Fernsehen könnte eine hoch bezahlte Schauspielerin zeigen, wie sie die Flocken isst und dabei ausruft: »Wie großartig das schmeckt.« Wie viele Informationen transportiert diese Werbung wirklich?

Die Verfechter der Werbung behaupten, dass sogar eine Werbung, die scheinbar informationslos ist, den Konsumenten einiges über die Produktqualität vermittelt. Die Bereitschaft des Unternehmens, für die Werbung viel Geld auszugeben, kann für sich genommen schon als Signal für hohe Produktqualität wirken.

Nehmen wir an, Unternehmen A und Unternehmen B bringen beide ein neues Müsli auf den Markt, das für 3 Euro pro Packung verkauft werden soll. Der Einfachheit halber nehmen wir Grenzkosten von null an, sodass die 3 Euro Erlös vollständig Gewinn sind. Jeder der beiden Hersteller weiß, dass er mit 10 Millionen Euro an Werbeausgaben 1 Million Konsumenten dazu veranlassen kann, das neue Müsli auszuprobieren. Und jeder Hersteller weiß auch, dass die Verbraucher ihr Produkt viele Male kaufen werden, wenn ihnen die erste Packung geschmeckt hat.

Betrachten wir zuerst die Entscheidung von Unternehmen A. Durch Marktforschung weiß die Geschäftsführung, dass das Müsli nur als qualitativ mittelmäßig wahrgenommen wird. Obwohl man mit Werbung je eine Packung an eine Million Konsumenten verkaufen wird, könnten die Verbraucher rasch bemerken, dass das Müsli nicht sehr gut ist und es nicht erneut kaufen. Unternehmen A entscheidet folglich, dass es sich nicht lohnt, 10 Millionen Euro für Werbung auszugeben, um nur 3 Millionen Euro Umsatz zu generieren. Es verzichtet auf die Werbung und schickt seine Köche in die Studios zurück, um eine bessere Rezeptur zu entwickeln.

Unternehmen B dagegen weiß durch Marktforschung, dass sein Müsli großartig ankommt. Wer es einmal probiert hat, wird das ganze Jahr jeden Monat eine Packung kaufen. Die 10 Millionen Euro Werbeausgaben werden also 36 Millionen Euro Erlös einbringen. Die Werbung lohnt sich in diesem Fall, weil Unternehmen B ein nachgewiesen gutes Produkt hat, das die Konsumenten nach dem ersten Probieren immer wieder kaufen werden. Unternehmen B entscheidet sich daher für Werbung.

12.2 Marktstrukturen II: Monopolistische Konkurrenz
Werbung und Markenbildung

Fallstudie

Was bezweckt die Werbung eigentlich wirklich?

Wenn man verschiedene Personen befragt, warum Unternehmen Werbung machen, dann erhält man mit großer Wahrscheinlichkeit die Antwort, dass die Unternehmen damit versuchen, die Nachfrage nach ihren Produkten zu steigern. Auf den ersten Blick ist diese Antwort sinnvoll. Aber dann stellt man sich selbst die Frage, wie oft man denn nach einem Werbespot im Fernsehen in den nächsten Supermarkt gelaufen ist und sich das beworbene Produkt gekauft hat. Und das passiert (bewusst) nicht wirklich häufig. Wenn uns also die Werbung nicht dazu veranlasst, das Produkt sofort zu kaufen, was bezweckt die Werbung dann?

Die Ökonomen Sutherland und Sylvester vertreten die Auffassung, dass es ein Mythos ist, dass uns Werbung zum Kauf von Waren oder Dienstleistungen verleiten soll. Sie weisen stattdessen darauf hin, dass Werbung die Reihenfolge beeinflusst, in der beim Kauf bestimmte Alternativen in Betracht gezogen werden. Wenn der Kunde also bestimmte Marken als gleichwertig empfindet, dann kann Werbung den Ausschlag dafür geben, welches Produkt er letztendlich kauft.

Sutherland und Sylvester vergleichen die Wirkung der Werbung mit dem Älterwerden. Man weiß, dass man älter wird, aber die Veränderungen von einem Tag zum anderen sind kaum wahrzunehmen. Wenn man jedoch jemanden eine ganze Zeit lang nicht gesehen hat, dann wird man Unterschiede feststellen – die Haare sind möglicherweise grauer und lichter geworden, der Bauch dicker usw. Gleiches gilt für viele Werbekampagnen. Das hauptsächliche Ziel sei es, so Sutherland und Sylvester, eine Reihe von kleinen Effekten zu erzielen, die am Ende unser Verhalten beeinflussen und dazu führen, dass wir die Produkte oder Marken, die wir uns entscheiden zu kaufen, mit anderen Augen sehen.

Wie Werbung genau funktioniert, ist schwer zu sagen. Sutherland und Sylvester sind der Meinung, dass die Werbeindustrie selbst oft nicht weiß, warum manche Werbespots gut laufen und andere nicht. Es ist schon lange anerkannt, dass Werbung viel mit Psychologie zu tun hat. Unser Verständnis darüber, wie das Gehirn funktioniert, ist durch technologische Entwicklungen wie die Magnetresonanztomografie (MRT) revolutioniert worden. Auch die Werbeindustrie versucht, diese technologischen Entwicklungen zu nutzen, um die Zielrichtung und die Effizienz von Werbung zu verbessern.

Mithilfe der Magnetresonanztomografie lässt sich feststellen, wie das Gehirn auf bestimmte Botschaften oder Bilder reagiert und welche Bereiche des Gehirns dabei involviert sind. Bei einem Experiment sollten Personen den Geschmack von zwei verschiedenen Sorten Cola testen. Die Testpersonen wussten nicht, dass es sich dabei um Coke und Pepsi handelte, und am Ende bevorzugten 50 Prozent Coke und 50 Prozent Pepsi. Dann wurde das Experiment wiederholt und den Testpersonen wurde mitgeteilt, welche Sorte Cola sie trinken. Nach diesem Experiment bevorzugten rund 75 Prozent der Testpersonen Coke. Forscher fanden mithilfe der Magnetresonanztomografie heraus, dass das Gehirn mit dem Bild von Coke bestimmte (Werbe-)Botschaften verbindet, die das Geschmacksurteil beeinflussen.

Quelle: Sutherland, M./Sylvester, A. K.: Advertising and the Mind of the Consumer: What Works, What Doesn't, and Why, St. Leonards 2000.

Nachdem wir das Verhalten der beiden Unternehmen betrachtet haben, müssen wir die Konsumenten ins Auge fassen. Wir haben oben unterstellt, dass die Konsumenten ein in der Werbung angepriesenes neues Müsli auch ausprobieren werden. Doch ist solch ein Verhalten auch rational? Sollte ein Verbraucher allein deshalb ein neues Müsli probieren, weil ein Produzent sich zur Werbung entschlossen hat?

Die Antwort lautet ja. In der Tat ist es sehr vernünftig, wenn die Konsumenten neue Produkte ausprobieren, die sie in der Werbung kennenlernen. In unserer Geschichte entscheiden sich die Verbraucher für Probekäufe des neuen Müslis von Unternehmen B, weil dieses wirbt. Unternehmen B entschließt sich ja zur Werbung, weil es weiß, dass das Produkt gut ist, während Unternehmen A nicht wirbt, weil es weiß, dass das Produkt nur mittelmäßig ist. Mit dem Entschluss, Geld für Werbung auszugeben, signalisiert Unternehmen B den Verbrauchern die gute Qualität des Produkts. Jeder Verbraucher denkt ziemlich vernünftig: »Wenn das Unternehmen B bereit ist, so viel Geld für Werbung auszugeben, dann muss sein neues Müsli ziemlich gut sein.«

Besonders überraschend an dieser Theorie über Werbung ist, dass es auf den Inhalt der Werbung gar nicht ankommt. Unternehmen B signalisiert die Qualität seines Produkts durch seine bloße Bereitschaft, Geld für die Werbung auszugeben.

Welche Aussagen in der Werbung vermittelt werden, ist nicht annähernd so wichtig, wie die Tatsache, dass die Konsumenten wissen, wie teuer Werbung ist. Billige Werbung kann kein Qualitätssignal an die Verbraucher übermitteln. Wenn in unserem Beispiel die Werbekampagne weniger kosten würde als 3 Millionen Euro, würden sich sowohl Unternehmen B als auch Unternehmen A für die Werbung entscheiden. Da auf diese Weise gute und mittelmäßige Produkte gleichermaßen beworben würden, könnten die Konsumenten aus der Werbung keine Rückschlüsse auf die Qualität der Produkte ziehen. Mit der Zeit würden die Konsumenten diese billige Werbung ignorieren.

Dies erklärt, warum Unternehmen Prominenten hohe Summen zahlen, um Werbespots oder Anzeigen zu schalten, die auf den ersten Blick keine Information enthalten. Die Information ist nicht der Inhalt der Werbung, sondern schlicht die Existenz der Werbung und die damit verbundenen Kosten.

Markenbildung und Markennamen

Die Werbung ist eng verbunden mit der Entwicklung von Marken. **Markenbildung (Branding)** ist ein Instrument, mit dessen Hilfe ein Unternehmen eine Identität für sich selbst schafft und damit verdeutlicht, wodurch es sich von der Konkurrenz unterscheidet. In vielen Märkten gibt es zwei Arten von Unternehmen. Einige Unternehmen verkaufen Produkte mit weithin bekannten Markennamen, andere haben No-Name-Produkte ähnlicher Qualität als Substitute anzubieten. So finden Sie z. B. in der Apotheke Aspirin von Bayer ebenso wie Generika gleicher Zusammensetzung. In der Getränkehandlung wird Pepsi Cola neben weniger bekannten Cola-Getränken angeboten. Meist geben Unternehmen mit bekannten Markennamen mehr für ihre Werbung aus und verlangen für ihre Markenprodukte höhere Preise.

So wie unterschiedliche Ansichten über die Ökonomik der Werbung bestehen, gibt es auch differierende Meinungen über die Ökonomik von Markennamen und Branding. Lassen Sie uns beide Seiten der Debatte betrachten.

Kritiker der Markennamen bringen vor, die Marken würden Konsumenten zur Wahrnehmung von Unterschieden anstoßen, die es in Wirklichkeit gar nicht gibt. In vielen Fällen ist das namenlose Substitut qualitativ vom Markenartikel nicht zu unterscheiden. Die Bereitschaft der Konsumenten, für einen Markenartikel mehr zu bezahlen, ist nach Meinung der Kritiker eine Form von Irrationalität, die auf Werbung beruht. Der Ökonom Edward Chamberlin, ein Pionier auf dem Gebiet der monopolistischen Konkurrenz, war deshalb der Meinung, Markennamen seien schlecht für die Volkswirtschaft. Er schlug daher vor, dass der Staat den Schutz der Handelsmarken einschränkt oder verweigert.

In neuerer Zeit jedoch haben Ökonomen den Gebrauch der Markennamen als Qualitätssignal für Konsumenten verteidigt. Dabei werden zwei verwandte Argumente angeführt: Erstens bieten Markennamen den Konsumenten Informationen über das Produkt, noch bevor sie es erwerben. Zweitens stellen Markennamen für die Hersteller einen

Markenbildung (Branding)
Instrument, mit dessen Hilfe ein Unternehmen eine Identität für sich selbst schafft und damit verdeutlicht, wodurch es sich von der Konkurrenz unterscheidet.

Anreiz dar, den Bedürfnissen ihrer Kunden gerecht zu werden, da die Markennamen und ihre Reputation für die Unternehmen Vermögenswerte darstellen. In diesem Zusammenhang ist darauf hinzuweisen, dass Markennamen nicht notwendigerweise mit einem hohen Qualitätsanspruch gleichzusetzen sind.

Markenbildung ist in erster Linie ein Mittel, mit dem das Unternehmen beim Konsumenten bestimmte Assoziationen weckt. Da diese Assoziationen immer vertrauter werden, ist es wahrscheinlich, dass der Konsument zu einem loyalen Kunden des Unternehmens wird und dessen Produkte wiederholt erwirbt.

Einige Unternehmen betonen, dass ihre Güter preiswert sind, aber der Kunde etwas für sein Geld bekommt. Aldi und MediaMarkt haben genauso ein Interesse an der Entwicklung ihres Markennamens wie Rewe und Bang & Olufsen, da die Kunden in der Lage sind, mit bestimmten Marken bestimmte Inhalte in Verbindung zu bringen.

Um die vorgebrachten Argumente praktisch nachvollziehen zu können, lassen Sie uns einen bekannten Markenartikel betrachten: Hamburger von McDonald's. Stellen Sie sich vor, Sie fahren durch eine fremde Stadt und wollen anhalten, um zu essen. In der Nähe sehen Sie ein McDonald's-Restaurant und ein örtliches Gasthaus. Welches Restaurant werden Sie wählen? Vielleicht bietet das örtliche Lokal bessere Speisen zu niedrigeren Preisen, aber Sie können das ja nicht wissen. Bei McDonald's erhält man aber, wie Ihnen bekannt ist, überall standardisierte Gerichte bestimmter Güte. Der Firmenname ist nützlich und hilfreich bei Ihrem Urteil über die zu erwartende Qualität des Angebots.

Der Name McDonald's stellt auch sicher, dass das Unternehmen Qualitätssicherung betreibt. Wenn z. B. einige Kunden nach McDonald's-Essen ins Krankenhaus eingeliefert werden müssten, käme es zu Medienmeldungen mit verheerenden Folgen für das Unternehmen. Im Nu wäre ein Großteil der wertvollen Reputation von McDonald's verloren, die man über Jahre hinweg mühevoll mit Leistung und mit viel Werbung aufgebaut hat. Als Folge davon wären Umsatz- und Gewinneinbußen zu erwarten, und zwar nicht nur in der Filiale, die den Schaden angerichtet hat. Bei dem örtlichen Restaurant wären die Auswirkungen verdorbenen Essens andere. Der entgangene Gewinn durch die Erkrankungen der Gäste wäre insgesamt geringer, obwohl das Lokal vielleicht schließen müsste. McDonald's hat einen höheren Goodwill zu verteidigen und damit einen höheren Anreiz, die Qualität der Gerichte zu garantieren.

Die Diskussion um die Markennamen dreht sich im Kern um die Frage, ob Kunden bei ihrer Wahl zwischen Markenartikeln und Eigenmarken unbekannter Unternehmen rational entscheiden. Die Kritiker behaupten, Markennamen seien das Ergebnis einer irrationalen Reaktion der Konsumenten auf die Werbung. Die Befürworter dagegen meinen, die Konsumenten hätten gute Gründe, für Markenartikel höhere Preise zu bezahlen, denn man könne in die Qualität der Produkte ein größeres Vertrauen setzen.

12.3 Fazit

Monopolistische Konkurrenz ist genau das, was ihr Name nahelegt – eine Kreuzung aus Monopol und Konkurrenz. Wie ein Monopolist sieht sich jeder Anbieter bei monopolistischer Konkurrenz einer fallenden Nachfragekurve gegenüber und verlangt folglich einen Preis über den Grenzkosten. Wie ein Anbieter bei vollständiger Konkurrenz hat er jedoch viele Konkurrenten, und die Markteintritte und -austritte drücken seinen Gewinn in Richtung null. Tabelle 12-2 fasst diese Erkenntnisse zusammen.

Da Unternehmen bei monopolistischer Konkurrenz differenzierte Produkte herstellen, versuchen sie mit Werbung, Kunden für sich und ihre Erzeugnisse zu gewinnen. Bis zu einem gewissen Grad führt Werbung zu veränderten Vorlieben der Konsumenten und zu einer irrationalen Markentreue, wodurch der Wettbewerb eingeschränkt wird. Ebenso kann Werbung jedoch auch Informationen transportieren und Markennamen mit verlässlicher Produktqualität etablieren, was den Wettbewerb fördert.

Die Theorie der monopolistischen Konkurrenz eignet sich zur Beschreibung vieler Märkte einer Volkswirtschaft, liefert jedoch keine einfachen und zwingenden Ratschläge für die Politik. Vom wirtschaftstheoretischen Standpunkt aus ist bei monopolistischer Konkurrenz keine optimale Allokation der Ressourcen zu erwarten. Vom Standpunkt politischer Entscheidungsträger her kann man jedoch wenig unternehmen, um das Marktergebnis zu verbessern.

Tab. 12-2

Monopolistische Konkurrenz: zwischen vollständiger Konkurrenz und Monopol

	Vollständige Konkurrenz	Monopolistische Konkurrenz	Monopol
Gemeinsamkeiten aller drei Marktformen			
Unternehmensziel	Gewinnmaximierung	Gewinnmaximierung	Gewinnmaximierung
Maximierungsregel	Grenzerlös = Grenzkosten ($MR = MC$)	Grenzerlös = Grenzkosten ($MR = MC$)	Grenzerlös = Grenzkosten ($MR = MC$)
Möglichkeit zur kurzfristigen Gewinnerzielung	ja	ja	ja
Gemeinsamkeiten zwischen monopolistischer Konkurrenz und Monopol			
Preisnehmer	ja	nein	nein
Preis	Preis = Grenzkosten ($P = MC$)	Preis > Grenzkosten ($P > MC$)	Preis > Grenzkosten ($P > MC$)
Entspricht die Produktionsmenge dem volkswirtschaftlichen Optimum?	ja	nein	nein
Gemeinsamkeiten zwischen vollständiger und monopolistischer Konkurrenz			
Anzahl der Unternehmen	viele	viele	eins
langfristiger Markteintritt	ja	ja	nein
Möglichkeit zur langfristigen Gewinnerzielung	nein	nein	ja

12.3 Marktstrukturen II: Monopolistische Konkurrenz
Fazit

Aus der Praxis

Branding: Die besten Marken sind störend und beständig

Über Branding versuchen Unternehmen ihr Produkt von der Konkurrenz abzuheben, Kunden an sich zu binden, aber auch neue Kundengruppen zu erschließen. Dabei müssen Marketingverantwortliche Kundengruppen und Konkurrenz im Blick behalten und auf sich verändernde Marktbedingungen reagieren. Das heißt, eine Marke muss immer wieder neu positioniert werden. Ein gutes Beispiel hierfür ist die Marke Jägermeister.

Im Jahr 2002/2003 fand eine Neupositionierung der Marke statt, die aus dem Altherrenlikör ein beliebtes Partygetränk und einen Exportschlager machte. Jägermeister musste zu dieser Zeit neue Kundengruppen erschließen: Die sinkende Nachfrage nach hochprozentigem Alkohol in Deutschland war und ist zwar aus politischer und gesellschaftlicher Sicht zu begrüßen. Für das Unternehmen bedeutete dies jedoch, dass seine bisherige Zielgruppe, Männer von 55 Jahren und älter, nicht mehr genügend konsumierte. Um sich gegenüber der Konkurrenz zu behaupten, mussten also neue Kunden erreicht werden. Die Marktforscher des Unternehmens hatten die Party- und Eventszene als Wachstumsfeld identifiziert.

Doch die jüngeren Zielgruppen konnten mit Jägermeister wenig anfangen und tendierten eher zu Marken wie Bacardi und Smirnoff, die in ihrer Werbung mit Sonne, Strand und Party einen ganz anderen Lifestyle transportierten als das angestaubte Image des Kräuterlikörs aus der Eckkneipe. Eine weitere Herausforderung: Die alte Kundschaft sollte beibehalten werden. Der Spagat gelang Jägermeister schließlich, indem Tradition und Moderne zusammengebracht wurden. Die wuchtige, dunkelgrüne Flasche und das Logo mit Hubertus-Hirschgeweih und altertümlichem Schriftzug, die es bereits seit dem Marktgang 1935 gibt, wurden beibehalten, ebenso die Farbgebung des Logos, wobei das markante Orange nun besonders hervorgehoben wurde. Und auch am Produkt selbst änderte man nichts – Jägermeister blieb Jägermeister, mit 56 Kräutern und 35 Prozent Alkohol.

»Achtung Wild« war das neue Motto, und zwei sprechende Hirschköpfe an einer Kneipenwand arbeiten sich im TV-Sport langsam, aber kontinuierlich in das Bewusstsein der neuen Zielgruppe. Diese war von den Marktforschern im Kern definiert als Männer zwischen 18 und 39 Jahren. Hinzu kamen Promotion-Aktionen mit den sogenannten »Jägerettes«, Sponsoring im Bereich Rockmusik, die Entwicklung von speziellen Jägermeister-Kühlzapfanlagen für Bars und Diskotheken und Bewerbung des Kräuterlikörs als Basis für Mixgetränke. »Kantig, unabhängig, wild« war das neue Image. Wer so ist, der trinkt Jägermeister. Das war die neue Werbebotschaft.

Und die Strategie ging auf. Dem Unternehmen gelang es, die alte Zielgruppe zu halten und eine neue für sich zu erschließen – nicht nur im Inland, sondern auch im Ausland. Rund 100 Millionen 0,7-Liter-Flaschen Jägermeister wurden 2018 verkauft, in über 140 Länder. Damit ist Jägermeister die meistverkaufte Likörmarke der Welt.

Gemein hat dieses Beispiel mit anderen erfolgreichen Marken, dass es zeigt, dass jede starke Marke »störend« ist. Das bedeutet, sie trotzt in gewisser Weise der Logik und den »Regeln« ihrer Branche und hebt sich gerade damit von der Konkurrenz ab. Dies geschieht jedoch nicht auf eine chaotische Weise, sondern zielstrebig, konsequent und in der Markentradition verwurzelt. So wird die Glaubwürdigkeit gesichert. Waren Neupositionierungen aufgrund veränderter Marktbedingungen notwendig, wurde bei diesen Marken nicht ihr Kern verändert, sondern den Kunden wurden lediglich neue Facetten der Marke dargeboten. So vermitteln Unternehmen ihren Stammkunden aber auch den potenziellen Neukunden: »Unser Produkt und dessen Qualität ändern sich nicht, trotzdem gehen wir mit der Zeit.« Will man als Unternehmen bei einer Neupositionierung seiner Marke seine Stammkunden nicht verlieren und in den Augen der zu gewinnenden Neukunden glaubhaft sein, muss man seiner Marke also selbst treu bleiben.

Quellen: Engl, C.: Diese Strategie macht Jägermeister so erfolgreich, Focus Money Online, 09.09.2015, http://www.focus.de/finanzen/experten/engl/wie-starke-marken-funktionieren-diese-strategie-macht-jaegermeister-so-erfolgreich_id_3676568.html;
Jägermeister weiter auf Wachstumskurs, about drinks, 16.04.2019, https://www.about-drinks.com/jaegermeister-weiter-auf-wachstumskurs/

Fragen
1. Welche Anreize für Branding bestehen für Unternehmen bei monopolistischer Konkurrenz?
2. Nennen Sie Argumente für und gegen Werbung und Branding.
3. Wann müssen Marken neu positioniert werden? Was ist bei einer Neupositionierung zu beachten?
4. Was macht starke Marken aus?
5. Inwiefern ist der Markt für Alkohol ein Markt mit monopolistischer Konkurrenz? Erläutern Sie Ihre Ansicht.

Zusammenfassung

▸ Ein Markt mit monopolistischer Konkurrenz wird durch drei Eigenschaften gekennzeichnet: zahlreiche anbietende Unternehmen, differenzierte Produkte, freier Markteintritt.
▸ Das Gleichgewicht bei monopolistischer Konkurrenz unterscheidet sich vom Gleichgewicht bei vollständiger Konkurrenz durch zwei Aspekte, die miteinander verknüpft sind. Zum Ersten hat jedes Unternehmen eine Überkapazität, d. h., es operiert auf dem fallenden Teil der Kurve der durchschnittlichen Gesamtkosten. Zum Zweiten verlangt jedes Unternehmen einen Preis, der höher ist als die Grenzkosten der Produktion.
▸ Monopolistische Konkurrenz führt ebenso zum Nettowohlfahrtsverlust wie das Monopol, verursacht durch den Aufschlag auf die Grenzkosten bei der Preissetzung. Ferner kann die Anzahl der Anbieter (und somit die Vielfalt der Produkte) zu klein oder zu groß sein. In der Praxis bestehen kaum Möglichkeiten für die Wirtschaftspolitik, diese Ineffizienzen zu korrigieren.
▸ Die der monopolistischen Konkurrenz inhärente Produktdifferenzierung führt zum Einsatz von Werbung und der Bildung von Markennamen. Kritiker von Werbung und Markennamen behaupten, man nutze damit die Irrationalität der Konsumenten aus und vermindere die Konkurrenz. Befürworter von Werbung und Markennamen setzen dagegen, man informiere die Konsumenten besser und steigere die Konkurrenz in Bezug auf Preise und Produktqualität.

Stichwörter

▸ monopolistische Konkurrenz
▸ Markenbildung (Branding)

Wiederholungsfragen

1. Nennen Sie die drei Merkmale von monopolistischer Konkurrenz. Inwiefern ist monopolistische Konkurrenz mit dem Monopol verwandt? Inwiefern entspricht die monopolistische Konkurrenz der vollständigen Konkurrenz?
2. Zeichnen Sie für einen Markt mit monopolistischer Konkurrenz das Diagramm des langfristigen Gleichgewichts. Wie hängt der Preis mit den durchschnittlichen Gesamtkosten zusammen? Wie ist das Verhältnis zwischen Preis und Grenzkosten?
3. Produziert ein Unternehmen bei monopolistischer Konkurrenz zu viel oder zu wenig, wenn man die volkswirtschaftlich effiziente Menge als Maßstab anlegt? Welche praktischen Erwägungen machen es für Wirtschaftspolitiker unmöglich, diese Schwierigkeiten zu überwinden?
4. Inwiefern könnte die Werbung die gesamtgesellschaftliche Wohlfahrt senken? Inwiefern trägt Werbung vielleicht zur Wohlfahrtssteigerung bei?
5. Wie vermittelt eine Werbung, die keinen erkennbaren Informationsgehalt aufweist, in der Tat doch Informationen an die Verbraucher?
6. Legen Sie zwei Vorteile dar, die aus dem Gebrauch von Markennamen entstehen.

Aufgaben und Anwendungen

1. Versuchen Sie, die Märkte folgender Güter zu klassifizieren (vollständige Konkurrenz, Monopol, monopolistische Konkurrenz), und begründen Sie ihre Entscheidungen:
   a. Lippenstifte
   b. Butter
   c. Bleistifte
   d. Telefon
   e. Mineralwasser

2. Bestimmen Sie für jede der folgenden Aussagen, ob damit ein Unternehmen bei vollständiger Konkurrenz, ein Unternehmen bei monopolistischer Konkurrenz, beide Marktformen oder keine dieser Marktformen beschrieben wird.
   a. Das Unternehmen verlangt einen Preis in Höhe der Grenzkosten.
   b. Der Grenzerlös des Unternehmens entspricht dem Preis.
   c. Das Unternehmen sieht sich Markteintrittsbeschränkungen gegenüber.
   d. Das Unternehmen stellt ein Produkt her, das identisch mit dem Produkt der Wettbewerber ist.
   e. Das Unternehmen erzielt langfristig keinen Gewinn.
   f. Das Unternehmen produziert in einem Bereich, in dem der Grenzerlös größer als die Grenzkosten ist.

3. Bestimmen Sie für jede der folgenden Aussagen, ob damit ein Monopol, ein Unternehmen bei monopolistischer Konkurrenz, beide Marktformen oder keine dieser Marktformen beschrieben wird.
   a. Das Unternehmen sieht sich einer fallenden Nachfragekurve gegenüber.
   b. Das Unternehmen hat einen Grenzerlös, der kleiner als der Preis ist.
   c. Das Unternehmen sieht sich mit dem Markteintritt von neuen Unternehmen konfrontiert, die ähnliche Produkte verkaufen.
   d. Das Unternehmen erzielt langfristig Gewinne.
   e. Grenzerlös und Grenzkosten des Unternehmens sind gleich.
   f. Das Unternehmen produziert die volkswirtschaftlich effiziente Menge.

4. Wir haben in diesem Kapitel gelernt, dass Unternehmen bei monopolistischer Konkurrenz durch eine Steigerung der Produktionsmenge die durchschnittlichen Gesamtkosten senken können. Warum tun die Unternehmen das nicht?

5. Stellen Sie sich den Markt für Zahnpasta vor. »Procto« sei die Marke eines Anbieters, mit der sich der Anbieter im langfristigen Gleichgewicht befindet.
   a. Zeichnen Sie ein Diagramm mit der Nachfrage-, der Grenzerlös- und der Grenzkostenkurve sowie der Kurve der durchschnittlichen Gesamtkosten. Markieren Sie den gewinnmaximierenden Preis-Mengen-Punkt für »Procto«.
   b. Wie hoch ist der Gewinn von »Procto«?

c. Zeigen Sie anhand Ihres Diagramms die Konsumentenrente, die beim Verkauf von »Procto« entsteht. Zeigen Sie ferner den Nettowohlfahrtsverlust, der im Vergleich zur effizienten Menge bei vollständiger Konkurrenz entsteht.

d. Was würde aus dem Unternehmen, wenn es staatlich gezwungen würde, die gesamtwirtschaftlich effiziente Menge von »Procto« zu produzieren? Was würde aus den Kunden?

6. Im vorliegenden Kapitel wurde erwähnt, dass Unternehmen bei monopolistischer Konkurrenz Weihnachtskarten an die Kunden verschicken. Was wollen sie damit erreichen?

7. Welche der nachfolgenden Unternehmen würde sich eher in der Werbung engagieren:
    a. ein familieneigener Bauernhof oder eine familieneigene Gaststätte?
    b. ein Produzent von Gabelstaplern oder ein Hersteller von Personenautos?
    c. ein Unternehmen mit einer neuen und sehr zuverlässigen Armbanduhr oder ein Unternehmen mit einer neuen, aber weniger zuverlässigen Armbanduhr, wenn beide Produkte gleiche Kosten haben?

8. Der Hersteller von Aspirin tätigt beachtliche Werbeausgaben, während für Generika nicht geworben wird. Diese Kunden kaufen nur zu niedrigsten Preisen ein. Nehmen Sie an, die Grenzkosten wären für beiderlei Produkte gleich und konstant.
    a. Zeichnen Sie für Aspirin die Nachfrage-, Grenzerlös- und Grenzkostenkurve. Markieren Sie den Preis und den Aufschlag auf die Grenzkosten.
    b. Wiederholen Sie a für ein generisches Produkt. Worin bestehen die Unterschiede? Wer hat den größeren Aufschlag auf die Grenzkosten?
    c. Welcher Hersteller hat den größeren Anreiz zu sorgfältiger Qualitätskontrolle?

13 Marktstrukturen III: Oligopol

Die Europäer lieben Schokolade. Jeder Deutsche isst im Durchschnitt pro Jahr rund 8 Kilogramm Schokolade. Die Schweizer schaffen es sogar auf knapp 9 Kilogramm, die Briten auf 7,6 und die Belgier auf 5,6 Kilogramm (Stand: 2017). Es gibt viele Unternehmen, die in Europa Schokolade herstellen, wie Anthon Berg in Dänemark, Lindt und Favarger in der Schweiz, Guylian und Godiva in Belgien und Hachez in Deutschland. Dennoch kommt es den meisten Europäern so vor, als ob die Schokolade, die sie essen, nur von drei Unternehmen produziert wird: Cadbury (gehört zum US-Konzern Kraft), Mars oder Nestlé. Diese Unternehmen dominieren die Schokoladenindustrie in der Europäischen Union. Aufgrund ihrer Größe sind sie in der Lage, sowohl die Produktionsmengen an Schokolade als auch – bei einer gegebenen Nachfragekurve – den Preis, zu dem die Schokoriegel verkauft werden, zu beeinflussen.

Der Markt für Schokolade ist ein weiteres Beispiel unvollständiger Konkurrenz, jedoch ist in diesem Fall der Markt durch eine relativ kleine Anzahl sehr großer Unternehmen dominiert. Diese Form der unvollständigen Konkurrenz wird **Oligopol** genannt – Wettbewerb einiger Weniger. Bei einer oligopolistischen Marktstruktur kann es Tausende Unternehmen im Markt geben, doch werden die Verkäufe durch einige wenige Unternehmen dominiert, die ähnliche oder identische Produkte anbieten. Man sagt, dass der Markt auf einige wenige Anbieter konzentriert ist.

Oligopol
Wettbewerb einiger Weniger – eine Marktstruktur, in der nur wenige Verkäufer ähnliche oder identische Produkte anbieten und den Markt dominieren.

13.1 Märkte mit nur wenigen Anbietern

Die **Konzentrationsrate** gibt den Marktanteil an, der auf eine bestimmte Anzahl von Unternehmen entfällt. Eine Zwei-Unternehmen-Konzentrationsrate von 90 Prozent beispielsweise bedeutet, dass 90 Prozent des Absatzes im Markt auf nur zwei Unternehmen entfallen. Eine Fünf-Unternehmen-Konzentrationsrate von 75 Prozent gibt an, dass 75 Prozent des Absatzes auf fünf Unternehmen entfallen.

Konzentrationsrate
Gibt den Marktanteil an, der auf eine bestimmte Anzahl von Unternehmen entfällt.

Ein Beispiel für einen oligopolistischen Markt ist der Markt für Schokolade, ein anderes der Markt für Rohöl – einige wenige Länder im Mittleren Osten kontrollieren den Großteil der weltweiten Ölreserven. In Europa gibt es ungefähr ein Dutzend Autohersteller – ob dieser Markt ein Oligopol ist, kann man diskutieren. Bier produzieren im Euroraum Tausende unabhängiger Brauereien, der Markt wird jedoch durch eine relativ kleine Zahl von Unternehmen beherrscht: A-BInBev, Heineken, Carlsberg und SABMiller.

Die Beherrschung des Markts durch eine geringe Anzahl von Unternehmen führt dazu, dass sich die Maßnahmen jedes einzelnen Anbieters deutlich spürbar auf die Gewinne aller anderen auswirken. Im Oligopol besteht zwischen den Unternehmen also eine Interdependenz oder wechselseitige Abhängigkeit, wie sie für Unternehmen

13.1 Marktstrukturen III: Oligopol
Märkte mit nur wenigen Anbietern

auf Konkurrenzmärkten nicht besteht. Wir wollen im vorliegenden Kapitel klären, wie sich diese Interdependenz der Anbieter auf ihr Verhalten auswirkt und welche Probleme damit für die Wirtschaftspolitik entstehen.

> **Kurztest**
> Stellen Sie die folgenden Märkte, die man als oligopolistisch bezeichnen kann, gedanklich gegenüber und überlegen Sie, wie jeweils die Konzentrationsrate ausfallen könnte: Bankdienstleistungen, Mobilfunk, Versicherungen, Chemische Industrie, Elektroartikel, Reinigungsmittel, Unterhaltungsindustrie.

Differenzierung

Unternehmen in oligopolistischen Marktstrukturen bieten ähnliche Produkte an, wobei sie bemüht sein können, sich von den anderen abzusetzen. Das eine Bier unterscheidet sich vielleicht nicht erheblich von dem anderen, dennoch versuchen die Unternehmen die Konsumenten davon zu überzeugen, dass ihr spezielles Bier besonders ist. Die Produktdifferenzierung kann darin bestehen, dass der Alkoholgehalt höher oder niedriger ist als bei anderen Bieren, die Kalorienzahl geringer, das Flaschendesign anders usw.

Das Unternehmen Procter & Gamble stellt u. a. Daz, Ariel, Bold und Fairy her. Obwohl dies alles Waschmittel sind, gelingt es dem Unternehmen, dieses Produktportfolio zu differenzieren und Differenzierung sogar innerhalb einer Marke zu erreichen, indem es das jeweilige Waschmittel als Pulver, als Flüssigwaschmittel, als Waschtabs, mit oder ohne Weichspüler oder Fleckensalz anbietet. Mit dieser Differenzierung will Procter & Gamble verschiedene Kundengruppen erreichen, d. h. Marktsegmente besetzen, und nicht zuletzt der Konkurrenz Marktanteile streitig machen. **Marktsegmente** entstehen durch die Unterteilung der Kunden in Gruppen mit ähnlichen Kaufgewohnheiten oder Merkmalen wie Alter, Kultur, Geschlecht, Einkommen, Standort, Erwartungen, Interessen usw.

Marktsegment
Unterteilung der Kunden in Gruppen mit ähnlichen Kaufgewohnheiten oder Merkmalen.

Interdependenz

Da oligopolistische Märkte von einigen wenigen großen Unternehmen beherrscht werden, sind diese voneinander abhängig. Das bedeutet, dass jedes Unternehmen einen gewissen Einfluss auf die übrigen Unternehmen hat und diese auf die Entscheidungen der anderen reagieren können. Zwar konzentriert sich jedes Unternehmen im Markt auf seine eigenen Aktivitäten und Interessen, doch sein Verhalten wird auch dadurch geprägt, welche Reaktionen es von der Konkurrenz erwartet.

Das Resultat dieser Interdependenz ist eine ständige Spannungslage zwischen Kooperation und Eigeninteressen. Für eine Gruppe von Oligopolisten wäre es am besten, wenn sie zusammenarbeiten und wie ein Monopolist agieren würde, d. h., sie bietet eine kleine Menge zu einem Preis über den Grenzkosten an. Doch da jeder Oligopolist letztlich nur seinen eigenen Gewinn im Auge hat, gibt es starke Anreize gegen eine Aufrechterhaltung des Monopolergebnisses.

Ein Duopol-Beispiel

Um das Verhalten eines Oligopols besser zu verstehen, befassen wir uns mit einem Oligopol, das nur zwei Anbieter hat und folglich Duopol oder Dyopol genannt wird. Oligopole mit drei und mehr Anbietern sehen sich grundsätzlich den gleichen Problemen gegenüber, sodass wir mit unserem einfachen Ansatz keine wichtigen Dinge außer Acht lassen.

Man stelle sich eine Stadt vor, in der nur zwei Einwohner – Vera und Marco – Eigentümer von guten Trinkwasserbrunnen sind. Samstag für Samstag legen Vera und Marco gemeinsam die zu fördernde Wassermenge fest, bringen diese Menge auf den Markt und verkaufen sie zu dem Preis, den der Markt hergibt. Der Einfachheit halber nehmen wir an, dass den beiden beim Wasserpumpen keine Kosten entstehen. Die Grenzkosten der Trinkwasserherstellung sind also null.

Die städtische Nachfrage nach Trinkwasser ist in der Tabelle 13-1 zusammengestellt. Die erste Spalte zeigt die insgesamt nachgefragte Menge und die zweite Spalte den Preis. Wenn die beiden insgesamt 10 Liter verkaufen, nehmen sie je Liter 110 Euro ein. Bei 20 Litern sinkt der Literpreis auf 100 Euro usw. Wenn man diese beiden Spalten in ein Koordinatensystem überträgt, erhält man eine normal preisabhängige Nachfragekurve, bei der die Nachfragemenge mit steigendem Preis sinkt.

Tab. 13-1

Die Nachfrage nach Trinkwasser

Menge (Liter)	Preis (€)	Erlös (und Gesamtgewinn) (€)
0	120	0
10	110	1.100
20	100	2.000
30	90	2.700
40	80	3.200
50	70	3.500
60	60	3.600
70	50	3.500
80	40	3.200
90	30	2.700
100	20	2.000
110	10	1.100
120	0	0

Die letzte Spalte der Tabelle 13-1 weist den Gesamterlös des Wasserverkaufs aus (Menge mal Preis). Da es keine Förderkosten des Wassers gibt, entspricht der Erlös der beiden Produzenten unmittelbar dem gemeinsamen Gewinn.

Überlegen wir nun, wie die Organisation der Trinkwassererzeugung in der Stadt den Preis und die Qualität des verkauften Wassers beeinflusst.

Konkurrenz, Monopole und Kartelle

Bei vollständiger Konkurrenz treiben die Produktionsentscheidungen der einzelnen Unternehmen den Marktpreis auf das Niveau der Grenzkosten. Die Grenzkosten betragen im vorliegenden Beispielfall des Markts für Trinkwasser null. Unter Konkurrenzbedingungen wäre der Preis also schließlich null, und die dabei abgesetzte Menge beliefe sich auf 120 Liter. Der Wasserpreis würde die Produktionskosten widerspiegeln, und es würde die effiziente Menge produziert und konsumiert.

Die Tabelle 13-1 zeigt, dass die Maximierung des Gesamtgewinns bei einer Menge von 60 Litern und einem Preis von 60 Euro pro Liter realisiert wird. Ein gewinnmaximierender Monopolist würde sich also für diese Preis-Mengen-Kombination entscheiden. Wie im Monopolfall üblich, liegt der Preis über den Grenzkosten. Das Marktergebnis wäre ineffizient, denn produzierte und konsumierte Wassermenge verfehlen das gesellschaftlich effiziente Niveau von 120 Litern.

Welches Marktergebnis wäre im Duopolfall zu erwarten? Aufgrund der Interdependenz im oligopolistischen Markt wäre es eine Möglichkeit, dass sich Vera und Marco zusammentun und gemeinsam über die Produktionsmenge und den Preis entscheiden. Solch eine Absprache zwischen Unternehmen über Produktion und Preis nennt man **Kollusion**, und die beteiligte Gruppe von Unternehmen ist ein **Kartell**. Sobald sich einmal ein Kartell gebildet hat, wird der Markt faktisch von einem Monopol beliefert, und wir können die Analyse für den Monopolfall anwenden. Wenn sich Vera und Marco also zusammenschließen, so einigen sie sich auf das Monopolresultat, weil dabei der mögliche Gewinn aus dem Markt maximiert wird. Unsere beiden Anbieter würden zusammen 60 Liter produzieren und diese zum Preis von 60 Euro pro Liter absetzen. Wieder liegt der Preis über den Grenzkosten, und das Marktergebnis ist volkswirtschaftlich ineffizient.

Ein Kartell muss sich nicht nur über die gesamte Produktionsmenge verständigen, sondern auch über die Produktionsmengen der einzelnen Kartellmitglieder. In unserem Beispielfall müssen sich Vera und Marco einigen, wie sie die Monopolproduktion von 60 Litern untereinander aufteilen. Jedes Mitglied wird einen möglichst großen Anteil haben wollen, weil ein großer Produktions- und Marktanteil gleichbedeutend ist mit einem großen Gewinn. Könnten sich Vera und Marco auf eine Teilung halbe-halbe einigen, so entfielen auf jede Person eine Produktionsmenge von 30 Litern und ein Gewinn von 1.800 Euro. Der Preis läge bei 60 Euro pro Liter.

Kollusion
Absprache von Unternehmen über Produktionsmengen und Preise.

Kartell
Gruppe von Unternehmen, die einvernehmlich (per Kollusion) agieren.

Das Gleichgewicht auf dem Oligopolmarkt

Obwohl Oligopolisten gerne Kartelle bilden und Monopolgewinne verdienen würden, ist dies oft nicht möglich und sogar verboten. Im Interesse der Volkswirtschaft als Ganzes stehen die Kartellgesetze der Ausschaltung des Wettbewerbs per Absprachen entgegen. Streit unter den Kartellmitgliedern über die Gewinnverteilung trägt ein Übriges dazu bei, dass der Bestand der Kartelle stets gefährdet ist. Lassen Sie uns daher untersuchen, was passiert, wenn Vera und Marco unabhängig voneinander entscheiden, wie viel Wasser sie produzieren wollen.

Zuerst könnte man vermuten, dass Vera und Marco jeder einzeln das Monopolergebnis realisieren, da dieses Ergebnis ihren Gesamtgewinn maximiert. Ohne eine bindende Absprache jedoch ist das Monopolergebnis unwahrscheinlich. Stellen wir uns vor, dass Marco davon ausgeht, dass Vera nur 30 Liter (die halbe Monopolmenge) produziert. Er würde vielleicht so kalkulieren:

»Ich könnte ebenso gut 30 Liter produzieren und anbieten. In diesem Fall würde eine Gesamtmenge von 60 Litern Wasser zum Preis von 60 Euro pro Liter abgesetzt. Mein Gewinn dabei wäre 1.800 Euro (30 Liter mal 60 Euro pro Liter). Ich könnte jedoch auch 40 Liter herstellen und verkaufen. Die Gesamtmenge von 70 Litern könnte zum Preis von 50 Euro pro Liter verkauft werden. Mein Gewinn wäre demnach 2.000 Euro (40 Liter mal 50 Euro pro Liter). Obwohl der Gesamtgewinn aus dem Markt in diesem Fall sinken würde, könnte mein eigener Gewinn steigen; denn ich hätte einen größeren Marktanteil.«

Aufgrund der Interdependenz der beiden Unternehmen könnte Vera ähnliche Überlegungen anstellen. Falls dies zuträfe, brächten die beiden zusammen 80 Liter auf den Markt, und der Preis ginge auf 40 Euro pro Liter zurück. Obwohl also jeder Duopolist einzeln nach seinem Vorteil strebt, wenn er über die Produktionsmenge entscheidet, stellen sie zusammen schließlich mehr als die Monopolmenge her, bieten sie zu einem niedrigeren Preis als dem Monopolpreis an und erzielen einen Gesamtgewinn, der niedriger als der Monopolgewinn ist.

Die Triebkraft des Eigeninteresses steigert die Duopol-Produktionsmenge zwar über die Monopolmenge hinaus, sie führt aber nicht zu derselben Allokation wie bei vollständiger Konkurrenz. Schauen wir noch einmal, was geschieht, wenn jeder Duopolist bei der Produktionsmenge von 40 Litern steht. Der Preis beträgt 40 Euro und jeder Duopolist erzielt einen Gewinn in Höhe von 1.600 Euro. In diesem Fall lauten die eigennützigen Überlegungen von Marco so:

»Derzeit beträgt mein Gewinn 1.600 Euro. Angenommen, ich erweitere meine Produktion auf 50 Liter. In diesem Fall könnten 90 Liter verkauft werden und der Preis betrüge 30 Euro pro Liter. Dann hätte ich nur noch einen Gewinn von 1.500 Euro. Also bleibe ich lieber bei der Produktionsmenge von 40 Litern.«

Das Marktergebnis, bei dem Vera und Marco je 40 Liter produzieren und verkaufen, sieht wie eine Art Marktgleichgewicht aus. In der Tat nennt man es Nash-Gleichgewicht, benannt nach dem Mathematiker John Forbes Nash Jr. (1928–2015). Ein **Nash-Gleichgewicht** ist eine Situation, in der miteinander verbundene Akteure ihre bestmögliche Strategie in Bezug zur Strategie der anderen gewählt haben. Das Nash-Gleichgewicht und dessen Begründer John Nash werden wir später in diesem Kapitel

Nash-Gleichgewicht
Eine Situation, in der wechselweise miteinander verbundene Akteure einzeln ihre bestmögliche Strategie wählen – vorausgesetzt, alle übrigen Akteure bleiben bei den von ihnen gewählten Strategien.

noch ausführlicher vorstellen. Im Beispielfall besteht bei einer durch Vera produzierten Menge von 40 Litern die beste Strategie für Marco darin, ebenfalls 40 Liter herzustellen. Sobald die beiden einmal das Nash-Gleichgewicht erreichen, hat niemand mehr einen Vorteil davon, eine andere Entscheidung zu treffen.

Oligopolisten sind als Gruppe insgesamt besser gestellt, wenn sie kooperieren und gemeinsam das Monopolergebnis auf dem Markt erzielen. Da sie jedoch ihre Eigeninteressen verfolgen, erreichen sie das Monopolergebnis letztendlich nicht und kommen zu keiner gemeinsamen Gewinnmaximierung. Jeder einzelne Oligopolist ist immer versucht, seine Produktion zu erhöhen und einen größeren Nachfrageteil zu bedienen. Da alle so denken und handeln, steigt letztlich die angebotene Gesamtmenge und der Preis fällt.

Gleichzeitig treibt das Eigeninteresse den Markt jedoch nicht bis zum Marktergebnis bei vollständiger Konkurrenz. Wie Monopolisten haben Oligopolisten sehr wohl ein Gespür dafür, dass ihre Mengensteigerungen den Marktpreis des Produkts nach unten drücken. Deshalb werden sie nicht so weit gehen, dass es zur Situation »Preis gleich Grenzkosten« kommt.

Wenn also die Oligopolisten ihre individuelle Produktions- und Angebotsmenge zur eigenen Gewinnmaximierung wählen, werden sie zusammen eine größere Menge als ein Monopolist und eine kleinere Menge als ein Polypolist auf den Markt bringen. Der Marktpreis des Oligopols ist dann niedriger als der Monopolpreis, jedoch höher als der Konkurrenzpreis (der den Grenzkosten entspricht).

Wie die Größe eines Oligopols das Marktergebnis bestimmt

Mit den Erkenntnissen des Duopolfalls können wir nun der Frage nachgehen, wie die Größe eines Oligopols voraussichtlich das Marktergebnis beeinflussen wird. Nehmen wir an, dass Harald und Hans plötzlich Trinkwasserquellen auf ihren Grundstücken entdecken und sich dem Oligopol von Vera und Marco anschließen. Die Nachfragefunktion der Tabelle 13-1 gilt weiterhin, es sind nun jedoch mehr Anbieter verfügbar, um die Nachfrage zu decken. Wie würde ein Anwachsen der Anbieterzahl von 2 auf 4 den Preis und die Angebotsmenge von Trinkwasser in der Stadt verändern?

Könnten die Wasserverkäufer ein Kartell bilden, so würden sie zur gemeinsamen Gewinnmaximierung selbstverständlich erneut danach trachten, die Monopolmenge herzustellen und den Monopolpreis zu verlangen. Wie zuvor schon bei zwei Oligopolisten, müssten sich die Mitglieder des Kartells auf Produktionsmengen für jedes einzelne Mitglied einigen und Wege finden, die Vereinbarung durchzusetzen. Dies wird mit zunehmender Teilnehmerzahl immer schwieriger.

Sofern die Oligopolisten kein Kartell bilden, etwa weil dies gesetzlich verboten ist, müssen sie sich einzeln für ihre individuelle Produktions- und Angebotsmenge entscheiden. Betrachten wir die Entscheidungslage des Einzelnen, um die mögliche Auswirkung einer größeren Gruppe von Anbietern abzuschätzen. Zu jeder Zeit hat jeder der vier Eigentümer von Trinkwasserquellen die Möglichkeit, 1 Liter mehr zu produzieren. Bei dieser Entscheidung wird der Eigentümer zwei Effekte abwägen:

- Den *Mengeneffekt*: Da der Preis über den Grenzkosten liegt, wird der Verkauf der zusätzlichen Einheit zum herrschenden Preis den Gewinn erhöhen.
- Den *Preiseffekt*: Die Produktionssteigerung wird das Marktangebot und den Mengenabsatz erhöhen, wodurch eine Preissenkung und Gewinnminderung bei allen verkauften Einheiten eintritt.

Ist der Mengeneffekt größer als der Preiseffekt, so ist eine Produktionserhöhung vorteilhaft. Dominiert der Preiseffekt jedoch den Mengeneffekt, so unterbleibt die Produktionserhöhung. (In dieser Lage ist sogar eine Produktionssenkung gewinnbringend.) Jeder Oligopolist dehnt – bei Unterstellung unveränderten Konkurrentenverhaltens – die Produktion so lange aus, bis sich die beiden Effekte genau die Waage halten.

Nun betrachten Sie, wie sich die Anbieterzahl auf die Marginalanalyse des einzelnen Unternehmens auswirkt. Je größer die Zahl der Anbieter ist, umso weniger wird jeder Anbieter seine Eigenwirkung auf den Marktpreis veranschlagen. Je größer also das Oligopol wird, umso kleiner fällt die Kalkulation des Preiseffekts eigener Mengenänderungen aus. Bei einer sehr großen Anbieterzahl gerät der Preiseffekt völlig aus dem Blickfeld. Dann zählt nur noch der Mengeneffekt, und solange der Preis über den Grenzkosten liegt, weitet jeder Oligopolist – gleich einem Polypolisten auf dem vollkommenen Markt – seine Angebotsmenge aus.

Wir sehen, dass ein sehr großes Oligopol im Wesentlichen eine Gruppe konkurrierender Unternehmen ist. Bei vollständiger Konkurrenz achtet ein Unternehmen nur auf den Mengeneffekt: Da ein Unternehmen im Wettbewerb ein Mengenanpasser oder Preisnehmer ist, entfällt der Preiseffekt. Wenn also die Anbieterzahl auf dem Oligopolmarkt größer und größer wird, ähnelt er mehr und mehr einem Konkurrenzmarkt. Der Preis nähert sich den Grenzkosten und die Produktionsmenge bewegt sich zum volkswirtschaftlich effizienten Niveau hin.

Auswirkungen auf den internationalen Handel. Nehmen Sie an, Toyota und Honda sind die einzigen Automobilhersteller in Japan, Volkswagen und Daimler-Chrysler die einzigen Produzenten in Deutschland und Citroën und Peugeot die einzigen in Frankreich. Würde jedes Land den Außenhandel mit Autos unterbinden, hätte jedes Land ein Oligopol mit nur zwei Mitgliedern, und das Marktergebnis wäre gewiss sehr weit entfernt vom Konkurrenzergebnis. Bei Freihandel jedoch ist der Automobilmarkt ein Weltmarkt und in diesem Beispiel ein Oligopol mit sechs Mitgliedern. Der Übergang von der geschlossenen Volkswirtschaft zum Freihandel erhöht die Anbieterzahl und die Zahl der möglichen Geschäftspartner für die Nachfrager; der Wettbewerb verstärkt sich und der Marktpreis wird näher an den Grenzkosten liegen. So liefert die Oligopoltheorie eine Begründung dafür, dass alle Länder von Freihandel profitieren (vgl. Kapitel 17).

> **Kurztest**
> Wenn es den Mitgliedern eines Oligopols gelingen könnte, sich auf eine Gesamtproduktionsmenge zu verständigen, welche Menge würden sie wählen? Werden die Oligopolisten insgesamt mehr oder weniger produzieren, wenn sie ohne Abstimmung ihre eigenen Produktionsentscheidungen treffen? Begründen Sie Ihre Antwort.

13.2 Die Spieltheorie und die Ökonomik der Kooperation

Wie wir gesehen haben, würden die Oligopolisten gemeinschaftlich gerne das Marktergebnis des Monopols erreichen. Doch dazu ist eine Kooperation erforderlich, die zeitweilig schwerfällt. Im vorliegenden Abschnitt geht es darum, dass Kooperationen zwar wünschenswert, jedoch auch schwierig sind. Für die Ökonomik der Kooperation müssen wir uns ein wenig Spieltheorie aneignen.

Die **Spieltheorie** befasst sich mit der Analyse menschlichen Verhaltens in strategischen Situationen. Als »strategisch« bezeichnen wir eine Situation, in der jeder bei seinen Entscheidungen berücksichtigen muss, wie andere darauf reagieren könnten. Da die Zahl der auf einem Oligopolmarkt aktiven Unternehmen klein ist, muss jedes der Unternehmen strategisch denken und entscheiden. Jedes Unternehmen weiß, dass sein Gewinn nicht nur von der eigenen Produktionsmenge abhängt, sondern auch von den Produktionsmengen der anderen Anbieter. Bei seiner Produktionsentscheidung sollte sich demnach jeder Oligopolist überlegen, wie seine Entscheidung die Produktionsentscheidungen der anderen Unternehmen beeinflusst.

Die Spieltheorie ist zum Verständnis oligopolistischen Verhaltens besonders nützlich. Im folgenden Abschnitt werden wir einige Prinzipien der Spieltheorie vorstellen, die auf Unternehmen in oligopolistischen Märkten angewandt werden. In jedem Spiel gibt es Spieler oder Akteure (z. B. Unternehmen), die verschiedenen Möglichkeiten der Entscheidungsfindung gegenüberstehen, genannt Strategien. Die getroffenen Entscheidungen (gewählten Strategien) führen zu bestimmten Ergebnissen bzw. Auszahlungen. Eine Auszahlung ist der Wert, den ein bestimmtes Ergebnis für den Spieler darstellt. Von jedem Spieler wird angenommen, dass er weiß, was er will, und in der Lage ist, die Auszahlung zu erkennen, zu der die gewählte Strategie führen wird. Jeder Spieler weiß jedoch auch, dass sein Gegenspieler oder Konkurrent die gleichen Strategieentscheidungen treffen muss, die ebenfalls mit bestimmten Ergebnissen bzw. Auszahlungen verbunden sind. Dies ist das Szenario »Ich denke, dass du denkst, dass ich denke, dass du denkst ...« Jeder Spieler muss sich folglich in die Position der anderen hineinversetzen, bevor er sich für eine Strategie entscheidet. Die Entscheidungen werden als **Auszahlungsmatrix** dargestellt, welche ausgehend von der Strategie jedes Spielers die möglichen Kombinationen von Ergebnissen bzw. Auszahlungen darstellt. Ein Beispiel für eine Auszahlungsmatrix zeigt Abbildung 13-1.

Stellen Sie sich zwei Spieler – Unternehmen X und Unternehmen Y – vor, die per Vereinbarung einen bestimmten Marktpreis festsetzen. Die Auszahlung für jedes Unternehmen ist der Gewinn, der aus der Vereinbarung resultiert. Unternehmen X ist in den Zeilen der Matrix dargestellt und hat zwei Strategien: die Vereinbarung einhalten oder die Vereinbarung brechen. Die möglichen Auszahlungen, denen es sich gegenübersieht, sind in den grauen Dreiecken der Matrix dargestellt. Unternehmen Y ist in den Spalten der Matrix dargestellt und hat die gleichen Strategiemöglichkeiten. Seine Auszahlungen sind in den blauen Dreiecken dargestellt.

Nehmen Sie nun an, Unternehmen X und Unternehmen Y treffen die Entscheidung, die Vereinbarung einzuhalten. Die für beide aus dieser Entscheidung resultie-

---

Spieltheorie
Die Analyse menschlichen Verhaltens in strategischen Situationen.

Auszahlungsmatrix
Matrix, die ausgehend von der Strategie jedes Spielers die möglichen Kombinationen von Ergebnissen (Auszahlungen) darstellt.

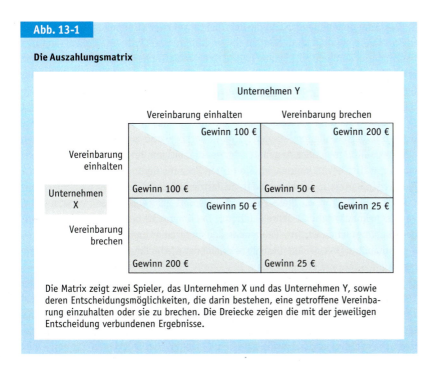

Abb. 13-1

Die Auszahlungsmatrix

Die Matrix zeigt zwei Spieler, das Unternehmen X und das Unternehmen Y, sowie deren Entscheidungsmöglichkeiten, die darin bestehen, eine getroffene Vereinbarung einzuhalten oder sie zu brechen. Die Dreiecke zeigen die mit der jeweiligen Entscheidung verbundenen Ergebnisse.

renden Auszahlungen sind im oberen linken Quadranten zu finden. Beide Unternehmen machen in diesem Fall einen Gewinn von 100 Euro. Sollte sich Unternehmen X dazu entscheiden, die Vereinbarung einzuhalten und Unternehmen Y dazu, sie zu brechen, so ist die Auszahlung wie im oberen rechten Quadranten dargestellt: In diesem Fall erzielt Unternehmen X nur noch einen Gewinn von 50 Euro und Unternehmen Y einen Gewinn von 200 Euro. Wenn Unternehmen Y die Vereinbarung einhält, aber Unternehmen X sich entscheidet, sie zu brechen, so gilt die Auszahlungskombination des unteren linken Quadranten: Unternehmen X erzielt 200 Euro Gewinn, Unternehmen Y 50 Euro Gewinn. Sollten beide Unternehmen die Vereinbarung brechen, so erzielen beide nur noch einen Gewinn von 25 Euro, wie im unteren rechten Quadranten dargestellt.

Das Gefangenendilemma

Ein »Spiel« mit spezieller Bedeutung trägt die Bezeichnung Gefangenendilemma. Das **Gefangenendilemma** ist ein »Spiel« zwischen zwei Gefangenen, das zeigt, warum Kooperation selbst dann schwerfällt, wenn sie für beide Seiten Vorteile bringt. Oftmals im Leben misslingt es den Menschen zusammenzuarbeiten, selbst dann, wenn es jedem durch Kooperation besser gehen könnte. Ein Beispiel unter vielen liefert das Oligopol.

Gefangenendilemma
Ein besonderes »Spiel« zwischen zwei Gefangenen, das zeigt, warum Kooperation selbst dann schwerfällt, wenn sie für beide Seiten Vorteile bringt.

13.2 Marktstrukturen III: Oligopol
Die Spieltheorie und die Ökonomik der Kooperation

Das Gefangenendilemma ist eine Geschichte von zwei Kriminellen, die der Polizei in die Hände gefallen sind. Nennen wir sie Bonnie und Clyde. Die Polizei hegt den begründeten Verdacht, die beiden hätten sich des Waffenbesitzes ohne Waffenschein schuldig gemacht. Auf dieses minder schwere Vergehen steht bis zu einem Jahr Gefängnis. Die Polizei verdächtigt Bonnie und Clyde jedoch auch, gemeinsam einen Bankraub begangen zu haben, bei dem ein Opfer schwer verletzt wurde. Jedoch gibt es für dieses schwere Verbrechen keine ausreichenden Beweise. Bonnie und Clyde werden in verschiedenen Räumen getrennt verhört, und man macht ihnen beiden gleichermaßen folgendes Angebot: »Bei der derzeitigen Beweislage zu Ihrem unerlaubten Waffenbesitz können wir Sie für ein Jahr ins Gefängnis bringen. Wenn Sie jedoch den Bankraub gestehen und Ihren Partner belasten, gewähren wir Ihnen Straffreiheit und Sie können diese Polizeiwache sofort als freier Mensch verlassen. Ihr Partner bekommt dann 20 Jahre Gefängnis. Doch wenn Sie beide das Verbrechen eingestehen, brauchen wir Ihre Zeugenaussage nicht mehr und wir können die Kosten der Verhandlung vermeiden. Deshalb bekommt dann jeder Einzelne eine mittelschwere Strafe von 8 Jahren Gefängnis.«

Die möglichen Ergebnisse sind in diesem Fall also Straffreiheit, 1 Jahr, 8 Jahre oder 20 Jahre Haft. Wenn Bonnie und Clyde als herzlose Bankräuber, die sie nun einmal sind, nur an sich und ihre eigene Bestrafung denken, wie werden sie sich wohl verhalten? Werden sie gestehen oder schweigen? Die Abbildung 13-2 skizziert ihre Alternativen. Jeder Gefangene hat zwei Strategien: Gestehen oder Schweigen. Die von jedem zu erwartende Strafe hängt von der eigenen gewählten Strategie ab und von der Strategie ihres Partners.

Abb. 13-2

Das Gefangenendilemma

	Bonnies Entscheidung	
Clydes Entscheidung	**Gestehen**	**Schweigen**
Gestehen	Bonnie 8 Jahre Haft / Clyde 8 Jahre Haft	Bonnie 20 Jahre Haft / Clyde wird freigelassen
Schweigen	Bonnie wird freigelassen / Clyde 20 Jahre Haft	Bonnie 1 Jahr Haft / Clyde 1 Jahr Haft

In diesem Spiel zwischen zwei Kriminellen, die eines Verbrechens verdächtigt werden, hängt die Bestrafung jedes einzelnen sowohl von seiner eigenen Entscheidung zwischen »Gestehen« oder »Schweigen« ab als auch von der Entscheidung des anderen.

Betrachten wir zuerst die Situation von Bonnie. Sie argumentiert für sich selbst wie folgt: »Ich weiß ja nicht, was Clyde tun wird. Wenn er schweigt, lautet meine beste Strategie Gestehen, da ich dann frei bin, statt ein Jahr im Gefängnis zu sitzen. Wenn er gesteht, lautet meine beste Strategie immer noch Gestehen, denn dann werde ich nur 8 statt 20 Jahre einsitzen. Somit bin ich unabhängig davon, was Clyde machen wird, mit Gestehen am besten gestellt.«

In der Sprache der Spieltheorie ist dies eine **dominante Strategie**: die beste Vorgehensweise eines Spielers ungeachtet der von den anderen Spielern verfolgten Strategie. Gestehen ist im vorliegenden Beispielfall eine dominante Strategie für Bonnie. Sie verbringt weniger Zeit im Gefängnis – unabhängig davon, ob Clyde gesteht oder schweigt.

Nun betrachten wir die Situation von Clyde. Er steht vor denselben Alternativen wie Bonnie und argumentiert genauso. Ungeachtet dessen, was Bonnie tut, ist Gestehen auch für Clyde die dominante Strategie.

So werden am Ende beide gestehen und für 8 Jahre ins Gefängnis kommen. Von ihrem Standpunkt aus ist dies jedoch ein schreckliches Resultat. Wenn sie beide geschwiegen hätten, wären sie mit nur einem Jahr Gefängnis wegen unerlaubten Waffenbesitzes davongekommen. Folgt jeder seinem Eigeninteresse, kommen beide Gefangenen zu einem schlechteren Ergebnis für jeden Einzelnen.

Stellen wir uns zur weiteren Illustration der Schwierigkeiten einer Kooperation vor, Bonnie und Clyde hätten vor ihrer Gefangennahme durch die Polizei abgemacht, nicht zu gestehen. Offensichtlich sind beide mit der Abmachung besser gestellt, vorausgesetzt sie halten sich daran. Sie haben nur 1 Jahr Gefängnis zu erwarten. Doch würden die beiden tatsächlich eisern schweigen, nur weil sie es vereinbart haben? Sobald sie fortlaufend getrennt verhört werden, gewinnt nach und nach das Eigeninteresse die Oberhand, und ein Geständnis wird wahrscheinlich. Die Kooperation zwischen den beiden Gefangenen ist schwerlich durchzuhalten, denn Kooperation ist individuell irrational.

Dominante Strategie
Die beste Strategie für einen Spieler, unabhängig davon, welche Strategien andere Spieler wählen.

Oligopole als Gefangenendilemma

Die Spannungslage zwischen Eigeninteresse und Kooperation, die im Gefangenendilemma deutlich wird, ähnelt sehr stark den Spannungen zwischen Unternehmen in unvollständiger Konkurrenz, insbesondere zwischen Oligopolisten. Folglich wurde bei der Analyse von Oligopolen die Spieltheorie sehr häufig angewandt.

Betrachten wir noch einmal die Entscheidungen, vor denen Vera und Marco stehen. Nach langen Verhandlungen haben sich beide darauf verständigt, die Produktion jeweils bei 30 Litern Wasser festzusetzen, sodass der Preis hoch bleibt und beide den maximalen Gewinn erzielen. Nach der Vereinbarung über die Produktionsmenge müssen jedoch beide entscheiden, ob sie sich an die Vereinbarung halten oder ob sie die Vereinbarung brechen und eine höhere Produktionsmenge wählen. Die Abbildung 13-3 zeigt, wie die Gewinne der beiden Produzenten von den gewählten Strategien abhängen.

13.2 Marktstrukturen III: Oligopol
Die Spieltheorie und die Ökonomik der Kooperation

Stellen Sie sich vor, Sie wären Marco. Dann könnten Sie folgende Überlegungen anstellen:

»Ich könnte die Produktion vereinbarungsgemäß bei 30 Litern halten oder ich könnte meine Produktion erhöhen und 40 Liter verkaufen. Sofern sich Vera an unsere Vereinbarung hält und ihre Produktion bei 30 Litern bleibt, erziele ich mit einer Produktion von 40 Litern einen Gewinn von 2.000 Euro und mit einer Produktion der vereinbarten 30 Liter einen Gewinn von 1.800 Euro. In diesem Fall fahre ich mit einer Produktion über dem vereinbarten Niveau besser. Wenn sich Vera jedoch nicht an die Vereinbarung hält und 40 Liter produziert, dann erziele ich bei einer Produktion von 40 Litern einen Gewinn von 1.600 Euro und bei der vereinbarten Produktion von 30 Litern einen Gewinn von 1.500 Euro. Wiederum ist es für mich besser, wenn ich mehr produziere als vereinbart. Unabhängig davon, was Vera macht, bin ich also gut beraten, die Vereinbarung insgeheim zu verletzen und eine hohe Produktionsmenge zu wählen.«

Die Produktion von 40 Litern Wasser ist für Marco also eine dominante Strategie. Selbstverständlich stellt sich die Entscheidungslage für Vera ebenso dar. Somit werden schließlich beide die höhere Produktionsmenge von 40 Litern wählen. Am Ende sind beide schlechter gestellt und erzielen einen niedrigeren Gewinn.

Das Beispiel illustriert anschaulich, warum Oligopolisten erhebliche Probleme damit haben, die Monopolgewinne am Markt aufrechtzuerhalten. Das Monopolergebnis ist zwar für die Gemeinschaft der Oligopolisten rational, jedoch nicht für den einzelnen Oligopolisten, sodass Anreize für jeden zur Vertragsverletzung bestehen. So wie das Eigeninteresse die Gefangenen in das Gefangenendilemma und zum Geständnis treibt, macht es das Eigeninteresse für die Oligopolisten sehr schwer, die Koopera-

Abb. 13-3

Ein Oligopolspiel zwischen Vera und Marco

		Entscheidung von Vera	
		Verkaufe 40 Liter	Verkaufe 30 Liter
Entscheidung von Marco	Verkaufe 40 Liter	Gewinn von Vera 1.600 € Gewinn von Marco 1.600 €	Gewinn von Vera 1.500 € Gewinn von Marco 2.000 €
	Verkaufe 30 Liter	Gewinn von Vera 2.000 € Gewinn von Marco 1.500 €	Gewinn von Vera 1.800 € Gewinn von Marco 1.800 €

In diesem Spiel zwischen Marco und Vera hängt der Gewinn eines jeden von der eigenen Produktionsentscheidung und der Entscheidung des Gegenspielers ab.

tion beizubehalten und auf diese Weise durch eine niedrige Produktionsmenge hohe Preise und hohe Gewinne zu erzielen.

Weitere Beispiele für das Gefangenendilemma

Wir haben gesehen, wie man anhand des Gefangenendilemmas die konflikthafte Entscheidungslage von Oligopolisten erklären kann. Für viele andere strategische Situationen gilt die gleiche Logik. Drei weitere Beispiele werden wir uns noch ansehen, in denen jeweils das Eigeninteresse die Kooperation verhindert und damit für die beteiligten Parteien zu zweitbesten Ergebnissen führt.

Rüstungswettlauf. Der Rüstungswettlauf zwischen zwei Staaten verläuft ganz ähnlich dem Gefangenendilemma. Betrachten wir die Entscheidung zweier Staaten – Nordkorea und Japan – über Abrüstung oder die Produktion neuer Waffen. Jedes Land wird es vorziehen, sein Waffenarsenal zu vergrößern, weil es damit einen größeren weltpolitischen Einfluss gewinnt. Doch jedes Land wird auch Wert darauf legen, sicher vor den Waffen anderer Länder zu leben.

Das tödliche Spiel ist in Abbildung 13-4 als Auszahlungsmatrix dargestellt. Entscheidet sich Nordkorea für Aufrüstung, so wird Japan zum eigenen Vorteil ebenfalls aufrüsten. Entschließt sich Nordkorea zur Abrüstung, ist es für Japan von Vorteil, dennoch aufzurüsten, da sich dadurch die eigene Stärke vergrößert. Für jedes Land ist Aufrüstung – leider – eine dominante Strategie. Jedes Land wird sich immer wieder

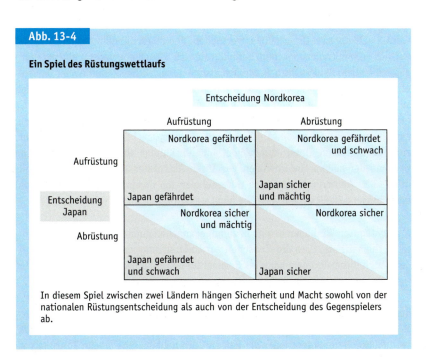

Abb. 13-4

Ein Spiel des Rüstungswettlaufs

In diesem Spiel zwischen zwei Ländern hängen Sicherheit und Macht sowohl von der nationalen Rüstungsentscheidung als auch von der Entscheidung des Gegenspielers ab.

13.2 Marktstrukturen III: Oligopol
Die Spieltheorie und die Ökonomik der Kooperation

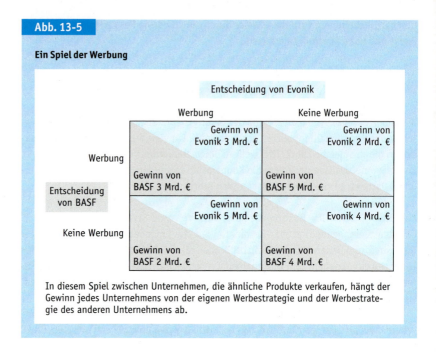

Abb. 13-5

Ein Spiel der Werbung

In diesem Spiel zwischen Unternehmen, die ähnliche Produkte verkaufen, hängt der Gewinn jedes Unternehmens von der eigenen Werbestrategie und der Werbestrategie des anderen Unternehmens ab.

für die Fortsetzung des Rüstungswettlaufs entscheiden mit dem Ergebnis, dass am Ende beide Länder in Gefahr sind.

Werbung. Wenn zwei Unternehmen versuchen, denselben Kundenkreis mit Werbung auf sich aufmerksam zu machen, befinden sie sich schnell ebenfalls in einem Gefangenendilemma. Denken Sie z. B. an die Entscheidungsmöglichkeiten zweier Chemieunternehmen: BASF und Evonik. Wirbt keines der beiden Unternehmen, so werden sie sich den Markt teilen. Werben beide, so wird es ebenfalls zur Marktaufteilung kommen, doch sind die Gewinne beider aufgrund der Werbeausgaben geringer. Wenn jedoch nur eines der beiden Unternehmen Werbung macht und das andere nicht, zieht das werbende Unternehmen vom anderen Kunden ab. In welcher Weise die Gewinne der beiden Unternehmen von ihren Aktivitäten abhängen, zeigt Abbildung 13-5. Werbung ist für jedes Unternehmen die dominante Strategie, obwohl beide besser gestellt wären, wenn sie nicht werben würden.

Allmendegüter. Wir haben bereits in vorangegangenen Kapiteln (insbesondere Kapitel 8) thematisiert, dass die Menschen zur Übernutzung von Allmendegütern neigen. Auch dieses Problem kann als Beispiel für das Gefangenendilemma betrachtet werden.

Stellen wir uns vor, zwei Ölgesellschaften – z. B. Shell und BP – sind Eigentümer benachbarter Ölfelder. Unter dem Gelände befindet sich ein zusammenhängendes Reservoir im Wert von 12 Millionen Euro. Eine Bohrung zur Erschließung des Öls kostet 1 Million Euro. Sofern jedes der beiden Unternehmen eine eigene Bohrung vor-

13.2 Die Spieltheorie und die Ökonomik der Kooperation

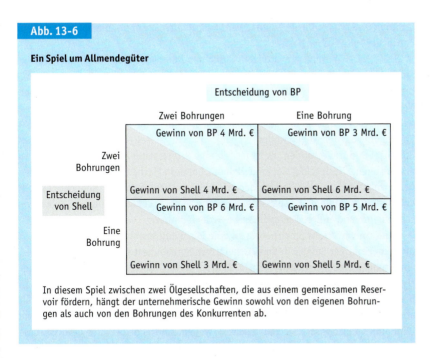

Abb. 13-6

Ein Spiel um Allmendegüter

In diesem Spiel zwischen zwei Ölgesellschaften, die aus einem gemeinsamen Reservoir fördern, hängt der unternehmerische Gewinn sowohl von den eigenen Bohrungen als auch von den Bohrungen des Konkurrenten ab.

nimmt, gelangt es jeweils an die Hälfte der Ölvorräte mit einem Gewinn von rund 5 Millionen Euro (6 Millionen Euro Erlös minus 1 Million Euro Kosten). Nehmen wir an, jedes Unternehmen könnte eine zweite Bohrung legen. Wenn nur ein Unternehmen eine zweite Bohrung durchführt, erlangt dieses zwei Drittel der Ölvorräte und erzielt damit einen Gewinn von 6 Millionen Euro (2/3 von 12 Millionen Euro = 8 Millionen Euro Erlös – 2 Millionen Euro Kosten für 2 Bohrungen). Die andere Ölgesellschaft erhält das restliche Drittel der Fördermenge und erzielt damit einen Gewinn von 3 Millionen Euro (1/3 von 12 Millionen = 4 Millionen Euro Erlös – 1 Million Euro Kosten für eine Bohrung). Wenn jedoch jede Ölgesellschaft eine zweite Bohrung vornimmt, teilt sich die Ölfördermenge erneut (6 Millionen Euro Erlös für jeden). Jeder trägt in diesem Fall die Kosten einer zweiten Bohrung (2 Millionen Euro insgesamt), und der Gewinn beträgt nur noch 4 Millionen Euro für jeden.

Abbildung 13-6 zeigt das Spiel um Allmendegüter. Für jede der beiden Ölgesellschaften besteht die dominante Strategie darin, zwei Bohrungen zu legen. Das Eigeninteresse der beiden Spieler führt erneut zu einem insgesamt ungünstigeren Ergebnis.

Das Nash-Gleichgewicht

In unserer Analyse des Verhaltens von Marco und Vera (unseren ökonomischen Akteuren), haben wir gesehen, dass sie ein Gleichgewicht erreichen. Das bedeutet, dass mit Blick auf die Strategie des anderen keiner von beiden einen Anreiz hat, seine eigene

13.2 Marktstrukturen III: Oligopol
Die Spieltheorie und die Ökonomik der Kooperation

Strategie zu ändern. Dieser Zustand wird Nash-Gleichgewicht genannt, nach seinem Entdecker John Forbes Nash Jr.

Seine Lebensgeschichte ist vielen durch das Buch oder den gleichnamigen Film »A Beautiful Mind« bekannt. Nash begann seine Arbeiten zur Spieltheorie in den späten 1940er- und 1950er-Jahren und erhielt 1994 für seine Arbeiten auf dem Gebiet den Nobelpreis für Wirtschaftswissenschaften. (Die Filmszene, in der Nash dadurch zu seiner Idee gelangt, dass er und seine Freunde in einer Bar sind und aus einer Gruppe von Frauen eine dazu bewegen wollen, sich mit ihnen zu treffen, ist ein dramaturgisches Stilmittel und frei erfunden. Es ist jedoch eine interessante Art, die Spieltheorie zu präsentieren.) Nash selbst war kein Ökonom, sondern Mathematiker und seine Ideen fielen vollständig in den Bereich der Anwendung mathematischer Konzepte auf ein Verhandlungsproblem. Die spätere Anwendung seiner Erkenntnisse auf die Volkswirtschaftslehre und andere Fachgebiete war jedoch breiter.

Der Kern von Nashs Spieltheorie ist eine Mischung sowohl kooperativer als auch nichtkooperativer Spiele. In den kooperativen Spielen bestehen durchsetzbare Vereinbarungen zwischen den Spielern (z. B. in Form von Gesetzen mit festgelegten Geldstrafen bei Verstoß o. Ä.), in den nichtkooperativen Spielen bestehen sie nicht. In beiden Spielsituationen ist den Spielern bewusst, dass sie die Entscheidungen der anderen nicht zur Gänze vorhersehen können (ebenso wenig wie die Unternehmen im Oligopol). Ebenso wissen sie genau, was *sie* wollen, sind sich aber auch bewusst, dass die anderen genau dasselbe wollen.

Die Lösung, zu der Nash gelangte, besteht darin, dass sich jeder Spieler in die Position des anderen hineinversetzen muss. Ein Gleichgewicht ist erreicht, wenn jeder Spieler eine Entscheidung trifft, die im Hinblick auf die Entscheidungen der anderen für ihn zum besten Ergebnis führt. Das Nash-Gleichgewicht definiert eine Situation, in der alle Spieler ihre bestmögliche Strategie mit Blick auf die Strategien der anderen gewählt haben. Eine der Schlussfolgerungen ist, dass Kooperation auf lange Sicht die wahrscheinlich beste Option ist.

Lassen Sie uns ein Beispiel betrachten. Nehmen wir an, zwei Unternehmen konkurrieren miteinander um die Gewinnerzielung in einem Markt. Die beiden Unternehmen können 3 Entscheidungen bezüglich ihrer Preisstrategie treffen, d. h., sie können den Preis bei 10 Euro, bei 20 Euro oder bei 30 Euro setzen. Die Auszahlungsmatrix in Abbildung 13-7 zeigt die möglichen Gewinne (Π).

Sollten sich beide Unternehmen dazu entschließen, einen Preis von 30 Euro zu setzen, erzielen sie jeweils einen Gewinn von 6 Millionen Euro (unterer rechter Quadrant). Diese Situation ist jedoch kein Nash-Gleichgewicht, denn Unternehmen A hat einen Anreiz, seinen Gewinn durch die Senkung des Preises auf 20 Euro zu erhöhen, während die Strategie von Unternehmen B gleich bleibt (Preis 30 Euro). In diesem Fall würde Unternehmen A anstelle von 6 Millionen Euro einen Gewinn von 10 Millionen Euro erzielen und Unternehmen B nur noch 2 Millionen Euro (mittlerer rechter Quadrant).

Vergleichen wir diese Situation nun mit der, dass beide Unternehmen einen Preis von 10 Euro setzen (oberer linker Quadrant). Sollte sich Unternehmen A nun entscheiden, seinen Preis auf 20 Euro abzuändern, und Unternehmen B würde den Preis bei 10 Euro belassen, so würde Unternehmen A 2 Millionen Euro Verlust machen,

13.2 Die Spieltheorie und die Ökonomik der Kooperation

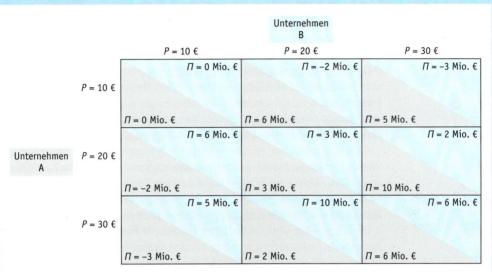

Abb. 13-7

Das Nash-Gleichgewicht

In der abgebildeten Auszahlungsmatrix ist ein Nash-Gleichgewicht erreicht, wenn Unternehmen A und Unternehmen B jeweils einen Preis von 10 Euro setzen (oberer linker Quadrant), denn es gibt in dieser Kombination für beide Unternehmen im Hinblick auf die Strategie des anderen keinen Anreiz, die eigene Strategie zu ändern. Jede andere Preisentscheidung würde dazu führen, dass eines der Unternehmen einen Anreiz hätte, seinen Preis zu ändern.

während Unternehmen B nun 6 Millionen Euro Gewinn erzielt (mittlerer linker Quadrant). Das gleiche Ergebnis gilt für den umgekehrten Fall, dass Unternehmen B sich entscheidet, seinen Preis auf 20 Euro anzuheben und A den Preis bei 10 Euro belässt (oberer mittlerer Quadrant). Es gibt daher für keines der beiden Unternehmen einen Anreiz, seine Position zu verlassen. Der Gewinn von 0 für beide Unternehmen als Ergebnis einer Preissetzung bei 10 Euro stellt demnach ein Nash-Gleichgewicht dar. Jede andere Preisentscheidung der beiden Unternehmen würde dazu führen, dass eines der Unternehmen einen Anreiz hat, seinen Preis zu ändern. Die Preissetzung bei 10 Euro ist jedoch nicht die beste Ergebniskombination. Würden die beiden Unternehmen hingegen eine Vereinbarung schließen, die einen Preis von 30 Euro setzt, so könnten sie beide jeweils einen Gewinn von 6 Millionen Euro erzielen.

Kooperative und nichtkooperative Spiele. Aus dieser Feststellung resultieren zwei Fragen: Können solche Vereinbarungen erzwungen werden und was passiert, wenn das Spiel mehrmals wiederholt wird? Diese Fragen wurden durch die Ökonomen Thomas C. Schelling und Robert J. Aumann gestellt, denen 2005 der Nobelpreis für Wirtschaftswissenschaften verliehen wurde. Schelling untersuchte nichtkooperative und kooperative Spiele. Die kooperative Spieltheorie unterstellt, dass es eine Reihe von Ergebnissen oder Vereinbarungen gibt, die allen Spielern bekannt sind, und dass jeder

Spieler bezüglich der Ergebnisse seine Präferenzen hat. Die nichtkooperative Spieltheorie nimmt hingegen an, dass alle Spieler über eine Auswahl von Strategieoptionen verfügen, mit denen sie ein bestimmtes Ergebnis erreichen können und dass jeder Spieler ein bestimmtes Ergebnis präferiert. Dabei kann das Verhalten der Unternehmen oder Individuen durch Verhandeln beeinflusst werden, was wiederum Konfliktpotenzial birgt. Im Wesentlichen wird jedoch jeder Spieler versuchen, seine Erträge zu maximieren, während er sich gleichzeitig bewusst ist, dass jegliche Vereinbarung mit den übrigen Spielern besser ist als keine. Wie kann es ein Spieler in dieser Situation wohl erreichen, die Verhandlungen dergestalt zu lenken, dass er seinem präferierten Ergebnis möglichst nahekommt, ohne dabei die übrigen Spieler so weit zu verärgern, dass sie eine Vereinbarung ablehnen? Denn sollte die Vereinbarung nicht zustande kommen, würde dies allen schaden, den erwähnten Spieler eingeschlossen.

Schelling schlug vor, dass der eine Spieler von seinen eigenen Ergebniszielen ein Stück weit abrücken sollte, um im Gegenzug auch vom Gegenspieler Zugeständnisse zu erhalten. Schwierig wird dies, wenn in einem Konflikt beide Parteien Zugeständnisse machen, die inkompatibel und zudem irreversibel sind. Das Ergebnis wäre eine Pattsituation mit gegebenenfalls gefährlichem politischem Zündstoff.

In den meisten »Spiel«situationen kennen die Protagonisten die Beweggründe der anderen – aber nicht alle. Sollte der eine Spieler jedoch eine Schwachstelle des Gegenspielers ausgemacht haben und dieser Gegenspieler hat das bemerkt, so kann es sich auszahlen, eine harte Verhandlungslinie zu fahren. Dies wird als »Falke-und-Taube-Spiel« (hawk and dove game) bezeichnet. Indem er untersuchte, wie sich die Strategien der Spieler unter dem Einfluss von Bedrohung und den Handlungen der anderen änderten, bezog Schelling auch weitere mögliche Komplikationen in seine Analyse mit ein. Er merkte an, dass sich alle Parteien bewusst sein sollten, dass ihr kurzfristiger Nutzen aus dem Hintergehen einer anderen Partei oder der Aufkündigung einer Vereinbarung bei weitem geringer ist als die langfristigen Kosten, welche die Zerstörung des Vertrauensverhältnisses mit sich bringt. Die Spieler müssen ihre Beziehungen abschätzen, wenn sie das Spiel über einen bestimmten Zeitraum immer wieder spielen.

Zu diesen langfristigen Kooperationen in der Spieltheorie forschte Aumann. Wir haben gesehen, dass im Gefangenendilemma die dominante Strategie von Bonny und Clyde das Geständnis war. Aumann stellte nun die Frage, was passieren würde, wenn das Spiel ständig wiederholt würde, wobei jeder Gefangene versuchen würde, die durchschnittliche Auszahlung jedes Spiels zu maximieren. Aumann bewies, dass unter diesen Bedingungen das Gleichgewichtsergebnis in der Kooperation liegt, denn jede Verletzung der Vereinbarung durch einen der Gefangenen könnte dazu führen, dass der andere ihm in der Zukunft die Kooperation versagt. Dessen seien sich beide Spieler bewusst. Jegliche kurzfristigen Gewinne würden demnach von den langfristigen Verlusten überwogen. Diese Betrachtung einer Anzahl wiederholter Spiele als ein Spiel an sich bezeichnete Aumann als »Superspiel«, und er erweiterte seine Forschungstätigkeit auf die Untersuchung des Verhaltens von Spielergruppen in solchen

Situationen. So besteht beispielsweise in einer Vereinbarung unter Oligopolisten immer die Tendenz oder der Anreiz, dass ein Unternehmen die Vereinbarung verletzt, um für sich selbst einen Vorteil im Markt zu erlangen. Aumanns Forschungsresultate legen nahe, dass langfristige Kooperationen jedoch von der Mehrheit gegen einzelne Abtrünnige »durchgesetzt« werden können.

Diese Erkenntnisse wurden in nachfolgenden Forschungsarbeiten um die Fragestellung erweitert, welche Strategien Spieler in wiederholten Spielen mit unvollständiger Information wählen. Diese Situation schafft einen Anreiz für die Spieler, ihren Konkurrenten Informationen vorzuenthalten. Unternehmen sind beispielsweise sehr darauf bedacht, ihre Kosten geheim zu halten. Wenn es nun einem Spieler gelingt, an Informationen über seine Konkurrenz zu gelangen und sich somit einen gewissen strategischen Vorsprung zu sichern, wie könnte er dieses Wissen am besten nutzen? Käme es zu dieser Situation und Sie würden Ihr Blatt spielen, um einen kurzfristigen Nutzen zu erzielen, würde dies offenbaren, dass Sie mehr wissen als sie vorgeben? Und könnten die Spieler, die nicht über die gewünschten Informationen verfügen, etwas über Ihre Position herausfinden, indem sie Ihre Strategien und Entscheidungen in der Vergangenheit analysieren?

Solche Szenarien spielen besonders auf den Finanzmärkten eine Rolle. Hier geht es häufig um das Thema, wie mit Menschen umzugehen ist, die Zugang zu vertraulichen Informationen haben (über mögliche Fusionen und Übernahmen, zentrale Unternehmensentscheidungen, Produkteinführungen, Geschäftspläne usw.), und daraus persönlichen oder unternehmerischen Nutzen ziehen können.

Das Gefangenendilemma und die soziale Wohlfahrt

Das Gefangenendilemma beschreibt vielerlei Lebenslagen sehr zutreffend und liefert Gründe dafür, warum eine Kooperation schwer aufrechtzuerhalten ist, auch wenn sie beiden Spielern nutzen würde. Eindeutig stellt der Mangel an Kooperation ein Problem für die beteiligten Akteure da. Doch ist der Mangel an Kooperation auch ein Problem vom gesellschaftlichen Standpunkt aus? Die Antwort hängt von den näheren Umständen ab.

In einigen Fällen ist das nichtkooperative Gleichgewicht sowohl für die Beteiligten als auch für die Gesellschaft von Nachteil. Im »Spiel« des Rüstungswettlaufs, wie es in Abbildung 13-4 dargestellt wurde, befinden sich sowohl Japan als auch Nordkorea am Ende in einer erhöhten Gefahrenlage. Im »Spiel« um Allmendegüter in Abbildung 13-4 sind die zusätzlichen Bohrungen durch BP und Shell reine Verschwendung. In diesen beiden Fällen wäre die Gesellschaft besser gestellt, wenn beide Spieler das kooperative Ergebnis erreichen könnten.

Völlig anders liegen die Dinge, wenn Oligopolisten gemeinsam per Kartell die Monopolgewinne erlangen wollen. Vom gesellschaftlichen Standpunkt aus ist in diesem Fall ein Mangel an Kooperation wünschenswert. Das Monopolergebnis ist zwar gut für die Oligopolisten, jedoch schlecht für die Konsumenten ihrer Produkte.

Warum Menschen manchmal zusammenarbeiten

Kartellen gelingt es bisweilen, ihre Kollusionen aufrechtzuerhalten, obwohl für den Einzelnen Anreize bestehen, die Vereinbarung zu brechen. Sehr häufig liegt der Grund dafür, dass die Spieler das Gefangenendilemma auflösen können, darin, dass sie das Spiel nicht nur einmal, sondern wiederholt spielen.

In wiederholten Spielen ist Kooperation leichter zu erreichen. Kehren wir zurück zu unseren Trinkwasser-Duopolisten Vera und Marco und ihren Entscheidungen, wie sie in Abbildung 13-3 dargestellt sind. Erinnern Sie sich daran, dass beide gerne das Monopolergebnis realisieren würden, in dem jeder 30 Liter produziert. Ihre Eigeninteressen treiben sie jedoch zu einem Marktergebnis, bei dem jeder 40 Liter produziert. Die dominante Strategie ihres Spiels ist die Produktion von 40 Litern.

Angenommen, Vera und Marco versuchen, ein Kartell zu bilden. Um ihren Gewinn zu maximieren einigen sie sich auf ein kooperatives Ergebnis, bei dem jeder 30 Liter produziert. Spielen Vera und Marco das Spiel nur einmal, so hat keiner von ihnen einen Anreiz, die Vereinbarung einzuhalten. Das Eigeninteresse treibt beide zur Abweichung von der Vereinbarung und zur Produktion von 40 Litern. Wenn Marco sich dazu entschließt, 40 Liter zu produzieren, erzielt er 2.000 Euro Gewinn. Vera denkt jedoch genau dasselbe und erhöht ihre Produktion ebenfalls auf 40 Liter, sodass schlussendlich beide 40 Liter produzieren und einen Gewinn von jeweils 1.600 Euro erzielen.

Nun nehmen wir an, Vera und Marco wüssten, dass sie das Spiel Woche für Woche wiederholen. Bei der Ausarbeitung ihrer Einigung auf die niedrigen Produktionsmengen können sie bereits festsetzen, was im Fall einer Verletzung der Vereinbarung durch einen der Partner geschehen würde. Sie könnten beispielsweise vereinbaren, dass, sollte einer der beiden seine Produktionsmenge entgegen der Vereinbarung auf 40 Liter erhöhen, danach beide immer 40 Liter produzieren würden. Diese Bestrafung ist leicht durchzusetzen, denn sollte eine Partei mehr produzieren, so hat die andere allen Grund dasselbe zu tun.

Vielleicht reicht diese Strafandrohung bereits aus, um die Kooperation zu sichern. Jede der beiden Parteien wüsste in diesem Fall, dass ihr Gewinn zwar in der einen Woche nach Bruch der Vereinbarung von 1.800 Euro auf 2.000 Euro steigt, jedoch danach für immer auf wöchentlich 1.600 Euro zurückgeht. Solange den Spielern ihre zukünftigen Gewinne wichtig sind, werden sie dem einmaligen Vorteil widerstehen und ihre Absprache zur Mengenbeschränkung einhalten. Im wiederholten Spiel des Gefangenendilemmas können die Spieler also sehr wohl zur Kooperation in der Lage sein.

Stillschweigende Kollusion. Das wiederholte Spiel kann auch zu einem Marktergebnis führen, das auf eine Kollusion der Unternehmen hindeutet. In Wirklichkeit hat jedoch keine Absprache der Unternehmen zu diesem Marktergebnis geführt, sondern lediglich das Bewusstsein der Unternehmen für ihre Interdependenz. Man spricht in diesem Fall von stillschweigender Kollusion. **Stillschweigende Kollusion (tacit collusion)** liegt vor, wenn das Bewusstsein der Unternehmen für ihre Interdependenz

---

Stillschweigende Kollusion (tacit collusion)
Eine Situation, in der allein das Bewusstsein der Unternehmen für ihre Interdependenz zu einem Marktergebnis führt, das den Anschein einer wettbewerbsbeschränkenden Absprache erweckt.

Fallstudie

Die erfolgreichsten Strategien sind freundlich – Tit-for-Tat

Welche Strategie ist die erfolgreichste in einem unendlich wiederholten Gefangenendilemma? Dieser Frage ging der US-amerikanische Politikwissenschaftler Robert Axelrod 1981 in einem Experiment nach, das international Beachtung fand. Dafür bat Axelrod Wissenschaftler verschiedener Fachrichtungen (u. a. Mathematiker, Ökonomen und Psychologen), ihm Computerprogramme zu schicken, die auf Basis einer spezifischen Strategie ein wiederholtes Gefangenendilemma spielen konnten. Axelrod ließ daraufhin in einem Wettbewerb jedes Programm, das heißt jede Strategie, 200 Runden paarweise gegen die anderen spielen. Ziel war es herauszufinden, welche Strategie sich am meisten auszahlt. Bei der Konstellation »Einer gesteht, der andere schweigt« erhielten beide Spieler eine Auszahlung von 1.000, ein Schweigen beider führte zu 600, und sollten beide gestehen, führte dies zu einer Auszahlung von 200. Insgesamt ließ Axelrod alle Strategien den Wettbewerb fünfmal durchlaufen und errechnete danach den Durchschnitt der Auszahlungen.

Gewinner war die Strategie des kanadischen Psychologieprofessors Anatol Rapoport, die er Tit-for-Tat (Wie du mir, so ich dir) genannt hatte. Sie kam insgesamt auf durchschnittlich 504 Punkte pro Spiel. Die Tit-for-Tat-Strategie ist eine sehr simple und vor allem eine freundliche Strategie, die auf Kooperation setzt, d. h., der Spieler beginnt jedes Spiel mit Schweigen. Sollte der andere Spieler jedoch zu irgendeinem Zeitpunkt die Kooperation brechen und gestehen, dann reagiert der Tit-for-Tat Spieler sofort und gesteht ebenfalls. Sollte der andere Spieler sich später wieder zum Schweigen entschließen, so schweigt auch der Tit-for-Tat-Spieler wieder, d. h., die Kooperation wird wieder aufgenommen. Die besondere Erkenntnis des Experiments von Axelrod ist, dass freundliche Strategien erfolgreicher sind (auch die übrigen der acht erfolgreichsten Strategien waren freundlich). Das bedeutet: Auf Kooperation zu setzen, zahlt sich aus. Sollte jemand die Gutmütigkeit ausnutzen wollen, muss mit Strafe reagiert werden. Nachtragend zu sein, lohnt sich jedoch nicht. Wenn sich die Möglichkeit bietet, zur Kooperation zurückzukehren, ist dies möglich und sogar zu bevorzugen.

zu einem Marktergebnis führt, das den Anschein einer wettbewerbsbeschränkenden Absprache erweckt. Diese hat jedoch nicht stattgefunden.

Ein Beispiel sind die großen Einkaufszentren an der Stadtperipherie, in denen eine Fülle von Einzelhändlern ähnliche Güter anbietet – Möbel, Elektroartikel usw. Wenn wir in solch einem Zentrum einkaufen, kommt es uns vielleicht verdächtig vor, dass die Preise in jedem Geschäft sehr ähnlich, teilweise sogar identisch sind. Die Werbematerialien, welche die Rücknahme der Ware versprechen, sollte der Kunde sie irgendwo billiger finden, erscheinen vor diesem Hintergrund wie leere Versprechen. Haben wir es hier mit einer wettbewerbsbeschränkenden Vereinbarung zu tun? Haben sich alle Einzelhändler zusammengesetzt und die Preise festgesetzt? Nicht unbedingt. Es kann sich hierbei auch um eine stillschweigende Kollusion handeln. So ist sich beispielsweise ein Händler, der in dem Zentrum Plasmabildschirme verkauft, bewusst, dass er mit Preisen oberhalb derer der Konkurrenz Umsatzeinbußen verzeichnen wird. Ebenso ist er sich im Klaren darüber, dass, sollte er seine Preise senken, die Konkurrenz im Einkaufszentrum mitziehen wird. Die angesprochene Garantie an die Kunden, Ware zurückzunehmen, sollten sie sie irgendwo billiger finden, ist in diesem Zusammenhang auch ein gebräuchliches Signal an die Konkurrenz. Der eine Händler signalisiert damit dem anderen: »Wenn du deine Preise senkst, mache ich das auch.« Obwohl Werbeversprechen wie die Preisgarantie auf den ersten Blick für den Kunden bestimmt scheinen, sind sie auch an die Konkurrenz adressiert. Demzufolge findet also Kollusion statt, auch wenn es eine stillschweigende ist.

13.2 Marktstrukturen III: Oligopol
Die Spieltheorie und die Ökonomik der Kooperation

> **Kurztest**
> Erzählen Sie bitte die Geschichte vom Gefangenendilemma. Stellen Sie eine Tabelle mit den Alternativen der Gefangenen auf und erläutern Sie das wahrscheinliche Ergebnis. Was lernen wir aus dem Gefangenendilemma über Oligopolmärkte?

Dynamische Spiele

Beim Gefangenendilemma werden die zwei Verbrecher getrennt verhört. Folglich müssen sie ihre Strategie wählen, ohne zu wissen, welche Strategie der andere gewählt hat. Dies macht das Gefangenendilemma zu einem Beispiel für ein statisches Spiel. Das heißt, die Spieler entscheiden simultan. Sie haben keine Möglichkeit, die Entscheidungen des anderen zu beobachten und darauf zu reagieren.

Es gibt aber auch andere Konstellationen: Wir haben gesehen, dass der Oligopolmarkt von einer relativ kleinen Anzahl großer Unternehmen dominiert wird. Dabei ist es natürlich möglich, dass ein Unternehmen *vor* den übrigen Marktteilnehmern seine Angebotsmenge und den Preis festlegt. Solche Unternehmen können als *First Mover* bezeichnet werden. Die übrigen Marktteilnehmer haben den Vorteil, dass sie die Entscheidungen des *First Mover* beobachten und mit diesem Wissen wiederum ihre eigenen strategischen Entscheidungen treffen können. Strategische Entscheidungen von Unternehmen in einer solchen Konstellation werden in dynamischen Spielen modelliert. **Dynamische Spiele** sind Spiele, bei denen die Spieler ihre Entscheidungen sequenziell, also der Reihe nach treffen, wobei einige Spieler die strategischen Entscheidungen der anderen beobachten können und als Reaktion darauf wiederum ihre Entscheidung treffen.

Nehmen wir die folgende Situation an: In einem Oligopolmarkt entscheidet ein Unternehmen über den Preis für ein neues Produkt, es legt Vertriebswege fest und startet eine Werbekampagne. Wie werden die übrigen Marktteilnehmer auf diese Entscheidungen reagieren? Mithilfe dynamischer Spiele können die strategischen Wahlmöglichkeiten der anderen Unternehmen im Markt analysiert werden. Lassen Sie uns zur Vereinfachung erneut von einem Duopol ausgehen, also einem Markt mit nur zwei Anbietern. Nennen wir sie Unternehmen A und Unternehmen B. Unser Markt sei in diesem Fall der Markt für Waschmittel. Unternehmen A hat durch einen chemischen Zusatz eine neue Variante seines Waschmittels entwickelt, die Flecken besser entfernen kann. Die Geschäftsführung weiß, dass die Konkurrenz, also Unternehmen B, diese Produktinnovation nach der Markteinführung kopieren kann. Unternehmen A steht nun vor der strategischen Entscheidung, welchen Preis es für sein verbessertes Produkt festlegen soll, einen hohen oder einen niedrigen. Unternehmen B beobachtet das Verhalten von Unternehmen A. Basierend auf der Entscheidung von Unternehmen A kann sich Unternehmen B entweder dafür oder dagegen entscheiden, das Produkt zu kopieren und somit in den Markt einzutreten.

Die bisher verwandte Auszahlungsmatrix kann die zeitliche Komponente dynamischer Spiele (Entscheidungen werden sequenziell getroffen) nicht abbilden. Daher illustrieren wir unser Beispiel mithilfe eines Spielbaums. Betrachten Sie dazu die Abbildung 13-8.

Dynamische Spiele
Spiele, bei denen die Spieler ihre Entscheidungen sequenziell, also der Reihe nach treffen, wobei einige Spieler die strategischen Entscheidungen der anderen beobachten können und als Reaktion darauf wiederum ihre Entscheidung treffen.

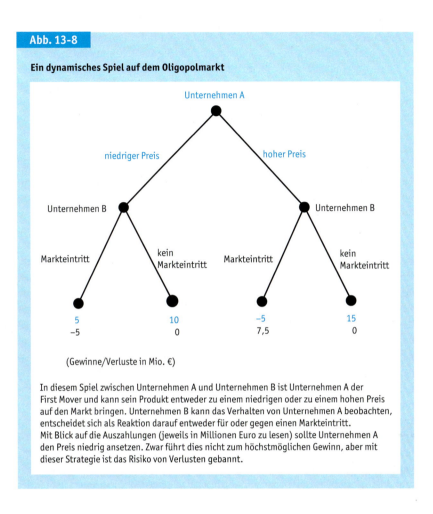

Abb. 13-8

Ein dynamisches Spiel auf dem Oligopolmarkt

In diesem Spiel zwischen Unternehmen A und Unternehmen B ist Unternehmen A der First Mover und kann sein Produkt entweder zu einem niedrigen oder zu einem hohen Preis auf den Markt bringen. Unternehmen B kann das Verhalten von Unternehmen A beobachten, entscheidet sich als Reaktion darauf entweder für oder gegen einen Markteintritt. Mit Blick auf die Auszahlungen (jeweils in Millionen Euro zu lesen) sollte Unternehmen A den Preis niedrig ansetzen. Zwar führt dies nicht zum höchstmöglichen Gewinn, aber mit dieser Strategie ist das Risiko von Verlusten gebannt.

Der Spielbaum beginnt mit Unternehmen A und seiner Entscheidung für einen hohen oder einen niedrigeren Preis für sein verbessertes Produkt. Dies resultiert in zwei sogenannten Informationsknoten für Unternehmen B. Setzt Unternehmen A einen niedrigen Preis fest, so kann sich Unternehmen B entweder für den Markteintritt oder gegen den Markteintritt entscheiden (linker Informationsknoten). Vor der gleichen Wahlentscheidung steht Unternehmen B, wenn sich Unternehmen A für einen hohen Preis entscheidet (rechter Informationsknoten).

Betrachten wir den Fall, dass Unternehmen A das neue Produkt zu einem niedrigen Preis auf den Markt bringt. Sollte sich Unternehmen B nun für den Markteintritt entscheiden, so werden Entwicklungskosten für die Nachahmung des Produktes von Unternehmen A anfallen, außerdem natürlich Kosten, um das Konkurrenzprodukt auf den Markt zu bringen. In diesem Fall macht Unternehmen A einen Gewinn von 5 Millionen Euro und Unternehmen B einen Verlust in gleicher Höhe. Sollte sich Unternehmen B hingegen dazu entscheiden, nicht in den Markt einzutreten, so macht Unternehmen A einen Gewinn von 10 Millionen Euro und Unternehmen B macht weder Gewinn noch Verlust (0). Die Auszahlungen finden Sie am Ende eines jeden Astes.

Sollte Unternehmen A sein Produkt hingegen zu einem hohen Preis auf den Markt bringen, steht Unternehmen B ebenfalls vor der Entscheidung für oder gegen den Markteintritt. Sollte sich Unternehmen B zum Markteintritt entschließen, wird es die Kosten dafür tragen müssen. Da der Preis von Unternehmen A jedoch hoch ist, könnte sich Unternehmen B dazu entschließen, sein Konkurrenzprodukt zu einem niedrigeren Preis auf den Markt zu bringen und Unternehmen A so Kunden abzuwerben. Dies führt schließlich zu einem Gewinn von 7,5 Millionen Euro für Unternehmen B und einem Verlust von 5 Millionen Euro für Unternehmen A. Entscheidet sich Unternehmen B gegen den Markteintritt, so kann Unternehmen A den kompletten Gewinn abschöpfen, in diesem Fall 15 Millionen Euro, und Unternehmen B geht leer aus.

Unternehmen B ist in der Lage, das Verhalten von Unternehmen A zu beobachten. Sollte es dabei feststellen, das Unternehmen A einen niedrigen Preis für sein Produkt festsetzt, so wäre seine beste Reaktion, sich gegen den Markteintritt zu entscheiden. Unternehmen A wird seinerseits argumentieren, dass ein niedriger Preis dazu führt, dass kein Konkurrent in den Markt eintritt und es folglich einen Gewinn von 10 Millionen Euro erzielen kann. Sollte Unternehmen B hingegen beobachten, dass Unternehmen A den Preis hoch ansetzt, so ist seine beste Strategie, in den Markt einzutreten, den Preis von Unternehmen A zu unterbieten und folglich einen Gewinn von 7,5 Millionen Euro zu erzielen. Andererseits weiß Unternehmen A, dass, sollte es den Preis hoch ansetzen, sich Unternehmen B zum Markteintritt entschließen wird und dies für das eigene Unternehmen zu einem Verlust von 5 Millionen Euro führen wird. Die Strategie von Unternehmen A ist somit klar. Es wird den Preis niedrig ansetzen und in der Folge 10 Millionen Euro Gewinn machen, obwohl es natürlich bevorzugen würde, einen hohen Preis zu setzen und 15 Millionen Euro Gewinn zu machen. Dies impliziert, dass Unternehmen A entsprechend überzeugt sein muss, dass, sollte es den Preis für sein Produkt hoch ansetzen, Unternehmen B sich zum Markteintritt entschließen wird. Vielleicht hat Unternehmen A Nachforschungen angestellt, um abzuschätzen, inwieweit sein Konkurrent in der Lage wäre, sein Produkt zu kopieren und dies zu einem Preis auf den Markt zu bringen, der den hohen Preis von Unternehmen A unterbietet.

Eine Frage der Glaubwürdigkeit

In unserem Beispiel mit Unternehmen A und Unternehmen B auf dem Markt für Waschmittel würde es Unternehmen A bevorzugen, einen hohen Preis für sein neues Produkt anzusetzen und somit den höchstmöglichen Gewinn zu generieren. Unternehmen A wird diese Strategie jedoch nur wählen, wenn es überzeugt ist, dass Unternehmen B in diesem Fall nicht in den Markt eintreten wird.

Unternehmen auf Oligopolmärkten treffen ihre strategischen Entscheidungen im Hinblick auf die zu erwartenden Reaktionen der Konkurrenz. In manchen Fällen beschränkt die Handlung des einen Spielers die des anderen. Der Spieler, der den ersten Schritt macht *(First Mover)*, ist somit im Vorteil. Nichtsdestotrotz ist es sehr wahrscheinlich, dass auf jeden Schritt oder jede Entscheidung auch eine Reaktion der

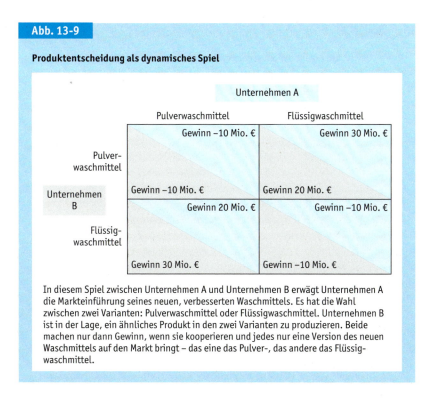

Abb. 13-9

Produktentscheidung als dynamisches Spiel

In diesem Spiel zwischen Unternehmen A und Unternehmen B erwägt Unternehmen A die Markteinführung seines neuen, verbesserten Waschmittels. Es hat die Wahl zwischen zwei Varianten: Pulverwaschmittel oder Flüssigwaschmittel. Unternehmen B ist in der Lage, ein ähnliches Produkt in den zwei Varianten zu produzieren. Beide machen nur dann Gewinn, wenn sie kooperieren und jedes nur eine Version des neuen Waschmittels auf den Markt bringt – das eine das Pulver-, das andere das Flüssigwaschmittel.

Konkurrenz folgt. Das Unternehmen, das sich entschließt, als erstes eine bestimmte Entscheidung zu treffen, hat die Aufgabe abzuwägen, wie und auf welche Weise seine Konkurrenten reagieren werden.

Unternehmen auf dem Oligopolmarkt konkurrieren in erster Linie auf drei Arten miteinander:
- über den Preis,
- über Produktdifferenzierung oder über
- die Angebotsmenge.

Lassen Sie uns wieder zu unserem Duopol-Beispiel zurückkehren. Unternehmen A hat von seinem neuen verbesserten Waschmittel zwei Versionen entwickelt, ein Waschpulver und ein Flüssigwaschmittel. Unternehmen A weiß, dass Unternehmen B in der Lage ist, ein ähnliches Produkt herzustellen. Durch Marktforschung weiß Unternehmen A außerdem, dass die Konsumenten das Flüssigwaschmittel gegenüber dem Waschpulver bevorzugen. Die entsprechende Auszahlungsmatrix ist in Abbildung 13-9 dargestellt.

Lassen Sie uns zuerst davon ausgehen, dass die Auszahlungsmatrix ein statisches Spiel wie das Gefangenendilemma wiedergibt. Wenn beide Unternehmen kooperieren und jeweils nur eine Version des Waschmittels auf den Markt bringen, das Pulver- oder das Flüssigwaschmittel, können beide Gewinne zwischen 20 und 30 Millionen Euro generieren. In einem statischen Spiel werden jedoch beide Unternehmen das Flüssig-

13.2 Marktstrukturen III: Oligopol
Die Spieltheorie und die Ökonomik der Kooperation

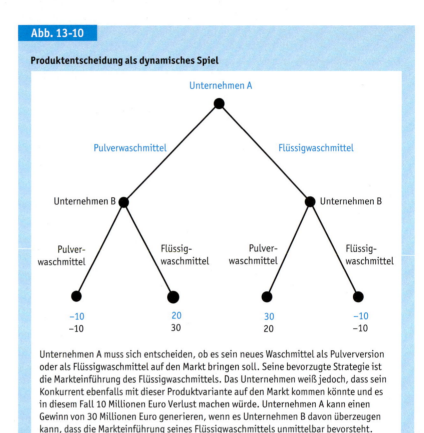

Abb. 13-10

Produktentscheidung als dynamisches Spiel

Unternehmen A muss sich entscheiden, ob es sein neues Waschmittel als Pulverversion oder als Flüssigwaschmittel auf den Markt bringen soll. Seine bevorzugte Strategie ist die Markteinführung des Flüssigwaschmittels. Das Unternehmen weiß jedoch, dass sein Konkurrent ebenfalls mit dieser Produktvariante auf den Markt kommen könnte und es in diesem Fall 10 Millionen Euro Verlust machen würde. Unternehmen A kann einen Gewinn von 30 Millionen Euro generieren, wenn es Unternehmen B davon überzeugen kann, dass die Markteinführung seines Flüssigwaschmittels unmittelbar bevorsteht. Unternehmen B würde auf diese Strategie am besten damit reagieren, dass es selbst die Pulverversion des Waschmittels auf den Markt bringt und somit 20 Millionen Euro Gewinn macht.

waschmittel auf den Markt bringen wollen, weil dieses höhere Gewinne verspricht. Das Resultat ist ein Verlust auf beiden Seiten von 10 Millionen Euro.

Nun lassen Sie uns annehmen, dass es sich um ein dynamisches Spiel handelt. Wenn beide Unternehmen die neuen Produkte entwickeln, werden auch beide die Kosten dafür zu tragen haben. Unternehmen A hat die Entwicklung abgeschlossen und ist bereit für die Markteinführung. Da die Geschäftsführung nicht genau weiß, wie weit Unternehmen B in der Entwicklung ist, ist der Zeitpunkt der Markteinführung entscheidend. Unternehmen B schlussfolgert auf die gleiche Weise. Beide Unternehmen wissen, dass sie gegenüber ihrem Konkurrenten im Vorteil sind, wenn sie der erste sind, der sein neues Produkt auf den Markt bringt. Welches Unternehmen wird den ersten Schritt machen? Nehmen wir an, Unternehmen A ist mit seinem Produkt zuerst auf dem Markt. Diese Situation wird durch den Spielbaum in Abbildung 13-10 illustriert.

Wenn Unternehmen A zuerst das Flüssigwaschmittel auf den Markt bringt, ist die beste Option von Unternehmen B, die Markteinführung mit seiner Pulverversion zu machen. In dieser Situation hätte Unternehmen A einen Erstanbietervorteil, einen sogenannten First Mover Advantage. Dabei ist es jedoch entscheidend, wie das Unternehmen diesen Vorteil erlangt. Es reicht nicht aus, die Markteinführung des Flüssigwaschmittels einfach nur anzukündigen. Die Ankündigung muss eine hohe Glaubwürdigkeit haben, die Unternehmen A beispielsweise durch eine teure Werbekampagne erreichen könnte.

Auch reicht es nicht aus, bestimmte Schritte einfach nur anzudrohen. Die Drohung muss eine gewisse Glaubwürdigkeit haben. Wenn einem Unternehmen dies gelingt, so kann es die Konkurrenz dazu bewegen, in seinem eigenen Interesse zu reagieren. Beispielsweise könnte ein Elektronikfachmarkt damit werben, dass er seine Preise senkt, sollte der Kunde die gleiche Ware irgendwo in der Stadt billiger finden. Die Drohung mag genügen, um einen Konkurrenten dazu zu bringen, vor der Investition zurückzuschrecken und sich gegen den Markteintritt zu entscheiden. Aber die Drohung muss glaubwürdig sein. Sollte der Konkurrent hingegen an Informationen gelangen können, die darauf hinweisen, dass das Unternehmen aufgrund seiner Kostenstruktur dauerhafte Niedrigpreise nicht durchhalten könnte, so verliert die Drohung an Glaubwürdigkeit. Es ist dann, wie man so schön sagt, eine leere Drohung.

13.3 Eintrittsbarrieren auf Oligopolmärkten

Oligopole handeln typischerweise strategisch. In unserem Exkurs in die Spieltheorie haben wir gelernt, dass Unternehmen auf Oligopolmärkten voneinander abhängen und wie diese Interdependenz ihr Handeln beeinflussen kann. Wir haben gesehen, dass strategische Überlegungen zur Kooperation im Sinne von Kollusion und der Bildung von Kartellen führen können. Neben Preis- und Mengenabsprachen kann der Wettbewerb durch Oligopole aber auch durch Markteintrittsbarrieren beschränkt werden. Wie bereits in Kapitel 11 in Bezug auf den Monopolmarkt angesprochen, gibt es staatliche Markteintrittsbarrieren wie Patente oder Schutzzölle oder strukturelle Markteintrittsbarrieren, wie das Eigentum an einer entscheidenden Ressource oder die Existenz natürlicher Monopole. Unternehmen mit Marktmacht können jedoch auch strategische Markteintrittsbarrieren errichten.

So führt die Produktdifferenzierung, die Unternehmen auf Oligopolmärkten häufig betreiben, um ein Marktsegment zu besetzen und den übrigen Oligopolisten Marktanteile streitig zu machen, auch dazu, dass neue Konkurrenz es sehr schwer hat, überhaupt in den Markt einzutreten. Als Beispiele hatten wir in diesem Kontext bereits kurz den Markt für Bier und den Markt für Waschmittel betrachtet, die beide Beispiele für Oligopole sind (vgl. Abschnitt 13.1). Diese Märkte sind durch **Markenproliferation** gekennzeichnet, das heißt, einige wenige Unternehmen produzieren innerhalb einer Produktlinie mehrere Marken, wie Procter & Gamble die Waschmittelmarken Ariel, Dash, Dreft, Lenor, Bold 2in1 und Fairy. Durch die Besetzung möglichst vieler Marktsegmente über Markenproliferation bleibt wenig Platz für neue Markteintritte. Und dies kann auch strategisch geplant sein, denn Unternehmen in oligopolistischen Marktstrukturen könnten für sich argumentieren, dass viele Kunden eine hohe Markenloyalität haben, dass es aber auch immer einige Kunden gibt, die von Zeit zu Zeit

Markenproliferation
Eine strategische Markteintrittsbarriere, bei der Unternehmen innerhalb einer Produktlinie eine Fülle unterschiedlicher Marken produzieren und damit die Möglichkeit verringern, dass neue Wettbewerber Marktanteile erlangen können.

neue Marken ausprobieren. Unternehmen, die in den Markt eintreten wollen, versuchen natürlich, solche Kunden abzuwerben.

Nehmen wir an, es gäbe nur vier Unternehmen, die sich den Markt zu gleichen Teilen aufteilen, und 25 Prozent dieses Markts bestehten aus Kunden mit wechselnder Markenpräferenz. Dann könnte der neue Wettbewerber z. B. darauf hoffen, ein Viertel dieser Kunden abzuwerben, sein Marktanteil wäre in diesem Fall 6,25 Prozent. Sollte jeder der vier Oligopolisten nun aber statt einer Marke innerhalb derselben Produktlinie jeweils 6 Marken anbieten, so ist die gesamte Anzahl der Marken im Markt 24 und für den neuen Wettbewerber wird es sehr viel schwerer, in den Markt einzutreten, da er nur 1/24 der »unloyalen« Kunden gewinnen könnte und sein Marktanteil nur knapp über 1 Prozent läge. Markenproliferation kann somit für einen Oligopolisten eine lohnende Strategie sein, um neue Markteintritte zu behindern.

13.4 Wirtschaftspolitische Maßnahmen gegen Oligopole

Die Kooperation von Oligopolisten gilt aus gesamtwirtschaftlicher Sicht als nicht wünschenswert, da sie zu einer zu niedrigen Produktionsmenge und einem zu hohen Preis führt. Um dies zu verhindern, kann die Wirtschaftspolitik für die Oligopolisten Anreize setzen, zu konkurrieren statt zu kooperieren.

Kartell- und Wettbewerbsrecht

Wie wir bereits in Kapitel 11 gelernt haben, kann die Politik eine wohlfahrtsschädigende Marktkonzentration über das Kartell- und Wettbewerbsrecht beschränken. Das gilt auch für die Kooperation von Oligopolisten.

Dabei wird das Kartellverbot in Paragraph 1 des bereits erwähnten Gesetzes gegen Wettbewerbsbeschränkungen (GWB) wie folgt konkretisiert: »Vereinbarungen zwischen Unternehmen, Beschlüsse von Unternehmensvereinigungen und aufeinander abgestimmte Verhaltensweisen, die eine Verhinderung, Einschränkung oder Verfälschung des Wettbewerbs bezwecken oder bewirken, sind verboten.«

Das GWB bezieht sich dabei direkt auf den Vertrag über die Arbeitsweise der Europäischen Union (AEUV). Hier sind zwei grundlegende Unterlassungsregeln zum Kartellverbot festgeschrieben:

- Erstens sind in Artikel 101 des Vertrags wettbewerbsbeschränkende Kollusionen zwischen zwei oder mehr Unternehmen – mit einigen Ausnahmen – verboten. Dieses Verbot umfasst eine große Bandbreite von Verhaltensweisen. Das Verhalten, das am offensichtlichsten gegen den Artikel 101 verstößt, wäre das Kartell zwischen Konkurrenten (was Preissetzung oder Marktaufteilung beinhalten kann).
- Zweitens ist es Unternehmen mit einer beherrschenden Marktposition nach Artikel 102 des AEUV-Vertrags untersagt, diese Position auszunutzen. Darunter würde

beispielsweise ruinöser Preiskampf (wird im Folgenden erläutert) fallen, der darauf abzielt einen Konkurrenten vom Markt zu drängen.

Die EU-Wettbewerbskommission ist durch den Vertrag über die Arbeitsweise der Europäischen Union dazu ermächtigt, diese Unterlassungsregeln durchzusetzen und besitzt eine umfassende Ermittlungsbefugnis (Besichtigung von Geschäfts- und Privaträumen, schriftliche Aufforderung zur Bereitstellung von Informationen usw.). Unternehmen, die gegen das EU-Wettbewerbsrecht verstoßen haben, kann die Kommission Strafzahlungen auferlegen. Seit dem 1. Mai 2004 können auch die nationalen Wettbewerbsbehörden bei Verstößen gegen das EU-Wettbewerbsrecht tätig werden. In Deutschland sind das das Bundeskartellamt und die Landeskartellbehörden.

Kontroversen um das Wettbewerbsrecht

Kontrovers diskutiert wird allerdings, welches Verhalten durch das Wettbewerbsrecht sanktioniert werden soll und welches nicht. Die meisten Beobachter stimmen darin überein, dass Preisabsprachen zwischen Unternehmen, die miteinander im Wettbewerb stehen, als illegal betrachtet werden sollten. Das Wettbewerbsrecht beschränkt jedoch auch einige Geschäftspraktiken, deren Auswirkungen auf den Wettbewerb nicht eindeutig sind. Betrachten wir dazu die folgenden drei Beispiele.

Preisbindung. Ein Beispiel für umstrittene Geschäftspraktiken ist die vertragliche Preisbindung (nicht zu verwechseln mit gesetzlicher Preisbindung, z. B. für verschreibungspflichtige Medikamente). Stellen Sie sich vor, die Firma RS Electronics verkauft für 50 Euro das Stück Blu-Ray-Player an den Einzelhandel. Wenn RS nun von den Einzelhandelsgeschäften verlangt, den Blu-Ray-Player für 75 Euro an die Kunden zu verkaufen, dann spricht man von (vertikaler) Preisbindung. Jeder Einzelhändler, der den Blu-Ray-Player für weniger als 75 Euro verkauft, würde gegen die vertraglichen Regelungen mit RS verstoßen.

Auf den ersten Blick scheint diese Preisbindung wettbewerbswidrig und folglich schädlich für die Gesellschaft zu sein. Wie eine Absprache zwischen den Beteiligten eines Kartells hält die Preisbindung die Einzelhandelsgeschäfte davon ab, untereinander in einen Preiswettbewerb zu treten. Aus diesem Grund sehen die Wettbewerbsbehörden eine Preisbindung oft als Verletzung des Wettbewerbsrechts an. In Deutschland ist eine vertragliche Preisbindung durch das GWB grundsätzlich verboten, ausgenommen ist die vertikale Preisbindung (zwischen Verlag und Einzelhandel) bei Zeitschriften und Zeitungen. Bei Büchern ist eine Preisbindung durch das Buchpreisgesetz erlaubt.

Dennoch verteidigen einige Ökonomen die Preisbindung, und zwar aus zwei Gründen. Zunächst glauben diese Ökonomen nicht, dass das Ziel der Preisbindung in einer Beschränkung des Wettbewerbs besteht. Soweit RS Electronics tatsächlich über Marktmacht verfügt, wird das Unternehmen seine Marktmacht eher über den Großhandelspreis als über eine Preisbindung im Einzelhandel durchsetzen. Darüber hinaus hat RS gar keinen Anreiz, den Wettbewerb im Einzelhandel zu unterbinden. Da Einzel-

13.4 Marktstrukturen III: Oligopol
Wirtschaftspolitische Maßnahmen gegen Oligopole

händler im Kartell weniger verkaufen als bei vollständiger Konkurrenz, wäre RS bei einer Beschränkung des Wettbewerbs im Einzelhandel tatsächlich schlechter gestellt.

Zudem sind die Befürworter der Preisbindung der Auffassung, dass diese ein legitimes Ziel verfolgt. In unserem Beispiel ist RS daran interessiert, dass der Einzelhandel seine Produkte in einem freundlichen Ambiente und mit geschultem Fachpersonal verkauft. Ohne eine Preisbindung würden die Kunden die Situation jedoch zu ihren Gunsten nutzen und sich bei einem Fachhändler ausführlich über die technischen Details des Produkts informieren lassen, um das Gerät dann anschließend bei einem Elektronik-Discounter zu kaufen, der diesen Service nicht anbietet. In einem gewissen Ausmaß ist die fachliche Beratung ein öffentliches Gut im Einzelhandel, an den RS seine Produkte verkauft. Wenn eine Person ein öffentliches Gut anbietet, kann sie andere nicht vom Konsum dieses Gutes ausschließen, auch wenn sie nicht dafür bezahlen (Trittbrettfahrerproblem, vgl. Kapitel 8). In diesem Fall würden die Discount-Händler als Trittbrettfahrer von dem Service der anderen Einzelhändler profitieren, was dazu führt, dass weniger fachliche Beratung angeboten wird, als es wünschenswert wäre. Die Preisbindung ist damit eine Möglichkeit für RS Electronics, das Trittbrettfahrerproblem zu lösen.

Das Beispiel der Preisbindung veranschaulicht eine wichtige Regel: Geschäftspraktiken, die auf den ersten Blick zu einer Beschränkung des Wettbewerbs führen, können tatsächlich legitime Gründe haben. Diese Regel macht die Anwendung des Wettbewerbsrechts natürlich noch schwerer. Die dafür verantwortlichen Behörden, wie das Bundeskartellamt oder die Landeskartellbehörden, stehen vor der schwierigen Aufgabe, darüber zu entscheiden, welche der Geschäftspraktiken als wettbewerbsbehindernd und wohlfahrtsschädigend untersagt werden sollten.

Ruinöser Preiskampf. Es ist üblich, dass Unternehmen mit Marktmacht diese nutzen, um die Preise über das Wettbewerbsniveau hinaus anzuheben. Doch müssen sich Politiker jemals Sorgen machen, dass Unternehmen mit Marktmacht Preise verlangen könnten, die zu niedrig sind? Diese Frage bildet den Kern einer weiteren Debatte zur Wettbewerbspolitik bzw. zum Wettbewerbsrecht.

Stellen Sie sich vor, dass eine große Fluggesellschaft, nennen wir sie Eurovia Air, das Monopol für einige Flugrouten besitzt. Dann tritt die Fluggesellschaft Euro Express in den Markt ein und erlangt einen Marktanteil von 20 Prozent, sodass Eurovia Air nur noch 80 Prozent verbleiben. Als Antwort auf diese Konkurrenz beginnt Eurovia Air damit, ihre Preise drastisch zu senken. Einige Wettbewerbsexperten sehen darin ein wettbewerbswidriges Verhalten: Die Preissenkungen durch Eurovia Air könnten dazu gedacht sein, Euro Express aus dem Markt zu drängen, damit Eurovia Air ihre Monopolstellung zurückgewinnen und anschließend die Preise wieder erhöhen kann. Ein solches Verhalten wird auch als **ruinöser Preiskampf** bezeichnet.

Auch wenn es weit verbreitet ist, dass sich Unternehmen bei den zuständigen Behörden darüber beschweren, dass ein Wettbewerber einen ruinösen Preiskampf verfolgt, sind einige Ökonomen dieser Behauptung gegenüber eher skeptisch. Sie sind der Auffassung, dass ein ruinöser Preiskampf nur selten oder vielleicht sogar niemals eine lohnende Unternehmensstrategie ist. Warum? Für einen Preiskampf gegen einen Konkurrenten müssen die Preise unter die Kosten gesenkt werden. Wenn

---

Ruinöser Preiskampf
Eine Situation, in der Unternehmen für einen bestimmten Zeitraum den Preis unter den Durchschnittskosten halten, um Konkurrenz aus dem Markt zu drängen oder am Markteintritt zu hindern.

Eurovia Air jedoch damit beginnt, billige Tickets mit Verlust zu verkaufen, so muss die Fluggesellschaft auch darauf vorbereitet sein, mehr Flüge anzubieten, da die niedrigen Ticketpreise mehr Fluggäste anziehen werden. Euro Express wird dagegen die Anzahl ihrer Flüge reduzieren. Dadurch wird Eurovia Air letztlich mehr als 80 Prozent der Verluste tragen, sodass Euro Express gute Chancen hat, den Preiskampf zu überleben.

Die Kontroverse unter Ökonomen, ob ein ruinöser Preiskampf Anlass zur Besorgnis für Wirtschaftspolitiker sein sollte, dauert an. Verschiedene Fragen sind noch unbeantwortet. Ist ein ruinöser Preiskampf überhaupt eine lohnende Unternehmensstrategie? Wenn ja, unter welchen Bedingungen? Sind die Wettbewerbsbehörden überhaupt in der Lage, zu bestimmen, welche Preissenkungen wettbewerbskonform sind und damit zum Wohle der Konsumenten beitragen und welche nicht? Hierauf gibt es keine einfachen Antworten.

Kopplungsgeschäfte. Ein drittes Beispiel für kontrovers diskutierte Geschäftspraktiken sind Kopplungsgeschäfte. Stellen Sie sich vor, die Filmgesellschaft Makemoney Movies produziert zwei neue Filme – Spiderman und Hamlet. Wenn Makemoney Movies den Kinos diese beiden Filme im Paket zu einem Preis anbietet anstatt einzeln, so spricht man von einem Kopplungsgeschäft.

Einige Ökonomen sind der Meinung, dass man Kopplungsgeschäfte verbieten sollte. Die Begründung dafür ist folgende: Nehmen wir an, dass Spiderman zum Kassenschlager wird, während Hamlet ein nicht gewinnbringender Kunstfilm ist. In diesem Fall kann Makemoney Movies die hohe Nachfrage nach Spiderman dazu nutzen, um die Kinos mit einem Kopplungsgeschäft dazu zu bringen, auch Hamlet zu kaufen. Es hat den Anschein, dass die Filmgesellschaft durch das Kopplungsgeschäft ihre Marktmacht vergrößern könnte.

Andere Ökonomen sind eher skeptisch gegenüber diesem Vorwurf. Nehmen wir an, die Kinos wären bereit, 20.000 Euro für Spiderman, aber nichts für Hamlet zu bezahlen. Dann wären die Kinos bereit, für beide Filme maximal 20.000 Euro zu zahlen, also genauso viel wie für Spiderman alleine. Auch wenn man die Kinos mithilfe eines Kopplungsgeschäfts dazu zwingt, einen für sie wertlosen Film als Teil des Pakets zu kaufen, so wird das nicht ihre Zahlungsbereitschaft erhöhen. Makemoney Movies kann also seine Marktmacht nicht dadurch erhöhen, dass beide Filme im Paket angeboten werden.

Warum aber existieren dann derartige Kopplungsgeschäfte? Eine mögliche Antwort besteht darin, dass Kopplungsgeschäfte eine Form der Preisdifferenzierung darstellen. Nehmen wir an, es gibt zwei Kinos. Das Stadtkino ist bereit, 15.000 Euro für Spiderman und 5.000 Euro für Hamlet zu bezahlen. Für das Kulturkino ist es gerade umgekehrt. Dort ist man bereit, 5.000 Euro für Spiderman und 15.000 Euro für Hamlet zu bezahlen. Wenn Makemoney Movies für die beiden Filme unterschiedliche Preise verlangt, so besteht die beste Strategie darin, für jeden Film 15.000 Euro zu verlangen. In diesem Fall würde jedes der beiden Kinos nur einen Film kaufen. Wenn die Filmgesellschaft die beiden Filme dagegen im Paket anbietet, so kann sie dafür 20.000 Euro verlangen. Wenn die Kinos also eine unterschiedliche Zahlungsbereitschaft für die beiden Filme aufweisen, kann Makemoney Movies durch ein Kopplungsgeschäft seinen Gewinn steigern, indem es einen Preis setzt, der näher an der gesamten Zahlungsbereitschaft der Kinos liegt.

Kopplungsgeschäfte bleiben eine umstrittene Geschäftspraxis. Microsoft wurde in Bezug auf die Kopplung seines Windows Media Players und weiterer Software an sein Windows-Betriebssystem wettbewerbsrechtlich geprüft. Das Gleiche gilt für Google, das die Nutzung von Android an die Vorinstallation seiner Google-Suche und des Google-eigenen Browsers Chrome gekoppelt hatte (vgl. Kapitel 11). Das Argument, dass Kopplungsgeschäfte es einem Unternehmen ermöglichen, seine Marktmacht auf andere Güter auszudehnen, ist nicht wirklich stichhaltig. Trotzdem haben sich Ökonomen dafür ausgesprochen, weiter zu erforschen, wie Kopplungsgeschäfte den Wettbewerb behindern könnten. Nach jetzigem Wissensstand ist es unklar, ob Kopplungsgeschäfte eine nachteilige Wirkung auf die Gesellschaft ausüben.

All diese Analysen basieren auf der Annahme, dass Wettbewerber über ausreichende Informationen verfügen, um Entscheidungen zu treffen, und dass die Entscheidungen auf Basis der verfügbaren Informationen in rationaler Weise erfolgen. In der Realität verfügen Unternehmen jedoch nicht über vollkommene Information und verhalten sich auch nicht rational. In oligopolistischen Märkten versuchen viele Unternehmen, sensible Informationen für sich zu behalten und nur die Informationen zu veröffentlichen, zu denen sie gesetzlich verpflichtet sind. Manche Informationen werden wiederum bereitwillig weitergegeben, um die tatsächlichen Geschäftsstrategien zu verschleiern. Ökonomen haben versucht, diese Unvollkommenheiten in die Theorien zu integrieren. Wie bereits erwähnt, ist in den vergangenen Jahren die Bedeutung der Verhaltensökonomik stetig gewachsen, da sie tiefere Erkenntnisse über das in der Realität *beobachtete* Verhalten liefert, welches oft nicht mit den Annahmen rationalen Verhaltens übereinstimmt.

> **Kurztest**
> Welche Arten von Verträgen sind im Geschäftsleben verboten? Warum wird das Wettbewerbsrecht kontrovers diskutiert?

13.5 Fazit

Oligopolisten würden gerne gemeinsam wie ein Monopolist agieren, doch die Kräfte des Eigeninteresses drängen sie zum Wettbewerb. Folglich ähneln am Ende Oligopole entweder einem Monopolmarkt oder einem Konkurrenzmarkt, abhängig von der Anzahl der Unternehmen und von ihrer Neigung zu kooperativem Verhalten. Die Geschichte vom Gefangenendilemma verdeutlicht, warum es Oligopolisten misslingen kann, eine Kooperation aufrechtzuerhalten, selbst wenn sie ihnen die meisten Vorteile bringen würde.

Wirtschaftspolitisch kontrolliert und geregelt wird das Verhalten von Oligopolisten durch das Kartell- und Wettbewerbsrecht. Der angemessene Umfang der entsprechenden Gesetze wird fortlaufend diskutiert. Obwohl Preisabsprachen zwischen Unternehmen die gesamtwirtschaftliche Wohlfahrt reduzieren und daher in vielen Ländern verboten sind, verfolgen einige Geschäftspraktiken, die den Anschein einer Wettbewerbsbeschränkung erwecken, legitime Ziele. Aus diesem Grund sollten Politiker sorgfältig prüfen, bevor sie auf das mächtige Instrument des Kartellrechts zurückgreifen, um das Verhalten von Unternehmen zu kontrollieren.

Aus der Praxis

Konzentration auf dem deutschen Markt für Lebensmittel

Ein augenfälliges Beispiel für ein Oligopol ist der deutsche Lebensmitteleinzelhandel. Die bedeutendste Vertriebsform, der sogenannte Sortimentseinzelhandel mit Supermärkten, Verbrauchermärkten und Discountern, wird von einigen wenigen großen Unternehmen dominiert. Gerade einmal vier Supermarktketten teilen rund 70 Prozent des Markts für Lebensmittel unter sich auf: Spitzenreiter ist die Edeka-Gruppe (Edeka und Netto) mit 24,3 Prozent Marktanteil, gefolgt von der Rewe-Gruppe (Rewe und Penny) mit 17,8 Prozent, der Schwarz-Gruppe (Lidl und Kaufland) mit 16,4 Prozent und Aldi (Süd und Nord) mit 11,7 Prozent (Stand 2019). Im deutschen Lebensmitteleinzelhandel liegt folglich eine Vier-Unternehmen-Konzentrationsrate von 70,2 Prozent vor. Damit verfügen die genannten Unternehmen über eine nicht zu verachtende Marktmacht, die insbesondere Lieferanten zu spüren bekommen. Wenn Markenhersteller in Deutschland ihre Waren an die Kunden bringen wollen, kommen sie kaum an diesen Schwergewichten vorbei. Durch ihre relative Größe gegenüber anderen Marktteilnehmern können Oligopolisten wie Edeka und Rewe in größeren Mengen verkaufen und beschaffen. Die Fixkosten, z. B für Lager- und Verkaufsflächen, Energie und Personal, können somit auf eine größere Verkaufsmenge verteilt werden. Darüber hinaus besitzen sie bei Verhandlungen mit Lieferanten oder Kreditgebern einen Vorteil gegenüber den kleineren Konkurrenten. Und sie können aufgrund ihrer Größe Arbeitsschritte stärker spezialisieren und somit schneller und effizienter machen. Diese Faktoren führen dazu, dass die Oligopolisten auf dem deutschen Markt für Lebensmittel von zunehmenden Skalenerträgen profitieren, das heißt, ihre langfristigen durchschnittlichen Gesamtkosten gehen mit steigender Verkaufsmenge zurück (vgl. Kapitel 5), die Stückkosten sinken. Folglich können Rewe, Edeka, Aldi, Kaufland und Lidl ihre Produkte billiger anbieten als kleinere Konkurrenten, denen es dadurch schwerfällt, in den Markt einzutreten bzw. sich auf dem Markt zu etablieren. Zudem verfügen Oligopolisten durch ihre Größe über entsprechende Budgets für Werbung sowie Forschung und Entwicklung oder Rechtsbeistand im Fall von Klagen durch Konkurrenten. Marktnischen, die durch kleinere Konkurrenten entdeckt wurden, können durch Oligopolisten somit oft sehr schnell geschlossen werden. Sie entwickeln im Sinne der Markenproliferation einfach ein vergleichbares Produkt, das sie durch die zunehmenden Skalenerträge zudem noch billiger anbieten und durch das größere Marketingbudget besser bewerben können als die Konkurrenz. Ein Beispiel sind innovative Produkte kleiner Start-ups wie der Brotaufstrich »Smuus«, eine Mischung aus Obst, Gemüse und Gewürzen, die nicht nur als Aufstrich, sondern auch zum Kochen verwendet werden kann. Rewe reagierte auf die Produktidee des Start-ups mit der billigeren Eigenmarke »Oh my Smooth« innerhalb seiner Produktlinie »Rewe beste Wahl«. Ähnlich erging es ChufaMix, einem Start-up aus Valencia mit seinem »Vegan Milker«, einem Mixer für vegane Milch. Die Supermarktkette Lidl ließ das rund 40 Euro teure Produkt durch seine Tochterfirma für Haushaltsartikel »Ernesto« nachbauen und verkaufte ihn als »Ernesto Veggie Drink Maker« für unter 10 Euro. ChufaMix hat zwar überlebt, jedoch gingen dem jungen Unternehmen durch das billige Konkurrenzprodukt reihenweise Kunden verloren, die Umsätze brachen ein. Auf diese Weise werden immer wieder kleine Produzenten durch die großen Supermarktketten aus dem Markt gedrängt oder bereits am Markteintritt gehindert.

Und die Konzentration auf dem deutschen Markt für Lebensmittel schreitet weiter voran. 2020 verkaufte die Metro-Group ihre Supermarktkette Real mit insgesamt 276 Standorten an den russischen Investor SCP Retail (Teil des Finanzkonzerns Sistema), der Real zerschlagen ließ. Dabei sollte der Großteil der Filialen an Kaufland und Edeka veräußert werden. Aufgrund der erwähnten Machtkonzentration auf dem Markt für Lebensmittel stieß die geplante Übernahme der Real-Filialen durch Kaufland und Edeka auf großen Widerstand innerhalb der Branche. Und auch das Bundeskartellamt befürchtete eine Verschiebung der Wettbewerbsbedingungen im Absatz- und Beschaffungsmarkt des Lebensmitteleinzelhandels und prüfte die Übernahme entsprechend lange und gründlich. Dazu wurden Umsätze und Lage jeder einzelnen Filiale analysiert und die Auswirkungen einer Übernahme für andere Händler vor Ort, die Kunden und die Zulieferer bewertet. Letztendlich gab das Bundeskartellamt grünes Licht für den Großteil der Übernahmen, jedoch nicht für alle. Kaufland durfte anstatt

Fortsetzung auf Folgeseite

Fortsetzung von Vorseite

der 101 angemeldeten Real-Standorte nur 92 übernehmen, Edeka nur 45 der angestrebten 72 Filialen. Sechs weitere Filialen durfte Edeka nur unter der Auflage erwerben, dass Teilflächen der Filialen an Wettbewerber abgetreten oder andere Edeka-Filialen im Gegenzug geschlossen werden. Der Präsident des Bundeskartellamtes, Andreas Mundt, erklärte die Einschränkung wie folgt: »Wir müssen sicherstellen, dass Verbraucherinnen und Verbraucher auch in Zukunft zwischen verschiedenen Lebensmittelhändlern auswählen können. Diese Auswahlmöglichkeit erzeugt Wettbewerbsdruck auf die Anbieter und sorgt so für bessere Preise, Auswahl und Qualität. Wir hatten bei einer Reihe von Standorten die Sorge, dass Edeka mit der Übernahme in den jeweiligen regionalen Märkten zu stark würde. Edeka musste deshalb auf rund 30 Prozent der geplanten Übernahmen verzichten« (Bundeskartellamt, 17.03.2021).

2015, im Fall der Supermarktkette Kaiser's Tengelmann, hatte die Wettbewerbsbehörde Edeka die Übernahme hingegen ganz untersagt, da sie die Gefahr massiver Wettbewerbsbehinderungen im Lebensmitteleinzelhandel in mehreren deutschen Regionen gegeben sah. Dennoch wurde die Übernahme letztendlich per Ministererlaubnis möglich. Wie wir bereits in Kapitel 11 erfahren haben, kann der Bundeswirtschaftsminister einen durch das Bundeskartellamt untersagten Unternehmenszusammenschluss erlauben, wenn die gesamtwirtschaftlichen Vorteile die negativen Wettbewerbseffekte aufwiegen. Der Erhalt von 16.000 Arbeitsplätzen wurde vom damaligen Wirtschaftsminister als solch ein entscheidender gesamtwirtschaftlicher Vorteil bewertet. 2017 wurde die Supermarktkette Kaiser's Tengelmann an Edeka verkauft, wobei 64 der ehemaligen Kaiser's-Filialen an den Konkurrenten Rewe veräußert wurden. Rewe hatte im Vorfeld in Form einer Klage gegen die Ministererlaubnis Druck ausgeübt.

Quellen: Rumscheidt, S. (2020). Branchen im Fokus: Lebensmitteleinzelhandel, ifo Schnelldienst, 73(5), 2020, 62–67; Pavel, F. & v. Schlippenbach, V. (2011). Konzentration im Lebensmitteleinzelhandel: Hersteller sitzen am kürzeren Hebel, Wochenbericht des DIW Berlin, 78 (13), 2–9; Wandler, R. (26.06.2020). Lidl verstößt gegen Patentrecht, die tageszeitung, online verfügbar unter https://taz.de/Discounter-wegen-Plagiat-verurteilt/!5697280/, zuletzt geprüft am 24.11.2020; Bundeskartellamt (22.12.2020). Kaufland darf 92 Real-Standorte unter Bedingungen übernehmen – Globus darf 24 Real-Standorte übernehmen, https://www.bundeskartellamt.de/SharedDocs/Meldung/DE/Pressemitteilungen/2020/22_12_2020_Real_Kaufland_Globus.html;jsessionid=9D59BFFF4C03B30701CF828F11EAF5A8.1_cid362?nn=3591568, zuletzt geprüft am 11.03.2021; Bundeskartellamt (17.03.2021). Edeka-Übernahme von Real-Standorten nur zum Teil freigegeben – Edeka darf nur 45 Standorte ohne Auflagen übernehmen, https://www.bundeskartellamt.de/SharedDocs/Meldung/DE/Pressemitteilungen/2021/17_03_2021_EDEKA_Real.html, zuletzt geprüft am 22.03.2021; Gasmann, M.: Kommt jetzt der Durchbruch für Lebensmittel im Online-Handel? Die Welt vom 8.2.2020, https://www.welt.de/wirtschaft/article205700963/Online-Handel-fuer-Lebensmittel-Studie-sagt-Verfuenffachung-voraus.html, zuletzt geprüft am 24.11.2020.

Fragen

1. Inwieweit ist der deutsche Markt für Lebensmittel ein Beispiel für ein Oligopol?
2. Welche Barrieren können Oligopolisten errichten, um die Konkurrenz am Markteintritt zu hindern? Erläutern Sie anhand von Beispielen.
3. Studien prognostizieren, dass der E-Commerce, d.h. der Verkauf von Lebensmitteln über das Internet, in den nächsten Jahre stetig an Bedeutung zunehmen wird. Was könnte dies für die Machtverhältnisse auf dem Markt für Lebensmittel bedeuten? Diskutieren Sie.
4. Das Start-up, das den innovativen Brotaufstrich »Smuus« entwickelte, war damit *First Mover* auf dem deutschen Markt für Lebensmittel und müsste somit gegenüber Rewe mit seiner Produktkopie »Oh my Smooth« einen Vorteil gehabt haben. Wieso war dem nicht so? Erläutern Sie Ihre Überlegungen anhand der Spieltheorie.
5. Zusammenschlüsse, die durch das Bundeskartellamt untersagt wurden, können per Ministererlaubnis trotzdem zugelassen werden. Finden Sie Argumente für und gegen diese Regelung mit Blick auf den deutschen Markt für Lebensmittel.

Zusammenfassung

- Oligopolisten können ihren Gewinn dadurch maximieren, dass sie ein Kartell bilden und gemeinsam wie ein Monopolist agieren. Wenn Oligopolisten ihre Produktionsentscheidungen jedoch individuell treffen, ergeben sich größere Mengen und ein niedrigerer Preis als im Monopolergebnis. Je größer die Anzahl der in einem Oligopolmarkt tätigen Unternehmen ist, desto mehr werden sich die Preis- und Mengenniveaus denen im Konkurrenzmarkt annähern.
- Nach dem Gefangenendilemma werden eigeninteressiert handelnde Personen selbst dann von einer Kooperation abgehalten, wenn die Kooperation im besten beiderseitigen Interesse läge. Die Logik des Gefangenendilemmas gilt für vielerlei Konfliktsituationen, wie etwa die Werbung, die Nutzung von Allmendegütern und eben Oligopole.
- Durch das Wettbewerbsrecht werden Oligopolisten an Verhaltensweisen gehindert, die den Wettbewerb einschränken oder unterbinden. Die Anwendung des Wettbewerbsrechts wird kontrovers diskutiert, da einige Verhaltensweisen, die den Anschein einer Wettbewerbsbeschränkung erwecken, tatsächlich legitime Zwecke verfolgen.

Stichwörter

- Oligopol
- Konzentrationsrate
- Marktsegment
- Kollusion
- Kartell
- Nash-Gleichgewicht
- Spieltheorie
- Auszahlungsmatrix
- Gefangenendilemma
- dominante Strategie
- stillschweigende Kollusion (tacit collusion)
- dynamische Spiele
- Markenproliferation
- ruinöser Preiskampf

Wiederholungsfragen

1. Welche Menge und welchen Preis würde eine Gruppe von Anbietern setzen wollen, die zur Bildung eines Kartells in der Lage ist?
2. Vergleichen Sie Mengen und Preise eines Oligopolmarkts und eines Monopolmarkts im Gleichgewicht.
3. Vergleichen Sie Mengen und Preise eines Oligopolmarkts und eines vollständigen Konkurrenzmarkts.
4. Wie beeinflusst die Zahl der am Oligopolmarkt agierenden Unternehmen das Marktergebnis?
5. Worin besteht das Gefangenendilemma, und was hat es mit dem Oligopolmarkt zu tun? Welche Auswirkungen auf das Gleichgewicht im Oligopolmarkt sind zu erwarten, wenn das Gefangenen-Dilemma wiederholt gespielt wird?
6. Auf welche Weise versuchen Unternehmen auf Oligopolmärkten, den Markteintritt von Konkurrenten zu erschweren?
7. Was versteht man unter Preisbindung und warum ist dieses Instrument umstritten?

Aufgaben und Anwendungen

1. Im Frühjahr 2020 konnte man aus den Medien erfahren, dass sich die Mitgliedstaaten der OPEC nach langen Verhandlungen auf eine Produktionskürzung zur Stützung des Ölpreises geeinigt haben. Gleichzeitig wurde bekannt, dass neben

den OPEC-Ländern auch andere Produzentenländer wie Russland und Mexiko einer Kürzung ihrer Produktionsmengen zugestimmt haben.
  a. Warum war es für die OPEC-Länder so schwierig, Senkungen der Produktionsmengen zu vereinbaren?
  b. Welches Interesse könnten andere Produzentenländer haben, sich nicht an einer Produktionskürzung zu beteiligen?

2. Ein Großteil des Weltangebots an Diamanten kommt aus Russland und Südafrika. Angenommen, die Grenzkosten der Förderung betragen 1.000 Euro pro Diamant, und die Diamantennachfrage entspreche dieser Tabelle:

Preis (€)	Menge (Stück)
8.000	5.000
7.000	6.000
6.000	7.000
5.000	8.000
4.000	9.000
3.000	10.000
2.000	11.000
1.000	12.000

  a. Welcher Preis und welche Menge stellten sich bei sehr vielen Anbietern auf dem Markt ein?
  b. Wie wären Marktpreis und Menge, wenn es nur einen Anbieter gäbe, der seinen Gewinn maximiert?
  c. Wie wäre wohl das Marktergebnis (Preis und Menge), wenn Südafrika und Russland ein Kartell bildeten? Wie hoch wären Produktion und Gewinn von Südafrika bei gleichmäßiger Marktaufteilung? Wie verändert sich der Gewinn von Südafrika, wenn es seine Produktion um 1.000 erhöht, Russland jedoch die Kartellabsprache einhält?
  d. Begründen Sie anhand von c), warum Kartellabsprachen oft erfolglos bleiben.

3. Das vorliegende Kapitel behandelt Oligopole auf dem Absatzmarkt. Vieles davon gilt auch für Oligopole auf Beschaffungsmärkten der Unternehmen. Was ist das entsprechende Ziel von Oligopolisten auf dem Beschaffungsmarkt, wenn Oligopolisten auf dem Absatzmarkt den Verkaufspreis zu erhöhen versuchen?

4. Warum ist die Spieltheorie hilfreich für das Verständnis des Marktgeschehens mit wenigen Unternehmen, aber nicht mit sehr vielen Unternehmen?

5. Nehmen wir an, in Ihrem Viertel gibt es zwei Bagel-Geschäfte: Markus Monster Bagel und Romys Riesen Bagel. Beide Geschäftsinhaber überlegen, ob sie Werbung für ihren Laden machen sollten. Durch Werbung könnten beide neue Kunden hinzugewinnen und ihren gegenwärtigen Gewinn von 10.000 Euro vergrößern, jedoch

nur dann, wenn der andere keine Werbung macht. Wenn also Markus Werbung macht und Romy nicht, erzielt er einen höheren Gewinn von 20.000 Euro, während Romys Gewinn auf 5.000 Euro zurückgeht. Die Gewinne von beiden sinken jedoch auf 7.500 Euro, wenn sich Romy ebenfalls zur Werbung entschließt. Für Romy gilt das Gleiche: Sie kann einen höheren Gewinn von 20.000 Euro durch Werbung erzielen, wenn Markus nicht für seinen Laden wirbt. Dessen Gewinn sinkt in diesem Fall auf 5.000 Euro. Betreibt sie jedoch Werbung und Markus auch, dann sinken die Gewinne der beiden auf 7.500 Euro. Wenn beide keine Werbung machen, bleiben ihre Gewinne konstant bei 10.000 Euro.
   a. Zeichnen Sie die Auszahlungsmatrix für dieses Spiel.
   b. Wie sieht das Nash-Gleichgewicht für dieses Spiel aus?
   c. Ist ein Ergebnis denkbar, bei dem beide besser gestellt sind als im Nash-Gleichgewicht? Wie könnte dieses Ergebnis erreicht werden?

6. Die Landwirte Meier und Huber lassen ihre Rinder auf einer gemeinsamen Weide grasen. Wenn 20 Stück Vieh auf der Weide sind, produziert jede Kuh während ihrer Lebenszeit für 8.000 Euro Milch. Sofern mehr Kühe auf der Weide sind, erhält jedes Tier weniger Futter und die Milchproduktion sinkt. Bei 30 Kühen geht der Wert der Milchproduktion pro Tier auf 6.000 Euro zurück, bei 40 Kühen produziert jede Kuh noch Milch im Wert von 4.000 Euro. Die Kosten pro Kuh betragen 2.000 Euro.
   a. Angenommen, Huber und Meier können entweder je 10 oder 20 Kühe kaufen, doch keiner von beiden kennt im Moment des Kaufs die Kaufentscheidung des anderen. Kalkulieren Sie den Nutzen jedes Ergebnisses.
   b. Wie lautet das wahrscheinliche Ergebnis dieses Spiels? Welches wäre das beste Ergebnis?
   c. Früher gab es mehr gemeinsame Weidegrundstücke als heutzutage. Warum?

7. Die beiden VWL-Studierenden Jens und Sabine sollen zum Thema »Oligopol« zusammen ein Referat erarbeiten, für das sie gemeinsam eine Note bekommen. Beide möchten natürlich eine gute Note bekommen, aber dafür auch nur gerade so viel wie nötig tun. Die Auszahlungsmatrix von Jens und Sabine sieht wie folgt aus:

		Entscheidung von Sabine	
		Arbeiten	Faulenzen
Entscheidung von Jens	Arbeiten	Nutzen Sabine: Note 1, kein Spaß Nutzen Jens: Note 1, kein Spaß	Nutzen Sabine: Note 2, Spaß Nutzen Jens: Note 2, kein Spaß
	Faulenzen	Nutzen Sabine: Note 2, kein Spaß Nutzen Jens: Note 2, Spaß	Nutzen Sabine: Note 4, Spaß Nutzen Jens: Note 4, Spaß

Normalerweise wollen Jens und Sabine vor allem Spaß haben. Keinen Spaß zu haben, wird als genauso unangenehm eingeschätzt wie eine Bewertung des Referats, die um zwei Noten schlechter ausfällt.

a. Schreiben Sie aus der Auszahlungsmatrix den Nutzen von Sabine für die einzelnen Konstellationen heraus.
b. Welches Ergebnis ist zu erwarten, wenn keiner der beiden Studierenden weiß, wie viel Zeit der andere dem gemeinsamen Referat widmen wird? Kann es von Bedeutung sein, ob die beiden auch in Zukunft für Studienprojekte zusammenarbeiten müssen?

8. Die beiden Unternehmen Syneco und Dyneco sind in der Hochtechnologiebranche tätig und müssen eine Entscheidung über ihr Forschungsbudget treffen. Dabei gilt folgende Auszahlungsmatrix:

		Entscheidung Syneco	
		Großes Budget	Kleines Budget
Entscheidung Dyneco	Großes Budget	Gewinn Syneco: 20 Mio. € Gewinn Dyneco: 30 Mio. €	Gewinn Syneco: 0 Mio. € Gewinn Dyneco: 70 Mio. €
	Kleines Budget	Gewinn Syneco: 30 Mio. € Gewinn Dyneco: 0 Mio. €	Gewinn Syneco: 40 Mio. € Gewinn Dyneco: 50 Mio. €

a. Gibt es für beide Unternehmen eine dominante Strategie?
b. Gibt es ein Nash-Gleichgewicht?

9. EspressoXS ist ein kleiner Kaffeeproduzent, der sich mit dem Gedanken trägt, in den Kaffeemarkt einzutreten, der von dem Kaffeeproduzenten MoccaXXL dominiert wird. Bei einem Markteintritt von EspressoXS droht MoccaXXL an, den Kaffeepreis stark zu senken, damit die Kunden nicht zu EspressoXS wechseln. In Abhängigkeit davon, ob EspressoXS in den Markt eintritt oder nicht und demzufolge MoccaXXL einen niedrigen oder einen hohen Preis für Kaffee verlangt, ergeben sich folgende Gewinne für beide Unternehmen:

		MoccaXXL	
		Hoher Kaffeepreis	Niedriger Kaffeepreis
EspressoXS	Markteintritt	Gewinn MoccaXXL: 3 Mio. € Gewinn EspressoXS: 2 Mio. €	Gewinn MoccaXXL: 1 Mio. € Verlust EspressoXS: 1 Mio. €
	Kein Markteintritt	Gewinn MoccaXXL: 7 Mio. € Gewinn EspressoXS: 0 Mio. €	Gewinn MoccaXXL: 2 Mio. € Gewinn EspressoXS: 0 Mio. €

Was sollte EspressoXS Ihrer Meinung nach tun? Ist die Androhung von MoccaXXL glaubwürdig?

14 Marktstrukturen IV: Bestreitbare Märkte

In unserer bisherigen Analyse von Märkten sind wir von einer Reihe von Annahmen ausgegangen, durch welche die unterschiedlichen Marktformen jeweils definiert sind. Am äußersten Rand der Skala ist die Marktform der vollständigen Konkurrenz, welche unter anderem durch folgende Annahmen definiert ist: Eine große Anzahl von Unternehmen produziert homogene Güter und muss den Marktpreis als gegeben hinnehmen (Preisnehmer). Das Modell impliziert, dass wirtschaftliche Gewinne nur kurzfristig möglich sind, da diese wiederum potenzielle Konkurrenten zum Markteintritt bewegen. Im langfristigen Gleichgewicht entspricht der Preis den Grenzkosten, alle Unternehmen produzieren auf dem niedrigsten Punkt ihrer Kurve der langfristigen Gesamtkosten und erzielen einen Normalgewinn (einen wirtschaftlichen Gewinn von null). Das Modell der vollständigen Konkurrenz kann als Benchmark (Vergleichsmaßstab) für eine effiziente Ressourcenallokation genutzt werden.

Davon ausgehend analysierten wir Marktstrukturen, bei denen die Annahmen der vollständigen Konkurrenz nicht zutreffen, und wir diskutierten, was dies jeweils für das Marktgleichgewicht und die Wirtschaftspolitik bedeutet. Wenn Unternehmen Produktdifferenzierung betreiben können, sehen sie sich einer fallenden Marktnachfragekurve gegenüber und jedes Unternehmen kann den Preis zu einem gewissen Grad kontrollieren (Preisfixierer). Markteintrittsbarrieren ermöglichen es Unternehmen, auf lange Sicht wirtschaftliche Gewinne zu machen und ihre Produkte zu einem Preis über den Grenzkosten zu verkaufen. Wenn der Markt von nur wenigen Anbietern beherrscht wird, besteht zudem die Möglichkeit der Absprache (Kollusion), da die Interdependenz der Marktteilnehmer hoch ist. Das langfristige Marktgleichgewicht bei unvollständiger Konkurrenz weist verschiedene Ausprägungen von Ineffizienz auf, wie im Monopol, wo eine ineffizient niedrige produzierte und konsumierte Gütermenge und ein ineffizient hoher Güterpreis (Preis oberhalb der Grenzkosten) einen Nettowohlfahrtsverlust erzeugen (vgl. Kapitel 11). Diese Ineffizienz der unvollständigen Konkurrenz kann politische Entscheidungsträger dazu motivieren, den Wettbewerb auf dem entsprechenden Markt durch wirtschaftspolitische Regulierung zu stärken und somit die Ineffizienz zu reduzieren. Dies beruht natürlich auf der Annahme, dass das Marktgleichgewicht bei vollständiger Konkurrenz »erstrebenswert« ist (beachten Sie, dass es sich hierbei um einen normativen Ausdruck handelt).

Im Jahr 1982 veröffentlichten William J. Baumol, John Panzer und Robert Willig die Theorie der bestreitbaren Märkte (contestable markets). Im gleichen Jahr publizierte Baumol im *American Economic Review* einen Artikel mit dem Titel »Contestable Marktes: An Uprising in the Theory of Industry Structure«, in dem er hervorhob, dass die Theorie der bestreitbaren Märkte einen neuen Blick auf Branchenstrukturen und die Verhaltensweisen der Marktakteure ermögliche. Außerdem, so Baumol, böte sie eine einheitliche Analysestruktur für das gesamte Themengebiet und liefere wichtige Erkenntnisse für die empirische Forschung sowie die Entwicklung politischer Maßnahmen. Und in der Tat kam es in der Folge zu einer ganzen Reihe empirischer Forschungsarbeiten zur Theorie der bestreitbaren Märkte. In diesem Kapitel werden wir die Grundlagen der Theorie der bestreitbaren Märkte, ihre Implikationen sowie empirische Belege für die Gültigkeit der Theorie kennenlernen.

14.1 Die Eigenschaften bestreitbarer Märkte

Viele der Annahmen, welche der Theorie der bestreitbaren Märkte zugrunde liegen, treffen auch auf andere Marktstrukturen zu. So streben auch in bestreitbaren Märkten die Unternehmen nach Gewinnmaximierung und es kann zu unvollständiger Konkurrenz einschließlich Oligopol- und Monopolstrukturen kommen. Baumol et al. räumten ein, dass das Modell der vollständigen Bestreitbarkeit ebenso wenig wie das Modell der vollständigen Konkurrenz die Realität abbilden könne. Es diene vielmehr als eine flexible und geeignete Benchmark, um Branchenstrukturen zu analysieren und zu verstehen.

Bestreitbarer Markt
Ein Markt, der frei und kostenlos betreten und wieder verlassen werden kann.

Ein vollständig **bestreitbarer Markt** zeichnet sich dadurch aus, dass Markteintritt und Marktaustritt gleichermaßen frei und kostenlos sind. »Frei und kostenlos« bedeutet nach Baumol et al., dass alle Unternehmen jederzeit die Möglichkeit haben, in den Markt einzutreten und folglich mit den bereits im Markt befindlichen Unternehmen zu konkurrieren, sowie, was für die Theorie noch entscheidender ist, den Markt wieder zu verlassen. Dies setzt voraus, dass die Newcomer in der Lage sind ein Gut anzubieten, das mit dem Gut der auf dem Markt etablierten Unternehmen vergleichbar ist. Außerdem darf das Unternehmen, welches den Markt betritt oder verlässt, gegenüber den etablierten Unternehmen keinen Nachteil bezüglich der Produktionsfaktoren und der Produktionsweise haben. Wenn Unternehmen darüber nachdenken, in einen Markt einzutreten, so kalkulieren sie dies vor dem Hintergrund des aktuellen Marktpreises. Sie sind Preisnehmer, die den Preis allerdings nicht als langfristig unveränderlich ansehen. Die potenziellen Newcomer planen ihre Teilnahme am Markt vielmehr nur für eine begrenzte Zeitspanne, in welcher der Preis ihren Erwartungen zufolge nach nicht fallen wird. Der Marktaustritt ist hierbei also schon mitgedacht.

Der freie Marktaustritt spielt in der Theorie der bestreitbaren Märkte eine zentrale Rolle. Ein Unternehmen kann demnach nicht nur in den Markt eintreten, ohne gegenüber den etablierten Unternehmen Kostennachteile zu haben, sondern es kann den Markt auch jederzeit nach Belieben wieder verlassen und dabei die Kosten seines Markteintritts vollständig wieder hereinholen. Dies impliziert, dass die bei Markteintritt für die Produktion angeschafften Anlagegüter wieder vollständig veräußert werden können, somit also sämtliche Kosten reversibel sind. Diese Kosten umfassen nicht die Abschreibungen, d.h. den Wertverlust der Anlagegüter, oder wie Baumol et al. es nennen, die »normalen Abnutzungskosten«. Ein wichtiger Aspekt ist zudem, dass die Theorie der bestreitbaren Märkte davon ausgeht, dass sich die etablierten Unternehmen nicht sofort gegen neue Konkurrenten zur Wehr setzen können, sondern dass dies nur mit Verzögerung möglich ist. Zum Teil prägt daher schon allein die Bedrohung durch potenzielle Markteintritte das Verhalten der im Markt befindlichen Unternehmen. Dabei wird weiterhin vorausgesetzt, dass die etablierten Unternehmen – anders als die Akteure auf »traditionellen« Oligopolmärkten – keine Markteintrittsbarrieren errichten können.

Für neue Wettbewerber bietet sich in bestreitbaren Märkten eine sogenannte »Hit and run«-Strategie an. Dabei drängen neue Unternehmen schnell in den Markt, realisieren kurzfristig wirtschaftliche Gewinne und verlassen den Markt wieder, bevor die etablierten Unternehmen überhaupt auf den Markteintritt reagieren können. Diese Bedrohung beeinflusst das Verhalten der etablierten Unternehmen, was sich wiederum auf die ökonomische Effizienz und die volkswirtschaftliche Wohlfahrt auswirkt.

> **Kurztest**
> Warum beeinflusst allein die Möglichkeit kostenloser Markteintritte und Marktaustritte das Verhalten der im Markt befindlichen Unternehmen?

Vollständig bestreitbare Märkte und Effizienz

Ungeachtet dessen, ob ein Markt ein Oligopol oder ein Monopol ist, realisieren die Unternehmen in vollständig bestreitbaren Märkten im langfristigen Marktgleichgewicht Normalgewinne. Dies ist eine Konsequenz des erleichterten Markteintritts und Marktaustritts und wird durch »Hit and run«-Strategien impliziert. Wenn irgendein Unternehmen im Markt wirtschaftliche Gewinne realisiert, können ein oder mehrere Unternehmen sich zum Markteintritt entschließen und ein vergleichbares Gut anbieten. In vollständig bestreitbaren Märkten können sie dies ohne signifikante Kostennachteile tun. Der Newcomer im Markt könnte sich zudem mit einem geringfügig niedrigeren Gewinn zufriedengeben und den Preis der etablierten Unternehmen folglich unterbieten. Diese Situation ist in Abbildung 14-1 dargestellt.

Wir gehen von der Annahme aus, dass das bereits im Markt befindliche Unternehmen die Menge Q_1 anbietet, bei der die Grenzkosten dem Grenzerlös entsprechen. In diesem Punkt liegt der Preis weit oberhalb der Grenzkosten, das Unternehmen macht also hohe wirtschaftliche Gewinne. Der hohe wirtschaftliche Gewinn führt dazu, dass ein neues Unternehmen in den Markt eintritt, das möglicherweise einen niedrigeren Preis als P_1 verlangen wird und dabei immer noch Gewinn machen wird, obschon einen geringeren als das bereits im Markt befindliche Unternehmen. Dieser Prozess der Markteintritte dauert an, bis der Preis auf P_2 gesunken und die Angebotsmenge auf Q_2 gestiegen ist. In diesem Punkt machen die Unternehmen Normalgewinne und der Preis entspricht genau den Grenzkosten (liegt nicht darunter). In einem vollständig bestreitbaren Markt werden Normalgewinne erzielt und der Preis entspricht genau den Grenzkosten und liegt keinesfalls darunter. Vorausgesetzt Markteintritt und Marktaustritt sind kostenlos, existiert dieses Marktgleichgewicht unabhängig von der Branchenstruktur und unabhängig davon, ob es sich im Ausgangszustand um ein Oligopol oder um ein Monopol handelt. Wie Abbildung 14-1 zeigt, ist das Marktgleichgewicht in vollständig bestreitbaren Märkten frei von Ineffizienz. Beachten Sie, dass die

14.1 Marktstrukturen IV: Bestreitbare Märkte
Die Eigenschaften bestreitbarer Märkte

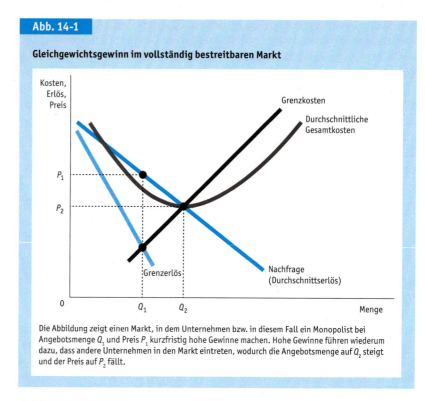

Abb. 14-1

Gleichgewichtsgewinn im vollständig bestreitbaren Markt

Die Abbildung zeigt einen Markt, in dem Unternehmen bzw. in diesem Fall ein Monopolist bei Angebotsmenge Q_1 und Preis P_1 kurzfristig hohe Gewinne machen. Hohe Gewinne führen wiederum dazu, dass andere Unternehmen in den Markt eintreten, wodurch die Angebotsmenge auf Q_2 steigt und der Preis auf P_2 fällt.

Gleichgewichtsmenge Q_2 in dem Punkt liegt, in dem die Grenzkostenkurve die Kurve der langfristigen durchschnittlichen Gesamtkosten in ihrem niedrigsten Punkt schneidet. Das bedeutet, dass Unternehmen im Marktgleichgewicht zu den geringstmöglichen durchschnittlichen Gesamtkosten produzieren und folglich keine weitere Effizienzsteigerung mehr zu erreichen sind. Gleichermaßen gibt es keine Ineffizienz im Gleichgewicht vollständig bestreitbarer Märkte. Die Logik hinter diesem Marktergebnis ist die folgende: Sollten Ineffizienzen existieren, so kann ein potenzieller Newcomer diese ausnutzen, kostenlos in den Markt eintreten und kostengünstiger produzieren als die im Markt ansässigen Unternehmen und in der Folge zusätzliche Gewinne generieren. Diese Analyse impliziert, dass auch im Zustand unvollständiger Konkurrenz allein die Bedrohung durch potenzielle Markteintritte die etablierten Unternehmen dazu bringt, sich so zu verhalten, als würde vollständige Konkurrenz herrschen.

Quersubventionierung
Eine Situation, in der Unternehmen für einige Güter niedrigere Gewinne oder sogar Verluste in Kauf nehmen, um Konkurrenten abzuwehren. Diese niedrigeren Gewinne oder Verluste werden durch höhere Gewinne bei anderen Gütern des Unternehmens im selben Markt subventioniert.

Bei unvollständiger Konkurrenz haben große Unternehmen die Möglichkeit, Markteintritte durch Quersubventionierung und Kampfpreise zu verhindern. Kampfpreise (predatory pricing) werden unterhalb der durchschnittlichen Gesamtkosten festgelegt, um Wettbewerber aus dem Markt zu drängen und neue Markteintritte zu verhindern (und anschließend den Preis wieder anzuheben). **Quersubventionierung** bedeutet, dass die Unternehmen die aus Kampfpreisen für bestimmte Güter resultierenden niedrigeren Gewinne oder sogar Verluste durch höhere Gewinne bei anderen Gütern im selben Markt subventionieren. Im Fall von Quersubventionierung erzielen die Unternehmen einen Erlös unterhalb der Gesamtkosten, ohne Quersubventionierung wären die Gesamtkosten durch die Erlöse vollständig abgedeckt, da die Unternehmen in diesem Fall keine Kampfpreise verlangen.

Beide Taktiken – Kampfpreise und Quersubventionierung – sind in vollständig bestreitbaren Märkten nicht möglich. Wieso ist dem so? Nehmen wir an, ein im Markt etabliertes Unternehmen bietet drei unterschiedliche Güter an, wovon zwei wirtschaftliche Gewinne erwirtschaften. Das dritte Gut wird quersubventioniert zum Kampfpreis angeboten. Nehmen wir nun weiter an, ein Newcomer tritt in den Markt ein. Er bietet die zwei Güter, mit denen das etablierte Unternehmen wirtschaftliche Gewinne erzielt, zu einem jeweils geringfügig niedrigeren Preis an. Das dritte Gut hingegen bietet er nicht an und verzichtet somit auch auf den potenziellen Erlös aus dessen Verkauf. Indem der Newcomer jedoch dem etablierten Unternehmen Marktanteile bei den beiden Gütern streitig macht, die bisher hohe wirtschaftliche Gewinne generiert haben, baut er Druck auf. Dies zwingt das etablierte Unternehmen letztendlich dazu, Kampfpreise und Quersubventionierung abzustellen.

Vollständig bestreitbare Märkte und Skalenerträge

In unserer Analyse der Angebotsseite des Markts (Kapitel 5) haben wir gelernt, dass Unternehmen bei der Steigerung ihrer Produktionsmenge zunehmende Skalenerträge erzielen, wenn die langfristigen durchschnittlichen Gesamtkosten sinken. Bei vollständiger Konkurrenz ist die Möglichkeit der Realisierung zunehmender Skalenerträge dadurch begrenzt, dass es eine große Anzahl von Marktteilnehmern gibt, die allesamt Preisnehmer sind. Wenn Unternehmen auf Märkten mit vollständiger Konkurrenz zunehmende Skalenerträge nutzen könnten, so würden Gewinne entstehen und durch die Möglichkeit des freien Markteintritts und -austritts würden weitere Unternehmen in den Markt gelockt. Die kurzfristigen Vorteile würden sich somit auf lange Sicht im Wettbewerb aufheben. Auf Märkten mit unvollständiger Konkurrenz hingegen können Unternehmen von zunehmenden Skalenerträgen profitieren, was wiederum wie eine Markteintrittsbarriere wirkt und den Wettbewerb beschränkt. In dieser Situation können große Unternehmen nicht nur zunehmende Skalenerträge nutzen, bei denen die langfristigen durchschnittlichen Gesamtkosten durch eine Ausweitung der Produktion gesenkt werden, sie können zudem auch von sogenannten Verbundeffekten profitieren. **Verbundeffekte** liegen vor, wenn ein Unternehmen seine Stückkosten dadurch senken kann, dass es die Produktion von Gütern zusammenlegt, die den Einsatz gleicher oder ähnlicher Produktionsfaktoren erfordern.

Beispielsweise fertigt ein Autohersteller vielleicht eine ganze Bandbreite an Fahrzeugen – Kleinwagen, Geländewagen, Limousinen, Sportwagen und SUVs. Doch die in der Herstellung eingesetzten Produktionsfaktoren sind ähnlich oder in manchen Fällen sogar identisch. Die Produktionskosten können somit auf eine Bandbreite von Gütern verteilt werden, wodurch die Stückkosten für jedes Gut sinken. Die gemeinsame Produktion mehrerer Güter ist somit billiger, als wenn jedes Gut einzeln hergestellt würde. Bei vollständiger Konkurrenz führt die Nutzung zunehmender Skalenerträge dazu, dass die im Markt befindlichen Unternehmen wirtschaftliche Gewinne realisieren können, was wiederum dazu führt, dass Newcomer in den Markt eintreten,

Verbundeffekte
Sie liegen vor, wenn ein Unternehmen seine durchschnittlichen Gesamtkosten oder Stückkosten dadurch senken kann, dass es die Produktion von Gütern zusammenlegt, die den Einsatz gleicher oder ähnlicher Produktionsfaktoren erfordern.

um an den Gewinnmöglichkeiten zu partizipieren, auch wenn sich diese als kurzlebig erweisen. Bedenken Sie, dass in vollständig bestreitbaren Märkten der Markteintritt kostenlos ist, aber ebenso der Marktaustritt. Baumol stellte fest, dass die Grenzkostenpreissetzung zum »Rezept für Konkurs« wird, wenn zunehmende Skalenerträge durch Ein-Produkt-Unternehmen bei vollständiger Konkurrenz realisiert werden. Zunehmende Skalenerträge führen zu sinkenden langfristigen durchschnittlichen Gesamtkosten. Wenn die langfristigen durchschnittlichen Gesamtkosten sinken, müssen wiederum die Grenzkosten unter den durchschnittlichen Gesamtkosten liegen. Wenn nun der Preis den Grenzkosten entspricht, so ist der Preis auch geringer als die durchschnittlichen Gesamtkosten. Wie wir bereits gelernt haben, werden sich Unternehmen in diesem Punkt zum Marktaustritt entscheiden.

Auf Märkten mit unvollständiger Konkurrenz kann die Existenz großer Unternehmen damit gerechtfertigt werden, dass die Vorteile zunehmender Skalenerträge in Form niedriger Preise an die Verbraucher weitergegeben werden. Die Realisierung zunehmender Skalenerträge birgt somit einen Trade-off zwischen Vorteilen für die Nachfrager und Nachteilen für den Wettbewerb, welcher durch Regulierung ausgeglichen werden muss.

In vollständig bestreitbaren Märkten wiederum können die etablierten Unternehmen zwar zunehmende Skalenerträge realisieren, jedoch haben sie einen Anreiz, die Vorteile daraus nicht durch hohe Preise voll auszuschöpfen, da dies potenzielle Konkurrenten zum Markteintritt motivieren könnte. Baumol kommt daher zu dem Schluss, dass vollständig bestreitbare Märkte den Unternehmen eine Preisobergrenze auferlegen, die in dem Punkt liegt, der zu Markteintritten motiviert. Gleichermaßen haben wir gesehen, dass es in vollständig bestreitbaren Märkten nicht möglich ist, den Preis unterhalb der Grenzkosten festzusetzen. Folglich schützen vollständig bestreitbare Märkte nicht nur die Interessen der Konsumenten, sondern auch die Interessen der Konkurrenten. Dieser doppelte Nutzen bedeutet, dass die politische Regulierung nicht so umfangreich und kostspielig sein muss, wie es andere Marktformen erfordern mögen.

> **Kurztest**
> Warum sind Kampfpreise und Quersubventionierung in einem vollständig bestreitbaren Markt nicht möglich?

14.2 Die Grenzen der Bestreitbarkeit

Seit ihrer Veröffentlichung wurde die Theorie der bestreitbaren Märkte in einer Reihe empirischer Studien auf ihre Tragfähigkeit hin überprüft. Dabei wiesen die Forscher auf einige Grenzen des Modells hin. Im Kern ging es dabei um die Frage, inwiefern Unternehmen kostenlos in einen Markt eintreten und wieder austreten können. Dabei spielen Fixkosten und versunkene Kosten eine Rolle.

Fixkosten als Markteintrittsbarriere

In unserer Analyse des Marktgeschehens bei vollständiger Konkurrenz haben wir gesehen, dass der Preis die Kosten der Produktion widerspiegelt. Nehmen wir zur Vereinfachung an, ein Unternehmen produziert pro Jahr nur eine Einheit eines Gutes, wobei nur eine Maschine zum Einsatz kommt. Diese Maschine wird über fünf Jahre abgeschrieben und muss nach Ablauf der fünf Jahre durch eine neue Maschine ersetzt werden. Nehmen wir an, die Anschaffungskosten der Maschine betragen 200 Euro. Die Abschreibungskosten belaufen sich somit pro Jahr auf 40 Euro; dies sind unsere durchschnittlichen fixen Kosten. Wir nehmen weiterhin an, dass die durchschnittlichen variablen Kosten 5 Euro betragen. Somit beträgt der kostendeckende Preis für eine Einheit unseres Gutes 45 Euro. Nach fünf Jahren betragen die Gesamtkosten des Unternehmens somit 225 Euro. Der Gesamterlös wird diese Kosten widerspiegeln, einschließlich – wir erinnern uns an Kapitel 5 – eines Normalgewinns. Allerdings muss das Unternehmen somit auch fünf Jahre am Markt bleiben, um seine Kosten (vor allem seine hohen Fixkosten) durch seine Erlöse wieder vollständig hereinzuholen. Können Fixkosten also eine Markteintrittsbarriere bilden? Baumol et al. argumentieren, dass dies nicht zwangsläufig der Fall sein muss. Fixkosten sind definiert als Kosten, die unabhängig von der Produktionsmenge eines Gutes immer gleich bleiben. Jedoch wäre es in unserem Beispiel möglich, dass das Unternehmen die Maschine nach dem ersten Produktionsjahr wieder verkauft und dafür 160 Euro erzielt. Der Gesamterlös nach einem Jahr (160 Euro + 45 Euro) wäre somit ausreichend, um fixe und variable Kosten wieder hereinzuholen. Der Marktaustritt wäre also kostenlos und der Markt somit bestreitbar.

Jedoch ist die Unterteilung in fixe und variable Kosten eine starke Vereinfachung und viele Kosten, denen sich Unternehmen in der Realität gegenübersehen, lassen sich nicht klar einer dieser beiden Kategorien zuordnen. So kann ein Unternehmen beispielsweise vertraglich angestellte Mitarbeiter haben, wodurch Personal zu seinen Fixkosten zu zählen ist. Jedoch kann mit variierender Produktionsmenge auch die Zahl der Mitarbeiter oder der Arbeitsstunden erhöht oder gesenkt werden und somit können Personalkosten auch variable Kosten darstellen. Diese Kategorisierungsprobleme erschweren es, zu erfassen, in welchem Umfang Unternehmen ihre Kosten beim Markteintritt und Marktaustritt wieder hereinholen können, um von den »Hit and run«-Vorteilen zu profitieren, die die Theorie der bestreitbaren Märkte beschreibt.

Versunkene Kosten

Wie wir bereits in Kapitel 5 gelernt haben, sind versunkene Kosten solche Kosten, die bereits angefallen sind und nicht mehr zurückgeholt werden können. Wenn versunkene Kosten existieren, ist die Annahme des kostenlosen Eintritts und Austritts aus einem Markt hinfällig, was wiederum den Wert der Theorie der bestreitbaren Märkte schmälert. Dagegen wurde argumentiert, dass bei der Beurteilung versunkener Kosten die Beweggründe des Unternehmens für dessen Investition in Anlagegüter miteinbezogen werden müssen. Man kann davon ausgehen, dass jegliche Investition begründet ist. Um auf unser Beispiel zurückzukommen: Ein Unternehmen, das sich entschließt, 200 Euro in eine Maschine zu investieren, wird dies nicht ohne triftigen Grund tun. Und dieser Grund ist die Annahme, dass die Kosten der Investition durch die Einnahmen aus der Produktion mindestens wieder hereingeholt werden. Würde das Unternehmen für die gleiche Maschine auch 800 Euro zahlen? Der Theorie nach nicht, denn das Unternehmen in unserem Beispiel macht jährlich nur einen Umsatz von 45 Euro und so können die Kosten über die Nutzungsdauer der Maschine (fünf Jahre) nicht ausgeglichen werden. Sollte das Unternehmen für die Maschine 800 Euro bezahlt haben, ist dies, so die Argumentation, als Managementfehler des Unternehmens zu bewerten. Die Investitionszahlung von 800 Euro abzüglich der über fünf Jahre zurückgeflossenen Erlöse von 225 Euro aus der Produktion mit der Maschine führt folglich zu 575 Euro versunkenen Kosten. Diese Argumentation impliziert, dass bei Investitionsentscheidungen die zeitliche Komponente zu beachten ist. Dies bedeutet für unser Beispiel, dass die Entscheidung, 800 Euro für die Maschine zu zahlen, möglicherweise unter der Annahme getroffen wurde, dass die Rückflüsse oder Erlöse innerhalb der fünf Jahre höher sein würden, als sie es schlussendlich waren. Viele Investitionsentscheidungen werden *ex ante* (im Vorhinein) und somit unter Unsicherheit getroffen. Sie basieren auf Prognosen und diese können trotz größter Bemühungen der Analysten unzuverlässig und schlicht falsch sein. Somit können versunkene Kosten auch erst *ex post* (im Nachhinein) erkannt werden. Unternehmen werden versuchen, vor dem Markteintritt sowohl *Ex-ante-* als auch *Ex-post*-Faktoren abzuwägen. Dies legt nahe, dass versunkene Kosten, die auf einen Planungsfehler des Unternehmens zurückzuführen sind, nicht für immer unveränderbar sind und somit auch keine Markteintrittsbarriere darstellen. Manche Ökonomen würden argumentieren, dass versunkene Kosten als Signal für einen Entscheidungsfehler gewertet werden können, bei dem das Unternehmen die Investition *ex ante* irrtümlicherweise überwertet hat. Das Signal würde in der Folge zu einer Neubewertung der Marktwerte führen. Während versunkene Kosten also einerseits eine potenzielle Markteintrittsbarriere darstellen, sind sie dennoch nicht ineffizient, da ihre Existenz nahelegt, die Ressourcen einer anderen, effizienteren Verwendung zuzuführen. Versunkene Kosten können jedoch auch anfallen, wenn im Zusammenhang mit der Entscheidung für oder gegen einen Markteintritt Informationen gesammelt werden, sogar noch bevor es zu irgendeiner Investition gekommen ist. Die im Markt ansässigen Unternehmen sehen sich diesen Kosten nicht gegenüber, da sie bereits angefallen und in ihre Entscheidungsfindung eingeflossen sind. Solche Kosten der Informationsbeschaffung können folglich eine Markteintrittsbarriere darstellen und die Bestreitbarkeit eines Markts verringern. In welchem Ausmaß versunkene Kosten vorliegen, hängt jedoch von den wechselnden Marktkonditionen ab und davon, inwieweit ein Unternehmen Vermögenswerte auf dem Markt wiederveräußern kann. Auf Märkten mit Gütern, deren Produktion hoch spezialisierte Maschinen erfordert, ist die Gefahr versunkener Kosten weitaus höher und die Bestreitbarkeit ist geringer. Selbst wenn Anlagegüter innerhalb einer Branche gut wiederveräußert werden können, gibt es weitere Gründe, die den Verkauf erschweren können. Wir werden später in diesem Buch noch erfahren, dass Märkte anfällig sein können für Probleme, die mit Informationsasymmetrien einhergehen, in dem Sinne, dass der Verkäufer mehr über das gehandelte Gut weiß als der

Käufer. So kann für einige Vermögenswerte, wie zum Beispiel Maschinen, entweder gar kein Markt existieren oder aber ein Markt existiert, doch der dort zu erzielende Verkaufspreis liegt signifikant unter dem eigentlichen Wert. Dies impliziert, dass die Existenz versunkener Kosten auf vielen Märkten eine ernstzunehmende Eintrittsbarriere darstellt und dort die Bestreitbarkeit verringert.

> **Kurztest**
> Sind fixe Kosten auch immer zugleich versunkene Kosten? Erläutern Sie Ihren Standpunkt.

Markteintrittsverhindernde Preise

Die Bedrohung durch potenzielle Markteintritte auf vollständig bestreitbaren Märkten könnte, so die Theorie, Unternehmen dazu veranlassen, vom herkömmlichen Unternehmensziel der Gewinnmaximierung abzurücken. Baumol und seine Kollegen wiesen darauf hin, dass Unternehmen ganz bewusst eine Reduktion ihres Gewinns in Kauf nehmen könnten, um andere Unternehmen von einem Markteintritt abzuhalten. Die Unternehmen können ihren Gewinn begrenzen, indem sie einen markteintrittsverhindernden Preis setzen. **Markteintrittsverhindernde Preise (entry limit pricing)** beschreiben eine Situation, in der Unternehmen im Markt ihre Preise niedriger ansetzen als sie könnten, um den Markteintritt für andere Unternehmen unattraktiv zu machen. Etablierte Unternehmen können zu solch einer Strategie in der Lage sein, weil sie von zunehmenden Skalenerträgen profitieren und sich so gegenüber Newcomern einen Marktvorteil verschaffen konnten. Wenn markteintrittsverhindernde Preise vorliegen, werden »Hit and run«-Strategien schwierig, wenn nicht sogar unmöglich.

Das Ausmaß, zu dem es im Markt ansässigen Unternehmen möglich ist, markteintrittsverhindernde Preise zu setzen, hängt von der Branchenstruktur und den Abhängigkeiten der Unternehmen innerhalb der Branche ab. Die Kräfte des Wettbewerbs reichen gegebenenfalls nicht aus, um Strategien wie markteintrittsverhindernde Preise zu reduzieren.

Markteintrittsverhindernde Preise (entry limit pricing)
Eine Situation, in der Unternehmen im Markt ihre Preise niedriger ansetzen als sie könnten, um den Markteintritt für andere Unternehmen unattraktiv zu machen.

Produktdifferenzierung

Unter unvollständiger Konkurrenz können Unternehmen Markteintrittsbarrieren errichten, indem sie Produktdifferenzierung betreiben. Dies bedeutet nach der Argumentation von Baumol et al. aber nicht, dass damit Bestreitbarkeit unmöglich ist. Ein potenzieller Newcomer kann hingegen in den Markt eintreten, wenn er ein ähnliches, wenn nicht sogar identisches Produkt anbieten kann wie die etablierten Unternehmen. »Hit and run«-Marktgänge sind unter diesen Begebenheiten also grundsätzlich möglich. Sind Produkte jedoch homogen, aber durch Markennamen charakterisiert, ist die Möglichkeit für »Hit and run«-Taktiken limitiert. Beispielsweise ist das Schmerzmittel Ibuprofen von der Zusammensetzung her vergleichbar mit anderen

Marken wie Nurofen, Dolormin und IBU-Ratiopharm. Doch haben es nachfolgende Produkte immer schwerer als ihre Vorgänger, sich auf dem Markt zu etablieren. Konsumenten müssen davon überzeugt werden, dass die neue Marke verlässlicher ist als die bereits bestehenden, ein besseres Preis-Leistungs-Verhältnis bietet oder sonstige Vorteile bietet. Dies stellt eine Markteintrittsbarriere dar und verringert die Bestreitbarkeit des Markts.

14.3 Fazit

Die Theorie der bestreitbaren Märkte wurde 1982 von William J. Baumol, John Panzer und Robert Willig entwickelt. Hauptcharakteristikum der vollständigen Bestreitbarkeit (die Benchmark, an der das Unternehmensverhalten gemessen wird) ist die Annahme, dass das Verhalten der im Markt ansässigen Unternehmen von der Bedrohung durch potenzielle Markteintritte beeinflusst wird. Je niedriger die Markteintrittsbarrieren sind, desto bestreitbarer ist ein Markt. Es leuchtet ein, dass durch die Möglichkeit des freien Markteintritts und Marktaustritts Unternehmen »Hit and run«-Strategien nutzen, das heißt in den Markt eintreten, Gewinne abschöpfen und schnell wieder aus dem Markt austreten.

Die Theorie der bestreitbaren Märkte hat als nützliche Ergänzung der Theorie des Unternehmensverhaltens weithin Anklang gefunden und es gibt umfangreiche Forschungen über mögliche Anwendungsbereiche. Eine Vielzahl von Märkten weist die Eigenschaften eines bestreitbaren Markts auf, so z. B. die Märkte für Finanzdienstleistungen, Flugverbindungen (besonders inländische), IT, Software- und Webseitenentwicklung, Energieversorgung und Postdienstleistungen. Man kann vor diesem Hintergrund argumentieren, dass die Analyse von Marktstrukturen mit Blick darauf zu erfolgen hat, wie leicht der Markteintritt und -austritt ist. Wenn politische Entscheidungsträger die Barrieren für Markteintritte und Marktaustritte so niedrig wie möglich halten, d. h. ein hohes Maß an Bestreitbarkeit sicherstellen, steigt die Wahrscheinlichkeit, dass das Marktergebnis effizient ist.

Eine weitere Maßnahme, mit denen etablierte Unternehmen Markteintritte verhindern können, ist die Produktion von Überkapazitäten, mit denen bei einem drohenden Markteintritt der Markt überschwemmt und somit der Preis gedrückt werden kann. Hinzu kommen aggressive Werbe- und Markenkampagnen und die Suche nach Wegen zur Kostensenkung und Effizienzsteigerung. Die Suche der Unternehmen nach Wettbewerbsvorteilen wurde umfassend von Michael Porter erforscht. Er definierte **Wettbewerbsvorteile** als Vorteile einiger Unternehmen gegenüber anderen in Form schützbarer Alleinstellungsmerkmale. Die Vorteile können nicht einfach durch die Entwicklung neuer Produkte erlangt werden, sondern vielmehr durch eine genaue Untersuchung der Lieferketten, wo kleine Änderungen die Kostenstruktur des Unternehmens verändern und ihm so einen Wettbewerbsvorteil verschaffen können. Der Schlüssel dabei ist, dass das Alleinstellungsmerkmal schützbar ist und somit durch neu in den Markt eintretende Unternehmen nicht einfach kopiert werden kann.

Wettbewerbsvorteile
Vorteile einiger Unternehmen gegenüber anderen in Form schützbarer Alleinstellungsmerkmale.

Aus der Praxis

Ängstliche Monopolisten?

Unternehmen wie Google, Facebook, Amazon, Apple und Netflix sind auf ihren jeweiligen Märkten relative Newcomer, obgleich sie alle grundsätzlich zur Technologiebranche gezählt werden können. All diese Unternehmen besitzen eine gewisse Monopolmacht. Ungeachtet der Kritik an einigen ihrer Unternehmenspraktiken wie dem Umgang mit Mitarbeitern, der Zahlungsmoral in Bezug auf Steuern oder dem Umgang mit der Konkurrenz haben sie Erfolg. Und dieser Erfolg belegt, dass die Konsumenten den Produkten und Dienstleistungen dieser Unternehmen ein gutes Preis-Leistungs-Verhältnis zuschreiben. Der Theorie zufolge müssten diese Unternehmen, sobald sie Monopolmacht erreicht haben, ihre Preise erhöhen, um zusätzliche Gewinne zu generieren. Doch die Praxis zeigt, dass dies nicht der Fall zu sein scheint. Man kann sich sicherlich fragen, ob ein Preis von 1.000 Euro für ein iPhone von Apple angemessen ist. Doch das iPhone 12 Pro wurde nichtsdestoweniger von einer großen Anzahl von Kunden gekauft und die zahlreichen Verträge mit Telefonanbietern machen selbst solch ausgesprochen hochpreisige Telefone für viele Konsumenten erschwinglich.

Diese Unternehmen machen Gewinne. Doch die Frage ist: Könnten sie noch höhere Gewinne machen? Natürlich könnten sie das, doch aus irgendeinem Grund tun sie es nicht. Sie betreiben keine Gewinnmaximierung, wie sie es der ökonomischen Theorie nach doch tun müssten. Warum ist dem so? Eine Erklärung könnte darin liegen, dass die Märkte, auf denen sich diese Unternehmen bewegen, relativ bestreitbar sind. Natürlich ist es im Fall der genannten Unternehmen nicht immer nur ein Markt. So agiert beispielsweise Amazon auf vielen verschiedenen Märkten. Das Unternehmen begann auf dem Buchmarkt und expandierte von da aus auf den Musikmarkt und Dutzende weiterer Märkte. Mittlerweile stellt Amazon sogar seine eigenen Technologieprodukte her wie Tablets, E-Reader, TV-Streaming und Musikstreaming-Dienste. Amazon Music beispielsweise ist das direkte Konkurrenzprodukt zu iTunes von Apple und Google Play Music. Diese Unternehmen sind zwar Monopolisten, doch sie sind sich des Risikos bewusst, dass, sollten sie ihre Kunden ausbeuten, um höhere Gewinne zu machen, Konkurrenten in den Markt gelockt werden können, die an den ungewöhnlich hohen Gewinnen partizipieren wollen. Sollte beispielsweise Amazon einen übertrieben hohen Preis für seinen Musikstreaming-Dienst verlangen, könnten Newcomer in den Markt eintreten, Amazons Preis unterbieten und dem Unternehmen somit Marktanteile streitig machen und Gewinne abschöpfen. Es wären dann nicht mehr nur die anderen großen Unternehmen wie Google und Apple im Markt, sondern viele weitere Konkurrenten. Und die potenzielle Konkurrenz ist groß. In der Tech-Branche herrscht kein Mangel an jungen, erfinderischen Unternehmern, die nur auf die passende Gelegenheit warten, in einen Markt einzutreten und dort Gewinne abzuschöpfen.

Wir können die Märkte, auf denen diese Monopolisten präsent sind, als bestreitbare Märkte betrachten, was das Verhalten dieser Unternehmen beeinflussen würde. Die Bedrohung durch potenzielle Markteintritte mag ausreichen, um das Verhalten von Amazon, Google und Co. dahingehend zu beeinflussen, dass sie sich darum bemühen, wettbewerbsfähig zu bleiben, indem sie ihren Kunden guten Service und Produkte von hoher Qualität zu einem vernünftigen Preis bieten. Wenn dem so ist, muss die Politik wirklich regulierend in diese Märkte eingreifen? Ist dies wirklich zum Vorteil aller Beteiligten?

Fragen

1. Wie ist Ihre eigene Erfahrung mit den im Text erwähnten Unternehmen? Würden Sie sagen, dass sie Produkte von hoher Qualität verbunden mit exzellentem Service zu einem angemessenen Preis anbieten oder nicht? Argumentieren Sie ausgehend von Ihrem Verständnis von ökonomischer Effizienz.

2. 2018 verzeichnete Apple im dritten Quartal einen Gewinn von 10,14 Milliarden Euro, Amazon machte im zweiten Quartal 2,2 Milliarden Euro Gewinn und Googles Gewinn im ersten Quartal lag bei 8,3 Milliarden Euro. »Wenn diese Märkte wirklich bestreitbare Märkte sind, so sollten wir bei Gewinnen in dieser Größenordnung damit rechnen, dass es zu mehr Markteintritten kommt, welche die Gewinne zurück auf ein normales Maß bringen.« Kommentieren Sie diese Aussage.

3. »Die Märkte, in denen Amazon, Google und Apple agieren, sind zu komplex, um auf einer einfachen Ebene auf Bestreitbarkeit hin analysiert zu werden.« Wie stehen Sie zu dieser Aussage? Argumentieren Sie.

4. In welchem Umfang ist der Eintritt in einen existierenden Markt wie den Markt für Musikstreaming-Dienste sowie der Austritt aus selbigem kostenlos? Ausgehend von Ihrer Antwort auf diese Frage beurteilen Sie bitte, ob der Markt für Musikstreaming-Dienste ein bestreitbarer Markt ist.

5. Der obige Text schließt mit der Bemerkung, dass eine Regulierung der genannten Märkte möglicherweise nicht nötig ist. Stimmen Sie dieser Aussage zu oder eher nicht? Argumentieren Sie unter Bezugnahme auf die Inhalte dieses Kapitels.

14.3 Fazit

Zusammenfassung

Stichwörter

- bestreitbarer Markt
- Quersubventionierung
- Verbundeffekte
- markteintrittsverhindernde Preise (entry limit pricing)
- Wettbewerbsvorteile

▸ Die Theorie der bestreitbaren Märkte eröffnet einen alternativen Zugang zur Bewertung und Analyse von Märkten.

▸ Bestreitbaren Märkten liegt die Annahme des kostenlosen Markteintritts und Marktaustritts zugrunde. Das heißt im Marktgleichgewicht entspricht der Preis den Grenzkosten (liegt keinesfalls unterhalb diesen) und die Marktakteure machen einen Normalgewinn oder einen wirtschaftlichen Gewinn von null.

▸ Der kostenlose Markteintritt und Marktaustritt ermöglicht es Newcomern »Hit-and-Run«-Strategien anzuwenden, indem sie kurzfristig in einen Markt eintreten, in dem wirtschaftliche Gewinne generiert werden können, und diesen wieder verlassen, sobald diese Gewinne abgeschöpft sind.

▸ In einem vollständig bestreitbaren Markt gibt es keine Ineffizienz, da diese durch einen potenziellen Newcomer ausgebeutet werden kann, indem dieser in den Markt eintritt und von den Gewinnmöglichkeiten profitiert.

▸ Quersubventionierung und Preisstrategien wie das Setzen von Kampfpreisen sind in einem vollständig bestreitbaren Markt nicht möglich.

▸ Bei unvollständiger Konkurrenz führt die Realisierung zunehmender Skalenerträge zu einem Trade-off zwischen den Vorteilen für die Nachfrager und den Nachteilen für den Wettbewerb, welcher durch Regulierung ausgeglichen werden muss. In vollständig bestreitbaren Märkten würden die Kosten dieser Regulierung weitaus geringer ausfallen.

▸ Fixkosten müssen nicht zwangsläufig eine Markteintrittsbarriere darstellen. Jedoch besteht eine Schwachstelle der Theorie der bestreitbaren Märkte darin, dass sie die Schwierigkeiten bei der Kategorisierung von Kosten nicht berücksichtigt. Diese Kategorisierungsprobleme erschweren die Beurteilung, ob und in welchem Umfang Unternehmen ihre Kosten wieder hereinholen können und somit Markteintritt und Marktaustritt wirklich kostenlos sind, wie es die Theorie der bestreitbaren Märkte annimmt.

▸ Versunkene Kosten sind definiert als Kosten, die bereits angefallen sind und nicht mehr zurückgeholt werden können. Doch spielen bei dieser Definition *Ex-ante*- und *Ex-post*-Faktoren eine Rolle. Unternehmen wägen diese Faktoren ab, bevor sie sich für den Markteintritt oder Marktaustritt entscheiden.

▸ Auf Märkten mit hoher Bestreitbarkeit kann es dazu kommen, dass die bereits im Markt ansässigen Unternehmen markteintrittsverhindernde Preise setzen (entry limit pricing), um den Markteintritt für andere Unternehmen unattraktiv zu machen.

▸ Die Beschaffenheit der und das Ausmaß an Produktdifferenzierung in einem Markt können dessen Bestreitbarkeit begrenzen.

Wiederholungsfragen

1. Erläutern Sie die grundlegenden Voraussetzungen für einen vollständig bestreitbaren Markt.
2. Wie sieht eine »Hit and run«-Strategie auf bestreitbaren Märkten aus?
3. Warum ist das langfristige Marktergebnis auf bestreitbaren Märkten effizient?
4. Inwiefern sind Kampfpreise und Quersubventionierungen auf bestreitbaren Märkten möglich?

Aufgaben und Anwendungen

1. Beurteilen Sie die folgende Aussage: »Ein Markt mit vollständiger Konkurrenz ist per definitionem auch immer ein bestreitbarer Markt. Aber ein bestreitbarer Markt ist nicht notwendigerweise auch ein Markt mit vollständiger Konkurrenz.«

2. Inwiefern können bestreitbare Märkte Unternehmen dazu veranlassen, ihr Verhalten zu ändern?

3. Der Online-Marktplatz E-Bay agiert seit Jahren als Monopolist auf dem Markt für Online-Auktionen und hat sukzessive die Auktionsgebühren erhöht. Inwiefern deutet diese Tatsache daraufhin, dass es sich bei dem Markt für Online-Auktionen eher nicht um einen bestreitbaren Markt handelt?

4. Erläutern Sie, inwiefern die folgenden Sachverhalte die Wahrscheinlichkeit für Markteintritte und Marktaustritte in einer Branche beeinflussen.
    a. Ein Unternehmen hält ein Patent für die Produktion eines Gutes in einer Branche.
    b. Im Markt etablierte Unternehmen geben viel Geld für Werbung und Markenbildung (Branding) aus.
    c. Einige Unternehmen in der Branche können Verbundeffekte realisieren.

15 Arbeitsmarktökonomik

Der Arbeitsmarkt besteht aus Menschen, die ihre Arbeitskraft anbieten, und solchen, die diese nachfragen. Menschen verdienen ihr Einkommen auf unterschiedliche Art und Weise – als Lohn und Gehalt aus unselbstständiger Arbeit oder als Einkommen aus selbstständiger Arbeit. Die Einkommen aus unselbstständiger Tätigkeit machen dabei in den meisten Volkswirtschaften den größten Teil aus. So betrug im Jahr 2020 das Volkseinkommen, das gesamte von Inländern erzielte Einkommen (vgl. Kapitel 20), in Deutschland 2,49 Billionen Euro. 74 Prozent davon waren die »Arbeitnehmerentgelte« aus unselbstständiger Tätigkeit; selbstständige »Unternehmens- und Vermögenseinkommen« machten 26 Prozent aus.

Arbeitsmärkte sind Gegenstand vieler Debatten, die in den Wirtschaftswissenschaften und anderen Sozialwissenschaften geführt werden. Die Mehrheit der Menschen muss für ihren Lebensunterhalt arbeiten und das Einkommen, das sie für ihre Arbeit erhalten, wird durch die Marktkräfte von Angebot und Nachfrage gesteuert. Dabei herrscht auf den Arbeitsmärkten (wie auf den meisten Märkten) keineswegs vollständige Konkurrenz. Über die Tatsache, dass Einkommensunterschiede existieren, und welche Annahmen in die Analyse von Arbeitsmärkten jeweils mit einbezogen werden sollten, gibt es unterschiedliche ökonomische Theorien. In diesem Kapitel wollen wir uns einige dieser unterschiedlichen Möglichkeiten der Arbeitsmarktanalyse näher ansehen.

Wir beginnen mit einem Blick auf die Grenzproduktivitätstheorie der Verteilung. Diese Theorie fußt auf der Nachfrage nach und dem Angebot an Produktionsfaktoren (in diesem Fall dem Produktionsfaktor Arbeit) und unterstellt, dass sich Arbeitgeber und Arbeitnehmer auf einem Markt mit vollständiger Konkurrenz begegnen. Das Modell geht zudem von der Annahme aus, dass der Markteintritt nicht beschränkt ist. Das bedeutet, Arbeitnehmer können ihre Arbeitsstellen jederzeit frei wählen und wieder verlassen bzw. wechseln und Arbeitgeber können Personal ebenso unbeschränkt einstellen und wieder freisetzen (hire and fire). Die Theorie wurde in den 1880er-Jahren durch den neoklassischen Ökonomen John Bates Clark (The Distribution of Wealth) entwickelt, zu einer Zeit, als die Analyse mit Grenzkonzepten in der Wirtschaftswissenschaft besondere Verbreitung fand. Clark wandte die Prinzipien des Grenzprodukts auf alle Produktionsfaktoren an. In diesem Kapitel wollen wir uns mit der Anwendung seiner Theorie auf den Produktionsfaktor Arbeit beschäftigen.

15.1 Die Arbeitsnachfrage

Die Nachfrage der Unternehmen nach Arbeit ist kein Selbstzweck, sondern ist darauf zurückzuführen, dass Arbeitskraft für die Produktion eines Gutes benötigt wird. Die Nachfrage nach einem Produktionsfaktor ist folglich eine **abgeleitete Nachfrage**, d. h., die Nachfrage eines Unternehmens nach einem Produktionsfaktor auf dem jeweiligen Faktormarkt leitet sich von der unternehmerischen Entscheidung ab, ein bestimmtes Gut auf einem anderen Markt anzubieten.

Die Nachfrage nach Computerprogrammierern ist unauflöslich mit dem Angebot an Computersoftware verbunden und die Nachfrage nach Maurern ist mit dem Angebot an Baudienstleistungen verknüpft. Unternehmen beschäftigen Arbeitskräfte aufgrund ihres Beitrags zur Güterproduktion, und das Arbeitsentgelt ist der Preis, den Unternehmen zahlen müssen, um die Arbeitsleistung für die Produktion einsetzen zu können.

> **Abgeleitete Nachfrage** Situation, in der sich die Nachfrage eines Unternehmens nach einem Produktionsfaktor auf dem jeweiligen Faktormarkt von der unternehmerischen Entscheidung ableitet, ein bestimmtes Gut auf einem anderen Markt anzubieten.

Das gewinnmaximierende Unternehmen bei vollständiger Konkurrenz

Um die Analyse zu vereinfachen, betrachten wir ein Beispiel, einen Apfelproduzenten. Dem Apfelproduzenten gehört eine Plantage und zu jeder Apfelernte muss er entscheiden, wie viele Pflücker er einsetzt. Nachdem diese Entscheidung jeweils gefallen ist, gehen die Pflücker an die Arbeit und ernten so viele Äpfel wie möglich. Danach verkauft das Unternehmen die Äpfel, bezahlt die Arbeitskräfte und behält den Rest des Erlöses als Gewinn zurück. Wir unterstellen *erstens*, dass unser Unternehmen sowohl auf dem Absatzmarkt (als Anbieter von Äpfeln) als auch auf dem Beschaffungsmarkt (als Nachfrager von Arbeitskräften) in vollständiger Konkurrenz steht. Da es viele andere Unternehmen gibt, die Äpfel verkaufen und Pflücker einstellen, nimmt das einzelne Unternehmen den Absatzpreis der Äpfel und den Einkaufspreis der Pflücker (Lohnsatz) als marktgegeben hin. Es muss einzig entscheiden, wie viele Äpfel es zum gegebenen Preis verkaufen will und wie viele Pflücker es zum gegebenen Lohnsatz einstellen will. *Zweitens* nehmen wir an, dass das Unternehmensziel die Gewinnmaximierung ist. Somit geht es dem Unternehmen nicht vorrangig darum, wie viele Arbeitskräfte es beschäftigt oder wie viele Äpfel es produziert. Vom primären Ziel der Gewinnmaximierung werden die Menge zu verkaufender Äpfel und die Anzahl einzustellender Pflücker abgeleitet.

Die Produktionsfunktion und das Grenzprodukt der Arbeit

Um seine Arbeitsnachfrage zu bestimmen, muss das Unternehmen wissen, wie der Umfang seines Arbeitskräftepotenzials das mögliche Volumen der Produktion bestimmt. Mit anderen Worten muss der Apfelproduzent in unserem Beispiel klären, wie die Zahl der Pflücker die Menge an Äpfeln beeinflusst, die er ernten und verkaufen kann. Ein Zahlenbeispiel gibt die Tabelle 15-1. In der ersten Spalte steht die Zahl der

Die Arbeitsnachfrage **15.1**

Arbeitskräfte. In der zweiten Spalte ist die Apfelmenge angegeben, die von den Pflückern pro Woche geerntet wird.

Diese beiden Spalten der Tabelle zeigen, wie viele Kilogramm Äpfel das Unternehmen je nach Arbeitskräfteeinsatz produzieren kann. Dabei werden alle anderen Faktoren, wie die Anzahl der Apfelbäume, der Umfang des Technologieeinsatzes, die Qualität des Bodens und die Transportbedingungen, konstant gehalten. Diese auf den Zahlen der Tabelle 15-1 beruhende Produktionsfunktion des Unternehmens ist in Abbildung 15-1 grafisch dargestellt. Die Produktionsfunktion zeigt, dass wenn das Unternehmen einen Arbeiter einstellt, dieser 1.000 Kilogramm pro Woche ernten wird, bei 2 Arbeitern diese 1.800 Kilogramm ernten werden usw.

Die dritte Spalte in Tabelle 15-1 zeigt das **Grenzprodukt der Arbeit**, d.h. den Zuwachs der Produktionsmenge je zusätzlicher Arbeitseinheit. Wenn man den Arbeitseinsatz z.B. von 1 auf 2 steigert, erhöht sich die Apfelerzeugung von 1.000 auf 1.800 Kilogramm pro Woche. Somit ist das Grenzprodukt des zweiten Arbeiters 800 Kilogramm. Mit zunehmender Anzahl der Arbeitskräfte (während alle übrigen Faktoren konstant gehalten werden) nimmt das Grenzprodukt der Arbeit also ab.

> **Grenzprodukt der Arbeit**
> Der Zuwachs der Produktionsmenge je zusätzlicher Arbeitseinheit.

Wenn am Anfang nur einige wenige Pflücker arbeiten, nehmen sie die Äpfel von den besten Bäumen der Plantage. Beim Anstieg des Arbeitseinsatzes müssen die hinzukommenden Pflücker nach und nach die schwächer tragenden Bäume leeren und schließlich auch die spärlich behangenen Apfelbäume. Daher wird jeder zusätzlich angeheuerte Pflücker immer weniger zur Apfelproduktion beitragen. Aus diesem Grund verläuft die Kurve in Abbildung 15-1 mit zunehmendem Arbeitseinsatz immer flacher.

Tab. 15-1

Wie das Unternehmen bei vollständiger Konkurrenz über seine Arbeitsnachfrage entscheidet

Arbeitseinsatz L (Zahl der Arbeitskräfte)	Produktionsergebnis Q (Kilogramm pro Woche)	Grenzprodukt der Arbeit $MP_L = \Delta Q/\Delta L$ (Kilogramm pro Woche)	Wertgrenzprodukt der Arbeit $VMP_L = P \times MP_L$ (€)	Lohnsatz W (€)	Grenzgewinn $\Delta\text{Gewinn} = VMP_L - W$ (€)
0	0				
		1.000	1.000	500	500
1	1.000				
		800	800	500	300
2	1.800				
		600	600	500	100
3	2.400				
		400	400	500	−100
4	2.800				
		200	200	500	−300
5	3.000				

15.1 Arbeitsmarktökonomik
Die Arbeitsnachfrage

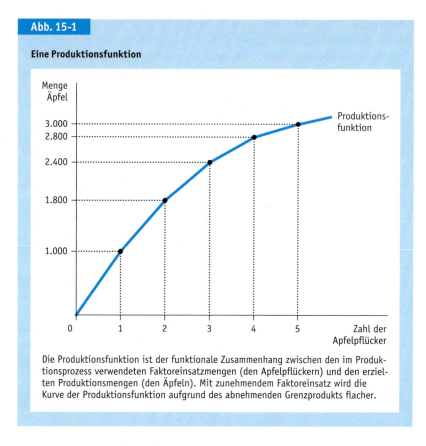

Abb. 15-1

Eine Produktionsfunktion

Die Produktionsfunktion ist der funktionale Zusammenhang zwischen den im Produktionsprozess verwendeten Faktoreinsatzmengen (den Apfelpflückern) und den erzielten Produktionsmengen (den Äpfeln). Mit zunehmendem Faktoreinsatz wird die Kurve der Produktionsfunktion aufgrund des abnehmenden Grenzprodukts flacher.

Das Wertgrenzprodukt und die Nachfrage nach Arbeitskräften

Unser gewinnmaximierendes Unternehmen überlegt, wie viel Gewinn ihm jede zusätzliche Arbeitskraft bringt. Der Beitrag einer Arbeitskraft zum Erlös des Unternehmens kann ermittelt werden, indem wir den Preis (P) mit der Menge der Äpfel multiplizieren, welche die Arbeitskraft produziert. Wenn ein Kilogramm Äpfel für 1 Euro ($P=1$ Euro) verkauft wird und eine zusätzliche Arbeitskraft 800 Kilogramm Äpfel produziert, so erzielt die Arbeitskraft einen zusätzlichen Erlös von 800 Euro.

Wertgrenzprodukt
Das Grenzprodukt eines Faktoreinsatzes multipliziert mit dem Güterpreis.

Der Wert des Grenzprodukts oder das **Wertgrenzprodukt** jedes Produktionsfaktors ist dessen Grenzprodukt multipliziert mit dem Marktpreis des produzierten Gutes.

Die vierte Spalte in der Tabelle 15-1 zeigt das Wertgrenzprodukt des Arbeitseinsatzes für unser Beispiel unter der Annahme, dass der Preis der Äpfel 1 Euro pro Kilogramm beträgt. Da das Unternehmen bei vollständiger Konkurrenz den Preis als gegeben hinnehmen muss, geht das Wertgrenzprodukt (wie das Grenzprodukt der Arbeit in der dritten Spalte selbst auch) mit zunehmendem Faktoreinsatz an Arbeitskräften zurück.

Nehmen wir an, dass der Marktlohn eines Pflückers 500 Euro pro Woche beträgt. Wie wir in Tabelle 15-1 sehen, ist die erste Arbeitskraft, die das Unternehmen einstellt, offenbar rentabel: Sie bringt 1.000 Euro an zusätzlichem Markterlös und

500 Euro an zusätzlichem Gewinn. Auch der zweite Pflücker trägt noch mit 800 Euro zum Erlös und mit 300 Euro zum Gewinn bei. Die dritte Arbeitskraft führt zu 600 Euro zusätzlichem Erlös und zu 100 Euro Gewinnsteigerung. Danach wird die Einstellung von Arbeitskräften jedoch unwirtschaftlich. Der vierte Pflücker brächte nur noch 400 Euro Erlössteigerung. Da der Lohn 500 Euro beträgt, würde dies zu einer Minderung des bisher erwirtschafteten Gewinns um 100 Euro führen. Folglich stellt das Unternehmen nur drei Arbeitskräfte zum Apfelpflücken ein.

Ein gewinnmaximierendes Unternehmen wird bei vollständiger Konkurrenz bis zu jenem Punkt Arbeitskräfte einstellen, in dem das Wertgrenzprodukt der Arbeit genau der Entlohnung entspricht. Folglich ist die Kurve des Wertgrenzprodukts der Arbeit die individuelle Arbeitsnachfragekurve eines gewinnmaximierenden Unternehmens bei vollständiger Konkurrenz (vgl. Abbildung 15-2).

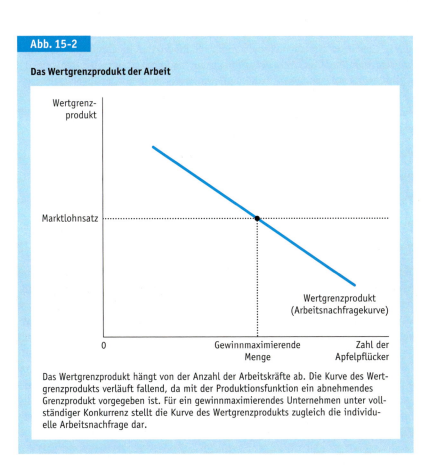

Abb. 15-2

Das Wertgrenzprodukt der Arbeit

Das Wertgrenzprodukt hängt von der Anzahl der Arbeitskräfte ab. Die Kurve des Wertgrenzprodukts verläuft fallend, da mit der Produktionsfunktion ein abnehmendes Grenzprodukt vorgegeben ist. Für ein gewinnmaximierendes Unternehmen unter vollständiger Konkurrenz stellt die Kurve des Wertgrenzprodukts zugleich die individuelle Arbeitsnachfrage dar.

Die Nachfrage nach Input und das Angebot an Output: Zwei Seiten derselben Medaille

Für ein gewinnmaximierendes Unternehmen bei vollständiger Konkurrenz ist die Nachfrage nach Input eng mit seiner Entscheidung über seine Output- bzw. Angebotsmenge verbunden. Genau genommen sind beide Entscheidungen zwei Seiten derselben Medaille.

Um diesen Zusammenhang besser zu verstehen, untersuchen wir, wie das Grenzprodukt der Arbeit (MP_L) und die Grenzkosten (MC) miteinander in Beziehung stehen. Nehmen wir an, eine zusätzliche Arbeitskraft würde 500 Euro kosten und hätte ein Grenzprodukt von 50 Kilogramm Äpfeln. In diesem Fall würde die Produktion von 50 Kilogramm Äpfeln also 500 Euro kosten. Die Grenzkosten pro Kilogramm Äpfel betragen 10 Euro (500 €/50). Genereller betrachtet: Wenn W für den Lohnsatz steht und eine zusätzliche Arbeitskraft einen zusätzlichen Output in Höhe von MP_L produziert, dann sind die Grenzkosten einer zusätzlichen Outputeinheit $MC = W/MP_L$.

Die Analyse zeigt, dass ein abnehmendes Grenzprodukt untrennbar mit den Grenzkosten verbunden ist. Wenn die Apfelplantage mit Arbeitskräften überfüllt ist, führt jede zusätzliche Arbeitskraft zu einem geringeren Anstieg der Apfelproduktion (MP_L sinkt). Gleichzeitig steigen die Kosten für die Produktion eines zusätzlichen Kilogramms Äpfel, wenn sich sehr viele Pflücker auf der Plantage aufhalten (MC steigt).

Nun betrachten wir unsere Regel zur Gewinnmaximierung. Wir haben bereits festgestellt, dass ein gewinnmaximierendes Unternehmen bis zu dem Punkt Arbeitskräfte einstellt, an dem das Wertgrenzprodukt der Arbeit ($P \times MP_L$) genau der Entlohnung (W) entspricht. Mathematisch ausgedrückt:

$P \times MP_L = W$

Dividieren wir beide Seiten der Gleichung durch MP_L, so erhalten wir

$P = W/MP_L$

Da W/MP_L den Grenzkosten MC entspricht, können wir auch schreiben:

$P = MC$

Das bedeutet, dass der Preis einer Outputeinheit eines Unternehmens den Grenzkosten der Produktion einer zusätzlichen Einheit entspricht. Sofern ein gewinnmaximierendes Unternehmen bei vollständiger Konkurrenz Arbeitskräfte nach der Inputregel »Wertgrenzprodukt gleich Lohnsatz« einstellt, produziert es zugleich nach der Outputregel »Grenzkosten gleich Preis«.

Ursachen für eine Verschiebung der Arbeitsnachfragekurve

Die Arbeitsnachfragekurve spiegelt das Wertgrenzprodukt der Arbeit wider. Folgende Faktoren können zu einer Verschiebung der Arbeitsnachfragekurve führen.

Güterpreis. Ändert sich der Güterpreis, so verändert sich das Wertgrenzprodukt und die Arbeitsnachfragekurve verschiebt sich. Steigt beispielsweise der Preis für Äpfel, so erhöht sich das Wertgrenzprodukt für jeden Apfelpflücker und die Arbeitsnachfrage der Apfelproduzenten nimmt zu. Umgekehrt reduziert ein Preisrückgang bei Äpfeln das Wertgrenzprodukt und führt zu einer sinkenden Arbeitsnachfrage.

Technischer Wandel. Technischer Fortschritt erhöht das Grenzprodukt der Arbeit, was in der Folge zu einem Anstieg der Arbeitsnachfrage und einer Verschiebung der Kurve der Arbeitskräftenachfrage nach rechts führt. Technischer Fortschritt erlaubt es den Unternehmen, Löhne und Beschäftigung zu erhöhen und trotzdem Gewinne zu realisieren, wenn die Produktivität schneller steigt als die Arbeitskosten.

Das Angebot an anderen Produktionsfaktoren. Die verfügbare Menge eines Produktionsfaktors kann das Grenzprodukt eines anderen Produktionsfaktors verändern. Sinkt beispielsweise das Angebot an Leitern, so wird das Grenzprodukt der Apfelpflücker abnehmen und damit die Nachfrage der Apfelproduzenten nach Apfelpflückern.

> **Kurztest**
> Definieren Sie das Grenzprodukt der Arbeit und das Wertgrenzprodukt der Arbeit. Beschreiben Sie, wie ein gewinnmaximierendes Unternehmen bei vollständiger Konkurrenz über die Anzahl der zu beschäftigenden Arbeitskräfte entscheidet.

15.2 Das Arbeitsangebot

Die andere Seite des Arbeitsmarkts ist das Arbeitsangebot. Individuen bieten ihre Arbeitskraft gegen Entgelt (Löhne und Gehälter) an.

Der Trade-off zwischen Arbeit und Freizeit

Eine der zehn volkswirtschaftlichen Regeln besagt, dass Menschen vor abzuwägenden Alternativen stehen. Bei der Entscheidung darüber, wie viel ihrer Arbeitskraft sie anbieten wollen, stehen Individuen vor den abzuwägenden Alternativen Arbeit und Freizeit. Lassen Sie uns den Zielkonflikt oder Trade-off zwischen Arbeit und Freizeit näher betrachten. Für unsere Analyse gelten weiterhin die Annahmen des neoklassischen Modells (vgl. Beginn dieses Kapitels), d. h. vollständige Konkurrenz und unbeschränkter Markteintritt. Individuen besitzen demnach die vollständige Wahlfreiheit darüber, wie viel ihrer Arbeitskraft sie wann anbieten wollen.

Je mehr Stunden Sie arbeiten, umso weniger Stunden haben Sie zur Verfügung, um vor dem Fernseher zu sitzen, sich mit Freunden zum Essen zu treffen oder Ihren Hobbys nachzugehen. Bei der Abwägung zwischen den beiden Alternativen Arbeit und Freizeit geht es um Opportunitätskosten. Beträgt der Lohnsatz beispielsweise 15 Euro pro Stunde, so belaufen sich die Opportunitätskosten einer Stunde Freizeit genau auf diese 15 Euro. Bei einer Erhöhung des Stundenlohns auf 20 Euro steigen auch die Opportunitätskosten der Freizeit.

Die Arbeitsangebotskurve zeigt, wie die Entscheidung der Beschäftigten zwischen Arbeit und Freizeit auf eine Veränderung der Opportunitätskosten reagiert. Eine steigende Arbeitsangebotskurve bedeutet, dass ein Lohnanstieg die Beschäftigten zu einer Erhöhung des Arbeitsangebots veranlasst. Aufgrund des beschränkten Zeitbudgets führt eine längere Arbeitszeit zu einer Verringerung der Freizeit. Die Beschäftigten beantworten also den Anstieg der Opportunitätskosten der Freizeit damit, dass sie weniger Freizeit konsumieren.

Wie beeinflussen die Löhne das Arbeitsangebot?

In Kapitel 4 haben wir das Konzept der Einkommens- und Substitutionseffekte dazu genutzt, zu untersuchen, wie eine Person darüber entscheidet, auf welche Weise sie ihr Einkommen auf den Erwerb zweier Güter aufteilt. Wir können diese Theorie auch anwenden, um herauszufinden, wie eine Person darüber entscheidet, ihre Zeit zwischen Arbeit und Freizeit aufzuteilen.

Betrachten wir die Entscheidung, vor der Sally steht, eine selbstständige Software-Entwicklerin. Sally ist 100 Stunden pro Woche wach. Einen Teil dieser Zeit verbringt sie damit, ihre Freizeit zu genießen – sie fährt Fahrrad, trifft Freunde, geht ins Kino usw. Den übrigen Teil ihrer Zeit verbringt sie damit, Computersoftware zu entwickeln. In jeder Stunde, die sie der Entwicklung von Software widmet, verdient sie 50 Euro, die sie zum Kauf von Konsumgütern ausgibt. Daher spiegelt also der Lohnsatz (50 Euro) den Trade-off wider, dem Sally in ihrer Entscheidung zwischen Freizeit und Konsum gegenübersteht. Für jede Stunde Freizeit, auf die sie verzichtet, kann sie eine Stunde mehr arbeiten und sich Konsumgüter im Wert von 50 Euro leisten.

Abbildung 15-3 zeigt Sallys Budgetbeschränkung. Verbringt sie die gesamten ihr zur Verfügung stehenden 100 Stunden damit, ihre Freizeit zu genießen, so kann sie sich überhaupt keinen Konsum leisten. Arbeitet sie die gesamten 100 Stunden, so kann sie sich wöchentlich Konsumgüter im Gegenwert von 5.000 Euro leisten, hat aber überhaupt keine Freizeit. Arbeitet sie normale 40 Stunden pro Woche, so bleiben ihr 60 Stunden Freizeit und ein wöchentlicher Konsum in Höhe von 2.000 Euro.

In Abbildung 15-3 werden Indifferenzkurven dazu verwendet, Sallys Präferenzen bezüglich Konsum und Freizeit darzustellen. Unter der Annahme, dass Sally stets mehr Freizeit und ein höheres Konsumniveau präferiert, zieht sie Punkte auf höher liegenden Indifferenzkurven denen auf niedriger liegenden Kurven vor. Bei einem Stundenlohn von 50 Euro könnte Sally 80 Stunden die Woche arbeiten, über 20 Stunden Freizeit verfügen und 4.000 Euro verdienen. Diese Kombination aus Konsum und Freizeit entspricht Punkt A auf Indifferenzkurve I_1. Das Optimum ist jedoch die Kombination aus Konsum und Freizeit, die in Punkt B erreicht ist. Hier verfügt Sally über 60 Stunden Freizeit und verdient 2.000 Euro. Dies ist der Punkt auf ihrer Budgetgeraden, der auf der höchstmöglichen erreichbaren Indifferenzkurve liegt, in diesem Fall auf I_2.

Abb. 15-3

Die Entscheidung zwischen Konsum und Freizeit

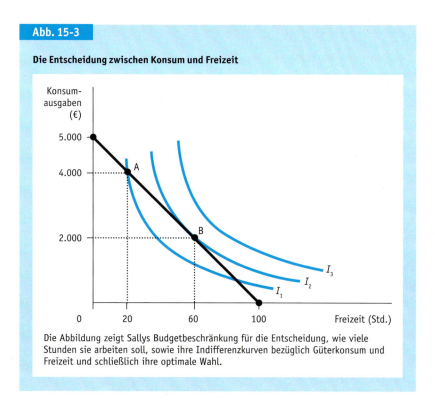

Die Abbildung zeigt Sallys Budgetbeschränkung für die Entscheidung, wie viele Stunden sie arbeiten soll, sowie ihre Indifferenzkurven bezüglich Güterkonsum und Freizeit und schließlich ihre optimale Wahl.

Überlegen wir nun, was passiert, wenn Sallys Stundenlohn von 50 auf 60 Euro steigt. Abbildung 15-4 zeigt zwei mögliche Ergebnisse. In jedem Fall dreht sich die Budgetgerade, die jeweils im linken Teil der Abbildung dargestellt ist, nach außen von BB_1 auf BB_2. Dabei wird die Budgetgerade steiler, wodurch sich die Änderung der relativen Preise zeigt: Bei einem höheren Stundenlohn erhält Sally einen jeweils höheren Konsumgegenwert für jede Stunde Freizeit, auf die sie verzichtet.

Sallys Präferenzen, wie sie durch ihre Indifferenzkurven abgebildet werden, bestimmen ihre Reaktion auf eine Lohnerhöhung bezüglich Konsum und Freizeit. In beiden Darstellungen steigt der Konsum an. Die Veränderung der Freizeit infolge der Veränderung des Stundenlohns fällt jedoch in beiden Fällen unterschiedlich aus. Im Fall (a) reduziert Sally infolge des höheren Lohns ihre Freizeit. Im Fall (b) dehnt Sally ihre Freizeit aus.

Für beide Fälle gibt der jeweils rechte Teil der Abbildung 15-4 die aus Sallys Entscheidung resultierende Arbeitsangebotskurve wieder. Im Fall (a) veranlasst der höhere Stundenlohn Sally dazu, weniger Freizeit zu genießen und mehr zu arbeiten, also weist die Arbeitsangebotskurve einen steigenden Verlauf auf. Im Fall (b) veranlasst der höhere Stundenlohn Sally dazu, mehr Freizeit zu genießen und weniger zu arbeiten, also verläuft die Arbeitsangebotskurve »rückwärts geneigt«, d. h. fallend.

Die Begründung einer steigenden oder fallenden Angebotskurve liegt in den Einkommens- und Substitutionseffekten der Lohnerhöhung. Steigt Sallys Lohnsatz an,

15.2 Arbeitsmarktökonomik
Das Arbeitsangebot

Abb. 15-4

Eine Lohnerhöhung

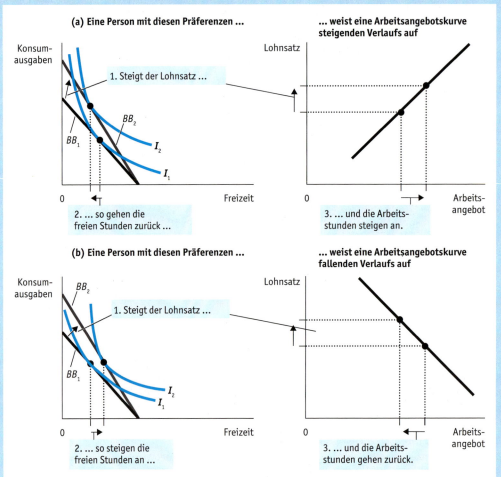

Die zwei Darstellungen (a) und (b) zeigen, wie eine Person möglicherweise auf einen Lohnanstieg reagieren könnte. Die linken Koordinatensysteme geben jeweils die ursprüngliche Budgetgerade BB_1, die neue Budgetgerade BB_2 sowie die optimale Konsum-Freizeit-Entscheidung des Verbrauchers an. Die rechten Koordinatensysteme zeigen die jeweils resultierende Arbeitsangebotsfunktion. Da sich die Arbeitsstunden aus den insgesamt zur Verfügung stehenden Stunden abzüglich der für Freizeit genutzten Stunden ergeben, bedeutet jede Änderung der Anzahl an freien Stunden auch gleichzeitig eine entgegengesetzte Änderung der Anzahl der Arbeitsstunden. In der Darstellung (a) steigt im Zuge einer Lohnerhöhung der Konsum und die als Freizeit verbrachte Zeit sinkt, was zu einer ansteigenden Arbeitsangebotskurve führt. In der Darstellung (b) steigen im Zuge einer Lohnerhöhung sowohl der Konsum als auch die Freizeit an, woraus sich eine fallende Arbeitsangebotskurve ergibt.

so wird Freizeit im Vergleich zu Konsum relativ teurer, und dies animiert Sally dazu, Freizeit durch Konsum zu ersetzen und mehr zu arbeiten. Dies ist der Substitutionseffekt. Er führt zu einer steigenden Arbeitsangebotskurve.

Durch den steigenden Stundenlohn begibt sich Sally allerdings auch auf eine höhere Indifferenzkurve. Sie verfügt nun über ein höheres Einkommen als zuvor. Solange Konsum und Freizeit beide normale Güter sind, neigt sie in der Folge dazu, den Anstieg im Wohlstand sowohl in höheren Konsum als auch in längeren Freizeitgenuss umzusetzen. Durch den höheren Stundenlohn kann Sally weniger arbeiten und ist dennoch finanziell besser gestellt als zuvor. Dies ist der Einkommenseffekt. Er führt dazu, dass die Arbeitsangebotskurve tendenziell einen fallenden Verlauf aufweist.

Letztendlich ermöglicht die ökonomische Theorie keine klare Prognose darüber, ob ein Lohnanstieg Sally zu mehr oder weniger Arbeit veranlasst. Fällt für Sally der Substi-

Fallstudie

Einkommenseffekte auf das Arbeitsangebot: historische Entwicklung, Lotteriegewinner und die Vermutung Carnegies

Die Vorstellung einer fallenden Arbeitsangebotskurve mag auf den ersten Blick nur ein rein theoretisches Konstrukt sein. Dem ist jedoch nicht so. Es existieren deutliche Hinweise dafür, dass – über lange Zeiträume betrachtet – die Arbeitsangebotskurve in der Tat mit negativer Steigung verläuft. Vor 100 Jahren arbeiteten viele Menschen 6 Tage in der Woche. Heute ist die 5-Tage-Woche der Regelfall. Parallel zur Reduktion der wöchentlichen Arbeitszeit stieg der (inflationsangepasste) Lohn eines durchschnittlichen Arbeiters an.

Ökonomen erklären dieses historische Muster wie folgt: Im Zeitablauf haben Fortschritte in der technischen Entwicklung die Produktivität der Arbeiter erhöht und damit auch die Nachfrage nach Arbeit. Die steigende Arbeitsnachfrage bewirkte steigende Gleichgewichtslöhne. Steigen die Löhne, so steigt der Ertrag der Arbeit. Statt jedoch auf diesen verstärkten Anreiz mit einer Ausweitung des Arbeitsangebots zu reagieren, entschieden die meisten Arbeiter sich dafür, an ihrer höheren Produktivität durch mehr persönliche Freizeit zu partizipieren. Anders ausgedrückt überwiegt der Einkommenseffekt den Substitutionseffekt.

Eine weitere Unterstützung dafür, dass der Einkommenseffekt eine starke Wirkung auf das Arbeitsangebot hat, stammt aus einem völlig anderen Datensatz, nämlich dem von Lotteriegewinnern. Gewinner hoher Summen aus Lotteriespielen sehen sich einem sehr großen Einkommensanstieg gegenüber und damit im Ergebnis einer deutlichen Verschiebung ihrer Budgetgerade nach außen. Da jedoch die Stundenlöhne der Gewinner unverändert geblieben sind, bleibt auch die Steigung der Budgetgerade dieselbe. Daher gibt es keinen Substitutionseffekt. In der Untersuchung des Verhaltens von Lotteriegewinnern können wir daher den Einkommenseffekt bezüglich des Arbeitsangebots isoliert betrachten.

Die Ergebnisse einer US-amerikanischen Studie zu Lotteriegewinnern sind interessant. Von denjenigen Gewinnern, die mehr als 50.000 Dollar gewinnen, hören fast 25 Prozent innerhalb eines Jahres auf zu arbeiten, und weitere 9 Prozent reduzieren die Anzahl ihrer Arbeitsstunden. Von denjenigen Gewinnern, die mehr als 1 Million Dollar gewinnen, hören fast 40 Prozent auf zu arbeiten. Der Einkommenseffekt des Gewinns einer solchen Summe ist also beträchtlich. Ähnliche Ergebnisse erbrachte eine Studie, die im Mai 1993 im Quarterly Journal of Economics veröffentlicht wurde und die sich mit der Frage beschäftigte, wie eine Erbschaft das Arbeitsangebot beeinflusst. Die Untersuchung fand heraus, dass eine Person, die mehr als 150.000 Dollar erbt, viermal eher bereit ist, nicht mehr zu arbeiten, als jemand, der weniger als 25.000 Dollar erbt. Dieses Ergebnis hätte Andrew Carnegie, einen Industriellen des 19. Jahrhunderts, nicht überrascht. Carnegie warnte davor, dass »Eltern, die ihrem Sohn enorme Reichtümer hinterlassen, damit in der Regel die Talente und Energien des Sohnes beschneiden und ihn dazu verführen, ein weniger nützliches und weniger wertvolles Leben zu führen, als er es sonst getan hätte«. Carnegie schätzte also den Einkommenseffekt auf das Arbeitsangebots als hoch ein, was er aus seiner paternalistischen Sichtweise heraus bedauerlich fand. Zu Lebzeiten und bei seinem Tode spendete Carnegie daher große Teile seines riesigen Vermögens für wohltätige Zwecke.

tutionseffekt größer aus als der Einkommenseffekt, so wird sie mehr arbeiten. Ist hingegen der Einkommenseffekt größer als der Substitutionseffekt, so wird sie weniger arbeiten. Die Arbeitsangebotskurve kann daher steigend oder fallend verlaufen – je nach der Lage der Indifferenzkurven. Dieses Prinzip spiegelt sich in den Debatten über mögliche Auswirkungen von Lohnsteuersenkungen wieder. Einige Ökonomen vertreten die Auffassung, dass eine Senkung der Lohnsteuer die Beschäftigten dazu veranlasst, länger zu arbeiten, da durch die Steuersenkung die Vergütung größer ist als vorher. Andere Ökonomen sind dagegen der Meinung, dass die Beschäftigten den Einkommensanstieg durch die Steuersenkung dazu nutzen werden, mehr Freizeit zu konsumieren und weniger zu arbeiten. Die Größe des Einkommens- und des Substitutionseffekts ist demnach entscheidend für die Bewertung einer derartigen politischen Maßnahme.

Ursachen für eine Verschiebung der Arbeitsangebotskurve

Die Arbeitsangebotskurve verschiebt sich immer dann, wenn Menschen bei einem gegebenen Lohnsatz mehr oder weniger als zuvor arbeiten wollen. Lassen Sie uns nun einige Ereignisse betrachten, die diese Verschiebung der Arbeitsangebotskurve hervorrufen können.

Änderung der Präferenzen. Vor ein oder zwei Generationen war es in Westdeutschland noch normal, dass die Frauen für Kindererziehung und Haushalt zu Hause blieben. (Anders war es in der DDR, wo die Berufstätigkeit von Müttern der Normalfall war.) Heute wollen viele Frauen finanziell unabhängig sein und sich beruflich verwirklichen. Hinzu kommt, dass ein Gehalt oftmals nicht mehr ausreicht. Das Ergebnis ist ein Anstieg des Arbeitsangebots. Die Erwerbsquote von Frauen liegt laut Statistischem Bundesamt mittlerweile bei knapp 77 Prozent (2019). 1950 lag sie im Vergleich dazu bei nur 25 Prozent.

Änderung der alternativen Möglichkeiten. Das Arbeitsangebot in einem Arbeitsmarkt hängt immer von den verfügbaren Möglichkeiten in anderen Arbeitsmärkten ab. Steigen die Lohnsätze für Birnenpflücker, so werden sich einige Apfelpflücker entschließen, den Beruf zu wechseln. Das Arbeitsangebot auf dem Markt für Apfelpflücker sinkt.

Einwanderung. Die Wanderung von Arbeitskräften zwischen Regionen oder Ländern ist ein naheliegender und wichtiger Grund für Verschiebungen des Arbeitsangebots. Kommen beispielsweise Einwanderer nach Deutschland, so erhöht sich das Arbeitsangebot in Deutschland, während das Arbeitsangebot in den Heimatländern der Einwanderer zurückgeht. Daher konzentriert sich die politische Debatte über die Einwanderung auch größtenteils auf deren Auswirkung auf das Arbeitsangebot und damit auf das Gleichgewicht auf dem Arbeitsmarkt.

> **Kurztest**
> Wessen Opportunitätskosten der Freizeit sind höher – die eines Hausmeisters oder die eines Chirurgen? Erklärt dies auch, warum Ärzte so viele Stunden arbeiten?

15.3 Gleichgewicht auf dem Arbeitsmarkt

Ausgehend von den Modellannahmen des Markts mit vollständiger Konkurrenz können wir zwei Feststellungen treffen:
- Der Lohnsatz passt sich so an, dass Arbeitsangebot und Arbeitsnachfrage übereinstimmen.
- Der Lohnsatz entspricht dem Wertgrenzprodukt der Arbeit.

Die Abbildung 15-5 zeigt den Arbeitsmarkt im Gleichgewicht. Der Lohnsatz und die Arbeitsmenge haben sich so eingespielt, dass Angebot und Nachfrage übereinstimmen. Wenn sich der Markt in diesem Gleichgewicht befindet, ist jedes Unternehmen der Regel der Gewinnmaximierung gefolgt: Es hat so lange Arbeitskräfte nachgefragt, bis das Wertgrenzprodukt mit dem Lohnsatz übereinstimmt. Insofern muss der Lohnsatz dem Wertgrenzprodukt der Arbeit entsprechen, wenn er Angebot und Nachfrage einmal zum Gleichgewicht gebracht hat.

Jedes Ereignis, welches das Arbeitsangebot oder die Arbeitsnachfrage verändert, muss also proportional auch den Gleichgewichtslohnsatz und das damit übereinstimmende Wertgrenzprodukt der Arbeit verändern. Um dies besser zu verstehen, betrachten wir einige denkbare Ereignisse, die zu Verschiebungen der Kurven führen.

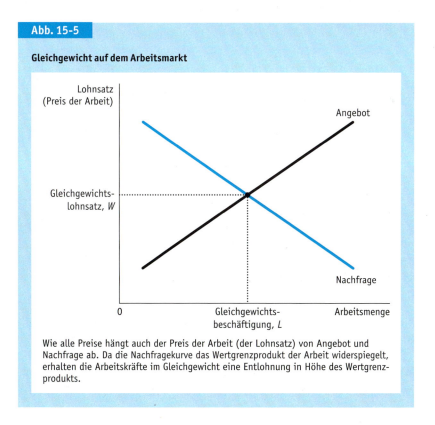

Abb. 15-5

Gleichgewicht auf dem Arbeitsmarkt

Wie alle Preise hängt auch der Preis der Arbeit (der Lohnsatz) von Angebot und Nachfrage ab. Da die Nachfragekurve das Wertgrenzprodukt der Arbeit widerspiegelt, erhalten die Arbeitskräfte im Gleichgewicht eine Entlohnung in Höhe des Wertgrenzprodukts.

Verschiebungen der Arbeitsangebotskurve

Angenommen, Einwanderer vergrößern das Potenzial an Apfelpflückern einer Volkswirtschaft. Gemäß Abbildung 15-6 verschiebt sich dadurch das Arbeitsangebot von S_1 zu S_2. Beim ursprünglichen Gleichgewichtslohnsatz W_1 übersteigt nun das Arbeitsangebot die Arbeitsnachfrage. Der Angebotsüberschuss an Arbeitskräften drückt die Lohnsätze der Apfelpflücker nach unten, und dieser Rückgang von W_1 auf W_2 macht es für die Unternehmen nun wieder lohnend, mehr Arbeitskräfte einzustellen. Sowie die Zahl der Beschäftigten jeder Apfelplantage ansteigt, geht das Grenzprodukt eines Arbeiters und ebenso das Wertgrenzprodukt zurück. Im neuen Marktgleichgewicht sind sowohl das Wertgrenzprodukt als auch der Lohnsatz niedriger, als sie im Arbeitsmarktgleichgewicht vor dem Zustrom neuer Arbeitskräfte waren.

Verschiebungen der Arbeitsnachfragekurve

Nehmen wir nun an, die Beliebtheit der Äpfel bei den Nachfragern nimmt stark zu, was dazu führt, dass der Preis der Äpfel steigt. Dieser Preisanstieg ändert zwar nichts am

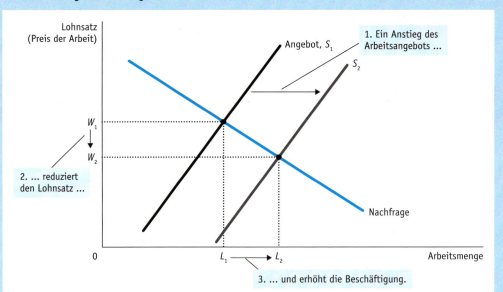

Abb. 15-6

Eine Verschiebung der Arbeitsangebotskurve

Sofern das Arbeitsangebot von S_1 auf S_2 ansteigt (vielleicht wegen Zuwanderung neuer Arbeitskräfte), fällt der Gleichgewichtslohnsatz von W_1 auf W_2. Bei diesem niedrigeren Lohnsatz erhöht sich die Beschäftigung von L_1 auf L_2. Die Veränderung des Lohnsatzes spiegelt auch eine Veränderung des Wertgrenzprodukts der Arbeit wider: Mit mehr Beschäftigten fällt die zusätzliche Produktionsmenge einer weiteren Arbeitskraft geringer aus.

15.3 Gleichgewicht auf dem Arbeitsmarkt

Grenzprodukt der Arbeit (MP_L) der beschäftigten Arbeitskräfte, aber er erhöht das Wertgrenzprodukt. Durch einen höheren Preis der Äpfel rentiert es sich, mehr Pflücker zu beschäftigen ($P \times MP_L$). Wie man in Abbildung 15-7 erkennt, führt die Verschiebung der Nachfragekurve von D_1 zu D_2 dazu, dass der Gleichgewichtslohnsatz von W_1 auf W_2 steigt und die gleichgewichtige Beschäftigung von L_1 auf L_2. Wiederum verändern sich Lohnsatz und Wertgrenzprodukt gemeinsam.

Diese Analyse macht deutlich, dass der Wohlstand der Unternehmen und der ihrer Beschäftigten häufig miteinander verknüpft sind. Steigt der Apfelpreis, verdienen die Apfelproduzenten mehr, und die Apfelpflücker erhalten höhere Löhne. Wenn der Preis hingegen fällt, sinkt der Gewinn, und die Pflücker erhalten niedrigere Löhne. Beschäftigten in Sektoren mit fluktuierenden Preisen ist dies wohl bekannt. Arbeiter auf den Ölfeldern wissen z. B. aus Erfahrung, dass ihre Einkünfte eng an den Rohölpreis auf dem Weltmarkt gebunden sind.

Auf Arbeitsmärkten mit vollständiger Konkurrenz bestimmen daher Arbeitsnachfrage und Arbeitsangebot zusammen den Gleichgewichtslohnsatz, und Verschiebungen der Angebots- wie der Nachfragekurve verursachen Veränderungen des Gleichgewichtslohnsatzes. Dabei führen die von Gewinnmaximierung geleiteten Verhaltensweisen der

Abb. 15-7

Eine Verschiebung der Arbeitsnachfragekurve

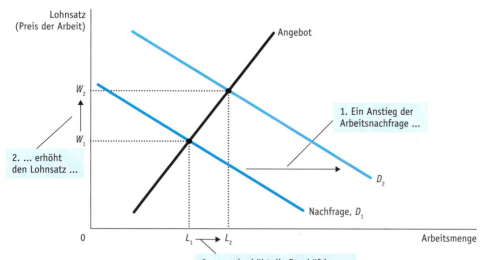

Sofern die Arbeitsnachfrage von D_1 auf D_2 ansteigt (z.B. wegen Preissteigerungen auf den Absatzmärkten des Unternehmens), so steigt der Gleichgewichtspreis von W_1 auf W_2 und die gleichgewichtige Beschäftigung nimmt von L_1 auf L_2 zu. Wiederum spiegelt die Lohnsatzänderung eine Veränderung des Wertgrenzprodukts der Arbeit wider: Bei höherem Absatzpreis ist die zusätzliche Produktionsmenge eines weiteren Arbeiters mehr wert.

nachfragenden Unternehmen stets dazu, dass der Lohnsatz mit dem Wertgrenzprodukt der Arbeit übereinstimmt.

> **Kurztest**
> Wie beeinflusst die Einwanderung von Arbeitskräften aus dem Ausland das Arbeitsangebot, die Arbeitsnachfrage, das Grenzprodukt der Arbeit und den Gleichgewichtslohnsatz?

15.4 Andere Arbeitsmarkttheorien

Das Arbeitsmarktmodell, auf das wir uns in diesem Kapitel bezogen haben, beruht auf bestimmten Annahmen: Arbeitskräfte können frei in den Arbeitsmarkt ein- und wieder austreten und frei über Wahl und Wechsel ihrer Arbeitsstellen sowie über die Anzahl ihrer Arbeitsstunden entscheiden. Unternehmen wiederum stellen nach der Regel der Gewinnmaximierung so lange weitere Arbeitskräfte ein, bis der Lohnsatz dem Wertgrenzprodukt entspricht. Neben dieser neoklassischen Theorie des Arbeitsmarkts gibt es jedoch auch noch weitere ökonomische Modelle, die ihrerseits versuchen, den Arbeitsmarkt zu erklären. Wir beginnen mit einem Blick auf die marxistische Theorie des Arbeitsmarkts.

Die marxistische Arbeitsmarkttheorie

In Kapitel 4 haben wir unterschieden zwischen dem Gebrauchswert eines Gutes, d. h. seiner Nützlichkeit an sich, und dessen Tauschwert, d. h. seiner Eintauschbarkeit gegen ein anderes Gut. Der Tauschwert eines Gutes bestimmte sich nach Adam Smiths Auffassung über die Menge der Arbeitskraft, die in die Produktion dieses Gutes eingeflossen ist. Diese sogenannte Arbeitswerttheorie der klassischen Ökonomie, nach welcher der Wert eines Gutes durch die zu seiner Herstellung aufgewandte Arbeitszeit bestimmt wird, wurde auch von David Ricardo vertreten.

Ricardo beobachtete jedoch, dass die Produktionsmenge nicht nur vom Faktor Arbeit abhängen konnte, sondern auch von der Qualität und somit der Produktivität des Faktors Boden. Wir müssen uns vor Augen halten, dass die ersten Theorien des Arbeitsmarkts zu einer Zeit entwickelt wurden, in der die meisten Volkswirtschaften agrarisch geprägt waren. Je fruchtbarer das Ackerland war, desto weniger Arbeitskräfte benötigte man, um die gewünschte Produktionsmenge zu erzielen, und somit konnten Landbesitzer fruchtbarer Ackerflächen diese auch teurer verpachten. Die Grundrente oder Pacht für das Stück Land wird durch die Nachfrage und das Angebot an Boden bestimmt, wobei das fruchtbare Land für den Landbesitzer eine Grundrente erwirtschaftete, ohne dass er selbst dafür arbeiten musste. Die Grundrente stellt damit einen Mehrwert dar.

Diese Elemente der Arbeitswertlehre, insbesondere das Konzept des Mehrwerts, wurden von Karl Marx aufgegriffen und kritisiert.

15.4 Andere Arbeitsmarkttheorien

Auch nach Marx' Definition haben Güter einen Gebrauchswert und einen Tauschwert. Der Gebrauchswert ergibt sich daraus, dass die meisten Güter einen bestimmten Konsumzweck erfüllen und erworben werden, weil sie einen gewissen Nutzen für den Konsumenten haben. Güter haben darüber hinaus einen Tauschwert, welcher dem Tauschverhältnis zwischen verschiedenen Gütern entspricht, beispielsweise ein Ökonomik-Lehrbuch für einen Kasten Bier (das Lehrbuch ist dann einen Kasten Bier wert). Der Tauschwert wird nach Marx' Auffassung durch eine Durchschnittsgröße bestimmt, die Marx gesellschaftlich notwendige Arbeit nennt. Die **gesellschaftlich notwendige Arbeit** ist die durchschnittliche Arbeitszeit, die unter normalen Arbeitsbedingungen in die Produktion eines Gutes eingeflossen ist. Wenn Arbeiter im Durchschnitt 10 Stunden bräuchten, um eine Einheit eines bestimmten Gutes zu produzieren, und ein Arbeiter nun doppelt so viel Zeit benötigen würde, so würde dies nicht bedeuten, dass diese spezielle Einheit des Gutes doppelt so teuer sein müsste. Für Marx war Arbeit eine Ware wie jede andere Ware in der kapitalistischen Wirtschaftsordnung, und der Preis einer Ware war mit ihrem Wert verbunden.

Der Wert eines Gutes besteht nach Marx aus toter Arbeit und lebendiger Arbeit. Dabei umfasst die **tote Arbeit** jene Arbeitszeit, die in der Vergangenheit in die Produktion von Rohstoffen und weiteren Gütern eingeflossen ist, die nun ihrerseits für die Produktion eines Gutes eingesetzt werden. Im Gegensatz hierzu ist die **lebendige Arbeit** die Arbeitszeit, die direkt in den aktuellen Produktionsprozess eines Gutes eingeht.

Der Wert eines jeden Gutes wird nach Marx durch die Arbeitszeit bestimmt, die in seine Produktion eingeflossen ist, und zwar sowohl lebendige Arbeit als auch tote Arbeit. Je arbeitsintensiver ein Gut ist, desto mehr Wert hat es. Der Lohnsatz, den ein Arbeiter erhält, sollte nach Marx daher dem Wert der Arbeit entsprechen.

Dem war aus Marx' Sicht aber nicht so. Marx begründete dies wie folgt: In einer Subsistenzwirtschaft wird nur so viel Arbeit benötigt, wie die Gesellschaft für ihr eigenes Überleben braucht. Folglich gibt es keine sozialen Klassen, alle sind gleich. Sobald die Produktion jedoch über das Maß hinausgeht, das zum Überleben notwendig ist, entsteht ein Mehrwert. Marx geht davon aus, dass dieser durch Arbeit geschaffene Mehrwert der herrschenden Klasse zufällt, da diese durch ihr Eigentum an den Produktionsfaktoren Boden und Kapital nicht selbst arbeiten muss. Marx greift also Ricardos Konzept vom Mehrwert auf und nutzt es für eine Kapitalismuskritik.

Mehrwert in der kapitalistischen Gesellschaft ist nach Marx der Ertrag, den die Bourgeoisie durch die Arbeit des Proletariats erhält, ohne dass die Arbeiter dafür den Tauschwert ihrer Arbeit erhalten. Die Güter, welche die Arbeiter hergestellt haben, haben in der kapitalistischen Wirtschaftsordnung einen Tauschwert, der auf der Spezialisierung und Arbeitsteilung fußt. Dies beinhaltet, dass die Unternehmer Güter nicht für den Eigengebrauch, sondern für den Handel produzieren. Die Arbeitszeit, die in die Herstellung der Güter fließt, hat über die Produktionskosten Einfluss auf die relativen Preise der Güter. Wenn die Produktion von Gut A doppelt so viel Zeit in Anspruch nimmt wie die Produktion von Gut B, so ist es wahrscheinlich, dass der Preis ebenfalls doppelt so hoch ist. Im Verlauf der historischen Entwicklung, so argumentierte Marx, würden Produktion und Tausch von Gütern generalisiert und in Arbeitsstunden beziffert. Dies ist der Kern der Arbeitswerttheorie, wie sie von Smith, Ricardo

---

Gesellschaftlich notwendige Arbeit
Die durchschnittliche Arbeitszeit, die unter normalen Arbeitsbedingungen in die Produktion eines Gutes eingeflossen ist.

Tote Arbeit
Die Arbeitszeit, die in der Vergangenheit in die Produktion von Rohstoffen und weiteren Gütern eingeflossen ist, die nun ihrerseits für die Produktion eines Gutes eingesetzt werden.

Lebendige Arbeit
Die Arbeitszeit, die direkt in den aktuellen Produktionsprozess eines Gutes eingeht.

und anderen entwickelt wurde. Sie wurde von der Grenznutzentheorie weiterentwickelt, zu deren Vertretern unter anderem James Bates Clark gehört, den wir zu Beginn dieses Kapitels kennengelernt haben.

Da nicht alle Arbeitnehmer die gleichen Kenntnisse und Fähigkeiten haben, müssen Zeit und Geld, die für die eigene Qualifizierung eingesetzt wurden, durch entsprechend höhere Lohnsätze belohnt werden. Wenn sich in frühen kapitalistischen Gesellschaften die Märkte veränderten und neue Güter bisherige Güter in ihrer Bedeutung für die Gesellschaft ablösten, wie es zum Beispiel beim Übergang vom Pferd zum Auto als dem wichtigsten Transportmittel der Fall war, verloren Arbeitsstunden im Pferdetransport an Wert. Dabei war die Produktivität der Arbeiter im Pferdetransportwesen faktisch nicht gesunken, aber der Wert dieser Produktivität im Sinne des Tauschwerts der Produktionsmenge für den Unternehmer hatte abgenommen. Der Gewinn schrumpfte. Hingegen stieg der Tauschwert der Produktionsmenge der Arbeitskraft in der Automobilindustrie, die Gewinne stiegen. Wenn Unternehmer die Produktivität steigern können, generieren sie zusätzliche Überschüsse.

In einem kapitalistischen System können Unternehmen Arbeitskräfte zu einem Preis unter dem Gesamtwert der produzierten Gütermenge einkaufen. Die Arbeiter produzieren, anders als in Subsistenzwirtschaften, mehr als sie selbst zum Leben benötigen, und somit kann der Unternehmer den Überschuss zu seinem eigenen Vorteil verwenden. Folglich entspricht der Lohnsatz der Arbeiter nur einem Bruchteil des Werts, den ihre Arbeitskraft zum Wert des Gutes beisteuert.

Würde dieser Unterschied zwischen Wert und Preis der Arbeitskraft nicht existieren, würden Unternehmer bzw. Arbeitgeber keine Arbeitskräfte einstellen, da es auf diese Weise nicht möglich wäre, Gewinne zu machen. Der Preis eines Gutes besteht aus den Kosten der Produktionsfaktoren, die für seine Herstellung benötigt wurden – Boden, Arbeit, Kapital. Der Faktor Boden an sich hat für die Produktion keinen Wert, solange er nicht durch Arbeit aktiviert wird, und auch Kapital wird durch Arbeit generiert. Folglich kann argumentiert werden, dass Arbeit die Quelle jeden Werts ist.

Die marxistische Arbeitsmarkttheorie war eine Theorie der historischen Entwicklung von Klassenkämpfen, die in der industrialisierten Gesellschaft ihren Höhepunkt erreichte, in der Auseinandersetzung zwischen der industriellen Arbeiterschaft und den Fabrikbesitzern. Dabei waren die Letzteren durch den Besitz von Boden- und Eigentumsrechten und Kapital in einer Machtposition, die es ihnen ermöglichte, den durch die Arbeiter geschaffenen Mehrwert für sich abzuschöpfen. Arbeiter hingegen haben in einem kapitalistischen System keine Macht über ihre eigene Produktion. Die Produktionsmenge kann nicht, wie in einer Subsistenzwirtschaft, für die eigene Versorgung genutzt werden, sondern fällt an den Arbeitgeber. Wenn Arbeitgeber zudem noch über Marktmacht verfügen bis hin zu einer Monopsonstellung (vgl. spätere Ausführungen in diesem Kapitel), haben Arbeitnehmer besonders wenig Einfluss und werden häufig über Niedriglöhne ausgebeutet.

Marx' Vorstellung war eine Volkswirtschaft, die als Kollektiv nur für sich selbst produziert und nur so viel, wie sie dringend benötigt. In solch einem System ist der Tauschwert eines Gutes irrelevant, denn es gibt keinen Markt mehr. Folglich zählt nur noch der Gebrauchswert der Güter. Mehrwert kann aufgrund des Fehlens von Tauschmöglichkeiten nicht geschaffen und folglich auch nicht von einer herrschenden Klasse vereinnahmt werden. Arbeiter könnten somit nicht ausgebeutet werden. Alle Menschen wären ökonomisch gleichgestellt.

Die feministische Ökonomik und der Arbeitsmarkt

In den Diskussionen um den Arbeitsmarkt wird Arbeitskraft durchweg als einheitlicher Begriff verwendet, der nicht unterscheidet, ob es sich um die Arbeitskraft von Männern oder von Frauen handelt. Im neoklassischen Modell behandeln alle Annahmen den Produktionsfaktor Arbeit so, als wären alle Arbeitskräfte gleich und gleichermaßen gewillt und fähig, zum herrschenden Lohnsatz zu arbeiten. Es wird vorausgesetzt, dass der Output der Arbeit »produktiv« ist und zur ökonomischen Wohlfahrt beiträgt, gemessen über das Bruttoinlandsprodukt (vgl. Kapitel 20).

Die Schule der feministischen Ökonomik vertritt hingegen die Auffassung, dass entgegen der Annahmen des Modells auf dem Arbeitsmarkt keineswegs alle gleich sind, sondern dass Frauen regelmäßig gegenüber Männern diskriminiert werden. Das neoklassische Modell unterstellt, dass Arbeitskräfte frei zwischen Konsum und Freizeit wählen können. Der Trade-off zwischen Arbeit und Freizeit bestimmt das Arbeitsangebot. Somit wird aus feministischer Sicht implizit vorausgesetzt, dass arbeitsfreie Zeit »Freizeit« ist, was im Fall von Hausarbeit und Kindererziehung, die immer noch zu großen Teilen von den Frauen übernommen wird, nicht der Fall ist. Nach einer aktuellen OECD-Studie übernehmen in Deutschland Frauen rund zwei Drittel der in Familie und Haushalt anfallenden (unbezahlten) Aufgaben. Viele Frauen haben somit nicht die freie Wahl zwischen Konsum und Freizeit. Zudem ist Hausarbeit und Kindererziehung nach dem neoklassischen Modell keine »produktive« Arbeit, da sie nicht direkt in die Produktion von Gütern einfließt (und somit auch nicht im Bruttoinlandsprodukt erfasst wird), obwohl diese Arbeit einen wichtigen Beitrag zur ökonomischen Wohlfahrt beiträgt. Somit ist aus Sicht der feministischen Ökonomik der neoklassische Ansatz der Arbeitsmarktanalyse zu eng und bildet den Arbeitsmarkt nicht angemessen ab.

Die feministische Ökonomik untersucht die Existenz sozialer Normen auf dem Arbeitsmarkt. (Wir werden uns im Lauf dieses Kapitels noch allgemeiner mit Diskriminierung auf dem Arbeitsmarkt befassen.) Die Diskriminierung von Frauen liegt aus Sicht der feministischen Ökonomik jedoch nicht in Besonderheiten des Angebots von und der Nachfrage nach weiblichen Arbeitskräften begründet und auch nicht in spezifisch weiblichen Kompetenz- und Qualifikationsprofilen. Die Diskriminierung liege darin, wie Frauen auf dem Arbeitsmarkt wahrgenommen werden. Stereotype und soziale Schranken weisen Frauen immer noch in weiten Teilen der Welt die Rolle als Hausfrau und Mutter anstelle einer beruflichen Karriere zu. Diese sozialen Normen führen aus Sicht der feministischen Ökonomik in Kombination mit der beherrschenden Stellung von Männern in beruflichen Entscheidungspositionen dazu, dass die Wahlfreiheit von Frauen auf dem Arbeitsmarkt unangemessen eingeschränkt und ihre Lohnsätze niedriger sind als die männlicher Arbeitnehmer.

Die Instrumente der ökonomischen Analyse, der Gebrauch von Ökonometrie und die Annahmen, die den ökonomischen Modellen zugrunde liegen, wie beispielsweise die Theorie der Lohnfindung, versuchen die Lohnunterschiede zwischen Männern und Frauen zu erklären. Aus Sicht der feministischen Ökonomik versäumen es diese Instrumente und Modelle jedoch, grundlegende Aspekte der Unterschiede zwischen Männern und Frauen zu erforschen und zu hinterfragen. Viele der traditionellen ökonomischen Modelle legen die Annahmen zugrunde, dass Menschen rational und von Eigeninteresse getrieben handeln (Homo oeconomicus) und vollständige Entscheidungsfreiheit haben. Vertreter der feministischen Ökonomik (wie auch viele andere) argumentieren, dass diese Annahmen gelockert werden müssen, da sie die Realität nicht angemessen abbilden.

Ein Forschungsfeld der feministischen Ökonomik ist die Geschlechtersegregation am Arbeitsmarkt, d. h. die Unterteilung des Arbeitsmarkts in Männerberufe und Frauenberufe bzw. -branchen (horizontale Segregation) sowie die unterschiedliche Verteilung von Frauen und Männern über die verschiedenen Hierarchieebenen einer Branche (vertikale Segregation).

Dabei geht die feministische Forschung unter anderem der Frage nach, wieso so viele Frauen in »typischen« Frauenberufen zu finden sind, die sich tendenziell durch schlechtere Arbeitsbedingungen, ein niedrigeres Lohnniveau, ein niedrigeres soziales Prestige und höhere Arbeitsplatzunsicherheit auszeichnen (z. B. Pflege, Bildung und Kultur). Zum Teil wird dies dadurch erklärt, dass Frauen durch soziale, politische und institutionelle Strukturen, die zwischen Männern und Frauen diskriminieren, in diese Berufsfelder gedrängt werden. Vollständige Entscheidungsfreiheit für Frauen existiere demnach nicht. Hierbei ist sicherlich zu bedenken, dass die Strukturen über die Welt verteilt unterschiedlich sind und es in den meisten Industrieländern politische Initiativen gibt, die das Ziel verfolgen, Frauen und Mädchen gerade für traditionelle Männerberufe z. B. im MINT-Bereich (Mathematik, Informatik, Naturwissenschaft und Technik) oder im Handwerk zu begeistern. Fraglich bleibt, wie stark das private Umfeld, gesellschaftliche Normen und Erziehung hier fördernd oder hindernd einwirken.

Begründet sehen einige Forscher der feministischen Ökonomik die Diskriminierung auf dem Arbeitsmarkt vor allem in der mangelnden gesellschaftlichen und politischen Wertschätzung der Hausarbeit. Frauen, die (nicht immer freiwillig) zu Hause bleiben, um den Haushalt zu führen, Kinder zu erziehen und gegebenenfalls noch Angehörige zu pflegen, verrichten eine große Menge an Arbeit, die jedoch nicht bezahlt wird. Wenn es sich hierbei um einen normalen Arbeitsmarkt handeln würde, welchen Lohnsatz würde Frauen für Hausarbeit, Erziehung und Pflege erhalten? Diese Frage kann man stellen, wenn politische Maßnahmen wie Betreuungsgeld und Pflegegeld oder die Altersarmut von Frauen diskutiert werden. Sie ist aber auch relevant, wenn es um den Lohnsatz in Berufen geht, die genau diese Arbeiten als Dienstleistungen anbieten: Kinderbetreuung, Kranken- und Altenpflege, Haushaltshilfe u. a.

Wir haben bereits in vorangegangenen Kapiteln gesehen, dass Marktmacht die Marktergebnisse gegenüber dem Markt mit vollständiger Konkurrenz verändert. Das gilt auch für den Arbeitsmarkt. In unserer Analyse von Angebot und Nachfrage auf dem Arbeitsmarkt zu Beginn dieses Kapitels haben wir angenommen, dass Arbeitskraft als Produktionsfaktor gleichermaßen nutzenstiftend durch den Arbeitgeber (dem Besitzer der Apfelplantage) eingekauft und von den Arbeitnehmern (den Apfelpflückern) verkauft wird. In vielen Arbeitsmärkten kann die Marktmacht eines Arbeitgebers jedoch dazu führen, dass der Austausch zwischen Arbeitskraft und Lohn für den Arbeitgeber mehr Nutzen stiftet als für seine Arbeitnehmer. Hiervon könnten Frauen besonders betroffen sein, hält man sich den Gender Pay Gap, den Einkommensunterschied zwischen Frauen und Männern, vor Augen. Wir werden im Lauf dieses Kapitels noch näher darauf eingehen.

Das Monopson

Marktmacht auf dem Arbeitsmarkt kann man auch im Fall des Monopsons beobachten. Das **Monopson** ist ein Markt mit nur einem oder einem marktbeherrschenden Nachfrager (im Kontrast zum Monopol, in dem es einen marktbeherrschenden Anbieter gibt). Stellen Sie sich den Arbeitsmarkt in einer Kleinstadt vor, der von einem einzigen großen Arbeitgeber dominiert wird. Dieser Arbeitgeber kann seine Marktmacht dazu nutzen, den herrschenden Lohnsatz und die Arbeitsbedingungen zu beeinflussen.

> **Monopson**
> Markt mit nur einem Nachfrager.

Ein Monopson ist in vielerlei Hinsicht mit einem Monopol vergleichbar. Ein Monopsonist auf dem Arbeitsmarkt fragt eine geringere Menge an Arbeit nach als ein Unternehmen bei vollständiger Konkurrenz. Indem der Monopsonist die Zahl der verfügbaren Arbeitsplätze reduziert, bewegt er sich entlang der Arbeitsangebotskurve, senkt seine Lohnzahlungen und steigert seinen Gewinn. Demzufolge senkt der Monopsonist ebenso wie der Monopolist die wirtschaftliche Aktivität im Markt unter die volkswirtschaftlich effiziente Menge, verzerrt das Marktergebnis und verursacht einen Nettowohlfahrtsverlust.

Abbildung 15-8 stellt diese Situation dar. In einem Markt mit vollständiger Konkurrenz würde ein Arbeitgeber im Marktgleichgewicht, das heißt dem Schnittpunkt der Kurven von Arbeitsangebot (S_L) und Arbeitsnachfrage (D_L), L_C Arbeiter bei einem Lohnsatz W_C beschäftigen. Wenn ein Arbeitgeber jedoch Monopsonmacht hat, wird er berücksichtigen, dass die durchschnittlichen Kosten der Arbeit (AC_L) durch die Arbeitsangebotskurve (S_L) wiedergegeben werden. Bei vollständiger Konkurrenz ist der Lohnsatz W_C und die Anzahl der Beschäftigten L_C. Die Gesamtkosten der Arbeit sind folglich das Produkt aus beidem ($W_C \times L_C$). Die durchschnittlichen Kosten der Arbeit (AC_L) entsprechen dann den Gesamtkosten dividiert durch die Anzahl der Beschäftigten ($W_C \times L_C)/L_C$, also dem Lohnsatz W_C.

Ein Monopsonist wird versuchen, die Grenzkosten der Arbeit (MC_L) mit dem Grenzprodukt der Arbeit (MP_L) gleichzusetzen. Wenn die durchschnittlichen Kosten der Arbeit steigen, so müssen die Grenzkosten jeder zusätzlichen Einheit des Faktors Arbeit über den durchschnittlichen Kosten der Arbeit liegen. Die Grenzkosten der Arbeit sind durch die Kurve MC_L abgebildet. Wenn der Monopsonist das Beschäftigungsniveau wählt, in dem die Grenzkosten der Arbeit gleich dem Grenzprodukt sind, so beträgt die Anzahl der Beschäftigten L_1 und liegt damit unter dem Beschäftigungsniveau des Wettbewerbsmarkts. Wenn der Monopsonist diese Anzahl an Beschäftigten einstellen will, so werden die Beschäftigten den Lohnsatz akzeptieren, der durch die Arbeitsangebotskurve gegeben ist, nämlich W_1. Der Lohnsatz in einem Monopsonmarkt ist demnach also niedriger als bei vollständiger Konkurrenz.

Abb. 15-8

Lohnsatz und Beschäftigungsniveau im Monopson

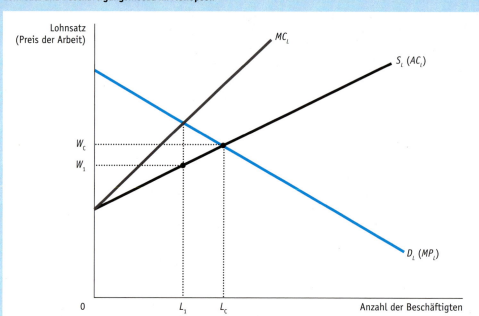

Ein Arbeitgeber mit Monopsonmacht wählt die Anzahl seiner Beschäftigten so, dass die Grenzkosten dem Grenzprodukt der Arbeit entsprechen. In der Folge sind das Beschäftigungsniveau und der Lohnsatz in einem Monopson immer niedriger als auf einem Markt mit vollständiger Konkurrenz.

In der Realität kommen Monopsone nur sehr selten vor, obwohl zu einem gewissen Maße sicherlich einige Städte in Deutschland und anderen Ländern von einem Hauptarbeitgeber abhängen – beispielsweise von einem Automobilhersteller, einem Kraftwerk, einer Süßwarenfabrik oder einem Dienstleister. In solchen Situationen muss die Analyse des lokalen Arbeitsmarkts die Monopsonmacht eines Arbeitgebers gegebenenfalls mit einbeziehen.

15.5 Einkommensunterschiede

In den meisten Volkswirtschaften bestehen innerhalb der arbeitenden Bevölkerung signifikante Einkommensunterschiede. Um die sichtbaren großen Einkommensunterschiede in einer Volkswirtschaft zu verstehen, müssen wir über den Rahmen des Arbeitsmarktmodells hinausgehen und detaillierter untersuchen, was Angebot und Nachfrage der verschiedenen Formen von Arbeit bestimmt sowie die Rolle, die Marktmacht und soziale Normen dabei spielen.

Lohndifferenzierung

Bei der Entscheidung für oder gegen die Aufnahme einer bestimmten Tätigkeit ist der Lohn nur einer von mehreren Aspekten, die Individuen berücksichtigen. Menschen werden nicht ausschließlich von Eigeninteresse und Rationalität angetrieben, sondern auch durch den Willen, sich gesellschaftlich zu engagieren, durch Hilfsbereitschaft, Altruismus, Pflichtbewusstsein, Gerechtigkeitsstreben und weitere persönliche Überzeugungen und Prioritäten. So werden Menschen, die einen Beruf im sozialen Sektor wählen, sicherlich mehr durch persönliche Überzeugungen angetrieben als durch die Aussicht auf eine besonders gute Bezahlung. Ebenso gibt es Arbeitsstellen, für die wenige Kenntnisse und Fähigkeiten notwendig sind und die wenig Verantwortung beinhalten, was für einige Menschen ebenfalls ein Wahlkriterium sein kann. Andere Stellen wiederum erfordern ein hohes Maß an Kompetenzen und Erfahrung und sind mit der Übernahme von Verantwortung verbunden. Einige Arbeitsstellen sind langweilig, andere vielleicht gefährlich. Wie Individuen diese nichtmonetären Aspekte einer Arbeitsstelle bewerten, bestimmt, wie viele Menschen gewillt und in der Lage sind, diese Arbeit bei jedem gegeben Lohnsatz auszuführen. Das Angebot an Arbeitsstellen, die nur geringe Qualifikationen und Erfahrung voraussetzen, ist zumeist größer als das Angebot an Arbeitsstellen für hoch Qualifizierte. Im Ergebnis erhalten gering Qualifizierte in der Regel einen geringeren Lohnsatz als Menschen in Positionen, die eine hohe Qualifikation und lange Berufserfahrung voraussetzen.

Volkswirte verwenden den Begriff **Lohndifferenzierung**, wenn sie von einem Lohnunterschied sprechen, der auf die nichtmonetären Eigenschaften verschiedener Tätigkeiten zurückzuführen ist. Lohndifferenzierungen sind in der Wirtschaft weit verbreitet. Hier sind einige Beispiele:

- Straßenbauarbeiter, die im Autobahnbau tätig sind, verdienen mehr als ihre Kollegen, die in Städten und Gemeinden Straßen bauen und sanieren. Ihr höherer Lohn kompensiert sie für die gefährliche Arbeit auf Autobahnen ebenso wie für die unregelmäßigen Arbeitszeiten und die Überstunden.
- Arbeitnehmer, die in der Nachtschicht arbeiten, verdienen mehr als Arbeitnehmer, die in der Tagschicht arbeiten. Der höhere Lohn entschädigt sie dafür, dass sie nachts arbeiten und tagsüber schlafen müssen – ein Lebensstil, der bei den meisten Menschen unerwünscht ist.
- Professoren verdienen im Durchschnitt weniger als Rechtsanwälte und Ärzte, die ein vergleichbares Ausbildungsniveau aufweisen. Die im Vergleich niedrigeren Gehälter der Professoren tragen dem Umstand Rechnung, dass ihre Tätigkeit ihnen in der Regel größere geistige und persönliche Freiräume und mehr Sicherheit bietet als die eines Arztes oder Rechtsanwalts.
- Einige Ökonomen sehen Einkommensunterschiede hingegen durch soziale Normen begründet. Wie wir bereits in diesem Kapitel erfahren haben, verweisen beispielsweise feministische Ökonomen darauf, dass gesellschaftlich verankerte Bilder der Eigenschaften und Fähigkeiten von Männern und Frauen dazu führen, dass Frauen tendenziell in »typische« Frauenberufe gedrängt werden. Diese sind, ebenfalls in

Lohndifferenzierung
Ein Lohnunterschied, welcher die nichtmonetären Eigenschaften verschiedener Tätigkeiten kompensiert.

Folge sozialer Normen, weniger angesehen und folglich schlechter bezahlt (Sozialer Sektor, Bildung, Kultur).

Humankapital

Gewöhnlich bezieht sich das Wort Kapital auf den Bestand an Realkapital in einer Wirtschaft. Der Kapitalstock umfasst z. B. den Traktor des Landwirts, die Fabrik des Unternehmers oder den Computer des Softwareentwicklers. Wie wir bereits wissen, besteht das Wesen des Kapitals darin, dass es einen Produktionsfaktor darstellt, der seinerseits produziert worden ist. Es gibt eine weitere Art von Kapital, die, obwohl weniger greifbar als das Realkapital, ebenso wichtig für die Produktion in einer Wirtschaft ist: das Humankapital. Das **Humankapital** ist die Summe der Investitionen in Menschen. Die wichtigste Art von Humankapital ist die Bildung.

Wie alle Formen von Kapital stellt Aus- und Weiterbildung eine Verausgabung von Ressourcen zu einem bestimmten Zeitpunkt dar mit dem Ziel, die Produktivität in der Zukunft zu erhöhen. Aber im Gegensatz zu einer Investition in andere Kapitalformen ist eine Investition in Bildung an eine bestimmte Person gebunden, und diese Verbindung macht sie zu Humankapital.

Es ist nicht überraschend, dass Arbeitskräfte mit höherem Humankapital im Durchschnitt mehr verdienen als diejenigen mit geringerem Humankapital. Dieser Einkommensunterschied ist in vielen Ländern auf der ganzen Welt dokumentiert worden. Er ist in unterentwickelten Ländern, in denen das Angebot an qualifizierten Arbeitskräften knapp ist, tendenziell größer als in Industriestaaten.

Es ist leicht zu verstehen, warum Ausbildung unter dem Blickwinkel von Angebot und Nachfrage zu einer Erhöhung der Löhne beiträgt. Unternehmen – die Nachfrager nach Arbeit – sind bereit, mehr für hoch qualifizierte Arbeitskräfte zu zahlen, da diese höhere Grenzprodukte erwirtschaften. Arbeitskräfte – die Anbieter von Arbeit – sind nur dann bereit, die Kosten für eine Ausbildung zu tragen, wenn sich diese auszahlt. Der Lohnunterschied zwischen hoch qualifizierten und weniger qualifizierten Arbeitskräften kann im Wesentlichen als Kompensation für die Kosten der Ausbildung betrachtet werden.

Die Humankapitaltheorie stellt also einen Kausalzusammenhang zwischen Aus- und Weiterbildung und Produktivität sowie in der Folge dem Lohnniveau her und kann folglich ebenfalls zur Erklärung von Einkommensunterschieden beitragen.

Begabung, Leistung und Zufall

Warum verdienen die Fußballspieler in der ersten Bundesliga mehr als die Spieler in der zweiten Bundesliga? Der höhere Lohn stellt sicherlich keine Lohndifferenzierung dar. In der ersten Bundesliga zu spielen, ist keine weniger angenehme Aufgabe, als in der zweiten Bundesliga zu spielen; tatsächlich ist das Gegenteil der Fall. Die erste

---

Humankapital
Die Summe der Investitionen in Menschen, insbesondere in Form von Aus- und Weiterbildung.

Bundesliga erfordert keine längeren Ausbildungszeiten oder mehr Erfahrung. In erster Linie verdienen Spieler in der ersten Bundesliga mehr, weil sie einfach eine größere natürliche Begabung haben.

Die natürliche Begabung spielt in jedem Beruf eine wichtige Rolle. Aufgrund von Vererbung und Erziehung unterscheiden sich die Menschen in ihren körperlichen und geistigen Eigenschaften. Manche Menschen sind körperlich stark, andere weniger. Einige Menschen sind intelligenter als andere. Manche Menschen sind kontaktfreudig, andere sind eher introvertiert. Diese und viele andere persönliche Eigenschaften bestimmen die Produktivität der Arbeitskräfte und spielen daher eine Rolle bei der Festsetzung ihrer Löhne.

Eng verbunden mit der Begabung ist die Leistung. Manche Menschen, sind bereit, viel Engagement und Anstrengung in ihre Arbeit zu stecken, während andere nur »Dienst nach Vorschrift« machen. Bisweilen belohnen Unternehmen Arbeitskräfte direkt, indem sie sie auf Basis dessen bezahlen, was sie produzieren bzw. umsetzen. Verkäufer z. B. erhalten oftmals einen Prozentsatz des Umsatzes, den sie tätigen. In anderen Fällen wird harte Arbeit eher indirekt in Form eines höheren jährlichen Gehalts oder einer Prämie belohnt.

Der Zufall spielt ebenfalls eine Rolle bei der Bestimmung der Löhne. Wenn jemand in einer Berufsfachschule erlernt hätte, mit Röhren ausgestattete Fernsehgeräte zu reparieren, und diese Fertigkeit durch die Erfindung der Halbleiterelektronik veraltet wäre, würde diese Arbeitskraft letztendlich einen niedrigeren Lohn beziehen als andere Arbeitskräfte mit vergleichbarer Ausbildung. Der niedrige Lohn dieser Arbeitskraft wäre durch den Zufall bedingt.

Ausbildung als Signal

Der Humankapitaltheorie zufolge führt Ausbildung zu einem Anstieg der Löhne, da sie die Produktivität der Arbeitskräfte erhöht. Obwohl diese Betrachtungsweise weithin akzeptiert wird, haben einige Volkswirte eine alternative Theorie vorgeschlagen, die besagt, dass Unternehmen den Bildungsabschluss heranziehen, um leistungsfähige Arbeitskräfte von den weniger leistungsfähigen Arbeitskräften zu unterscheiden. Nach dieser Theorie werden Menschen durch einen Universitätsabschluss beispielsweise nicht produktiver, aber sie signalisieren dadurch potenziellen Arbeitgebern ihre Leistungsfähigkeit. Infolgedessen ist es für Unternehmen rational, einen Universitätsabschluss als Signal für Leistungsfähigkeit zu interpretieren.

In der Signaling-Theorie der Bildung wird dem Bildungsniveau an sich keine reale produktivitätssteigernde Wirkung zugeschrieben. Mit ihrer Bereitschaft zur (Weiter-)Bildung signalisieren die Beschäftigten den Arbeitgebern jedoch ihre Produktivität. Die Handlung dient demnach nicht dem eigentlichen Zweck, sondern dazu, mit der Bereitschaft zu dieser Handlung anderen Personen private Informationen zu übermitteln.

Das Superstar-Phänomen

Obwohl die meisten Schauspieler sehr wenig verdienen und oftmals einen Nebenjob annehmen müssen, um ihren Lebensunterhalt zu bestreiten, verdient der Schauspieler Will Smith ca. 20 Millionen Dollar pro Film. Während Tennis für die meisten Menschen nur ein Hobby ist, das sie unentgeltlich betreiben, verdient der spanische Tennisspieler Rafael Nadal jährlich über 30 Millionen Dollar durch Preisgelder und Werbeverträge. Will Smith und Rafael Nadal sind Superstars auf ihren Gebieten und ihre große Publikumswirksamkeit spiegelt sich in astronomischen Einkommen wider.

Um die Gründe für die enormen Einkommen von Will Smith und Rafael Nadal zu verstehen, müssen wir die besonderen Merkmale der Märkte untersuchen, in denen sie ihre Leistungen verkaufen. Superstars entstehen in Märkten, die zwei Merkmale aufweisen:

- Jeder Kunde im Markt möchte in den Genuss des Gutes kommen, das vom besten Hersteller angeboten wird.
- Das Gut wird mithilfe einer Technologie hergestellt, die es dem besten Hersteller ermöglicht, jeden Kunden kostengünstig zu versorgen.

Wenn Will Smith der beste Schauspieler ist, den es gibt, dann wird jeder seinen nächsten Kinofilm sehen wollen. Doppelt so viele Filme eines halb so guten Schauspielers anzusehen wäre kein guter Ersatz. Zudem hat jeder die Möglichkeit, Filme mit Will Smith zu sehen. Da es einfach ist, zahlreiche Kopien eines Films herzustellen, kann Will Smith seine Leistung Millionen von Menschen gleichzeitig zur Verfügung stellen. Entsprechend können Millionen Fans im Fernsehen die außergewöhnlichen sportlichen Leistungen von Rafael Nadal bewundern.

Überschreitungen des gleichgewichtigen Lohnsatzes: gesetzliche Mindestlöhne, Gewerkschaften und Effizienzlöhne

Die Mehrzahl der Analysen zu Einkommensunterschieden von Beschäftigten stützt sich auf das Gleichgewichtsmodell des Arbeitsmarkts. Es wird vorausgesetzt, dass sich die Löhne derart anpassen, dass Arbeitsangebot und Arbeitsnachfrage ins Gleichgewicht kommen. Aber diese Annahme trifft nicht immer zu. Für einige Arbeitskräfte wird ein Lohnsatz festgesetzt, der sich oberhalb des Niveaus befindet, das Angebot und Nachfrage ins Gleichgewicht bringt. Wir wollen im Folgenden drei Ursachen für eine derartige Konstellation näher erläutern.

Mindestlöhne. Wie wir bereits im Kapitel 7 gelernt haben, besteht ein Grund für die Existenz von Löhnen oberhalb des gleichgewichtigen Lohnsatzes in gesetzlichen Mindestlohnvorschriften. Die meisten Arbeitskräfte in einer Volkswirtschaft sind von dieser gesetzlichen Regelung allerdings nicht betroffen, da ihr Gleichgewichtslohn ohnehin über dem gesetzlichen Minimum liegt. Aber für einige Beschäftigte, vor allem für ungelernte und wenig qualifizierte Arbeitskräfte, führt die gesetzliche Vorgabe eines Mindestlohns dazu, dass ihr Lohn über dem Lohnniveau liegt, das sie in einem unregulierten Arbeitsmarkt erhalten würden.

Die Marktmacht von Gewerkschaften. Ein zweiter Grund dafür, dass Löhne über das Gleichgewichtsniveau hinaus steigen, liegt in der Marktmacht der Gewerkschaften begründet. Eine **Gewerkschaft** ist eine Arbeitnehmervereinigung, die mit den Arbeitgebern über Entlohnung und Arbeitsbedingungen verhandelt.

Gewerkschaften sind oft in der Lage, höhere Löhne durchzusetzen, als sie ohne den Einfluss der Gewerkschaft vorherrschen würden, vielleicht weil sie den Unternehmen damit drohen können, alle Arbeitskräfte abzuziehen, indem sie einen **Streik** ausrufen. Untersuchungen zeigen, dass gewerkschaftlich organisierte Arbeitskräfte im Durchschnitt 10 bis 20 Prozent mehr verdienen als Arbeitskräfte, die nicht in einer Gewerkschaft sind.

Effizienzlöhne. Eine dritte Ursache für die Existenz von Löhnen oberhalb des Gleichgewichtsniveaus findet sich in der Theorie der Effizienzlöhne. Diese Theorie geht davon aus, dass es für ein Unternehmen gewinnbringend sein kann, hohe Löhne zu zahlen, da so die Produktivität seiner Arbeitnehmer erhöht wird. **Effizienzlöhne** sind also Löhne über dem Gleichgewichtsniveau, die Unternehmen freiwillig zahlen, um die Arbeitsproduktivität zu steigern.

Insbesondere können hohe Löhne die Mitarbeiterfluktuation senken (Personalbeschaffung und Personalentwicklung sind kostspielig), die Leistungsbereitschaft der Beschäftigten steigern und die Anzahl qualifizierter Bewerber erhöhen. Zusätzlich kann für ein Unternehmen der Druck bestehen, hohe Entgelte zu zahlen, um die besten Köpfe anzuziehen und zu halten – ein Argument, das die Finanzbranche vorbrachte, als mehrere europäische Regierungen im Zuge der Finanzkrise von 2007 bis 2009 überlegten, Bankerboni zu besteuern.

Wenn die Effizienzlohntheorie zutrifft, dann zahlen einige Unternehmen ihren Beschäftigten mehr, als sie normalerweise verdienen würden.

> **Kurztest**
> Definieren Sie den Begriff Lohndifferenzierung und führen Sie ein Beispiel dafür an. Nennen Sie zwei Gründe, weshalb besser ausgebildete Arbeitskräfte mehr verdienen als Arbeitskräfte mit niedrigerem Bildungsabschluss.

15.6 Die ökonomischen Aspekte der Diskriminierung

Der Exkurs in die feministische Ökonomik in diesem Kapitel hat bereits angedeutet, dass es auf dem Arbeitsmarkt zu Diskriminierung kommen kann. **Diskriminierung** liegt vor, wenn auf dem Arbeitsmarkt eine ungleiche Behandlung vergleichbarer Individuen erfolgt, die sich nur im Hinblick auf Rasse, ethnische Gruppe, Geschlecht, Alter oder andere persönliche Merkmale unterscheiden. Diskriminierung spiegelt die Vorurteile mancher Menschen gegen gewisse Gruppen in der Gesellschaft wider

---

Gewerkschaft
Eine Arbeitnehmervereinigung, die mit den Arbeitgebern über Entlohnung und Arbeitsbedingungen verhandelt.

Streik
Der gewerkschaftlich organisierte Abzug der Arbeitskräfte aus den Unternehmen.

Effizienzlöhne
Löhne über dem Gleichgewichtsniveau, die Unternehmen freiwillig zahlen, um die Arbeitsproduktivität zu steigern.

Diskriminierung
Eine ungleiche Behandlung vergleichbarer Individuen, die sich nur im Hinblick auf Rasse, ethnische Gruppe, Geschlecht, Alter oder andere persönliche Merkmale unterscheiden.

ebenso wie institutionelle oder gesellschaftliche Normen, die diese Diskriminierung verstärken. Viele Regierungen haben Gesetze gegen Diskriminierung auf dem Arbeitsmarkt erlassen. In Deutschland können sich Arbeitnehmerinnen und Arbeitnehmer, die sich diskriminiert fühlen, auf das Allgemeine Gleichbehandlungsgesetz berufen und sich an die Antidiskriminierungsstelle des Bundes wenden. Demnach herrscht also weitgehender Konsens darüber, dass Diskriminierung unakzeptabel ist. Dies ändert jedoch nichts daran, dass sie existiert. Die Herausforderung besteht letztlich darin zu unterscheiden, was echte Diskriminierung ist und wann hingegen Einkommensunterschiede anders begründet werden können. Im Folgenden werden wir einige Erkenntnisse der Volkswirtschaftslehre zu dieser Problematik kennenlernen.

Messung der Diskriminierung auf dem Arbeitsmarkt

In welchem Maß wirkt sich die Diskriminierung auf Arbeitsmärkten auf die Einkommen verschiedener Gruppen von Arbeitskräften aus? Diese Frage ist wichtig, sie lässt sich jedoch nicht leicht beantworten.

Es gibt keinen Zweifel daran, dass verschiedene Gruppen von Arbeitnehmern auffällig unterschiedlich entlohnt werden. Beispielsweise lag in den USA in den letzten Jahren der durchschnittliche Lohn einer schwarzen männlichen Arbeitskraft rund 21 Prozent unter dem durchschnittlichen Lohn einer weißen männlichen Arbeitskraft. Der durchschnittliche Lohn einer schwarzen weiblichen Arbeitskraft war ungefähr 8 Prozent niedriger als der durchschnittliche Lohn einer weißen weiblichen Arbeitskraft. Gleichzeitig verdienten weiße weibliche Arbeitskräfte 23 Prozent weniger als ihre weißen männlichen Kollegen und schwarze weibliche Arbeitskräfte 10 Prozent weniger als ihre schwarzen männlichen Kollegen. In Deutschland verdienen Frauen im Durchschnitt 21 Prozent weniger als Männer (Stand: 2018). In der Europäischen Union insgesamt beträgt der Abstand der Gehälter der Frauen zu denen ihrer männlichen Kollegen rund 16 Prozent. EU-weit liegt Deutschland auf dem vorletzten Platz. Die prozentual gemessene Ungleichheit in den Einkommen von Männern und Frauen ist nur in Estland noch höher (23 Prozent). Berichten der Europäischen Kommission zufolge hat sich die Einkommenskluft zwischen Frauen und Männern in ganz Europa in den letzten 15 Jahren kaum verringert.

Diese Lohnunterschiede werden in politischen Debatten manchmal als Anzeichen dafür gewertet, dass viele Arbeitgeber Menschen aufgrund ihrer Rasse oder ihres Geschlechts diskriminieren. Mit dieser Schlussfolgerung ist jedoch ein offenkundiges Problem verbunden: Selbst auf einem Arbeitsmarkt ohne Diskriminierung erhalten unterschiedliche Menschen Löhne in unterschiedlicher Höhe. Menschen unterscheiden sich im Hinblick auf ihr Humankapital und auf die Arten von Tätigkeiten, die sie ausüben können und wollen. Das alleinige Beobachten von Lohnunterschieden zwischen großen Gruppen – z. B. Weißen und Schwarzen, Männern und Frauen – erlaubt noch keine Aussagen über die Existenz von Diskriminierung.

Betrachten wir in diesem Zusammenhang die Rolle des Humankapitals. Wie in diesem Kapitel bereits thematisiert, kann die Tatsache, *ob* ein (potenzieller) Arbeitnehmer einen Hochschulabschluss hat oder nicht, aber auch *welchen* Abschluss er hat, für einen Teil der Einkommensunterschiede verantwortlich sein. So verdienen Mediziner, Ingenieure, Juristen und Wirtschaftswissenschaftler im Schnitt mehr als Kulturwissenschaftler, Historiker, Pädagogen und Linguisten. Quantität und Qualität der Bildung können die Qualität des Humankapitals beeinflussen. Dabei bezieht sich die Quantität auf den zeitlichen Umfang der Ausbildung. Die Qualität der Schul- und Hochschulbildung kann hingegen durch die staatlichen Ausgaben für Bildung, die Klassengrößen in Schulen und die Seminargrößen an den Hochschulen, das zahlenmäßige Betreuungsverhältnis zwischen Lehrer und Schülern, Dozent und Studierenden bestimmt werden. Quantität und Qualität der Ausbildung können also Unterschiede im Humankapital erzeugen und so für Erwerbsunterschiede verantwortlich sein.

Das Statistische Bundesamt hat darauf hingewiesen, dass der durchschnittliche Lohnunterschied von 21 Prozent nicht bedeutet, dass Frauen im gleichen Unternehmen für die gleiche Tätigkeit im Schnitt 21 Prozent weniger Lohn erhalten. Die Unterschiede in der Entlohnung zwischen Männern und Frauen in Deutschland sind hingegen auf eine Reihe von Faktoren zurückzuführen, die in die Errechnung dieses sogenannten *unbereinigten* Gender Pay Gap einfließen. Dazu zählen Unterschiede im Bildungsabschluss (z. B. hoher Frauenanteil bei den Absolventen geistes- und sozialwissenschaftlicher Studiengänge), die Tatsache, dass Frauen häufiger als Männer in Branchen mit schlechter Bezahlung arbeiten (z. B. Gesundheits- und Sozialwesen) und der Umstand, dass ein hoher Anteil der Frauen in Teilzeit (47 Prozent, Männer 9 Prozent) und auf niedrigeren Karrierestufen arbeitet als ihre männlichen Kollegen.

Humankapital in Form von Berufserfahrung kann ebenfalls zur Erklärung der Lohnunterschiede beitragen. Frauen haben im Durchschnitt tendenziell weniger Berufserfahrung bzw. weniger Berufsjahre vorzuweisen als Männer. Ein Grund dafür besteht darin, dass die Erwerbsbeteiligung der Frauen erst im Lauf der letzten Jahrzehnte zugenommen hat. Aufgrund dieses Wandels sind die weiblichen Arbeitskräfte heutzutage im Durchschnitt jünger als die männlichen Arbeitskräfte. Außerdem unterbrechen Mütter immer noch häufiger als Väter ihre berufliche Laufbahn, um Kinder großzuziehen. Aus diesen beiden Gründen ist die Berufserfahrung der Frauen in Deutschland im Durchschnitt geringer als die der Männer.

Eine weitere Quelle von Lohnunterschieden stellen die Lohndifferenzierungen dar. Wissenschaftler haben darauf hingewiesen, dass Frauen im Durchschnitt weniger gefährliche und anstrengende Tätigkeiten (z. B. Nachtschichten) ausüben als Männer, und dass diese Tatsache einen Teil des Einkommensgefälles zwischen Männern und Frauen erklärt. Zum Beispiel sind Frauen eher Sekretärinnen und Männer eher Lastwagenfahrer. Die relativen Löhne von Sekretärinnen und Lastwagenfahrern hängen zum Teil von den Arbeitsbedingungen der jeweiligen Tätigkeit ab. Da diese nichtmonetären Aspekte schwer gemessen werden können, ist es schwierig, die tatsächliche Bedeutung von Lohndifferenzierungen für die Erklärung der zu beobachtenden Lohnunterschiede zu beurteilen. Die feministische Ökonomik bringt zu diesem Thema an, dass die Unterschiede in der Bezahlung zwischen Männern und Frauen auch auf institutionelle und soziale Normen zurückzuführen seien. Beispiele für solche Normen sind gesellschaftliche Mehrheitsmeinungen wie etwa, dass Mütter nicht Vollzeit arbeiten sollten oder dass Frauen rein physisch bestimmte Berufe nicht ausüben können oder geeigneter für Pflegeberufe seien als Männer. Solche Normen verstärken Stereotype und beeinflussen politische Entscheidungen. Im Ergebnis, so Vertreter der feministischen Ökonomik, werden Frauen in schlechter bezahlte und weniger angesehene Berufe sowie in Teilzeiterwerb gedrängt.

Nach Untersuchungen des Statistischen Bundesamtes können drei Viertel des Verdienstunterschieds durch die genannten Faktoren erklärt werden. Das verbleibende Viertel entspricht dem *bereinigten* Gender Pay Gap, d. h. dem Verdienstunterschied bei vergleichbarer Qualifikation, Tätigkeit und Erwerbsbiographie. Demzufolge verdienen Frauen immer noch ca. 6 Prozent weniger als ihre männlichen Kollegen.

Letztendlich erlaubt die Untersuchung von Lohnunterschieden zwischen Personengruppen keine klare Schlussfolgerung im Hinblick auf die Gewichtigkeit der Diskriminierung auf dem Arbeitsmarkt. Die meisten Volkswirte glauben, dass ein Teil der beobachteten Lohnunterschiede auf Diskriminierung zurückzuführen ist, aber es herrscht keine Einigkeit darüber, wie viel. Die Ökonomen sind sich lediglich in einem Punkt einig: Da die Unterschiede zwischen den Durchschnittslöhnen bestimmter Gruppen teilweise Unterschiede im Hinblick auf die Ausstattung mit Humankapital und die Merkmale der Tätigkeiten widerspiegeln, erlauben sie keine Aussagen über das Ausmaß der Diskriminierung auf dem Arbeitsmarkt.

Natürlich können Unterschiede in der Ausstattung mit Humankapital zwischen Gruppen von Arbeitskräften ihrerseits Diskriminierung widerspiegeln. Die Tatsache z. B., dass in den USA schwarzen Schülern früher nur Schulen mit geringer Ausbildungsqualität offenstanden, lässt sich vielleicht auf ein Vorurteil seitens der Stadträte und Schulbehörden zurückführen. Aber diese Art von Diskriminierung erfolgt lange, bevor die Arbeitskräfte in den Arbeitsmarkt eintreten. In diesem Fall ist die »Krankheit« politischer Natur, selbst wenn das »Symptom« ökonomischer Art ist.

Diskriminierung durch Arbeitgeber

Wer ist dafür verantwortlich, wenn eine Gruppe in der Gesellschaft einen niedrigeren Lohn erhält als eine andere Gruppe, selbst wenn keine Unterschiede hinsichtlich der Ausstattung mit Humankapital und der Tätigkeitsmerkmale vorliegen? Die Antwort auf diese Frage ist nicht einfach. Es könnte vielleicht einleuchtend erscheinen, den Arbeitgebern die Schuld an diskriminierenden Lohnunterschieden zu geben. Schließlich entscheiden die Arbeitgeber über Einstellungen und bestimmen damit die Arbeitsnachfrage und die Löhne. Wenn manche Arbeitnehmergruppen weniger verdienen, als sie sollten, dann scheint es, dass die Arbeitgeber dafür verantwortlich sind. Allerdings stehen viele Volkswirte dieser einfachen Antwort skeptisch gegenüber. Sie glauben, dass Wettbewerbsmärkte ein natürliches Mittel gegen die Diskriminierung durch Arbeitgeber bereitstellen. Dieses Gegenmittel wird als Gewinnziel bezeichnet.

Stellen Sie sich eine Vokswirtschaft vor, in der sich die Arbeitskräfte – Männer wie Frauen – nur durch ihre Haarfarbe unterscheiden. Blonde und dunkelhaarige Arbeitskräfte haben die gleiche Qualifikation, Berufserfahrung und Arbeitseinstellung. Allerdings ziehen es die Arbeitgeber aufgrund von Diskriminierung vor, keine blonden Arbeitskräfte einzustellen. Die Nachfrage nach blonden Arbeitskräften ist daher niedriger, als sie sonst wäre. Infolgedessen verdienen Blonde weniger als Dunkelhaarige.

Wie lange kann dieses Lohngefälle fortbestehen? In dieser Wirtschaft gibt es für ein Unternehmen einen einfachen Weg, seine Konkurrenz zu verdrängen: Es kann blonde Arbeitskräfte einstellen. Indem es Blonde einstellt, zahlt das Unternehmen niedrigere Löhne und hat somit geringere Kosten als Unternehmen, die Dunkelhaarige einstellen. Mit der Zeit treten immer mehr »blonde« Unternehmen in den Markt ein, um sich diesen Kostenvorteil zunutze zu machen. Die bestehenden »dunkelhaarigen« Unternehmen haben höhere Kosten und beginnen daher, im Wettbewerb mit der neuen Konkurrenz Geld zu verlieren. Diese Verluste bringen die »dunkelhaarigen« Unternehmen dazu, ihr Geschäft aufzugeben. Schlussendlich führen der Markteintritt der »blonden« Unternehmen und der Marktaustritt der »dunkelhaarigen« Unternehmen zu einem Anstieg der Nachfrage nach blonden sowie zu einem Rückgang der Nachfrage nach dunkelhaarigen Arbeitskräften. Dieser Prozess setzt sich fort, bis das Lohngefälle verschwindet.

Einfach ausgedrückt sind Unternehmer, die nur daran interessiert sind, ihren Gewinn zu maximieren, im Vorteil, wenn sie mit Unternehmern konkurrieren, die auch daran interessiert sind, zu diskriminieren. Unternehmen, die nicht diskriminieren, ersetzen folglich tendenziell solche, die diskriminieren. Insofern stellen Wettbewerbsmärkte ein natürliches Mittel gegen Diskriminierung durch Arbeitgeber bereit. Natürlich geht diese Analyse von den Annahmen des Arbeitsmarktmodells mit vollständiger Konkurrenz aus, zu denen zählt, dass die Entscheidungen der Unternehmen bzw. Arbeitgeber vom Motiv der Gewinnmaximierung gesteuert werden.

Diskriminierung durch Kunden und Staat

Obwohl das Gewinnziel ein wirksames Mittel zur Beseitigung diskriminierender Lohnunterschiede darstellt, sind seinen Korrekturmöglichkeiten Grenzen gesetzt. Wir betrachten hier zwei der wichtigsten Grenzen: die Präferenzen der Kunden und die politischen Maßnahmen des Staates.

Präferenzen der Kunden. In manchen Fällen kommt es vor, dass ein Unternehmen diskriminiert, weil es bei seinen Kunden bestimmte Präferenzen ausmacht. So könnte es beispielsweise vorkommen, dass eine Sicherheitsfirma ausschließlich männliche Arbeitskräfte einstellt unter der Annahme, dass sich die Kunden von weiblichem Sicherheitspersonal weniger geschützt fühlen. Callcenter stellen vielleicht keine Menschen mit einem ausländischen oder regionalspezifischen Akzent ein, weil sie vermuten, dass dieser für ihre Kunden schwierig zu verstehen ist oder nicht angenehm klingt. Aus ähnlichen Gründen könnten sie Mitarbeiter mit tiefen Stimmen gegenüber Mitarbeitern mit hohen Stimmen bevorzugen. Firmen mit viel Kundenverkehr könnten Arbeitskräfte nach dem Aussehen diskriminieren und beispielsweise Stellenbewerberinnen ablehnen, die ein Kopftuch tragen. Damit soll natürlich nicht gesagt sein, dass solch ein Verhalten korrekt oder akzeptabel wäre. Kundenpräferenzen sind lediglich ein möglicher Grund für Diskriminierung auf dem Arbeitsmarkt. Wo solch ein Grund ausgemacht wurde, kann der Staat durch Gesetze regulatorisch eingreifen.

Information

Beckers »Employer Taste«-Modell

Einige Ökonomen haben sich intensiv mit den ökonomischen Aspekten der Diskriminierung beschäftigt. Ein wichtiger Forschungsbeitrag auf diesem Gebiet stammt von dem Nobelpreisträger Gary Becker (1930–2014). Der Ausgangspunkt seines Modells, auch als »Employer Taste«-Modell bezeichnet, besteht darin, dass einige Arbeitskräfte nur ungern mit bestimmten anderen Arbeitskräften zusammenarbeiten, sei es aufgrund von Geschlecht, Religion, Nationalität oder Herkunft. Diese Menschen haben also eine Präferenz, nur mit bestimmten Menschen zusammenzuarbeiten. Arbeitskräfte, die nicht zu dieser (präferierten) Gruppe gehören, werden letztlich benachteiligt.

Nehmen wir an, ein landwirtschaftliches Unternehmen sucht Erntehelfer. Dabei kann das Unternehmen entweder auf einheimische Arbeitskräfte aus der Region zurückgreifen oder auf ausländische Arbeitskräfte. Die einheimischen Arbeitskräfte haben jedoch Vorurteile gegenüber den ausländischen Arbeitskräften. Aus unserer Analyse des Arbeitsmarkts wissen wir, dass ein Unternehmen bei vollständiger Konkurrenz bis zu jenem Punkt Arbeitskräfte einstellt, in dem das Wertgrenzprodukt der Arbeit genau dem Lohnsatz entspricht. Wir wollen unterstellen, dass einheimische und ausländische Arbeitskräfte die gleiche Produktivität aufweisen. Wenn das Unternehmen Arbeitskräfte zu einem gegebenen Lohnsatz (der über dem Mindestlohn liegt) beschäftigen muss, so wird es sich aufgrund der Präferenzen seiner Kernbelegschaft wahrscheinlich entscheiden, keine ausländischen Arbeitskräfte einzustellen. Ist das Unternehmen allerdings in der Lage, ausländische Arbeitskräfte zu einem niedrigeren Lohnsatz zu beschäftigen, so hat es einen Anreiz, genau dies zu tun, um so seinen Gewinn zu erhöhen. Sind die ausländischen Arbeitskräfte bereit, zum Mindestlohn zu arbeiten, dann kann das Unternehmen seine Kosten senken und seinen Gewinn steigern.

Ein diskriminierendes Unternehmen würde einige ausländische Arbeitskräfte einstellen, diesen Arbeitskräften jedoch einen geringeren Lohn zahlen, um seine einheimischen Arbeitskräfte nicht zu verärgern. Das ist die Grundaussage des »Employer Taste«-Modells: Es kommt zur Diskriminierung, da Unternehmen bestimmte Arbeitskräfte aufgrund von Geschlecht, Religion oder Nationalität nicht einstellen – es sei denn, die Arbeitskräfte sind bereit, zu einem niedrigeren Lohn zu arbeiten. Solange der Wettbewerb im Markt auf irgendeine Art und Weise beschränkt ist, kann die Diskriminierung anhalten; in diesem Fall z. B. indem sich alle Unternehmen gleich verhalten.

Gibt es andere landwirtschaftliche Betriebe in der Region, die nicht diskriminierend sind, dann könnten sich diese Unternehmen dazu entscheiden, allen Erntehelfern nur noch den Mindestlohnsatz zu zahlen, was den Gewinn steigern würde. Diese Unternehmen würden auch mehr Arbeitskräfte einstellen. (Erinnern Sie sich: Je geringer der Lohnsatz, desto mehr Arbeitskräfte ist ein Unternehmen bereit einzustellen.) Es könnte zu einem Zustrom ausländischer Arbeitskräfte in die Region kommen, die bereit sind, die verfügbaren Arbeitsstellen zu besetzen. Diese nichtdiskriminierenden Unternehmen erhöhen somit nicht nur ihre Produktion, sondern machen durch geringere Lohnstückkosten auch einen höheren Gewinn und könnten damit unter Umständen die diskriminierenden Unternehmen aus dem Markt drängen.

In Deutschland und anderen westeuropäischen Ländern kam es im Zuge der EU-Osterweiterung zu einem großen Zustrom an Erntehelfern aus Ländern wie Polen, Rumänien und Bulgarien. Es gibt sogar Agenturen, die diese Arbeitskräfte an Landwirtschaftsbetriebe vermitteln. Die Beschäftigung der Erntehelfer aus Osteuropa führt nicht selten zu Unmut innerhalb der einheimischen Bevölkerung, welche die Gastarbeiter für ihre eigene Arbeitslosigkeit verantwortlich machen. Hinzu kommt das Argument, die Betriebe würden die osteuropäischen Erntehelfer ausbeuten. Die Landwirtschaftsbetriebe halten dem entgegen, dass sie nicht weniger als den Mindestlohn zahlen würden, sie aber eher ausländische als inländische Arbeitskräfte finden, die diese Arbeit machen wollen. Diese seien dann zumeist auch noch fleißiger und folglich produktiver als viele der einheimischen Arbeitskräfte. Das heißt, die Erntehelfer aus Osteuropa sind nicht nur bereit, für einen niedrigeren Lohn zu arbeiten, ihr Grenzprodukt ist auch noch zu jedem Preis (Lohnsatz) höher. Nach Aussage der Landwirtschaftsbetriebe würden hingegen viele einheimische Arbeitskräfte die anfallende Arbeit nicht machen wollen und die Entlohnung als zu niedrig empfinden. Es zeigt sich also auch an dieser Stelle, dass es den Unternehmen in erster Linie um die Gewinnmaximierung geht und nicht um Diskriminierung.

Staatliche Maßnahmen. Eine weitere Möglichkeit der fortdauernden Diskriminierung auf Wettbewerbsmärkten besteht darin, dass der Staat diskriminierende Praktiken vorschreibt. Wenn der Staat z. B. ein Gesetz verabschieden würde, nach dem es Frauen verboten wäre, in der Armee zu dienen oder auf Baustellen zu arbeiten, oder das vorschreiben würde, dass in einer bestimmten Branche nur Menschen ab einer bestimmten Größe oder bis zu einem bestimmten Gewicht beschäftigt werden dürften, könnte ein Lohnunterschied auf einem Wettbewerbsmarkt fortbestehen. Bevor in Südafrika die Apartheid abgeschafft wurde, war es beispielsweise Schwarzen verboten, in bestimmten Berufen zu arbeiten. Diskriminierende Regierungen verabschieden solche Gesetze, um die ausgleichende Kraft freier Wettbewerbsmärkte zu unterdrücken.

> **Kurztest**
> Warum lässt sich schwer feststellen, ob eine Gruppe von Arbeitskräften diskriminiert wird? Erklären Sie, wie Unternehmen, die nach Gewinnmaximierung streben, tendenziell diskriminierende Lohnunterschiede beseitigen. Unter welchen Umständen könnte ein diskriminierender Lohnunterschied fortbestehen?

15.7 Sonstige Produktionsfaktoren: Boden und Kapital

Wir haben gesehen, wie Unternehmen ihre Entscheidungen zur Beschäftigung von Arbeitskräften treffen und wie diese Entscheidungen die Lohnsätze der Arbeitskräfte bestimmen. Neben der Einstellung von Arbeitskräften müssen Unternehmen auch über den Einsatz der beiden anderen Produktionsfaktoren entscheiden – Boden und Kapital. Der Apfelproduzent unseres Beispiels hat z. B. über die Größe seiner Anbaufläche (Boden) und den Kapitaleinsatz zu entscheiden. Der Produktionsfaktor Kapital umfasst das sogenannte Realkapital: Fabrikgebäude und Maschinen oder – anders gesagt – alle produzierten Produktionsmittel, die wiederum für die Güterproduktion eingesetzt werden. Im Fall der Apfelplantage gehören zum Kapital unter anderem die Leitern für die Pflücker, die Traktoren zum Transport der Äpfel, die Lagergebäude und auch die Apfelbäume selbst.

Gleichgewicht auf den Märkten für Boden und Kapital

Wovon hängt es ab, wie viel die Eigentümer von Boden und Kapital für ihren Beitrag zum Produktionsprozess erhalten? Bevor wir diese Frage beantworten, müssen wir zweierlei Preise unterscheiden: den Anschaffungspreis und den Ertragspreis. Der Anschaffungspreis ist jener Betrag, den eine Person bezahlt, um für unbegrenzte Zeit Eigentümer eines Produktionsfaktors, z. B. eines Grundstücks, zu werden. Der Ertragspreis dagegen ist jener Betrag, den eine Person für eine begrenzte Nutzungszeit des Faktors bezahlt. Diesen Unterschied muss man sich stets vor Augen halten, da die Preise durch unterschiedliche ökonomische Kräfte und Prozesse bestimmt werden. Zu verweisen ist auf die immer wiederkehrenden kapitaltheoretischen Kontroversen.

Nach diesen Begriffsklärungen können wir nun die für den Arbeitsmarkt entwickelte Theorie der Faktornachfrage auf die Märkte für Boden und Kapital anwenden. Der Lohnsatz ist letztlich nichts anderes als der Ertragspreis der Arbeit. Deshalb lässt sich vieles, was wir über die Festlegung des Lohnsatzes gelernt haben, auf die Ertragspreise der anderen Faktoren übertragen. Wie in Abbildung 15-9 zu sehen ist, sind der

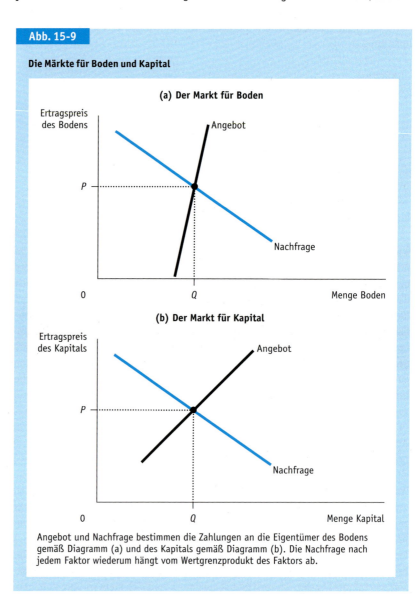

Abb. 15-9

Die Märkte für Boden und Kapital

Angebot und Nachfrage bestimmen die Zahlungen an die Eigentümer des Bodens gemäß Diagramm (a) und des Kapitals gemäß Diagramm (b). Die Nachfrage nach jedem Faktor wiederum hängt vom Wertgrenzprodukt des Faktors ab.

Ertragspreis des Bodens gemäß Diagramm (a) und der Ertragspreis des Kapitals gemäß Diagramm (b) durch Angebot und Nachfrage bestimmt. Zudem wird die Nachfrage nach Boden und Kapital in derselben Weise bestimmt wie die Nachfrage nach Arbeit. Auch für Boden und Kapital wird das Unternehmen seine Nachfrage so lange steigern, bis Wertgrenzprodukt und Preis übereinstimmen. Damit spiegelt die Nachfragekurve für jeden Produktionsfaktor die Grenzproduktivität dieses Faktors wider.

Nun können wir erklären, wie viel Einkommen jeweils an den Faktor Arbeit, an die Eigentümer des Bodens und an die Kapitaleigner geht. Solange die produzierenden Unternehmen in vollständiger Konkurrenz stehen und das Ziel der Gewinnmaximierung verfolgen, muss der Ertragspreis jedes Produktionsfaktors seinem Wertgrenzprodukt entsprechen. Arbeit, Boden und Kapital erwirtschaften im Produktionsprozess jeweils ihr Wertgrenzprodukt.

Betrachten wir nun den Anschaffungspreis von Boden und Kapital. Offenbar stehen Ertragspreis und Anschaffungspreis in einem gewissen Zusammenhang: Die Käufer eines Landstücks oder eines Kapitalgutes sind gewillt, mehr zu bezahlen, wenn sich aus der Vermietung ihres Produktionsfaktors ein gutes Einkommen erzielen lässt. Und wie wir soeben gesehen haben, stimmt das gleichgewichtige Ertragseinkommen zu jedem Zeitpunkt mit dem Wertgrenzprodukt des Faktors überein. Deshalb hängt der gleichgewichtige Anschaffungspreis eines Landstücks oder eines Kapitalgutes von zweierlei ab: vom Tageswert des Grenzprodukts und vom künftigen Erwartungswert des Grenzprodukts.

Zusammenhänge zwischen den Produktionsfaktoren

Die Preise für jeden Produktionsfaktor – Arbeit, Boden und Kapital – sind also gleich den Wertgrenzprodukten der Faktoren. Das Grenzprodukt jedes Faktors wiederum hängt von der verfügbaren Menge des Produktionsfaktors ab. Aufgrund des abnehmenden Grenzprodukts hat ein Produktionsfaktor, der in großen Mengen vorhanden ist, ein niedriges Grenzprodukt und daher einen niedrigen Preis. Ein sehr knapper Faktor hat ein hohes Grenzprodukt und einen hohen Preis. Der Gleichgewichtspreis eines Produktionsfaktors steigt also an, wenn seine Verfügbarkeit und Angebotsmenge zurückgeht.

Wenn sich aber das Angebot eines der Produktionsfaktoren verändert, bleiben die Auswirkungen nicht auf den Markt dieses Produktionsfaktors beschränkt. Meistens werden die Produktionsfaktoren so zusammen genutzt, dass die Produktivität eines jeden Faktors von den eingesetzten Mengen der anderen Faktoren abhängt. Ändern sich Verfügbarkeit und Angebotsmenge eines Faktors, so sind in der Regel die Einkommen aller Faktoren betroffen.

Zum Beispiel könnte ein Feuer in der Lagerhalle ausbrechen, in der die Apfelplantagen aus der Region ihre Holzleitern aufbewahren, die zum Apfelpflücken benötigt werden. Viele Leitern würden in dem Feuer zerstört. Was geschieht in diesem Fall mit den Einkommen der übrigen Produktionsfaktoren? Offenkundig ist das Angebot an Leitern gesunken und deshalb steigt der gleichgewichtige Ertragspreis

Information

Was ist Kapitaleinkommen?

Arbeitseinkommen ist ein leicht verständlicher Begriff. Es sind die Löhne und Gehälter, welche die Arbeitnehmer von ihren Arbeitgebern erhalten. Was hingegen Kapitaleinkommen bedeutet, ist weniger offensichtlich.

In unserer Analyse haben wir implizit vorausgesetzt, dass die Haushalte das Realkapital der Volkswirtschaft besitzen – die Leitern, die Obstpressen, die Lagerhallen und so weiter – und es an die Unternehmen vermieten, die es nutzen. Diese Annahme hat unsere Analyse der Entlohnung der Kapitalbesitzer vereinfacht, aber sie ist nicht wirklich realistisch. Tatsächlich besitzen die Unternehmen das Realkapital, das sie nutzen, und erhalten dadurch Erträge aus dem eingesetzten Realkapital.

Diese Kapitaleinkünfte werden allerdings letzten Endes an die Haushalte gezahlt. Einige dieser Einkünfte werden in Form von Zinsen an die Haushalte gezahlt, die den Unternehmen Geld geliehen haben. Inhaber von Anleihen und Bankeinlagen sind zwei Beispiele für Empfänger von Zinszahlungen. Das heißt, wenn man auf seinem Bankkonto Zinsen gutgeschrieben bekommt, dann sind diese Einkünfte Teil des Kapitaleinkommens einer Volkswirtschaft.

Außerdem wird ein Teil der Kapitaleinkünfte in Form von Dividenden an die Haushalte gezahlt. Dividenden sind Zahlungen eines Unternehmens an seine Anteilseigner. Ein Anteilseigner ist eine Person, die einen Anteil am Eigentum eines Unternehmens gekauft hat und deswegen berechtigt ist, am Gewinn des Unternehmens beteiligt zu werden.

Ein Unternehmen muss jedoch nicht alle seine Einkünfte an die Haushalte in Form von Zinsen oder Dividenden ausschütten. Stattdessen kann es auch einen Teil der Einkünfte behalten und diese nutzen, um zusätzliches Realkapital zu kaufen. Obwohl diese einbehaltenen Einkünfte nicht an die Anteilseigner des Unternehmens ausgeschüttet werden, profitieren die Anteilseigner trotzdem davon. Da die einbehaltenen Gewinne den Realkapitalbestand eines Unternehmens vergrößern, verbessern sich damit die Aussichten auf höhere Gewinne in der Zukunft und lassen dadurch den Aktienwert des Unternehmens steigen.

Unter den Annahmen eines Markts mit vollständiger Konkurrenz wird Realkapital nach dem Wert seines Grenzprodukts entlohnt, und die Einkünfte werden an die Haushalte in Form von Zinszahlungen und Dividenden weitergereicht oder verbleiben als einbehaltene Gewinne in den Unternehmen.

---

der Leitern an. Jene Eigentümer, deren Leitern das Feuer überstanden haben, verdienen nun mehr, wenn sie ihre Leitern vermieten.

Die Auswirkungen des Feuers bleiben aber nicht auf den Leiternmarkt beschränkt. Da weniger Leitern zum Pflücken zur Verfügung stehen, verdienen die Pflücker aufgrund eines kleineren Grenzprodukts weniger. Die Verringerung des Angebots an Leitern senkt die Nachfrage nach Apfelpflückern, und dies wiederum bewirkt einen Rückgang des Gleichgewichtslohnsatzes.

Dieses Beispiel lässt eine allgemeingültige Schlussfolgerung zu: Ein Ereignis, das die vorhandene Menge eines Produktionsfaktors verändert, kann die Einkünfte aller Produktionsfaktoren ändern. Die zu erwartenden Einkommensänderungen eines jeden Faktors können ermittelt werden, indem man die Auswirkungen des Ereignisses auf das Wertgrenzprodukt des Faktors analysiert.

Kurztest
Wovon hängen die Einkommen der Eigentümer von Boden und Kapital ab? Wie würde ein Anstieg der Kapitalmenge die Einkommen jener beeinflussen, die bereits Kapital besitzen? Welche Auswirkung hätte dieser Kapitalzuwachs auf die Einkommen der Arbeiter?

15.8 Ökonomische Rente

Denken Sie an die Fußballspieler einer Nationalmannschaft. Einige dieser Spieler verdienen Zehntausende Euro pro Woche. Nehmen wir an, ein Spieler verdient 100.000 Euro pro Woche. Wenn nun sein Gehalt auf 50.000 Euro die Woche gekürzt würde, würde er seinen Lebensunterhalt weiterhin im Profifußball verdienen wollen? Was würde er tun, wenn man sein Gehalt auf 20.000 oder vielleicht sogar auf 5.000 Euro die Woche kürzen würde? (5.000 Euro pro Woche wären immer noch 260.000 Euro pro Jahr.) Bei welcher Summe würde sich der Fußballspieler entschließen, seinen Job an den Nagel zu hängen und etwas anderes zu tun?

Nun stellen Sie sich ein Stück Land mit einem Fabrikgebäude und mehreren Maschinen vor, die ein Unternehmen nutzt, um DVDs zu produzieren. Die Nachfrage nach DVDs ist rückläufig, doch das Unternehmen könnte die Fabrik und die Maschinen ebenso für die Produktion von Blu-Ray-Disks nutzen. An welchem Punkt werden die sinkenden Gewinne aus dem DVD-Verkauf das Unternehmen dazu bewegen, seine Produktion von DVDs auf Blu-Ray-Disks umzustellen? Und an welchem Punkt des Gewinnrückgangs würde sich das Unternehmen entscheiden, seine Produktionsfaktoren Boden und Kapital völlig anders einzusetzen?

Dies ist Thema der sogenannten ökonomischen Rente. Die **ökonomische Rente** ist der Teil des Einkommens eines Produktionsfaktors, der über den Transfererträgen liegt. **Transfererträge** sind wiederum die minimal notwendige Entlohnung, um einen Produktionsfaktor in seiner derzeitigen Nutzung zu halten.

Die Transfererträge eines Produktionsfaktors stellen folglich die Opportunitätskosten des Faktors in seiner derzeitigen Nutzung dar. Lassen Sie uns zu unserem Profifußballer zurückkehren. Nehmen wir an, dass der Spieler derzeit 200.000 Euro pro Jahr verdient. Nun ist der Fußballspieler zufällig auch ausgebildeter technischer Sachverständiger und wir unterstellen, dass der Durchschnittsverdienst in diesem Beruf 88.400 Euro Jahresgehalt beträgt. Vorausgesetzt der Fußballspieler verdient mehr als das Jahresgehalt eines Gutachters, lohnt es sich für ihn, weiter Fußball zu spielen. Sollte sein Fußballergehalt jedoch auf 85.000 Euro pro Jahr gekürzt werden, so würde er als technischer Sachverständiger mehr verdienen und hätte folglich einen Anreiz, den Beruf zu wechseln. Die Differenz zwischen dem, was der Produktionsfaktor aktuell verdient oder erwirtschaftet, und den Transfererträgen ist die ökonomische Rente. Wenn der Fußballspieler wie in unserem Beispiel 200.000 Euro pro Jahr verdient, beträgt die ökonomische Rente 111.600 Euro (200.000 Euro – 88.400 Euro). Das heißt, um diesen Betrag könnten seine Erträge fallen, bevor der Transfer zu einer anderen Beschäftigung stattfinden würde.

Abbildung 15-10 zeigt den Umfang der ökonomischen Rente. Der Marktlohnsatz W_1 ist durch den Schnittpunkt von Nachfrage- und Angebotskurve gegeben. Läge der Lohnsatz bei W_2, so wäre die Anzahl der Menschen, die zu diesem Preis ihre Arbeitskraft anbieten würden gleich null (Schnittpunkt der Angebotskurve mit der senkrechten Achse). Zu Lohnsätzen über W_2 sind bereits einige Menschen bereit, ihre Arbeitskraft anzubieten. Beim Lohnsatz W_3 beträgt das Angebot an Arbeitskräften L_2. Für L_2 Arbeitskräfte ist der Lohnsatz also gerade ausreichend, für jede Anzahl unter L_2 ist der

Ökonomische Rente
Der Teil des Einkommens eines Produktionsfaktors, der über den Transfererträgen liegt.

Transfererträge
Die minimal notwendige Entlohnung, um einen Produktionsfaktor in seiner derzeitigen Nutzung zu halten.

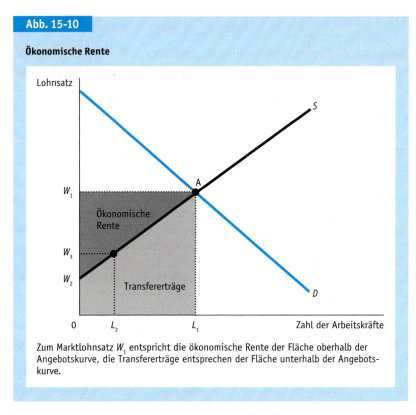

Abb. 15-10

Ökonomische Rente

Zum Marktlohnsatz W_1 entspricht die ökonomische Rente der Fläche oberhalb der Angebotskurve, die Transfererträge entsprechen der Fläche unterhalb der Angebotskurve.

Lohnsatz hingegen mehr als ausreichend, d. h., er liegt über dem minimal notwendigen Entgelt. Für jede Anzahl von Arbeitskräften unter L_2 generiert der Lohnsatz W_3 also eine gewisse ökonomische Rente.

Wenn die Anzahl von L_1 Arbeitnehmern beschäftigt wird, so entspricht ihre gesamte ökonomische Rente der Fläche oberhalb der Angebotskurve, W_1, A, W_2. Die Fläche unterhalb der Angebotskurve – 0, W_2, A, L_1 – ist der Wert der Transfererträge.

Das Prinzip der ökonomischen Rente kann auch auf alle anderen Produktionsfaktoren angewandt werden. Es ist wichtig, dass in Bezug auf den Faktor Boden die generelle Begriffsdefinition der Rente nicht mit der ökonomischen Rente verwechselt wird. Die ökonomische Rente ist für viele ökonomische Situationen anwendbar. Besonders häufig wurde das Konzept in Bezug auf Fragen der Besteuerung diskutiert. Denn wenn ökonomische Renten für jeden Produktionsfaktor existieren, so könnte der Staat – in der Theorie – einen Teil dieser Renten besteuern, ohne damit die bisherige Nutzung des Produktionsfaktors zu verändern. Eine Regierung könnte argumentieren, dass Boni von Bankmanagern besteuert werden können, da davon auszugehen ist, dass ein großer Teil ihrer Einkommen ökonomische Rente darstellt. Oder die Regierung könnte erwägen, Grund und Boden zu besteuern. Vorausgesetzt, die Steuer drückt das Einkommen der Grundstücksbesitzer nicht unter die Transfererträge, würde der Boden trotz Steuer in seiner bisherigen Form genutzt werden.

15.9 Fazit

Die Theorie, die in diesem Kapitel vorrangig vorgestellt wurde, wird *neoklassische Theorie der Einkommensverteilung* genannt. Nach dieser Theorie hängt der an jeden Faktor gezahlte Betrag von seinem Angebot und seiner Nachfrage ab. Die Nachfrage wiederum hängt von der Grenzproduktivität des einzelnen Produktionsfaktors ab. Im Gleichgewicht wird jeder Produktionsfaktor mit seinem Wertgrenzprodukt entlohnt.

Diese Theorie erklärt, warum einige Arbeitnehmer mehr verdienen als andere. Es liegt daran, dass einige Arbeitskräfte ein Gut mit einem höheren Marktwert erzeugen können als andere: Ihr Lohn spiegelt somit den Marktpreis des Gutes wider. Auf Märkten mit vollständiger Konkurrenz erhalten Arbeitnehmer einen Lohn, der ihrem Wertgrenzprodukt entspricht. Es gibt jedoch viele Faktoren, die das Wertgrenzprodukt beeinflussen: Unternehmen zahlen Arbeitnehmern umso mehr, je besser ausgebildet, je talentierter, erfahrener und fleißiger sie sind, denn diese Arbeitnehmer sind pro-

Aus der Praxis

Die ökonomische Debatte um den Mindestlohn

Beim Thema Mindestlohn gehen die Meinungen weit auseinander: Die einen befürworten ihn als sinnvolle wirtschafts- und sozialpolitische Maßnahme, die anderen sehen darin einen staatlichen Eingriff in den Arbeitsmarkt, der zu Marktverzerrungen führt und die Arbeitslosigkeit erhöht. In Großbritannien wurde der Mindestlohn bereits 1999 eingeführt. In der EU gibt es ihn mittlerweile in 21 der 27 Staaten, wobei Deutschland einer der letzten Staaten war, der den Mindestlohn einführte, im Januar 2015. Anfangs lag der Mindestlohn in Deutschland bei 8,50 Euro, mittlerweile liegt er bei 9,35 Euro brutto (2020). Dies entspricht einem (Vollzeit-)Monatslohn von 1.584 Euro brutto. Damit liegt Deutschland im oberen Feld. Nur in Belgien (1.594 Euro), den Niederlanden (1.636 Euro), Irland (1.656 Euro) und Luxemburg (2.142 Euro) ist der monatliche Mindestlohn noch höher. Das Schlusslicht ist Bulgarien mit 312 Euro brutto pro Monat. Die Debatte zwischen den Befürwortern und den Gegnern des Mindestlohns als wirtschaftspolitischer Maßnahme dreht sich im Kern jedoch nicht darum, wie hoch dieser sein sollte. Es ist vielmehr eine grundlegende Debatte, die bereits seit über 100 Jahren geführt wird und an der sich gut der jeweilige Entwicklungsstand der Volkswirtschaftslehre ablesen lässt.

In diesem Kapitel haben wir uns mit der neoklassischen Arbeitsmarkttheorie beschäftigt. Wenn man der Überzeugung ist, dass dieses Modell den Arbeitsmarkt am akkuratesten abbildet, dann müssen Mindestlöhne, die den Lohnsatz über den Gleichgewichtslohnsatz heben, zu Arbeitslosigkeit führen (vgl. Kapitel 7). Das Ausmaß der Arbeitslosigkeit hängt von der Elastizität von Angebot und Nachfrage ab. Die frühen Gegner eines Mindestlohns argumentierten auf dieser Basis. Kritiker des neoklassischen Arbeitsmarktmodells argumentierten, dass die Annahme der vollständigen Konkurrenz die Realität nicht abbilde, sondern dass auf den meisten Arbeitsmärkten Anzeichen von Monopsonmacht zu finden sind. Wir erinnern uns: Der Monopsonist setzt seine Arbeitsnachfrage in dem Punkt fest, in dem die Grenzkosten der Arbeit dem Grenzprodukt entsprechen. Folglich können Beschäftigungsniveau und Lohnsatz unter dem Marktgleichgewicht bei vollständiger Konkurrenz liegen. Somit könnte ein Mindestlohn bewirken, dass die Beschäftigung in diesem Arbeitsmarkt erhöht statt gesenkt wird. Vergleichen Sie Abbildung 15-8: Wenn der Mindestlohn auf einem Monopsonmarkt auf Höhe des Gleichgewichtslohns W_c festgesetzt wird, so steigt das Beschäftigungsniveau von L_1 auf L_c.

Bietet somit das Modell des Monopsonmarkts passendere Werkzeuge für die Analyse der Auswirkung eines Mindestlohns, oder ist das Modell der vollständigen Konkurrenz näher an der Realität der meisten Arbeitsmärkte und somit besser geeignet? Card und Krueger (1995) kamen zu dem Schluss, dass sich ein Mindestlohn in bestimmten Branchen positiv auf die Beschäftigung auswirken kann. Ihre empirische Studie befasste sich mit den Auswirkungen eines erhöhten Mindestlohns auf die Beschäftigung in der US-amerikanischen Fast-Food-Industrie. Solche Schlussfolgerungen wären auf Basis des Modells vollständiger Konkurrenz nicht möglich.

Fortsetzung auf Folgeseite

duktiver. Sie zahlen hingegen weniger an diejenigen, die durch die Präferenzen der Kunden diskriminiert werden, da diese Arbeitskräfte weniger zu den Einnahmen des Unternehmens beitragen.

Darüber hinaus haben wir in diesem Kapitel auch andere Interpretationen des Arbeitsmarkts kennengelernt. Die Arbeitsmarkttheorie von Karl Marx sowie auch die feministische Ökonomik betrachten den Arbeitsmarkt aus anderen Perspektiven und gelangen bezüglich der Lohnbildung oder der Erklärung von Einkommensunterschieden zu anderen Schlüssen.

Fortsetzung von Vorseite

Die Volkswirtschaftslehre besteht jedoch nicht nur aus Anhängern und Gegnern des neoklassischen Modells. Es gibt hingegen viele verschiedene Strömungen, die auch auf den Mindestlohn verschiedene Perspektiven eröffnen. Eine davon ist die Institutionenökonomik, die Ende des 19. Jahrhunderts in den USA entstand und aus der sich heute die Neue Institutionenökonomik entwickelt hat. Die Institutionenökonomik befasst sich mit der Wirkung von Institutionen auf die Wirtschaftssubjekte – Haushalte und Unternehmen. Institutionen sind die formellen und informellen Verhaltensregeln einer Gesellschaft, beispielsweise staatlich erlassene Gesetze oder soziale Normen, die von den Wirtschaftssubjekten als Verhaltensregeln angenommen bzw. durch einflussreiche gesellschaftliche Gruppen oder konkrete staatliche Einrichtungen wie Behörden und Gerichte durchgesetzt werden. Aus Sicht der Institutionenökonomik könnten Argumente für oder gegen einen Mindestlohn dadurch beeinflusst werden, welche Institutionen in einer Gesellschaft vorherrschen. Sollte beispielsweise die Gesellschaft als Ganzes die Auffassung vertreten, dass die Löhne für Geringverdiener zu niedrig sind und dass die Bedingungen auf dem Arbeitsmarkt ungerecht sind, so könnte ihre Reaktion auf die Einführung eines Mindestlohns anders ausfallen als im neoklassischen Modell angenommen, in dem alle Arbeiter frei, rational und von ihrem Eigeninteresse angetrieben ihr Löhne aushandeln.

Menschen sind vielleicht nicht frei in der Entscheidung darüber, wie viel ihrer Arbeitskraft sie anbieten wollen. Das gab auch schon Walter Eucken (1891–1950) zu bedenken, der Begründer des deutschen Ordoliberalismus, der als Grundlage der sozialen Marktwirtschaft gilt. Nach Eucken könnte ein Mindestlohn das richtige Mittel sein, wenn das Marktgleichgewicht gestört ist. Dazu kann es kommen, wenn Menschen trotz fallender Löhne immer mehr ihrer Arbeitskraft anbieten, schlicht weil dies zur Sicherung ihrer Existenz notwendig ist. Auch mit der Effizienzlohntheorie (höhere Arbeitsmotivation und geringere Fluktuation durch Löhne über dem Gleichgewichtslohn) oder dem Keynesianismus (höhere Löhne steigern die Kaufkraft) kann für den Mindestlohn argumentiert werden.

All diese Argumente bedeuten nicht, dass die Schlussfolgerungen des neoklassischen Modells falsch sind. Sie zeigen nur die Vielfalt der Perspektiven und Interpretationen, welche die Debatte um den Mindestlohn prägen. Welche Höhe Mindestlöhne haben sollten und – was noch entscheidender ist – ob es überhaupt Mindestlöhne geben sollte, wird sicherlich auch in Zukunft weiter diskutiert werden. Der empirischen Forschung kommt dabei eine entscheidende Rolle zu.

Quelle: Card, D./Krueger, A. B.: Minimum Wages and Employment: A Case Study of the Fast-Food Industry, American Economic Review, Vol. 84, Nr. 4, 1994, S. 772–793.

Fragen

1. Inwieweit können, ausgehend vom neoklassischen Modell, Aussagen über die Wirkung eines Mindestlohns getroffen werden? Welche wären das? Erläutern Sie ausführlich.
2. Welche Argumente würden Sie für einen Mindestlohn ins Feld führen? Begründen Sie Ihre Antwort.
3. Mindestlohngesetze sollen Geringverdiener schützen bzw. besser stellen. Welche Einflussmöglichkeiten könnten Arbeitgeber haben, die auf die Existenz von Monopsonmacht auf einem Arbeitsmarkt schließen lassen?
4. Warum könnte ein Mindestlohn in Niedriglohnbranchen, wie beispielsweise der Fast-Food-Industrie, zu einem Anstieg des Beschäftigungsniveaus führen?

Fazit 15.9

Zusammenfassung

- Das in einer Volkswirtschaft erzielte Einkommen wird auf den Märkten für Produktionsfaktoren verteilt. Die drei wichtigsten Produktionsfaktoren sind Arbeit, Boden und Kapital. Die Nachfrage nach Produktionsfaktoren wie z. B. Arbeit ist eine abgeleitete Nachfrage, die sich aus dem Einsatz der Faktoren für die Produktion bestimmter Güter ergibt. Gewinnmaximierende Unternehmen setzen bei vollständiger Konkurrenz jeden Faktor bis zu dem Punkt ein, in dem Wertgrenzprodukt und Preis übereinstimmen.
- Das Arbeitsangebot ergibt sich aus der Entscheidung des Einzelnen zwischen Konsum und Freizeit. Verläuft die Arbeitsangebotskurve ansteigend, dann reagieren Menschen auf einen Anstieg des Lohnsatzes, indem sie mehr arbeiten und sich weniger Freizeit nehmen.
- Jeder Faktorpreis spielt sich so ein, dass Angebot und Nachfrage auf dem Faktormarkt übereinstimmen. Weil die Faktornachfrage das Wertgrenzprodukt des Faktors widerspiegelt, wird im Gleichgewicht jeder Produktionsfaktor nach seinem Grenzbeitrag zur volkswirtschaftlichen Güterproduktion entlohnt.
- Da Produktionsfaktoren zusammen genutzt werden, hängen die Grenzprodukte der Faktoren wechselweise von den verfügbaren Mengen ab. Eine Mengenänderung bei einem Faktor beeinflusst somit die Gleichgewichtseinkommen aller Produktionsfaktoren.
- Die marxistische Arbeitsmarkttheorie betont die Bedeutung des Mehrwerts der Arbeit, der der herrschenden Klasse aufgrund ihres Besitzes an Produktionsfaktoren zufällt. Der Lohn der Arbeiter entspricht somit nicht dem Wert ihrer Arbeitskraft.
- Die feministische Ökonomik kritisiert an der neoklassischen Arbeitsmarkttheorie, dass sie den volkswirtschaftlichen Wert von Hausarbeit und Kindererziehung ignoriert, indem sie diese Arbeit als nicht »produktive« Arbeit aus der Analyse ausschließt. Aus feministischer Sicht trägt die Kraft sozialer Normen, die in der ökonomischen »Mainstream«-Forschung nicht berücksichtigt werden, entscheidend dazu bei, dass Frauen auf dem Arbeitsmarkt diskriminiert werden.
- Arbeitskräfte verdienen aus vielerlei Gründen unterschiedliche Löhne. In einem gewissen Maß entschädigen Lohnunterschiede die Arbeitskräfte für die Eigenschaften ihrer Tätigkeiten. Unter sonst gleichen Bedingungen erhalten Arbeitskräfte, die schwere und unangenehme Tätigkeiten ausüben, höhere Löhne als Arbeitskräfte, deren Tätigkeiten leicht und angenehm sind.
- Arbeitskräfte mit höherem Humankapital verdienen mehr als Arbeitskräfte mit geringerem Humankapital. Obwohl sich Dauer der Ausbildung, Berufserfahrung und Tätigkeitsmerkmale entsprechend der neoklassischen Arbeitsmarkttheorie auf das Einkommen auswirken, lässt sich ein Großteil der Einkommensunterschiede nicht durch die Faktoren erklären, die von Volkswirten gemessen werden können. Einige der unerklärten Einkommens-

Stichwörter

- abgeleitete Nachfrage
- Grenzprodukt der Arbeit
- Wertgrenzprodukt
- gesellschaftlich notwendige Arbeit
- tote Arbeit
- lebendige Arbeit
- Monopson
- Lohndifferenzierung
- Humankapital
- Gewerkschaft
- Streik
- Effizienzlöhne
- Diskriminierung
- ökonomische Rente
- Transfererträge

unterschiede sind auf natürliche Begabung, Leistung und Zufall zurückzuführen, andere auf die Wirkung sozialer Normen und Stereotype.
▸ Einige Ökonomen haben unterstellt, dass höher qualifizierte Arbeitskräfte nicht deshalb mehr verdienen, weil Ausbildung zu einer Erhöhung der Produktivität beiträgt, sondern weil Arbeitskräfte mit hoher Leistungsbereitschaft Ausbildung dazu verwenden, Arbeitgebern ihre Leistungsbereitschaft zu signalisieren. Wenn diese Signalling-Theorie zutrifft, so würde ein höherer Bildungsabschluss aller Arbeitskräfte das Lohnniveau insgesamt nicht erhöhen.
▸ Löhne werden manchmal über das Niveau hinaus erhöht, das Angebot und Nachfrage auf dem Arbeitsmarkt ins Gleichgewicht bringt. Dafür kann es drei Ursachen geben: gesetzliche Mindestlöhne, Gewerkschaften und Effizienzlöhne.
▸ Ein Teil der Einkommensunterschiede ist auf Diskriminierung aufgrund von Rasse, Geschlecht oder anderen Faktoren zurückzuführen. Es bereitet jedoch Schwierigkeiten, die Bedeutung der Diskriminierung abzuschätzen, da Unterschiede im Hinblick auf die Ausstattung mit Humankapital und die Eigenschaften der Tätigkeiten berücksichtigt werden müssen.
▸ Nach der Theorie können Wettbewerbsmärkte die Auswirkungen von Diskriminierung auf Löhne begrenzen. Wenn die Löhne einer Gruppe von Arbeitskräften niedriger sind als die einer anderen Gruppe und diese Lohnunterschiede nicht in Zusammenhang mit der Grenzproduktivität stehen, werden nicht diskriminierende Unternehmen rentabler sein als diskriminierende. Das Streben nach Gewinnmaximierung kann somit einen Rückgang diskriminierender Lohnunterschiede bewirken. Diskriminierung kann in Wettbewerbsmärkten fortbestehen, sofern Kunden bereit sind, diskriminierenden Unternehmen mehr zu bezahlen, oder der Staat Gesetze erlässt, die von den Unternehmen diskriminierende Praktiken verlangen.

Wiederholungsfragen

1. *Erklären Sie, wie die Produktionsfunktion eines Unternehmens mit dem Grenzprodukt der Arbeit zusammenhängt, wie das Grenzprodukt der Arbeit eines Unternehmens mit dem Wertgrenzprodukt der Arbeit verbunden ist und in welcher Verbindung das Wertgrenzprodukt eines Unternehmens wiederum mit der Nachfrage nach Arbeit steht.*
2. *Erklären Sie, wie der Lohnsatz das Angebot und die Nachfrage nach Arbeitskräften in Einklang bringt und dabei gleichzeitig dem Wertgrenzprodukt der Arbeit entspricht.*
3. *Wenn die Bevölkerung der Bundesrepublik Deutschland plötzlich durch eine große Einwanderungswelle anwachsen würde, was hätte dies für Auswirkungen auf die Löhne? Welche Wirkungen ergäben sich für die Eigentümer von Grundstücken und von Realkapital?*
4. *Warum werden Grubenarbeitern im Kohlenbergbau höhere Löhne bezahlt als anderen Arbeitern mit vergleichbarer Ausbildung?*

5. Erläutern Sie das Konzept des Mehrwerts der Arbeit. Warum behauptet die marxistische Arbeitsmarkttheorie im Unterschied zur neoklassischen Grenzproduktivitätstheorie, dass der Lohn der Arbeiter nicht dem Wert ihrer Arbeitskraft entspricht?
6. Warum kritisiert die Schule der feministischen Ökonomik die neoklassische Arbeitsmarkttheorie?
7. Nennen und erläutern Sie drei Gründe, warum der Lohnsatz über dem Gleichgewichtslohnsatz liegen kann.
8. Welche Schwierigkeiten treten auf bei der Beurteilung, ob der niedrigere Lohn einer Gruppe von Arbeitskräften durch Diskriminierung verursacht wird?
9. Nennen Sie ein Beispiel, wann Diskriminierung in einem Wettbewerbsmarkt fortbestehen könnte.

Aufgaben und Anwendungen

1. Angenommen, man will auf gesetzlichem Weg die Krankheitskosten senken und verpflichtet jeden deutschen Bürger, täglich einen Apfel zu essen.
    a. Wie würde dieses Gesetz die Nachfrage nach Äpfeln und den Preis für Äpfel beeinflussen?
    b. Wie würde das Gesetz das Grenzprodukt und das Wertgrenzprodukt der Apfelpflücker verändern?
    c. Wie würde das Gesetz die Nachfrage nach Apfelpflückern und den Gleichgewichtslohnsatz ändern?

2. Erläutern Sie diesen Ausspruch von Henry Ford: »It is not the employer who pays wages – he only handles the money. It is the product that pays wages.«

3. Untersuchen Sie die Auswirkung jedes der nachfolgend erwähnten Ereignisse auf den Arbeitsmarkt der Tablet-PC-Branche:
    a. Der Bundesforschungsminister lässt für alle deutschen Schüler und Studierenden Tablet-PCs kaufen.
    b. Mehr Studierende wenden sich den Ingenieurwissenschaften und der Informatik zu.
    c. Produzenten von Tablet-PCs bauen neue Werke.

4. Nehmen Sie an, ein langer und kalter Winter in Brandenburg hat einen Großteil der Kirschbäume in der Region zerstört.
    a. Erläutern Sie die Auswirkungen auf den Preis für Kirschen und das Grenzprodukt der Kirschpflücker. Können Sie vorhersagen, was mit der Nachfrage nach Kirschpflückern passiert?
    b. Nehmen Sie an, der Preis für Kirschen verdoppelt sich und das Grenzprodukt fällt um 30 Prozent. Wie entwickelt sich der Gleichgewichtslohnsatz der Kirschpflücker?
    c. Nehmen Sie an, der Preis für Kirschen steigt um 30 Prozent und das Grenzprodukt sinkt um 50 Prozent. Wie entwickelt sich nun der Gleichgewichtslohnsatz der Kirschpflücker?

15 Arbeitsmarktökonomik
Aufgaben und Anwendungen

5. Ihr unternehmungslustiger Onkel eröffnet eine luxuriöse Würstchenbude mit 7 Arbeitskräften. Er bezahlt seinen Arbeitskräften 6 Euro pro Stunde, und er verkauft die Wurst für 3 Euro. Wenn Ihr Onkel den Gewinn maximieren wollte, wie hoch wäre dann das Wertgrenzprodukt der zuletzt gerade noch eingestellten Arbeitskraft? Wie hoch wäre das Grenzprodukt dieser »Grenzarbeitskraft«?

6. Angenommen, Arbeit ist der einzige Produktionsfaktor eines Unternehmens auf einem Markt mit vollständiger Konkurrenz. Das Unternehmen kann Arbeiter für 50 Euro pro Tag beschäftigen. Die Produktionsfunktion des Unternehmens sieht so aus:

Arbeitstage	Produktionseinheiten
0	0
1	7
2	13
3	19
4	25
5	28
6	29

Jede Produktionseinheit wird für 10 Euro verkauft. Zeichnen Sie die Arbeitsnachfragekurve des Unternehmens. Wie viele Beschäftigtentage sollte das Unternehmen einkaufen? Zeigen Sie diesen Punkt auf Ihrer Kurve.

7. Im vorliegenden Kapitel war unterstellt worden, dass die Arbeit individuell und in vollständiger Konkurrenz angeboten wird. In einigen Märkten jedoch wird das Angebot von starken Gewerkschaften bestimmt.
   a. Erläutern Sie, inwiefern die von einer Gewerkschaft dominierte Situation der Lage eines Monopolisten ähnelt.
   b. Das Ziel des Monopolisten besteht in der Gewinnmaximierung. Gibt es ein entsprechendes Ziel für die Gewerkschaft?
   c. Nun dehnen Sie die Analogie zwischen Monopolisten und Gewerkschaften noch ein wenig weiter aus. Wie wird wohl der von der Gewerkschaft bestimmte Lohnsatz im Vergleich zum Konkurrenzlohnsatz ausfallen? Wie wird sich vermutlich die Beschäftigung in den beiden Fällen unterscheiden?
   d. Welche anderen gewerkschaftlichen Ziele könnten dazu führen, dass Gewerkschaften anders als Monopolisten entscheiden?

8. Studierende arbeiten in den Semesterferien manchmal als Praktikanten bei privaten Unternehmen oder beim Staat. Viele dieser Tätigkeiten werden schlecht oder gar nicht bezahlt.
   a. Worin bestehen die Opportunitätskosten einer derartigen Tätigkeit?
   b. Erklären Sie, weshalb Studierende bereit sind, diese Tätigkeiten anzunehmen.

c. Welches Ergebnis würden Sie erwarten, wenn Sie die späteren Einkommen derjenigen, die als Praktikanten gearbeitet haben, mit den späteren Einkommen derjenigen vergleichen würden, die besser bezahlte Ferienjobs ausgeübt haben?

9. Eine wesentliche Erkenntnis der Arbeitsmarkttheorie besteht darin, dass bei gleichem Ausbildungsniveau Arbeitskräfte mit größerer Berufserfahrung mehr verdienen als Arbeitskräfte mit geringerer Berufserfahrung. Warum könnte das so sein? Einige Untersuchungen haben außerdem gezeigt, dass die Dauer der Betriebszugehörigkeit einen zusätzlichen positiven Einfluss auf die Löhne hat. Erklären Sie diesen Sachverhalt.

10. Romy arbeitet für Ralph, den sie allerdings aufgrund seines snobistischen Verhaltens nicht ausstehen kann. Als sie sich jedoch nach einer anderen vergleichbaren Arbeitsstelle umsieht, muss sie feststellen, dass sie lediglich Angebote findet, deren Jahresgehalt um 5.000 Euro im Jahr unter ihrer derzeitigen Entlohnung liegen. Sollte Romy einen anderen Job annehmen? Analysieren Sie Romys Situation aus ökonomischer Sicht.

11. Dieses Kapitel betrachtet die wirtschaftlichen Aspekte der Diskriminierung durch Arbeitgeber, Kunden und Staat. Betrachten wir nun die Diskriminierung durch Arbeitskräfte. Stellen Sie sich vor, dass manche brünette Arbeitskräfte nicht mit blonden Arbeitskräften zusammenarbeiten wollten. Denken Sie, diese Art der Diskriminierung könnte niedrigere Löhne für blonde Arbeitskräfte erklären? Was würde ein nach Gewinnmaximierung strebender Unternehmer im Fall eines solchen Lohnunterschieds tun? Was würde im Zeitablauf passieren, wenn es viele solcher Unternehmer gäbe?

16 Einkommensungleichheit und Armut

In vielen unserer bisherigen Analysen haben wir Marktergebnisse untersucht und die ökonomische Wohlfahrt in Bezug auf die Gesamtrente erörtert (vgl. Kapitel 6). Im vorangegangenen Kapitel haben wir die Tatsache diskutiert, dass sich die Einkommen der Menschen unterscheiden, und einige mögliche Gründe dafür kennengelernt.

In nahezu jeder Volkswirtschaft der Welt existieren Ungleichheiten in der Einkommensverteilung. In manchen sind die Ungleichheiten besonders stark ausgeprägt. Eine dünne Schicht extrem reicher Menschen steht dort der Masse der Armen gegenüber.

In diesem Kapitel diskutieren wir die Einkommensverteilung. Wie wir sehen werden, wirft dieses Thema einige grundlegende Fragen zur Rolle der Wirtschaftspolitik auf. Wir haben in vorangegangenen Kapiteln bereits gelernt, dass Regierungen manchmal die Marktergebnisse verbessern können. Diese Möglichkeit ist insbesondere wichtig, wenn es um die Einkommensverteilung geht. Unter bestimmten Voraussetzungen kann der Markt die Ressourcen effizient zuteilen. Dabei ist jedoch nicht unbedingt gewährleistet, dass die Ressourcen fair oder gerecht zugeteilt werden. Folglich wird diskutiert, ob Regierungen und internationale Organe das Einkommen umverteilen sollten, um sowohl national als auch international eine größere Einkommensgleichheit zu erreichen. Und, wenn diese Frage bejaht werden kann, welche politischen Maßnahmen dazu eingesetzt werden sollten. Befürworter der Ressourcenzuteilung durch den Markt ohne staatliche Eingriffe argumentieren, dass, sobald die Politik in den Markt eingreift, ein Trade-off zwischen Gleichheit und Effizienz entsteht. Politische Maßnahmen, welche die Einkommensgleichheit erhöhen sollen, würden Anreize verzerren, somit das Verhalten der Marktteilnehmer verändern und in der Folge die Allokationseffizienz senken. Kritiker dieser Argumentation weisen die Idee eines Trade-offs zwischen Gleichheit und Effizienz zurück und behaupten, dass gut konstruierte politische Maßnahmen die Einkommensgleichheit erhöhen können, ohne die Effizienz zu senken. Darüber hinaus betonen sie, dass Einkommensungleichheit für Leid und Hunger in der Welt sowie für eine niedrigere Lebenserwartung verantwortlich ist. Folglich gäbe es jenseits der neoklassischen Erklärungsansätze von Effizienz und Gesamtrente eine moralische Verpflichtung, die Einkommensgleichheit zu erhöhen.

16.1 Die Messung der Ungleichheit

Wir beginnen unsere Untersuchung der Einkommensverteilung mit den folgenden vier Fragen:
- Wie groß ist das Ausmaß der Ungleichheit in unserer Gesellschaft?
- Wie viele Menschen leben in Armut?
- Welche Probleme entstehen bei der Messung des Ausmaßes der Ungleichheit?
- Wie häufig wechseln Menschen die Einkommensklasse?

Einkommensungleichheit

Stellen Sie sich vor, Sie würden alle Haushalte in der Volkswirtschaft geordnet nach ihrem Jahreseinkommen aufreihen. Daraufhin unterteilen Sie die Menge aller Haushalte in Gruppen – die unteren 10 Prozent, die 10 Prozent darüber usw. bis Sie zu den obersten 10 Prozent gelangen. Mithilfe dieser Quantilsdarstellung wird die Bevölkerung in zehn gleiche Teile, Dezile, unterteilt. Genauso möglich ist die Unterteilung in Quintile, also in fünf gleiche Teile. Das erste Quintil umfasst die 20 Prozent der Bevölkerung mit den niedrigsten Einkommen, das zweite die 20 Prozent darüber usw. Wir können daraufhin untersuchen, wie viel Prozent des gesamten Einkommens jeweils auf die einzelnen Gruppen entfallen und so einen ersten Eindruck von der Einkommensverteilung in einem Land erhalten. Dabei interessiert es uns, wie gleichmäßig oder ungleichmäßig die Einkommen in der Volkswirtschaft verteilt sind. Sind die Unterschiede zwischen den unteren Dezilen oder Quintilen ähnlich der oberen oder überwiegen die Werte an einem Ende der Skala, d. h., entfällt beispielsweise ein weit größerer Anteil des Einkommens auf die obersten 10 oder 20 Prozent der Bevölkerung als auf die unteren? Es ist Merkmal vieler Volkswirtschaften auf dieser Welt, dass ein relativ großer Teil des Einkommens auf einen relativ kleinen Teil der Bevölkerung entfällt, d. h., die Gesellschaft besteht aus sehr wenigen reichen und sehr vielen armen Menschen.

Das durchschnittliche Nettoäquivalenzeinkommen betrug in Deutschland 2019 26.105 Euro pro Jahr, das mittlere Nettoäquivalenzeinkommen (Median) knapp 23.515 Euro. Das Nettoäquivalenzeinkommen ist ein aus dem Haushaltsnettoeinkommen ermitteltes bedarfsgewichtetes Pro-Kopf-Einkommen, das jeder Person im Haushalt zugewiesen wird. 2019 verdienten 60 Prozent der Bevölkerung weniger als das durchschnittliche Nettoäquivalenzeinkommen. Auf diese 60 Prozent der Bevölkerung (Quintil 1–3) entfielen nur knapp 40 Prozent des gesamten Nettoeinkommens in Deutschland. Damit verdienten sie gemeinsam genauso viel wie die reichsten 20 Prozent der Deutschen. Das oberste Quintil der deutschen Bevölkerung verdiente fast fünfmal so viel wie die ärmsten 20 Prozent der Deutschen (Einkommensquintilverhältnis: 4,9).

Beim Blick auf andere Länder der Europäischen Union stößt man auf ähnliche Einkommensungleichheiten: In Griechenland beispielsweise verdienten 2019 die reichsten 20 Prozent der Bevölkerung rund 5-mal so viel wie die ärmsten 20 Prozent. Das sogenannte Einkommensquintilverhältnis oder S80/S20-Verhältnis, der Quotient aus

16.1 Die Messung der Ungleichheit

dem Einkommen des obersten Quintil und dem Einkommen des untersten Quintil der Bevölkerung, betrug 5,1. Das Einkommensquintilverhältnis ist ein Maß zur Beschreibung der Ungleichheit der Einkommensverteilung. In Frankreich lag der Wert 2019 bei 4,3, in Bulgarien bei 8,1. Die geringste Ungleichheit herrscht in der Tschechischen Republik und der Slowakei mit einem Einkommensquintilverhältnis von 3,3. In der EU insgesamt betrug das Verhältnis 5,1.

Zwei gebräuchliche Formen, mit denen Einkommensungleichheit gemessen bzw. dargestellt wird, sind die Lorenzkurve und der Gini-Koeffizient. Wir wollen sie uns im Folgenden genauer ansehen.

Die Lorenzkurve

Wir haben bereits angesprochen, dass man die Bevölkerung (oder die Haushalte) zur Messung der Einkommensverteilung auf unterschiedliche Art und Weise gruppieren kann. Die **Lorenzkurve** zeigt die Einkommensverteilung als das Verhältnis zwischen dem kumulierten Prozentsatz der Bevölkerung und dem kumulierten Prozentsatz des Einkommens.

Abbildung 16-1 zeigt das Verhältnis in grafischer Form. Wenn das Einkommen gleichmäßig verteilt ist, so trägt jeder Haushalt den gleichen Anteil zum Einkommen bei. Das Resultat wäre eine 45-Grad-Linie mit vollkommener Verteilungsgleichheit. Wenn das gesamte Nettoeinkommen in einer Volkswirtschaft beispielsweise 100 Millionen Euro betrüge, so entfielen auf die ersten 10 Prozent der Bevölkerung 10 Millionen Euro, auf die nächste Dezile ebenfalls jeweils 10 Millionen Euro usw. Wir wissen jedoch, dass eine solche Einkommensgleichheit höchst unwahrscheinlich ist. Den jeweiligen Grad der Einkommensungleichheit in einer Volkswirtschaft zeigt die Lorenzkurve.

Wir nehmen an, dass Tabelle 16-1 die Einkommensverteilung in einem Land zeigt, gemessen in Quintilen. Auf die unteren 20 Prozent (erstes Quintil) entfällt ein Anteil von 5 Prozent des Gesamteinkommens, auf das zweite Quintil entfallen 10 Prozent, auf das dritte 25 Prozent und auf das vierte und fünfte Quintil jeweils 30 Prozent.

> **Lorenzkurve**
> Kurve, welche die Einkommensverteilung als das Verhältnis zwischen dem kumulierten Prozentsatz der Bevölkerung und dem kumulierten Prozentsatz des Einkommens wiedergibt.

Tab. 16-1

Die Lorenzkurve

Quintil	Prozentsatz des Einkommens	Kumulierter Prozentsatz des Einkommens
untere 20 % der Bevölkerung	5	5
zweite 20 % der Bevölkerung	10	15
dritte 20 % der Bevölkerung	25	40
vierte 20 % der Bevölkerung	30	70
obere 20 % der Bevölkerung	30	100

16.1 Einkommensungleichheit und Armut
Die Messung der Ungleichheit

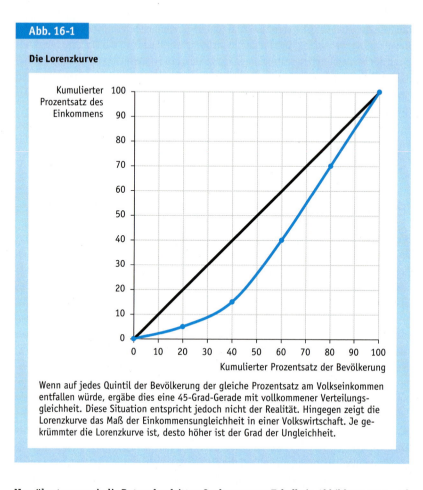

Abb. 16-1

Die Lorenzkurve

Wenn auf jedes Quintil der Bevölkerung der gleiche Prozentsatz am Volkseinkommen entfallen würde, ergäbe dies eine 45-Grad-Gerade mit vollkommener Verteilungsgleichheit. Diese Situation entspricht jedoch nicht der Realität. Hingegen zeigt die Lorenzkurve das Maß der Einkommensungleichheit in einer Volkswirtschaft. Je gekrümmter die Lorenzkurve ist, desto höher ist der Grad der Ungleichheit.

Nun übertragen wir die Daten der dritten Spalte unserer Tabelle in Abbildung 16-1 und erhalten die Lorenzkurve.

Vergleichen Sie nun die Lorenzkurve in Abbildung 16-1 mit der in Abbildung 16-2. Der kumulierte Prozentsatz des Einkommens in Abbildung 16-2 ist der Tabelle 16-2 entnommen.

Die Lorenzkurve in Abbildung 16-2 hat eine stärkere Krümmung als die Lorenzkurve in Abbildung 16-1, was darauf hinweist, dass die Einkommensverteilung in dieser Volkswirtschaft ungleicher ist als in der, die Abbildung 16-1 wiedergibt. In der Volkswirtschaft in Abbildung 16-2 entfallen auf die unteren 40 Prozent der Bevölkerung nur 10 Prozent des Einkommens, wohingegen auf die oberen 20 Prozent 60 Prozent des Einkommens entfallen. Je gekrümmter die Lorenzkurve ist, desto höher die Einkommensungleichheit.

Die Messung der Ungleichheit 16.1

Tab. 16-2

Lorenzkurve mit stärkerer Einkommensungleichheit

Quintil	Prozentsatz des Einkommens	Kumulierter Prozentsatz des Einkommens
untere 20 % der Bevölkerung	5	5
zweite 20 % der Bevölkerung	5	10
dritte 20 % der Bevölkerung	10	20
vierte 20 % der Bevölkerung	20	40
obere 20 % der Bevölkerung	60	100

Abb. 16-2

Lorenzkurve mit stärkerer Einkommensungleichverteilung

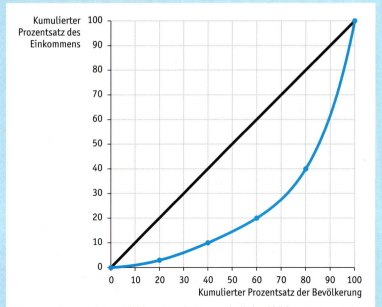

Die Lorenzkurve in dieser Abbildung ist gekrümmter als die in Abbildung 16-1, was ein höheres Maß an Ungleichverteilung der Einkommen innerhalb der Volkswirtschaft widerspiegelt. In dieser Volkswirtschaft entfallen 60 Prozent des Einkommens auf die oberen 20 Prozent der Bevölkerung.

Wie die Einkommen in Deutschland verteilt sind, zeigt die Lorenzkurve in Abbildung 16-3. Sie bezieht sich auf die bereits erwähnten Werte für das Jahr 2019. Diese Werte sind repräsentativ, da sich die Einkommensverteilung in einem Land nur langsam ändert.

16.1 Einkommensungleichheit und Armut
Die Messung der Ungleichheit

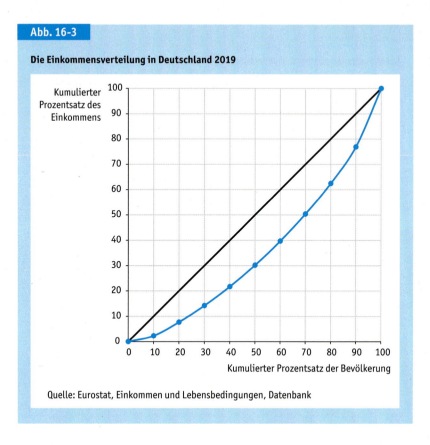

Abb. 16-3

Die Einkommensverteilung in Deutschland 2019

Quelle: Eurostat, Einkommen und Lebensbedingungen, Datenbank

Der Gini-Koeffizient

Gini-Koeffizient
Ein Maß für die Einkommensungleichheit in einem Land.

1912 wurde durch den italienischen Statistiker Corrado Gini (1884–1965) der sogenannte Gini-Koeffizient entwickelt. Der **Gini-Koeffizient** ist ein Maß für die Einkommensungleichheit in einem Land. Er misst das Verhältnis der Fläche zwischen der 45-Grad-Linie der vollkommenen Verteilungsgleichheit (als Benchmark für absolute Einkommensgleichheit) und der Lorenzkurve zu der gesamten Fläche unterhalb der Linie der vollkommenen Gleichheit.

Gini-Koeffizient = Fläche zwischen der Linie vollkommener Verteilungsgleichheit und der Lorenzkurve / Fläche unter der Linie vollkommener Verteilungsgleichheit

Mithilfe des Gini-Koeffizienten kann die Einkommensverteilung in verschiedenen Ländern verglichen werden. Dabei sagt der Gini-Koeffizient nichts darüber aus, wie das Einkommen genau verteilt ist. Er lässt aber erkennen, in welchen Ländern größere und in welchen weniger große Ungleichheit herrscht. Der Gini-Koeffizient ist eine Zahl zwischen 0 und 1. Dabei steht 0 für vollkommene Gleichheit, d.h., zwischen der Linie der vollkommenen Gleichheit und der betreffenden Lorenzkurve besteht kein Unterschied. Der Zähler in diesem Verhältnis ist folglich 0, der Nenner 1. Am anderen Ende der Skala

16.1 Die Messung der Ungleichheit

Abb. 16-4

Der Gini-Koeffizient

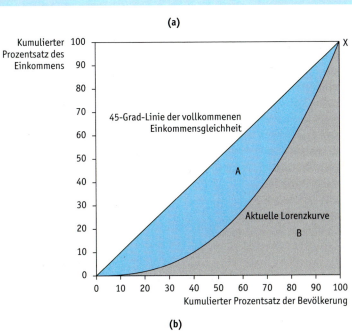

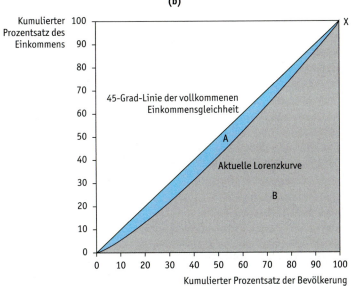

Der Gini-Koeffizient wird ermittelt, indem man die Fläche A durch die gesamte Fläche unterhalb der 45-Grad-Linie der vollkommenen Verteilungsgleichheit (A + B) teilt.

16.1 Einkommensungleichheit und Armut
Die Messung der Ungleichheit

beträgt der Gini-Koeffizient 1. Wenn alles Einkommen in den Händen eines einzigen Haushalts liegt, so ist die Fläche zwischen der Linie der vollkommenen Gleichheit und der Lorenzkurve 1 und der Nenner ist ebenfalls 1. Je höher der Gini-Koeffizient, desto höher das Maß der Einkommensungleichheit. Das Prinzip des Gini-Koeffizienten wird in Abbildung 16-4 verdeutlicht. In Diagramm (a) ist die Fläche zwischen der vollkommenen Einkommensgleichheit und der Lorenzkurve die hellblaue Fläche A, die gesamte Fläche unterhalb der Line der vollkommenen Gleichheit entspricht 0, X, 100 (Fläche A plus Fläche B). Um den Gini-Koeffizienten zu erhalten, berechnen wir Fläche A und teilen diese schließlich durch die gesamte Fläche A + B. Die Berechnung der Fläche zwischen der 45-Grad-Linie der vollkommenen Verteilungsgleichheit und der Lorenzkurve erfolgt durch Integralrechnung. In Diagramm (b) ist zu sehen, dass die Fläche zwischen vollkommener Gleichheit und Lorenzkurve weitaus kleiner ist als in Diagramm (a). Das bedeutet, dass in dieser Volkswirtschaft die Einkommensungleichheit weit geringer ist, was sich auch in einem niedrigeren Gini-Koeffizienten widerspiegeln würde.

Abb. 16-5

Der Gini-Koeffizient in Deutschland seit 1990

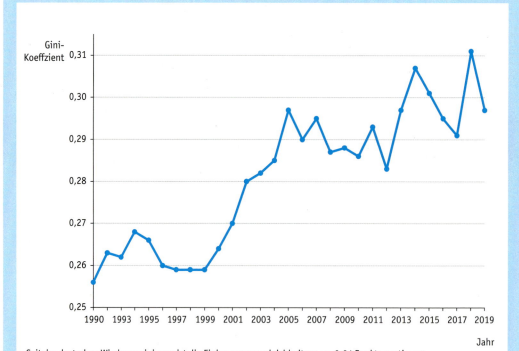

Seit der deutschen Wiedervereinigung ist die Einkommensungleichheit um ca. 0,04 Punkte gestiegen.

Quelle: Statistisches Bundesamt, www.destatis.de, Tabellen zur Einkommensverteilung

16.1 Die Messung der Ungleichheit

Der Gini-Koeffizient in Deutschland und Europa. 2019 betrug der Gini-Koeffizient für Deutschland 0,297. Damit ist die Einkommensungleichheit in den Jahren seit der deutschen Wiedervereinigung um ca. 0,04 Punkte gestiegen. Für 1990 lag der Gini-Koeffizient noch bei 0,256. Abbildung 16-5 zeigt die Entwicklung der Einkommensungleichheit seit 1990. Lag der Gini-Koeffizient in den 1990er-Jahren relativ konstant zwischen 0,25 und 0,26, so stieg der Wert ab 2000 zügig an – auf 0,297 im Jahr 2005, wo er seitdem mehr oder weniger verblieben ist.

Abbildung 16-6 zeigt die Gini-Koeffizienten der EU-Mitgliedstaaten auf einer Skala von 0 bis 100: Mit einem Gini-Koeffizienten von 29,7 war die Einkommensverteilung in Deutschland 2019 im EU-Vergleich weit gleichmäßiger als in Ländern wie Bulgarien (40,8), Litauen (35,4) oder Spanien (33,0), aber nicht so ausgewogen wie in Slowenien (23,9) oder der Tschechischen Republik (24,0). Für die Gesamtheit der 28 Mitgliedstaaten der EU lag der Gini-Koeffizient im Jahr 2019 bei 30,7.

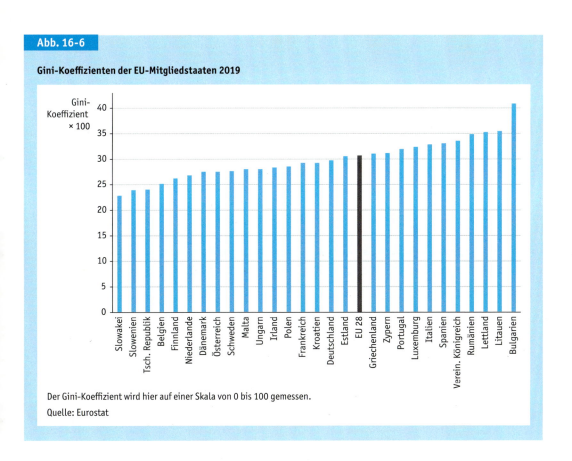

Abb. 16-6

Gini-Koeffizienten der EU-Mitgliedstaaten 2019

Der Gini-Koeffizient wird hier auf einer Skala von 0 bis 100 gemessen.
Quelle: Eurostat

16.1 Einkommensungleichheit und Armut
Die Messung der Ungleichheit

> **Fallstudie**
>
> ## Gini-Koeffizienten im weltweiten Vergleich
>
> Nachdem wir die Gini-Koeffizienten innerhalb der EU verglichen haben, wollen wir den Blickwinkel nun erweitern. Abbildung 16-7 zeigt die Gini-Koeffizienten für Länder aller Kontinente im Jahr 2018. Auffällig sind die relativ hohen Gini-Koeffizienten der südamerikanischen Länder. Davon wird Brasilien aufgrund seiner ökonomischen Entwicklung zu den sogenannten BRICS-Staaten gezählt, den aufstrebenden Schwellenländern Brasilien, Russland, Indien, China und Südafrika. Doch obwohl das Wirtschaftswachstum in Brasilien vergleichsweise stark ist, ist die Einkommensungleichheit im Land hoch. Der Gini-Koeffizient in Brasilien (0,539) liegt deutlich über dem vieler anderer wirtschaftsstarker Länder und auch über dem anderer BRICS-Staaten (Russland: 0,375). Im Vereinigten Königreich als einem führenden Industrieland ist die Einkommensungleichheit vergleichsweise hoch (0,366), in den ehemaligen Sowjetrepubliken wie Kirgisistan (0,277) und Belarus (0,252) oder Moldawien (0,257) ist sie vergleichsweise niedrig. Wenn wir die Werte aus Abbildung 16-7 mit denen aus Abbildung 16-6 vergleichen, so können wir feststellen, dass die Einkommensungleichheit innerhalb der EU weitaus niedriger ist als in anderen Regionen der Welt, insbesondere Südamerika.
>
> **Abb. 16-7: Gini-Koeffizienten weltweit**
>
>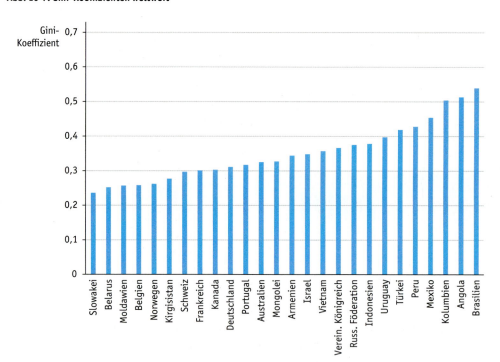
>
> Die Abbildung zeigt die Gini-Koeffizienten für ausgewählte Länder der Welt, aufsteigend sortiert nach der Höhe der Einkommensungleichheit (Daten aus 2018).
>
> Quellen: OECD, World Bank

Probleme der Ungleichheitsmessung

Obwohl uns die Daten zur Einkommensverteilung eine gewisse Vorstellung vom Ausmaß der Ungleichheit in unserer Gesellschaft geben, ist die Interpretation dieser Daten nicht so klar, wie es auf den ersten Blick scheint. Die Statistiken erfassen das monatliche oder das jährliche Haushaltseinkommen. Was die Menschen jedoch interessiert, ist weniger ihr Einkommen als vielmehr ihre Fähigkeit, einen guten Lebensstandard zu erreichen. Aus verschiedenen Gründen zeichnen die Daten zur Einkommensverteilung nur ein unvollständiges Bild der Ungleichheit im Hinblick auf den Lebensstandard. Wir werden diese Gründe im Folgenden untersuchen.

Der wirtschaftliche Lebenszyklus. Die Höhe des Einkommens eines Menschen ändert sich in voraussagbarer Weise im Lauf seines Lebens. Das Einkommen steigt zunächst mit zunehmendem Alter einer Person an. Es erreicht seinen Höhepunkt bei einem Alter von 45 bis 55 Jahren und sinkt danach schnell ab. Diese Entwicklung des Einkommens nach einem regelmäßigen Muster wird als **Lebenszyklus** bezeichnet.

Da Menschen einen Kredit aufnehmen oder sparen können, um Einkommensveränderungen in verschiedenen Lebensphasen abzufedern, hängt ihr Lebensstandard in jedem einzelnen Jahr mehr von ihrem Lebenszeiteinkommen ab als von ihrem Einkommen in dem betreffenden Jahr. So nehmen jüngere Menschen häufig Kredite auf, um z. B. ihre Ausbildung oder den Kauf eines Hauses zu finanzieren und zahlen diese dann später zurück, wenn ihr Einkommen gestiegen ist. Die höchsten Sparquoten weisen Menschen im mittleren Lebensalter auf. Da die Menschen zum Zweck der Altersvorsorge sparen können, müssen die erheblichen Einkommensrückgänge im Rentenalter nicht zu entsprechenden Rückgängen des Lebensstandards führen.

Dieses Verhalten wurde erstmals von Milton Friedman (1912–2006; Nobelpreis für Wirtschaftswissenschaften 1976) entdeckt. Friedman untersuchte, wie das Konsumverhalten auf Steuersenkungen oder andere, das verfügbare Einkommen kurzfristig erhöhende Maßnahmen reagiert. Maßnahmen, die in der Nachkriegszeit von vielen Regierungen ergriffen wurden, um den Konsum anzukurbeln, und die auf den Erkenntnissen eines weiteren bedeutenden Ökonomen beruhten: John Maynard Keynes (1883–1946). Keynes empfahl, dass Regierungen bei Wirtschaftsabschwüngen mit konsumfördernden Maßnahmen in den Markt eingreifen sollen. Friedman wiederum argumentierte, dass diese Eingriffe nicht ausreichen, um das Konsumverhalten in dem Maße verändern zu können, wie es die Anhänger von Keynes annahmen.

Friedman stellte die Hypothese auf, dass sich die Konsumenten der Einkommensschwankungen im Laufe ihres Lebens bewusst seien und folglich bei kurzfristigen Einkommensschwankungen ihren Konsum nicht entsprechend verändern würden. Friedman stellte fest, dass das Einkommen im Vergleich zum Konsum schwankungsanfälliger ist, und begann Daten zu analysieren, die diesen Umstand erklären könnten. Er stieß auf Messfehler in der Korrelation von Einkommen und Konsum, die daraus resultierten, dass traditionelle Messmethoden einige wichtige Einflussfaktoren ignorierten und somit das Verhältnis von Einkommen und Konsum nicht korrekt darstellten. Die Ergebnisse von Friedmans Arbeit führten zur Entwicklung der permanenten Einkommenshypothese. Die **permanente Einkommenshypothese** ist eine Theorie, die

> **Lebenszyklus**
> Die Entwicklung des Einkommens einer Person im Lauf ihres Lebens nach einem regelmäßigen Muster.

> **Permanente Einkommenshypothese**
> Eine Theorie, die unterstellt, dass Individuen ihren Konsum an ihr antizipiertes permanentes Einkommen, d.h. ihr antizipiertes durchschnittliches Lebenszeiteinkommen anpassen.

unterstellt, dass Individuen ihren Konsum an ihr antizipiertes permanentes Einkommen, d.h. ihr antizipiertes durchschnittliches Lebenszeiteinkommen anpassen. Konsumenten neigen laut der permanenten Einkommenshypothese dazu, zu jedem Zeitpunkt ihres Lebens nur einen Teil ihres permanenten Einkommens für Konsum aufzuwenden. Folglich entspricht die durchschnittliche Konsumneigung (der Anteil des Einkommens, der für Konsum anstatt für Sparen aufgewandt wird) der Grenzkonsumneigung (die Veränderung des Konsums als Reaktion auf eine Einkommensveränderung).

Die Einkommensänderungen im Lauf des Lebens führen zu einer ungleichen Verteilung des Jahreseinkommens, stellen aber keine wirkliche Ungleichheit im Hinblick auf den Lebensstandard dar. Für eine Beurteilung der Ungleichheit des Lebensstandards in unserer Gesellschaft ist daher eher die Verteilung der Lebenszeiteinkommen bedeutsam als die Verteilung der Jahreseinkommen. Leider sind Angaben zu den Lebenszeiteinkommen jedoch nicht ohne weiteres verfügbar. Wenn wir Daten zur Ungleichheit analysieren, ist es jedoch wichtig, den Lebenszyklus im Hinterkopf zu behalten. Da das Lebenszeiteinkommen einer Person die Einkommensänderungen im Lauf ihres Lebens ausgleicht, sind die Lebenszeiteinkommen in der Bevölkerung gleichmäßiger verteilt als die Jahreseinkommen.

Transitorisches versus permanentes Einkommen. Friedman erweiterte die permanente Einkommenshypothese um das Konzept des transitorischen Einkommens. Die Höhe des Einkommens eines Menschen ändert sich nicht nur in voraussagbarer Weise im Lauf seines Lebens, sondern ist ebenfalls von Jahr zu Jahr zufälligen und vorübergehenden (transitorischen) Veränderungen unterworfen. Wenn ein Frost an der Mosel die gesamte Weinernte eines Jahres vernichtet, müssen die Besitzer der örtlichen Weingüter temporäre Einkommenseinbußen hinnehmen. Gleichzeitig führt der Frost zu einem Preisanstieg für Wein, wodurch die Besitzer von Weingütern in Baden einen vorübergehenden Einkommenszuwachs erzielen können. Im darauf folgenden Jahr könnte der umgekehrte Fall eintreten.

Ebenso wie die Menschen Kredite aufnehmen und gewähren können, um ihr Einkommen über ihre Lebensspanne im Gleichgewicht zu halten, können sie Kredite aufnehmen und gewähren, um transitorische Änderungen des Einkommens auszugleichen. Wenn die Winzer in Baden ein besonders ertragreiches Jahr haben, wären sie dumm, wenn sie ihr gesamtes zusätzliches Einkommen ausgeben würden. Stattdessen sparen sie einen Teil davon, weil sie nicht damit rechnen können, dass sich die günstige Situation im nächsten Jahr wiederholt. Entsprechend reagieren die Winzer an der Mosel auf ihre vorübergehend geringen Einkommen mit einer Verringerung ihrer Spartätigkeit oder einer Kreditaufnahme. Soweit ein Haushalt spart oder Kredit aufnimmt, um transitorische Veränderungen seines Einkommens abzufedern, wirken sich diese Veränderungen nicht auf seinen Lebensstandard aus. Die Fähigkeit eines Haushalts, sich Güter leisten zu können, hängt weitgehend von seinem permanenten Einkommen ab, das seinem normalen bzw. durchschnittlichen Lebenszeiteinkommen entspricht.

Für eine Beurteilung der Ungleichheit im Hinblick auf den Lebensstandard ist die Verteilung des permanenten Einkommens bedeutsamer als die Verteilung des Jahreseinkommens. Obwohl es Schwierigkeiten bereitet, das permanente Einkommen zu messen, stellt dieses ein wichtiges Konzept dar. Da das permanente Einkommen transitorische Einkommensänderungen ausschließt, ist es gleichmäßiger verteilt als das aktuelle Einkommen.

Wirtschaftliche Mobilität

Die »Reichen« und die »Armen« setzen sich nicht Jahr für Jahr aus denselben Haushalten zusammen. Wirtschaftliche Mobilität, die Fluktuation der Menschen zwischen Einkommensklassen, ist in vielen Volkswirtschaften möglich. Bewegungen nach oben auf der »Einkommensleiter« können eine Folge von Glück oder harter Arbeit sein, Bewegungen nach unten können auf Pech oder Faulheit zurückzuführen sein. Diese Mobilität spiegelt teils transitorische Einkommensänderungen, teils dauerhafte Einkommensänderungen wider. Durch wirtschaftliche Mobilität muss Armut nicht für alle Haushalte ein langfristiges Problem sein. Andererseits gibt es durchaus auch Menschen in hoch entwickelten Industrieländern, die ihr ganzes oder einen Großteil ihres Lebens unterhalb der Armutsgrenze leben. Und viele Familien in wirtschaftlich weniger entwickelten Ländern verbringen ihr gesamtes Leben in Armut, begleitet von einer geringeren Lebenserwartung. Da die vorübergehend Armen höchstwahrscheinlich ganz anderen Problemen gegenüberstehen als die dauerhaft Armen, müssen politische Maßnahmen der Armutsbekämpfung zwischen diesen beiden Gruppen unterscheiden.

Die Armutsrisikoquote

»Armut« zu messen ist kein einfaches Unterfangen. Ein häufig verwendeter Maßstab für die Einkommensverteilung ist die Armutsrisikoquote. Die **Armutsrisikoquote** entspricht dem prozentualen Anteil der Bevölkerung, dessen Haushaltseinkommen unterhalb eines bestimmten Niveaus liegt. Dieses definierte Niveau wird **Armutsgrenze** genannt. Sie liegt in Europa bei 60 Prozent des mittleren Nettoäquivalenzeinkommens.

Armut ist ein relativer Begriff. Für eine Person mit 50.000 Euro Jahreseinkommen ist ein Millionär reich. Doch die Person selbst ist wiederum reich für jemanden, der mit 25.000 Euro auskommen muss. Aus diesem Grund unterscheiden Ökonomen zwischen relativer und absoluter Armut. **Absolute Armut** ist gegeben, wenn die Grundversorgung eines Menschen mit Nahrung, Kleidung und Unterkunft nicht gesichert ist. **Relative Armut** besteht hingegen, wenn ein Mensch von dem ausgeschlossen ist, was in einer Gesellschaft als normaler und notwendiger Lebensstandard gilt.

Armut wird im Rahmen empirischer sozialwissenschaftlicher Untersuchungen in den westlichen Industrieländern hauptsächlich als relative Einkommensarmut definiert. Wie oben bereits erwähnt, liegt die in Europa verwendete Armutsgrenze bei 60 Prozent des mittleren Nettoäquivalenzeinkommens. Armut besteht dann, wenn das individuelle Nettoäquivalenzeinkommen einer Person unter der Armutsgrenze liegt. Der Schwellenwert betrug im Jahr 2019 für eine einzelne Person 14.109 Euro netto pro

Armutsrisikoquote
Anteil der Personen mit einem Einkommen unterhalb der Armutsgrenze in Prozent der Gesamtbevölkerung.

Armutsgrenze
Einkommensgrenze, bei deren Unterschreiten Armut besteht; i. d. R. 60 Prozent des mittleren Nettoäquivalenzeinkommens.

Absolute Armut
Besteht, wenn die Grundversorgung eines Menschen mit Nahrung, Kleidung und Unterkunft nicht gesichert ist.

Relative Armut
Besteht, wenn ein Mensch von dem ausgeschlossen ist, was in einer Gesellschaft als normaler und notwendiger Lebensstandard gilt.

16.1 Einkommensungleichheit und Armut
Die Messung der Ungleichheit

Tab. 16-3

Armutsrisikoquoten für ausgewählte Berufsgruppen in Deutschland 2019 (nach Sozialleistungen)

Bevölkerungsgruppe	Armutsrisikoquote (%)
Insgesamt	14,8
Geschlecht	
Frauen	15,7
Männer	13,9
Alter	
bis 17	12,1
18–64	14,5
65 und älter	18,0
Haushaltstyp	
Einpersonenhaushalt	31,1
Zwei Erwachsene ohne Kinder	10,7
Zwei Erwachsene und ein Kind	6,6
Zwei Erwachsene mit 2 Kindern	8,5
Alleinerziehende	27,1
Erwerbsstatus	
Erwerbstätige	8,0
nicht Erwerbstätige (Arbeitslose und Rentner)	25,4
Arbeitslose	73,7
Nach Bildungsstatus	
ISCED 0–2 (niedrig)	27,7
ISCED 3–4 (mittel)	15,2
ISCED 5–6 (hoch)	8,6

Quelle: Statistisches Bundesamt, www.destatis.de

Jahr. Für zwei Erwachsene mit zwei Kindern unter 14 Jahren betrug die Armutsgrenze 29.628 Euro netto pro Jahr. Dabei werden staatliche Leistungen mit eingerechnet. Nach dieser Definition waren 2019 laut Statistischem Bundesamt 14,8 Prozent der deutschen Bevölkerung armutsgefährdet. Das heißt, jeder Siebte lebt in Deutschland an der Armutsgrenze.

In der zweiten Hälfte der 1990er-Jahre war die Armutsrisikoquote in Deutschland rückgängig und fiel bis 1999 auf rund 10 Prozent. Dieser Trend hat sich jedoch seit dem Jahr 2000 umgekehrt und seit ca. zehn Jahren verharrt die Armutsrisikoquote auf dem relativ hohen Niveau von 15 bis 17 Prozent. 2019 ist sie erstmals auf unter 15 Prozent abgesunken.

Vom Armutsproblem sind Bevölkerungsgruppen unterschiedlich stark betroffen. Tabelle 16-3 zeigt die Armutsrisikoquote für ausgewählte Bevölkerungsgruppen. In Deutschland ist besonders für die Gruppe der Arbeitslosen und die Gruppe der Alleinerziehenden eine relativ hohe Armutsrisikoquote festzustellen. Zudem tragen die Frauen in Deutschland ein höheres Armutsrisiko (15,7 Prozent) als Männer (13,9 Prozent). Dies gilt durchgängig für alle Altersgruppen. Deutlich unter dem Durchschnitt liegen Haushalte von Erwerbstätigen. Ohne Erwerbsmöglichkeiten lassen sich Einkommensprobleme augenscheinlich also nicht lösen, auch nicht durch staatliche Transferzahlungen. Über dem Durchschnitt befindet sich der Wert für die Bevölkerungsgruppe, die älter als 65 Jahre ist (18,0). Das Problem der Altersarmut in Deutschland ist demnach mittlerweile Realität. Bis 2015 lag die Armutsquote der Menschen von 65 Jahren und älter noch leicht unter dem Durchschnitt (16,5 im Vergleich zu 16,7).

Europaweit ist der Prozentsatz der Bevölkerung, der von Armut und sozialer Exklusion bedroht ist, unterschiedlich hoch. Abbildung 16-8 zeigt die Verteilung der Armutsrisikoquoten für das Jahr 2019 nach Angaben des Statistischen Amtes der Europäischen Union, Eurostat. Deutschland liegt demnach mit 14,8 Prozent unter dem EU-Durchschnitt von 16,8 Prozent. Besonders hoch ist das Armutsrisiko in Bulgarien, Rumänien und Lettland, relativ niedrig dagegen in Tschechien, Finnland und der Slowakei.

Bei der Analyse der Einkommensverteilung in einem Land ist es wichtig, die Armutsrisikoquote stets in die Untersuchung mit einzubeziehen. So kann es beispielsweise sein, dass das durchschnittliche Einkommen gestiegen ist, jedoch weniger Menschen an dem wachsenden Wohlstand partizipieren können.

Weitere Armutsmaße

Zur Erfassung von Armut innerhalb einer Gesellschaft ist, so merken es Kritiker an, die Armutsrisikoquote allein jedoch zu ungenau. Dies betrifft bereits die Definition des Grenzwertes. Während die Armutsrisikoquote in der Europäischen Union bei 60 Prozent des mittleren Nettoäquivalenzeinkommens liegt, legt sie die OECD für die weltweite Messung bei 50 Prozent des mittleren Nettoäquivalenzeinkommens fest. Zudem wurde kritisiert, dass die Armutsrisikoquote einen zu eng definierten Maßstab für Armut darstellt, der die weiteren Einflussfaktoren auf die Wohlfahrt unberücksichtigt lässt. Schlussendlich geht es hierbei um die Erkenntnis, dass Einkommen und Lebensstandard nur schwach zusammenhängen. So kann ein niedriges Einkommen beispielsweise durch privates Vermögen kompensiert werden. Grundsätzlich ist die Berücksichtigung der Vermögensverteilung mindestens genauso relevant für die Messung von Armut wie die Berücksichtigung der Einkommensverteilung, wenn nicht sogar relevanter (vgl. »Aus der Praxis« unten).

Darüber hinaus ist es nicht nur entscheidend, welche Ressourcen ein Haushalt zur Verfügung hat, sondern auch wie er diese verwendet bzw. verwenden kann. Gleiche Ressourcenausstattung führt also nicht zwangsläufig zu einem identischen Lebensstandard. Zum einen sind bei der Einkommensverwendung die persönlichen Präferenzen entscheidend, zum anderen müssen die individuellen Fixkosten eines Haushalts

16.1 Einkommensungleichheit und Armut
Die Messung der Ungleichheit

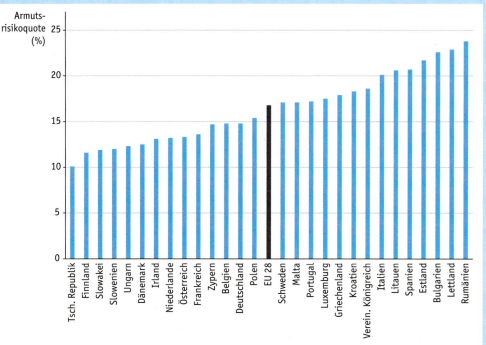

Abb. 16-8

Armutsrisikoquoten in Europa 2019

Die Abbildung zeigt die verschiedenen Armutsrisikoquoten in den Ländern Europas. Wie zu sehen, ist der Prozentsatz der armutsgefährdeten Bevölkerung je nach Land unterschiedlich hoch. Deutschland liegt mit 14,8 Prozent nur knapp unter dem EU-Durchschnitt von 16,8 Prozent. Besonders hoch ist das Armutsrisiko in Rumänien, Lettland und Bulgarien, relativ niedrig in der Tschechischen Republik und Finnland.

Quelle: Eurostat

mitberücksichtigt werden. Ein Haushalt kann nach dem Einkommen bemessen weit oberhalb der Armutsgrenze liegen und doch durch hohe Unterhaltszahlungen, Pflegekosten, Schulden oder Mietkosten relativ arm sein, also von dem Lebensstandard ausgeschlossen, der in der Gesellschaft als normal gilt. Anderseits kann sich ein Haushalt, der dem Einkommen nach unterhalb der Armutsgrenze liegt, gegebenenfalls durch unentgeltliche Unterstützung und Geschenke von Familie und Freunden einen normalen Lebensstandard sichern. Es kann resümiert werden, dass die einkommensbasierten Armutsmaße, die wir in diesem Abschnitt kennengelernt haben, durch lebensstandardbasierte Indikatoren ergänzt werden müssen, um ein realistisches Bild von Armut in einer Gesellschaft zu erhalten. Zu ergründen, warum bestimmte Gruppen der Bevölkerung von Armut bedroht sind bzw. in Armut leben, ist essenziell für die Entwicklung entsprechender politischer Maßnahmen.

16.2 Die politische Philosophie der Einkommensumverteilung

Unabhängig davon, welchen Maßstab wir anlegen, steht es außer Frage, dass auf der Welt unterschiedliche Niveaus von Ungleichheit existieren. Ob etwas dagegen getan werden sollte und – wenn ja – was, hängt hingegen vom Standpunkt des Betrachters ab. Einige Menschen sind der Überzeugung, dass die Marktkräfte am besten dafür geeignet sind, Armut und Ungleichheit zu verringern. Dem konträr gegenüber stehen solche, die der Meinung sind, dass der Marktmechanismus fehlerhaft ist und Armut und Einkommensungleichheit verschlimmert, in erster Linie dadurch, dass Marktmacht in den Händen derer liegt, die wohlhabend sind und Produktionsfaktoren besitzen (Kapital, Boden). Aus Perspektive dieser Menschen soll der Staat politische Maßnahmen ergreifen, um Armut und Ungleichheit zu verringern.

Welche Maßnahmen wie diskutiert werden, ist normativ geprägt. Die Forschung kann dazu beitragen, die relativen Kosten und Nutzen der verschiedenen Maßnahmen aufzuzeigen, doch welche politischen Entscheidungen letztendlich getroffen werden, hat damit zu tun, was die Entscheidungsträger für »richtig« halten. Was als »richtig« erachtet wird, hat wiederum mit Präferenzen und mit den eigenen Referenzpunkten zu tun. Die Einschätzung unserer eigenen Situation, unseres ökonomischen Wohlbefindens, hängt davon ab, mit wem wir uns vergleichen. Was wir besitzen, was wir verdienen, das Land, in dem wir leben – all das beurteilen wir in Relation zu unseren Referenzpunkten. Sollte beispielsweise der Staat Steuervergünstigungen beschließen, welche die mittleren Einkommen um 2.000 Euro pro Jahr entlasten, so sollte man meinen, dass diese Maßnahme die betreffenden Menschen freut und ihr Wohlbefinden erhöht. Sie haben nun netto mehr Einkommen in der Tasche und können sich folglich mehr leisten. Sollte die gleiche politische Maßnahme nun aber dazu führen, dass auch Spitzenverdiener entlastet werden, und zwar um 10.000 Euro pro Jahr, so könnte dies zu ganz anderen Reaktionen führen. Die Menschen mit mittlerem Einkommen fühlen sich in dem Fall wahrscheinlich unfair behandelt, ihr relatives Wohlbefinden ist dann nicht gestiegen, sondern sogar gesunken. Dies erklärt, warum repräsentativen Umfragen zufolge in vielen Industrieländern trotz relativ hoher ökonomischer Wachstumsraten in den letzten 50 Jahren die Lebenszufriedenheit der Bevölkerung nicht im gleichen Maße zugenommen hat (vgl. auch Kapitel 9).

Wenn Menschen Entscheidungen treffen, werden sie von ihren moralischen und politischen Überzeugungen und Glaubenssätzen gesteuert. Auch unsere Ansichten zur Einkommensverteilung sind in hohem Maß eine Frage politischer Philosophie. Da die Rolle des Staates bei der Einkommensumverteilung den Mittelpunkt vieler wirtschaftspolitischer Debatten bildet, machen wir im Folgenden einen kleinen Exkurs, weg von den Wirtschaftswissenschaften hin zur politischen Philosophie, und betrachten die drei wichtigsten Ansätze des zeitgenössischen Liberalismus: den Utilitarismus, den egalitären Liberalismus sowie den Libertarismus.

Utilitarismus

Utilitarismus
Politische Philosophie, wonach der Staat Maßnahmen ergreifen sollte, die den Gesamtnutzen aller Gesellschaftsmitglieder maximieren.

Eine bekannte Denkschule der politischen Philosophie ist der **Utilitarismus**, wonach der Staat Maßnahmen ergreifen sollte, die den gesamten Nutzen aller Gesellschaftsmitglieder maximieren.

Die Begründer des Utilitarismus waren die englischen Philosophen Jeremy Bentham (1748–1832) und John Stuart Mill (1806–1873). Das Ziel der Utilitaristen besteht im Wesentlichen darin, die Logik der individuellen Beschlussfassung auf Fragestellungen zu Moral und Regierungspolitik anzuwenden. Der Ausgangspunkt des Utilitarismus ist der Begriff des Nutzens – der Grad des Glücks oder der Zufriedenheit, den eine Person aus ihren Lebensumständen erzielt. Der Nutzen ist ein Wohlfahrtsmaß und, aus Sicht der Utilitaristen, das oberste Ziel allen staatlichen und privaten Handelns. Das eigentliche Ziel des Staates besteht ihrer Meinung nach darin, die Summe der Nutzen aller Gesellschaftsmitglieder zu maximieren.

Das Argument der Utilitaristen für eine Einkommensumverteilung basiert auf der Annahme des abnehmenden Grenznutzens. Es erscheint realistisch, dass ein zusätzlicher Euro Einkommen einer armen Person einen größeren zusätzlichen Nutzen stiftet als einer reichen Person. Anders ausgedrückt: Mit steigendem Einkommen einer Person nimmt der Nutzen jedes zusätzlichen Euro Einkommen ab.

Die Begründung ist einfach. Stellen Sie sich vor, Peter und Paul sind genau gleich, außer dass Peter 80.000 Euro verdient und Paul 20.000 Euro. Wenn man Peter einen Euro wegnimmt, um ihn Paul zu geben, dann sinkt Peters Nutzen und Pauls Nutzen steigt. Aufgrund des abnehmenden Grenznutzens sinkt Peters Nutzen jedoch weniger als Pauls Nutzen steigt. Diese Einkommensumverteilung erhöht somit den Gesamtnutzen, was dem Ziel der Utilitaristen entspricht. Diese Annahme impliziert, zusammen mit dem utilitaristischen Ziel der Maximierung des gesamten Nutzens, dass der Staat versuchen sollte, eine gleichmäßigere Einkommensverteilung zu erreichen.

Das utilitaristische Argument könnte zunächst vermuten lassen, dass der Staat so lange fortfahren sollte, das Einkommen umzuverteilen, bis jedes Mitglied der Gesellschaft ein Einkommen in genau gleicher Höhe hat. Dies wäre in der Tat der Fall, wenn der Gesamtbetrag des Einkommens – in unserem Beispiel 100.000 Euro – fest wäre. Dies trifft jedoch nicht zu. Die Utilitaristen lehnen eine vollständige Gleichverteilung der Einkommen ab, da sie der ökonomischen Grundannahme zustimmen, dass Menschen auf Anreize reagieren.

Um Einkommen von Peter zu Paul umverteilen zu können, muss der Staat Maßnahmen zur Einkommensumverteilung ergreifen, wie z. B. die Einkommensbesteuerung und das System der sozialen Sicherung. Aufgrund dieser Maßnahmen bezahlen Menschen mit hohen Einkommen hohe Steuern und Menschen mit geringen bzw. ohne Einkommen erhalten Transferzahlungen. Wir kennen jedoch das Argument, dass durch Steuern Anreize verzerrt und Nettowohlfahrtsverluste verursacht werden. Wenn der Staat durch eine höhere Einkommensteuer oder durch verringerte Transferzahlungen ein mögliches zusätzliches Einkommen der Individuen an sich nimmt, so haben sowohl Peter als auch Paul einen geringeren Anreiz, hart zu arbeiten. Dadurch, dass sie nun weniger arbeiten, sinken letztlich das gesamte Einkommen der Gesellschaft und damit der gesamte Nutzen. Der utilitaristische Staat muss die Vorteile einer größeren Gleichheit und die Nachteile verzerrter Anreize also gegeneinander abwägen. Da er den Gesamtnutzen maximieren will, nimmt er davon Abstand, eine völlige Einkommensgleichheit in der Gesellschaft herbeizuführen.

Die vorangegangene Argumentation geht von einem Trade-off zwischen ökonomischer Gleichheit und Effizienz aus. Es gibt jedoch auch Stimmen, die behaupten, dass diese Annahme ein Trugschluss ist und eine Reduzierung der sozialen Ungleichheit durch steuer- und wohlfahrtspolitische Maßnahmen nicht zulasten des Wirtschaftswachstums gehen muss. Der schwedische Ökonom und Nobelpreisträger Gunnar Myrdal (1898–1987) beispielsweise argumentierte, dass gerade politische Maßnahmen, welche Ungleichheit reduzieren, zu einem stärkeren und stabileren Wirtschaftswachstum führen können, da sie Gesundheitszustand, Bildungsniveau, Lebenserwartung und soziale Teilhabe der Bevölkerung erhöhen und damit deren Produktivität. Länder wie Dänemark und Schweden werden immer wieder für ihre Wohlfahrtssysteme gelobt. Dies sind dieselben Länder, die im internationalen Vergleich eine sehr niedrige Ungleichheit und eine sehr hohe Zufriedenheit der Bevölkerung aufweisen. Befürworter der Einkommensumverteilung führen diese Beispiele ins Feld, um zu beweisen, dass der Zielkonflikt zwischen Gleichheit und Effizient ein Mythos ist. In diesem Zusammenhang gilt es jedoch auch zu bedenken, dass es nicht immer unbedingt wirkliche Zufriedenheit sein muss, die in Dänemark und Schweden dazu führt, dass diese Länder in Umfragen so gut abschneiden. Vielmehr ist es in diesen Ländern auch weniger üblich und gesellschaftlich akzeptiert, Unzufriedenheit kundzutun.

Egalitärer Liberalismus

Eine zweite Betrachtungsweise der Ungleichheit könnte als egalitärer Liberalismus bezeichnet werden. **Egalitärer Liberalismus** ist eine politische Philosophie, wonach der Staat Maßnahmen ergreifen sollte, die von einem unparteiischen Beobachter hinter einem »Schleier des Nichtwissens« für gerecht erachtet werden.

Der Philosoph John Rawls entwickelte diese Sichtweise in seinem Buch *A Theory of Justice*. Dieses erstmals 1971 veröffentlichte Buch wurde rasch zu einem Klassiker der politischen Philosophie. Rawls beginnt mit der Prämisse, dass die Institutionen, Gesetze und politischen Maßnahmen in einer Gesellschaft gerecht sein sollten. Dann stellt er die naheliegende Frage: Wie können wir, die Gesellschaftsmitglieder, jemals Einigkeit darüber erzielen, was Gerechtigkeit bedeutet? Es könnte doch sein, dass sich der Standpunkt jeder Person unvermeidlich auf ihren besonderen Lebensumständen gründet – ob sie mehr oder weniger talentiert ist, fleißig oder faul, mehr oder weniger gebildet, ob sie in eine wohlhabende oder in eine arme Familie hineingeboren wurde. Können wir jemals *objektiv* festlegen, wie eine gerechte Gesellschaft aussehen soll?

Zur Beantwortung dieser Frage schlägt Rawls das folgende Gedankenexperiment vor. Stellen Sie sich vor, wir kommen alle vor unserer Geburt zusammen und gestalten die Regeln des Zusammenlebens in der Gesellschaft. An diesem Punkt wissen wir noch nicht, welche Position ein jeder von uns im Leben einmal einnehmen wird. In Rawls' Worten ausgedrückt, befinden wir uns in einem »Urzustand« hinter einem »Schleier des Nichtwissens«. In diesem Urzustand, so Rawls, sind wir in der Lage, gerechte

> **Egalitärer Liberalismus**
> Politische Philosophie, wonach der Staat Maßnahmen ergreifen sollte, die von einem unparteiischen Beobachter hinter einem »Schleier des Nichtwissens« für gerecht erachtet werden.

16.2 Einkommensungleichheit und Armut
Die politische Philosophie der Einkommensumverteilung

Regeln des Zusammenlebens in der Gesellschaft festzulegen, da wir in Betracht ziehen, wie sich diese Regeln auf jeden Einzelnen von uns auswirken werden. Wie Rawls es ausdrückt: »Da wir alle gleichgestellt sind und keiner Regeln aufstellen kann, die ihm persönlich nutzen, sind die Grundsätze der Gerechtigkeit das Resultat einer gerechten Vereinbarung bzw. Verhandlung.« Die Gestaltung staatlicher Maßnahmen und Institutionen auf diese Weise ermöglicht es uns, objektiv zu beurteilen, welche Maßnahmen gerecht sind und welche nicht.

Rawls überlegt weiter, welche Ziele mit den hinter dem »Schleier des Nichtwissens« festgelegten staatlichen Maßnahmen verfolgt würden. Insbesondere fragt er danach, welche Einkommensverteilung eine Person als gerecht ansehen würde, wenn sie nicht wüsste, ob sie schließlich am oberen Ende, am unteren Ende oder in der Mitte der Verteilung landen wird. Rawls vertritt die Ansicht, dass eine Person im Urzustand besonders besorgt über die Möglichkeit wäre, sich am unteren Ende der Einkommensverteilung wiederzufinden. Die Gestaltung staatlicher Maßnahmen sollte deshalb darauf abzielen, die Wohlfahrt der am schlechtesten gestellten Person in der Gesellschaft zu erhöhen. Anstatt den gesamten Nutzen aller Gesellschaftsmitglieder zu maximieren, wie es die Utilitaristen tun würden, stellt Rawls vielmehr darauf ab, das Nutzenminimum zu maximieren. Rawls' Regel wird als **Maximin-Kriterium** bezeichnet.

Da das Maximin-Kriterium dem am schlechtesten gestellten Gesellschaftsmitglied eine große Bedeutung beimisst, rechtfertigt es staatliche Maßnahmen, die darauf abzielen, die Einkommensverteilung gleichmäßiger zu gestalten. Durch einen Einkommenstransfer von den Reichen zu den Armen erhöht die Gesellschaft die Wohlfahrt der am schlechtesten gestellten Person. Die Anwendung des Maximin-Kriteriums hätte jedoch keine völlig egalitäre Gesellschaft zur Folge. Wenn der Staat eine vollständige Gleichverteilung des Einkommens versprechen würde, hätten die Menschen keinen Anreiz, hart zu arbeiten. Das gesamte Einkommen der Gesellschaft würde beträchtlich sinken, und die Lage der am schlechtesten gestellten Person würde sich dadurch ebenfalls verschlechtern. Das Maximin-Kriterium lässt somit Einkommensungleichheit zu, da diese Arbeitsanreize steigern und somit die Fähigkeit der Gesellschaft erhöhen kann, den Armen zu helfen. Nichtsdestotrotz verlangt Rawls' Philosophie ein höheres Ausmaß an Einkommensumverteilung als der Utilitarismus, da sie auf die am schlechtesten gestellten Mitglieder der Gesellschaft ausgerichtet ist.

Obwohl Rawls' Ansichten umstritten sind, ist das von ihm vorgeschlagene Gedankenexperiment sehr interessant. Es erlaubt uns insbesondere, die Einkommensumverteilung als eine Art von Sozialversicherung zu betrachten. Aus der Perspektive des Urzustands hinter dem »Schleier des Nichtwissens« stellt die Einkommensumverteilung eine Sicherheitsvorkehrung dar. Hausbesitzer schließen eine Feuerversicherung ab, um sich gegen das Risiko eines Hausbrands abzusichern. Wenn wir als Gesellschaft Maßnahmen festsetzen, durch die die Reichen besteuert werden, um das Einkommen der Armen zu ergänzen, versichern wir uns alle gegen die Möglichkeit, ein Mitglied einer armen Familie zu sein. Da Menschen eine Abneigung gegen Risiken haben, sollten wir glücklich sein, in eine Gesellschaft hineingeboren worden zu sein, die uns diese Versicherung bietet.

Maximin-Kriterium
Die Forderung, dass der Staat darauf abzielen sollte, die Wohlfahrt des am schlechtesten gestellten Gesellschaftsmitglieds zu maximieren.

Es ist jedoch ganz und gar nicht sicher, dass rational entscheidende Menschen hinter dem »Schleier des Nichtwissens« wirklich so risikoavers wären und sich für das Maximin-Kriterium entscheiden würden. Da eine Person im Urzustand letztendlich überall in der Einkommensverteilung landen kann, könnte sie bei der Gestaltung der staatlichen Maßnahmen auch alle potenziellen Ergebnisse gleich behandeln. In diesem Fall bestünde die beste Politik hinter dem »Schleier des Nichtwissens« darin, den durchschnittlichen Nutzen aller Gesellschaftsmitglieder zu maximieren, wobei der daraus resultierende Gerechtigkeitsbegriff eher utilitaristisch als liberalistisch im Rawls'schen Sinn wäre.

Libertarismus

Eine dritte Betrachtungsweise der Ungleichheit wird als Libertarismus bezeichnet. Nach dem **Libertarismus** soll der Staat Verbrechen bestrafen und für die Einhaltung freiwilliger Verträge sorgen, nicht aber Einkommen umverteilen.

Die zwei Sichtweisen, die wir bisher betrachtet haben – Utilitarismus und egalitärer Liberalismus – sehen beide das gesamte Einkommen einer Gesellschaft als eine aufgeteilte Ressource an, die ein Sozialplaner frei umverteilen kann, um ein bestimmtes gesellschaftliches Ziel zu erreichen. Im Gegensatz dazu sind die Vertreter des Libertarismus, die Libertären, der Ansicht, dass die Gesellschaft an sich kein Einkommen erzielt – lediglich die einzelnen Gesellschaftsmitglieder erzielen Einkommen. Nach Meinung der Libertären sollte der Staat nicht berechtigt sein, Individuen einen Teil ihres Einkommens wegzunehmen, um es an andere zu verteilen.

Beispielsweise schreibt der Philosoph Robert Nozick in seinem berühmten Buch *Anarchy, State, and Utopia* von 1974: »Wir sind keine kleinen Kinder, die von jemandem Kuchenstücke bekommen haben, der nun kurzfristig Korrekturen vornimmt, weil die Kuchenstücke ungleiche Größen hatten. Es gibt keine zentrale Verteilungsgewalt, keine Person und keine Gruppe, die berechtigt wäre, alle Ressourcen zu kontrollieren und darüber zu entscheiden, wie sie verteilt werden sollen. Das, was eine Person erhält, erhält sie von anderen im Austausch gegen etwas oder als ein Geschenk. In einer freien Gesellschaft verfügen unterschiedliche Personen über unterschiedliche Ressourcen und durch den freiwilligen Austausch und die freiwillige Interaktion kommt es zu neuen Verteilungen.«

Während die Utilitaristen und Liberalisten versuchen, zu beurteilen, welches Ausmaß der Ungleichheit in einer Gesellschaft wünschenswert ist, bestreitet Nozick die Wichtigkeit eben dieser Frage. Die libertäre Alternative zur Beurteilung wirtschaftlicher Ergebnisse besteht darin, den Prozess zu beurteilen, durch den diese Ergebnisse entstehen. Wenn die Einkommensverteilung unrechtmäßig zustande gekommen ist – z. B. weil eine Person eine andere bestohlen hat –, dann hat der Staat das Recht und die Pflicht, das Problem zu beheben. Solange der Prozess der Festsetzung der Einkommensverteilung aber rechtmäßig ist, ist die resultierende Verteilung gerecht, egal wie ungleich sie auch sein mag.

Nozick kritisiert Rawls' Liberalismus, indem er eine Analogie herstellt zwischen der Einkommensverteilung in einer Gesellschaft und der Notenverteilung in einem Kurs.

> **Libertarismus**
> Politische Philosophie, wonach der Staat Verbrechen bestrafen und für die Einhaltung freiwilliger Verträge sorgen, nicht aber Einkommen umverteilen sollte.

Angenommen, Sie werden aufgefordert, die Gerechtigkeit der Benotung in einem Seminar zu beurteilen, das Sie gerade besuchen. Denken Sie, Sie würden in diesem Fall hinter einem »Schleier des Nichtwissens« ein Benotungssystem bevorzugen, das die Begabungen und Anstrengungen der einzelnen Studierenden außer Acht lässt? Oder würden Sie einen gerechten Prozess der Notenvergabe vorziehen, ohne Rücksicht darauf, ob die resultierende Verteilung gleich oder ungleich ist?

Die Libertären folgern, dass die Gleichheit der Möglichkeiten wichtiger ist als die Gleichheit der Einkommen. Sie sind der Ansicht, dass der Staat für die Einhaltung der individuellen Rechte sorgen sollte, um sicherzustellen, dass jeder dieselbe Möglichkeit hat, sein Talent einzusetzen und Erfolg zu haben. Wenn diese Spielregeln einmal festgelegt sind, gibt es für den Staat keinen Grund, die resultierende Einkommensverteilung zu verändern.

Libertärer Paternalismus

Abschließend wollen wir noch kurz ein relativ neues Konzept vorstellen, das mit den bisher behandelten politischen Philosophien verwandt ist: der libertäre Paternalismus. Die Idee des libertären Paternalismus wurde durch die bereits in diesem Buch erwähnten Verhaltensökonomen Richard Thaler und Cass Sunstein entwickelt. Libertäre Paternalisten sind der Meinung, dass Menschen zwar frei entscheiden sollten, dass sie dabei jedoch von sogenannten »Entscheidungsarchitekten« (*choice architects*) jeweils in die Richtung »geschubst« (*nudging*) werden sollten, die ihr Leben länger, gesünder und besser macht, also ihren Nutzen maximiert. Im Fall der Einkommensverteilung wäre dieser »Entscheidungsarchitekt« der Staat. Die dem libertären Paternalismus zugrunde liegende Idee des »Nudging« entwickeln Thaler und Sunstein in ihrem Buch *Nudge. Wie man kluge Ideen anstößt* (2010). In Kapitel 4 wurden das Buch und die dahinter stehende Philosophie bereits vorgestellt. Thaler und Sunstein vertreten die Überzeugung, dass anstelle von Regeln und Verboten kleine »Schubser« (*nudges*) weit bessere Resultate erzielen können, wobei die Entscheidungsfreiheit des Einzelnen gewahrt bleibt. Die »Schubser« beziehen sich dabei auf kleine Details, die oft nicht bemerkt werden und dennoch die Entscheidungsfindung beeinflussen. Ein Punkt, den die Kritiker des libertären Paternalismus als versteckte Bevormundung bewerten.

> **Kurztest**
> Franz verdient mehr als Pauline. Jemand schlägt vor, Franz zu besteuern, um Paulines Einkommen zu ergänzen. Wie würden ein Utilitarist, ein Vertreter des egalitären Liberalismus und ein Libertärer diesen Vorschlag beurteilen?

16.3 Politische Maßnahmen zur Armutsbekämpfung

Wie wir gesehen haben, vertreten politische Philosophen unterschiedliche Ansichten im Hinblick auf die Rolle, die der Staat bei der Veränderung der Einkommensverteilung spielen sollte. Die politische Debatte, die unter einem Großteil der Wähler stattfindet, spiegelt eine ähnliche Uneinigkeit wider. Ungeachtet dieser fortwährenden Debatten sind die meisten Bürger jedoch der Meinung, dass der Staat zumindest versuchen sollte, den am meisten Not Leidenden zu helfen.

Armut ist eines der schwerwiegendsten Probleme, denen Politiker gegenüberstehen. Arme Haushalte sind mit einer höheren Wahrscheinlichkeit als der Rest der Bevölkerung von Obdachlosigkeit, Drogenabhängigkeit, Gewalt in der Familie, Gesundheitsproblemen, Schwangerschaft bei Jugendlichen, Analphabetentum, Arbeitslosigkeit und geringem Bildungsniveau betroffen. Und sie haben eine geringere Lebenserwartung. Eine Studie des Robert-Koch-Instituts aus dem Jahr 2014 führte Daten des Sozio-oekonomischen Panel (SOEP) mit den amtlichen Periodensterbetafeln zusammen. Dabei kam heraus, dass Menschen mit relativem Armutsrisiko (unter 60 Prozent des mittleren Nettoäquivalenzeinkommens) zwischen 8,4 (Frauen) und 10,8 (Männer) Jahren kürzer leben als Menschen mit relativem materiellem Wohlstand (150 Prozent und mehr des mittleren Nettoäquivalenzeinkommens). Mitglieder armer Haushalte weisen sowohl eine höhere Kriminalitätsrate auf als auch eine höhere Wahrscheinlichkeit, selbst Opfer eines Verbrechens zu werden. Obwohl es Schwierigkeiten bereitet, die Ursachen der Armut von den Auswirkungen der Armut zu trennen, besteht kein Zweifel daran, dass Armut mit zahlreichen wirtschaftlichen und sozialen Missständen sowie mit geringerer Lebenserwartung in Verbindung zu bringen ist.

Wir wollen nun einige politische Maßnahmen näher betrachten, die entwickelt und eingesetzt wurden, um Armut und Einkommensungleichheit zu verringern.

Mindestlohngesetzgebung

In Kapitel 7 haben wir uns bereits detailliert mit dem gesetzlichen Mindestlohn beschäftigt. Die Befürworter des Mindestlohns sehen in dieser politischen Maßnahme einen Weg, den in Armut lebenden Arbeitnehmern zu helfen, ohne dass dies den Staat etwas kostet. Kritiker sind der Ansicht, dass Mindestlöhne denjenigen, denen sie zu helfen beabsichtigen, eher schaden. Unter den Annahmen des Arbeitsmarkts mit vollständiger Konkurrenz hebt ein hoher Mindestlohn die Entlohnung für ungelernte und unerfahrene Arbeitskräfte über das Gleichgewichtsniveau, das sich aus dem Zusammenwirken von Angebot und Nachfrage ergibt. Er erhöht daher für die Unternehmen die Kosten des Faktors Arbeit und vermindert ihre Nachfrage nach Arbeit. Die Folge ist eine höhere Arbeitslosigkeit bei den Gruppen von Arbeitskräften, welche die Mindestlohnvorschriften betreffen. Obwohl die weiterhin beschäftigten Arbeitskräfte vom höheren Lohn profitieren, werden diejenigen, die zu einem niedrigeren Lohn hätten beschäftigt werden können, schlechter gestellt.

Wie wir wissen, hängt das Ausmaß dieser Effekte von der Elastizität der Nachfrage ab. Befürworter eines hohen Mindestlohns vertreten die Ansicht, die Nachfrage nach ungelernter Arbeit sei relativ unelastisch, sodass ein hoher Mindestlohn die Beschäftigung nur geringfügig verringere. Kritiker der Mindestlohnvorschriften sind der Meinung, die Arbeitsnachfrage sei elastischer, vor allem langfristig gesehen, wenn die Unternehmen Beschäftigung und Produktion genauer aufeinander abstimmen können. Sie geben ferner zu bedenken, dass eine große Gruppe der Arbeitnehmer, bei denen die Mindestlohnvorschriften greifen, aus jugendlichen Arbeitskräften der Mittelschicht besteht. Ein hoher gesetzlicher Mindestlohn würde somit an der eigentlichen Zielgruppe, nämlich der armen Bevölkerung, vorbeigehen.

Die Auswirkungen hängen zudem von der Substituierbarkeit der Arbeitskräfte unterschiedlicher Industrien ab, d. h. von dem Grad an Flexibilität, mit dem ein Arbeitnehmer aus der einen Branche in die andere wechseln kann. Mindestlohngesetzgebungen beeinflussen die einzelnen Branchen der Wirtschaft auf unterschiedliche Art und Weise. In einigen Branchen, wie beispielsweise der Automobilindustrie, wird die Einführung eines Mindestlohnes keine Auswirkungen haben, da die Unternehmen ihren Beschäftigten hier bereits deutlich höhere Löhne zahlen und das Gleichgewicht in diesem Markt damit nicht beeinflusst wird. In Niedriglohnbranchen wie der Gebäudereinigung, beim Wachschutz oder in Hotels und Restaurants würden bei Einführung eines Mindestlohnsatzes alle Arbeitgeber in gleicher Weise betroffen sein, da sie infolge der neuen Gesetzgebung ihre Löhne anheben müssten. Dadurch könnte zukünftig kein Arbeitgeber mehr durch Lohnsenkungen einen (Wettbewerbs-)Vorteil gegenüber anderen erzielen.

In jedem Fall bleibt die Frage einer Mindestlohngesetzgebung ein umstrittenes und gleichermaßen komplexes Thema, das detaillierte Analysen des Arbeitsmarkts erfordert. Entscheidend ist dabei, sich klarzumachen, dass der Arbeitsmarkt kein einheitlicher Markt ist, sondern aus vielen kleinen Märkten besteht, die wiederum andere Märkte in einem unterschiedlichen Ausmaß beeinflussen.

Das System der sozialen Sicherung in der Bundesrepublik Deutschland

Das System der sozialen Sicherung im engeren Sinne umfasst alle Einrichtungen und Maßnahmen, die darauf abzielen, die Mitglieder der Gesellschaft gegen diejenigen Risiken zu schützen, die mit dem Verlust von Arbeitseinkommen und mit unplanmäßigen Ausgaben im Fall von Krankheit, Mutterschaft, Unfall, Alter, Arbeitslosigkeit oder Tod verbunden sind, und gegen die durch private Versicherungen nicht oder nicht in ausreichendem Maß vorgesorgt werden kann. Das System der sozialen Sicherung im engeren Sinne setzt sich aus der Berufs- und Erwerbsunfähigkeitsversicherung, der Alters- und Hinterbliebenenversicherung (Rentenversicherung), der Unfallversicherung, der Krankenversicherung und der Arbeitslosenversicherung zusammen. Dieses System wird auch als Sozialversicherungssystem bezeichnet.

Zum System der sozialen Sicherung im weiteren Sinne zählen neben den genannten Elementen noch die Kriegsopferversorgung, die Sozialhilfe sowie weitere Sozialtransfers im Rahmen der Wohnungspolitik, der Politik der Ausbildungsförderung und der Familienpolitik. Da ein vorrangiges Ziel sozialer Sicherungssysteme im Ausgleich von Einkommensausfall besteht (Lohnersatzfunktion von Sozialeinkommen), dominieren die einkommens- und beitragsbezogenen Geldleistungen. Allerdings ist die Bedeutung der Sachleistungen – z. B. Maßnahmen der Unfallverhütung und der gesundheitlichen Aufklärung, unentgeltliche Versorgung mit Arzneimitteln u. Ä. – im Lauf der Zeit erheblich gestiegen. Die vielfältigen ökonomischen, sozialen, gesundheitlichen und politischen Wirkungen, die das System der sozialen Sicherung erzeugt, sind zum Teil nur unzureichend erforscht. Dies gilt insbesondere auch für die Auswirkungen sozialpolitischer Maßnahmen auf die Lebensformen und die sozialen Verhaltensweisen der Menschen. Ein grundlegendes Problem des bestehenden Systems sozialer Sicherung liegt in der Schwierigkeit, die Hilfe zur Selbsthilfe zu stärken. Bei Kritikern des Sozialversicherungssystems ist die Ansicht weit verbreitet, die soziale Sicherung stelle einen Anreiz dar, Not leidend zu werden.

Negative Einkommensteuer

Sobald sich der Staat für ein bestimmtes System der Besteuerung entscheidet, beeinflusst er die Einkommensverteilung. Dies trifft eindeutig für den Fall einer progressiven Einkommensteuer zu, bei der einkommensstarke Haushalte einen höheren Prozentsatz ihres Einkommens an Steuern bezahlen als einkommensschwache Haushalte. Viele Volkswirte haben dafür plädiert, das Einkommen der Armen mithilfe einer negativen Einkommensteuer zu ergänzen. Eine **negative Einkommensteuer** ist eine politische Maßnahme, die einkommensstarke Haushalte in Abhängigkeit von der Höhe ihres Einkommens zu Steuerzahlungen verpflichtet, einkommensschwache Haushalte hingegen erhalten einkommensbezogene Transferzahlungen. Anders ausgedrückt, haben sie eine »negative Steuer« zu zahlen.

Nehmen Sie z. B. an, der Staat würde die Steuerschuld eines Haushalts mit der folgenden Formel ermitteln:

Steuerschuld = (1/3 des Einkommens) − 10.000 €

In diesem Fall würde ein Haushalt mit einem Einkommen von 60.000 Euro Steuern in Höhe von 10.000 Euro zahlen. Für einen Haushalt mit einem Einkommen von 90.000 Euro beliefe sich die Steuerschuld auf 20.000 Euro. Ein Haushalt mit einem Einkommen von 30.000 Euro hätte keine Steuern zu zahlen und ein Haushalt mit einem Einkommen von 15.000 Euro würde Steuern in Höhe von −5.000 Euro »schulden«. Anders ausgedrückt, würde der letztgenannte Haushalt vom Staat eine Transferzahlung in Höhe von 5.000 Euro erhalten.

Bei einer negativen Einkommensteuer würden arme Haushalte also finanzielle Unterstützung erhalten, ohne diese beantragen bzw. ihren Bedarf nachweisen zu müssen. Die einzige Voraussetzung die erfüllt sein müsste, wäre ein geringes Einkommen (nach jeweiliger staatlicher Definition).

Negative Einkommensteuer
Eine Einkommensteuer, bei der einkommensstarke Haushalte Abgaben leisten müssen und einkommensschwache Haushalte Transferzahlungen erhalten.

Sachtransfers

Sachtransfers
Transferleistungen an Bedürftige in Form von Waren und Dienstleistungen anstelle von Geldzahlungen.

Sachtransfers sind dazu gedacht, Bedürftigen anstelle von Geldzahlungen direkt die Waren und Dienstleistungen zur Verfügung zu stellen, die sie zum Leben benötigen. Diese Sachtransfers gehen anstelle von Geldzahlungen an die Bedürftigen.

So verteilen beispielsweise Wohlfahrtsorganisationen kostenlos Essen und Kleidung. Staatliche Behörden vergeben Lebensmittelgutscheine, die die Bedürftigen zum Kauf von Lebensmitteln in Supermärkten verwenden können.

Befürworter von Sachleistungen sind der Auffassung, dass man mithilfe dieser Transfers sicherstellen kann, dass die Bedürftigen das bekommen, was sie am dringendsten brauchen. Einige der Bedürftigen sind drogen- oder alkoholabhängig. Durch die direkte Gewährung von Lebensmitteln und Wohnraum kann die Gesellschaft vermeiden, dass die staatliche Unterstützung für andere Zwecke verwendet wird.

Befürworter von Geldzahlungen vertreten dagegen die Meinung, dass Sachleistungen ineffizient und würdelos sind. Die staatlichen Behörden können nicht wissen, welche Waren und Dienstleistungen die Bedürftigen tatsächlich am dringendsten benötigen. Viele der Bedürftigen sind ganz normale Menschen, die einfach nur Pech in ihrem Leben hatten. Trotzdem sind sie sehr wohl in der Lage, selbst darüber zu entscheiden, wie sie ihren eigenen Lebensstandard verbessern können. Anstatt ihnen Sachleistungen zu gewähren, die sie nicht wollen oder nicht brauchen, wäre es besser, ihnen Geldzahlungen zukommen zu lassen, sodass sie sich selbst das kaufen können, was sie ihrer Meinung nach am dringendsten benötigen.

Antiarmutsprogramme und Arbeitsanreize

Viele Maßnahmen, die darauf abzielen, den Armen zu helfen, können aufgrund der Einkommensorientierung den unbeabsichtigten Nebeneffekt aufweisen, dass sie die Armen entmutigen, aus eigener Kraft der Armut zu entkommen. Um zu sehen weshalb, betrachten wir das folgende Beispiel. Nehmen Sie an, ein Haushalt benötigt ein Jahreseinkommen in Höhe von 15.000 Euro, um einen angemessenen Lebensstandard zu erreichen. Nehmen Sie weiter an, der Staat würde jedem Haushalt ein Einkommen in dieser Höhe garantieren. Unabhängig von der Höhe des Einkommens würde der Staat die Differenz zwischen dem jeweiligen Einkommen des Haushalts und den 15.000 Euro ausgleichen. Wie würde sich diese Maßnahme Ihrer Meinung nach auswirken?

Die Anreizwirkungen dieser Maßnahme sind offensichtlich: Alle, die mit Arbeit weniger als 15.000 Euro verdienen würden, hätten keinerlei Anreiz, eine Arbeit zu finden bzw. ihre Arbeit weiter auszuüben. Für jeden verdienten Euro würde der Staat die Ergänzung des Einkommens um einen Euro verringern. Praktisch würde der Staat zusätzliche Einkommen zu 100 Prozent besteuern. Ein effektiver Grenzsteuersatz von 100 Prozent stellt natürlich eine Maßnahme mit einem erheblichen Nettowohlfahrtsverlust dar.

Die nachteiligen Auswirkungen dieses hohen effektiven Steuersatzes können sich langfristig fortsetzen und weitergereicht werden. Jemand, der entmutigt wird zu arbeiten, kommt nicht in den Genuss einer Ausbildung am Arbeitsplatz, die möglicherweise angeboten wird. Außerdem könnte eine solche Person ihren Kindern ein schlechtes Vorbild sein, sodass diese später ebenfalls Schwierigkeiten haben könnten, einen Arbeitsplatz zu finden und zu behalten.

Für das Problem einer hohen Grenzsteuerbelastung scheint es eine einfache Lösung zu geben: der Staat sollte bei steigendem Einkommen eines Leistungsempfängers seine Transferleistungen nur schrittweise zurückfahren. Wenn beispielsweise eine bedürftige Familie für jeden zusätzlichen Euro an Einkommen nur 30 Cent an Unterstützungszahlungen vom Staat verliert, dann reduziert sich dadurch die Grenzsteuerbelastung von 100 auf 30 Prozent. Eine Grenzsteuerbelastung von 30 Prozent wirkt sich zwar immer noch negativ auf den Anreiz zur Arbeitsaufnahme aus, beseitigt ihn aber nicht vollständig.

Eine derartige Ausgestaltung des sozialen Sicherungssystems geht allerdings mit erheblichen Kosten einher. Je stärker das Auslaufen der staatlichen Unterstützung gestaffelt wird, umso größer wird der Kreis der Personen, die für bestimmte Leistungen bezugsberechtigt sind und umso höher werden Ausgaben des sozialen Sicherungssystems ausfallen. Die Politiker stehen bei der Ausgestaltung der sozialen Sicherungssysteme also vor der Entscheidung, ob sie den Bedürftigen einen hohen Grenzsteuersatz auferlegen oder den Steuerzahlern eine hohe Steuerbelastung zur Finanzierung teurer sozialer Sicherungsprogramme aufbürden sollen.

> **Kurztest**
> Nennen Sie drei Maßnahmen, die darauf abzielen, den Armen zu helfen, und diskutieren Sie ihre Vor- und Nachteile.

16.4 Fazit

Die Menschen befassen sich bereits seit Jahrhunderten mit der Fragestellung, wie das Einkommen in der Gesellschaft verteilt ist bzw. verteilt sein sollte. So kam bereits der griechische Philosoph Platon zu dem Schluss, dass in einer idealen Gesellschaft das Einkommen der reichsten Person höchstens das Vierfache des Einkommens der ärmsten Person betragen sollte. Obwohl die Messung der Ungleichheit Schwierigkeiten bereitet, ist es offensichtlich, dass das Ausmaß der Ungleichheit in unserer Gesellschaft weit höher ist, als von Platon empfohlen.

Die Themen Armut und Einkommensungleichheit erzeugen häufig emotionsgeladene Debatten, wobei viele Argumente in unterschiedlichen Glaubenssätzen begründet sind. Als Resultat fällt es schwer, einen Konsens darüber zu erzielen, was der beste und effektivste Weg ist, diese Probleme zu lösen. Die Philosophen und Politiker unserer Zeit sind darüber uneins, welches Ausmaß der Einkommensungleichheit wünschenswert ist bzw. ob staatliche Maßnahmen überhaupt darauf abzielen sollten, die Einkommensverteilung zu ändern. Ein Großteil der öffentlichen Debatte spiegelt diese Uneinigkeit wider. So entflammen beispielsweise immer dann, wenn Steuern erhöht werden sollen, politische Debatten darüber, welcher Anteil der Steuererhöhung von den Reichen, welcher von der Mittelschicht und welcher von den Armen getragen werden sollte.

16.4 Einkommensungleichheit und Armut
Fazit

> **Aus der Praxis**
>
> ### Vermögensverteilung in Deutschland
>
> Die im Kapitel vorgestellten Konzepte sind nicht nur auf die Einkommensverteilung, sondern auch auf die Vermögensverteilung anwendbar. Es zeigt sich, dass diese noch wesentlich ungleicher ist. Während sich die Einkommensverteilung auf Arbeits- und Kapitaleinkommen bezieht, also auf das, was die Haushalte innerhalb eines bestimmten Zeitraums an finanziellen Mitteln für ihre Arbeit oder aber die Investition ihres Kapitals erhalten, lässt sie einen entscheidenden Ursprung von Ungleichheit außer Acht: die Vermögensverteilung. Es ist naheliegend, aber nicht zwingend notwendig, dass einkommensstarke Haushalte auch große Vermögen besitzen. Menschen mit einem hohen Arbeitseinkommen sind tendenziell eher in der Lage, zu sparen und dadurch ein Vermögen aufzubauen, das sie beispielsweise in Form von Bankguthaben, Möbeln, Autos, Immobilien oder Kunstobjekten halten. Analog besitzen Menschen mit einem geringen Einkommen in der Regel auch ein geringeres Vermögen. Jedoch kann natürlich auch ein Friseur, der sich eher am unteren Ende (in den unteren Dezilen) der Einkommensverteilung befindet, eine Erbschaft in Höhe von 10 Millionen Euro erhalten. Mit diesem Vermögen wird er sich zweifellos am oberen Ende der Vermögensverteilung befinden.
>
> Jemanden allein aufgrund seines Einkommens als arm oder reich zu bezeichnen, greift daher zu kurz. Stattdessen müssen auch die von ihm gehaltenen Vermögenswerte in die Betrachtung einbezogen werden. Um die Vermögensverteilung zu untersuchen, brauchen keine neuen Methoden erfunden zu werden: Das durchschnittliche Nettogesamtvermögen eines deutschen Haushalts, also alle möglichen Vermögenswerte abzüglich aller Schulden, betrug nach den Angaben des Sozio-oekonomischen Panels (SOEP) im Jahr 2017 108.449 Euro, der Median lag jedoch nur bei 26.260 Euro. Da der Durchschnitt deutlich über dem Median liegt, lässt sich wie bei der Einkommensverteilung auch hier bereits ablesen, dass es einige »Ausreißer« am oberen Ende der Verteilung gibt – also einige wenige, sehr vermögende Haushalte, die zwar den Durchschnitt, nicht aber den Median nach oben verzerren. Über 50 Prozent (56,1) des gesamten Nettovermögens in Deutschland lagen 2017 in den Händen der reichsten 10 Prozent der Bevölkerung. Der Gini-Koeffizient als griffigstes Ungleichheitsmaß lag bei der Vermögensverteilung 2017 bei 0,74, also nahezu dreimal so hoch wie bei der Einkommensverteilung (0,29). Noch 1998 hatte er 0,69 betragen. Im Zeitverlauf hat sich die Vermögensverteilung in Deutschland also zunehmend ungleicher entwickelt.
>
> In Abbildung 16-9 ist die Vermögensverteilung in Deutschland für das Jahr 2017 nach den Daten des SOEP detailliert dargestellt. Wie man sieht, hielten die reichsten 10 Prozent der deutschen Haushalte im Jahr 2017 einen Anteil von 56 Prozent am Nettogesamtvermögen. Wer 2017 zu diesem Teil der Bevölkerung zählte, verfügte über ein durchschnittliches Nettovermögen von 609.933 Euro. Danach nimmt der Anteil am Vermögen rapide ab – von 19,5 Prozent im 9. Dezil auf 12 Prozent im 8. Dezil usw. Die ärmere Hälfte der Bevölkerung, die untersten 5 Dezile, besitzen nur 1,7 Prozent des bundesdeutschen Nettogesamtvermögen. Für das unterste Dezil der Vermögensverteilung liegt der Wert sogar im negativen Bereich (–1,2 Prozent). Dieser Teil der Bevölkerung ist also verschuldet, und zwar im Schnitt mit 12.765 Euro netto. Wie eingangs bereits vermutet, besitzen einkommensstarke Haushalte oft ein größeres Vermögen als einkommensschwache Haushalte. So zählten 2017 von den 20 Prozent der deutschen Haushalte mit dem geringsten Einkommen auch rund die Hälfte zum untersten Quintil der Vermögensverteilung. Gleiches gilt für das oberste Quintil der Einkommensverteilung. Hiervon zählte ebenfalls etwa die Hälfte zu den obersten 20 Prozent der Vermögensverteilung. Der Zusammenhang ist jedoch nicht linear. So liegen beispielsweise nur knapp zwei Drittel des Vermögens der reichsten 10 Prozent in den Händen der einkommensstärksten 10 Prozent. Auch wer nicht zu den Topverdienern gehört, kann also vermögend sein, durch eine Erbschaft, Aktienbesitz, Lotteriegewinne o. Ä. Dabei gestaltet sich die Datenerhebung für die Vermögenswerte schwieriger als für die Einkommen. Während Letztere etwa anhand von Einkommensteuererklärungen recht präzise geschätzt werden können (eine durch Steuerhinterziehung bedingte Dunkelziffer ist allerdings nicht vermeidbar), werden zu den Vermögen nur bedingt Daten erfasst: Bei bevölkerungsrepräsentativen Stichproben wie dem SOEP sind die befragten Haushalte nicht verpflichtet, Auskünfte über ihre finanzielle Situation zu geben. Dies führt in aller Regel zu einer Unterrepräsentation besonders vermögender Haushalte in den Datensätzen.
>
> Zudem berücksichtigen die Haushaltsbefragungen grundsätzlich nur Haushalte mit monatlichen Einkommen unterhalb von 18.000 Euro. Das SOEP hat vor diesem Hintergrund 2019 eine Spezialstichprobe durchgeführt. Die Ergebnisse dieser Stichprobe sowie Daten zu den laut *Manager Magazin* 700 reichsten Deutschen mit Wohnsitz in Deutschland wurden in den Datensatz 2017 integriert. Der Anteil des vermögendsten Dezils ist demnach tatsächlich höher als in der Haushaltsbefragung 2017 ermittelt und in Abbildung 16-9 dargestellt. Das reichste Zehntel der bundesdeutschen Bevölkerung verfügt nicht – wie in der Abbildung dargestellt – über 56, sondern über etwa 67 Prozent des Nettogesamtvermögens.
>
> *Fortsetzung auf Folgeseite*

Fazit 16.4

Fortsetzung von Vorseite

Die Ungleichheit ist somit deutlich größer, als sie sich in den Befragungen unmittelbar darstellt. Das zeigt sich auch, wenn man das oberste Dezil weiter unterteilt: Der Anteil des reichsten Perzentils (vermögendste 1 Prozent der Haushalte) am Nettogesamtvermögen wird entsprechend auf etwa 35 Prozent beziffert. Somit beträgt das Vermögen eines Haushalts aus dem vermögendsten Perzentil mehr als das 30-Fache des Durchschnitts. Der Anteil der reichsten 0,1 Prozent liegt immer noch bei 20 Prozent (entspricht dem 200-Fachen des Durchschnitts).

Das zweite große Problem ist die Veranschlagung von Vermögenswerten. Sollte das Wohneigentum eines Haushalts zum Anschaffungspreis oder zum aktuellen Marktpreis bewertet werden? Wie viel ist die Kunstsammlung eines Multimillionärs wert? Existiert hierfür überhaupt ein Marktwert oder stellt dieser sich nicht erst bei einer Auktion, also beim Verkauf heraus? Hat die befragte Person überhaupt eine realistische Einschätzung vom Wert der gehaltenen Vermögensgegenstände? Diese Probleme schaffen gewisse Unschärfen, können aber nicht über den Umstand hinwegtäuschen, dass die Vermögensungleichheit zum einen zugenommen hat und sich zum anderen deutlich über dem Niveau der Einkommensungleichheit befindet.

Quellen: Deutsches Institut für Wirtschaftsforschung (DIW Berlin): Wochenbericht Nr. 40/2019 und Nr. 29/2020; Deutsche Bundesbank (2019): Vermögen und Finanzen privater Haushalte in Deutschland: Ergebnisse der Vermögensbefragung 2017.

Fragen

1. Erklären Sie den Unterschied zwischen Einkommen und Vermögen.
2. Nennen Sie jeweils Beispiele für
   a. einen vermögenden und zugleich einkommensstarken Haushalt,
   b. einen vermögenden, aber einkommensschwachen Haushalt,
   c. einen vermögensarmen, aber einkommensstarken Haushalt,
   d. einen vermögensarmen und zugleich einkommensschwachen Haushalt.
3. Beschreiben Sie, welche Begleitumstände in den genannten Beispielen die beschriebene Situation hervorrufen könnten.
4. Inwiefern verstärkt die ungleiche Vermögensverteilung die Konsequenzen der Ungleichheit der Einkommensverteilung?

Abb. 16-9: Die Vermögensverteilung in Deutschland

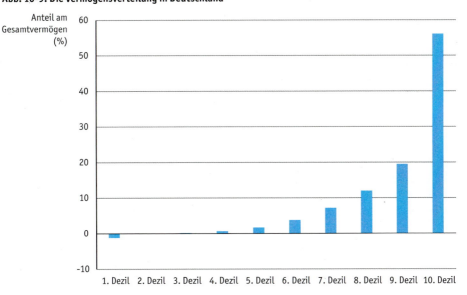

Die Abbildung zeigt die Vermögensverteilung in Deutschland für das Jahr 2017, gemessen in Dezilen.

Quelle: SOEPv34, mit 0,1 Prozent Top-Coding; Berechnungen des Deutsches Institut für Wirtschaftsforschung (DIW Berlin)

16.4 Einkommensungleichheit und Armut
Fazit

Wenn der Zielkonflikt zwischen Einkommensgleichheit und Effizienz kein Trugschluss ist, wie manche behaupten, so muss bei der Entwicklung von politischen Maßnahmen beachtet werden, inwieweit diese hart arbeitende und beruflich erfolgreiche Menschen (wie auch immer das gemessen werden soll) bestrafen und faule und weniger beruflich erfolgreiche Menschen belohnen. Dabei gibt der Gebrauch von Begriffen wie »hart arbeitend«, »faul« oder »erfolgreich« viel über das Wertesystem einer Gesellschaft preis. Bei der Erforschung politischer Maßnahmen zur Armutsbekämpfung sollten Ökonomen daher die verschiedenen gesellschaftlichen Wertesysteme mitberücksichtigen.

Zusammenfassung

▸ Die Angaben zur Einkommensverteilung zeigen, dass Einkommensungleichheit in allen Ländern vorkommt. Die Ungleichheit ist dabei von Land zu Land unterschiedlich stark ausgeprägt. Im weltweiten Vergleich ist sie in Europa weitaus geringer als in Afrika oder Südamerika. Innerhalb der EU ist sie besonders hoch in einigen süd- und osteuropäischen Ländern. Aber auch Deutschland liegt mit einem Gini-Koeffizienten von 29,7 nur geringfügig unter dem EU-Durchschnitt von 30,7. Dabei ist die Einkommensungleichheit in Deutschland nach 1999 (25,9) kontinuierlich gestiegen. 2019 verdienten die reichsten 20 Prozent der deutschen Bevölkerung fast 5-mal so viel wie die ärmsten 20 Prozent (Einkommensquintilverhältnis 4,9).

▸ Da wirtschaftlicher Lebenszyklus, transitorisches Einkommen und wirtschaftliche Mobilität wichtig für das Verständnis von Einkommensunterschieden sind, ist es schwierig, den Grad der Ungleichheit in unserer Gesellschaft anhand von Daten zur Einkommensverteilung für ein einziges Jahr zu beurteilen. Bei Berücksichtigung dieser Faktoren ist zu vermuten, dass die wirtschaftliche Wohlfahrt tendenziell gleichmäßiger verteilt ist als die Jahreseinkommen.

▸ Politische Philosophen unterscheiden sich in ihren Ansichten darüber, welche Rolle der Staat bei der Veränderung der Einkommensverteilung spielen sollte. Utilitaristen (z. B. John Stuart Mill) würden diejenige Einkommensverteilung vorziehen, die den gesamten Nutzen aller Gesellschaftsmitglieder maximiert. Vertreter des egalitären Liberalismus (z. B. John Rawls) würden eine Einkommensverteilung bevorzugen, wie wir sie hinter einem »Schleier des Nichtwissens« für gerecht erachten würden, der uns daran hindert, unsere eigenen Positionen im Leben zu kennen. Nach Meinung der Libertären (z. B. Robert Nozick) sollte der Staat für die Einhaltung individueller Rechte sorgen, um einen gerechten Prozess der Einkommensverteilung zu gewährleisten, nicht aber in die daraus resultierende Einkommensverteilung eingreifen. Libertäre Paternalisten (wie Richard Thaler und Cass Sunstein) sprechen sich dafür aus, Menschen in die Richtung zu »schubsen«, die ihre eigene Wohlfahrt und die Wohlfahrt der Gesellschaft als Ganzes erhöhen.

Stichwörter

▸ **Lorenzkurve**
▸ **Gini-Koeffizient**
▸ **Lebenszyklus**
▸ **permanente Einkommenshypothese**
▸ **Armutsrisikoquote**
▸ **Armutsgrenze**
▸ **absolute Armut**
▸ **relative Armut**
▸ **Utilitarismus**
▸ **egalitärer Liberalismus**
▸ **Maximin-Kriterium**
▸ **Libertarismus**
▸ **negative Einkommensteuer**
▸ **Sachtransfers**

▸ Verschiedene politische Maßnahmen sind möglich, um Armut zu überwinden und zu vermeiden – z. B. Mindestlohngesetze, das System der sozialen Sicherung sowie eine negative Einkommensteuer. Obwohl jede dieser Maßnahmen einigen armen Haushalten helfen kann, der Armut zu entkommen, haben sie ebenfalls unbeabsichtigte Nebeneffekte. Da die finanzielle Unterstützung mit steigendem Einkommen abnimmt, sehen sich die Armen oftmals sehr hohen effektiven Grenzsteuersätzen gegenüber. Die hohen effektiven Steuersätze entmutigen arme Haushalte, aus eigener Kraft der Armut zu entkommen.

Wiederholungsfragen

1. Was versteht man unter einer Lorenzkurve?
2. Was sagt der Gini-Koeffizient aus?
3. Was ist der Unterschied zwischen absoluter Armut und relativer Armut?
4. Warum verursachen transitorische Einkommensänderungen sowie Einkommensänderungen im Lauf des Lebens einer Person Schwierigkeiten bei der Beurteilung des Ausmaßes der Einkommensungleichheit?
5. Wie würden ein Utilitarist, ein Vertreter des egalitären Liberalismus und ein Libertärer das zulässige Ausmaß der Einkommensungleichheit bestimmen?
6. Worin bestehen die Vor- und Nachteile einer Gewährung von Sachleistungen anstelle von Geldleistungen für die Armen?

Aufgaben und Anwendungen

1. Volkswirte betrachten oftmals die Einkommensschwankungen im Lauf des Lebens einer Person als vorübergehende Einkommensänderungen, bezogen auf das Lebenszeiteinkommen oder das permanente Einkommen der Person. Wie stellt sich Ihr gegenwärtiges Einkommen im Verhältnis zu Ihrem permanenten Einkommen dar? Glauben Sie, dass Ihr gegenwärtiges Einkommen Ihren Lebensstandard exakt widerspiegelt?

2. In diesem Kapitel wurde die Bedeutung der wirtschaftlichen Mobilität diskutiert.
    a. Welche Maßnahmen könnte der Staat durchführen, um die wirtschaftliche Mobilität im Lauf eines Menschenlebens zu erhöhen?
    b. Welche Maßnahmen könnte der Staat durchführen, um die wirtschaftliche Mobilität über die Generationen zu erhöhen?
    c. Sind Sie der Meinung, wir sollten die Ausgaben für das System der sozialen Sicherung reduzieren und stattdessen mehr Geld für Maßnahmen zur Erhöhung der wirtschaftlichen Mobilität ausgeben? Worin bestünden einige der Vor- und Nachteile eines solchen Vorgehens?

3. Betrachten Sie zwei Gemeinschaften. In der einen Gemeinschaft verfügen zehn Haushalte jeweils über ein Einkommen von 100 Euro und zehn Haushalte jeweils

über ein Einkommen von 20 Euro. In der anderen Gemeinschaft verfügen zehn Haushalte jeweils über ein Einkommen von 200 Euro und zehn Haushalte jeweils über ein Einkommen von 22 Euro.
   a. In welcher Gemeinschaft ist das Einkommen ungleicher verteilt? In welcher Gemeinschaft ist das Armutsproblem wahrscheinlich schlimmer?
   b. Welche Einkommensverteilung würde Rawls vorziehen? Begründen Sie Ihre Antwort.
   c. Welche Einkommensverteilung ziehen Sie vor? Begründen Sie Ihre Antwort.

4. In Land A liegt der Gini-Koeffizient aktuell bei einem Wert von 34,5 (auf einer Skala von 0 bis 100), in Land B dagegen bei 23,5. Bedeutet dies, dass die unteren 20 Prozent in Land A ärmer sind als die unteren 20 Prozent in Land B? Erläutern Sie Ihre Antwort.

5. Angenommen, es gibt zwei mögliche Einkommensverteilungen in einer Gesellschaft von zehn Personen. Im Fall der ersten Verteilung verfügen neun Personen jeweils über ein Einkommen von 30.000 Euro und eine Person über ein Einkommen von 10.000 Euro. Im Fall der zweiten Verteilung verfügen alle zehn Personen über ein Einkommen von 25.000 Euro.
   a. Wie würde für den Fall der ersten Einkommensverteilung das utilitaristische Argument für eine Umverteilung des Einkommens lauten?
   b. Welche Einkommensverteilung würde Rawls für gerechter ansehen? Begründen Sie Ihre Antwort.
   c. Welche Einkommensverteilung würde Nozick für gerechter ansehen? Begründen Sie Ihre Antwort.

6. Angenommen, die Steuerschuld eines Haushalts ist gleich der Hälfte seines Einkommens abzüglich 10.000 Euro. Unter diesen Umständen würden manche Haushalte Steuern an den Staat bezahlen, andere würden infolge einer »negativen Einkommensteuer« Geld vom Staat erhalten.
   a. Betrachten Sie Haushalte mit einem Bruttoeinkommen von 0 Euro, 10.000 Euro, 20.000 Euro, 30.000 Euro und 40.000 Euro. Erstellen Sie eine Tabelle mit dem Bruttoeinkommen (Einkommen vor Steuer), der an den Staat bezahlten Steuer bzw. vom Staat empfangenen Transferzahlung sowie dem Nettoeinkommen (Einkommen nach Steuer) eines jeden Haushalts.
   b. Wie hoch ist der Grenzsteuersatz bei dieser Einkommensteuer? Wie hoch darf das Einkommen eines Haushalts maximal sein, damit er Geld vom Staat erhält?
   c. Nehmen Sie nun an, der Steuertarif hätte sich geändert und die Steuerschuld eines Haushalts wäre nun gleich einem Viertel seines Einkommens abzüglich 10.000 Euro. Wie hoch ist jetzt der Grenzsteuersatz? Wie hoch darf das Einkommen eines Haushalts maximal sein, damit er Geld vom Staat erhält?
   d. Worin liegt der Hauptvorteil eines jeden der hier diskutierten Steuertarife?

7. John und Jeremy sind beide Utilitaristen. John ist der Ansicht, dass das Arbeitsangebot in hohem Maße elastisch ist, während Jeremy glaubt, dass das Arbeits-

angebot ziemlich unelastisch ist. Wie werden sich ihre Ansichten im Hinblick auf die Umverteilung des Einkommens unterscheiden?

8. Betrachten Sie die folgenden Aussagen. Stimmen Sie zu oder nicht? Was implizieren Ihre Ansichten im Hinblick auf die Ausgestaltung bestimmter staatlicher Maßnahmen, wie z. B. die Besteuerung oder die Regelung der Vererbung?
   a. »Alle Eltern haben das Recht, hart zu arbeiten und zu sparen, um ihren Kindern ein besseres Leben zu ermöglichen.«
   b. »Kein Kind sollte aufgrund der Faulheit oder des Pechs seiner Eltern benachteiligt werden.«

17 Interdependenz und Handelsvorteile

Denken Sie einmal über Ihren üblichen Tagesablauf nach. Sie wachen morgens auf und trinken vielleicht ein Glas Perrier-Mineralwasser aus Frankreich oder Valserwasser aus der Schweiz. Dann machen Sie sich einige Tassen Schwarztee aus Indien oder Kaffee, der aus Costa Rica stammt. Während des Frühstücks hören Sie mit Ihrem japanischen Radiogerät das vom regionalen Rundfunk produzierte Programm. Sie schlüpfen in Ihre Kleidung, die vielleicht in Thailand oder China genäht wurde. Ihr japanischer Kleinwagen, mit dem Sie zur Hochschule fahren, wurde in Großbritannien aus Teilen montiert, die von über einem Dutzend Zulieferern aus der ganzen Welt stammen. Dann schlagen Sie schließlich Ihre Volkswirtschaftslehrbücher auf, die von Autoren aus den USA, Großbritannien oder Deutschland verfasst und vielleicht in Hampshire oder Stuttgart verlegt wurden. Das Papier der Bücher stammt aus Wäldern in Finnland oder Oberbayern.

Tag für Tag verlassen Sie sich auf viele Menschen, die rund um den Globus verteilt sind und die Sie nicht kennen, von denen Sie jedoch mit allen wünschenswerten Gütern beliefert werden. Solch eine gegenseitige Abhängigkeit oder Interdependenz ist nur möglich, weil alle miteinander Handel treiben. Eine der frühen Erkenntnisse von Volkswirten wie Adam Smith oder David Ricardo war es, dass es durch Handel jedem besser gehen kann. In diesem Kapitel wollen wir nun die Vorteile des Handels näher beleuchten, aber auch Argumente kennenlernen, die das Ausmaß der Handelsvorteile infrage stellen.

17.1 Die Produktionsmöglichkeitenkurve

Wir beginnen unsere Analyse mit einem Modell, in dem kein Handel stattfindet. Obwohl reale Volkswirtschaften Tausende Güter produzieren, beschränkt sich das Modell zur Vereinfachung auf die Produktion von zwei Kategorien von Gütern: Konsumgüter und Investitionsgüter (oder Kapitalgüter). Jedes Land hat begrenzte Ressourcen an Boden, Arbeit und Kapital zur Verfügung, die es der Produktion von Konsumgütern einerseits und der Produktion von Investitionsgütern andererseits zuteilen kann. Welche Allokationsalternativen das Land hat, kann mithilfe einer Produktionsmöglichkeitenkurve (*production possibility frontier, PPF*) verdeutlicht werden. Die **Produktionsmöglichkeitenkurve** ist ein Graph, der die verschiedenen Outputkombinationen – in diesem Fall aus Konsumgütern und Investitionsgütern – zeigt, die einer Volkswirtschaft mit den vorhandenen Produktionsfaktoren und der gegebenen Produktionstechnik möglich sind.

Abbildung 17-1 zeigt das Beispiel einer Produktionsmöglichkeitenkurve. In dieser Modellvolkswirtschaft würden, wenn alle Produktionsfaktoren für die Herstellung von

> **Produktionsmöglichkeitenkurve**
> Ein Graph, der die verschiedenen Outputkombinationen zeigt, die einer Volkswirtschaft mit den vorhandenen Produktionsfaktoren und der gegebenen Produktionstechnik möglich sind.

Investitionsgütern eingesetzt würden, 1 Million Einheiten Investitionsgüter und keine Konsumgüter hergestellt. Würden die gesamten Ressourcen für die Produktion von Konsumgütern eingesetzt, so würde die Volkswirtschaft 3 Millionen Einheiten Konsumgüter und keine Investitionsgüter produzieren. Die beiden Endpunkte der Produktionsmöglichkeitenkurve repräsentieren diese beiden Extremsituationen. Sofern die Volkswirtschaft ihre Ressourcen auf die beiden Produktionsbereiche aufteilt, könnte sie beispielsweise 700.000 Einheiten Investitionsgüter und 2 Millionen Einheiten Konsumgüter herstellen (Punkt A). Im Gegensatz dazu wäre der Produktionspunkt D nicht erreichbar, weil die Volkswirtschaft nicht über die erforderliche Menge an Produktionsfaktoren verfügt. Mit anderen Worten: Die Volkswirtschaft kann jeden Punkt auf oder unterhalb der Produktionsmöglichkeitenkurve verwirklichen, aber keinen Punkt jenseits dieser Kurve der Produktionsmöglichkeiten.

Ein Produktionsergebnis wird *effizient* genannt, sofern eine Volkswirtschaft alles nur Mögliche aus den verfügbaren knappen Ressourcen herausholt. Punkte auf (nicht unterhalb) der Produktionsmöglichkeitenkurve sind effiziente Produktionsmengen. Wenn die Volkswirtschaft auf solch einem Niveau produziert, z. B. in Punkt A, besteht keine Möglichkeit, von einem der beiden Güter mehr zu produzieren, ohne die Produktion des anderen Gutes einzuschränken. Punkt B repräsentiert ein *ineffizientes*

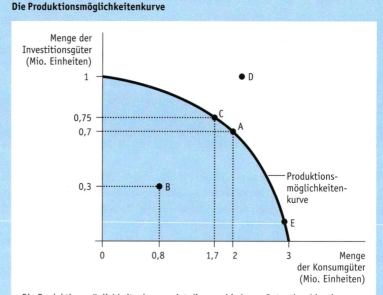

Abb. 17-1

Die Produktionsmöglichkeitenkurve

Die Produktionsmöglichkeitenkurve zeigt die verschiedenen Outputkombinationen – in diesem Fall aus Konsumgütern und Investitionsgütern –, die einer Volkswirtschaft mit den vorhandenen Produktionsfaktoren und der gegebenen Produktionstechnik möglich sind. Die Volkswirtschaft kann jede Mengenkombination auf oder unterhalb der Kurve produzieren. Punkte jenseits der Produktionsmöglichkeitenkurve sind der Volkswirtschaft mit den vorhandenen Ressourcen nicht möglich.

Produktionsergebnis. Aus irgendeinem Grund produziert die Volkswirtschaft hier weniger, als sie mit den vorhandenen Ressourcen erzeugen könnte, und daher liegen Ressourcen brach (sie sind nicht oder nicht voll ausgenutzt). In Punkt B erzeugt die Volkswirtschaft nur 300.000 Einheiten Investitionsgüter und 800.000 Einheiten Konsumgüter. Wenn die Ursachen der Ineffizienz beseitigt würden, könnte sich die Volkswirtschaft von Punkt B zu Punkt A bewegen und sowohl die Produktion der Investitionsgüter (auf 700.000) als auch die Produktion der Konsumgüter (auf 2 Millionen) ausdehnen.

Die Produktionsmöglichkeitenkurve illustriert einen Trade-off der Gesellschaft. Sobald man bei einem effizienten Produktionspunkt der Kurve angekommen ist, kann man von einer Güterkategorie nur dadurch mehr produzieren, dass man von der anderen weniger herstellt. Wenn sich die Volkswirtschaft z. B. von Punkt A zu Punkt C bewegt, produziert sie mehr Konsumgüter zum Preis einer geringeren Produktion von Investitionsgütern.

Die Produktionsmöglichkeitenkurve kann zudem genutzt werden, um die Opportunitätskosten einer bestimmten Gütermenge in Mengeneinheiten des anderen Gutes darzustellen. Wenn die Gesellschaft einen gewissen Teil der Produktionsfaktoren von der Investitionsgüterindustrie zur Konsumgüterindustrie verlagert, sodass man von Punkt A zu Punkt C kommt, gibt sie 300.000 Konsumgüter auf, um 50.000 zusätzliche Investitionsgüter zu erhalten. In anderen Worten: Wenn die Volkswirtschaft auf dem Niveau produziert, das in Punkt A gegeben ist, so betragen die Opportunitätskosten von 300.00 Einheiten Konsumgütern 50.000 Einheiten Investitionsgüter.

Berechnung der Opportunitätskosten

Erinnern Sie sich daran, dass die Opportunitätskosten als Kosten im Sinne der aufgegebenen nächstbesten Alternative definiert wurden. Die Opportunitätskosten umfassen das, worauf man verzichten muss, um etwas anderes zu erhalten. In unserem Beispiel muss die Volkswirtschaft 300.000 Einheiten Konsumgüter aufgeben, um 50.000 zusätzliche Einheiten Investitionsgüter zu erhalten. Die Opportunitätskosten können in Konsumgütern oder Investitionsgütern als jeweils reziprokem Wert des anderen ausgedrückt werden. Grundsätzlich können wir die Opportunitätskosten als Verzicht auf ein Gut in Relation zum Zugewinn am anderen Gut ausdrücken.

$$\text{Opportunitätskosten von Gut } y = \frac{\text{Verzicht auf Gut } x}{\text{Zugewinn an Gut } y}$$

Die Opportunitätskosten von Gut x wären gegeben durch:

$$\text{Opportunitätskosten von Gut } x = \frac{\text{Verzicht auf Gut } y}{\text{Zugewinn an Gut } x}$$

Die Opportunitätskosten einer zusätzlichen Einheit Konsumgüter oder einer zusätzlichen Einheit Investitionsgüter können ermittelt werden, beginnend mit einer Aufstellung der bekannten Mengen:

Die Opportunitätskosten (OC) von 300.000 Einheiten Konsumgütern sind 50.000 Einheiten Investitionsgüter.

Nun dividieren wir beide Mengenangaben durch die Anzahl der Konsumgüter. Daraus folgt:

OC von $\frac{300.000}{300.000}$ Konsumgütern sind $\frac{50.000}{300.000}$ Investitionsgüter.

Daraus folgt, dass die Opportunitätskosten für eine zusätzliche Einheit Konsumgüter der Verzicht auf 0,17 Einheiten Investitionsgüter sind:

OC von 1 Einheit Konsumgüter sind 0,17 Einheiten Investitionsgüter.

Um die Opportunitätskosten der Investitionsgüter im Sinne eines Verzichtes auf Konsumgüter zu ermitteln, wenden wir die gleichen Rechenschritte an:

Die Opportunitätskosten von 50.000 Einheiten Investitionsgüter sind 300.000 Einheiten Konsumgüter.

OC von $\frac{50.000}{50.000}$ Investitionsgütern sind $\frac{300.000}{50.000}$ Konsumgüter.

OC von 1 Einheit Investitionsgüter sind 6 Einheiten Konsumgüter.

Der Verlauf der Produktionsmöglichkeitenkurve

Die Produktionsmöglichkeitenkurve in Abbildung 17-2 ist nach außen gekrümmt (sie verläuft konkav zum Ursprung). Dies ist dem Umstand geschuldet, dass wenn die Volkswirtschaft die Produktionsfaktoren so umverteilt, dass die Produktion des einen Gutes erhöht werden kann, die Opportunitätskosten im Sinne eines notwendigen Verzichtes auf das andere Gut steigen – ausgenommen die Produktionsfaktoren sind vollkommene Substitute (in diesem Fall verliefe die Produktionsmöglichkeitenkurve linear).

Wenn ein Land beispielsweise den größten Teil seiner Ressourcen für die Produktion von Konsumgütern verwendet – wie in Punkt A der Abbildung 17-2 zu sehen – so werden Arbeit, Boden und Kapital zur Herstellung von Konsumgütern genutzt, obwohl sie nicht optimal für diese Verwendung geeignet sind. Wenn die Volkswirtschaft nun einen Teil der Produktionsfaktoren stärker auf die Produktion von Investitionsgütern verlagert, sodass sie statt der Outputkombination A die Outputkombination B realisiert, so gewinnt sie 250.000 Einheiten Investitionsgüter hinzu und muss hierfür auf 200.000 Konsumgütereinheiten verzichten. Die Produktion einer zusätzlichen Einheit an Investitionsgütern erfordert demnach den Verzicht auf 0,8 Konsumgütereinheiten (Opportunitätskosten). Freigesetzte Ressourcen aus der Konsumgüterproduktion können nun zur Herstellung von Investitionsgütern genutzt werden, eine Verwendung, für die sie besser geeignet sind. Wenn sich die Volkswirtschaft auf der Produktionsmöglichkeitenkurve jedoch von der Outputkombination B zur Outputkombination C bewegt, beträgt der Zugewinn an Investitionsgütern weitere 200.000 Einheiten, der notwendige Verzicht auf Konsumgüter jedoch bereits 700.000 Einheiten. Die Opportunitätskosten einer zusätzlichen Investitionsgütereinheit belaufen sich in Punkt C also bereits auf 3,5 Konsumgütereinheiten.

Wenn das Land nun fortfährt, Ressourcen von der Konsumgüterproduktion zur Investitionsgüterproduktion zu verlagern, nimmt die Substituierbarkeit der Inputfaktoren, also die Leichtigkeit, mit der ein Produktionsfaktor durch einen anderen ersetzt werden kann, weiter ab und die Opportunitätskosten im Sinne des notwendigen Verzichts auf Konsumgüter steigen. So kosten zusätzliche 250.000 Einheiten Investitionsgüter (Bewegung von Punkt C zu Punkt D auf der Produktionsmöglichkeitenkurve) die Volkswirtschaft bereits 1,1 Millionen Konsumgütereinheiten. Die Opportunitätskosten für eine zusätzliche Investitionsgütereinheit belaufen sich jetzt auf 4,4 Konsumgütereinheiten. Die Ursache für diesen Anstieg der Opportunitätskosten liegt darin begründet, dass die zusätzlichen Produktionsfaktoren, welche zur Investitionsgüterherstellung eingesetzt werden, nun immer weniger für diesen Zweck geeignet sind, sodass der damit einhergehende Verlust an Konsumgütern (für deren Produktion die Faktoren besser geeignet wären) steigt.

Die Produktionsmöglichkeitenkurve illustriert damit zwei der drei Kernfragen, die sich jede Gesellschaft beantworten muss: Welche Waren und Dienstleistungen sollen produziert werden? Und wie viel soll von diesen Waren und Dienstleistungen produziert werden? Dabei können die meisten Volkswirtschaften die ihr zur Verfügung stehenden Produktionsfaktoren auf unterschiedliche Weise nutzen. So könnte sich beispielsweise Deutschland dazu entschließen, in großen Mengen Orangen zu

Abb. 17-2

Der Verlauf der Produktionsmöglichkeitenkurve

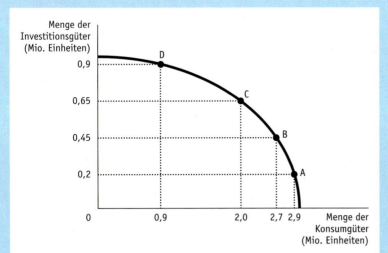

Die Produktionsmöglichkeitenkurve verläuft konkav zum Ursprung. Dabei spiegelt der Verlauf die Opportunitätskosten der Produktion verschiedener Mengen von Konsum- und Investitionsgütern wider. Wenn die Volkswirtschaft ihre Produktionsfaktoren von der Konsumgüterproduktion zur Investitionsgüterproduktion umverteilt, steigen mit jeder zusätzlichen Einheit Investitionsgüter die Opportunitätskosten im Sinne des notwendigen Verzichts auf Konsumgüter. Dies zeigt der Verlauf der Kurve zwischen den Outputkombinationen A bis D.

produzieren und Ressourcen dieser Produktion zuführen. Neben den Arbeitskräften (Faktor Arbeit) wären hierfür große Flächen Land (Faktor Boden) und Gewächshäuser mit der entsprechenden klimaregulierenden Computertechnik (Faktor Kapital) nötig. In Spanien könnte die gleiche Menge Orangen hingegen mit weit weniger Ressourceneinsatz produziert werden, schlicht deswegen, weil das Klima dort für die Orangenproduktion geeigneter und somit keine Gewächshäuser nötig sind. Die Opportunitätskosten des Faktoreinsatzes für Orangenproduktion in Deutschland dürften daher hoch sein.

Verschiebung der Produktionsmöglichkeitenkurve

Die Produktionsmöglichkeitenkurve zeigt die Alternativen bei der Produktion verschiedener Güter in einer bestimmten Periode. Doch der Zielkonflikt und damit die Produktionsmöglichkeitenkurve können sich im Lauf der Zeit verändern. So kann beispielsweise technischer Fortschritt bewirken, dass Produktionsfaktoren in einer bestimmten Zeitperiode beträchtlich mehr Output pro Einheit produzieren können. Länder können plötzlich in der Lage sein, mehr Rohstoffe zu fördern bzw. zu verarbeiten oder der Grad der Bildung steigt, sodass der Faktor Arbeit produktiver wird. Folglich können sich die Opportunitätskosten der Produktion im Lauf der Zeit ändern, was wiederum Verlauf und Lage der Produktionsmöglichkeitenkurve beeinflussen kann. Abbildung 17-3 zeigt die möglichen Resultate.

In Diagramm (a) hat sich die Produktionsmöglichkeitenkurve nach außen verschoben, was wirtschaftliches Wachstum anzeigt. Das Land kann nun sowohl mehr Investitionsgüter als auch mehr Konsumgüter produzieren, grafisch verdeutlicht durch die Verschiebung von Punkt A zu Punkt B. Wenn in diesem Fall alle Ressourcen für die Produktion von Investitionsgütern eingesetzt würden, könnte das Land nun 1,2 Millionen Einheiten Investitionsgüter produzieren. Wenn alle Ressourcen für die Herstellung von Konsumgütern verwendet würden, würde die Volkswirtschaft 3,6 Millionen Einheiten Konsumgüter produzieren. Die relativen Opportunitätskosten der verschiedenen Outputkombinationen blieben jedoch gleich, da sich die Produktionsmöglichkeitenkurve lediglich nach außen verschoben hat, d. h. parallel zu jedem Punkt der ursprünglichen Kurve verläuft. Diagramm (b) zeigt ebenfalls eine Verschiebung der Produktionsmöglichkeitenkurve, doch in diesem Fall ist der Produktivitätszuwachs in der Investitionsgüterproduktion größer als in der Konsumgüterindustrie. Wenn nun alle Ressourcen in die Produktion von Investitionsgütern gesteckt würden, so könnte das Land 1,5 Millionen Einheiten Investitionsgüter herstellten. Würde es alle Ressourcen für die Produktion von Konsumgütern verwenden, so würde dies in 3,2 Millionen Einheiten Konsumgüter resultieren. Die Opportunitätskosten jeder Outputkombination auf der neuen Produktionsmöglichkeitenkurve unterscheiden sich nun von denen der ursprünglichen Kurve. Diagramm (c) zeigt den umgekehrten Fall: Der Produktivitätszuwachs in der Konsumgüterindustrie ist größer als der in der Investitionsgüterindustrie. Wenn in diesem Fall alle Ressourcen für die Produktion von Konsumgütern eingesetzt würden, könnte das Land nun 3,7 Millionen Einheiten herstellen und im anderen Extrem 1,1 Millionen Einheiten Investitionsgüter. Ebenso kann es passieren, dass die Produktivität in der einen Branche sinkt, während sie in der anderen steigt. In diesem Fall kann die Produktionsmöglichkeitenkurve den Verlauf annehmen, der in Diagramm (d) zu sehen ist. Die Produktivität der Investitionsgüterindustrie ist hier gestiegen, die der Konsumgüterindustrie gesunken.

Die Produktionsmöglichkeitenkurve vereinfacht die Komplexität der realen Volkswirtschaft, um einige grundlegende Gedanken zu transportieren bzw. zu verdeutlichen. Hiervon ausgehend können wir nun unsere Analyse erweitern und untersuchen, wie die verschiedenen Faktorausstattungen und Faktorproduktivitäten unterschiedlicher Länder dazu führen können, dass Länder Handel treiben und dadurch Vorteile erlangen.

Abb. 17-3

Verschiebungen der Produktionsmöglichkeitenkurve

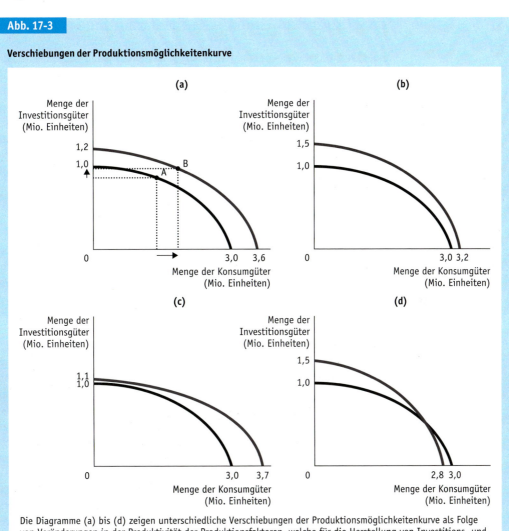

Die Diagramme (a) bis (d) zeigen unterschiedliche Verschiebungen der Produktionsmöglichkeitenkurve als Folge von Veränderungen in der Produktivität der Produktionsfaktoren, welche für die Herstellung von Investitions- und Konsumgütern benötigt werden.

> **Kurztest**
> Nutzen Sie die Informationen aus Abbildung 17-3 und ermitteln Sie die Opportunitätskosten sowohl der Konsumgüter- als auch der Investitionsgüterproduktion für jede der Situationen, die in den unterschiedlichen Diagrammen dargestellt ist. Gehen Sie dabei jeweils davon aus, dass das Land zuerst alle Ressourcen für die Produktion von Investitionsgütern einsetzt und dann alle Ressourcen für die Konsumgüterproduktion verwendet.

17.2 Produktionsmöglichkeiten und Handel

Jedes Land hat seine eigene Produktionsmöglichkeitenkurve und – isoliert von anderen Ländern betrachtet – stellt sie seine einzigen Wahlmöglichkeiten bezüglich des Faktoreinsatzes für die Güterproduktion dar. Wenn ein Land die Angebotsmenge der Waren und Dienstleistungen für seine Bürger erhöhen will, so kann es die Menge seiner Produktionsfaktoren vergrößern oder deren Produktivität erhöhen und somit die Produktionsmöglichkeitenkurve nach außen verschieben. Zusätzlich kann ein Land aber auch Handel treiben, was wie eine Verschiebung der Produktionsmöglichkeitenkurve nach außen wirkt und somit den Nutzen für die Bürger erhöht.

Ein Gleichnis für die moderne Volkswirtschaft

Um zu verdeutlichen, warum Handel vorteilhaft sein kann, wollen wir ein einfaches Beispiel entwerfen. Stellen wir uns vor, es gäbe zwei Güter auf der Welt – Fleisch und Kartoffeln – sowie zwei Menschen (unsere Analogie für zwei Länder) – einen Landwirt und einen Viehzüchter – die beide gerne sowohl Fleisch als auch Kartoffeln essen würden.

Wir nehmen an, dass der Landwirt nur Kartoffeln und der Viehzüchter nur Fleisch produzieren kann. Ein Szenario wäre nun, dass sich die beiden so auf Produktion und Eigenverbrauch einrichten, dass sie nichts miteinander zu tun haben. Doch nach mehreren Monaten des Fleischessens – gebraten, gegrillt, gekocht oder wie auch immer zubereitet – könnte der Viehzüchter zu dem Schluss kommen, dass ihm die Eigenversorgung nicht ausreicht, um seine Bedürfnisse zu befriedigen. Der Landwirt, der inzwischen monatelang nur gekochte, gestampfte, frittierte oder zu Knödeln verarbeitete Kartoffeln gegessen hat, wird ihm sehr wahrscheinlich zustimmen. Man sieht sofort, dass der Handel beiden eine größere Gütervielfalt bescheren würde: Jeder könnte nun z. B. Steak mit Pommes essen.

Nehmen wir nun an, dass sowohl der Landwirt als auch der Viehzüchter beide Arten von Produkten herstellen könnten. In diesem Fall hat jeder seine eigene Produktionsmöglichkeitenkurve, ebenso wie es zwei Länder haben. Nehmen wir an, der Landwirt wäre zu Viehzucht und Fleischproduktion in der Lage, jedoch nicht sehr gut in dem letzteren Produktionszweig. Nehmen wir andererseits an, der Viehzüchter könnte auch Kartoffeln anbauen, obwohl seine Böden dafür wenig geeignet sind.

17.2 Produktionsmöglichkeiten und Handel

Die Produktionsmöglichkeitenkurven würden in diesem Fall aussehen wie in Abbildung 17-4 dargestellt. Diagramm (a) zeigt die Produktionsmöglichkeitenkurve des Viehzüchters und Diagramm (b) die des Landwirts. Da der Viehzüchter effizienter in der Fleischproduktion ist als in der Kartoffelproduktion, zeigt der Verlauf seiner Produktionsmöglichkeitenkurve die relativ hohen Opportunitätskosten jeder Umverteilung seiner Ressourcen von der Viehproduktion zur Kartoffelproduktion. Setzt der Viehzüchter alle seine Ressourcen für die Fleischproduktion ein, so kann er Menge Q_M produzieren. Wenn er nun die Entscheidung trifft, einen Teil seiner Ressourcen für Kartoffelproduktion zu nutzen, so ist der Rückgang der Produktionsmenge an Fleisch relativ hoch im Verhältnis zu einem relativ kleinen Zuwachs der Produktionsmenge an Kartoffeln. Die Opportunitätskosten der Kartoffelproduktion sind für den Viehzüchter also relativ hoch, d. h., er muss für einen kleinen Zugewinn an Kartoffeln auf relativ viel Fleisch verzichten, grafisch dargestellt durch die Bewegung von Outputkombination A zu B. Die Situation des Landwirts ist genau umgekehrt, wie in Diagramm (b) zu sehen. Wenn der Landwirt seine Ressourcen von der Kartoffelproduktion zur Fleischproduktion verlagert, muss er für eine relativ kleine Outputmenge Fleisch auf eine relativ große Menge Kartoffeln verzichten. Demnach sind die Opportunitätskosten der Fleischproduktion für den Landwirt hoch.

Ökonomisch betrachtet wäre es folglich effizienter, der Viehzüchter und der Landwirt würden sich beide auf das spezialisieren, was sie jeweils am besten können, und dann miteinander zu einem beidseitig vereinbarten Austauschverhältnis Handel treiben.

Die Handelsvorteile sind jedoch weniger offensichtlich, wenn einer der beiden *jedes* Gut besser produzieren kann. Unterstellen wir einmal, der Viehzüchter wäre

Abb. 17-4

Unterschiedliche Relationen der Opportunitätskosten

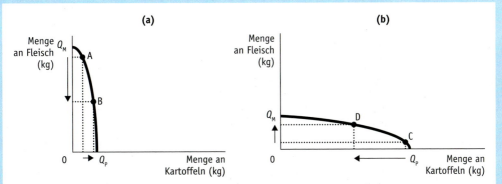

Diagramm (a) zeigt die Produktionsmöglichkeitenkurve des Viehzüchters, Diagramm (b) zeigt die Produktionsmöglichkeitenkurve des Landwirts. Der Viehzüchter kann besser Fleisch produzieren, der Landwirt besser Kartoffeln. Jedoch hätten beide die Möglichkeit, Ressourcen zu verlagern und für die Produktion des jeweils anderen Gutes zu nutzen. Dabei sind die Opportunitätskosten bei beiden unterschiedlich: Während für den Viehzüchter die Opportunitätskosten der Kartoffelproduktion hoch sind, sind für den Landwirt die Opportunitätskosten der Fleischproduktion hoch.

sowohl in der Fleischproduktion als auch in der Kartoffelproduktion besser als der Landwirt. Soll der Viehzüchter sich nun für die Selbstversorgung und gegen den Handelsaustausch entscheiden? Oder gibt es weiterhin Gründe, den Handel zu pflegen? Um diese Frage zu beantworten, müssen wir einen genaueren Blick auf die Faktoren werfen, die solch eine Entscheidung beeinflussen.

Produktionsmöglichkeiten

Nehmen wir an, Landwirt und Viehzüchter arbeiten je 8 Stunden pro Tag. Sie können diese Arbeitszeit wahlweise für den Kartoffelanbau, die Viehzucht oder Kombinationen der beiden Aktivitäten einsetzen. Wie viel Zeit jeder der beiden benötigt, um von jeder Güterart ein Kilogramm herzustellen, zeigt die Tabelle 17-1. Der Landwirt produziert 1 Kilogramm Kartoffeln in 15 Minuten und 1 Kilogramm Fleisch in 60 Minuten. Der Viehzüchter ist bei der Herstellung *beider* Güter produktiver und kann 1 Kilogramm Kartoffeln in 10 Minuten und 1 Kilogramm Fleisch in 20 Minuten herstellen.

Die letzte Spalte der Tabelle 17-1 zeigt die Mengen an Fleisch oder Kartoffeln, die der Landwirt und der Viehzüchter jeweils in 8 Stunden erzeugen können, wenn sie sich nur auf die Produktion dieses einen Gutes beschränken.

Diagramm (a) der Abbildung 17-5 illustriert die Mengen an Fleisch und Kartoffeln, die der Landwirt erzeugen kann. Verwendet er die gesamten 8 Stunden für den Kartoffelanbau, erhält er 32 Kilogramm Kartoffeln und kein Fleisch. Wenn er seine 8 Stunden Arbeitszeit umgekehrt vollständig zur Fleischerzeugung einsetzt, produziert er 8 Kilogramm Fleisch und keine Kartoffeln. Teilt der Landwirt seine Zeit gleichmäßig auf beide Produktionszweige auf, sodass er je 4 Stunden für das eine und 4 Stunden für das andere arbeitet, erzeugt er 16 Kilogramm Kartoffeln und 4 Kilogramm Fleisch. Das Diagramm zeigt diese drei möglichen Ergebnisse sowie alle übrigen Situationen dazwischen.

Der Graph in Diagramm (a) ist die Produktionsmöglichkeitenkurve des Landwirts. Beachten Sie, dass die Produktionsmöglichkeitenkurve in diesem Fall linear verläuft und die Steigung konstant ist, was bedeutet, dass die Opportunitätskosten eines Wechsels zwischen Kartoffel- und Fleischproduktion konstant sind. Der Landwirt steht vor den abzuwägenden Alternativen der Kartoffel- oder Fleischproduktion (Trade-offs). Für jede Stunde, die der Landwirt für die Fleischproduktion verwenden

Tab. 17-1

Die Produktionsmöglichkeiten des Landwirts und des Viehzüchters

	Arbeitszeit für 1 Kilogramm		Produktionsmenge in 8 Stunden	
	Fleisch	Kartoffeln	Fleisch	Kartoffeln
Landwirt	60 Minuten	15 Minuten	8 Kilogramm	32 Kilogramm
Viehzüchter	20 Minuten	10 Minuten	24 Kilogramm	48 Kilogramm

17.2 Produktionsmöglichkeiten und Handel

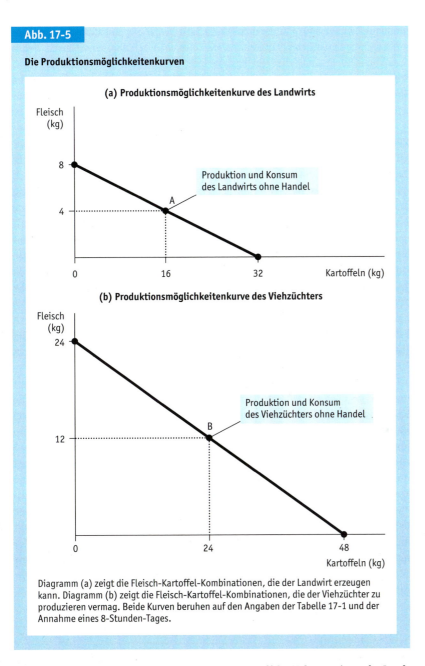

Abb. 17-5

Die Produktionsmöglichkeitenkurven

Diagramm (a) zeigt die Fleisch-Kartoffel-Kombinationen, die der Landwirt erzeugen kann. Diagramm (b) zeigt die Fleisch-Kartoffel-Kombinationen, die der Viehzüchter zu produzieren vermag. Beide Kurven beruhen auf den Angaben der Tabelle 17-1 und der Annahme eines 8-Stunden-Tages.

würde, verliert er einen Teil der Outputmenge an Kartoffeln. Nehmen wir an, der Landwirt beginnt bei Punkt A, in dem er 4 Kilogramm Fleisch und 16 Kilogramm Kartoffeln produziert. Wenn er sich nun entscheidet, alle Ressourcen für die Kartoffelproduktion einzusetzen, so bewegt er sich zum Schnittpunkt seiner Produktionsmöglichkeitenkurve mit der waagerechten Achse. In diesem Punkt würde er 32 Kilogramm Kartoffeln produzieren, aber dafür 4 Kilogramm Fleisch verlieren. Die Opportunitätskosten eines zusätzlichen Kilogramms Kartoffeln wären demnach ¼ Kilogramm Fleisch. Jedes zusätzliche Kilogramm Kartoffeln, dass der Landwirt produziert, beinhaltet also einen Trade-off von ¼ Kilogramm Fleisch. Sollte sich der Landwirt hingegen entschließen, die Fleischproduktion auf Kosten der Kartoffelproduktion auszudehnen, so würde er für jedes zusätzliche Kilogramm Fleisch auf 4 Kilogramm Kartoffeln verzichten müssen.

Diagramm (b) der Abbildung 17-5 zeigt die Produktionsmöglichkeitenkurve des Viehzüchters. Sofern dieser die gesamten 8 Stunden für die Kartoffelerzeugung einsetzt, stellt er 48 Kilogramm Kartoffeln und kein Fleisch her. Wendet er seine gesamte Tagesarbeitszeit für die Fleischerzeugung auf, so produziert er 24 Kilogramm Fleisch und keine Kartoffeln. Wenn der Viehzüchter seine Zeit mit je 4 Stunden gleichmäßig auf beide Produktionen aufteilt, erhält er 24 Kilogramm Kartoffeln und 12 Kilogramm Fleisch als Output. Wiederum zeigt die Produktionsmöglichkeitenkurve alle erdenklichen Outputkombinationen. Sollte sich der Viehzüchter entscheiden, von der 50-50-Aufteilung seines Arbeitseinsatzes auf eine ausschließliche Kartoffelproduktion umzusteigen, liegen die Opportunitätskosten der dann zusätzlich produzierten 24 Kilogramm Kartoffeln bei 12 Kilogramm Fleisch. Er würde für jedes zusätzliche Kilogramm Kartoffeln ½ Kilogramm Fleisch aufgeben müssen. Damit beträgt die Steigung der Produktionsmöglichkeitenkurve 0,5. Wenn der Viehzüchter im umgekehrten Fall mehr Fleisch und weniger Kartoffeln produziert, dann führt jede Erhöhung der Fleischproduktion um 1 Kilogramm zu einem Rückgang der Kartoffelproduktion um 2 Kilogramm.

Sollten sich Landwirt und Viehzüchter für Selbstversorgung statt Handel entscheiden, müsste jeder genau das verbrauchen, was er produziert. In diesem Fall wäre die Produktionsmöglichkeitenkurve zugleich die Konsummöglichkeitenkurve, d. h., ohne Handel zeigen die beiden Diagramme der Abbildung 17-5 die möglichen Mengenkombinationen aus Fleisch und Kartoffeln, die jeder der beiden konsumieren könnte.

Obwohl diese Produktionsmöglichkeitenkurven nützlich sind, um die wählbaren Alternativen und Zielkonflikte der beiden aufzuzeigen, verraten sie uns nicht, welche Entscheidung Landwirt und Viehzüchter konkret treffen werden. Um die tatsächlichen Entscheidungen im Rahmen der potenziellen Entscheidungsmöglichkeiten zu bestimmen, müssen wir Geschmack und Präferenzen der beiden kennen. Nehmen wir an, die beiden würden die mit Punkt A (16; 4) und Punkt B (24; 12) in Abbildung 17-5 markierten Möglichkeiten wählen: Dann produziert und konsumiert der Landwirt 16 Kilogramm Kartoffeln und 4 Kilogramm Fleisch, während der Viehzüchter 24 Kilogramm Kartoffeln und 12 Kilogramm Fleisch produziert und konsumiert.

Spezialisierung

Nach einigen Jahren, in denen der Viehzüchter die Güterkombination B produziert und verzehrt hat, kommt ihm ein Gedanke und er sucht das Gespräch mit dem Landwirt.
Viehzüchter: Lieber Landwirt, ich schlage dir ein Geschäft vor. Ich weiß nun, wie es uns beiden besser gehen kann. Ich denke, du solltest aufhören, Fleisch zu produzieren und dich ganz auf die Kartoffelerzeugung verlegen. Nach meiner überschlägigen

17.2 Produktionsmöglichkeiten und Handel

Abb. 17-6

Wie der Handel die Wahlmöglichkeiten beim Konsum erweitert

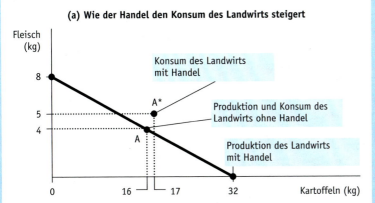

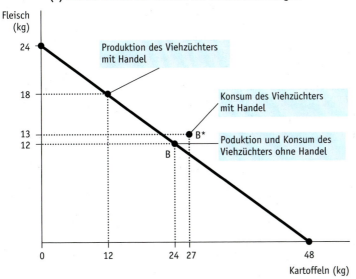

Der vorgeschlagene Handel zwischen dem Landwirt und dem Viehzüchter erschließt jedem der beiden eine Fleisch-Kartoffel-Kombination, die ohne Handelsaustausch nicht möglich wäre. Im Diagramm (a) erreicht der Landwirt den Konsumpunkt A* statt A. Im Diagramm (b) erreicht der Viehzüchter den Konsumpunkt B* statt B. Handel erlaubt jedem, mehr Fleisch und mehr Kartoffeln zu konsumieren.

17.2 Interdependenz und Handelsvorteile
Produktionsmöglichkeiten und Handel

Rechnung wirst du bei 8 Stunden Tagesarbeitszeit 32 Kilogramm Kartoffeln produzieren. Wenn du mir 15 von diesen 32 Kilogramm gibst, werde ich dir dafür 5 Kilogramm Fleisch geben. Am Ende hast du jeden Tag 17 Kilogramm Kartoffeln und 5 Kilogramm Fleisch zu essen (anstatt 16 Kilogramm Kartoffeln und 4 Kilogramm Fleisch gegenwärtig). Wenn du in meinen Plan einwilligst, wirst du von beiden Nahrungsmitteln mehr haben. (Dabei zeigt der Viehzüchter dem Landwirt Diagramm (a) der Abbildung 17-6.)

Landwirt: (noch skeptisch) Das hört sich nach einem guten Geschäft für mich an. Aber ich verstehe nicht, warum du das anbietest. Wenn das Geschäft für mich so gut ist, kann es doch nicht auch für dich gut sein.

Viehzüchter: Oh doch, das ist es! Wenn ich 6 Stunden pro Tag für die Viehzucht und 2 Stunden für den Kartoffelanbau aufwende, produziere ich 18 Kilogramm Fleisch und 12 Kilogramm Kartoffeln. Nachdem ich dir 5 Kilogramm Fleisch im Austausch für 15 Kilogramm Kartoffeln abgegeben habe, habe ich 13 Kilogramm Fleisch und 27 Kilogramm Kartoffeln (anstatt 12 Kilogramm Fleisch und 24 Kilogramm Kartoffeln gegenwärtig). Am Ende werde auch ich mehr von beiden Nahrungsmitteln haben als bisher. (Er zeigt Diagramm (b) der Abbildung 17-6.)

Landwirt: Ich weiß nicht recht ... Das klingt zu schön, um wahr zu sein.

Viehzüchter: Es ist wirklich nicht so kompliziert, wie es zuerst den Anschein hat. Hier, ich habe meinen Vorschlag in einer einfachen Tabelle zusammengefasst. (Der Viehzüchter übergibt eine Kopie der Tabelle 17-2.)

Landwirt: (nach einer gewissen Zeit des Lesens und Nachdenkens) Die Rechnungen scheinen korrekt zu sein, und doch bin ich überrascht. Wie kann dieses Geschäft uns beide besser stellen?

Viehzüchter: Wir können deshalb beide profitieren, weil uns der Handel die Möglichkeit gibt, uns auf das zu spezialisieren, was wir am besten können. Du wirst mehr Zeit auf den Kartoffelanbau und weniger auf die Viehzucht verwenden. Ich werde mehr Zeit

Tab. 17-2

Die Handelsvorteile – Zusammenfassung

	Landwirt		Viehzüchter	
	Fleisch	Kartoffeln	Fleisch	Kartoffeln
ohne Handel				
Produktion und Konsum	4 Kilogramm	16 Kilogramm	12 Kilogramm	24 Kilogramm
mit Handel				
Produktion	0 Kilogramm	32 Kilogramm	18 Kilogramm	12 Kilogramm
Handel	erhält 5 Kilogramm	gibt 15 Kilogramm	gibt 5 Kilogramm	erhält 15 Kilogramm
Konsum	5 Kilogramm	17 Kilogramm	13 Kilogramm	27 Kilogramm
Handelsgewinn				
Konsumanstieg	+1 Kilogramm	+1 Kilogramm	+1 Kilogramm	+3 Kilogramm

für die Viehzucht und weniger für den Kartoffelanbau einsetzen. Als Ergebnis der Spezialisierung und des Handels kann jeder von uns ohne Mehrarbeit sowohl mehr Fleisch als auch mehr Kartoffeln verbrauchen.

> **Kurztest**
> Entwerfen Sie als Beispiel die Produktionsmöglichkeitenkurve von Robinson Crusoe, einem Schiffbrüchigen, der seine Zeit mit Kokosnusssammeln und Fischfang zubringt. Beschränkt diese Produktionsmöglichkeitenkurve den Konsum von Robinson Crusoe, wenn er Selbstversorger ist? Gelten für ihn dieselben Grenzen, falls er mit Eingeborenen auf der Insel Handel treiben kann?

17.3 Das Prinzip des komparativen Vorteils

Beide, Viehzüchter und Landwirt, profitieren vom Handel miteinander. Wie kann das sein, wenn doch der Viehzüchter (wie wir in unserem Beispiel angenommen haben) sowohl bei der Produktion von Fleisch als auch bei der Produktion von Kartoffeln besser ist als der Landwirt? Die Antwort liegt im Prinzip des komparativen Vorteils.

Zur Erklärung dieses Prinzips müssen wir uns zuerst die folgende Frage stellen: Wer kann in unserem Beispiel die Kartoffeln zu niedrigeren Kosten erzeugen – der Landwirt oder der Viehzüchter? Darauf gibt es zwei mögliche Antworten, und in diesen beiden Antworten liegt der Schlüssel zum Verständnis der Handelsvorteile. Dabei hilft ein Blick auf die Produktionsmöglichkeitenkurven unserer beiden Protagonisten.

Absoluter Vorteil

Eine Möglichkeit zur Beantwortung der Frage nach den Produktionskosten von Kartoffeln besteht darin, die bei den zwei Produzenten erforderlichen Inputfaktoren zu vergleichen. Ökonomen verwenden den Ausdruck »absoluter Vorteil«, wenn sie die Produktivität einer Person, eines Unternehmens oder einer Nation mit einer zweiten vergleichen. Ein **absoluter Vorteil** besteht, wenn ein Produzent eine kleinere Inputmenge zur Produktion eines Gutes benötigt als ein anderer.

In unserem Beispiel hat der Viehzüchter bei beiden Produkten einen absoluten Produktionsvorteil, weil er für jede der beiden Produkteinheiten weniger Arbeitszeit benötigt. Der Viehzüchter braucht nur 20 Minuten für die Produktion von 1 Kilogramm Fleisch, während der Landwirt für die gleiche Menge 60 Minuten benötigt. Für die Produktion von 1 Kilogramm Kartoffeln reichen dem Viehzüchter 10 Minuten, während der Landwirt das nur in 15 Minuten schafft. Damit können wir sagen, dass der Viehzüchter niedrigere Kosten bei der Kartoffelproduktion hat, wenn wir die Produktionskosten in Form des Arbeitseinsatzes messen.

Absoluter Vorteil
Besteht, wenn ein Produzent eine kleinere Inputmenge zur Produktion eines Gutes benötigt als ein anderer.

Opportunitätskosten und komparativer Vorteil

Es gibt aber noch eine zweite Möglichkeit, die Produktionskosten der Kartoffeln zu bewerten. Anstatt die erforderlichen Inputfaktoren zu vergleichen, vergleichen wir die Opportunitätskosten.

Schauen wir uns zuerst die Opportunitätskosten des Viehzüchters an. Nach Tabelle 17-1 erfordert die Produktion von 1 Kilogramm Kartoffeln von ihm 10 Arbeitsminuten. Wenn der Viehzüchter 10 Minuten für die Kartoffelerzeugung verwendet, setzt er 10 Minuten weniger bei der Fleischproduktion ein. Weil der Viehzüchter 20 Arbeitsminuten benötigt, um 1 Kilogramm Fleisch herzustellen, würden 10 Arbeitsminuten ½ Kilogramm Fleisch ergeben. Daher belaufen sich die Opportunitätskosten des Viehzüchters für 1 Kilogramm Kartoffeln auf ½ Kilogramm Fleisch.

Betrachten wir nun die Opportunitätskosten des Landwirts. Um 1 Kilogramm Kartoffeln zu produzieren, muss er 15 Arbeitsminuten aufwenden. Weil er 60 Minuten benötigt, um 1 Kilogramm Fleisch herzustellen, entsprechen 15 Minuten ¼ Kilogramm Fleisch. Daher betragen die Opportunitätskosten des Landwirts für 1 Kilogramm Kartoffeln ¼ Kilogramm Fleisch.

Die Tabelle 17-3 weist die Opportunitätskosten der beiden Produzenten für Kartoffeln und Fleisch aus. Denken Sie daran, dass die Opportunitätskosten von Fleisch der reziproke Wert der Opportunitätskosten von Kartoffeln sind. Weil 1 Kilogramm Kartoffeln den Viehzüchter ½ Kilogramm Fleisch kostet, kostet ihn 1 Kilogramm Fleisch 2 Kilogramm Kartoffeln. Entsprechend kostet den Landwirt 1 Kilogramm Kartoffeln ¼ Kilogramm Fleisch, da er für 1 Kilogramm Fleisch 4 Kilogramm Kartoffeln weniger produzieren kann.

Wenn Ökonomen zwei Produzenten eines Gutes in Bezug auf ihre Opportunitätskosten vergleichen, benutzen sie den Ausdruck **komparativer Vorteil**. Der Produzent mit den niedrigeren Opportunitätskosten eines Gutes hat – wie man sagt – einen komparativen Vorteil bei der Herstellung dieses Gutes.

In unserem Beispiel hat der Landwirt bei der Kartoffelproduktion geringere Opportunitätskosten als der Viehzüchter. Ein Kilogramm Kartoffeln kostet den Landwirt nur ¼ Kilogramm Fleisch, während es den Viehzüchter ½ Kilogramm Fleisch kostet. Umgekehrt hat der Viehzüchter bei der Fleischproduktion niedrigere Opportunitätskosten als der Landwirt. Ein Kilogramm Fleisch kostet den Viehzüchter 2 Kilogramm Kartoffeln, den Landwirt dagegen 4 Kilogramm Kartoffeln. Damit hat der Landwirt einen komparativen Vorteil beim Kartoffelanbau, während der Viehzüchter einen komparativen Vorteil bei der Fleischproduktion besitzt.

Komparativer Vorteil
Der Vergleich von zwei Produzenten eines Gutes in Bezug auf ihre Opportunitätskosten. Der Produzent mit den niedrigeren Opportunitätskosten eines Gutes hat – wie man sagt – einen komparativen Vorteil bei der Herstellung dieses Gutes.

Tab. 17-3

Die Opportunitätskosten von Fleisch und Kartoffeln

	Opportunitätskosten für 1 Kilogramm	
	Fleisch (in Kartoffeleinheiten)	Kartoffeln (in Fleischeinheiten)
Landwirt	4	¼
Viehzüchter	2	½

Information

Das Vermächtnis von Adam Smith und David Ricardo

Die Volkswirte haben das Prinzip des komparativen Vorteils schon lange erkannt. Adam Smith stellte es wie folgt dar: »Bei jedem klugen Hausvater ist es eine Regel, niemals etwas im Hause machen zu lassen, was ihm weniger kosten würde, wenn er es kaufte. Dem Schneider fällt es nicht ein, seine Schuhe zu machen, sondern er kauft sie vom Schuhmacher; dem Schuhmacher fällt es nicht ein, sich seine Kleider zu machen, sondern er beschäftigt den Schneider, und dem Pächter fällt es nicht ein, sich Eines oder das Andere zu machen, sondern er setzt jene beiden Handwerker in Nahrung. Alle diese Personen finden es in ihrem Interesse, ihren Gewerbfleiß ganz auf diejenige Art anzuwenden, in der sie Etwas vor ihren Nachbarn voraus haben, und dann ihren übrigen Bedarf mit einem Theile ihres eigenen Erzeugnisses, oder, was dasselbe ist, mit dem Preise eines Theiles zu kaufen.« (Smith, A.: Untersuchungen über das Wesen und die Ursachen des Nationalreichthums. Deutsch mit Anmerkungen von Max Stirner. Dritter Band. In: Stirner, M. (Hrsg.): National-Oekonomen der Franzosen und Engländer, Bd. 7, Leipzig 1847, S. 42) Das Zitat stammt aus Smiths 1776 erschienen Buch *An Inquiry into the Nature and Causes of the Wealth of Nations*, das wir bereits in Kapitel 1 zitiert haben. Es stellte einen Meilenstein in der Analyse des Handels und der Interdependenzen dar und brachte wiederum den millionenschweren britischen Börsenmakler David Ricardo dazu, Ökonom zu werden. In dessen Buch *Principles of Political Economy and Taxation* von 1817 entwickelte Ricardo das Prinzip des komparativen Vorteils, wie wir es heute kennen. Erstmals war das Prinzip bereits 1815 von dem britischen Offizier und Verleger der Zeitung *Globe*, Robert Torrens, vorgestellt worden.

Ricardos Eintreten für den Freihandel war keine rein akademische Angelegenheit. Seine ökonomischen Überzeugungen veranlassten Ricardo, Parlamentsmitglied zu werden und die Corn Laws zu bekämpfen, welche den Getreideimport beschränken sollten. Die Schlüsse, zu denen Adam Smith und David Ricardo gelangten, bilden die Basis der Argumentation für den Freihandel und gegen die Einführung von Zöllen oder anderen Handelsbarrieren. Diese Argumentation für den Freihandel fand aber auch Kritiker, unter anderem die bekannte britische Ökonomin Joan Robinson (1903–1983). Sie gab zu bedenken, dass die von Ricardo entwickelte Theorie im historischen Kontext des britischen Handels mit Portugal zu betrachten ist und sich seit dem 19. Jahrhundert, in dem Ricardo lebte, Volkswirtschaften durchaus weiterentwickelt haben. Einige der Annahmen Ricardos, nämlich dass alle Ressourcen zur Produktion eingesetzt werden und dass die Preise stabil sind, treffen auf moderne Volkswirtschaften nicht im gleichen Maße zu. Dies bedeute, dass Ricardos Theorie vor dem Hintergrund des Wandels der Volkswirtschaften neu bewertet werden muss.

Obwohl die Möglichkeit besteht, dass eine Person einen absoluten Vorteil bei beiden Gütern besitzt (wie in unserem Beispiel der Viehzüchter), ist ein komparativer Vorteil ein und derselben Person bei beiden Gütern ausgeschlossen. Da die Opportunitätskosten eines Gutes gleich dem reziproken Wert der Opportunitätskosten des anderen Gutes sind, sind die Opportunitätskosten eines Produzenten bei einem Gut relativ niedrig, wenn seine Opportunitätskosten beim anderen Gut vergleichsweise hoch sind. Der komparative Vorteil spiegelt die relativen Opportunitätskosten wider. Sofern nicht zufällig beide Personen genau gleiche Opportunitätskosten zu verzeichnen haben, wird die eine beim einen Gut und die andere beim anderen Gut ihren komparativen Vorteil haben.

Komparativer Vorteil und Handel

In der Theorie führen Opportunitätskosten und komparativer Vorteil zu Handelsvorteilen. Sofern sich jeder auf das Gut spezialisiert, bei dem er den komparativen Vorteil hat, wird die Gesamtproduktion der Volkswirtschaft ansteigen, und diese Vergrößerung des nationalen Wohlfahrtskuchens kann dazu Verwendung finden, dass es jedem besser geht.

Betrachten Sie den vorgeschlagenen Handel vom Standpunkt des Landwirts aus: Der Landwirt erhält 5 Kilogramm Fleisch für 15 Kilogramm Kartoffeln. Mit anderen Worten kauft der Landwirt also jedes Kilogramm Fleisch zum Preis von 3 Kilogramm Kartoffeln. Dieser Preis ist niedriger als seine eigenen Opportunitätskosten für Fleisch, die 4 Kilogramm Kartoffeln betragen. Auf diese Weise profitiert der Landwirt vom Handel mit dem Viehzüchter, weil er Fleisch zu einem guten Preis bekommt.

Nun betrachten Sie den Handel aus dem Blickwinkel des Viehzüchters: Der Viehzüchter kauft 15 Kilogramm Kartoffeln zum Preis von 5 Kilogramm Fleisch. Damit beträgt der Preis für 1 Kilogramm Kartoffeln für den Viehzüchter $\frac{1}{3}$ Kilogramm Fleisch. Dieser Kartoffelpreis ist niedriger als seine Opportunitätskosten, die $\frac{1}{2}$ Kilogramm Fleisch ausmachen. So profitiert der Viehzüchter, indem er Kartoffeln zu einem günstigen Preis erhält.

Die Vorteile resultieren daraus, dass sich beide Seiten auf die Produktion des Gutes spezialisieren, für das sie die geringeren Opportunitätskosten haben: Der Landwirt kann mehr Zeit damit verbringen, Kartoffeln anzubauen, und der Viehzüchter kann mehr Zeit auf die Produktion von Fleisch verwenden. Dadurch steigt die gesamte Produktion von Kartoffeln und Fleisch an. In unserem Beispiel erhöht sich die Produktion von Kartoffeln von 40 Kilogramm auf 44 Kilogramm und die Produktion von Fleisch von 16 auf 18 Kilogramm. Landwirt und Viehzüchter teilen sich die Gewinne aus der höheren Produktion.

> **Kurztest**
> Robinson Crusoe kann pro Stunde 10 Kokosnüsse sammeln oder 1 Fisch fangen. Sein Freund Freitag dagegen sammelt 30 Kokosnüsse oder fängt 2 Fische pro Stunde. Wie hoch sind Crusoes Opportunitätskosten für den Fang eines Fisches? Wie hoch sind die von Freitag? Wer hat einen komparativen Vorteil beim Fischfang?

Soll die Bundesrepublik Deutschland mit anderen Ländern Handel treiben?

Unser Modell des Handels zwischen Viehzüchter und Landwirt können wir auf den Handel zwischen Ländern übertragen. Viele der Güter, die deutsche Verbraucher konsumieren, werden im Ausland hergestellt und zahlreiche deutsche Produkte werden im Ausland verkauft. Die im Ausland hergestellten und im Inland verkauften Güter nennt man **Importe**. Ein Import führt zu einem Zahlungsmittelabgang im importierenden Land. Inlandsprodukte, die im Ausland abgesetzt werden, bezeichnet man als **Exporte**, sie führen zu einem Zahlungsmittelzugang im exportierenden Land.

Betrachten wir zur Erläuterung der Handelsvorteile zwei Länder, z. B. die Vereinigten Staaten und die Bundesrepublik Deutschland, und zwei Güter, z. B. Autos und Weizen. Stellen wir uns vor, dass Autos in beiden Ländern gleich gut hergestellt wer-

---

Importe
Güter (Waren und Dienstleistungen), die im Ausland produziert und im Inland verkauft werden, was zu einem Zahlungsmittelabgang im importierenden Land führt.

Exporte
Güter (Waren und Dienstleistungen), die im Inland produziert und im Ausland verkauft werden, was zu einem Zahlungsmittelzugang im exportierenden Land führt.

den können: Ein US-amerikanischer Arbeiter und ein deutscher Arbeiter können grob gerechnet 1 Auto pro Monat fertigen. Im Gegensatz dazu sind die USA aufgrund fruchtbarerer und größerer Bodenflächen bei der Weizenerzeugung besser: Eine US-amerikanische Arbeitskraft kann rund 2 Tonnen Weizen erzeugen, während die deutsche Arbeitskraft in der Landwirtschaft nur 1 Tonne Weizen erzeugt.

Die Regel vom komparativen Vorteil besagt, dass jedes Gut von dem Land hergestellt werden sollte, das die niedrigeren Opportunitätskosten bei der Produktion hat. Da die Opportunitätskosten eines Autos in den USA 2 Tonnen Weizen betragen, aber nur 1 Tonne Weizen in Deutschland, hat Deutschland bei der Autoproduktion einen komparativen Vorteil. Die Bundesrepublik Deutschland sollte deshalb mehr Autos produzieren, als für den Eigenverbrauch erforderlich sind, und Autos in die USA exportieren. In den USA dagegen betragen die Opportunitätskosten für 1 Tonne Weizen nur ½ Auto, während sich die Opportunitätskosten für 1 Tonne Weizen in der Bundesrepublik Deutschland auf 1 Auto belaufen. Die USA haben also einen komparativen Vorteil bei der Weizenerzeugung. Die Vereinigten Staaten sollten deshalb mehr Weizen als die zum Eigenverbrauch erforderliche Menge erzeugen und Weizen nach Deutschland exportieren. Durch Spezialisierung und Außenhandel produzieren beide Länder größere Mengen an Autos und an Weizen.

Wie wir noch sehen werden, sind die Umstände des Außenhandels in der Realität natürlich sehr viel komplexer, als dieses einfache Beispiel vermuten lässt. Die wichtigste Besonderheit besteht in den Bedürfnissen, Geschmacksrichtungen und Präferenzen der Bevölkerung. Jedes Land hat viele Bürger mit sehr unterschiedlichen Neigungen und Interessen. Der Außenhandel kann deshalb einzelne Bürger schlechter stellen, obwohl er die Bevölkerung insgesamt besser stellt. Wenn die USA Weizen exportieren und Autos importieren, so sind die Auswirkungen auf die US-amerikanischen Farmer andere als die Auswirkungen auf die Arbeiter in der US-amerikanischen Automobilindustrie.

> **Kurztest**
> Angenommen, die Weltmeisterin im Maschinenschreiben würde zur Gehirnchirurgin ausgebildet. Soll sie als Chirurgin ihre Schreibarbeit selbst machen oder lieber eine Sekretärin einstellen? Geben Sie eine Begründung für Ihre Antwort.

17.4 Die Bestimmungsfaktoren des Außenhandels

Nachdem wir gesehen haben, dass Länder von Außenhandel profitieren, wollen wir in diesem Abschnitt einen genaueren Blick auf die Vor- und Nachteile des internationalen Handels werfen. Hierfür betrachten wir den Markt für Stahl. Der Stahlmarkt ist gut geeignet, die volkswirtschaftlichen Vor- und Nachteile des internationalen Handels zu diskutieren, denn Stahl wird in vielen Ländern rund um den Erdball erzeugt und international gehandelt. Zudem ist der Stahlmarkt oft im Blick der Politiker, wenn es um Handelsbeschränkungen und den Schutz inländischer Produzenten vor ausländischer Konkurrenz geht. Wir wollen den Stahlmarkt der imaginären Volkswirtschaft »Isoland« untersuchen.

Das Gleichgewicht ohne Außenhandel

Nehmen wir an, der Stahlmarkt von Isoland ist vom Rest der Welt abgegrenzt. Durch einen Erlass der Regierung ist es jedermann verboten, Stahl zu importieren oder zu exportieren. Die Strafandrohung für den Fall der Verletzung des Erlasses ist so groß, dass niemand den Versuch wagt, ihn zu umgehen.

Da es keinen internationalen Handel gibt, umfasst der Stahlmarkt in Isoland nur isoländische Käufer und Verkäufer. Wie der Abbildung 17-7 zu entnehmen ist, spielt sich der Inlandspreis so ein, dass die von den Inländern angebotenen Mengen mit den von den Inländern nachgefragten Mengen übereinstimmen. Das Diagramm zeigt Konsumentenrente und Produzentenrente für das Marktgleichgewicht ohne Außenhandel. Wie wir wissen, messen Konsumenten- und Produzentenrente den gesamten Vorteil, den Käufer und Verkäufer aus dem Stahlmarkt ziehen.

Nun nehmen wir an, dass Isoland durch Wahlen eine neue Präsidentin bekommen hätte. Der Wahlkampf stand unter dem Motto »Veränderungen« und versprach den

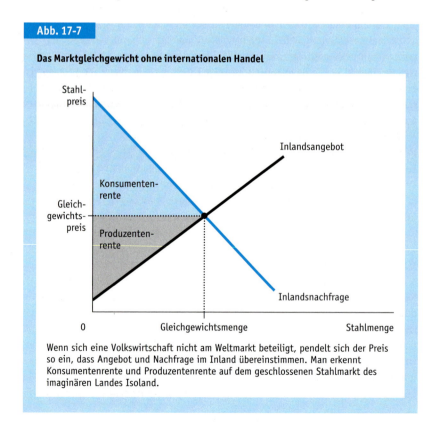

Abb. 17-7

Das Marktgleichgewicht ohne internationalen Handel

Wenn sich eine Volkswirtschaft nicht am Weltmarkt beteiligt, pendelt sich der Preis so ein, dass Angebot und Nachfrage im Inland übereinstimmen. Man erkennt Konsumentenrente und Produzentenrente auf dem geschlossenen Stahlmarkt des imaginären Landes Isoland.

Wählern umfassende Neuerungen. Die erste Handlung der neuen Präsidentin besteht darin, einen Sachverständigenrat aus Volkswirten für die Bewertung der isoländischen Außenhandelspolitik einzuberufen. Dem Rat wurde die Beantwortung folgender Fragen aufgetragen:
▸ Wie würden sich der Stahlpreis und die auf dem Markt von Isoland abgesetzte Stahlmenge verändern, wenn den Isoländern von der Regierung Export und Import erlaubt wären?
▸ Wer würde durch freien Stahlhandel gewinnen oder verlieren; könnten die Handelsgewinne die Handelsverluste kompensieren?
▸ Sollten Zölle (z. B. eine Steuer auf den Stahlimport) Teil der neuen Handelspolitik sein?

Weltmarktpreis und komparative Vorteile

Der erste Punkt, dem sich der Sachverständigenrat annimmt, ist die Frage, ob Isoland eher zu einem Importeur oder zu einem Exporteur von Stahl werden könnte. Anders gesagt, würden die Isoländer bei Freihandel überwiegend als Käufer oder als Verkäufer von Stahl auf dem Weltmarkt auftreten? Um diese Frage zu beantworten, vergleichen die Fachleute den aktuellen Stahlpreis in Isoland mit dem Stahlpreis in anderen Ländern. Wir bezeichnen den auf den Weltmärkten vorherrschenden Preis als **Weltmarktpreis**.

Ist der Weltmarktpreis für Stahl höher als der Inlandspreis, würde Isoland zum Exporteur für Stahl werden, sobald der Außenhandel erlaubt ist. Die Stahlhersteller in Isoland wären begierig darauf, die höheren Auslandspreise für ihre Erzeugnisse zu erzielen. Ist hingegen der Weltmarktpreis niedriger als der Inlandspreis, so würde Isoland zu einem Importland für Stahl werden. Da ausländische Anbieter zu einem günstigeren Preis anbieten, würden die Nachfrager in Isoland rasch im Ausland einkaufen wollen.

Vergleicht man also Weltmarktpreis und Inlandspreis vor Aufnahme von Außenhandel, so kann man daraus leicht folgern, ob Isoland einen komparativen Vorteil bei der Stahlproduktion hat oder nicht. Der Inlandspreis spiegelt die Opportunitätskosten der Stahlproduktion wider. Er verrät uns, auf wie viel ein Isoländer für eine Einheit Stahl verzichten muss. Ist der Inlandspreis niedrig, so sind die Kosten der Stahlproduktion in Isoland niedrig und Isoland hat bei der Stahlproduktion im Vergleich zum Rest der Welt einen komparativen Vorteil. Ist der Inlandspreis dagegen hoch, so sind die Kosten der Stahlproduktion in Isoland hoch und Isoland hat bei der Stahlproduktion im Vergleich zum Rest der Welt einen komparativen Nachteil.

Durch einen Vergleich des Weltmarktpreises und des Inlandspreises vor der Aufnahme des Handels kann geklärt werden, ob Isoland in der Stahlproduktion besser oder schlechter ist als die übrige Welt.

Weltmarktpreis
Preis eines Gutes, der auf den Weltmärkten vorherrscht.

> **Kurztest**
> Das Land Autarka hat den Außenhandel verboten. In Autarka kann man ein Wollkleid für 3 Unzen Gold kaufen. In den Nachbarländern kostet solch ein Kleid 2 Unzen Gold. Würde Autarka nach Einführung des Freihandels Wollkleider exportieren oder importieren? Erklären Sie Ihre Antwort.

17.5 Gewinner und Verlierer des Außenhandels

Um die Wohlfahrtswirkungen des Freihandels zu untersuchen, beginnen die Ökonomen von Isoland mit der Annahme, dass das eigene Land eine vergleichsweise kleine Volkswirtschaft ist, sodass die Auswirkungen ihrer Handlungen auf den Weltmarkt vernachlässigbar sind. Diese Annahme hat für die Analyse des Stahlmarkts eine besondere Bedeutung: Wenn Isoland eine kleine Volkswirtschaft ist, so werden Änderungen der isoländischen Handelspolitik keinen Einfluss auf den Weltmarktpreis des Stahls haben. In der Weltwirtschaft sind die Isoländer dann Mengenanpasser oder *Preisnehmer*, d. h., sie nehmen den geltenden Weltmarktpreis als gegeben hin. Sie können Exporteure sein und zu diesem Preis Stahl verkaufen, oder sie sind Importeure und kaufen den Stahl ein.

Gewinne und Verluste eines Exportlandes

Abbildung 17-8 zeigt den isoländischen Stahlmarkt für den Fall, dass der Inlandspreis unter dem Weltmarktpreis liegt. Nach Freigabe des Handels wird der Inlandspreis auf die Höhe des Weltmarktpreises ansteigen. Kein Verkäufer würde weniger als den Weltmarktpreis akzeptieren und kein Käufer würde mehr als den Weltmarktpreis bezahlen.

Bei einem Inlandspreis, der nun mit dem Weltmarktpreis identisch ist, ist die inländische Angebotsmenge größer als die inländische Nachfragemenge. Isoland wird also zum Exporteur von Stahl.

Obwohl inländische Angebotsmenge und inländische Nachfragemenge differieren, befindet sich der Stahlmarkt weiterhin im Gleichgewicht, da es nun einen weiteren Marktteilnehmer gibt: die übrige Welt. Man kann die waagerechte Linie in Abbildung 17-8 als die Stahlnachfrage der restlichen Welt betrachten. Diese Nachfragekurve ist vollkommen elastisch, weil Isoland – eine kleine Volkswirtschaft – jede beliebige Menge Stahl zum Weltmarktpreis verkaufen kann.

Betrachten wir nun die Gewinne und Verluste nach der Öffnung des Landes für den Handel. Offensichtlich profitieren nicht alle davon. Die Marktkräfte treiben den Inlandspreis auf das Niveau des Weltmarktpreises. Dadurch sind die inländischen Anbieter nun besser gestellt, weil sie ihren Stahl zu einem höheren Preis verkaufen können als zuvor. Die inländischen Nachfrager und Konsumenten jedoch sind schlechter gestellt, weil sie den Stahl nun zu einem höheren Preis einkaufen müssen.

Um diese Gewinne und Verluste aus dem Freihandel zu messen, ziehen wir die Veränderungen der Konsumenten- und der Produzentenrenten heran (Abbildung 17-9). Solange der Außenhandel verboten ist, wird der Stahlpreis Angebot und Nachfrage im Inland angleichen. Die Konsumentenrente entspricht dem Bereich A + B zwischen der Nachfragekurve und dem Preis ohne Außenhandel. Die Produzentenrente entspricht dem Bereich C zwischen der Angebotskurve und dem Preis ohne Außenhandel. Die Gesamtrente ohne Außenhandel ist gleich A + B + C.

Nach der Öffnung des Landes für den Außenhandel steigt der Inlandspreis auf die Höhe des Weltmarktpreises an. Die Konsumentenrente gleicht dem Flächenstück A

Gewinner und Verlierer des Außenhandels 17.5

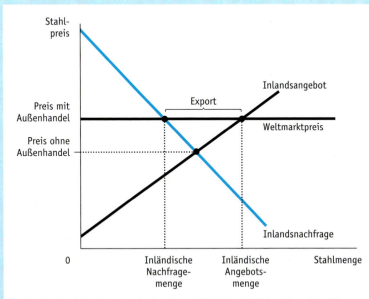

Abb. 17-8

Internationaler Handel und das Exportland

Bei Außenhandel steigt der Inlandspreis auf die Höhe des Weltmarktpreises. Die Angebotskurve zeigt die Stahlmenge, die im Inland produziert wird. Die Nachfragekurve zeigt die Stahlmenge, die im Inland nachgefragt wird. Die Stahlexporte Isolands entsprechen der Differenz zwischen der Angebotsmenge und der Nachfragemenge zum Weltmarktpreis.

(Bereich zwischen der Nachfragekurve und dem Weltmarktpreis). Die Produzentenrente entspricht der Fläche B + C + D (Bereich zwischen der Angebotskurve und dem Weltmarktpreis). Auf diese Weise stellt sich nach Aufnahme des Außenhandels eine Gesamtrente in Höhe von A + B + C + D ein.

Diese Berechnungen zur Wohlfahrt zeigen, wer in einem Exportland am Handel gewinnt oder verliert. Es gewinnen die Verkäufer, da die Produzentenrente um die Flächenstücke B + D ansteigt. Benachteiligt sind die Käufer, da die Konsumentenrente um das Flächenstück B abnimmt. Da die Wohlfahrtsgewinne der Verkäufer die Wohlfahrtsverluste der Käufer um das Flächenstück D übersteigen, nimmt die Wohlfahrt von Isoland jedoch insgesamt zu.

Diese Betrachtung eines Exportlandes lässt zwei Schlussfolgerungen zu:
▸ Wenn ein Land Außenhandel erlaubt und zum Exporteur eines Gutes wird, so geht es den inländischen Produzenten besser und den inländischen Konsumenten des Gutes schlechter.
▸ Handel erhöht die wirtschaftliche Wohlfahrt eines Landes; denn die Vorteile der Gewinner übersteigen die Nachteile der Verlierer.

17.5 Interdependenz und Handelsvorteile
Gewinner und Verlierer des Außenhandels

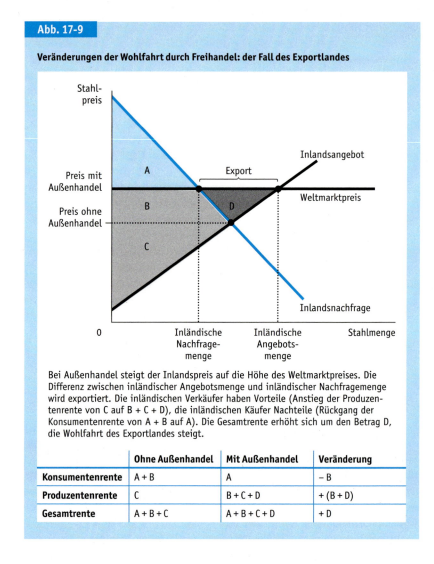

Abb. 17-9

Veränderungen der Wohlfahrt durch Freihandel: der Fall des Exportlandes

Bei Außenhandel steigt der Inlandspreis auf die Höhe des Weltmarktpreises. Die Differenz zwischen inländischer Angebotsmenge und inländischer Nachfragemenge wird exportiert. Die inländischen Verkäufer haben Vorteile (Anstieg der Produzentenrente von C auf B + C + D), die inländischen Käufer Nachteile (Rückgang der Konsumentenrente von A + B auf A). Die Gesamtrente erhöht sich um den Betrag D, die Wohlfahrt des Exportlandes steigt.

	Ohne Außenhandel	Mit Außenhandel	Veränderung
Konsumentenrente	A + B	A	– B
Produzentenrente	C	B + C + D	+ (B + D)
Gesamtrente	A + B + C	A + B + C + D	+ D

Gewinne und Verluste eines Importlandes

Nun nehmen wir an, der Inlandspreis läge über dem Weltmarktpreis. Wiederum muss sich nach der Öffnung des Landes der Inlandspreis an den Weltmarktpreis angleichen. Wie Abbildung 17-10 zeigt, ist die inländische Angebotsmenge nun niedriger als die inländische Nachfragemenge. Die Differenz zwischen inländischer Nachfragemenge und inländischer Angebotsmenge wird in anderen Ländern der Erde eingekauft und Isoland wird zum Stahlimporteur.

Die waagerechte Linie beim Weltmarktpreis stellt in diesem Fall das Angebot der übrigen Welt dar. Die Angebotskurve ist vollständig elastisch, da Isoland eine kleine

17.5 Gewinner und Verlierer des Außenhandels

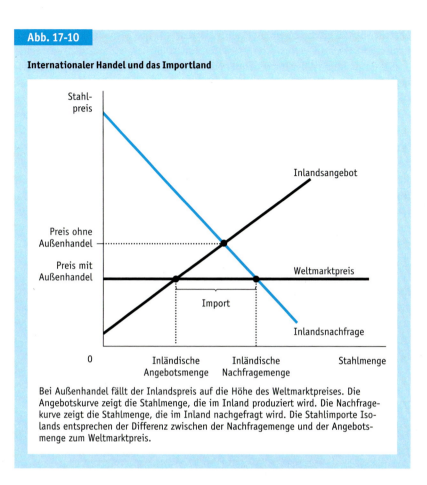

Abb. 17-10

Internationaler Handel und das Importland

Bei Außenhandel fällt der Inlandspreis auf die Höhe des Weltmarktpreises. Die Angebotskurve zeigt die Stahlmenge, die im Inland produziert wird. Die Nachfragekurve zeigt die Stahlmenge, die im Inland nachgefragt wird. Die Stahlimporte Isolands entsprechen der Differenz zwischen der Nachfragemenge und der Angebotsmenge zum Weltmarktpreis.

Volkswirtschaft ist und beliebig viel Stahl einkaufen kann, ohne dass dies eine Auswirkung auf den Weltmarktpreis hätte.

Betrachten wir nun die Gewinne und Verluste durch Außenhandel. Wieder einmal zählen nicht alle zu den Gewinnern. Wenn der Handel den Inlandspreis auf das Niveau des Weltmarktpreises herunterdrückt, sind die inländischen Konsumenten besser gestellt (sie können nun den Stahl billiger einkaufen) und die inländischen Produzenten sind schlechter gestellt (sie müssen den Stahl zu einem niedrigeren Preis verkaufen). Veränderungen der Produzenten- und der Konsumentenrente messen die Gewinne und Verluste (vgl. Abbildung 17-11). Ohne Außenhandel ist die Konsumentenrente gleich dem Flächenstück A, die Produzentenrente gleich den Flächen B + C und die Gesamtrente entspricht dem Bereich A + B + C. Mit Außenhandel ergibt sich eine Konsumentenrente von A + B + D, eine Produzentenrente von C und eine Gesamtrente von A + B + C + D.

Die Berechnung der Wohlfahrtsveränderungen zeigt, wer unter den Annahmen des Modells in einem Importland durch den Handel gewinnt oder verliert. Die Käufer profitieren, da die Konsumentenrente um B + D ansteigt. Die Verkäufer sind schlechter

17.5 Interdependenz und Handelsvorteile
Gewinner und Verlierer des Außenhandels

gestellt, da die Produzentenrente um B zurückgeht. Die Gewinne der Käufer sind jedoch größer als die Verluste der Verkäufer, sodass die Gesamtrente um D ansteigt.

Die Betrachtung eines Importlandes erlaubt wie beim Exportland zwei Schlussfolgerungen:

▸ Wenn ein Land Außenhandel gestattet und zum Importeur eines Gutes wird, sind die inländischen Konsumenten des Gutes besser und die inländischen Produzenten schlechter gestellt.
▸ Außenhandel erhöht die ökonomische Wohlfahrt eines Landes, denn die Vorteile der Gewinner übersteigen die Nachteile der Verlierer.

Nun, da wir unsere Analyse des Handels vervollständigt haben, können wir schlussfolgern, dass es durch Handel jedem besser gehen kann. Wenn Isoland seinen Stahl-

Abb. 17-11

Veränderungen der Wohlfahrt durch Freihandel: der Fall des Importlandes

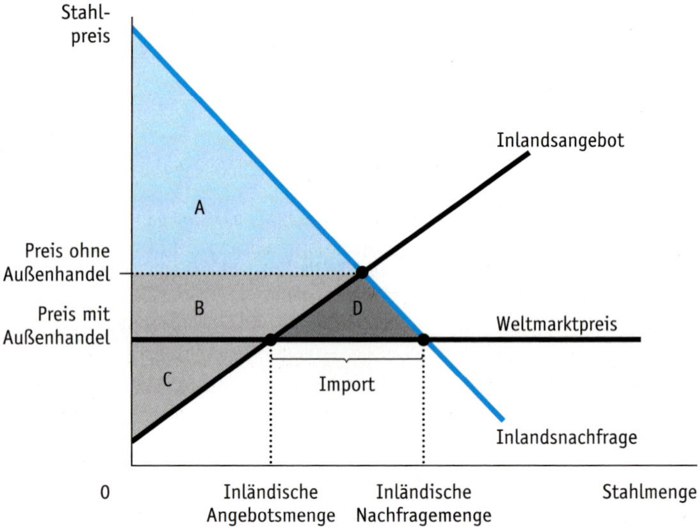

Bei Außenhandel fällt der Inlandspreis auf das Niveau des Weltmarktpreises. Die Differenz zwischen inländischer Nachfragemenge und inländischer Angebotsmenge wird importiert. Die inländischen Käufer haben Vorteile (Anstieg der Konsumentenrente von A auf A + B + D) und die inländischen Verkäufer Nachteile (Rückgang der Produzentenrente von B + C auf C). Die Gesamtrente steigt um den Betrag D, die Wohlfahrt des Importlandes steigt.

	Ohne Außenhandel	Mit Außenhandel	Veränderung
Konsumentenrente	A	A + B + D	+ (B + D)
Produzentenrente	B + C	C	– B
Gesamtrente	A + B + C	A + B + C + D	+ D

markt zum Ausland hin öffnet, wird es Gewinner und Verlierer geben, gleichgültig ob Isoland letzten Endes zum Exporteur oder zum Importeur von Stahl wird. Dabei haben wir in unserer Analyse keine Aussage darüber getroffen, wie die Gewinne und Verluste zu bewerten sind. Entscheidend ist, dass die gesamtwirtschaftliche Wohlfahrt steigt. In der Realität werden die Politiker jedoch den Einfluss der einzelnen Interessengruppen bei ihrer Entscheidungsfindung berücksichtigen. Verfügen die inländischen Konsumenten in Isoland über eine starke Interessenvertretung, dann könnte dies die politischen Entscheidungen beeinflussen und damit zu einer Verzerrung der Marktergebnisse beitragen, die zu einer Reduktion der gesamtwirtschaftlichen Wohlfahrt führt. Auch wenn die ökonomische Analyse eindeutige Handlungsempfehlungen für die Politik liefert, gibt es eine Vielzahl anderer Faktoren, die die Politik in ihrer Entscheidungsfindung zu berücksichtigen hat.

In unserem Beispiel übersteigen die Vorteile der Gewinner die Nachteile der Verlierer, sodass die Gewinner die Verlierer entschädigen könnten und immer noch besser gestellt wären. In diesem Sinn *kann* es durch Handel tatsächlich jedem besser gehen. Doch *wird* es auch jedem besser gehen? Wahrscheinlich nicht. In der Praxis kommt es kaum jemals dazu, dass die Verlierer des Außenhandels entschädigt werden. Ohne die theoretisch mögliche Kompensation der Verlierer durch die Gewinner führt die Außenhandelsöffnung einer Volkswirtschaft dazu, dass zwar der nationale Wohlfahrtskuchen größer wird, dabei aber einige Beteiligte des Wirtschaftsgeschehens mit einem kleineren Stück als zuvor dastehen.

> **Information**
>
> ### Weitere Vorteile des internationalen Handels
>
> Unsere Schlussfolgerungen basierten bislang auf einer Standardanalyse des internationalen Handels. Aber es gibt neben den bereits angeführten Fakten der Standardanalyse noch weitere ökonomische Vorteile aus dem Handel. Hier sind einige dieser zusätzlichen Vorteile kurz zusammengefasst:
>
> - Steigende Vielfalt an Gütern
>   Die Güter, die in verschiedenen Ländern produziert werden, sind nicht identisch. Deutsches Bier schmeckt beispielsweise anders als US-amerikanisches Bier. Der Freihandel verschafft den Konsumenten in allen Ländern somit größere Auswahlmöglichkeiten.
> - Sinkende langfristige durchschnittliche Gesamtkosten durch zunehmende Skalenerträge
>   Einige Güter können in größeren Mengen billiger produziert werden. Die Stückkosten oder langfristigen durchschnittlichen Gesamtkosten sinken (vgl. Kapitel 5). Ein Unternehmen in einem kleinen Land kann von diesen zunehmenden Skalenerträgen nicht profitieren, da es nur für einen kleinen Markt produziert. Freihandel verschafft den Unternehmen den Zugang zu größeren Märkten und erlaubt ihnen somit, von zunehmenden Skalenerträgen zu profitieren.
> - Zunehmender Wettbewerb
>   Ein Unternehmen, das von ausländischen Konkurrenten abgeschirmt ist, besitzt wahrscheinlich mehr Marktmacht, was ihm die Möglichkeit verschafft, die Preise über das Wettbewerbsniveau anzuheben. Dies ist eine Art von Marktversagen. Die Öffnung des Handels fördert den Wettbewerb und die damit einhergehenden Vorteile.
> - Stärkerer Ideenfluss
>   Es wird oft davon ausgegangen, dass der Transfer von technischem Fortschritt in der Welt mit dem internationalen Handel der Güter verknüpft ist, die diesen Fortschritt verkörpern. Der beste Weg für ein armes Agrarland, alles über die Computerrevolution zu lernen, besteht beispielsweise darin, Computer aus dem Ausland zu kaufen, anstatt zu versuchen, diese Geräte selbst im Land herzustellen.
> - Erzeugung von Wirtschaftswachstum
>   Für arme Länder kann eine erhöhte Produktion durch Handel zu wirtschaftlichem Wachstum führen, wodurch letztlich auch der Lebensstandard der Bevölkerung dieses Landes steigt.

Wir können nun nachvollziehen, wieso politische Debatten zur Handelspolitik oftmals so kontrovers sind. Immer dann, wenn mit einer politischen Maßnahme Gewinner und Verlierer einhergehen, kommt es zu politischen Auseinandersetzungen. Manchmal nehmen Länder Handelsvorteile einfach nicht wahr, weil die Verlierer des Freihandels besser organisiert sind als die Gewinner. Die Verlierer nutzen ihren politischen Einfluss und versuchen, die Politik von der Notwendigkeit von Handelsbeschränkungen wie beispielsweise Zöllen zu überzeugen.

17.6 Handelsbeschränkungen

Trotz der weithin bekannten und akzeptierten Handelsvorteile führt die Tatsache, dass es beim Außenhandel, wie wir gesehen haben, immer Gewinner und Verlierer gibt, dazu, dass von unterschiedlichen Gruppen regelmäßig Argumente für Handelsbeschränkungen vorgebracht werden. Wir werden uns nun die drei grundlegenden Methoden einer Beschränkung des Außenhandels näher ansehen – Zölle, Import- und Exportquoten und nichttarifäre Handelshemmnisse – sowie einige Argumente für Handelsbeschränkungen.

Die Wirkungen von Zöllen

Zoll
Eine Steuer auf die im Ausland produzierten und im Inland verkauften Güter.

Die Volkswirte von Isoland nehmen sich als nächsten Schritt bei ihrer Arbeit vor, die Wirkungen eines Zolls zu untersuchen. Ein **Zoll** ist eine Steuer auf die im Ausland produzierten und im Inland verkauften Güter. Das heißt, nur im Fall des Stahlimports erhält ein Zoll seine Bedeutung. Darauf konzentrieren sich die Ökonomen von Isoland. Sie vergleichen die nationale Wohlfahrt mit und ohne Importzoll.

Die Abbildung 17-12 zeigt erneut den Stahlmarkt von Isoland. Bei Freihandel gleicht der Inlandspreis dem Weltmarktpreis. Ein Importzoll hebt den Preis des importierten Stahls um den Betrag des Zolls über das Niveau des Weltmarktpreises. Inländische Stahlproduzenten, die mit den ausländischen Anbietern von Importstahl konkurrieren, können ihren Stahl nun zum Weltmarktpreis plus Zoll verkaufen. So kommt es dazu, dass der Preis des Stahls – ob importiert oder im Inland hergestellt – um den Betrag des Zolls steigt und folglich näher an dem Preis liegt, der ohne Außenhandel herrschen würde.

Die Preisänderung beeinflusst das Verhalten der inländischen Käufer und Verkäufer. Da der Zoll den Stahl verteuert, senkt er die im Inland nachgefragte Menge von Q_{D1} auf Q_{D2}. Zugleich steigt durch den Zoll die im Inland angebotene Menge von Q_{S1} auf Q_{S2}. Der Zoll reduziert die Importmenge und führt den Inlandsmarkt näher an das Marktgleichgewicht ohne Außenhandel heran.

Nun untersuchen wir die Gewinne und Verluste aus dem Zoll. Da der Importzoll den Inlandspreis erhöht, haben die inländischen Verkäufer Vorteile und die inländischen Käufer Nachteile. Im Übrigen hat der Staat Einkünfte. Um die Gewinne und Verluste zu messen, stellen wir die Veränderungen der Konsumentenrente, der Produzentenrente und der Staatseinkünfte zusammen (vgl. Abbildung 17-12).

Ohne Zoll stimmt der Inlandspreis mit dem Weltmarktpreis überein. Die Konsumentenrente, der Bereich zwischen der Nachfragekurve und dem Weltmarktpreis, ist gleich den Flächenstücken A + B + C + D + E + F. Die Produzentenrente, der Bereich zwischen der Angebotskurve und dem Weltmarktpreis, gleicht dem Flächenstück G. Die Staatseinnahmen sind null. Die Gesamtrente, d. h. Konsumentenrente, Produzentenrente und Staatseinnahmen, ist gleich den Flächenstücken A + B + C + D + E + F + G.

Sobald der Staat den Importzoll einführt, übersteigt der Inlandspreis den Weltmarktpreis um die Höhe des Zolls. Die Konsumentenrente beträgt nun A + B, die Produ-

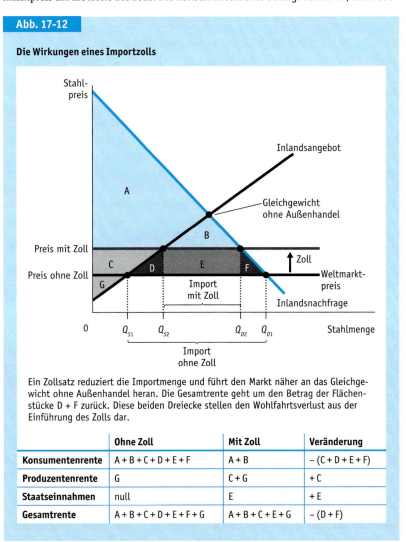

Abb. 17-12

Die Wirkungen eines Importzolls

Ein Zollsatz reduziert die Importmenge und führt den Markt näher an das Gleichgewicht ohne Außenhandel heran. Die Gesamtrente geht um den Betrag der Flächenstücke D + F zurück. Diese beiden Dreiecke stellen den Wohlfahrtsverlust aus der Einführung des Zolls dar.

	Ohne Zoll	Mit Zoll	Veränderung
Konsumentenrente	A + B + C + D + E + F	A + B	– (C + D + E + F)
Produzentenrente	G	C + G	+ C
Staatseinnahmen	null	E	+ E
Gesamtrente	A + B + C + D + E + F + G	A + B + C + E + G	– (D + F)

zentenrente ist C + G. Die Staatseinnahmen (Zollsatz mal Einfuhrmenge nach Einführung des Zolls) betragen E. Mit Zoll beläuft sich die Gesamtrente auf A + B + C + E + G.

Um die gesamte Wohlfahrtswirkung des Zolls zu ermitteln, addieren wir die Veränderungen der Konsumentenrente (negativ), der Produzentenrente (positiv) und der Staatseinkünfte (positiv). Wir stellen fest, dass sich durch den Zoll ein Wohlfahrtsverlust einstellt, der dem Bereich D + F entspricht.

Der Zoll kann folglich einen Wohlfahrtsverlust verursachen; denn ein Zoll ist ja eine Steuer und kann die Anreize der Marktteilnehmer stören und die Allokation der Ressourcen ändern. Wir können zwei Effekte benennen: Erstens hebt der Importzoll auf Stahl den Stahlpreis, den die inländischen Produzenten erlösen, über das Niveau des Weltmarktpreises. Als Folge davon werden die Stahlerzeuger angeregt, die Stahlproduktion zu steigern (von Q_{S1} auf Q_{S2}). Zweitens erhöht der Importzoll den Preis, den die inländischen Käufer zu bezahlen haben, weshalb die Konsumenten ihren Verbrauch reduzieren werden (von Q_{D1} auf Q_{D2}). Das Flächenstück D stellt den Wohlfahrtsverlust aus der Überproduktion und das Flächenstück F den Wohlfahrtsverlust aus dem Unterkonsum dar. Beide Dreiecke zusammen machen den Wohlfahrtsverlust aus.

Die Wirkungen von Importquoten

Die Ökonomen von Isoland untersuchen als nächstes die Wirkungen von **Importquoten** – Mengenbeschränkung für ein Gut, das im Ausland produziert und im Inland verkauft wird. Nehmen wir an, der isoländische Staat vergibt eine begrenzte Zahl von Importlizenzen. Jede Lizenz erlaubt es dem Lizenznehmer, eine Tonne Stahl nach Isoland einzuführen. Die isoländischen Sachverständigen wollen die Wohlfahrt bei Freihandel mit der Wohlfahrt bei Handel mit Importquotierung vergleichen.

Importquote
Mengenbeschränkung für ein Gut, das im Ausland produziert und im Inland verkauft wird.

Abbildung 17-13 zeigt die Auswirkungen der Importquote auf den Stahlmarkt von Isoland. Da eine Importquote die Isoländer davon abhält, so viel Stahl im Ausland zu kaufen, wie sie wollen, ist das Angebot nicht mehr vollständig elastisch zum Weltmarktpreis. Stattdessen werden die Lizenznehmer so viel wie möglich importieren, solange der Inlandspreis von Stahl über dem Weltmarktpreis liegt. Das Stahlangebot in Isoland entspricht dann dem Inlandsangebot plus dem Kontingent aus der Importquotierung. D. h., die Angebotskurve wird oberhalb des Weltmarktpreises um die Quotenmenge nach rechts verschoben. Die Angebotskurve unterhalb verschiebt sich nicht, weil in diesem Fall der Import für die Lizenznehmer nicht lohnend ist.

Der Stahlpreis in Isoland spielt sich so ein, dass Angebot (inländisches Angebot plus Importe) und Nachfrage übereinstimmen. Wie die Abbildung zeigt, bringt die Quote den Stahlpreis zu einem Anstieg über den Weltmarktpreis. Die inländische Nachfragemenge geht von Q_{D1} auf Q_{D2} zurück; die inländische Angebotsmenge steigt von Q_{S1} auf Q_{S2} an. Es ist nicht überraschend, dass die Importquote die Stahlimporte verringert.

Da die Importquote den Inlandspreis über den Weltmarktpreis hebt, haben die inländischen Verkäufer Vorteile und die inländischen Käufer Nachteile. Darüber hinaus haben die Lizenznehmer deshalb Vorteile, weil sie zum Weltmarktpreis einkaufen und zum höheren Inlandspreis verkaufen. Wir betrachten die Veränderungen von Konsumenten-, Produzenten- und Lizenznehmerrenten nach Abbildung 17-13.

Bevor die Regierung die Quote festlegt, ist der Inlandspreis gleich dem Weltmarktpreis. Die Konsumentenrente, der Bereich zwischen Nachfragekurve und Weltmarktpreis, entspricht den Flächen A + B + C + D + E' + E'' + F. Die Produzentenrente, der Bereich zwischen Angebotskurve und Weltmarktpreis, ist gleich der Fläche G. Die Lizenznehmerrenten sind null, da es zunächst keine Lizenzen gibt. Die Gesamtrente –

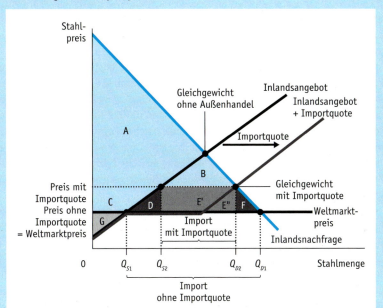

Abb. 17-13

Die Wirkungen einer Importquote

Eine Importquote reduziert wie ein Zoll die Importmenge und führt den Markt näher an das Gleichgewicht ohne Außenhandel heran. Die Gesamtrente geht um den Betrag der Flächenstücke D + F zurück. Diese beiden Dreiecke stellen den Wohlfahrtsverlust aus der Einführung einer Importquote dar. Zusätzlich führt die Importquote zu einem Wohlfahrtstransfer in Höhe von E' + E'' an die Halter der Importlizenzen.

	Ohne Importquote	Mit Importquote	Veränderung
Konsumentenrente	A + B + C + D + E' + E'' + F	A + B	− (C + D + E' + E'' + F)
Produzentenrente	G	C + G	+ C
Lizenznehmerrente	null	E' + E''	+ E' + E''
Gesamtrente	A + B + C + D + E' + E'' + F + G	A + B + C + E' + E'' + G	− (D + F)

die Summe aus Konsumenten-, Produzenten- und Lizenznehmerrente – beträgt A + B + C + D + E' + E" + F + G.

Nach Verhängung der Importquote durch die Regierung und Ausgabe der Lizenzen steigt der Inlandspreis über den Weltmarktpreis. Die inländischen Konsumenten erlangen Renten in Höhe von A + B, die inländischen Produzenten bekommen C + G. Die Lizenznehmer profitieren von jedem importierten Stück durch die Differenz zwischen dem höheren Inlandspreis und dem niedrigeren Weltmarktpreis für Stahl. Ihre Rente beläuft sich auf Preisunterschied mal importierte Menge, also auf die Rechteckfläche E' + E". Nach Einführung der Importquote beträgt die Gesamtrente A + B + C + E' + E" + G.

Um die mit der Quotenverhängung eintretende Wohlfahrtsänderung zu sehen, addieren wir die (negative) Änderung der Konsumentenrente, die (positive) Änderung der Produzentenrente und die (positive) Änderung der Lizenznehmerrente. Wir stellen eine Abnahme der Gesamtrente um D + F fest. Diese Fläche stellt den Wohlfahrtsverlust dar, den die Importquote verursacht.

Diese Analyse sollte uns inzwischen vertraut sein. Vergleicht man die Wirkungen der Importquoten in Abbildung 17-13 mit denen der Zölle in Abbildung 17-12, erkennt man in wesentlichen Punkten eine Übereinstimmung. Sowohl Zölle als auch Importquoten erhöhen den Inlandspreis eines Gutes und die Wohlfahrt der inländischen Produzenten; sie mindern die Wohlfahrt der inländischen Konsumenten und verursachen insgesamt einen Wohlfahrtsverlust. Es besteht nur ein Unterschied zwischen diesen beiden Arten von Handelsbeschränkungen: Zölle bringen Staatseinnahmen (Bereich E in Abbildung 17-12); Importquoten führen dagegen zu Renten für die Lizenznehmer (Bereich E' + E" in Abbildung 17-13).

Man kann Zölle und Importquoten in der vergleichenden Analyse noch näher zusammenführen. Angenommen, die Regierung beschneidet die Lizenznehmerrenten durch eine Lizenzgebühr zugunsten des Staatshaushalts. Eine Lizenz zum Verkauf von einer Tonne Importstahl hat den Wert der Differenz zwischen dem Stahlpreis in Isoland und dem Weltmarktpreis. Die Regierung kann bei der Festlegung der Lizenzgebühr bis zur Höhe dieses Preisunterschiedes gehen. Wenn man so vorgeht, wirkt die Lizenzgebühr für Importe genauso wie ein Zoll: Konsumentenrente, Produzentenrente und Staatseinnahmen sind unter den beiden Formen der Handelsbeschränkung exakt gleich.

In der Praxis jedoch kommt es selten vor, dass Länder, die den Handel mit Importquoten beschränken, die Importlizenzen verkaufen. So gab es beispielsweise im Jahr 1991 eine Übereinkunft zwischen Japan und der Europäischen Union über eine Begrenzung der japanischen Autoexporte in Länder der EU. Damals verteilte die japanische Regierung die Importlizenzen auf die japanischen Autohersteller und diesen fiel dann die Lizenznehmerrente zu (Bereich E' + E"). Diese Art der Importquotierung ist mit Blick auf die gesamtwirtschaftliche Wohlfahrt in der Europäischen Union deutlich schlechter als ein EU-Zoll auf importierte Autos. Zwar verursachen beide Maßnahmen – Zoll wie Quotierung – Preissteigerungen, Handelsbeschränkungen und Wohlfahrtsverluste, doch führt der Zoll wenigstens zu Einnahmen für die EU-Staaten statt zu Lizenzeinnahmen der japanischen Autohersteller. Aus diesem Grund ist es nicht überraschend, dass das Abkommen zwischen der EU und Japan im Jahr 1999 beendet wurde.

Obwohl es nach unserer Analyse so aussieht, als würden Importquoten und Importzölle zu gleichen Wohlfahrtsverlusten führen, muss dieser Eindruck relativiert werden. Je nach der Art des Verteilungsverfahrens für die Lizenzen kann eine Quotierung zu einem erheblich größeren Wohlfahrtsverlust führen. In Isoland können die Lizenzen z. B. an jene Lobbyisten gehen, die am meisten für die Regierungsparteien spenden. In diesem Fall besteht eine heimliche, implizite Lizenzgebühr – die Kosten der Lobbyisten. Die Einnahmen gehen nicht an die Regierung, sondern an die Lobbyisten. Der Wohlfahrtsverlust aus dieser Art von Importquotierung umfasst nicht nur einen Verlust aus Überproduktion (Bereich D) und Unterkonsum (Bereich F), sondern auch jene Teile der Lizenznehmerrenten (Bereiche E' + E"), die durch die Lobbyisten verschwendet werden.

Nichttarifäre Handelshemmnisse

Manchmal sind Maßnahmen nicht direkt als Handelsbeschränkungen zu erkennen und behindern die Unternehmen in ihren Import- und Exportmöglichkeiten dennoch beachtlich. Wir werden uns im Folgenden einige der verbreitetsten nichttarifären Handelshemmnisse näher ansehen.

Komplexe oder diskriminierende Vorschriften zu Herkunftsangaben und Qualitätsstandards. Einige Länder erlassen strenge Vorschriften für Importgüter bzw. für deren Produktion, die technische Vorgaben, Gesundheits- und Sicherheitsstandards, spezielle Produktionsstandard usw. umfassen können. Für die Exporteure kann es schwer sein, diese Vorschriften, Normen und Standards zu erfüllen. Oder sie können sie erfüllen, doch dadurch erhöhen sich die Produktionskosten so weit, dass ihre Produkte mit denen der Hersteller im Zielland nicht mehr konkurrieren können. Zusätzlich wird von Exporteuren manchmal gefordert, präzise Angaben zur Herkunft ihrer Güter zu machen. Im Hinblick darauf, dass in vielen Fällen die Produktkomponenten aus den unterschiedlichsten Ländern stammen, kann es für Hersteller schwer sein, diese Anforderung zu erfüllen. Durch solche Vorschriften zu Qualität und Herkunft können Länder also eine nichttarifäre Handelsbeschränkung errichten, die einige Exporteure nicht überwinden können.

Sanitäre und phyotosanitäre Qualitätsstandards (SPS). Importierende Länder fordern von Lebensmittel- oder Pflanzenexporteuren manchmal genaue Angaben zu ihren Produkten, die ebenfalls strengen Regeln unterliegen. Dazu zählen phytosanitäre Qualitätsstandards, die sich auf die Gesundheit der Pflanzen beziehen. D. h., das exportierende Unternehmen muss nachweisen, dass seine Pflanzen keine Krankheiten oder Schädlinge transportieren und dass auch bei der Pflanzenzucht die Standards erfüllt wurden, welche das importierende Land gesetzt hat. Im Fall von Lebensmittelimporten kann das nichttarifäre Handelshemmnis daraus bestehen, dass Sicherheitsstandards und -vorschriften so hoch sind, dass Exporteure sie schwer erfüllen können.

Verwaltungsvorschriften. Für einige Länder müssen Exporteure gewisse Verwaltungsverfahren durchlaufen, bevor ihre Waren oder Dienstleistungen in das Land gelassen werden. Der »Papierkram«, der damit einhergeht, kann immens sein und die Kosten des exportierenden Unternehmens so weit erhöhen, dass es gegenüber den heimischen Herstellern nicht wettbewerbsfähig ist. So verlangen einige Länder vielleicht übermäßige oder unangemessene Standards bezüglich Verpackung oder Warenauszeichnung. Oder sie setzen belastende Zollerklärungsverfahren fest, z. B. dass bei der Einfuhr der Güter Wertgutachten oder Echtheitszertifikate vorgelegt werden müssen. Für die Exporteure führt auch dies zu erhöhten Kosten.

Währungsmanipulation. Einige Länder führen Maßnahmen ein, die künstlich den Wert ihrer Währung beeinflussen, sodass sich Exporteure Preisen gegenübersehen, die höher sind, als sie ohne diese nichttarifäre Handelsbeschränkung wären. Dies führt wiederum zu einer Reduzierung ihrer Wettbewerbsfähigkeit gegenüber heimischen Herstellern.

Lehren für die Handelspolitik

Der wirtschaftliche Sachverständigenrat von Isoland ist nun in der Lage, alle Fragen der neuen Präsidentin zu beantworten. Er schreibt:

> Verehrte Frau Präsidentin,
>
> Sie haben uns für eine mögliche Handelsöffnung des Landes drei Fragen zur Untersuchung aufgegeben. Dies sind unsere Antworten:
> *Frage:* Wie würden sich der Stahlpreis und die gehandelte Stahlmenge auf dem Stahlmarkt in Isoland verändern, wenn jeder Isoländer zum Import und zum Export von Stahl berechtigt wäre?
> *Antwort:* Sobald Freihandel erlaubt ist, gleicht sich der Stahlpreis in Isoland dem Weltmarktpreis an.
>
> Ist der Weltmarktpreis höher als der Preis in Isoland, steigt der Inlandspreis. Dadurch würde die Nachfrage in Isoland zurückgehen und das Angebot aus inländischer Produktion ansteigen. Isoland würde deshalb Stahl exportieren. Der Grund liegt darin, dass Isoland über einen komparativen Vorteil bei der Stahlproduktion verfügt.
>
> Ist der Weltmarktpreis niedriger als der Preis in Isoland, so fällt der Inlandspreis. Der niedrigere Inlandspreis würde die Stahlnachfrage anregen und die inländische Stahlproduktion dämpfen. Isoland würde deshalb Stahl importieren. Der Grund wäre darin zu suchen, dass in diesem Fall andere Länder über komparative Vorteile bei der Stahlproduktion verfügen.
> *Frage:* Wer sind die Gewinner und die Verlierer beim Freihandel mit Stahl, und übersteigen die Vorteile insgesamt die Nachteile?

17.6 Handelsbeschränkungen

Antwort: Die Antwort hängt davon ab, ob der Preis beim Übergang zum Freihandel steigt oder fällt. Sofern der Inlandspreis steigt, haben die Stahlhersteller Vorteile und die Stahlverbraucher Nachteile. Sofern jedoch der Inlandspreis zurückgeht, haben die Produzenten Verluste und die Konsumenten Gewinne an Wohlfahrt. In beiden Fällen sind die Gewinne größer als die Verluste, sodass Freihandel die Wohlfahrt der Isoländer insgesamt erhöht.

Frage: Sollten Zölle zur neuen Handelspolitik gehören?

Antwort: Ein Zoll verursacht – wie die meisten Steuern – Wohlfahrtsverluste: Die erzielten staatlichen Einnahmen wären niedriger als die Verluste für Käufer und Verkäufer. Die Wohlfahrtsverluste treten ein, weil ein Zoll das Marktgleichgewicht näher an die Marktlage ohne Außenhandel heranführt. Vom Standpunkt ökonomischer Effizienz aus bestünde die beste Handelspolitik darin, Freihandel ohne Zölle zuzulassen.

Wir hoffen sehr, dass Sie unsere Antworten bei der anstehenden Entscheidung über eine neue Handelspolitik als hilfreich ansehen.

Ihr Ihnen sehr ergebener
Sachverständigenrat von Isoland

Kurztest
Zeichnen Sie die Angebotskurve und die Nachfragekurve für Garnituren wollener Unterwäsche im Land Autarka. Sobald Freihandel erlaubt ist, fällt der Preis einer Garnitur von 3 auf 2 Unzen Gold. Stellen Sie grafisch die Veränderungen der Konsumentenrente, der Produzentenrente und der Gesamtrente dar. Wie würde ein Importzoll die Wohlfahrtseffekte verändern?

Argumente für Handelsbeschränkungen

Der Brief des ökonomischen Sachverständigenrats veranlasst die neue Präsidentin von Isoland, die Öffnung des Landes für den freien Handel von Stahl in Erwägung zu ziehen. Sie bemerkt, dass der Inlandspreis zurzeit höher ist als der Weltmarktpreis. Freihandel würde deshalb zu einem Preisrückgang führen und so für die inländischen Stahlhersteller einen Nachteil bedeuten. Vor der Einführung der neuen Politik ersucht die Präsidentin daher die Stahlhersteller von Isoland um ihren Kommentar zu dem Gutachten des Sachverständigenrats.

Wie nicht anders zu erwarten, stellen sich die Stahlhersteller gegen den Freihandel. Sie meinen, dass ihre Regierung die heimischen Stahlerzeuger gegen den Wettbewerb aus dem Ausland schützen sollte. Wenden wir uns den Argumenten der Stahlhersteller und den möglichen Antworten der Ökonomen zu.

Das Beschäftigungsargument. Gegner des Freihandels bringen häufig vor, dass der Außenhandel mit anderen Ländern im Inland Arbeitsplätze zerstört. Im vorliegenden Fall käme es durch den Freihandel zu einem Preisrückgang beim Stahl, zu einem Rückgang der Erzeugungsmenge in Isoland und auf diese Weise zu einem Beschäftigungsrückgang in der Stahlindustrie. Isoländische Stahlarbeiter würden zum Teil arbeitslos.

Gleichzeitig mit der Vernichtung von Arbeitsplätzen lässt der Freihandel jedoch auch neue Arbeitsplätze entstehen. Sofern die Isoländer Stahl im Ausland einkaufen, erlangen diese Länder die Mittel für den Kauf anderer Erzeugnisse in Isoland. Isoländische Arbeiter würden von der Stahlindustrie zu jenen neuen Industrien überwechseln, bei denen Isoland einen komparativen Vorteil hat. Dies setzt voraus, dass Arbeitnehmer flexibel zwischen Arbeitsplätzen wechseln können, was natürlich grundsätzlich möglich ist, jedoch keinesfalls kostenlos. Obwohl die Produktionsverlagerung kurzfristig gewisse Härten für die zum Arbeitsplatzwechsel gezwungenen Arbeiter mit sich bringt, kann argumentiert werden, dass den Einwohnern von Isoland dadurch langfristig ein höherer Lebensstandard ermöglicht wird.

Das Sicherheitsargument. Sobald eine Industrie von ausländischer Konkurrenz bedroht wird, argumentieren die Gegner des Freihandels oft, diese Industrie spiele eine Schlüsselrolle für die nationale Sicherheit. In unserem Beispiel könnten die Stahlhersteller von Isoland darauf verweisen, dass Stahl zur Erzeugung von Kanonen und Panzern benötigt wird. Freihandel mache Isoland beim Stahlangebot von anderen Ländern abhängig. Bei Ausbruch eines Kriegs wäre Isoland nicht in der Lage, genügend Stahl und Waffen zur Verteidigung zu produzieren.

Einige Volkswirte räumen zwar ein, dass der Schutz von Schlüsselindustrien angebracht sein kann, wenn berechtigte Besorgnis um die nationale Sicherheit besteht. Jedoch kann dieses Argument auch allzu rasch und leichtfertig von den Produzenten herangezogen werden, um auf Kosten der Konsumenten Vorteile zu erlangen. Skeptisch sollte man sein, wenn das Sicherheitsargument von Vertretern der einheimischen Industrie und nicht vom Verteidigungsministerium ins Spiel gebracht wird. Für diese Unternehmen besteht natürlich ein Anreiz, ihre Bedeutung für die nationale Sicherheit hochzuspielen, um vor ausländischer Konkurrenz geschützt zu werden.

Das Schutzargument. Junge Industriezweige verlangen manchmal temporäre Handelsbeschränkungen als Schutz und Hilfestellung für die Anfangszeit. Bereits im 19. Jahrhundert entwickelte Friedrich List dieses Schutzzoll- oder Erziehungszollargument. Der Aufbau »junger« und in Zukunft Erfolg versprechender Industrien könne kaum gelingen, falls diese in ihrer Aufbauphase – wenn bei noch kleinen Mengen die Produktionskosten je Einheit hoch sind – ungeschützt dem Wettbewerb ausländischer Konkurrenten ausgesetzt sind. Nach einer gewissen Zeit des Schutzes, so wird argumentiert, seien die neuen Industrien schließlich reif und konkurrenzfähig. Ganz ähnlich argumentieren jedoch gelegentlich auch die »alten« Industrien. Sie wollen zeitweilig geschützt werden, um sich neuen Bedingungen anpassen und dem Strukturwandel stellen zu können. So hat beispielsweise der damalige US-Präsident George W. Bush im Jahr 2002 vorübergehend Zölle auf Stahlimporte eingeführt, die er damit begründete, dass die Importe einen wichtigen Industriezweig gefährden. Der Zoll, der letztlich für einen Zeitraum von 20 Monaten in Kraft war, sollte die Stahlindustrie für einige Zeit in der Anpassung an den Strukturwandel unterstützen.

Solchen Wünschen stehen Ökonomen meist skeptisch gegenüber, denn das Schutzargument ist nur sehr schwer einzuschätzen und in der Praxis umzusetzen. Eine erfolgreiche Implementierung der Protektion würde voraussetzen, dass der Staat beurteilen kann, welche Industriezweige in der Zukunft erfolgreich sein werden, und ob ihr Nutzen für die Volkswirtschaft die Kosten der Protektion für die Konsumenten übersteigen wird. Solch ein »picking the winners« ist jedoch außerordentlich schwierig und wird zusätzlich erschwert durch die politische Praxis, in erster Linie politisch einflussreichen Industrien Protektion zukommen zu lassen. Wenn dann erst einmal ein politisch einflussreicher Sektor gegen die ausländische Konkurrenz geschützt wird, ist die »vorübergehende« Schutzmaßnahme schwer wieder rückgängig zu machen.

Im Übrigen begegnen viele Ökonomen dem Schutzargument an sich mit Misstrauen. Nehmen wir einmal an, die Stahlindustrie von Isoland sei jung und tatsächlich unfähig, zu rentablen Preisen gegen die ausländische Konkurrenz zu bestehen. Es gibt jedoch begründete Hoffnung auf eine langfristige Gewinnträchtigkeit. In diesem Fall sollten die Eigentümer die vorübergehenden Verluste in Kauf nehmen, um die potenziellen zukünftigen Gewinne zu erlangen. Protektion ist für die Etablierung und das Wachstum einer Industrie grundsätzlich nicht nötig. Unternehmen unterschiedlicher Wirtschaftszweige – wie heutzutage etwa in der Biotechnologie – nehmen Anfangsverluste auf sich, in der Hoffnung auf Wachstum und Rentabilität in der Zukunft. Und viele von ihnen haben – ganz ohne Schutz vor der ausländischen Konkurrenz – auch Erfolg.

Das Argument vom unfairen Wettbewerb. Eine gängige Stellungnahme lautet, dass Freihandel nur dann wünschenswert sei, wenn für alle Handelspartner die gleichen Regeln gelten. Unfair ist der internationale Wettbewerb dann, wenn die Unternehmen in verschiedenen Ländern ganz unterschiedlichen Gesetzen und Regulierungen unterliegen. Nehmen wir z. B. an, in einem Nachbarland wird die Stahlindustrie durch große Steuervergünstigungen gefördert. Die Stahlhersteller in Isoland könnten dann Schutz gegen die ausländische Konkurrenz fordern, weil ihnen der Wettbewerb aus dem Nachbarland unfair erscheint.

Hätte Isoland tatsächlich Schäden vom Import subventionierten Stahls aus anderen Ländern? Gewiss, die isoländischen Erzeuger von Stahl würden unter den niedrigen Preisen leiden, doch die isoländischen Nachfrager hätten Vorteile. Im Übrigen macht es für den Freihandel keinen Unterschied: Die Gewinne der Konsumenten aus dem billigen Einkauf übersteigen die Verluste der Produzenten. Die Subventionen des Nachbarlandes an die nationale Stahlindustrie mögen eine schlechte Politik darstellen, doch die Last tragen die Steuerzahler des Nachbarlandes. Isoland profitiert von der Möglichkeit, Stahl zu einem subventionierten Preis einkaufen zu können.

Das Argument vom Verhandlungsvorteil. Ein weiteres Argument für Handelsbeschränkungen wird aus dem internationalen Verhandlungsprozess abgeleitet. Viele Politiker nehmen für sich in Anspruch, für Freihandel zu sein, betonen jedoch gleichzeitig, dass Handelsbeschränkungen nützlich sein können, wenn man mit Handelspartnern verhandelt. Sie behaupten, dass die Androhung von Handelshemmnissen helfen kann, die bereits in anderen Ländern vom Staat verhängten Beschränkungen des Handels zu beseitigen. So könnte Isoland z. B. damit drohen, einen Einfuhrzoll für Stahl festzusetzen, wenn das Nachbarland nicht den Einfuhrzoll für Weizen abschafft. Sofern das Nachbarland darauf mit der Abschaffung seines Einfuhrzolls auf Weizen reagiert, ist ein weiterer Schritt Richtung Freihandel getan.

Problematisch wird diese Verhandlungsstrategie, wenn die Drohung nicht wirken sollte. Bei einer unwirksamen Drohung steht das Land vor einer schwierigen Wahl. Es kann seine Drohung wahr machen und eine Handelsbeschränkung einführen, die zu einer Wohlfahrtsminderung im eigenen Land führt. Oder es kann seine Drohung zurücknehmen, wodurch ein internationaler Glaubwürdigkeitsverlust eintritt. Mit diesen Alternativen konfrontiert, würde sich das Land vermutlich wünschen, die Drohung nie ausgesprochen zu haben.

Kritik am Prinzip des komparativen Vorteils

In vielen Umfragen unter Ökonomen ist eine große Anzahl der Meinung, dass Freihandel grundsätzlich gut ist. Dieser Glaube an den Freihandel basiert auf dem Prinzip des komparativen Vorteils. Wie wir bereits in diesem Kapitel erfahren haben, gibt es jedoch auch Kritik an diesem Prinzip (vgl. »Information: Das Vermächtnis von Adam Smith und David Ricardo«). Die Kritik an der Theorie zielt dabei auf den historischen Kontext ihrer Entstehung und den daraus folgenden Annahmen ab, die zu kurz greifen, um moderne Volkswirtschaften adäquat abzubilden. So könnte man nach dem Prinzip des komparativen Vorteils annehmen, dass Länder mit einem großen Angebot an Land und ungelernten Arbeitskräften einen komparativen Vorteil bei der Produktion von Primärprodukten wie Rohstoffen und Nahrungsmitteln haben. Nach der Theorie würden sie Handelsvorteile dadurch erlangen, dass sie ihre Waren mit weiter entwickelten Ländern gegen Fertigwaren tauschen. Für viele Länder Afrikas trifft diese Beschreibung zu, mit dem Unterschied, dass sie nicht von Handelsvorteilen profitieren, sondern trotz Handel extrem arm sind.

In anderen Entwicklungs- bzw. Schwellenländern wie Indien, China und Südkorea können wir hingegen ein rasches Wirtschaftswachstum und einen Anstieg der ökonomischen Wohlfahrt beobachten. Worauf ist dieses Wachstum zurückzuführen? Chinas Regierung investierte verstärkt in die verarbeitende Industrie, Südkorea in große Unternehmen und Indien in Computer- und Softwareentwicklung. Vor dem Hintergrund, dass es in der Welt bereits genügend Länder mit entwickelten Industrien in genau diesen Branchen gab, kann man diese Entscheidungen nicht als Ausnutzung eines komparativen Vorteils bezeichnen. Vielmehr hat die Investition in Fertigkeiten und Industriezweige, in denen diese Länder gerade keinen komparativen Vorteil besaßen, dazu geführt, dass sie sich ökonomisch erheblich schneller entwickelt haben als viele afrikanische Länder.

Anstatt sich auf den eigenen komparativen Vorteil zu konzentrieren, scheint es also weitaus lohnender zu sein, wenn sich Länder für Spezialisierungen entscheiden, die für die Bevölkerung als Ganzes den größten Nutzen versprechen. Die Entscheidungen Chinas, Indiens und Südkoreas, in verarbeitende Industrie zu investieren, könnten auf der sogenannten Prebisch-Singer-These beruhen. Die **Prebisch-Singer-These** besagt, dass sich das reale Austauschverhältnis (Terms of Trade) der Primärgüter zu den Fertigwaren im Lauf der Zeit verschlechtert. Das heißt, die Preise der Primärgüter fallen gegenüber den Preisen der Fertigerzeugnisse. Länder, die sich auf die Produktion von Primärgütern spezialisiert haben, werden folglich ärmer.

Nach dieser These ist es also durchaus möglich, dass ein auf dem komparativen Vorteil aufgebautes Freihandelssystem einem Land nicht die Handelsvorteile beschert, wie sie das Prinzip des komparativen Vorteils verspricht.

David Ricardo verdeutlichte seine Idee modellhaft am Handel zwischen Großbritannien und Portugal und den zwei Handelsgütern Tuch und Wein (vgl. »Information: Das Vermächtnis von Adam Smith und David Ricardo«). Zu Ricardos Lebenszeit hatte Großbritannien einen komparativen Vorteil in der Tuchproduktion und Portugal in der Weinproduktion. Die bereits erwähnte britische Ökonomin Joan Robinson merkte in ihrer Kritik an Ricardo an, dass durch Portugals Spezialisierung auf die Weinproduktion im 19. Jahrhundert die Tuchproduktion im Land verkümmerte. Hingegen führte die Spezialisierung auf die Weinproduktion nur begrenzt zu Handelsvorteilen, da sich der Weltmarkt für Wein nicht schnell genug entwickelte. Somit profitierte im Handel der beiden Länder letztlich nur Großbritannien von seinem komparativen Vorteil. Für den Internationalen Währungsfonds untersuchten Arezki et. al (2013) 25 Primärprodukte seit 1650 und fanden heraus, dass »in der Mehrzahl der Fälle die Prebisch-Singer-These nicht widerlegt werden konnte« (Testing the Prebisch-Singer Hypothesis since 1650. Evidence from Panel Techniques that allow for multiple brakes, IMF Working Paper). Kritiker der Theorie des komparativen Vorteils führen historische Belege dafür an, dass Länder stärker vom Handel profitieren, wenn sie in die Produktion von Gütern investieren, die auf dem Weltmarkt hohe Preise erzielen, statt sich auf die Güterproduktion zu spezialisieren, in der sie aufgrund ihrer Ressourcenausstattung einen komparativen Vorteil besitzen.

> **Prebisch-Singer-These**
> These, die besagt, dass sich das reale Austauschverhältnis (Terms of Trade) der Primärgüter zu den Fertigwaren im Lauf der Zeit verschlechtert. Länder, die auf die Produktion von Primärgütern spezialisiert sind, werden folglich ärmer.

17.7 Weitere Außenhandelstheorien

Es gibt eine Reihe weitere Theorien der Außenwirtschaftslehre. Einige von ihnen werden wir uns im Folgenden näher ansehen.

Die Verfügbarkeit von Produktionsfaktoren: Das Heckscher-Ohlin-Theorem

Das Heckscher-Ohlin-Theorem, auch Faktorproportionentheorem genannt, wurde von den zwei schwedischen Ökonomen Eli Heckscher und Bertil Ohlin entwickelt. Ohlin erhielt zusammen mit James Meade 1979 den Nobelpreis für Wirtschaftswissenschaften für seine Theorie der Außenwirtschaftslehre. Das Heckscher-Ohlin-Theorem basiert auf der Idee, dass hinter jeder Ware und jeder Dienstleistung ein bestimmtes Bündel an Produktionsfaktoren steht, die in ihre Herstellung einfließen. Vergleicht man die Länder der Welt, so ist die Verfügbarkeit der Produktionsfaktoren unterschiedlich. Manche Länder haben reiche Rohstoffvorkommen wie Öl, Kupfer oder Eisenerz, während andere primär über Land oder Arbeitskräfte verfügen. Das heißt, dass Länder jeweils bei den Gütern einen komparativen Vorteil haben, bei deren Produktion Faktoren eingesetzt werden müssen, über die das Land reichlich verfügt. So verfügt beispielsweise Saudi-Arabien aufgrund seiner großen Erdölvorkommen über einen komparativen Vorteil bei der Ölproduktion, während Bangladesch aufgrund seiner vielen und billigen Arbeitskräfte einen komparativen Vorteil bei der Erstellung arbeitsintensiv produzierter Güter hat.

Natürlich importieren die meisten Länder Rohstoffe, Bestandteile und Halbfertigwaren, um daraus Güter herzustellen, die sie dann wiederum exportieren. Das relative Verhältnis von Import und Export, das durch die Verfügbarkeit von Produktionsfaktoren im Land geprägt ist, bestimmt die Struktur des Außenhandels eines Landes. Nach dem Heckscher-Ohlin-Theorem ist es möglich, diese Struktur des Außenhandels zu prognostizieren. Einfach gesagt, wird ein Land dazu neigen, die Güter zu importieren, deren Herstellung Produktionsfaktoren erfordert, die im Land selbst rar sind. Güter, die das Land aufgrund seiner Ausstattung mit Produktionsfaktoren hingegen leicht selbst herstellen kann, wird es exportieren. Länder mit unterschiedlicher Faktorausstattung können somit vom Handel miteinander profitieren.

Nehmen wir an, wir haben Land A und Land B, die beide ausschließlich die Produktionsfaktoren Arbeit und Kapital einsetzen, um Gut X und Gut Y herzustellen. Land A ist reich an Kapital, das heißt der Produktionsfaktor Kapital ist im Verhältnis zum Produktionsfaktor Arbeit reichlich vorhanden. In Land B ist das Verhältnis genau umgekehrt. Arbeitskräfte sind im Verhältnis zum Kapital reichlich vorhanden. Nehmen wir an, die Produktion von Gut X erfordert pro Einheit des Faktors Arbeit mehrere Einheiten Kapital; die Produktion von Gut X ist also relativ kapitalintensiv. Die Herstellung von Gut Y hingegen erfordert pro Einheit des Produktionsfaktors Kapital mehrere Einheiten des Faktors Arbeit, ist also relativ arbeitsintensiv.

Dem Heckscher-Ohlin-Theorem zufolge würde unter diesen Voraussetzungen Land A das kapitalintensiv hergestellte Gut X produzieren und Land B das arbeitsintensiv hergestellte Gut Y. Land A würde Gut X produzieren und exportieren und Gut Y importieren. Land B hingegen würde Gut Y produzieren und exportieren und Gut X importieren. Beide Länder profitieren folglich vom Handel miteinander. Insgesamt werden dem Heckscher-Ohlin-Theorem zufolge Länder also die Güter exportieren, deren Herstellung Produktionsfaktoren erfordert, die im Land reichlich verfügbar sind, und Güter importieren, die den Einsatz von Produktionsfaktoren erfordern, mit denen das Land relativ gesehen schlechter ausgestattet ist. Veränderungen bezüglich der Verfügbarkeit von Produktionsfaktoren können in der Folge Außenhandelsstrukturen verändern. Beispielsweise war China aufgrund seiner großen Masse an relativ billigen Arbeitskräften lange Zeit Exporteur arbeitsintensiv hergestellter Güter. In den letzten Jahren hat das Land jedoch verstärkt in Kapital investiert, wodurch sich die Relationen in der Faktorausstattung verändert haben und in der Folge auch die Struktur des chinesischen Außenhandels. Die Verfügbarkeit von Produktionsfaktoren in einem Land ist also nicht statisch, sondern kann von der Politik durch Investitionen und Anreize verändert werden, wie es neben China beispielsweise auch in Indien und Südkorea der Fall ist.

Das Stolper-Samuelson-Theorem

Das Heckscher-Ohlin-Modell basiert auf zwei Produktionsfaktoren. Die amerikanischen Ökonomen Paul Samuelson und Wolfgang Stolper untersuchten, was passiert, wenn sich durch den Handel die Preise und die Produktivität der Produktionsfaktoren in einem Zwei-Faktoren-Modell verändern. In diesem Kapitel haben wir gelernt, dass Länder als Ganzes grundsätzlich immer vom Außenhandel profitieren, obwohl es beim genauen Blick auf die Bevölkerung immer Gruppen von Gewinnern und Verlierern gibt. Im Laufe der Jahre rückten die Bemühungen, Handelshemmnisse zu reduzieren und die Märkte sowohl der Industrienationen als auch der Schwellen- und Entwicklungsländer für den Außenhandel zu öffnen, zunehmend in den Fokus der globalen Wirtschaftspolitik. Die Frage ist jedoch, ob es sich nachteilig auf die Arbeitnehmer in Hochlohnländern auswirkt, wenn Hochlohnländer mit Niedriglohnländern in Handelsbeziehungen treten. Intuitiv scheint es naheliegen, dass sich Freihandel in der Tat negativ auf die Entlohnung der Arbeitnehmer in Hochlohnländern auswirken könnte.

Einige Ökonomen würden diesen Eindruck jedoch mit der Begründung zurückweisen, dass niedrige Löhne lediglich die niedrigere Produktivität der entsprechenden Arbeitskräfte widerspiegeln. Die Verfügbarkeit einer großen Zahl gering entlohnter Arbeitskräfte in Niedriglohnländern wird damit erklärt, dass die Investitionen in Kapital im Vergleich zu Hochlohnländern gering und Arbeitskräfte in der Folge weniger produktiv seien.

Wie wir gesehen haben, legt das Heckscher-Ohlin Modell nahe, dass Länder Güter exportieren werden, die die in der Produktion relativ viel von dem Produktionsfaktor benötigen, der in dem Land reichlich verfügbar ist. Güter, deren Produktion vorrangig den Einsatz eines Produktionsfaktors benötigt, der im Land weniger reichlich verfügbar ist, werden sie hingegen importieren. Arbeitskräfte, die in Branchen arbeiten, in denen die Nachfrage nach inländischen Gütern durch billigere Importe aus dem Ausland zurückgeht, können folglich in solche Branchen wechseln, die durch steigende Exportmöglichkeiten wachsen. Wolfgang Stolper und Paul Samuelson wollten herausfinden, ob diese Annahme wirklich zutrifft und untersuchten hierzu die gegenseitige Abhängigkeit von Handel, Zöllen und Faktorpreisen. Daraus entwickelten sie das Stolper-Samuelson-Theorem.

Der Kern der Theorie kann wie folgt erklärt werden: Nehmen Sie an, Isoland produziert zwei Güter, Gut X und Gut Y, wobei nur zwei Produktionsfaktoren eingesetzt werden – Boden und Arbeit. In der Herstellung ist Gut X arbeitsintensiv und Gut Y landintensiv. Isoland schließt mit einem anderen Land ein Freihandelsabkommen, was dazu führt, dass Gut X von Isoland importiert wird. Der Import führt wiederum dazu, dass das Angebot an Gut X in Isoland steigt und sein Preis fällt. Wenn der Preis von Gut X fällt, so werden auch die Löhne der Arbeitskräfte sinken, die Gut X herstellen, und einige werden ihre Arbeit verlieren. Die Arbeitskräfte wiederum, die in die Produktion des landintensiv hergestellten Guts Y involviert sind, werden ebenfalls sinkende Löhne verzeichnen. Das kommt dadurch zustande, dass Arbeitskräfte aus der Produktion des Gutes X in die Produktion des Gutes Y drängen. In der Folge wird der Preis von Gut Y ebenfalls fallen. Der Preisrückgang bei Gut Y führt wiederum zu einem Anstieg

17.7 Interdependenz und Handelsvorteile
Weitere Außenhandelstheorien

der nachgefragten Menge von Gut Y und folglich werden die Unternehmen, die Gut Y herstellen, versuchen, die Produktionsmenge zu erhöhen. Da die Produktion von Gut Y landintensiv ist, führt eine Ausweitung der Produktion zu einem Anstieg der Nachfrage nach Land, was dessen Preis in die Höhe treibt. In der Folge verdienen die Arbeitskräfte von Isoland weniger und zahlen mehr für Land. Die Öffnung des Landes für den Freihandel hat also der gesamten arbeitenden Bevölkerung geschadet. Dieses einfache Modell kann auf den Handel zwischen entwickelten und weniger entwickelten Ländern übertragen werden. Nach dem Stolper-Samuelson-Theorem profitieren Arbeitskräfte in entwickelten Ländern nicht in dem Umfang, wie es die traditionellen Außenhandelstheorien nahelegen.

Betrachten wir nun ein weiteres Beispiel. Nehmen wir erneut an, Isoland produziert zwei Güter – Gut X und Gut Y. Gut X wird weiterhin arbeitsintensiv hergestellt, doch Gut Y ist in diesem Fall nicht landintensiv, sondern kapitalintensiv in der Herstellung. Der Lohnsatz, der den Arbeitskräften gezahlt wird, sei W, und das Faktoreinkommen von Kapital sei R. Isoland produziert nun das arbeitsintensiv hergestellte Gut X nicht nur, sondern importiert es zudem noch. Das kapitalintensiv hergestellte Gut Y wird hingegen exportiert.

Nehmen wir nun an, Isoland verhängt einen Importzoll für Gut X. In der Folge steigt der Preis von Gut X an, was die Produzenten dazu motiviert, die Angebotsmenge von Gut X zu erhöhen. Wenn wir voraussetzen, dass der gesamte Faktoreinsatz an Arbeit und Kapital in die Herstellung der zwei genannten Güter fließt, so muss die Produktionssteigerung bei Gut X zulasten der Produktion von Gut Y erfolgen, die in der Konsequenz zurückgeht. Die Ausweitung der Produktion von Gut X führt zu einem Anstieg der Nachfrage nach Arbeitskräften (erinnern Sie sich, dass die Nachfrage nach Arbeit eine abgeleitete Nachfrage ist). Die Nachfrage nach Kapital hingegen verändert sich nicht. Höhere Lohnsätze in der Produktion von Gut Y führen zu einem Rückgang der Kapitalerträge (R). Stolper und Samuelson stellten die Hypothese auf, dass der Rückgang der Kapitalerträge zu einem Anstieg der Lohnsätze führen würde, der höher ausfällt als der Preisanstieg der Importe von Gut X. Daraus schlussfolgerten sie, dass die Arbeitskräfte in den Ländern, die Güter produzieren, die mit importierten Gütern in Konkurrenz stehen und die relativ arbeitsintensiv in der Herstellung sind, von Importzöllen profitieren. Für die Kapitalbesitzer hingegen führen die Importzölle zu Verlusten.

Dem Stolper-Samuelson-Theorem zufolge profitieren Volkswirtschaften, die international Handel treiben und sich dabei fixen Weltmarktpreisen gegenübersehen, allgemein von einem Abbau der Zollgrenzen. Ungeachtet dessen führen Veränderungen in der Handelspolitik immer zu Gewinnern und Verlierern. Das Stolper-Samuelson-Theorem impliziert unter anderem, dass der fortschreitende Prozess der Globalisierung, d. h. die zunehmende Verflechtung der Volkswirtschaften weltweit zu einem Anstieg des Handels zwischen entwickelten und weniger entwickelten Ländern geführt hat und sich in der Folge die Lohnunterschiede zwischen gelernten und ungelernten Arbeitskräften verstärkt haben. Seit der Veröffentlichung der Theorie in den frühen 1940er-Jahren wurden ihre Prognosen durch eine Anzahl von Studien bestätigt. Es gibt jedoch auch genauso viele Studien, die die Gültigkeit der Annahmen und Prognosen des Stolper-Samuelson-Theorem infrage stellen.

Theorie der technologischen Lücke oder Hypothese der Nachahmungsverzögerung

Länder mögen über eine unterschiedliche Ausstattung mit Produktionsfaktoren verfügen, doch unterschiedliche Innovationsraten können auch aus einer unterschiedlichen Entwicklungsdynamik resultieren. Wenn durch ein Land ein neues Produkt entwickelt wurde, so kann es eine Weile dauern, bis dieses Gut von anderen Ländern nachgeahmt oder vielleicht auch weiterentwickelt wird. Es kommt zu einer Verzögerung oder einer Lücke, weshalb der im Folgenden beschriebene Ansatz des britischen Ökonomen Michael V. Posner »Theorie der technologischen Lücke« oder »Hypothese der Nachahmungsverzögerung« genannt wird. Wenn ein neues Produkt entwickelt wird, so kann diese Innovation vorerst auf nur ein bestimmtes Land beschränkt sein. Dieses Land hat folglich einen komparativen Vorteil in der Produktion dieses Gutes. Es wird eine bestimmte Zeit brauchen, bis die Konkurrenz aus anderen Ländern vergleichbare Produkte herstellen und in den Wettbewerb eintreten kann. Der Umfang der zeitlichen Verzögerung hängt davon ab, welche Form der Technologie und welche Ressourcen für die Produktion benötigt werden und welche Investitionen getätigt werden müssen, um das Produkt marktfähig zu machen.

Zusätzlich zur Angebotsseite wird es auch auf der Nachfrageseite zu Verzögerungen kommen. So kann es dauern, bis die Konsumenten die ausländischen Substitute kennenlernen und annehmen, wenn sie es denn überhaupt tun. So wurden beispielsweise viele innovative Produkte von Apple nachgeahmt, besonders was Smartphones und die dafür benötigten Betriebssysteme betrifft. Andere Technologieunternehmen haben versucht, mit Apple durch die Entwicklung rivalisierender Betriebssysteme für Smartphones zu konkurrieren, wie Android (von Google), Windows Phone, BlackBerry 10 und Ubuntu Touch. Einige dieser Systeme wurden von den Konsumenten angenommen, andere nicht. Die Produktion der Letzteren wurde folglich wieder eingestellt. Markenloyalität und die Vertrautheit der Konsumenten mit einem bestimmten Produkt kann es für Nachahmer schwer machen, Marktanteile zu gewinnen, selbst wenn ihre Produkte sehr gut sind.

Die Hypothese der Nachahmungsverzögerung oder Theorie der technologischen Lücke geht daher davon aus, dass der Außenhandel und die spezifischen Import- und Exportstrukturen in den einzelnen Ländern durch die Entwicklung innovativer Produkte beeinflusst werden können. Die Theorie hebt folglich die Bedeutung der Innovationskraft eines Landes bezüglich der Wahrung und Steigerung seiner Exportleistung hervor. Die wirtschaftliche Entwicklung kann durch exportgeleitetes Wachstum angetrieben werden und die Hypothese der Nachahmungsverzögerung zeigt dementsprechend auf, dass es für ein Land wichtig ist, Innovation, Forschung und Entwicklung sowie Unternehmertum zu fördern, um seine Stellung im internationalen Handel zu wahren.

Die Produktlebenszyklustheorie

Der Produktlebenszyklus ist eine schematische Darstellung der unterschiedlichen Entwicklungsstadien, die ein Produkt durchläuft: von der Entwicklung über die Markteinführung, die Wachstums- und (Markt-)Reifephase bis hin zur Sättigung (kein Marktwachstum mehr) und eventuellem (Umsatz-)Rückgang. Diese Grundprinzipien des Produktlebenszyklus können auf den internationalen Handel übertragen werden. Bei dem Versuch, Veränderungen in den internationalen Handelsstrukturen zu erklären, dient die Produktlebenszyklustheorie als Erweiterung der Hypothese der Nachahmungsverzögerung. Die Produktlebenszyklustheorie wurde durch den US-amerikanischen Ökonomen Raymond Vernon (1913–1999) entwickelt. Der Theorie zufolge durchlaufen Produkte (vorausgesetzt sie sind erfolgreich) nach ihrer Entwicklung eine frühe Wachstumsphase, in der der Absatz in der Regel in dem Land erfolgt, in dem das Produkt auch entwickelt wurde. Internationaler Handel findet in dieser Produktlebensphase nicht statt. Sobald das Produkt jedoch in die Reifephase eintritt, sind Massenproduktionsverfahren und Vermarktungsmethoden entwickelt und Unternehmen, welche das Produkt herstellen, können von zunehmenden Skalenerträgen profitieren. Während das Produkt immer konkurrenzfähiger wird, generieren die Unternehmen erste Umsätze im Ausland, indem sie Handelsverträge und -vereinbarungen mit anderen Ländern abschließen. Sollte das Produkt aus einem entwickelten Land stammen, so stammen die potenziellen Handelspartner höchstwahrscheinlich aus ähnlich entwickelten Ländern. Es ist jedoch auch möglich, dass weniger entwickelte Länder das Produkt nachahmen. Sollten die Faktorpreise in diesen Ländern, beispielsweise der Preis für Arbeit, niedriger sein als im Herkunftsland, so ist es möglich, dass diese Länder ein ähnliches Produkt international zu einem geringeren Preis anbieten können. In der Folge verändern sich die Außenhandelsstrukturen, da Länder mit einem komparativen Vorteil bei bestimmten Produktionsfaktoren beginnen, dem Herkunftsland des Produkts international Marktanteile streitig zu machen. Das Land, aus dem das Produkt ursprünglich stammt, beobachtet vielleicht eine Sättigung oder sogar einen Rückgang im Export des Produkts, während der Import nachgeahmter Produkte zunimmt und sie größere Marktanteile gewinnen.

Während ein Produkt also den Produktlebenszyklus weiter durchläuft, kann es vorkommen, dass sich die Produktion komplett in Entwicklungsländer verlagert, während die Industrieländer weitere, neue Produkte entwickeln, die neue Exportumsätze und somit wirtschaftliches Wachstum generieren. Die Produktlebenszyklustheorie spiegelt somit die dynamischen Veränderungen der internationalen Handelsstrukturen wider.

Überschneidungen in der Nachfrage: Die Linder-Hypothese

Die Länder der Welt können in Hochlohnländer, Länder mit mittlerem Einkommen und Niedriglohnländer unterteilt werden. Dieser Klassifizierung folgend kann davon ausgegangen werden, dass die Konsumenten weltweit, je nach Einkommensniveau in ihrem Land, ein unterschiedliches Kaufverhalten haben, was sich wiederum in der Palette an Gütern widerspiegelt, die im Land produziert werden. So produzieren die Unternehmen in Hochlohnländern tendenziell mehr technologiebasierte Luxusartikel, komplexe Finanzprodukte und stärker verarbeitete Lebensmittel als Unternehmen in Entwicklungsländern, da solche Produkte dort weniger nachgefragt werden.

Unternehmen in Entwicklungsländern bieten hingegen mehr Güter an, die der Grundversorgung der Bevölkerung dienen. Daraus folgt, dass der Außenhandel eines Landes eine Funktion der Güter darstellt, die es selbst produziert.

Der schwedische Ökonom Hans Martin Staffan Burenstam Linder (1931–2000) argumentierte, dass internationale Handelsstrukturen in dem Ausmaß beeinflusst werden, in dem sich die Nachfrage der Konsumenten in Ländern mit unterschiedlichen Einkommensniveaus überschneiden, also eine länderübergreifende Schnittmenge in der Nachfrage nach einem Gut existiert. In diesem Kapitel haben wir gelernt, dass es nach der Theorie des komparativen Vorteils nicht möglich ist, dass ein Land bei allen Gütern einen komparativen Vorteil hat, da die Opportunitätskosten des einen Guts den Kehrwert der Opportunitätskosten des anderen Guts darstellen. Die Linder-Hypothese hingegen behauptet, dass zwei Länder untereinander das gleiche Gut handeln können und dabei beide einen Vorteil haben – vorausgesetzt, die Nachfrage in den Ländern überschneidet sich. Dies kann beispielsweise in Großbritannien beobachtet werden, das Öl sowohl exportiert als auch importiert. Linder argumentierte, dass selbst Länder mit unterschiedlichen Einkommensniveaus eine gemeinsame Nachfrage nach bestimmten Gütern haben können, wodurch der Handel mit diesen Gütern für beide Länder vorteilhaft ist.

17.8 Fazit

Die Regel vom komparativen Vorteil zeigt, dass es durch Handel allen besser gehen kann. Doch trotz der offenkundigen Handelsvorteile wird über die Handelspolitik oft heftig gestritten. Einige Kritiker bezeichnen die Annahmen, die dem Prinzip des komparativen Vorteils zugrunde liegen, als zu statisch und nicht zeitgemäß. Sie sehen sie im 19. Jahrhundert verhaftet, was Ricardos Prinzip des komparativen Vorteils für eine Analyse moderner Volkswirtschaften ungeeignet erscheinen lässt. Zwar wurden danach, wie wir gesehen haben, noch weitere Außenhandelstheorien entwickelt, doch sind auch sie Gegenstand von Diskussionen und Kritik. Obwohl die Vorteile des

Fallstudie

Handelskriege

Die Präsidentschaft von Donald Trump 2017–2021 war durch Protektionismus und den Handelskrieg mit China gekennzeichnet. Getreu seinem Wahlkampfmotto »Make America Great Again« erließ Trump Importzölle auf eine ganze Reihe von Gütern wie Stahl und Aluminium mit dem erklärten Ziel, die US-amerikanische Wirtschaft vor Konkurrenz zu schützen und somit inländische Arbeitsplätze und Löhne zu sichern. Besonders im Fokus stand dabei China. Bereits seit vielen Jahren stand der Vorwurf im Raum, China würde die Preise seiner exportierten Güter künstlich niedrig halten und sich so Handelsvorteile sichern. Wir haben in diesem Kapitel gelernt, dass Handelsbeschränkungen nicht selten mit dem Argument vom unfairen Wettbewerb begründet werden. So war es auch in diesem Fall. Aus der politischen Androhung von Handelsbeschränkungen durch beide Seiten wurde 2018 Realität und zwischen den USA und China kam es zum Handelskrieg, in dem gegenseitig immer höhere Importzölle auf die Handelsgüter des anderen erlassen wur-

Fortsetzung auf Folgeseite

17.8 Interdependenz und Handelsvorteile
Fazit

Fortsetzung von Vorseite

den. Das Argument vom unfairen Wettbewerb wurde nun seitens der US-Regierung noch weiter unterfüttert. In einer Stellungnahme vom Juli 2018 hieß es, Nachforschungen hätten ergeben, dass China die Handelsbeziehungen mit den USA seit Jahren dazu missbrauche, geistiges Eigentum und Innovationen zu stehlen und damit der US-amerikanischen Wirtschaft, den Unternehmen und ihren Mitarbeitern schade. China stritt die Vorwürfe ab.

Diese Politik der US-Regierung gegenüber China fand Zuspruch bei vielen Menschen, aus deren Sicht der Freihandel keinesfalls alle besserstellt. Und wir haben in diesem Kapitel erfahren, dass diese Sicht auch nicht falsch ist. Internationaler Handel erhöht zwar die gesamtwirtschaftliche Wohlfahrt, doch gibt es dabei stets Gewinner und Verlierer. Entscheidend ist, wer die Gewinner und wer die Verlierer jeweils sind, welchen Einfluss diese Gruppen auf die Politik haben und welches Ausmaß die Gewinne oder Verluste haben. Zölle erhöhen bekanntlich den Inlandspreis eines Gutes und somit die Wohlfahrt der inländischen Produzenten. Sie mindern jedoch die Wohlfahrt der inländischen Konsumenten und verursachen insgesamt einen Wohlfahrtsverlust. Trotz der potenziellen Vorteile für die Produzenten wurde der »Handelskrieg« mit China nicht von allen US-amerikanischen Unternehmen unterstützt. Denn einerseits erschwerten die chinesischen Vergeltungszölle den Export nach China und führten so zu Umsatzrückgängen bei den betroffenen Unternehmen. Andererseits führten die Importzölle für Unternehmen, die in ihrer Produktion auf Importe aus China angewiesen sind, zu erhöhten Produktionskosten und somit zu Wettbewerbsnachteilen. Befürworter von Importzöllen könnten hier argumentieren, dass höhere Importkosten die Unternehmen dazu bewegen werden, ihre Güter anstatt aus dem Ausland einfach von inländischen Herstellern zu beziehen. Aber so einfach ist es nicht.

Sollten die USA beispielsweise Reisimporte aus China mit 10 Prozent oder sogar 25 Prozent verzollen, so wird der Preis für Reis aus China steigen und die Nachfrage danach geht der ökonomischen Theorie zufolge zurück, was wiederum zu einem Rückgang der Reisimporte aus China in die USA führt. Aber denken Sie an die US-amerikanischen Einkäufer von Reis, wie Supermärkte oder die Lebensmittelindustrie. Werden sie plötzlich weniger Reis als vor der Einführung des Zolls nachfragen oder werden Sie versuchen, ihren Reis aus anderen Quellen zu beziehen? Eine Möglichkeit wäre es, die benötigten Mengen bei inländischen Produzenten zu kaufen. Reis wird auch in einigen Teilen der USA angebaut und verarbeitet, insbesondere in Kalifornien, Texas, Mississippi, Missouri und Arkansas. Doch die US-amerikanische Reisproduktion macht nur rund 2,7 Prozent der weltweiten Produktion aus und reicht nicht aus, um den Bedarf der inländischen Konsumenten und der Industrie zu decken.

Sehr wahrscheinlich würden sich die Importeure von chinesischem Reis aufgrund des Importzolls also nicht an inländische Produzenten wenden, sondern vielmehr an Länder mit umfangreicher Reisproduktion wie Vietnam, Malaysia oder Indien. Diese Länder würden folglich vom Handelskrieg der USA mit China profitieren und nicht die US-amerikanische Industrie. Welches dieser Länder könnte China am ehesten ablösen? Dies hängt in erster Linie davon ab, wie schnell die lokalen Reisproduzenten ihre Produktion erweitern und folglich die Lücke füllen können, die China hinterlässt. Dies hängt wiederum entscheidend von den institutionellen, rechtlichen und regulatorischen Rahmenbedingungen ab, mit denen sich Unternehmen im jeweiligen Land konfrontiert sehen. Ein Maß dafür, wie leicht in einem Land aufgrund des institutionellen, rechtlichen und regulatorischen Rahmens Unternehmen gegründet und betrieben werden können, ist der »Ease of Doing Business Index« (EoDBI) der Weltbank. 2018 war Malysia hier auf Platz 15 mit dem Ranking »sehr leicht«, Vietnam auf Platz 69 mit »leicht« und Indien auf Platz 77 mit »mittel«. Der EoDBI gründet sein Ranking auf 10 Schlüsselkriterien wie dem Steuersystem, den Möglichkeiten der Vertragsdurchsetzung, der Verbriefung von Eigentumsrechten, dem Zugang zu Krediten und Elektrizität sowie dem Prozess, der bei der Unternehmensgründung durchlaufen werden muss.

Fragen

1. »Einzig durch Protektionismus kann ein Land dafür sorgen, dass seine Unternehmen und seine Arbeitsplätze vor unfairen Wettbewerb aus dem Ausland geschützt sind.« Beurteilen Sie diese Aussage und nehmen Sie dabei Bezug auf den theoretischen Inhalt dieses Kapitels.
2. Warum sind die meisten Ökonomen Verfechter des Freihandels? Warum könnten Nichtökonomen die Vorteile des Freihandels als illusorisch erachten?
3. Eine Regierung erlässt einen Importzoll von 25 Prozent auf ein Gut
   a. eines bestimmten Landes
   b. einer Reihe von Ländern

   Analysieren Sie, inwieweit sich die möglichen Auswirkungen dieser zwei Handelsbeschränkungen unterscheiden.
4. Inwieweit kann es für ein Land ein komparativer Vorteil sein, wenn aufgrund seines institutionellen, rechtlichen und regulatorischen Rahmens Unternehmen vor Ort leicht gegründet und betrieben werden können? Nehmen Sie in Ihrer Argumentation Bezug auf die Kriterien des EoDBI.
5. Nehmen Sie an, die USA erheben einen Importzoll auf Reis aus China. Analysieren Sie die Auswirkungen dieser Entscheidung unter Bezugnahme auf die unterschiedlichen Außenhandelstheorien, die in diesem Kapitel vorgestellt wurden.

Freihandels auf der Hand liegen, existieren überall auf der Welt die eine oder andere Form von Handelsbeschränkungen. Manchmal kommt es auch vor, dass sich Länder zusammenschließen, um die Handelsvorteile unter sich aufzuteilen und andere Länder durch Handelsbeschränkungen aus dem »Freihandelsclub« auszuschließen.

Zusammenfassung

- Mithilfe von Produktionsmöglichkeitenkurven können die möglichen Outputkombinationen von Gütern dargestellt werden, die in einer Volkswirtschaft mit den vorhandenen Produktionsfaktoren und der gegebenen Produktionstechnik möglich sind. Die Produktionsmöglichkeitenkurve zeigt zudem die Opportunitätskosten einer Verlagerung des Ressourceneinsatzes von einer Güterproduktion zur anderen.
- Wenn Volkswirtschaften Wege finden, ihre Faktorproduktivität zu erhöhen oder den Faktoreinsatz effizienter zu gestalten, verschiebt sich die Produktionsmöglichkeitenkurve nach außen.
- Verlauf und Lage der Produktionsmöglichkeitenkurve hängen von der Produktivität der Produktionsfaktoren und vom Grad der Spezialisierung in den unterschiedlichen Industriezweigen einer Volkswirtschaft ab.
- Jeder Mensch konsumiert Waren und Dienstleistungen, die von zahlreichen anderen Menschen im Inland und im Ausland erzeugt werden. Interdependenz und Handel sind deshalb wünschenswert, weil sie jedermann in den Genuss größerer Mengen und einer größeren Vielfalt von Gütern bringen.
- Es gibt zwei Verfahren, um die Fähigkeiten zweier Personen zur Erzeugung eines Gutes zu vergleichen. Zum einen hat diejenige Person, die bei der Produktion eine kleinere Inputmenge einsetzt, – wie man sagt – einen absoluten Vorteil bei der Güterproduktion. Zum anderen hat die Person mit den niedrigeren Opportunitätskosten bei der Produktion eines Gutes einen komparativen Vorteil. Die Handelsvorteile beruhen auf dem komparativen Vorteil, nicht auf dem absoluten Vorteil.
- Durch Handel kann es allen besser gehen, weil der Handel den Menschen die Möglichkeit gibt, sich nach ihren besonderen Fähigkeiten auf jene Güter zu spezialisieren, bei denen sie einen komparativen Vorteil haben.
- Die Wirkungen des Freihandels können dadurch bestimmt werden, dass man den Inlandspreis ohne Außenhandel mit dem Weltmarktpreis vergleicht. Ein niedriger Inlandspreis deutet daraufhin, dass ein Land bei der Produktion eines Gutes einen komparativen Vorteil hat und deshalb zum Exporteur werden wird. Ein hoher Inlandspreis zeigt dagegen an, dass die übrige Welt einen komparativen Vorteil bei der Güterproduktion hat und das Land zum Importeur werden wird.
- Wenn ein Land den Freihandel gestattet und zum Exporteur eines Gutes wird, so sind die Produzenten des Gutes besser und die Konsumenten schlechter gestellt. Wird das Land bei Freihandel umgekehrt zum Importeur eines Gutes, so haben die Konsumenten

Stichwörter

- **Produktionsmöglichkeitenkurve**
- **absoluter Vorteil**
- **komparativer Vorteil**
- **Importe**
- **Exporte**
- **Weltmarktpreis**
- **Zoll**
- **Importquote**
- **Prebisch-Singer-These**

Vorteile und die Produzenten Nachteile. In beiden denkbaren Fällen sind die Handelsgewinne höher als die Nachteile aus dem Außenhandel.
- Trotz der vermeintlichen Vorteile des Freihandels sind in den meisten Ländern der Welt irgendwelche Formen von Handelsbeschränkungen in Kraft. Die häufigsten Handelsbeschränkungen sind Zölle und Importquoten.
- Ein Zoll – eine Steuer auf Importe – bringt den Markt näher an das Gleichgewicht heran, das ohne Außenhandel bestehen würde. Er mindert die Handelsvorteile. Obwohl nun die inländischen Produzenten besser gestellt sind und der Staat Einnahmen erzielt, übersteigen die Wohlfahrtsverluste der Konsumenten – verglichen mit Freihandel – die Vorteile von Produzenten und Staat.
- Eine Importquote – eine Obergrenze für Importe – hat ganz ähnliche Wirkungen wie ein Zoll. Bei einer Quotierung beziehen jedoch die Lizenznehmer die Einkünfte, die bei einem Zoll an den Staat gehen.
- Es gibt verschiedene Begründungen für Handelsbeschränkungen: Arbeitsplätze schützen, die nationale Sicherheit verteidigen, neue Industrien schützen, unfairem Wettbewerb vorbeugen und auf ausländische Handelsbeschränkungen reagieren.
- Kritiker des Prinzips des komparativen Vorteils betonen, dass die Annahmen des Modells dem historischen Kontext des 19. Jahrhunderts entsprechen und nicht für eine Analyse moderner Volkswirtschaften geeignet sind. Bestätigung sehen sie in den Beispielen wirtschaftlich erfolgreicher Entwicklungs- und Schwellenländer, die in die Entwicklung der Produktion von Gütern mit einem hohen Weltmarktpreis investiert haben, auch wenn sie in diesen Branchen über keinen komparativen Vorteil verfügten.
- Weitere Außenhandelstheorien berücksichtigen die Verfügbarkeit von Produktionsfaktoren, Nachahmungsverzögerungen angesichts einer dynamischen Weltwirtschaft, den Produktlebenszyklus und internationale Schnittmengen bei der Nachfrage nach bestimmten Gütern.

Wiederholungsfragen

1. Zeichnen und erklären Sie eine Produktionsmöglichkeitenkurve für eine Volkswirtschaft, die Computer und Milch erzeugt. Wovon hängt die Form der Produktionsmöglichkeitenkurve ab? Was geschieht mit der Kurve, wenn eine Seuche die Hälfte der Kühe tötet?
2. Erklären Sie den Unterschied zwischen absolutem und komparativem Vorteil.
3. Nennen Sie ein Beispiel, in dem die eine Person einen absoluten Vorteil und die andere Person einen komparativen Vorteil bei einer Tätigkeit hat. Ist der absolute oder der komparative Vorteil für den Handel von größerer Bedeutung?
4. Was sagt der in der geschlossenen Volkswirtschaft vorherrschende Preis über den möglichen komparativen Vorteil dieser Volkswirtschaft aus?
5. Wann wird ein Land Exporteur, wann Importeur eines bestimmten Gutes?
6. Zeichnen Sie das Angebots-Nachfrage-Diagramm für ein Importland. Bestimmen Sie Konsumentenrente und Produzentenrente ohne Außenhandel und nach Übergang zum Freihandel. Welche Veränderung der Gesamtrente ist zu bemerken?

7. Was sind Zölle? Beschreiben Sie die ökonomische Wirkung dieses Instruments.
8. Was sind Importquoten? Vergleichen Sie die ökonomische Wirkung dieses Instruments mit denen eines Zolls.
9. Zählen Sie fünf häufig gebrauchte Argumente zur Stützung von Handelsbeschränkungen auf. Was antworten Ökonomen auf diese Argumente?
10. Lässt sich die Außenhandelsstruktur einer Volkswirtschaft vorhersagen?

Aufgaben und Anwendungen

1. Stellen Sie sich ein Land vor, in dem Militärgüter (»Raketen«) und Konsumgüter (»Brot«) hergestellt werden.
   a. Zeichnen Sie die Produktionsmöglichkeitenkurve der Volkswirtschaft für Raketen und Brot. Erklären Sie, warum die Produktionsmöglichkeitenkurve sehr wahrscheinlich nach außen gewölbt sein wird.
   b. Zeichnen Sie in Ihr Diagramm einen Punkt ein, den die Volkswirtschaft mit den vorhandenen Ressourcen nicht erreichen kann. Zeichnen Sie auch einen Punkt ein, der für die Volkswirtschaft zwar realisierbar ist, aber ein ineffizientes Produktionsergebnis widerspiegelt.
   c. Stellen Sie sich vor, in diesem Land gäbe es zwei politische Parteien, die »Falken«, die sich für ein starkes Militär aussprechen, und die »Tauben«, die geringere Militärausgaben befürworten. Zeichnen Sie einen Punkt auf der Produktionsmöglichkeitenkurve, den die Falken bevorzugen werden und einen Punkt, den die Tauben favorisieren.
   d. Stellen Sie sich vor, ein aggressives Nachbarland reduziert deutlich seine Militärausgaben. Daraufhin sind sowohl die Falken als auch die Tauben bereit, die Militärausgaben zu senken. Für welche der beiden Parteien führt die Reduktion der Militärausgaben zu einer größeren »Friedensdividende«, gemessen an einem Anstieg der Brotproduktion?

2. US-amerikanische und deutsche Arbeiter können je 4 Autos pro Jahr herstellen. Eine US-amerikanische Arbeitskraft kann 10 Tonnen Weizen pro Jahr erzeugen, während eine deutsche Arbeitskraft nur 5 Tonnen Weizen pro Jahr produziert. Nehmen Sie der Einfachheit halber an, jedes Land verfüge über 100 Millionen Arbeitskräfte. (Nebenbei bemerkt: Informieren Sie sich über die tatsächlichen statistischen Größen.)
   a. Erstellen Sie für diese Situation eine Tabelle entsprechend 17-1.
   b. Zeichnen Sie die Produktionsmöglichkeitenkurven der US-amerikanischen und der deutschen Volkswirtschaft.
   c. Welches sind die Opportunitätskosten eines Autos in den USA? Oder von Weizen? Welches sind die deutschen Opportunitätskosten eines Autos in Deutschland? Oder von Weizen? Fassen Sie die Ergebnisse in einer Tabelle analog zur Tabelle 17-3 zusammen.
   d. Welches Land hat einen absoluten Vorteil bei der Autoproduktion? Oder bei der Weizenerzeugung?

e. Welches Land hat einen komparativen Vorteil bei der Autoproduktion? Oder bei der Weizenerzeugung?

f. Angenommen, ohne Handel würde je die Hälfte der Arbeitskräfte eines Landes Autos und Weizen erzeugen. Welche Mengen von beiden Produkten erzeugt jedes Land?

g. Gehen Sie von der Situation ohne Handel aus und formulieren Sie ein Beispiel dafür, wie es jedem Land durch Handel besser geht.

3. Franz und Michael sind Nachbarn im Studierendenwohnheim. Sie verbringen (natürlich) die meiste Zeit damit zu studieren, doch sie haben auch noch Zeit für ihre Lieblingsbeschäftigungen: Pizza backen und Obstbowle ansetzen. Franz braucht 1 Stunde für 1 Liter Obstbowle und 2 Stunden für eine Pizza. Michael braucht 1,5 Stunden für 1 Liter Obstbowle und 4 Stunden für eine Pizza.

   a. Welches sind die Opportunitätskosten von Franz und Michael für eine Pizza? Wer hat einen absoluten Vorteil, wer einen komparativen Vorteil beim Pizza backen?

   b. Wer wird – wenn Franz und Michael tauschen – Pizza gegen Obstbowle abgeben?

   c. Der Pizzapreis kann in Litern Obstbowle ausgedrückt werden. Welches ist der höchste Preis, zu dem Pizza »gehandelt« werden kann, sodass sowohl Franz als auch Michael profitieren? Welches wäre der unterste Preis dafür? Geben Sie Erklärungen dazu.

4. England und Norwegen produzieren Pullover und Kekse. Angenommen, ein englischer Arbeiter kann 50 Kekse oder 1 Pullover pro Stunde produzieren. Ein norwegischer Arbeiter bringt es auf 40 Kekse und 2 Pullover pro Stunde.

   a. Welches Land hat bei jedem der beiden Güter den absoluten und den komparativen Vorteil?

   b. Welches Gut wird Norwegen an England verkaufen, wenn die beiden Länder den Handel aufnehmen? Wie lautet die Begründung dafür?

   c. Würde Norwegen auch dann noch vom Handel profitieren, wenn ein norwegischer Arbeiter nur 1 Pullover pro Stunde produzieren könnte? Hätte England weiterhin Handelsvorteile? Wie lautet die Begründung dafür?

5. Sind die nachfolgenden Aussagen richtig oder falsch? Begründen Sie jede einzelne Antwort.

   a. »Zwei Länder können selbst dann Handelsgewinne erreichen, wenn eines der beiden Länder bei allen Gütern absolute Vorteile hat.«

   b. »Bestimmte begabte Menschen haben generell einen komparativen Vorteil.«

   c. »Wenn ein Geschäft für eine Person vorteilhaft ist, kann es nicht zugleich für die andere Person von Vorteil sein.«

6. Deutschland bildet einen kleinen Teil des Weltmarkts für Äpfel.

   a. Zeichnen Sie ein Diagramm für das Gleichgewicht des deutschen Apfelmarkts ohne Außenhandel. Bestimmen Sie Gleichgewichtspreis, Gleichgewichtsmenge, Konsumentenrente und Produzentenrente.

b. Angenommen, der Weltmarktpreis für Äpfel sei unter dem deutschen Preis ohne Handel und der deutsche Apfelmarkt werde für den Freihandel geöffnet. Bestimmen Sie den neuen Gleichgewichtspreis, die konsumierte Menge, die im Inland produzierte Menge und die Importmenge. Zeigen Sie auch die Änderungen der Konsumenten- und Produzentenrente. Wird die inländische Wohlfahrt insgesamt zunehmen oder abnehmen?

7. Der Weltmarktpreis für Wein ist niedriger als der Preis für Wein ohne Außenhandel in Deutschland.
   a. Erstellen Sie ein Diagramm für den deutschen Weinmarkt bei Freihandel, wobei angenommen werden kann, dass die deutschen Importe einen relativ kleinen Teil der Weltproduktion ausmachen. Erstellen Sie eine Tabelle für Konsumentenrente, Produzentenrente und Gesamtrente.
   b. Nehmen wir nun an, dass Rebläuse die gesamte Traubenernte in Kalifornien zerstören. Welche Wirkungen werden davon auf den Weltmarktpreis des Weins ausgehen? Zeigen Sie anhand der Grafik des Diagramms und der Tabelle aus a die Wirkungen auf Konsumentenrente, Produzentenrente und Gesamtrente in Deutschland. Wer sind die Gewinner und Verlierer? Steht Deutschland insgesamt besser oder schlechter da?

8. Das EU-Parlament beschließt einen Importzoll auf eingeführte Autos, um die europäische Automobilindustrie gegenüber der ausländischen Konkurrenz zu schützen. Zeigen Sie unter der Annahme, dass die EU im Weltautomarkt Mengenanpasser oder Preisnehmer ist, in einem Diagramm die Veränderung der Importmenge, den Wohlfahrtsverlust der Konsumenten in der EU, den Wohlfahrtsgewinn der Produzenten in der EU, die Staatseinnahmen und den mit dem Zoll verknüpften Wohlfahrtsverlust. Der Nachteil der Konsumenten kann in drei Komponenten aufgespalten werden: einen Transfer zu den inländischen Produzenten, einen Transfer hin zum Staat (EU) und einen Wohlfahrtsverlust. Benutzen Sie Ihr Diagramm, um die drei Komponenten zu bestimmen.

9. Stellen Sie sich nun vor, dass die Weinerzeuger in Sachsen eine Besteuerung der aus der Provence importierten Weine verlangen, damit Steuereinnahmen anfallen und die Beschäftigung in der sächsischen Weinherstellung steigt. Stimmen Sie den Forderungen zu? Wäre das eine vernünftige politische Maßnahme?

10. Betrachten Sie ein Land, das Güter aus dem Ausland importiert. Entscheiden Sie für jede der folgenden Aussagen, ob die Aussage zutrifft oder nicht. Begründen Sie Ihre Antwort.
    a. »Je größer die Preiselastizität der Nachfrage ist, desto größer fallen die Handelsgewinne aus.«
    b. »Wenn die Nachfrage unelastisch ist, dann gibt es keine Handelsgewinne.«
    c. »Wenn die Nachfrage unelastisch ist, dann profitieren die Verbraucher nicht vom Handel.«

11. Betrachten Sie ein kleines Land, das Stahl exportiert. Eine sehr handelsfreundliche Regierung entscheidet sich dafür, jede Tonne exportierten Stahls mit einem bestimmten Betrag zu subventionieren. Wie beeinflusst diese Exportsubvention den Inlandspreis für Stahl, die Produktionsmenge von Stahl, die Verbrauchsmenge und die Exportmenge? Wie werden Konsumentenrente, Produzentenrente, Staatseinnahmen und Gesamtrente verändert? Illustrieren Sie Ihre Überlegungen mit einem Diagramm.

12. Ist das starke Wirtschaftswachstum in Ländern wie Indien und Südkorea auf einen komparativen Vorteil bei der Produktion von Industrieerzeugnissen in diesen Ländern zurückzuführen?

18 Informations- und Verhaltensökonomik

Die Volkswirtschaftslehre untersucht die Entscheidungen, die Menschen treffen, und die daraus folgenden Interaktionen. Um Entscheidungen treffen zu können, sind Informationen unverzichtbar, und die Verfügbarkeit von Informationen beeinflusst folglich die Art und Weise, wie Wirtschaftssubjekte ihre Entscheidungen treffen. Der Einfluss anderer Disziplinen innerhalb der Volkswirtschaftslehre ist vielleicht eine der entscheidendsten Entwicklungen in den letzten Jahren. Diese Forschungsarbeiten haben Erklärungen für die Interaktionen zwischen Individuen geliefert, die über das mikroökonomische Standardmodell hinausgehen. Wie wir bereits aus Kapitel 4 wissen, waren in diesem Bereich insbesondere die beiden Psychologen Daniel Kahnemann und Amos Tversky einflussreich. Ihre und weitere Erklärungsansätze der Psychologie zum menschlichen Verhalten abseits des mikroökonomischen Standardmodells werden als Verhaltensökonomik bezeichnet.

Die Verhaltensökonomik eröffnet eine Perspektive auf das menschliche Verhalten, die feingliedriger und komplexer ist als das mikroökonomische Standardmodell und kann damit möglicherweise exakter erklären, wie Menschen ihre Entscheidungen treffen.

Doch nicht nur die Verhaltensökonomik, auch die sogenannte Informationsökonomik hat die Grenzen der Volkswirtschaftslehre erweitert und neue interessante Forschungsfelder eröffnet, wobei die Informationsökonomik zwar vom mikroökonomischen Standardmodell (Annahme der vollständigen Information) abrückt, im Gegensatz zur Verhaltensökonomik jedoch weiterhin vom rational handelnden *Homo oeconomicus* ausgeht. Wir haben uns in diesem Buch bereits ausführlich mit Marktversagen beschäftigt. Informationen beziehungsweise der Mangel an Informationen kann bei vielen Erscheinungen eine Rolle spielen, die als Marktversagen bezeichnet werden. In diesem Kapitel werden wir einige grundlegende Forschungserkenntnisse der Informations- und der Verhaltensökonomik kennenlernen, welche den Erklärungshorizont der Volkswirtschaftslehre erweitern und neue, spannende Forschungszweige eröffnet haben.

18.1 Abweichung von der Annahme vollkommener Information: Informationsökonomik

Wir beginnen mit einem Blick auf die Prinzipal-Agenten-Theorie. Die zwei Parteien einer ökonomischen Entscheidung können als Prinzipal und Agent bezeichnet werden. Ein **Prinzipal** ist eine Person oder Organisation, für die eine andere Person oder Organisation, Agent genannt, eine Handlung ausführt. Dabei kann der Prinzipal als Kunde betrachtet werden. Der **Agent** ist eine Person oder Organisation, die im Auftrag

Prinzipal
Eine Person oder Organisation, für die eine andere Person oder Organisation, Agent genannt, eine Handlung ausführt.

Agent
Eine Person oder Organisation, die im Auftrag einer anderen Person oder Organisation (Prinzipal) handelt.

18.1 Informations- und Verhaltensökonomik
Abweichung von der Annahme vollkommener Information

einer anderen Person oder Organisation (Prinzipal) handelt. Dabei kann der Agent als Berater betrachtet werden. Der Agent hat immer Informationen, über die der Prinzipal nicht verfügt. Der Prinzipal versucht folglich, den Agenten dazu zu bringen, in seinem Sinne zu handeln und mit ihm die gewünschten Informationen auszutauschen. Da die Beziehung zwischen Prinzipal und Agent also von Informationen abhängt, läuft sie manchmal unter der Überschrift der Informationsökonomik.

Das Verhältnis zwischen Prinzipal und Agenten ist sehr wichtig und erfuhr seit der Finanzkrise von 2007 bis 2009 zunehmende Aufmerksamkeit. Häufig wird in diesem Kontext von der Prinzipal-Agenten-Problematik gesprochen. Doch warum ist dieses Verhältnis problematisch?

Um diese Frage zu beantworten, stellen Sie sich folgende Situation vor: Sie wollen im Urlaub verreisen und gehen zu diesem Zweck in ein Reisebüro. Bei Ihrer Entscheidungsfindung müssen Sie sich auf die Informationen verlassen, die Ihnen der Berater oder die Beraterin im Reisebüro gibt. Der Berater sagt Ihnen, dass Hotel X hervorragend ist, einen großartigen Ausblick hat, ruhig und romantisch gelegen ist, exzellentes Essen und Service bietet und von anderen Kunden durchgängig sehr gut bewertet wurde. Woher wissen Sie, dass dem wirklich so ist? Vielleicht haben Sie die Befürchtung, dass das Hotel in einem Baugebiet liegt und von geringer Servicequalität ist. Sie könnten nun die Informationen des Reisebüros überprüfen, indem Sie beispielsweise im Internet nach Bewertungen oder einem Satellitenbild der Umgebung suchen. Dadurch entstehen Ihnen allerdings zusätzliche Kosten. Sie könnten andererseits davon ausgehen, dass die Informationen des Reisebüros korrekt sein müssen, da es Sie und – durch Ihre negative Bewertung – gegebenenfalls weitere Kunden nicht verlieren möchte. Der Wunsch, Kunden zu halten und Gewinne zu machen, ist möglicherweise ein ausreichender Anreiz, um sicherzustellen, dass das Reisebüro Sie in Ihrem Interesse berät. Es kann jedoch sein, dass noch weitere Motive die Beratung beeinflussen, von denen Sie nichts wissen. Sie können sich also nicht sicher sein, dass die Interessen des Reisebüros – des Agenten – Ihren Interessen als Prinzipal entsprechen. Die Wurzel der Prinzipal-Agenten-Problematik ist asymmetrische Information.

Es kommt im Leben häufig vor, dass eine Person oder Organisation über einen bestimmten Sachverhalt, Hintergrund oder Zusammenhang mehr weiß als eine andere Person oder Organisation. In den Wirtschaftswissenschaften wird der unterschiedliche Zugang zu Informationen für Käufer und Verkäufer oder zwei andere Parteien **asymmetrische Information** genannt. (Wenn etwas symmetrisch ist, ist es auf beiden Seiten gleich; ist es asymmetrisch, unterscheidet sich die Situation auf der einen Seite von der auf der anderen.)

Beispiele gibt es reichlich. Ein Arbeitnehmer weiß besser als sein Arbeitgeber, wie sehr er sich bei seiner Arbeit anstrengt. Der Verkäufer eines Gebrauchtwagens weiß mehr über den Zustand seines Autos als der Käufer. Der erste Fall ist ein Beispiel verborgenen Handelns (hidden action), im zweiten haben wir es mit einer verborgenen Eigenschaft (hidden characteristic) zu tun. In jedem Falle hätte die weniger unterrichtete Vertragspartei (Arbeitgeber, Autokäufer) gerne die relevante Information, doch für die besser unterrichtete Vertragspartei (Arbeitnehmer, Autoverkäufer) bestehen unter Umständen Anreize, die Information zu verheimlichen. Dies ist ein weiterer wichtiger Aspekt der Prinzipal-Agenten-Problematik: Der Agent hat aus-

---

Asymmetrische Information
Eine Situation, in der zwei Parteien unterschiedlichen Zugang zu Informationen haben.

nahmslos Zugang zu Informationen, zu denen der Prinzipal keinen Zugang hat, und die der Agent möglichweise nicht teilen wird. Auf der anderen Seite kann aber auch der Prinzipal Informationen vor dem Agenten verbergen.

Da asymmetrische Information so weit verbreitet ist, haben Ökonomen in den vergangenen Jahrzehnten viel Mühe darauf verwandt, die Auswirkungen dieses Phänomens zu untersuchen. Im Jahr 2001 wurden drei Ökonomen für ihre Pionierarbeiten in diesem Feld mit dem Nobelpreis für Wirtschaftswissenschaften ausgezeichnet: George Akerlof, Michael Spence und Joseph Stiglitz. Wenden wir uns nun einigen ihrer Forschungsresultate zu.

Verborgenes Handeln und Moral Hazard

Die Neigung einer Person, die unzulänglich überwacht wird, sich unerwünscht zu verhalten, wird mit dem Begriff **Moral Hazard (moralische Versuchung)** beschrieben. Wenn ein Agent im Auftrag des Prinzipals tätig wird, so kann letzterer in vielen Fällen das Verhalten des Agenten nicht überwachen, da der Agent im Gegensatz zum Prinzipal über spezifisches Wissen verfügt. Der Prinzipal kann das Handeln des Agenten folglich nicht entsprechend beurteilen und kann sich somit nicht sicher sein, dass er die korrekten Informationen erhält. Im oben aufgeführten Beispiel des Reisebüros können die Informationen durch Internetrecherche zum Teil überprüft werden (zu zusätzlichen Kosten für den Prinzipal). So etwas ist jedoch nicht immer möglich. Sofern der Prinzipal das Verhalten des Agenten nicht hinlänglich überwachen kann, neigt der Agent nach allgemeiner Ansicht dazu, sich weniger einzusetzen, als es aus der Sicht des Prinzipals wünschenswert wäre. Der Ausdruck Moral Hazard bezieht sich auf die »Gefährdung« (hazard) oder »Versuchung« eines unangemessenen oder sonst wie »unmoralischen« Verhaltens des Agenten.

Ein klassisches Beispiel für Moral Hazard ist das Beschäftigungsverhältnis. In diesem Fall ist der Arbeitgeber der Prinzipal und der Beschäftigte der Agent. Das Moral-Hazard-Problem besteht in der Versuchung für unzulänglich überwachte Angestellte, sich um ihre Pflichten zu drücken. Arbeitgeber können darauf unterschiedlich reagieren:

> *Bessere Überwachung.* Man weiß von Eltern, die versteckte Kameras zur Überwachung der Kindermädchen im Haus installiert haben, um verantwortungsloses Verhalten während ihrer Abwesenheit aufzuzeichnen. Eine Videoüberwachung von Arbeitsplätzen ist in Deutschland vor dem Hintergrund der Persönlichkeitsrechte der Beschäftigten und des Datenschutzes jedoch grundsätzlich nicht erlaubt (und auch moralisch sehr fragwürdig). Jedoch gibt es andere Möglichkeiten der »Überwachung«, z. B. Zeiterfassung, Zielvereinbarungen und Leistungsbewertungen bzw. Evaluationen durch Kunden und Geschäftspartner.

> *Höhere Entlohnung.* Arbeitgeber können ihren Arbeitnehmern einen Lohn (»Effizienzlohn«, vgl. Kapitel 15) oberhalb des Lohnes bezahlen, der sich bei Gleichheit von Angebot und Nachfrage ergibt. Ein Arbeitnehmer mit einer Entlohnung über dem Gleichgewichtsniveau dürfte weniger versucht sein, sich vor der Arbeit zu drücken, da er sich im Fall der Entlassung unter Umständen schwer tun wird, einen ähnlich gut bezahlten Arbeitsplatz zu finden.

Moral Hazard (moralische Versuchung)
Die Neigung einer Person, deren Verhalten unzulänglich beobachtbar ist, sich unehrlich oder auf andere Weise unerwünscht zu verhalten.

18.1 Informations- und Verhaltensökonomik
Abweichung von der Annahme vollkommener Information

▸ *Verzögerte Entlohnung.* Unternehmen halten bisweilen aufgrund vertraglicher Vereinbarungen einen Teil der Vergütung zurück, sodass ein Arbeitnehmer, der aufgrund von Pflichtverletzungen entlassen wird, einen höheren Schaden erleidet. Ein Beispiel dafür sind Boni zum Jahresende (etwa Weihnachtsgeld). Mit ähnlichen Überlegungen können Gehaltssteigerungen mit zunehmendem (Arbeits-)Alter der Beschäftigten gewährt werden, sodass damit einerseits höherer Arbeitsqualifikation und andererseits steigendem persönlichen »Bestrafungs«-Risiko Rechnung getragen wird.

Diese unterschiedlichen Mechanismen, die das Moral-Hazard-Problem zu verringern vermögen, können auch kombiniert angewandt werden. Neben dem Arbeitsplatz gibt es noch zahlreiche weitere Beispiele für Moral Hazard. So kann es passieren, dass sich jemand, der gegen Feuer, Unfallschäden oder Krankheiten versichert ist, aufgrund dieses Versicherungsschutzes risikoaffiner verhält. Ein Autofahrer fährt möglicherweise schneller und riskanter, wenn er weiß, dass bei einem Unfall die Schäden größtenteils von der Versicherung bezahlt werden. Eine Familie ist möglicherweise eher geneigt, ein Haus am Ufer eines Flusses zu bauen, wenn die Kosten einer Überschwemmung von der Versicherung oder sogar vom Staat getragen werden.

Die Finanzkrise von 2007 bis 2009 hat das Problem der Bonuszahlungen an Bankmanager ans Licht gebracht. Mit der Aussicht auf hohe Bonuszahlungen hatten viele Manager riskante Geschäfte abgeschlossen, da sie sich sicher sein konnten, dass der Staat im Fall eines drohenden Zusammenbruches der Banken eingreifen würde.

Moral Hazard kann zu adverser Selektion führen, d. h. zu Marktversagen aufgrund asymmetrischer Information. **Adverse Selektion (negative Auslese)** tritt auf, wenn vor Abschluss eines Kaufvertrags der Verkäufer (Agent) mehr über seine Situation weiß als der Käufer (Prinzipal). Der Käufer ist sich dessen bewusst und würde eher ein Geschäft mit solchen Verkäufern vermeiden wollen, weil diese versucht sein werden, im Ergebnis einen höheren Preis als angemessen zu verlangen.

Adverse Selektion ist ein Merkmal der Finanz- und Versicherungswirtschaft. So kann es beispielsweise sein, dass eine Bank einige Auflagen und Regulierungen für die Eröffnung eines Bankkontos beschließt, die dazu führen, dass sie von den Kunden ausgewählt wird, die sie eigentlich gar nicht haben wollte. Im Fall von Versicherungen weiß die Person, die sich versichern lassen will (Agent), mehr über ihre eigene Situation als der Versicherer (Prinzipal). So werden Menschen, die um ein bestimmtes hohes Risiko bei sich selbst wissen, zwar versuchen, sich für diesen Fall zu versichern, jedoch dem Versicherer nicht den vollen Umfang des Risikos bekannt geben. Alle Versicherungen würden es gerne vermeiden, Menschen mit hohen Risiken zu versichern, jedoch ist es trotz aller statistischen Finessen nicht immer möglich, die unterschiedlichen Risiken der Kunden genau abzuschätzen. So kommt es dazu, dass Versicherungen besonders von Kunden mit hohem Risiko ausgewählt werden (negative Auslese). Die Folge kann sein, dass alle Versicherten höhere Beiträge zahlen müssen.

Im Zuge der Finanzkrise von 2007 bis 2009 trat zutage, dass Investmentbanker in einige Finanzprodukte sehr risikoreiche Vermögenswerte integriert hatten und die Kunden nicht über das volle Risiko dieser Produkte informiert waren. In diesen Fällen

---

Adverse Selektion (negative Auslese)
Sie tritt auf, wenn ein Agent (z. B. ein Verkäufer oder ein Versicherter) vor Vertragsabschluss mehr Informationen über seine eigene Situation hat als der Prinzipal (z. B. ein Käufer oder Versicherer), was dazu führt, dass der Prinzipal mit ihm keine Geschäfte tätigen will.

machten Kunden (Prinzipale) mit Anbietern (Agenten) Geschäfte, die sie besser gemieden hätten.

Es gibt viele Vorschriften, die darauf abzielen, das Moral-Hazard-Problem zu verringern. Versicherungen verlangen von Hauseigentümern entweder den Einbau von Rauchmeldern oder die Zahlung einer höheren Versicherungsprämie. Autoversicherungen legen Statistiken an, um das Fahrverhalten der Versicherten aufzuzeichnen. Der Staat verbietet den Bau von Häusern in Überschwemmungsgebieten und gesetzliche Regelungen beschränken die Höhe der Bonuszahlungen für Bankmanager. Niemand hat jedoch ausreichende Informationen darüber, wie viel Hauseigentümer für den Brandschutz tun, wie risikogeneigt Bauherren bei der Wahl ihres Grundstücks sind oder welches Risiko wirklich aus den Entscheidungen von Bankmanagern resultiert. Am Ende besteht immer ein Moral-Hazard-Problem.

Verborgene Eigenschaften: Adverse Selektion und das Problem der »Zitronen«

Der Gebrauchtwagenmarkt. Das Standardbeispiel für adverse Selektion ist der Gebrauchtwagenmarkt. Zwar kennen die Verkäufer von Gebrauchtwagen (Agenten) die Mängel ihrer Autos, nicht aber die Käufer (Prinzipale). Da die Besitzer der schlechtesten Autos diese mit einer höheren Wahrscheinlichkeit verkaufen als die Eigentümer der besten Autos, sind sich Käufer der Gefahr bewusst, dass sie sich eventuell eine »Zitrone« einhandeln. Die Bezeichnung wurde durch den Träger des Nobelpreises für Wirtschaftswissenschaften, George Akerlof, in seinem viel zitierten Artikel »The Market for Lemons« eingeführt (Akerlof, G.: The Market for Lemons: Quality, Uncertainty and the Market Mechanism', in: Quarterly Journal of Economics 84, 1970, S. 488–500). Die mit ihm gemeinsam ausgezeichneten Preisträger Joseph Stiglitz und Michael Spence verwenden die Bezeichnung der »Zitrone« ebenfalls im Zusammenhang mit asymmetrischer Information. Der Terminus bezieht sich dabei auf die mittlerweile nostalgischen Glücksspielautomaten, bei denen sich Räder mit Fruchtsymbolen drehten, welche nach Stillstand der Räder zu verschiedenen Geldausschüttungen führen konnten. Eine Zitrone war dabei das schlechteste Fruchtsymbol, d. h. eine Niete, die zu keiner Geldausschüttung führte. Die deutsche Redensart, mit Zitronen zu handeln, lässt sich wohl darauf zurückführen, dass man beim ungünstigen Ausgang eines Geschäfts ein saures Gesicht zieht, so als ob man in eine Zitrone gebissen hätte.

Akerlof nutzte den Gebrauchtwagenmarkt als Grundlage für seine Erklärung. In diesem Markt weiß der Verkäufer (Agent) mehr über das Auto als der Käufer (Prinzipal). Der Verkäufer kennt die Geschichte des Autos, wie es gefahren wurde, ob es in einen Unfall verwickelt war usw. Dem Käufer hingegen bleibt meist nichts anderes übrig, als sich auf die Informationen zu verlassen, die er vom Verkäufer erhält. Die wenigsten haben die Expertise, die Aussagen des Verkäufers durch eine Inspektion des Autos überprüfen zu können. Es herrscht ein klarer Fall von asymmetrischer Information.

Akerlof nahm an, dass es im Gebrauchtwagenmarkt zwei Typen von Autos gibt: gute Autos, die wir als Orangen bezeichnen werden, und schlechte Autos, die er »Zitronen« nannte. Wenn Sie nun einen Gebrauchtwagen kaufen, wissen Sie nicht, ob Ihnen eine

Orange oder eine Zitrone verkauft wird. Sie sind vielleicht gewillt, einen beachtlichen Betrag zu zahlen, um eine Orange zu erhalten, aber Sie sind ganz sicher nicht gewillt, den gleichen Preis für eine Zitrone zu zahlen. Der Verkäufer jedoch weiß, ob er Ihnen eine Orange oder eine Zitrone zum Kauf anbietet. Als Käufer müssen Sie abwägen, ob die Information des Verkäufers stimmt. Schlussendlich stehen die Chancen 50 zu 50, dass Sie eine Zitrone oder eine Orange kaufen und aufgrund unvollkommener Information wissen Sie nicht, worauf es hinauslaufen wird. Um eine Orange zu bekommen, müssten Sie vielleicht 10.000 Euro zahlen. Der Verkäufer einer Zitrone wird hingegen bereit sein, nahezu jeden Preis zu akzeptieren, um das Auto loszuwerden. Nehmen wir an, er akzeptiert 4.000 Euro. Wenn Sie dem Verkäufer eines Gebrauchtwagen nun 4.000 Euro anbieten und es handelt sich um eine Orange (was Sie nicht wissen), wird er Sie auslachen. Sie wollen aber auch nicht 10.000 Euro anbieten, um letztendlich vielleicht eine Zitrone zu erhalten (was Sie ebenfalls nicht wissen).

Akerlof stellte auch die Frage, warum jemand ein gutes Auto überhaupt verkaufen sollte. Denn jeder weiß, dass er für einen guten Gebrauchtwagen nie einen Preis erzielen wird, der dem Wert des Autos entspricht. Logisch betrachtet, so Akerlof, sei der einzige Grund, weshalb jemand sein Auto verkaufen will, der, dass er ein minderwertiges Auto durch ein höherwertigeres ersetzen will. Aber wenn das jeder täte, würde der Markt dann überhaupt existieren?

Das Ergebnis ist, dass auf dem Gebrauchtwagenmarkt tendenziell hauptsächlich Zitronen gehandelt werden. Denn die Verkäufer sind nicht gewillt, Orangen für unter 10.000 Euro zu verkaufen, die Käufer sind jedoch nicht bereit, eine solche Summe zu zahlen, aus Angst, eine Zitrone zu kaufen. Akerlof kam zu dem Schluss, dass auf Märkten dieses Typus folglich nur Güter mit niedriger Qualität gehandelt würden.

Infolgedessen vermeiden es viele Menschen, überhaupt Gebrauchtwagen zu kaufen. Das Lemons-Problem erklärt auch, warum ein Gebrauchtwagen, der nur wenige Wochen alt ist, für einige Tausend Euro weniger als ein Neuwagen des gleichen Typs gehandelt wird. Ein Käufer unterstellt womöglich, dass der Verkäufer den Wagen rasch loswerden will, weil der Verkäufer etwas über das Auto weiß, was der Käufer nicht wissen kann.

Der Arbeitsmarkt. Ein weiteres Beispiel adverser Selektion findet man auf dem Arbeitsmarkt. Nach der Effizienzlohntheorie (vgl. Kapitel 15) gibt es Unterschiede in den Fähigkeiten der Arbeitskräfte. Die Arbeitskräfte (Agenten) wissen über ihre Leistungsfähigkeit besser Bescheid als die Unternehmen (Prinzipale), die sie einstellen wollen. Wenn ein Unternehmen die Entlohnung kürzt, dann ist es wahrscheinlicher, dass die fähigen Mitarbeiter kündigen, da sie wissen, dass sie eine anderweitige Beschäftigung finden werden. Umgekehrt mag sich ein Unternehmen zu einer überdurchschnittlichen Entlohnung entschließen, um eine bessere Mischung an Arbeitskräften anzulocken.

Oder nehmen wir an, dass die Geschäfte eines Unternehmens nicht so gut laufen und es folglich gezwungen ist, seine Personalkosten zu reduzieren. Es könnte dies tun, indem es alle Löhne kürzt. Oder aber es könnte die Entlohnung der Mitarbeiter so belassen, wie sie ist, und stattdessen per Zufallsprinzip einige Mitarbeiter auswählen, die für mehrere Wochen unbezahlten Urlaub nehmen müssen. Was wäre die bessere

Alternative? Wenn das Unternehmen alle Löhne kürzt, werden die fähigsten Mitarbeiter kündigen, da sie wissen, dass sie eine besser bezahlte Beschäftigung finden können. Natürlich würden auch die fähigsten Mitarbeiter unter denen, die per Zufallsprinzip zu unbezahltem Urlaub gezwungen werden, kündigen. Aber in diesem Fall würden eben nur *einige* der besten Mitarbeiter kündigen (nämlich nur die, die per Zufallsprinzip ausgewählt wurden) und nicht *alle*.

Versicherungsmarkt. Ein drittes Beispiel negativer Auslese liefern die Versicherungsmärkte. Die Nachfrager von Kranken- oder Lebensversicherungen (Agenten) kennen ihren Gesundheitszustand besser als jede Versicherungsgesellschaft (Prinzipale). Und da Menschen mit größeren versteckten Gesundheitsproblemen eher dazu tendieren, eine Lebens- oder Krankenversicherung abzuschließen, spiegelt der Preis dieser Versicherungen die Kosten einer überdurchschnittlich krankheitsgefährdeten Person wider. Im Ergebnis könnten Personen mit durchschnittlicher Gesundheit vom Abschluss eines Versicherungsvertrags durch den hohen Preis abgeschreckt werden.

Wenn Märkte von adverser Selektion betroffen sind, kann die unsichtbare Hand ihre Magie eventuell nicht entfalten. Auf dem Gebrauchtwagenmarkt entscheiden sich die Besitzer guter Autos mit Blick auf den niedrigen Preis, den skeptische Käufer bezahlen würden, eher für das Halten als für das Verkaufen. Auf dem Arbeitsmarkt können sich die Lohnsätze auf einem höheren Niveau als dem Gleichgewichtsniveau von Angebot und Nachfrage verfestigen, weshalb Arbeitslosigkeit entsteht. Auf Versicherungsmärkten werden Nachfrager mit niedrigem Risiko ohne Versicherung bleiben, da sich die angebotenen Policen nicht mit ihren Risikomerkmalen decken. Die Verfechter einer staatlichen Krankenversicherung verweisen daher auch auf das Problem der adversen Selektion als Argument dafür, dass man es dem privaten Markt nicht allein überlassen sollte, das adäquate Maß an Krankenversicherungsschutz bereitzustellen.

»Signalling« zur Übermittlung privater Informationen

Obwohl asymmetrische Information bisweilen eine Begründung für politische Maßnahmen ist, wird dadurch auch privates Verhalten motiviert, das anders nicht erklärbar wäre. Die Märkte antworten vielgestaltig auf das Problem asymmetrischer Information. Eine dieser Antworten besteht im sogenannten **Signalling**. Damit sind Handlungen einer informierten Partei gemeint, die sie unternimmt, um ihre privaten Informationen glaubhaft an andere zu transportieren.

Unternehmen geben beispielsweise Geld für Werbung aus, um den potenziellen Kunden zu signalisieren, dass sie hochwertige Produkte anzubieten haben. Studierende wollen gegebenenfalls einen Hochschulabschluss erwerben, um potenziellen Arbeitgebern anzuzeigen, dass sie besonders fähige Mitarbeiter sind. Die Signalling-Theorie der Bildung behauptet, dass Bildung die Produktivität einer Person erhöht, anstatt lediglich angeborene Talente zu fördern. Die beiden Beispiele von Signalling (Werbung und Ausbildung) erscheinen vielleicht sehr verschieden, doch im Grunde sind sie sich sehr ähnlich: In beiden Fällen nutzt die informierte Seite (Unternehmen,

Signalling
Handlungen, die von einer informierten Partei unternommen werden, um ihre privaten Informationen glaubhaft an andere zu transportieren.

Studierender) ein Signal, um die uninformierte Partei (Kunde, Arbeitgeber) zu überzeugen, dass die informierte Partei etwas Hochwertiges anzubieten hat.

Was macht eine Aktion zu einem wirksamen Signal? Offensichtlich muss sie kostspielig sein. Wenn ein Signal umsonst wäre, würde es jeder nutzen, und es würde somit keine Information transportieren. Aus demselben Grund besteht noch eine weitere Anforderung: Das Signal muss für jene Person kostengünstiger oder nutzenstiftender sein, die das hochwertigere Produkt anzubieten hat. Andernfalls hätte jeder den gleichen Anreiz, das Signal einzusetzen, und das Signal würde keine Information transportieren.

Betrachten wir wieder unsere beiden Beispiele. Im Fall der Werbung erzielt ein Unternehmen mit einem guten Produkt durch Werbung einen größeren Nutzen, weil Kunden, die das Produkt einmal kaufen, es wahrscheinlich erneut kaufen werden. Folglich ist es sinnvoll, dass ein Unternehmen mit einem guten Produkt die Kosten für das Signal (Werbung) auf sich nimmt, und es ist ebenso sinnvoll, als Kunde das Signal als ein Stück Information über die Produktqualität zu verstehen. Im Fall der Bildung kommt die talentiertere Person leichter durch die Bildungsinstitutionen. So ist es für einen begabten Menschen vernünftig, die Kosten des Signals (Bildung) auf sich zu nehmen, und es ist rational für einen Arbeitgeber, im Signal ein Stück Information über die Qualifikation der Person zu sehen.

Fallstudie

Geschenke als Signale

Ein Mann überlegt hin und her, was er seiner Freundin zum Geburtstag schenken soll. »Ich weiß es«, sagt er schließlich, »ich werde ihr Geld geben. Schließlich kenne ich ihren Geschmack nicht so gut wie sie selbst und mit Geld kann sie sich alle Kaufwünsche selbst erfüllen.« Doch mit der Übergabe des Geldgeschenks fühlt sich die Freundin gekränkt. Davon überzeugt, dass er sie nicht wirklich liebt, bricht sie die Beziehung ab.

Was steckt wirtschaftswissenschaftlich gesehen hinter dieser Anekdote? In mancher Hinsicht ist das Schenken ein seltsamer Brauch. Wie der Mann in unserer Geschichte zutreffend meint, kennen Menschen typischerweise ihre eigenen Vorlieben selbst am besten. Deshalb könnte man meinen, jeder würde Bargeld als Geschenk stets bevorzugen. Wer Lohn oder Gehalt zu bekommen hat, wäre von einem Wechsel des Arbeitgebers hin zur Bezahlung in Naturalien sicherlich nicht erfreut und würde sich widersetzen. Doch die Reaktion wird anders ausfallen, wenn jemand, der Ihnen nahesteht, Ihnen anstelle von Geld ein »richtiges« Geschenk macht.

Eine mögliche Deutung des Schenkens besteht darin, dass es etwas mit asymmetrischer Information und Signalling zu tun hat. Der Mann in unserer kleinen Geschichte weiß, dass seine Freundin gerne wissen möchte: Liebt er mich wirklich? Ein passendes Geschenk für sie auszuwählen, bildet ohne Zweifel ein starkes Signal. Es ist kostspielig, da es ja Zeit in Anspruch nimmt und einiges an privater Information erfordert. Wenn er sie wirklich liebt, ist die Wahl des Geschenks leicht, da er ständig an sie denkt. Wenn er die Frau nicht liebt, ist das Schenken erheblich schwieriger. Mit dem »passenden« Geschenk wird also Liebe signalisiert. Mit einem Geldgeschenk zeigt man hingegen, dass man nicht einmal über etwas Passendes nachgedacht hat.

Die Signalling-Theorie des Schenkens deckt sich mit einer anderen Beobachtung: Die Menschen gehen sorgsamer mit dem Brauch des Schenkens um, wenn die Stärke der Gefühle am meisten infrage steht. So kommt es, dass Geld als Geschenk für eine Freundin oder einen Freund in der Regel ein schlechter Schachzug ist. Doch wenn Studierende von ihren Eltern Geld bekommen, fühlen sie sich selten brüskiert. Die Elternliebe wird kaum angezweifelt; Geld von den Eltern deutet man nicht als Signal für fehlende Gefühlsbindung.

Die Welt ist voll von derartigen Signalen. Werbeanzeigen in Printmedien haben manchmal den Zusatz »bekannt aus der Fernsehwerbung«. Warum betonen Unternehmen, die in einer Zeitung oder Zeitschrift werben, diesen Aspekt? Eine Möglichkeit ist es, dass das Unternehmen seine Zahlungsbereitschaft für ein kostspieliges Signal (TV-Spot) als Zeichen für eine hohe Produktqualität verstanden wissen will. Aus dem gleichen Grund vergessen Absolventen von Hochschulen mit besonders gutem Ruf es auch nie, diese in ihrem CV prominent zu erwähnen.

Screening als Anstoß zur Enthüllung von Informationen

Wenn eine uninformierte Partei etwas unternimmt, um die informierte Partei zur Preisgabe privater Informationen zu veranlassen, so nennt man dieses Phänomen **Screening**. Screening ist in gewissem Umfang allgemein üblich. Der Käufer eines Gebrauchtwagens wird vor dem Kauf darum ersuchen, dass man das Auto durch einen Automechaniker überprüfen lässt. Ein Verkäufer, der dies verweigert, signalisiert, dass der Wagen eine »Zitrone« ist. Der Käufer wird dann weniger für das Auto bezahlen wollen oder sich generell nach einem anderen Auto umsehen.

Andere Beispiele für Screening sind subtiler. Man denke beispielsweise an ein Unternehmen, das Kfz-Versicherungen verkauft. Das Unternehmen würde den auf Sicherheit bedachten Fahrern gerne eine niedrige Prämie und den riskanten Fahrern eine hohe Prämie auferlegen. Doch nur die Autofahrer wissen, ob sie sicher oder riskant fahren, und Risikofahrer würden ihre Fahrweise bestimmt nicht eingestehen. Die Vorgeschichte eines Fahrers ist ein Stück Information, das Versicherer tatsächlich nutzen. Doch wegen der Zufälligkeit von Autounfällen bildet die Vorgeschichte des Autofahrers nur einen unvollkommenen Indikator für zukünftige Risiken.

Die Versicherungsgesellschaft kann die zwei Arten von Fahrern aber dadurch erkennen, dass sie zwei Versicherungen mit unterschiedlichen Bedingungen anbietet. Dies bringt die Kunden dazu, sich selbst einer Gruppe zuzuordnen. Eine Police mit einer hohen Prämie würde beispielsweise volle Deckung für alle Arten von Unfällen garantieren. Eine andere Police würde eine niedrige Prämie erfordern, allerdings auch einen hohen Selbstbehalt umfassen (z. B. 1.000 Euro). Der Selbstbehalt ist vor allem eine Last für die riskanten Fahrer mit größerer Unfallwahrscheinlichkeit. Von einer hinreichend hohen Selbstbeteiligung mit entsprechend niedrigen Prämien würden die »sichereren« Fahrer angezogen, während die teurere Police ohne Selbstbeteiligung attraktiv für die Risikofahrer ist. Konfrontiert mit diesen zwei Arten von Policen, würden die beiden Arten von Fahrern durch ihre Entscheidungen ihre privaten Informationen aufdecken.

> **Screening**
> Eine Aktion einer uninformierten Partei mit dem Ziel, die informierte Partei zur Preisgabe von Informationen zu veranlassen.

Asymmetrische Information und Politik

Wir haben bisher zwei Arten asymmetrischer Informationen – Moral Hazard und adverse Selektion (negative Auslese) – näher untersucht und gesehen, wie Menschen darauf mit Signalling und Screening reagieren. Lassen Sie uns nun untersuchen, was die Analyse asymmetrischer Informationen in Bezug auf den angemessenen Umfang politischer Maßnahmen nahelegt.

Die Spannung zwischen Markterfolg und Marktversagen ist in der Mikroökonomik von zentraler Bedeutung. In Kapitel 6 haben wir gelernt, dass das Marktgleichgewicht von Angebot und Nachfrage in dem Sinne effizient ist, dass die Gesamtrente (Konsumenten- und Produzentenrente) maximiert wird. Adam Smiths »unsichtbare Hand« schien überlegen zu herrschen. Diese Schlussfolgerung wird durch die Problematik öffentlicher Güter (Kapitel 8) und externer Effekte (Kapitel 9) relativiert. Und wir haben noch weitere Beispiele von Marktversagen gesehen, als wir ab Kapitel 11 das Verhalten von Unternehmen auf Märkten mit unvollständiger Konkurrenz untersuchten.

Die Untersuchung asymmetrischer Informationen liefert uns einen weiteren Grund dafür, Märkte aufmerksam zu beobachten. Wenn einige Personen mehr als andere wissen, kann es geschehen, dass der Markt die Ressourcen nicht ihrer besten Verwendung zuführt. Menschen mit hochwertigen Gebrauchtwagen können Schwierigkeiten haben, sie zu verkaufen, da die Käufer befürchten, eine »Zitrone« zu kaufen. Menschen mit geringfügigen Gesundheitsproblemen mögen Schwierigkeiten haben, einen preisgünstigen Versicherungsvertrag abzuschließen, da Versicherungsgesellschaften sie mit jenen in einen Topf werfen, die große (aber versteckte) Gesundheitsprobleme haben.

Obwohl asymmetrische Informationen in einigen Fällen nach staatlichem Handeln verlangen, erschweren drei Fakten die Sachlage: Erstens kann der private Markt manchmal, wie gesehen, Informationsasymmetrien durch eine Kombination aus Signalling und Screening besser selbst beheben. Zweitens verfügt der Staat selten über bessere Informationen als die privaten Parteien. Selbst wenn der Markt nicht die erstbeste Allokation erreicht, so kann es doch die zweitbeste sein. Sprich, selbst wenn asymmetrische Information vorliegt, kann es der Politik schwerfallen, das zugegebenermaßen unvollkommene Marktergebnis zu verbessern. Drittens ist die Politik selbst unvollkommen, wie wir in der Analyse des Staatsversagens in Kapitel 9 gesehen haben.

> **Kurztest**
> Der Besitzer einer Lebensversicherungspolice zahlt pro Jahr einen bestimmten Betrag und erhält für seine Familie im Fall seines Todes einen viel größeren Betrag. Denken Sie, dass die vertraglich Versicherten höhere oder niedrigere Sterberaten als der Durchschnitt aufweisen? Inwiefern könnte dies ein Beispiel für Moral Hazard sein oder für adverse Selektion? Wie wird eine Lebensversicherung mit derartigen Problemen umgehen?

18.2 Abweichungen von der Annahme rationalen Verhaltens: Verhaltensökonomik

Die Volkswirtschaftslehre befasst sich mit der Untersuchung menschlichen Verhaltens, doch sie ist nicht die einzige Disziplin, die darauf Anspruch erhebt. Die Psychologie als sozialwissenschaftliche Disziplin versucht ebenfalls, die Entscheidungen der Menschen zu erklären. Die Disziplinen der Volkswirtschaftslehre und der Psychologie entwickeln sich gewöhnlich unabhängig voneinander, da sie größtenteils unterschiedliche Fragestellungen zu klären haben. Die Verhaltensökonomik hingegen nutzt die grundlegenden Erkenntnisse der Psychologie, um menschliches Verhalten zu erklären, insbesondere im Zusammenhang mit Entscheidungsfindung.

In Kapitel 4 haben wir das mikroökonomische Standardmodell und einige verhaltensökonomische Herangehensweisen an das Konsumentenverhalten vorgestellt, welche die Annahme des rationalen *Homo oeconomicus* infrage stellen. Lassen Sie uns diese Ideen nun detaillierter betrachten.

Menschen verhalten sich nicht immer rational

Die ökonomische Theorie wird von einer speziellen Spezies bevölkert, die manchmal *Homo oeconomicus* genannt wird. Die beiden bereits in diesem Buch (Kapitel 4) erwähnten bekannten Verhaltensökonomen der University of Chicago, Richard Thaler (Gewinner des Nobelpreises für Wirtschaftswissenschaften 2017) und Cass Sunstein, nennen sie *econs*. Mitglieder dieser Spezies sind stets rational. Als Unternehmer maximieren sie die Gewinne; als Konsumenten maximieren sie den Nutzen (oder wählen den höchstmöglichen Niveaupunkt auf einer Indifferenzkurve). Unter Berücksichtigung der gegebenen Beschränkungen entscheiden sie sich immer für die bestmögliche Handlungsalternative.

Die echten Menschen sind jedoch nicht *Homo oeconomicus*, sondern *Homo sapiens*. Obwohl sie in mancher Hinsicht den rational kalkulierenden Menschen der Wirtschaftstheorie ähneln, sind sie weitaus komplexere Persönlichkeiten. Sie können kurzsichtige Entscheidungen treffen, vergesslich, impulsiv, verwirrt und emotional sein. Mit diesen Unvollkommenheiten menschlichen Denkens beschäftigen sich Psychologen tagtäglich.

Herbert Simon, einer der ersten Sozialwissenschaftler, der an der Grenze zwischen Wirtschaftswissenschaften und Psychologie gearbeitet hat, empfahl eine veränderte Sicht auf den Menschen – nicht als Maximierer, sondern als **Satisfizierer**. Statt das optimale Ergebnis anzustreben, treffen Menschen Entscheidungen, die lediglich ein befriedigendes Ergebnis sichern.

In Kapitel 4 haben wir gesehen, dass Menschen als lediglich »fast rational« betrachtet werden können, sie sind durch »begrenzte Rationalität« gekennzeichnet. Ebenfalls haben wir in diesem Kontext bereits diskutiert, dass die menschlichen Entscheidungen systematischen Fehlern unterliegen. Im Folgenden werden wir weitere Erkenntnisse vorstellen, wie die Entscheidungen von Konsumenten beeinflusst werden.

Mentale Buchführung. Vielleicht kennen Sie Menschen, die Bankkonten für verschiedene Zwecke führen – Urlaub, Familienausgaben, Studium, Hausbau usw. Dies ist ein Beispiel dafür, dass Menschen dazu neigen, ihr Geld nach unterschiedlichen Kriterien auf verschiedene Konten zu verteilen bzw. gedanklich verschiedenen Töpfen zuzuordnen. Dies kann dem Einzelnen im Alltag eine Hilfe sein, ist jedoch unter Umständen völlig irrational. Wenn beispielsweise eine Person jeden Monat einen Teil ihres Einkommens für den Urlaub beiseitelegt, wodurch sie nicht den gesamten Dispokredit auf ihrem Konto ausgleichen kann, so würde man dies als höchst irrational erachten. Das abgezweigte Geld würde besser verwendet, um den Kredit auszugleichen, da die Schulden durch die Zinseszinsen mit der Zeit immer größer werden. Dass Menschen das nicht tun, legt nahe, dass sie jedem »Konto« einen subjektiven Wert zuordnen, was weder logisch ist noch eine rationale Allokation ihres Einkommens darstellt.

Ähnlich verhält es sich, wenn Menschen Sonderzahlungen wie eine Steuerrückzahlung oder einen Gehaltsbonus erhalten. Sie neigen dann oft dazu, dieses Geld anders zu betrachten und anders auszugeben als ihr »normales Einkommen«. Dies ist ein

---

Satisfizierer
Menschen, die, anstatt das optimale Ergebnis anzustreben, Entscheidungen treffen, die lediglich ein befriedigendes Ergebnis sichern.

weiteres Beispiel für irrationales Verhalten, denn dieses Geld bleibt Geld, egal woher es stammt, und kann daher genauso verwendet werden wie das übrige Einkommen.

Herdenmentalität. Es gibt Fälle, in denen Menschen ihre Entscheidungen an einer größeren Gruppe ausrichten. Manchmal ist diese Gruppe nicht wirklich greifbar, aber der Einzelne ist durch ihre Macht beeinflusst. Wenn beispielsweise die Kurse bestimmter Aktien steigen, neigen Menschen dazu, diese selbst zu erwerben, obwohl der Preis vielleicht nicht ihrem »echten Wert« entspricht. Und tatsächlich entstehen so Aktienblasen. Individuen werden bei ihren Entscheidungen vom Herdenverhalten gesteuert, da der Wunsch nach Zugehörigkeit besteht (Menschen haben die Neigung, zu einer Gruppe dazugehören zu wollen und spiegeln folglich das Verhalten dieser Gruppe selbst wider). Auch besteht häufig die Auffassung, dass, wenn so viele etwas tun, es nicht falsch sein kann. Die anderen sind wohl einfach besser informiert als man selbst, so die Annahme.

Prospect Theory. Stellen Sie sich vor, jemand stellt Sie vor die Wahl, jetzt 200 Euro zu gewinnen, aber am nächsten Tag 100 Euro zu verlieren, oder jetzt 100 Euro zu gewinnen. Welche Option würden Sie wählen? Forschungen haben ergeben, dass die meisten Menschen, die zweite Möglichkeit wählen würden. Wenn wir uns beide Alternativen näher ansehen, wird es offensichtlich, dass beide dem Individuum den gleichen Nettogewinn bringen – 100 Euro. Weshalb entscheiden sich trotzdem die meisten für die zweite Option?

> **Prospect Theory**
> Eine Theorie, nach der Menschen Gewinne und Verluste im Verhältnis zu einem Bezugspunkt unterschiedlich bewerten.

Kahneman und Tversky behaupteten, dass die Begründung darin liegt, dass Menschen Gewinne und Verluste unterschiedlich beurteilen. Verluste sind mit mehr Emotionen verknüpft als Gewinne. Die **Prospect Theory** stellt fest, dass Menschen, die mit verschiedenen zu erwartenden Resultaten eines Tauschs oder Geschäftsvorgangs konfrontiert werden, die Gewinne und Verluste unterschiedlich bewerten, auch wenn der Wert der gleiche ist. Dies erklärt auch, warum einige Menschen gewillt sind, 25 Kilometer zu fahren, um 10 Euro beim Kauf eines Gutes für 50 Euro zu sparen, aber nicht, wenn sie bei einem Gut für 500 Euro 10 Euro sparen könnten – obwohl die Ersparnis die gleiche ist.

Diese Einsicht führt zu wichtigen Schlussfolgerungen in Bezug auf Finanzentscheidungen, in denen Risiken und Chancen abgewogen werden. Entscheidungsträger können sich risikoavers im Hinblick auf potenzielle Verluste zeigen und dabei die potenziellen Gewinne unterbewerten. Dies hat zum Teil damit zu tun, dass Menschen bei ihren Entscheidungen Referenzpunkte setzen, d. h., wir bewerten Veränderungen anstatt absolute Werte. Wenn wir beispielsweise in einem Raum sitzen, der 35 Grad warm ist, und dann in einen Raum gehen, der 25 Grad Raumtemperatur hat, so würden wir diesen als »kalt« bewerten, obwohl ansonsten 25 Grad von den meisten als »warm« empfunden wird.

Wenn wir Gewinne und Verluste von Entscheidungen beurteilen, beziehen wir uns auf einen Referenzzustand. Dies ist möglicherweise der Grund, warum wir einen Verlust stärker bewerten als einen Gewinn: Verschlechterungen in Relation zum Referenzpunkt (vorher) werden stärker empfunden als Verbesserungen. Dies erklärt auch, warum der Besitzer von etwas, dieser Sache gewöhnlich einen höheren Wert beimisst als ein anderer, der sie nicht besitzt – der sogenannte **Besitzeffekt**.

Wenn wir beispielsweise Eigentümer eines Hauses sind und dieses nun verkaufen wollen, so fließt in unsere Preisfindung nicht nur der gegenständliche Wert ein, sondern auch unsere emotionale Investition, die wir nun verlieren. Für den Käufer, der keine emotionale Bindung an das Haus hat, wird der Wert weit geringer sein. Ähnliche Beobachtungen wurden gemacht, wenn Menschen Tickets für Sport- oder Musikveranstaltungen erwerben. Sobald jemand das Ticket »besitzt«, wird es tendenziell viel höher bewertet, da der Besitzer mit dem Verkauf einen persönlichen Verlust verbindet.

Die Art und Weise, wie Gewinne und Verluste – zum Beispiel in der Produktwerbung von Unternehmen – präsentiert werden, kann daher unsere Entscheidungen beeinflussen, und Unternehmen nutzen diese Möglichkeit der Einflussnahme auf die menschliche Psyche. Wir haben dieses *framing* bereits in Kapitel 4 näher erläutert.

> **Besitzeffekt**
> Der Wert einer Sache wird durch den Besitzer höher bemessen als durch jemanden, der das Gut nicht in seinem Besitz hat.

Menschen legen Wert auf Fairness

Eine andere Erkenntnis zum menschlichen Verhalten wird besonders gut durch ein Experiment mit dem Namen »Ultimatum-Spiel« verdeutlicht. Das Spiel funktioniert wie folgt: Zwei Freiwillige (die sich nicht kennen) werden zu einem Spiel aufgefordert, durch das sie insgesamt 100 Euro gewinnen können. Vor dem Spiel lernen sie die Regeln. Das Spiel beginnt mit einem Münzwurf, durch den die Spieler ihre Rollen A und B zugeteilt bekommen. Die Aufgabe des Spielers A ist es, eine Aufteilung der 100 Euro (in ganzen Euro) unter beiden Spielern vorzuschlagen. Nachdem Spieler A seinen Vorschlag gemacht hat, entscheidet sich Spieler B, den Vorschlag anzunehmen oder abzulehnen. Wenn er annimmt, werden beide Spieler nach dem Vorschlag ausbezahlt. Sofern B ablehnt, gehen beide mit null aus dem Spiel. Das Spiel ist damit in jedem Fall zu Ende.

Denken Sie vor dem Weiterlesen darüber nach, wie Sie sich in dieser Situation verhalten würden. Wenn Sie Spieler A wären: Welche Aufteilung der 100 Euro würden Sie vorschlagen? Welche Vorschläge würden Sie als Spieler B annehmen?

Die konventionelle Theorie unterstellt in dieser Situation, dass die beiden Spieler rationale Wohlfahrtsmaximierer sind. Diese Unterstellung führt zu einer einfachen Prognose: Spieler A sollte vorschlagen, dass er 99 Euro und Spieler B 1 Euro erhält. Und Spieler B sollte den Vorschlag akzeptieren, da er durch die Zahlung von 1 Euro besser als vorher gestellt ist. Spieler A hat wiederum keine Veranlassung, mehr als 1 Euro zu bieten, da er sich sicher ist, dass Spieler B in seinem eigenen Interesse den Vorschlag von A akzeptieren wird. Die »99 zu 1«- Aufteilung ist das Nash-Gleichgewicht.

Wenn jedoch experimentelle Ökonomen das Ultimatum-Spiel mit wirklichen Menschen spielen, weichen die Ergebnisse deutlich von der Vorhersage ab. Spieler B lehnt eine Zahlung von nur 1 Euro erfahrungsgemäß ab und Spieler A weiß das. Er gibt ihm also mehr – bis hin zu einer Aufteilung 50 zu 50. Häufiger sind Vorschläge von A an B, diesem 30 oder 40 Euro auszuzahlen. In diesen Fällen nimmt B meistens an.

Was geht da vor sich? Die naheliegende Interpretation ist, dass die Menschen zum Teil von einem angeborenen Sinn für Fairness angetrieben werden. Eine Aufteilung 99 zu 1 wird als unfair wahrgenommen. Die Aufteilung 70 zu 30 ist zwar ebenfalls unfair, doch nicht so unfair, dass die Menschen sie ablehnen würden.

Kritiker des mikroökonomischen Standardmodells haben angemerkt, dass der angeborene Sinn für Fairness im Modell nicht angemessen berücksichtigt wird. Die Ergebnisse des Ultimatum-Spiels legen hingegen nahe, dass dem so sein sollte. In unserer Analyse des Arbeitsmarkts (Kapitel 15) haben wir gesehen, wie die Lohnsätze durch Angebot und Nachfrage nach Arbeitskräften bestimmt werden. Einige Ökonomen haben vorgeschlagen, dass die wahrgenommene Fairness der Entlohnung ebenfalls in die Analyse einfließen sollte. Sofern ein Unternehmen ein besonders gewinnträchtiges Geschäftsjahr hat, können die Mitarbeiter (wie Spieler B) die Zahlung eines fairen Anteils erwarten – sogar dann, wenn dies vom Standard-Gleichgewicht nicht vorgegeben wird. Das Unternehmen (wie Spieler A) könnte sich entscheiden, mehr als den Gleichgewichtslohnsatz zu bezahlen, und zwar aus Angst, ansonsten durch verringerte Anstrengungen der Mitarbeiter, Streik oder sogar Zerstörungen bestraft zu werden.

Doch kehren wir zum Spiel zurück. Was glauben Sie: Ist der Sinn für Fairness käuflich? Stellen Sie sich vor, den Spielern würden nun 1.000 Euro gegeben, und Spieler A schlägt eine Aufteilung von 900 Euro für ihn und 100 Euro für Spieler B vor. Wäre die Wahrscheinlichkeit, dass Spieler B diese Aufteilung ablehnt, genauso groß wie vorher? Und was würde passieren, wenn das Preisgeld auf 1 Million Euro erhöht wird und Spieler B 100.000 Euro bekommen soll? Die Antwort mag vom *framing* abhängen – Handlungen und Entscheidungsfindung hängen davon ab, in welche Entscheidungsprobleme oder Wahlmöglichkeiten sie eingerahmt sind.

Menschen verhalten sich zeitinkonsistent

Stellen Sie sich einige öde Aufgaben vor, wie z. B. Wäsche waschen, aufräumen oder Ihre Einkommensteuererklärung machen. Dazu nun folgende Fragen:
1. Würden Sie es vorziehen, (A) 50 Minuten jetzt sofort dafür aufzuwenden oder (B) 60 Minuten morgen?
2. Würden Sie lieber (A) 50 Minuten in 90 Tagen oder (B) 60 Minuten in 91 Tagen für die Aufgabe aufwenden wollen?

Bei derartigen Fragen wählen Menschen oft B für Frage 1 und A für Frage 2. Wenn sie in die Zukunft blicken (wie bei Frage 2), wollen sie die für die unangenehme Tätigkeit aufzuwendende Zeit minimieren. Doch konfrontiert mit der Aussicht, die Angelegenheit sofort zu erledigen (wie in Frage 1), wollen sie, anstatt die Arbeitszeit zu minimieren, lieber die Möglichkeit erhalten, die Aufgabe auf einen anderen Tag zu verschieben.

Dieses Verhalten ist nicht wirklich überraschend: Jeder von uns schiebt Dinge von Zeit zu Zeit auf. Doch vom Standpunkt rationalen Entscheidens aus ist es rätselhaft. Angenommen, als Antwort auf Frage 2 entscheidet sich jemand, 50 Minuten in

90 Tagen einzusetzen. Wenn dann der 90. Tag näher rückt, erlauben wir ihm, seine Meinung zu ändern. Er steht dann im Endeffekt vor der Frage 1 und votiert dafür, die Sache am nächsten Tag zu erledigen. Aber weshalb sollte das bloße Verstreichen von Zeit seine Wahl beeinflussen?

Häufig im Leben stellen Menschen Pläne für sich auf, doch dann gelingt es ihnen nicht, sie umzusetzen. Ein Raucher verspricht aufzuhören, doch einige Stunden nach der »letzten« gerauchten Zigarette bittet er erneut um eine und bricht sein Versprechen. Ähnlich geht es Menschen, die auf Süßigkeiten verzichten wollen, um abzunehmen. In beiden Fällen führt der Wunsch nach augenblicklicher Belohnung den Entscheidungsträger dazu, die Pläne der Vergangenheit aufzugeben.

Manche Ökonomen sind überzeugt, dass die Konsum- und Sparentscheidung ein wichtiges Beispiel dafür ist, dass Menschen über die Zeit hinweg inkonsistent entscheiden. Für viele ist Geldausgeben ein wichtiger Fall von augenblicklicher Belohnung. Sparen wie auch das Weglassen der Zigarette oder der Süßigkeiten erfordert ein Opfer in der Gegenwart für eine Belohnung in der ferneren Zukunft. Und wie so mancher Raucher wünscht, er könnte aufhören, und viele übergewichtige Personen weniger essen wollen, so wünschen sich viele Konsumenten, sie könnten mehr sparen.

Eine Folgerung aus dieser Zeitinkonsistenz ist es, dass Menschen nach Wegen suchen sollten, um sich für die Zukunft zu binden und auf diese Weise ihre Pläne umzusetzen. Ein Raucher könnte die Zigaretten wegwerfen und ein zur Gewichtsabnahme Entschlossener die Süßigkeiten. Was kann jemand tun, der zu wenig spart? Er sollte einen Weg finden, sein Geld »in Sicherheit« zu bringen, ehe er es ausgibt. Ein Beispiel dafür ist die betriebliche Altersvorsorge: Ein Beschäftigter kann mit seinem Arbeitgeber die Vereinbarung treffen, dass ein Teil seines Gehalts noch vor der Auszahlung direkt in betriebliche Altersvorsorge fließt. Das Geld wird in eine Rentenversicherung investiert und vom Versicherungsunternehmen verwaltet. Wenn der Beschäftigte pensioniert wird, wird ihm aus diesem Versicherungsvertrag eine monatliche oder einmalige Rente ausgezahlt. Will er das Geld jedoch vor dem Eintritt ins Rentenalter erhalten, geht das nur mit finanziellen Verlusten. Dies ist einer der Gründe dafür, warum Menschen Rentenversicherungen abschließen: Sie schützen sie vor ihrem eigenen Wunsch danach, Geld direkt auszugeben und nichts für die Zukunft zu sparen.

> **Kurztest**
> Schildern Sie mindestens drei Wege, bei denen das tatsächliche Entscheidungsverhalten vom Verhalten rationaler Individuen der konventionellen Wirtschaftstheorie abweicht.

18.3 Fazit

In diesem Kapitel haben wir einige Erklärungsansätze der Informations- und Verhaltensökonomik näher vorgestellt, welche das mikroökonomische Standardmodell erweitern. Die Betrachtung asymmetrischer Information sollte Sie wachsamer gegenüber Marktergebnissen machen und das Studium der Verhaltensökonomik sollte sie kritisch gegenüber jeder Institution machen, die auf menschlicher Entscheidungsfindung beruht – das schließt sowohl den Markt als auch den Staat ein. Sie haben vielleicht bemerkt, dass wir die Ideen nur grob umrissen haben, anstatt sie vollständig darzustellen. Dies ist kein Versehen. Ein Grund dafür ist, dass Sie diese Themen noch ausführlich in höheren Semestern behandeln werden. Ein anderer ist, dass diese Themen Gegenstand fortlaufender Erforschung sind und somit nicht abschließend dargestellt werden können.

Wenn es einen verbindenden Gedanken zu all den hier behandelten Themen gibt, dann den, dass das Leben schwierig ist. Die Informationen sind unvollkommen, die Regierung ist unvollkommen und die Menschen ebenso.

Aus der Praxis

Asymmetrische Information, adverse Selektion und Ratings

Die Finanzkrise von 2007 bis 2009 wurde wesentlich durch asymmetrische Informationen ausgelöst, die gleich an mehreren Stellen zu Verzerrungen führten und so Marktversagen herbeiführten. Was genau war hier passiert?
Wenn eine Bank einen Kredit vergibt, beispielsweise zur Finanzierung eines Hauses, ist ihr die Bonität, d. h. die Vertrauenswürdigkeit und die Zahlungskraft des Schuldners, nicht zur Gänze bekannt. Sie versucht, Informationen über den Schuldner einzuholen, z. B. zu seinen Einkommens- und Vermögensverhältnissen. Auf dieser Basis kalkuliert die Bank einen Zinssatz, der das eingegangene Risiko kompensieren soll. Letztlich weiß jedoch der Kreditnehmer selbst am besten, ob er zukünftig in der Lage sein wird, diesen Kredit zu bedienen: Ist seine tatsächliche Bonität besser als von der Bank angenommen, so ist der Zins für ihn zu hoch. Er wird diesen Kredit demnach eher nicht aufnehmen. Dagegen wird er sich gerne verschulden, wenn die Bank ihn für zahlungskräftiger hält, als er wirklich ist, und ihm daher einen für seine Verhältnisse sehr günstigen Zinssatz anbietet. Der Kreditnehmer kann also die Bank (innerhalb gewisser Grenzen) über seine Bonität täuschen und wird das auch tun.
Dadurch, dass das Wissen um die tatsächliche Bonität des Kreditnehmers asymmetrisch verteilt ist und vom Kreditgeber allenfalls näherungsweise eingeschätzt werden kann, kommt es zu einer adversen Selektion bei den Schuldnern, ähnlich wie beim Akerlofschen Gebrauchtwagenmarkt: Die »guten« Schuldner, die ihre Zinsen höchstwahrscheinlich zahlen und ihren Kredit tilgen werden, werden vom Markt verdrängt, weil der Zinssatz zu unattraktiv ist, während die »schlechten« Schuldner bleiben. Gerade weil ihre Bonität so schlecht ist, sind sie bereit, einen so hohen Zinssatz zu zahlen. Kurz: Für die »guten« Schuldner ist der Zinssatz zu hoch, für die »schlechten« dagegen zu niedrig. Wenn dies allerdings die

Banken antizipieren, werden sie den Zinssatz erhöhen, wodurch sich die Problematik verschärft: Es werden weitere – und wieder die relativ »guten« – Schuldner vom Markt gedrängt, sodass der Zinssatz erneut zu niedrig angesetzt ist. Das kann zu einem Marktzusammenbruch führen.
Im Vorfeld der Finanzkrise von 2007 bis 2009 führte die expansive Geldpolitik in den USA dazu, dass die Banken umfangreiche finanzielle Mittel zur Verfügung hatten, die sie in Form von Krediten (zu) billig herausgaben, oft auch sogenannte Subprime-Kredite, die sich an Kreditnehmer mit niedriger Bonität richteten. Aufseiten der Banken wurden die Forderungen aus den Kreditgeschäften zusammengefasst und in Zweckgesellschaften ausgelagert, in denen sie verbrieft, also in forderungsbesicherte Wertpapiere (sogenannte asset-backed securities, ABS) umgewandelt und weiterverkauft wurden. Die Bank war somit die Forderungen los und musste dafür auch kein Eigenkapital mehr vorhalten. Betriebswirtschaftlich war sie damit zunächst entlastet und hatte daher auch keine großen Anreize, die Bonität ihrer Schuldner allzu genau zu untersuchen.
Die Zweckgesellschaft refinanzierte ihrerseits die an sie ausgelagerten Forderungen mit der Emission der ABS. Dabei entstand allerdings eine weitere Informationsasymmetrie: Vielfach war nicht mehr exakt nachvollziehbar, welche Forderungen und Kredite hinter einer ABS steckten, sodass folglich auch die Ausfallwahrscheinlichkeit nicht zuverlässig abgeschätzt werden konnte. Diese Asymmetrie versuchte man durch die Bewertungen führender Ratingagenturen (z. B. Fitch, Moody's oder Standard & Poor's) zu beheben: Diese untersuchten die ABS näher, informierten sich über die zugrunde liegenden Forderungen und gaben dann ein Rating aus. Oftmals wurden diese Papiere aufgrund der Risi-

Fortsetzung auf Folgeseite

Fortsetzung von Vorseite

kostreuung sehr hoch geraten – irrtümlich, wie sich im Verlauf der Krise herausstellte. Denn als der Immobilienmarkt zusammenbrach, die Häuserpreise rapide sanken und vielerorts Kredite nicht mehr bedient werden konnten, hatten nicht nur die Banken mit diesen Zahlungsausfällen zu kämpfen, sondern auch die Käufer der emittierten Wertpapiere, die nun nichts mehr wert waren.

Mit internen Ratings versuchten Banken, die Kreditwürdigkeit ihrer Schuldner besser einzuschätzen. Sie holten selbst Daten ein und schätzten sowohl systemische als auch individuelle Risiken. Dadurch, dass die Banken die Forderungen auslagerten und in Form von ABS verkauften, entstand allerdings ein Moral Hazard, da der Anreiz zu einem sorgfältigen Rating durch das Weiterreichen des Risikos sank. Zusätzlich wollte man mithilfe externer Ratings von professionellen Ratingagenturen diese Einschätzung ergänzen. Allerdings trat hierbei zutage, dass sich die Informationsasymmetrie niemals gänzlich beheben ließ: Zum einen waren auch die Ratingagenturen nicht allwissend, zum anderen verfolgten sie als gewinnorientierte Unternehmen im Kampf um Marktanteile nicht notwendigerweise die gleichen Ziele wie die Allgemeinheit. Während letztere nämlich an einer realistischen Einschätzung interessiert war, fragten die Auftraggeber, die emittierenden Banken, natürlich ein Rating bei derjenigen Agentur nach, die am großzügigsten war. Den Käufern standen somit systematisch zu wenige und obendrein das Risiko verharmlosende Informationen zur Verfügung. So wurde zum Beispiel die Bank Lehman Brothers Anfang September 2008 von Moody's mit »A2« und von Standard & Poor's mit »A« bewertet – Ratings, die ein »niedriges Risiko« kennzeichnen. Wenige Tage später, am 15. September 2008, beantragte die Bank Insolvenz.

Fragen
1. Ein Kredit wird zur Finanzierung eines Hauses aufgenommen. Wer hat welche privaten Informationen und welche Konsequenzen hat das? Wie kann man dem entgegenwirken?
2. Ratingagenturen standen im Nachgang der Finanzkrise unter massiver Kritik. Warum? Welche Gründe sprechen für den Einbezug von Ratingagenturen?
3. Zeigen Sie anhand eines Diagramms die Funktionsweise von forderungsbesicherten Wertpapieren. Wieso ergibt sich dadurch bei den Banken eine Moral-Hazard-Problematik?

Zusammenfassung

▸ Bei vielen ökonomischen Transaktionen sind die Informationen asymmetrisch. Bei verborgenem Handeln müssen die Prinzipale daran denken, dass die Agenten Moral Hazard unterliegen.

▸ Bei verborgenen Eigenschaften können die Käufer vom Problem der adversen Selektion unter den Verkäufern betroffen sein. Märkte reagieren auf asymmetrische Information manchmal mit Signalling oder Screening.

▸ Das Studium der Psychologie und der Volkswirtschaftslehre deckt auf, dass menschliches Entscheidungsverhalten komplexer ist als von der konventionellen Wirtschaftstheorie angenommen.

▸ Menschen unterlaufen bei ihrer Entscheidungsfindung Fehler, die persönliche Befangenheiten bzw. Urteilsverzerrungen (*biases*) widerspiegeln. Sie können dadurch geprägt sein, in welchem Rahmen Informationen präsentiert werden (*framing*) und wie wir Resultate von Entscheidungen in Relation zu einem Referenzpunkt bewerten (Prospect Theory).

▸ Menschen sind nicht immer rational; sie legen Wert auf die Fairness ökonomischer Ergebnisse (selbst zum eigenen Nachteil), und ihre Verhaltensweisen können zeitinkonsistent sein.

Stichwörter

▸ **Prinzipal**
▸ **Agent**
▸ **asymmetrische Information**
▸ **Moral Hazard (moralische Versuchung)**
▸ **Adverse Selektion (negative Auslese)**
▸ **Signalling**
▸ **Screening**
▸ **Satisfizierer**
▸ **Prospect Theory**
▸ **Besitzeffekt**

Wiederholungsfragen

1. Was ist der Unterschied zwischen einem Prinzipal und einem Agenten? Welche Rolle spielen in diesem Zusammenhang Informationsasymmetrien?
2. Was verstehen Sie unter Moral Hazard? Mit welchen Mitteln kann ein Arbeitgeber diesem Problem entgegenwirken?
3. Was verstehen Sie unter negativer Auslese? Nennen Sie einen Markt, in dem negative Auslese (adverse Selektion) ein Problem darstellen kann.
4. Definieren Sie die Begriffe Signalling und Screening.
5. Erläutern Sie an einem Beispiel die Prospect Theory.
6. Beschreiben Sie das Ultimatum-Spiel. Welches Spielergebnis würde die ökonomische Theorie der Nutzenmaximierung vorhersagen? Bestätigen Experimente diese Vorhersage? Warum oder warum nicht?

Aufgaben und Anwendungen

1. Jede der folgenden Situationen schließt Moral Hazard (moralisches Risiko) ein. Bestimmen Sie jeweils den Agenten und den Prinzipal, und erklären Sie, warum asymmetrische Informationen vorliegen. Auf welche Weise reduziert das Verhalten des Prinzipals das moralische Risiko?
   a. Vermieter verlangen von ihren Mietern Kautionen.
   b. Unternehmen entlohnen Spitzenmanager teilweise mit Aktienoptionen zu einem festen künftigen Kurs.
   c. Kfz-Versicherer bieten bei Diebstahlsicherungen Rabatte an.

2. Angenommen, die »Bleibe gesund«-Krankenversicherung verlangt jährlich 5.000 Euro für eine Familienversicherungspolice. Um den Gewinn des Unternehmens zu steigern, schlägt der Vorstand eine Erhöhung der jährlichen Zahlung auf 6.000 Euro vor. Welches Problem könnte auftreten, wenn das Unternehmen dem Vorschlag folgt? Werden die zukünftigen Versicherten des Unternehmens im Durchschnitt eher eine gute gesundheitliche Konstitution oder eher eine schlechte gesundheitliche Konstitution aufweisen? Wird sich der Gewinn des Unternehmens notwendigerweise erhöhen?

3. Hans möchte seiner neuen Freundin seine Liebe mithilfe eines Geschenks signalisieren. Glauben Sie, dass ein »I love you« auch als Signal dienen kann? Warum oder warum nicht?

4. Ein Bekannter vertritt die Auffassung, dass es Krankenversicherungen nicht erlaubt sein sollte, zukünftige Versicherte nach einer HIV-Infektion zu befragen. Würde diese Regelung den HIV-infizierten Personen nutzen? Wie würde sich diese Regelung auf alle anderen krankenversicherten Personen auswirken? Verrin-

gert sich dadurch das Problem der negativen Auslese? Wird die Anzahl der Personen ohne eine Krankenversicherung nach dieser Regelung zu- oder abnehmen?

5. Der Staat zieht zwei Möglichkeiten zur Unterstützung von Armen in Betracht: die Gewährung von Geldleistungen oder die Vergabe von Sachleistungen (kostenlose Mahlzeiten in öffentlichen Suppenküchen, Kleiderspenden). Worin besteht der Vorteil einer Gewährung von Geldleistungen? Eine asymmetrische Informationsverteilung vorausgesetzt, warum wäre die Vergabe von Sachleistungen der Gewährung von Geldleistungen vorzuziehen?

6. Zwei Eisverkäufer müssen sich entscheiden, an welcher Stelle des 2 Kilometer langen Strands sie ihren Verkaufsstand aufbauen. Jede Person am Strand kauft ein Eis am Tag genau an dem Verkaufsstand, der ihr am nächsten liegt. Jeder Eisverkäufer ist wiederum bestrebt, die maximale Anzahl an Eistüten zu verkaufen. Wo werden die beiden Eisverkäufer ihren Stand platzieren?

19 Heterodoxe Theorien in der Volkswirtschaftslehre

19.1 Einleitung

Wenn Sie Lehrbücher der Volkswirtschaftslehre für das Bachelorstudium durchblättern, werden Sie feststellen, dass viele von ihnen ähnliche Themen enthalten und auf ähnliche Weise aufgebaut sind. Sie spiegeln zum Teil wider, wie Grundlagenveranstaltungen aufgebaut sind und wie Volkswirtschaftslehre ganz allgemein gelehrt wird. Wir haben bereits festgestellt, dass in jüngerer Zeit immer mehr Forschungen aus der Psychologie in die Volkswirtschaftslehre eingeflossen sind, um alternative Erklärungen für das menschliche Verhalten zu erhalten. Dennoch ist die Informations- und Verhaltensökonomik keineswegs »neu«: Herbert Simon zum Beispiel arbeitete bereits in den 1940er- und 1950er-Jahren am Konzept eines Satisfizierers, der einen höheren Nutzen für sich nur bis zu einer bestimmten Höhe anstrebt; Daniel Kahneman und Amos Tversky erforschten schon in den späten 1960er- und frühen 1970er-Jahren die Entscheidungsfindung unter Unsicherheit und Akerlofs berühmtes »Zitronen«-Papier wurde schon 1970 veröffentlicht. Wenn man sich die Lehrbücher ab den 1970er-Jahren ansieht, könnte man meinen, dass diese »neuen« Konzepte überhaupt nicht existierten. Nur wenige Lehrbücher behandelten auch die Informations- und Verhaltensökonomik oder erwähnten die marxistische Wirtschaftstheorie und fast keines enthielt etwas über feministische Ökonomik.

Die Diät, auf die Studierende in den ersten Semestern gesetzt wurden, bestand vor allem in der Theorie der Märkte, in Angebot und Nachfrage, der Theorie des Unternehmens und der Faktormärkte, in Maßen im Wirtschaftswachstum und in makroökonomischer Wirtschaftspolitik. Die Annahmen des rationalen Eigeninteresses, einer nahezu vollkommenen Information oder perfekten Mobilität von Produktionsfaktoren und Ressourcen waren die Basis für eine Analyse, in der die Märkte in einem Gleichgewicht begannen, dann geschah irgendetwas, um dieses Gleichgewicht zu stören, und schließlich »Kräfte« wirkten, die Märkte wieder in einen neuen Ruhezustand überführten. Die Welt des rationalen, seine Zielfunktion unter Nebenbedingungen maximierenden Homo oeconomicus (der schon dem Namen nach ein Mann ist) und der auf ihm basierende Ansatz der Volkswirtschaftslehre dominierte die Volkswirtschaftslehre als Disziplin. Auf der Grundlage dieser Annahmen wurden Verhaltensmodelle entwickelt und getestet und man bediente sich zunehmend der Mathematik, um der Disziplin Strenge und Sicherheit zu verleihen. Damit ist die »neoklassische« Wirtschaftstheorie umrissen.

19.1 Heterodoxe Theorien in der Volkswirtschaftslehre
Einleitung

Die Welt vor dem Markt

Die Organisation der Wirtschaftstätigkeit durch Märkte ist ein relativ neues Phänomen. Vor 1,8 Million Jahren überlebten Jäger und Sammler, indem sie wilde Pflanzen und Tiere als Nahrung nutzten. Vor 10.000 Jahren wurden die Menschen dann sesshaft und überlebten primär durch die Entwicklung von Landwirtschaft, anstatt wie zuvor übers Land zu ziehen. Als die landwirtschaftlichen Techniken sich weiterentwickelten, begannen die Gemeinschaften schrittweise mit dem Tausch von Naturalien. Handel ist nur möglich, wo Überschüsse existieren. Auch die Fruchtbarkeit des Bodens ist von besonderer Bedeutung. Von daher ist es nicht überraschend, dass der Boden für Stämme wichtig wurde, um Macht zu erlangen. Machtbeziehungen wurden ein zunehmend wichtiges Kennzeichen der menschlichen Gesellschaft, und das Eigentums- und das Nutzungsrecht von Boden war die Basis der Feudalgesellschaft, die für weite Teile Europas seit dem 5. Jahrhundert typisch war.

Das Feudalsystem war hierarchisch aufgebaut und gründete auf dem Eigentums- und Nutzungsrecht von Land. Im Gegenzug für verschiedene Landnutzungsrechte verpfändeten sich Gruppen ihrem Lehensherrn. Die Beziehungen waren oft auf die Bereitstellung von Diensten – häufig Militärdienst – im Austausch gegen die Nutzung von Land gegründet.

Die feudale Gesellschaft war vor allem eine Subsistenzwirtschaft, in der die Bewohner das Land zur Deckung ihrer eigenen grundlegenden Bedürfnisse nutzten. Dennoch wuchs der Handel zwischen Gruppen und Ländern ständig an, vor allem der Naturaltausch. Der Handel führte zu Verbesserungen des Lebensstandards und zur Entwicklung von Städten und Gemeinden, die in vielen Fällen an wichtigen Häfen oder Flüssen lagen, was den Gütertransport erleichterte. Dies führte zum Aufkommen des Merkantilismus, unter dem die Nationalstaaten der Mittelpunkt von Reichtum und Macht wurden. Dieser Reichtum und diese Macht basierten auf Gold und in geringerem Maße auf Silber. Handel entwickelte sich neben dem Wachstum in einigen Nationen, und Händler, die als Vermittler zwischen Produzenten und Konsumenten fungierten, wurden dadurch noch reicher und mächtiger.

Während der Handel hauptsächlich als vorteilhaft angesehen wurde, waren die Nationalstaaten bereit, Einfuhrbeschränkungen zu verhängen, wenn sie der Meinung waren, dass Importe das nationale Interesse schädigten. Um den Handel zu fördern, wurde die Entwicklung der Monopolmacht über die Produktion von Waren durch Handwerkszünfte üblicher. Handwerkszünfte »garantierten« nicht nur qualitativ hochwertige Waren, sondern spiegelten auch nationale Macht, Reichtum und Prestige wider. Um den Handel mit solchen Waren zu erleichtern, war der Tauschhandel nicht effizient genug, und es entwickelte sich ein Geldsystem, das oft auf Gold beruhte. Weil es gefährlich und riskant war, Gold als Tauschmittel über weite Entfernungen zu transportieren, entwickelten sich frühe Bankensysteme, um Handel zu ermöglichen und einen sicheren Mitteltransfer zwischen Händlern zu erleichtern.

Die klassische Nationalökonomie

In der Hochzeit der merkantilistischen Ära verfasste Adam Smith seine Werke. Smith versuchte, das immer komplexer werdende Wirtschaftssystem zu analysieren und zu erklären. Das Konzept von Nationalstaaten kann vor dem Hintergrund von Smiths Idee der unsichtbaren Hand gesehen werden. Individuen können handeln, um ihr eigenes Wohlergehen zu fördern, aber gleichzeitig fördern ihre Aktionen auch das Wohlergehen der Gesellschaft (oder des Nationalstaates) insgesamt.

Smith und seine Zeitgenossen hatten die Bedeutung des Marktsystems erkannt, das heute im Mittelpunkt des Studiums der Wirtschaftswissenschaften steht. Das Marktsystem bringt Käufer und Verkäufer zusammen, wobei der Preis für beide Marktseiten als Signal wirkt, das ihr jeweiliges Verhalten beeinflusst. Als Basis des Marktsystems identifizierten die Theoretiker der Klassik Individuen und deren eigeninteressiertes Verhalten. Gegenstand ihrer Analyse war die Frage, warum Individuen so handelten und welche Konsequenzen ihre Entscheidungen hatten.

Um das System und das Verhalten zu verstehen, mussten in Bezug auf die Akteure einige vereinfachende Annahmen vorgenommen werden, auf deren Basis Modelle entwickelt wurden. Diese Modelle wurden in dem Maße immer raffinierter, in dem die Analysetechniken und Forschungsmethoden sich weiterentwickelten und verfeinert wurden. Die Grundlagen der Marktanalyse, die den Kern von Einführungskursen in die Volkswirtschaftslehre und darüber hinaus bilden, entstanden in der Zeit vom Ende des 18. bis zum Ende des 19. Jahrhunderts. Zu ihnen gehören neben dem Werk von Adam Smith selbst auch die Arbeiten von hoch angesehenen Theoretikern wie David Ricardo, Thomas Malthus und John Stuart Mill.

Die grundlegenden Überzeugungen und Ansätze der klassischen Nationalökonomie lassen sich wie folgt zusammenfassen:

- Menschen sind im Wesentlichen eigeninteressiert und handeln mit dem Ziel, ihr individuelles Wohlergehen zu maximieren.
- Wenn sie dem Wettbewerb überlassen werden, kann den Interessen von Individuen und Gesellschaften am besten durch die Funktionsweise von Märkten gedient werden. Die Preise dienen dabei als Signal an die Akteure und die Märkte stellen sicher, dass Ressourcen durch die »unsichtbare Hand« ihrer effizientesten Nutzung zugewiesen werden.
- Die Rolle des Staates im Marktsystem sollte darauf beschränkt bleiben sicherzustellen, dass Marktsysteme effizient arbeiten können. Dies geschieht in erster Linie im Wege der Durchsetzung von Gesetzen und Eigentumsrechten sowie durch die Bereitstellung einer Landesverteidigung.

Diese Zusammenfassung ist wichtig, weil sie die grundlegenden Überzeugungen dieser Ökonomen enthält, die das Marktsystem als den effizientesten und effektivsten Mechanismus der Allokation knapper Ressourcen ansehen. Sie hilft nicht nur, die Grundlagen der Mikroökonomik, sondern auch die der Makroökonomik zu verstehen. Ökonomen, die von der Leistungsfähigkeit freier Märkte überzeugt sind, unterstützen eher marktorientierte Politikmaßnahmen, sowohl in mikro- als auch in makroökonomischen Fragen.

19.1 Heterodoxe Theorien in der Volkswirtschaftslehre
Einleitung

Neoklassische Volkswirtschaftslehre und Marginalkalkül

Das Interesse an der Volkswirtschaftslehre und der Methodik der Analyse wirtschaftlicher Problemstellungen entwickelte sich weiter durch die Anwendung von Mathematik, die beim Verständnis, der Erklärung und der Vorhersage ökonomischer Sachverhalte hilfreich sein kann. Dies zeigte sich besonders in der Entwicklung der Marginalanalyse, also der Betrachtung des Verhaltens ökonomischer Akteure »an der Grenze«. Mathematische Methoden dienten zunehmend dazu, ein bestimmtes Verhalten zu beweisen. Ihre Verwendung beruhte aber auf einer Reihe von Annahmen wie denen, dass sich ökonomische Akteure rational verhalten und versuchen, ihre Ziele im Rahmen gegebener Beschränkungen zu maximieren oder zu minimieren. Die Entwicklung der Analyse der Optimierung unter Nebenbedingungen ist verbunden mit den Namen von William Jevons, Leon Walras, Carl Menger, Vilfredo Pareto und Knut Wicksell. Diese Analysemethoden wurden von anderen bekannten Ökonomen wie Alfred Marshall aufgegriffen. Dieser popularisierte die Verwendung der Modelle von Angebot und Nachfrage, die ursprünglich von Antoine Augustin Cournot entwickelt worden waren sowie von Francis Ysidro Edgeworth, der mit Walras die Eigenschaften des allgemeinen Gleichgewichts untersuchte. Solche Modelle des allgemeinen Gleichgewichts sind eine logische Erweiterung der neoklassischen Grundüberzeugung: Wenn jeder einzelne Markt zum Gleichgewicht tendiert, so ist auch zu erwarten, dass sich alle Märkte insgesamt zu einem einzigen Gleichgewicht hinbewegen.

Die neoklassische Überzeugung von der Macht der freien Märkte und die Anwendung von mathematischen und statistischen Methoden zur Analyse und zum Verständnis der Wirtschaft beherrschen die Disziplin seit vielen Jahren. Kritiker behaupten, dass diese Dominanz durch die fortdauernde Unterrichtung von Studierenden in dieser grundlegenden Anschauung auch noch künstlich verfestigt werde und dass alternative Sichtweisen wirtschaftlicher Phänomene und Methoden deshalb ein Schattendasein fristeten.

Die Kritik nach der Finanzkrise

Die Finanzkrise von 2007 bis 2009 lenkte die Aufmerksamkeit auf die Disziplin der Volkswirtschaftslehre. Wenn die verwendeten Modelle doch so ausgefeilt waren, warum hatten die Volkswirte diese Krise dann nicht vorhergesagt? Bedeutete die Finanzkrise nicht auch so etwas wie das Ende der Mainstream-Ökonomik? War die Verhaltensökonomik nicht in der Lage, mehr Antworten zu liefern als neoklassische Modelle? Wurde die Dominanz der neoklassischen Modelle nicht vor allem dadurch aufrechterhalten, dass Studierende fortgesetzt nur in dieser einen Anschauung unterrichtet wurden? Und wurden hierdurch nicht andere Konzepte und Ansätze in der Volkswirtschaftslehre verdrängt?

Die Finanzkrise brachte eine Debatte in die Öffentlichkeit, die in der Volkswirtschaftslehre schon viele Jahre geführt worden war. Obwohl der neoklassische Ansatz dominierte, gab es neben ihm zu allen Zeiten auch Diskussionen und Forschungen zu anderen Ansätzen. Einige dieser Ansätze waren zwar schon lange Zeit Teil des Faches, hatten aber nie größere Aufmerksamkeit erlangt. Erst die Popularität der Verhaltensökonomik führte schließlich zu Forderungen nach einer breiteren Anerkennung der Rolle, die andere Disziplinen zum Verständnis des menschlichen Verhaltens und der Entscheidungsfindung beitragen können. Die Soziologie, Anthropologie, Politikwissenschaft oder die Entscheidungswissenschaften wurden als weitere Disziplinen betrachtet, die unser Verständnis des menschlichen Verhaltens und der Entscheidungsfindung und damit auch die Volkswirtschaftslehre insgesamt bereichern können. Es dauert jedoch seine Zeit, bis sich solche Einflüsse durchsetzen und in den Mainstream eindringen.

Die anhaltende Dominanz des »Mainstreams« der Volkswirtschaftslehre führte zu einer zunehmenden Verwendung des Begriffs »heterodox«, um alternative Konzepte und Strömungen zu beschreiben, die tendenziell an der Peripherie der Disziplin blieben. Das Wort »heterodox« bedeutet, dass sie sich nicht an akzeptierte oder orthodoxe Überzeugungen oder Standards halten oder damit vereinbar sind. In der Volkswirtschaftslehre wird **heterodox** mit Konzepten und Methoden in Verbindung gebracht, die außerhalb des »Mainstreams« liegen, wobei der Begriff »Mainstream« üblicherweise mit dem neoklassischen Ansatz identifiziert wird. Es gibt auch viele Volkswirte, die dieser Etikettierung widersprechen und argumentieren, dass die neoklassische Wirtschaftstheorie nicht der Mainstream des Faches ist.

> **heterodox**
> Die Bezeichnung verschiedener Denkschulen in der Volkswirtschaftslehre außerhalb des »Mainstreams« der Wirtschaftstheorie.

Die wissenschaftsphilosophische Debatte über alternative Schulen der Volkswirtschaftslehre ist interessant und wir können die Leserinnen und Leser dieses Buches nur dazu ermutigen, sich näher mit ihnen zu befassen. Allerdings würde diese Debatte den Rahmen dieses Buches sprengen. In diesem Kapitel stellen wir daher nur drei volkswirtschaftliche Ansätze vor, die schon seit einiger Zeit existieren, aber nicht zum Mainstream gerechnet werden, wie auch immer man diesen fassen mag. Diese Ansätze sind die Institutionenökonomik, die feministische Ökonomik sowie die Komplexitätsökonomik. Wir wollen damit keineswegs behaupten, dass dies die einzigen drei Denkschulen wären, welche die heterodoxe Wirtschaftstheorie ausmachen. Einige Leser studieren vielleicht an Hochschulen, in denen im zweiten oder dritten Studienjahr Module zu diesen und anderen Denkschulen angeboten werden. Dieser Abschnitt wie auch der über Informations- und Verhaltensökonomik soll nur einen »Vorgeschmack« auf ihre wichtigsten Konzepte vermitteln, um Ihr Interesse zu wecken.

19.2 Institutionenökonomik

Bei unserer Behandlung der Mikroökonomik haben wir Situationen beschrieben, in denen Einzelpersonen und Unternehmen miteinander in Handel und Austausch treten. Moderne Volkswirtschaften sind zunehmend auf Arbeitsteilung angewiesen. So beschrieb der Wirtschaftsnobelpreisträger Milton Friedman in einem berühmten Beispiel die wirtschaftlichen Lektionen, die man aus der Betrachtung eines einfachen Bleistifts lernen könne. Nur wenige Menschen haben ein vollständiges Verständnis davon, wie so ein einfaches Produkt hergestellt wird, so komplex ist das Netz von Menschen und Firmen, die an seiner Produktion beteiligt sind. Am wichtigsten ist aber, dass es bei der Herstellung eines Bleistifts viele Beispiele für Arbeitsteilung gibt, die es den Menschen ermöglicht, Überschüsse zu produzieren, die dann gehandelt werden können. Arbeitsteilung ist eine Voraussetzung für die Entwicklung von Märkten.

Damit Märkte aber überhaupt entstehen und funktionieren können, muss es Regeln geben, welche die Marktteilnehmer binden. Grundlegend für das Abschließen von Transaktionen ist Vertrauen. Bisher haben wir nur wenig darüber gesagt, wie und warum Individuen und Unternehmen bereit sind, Transaktionen mit meist völlig Fremden durchzuführen. Wir haben gesehen, dass Informationen selten vollständig oder perfekt sind. Transaktionen werden daher zumeist in Situationen der Unsicherheit getätigt. In vielen Fällen bieten die durchgeführten Transaktionen Vorteile für beide an der Transaktion beteiligten Parteien. Darüber hinaus führen sie manchmal auch zu externen Kosten und Nutzen, die von den Transaktionspartnern nicht berücksichtigt werden.

Damit Transaktionen in einer komplexen Welt unter Bedingungen der Unsicherheit stattfinden können, muss es Regeln geben, an die sich die Transaktionspartner halten. Diese Regeln, die als **Institutionen** bezeichnet werden, helfen, die Unsicherheit und das Risiko zu reduzieren, das mit jeder Transaktion verbunden ist. Diese Regeln zu erforschen und zu erklären, ist die Aufgabe der Institutionenökonomik. Institutionen helfen Menschen, ihre Entscheidungen zu strukturieren. Sie schaffen Anreize und Barrieren für Entscheidungen und verleihen Entscheidungsträgern Macht. Das mag zunächst übertrieben klingen. Überlegen Sie aber, dass schon dann, wenn Sie in den Laden auf Ihrem Uni-Campus gehen und dort ein belegtes Brötchen kaufen, Sie eine Entscheidung treffen, die mit einer Vielzahl von »Regeln« verbunden ist. Als Kundin möchten Sie wahrscheinlich wissen, dass das Brötchen gut schmeckt, ein gutes Preis-Leistungs-Verhältnis hat und – vielleicht am wichtigsten – auch gesund ist. Der Verkäufer hingegen muss wissen, dass Sie ihm das Geld tatsächlich übergeben, sodass er Ihnen im Wege der Transaktion das Eigentumsrecht an dem Brötchen übertragen kann. Zusätzlich wird der Verkäufer wissen wollen, dass seine Kunden mit dem Produkt zufrieden sind, sodass sie später auch wieder zurückkehren, um die gleiche Transaktion künftig noch viele Male zu wiederholen.

Arten von Transaktionen

Das Wesen von Transaktionen wurde zuerst in den 1930er-Jahren von John R. Commons erforscht. Commons unterschied drei Typen von Transaktionen: Markttransaktionen, politische Transaktionen und Managementtransaktionen.

Markttransaktionen. Ein Markt ist jeder Ort, an dem Käufer und Verkäufer zusammenkommen, um einen Preis zu vereinbaren. Transaktionen innerhalb von Märkten umfassen zwei Prozesse: den Geldtransfer vom Käufer zum Verkäufer auf der einen Seite und den Transfer der Leistung (die eine Ware oder eine Dienstleistung sein kann) vom Verkäufer zum Käufer auf der anderen.

Institutionen
Regeln in Form von Vorschriften, Gesetzen, sozialen Normen oder anderen Konventionen, die das Verhalten von Menschen in der Wirtschaft lenken.

Eine wichtige rechtliche Voraussetzung für Markttransaktionen ist, dass Käufer und Verkäufer in Transaktionen einander als Gleiche begegnen. Das bedeutet allerdings nicht, dass beide Parteien einer Transaktion gleich mächtig in dem Verhandlungsprozess sein werden, der zu ihrer Transaktion gehört. Denn wie wir in unserer Diskussion über unvollkommenen Wettbewerb gesehen haben, können Unternehmen im Verhandlungsprozess durchaus erhebliche Macht haben. Der Verhandlungsprozess kann auch in dem Sinne verzerrt sein, dass Käufer über Monopolmacht verfügen.

Politische Transaktionen. Politische Transaktionen beziehen sich auf die Gesetze, Regeln und Vorschriften in einer Gesellschaft, die für Entscheidungsträger – Einzelpersonen, Unternehmen oder Organisationen – einen Rahmen bilden. In vielen Gesellschaften gibt es Gruppen von Menschen, die über die Macht verfügen, Entscheidungen darüber zu treffen, wie der rechtliche Rahmen der Gesellschaft aussehen soll. Die Rahmenordnung regelt, wie Waren und Dienstleistungen produziert und wie der Wohlstand unter den Individuen in dieser Gesellschaft verteilt werden soll. In einigen Fällen wird das Steuer- und Sozialleistungssystem mitbestimmen, wie der Wohlstand zu verteilen ist. In anderen Fällen wird es der Rechtsstaat sein, der festlegt, wie Transaktionen durchgeführt, Rechte und Pflichten zugeordnet, Eigentumsrechte definiert oder die Verteilung des Wohlstands vorgenommen werden. Ein Unternehmen, das Waren produziert, bei denen als Nebenprodukt ein Schadstoff entsteht, verfügt beispielsweise über bestimmte Rechte der Nutzung ihres Eigenkapitals bezüglich der Behandlung, Entlohnung oder Bestrafung ihrer Arbeitnehmer, der Kontrolle ihrer Kosten, des Vertriebs ihrer Produkte sowie über die Verteilung des von ihr geschaffenen Einkommens. Ebenso ist das Unternehmen an die Regeln, Vorschriften und Gesetze gebunden, die festlegen, was es mit dem Abfall, den es produziert, tun darf oder muss. Politische Transaktionen dienen also dazu, jene Regeln und Vorschriften zu schaffen, nach denen sich Unternehmen richten müssen und somit auch, wie die verschiedenen Kosten und Nutzen seiner Handlungen verteilt und kontrolliert werden.

Managementtransaktionen. In jeder Organisation gibt es eine Hierarchie, in der eine Person eine gewisse Verantwortung über andere hat. Sie gewährt einigen Personen das Recht, eine gewisse Kontrolle über Untergebene auszuüben. In Unternehmen gibt es z. B. einen rechtlichen Rahmen, der die Kontrolle einer Person über eine andere regelt. Managementtransaktionen beziehen sich auf die Beziehungen, die zwischen Personen und ihren Untergebenen bestehen.

Aktivitäten auf Märkten finden innerhalb der Grenzen dieser drei Transaktionsarten statt, die ihrerseits die Marktaktivität beeinflussen. Daraus folgt, dass Marktergebnisse nicht einfach durch die Kräfte von Angebot und Nachfrage und das Wirken der »unsichtbaren Hand« bestimmt werden, sondern in hohem Maße auch von den Gesetzen, Regeln, Vorschriften und dem durch diese Transaktionsarten geschaffenen Umfeld. Das Verhalten von Einzelpersonen, Unternehmen, Organisationen und Regierungen wird von der Umgebung beeinflusst, in der sie agieren und Entscheidungen treffen.

Begrenzte Rationalität

Begrenzte Rationalität bezeichnet die Vorstellung, dass Menschen Entscheidungen nicht unter den Bedingungen vollkommener Information treffen, sondern unter den Beschränkungen eines begrenzten und manchmal unzuverlässigen Informationsstands. Dies bedeutet, dass Akteure nicht alle Informationen verarbeiten oder berechnen können, die eigentlich notwendig wären, um Entscheidungen im Sinne einer Optimierung unter Nebenbedingungen zu treffen. Die Rationalität ihrer Entscheidungen ist somit eingeschränkt. Die neoklassische Vorstellung eines Gleichgewichts, das durch Maximierungs- oder Minimierungsverhalten von Akteuren erreicht wird, ist unter der Annahme der beschränkten Rationalität nicht möglich.

Institutionen – jene Regeln und Vorschriften, die entstehen, um die Entscheidungsfindung auf Märkten zu gestalten – bedeuten, dass begrenzt rationale Akteure versuchen können, zu maximieren und zu minimieren, dabei aber auf Transaktionskosten stoßen. Institutionenökonomen betrachten die Erforschung dieser *Transaktionskosten* als einen wichtigen Teil der Volkswirtschaftslehre und als Hilfe, Licht in Aspekte von Entscheidungen zu bringen, welche die neoklassische Wirtschaftstheorie entweder ignoriert oder marginalisiert.

Die Existenz und Untersuchung von Transaktionskosten in Marktwirtschaften ist ein zentrales Merkmal der Institutionenökonomik. Es gibt unterschiedliche Definitionen von Transaktionskosten, die in der Diktion des grundlegenden Aufsatzes von Ronald Coase aus dem Jahr 1937 jedoch alle »Kosten der Nutzung des Preismechanismus« darstellen. Transaktionskosten wurden mit dem Begriff der Reibung in der Physik verglichen. Reibung ist die Kraft, die sich der Bewegung zwischen zwei Oberflächen widersetzt. Analog sind Transaktionskosten jene Kräfte, die sich der Entscheidungsfindung von Akteuren widersetzen, wenn sie auf Märkten interagieren. Transaktionskosten können sich in Informationsbeschaffungs-, Verhandlungs-, Entscheidungs- oder Durchsetzungskosten sowie in den Kosten für die Überwachung von Gesetzen, Regeln oder Vorschriften manifestieren. Mit ihrer Betonung der Bedeutung von Transaktionskosten laden Institutionenökonomen zu dem Gedankenexperiment ein, wie ein kapitalistisches System ohne jegliche Transaktionskosten aussehen würde. In einem solchen System ohne alle Friktionen würden »Geld, Unternehmen und öffentliche Regulierung irrelevant werden« (Furubotn, E.G./Richter, R.: The New Institutional Economics: An Assessment, in Furubotn, E.G./Richter, R. (Hrsg.): The New Institutional Economics, College Station, 1991).

Teildisziplinen der Institutionenökonomik

Es gibt eine Reihe von Bereichen, in denen institutionenökonomische Forschung betrieben wurde und wird. Einige von ihnen haben wir in diesem Buch bereits gestreift.

Such- und Verhandlungstheorie. Erinnern Sie sich, dass ein Markt jeder Ort ist, an dem Käufer und Verkäufer zusammenkommen, um einen Preis und eine Transaktion zu vereinbaren. Hierbei findet ein Austausch statt, der die Übertragung von Rechten und Pflichten sowohl aufseiten des Käufers als auch aufseiten des Verkäufers beinhaltet.

Um dies zu verdeutlichen, denken Sie an den Prozess bei der Anschaffung eines Gegenstands. Viele Menschen recherchieren zunächst im Internet, insbesondere wenn es sich um hochpreisige Artikel handelt. Sie sehen sich die die Auswahl an, prüfen die Preise verschiedener Anbieter, lesen Bewertungen von anderen Verbrauchern und treffen dann vielleicht ihre Wahl online oder tätigen ihren Kauf bei einem lokalen Händler.

Nach dem Kauf ist die Geschichte aber noch nicht zu Ende: Der Verkäufer erwartet, dass die Zahlung erfolgt und dass der Kunde über genügend Geldmittel verfügt, um die Transaktion zu erfüllen. Der Käufer hat demgegenüber die Erwartung, dass der erworbene Artikel seinen Zweck gut erfüllt. Oft gibt es auch Gesetze und Vorschriften, welche die Rechte und Verantwortlichkeiten für den Fall festlegen, dass ein Produkt die Erwartungen nicht erfüllt. So gibt es etwa Vorschriften für die Werbung, die bestimmen, was Unternehmen über ihre Produkte und Preise sagen und behaupten dürfen und was nicht.

Es gibt auch Gesetze zum Schutz der Rechte von Käufern und zur Festlegung der Pflichten von Verkäufern in Transaktionen. Diese Gesetze werden vom Vertragsrecht abgedeckt. Die Vertragstheorie ist ein wichtiger Forschungsstrang in der Institutionenökonomik. Die Arbeit, die von den Verbrauchern bei der Erforschung von Produkten und ihren Wahlmöglichkeiten vor dem Kauf geleistet wird, ist ein Teil der Transaktionskostentheorie, die sich unter der Bezeichnung »Such- und Verhandlungstheorie« findet. Teilweise basiert diese Forschung auch auf spieltheoretischen Modellierungen. Nicht nur Produktkäufe durch Verbraucher fallen in diesen Bereich, sondern auch Transaktionen zwischen Unternehmen und den Abnehmern ihrer Dienstleistungen. Denken Sie beispielsweise an die Stellung von kleinen Landwirtschafts- und Gartenbaulieferanten in Verträgen mit großen Supermärkten oder an Einzelpersonen, die die Dienste eines Scheidungsanwalts nachfragen. Die Machtverhältnisse, die Möglichkeiten asymmetrischer Informationen und die Verhaltensbeeinflussung bei der Art und Weise, wie der Austausch ausgehandelt und abgeschlossen wird, sowie die anschließende Beziehung zwischen den Parteien sind Forschungsgegenstand von Institutionenökonomen.

Theorie der Verfügungsrechte (Property Rights). In diesem Buch haben wir uns auch mit der Bedeutung von Verfügungsrechten bei der Festlegung von Tausch- und Entscheidungsregeln befasst. Solche Verfügungsrechte verleihen einem Individuum oder einer Gruppe das exklusive Recht zu bestimmen, wie eine Ressource genutzt wird, einschließlich der Möglichkeit, Einkommen aus ihr zu erzielen oder sie zu verkaufen. Die Übertragung von Eigentumsrechten verändert die Anreize und Entscheidungen von Individuen und Unternehmen, die an Transaktionen beteiligt sind. Wenn beispielsweise Eigentumsrechte an Flüssen und Meeren geschaffen werden, verändert dies das Verhalten derjenigen, die sie zur Erwirtschaftung ihres Lebensunterhalts nutzen; wo solche Verfügungsrechte fehlen, können Ressourcen unangemessen (i.d.R. überoptimal stark) genutzt werden. Die Gemeinsame Fischereipolitik der Europäischen Union ist ein Beispiel für die Regeln, Vorschriften und Gesetze, die die

Fischereirechte in ganz Europa festlegen. Ebenso sind die Rechte darüber, wie Flüsse genutzt werden können, darauf ausgelegt, die Entscheidungen gewerblicher Nutzer von Flüssen zu beeinflussen, um die Rechte von Landbesitzern, Fischern und denjenigen zu schützen, die Flüsse zur Erholung nutzen oder sich einfach an ihrer ästhetischen Schönheit erfreuen wollen. Verfügungsrechte übertragen zudem Verantwortung auf diejenigen, die Flüsse auch ganz anders nutzen, zum Beispiel für die Entsorgung von Abfallprodukten oder andere Formen der Umweltverschmutzung. So stellt Daniel Ankarloo in einem Aufsatz mit dem Titel »New Institutional Economics and Economic History« (2002, *Capital and Class*, 26(3)) fest:

> Wenn Verfügungsrechte klar abgegrenzt und gut geschützt sind sowie vom Staat durchgesetzt werden, dann sind die Transaktionskosten niedrig, und die dem neoklassischen Marktargument innewohnenden Gewinne aus dem Handel werden realisiert. Wenn dies nicht der Fall ist, findet kein Austausch statt, und ein Markt kommt gar nicht erst zustande.

Public-Choice-Theorie. Ein weiterer Forschungsbereich innerhalb der Institutionenökonomik ist die Public-Choice-Theorie. Sie nimmt an, dass neoklassische Ökonomen die Rolle des Staates als die eines »wohlwollenden Diktators« verstehen, der seine Entscheidungen stets im öffentlichen Interesse trifft. Die Public-Choice-Theorie zieht demgegenüber infrage, dass Regierungen stets das öffentliche Interesse verfolgen. Pioniere dieses Ansatzes waren der Nobelpreisträger James M. Buchanan und sein Kollege Gordon Tullock. Dabei geben die Public-Choice-Theoretiker nicht die Annahme auf, dass sich Akteure im Kern eigennützig verhalten; vielmehr untersuchen sie, wie dieses Eigeninteresse Wähler, Politiker, Bürokraten oder andere politische Entscheidungsträger bei Kollektiventscheidungen beeinflusst.

Auch wenn sie ursprünglich aus eher altruistischen Motiven in die Politik gegangen sein mögen, werden Akteure sich auch in einem politischen Umfeld eigennützig verhalten. Buchanan räumte ein, dass er bei der Erklärung von Regierungshandeln einen eher skeptischen Ansatz verfolgte. Individuen, die Teil einer Regierung sind, treffen Entscheidungen über die Finanzierung, Organisation und Nutzung von Vermögenswerten, die ihnen nicht gehören. Dabei kann es sein, dass sie nicht unbedingt direkt von der Nutzung dieser Vermögenswerte profitieren. Die Anreize, »im öffentlichen Interesse« zu handeln, sofern das überhaupt angemessen bestimmbar ist, sind daher ziemlich schwach und können zu einem Staatsversagen führen, wie wir in einem früheren Kapitel dieses Buches gesehen haben.

Zusammenfassung

Die neoklassische Theorie betont ein Verhalten, das sich um das Funktionieren von Märkten als Grundlage für Austausch und Handel dreht. Es wird unterstellt, dass die »unsichtbare Hand« die Ergebnisse in effizienter Weise steuert. Das Herzstück der neoklassischen Theorie ist das eigennützige, rationale Individuum. Die Institutionenökonomik verwirft demgegenüber nicht unbedingt die Annahmen der neoklassischen Theorie, sondern betont zusätzlich, dass Märkte nur mit »Friktionen« funktionieren werden. Diese Friktionen werden in den verschiedenen Bereichen der Such- und Verhandlungstheorie, Vertragstheorie, Theorie der Verfügungsrechte oder der Public-Choice-Theorie erforscht.

19.3 Feministische Ökonomik

Unter den 87 Nobelpreisträgern der Wirtschaftswissenschaften seit 1969 waren bisher nur zwei Frauen: Elinor Olstrom, die im Jahr 2009 für ihre Arbeiten zu lokalen Allmendegütern ausgezeichnet wurde, und Esther Duflo, die 2019 für ihren experimentellen Ansatz zur Bekämpfung der weltweiten Armut geehrt wurde. Das Nobelpreiskomitee lobte, dass Ostrom »die konventionelle Weisheit herausgefordert« und insbesondere auch andere als die in der Volkswirtschaftslehre typischen Methoden verwendet habe, und auch Duflo und die beiden mit ihr ausgezeichneten Forscher Abhijit Banerjee und Michael Kremer haben hätten »einen neuen Ansatz vorgestellt, um verlässliche Antworten auf die Frage zu erhalten, wie man die globale Armut am besten bekämpfen kann«. Die Infragestellung überkommener Ansichten, Normen und Forschungsmethoden dürfte auch die Essenz der feministischen Ökonomik bilden.

Angesichts der Fokussierung auf ökonometrische und mathematische Methoden und des Übergewichts neoklassisch ausgebildeter Lehrpersonen an vielen Universitäten stellen feministische Ökonominnen die Probleme und Antworten der Standard-Volkswirtschaftslehre infrage. Auch weisen sie darauf hin, dass die Schlussfolgerungen, die sich aus den Standardmethoden ergeben, oft die Rolle von Frauen in der Gesellschaft ignorierten, zentrale Eigenschaften der Gesellschaft übergingen und Geschlechterungleichheiten verstärkten.

Die feministische Ökonomik hat ihren Ursprung in der Unzufriedenheit mit der »Mainstream-Ökonomik«, die die Rolle von Frauen zu ignorieren scheint. Sie hat sich zu einer inzwischen sehr breiten Denkschule entwickelt. Im Folgenden werden einige der Bereiche angeführt, in denen feministische Ökonominnen in der Forschung aktiv waren.

Ökonomische Methodik

Die Methodik der »Mainstream-Ökonomik« basiert auf dem verstärkten Einsatz mathematischer Modelle, konzentriert sich auf Modelle der Optimierung unter Nebenbedingungen und fokussiert, wie Kritiker anmerken, auf den »Homo oeconomicus«. Feministische Ökonominnen argumentieren jedoch, dass diese Methodik zu Ergebnissen führen kann, die keine vollständige Erklärung dafür liefern, wie sich die Ergebnisse der Entscheidungsfindung in der Gesellschaft niederschlagen. Denn die klassischen Ökonomen waren fast ausschließlich männlich und schrieben in einer Zeit, in der Männer die Gesellschaft beherrschten. Die Rolle von Frauen war damals eine ganz andere als heute und so dürfte es nicht überraschen, dass die Volkswirte des 18. und 19. Jahrhunderts über die Wirtschaft aus einer männlichen Perspektive schrieben.

Feministische Ökonominnen argumentieren, dass dies angesichts des Wandels der Rolle der Frau in der Gesellschaft nicht mehr akzeptabel, angemessen und richtig sei. Sich weiterhin auf den Homo oeconomicus zu konzentrieren, bedeute, eine latente Voreingenommenheit in der Forschung zu verewigen. Das müsse in vielen Fällen nicht beabsichtigt sein, aber durch das Versäumnis, explizit den Einfluss des Geschlechts zu berücksichtigen, könne es sein, dass die Forschung wichtige Ergebnisse und Einflüsse ignoriert.

Wenn Regierungen zum Beispiel Steuersätze und Veränderungen im Sozialsystem vornehmen, werden die Auswirkungen dieser Änderungen möglicherweise auf der Grundlage der Auswirkungen auf »Menschen« analysiert, ohne explizit anzuerkennen, dass diese »Menschen« sehr unterschiedlich sein können. Dabei ist es nicht nur so, dass die Ergebnisse für Männer und Frauen unterschiedlich sein könnten, ohne dass dies in der Analyse berücksichtigt wird; es könnte auch unterschiedliche Ergebnisse für Menschen mit unterschiedlichen ethnischen Hintergründen geben, der nicht ausreichend in die Analyse einbezogen wird.

In vielen Lehrbüchern über die Grundlagen der Volkswirtschaftslehre wird etwa auf die Unterteilung der Wirtschaft in »Unternehmen« und »Haushalte« verwiesen. Dies sei ein bequemer Weg, um die wichtigsten wirtschaftlichen Akteure in einer Volkswirtschaft zu vereinfachen, übergehe aber, wie feministische Ökonominnen argumentieren, relevante Unterschiede. Schon das Konzept des Haushalts könne männlich konstruiert sein, wenn der Haushaltsvorstand männlich ist und die Hauptentscheidungen darüber trifft, wie der Haushalt geführt und sein Arbeitsangebot auf dem Markt bestimmt wird. Es seien solche Konzepte, so wird argumentiert, die erklären könnten, warum die in Haushalten geleistete Arbeit unbezahlt ist und in den nationalen Einkommensstatistiken nicht gezählt wird, sodass sie von Natur aus gegen Frauen gerichtet seien.

Feministische Ökonominnen setzen sich für eine Forschungsmethodik ein, die eine breitere Palette von Einflüssen auf das menschliche Verhalten einbezieht. Dazu gehören der Einfluss von Macht, die Unterscheidung zwischen Vernunft und Gefühl, Autonomie und Abhängigkeit sowie die Rolle sozialer Beziehungen. Die Einbeziehung solcher Aspekte des menschlichen Verhaltens in die Entscheidungsfindung könnte verlangen, Forschungsmethoden und -modelle zu verwenden, die nicht nur mathematisch ausgerichtet sind, sondern auch qualitative oder gemischte Forschungsmethoden umfassen.

John W. Cresswell definiert in seinem 2015 erschienenen Buch »A Concise Introduction to Mixed Methods Research« die Forschung mit gemischten Methoden als einen »Forschungsansatz in den Sozial-, Verhaltens- und Gesundheitswissenschaften, bei dem der Forscher sowohl quantitative (geschlossene) als auch qualitative (offene) Daten sammelt, beide ineinander integriert und dann auf der Grundlage der kombinierten Stärken beider Datensätze Interpretationen zieht, um Forschungsprobleme zu verstehen«.

Durch die Verwendung eines breiteren Ansatzes zur Untersuchung ökonomischer Fragestellungen und die Einbeziehung verschiedener Forschungsansätze könnten, so wird argumentiert, Einsichten und Erkenntnisse gewonnen werden, die eine starrere neoklassische ökonomische Methodik möglicherweise übersieht.

> **Kurztest**
> Warum argumentieren feministische Ökonominnen, dass ein Fokus auf eine ökonomische Methodik, die die Bedeutung von Modellen und Mathematik betont, zu »männlich« sei und damit wichtige Variablen ignoriere, die Ergebnisse beeinflussen können?

Makroökonomik

Eine der Grundlagen des Studiums der Makroökonomik ist die Betrachtung von Maßgrößen des wirtschaftlichen Wohlstands. Eines dieser Maße verwendet das Bruttoinlandsprodukt (BIP), um Wirtschaftswachstum zu messen. Das BIP misst den Wert der Waren und Dienstleistungen, die in einer Volkswirtschaft in einem bestimmten Zeitraum produziert werden und über die Marktaktivitäten erfasst werden. Die Makroökonomik befasst sich mit dem Wirtschaftswachstum und mit dem Lebensstandard. Ein Anstieg des Lebensstandards hängt mit der Fähigkeit einer Volkswirtschaft zusammen, Waren und Dienstleistungen zu produzieren. Feministische Ökonominnen argumentieren, dass die Betrachtung des Wohlbefindens durch die Linse des wirtschaftlichen Wachstums als der Fähigkeit einer Volkswirtschaft, mehr Waren und Dienstleistungen zu produzieren, Grenzen habe und wichtige Fragen und Ergebnisse für verschiedene Gruppen in der Gesellschaft ignoriere. Der Fokus auf das Wirtschaftswachstum spiegele unsere Definition von »Erfolg« wider und könne verborgene inhärente Vorurteile gegenüber dem Geschlecht beinhalten.

Einer der größten Kritikpunkte der feministischen Ökonomik besteht darin, dass Wohlstandsmaße wie das BIP den Wert von Leistungen nicht berücksichtigen, die nicht über die Märkte abgewickelt werden, wie z. B. die Arbeit, die Frauen zu Hause bei der Betreuung von Familien leisten. Insofern die Rolle, die Frauen im Haushalt spielen, und die sozialen und wirtschaftlichen Vorteile, die sich aus der unbezahlten (in erster Linie von Frauen verrichteten) Arbeit ergeben, ignoriert werden, sei die Analyse von Wohlstandsbildung und Wohlbefinden unvollständig und ungenau. Denn die unbezahlte Arbeit trage in erheblichem Maße zum Wohlbefinden bei, was in den traditionellen Maßstäben für wirtschaftlichen »Erfolg« unberücksichtigt bleibe.

Die von vielen europäischen Regierungen seit der Finanzkrise von 2007 bis 2009 verfolgte Politik wird tendenziell mit »Austerität« in Verbindung gebracht. Die Staatsausgaben wurden gekürzt und die Steuern erhöht, um Staatsdefizite zu reduzieren und die Staatsverschuldung zu senken. Wenn diese Maßnahmen umgesetzt werden, können die Auswirkungen auf Männer und Frauen sehr unterschiedlich sein. In den Beiträgen der Mainstream-Volkswirtschaftslehre werden diese unterschiedlichen Auswirkungen zum Teil aufgrund der verwendeten Methoden nicht berücksichtigt.

Eine Kürzung der realen Ausgaben für Gesundheits- und Sozialfürsorge könnte zum Beispiel Frauen unverhältnismäßig stark treffen, da sie einen anderen Zugang zu Gesundheits- und Sozialfürsorgeeinrichtungen benötigen und von allen Erwerbspersonen auch unverhältnismäßig stark in Dienstleistungsbranchen vertreten sind. Eine 2013 veröffentlichte Studie von Alisa McKay, Jim Campbell, Emily Thomson und

Susanne Ross untersuchte die Rezession in Großbritannien nach der Finanzkrise und die unterschiedlichen Auswirkungen auf Männer und Frauen (McKay et al.: Economic Recession and Recovery in the UK: What's Gender Got to Do With It?, 2013, www.tandfonline.com). Sie fanden heraus, dass in der Anfangsphase der Rezession Männer überproportional betroffen waren, da der Abschwung zunächst Arbeitsplätze in männerdominierten Branchen wie dem Baugewerbe traf. Als die Rezession jedoch endete und die Sparpolitik einsetzte, ging die Beschäftigung im öffentlichen Sektor, in dem überwiegend Frauen arbeiten, um 7 Prozent zurück, während die Beschäftigung in der eher männerdominierten Privatwirtschaft um 5 Prozent anstieg. Zwischen 2010 und 2012 entfielen 96 Prozent des Beschäftigungswachstums auf Männer. Da die Löhne im öffentlichen Sektor in Großbritannien entweder stagnierten oder real sanken, war die Bezahlung von Frauen im Vergleich zu Männern überproportional betroffen.

Auch aufgrund des zunehmend spürbaren demografischen Effekts werden Geschlechterdifferenzen immer wichtiger. Viele Länder in Europa stellen fest, dass mit einer alternden Bevölkerung der Druck auf die Gesundheitsversorgung zunimmt. Weil die Lebenserwartung von Frauen durchweg höher ist als die von Männern, wird die Zahl der älteren Frauen in der Gesellschaft, die zusätzliche Gesundheits- und Sozialfürsorge benötigen, größer sein als die der Männer.

Ein weiteres Beispiel für die unterschiedliche Betroffenheit von Männern und Frauen durch politische Maßnahmen zeigte sich in der Corona-Krise, als 2020 und 2021 zur Bewältigung der Pandemie die Politik Lockdowns verordnete und Wirtschaft und Gesellschaft Deutschlands in weiten Teilen zum Erliegen kamen. Die monatelangen Schließungen von Kindertagesstätten und Schulen erschwerten insbesondere den Alltag von Müttern und Alleinerziehenden. Während Männer häufig weiter ihrer gewohnten Erwerbsarbeit nachgingen, waren es vor allem Frauen, die Haushaltsarbeit, Betreuung und Homeschooling der Kinder zu bewältigen hatten. Zum Teil geschah dies sogar um den Preis, dass die Frauen ihre eigene Erwerbstätigkeit reduzieren oder ganz aufgeben mussten. Im Ergebnis förderte, wie die Soziologin Jutta Allmendinger feststellte, das pandemiebedingte Herunterfahren von Wirtschaft und Gesellschaft eine »Retraditionalisierung« innerhalb der Familien und damit »eine Rollenverteilung zwischen Müttern und Vätern ..., die der unserer Eltern und Großeltern entspricht und die wir nicht mehr für möglich gehalten hätten« (Jutta Allmendinger, Zurück in alte Rollen. Corona bedroht die Geschlechtergerechtigkeit, in: WZB Mitteilungen, Heft 168, 2020. S. 45–47).

Der Wert der feministischen Ökonomik liegt darin, dass Fragen und Forschungsschwerpunkte in Bereichen liegen können, die traditionell nicht bedacht oder erforscht werden.

Arbeitsmärkte

Ein besonderer Bereich, in dem feministische Ökonominnen aktiv geforscht haben, ist die Analyse von Arbeitsmärkten. Die Ungleichheit zwischen den Geschlechtern am Arbeitsplatz besteht nicht einfach darin, dass Frauen trotz gesetzlicher Gleichbehandlungsgebote in vielen Ländern für die gleiche Arbeit oft unterschiedlich bezahlt werden, sondern auch darin, dass Frauen in allen Bereichen der Gesellschaft unterpräsentiert sind. Dies, so wird argumentiert, ist nicht nur ungerecht, sondern auch schädlich für das potenzielle Wachstum eines Landes.

Damit sie ein besseres Verständnis für das Ausmaß der Ungleichheit zwischen Männern und Frauen auf dem Arbeitsmarkt bekommen, verwenden feministische Ökonominnen ökonometrische Modelle, um das Ausmaß des Lohngefälles zwischen Männern und Frauen zu quantifizieren. Diese Art von Forschung kann quantitative Maße für die Ungleichheit zwischen den Geschlechtern liefern. Einige feministische Ökonominnen argumentieren jedoch, dass sie nicht unbedingt dazu beitrage, Erklärungen zu liefern, weil die Verwendung quantitativer Methoden möglicherweise nicht die Bandbreite qualitativer Faktoren berücksichtige, die zur Erklärung der Ungleichheit zwischen den Geschlechtern beitragen könnten.

Es sei wichtig, so wird argumentiert, den Unterschied zwischen »biologischem Geschlecht« und »Gender« von Anfang an klarzustellen. Das »Geschlecht« bezeichnet den biologischen Unterschied zwischen Männern und Frauen, mit dem in einigen Fällen erklärt werden kann, warum Frauen weniger verdienen als Männer. Vergleicht man zum Beispiel den Verdienst von Frauen und Männern im Alter zwischen 21 und 35 Jahren, so ist es wahrscheinlich, dass der Verdienst von Männern höher ist. Bedeutet dies, dass es eine Diskriminierung von Frauen auf dem Arbeitsmarkt gibt? Möglicherweise. Andererseits könnten die Verdienstunterschiede auch einfach mit dem biologischen Geschlecht zusammenhängen, weil Frauen eine Auszeit von der Arbeit nehmen, um eine Familie zu gründen oder aufzubauen.

Der »Gender«-Begriff hänge demgegenüber mit den sozialen Überzeugungen über Männer und Frauen zusammen, die in der Gesellschaft existieren. Die Art und Weise, wie Männer und Frauen gesehen werden, könnten bei der Erklärung von Lohnunterschieden und anderen Ungleichheiten auf dem Arbeitsmarkt eine Rolle spielen. Inwieweit könnten zum Beispiel Arbeitgeber eine latente Voreingenommenheit bei der Einstellung oder Beförderung von Frauen im Alter zwischen 21 und 35 Jahren an den Tag legen, weil sie vielleicht erwarten, dass ihre Beschäftigung durch eine Auszeit zur Gründung oder zum Aufbau einer Familie unterbrochen werden könnte? Diese Aspekte müssen nicht unbedingt bewusst in die Entscheidung einfließen. Aber verinnerlichte soziale Vorurteile könnten ihre Entscheidung dahingehend beeinflussen, eher einen Mann als eine Frau einzustellen oder zu befördern. Feministische Ökonominnen sind deshalb daran interessiert, diese Art von sozialen Überzeugungen zu erforschen und auch solche Fragen zu stellen, die sich gegebenenfalls nicht quantifizieren lassen.

Die sozialen Beziehungen und die Machtverhältnisse, die auf dem Arbeitsmarkt bestehen, können die Marktergebnisse auch auf eine Weise beeinflussen, welche die »Mainstream-Ökonomik« – besonders in ihren Grundlagenlehrbüchern – möglicherweise nicht berücksichtigt. Zum Beispiel ist in der neoklassischen Verteilungstheorie im Gleichgewicht der Lohnsatz gleich dem Wertgrenzprodukt der Arbeit. Dies impliziert, dass der Erwerb von Arbeitsleistungen durch Unternehmen mittels Zahlung eines Lohns ein für beide Seiten vorteilhafter Tausch ist. Feministische Ökonominnen argumentieren demgegenüber, dass diese »einfache« Theorie die Machtverhältnisse zwischen Arbeitgeber und Arbeitnehmer ausblende. Frauen, so wird argumentiert, könnten in vielerlei Hinsicht unverhältnismäßig stark unter der Macht eines Arbeitgebers leiden, nicht zuletzt auch deshalb, weil die Arbeitswelt in vielen Ländern immer noch von Männern dominiert wird. Für Frauen, die Arbeitsleistungen erbringen, ist der Austausch auf dem Arbeitsmarkt daher unter Umständen weniger vorteilhaft als für Männer.

19.4 Komplexitätsökonomik

In allen Einführungskursen in die Volkswirtschaftslehre steht der Begriff des Gleichgewichts im Mittelpunkt der Analyse. Einzelne Märkte und die Wirtschaft als Ganzes befinden sich alle im Gleichgewicht. Die komparativ-statische Analyse beginnt typischerweise mit einem Gleichgewichtszustand, führt eine Veränderung ein und untersucht dann den Prozess, durch den wieder ein neues Gleichgewicht hergestellt wird. Die Analyse vergleicht dann den ursprünglichen Gleichgewichtszustand mit dem neuen Gleichgewicht und stellt die Veränderung der Ergebnisse fest. Die Komplexitätsökonomik stellt diese Welt des Gleichgewichts infrage und erforscht stattdessen eine Welt des Nichtgleichgewichts.

Die Komplexitätsökonomik entstand in den 1980er-Jahren, als sich eine Gruppe von Volkswirten und Physikern in Santa Fe (New Mexico) traf, um grundlegende Fragen in ihren jeweiligen Disziplinen zu diskutieren. Dabei erörterten sie, wie Konzepte ihres eigenen Fachs die Entwicklungen und das Denken der jeweils anderen Disziplin beeinflussen könnten. Das Treffen dauerte zehn Tage. W. Brian Arthur, einer der führenden Forscher auf dem Gebiet der Komplexitätsökonomik, beschrieb es später als »aufregend und anstrengend«. Die anschließende Arbeit, die durch dieses Treffen ausgelöst wurde, begann, einige zentrale Eigenheiten der Komplexitätsökonomik hervorzubringen, welche die Grundlage für weitere Forschungen bilden sollten.

Hauptmerkmale der Komplexitätsökonomik

Das Hauptmerkmal der Komplexitätsökonomik ist die Annahme, es sei unwahrscheinlich, dass sich Volkswirtschaften und Märkte jemals im Gleichgewicht befinden. Dies liege unter anderem daran, dass Akteure erst Entscheidungen treffen, nachdem sie die aktuelle Situation, in der sie sich befinden, berücksichtigt und überlegt haben, was andere Akteure als Reaktion auf ihr eigenes Handeln tun könnten. Die Akteure sind also in ihrer Interaktion stark miteinander verflochten. Das wirtschaftliche Umfeld ist nicht linear. In der traditionellen ökonomischen Theorie der Märkte ist es beispielsweise so: Wenn der Preis über dem Marktgleichgewicht liegt, scheiden einige Käufer aus dem Markt aus, sodass der Preis schließlich zurück zum Gleichgewicht gedrängt wird. Dabei sieht es aus, als wenn die Käufer auf die Marktbedingungen reagieren, anstatt im Hinblick auf sie proaktiv zu handeln.

Dies führt uns zu einem zweiten Merkmal der Komplexitätsökonomik: Im neoklassischen Modell wird angenommen, dass die Akteure rational und eigennützig sind. In der Komplexitätsökonomik wird diese Annahme dahingehend gelockert oder zumindest modifiziert, dass Entscheidungsträger auf der Grundlage ihrer Wahrnehmung der

Situation, mit der sie konfrontiert sind, Entscheidungen treffen und hierfür Strategien entwerfen. Märkte und die Wirtschaft bewegten sich nicht von einem statischen Punkt zu einem anderen. Vielmehr seien sie organisch; sie entwickelten sich und befänden sich stets in einer Situation der Veränderung. Eine solche Betrachtung von Akteuren ermöglicht es Komplexitätsökonomen, die Auswirkungen von Politik, Macht, Klasse, sozialen Überzeugungen und Konventionen sowie von Unsicherheit bei der Modellierung von Märkten und Wirtschaft zu berücksichtigen.

Komplexitätsökonomen gehen davon aus, dass Wirtschaftssubjekte ihr Verhalten in Reaktion auf Situationen und Ergebnisse anpassen, die sie selbst erst schaffen und deren Teil sie selbst sind. Dieses Verhalten kann dann zu neuen Ergebnissen führen, die wiederum eine Anpassung des Verhaltens und der Strategie erfordern, und so weiter. Märkte und die Wirtschaft sind somit nicht einfach gegeben, sondern entwickeln sich ständig weiter. Akteure werden Innovationen schaffen, neue Technologien entwickeln und sich als Reaktion auf die Veränderungen, die sie selbst erleben und zu denen sie beigetragen haben, neu erfinden. Insgesamt erzeugen die Handlungen von Akteuren Ergebnisse, die sich auf ihr zukünftiges Verhalten auswirken werden.

Nach der Komplexitätsökonomik werden Wirtschaftsanalysen nicht unter der Annahme einer zugrunde liegenden Ordnung durchgeführt, in der die wirtschaftlichen »Kräfte« nach einer Störung wieder ins Gleichgewicht zurückkehren. Solche Bedingungen mögen in der Welt der Physik existieren, die Volkswirtschaftslehre aber beschäftigt sich mit Menschen und unterliegt daher nicht einer solchen grundlegenden Ordnung. Wie die Verhaltensökonomik auch betont die Komplexitätsökonomik stark die Unsicherheit, unter der Entscheidungen getroffen werden.

Fallstudie

Ökonomische Erklärungen hinterfragen

Der Ansatz der Komplexitätsökonomen ermöglicht es, grundlegende Fragen zu vorherrschenden ökonomischen Erklärungen zu stellen. So veröffentlichte im Dezember 2018 der Online-Modehändler ASOS eine Umsatz- und Gewinnwarnung. In den folgenden 24 Stunden fiel der Aktienkurs des Unternehmens um über 40 Prozent. Am Freitag, 14. Dezember, waren die Aktien des Unternehmens 41,86 Pfund wert, am darauffolgenden Montag jedoch nur noch 26,14 Pfund. Insgesamt war der Marktwert von ASOS von März bis Dezember 2018 von rund 6,4 Milliarden Pfund auf knapp 2 Milliarden Pfund gefallen.

Eine standardökonomische Erklärung dieses Vorgangs würde nun nahelegen, dass sich die Nachfragekurve für ASOS-Aktien in hohem Maße nach links verschoben hat, was zu einem Angebotsüberschuss auf dem Markt für ASOS-Aktien geführt hat; folglich musste der Preis der Aktien des Unternehmens dramatisch gefallen sein. Der Grund für den Nachfragerückgang wäre, dass die Aktienkäufer dem Besitz von ASOS-Anteilen einen geringeren Wert beigemessen haben.

Komplexitätsökonomen würden demgegenüber jedoch darauf verweisen, dass sich das Unternehmen im Dezember 2018 nicht innerhalb von nur drei Tagen so dramatisch verändert haben kann. Denn am Montag, 17. Dezember, verfügte es doch noch immer über die gleiche Menge an Kapital, Mitarbeitern und Vermögenswerten wie am Freitag zuvor. Die Veränderung auf dem Markt auf die Änderung des Gleichgewichtspreises von über 40 Pfund an einem Tag auf etwa 26 Pfund drei Tage später zurückzuführen, liefert danach keine vollständige Erklärung für das, was mit ASOS passierte. Vielmehr könnte eine andere Erklärung erforderlich sein als die einer Verschiebung der Nachfrage nach ASOS-Aktien nach links mit der Folge eines Preisverfalls auf ein neues Gleichgewicht. Beispielsweise könnte vielleicht ein bloßer »Herdeneffekt« die beobachtete Veränderung zutreffender erklären.

Entscheidungen unter Ungewissheit

Jede Entscheidung, die ein Individuum treffen muss, ist letztlich zukunftsgerichtet. Als Sie sich für ein Studium entschieden haben, ging es Ihnen dabei um etwas, das erst in der Zukunft passieren würde. Auch wenn Sie sich für den Kauf eines belegten Brötchens entscheiden, wird der Nutzen aus seinem Verzehr erst in der Zukunft eintreten – wenngleich vielleicht in der sehr nahen Zukunft. Jede Entscheidung beinhaltet daher ein Element des Unbekannten, und ihre Risiken, Kosten und Vorteile unterliegen Wahrscheinlichkeiten. Diese Wahrscheinlichkeiten können in einigen Fällen durch unsere eigenen Handlungen beeinflusst werden, in anderen Fällen aber auch durch Handlungen, die völlig außerhalb unserer Kontrolle liegen.

Auf die Entscheidung, an eine Universität zu gehen, hatten Sie einen gewissen Einfluss, indem Sie in der Schule oder in der Oberstufe mehr gearbeitet haben, um die für die Zulassung erforderlichen Noten zu bekommen. Die Schafzüchter, die auf Exporte nach Europa angewiesen sind, hatten in der zweiten Hälfte des Jahres 2018 und Anfang 2019, als Großbritanniens Haltung zum Brexit noch nicht eindeutig war, jedoch nur sehr wenig Gelegenheit, die Ergebnisse zu beeinflussen. Das Schicksal des Austrittsabkommens und die Frage, ob Großbritannien mit einem harten Brexit oder einem zweiten Referendum konfrontiert werden würde, war unbekannt. So hatten die Landwirte nur sehr wenig Einflussmöglichkeiten auf die Wahrscheinlichkeit, mit der sie ihre Produkte ohne Schwierigkeiten auch zukünftig in Europa verkaufen können würden.

Wenn Akteure unter Unsicherheit agieren, dann können sie nicht wissen, worin eine optimale Entscheidung tatsächlich besteht. Und wenn ein Individuum einen optimalen Zug nicht kennt, dann kennen ihn die anderen Akteure auch nicht. Auf diese Weise wirkt Unsicherheit selbstverstärkend. Folglich sind die Märkte und die Wirtschaft in einem ständigen Fluss, da die Akteure lernen und sich an die sich ändernden Situationen anpassen und verschiedene Optionen erkunden. Zum Beispiel kündigte im August 2018 der Discounter Lidl in Großbritannien an, eine Sechs-Flaschen-Packung Prosecco für 20 Pfund zu verkaufen, was etwa 15 Pfund billiger war als der »normale« Preis. Vor vielen Lidl-Filialen bildeten sich infolgedessen lange Schlangen, weil die Kunden versuchten, das Angebot zu nutzen. Als dann aber bald die Vorräte ausgingen, gab es Berichte über Wut, Frustration, Enttäuschung und sogar Gewalt bei enttäuschten Kunden. Die Komplexitätstheorie würde hier nahelegen, dass die Akteure (die Verbraucher wie auch der Supermarkt) weit davon entfernt sein dürften, dasselbe Verhalten in der Zukunft zu wiederholen; vielmehr werden sie auf die Situation, mit der sie konfrontiert waren, reagieren und sich beim nächsten Mal anders verhalten und aus dieser besonderen Erfahrung lernen.

Die Bedeutung der Zeit: Intertemporale Überlegungen

Eines der Probleme der neoklassischen Volkswirtschaftslehre besteht nach der Komplexitätstheorie darin, dass die »Zeit« nicht vollständig in die Analyse einbezogen wird. Wie überhaupt sind Volkswirtschaften entstanden? Wie haben sie sich entwickelt und verändert? Wie haben sich Strukturen und Institutionen in Volkswirtschaften gebildet und wie haben sie sich verändert? Welche Rolle haben Innovationen und die Politik dabei gespielt, wie sich die Volkswirtschaften entwickelt haben? Dies alles sind Fragen, die eine zeitliche Komponente haben. Die Fragen und Debatten, die David Ricardo im 18. und 19. Jahrhundert beschäftigten, unterscheiden sich von denen, welche die Volkswirte im Jahr 2021 beschäftigen. Die Gleichgewichtsanalyse spielt, so wird argumentiert, keine hinreichende Rolle bei der Erklärung und Vorhersage. Sie sagt zum Beispiel wenig darüber aus, wie sich Märkte bilden und wie sie sich im Lauf der Zeit verändern. Als Konsequenz argumentieren Komplexitätstheoretiker, dass die Gleichgewichtsanalyse ohne Rücksicht auf den zeitlichen Kontext durchgeführt werde.

Es sind nicht nur Komplexitätstheoretiker, die den Wert der Gleichgewichtsanalyse und ihre Unabhängigkeit von der Zeit infrage gestellt haben. Schon Joan Robinson hat in einem Aufsatz im Review of Economic Studies (Robinson, J.: The Production Function and the Theory of Capital, *Review of Economic Studies*, 21(2), 1953, S. 81–106) festgestellt:

> *Der neoklassische Ökonom denkt an ein Gleichgewicht als eine Lage, auf die sich eine Wirtschaft im Lauf der Zeit tendenziell zubewegt. Aber es ist für ein System unmöglich, in ein Gleichgewicht zu gelangen, denn das Wesen des Gleichgewichts besteht darin, dass sich das System bereits darin befindet, und zwar für eine gewisse Zeit.*

Gleichgewicht ist ein »Ruhezustand«. Aber wenn die Akteure jederzeit versuchen, ihre Positionen und Entscheidungen z. B. durch Innovationen anzupassen, dann können Märkte oder die Wirtschaft per Definition nicht im Gleichgewicht sein.

W. Brian Arthur vertritt in seinem Buch »Complexity and the Economy« (2015) eine Meinung, die viele seit der Finanzkrise von 2007 bis 2009 geäußert haben angesichts der offensichtlichen Unfähigkeit der Volkswirte, die Krise vorherzusagen. Er stellt fest, dass die Ausnutzung des Finanzsystems durch eine relativ kleine Anzahl von Personen eine Mitursache der Krise war. Er argumentiert, dass die Gleichgewichtsökonomik eine solche Ausbeutung nicht im Voraus berücksichtigen kann, weil sie davon ausgehe, dass Akteure keinen Anreiz hätten, ihr gegenwärtiges Verhalten zu ändern, sodass ausbeuterisches Verhalten nicht vorkommen könne.

Arthur argumentiert weiter, dass die Komplexitätsökonomik eine Möglichkeit biete, solche Faktoren zu berücksichtigen, weil sie davon ausgeht, dass die Wirtschaft ein »Netz von Anreizen« ist und dass Märkte und damit die Wirtschaft als Ganzes offen für neue Verhaltensweisen seien, die als Reaktion auf aktuelle Situationen und deren Veränderung sehr unterschiedlich sein können. Diese Denkweise erkennt an, dass Ergebnisse nicht immer allein durch mathematische und statistische Methoden modelliert werden können. Mathematik und Statistik basieren auf Gewissheit und darauf, Wahrscheinlichkeiten mit einem gewissen Grad an Sicherheit abschätzen zu können; die Komplexitätsökonomik hingegen betrachtet Probleme auf eine Weise, die Zeit, Anreize, Ungewissheit und Veränderung mit einbezieht.

Kurztest
Erläutern Sie, warum Befürworter der Komplexitätstheorie von einem Nichtgleichgewicht als Basis für ihre Analyse ausgehen.

19.5 Fazit

Dieses Kapitel stellte einige Konzepte und Ansätze der Volkswirtschaftslehre vor, die neben der neoklassischen Wirtschaftstheorie, der Informations- und der Verhaltensökonomik existieren. In vielen Grundkursen des ersten Studienjahres werden sie vermutlich noch nicht ausdrücklich erwähnt. Aber immer mehr Studierende stellen die Orthodoxie infrage, die ihnen im Lehrplan vermittelt wird. Sie fragen, welche anderen Erklärungen es für die wirtschaftlichen Phänomene gibt, die wir beobachten, und ob nicht andere Ansätze eine effektivere Möglichkeit bieten, Theorien und Prognosen aufstellen zu können.

Universitäten preisen immer wieder das »kritische Denken« als eine Schlüsselqualifikation an, die schon im Bachelorstudium entwickelt werden solle. Kritisches Denken impliziert jedoch, dass wir den Status quo nicht einfach akzeptieren, sondern dass wir ihn infrage stellen, nach alternativen Erklärungen und Antworten suchen und die grundsätzliche Frage »Warum?« stellen. Die Einführung anderer Ansätze in die Volkswirtschaftslehre bedeutet dabei nicht, das reiche Erbe dieses Fachs zu verleugnen, sondern vielmehr anzuerkennen, dass sich die Disziplin ebenso verändert und weiterentwickelt wie die Volkswirtschaften selbst. Wir hoffen, dass diese kurze Einführung Sie dazu ermutigt hat, mehr herausfinden und diese lebenswichtige Fähigkeit des kritischen Denkens trainieren zu wollen.

Aus der Praxis

Volkswirtschaftslehre an der Universität: Zeit für einen Wandel?

Unterschiedliche Ansichten, Meinungen, Ansätze und Methoden dürfte es in der Volkswirtschaftslehre ebenso lange geben wie das Fach selbst. Trotzdem gibt es immer einige Ansätze und Methoden, die herausragen und dominieren, während andere im Hintergrund bleiben. Die Finanzkrise von 2007 bis 2009 brachte das Fach stark in den Fokus der Medien, die unterstellten, die Volkswirtschaftslehre befinde sich selbst in einer Krise. Wie es scheint, wird diese Krise der Volkswirtschaftslehre auf das weit verbreitete Versagen zurückgeführt, die Finanzkrise vorherzusagen. In einem Interview im Jahr 2018 räumte der Chefökonom der Bank of England, Andy Haldane, ein, dass die Volkswirtschaftslehre dabei versagt habe, Prognosen zu erstellen. Dabei machte sich das »Prognoseversagen« nicht nur bei der Finanzkrise bemerkbar, sondern auch bei Vorhersagen der Konsequenzen des Referendums in Großbritannien über den Austritt (»Brexit«) aus der EU, die ungenau waren. Die Bank of England hatte einen volkswirtschaftlichen Schaden vorausgesagt, der das Land langfristig vier Prozentpunkte Wirtschaftswachstum kosten werde; davon aber war auch zwei Jahre nach der dem Brexit-Votum noch nichts zu bemerken.

Nach Haldanes Interview-Äußerungen hat die Volkswirtschaftslehre es versäumt, irrationales Verhalten im 21. Jahrhundert ausreichend in ihre Modelle einzubeziehen. Einer der Gründe, aus denen Haldane sich um den Ruf der Volkswirtschaftslehre sorgt, ist, dass der Berufsstand einen großen Einfluss auf Regierungen auf der ganzen Welt hat, indem er Expertenanalysen liefert, auf denen politische Entscheidungen basieren. Wenn aber die Analysen fehlerhaft sind, warum sollten Politiker dann den Volkswirten noch vertrauen oder deren Leistungen überhaupt nachfragen?

Vielleicht ist einer der Gründe, warum die Volkswirtschaftslehre in diese Situation geraten ist, ihr Anspruch, Vorhersagen treffen zu können. In der Physik können Erklärungen für physikalische Kräfte analysiert und Theorien entwickelt, getestet und überprüft werden, die es Physikern erlauben, hinreichend genaue Vorhersagen zu treffen. Die Volkswirtschaftslehre hingegen beschäftigt sich nicht mit physikalischen Kräften, sondern mit dem Verhalten von Menschen. Wenn man die Kritik an der Volkswirtschaftslehre in den Medien verfolgt, so beklagen viele Kommentatoren offen-

Fortsetzung auf Folgeseite

Zusammenfassung

▸ Der Begriff der »Märkte« ist relativ neu in der Geschichte der Menschheit.

▸ Klassische Volkswirte versuchten, die Funktionsweise von Märkten zu erklären und zu verstehen, indem sie diese zu einem bestimmten Zeitpunkt beobachteten.

▸ Das Versagen von Volkswirten, die Finanzkrise von 2007 bis 2009 vorherzusehen, führte dazu, die Relevanz der Volkswirtschaftslehre als Disziplin und ihre Methoden insgesamt infrage zu stellen.

▸ Die heterodoxe Ökonomik umfasst verschiedene Denkschulen und Ansätze, »Wirtschaftswissenschaft zu betreiben«, die außerhalb des Mainstreams stehen. Viele

Stichwörter

▸ heterodox
▸ Institutionen

Fortsetzung von Vorseite

kundig nicht nur die Unfähigkeit von Volkswirten, Prognosen aufzustellen, sondern merken zugleich an, dass immerhin »einige Ökonomen doch richtig lagen«. Die wenigen Experten, die die Probleme auf den Finanzmärkten Mitte der Nullerjahre vorhersagten, wurden als Visionäre gefeiert und schienen »verstanden« zu haben, worum es in der Volkswirtschaftslehre wirklich geht. Es gibt jedoch viele Fälle, in denen Menschen alle möglichen Ereignisse prognostizieren und in den allermeisten Fällen unrecht haben, aber dennoch in einigen wenigen Fällen gerade mit wilden und bizarren Vorhersagen richtig liegen.

Viele sehen die Wurzel des Problems darin, wie Volkswirtschaftslehre an den Universitäten gelehrt wird. So argumentieren Kritiker, dass der Lehrplan in zu vielen Institutionen von Männern dominiert werde, die überwiegend neoklassische Methoden lehren und ihre Studierenden nicht ausreichend mit alternativen Ansätzen und Methoden des Fachs in Berührung bringen. Das Ergebnis sei, dass die einen die Universität mit einer besonderen Sicht der Disziplin verließen, während die diejenigen, die ihre Karriere in der Wissenschaft machen, ihren Studenten fortan immer dieselben Ansätze propagierten.

Diese Kritik an der Volkswirtschaftslehre und die Forderung, mehr heterodoxe Ansätze in die Lehrpläne der Universitäten aufzunehmen, wurde von einigen Universitäten aufgegriffen. Zum einen werden Wahlmodule, die sich mit heterodoxen Denkschulen befassen, in die Studienprogramme aufgenommen; zum anderen werden Kurse so umgestaltet, dass sie auch Erkenntnisse aus anderen Disziplinen wie der Soziologie, Psychologie und Anthropologie einbeziehen. Und in wieder anderen Fällen werden Module zur Arbeitsmarktfähigkeit angeboten, die angehenden Volkswirten helfen sollen, ihre Konzepte und Analysen besser Nichtökonomen zu vermitteln. Für einige Hochschulen ist die Möglichkeit, mehr »Pluralismus« in wirtschaftswissenschaftlichen Studiengängen anzubieten, eine klare »Marktchance«, andere hingegen sehen in der Forderung nach Methodenpluralismus ein bloßes Lippenbekenntnis, während sich die Grundlage der Volkswirtschaftslehre trotz all der scheinbaren Selbstanalyse nicht wirklich verändert habe.

Fragen

1. Warum, meinen Sie, dominieren einige Ansätze die Volkswirtschaftslehre, während andere im Hintergrund bleiben?

2. »In der Volkswirtschaftslehre sollte es um Erklärungen gehen und nicht um Prognosen; denn menschliches Verhalten kann man nicht prognostizieren.« Betrachten Sie diese Aussage vor dem Hintergrund des offensichtlichen Versagens der Volkswirtschaftslehre bei der Vorhersage oder Verhinderung der Finanzkrise von 2007 bis 2009 und der Ungenauigkeit der Vorhersagen zur wirtschaftlichen Entwicklung nach dem Brexit-Referendum in Großbritannien.

3. Was meinen Sie, inwieweit Ansätze wie die in diesem Kapitel behandelten sowie Erkenntnisse aus anderen Disziplinen die Volkswirtschaftslehre bereichern – und inwieweit sie nur zur Verwirrung beitragen?

4. Sollte die Volkswirtschaftslehre um ihre Zukunft besorgt sein, weil sie das Vertrauen der Politiker verlieren könnte, wenn ihre Prognosen und Vorhersagen weiterhin ungenau sind?

5. Betrachten Sie das Modulhandbuch für Volkswirtschaftslehre an der Hochschule, an der Sie studieren. Glauben Sie, dass dieses Modulhandbuch unterschiedliche Ansätze des Faches widerspiegelt und spiegelt auch die wirtschaftswissenschaftliche Fakultät Ihres Studienorts die Debatte über die Zukunft der Volkswirtschaftslehre wider?

- dieser Denkschulen sind nicht neu, aber das Interesse an einigen wurde neu belebt durch die Fragen, die nach der Krise gestellt wurden.
- Die Institutionenökonomik befasst sich mit den Regeln, die menschliche Interaktionen auf Märkten lenken, und versucht, diese Regeln und die Art, wie sie die Entscheidungsfindung und wirtschaftlichen Ergebnisse beeinflussen, zu erklären.
- Feministische Ökonominnen versuchen, die Aufmerksamkeit auf breitere Einflussfaktoren auf die Entscheidungsfindung und die Ergebnisse zu lenken, und stellen insbesondere die Frage, wie und warum die Ergebnisse je nach Geschlecht sehr unterschiedlich sein können.
- Die feministische Ökonomik plädiert für eine ökonomische Methodenvielfalt und berücksichtigt insbesondere die Rolle von Macht, sozialen Beziehungen, Vernunft und Emotionen sowie von Autonomie und Abhängigkeit.
- Komplexitätsökonomen sind daran interessiert, ökonomische Entscheidungen und Ergebnisse zu erforschen, die auf Nichtgleichgewichtszuständen beruhen.
- Die Komplexitätsökonomik geht davon aus, dass Akteure ihr Verhalten anpassen und verändern, wenn sich die Umstände ändern, mit denen sie konfrontiert sind. Sie unterstellt, dass sich Märkte und Volkswirtschaften insgesamt in einem ständigen Wandel befinden.

Wiederholungsfragen

1. Fassen Sie die grundlegenden Ansätze der klassischen Nationalökonomie zusammen.
2. Welche Arten von Transaktionen kennen Sie?
3. Warum kritisieren feministische Ökonominnen die Verwendung des Bruttoinlandsprodukts als Wohlstandmaß?
4. Warum beschäftigen sich Komplexitätsökonomen mit Nichtgleichgewichten und nicht mit Gleichgewichten?

Aufgaben und Anwendungen

1. Wie können Regeln dabei helfen, dass Transaktionen auf Märkten stattfinden?

2. Inwiefern sind Sie beim Kauf eines Croissants mit dem Problem der begrenzten Rationalität konfrontiert?

3. Zeigen Sie anhand eines selbstgewählten Beispiels, wie Männer und Frauen durch eine politische Maßnahme unterschiedlich stark betroffen sein können.

4. Im Oktober 2020 veröffentliche das deutsche Softwareunternehmen SAP eine Gewinnwarnung. Daraufhin sank der Kurs der SAP-Aktie um mehr als 20 Prozent. Analysieren Sie diese Entwicklung mithilfe des ökonomischen Standardmodells. Was würde ein Komplexitätsökonom zu dieser Analyse vermutlich sagen?

20 Die Messung der gesamtwirtschaftlichen Wohlfahrt und das Preisniveau

Die Volkswirtschaftslehre gliedert sich in zwei Bereiche, die Mikro- und die Makroökonomik. Die Mikroökonomik untersucht, wie einzelne Haushalte und Unternehmen Entscheidungen treffen und wie sie in Märkten miteinander interagieren. Die Makroökonomik hingegen betrachtet die Wirtschaft als Ganzes. Das Ziel der Makroökonomik ist es, die wirtschaftlichen Veränderungen, die viele Haushalte, Unternehmen und Märkte gleichzeitig betreffen, zu erklären.

In der Makroökonomik gibt es viele Kontroversen. Ein guter Teil der Uneinigkeit unter den Volkswirten resultiert aus der Wirtschaftsgeschichte und aus unterschiedlichen »Schulen«, die das Denken während der letzten 250 Jahre geformt haben. Auch die berühmtesten ökonomischen Köpfe waren Leute, welche die Probleme beschrieben, analysierten und reflektierten, die zu ihrer Zeit relevant waren. Volkswirtschaften und die Kontexte, in denen sie existieren, stehen nicht still, und das, was relevant und innovativ in einer Geschichtsperiode war, muss nicht unbedingt auf andere Perioden übertragbar sein. Beispielsweise mag die Analyse der Gründe der Weltwirtschaftskrise der 1930er-Jahre und die Politikoptionen, die seinerzeit geeignet waren, dieser Krise zu begegnen, einige Ähnlichkeiten mit den Ursachen und Konsequenzen der Finanzkrise von 2007 bis 2009 aufweisen. Dennoch war die Welt im Jahr 2007 ganz anders als in den Jahren 1929 und 1930. Inwiefern aber können auf dem Hintergrund solcher Unterschiede die politischen Lehren aus der Zeit der Weltwirtschaftskrise überhaupt relevant und auf die Volkswirtschaften späterer Tage anwendbar sein?

Bevor wir uns mit den Messgrößen wirtschaftlicher Wohlfahrt befassen, werden wir kurz einige wichtige makroökonomische Denkschulen vorstellen. Es ist sinnvoll, diese im Hinterkopf zu behalten, wenn wir in der zweiten Hälfte des Buches mit der Untersuchung der Makroökonomik fortfahren.

20.1 Makroökonomische Denkschulen

Marxistische Wirtschaftstheorie

Karl Marx' Analyse von Wirtschaft und Wirtschaftssystemen basiert auf der Annahme, dass die »moderne« Menschheitsgeschichte von Klassenkämpfen und der Ausbeutung einer Klasse durch eine andere dominiert werde. Diese Ausbeutung basiere auf wirtschaftlicher Macht zwischen Sklaven und Sklavenhaltern, Feudalherren und Bauern und, unter einem kapitalistischen Wirtschaftssystem, letztlich zwischen der Bourgeoisie, der Klasse der Kapitaleigner, und dem Proletariat. Marx hatte eine Erklärung für immer wiederkehrende Krisen im Kapitalismus.

Im Mittelpunkt seiner Argumentation steht die Arbeitswerttheorie. Marx meinte, dass im Lauf eines Konjunkturzyklus die Profitraten absänken. Ein Gleichgewicht sah Marx nicht etwa in Form einer Markträumung – eines Ausgleichs von Angebot und Nachfrage –, sondern darin, dass sich die Profitraten des Kapitals der Kapitalisten, die sich miteinander beständig im Wettbewerb befinden, einander angleichen. Diese Marktkonkurrenz hindert die Kapitalisten daran, den gesamten Mehrwert für sich zu vereinnahmen, da ein Teil davon reinvestiert werden muss, um den eigenen Wettbewerbsvorteil aufrechtzuerhalten. Ein Teil dieser Investitionen geht nach Marx in Maschinen, die Marx als »konstantes Kapital« bezeichnete.

Verbesserungen in der Technologie führen dazu, dass diese Investitionen das Verhältnis von konstantem Kapital zu variablem Kapital (Arbeit) erhöhen. Wenn dieses Verhältnis schneller zunimmt als das Verhältnis von Mehrwert zu variablem Kapital, sinkt die Profitrate tendenziell ab. Letztlich wird diese Tendenz der Kapitalisten, sich gegenseitig zu übertrumpfen, einige Unternehmen vom Markt verdrängen, und die Arbeitslosigkeit (die »industrielle Reservearmee« der Arbeitslosen) wird sich dadurch erhöhen. Der Druck auf die Löhne wird zudem dazu führen, dass die Löhne sinken und die Profitraten steigen, und der Prozess würde von Neuem beginnen.

Letztendlich werden solche Krisen dazu führen, dass die Arbeiter sich organisieren und die Produktionsmittel in die eigenen Hände nehmen, möglicherweise durch eine Revolution. Eines der Merkmale von Sozialismus, Kollektiveigentum und größerer demokratischer Kontrolle der Produktionsmittel war die Betonung von Gerechtigkeit im Vergleich zur Effizienz. Dies trug der Tatsache Rechnung, dass die Ergebnisse der klassischen Wirtschaftstheorie möglicherweise zwar »effizient«, aber nicht unbedingt »fair« sein können. Marx verfasste sein Werk zu einer Zeit, als die Menge an Fabrikarbeitern groß war, sodass es wohl auch nicht überraschend ist, dass deren latente Macht gefürchtet wurde. Es ist leicht einzusehen, warum die besitzenden Klassen sich vor der Entwicklung von Gewerkschaften und organisierter Arbeit fürchteten.

Marx' Kritik forderte die neoklassische Orthodoxie heraus und mit ihr die Grundlagen der »organisierten, zivilisierten Gesellschaft« des späten 19. Jahrhunderts insgesamt.

Die Österreichische Schule

Wir haben bereits einige Volkswirte wie Menger, Jevons und Walras erwähnt, die mit der Österreichischen Schule in Verbindung stehen. In seinem 1871 veröffentlichten Werk »Grundsätze der Volkswirtschaftslehre« vertrat Menger die Ansicht, dass die Wirtschaftstheorie mit ihren Annahmen individueller Präferenzen und dem Marginalkalkül allgemeingültig sei, ähnlich wie die klassischen Ökonomen in Bezug auf das Gesetz von Angebot und Nachfrage argumentiert hatten. Mengers Ansicht wurde von anderen Ökonomen in Deutschland zu jener Zeit jedoch abgelehnt, so vor allem von Wilhelm Roscher, der von 1848 bis zu seinem Tod im Jahr 1894 Professor an der Universität Leipzig war. Es waren angeblich Schüler von Roscher, die erstmals den Begriff der »Österreichischen Schule« verwendeten, um Menger und andere Ökonomen der Universität Wien zu diskreditieren. Dennoch leisteten Ökonomen der Österreichischen Schule bedeutende Beiträge zum wirtschaftlichen Denken, wenngleich seit den

1930er-Jahren diese Denkrichtung auch mit anderen Universitäten als Wien assoziiert wird. Insbesondere Ludwig von Mises, Friedrich August von Hayek (Nobelpreisträger für Volkswirtschaftslehre von 1974, der in London, Chicago und Freiburg lehrte) und Friedrich von Wieser standen an der Spitze jener intellektuellen Tradition, die mit der Österreichischen Schule verbunden ist.

Zu den grundlegenden Überzeugungen, die mit der Österreichischen Schule verbunden sind, gehört der Glaube an die Macht der freien Märkte, des Privateigentums und der individuellen Entscheidungen. Die Vertreter der Österreichischen Schule erkennen, dass letztlich allein Individuen Entscheidungen treffen können, dass sie dabei aber auch unbeabsichtigte Konsequenzen erzeugen. Bei der Analyse von Entscheidungen ist eine Konzentration auf den Prozess und die Beziehungen von Tausch und Verhandlungen wichtig. Dies spiegelt die Idee wider, dass es in den Sozialwissenschaften wie der Volkswirtschaftslehre nicht darum geht, Vorhersagen zu treffen, sondern zu einem tieferen Verständnis zu gelangen. Die Anerkennung der Rolle subjektiver Sichtweisen in der Wirtschaft ist daher wichtig für die Analyse von Konzepten wie Nutzen oder Opportunitätskosten.

Denker in der Tradition der Österreichischen Schule haben zahlreiche Beiträge zur Makroökonomik geleistet, vor allem auf dem Gebiet der Geldtheorie, für die Hayek den Nobelpreis erhielt. Österreichische Ökonomen sind dafür bekannt, dass sie ein freies Bankwesen und eine »Entnationalisierung des Geldes« vorschlagen. Ein solches System freier Banken würde die Abschaffung der Zentralbanken und ein System bedeuten, in dem die Banken auf einem freien Markt miteinander konkurrieren, Zinssätze festlegen und sogar ihre eigene Währung ausgeben würden.

Keynesianismus

Die keynesianische Wirtschaftstheorie geht auf das Werk von John Maynard Keynes (1883–1946) zurück. Allein die Tatsache, dass eine ganze Denkschule nach ihm benannt ist, unterstreicht die Bedeutung von Keynes für die Volkswirtschaftslehre. Keynes studierte zu Beginn des 20. Jahrhunderts in Cambridge bei Alfred Marshall und Arthur C. Pigou, wo er schließlich auch selbst unterrichtete. Seine wichtigste Arbeit, »Allgemeine Theorie der Beschäftigung, des Zinses und des Geldes«, die 1936 veröffentlicht wurde, hat ganze Generationen von Ökonomen nach ihm beeinflusst. Sie forderte die Neoklassik und die Österreichische Schule mit ihren Annahmen heraus, dass freie Märkte stets zu einer Markträumung führen müssten. Keynes hingegen unterstellte, dass Ungleichgewichte, beispielsweise am Arbeitsmarkt, sehr wohl möglich und lang anhaltende Arbeitslosigkeit auf eine zu geringe gesamtwirtschaftliche Nachfrage zurückzuführen sein könnten. Solche Nachfragedefizite könnten durch staatliche Eingriffe in die Wirtschaft korrigiert werden, indem Steuern und Staatsausgaben eingesetzt würden, um die Gesamtnachfrage anzukurbeln (oder sie zu reduzieren, wenn sich die Wirtschaft überhitzte). Keynes' Ideen wurden von anderen berühmten Ökonomen wie Joan Robinson, John Hicks, James Tobin, Arthur Okun, Robert Solow und Paul Samuelson weiterentwickelt.

Einige dieser Erweiterungen wurden als »Neu-Keynesianismus« bezeichnet, insbesondere die Arbeiten von Samuelson und Solow, die die sogenannte »neoklassische Synthese« entwickelten, die das kurzfristige Versagen der Märkte durch starre Nominallöhne und Preise erklärten. Der Versuch, keynesianische Ideen im Kontext neoklassischer Prinzipien zu erklären, wurde allerdings von Joan Robinson als »Bastard-Keynesianismus« beschimpft.

Eine Reihe von entwickelten Volkswirtschaften hat nach dem Zweiten Weltkrieg die keynesianische Politik der Nachfragesteuerung übernommen. Die Arbeitslosigkeit blieb infolgedessen bis zum Ende der 1960er-Jahre relativ niedrig und stabil, als der Globalisierungsdruck stärker wurde. Der Zusammenbruch des Bretton-Woods-Systems fester Wechselkurse in Bezug auf Gold und die Ölpreisschocks, die durch die Spannungen zwischen Arabern und Israelis in den frühen 1970er-Jahren verursacht wurden, begannen in den Volkswirtschaften Verwerfungen aufzudecken. Einige argumentierten, dass die Politik der Nachfragesteuerung zu einer Anspruchshaltung von Unternehmen und Arbeitnehmern geführt habe, indem diese von den Regierungen erwarteten, ihnen in wirtschaftlich schwierigen Zeiten immer zu Hilfe zu kommen. Dies führe zu einer Einschränkung der Wettbewerbsfähigkeit und einer zu großen Abhängigkeit vom Staat. In den 1960er-Jahren führten volkswirtschaftliche Forschungen zur Rolle des Geldes und der Geldpolitik sowie die auftretenden Probleme mit akzelerierender Inflation und steigender Arbeitslosigkeit (Stagflation) weithin zu einer Abkehr von der nachfrageorientierten Wirtschaftspolitik. Keynesianische Ideen wurden mehr und mehr vom Monetarismus verdrängt. Die Finanzkrise von 2007 bis 2009 und die darauf folgende globale Rezession führten indes zu einem Wiederaufleben des Interesses an Keynes und seinen Ideen.

Monetarismus

Der Monetarismus ist mit einer Reihe von Vorstellungen verbunden, nicht zuletzt mit der Annahme, dass alle Monetaristen für freie Märkte einträten. Das ist jedoch nicht der Fall. Der Monetarismus ist vielmehr im Wesentlichen mit einer Reihe von Überzeugungen verbunden wie der, dass auf lange Sicht Erhöhungen der Geldmenge keinen Einfluss auf reale Variablen haben (sogenannte Neutralität des Geldes); lediglich auf kurze Sicht kann es dabei Abweichungen von der Neutralität des Geldes geben. Die Neutralität des Geldes bedeutet, dass eine Erhöhung der Geldmenge während eines bestimmten Zeitraums zu einem Anstieg allein des Preisniveaus führt, nicht aber zu einer Beeinflussung realwirtschaftlicher Größen wie der Produktion, des Verbrauchs oder der relativen Preise. Die Vorstellung, dass Veränderungen der Geldmenge langfristig allein Preisänderungen verursachten, ist eine Folgerung aus der sogenannten Quantitätsgleichung des Geldes (auch Fishersche Verkehrsgleichung), nach welcher die nachfragewirksame Geldmenge stets dem nominellen Produktionsvolumen entsprechen muss.

Einer der führenden Ökonomen der Schule des Monetarismus war Milton Friedman, der 1976 den Nobelpreis für Wirtschaftswissenschaften erhielt. Friedman stellte 1957 mit seinem Buch »A Theory of the Consumption Function« einige Aspekte von Keynes'

Ideen infrage, indem er der Keynesschen Hypothese, dass der Konsum vom absoluten Einkommen abhänge, seine Hypothese des permanenten Einkommens entgegenstellte, nach welcher sich das gesamtwirtschaftliche Konsumverhalten am durchschnittlichen permanenten Einkommen ausrichtet und vorübergehende Einkommensänderungen keine Änderung des Konsumverhaltens zur Folge haben. In anderen Arbeiten forschte Friedman auch zur Preisbildung auf bestimmten Märkten. Dennoch dürfte es das Aufleben des Monetarismus sein, mit dem Friedman am nachhaltigsten in Erinnerung bleiben wird. Friedman stellte fest, dass »die Inflation immer und überall ein monetäres Phänomen« sei. Die Abkehr von keynesianischen Nachfragestrategien im Zuge alarmierend hoher Inflationsraten in entwickelten Ländern und die zunehmende Akzeptanz von Friedmans Analyse des Geldangebots führten in den 1970er-Jahren zu verstärkten Anstrengungen, die Geldmenge zu kontrollieren mit dem Ziel einer Kontrolle von Inflation.

In Großbritannien und den USA kündigten die jeweiligen Regierungen in den 1980er-Jahren zwar Geldmengenziele an, doch gelang es ihnen nicht, sie zu erreichen, sodass die Geldmengenpolitik zugunsten einer Wechselkurs- und später einer Inflationssteuerung aufgegeben wurde.

20.2 Das Wesen der Makroökonomik

Das Ziel der Makroökonomik besteht darin, wirtschaftlichen Wandel zu erklären, der viele Haushalte, Unternehmen und den Markt simultan betrifft. Volkswirte analysieren die Wirtschaft als Ganzes, weil sie einen Indikator für das Wohlbefinden der Menschen liefert. Zwei Arten von Wohlbefinden lassen sich unterscheiden: Die subjektive Wohlfahrt bezieht sich auf die Art und Weise, wie Menschen ihr eigenes Glück einschätzen, die objektive Wohlfahrt hingegen bezieht sich auf Maßgrößen der Lebensqualität und verwendet Indikatoren wie Bildungsstand, Maße des Lebensstandards, der Lebenserwartung usw. Viele der makroökonomischen Variablen, die Volkswirte untersuchen, sind untrennbar mit diesen Definitionen des Wohlbefindens verbunden. Ein angemessenes Einkommen bedeutet, dass Menschen es sich leisten können, sowohl notwendige Güter als auch Luxusgüter zu kaufen, die zum subjektiven Wohlbefinden beitragen. Länder mit höheren nationalen Einkommen können unter anderem bessere Bildung, sicherere Arbeitsplätze, eine höhere Qualität an Wohnraum, Infrastruktur und Gesundheitsversorgung bieten, die ihrerseits die objektive Wohlfahrt beeinflussen.

Eine der gebräuchlichsten Arten, das Wohlergehen einer Wirtschaft zu messen, ist das Bruttoinlandsprodukt oder einfach das BIP, welches das Gesamteinkommen einer Nation misst. Das BIP ist die wichtigste makroökonomische Kenngröße, aber es hat auch seine Kritiker, und die Art und Weise seiner Erhebung weist ihre Begrenzungen auf. Wie bei vielen anderen Dingen auch hängt das, was als ein gutes Maß des Wohlbefindens angesehen wird, von den zugrunde liegenden Überzeugungen und Urteilen ab. Zum Beispiel betonen Maßgrößen auf der Basis des BIP das Einkommen mit der Unterstellung, dass ein höheres Nationaleinkommen einer erhöhten Fähigkeit entspricht, mehr Waren und Dienstleistungen zu erwerben, was wiederum zu erhöhtem Wohlbefinden führt. Dies kann als Ausdruck eines konsumistischen Wertesystems interpretiert werden, das andere Faktoren, die auch zum subjektiven wie objektiven Wohlstand beitragen können, nicht angemessen berücksichtigt. Einige Ökonomen haben darauf hingewiesen, dass trotz des erheblichen Anstiegs des Bruttoinlandsprodukts während der letzten 50 Jahre in vielen entwickelten Ländern das von den Menschen angegebene subjektive Wohlergehen nicht in gleichem Maße angestiegen ist. Dafür mag es eine Reihe von Gründen geben, aber es scheint, dass das, was Volkswirte und Politiker als Maßgröße für die Gesundheit und den Wohlstand einer Volkswirtschaft verwenden, von den Bürgern eines Landes nicht in gleicher Weise wahrgenommen wird.

Wir werden mit der Untersuchung von Wohlstandsmaßnahmen beginnen, indem wir das Nationaleinkommen betrachten. Trotz der genannten Einschränkungen bleibt dies eine der wichtigsten Arten, um die Wohlfahrt einer Volkswirtschaft auszudrücken und zu messen.

20.3 Einkommen und Ausgaben einer Volkswirtschaft

Das Einkommen eignet sich als Maßgröße für das Wohlergehen, da es dazu verwendet werden kann, Grundbedürfnisse zu decken und Luxuswünsche zu befriedigen. Daher wird das Einkommen mit dem Lebensstandard gleichgesetzt. Erinnern Sie sich daran, dass der Lebensstandard als das Ausmaß an Waren und Dienstleistungen definiert ist, das von der Bevölkerung eines Landes erworben werden kann. Nach dieser Definition können Menschen mit höherem Einkommen einen höheren Lebensstandard genießen – ausgedrückt in besseren Wohnverhältnissen, besserer Gesundheitsversorgung, schickeren Autos, teureren Urlaubsreisen usw.

Die gleiche Logik lässt sich auf die Gesamtwirtschaft eines Landes anwenden. Möchte man beurteilen, ob eine Volkswirtschaft gut oder schlecht dasteht, so liegt es nahe, einen Blick auf das Gesamteinkommen dieser Volkswirtschaft zu werfen. Dieses wird mit dem Bruttoinlandsprodukt (BIP) gemessen.

Das BIP misst zwei Dinge gleichzeitig: das Gesamteinkommen der Volkswirtschaft und die Gesamtausgaben für die Erstellung von Waren und Dienstleistungen. Diese beiden Dinge sind ein und dasselbe, weil jede Transaktion zwei Seiten hat: einen Käufer und einen Verkäufer. Jeder Euro, der von einem Käufer ausgegeben wird, ist ein Euro Einkommen für einen Verkäufer. Nehmen wir beispielsweise an, Michael zahlt Astrid 20 Euro, damit sie seine Fenster putzt. In diesem Fall ist Astrid der Verkäufer einer Dienstleistung und Michael ist der Käufer. Astrid verdient 20 Euro und Michael gibt 20 Euro aus. Daher trägt diese Transaktion in gleichem Maß zum Einkommen einer Volkswirtschaft wie zu deren Ausgaben bei. Das BIP, ob es nun als Gesamteinkommen oder Gesamtausgaben gemessen wird, steigt um 20 Euro.

Der Einkommenskreislauf

Diese Übereinstimmung von Einkommen und Ausgaben verdeutlicht das Kreislaufdiagramm in Abbildung 20-1. Dabei handelt es sich um ein Modell, das alle Transaktionen zwischen Haushalten und Unternehmen in einer einfachen Volkswirtschaft darstellt.

In dieser Volkswirtschaft interagieren auf den Märkten für Güter (Waren und Dienstleistungen) Haushalte und Unternehmen dadurch, dass Unternehmen Güter anbieten, die von Haushalten gekauft werden. Die Ausgaben der privaten Haushalte für diese Güter stellen die Einkommen der Unternehmen dar. Beide Sektoren interagieren auch auf den Märkten für Produktionsfaktoren. Unternehmen nutzen das Geld, das sie durch den Verkauf von Waren und Dienstleistungen erhalten, um Produktionsfaktoren (Land, Arbeit, Kapital und Unternehmen) von Haushalten zu erwerben, die diese Faktorleistungen anbieten. Die von den privaten Haushalten eingenommenen Faktoreinkommen (Löhne, Mieten, Zinsen und Gewinne) werden für die Bezahlung von Waren und Dienstleistungen verwendet. In dieser Wirtschaft fließt das Geld von den Haushalten zu den Unternehmen und dann wieder zurück zu den Haushalten.

Nicht alle Einkommen, welche die Haushalte verdienen, werden auf den Gütermärkten auch wieder ausgegeben. Ein Teil dieser Einkommen unterliegt der Besteuerung, welche an den Staat abgeführt werden muss (T_H). Ein anderer Einkommensteil wird gespart (S) – Beträge, die in Form von Rentenbeiträgen, Versicherungs- und Vorsorgeleistungen oder Einzahlungen auf Bankkonten ihren Weg in Finanzinstitutionen finden. Wieder ein anderer Teil der Einkommen, die von privaten Haushalten für Waren und Dienstleistungen ausgegeben werden, verlässt die Wirtschaft in Form von Ausgaben für Importe (IM). In ähnlicher Weise wird ein Teil der Unternehmenseinkommen in Form von Unternehmenssteuern an den Staat abgeführt (T_U). Steuern (T_U, T_H), Sparbeträge (S) und Importausgaben (IM) stellen die Abflüsse aus dem Kreislauf dar.

Der Staat verwendet die Steuereinnahmen und Kredite von Finanzinstitutionen für die Bereitstellung von Staatsleistungen und Investitionen in die Infrastruktur, für Bildung, Gesundheit, Verteidigung usw., d. h. für Staatsausgaben (G), die in den Kreislauf hineinfließen. Unternehmen nutzen die Mittel, die Sparer in Finanzinstitutionen anlegen, durch Kreditaufnahme zur Finanzierung von Investitionen in neue Anlagen, Ausrüstung und Betriebserweiterungen. Diese Investitionen (I) wiederum finden ihren Weg zurück in den Markt für Waren und Dienstleistungen. Die Unternehmen verkaufen auch einen Teil der Waren und Dienstleistungen, die sie produzieren, im Ausland und so fließen die Einnahmen aus den Exporten (EX) zurück in das System. Finanzinstitutionen verleihen auch Geld nach Übersee, und Firmen im Ausland investieren Geld im Inland, das als Leistungsbilanzsaldo (Nettokapitalabfluss, NCO) registriert wird. Die Staatsausgaben (G), die Investitionen (I) und die Exporteinnahmen (EX) stellen Zuflüsse in den Kreislauf dar.

Theoretisch führt es zum gleichen Ergebnis, ob man das BIP als Einkommens- oder Produktionsgröße misst. Nationaleinkommen und Inlandsprodukt sind (von Auslandsbeziehungen abgesehen) Synonyme. Ein übliches Maß für das BIP besteht darin, in der Wirtschaft die Konsumausgaben (C), Investitionsausgaben (I), Staatsausgaben

20.3 Die Messung der gesamtwirtschaftlichen Wohlfahrt und das Preisniveau
Einkommen und Ausgaben einer Volkswirtschaft

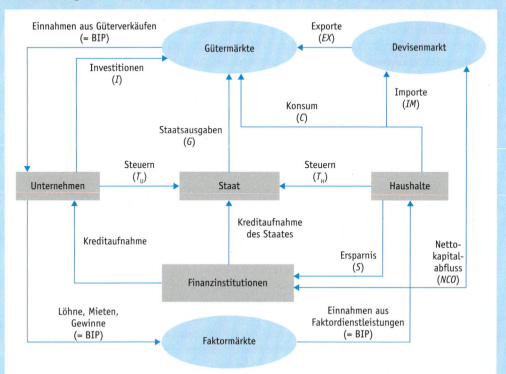

Abb. 20-1

Das Kreislaufdiagramm

Haushalte kaufen Güter von den Unternehmen und die Unternehmen verwenden ihre Einnahmen aus den Verkäufen, um Löhne an die Beschäftigten, Miete oder Pacht an die Grundbesitzer und Gewinne an die Unternehmenseigner zu zahlen. Das BIP entspricht der gesamten Summe, die die Haushalte auf dem Gütermarkt ausgeben. Es entspricht ebenfalls den gesamten Zahlungen der Unternehmen an Löhnen, Mieten oder Pacht und Gewinnen auf den Faktormärkten. Abflüsse aus dem Kreislauf beinhalten Steuern, Ersparnisse und Ausgaben für Importe, während Staatsausgaben, Investitionen und Exportumsätze Zuflüsse zum Kreislauf darstellen.

(G) und die Differenz ($EX - IM$ oder NX) zwischen den Importausgaben (IM) und den Exporterträgen (EX) aufzuaddieren. Dies liefert ein Maß für das BIP, das durch die folgende Gleichung gegeben ist:

$$BIP = C + I + G + NX$$

> **Kurztest**
> Welche zwei Dinge werden durch das Bruttoinlandsprodukt gemessen? Wie kann es zwei Dinge gleichzeitig messen?

20.4 Die Messung des Bruttoinlandsprodukts

Das **Bruttoinlandsprodukt (BIP)** ist der Marktwert aller für den Endverbrauch bestimmten Waren und Dienstleistungen, die in einem Land in einem bestimmten Zeitabschnitt hergestellt werden.

Wir wollen jeden Ausdruck in dieser Definition genauer betrachten.

Bruttoinlandsprodukt (BIP)
Der Marktwert aller für den Endverbrauch bestimmten Waren und Dienstleistungen, die in einem Land in einem bestimmten Zeitabschnitt hergestellt werden.

»Das BIP ist der Marktwert ...«

Im BIP werden viele unterschiedliche Arten von Gütern in ein einziges Maß für die ökonomische Aktivität zusammengerechnet. Um dieses möglich zu machen, werden Marktpreise verwendet. Da Marktpreise diejenige Geldsumme messen, die die Menschen bereit sind, für unterschiedliche Güter zu zahlen, spiegeln diese den Wert der entsprechenden Güter wider. Ist der Preis eines Apfels doppelt so hoch wie der Preis einer Birne, dann trägt ein Apfel doppelt so viel zum BIP bei wie eine Birne.

»... aller ...«

Das BIP beinhaltet alles, was in einer Volkswirtschaft hergestellt und legal auf den Märkten verkauft wird. Das BIP misst also nicht nur den Wert von Äpfeln und Birnen, sondern ebenso denjenigen von Orangen und Pampelmusen, Büchern und Filmen, Haarschnitten und Gesundheitsvorsorge usw.

Das BIP umfasst auch den Marktwert des Wohnraums, der vom Wohnraumangebot einer Volkswirtschaft abhängt. Bei Mietobjekten ist der Wert einfach zu berechnen – die Miete entspricht sowohl den Ausgaben des Bewohners als auch den Einnahmen des Besitzers. Viele Menschen sind jedoch Eigentümer des Hauses oder der Wohnung und zahlen daher keine Miete. Der Staat bezieht diese von den Eignern bewohnten Objekte in das BIP ein, indem deren Mietwert geschätzt wird. Grundsätzlich geht damit die Berechnung des BIP davon aus, dass der Besitzer an sich selbst die zugeschriebene Miete zahlt, damit ist die Miete also sowohl in seinen Ausgaben als auch in seinem Einkommen enthalten.

Es gibt viele Waren und Dienstleistungen, die zwar gehandelt werden, aber nicht über offiziell erfasste Märkte; diese Transaktionen erscheinen daher möglicherweise nicht im Bruttoinlandsprodukt. Zum Beispiel ist Gemüse, das im Gemüseladen oder im Supermarkt gekauft wird, Teil des BIP, nicht jedoch das Gemüse, das im eigenen Garten angebaut wird. Es gibt viele Transaktionen, die in bar durchgeführt werden und den Behörden daher verborgen bleiben. Zum Beispiel könnte ein Klempner eine Reparatur an einem Heizkessel durchführen, in bar bezahlt werden und dies in seiner Steuerklärung nicht als Teil seines Einkommens deklarieren. Oder eine Jugendliche hütet an einem Samstagabend für ein Ehepaar ein Kind und wird dafür bezahlt, aber der Wert dieser Arbeit kommt im BIP nicht vor. Diese Art von Tätigkeit wird als »Schattenwirtschaft« oder – wenn es sich um illegale Aktivitäten handelt – als »Schwarzarbeit« bezeichnet.

Es ist äußerst schwierig, den Umfang der Schattenwirtschaft zu messen. Einige Studien beziffern die Zahl der Menschen, die in der EU in der Schattenarbeit tätig sind, auf 30 Millionen; das wäre bis zu einem Viertel des BIP eines Landes. Schätzungen zufolge beläuft sich der Umfang der Schattenwirtschaft in Deutschland auf etwa 336 Milliarden Euro und damit ein knappes Zehntel des Bruttoinlandsprodukts.

Eine Reihe von Ökonomen hat festgestellt, dass die Berechnungen des BIP den Wert der von Hausfrauen und -männern verrichteten Arbeit ebenso wenig berücksichtigen wie den Wert einer von Großeltern durchgeführten Kinderbetreuung. Vor allem feministische Ökonominnen kritisieren die Unterscheidung zwischen »produktiver« Arbeit auf Märkten einerseits und nicht auf Märkten geleisteter »unproduktiver Arbeit« andererseits. Dabei dürfte die Arbeit, die zur Unterstützung von Familien im Haushalt geleistet wird, wesentlich zum Gesamtwohlstand beitragen und sogar das Lebenszentrum vieler Menschen darstellen. Diese Leistungen werden in den BIP-Berechnungen nicht berücksichtigt und führen daher nicht nur zu einer Unterbewertung des tatsächlichen Wohlstands, sondern auch des von Frauen geleisteten Produktionsanteils in einer Volkswirtschaft.

»... für den Endverbrauch bestimmten ...«

Wenn ein Unternehmen Papier herstellt, welches ein anderes Unternehmen dazu nutzt, Grußkarten herzustellen, so wird das Papier *Zwischenprodukt* genannt und die Karte wird *Endprodukt* genannt. Das BIP umfasst nur den Wert der Endprodukte. Der Grund dafür liegt darin, dass der Wert der Zwischenprodukte im Preis des Endprodukts enthalten ist. Das Hinzurechnen des Marktwerts des Papiers zum Marktwert der Karte würde eine Doppelzählung beinhalten, d. h., man würde das Papier zweimal zählen (was nicht korrekt wäre).

Eine wichtige Ausnahme von diesem Prinzip stellt der Fall dar, in dem ein Zwischenprodukt hergestellt wird und, anstatt sofort verbraucht zu werden, die Lagerhaltung eines Unternehmens erhöht, um zu einem späteren Zeitpunkt genutzt oder verkauft zu werden. In diesem Fall wird das Zwischenprodukt im Betrachtungszeitraum als Endprodukt behandelt, und dessen Wert fließt als Lagerinvestition in das BIP ein. Wird der Lagerbestand an Zwischenprodukten später benutzt oder verkauft, so ist dies gleichbedeutend mit negativen Lagerinvestitionen, und das BIP dieser späteren Periode wird dementsprechend niedriger ausfallen.

»... Waren und Dienstleistungen ...«

Das BIP umfasst sowohl materielle Güter, d. h. Waren (Lebensmittel, Kleidung, Autos usw.), als auch immaterielle Güter, d. h. Dienstleistungen (Haarschnitte, Hausreinigung, Arztbesuche usw.). Wenn Sie eine CD Ihrer Lieblingsband kaufen, so kaufen Sie eine Ware, und der Kaufpreis ist ein Teil des BIP. Wenn Sie dafür zahlen, ein Konzert eben dieser Band zu besuchen, so kaufen Sie eine Dienstleistung, und der Kaufpreis der Eintrittskarte ist ebenfalls ein Teil des BIP.

»... die in einem Land ...«

Das BIP misst den Wert der Produktion innerhalb der geografischen Grenzen eines Landes. Arbeitet ein französischer Staatsbürger vorübergehend in Deutschland, so zählt seine Produktionsleistung zum deutschen BIP. Besitzt ein deutscher Staatsbürger eine Fabrik in Portugal, so zählt die Produktionsleistung in seiner Fabrik nicht zum deutschen BIP. (Sie zählt zum portugiesischen BIP.) In das BIP eines Landes fließen also Dinge ein, die in diesem Land hergestellt werden, unabhängig von der Staatsangehörigkeit der Produzenten.

Eine weitere statistische Größe, das Bruttonationaleinkommen oder (nach älterer Bezeichnung) Bruttosozialprodukt, setzt bei der Behandlung von Waren und Dienstleistungen, die von Ausländern produziert bzw. erbracht werden, anders an. Das **Bruttonationaleinkommen (BNE)** ist der Marktwert aller für den Endverbrauch bestimmten Waren und Dienstleistungen, die von den dauerhaft in einem Land lebenden Personen in einem bestimmten Zeitabschnitt hergestellt werden.

Wenn ein französischer Staatsbürger vorübergehend in Deutschland arbeitet, so stellt seine Produktionsleistung keinen Anteil am deutschen BNE dar. (Sie ist ein Teil des französischen BNE.) Besitzt ein deutscher Staatsbürger eine Fabrik in Portugal, so zählt der Gewinn aus der Produktion in dieser Fabrik zum deutschen BNE. Also wird dasjenige Einkommen im BNE eines Landes zusammengefasst, das von den dauerhaft in diesem Land lebenden Personen (Inländer genannt) verdient wird, unabhängig davon, wo diese es erwirtschaften. Das BNE ist ein Inländerprodukt.

Im weiteren Verlauf dieses Buches werden wir der gängigen Praxis folgen und das BIP verwenden, um den Wert der wirtschaftlichen Aktivität eines Landes zu messen. Für die meisten Zwecke ist die Unterscheidung zwischen BIP und BNE ohnehin nicht sonderlich wichtig. In Deutschland sowie den meisten anderen Ländern sind die dauerhaft im Inland lebenden Personen verantwortlich für den größten Teil der inländischen Produktion, sodass die Werte für BIP und BNE relativ nahe beieinander liegen.

Bruttonationaleinkommen (BNE)
Der Marktwert aller für den Endverbrauch bestimmten Waren und Dienstleistungen, die von den dauerhaft in einem Land lebenden Personen in einem bestimmten Zeitabschnitt hergestellt werden.

»... in einem bestimmten Zeitabschnitt ...«

Das BIP misst den Wert der Produktion, die innerhalb eines bestimmten Zeitintervalls stattfindet. In der Regel ist dieses Intervall ein Jahr oder ein Quartal (drei Monate). Das BIP misst die Einkommens- und Ausgabenströme während dieses Zeitraums.

Gibt das statistische Zentralamt (z. B. das Statistische Bundesamt) das BIP für ein Vierteljahr an, so wird es in der Regel »annualisiert« dargestellt. Dies bedeutet, dass das vierteljährliche BIP auf das ganze Jahr hochgerechnet wird – also mit vier multipliziert wird. Das soll dazu dienen, vierteljährliche und jährliche BIP-Daten einfacher vergleichen zu können. Zudem sind die Vierteljahreszahlen des BIP in der Regel zuvor durch einen statistischen Vorgang modifiziert worden, der *Saisonbereinigung* heißt.

Die nicht saisonbereinigten Daten zeigen deutlich, dass in der Volkswirtschaft während einiger Zeiten innerhalb des Jahres mehr Waren produziert und Dienstleistungen erbracht werden als während anderer. (Wie Sie vielleicht schon vermuten, ist die vorweihnachtliche Einkaufszeit ein Höhepunkt.) Bei der Beobachtung der wirtschaftlichen Bedingungen wollen Ökonomen und Politiker oftmals über diese normalen saisonalen Schwankungen hinaussehen. Daher passen die staatlichen Statistiker die Quartalsdaten an, indem sie saisonale Schwankungen entfernen. Die BIP-Werte, die uns in der Medienberichterstattung begegnen, sind folglich meist saisonbereinigte Zahlen.

»... hergestellt werden.«

Das BIP umfasst Waren und Dienstleistungen, die derzeit gerade hergestellt werden. Es umfasst keine Transaktionen, die in der Vergangenheit produzierte Dinge beinhalten. Wenn VW ein neues Auto herstellt und verkauft, so fließt der Wert dieses Autos in das BIP ein. Verkauft jedoch eine Person einen Gebrauchtwagen an eine andere Person, so ist der Wert des gebrauchten Autos nicht im BIP enthalten.

Nun wollen wir die Definition des BIP nochmals wiederholen:

Information

Weitere Einkommensmaße

Wenn das Statistische Bundesamt alle drei Monate das BIP Deutschlands errechnet, werden dabei auch verschiedene andere Maßzahlen für das Einkommen eines Landes ausgewiesen. Diese anderen Maßzahlen unterscheiden sich vom BIP dadurch, dass sie bestimmte Einkommenskategorien einschließen oder ausschließen. Im Folgenden geben wir eine kurze Beschreibung der vier wichtigsten Einkommensmaße.

▶ Das *Nettonationaleinkommen* (*NNE*) ist das gesamte Einkommen der dauerhaften Bewohner eines Landes, von dem die Verluste durch Abschreibungen abgezogen werden. Abschreibungen bilden den Verschleiß im Anlagenbestand einer Volkswirtschaft ab, z. B. verrostende Lastwagen oder defekte LEDs. In den nationalen Einkommensstatistiken, die vom Statistischen Bundesamt erstellt werden, wird der Posten der Abschreibungen auch als »Verschleiß von fixem Kapital« bezeichnet.

▶ Das *Volkseinkommen* ist das Nettonationaleinkommen zu Faktorkosten. Neben den Abschreibungen werden vom gesamten Einkommen der dauerhaften Bewohner eines Landes zusätzlich die Gütersteuern (wie beispielsweise die Umsatzsteuer) abgezogen, während Gütersubventionen hinzuaddiert werden. Das Volkseinkommen stellt eine zentrale Größe in der Volkswirtschaftslehre dar.

▶ Das *Einkommen der privaten Haushalte* ist das Einkommen, welches Haushalte und Selbstständige erhalten. Anders als beim BIP oder beim NNE werden hier einbehaltene Gewinne, also Unternehmenseinkommen, die nicht in Form von Dividenden an die Eigner ausgezahlt werden, nicht mitgezählt.

▶ Das *verfügbare Einkommen* ist das Einkommen, das den Haushalten und Selbstständigen nach Erfüllung ihrer Pflichten gegenüber dem Staat bzw. Geltendmachung ihrer Rechte verbleibt. Es entspricht damit dem Einkommen der privaten Haushalte abzüglich der geleisteten Steuern und Sozialbeiträge, zuzüglich der empfangenen Sozialleistungen.

Obwohl die verschiedenen Einkommensmaße sich im Detail unterscheiden, geben sie uns fast immer dieselben Informationen über die ökonomischen Bedingungen. Wenn das BIP stark ansteigt, so steigen in der Regel auch die anderen hier diskutierten Größen stark an. Und wenn das BIP fällt, so fallen auch die anderen Maßzahlen. Um Schwankungen in der Gesamtwirtschaft aufzuzeigen, ist es in den meisten Fällen unerheblich, welches Einkommensmaß wir verwenden.

Das Bruttoinlandsprodukt (BIP) ist der Marktwert aller für den Endverbrauch bestimmten Waren und Dienstleistungen, die in einem Land in einem bestimmten Zeitabschnitt hergestellt werden.

> **Kurztest**
> Was trägt in höherem Maß zum BIP bei – die Herstellung eines Kilogramms Hamburger oder die Produktion eines Kilogramms Kaviar? Warum?

20.5 Die Bestandteile des BIP

Ausgaben können in einer Volkswirtschaft viele verschiedene Formen annehmen. Zu einem bestimmten Zeitpunkt kann zum Beispiel Familie Müller in einem Münchner Restaurant zu Mittag essen, Honda könnte währenddessen ein Automobilwerk am Ufer des Rheins bauen und die Bundeswehr könnte von einem deutschen Waffenproduzenten Waffen erwerben. Das deutsche BIP umfasst alle diese Ausgabenarten für im Inland produzierte Waren und Dienstleistungen. In ähnlicher Weise wird auch jedes andere Land in Europa die Ausgaben- und Einkommensarten beobachten und so zu einem eigenen BIP gelangen.

Oben haben wir das Bruttoinlandsprodukt (das wir hier mit Y bezeichnen) durch die folgende Gleichung ausgedrückt:

$Y = C + I + G + NX$.

Diese Gleichung ist eine *Identität* – eine Gleichung also, die durch die Art und Weise, wie die darin auftauchenden Variablen definiert wurden, erfüllt sein muss. In diesem Fall muss die Gesamtsumme aller vier Komponenten genau dem BIP entsprechen, denn jeder Euro an Ausgaben, der im BIP enthalten ist, kann einer der vier Komponenten zugeordnet werden. Wir werden uns im Folgenden die einzelnen Komponenten des BIP ein wenig näher ansehen.

Der **Konsum** bzw. **private Verbrauch** umfasst die Ausgaben der Haushalte für Waren und Dienstleistungen mit Ausnahme des Erwerbs von Grundstücken und Gebäuden sowie des Neubaus von Häusern und Wohnungen. Die Ausgaben für Waren beinhalten sowohl die Ausgaben der Haushalte für langlebige Verbrauchsgüter wie Autos und Haushaltsgeräte, Waschmaschinen und Kühlschränke, als auch die Ausgaben für kurzlebige Konsumgüter wie Lebensmittel und Kleidung. Der monatliche Besuch beim Friseur und die Kosten für einen Krankenhausaufenthalt fallen dagegen unter die Ausgaben für Dienstleistungen. Auch die Ausgaben der Haushalte für Bildung sind hier enthalten (wobei man natürlich einwenden könnte, dass diese Ausgaben eher in die nächste Komponente gehören).

Als Investition wird die Anschaffung von Gütern verstanden, die zukünftig zur Produktion von neuen Waren und Dienstleistungen dienen. In den **Investitionen** sind die Ausgaben für Kapitalausstattung, Lagerbestände und Bauten enthalten. Investitionen in Bauten umfassen dabei auch die Ausgaben für den Neubau von Häusern und Wohnungen. Ausgaben für den Kauf von Grundstücken und Gebäuden bzw. den Neubau von

---

Konsum, privater Verbrauch
Ausgaben der Haushalte für Waren und Dienstleistungen mit Ausnahme des Erwerbs von Grundstücken und Gebäuden sowie des Neubaus von Häusern und Wohnungen.

Investitionen
Ausgaben für die Anschaffung von Gütern, die zukünftig zur Produktion von neuen Waren und Dienstleistungen dienen, z. B. Ausgaben für Kapitalausstattung, Lagerbestände und Bauten einschließlich der Ausgaben der Haushalte für den Erwerb von Grundstücken und Gebäuden sowie den Neubau von Häusern und Wohnungen.

Häusern und Wohnungen sind eine Art von Haushaltsausgaben, die per Konvention eher zu den Investitions- als zu den Konsumausgaben gerechnet werden.

Von besonderer Bedeutung ist die Behandlung der Lagerbestände. Wenn Sony ein neues Smartphone produziert und es, anstatt es zu verkaufen, in den eigenen Bestand übernimmt, so behandelt man dies so, als hätte Sony das Smartphone für sich selbst »gekauft«. Das bedeutet, dass die Statistiker des Statistischen Bundesamtes das Smartphone als Teil der Investitionsausgaben (Lagerbestandsinvestitionen) von Sony ansehen. Wenn Sony das Smartphone später wieder aus dem Lager holt und verkauft, senkt dies die Lagerbestandsinvestitionen entsprechend, sodass die positiven Ausgaben des Smartphone-Kaufs damit ausgeglichen werden. Nur so kann sichergestellt werden, dass das BIP auch tatsächlich den Wert der in einer Volkswirtschaft in einem bestimmten Zeitabschnitt hergestellten Waren und Dienstleistungen misst – von denen Lagerbestände ein Teil sind.

Ausgaben des Staates für Waren und Dienstleistungen – auf der Ebene der Städte und Gemeinden, der Bundesländer und des Bundes sind **Staatsausgaben**. Die Staatsausgaben beinhalten dabei sowohl die Gehaltszahlungen an die Angestellten des öffentlichen Dienstes als auch Ausgaben für öffentliche Arbeiten.

Die Bedeutung des Begriffs der »Staatsausgaben« erfordert eine nähere Betrachtung. Wenn der Staat das Gehalt eines Finanzbeamten bezahlt, dann sind diese Ausgaben Teil der Staatsausgaben. Was passiert aber, wenn der Staat Sozialhilfe an Bedürftige zahlt? Diese Form der staatlichen Aufwendungen wird als **Transferleistungen** bezeichnet, denn dieser Zahlung steht im Austausch keine produzierte Ware oder erbrachte Dienstleistung gegenüber. Transferleistungen verändern das Einkommen der privaten Haushalte, aber sie spiegeln keine volkswirtschaftliche Produktionsleistung wider. (Von einem makroökonomischen Standpunkt aus gesehen sind Transferleistungen wie negative Steuern anzusehen.) Da das BIP dazu dienen soll, die Einnahmen und Ausgaben bei der Produktion von Waren und Dienstleistungen zu messen, werden Transferzahlungen nicht als Teil der Staatsausgaben gezählt.

Die Ausgaben von Ausländern für im Inland produzierte Güter (Exporte) abzüglich der Ausgaben für ausländische Güter durch Inländer (Importe) entsprechen den **Nettoexporten**, auch **Außenbeitrag** genannt. Verkäufe eines inländischen Unternehmens an einen ausländischen Kunden, wie der Verkauf von im Inland hergestellten Flugzeugen an das Ausland, erhöhen die Nettoexporte. Das Wort »netto« in »Nettoexporte« bezieht sich auf die Tatsache, dass die Importe von den Exporten abgezogen werden. Diese Subtraktion findet deshalb statt, weil der Import von Waren und Dienstleistungen in anderen Komponenten des BIP bereits enthalten ist. Nehmen wir beispielsweise an, dass ein deutscher Haushalt ein Auto im Wert von 30.000 Euro von dem schwedischen Autohersteller Volvo kauft. Diese Transaktion erhöht den Konsum um 30.000 Euro, denn der Autokauf ist ein Teil der Konsumausgaben. Außerdem werden dadurch die Nettoexporte um 30.000 Euro verringert, denn es handelt sich bei dem Auto um einen Import (für Schweden ist es jedoch ein Export). Anders ausgedrückt umfassen die Nettoexporte Waren und Dienstleistungen, die im Ausland hergestellt werden, mit negativem Vorzeichen, denn diese Güter sind in den Größen Konsum, Investitionen und Staatsausgaben mit positivem Vorzeichen enthalten. Erwirbt also ein inländischer Haushalt, ein im Inland ansässiges Unternehmen oder

---

Staatsausgaben
Ausgaben der Gebietskörperschaften (Länder, Städte und Gemeinden) und des Bundes für Waren und Diestleistungen.

Transferleistungen
Eine Zahlung des Staates, der im Austausch kein produziertes Gut gegenübersteht.

Nettoexporte (Außenbeitrag)
Ausgaben von Ausländern für im Inland produzierte Güter (Exporte) abzüglich der Ausgaben von Inländern für im Ausland produzierte Güter (Importe).

20.5 Die Bestandteile des BIP

Fallstudie

Die Bestandteile des BIP in der Bundesrepublik Deutschland

Die Tabelle 20-1 zeigt die Zusammensetzung des bundesdeutschen BIP im Jahr 2020. In diesem Jahr betrug das BIP der Bundesrepublik Deutschland 3.329,03 Milliarden Euro. Teilen wir diese Zahl durch eine Bevölkerungszahl von rund 83,16 Millionen, so erhalten wir ein BIP pro Kopf – also die Höhe der Ausgaben eines durchschnittlichen Deutschen in diesem Jahr – in Höhe von 40.033 Euro. Der Konsum machte dabei ca. 51 Prozent des BIP aus oder 20.551 Euro pro Person. Die Investitionen betrugen 8.190 Euro pro Kopf. Die Staatsausgaben beliefen sich auf 9.027 Euro pro Person. Nettoexporte lagen in einer Höhe von 2.265 Euro pro Kopf vor. Diese Zahl ist positiv, denn Deutschland verdiente mehr aus den Verkäufen an Ausländer, als die Bundesbürger für ausländische Güter ausgaben.

Tab. 20-1: Zusammensetzung des bundesdeutschen BIP 2020

BIP-Komponente	Gesamt (in Mrd. €)	Pro Kopf (in €)	Anteil (in %)
Bruttoinlandsprodukt	3.329,03	40.033	100,0
Konsum/privater Verbrauch	1.708,94	20.551	51,3
Investitionen	681,06	8.190	20,5
Staatsausgaben	750,64	9.027	22,5
Nettoexporte/Außenbeitrag	188,38	2.265	5,7

Quelle: Statistisches Bundesamt (Hrsg.): Volkswirtschaftliche Gesamtrechnungen 2020. Wichtige Zusammenhänge im Überblick, Stand: Januar 2021, www.destatis.de

Das Jahresergebnis zum BIP wird jeweils im Januar, spätestens 15 Tage nach Ablauf des Berichtsjahres, die Quartalsergebnisse 45 Tage nach Abschluss des Berichtsquartals veröffentlicht. Dabei sind die veröffentlichten Daten stets vorläufiger Natur und unterliegen regelmäßiger Aktualisierung. (Mitte Februar erscheint beispielsweise eine Aktualisierung des im Januar erstmals veröffentlichten Jahresergebnisses für das Vorjahr.) Sie können sich vorstellen, dass es eine große Herausforderung ist, die Daten zu allen Ausgaben einer Volkswirtschaft zusammenzutragen. Da sowohl Unternehmen als auch der Staat bei ihren Investitionsentscheidungen stets die makroökonomischen Rahmenbedingungen berücksichtigen, ist es jedoch sehr wichtig, dass die statistischen Daten zur Volkswirtschaftlichen Gesamtrechnung (VGR) so exakt wie möglich sind. Zwangsläufig sind alle Quartals- oder Jahresdaten zum BIP, die veröffentlicht werden, vorläufig und werden vom Statistischen Bundesamt – oder anderen Statistikdiensten wie Eurostat für den Euroraum – kontinuierlich aktualisiert. Im Rahmen der Revisionen werden neu erhobene Daten oder Statistiken einbezogen oder neue statistische Methoden angewandt. Laufende Revisionen führen zu kleineren Korrekturen der Quartals- oder Jahresdaten und stellen so sicher, dass der Nutzer die jeweils aktuellsten Informationen zur Hand hat. Die laufenden Revisionen sind unter anderem notwendig, um große Jahresstatistiken wie die jährliche Umsatzsteuerstatistik in die VGR einzubeziehen. Generalrevisionen umfassen hingegen die gesamte VGR und finden nur ca. alle fünf Jahre statt. Generalrevisionen werden z. B. notwendig durch die Einführung neuer Definitionen oder Klassifikationen oder die Einführung neuer Berechnungsmethoden wie der des neuen Europäischen Systems Volkswirtschaftlicher Gesamtrechnung (ESVG) 2010. Darüber hinaus überarbeitet das Statistische Bundesamt im Sommer eines jeden Jahres normalerweise die letzten vier Berichtsjahre einschließlich aller Quartale. Vier Jahre nach dem betreffenden Berichtsjahr werden die BIP-Daten nicht mehr überarbeitet, ausgenommen des Falls, dass eine VGR-Generalrevision stattfinden sollte.

20.6 Die Messung der gesamtwirtschaftlichen Wohlfahrt und das Preisniveau
Reales versus nominales BIP

der Staat ein Gut aus dem Ausland, so reduziert dieser Kauf die Nettoexporte – da er aber in gleichem Maß die Größe Konsum, Investitionen oder Staatsausgaben erhöht, bleibt das BIP unverändert. Das Beispiel des Autokaufs verdeutlicht die Notwendigkeit, sicherzustellen, dass bei der Analyse der Importe und Exporte über ein und dieselbe Volkswirtschaft gesprochen wird. Was für das eine Land ein Import, ist für das andere Land ein Export.

Sobald die Daten des BIP erhoben sind, können sie auf unterschiedliche Art und Weise präsentiert werden. Eine Möglichkeit der Darstellung ist das BIP pro Kopf. Das **Bruttoinlandsprodukt pro Kopf** oder **Pro-Kopf-Einkommen** wird ermittelt, indem das BIP durch die Größe der Bevölkerung geteilt wird. So wird das nationale Einkommen pro Bürger des Landes dargestellt. Dieses Maß ist sinnvoll, um den Lebensstandard der Bevölkerung verschiedener Länder miteinander vergleichen zu können.

> **Kurztest**
> Zählen Sie die vier Ausgabenbestandteile des BIP auf. Welcher davon ist Ihrer Ansicht nach wohl der größte? Warum?

Bruttoinlandsprodukt pro Kopf, Pro-Kopf-Einkommen
Der Marktwert aller Güter, die in einer Volkswirtschaft in einem bestimmten Zeitraum produziert wurden, geteilt durch die Größe der Bevölkerung.

20.6 Reales versus nominales BIP

Steigen die Gesamtausgaben für Waren und Dienstleistungen von einem Jahr zum nächsten, so muss einer der folgenden Punkte gelten (oder eine Kombination aus beiden): (1) Die Volkswirtschaft produziert einen höheren Output an Waren und Dienstleistungen (ein realer Anstieg), oder (2) die Güter werden zu höheren Preisen verkauft (ein nominaler Anstieg). Wenn Ökonomen Veränderungen in einer Volkswirtschaft im Zeitverlauf untersuchen, wollen sie diese beiden Effekte getrennt betrachten. Insbesondere wollen sie ein Maß der Gesamtmenge an Waren und Dienstleistungen, welche die Volkswirtschaft produziert, das nicht durch Änderungen der Preise beeinflusst wird.

Dazu benutzen die Ökonomen eine Maßzahl, die **reales BIP** genannt wird. Das reale BIP misst die Gesamtproduktion einer Volkswirtschaft unter Berücksichtigung von Preisschwankungen. Das reale BIP beantwortet die hypothetische Frage: Wie hoch wäre der Wert der in diesem Jahr hergestellten Waren und Dienstleistungen, wenn wir diese mit Preisen eines bestimmten Jahres in der Vergangenheit bewerten würden? Durch die Bewertung der laufenden Produktion zu Preisen, die auf einem früheren Niveau fixiert wurden, kann die Entwicklung der gesamtwirtschaftlichen Güterproduktion in einem gewissen Zeitraum untersucht werden, ohne dass durch Preisbewegungen verursachte Veränderungen (Inflation oder Deflation) das Bild verzerren. Die so ermittelten BIP-Werte werden **BIP zu konstanten Preisen** genannt. Das BIP wird zu Preisen eines festgelegten Basisjahres bewertet, wodurch durch Preisbewegungen verursachte Veränderungen berücksichtigt werden. Wenn das BIP hingegen ermittelt wird, ohne Preisschwankungen zu berücksichtigen, wird es **BIP zu Marktpreisen** genannt. Das BIP zu Marktpreisen wird errechnet, indem die Gesamtproduktion an Waren und Dienstleistungen mit deren Preisen im Berichtsjahr multi-

Reales BIP
Ein Maß für die Gesamtproduktion einer Volkswirtschaft unter Berücksichtigung von Preisschwankungen.

BIP zu konstanten Preisen
Das BIP wird zu Preisen eines festgelegten Basisjahres bewertet, wodurch durch Preisbewegungen verursachte Veränderungen berücksichtigt werden.

BIP zu Marktpreisen
Das BIP zu Marktpreisen wird errechnet, indem die Gesamtproduktion an Waren und Dienstleistungen mit deren Preisen im Berichtsjahr multipliziert wird.

pliziert wird. Um genauer zu sehen, wie das reale BIP berechnet wird, wenden wir uns einem Beispiel zu.

Ein Zahlenbeispiel

Die Tabelle 20-2 zeigt uns einige Daten für eine Volkswirtschaft, die nur zwei Güter produziert – Äpfel und Kartoffeln. In der Tabelle sind die hergestellten Mengen der beiden Güter und deren Preise für die Jahre 2019, 2020 und 2021 enthalten. Um die Gesamtausgaben für diese Volkswirtschaft zu errechnen, multiplizieren wir die Mengen an Äpfeln und Kartoffeln mit ihren entsprechenden Preisen. Im Jahr 2019 wurden 100 Kilogramm Äpfel zu einem Preis von 1 Euro pro Kilogramm verkauft, die Ausgaben für Äpfel entsprachen demnach 100 Euro. Im gleichen Jahr wurden 50 Kilogramm Kartoffeln zu einem Preis von 2 Euro pro Kilogramm verkauft, die Ausgaben für Kartoffeln beliefen sich also ebenfalls auf 100 Euro. Die Gesamtausgaben dieser Volkswirtschaft – die Summe der Ausgaben für Äpfel und der Ausgaben für Kartoffeln – betrugen dem-

Tab. 20-2

Reales und nominales BIP

Diese Tabelle zeigt, wie man das nominale BIP, das reale BIP und den BIP-Deflator für eine hypothetische Volkswirtschaft berechnet, die ausschließlich Äpfel und Kartoffeln produziert.

Jahr	Preise und Mengen			
	Preis für 1 kg Äpfel (€)	Menge an Äpfeln (kg)	Preis für 1 kg Kartoffeln (€)	Menge an Kartoffeln (kg)
2019	1	100	2	50
2020	2	150	3	100
2021	3	200	4	150
Jahr	Berechnung des nominalen BIP			
2019	(1 €/kg Äpfel × 100 kg Äpfel) + (2 €/kg Kartoffeln × 50 kg Kartoffeln) = 200 €			
2020	(2 €/kg Äpfel × 150 kg Äpfel) + (3 €/kg Kartoffeln × 100 kg Kartoffeln) = 600 €			
2021	(3 €/kg Äpfel × 200 kg Äpfel) + (4 €/kg Kartoffeln × 150 kg Kartoffeln) = 1.200 €			
Jahr	Berechnung des realen BIP (Basisjahr 2019)			
2019	(1 €/kg Äpfel × 100 kg Äpfel) + (2 €/kg Kartoffeln × 50 kg Kartoffeln) = 200 €			
2020	(1 €/kg Äpfel × 150 kg Äpfel) + (2 €/kg Kartoffeln × 100 kg Kartoffeln) = 350 €			
2021	(1 €/kg Äpfel × 200 kg Äpfel) + (2 €/kg Kartoffeln × 150 kg Kartoffeln) = 500 €			
Jahr	Berechnung des BIP-Deflators			
2019	(200 €/200 €) × 100 = 100			
2020	(600 €/350 €) × 100 = 171			
2021	(1.200 €/500 €) × 100 = 240			

Nominales BIP
Die Produktion von Waren und Dienstleistungen bewertet zu laufenden Preisen.

nach 200 Euro. Diese Größe – die Produktion von Waren und Dienstleistungen bewertet zu laufenden Preisen – wird **nominales BIP** genannt.

Die Tabelle 20-2 zeigt die Berechnung des nominalen BIP für diese drei Jahre. Die Gesamtausgaben stiegen von 200 Euro im Jahr 2019 auf 600 Euro im Jahr 2020 und schließlich auf 1.200 Euro im Jahr 2021. Ein Teil dieses Anstiegs ist auf den Anstieg der Mengen an Äpfeln und Kartoffeln zurückzuführen, und ein Teil ist dem Anstieg der Preise für Äpfel und Kartoffeln zuzurechnen.

Um ein von Preisänderungen unbeeinflusstes Maß für die produzierte Gütermenge zu erhalten, benutzen wir das reale BIP, das, wie bereits erwähnt, die Produktion von Waren und Dienstleistungen mit konstanten Preisen bewertet. Wir berechnen das reale BIP, indem wir zuerst ein Jahr als *Basisjahr* für die Bewertung wählen. Daraufhin nutzen wir die Preise für Äpfel und Kartoffeln in diesem Basisjahr, um den Wert der Waren und Dienstleistungen für alle Berichtsjahre zu berechnen. In anderen Worten: Die Preise des Basisjahres bilden die Grundlage, um die Produktionsmengen der unterschiedlichen Jahre zu vergleichen.

Nehmen wir an, dass wir in unserem Beispiel 2019 als Basisjahr für die Berechnung wählen. Daraufhin können wir die Preise des Jahres 2019 nutzen, um den Wert der Waren und Dienstleistungen für die Jahre 2019, 2020 und 2021 zu ermitteln. Tabelle 20-2 zeigt diese Berechnung. Um das reale BIP für das Jahr 2019 zu berechnen, verwenden wir die Preise für Äpfel und Kartoffeln im Jahr 2019 sowie die im Jahr 2019 produzierten Mengen an Äpfeln und Kartoffeln (für das Basisjahr entspricht das reale BIP somit immer dem nominalen BIP dieses Jahres). Zur Berechnung des realen BIP für das Jahr 2020 nehmen wir die Preise des Jahres 2019 (Basisjahr), aber die Mengen der produzierten Äpfel und Kartoffeln im Jahres 2020. Genauso nutzen wir für die Berechnung des realen BIP für das Jahr 2021 die Preise aus 2019, aber die Mengen aus 2021. Wenn wir nun feststellen, dass das reale BIP von 200 Euro 2019 auf 350 Euro 2020 und 500 Euro 2021 angestiegen ist, so wissen wir nun, dass dieser Anstieg einen Anstieg der Produktionsmengen abbildet, denn die Preise wurden auf dem Niveau des Basisjahres konstant gehalten.

Die Wachstumsrate des realen BIP entspricht der Differenz zwischen dem BIP über die beiden betrachten Zeitperioden $BIP_t - BIP_{t-1}$, geteilt durch das BIP im Jahr $t-1$. Multipliziert man das Ergebnis mit 100, so ergibt sich das Wachstum des realen BIP als Prozentzahl:

$$\text{Wachstumsrate des realen BIP in Jahr } t = \frac{BIP_t - BIP_{t-1}}{BIP_{t-1}} \times 100$$

Der BIP-Deflator

Das nominale BIP spiegelt sowohl die Preise als auch die Mengen der Waren und Dienstleistungen wider, die eine Volkswirtschaft produziert. Im Gegensatz dazu gibt das reale BIP, indem die Preise auf dem Niveau eines Basisjahres konstant gehalten werden, ausschließlich die produzierten Mengen wieder. Aus dem nominalen und dem realen BIP können wir eine dritte nützliche Größe ermitteln: den BIP-Deflator. Der

Information

Die Inlandsproduktberechnung des Statistischen Bundesamtes

Das Statistische Bundesamt berechnet das Bruttoinlandsprodukt über die Entstehungsseite und über die Verwendungsseite.

▸ In der Entstehungsrechnung – auch als Produktionsansatz bezeichnet – wird zunächst die Bruttowertschöpfung aller Produzenten über die Differenz zwischen dem Wert der produzierten Waren und Dienstleistungen (Produktionswert) und den Vorleistungen (im Produktionsprozess verbrauchte oder umgewandelte Güter) ermittelt. Nach Addition von Gütersteuern (wie Tabak-, Energie- oder Umsatzsteuer) und Abzug von Gütersubventionen erhält man das Bruttoinlandsprodukt.

▸ Die Verwendungsrechnung des BIP setzt an der Nachfrageseite an. Dazu werden die Ausgaben für alle für den Endverbrauch bestimmten Waren und Dienstleistungen erfasst, indem die privaten und staatlichen Konsumausgaben, die Investitionen sowie die Nettoexporte (der Außenbeitrag) ermittelt werden.

Die Berechnung des BIP über eine Verteilungsrechnung ist in Deutschland aufgrund fehlender Daten zu den Unternehmens- und Vermögenseinkommen nicht möglich.

Das Statistische Bundesamt ermittelt das Bruttoinlandsprodukt in den laufenden Preisen eines Jahres (nominales BIP in jeweiligen Preisen) und in konstanten Preisen (reales BIP). Bei der Bestimmung des realen BIP verwendet das Statistische Bundesamt seit 2005 das Vorjahrespreiskonzept. Dabei wird das nominale BIP eines Jahres mit einem Preisindex deflationiert, der jeweils auf den Vorjahresdurchschnitt bezogen ist. Auf diese Weise erhält man eine Abfolge von Werten zum realen BIP in konstanten Preisen des Vorjahres. Durch Verkettung dieser Messzahlen kann dann für das reale BIP eine vergleichbare Zeitreihe bestimmt werden.

Im Unterschied zum Vorjahrespreiskonzept kann die Ermittlung des realen BIP – wie bereits zuvor in diesem Kapitel erläutert – auch durch Verwendung einer Festpreisbasis stattfinden, d. h. auf der Grundlage eines Preisindex, der auf ein festes Basisjahr bezogen ist. Da die Preisrelationen eines Basisjahres im Lauf der Zeit immer weniger relevant sind, kommt es bei der Verwendung einer Festpreisbasis in regelmäßigen Abständen zu einer Umbasierung (Festlegung eines neuen Basisjahres). Dies ist beim Vorjahrespreiskonzept nicht notwendig, da hier immer ein aktuelles Basisjahr (das jeweilige Vorjahr) zur Anwendung kommt.

BIP-Deflator misst die Preise der Waren und Dienstleistungen, errechnet als Verhältnis aus nominalem und realem BIP mal 100:

$$\text{BIP-Deflator} = \frac{\text{nominales BIP}}{\text{reales BIP}} \times 100 .$$

BIP-Deflator
Maß für das Preisniveau, errechnet als Verhältnis aus nominalem und realem BIP mal 100.

Weil das nominale BIP und das reale BIP im Basisjahr gleich sein müssen, entspricht der BIP-Deflator für das Basisjahr immer 100. Der BIP-Deflator für die Folgejahre misst die Veränderungen des nominalen BIP vom Basisjahr an, die nicht auf eine Veränderung des realen BIP zurückzuführen sind, indem er das laufende Preisniveau relativ zum Preisniveau im Basisjahr misst.

Stellen Sie sich vor, dass die Mengen, die in der Volkswirtschaft produziert werden, im Zeitablauf größer werden, dass aber die Preise gleich bleiben. In diesem Fall steigen sowohl das nominale als auch das reale BIP an, sodass der BIP-Deflator konstant ist. Nehmen Sie nun hingegen an, dass die Preise im Zeitablauf ansteigen, aber die Mengen unverändert bleiben. In diesem zweiten Fall steigt das nominale BIP, während das reale BIP gleich bleibt, sodass der BIP-Deflator ebenfalls ansteigt. Beachten Sie, dass der BIP-Deflator in beiden Fällen die Veränderung der Preise widerspiegelt, nicht aber die der Mengen.

$$\text{reales BIP} = \frac{\text{nominales BIP}}{\text{BIP-Deflator}}$$

Lassen Sie uns nun zu unserem Zahlenbeispiel aus Tabelle 20-2 zurückkehren. Der BIP-Deflator findet sich am Ende dieser Tabelle.

Im Jahr 2019 belief sich das nominale BIP auf 200 Euro, das reale BIP ebenfalls. Der BIP-Deflator ist folglich 100. 2020 betrug das nominale BIP 600 Euro und das reale BIP 350 Euro; der BIP-Deflator ist 171. Da der BIP-Deflator im Jahr 2020 von 100 auf 171 anstieg, können wir sagen, dass sich das Preisniveau im Jahr 2020 um 71 Prozent erhöht hat.

Der BIP-Deflator ist ein Maß, das Ökonomen verwenden, um das durchschnittliche Preisniveau einer Volkswirtschaft zu beobachten. Weiter unten werden wir ein weiteres Maß für das allgemeine Preisniveau – den Verbraucherpreisindex – untersuchen und die Unterschiede zwischen beiden Maßgrößen herausstellen.

> **Kurztest**
> Definieren Sie das reale und das nominale BIP. Welches ist ein besseres Maß für ökonomischen Wohlstand? Warum?

20.7 Die Grenzen des BIP als Wohlstandsmaß

Es ist üblich, das BIP als ein Maß für die ökonomische Wohlfahrt eines Landes zu verwenden. Allerdings wird die Eignung des BIP als Wohlstandsindikator immer wieder infrage gestellt. So bemängeln Kritiker, dass das BIP zu stark auf materiellen Besitz und Einkommen abstelle. Sie argumentieren, dass es noch viele andere Dinge gebe, die nicht im BIP gemessen werden, die aber zur Lebensqualität und zum ökonomischen Wohlergehen beitragen könnten, etwa die Gesundheit der Kinder in einem Land, die Qualität ihrer Bildung oder auch die Schönheit der Dichtkunst als literarisches Erbe dieses Landes.

Um dem zu begegnen, kann argumentiert werden, dass das BIP alle diese Dinge zwar tatsächlich nicht einschließt, dass aber Länder mit einem größeren BIP sich eine bessere Gesundheitsversorgung und bessere Bildungssysteme leisten und entsprechend mehr Bürger auch Gedichte lesen und genießen können. Das BIP trägt außerdem nicht unserer Intelligenz und Integrität, unserem Mut oder unserer Weisheit Rechnung, aber alle diese lobenswerten Eigenschaften lassen sich dann besser fördern, wenn die Menschen sich nicht so stark damit beschäftigen müssen, wie sie sich die materiellen Notwendigkeiten des Lebens leisten können. Kurzum: Das BIP misst zwar nicht direkt die Dinge, die das Leben lebenswert machen, aber es misst unsere Fähigkeit, die Voraussetzungen für ein lebenswertes Leben zu erlangen.

Das BIP ist aber natürlich kein perfektes Maß für den Wohlstand. Denn einige Faktoren, die zu einem guten Leben beitragen, werden darin nicht berücksichtigt:

- **Freizeit:** Nehmen Sie beispielsweise an, jeder Beschäftigte finge auf einmal an, an jedem Tag der Woche zu arbeiten, anstatt an den Wochenenden seine Freizeit zu genießen. Mehr Waren und Dienstleistungen würden produziert und das BIP stiege

Fallstudie

Die Entwicklung des realen BIP in den vergangenen Jahren

Nachdem wir nun wissen, wie das reale BIP definiert ist und gemessen wird, wollen wir einen Blick darauf werfen, was uns diese makroökonomische Größe über die jüngere deutsche Geschichte erzählt.

Das Auffälligste an diesen Zahlen ist, dass das reale BIP im Lauf der Zeit ansteigt. Dieser beständige Zuwachs des realen BIP ermöglicht es dem durchschnittlichen Deutschen, einen größeren ökonomischen Wohlstand als seine Eltern oder Großeltern zu genießen.

Eine weitere wichtige Erkenntnis aus den BIP-Zahlen liegt darin, dass das Wachstum nicht stetig vonstattengeht. Der Anstieg des realen BIP wird gelegentlich durch Perioden des Rückgangs unterbrochen, Rezessionen genannt. In Abbildung 20-2 sind Rezessionen durch dunkle Balken hervorgehoben. Rezessionen sind nicht nur mit niedrigeren Einkommen verbunden, sondern auch mit anderen Arten ökonomischer Schwierigkeiten: steigender Arbeitslosigkeit, sinkenden Gewinnen, höheren Konkurszahlen usw.

Ein Hauptanliegen der Makroökonomik ist es, das langfristige Wachstum einer Volkswirtschaft sowie die kurzfristigen Schwankungen im realen BIP zu erklären. Wie wir in den folgenden Kapiteln sehen werden, benötigen wir unterschiedliche Modelle, um diese beiden Zwecke zu verfolgen. Da die kurzfristigen Schwankungen Abweichungen vom langfristigen Trend darstellen, werden wir zuerst das Verhalten der Volkswirtschaft auf lange Sicht untersuchen. Insbesondere in den Kapiteln 21 bis 24 werden wir analysieren, wie makroökonomische Schlüsselgrößen einschließlich des BIP langfristig bestimmt werden. Auf dieser Analyse aufbauend werden wir dann in den Kapiteln 29 bis 34 kurzfristige Schwankungen untersuchen.

Abb. 20-2: Das reale BIP der Bundesrepublik Deutschland

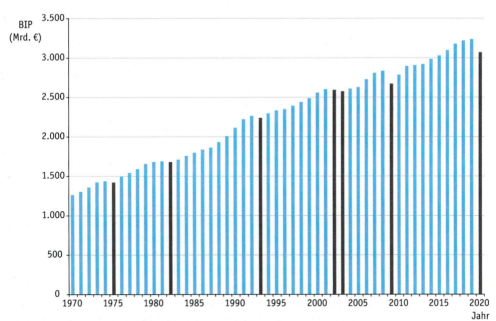

Dieses Schaubild enthält Jahresdaten des realen BIP für die deutsche Volkswirtschaft seit 1970 (bis 1990 für Westdeutschland, ab 1991 für Deutschland). Rezessionen – also Perioden, in denen das reale BIP fällt – sind als dunkle Balken dargestellt. Der Einbruch im Jahr 2020 erklärt sich vor allem durch den Produktionseinbruch, der sich infolge des Lockdowns zur Bekämpfung der Corona-Pandemie ergab.

Quelle: Monatsbericht des BMF, Februar 2021

an. Trotz des Anstiegs des BIP sollten wir jedoch nicht schließen, es ginge damit jedem besser. Denn der Wohlfahrtsverlust aus der geschmälerten Freizeit würde vermutlich den Wohlfahrtsgewinn aus der Produktion und dem Konsum einer größeren Menge an Waren und Dienstleistungen wettmachen.

- ▶ Hausarbeit und Ehrenamt: Weil das BIP Marktpreise verwendet, um Waren und Dienstleistungen zu bewerten, klammert es den Wert vieler Aktivitäten aus, die nicht über Märkte abgewickelt werden. Insbesondere berücksichtigt das BIP nicht den Wert solcher Waren und Dienstleistungen, die zu Hause produziert werden. Aber auch ehrenamtliche Tätigkeiten tragen zum Wohlstand in einer Gesellschaft bei, obwohl das BIP solche Beiträge nicht berücksichtigt.
- ▶ Umweltqualität: Stellen Sie sich vor, der Staat würde jegliche Umwelt(schutz)auflagen aufheben. Die Unternehmen könnten dann Waren und Dienstleistungen herstellen, ohne auf die damit einhergehende Verschmutzung Rücksicht zu nehmen, und das BIP würde steigen. Das Wohlergehen der Bevölkerung jedoch würde höchstwahrscheinlich sinken. Die Verschlechterung der Luft- und Wasserqualität würde den Wohlfahrtsgewinn aus der höheren Produktion wohl mehr als wettmachen.
- ▶ Einkommensverteilung: In Kapitel 16 haben wir die Verteilung der Einkommen betrachtet. Eine Gesellschaft, in der 100 Personen ein Jahreseinkommen von 50.000 Euro erzielen, hat ein BIP von 5 Millionen Euro mit einem Durchschnittseinkommen von 50.000 Euro. Das gleiche Durchschnittseinkommen (Pro-Kopf-BIP) hat auch eine Gesellschaft, in der 10 Personen 500.000 Euro pro Jahr verdienen, 90 Menschen hingegen gar kein Einkommen haben. Trotz des identischen Durchschnittseinkommens kämen nur wenige auf die Idee, beide Situationen als gleichwertig zu bezeichnen. Das BIP pro Kopf gib lediglich Auskunft über die Situation einer durchschnittlichen Person, aber hinter dem Durchschnitt steckt eine große Bandbreite an individuellen Lebenslagen. Das BIP teilt uns also wenig über die Einkommensverteilung mit.

Die Ökonomie des Glücks

Trotz des massiv erhöhten Wohlstands, Einkommens und Zugangs zu materiellen Waren und Dienstleistungen scheint es so, dass für viele Menschen in entwickelten Ländern während der letzten 50 Jahre sich die wahrgenommene Lebenszufriedenheit nicht stark geändert hat. Der erhöhte materielle Wohlstand brachte offensichtlich keinen vergleichbaren Anstieg des individuellen Wohlbefindens mit sich. So zeigen zahlreiche Umfragen relativ stabile Niveaus des »Glücks« in reichen Ländern. Professor Richard Layard und andere Verhaltensökonomen wie Andrew Oswald, Stephen Nickell, Robert Skidelsky, Tim Besley oder Will Hutton haben dieses anscheinende Paradox untersucht. Layard stellt für westliche Gesellschaften fest, dass »Menschen im Durchschnitt nicht glücklicher geworden sind, als sie es vor 50 Jahren waren« (Layard, R. 2005, Happiness: Lessons from a New Science, London).

Psychologen und Ökonomen haben herausgefunden, dass es einen starken statistischen Zusammenhang gibt zwischen dem, wie Menschen ihr eigenes Glück sehen, und anderen Dingen, die ihre Einschätzung beeinflussen könnten. Dies scheint auch über viele verschiedene Länder hinweg zu gelten. Im Ergebnis können wir schließen, dass es eine ganze Reihe von Faktoren gibt, die zu einer Definition individuellen Glücks beitragen können. Wenn Sie glücklich genug sind, sich dieser Eigenschaften rühmen zu können oder Sie es in einigen Fällen schaffen, sie zu vermeiden, dann sind Sie mit größerer Wahrscheinlichkeit glücklich.

Layard identifizierte einige Schlüsselfaktoren, die zum »Glück« beitragen können. Dazu können Faktoren wie Sex, Geselligkeit, Entspannung ebenso gehören wie Gebete, Gottesdienste oder Meditationen, Essen, Fernsehen, Einkaufen und vieles andere mehr. Andere Studien haben gezeigt, dass Faktoren wie das Bildungsniveau, die Gesundheit oder die Tatsache, verheiratet, alleinlebend oder geschieden zu sein, aber auch die Einkommenshöhe, die eigene Erwerbstätigkeit, Arbeitslosigkeit oder Verrentung oder auch Trauerfälle Einfluss auf das empfundene Glück haben können.

Aus allen diesen Merkmalen können Gleichungen formuliert werden, um einen Maßstab für das Glück herzuleiten. Diese Gleichungen werden sowohl von Ökonomen als auch von Psychologen getestet und haben sich aus statistischer Sicht als überraschend zuverlässig erwiesen. Einer der führen Köpfe auf dem Gebiet der Glücksökonomie ist Professor Andrew Oswald von der Universität Warwick in Großbritannien. Er präsentiert die folgende Formel:

$$W_{it} = \alpha + \beta X_{it} + \varepsilon_{it}$$

In dieser Formel steht W_{it} für das Wohlbefinden einer Person i zu einem bestimmten Zeitpunkt t und X für eine Menge von Variablen, von denen man annimmt, dass sie das Wohlbefinden zu einem bestimmten Zeitpunkt beeinflussen. Das können ökonomische Größen sein wie beispielsweise das Einkommen der Person, aber auch demografische Faktoren wie beispielsweise das Geschlecht. Das letzte Element in der Formel ist ein Fehlerterm, der den Einfluss von Faktoren widerspiegelt, die man nicht beobachten kann.

Einer der Faktoren, welche das Glücksempfinden mehr als erwartet beeinflussen, ist die Anspruchshaltung. Ganz egal, wie alt Sie sind, werden auch Sie von Ihren Eltern gehört haben, dass zu ihrer Zeit die Dinge anders waren und dass »heute die Menschen so viel mehr haben«. Das ist auch zutreffend, aber diese Feststellung könnte auch einfach nur darauf zurückzuführen sein, dass verschiedene Generationen unterschiedlich viel vom Leben erwarten. Wenn Ihre Eltern es geschafft haben, im mittleren Alter in einem luxuriösen Jaguar herumfahren, werden Sie selbst möglicherweise auch ein solches Auto für normal halten und sogar die Erwartung haben, dass auch Ihr erstes eigenes Auto ein Jaguar sein wird, usw.

Nach Layard rührt Unzufriedenheit wesentlich daher, dass die Gesellschaft als ein Nullsummenspiel angesehen wird. Das bedeutet, dass wir das Streben nach Geld und Status als eine Konkurrenzsituation auffassen, in der es Gewinner und Verlierer gibt. Wenn ich einen hoch angesehenen Job mit einem hohen Einkommen und hohem Status bekomme, bedeutet dies, dass jemand anders irgendwie verloren haben muss – entweder dadurch, dass er nicht den gleichen Job bekommen hat oder in irgendeiner psychologischen Art und Weise. Eine solche Wahrnehmung des Lebens als Nullsummenspiel ist die Ursache großer Unzufriedenheit, wobei der Begriff der *Positionsexternalitäten* eine große Rolle spielt.

20.7 Die Messung der gesamtwirtschaftlichen Wohlfahrt und das Preisniveau
Die Grenzen des BIP als Wohlstandsmaß

Wenn man einige Faktoren kennt, die dazu beitragen können, dass jemand »glücklich« ist, sich dies aber mithilfe des herkömmlichen Zufriedenheitsmaßes nicht abbilden lässt, dann ist es sinnvoll, nach einer anderen Maßgröße für Wohlstand als dem BIP Ausschau zu halten. Ein solcher Maßstab ist das Maß für den Fortschritt einer Volkswirtschaft – Measure of Domestic Progress (MDP). Das MDP setzt auf viele Faktoren, die mit dem Wirtschaftswachstum in Verbindung stehen, versucht aber gleichzeitig, auch andere Faktoren zu integrieren, die das BIP unberücksichtigt lässt. So wird beispielsweise der Wert der unbezahlten Arbeit in Haus und Garten bestimmt und der negative Einfluss von Umweltverschmutzung, Ressourcenverschwendung und Kriminalität abgeschätzt.

Es gibt noch weitere Versuche, effektivere Maßgrößen für die Verbesserungen des Wohlbefindens der Menschen zu formulieren, wie den Maßstab des wirtschaftlichen Wohlstands (Measure of Economic Welfare – MEW), der von James Tobin und William Nordhaus entwickelt wurde, den Index für den nachhaltigen wirtschaftlichen Wohlstand (Index of Sustainable Economic Welfare) oder den Echten Fortschrittsindikator (Genuine Progress Indicator).

Um die Beschränkungen des BIP einerseits und die neueren Forschungsergebnisse andererseits zu berücksichtigen, veröffentlichen die statistischen Ämter heute zumeist Daten über das subjektive und objektive Wohlbefinden. So publizieren sowohl Eurostat als auch die OECD Statistiken über das Wohlbefinden, die der Tatsache Rechnung tragen sollen, dass BIP-Statistiken allein kein vollständiges Bild des individuellen Wohlbefindens liefern können. Die Indikatoren der Lebensqualität, die Eurostat verwendet, berücksichtigen Daten über die materiellen Lebensbedingungen, die Arbeit, Gesundheit, Bildung, Freizeit und soziale Interaktionen, wirtschaftliche und physische Sicherheit, Regierungsform und Grundrechte, die natürliche Umwelt oder die Einschätzung des Lebens insgesamt.

Internationale Unterschiede im BIP und die Lebensqualität

Das BIP kann dazu verwendet werden, den Wohlstand verschiedener Länder miteinander zu vergleichen. Reiche und arme Länder weisen enorme Unterschiede im BIP pro Kopf auf. Wenn also ein hohes BIP einen höheren Lebensstandard ermöglicht, so sollten wir eine hohe Korrelation des BIP mit anderen Maßen für die Lebensqualität beobachten können. Dies ist in der Tat der Fall.

Die Tabelle 20-3 zeigt zwölf der bevölkerungsreichsten Länder der Erde, geordnet nach der Höhe des BIP pro Kopf. Die Tabelle gibt außerdem Auskunft über die Lebenserwartung (die zu erwartende Lebenszeit zum Zeitpunkt der Geburt) und die Alphabetisierungsquote (Anteil der erwachsenen Bevölkerung, der des Lesens mächtig ist).

Diese Zahlen weisen ein deutlich erkennbares Muster auf. In reichen Ländern wie den Vereinigten Staaten, Deutschland und Japan können die Menschen erwarten, weit über 70 Jahre alt zu werden und annähernd die gesamte Bevölkerung kann lesen. In armen Ländern wie Nigeria, Pakistan und Bangladesch werden die Menschen in der Regel maximal zwischen 60 und 70 Jahre alt und nur etwas mehr als die Hälfte der Bevölkerung ist alphabetisiert.

Tab. 20-3

BIP und Lebensqualität

Die Tabelle gibt das BIP pro Kopf und zwei weitere Maßzahlen für den Lebensstandard in ausgewählten Ländern an.

Land	nominales BIP pro Kopf ($, 2019)	Lebenserwartung (Jahre bei Geburt, 2018)	Alphabetisierungsrate (%, 2018)
USA	65.298	78,5	> 99,9 (2015)
Deutschland	46.445	80,9	> 99,9 (2015)
Japan	40.247	84,2	> 99,9 (2015)
Russland	11.585	72,6	99,7
China	10.262	76,7	96,8
Mexiko	9.946	75,0	95,4
Brasilien	8.717	75,7	93,2
Indonesien	4.136	71,5	95,7
Nigeria	2.230	54,3	62,1
Indien	2.100	69,4	74,4
Bangladesch	1.856	72,3	73,9
Pakistan	1.285	67,1	59,1 (2017)

Quellen: https://data.worldbank.org/indicator/NY.GDP.PCAP.CD; World Bank, Life Expectancy at birth, total (years). https://data.worldbank.org/indicator/SP.DYN.LE00.IN; UNESCO Institute for Statistics (Hrsg.): Education: Literacy rate, adult total (% of people ages 15 and above). http://data.uis.unesco.org/

Obwohl die Angaben über andere Aspekte der Lebensqualität weniger vollständig sind, ergeben sie ein ähnliches Bild. So weisen beispielsweise Säuglinge in Ländern mit einem niedrigen BIP pro Kopf tendenziell ein geringeres Gewicht bei der Geburt auf, die Sterblichkeit von Säuglingen und Müttern ist höher, die Kinder sind schlechter ernährt und der Zugang zu sauberem Trinkwasser fällt schlechter aus. In Ländern mit niedrigem BIP pro Kopf gehen weniger Kinder im schulpflichtigen Alter tatsächlich zur Schule, und diejenigen, die die Schule besuchen, müssen mit weniger Lehrern pro Schüler auskommen. Diese Länder haben auch weniger Radio- und Fernsehgeräte, weniger Telefone, weniger befestigte Straßen und weniger Haushalte sind an die Elektrizitätsversorgung angeschlossen.

Kurztest
Warum sollten Politikverantwortliche sich für das BIP interessieren?

20.8 Die Messung der Lebenshaltungskosten

Lebenshaltungskosten
Drückt aus, was Menschen ausgeben müssen, um einen gewissen Lebensstandard in Form einer bestimmten Menge konsumierter Waren und Dienstleistungen aufrechtzuerhalten.

Preisniveau
Ergibt sich durch die Erfassung der Preise für Waren und Dienstleistungen in einer Volkswirtschaft zu einem konkreten Zeitpunkt.

Das, was Menschen ausgeben müssen, um einen gewissen Lebensstandard in Form einer bestimmten Menge konsumierter Waren und Dienstleistungen aufrechtzuerhalten, wird als **Lebenshaltungskosten** bezeichnet. Wenn die Preise für Waren und Dienstleistungen in einer Volkswirtschaft zu einem konkreten Zeitpunkt erfasst werden, ergibt dies das **Preisniveau**. Um Veränderungen im Preisniveau erfassen und somit die Lebenshaltungskosten zu verschiedenen Zeitpunkten vergleichen zu können, müssen wir einen Weg finden, Preise in Kaufkraft umzuwandeln. Genau das ist die Aufgabe einer statistischen Größe, die als Verbraucherpreisindex bezeichnet wird.

Der Verbraucherpreisindex wird dazu verwendet, Veränderungen der Lebenshaltungskosten im Zeitablauf zu erfassen. Wenn der Verbraucherpreisindex steigt, müssen die Haushalte im Durchschnitt mehr ausgeben, um ihren bisherigen Lebensstandard aufrechtzuerhalten. Volkswirte verwenden den Begriff Inflation für einen Anstieg des allgemeinen Preisniveaus der Volkswirtschaft und den Begriff Deflation, wenn das allgemeine Preisniveau sinkt. Die Inflationsrate entspricht der prozentualen Veränderung des Preisniveaus gegenüber der Vorperiode. Ist diese negativ, erlebt die Volkswirtschaft eine Deflation.

20.9 Der Verbraucherpreisindex

Verbraucherpreisindex (VPI, engl. consumer price index, CPI)
Ein Maß für die Preisentwicklung der von einem »durchschnittlichen« Konsumenten gekauften Waren und Dienstleistungen.

Das Maß für die Preisentwicklung der von einem »durchschnittlichen« Konsumenten gekauften Waren und Dienstleistungen wird als **Verbraucherpreisindex (VPI, engl. consumer price index, CPI)** bezeichnet (früher: Preisindex für die Lebenshaltung aller Haushalte).

Der Verbraucherpreisindex wird vom Statistischen Bundesamt allmonatlich ermittelt und bekannt gegeben.

Wie der Verbraucherpreisindex berechnet wird

Wenn das Statistische Bundesamt den Verbraucherpreisindex und die Inflationsrate berechnet, verwendet es Angaben über die Preise von einigen Hundert Waren und Dienstleistungen. Um genau zu sehen, wie diese statistischen Maße ermittelt werden, wollen wir eine einfache Volkswirtschaft betrachten, in der die Konsumenten nur zwei Güter kaufen – Salate und Hamburger. Tabelle 20-4 zeigt die fünf Schritte, denen das Statistische Bundesamt bei seinen Berechnungen folgt.

1. *Festlegung von Warenkorb und Wägungsschema.* Der erste Schritt bei der Berechnung des Verbraucherpreisindex besteht darin festzulegen, welche Preise am wichtigsten für den »durchschnittlichen« Konsumenten sind. Durch die Erfassung der Verbrauchsgewohnheiten der Konsumenten ermittelt das Statistische Bundesamt, welche Waren und Dienstleistungen von dem »durchschnittlichen« Konsumenten

besonders häufig gekauft werden und somit bei der Berechnung des Verbraucherpreisindex berücksichtigt werden müssen. Auf diese Weise wird der sogenannte »Warenkorb« bestimmt. Mit welcher Gewichtung die einzelnen Güter wiederum in die Ermittlung des Verbraucherpreisindex eingehen, wird durch das sogenannte »Wägungsschema« festgelegt. In dem in Tabelle 20-4 dargestellten Beispiel setzt sich der Warenkorb aus Salaten und Hamburgern in der Gewichtung 4 Salate und 2 Hamburger zusammen.

2. *Feststellung der Preise*. Der zweite Schritt bei der Berechnung des Verbraucherpreisindex umfasst die Feststellung der Preise für jedes Gut im Warenkorb für verschiedene Zeitpunkte. Die Tabelle zeigt die Preise für Salate und Hamburger in drei verschiedenen Jahren.

3. *Berechnung des Preises des Warenkorbs*. Der dritte Schritt besteht in der Ermittlung des Preises des Warenkorbs in verschiedenen Jahren mithilfe der Güterpreise. In der Tabelle wird diese Berechnung für alle drei Jahre durchgeführt. Beachten Sie, dass sich nur die Preise in der Berechnung ändern. Indem die Verbrauchsstruktur konstant gehalten wird (4 Salate und 2 Hamburger), trennen wir die Auswirkungen von Preisänderungen von den Auswirkungen irgendwelcher Mengenänderungen, die gleichzeitig stattfinden könnten.

4. *Auswahl eines Basisjahres und Berechnung des Index*. Der vierte Schritt besteht darin, ein Jahr als Basisjahr festzulegen, das den Vergleichsmaßstab für die anderen Jahre darstellt. Zur Berechnung des Index wird der Preis des Warenkorbs in jedem Jahr durch den Preis des Warenkorbs im Basisjahr dividiert und dieses Verhältnis mit 100 multipliziert. Das Ergebnis ist der Verbraucherpreisindex. In unserem Beispiel ist das Jahr 2019 das Basisjahr. In diesem Jahr betrug der Preis des Warenkorbs 8 Euro. Der Preis des Warenkorbs in den anderen Jahren wird daher durch 8 Euro dividiert und mit 100 multipliziert. Im Jahr 2019 ist der Verbraucherpreisindex gleich 100 (der Index ist im Basisjahr immer 100). Im Jahr 2020 beträgt der Verbraucherpreisindex 175. Das bedeutet, dass der Preis des Warenkorbs im Jahr 2020 bei 175 Prozent seines Preises im Basisjahr lag. Anders ausgedrückt: Der gleiche Warenkorb, der im Basisjahr 100 Euro kostete, kostete im Jahr 2020 175 Euro. Entsprechend bedeutet ein Verbraucherpreisindex von 250 im Jahr 2021, dass 2021 das Preisniveau 250 Prozent des Preisniveaus im Basisjahr betrug.

5. *Berechnung der Inflationsrate*. Der fünfte und letzte Schritt besteht darin, mithilfe des Verbraucherpreisindex die **Inflationsrate** zu berechnen, die der prozentualen Veränderung des Preisindex gegenüber der Vorperiode entspricht. Die Inflationsrate zwischen zwei aufeinanderfolgenden Jahren errechnet sich wie folgt:

$$\text{Inflationsrate}_{\text{Jahr t}} = [(\text{CPI}_{\text{Jahr t}} - \text{CPI}_{\text{Jahr t-1}})/\text{CPI}_{\text{Jahr t-1}}] \times 100$$

wobei

$\text{CPI}_{\text{Jahr t}}$ = [Preis des Warenkorbs in Jahr t / Preis des Warenkorbs im Basisjahr] × 100
$\text{CPI}_{\text{Jahr t-1}}$ = [Preis des Warenkorbs in Jahr t−1 / Preis des Warenkorbs im Basisjahr] × 100

Inflationsrate
Die prozentuale Veränderung des Preisindex gegenüber der Vorperiode.

Tab. 20-4

Berechnung des Verbraucherpreisindex und der Inflationsrate: ein Beispiel

Schritt 1: Erfassung der Verbrauchsgewohnheiten zur Festlegung von Warenkorb und Wägungsschema

4 Salate, 2 Hamburger

Schritt 2: Feststellung des Preises für jedes Gut in jedem Jahr

Jahr	Preis für Salat (€)	Preis für Hamburger (€)
2019	1	2
2020	2	3
2021	3	4

Schritt 3: Berechnung des Preises des Warenkorbs für jedes Jahr

Jahr	Preis des Warenkorbs
2019	(1 € pro Salat × 4 Salate) + (2 € pro Hamburger × 2 Hamburger) = 8 €
2020	(2 € pro Salat × 4 Salate) + (3 € pro Hamburger × 2 Hamburger) = 14 €
2021	(3 € pro Salat × 4 Salate) + (4 € pro Hamburger × 2 Hamburger) = 20 €

Schritt 4: Auswahl eines Basisjahres (2019) und Berechnung des Verbraucherpreisindex für jedes Jahr

Jahr	Verbraucherpreisindex (CPI)
2019	(8 €/8 €) × 100 = 100
2020	(14 €/8 €) × 100 = 175
2021	(20 €/8 €) × 100 = 250

Schritt 5: Berechnung der Inflationsrate mithilfe des Verbraucherpreisindex (CPI)

Jahr	Inflationsrate
2020	(175 – 100)/100 × 100 = 75 %
2021	(250 – 175)/175 × 100 = 43 %

In unserem Beispiel erhöhte sich der Verbraucherpreisindex von 2019 auf 2020 um 75 Prozent und von 2020 auf 2021 um 43 Prozent. Somit betrug die Inflationsrate 75 Prozent im Jahr 2020 und 43 Prozent im Jahr 2021.

Obwohl dieses Beispiel eine Vereinfachung der Realität darstellt, da es lediglich zwei Güter umfasst, verdeutlicht es, auf welche Weise das Statistische Bundesamt den Verbraucherpreisindex und die Inflationsrate berechnet. Gemäß den obigen fünf Schritten ermittelt das Statistische Bundesamt allmonatlich mithilfe der Preise von einigen Hundert Waren und Dienstleistungen, wie schnell die Lebenshaltungskosten für den »durchschnittlichen« Konsumenten ansteigen. Sie können die entsprechenden Bekanntgaben des Statistischen Bundesamts regelmäßig dem Fernsehen, der Presse oder dem Internet entnehmen.

Das Statistische Bundesamt berechnet ferner **Erzeugerpreisindizes (PPI)**, die die Entwicklung der Preise für bestimmte landwirtschaftliche, forstwirtschaftliche und gewerbliche Produkte messen, die eher von Unternehmen als von privaten Haushalten gekauft werden. Da Unternehmen schließlich steigende Kosten in Form von höheren

Erzeugerpreisindex (PPI)
Ein Maß für die Preisentwicklung der von Unternehmen gekauften landwirtschaftlichen, forstwirtschaftlichen oder gewerblichen Produkte.

Verbraucherpreisen an die Konsumenten weitergeben, werden Veränderungen der Erzeugerpreisindizes oftmals als hilfreich für die Vorhersage von Veränderungen des Verbraucherpreisindex angesehen.

Probleme bei der Messung der Lebenshaltungskosten

Das Ziel des Verbraucherpreisindex besteht darin, Veränderungen der Lebenshaltungskosten zu messen. Anders ausgedrückt, versucht der Verbraucherpreisindex zu messen, welche Einkommenserhöhung erforderlich ist, um einen konstanten Lebensstandard aufrechtzuerhalten. Der Lebensstandard wird, wie bereits erwähnt, anhand der Menge an Waren und Dienstleistungen gemessen, die sich die Menschen leisten können. Nehmen Sie an, dass eine Person 2019 ein Jahresgehalt von 120 Euro pro Woche hat und davon ausschließlich Hamburger kauft, die pro Stück 2 Euro kosten. Ihr Lebensstandard ist demnach 60 Burger pro Woche. 2020 steigt der Preis der Hamburger auf 3 Euro, sodass der Lebensstandard, angenommen das Einkommen ändert sich nicht, nur noch bei 40 Hamburgern pro Woche liegt. Wir würden sagen, dass der individuelle Lebensstandard der Person gesunken ist, da sie nun weniger Hamburger konsumieren kann. Um ihren Lebensstandard konstant bei 60 Hamburgern zu halten, müsste das Einkommen der Person von 120 Euro pro Woche auf 180 Euro pro Woche ansteigen. Wenn der Einkommensanstieg mit dem Preisanstieg gleichzieht, kann die Person ihren Lebensstandard aufrechterhalten. Sollte jedoch das Einkommen mit einem niedrigeren Prozentsatz steigen als der Verbraucherpreisindex, so sinkt der Lebensstandard. Steigt das Einkommen hingegen schneller als der Verbraucherpreisindex, erhöht sich der Lebensstandard der Menschen.

Allerdings stellt der Verbraucherpreisindex kein perfektes Maß für die Lebenshaltungskosten dar, denn mit dem Index sind drei schwer zu lösende Probleme verbunden.

Substitutionsverzerrung. Das erste Problem betrifft die Substitutionsverzerrung. Bei Preisänderungen von einem Jahr zum nächsten ändern sich nicht alle Preise gleichermaßen: Manche Preise steigen mehr als andere, wieder andere fallen. Die Konsumenten reagieren auf diese unterschiedlichen Preisänderungen, indem sie geringere Mengen derjenigen Güter kaufen, deren Preise erheblich gestiegen sind, bzw. größere Mengen derjenigen Güter, deren Preise weniger stark gestiegen oder sogar gefallen sind. (Außerdem werden die unterschiedlichen Konsumenten aufgrund der Preiselastizität der Nachfrage unterschiedlich auf die Preisänderungen reagieren.) Die Konsumenten ersetzen also relativ teurer gewordene Güter durch Güter, die vergleichsweise billiger geworden sind. Der Verbraucherpreisindex wird jedoch auf der Basis eines konstanten Warenkorbs berechnet. Da mögliche Änderungen im Konsumverhalten nicht berücksichtigt werden, überzeichnet der Index den Anstieg der Lebenshaltungskosten von einem Jahr zum nächsten.

Betrachten wir ein einfaches Beispiel. Stellen Sie sich vor, dass im Basisjahr Äpfel billiger sind als Birnen, sodass die Konsumenten mehr Äpfel als Birnen kaufen. Bei der Festsetzung des Warenkorbs wird das Statistische Bundesamt eine größere Anzahl

Äpfel als Birnen aufnehmen. Nun wollen wir unterstellen, dass im nächsten Jahr die Birnen billiger sind als die Äpfel. Die Konsumenten werden natürlich auf die Preisänderungen reagieren, indem sie mehr Birnen und weniger Äpfel kaufen. Für die Berechnung des Verbraucherpreisindex zieht das Statistische Bundesamt jedoch einen konstanten Warenkorb heran, wodurch im Wesentlichen unterstellt wird, dass die Konsumenten die jetzt teureren Äpfel in den gleichen Mengen kaufen wie vorher. Aus diesem Grund wird der Index einen weit höheren Anstieg der Lebenshaltungskosten anzeigen, als ihn die Konsumenten tatsächlich erfahren.

Einführung neuer Güter. Das zweite Problem mit dem Verbraucherpreisindex ergibt sich im Zusammenhang mit der Einführung neuer Güter. Wird ein neues Gut auf den Markt gebracht, so können die Konsumenten ihre Auswahl aus einem erweiterten Warenangebot treffen. Ein größeres Angebot erhöht seinerseits den Wert jedes Euro, sodass die Konsumenten weniger Geld benötigen, um einen gegebenen Lebensstandard aufrechtzuerhalten. Um dies besser verstehen zu können, betrachten wir folgende Situation. Nehmen wir an, Sie können zwischen einem Geschenkgutschein eines großen Kaufhauses im Wert von 100 Euro und einem Geschenkgutschein eines kleinen Geschäfts um die Ecke ebenfalls im Wert von 100 Euro wählen. Wofür würden Sie sich entscheiden? Die meisten Menschen würden sich für den Gutschein des großen Kaufhauses entscheiden. Die größere Auswahl erhöht den Wert eines jeden Euro. Da die Berechnung des Verbraucherpreisindex jedoch auf einem konstanten Warenkorb basiert, spiegelt er diese Änderung der Kaufkraft des Euro nicht wider.

Betrachten wir ein weiteres Beispiel. Als Videorecorder auf den Markt kamen, konnten die Konsumenten plötzlich ihre Lieblingsfilme zu Hause sehen. Dieses neue Gut hat die Wohlfahrt der Konsumenten erhöht, indem es ihre Konsummöglichkeiten erweitert hat. Ein perfekter Lebenshaltungskostenindex würde diese Änderung durch einen Rückgang der Lebenshaltungskosten widerspiegeln. Der Verbraucherpreisindex hat sich jedoch infolge der Einführung des Videorecorders nicht verringert. Das Statistische Bundesamt hat schließlich die Zusammensetzung des Warenkorbs überarbeitet und Videorecorder neu aufgenommen, sodass der Index später Preisänderungen bei den Videorecordern berücksichtigt hat. Die mit der anfänglichen Einführung des Videorecorders verbundene Verringerung der Lebenshaltungskosten wurde aus dem Index jedoch niemals ersichtlich. Mittlerweile musste der Index mehrfach überarbeitet werden, um den Rückgang in der Nutzung von Videorecordern und den Anstieg in der Nutzung von DVD- und Blu-Ray-Playern sowie nachfolgend im Download von Filmen bzw. dem (legalen) Streaming von Filmen im Internet zu berücksichtigen.

Nicht erfasste Qualitätsänderungen. Das dritte Problem bezüglich des Verbraucherpreisindex besteht in nicht erfassten Qualitätsänderungen. Verschlechtert sich die Qualität eines Gutes von einem Jahr zum nächsten, so sinkt der Wert eines Euro, selbst wenn der Preis des Gutes unverändert bleibt. Entsprechend erhöht sich der Wert eines Euro, wenn die Qualität von einem Jahr zum nächsten steigt. Das Statistische Bundesamt versucht, Qualitätsänderungen so gut wie möglich zu berücksichtigen. Wenn sich die Qualität eines Gutes aus dem Warenkorb ändert – z. B. wenn ein bestimmtes Automodell mehr Kilowatt hat oder sein Kraftstoffverbrauch von einem

Der Verbraucherpreisindex 20.9

Information

Warenkorb und Wägungsschema

Der Verbraucherpreisindex (VPI) will ein umfassendes Bild der Preisentwicklung vermitteln, von der die privaten Haushalte betroffen sind. Es ist jedoch weder möglich noch notwendig, die Preise für alle von den Haushalten gekauften Waren und Dienstleistungen zu erheben. Es reicht hingegen aus, einige Hundert Güter auszuwählen, die stellvertretend den gesamten privaten Verbrauch repräsentieren. Zu diesem Zweck gibt es den Warenkorb. Er wird durch das Statistische Bundesamt ermittelt und ständig aktualisiert, d. h. den sich verändernden Kaufgewohnheiten der Bevölkerung angepasst. Dies stellt sicher, dass immer die Gütervarianten in die Preisbeobachtung eingehen, die aktuell besonders häufig gekauft werden. So wurden beispielsweise Disketten durch CD-Rohlinge und Schreibmaschinen durch Laserdrucker ersetzt. Die Auswahl der Waren und Dienstleistungen für den Warenkorb erfolgt durch repräsentative Stichproben in Einzelhandelsgeschäften, Dienstleistungsbüros und weiteren Berichtsstellen in repräsentativen Städten und Gemeinden. Die dort am häufigsten verkauften Produkte gehen in den Warenkorb ein. Eine Ware oder Dienstleistung wird ausgetauscht, wenn sie nicht mehr oder nur noch wenig gekauft wird. Derzeit sind im Warenkorb rund 600 Güterarten enthalten, das Basisjahr ist 2015. Der Warenkorb für den Verbraucherpreisindex in der Bundesrepublik Deutschland umfasst 12 große Güterkategorien. Diese Güterkategorien gehen mit unterschiedlich starker Gewichtung in den Verbraucherpreisindex ein.

Abbildung 20-3 zeigt dieses Wägungsschema. Das Wägungsschema bestimmt die Gewichte, mit denen die Preisentwicklung der einzelnen Produkte in den Verbraucherpreisindex eingeht. Es quantifiziert, welchen Anteil die Ausgaben für Wohnen, für Nahrungsmittel, für Freizeit, Unterhaltung und Kultur usw. jeweils haben. Die größte Ausgabenposition bilden die Ausgaben für Wohnung, Wasser und Energie.

Abb. 20-3: Gewichtung im Verbraucherpreisindex (VPI)

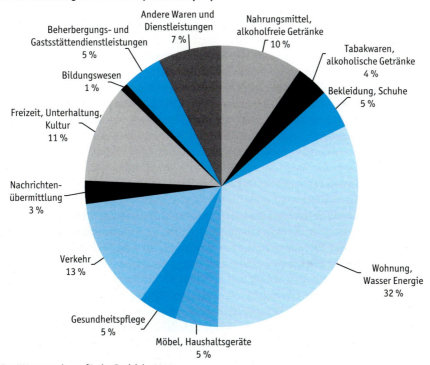

Das Wägungsschema für das Basisjahr 2015.
Quelle: Statistisches Bundesamt (Hrsg.): Preise. Verbraucherpreisindex für Deutschland. Wägungsschema für das Basisjahr 2015, Wiesbaden 2019. www.destatis.de

Fortsetzung auf Folgeseite

20.9 Die Messung der gesamtwirtschaftlichen Wohlfahrt und das Preisniveau
Der Verbraucherpreisindex

> *Fortsetzung von Vorseite*
>
> Über 30 Prozent der Verbrauchsausgaben der privaten Haushalte entfallen auf diese Position. Die zweitgrößte Ausgabenposition bilden Ausgaben für Verkehr. An dritter Stelle stehen die Ausgaben für Freizeit, Unterhaltung und Kultur – noch vor den Ausgaben für Nahrungsmittel und Getränke. Während der Warenkorb ständig aktualisiert wird, wird das Wägungsschema nur alle fünf Jahre angepasst. Die Preiserfassung erfolgt monatlich durch Preiserheberinnen und Preiserheber, die in den repräsentativen Berichtstellen die Preisentwicklung der entsprechenden Güter dokumentieren. Zusätzlich erfolgt eine zentrale Preiserfassung über das Internet, Versandhauskataloge usw. So werden monatlich über 300.000 Preise erfasst. Bei der Preiserfassung werden bei den Produkten auch Mengenänderungen berücksichtigt (z. B. wird eine Reduktion des Inhalts als Preiserhöhung bewertet) und qualitative Verbesserungen soweit möglich herausgerechnet. Zur Berechnung des Verbraucherpreisindex wird schließlich die durchschnittliche Preisentwicklung gegenüber dem Basisjahr für eine Güterart ermittelt und dann mit dem Ausgabenanteil gewichtet, der im Wägungsschema festgelegt ist.

zum nächsten Jahr abgenommen hat – korrigiert das Statistische Bundesamt den Preis des Gutes, um der Qualitätsänderung Rechnung zu tragen. Das Statistische Bundesamt versucht im Wesentlichen, den Preis eines Warenkorbs mit Gütern konstanter Qualität zu berechnen. Nichtsdestotrotz bleiben Qualitätsänderungen ein Problem, da Qualität schwer messbar ist.

Relevanz des Verbraucherpreisindex und gefühlte Inflation. Abschließend ist die Problematik zu nennen, dass Menschen die mit dem Verbraucherpreisindex gemessene Inflationsrate für ihre persönliche Situation als nicht relevant erachten, da sich ihre Konsumausgaben anders zusammensetzen, als durch den Warenkorb repräsentiert. Sollte beispielsweise eine Person einen hohen Prozentsatz ihres Einkommens auf Benzin und die Abzahlung ihrer Immobilienhypothek verwenden, so würde ein Anstieg der Preise für Benzin, Gas und Strom oder ein Anstieg der Hypothekenzinssätze dazu führen, dass die von ihr individuell wahrgenommene Inflation weit höher ist als die amtlich ermittelte.

Für die Wahrnehmung der Preissteigerung ist es entscheidend, wie oft ein bestimmtes Produkt gekauft wird. Je häufiger man ein Produkt kauft, desto stärker wirkt sich ein Preisanstieg bei diesem Produkt auf die gefühlte Inflation aus. Auf dieser Grundlage hat Hans Wolfgang Brachinger, Professor für Statistik an der Universität Fribourg in der Schweiz, in Kooperation mit dem Statistischen Bundesamt einen »Index der wahrgenommenen Inflation« (IWI) entwickelt. Die Berechnung des IWI bezieht sich dabei auf die Erkenntnisse der Wahrnehmungspsychologie, insbesondere auf die Prospect Theory und die Verfügbarkeitsheuristik von David Kahneman und Amos Tversky (vergleiche vorangegangene Kapitel). Nach Berechnungen der Großbank UniCredit lag der IWI in Deutschland beispielsweise im Juli 2020 bei −1,8 Prozent, und die wahrgenommene Preissenkung war damit wesentlich stärker als die vom Statistischen Bundesamt ermittelte −0,1 Prozent. Im Unterschied zur amtlichen Statistik berücksichtigt der IWI, wie häufig bestimmte Produkte gekauft werden. Da Lebensmittel wie frisches Obst, Gemüse und Käse regelmäßig gekauft werden, nehmen Verbraucher Preissteigerungen bei diesen Produkten besonders deutlich wahr. Gleichzeitig fließen Preissteigerungen mit einem doppelt so großen Gewicht in die Berechnung des

Abb. 20-4

Indexwerte des HICP in den Mitgliedstaaten der Europäischen Union (2015 = 100), Januar 2021

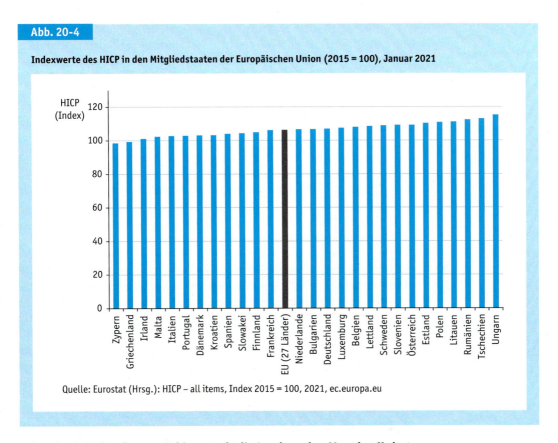

Quelle: Eurostat (Hrsg.): HICP – all items, Index 2015 = 100, 2021, ec.europa.eu

Index ein wie Preissenkungen. Dahinter steckt die Annahme, dass Menschen Verluste höher bewerten als Gewinne (Verlustaversion der Prospect Theory).

Da insbesondere Gering- und Durchschnittsverdiener einen Großteil ihres Einkommens für Waren des täglichen Bedarfs ausgeben und damit von Preissteigerungen bei diesen Produkten besonders betroffen sind, kann die gefühlte Inflation damit einen Beitrag zur Erklärung des Konsumverhaltens der Verbraucher liefern.

Der harmonisierte Verbraucherpreisindex (HVPI/HICP)

Neben dem Verbraucherpreisindex berechnet das Statistische Bundesamt seit 1997 auch einen Harmonisierten Verbraucherpreisindex (HVPI) für die Bundesrepublik Deutschland, der jährlich aktualisiert wird. Der HVPI (engl. harmonized index of consumer prices, HICP) ist eine Kennzahl, auf deren Grundlage die Preisentwicklung innerhalb der Europäischen Union gemessen und verglichen wird. Die Konzeption und Berechnung eines eigenständigen Preisindex auf europäischer Ebene ist notwendig, da sich die Verbraucherpreisindizes in den einzelnen Mitgliedstaaten hinsichtlich ihrer Berechnungsmethodik und der erfassten Gütergruppen unterscheiden.

Der HICP wird für die Mitgliedstaaten der Europäischen Union, für Norwegen, Island, die Schweiz und die Türkei ermittelt. Die Einhaltung der Regeln zur Ermittlung des HICP wird von Eurostat überwacht. Eurostat berechnet auf der Grundlage der nationalen HICP Verbraucherpreisindizes für die EU und den Euroraum.

Abbildung 20-4 zeigt die Indexwerte des HICP innerhalb der EU für den Monat Januar 2021. Da die einzelnen Preisindizes auf der Grundlage einheitlicher Regeln berechnet wurden, kann man die Werte unmittelbar miteinander vergleichen. Mit Blick auf das Basisjahr 2015 ist zu erkennen, dass der Preisanstieg in den einzelnen EU-Staaten zwischen 1 (Irland) und 15 Prozent lag (Ungarn). In den großen Volkswirtschaften Deutschland und Frankreich sind die Preise seit 2015 um rund 7 Prozent bzw. 6 Prozent gestiegen. Zypern und Griechenland erlebten eine leichte Deflation.

BIP-Deflator versus Verbraucherpreisindex

Erinnern Sie sich, dass der BIP-Deflator im Verhältnis von nominalem zu realem BIP besteht. Da das nominale BIP dem in laufenden Preisen gemessenen Wert der Produktionsleistung einer Wirtschaft entspricht und das reale BIP dem zu Preisen des Vorjahres gemessenen Wert der Produktionsleistung einer Wirtschaft, spiegelt der BIP-Deflator das Verhältnis von laufendem Preisniveau zum Preisniveau des Basisjahres wider.

Sowohl Volkswirte als auch Politiker beobachten den BIP-Deflator und den Verbraucherpreisindex, um zu beurteilen, wie schnell die Preise steigen. Normalerweise unterscheiden sich diese beiden statistischen Maße kaum im Hinblick auf ihre Aussage über die Entwicklung des Preisniveaus der Volkswirtschaft. Sie weisen jedoch zwei wichtige konzeptionelle Unterschiede auf, die zu Abweichungen führen können.

Der erste Unterschied besteht darin, dass der BIP-Deflator die Preise derjenigen Waren und Dienstleistungen erfasst, die *im Inland erzeugt* worden sind, während der Verbraucherpreisindex die Preise derjenigen Güter enthält, die *von den privaten Haushalten gekauft* worden sind. Der Anstieg des Preises eines in Deutschland produzierten Gutes, das ausschließlich von Unternehmen oder vom Staat gekauft wird, erhöht somit den deutschen BIP-Deflator, nicht aber den Verbraucherpreisindex. Entsprechend führt ein Preisanstieg bei schwedischen Importwagen z. B. zu einer Erhöhung des deutschen Verbraucherpreisindex, da die Autos von deutschen Konsumenten gekauft werden, der BIP-Deflator erhöht sich jedoch nicht unbedingt.

Der zweite und subtilere Unterschied zwischen dem BIP-Deflator und dem Verbraucherpreisindex betrifft die Frage, wie die vielen verschiedenen Preise durch Gewichtung zu einer einzigen Zahl für das allgemeine Preisniveau aggregiert werden. Der Verbraucherpreisindex vergleicht den Preis eines festen Warenkorbs mit dem Preis des Warenkorbs im Basisjahr. Das Statistische Bundesamt überarbeitet die Zusammensetzung des Warenkorbs lediglich in Zeitabständen von etwa fünf Jahren. Dagegen vergleicht der BIP-Deflator den Preis der gegenwärtig produzierten Waren und Dienstleistungen mit dem Preis der gleichen Waren und Dienstleistungen im Vorjahr. Die Zusammensetzung der Gruppe von Waren und Dienstleistungen, die der Berechnung des BIP-Deflators zugrunde liegt, ändert sich also automatisch im Zeitablauf. Dieser

Unterschied ist nicht wichtig, wenn sich alle Preise gleichermaßen ändern. Wenn sich jedoch die Preise verschiedener Waren und Dienstleistungen in unterschiedlichem Maß ändern, wirkt sich die Art und Weise der Gewichtung der verschiedenen Preise auf die ermittelte Inflationsrate aus.

> **Kurztest**
> Erklären Sie kurz, was mit dem Verbraucherpreisindex gemessen werden soll und wie er ermittelt wird.

20.10 Inflationsbereinigung von ökonomischen Größen

Der Zweck der Messung des allgemeinen Preisniveaus in der Wirtschaft besteht darin, einen Vergleich von Geldbeträgen aus unterschiedlichen Zeitpunkten zu ermöglichen. Da wir nun wissen, wie Preisindizes berechnet werden, wollen wir im Folgenden untersuchen, wie wir einen solchen Index dazu verwenden können, einen Geldbetrag aus der Vergangenheit mit einem Geldbetrag in der Gegenwart zu vergleichen.

Geldbeträge unterschiedlicher Zeitpunkte

Um Geldbeträge über einen bestimmten Zeitraum hinweg zu vergleichen, müssen wir das Preisniveau sowohl in der Vergangenheit als auch der Gegenwart kennen. Das historische Preisniveau ist dabei in heutige Währungseinheiten umzurechnen. Ein Preisindex bestimmt die Höhe dieser Inflationsbereinigung.

Um einen Betrag in Pfund aus einem bestimmten *Jahr T* in einen Betrag in Pfund heute umzurechnen, benutzt man die folgende Formel (unter der Annahme, dass das Preisniveau heute und das Preisniveau im *Jahr T* in Bezug auf dasselbe Basisjahr gemessen werden):

$$\text{Betrag in Pfund heute} = \text{Betrag in Pfund im } Jahr\ T \times \frac{(\text{Preisniveau heute})}{(\text{Preisniveau im } Jahr\ T)}$$

Dabei wird das Preisniveau durch einen Preisindex wie den Verbraucherpreisindex gemessen und damit der Umfang der »Inflationskorrektur« bestimmt. Nehmen wir als Beispiel das Gehalt von Abgeordneten des britischen Unterhauses. Im Jahr 1947 betrug dieses nach offiziellen Angaben 1.000 Pfund pro Jahr. Das britische Amt für Nationale Statistik ONS gibt den Preisindex (PI) für 1947 mit 28,9 und für 2020 mit 1.018,6 an. Setzt man diese Zahlen in die Formel ein, erhält man:

$$\text{Gehalt von 2020 in Pfund} = \text{Gehalt von 1947 in Pfund} \times \frac{(\text{Preisniveau 2020})}{(\text{Preisniveau 1947})}$$

= 1.000 Pfund × (1.018,6/28,9)
= 35.245 Pfund

Wir kommen zu dem Ergebnis, dass das Gehalt eines Abgeordneten im Jahr 1947 einem Gehalt im Jahr 2020 von 35.245 Pfund entspricht. Nehmen wir an, dass das Jahresgrundgehalt eines Abgeordneten im Jahr 2020 74.000 Pfund beträgt. Dann dürfte ein Abgeordneter im Jahr 2020 in Bezug auf das von ihm bezogene Gehalt deutlich besser gestellt sein als seine Landsleute im Jahr 1947.

Indexierung

Wie wir gerade gesehen haben, werden Preisindizes dazu verwendet, die Wirkungen der Inflation bei einem Vergleich von Geldbeträgen unterschiedlicher Zeitpunkte auszuschalten. Die vertraglich oder gesetzlich festgelegte automatische Inflationsbereinigung von Geldwerten wird als **Indexierung** bezeichnet.

Je nach Objekt der Indexierung kann zwischen Lohnindexierung, Zinsindexierung, Steuerindexierung usw. unterschieden werden. Beispielsweise werden in den USA die Sozialversicherungsrenten automatisch an Veränderungen des Verbraucherpreisindex angepasst. Ein ähnlicher Effekt ergibt sich im deutschen System der sozialen Sicherung aufgrund der dynamischen Rentenanpassung an die Lohn- und Gehaltsentwicklung.

> **Indexierung**
> Die vertraglich oder gesetzlich festgelegte automatische Inflationsbereinigung von Geldwerten.

Real- und Nominalzinssätze

Eine Bereinigung wirtschaftlicher Variablen um die Wirkungen der Inflation ist besonders wichtig – und zudem gar nicht einfach – im Hinblick auf Zinssätze. Wenn Sie Ihre Ersparnisse auf einem Bankkonto anlegen, erhalten Sie Zinsen auf Ihr Sparguthaben. Umgekehrt müssen Sie Zinsen zahlen, wenn Sie einen Kredit bei einer Bank aufnehmen. Zinsen stellen eine Zahlung in der Zukunft für eine Geldübertragung in der Vergangenheit dar. Infolgedessen beinhalten Zinssätze immer einen Vergleich von Geldbeträgen unterschiedlicher Zeitpunkte.

Betrachten wir ein Beispiel: Nehmen Sie an, Carla legt 1.000 Euro auf einem Bankkonto an und erhält dafür jährlich 10 Prozent Zinsen. Nach einem Jahr haben sich Zinsen in Höhe von 100 Euro angesammelt und Carla hebt die 1.100 Euro von ihrem Konto ab. Ist sie nun um 100 Euro reicher als vor einem Jahr?

Die Antwort hängt davon ab, was wir unter dem Wort »reicher« verstehen. Carla hat 100 Euro mehr als vorher. Anders ausgedrückt, der Euro-Betrag hat sich um 10 Prozent erhöht. Sind jedoch die Preise gleichzeitig gestiegen, können mit jedem Euro weniger Güter gekauft werden als im Jahr zuvor. Folglich ist ihre Kaufkraft nicht um 10 Prozent gestiegen. Im Fall einer Inflationsrate von 4 Prozent hat sich der Güterberg, der gekauft werden kann, nur um 6 Prozent erhöht. Falls die Inflationsrate 15 Prozent betrug, ist Carlas Kaufkraft sogar um 5 Prozent gesunken.

Gehen wir zur Vereinfachung davon aus, dass Carla Musik mag und nur Musik-CDs kauft. Als Carla ihr Geld anlegt hat, kostete eine CD im CD-Laden um die Ecke 10 Euro.

20.10 Inflationsbereinigung von ökonomischen Größen

Ihre Anlage entspricht also dem Wert von 100 CDs. Nach einem Jahr kann Carla 1.100 Euro von ihrem Konto abheben. Wie viele CDs kann sie sich jetzt dafür kaufen? Das hängt natürlich davon ab, was eine CD jetzt kostet. Hier einige Möglichkeiten:

Bei einer Inflationsrate von 0 kostet eine CD immer noch 10 Euro, und Carla kann sich nun 110 CDs kaufen. Der Anstieg des Geldbetrags um 10 Prozent führt also zu einem Anstieg der Kaufkraft um 10 Prozent.

Bei einer Inflationsrate von 6 Prozent steigt der Preis einer CD von 10 Euro auf 10,60 Euro. Mit dem Geldbetrag von 1.100 Euro kann sich Carla in diesem Fall statt 100 CDs nun 103 CDs kaufen. Ihre Kaufkraft ist demzufolge um 3 Prozent gestiegen.

Bei einer Inflationsrate von 10 Prozent erhöht sich der CD-Preis von 10 Euro auf 11 Euro. Obwohl Carlas Vermögen von 1.000 auf 1.100 Euro gestiegen ist, kann sie weiterhin nur 100 CDs kaufen. Ihre Kaufkraft ist also unverändert. Bei einer Inflationsrate von 12 Prozent kostet eine CD nun 11,20 Euro, und Carla kann sich trotz ihres gestiegenen Vermögens nur noch 98 CDs kaufen. Ihre Kaufkraft ist um 2 Prozent gesunken.

Wenn Carla in einer Volkswirtschaft lebt, in der Deflation herrscht, also sinkende Preise, würde Folgendes passieren: Bei einer Deflation von 2 Prozent (oder einer Inflationsrate von –2 Prozent) sinkt der Preis für eine CD von 10 auf 9,80 Euro und Carla kann sich nun 112 CDs kaufen. Ihre Kaufkraft ist um 12 Prozent gestiegen.

Diese Beispiele zeigen, dass Carlas Kaufkraft umso geringer ansteigt, je höher die Inflation ausfällt. Ist die Inflationsrate höher als der Zinssatz, dann sinkt ihre Kaufkraft sogar. Und herrscht Deflation, dann wird der Kaufkraftanstieg der Verzinsung noch verstärkt. Um zu verstehen, wie hoch die Erträge einer Sparanlage sind, müssen wir demzufolge sowohl den Zinssatz als auch die Inflationsrate betrachten.

Der Zinssatz, den die Bank bezahlt, wird als **Nominalzinssatz**, der um die Inflationsrate bereinigte Zinssatz als **Realzinssatz** bezeichnet. Wir können die Beziehung zwischen Nominalzinssatz, Realzinssatz und Inflationsrate wie folgt ausdrücken:

Realzinssatz = Nominalzinssatz − Inflationsrate

oder $r_t = i_t - \pi_t$

Der Realzinssatz (r_t) zu einem bestimmten Zeitpunkt entspricht der Differenz aus Nominalzinssatz (i_t) und Inflationsrate (π_t) zu diesem Zeitpunkt. Der Nominalzinssatz gibt an, wie schnell das Guthaben auf Ihrem Bankkonto im Zeitablauf zunimmt. Der Realzinssatz drückt aus, wie schnell die Kaufkraft Ihres Sparguthabens im Zeitablauf ansteigt.

Nominalzinssatz
Zinssatz ohne Bereinigung um die Wirkungen der Inflation.

Realzinssatz
Zinssatz, der um die Wirkungen der Inflation bereinigt ist.

> **Kurztest**
> Warum ist es bei der Beurteilung von Gehaltserhöhungen und Kapitalerträgen notwendig, immer die Inflation zu berücksichtigen?

20.11 Fazit

In diesem Kapitel haben wir uns damit beschäftigt, wie Ökonomen das Gesamteinkommen eines Landes messen. Selbstverständlich ist die Messung nur der Anfang. Ein großer Teil der makroökonomischen Forschung befasst sich damit, die kurz- und langfristigen Determinanten des Bruttoinlandsprodukts zu untersuchen. Warum etwa kommt es in den meisten Volkswirtschaften zu Schwankungen in der Wirtschaftstätigkeit? Warum sind wichtige makroökonomische Maßgrößen wie Inflation, Arbeitslosigkeit, Zinssätze oder Wechselkurse zentrale Größen für die Bestimmung des wirtschaftlichen Wohlstands? Was können die Regierungen in den ärmsten Ländern unternehmen, um ein höheres BIP-Wachstum zu erzielen? Warum steigt das BIP in Deutschland in manchen Jahren stark an und fällt in anderen? Was können Politiker tun, um die Stärke dieser Schwankungen abzuschwächen? All das sind Fragen, die wir in Kürze aufgreifen werden.

Bei dieser Interpretation des BIP als ein Maß des ökonomischen Wohlstands dürfen wir andererseits die Begrenzungen nicht vergessen, die diese Maßgröße aufweist, und dass die Gesamtwohlfahrt eines Landes noch ganz andere Faktoren einschließen kann als das Einkommen allein.

Wenn wir Werte in Geldbeträgen bzw. Nominalbeträgen vergleichen, die sich auf unterschiedliche Jahre oder Monate beziehen, müssen wir auch im Hinterkopf behalten, dass der Euro oder Dollar heute nicht genauso viel wert ist wie ein Euro oder ein Dollar vor 10 Jahren und höchstwahrscheinlich auch nicht so viel wie ein Euro oder Dollar in 10 Jahren. Wir haben gesehen, wie Volkswirte das allgemeine Preisniveau in der Volkswirtschaft messen und wie sie Preisindizes dazu verwenden, ökonomische Größen um die Effekte der Inflation zu bereinigen. Diese Analyse ist jedoch nur der Anfang. Wir haben bislang weder Ursachen und Wirkungen von Inflation noch deren Zusammenspiel mit anderen ökonomischen Größen analysiert. Dafür müssen wir über Fragen der Messung makroökonomischer Daten hinausgehen. Mit dem Wissen darüber, wie Ökonomen makroökonomische Größen messen, sind wir nun in der Lage, Modelle zu erarbeiten, die das langfristige und kurzfristige Verhalten dieser Variablen erklären.

Zusammenfassung

- Da jede Transaktion einen Käufer und einen Verkäufer umfasst, müssen die gesamten Ausgaben einer Volkswirtschaft dem gesamten Einkommen dieser Volkswirtschaft entsprechen.
- Das Bruttoinlandsprodukt (BIP) misst die gesamten Ausgaben für neu produzierte Waren und Dienstleistungen und das gesamte Einkommen, das aus der Produktion dieser Güter erzielt wird. Genauer gesagt ist das BIP der Marktwert aller Endprodukte und Dienstleistungen, die innerhalb eines Landes in einer bestimmten Periode hergestellt werden.
- Das BIP lässt sich in vier Ausgabenbestandteile aufteilen: Konsum, Investitionen, Staatsausgaben und Nettoexporte. Der Konsum umfasst Ausgaben für Waren und

Fazit 20.11

Dienstleistungen seitens der Haushalte mit Ausnahme des Grundstückskaufs sowie des Neubaus von Wohnungen und Häusern. Die Investitionen beinhalten Ausgaben für Ausrüstungen und Bauten, einschließlich des Erwerbs von Grundstücken und Neubauten von Wohnungen und Häusern durch die privaten Haushalte. Die Staatsausgaben enthalten Ausgaben für Waren und Dienstleistungen seitens des Staates sowie seiner Gebietskörperschaften (Länder, Städte, Gemeinden). Die Nettoexporte entsprechen dem Wert der Waren und Dienstleistungen, die im Inland hergestellt und an das Ausland verkauft werden (Exporte), abzüglich des Werts der Waren und Dienstleistungen, die im Ausland produziert und im Inland abgesetzt werden (Importe).

▸ Das nominale BIP verwendet die laufenden Preise, um den Wert der gesamtwirtschaftlichen Produktionsleistung an Waren und Dienstleistungen zu ermitteln. Das reale BIP verwendet die konstanten Preise eines Basisjahres, um den Wert der gesamtwirtschaftlichen Produktionsleistung an Gütern zu ermitteln. Der BIP-Deflator – berechnet als Verhältnis von nominalem zu realem BIP – misst das Preisniveau einer Volkswirtschaft.

▸ Das BIP ist eine Maßgröße der ökonomischen Wohlfahrt. Es hat jedoch seine Begrenzungen, da es etwa illegale Transaktionen ausschließt, aber auch die wohlfahrtsfördernden Wirkungen von Arbeit außerhalb von Märkten wie Haushaltspflege, Kindererziehung oder ehrenamtliche Tätigkeiten.

▸ Wegen der Begrenzungen des BIP fördert eine Reihe von Staaten die Erfassung breiterer Wohlstandsmaße, die auch subjektive wie objektive Berichte darüber berücksichtigen, wie Menschen ihr Leben und ihre Lebensumstände einschätzen.

▸ Der Verbraucherpreisindex (CPI) gibt den Preis eines Warenkorbs im Verhältnis zum Preis desselben Warenkorbs im Basisjahr an. Der Index wird als Maßstab für das allgemeine Preisniveau in der Volkswirtschaft verwendet. Die prozentuale Veränderung des Verbraucherpreisindex entspricht der Inflationsrate.

▸ Der Verbraucherpreisindex stellt aus vier Gründen ein unvollkommenes Maß für die Lebenshaltungskosten dar. Erstens berücksichtigt er nicht die Möglichkeit der Konsumenten, relativ teurer gewordene Güter durch relativ billiger gewordene Güter zu substituieren. Zweitens spiegelt er nicht die Erhöhung der Kaufkraft des Geldes aufgrund der Einführung neuer Güter wider. Drittens wird er durch nicht erfasste Qualitätsänderungen bei Waren und Dienstleistungen verzerrt. Aufgrund dieser Messprobleme überschätzt der CPI die Inflation.

▸ Obwohl der BIP-Deflator ebenfalls ein Maß für das allgemeine Preisniveau der Volkswirtschaft darstellt, unterscheidet er sich vom Verbraucherpreisindex (CPI), da er eher die erzeugten Waren und Dienstleistungen erfasst anstatt die konsumierten. Infolgedessen wirken sich Preisänderungen bei importierten Gütern auf den Verbraucherpreisindex aus, aber nicht unbedingt auf den BIP-Deflator. Wäh-

Stichwörter

- Bruttoinlandsprodukt (BIP)
- Bruttonationaleinkommen (BNE)
- Konsum, privater Verbrauch
- Investitionen
- Staatsausgaben
- Transferleistungen
- Nettoexporte (Außenbeitrag)
- Bruttoinlandsprodukt pro Kopf, Pro-Kopf-Einkommen
- reales BIP
- BIP zu konstanten Preisen
- BIP zu Marktpreisen
- nominales BIP
- BIP-Deflator
- Lebenshaltungskosten
- Preisniveau
- Verbraucherpreisindex (VPI, engl. consumer price index, CPI)
- Inflationsrate
- Erzeugerpreisindex (PPI)
- Indexierung
- Nominalzinssatz
- Realzinssatz

- rend der Verbraucherpreisindex unter Verwendung eines festen Warenkorbs berechnet wird, lässt der BIP-Deflator Veränderungen des Warenkorbs im Zeitablauf zu, wenn sich die Zusammensetzung des BIP ändert.
- Geldbeträge (z. B. in Euro), die sich auf unterschiedliche Zeitpunkte beziehen, erlauben keinen zuverlässigen Kaufkraftvergleich. Für einen Vergleich eines Geldbetrags aus der Vergangenheit mit einem aktuellen Geldbetrag muss der ältere Geldbetrag mithilfe eines Preisindex inflationiert werden.
- Gesetze und private Verträge nutzen Preisindizes zur Inflationsbereinigung von Daten.
- Eine Inflationsbereinigung ist insbesondere im Hinblick auf Zinssätze wichtig. Der Nominalzinssatz ist der üblicherweise bekannt gegebene Zinssatz; er gibt an, wie schnell das Guthaben auf einem Bankkonto im Zeitablauf zunimmt. Im Gegensatz dazu berücksichtigt der Realzinssatz Geldwertänderungen im Zeitablauf. Der Realzinssatz entspricht dem Nominalzinssatz abzüglich der Inflationsrate.

Wiederholungsfragen

1. Was trägt in höherem Maße zum BIP bei – die Herstellung eines sparsamen Autos oder die Herstellung eines Luxuswagens? Warum?
2. Ein Landwirt verkauft Mehl an einen Bäcker für 2 Euro. Der Bäcker verwendet dieses Mehl zum Backen von Brot, welches er für 3 Euro verkauft. Was trägt in welcher Höhe zum BIP bei?
3. Vor vielen Jahren hat Peggy insgesamt 500 Euro für ihre Plattensammlung ausgegeben. Nun hat sie diese für 100 Euro auf dem Flohmarkt verkauft. Wie beeinflusst dieser Verkauf das laufende BIP?
4. Zählen Sie die vier Bestandteile des BIP auf. Geben Sie zu jeder Kategorie ein Beispiel an.
5. Welche Aspekte des Lebens finden bei der Ermittlung des BIP keine Berücksichtigung?
6. Was, denken Sie, hat eine größere Auswirkung auf den Verbraucherpreisindex: ein Anstieg des Preises für Hähnchen um 10 Prozent oder eine Erhöhung des Kaviarpreises um 10 Prozent? Begründen Sie Ihre Antwort.
7. Beschreiben Sie die drei Probleme, aufgrund derer der Verbraucherpreisindex ein unvollkommenes Maß für die Lebenshaltungskosten darstellt.
8. Wird der BIP-Deflator oder der Verbraucherpreisindex durch einen Preisanstieg bei Düsenjägern beeinflusst? Begründen Sie Ihre Antwort.
9. Über einen längeren Zeitraum ist der Preis für einen Lutscher von 0,10 Euro auf 0,60 Euro angestiegen. Im gleichen Zeitraum hat sich der Verbraucherpreisindex von 150 auf 300 erhöht. Um wie viel hat der Preis für einen Lutscher inflationsbereinigt zugenommen?
10. Erklären Sie, was unter dem Nominalzinssatz und dem Realzinssatz zu verstehen ist. In welcher Beziehung stehen diese beiden Größen zueinander?

Aufgaben und Anwendungen

1. Welche der Komponenten des BIP (wenn überhaupt) werden durch die folgenden Transaktionen berührt? Erläutern Sie Ihre Antwort.
   a. Eine Familie kauft einen neuen Kühlschrank.
   b. Tante Jane kauft ein neues Haus.
   c. Volkswagen verkauft ein Auto aus seinen Lagerbeständen.
   d. Sie kaufen eine Pizza.
   e. Das Bundesland Sachsen lässt eine Straße ausbessern.
   f. Ihre Eltern kaufen eine Flasche kalifornischen Wein.
   g. General Motors erweitert eine seiner deutschen Produktionsstätten.

2. Die Komponente »Staatsausgaben« des BIP enthält keine Transferzahlungen, wie z. B. Sozialhilfeleistungen. Erklären Sie anhand der Definition des BIP, wieso Transferzahlungen nicht im BIP enthalten sind.

3. Warum zählt Ihrer Meinung nach der Erwerb neuer Häuser oder Wohnungen seitens der Haushalte zu den Investitionen und nicht zum Konsum? Können Sie sich eine Begründung dafür vorstellen, warum der Kauf neuer Autos auch eher zu den Investitionen als zum Konsum gezählt werden sollte? Auf welche anderen Konsumgüter ließe sich diese Logik auch anwenden?

4. Für das Schlaraffenland seien folgende Daten gegeben:

Jahr	Preis für Milch (€)	Milchmenge (Liter)	Preis für Honig (€)	Honigmenge (Liter)
2019	1	100	2	50
2020	1	200	2	100
2021	2	200	4	100

   a. Berechnen Sie das nominale BIP für jedes Jahr. Berechnen Sie das reale BIP für die Jahre 2020 und 2021 (Vorjahrespreisbasis).
   b. Berechnen Sie den BIP-Deflator für die Jahre 2020 und 2021. Was lässt sich bezüglich der Preisentwicklung im Schlaraffenland feststellen?
   c. In welchem Jahr ist der ökonomische Wohlstand höher: 2020 oder 2021?

5. Fred der Friseur hat jeden Tag Einnahmen in Höhe von 400 Euro. Für die Abnutzung seines Equipments fallen 50 Euro an. Von den restlichen 350 Euro führt Fred 30 Euro Umsatzsteuer an den Staat ab, nimmt 320 Euro als Einkommen mit nach Hause und spart 100 Euro für neue Anschaffungen. Von seinem Einkommen in Höhe von 220 Euro zahlt Fred noch 70 Euro Einkommensteuer. Berechnen Sie auf der Grundlage dieser Information die folgenden Größen:
   a. das Bruttoinlandprodukt,
   b. das Nettonationaleinkommen,
   c. das Volkseinkommen,

d. das Einkommen der privaten Haushalte,
e. das verfügbare Einkommen.

6. Verkauft ein Landwirt dieses Jahr die gleiche Menge an Korn wie vergangenes Jahr, jedoch zu einem diesjährig höheren Preis, so hat sein Einkommen zugenommen. Können Sie daraus schließen, dass es ihm besser geht? Erläutern Sie Ihre Überlegungen.

7. Ein Freund erzählt Ihnen, dass das reale BIP Chinas 1,5-mal so hoch ist wie das reale BIP der Bundesrepublik Deutschland. Kann man daraus schlussfolgern, dass es China ökonomisch gesehen besser geht als Deutschland? Warum oder warum nicht?

8. Die Beteiligung von Frauen am Erwerbsleben hat in den letzten Jahrzehnten in Deutschland stark zugenommen (insbesondere nochmals nach der deutschen Vereinigung).
   a. Wie hat sich dies Ihrer Meinung nach auf das BIP ausgewirkt?
   b. Stellen Sie sich nun ein Wohlstandsmaß vor, das Hausarbeit und Freizeit einbezieht. Wie würde sich dieses Maß im Vergleich zur Veränderung des BIP verhalten?
   c. Können Sie sich andere Wohlstandsaspekte vorstellen, die mit einer erhöhten Erwerbsbeteiligung von Frauen verbunden sind? Wäre es sinnvoll, ein Wohlstandsmaß zu entwickeln, das solche Aspekte mit umfasst?

9. Stellen Sie sich vor, dass die privaten Haushalte lediglich die drei in der folgenden Tabelle aufgeführten Güter kaufen:

	Tennisbälle	Tennisschläger	Gatorade
2019 Preis (in € je Stück)	2	200	1
2019 Menge	100	10	200
2020 Preis (in € je Stück)	2	300	2
2020 Menge	100	10	200

   a. Wie hoch ist die prozentuale Preisänderung bei jedem der drei Güter? Wie hoch ist die prozentuale Änderung des allgemeinen Preisniveaus?
   b. Werden die Tennisschläger relativ zu Gatorade teurer oder billiger? Verändert sich die Wohlfahrt mancher Konsumenten relativ zu der Wohlfahrt anderer Konsumenten? Begründen Sie Ihre Antwort.

10. Nehmen Sie an, die Einwohner von »Veggieland« geben ihr gesamtes Einkommen für Blumenkohl, Brokkoli und Karotten aus. 2019 kaufen sie 100 Stück Blumenkohl für 200 Euro, 50 Stück Brokkoli für 75 Euro und 500 Karotten für 50 Euro. 2020 kaufen sie 75 Stück Blumenkohl für 225 Euro, 80 Stück Brokkoli für 120 Euro und 500 Karotten für 100 Euro. Das Basisjahr sei 2019. Wie hoch ist in den beiden Jahren jeweils der Verbraucherpreisindex? Wie hoch ist die Inflationsrate 2020?

11. Erläutern Sie anhand der nachfolgenden Sachverhalte die Probleme bei der Ermittlung des Verbraucherpreisindex.
  a. Die Erfindung des iPhones.
  b. Die Einführung des Einparkassistenten in Personenkraftwagen.
  c. Eine Zunahme der Käufe von Tablet-PCs als Folge eines Preisrückgangs.
  d. Ein zunehmender Einsatz kraftstoffsparender Autos infolge eines Anstiegs des Benzinpreises.

12. Im Deutschland kostete eine Packung Eier (10 Stück) im Jahr 1950 1,12 Euro und 1,95 Euro im Jahr 2019. Der durchschnittliche Stundenlohn betrug 0,56 Euro im Jahr 1950 und 18,63 Euro im Jahr 2019.
  a. Um welchen Prozentsatz hat sich der Preis für eine Packung Eier erhöht?
  b. Um welchen Prozentsatz ist der Lohn gestiegen?
  c. Wie viele Minuten musste ein Arbeiter in den beiden Jahren jeweils arbeiten, um sich eine Packung Eier leisten zu können?
  d. Ist die Kaufkraft der Arbeiter, gemessen in Eiern, gestiegen oder gesunken?

13. Nehmen Sie an, ein Kreditnehmer und ein Kreditgeber sind sich über den für einen Kredit zu bezahlenden Nominalzinssatz einig. Später stellt sich heraus, dass die Inflation höher ist, als die beiden erwartet haben.
  a. Ist der Realzinssatz für diesen Kredit höher oder niedriger als erwartet?
  b. Kommt es für den Kreditgeber zu einem Gewinn oder zu einem Verlust aufgrund der unerwartet hohen Inflation? Wie sieht es für den Kreditnehmer aus?
  c. In den USA war die Inflation im Lauf der 1970er-Jahre weit höher als von den meisten Menschen zu Beginn des Jahrzehnts erwartet. Welche Folgen hatte dies für Hausbesitzer, die in den 1960er-Jahren Hypotheken zu festgesetzten Zinssätzen aufgenommen haben, und welche für die Banken, die das Geld verliehen haben?

21 Produktion und Wachstum

Im vorhergehenden Kapitel haben wir gelernt, wie Volkswirte das Gesamteinkommen einer Volkswirtschaft messen. Nun wollen wir näher beleuchten, welche Faktoren die Höhe und das Wachstum des Gesamteinkommens bestimmen. In einer wohlhabenden Volkswirtschaft wie z. B. in den Ländern Westeuropas verfügt der Durchschnittsbürger über ein Einkommen, das mehr als zwanzig Mal so groß ist wie das Einkommen eines Durchschnittsbürgers einer armen Volkswirtschaft wie Honduras, Nigeria oder Vietnam. Der Volkswirt und Nobelpreisträger Robert Lucas hat sich in seiner Arbeit ausführlich mit Wachstumsraten, Armut und Ungleichheiten zwischen einzelnen Volkswirtschaften beschäftigt. Er ging dabei der Frage nach, warum die Länder erhebliche Unterschiede bei Wachstumsraten und Lebensstandard aufweisen. Im Zeitalter der modernen Medien sind uns diese beträchtlichen Unterschiede im Lebensstandard weltweit allgegenwärtig. Robert Lucas schrieb bereits vor 30 Jahren dazu: »Die Bedeutung von Fragen wie diesen für das menschliche Wohlergehen ist einfach enorm: Wenn man einmal anfängt, darüber nachzudenken, fällt es einem schwer, an irgendetwas anderes zu denken.« Es gibt Millionen von Menschen, die täglich darum kämpfen müssen, ausreichend Nahrung und Wasser zu bekommen. Dieser Überlebenskampf passt so gar nicht zum Alltag der Menschen in hoch entwickelten Volkswirtschaften.

Wie lassen sich diese unterschiedlichen Entwicklungen erklären? Können die reichen Länder sicher sein, ihren hohen Lebensstandard aufrechtzuerhalten? Welche Maßnahmen zur Förderung eines schnelleren Wachstums sollten die armen Länder ergreifen, um sich den hoch entwickelten Volkswirtschaften anzunähern? Diese Fragen nehmen in der Makroökonomik einen wichtigen Platz ein. Wie wir wissen, misst das Bruttoinlandsprodukt (BIP) sowohl die gesamten Einkommen, die in einer Volkswirtschaft entstehen, als auch die gesamten Ausgaben für den Erwerb der produzierten Waren und Dienstleistungen. Aus diesem Grund stellt die Höhe des realen BIP ein geeignetes Maß für den wirtschaftlichen Wohlstand und das Wachstum des realen BIP ein geeignetes Maß für den wirtschaftlichen Fortschritt dar. Wir konzentrieren uns in diesem Kapitel auf die langfristigen Bestimmungsgründe der Höhe und des Wachstums des realen BIP. Später in diesem Buch werden wir die kurzfristigen Schwankungen des realen BIP um seinen langfristigen Trend untersuchen.

21.1 Das Wirtschaftswachstum rund um die Welt

Bei der Analyse des Wirtschaftswachstums greift man in der Regel auf das Pro-Kopf-Einkommen einer Volkswirtschaft zurück, das reale Bruttoinlandsprodukt einer Volkswirtschaft in Relation zur Bevölkerungszahl.

21.1 Produktion und Wachstum
Das Wirtschaftswachstum rund um die Welt

Als Ausgangspunkt unserer Untersuchung des langfristigen Wachstums wollen wir die Entwicklungen in einigen Volkswirtschaften betrachten. In der Tabelle 21-1 sind Daten über das reale BIP pro Kopf für 22 ausgewählte Länder dargestellt.

Die Daten über das Pro-Kopf-Einkommen lassen erkennen, dass nicht nur der Lebensstandard von Land zu Land deutlich differiert, sondern auch die Wachstumsrate des realen BIP pro Kopf in den letzten Jahrzehnten deutliche Unterschiede zeigt. So war das Pro-Kopf-Einkommen in Deutschland im Jahr 2019 z. B. rund 9-mal so groß wie das in Ecuador, obwohl sich das Pro-Kopf-Einkommen in Ecuador in den letzten fünfzig Jahren mehr als verdoppelt hat. Die ärmsten Länder, wie Burundi, die Demokratische Republik Kongo oder der Niger, verfügen nur über ein sehr geringes Pro-Kopf-Einkommen, das nicht einmal 1 Prozent des Durchschnittseinkommens in den hoch entwickelten Volkswirtschaften beträgt. Das Durchschnittseinkommen ist in diesen afrikanischen Ländern in den letzten sechzig Jahren kaum gewachsen oder sogar gesunken. Das bedeutet, dass der Lebensstandard in der Demokratischen Republik Kongo oder im Niger vor sechzig Jahren größer war als heute, und die Menschen dort noch immer in bitterer Armut leben.

Länder wie China, Südkorea oder Japan haben dagegen einen rasanten Aufschwung erlebt. Im Jahr 1960 lag das Pro-Kopf-Einkommen in China noch unter dem vergleichbaren Wert in Burundi, im Jahr 2019 war es fast 40-mal so groß. Das Durchschnittseinkommen in Südkorea ist heute größer als in Griechenland, obwohl es im Jahr 1960 rund ein Siebtel des vergleichbaren Werts in Griechenland betrug. Empirische Analysen von Robert Barro und Xavier Sala-i-Martin (Barro, Robert J./Sala-i-Martin, X.: Economic Growth, 1995) zeigen, dass das Durchschnittseinkommen in Japan vor hundert Jahren noch deutlich geringer war als in Chile. Heute zählt Japan dank eines rasanten Wirtschaftswachstums, vor allem in den Jahren 1960–1990, zu den führenden Volkswirtschaften weltweit.

Die letzte Spalte der Tabelle zeigt die durchschnittliche Wachstumsrate für jedes Land im betrachteten Zeitraum. Die Wachstumsrate gibt an, wie schnell das reale BIP pro Kopf im Jahresdurchschnitt gewachsen ist. In Deutschland z. B. betrug das reale BIP pro Kopf 19.680 Dollar im Jahr 1970 und 47.628 Dollar im Jahr 2019. Die durchschnittliche Wachstumsrate im Zeitraum 1970–2019 betrug 1,82 Prozent pro Jahr. Dies bedeutet, dass das reale BIP pro Kopf, ausgehend von einem Wert in Höhe von 19.680 Dollar, durch einen jährlichen Anstieg um 1,82 Prozent nach 49 Jahren schließlich einen Wert in Höhe von 47.628 Dollar erreicht hat. Natürlich hat sich das reale BIP pro Kopf nicht tatsächlich um genau 1,82 Prozent jedes Jahr erhöht: Es gibt kurzfristige Schwankungen um den langfristigen Trend. Die Wachstumsrate von 1,82 Prozent entspricht einer durchschnittlichen Wachstumsrate des realen BIP pro Kopf über 49 Jahre.

Unterschiedlich hohe Wachstumsraten zwischen einzelnen Ländern über einen längeren Zeitraum führen dazu, dass aus einem Land mit einem geringen Pro-Kopf-Einkommen im Vergleich zu anderen Ländern ein Land mit einem hohen Pro-Kopf-Einkommen wird. China hat in den letzten rund sechzig Jahren eine durchschnittliche Wachstumsrate von rund 6,5 Prozent pro Jahr aufzuweisen. Dieses hohe Wachstum hat dazu beigetragen, dass das Pro-Kopf-Einkommen in China heute mehr als dreimal so groß ist wie in Bolivien, wo die Wachstumsrate gerade mal bei 1,6 Prozent lag. Vor sechzig Jahren war das Pro-Kopf-Einkommen in Bolivien noch fünfmal so groß wie in China.

Das Wirtschaftswachstum rund um die Welt 21.1

Tab. 21-1

Reales BIP pro Kopf (in Dollar von 2010) im Zeitraum 1960–2019 für ausgewählte Länder

Land	1960	1970	1980	1990	2000	2010	2019	Durchschnittliche Wachstumsrate (%)
Australien	19.378	26.121	29.908	35.912	44.334	52.022	57.071	1,85
Bangladesch	372	411	359	411	525	781	1.288	2,13
Bolivien	1.005	1.400	1.649	1.357	1.601	1.955	2.580	1,61
Brasilien	3.417	4.704	8.349	7.984	8.803	11.286	11.122	2,02
Burundi	213	264	277	328	229	234	208	−0,04
China	192	229	347	729	1.768	4.550	8.254	6,58
Dem. Rep. Kongo	1.039	1.067	845	702	290	334	424	−1,51
Deutschland	–	19.680	26.137	32.427	37.930	41.532	47.628	1,82
Ecuador	2.238	2.488	3.682	3.716	3.664	4.634	5.097	1,40
Frankreich	12.744	19.985	26.878	32.524	38.309	40.638	44.317	2,13
Griechenland	6.260	13.392	19.143	19.384	23.275	26.918	24.024	2,31
Großbritannien	13.934	17.923	21.864	28.695	35.673	39.436	43.688	1,96
Indien	330	396	423	581	827	1.358	2.169	3,24
Italien	10.879	17.671	24.476	30.871	36.329	36.001	35.614	2,03
Japan	8.608	18.700	25.855	38.074	42.170	44.508	49.188	3,00
Kanada	–	22.844	29.357	33.707	39.339	47.448	51.589	1,68
Niger	823	814	695	513	428	473	558	−0,66
Pakistan	302	469	553	737	820	987	1.185	2,34
Schweden	18.050	26.657	31.320	37.786	44.942	52.869	57.975	2,00
Spanien	7.376	13.572	17.478	22.513	28.409	30.503	33.350	2,59
Südkorea	932	1.793	3.679	8.496	15.414	23.087	28.606	5,98
USA	17.563	23.207	28.590	36.059	44.727	48.468	55.809	1,98

Quelle: World Economic Indicators online unter http://databank.worldbank.org/data/

21.1 Produktion und Wachstum
Das Wirtschaftswachstum rund um die Welt

Die Reihenfolge der Länder nach der Einkommenshöhe ändert sich also im Zeitablauf aufgrund der Unterschiede im Hinblick auf die Wachstumsraten beträchtlich. Wie wir gesehen haben, hat sich Japans Einkommenssituation relativ zu der der anderen Länder verbessert. Zurückgefallen ist dagegen Großbritannien. Im Jahr 1870 war Großbritannien das reichste Land der Welt, dessen Durchschnittseinkommen etwa 20 Prozent über dem entsprechenden Wert in den Vereinigten Staaten lag und mehr als doppelt so groß war wie das Pro-Kopf-Einkommen in Kanada. Heutzutage ist das durchschnittliche Einkommen in Großbritannien deutlich kleiner als das Durchschnittseinkommen in seiner ehemaligen Kolonie.

Das Durchschnittseinkommen in Indien und in Pakistan war 1960 fast gleich groß. Während das Pro-Kopf-Einkommen in Indien danach mit durchschnittlich 3,2 Prozent gewachsen ist, lag die Wachstumsrate in Pakistan nur bei 2,3 Prozent. Dieser vermeintlich kleine Unterschied in der durchschnittlichen Wachstumsrate hat dazu geführt, dass das Durchschnittseinkommen in Indien nach fast sechzig Jahren um mehr als 80 Prozent größer ist als in Pakistan. Dieses Beispiel verdeutlicht, dass kleine Unterschiede in der Wachstumsrate über einen langen Zeitraum große Auswirkungen auf das Durchschnittseinkommen und damit den Lebensstandard haben.

Die Daten zur Entwicklung des Pro-Kopf-Einkommens im Zeitablauf machen deutlich, dass die reichsten Länder der Welt keine Garantie dafür besitzen, die reichsten zu bleiben, und dass die ärmsten Länder der Welt nicht dazu verurteilt sind, für immer in Armut zu leben. Wie aber lassen sich diese Veränderungen im Zeitablauf erklären? Warum entwickeln sich manche Länder vorwärts, während andere zurückbleiben? Genau diese Fragen werden wir im Folgenden aufgreifen.

Information

Das Geheimnis der Aufzinsung und die 70er-Regel

Stellen Sie sich vor, Sie beobachten, dass ein Land eine durchschnittliche Wachstumsrate von 1 Prozent pro Jahr hat, während ein anderes Land eine durchschnittliche jährliche Wachstumsrate von 3 Prozent aufweist. Auf den ersten Blick scheint das nicht von großer Bedeutung zu sein. Welchen Unterschied können schon 2 Prozentpunkte ausmachen?

Die Antwort lautet: einen großen Unterschied. Selbst Wachstumsraten, die für sich genommen sehr klein erscheinen, kumulieren sich nach vielen Jahren zu einem beachtlichen Niveau.

Betrachten wir ein Beispiel. Nehmen Sie an, dass zwei Hochschulabsolventen – Sabine und Jens – ihren ersten Job im Alter von 25 Jahren annehmen und beide 30.000 Euro pro Jahr verdienen. Jens lebt in einer Volkswirtschaft, in der alle Einkommen mit 1 Prozent pro Jahr wachsen, während Sabine in einer Volkswirtschaft lebt, in der die Einkommen jährlich um 3 Prozent steigen. Eine einfache Rechnung verdeutlicht die Auswirkungen. Jens verdient 30.000 Euro im ersten Jahr, 30.300 Euro im zweiten Jahr, 30.603 Euro im dritten Jahr, usw. Nach 30.000 Euro im ersten Jahr verdient Sabine schon 30.900 Euro im zweiten Jahr, 31.827 Euro im dritten Jahr usw. Vierzig Jahre später, wenn beide 65 Jahre alt sind, verdient Jens 45.000 Euro pro Jahr, während Sabine 98.000 Euro bekommt. Ein Unterschied von 2 Prozentpunkten in der Wachstumsrate des Einkommens führt dazu, dass Sabines Einkommen nach vierzig Jahren mehr als doppelt so hoch ist wie das Einkommen von Jens.

Eine alte Daumenregel, auch als 70er-Regel bezeichnet, ist hilfreich für das Verständnis von Wachstumsraten und Aufzinsungseffekten. Wenn eine Größe mit der Rate von x Prozent pro Jahr wächst, so verdoppelt sich diese Größe nach der 70er-Regel in ungefähr 70/x Jahren. In der Volkswirtschaft von Jens wachsen die Einkommen mit 1 Prozent pro Jahr, sodass es 70 Jahre dauert, bis sich sein Einkommen verdoppelt hat. In der Volkswirtschaft von Sabine wachsen die Einkommen dagegen mit 3 Prozent, sodass es nur rund 23 Jahre dauert, bis sich ihr Einkommen verdoppelt.

> **Kurztest**
> Wie hoch ist die durchschnittliche Wachstumsrate des realen BIP pro Kopf in Deutschland? Nennen Sie ein Land, in dem das Wachstum höher bzw. niedriger war.

21.2 Die Bestimmungsgrößen der Produktivität und die Rolle der Produktivität für das Wachstum

Wir werden in der folgenden Analyse auf Dinge zurückgreifen, die wir bereits im Kapitel 5 kennengelernt haben, als wir uns mit der Produktionsfunktion, dem Grenzprodukt und dem abnehmenden Grenzprodukt näher beschäftigt haben. Wir befinden uns allerdings jetzt auf der makroökonomischen Ebene und nicht mehr auf der mikroökonomischen Ebene.

Die Erklärung der beträchtlichen Unterschiede in der Welt im Hinblick auf den Lebensstandard ist einerseits sehr einfach. Wie wir sehen werden, lässt sich die Erklärung mit einem einzigen Wort zusammenfassen – *Produktivität*. Andererseits sind die internationalen Unterschiede äußerst rätselhaft. Um zu erklären, weshalb die Einkommen in manchen Ländern so viel höher sind als in anderen Ländern, müssen wir die zahlreichen Faktoren betrachten, die die Produktivität eines Landes bestimmen.

Warum die Produktivität so wichtig ist

Wir wollen unsere Untersuchung der Produktivität und des Wirtschaftswachstums mit der Entwicklung eines einfachen Modells beginnen, das auf Daniel Defoes berühmtem Roman Robinson Crusoe basiert. Robinson Crusoe ist, wie Sie sich vielleicht erinnern, ein Seemann, der auf einer einsamen Insel gestrandet ist. Da Crusoe allein lebt, fängt er selbst Fisch, baut selbst Gemüse an und schneidert seine Kleidung selbst. Wir können Crusoes Aktivitäten – Produktion und Konsum von Fisch, Gemüse und Kleidung – als eine einfache Volkswirtschaft betrachten. Mithilfe der Untersuchung von Robinsons Volkswirtschaft können wir einige Erkenntnisse gewinnen, die sich auch auf komplexere und realistische Volkswirtschaften übertragen lassen.

Wodurch wird Robinsons Lebensstandard bestimmt? Die Antwort ist offensichtlich. Wenn sich Robinson beim Fischfang, beim Gemüseanbau und beim Schneidern der Kleidung geschickt anstellt, lebt er gut. Wenn er sich dabei ungeschickt anstellt, lebt er schlecht. Da Robinson nur das konsumieren kann, was er hergestellt hat, ist sein Lebensstandard von seiner Produktivität abhängig.

Der Begriff *Produktivität* bezieht sich auf die Menge der Güter, also der Waren und Dienstleistungen, die eine Arbeitskraft in einer bestimmten Zeit herstellen kann. Im Fall von Crusoes Wirtschaft ist es leicht zu verstehen, dass die Produktivität die maßgebliche Bestimmungsgröße für den Lebensstandard darstellt und das Produktivitätswachstum das Wachstum des Lebensstandards bestimmt. Je mehr Fisch Robinson pro Stunde fangen kann, umso mehr hat er zum Abendessen. Wenn Robinson einen besseren Platz für den Fischfang findet, steigt seine Produktivität. Dieser Anstieg der

Produktivität stellt Robinson besser: Er könnte den zusätzlichen Fisch essen oder er könnte weniger Zeit für den Fischfang und mehr Zeit für die Herstellung anderer Güter aufwenden, die er benötigt.

Die Schlüsselrolle der Produktivität bei der Bestimmung des Lebensstandards trifft für Länder ebenso zu wie für gestrandete Seeleute. Wie Sie sich erinnern, misst das Bruttoinlandsprodukt (BIP) einer Volkswirtschaft zwei Dinge gleichzeitig: die gesamten Einkommen, die in einer Volkswirtschaft entstehen, und die gesamten Ausgaben für den Erwerb der produzierten Waren und Dienstleistungen. Der Grund, weshalb das BIP diese beiden Dinge gleichzeitig messen kann, besteht darin, dass sie – für die Volkswirtschaft als Ganzes – gleich sein müssen. Einfach ausgedrückt, das Einkommen einer Volkswirtschaft entspricht den Ausgaben für ihre produzierten Güter.

Ebenso wie Robinson kann ein Land nur dann einen hohen Lebensstandard erreichen, wenn es in der Lage ist, eine große Menge an Waren und Dienstleistungen zu produzieren. Uns Deutschen geht es besser als den Menschen in Burundi, da die Produktivität der deutschen Arbeitskräfte höher ist als die der Arbeitskräfte in Burundi. Der Lebensstandard der Japaner ist schneller gestiegen als der Lebensstandard der Menschen in Ecuador, da die Produktivität der japanischen Arbeitskräfte schneller zugenommen hat.

Um die Ursachen der großen Unterschiede im Lebensstandard zwischen Ländern oder im Zeitablauf zu verstehen, müssen wir uns daher auf die Produktion von Waren und Dienstleistungen konzentrieren. Das Erkennen des Zusammenhangs zwischen Lebensstandard und Produktivität stellt jedoch lediglich den ersten Schritt dar. Es schließt sich natürlich die Frage an: Weshalb sind manche Volkswirtschaften besser als andere in der Lage, Waren und Dienstleistungen zu produzieren?

Wovon die Produktivität abhängt

Obwohl der Lebensstandard Robinson Crusoes einzig und allein durch seine Produktivität bestimmt wird, bestimmen wiederum zahlreiche Faktoren seine Produktivität. Robinson fängt z. B. mehr Fische, wenn er mehr Angelruten hat, in den besten Fischfangtechniken ausgebildet ist, es bei seiner Insel reichlich Fisch gibt und er die besten Plätze zum Fischen ausfindig gemacht hat. Jeder dieser Bestimmungsfaktoren der Produktivität Robinsons – wir können sie als *Realkapital*, *Humankapital*, *natürliche Ressourcen* und *technologisches Wissen* bezeichnen – hat ein Gegenstück in komplexeren und realistischen Volkswirtschaften. Wir wollen nun diese Faktoren im Einzelnen betrachten.

Realkapital je Arbeitskraft. Arbeitskräfte sind produktiver, wenn sie Werkzeuge zum Arbeiten haben. Der Bestand an produzierten Produktionsmitteln, die für die Produktion von Waren und Dienstleistungen verwendet werden, wird als Realkapital oder kurz als Kapital bezeichnet. Wenn z. B. Tischler Möbel herstellen, verwenden sie Sägen, Drechselbänke und Bohrer. Eine umfangreichere Ausstattung mit Werkzeugen ermöglicht es, die Arbeit schneller und genauer zu erledigen. Eine Arbeitskraft, die lediglich über die Grundausstattung an Handwerkszeug verfügt, kann also weniger

Möbel pro Woche herstellen als eine Arbeitskraft mit hoch entwickelten speziellen Maschinen für die Holzverarbeitung.

Ein wichtiges Merkmal des Kapitals besteht darin, dass es ein *produzierter* Produktionsfaktor ist. Kapital stellt somit einen Input des Produktionsprozesses dar, der in der Vergangenheit ein Output des Produktionsprozesses war. Der Tischler verwendet eine Drechselbank, um ein Tischbein herzustellen. Zuvor war die Drechselbank ihrerseits der Output eines Unternehmens, das Drechselbänke herstellt. Der Hersteller von Drechselbänken hat seinerseits andere Produktionsmittel eingesetzt, um sein Produkt herzustellen. Kapital ist somit ein Produktionsfaktor, der zur Herstellung aller Arten von Waren und Dienstleistungen, einschließlich Kapital, eingesetzt wird.

Humankapital je Arbeitskraft. Ein zweiter Bestimmungsfaktor der Produktivität ist das Humankapital. Als Humankapital bezeichnet der Volkswirt das Wissen und die Fähigkeiten, die Arbeitskräfte durch Ausbildung und Berufserfahrung erwerben. Investitionen in Humankapital reichen von der Vorschulerziehung bis zur innerbetrieblichen Weiterbildung für Erwachsene.

Obwohl Ausbildung und Berufserfahrung weniger greifbar sind als Drechselbänke, Planierraupen und Gebäude, lässt sich Humankapital in vielerlei Hinsicht analog zum Realkapital betrachten. Wie Realkapital erhöht Humankapital die Fähigkeit eines Landes zur Produktion von Waren und Dienstleistungen. Außerdem stellt Humankapital, ebenso wie Realkapital, einen produzierten Produktionsfaktor dar. Die Erhöhung der Humankapitalausstattung erfordert Inputs in Form von Lehrern, Bibliotheken und Zeitaufwand der Lernenden. In der Tat können Schüler als »Arbeitskräfte« betrachtet werden, die die wichtige Aufgabe haben, das Humankapital herzustellen, das zukünftig in der Produktion eingesetzt wird.

Natürliche Ressourcen je Arbeitskraft. Einen dritten Bestimmungsfaktor der Produktivität stellen die **natürlichen Ressourcen** dar. Natürliche Ressourcen sind bei der Produktion eingesetzte Inputs, die von der Natur bereitgestellt werden, z. B. Land, Flüsse und Bodenschätze. Es werden zwei Arten von natürlichen Ressourcen unterschieden: erneuerbare und nicht erneuerbare. Ein Beispiel für eine erneuerbare natürliche Ressource ist der Wald. Wenn ein Baum gefällt wird, kann ein Setzling an seine Stelle gepflanzt werden, der in der Zukunft geschlagen wird. Ein Beispiel für eine nicht erneuerbare natürliche Ressource ist Erdöl. Da die Entstehung von Erdöl in der Natur viele Tausend Jahre dauert, ist Erdöl nur begrenzt verfügbar. Wenn die Erdölvorkommen einmal erschöpft sind, ist es unmöglich, mehr davon herzustellen.

Eine unterschiedliche Ausstattung mit natürlichen Ressourcen kann einige Unterschiede im Lebensstandard rund um den Globus erklären. Einige Länder im Nahen Osten, wie z. B. Kuwait und Saudi Arabien, sind heute einfach deshalb reich, weil sie über einige der größten Erdölvorkommen der Welt verfügen.

Natürliche Ressourcen können zwar wichtig für eine hohe Produktivität einer Volkswirtschaft sein, sie sind dafür aber nicht notwendig. Japan z. B. ist eines der reichsten Länder der Welt, obwohl es über wenig natürliche Ressourcen verfügt. Der Erfolg Japans wird durch den internationalen Handel ermöglicht. Japan importiert

---

Natürliche Ressourcen
Bei der Produktion von Waren und Dienstleistungen eingesetzte Inputs, die von der Natur bereitgestellt werden, z. B. Land, Flüsse und Bodenschätze.

21.2 Produktion und Wachstum
Die Bestimmungsgrößen der Produktivität

viele der benötigten natürlichen Ressourcen, wie z. B. Erdöl, und exportiert die produzierten Güter an diejenigen Länder, die reich an natürlichen Ressourcen sind.

Technologisches Wissen. Ein vierter Bestimmungsfaktor der Produktivität ist das **technologische Wissen** – das Wissen um die besten Wege zur Herstellung von Waren und Dienstleistungen. Vor 150 Jahren arbeiteten die meisten Europäer und US-Amerikaner in der Landwirtschaft, da das Betreiben der Farmen einen hohen Einsatz von Arbeit erforderte, um die gesamte Bevölkerung mit Nahrungsmitteln zu versorgen. Heute kann dank des technischen Fortschritts in der Landwirtschaft ein Bruchteil der Bevölkerung genug Nahrungsmittel herstellen, um das ganze Land zu versorgen. Dieser technologische Wandel setzte Arbeit frei für die Produktion anderer Waren und Dienstleistungen.

Es gibt unterschiedliche Formen des technologischen Wissens. Manche Technologien stellen gemeinsames Wissen dar – nachdem sie von einer Person angewendet werden, kennt sie jeder. Sobald beispielsweise Henry Ford die Fließbandproduktion erfolgreich eingeführt hatte, taten andere Automobilhersteller schnell das Gleiche. Andere Technologien sind in Privatbesitz – sie sind lediglich dem Unternehmen bekannt, das sie entdeckt hat. Beispielsweise kennt nur der Hersteller von Coca-Cola das Geheimrezept für das bekannte alkoholfreie Getränk. Wieder andere Technologien sind für eine kurze Zeit gesetzlich geschützt. Wenn ein Arzneimittelhersteller ein

> **Technologisches Wissen**
> Das Wissen der Gesellschaft um die besten Wege zur Herstellung von Waren und Dienstleistungen.

Information

Die Produktionsfunktion

Volkswirte verwenden oftmals eine Produktionsfunktion, um den Zusammenhang zwischen den Mengen der in der Produktion eingesetzten Inputs und der Menge des Outputs zu beschreiben. Angenommen, Y bezeichnet die produzierte Menge, L die Menge des Produktionsfaktors Arbeit, K die Menge des Produktionsfaktors Realkapital, H die Menge des Produktionsfaktors Humankapital und N die Menge des Produktionsfaktors natürliche Ressourcen. Wir können dann schreiben

$$Y = A \times F(L, K, H, N)$$

wobei $F(\cdot)$ eine Funktion darstellt, die angibt, wie die Inputs zur Produktion des Outputs kombiniert werden. A ist eine Variable, die die verfügbare Produktionstechnologie repräsentiert. Mit zunehmender Verbesserung der Technologie steigt A, sodass die Volkswirtschaft mehr Output mit einem gegebenen Einsatz an Inputs erzeugen kann.

Viele Produktionsfunktionen weisen eine Eigenschaft auf, die als *konstante Skalenerträge* bezeichnet wird. Bei einer Produktionsfunktion mit konstanten Skalenerträgen führt eine Verdoppelung des Einsatzes aller Produktionsfaktoren ebenfalls zu einer Verdoppelung des Outputs. Mathematisch weist eine Produktionsfunktion dann konstante Skalenerträge auf, wenn für jede positive Zahl x gilt

$$xY = A \times F(xL, xK, xH, xN).$$

Eine Verdoppelung aller Faktoreinsatzmengen wird in dieser Gleichung durch $x = 2$ ausgedrückt. Die rechte Seite der Gleichung zeigt dabei die Verdoppelung der Inputs, die linke Seite die Verdoppelung des Outputs.

Produktionsfunktionen mit konstanten Skalenerträgen weisen eine interessante Implikation auf. Zur Verdeutlichung setzen wir $x = 1/L$. Aus der obigen Gleichung ergibt sich damit

$$Y/L = A \times F(1, K/L, H/L, N/L).$$

Beachten Sie, dass Y/L dem Output pro Arbeitskraft entspricht, einem Maß für die Produktivität. Diese Gleichung besagt, dass die Produktivität vom eingesetzten Realkapital pro Arbeitskraft (K/L), vom eingesetzten Humankapital pro Arbeitskraft (H/L) und von den eingesetzten natürlichen Ressourcen pro Arbeitskraft (N/L) abhängt. Die Produktivität wird außerdem durch den Stand der Technologie bestimmt, der sich in der Variablen A widerspiegelt. Damit stellt die obige Gleichung eine mathematische Zusammenfassung der eben diskutierten vier Bestimmungsfaktoren der Produktivität dar.

neues Arzneimittel entdeckt, wird ihm aufgrund des Patentrechts die ausschließliche, zeitlich begrenzte Befugnis erteilt, die Erfindung zu nutzen. Wenn das Patent jedoch erlischt, können auch andere Unternehmen das Arzneimittel herstellen. Alle diese Formen des technologischen Wissens sind wichtig für die Produktion von Waren und Dienstleistungen in einer Volkswirtschaft.

Es ist sinnvoll, zwischen technologischem Wissen und Humankapital zu unterscheiden. Obwohl beide Begriffe miteinander in engem Zusammenhang stehen, gibt es einen wichtigen Unterschied. Das technologische Wissen betrifft das Verständnis der *Gesellschaft*, wie die Welt funktioniert. Das Humankapital betrifft die Ressourcen, die dazu aufgewendet werden, den *Arbeitskräften* dieses Verständnis zu vermitteln. Bildlich gesprochen stellt das technologische Wissen die Qualität der Lehrbücher der Gesellschaft dar, während das Humankapital der Zeit entspricht, die die Bevölkerung dem Lesen dieser Bücher gewidmet hat. Die Produktivität der Arbeitskräfte hängt sowohl von der Qualität der verfügbaren Lehrbücher als auch von der Zeit ab, die darauf verwendet wurde, die Bücher zu lesen.

Durch technologisches Wissen lässt sich also die *Qualität* von Humankapital und Realkapital erhöhen, sodass mit einem gegebenen Bestand an Humankapital und Realkapital in der Volkswirtschaft mehr produziert werden kann. Die Produktivität der beiden Produktionsfaktoren Humankapital und Realkapital steigt. Auf diese Weise lassen sich die Wirkungen der abnehmenden Grenzprodukte in der Produktion kompensieren. Werden mehr Produktionsfaktoren eingesetzt und erhöht sich gleichzeitig die Produktivität der Produktionsfaktoren, dann wächst die Volkswirtschaft schneller.

> **Kurztest**
> Nennen und beschreiben Sie die vier Bestimmungsfaktoren der Produktivität einer Volkswirtschaft.

21.3 Wachstumstheorien

Es gibt verschiedene Theorien, die versuchen, das Wirtschaftswachstum in einem Modell abzubilden und seine Determinanten abzuleiten. Der vielleicht bekannteste Erklärungsansatz geht auf die Arbeit der Ökonomen Robert M. Solow und Trevor Swan aus dem Jahr 1956 zurück. Nach Solow und Swan sind das Bevölkerungswachstum und der technologische Fortschritt wichtige Determinanten für das langfristige Wirtschaftswachstum eines Landes. Dieser Ansatz ist auch als *neoklassische Wachstumstheorie* bekannt.

Im Lauf der Jahre haben Ökonomen zahlreiche weitere Einflussfaktoren untersucht, wie z. B. die makroökonomische Stabilität eines Landes, die Außenhandelspolitik (verfolgt das Land eine protektionistische Außenhandelspolitik oder ist das Land offen für den freien Austausch von Gütern), die Existenz und Effektivität eines institutionellen und staatlichen Rahmens (wie stark ist die Rechtsstaatlichkeit ausgeprägt und wie gut funktioniert die Kontrolle von Korruption), die politische Stabilität, die geografische Lage (auf welchem Kontinent liegt das Land), natürliche Faktoren

(Klima, Ausstattung mit Bodenschätzen), die Wettbewerbsfähigkeit auf dem Weltmarkt, aber auch interne Faktoren (wie z. B. die Verfügbarkeit von produktiven landwirtschaftlichen Flächen).

Neue Untersuchungen auf Basis neuer Daten führen dazu, dass die Theorien zum Wirtschaftswachstum einer stetigen Anpassung unterliegen. Neue Wachstumstheorien wie die endogene Wachstumstheorie gehen davon aus, dass die Investitionen eines Landes in Humankapital die entscheidende Triebfeder des Wirtschaftswachstums sind.

Das Wachstumsmodell von Solow und Swan

Solow und Swan greifen in ihrem Modell auf eine Produktionsfunktion zurück, bei der die in einer geschlossenen Volkswirtschaft produzierte Menge Y durch die Menge des eingesetzten Produktionsfaktors Arbeit L, die Menge des eingesetzten Produktionsfaktors Realkapital K und die verfügbare Produktionstechnologie A bestimmt wird. Für die Produktionsfunktion gelten *konstante Skalenerträge*. Bei einer Produktionsfunktion mit konstanten Skalenerträgen führt eine Verdoppelung des Einsatzes aller Produktionsfaktoren zu einer Verdoppelung der produzierten Menge.

Die Produktionsfunktion der Volkswirtschaft ist in Abbildung 21-1 dargestellt, mit der Produktion in der Volkswirtschaft (BIP) auf der Ordinate und dem Realkapitalbestand auf der Abszisse. Bei einer gegebenen Produktionstechnologie geht mit einem

Abb. 21-1

Die gesamtwirtschaftliche Produktionsfunktion und die Investitionen

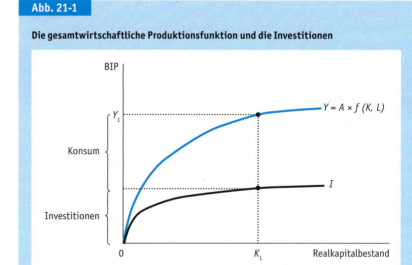

Die Produktionsfunktion einer Volkswirtschaft (gesamtwirtschaftliche Produktionsfunktion) wird durch die verfügbare Produktionstechnologie A und den Einsatz der Produktionsfaktoren Arbeit und Realkapital definiert. Die Sparquote bestimmt das Investitionsniveau. Aus einem Realkapitaleinsatz von K_1 resultiert ein BIP in Höhe von Y_1. Die Höhe des Konsums ergibt sich aus der Differenz zwischen dem BIP und den Investitionen.

Anstieg des Realkapitalbestands ein steigendes BIP einher. Dabei fällt der Anstieg des BIP aufgrund des abnehmenden Grenzprodukts mit zunehmendem Realkapitaleinsatz immer kleiner aus. Die Investitionen in den Realkapitalbestand werden durch die Kurve I wiedergegeben. Das Investitionsniveau hängt von der Sparquote in der Volkswirtschaft ab. Eine höhere Sparquote führt zu einem Anstieg der Realkapitalakkumulation. Jedem Realkapitalbestand lässt sich ein bestimmtes Produktionsniveau in der Volkswirtschaft zuordnen. Aus einem Realkapitalbestand von K_1 resultiert z. B. ein BIP in Höhe von Y_1. Der Abstand zwischen dem Niveau des BIP bei K_1 und dem Investitionsniveau spiegelt den Konsum in der Volkswirtschaft wider.

Das Wachstumsgleichgewicht. Für eine Volkswirtschaft hängt der Wachstumspfad von der verfügbaren Produktionstechnologie, der Produktivität der Produktionsfaktoren Arbeit und Realkapital sowie von der Sparquote ab, die die Höhe der Investitionen in den Realkapitalbestand determiniert. Ein Teil der Investitionen dient dem Ersatz von Realkapitalbeständen, die aus Altersgründen aus dem Produktionsprozess ausscheiden. Geht man z. B. davon aus, dass das Realkapital eine Nutzungsdauer von 15 Jahren hat, dann müssen jedes Jahr 1/15 = 6,7 Prozent des Realkapitalbestands abgeschrieben und ersetzt werden. Den Anteil am Realkapitalbestand, der aus dem Produktionsprozess ausscheidet und ersetzt werden muss (Abschreibungsquote), wollen wir mit δ bezeichnen.

Die entscheidenden Elemente des Wachstumsmodells sind in Abbildung 21-2 zu erkennen. Auf der Ordinate ist diesmal die Pro-Kopf-Produktion durch das Verhältnis von BIP zur Anzahl der eingesetzten Arbeitskräfte (Y/L) abgetragen, auf der Abszisse der Realkapitaleinsatz im Verhältnis zur Anzahl der eingesetzten Arbeitskräfte (K/L). Das Verhältnis von Realkapitaleinsatz und Arbeitskräfteeinsatz, auch als *Kapitalintensität* der Produktion bezeichnet, ist ein Indikator für die Produktivität einer Volkswirtschaft. Neben der gesamtwirtschaftlichen Produktionsfunktion pro Kopf $Y/L = A \times f(K/L, 1)$ und den Investitionen pro Kopf I/L zeigt die Abbildung auch den Realkapitalbestand pro Kopf $\delta \times K/L$, der aus dem Produktionsprozess ausscheidet und ersetzt werden muss.

Nun wollen wir untersuchen, was passiert, wenn die Kapitalintensität in der Volkswirtschaft bei K_1/L liegt. In diesem Punkt sind die Investitionen pro Kopf größer als die Realkapitalabgänge pro Kopf, sodass die Kapitalintensität im Zeitablauf steigt. Mit der steigenden Kapitalintensität wächst auch die Pro-Kopf-Produktion von Y_1/L ausgehend an. Die Volkswirtschaft wird so lange wachsen, bis die optimale Kapitalintensität K^*/L erreicht ist. An diesem Punkt entsprechen die Pro-Kopf-Investitionen den Realkapitalabgängen pro Kopf, sodass die Kapitalintensität der Produktion unverändert bleibt und damit die Wachstumsrate der Pro-Kopf-Produktion null ist. Solow bezeichnete diesen Punkt als **Wachstumsgleichgewicht (steady-state equilibrium)**. Im Wachstumsgleichgewicht ergibt sich eine Pro-Kopf-Produktion in Höhe von Y^*/L. Bei einer Kapitalintensität von K_2/L wären die Realkapitalabgänge pro Kopf größer als die Pro-Kopf-Investitionen. Damit würde die Kapitalintensität so lange sinken, bis die Volkswirtschaft wieder ihr Wachstumsgleichgewicht bei K^*/L erreicht hat.

Das Modell von Solow und Swan liefert einen wichtigen Beitrag zum Verständnis der Transformation von Volkswirtschaften im Zeitablauf. Weniger entwickelte Volkswirt-

Wachstumsgleichgewicht (steady-state equilibrium)
Das Wachstumsgleichgewicht einer Volkswirtschaft liegt in dem Punkt, in dem die Pro-Kopf-Investitionen den Realkapitalabgängen pro Kopf entsprechen, sodass die Kapitalintensität unverändert bleibt.

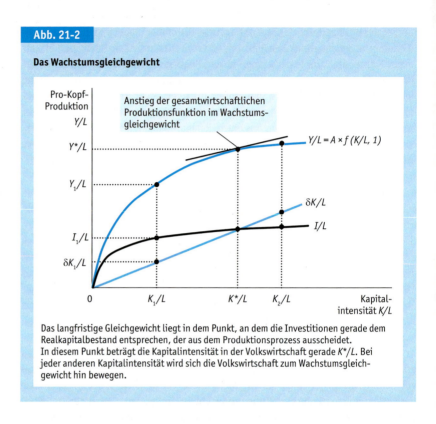

Abb. 21-2

Das Wachstumsgleichgewicht

Das langfristige Gleichgewicht liegt in dem Punkt, an dem die Investitionen gerade dem Realkapitalbestand entsprechen, der aus dem Produktionsprozess ausscheidet. In diesem Punkt beträgt die Kapitalintensität in der Volkswirtschaft gerade K^*/L. Bei jeder anderen Kapitalintensität wird sich die Volkswirtschaft zum Wachstumsgleichgewicht hin bewegen.

schaften weisen eine geringere Kapitalintensität auf. Durch Investitionen in den Realkapitalbestand steigt die Kapitalintensität und die Volkswirtschaft wächst. In Abbildung 21-2 ist zu erkennen, dass die Pro-Kopf-Produktionsfunktion bei der Kapitalintensität K_1/L steiler verläuft als bei der Kapitalintensität K^*/L. Das bedeutet, dass die Wachstumsrate der Volkswirtschaft bei K_1/L größer ist als die Wachstumsrate im Wachstumsgleichgewicht.

Determinanten des Wachstumsgleichgewichts

Nach dem Modell von Solow und Swan bewegt sich die Kapitalintensität einer Volkswirtschaft zu einem Wachstumsgleichgewicht. Das Wachstumsgleichgewicht unterscheidet sich jedoch von Volkswirtschaft zu Volkswirtschaft. Es hängt von vielen Faktoren ab: von der Bevölkerungsgröße, vom Realkapitalbestand, von der Anzahl der Arbeitskräfte, von der Sparquote, von der Abschreibungsquote, vom Anteil der Arbeitskräfte an der Gesamtbevölkerung und von der verfügbaren Produktionstechnologie. Wir wollen im Folgen den Einfluss einiger dieser Faktoren auf das Wachstumsgleichgewicht näher untersuchen.

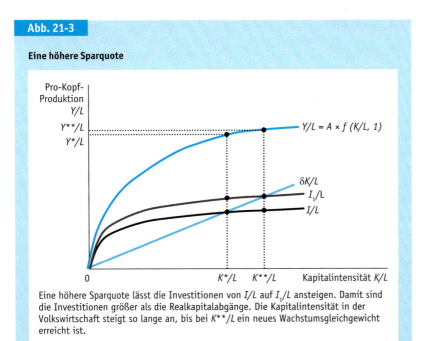

Abb. 21-3

Eine höhere Sparquote

Eine höhere Sparquote lässt die Investitionen von I/L auf I_1/L ansteigen. Damit sind die Investitionen größer als die Realkapitalabgänge. Die Kapitalintensität in der Volkswirtschaft steigt so lange an, bis bei K^{**}/L ein neues Wachstumsgleichgewicht erreicht ist.

Änderungen der Sparquote. Durch eine höhere Sparquote steigen die Pro-Kopf-Investitionen und die Kapitalintensität in der Volkswirtschaft nimmt zu. Nehmen wir an, die Volkswirtschaft befindet sich im Wachstumsgleichgewicht bei K^*/L in Abbildung 21-3. Ein Anstieg der Pro-Kopf-Investitionen führt nun dazu, dass bei K^*/L die Pro-Kopf-Investitionen größer sind als die Realkapitalabgänge pro Kopf. Damit steigt die Kapitalintensität in der Volkswirtschaft so lange an, bis ein neues Wachstumsgleichgewicht bei K^{**}/L erreicht ist.

Bevölkerungswachstum. Wächst die Bevölkerung mit der gleichen Rate wie die Produktion (BIP), dann wird das Pro-Kopf-Einkommen in der Volkswirtschaft konstant bleiben. In der Praxis stellt sich die Sache allerdings nicht so einfach dar. In vielen Ländern ist ein Bevölkerungszuwachs zu beobachten, und die Gründe dafür sind vielfältig. Zum einen kann für sich genommen die *Geburtenrate* – die Anzahl der Geburten pro Jahr bezogen auf 1.000 Einwohner – steigen, oder die *Sterberate* – die Anzahl der Sterbefälle pro Jahr bezogen auf 1.000 Einwohner – sinken. Oder beides passiert gleichzeitig. In vielen Ländern Europas sinkt die Sterberate, da die Lebenserwartung der Menschen immer größer wird. Bleiben dann die Geburtenraten annähernd konstant, kommt es zu einem Bevölkerungswachstum. Das bedeutet allerdings nicht, dass auch die Anzahl der Arbeitskräfte steigt. So geht eine alternde Bevölkerung mit einer sinkenden Zahl an Arbeitskräften einher. Die *Migrationsrate* – die Differenz von Einwanderern und Auswanderern pro Jahr bezogen auf 1.000 Einwohner – hat ebenfalls

Einfluss auf Größe und Zusammensetzung der Bevölkerung. So können Einwanderer durch ihre beruflichen Fähigkeiten zu einem Produktivitätsanstieg in der Volkswirtschaft beitragen. In diesem Fall würde sich die gesamtwirtschaftliche Produktionsfunktion bei einem gegebenen Realkapitalbestand und einer gegebenen Produktionstechnologie nach oben verschieben.

Das Modell von Solow und Swan zeigt, dass bei einer zunehmenden Anzahl an Arbeitskräften die Kapitalintensität nur dann konstant bleibt, wenn durch die Investitionen die Realkapitalabgänge kompensiert werden und zusätzliches Realkapital für die zusätzlichen Arbeitskräfte bereitgestellt wird. Können die Investitionen nicht mit dem Bevölkerungswachstum Schritt halten, werden die Menschen insgesamt ärmer, da der Produktionsanstieg hinter dem Bevölkerungsanstieg zurückbleibt. Damit lässt sich erklären, warum viele wenig entwickelte Volkswirtschaften von Armut betroffen sind. In diesen Ländern wächst die Bevölkerung schneller als die Investitionen. Aus diesem Grund ist beispielsweise in China im Jahr 1979 die sogenannte Ein-Kind-Politik eingeführt worden, nach der eine Familie nur ein Kind haben durfte. Diese staatliche Vorgabe, für die es allerdings zahlreiche Ausnahmen gab, war bis Ende 2015 in Kraft.

Ein Land kann sein Bevölkerungswachstum aber auch durch bestimmte Anreize steuern. Mit dem Kinderwunsch sind, wie mit jeder Entscheidung, Opportunitätskosten verbunden. Steigen die Opportunitätskosten, werden sich die Menschen für eine geringere Zahl an Kindern entscheiden. Besonders Frauen, die die Gelegenheit haben, eine gute Ausbildung und einen erstrebenswerten Arbeitsplatz zu bekommen, werden sich für weniger Kinder entscheiden als Frauen, die nur geringe Entwicklungsmöglichkeiten außerhalb der Familie sehen. Demnach sind politische Maßnahmen zur gleichberechtigten Behandlung von Frauen ein Weg für weniger entwickelte Länder, ihr Bevölkerungswachstum zu senken und möglicherweise ihren Lebensstandard zu erhöhen.

Änderungen der Kapitalintensität durch Bevölkerungswachstum.

Einige Wachstumstheorien stellen die Auswirkungen des Bevölkerungswachstums auf die Kapitalintensität in den Mittelpunkt. Durch ein hohes Bevölkerungswachstum sinkt das Pro-Kopf-Einkommen, da das rasante Wachstum der Bevölkerung die verfügbare Menge an Realkapital pro Kopf reduziert. Eine geringere Kapitalintensität führt zu einer niedrigeren Produktivität und damit zu einem geringeren Pro-Kopf-Einkommen.

Am deutlichsten wird dieses Problem im Fall von Humankapital. Länder mit einem hohen Bevölkerungswachstum haben eine große Anzahl von Kindern im schulpflichtigen Alter. Das bedeutet eine größere Belastung für das Bildungssystem. Es ist deshalb nicht überraschend, dass der Bildungsabschluss in Ländern mit einem hohen Bevölkerungswachstum gering ist.

Die weltweiten Unterschiede im Bevölkerungswachstum sind beträchtlich. In hoch entwickelten Industrienationen wie den Vereinigten Staaten oder den Ländern Westeuropas hat die Bevölkerung in den vergangenen Jahrzehnten nur um etwa 1 Prozent jährlich zugenommen und wird zukünftig noch langsamer wachsen. Im Gegensatz dazu steigt die Bevölkerungszahl in vielen armen afrikanischen Ländern um rund 3 Prozent pro Jahr. Bei dieser Wachstumsrate verdoppelt sich die Bevölkerung eines Landes alle 23 Jahre. Ein derart schnelles Bevölkerungswachstum macht es schwierig, alle Arbeitskräfte mit dem Real- und Humankapital auszustatten, das für eine hohe Produktivität erforderlich ist.

Die Förderung des technischen Fortschritts. Auch wenn sich ein schnelles Bevölkerungswachstum durch die sinkende Kapitalintensität negativ auf den ökonomischen Wohlstand auswirkt, können aus einer großen Bevölkerung ebenso Vorteile resultieren. Einige Ökonomen sind der Auffassung, dass das Wachstum der Weltbevölkerung als Motor für den technischen Fortschritt und den ökonomischen Wohlstand dient. Die Logik ist einfach: Je mehr Menschen es gibt, desto mehr Wissenschaftler, Erfinder und Ingenieure gibt es auch, die zum technischen Fortschritt beitragen, von dem alle profitieren.

Unter der Überschrift »*Bevölkerungswachstum und technologischer Fortschritt: 1 Million v. Chr. bis 1990*« stützt der US-Ökonom Michael Kremer in einem Artikel im *Quarterly Journal of Economics* aus dem Jahr 1993 diese Hypothese. Kremer beginnt seine Untersuchung mit der Feststellung, dass das (wirtschaftliche) Wachstum der Welt über einen großen Zeitraum in der Menschheitsgeschichte mit dem Bevölkerungswachstum Hand in Hand gegangen ist. Dabei war das Wachstum bei einer Weltbevölkerung von 1 Milliarde Menschen (ungefähr um das Jahr 1800) wesentlich größer als das Wachstum bei einer Weltbevölkerung von 100 Millionen (um 500 v. Chr.). Diese Tatsache stimmt mit der Hypothese überein, dass ein »Mehr an Menschen« ein »Mehr an technischem Fortschritt« hervorbringt.

Sein zweites Argument gewinnt Kremer durch einen Vergleich von verschiedenen Regionen auf der Welt. Nach dem Ende der Eiszeit um 10.000 v. Chr. führte die Eisschmelze zur Überflutung von Landstrichen, sodass die Erde in verschiedene Regionen aufgeteilt wurde, die für Tausende von Jahren nicht miteinander im Kontakt standen. Wenn der technische Fortschritt in den Regionen rasant zunimmt, in denen es mehr Menschen gibt, die Forschung betreiben können, dann sollten größere Regionen ein schnelleres Wachstum erfahren haben.

Und genau das ist nach Auffassung Kremers auch eingetreten. Im Jahr 1500 (als Columbus mit der Entdeckung Amerikas quasi den »technologischen« Kontakt wiederherstellte) war die »Alte Welt« der großen Region Eurasien/Afrika am weitesten entwickelt. Auf Platz 2 in Bezug auf den Stand der technischen Entwicklung standen die Zivilisationen der Azteken und Maya in Mittelamerika, gefolgt von den Jägern und Sammlern Australiens und den primitiven Einwohnern Tasmaniens, die noch nicht einmal einfache Fähigkeiten wie das Feuermachen beherrschten und nur wenige Stein- oder Knochenwerkzeuge benutzten.

Die kleinste abgeschiedene Region war die Flinders-Insel, ein kleines Eiland zwischen Australien und Tasmanien. Mit der kleinsten Bevölkerung hatte die Flinders-Insel auch das geringste Potenzial für den technischen Fortschritt und schien sich in der Tat zurückentwickelt zu haben. Um 3.000 v. Chr. starben die Bewohner der Flinders-Insel komplett aus. Eine große Bevölkerung, so schlussfolgerte Kremer, ist erste Voraussetzung für technischen Fortschritt.

Auf den ersten Blick scheint der positive Zusammenhang zwischen Bevölkerungswachstum und technischem Fortschritt im Widerspruch zu den empirischen Befunden unserer Zeit zu stehen. Schließlich ist das Bevölkerungswachstum in den hoch entwickelten Volkswirtschaften eher gering, während die Bevölkerung in den ärmsten Ländern der Welt rasant zunimmt. Aber warum ermöglicht das Bevölkerungswachstum diesen Ländern dann nicht ein höheres Wirtschaftswachstum? Kremer hat den positiven Zusammenhang zwischen Bevölkerungswachstum und technischem Fortschritt in Bezug auf das *weltweite* Wirtschaftswachstum oder zumindest mit Blick auf das Wirtschaftswachstum von isolierten Regionen auf der Welt identifiziert. Es ist heutzutage sehr unwahrscheinlich, dass die ärmsten Länder der Welt mit hohem Bevölkerungswachstum technischen Fortschritt hervorbringen, der nicht schon in den hoch entwickelten Volkswirtschaften bekannt ist und genutzt wird. Das Problem liegt dabei weniger in einem Mangel an technischem Fortschritt an sich als in den fehlenden Möglichkeiten in diesen Ländern, den technischen Fortschritt auch anzuwenden, sei es durch fehlendes Humankapital, politische Instabilität oder Korruption. Außerdem wandern viele hoch qualifizierte Arbeitskräfte aus den Entwicklungsländern ab und arbeiten in den hoch entwickelten Volkswirtschaften als Wissenschaftler oder Unternehmer, sodass das Bevölkerungswachstum in der Dritten Welt letzten Endes den führenden Wirtschaftsnationen zugutekommt.

Neue Technologien. Neue Technologien können ein öffentliches Gut sein. Wenn die Technologien nicht (oder nur für einen begrenzten Zeitraum) durch Patente geschützt sind, können sie von jedem genutzt werden. Durch technologische Verbesserungen verschiebt sich die gesamtwirtschaftliche Produktionsfunktion nach oben, selbst wenn die Anzahl der Arbeitskräfte und der Realkapitalbestand unverändert bleiben, da die Produktionsfaktoren nun produktiver sind und mehr produzieren können als vorher. Ein bekanntes Beispiel dafür sind die Entwicklungen im Bereich der Computertechnologie in den letzten 20 Jahren. Im Jahr 1998 war das Internet kaum verbreitet und die Funktionalität von Mobiltelefonen war stark eingeschränkt. Die Rechenleistung, die die Menschen heute tagtäglich nutzen, ist immens. Im Jahr 1965 hat Gordon Moore, ein Mitarbeiter der Firma Intel, vorausgesagt, dass die Rechenleistung von Computern sich alle zwei Jahre verdoppeln wird. Auch wenn sich das Wachstum in den letzten Jahren etwas abgeschwächt hat, passt das tatsächliche Wachstumstempo der Rechenleistung so gut zu der damaligen Prognose, dass sie mittlerweile unter dem Namen »Mooresches Gesetz« bekannt ist.

Die Anwendung von neuen Technologien in Unternehmen hat zu deutlichen Produktivitätszuwächsen geführt und die Arbeitswelt grundlegend verändert. Dabei sind die Innovationen oft dadurch entstanden, dass jemand auf ein Problem gestoßen ist und für dieses Problem mit dem vorhandenen Wissensstand eine Lösung gesucht hat.

Zusammenfassung. Mithilfe des Modells von Solow und Swan können wir einige wichtige Erkenntnisse über die Determinanten des Wirtschaftswachstums gewinnen. Gleichzeitig liefert das Modell Ansatzpunkte für wirtschaftspolitische Maßnahmen zur Stärkung des Wirtschaftswachstums. Auf der Grundlage der gesamtwirtschaftlichen Produktionsfunktion lässt sich zeigen, wie Produktion und Einkommen bei einem größeren Einsatz der Produktionsfaktoren Realkapital und Arbeit ansteigen, und wie neue Technologien die Produktivität der vorhandenen Produktionsfaktoren

Information

Thomas Malthus

Der Engländer Thomas Robert Malthus (1766–1834), Gemeindepfarrer und ökonomischer Vordenker, ist durch sein Buch »An Essay on the Principle of the Population as It Affects the Future Improvement of Society« berühmt geworden. In seinem Werk stellte Malthus die These auf, dass eine stetig steigende Bevölkerung dazu führt, dass sich die Gesellschaft auf Dauer nicht mehr selbst versorgen kann. Dadurch wäre die Menschheit dazu verdammt, für immer in Armut zu leben.

Die Logik in den Überlegungen von Malthus war einfach. Ausgangspunkt seiner Argumentation war die Feststellung, dass auf der einen Seite »Nahrung für die Existenz des Menschen lebensnotwendig ist« und auf der anderen Seite »die Anziehung zwischen den Geschlechtern unvermeidlich ist und auf ihrem gegenwärtigen Niveau verbleiben wird«. Daraus zog er die Schlussfolgerung, dass »die Reproduktionsfähigkeit der Bevölkerung größer ist als das Leistungsvermögen der Erde, für den Lebensunterhalt der Menschen zu sorgen«. Nach Ansicht von Malthus wird das Bevölkerungswachstum einzig durch »Not und Elend« gebremst. Bemühungen seitens des Staates und der Wohlfahrtsverbände zur Armutslinderung wären kontraproduktiv, da diese Maßnahmen nur dazu beitragen würden, den Armen eine noch größere Zahl an Kindern zu ermöglichen, und auf diese Weise zu einer noch stärkeren Beanspruchung der produktiven Leistungsfähigkeit der Gesellschaft beitragen.

Glücklicherweise lag Malthus mit seiner Vorhersage weit daneben. Obwohl sich die Weltbevölkerung im Verlauf der vergangenen zwei Jahrhunderte annähernd versiebenfacht hat, ist der durchschnittliche Lebensstandard weltweit beträchtlich gestiegen. Aufgrund des wirtschaftlichen Wachstums sind Hunger und Unterernährung heute weniger verbreitet als zu Zeiten von Malthus. Von Zeit zu Zeit kommt es zwar zu Hungersnöten, sie sind jedoch eher das Ergebnis einer ungleichmäßigen Einkommensverteilung oder politischer Instabilität und nicht auf eine unzureichende Produktion von Nahrungsmitteln zurückzuführen.

Warum hat sich Malthus geirrt? Er ging richtigerweise davon aus, dass die Weltbevölkerung exponentiell wachsen würde. Malthus nahm aber auch an, dass die produzierte Menge an Lebensmitteln bei einer gleichbleibenden Produktivität durch eine Ausweitung der landwirtschaftlichen Nutzfläche nur begrenzt gesteigert werden kann. Doch der Erfindungsreichtum der Menschheit konnte den Einfluss einer größeren Bevölkerung mehr als ausgleichen. Pflanzenschutzmittel, Dünger, mechanisierte landwirtschaftliche Geräte, neue Getreidesorten und andere technologische Fortschritte, die sich Malthus niemals vorstellen konnte, haben es der Landwirtschaft ermöglicht, eine größere Anzahl an Menschen zu ernähren. Aufgrund der enorm gestiegenen Produktivität der Landwirtschaft sind dazu heute sogar weniger Arbeitskräfte erforderlich als früher.

---

erhöhen. Die entscheidende Größe ist das Wachstum des Realkapitalbestands. Durch einen größeren Realkapitalbestand kommt es, *ceteris paribus*, zu einer höheren Produktion. Der Realkapitalbestand wächst durch Investitionen, die durch die Ersparnis finanziert werden. Führt die Sparquote zu Investitionen, die die Realkapitalabgänge übersteigen, dann wird sich die Volkswirtschaft zu einem Wachstumsgleichgewicht bewegen. Ein Anstieg in der Sparquote allein kann aufgrund des abnehmenden Grenzprodukts der Produktionsfaktoren keinen Anstieg im Pro-Kopf-Einkommen auslösen. Neue Technologien können zu einem Anstieg von Produktion und Pro-Kopf-Einkommen beitragen. Ob ein Produktionsanstieg auch zu einem Anstieg des Pro-Kopf-Einkommens führt, hängt maßgeblich von Veränderungen in der Größe und Struktur der Bevölkerung ab.

Das Modell von Solow und Swan ermöglicht Vorhersagen darüber, warum Volkswirtschaften wachsen. Der Übergang von Volkswirtschaften zum Wachstumsgleichgewicht ist vielfach untersucht worden, und eine Reihe von empirischen Analysen legt den Schluss nahe, dass sich viele Länder einer stabilen langfristigen Wachstumsrate annähern.

Endogene Wachstumstheorie

Nach dem Modell von Solow und Swan sind Investitionen in den Realkapitalbestand allein nicht ausreichend, um für einen Anstieg des Pro-Kopf-Einkommens zu sorgen, da das Grenzprodukt des Realkapitals sinkt und der Produktionsfaktor nur rund zu einem Drittel zur Produktion beiträgt. Langfristiges Wachstum wird durch technischen Fortschritt hervorgerufen. Im Modell von Solow und Swan ist der technische Fortschritt als exogene Größe vorgegeben. Das bedeutet, dass der technische Fortschritt weder durch Änderungen des Realkapitalbestands noch durch Bevölkerungsänderungen beeinflusst wird. Damit liefert das Modell von Solow und Swan keine Erklärung dafür, wie der technische Fortschritt zustande kommt und wodurch er sich verändert. Wie wir bereits wissen, können Technologien als öffentliches Gut angesehen werden, dessen Konsum nicht rivalisierend ist. Wenn Ideen und Wissen entwickelt werden, sind sie öffentlich zugänglich und können von jedem genutzt werden. Die Nutzung durch eine Person beschränkt nicht die Nutzung durch weitere Personen. Wenn aber neue Technologien ein öffentliches Gut sind, welcher Anreiz besteht dann für jemanden, neue Ideen zu entwickeln und Innovationen voranzutreiben, wenn er nicht davon profitieren kann?

Der US-Ökonom Paul Romer hat untersucht, warum es zu technologischen Verbesserungen kommt und diese Erkenntnisse in eine Theorie integriert, die als endogene Wachstumstheorie bezeichnet wird. Die **endogene Wachstumstheorie** beschäftigt sich mit langfristigem Wachstum, das durch die Schaffung von neuem Wissen und neuen Technologien entsteht, die einen Einfluss auf die gesamte Volkswirtschaft ausüben und dadurch zu einer höheren Produktivität führen. Die langfristige Wachstumsrate einer Volkswirtschaft wird danach durch die Wachstumsrate des technischen Fortschritts bestimmt.

Wir haben in diesem Kapitel bereits darauf verwiesen, wie rasant sich die Technologien in den letzten fünfzig Jahren verändert haben. Ein wichtiger Baustein in dieser Entwicklung sind Innovationen von Unternehmen und Investitionen in Forschung und Entwicklung. Viele dieser Vorhaben werden von den Unternehmen in der Hoffnung auf zukünftige Wettbewerbsvorteile vorangetrieben. Wie wir gelernt haben, versteht man unter einem Wettbewerbsvorteil einen Vorteil gegenüber konkurrierenden Unternehmen, der durch ein Alleinstellungsmerkmal begründet ist und der gegenüber Wettbewerbern verteidigt werden kann. Die Anreize für Unternehmen, Innovationen voranzutreiben und in Forschung und Entwicklung zu investieren, bestehen demnach in der Aussicht auf zukünftige Gewinne. Können andere von der Nutzung der neuen Technologien nicht ausgeschlossen werden, dann muss der Staat entsprechende Maßnahmen ergreifen, um die Unternehmen in ihrer Innovationstätigkeit zu unterstützen, beispielsweise durch eine Verlängerung des Patentschutzes.

Im Modell von Solow und Swan wird der Zuwachs an Realkapital durch die Ersparnis generiert. Realkapitalzuwächse entstehen jedoch nicht einfach durch eine bloße Erhöhung des Realkapitalbestands. Wenn Unternehmen neue Anlagen anschaffen, dann muss auch der Wissensstand in den Unternehmen erhöht werden, damit die neuen Maschinen effizient genutzt werden können. Dieser Anstieg des Humankapitals kompensiert die Auswirkungen des abnehmenden Grenzprodukts. Investiert ein

---

Endogene Wachstumstheorie
Nach der endogenen Wachstumstheorie wird die langfristige Wachstumsrate einer Volkswirtschaft durch die Wachstumsrate des technischen Fortschritts bestimmt.

Unternehmen z. B. in ein neues Buchhaltungssystem, dann müssen die Beschäftigten geschult werden, damit sie das neue System auch benutzen können. Damit steigt das Humankapital der Beschäftigten. Wenn die Beschäftigten das Unternehmen verlassen, dann nehmen sie ihr Wissen und ihre Fertigkeiten mit, wovon wiederum andere Unternehmen profitieren. Bei der Nutzung des neuen Buchhaltungssystems entdecken einige Beschäftigte vielleicht Verbesserungsmöglichkeiten, durch die das System noch besser an bestimmte Besonderheiten des Geschäftes angepasst werden kann. Werden diese Vorschläge von den Entwicklern des Buchungssystems bei der nächsten Version aufgegriffen, dann kann sich daraus ein weiterer Produktivitätszuwachs für das Unternehmen ergeben. Humankapital kann also durch Innovationen wachsen, was wiederum die Produktivität steigert.

Innovationen führen dazu, dass alte Technologien durch neue Technologien ersetzt werden, und erfordern neues Wissen, wodurch die bestehenden Kenntnisse überholt sind. Der österreichische Ökonom Joseph Schumpeter beschrieb diesen Prozess im Jahr 1942 mit dem Begriff der **schöpferischen Zerstörung**. Nach Schumpeter führt die Entwicklung von neuen Technologien zu Gewinnern und Verlierern. Einige Unternehmen werden aus dem Markt ausscheiden und die Beschäftigten sind gezwungen, neue Kenntnisse zu erwerben. Dieser Prozess kann für den Einzelnen sehr schmerzhaft sein. Forschung und Entwicklung und Innovationen bestimmen das Tempo der schöpferischen Zerstörung und sind eine entscheidende Voraussetzung für die Entwicklung von neuen Technologien. Die Aufgabe des Staates besteht darin, Wege zu finden, um Investitionen in Forschung und Entwicklung zu fördern.

Schöpferische Zerstörung
Mit dem Begriff der schöpferischen Zerstörung wird der Prozess bezeichnet, bei dem alte Technologien durch neue Technologien abgelöst werden. Die neuen Technologien erfordern neues Wissen, wodurch die bestehenden Kenntnisse überholt sind.

> **Kurztest**
> Welche Faktoren beeinflussen das Wachstumsgleichgewicht?

21.4 Wirtschaftswachstum und staatliche Politik

Bisher haben wir festgestellt, dass der Lebensstandard einer Gesellschaft von ihrer Fähigkeit abhängt, Waren und Dienstleistungen herzustellen. Ihre Produktivität wird wiederum von ihrer Ausstattung mit Realkapital, Humankapital, natürlichen Ressourcen und technologischem Wissen bestimmt. Wir wollen uns nun der Frage zuwenden, der die Politiker auf der ganzen Welt gegenüberstehen: Welche politischen Maßnahmen kann der Staat ergreifen, um die Produktivität und den Lebensstandard zu erhöhen?

Die Bedeutung von Ersparnis und Investitionen

Da Kapital einen produzierten Produktionsfaktor darstellt, kann eine Gesellschaft ihre Kapitalausstattung verändern. Wenn die Volkswirtschaft heute eine große Menge neuer Kapitalgüter produziert, dann wird sie morgen einen größeren Kapitalstock besitzen und in der Lage sein, mehr Waren und Dienstleistungen aller Art herzustellen.

Ein Weg, die zukünftige Produktivität zu erhöhen, besteht deshalb darin, mehr der gegenwärtigen Ressourcen in die Produktion von Kapital zu investieren.

Da Ressourcen knapp sind, erfordert ein höherer Einsatz von Ressourcen zur Produktion von Kapital, dass weniger Ressourcen zur Herstellung von Waren und Dienstleistungen für den laufenden Konsum eingesetzt werden. Damit eine Gesellschaft mehr in Kapital investieren kann, darf sie also lediglich einen geringeren Teil ihres laufenden Einkommens konsumieren bzw. muss einen größeren Teil davon sparen (die Sparquote muss also steigen). Das Wachstum, das durch die Kapitalakkumulation entsteht, ist nicht kostenlos: Es verlangt, dass die Gesellschaft ihren gegenwärtigen Konsum von Waren und Dienstleistungen einschränkt, um einen höheren Konsum in der Zukunft zu ermöglichen.

In den 1930er-Jahren lenkte die politische Führung in der damaligen Sowjetunion viele Ressourcen des Landes in die Produktion von Realkapital, um den Abstand zu den reichen und industrialisierten Staaten wie Deutschland, den USA oder Großbritannien zu verkürzen. Es gelang damals, die Produktion in wichtigen Branchen wie Bergbau und Stahl deutlich zu erhöhen, was wiederum eine höhere Produktion von anderen Kapitalgütern (und Waffen) möglich machte. Für die Bevölkerung bedeutete dies einen Rückgang an Konsumgütern, ein hartes Leben voller Entbehrungen, Hungersnöte und Millionen Tote. Gleichzeitig schuf diese harte Zeit die Voraussetzungen dafür, dass das Land im Zweiten Weltkrieg in der Lage war, den Angriff Hitler-Deutschlands abzuwehren und sich in den folgenden Jahren zu einer Supermacht zu entwickeln.

Empirische Studien zeigen einen positiven Zusammenhang zwischen Wachstum und Investitionen. Volkswirtschaften mit einem hohen Anteil der Investitionen am BIP wie China, Japan und Australien weisen auch hohe Wachstumsraten auf. Länder wie Simbabwe und Bangladesch, in denen der Anteil der Investitionen am BIP niedrig ist, zeigen nur ein geringes Wachstum. Der Zusammenhang zwischen Investitionen und Wachstum konnte für viele Länder bestätigt werden. Dabei ist allerdings festzuhalten, dass man auf der Grundlage des Zusammenhanges zwischen Investitionen und Wachstum keine Aussage über die Kausalität treffen kann. Es ist möglich, dass hohe Investitionen zu einem hohen Wachstum führen. Gleichzeitig kann auch ein hohes Wachstum für hohe Investitionen verantwortlich sein. (Denkbar ist auch, dass Wachstum und Investitionen durch eine dritte Größe beeinflusst werden.) Die Daten an sich geben darüber keine Auskunft. Da die Akkumulation von Realkapital jedoch offensichtlich die Produktivität beeinflusst, gehen viele Ökonomen davon aus, dass höhere Investitionen zu einem höheren Wachstum führen.

Abnehmende Grenzprodukte und der Catch-up-Effekt

Wir wissen, dass ein Anstieg der Sparquote aufgrund des abnehmenden Grenzprodukts lediglich vorübergehend zu einem höheren Wachstum führt. In dem Maße, wie die höhere Sparquote eine höhere Akkumulation des Realkapitals ermöglicht, wird der Nutzen einer zusätzlichen Einheit Realkapital im Zeitablauf geringer, und damit verlangsamt sich das Wachstum. Langfristig hat die höhere Sparquote ein höheres Niveau bei Produktivität und Einkommen zur Folge, nicht aber ein schnelleres Wachstum dieser Variablen. Es kann jedoch einige Zeit dauern, bis es soweit ist. Internationale Studien zum Wirtschaftswachstum haben gezeigt, dass eine Erhöhung der Sparquote zu einem beträchtlich höheren Wachstum für einige Jahrzehnte führen kann.

Das abnehmende Grenzprodukt des Kapitals weist eine andere wichtige Implikation auf: Unter sonst gleichen Bedingungen ist es für ein Land einfacher, ein schnelles Wachstum zu erreichen, wenn es zunächst relativ arm ist. Diese Auswirkung der Startbedingungen auf das spätere Wachstum wird manchmal als **Catch-up-Effekt** (oder **Aufholeffekt**) bezeichnet. Da es den Arbeitskräften in armen Ländern selbst an den einfachsten Werkzeugen mangelt, ist ihre Produktivität niedrig. Bereits geringe Investitionen in Kapital würden die Produktivität dieser Arbeitskräfte beträchtlich erhöhen. Im Gegensatz dazu haben Arbeitskräfte in reichen Ländern einen großen Kapitalstock zur Verfügung, mit dem sie arbeiten können, wodurch sich ihre hohe Produktivität teilweise erklärt. Bei einem bereits hohen Bestand an Kapital pro Arbeitskraft hat eine zusätzliche Investition in Kapital eine relativ geringe Auswirkung auf die Produktivität. Internationale Untersuchungen des Wirtschaftswachstums bestätigen diesen Catch-up-Effekt: Eine Betrachtung des Anteils am BIP, der für Investitionen aufgewendet wird, zeigt beispielsweise, dass arme Länder tendenziell schneller wachsen als reiche Länder.

Mithilfe des Catch-up-Effekts lassen sich Beobachtungen über den Zusammenhang zwischen der durchschnittlichen Investitionsquote und der durchschnittlichen Wachstumsrate im Zeitablauf erklären. So war die Investitionsquote in Japan in den letzten 50 Jahren im Vergleich zu China um 10 Prozentpunkte höher. Dennoch ist die chinesische Volkswirtschaft fast doppelt so schnell gewachsen wie die japanische Volkswirtschaft. Die Erklärung hierfür liefert der Catch-up-Effekt. Im Jahr 1960 war das reale BIP pro Kopf in Japan über vierzig Mal so groß wie in China, was in erster Linie auf die niedrigen Investitionen in China bis zum Ende der 1960er-Jahre zurückzuführen ist. Aufgrund des anfänglich geringen Kapitalstocks waren die Auswirkungen der Kapitalakkumulation in China viel höher, was dort zu einer höheren Wachstumsrate in den Folgejahren führte.

Catch-up-Effekt (Aufholeffekt)
Arme Länder erreichen, von einem gegebenen Ausgangspunkt betrachtet, tendenziell ein schnelleres Wachstum als reiche Länder.

Auslandsinvestitionen

Das Modell von Solow und Swan geht von einer geschlossenen Volkswirtschaft aus. Die Ersparnis der Inländer stellt jedoch nicht den einzigen Weg für ein Land dar, in neues Kapital zu investieren. Der andere Weg sind Investitionen von Ausländern.

Es lassen sich unterschiedliche Formen von Auslandsinvestitionen unterscheiden. BMW könnte eine Automobilfabrik in Portugal bauen. Eine Investition, die von einem ausländischen Wirtschaftssubjekt finanziert und durchgeführt wird, wird als **ausländische Direktinvestition** bezeichnet. Alternativ könnte ein Deutscher Aktien eines portugiesischen Unternehmens kaufen (d. h. eine Beteiligung am Unternehmen erwerben); das portugiesische Unternehmen kann die Erlöse aus dem Aktienverkauf in den Aufbau einer neuen Fabrik investieren. Eine Investition, die mit Geld aus dem Ausland finanziert, aber von Inländern durchgeführt wird, wird als **ausländische Portfolioinvestition** bezeichnet. In beiden Fällen werden die für die Erhöhung des Kapi-

Ausländische Direktinvestition
Eine Investition, die von einem ausländischen Wirtschaftssubjekt finanziert und durchgeführt wird.

Ausländische Portfolioinvestition
Eine Investition, die mit Geld aus dem Ausland finanziert, aber von Inländern durchgeführt wird.

talstocks in Portugal notwendigen Ressourcen von Deutschen bereitgestellt. Es werden also deutsche Ersparnisse dazu verwendet, portugiesische Investitionen zu finanzieren.

Wenn Ausländer Investitionen in einem Land tätigen, so tun sie dies, weil sie einen Ertrag aus ihrer Kapitalanlage erwarten. BMWs Automobilfabrik erhöht den portugiesischen Kapitalstock und dadurch die portugiesische Produktivität sowie das portugiesische BIP. Allerdings überführt BMW einen Teil seines zusätzlichen Einkommens als Gewinn nach Deutschland. Entsprechend hat ein deutscher Investor, der portugiesische Aktien gekauft hat, ein Anrecht auf einen Teil des Gewinns des portugiesischen Unternehmens.

Auslandsinvestitionen wirken sich daher unterschiedlich auf Bruttoinlandsprodukt und Bruttonationaleinkommen (BNE) aus. Wie wir uns erinnern, entspricht das Bruttoinlandsprodukt dem gesamten im Inland von In- und Ausländern erzielten Einkommen, während das Bruttonationaleinkommen das Gesamteinkommen umfasst, das die Inländer im In- und Ausland verdient haben. Wenn BMW seine Automobilfabrik in Portugal eröffnet, fließt ein Teil des in dem Unternehmen erzeugten Einkommens Menschen zu, die nicht in Portugal leben. Infolgedessen erhöht diese Investition das portugiesische BIP mehr als das portugiesische BNE.

Investitionen aus dem Ausland stellen für ein Land einen Weg zu Wirtschaftswachstum dar. Auch wenn ein Teil des Nutzens aus diesen Investitionen an die ausländischen Eigentümer zurückfließt, erhöhen sie den Kapitalstock der Volkswirtschaft und führen damit zu einem Anstieg der Produktivität und der Löhne. Außerdem stellen Auslandsinvestitionen einen Weg für arme Länder dar, den gegenwärtigen Stand der Technik, die in den reicheren Ländern entwickelt und angewendet wird, kennenzulernen. Aus diesen Gründen plädieren viele Volkswirte, die Regierungen in weniger entwickelten

Fallstudie

Demokratie und Wirtschaftswachstum

Die chinesische Volkswirtschaft ist in den letzten 50 Jahren beträchtlich gewachsen, obwohl das Land politisch gesehen ein Einparteienstaat ist. In Saudi-Arabien gibt es eine absolute Monarchie, in der der König sowohl Staatsoberhaupt als auch Regierungschef ist. Dennoch ist die Volkswirtschaft seit Mitte der 1980er-Jahre durchschnittlich um 5 Prozent pro Jahr gewachsen. Sollte man aus diesen Beobachtungen schlussfolgern, dass die Art des politischen Systems keinen spürbaren Einfluss auf das Wirtschaftswachstum hat? Dieser Frage sind die Ökonomen Daron Acemoglu, Pascual Restrepo, Suresh Naidu und James A. Robinson nachgegangen und haben den Einfluss von demokratischen politischen Systemen auf das Wirtschaftswachstum untersucht. Dabei kamen die Ökonomen zu dem Ergebnis, dass es einen ökonomisch und statistisch signifikanten positiven Zusammenhang zwischen der Einführung der Demokratie und dem zukünftigen Pro-Kopf-Einkommen eines Landes gibt. Nach Berechnungen der Ökonomen steigt das BIP nach Einführung einer Demokratie in den Ländern in einem Zeitraum von 25 Jahren um 20 bis 25 Prozent. Für diesen Wachstumsschub gibt es nach Ansicht der Ökonomen eine Reihe von Gründen: die Öffnung der Volkswirtschaft für den Weltmarkt, Investitionen in Schulen, eine bessere Gesundheitsvorsorge, Verbesserungen im Steuersystem, die mehr öffentliche Ausgaben ermöglichen und weniger soziale Unruhen. Zu den Ländern, die sich seit den 1980er-Jahren in eine Demokratie gewandelt haben und in der Studie untersucht wurden, gehörten u. a. Albanien, Argentinien, Tschechien, Ghana, Honduras, Ungarn, Liberia, Mali, Nicaragua, Niger, Pakistan, Polen, Slowenien, Südafrika, Thailand und Sambia.

Quelle: Acemoglu, D./Naidu, S./Restrepo, P./Robinson, J. A.: Democracy does cause growth, MIT 2015.

Ländern beraten, für wirtschaftspolitische Maßnahmen zur Förderung von Auslandsinvestitionen. Dies bedeutet oftmals eine Beseitigung von Restriktionen, mit denen die Regierungen ausländischen Besitz an inländischem Kapital belegt haben.

Eine Organisation, die versucht, den Investitionsstrom zu den armen Ländern zu fördern, ist die Weltbank. Diese internationale Organisation erhält Mittel von den am höchsten entwickelten Ländern der Welt und verwendet diese Ressourcen für die Vergabe von Krediten an weniger entwickelte Länder, damit diese in Straßen, Kanalisation, Schulen und andere Arten von Kapital investieren können. Außerdem berät sie diese Länder im Hinblick auf die bestmögliche Verwendung der erhaltenen Mittel. Die Weltbank wurde, zusammen mit ihrer Schwesterorganisation, dem Internationalen Währungsfonds IWF (International Monetary Fund, IMF), nach dem Zweiten Weltkrieg gegründet. Eine Erkenntnis aus dem Krieg bestand darin, dass wirtschaftliches Elend oftmals zu politischem Aufruhr, internationalen Spannungen und militärischem Konflikt führt. Deshalb hat jedes Land ein Interesse daran, den wirtschaftlichen Wohlstand in der Welt zu fördern. Die Weltbank und der Internationale Währungsfonds sind auf die Erreichung dieses gemeinsamen Ziels ausgerichtet.

Ausbildung

Ausbildung – Investitionen in Humankapital – ist mindestens genauso wichtig für den langfristigen wirtschaftlichen Erfolg eines Landes wie die Investitionen in Realkapital. In den entwickelten Volkswirtschaften Westeuropas und in den USA erhöht jedes Schuljahr den Lohn einer Person im Durchschnitt um etwa 10 Prozent. In weniger entwickelten Ländern, in denen Humankapital besonders knapp ist, fällt der Lohnabstand zwischen qualifizierten und unqualifizierten Arbeitskräften noch größer aus. Ein Weg den Lebensstandard zu erhöhen besteht für die staatliche Politik deshalb darin, gute Schulen zur Verfügung zu stellen und die Bevölkerung dazu zu ermutigen, sie zu nutzen.

Investitionen in Humankapital sind, ebenso wie Investitionen in Realkapital, mit Opportunitätskosten verbunden. Wenn Schüler die Schule besuchen, verzichten sie auf den Lohn, den sie hätten verdienen können. In weniger entwickelten Ländern gehen die Kinder oftmals schon frühzeitig von der Schule ab, obwohl der Nutzen einer zusätzlichen Schulbildung sehr hoch ist, ganz einfach deshalb, weil ihre Arbeitskraft benötigt wird, um die Familie zu ernähren.

Manche Volkswirte vertreten die Ansicht, dass Humankapital insbesondere deshalb wichtig für das Wirtschaftswachstum ist, da es positive Externalitäten verursacht. Eine *Externalität* ist die Wirkung der Handlungen einer Person auf die Wohlfahrt eines unbeteiligten Dritten. Eine qualifizierte Person z. B. kann neue Ideen im Hinblick auf die besten Verfahren zur Herstellung von Waren und Dienstleistungen entwickeln. Wenn diese Ideen in den Fundus der Gesellschaft an Wissen eingehen, sodass ein jeder sie anwenden kann, dann stellen die Ideen eine positive Externalität der Ausbildung dar. In diesem Fall ist der Gewinn aus der Schulbildung für die Gesellschaft noch größer als für das Individuum. Hiermit lassen sich die zu beobachtenden hohen Subventionen des Humankapitals in Form des öffentlichen Bildungswesens rechtfertigen.

21.4 Produktion und Wachstum
Wirtschaftswachstum und staatliche Politik

Brain Drain
Die Abwanderung von hoch qualifizierten Arbeitskräften aus armen Ländern in reiche Länder.

Ein Problem, dem einige arme Länder gegenüberstehen, ist der **Brain Drain** – die Abwanderung vieler hoch qualifizierter Arbeitskräfte in reiche Länder, in denen diese Arbeitskräfte einen höheren Lebensstandard erreichen können. Wenn Humankapital wirklich positive Externalitäten verursacht, werden die Menschen in den armen Ländern aufgrund des Brain Drains noch ärmer zurückgelassen, als sie es sonst wären. Die Politiker befinden sich dadurch in einem Dilemma. Auf der einen Seite haben die reichen Länder die besten Bildungssysteme und es erscheint nur natürlich, dass arme Länder ihre besten Schüler ins Ausland schicken, damit sie höhere Bildungsabschlüsse erzielen. Auf der anderen Seite entscheiden sich diejenigen Schüler, die eine gewisse Zeit im Ausland verbracht haben, vielleicht dafür, nicht nach Hause zurückzukehren, was die Humankapitalausstattung der armen Länder noch weiter verringert.

Gesundheit und Ernährung

Obwohl sich der Begriff *Humankapital* für gewöhnlich auf die Bildung bezieht, kann man den Begriff auch zur Beschreibung einer anderen Art von Investition in die Menschen verwenden: für Ausgaben, die zu einer gesünderen Bevölkerung führen. Da gesündere Arbeitskräfte produktiver sind, kann eine Volkswirtschaft über die richtigen Investitionen in die Gesundheit der Bevölkerung zu einer höheren Produktivität und damit zu einem höheren Lebensstandard gelangen.

Der Wirtschaftshistoriker Robert Fogel vertritt die Auffassung, dass ein verbesserter Gesundheitszustand der Bevölkerung durch gute Ernährung langfristig betrachtet einen wichtigen Einflussfaktor für das Wirtschaftswachstum darstellt. Fogel fand heraus, dass in Großbritannien um 1780 ungefähr ein Fünftel der Bevölkerung so unterernährt war, dass es nicht mehr zu körperlicher Arbeit fähig war. Für den Teil der Bevölkerung, der noch in der Lage war zu arbeiten, führte die unzureichende Nahrungsaufnahme zu einem verringerten Arbeitseinsatz. Als sich die Ernährung verbesserte, stieg auch die Produktivität.

Fogel stützte sich in seinen Forschungen über diese historischen Entwicklungen auf Angaben über die Körpergröße der Bevölkerung. Eine geringe Körpergröße kann ein Indikator für Mangelernährung sein, insbesondere während der Schwangerschaft und in den ersten Lebensjahren. Fogel hat herausgefunden, dass die Menschen im Verlauf der wirtschaftlichen Entwicklung mehr gegessen haben und größer geworden sind. Von 1775 bis 1975 nahm die durchschnittliche Kalorienzufuhr in Großbritannien um 26 Prozent zu und die durchschnittliche Größe eines Mannes stieg um 9 cm. Während des rasanten Wirtschaftswachstums in Südkorea von 1962 bis 1995 stieg die Kalorienaufnahme um 44 Prozent und die Durchschnittsgröße der Männer nahm um 5 cm zu. Natürlich wird die Köpergröße einer Person durch die genetischen Anlagen und die Umwelt gleichermaßen bestimmt. Aber da sich das genetische Erbgut nur sehr langsam verändert, müssen die Veränderungen in der Körpergröße auf Umweltänderungen beruhen. Und dabei ist die Ernährung die nächstliegende Erklärung.

Untersuchungen zeigen des Weiteren, dass die Körpergröße ein Indikator für die Produktivität ist. Anhand von Daten über eine große Anzahl von Arbeitskräften zu einem bestimmten Zeitpunkt fanden Forscher heraus, dass größere Arbeitskräfte tendenziell einen höheren Lohn erhalten. Da Löhne die Produktivität widerspiegeln, lassen diese Ergebnisse darauf schließen, dass größere Arbeitskräfte produktiver sind. Die Wirkung der Körpergröße auf den Lohn äußert sich insbesondere in ärmeren Ländern, in denen Mangelernährung ein größeres Risiko darstellt.

Fogel hat 1993 für seine Arbeiten auf dem Gebiet der Wirtschaftsgeschichte den Nobelpreis für Wirtschaftswissenschaften erhalten. Seine Arbeiten befassen sich nicht nur mit der Ernährung, sondern auch mit Untersuchungen über amerikanische Sklaverei sowie die Bedeutung der Eisenbahnen für die Entwicklung der US-amerikanischen Volkswirtschaft. In seiner Dankesrede während der Preisverleihung gab er einen Überblick über den Zusammenhang von Gesundheit und Wirtschaftswachstum. Dabei stellte er fest, dass die verbesserte Ernährung für rund 30 Prozent des Wachstums des Pro-Kopf-Einkommens in Großbritannien zwischen 1790 und 1980 verantwortlich ist.

In der heutigen Zeit ist Mangelernährung in entwickelten Volkswirtschaften wie Großbritannien, den USA oder auch Deutschland glücklicherweise selten geworden. Dort besteht eher das Problem der Fettleibigkeit. Aber für die Menschen in Entwicklungsländern stellen eine schlechte Gesundheit und mangelhafte Ernährung ein großes Hindernis auf dem Weg zu höherer Produktivität und höherem Lebensstandard dar. Nach neuen Schätzungen der Vereinten Nationen ist fast ein Drittel der Bevölkerung in Schwarzafrika unterernährt.

Der kausale Zusammenhang zwischen Gesundheit und Wohlstand verläuft in beiden Richtungen. Arme Länder sind arm, weil die Bevölkerung einen schlechten Gesundheitszustand aufweist. Und die Menschen sind nicht gesund, weil sie arm sind und sich eine ausreichende und ausgewogene Ernährung nicht leisten können. Es ist ein Teufelskreis. Eine Möglichkeit, aus diesem Teufelskreis auszubrechen, besteht in politischen Maßnahmen, die das Wirtschaftswachstum stärker beschleunigen, um auf diese Weise eine Verbesserung des Gesundheitszustands zu erreichen, der sich wiederum positiv auf das Wachstum auswirkt.

Eigentumsrechte, politische Stabilität und verantwortungsbewusste Regierungsführung

Politiker können das Wirtschaftswachstum auch durch den Schutz von Eigentumsrechten, die Sicherung von politischer Stabilität und eine verantwortungsbewusste Regierungsführung fördern. Wie wir bereits bei unserer Diskussion der wirtschaftlichen Verflechtung festgestellt haben, entsteht die Produktion in Marktwirtschaften durch die Interaktionen von Millionen von Haushalten und Unternehmen. Wenn Sie z. B. ein Auto kaufen, kaufen Sie den Output eines Autohändlers, eines Automobilherstellers, eines Stahlwerks, eines Eisenerzbergwerks usw. Diese Aufteilung der Produktion zwischen vielen Unternehmen erlaubt es, die Produktionsfaktoren der Volkswirtschaft so effektiv wie möglich einzusetzen. Dazu muss die Volkswirtschaft Transaktionen zwischen diesen Unternehmen ebenso wie zwischen Unternehmen und Konsumenten koordinieren. In Marktwirtschaften wird diese Koordination durch

Marktpreise erreicht. Die Marktpreise stellen das Instrument dar, mit dem die unsichtbare Hand des Markts Angebot und Nachfrage ins Gleichgewicht bringt.

Eine wichtige Grundvoraussetzung für das Funktionieren des Preissystems ist die Wahrung der *Eigentumsrechte* in der Volkswirtschaft. Eigentumsrechte betreffen die Fähigkeit der Menschen zur Machtausübung über die in ihrem Besitz befindlichen Ressourcen. Ein Bergbauunternehmen wird sich nicht die Mühe machen, Eisenerz abzubauen, wenn es erwartet, dass das Erz gestohlen wird. Das Unternehmen baut das Erz nur dann ab, wenn es darauf vertraut, von dem späteren Verkauf des Erzes zu profitieren. Aus diesem Grund kommt Gerichten eine wichtige Rolle in einer Marktwirtschaft zu: Sie sorgen für die Wahrung der Eigentumsrechte. Durch die Durchsetzung des Strafrechts suchen die Gerichte Diebstahl zu unterbinden. Zusätzlich sorgen sie durch die Durchsetzung des Zivilrechts dafür, dass Käufer und Verkäufer ihre Verträge einhalten.

Während die Menschen, die in Industriestaaten leben, Eigentumsrechte tendenziell für selbstverständlich halten, erkennen diejenigen, die in weniger entwickelten Ländern leben, dass fehlende Eigentumsrechte ein großes Problem darstellen können. In vielen Ländern funktioniert das Rechtssystem nicht besonders gut. Die Einhaltung von Verträgen lässt sich schwer durchsetzen, und Betrug wird häufig nicht bestraft. In extremen Fällen scheitert die Regierung nicht nur bei der Durchsetzung der Eigentumsrechte, sondern verstößt sogar selbst dagegen. In manchen Ländern wird von den Unternehmen erwartet, dass sie mächtige Regierungsbeamte bestechen, um ein Geschäft betreiben zu können. Eine solche Korruption behindert die Selbststeuerung der Märkte. Außerdem beeinträchtigt sie die inländische Ersparnis sowie Investitionen aus dem Ausland. Korruption und Bestechung sind ein ernstes Problem. Nach Untersuchungen von *Transparency International*, einer weltweit agierenden Nichtregierungsorganisation (oder Non-Governmental Organization, NGO), die sich in der Korruptionsbekämpfung engagiert, ist davon auszugehen, dass Korruption in mehr als zwei Dritteln aller Länder weltweit ein mehr oder minder großes Problem darstellt.

Eine Bedrohung der Eigentumsrechte stellt politische Instabilität dar. Für den Fall, dass Revolutionen und Putsche an der Tagesordnung sind, ist es zweifelhaft, ob die Eigentumsrechte in Zukunft gewahrt werden. Wenn eine Militärregierung das Kapital einiger Unternehmen beschlagnahmen kann, wie es oftmals nach von Kommunisten angeführten Revolutionen der Fall war, haben die Inländer wenig Anreiz, zu sparen, zu investieren und neue Unternehmen zu gründen. Gleichzeitig haben Ausländer wenig Anreiz, in diesem Land zu investieren. Sogar die drohende Gefahr einer Revolution kann dazu führen, dass der Lebensstandard eines Landes sinkt. Es ist kein Zufall, dass Länder mit einem starken Einfluss des Militärs, in denen es immer wieder zu Putschversuchen kommt, oft zu den ärmsten Ländern der Welt zählen.

Wirtschaftlicher Wohlstand hängt damit auch von politischem Wohlstand ab. Ein Land mit einem effizienten Rechtswesen, rechtschaffenen Regierungsbeamten und einer stabilen Staatsform wird einen höheren Lebensstandard aufweisen als ein Land mit einem ineffizienten Rechtswesen, korrupten Beamten und häufigen Unruhen. Das führt zu den entscheidenden Merkmalen einer verantwortungsbewussten Regierungsführung: eine starke Demokratie, in der Rechtsstaatlichkeit und Rechtssicherheit herrschen, in der es keine Korruption gibt und die Unabhängigkeit der Gerichte gewahrt ist. Sind diese Voraussetzungen gegeben, dann haben Verträge und Eigentumsrechte Geltung und die freien Märkte können eine effiziente Allokation der knappen Ressourcen sicherstellen. Fehlt eine verantwortungsbewusste Regierungsführung, dann sehen viele Ökonomen eine Gefährdung der wirtschaftlichen Entwicklung.

Freihandel

Einige der ärmsten Länder der Welt haben versucht, ein schnelleres Wirtschaftswachstum zu erreichen, indem sie protektionistische wirtschaftspolitische Maßnahmen verfolgt haben. Diese Maßnahmen sind darauf ausgerichtet, die Produktivität und den Lebensstandard innerhalb des Landes zu erhöhen, indem Interaktionen mit dem Rest der Welt vermieden werden. Manchmal fordern inländische Unternehmen Schutz vor ausländischer Konkurrenz, um im Wettbewerb bestehen und wachsen zu können. Dieses Argument hat, zusammen mit einem allgemeinen Misstrauen gegenüber Ausländern, die Politiker in weniger entwickelten Ländern gelegentlich dazu geführt, Zölle und andere Handelsschranken zu verhängen.

Die meisten Ökonomen vertreten heute die Auffassung, dass arme Länder besser gestellt sind, wenn sie nach außen gerichtete wirtschaftspolitische Maßnahmen verfolgen, die diese Länder in die Weltwirtschaft integrieren. Wir haben gelernt, dass der internationale Handel die wirtschaftliche Wohlfahrt der Bürger eines Landes verbessern kann. Der Handel stellt in gewisser Hinsicht eine Art von Technologie dar. Wenn ein Land Weizen exportiert und Stahl importiert, profitiert das Land in der gleichen Weise, als wenn es eine Technologie erfunden hätte, um Weizen in Stahl zu verwandeln. Ein Land, das Handelsschranken abbaut, wird daher das gleiche Wirtschaftswachstum erfahren wie nach einem größeren technischen Fortschritt.

Die nachteilige Auswirkung einer nach innen gerichteten Orientierung wird klar, wenn man die geringe Größe vieler wenig entwickelter Volkswirtschaften betrachtet. Das gesamte BIP Argentiniens z. B. entspricht in etwa demjenigen von Philadelphia. Stellen Sie sich vor, was passieren würde, wenn der Stadtrat von Philadelphia den Stadtbewohnern verbieten würde, mit außerhalb der Stadtgrenzen lebenden Menschen Handel zu treiben. Ohne die Möglichkeit, die Vorteile des Handels auszunutzen, müsste Philadelphia alle seine Konsumgüter selbst herstellen. Es müsste ebenfalls seine Kapitalgüter selbst herstellen, statt Anlagen auf dem neuesten Stand der Technik aus anderen Städten zu importieren. Der Lebensstandard in Philadelphia würde sofort sinken und das Problem würde im Zeitablauf wahrscheinlich nur noch schlimmer werden. Genau dies ist geschehen, als Argentinien während eines Großteils des 20. Jahrhunderts nach innen gerichtete handelspolitische Maßnahmen verfolgt hat. Im Gegensatz dazu erzielten Länder, die nach außen gerichtete handelspolitische Maßnahmen verfolgt haben, wie z. B. Südkorea, Singapur und Taiwan, hohe Raten des Wirtschaftswachstums.

Das Außenhandelsvolumen eines Landes wird nicht nur durch politische Maßnahmen der Regierung, sondern auch durch seine geografische Lage bestimmt. Länder mit natürlichen Seehäfen können leichter Handel treiben als andere Länder. Es ist kein Zufall, dass viele der größten Städte der Welt, wie z. B. New York, Hongkong und Lon-

21.4 Produktion und Wachstum
Wirtschaftswachstum und staatliche Politik

don, nahe am Meer liegen. Da es für vom Land eingeschlossene Länder schwieriger ist, Handel zu treiben, weisen sie tendenziell auch ein niedrigeres Einkommensniveau auf als die Länder mit leichtem Zugang zu den Wasserstraßen der Welt.

Forschung und Entwicklung

Ein Großteil des technischen Fortschritts ist auf die private Forschung in Unternehmen und von einzelnen Erfindern zurückzuführen. Neben seiner Rolle bei der Bereitstellung öffentlicher Güter, wie z. B. nationale Verteidigung, hat der Staat auch eine Verantwortung bei der Förderung von Erforschung und Entwicklung neuer Technologien. In vielen hoch entwickelten Volkswirtschaften betreibt oder finanziert der Staat wissenschaftliche Forschungseinrichtungen und unterstützt die Ausbildung des wissenschaftlichen Nachwuchses. Außerdem kann der Staat Steuererleichterungen für Unternehmen gewähren, die sich in Forschung und Entwicklung engagieren.

Ein Weg, auf dem staatliche Maßnahmen die Forschung fördern, stellt das Patentrecht dar. Wenn eine Person oder ein Unternehmen ein neues Produkt erfindet, wie z. B. ein neues Arzneimittel, kann die Person oder das Unternehmen ein Patent anmelden. Ist die Erfindung grundsätzlich neu, erhält der Erfinder ein Patent, das ihm das ausschließliche, zeitlich begrenzte Recht erteilt, die Erfindung zu benutzen. Im Wesentlichen stellt das Patent ein Eigentumsrecht des Erfinders an seiner Erfindung dar, indem es seine neue Idee von einem öffentlichen Gut in ein privates Gut verwandelt. Indem das Patentrecht den Erfindern zugesteht, von ihren Erfindungen – wenn auch nur zeitlich begrenzt – zu profitieren, erhöht es für Personen und Unternehmen den Anreiz, sich in der Forschung zu betätigen.

Bevölkerungswachstum

Volkswirte und andere Wissenschaftler debattieren seit Langem darüber, wie das Bevölkerungswachstum die Gesellschaft beeinflusst. Die unmittelbare Wirkung einer wachsenden Bevölkerung betrifft die Anzahl der Erwerbspersonen: Eine größere Bevölkerung geht in der Regel mit einer größeren Zahl an Arbeitskräften zur Produktion von Waren und Dienstleistungen einher. Gleichzeitig gibt es natürlich auch mehr Menschen, die Waren und Dienstleistungen konsumieren. Neben diesem offensichtlichen Effekt steht das Bevölkerungswachstum in einer Wechselwirkung mit anderen Produktionsfaktoren, die weniger eindeutig ist und Platz für Diskussionen bietet.

> **Kurztest**
> Erläutern Sie drei Maßnahmen, mit denen eine Regierung das Wachstum des Lebensstandards in der Gesellschaft beschleunigen kann. Haben diese Maßnahmen auch eine Kehrseite?

21.5 Fazit

In diesem Kapitel haben wir untersucht, wovon das Wirtschaftswachstum eines Landes abhängt und wie der Staat durch wirtschaftspolitische Maßnahmen das Wirtschaftswachstum fördern und damit den Lebensstandard erhöhen kann. Politiker, die durch Wirtschaftswachstum eine Erhöhung des Lebensstandards erreichen wollen, müssen dafür sorgen, dass die Produktivität der Volkswirtschaft ihres Landes steigt, indem sie eine rasche Akkumulation der Produktionsfaktoren fördern und sicherstellen, dass diese Faktoren so effektiv wie möglich eingesetzt werden.

Die Ökonomen unterscheiden sich in ihren Ansichten über die Rolle des Staates bei der Förderung des Wirtschaftswachstums. Einigkeit herrscht zumindest darüber, dass der Staat die unsichtbare Hand unterstützen kann, indem er die Eigentumsrechte garantiert und für politische Stabilität sorgt. Umstritten ist dagegen, ob der Staat bestimmte Branchen subventionieren sollte, die besonders wichtig für den technischen Fortschritt sein könnten. Es besteht kein Zweifel, dass diese Fragen zu den wichtigsten in den Wirtschaftswissenschaften gehören. Der Erfolg der Politiker einer Generation beim Lernen und Beachten der grundlegenden Zusammenhänge im Hinblick auf das Wirtschaftswachstum bestimmt, wie die Welt aussieht, die die nächste Generation erbt.

Aus der Praxis

Das Produktivitätsparadoxon

Mitte der 1970er-Jahre bastelte Steve Jobs mit zwei Freunden noch in einer Garage an einem der ersten Personal Computer (PC). Heute tragen viele einen (Mini-)Computer in ihrer Hosentasche, mit dem man telefonieren, fotografieren, Musik hören, Nachrichten versenden und empfangen kann und noch vieles mehr. Bezahlen geht fast überall bargeldlos. In der Produktion kommunizieren jetzt Maschinen in Echtzeit miteinander. Und dennoch sinkt das Produktivitätswachstum. Ökonomen sprechen in diesem Zusammenhang vom einem Produktivitätsrätsel oder auch Produktivitätsparadoxon, denn es ist auf den ersten Blick schon paradox, dass die technologischen Innovationen unserer Zeit nicht die entsprechende Wirkung auf das Produktivitätswachstum der Volkswirtschaft zeigen.
Für das Produktivitätsparadoxon gibt es unter Ökonomen unterschiedliche Erklärungsansätze.

▸ *Geringerer Produktivitätsschub durch heutige technologische Innovationen*
Der US-Ökonom Robert Gordon vertritt die These, dass der Produktivitätsgewinn durch die technologischen Innovationen unserer Zeit grundsätzlich überschätzt wird. Nach seiner Auffassung entfalten die modernen Informations- und Kommunikationstechnologien eine wesentliche geringere Wirkung auf das Wachstum der Volkswirtschaft als die großen Innovationen der Vergangenheit wie die Entdeckung der Elektrizität, die Erfindung des Verbrennungsmotors oder die Erfindung des Telefons. Dazu merkte der erfolgreiche US-amerikanische Internetinvestor Peter Thiel einmal an: »Wir wollten fliegende Autos und haben stattdessen 140 Zeichen bekommen« und spielte damit auf die Länge von Nachrichten beim US-amerikanischen Kurznachrichtendienst Twitter an. Die letzte große technologische Innovation, so Gordon, war die Erfindung des Computers. Sicherlich wird es auch in Zukunft technologische Innovationen geben. Aber der Produktivitätszuwachs aus diesen Innovationen wird im Vergleich zu den großen Innovationen der Vergangenheit deutlich geringer ausfallen, mit den entsprechenden Auswirkungen auf das langfristige Wirtschaftswachstum.

▸ *Zeitlich verzögerte Wirkung von Innovationen auf die Produktivitätsentwicklung*
Einige Ökonomen weisen im Zusammenhang mit dem Produktivitätsparadoxon daraufhin, dass es eine gewisse Zeit dauert, bis sich neue Technologien positiv (messbar) auf Produktivität und Wachstum einer Volkswirtschaft auswirken. Ein anschauliches Beispiel dafür liefert der PC. Obwohl die ersten PCs bereits Mitte der 1970er-Jahre auf den Markt kamen, konstatierte der US-

Fortsetzung auf Folgeseite

Fortsetzung von Vorseite

Ökonom und Wirtschaftsnobelpreisträger Robert Solow noch mehr als 10 Jahre später: »You can see the computer age everywhere but in the productivity statistics.« Erst in den 1990er-Jahren spiegelte sich der Siegeszug des PCs auch in einem spürbaren Anstieg des Produktivitätswachstums wider.

Eine vergleichbare Entwicklung durchlaufen auch die neuen Kommunikations- und Informationstechnologien in der heutigen Zeit. Zu dem erwarteten Produktivitätsschub wird es (erst dann) kommen, wenn diese innovativen Technologien in allen Bereichen der Volkswirtschaft angekommen sind. Wir haben es, nach den Worten des US-Ökonomen Martin Feldstein, also mehr mit einem Geduldts- und weniger mit einem Produktivitätsproblem zu tun.

▶ *Statistische Messprobleme*
Die Analyse der Produktivitätsentwicklung setzt entsprechende Daten der amtlichen Statistik voraus. Einigen Ökonomen vertreten die Auffassung, dass statistische Messprobleme dazu führen, dass wir uns ein falsches Bild von der Produktivitätsentwicklung machen. Zunächst einmal steht die amtliche Statistik bei der Berechnung der Produktivität vor der Herausforderung, den (realen) Wert der produzierten Waren und Dienstleistungen korrekt zu bestimmen. Dabei ist stets die Frage zu beantworten, ob ein höherer Produktionswert auf Qualitätssteigerungen oder auf reine Preiserhöhungen zurückzuführen ist. Werden höhere Preise bei Waren und Dienstleistungen fälschlicherweise nicht als Ergebnis von Qualitätssteigerungen, sondern als reine Preiserhöhungen angesehen, dann unterschätzt der preisbereinigte Wert der produzierten Waren und Dienstleistungen den tatsächlichen realen Wert und damit auch die Produktivität.

Zudem besteht das Problem, dass viele Innovationen (vor allem bei Dienstleistungen) kostenlos angeboten werden. Für Suchanfragen über Google muss der Internetnutzer ebenso wenig bezahlen wie für einen Account bei Facebook. Die Wertschöpfung durch diese Innovationen lässt sich durch die amtliche Statistik nicht messen. Gleiches gilt für Dienstleistungen, die die Unternehmen an die Verbraucher »ausgelagert« haben, wie z.B. die Buchung von Reisen über das Internet. Es ist daher zu vermuten, dass das Produktivitätsparadoxon zumindest deutlich kleiner ist, als es auf der Grundlage der Daten den Anschein hat.

▶ *Entwicklung zur Dienstleistungsgesellschaft*
Die modernen Volkswirtschaften haben sich in den letzten Jahrzehnten von einer Industriegesellschaft zu einer Dienstleistungsgesellschaft gewandelt. In der Bundesrepublik Deutschland entfallen bereits heute rund 70 Prozent der Wirtschaftsleistung auf den Dienstleistungssektor. Bislang war das Produktivitätswachstum im Dienstleistungssektor tendenziell geringer als im Produzierenden Gewerbe. Das hat auch damit zu tun, dass es im Dienstleistungssektor viele arbeitsintensive Tätigkeiten gibt. Solange sich die Menschen von einem Friseur und nicht von einem Roboter die Haare schneiden lassen, wird der Produktivitätsschub von neuen Innovationen für die gesamte Volkswirtschaft begrenzt bleiben.

Die Suche nach den Gründen für das Produktivitätsparadoxon ist unter Ökonomen noch lange nicht abgeschlossen. Weitere Erklärungsansätze werden diskutiert und analysiert. Am Ende wird es mit großer Wahrscheinlichkeit nicht den einen Grund, sondern eine Vielzahl von Gründen geben, die in ihrem Zusammenspiel das Produktivitätsrätsel lösen können.

Fragen
1. Warum sprechen Ökonomen von einem Produktivitätsparadoxon?
2. Inwiefern unterscheiden sich die technologischen Innovationen unserer Zeit von den großen Innovationen der Vergangenheit?
3. Welche Rolle spielt die Entwicklung der Volkswirtschaften hin zu Dienstleistungsgesellschaften für eine mögliche Erklärung des Produktivitätsparadoxons?

Zusammenfassung

▶ Der wirtschaftliche Wohlstand, gemessen am BIP pro Kopf, weist beträchtliche Unterschiede rund um die Welt auf. Das Durchschnittseinkommen in den reichsten Ländern der Welt beträgt mehr als das Fünfzehnfache des entsprechenden Werts in den ärmsten Ländern der Welt. Da die Wachstumsraten des realen BIP ebenfalls beträchtliche Unterschiede aufweisen, können sich die relativen Positionen der Länder im Zeitablauf erheblich verändern.

- Der Lebensstandard einer Volkswirtschaft hängt von der Fähigkeit ab, Waren und Dienstleistungen herzustellen. Die Produktivität ihrerseits hängt von der Ausstattung mit Realkapital, Humankapital, natürlichen Ressourcen und dem für die Arbeitskräfte verfügbaren technologischen Wissen ab.
- Das Wachstumsmodell von Solow und Swan betont, dass die Akkumulation des Realkapitals mit einem abnehmenden Grenzprodukt verbunden ist: Je mehr Realkapital eine Volkswirtschaft hat, umso geringer ist der Produktionszuwachs, den die Volkswirtschaft mit einer zusätzlichen Einheit Realkapital erwirtschaftet. Aufgrund des abnehmenden Grenzprodukts führt ein Anstieg der Ersparnis nur vorübergehend zu einem höheren Wachstum. Das Wachstum verlangsamt sich, wenn sich die Volkswirtschaft einem höheren Niveau des Realkapitals, der Produktivität und des Einkommens nähert. Durch das abnehmende Grenzprodukt ist das Grenzprodukt des Realkapitals in armen Ländern besonders hoch. Unter sonst gleichen Bedingungen können diese Länder aufgrund des Catch-up-Effekts schneller wachsen.
- Die endogene Wachstumstheorie erklärt, wie sich Technologien verändern und wie neue Technologien die Wirkung des abnehmenden Grenzprodukts kompensieren können. Innovationen sowie Forschung und Entwicklung tragen zur Entwicklung von neuen Technologien bei.
- Staatliche Maßnahmen können die Wachstumsrate der Volkswirtschaft auf vielerlei Weise beeinflussen: durch Spar- und Investitionsanreize, Förderung von Investitionen aus dem Ausland, Unterstützung der Ausbildung, Gewährleistung von Eigentumsrechten und politischer Stabilität, Schaffung von Freihandel, Kontrolle des Bevölkerungswachstums und Förderung von Forschung und Entwicklung neuer Technologien.

Stichwörter

- natürliche Ressourcen
- technologisches Wissen
- Wachstumsgleichgewicht (steady-state equilibrium)
- endogene Wachstumstheorie
- schöpferische Zerstörung
- Catch-up-Effekt (Aufholeffekt)
- ausländische Direktinvestition
- ausländische Portfolioinvestition
- Brain Drain

Wiederholungsfragen

1. Nennen und beschreiben Sie die vier Bestimmungsfaktoren der Produktivität.
2. Inwiefern stellt ein Universitätsabschluss eine Form von Kapital dar?
3. Was versteht man unter dem Wachstumsgleichgewicht?
4. Führt eine höhere Sparquote vorübergehend oder dauerhaft zu einem höheren Wachstum?
5. Warum würde der Abbau einer Handelsschranke, wie z. B. eines Zolls, zu einem schnelleren Wirtschaftswachstum führen?
6. Wie beeinflusst die Rate des Bevölkerungswachstums die Höhe des BIP pro Kopf?
7. Warum hat der technische Fortschritt eine große Bedeutung für die Wachstumsrate der Volkswirtschaft?

21 Produktion und Wachstum
Aufgaben und Anwendungen

Aufgaben und Anwendungen

1. Die meisten Länder importieren beträchtliche Mengen von Waren und Dienstleistungen aus anderen Ländern. In diesem Kapitel wurde jedoch gesagt, dass ein Land nur dann einen höheren Lebensstandard erreichen kann, wenn es selbst eine große Menge an Waren und Dienstleistungen herstellen kann. Können Sie diese beiden Aussagen miteinander in Einklang bringen?

2. Nennen Sie die Kapitalinputs, die für die Herstellung jedes der nachfolgenden Güter notwendig sind:
   a. Autos
   b. Universitätsausbildung
   c. Flugreise
   d. Obst und Gemüse

3. Das Durchschnittseinkommen in Deutschland beträgt heute etwa das Sechzehnfache des entsprechenden Werts vor über 140 Jahren. Für viele andere Länder ist ebenfalls ein beträchtliches Wachstum in dieser Zeit festzustellen. In welcher Weise unterscheidet sich Ihr Lebensstandard von dem Ihrer Urgroßeltern?

4. Durch den technologischen Wandel kommt es zu Gewinnern und Verlierern in der Volkswirtschaft. Nennen Sie ein Beispiel für den Prozess der kreativen Zerstörung in unserer Volkswirtschaft in den letzten Jahren. Wie kann der Staat die Folgen dieses Prozesses für die Betroffenen abmildern?

5. Nehmen Sie an, dass die Gesellschaft entschieden hat, den Konsum zu verringern und die Investitionen zu erhöhen.
   a. Wie würde sich diese Veränderung auf das Wirtschaftswachstum auswirken?
   b. Welche Gruppen in der Gesellschaft würden von dieser Veränderung profitieren? Welche Gruppen würden Nachteile erleiden?

6. Gesellschaften entscheiden, welcher Teil ihrer Ressourcen für Konsum und welcher Teil für Investitionen aufgewendet wird. Einige dieser Entscheidungen betreffen die privaten Ausgaben, andere betreffen die Ausgaben des Staates.
   a. Beschreiben Sie einige Formen von privaten Ausgaben, die Konsum darstellen, und einige Formen, die Investitionen darstellen.
   b. Beschreiben Sie einige Formen von Ausgaben des Staates, die Konsum darstellen, und einige Formen, die Investitionen darstellen.

7. Worin bestehen die Opportunitätskosten einer Investition in Realkapital? Denken Sie, dass ein Land in Realkapital »überinvestieren« kann? Worin bestehen die Opportunitätskosten einer Investition in Humankapital? Denken Sie, dass ein Land in Humankapital »überinvestieren« kann? Begründen Sie Ihre Antwort.

8. In vielen Entwicklungsländern ist der Anteil von jungen Frauen an weiterführenden Schulen deutlich geringer als der Anteil von jungen Männern. Auf welche Weise können bessere Bildungschancen für junge Frauen zu einem stärkeren Wirtschaftswachstum in diesen Ländern führen?

9. In den 1980er-Jahren haben japanische Investoren beträchtliche Direkt- und Portfolioinvestitionen in den Vereinigten Staaten getätigt. Damals waren viele US-Amerikaner unglücklich über diese Investitionen.
   a. In welcher Hinsicht war es für die Vereinigten Staaten von Vorteil, dass diese japanischen Investitionen vorgenommen wurden?
   b. In welcher Hinsicht wäre es aber besser gewesen, die US-Amerikaner hätten diese Investitionen selbst getätigt?

10. Internationale Daten zeigen einen positiven Zusammenhang zwischen politischer Stabilität und Wirtschaftswachstum.
   a. Inwiefern könnte politische Stabilität zu einem hohen Wirtschaftswachstum führen?
   b. Inwiefern könnte ein hohes Wirtschaftswachstum zu politischer Stabilität führen?

22 Arbeitslosigkeit

Im Leben eines Menschen kann der Verlust des Arbeitsplatzes zu den einschneidendsten Erlebnissen gehören. Die meisten Menschen bestreiten aus dem Arbeitseinkommen ihren Lebensunterhalt und viele beziehen aus ihrer beruflichen Arbeit neben dem Einkommen auch persönliche Erfüllung. Ein verlorener Arbeitsplatz bedeutet einen niedrigeren Lebensstandard, Verunsicherung über die Zukunft und ein verringertes Selbstwertgefühl. Deshalb ist es nicht überraschend, dass Politiker bei ihren Bemühungen um ein politisches Amt immer wieder darüber sprechen, wie ihre politischen Vorstellungen zu mehr Arbeitsplätzen führen.

Eine wesentliche Bestimmungsgröße für den Lebensstandard eines Landes ist die durchschnittliche Höhe der Arbeitslosigkeit. Arbeitswillige Menschen, die keinen Arbeitsplatz finden, tragen nichts zur Produktion von Waren und Dienstleistungen bei. Obwohl ein gewisses Ausmaß an Arbeitslosigkeit in komplexen Volkswirtschaften mit Tausenden von Unternehmen und Millionen von Arbeitskräften unvermeidlich ist, variiert der Stand der Arbeitslosigkeit im Zeitvergleich und im Querschnittsvergleich der Länder ganz beträchtlich. Ein Land, das für seine Arbeitskräfte für Vollbeschäftigung sorgt, erreicht ein höheres Bruttoinlandsprodukt als ein Land, in dem große Teile der Arbeitskräfte beschäftigungslos bleiben.

In diesem Kapitel beginnen wir mit der Analyse der Arbeitslosigkeit. Das Problem der Arbeitslosigkeit wird zweckmäßigerweise zweigeteilt untersucht: als ein langfristiges und als ein kurzfristiges Problem. Mit der *natürlichen Arbeitslosenquote* einer Volkswirtschaft ist das normale Niveau an langfristiger Arbeitslosigkeit in einer Volkswirtschaft angesprochen. Im vorliegenden Kapitel erörtern wir die Bestimmungsgründe der natürlichen Arbeitslosenquote einer Volkswirtschaft. Wie wir sehen werden, meint man mit der Bezeichnung *natürlich* keineswegs, dass diese Arbeitslosenquote wünschenswert oder unvermeidlich ist. Sie bedeutet nur, dass diese Art von Arbeitslosigkeit auch auf lange Sicht nicht von selbst verschwindet.

Wir schauen uns zu Beginn einige Fakten zur Beschreibung von Arbeitslosigkeit an. Vor allem greifen wir drei Fragen auf: Wie definiert die amtliche Statistik die Arbeitslosenquote? Welche Schwierigkeiten ergeben sich bei der Interpretation der Arbeitslosenzahlen? Wie lange dauert die Arbeitslosigkeit im Durchschnitt für den Einzelnen?

Danach wenden wir uns den Gründen für eine stets anhaltende Arbeitslosigkeit und den politischen Hilfen bei Arbeitslosigkeit zu. Wir diskutieren vier Erklärungsansätze der natürlichen Arbeitslosenquote: Arbeitsplatzsuche, Mindestlöhne, Gewerkschaftsmacht und Effizienzlohnsätze. Langfristig anhaltende Arbeitslosigkeit hat weder eine einzige Ursache noch eine einzige dafür passende Lösung. Sie spiegelt vielfältige und wechselweise verknüpfte potenzielle Ursachen. Deshalb – das kann man vorab schon als einen Befund festhalten – gibt es für die Wirtschaftspolitik grundsätzlich keinen einfachen Weg zur Senkung der natürlichen Arbeitslosenquote und damit auch zur Beseitigung der Härten für die arbeitslosen Menschen.

Am Ende des Kapitels werden wir auf die gesellschaftlichen Kosten der Arbeitslosigkeit näher eingehen.

22.1 Die Erfassung von Arbeitslosigkeit

Wir wollen nun genauer klären, was mit dem Begriff *Arbeitslosigkeit* gemeint ist. Dazu betrachten wir die amtliche Definition von Arbeitslosigkeit, Interpretationsprobleme bei den statistischen Daten sowie die Dauer von Arbeitslosigkeit und lernen, warum es immer eine bestimmte Zahl an Arbeitslosen in Volkswirtschaft gibt.

Was ist Arbeitslosigkeit?

Die Antwort auf diese Frage scheint einfach: Jemand ist arbeitslos, wenn er keine Arbeit hat. Von einem Ökonomen erwartet man allerdings eine etwas genauere Definition. So gehen beispielsweise Studierende in der Regel keiner (Vollzeit-)Erwerbstätigkeit nach, sondern verbringen ihre Zeit in Vorlesungen, Seminaren oder in der Bibliothek. Studierende sind also nicht erwerbstätig und stehen dem Arbeitsmarkt auch nicht zur Verfügung. Ist jemand schwer krank und nicht in der Lage zu arbeiten, dann würde man denjenigen kaum als arbeitslos bezeichnen, denn die betreffende Person steht dem Arbeitsmarkt ja gar nicht zur Verfügung. Anhand dieser beiden Beispiele wird deutlich, dass wir unsere ursprüngliche Definition einer arbeitslosen Person als jemand »der keine Arbeit hat« zu »jemand, der dem Arbeitsmarkt zur Verfügung steht und keine Arbeit hat« präzisieren müssen.

Im nächsten Schritt sollten wir natürlich auch klarstellen, was wir damit meinen, dass »jemand dem Arbeitsmarkt zur Verfügung steht«. Nehmen wir an, Sie haben keinen Vollzeitjob und suchen einen und jemand bietet Ihnen eine Stelle als wissenschaftlicher Mitarbeiter für 1 Euro am Tag an. Würden Sie das Angebot annehmen? Wahrscheinlich nicht, denn die angebotene Bezahlung ist viel zu niedrig. Nehmen wir nun an, Sie haben den Lottojackpot geknackt und beschließen, Ihr Studium abzubrechen und zukünftig von Ihrem Lottogewinn zu leben. Würden Sie dann als arbeits- bzw. erwerbslos gelten? Natürlich nicht, denn Sie stehen dem Arbeitsmarkt nicht zur Verfügung, unabhängig davon, wie hoch die angebotene Bezahlung wäre. Ob man als arbeitslos zählt oder nicht, hängt also auch davon ab, ob man zum vorherrschenden Lohnniveau arbeiten möchte (und damit dem Arbeitsmarkt zur Verfügung steht).

Wir sind nun in der Lage, genauer zu definieren, was es heißt, arbeitslos zu sein: Die Zahl der Arbeitslosen in einer Volkswirtschaft ist die Zahl der Personen, die in der Lage sind zu arbeiten und dem Arbeitsmarkt zum vorherrschenden Lohnsatz zur Verfügung stehen und die keine Arbeit haben.

Ökonomen greifen eher auf die *Arbeitslosenquote* zurück. Die Arbeitslosenquote drückt die Zahl der Arbeitslosen (auch als Erwerbslose bezeichnet) in Relation zur Zahl der *Erwerbspersonen* aus. Die Erwerbspersonen werden auch als Arbeitskräftepotenzial einer Volkswirtschaft bezeichnet und umfassen alle Personen, die zu einem bestimmten Zeitpunkt erwerbstätig sein können. Die Zahl der Erwerbspersonen muss damit der Summe aus der Zahl der Erwerbstätigen und der Zahl der Erwerbslosen entsprechen.

Wie wird Arbeitslosigkeit gemessen?

Zur Messung der Arbeitslosigkeit gibt es zwei verschiedene Ansätze.

Die Zahl der arbeitslos gemeldeten Personen. Man kann die Zahl der Personen, die zu einem bestimmten Zeitpunkt arbeitslos sind, zunächst einmal einfach dadurch bestimmen, indem man die Zahl der Personen ermittelt, die sich bei der zuständigen Behörde arbeitslos gemeldet haben. In Deutschland ist das die Bundesagentur für Arbeit. Da die Bundesagentur für Arbeit für die Bewilligung und Auszahlung der Arbeitslosenunterstützung zuständig ist, lässt sich die Zahl der registrierten Arbeitslosen schnell und einfach ermitteln. Die monatliche Bekanntgabe der »Arbeitsmarktzahlen« durch den Vorstandsvorsitzenden der Bundesagentur für Arbeit hat sich zu einem Medienereignis entwickelt. Von den Statistiken der Bundesagentur für Arbeit, die fortlaufend erstellt werden, sind vor allem diese zu erwähnen:

- Statistiken der Beschäftigung
  (beschäftigte Arbeitnehmer nach Geschlecht, Beruf, Wirtschaftsgruppen, Staatsangehörigkeit),
- Statistiken des Arbeitsmarkts
  (Arbeitslose, offene Stellen, Vermittlungen),
- Statistiken des Ausbildungsmarkts
  (Ausbildungsstellenmarkt, Ausbildungsvermittlung),
- Statistiken der beruflichen Förderung
  (Berufsausbildungsbeihilfen, Ein- und Austritte in Maßnahmen zur beruflichen Fortbildung und Umschulung, Rehabilitationsfälle),
- Statistiken der Leistungen zur Erhaltung und Schaffung von Arbeitsplätzen sowie bei Arbeitslosigkeit
  (kurzarbeitende Betriebe, Kurzarbeiter, witterungsbedingter Arbeitsausfall im Baugewerbe, Antragsteller und Empfänger von Arbeitslosengeld sowie Unterhaltsgeld).

Die Zahl der Arbeitslosen aus der Statistik der Bundesagentur für Arbeit hängt allerdings davon ab, welche Personen als »registriert« arbeitslos gelten. Das wird durch die Sozialgesetzgebung (Sozialgesetzbuch Drittes Buch) definiert. Damit hängt die Höhe der Arbeitslosigkeit in der Statistik der Bundesagentur für Arbeit maßgeblich von der vorgegebenen Abgrenzung durch den Gesetzgeber ab. Ändern sich die gesetzlichen Regelungen, dann ändert sich auch die Zahl der Arbeitslosen, ohne dass tatsächlich mehr oder weniger Menschen ohne Arbeit sind.

22.1 Arbeitslosigkeit
Die Erfassung von Arbeitslosigkeit

Erwerbslosenstatistik. Neben der Arbeitsmarktstatistik der Bundesagentur für Arbeit führt das Statistische Bundesamt eine monatliche Statistik zu Erwerbstätigkeit und Erwerbslosigkeit in Deutschland. Die Erwerbslosenstatistik des Statistischen Bundesamtes unterscheidet sich sowohl hinsichtlich der Abgrenzung als auch hinsichtlich der Erhebungsmethode vom Konzept der Bundesagentur für Arbeit. Das Statistische Bundesamt stützt sich auf ein international standardisiertes System zur Erfassung des Erwerbsstatus, das auf die Internationale Arbeitsorganisation (ILO) zurückgeht und auf die »ökonomische« Arbeitslosigkeit fokussiert. Die Erwerbslosenstatistik des Statistischen Bundesamtes ist damit unabhängig von der nationalen Sozialgesetzgebung und eignet sich für vergleichende Analysen zwischen verschiedenen Volkswirtschaften.

Nach dem ILO-Konzept lässt sich die Bevölkerungszahl eines Landes statistisch gliedern in die potenziell arbeitsfähigen Menschen der Altersjahrgänge von 15 bis 65 Jahren, die nach den einleitenden Bemerkungen auch willens sind, eine Beschäftigung auf einem Arbeitsplatz zu haben und zu suchen, auch als **Erwerbspersonen (Arbeitskräftepotenzial)** bezeichnet, und die Nichterwerbspersonen oder Nur-Konsumenten (insbesondere Junge und Alte).

Die Erwerbspersonen sind entweder als Erwerbstätige beschäftigt oder erwerbslos. Nach dem ILO-Konzept gilt eine Person als erwerbstätig, wenn sie in einer bestimmten Periode eine Zeit lang einer bezahlten Arbeit nachgegangen ist. Als erwerbslos gelten Personen, die während einer bestimmten Periode ohne Arbeitsplatz waren, dem Arbeitsmarkt zur Verfügung standen und Arbeit gesucht haben. (Vollzeit-)Studierende, Hausfrauen oder Rentner zählen danach zu den Nichterwerbspersonen.

Die **Erwerbslosenquote** gibt den Anteil der Erwerbslosen an den Erwerbspersonen an. Die Erwerbslosenquote lässt sich sowohl für die Volkswirtschaft als Ganzes als auch für bestimmte Gruppen (Differenzierung nach Geschlecht, Alter usw.) ermitteln.

Gleichzeitig lässt sich auf Basis der Erwerbslosenstatistik des Statistischen Bundesamtes auch die Erwerbsquote bestimmen. Die **Erwerbsquote** gibt den Anteil der Bevölkerung wieder, der am Erwerbsleben teilnimmt und damit dem Arbeitsmarkt zur Verfügung steht.

Um zu sehen, wie diese Daten statistisch ermittelt werden, schauen wir auf Zahlen des Statistischen Bundesamtes für Deutschland. Nach Angaben des Statistischen Bundesamtes gab es im Jahr 2020 in Deutschland 44,676 Millionen Erwerbstätige und 1,846 Millionen Erwerbslose. Daraus ergeben sich

Erwerbspersonen = 44,676 + 1,846 = 46,522 Millionen

Die Erwerbslosenquote betrug:

Erwerbslosenquote = (1,846/46,522) × 100 = 4,0 Prozent

Die Erwerbsquote, also der Anteil der Bevölkerung, der am Erwerbsleben teilnimmt und damit dem Arbeitsmarkt zur Verfügung steht, betrug

Erwerbsquote = (46,522/83,157) × 100 = 55,9 Prozent

Erwerbspersonen (Arbeitskräftepotenzial)
Gesamtzahl der Arbeitskräfte eines Landes (zu einem bestimmten Zeitpunkt), und zwar der beschäftigten wie der erwerbslosen Menschen.

Erwerbslosenquote
Erwerbslose in Prozent des Arbeitskräftepotenzials.

Erwerbsquote
Erwerbspersonen (Arbeitskräftepotenzial) in Prozent der Bevölkerung (Wohnbevölkerung eines Landes zu einem bestimmten Zeitpunkt).

22.1 Die Erfassung von Arbeitslosigkeit

Information

Bevölkerungsbedingte Arbeitslosigkeit

In vielen wirtschaftspolitischen Studien und öffentlichen Debatten geht allzu oft unter, dass Arbeitslosigkeit auch und vor allem eine demografische Komponente hat. Veränderungen der Erwerbslosenzahl ergeben sich aus dem Zusammenspiel von den Veränderungen der Erwerbspersonenzahl und den Veränderungen der Erwerbstätigenzahl. Demografische Komponente (Erwerbspersonen) und Beschäftigungskomponente (Erwerbstätige) bestimmen gemeinsam die Richtung, in der sich der Arbeitsmarkt bewegt. Das Zusammenspiel zwischen demografischer Komponente und Beschäftigungskomponente lässt sich an den Werten in Tabelle 22-1 gut erkennen, die die Entwicklung für die Bundesrepublik Deutschland von 2014–2020 nachzeichnet.

Tab. 22-1: Einwohner, Erwerbspersonen, Beschäftigte, Erwerbslose und Arbeitslosenquoten der Bundesrepublik Deutschland 2014–2020

Zeitraum (Jahre)	Einwohner (Mio. Personen)	Erwerbspersonen (Mio. Personen)	Erwerbstätige (Mio. Personen)	Erwerbslose (Mio. Personen)	Erwerbslosenquote (Erwerbslose in % der Erwerbspersonen)
2014	80,983	44,741	42,651	2,090	4,7
	0,704	*0,246*	*0,386*	*–0,140*	
2015	81,687	44,987	43,037	1,950	4,3
	0,662	*0,346*	*0,522*	*–0,176*	
2016	82,349	45,333	43,559	1,774	3,9
	0,308	*0,429*	*0,582*	*–0,153*	
2017	82,657	45,762	44,141	1,621	3,5
	0,249	*0,433*	*0,586*	*–0,153*	
2018	82,906	46,195	44,727	1,468	3,2
	0,187	*0,302*	*0,396*	*–0,094*	
2019	83,093	46,497	45,123	1,374	3,0
	0,064	*0,025*	*–0,447*	*0,472*	
2020	83,157	46,522	44,676	1,846	4,0
2014–2020	2,174	1,781	2,025	–0,244	

Kursiv: Veränderungen zum nächsten Jahr, soweit nicht anders angegeben
Quelle: Statistisches Bundesamt, Fachserie 18, Reihe 1.4

Bei konstanter Erwerbspersonenzahl hätte sich in Deutschland von 2014 bis 2020 aus der Zunahme der Erwerbstätigenzahl um 2,025 Millionen ein Rückgang der Erwerbslosen von 2,090 Millionen im Jahr 2014 auf 0,065 Millionen Menschen im Jahr 2020 ergeben. Die Erwerbslosenzahl ist dagegen »nur« auf 1,846 Millionen im Jahr 2020 gesunken, weil von 2014 bis 2020 eine Zunahme der Erwerbspersonenzahl um 1,781 Millionen eintrat. Die Änderung der Erwerbslosenzahl (minus 0,244 Millionen) hat eine entlastende Beschäftigungskomponente (von 2,025 Millionen) und eine belastende demografische Komponente (von 1,781 Millionen). In der Vergangenheit gab es Jahre, in denen der Anstieg der Erwerbslosigkeit zugleich beschäftigungsbedingt (Rückgang der Zahl der Erwerbstätigen) und demografisch bedingt war (Anstieg der Zahl der Erwerbspersonen). In anderen Jahren sank die Erwerbslosigkeit, weil der Anstieg der Beschäftigung suchenden Arbeitskräfte durch die Beschäftigungszunahme mehr als ausgeglichen wurde. Die Tabelle 22-1 verrät auch einige strukturelle Veränderungen in der Zusammensetzung und den Größenverhältnissen von Makrovariablen. Die Einwohnerzahl, die Erwerbspersonenzahl und die Zahl der Nichterwerbspersonen werden von der natürlichen Bevölkerungsbewegung durch Geburten und Todesfälle sowie von der Wanderungsbewegung mit Einwanderungen und Auswanderungen verändert.

Fortsetzung auf Folgeseite

22.1 Arbeitslosigkeit
Die Erfassung von Arbeitslosigkeit

> *Fortsetzung von Vorseite*
>
> Insgesamt hat die Bevölkerung von 2014 bis 2020 um 2,174 Millionen Menschen zugenommen, während das Arbeitskräftepotenzial (Erwerbspersonen) um 1,781 Millionen gewachsen ist. Damit sind die Nichterwerbspersonen oder Nur-Konsumenten (Einwohner minus Erwerbspersonen) von 2014 bis 2020 in Deutschland um 0,393 Millionen Menschen gestiegen.
>
> Ein Anstieg der Erwerbslosenzahl kann also zugleich beschäftigungsbedingt und demografisch bedingt sein. Gleichzeitig ist es möglich, dass die Arbeitslosigkeit trotz Beschäftigungszunahme steigt, wenn der Anstieg der Beschäftigung suchenden Arbeitskräfte nicht durch die wachsende Erwerbstätigkeit ausgeglichen wird. In einem derartigen Fall wäre das oft verwendete Schlagwort der Arbeitsplatzvernichtung nicht nur unangemessen, sondern schlichtweg falsch, denn die demografische Entwicklung ist nicht vom Arbeitsmarkt absorbiert worden.
>
> Ein Anstieg der Erwerbspersonenzahl in einer Volkswirtschaft lässt sich auf drei Ursachen zurückführen: die Nettozuwanderung von Erwerbspersonen, die Erhöhung der Erwerbsquote in der Bevölkerung durch eine erhöhte Erwerbsbeteiligung (z. B. von Frauen) und der Eintritt geburtenstarker Jahrgänge in das erwerbsfähige Alter. Bevölkerungsbedingte Arbeitslosigkeit entsteht aber nicht nur unmittelbar durch Veränderungen der Erwerbspersonenzahl, sondern auch mittelbar durch Veränderungen in der Bevölkerungsstruktur und damit verbundene Nachfrageverschiebungen. So sollten geburtenschwache Jahrgänge auf den ersten Blick die Lage auf dem Arbeitsmarkt entspannen und demografisch entlastend auf die Arbeitslosenquote wirken. Gleichwohl kann es durch den damit verbundenen Nachfrageausfall trotzdem zu mehr Arbeitslosigkeit kommen (das sogenannte *Günther-Paradoxon*). Der exakte Zusammenhang zwischen Arbeitslosenquote, Bevölkerungsentwicklung und Wirtschaftsentwicklung müsste durch ein empirisch gültiges makroökonomisches Modell erklärt werden, mit einer natürlichen Arbeitslosenquote als einer (womöglich veränderlichen) gleichgewichtigen Arbeitslosenquote als Ergebnis.

Damit war im Jahr 2020 in Deutschland mehr als die Hälfte der Bevölkerung am Erwerbsleben beteiligt und 4,0 Prozent der Erwerbspersonen waren ohne Arbeit. Die amtliche Arbeitslosenquote der Bundesagentur für Arbeit, die sich auf die registrierten Arbeitslosen stützt und daher notwendigerweise einen anderen Wert aufweist, betrug für das Jahr 2020 5,9 Prozent.

Die natürliche Arbeitslosenquote

Natürliche Arbeitslosenquote
Die normale (gleichgewichtige) Arbeitslosenquote, um die herum die Arbeitslosenquoten zyklisch schwanken.

Zyklische Arbeitslosigkeit
Die Abweichungen der Arbeitslosenquote von der natürlichen Arbeitslosenquote.

Die umfangreichen Daten zum Arbeitsmarkt ermöglichen es Ökonomen und Politiker, Veränderungen in der Volkswirtschaft im Zeitablauf zu identifizieren und zu beobachten. Dies betrifft auch Veränderungen im Niveau der **natürlichen Arbeitslosenquote**, die die normale (gleichgewichtige) Arbeitslosenquote widerspiegeln soll. Um diese »normale Arbeitslosenquote« herum ist in der Regel ein zyklisches Auf und Ab im Konjunkturverlauf zu verzeichnen, und die Abweichungen der Arbeitslosenquote von der natürlichen Arbeitslosenquote werden als **zyklische Arbeitslosigkeit** bezeichnet.

Die natürliche Arbeitslosenquote lässt sich für Deutschland – im Unterschied zu anderen großen Volkswirtschaften wie den USA oder Großbritannien – allerdings nicht einfach durch das arithmetische Mittel (als stationäre Trendlinie) im Zeitablauf bestimmten. Solange bei den Werten in Abbildung 22-1 kein Niveau zu erkennen ist, zu dem die Höhe der Erwerbslosenquote tendiert, kann man nicht einfach das arithmetische Mittel für einen bestimmten Zeitraum zugrunde legen und sagen: »Das ist die natürliche Arbeitslosenquote in Deutschland.«

22.1 Die Erfassung von Arbeitslosigkeit

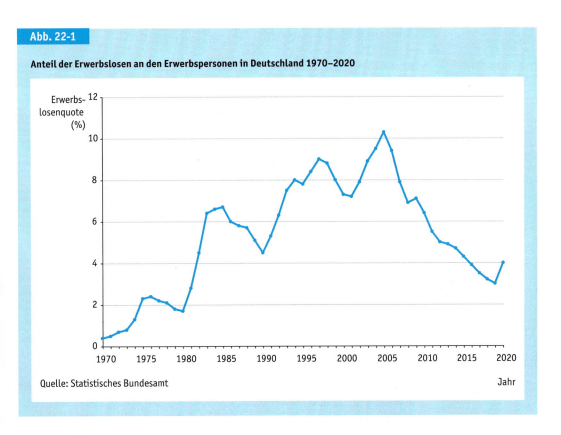

Abb. 22-1

Anteil der Erwerbslosen an den Erwerbspersonen in Deutschland 1970–2020

Quelle: Statistisches Bundesamt

Gibt es eine Obergrenze für die »normale« deutsche Arbeitslosenquote? Bewegt sich die Arbeitslosenquote in einem »Korridor«? Wo sind – für die kommenden Jahre und Jahrzehnte – die Ober- und Untergrenze der Arbeitslosenquote? Die statistischen Daten für Deutschland haben uns unversehens in schwierige Basisprobleme der empirischen Ökonomik hineingeführt. Wir brauchen eine wirtschaftstheoretische Hypothese als Vorgabe, die anhand empirischer Befunde auf ihre – vorläufige – Haltbarkeit oder empirische Gültigkeit hin überprüft werden kann.

Wir werden uns im weiteren Verlauf dieses Buches mit kurzfristigen wirtschaftlichen Schwankungen noch genauer beschäftigen. Jetzt wollen wir untersuchen, warum es in der Volkswirtschaft immer ein gewisses Maß an Arbeitslosigkeit gibt. Zuvor jedoch sind noch einige Worte zur Genauigkeit der Daten angebracht, die zur Messung von Arbeitslosigkeit verwendet werden.

Statistische und ökonomische Arbeitslosigkeit

Die Arbeitslosenzahl ist eine Bestandsgröße zu bestimmten Stichtagen oder für den Durchschnitt einer Periode, die sich mit Zugängen und Abgängen als Stromgrößen verändert. Man weiß, dass die ökonomische Zahl der Arbeitslosen in Deutschland deutlich höher ist als die statistisch ausgewiesene Zahl der Arbeitslosen. Es gibt nämlich eine sogenannte **verdeckte Arbeitslosigkeit** erheblichen Ausmaßes durch Kurzarbeit, Personen in subventionierter Beschäftigung (beispielsweise Arbeitsbeschaffungsmaßnahmen), Personen im vorzeitigen Ruhestand oder Teilnehmer an Maßnahmen der beruflichen Fortbildung, um nur einige zu nennen.

In einer Untersuchung kommt das Statistische Bundesamt für das Jahr 2019 zu dem Ergebnis, dass 0,899 Millionen Personen der stillen Reserve zuzurechnen waren und damit zusätzlich zu den 1,374 Millionen Erwerbslosen trotz eines Wunsches nach Arbeit ohne Arbeit waren. Und unter den Nichterwerbspersonen gab es weitere 1,186 Millionen Personen mit einem generellen Arbeitswunsch.

Man muss auch jene Arbeitskräfte gedanklich in die verdeckte Arbeitslosigkeit einbeziehen und der Anzahl nach abschätzen, die sich nicht registrieren lassen können oder nicht mehr als Arbeitsuchende melden wollen. Arbeitslose Rechtsanwälte oder Architekten etwa, die als Freiberufler keine abhängige Beschäftigung suchen, werden bei den Arbeitsagenturen nicht als arbeitslos und arbeitsuchend registriert. Lange und erfolglos Suchende – entmutigte Arbeitskräfte – geben oft auf. In der Vergangenheit wurde oft eine stille Reserve an arbeitswilligen verheirateten Frauen vermutet.

Auf der anderen Seite enthalten die statistischen Zahlen vermutlich in einem gewissen Ausmaß unechte Arbeitslosigkeit von Menschen, die zwar keine Arbeit ausüben, aber im Grunde vorübergehend oder sogar dauernd weder den Willen noch die Fähigkeit zu einer regelmäßigen Beschäftigung haben. Dazu können z. B. Hochschulabsolventen mit zögerlichem Übergang in das Erwerbsleben gehören. Eine ungute, weil nicht repräsentative und verletzende Verallgemeinerung gibt es mit Diskussionen unter dem Schlagwort der Drückebergerei. Eher sollte man in diesem Zusammenhang an Arbeitslose denken, die durch die Zeit der Arbeitslosigkeit ihre soziale Kompetenz für eine Berufstätigkeit verloren haben.

Grundsätzlich muss man Diskrepanzen der statistischen und der ökonomischen Arbeitslosigkeit in beiderlei Richtungen für möglich halten: Es gibt ökonomische Arbeitslose, die nicht als statistische Arbeitslose registriert sind, und statistische Arbeitslose, die im ökonomischen Sinn nicht als arbeitslos aufzufassen sind. **Ökonomische Arbeitslosigkeit** – die theoretische Leitvorstellung für die statistische Messung von Arbeitslosigkeit – ist die Diskrepanz zwischen Arbeitskräfteangebot und Arbeitskräftenachfrage zum herrschenden Lohnsatz. Als Beispiel kann die grafische Darstellung zur Mindestlohnarbeitslosigkeit in Abbildung 22-2 dienen (in Abschnitt 22.3). Damit ist zugleich klargestellt, dass es sich bei Arbeitslosigkeit im ökonomischen Sinn stets um unfreiwillige Arbeitslosigkeit handelt, denn es gibt Menschen, die zum herrschenden Entlohnungsniveau arbeiten möchten, jedoch keine Anstellung erhalten.

Verdeckte Arbeitslosigkeit
Die statistisch nicht ausgewiesene Arbeitslosigkeit.

Ökonomische Arbeitslosigkeit
Diskrepanz zwischen Arbeitskräfteangebot und Arbeitskräftenachfrage zum herrschenden Lohnsatz.

Wie lange dauert die Arbeitslosigkeit im Einzelnen?

Wenn man sich eine Meinung darüber bilden will, wie ernst das Problem der Arbeitslosigkeit ist, muss man klären, ob Arbeitslosigkeit typischerweise eine kurzfristige oder eine langfristige Erscheinung ist. Als kurzfristige Erscheinung wäre die Arbeitslosigkeit kein großes Problem. Vielleicht dauert es für die Arbeitskräfte eben einige Wochen, wenn sie von der einen Beschäftigung in eine andere wechseln, die ihren Fähigkeiten und Neigungen gut entsprechen soll. Als ein ernstes Problem jedoch wird man die Arbeitslosigkeit dann begreifen, wenn die einzelnen Menschen jeweils lange davon betroffen bleiben. Wer einige Monate oder gar Jahre arbeitslos ist, erleidet wirtschaftliche und psychische Schäden.

Da die Frage der Dauer von Arbeitslosigkeit entscheidend für die Dimension des Problems aus gesellschaftlicher Sicht ist, haben Volkswirte und Statistiker erhebliche Arbeit auf die Untersuchung der Frage verwandt. Im Verlauf der Arbeit sind sie zu Resultaten gelangt, die wichtig, schwer zu beschreiben und scheinbar widersprüchlich sind: Während Phasen der Arbeitslosigkeit für eine Person in der Regel nicht lange andauern, ist die zu einem bestimmten Zeitpunkt empirisch ermittelte Arbeitslosigkeit überwiegend langfristig.

Um zu verstehen, inwiefern dies zutrifft und zusammenpasst, betrachten wir ein Beispiel. Nehmen wir an, Sie gehen jede Woche einmal zur Arbeitsagentur Ihres Bezirks und untersuchen die dort gemeldeten Arbeitslosen. Woche für Woche treffen Sie auf vier Registrierte. Drei davon bleiben das ganze Jahr über im Bestand, während die vierte Person jeweils wöchentlich wechselt. Wenn Sie sich auf diese Erfahrung stützen, werden Sie dann Arbeitslosigkeit als ein typischerweise kurzfristiges oder langfristiges Problem einstufen?

Einige einfache Berechnungen zu einem abgewandelten Beispiel helfen bei dieser Frage. In diesem Beispiel treffen Sie auf eine Gesamtheit von 55 Arbeitslosen. Davon sind 52 eine Woche lang arbeitslos und 3 das ganze Jahr über. Somit dauern 52/55 oder 95 Prozent der Einzelfälle von Arbeitslosigkeit 1 Woche, also nur kurze Zeit. Wenn dagegen am Jahresende ermittelt wird, wie lange die einzelnen gemeldeten Arbeitslosen schon arbeitslos sind, dann werden ¾ ein Jahr arbeitslos sein und ¼ eine Woche lang arbeitslos sein. Die zu einem Zeitpunkt gemessene Arbeitslosigkeit ist also überwiegend langfristig.

Die feinsinnige Deutung der Beispielfälle zeigt, dass Ökonomen und Politiker bei der Interpretation von Daten der Arbeitsmarktstatistik sehr vorsichtig vorgehen müssen. Die meisten der Arbeitslosen werden rasch wieder eine Stelle finden. Doch der größte Teil des gesellschaftlichen Phänomens der Arbeitslosigkeit ist den Menschen zuzurechnen, die zu den sogenannten *Langzeitarbeitslosen* gehören.

Warum gibt es überhaupt Arbeitslosigkeit?

Auf den weitaus meisten Märkten einer Volkswirtschaft verändern sich die Preise so, dass Angebotsmenge und Nachfragemenge zur Übereinstimmung kommen. Auf einem idealen Arbeitsmarkt, der den Bedingungen vollständiger Konkurrenz genügt, würde

22.1 Arbeitslosigkeit
Die Erfassung von Arbeitslosigkeit

sich auch der Lohnsatz so einstellen, dass angebotene und nachgefragte Arbeitsmenge genau passen. Die flexible Anpassung der Entlohnungshöhe würde stets die Vollbeschäftigung aller Arbeitskräfte sicherstellen.

Natürlich wird die Wirklichkeit nie dem Ideal vollständiger Konkurrenz entsprechen können. Sogar bei einer insgesamt guten Wirtschaftslage wird es stets eine gewisse Anzahl von Arbeitslosen geben. Die Arbeitslosenquote kann nie auf null fallen; sie schwankt zyklisch um das landes- und zeitspezifische Niveau der natürlichen oder gleichgewichtigen Arbeitslosenquote. Zum Verständnis dieser natürlichen Arbeitslosenquote wollen wir auf Ursachen dafür eingehen, dass der Arbeitsmarkt vom Ideal der Vollbeschäftigung abweicht.

Wir werden vier Faktoren kennenlernen, die Arbeitslosigkeit langfristig erklären können. Zunächst wird Arbeitslosigkeit durch die Zeit verursacht, die die Arbeitskräfte benötigen, um den Arbeitsplatz zu finden, der am besten zu ihren Fähigkeiten und Neigungen passt. Die Arbeitslosigkeit, die aus dem Suchprozess der Arbeitskräfte nach passenden Arbeitsplätzen resultiert, wird auch als **friktionelle Arbeitslosigkeit (Übergangsarbeitslosigkeit)** bezeichnet. Mithilfe der friktionellen Arbeitslosigkeit lässt sich vor allem Kurzzeitarbeitslosigkeit erklären.

Die drei anderen Erklärungsansätze gehen davon aus, dass die Zahl der verfügbaren Arbeitsplätze nicht ausreicht, um jeden Arbeitswilligen mit einem Arbeitsplatz zu versorgen. Eine solche Situation tritt dann auf, wenn das Arbeitsangebot die Arbeitsnachfrage übersteigt. Arbeitslosigkeit dieser Art wird als **strukturelle Arbeitslosigkeit** bezeichnet.

Strukturelle Arbeitslosigkeit dient in der Regel zur Erklärung von Langzeitarbeitslosigkeit. Wie wir lernen werden, kann strukturelle Arbeitslosigkeit dadurch entstehen, dass Löhne aus bestimmten Gründen oberhalb des Niveaus festgesetzt werden, das Angebot und Nachfrage ins Gleichgewicht bringt. Drei mögliche Ursachen für Lohnzahlungen über dem Gleichgewichtsniveau werden wir näher untersuchen: gesetzliche Mindestlöhne, Gewerkschaften und Effizienzlöhne.

Seit den 1930er-Jahren gibt es unter Ökonomen eine anhaltende Diskussion über die wesentlichen Ursachen von Arbeitslosigkeit und inwieweit diese Ursachen der Angebotsseite oder der Nachfrageseite der Volkswirtschaft zuzuschreiben sind. Die zunehmende Arbeitslosigkeit in den USA und in vielen europäischen Ländern infolge der Finanzkrise hat diese Diskussion noch einmal zugespitzt. Auf der einen Seite stehen wirtschaftspolitische Maßnahmen, die auf die Angebotsseite gerichtet sind, wie Steuersenkungen, Investitionen in Aus- und Weiterbildung, eine Reform der Arbeitslosenunterstützung oder eine Erhöhung der Anreize zur Arbeitsaufnahme, auf der anderen Seite wirtschaftspolitische Maßnahmen, die die Nachfrage der Volkswirtschaft steuern. Letztlich dreht sich die Debatte darum, ob die Arbeitslosigkeit eher strukturell oder eher zyklisch (konjunkturell) ist. Wenn wir im Folgenden weiter an den Bausteinen der makroökonomischen Theorie arbeiten, sollten wir stets daran denken, dass wirtschaftspolitische Maßnahmen zur Senkung der Arbeitslosigkeit innerhalb des Berufsstands der Ökonomen noch immer hoch umstritten sind.

> **Kurztest**
> Wie misst man Arbeitslosigkeit? Inwiefern könnte die Arbeitslosenquote die Zahl der Erwerbslosen zu hoch oder zu niedrig ausweisen?

Friktionelle Arbeitslosigkeit (Übergangsarbeitslosigkeit)
Arbeitslosigkeit, die durch die Zeit verursacht wird, die die Arbeitskräfte benötigen, um den Arbeitsplatz zu finden, der am besten zu ihren Fähigkeiten und Neigungen passt.

Strukturelle Arbeitslosigkeit
Arbeitslosigkeit, die daraus resultiert, dass die Zahl der verfügbaren Arbeitsplätze nicht ausreicht, um jedem Arbeitswilligen einen Arbeitsplatz zu geben.

22.2 Arbeitsplatzsuche

Ein Grund für anhaltende Arbeitslosigkeit ist die **Arbeitsplatzsuche**. Damit ist der Suchprozess angesprochen, mit dem Arbeitskräfte die für sie passenden Arbeitsplätze finden. Der Suchprozess entfiele, wenn alle Arbeitsplätze und alle Arbeitskräfte identisch wären. Die freigesetzten Arbeitskräfte würden sofort neue, passende Arbeitsplätze finden. Doch in der alltäglichen Praxis unterscheiden sich die Arbeitskräfte nach Fähigkeiten und Neigungen und ebenso die Arbeitsplätze nach ihren Voraussetzungen. Die Informationen über Bewerber und offene Stellen verbreiten sich nur langsam zwischen Unternehmen und Haushalten in der Volkswirtschaft.

Arbeitsplatzsuche
Der Prozess, in dem Arbeitskräfte die zu ihren Fähigkeiten und Neigungen passenden Arbeitsplätze finden.

Die Unvermeidlichkeit von Sucharbeitslosigkeit

Sucharbeitslosigkeit ist oft das Ergebnis von Verschiebungen der Arbeitskräftenachfrage zwischen verschiedenen Unternehmen. Wenn sich die Konsumenten entscheiden, die IBM-Computer den Dell-Computern vorzuziehen, erhöht IBM die Beschäftigung und Dell entlässt Arbeitskräfte. Die früheren Dell-Leute müssen sich nach neuen Jobs umsehen, und IBM muss sich für Einstellungen zur Besetzung der neuen Arbeitsplätze entscheiden. Der Übergang wird im Ergebnis zu temporärer Arbeitslosigkeit führen.

Ähnlich verlaufen regionalökonomische Umstrukturierungen. Weil die einzelnen Regionen und das Land insgesamt unterschiedliche Güter produzieren, kann die Beschäftigung in einzelnen Regionen ansteigen und in anderen zurückgehen. Man überlege sich nur, was geschieht, wenn der Ölpreis auf dem Weltmarkt sinkt. Dann wird die Ölförderung in der Nordsee zurückgehen und Arbeitskräfte werden entlassen. Gleichzeitig regt ein niedriger Benzinpreis zu Autokäufen und zur Steigerung der Autoproduktion an. Damit wird die Beschäftigung bei Automobilherstellern ansteigen. Die Veränderungen der nach Industriezweigen gegliederten Nachfrage in den Regionen bezeichnet man als *sektorale Nachfrageverschiebungen*. Sektorale Nachfrageverschiebungen verursachen temporäre Arbeitslosigkeit, weil es einige Zeit dauert, bis die Arbeitskräfte nach Suchprozessen ihre Arbeitsplätze in den neuen Sektoren finden.

Sucharbeitslosigkeit ist einfach deshalb gänzlich unvermeidlich, weil eine Volkswirtschaft ständig sektoralen Strukturwandel erlebt. War im Jahr 1950 in Deutschland noch ein Viertel aller Erwerbstätigen in der Land- und Forstwirtschaft (primärer Sektor) beschäftigt, sind es heute gerade mal noch 1,5 Prozent. Und auch die Bedeutung des Produzierenden Gewerbes (sekundärer Sektor) ist stetig gesunken. Mitte der 1960er-Jahre arbeitete noch fast die Hälfte aller Erwerbstätigen im Produzierenden Gewerbe, heute ist es nur noch ein Viertel. Dagegen hat sich der Anteil der Erwerbstätigen im Dienstleistungsbereich (tertiärer Sektor) in den letzten 50 Jahren mehr als verdoppelt. Viele wachstumsstarke Zweige im Dienstleistungsbereich (etwa neue Medien und Computer) und in der Spitzentechnologie (etwa Raumfahrttechnik) gab es früher noch gar nicht. Der Übergang zu neuen sektoralen Strukturen lässt in einigen Unternehmen Arbeitsplätze entstehen und in anderen verschwinden. Beiläufig stellen sich höhere Produktivität und höherer Lebensstandard ein. Während des

Strukturwandels geraten stets irgendwelche Arbeitskräfte in die Arbeitslosigkeit, andere wiederum sind auf der Suche nach neuen Beschäftigungen.

Neben Verschiebungen der sektoralen Arbeitskräftenachfrage können auch Änderungen in den Präferenzen der Arbeitskräfte zu Sucharbeitslosigkeit führen. Einige Arbeitskräfte stellen fest, dass ihr Arbeitsplatz möglicherweise nicht ihren Vorstellungen und Fähigkeiten entspricht und suchen nach besseren Jobs. Viele dieser Arbeitskräfte, insbesondere die Jüngeren, finden einen neuen, besser bezahlten Job, der vielleicht auch noch mehr Spaß macht. Dabei werden sicherlich die meisten derjenigen, die sich nach einem besseren Job umschauen, ihren bisherigen Arbeitsplatz während der Jobsuche nicht aufgeben. Ein Wechsel des Arbeitsplatzes kann demnach verschiedene Ursachen haben. Gleichwohl gehören Arbeitsplatzwechsel zur Normalität in einer funktionierenden dynamischen Marktwirtschaft und führen zu einem bestimmten Niveau an Sucharbeitslosigkeit.

Wirtschaftspolitik und Suchverhalten

Auch wenn Sucharbeitslosigkeit unvermeidlich ist, lässt sich ihre Höhe beeinflussen. Je schneller sich Informationen über neue Stellen und geeignete Bewerber verbreiten, desto schneller kann die Volkswirtschaft die Arbeitskräfte den passenden Arbeitsplätzen zuführen. So trägt beispielsweise das Internet dazu bei, die Suche nach freien Stellen zu erleichtern und reduziert auf diese Weise die Sucharbeitslosigkeit. Zudem vermag die Wirtschaftspolitik den Umfang der Sucharbeitslosigkeit zu beeinflussen. In dem Maße, wie die Politik die Suchzeit verkürzen kann, trägt sie auch zur Reduktion der natürlichen Arbeitslosenquote der Volkswirtschaft bei.

In Deutschland kommt es dabei sehr auf die Leistungsfähigkeit der *staatlichen Arbeitsvermittlung* im Zuständigkeitsbereich der *Bundesagentur für Arbeit* mit ihren Arbeitsagenturen an. Die Bundesagentur für Arbeit vermittelt offene Stellen an Arbeitsuchende. Gleichzeitig versucht die Bundesagentur für Arbeit, durch Maßnahmen zur Arbeitsförderung (z. B. Weiterbildung) die Chancen von (Langzeit-)Arbeitslosen auf einen Wiedereinstieg ins Arbeitsleben zu erhöhen. Die Ausgaben der Bundesagentur für Arbeit beliefen sich im Jahr 2020 auf 61,0 Milliarden Euro und lagen damit deutlich über den Ausgaben im Jahr 2019 von 33,2 Milliarden Euro. Mit den hohen Ausgaben versuchte die Bundesagentur für Arbeit, die Folgen der Covid-19-Pandemie auf dem Arbeitsmarkt abzufedern. Die beiden größten Posten entfielen im Jahr 2020 daher auch auf das Kurzarbeitergeld (22,1 Milliarden Euro) sowie auf Leistungen zum Ersatz des Arbeitsentgelts bei Arbeitslosigkeit (Arbeitslosengeld I, 20,6 Milliarden Euro). Für Maßnahmen zur Arbeitsförderung konnten nur rund 7,5 Milliarden Euro aufgewendet werden. Die dominierende Rolle der staatlichen Arbeitsvermittlung gerät in Deutschland seit einiger Zeit ins Wanken. Nachdem mit der Reform des Arbeitsförderungsgesetzes im Jahr 1994 das Vermittlungsmonopol der damaligen Bundesanstalt für Arbeit gesetzlich aufgehoben wurde, hat der Gesetzgeber mit Wirkung vom April 2002 die Konkurrenz von öffentlicher und privater Arbeitsvermittlung weiterentwickelt.

Insbesondere in den USA ist die Kritik an staatlicher Arbeitsvermittlung stärker als in Europa. Die Kritiker bezweifeln, dass der Eingriff des Staates in die Arbeitsplatzsuche eine positive Wirkung auf die Volkswirtschaft ausübt. Sie vertreten die Auffassung, man sollte den Markt für eine Abgleichung der freien Arbeitsplätze mit den suchenden Arbeitskräften sorgen lassen. Tatsächlich findet der Großteil der Arbeitsplatzsuche abseits von staatlichen Stellen statt: mit Zeitungsanzeigen, über Initiativbewerbungen, im Internet, über Personalagenturen, über Mund-zu-Mund-Propaganda und soziale Netzwerke. Die Kritiker haben stets das Kernargument, *dass der Staat nichts besser, aber vieles schlechter machen kann als der private Sektor*. Festzuhalten bleibt, dass der Löwenanteil an Arbeitslosigkeit in Deutschland heutzutage nicht auf die Sucharbeitslosigkeit, sondern auf eine strukturelle Arbeitslosigkeit entfällt, die mit dem Auseinanderklaffen von demografischer Entwicklung und wirtschaftlicher Entwicklung zu tun hat.

Arbeitslosenversicherung

Eine staatliche Maßnahme, die in einem engen Zusammenhang mit der Sucharbeitslosigkeit steht, ist die **Arbeitslosenversicherung**. In Deutschland gibt es die Arbeitslosenversicherung bereits seit 1927. Sie gewährt bei Arbeitslosigkeit Arbeitslosengeld. Zur Aufbringung der Mittel für die Arbeitslosenversicherung erhebt die Bundesagentur für Arbeit je zur Hälfte Beiträge von Arbeitnehmern und Arbeitgebern.

> **Arbeitslosenversicherung**
> Teil der Sozialversicherung, der die Einkommen bei Arbeitslosigkeit teilweise durch Arbeitslosengeld sichert.

Während die Arbeitslosenversicherung die Härten der Arbeitslosigkeit mildert, trägt sie auch zu einem höheren Niveau der (Such-)Arbeitslosigkeit bei. Schließlich sollen die zu unterstützenden Menschen ja die Gelegenheit erhalten, mit einer gewissen Existenzsicherung nach einem angemessenen neuen Arbeitsplatz zu suchen. Kritiker, die der kontinentaleuropäischen Sozialstaatlichkeit fern stehen, knüpfen an einen Grundsatz aus Kapitel 1 an: Menschen reagieren auf Anreize. Da die Leistungen aus der Arbeitslosenversicherung aufhören, sobald der Arbeitslose wieder beschäftigt ist, besteht bisweilen eine geringere Neigung zu nachdrücklicher Suche und die Möglichkeit, unattraktive Stellenangebote auszuschlagen. Da die bestehende Arbeitslosenversicherung den Zustand der Arbeitslosigkeit weniger bedrückend werden lässt, achten die Arbeitnehmer bei den Einstellungsverhandlungen zu wenig auf Beschäftigungsgarantien. Neue Studien zeigen allerdings, dass Bezieher von Arbeitslosengeld nach erfolgreicher Arbeitsplatzsuche länger beschäftigt sind als Menschen, die kein Arbeitslosengeld bezogen haben.

Obwohl die Arbeitslosenversicherung die Suchanstrengungen vermindert und den Stand der Arbeitslosigkeit erhöht, sollte man daraus nicht den Schluss ziehen, dass die Arbeitslosenversicherung eine negative ordnungspolitische Regelung ist. Sie erreicht das primäre Ziel, die Einkommensunsicherheit zu verringern, die Arbeitslose und ihre Familien erfahren. Und wenn Versicherte unattraktive Stellenangebote ablehnen, so suchen sie nach besser passenden Stellen. Man kann auch sagen, die Arbeitslosenversicherung verbessert in einer Volkswirtschaft die Voraussetzungen dafür, dass jede Arbeitskraft auf den am besten passenden Arbeitsplatz gelangt.

Die Analysen zur Arbeitslosenversicherung zeigen beiläufig, dass die Arbeitslosenquote als ein (höchst unvollkommenes) globales Maß für das volkswirtschaftliche Wohlstandsniveau gelten muss. Die meisten Volkswirte würden zustimmen, wenn jemand von der Abschaffung der Arbeitslosenversicherung eine Senkung der Arbeitslosigkeit erwartet. Doch sind die Ökonomen gänzlich uneins darüber, ob dadurch das Wohlstandsniveau letztlich erhöht oder vermindert würde.

> **Kurztest**
> Wie würde ein Anstieg des Ölpreises auf dem Weltmarkt das Ausmaß der Sucharbeitslosigkeit in Deutschland beeinflussen? Ist diese Art von Arbeitslosigkeit unerwünscht? Welche wirtschaftspolitischen Maßnahmen könnten die von der Ölpreissteigerung ausgelöste Arbeitslosigkeit mildern?

22.3 Strukturelle Arbeitslosigkeit

Vorschriften für Mindestlöhne

Nachdem wir gelernt haben, wie aus der Suche der Arbeitskräfte nach den zu ihren Fähigkeiten und Neigungen passenden Arbeitsplätzen übergangsbedingte Arbeitslosigkeit entsteht, wollen wir nun untersuchen, wodurch strukturelle Arbeitslosigkeit hervorgerufen wird, bei der die Anzahl der verfügbaren Arbeitsplätze für die Zahl der Arbeitskräfte zu gering ist.

Um das Problem der strukturellen Arbeitslosigkeit besser zu verstehen, untersuchen wir zunächst jene Arbeitslosigkeit, die durch gesetzlich festgelegte oder tarifvertraglich vorgeschriebene Mindestlöhne entsteht. Mindestlöhne eignen sich nicht zur generellen Erklärung hoher Arbeitslosigkeit; sie spielen aber bei einigen Gruppen mit besonders hohen Arbeitslosenquoten eine wichtige Rolle. Im Übrigen ist es ganz zweckmäßig, mit den Mindestlöhnen zu beginnen, weil sich von hier aus andere Erklärungen von Arbeitslosigkeit erschließen.

Die Abbildung 22-2 vermittelt die wirtschaftstheoretischen Grundlagen zu den vorgeschriebenen Mindestlöhnen. Wenn der Lohnsatz wegen gesetzlicher oder tarifvertraglicher Vorschriften über dem Gleichgewichtsniveau des Lohnsatzes verharren muss, wird durch diesen Lohnsatz – verglichen mit dem Gleichgewicht – die Angebotsmenge an Arbeit erhöht und die Nachfragemenge vermindert. Es bleibt ein Angebotsüberschuss an Arbeit. Da mehr Arbeitskräfte arbeiten wollen, als Arbeitsplätze zur Verfügung gestellt werden, bleiben einige Arbeitskräfte zwangsläufig arbeitslos.

Da wir uns mit dem Thema Mindestlöhne bereits im Kapitel 15 beschäftigt haben, soll hier nicht weiter darauf eingegangen werden. Festzuhalten bleibt, dass sich Mindestlöhne – empirisch gesehen – nicht als überwiegende Begründung für Arbeitslosigkeit eignen. Ein Großteil der Arbeitskräfte einer Volkswirtschaft bezieht Arbeitseinkommen deutlich über dem Niveau der vorgeschriebenen Mindestlöhne. Das ist eine Begleiterscheinung der Inhomogenität des Gutes »Arbeit« und der erwähnten

Abb. 22-2

Arbeitslosigkeit bei einem Lohnsatz über dem Gleichgewichtsniveau

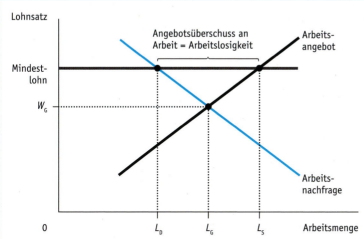

Auf diesem Arbeitsmarkt ist der Gleichgewichtslohnsatz W_G. Bei diesem Lohnsatz stimmen angebotene und nachgefragte Menge mit L_G überein. Wenn jedoch der Lohnsatz wegen bestehender Vorschriften nicht nach unten flexibel ist und auf einem Niveau oberhalb des Gleichgewichtslohnsatzes verharren muss, so steigt das Arbeitskräfteangebot auf L_S, während die Arbeitskräftenachfrage auf L_D sinkt. Der resultierende Angebotsüberschuss an Arbeit ($L_S - L_D$) repräsentiert die Arbeitslosigkeit.

Unvollkommenheit des Arbeitsmarkts. Menschen ohne Berufsausbildung und ohne berufliche Erfahrung, manchmal auch jugendliche Schulabbrecher oder gering qualifizierte Arbeitskräfte werden von den Mindestlohneffekten betroffen sein. Nur für diesen Personenkreis liefern Mindestlohnvorschriften die wissenschaftliche Erklärung von Arbeitslosigkeit.

Dennoch kann man aus der Abbildung 22-2 einige allgemeine Lehren ableiten: Falls der Lohnsatz aus irgendeinem Grund über dem Gleichgewichtsniveau fixiert ist, entsteht daraus Arbeitslosigkeit. Vorgeschriebene Mindestlöhne sind nur ein Grund dafür, dass Lohnsätze vielleicht »zu hoch« sind für Vollbeschäftigung. Zwei weitere mögliche Gründe für eine zu hohe Entlohnung über dem Gleichgewichtsniveau betrachten wir in den nachfolgenden beiden Abschnitten: Gewerkschaftsmacht bei kollektiven Lohnverhandlungen und Effizienzlöhne. In beiden Fällen kann man mit der Abbildung 22-2 argumentieren, doch gilt die Argumentation nun für einen viel größeren Ausschnitt des Arbeitsmarkts.

In diesem Zusammenhang sollte man sich jedoch vergegenwärtigen, dass sich die strukturelle Arbeitslosigkeit, die aus einem Lohnsatz über dem Gleichgewichtsniveau resultiert, und die friktionelle Arbeitslosigkeit, die aus dem Suchprozess der Arbeitskräfte nach passenden Arbeitsplätzen entsteht, in einem wichtigen Punkt grundlegend voneinander unterscheiden. Die Suche nach einem besseren Arbeitsplatz wird nicht durch das Versagen des Lohnsatzes ausgelöst, Arbeitskräfteangebot und Arbeitskräftenachfrage ins Gleichgewicht zu bringen. Wenn durch die Arbeitsplatzsuche Arbeitslosigkeit entsteht, dann sind die Arbeitskräfte auf der *Suche* nach einem Job, der ihren Vorstellungen und Fähigkeiten am meisten entspricht. Im Unterschied dazu führt ein Lohnsatz über dem Gleichgewichtsniveau dazu, dass das Arbeitsangebot größer als die Arbeitsnachfrage ist, und die Arbeitskräfte sind arbeitslos, weil sie darauf *warten* müssen, dass überhaupt eine Stelle frei wird.

> **Kurztest**
> Zeichnen Sie die Angebotskurve und die Nachfragekurve für einen Arbeitsmarkt mit einem oberhalb des Gleichgewichtsniveaus fixierten Lohnsatz. Zeigen Sie damit Angebotsmenge, Nachfragemenge und Arbeitslosigkeit.

Gewerkschaften und kollektive Lohnverhandlungen

In Deutschland ist die Bildung von Tarifvertragsparteien – Gewerkschaften und Arbeitgeberverbänden – durch Artikel 9 des Grundgesetzes geschützt. »Zu hohe« Lohnabschlüsse kommen in Deutschland einvernehmlich zwischen Gewerkschaften und Arbeitgeberverbänden zustande. Auch in der Wirtschaftstheorie sieht man die Verantwortlichkeit für das Beschäftigungsniveau bei den Tarifvertragsparteien und nicht etwa beim Staat. Dennoch ist es lehrreich, bei dem Gedanken einer bestimmten *Gewerkschaftsmacht* zu beginnen, die sich vielleicht in den *Tarifverhandlungen* mit zu hohen Abschlüssen durchsetzt. Zugleich muss man makroökonomisch eine gewisse *Lohndrift* zur Kenntnis nehmen, die aus der freiwilligen übertariflichen Lohn- und Gehaltszahlung durch die Arbeitgeber entsteht. Die Ergebnisse der kollektiven Verhandlungen kommen in Deutschland auch den nicht gewerkschaftlich organisierten Arbeitnehmern zugute; denn die Arbeitgeberverbände wollen keinen besonderen Anreiz zur Mitgliedschaft in einer Gewerkschaft setzen.

Wie wir bereits wissen, ist eine *Gewerkschaft* eine Arbeitnehmervereinigung, die mit den Arbeitgebern die Höhe der Entlohnung und die sonstigen Arbeitsbedingungen aushandelt. Der **gewerkschaftliche Organisationsgrad** nennt (als Anteil) die Zahl der Beschäftigten, die Mitglied einer Gewerkschaft sind, im Verhältnis zur Zahl aller Beschäftigten.

In Deutschland sind viele Arbeiter und Angestellte Gewerkschaftsmitglieder. Als größte Organisation mit zahlreichen angeschlossenen Gewerkschaften ist der Deutsche Gewerkschaftsbund (DGB) mit 5,9 Millionen Mitgliedern im Jahr 2019 zu erwähnen. Danach folgen der DBB Beamtenbund und Tarifunion mit 1,3 Millionen Mitgliedern und der Christliche Gewerkschaftsbund (CGB) mit 0,3 Millionen Mitgliedern. Den DGB-Gewerkschaften gehörten damit gut 75 Prozent aller Gewerkschaftsmitglieder in Deutschland an. Der gewerkschaftliche Organisationsgrad ist allerdings von 36 Prozent im Jahr 1991 auf unter 19 Prozent im Jahr 2019 gesunken. Dabei ist der gewerkschaftliche Organisationsgrad für Männer fast doppelt so groß wie für Frauen. In einigen europäischen Ländern spielen die Gewerkschaften nach wie vor eine größere

---

Gewerkschaftlicher Organisationsgrad
Nennt (als Anteil) die Zahl der Beschäftigten, die Mitglied einer Gewerkschaft sind, im Verhältnis zur Zahl aller Beschäftigten.

Rolle. In Finnland, Schweden und Dänemark liegt der Organisationsgrad noch immer bei über 60 Prozent. Dagegen sind in den USA nur noch etwas mehr als 10 Prozent der Arbeitskräfte gewerkschaftlich organisiert.

Ökonomische Aspekte von Gewerkschaften. Eine Gewerkschaft ist eine Art Kartell. Wie jedes Kartell bildet eine Gewerkschaft eine gemeinschaftlich agierende Gruppe von Anbietern, die ihre gemeinsame Marktmacht ausüben möchten. Seit ihrer Gründung vor über 100 Jahren gab und gibt es immer wieder Konflikte zwischen Gewerkschaften und Unternehmen, und es besteht oft ein angespanntes Verhältnis zwischen beiden Seiten. Da ein einzelner Beschäftigter keine Chance hat, Verbesserungen bei Entlohnung und Arbeitsbedingungen gegen ein mächtiges Unternehmen durchzusetzen, schließen sich die Beschäftigten zu einer Gruppe zusammen, um kollektiv ihre Interessen gegenüber den Arbeitgebern durchzusetzen. Der Prozess, in dem sich Gewerkschaften und Arbeitgeberverbände schließlich über die Arbeitsbedingungen verständigen, ist unter der Bezeichnung **kollektive Lohnverhandlungen** bekannt.

Wenn Gewerkschaften mit den Arbeitgeberverbänden verhandeln, verlangen sie höhere Löhne oder Gehälter und bessere Arbeitsbedingungen, als sie die Unternehmen ohne Aktivität der Gewerkschaften anbieten würden. Kommt es zu keiner Einigung, so kann die Gewerkschaft als Kampfmaßnahme am Ende einen *Streik* ausrufen (d. h. die Arbeitskräfte von den Unternehmen abziehen). Da ein Streik für die Unternehmen teuer ist (Ausfälle an Produktion, Umsatz und Gewinn), werden sie bei Abwägung von Vor- und Nachteilen in vielen Fällen in höhere Löhne und bessere Arbeitsbedingungen einwilligen. Studien zeigen, dass gewerkschaftlich organisierte Arbeitskräfte in einigen Ländern deutlich mehr verdienen als Nichtmitglieder. In Deutschland ist dies anders, wie oben bereits bemerkt. Die Arbeitgeber gestehen die Verhandlungsergebnisse stillschweigend auch Nichtmitgliedern der Gewerkschaften zu.

Wird das Entlohnungsniveau durch gewerkschaftlichen Verhandlungsdruck über das Marktgleichgewicht hinaus erhöht, dann erhöht sich die angebotene Menge an Arbeit und die nachgefragte Menge sinkt, sodass Arbeitslosigkeit entsteht. Die beschäftigten Arbeitskräfte sind besser gestellt als zuvor. Doch den entlassenen und arbeitslosen Menschen geht es schlechter. Auf diese Weise kann es zwar durch gewerkschaftliche Aktivitäten zu Gruppenkonflikten kommen. Eine ausgesprochene *Insider-Outsider-Problematik* wie in den USA gibt es in Deutschland jedoch nicht.

Die Rollen der Gewerkschaften und der Arbeitgeberverbände in einer Volkswirtschaft hängen von dem legalen Organisations- und Handlungsrahmen ab, den die Rechtsordnung gewährt. Normalerweise werden verbindliche Vereinbarungen zwischen Mitgliedern eines Kartells als illegal angesehen. Wenn mehrere Unternehmen, die das gleiche Produkt verkaufen, sich auf einen hohen Preis für dieses Produkt verständigen, würden man ihnen üblicherweise eine Verletzung des Wettbewerbsrechts vorwerfen und die staatlichen Aufsichtsbehörden würden dieses Vergehen sowohl zivil- als auch strafrechtlich verfolgen. Für Gewerkschaften gelten dagegen Ausnahmen von diesen gesetzlichen Regelungen, da man der Auffassung ist, dass die Arbeitskräfte in den Verhandlungen mit den Arbeitgebern auf eine größere Verhandlungsstärke angewiesen sind.

> **Kollektive Lohnverhandlungen**
> Der Prozess, in dem sich Gewerkschaften und Arbeitgeberverbände über die Bedingungen der Beschäftigung einigen.

22.3 Arbeitslosigkeit
Strukturelle Arbeitslosigkeit

Sind Gewerkschaften gut oder schlecht für eine Volkswirtschaft? Diese Form der Fragestellung ist für Deutschland ungewöhnlich. Hier müsste die Frage eher lauten, ob die Tarifhoheit von Gewerkschaften und Arbeitgeberverbänden, wie sie sich bei der Abfassung des Grundgesetzes und durch die Rechtsprechung herausgebildet hat, volkswirtschaftlich zweckmäßig ist. Angesprochen ist dabei das Tarifrecht als ein Teil des Arbeitsrechts, die vertragliche Gestaltungsmöglichkeit der Arbeitsbedingungen durch die Gewerkschaften, die Arbeitgeber und die Arbeitgeberverbände. Der Kern des Tarifrechts ist der Tarifvertrag. Für Deutschland ist die erstmalige Tarifvertragsordnung von 1918 sowie die Wiedererrichtung der Berufsverbände nach dem Zweiten Weltkrieg durch das Tarifvertragsgesetz vom 9.4.1949 für das Vereinigte Wirtschaftsgebiet sowie durch das Gesetz vom 23.4.1953 (i. d. F. vom 25.8.1969) für das gesamte Bundesgebiet zu erwähnen.

Stellen wir die Frage, ob Gewerkschaften gut oder schlecht für die Volkswirtschaft sind, so stoßen wir auf gegensätzliche Ansichten der Volkswirte. Beide Positionen sind interessant. Gegner von Gewerkschaften sagen, Gewerkschaften sind nichts weiter als Kartelle. Wenn es den Gewerkschaften gelingt, die Löhne und Gehälter über das bei vollständiger Konkurrenz bestehende Gleichgewichtsniveau hinaus zu erhöhen, so wird dadurch die nachgefragte Arbeitsmenge reduziert, die angebotene Arbeitsmenge erhöht und Arbeitslosigkeit ausgelöst. Das Ergebnis ist ineffizient und begünstigt einige Arbeitskräfte zulasten anderer.

Befürworter sehen die Gewerkschaften als notwendige Gegenkraft zur Marktmacht der Unternehmen bei der Beschäftigung von Arbeitskräften. Der Extremfall dieser Macht wäre die »Firmenstadt«, in der ein einziges Unternehmen der alleinige Arbeitgeber einer Region ist. In dieser Stadt müssten die Arbeitsuchenden, die zu keinem einvernehmlichen Vertragsabschluss mit dem Unternehmen (Monopsonisten) der Region kommen, mangels anderer potenzieller Arbeitgeber aus dem Arbeitsleben ausscheiden oder abwandern. Ohne konkurrierende Nachfrager auf dem Arbeitsmarkt könnte der Monopsonist per Marktmacht niedrigere Löhne und schlechtere Arbeitsbedingungen durchsetzen. In diesem Fall kann eine Gewerkschaft eine wünschenswerte Gegenmacht bilden, sodass ein bilaterales Monopol entsteht und die Arbeitsuchenden vor Ausbeutung durch den einzigen Arbeitgeber der Region geschützt sind.

Befürworter von Gewerkschaften bringen ferner vor, dass Gewerkschaften für die Unternehmen wichtig sind, um effizient auf Belange der Arbeitnehmer reagieren zu können. Bei einem Arbeitsvertrag müssen Arbeitnehmer und Arbeitgeber neben der Entlohnungshöhe auch Absprachen treffen hinsichtlich Arbeitszeit, Überstundenregelungen, Urlaub, Fortbildung, Sicherheit und vieles mehr. In den Verhandlungen mit den Gewerkschaften kommt noch hinzu, dass Unternehmen die richtige Mischung an Merkmalen des Arbeitsplatzes bereitstellen. Selbst wenn Gewerkschaften die Entlohnung über das Gleichgewichtsniveau hinaus in die Höhe treiben und die Beschäftigung senken, sind sie für die Unternehmen insofern nützlich, als sie für eine gute Atmosphäre unter der Belegschaft sorgen, die sich positiv auf die Leistungsbereitschaft auswirkt.

Einigkeit darüber, ob Gewerkschaften gut oder schlecht für eine Volkswirtschaft sind, besteht unter Volkswirten nicht. Wie viele Institutionen sind auch die Gewerkschaften unter bestimmten Bedingungen nützlich und bei anderen Gegebenheiten nachteilig für die Gesellschaft.

> **Kurztest**
> Wie beeinflussen Gewerkschaften das Lohnniveau und die Beschäftigung bei Volkswagen und BMW? Welchen Einfluss haben Industriegewerkschaften auf Entlohnung und Beschäftigung?

Die Theorie der Effizienzlöhne

Eine vierte Begründung dafür, dass es in einer Volkswirtschaft stets ein gewisses Ausmaß an Arbeitslosigkeit geben wird, liefert die Theorie der *Effizienzlöhne*. Nach dieser Theorie arbeitet ein Unternehmen effizienter, wenn es höhere Löhne als die Gleichgewichtslöhne bezahlt. Damit kann es für das Unternehmen rentabel sein, selbst bei einem Überangebot an Arbeitskräften eine höhere Entlohnung zu gewähren.

In gewisser Weise ähnelt die Arbeitslosigkeit durch Effizienzlöhne der von Mindestlöhnen und Gewerkschaftsmacht ausgelösten Arbeitslosigkeit. In allen drei Fällen ist die makroökonomische Arbeitslosigkeit das Ergebnis einer Entlohnung über dem Gleichgewichtsniveau. Doch besteht auch ein wichtiger Unterschied. Mindestlöhne und Gewerkschaftsmacht hindern die Unternehmen daran, das Lohnniveau trotz eines Überangebots an Arbeitskräften zu senken. Bei Effizienzlöhnen folgt die höhere Entlohnung aus dem eigenen Kalkül der Unternehmen; sie liegt im Interesse des Unternehmenserfolgs.

Warum sollten Unternehmen die Löhne hochhalten wollen? Löhne machen ja einen nicht geringen Teil der Kosten aus. Gewöhnlich trachtet ein gewinnmaximierendes Unternehmen danach, die Kosten – also auch die Löhne – möglichst niedrig zu halten. Die neue Erkenntnis der Effizienzlohntheorie besteht darin, dass sich höhere Löhne deshalb auszahlen, weil sie die Effizienz der Arbeitskräfte im Unternehmen erhöhen.

Es gibt verschiedene Varianten der Effizienzlohntheorie. Jede bietet eine etwas andere Begründung für die unternehmerische Absicht, höhere Löhne zu bezahlen. Wir betrachten vier dieser Varianten näher.

Gesundheitszustand der Arbeitskräfte. Die erste und einfachste Begründung einer Effizienzlohntheorie hebt die bestehende Verbindung zwischen der Entlohnungshöhe und dem *Gesundheitszustand der Arbeitskräfte* hervor. Besser entlohnte Arbeitskräfte nehmen eine ausgewogenere und hochwertigere Kost zu sich, und besser ernährte Arbeitskräfte sind gesünder und leistungsfähiger. Ein Unternehmen kann sich Vorteile davon ausrechnen, bei höheren Löhnen eine gesündere und produktivere Belegschaft zu haben, statt mit niedrigerer Entlohnung weniger gesunde und weniger leistungsfähige Arbeitskräfte einsetzen zu müssen.

In reichen Ländern wie Deutschland und den anderen EU-Mitgliedstaaten oder den Vereinigten Staaten spielt diese Variante der Effizienzlohntheorie keine große Rolle. In diesen Ländern reicht das übliche Lohnniveau wohl aus, damit sich die Arbeitskräfte gut ernähren. Mit einer Entlohnung auf dem Gleichgewichtsniveau würden die Unternehmen nicht gerade den Gesundheitszustand ihrer Arbeitskräfte gefährden.

In Entwicklungsländern mit Ernährungsproblemen und in dort ansässigen Unternehmen hat die vorliegende Variante der Effizienzlohntheorie mehr Bedeutung. So ist z. B. die Arbeitslosigkeit in vielen armen afrikanischen Ländern hoch. Die Unternehmen müssten in diesen Ländern zu Recht befürchten, dass eine Kürzung der Entlohnung mit Blick auf das überreichliche Arbeitsangebot den Gesundheitszustand und die Leistungsfähigkeit ihrer Arbeitskräfte mindert. Die Sorge um den Ernährungsstand mag dort erklären, warum die Unternehmen trotz großer Arbeitslosigkeit am Lohnniveau festhalten.

Arbeitsplatzwechsel. Eine zweite Variante der Effizienzlohntheorie stellt auf die Verknüpfung zwischen der Entlohnungshöhe und dem Arbeitsplatzwechsel ab. Arbeitskräfte geben ihren Arbeitsplatz aus unterschiedlichen Gründen auf – um Arbeit in einem anderen Unternehmen anzunehmen, um in ein anderes Land abzuwandern, um aus dem Arbeitsleben auszuscheiden usw. Die Häufigkeit eines Arbeitsplatzwechsels hängt von der Gesamtheit der bestehenden positiven Anreize ab. Die Arbeitskräfte wägen den Nutzen des Ausscheidens mit dem Nutzen des Verbleibens im Unternehmen ab. Je mehr ein Unternehmen an seine Beschäftigten an Lohn oder Gehalt bezahlt, umso weniger werden sich ihre Arbeitskräfte zur Kündigung entschließen. Ein Unternehmen kann also durch bessere Bezahlung die Häufigkeit des Arbeitsplatzwechsels und die Fluktuation unter den Beschäftigten senken.

Weshalb kümmern sich die Unternehmen um den Arbeitsplatzwechsel? Der Grund besteht in den Kosten für die Neueinstellungen und das *Anlernen*. Darüber hinaus sind neue Arbeitskräfte auch nach der Anlernphase noch weniger produktiv als erfahrene, ältere Arbeitskräfte. Unternehmen mit häufigem Arbeitsplatzwechsel und hoher Fluktuation in der Belegschaft haben der Tendenz nach höhere Produktionskosten. Unternehmen rechnen sich einen Vorteil davon aus, Löhne über dem Gleichgewichtsniveau des Markts zu bezahlen und dadurch den Arbeitsplatzwechsel zu reduzieren.

Leistung der Arbeitskräfte. Eine dritte Variante der Effizienzlohntheorie betont die Verbindung zwischen der Entlohnungshöhe und der Anstrengung oder dem Einsatz der Menschen. Auf zahlreichen Arbeitsplätzen haben die Menschen Möglichkeiten, die Intensität ihrer Anstrengung und das Ausmaß ihres Arbeitseinsatzes bis zu einem gewissen Grad zu verschleiern. Deshalb überwachen viele Unternehmen ihre Beschäftigten bei der Arbeit, und ertappte Drückeberger mit Pflichtverletzungen werden gelegentlich entlassen. Doch nicht allen Bummelanten und Drückebergern kommt man gleich auf die Spur; denn die Überwachung ist kostspielig und stets unvollkommen. Dem Problem kann ein Unternehmen durch eine höhere Bezahlung der Mitarbeiter begegnen. Höhere Löhne und Gehälter steigern die Motivation der Beschäftigten am Arbeitsplatz und entfalten dadurch Anreize für die Menschen, ihr Bestes zu geben.

Diese Variante der Effizienzlohntheorie weist gewisse Anklänge an die alte marxistische Idee der »Reservearmee der Arbeitslosen« auf. Marx vermutete, die Arbeitgeber hätten aus der Arbeitslosigkeit insofern Vorteile, als die ständige Bedrohung durch

Information

Die industrielle Reservearmee

Der deutsche Philosoph, Ökonom und Gesellschaftskritiker Karl Marx (1818–1883) vertrat die Auffassung, dass Arbeitslosigkeit eine notwendige Begleiterscheinung des Kapitalismus ist. Er bezeichnete die Arbeitslosen als »industrielle Reservearmee«. Zu dieser Reservearmee gehörten nach Auffassung von Marx nicht nur Langzeitarbeitslose, sondern auch Menschen, die aus unterschiedlichen Gründen zu verschiedenen Zeitpunkten in den Arbeitsmarkt eintreten und wieder austreten, wie z. B. Mütter, die sich um die Kinderbetreuung kümmern.

Nach Ansicht von Karl Marx konnte es im Kapitalismus keine Vollbeschäftigung geben, wo jeder, der arbeiten möchte, auch eine Anstellung findet. Am Arbeitsmarkt stehen sich diejenigen gegenüber, die bereit und in der Lage sind, zu unterschiedlichen Lohnsätzen zu arbeiten, und diejenigen, die Arbeitskräfte nachfragen. Die Arbeitskräfte wechseln von Zeit zu Zeit ihren Arbeitsplatz und die Unternehmen entlassen Arbeitskräfte bei Änderungen im wirtschaftlichen Umfeld oder bei technologischen Neuerungen. Bei Vollbeschäftigung würden arbeitsuchende Arbeitskräfte schnell eine neue Anstellung finden. Dann hätten die Arbeitskräfte eine gewisse Verhandlungsmacht und könnten die Unternehmen dazu bringen, mit höheren Lohnsätzen und besseren Arbeitsbedingungen um die Arbeitskräfte zu konkurrieren. Aber damit würde der Mehrwert für die Unternehmen aus der Anstellung der Arbeitskräfte sinken.

Sinkt der Mehrwert aus der Anstellung der Arbeitskräfte, würden die Unternehmen verstärkt in Realkapital investieren und damit Druck auf die Arbeitskräfte ausüben. Arbeitskräfte würden durch Realkapital ersetzt und anschließend entlassen werden. Die drohende Arbeitslosigkeit hält die Arbeitskräfte davon ab, ihre Verhandlungsmacht auszuüben und verschiebt das Kräftegleichgewicht zugunsten der Unternehmen. Durch die industrielle Reservearmee werden die Beschäftigten immer wieder daran erinnert, dass es ihnen genauso ergehen kann, wenn sie ihre Verhandlungsmacht zu stark ausnutzen.

Mit einer industriellen Reservearmee können die Unternehmen außerdem flexibel auf konjunkturelle Schwankungen reagieren. Muss die Produktion kurzfristig gesteigert werden, stehen mit der industriellen Reservearmee schnell zusätzliche Arbeitskräfte zur Verfügung. Bei Vollbeschäftigung gäbe es keinen Überschuss an Arbeitskräften und die Einstellung von neuen Arbeitskräften wäre für die Unternehmen mit Kostensteigerungen verbunden, die die Gewinne drücken und damit den Anreiz zur Produktionsausweitung senken. Bei einer industriellen Reservearmee gibt es dagegen immer genügend Arbeitskräfte, die die Unternehmen bei Bedarf zu niedrigen Lohnsätzen einstellen können, um die Produktion zu steigern und gleichzeitig den Mehrwert aus der Anstellung der zusätzlichen Arbeitskräfte zu realisieren.

Arbeitslosigkeit die Beschäftigten diszipliniert. In der Leistungsvariante der Effizienzlohntheorie spielt die Arbeitslosigkeit eine ähnliche Rolle. Wenn sich die Arbeitskräfte beim Gleichgewichtsniveau der Entlohnung deshalb weniger anstrengen, weil sie nach einer Entlassung rasch wieder einen neuen Arbeitsplatz zu diesem Lohnsatz finden, ist es für die Unternehmen vorteilhaft, die Entlohnung zu erhöhen. Dadurch kommt es zwar zu Arbeitslosigkeit, aber auch zu erhöhtem Arbeitseinsatz und gewissenhafter Pflichterfüllung der Beschäftigten.

Qualifikation der Arbeitskräfte. Eine vierte und letzte Variante der Effizienzlohntheorie betont den Zusammenhang zwischen Entlohnungshöhe und Qualifikation der Arbeitskräfte. Bei der Einstellung neuer Arbeitskräfte kann kein Unternehmen die Qualifikation der Bewerber ganz zuverlässig einschätzen. Durch ein hohes Lohnniveau jedoch übt ein Unternehmen eine Anziehungskraft auf besser qualifizierte Bewerber aus und kann auf diese Weise die Qualität seiner Arbeitskräfte erhöhen.

Betrachten wir dazu ein einfaches Beispiel. Das Unternehmen Quellwasser GmbH besitzt eine Mineralwasserquelle und benötigt eine Arbeitskraft, um das Mineralwasser in Flaschen abzufüllen. Für die Stelle gibt es zwei Bewerber, Lars Laie und Edgar Experte. Edgar ist eine erfahrene Arbeitskraft und bereit, für 10 Euro je Stunde zu arbeiten. Bei einem geringeren Lohn würde er eher sein eigenes Geschäft aufmachen. Lars verfügt dagegen über keinerlei Erfahrung und ist bereit, für 2 Euro je Stunde zu arbeiten. Liegt der Lohnsatz darunter, dann zieht er es vor, den Tag am Strand zu verbringen. Ökonomen würden in diesem Fall sagen, dass der *Akzeptanzlohnsatz* von Edgar 10 Euro je Stunde beträgt, der von Lars 2 Euro je Stunde.

Welchen Lohnsatz soll das Unternehmen festlegen? Ist das Unternehmen bestrebt, die Lohnkosten zu minimieren, dann sollte es den Lohn auf 2 Euro je Stunde festsetzen. Bei diesem Lohnsatz entspricht das Angebot an Arbeitskräften genau der Nachfrage. Lars würde die Stelle annehmen und Edgar würde sich gar nicht erst bewerben. Aber was ist, wenn die Quellwasser GmbH weiß, dass nur einer der beiden Bewerber wirklich für die Stelle geeignet ist, aber gleichzeitig nicht weiß, ob das nun Lars Laie oder Edgar Experte ist? Stellt das Unternehmen die nicht qualifizierte Arbeitskraft ein, dann besteht die Gefahr, dass diese die Mineralwasserquelle beschädigt und dem Unternehmen hohe Kosten entstehen. In diesem Fall gibt es für das Unternehmen eine bessere Strategie, als den Gleichgewichtslohn von 2 Euro zu zahlen und Lars einzustellen. Das Unternehmen kann einen Lohn von 10 Euro je Stunde anbieten, sodass sich sowohl Lars als auch Edgar auf die Stelle bewerben. Bei der Wahl zwischen beiden Bewerbern hat das Unternehmen zumindest eine 50:50 Chance, sich für den qualifizierten Bewerber zu entscheiden. Bietet das Unternehmen dagegen einen geringeren Lohnsatz an, dann wird es mit Sicherheit den nicht qualifizierten Bewerber einstellen.

Unser Beispiel veranschaulicht ein allgemeines Phänomen. Bei einem Überschuss an Arbeitskräften könnte es für ein Unternehmen auf den ersten Blick rentabel sein, die angebotene Entlohnung zu verringern. Mit einer Absenkung des Lohnsatzes verursacht das Unternehmen aber eine ungünstige Änderung in der Zusammensetzung der Arbeitskräfte. In unserem Beispiel würden sich bei einem Lohnsatz von 10 Euro je Stunde zwei Arbeitskräfte bewerben. Reagiert die Quellwasser GmbH auf diesen Bewerberüberschuss mit einer Lohnsenkung, dann wird sich die qualifizierte Arbeitskraft nicht für diese Stelle bewerben (da sie ja noch andere Alternativen hat). Damit kann es das Unternehmen von Vorteil sein, einen Lohn oberhalb des Gleichgewichtsniveaus zu zahlen.

> **Kurztest**
> Nennen Sie vier Beispiele dafür, dass es für Unternehmen von Vorteil sein kann, höhere Löhne oder Gehälter zu zahlen, als dies zum Ausgleich von Arbeitsnachfrage und Arbeitsangebot nötig wäre.

22.4 Die Kosten der Arbeitslosigkeit

Wir haben bereits zu Beginn dieses Kapitels darauf hingewiesen, dass Arbeitslosigkeit zu den schmerzlichsten Erfahrungen gehört, die jemand im Arbeitsleben machen kann. Arbeitslosigkeit ist nicht nur eine schwere Bürde für den Einzelnen, sondern auch eine Last für den Staat, die Steuerzahler und die Volkswirtschaft insgesamt.

Die Kosten der Arbeitslosigkeit für den Einzelnen

Einkommensverlust. Zunächst einmal führt Arbeitslosigkeit natürlich zu einem Einkommensverlust für den Betroffenen. Ein Teil des Einkommensverlustes wird sicherlich durch das Arbeitslosengeld kompensiert, jedoch nicht das volle Arbeitseinkommen. In Deutschland liegt der Regelsatz für das Arbeitslosengeld bei 60 Prozent des vorher verdienten Nettogehalts. Arbeitslose mit Kindern erhalten einen erhöhten Leistungssatz von 67 Prozent des Nettogehalts. In vielen anderen Ländern sind die Zahlungen bei Arbeitslosigkeit deutlich geringer. In manchen Ländern werden auch Sachleistungen statt Geldleistungen gewährt.

Durch den Einkommensverlust sind die Betroffenen gezwungen, ihre Ausgaben zu kürzen. Davon werden die laufenden Ausgaben für Freizeitaktivitäten, Kino und Restaurantbesuche ebenso betroffen sein wie die Ausgaben für größere Anschaffungen wie z. B. Bekleidung, Möbel oder Haushaltselektronik. Das hat Auswirkungen auf die gesamte Gesellschaft, wie wir noch sehen werden.

Arbeitslose und ihre Familien haben ein erhöhtes Risiko, in Armut abzurutschen. Die staatlichen Transferzahlungen werden in der Regel nicht ausreichen, um das Einkommen über die Armutsgrenze (60 Prozent des Medianeinkommens) zu heben. Außerdem wird das Arbeitslosengeld in der Regel nur für einen befristeten Zeitraum gewährt (in Deutschland maximal 12 Monate, für Arbeitnehmer, die älter als 58 Jahre sind, maximal 24 Monate). Nach Ablauf dieses Zeitraums sinken die staatlichen Zuwendungen (Arbeitslosengeld II in Deutschland) oder fallen gänzlich weg. Haben die Arbeitslosen dann keine Ersparnisse, auf die sie zurückgreifen können, ist der Weg in die Armut programmiert.

Oft wird die Situation noch dadurch verschärft, dass das Haushaltsbudget der Familien mit Kreditraten oder Hypothekenzahlungen belastet ist. Können die Betroffenen den Zahlungsverpflichtungen nicht mehr nachkommen, drohen Zwangspfändungen und der Verlust des Eigenheims.

Stress, geringes Selbstwertgefühl und gesundheitliche Probleme. Arbeitslosigkeit kann zu schwerwiegenden psychischen Problemen führen. Arbeitslos zu werden ist für viele ein Schock, der das Leben der Betroffenen komplett verändert. Es müssen seitenlange Anträge auf Arbeitslosengeld ausgefüllt werden, gefolgt von stundenlangem Warten bei den zuständigen Ämtern und peniblen Befragungen durch die zuständigen Sachbearbeiter. Die Arbeitslosen schreiben unzählige Bewerbungen, um dann entweder gar keine oder eine ablehnende Zwei-Zeilen-Antwort zu erhalten. Die sich wiederholenden, schmerzlichen Erfahrungen der Ablehnung können zu Schuldgefühlen bei den Betroffenen führen und ihr Selbstwertgefühl verringern, bis hin schweren zu psychischen Problemen. Je länger die Arbeitslosigkeit dauert, desto größer ist die Gefahr, dass die Betroffenen mit diesen Problemen zu kämpfen haben.

Drogenkonsum, Alkoholmissbrauch und Kriminalität. Die Perspektivlosigkeit, die eigene Nutzlosigkeit und die Langeweile, die viele Arbeitslose empfinden, birgt die Gefahr, dass die Betroffenen versuchen, ihren Problemen durch Drogen- und Alkoholkonsum zu entfliehen. Es gibt Schätzungen, dass unter jugendlichen Arbeitslosen mehr als 10 Prozent von Alkohol- und Drogenmissbrauch betroffen sind.

In einer Gesellschaft, in der materielle Dinge eine große Rolle spielen, fühlen sich viele Arbeitslose ohne entsprechendes Einkommen von der Gesellschaft ausgeschlossen. Um ihren bisherigen Lebensstandard aufrechterhalten zu können, werden einige von ihnen zu Kriminellen. Dabei gibt es zwischen Drogenkonsum und Kriminalität einen auffallenden Zusammenhang, denn oft kann der Alkohol- und Drogenkonsum nur durch kriminelle Straftaten finanziert werden.

Das Auseinanderbrechen von Familien. Familien, die von Arbeitslosigkeit betroffen sind, zeigen sich anfälliger für innerfamiliäre Streitigkeiten und Auseinandersetzungen. Die Scheidungsraten unter Arbeitslosen sind deutlich höher. Unzufriedenheit, Frustration und Überforderung der Betroffenen zeigen ihre Wirkung.

Qualifikationsverlust. Je länger eine Person ohne Arbeit ist, desto mehr verliert diese Person den Kontakt zu Veränderungen am Arbeitsplatz und am Arbeitsmarkt. Damit wächst die Gefahr, dass die Person von möglichen Arbeitgebern als ungeeignet für eine Beschäftigung angesehen wird. Arbeitsumgebung, Technologien am Arbeitsplatz und notwendige Fähigkeiten ändern sich schnell. Im Arbeitsalltag bekommt man diese Veränderungen unmittelbar mit und lernt, sich daran anzupassen. Langzeitarbeitslose sind dagegen von diesem Lernprozess ausgeschlossen und haben aus diesem Grund große Schwierigkeiten, einen neuen Arbeitsplatz zu finden. Dadurch kann sich, wie wir bereits wissen, die Arbeitslosigkeit auf dem Arbeitsmarkt verfestigen (*Hysteresis-Effekt*).

Die Kosten der Arbeitslosigkeit für die Gesellschaft und die Volkswirtschaft

Die Opportunitätskosten der Arbeitslosigkeit. Eine Person, die bereit und in der Lage ist, zu arbeiten, kann in der Produktion von Waren und Dienstleistungen eingesetzt werden. Ist diese Person arbeitslos, dann entsprechen die Opportunitätskosten der Arbeitslosigkeit dem Produktionswert der Waren und Dienstleistungen, die diese Person hätte herstellen können. Diese »verlorene Produktion« kann beträchtlich sein und führt zu einem geringeren Lebensstandard der Gesellschaft als Ganzes. Im Kapitel 17 haben wir die Produktionsmöglichkeitenkurve kennengelernt. Gibt es in einer Gesellschaft Arbeitslosigkeit, die nicht auf Sucharbeitslosigkeit zurückzuführen ist, dann befindet sich die Volkswirtschaft nicht auf der Produktionsmöglichkeitenkurve, sondern irgendwo darunter. Damit werden die Ressourcen der Volkswirtschaft nicht effizient eingesetzt.

Die Wirkung auf Steuereinnahmen und öffentliche Ausgaben. Arbeitslose haben ein geringeres Einkommen und sind in der Regel auf staatliche Transferzahlungen angewiesen, um ihren Lebensunterhalt bestreiten zu können. Verlieren die Menschen ihre Arbeit, dann zahlen sie weniger Einkommensteuer. Und da sie auch weniger ausgeben, zahlen sie auch weniger Umsatzsteuer. Je größer die Arbeitslosigkeit, desto stärker wirken sich diese Effekte auf das Steueraufkommen aus. Dies zeigt sich auch in den Ergebnissen des Arbeitskreises Steuerschätzungen beim Bundesfinanzministerium, der zweimal im Jahr die zukünftigen Steuereinnahmen für den mittelfristigen Zeitraum abschätzt. Dabei spielt die unterstellte gesamtwirtschaftliche Entwicklung (und damit implizit die Höhe der Arbeitslosigkeit) eine entscheidende Rolle.

Durch die Arbeitslosigkeit sinken jedoch nicht nur die Steuereinnahmen, es steigen gleichzeitig auch die Staatsausgaben, sowohl durch die staatlichen Transferzahlungen als auch die zusätzlichen Ausgaben, die durch gesellschaftlichen »Nebenwirkungen« (z. B. Drogen- und Alkoholmissbrauch, Kriminalität) der Arbeitslosigkeit notwendig werden.

Bei sinkenden Einnahmen und steigenden Ausgaben steigt der Druck auf den Staatshaushalt, Haushaltsdefizite werden wahrscheinlicher. Und die Haushaltsdefizite müssen finanziert werden. In der Regel geschieht dies durch eine zusätzliche Kreditaufnahme des Staates. Steigt die staatliche Kreditaufnahme, dann kommt es nicht nur zur Verdrängung von privaten Investoren am Kreditmarkt, sondern auch zu einem Zinsanstieg, der wiederum die Investitionstätigkeit beeinflusst. Wie wir gleich erfahren werden, setzt sich dieser Dominoeffekt in der gesamten Volkswirtschaft fort.

Der umgekehrte Multiplikatoreffekt. Wir wissen, dass Arbeitslosigkeit die Betroffenen dazu veranlasst, ihre Ausgaben für Konsumgüter zu senken und bestimmte Güter durch preiswertere Alternativen zu ersetzen. Das veränderte Konsumverhalten hat Auswirkungen auf den Cashflow und die Gewinne der Unternehmen, die diese Güter produzieren.

Dabei sind Güter mit einer vergleichsweisen hohen Einkommenselastizität der Nachfrage stärker betroffen. Gehen die Absatzmengen zurück, dann verdienen die Unternehmen weniger und müssen ihre Produktion entsprechend anpassen. Die Aufträge für Lieferanten werden gekürzt, die nicht verkauften Waren kommen ins Lager und in manchen Fällen müssen Beschäftigte entlassen oder sogar das Unternehmen geschlossen werden. Werden Beschäftigte arbeitslos, dann sinken ihre Einkünfte, und der Prozess setzt sich weiter fort.

Sicherlich sind nicht alle Unternehmen gleichermaßen von diesen Effekten betroffen. Dennoch gilt, dass in Zeiten hoher Arbeitslosigkeit die Gewinne der Unternehmen sinken und damit auch die Steuerzahlungen der Unternehmen. Das erhöht zusätzlich den Druck auf den Staatshaushalt. Es gibt jedoch auch Unternehmen, die in Zeiten hoher Arbeitslosigkeit steigende Absatzzahlen zu verzeichnen haben. Greifen Arbeitslose aufgrund ihres geringeren Einkommens eher auf preiswertere Güter zurück, dann können die Produzenten dieser Güter einen Nachfrageanstieg verzeichnen. So haben Lebensmittel-Discounter wie Aldi oder Lidl von der Finanzkrise profitiert und konnten in Großbritannien dem Marktführer Tesco beträchtliche Marktanteile abringen.

Arbeitslosigkeit übt also – von Sucharbeitslosigkeit abgesehen – einen vielfachen Einfluss auf die Wirtschaftstätigkeit einer Volkswirtschaft aus. Kommt es in einer bestimmten Region zu Massenentlassungen aufgrund von Stilllegungen oder Schließungen, kann dieser umgekehrte Multiplikatoreffekt beträchtliche Auswirkungen haben. Es gibt Regionen in Deutschland und Europa, wo der Niedergang bestimmter

Industrien die regionalökonomische Entwicklung über einen Zeitraum von vielen Jahren gebremst hat. Beispielhaft sei hier auf den Steinkohlebergbau im Ruhrgebiet und den Schiffbau in Bremen/Bremerhaven verwiesen.

22.5 Fazit

Im vorliegenden Kapitel haben wir uns damit beschäftigt, wie Arbeitslosigkeit gemessen wird, welche Gründe es für eine gewisse unvermeidliche Arbeitslosigkeit gibt und welche Kosten der Gesellschaft und der Volkswirtschaft durch Arbeitslosigkeit entstehen. Wir haben gelernt, inwiefern Mindestlöhne, Gewerkschaftsmacht, Effizienzlöhne und Suchverhalten zumindest partiell Arbeitslosigkeit erklären. Welche dieser Einflussgrößen haben in den einzelnen Volkswirtschaften die größte empirische Relevanz? Unglücklicherweise gibt es keine einfache Antwort auf diese Frage. Volkswirte geben deshalb verständlicherweise für verschiedene Volkswirtschaften und unterschiedliche Zeiten recht divergierende Erklärungen der Arbeitslosigkeit.

Aus der Analyse in diesem Kapitel können wir eine wichtige Schlussfolgerung ziehen: Obwohl es in einer Volkswirtschaft immer ein gewisses Maß an Arbeitslosigkeit geben wird, ist die natürliche Arbeitslosenquote nicht unverrückbar. Verschiedene Ereignisse und politische Maßnahmen können das »natürliche« Niveau der Arbeitslosigkeit in einer Volkswirtschaft verändern. Wenn technologische Errungenschaften der Informationsrevolution die Arbeitsplatzsuche erleichtern, wenn der Bundestag gesetzliche Mindestlöhne einführt, wenn sich Arbeiter zu Gewerkschaften zusammenschließen und Unternehmen ihr Vertrauen in Effizienzlöhne verlieren, dann verändert sich die natürliche Arbeitslosenquote. Arbeitslosigkeit ist alles andere als ein einfaches Problem mit einer einfachen Lösung. Aber die Gesellschaft kann den Umfang der Arbeitslosigkeit in einem hohen Maß selbst beeinflussen. Die Kosten der Arbeitslosigkeit sind beträchtlich, nicht nur für den Einzelnen, sondern auch für die Volkswirtschaft und die Gesellschaft. Aus diesem Grund genießt die Senkung der Arbeitslosigkeit in vielen Staaten eine hohe politische Priorität.

Zusammenfassung

▸ Die Arbeitslosenquote ist der Prozentsatz von Menschen aus dem Arbeitskräftepotenzial, die gerne arbeiten würden, aber keine Anstellung erlangen. Die Arbeitslosenquote wird zusammen mit zahlreichen arbeitsmarktstatistischen Daten von der Bundesagentur für Arbeit monatlich veröffentlicht.

▸ Die statistische Arbeitslosenquote ist eine unvollkommene Maßzahl für die ökonomische Arbeitslosigkeit. Einige Beschäftigte wollen vielleicht gar nicht arbeiten und einige Arbeitswillige sind enttäuscht aus den registrierten Arbeitsuchenden ausgeschieden.

Fazit 22.5

Aus der Praxis

Arbeitslosigkeit und offene Stellen

Wenn der Vorstandsvorsitzende der Bundesagentur für Arbeit auf seiner monatlichen Pressekonferenz einen Überblick über die aktuellen Entwicklungen auf dem Arbeitsmarkt gibt, dann greift er in seinen Erläuterungen auf verschiedene Arbeitsmarktgrößen zurück, wie die Zahl der Arbeitslosen, die Zahl der sozialversicherungspflichtig Beschäftigten oder auch die Zahl der gemeldeten freien Arbeitsstellen. So waren im Dezember 2020 2.707.242 Personen arbeitslos gemeldet, während es gleichzeitig 581.233 offene Stellen gab. Theoretisch könnte die Zahl der Arbeitslosen also deutlich geringer sein, wenn nur die verfügbaren freien Stellen besetzt wären.

Aber warum gibt es so viele offene Stellen, wenn gleichzeitig so viele Arbeitslose eine freie Stelle suchen? Dieser Frage sind drei Ökonomen nachgegangen, die im Jahr 2010 mit dem Nobelpreis für Wirtschaftswissenschaften ausgezeichnet wurden: Peter A. Diamond, Dale T. Mortensen und Christopher A. Pissarides. Diamond, Mortensen und Pissarides haben die sogenannte Such- und Matching-Theorie (*search and matching theory*) für den Arbeitsmarkt entwickelt.

Normalerweise befinden sich Märkte im Gleichgewicht, wenn Angebot und Nachfrage einander entsprechen. Kommt es zu Störungen des Gleichgewichts, dann sorgen die Marktkräfte dafür, dass das Gleichgewicht wiederhergestellt wird. Diamond, Mortensen und Pissarides haben in ihren Untersuchungen für den Arbeitsmarkt gezeigt, dass ein Gleichgewicht auch dann vorliegen kann, wenn es gleichzeitig Arbeitslosigkeit und offene Stellen gibt – also Angebot und Nachfrage offenkundig nicht gleich sind. Sie sprechen sogar von gleichgewichtiger Arbeitslosigkeit. Der Grund dafür ist, dass der Arbeitsmarkt ein Suchmarkt ist – Unternehmen suchen Mitarbeiter und Arbeitslose suchen Jobs. Auf Arbeitsmärkten kann es Hindernisse (Friktionen) geben, die dafür verantwortlich sind, dass die Arbeitslosigkeit auf hohem Niveau verharrt (die Suche der Arbeitslosen lange dauert), auch wenn es noch viele freie Stellen gibt (die Suche der Unternehmen lange dauert). Diese Hindernisse können durch z. B. Informationsdefizite oder räumliche Distanzen, aber auch durch staatliche Eingriffe in den Arbeitsmarkt entstehen. So bestimmen gesetzliche Regelungen zum Kündigungsschutz die Möglichkeit der Unternehmen, Beschäftigte zu entlassen, und beeinflussen damit auch die Entscheidung von Unternehmen zur Einstellung von neuen Arbeitskräften. Das Suchverhalten der Arbeitslosen wird wiederum durch die Gewährung von Arbeitslosenunterstützung beeinflusst. Ist die Arbeitslosenunterstützung beispielsweise eher großzügig bemessen, dann kann es sein, dass sich Arbeitslose bei der Suche nach dem »richtigen« Arbeitsplatz mehr Zeit lassen, da sie während der Suche (zumindest für einen bestimmten Zeitraum) finanziell abgesichert sind.

Diamond, Mortensen und Pissarides haben herausgearbeitet, dass der Suchprozess für beide Seiten mit Kosten (Zeit und Ressourcen) verbunden ist, die dazu führen können, dass der Arbeitsmarkt zu bestimmten Zeitpunkten nicht geräumt ist. Und selbst wenn beide Seiten zueinanderfinden, also Arbeitgeber und Arbeitslose miteinander in Kontakt treten, ist noch nicht sichergestellt, dass es auch zu einer Einigung kommt (der Bewerber also die Stelle antritt), da es für beide Seiten Anreize gibt, sich nach möglicherweise besseren Alternativen umzuschauen. Andererseits sind Unternehmen auch eher bereit, ihre Arbeitskräfte während einer Rezession zu behalten, weil sie wissen, dass die Wiedereinstellung Kosten verursachen wird.

Sind Arbeitsmärkte nicht vollkommen und ist die Suche nach Stellen und Bewerbern ein kostenintensiver Prozess, dann kommt es zu Arbeitslosigkeit. Das Phänomen von hoher Arbeitslosigkeit auf der einen und zahlreichen offenen Stellen auf der anderen Seite ist in Volkswirtschaften allgegenwärtig, nicht nur in Deutschland. Die Such- und Matching-Theorie der drei Nobelpreisträger liefert eine wichtige Grundlage für wirtschaftspolitische Ansätze zur Bekämpfung der Arbeitslosigkeit. Dazu zählen z. B. der Abbau von Friktionen auf dem Arbeitsmarkt, die Erhöhung der Suchintensität der Arbeitslosen und die Verbesserung der Transparenz auf dem Arbeitsmarkt (durch Internetjobbörsen oder Maßnahmen zur Förderung der Mobilität der Arbeitsuchenden).

Fragen

1. Warum kann die uns bekannte Theorie des Arbeitsmarkts die Existenz von Arbeitslosigkeit trotz offener Stellen nicht erklären?
2. Woraus können Hindernisse im Suchprozess von Arbeitgebern und Arbeitslosen entstehen?
3. Welche Schlussfolgerungen ergeben sich aus Such- und Matching-Theorien für wirtschaftspolitische Ansätze zur Bekämpfung der Arbeitslosigkeit?

22.5 Arbeitslosigkeit
Fazit

Stichwörter

- Erwerbspersonen (Arbeitskräftepotenzial)
- Erwerbslosenquote
- Erwerbsquote
- natürliche Arbeitslosenquote
- zyklische Arbeitslosigkeit
- verdeckte Arbeitslosigkeit
- ökonomische Arbeitslosigkeit
- friktionelle Arbeitslosigkeit (Übergangsarbeitslosigkeit)
- strukturelle Arbeitslosigkeit
- Arbeitsplatzsuche
- Arbeitslosenversicherung
- gewerkschaftlicher Organisationsgrad
- Kollektivverhandlungen
- kollektive Lohnverhandlungen

- Bei der Interpretation von Daten zur Arbeitslosigkeit muss man unterscheiden zwischen der häufig recht raschen Vermittlung von Arbeitslosen auf neue Arbeitsplätze und dem großen Anteil der Langzeitarbeitslosen an allen Arbeitslosen in einer Volkswirtschaft.
- Ein Grund für Arbeitslosigkeit liegt in der erforderlichen Zeit, die Arbeitskräfte für die Suche nach dem angemessenen Arbeitsplatz aufwenden müssen. Eine Arbeitslosenversicherung, die sozialpolitisch zur Einkommensstützung der Arbeitslosen und ihrer Familien erforderlich ist, wird die Sucharbeitslosigkeit in einem gewissen Umfang erhöhen.
- Ein zweiter Grund dafür, dass es stets ein gewisses Ausmaß an Arbeitslosigkeit geben wird, sind Mindestlöhne aufgrund gesetzlicher oder vertraglicher Vorschriften. Vor allem bei Arbeitskräften ohne Ausbildung und ohne Berufserfahrung wird durch ein Entlohnungsniveau über dem Gleichgewichtsniveau die angebotene Arbeitsmenge erhöht und die nachgefragte Arbeitsmenge vermindert. Der resultierende Angebotsüberschuss repräsentiert Arbeitslosigkeit.
- Ein dritter Grund für Arbeitslosigkeit kann in der Marktmacht von Gewerkschaften liegen. Sofern es den Gewerkschaften gelingt, das Entlohnungsniveau über das Gleichgewichtsniveau hinaus zu erhöhen, entsteht ebenfalls ein Angebotsüberschuss an Arbeit.
- Ein vierter Grund für Arbeitslosigkeit folgt aus der Theorie der Effizienzlöhne. Danach kann es sich für die Unternehmen auszahlen, Löhne und Gehälter über dem Gleichgewichtsniveau zu vereinbaren. Gute Entlohnung kann den Arbeitsplatzwechsel verringern sowie den Gesundheitszustand, die Leistungsbereitschaft und das Qualifikationsniveau der Belegschaft erhöhen.
- Für den Einzelnen ist Arbeitslosigkeit mit einem Einkommensrückgang verbunden und kann zu einem geringeren Selbstwertgefühl, gesundheitlichen Problemen, dem Auseinanderbrechen von Familien und sogar zum Abgleiten in Drogen, Alkohol und Kriminalität führen. Je länger eine Person arbeitslos ist, desto größer ist die Gefahr, dass während der Arbeitslosigkeit wichtige berufliche Qualifikationen verloren gehen.
- Für die Gesellschaft insgesamt bestehen die direkten Kosten der Arbeitslosigkeit in den Opportunitätskosten des verlorenen Produktionsniveaus, wodurch das mögliche Wirtschaftswachstum geschmälert wird. Gleichzeitig sinken durch die Arbeitslosigkeit die Steuereinnahmen und die Staatsausgaben steigen, sowohl für staatliche Transferleistungen als auch durch zusätzliche Ausgaben, die durch die gesellschaftlichen »Nebenwirkungen« (z. B. Drogen- und Alkoholmissbrauch, Kriminalität) der Arbeitslosigkeit notwendig werden. Aus gesamtwirtschaftlicher Perspektive führt Arbeitslosigkeit zu einem umgekehrten Multiplikatoreffekt.

Wiederholungsfragen

1. In welche Kategorien kann man die Bevölkerung eines Landes bei der Untersuchung von Arbeitsmarktfragen unterteilen? Wie bestimmt man das Arbeitskräftepotenzial, die Erwerbslosenquote und die Erwerbsquote?
2. Ist Arbeitslosigkeit typischerweise ein kurzfristiges oder ein langfristiges Phänomen?
3. Für welche Teile der Bevölkerung eignen sich Mindestlohnvorschriften in erster Linie zur Erklärung von Arbeitslosigkeit?
4. Wie beeinflussen Gewerkschaften die natürliche Arbeitslosenquote?
5. Inwiefern sind Gewerkschaften nützlich für eine Volkswirtschaft?
6. Erläutern Sie vier Wege, wie Unternehmen mit höheren Löhnen und Gehältern ihren Gewinn steigern können.
7. Warum lässt sich Sucharbeitslosigkeit nicht vermeiden? Welche staatlichen Maßnahmen könnten zur Verringerung der Sucharbeitslosigkeit beitragen?
8. Welche Kosten bringt Arbeitslosigkeit für den Einzelnen und für die Gesellschaft insgesamt mit sich?

Aufgaben und Anwendungen

1. Nehmen wir an, es gäbe in Deutschland 40 Millionen Erwerbstätige, 2 Millionen Erwerbslose und 40 Millionen Nichterwerbspersonen. Wie groß wäre dann die Zahl der Erwerbspersonen? Wie hoch wären die Erwerbsquote und die Erwerbslosenquote?

2. Die Bevölkerung eines Landes, die von Jahr zu Jahr um Geburten und Einwanderungen zunimmt sowie um Todesfälle und Auswanderungen abnimmt, wird sich nicht völlig gleichmäßig, ausgewogen und stetig verändern. Welche Einflüsse könnten von der demografischen Entwicklung auf Erwerbsquote und Erwerbslosenquote ausgehen?

3. Von 2015 bis 2017 ist die Zahl der Erwerbstätigen in der Bundesrepublik Deutschland um 1,104 Millionen Menschen gestiegen. Die Zahl der Erwerbslosen ist jedoch im gleichen Zeitraum nur um 0,329 Millionen Menschen zurückgegangen. Erläutern Sie den Zusammenhang beider Entwicklungen.

4. Zählen die nachfolgenden Fälle von Arbeitslosigkeit eher zum kurzfristigen oder zum langfristigen Phänomen der Arbeitslosigkeit?
    a. Ein Bauarbeiter wird wegen anhaltenden schlechten Wetters entlassen.
    b. Eine Fabrikarbeiterin verliert ihren Posten als Maschinistin.
    c. Ein Postkutscher wird im Konkurrenzkampf mit der Eisenbahn entlassen.
    d. Einem Koch wird gekündigt, als ein neues Restaurant auf der anderen Straßenseite eröffnet.
    e. Ein angelernter Schweißer büßt seine Stelle ein, als ein Schweißautomat angeschafft wird.

22 Arbeitslosigkeit
Aufgaben und Anwendungen

5. Zeigen Sie anhand eines Diagramms für den Arbeitsmarkt, wie sich eine Erhöhung von Mindestlöhnen auf die Lohnzahlungen, auf die Zahl der angebotenen und der nachgefragten Arbeitskräfte und das Ausmaß der Arbeitslosigkeit auswirkt.

6. Sind Sie der Meinung, dass Unternehmen in Kleinstädten mehr Marktmacht auf dem Arbeitsmarkt haben als in großen Städten? War diese Marktmacht vor 50 Jahren größer oder kleiner? Welche Bedeutung hat Ihre Antwort für Überlegungen zur Gewerkschaftsgeschichte?

7. Stellen Sie sich eine Volkswirtschaft mit zwei Arbeitsmärkten vor, die weder Gewerkschaften noch Arbeitgeberverbände aufweisen. Nun tritt auf einem dieser Märkte eine Gewerkschaft auf.
   a. Zeigen Sie die Auswirkung in dem betroffenen Arbeitsmarkt. In welchem Sinne kann man von einer ineffizienten Beschäftigungsmenge sprechen?
   b. Erläutern Sie die Wirkung auf den nicht gewerkschaftlich organisierten Arbeitsmarkt und die Veränderung des Marktgleichgewichts.

8. Man kann zeigen, dass die Nachfrage eines Sektors nach Arbeitskräften dann elastischer wird, wenn die Nachfrage nach den Produkten des Sektors elastischer wird. Denken wir kurz über die deutsche Autoindustrie und die Gewerkschaften nach.
   a. Wie verändert sich die Elastizität der Nachfrage nach deutschen Autos, wenn Südkorea eine leistungsstarke Autoindustrie entwickelt? Wie beeinflusst dies die Arbeitsnachfrage im Automobilsektor in Deutschland?
   b. Eine Gewerkschaft steht vor der Alternative, hohe Lohnsteigerungen zu verlangen, weil dies im Interesse der Beschäftigten liegt, oder niedrigere Lohnsteigerungen zu verfechten, weil dabei der Beschäftigungsrückgang kleiner ausfällt. Wie dürfte der Anstieg südkoreanischer Autoexporte nach Deutschland den für die Gewerkschaften bestehenden Lohn-Beschäftigungs-Konflikt verändert haben?

9. Angenommen, der Bundestag beschließt ein Gesetz, wonach Arbeitgeber ihren Beschäftigten eine Zulage (etwa für die Gesundheitsfürsorge) zu gewähren haben, durch die eine Beschäftigtenstunde um 4 Euro teurer wird.
   a. Welche Auswirkung wird diese Verpflichtung der Arbeitgeber auf die Nachfrage nach Arbeitskräften haben?
   b. Welche Auswirkungen auf das Arbeitsangebot könnten sich einstellen, wenn die Beschäftigten den Vorteil genau mit den Kosten bewerten und veranschlagen?
   c. Wie beeinflusst diese Zulage das freie Spiel der Marktkräfte im Gleichgewicht? Sind Arbeitgeber oder Arbeitnehmer besser gestellt?
   d. Welche Auswirkungen der Zulage muss man bei einer bereits bestehenden wirksamen Mindestlohnvorschrift erwarten?
   e. Nun nehmen Sie bitte an, dass die Beschäftigten die Zulage nicht bewerten. Wie verändern sich dadurch Ihre Antworten zu b, c und d?

23 Sparen, Investieren und das Finanzsystem

Stellen Sie sich vor, Sie haben soeben Ihr Studium (selbstverständlich mit einem B. A. in Wirtschaftswissenschaften) abgeschlossen und Sie entscheiden sich dafür, sich selbstständig zu machen und ein Unternehmen für Wirtschaftsprognosen zu gründen. Bevor Sie jedoch mit dem Verkauf Ihrer Vorhersagen ein Einkommen erzielen können, haben Sie erhebliche Kosten zu tragen, um das Geschäft ins Laufen zu bringen. Sie müssen die entsprechende Hard- und Software sowie Möbel kaufen, um Ihr Büro auszustatten. Jedes Teil davon stellt Kapital dar, das Ihr Unternehmen benutzen wird, um Dienstleistungen anzubieten.

Wie gelangen Sie an die Mittel, um in diese Kapitalgüter zu investieren? Möglicherweise können Sie diese aus Ersparnissen der Vergangenheit bezahlen. Wahrscheinlicher ist es jedoch, dass Sie – wie die meisten Unternehmer – nicht genug eigenes Geld haben, um die Gründung Ihrer Firma zu finanzieren. Daher müssen Sie das benötigte Geld aus anderen Quellen erschließen.

Es gibt verschiedene Mittel zur Finanzierung dieser (Kapital-)Investitionen. Sie könnten sich das Geld leihen, vielleicht von einer Bank, einem Freund oder einem Verwandten. In diesem Fall würden Sie nicht nur versprechen, das Geld zu einem späteren Zeitpunkt zurückzuzahlen, sondern auch Zinsen für die Überlassung des entsprechenden Betrags zu entrichten. Eine andere Möglichkeit wäre, dass Sie versuchen jemanden zu überzeugen, Ihnen das benötigte Geld zu überlassen – als Gegenleistung bieten Sie ihm einen Anteil an Ihren zukünftigen Gewinnen, wie hoch diese auch immer ausfallen mögen. In beiden Fällen wird jedoch Ihre Investition in Computer und sonstige Büroausstattung mit den Ersparnissen einer anderen Person finanziert.

Das **Finanzsystem** besteht aus denjenigen Institutionen in einer Volkswirtschaft, die dazu beitragen, die Ersparnisse einer Person mit den Investitionswünschen einer anderen Person in Übereinstimmung zu bringen. Ersparnis und Investitionen sind wiederum die Schlüsselgrößen für ein langfristiges Wirtschaftswachstum. Spart ein Land einen großen Teil seines BIP, so sind mehr Ressourcen für Investitionen in Kapitalgüter vorhanden, und ein höherer Kapitalstock erhöht die Produktivität eines Landes und den Lebensstandard seiner Bewohner. Das haben wir im letzten Kapitel gelernt. Wir wissen aber noch nicht, wie in einer Volkswirtschaft Ersparnis und Investitionen koordiniert werden. Zu jeder Zeit wollen einige Menschen einen Teil ihres Einkommens für zukünftige Zwecke sparen, während andere finanzielle Mittel aufnehmen möchten, um Investitionen in neue oder wachsende Unternehmen zu tätigen. Was bringt diese zwei Gruppen von Menschen zusammen? Wie wird sichergestellt, dass das Angebot an Mitteln von denjenigen, die sparen wollen, der Nachfrage derer entspricht, die investieren wollen?

Dieses Kapitel untersucht, wie Finanzmärkte funktionieren und wie Unternehmen an Kapital kommen. Zunächst betrachten wir die Vielzahl von unterschiedlichen Institutionen, die zusammen das Finanzsystem unserer Volkswirtschaft ausmachen. In

Finanzsystem
Eine Gruppe von Institutionen in einer Volkswirtschaft, die helfen, die Ersparnisse einer Person mit den Investitionswünschen einer anderen Person zusammenzubringen.

einem zweiten Schritt analysieren wir die Beziehung zwischen dem Finanzsystem und einigen makroökonomischen Schlüsselgrößen – insbesondere Ersparnis und Investitionen. Anschließend entwickeln wir ein Modell, welches das Angebot an und die Nachfrage nach finanziellen Mitteln (Kreditmitteln) abbildet. In diesem Modell ist der Zinssatz derjenige Preis, der sich anpasst, um Angebot und Nachfrage auszugleichen. Das Modell zeigt, wie verschiedene staatliche Eingriffe den Zinssatz und damit die Zuteilung knapper Ressourcen in einer Gesellschaft beeinflussen.

23.1 Finanzinstitutionen

Im weitesten Sinn definiert, kanalisiert das Finanzsystem die knappen Ressourcen einer Volkswirtschaft von den Sparern (Menschen, die weniger ausgeben, als sie einnehmen) hin zu Schuldnern (Menschen, die mehr ausgeben, als sie einnehmen). Sparer sparen aus verschiedenen Gründen – um ihrem Kind in einigen Jahren eine Ausbildung zu ermöglichen oder um sich in einigen Jahrzehnten gemütlich zur Ruhe zu setzen. Auch Schuldner nehmen Geld für verschiedene Zwecke auf – um ein Haus für den Eigenbedarf zu kaufen oder um ein Geschäft zu gründen, mit dem sie ihren Lebensunterhalt bestreiten können. Sparer stellen ihr Geld dem Finanzsystem zur Verfügung in der Erwartung, es später verzinst zurückzuerhalten. Schuldner fragen Geld im Finanzsystem nach in dem Wissen, dass sie dieses später mit Zinsen zurückzahlen müssen.

Das Finanzsystem besteht aus verschiedenen Institutionen, die zu einer Koordination von Sparern und Schuldnern beitragen. Bevor wir uns mit den treibenden ökonomischen Kräften des Finanzsystems befassen, wollen wir als Einleitung die wichtigsten der beteiligten Institutionen näher betrachten. Finanzinstitutionen können in zwei Kategorien eingeteilt werden – Finanzmärkte und Finanzintermediäre. Beide Gruppen betrachten wir nun nacheinander.

Finanzmärkte

Finanzmärkte
Finanzinstitutionen, durch die Sparer Mittel direkt an Schuldner weitergeben können.

Finanzmärkte sind diejenigen Institutionen, über die eine Person, die sparen möchte, Mittel direkt an eine Person weitergeben kann, die Geld aufnehmen möchte. Die beiden wichtigsten Finanzmärkte in unserer Volkswirtschaft sind der Anleihe- oder Rentenmarkt und der Aktienmarkt.

Anleihe/Rentenpapier (bond)
Eine Schuldverschreibung.

Der Anleihemarkt (Rentenmarkt). Benötigt die BASF, ein großes deutsches Chemieunternehmen, Geld, um den Bau einer neuen Fabrikanlage zu finanzieren, so kann das Unternehmen sich direkt von der Öffentlichkeit Mittel leihen. Dies geschieht über die Ausgabe einer Anleihe. Eine **Anleihe**, auch **Rentenpapier (bond)** genannt, ist eine Schuldverschreibung, die die Verpflichtung des Emittenten der Anleihe gegenüber dem Käufer der Anleihe spezifiziert. Einfach ausgedrückt ist eine Anleihe nichts anderes als ein Schuldschein (IOU – »I owe you«). Sie gibt den Zeitpunkt an, zu dem der Kredit zurückgezahlt wird (*Fälligkeit* genannt), und den Zinssatz, der pro Periode bis zur Fälligkeit der Anleihe gezahlt wird. Der Käufer einer Anleihe gibt sein Geld an die BASF und erhält im Gegenzug das Versprechen auf die verzinste Rückzahlung der zur Verfügung gestellten Summe (*Kapitalschuld* genannt). Der Käufer kann die Anleihe bis zum Fälligkeitsdatum behalten oder er kann die Anleihe zu einem früheren Zeitpunkt an jemand anderen verkaufen.

In den meisten Ländern existiert eine sehr große Anzahl an Anleihen. Wenn große Unternehmen oder der Staat (Bund oder Gebietskörperschaften) Geld benötigen, um den Bau oder Kauf einer neuen Fabrikanlage, eines neuen Jagdflugzeugs oder eines neuen Schulgebäudes zu finanzieren, so geben sie dazu oftmals Anleihen aus. Wenn Sie in eine große Tageszeitung schauen, so finden Sie eine Aufstellung der Preise und Zinssätze der wichtigsten Anleihen. Obwohl sich diese Anleihen in vielerlei Hinsicht unterscheiden können, so sind hier doch zwei Hauptcharakteristika anzuführen, die für alle Anleihen wichtig sind.

Die erste Eigenschaft ist die *Laufzeit* der Anleihe – die Zeit, bis die Anleihe fällig wird. Einige Anleihen haben kurze Laufzeiten von nur wenigen Monaten, während andere beispielsweise Laufzeiten von 30 Jahren aufweisen. Es gibt sogar Anleihen, die niemals auslaufen (allerdings nicht in Deutschland). Diese Papiere werden als »ewige Anleihen« oder »perpetual bonds« bezeichnet und werfen auf unbegrenzte Zeit Zinsen ab, ohne dass es zu einer Rückzahlung der geliehenen Summe kommt.

Die Zinszahlungen auf eine Anleihe hängen zum Teil von deren Laufzeit ab. Anleihen mit langen Laufzeiten sind riskanter als Anleihen mit kurzen Laufzeiten, denn die Halter lang laufender Anleihen müssen länger auf die Rückzahlung der zur Verfügung gestellten Summe warten. Benötigt ein Halter einer lang laufenden Anleihe sein Geld vor dem Fälligkeitsdatum, so hat er keine andere Wahl, als seine Anleihe an jemand anderen zu verkaufen, möglicherweise zu einem geringeren Preis. Um ihn für das damit verbundene Risiko zu entschädigen, werden auf langfristige Anleihen in der Regel höhere Zinsen gezahlt als auf kurzfristige.

Die zweite wichtige Eigenschaft einer Anleihe ist das *Kreditrisiko* – also die Wahrscheinlichkeit, dass der Schuldner nicht in der Lage sein wird, einen Teil der Zinsen oder der Tilgungssumme zu zahlen. Solch eine Zahlungsunfähigkeit wird *Konkurs* genannt. Schuldner können zahlungsunfähig werden (und dies passiert manchmal) und müssen dann Konkurs anmelden. Wenn die Käufer von Anleihen den Eindruck haben, dass die Konkurswahrscheinlichkeit hoch ist, verlangen diese einen höheren Zinssatz, um für das Risiko entschädigt zu werden. Auf Staatsanleihen aus Ländern, die als sicher eingestuft werden (wie beispielsweise Deutschland), werden tendenziell niedrige Zinsen gezahlt. Anleihen aus Krisenländern wie Griechenland, Portugal, Italien oder Spanien sind dagegen deutlich höher verzinst. Unternehmen, die finanziell unter Druck stehen, können Geld durch die Ausgabe sogenannter *Junk Bonds* aufnehmen, die sehr hohe Zinszahlungen versprechen. Käufer von Anleihen können das Kreditrisiko beispielsweise dadurch beurteilen, dass sie Untersuchungen verschiedener privater Ratingagenturen (z. B. Standard & Poor's) zurate ziehen, die die Kreditrisiken unterschiedlicher Anleihen bewerten.

Zwischen dem Preis und der Rendite einer Anleihe besteht ein gegenläufiger Zusammenhang. Nehmen wir an, ein Unternehmen bringt eine Anleihe im Nennwert von 1.000 Euro mit einer Laufzeit von 10 Jahren und einem Zins (Coupon) von 3,5 Prozent in Umlauf. Über die Laufzeit der Anleihe zahlt das Unternehmen dem Anleihebesitzer demnach 35 Euro jährlich Zinsen und nach dem Ende der Laufzeit den Anleihebetrag von 1.000 Euro. Während der Laufzeit der Anleihe kann der Anleihebesitzer die Anleihe jederzeit am Anleihemarkt verkaufen. Der Preis für die Anleihe hängt von Angebot und Nachfrage nach diesen Anleihen ab. Die Rendite der Anleihe ergibt sich vereinfacht über die Formel (Coupon/Preis) × 100. Wird die Anleihe z. B. zu einem Preis von 995 Euro verkauft, dann beträgt die Rendite für den Käufer (35 Euro/995 Euro) × 100, also rund 3,52 Prozent. Wäre der Verkäufer in der Lage gewesen, die Anleihe zu 1.050 Euro zu verkaufen, würde sich die Rendite für den Käufer nur noch auf (35 Euro/1.050 Euro) × 100 = 3,33 Prozent belaufen. Der Preis einer Anleihe ist also negativ mit der Rendite verknüpft. Wenn der Preis der Anleihe steigt, sinkt die Rendite und umgekehrt. Warum können die Preise von Anleihen steigen und fallen? Das Angebot an und die Nachfrage nach Anleihen (also die Zahl der Menschen, die Anleihen verkaufen oder kaufen wollen) hängen von den bereits im Umlauf befindlichen Anleihen und der Ausgabe neuer Anleihen ab, von der Wahrscheinlichkeit eines Zahlungsausfalls bei Anleihen und der Verzinsung bei anderen Anlagemöglichkeiten. Aus diesem Grund orientiert sich die Höhe des Coupons bei neuen Anleihen an der gegenwärtigen Verzinsung am Anleihemarkt.

Der Aktienmarkt. Eine andere Möglichkeit Geld aufzunehmen, um den Bau einer neuen Fabrikanlage zu finanzieren, besteht für die BASF darin, Aktien auszugeben. **Aktien (stocks)** repräsentieren Eigentumsanteile an einem Unternehmen und stellen daher eine Forderung auf die Gewinne, die das Unternehmen erwirtschaftet, dar.

Während in Deutschland vor der Einführung des Euro nur *Summenaktien* zulässig waren, die auf einen bestimmten Nennwert oder Nominalwert lauteten (der Nennwert betrug in der Regel 5 oder 50 D-Mark; das Grundkapital einer Aktiengesellschaft entsprach der Summe der Nominalwerte aller ausgegebenen Aktien), sind mittlerweile nennwertlose Quotenaktien (Stückaktien) weit verbreitet, die einen bestimmten Bruchteil am Kapital einer Aktiengesellschaft repräsentieren. Wenn BASF beispielsweise 1.000.000 Aktien herausgibt, dann hat jede Aktie einen Anteil von 1/1.000.000 am Unternehmen BASF.

Die Ausgabe von Aktien zur Aufnahme von finanziellen Mitteln wird *Eigenkapitalfinanzierung* genannt, wohingegen die Ausgabe von Anleihen zur *Fremdkapitalfinanzierung* zählt. Obwohl größere Unternehmen sowohl Eigen- als auch Fremdkapitalfinanzierung zur Aufnahme finanzieller Mittel für neue Investitionen benutzen, unterscheiden Aktien und Anleihen sich beträchtlich. *Der Besitzer einer BASF-Aktie ist ein Teilhaber der BASF; der Besitzer einer BASF-Anleihe ist ein Gläubiger des Unternehmens.* Wenn die BASF sehr rentabel arbeitet, so kommt der Aktienbesitzer in den Genuss dieser Gewinne, wohingegen die Anleihebesitzer nur die Zinszahlungen auf ihre Anleihe erhalten. Gerät die BASF jedoch in finanzielle Schwierigkeiten, so werden zuerst die Ansprüche der Anleihebesitzer befriedigt, bevor die Aktionäre überhaupt etwas erhalten. Im Vergleich zu Anleihen bieten also Aktien ihrem Besitzer ein höheres Risiko und einen möglicherweise höheren Ertrag.

Nimmt ein Unternehmen Eigenkapital durch die Ausgabe von Aktien auf, so werden diese Papiere sodann auf organisierten Aktienmärkten unter den Aktionären gehan-

---

Aktie (stock)
Ein Eigentumsanteil an einem Unternehmen (Aktiengesellschaft).

delt. Wenn die Aktien den Besitzer wechseln, so verdient das betreffende Unternehmen an diesen Transaktionen nicht. Der wichtigste Aktienmarkt in Deutschland ist die Frankfurter Wertpapierbörse, an der Aktien der großen nationalen Unternehmen sowie auch internationale Titel gehandelt werden; daneben existieren noch Regionalbörsen in den einzelnen Bundesländern, an denen neben den überregionalen Titeln vorwiegend kleinere und regionale Unternehmen notiert werden.

Information

Aktien-ABC

Im Internet und auch noch in einigen Tageszeitungen findet man tabellarische Übersichten, die die aktuellen Informationen über den Handel von Aktien mehrerer hundert Unternehmen enthalten. Diese Übersichten liefern u. a. die folgenden Informationen:

- *Preis/Kurs.* Die wichtigste Information über eine Aktie ist der Preis, Kurs genannt. Hier gibt es in der Regel mehrere Kurse. Der »letzte« oder »Schlusskurs« ist der Preis der letzten Transaktion, die vor dem Schluss des Aktienhandels am Vortag zustande kam. Der Anfangskurs zeigt wiederum den Preis der ersten Transaktion zu Beginn des Handels am Vortag. Viele Zeitungen geben ebenfalls die höchsten (»Hoch«) und niedrigsten (»Tief«) Kurse des letzten Handelstages an. Aus Anfangskurs, Hoch, Tief und Schlusskurs lassen sich Rückschlüsse über den Verlauf des Aktienkurses innerhalb des Handelstages ziehen. Die Angaben in der Spalte »52-Wochen-Hoch/Tief« zeigen, in welcher Bandbreite zwischen Höchstkurs und Tiefstkurs sich die Aktie in den letzten 52 Wochen (also im Jahr davor) bewegt hat.
- *Menge/Handelsvolumen.* Die meisten Übersichten geben die Anzahl an umgeschlagenen Aktien des vergangenen Handelstages an. Diese Zahl wird »(täglicher) Aktienumsatz« genannt.
- *Dividende.* Aktiengesellschaften zahlen einen Teil ihrer Gewinne an die Aktionäre aus; diese Zahlung wird *Dividende* genannt. (Nicht ausgezahlte Gewinne werden »einbehaltene Gewinne« genannt und von den Unternehmen für zusätzliche Investitionen verwendet.) Die Übersichten geben oftmals die im vergangenen Geschäftsjahr gezahlte Dividende pro Aktie an. Manchmal wird zusätzlich die *Dividendenrendite* – die Dividende ausgedrückt als Anteil am Aktienkurs – angegeben. Für das laufende Geschäftsjahr (in diesem Fall das Jahr 2021) ist außerdem eine Schätzung der erwarteten Dividende zu finden.
- *Kurs-Gewinn-Verhältnis* (*KGV*). Der Ertrag einer Aktiengesellschaft, also ihr Gewinn, ist der Erlös, der durch den Verkauf von Produkten (oder Diensten) erzielt wird, abzüglich der Produktionskosten, wie sie von den Buchhaltern ermittelt werden. Ein Teil der Erträge wird in Form von Dividenden an die Aktionäre ausgeschüttet, der Rest verbleibt im Unternehmen zum Zwecke neuer Investitionen. Das Kurs-Gewinn-Verhältnis, kurz KGV, ermittelt sich aus dem Aktienkurs einer Gesellschaft geteilt durch diejenige Summe, die das Unternehmen pro Aktie im Verlauf des vergangenen Jahres verdient hat. Im Durchschnitt über mehrere Jahre liegt das KGV bei den meisten Aktien zwischen 10 und 20. Ein höheres KGV zeigt an, dass die Aktien einer Gesellschaft relativ teuer sind verglichen mit den jüngsten Gewinnen; dies lässt darauf schließen, dass die (potenziellen) Anleger entweder erwarten, dass die Gewinne in Zukunft steigen werden oder dass die Aktie überbewertet ist. Umgekehrt gibt ein niedriges KGV an, dass die Aktien einer Gesellschaft relativ billig sind verglichen mit den jüngsten Gewinnen; dies lässt darauf schließen, dass die (potenziellen) Anleger entweder erwarten, dass die Gewinne in Zukunft fallen werden oder dass die Aktie unterbewertet ist.

Warum stehen all diese Angaben jeden Tag in der Zeitung und sind außerdem zeitnah im Internet zu finden? Viele Menschen, die ihre Ersparnisse in Aktien anlegen, verfolgen diese Zahlen aufmerksam. Sie nutzen diese Medien, um sich zeitnah über die neuesten Kursentwicklungen zu informieren und schnell darüber entscheiden zu können, welche Aktien sie kaufen oder verkaufen sollen. Andere Aktionäre folgen im Gegensatz dazu einer Kaufe-und-Halte-Strategie: Sie kaufen Aktien von bewährten Unternehmen, halten diese für lange Zeit und reagieren nicht auf die täglichen Kursschwankungen, über die auf Finanzseiten berichtet wird.

Fortsetzung auf Folgeseite

23.1 Sparen, Investieren und das Finanzsystem
Finanzinstitutionen

Fortsetzung von Vorseite

Xetra-Handel: Aktienhandel am Computer. Beginnt sehr früh (9.00 Uhr) und endet relativ spät (17.30 Uhr). Die Tabellen zeigen die Kurse zu Handelsschluss (**Schluss**) sowie die jeweiligen Tageshöchst- und -tiefstkurse (**Hoch**, **Tief**).

Aktienarten

Stamm- und Vorzugsaktien (**St/Vz.**): Hier geht es um die Rechte der Aktieninhaber. Stammaktien verbriefen Stimmrechte und einen Anspruch auf Dividende, Vorzugsaktien hingegen kein Stimmrecht, dafür aber zum Beispiel den Vorzug, höhere Dividenden zu erhalten. In den Tabellen werden Stammaktien für gewöhnlich nicht extra gekennzeichnet, es sei denn, ein Unternehmen hat neben Stamm- auch Vorzugsaktien emittiert.

Inhaber- und Namensaktien (**Inh/NA**): Unterscheidung danach, ob beim Wechsel des Aktienbesitzers eine Eintragung im Aktienbuch des Unternehmens erforderlich ist (Namensaktien) oder nicht (Inhaberaktien). Inhaberaktien sind nur selten gesondert gekennzeichnet. Vinkulierte Namensaktien (**vNA**) sind eine seltene Spezialform der Namensaktien.

5.3.2021	Tages-Hoch	Tief	Schluss	± % Vortag	± % 1 Jahr	52 Wochen Hoch	Tief
Adidas NA [1)2)]	280,50	271,50	271,50	-2,76	+8,99	306,70	162,20
Allianz vNA [1)2)]	209,50	206,00	207,65	-1,12	+6,49	210,25	117,10
BASF NA [1)2)]	71,75	70,50	70,68	-0,56	+32,56	71,75	37,36
Bayer NA [1)2)]	51,99	51,28	51,59	-0,48	-22,22	73,63	39,91
Beiersdorf	86,14	83,52	85,88	+1,01	-14,8	104,10	77,62
BMW St. [1)]	76,79	75,05	75,67	-0,81	+30,31	77,31	36,60
Henkel Vz.	85,76	84,00	85,34	+0,71	+4,02	95,14	62,24

Angegeben ist die prozentuale Veränderung des Preises zum Vortag sowie zum gleichen Tag des Vorjahres.

Angegeben ist der Höchstkurs der letzten 52 Wochen ebenso wie der Tiefstkurs im gleichen Zeitraum.

Fortsetzung auf Folgeseite

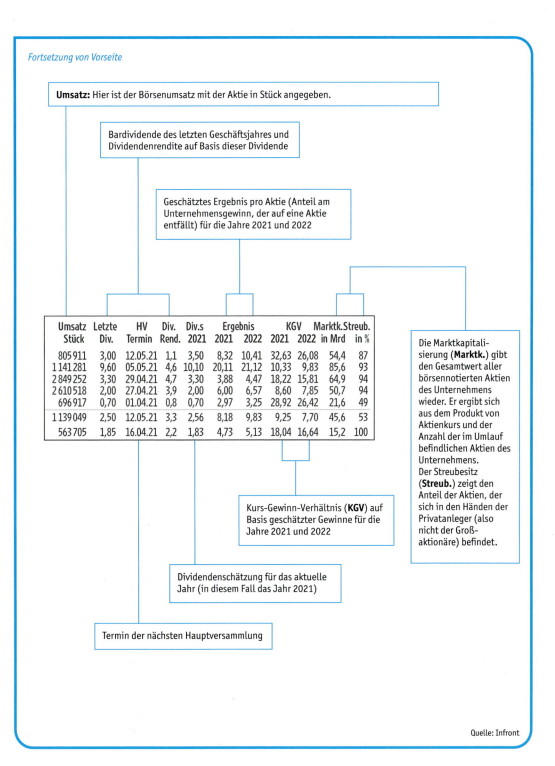

23.1 Sparen, Investieren und das Finanzsystem
Finanzinstitutionen

Die Preise, zu denen Aktien an der Börse gehandelt werden, auch *Kurse* genannt, werden durch Angebot und Nachfrage nach den Papieren der betreffenden Unternehmen bestimmt. Da Aktien ein Miteigentum an einem Unternehmen darstellen, spiegelt die Nachfrage nach Aktien (und damit deren Preis) die Wahrnehmung der Menschen bezüglich der zukünftigen Gewinnaussichten eines Unternehmens wider. Beurteilen die Menschen die Zukunft eines Unternehmens optimistisch, werden sie die Nachfrage nach diesen Aktien erhöhen und damit den Preis für eine Aktie des entsprechenden Unternehmens nach oben treiben. Umgekehrt wird der Preis einer Aktie fallen, wenn die Menschen erwarten, dass ein bestimmtes Unternehmen nur geringe Gewinne oder gar Verluste machen wird.

Es sind verschiedene Aktienindizes verfügbar, um die Gesamtentwicklung des Markts abzubilden. Ein *Aktienindex* wird als Durchschnitt einer bestimmten Gruppe von Aktien bzw. deren Kursen berechnet. Für den deutschen Aktienmarkt zeichnet der DAX (Deutscher Aktienindex), der die 30 größten und umsatzstärksten deutschen Aktien (sog. »Blue Chips«) umfasst, ein börsenminütlich aktualisiertes Bild. Neben dem Handel in einem elektronischen System (XETRA) wurden Aktien früher »auf dem Börsenparkett« gehandelt. Seit 1999 werden die DAX-Indizes nur noch auf der Basis der XETRA-Kurse berechnet. Der MDAX (Mid-Cap-DAX) bildet weitere 60 Aktien ab, die bezüglich Marktkapitalisierung und Börsenumsatz unmittelbar nach den 30 DAX-Werten folgen. Auf europäischer Ebene werden beispielsweise der STOXX Europe 50 berechnet, der 50 Blue Chips aus europäischen Ländern enthält, sowie der EURO STOXX 50, der nur Aktien der Teilnehmerländer an der Europäischen Währungsunion beinhaltet. Für den US-amerikanischen Markt sind der Dow Jones Industrial Average sowie der Standard & Poor's 500 Index die bedeutendsten Maßzahlen. Die Entwicklung der wichtigsten Werte der japanischen Börsenlandschaft bildet der Nikkei ab. Da die Aktienkurse die Gewinnerwartungen widerspiegeln, werden diese Indizes genau beobachtet und als Indikatoren für die zukünftigen ökonomischen Bedingungen interpretiert.

Finanzintermediäre

Finanzintermediäre sind Finanzinstitutionen, über die Sparer finanzielle Mittel auf indirektem Weg an Schuldner weiterleiten (lassen) können. Der Ausdruck *Intermediär* verdeutlicht die Rolle dieser Institutionen als Mittler zwischen Sparern und Schuldnern. Im Folgenden werden wir zwei der wichtigsten Finanzintermediäre genauer untersuchen – Banken und Investmentgesellschaften.

Finanzintermediäre
Finanzinstitutionen, durch die Sparer indirekt Mittel für Schuldner bereitstellen können.

Banken. Für den Fall, dass ein kleiner Gemüsehändler eine Erweiterung seines Geschäfts finanzieren möchte, wird er vermutlich eine andere Vorgehensweise als die BASF wählen. Im Gegensatz zur BASF wird es für den Gemüsehändler schwierig sein, sich Mittel über den Anleihe- oder Aktienmarkt zu verschaffen. Die meisten Käufer von Anleihen oder Aktien erwerben lieber Titel, die von größeren und bekannteren Unternehmen ausgegeben werden. Höchstwahrscheinlich wird daher der kleine Gemüsehändler seine Geschäftsausweitung über einen Kredit einer örtlichen Bank finanzieren.

Banken sind diejenigen Finanzintermediäre, die den Menschen am geläufigsten sind. Eine Hauptaufgabe der Banken besteht darin, Einlagen von denjenigen anzunehmen, die sparen wollen, und diese Einlagen zur Kreditvergabe an diejenigen zu verwenden, die Geld aufnehmen möchten. Banken zahlen den Sparern Zinsen auf deren Einlagen und verlangen von den Schuldnern etwas höhere Zinsen für deren Kredite. Die Differenz zwischen diesen Zinssätzen deckt die Kosten der Banken und erbringt zusätzlich Gewinne für die Eigner der Banken.

Neben ihrer Rolle als Finanzintermediäre haben Banken eine zweite wichtige Aufgabe in der Volkswirtschaft: Sie erleichtern den Erwerb von Waren und Dienstleistungen, indem sie es den Kunden ermöglichen, im digitalen Zeitalter mithilfe von Debitkarten (Girokarten) Geld auf elektronischem Weg von ihrem Konto auf das Konto der Verkäufer zu transferieren (früher hat man dafür einen Scheck ausgeschrieben). Banken schaffen damit spezielle Aktiva, die von den Kunden als *Tauschmittel* benutzt werden können. Ein Tauschmittel ist ein Gut, das die Menschen in einfacher Art und Weise nutzen können, um Transaktionen abzuwickeln. Durch die Bereitstellung eines Tauschmittels unterscheiden sich Banken von vielen anderen Finanztermediären. Neben Bankeinlagen können auch Aktien und Anleihen als *Wertaufbewahrungsmittel* für das Vermögen dienen, das die Menschen durch Sparen angesammelt haben. Aktien und Anleihen lassen sich aber nicht so einfach, unkompliziert und schnell zum Bezahlen nutzen wie eine Debitkarte. Mit der Rolle der Banken werden uns im Rahmen der Analysen des monetären Systems einer Volkswirtschaft noch im Detail befassen.

Investmentgesellschaften. Finanzintermediäre von zunehmender Bedeutung sind Investmentgesellschaften. Eine **Investmentgesellschaft** ist eine Institution, die Anteilsscheine an die Öffentlichkeit vergibt und die Einnahmen daraus dazu verwendet, eine Auswahl, ein *Portfolio* von verschiedenen Aktien, Anleihen oder einer Kombination beider Anlageformen zu kaufen. Dieses Portfolio nennt man auch Investmentfonds. Der Halter von Anteilsscheinen an einem Investmentfonds akzeptiert damit alle Risiken und Erträge, die mit besagtem Portfolio verbunden sind. Steigt der Wert des Portfolios, so profitiert der Halter davon; sinkt der Wert des Portfolios, so muss der Halter den Verlust tragen.

Der wichtigste Vorteil von Investmentfonds liegt darin, dass sie es auch Menschen mit nur geringen Summen an Geld ermöglichen zu diversifizieren. Käufer von Aktien und Anleihen sollten den Rat beherzigen: Setze nicht alles auf ein Pferd. Da die Wertentwicklung einer einzelnen Aktie oder Anleihe vom Geschick des Unternehmens abhängt, ist es sehr riskant, nur eine Art von Aktie oder Anleihe zu halten. Diejenigen, die im Gegensatz dazu ein breiter gestreutes Portfolio an Aktien und Anleihen halten, stehen einem geringeren Risiko gegenüber, denn sie halten nur einen kleinen Anteil an jedem Unternehmen. Investmentgesellschaften machen diese Art der Diversifikation einfach. Selbst mit nur wenigen hundert Euro oder Dollar kann man Anteile an einem Investmentfonds erwerben und damit indirekt Anteilseigner oder Gläubiger vieler hundert größerer Unternehmen werden. Die Gesellschaft, die den Investmentfonds betreut, erhebt für diese Dienstleistung eine Gebühr von den Investoren, in der Regel zwischen 0,5 und 3 Prozent der Anlagebeträge pro Jahr.

Investmentgesellschaft
Eine Institution, die Anteile an die Öffentlichkeit ausgibt und die Einnahmen daraus dazu verwendet, ein Portfolio aus Aktien und Anleihen (Investmentfonds) zu kaufen.

23.1 Sparen, Investieren und das Finanzsystem
Finanzinstitutionen

> **Information**
>
> ### Dark Pools – Handelsplattformen im Dunkeln
>
> Auch wenn allein der Begriff schon für Unbehagen sorgt, so sind Dark Pools zunächst nichts anderes als elektronische Plattformen, auf denen Käufer und Verkäufer miteinander handeln können. Die zunehmende Verbreitung von Dark Pools für den Handel mit Finanzprodukten hat jedoch Bedenken hervorgerufen und zu Untersuchungen durch die US-amerikanische Börsenaufsichtsbehörde (SEC) geführt. Im November 2015 hat die SEC Strafen von bis zu 20 Milliarden Dollar für das US-Finanztechnologieunternehmen ITG (Investment Technology Group) und die Schweizer Großbank UBS wegen des Missbrauchs von Informationen und anderer Verstöße verhängt. In den letzten Jahren haben Dark Pools auch in Europa zunehmend an Bedeutung gewonnen. Es wird geschätzt, dass mittlerweile bis zu 10 Prozent des europäischen Aktienhandels auf derartigen Handelsplattformen stattfinden.
>
> Der Handel mit Finanzprodukten passiert normalerweise an Börsen, sei es in New York, London oder Frankfurt. Die Händler an den Börsen können im Orderbuch Kaufgebote und Verkaufsgebote sehen. Jede Transaktion, die stattfindet, beeinflusst den Markt, und die Händler passen ihre Kaufgebote und Verkaufsgebote entsprechend an. Dark Pools sind eine Parallelwelt zum Börsenhandel. Über Dark Pools können Händler Finanzprodukte anonym handeln. Die Transaktionen, die zustande kommen, bleiben im Dunkeln. Niemand bekommt mit, zu welchem Preis welches Produkt in welcher Menge angeboten oder nachgefragt und dann gehandelt wird. Dark Pools werden in erster Linie dazu genutzt, um Transaktionen von großen Mengen abzuwickeln. Lassen Sie uns dazu das folgende Beispiel betrachten.
>
> Nehmen wir an, ein institutioneller Anleger wie z. B. ein Investmentfonds oder ein Versicherungsunternehmen möchte ein Paket von 10 Millionen Siemens-Aktien verkaufen. Der institutionelle Anleger ist sich bewusst, dass der Verkauf eines so großen Aktienpakets mit großer Wahrscheinlichkeit den Markt beeinflussen wird. Aus diesem Grund würde ein derartiges Geschäft an der Börse in der Regel in mehrere kleine Transaktionen aufgeteilt werden. Steht die Aktie von Siemens bei 100 Euro, dann werden die Verkaufstransaktionen dazu führen, dass der Kurs der Siemens-Aktie sinkt, und nicht alle Aktien zum Kurs von 100 Euro verkauft werden können.
>
> Der Kurs der Siemens-Aktie sinkt, da das Angebot an Siemens-Aktien durch den Verkauf des institutionellen Anlegers steigt, und die Börsenhändler ihre Kaufgebote und Verkaufsgebote entsprechend anpassen. Nutzt der institutionelle Anleger für den Verkauf der Aktien dagegen einen Dark Pool, dann bietet er die Aktien auf einer elektronischen Handelsplattform an. Auf dieser Handelsplattform gibt es Käufer und Verkäufer, die anonym nach Transaktionen Ausschau halten. Die Transaktionen kommen durch Algorithmen (spezielle Computerprogramme) zustande. Die Algorithmen sind so programmiert, dass sie den Käufer suchen und finden, der 10 Millionen Aktien von Siemens zu einem Kurs von 100 Euro kaufen will. Zum Zeitpunkt der Transaktion kennen weder Käufer noch Verkäufer die Gegenseite. Erst nach Abschluss der Transaktion wird die Identität des Gegenübers offenbart. Der Vorteil eines Dark Pools besteht für den institutionellen Anleger also darin, dass er das gesamte Aktienpaket zum gewünschten Preis von 100 Euro je Aktie verkaufen kann, ohne damit den Markt und damit letztlich seinen Verkaufspreis zu beeinflussen.
>
> Gegen die Einrichtung von Dark Pools gibt es im Wesentlichen zwei Einwände. Zum einen gibt es Bedenken, dass Dark Pools in großem Umfang Handelsmengen von den Börsen abziehen. Je stärker die Liquidität an den Börsen sinkt, desto weniger verlässlich sind die Preissignale, die die Börsen liefern. Gleichzeitig führt die Verlagerung von Handelsgeschäften von Börsen auf Dark Pools dazu, dass den Börsen und damit dem Markt relevante Informationen zur Preisfindung vorenthalten bleiben. Das wiederum hat auch Auswirkungen auf den Handel über Dark Pools. Da die Transaktionen auf Dark Pools anonym bleiben, liefern diese Handelsplattformen keine Preissignale für Käufer und Verkäufer. Für ihre Verkaufs- und Kaufgebote müssen sich die Händler demnach an den Börsenpreisen orientieren. Dark Pools unterliegen auch nicht den Regeln und der Aufsicht der Börsen. Durch die Anonymität und die Intransparenz auf diesen außerbörslichen Handelsplattformen sind Manipulationen Tür und Tor geöffnet.
>
> Im Rahmen der Richtlinie zur Harmonisierung der Finanzmärkte im europäischen Binnenmarkt (sogenannte MiFID-II-Richtlinie) hat die Europäische Union neue Regeln für die europäischen Betreiber von Dark Pools in Kraft gesetzt. So gibt es eine Obergrenze für Transaktionsvolumina auf außerbörslichen Handelsplattformen. Eine Überschreitung dieser Obergrenze kann dazu führen, dass die betreffende Aktie für einen bestimmten Zeitraum nicht mehr in Dark Pools gehandelt werden darf. Branchenkenner bezweifeln allerdings die Wirksamkeit der Regelung und verweisen darauf, dass die betroffenen Unternehmen bereits intensiv daran arbeiten, sich der Richtlinie durch das Ausnutzen von Schlupflöchern zu entziehen.

Ein zweiter Vorteil, den man Investmentfonds zuschreibt, ist die Tatsache, dass diese dem »Normalbürger« Zugang zu den Möglichkeiten eines professionellen Anlagemanagements gewähren. Die Manager der meisten Investmentfonds verfolgen sehr genau die Entwicklungen und Zukunftsaussichten derjenigen Unternehmen, deren Aktien sie kaufen. Diese Manager kaufen Aktien von Unternehmen mit guten Aussichten für die Zukunft und verkaufen Aktien von denjenigen Unternehmen mit schlechteren Aussichten. Dieses professionelle Anlagemanagement, so wird argumentiert, erhöhe den Ertrag, den Besitzer von Investmentfonds auf ihre Ersparnisse erzielen.

Finanzökonomen stehen diesem zweiten Argument jedoch oftmals skeptisch gegenüber. Da täglich Tausende von Anlagemanagern die Gewinnaussichten eines jeden Unternehmens genau beobachten, spiegelt der Aktienkurs eines Unternehmens in der Regel ziemlich gut den wahren Wert des Unternehmens wider. Daraus folgt, dass es sehr schwer ist, durch den Kauf von guten Aktien und den Verkauf von schlechten »den Markt zu schlagen«. In der Tat weisen sogenannte Indexfonds, das sind Investmentfonds, die alle Aktien eines bestimmten Aktienindex kaufen, durchschnittlich eine etwas bessere Entwicklung (Performance genannt) auf als Investmentfonds, die aktiv durch professionelle Anlagemanager geführt werden. Die Erklärung für die überlegene Performance der Indexfonds liegt darin, dass die Kosten niedrig gehalten werden, da sehr selten Posten gekauft oder verkauft werden und keine Gehälter für professionelle Anlagemanager gezahlt werden müssen.

> **Kurztest**
> Was ist eine Aktie? Was ist eine Anleihe? Wie unterscheiden beide Finanzinstrumente? In welcher Hinsicht ähneln sie sich?

Neue Finanzprodukte

Während der Finanz- und Wirtschaftskrise von 2007 bis 2009 konnte man in den Wirtschaftsmeldungen immer häufiger Begriffe lesen, die bis dahin nur wenigen Experten geläufig waren, und die beim einfachen Mann auf der Straße für Stirnrunzeln und Kopfschütteln sorgten. Da ging es um ABS-Papiere (*Asset Backed Securities*), MBS-Papiere (*Mortgage Backed Securities*), CDO-Papiere (*Collateralized Debt Obligations*) oder CDS-Papiere (*Credit Default Swaps*). Wir werden diese Finanzprodukte in Kapitel 24 näher beleuchten. Allerdings sollte das ungute Gefühl, das die Öffentlichkeit bei diesen auf den ersten Blick schwer verständlichen Begriffen hatte, nicht unbegründet sein.

Zusammenfassung

In Deutschland und weltweit existieren zahlreiche Finanzinstitutionen. Zusätzlich zum Anleihe- und Aktienmarkt sowie den Banken und Investmentgesellschaften gibt es auch noch Pensionsfonds, Versicherungsgesellschaften und überdies vielleicht noch das eine oder andere Pfandhaus, bei dem sich Personen, die als nicht kreditwürdig erachtet werden, gegen die Hinterlegung eines Pfands (z. B. eine wertvolle Uhr oder ein Schmuckstück) Geld leihen können. Diese Institutionen unterscheiden sich in vielerlei Hinsicht, und die Produkte, die sie anbieten, werden immer komplexer. Für die Untersuchung der makroökonomischen Rolle des Finanzsystems ist es jedoch wichtiger, die Gemeinsamkeiten zwischen diesen Institutionen im Gedächtnis zu behalten und nicht die Unterschiede. Diese Finanzinstitutionen dienen alle demselben Zweck – sie leiten Ressourcen von den Sparern in die Hände von Schuldnern.

23.2 Sparen und Investieren in der nationalen Einkommensrechnung

Die Geschehnisse innerhalb des Finanzsystems sind zentral für das Verständnis der Entwicklungen in der gesamten Volkswirtschaft. Wie wir gerade gesehen haben, erfüllen die Institutionen, die dieses System ausmachen – der Anleihemarkt, der Aktienmarkt, Banken und Investmentgesellschaften – die Aufgabe, die Ersparnisse und die Investitionen in einer Volkswirtschaft zu koordinieren. Und wie wir im vorherigen Kapitel gelernt haben, sind Ersparnisse und Investitionen wichtige Bestimmungsfaktoren für das langfristige Wirtschaftswachstum und den Lebensstandard. Makroökonomen müssen also verstehen, wie Finanzmärkte funktionieren und wie verschiedene Ereignisse und wirtschaftspolitische Maßnahmen darauf Einfluss nehmen.

Als Ausgangspunkt für die Analyse der Finanzmärkte werden wir in diesem Abschnitt die makroökonomischen Schlüsselgrößen untersuchen, die Aktivitäten auf diesen Märkten messen. Unser Schwerpunkt liegt hier nicht auf dem Verhalten, sondern auf der Berechnung bzw. Bilanzierung (accounting). Die *Bilanzierung* bezieht sich darauf, wie die verschiedenen Zahlen definiert und zusammengezählt werden. Genau wie ein Buchhalter Einzelpersonen hilft, das Einkommen und die Ausgaben aufzurechnen, so verrichtet ein Buchhalter auf nationaler Ebene dieselbe Aufgabe für die Gesamtwirtschaft. Die nationale Einkommensstatistik umfasst insbesondere das Bruttoinlandsprodukt (BIP) und die vielen damit verbundenen Aufstellungen.

Die Regeln für die Berechnung des Bruttoinlandsprodukts beinhalten einige wichtige Identitäten. Erinnern Sie sich daran, dass eine *Identität* eine Gleichung ist, die aufgrund der Definition der Variablen in dieser Gleichung erfüllt sein muss. Es ist nützlich, diese Identitäten im Gedächtnis zu behalten, denn sie zeigen, wie unterschiedliche Variablen miteinander in Verbindung stehen. Wir werden nun einige bilanzielle Identitäten betrachten, die ein Licht auf die makroökonomische Rolle der Finanzmärkte werfen.

Einige wichtige Identitäten

Sie erinnern sich sicherlich daran, dass das Bruttoinlandsprodukt (BIP) sowohl das gesamte Einkommen einer Volkswirtschaft als auch die gesamten Ausgaben dieser Volkswirtschaft misst. Das BIP (mit Y abgekürzt) lässt sich in vier Ausgabenkomponenten unterteilen: Konsum (C), Investitionen (I), Staatsausgaben (G) und Nettoexporte (NX). Wir schreiben

$$Y = C + I + G + NX.$$

Diese Gleichung ist eine Identität, denn jeder Euro an Ausgaben, der auf der linken Seite der Gleichung auftaucht, zeigt sich auch in einer der vier Komponenten auf der rechten Seite. Aufgrund der Definition und Messung dieser Variablen muss diese Gleichung stets erfüllt sein. Dies wird manchmal dadurch verdeutlicht, dass man anstelle eines Gleichheitszeichens ein Zeichen mit drei waagerechten Strichen verwendet.

$$Y \equiv C + I + G + NX.$$

In diesem Kapitel vereinfachen wir unsere Analyse durch die Annahme, die zu untersuchende Volkswirtschaft sei geschlossen. Eine *geschlossene Volkswirtschaft* ist eine Volkswirtschaft, die nicht mit anderen Volkswirtschaften in Interaktion steht. Insbesondere beteiligt sich eine geschlossene Volkswirtschaft nicht am internationalen Waren- und Dienstleistungsaustausch, ebenso wenig wie am internationalen Kapitalverkehr. Selbstverständlich sind die Volkswirtschaften der wirklichen Welt *offene Volkswirtschaften*, d. h., sie stehen in Wechselbeziehung mit anderen Volkswirtschaften rund um den Erdball. Nichtsdestotrotz ist die Annahme einer geschlossenen Volkswirtschaft eine nützliche Vereinfachung, mit deren Hilfe wir einige Einsichten gewinnen können, die auf alle Volkswirtschaften anwendbar sind. Darüber hinaus ist diese Annahme bei Betrachtung der Weltwirtschaft als Ganzes in vollem Umfang gerechtfertigt (denn interplanetarischer Handel ist noch nicht an der Tagesordnung).

Da eine geschlossene Volkswirtschaft sich nicht am internationalen Handel beteiligt, betragen die Importe und Exporte genau null. In diesem Fall können wir schreiben

$$Y = C + I + G$$

Diese Gleichung gibt an, dass sich das BIP als Summe aus Konsum, Investitionen und Staatsausgaben errechnet. Jede Gütereinheit, die in einer geschlossenen Volkswirtschaft verkauft wird, wird entweder konsumiert oder investiert oder vom Staat erworben.

Um zu sehen, was uns diese Identität über die Finanzmärkte sagen kann, subtrahieren wir C und G von beiden Seiten der Gleichung. Wir erhalten

$$Y - C - G = (C - C) + I + (G - G)$$
$$Y - C - G = I$$

Die linke Seite dieser Gleichung ($Y - C - G$) gibt das Gesamteinkommen der Volkswirtschaft an, das nach der Bezahlung der Konsumwünsche und der Staatskäufe verbleibt: Diese Größe wird **gesamtwirtschaftliche Ersparnis** oder einfach **Ersparnis** genannt und mit S bezeichnet. Vom Kreislaufmodell im Kapitel 20 wissen wir, dass es Abflüsse aus dem Kreislauf und Zuflüsse zum Kreislauf gibt. Die Ersparnis stellt in diesem Sinne einen Abfluss aus dem Kreislauf dar, der jedoch der Volkswirtschaft in Form von Investitionen wieder zufließt.

Ersparnis (gesamtwirtschaftliche Ersparnis)
Das Gesamteinkommen einer Volkswirtschaft, das nach Abzug der Ausgaben für Konsum und Staatsverbrauch übrig bleibt.

Wenn wir $Y - C - G$ durch S ersetzen, so können wir die letzte Gleichung wie folgt schreiben

$S = I$

Diese Gleichung sagt uns, dass die Ersparnis den Investitionen entspricht.

Um die Bedeutung der Ersparnis zu verstehen, ist es hilfreich, die Definition noch ein wenig weiter umzuformulieren. Mit T bezeichnen wir den Betrag, den der Staat von den Haushalten über Steuern einsammelt, abzüglich desjenigen Betrags, den der Staat an die Haushalte in Form von Transferleistungen (z. B. als Sozialhilfe) zurückzahlt. Dann können wir die Ersparnis in einer der beiden folgenden Formen ausdrücken:

$S = Y - C - G$

oder

$S = (Y - T - C) + (T - G)$

Diese zwei Gleichungen sind identisch, da sich die beiden T in der zweiten Gleichung gegenseitig aufheben, aber jede einzelne Gleichung spiegelt eine bestimmte Denkart bezüglich der Ersparnis wider. Insbesondere die zweite Gleichung teilt die Ersparnis in zwei Teile auf: private Ersparnis $(Y - T - C)$ und öffentliche Ersparnis $(T - G)$.

Betrachten wir nun jeden Teil einzeln. Die **private Ersparnis** ist derjenige Betrag des Einkommens, der den Haushalten nach Abzug der Steuerzahlungen und der Konsumausgaben verbleibt. Da die Haushalte ein Einkommen von Y erhalten, Steuern in Höhe von T zahlen und den Betrag C für Konsum ausgeben, ergibt sich die private Ersparnis als $Y - T - C$. Die **öffentliche Ersparnis** oder **staatliche Ersparnis** ist der Betrag an Steuereinnahmen, der dem Staat nach Abzug seiner Ausgaben verbleibt. Der Staat erhält Steuereinnahmen in Höhe von T und gibt G für Waren und Dienstleistungen aus. Übersteigen die Steuereinnahmen T die Staatsausgaben G, so erzielt der Staat einen **Budgetüberschuss**, denn er nimmt mehr Geld ein, als er ausgibt. Dieser Überschuss $T - G$ ist die staatliche Ersparnis. Gibt der Staat mehr aus, als er über die Steuern einnimmt (wie dies in der jüngeren deutschen Vergangenheit der Fall war), so ist G größer als T. In diesem Fall liegt ein staatliches **Budgetdefizit** vor und die öffentliche Ersparnis $T - G$ fällt negativ aus. Zur Finanzierung seiner Ausgaben muss der Staat dann Kredite aufnehmen, indem er Staatsanleihen ausgibt.

Überlegen Sie nun, wie diese buchhalterischen Identitäten mit den Finanzmärkten in Verbindung stehen. Die Gleichung $S = I$ deckt eine wichtige Tatsache auf: *Für eine Volkswirtschaft als Ganzes muss die Ersparnis den Investitionen entsprechen.* Diese Tatsache wirft jedoch einige wichtige Fragen auf: Welche Mechanismen verbergen sich hinter dieser Identität? Wie findet die Koordination zwischen denjenigen statt, die darüber entscheiden, wie viel sie sparen möchten, und denjenigen, die darüber entscheiden, wie viel sie investieren möchten? Die Antwort liegt im Finanzsystem. Der Anleihemarkt, der Aktienmarkt und die anderen Finanzmärkte sowie die Finanzintermediäre stehen zwischen diesen beiden Seiten der Gleichung $S = I$. Sie erhalten die Ersparnis des entsprechenden Landes und lenken diese in Investitionen um.

Private Ersparnis
Das Einkommen, das den Haushalten nach Abzug der Steuern und Konsumausgaben verbleibt.

Öffentliche Ersparnis (staatliche Ersparnis)
Die Steuereinnahmen, die dem Staat nach Abzug der Staatsausgaben verbleiben.

Budgetüberschuss
Übersteigen die Steuereinnahmen die Staatsausgaben, dann erzielt der Staat einen Budgetüberschuss.

Budgetdefizit
Gibt der Staat mehr aus, als er über die Steuern einnimmt, liegt ein Budgetdefizit vor.

Die Bedeutung von Ersparnis und Investitionen

Die Begriffe *Ersparnis* und *Investition* können manchmal verwirrend sein. Die meisten Menschen verwenden diese Begriffe beiläufig und manchmal auch austauschbar. Im Gegensatz dazu benutzen Makroökonomen, die die nationale Einkommensrechnung aufstellen, diese Begriffe sorgfältig und genau definiert.

Betrachten Sie ein Beispiel. Nehmen Sie an, Frank verdient mehr, als er ausgibt; er legt sein nicht ausgegebenes Einkommen bei einer Bank an oder verwendet es dazu, Anleihen oder Aktien eines Unternehmens zu kaufen. Da Franks Einkommen seine Konsumausgaben übersteigt, trägt er zur Ersparnis bei. Frank selbst mag denken, er investiere sein Geld, aber ein Makroökonom würde Franks Tun eher als Ersparnis denn als Investition betrachten.

In der Sprache der Makroökonomen beziehen sich Investitionen auf den Kauf von neuem Realkapital, wie beispielsweise Maschinen oder Gebäude. Nimmt Peter einen Bankkredit auf, um sich ein Haus zu bauen, so trägt er zu den gesamtwirtschaftlichen Investitionen bei. Ähnlich liegt der Fall, wenn die Christine AG Aktien ausgibt und die Einnahmen daraus dazu verwendet, eine neue Fabrikanlage zu bauen; auch dies zählt zu den gesamtwirtschaftlichen Investitionen.

Obwohl die bilanzielle Identität $S = I$ zeigt, dass für die Volkswirtschaft als Ganzes Ersparnis und Investitionen übereinstimmen, muss dies nicht für jeden einzelnen Haushalt und jedes einzelne Unternehmen gelten. Franks Ersparnis kann größer sein als seine Investitionen, und er kann den Überschuss bei einer Bank einlegen. Peters Ersparnis kann geringer ausfallen als seine Investitionen, und er kann die fehlende Summe von einer Bank leihen. Banken und andere Finanzintermediäre machen diese individuellen Unterschiede zwischen Ersparnis und Investitionen möglich, indem sie es erlauben, dass die Ersparnisse einer Person die Investitionen einer anderen Person finanzieren.

Information

Defizit und Schulden

In der öffentlichen Diskussion geraten die Begriffe Defizit und Schulden mitunter durcheinander. Zwischen beiden Größen besteht jedoch ein großer Unterschied. Das Defizit, auch Haushaltsdefizit oder Budgetdefizit genannt, beschreibt, dass der Staat in einem bestimmten Zeitraum mehr ausgibt als er durch Steuern einnimmt und zum Ausgleich dieser Differenz Kredite aufnehmen muss. Gibt der Staat z. B. in einem Jahr 100 Milliarden Euro aus, nimmt aber nur 75 Milliarden Euro durch Steuern ein, dann muss er zur Finanzierung des Defizits Kredite in Höhe von 25 Milliarden Euro aufnehmen.

Die Schulden spiegeln dagegen den Betrag wider, den der Staat zu einem bestimmten Zeitpunkt insgesamt schuldet. Defizit und Schulden sind miteinander verknüpft. Die Schulden wachsen, wenn der Staatshaushalt ein Defizit aufweist. In unserem Beispiel würden also die Staatsschulden um 25 Milliarden Euro wachsen. Lagen die Staatsschulden zu Beginn des Jahres bei 500 Milliarden, dann führt ein Defizit von 25 Milliarden Euro dazu, dass die Staatsschulden am Jahresende 525 Milliarden Euro betragen. Defizit und Schulden sind also nicht das Gleiche und können sich in unterschiedliche Richtungen entwickeln. Beträgt z. B. das Defizit im nächsten Jahr nur noch 15 Milliarden Euro, dann ist das Defizit im Vergleich zum Vorjahr gesunken (von 25 Milliarden Euro auf 15 Milliarden Euro). Die Schulden sind dagegen gestiegen, von 525 Milliarden Euro auf 540 Milliarden Euro, da der Staat zur Finanzierung des Budgetdefizits neue Kredite in Höhe von 15 Milliarden aufnehmen musste. Die Schulden sinken erst dann, wenn der Staat statt eines Budgetdefizits einen Budgetüberschuss erwirtschaftet, die Staatseinnahmen also über den Staatsausgaben liegen.

> **Kurztest**
> Definieren Sie private Ersparnis, öffentliche Ersparnis, Ersparnis und Investitionen. In welcher Verbindung stehen diese Größen zueinander?

23.3 Der Kreditmarkt

Nachdem wir einige der wichtigen Finanzinstitutionen und deren makroökonomische Bedeutung untersucht haben, wollen wir im Folgenden ein Modell der Finanzmärkte entwickeln, um erklären zu können, wie die Finanzmärkte Ersparnis und Investitionen in einer Volkswirtschaft koordinieren. Dieses Modell gibt uns ein Werkzeug an die Hand, mit dessen Hilfe wir verschiedene wirtschaftspolitische Maßnahmen analysieren können, die Ersparnis und Investitionen beeinflussen.

Um die Analyse einfach zu halten, nehmen wir an, die betrachtete Volkswirtschaft besitzt nur einen Finanzmarkt, den Markt für Kreditmittel (ausleihbare Mittel – loanable funds), kurz: den **Kreditmarkt**.

Alle Sparer legen auf diesem Markt ihre Ersparnisse an und alle Schuldner erhalten auf diesem Markt ihre Kredite. Damit bezieht sich der Begriff *ausleihbare Mittel* auf die Einkommen, die die Menschen gespart haben und nun verleihen möchten anstatt sie zu konsumieren. Auf dem Markt für ausleihbare Mittel existiert ein einziger Zinssatz, der gleichzeitig dem Ertrag der Ersparnisse und den Kosten der Kreditaufnahme entspricht.

Die Annahme eines einzigen Finanzmarkts ist natürlich nicht in vollem Umfang auf die Realität zu übertragen. Wie wir gesehen haben, existieren in einer Volkswirtschaft viele Arten von Finanzinstitutionen. Wie wir aber bereits mehrfach betont haben, besteht die Kunst der ökonomischen Modellbildung darin, die Welt zu vereinfachen, um sie zu erklären. Für die hier verfolgten Zwecke ist es angemessen, die Unterschiedlichkeit der Finanzmärkte zu vernachlässigen und anzunehmen, die Volkswirtschaft weise nur einen einzigen Finanzmarkt auf.

Kreditmarkt
Der Markt, auf dem diejenigen, die sparen möchten, Mittel anbieten, und diejenigen, die investieren wollen, Mittel nachfragen.

Das Angebot an und die Nachfrage nach Kreditmitteln

Der Kreditmarkt einer Volkswirtschaft wird, ebenso wie andere Märkte der Volkswirtschaft, durch Angebot und Nachfrage bestimmt. Um zu verstehen, wie der Kreditmarkt funktioniert, werfen wir zunächst einmal einen Blick auf die Quellen von Angebot und Nachfrage auf diesem Markt.

Das Angebot an Kreditmitteln stammt von denjenigen Menschen, die einen (derzeit überzähligen) Teil ihres Einkommens sparen und verleihen wollen. Diese »Ausleihung« (Banksprache) kann auf direktem Weg vonstattengehen, z. B. wenn ein Haushalt eine Anleihe eines Unternehmens erwirbt, oder auf indirektem Weg realisiert werden, z. B. wenn ein Haushalt Geld zur Bank bringt und die Bank diese Einlage wiederum zur Kreditvergabe verwendet. In beiden Fällen ist die Ersparnis die Quelle des Angebots an Kreditmitteln.

23.3 Der Kreditmarkt

Die Nachfrage nach Kreditmitteln stammt von Haushalten und Unternehmen, die Mittel aufnehmen möchten, um Investitionen durchzuführen. Diese Nachfrage kann von Familien stammen, die eine Hypothek aufnehmen möchten, um ein Haus zu kaufen, ebenso wie von Unternehmen, die finanzielle Mittel benötigen, um neue Maschinen zu kaufen oder Fabrikgebäude zu bauen. In beiden Fällen sind die Investitionen die Quelle der Nachfrage nach Kreditmitteln.

Der Zinssatz ist der Preis für einen Kredit. Er gibt an, was Schuldner für den Kredit zahlen müssen und was Gläubiger für ihre Ersparnis erhalten. Da ein hoher Zinssatz die Kreditaufnahme verteuert, fällt die nachgefragte Menge an Kreditmitteln mit steigendem Zinssatz. Analog dazu steigt die angebotene Menge an Kreditmitteln mit steigendem Zinssatz, da ein hoher Zinssatz das Sparen attraktiver macht. Anders ausgedrückt bedeutet dies, dass die Nachfragekurve nach Kreditmitteln fallend verläuft und die Angebotskurve für Kreditmittel steigend.

Die Abbildung 23-1 gibt denjenigen Zinssatz an, der Angebot an und Nachfrage nach Kreditmitteln in Übereinstimmung bringt. Im hier ermittelten Gleichgewicht soll der Zinssatz 5 Prozent betragen und die nachgefragte und angebotene Menge an Kreditmitteln soll jeweils bei 500 Milliarden Euro liegen.

Die Anpassung des Zinssatzes hin auf das gleichgewichtige Niveau geschieht auch hier aus den bekannten Gründen. Wäre der Zinssatz niedriger als sein Gleichgewichts-

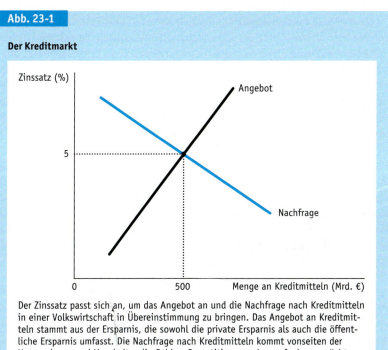

Abb. 23-1

Der Kreditmarkt

Der Zinssatz passt sich an, um das Angebot an und die Nachfrage nach Kreditmitteln in einer Volkswirtschaft in Übereinstimmung zu bringen. Das Angebot an Kreditmitteln stammt aus der Ersparnis, die sowohl die private Ersparnis als auch die öffentliche Ersparnis umfasst. Die Nachfrage nach Kreditmitteln kommt vonseiten der Unternehmen und Haushalte, die Geld zu Investitionszwecken aufnehmen möchten. Hier beträgt der gleichgewichtige Zinssatz 5 Prozent; zu diesem Zinssatz werden 500 Milliarden Euro an Kreditmitteln angeboten und nachgefragt.

wert, wäre die Menge der angebotenen Kreditmittel geringer als die nachgefragte Menge. Die daraus resultierende Verknappung der Kreditmittel würde die Gläubiger ermutigen, den geforderten Zinssatz zu erhöhen. Läge umgekehrt der Zinssatz über seinem gleichgewichtigen Wert, würde die angebotene Menge die nachgefragte Menge an Kreditmitteln übersteigen. Da die Gläubiger um die knappen Schuldner in Konkurrenz untereinander stehen, würden die Zinsen im Wettbewerbsprozess fallen. Auf diese Art und Weise nähert sich der Zinssatz an sein Gleichgewichtsniveau an, bei dessen Erreichen Angebot an und Nachfrage nach Kreditmitteln sich genau entsprechen.

Erinnern Sie sich daran, dass Ökonomen zwischen dem realen Zinssatz und dem nominalen Zinssatz unterscheiden. Der *Nominalzins* ist der Zinssatz, der in der Regel veröffentlicht wird – der monetäre Ertrag aus der Ersparnis und die Kosten der Kreditaufnahme. Der *Realzins* ist der Nominalzins korrigiert um die Inflation; er entspricht dem Nominalzinssatz abzüglich der Inflationsrate. Da Inflation den Wert des Geldes im Zeitablauf mindert, gibt der Realzins den realen Ertrag der Ersparnis bzw. die Kosten der Kreditaufnahme genauer wieder. Daher sind Angebot an und Nachfrage nach Kreditmitteln vom realen (eher als vom nominalen) Zinssatz abhängig, und das in Abbildung 23-1 ermittelte Gleichgewicht sollte dahingehend interpretiert werden, dass damit der Realzins in der Volkswirtschaft bestimmt wird. Im weiteren Verlauf des Kapitels sollten Sie daher bei dem Begriff *Zinssatz* stets daran denken, dass wir hier über den *Real*zinssatz sprechen.

Dieses Modell zu Kreditangebot und -nachfrage zeigt, dass Finanzmärkte sehr ähnlich wie auch andere Märkte der Volkswirtschaft funktionieren. Da sich die Ersparnis im Angebot an Kreditmitteln zeigt und die Investitionen in der Kreditnachfrage, sehen wir, wie die unsichtbare Hand Ersparnis und Investitionen in Einklang bringt. Wenn sich der Zinssatz verändert, um Angebot und Nachfrage im Kreditmarkt auszugleichen, dann wird dadurch gleichzeitig das Verhalten der Menschen, die sparen wollen (die Anbieter an Kreditmitteln), und das Verhalten der Menschen koordiniert, die investieren wollen (die Nachfrager nach Kreditmittel).

Wir können nun die Analyse des Kreditmarkts dazu verwenden, unterschiedliche staatliche Maßnahmen zu untersuchen, die die Ersparnis und die Investitionen einer Volkswirtschaft beeinflussen. Da dieses Modell Angebot und Nachfrage auf einem speziellen Markt skizziert, untersuchen wir jede der folgenden wirtschaftspolitischen Maßnahmen in einzelnen Schritten. Zunächst entscheiden wir, ob die entsprechende Maßnahme die Angebotskurve oder die Nachfragekurve verschiebt. Dann bestimmen wir die Richtung der Verschiebung. Anschließend verwenden wir das Angebots-Nachfrage-Diagramm, um zu sehen, wie sich das Gleichgewicht verändert.

Politik Nr. 1: Steuern und Ersparnis

Wir haben im Kapitel 21 gelernt, dass die Ersparnis ein wichtiger langfristiger Bestimmungsfaktor für die Produktivität eines Landes ist. Könnte also ein Land auf irgendeine Art und Weise seine Sparquote erhöhen, dann steigt (bei ansonsten unveränderten Umständen) die Wachstumsrate des BIP an, und die Bürger könnten einen höheren Lebensstandard genießen.

Wir wissen, dass Menschen auf Anreize reagieren. Viele Ökonomen haben diesen Grundsatz zur Stützung der These verwendet, die niedrige Sparquote in einigen Ländern sei zumindest teilweise auf die Steuergesetzgebung zurückzuführen, die das Sparen hemme, da Zins- und Dividendeneinkünfte der Einkommensteuer unterliegen. Als Antwort auf dieses Problem haben viele Ökonomen und Gesetzgeber vorgeschlagen, die Steuergesetzgebung dahingehend zu ändern, dass höhere Ersparnisse gefördert werden. So gibt es Modelle, die die Einkommensbesteuerung oder zumindest Teile davon durch eine stärkere Konsumbesteuerung ersetzen möchten. Bei Vorliegen einer Konsumsteuer wird das Einkommen, das gespart wird, erst dann besteuert, wenn es zu einem späteren Zeitpunkt ausgegeben wird; die bekannteste Konsumsteuer ist die Umsatzsteuer, die auch heute schon zur staatlichen Einnahmenerzielung erhoben wird. Die Umsatzsteuer ist eine indirekte Steuer, die beim Kauf von Waren oder Dienstleistungen für den Endverbrauch zu entrichten ist, während eine Konsumsteuer auch als direkte Steuer erhoben werden kann, indem man die Konsumausgaben einer Person über einen Zeitraum kumuliert und einem bestimmten Steuersatz unterwirft. Dabei kann der Steuersatz mit höheren Konsumausgaben steigen.

Ein einfacher Ansatz, um den Anreiz zum Sparen zu erhöhen, besteht darin, die steuerlichen Freibeträge für Zinseinkünfte auszuweiten. Die Auswirkungen einer solchen Maßnahme auf den Markt für Kreditmittel wollen wir nun in Abbildung 23-2 mithilfe unserer Analyse untersuchen.

1. Es gilt zu klären, welche Kurve von dieser Politik direkt betroffen ist. Da die Änderung in der Besteuerung den Sparanreiz der Haushalte *bei jedem gegebenen Zinssatz* ändert, wird die zu jedem Zinssatz angebotene Menge an finanziellen Mitteln beeinflusst. Also wird sich die Angebotskurve für Kreditmittel verschieben. Da die Änderung in der Besteuerung den Betrag, den die Schuldner zu jedem gegebenen Zinssatz aufnehmen möchten, nicht direkt beeinflusst, bleibt die Nachfrage nach Kreditmitteln unverändert.

2. Nun muss untersucht werden, in welche Richtung die Kurvenverschiebung stattfindet. Da die Ersparnis nach Durchführung der Steuererleichterungen geringer besteuert wird als unter der herrschenden Gesetzgebung, werden die Haushalte ihre Ersparnis erhöhen, indem sie einen geringeren Anteil ihres Einkommens für Konsumzwecke ausgeben. Die Haushalte werden diese zusätzliche Ersparnis dazu verwenden, ihre Bankeinlagen zu erhöhen oder mehr Anleihen zu kaufen. Das Angebot an Kreditmitteln steigt damit an, und die Angebotskurve verschiebt sich nach rechts, von S_1 nach S_2, wie in Abbildung 23-2 dargestellt.

3. Und schließlich können wir das alte und das neue Gleichgewicht vergleichen. In unserer Darstellung reduziert das erhöhte Angebot an Kreditmitteln den Zinssatz von 5 Prozent auf 4 Prozent. Der niedrigere Zinssatz erhöht die Menge der nachgefragten Kreditmittel von 500 Milliarden Euro auf 600 Milliarden Euro. Damit bewegt die Verschiebung der Angebotskurve das Marktgleichgewicht entlang der Nachfragekurve. Bei geringeren Kreditkosten sind Haushalte und Unternehmen gewillt, sich höher zu verschulden, um größere Investitionen zu finanzieren. *Wenn also eine Änderung der Steuergesetzgebung dahingehend wirkt, dass sie die Ersparnis stimuliert, so wird dies zu niedrigeren Zinssätzen und höheren Investitionen führen.*

23.3 Sparen, Investieren und das Finanzsystem
Der Kreditmarkt

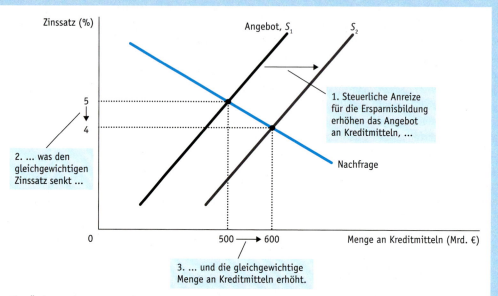

Abb. 23-2

Ein Anstieg des Angebots an Kreditmitteln

Eine Änderung der Steuergesetzgebung hin zu höheren Sparanreizen würde die Angebotskurve für Kreditmittel von S_1 nach S_2 nach rechts verschieben. Im Ergebnis würde damit der gleichgewichtige Zinssatz fallen und die niedrigeren Zinsen würden sich vorteilhaft auf die Investitionen auswirken. In unserem hier gewählten Beispiel fällt der Zinssatz von 5 Prozent auf 4 Prozent und die Menge an gesparten und investierten Mitteln steigt von 500 Milliarden Euro auf 600 Milliarden Euro.

Obwohl diese Analyse der Auswirkungen einer erhöhten Ersparnis unter Ökonomen breite Zustimmung erfährt, so ist die Frage, welche Steueränderungen vorgenommen werden sollten, weitaus umstrittener. Viele Ökonomen unterstützen eine Steuerreform, die darauf abzielt, die Ersparnis zu erhöhen, um so Investitionen und Wachstum zu stimulieren. Andere hingegen bleiben skeptisch, ob diese Steueränderungen große Auswirkungen auf die Ersparnis hätten. Diese Skeptiker zweifeln auch an der Ausgewogenheit der vorgeschlagenen Reformen. Sie argumentieren, dass oftmals der Nutzen aus einer Steueränderung in erster Linie den Reichen zugutekäme, die eine Steuererleichterung am wenigsten benötigten.

Politik Nr. 2: Steuern und Investitionen

Stellen Sie sich vor, der Bundestag verabschiedet ein Gesetz, das jedem Unternehmen, das eine neue Fabrikanlage errichtet, Steuerminderungen erlaubt. Dies kann man mit dem Begriff *Investitionssteuerfreibetrag* bzw. *Investitionssteuergutschrift* bezeichnen; im Zuge der deutsch-deutschen Vereinigung wurde eine Fülle solcher Maßnahmen (insbesondere auch investitionsfördernde Abschreibungsmodelle) wirksam. Wir wollen nun die Wirkungen eines solchen Gesetzes auf dem Kreditmarkt untersuchen; die zugehörige grafische Darstellung ist die Abbildung 23-3.

1. Die erste Frage muss wieder lauten, ob dieses Gesetz das Angebot oder die Nachfrage beeinflusst. Da die Steuererleichterung den Anreiz der Unternehmen zur Aufnahme von Mitteln und zu Investitionen in neues Kapital verändert, wird es die Nachfrage nach Kreditmitteln beeinflussen. Da jedoch im Gegensatz dazu diese Steuererleichterungen den Betrag, den die Haushalte bei jedem gegebenen Zinssatz sparen wollen, nicht beeinflussen, wird die Angebotskurve für Kreditmittel nicht berührt.
2. In welche Richtung verschiebt sich die Nachfragekurve? Da für die Unternehmen ein Anreiz besteht, ihre Investitionen bei jedem gegebenen Zinssatz zu erhöhen, wird die nachgefragte Kreditsumme bei jedem gegebenen Zinssatz höher sein. Damit verschiebt sich die Kreditnachfragekurve nach rechts, von D_1 nach D_2, wie in der Abbildung gezeigt.
3. Wir überlegen uns wieder, wie sich das Gleichgewicht verändert. In Abbildung 23-3 erhöht die gestiegene Nachfrage nach Kreditmitteln den Zinssatz von 5 Prozent auf

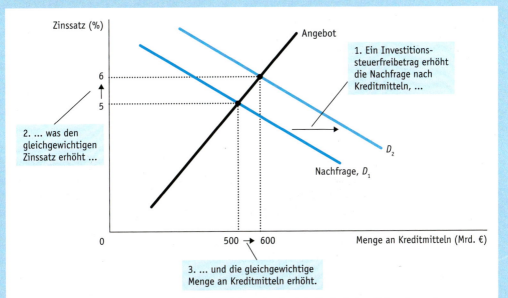

Abb. 23-3

Ein Anstieg der Nachfrage nach Kreditmitteln

Wenn die Verabschiedung eines Gesetzes, das Investitionen begünstigt, die deutschen Unternehmen dazu veranlasst, mehr zu investieren, steigt die Nachfrage nach Kreditmitteln. Im Ergebnis wird der gleichgewichtige Zinssatz ansteigen und der höhere Zinssatz wird die Ersparnis befördern. Wenn, wie in unserem Beispiel, sich die Nachfragekurve von D_1 nach D_2 verschiebt, so steigt der gleichgewichtige Zinssatz von 5 Prozent auf 6 Prozent und die im Gleichgewicht gesparte und investierte Kreditsumme steigt von 500 Milliarden Euro auf 600 Milliarden Euro.

6 Prozent und der höhere Zinssatz wiederum erhöht die angebotene Menge an Kreditmitteln von 500 Milliarden Euro auf 600 Milliarden Euro, da die Haushalte mit einem Anstieg der Ersparnis reagieren. Diese Veränderung im Haushaltsverhalten ist hier als eine Bewegung entlang der Angebotskurve dargestellt. *Wenn also eine Änderung der Steuergesetzgebung höhere Investitionen nach sich zieht, wird dies zu höheren Zinssätzen und höherer Ersparnis führen.*

Politik Nr. 3: Staatliche Budgetdefizite

Eines der drängendsten Themen auf der politischen Agenda sind staatliche Budgetdefizite, insbesondere auch im Zusammenhang mit dem Europäischen Fiskalpakt. Gibt eine Regierung mehr aus, als sie an Steuereinnahmen in die Kassen bekommt, kommt es zu einem Budgetdefizit. Die Anhäufung von Budgetdefiziten aus früheren Perioden wird als *Staatsverschuldung* bezeichnet. In der Vergangenheit hat Deutschland insbesondere aufgrund der Vereinigung hohe Budgetdefizite angesammelt, die in einem raschen Anstieg der Staatsverschuldung ihren Ausdruck fanden. Ein Großteil der öffentlichen Debatte – insbesondere auch im Hinblick auf einige andere Länder, die im europäischen Rahmen noch weitaus höhere Defizite als Deutschland aufweisen – konzentriert sich daher auf die Auswirkungen von Defiziten, sowohl was die Allokation knapper Ressourcen einer Volkswirtschaft angeht, als auch was das langfristige Wachstum anbetrifft.

Nehmen wir an, der Staat hat einen ausgeglichenen Haushalt (die Einnahmen entsprechen also den Ausgaben) und eine Steuerkürzung oder Ausgabenerhöhung führt zu einem Budgetdefizit. Die Auswirkungen dieses Budgetdefizits auf dem Markt für Kreditmittel lassen sich wiederum anhand der einzelnen Schritte untersuchen, wie es in Abbildung 23-4 dargestellt wird.

1. Welche Kurve verschiebt sich, wenn das Budgetdefizit ansteigt? Erinnern Sie sich an dieser Stelle daran, dass die Ersparnis – die Quelle für das Angebot an Kreditmitteln – sich aus privater Ersparnis und öffentlicher Ersparnis zusammensetzt. Eine Änderung des staatlichen Budgetdefizits stellt damit eine Veränderung der öffentlichen Ersparnis und damit des Angebots an Kreditmitteln dar. Da ein Budgetdefizit die Nachfrage der Haushalte und Unternehmen nach Kreditmitteln zu jedem beliebigen Zinssatz nicht beeinflusst, bleibt die Nachfragekurve nach Kreditmitteln unverändert.

2. In welche Richtung verschiebt sich die Angebotskurve? Erzielt die Regierung ein Budgetdefizit, so fällt die öffentliche Ersparnis negativ aus, und damit wird die Ersparnis vermindert. Anders ausgedrückt bedeutet dies, wenn die Regierung Mittel aufnimmt, um das Budgetdefizit zu finanzieren, so reduziert sie damit das Angebot an Kreditmitteln, die den Haushalten und Unternehmen zur Finanzierung ihrer Investitionsvorhaben zur Verfügung stehen. Also verschiebt ein Budgetdefizit die Angebotskurve für Kreditmittel nach links, von S_1 auf S_2, wie es die Abbildung 23-4 zeigt.

3. Nun können wir das alte und das neue Gleichgewicht vergleichen. Das Budgetdefizit vermindert das Angebot an Kreditmitteln; in unserer Abbildung steigt der

Abb. 23-4

Die Wirkungen eines staatlichen Budgetdefizits

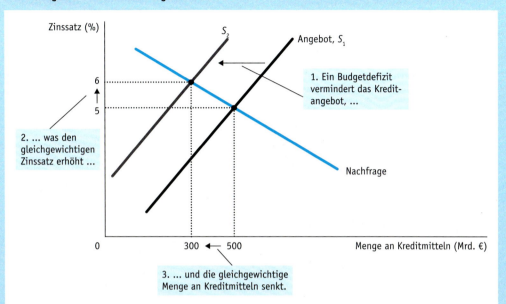

1. Ein Budgetdefizit vermindert das Kreditangebot, ...
2. ... was den gleichgewichtigen Zinssatz erhöht ...
3. ... und die gleichgewichtige Menge an Kreditmitteln senkt.

Gibt der Staat mehr aus, als er an Steuern einnimmt, so reduziert das resultierende Budgetdefizit die Ersparnis. Das Angebot an Kreditmitteln sinkt und der gleichgewichtige Zinssatz steigt. Wenn also der Staat Mittel aufnimmt, um sein Budgetdefizit zu finanzieren, so werden Haushalte und Unternehmen verdrängt (Crowding-out), die ansonsten Mittel zu privaten Investitionszwecken aufgenommen hätten. In unserem Fall ergibt sich eine Verschiebung der Angebotskurve von S_1 nach S_2, der gleichgewichtige Zinssatz steigt von 5 Prozent auf 6 Prozent, und die im Gleichgewicht gesparte und investierte Kreditsumme fällt von 500 Milliarden Euro auf 300 Milliarden Euro.

Zinssatz daraufhin von 5 Prozent auf 6 Prozent. Dieser höhere Zinssatz wirkt nun auf das Verhalten der Haushalte und Unternehmen, die am Kreditmarkt auftreten. Viele Nachfrager nach Kreditmitteln werden durch den höheren Zinssatz entmutigt. Weniger Familien kaufen neue Häuser und weniger Unternehmen entscheiden sich für den Bau neuer Fabrikanlagen. Der Rückgang der Investitionen aufgrund staatlicher Kreditaufnahme wird **Crowding-out (Verdrängung)** genannt und lässt sich in unserer Abbildung an der Bewegung entlang der Nachfragekurve von einer ursprünglichen gleichgewichtigen Kreditsumme in Höhe von 500 Milliarden Euro hin zu einer Höhe von nur noch 300 Milliarden Euro ablesen. Wenn also der Staat Mittel benötigt, um sein Budgetdefizit zu finanzieren, so werden damit private Schuldner verdrängt, die versuchen, Investitionen zu finanzieren.

Crowding-out (Verdrängung)
Ein Rückgang der Investitionen, der aus der Kreditaufnahme des Staates resultiert.

Damit folgt die grundsätzliche Erkenntnis über Budgetdefizite direkt aus deren Auswirkungen auf Angebot an und Nachfrage nach Kreditmitteln. Wenn der Staat die Ersparnis durch ein Budgetdefizit senkt, steigt der Zinssatz und die Investitionen gehen zurück. Da Investitionen wichtig für das langfristige Wachstum sind, verrin-

23.3 Sparen, Investieren und das Finanzsystem
Der Kreditmarkt

Aus der Praxis

Eine Schuldenbremse gegen Budgetdefizite und wachsende Staatsverschuldung

Im Jahr 2009 verständigten sich Bund und Länder auf eine sogenannte Schuldenbremse. Mit der Einführung der Schuldenbremse reagierte der Staat auf die stetig steigende Verschuldung der öffentlichen Haushalte in der Bundesrepublik Deutschland und verpflichtete sich dazu, zukünftig nur noch so viel Geld auszugeben, wie auch eingenommen wird. Das war in der Vergangenheit nicht immer so, wie Abbildung 23-5 zeigt.

Seit Gründung der Bundesrepublik Deutschland ist die Staatsverschuldung in absoluten Zahlen betrachtet stetig gewachsen. Markante Zuwächse sind in Phasen eines wirtschaftlichen Abschwungs zu beobachten, wie Mitte der 1960er-Jahre, Mitte der 1970er-Jahre sowie zu Beginn der 1980er-Jahre. Ein weiterer großer Schub in der Verschuldung ergab sich im Zuge der deutschen Vereinigung. In den 1990er-und in den 2000er-Jahren erreichten die Budgetdefizite fast jährlich eine neue Rekordhöhe. Wegbrechende Steuereinnahmen und hohe Ausgaben für Konjunkturpakete zur Abmilderung der Rezession infolge der Finanz- und Wirtschaftskrise von 2007 bis 2009 sorgten für einen weiteren sprunghaften Anstieg der Verschuldung der öffentlichen Haushalte.

Persistente Budgetdefizite stellen ein ernstes wirtschaftspolitisches Problem dar, das auch von den meisten Politikern so gesehen wird. Uneinigkeit besteht jedoch in der Frage, wie das Budgetdefizit reduziert werden soll. Rein technisch sinkt das Defizit bei einer Erhöhung der Staatseinnahmen oder/und einer Senkung der Staatsausgaben. Als Möglichkeiten bieten sich Steuererhöhungen an (die möglicherweise nur die Wohlhabenderen betreffen), bei gleichzeitig nur geringer Senkung der Ausgaben. Eine

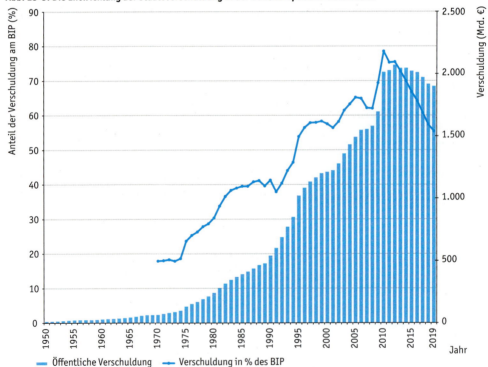

Abb. 23-5: Die Entwicklung der Staatsverschuldung in der Bundesrepublik Deutschland

— Öffentliche Verschuldung   — Verschuldung in % des BIP

Die Staatsverschuldung wird hier in Milliarden Euro sowie als Prozentsatz am (nominalen) BIP für den Zeitraum von 1950 bis 2019 dargestellt.
Quelle: Statistisches Bundesamt, Fachserie 14, Reihe 5, sowie Fachserie 18, Reihe 1.5
Aufgrund methodischer Änderungen und Erweiterungen des Berichtskreises sind die Jahre nach 2010 nur eingeschränkt mit den Vorjahren vergleichbar.

Fortsetzung auf Folgeseite

Fortsetzung von Vorseite

andere Möglichkeit wären Steuersenkungen (als Anreiz zu höherer privater Ersparnis) und stärkere Einschnitte bei den Staatsausgaben. Jede dieser Möglichkeiten lässt sich grob einer politischen Partei zuordnen. Dazu kommt jedoch auch noch die grundsätzliche Trägheit, solch tief greifenden Eingriffe der einen oder anderen Art politisch umzusetzen. Daher haben sich die Budgetdefizite über lange Zeiträume nicht vermindert, sondern sind im Gegenteil noch angewachsen.

Zur Begrenzung der stetig steigenden Staatsverschuldung einigen sich Bund und Länder im Jahr 2009 auf eine Schuldenbremse und haben diese Regelung im Grundgesetz verankert. Nach Artikel 109 Grundgesetz (GG) müssen die Haushalte des Bundes und der Länder nun grundsätzlich ausgeglichen sein. Die Einhaltung der Vorgabe eines ausgeglichenen Haushalts ist für den Bund ab dem Jahr 2016 zwingend vorgesehen, für die Länder ab dem Jahr 2020. Es gilt jedoch eine Reihe von Ausnahmeregelungen (Artikel 109 und Artikel 115 GG):

- Mit Blick auf die grundsätzliche Vorgabe des mittelfristig ausgeglichenen Haushalts ist dem Bund ein Budgetdefizit in Höhe von 0,35 Prozent des BIP gestattet (strukturelle Komponente).
- Die Auswirkungen einer von der Normallage abweichenden konjunkturellen Entwicklung auf den Haushalt von Bund und Ländern bei einem Abschwung oder einem Aufschwung sind symmetrisch zu berücksichtigen (konjunkturelle Komponente). Dabei müssen jedoch konjunkturbedingte Kreditaufnahmen im Abschwung durch Haushaltsüberschüsse im Aufschwung ausgeglichen werden.
- Auch in Fällen von Naturkatastrophen oder außergewöhnlichen Notsituationen (wie beispielsweise infolge der Wirtschaftskrise 2020 durch die Covid-19-Pandemie) wird Bund und Ländern die Möglichkeit eines Budgetdefizits zugestanden. Allerdings muss dafür eine entsprechende Tilgungsregelung festgelegt werden.

Nach Artikel 143d GG hat der Bund bereits im Jahr 2011 mit dem Abbau des bestehenden Haushaltsdefizits begonnen. In der Folgezeit zeigten sich erste Erfolge der Schuldenbremse. Die Staatsverschuldung ist sowohl in absoluten Zahlen als auch relativ betrachtet (im Verhältnis zum Bruttoinlandsprodukt) seit einigen Jahren rückläufig. Durch die starke Belastung der öffentlichen Haushalte während der Wirtschaftskrise infolge der Covid-19-Pandemie ist allerdings damit zu rechnen, dass die Staatsverschuldung in Deutschland zumindest kurzfristig wieder deutlich ansteigt. Ob die gesetzlich verankerte Schuldenbremse langfristig ein effektives Instrument zur Lösung der Verschuldungsproblematik ist – darüber gehen die Meinungen in Politik, Öffentlichkeit und Wirtschaft weit auseinander. Unbestritten bleibt, dass mit der Schuldenbremse formal gesehen nur der Anstieg der Verschuldung gestoppt werden kann. Eine Senkung der Verschuldung setzt Haushaltsüberschüsse voraus.

gern staatliche Budgetdefizite die Wachstumsrate einer Volkswirtschaft. Aus diesem Grund sind viele Staaten darum bemüht, ihre Kreditaufnahme zu begrenzen. Beispielhaft dafür stehen die europäischen Länder, die im Zuge der europäischen Schuldenkrise eine strikte Sparpolitik zur Ausgabenbegrenzung und Schuldenreduktion eingeführt haben.

Budgetüberschüsse bewirken das genaue Gegenteil von Budgetdefiziten. Der Budgetüberschuss trägt als öffentliche Ersparnis zur Ersparnis bei. Damit erhöht ein Budgetüberschuss das Kreditangebot, wodurch der gleichgewichtige Zinssatz sinkt und die Investitionen steigen. Höhere Investitionen führen wiederum zu einer größeren Kapitalakkumulation und damit zu einem stärkeren Wachstum.

23.4 Fazit

»Sei weder Schuldner noch Gläubiger«, gibt Polonius in Shakespeares *Hamlet* seinem Sohn als Rat mit auf den Weg. Folgte jeder diesem Rat, so wäre dieses Kapitel überflüssig gewesen.

Nur wenige Ökonomen würden Polonius Recht geben. In unserer Volkswirtschaft leihen und verleihen die Menschen häufig und oftmals aus gutem Grund. Sie selbst möchten vielleicht eines Tages Geld aufnehmen, um sich selbstständig zu machen oder um ein Haus zu kaufen. Und jemand wird ihnen Geld leihen in der Hoffnung, dass der von ihnen gezahlte Zinssatz es ihm ermöglichen wird, ein schöneres Rentnerdasein zu genießen. Das Finanzsystem hat die Aufgabe, all diese Aktivitäten der Kreditaufnahme und Kreditvergabe zu koordinieren.

Finanzmärkte sind in vieler Hinsicht wie andere Märkte der Volkswirtschaft auch. Der Preis der Kreditmittel – der Zinssatz – wird durch die Kräfte von Angebot und Nachfrage bestimmt, genau wie andere Preise in der Volkswirtschaft auch. Und wir können Verschiebungen von Angebot oder Nachfrage auf den Finanzmärkten ebenso untersuchen, wie wir dies auch auf anderen Märkten getan haben. Wir wissen, dass Märkte in der Regel gut für die Organisation des Wirtschaftslebens sind. Das gilt auch für Finanzmärkte. Dadurch, dass Finanzmärkte das Angebot an und die Nachfrage nach finanziellen Mitteln in Übereinstimmung bringen, tragen sie dazu bei, die knappen Ressourcen einer Volkswirtschaft in die effizienteste Verwendung zu lenken.

In einer Hinsicht jedoch unterscheiden sich Finanzmärkte von den meisten anderen Märkten. Finanzmärkte dienen dem wichtigen Zweck, die Gegenwart mit der Zukunft zu verbinden. Diejenigen, die finanzielle Mittel anbieten – Sparer –, tun dies, weil sie einen Teil ihres jetzigen Einkommens in zukünftige Kaufkraft umwandeln möchten. Diejenigen, die finanzielle Mittel nachfragen – Schuldner –, tun dies, da sie heute investieren möchten, um in Zukunft zusätzliches Kapital zur Erstellung von Waren und Dienstleistungen zur Verfügung zu haben. Daher sind gut funktionierende Finanzmärkte nicht nur für die derzeit lebenden Generationen wichtig, sondern auch für zukünftige Generationen, die viele der resultierenden Vorteile erben werden.

Zusammenfassung

- Das Finanzsystem einer Volkswirtschaft besteht aus vielen unterschiedlichen Finanzinstitutionen wie dem Anleihemarkt, dem Aktienmarkt, Banken und Investmentgesellschaften. Alle diese Institutionen sind dazu da, Ressourcen von Haushalten, die einen Teil ihres Einkommens sparen wollen, in die Hände von Haushalten und Unternehmen zu lenken, die investieren möchten.
- Die Identitäten in der nationalen Einkommensrechnung zeigen einige wichtige Beziehungen zwischen makroökonomischen Variablen. Insbesondere gilt für eine geschlossene Volkswirtschaft, dass die Ersparnis den Investitionen entsprechen

muss. Finanzinstitutionen sind diejenigen Mechanismen, durch die ein Ausgleich zwischen der Ersparnis einer Person und den Investitionen einer anderen Person hergestellt wird.

▸ Der Zinssatz wird durch das Angebot an und die Nachfrage nach Finanzmitteln bestimmt. Das Angebot an finanziellen Mitteln stammt von Haushalten, die einen Teil ihres Einkommens sparen und verleihen wollen. Die Nachfrage nach finanziellen Mitteln stammt von Haushalten und Unternehmen, die Geld für Investitionszwecke benötigen. Um zu untersuchen, wie eine wirtschaftspolitische Maßnahme oder ein sonstiges Ereignis auf den Zinssatz wirkt, muss man sich überlegen, wie dadurch das Angebot an und die Nachfrage nach Finanzmitteln beeinflusst werden.

▸ Die Ersparnis setzt sich aus privater Ersparnis und öffentlicher Ersparnis zusammen. Ein staatliches Budgetdefizit bedeutet eine negative öffentliche Ersparnis und vermindert damit die Ersparnis und das Angebot an finanziellen Mitteln, welches zur Investitionsfinanzierung zur Verfügung steht. Verdrängt ein staatliches Budgetdefizit private Investitionen, so werden damit das Wachstum der Produktivität und des BIP verringert.

Stichwörter

▸ **Finanzsystem**
▸ **Finanzmärkte**
▸ **Anleihe/Rentenpapier (bond)**
▸ **Aktie (stock)**
▸ **Finanzintermediäre**
▸ **Investmentgesellschaft**
▸ **Ersparnis (gesamtwirtschaftliche Ersparnis)**
▸ **private Ersparnis**
▸ **öffentliche Ersparnis (staatliche Ersparnis)**
▸ **Budgetüberschuss**
▸ **Budgetdefizit**
▸ **Kreditmarkt**
▸ **Crowding-out (Verdrängung)**

Wiederholungsfragen

1. Welches ist die Aufgabe des Finanzsystems? Bezeichnen und beschreiben Sie zwei Märkte, die Teile des Finanzsystems einer Volkswirtschaft darstellen. Benennen und beschreiben Sie zwei Finanzintermediäre.
2. Was ist die Ersparnis? Was ist die private Ersparnis? Was ist die öffentliche Ersparnis? Wie sind diese drei Variablen verbunden?
3. Was sind Investitionen? In welchem Zusammenhang stehen diese zur Ersparnis?
4. Beschreiben Sie eine Änderung in der Steuergesetzgebung, die dazu führt, dass die private Ersparnis ansteigt. Wenn diese Maßnahme durchgeführt würde, wie würde dies den Kreditmarkt beeinflussen?
5. Was ist ein staatliches Budgetdefizit? Welche Wirkung übt ein Budgetdefizit auf Zinssätze, Investitionen und Wirtschaftswachstum aus?

23 Sparen, Investieren und das Finanzsystem
Aufgaben und Anwendungen

Aufgaben und Anwendungen

1. Von welcher der beiden jeweils angebotenen Anleihen würden Sie eine höhere Verzinsung erwarten? Erläutern Sie ihre Antwort.
   a. eine deutsche Staatsanleihe oder eine griechische Staatsanleihe;
   b. eine Anleihe, die in 5 Jahren fällig wird, oder eine Anleihe, die in 20 Jahren fällig wird;
   c. eine Anleihe von Siemens oder eine Anleihe eines Softwareunternehmens, das Sie in ihrer Garage betreiben.

2. Nehmen Sie an, das BIP beträgt 5 Billionen Euro, die Steuereinnahmen belaufen sich auf 1,5 Billionen Euro, die private Ersparnis ist 0,5 Billionen Euro und die öffentliche Ersparnis ist 0,2 Billionen Euro. Berechnen Sie unter der Annahme einer geschlossenen Volkswirtschaft die Höhe der Konsumausgaben, die Höhe der Staatsausgaben, die Höhe der Ersparnis sowie die Höhe der Investitionen.

3. Theodore Roosevelt äußerte einmal: »Es gibt keinen moralischen Unterschied zwischen Kartenspielen, Lotterien, Pferdewetten und Börsenspekulationen.« Welcher soziale Zweck ist Ihrer Meinung nach mit dem Aktienmarkt verbunden?

4. Ein Rückgang der Börsenkurse wird manchmal als Vorbote eines zukünftigen Rückgangs des realen BIP gesehen. Warum könnte dies stimmen?

5. Immer mehr Arbeiter und Angestellte besitzen Aktien des Unternehmens, bei dem sie beschäftigt sind. Haben Sie eine Vermutung, warum Unternehmen ein solches Verhalten fördern mögen? Unter welchen Umständen ist es denkbar, dass eine Person gerade keine Aktien des Unternehmens halten möchte, bei dem sie beschäftigt ist?

6. Erklären Sie den Unterschied zwischen Sparen und Investieren, wie er von Makroökonomen definiert wird. Welche der folgenden Situationen stellen Investitionen dar? Welche Ersparnis? Erläutern Sie Ihre Antworten.
   a. Ihre Familie nimmt eine Hypothek auf und kauft ein neues Haus.
   b. Sie verwenden 500 Euro Ihres Gehalts für den Kauf von Aktien der Deutschen Telekom.
   c. Ihre Mitbewohnerin verdient 500 Euro und zahlt diese auf ihr Sparkonto bei der Bank ein.
   d. Sie leihen sich 15.000 Euro von der Bank, um ein Auto für den von Ihnen betriebenen Pizzaservice zu kaufen.

7. Nehmen Sie an, die BASF wolle eine neue Raffinerieanlage errichten.
   a. Wenn wir annehmen, dass die BASF auf eine Mittelaufnahme am Anleihemarkt angewiesen ist, warum würde dann ein Anstieg der Zinsen die Entscheidung der BASF beeinflussen, ob sie die Raffinerie bauen soll oder nicht?

b. Hätte die BASF genug interne Mittel, um die neue Anlage ohne externe Finanzierung zu bauen, würde dann ein Zinsanstieg immer noch die Entscheidung über den Bau der Anlage beeinflussen? Erklären Sie Ihre Antwort.

8. Nehmen Sie an, der Staat benötige am Kreditmarkt im nächsten Jahr 20 Milliarden Euro mehr als in diesem Jahr.
   a. Verwenden Sie ein Angebots-Nachfrage-Diagramm, um diese Maßnahme zu untersuchen. Fällt oder steigt der Zinssatz?
   b. Was passiert mit den Investitionen? Was mit der privaten Ersparnis? Was mit der öffentlichen Ersparnis? Was mit der gesamtwirtschaftlichen Ersparnis? Vergleichen Sie die Höhe der Änderungen mit den 20 Milliarden Euro an zusätzlicher staatlicher Kreditaufnahme.
   c. Wie wird die (Zins-)Elastizität des Kreditangebots die Größenordnungen dieser Änderungen beeinflussen?
   d. Wie wird die (Zins-)Elastizität der Kreditnachfrage die Größenordnungen dieser Änderungen beeinflussen?
   e. Nehmen Sie an, die Haushalte glauben, dass die höhere staatliche Kreditaufnahme heute höhere Steuern in Zukunft zur Folge hat, um die Staatsschuld abzutragen. Was würde dies für die private Ersparnis und das Kreditangebot heute bedeuten? Werden dadurch die Effekte, die Sie in a und b untersucht haben, verstärkt oder gemindert?

9. Im Lauf der letzten Jahre hat die neue Informationstechnologie vielen Unternehmen ermöglicht, die Lagerbestände erheblich zu reduzieren. Verdeutlichen Sie die Auswirkungen dieser Veränderung auf den Kreditmarkt. (Hinweis: Ausgaben für Lagerhaltung sind eine Art von Investitionen.) Wie werden Ihrer Meinung nach die Auswirkungen auf Bau- und Ausrüstungsinvestitionen gewesen sein?

10. In diesem Kapitel wurde gesagt, dass Investitionen sowohl durch eine Verringerung der privaten Steuerlast als auch durch eine Zurückführung des staatlichen Budgetdefizits erhöht werden können.
    a. Warum wird es schwierig sein, beide Maßnahmen zur gleichen Zeit durchzuführen?
    b. Was müssten Sie über die private Ersparnis wissen, um beurteilen zu können, welche der beiden Maßnahmen besser geeignet wäre, um die Investitionstätigkeit zu erhöhen?

24 Grundlagen der Finanzierung

Sie sind Ihrem Leben sicherlich schon einmal mit dem Finanzsystem der Volkswirtschaft in Berührung gekommen, und wenn Sie die Hochschule verlassen und in das Berufsleben einsteigen, werden Sie häufiger damit zu tun haben. Sie werden ihre Ersparnisse auf ein Konto einzahlen oder einen Kredit aufnehmen, um ein Auto oder ein Haus zu kaufen. Nach Ihrem Berufseinstieg werden Sie sich um eine private Altersvorsorge kümmern, müssen sich entscheiden, ob Sie in Aktien oder Rentenfonds investieren oder in eine private Rentenversicherung, die Ihnen diese Anlageentscheidung abnimmt. Wollen Sie selbst die Anlageentscheidung treffen, stellt sich die Frage, ob Sie Aktien von etablierten Unternehmen wie Siemens kaufen oder stattdessen junge Unternehmen wie Facebook bevorzugen. Sie sollten eine private Haftpflichtversicherung abschließen, eine Hausratversicherung für Ihre Wohnung und über eine Berufsunfähigkeitsversicherung nachdenken. Und wann immer Sie abends die Tagesschau einschalten, werden Sie in den Börsennachrichten kurz vor acht hören, wie und warum sich der DAX in die eine oder andere Richtung bewegt hat.

Wenn Sie sich einen Moment lang die Vielzahl von finanziellen Entscheidungen vor Augen halten, die Sie im Lauf Ihres Leben treffen, werden Sie immer wieder auf zwei Faktoren stoßen, die eng miteinander verknüpft sind: Zeit und Risiko. Wie wir im vorangegangenen Kapitel gelernt haben, koordiniert das Finanzsystem die Ersparnisse und die Investitionen in einer Volkswirtschaft. Auf diese Weise ist das Finanzsystem unmittelbar mit Entscheidungen verknüpft, die wir heute treffen und die unser weiteres Leben beeinflussen werden. Aber die Zukunft ist unbekannt. Wenn sich eine Person zum Sparen oder ein Unternehmen zur Investition entschließt, dann basiert diese Entscheidung auf einer Vermutung über das wahrscheinliche Ergebnis in der Zukunft. Das tatsächliche Ergebnis kann jedoch ganz anders aussehen.

Dieses Kapitel führt einige Grundlagen ein, die uns helfen werden, die Entscheidungen, die Menschen auf Finanzmärkten treffen, zu verstehen. Diese Bausteine werden auf dem Gebiet der **Finanzierung**, einem Teilgebiet der Wirtschaftswissenschaften, sehr detailliert entwickelt und dargestellt. Das Finanzsystem ist jedoch von so großer Bedeutung für das Funktionieren der Volkswirtschaft, dass viele grundlegende Erkenntnisse der Finanzierung zentral für das Verständnis der Volkswirtschaft sind. Außerdem können Ihnen diese Instrumente dabei behilflich sein, einige Entscheidungen, die Sie für Ihr eigenes Leben treffen, zu durchdenken.

Dieses Kapitel beschäftigt sich mit vier Themen. Zunächst werden wir erörtern, wie man Geldbeträge zu unterschiedlichen Zeitpunkten miteinander vergleicht. Anschließend beschäftigen wir uns mit der Frage, wie man mit Risiko umgeht. Diese Analyse von Zeit und Risiko dient uns dann als Grundlage für eine Untersuchung der Frage, was den Wert einer Vermögensposition, wie z. B. einer Aktie, bestimmt. Zum Ende dieses Kapitels werden wir erfahren, welche Rolle die Entwicklung von neuen, komplexen Finanzinstrumenten in der Finanz- und Wirtschaftskrise von 2007 bis 2009 gespielt hat.

Finanzierung
Ein Fachgebiet, das untersucht, wie die Menschen Entscheidungen über die Aufteilung ihrer (finanziellen) Ressourcen treffen und wie sie mit Risiko umgehen.

24.1 Der Barwert: Ein Maß für den Zeitwert des Geldes

Stellen Sie sich vor, jemand würde Ihnen anbieten, 100 Euro entweder heute oder in zehn Jahren zu erhalten. Wie würden Sie sich entscheiden? Zugegeben, das ist eine einfache Frage. Natürlich ist es besser, heute 100 Euro zu erhalten, da Sie den Geldbetrag zur Bank bringen können und in zehn Jahren immer noch 100 Euro haben, zuzüglich der Zinsen, die sich im Lauf der Jahre angesammelt haben. Die Lektion ist einfach: Ein Geldbetrag heute ist mehr wert als der gleiche Geldbetrag in der Zukunft.

Nun betrachten wir eine schwierigere Frage. Stellen Sie sich vor, jemand würde Ihnen anbieten, entweder heute 100 Euro oder aber in zehn Jahren 200 Euro zu erhalten. Welches Angebot würden Sie annehmen? Um diese Frage zu beantworten, benötigen Sie ein Instrument, mit dessen Hilfe Sie Geldbeträge zu verschiedenen Zeitpunkten miteinander vergleichen können. Ökonomen lösen dieses Problem mit einem Konzept, das als *Barwert* bezeichnet wird. Der **Barwert** von irgendeiner zukünftigen Geldsumme ist der heutige Geldbetrag, der beim gegenwärtigen Zinsniveau benötigt wird, um die zukünftige Geldsumme zu generieren.

Lassen Sie uns einige einfache Beispiele betrachten, um die Anwendung des Barwertkonzepts zu verstehen:

Frage: Wenn Sie heute 100 Euro auf einem Sparbuch anlegen, wie viel wäre Ihr Sparbuch in N Jahren wert? Das heißt, welchen **Endwert** besitzen diese 100 Euro?

Antwort: Wir bezeichnen zunächst mit r den Zinssatz in Dezimalform (sodass ein Zinssatz von 5 Prozent $r = 0{,}05$ bedeutet). Nehmen Sie an, dass die Zinsen jährlich gezahlt werden und die Zinszahlungen auf dem Sparbuch verbleiben, um höhere Zinszahlungen in den Folgeperioden zu generieren – den **Zinseszins**. Dann werden aus den 100 Euro

$(1 + r) \times 100$ Euro nach einem Jahr,
$(1 + r) \times (1 + r) \times 100$ Euro nach dem zweiten Jahr,
$(1 + r) \times (1 + r) \times (1 + r) \times 100$ Euro nach dem dritten Jahr,
$(1 + r)^N \times 100$ Euro nach N Jahren.

Legen wir beispielsweise 100 Euro für einen Zeitraum von zehn Jahren zu einem Zinssatz von 5 Prozent an, dann erhalten wir nach Ablauf der zehn Jahre einen Geldbetrag von $(1{,}05)^{10} \times 100$ Euro = 163 Euro (der Betrag ist, wie im weiteren Verlauf des Kapitels, auf einen vollen Euro gerundet).

Frage: Nehmen Sie an, Ihnen werden in N Jahren 200 Euro gezahlt. Wie groß ist der *Barwert* dieser zukünftigen Zahlung? Das heißt, welchen Geldbetrag müssten Sie heute bei einer Bank anlegen, um in N Jahren 200 Euro ausgezahlt zu bekommen?

Antwort: Zur Beantwortung dieser Frage hilft der Blick auf die Antwort der ersten Frage. Bei der ersten Frage haben wir den Endwert ermittelt, indem der Barwert mit dem Faktor $(1 + r)^N$ *multipliziert* wurde. Um den Barwert auf der Grundlage des Endwerts zu berechnen, müssen wir demzufolge einfach durch den Faktor $(1 + r)^N$ *dividieren*. Der Barwert einer Zahlung von 200 Euro in N Jahren beträgt somit 200 Euro$/(1 + r)^N$. Würde dieser Betrag heute bei einer Bank angelegt werden, beläuft er sich nach N Jahren natürlich wieder auf $(1 + r)^N \times [200$ Euro$/(1 + r)^N] = 200$ Euro.

Barwert
Der Geldbetrag, der nötig ist, um bei gegebenem Zinsniveau eine bestimmte Geldsumme in der Zukunft zu generieren.

Endwert
Der Geldbetrag in der Zukunft, den eine Geldanlage heute bei gegebenem Zinssatz generiert.

Aufzinsung (Zinseszins)
Höhere Zinszahlungen einer Geldanlage (Zinseszins), die daraus resultieren, dass bereits realisierte Zinszahlungen den angelegten Geldbetrag vergrößern.

Bei einem Zinssatz von 5 Prozent beträgt der Barwert einer Zahlung von 200 Euro in zehn Jahren 200 Euro$/(1{,}05)^{10}$ = 123 Euro.

Dieser Sachverhalt lässt sich mithilfe der folgenden Formel darstellen: *Bezeichnet r den Zinssatz, so lässt sich der Barwert einer Zahlung X in N Jahren über $X/(1+r)^N$ berechnen.*

Lassen Sie uns nun zur der Frage zurückkehren, ob Sie lieber heute 100 Euro oder aber in zehn Jahren 200 Euro erhalten wollen. Auf der Grundlage der Berechnung des Barwerts können wir nun sagen, dass wir bei einem Zinssatz von 5 Prozent eine Zahlung von 200 Euro in zehn Jahren bevorzugen würden. Der Barwert der zukünftigen Zahlung von 200 Euro beträgt 123 Euro und ist damit größer als 100 Euro. Sie sollten also besser auf die zukünftige Zahlung von 200 Euro warten. Mithilfe des Barwerts können wir die Frage auch ein wenig umformulieren. Wollen Sie heute lieber 100 Euro oder 123 Euro haben? Diese Frage ist, ein rationales Verhalten vorausgesetzt, viel einfacher zu beantworten. Der Barwert kann demnach bei der Entscheidung zwischen zukünftigen Zahlungsströmen wertvolle Informationen liefern.

Sie müssen jedoch berücksichtigen, dass die Antwort auf unsere Frage vom Zinssatz abhängt. Bei einem Zinssatz von 8 Prozent beläuft sich der Barwert einer Zahlung von 200 Euro in zehn Jahren nur noch auf 200 Euro$/(1{,}08)^{10}$ = 93 Euro. In diesem Fall sollten Sie lieber heute 100 Euro nehmen. Aber warum sollte der Zinssatz einen Einfluss auf unsere Entscheidung haben? Nun, die Antwort ist einfach. Je höher der Zinssatz ist, desto größere Zinszahlungen resultieren aus einer Geldanlage von 100 Euro bei der Bank, und desto attraktiver ist es für Sie, die 100 Euro schon heute zu bekommen.

Die Anwendung des Barwertkonzepts

Das Barwertkonzept erweist sich in vielerlei Hinsicht als außerordentlich nützlich. So lassen sich beispielsweise Entscheidungen über die Durchführung von Investitionsprojekten mithilfe des Barwertkonzepts treffen. Stellen Sie sich vor, BMW plant, eine neue Produktionsstätte zu bauen. Der Neubau kostet 100 Millionen Euro und generiert in zehn Jahren Einnahmen von 200 Millionen Euro. Sollte BMW die neue Fabrik bauen? Es ist leicht zu erkennen, dass die Entscheidung über den Bau der neuen Produktionsstätte sich nicht von der Frage unterscheidet, ob Sie lieber heute 100 Euro oder aber in zehn Jahren 200 Euro bekommen wollen. Um die Entscheidung zu treffen, wird BMW den Barwert einer Zahlung von 200 Millionen Euro in zehn Jahren mit den heutigen Investitionskosten von 100 Millionen Euro vergleichen.

Die Entscheidung des Unternehmens wird demzufolge von der Höhe des Zinssatzes bestimmt. Beträgt der Zinssatz 5 Prozent, so beläuft sich der Barwert der Zahlung von 200 Millionen Euro in zehn Jahren auf 123 Millionen Euro, sodass sich BMW dafür entscheiden wird, heute 100 Millionen Euro für den Bau der Fabrik auszugeben. Bei einem Zinssatz von 8 Prozent sinkt der Barwert der Investitionserträge auf 93 Millionen Euro, und die neue Produktionsstätte wird nicht gebaut. Das Barwertkonzept kann damit erklären, warum die Investitionen – und damit die Kreditnachfrage – bei steigenden Zinsen zurückgehen.

Lassen Sie uns noch eine weitere Anwendungsmöglichkeit des Barwertkonzepts anschauen: Nehmen Sie an, Sie kaufen ein Los der »Aktion Mensch« und gewinnen einen Hauptpreis. Sie müssen sich nun entscheiden, ob Sie entweder eine jährliche Zahlung von 20.000 Euro über einen Zeitraum von 50 Jahren (und damit insgesamt 1.000.000 Euro) oder eine sofortige Einmalzahlung von 400.000 Euro wählen. Wie werden Sie sich entscheiden? Um die richtige Wahl zu treffen, müssen Sie die Barwerte der jährlichen Zahlungsströme berechnen. Haben Sie die einzelnen Barwerte (für jede der fünfzig Zahlungen) ermittelt und die Ergebnisse aufaddiert, so werden Sie feststellen, dass sich der Barwert einer jährlichen Zahlung von 20.000 Euro über einen Zeitraum von 50 Jahren bei einem Zinssatz von 7 Prozent nur auf 276.000 Euro beläuft. In diesem Fall sollten Sie sich also besser für die sofortige Einmalzahlung von 400.000 Euro entscheiden. Eine Million Euro (50 × 20.000 Euro) scheint auf den ersten Blick viel Geld zu sein, aber die zukünftigen Zahlungsströme sind auf den heutigen Zeitpunkt bezogen weitaus weniger wert.

> **Kurztest**
> Der Zinssatz beträgt 7 Prozent. Wie groß ist der Barwert einer Zahlung von 150 Euro, die Sie in zehn Jahren erhalten?

24.2 Der Umgang mit Risiko

Unser Leben steckt voller Unwägbarkeiten. Wenn Sie in den Alpen die Skipisten hinunterfahren, können Sie sich bei einem Sturz das Bein brechen. Wenn Sie mit dem Fahrrad zur Uni fahren, riskieren Sie, von einem Auto angefahren zu werden. Wenn Sie Ihre Ersparnisse in Aktien anlegen, riskieren Sie einen Kurssturz. **Risiko** bezeichnet die Möglichkeit, dass mit einer bestimmten Wahrscheinlichkeit etwas passiert, das zu einem Verlust oder zu einem Schaden führt. Eine rationale Reaktion auf Risiko besteht jedoch nicht darin, es um jeden Preis zu vermeiden, sondern es in die eigene Entscheidungsfindung einzubeziehen. Lassen Sie uns analysieren, auf welche Art und Weise die Menschen dies tun.

Risiko
Die Möglichkeit, dass mit einer bestimmten Wahrscheinlichkeit etwas passiert, das zu einem Verlust oder zu einem Schaden führt.

Risikoaversion

Die meisten Menschen sind **risikoavers** (risikoscheu). Sie mögen es überhaupt nicht, dass ihnen unangenehme Dinge zustoßen können. Risikoaverse Menschen ärgern sich viel mehr über unerwartete negative Ereignisse, als dass sie sich auf der anderen Seite über unerwartete positive Ereignisse freuen. (Das zeigt sich auch in einer Abneigung gegenüber Verlusten. Forschungen zeigen, dass sich Menschen von einem Verlust doppelt so stark betroffen fühlen wie von einem Gewinn.)

Nehmen Sie beispielsweise an, dass Ihnen ein Freund folgendes Geschäft anbietet. Er wirft eine Münze. Bei Kopf wird er Ihnen 1.000 Euro zahlen. Bei Zahl müssen Sie ihm 1.000 Euro zahlen. Würden Sie diesen Vorschlag akzeptieren? Sind Sie risikoavers, so

Risikoavers
Abneigung gegenüber Unsicherheit.

lehnen Sie den Vorschlag ab. Für eine risikoaverse Person wiegt der Verlust von 1.000 Euro schwerer als der Gewinn von 1.000 Euro.

Ökonomen modellieren Risikoaversion mithilfe des *Nutzenkonzepts*. Der Nutzen ist ein subjektives Maß für das Wohlergehen oder die Zufriedenheit einer Person. Wie die Nutzenfunktion in Abbildung 24-1 zeigt, ist jedem Vermögensniveau ein bestimmter Nutzen zugeordnet. Die Nutzenfunktion zeigt jedoch einen abnehmenden Grenznutzen: Je höher das Vermögen einer Person ist, desto weniger Nutzen zieht sie aus einem zusätzlichen Euro an Vermögen. Mit zunehmendem Vermögen verläuft die Nutzenfunktion demzufolge flacher. Aufgrund des abnehmenden Grenznutzens ist der Nutzenrückgang aus einem Verlust von 1.000 Euro größer als der Nutzenzuwachs aus einem Gewinn von 1.000 Euro. Der abnehmende Grenznutzen einer zusätzlichen Geldeinheit an Vermögen führt dazu, dass Menschen in der Regel risikoavers sind.

Mithilfe des Konzepts der Risikoaversion lassen sich viele Dinge in einer Volkswirtschaft erklären, von denen wir im Folgenden einige einmal näher betrachten wollen: Versicherungen, die Risikomischung und die Alternative zwischen Risiko und Rendite.

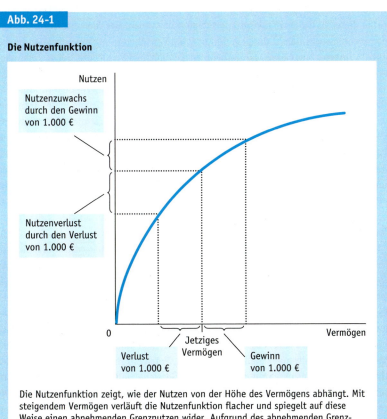

Abb. 24-1

Die Nutzenfunktion

Die Nutzenfunktion zeigt, wie der Nutzen von der Höhe des Vermögens abhängt. Mit steigendem Vermögen verläuft die Nutzenfunktion flacher und spiegelt auf diese Weise einen abnehmenden Grenznutzen wider. Aufgrund des abnehmenden Grenznutzens verringert der Verlust von 1.000 Euro den Nutzen stärker als der Gewinn von 1.000 Euro den Nutzen erhöht.

Der Markt für Versicherungen

Eine Möglichkeit, dem Risiko zu begegnen, ist der Kauf einer Versicherung. Versicherungen sind im Allgemeinen dadurch gekennzeichnet, dass eine Person, die sich einem Risiko ausgesetzt sieht, eine Gebühr an ein Versicherungsunternehmen zahlt. Das Versicherungsunternehmen verpflichtet sich im Gegenzug dazu, einen Teil des Risikos oder sogar das gesamte Risiko der Person zu übernehmen. Dabei gibt es viele Arten von Versicherungen. Kfz-Versicherungen decken das Risiko ab, mit dem Auto in einen kostspieligen Unfall verwickelt zu werden. Eine Brandversicherung übernimmt das Risiko eines Hausbesitzers, dass sein Haus bei einem Feuer zerstört wird. Die Krankenversicherung trägt das Risiko hoher Ausgaben für medizinische Behandlungen. Und eine Lebensversicherung sichert das Risiko ab, dass der Einkommensverdiener stirbt und die Familie ohne Einkommen dasteht.

Im Grunde genommen ist jede Versicherung eine Art Glücksspiel. Es ist durchaus möglich, dass Sie nie in einen Autounfall verwickelt werden, dass es nie in Ihrem Haus brennt und dass Sie auch keine hohen medizinischen Ausgaben haben werden. Die meiste Zeit werden Sie dem Versicherungsunternehmen eine Zahlung leisten und erhalten dafür nichts weiter als die Gewissheit, ruhig schlafen zu können. Das Versicherungsunternehmen rechnet sogar damit, dass bei den meisten Versicherten nie ein Versicherungsfall auftritt. Anderenfalls wäre das Unternehmen gar nicht in der Lage, den hohen Zahlungen an die Versicherten im Schadensfall nachzukommen und trotzdem im Geschäft zu bleiben.

Aus gesamtwirtschaftlicher Sicht besteht die Aufgabe einer Versicherung jedoch nicht darin, die Risiken im Leben zu beseitigen, sondern die Risiken in der gesamten Volkswirtschaft effizienter zu verteilen. Betrachten wir zum Beispiel die Brandversicherung. Hat ein Hausbesitzer eine Brandversicherung abgeschlossen, so reduziert er dadurch nicht die Möglichkeit eines Brandes. Sollte es tatsächlich in seinem Haus brennen, so wird das Versicherungsunternehmen für den entstandenen Schaden aufkommen. Das Risiko eines Brandes wird demzufolge nicht vom Hausbesitzer allein getragen, sondern auf alle Versicherten aufgeteilt. Da die Menschen risikoavers sind, ist es für 10.000 Menschen leichter, 1/10.000 des Risikos zu tragen, als es für eine Person ist, das gesamte Risiko allein zu tragen.

Der Markt für Versicherungen ist jedoch mit zwei Problemen konfrontiert, die eine Verteilung des Risikos erschweren. Ein Problem ist die *adverse Selektion* (die *ungünstige Auswahl von Risiken*). Danach wird eine Person, die einem größeren Risiko ausgesetzt ist, eher eine Versicherung nachfragen als eine Person, die mit einem geringen Risiko konfrontiert ist. Das zweite Problem ist *Moral Hazard* (das *moralische Risiko* oder auch adverse Anreize). Nach dem Abschluss einer Versicherung ändern die Menschen möglicherweise ihr Verhalten. Für sie besteht nun kein Anlass mehr, dem Risiko durch vorsichtiges Verhalten aus dem Weg zu gehen. Versicherungsunternehmen sind sich dieser Probleme bewusst und der Preis einer Versicherung spiegelt das tatsächliche Risiko wider, das ein Versicherungsunternehmen nach Abschluss der Versicherung tragen muss. Der hohe Preis einer Versicherung ist der Grund dafür, dass sich einige Menschen – im Besonderen jene, die sich selbst nur mit einem geringen Risiko konfrontiert sehen – gegen den Abschluss einer Versicherung entscheiden und damit einen Teil der Unwägbarkeiten im Leben selbst tragen.

Der Umgang mit Risiko 24.2

Information

Zur Bewertung des Risikos

Wir haben gelernt, dass sich Unternehmen über Anleihen Geld leihen können. Der Käufer muss darauf vertrauen, dass er sein Geld bei Fälligkeit zurückbekommt und auch eine angemessene Verzinsung anfällt. Es gibt ein bestimmtes Risiko, dass der Käufer sein Geld nicht zurückerhält (Risiko eines Zahlungsausfalls). Dieses Risiko lässt sich über eine bestimmte Wahrscheinlichkeit quantifizieren. Steht das Unternehmen, das die Anleihe herausgibt, auf wirtschaftlich gesunden Füßen, dann wird die Wahrscheinlichkeit für einen Zahlungsausfall nahe null liegen. Steckt das Unternehmen dagegen in wirtschaftlichen Schwierigkeiten, beträgt die Wahrscheinlichkeit fast 1 (also 100 Prozent). Finanzmärkte können heute Schuldpapiere in einem Paket bündeln, in Tranchen zerlegen und auf diese Weise das Risiko streuen. In jedem Paket von Hypothekenschulden werden einige Kreditnehmer ausfallen und nicht zur Rückzahlung der Schulden in der Lage sein (und sei es nur aus familiären Gründen oder wegen Arbeitslosigkeit). Einige Kreditnehmer werden die Schulden vorzeitig tilgen und das Haus verkaufen, andere werden die Abzahlungen erhöhen oder vorzeitige Sondertilgungen leisten. Diesen vielen Konstellationen jeweils Wahrscheinlichkeiten zuzuordnen, erweist sich als schwierig.

Das mit den einzelnen Schuldpapieren verbundene Risiko ist demnach sehr schwer und kaum je mit einiger Sicherheit zu bewerten. Doch Investoren wollen das Risiko einer Anlage bewerten, damit sie den Wert der Vermögensanlage einschätzen können. Dabei gibt es eine einfache Regel: hohes Risiko – hohe erwartete Verzinsung, niedriges Risiko – niedrige erwartete Verzinsung. In einem effizienten Markt muss das Risiko einer Anlage im Marktpreis zum Ausdruck kommen, und die Informationen, auf deren Grundlage die Risikobewertung erfolgt, müssen verlässlich, genau und verständlich sein.

Betrachten wir dazu ein Beispiel. In Ihrem Studiensemester gibt es eine Anzahl von Studierenden, mit denen Sie jeden Tag Kontakt haben. Greifen wir aus dieser Gruppe irgendeine beliebige Person heraus, so kann man sofort mehrere individuelle Risiken benennen:

▸ das Risiko, bei den Semesterprüfungen durchzufallen und das Studium abzubrechen,
▸ das Risiko eines Autounfalls,
▸ das Risiko von mehr als fünf Flügen pro Jahr mit einem Flugzeug,
▸ das Risiko, überfallen und ausgeraubt zu werden,
▸ das Risiko, sich mit Schweinegrippe zu infizieren.

Wie hoch sind die Eintrittswahrscheinlichkeiten für diese speziellen Ereignisse? Die Berechnung ist eine Aufgabe für Versicherungsmathematiker. Zur Herleitung der Wahrscheinlichkeiten kann man sich auf historische Daten stützen. Es ist möglich, Daten über einen durchschnittlichen 19 Jahre alten Studierenden zu sammeln, der aus einer bestimmten Gegend kommt und einen bestimmten persönlichen Hintergrund hat, und auf der Grundlage dieser Daten die Wahrscheinlichkeiten für die einzelnen Ereignisse zu bestimmen. Historische Daten deuten (beispielsweise) darauf hin, dass 18- bis 24-jährige Studierende vergleichsweise häufiger überfallen und ausgeraubt werden als ältere Menschen. Wenn man diese Wahrscheinlichkeiten ermitteln kann, vermag man sie auch zu bewerten oder »einzupreisen«.

Auch wenn es gelingt, individuelle Wahrscheinlichkeiten zu ermitteln, so ist es noch um einiges schwieriger, Wahrscheinlichkeiten für Zusammenhänge zwischen einzelnen Individuen zu schätzen. Wie hoch ist z. B. die Wahrscheinlichkeit, dass Ihr eigenes Examen gefährdet ist, wenn Person X bei der Prüfung durchfällt? Wie hoch ist die Wahrscheinlichkeit dafür, dass ein Studierender mit Schweinegrippe auch Sie mit Schweinegrippe ansteckt? In beiden Fällen wird es auf die Beziehung ankommen, die Sie zu der betreffenden Person haben. Wenn Sie mit der Person viel Zeit verbringen (jede Nacht ausgehen statt zu studieren, gemeinsame Computerspiele statt Vorlesungen), wird auch Ihr persönliches Risiko höher ausfallen.

Die Analyse dieser Beziehungen führt uns zum statistischen Konzept der Korrelation. Wie hoch ist Ihre Wahrscheinlichkeit, auch einen Autounfall zu erleben, falls die Person X einen Autounfall hat (und Sie nicht im selben Auto mitfahren)? Die Korrelation wird wohl sehr niedrig sein. Das Risiko überfallen und ausgeraubt zu werden, wird dagegen für zwei Personen höher ausfallen – unabhängig davon, ob diese Personen miteinander in Beziehung stehen. Je mehr Einflussfaktoren und Ereignisse betrachtet werden (etwa die Zahl der Studierenden), umso schwieriger wird es, die Korrelation verlässlich einzuschätzen. Ein ähnliches Prob-

Fortsetzung auf Folgeseite

24.2 Grundlagen der Finanzierung
Der Umgang mit Risiko

Fortsetzung von Vorseite

lem stellt sich bei Paketen von Schuldpapieren ein. Die Auswertung der Informationen für Investitionsentscheidungen wird dabei immer komplexer. Die Wahrscheinlichkeiten sind sehr schwer zu ermitteln und einzupreisen.

Versicherungsmathematiker beschäftigen sich seit einigen Jahren mit dieser Art von Korrelationen. So wirft etwa der Abschluss einer Lebensversicherung die Frage nach dem Risiko auf. Eine Lebensversicherung bedeutet ja, dass ein Ereignis in der Zukunft (das Ableben einer Person) abgedeckt wird (anders als bei der Versicherung eines Ereignisses, das nie eintreten könnte). Die Aufgabe des Versicherungsmathematikers ist es, dem Versicherer Informationen über das wahrscheinliche Ableben einer Person unter verschiedenen Umständen zu geben. Sobald Informationen auftauchen, nach denen sich die Bestimmungsgrößen für Risikofaktoren verändern, haben die Versicherungsmathematiker diese aufzugreifen und mittels ihrer Modelle in die Prämien der Lebensversicherer einzupreisen.

Die Diversifikation des unternehmensspezifischen Risikos

Diversifikation
Risikominderung, die dadurch erreicht wird, dass man ein einziges Risiko durch viele kleine Risiken, die miteinander nicht in Beziehung stehen, ersetzt (Risikomischung).

Wenn es einen praktischen Ratschlag gibt, den man risikoaversen Menschen mit auf den Weg geben sollte, dann ist es dieser: »Setze nicht alles auf ein Pferd!« Diesen Ratschlag haben Sie möglicherweise schon früher einmal gehört. Die Theorie der Finanzierung hat diese Lebensweisheit in die Wissenschaft umgesetzt und mit dem Begriff **Diversifikation** versehen.

Der Versicherungsmarkt ist ein Beispiel für Diversifikation. Stellen Sie sich eine Stadt mit 10.000 Hausbesitzern vor, die alle dem Risiko eines Hausbrandes ausgesetzt sind. Gründet nun jemand ein Versicherungsunternehmen und jede Person in der Stadt wird sowohl Anteilseigner als auch Versicherter des Versicherungsunternehmens, reduzieren alle ihr Risiko durch Diversifikation. Anstelle des vollständigen Risikos eines Feuers im eigenen Haus sieht sich nun jede Person dem 1/10.000 Teil des Risikos von 10.000 möglichen Bränden gegenüber. Solange nicht die ganze Stadt zur gleichen Zeit brennt, tragen alle ein geringeres Risiko.

Auch wenn die Menschen mit ihren Ersparnissen Aktien kaufen, können sie ihr Anlagerisiko durch Diversifikation mindern. Der Kauf einer Aktie ist nichts anderes als eine Wette auf die zukünftige Ertragskraft des Unternehmens. Diese Wette ist mitunter ganz schön riskant, da der Unternehmenserfolg nur schwer vorherzusagen ist. Microsoft hat sich beispielsweise in nur wenigen Jahren von einer Bastelgarage zu einem der wertvollsten Unternehmen der Welt entwickelt. Der weltweit anerkannte Energiekonzern Enron ging innerhalb von nur wenigen Monaten pleite. Glücklicherweise muss ein Aktionär sein eigenes Vermögen nicht in die Hände von nur einem Unternehmen legen. Er kann sein Anlagerisiko dadurch reduzieren, dass er statt wenigen großen Wetten lieber viele kleine Wetten eingeht.

Abbildung 24-2 zeigt, wie das Risiko eines Aktienportfolios von der Anzahl der (unterschiedlichen) Aktien im Portfolio abhängt. Das Risiko wird hier durch das statistische Maß der Standardabweichung gemessen, das Ihnen möglicherweise schon aus der Mathematik oder der Statistik bekannt ist. Die Standardabweichung misst die Volatilität einer Variablen, d. h., wie stark die Variable im Zeitablauf schwankt. Je größer die Standardabweichung der Portfoliorendite ist, desto riskanter ist das Portfolio.

Abb. 24-2

Diversifikation mindert das Risiko

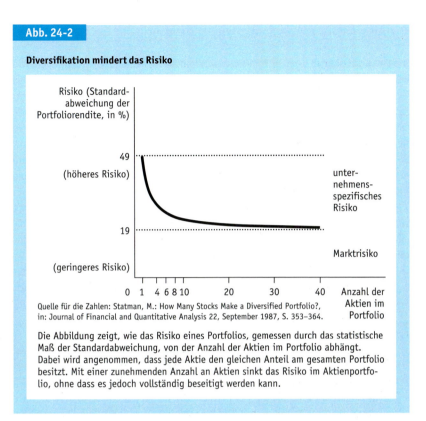

Quelle für die Zahlen: Statman, M.: How Many Stocks Make a Diversified Portfolio?, in: Journal of Financial and Quantitative Analysis 22, September 1987, S. 353–364.

Die Abbildung zeigt, wie das Risiko eines Portfolios, gemessen durch das statistische Maß der Standardabweichung, von der Anzahl der Aktien im Portfolio abhängt. Dabei wird angenommen, dass jede Aktie den gleichen Anteil am gesamten Portfolio besitzt. Mit einer zunehmenden Anzahl an Aktien sinkt das Risiko im Aktienportfolio, ohne dass es jedoch vollständig beseitigt werden kann.

In der Abbildung ist zu sehen, wie das Risiko eines Aktienportfolios mit zunehmender Anzahl an (unterschiedlichen) Aktien im Portfolio deutlich sinkt. Befindet sich nur eine Aktie im Portfolio, so beträgt die Standardabweichung 49 Prozent. Erhöht man die Anzahl der Aktien auf 10, so halbiert sich das Risiko des Portfolios. Steigt die Anzahl der Aktien auf 20, reduziert sich das Risiko um weitere 13 Prozentpunkte. Die weitere Erhöhung der Anzahl der Aktien führt auch zu einer weiteren Senkung des Risikos, wenngleich die erreichte Risikominderung nach 20 oder 30 Aktien im Portfolio klein ist.

Es ist jedoch unmöglich, das gesamte Portfoliorisiko durch eine Erhöhung der Anzahl der Aktien zu beseitigen. Diversifikation kann lediglich das **unternehmensspezifische Risiko** einer Aktie beseitigen, also die Unsicherheit, die mit einem bestimmten Unternehmen (oder einer Branche) verbunden ist. Unberührt von der Diversifikation bleibt das **Marktrisiko**, also die Unsicherheit, die die gesamte Volkswirtschaft betrifft, also alle Unternehmen des Aktienmarkts gleichzeitig. Befindet sich beispielsweise eine Volkswirtschaft in der Krise, so sind die meisten Unternehmen von Absatzrückgängen, Gewinneinbußen und geringen Unternehmensrenditen betroffen. Diversifikation kann nur das Risiko einer Aktienanlage mindern, aber nicht das Risiko einer Aktienanlage vollständig beseitigen.

Unternehmensspezifisches Risiko
Risiko, das nur ein einzelnes Unternehmen betrifft.

Marktrisiko
Risiko, das alle Unternehmen des Aktienmarkts gleichzeitig betrifft.

Die Alternative zwischen Risiko und Rendite

Bei Finanzentscheidungen gilt es stets, zwischen Rendite und Risiko abzuwägen. Wie wir bereits gelernt haben, ist der Besitz von Aktien mit einem Risiko verbunden, selbst wenn das Aktienportfolio diversifiziert ist. Risikoaverse Menschen sind jedoch bereit, sich dieser Ungewissheit auszusetzen, weil sie für das Risiko eine Kompensation erhalten. Über einen historischen Zeitraum gesehen haben Aktien eine wesentlich höhere Rendite erwirtschaftet als alternative Finanzanlagen wie Anleihen oder Sparbücher. So betrug die durchschnittliche reale Rendite von Aktien über die letzten 200 Jahre betrachtet 8 Prozent pro Jahr, während Staatsanleihen (mit kurzer Laufzeit) nur eine Rendite von 3 Prozent generierten.

Bei der Aufteilung ihrer Ersparnisse müssen die Menschen sich entscheiden, wie viel Risiko sie bereit sind, in Kauf zu nehmen, um dafür eine höhere Rendite zu erreichen. Abbildung 24-3 verdeutlicht die Alternative zwischen Risiko und Rendite für eine Person, die zwischen zwei unterschiedlichen Anlagen wählen muss:

▸ Die erste Anlage besteht aus einem diversifizierten Portfolio risikobehafteter Aktien mit einer durchschnittlichen Rendite von 8 Prozent und einer Standardabweichung von 20 Prozent. (Sie erinnern sich möglicherweise aus einer Mathe-

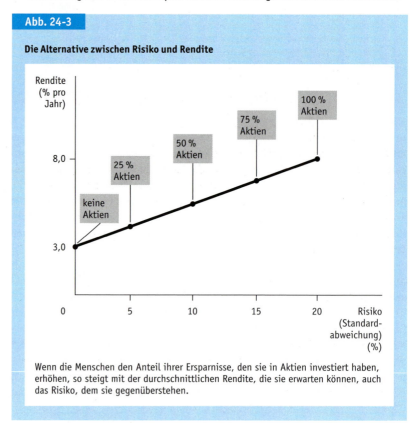

Abb. 24-3

Die Alternative zwischen Risiko und Rendite

Wenn die Menschen den Anteil ihrer Ersparnisse, den sie in Aktien investiert haben, erhöhen, so steigt mit der durchschnittlichen Rendite, die sie erwarten können, auch das Risiko, dem sie gegenüberstehen.

matik- oder Statistikvorlesung daran, dass sich eine normalverteilte Zufallsvariable zu 95 Prozent im Intervall der doppelten Standardabweichung befindet. Das bedeutet, dass die tatsächlichen Erträge der Anlage zwischen einem Gewinn von 48 Prozent und einem Verlust von 32 Prozent schwanken.)
▸ Die zweite Anlage stellt eine sichere Alternative dar mit einer Rendite von 3 Prozent und einer Standardabweichung von 0 Prozent. Die sichere Anlagealternative kann entweder ein Sparbuch oder eine Staatsanleihe sein.

Jeder Punkt auf der Geraden in der Abbildung 24-3 stellt eine bestimmte Aufteilung der Ersparnisse auf riskante Aktien und eine sichere Anlage dar. Je größer der Anteil der Ersparnisse ist, der in Aktien investiert wird, desto größer werden sowohl Rendite als auch Risiko des Portfolios.

Die Berücksichtigung des Zusammenhangs zwischen Risiko und Rendite allein sagt noch nichts darüber aus, wie sich eine Person bei der Aufteilung der Ersparnisse entscheiden soll. Die Wahl einer bestimmten Kombination von Risiko und Rendite hängt von der Risikoaversion einer Person, von ihren persönlichen Präferenzen ab. Aktienbesitzer sollten sich jedoch bewusst sein, dass eine höhere erwartete Rendite immer den Preis eines höheren Risikos nach sich zieht.

> **Kurztest**
> Beschreiben Sie drei Möglichkeiten, wie eine risikoaverse Person das Risiko, dem sie sich gegenübersieht, reduzieren kann.

24.3 Vermögensbewertung

Nachdem wir das grundlegende Verständnis für die zwei Bausteine der Finanzierung – Zeit und Risiko – gelegt haben, wollen wir unser Wissen nun anwenden. Dieser Abschnitt beschäftigt sich mit der einfachen Frage: Was bestimmt den Preis einer Aktie? Nun, Preise werden in der Regel durch Angebot und Nachfrage bestimmt. Aber das ist in diesem Fall nicht alles. Um Aktienkurse zu verstehen, müssen wir uns intensiv mit der Frage beschäftigen, wovon die Bereitschaft einer Person zum Kauf von Aktien abhängt.

Fundamentalanalyse

Nehmen wir an, Sie hätten sich dazu entschieden, 60 Prozent Ihrer Ersparnisse in Aktien anzulegen. Um Ihr Aktienportfolio zu diversifizieren, wollen Sie Aktien von 20 Unternehmen kaufen. Wenn Sie in einem ersten Schritt den Finanzteil Ihrer Tageszeitung aufschlagen, so finden Sie eine Auflistung von Hunderten von Aktien. Wie sollen Sie daraus 20 Aktien für Ihr Portfolio auswählen?

Wenn Sie eine Aktie kaufen, erwerben Sie einen Anteil an einem Unternehmen. Wenn Sie sich nun entscheiden, an welchem Unternehmen Sie sich beteiligen wollen, ist es logisch, zwei Dinge in Betracht zu ziehen: den Wert des Unternehmens und den Preis, zu dem die Anteile verkauft werden. Liegt der Preis der Aktie unter dem Unternehmenswert, so gilt die Aktie als *unterbewertet*. Liegt der Preis dagegen über dem Unternehmenswert, so gilt die Aktie als überbewertet. Von einer *fairen Bewertung* spricht man, wenn der Preis der Aktie und der Unternehmenswert gleich hoch sind. Bei der Wahl von 20 Aktien für Ihr Portfolio sollten Sie unterbewertete Titel vorziehen. Sie machen damit ein gutes Geschäft, da Sie für die Aktie weniger bezahlen, als das Unternehmen wert ist.

Aber das ist natürlich leichter gesagt als getan. Den Preis einer Aktie finden Sie problemlos heraus. Sie müssen nur in den Finanzteil Ihrer Tageszeitung oder ins Internet schauen. Der schwierigere Teil besteht darin, den Wert des Unternehmens zu bestimmen. Dazu greift man auf die **Fundamentalanalyse** zurück, bei der der Unternehmenswert auf Basis einer detaillierten Analyse des Unternehmens ermittelt wird. Viele Investmentbanken beschäftigen Aktienanalysten, um derartige Fundamentalanalysen durchführen zu lassen und daraus Empfehlungen für den Aktienkauf abzuleiten.

Fundamentalanalyse
Die Analyse einer Vermögensposition, um deren Wert zu bestimmen.

Für einen Aktienbesitzer setzt sich der Wert einer Aktie aus dem Barwert der (zukünftigen) Dividenden sowie dem Verkaufspreis der Aktie zusammen. Dividenden sind Barzahlungen des Unternehmens an seine Anteilseigner. Die Fähigkeit eines Unternehmens, den Anteilseignern eine Dividende zu zahlen, hängt ebenso wie der Wiederverkaufswert der Aktie davon ab, ob das Unternehmen in der Lage ist, Gewinne zu erwirtschaften. Die Ertragskraft eines Unternehmens hängt wiederum von einer Vielzahl von Faktoren ab – von der Nachfrage der Kunden nach den Unternehmensprodukten, von der Stärke der Konkurrenten, von der Kapitalausstattung des Unternehmens, vom Einfluss der Gewerkschaft im Unternehmen, von der Stärke der Kundenbindung an das Unternehmen, von gesetzlichen Vorschriften, von der Höhe der Steuerbelastung und so weiter. Die Aufgabe der Aktienanalysten besteht darin, all diese Faktoren in ihre Fundamentalanalyse einzubeziehen, um den Wert einer Aktie zu bestimmen.

Wenn Sie bei Ihrer Anlageentscheidung auf die Fundamentalanalyse zurückgreifen wollen, so können Sie dies auf drei verschiedenen Wegen tun. Eine Möglichkeit besteht darin, die notwendige Recherchearbeit selbst zu erledigen, indem Sie Unternehmensbilanzen lesen. Sie können sich natürlich auch auf die Empfehlungen der Wertpapieranalysten verlassen. Oder Sie legen Ihre Ersparnisse in Aktienfonds an, deren Manager die Fundamentalanalyse für Sie übernehmen und Ihnen die Entscheidung zum Aktienkauf abnehmen.

Die Effizienzmarkthypothese

Effizienzmarkthypothese
Die These, dass Vermögenspreise alle öffentlich zugänglichen Informationen, den Wert der Vermögensposition betreffend, widerspiegeln.

Sie können die 20 Aktien für Ihr Aktienportfolio auch auf eine ganz andere Art und Weise auswählen: Hängen Sie den Finanzteil Ihrer Tageszeitung an eine Pinnwand und werfen Sie mit Pfeilen auf die aufgelisteten Aktien. Diejenigen Aktien, die Sie getroffen haben, kaufen Sie. Das mag verrückt klingen, aber es spricht etwas dafür, dass Sie mit dieser Vorgehensweise gar nicht so falsch liegen: die **Effizienzmarkthypothese**.

Ausgangspunkt für ein Verständnis dieser These ist die Tatsache, dass jedes Unternehmen, das an einer großen Börse notiert ist, von einer Vielzahl von Aktienanalysten genauestens verfolgt wird. Jeden Tag analysieren diese Experten die neuesten Unternehmensmeldungen, passen gegebenenfalls ihre Fundamentalanalyse an veränderte Entwicklungen an. Ihr Job besteht darin, eine Aktie zu kaufen, wenn der Aktienkurs unter den Aktienwert fällt, und sie wieder zu verkaufen, wenn der Aktienkurs über dem Aktienwert steht.

Der zweite Baustein für das Verständnis der Effizienzmarkthypothese ist die Tatsache, dass das Gleichgewicht von Angebot und Nachfrage den Marktpreis setzt. Das bedeutet, dass zum Marktpreis die Menge an angebotenen Aktien eines Unternehmens genau der nachgefragten Menge an Aktien eines Unternehmens entspricht. Mit anderen Worten: Beim Marktpreis ist die Anzahl der Personen, die von einer Überbewertung der Aktie ausgehen, genauso groß wie die Anzahl an Personen, die die Aktie für unterbewertet halten. Aufgrund der Beurteilung durch den typischen Marktteilnehmer sind alle Aktien jederzeit fair bewertet.

Nach der Effizienzmarkthypothese ist der Aktienmarkt **informationseffizient**. Er spiegelt alle relevanten Informationen über den Wert einer Vermögensposition wider. Die Aktienkurse ändern sich, wenn sich die Informationslage ändert. Werden positive Unternehmensmeldungen publik, steigen Aktienwert und Aktienkurs. Verschlechtern sich die Zukunftsaussichten eines Unternehmens, fallen Aktienwert und Aktienkurs. Zu jedem Zeitpunkt stellt der Marktpreis auf Basis der verfügbaren Informationen die beste Prognose über den Unternehmenswert dar.

Informationseffizient
Die Widerspiegelung aller verfügbaren Informationen in rationaler Weise.

Eine Schlussfolgerung aus der Effizienzmarkthypothese lautet, dass Aktienkurse einem **Zufallspfad (Random Walk)** folgen. Das bedeutet, dass auf der Grundlage der verfügbaren Informationen Änderungen der Aktienkurse nicht prognostizierbar sind. Wenn jemand mithilfe der verfügbaren Informationen vorhersagen könnte, dass der Kurs einer Aktie morgen um 10 Prozent steigt, dann müsste der Aktienmarkt diese Information heute ignorieren. Nach der Effizienzmarkthypothese können nur unerwartete Neuigkeiten, die die Einschätzung des Markts über den Unternehmenswert verändern, den Aktienkurs bewegen. Diese neuen Informationen dürfen allerdings nicht vorhersagbar sein, anderenfalls wären sie nicht wirklich neu. Wenn jedoch nur neue Informationen, die nicht vorhersagbar sind, den Aktienkurs beeinflussen, dann sollten auch die Änderungen der Aktienkurse nicht prognostizierbar sein.

Zufallspfad (Random Walk)
Auf der Grundlage der verfügbaren Informationen sind Änderungen der Aktienkurse nicht prognostizierbar.

Wenn die Effizienzmarkthypothese zutrifft, dann ist es kaum sinnvoll, auf der Suche nach 20 Aktien für unser Aktienportfolio stundenlang den Wirtschafts- und Finanzteil der Zeitungen zu durchforsten. Spiegeln die Aktienkurse alle verfügbaren Informationen wider, dann ist ein Aktienkauf nicht besser als der andere. Das Beste, was Sie machen können, ist Ihr Portfolio zu diversifizieren.

Irrationalität auf Märkten

Die Effizienzmarkthypothese setzt voraus, dass die Menschen beim Kauf und Verkauf von Vermögenswerten wie z. B. Aktien die Informationen, die sie über den Wert einer Aktie besitzen, in rationaler Weise verarbeiten. Ist der Aktienmarkt wirklich so ratio-

Fallstudie

Random Walks und Indexfonds

Es gibt zahlreiche Belege dafür, dass die Entwicklung von Aktienkursen einem Zufallspfad sehr nahekommt. Beispielsweise könnten Sie dazu tendieren, Aktien zu kaufen, die in der letzten Zeit gestiegen sind und Aktien meiden, die in der letzten Zeit gefallen sind (oder vielleicht gerade umgekehrt). Statistische Untersuchungen belegen jedoch, dass man mit derartigen Strategien keine höhere Rendite als der Markt selbst erzielen kann. Zwischen der Entwicklung einer Aktie in zwei aufeinanderfolgenden Jahren lässt sich keinerlei Zusammenhang nachweisen.

Den besten Beweis für die Gültigkeit der Effizienzmarkthypothese liefert die Kursentwicklung von Indexfonds. Ein Indexfonds ist ein Investmentfonds, der alle Aktien eines bestimmten Aktienindex enthält. Die Kursentwicklung dieser Fonds kann man mit der Kursentwicklung von anderen Aktienfonds vergleichen, bei denen die Entscheidungen über den Kauf bestimmter Aktien nach ausgiebiger Analyse von den Fondsmanagern getroffen werden. Während also Indexfonds im Wesentlichen alle Aktien enthalten, sollte man annehmen, dass die Fondsmanager für ihre Fonds nur die (vermeintlich) besten Aktien auswählen.

In der Praxis schaffen es jedoch Fondsmanager in der Regel nicht, mit der Kursentwicklung von Indexfonds mitzuhalten, und die meisten Investmentfonds schneiden tatsächlich sogar wesentlich schlechter ab. So entwickelten sich beispielsweise bis bis Ende Januar 2019 über den Zeitraum der vorangegangenen fünfzehn Jahre gesehen 86 Prozent aller Investmentfonds schlechter als ein Indexfonds, der alle gehandelten Aktien des US-amerikanischen Aktienmarkts enthielt. Die durchschnittliche jährliche Rendite von Investmentfonds lag in diesem Zeitraum um 0,94 Prozentpunkte unter der Rendite von Indexfonds. Die meisten Investmentfonds konnten den Markt nicht schlagen, weil sie durch häufige Aktienkäufe und -verkäufe höhere Transaktionskosten verursacht haben und den Kunden gleichzeitig für ihre Expertise eine entsprechende Gebühr in Rechnung gestellt haben.

Und was ist mit den 14 Prozent der Fondsmanager, die besser als der Markt abgeschnitten haben? Möglicherweise waren sie cleverer als der Durchschnitt oder sie hatten einfach nur mehr Glück. Wenn 5.000 Personen zehnmal eine Münze werfen, so wird im Durchschnitt bei 5 von 5.000 Personen zehn Mal hintereinander Kopf erscheinen. Diese fünf Personen mögen dies mit ihren außergewöhnlichen Wurffähigkeiten erklären. Aber sie würden große Schwierigkeiten damit haben, ihre Leistung zu wiederholen. In ähnlicher Weise haben Untersuchungen gezeigt, dass Fondsmanager mit einer überdurchschnittlichen Fondsrendite in der Vergangenheit nicht in der Lage sind, dieses Ergebnis auch in den Folgeperioden zu wiederholen.

---

nal? Oder weichen Aktienkurse manchmal von plausiblen Erwartungen über den wahren Wert der Aktien ab?

Es gibt in der ökonomischen Theorie eine lange Tradition, die Schwankungen der Aktienkurse auch auf psychologische Faktoren zurückführt. In den 1930er-Jahren stellte der berühmte Ökonom John Maynard Keynes die Behauptung auf, dass die Finanzmärkte durch die »animal spirits« der Investoren gesteuert werden und damit irrationalen Wellen von Optimismus und Pessimismus unterliegen. Nach Auffassung von Alan Greenspan, dem ehemaligen Chef der US-amerikanischen Zentralbank (Fed), zeigt das Verhalten auf Aktienmärkten zu bestimmten Zeiten einen »irrationalen Überschwang«. Ob und wann ein Aktienboom auf der Grundlage der jeweils verfügbaren Informationen als irrational einzuschätzen ist, bleibt allerdings strittig.

Einen anhaltenden und mitunter starken Preisanstieg bei Aktien oder anderen Vermögenswerten wie z. B. Immobilien bezeichnet man als **Spekulationsblase**. Irgendwann ist der Preisanstieg zu Ende, und die Preise fallen ins Bodenlose, wie bei einer Seifenblase, die plötzlich zerplatzt. Zu einer Spekulationsblase kommt es, wenn durch die Erwartung steigender Preise Preisbewegungen ausgelöst werden, die dazu führen, dass die Preise von Vermögenswerten (Vermögenspositionen) über ihren tatsächlichen Wert steigen. Derartige spekulative Blasen entstehen zum Teil dadurch,

Spekulationsblase
Eine Spekulationsblase entsteht, wenn die Preise von Vermögenswerten über ihren tatsächlichen, fundamentalen Wert steigen.

dass der Wert einer Vermögensposition auch maßgeblich durch deren Wiederverkaufspreis bestimmt wird. Demzufolge wird z. B. ein Aktienkäufer bereit sein, mehr für eine Aktie zu bezahlen, als sie heute wert ist, wenn er damit rechnet, dass der Kurs der Aktie in der Zukunft weiter steigt. Neben dem tatsächlichen Unternehmenswert sollte man demnach bei der Einschätzung einer Aktie auch stets berücksichtigen, welche Erwartungen andere Personen über die zukünftige Unternehmensentwicklung haben.

Unter Ökonomen herrscht eine intensive Diskussion, ob man tatsächlich von einer rationalen Bepreisung auf Aktienmärkten ausgehen kann. Diejenigen Ökonomen, die von der Irrationalität auf Aktienmärkten überzeugt sind, weisen korrekterweise darauf hin, dass sich Aktienmärkte oft in eine Richtung bewegen, die auf der Grundlage von neuen Informationen bei einer rationalen Bewertung nur schwer zu erklären ist. Befürworter der Effizienzmarkthypothese argumentieren richtigerweise dagegen, dass niemand die korrekte rationale Bewertung eines Unternehmens kennt und demzufolge auch niemand die voreilige Schlussfolgerung ziehen sollte, die eine oder andere Bewertung sei irrational. Wären Märkte tatsächlich irrational, so könnte außerdem ein rationaler Mensch seinen Vorteil daraus ziehen. Es ist jedoch nahezu unmöglich, bei der Aktienanlage besser als der Markt abzuschneiden.

Durch die Finanzkrise ist die Effizienzmarkthypothese zunehmend ins Abseits geraten. Nicht nur Kritiker der Effizienzmarkthypothese stellten die Frage, wie es zur Spekulationsblase am US-Immobilienmarkt und bei anderen Vermögenswerten kommen konnte, wenn der Preis einer Vermögensposition alle verfügbaren Informationen widerspiegelt, die den Wert dieser Vermögensposition beeinflussen. Mit dieser Frage werden wir uns im weiteren Verlauf dieses Kapitels noch auseinandersetzen.

> **Kurztest**
> Investmentfonds bezeichnen namhafte, renommierte Unternehmen oft als »Blue-Chip-Unternehmen«. Dabei handelt es sich in der Regel um große nationale oder multinationale Unternehmen, die für sehr gute Unternehmensführung oder hochwertige Produkte bekannt sind, wie z. B. Siemens oder die Daimler AG. Können Sie nach der Effizienzmarkthypothese eine höhere Rendite als der gesamte Markt erzielen, wenn Sie Ihr Aktienportfolio auf diese Unternehmen beschränken? Begründen Sie Ihre Antwort.

24.4 Neue Produkte in der Finanzwelt

Seit Mitte der 1980er-Jahre konnte man in den großen Volkswirtschaften eine Phase gesamtwirtschaftlicher Stabilität beobachten. Vereinzelt auftretende Wirtschaftskrisen waren nur von kurzer Dauer und geringer Intensität, die Inflationsrate blieb niedrig, das Beschäftigungsniveau hoch. Die lang andauernde Phase einer stabilen gesamtwirtschaftlichen Entwicklung und der Optimismus vieler Ökonomen, dass schwere Wirtschaftskrisen der Vergangenheit angehören, verleitete die Akteure auf den Finanzmärkten zu der Annahme, dass sich das Wirtschaftswachstum auch in

Zukunft fortsetzen werde. Diese Annahme war ein Grund dafür, dass sich Finanzinstitutionen immer mehr vom vorsichtigen Bankgeschäft abwendeten und sich mithilfe innovativer Finanzinstrumente verstärkt in neuen Märkten und risikoreicheren Geschäften engagierten.

Der Markt für Subprime-Hypothekendarlehen

In den 1980er-Jahren setzte sich in der Wirtschaftspolitik zunehmend die Überzeugung durch, dass die bestehenden gesetzlichen Regelungen die Leistungsfähigkeit der Finanzinstitutionen zu stark einschränken würden. Es kam insbesondere in den USA und auch in Großbritannien zu einer weitgehenden Lockerung der gesetzlichen Vorgaben, die erhebliche Auswirkungen auf den Banken- und Finanzbereich hatte. Regeln und Vorschriften für das Geschäft von Banken und Bausparkassen wurden gelockert oder abgeschafft. Damit wurde es den Finanzinstitutionen möglich, sich neue Kundengruppen zu erschließen sowie neue Finanzprodukte zu entwickeln und diese auf den zunehmend enger verknüpften internationalen Finanzmärkten zu kaufen und verkaufen.

Ein Bereich, der besonders von den neuen gesetzlichen Regelungen profitierte, war die Vergabe von Hypothekendarlehen. **Hypothekendarlehen** sind Darlehen, bei denen der Kreditnehmer eine Immobilie als Sicherheit für den Kreditgeber hinterlegt. Kann der Kreditnehmer seinen Zahlungsverpflichtungen nicht nachkommen, fällt die Immobilie an den Kreditgeber. Durch den Verkauf der Immobilie versucht der Kreditgeber dann, den ausstehenden Geldbetrag zu erlösen.

Durch die Lockerung der gesetzlichen Vorschriften kam es zu einem rasanten Anstieg der Kreditvergabe im Bereich der Hypothekendarlehen, weil nun auch weniger wohlhabende Schichten Zugang zum Markt für Hypothekendarlehen hatten. Den Banken und anderen Finanzinstitutionen schien die leichtere Vergabe von Hypothekendarlehen an Personen, die früher nicht zu ihrer Kundschaft zählten, eine willkommene Möglichkeit zu sein, ihr Kreditvolumen auszuweiten. Banken betrachteten Personen mit sehr geringem Kreditrisiko als Angehörige des erstklassigen »Prime Market«. Der Ausdruck »Prime Market« leitet sich angeblich von einer Analogie her: von den besten Fleischstücken eines Tiers. Davon abgeleitet gibt es einen zweitklassigen »Subprime Market«, den Markt für bonitätsschwache Kreditnehmer. Dieser **Markt für Subprime-Hypothekendarlehen** verschaffte auch den Kreditsuchenden Hypothekendarlehen, die aufgrund ihrer eingeschränkten Bonität eigentlich keinen Zugang zu Hypothekendarlehen hatten. Kreditsuchende im Subprime-Markt hatten oft eine negative Vergangenheit als Kreditnehmer, weil sie schon einmal einen Kredit nicht zurückgezahlt hatten, verfügten nur über ein geringes Einkommen oder waren arbeitslos. Diese bonitätsschwachen Personen kamen jedoch nunmehr zum Zuge, weil sie bereit waren, hohe Zinssätze und Abzahlungsraten in Kauf zu nehmen und die potenziellen Kreditgeber risikofreudig waren.

Dabei wurden diese Kreditnehmer oft durch Kreditangebote gelockt, die in den ersten zwei, drei Jahren Zinsfreiheit garantierten. Danach stiegen die Zinszahlungen

---

Hypothekendarlehen
Hypothekendarlehen sind Darlehen, bei denen der Kreditnehmer dem Kreditgeber eine Immobilie als Sicherheit hinterlegt.

Markt für Subprime-Hypothekendarlehen (Subprime-Markt)
Markt für bonitätsschwache Kreditnehmer, die aufgrund ihres Kreditrisikos keinen Zugang zum (normalen) Kreditmarkt hatten.

zwar stark an, aber für viele interessierte Hauskäufer war nur entscheidend, dass sie erstmalig überhaupt die Möglichkeit hatten, an ein Hypothekendarlehen zu kommen.

Der Subprime-Markt für Hypotheken nahm einen stetig wachsenden Anteil am gesamten Hypothekenmarkt in den USA ein, und das darin involvierte Risiko, die Relation von Kredithöhe zum Wert der Immobilie, stieg von 50 Prozent auf über 80 Prozent bis zum Jahr 2005/2006. Im Jahr 2004 wurden bereits rund 35 Prozent aller Hypothekendarlehen in den USA an bonitätsschwache Kreditnehmer vergeben. Dabei profitierten nicht nur die ärmeren Bevölkerungsschichten vom Subprime-Markt. Auch Hausbesitzer nutzten den Subprime-Markt, um ihre bestehende Hypothek umzuschulden oder eine zweite Immobilie zu finanzieren. Die Spekulation am Immobilienmarkt beschränkte sich nicht nur auf diejenigen Akteure im Finanzsektor, die vom Handel mit den neuen Finanzinstrumenten profitieren wollten. Einige sahen für sich die Chance, auf Kredit Immobilien zu kaufen und sofort wieder zu verkaufen. Die Hoffnung war, dass man bei steigenden Immobilienpreisen die Immobilien schnell und gewinnbringend wieder loswerden konnte.

Nicht nur im Nachhinein erscheint es ziemlich unsinnig, insbesondere für eine Bank, Leuten mit schlechter Bonität und geringem Einkommen Geld zu leihen. Wussten die Banken, welche Risiken sie eingingen? Nun, sie *dachten* zumindest, dass sie es wissen, und auch wenn eher Risikofreude als Risikoaversion angesagt war, so gab es doch Strategien, um das Risiko der Banken und der anderen Kreditgeber aus der Kreditvergabe im Subprime-Markt zu begrenzen. Es gab neue Finanzprodukte wie die *Verbriefung von Kreditforderungen* und *Credit Default Swaps* (auf die wir im weiteren Verlauf dieses Kapitels noch eingehen werden), die dabei helfen sollten, sich gegen das Risiko eines Zahlungsausfalls bei Kreditforderungen abzusichern und die das Verhalten der Banken grundlegend veränderten.

Im Vergleich zu einem Kredit an ein Unternehmen hat ein Subprime-Kredit ein weitaus größeres Kreditrisiko, sodass es schwierig ist, dass man einen Subprime-Kredit und mit ihm das Risiko eines Zahlungsausfalls wirklich auf einen Dritten übertragen kann. Bündelt man jedoch zahlreiche Subprime-Kredite, dann sieht die Sache anders aus. Sicherlich wird ein gewisser Prozentsatz dieser Kredite ausfallen, aber bei Weitem nicht alle. Mit mathematischen und statistischen Methoden lässt sich durch eine detaillierte Analyse das mit diesem Kreditbündel verbundene Risiko abschätzen (die mathematischen Fähigkeiten von Mitarbeitern werden deshalb von Finanzintermediären sehr geschätzt). Im Bündel können diese Kredite gut an Investoren verkauft werden, die nach hohen Renditen Ausschau halten.

Für die betroffenen Banken und Finanzinstitutionen bestand somit ein Anreiz, unter Zuhilfenahme eines mathematisch-statistischen Risikoansatzes verstärkt Risiken einzugehen. Das Interesse der Aktionäre an höheren Renditen, die Bonuskultur mit möglichen Millioneneinkünften für leitende Angestellte, das Streben bonitätsschwacher Kreditnehmer nach Hauseigentum und – wie einige feststellten – eine unzureichende staatliche Bankenaufsicht schufen eine Situation, in der sich eine Spekulationsblase auf den Immobilienmärkten bilden konnte, die dann zu einer noch größeren Kreditvergabe und der Suche nach immer neuen bonitätsschwachen Kreditnehmern führte.

24.4 Grundlagen der Finanzierung
Neue Produkte in der Finanzwelt

> **Kurztest**
> Warum haben die Finanzinstitutionen die Kreditvergabe auf den Subprime-Markt ausgedehnt? War dieses Vorgehen zwangsläufig zum Scheitern verurteilt?

Die Verbriefung von Vermögenswerten

Mit einer Bank verbindet man normalerweise Attribute wie Vorsicht, Umsicht und Besonnenheit. Mit vorsichtigem und besonnenem Handeln ist es allerdings schwer, die hohen Gewinnerwartungen von Aktionären zu erfüllen. Aus diesem Grund begannen die Banken Ende der 1990er-Jahre, ihre Geschäftsfelder auszudehnen, um höhere Gewinne zu erzielen. Die Banken waren überzeugt, mithilfe von finanzmathematischen Modellen das zusätzliche Risiko beherrschen zu können.

Das Wachstum im Immobilienmarkt führte in Verbindung mit der Lockerung der gesetzlichen Vorgaben für die Finanzmärkte in Nordamerika und Europa zu einer enormen Ausweitung der Kreditvergabe bei den Banken. Unter herkömmlichen Rahmenbedingungen wären die Banken gezwungen gewesen, Rücklagen und Rückstellungen für die riskanten Kredite zu bilden – aber nur, wenn diese riskanten Kredite auch in der Bankbilanz auftauchen. Durch die Auslagerung des Geschäfts mit riskanten Krediten in sogenannte Zweckgesellschaften und mit dem Verkauf dieser Kredite wurde das übliche Verfahren des traditionellen Bankgeschäfts jedoch umgangen. Finanzinnovationen und Deregulierung, verbunden mit einfallsreichem Denken und mathematischen Modellen, führten auf neue Wege abseits der Bilanzen.

Banken wollen Kredite vergeben, weil sie damit Geld verdienen. Für zusätzliche Kredite brauchen die Banken neue Einlagen. Um neue Einlagen einzuwerben, sind die Banken gezwungen, ihre Produkte und Dienstleistungen aggressiv zu vermarkten. Dafür müssen sie den Kunden attraktive Zinssätze anbieten, die dann aber den Gewinn aus der Kreditvergabe schmälern.

Ist eine Bank jedoch in der Lage, Kredite zu vergeben, die nicht in der Bilanz erscheinen, so braucht sie dafür nicht die üblichen Bankenvorschriften einzuhalten. Diese nicht bilanzierten Kredite führen auch zu Einkünften in Form von Zinsen und Gebühren. Am Ende gewinnt die Bank einen größeren Spielraum für die Kreditvergabe und kann höhere Gewinne erzielen. Die Banken sind auf die Idee gekommen, Kredite zu bündeln und dann in Form von Wertpapieren zu verkaufen, einen Vorgang, den man als **Verbriefung** bezeichnet. Diese Kreditpakete sind natürlich mit einem bestimmten Risiko (eines Zahlungsausfalls) behaftet, doch diese Risiken können z. B. über Credit Default Swaps (CDS) abgesichert werden. Die Verbriefung von Vermögenswerten war eine der Finanzinnovationen im Bankenbereich, die mit der Expansion der Subprime-Kredite rasch zunahm.

Die Verbriefung von Vermögenswerten basiert darauf, dass diese Vermögenswerte über eine bestimmte Zeit hinweg liquide Mittel generieren (Zinsen und Tilgung für die Hypotheken). Durch die Verbriefung und den anschließenden Verkauf verschwinden die Vermögenswerte aus der Bankbilanz, sodass die Bank dafür kein Eigenkapital mehr vorhalten muss. Dies vergrößert den Spielraum der Bank für eine zusätzliche Kreditvergabe. Nehmen wir an, eine Bank entschließt sich zur Vergabe von 1.000 Hypothe-

---

Verbriefung
Die Ausstellung von Wertpapieren auf ein Bündel aus Krediten.

kendarlehen über jeweils 100.000 Euro. Diese Bank nennt man dann *Originator*. Die Hypothekendarlehen können zu einem Bündel im Wert von 100 Millionen Euro zusammengefasst werden. Mathematiker analysieren dieses Bündel von Hypothekendarlehen und kommen zu dem Ergebnis, dass für dieses Bündel ein Kreditrisiko von einem Prozent besteht. Praktisch heißt das, dass von den 1.000 Hypothekenschuldnern im Lauf der Zeit wahrscheinlich 10 Schuldner ihre Hypothek nicht mehr zurückzahlen werden. Die Bank kann dann das Kreditbündel einer Ratingagentur vorlegen und erreicht aufgrund der Bündelung der Risiken eine günstige Bewertung (Kreditrating).

Hat die Bank das erforderliche positive Rating für das Schuldenpaket bekommen, kann sie eine sogenannte *Zweckgesellschaft* (»special purpose vehicle« – SPV) errichten. Diese Institution erlaubt es der Bank, ihre finanziellen Verpflichtungen auszugliedern. Die Bank verkauft das Schuldenpaket an die Zweckgesellschaft, die die liquiden Mittel dafür durch den Weiterverkauf von Anteilen am Schuldenpaket an Investoren (andere Banken und Finanzinstitutionen) in Form von Anleihen generiert. Dadurch haben die Investoren, anders als bei gewöhnlichen Forderungsverkäufen, bei einem Zahlungsausfall keine Ansprüche gegen die Bank, sondern nur gegen die vertraglich gebundene Zweckgesellschaft. Als Ausgleich erwerben die Investoren ein hochverzinsliches Produkt und einen fortlaufenden Strom von Zahlungen aus dem Schuldenpaket. Bei einer entsprechend positiven Bewertung durch die Ratingagentur gehen sie außerdem von einem nur geringen Risiko aus. Gleichzeitig sind die Käufer durch die zugrunde liegenden Vermögenswerte (Häuser und Grundstücke) aus den ursprünglichen Hypothekendarlehen abgesichert.

Die Zweckgesellschaft wird die Anleihen in einem Umfang emittieren, der unter dem Nennwert des Schuldenpakets liegt. Mit dem Abschlag auf den Gesamtwert des Schuldenpakets will die Zweckgesellschaft mögliche Zahlungsausfälle bei einzelnen Hypothekendarlehen aus dem Schuldenpaket auffangen, sodass sichergestellt ist, dass die Einnahmen aus den Zahlungen der Hypothekenschuldner ausreichen, um den Investoren ihr Geld (Zinsen und Tilgung der Anleihe) zurückzuzahlen.

Die Zweckgesellschaft wird zu einer Untergesellschaft der Bank (dem Originator) mit eigenem Rechtsstatus und gibt selbst Aktien aus. Die Aktien können durch die Bank (Originator) oder andere Finanzintermediäre erworben werden. Der Anreiz dazu besteht darin, dass die Zweckgesellschaft durch ihre Geschäfte eigenständige hohe Gewinne aus den Zahlungen der Hypothekenschuldner erwirtschaftet. Der Vorteil einer Zweckgesellschaft liegt für eine Bank darin, dass bestimmte Forderungen und Verpflichtungen abseits der Bankbilanz geführt werden (und nicht den üblichen Eigenkapitalvorschriften unterliegen) und damit eine zusätzliche Kreditvergabe der Bank ermöglichen. Die Banken können die freien liquiden Mittel (die durch den Verkauf eines Schuldenpakets an die Zweckgesellschaft entstehen) auch zur Finanzierung von Unternehmenskäufen oder für Darlehen an Hedgefonds nutzen. Die Errichtung einer Zweckgesellschaft schützt scheinbar auch die Investoren für den Fall, dass die ursprünglich emittierende Bank (der Originator) zahlungsunfähig wird. Die Gläubiger der Bank haben keinen Zugriff auf das Vermögen der Investoren, weil die Zweckgesellschaft einen eigenen Rechtsstatus hat. Wird andererseits die Zweckgesellschaft zahlungsunfähig, haben die Investoren keine weitergehenden Ansprüche gegen die

Bank. Die Bank kann für den Verkauf des Schuldenpakets an die Zweckgesellschaft außerdem Vermittlungsgebühren erheben.

Der Weiterverkauf der Bündel an Hypothekendarlehen durch die Zweckgesellschaft geschieht in separaten Bündeln von Anleihen, die man *Tranchen* nennt und die mit unterschiedlichen Risiken behaftet sind. Durch Tranchen mit unterschiedlichem Risiko kann man gezielt unterschiedliche Investoren anwerben, da die einzelnen Tranchen in Abhängigkeit von ihrem Risiko mit unterschiedlich hohen Zinssätzen ausgestattet sind.

Neue Finanzinstrumente

Durch die Finanz- und Wirtschaftskrise von 2007 bis 2009 ist eine Reihe von bis dato eher wenig bekannten Finanzinstrumenten ins Licht der Öffentlichkeit gerückt. Wertpapiere, die durch die Verbriefung von Kreditforderungen geschaffen werden, bezeichnet man in der Finanzwelt ganz allgemein als *Asset Backed Securities* (forderungsbesicherte Wertpapiere). Handelt es sich bei den verbrieften Kreditforderungen um Hypothekendarlehen, spricht man von *Mortgage Backed Securities* (hypothekenbesicherte Wertpapiere). Verschiedene Tranchen von MBS-Papieren lassen sich in *Collateralized Debt Obligations* (CDOs) zusammenfassen. Das Risiko eines Zahlungsausfalls bei Kreditforderungen kann man wiederum durch *Credit Default Swaps* (CDS) absichern. Diese Finanzinstrumente haben bestimmte Funktionen im Finanzsystem, sind jedoch im Lauf der Zeit immer komplexer geworden. Einigen leitenden Bankmanagern wurde sogar vorgeworfen, sie hätten gar nicht genau gewusst, womit sie überhaupt gehandelt haben.

Collateralized Debt Obligations (CDOs). Collateralized Debt Obligations (CDOs) entstehen durch die Bündelung von unterschiedlichen forderungsbesicherten Wertpapieren. In der Regel handelt es sich um hypothekenbesicherte Wertpapiere (MBS-Papiere). Damit sind **Collateralized Debt Obligations (CDOs)** selbst forderungsbesicherte Wertpapiere, die wiederum aus einem Portfolio von forderungsbesicherten Wertpapieren mit unterschiedlich großem Risiko (eines Zahlungsausfalls) bestehen. Grundsätzlich funktionieren CDOs wie folgt. Um CDOs auf den Markt zu bringen, überzeugt ein Fondsmanager Investoren vom Kauf bestimmter Wertpapiere. Die Erlöse verwendet der Manager zum Erwerb von gebündelten Hypothekendarlehen. Dieses Paket von Hypothekendarlehen wird wiederum in einzelne Tranchen aufgeteilt. Dabei erhalten Tranchen mit einem niedrigen Risiko eine geringe Verzinsung und Tranchen mit hohem Risiko eine hohe Verzinsung. Unter normalen Umständen reichen die monatlichen Zinszahlungen auf die Hypothekendarlehen aus, um die Zinszahlungen an die Inhaber der Papiere der einzelnen Tranchen leisten zu können. Es gibt natürlich ein gewisses Risiko, dass es durch einen Zahlungsverzug bei den Hypothekenschuldnern zu Zahlungsausfällen kommt. Durch einen Blick auf historische Daten können die Investoren jedoch eine Vorstellung von der Höhe des Risikos gewinnen. Wenn es zu Zahlungsausfällen kommt, dann werden einige der riskanteren Tranchen nicht mehr mit Zinszahlungen bedient –

Collateralized Debt Obligations (CDOs)
Ein Finanzinstrument, das aus einem Portfolio von forderungsbesicherten Wertpapieren besteht.

das höhere Risiko eines Zahlungsausfalls wird von den Käufern der Papiere mit Blick auf die höheren Zinsen bewusst übernommen.

Neue Ansätze im Risikomanagement ermöglichten es, die gleiche Vorgehensweise auch für eine zweite und dritte Tranche von forderungsbesicherten Schuldpapieren anzuwenden. Dazu kaufen Fondsmanager Papiere aus bestimmten Tranchen, vermischten diese mit anderen Schuldpapieren und verkauften dann die neuen Tranchen wiederum an andere Investoren. Die Käufer dieser hoch riskanten Papiere verlassen sich dabei auf die Risikoeinschätzungen von Ratingagenturen. Vor der Finanzkrise ging man auf der Grundlage von historischen Daten aus den späten 1990er-Jahren und den frühen 2000er-Jahren davon aus, dass unter »normalen« Umständen das Risiko, dass mehrere Papiere einer Tranche oder mehrere Tranchen gleichzeitig von einem Zahlungsausfall betroffen sein könnten, vernachlässigbar klein ist. Als die Umstände dann jedoch auf einmal nicht mehr »normal« waren, zeigten sich plötzlich wechselseitige Abhängigkeiten. In dem Maße, in dem die Zahlungsausfälle bei Subprime-Hypotheken zunahmen, kamen die Probleme nach und nach zum Vorschein.

Zunächst erschienen die Zahlungsausfälle eher als Ausnahmen. Aber als die Zahlungsausfälle stetig zunahmen, begannen die Zinszahlungen einzelner Tranchen zu sinken. Die Tranchen mit einem guten Rating (und damit einem geringen Risiko) erhielten zwar weiterhin Zinszahlungen, aber die riskanteren Tranchen der Papiere konnten nicht mehr bedient werden. Im Lauf der Zeit stellte es sich heraus, dass die schlechteren Tranchen (vor allem die Schuldpapiere der zweiten und dritten Tranche) wirklich wertlos waren. Die Inhaber dieser Papiere (dazu gehörten Banken, Regierungen und Kommunen rund um den Globus) sahen sich zu Abschreibungen gezwungen. Der Ausdruck »**toxische Papiere**« wurde für viele ein Begriff, die nie damit gerechnet hatten, dass sie irgendetwas mit der großen Finanzwelt zu tun haben würden. Aber toxische Papiere waren nichts weiter als durch Hypotheken besicherte Wertpapiere und andere Schuldpapiere (wie beispielsweise Anleihen), die in vielen Fällen nicht zurückgezahlt werden konnten, da der Vermögenswert, mit dem sie besichert waren, drastisch gesunken war.

Credit Default Swaps. Wann immer eine Anleihe oder ein Bündel von Kreditforderungen gekauft wird, ist damit ein bestimmtes Risiko verbunden. Bei den Anleihen, die durch Hypotheken gedeckt sind, besteht das Risiko darin, dass der Hypothekenschuldner auf irgendeine Weise mit seinen Zahlungen in Verzug gerät. **Credit Default Swaps (CDS)** sind ein Instrument, um sich gegen dieses Risiko abzusichern. Um die Funktionsweise von CDS-Papieren besser zu verstehen, wollen wir uns ein Beispiel ansehen.

Nehmen wir an, eine Bank habe eine Anleihe im Nennwert von 5 Millionen Euro erworben (tatsächlich vielleicht mehrere Anleihen). Der Zinssatz beträgt 10 Prozent (Zinsen für die Anleihe). Die Anleihe ist durch Zahlungen aus Hypothekendarlehen gedeckt. Der Käufer der Anleihe weiß, dass ein gewisses Risiko für Verluste aus dem Hypothekengeschäft und damit für die Anleihe selbst besteht (und zwar für die Zinszahlungen und vielleicht auch für die Tilgung). Wenn alle Hypothekenschuldner ihren Verpflichtungen nachkommen, so verdient die Bank über die Laufzeit die Zinsen. Läuft die Anleihe über 10 Jahre mit einem Zinssatz von 10 Prozent, so würde die Bank

---

Toxische Papiere
Hypothekenbesicherte Wertpapiere und andere Schuldpapiere (wie z. B. Anleihen), die in vielen Fällen nicht zurückgezahlt werden können, da der zugrunde liegende Vermögenswert stark gesunken ist.

Credit Default Swap (CDS)
Ein Finanzinstrument, mit dem man sich gegen das Risiko eines Zahlungsausfalls bei Anleihen oder Kreditforderungen absichern kann.

10 Jahre lang 10 Prozent von 5 Millionen Euro verdienen (das sind 10 Jahre lang jährlich 500.000 Euro).

Die Bank kann sich nun an eine Versicherungsgesellschaft wenden (eine andere Bank oder einen Hedgefonds) und sich gegen das Risiko eines Zahlungsausfalls der Anleihe versichern. Dabei wird die Bank zum *Sicherungsnehmer* und die Versicherungsgesellschaft (oder ein anderes Finanzinstitut) zum *Sicherungsgeber*. Durch die Versicherung enthält der Sicherungsnehmer bei einem Zahlungsausfall einen entsprechenden Ausgleich. Die Bank bezahlt für die Laufzeit der Versicherung eine Prämie (z. B. 10 Jahre lang 100.000 Euro pro Jahr) und erhält dafür die Sicherheit, dass bei einem Zahlungsausfall aus dem Hypothekengeschäft 5 Millionen Euro an sie gezahlt werden.

Die Bank hat also mit dem Versicherungsunternehmen das Risiko eines Zahlungsausfalls der Anleihe gegen eine Kompensationszahlung im Fall eines Zahlungsausfalls getauscht (swap = tauschen). Diese Finanzprodukte werden als Credit Default Swaps bezeichnet und können auch gehandelt werden. In vielen Fällen wird sich auch der Sicherungsgeber seinerseits gegen das Risiko absichern.

Der Preis eines CDS-Papiers wird in Basispunkten angegeben, wobei 100 Basispunkte einem Prozentpunkt entsprechen. Der angegebene Preis spiegelt die Kosten für den Schutz vor einem Zahlungsausfall in einem bestimmten Zeitraum wider. Im Mai 2010 kostete beispielsweise ein CDS-Papier für den britischen Mineralölkonzern BP 255 Basispunkte. Das bedeutete, dass die Kosten für die Übernahme eines Zahlungsausfalls durch BP in Höhe von 10 Millionen Euro für einen Zeitraum von 5 Jahren bei 255.000 Euro pro Jahr lagen.

Kommt es zu einem Zahlungsausfall bei der Anleihe, spricht man von einem sogenannten *Kreditereignis*. Tritt ein Kreditereignis ein, so gibt es zwei Möglichkeiten der Vertragserfüllung. Eine Möglichkeit wäre die physische Erfüllung. In diesem Fall würde der Sicherungsnehmer die Anleihe an den Sicherungsgeber weiterreichen, der wiederum dem Sicherungsnehmer dann den Nennwert der Anleihe erstattet. Das funktioniert allerdings nur, wenn der Sicherungsnehmer zu diesem Zeitpunkt auch noch der Eigentümer der Anleihe ist und die Anleihe nicht schon weiterverkauft hat. Bei einem raschen Anwachsen des Markts für CDS gibt es jedoch mehr CDS-Papiere als Anleihen, sodass eine physische Erfüllung im Fall eines Kreditereignisses unmöglich ist. Aus diesem Grund zahlen die Sicherungsgeber bei einem Kreditereignis die Schadensumme in bar aus (zweite Möglichkeit der Vertragserfüllung).

Die Versicherungsgesellschaft als Sicherungsgeber wird ihrerseits zur Abdeckung des Risikos aus dem Abschluss des CDS Sicherheiten hinterlegen müssen. Dies ist Teil des Vertrags zwischen Sicherungsnehmer und Sicherungsgeber. Wie hoch die Sicherheiten sein müssen, hängt vom Marktwert (Kurs) der Anleihe und von der Kreditwürdigkeit (Kreditrating) des Sicherungsgebers ab. Der Marktwert (Kurs) der Anleihe kann sich verändern, weil der Inhaber die Anleihe veräußern kann.

Wenn eine Anleihe, die durch einen Bestand an Hypotheken gesichert ist, plötzlich als riskanter eingeschätzt wird, gestaltet sich ein Verkauf der Anleihe schwieriger und der Kurs der Anleihe sinkt. Wenn das Risiko für den Sicherungsnehmer steigt, kann er beim Sicherungsgeber höhere Sicherheiten einfordern (»collateral call«). Wenn beispielsweise der Kurs der Anleihe zurückgeht, muss die Versicherungsgesellschaft zusätzliche Sicherheiten bereitstellen. Wird die Kreditwürdigkeit des Sicherungsgebers herabgestuft, kommt es ebenfalls zu einem höheren Risiko für den Sicherungsnehmer. Der Sicherungsgeber ist vielleicht nicht mehr in der Lage, bei einem Kreditereignis seinen Verpflichtungen gegenüber dem Sicherungsnehmer nachzukommen. Auch in diesem Fall kann der Sicherungsnehmer eine Aufstockung der Sicherheiten durch den Sicherungsgeber verlangen.

Kommt es wirklich dazu, dass der Sicherungsgeber nicht in der Lage ist, seinen Verpflichtungen nachzukommen, dann hat der Sicherungsnehmer durch die gestellten Sicherheiten wenigstens einen gewissen Schutz vor Zahlungsausfall. Läuft die Anleihe dagegen planmäßig aus, ohne dass es zu einem Kreditereignis kommt, dann erhält der Sicherungsgeber seine Sicherheiten wieder zurück (und erhält zusätzlich natürlich noch die Versicherungsprämien durch den Käufer).

Wenn das Risiko eines Zahlungsausfalls bei der Anleihe gering ist, dann sind CDS eine vernünftige Geschäftspraktik. Dies war vor allem in den späten 1990er-Jahren der Fall, als sich CDS-Papiere im Markt etablierten und sich in erster Linie auf Unternehmensanleihen bezogen. Durch die Ausweitung des CDS-Geschäfts auf Hypothekenanleihen und den Zusammenbruch des Hypothekenmarkts im Jahr 2007 standen die Finanzmärkte jedoch vor einem großen Problem.

> **Kurztest**
> Warum sind viele Collateralized Debt Obligations (CDOs) zu toxischen Papieren geworden?

24.5 Die Effizienzmarkthypothese in der (Finanz-)Krise

Seit der Finanzkrise ist es in Mode gekommen, die Effizienzmarkthypothese zu kritisieren und ins Abseits zu stellen. Dabei wird oft gefragt: »Wie konnte es zur Spekulationsblase kommen, wenn der Preis eines Vermögenswerts doch alle verfügbaren Informationen widerspiegeln soll, die den Wert dieser Vermögensposition beeinflussen?«

Herdenmentalität

Viele Überlegungen zur Effizienzmarkthypothese beruhen ganz wesentlich auf dem Prinzip eines streng rationalen Verhaltens von Marktteilnehmern. Dagegen ist zunächst einzuwenden, dass es im wirklichen Leben wohl nur eingeschränkte Rationalität gibt. Gleichwohl ist angesichts der Spekulation im Zusammenhang mit der Banken- und Finanzkrise zu fragen, wie sich diese Erscheinungen mit einem rationalen Verhalten der Marktteilnehmer und der vermeintlichen Informationseffizienz der Märkte vertragen. Möglicherweise haben die Märkte auf das reagiert, was der ehemalige Vorsitzende der US-amerikanischen Zentralbank Alan Greenspan mit »irrationalem Überschwang« und der berühmte britische Ökonom John Maynard Keynes mit »animal spirits« oder Entscheidungen »aus dem Bauch heraus« meinten. Während

24.5 Grundlagen der Finanzierung
Die Effizienzmarkthypothese in der (Finanz-)Krise

spekulativer Preisblasen steigen die Preise für Vermögenswerte nicht deshalb an, weil man auf den höheren Einkommensstrom aus den Vermögenswerten schaut, sondern nur deshalb, weil man denkt, andere würden für die Zukunft noch höhere Preise erwarten. Dieses Verhalten bezeichnet man auch als *Herdenmentalität*. In der Verhaltensökonomik, die sich mit der ökonomischen Analyse menschlichen Verhaltens beschäftigt, nimmt die Herdenmentalität einen wichtigen Platz ein.

Fallstudie

Die Südseeblase

Im Jahr 1720 soll Isaac Newton gesagt haben: »Ich kann zwar die Bewegung eines Körpers messen, aber nicht die menschliche Dummheit.« Newton hatte im April 1720 durch den Verkauf von Anteilen an der South Sea Company einen Gewinn von 7.000 Pfund gemacht (das sind heute knapp 900.000 Euro). Wie viele andere Zeitgenossen glaubte aber auch Newton, dass der Wert des Unternehmens weiter steigen würde, und kaufte weitere Anteile, während der Preis immer weiter stieg. Am Ende verlor Newton 20.000 Pfund (das sind heute ungefähr 2,6 Millionen Euro).

Die South Sea Company wurde im Jahr 1711 in London gegründet. Die Handelsgesellschaft einigte sich mit der britischen Regierung darauf, einen Teil der Staatsschulden zu übernehmen, und erhielt im Gegenzug das Monopol für den Handel mit den spanischen Kolonien in Südamerika. Der Friedensschluss im Spanischen Erbfolgekrieg (Friede von Utrecht 1713) führte allerdings dazu, dass die Handelsmöglichkeiten der South Sea Company mit den spanischen Kolonien eingeschränkt wurden. Der South Sea Company gelang es in der Folgezeit, weitere Schulden von der britischen Regierung zu übernehmen. Die Handelsgesellschaft war eines von nur drei Unternehmen (einschließlich der Bank of England), die zusammen rund 36 Prozent der Staatsschulden hielten. Obwohl die Handelsgesellschaft keine wirklichen Handelserfolge vorzuweisen hatte, verwiesen die Direktoren gegenüber den Anteilseignern immer wieder auf den Wohlstand und die Reichtümer, die der Handel versprach, und nicht zuletzt auf die großen Mengen an Gold und Silber, die nur darauf warteten, nach Europa gebracht zu werden.

Im Januar 1720 lag der Preis für eine Aktie der South Sea Company bereits bei 127 Pfund. Die wiederholten Versprechungen der Handelsgesellschaft trieben den Preis der Aktie immer weiter nach oben, sodass die Aktie bis Ende März auf 330 Pfund kletterte. Newton verkaufte seine Aktien im April, aber bis Mai stieg der Kurs weiter auf 550 Pfund. Im Juni verabschiedete das Parlament auf Initiative der South Sea Company ein Gesetz, nach dem alle Aktiengesellschaften eine königliche Erlaubnis haben mussten (dieses Gesetz wurde später auch als Bubble Act bezeichnet, weil es die Spekulationsblase mit auslöste). Damit wollte man die rasant zunehmende Zahl an Unternehmen kontrollieren, die in den Markt eintraten und die Anleger mit blühenden Geschäftsaussichten anlockten und auf diese Weise kleinere Preisblasen auslösten. Zyniker würden allerdings behaupten, dass die South Sea Company die neue Gesetzgebung auch dazu nutzte, die zunehmende Bedrohung durch Wettbewerber zu begrenzen. Erhielt eine Gesellschaft die königliche Erlaubnis, dann war dies für die Anleger ein Zeichen für die Seriosität des Unternehmens, und die Nachfrage nach Aktien der Gesellschaft stieg. Der Preis der South-Sea-Company-Aktie kletterte bis Ende Juni auf 1.050 Pfund.

Aus irgendwelchen Gründen fingen einige Leute im Juli 1720 damit an, ihre Aktien zu verkaufen, und der Preis begann zu sinken. Für diejenigen, die gerade erst zum Höchstpreis eingestiegen waren, wurde der Verkaufsdruck immer größer. Der Preis fiel weiter rasant und lag im September nur noch bei 175 Pfund. Der Preiseinbruch traf Tausende Anleger und eine Reihe von Institutionen. Nachfolgende Untersuchungen enthüllten Bestechung und Korruption und führten zur strafrechtlichen Verfolgung von Unternehmens- und Regierungsvertretern.

Die Südseeblase liefert ein Beispiel dafür, wie Preise von Vermögenswerten über ihren tatsächlichen Wert steigen können. Es hat den Anschein, als ob sich Geschichte wiederholen kann, und in vielerlei Hinsicht gleichen sich die Probleme damals (fehlendes Wissen der Marktteilnehmer) und heute. Auch wenn die Märkte heute deutlich komplexer sind und hoch entwickelte Technologien genutzt werden, hängt der Erfolg zu einem großen Teil davon ab, ob die Akteure ausreichend gut informiert sind, um Entscheidungen zu treffen. Denn egal, wie intelligent ein Einzelner sein mag, ohne den Zugang zu allen verfügbaren Informationen können falsche Entscheidungen getroffen werden, wie Newton schmerzlich feststellen musste.

Wenn es nicht mehr darum geht, Informationen zu sammeln, zu analysieren und auf Basis der verfügbaren Informationen Entscheidungen zu treffen, sondern sich danach zu richten, was andere tun, kommt die Herdenmentalität ins Spiel. Herdenmentalität zeigt sich in Märkten mit stark steigenden Preisen, wie z. B. im US-amerikanischen Immobilienmarkt in den Jahren vor der Finanzkrise. Der einfache Mann von der Straße trifft seine Entscheidungen auf Basis unvollständiger Informationen. Wenn die Immobilienpreise in den letzten zwanzig Jahren stetig gestiegen waren, warum sollten sie nicht auch in den nächsten zwanzig Jahren steigen? Die Haushalte, die eine Immobilie kauften und dafür eine oder mehrere Hypotheken aufnahmen, haben dabei nicht auf relevante Größen wie das Kreditwachstum oder die Lohnsteigerungsraten geschaut, die die Immobilienpreise auf lange Sicht beeinflussen. Die Menschen hatten gehört, dass man im Immobilienmarkt durch steigende Preise das schnelle Geld machen kann, und wollten auf diesen Zug aufspringen. Die Kaufentscheidung beruhte darauf, was andere gemacht hatten, und nicht auf einer sorgfältigen Fundamentalanalyse.

Herdenmentalität ist kein Phänomen der Moderne. Im 16. Jahrhundert haben viele Menschen viel Geld während der *Tulpenmanie* in den Niederlanden verloren, als sie auf einen fortgesetzten Preisanstieg bei Tulpenzwiebeln setzten. Das gleiche Schicksal ereilte im 18. Jahrhundert Investoren, die Anteile an der South Sea Company erworben hatten. Und kurz nach der Jahrtausendwende haben viele Anleger ihre Ersparnisse am Aktienmarkt verloren, als die Aktienkurse von jungen Technologieunternehmen nach einem rasanten Anstieg innerhalb kurzer Zeit mehr als 50 Prozent ihres Werts verloren (Dotcom-Blase). In all diesen Fällen war es die Hoffnung auf leicht verdientes Geld, die mehr und mehr Menschen erfasste. Aber wenn etwas zu schön ist, um wahr zu sein, dann ist das meist auch so. Es gibt einen feinen Unterschied zwischen einer Vermögensbewertung auf der Grundlage einer Fundamentalanalyse – also dem Barwert der zukünftigen Einnahmen – und einer Bewertung auf der Grundlage der Vermutung, dass die Leute in der Zukunft den Kurs oder Preis *ohne Rücksicht auf zu erwartende Einnahmen* in die Höhe treiben. Der Anfang einer Spekulationsblase hat immer damit zu tun, dass sich Bewertungen von den soliden Grundlagen lösen.

Der Blick zurück

Nach der Effizienzmarkthypothese spiegelt der Preis einer Vermögensposition alle verfügbaren Informationen wider, die den Wert dieser Vermögensposition beeinflussen. Aber das bedeutet nicht notwendigerweise, dass der Preis stets dem wahren, fundamentalen Wert der Vermögensposition entspricht. Der Preis einer Vermögensposition folgt einem Zufallspfad, sodass auf der Grundlage der verfügbaren Informationen zukünftige Preisänderungen nicht prognostizierbar sind. Damit ist es zu einem bestimmten Zeitpunkt nicht möglich zu sagen, ob der aktuelle Preis zu hoch oder zu niedrig ist.

Schaut man sich *heute* den Preisanstieg bei Immobilien und anderen Vermögenswerten in den Jahren von 2004 bis 2006 an, dann kann man mit Leichtigkeit eine Spekulationsblase konstatieren. Aber ein altes Sprichwort sagt nicht umsonst: »Im

Nachhinein ist man immer klüger.« Wäre die Spekulationsblase zum damaligen Zeitpunkt bereits als solche zu erkennen gewesen, dann wäre dies auch Teil der öffentlich verfügbaren Informationen gewesen und die Marktteilnehmer hätten darauf reagiert. Während einer Spekulationsblase macht es Sinn, bei hohen Preisen zu verkaufen, da man davon ausgehen muss, dass die Preise fallen werden. Sicherlich gab es auch in den Jahren vor der Finanzkrise warnende Stimmen, die darauf hingewiesen haben, dass die Preise von Immobilien und anderen Vermögenswerten deutlich über ihren wahren (fundamentalen) Wert gestiegen waren und die vor einer Spekulationsblase gewarnt haben. Gleichzeitig gab es jedoch auch genügend Marktteilnehmer, die diese Ansichten nicht teilten. Im Nachhinein ist es mit dem Wissen, dass die Preise tatsächlich eingebrochen sind, immer leicht, die »Mahner« als »Propheten« hinzustellen und diejenigen zu kritisieren, die nicht an eine Spekulationsblase geglaubt haben.

Vom Sommer 2012 bis zum Frühjahr 2015 hatte sich der Wert des deutschen Aktienindex DAX nahezu verdoppelt, obwohl das realwirtschaftliche Wachstum in diesem Zeitraum eher gering war. Und wieder gab es mahnende Stimmen, die von einer (neuen) Spekulationsblase sprachen, und Experten, die diese Möglichkeit weit von sich wiesen. Ob es sich tatsächlich um eine Spekulationsblase gehandelt hat, konnte zum damaligen Zeitpunkt niemand mit Sicherheit sagen. Erst in der *Rückschau*, mit einigen Jahren Abstand, kann man feststellen, wer recht hatte. Aus diesem Grund hält der Begründer der Effizienzmarkthypothese, Eugene Fama, im Jahr 2013 mit dem Nobelpreis für Wirtschaftswissenschaften für seine Arbeiten zur Preisentwicklung von Vermögenspositionen ausgezeichnet, den Begriff der Spekulationsblase für wenig aussagekräftig. Ökonomen, die den Begriff der Spekulationsblase propagieren, verweisen darauf, dass die Preisrückgänge nach dem Ende einer Spekulationsblase die irrationalen Preisbewegungen während der spekulativen Phase korrigieren. Empirische Untersuchungen von Aktienmärkten zeigen jedoch, so Fama, dass es nach einem Preiseinbruch bei Aktien relativ schnell wieder zum einem Preisanstieg kommt, der sogar größer ausfällt als die vorherige Preiskorrektur. Damit stellt sich die Frage, welche Preise und Preisbewegungen irrational gewesen sein sollen: das Ausgangspreisniveau, der Preisrückgang oder der anschließende Preisanstieg? Die Turbulenzen an den Finanzmärkten in den Jahren 2007–2009 sind nach Auffassung von Fama eher in adverser Selektion und Moral Hazard auf Finanzmärkten begründet, die dazu geführt haben, dass die handelnden Akteure Risiken eingegangen sind, die sie weder genau kannten noch exakt quantifizieren oder vollständig beherrschen konnten.

Die Rolle der Informationen in der Effizienzmarkthypothese

Jede Theorie liefert ein Gerüst, mit dessen Hilfe man die Welt analysieren kann und das es uns erlaubt, bestimmte Vorhersagen zu treffen. Theorien können getestet werden und sich dabei als ungenau, schwer verständlich oder einfach falsch erweisen. Ökonomische Theorien lassen sich jedoch im Unterschied zu naturwissenschaftlichen Theorien nicht einfach im Labor testen, indem man bestimmte Experimente immer und immer wiederholt, um die Verlässlichkeit der theoretischen Aussagen zu bestätigen. Ökonomische Theorien bilden jedoch die Basis für politische Entscheidungen:

Wenn sich eine Theorie dann als nicht haltbar erweist, untergräbt das auch die politischen Maßnahmen und Entscheidungen. Die Annahme, Märkte seien informationseffizient, und der Glaube, dass sich Märkte selbst korrigieren und Preise letztlich den tatsächlichen Marktwert reflektieren, bildete die Basis für den staatlichen Regelungsrahmen für die Finanzwelt.

Zentrale Bedeutung für die Effizienzmarkthypothese haben die Informationen. Man berührt damit ein grundsätzliches Problem, das in der Mikroökonomik bereits bei dem Merkmal der »vollkommenen Information« als Eigenschaft eines Markts auftrat. Die Daten, die man als Informationen berücksichtigt, können ja zunächst einmal von höchst unterschiedlicher Art und Güte sein. Sie umschließen statistische Angaben für die Vergangenheit oder Zahlen nach üblichen Prognoseverfahren. Sie entstammen der amtlichen Statistik, der Betriebs- und Unternehmensstatistik, der Marktforschung, Trendberechnungen oder Befragungen, vielleicht Gutachten von Forschungsinstituten oder Regierungsstellen. Bei der Einschätzung des Preises einer Vermögensposition wird zunächst einmal unterstellt, sämtliche irgendwie und irgendwo erhältlichen relevanten Informationen wären im Marktpreis berücksichtigt.

Inwieweit diese Annahme wirklich zutrifft, ist fraglich. Der Zugang zu Informationen und die Geschwindigkeit ihrer Verbreitung sind in der heutigen Zeit größer als jemals zuvor. Doch trotz des ungeheuren technologischen Fortschritts geschieht die Informationsübertragung nicht augenblicklich, und die Informationen werden nicht von jedermann gleich umfassend aufgenommen und verstanden. Auf jeden Fall gibt es eine Zeitverzögerung bei der Informationsübertragung. Wenn jemand diese Zeitverzögerung ausnutzen kann, kann er Gewinne erwirtschaften. Man spricht in diesem Fall von *Arbitrage*. Einige folgern daraus, dass die Effizienzmarkthypothese überwiegend und im Durchschnitt gilt.

Der Glaube an die Gültigkeit der Effizienzmarkthypothese führte sogar große Geister des Finanzwesens in die Irre, wie etwa Alan Greenspan. Am 23. Oktober 2008 gab er in einem Untersuchungsausschuss zu Protokoll: »Alle, die wie ich darauf vertraut haben, dass das Eigeninteresse der Kreditgeber ihre Aktionäre schützen wird, sind geschockt und fassungslos. Ein Pfeiler unserer Finanzmärkte muss nun die Überwachung bleiben. Sofern diese versagt, wie es in diesem Jahr geschehen ist, wird die Stabilität der Märkte untergraben.«

Informationen mögen noch so umfassend verfügbar sein, das bedeutet längst nicht, dass sie auch richtig verstanden werden. Die Entscheidungsträger mögen Zugang zu noch so umfassenden Informationen haben, doch kann es sein, dass ein wichtiger Teil fehlt und zu Missverständnissen und Fehleinschätzungen führt. Greenspan hat darauf in seiner Aussage angespielt. Informationen mögen nicht nur partiell und missverständlich sein; ihre Sammlung und Verarbeitung erfordert auch einiges an Aufwand beinahe wissenschaftlicher Art (wie etwa in den statistischen Ämtern). Investitionen in die Informationsbeschaffung können sehr hoch ausfallen. Bei jeder Entscheidung müssen genau genommen Informationskosten mit veranschlagt werden.

Vertrauen in die Märkte ist grundlegend für wirtschaftliches Wachstum in den meisten Teilen der Welt, und die Banken- und Finanzkrise hat dieses Vertrauen bis ins Mark erschüttert. Es gibt viele, die die Effizienzmarkthypothese dem Müllhaufen der Geschichte übergeben möchten. Andere sehen in den Ereignissen seit den frühen

Information

Minskys Hypothese der finanziellen Instabilität

Hyman Minsky (1919–1996) arbeitete als Professor für Volkswirtschaftslehre an der Washington University in St. Louis. In den 1950er-Jahren begann er, sich mit Instabilitäten auf Finanzmärkten zu beschäftigen. Viele seiner Ideen haben im Zuge der Finanzkrise neue Aufmerksamkeit erfahren. Minsky beschäftigte sich intensiv mit Konjunkturzyklen. Er glaubte weder an die These der klassischen Ökonomen, dass die »unsichtbare Hand« Märkte stets in Gleichgewicht bringt, noch an die Überzeugung der Keynesianer, dass dem Staat in Krisenzeiten die Aufgabe einer wirtschaftspolitischen Stabilisierung zukommt. Nach Auffassung von Minsky weist das kapitalistische Wirtschaftssystem grundlegende Defizite auf, die unweigerlich immer wieder zu Finanzkrisen führen.

Minsky ging davon aus, dass es in einem kapitalistischen Wirtschaftssystem Kapitalvermögen und ein entwickeltes Finanzsystem gibt. Die Unternehmen kaufen Ressourcen, die zu zukünftigen Einnahmen und Gewinnen führen. Dazu gehören auch Investitionen in Realkapital. Ein Großteil der Investitionsausgaben wird durch Kredite finanziert, die zu entsprechenden Verbindlichkeiten in der Unternehmensbilanz führen. Diese Verbindlichkeiten spiegeln das Versprechen des Unternehmens wider, in der Zukunft bestimmte Geldzahlungen zu leisten und die Kredite zurückzuzahlen. Die Finanzierung der Investitionsausgaben durch Kredite wird durch Finanzinstitutionen wie Banken erleichtert, die das Geld der Sparer als Kredite an die Unternehmen ausleihen. Zu einem bestimmten Zeitpunkt in der Zukunft zahlen die Unternehmen die Kreditschulden einschließlich Zinsen über die Banken an die Sparer zurück. Der Strom von Finanzmitteln von den Sparern über die Banken zu den Unternehmen wird maßgeblich durch die Erwartungen über die Höhe der zukünftigen Gewinne der Unternehmen bestimmt. Und die tatsächlichen Gewinne entscheiden darüber, ob die Sparer die Zahlungen von den Banken erhalten, von denen sie bei der Einlage ihrer finanziellen Mittel ausgegangen sind. Die Kreditaufnahme steht auch Haushalten offen, die die Mittel für den Kauf von Konsumgütern oder den Kauf von Aktien oder anderen Vermögenswerten verwenden. Der Staat nimmt ebenfalls für seine Zwecke Kredite auf und springt in manchen Fällen ein, um notleidende Finanzinstitutionen und Unternehmen vor dem Zusammenbruch zu retten.

Die Funktionsweise des kapitalistischen Wirtschaftssystems ist für die Hypothese der Instabilität und insbesondere für die Verbindung zwischen erwarteten Gewinnen und Investitionen von entscheidender Bedeutung. Minsky thematisierte in diesem Zusammenhang die Rolle der Schulden und bezeichnete Banken als »Schuldenhändler« (merchants of debt). Beim traditionellen Bankgeschäft nehmen Banken Einlagen an, verleihen diese und sichern sich gegen das Risiko der Kreditvergabe ab, sodass die Einnahmen aus dem Kreditgeschäft ausreichen, um die Einleger auszuzahlen. Bei der spekulativen Finanzierung dagegen reichen die Einkommensströme der Banken aus der Kreditvergabe dagegen nur noch aus, um die versprochenen Zinszahlungen an die Einleger zu leisten. Die Kredite selbst werden durch neue Schulden zurückgezahlt. Schließlich gibt es noch die Möglichkeit, dass Banken eine Art Schneeballsystem (auch als *Ponzi scheme* bekannt) betreiben. In diesem Fall müssen die Banken sogar Kredite aufnehmen oder Vermögenswerte veräußern, um Zinsen an die Einleger zu zahlen. Das Risiko der Einleger ist dadurch entsprechend groß.

Gehen die Banken mehrheitlich dem traditionellen Bankgeschäft nach, kann sich die Volkswirtschaft in der Regel selbst ins Gleichgewicht bringen. Je mehr Banken allerdings eine spekulative Finanzierung oder ein Schneeballsystem verfolgen, desto größer werden in der Volkswirtschaft die Abweichungen vom Gleichgewicht. Bei einem starken Finanzsystem, das strengen gesetzlichen Vorgaben unterliegt, bleibt das Ausmaß der Finanzinnovationen bei den Banken begrenzt und die Volkswirtschaft durchlebt eine Phase der (relativen) Ruhe. Durch die stabile gesamtwirtschaftliche Entwicklung steigt jedoch die Risikobereitschaft und mehr und mehr Banken gehen zu einer spekulativen Finanzierung oder zu einem Schneeballsystem über. Die Volkswirtschaft wird dadurch zur Instabilität gedrängt, es kommt zu einem spekulativen Rausch und Spekulationsblasen. Die Lage kann sich weiter verschlimmern, wenn die Regulierungsbehörden nicht rechtzeitig eingreifen, weil sie entweder davon ausgehen, die Situation unter Kontrolle zu haben, oder weil sie einer regulatorischen Einflussnahme unterliegen. Darunter versteht man eine Situation, in der die Behörden in unzulässiger Weise durch die Unternehmen oder die Branchen beeinflusst werden, die sie eigentlich überwachen sollen.

Minskys Theorie der finanziellen Instabilität besteht demnach aus drei Bausteinen:
1. Volkswirtschaften können stabile, aber auch instabile Finanzsysteme haben.
2. Phasen einer stabilen gesamtwirtschaftlichen Entwicklung gehen durch Finanzinnovationen und höhere Risikobereitschaft in Phasen einer instabilen Entwicklung über.

Fortsetzung auf Folgeseite

Fortsetzung von Vorseite

3. Konjunkturzyklen werden nicht nur durch Schocks von außen verursacht, sondern auch durch die systemimmanenten Schwächen der kapitalistischen Wirtschaftsordnung verstärkt.

Minsky war davon überzeugt, dass sich auf den Finanzmärkten spezielle Kräfte entfalten, die zu bestimmten Zeiten zu Spekulationsblasen und Kreditexpansion führen. Danach folgen Zeiten mit fallenden Vermögenspreisen und Kreditverknappung. Er schlussfolgerte daraus, dass die Finanzmärkte weder stabil noch selbststeuernd sind und weit davon entfernt sind, Ressourcen effizient zuzuteilen.

Minsky vertrat die Auffassung, dass diese internen Kräfte mit dem knappen Angebot an Vermögenswerten zu tun haben. So führt beispielsweise das knappe Angebot an Häusern und Grundstücken zu einem Anstieg der Immobilienpreise und damit zu einer Spekulationsblase. Steigende Preise (etwa bei Immobilien) wiederum beschleunigen das Nachfragewachstum. Bei rasch ansteigenden Immobilienpreisen bestehen Anreize für mögliche Käufer, schnell in den Markt zu gehen, damit sie nicht später noch höhere Preise zu bezahlen haben und nach einem Kauf sogar selbst noch von der Preissteigerung profitieren können. Das wiederum treibt die Nachfrage nochmals an, und bei einem begrenzten Angebot steigen die Preise immer höher.

Das Geschehen während der Finanzkrise zeigt erstaunliche Parallelen zu Minskys Theorie. Daher ist es nicht überraschend, dass seine Ideen als ihrer Zeit voraus angesehen wurden und stärkere Beachtung verdienen.

2000er-Jahren eine Bestätigung der Tatsache, dass man Märkte nicht schlagen oder überlisten kann – mithin eine Bestätigung der Effizienzmarkthypothese. Der vergebliche Versuch, komplexe Informationen in »superrationale« Modelle zu integrieren, um den Markt zu schlagen, ist ein Beweis für dieses Scheitern.

Aus der Rückschau auf die Finanzkrise folgt ein besseres Verständnis für Märkte in einer sich rasch verändernden Welt. Alle Annahmen über die Funktionsweise von Märkten, über die betrachteten Variablen und die Auswirkungen externer Schocks sowie über risikofreudiges oder risikoaverses Verhalten und vielleicht ausgesprochen irrationale Verhaltensweisen bedürfen der Überprüfung. Am Ende verstehen wir die Komplexität der Märkte vielleicht besser. Niemals werden wir damit allerdings an eine Art naturwissenschaftliches Verständnis der Märkte herankommen.

Kurztest
Warum hat die Finanzkrise zu einer intensiven Diskussion unter Ökonomen über die Gültigkeit der Effizienzmarkthypothese geführt?

24.6 Fazit

Dieses Kapitel hat einige grundlegende Bausteine der Finanzierung entwickelt, auf die Menschen bei finanziellen Entscheidungen zurückgreifen (sollten). Das Barwertkonzept hat uns verdeutlicht, dass ein Euro in der Zukunft weniger wert ist als ein Euro heute, und uns einen Weg gezeigt, wie wir Geldbeträge in verschiedenen Zeitpunkten miteinander vergleichen können. Die Theorie der Risikomischung erinnerte uns daran, dass die Zukunft unsicher ist und dass risikoscheue Personen Vorkehrungen

24.6 Grundlagen der Finanzierung
Fazit

treffen können, um sich gegen diese Unsicherheit abzusichern. Die Analyse der Vermögensbewertung zeigt, dass der Aktienkurs eines Unternehmens die zukünftige Ertragskraft widerspiegeln sollte.

Neue Finanzinstrumente und ihre Rolle in der Finanz- und Wirtschaftskrise von 2007 bis 2009 haben eine intensive Kontroverse über die Gültigkeit der Effizienzmarkthypothese entfacht. Begünstigt durch die Lockerung von gesetzlichen Regelungen und auf der Suche nach neuen Märkten und Anlagemöglichkeiten entdeckten Finanzinstitutionen den Markt für Subprime-Hypothekendarlehen. Dort erhielten auch diejenigen Kreditsuchenden Kredite, die eigentlich nicht als kreditwürdig eingestuft waren. Die höheren Risiken sollten mithilfe finanzmathematischer Modelle kontrolliert und gesteuert werden. Gleichzeitig wurde das Geschäft mit Subprime-Krediten zu großen Teilen an eigens dafür gegründete Zweckgesellschaften ausgelagert. Durch Verbriefung wandelten Finanzinstitutionen die Zahlungsansprüche aus den Hypothekendarlehen in Wertpapiere um. Aus diesen Wertpapieren entstanden neue Finanzinstrumente, die durch Vermischung untereinander zu wieder neuen Finanzinstrumenten kombiniert wurden. Am Ende wusste nur noch wenige, welches Risiko tatsächlich in diesen Papieren steckte. Als sich die Zahlungsausfälle bei Hypothekendarlehen häuften, zeigte sich, dass viele Papiere wertlos waren. Es kam zu einer globalen Finanzkrise, die eine tiefe Wirtschaftskrise nach sich zog.

Aus der Praxis

Die Illusion, das Risiko zu kennen

Mit einem Hochschulabschluss in Volkswirtschaftslehre in der Tasche hat man in der Regel gute Chancen bei der Jobsuche. Viele Finanzinstitute haben in den letzten Jahren jedoch auch verstärkt Mathematiker und Physiker eingestellt. Diese Menschen werden auch als »Quants« bezeichnet. Einer dieser »Quants« war David Li, ein talentierter Mathematiker, der als Analyst bei J. P. Morgan Chase gearbeitet hat und im Jahr 2000 einen wissenschaftlichen Aufsatz mit dem Titel »On Default Correlation: A Copula Function Approach« veröffentlichte (im *Journal of Fixed Income*).

Li hatte Erfahrungen im Versicherungswesen gesammelt und gehörte zu der wachsenden Anzahl hoch qualifizierter Mathematiker und Statistiker in Finanzinstitutionen, die Risiken finden, bewerten und möglichst vermeiden sollten. Hinter der »Quantitative Finance« steht die Annahme, dass man »den Markt schlagen« könne. Man entwickelte mathematische Modelle, um Informationen wirksamer zu verarbeiten und Investitionsentscheidungen besser fundieren zu können – mit dem Ziel, das Risiko signifikant zu senken.

Der Aufsatz von Li aus dem Jahr 2000 drehte sich um das Problem von Wahrscheinlichkeiten und die Korrelation von Ereignissen. Betrachten wir als Beispiel ein Unternehmen aus Brandenburg, das Tierhäute bezieht und diese zu Leder verschiedener Qualität für alle möglichen Erzeugnisse aus Leder verarbeitet. Das Unternehmen erhält seine Rohmaterialien von einem Unternehmen aus Kenia. Mithilfe einer statistischen Analyse versucht man nun, die Wahrscheinlichkeit für den Bankrott beider Unternehmen abzuschätzen (z. B. mit 0,3 für das deutsche Unternehmen und 0,4 für das kenianische Unternehmen). Aufgrund der Geschäftsbeziehung der beiden Unternehmen ist es sehr wahrscheinlich, dass das deutsche Unternehmen dann Bankrott macht, wenn das kenianische Unternehmen pleitegeht und das deutsche Unternehmen nicht schnell genug einen neuen Lieferanten für die Häute findet. Die Korrelation zwischen dem Bankrott beider Unternehmen ist demnach sehr hoch. Aber wie steht es um die Wahrscheinlichkeit, dass das Unternehmen aus Brandenburg Bankrott macht, wenn ein Reiseveranstalter in Island pleitegeht? Intuitiv mag man einen geringen Zusammenhang erwarten, da die Unternehmen in vollkommen verschiedenen Märkten aktiv sind. Doch es könnte ja sein, dass beide Schuldverschreibungen einer in Deutschland ansässigen Bank gekauft haben. Kommt diese Bank in Zahlungsschwierigkeiten, wäre auch ein gemeinsamer Bankrott der beiden Unternehmen ziemlich wahrscheinlich. Li hat versucht, diese Zusammenhänge in einem mathematischen Modell abzubilden, damit Investitionsentscheidungen zukünftig mit weniger Risiko behaftet sind.

Fortsetzung auf Folgeseite

24.6 Fazit

Zusammenfassung

▸ Da Spareinlagen Zinsen erwirtschaften können, ist ein Geldbetrag heute mehr wert als der gleiche Geldbetrag in der Zukunft. Zahlungen zu unterschiedlichen Zeitpunkten lassen sich mithilfe des Barwertkonzepts miteinander vergleichen. Der Barwert einer zukünftigen Zahlung ist der Betrag, der heute benötigt wird, um beim gegebenen Zinsniveau die zukünftige Zahlung zu generieren.

▸ Aufgrund des abnehmenden Grenznutzens sind die meisten Menschen risikoscheu. Risikoaverse Menschen können ihr Risiko durch den Rückgriff auf Versicherungen, durch Diversifikation und die Wahl eines Anlageportfolios mit einem geringeren Ertrag und einem geringeren Risiko reduzieren.

▸ Der Wert einer Vermögensposition, wie beispielsweise einer Aktie, entspricht dem Barwert der Zahlungen, die der Anteilseigner zukünftig erhält. Der Barwert der Zahlungen umfasst sowohl die Dividendenzahlungen als auch den Verkaufspreis der Aktie. Nach der Effizienzmarkthypothese verarbeiten Finanzmärkte Informationen in einer rationalen Weise, sodass der Aktienkurs immer die beste Prognose über den Wert des zugrunde liegenden Unternehmens

Stichwörter

▸ Finanzierung
▸ Barwert
▸ Endwert
▸ Aufzinsung (Zinseszins)
▸ Risiko
▸ risikoavers (risikoscheu)
▸ Diversifikation
▸ unternehmensspezifisches Risiko
▸ Marktrisiko
▸ Fundamentalanalyse
▸ Effizienzmarkthypothese
▸ informationseffizient
▸ Zufallspfad (Random Walk)
▸ Spekulationsblase
▸ Hypothekendarlehen

Fortsetzung von Vorseite

Die Statistiker verwenden für die Modellierung derartiger verbundener Risiken gemeinsame Wahrscheinlichkeitsverteilungen, etwa Gaußsche Normalverteilungen. Li untersuchte die Wahrscheinlichkeit, dass in einem Kreditbündel bei zwei oder mehr Einzelkrediten ein Zahlungsausfall auftritt, und nutzte dabei sein Wissen aus der Versicherungsmathematik über die Sterbewahrscheinlichkeit von Personen nach dem Ableben des Ehepartners. Zwischen Vermögenswerten und Menschenleben gibt es allerdings (auch) statistische Unterschiede. Li war sich der Grenzen seines Modells bewusst und sagte schon im Jahr 2005 über seine Formel: »Jedes Modell hat Grenzen; und nur ganz wenige verstehen den Kern meines Modells.«

Der Finanzwelt erschien die von Li entwickelte Formel allerdings sehr nützlich, weil sie scheinbar komplexe Risiken auf eine einzige Zahl reduzieren konnte. Ohne Unternehmen näher zu kennen, meinte man zu wissen, welche Wirkung der Konkurs eines Unternehmens vermutlich auf andere Unternehmen haben würde. Li's Formel wurde sogar von großen unabhängigen Ratingagenturen wie Moody's und Standard & Poor's genutzt. Gleichzeitig wurde die Formel auch verwendet, um Finanzinstrumente wie Collateralized Debt Obligations (CDOs) zu bewerten.

Die Formel von Li lieferte den Investoren die Überzeugung, alle verfügbaren Informationen bestmöglich zu berücksichtigen. Doch von der Sache her konnte dies nicht gutgehen. Zum einen wurde die Leistungsfähigkeit der Formel weit überschätzt, und zum anderen haben überhaupt nur wenige verstanden, auf welchen Annahmen die Formel beruhte und wie die Ergebnisse mit Blick auf die Komplexität der Finanzmärkte einzuordnen waren. Nicht umsonst waren hoch qualifizierte Mathematiker, Statistiker und Physiker mit der Entwicklung dieser Modelle beschäftigt.

In den Wirtschaftswissenschaften müssen Modelle immer als vorläufig gültig und als bei Gelegenheit verbesserungsfähig angesehen werden. Und die Finanzkrise hat die Grenzen der Modelle der »Quants« schonungslos offengelegt. Sicherlich gibt es sehr vieles in den Wirtschaftswissenschaften, das man modellieren kann, und die Mathematik kann als Sprache sehr nützlich sein, wenn es um Analyse und Vorhersage geht. Doch letzten Endes basiert die Volkswirtschaftslehre auf menschlichem Verhalten. Und da zeigt sich immer wieder, dass man eben nicht alles »auf ein Pferd setzen sollte«.

Fragen

1. Was versteht man unter »Quantitative Finance«?
2. Was hat Li versucht, in seinem mathematischen Modell abzubilden?
3. Hätte man Ihrer Meinung nach durch Anwendung der Formel den Markt schlagen können?

- Markt für Subprime-Hypothekendarlehen (Subprime-Markt)
- Verbriefung
- Collateralized Debt Obligations (CDOs)
- toxische Papiere
- Credit Default Swap (CDS)

darstellt. Einige Ökonomen stellen die Gültigkeit der Effizienzmarkthypothese jedoch infrage und glauben, dass irrationale, psychologische Faktoren den Preis einer Vermögensposition ebenfalls beeinflussen.

- Durch die Lockerung der gesetzlichen Regelungen für den Banken- und Finanzsektor konnten Finanzinstitutionen ihre Geschäfte auf neue Produkte und neue Kundengruppen ausdehnen.
- Im Subprime-Markt konnten Haushalte Hypothekendarlehen erhalten, die aufgrund ihres geringen Einkommens eigentlich nicht kreditwürdig waren. Für das höhere Kreditrisiko erhielten die Finanzinstitutionen höhere Zinssätze.
- Finanzinstitutionen haben Kreditforderungen gebündelt, Wertpapiere auf die Kreditbündel ausgestellt (Verbriefungen) und an Zweckgesellschaften veräußert.
- Durch die Verbriefung von Kreditforderungen und die Vermischung unterschiedlicher Tranchen an Kreditbündeln entstanden neue Finanzinstrumente, deren tatsächliches Risiko nur noch schwer einzuschätzen war.
- Die Finanzkrise hat zu einer intensiven Diskussion unter Ökonomen über die Gültigkeit der Effizienzmarkthypothese geführt. Kritiker verweisen darauf, dass die Effizienzmarkthypothese irrationales Verhalten auf Vermögensmärkten nicht erklären kann, das für das Entstehen von Spekulationsblasen verantwortlich ist.

Wiederholungsfragen

1. Der Zinssatz beträgt 7 Prozent. Möchten Sie lieber nach zehn Jahren 200 Euro erhalten oder nach zwanzig Jahren 300 Euro?
2. Welche Nutzen ziehen Menschen aus Versicherungen? Welche Aufgabe übernehmen Versicherungen aus gesamtwirtschaftlicher Sicht?
3. Was verstehen Sie unter Diversifikation? Nimmt die Diversifikation eines Aktienportfolios stärker zu, wenn die Anzahl der verschiedenen Wertpapiere im Portfolio von 1 auf 10 oder von 100 auf 200 steigt?
4. Welche Finanzanlage ist mit einem höheren Risiko verbunden: der Kauf von Aktien oder der Kauf von Staatsanleihen? Welches Wertpapier generiert eine höhere durchschnittliche Rendite?
5. Welche Faktoren sollte ein Aktienanalyst berücksichtigen, wenn er den Wert einer Aktie bestimmt?
6. Beschreiben Sie die Effizienzmarkthypothese. Warum stehen einige Ökonomen dieser Annahme skeptisch gegenüber?
7. Welche Besonderheiten weist der Subprime-Markt für Hypothekendarlehen auf?
8. Erläutern Sie am Beispiel von Hypothekendarlehen, wie eine Bank bei der Verbriefung von Vermögenswerten vorgeht.

Aufgaben und Anwendungen

1. Vor 400 Jahren verkauften Indianer die Insel von Manhattan für 24 Dollar. Angenommen, sie hätten diesen Betrag zu einem Zinssatz von 7 Prozent p. a. angelegt, über welche Summe könnten sie heute verfügen?

2. Ein Unternehmen muss über ein Investitionsprojekt entscheiden, das heute 10 Millionen Euro kostet und in vier Jahren einen Ertrag von 14 Millionen Euro verspricht.
   a. Sollte das Unternehmen das Investitionsprojekt realisieren, wenn der Zinssatz 11 Prozent beträgt? Ändert sich die Entscheidung, wenn der Zinssatz lediglich 8 Prozent beträgt?
   b. Können Sie den Zinssatz bestimmen, bis zu dem das Investitionsprojekt noch rentabel ist?

3. Stellen Sie sich vor, der Bundestag kommt zu der Auffassung, dass die ordentliche Bekleidung der Bürger von großer Bedeutung für die Gesellschaft sei und beschließt Steuervergünstigungen für eine »Kleiderversicherung«. Diese neue Versicherung übernimmt gegen die Zahlung einer jährlichen Versicherungsprämie 80 Prozent der Ausgaben für Kleidung des Versicherten. Der Versicherte kann zudem seine Versicherungsprämie steuerlich geltend machen.
   a. Wie würde diese neue Versicherung die Ausgaben für Kleidung beeinflussen? Wie schätzen Sie diese Veränderung unter dem Gesichtspunkt der ökonomischen Effizienz ein?
   b. Wer würde eine solche »Kleiderversicherung« abschließen?
   c. Nehmen wir an, eine Person gibt durchschnittlich 2.000 Euro für Kleidung im Jahr aus. Würde die »Kleiderversicherung« mehr oder weniger als 2.000 Euro kosten?
   d. Sind Sie der Meinung, dass diese Initiative des Bundestages eine gute Idee wäre?

4. Sie beabsichtigen, Ihre Ersparnisse in Aktien anzulegen. Sollten Sie Aktien von Unternehmen aus einer Branche bevorzugen?

5. Von welcher Aktie erwarten Sie eine höhere durchschnittliche Rendite?
   a. Aktie einer stark konjunkturabhängigen Branche (z. B. Automobilindustrie) oder
   b. Aktie einer konjunkturunabhängigen Branche (Wasserwerk).
   Begründen Sie Ihre Entscheidung.

6. Ein Unternehmen sieht sich zwei Arten von Risiko gegenüber. Das unternehmensspezifische Risiko bezeichnet die Möglichkeit, dass ein Wettbewerber in den Markt eintritt und Kunden des Unternehmens abwirbt. Das Marktrisiko beschreibt die Gefahr, dass die Volkswirtschaft in eine Rezession abgleitet und das Unternehmen

unter sinkenden Absätzen zu leiden hat. Welches der beiden Risiken wird die Anteilseigner dazu veranlassen, eine höhere Rendite zu fordern?

7. Sie haben zwei Bekannte, Bea und Henry, die Aktien kaufen.
   a. Bea kauft nur Aktien von Unternehmen, von denen jeder erwartet, dass sie in Zukunft einen kräftigen Gewinnanstieg realisieren. Welches Kurs-Gewinn-Verhältnis erwarten Sie für diese Unternehmen im Vergleich zu allen anderen Unternehmen? Welchen Nachteil beinhaltet Beas Aktienstrategie?
   b. Henry kauft dagegen nur Aktien von Unternehmen, die ein geringes Kurs-Gewinn-Verhältnis aufweisen. Welche Ertragsperspektiven erwarten Sie für derartige Unternehmen im Vergleich zu allen anderen Unternehmen? Welchen Nachteil beinhaltet Henrys Aktienstrategie?

8. Wenn Unternehmensangehörige privat Aktien auf der Grundlage von Informationen kaufen bzw. verkaufen, die sie aufgrund ihrer Tätigkeit im Unternehmen haben, dann betreiben sie Insiderhandel.
   a. Nennen Sie ein Beispiel für Informationen, die ihnen beim Kauf bzw. Verkauf von Aktien nützlich sein können.
   b. Personen, die in einen Insiderhandel involviert sind, realisieren in der Regel einen sehr hohen Gewinn. Verletzt dieser Tatbestand die Effizienzmarkthypothese?
   c. Insiderhandel ist gesetzlich verboten. Warum?

9. Ein kleines Unternehmen aus dem Erzgebirge produziert Nussknacker aus hochwertigem Palisanderholz. Nach mehreren erfolgreichen Geschäftsjahren will das Unternehmen in eine neue Produktionsanlage investieren und dafür einen Kredit aufnehmen. Der Risikoanalyst der Hausbank schaut sich die Gewinn- und Verlustrechnung des Unternehmens der letzten Jahre an und kommt zu der Einschätzung, dass die Wahrscheinlichkeit für einen Zahlungsausfall aufgrund der stabilen Unternehmensentwicklung in der Vergangenheit bei lediglich 1 Prozent liegt. Teilen Sie die Einschätzung des Analysten?

10. Warum wurden viele Finanzinstrumente, die auf Hypothekendarlehen basierten, zu toxischen Papieren?

25 Das monetäre System

Wenn Sie ein Restaurant betreten und ein Essen bestellen, so erhalten Sie etwas von Wert – Sie genießen ein leckeres Essen in angenehmer Atmosphäre und werden bedient. Um für diese Dienstleistung zu bezahlen, werden Sie der Bedienung oder dem Restaurantbesitzer vielleicht einige schon etwas zerknitterte Papierstücke geben, die mit seltsamen Porträts, Gegenständen und Mustern versehen sind. Oder Sie reichen der Bedienung ein kleines rechteckiges Stück Plastik, unter Umständen mit einem Computerchip versehen, das Sie sodann zurückerhalten. Gleichgültig, ob Sie mit Bargeld, Girokarte oder Kreditkarte bezahlen – der Restaurantbesitzer arbeitet gerne hart, um Ihre gastronomischen Wünsche zu erfüllen und im Gegenzug dafür dieses an sich wertlose Papiergeld zu erhalten oder sich für einige Augenblicke ein ebenfalls wertloses Stück Plastik ausleihen zu dürfen.

Jedem, der in einer modernen Ökonomie lebt, scheint diese gesellschaftliche Gepflogenheit ganz und gar nicht seltsam. Obwohl Papiergeld keinen eigenen (intrinsischen) Wert hat, vertraut der Restaurantbesitzer darauf, dass eine dritte Person dieses im Austausch gegen etwas, das der Restaurantbesitzer für wertvoll erachtet, akzeptieren wird. Diese dritte Person vertraut darauf, dass eine vierte Person das Papiergeld akzeptieren wird und so weiter. Für den Restaurantbesitzer und andere Personen unserer Gesellschaft stellt Ihr Bargeld einen Anspruch auf Waren und Dienstleistungen in der Zukunft dar. Wenn Sie mit Ihrer Girokarte bezahlen, ist der Restaurantinhaber zufrieden, weil er weiß, dass das Geld automatisch von Ihrem Bankkonto auf sein Bankkonto überwiesen wird, und der Betrag auf seinem Bankkonto ebenfalls einen Anspruch auf in der Volkswirtschaft produzierte Waren und Dienstleistungen darstellt. Wenn Sie mit Ihrer Kreditkarte bezahlen, weiß der Restaurantbesitzer, dass das Geld, das Sie sich auf Ihre Kreditkarte geliehen haben, auf seinem Bankkonto gutgeschrieben wird.

Die gesellschaftliche Praxis, Geld zur Abwicklung von Transaktionen zu verwenden, ist in einer großen, komplexen Gesellschaft außerordentlich nützlich. Stellen Sie sich für einen Augenblick vor, es gebe in einer Gesellschaft kein Medium, das im Austausch für Waren und Dienstleistungen weit verbreitete Akzeptanz fände. Die Menschen müssten sich auf den **Tauschhandel** verlassen – den Austausch eines Gutes gegen ein anderes –, um an die Dinge zu gelangen, die sie brauchen. Um Ihr Essen zu erhalten, müssten Sie also beispielsweise dem Restaurantbesitzer etwas von unmittelbarem Wert anbieten. Sie könnten ihm das Angebot unterbreiten, Geschirr zu spülen, sein Auto zu putzen oder ihm ein gut gehütetes Geheimrezept Ihrer Familie für Fleischklößchen zu verraten. Eine Wirtschaft, die auf Tauschhandel beruht, wird Schwierigkeiten haben, eine effiziente Allokation ihrer knappen Ressourcen zu bewerkstelligen. In einer solchen Wirtschaft spricht man davon, dass der Handel die doppelte Übereinstimmung der Wünsche erfüllen muss – d. h. also, dass der höchst

Tauschhandel
Der Austausch eines Gutes gegen ein anderes.

unwahrscheinliche Fall eintreten muss, dass von zwei Menschen jeder genau das Gut besitzen muss, was der andere haben möchte.

Das Vorhandensein von Geld vereinfacht den Handel. Dem Restaurantbesitzer kann es gleichgültig sein, ob Sie ein für ihn wertvolles Gut produzieren oder eine von ihm gewünschte Dienstleistung anbieten können. Er ist zufrieden damit, ihr Geld zu akzeptieren – im Wissen, dass auch andere dieses Geld von ihm akzeptieren werden. Solch eine Konvention erlaubt Handel auf Umwegen. Der Restaurantbesitzer akzeptiert Ihr Geld und bezahlt damit seine Köchin; die Köchin verwendet das Geld dazu, ihr Kind in einen Kindergarten zu schicken; der Kindergarten bezahlt mit diesem Geld eine Kindergärtnerin; und die Kindergärtnerin kann Sie zum Rasenmähen anstellen. Dieser Geldfluss von einer Person zur nächsten in einer Volkswirtschaft erleichtert Produktion und Handel und ermöglicht es so jeder Person, sich auf das zu spezialisieren, was sie am besten beherrscht, und erhöht damit den Lebensstandard eines jeden.

In diesem Kapitel beginnen wir damit, die Rolle des Geldes in einer Volkswirtschaft zu untersuchen. Wir werden uns fragen, was Geld ist, in welchen verschiedenen Formen es auftreten kann, wie das Bankensystem zur Geldschaffung beiträgt und wie die im Umlauf befindliche Geldmenge kontrolliert werden kann. Da Geld in einer Volkswirtschaft so wichtig ist, werden wir im weiteren Verlauf des Buches detailliert untersuchen, wie Veränderungen der Geldmenge verschiedene ökonomische Größen wie z. B. Inflation, Zinssätze, Produktion oder Beschäftigung langfristig beeinflussen. Die kurzfristigen Wirkungen geldpolitischer Eingriffe sind ein komplexeres Thema, das wir später aufgreifen werden. Das vorliegende Kapitel liefert das Hintergrundwissen für diese weiterführenden Analysen.

25.1 Die Bedeutung des Geldes

Geld
Ein Bündel von Aktiva, das die Menschen in einer Volkswirtschaft regelmäßig dazu verwenden, Waren und Dienstleistungen von anderen Menschen zu erwerben.

Was ist Geld? Das mag Ihnen als eine seltsame Frage scheinen. Wenn Sie lesen, dass der Milliardär Mark Zuckerberg sehr viel Geld hat, so wissen Sie, was das heißt: Er ist so reich, dass er sich fast alles kaufen kann, was er will. In diesem Sinn steht Geld für Reichtum. Ökonomen hingegen verwenden das Wort in einem spezielleren Sinn: **Geld** ist ein Bündel von Aktiva, das die Menschen in einer Volkswirtschaft regelmäßig dazu verwenden, Waren und Dienstleistungen von anderen Menschen zu erwerben. Das Bare in Ihrem Portemonnaie ist Geld, weil Sie sich damit etwas zu essen oder etwas zum Anziehen kaufen. Wenn Sie im Gegensatz dazu, wie Mark Zuckerberg, einen großen Teil von Facebook besitzen, so wären Sie zwar reich, aber dieses Aktivum wird nicht als Geld gezählt. Sie könnten sich damit keine Würstchen und kein T-Shirt kaufen, ohne zuerst etwas Bargeld zu besorgen. Nach der ökonomischen Definition beinhaltet Geld also nur einige wenige Formen von Reichtum, die von Verkäufern regelmäßig im Austausch für Güter akzeptiert werden.

Die Funktionen des Geldes

Geld hat drei Funktionen in einer Volkswirtschaft: Es ist Tauschmittel, Recheneinheit und Wertaufbewahrungsmittel. Diese drei Funktionen zusammen unterscheiden Geld von anderen Aktiva in der Volkswirtschaft wie Aktien, Anleihen, Grund und Boden, Kunst oder sogar Fußball-Sammelbildern. Wir wollen uns im Folgenden jede dieser Funktionen genauer ansehen.

Ein **Tausch-** oder **Zahlungsmittel** ist etwas, das Käufer an Verkäufer geben, wenn sie Güter erwerben. Wenn Sie ein T-Shirt in einem Bekleidungsgeschäft kaufen, so erhalten Sie das T-Shirt und das Geschäft Ihr Geld. Dieser Transfer von Geld vom Käufer zum Verkäufer ermöglicht es erst, dass die Transaktion stattfinden kann. Wenn Sie ein Geschäft betreten, so können Sie überzeugt sein, dass das Geschäft Ihr Geld für die Dinge, die es verkaufen will, akzeptieren wird, denn Geld ist ein weit verbreitetes, akzeptiertes Tauschmittel.

Eine **Recheneinheit** ist der Maßstab, den die Menschen verwenden, um Preise anzugeben und Schulden zu notieren. Wenn Sie einkaufen gehen, können Sie beobachten, dass ein T-Shirt 20 Euro und ein Hamburger 2 Euro kosten. Obwohl es korrekt wäre zu sagen, der Preis eines T-Shirts beträgt zehn Hamburger oder der Preis eines Hamburgers entspricht einem Zehntel T-Shirt, werden Preise niemals so angegeben. Ähnlich verhält es sich, wenn Sie einen Bankkredit aufnehmen: Die Höhe Ihrer zukünftigen Zahlungsverpflichtungen wird in Euro gemessen, nicht in einer Gütermenge. Wenn wir einen ökonomischen Wert messen und angeben wollen, so benutzen wir dazu Geld als Recheneinheit.

Ein **Wertaufbewahrungsmittel** ist etwas, das die Menschen dazu verwenden können, Kaufkraft von heute in die Zukunft zu verlagern. Akzeptiert ein Verkäufer heute Geld im Austausch gegen eine Ware oder Dienstleistung, so kann dieser Verkäufer das Geld behalten und zu einem späteren Zeitpunkt Käufer einer Ware oder Dienstleistung werden. Selbstverständlich ist Geld nicht das einzige Wertaufbewahrungsmittel in einer Volkswirtschaft. Eine Person kann ebenso durch den Erwerb von anderen Vermögenswerten Kaufkraft von der Gegenwart in die Zukunft verschieben. Der Begriff **Vermögen** (wealth) bezieht sich auf alle Wertaufbewahrungsmittel und umfasst sowohl monetäre als auch nichtmonetäre Aktiva.

Ökonomen verwenden den Begriff **Liquiditätsgrad**, um zu beschreiben, wie schnell ein Aktivum in das in der betreffenden Volkswirtschaft gängige Tauschmittel umgewandelt werden kann. Da Geld das Tauschmittel in den meisten Volkswirtschaften ist, ist es das liquideste verfügbare Aktivum. Andere Aktiva können sich stark in ihrem Liquiditätsgrad unterscheiden. Die meisten Aktien oder Anleihen können leicht und mit nur geringen Kosten verkauft werden, sie stellen also relativ liquide Aktiva dar. Im Gegensatz dazu erfordert der Verkauf eines Hauses oder eines Rembrandt-Gemäldes mehr Zeit und höhere Anstrengungen, sodass solche Aktiva zu den weniger liquiden zählen.

Bei der Entscheidung, in welcher Form die Wirtschaftssubjekte ihr Vermögen halten möchten, müssen sie Liquiditätsüberlegungen gegen die Nützlichkeit eines Aktivums als Wertaufbewahrungsmittel abwägen. Geld ist die liquideste Form aller Aktiva, aber als Wertaufbewahrungsmittel ist es weniger geeignet. Denn wenn die Preise stei-

---

Tauschmittel/ Zahlungsmittel
Etwas, das Käufer an Verkäufer geben, wenn sie Waren und Dienstleistungen erwerben wollen.

Recheneinheit
Der Maßstab, den die Menschen zur Preissetzung und Schuldenangabe verwenden.

Wertaufbewahrungsmittel
Etwas, das die Menschen verwenden können, um Kaufkraft von der Gegenwart in die Zukunft zu transferieren.

Vermögen
Die Summe aller Wertaufbewahrungsmittel, sowohl monetäre als auch nichtmonetäre Aktiva.

Liquiditätsgrad
Die Leichtigkeit, mit der ein Aktivum in das Tauschmittel der entsprechenden Volkswirtschaft umgewandelt werden kann.

gen, sinkt der Wert des Geldes, d. h. seine Kaufkraft. Anders ausgedrückt bedeutet dies, wenn Waren und Dienstleistungen teurer werden, so können Sie sich mit dem Geld in Ihrem Portemonnaie weniger kaufen. Dieser Zusammenhang zwischen dem Preisniveau und dem Geldwert wird sich als wichtig für das Verständnis dafür erweisen, wie Geld die Volkswirtschaft beeinflusst.

Die Geldformen

Warengeld
Geld in Form einer Ware mit intrinsischem (innerem/eigenem) Wert.

Nimmt Geld die Form einer Ware mit innerem (intrinsischen) Wert an, so wird es Natural-, Sach- oder **Warengeld** genannt. Der Ausdruck *intrinsischer Wert* bedeutet, dass der entsprechende Gegenstand auch von Wert wäre, wenn er nicht als Geld verwendet werden würde. Ein Beispiel für Warengeld ist Gold. Gold hat einen intrinsischen Wert, da es in der Industrie und in der Schmuckherstellung Verwendung findet. Obwohl wir heutzutage Gold nicht mehr als Geld verwenden, war Gold in der Vergangenheit eine häufig anzutreffende Form von Geld, da es relativ leicht zu transportieren, zu messen und auf Unreinheiten zu untersuchen ist. Verwendet eine Volkswirtschaft Gold als Geld (oder Papiergeld, das auf Verlangen in Gold umtauschbar ist), so spricht man von einem *Goldstandard*.

Ein weiteres Beispiel für ein Warengeld sind Zigaretten. Im Zweiten Weltkrieg tauschten Kriegsgefangene in Lagern untereinander Waren und Dienstleistungen gegen Zigaretten als Wertaufbewahrungsmittel, Recheneinheit und Tauschmittel aus. Ähnlich verhielt es sich zu Zeiten des Zusammenbruchs der Sowjetunion in den späten 1980er-Jahren: Zigaretten begannen, den Rubel als bevorzugte Währung in Moskau abzulösen. In beiden Fällen waren auch Nichtraucher gerne bereit, Zigaretten im Austausch zu akzeptieren, denn sie wussten, dass sie diese Zigaretten zum Kauf anderer Güter verwenden konnten.

Rechengeld
Geld ohne intrinsischen Wert, das vom Staat zu Geld erklärt wird.

Geld ohne intrinsischen Wert wird Papiergeld ohne Deckung oder **Rechengeld** (fiduziarisches oder ungedecktes Geld) genannt. Diese Form des Geldes wird von staatlicher Seite per Befehl oder Erlass als Geld bestimmt. Vergleichen Sie beispielsweise die Scheine in Ihrer Geldbörse (gedruckt im Auftrag der Europäischen Zentralbank) mit den Scheinen eines Monopoly-Spiels (gedruckt vom Spielwarenhersteller Hasbro). Warum können Sie mit den Euro-Scheinen Ihre Restaurantrechnung bezahlen, mit den Monopoly-Scheinen jedoch nicht? Die Antwort ist, dass der deutsche Staat den Euro zum gesetzlichen Zahlungsmittel erklärt hat.

Obwohl der Staat bzw. die Zentralbank eine zentrale Rolle bei der Errichtung und Regulierung eines Rechengeldsystems einnimmt (beispielsweise auch bei der Verfolgung von Fälschern), sind für den Erfolg eines solchen monetären Systems auch andere Faktoren maßgeblich. Die Akzeptanz des Rechengeldes hängt mindestens ebenso von Erwartungen und gesellschaftlichen Konventionen ab wie von der Gültigkeitserklärung durch den Staat. Die sowjetische Regierung schaffte den Rubel während der 1980er-Jahre zu keiner Zeit als offizielle Währung ab. Dennoch zogen die Moskauer Zigaretten (oder auch Dollar) im Austausch gegen Waren oder Dienstleistungen vor, denn sie vertrauten eher darauf, dass diese alternativen Geldarten von anderen in Zukunft akzeptiert würden.

Information

Neues Geld?

Seit einigen Jahren ist eine neue Art von Geld im Umlauf, das man als *Kryptogeld* oder auch *Kryptowährung* bezeichnet. Kryptowährungen sind ein Zahlungsmittel, das es nur in elektronischer Form gibt. Im Jahr 2009 wurde mit dem Bitcoin erstmals eine Kryptowährung genutzt.

Bitcoins können direkt von einer Person zu einer anderen Person transferiert werden, ohne dass dabei eine Bank oder irgendein anderer Finanzintermediär involviert ist. Bitcoins werden dezentral in digitalen Geldbörsen (»Wallets«) gespeichert, die man auf seinem PC oder Smartphone einrichtet. Transaktionen zwischen Wallets werden über das Internet in verschlüsselter Form in einem digitalen Zahlungsbuch (»Ledger«) in Blöcken aufgezeichnet und nach Entschlüsselung und Prüfung vollzogen.

Der Bitcoin geht auf den japanischen Computerexperten Satoshi Nakamoto zurück. Im Jahr 2008 verfasste und verteilte Nakamoto ein entsprechendes Konzeptpapier, in dem er den Quellcode des Bitcoins veröffentlichte. Da keine Informationen über die Identität von Nakamoto verfügbar sind, gibt es Vermutungen, dass es sich bei dem Namen um ein Pseudonym handelt.

Nach dem Konzept von Nakamoto entstehen neue Bitcoins durch die Entschlüsselung und Verifizierung von Bitcoin-Transaktionen am Computer. Dieser Prozess wird auch als »Mining« bezeichnet. Die Anzahl der Bitcoins, die auf diese Weise geschaffen werden können, ist mutmaßlich auf 21 Millionen Stück limitiert. Einmal erschaffen, können Bitcoins ohne Beschränkungen getauscht werden. Sie können an organisierten Handelsplätzen für Dollar oder Euro gekauft und gegen Dollar oder Euro verkauft werden. Und das Angebot an und die Nachfrage nach Bitcoins bestimmen den Preis (in Dollar oder Euro). Gleichzeitig kann man Bitcoins auch bei jedem Händler zum Kauf von Dingen nutzen, der Bitcoins als Zahlungsmittel akzeptiert.

Bitcoins sind weder Warengeld noch Rechengeld. Im Unterschied zum Warengeld haben Bitcoins keinen intrinsischen Wert. Man kann Bitcoins nur als Zahlungsmittel nutzen. Und im Gegensatz zu Rechengeld werden Bitcoins nicht von einer staatlich autorisierten Stelle in Umlauf gebracht. Dieser Umstand wird von vielen Befürwortern des Bitcoins als ein entscheidender Vorteil angesehen. Allerdings werden Bitcoins immer wieder für illegale Transaktionen (wie z.B. Drogen- oder Waffenhandel) verwendet, da sich die Beteiligten der Anonymität von Bitcoin-Transaktionen sicher sein können.

Der Blick auf Abbildung 25-1, zeigt, dass der Preis des Bitcoins seit seiner Einführung erheblichen Schwankungen ausgesetzt ist. Anfang 2011 kostete ein Bitcoin noch nicht

Abb. 25-1: Preisentwicklung des Bitcoins seit 2011

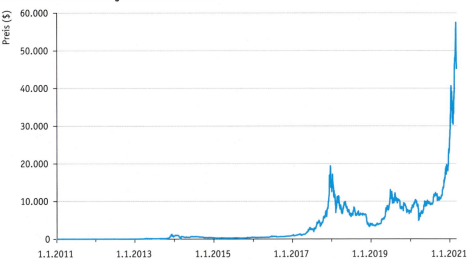

Quelle: https://de.investing.com

Fortsetzung auf Folgeseite

25.1 Das monetäre System
Die Bedeutung des Geldes

Fortsetzung von Vorseite

einmal 0,50 Dollar. Bis Ende 2013 stieg der Preis auf über 1.000 Dollar, bevor er Anfang 2015 auf unter 200 Dollar sank. In den folgenden Jahren setzte der Bitcoin zu einem wahren Höhenflug an und erreichte Ende 2017 einen Preis von fast 20.000 Dollar. Nur ein Jahr später war der Preis unter 3.500 Dollar gefallen, bevor er innerhalb von sechs Monaten wieder über die Marke von 15.000 Dollar kletterte. Im Februar 2021 lag der Preis zeitweise bei über 57.000 Dollar, bevor es innerhalb nur einer Woche zu einem Rückgang von mehr als 20 Prozent kam.

Neben dem Bitcoin gibt es mittlerweile weitere Kryptowährungen wie Ethereum, Litecoin oder Ripple. Diese neuen Kryptowährungen unterscheiden sich von Bitcoins in ihrem Quellcode, weisen allerdings ebenfalls erhebliche Preisschwankungen auf.

Ob sich Kryptowährungen dauerhaft als Zahlungsmittel etablieren können, wird davon abhängen, inwieweit Kryptowährungen in der Lage sein werden, die grundlegenden Funktionen des Geldes als Zahlungsmittel, Wertaufbewahrungsmittel und Recheneinheit zu übernehmen. In dieser Hinsicht sind viele Ökonomen skeptisch. Die großen Preisschwankungen (in Dollar oder Euro) machen Kryptowährungen zu einer riskanten Wertanlage und verhindern gleichzeitig, dass Kryptowährungen als verlässliche Recheneinheit fungieren können. Zudem akzeptieren bislang nur wenige Händler Kryptowährungen als Zahlungsmittel. Aus diesem Grund zählen Kryptowährungen auch (noch) nicht zur Geldmenge.

Geld in der Volkswirtschaft

Geldmenge
Die Menge an Geld, die in einer Volkswirtschaft zirkuliert.

Bargeld
Scheine und Münzen in den Händen der privaten Wirtschaftseinheiten.

Wie wir sehen werden, hat die **Geldmenge**, die in einer Volkswirtschaft zirkuliert, einen großen Einfluss auf viele ökonomische Größen. Aber bevor wir uns der Frage zuwenden, warum diese Aussage stimmt, müssen wir im Vorfeld erst einmal klären, was die Geldmenge eigentlich ist. Nehmen Sie an, Sie bekämen den Auftrag zu messen, wie viel Geld in Deutschland oder in Europa existiert. Was würden Sie alles in Ihre Maßzahl einbeziehen?

Sie denken wahrscheinlich sofort an **Bargeld** – die Scheine und Münzen in den Händen der Öffentlichkeit. Bargeld ist sicherlich das am weitesten akzeptierte Tausch- und Zahlungsmittel in unserer Volkswirtschaft. Es ist ohne Zweifel ein Teil der Geldmenge.

Jedoch ist Bargeld nicht das einzige Aktivum, mit dem man Güter erwerben kann. Viele Geschäfte akzeptieren auch Girokarten (früher »EC-Karten«), die es möglich machen, dass das Geld von Ihrem Girokonto elektronisch auf das Konto des Ladeninhabers transferiert wird. Aber gehören Girokarten damit zur Geldmenge einer Volkswirtschaft? Eigentlich nicht – es ist das Girokonto, von dem die Girokarte das Geld bezieht, auf dem das Geld vorhanden ist. Eine Girokarte ist nur ein *Instrument*, mit dessen Hilfe man Geld zwischen Girokonten verschieben kann.

Und wie sieht es mit Kreditkarten aus? An dieser Stelle müssen wir sorgfältig überlegen, denn Kreditkarten stellen eigentlich kein Zahlungsmittel dar, sondern führen vielmehr zu einer *Aufschiebung* der Zahlung. Wenn Sie ein Essen mit Kreditkarte bezahlen, so zahlt die Bank oder die Kartengesellschaft, die die Kreditkarte ausgestellt hat, Ihre Rechnung. Zu einem späteren Zeitpunkt müssen Sie das geliehene Geld (möglicherweise verzinst) zurückzahlen. Wenn die Kreditkartenabrechnung zum Monatsende kommt, wird Ihr Girokonto belastet, dessen Einlagen wiederum zur Geldmenge zählen. Kreditkarten unterscheiden sich also grundlegend von Girokarten, bei

Fallstudie

Die »wahre Geldmenge«

Wie bei vielen Themen in der Volkswirtschaftslehre gibt es auch unterschiedliche Ansichten zur Definition der Geldmenge. Der Geldmenge kommt jedoch im weiteren Verlauf der Analyse eine große Bedeutung zu. Gibt es kein einheitliches Verständnis über den Begriff der Geldmenge, dann werden Modelle und Analysen zur Geldmenge zu unterschiedlichen Ergebnissen kommen. Aber wenigstens stimmen die Vertreter aus nahezu allen Denkrichtungen darin überein, dass Bargeld, also Münzen und Scheine, ein Teil der Geldmenge ist. Was außerdem noch zur Geldmenge zu zählen ist, darüber gehen die Meinungen allerdings auseinander. Die Österreichische Schule, die auf den österreichischen Ökonomen Ludwig von Mises mit seinem Werk »The Theory of Money and Credit« aus dem Jahr 1953 (in seiner Ursprungsfassung unter dem Titel »Theorie des Geldes und der Umlaufsmittel« im Jahr 1912 veröffentlicht) zurückgeht, hat in diesem Zusammenhang den Begriff der sogenannten »wahren Geldmenge« geprägt. Nach von Mises besteht die Geldmenge aus Standardgeld, dem im Umlauf befindlichen Bargeld, und Geldsubstituten.

Geldsubstitute sind schwierig zu erklären, aber nach von Mises müssen Geldsubstitute vollkommen sicher und sofort umtauschbar sein. Das bedeutet, dass Geldsubstitute durch den Besitz von Standardgeld gedeckt sein müssen und sofort in Standardgeld umtauschbar sind. Damit gehören einige Elemente der Geldmengenkonzepte der Zentralbanken weltweit, einschließlich der EZB, eigentlich nicht zur Geldmenge, sodass diese »offizielle« Geldmengendefinition nach Ansicht von Vertretern der Österreichischen Schule fehlerhaft ist.

Nach Überzeugung dieser Ökonomen stellen einige Elemente der Geldmengenkonzepte lediglich den Verzicht auf Geldforderungen in der Gegenwart für das Versprechen von Geldforderungen in der Zukunft dar. Damit die Geldforderung in der Zukunft erfüllt werden kann, muss irgendwann in der Zukunft eine Transaktion stattfinden und damit ist die Geldforderung an sich nicht unmittelbar liquidierbar. Beispielsweise zählen Spareinlagen in vielen Ländern zur Geldmenge M2, aber für diese Einlagen gibt es gesetzliche Regelungen, nach welchen Fristen diese Einlagen liquidierbar sind, beispielsweise mit einer Kündigungsfrist von zwei Monaten. Damit stellen diese Einlagen nach Auffassung der Österreichischen Schule eine Guthabenforderung dar und kein Geldsubstitut.

Dr. Frank Shostak, Ökonom am Mises Institut in den USA, hat die Unterschiede zwischen einem Geldsubstitut und einer Kreditforderung in einem Aufsatz aus dem Jahr 2000 (»The Mystery of Money Supply«) verdeutlicht:

»Once an individual places his money in a bank's warehouse he is in fact engaging in a claim transaction. In depositing his money, he never relinquishes his ownership. No one else is expected to make use of it. When Joe stores his money with a bank, he continues to have an unlimited claim against it and is entitled to take charge of it any time. Consequently, these deposits, labelled, demand deposits, are part of money ... This must be contrasted with a credit transaction, in which the lender of money relinquishes his claim over the money for the duration of the loan. Credit always involves a creditor's purchase of a future good in exchange for a present good. As a result, in a credit transaction, money is transferred from a lender to a borrower.«

Die Diskussion darüber, was zur Geldmenge zählt und was nicht, ist nicht rein akademischer Natur. Sie hat Auswirkungen auf die Wirtschaftspolitik. Niemand würde sich auf die Temperaturanzeige seines Backofens verlassen, wenn er weiß, dass diese eine falsche Temperatur anzeigt. Wenn man sich auf ein falsches Maß für die Geldmenge verlässt, dann können daraus ernsthafte Konsequenzen folgen.

---

denen das Konto sofort mit der Zahlung belastet wird. Der Restaurantbesitzer wiederum akzeptiert eine Bezahlung mit der Kreditkarte, weil er den Geldbetrag für das Essen sofort auf seinem Konto gutgeschrieben bekommt, auch wenn der Kunde den Betrag nicht sofort an seine Bank zahlen muss.

Auch wenn Girokarten und Kreditkarten nicht als Geld zählen, spielen sie dennoch eine wichtige Rolle. Mithilfe einer Girokarte oder Kreditkarte kann man Geld zwischen verschiedenen Konten transferieren. Bei einer Girokarte wird das Geld von Ihrem Konto sofort oder zumindest innerhalb kurzer Zeit auf das Konto des Restaurantbesitzers überwiesen. Bezahlen Sie mit einer Kreditkarte, dann erhält der Restaurant-

Tab. 25-1

Drei Maße für die Geldmenge in der Europäischen Währungsunion

Bezeichnung	Höhe im Januar 2021 (in Mrd. €)	Komponenten
M1	10.374	Täglich fällige Einlagen (Sichteinlagen) und Bargeldumlauf
M2	13.834	M1 + Einlagen mit einer vereinbarten Kündigungsfrist von bis zu drei Monaten + Einlagen mit einer vereinbarten Laufzeit bis zu zwei Jahren
M3	14.604	M2 + Repogeschäfte (Wertpapierpensionsgeschäfte) + Geldmarktfondsanteile + Geldmarktpapiere + Schuldverschreibungen mit einer Laufzeit bis zu zwei Jahren

Sichteinlagen (Buchgeld)
Einlagen auf Bankkonten, die sofort liquidierbar sind (z. B. per Girokarte).

besitzer sofort sein Geld und Sie begleichen Ihre Zahlungsverpflichtung gegenüber der Bank am Monatsende im Rahmen Ihrer Kreditkartenabrechnung. Es kommt also immer dann zu Geldbewegungen, wenn sich die Bankbilanz ändert.

Das Geld, das Sie auf Ihrem Girokonto haben, können Sie damit fast so wie das Bargeld in Ihrem Portemonnaie zum Bezahlen benutzen. Bei der Ermittlung der Geldmenge sind daher auch **Sichteinlagen (Buchgeld)** einzubeziehen – also Einlagen auf Bankkonten, die die Kunden sofort abrufen können. Hat man einmal damit begonnen, die Sichteinlagen als Teil der Geldmenge in Betracht zu ziehen, so müssen Sie auch überlegen, wie es sich mit der Vielzahl anderer Einlagen bei Banken und sonstigen Finanzinstitutionen verhält. In der Regel kann man seine Kreditkartenabrechnung nicht mit seinen Spareinlagen begleichen. Es ist jedoch ohne Probleme möglich, Geld aus Spareinlagen in Sichteinlagen umzuschichten. Also sollten auch diese anderen Einlagen plausiblerweise zur Geldmenge gerechnet werden.

In einer komplexen Volkswirtschaft wie der unsrigen ist es nicht leicht, zwischen den Aktiva, die »Geld« genannt werden können, und jenen, die diese Bezeichnung nicht tragen sollten, eine Linie zu ziehen. Die Münzen in Ihrer Hosentasche sind sicherlich Teil der Geldmenge, ein Gemälde Rembrandts ist es sicherlich nicht; aber es gibt viele Aktiva zwischen diesen beiden Extremen, bei denen die Zuordnung weniger klar ist. Daher existieren auch verschiedene Maße für die Geldmenge. Die Tabelle 25-1 erläutert die drei wichtigsten Maße M1, M2 und M3. Jede dieser Größen verwendet eine etwas unterschiedliche Abgrenzung zwischen monetären und nichtmonetären Aktiva.

Für unsere Zwecke müssen wir uns nicht mit den Unterschieden zwischen den verschiedenen Geldmengenaggregaten im Detail befassen. Die wichtige Erkenntnis besteht an dieser Stelle darin, dass nicht nur Bargeld, sondern auch Bankeinlagen, die schnell liquidierbar und zum Erwerb von Waren und Dienstleistungen verwendbar sind, zur Geldmenge zählen.

> **Kurztest**
> Zählen Sie die drei Funktionen des Geldes auf und erläutern Sie diese.

25.2 Die Rolle von Zentralbanken

Wenn ein Land sich auf ein Rechengeldsystem verlässt, wie es in den allermeisten Ländern üblich ist, muss eine Institution existieren, die für die Überwachung und Steuerung dieses Systems verantwortlich ist. Diese wird in der Regel **Zentralbank** genannt und hat die Aufgabe, das Bankensystem zu überwachen und das **Geldangebot** in der Volkswirtschaft zu steuern. Unter den international bedeutsamen Zentralbanken sind an erster Stelle das Federal Reserve System (kurz Fed) der Vereinigten Staaten, die Bank of Japan, die Bank of England und die Chinesische Volksbank (People's Bank of China) zu nennen. Für Deutschland übernahm bis Ende 1998 die Deutsche Bundesbank diese Aufgabe. Im Zuge der Europäischen Währungsunion und der damit verbundenen Einführung des Euro ging diese im Europäischen System der Zentralbanken (ESZB) unter Führung der Europäischen Zentralbank (EZB) auf. Daher werden wir uns im Folgenden mit der EZB ein wenig näher beschäftigen. Zunächst schauen wir jedoch auf einige allgemeine Merkmale von Zentralbanken.

Die Zentralbank einer Volkswirtschaft besitzt die Macht, die in dieser Volkswirtschaft vorhandene Geldmenge zu erhöhen oder auch zu senken. Entsprechende Maßnahmen der Zentralbank zur Steuerung des Geldangebots werden als **Geldpolitik** bezeichnet. Bildlich könnte man sich in diesem Zusammenhang zunächst vorstellen, dass die Zentralbank ganz einfach Geldscheine druckt und von einem Hubschrauber aus abwerfen lässt. In gleicher Weise könnte man sich auch vorstellen, dass die Zentralbank mithilfe eines Riesenstaubsaugers den Menschen das Geld aus der Tasche zieht. Und obwohl die Maßnahmen der Zentralbank in der Praxis natürlich wesentlich komplexer und geschickter sind, stellt die Hubschrauber-Staubsauger-Metapher eine gute erste Annäherung an das Wesen der Geldpolitik dar.

Wir werden im weiteren Verlauf dieses Kapitels noch genauer lernen, auf welche Weise die Zentralbank tatsächlich das Geldangebot verändert. Dennoch soll bereits an dieser Stelle erwähnt werden, dass die **Offenmarktpolitik** dabei ein wichtiges Instrument ist. Die Offenmarktpolitik bezeichnet den Kauf von Wertpapieren vom Bankensektor und den Verkauf von Wertpapieren an den Bankensektor durch die Zentralbank. Hat sich die Zentralbank beispielsweise dazu entschlossen, das Geldangebot zu erhöhen, dann kann sie das dadurch machen, dass sie Geld druckt und damit Wertpapiere am offenen Markt kauft. Danach befindet sich das zusätzliche Geld im Umlauf. Mit einem Kauf von Wertpapieren am offenen Markt kann die Zentralbank also die Geldmenge erhöhen. Entschließt sich die Zentralbank dagegen dazu, das Geldangebot zu senken, so wird sie Wertpapiere aus ihrem Besitz an den Bankensektor verkaufen. Das Geld, das die Zentralbank im Gegenzug dafür erhält, wird dem Markt entzogen. Auf diese Weise reduziert der Verkauf von Wertpapieren am offenen Markt durch die Zentralbank das Geldangebot.

Zentralbank
Eine Institution, die das Bankensystem überwachen und die Geldmenge in einer Volkswirtschaft regulieren soll.

Geldangebot
Die in einer Volkswirtschaft verfügbare Geldmenge.

Geldpolitik
Die Steuerung der Geldmenge durch die Zentralbank.

Offenmarktpolitik
Der Ankauf von Wertpapieren vom Bankensektor und der Verkauf von Wertpapieren an den Bankensektor durch die Zentralbank zur Steuerung der Geldmenge.

25.2 Das monetäre System
Die Rolle von Zentralbanken

Die Zentralbank ist eine wichtige Institution in einer Volkswirtschaft, da Änderungen des Geldangebots nachhaltige Auswirkungen auf die Volkswirtschaft haben. Wir wissen, dass die Preise steigen, wenn zu viel Geld in Umlauf gesetzt wird. Wir wissen auch, dass eine Gesellschaft kurzfristig die Möglichkeit hat, zwischen Inflation und Arbeitslosigkeit zu wählen. Die Macht der Zentralbank beruht auf diesen Prinzipien. Geldpolitische Entscheidungen der Zentralbank üben einen bedeutenden Einfluss auf das langfristige Preisniveau und die kurzfristige Entwicklung von Beschäftigung und Produktion einer Volkswirtschaft aus. Die Gründe dafür werden wir in den nächsten Kapiteln ausführlicher erläutern. Aufgrund der Verknüpfung zwischen der Geldmenge in einer Volkswirtschaft und der Inflationsrate (Veränderungsrate des Preisniveaus) wird die Zentralbank in einer modernen Volkswirtschaft oft als Hüterin der Preisstabilität gesehen. Um genau zu sein, sollte man die Zentralbank eher als Hüterin einer stabilen niedrigen Inflationsrate bezeichnen. Da die Bezeichnung »Hüterin der Preisstabilität« jedoch weit verbreitet ist und man bei einer stabilen und niedrigen Inflationsrate auch von einer stabilen Veränderung der Preise sprechen kann, werden wir diesem Begriff folgen.

Das Europäische System der Zentralbanken (ESZB)

Das Europäische System der Zentralbanken (ESZB) wurde am 1. Juni 1998 geschaffen, nachdem sich eine Reihe von europäischen Staaten dazu entschlossen hatte, der Europäischen Währungsunion beizutreten und eine gemeinsame Währung zu schaffen, den Euro. Wenn eine Gruppe von Staaten die gleiche Währung hat, dann ist es naheliegend, dass diese Länder auch eine gemeinsame Geldpolitik verfolgen. Und genau zu diesem Zweck wurde das Europäische System der Zentralbanken (ESZB) geschaffen. Zu Beginn bestand die Gruppe der Länder mit dem Euro als gemeinsamer Währung (Euroraum) aus 11 Staaten: Belgien, der Bundesrepublik Deutschland, Finnland, Frankreich, Irland, Italien, Luxemburg, den Niederlanden, Österreich, Portugal und Spanien. Bis zum Jahr 2010 kamen noch Griechenland, Zypern, die Slowakei, Slowenien und Malta hinzu. Im Jahr 2015 bestand der Euroraum nach der Aufnahme von Estland, Lettland und Litauen schließlich aus 19 Staaten.

Europäische Zentralbank (EZB)
Die gemeinsame Zentralbank der Mitgliedstaaten der Europäischen Währungsunion.

Das ESZB besteht aus der **Europäischen Zentralbank (EZB)**, die ihren Sitz in Frankfurt hat, sowie den nationalen Zentralbanken der Mitgliedstaaten der Europäischen Union. Gemäß dem Vertrag von Maastricht und der Satzung des ESZB und der EZB obliegt es dem ESZB, Preisstabilität im Euroraum zu gewährleisten. Zudem soll das ESZB die allgemeine Wirtschaftspolitik der Europäischen Union unterstützen, soweit diese in Einklang mit dem Ziel der Preisstabilität steht. Die Grundsätze einer offenen Marktwirtschaft dienen dabei als Leitbild. Der funktionale Verbund zwischen der EZB und den nationalen Zentralbanken der 19 Mitgliedstaaten im Euroraum, der die gemeinsame Geldpolitik umsetzt, wird auch als **Eurosystem** bezeichnet.

Eurosystem
Der funktionale Verbund zwischen der EZB und den nationalen Zentralbanken der Mitgliedstaaten der Europäischen Währungsunion.

Das ESZB wird von den Beschlussorganen der EZB – dem Direktorium, dem EZB-Rat und dem Erweiterten Rat – geleitet. Das Direktorium setzt sich aus dem Präsidenten, dem Vizepräsidenten sowie vier weiteren Mitgliedern zusammen, die allesamt in Bank-, Geld- und Währungsfragen erfahrene Persönlichkeiten sein sollen. Seit November 2019 ist die Französin Christine Lagarde Präsidentin der EZB. Der EZB-Rat besteht aus den Mitgliedern des Direktoriums sowie den Präsidenten der nationalen Zentralbanken der an der Währungsunion und damit am ESZB aktiv teilnehmenden Staaten. Im Erweiterten Rat sitzen Präsident und Vizepräsident der EZB sowie die Präsidenten aller nationalen Zentralbanken, also der am ESZB teilnehmenden Länder und der Länder, für die Ausnahmeregelungen gelten. Der EZB-Rat trifft sich zweimal im Monat in Frankfurt am Main und legt die geldpolitische Leitlinie fest und trifft alle Entscheidungen, die zur Erfüllung der Aufgaben des ESZB notwendig sind. Das Direktorium ist für die *Ausführung* der geldpolitischen Maßnahmen und die Erteilung der damit verbundenen Weisungen an die nationalen Notenbanken verantwortlich. Der Erweiterte Rat ist u. a. zuständig für die Erhebung der notwendigen statistischen Daten und Beratungsfunktionen.

Der EZB-Rat ist auch dafür verantwortlich, das Ziel der Preisstabilität genau zu definieren. Im Oktober 1998 kam man überein, unter Preisstabilität einen Anstieg im Preisniveau im Jahresvergleich zu verstehen, der weniger als 2 Prozent beträgt, gemessen an der jährlichen Änderung des Harmonisierten Verbraucherpreisindex (HVPI) im Euroraum. Diese Definition der Preisstabilität war jedoch nicht ganz unproblematisch, da die Bezeichnung »weniger als 2 Prozent« die notwendige Klarheit vermissen ließ – eine jährliche Inflationsrate von 1 Prozent ist ebenso »weniger als 2 Prozent« wie eine jährliche Inflationsrate von 0 Prozent. Einige Fachleute waren sogar besorgt, dass die EZB möglicherweise sogar sinkende Preise oder eine negative Inflation anstreben könnte, um das Ziel von »weniger als 2 Prozent« zu erreichen. Wie wir in den nächsten Kapiteln noch ausführlich diskutieren werden, würde dies vor allem kurzfristig zu einem starken Rückgang von Bruttoinlandsprodukt und Beschäftigung in der Volkswirtschaft führen. Aus diesem Grund hat der EZB-Rat im Mai 2003 seine offizielle Interpretation der Preisstabilität von weniger als 2 Prozent pro Jahr bestätigt, gleichzeitig jedoch klargestellt, dass man mittelfristig Inflationsraten nahe 2 Prozent anstrebe.

Die EZB ist in ihrer Konzeption unabhängig von politischen Weisungen, um eine Einflussnahme von Interessengruppen jeglicher Art so weit wie möglich zu vermeiden. Die Unabhängigkeit der EZB wird auf dreifache Weise gesichert: Die EZB ist institutionell, personell und operativ unabhängig. Institutionelle Unabhängigkeit wird dadurch gewährleistet, dass nur unabhängige nationale Zentralbanken am ESZB beteiligt sein dürfen. Personelle/persönliche Unabhängigkeit soll durch lange Amtszeiten der Führungsspitze (5 bis 8 Jahre) gesichert werden, teilweise ohne die Möglichkeit einer Wiederwahl. Die operative Unabhängigkeit belässt der EZB freie Hand bei der Festlegung der Strategie und der Auswahl sowie dem Einsatz der geldpolitischen Instrumente.

Neben der Festlegung der geldpolitischen Ziele und der Umsetzung der zur Erreichung notwendigen Maßnahmen bestehen weitere Aufgaben des ESZB in der Durchführung von Devisengeschäften, der Verwaltung der Währungsreserven der Teilnehmerländer, der Sicherung der Funktionsfähigkeit der Zahlungssysteme, der Aufsicht über das Bankenwesen und der allgemeinen Gewährleistung der Stabilität des europäischen Finanzsystems.

Das Federal Reserve System

Das Zentralbanksystem der Vereinigten Staaten, das **Federal Reserve System (Fed)**, wurde 1914 auf der Grundlage des Federal Reserve Act geschaffen. Im Federal Reserve Act sind auch die geldpolitischen Ziele der Fed niedergeschrieben: ein hoher Beschäftigungsstand, moderate langfristige Zinsen und Preisniveaustabilität. Damit gehen die Aufgaben der Fed im Unterschied zur EZB über die Sicherung der Geldwertstabilität hinaus. Die Fed wird vom Board of Governors geleitet. Das Board of Governors besteht aus sieben Mitgliedern, die vom US-Präsidenten ernannt werden. Sechs der sieben Mitglieder haben eine Amtszeit von 14 Jahren, um ihnen Unabhängigkeit gegenüber kurzfristiger politischer Einflussnahme zu sichern, wenn sie über die Geldpolitik entscheiden. Der Vorsitzende des Board of Governors hat jedoch nur eine Amtszeit von 4 Jahren.

Das Federal Reserve System besteht aus dem Federal Reserve Board in Washington, D.C., und zwölf regionalen Reservebanken, die in großen Städten der USA wie New York, Chicago, Dallas oder San Francisco angesiedelt sind.

Die Geldpolitik innerhalb des Federal Reserve Systems liegt in der Verantwortung des Federal Open Market Committee (FOMC). Das FOMC trifft sich acht Mal im Jahr in Washington, um die aktuelle Wirtschaftslage zu erörtern und gegebenenfalls Änderungen in der Geldpolitik in Erwägung zu ziehen, einschließlich einer Änderung des wichtigsten Zinssatzes, des US-Leitzinses. Das FOMC besteht aus den sieben Mitgliedern des Board of Governors und den zwölf Präsidenten der regionalen Reservebanken, von denen allerdings nur fünf stimmberechtigt sind. Dabei besitzt der Präsident der New Yorker Reservebank stets ein Stimmrecht, da New York traditionell das Finanzzentrum der US-amerikanischen Wirtschaft ist und alle Offenmarktoperationen der Fed von der New Yorker Reservebank aus getätigt werden.

Die Geldpolitik der Fed wurde lange Jahre von Alan Greenspan geprägt, der von 1987 bis 2006 Vorsitzender des Federal Reserve Board war. Nachfolger Greenspans war der ehemalige Wirtschaftsprofessor der renommierten Universität Princeton, Ben Bernanke. Seit dem 5. Februar 2018 ist Jerome Powell Vorsitzender des Federal Reserve Board.

Federal Reserve System (Fed)
Das Zentralbanksystem der Vereinigten Staaten.

25.3 Banken und das Geldangebot

Bislang haben wir untersucht, was »Geld« überhaupt ist und welche Organe auf europäischer Ebene für die Planung und Steuerung der Geldmenge und damit für die Kontrolle der Inflationsrate verantwortlich sind. Kurz angesprochen haben wir auch schon das geldpolitische Instrument der Offenmarktpolitik zur Beeinflussung des Geldangebots. Damit ist das Geldangebot jedoch nicht vollständig erklärt, denn bisher haben wir die zentrale Rolle vernachlässigt, die die Banken im monetären System spielen. Dies wollen wir im Folgenden nachholen.

Erinnern Sie sich bitte daran, dass die Geldmenge – eng definiert – sich aus Bargeld (den Münzen und Scheinen in Ihrem Portemonnaie) und Sichteinlagen (den Aktiva auf ihrem Girokonto) zusammensetzt. Da die Sichteinlagen bei Banken gehalten werden, kann das Verhalten der Banken die Höhe der Sichteinlagen und damit die Geldmenge beeinflussen. Dieser Abschnitt untersucht, wie Banken die Geldmenge beeinflussen können und wie sie damit die Kontrolle der Geldmenge durch die Zentralbank erschweren.

Der einfache Fall eines Systems mit hundertprozentiger Reservehaltung

Um zu erkennen, wie die Banken das Geldangebot beeinflussen, ist es in einem ersten Schritt hilfreich, sich eine Welt ganz ohne Banken vorzustellen. In dieser einfachen Welt ist Bargeld die einzige Form des Geldes. Lassen Sie uns zur Konkretisierung annehmen, die gesamte Bargeldmenge betrage 100 Euro. Das Geldangebot beträgt demgemäß auch 100 Euro.

Lassen Sie uns nun annehmen, jemand eröffne eine Bank, die wir Erste Bank nennen wollen. Die Erste Bank ist eine reine Einlage-Institution, d. h., sie akzeptiert nur Einlagen, vergibt aber keine Kredite. Der Zweck dieser Bank besteht darin, den Einlegern einen sicheren Ort zur Aufbewahrung ihres Geldes zu bieten. Wenn ein Kunde Geld einlegt, so bewahrt die Bank dieses in ihrem Tresor auf, bis der Kunde wiederkommt und sein Geld abheben will. Einlagen, die Banken erhalten, aber nicht weiterverleihen, werden **Reserven** genannt. In der hier beschriebenen fiktiven Volkswirtschaft werden alle Einlagen als Reserven gehalten; es handelt sich also um ein hundertprozentiges Reservesystem.

Reserven
Einlagen, die Banken erhalten haben, aber nicht verleihen.

Wir können die finanzielle Situation der Ersten Bank mittels eines T-Kontos abbilden. Dies ist eine vereinfachte buchhalterische Darstellung, die die Veränderungen in den Aktiva A (Forderungen) und Passiva (Verbindlichkeiten) angibt. Hier folgt das T-Konto für die Erste Bank, wenn das gesamte Geld von 100 Euro unserer Modellvolkswirtschaft bei dieser Bank angelegt wird.

Erste Bank			
Aktiva		Passiva	
Reserven	100 €	Einlagen	100 €

Auf der linken Seite des T-Kontos stehen die Aktiva der Bank in Höhe von 100 Euro (die Reserven, die sie in ihrem Tresor hält). Auf der rechten Seite des T-Kontos sind die Passiva der Bank in Höhe von 100 Euro abgebildet (der Betrag, den sie den Kunden schuldet). Beachten Sie, dass die Aktiva und Passiva der Ersten Bank genau übereinstimmen.

Betrachten wir nun das Geldangebot in dieser fiktiven Volkswirtschaft. Bevor die Erste Bank eröffnet hatte, betrug das Geldangebot 100 Euro, die die Bewohner als Bargeld hielten. Nachdem die Bank eröffnet wurde und die Bewohner ihr Geld eingelegt haben, beträgt die Geldmenge weiterhin 100 Euro, nun in Form von Sichteinlagen. (Es gibt kein umlaufendes Bargeld mehr, da alles im Tresor der Bank liegt.) Jede Bankeinlage reduziert die Bargeldmenge und erhöht die Einlagensumme um genau denselben Betrag, wobei das Geldangebot unverändert bleibt. *Halten also die Banken die gesamten Einlagen als Reserven, so haben sie keinen Einfluss auf das Geldangebot.*

Geldschöpfung in einem Bankensystem mit partieller Reservehaltung

Nach einiger Zeit werden die Bankiers der Ersten Bank ihre hundertprozentige Reservehaltung überdenken. Alles Geld untätig im Tresor liegen zu lassen, scheint nicht die beste Strategie zu sein. Warum nicht ein paar Kredite vergeben? Familien, die Häuser bauen wollen, oder Unternehmen, die Fabrikanlagen errichten möchten, wären sicher gerne bereit, Zinsen dafür zu zahlen, dass sie für einige Zeit Geld leihen können. Natürlich wird die Erste Bank einige Reserven zurückhalten müssen, sodass Bargeld vorhanden ist, wenn einige Anleger Abhebungen vornehmen möchten. Fällt aber der Zufluss neuer Einlagen in etwa so hoch aus wie die Auszahlungswünsche, so muss die Erste Bank nur einen Teil ihrer Einlagen als Reserven halten. Die Erste Bank praktiziert also ein **System partieller Reservehaltung**.

Der Prozentsatz der gesamten Einlagen, den die Bank als Reserven hält, wird als **Reservesatz** bezeichnet. Die Höhe des Reservesatzes bestimmt sich gleichermaßen durch staatliche Vorgaben und durch die Politik der Zentralbank. Wie wir im Verlauf dieses Kapitels noch ausführlich erörtern werden, verlangen sowohl die EZB als auch die Fed von den Kreditinstituten, einen bestimmten *Mindestreservesatz* auf ihre Einlagen zu halten. Darüber hinaus können Banken jedoch auch Reserven über die von der Zentralbank geforderten Mindestreserven hinaus halten – Überschussreserve genannt –, damit sie nicht Gefahr laufen, in Liquiditätsprobleme zu geraten. Selbst wenn es keine vorgeschriebenen Mindestreservesätze gibt, werden die Banken in einer angemessenen Höhe einen Reservesatz festlegen. Für unser Beispiel wollen wir den Reservesatz als gegeben ansehen und untersuchen, welche Auswirkungen eine partielle Reservehaltung auf das Geldangebot hat.

Nehmen wir an, die Erste Bank hält 10 Prozent ihrer Einlagen als Reserven und verleiht den Rest. Wir sprechen dann davon, dass der Reservesatz – der Anteil an den gesamten Einlagen, die die Bank als Reserven hält – 10 Prozent beträgt. Lassen Sie uns nun einen Blick auf das T-Konto der Ersten Bank werfen:

System partieller Reservehaltung
Bankensystem, in dem die Banken nur einen bestimmten Prozentsatz ihrer Einlagen als Reserven halten.

Reservesatz
Prozentsatz der Einlagen, den die Bank als Reserven hält.

Erste Bank			
Aktiva		Passiva	
Reserven	10 €	Einlagen	100 €
Kredite	90 €		

Die Erste Bank hat immer noch 100 Euro auf der Passivseite stehen, denn die Kreditvergabe hat die Verbindlichkeiten der Bank gegenüber ihren Einlegern nicht verändert. Aber die Bank hat nun zwei verschiedene Posten auf der Aktivseite: 10 Euro liegen als Reserven im Tresor und 90 Euro wurden als Kredite vergeben. (Diese Kredite stellen Verbindlichkeiten derjenigen dar, die sie aufgenommen haben, aber sie stellen Forderungen und damit Aktiva der Bank dar, die sie vergeben hat, denn die Kreditnehmer werden die Kreditsumme später an die Bank zurückzahlen.) Insgesamt stimmen Aktiva und Passiva der Ersten Bank immer überein.

Betrachten wir nochmals das Geldangebot in dieser Volkswirtschaft. Bevor die Erste Bank Kredite vergeben hatte, entsprach die Geldmenge den 100 Euro an Einlagen. Vergibt die Erste Bank nun jedoch Kredite, so steigt das Geldangebot. Die Anleger haben immer noch 100 Euro an Guthaben auf ihren Bankkonten, die Schuldner halten jetzt jedoch 90 Euro Bargeld. Das Geldangebot (das sich aus Bargeld und Sichteinlagen zusammensetzt) beträgt nun 190 Euro. *Halten die Banken nur einen bestimmten Prozentsatz ihrer Einlagen als Reserven, so können sie Geld schaffen bzw. schöpfen.*

Auf den ersten Blick mag diese Geldschöpfung innerhalb eines Systems partieller Reservehaltung zu schön sein, um wahr zu sein, denn es scheint so, als hätte die Bank Geld aus der Luft gezaubert. Damit Ihnen diese Geldschaffung weniger wundersam vorkommt, sollten Sie beachten, dass durch die Kreditvergabe aus einem Teil der Bankreserven kein Zuwachs an Vermögen stattfindet. Die Kredite der Ersten Bank geben den Schuldnern Bargeld und eröffnen ihnen damit die Möglichkeit, Güter zu erwerben. Die Schuldner übernehmen mit dem Kredit jedoch auch Rückzahlungsverpflichtungen, sodass die Kreditaufnahme sie insgesamt nicht reicher macht. Anders ausgedrückt bedeutet dies, dass in dem Maße, in dem die Bank das Aktivum Geld schöpft, auch gleichzeitig Verbindlichkeiten für die Schuldner in gleicher Höhe entstehen. Am Ende dieses Geldschöpfungsprozesses ist die Volkswirtschaft liquider in dem Sinne, dass eine höhere Summe des Tauschmittels vorhanden ist; die Volkswirtschaft ist aber nicht reicher als zuvor.

Der Geldschöpfungsmultiplikator

Die Geldschöpfung hört nicht bei der Ersten Bank auf. Lassen Sie uns annehmen, der Schuldner der Ersten Bank verwende die geliehenen 90 Euro, um etwas von jemandem zu kaufen, der wiederum das erhaltene Bargeld auf sein Konto bei der Zweiten Bank einzahlt. Damit sieht das T-Konto der Zweiten Bank folgendermaßen aus:

Zweite Bank			
Aktiva		Passiva	
Reserven	9 €	Einlagen	90 €
Kredite	81 €		

Nach dieser Einlage belaufen sich die Verbindlichkeiten der Zweiten Bank auf 90 Euro. Hat die Zweite Bank auch einen Reservesatz von 10 Prozent, so wird sie 9 Euro als Reserven behalten und Kredite in Höhe von 81 Euro vergeben. So schöpft die Zweite Bank weiteres Geld in Höhe von 81 Euro. Werden diese 81 Euro nun möglicherweise bei einer Dritten Bank eingezahlt, die ebenfalls Reserven in Höhe von 10 Prozent der Einlagensumme hält, so wird diese Bank 8,10 Euro als Reserven halten und Kredite in Höhe von 72,90 Euro vergeben. Das T-Konto der Dritten Bank sieht dann so aus:

25.3 Das monetäre System
Banken und das Geldangebot

	Dritte Bank		
Aktiva			Passiva
Reserven	8,10 €	Einlagen	81 €
Kredite	72,90 €		

Dieser Prozess setzt sich immer weiter fort. Jedes Mal, wenn Geld bei einer Bank eingelegt wird und daraufhin Kredite vergeben werden, wird Geld geschöpft. Man nennt dies den *multiplen Geldschöpfungsprozess*. Wie viel Geld kann dann letztendlich in unserer Modellvolkswirtschaft geschaffen werden? Lassen Sie uns zusammenzählen:

ursprüngliche Einlage	= 100 €	
Kreditvergabe der Ersten Bank	= 90 €	[= 0,9 × 100 €]
Kreditvergabe der Zweiten Bank	= 81 €	[= 0,9 × 90 €]
Kreditvergabe der Dritten Bank	= 72,90 €	[= 0,9 × 81 €]
	.	
	.	
	.	
gesamtes Geldangebot	= 1.000 €	

Obwohl dieser Prozess sich bis ins Unendliche fortsetzen lässt, stellt sich heraus, dass kein unendlich hoher Geldbetrag geschaffen werden kann. Wenn Sie fleißig die unendliche Zahlensequenz aus diesem Beispiel addieren, werden sie feststellen, dass aus den 100 Euro an ursprünglichen Einlagen 1.000 Euro an Geld geschöpft werden können. Der Geldbetrag, den das Bankensystem aus jedem Euro ursprünglicher Einlagen bzw. Reserven schafft, wird **Geldschöpfungsmultiplikator** genannt. In unserer fiktiven Volkswirtschaft, in der aus den 100 Euro ursprünglichen Einlagen 1.000 Euro geschöpft werden können, beträgt der Geldschöpfungsmultiplikator 10.

Es ist wichtig daran zu denken, dass die Banken bei der Kreditvergabe kein neues Bargeld (also Geldscheine und Münzen) schaffen. Die meisten Transaktionen in modernen Volkswirtschaften sind nur einfach Buchungen. Wenn Sie von Ihrer Bank die Mitteilung erhalten, dass sich auf Ihrem Konto ein Guthaben von 1.500 Euro befindet, dann gibt es im Tresor der Bank keine Kiste, in der das Geld aufbewahrt wird. Das Bankensystem basiert auf unserem Vertrauen, dass die Bank über genügend Mittel verfügt, sodass wir jederzeit unsere gesamten Einlagen sofort in bar abheben könnten, wenn wir es denn wollten. Und deswegen ist ein Ansturm von Kunden auf die Bank (sogenannte Bank Runs) auch problematisch. Wenn viele Kontoinhaber ihr Geld auf einmal abheben wollen, dann wird die Bank nicht über ausreichend liquide Mittel zur Auszahlung verfügen und muss Konkurs anmelden.

Wodurch wird die Höhe des Geldschöpfungsmultiplikators bestimmt? Die Antwort ist einfach: Der Geldschöpfungsmultiplikator ist der Kehrwert des Reservesatzes. Ist R der Reservesatz für alle Banken der betrachteten Volkswirtschaft, so können aus jedem Euro an Reserven $1/R$ Euro an Geld erzeugt werden. In unserem Beispiel beträgt $R = 1/10$, der Geldschöpfungsmultiplikator also 10.

Die Berechnung des Geldschöpfungsmultiplikators als reziprokem Reservesatz ist sinnvoll. Denn wenn eine Bank 1.000 Euro an Einlagen aufweist, so besagt ein Reser-

Geldschöpfungsmultiplikator
Geldbetrag, den das Bankensystem mit jedem Euro an ursprünglichen Einlagen bzw. Reserven erzeugt.

vesatz von 1/10 (10 Prozent), dass die Bank 100 Euro an Reserven halten muss. Der Geldschöpfungsmultiplikator dreht diese Überlegung einfach um: Wenn 100 Euro an Reserven im Bankensystem gehalten werden, so können nur 1.000 Euro an Einlagen vorhanden sein. Wenn R also den Anteil der Reserven an den Einlagen für alle Banken (also den Reservesatz) widerspiegelt, dann muss das Verhältnis zwischen den Einlagen und den Reserven im Bankensystem (also der Geldschöpfungsmultiplikator) $1/R$ betragen.

Diese Formel verdeutlicht, wie die Geldmenge, die die Banken (zusätzlich) schöpfen können, vom Reservesatz abhängt. Beläuft sich der Reservesatz nur auf 1/20 (5 Prozent), so müssen zwanzigmal so viele Einlagen wie Reserven im Bankensystem vorhanden sein, womit der Geldschöpfungsmultiplikator 20 beträgt. Jeder einzelne Euro an Reserven würde zu einer (zusätzlichen) Geldmenge von 20 Euro führen. Beträgt der Reservesatz hingegen 1/5 (20 Prozent), so müssen fünfmal so viele Einlagen wie Reserven im Bankensystem vorhanden sein, und der Geldschöpfungsmultiplikator wäre 5. Jeder einzelne Euro an Reserven würde in diesem Fall zu einer (zusätzlichen) Geldmenge von 5 Euro führen. Je höher der Reservesatz, desto geringer die verliehene Kreditsumme, desto geringer der Geldschöpfungsmultiplikator. Im Sonderfall des eingangs untersuchten hundertprozentigen Reservesystems liegt der Reservesatz bei 1, der Geldschöpfungsmultiplikator beträgt ebenfalls 1 und die Banken schöpfen kein – zusätzliches – Geld.

Das Eigenkapital der Banken, Hebelwirkungen und die Finanzkrise

Bislang haben wir unterstellt, dass eine Bank Einlagen annimmt und diese Einnahmen entweder als Reserven hält oder für die Kreditvergabe verwendet. Tatsächlich fließen einer Bank finanzielle Mittel nicht nur durch Einlagen zu, sondern – wie Unternehmen auch – durch die Ausgabe von Aktien und Anleihen. Die finanziellen Mittel, die eine Bank durch die Ausgabe von Aktien an die Eigentümer erhält, bezeichnet man als **Eigenkapital der Bank**. Und diese Mittel kann eine Bank einsetzen, um für die Eigentümer der Bank Gewinne zu erwirtschaften, indem sie Kredite vergibt oder indem sie Wertpapiere wie Aktien und Anleihen kauft.

Eigenkapital einer Bank
Die finanziellen Mittel, die die Eigentümer einer Bank zur Verfügung stellen.

Eine Bankbilanz wird daher eher so aussehen:

Bank			
Aktiva		Passiva	
Reserven	200 €	Einlagen	800 €
Kredite	700 €	Schulden	150 €
Wertpapiere	100 €	Eigenkapital	50 €

Auf der rechten Seite der Bilanz stehen die Verbindlichkeiten der Bank sowie das Eigenkapital. Der Bank steht ein Eigenkapital in Höhe von 50 Euro zur Verfügung, das die Eigentümer bereitgestellt haben. Zusätzlich verfügt die Bank noch über 800 Euro an Einlagen und 150 Euro an finanziellen Mitteln, die sie sich geliehen hat. Die Gesamtsumme von 1.000 Euro hat die Bank in drei verschiedenen Vermögenswerten

25.3 Das monetäre System
Banken und das Geldangebot

angelegt: 200 Euro hält die Banken in Form von Reserven, für 700 Euro wurden Kredite vergeben und 100 Euro wurden in Wertpapiere wie Staatsanleihen oder Unternehmensanleihen investiert. Die Entscheidung der Bank, wie die finanziellen Mittel auf die einzelnen Vermögenspositionen aufgeteilt werden, hängt vom Risiko und vom Ertrag der Vermögenspositionen ab und wird außerdem durch bestimmte gesetzliche Vorgaben (z. B. über die Höhe der Mindestreserven) beeinflusst.

Nach den Regeln der Buchführung muss die Summe aus Reserven, Krediten und Wertpapieren auf der linken Seite der Bilanz der Summe aus Einlagen, Schulden und Eigenkapital auf der rechten Seite entsprechen. Dahinter steckt keine Zauberei, denn das Eigenkapital ergibt sich aus der Differenz zwischen den Vermögenspositionen der Bank (Reserven, Kredite, Wertpapiere) und den Verbindlichkeiten (Einlagen und Schulden). Damit sind die linke und die rechte Seite der Bilanz immer gleich groß.

Viele Unternehmen greifen zur Finanzierung von Investitionsvorhaben auf Fremdkapital zurück. Die **Verschuldung (»leverage«)** spielt insbesondere bei Banken eine große Rolle, schließlich gehört das Leihen und Verleihen von finanziellen Mitteln zum Kerngeschäft der Banken. Das Bankgeschäft lässt sich also nur dann verstehen, wenn man weiß, was hinter der Nutzung von Fremdkapital steckt.

Die **Verschuldungsquote** (»leverage ratio«) einer Bank bestimmt sich über das Verhältnis der Summe der Vermögenspositionen zum Eigenkapital. Für unser Beispiel ergibt sich eine Verschuldungsquote von 1.000 Euro/50 Euro = 20. Eine Verschuldungsquote von 20 bedeutet, dass die Bank für jeden Euro an Eigenkapital über Vermögenspositionen in Höhe von 20 Euro verfügt. Von den 20 Euro an Vermögenspositionen sind 19 Euro durch geliehenes Geld finanziert – entweder durch die Annahme von Einlagen oder durch die Ausgabe von Schuldverschreibungen.

Sie haben möglicherweise im Physikunterricht gelernt, dass sich mit einem Hebel (englisch: lever) Kräfte verstärken lassen. Ein vergleichbarer Hebeleffekt tritt bei der Verschuldung auf. Betrachten wir dazu ein Beispiel. Nehmen wir an, der Wert der Vermögenspositionen einer Bank steigt um 5 Prozent, weil der Preis für einige Wertpapiere, die die Bank hält, nach oben geht. Das Bankvermögen steigt dadurch von 1.000 Euro auf 1.050 Euro. Da sich die Einlagen weiterhin auf 800 Euro belaufen und die Schulden auf 150 Euro, hat sich der Wert des Eigenkapitals von 50 Euro auf 100 Euro erhöht. Bei einer Verschuldungsquote von 20 führt ein Anstieg im Wert der Vermögenspositionen um 5 Prozent zu einem Eigenkapitalanstieg von 100 Prozent.

Zum gleichen Effekt kommt es auch in der entgegengesetzten Richtung, aber dann mit gravierenden Konsequenzen. Nehmen wir an, dass es bei einigen Kreditnehmern der Bank zu Zahlungsausfällen kommt, sodass das Bankvermögen um 5 Prozent auf 950 Euro sinkt. Da die Verpflichtungen der Bank gegenüber den Einlegern und den Fremdkapitalgebern vorrangig sind, sinkt der Wert des Eigenkapitals auf 0. Bei einer Verschuldungsquote von 20 führt ein Rückgang im Bankvermögen um 5 Prozent zu einem Eigenkapitalrückgang von 100 Prozent. Sinkt das Bankvermögen noch stärker, können die Vermögenspositionen der Bank die Verbindlichkeiten nicht mehr decken. In diesem Fall gilt die Bank als zahlungsunfähig (*insolvent*) und kann den Einlegern und Fremdkapitalgebern ihre finanziellen Mittel nicht mehr in vollem Umfang zurückzahlen.

Verschuldung (»leverage«)
Die Aufnahme von Fremdkapital, um die vorhandenen Mittel zur Finanzierung von Investitionen aufzubessern.

Verschuldungsquote (»leverage ratio«)
Das Verhältnis der Summe der Vermögenspositionen einer Bank zum Eigenkapital.

Durch gesetzliche Vorschriften sind die Banken verpflichtet, eine bestimmte Summe an Eigenkapital zu halten. Mit diesen **Eigenkapitalanforderungen** versucht der Staat sicherzustellen, dass die Banken immer in der Lage sind, den Einlegern ihre Einlagen zurückzuzahlen. Die Höhe der Eigenkapitalanforderungen hängt von den Vermögenspositionen ab, die eine Bank hält. Besitzt eine Bank risikoarme Wertpapiere wie z. B. Staatsanleihen, dann sind die Eigenkapitalanforderungen an die Bank geringer als bei einer Kreditvergabe an Personen mit einer zweifelhaften Bonität.

Wenn die Eigenkapitaldecke der Banken zu gering ist, kann das schwerwiegende Auswirkungen auf die gesamte Volkswirtschaft haben. Das zeigte sich z. B. während der Finanz- und Wirtschaftskrise von 2007 bis 2009, als viele Banken große Verluste bei Vermögenspositionen wie Hypothekendarlehen und hypothekenbesicherten Wertpapieren hinnehmen mussten. Als Reaktion auf die Verluste stellten die Banken ihre Kreditvergabe fast vollständig ein, und es kam zu einer Kreditklemme, die wiederum zu einer schweren Wirtschaftskrise führte. Darüber werden wir in Kapitel 38 noch mehr erfahren.

Als Reaktion auf die Finanz- und Bankenkrise hat man sich in der Europäischen Union auf neue Regeln zur Eigenkapitalbasis für Banken verständigt, um wirtschaftliche Schieflagen von Banken in Krisenzeiten zukünftig zu vermeiden. Im September 2010 wurde dazu das Reformpaket »Basel III« zur Bankenregulierung beschlossen, das ab dem Jahr 2013 schrittweise über einen Zeitraum von sechs Jahren in Kraft trat. Durch die neuen Regelungen erhöht sich die erforderliche Eigenkapitalbasis für Banken bei der Kreditvergabe. Für jede 50 Euro, die an Kredit vergeben werden, müssen nun 3,50 Euro an Eigenkapital vorhanden sein und nicht mehr nur 1,00 Euro wie bislang. Damit hat sich die Eigenkapitalbasis, die die Banken haben müssen, mehr als verdreifacht. Halten sich die Banken nicht an die neuen Vorschriften, dann müssen sie mit Auflagen der zuständigen Behörden wie beispielsweise einem Verbot von Dividenden- und Bonuszahlungen rechnen.

> **Kurztest**
> Beschreiben Sie, wie Banken Geld schöpfen.

Eigenkapitalanforderungen
Gesetzliche Vorgaben zur Mindesthöhe des Eigenkapitals von Banken.

25.4 Die geldpolitischen Instrumente der Zentralbank

Wie wir bereits erörtert haben, ist die Zentralbank für die Kontrolle der Geldmengenentwicklung in einer Volkswirtschaft verantwortlich. Nachdem wir nun wissen, wie ein System partieller Reservehaltung funktioniert, sind wir eher in der Lage zu verstehen, wie die Zentralbank ihre Aufgabe bewältigt. Da die Banken das Geld in einem System partieller Reservehaltung schöpfen, kann die Zentralbank die Geldmenge auf indirekte Weise kontrollieren. Entscheidet sich die Zentralbank für eine Änderung des Geldangebots, dann muss sie analysieren, wie sich ihre Handlungen innerhalb des Bankensystems auswirken.

Der Zentralbank stehen zur Umsetzung der verfolgten Strategie verschiedene Instrumente zur Verfügung: die Durchführung von Offenmarktgeschäften, der Refinanzierungssatz, der Einlagezinssatz sowie die Festlegung von Mindestreserveanforderungen.

Offenmarktgeschäfte

Wir haben das Konzept von Offenmarktgeschäften in diesem Kapitel bereits anhand von zwei einfachen Beispielen kennengelernt. Nun wollen wir uns dieses Konzept ein wenig näher anschauen. Wenn die Zentralbank das Geldangebot erhöhen möchte, dann kann sie Geld drucken und dieses dafür verwenden, festverzinsliche Wertpapiere am Anleihemarkt zu kaufen. Danach befindet sich das zusätzliche Geld im Umlauf. Auf diese Weise erhöht der Kauf von Wertpapieren am offenen Markt durch die Zentralbank die Geldmenge. Wenn die Zentralbank dagegen das Geldangebot verknappen möchte, dann wird sie Wertpapiere aus ihrem Besitz am offenen Markt verkaufen. Damit wird dem Markt Geld entzogen. Durch den Verkauf von Wertpapieren kann die Zentralbank demnach die Geldmenge reduzieren. Genau genommen handelt es sich bei den angesprochenen Offenmarktgeschäften um sogenannte **endgültige Offenmarktgeschäfte**, da der Kauf von Wertpapieren vom Bankensektor sowie der Verkauf von Wertpapieren an den Bankensektor durch die Zentralbank ohne die Vereinbarung für eine entsprechende Gegentransaktion zu einem späteren Zeitpunkt erfolgt.

Endgültige Offenmarktgeschäfte
Definitiver An- und Verkauf von Wertpapieren durch die Zentralbank im Bankensektor ohne die Vereinbarung über eine entsprechende Gegentransaktion zu einem späteren Zeitpunkt.

Der Refinanzierungssatz und der Zinssatz für die Einlagefazilität

Die Zentralbank einer Volkswirtschaft kann einen Zinssatz festlegen, zu dem sie bereit ist, den Geschäftsbanken auf kurzfristiger Basis Liquidität zur Verfügung zu stellen. Dieser Zinssatz wird von der EZB als Refinanzierungssatz bezeichnet. Gleichzeitig kann die Zentralbank auch einen Zinssatz festlegen, zu dem sie bereit ist, auf kurzfristiger Basis Überschussreserven von den Geschäftsbanken als Einlage anzunehmen. Dieser Zinssatz wird von der EZB als Zinssatz für die Einlagefazilität bezeichnet.

Zur Bereitstellung von Liquidität für den Bankensektor greift die Zentralbank auf eine spezielle Form von Offenmarktgeschäften zurück. Im vorherigen Abschnitt haben wir bereits endgültige Offenmarktgeschäfte kennengelernt. Während in der Vergangenheit in erster Linie endgültige Offenmarktgeschäfte von den Zentralbanken zur Geldmengensteuerung genutzt wurden, greifen Zentralbanken heutzutage auf eine verfeinerte Form von Offenmarktgeschäften zurück. Dabei ist mit dem Kauf von Wertpapieren von Banken durch die Zentralbank gleichzeitig eine Vereinbarung über einen entsprechenden Verkauf zu einem späteren Zeitpunkt verknüpft. Mit dieser Vorgehensweise gewährt die Zentralbank letzten Endes einen Kredit und nutzt die Wertpapiere als Kreditsicherheiten. Dabei werden von der Zentralbank nur Aktiva als Sicherheit akzeptiert, deren Ausfallrisiko vernachlässigbar gering ist, wie beispielsweise Staatsanleihen oder Industrieobligationen von großen Unternehmen. Der Zinssatz, den die Zentralbank auf die Kreditvergabe erhebt, ist der Refinanzierungssatz. Wenn der Kauf von Wertpapieren durch die Zentralbank mit einer Vereinbarung zum Rückkauf zu einem vereinbarten Preis verknüpft ist, wird diese Form der Offenmarktgeschäfte auch als **(Wertpapier-)Pensionsgeschäft** bezeichnet. Um zu verstehen, wie die Zentralbank Pensionsgeschäfte als Instrument zur Geldmengensteuerung nutzt und wie dies durch den Refinanzierungssatz beeinflusst wird, ist es notwendig, einen tieferen Blick in die Kreditvergabe der Geschäftsbanken untereinander und deren Kreditaufnahme bei der Zentralbank zu werfen.

Wie wir bereits festgestellt haben, benötigen Banken ausreichend Reserven, um ihre Geschäftstätigkeit abzusichern, und streben aus diesem Grund einen bestimmten Anteil an Reserven an den Einlagen an, bekannt als Reservesatz. Der Mindestreservesatz kann von der Zentralbank bestimmt werden. Aber auch wenn dies nicht der Fall ist, werden die Banken einen Reservesatz in einer angemessenen Höhe festlegen. Da jedoch Einzahlungen und Auszahlungen im Zeitablauf auf zufällige Weise schwanken, werden einige Banken feststellen, dass sie an bestimmten Tagen einen Überschuss an Reserven haben (ihr Reservesatz also über dem Niveau liegt, das sie für angemessen erachten oder das als Mindestreservesatz vorgegeben ist), während andere Banken bemerken, dass ihnen Reserven fehlen und ihr Reservesatz zu gering ist. Deshalb stellen sich Geschäftsbanken auf kurzfristiger Basis gegenseitig Liquidität zur Verfügung – für einen Zeitraum von wenigen Stunden bis hin zu einigen Wochen –, indem Banken mit Überschussreserven den Banken Geld leihen, die gemessen an ihrer Kreditvergabe zu geringe Reserven haben. Dieser Markt für kurzfristige Reserven wird als **Geldmarkt** bezeichnet. Wenn eine allgemeine Knappheit an Liquidität herrscht (weil die Banken insgesamt viel Geld verliehen haben), dann wird der kurzfristige Zinssatz steigen, zu dem sich Banken untereinander Liquidität zur Verfügung stellen. Herrscht dagegen ein Überschuss an Liquidität, sinkt der Zinssatz. Die Zentralbank beobachtet die Entwicklungen am Geldmarkt sehr genau und greift gegebenenfalls ein, um die Liquiditätslage der Banken zu beeinflussen, was wiederum die Kreditvergabe der Banken beeinflusst und damit das Geldangebot.

Nehmen wir beispielsweise an, es herrsche ein Liquiditätsengpass auf dem Geldmarkt, da die Banken ihre Kreditvergabe ausgeweitet haben und nun ihre Reservehaltung erhöhen müssen. Eine Geschäftsbank könnte in diesem Fall versuchen, zusätzliche Liquidität dadurch zu erhalten, dass sie Wertpapiere an die Zentralbank verkauft mit der Vereinbarung, die Aktiva kurze Zeit später zurückzukaufen. Wie wir bereits erwähnt haben, vergibt die Zentralbank bei dieser Form von Offenmarktgeschäften letzten Endes einen Kredit an die Bank und verwendet die Aktiva als Kreditsicherheit. Dabei handelt es sich um sogenannte (Wertpapier-)Pensionsgeschäfte. Die Differenz zwischen dem Preis, zu dem die Bank die Aktiva an die Zentralbank verkauft und dem festgelegten Rückkaufspreis – ausgedrückt als Prozentsatz des Verkaufspreises auf Jahresbasis – ist der Refinanzierungssatz.

Dabei wird zwischen dem Spitzenrefinanzierungssatz und dem Hauptrefinanzierungssatz unterschieden. Der **Spitzenrefinanzierungssatz** ist der Zinssatz für die Bereitstellung von Liquidität durch die EZB über Nacht. Der von der EZB geforderte Zinssatz (März 2021: 0,25 Prozent) stellt i. d. R. die Obergrenze des Tagesgeldzinssatzes dar. Der **Hauptrefinanzierungssatz** ist dagegen der Zinssatz (März 2021: 0,00 Prozent), zu dem die EZB den Geschäftsbanken für einen Zeitraum von einer Woche Liqui-

(Wertpapier-)- Pensionsgeschäft
Verkauf von Wertpapieren durch die Zentralbank an den Bankensektor mit einer Vereinbarung zum Rückkauf zu einem vereinbarten Preis.

Geldmarkt
Der Markt, in dem sich Geschäftsbanken untereinander auf kurzfristiger Basis Geld leihen.

Spitzenrefinanzierungssatz
Der Zinssatz, zu dem die Europäische Zentralbank über Nacht Liquidität für Banken im Euroraum zur Verfügung stellt.

Hauptrefinanzierungssatz
Der Zinssatz, zu dem die Europäische Zentralbank für einen Zeitraum von einer Woche Liquidität für Banken im Euroraum zur Verfügung stellt.

25.4 Das monetäre System
Die geldpolitischen Instrumente der Zentralbank

dität zur Verfügung stellt. Das Instrument der Hauptrefinanzierung stellt das wichtigste geldpolitische Instrument der EZB dar. In den USA wird der Zinssatz, zu dem das Federal Reserve System Geldmittel für den Bankensektor zur Verfügung stellt, als **Diskontsatz** bezeichnet.

Bei überschüssigen liquiden Mitteln können die Banken auf die sogenannte *Einlagefazilität* der Zentralbank zurückgreifen. Im Rahmen der Einlagefazilität legen die Banken Überschussreserven über Nacht bei der Zentralbank zu einem bestimmten Zinssatz an. Dieser Zinssatz wird von der EZB als **Zinssatz für die Einlagefazilität** oder auch kurz **Einlagenzinssatz** bezeichnet (März 2021: −0,50 Prozent). Da die Banken gleichzeitig die Möglichkeit haben, ihre Überschussreserven am Geldmarkt zur kurzfristigen Bereitstellung von Liquidität anzubieten, bildet der Einlagenzinssatz eine Art untere Grenze für den Zinssatz am Geldmarkt.

Wenn die Zentralbank dem Bankensystem Liquidität zur Verfügung stellt, dann kann sich dadurch die Geldmenge erhöhen. Da die Kreditvergabe über Offenmarktgeschäfte mit einer Fälligkeit von maximal zwei Wochen sehr kurzfristiger Natur ist, sind die Banken permanent damit beschäftigt, die Kredite zurückzuzahlen und neue Kredite aufzunehmen oder die Kredite zu refinanzieren. Hat die Zentralbank die Absicht, Liquidität abzuschöpfen, dann könnte sie theoretisch einfach einige der Kredite nicht verlängern. In der Praxis setzen Zentralbanken jedoch einen Referenzzinssatz fest, zu dem dem Bankensystem über Offenmarktgeschäfte Liquidität zur Verfügung gestellt oder entzogen wird.

Nun können wir verstehen, warum der Refinanzierungssatz und der Einlagenzinssatz die entscheidenden geldpolitischen Instrumente der Zentralbank sind. Wenn die Zentralbank den Refinanzierungssatz anhebt, dann werden die Geschäftsbanken bestrebt sein, ihre Kreditvergabe zu bremsen, anstatt sich Geld von der Zentralbank zu leihen, sodass die Geldmenge zurückgeht. Senkt die Zentralbank dagegen den Refinanzierungssatz, dann werden die Banken ihre Kreditvergabe ausweiten, da die notwendige Liquidität zur Einhaltung der Reserveanforderung von der Zentralbank nun billiger zur Verfügung gestellt wird, und die Geldmenge steigt an. Eine Ausweitung der Kreditvergabe kann die Zentralbank auch durch einen niedrigeren Einlagenzinssatz erreichen. Sinkt der Einlagenzinssatz, werden die Banken Überschussreserven verstärkt am Geldmarkt anderen Banken zur Bereitstellung von kurzfristiger Liquidität anbieten. Dadurch sinkt der Geldmarktzinssatz, und es wird für die Banken lukrativer, ihre Kreditvergabe auszuweiten. Mit der stärkeren Kreditvergabe wächst auch die Geldmenge. Eine Anhebung des Einlagenzinssatzes führt dagegen zu einer Einschränkung der Kreditvergabe durch die Banken.

Mindestreserveanforderungen

Die Zentralbank kann das Geldangebot auch über **Mindestreserveanforderungen** steuern, die die Mindesthöhe der Reserven vorschreiben, die die Banken auf ihre Einlagen halten müssen. Mindestreserveanforderungen üben einen Einfluss darauf aus, wie viel Geld das Bankensystem mit jedem Euro an Reserven schöpfen kann. Ein Anstieg der Mindestreserveanforderung führt dazu, dass die Banken höhere Reserven

---

Diskontsatz
Der Zinssatz, zu dem das Federal Reserve System auf kurzfristige Basis Geldmittel für den US-amerikanischen Bankensektor zur Verfügung stellt.

Zinssatz für die Einlagefazilität oder **Einlagenzinssatz**
Der Zinssatz für die Einlagefazilität ist der Zins, zu dem Banken über Nacht bei der EZB Überschussreserven anlegen können.

Mindestreserveanforderungen
Festlegungen über die Mindesthöhe von Reserven, die die Banken auf ihre Einlagen halten müssen.

halten müssen und damit für jeden Euro an Einlagen weniger Kredite vergeben können. Der Reservesatz der Banken erhöht sich, damit sinkt der Geldschöpfungsmultiplikator und die Geldmenge geht zurück. Umgekehrt führt eine Reduzierung der Mindestreserveanforderungen zu einem niedrigeren Reservesatz, der Geldschöpfungsmultiplikator steigt und die Geldmenge erhöht sich.

Die EZB verlangt von den europäischen Kreditinstituten, auf Girokonten bei den nationalen Zentralbanken (für Deutschland die Deutsche Bundesbank) Pflichteinlagen zu halten. Die Mindestreservepflicht mit einem einheitlichen Mindestreservesatz von 2 Prozent wurde mit Beginn der dritten Stufe der Wirtschafts- und Währungsunion am 1. Januar 1999 für den Euroraum eingeführt. Der Mindestreservesatz wurde im Januar 2012 auf 1 Prozent abgesenkt. Die Verordnung des EU-Rats zur Auferlegung einer Mindestreservepflicht durch die EZB legt fest, dass die Mindestreservesätze 10 Prozent nicht überschreiten dürfen.

Änderungen der Mindestreservesätze finden erfahrungsgemäß nicht allzu häufig statt, denn sie können das Bankgeschäft beträchtlich stören. Wenn die Zentralbank beispielsweise die Mindestreserveanforderungen erhöht, werden einige Banken nicht genügend freie Reserven (Überschussreserven) haben, obwohl sich die Höhe ihrer Einlagen nicht verändert hat. Um kurzfristig die Reserveanforderungen erfüllen zu können, werden sie die Kreditvergabe beträchtlich einschränken müssen. Die EZB verwendet daher die Mindestreserveanforderungen eher als Instrument zur Stabilisierung des Geldmarkts und nicht als Instrument zur Geldmengensteuerung.

Quantitative Lockerung

Während der Finanz- und Wirtschaftskrise von 2007 bis 2009 haben die Zentralbanken auf neue Instrumente zur Stützung der realwirtschaftlichen Entwicklung zurückgegriffen. Eine Innovation in der Geldpolitik bestand dabei in der sogenannten quantitativen Lockerung der Geldpolitik durch den Aufkauf von Aktiva durch die Zentralbanken, auch unter dem Namen *Quantitative Easing* bekannt. Nach wiederholten Zinssenkungen standen die Zentralbanken vor dem Problem, dass weitere Zinssenkungen nicht mehr möglich waren, da das Zinsniveau schon fast bei null lag. Man hatte keine Möglichkeiten mehr, die gesamtwirtschaftliche Geldmenge weiterhin über den »Preis des Geldes« zu steuern, sodass das geldpolitische Instrumentarium der Zentralbanken irgendwie erweitert werden musste. Erste Ankäufe wurden zunächst in Großbritannien (eingeführt im Januar 2009, erstmals praktiziert am 11. März 2009) und dann auch in den USA (im März 2009 mit einem Volumen von 1 Billion Dollar) durchgeführt.

Beim Quantitative Easing kauft die Zentralbank Vermögenswerte von privaten Finanzinstitutionen, wie z. B. Banken, Pensionsfonds oder Versicherungsunternehmen. Dabei kann es sich um private Anleihen, sichere Staatsanleihen, Geldmarktpapiere, Aktien oder auch um toxische Papiere handeln. Die speziellen Ankaufprogramme sollen den Banken und anderen Finanzinstitutionen zusätzliche Liquidität verschaffen, die diese wiederum zur Kreditvergabe an Unternehmen und Konsumenten nutzen sollen, um auf diese Weise die gesamtwirtschaftliche Nachfrage anzukurbeln. Um die Wirkung des Quantitative Easing besser zu verstehen, wollen wir uns folgendes Beispiel anschauen.

Nehmen wir an, eine Bank habe sichere Staatsanleihen im Wert von 500 Millionen Euro, die sie verkaufen möchte. Wenn die EZB diese Papiere aufkauft, transferiert die Bank die Wertpapiere an die Zentralbank und erhält dafür eine Gutschrift auf ihrem Zentralbankkonto. Die 500 Millionen Euro kann die Bank für Kredite an Unternehmen zur Finanzierung von Bau- und Ausrüstungsinvestitionen oder für Darlehen an Privatleute nutzen (für Autos, Studiendarlehen, neue Möbel und dergleichen). Die zusätzlichen Ausgaben für Investitionsgüter und Konsumgüter regen die gesamtwirtschaftliche Nachfrage und das Wirtschaftswachstum an.

Durch den Ankauf von Staatspapieren beeinflusst die Zentralbank auch den Anleihemarkt. Wenn die Zentralbank interveniert und Anleihen aufkauft, fällt das Angebot und der Kurs steigt. Mit dem Kursanstieg gehen die Renditen am Anleihemarkt zurück. Damit können Unternehmen bei der Ausgabe von Anleihen zur Unternehmensfinanzierung neue Anleihen mit einem niedrigen Zinssatz ausstatten, denn die bereits im Markt gehandelten Papiere werfen auch keine höhere Rendite ab. Dadurch können die Unternehmen nun zu niedrigeren Zinssätzen Gelder aufnehmen. Gleichzeitig führen die sinkenden Renditen am Anleihemarkt dazu, dass der Abstand zwischen der Rendite am Anleihemarkt und der Verzinsung am Kreditmarkt sinkt. Damit wird der Kauf von Anleihen für Finanzinstitutionen weniger attraktiv und die Finanzinstitutionen beginnen, ihre liquiden Mittel verstärkt im Kreditmarkt »anzulegen«.

Wenn die Zentralbank mit derartigen Ankaufprogrammen Milliardenbeträge in die Volkswirtschaft pumpt, steigt die Geldmenge und mithin die Gefahr wachsender Inflationsraten. Sorgen bereiten deshalb vor allem die langfristigen Auswirkungen auf die Preisentwicklung durch die Politik der quantitativen Lockerung. Kritische Stimmen behaupten, Quantitative Easing wäre nur eine moderne Umschreibung für »Gelddrucken«. Anstatt in großem Umfang Anleihen aufzukaufen, könnte die Zentralbank das Geld doch einfach nehmen und mit einem Hubschrauber über das ganze Land verteilen (»Helikopter-Geld«). Wenn sich die Zentralbank dazu entscheidet, das Geld mit dem Hubschrauber abzuwerfen, dann liegt das Geld auf der Straße und jeder kann es aufheben. Die Leute werden das gefundene Geld sicherlich ausgeben und so für den notwendigen Anstieg der Nachfrage sorgen (durch die höheren Konsumausgaben steigt die gesamtwirtschaftliche Nachfrage). Aber wäre ein solcher Nachfrageanstieg wirklich nachhaltig, um die Volkswirtschaft aus der Krise zu führen?

Die Gefahr besteht darin, dass die Produktionskapazitäten nicht parallel zur steigenden Nachfrage ausgeweitet werden, sodass das Angebot nicht mit der wachsenden Nachfrage Schritt hält. Dann steigen die Preise. Um die wachsende Inflation einzudämmen, kann die Zentralbank aber dann nicht einfach zu den Leuten gehen und das Geld wieder einsammeln, das sie vorher aus dem Hubschrauber geworfen hat.

Aber worin besteht der Unterschied zum Quantitative Easing? Beim Quantitative Easing fließt Geld von der Zentralbank ins Finanzsystem, verbunden mit der Hoffnung, dass die Banken und andere Finanzinstitutionen mit den zusätzlichen liquiden Mitteln Kredite an Unternehmen und Haushalte vergeben und auf diese Weise die Nachfrage ankurbeln. Damit kann auch Quantitative Easing letzten Endes einen Nachfrageanstieg bewirken. Allerdings führt Quantitative Easing, so die Befürworter dieser geldpolitischen Maßnahme, langfristig nicht notwendigerweise zu einer Ausweitung der Geldmenge.

Im Rahmen des Quantitative Easing hat die Zentralbank die Option, die erworbenen Anleihen zur Steuerung der gesamtwirtschaftlichen Entwicklung in der Zukunft wieder auf den Markt bringen. Bessert sich die wirtschaftliche Lage, dann kann die Zentralbank die Anleihen wieder veräußern und damit der Volkswirtschaft Geld entziehen und so die Geldmenge reduzieren. Im Unterschied zum »Helikopter-Geld« ermöglicht Quantitative Easing also eine flexible Geldpolitik, die der Zentralbank die Möglichkeit gibt, inflationäre Tendenzen zu überwachen und entsprechend gegenzusteuern. In einer Situation, in der weitere Ankäufe nicht mehr die Nachfrage stimulieren und damit die gesamtwirtschaftliche Entwicklung stützen, sondern nur noch die Preise steigen lassen, wird die Zentralbank den Ankauf von Wertpapieren stoppen und damit beginnen, angekaufte Wertpapiere wieder zu veräußern.

Ob Quantitative Easing allerdings die gleiche Wirkung auf die Nachfrage ausübt wie »Helikopter-Geld«, ist eine andere Frage. Entscheidend für den Erfolg der Ankaufprogramme der Zentralbank sind die Arten der angekauften Papiere. Mit Blick auf die Finanzkrise vertreten kritische Beobachter die Auffassung, dass der direkte Ankauf von toxischen Papieren von notleidenden Finanzinstitutionen durch die Zentralbanken die Kreditvergabe eher wieder in Schwung gebracht hätte als eine weitere allgemeine geldpolitische Lockerung, die viele Banken einfach dazu genutzt haben, um ihre Bilanzen zu bereinigen. Damit haben die vielen Hundert Milliarden, die die Zentralbanken im Zuge der Finanz- und Wirtschaftskrise im Rahmen der Ankaufprogramme ausgegeben haben, nicht ihren Weg in die Realwirtschaft gefunden, sondern sind vom Finanzsystem absorbiert worden.

Probleme bei der Kontrolle des Geldangebots

Auch wenn die Zentralbank in der Lage ist, mithilfe des Refinanzierungssatzes und den damit verbundenen Offenmarktgeschäften einen großen Einfluss auf das Geldangebot auszuüben, kann das Geldangebot damit jedoch nicht vollständig kontrolliert werden. Denn die Zentralbank hat mit zwei Problemen zu kämpfen, die sich aufgrund des zweistufigen Finanzsystems (Zentralbank und Geschäftsbanken) und der partiellen Reservehaltung ergeben.

Das erste Problem liegt darin, dass die Zentralbank nicht diejenige Menge an Geld kontrollieren kann, die private Haushalte als Einlagen im Bankensystem halten. Denn je höher die Einlagen ausfallen, desto mehr Geld können die Geschäftsbanken schöpfen und umgekehrt. Um dieses Problem genauer zu erkennen, nehmen wir beispielsweise an, die Menschen würden das Vertrauen in das Bankensystem verlieren und sich dazu entschließen, einen Großteil ihrer Einlagen aufzulösen und stattdessen Bargeld zu halten. Im Bankensystem kann daraufhin weniger Geld geschöpft werden, sodass das Geldangebot zurückgeht, ohne dass die Zentralbank eingegriffen hat.

Das zweite Problem bei der Kontrolle der Geldmenge besteht darin, dass die Zentralbank keine Kontrolle darüber hat, wie viel die Banken an Krediten ausleihen. Wird Geld bei einer Bank eingelegt, so kann der multiple Geldschöpfungsprozess nur stattfinden, wenn die Bank dieses Geld weiterverleiht. Banken können jedoch auch Reserven über die von der Zentralbank geforderten Mindestreserven hinaus halten. Diese zusätzliche Reservehaltung wird Überschussreserve genannt. Um zu sehen, warum Überschussreserven die Geldmengensteuerung komplizieren, nehmen wir an, dass eines Tages die Banken aufgrund einer verschlechterten Einschätzung der ökonomischen Situation vorsichtiger werden, weniger Kredite vergeben und höhere Überschussreserven halten. In diesem Fall kann der multiple Geldschöpfungsprozess im Bankensystem nur in geringerem Ausmaß wirken und es wird weniger Geld geschöpft. Ohne Eingreifen der Zentralbank fällt das Geldangebot allein aufgrund des veränderten Verhaltens der Geschäftsbanken.

Die Geldmenge hängt also in einem System partieller Reservehaltung zum Teil vom Verhalten der Einleger und der Geschäftsbanken ab. Da die Zentralbank deren Verhalten nicht exakt steuern und auch nicht perfekt vorhersagen kann, vermag sie das Geldangebot nicht vollständig zu kontrollieren. Bei einer vorausschauenden und flexiblen Zentralbank werden diese Probleme jedoch eher gering sein. Durch ständige Informationsbeschaffung über die Entwicklung der Einlagen und Reserven können Veränderungen im Verhalten der Einleger oder Geschäftsbanken früh erkannt werden. So können rasch gegensteuernde Maßnahmen ergriffen werden, um das Geldangebot nahe am geplanten Volumen zu halten.

> **Kurztest**
> Wenn die EZB alle geldpolitischen Instrumente zur Reduktion der Geldmenge nutzen will, wie würde sie vorgehen?

25.5 Fazit

In dem Theaterstück »Der Bürger als Edelmann« des französischen Dramatikers Molière findet eine der Figuren mit Namen Monsieur Jourdain heraus, was Prosa ist und ruft daraufhin aus »Um Himmels willen! Seit mehr als vierzig Jahren spreche ich in Prosa, ohne es gewusst zu haben«. In gleicher Weise sind Neulinge in Sachen Volkswirtschaftslehre manchmal überrascht, dass sie seit Jahren in das monetäre System der Volkswirtschaft involviert sind, ohne es bemerkt zu haben. Seit Ihrem ersten Taschengeld benutzen Sie Rechengeld. Seitdem Sie Ihr erstes Girokonto eröffnet haben, sind Sie Teil des Systems partieller Reservehaltung und der Geldschöpfung der Banken. Immer wenn wir etwas kaufen oder verkaufen, vertrauen wir auf die überaus nützliche gesellschaftliche Einrichtung »Geld«. Nachdem wir nun wissen, was Geld ist und wodurch das Geldangebot bestimmt wird, können wir untersuchen, wie sich Änderungen in der Geldmenge auf die Volkswirtschaft auswirken. Wir beginnen mit der Analyse dieses Themas im nächsten Kapitel.

Fazit 25.5

Aus der Praxis

Bank Runs

Noch vor wenigen Jahren kannten die meisten Menschen Bank Runs nur aus Erzählungen ihrer Großeltern oder aus Filmen über die Zeit während der Weltwirtschaftskrise in den 1930er-Jahren. Ein Bank Run (eine Bankenpanik) findet dann statt, wenn die Bankkunden vermuten, dass eine Bank Konkurs anmelden muss, und daher zur Bank »rennen«, um ihre Einlagen abzuziehen. Notleidende Banken in der Finanzkrise wie die Northern Rock in Großbritannien, bei der Kunden im September 2007 innerhalb von wenigen Tagen fast 3 Milliarden Euro abhoben und damit an den Rand des Zusammenbruchs brachten, haben der Öffentlichkeit die reale Gefahr von Bank Runs schmerzlich vor Augen geführt.

Bank Runs sind ein Problem in Systemen partieller Reservehaltung. Da die Banken nur einen bestimmten Anteil ihrer Einlagen als Reserven halten, können nicht alle Auszahlungswünsche der Einleger erfüllt werden, wenn diese gleichzeitig auftreten. Auch wenn die Bank eigentlich solvent ist (d. h., wenn die Aktiva der Bank die Passiva übersteigen), wird sie nicht genügend Bargeld bereithalten, um allen Einlegern einen sofortigen Zugang zu ihrem Geld zu ermöglichen. Daher bleibt der Bank nichts weiter übrig, als ihre Tore zu schließen, bis einige aus den Einlagen vergebene Kredite zurückgezahlt werden oder ein »lender of last resort« (i. d. R. die nationale Zentralbank) die Menge an Bargeld bereitstellt, die zur Erfüllung der Auszahlungswünsche der Kunden benötigt wird.

Bank Runs komplizieren die Kontrolle und Steuerung des Geldangebots. Ein wichtiges Beispiel für dieses Problem findet sich zu Zeiten der Weltwirtschaftskrise in den Vereinigten Staaten in den frühen 1930er-Jahren. Nach einer Welle von Bank Runs und Bankenschließungen bzw. -zusammenbrüchen wurden Haushalte und Banken vorsichtiger. Die Haushalte zogen ihre Einlagen aus den Banken ab und zogen es vor, ihr Geld in Form von Bargeld zu halten. Diese Entscheidung kehrte den Prozess der Geldschöpfung um, da die Banken auf die fallenden Reserven mit einer Rücknahme der Kreditvergabe reagierten. Gleichzeitig erhöhten die Banken ihre prozentuale Reservehaltung, um genügend Bargeld zur Erfüllung der Kundenwünsche bei weiteren Bank Runs verfügbar zu haben. Der höhere Reservesatz reduzierte den Geldschöpfungsmultiplikator, wodurch sich wiederum das Geldangebot verringerte. So fiel die Geldmenge in den USA von 1929 bis 1933 um 28 Prozent, ohne dass die US-amerikanische Zentralbank Fed von sich aus kontraktive Maßnahmen eingeleitet hatte. Viele Ökonomen machen diesen Rückgang der Geldmenge für die hohe Arbeitslosigkeit und den Preisverfall während dieser Zeit verantwortlich.

In der Vergangenheit sind Bank Runs immer dann aufgetreten, wenn eine oder mehrere Banken aufgrund von großen Verlusten pleitegegangen sind. Dies war in der Regel der Fall, wenn – wie beispielsweise während der Bank Runs in den USA in den 1930er-Jahren – die Banken auf ihren Krediten sitzen geblieben sind (also ein oder mehrere Kreditnehmer ihre Rückzahlungsverpflichtung nicht erfüllten und die Bank die Kredite als Verluste abschreiben musste). Wenn die Verluste einer Bank so groß sind, dass sie in Konkurs gehen muss, dann werden die Anleger feststellen müssen, dass ein Teil ihrer Einlagen oder schlimmsten Falles sogar alle Einlagen verloren sind. Aber gerade die Angst vor diesen Verlusten kann erst dazu führen, dass eine Bank pleitegeht, weil alle Anleger ihre Einlagen abheben wollen. Die Krise verschlimmert sich noch weiter, wenn auch Anleger anderer Banken nervös werden und beginnen, ihre Einlagen abzuheben, auch wenn die Bilanzen der Banken vollkommen in Ordnung sind.

Heutzutage garantieren in der Regel die Zentralbanken die Sicherheit der Einlagen und die Menschen vertrauen darauf, dass die Zentralbank oder spezielle Fonds bei einem Konkurs ihrer Bank einspringen. In Deutschland regelt das Einlagensicherungsgesetz (EinSiG) die Mindestanforderungen an die Einlagensicherungssysteme deutscher Kreditinstitute, und garantiert einen Schutz von 100.000 Euro je Kunde und Kreditinstitut. Ergänzt wird diese gesetzliche Regelung durch den freiwilligen Einlagensicherungsfonds des Bundesverbandes deutscher Banken. Nichtsdestotrotz ist das Vertrauen der Kunden in die Sicherheit ihrer Einlagen durch die Finanzkrise deutlich gesunken. So registrierte die Deutsche Bundesbank beispielsweise im Oktober 2008 eine merklich höhere Bargeldnachfrage. Allein am 10. Oktober 2008, einem Freitag, nur wenige Tage nachdem die Bundeskanzlerin Angela Merkel die Sicherheit der deutschen Spareinlagen öffentlich garantierte, wurden an den Bankschaltern in Deutschland 4,2 Milliarden Euro abgehoben, aber nur 1,5 Milliarden Euro eingezahlt. Auffallend war eine hohe Nachfrage nach 500-Euro-Scheinen, die im Oktober 2008 allein 11,4 Milliarden Euro betrug. In den restlichen elf Monaten des Jahres 2008 wurden dagegen nur 10,3 Milliarden Euro in 500-Euro-Scheinen nachgefragt. Erst im Mai 2009 konnte die Bundesbank einen höheren Rückfluss an 500-Euro-Scheinen feststellen.

Fortsetzung auf Folgeseite

25.5 Das monetäre System
Fazit

Fortsetzung von Vorseite

Bei Bankenzusammenbrüchen ist der Blick der Öffentlichkeit stets auf die Zentralbank gerichtet. In diesem Zusammenhang sollte jedoch darauf hingewiesen werden, dass die Zentralbank helfend eingreifen *kann*, aber nicht muss. Würde die Zentralbank notleidende Banken immer stützen, hätten die Kreditinstitute keinen Anreiz, bei Kreditvergabe oder Spekulationsgeschäften mit Vorsicht und Bedacht vorzugehen, da sie sicher sein könnten, dass im Fall des Misserfolgs immer die Zentralbank einspringt. Auf diese Weise wäre leichtsinnigem Verhalten Tür und Tor geöffnet.

Fragen
1. Warum führen Bank Runs in einem System partieller Reservehaltung zu Problemen für die Banken?
2. Wie lässt sich verhindern, dass eine Bank durch einen Bank Run pleitegeht?
3. Sollte die Zentralbank bei Bankenzusammenbrüchen immer stützend eingreifen?

Stichwörter

- Tauschhandel
- Geld
- Tauschmittel/Zahlungsmittel
- Recheneinheit
- Wertaufbewahrungsmittel
- Vermögen
- Liquiditätsgrad
- Warengeld
- Rechengeld
- Geldmenge
- Bargeld
- Sichteinlagen (Buchgeld)
- Zentralbank
- Geldangebot
- Geldpolitik
- Offenmarktpolitik
- Europäische Zentralbank (EZB)
- Eurosystem
- Federal Reserve System (FED)
- Reserven
- System partieller Reservehaltung
- Reservesatz
- Geldschöpfungsmultiplikator
- Eigenkapital einer Bank
- Verschuldung
- Verschuldungsquote
- Eigenkapitalanforderungen
- endgültige Offenmarktgeschäfte
- (Wertpapier-)Pensionsgeschäft
- Geldmarkt
- Spitzenrefinanzierungssatz

Zusammenfassung

- Der Begriff Geld bezieht sich auf Aktiva, die Menschen regelmäßig zum Erwerb von Waren und Dienstleistungen verwenden.
- Geld erfüllt drei Funktionen. Als Tausch- oder Zahlungsmittel stellt es das Medium dar, das zur Abwicklung von Transaktionen genutzt wird. Als Recheneinheit liefert es ein Maß für Preise und andere ökonomische Werte. Als Wertaufbewahrungsmittel gibt es die Möglichkeit, Kaufkraft von der Gegenwart in die Zukunft zu verschieben.
- Warengeld wie Gold ist Geld, das einen intrinsischen Wert hat: Es wäre auch dann wertvoll, wenn es nicht als Geld genutzt würde. Rechengeld, wie Papierscheine, stellt Geld ohne intrinsischen Wert dar: Würde es nicht als Geld verwendet, so wäre es wertlos.
- In Deutschland zählen je nach Definition Bargeld und verschiedene Arten von Bankeinlagen zur Geldmenge.
- Eine Zentralbank ist eine Institution, die das Bankensystem überwachen und die Geldmenge in einer Volkswirtschaft regulieren soll.
- Die Europäische Zentralbank ist die gemeinsame Zentralbank der Mitgliedstaaten der Europäischen Währungsunion. Das Europäische System der Zentralbanken (ESZB) besteht aus der Europäischen Zentralbank (EZB) und den nationalen Zentralbanken der Mitgliedstaaten der Europäischen Union.
- Die US-amerikanische Zentralbank ist das Federal Reserve System.
- Zentralbanken kontrollieren das Geldangebot durch den Refinanzierungssatz und damit verbundene Offenmarktgeschäfte sowie durch den Zinssatz für Einlagefazilitäten (Einlagenzinssatz). Eine Erhöhung des Refinanzierungssatzes verteuert für die Banken die kurzfristige Beschaffung von Liquidität bei der Zentralbank, sodass die Banken ihre Kreditvergabe einschränken werden und das Geldangebot verknappt wird. Umgekehrt führt eine Reduzierung des Refinanzierungssatzes zu einer Ausdehnung der Geldmenge. Außerdem kann die Zentralbank auch auf kurzfristiger Basis überschüssige liquide Mittel von den Banken zum Einlagenzinssatz als Einlage annehmen.

- Die Zentralbank kann auch auf endgültige Offenmarktgeschäfte zurückgreifen, um das Geldangebot zu steuern: Der Kauf von Wertpapieren von den Banken erhöht das Geldangebot, während der Verkauf von Wertpapieren an den Bankensektor das Geldangebot verknappt. Zur Ausweitung des Geldangebots kann die Zentralbank zudem auch die Mindestreserveanforderungen senken. Eine Verringerung des Geldangebots lässt sich durch eine Erhöhung der Mindestreserveanforderungen erreichen.
- Wenn die Banken einen Teil ihrer Einlagen als Kredite weitervergeben, so erhöhen sie damit die in der Volkswirtschaft umlaufende Geldmenge. Durch das Halten von Überschussreserven können Banken außerhalb der Kontrolle durch die Zentralbank das Geldangebot beeinflussen. Wenn die Haushalte Einlagen bei den Banken halten, können die Banken die Einlagen nutzen, um zusätzliches Geld zu schöpfen. Die Zentralbank ist jedoch nicht in der Lage, die Höhe der Einlagen durch die Haushalte zu kontrollieren. Aus diesen zwei Gründen kann die Kontrolle des Geldangebots durch die Zentralbank nur unvollkommen sein.
- Die Zentralbanken haben versucht, durch den Ankauf von Aktiva (Quantitative Easing) die Auswirkungen der Finanzkrise auf die Realwirtschaft zu mildern.

- **Hauptrefinanzierungssatz**
- **Diskontsatz**
- **Zinssatz für die Einlagefazilität oder Einlagenzinssatz**
- **Mindestreserveanforderungen**

Wiederholungsfragen

1. Was unterscheidet Geld von anderen Aktiva in einer Volkswirtschaft?
2. Was ist Warengeld? Was ist Rechengeld? Welches von beiden benutzen wir?
3. Was sind Sichteinlagen und wieso sollten diese zur Geldmenge gezählt werden?
4. Wie wird die Zentralbank vorgehen, wenn sie das Geldangebot durch Offenmarktgeschäfte erhöhen möchte?
5. Was ist der Spitzenrefinanzierungssatz und was ist der Hauptrefinanzierungssatz? Was geschieht mit dem Geldangebot, wenn die EZB den Hauptrefinanzierungssatz anhebt?
6. Was sind Mindestreserveanforderungen? Wie verändert sich das Geldangebot, wenn die Zentralbank die Mindestreservesätze erhöht?
7. Was versteht man unter Quantitative Easing? Wie kann diese Maßnahme zur Belebung der gesamtwirtschaftlichen Entwicklung beitragen?
8. Warum kann eine Zentralbank das Geldangebot nicht vollständig kontrollieren?

Aufgaben und Anwendungen

1. Welche der im Folgenden aufgezählten Punkte zählen zum Geld in der Europäischen Währungsunion? Bei welchen handelt es sich nicht um Geld? Erläutern Sie Ihre Antwort unter Berücksichtigung der drei Funktionen des Geldes:
   a. ein Eurocent,
   b. ein mexikanischer Peso,
   c. ein Gemälde von Picasso,
   d. eine Kreditkarte.

2. Entscheiden Sie, ob die folgenden Ereignisse zu einem Anstieg oder zu einem Rückgang des Geldangebots führen:
   a. Die EZB kauft Wertpapiere im Rahmen von Offenmarktgeschäften.
   b. Die EZB senkt den Mindestreservesatz.
   c. Die EZB erhöht den Zinssatz für die Einlagefazilität.
   d. Aus Angst vor Bank Runs halten die Banken höhere Überschussreserven.
   e. Während einer globalen Pandemie halten die Menschen aus Angst vor einer Ansteckung weniger Bargeld.

3. Welche Charakteristika eines Aktivums machen es als Zahlungsmittel wertvoll? Welche Eigenschaften sollte ein Wertaufbewahrungsmittel aufweisen?

4. Ihr Onkel zahlt einen Kredit in Höhe von 100 Euro an seine Bank zurück, indem er eine Überweisung von seinem Girokonto bei eben dieser Bank veranlasst. Verwenden Sie T-Konten, um die Wirkungen dieser Transaktion auf die Bank und auf Ihren Onkel zu verdeutlichen. Hat sich das Vermögen Ihres Onkels verändert?

5. Eine Bank hat 250 Millionen Euro an Einlagen und einen Reservesatz von 10 Prozent.
   a. Zeichnen Sie ein T-Konto für diese Bank.
   b. Nehmen Sie nun an, der größte Kunde dieser Bank ziehe seine Einlagen in Höhe von 10 Millionen Euro ab (ihm wird Bargeld ausgezahlt). Wenn die Bank sich entschließt, die Reservehaltung in Höhe von 10 Prozent der Einlagen danach durch eine Reduzierung der Kreditvergabe wiederherzustellen, wie sieht dann das neue T-Konto der Bank aus?
   c. Erläutern Sie, welche Auswirkungen diese Handlung der Bank auf die anderen Banken der Volkswirtschaft haben wird.
   d. Warum wird es der Bank möglicherweise schwerfallen, die unter b beschriebene Aktion durchzuführen? Überlegen Sie sich einen anderen Weg, wie die Bank zu einer Reservehaltung gemäß ihres ursprünglichen Reservesatzes zurückgelangen könnte.

6. Sie hatten 100 Euro in bar unter Ihrem Kopfkissen versteckt und zahlen diese nun bei einer Bank ein. Wenn diese 100 Euro im Bankensystem verbleiben und die Bank Reserven in Höhe von 10 Prozent ihrer Einlagen hält, um wie viel wird dann die gesamte Einlagensumme im Bankensystem steigen? Um wie viel erhöht sich das Geldangebot?

7. Die EZB führt einen Ankauf von Wertpapieren am offenen Markt in Höhe von 10 Millionen Euro durch. Wie hoch kann dann der maximal mögliche Anstieg des Geldangebots ausfallen, wenn der geforderte Mindestreservesatz 10 Prozent beträgt? Welches wäre der minimal mögliche Anstieg des Geldangebots? Erläutern Sie Ihre Antworten.

8. Nehmen Sie an, das T-Konto der Ersten Bank sehe folgendermaßen aus:

Erste Bank

Aktiva		Passiva	
Reserven	100.000 €	Einlagen	500.000 €
Kredite	400.000 €		

   a. Wie hoch sind die Überschussreserven, die die Erste Bank hält, wenn die EZB einen Mindestreservesatz von 5 Prozent festlegt?
   b. Nehmen Sie an, alle anderen Banken hielten nur die geforderten Mindestreserven. Wenn die Erste Bank sich dazu entschließt, ihre Reserven auf das Mindestmaß zu reduzieren, um wie viel würde das Geldangebot in der Volkswirtschaft ansteigen?

9. Nehmen Sie an, der Mindestreservesatz beträgt 10 Prozent und die Banken hielten keinerlei Überschussreserven.
   a. Wie wirkt sich ein Verkauf von Staatsanleihen seitens der EZB in Höhe von 1 Million Euro auf die Höhe der Reserven und das Geldangebot aus?
   b. Nehmen Sie nun an, die EZB senkt den Mindestreservesatz auf 5 Prozent und die Banken entschließen sich, weitere 5 Prozent der Einlagensumme als Überschussreserven zu halten. Warum könnten die Banken so handeln? Welche Gesamtwirkung hätte dies auf den Geldschöpfungsmultiplikator und das Geldangebot?

10. Nehmen Sie an, in einer fiktiven Volkswirtschaft gebe es 2.000 1-Euro-Stücke. Wie hoch ist die Geldmenge,
    a. wenn die Bewohner das gesamte Geld als Bargeld halten?
    b. wenn die Bewohner das gesamte Geld auf Girokonten halten und der Mindestreservesatz bei 100 Prozent liegt?
    c. wenn die Bewohner zu gleichen Teilen Bargeld und Sichteinlagen besitzen und der Mindestreservesatz bei 100 Prozent liegt?
    d. wenn die Bewohner das gesamte Geld auf Girokonten halten und der Mindestreservesatz 10 Prozent beträgt?
    e. wenn die Bewohner zu gleichen Teilen Bargeld und Sichteinlagen besitzen und der Mindestreservesatz 10 Prozent beträgt?

11. In den Medien hört oder liest man im Zusammenhang mit dem Quantitative Easing manchmal die Behauptung, dass die Zentralbank Geld druckt, das sie an die Banken weiterreicht. Stimmen Sie dieser Aussage zu? Bekommen die Banken das Geld wirklich umsonst?

26 Geldmengenwachstum und Inflation

Wenn man heute beim Bäcker ein Brot kauft, so muss man in der Regel 3 Euro oder mehr dafür bezahlen. Aber Brot war nicht immer so teuer. Im Jahr 1930 kostete ein Brot (1 kg) in Deutschland im Durchschnitt nur 39 Pfennig (20 Cent). Damals hätte man also für 3 Euro fünfzehn Brote kaufen können.

Dieser Preisanstieg kann jedoch nicht wirklich überraschen. In unserer Volkswirtschaft steigen die meisten Preise tendenziell im Zeitablauf. Dieser Anstieg des allgemeinen Preisniveaus wird als *Inflation* bezeichnet. Inflation mag für jemanden, der in den hoch entwickelten Volkswirtschaften in Europa und Nordamerika am Ende des 20. Jahrhunderts aufgewachsen ist, natürlich und unvermeidlich erscheinen; tatsächlich ist sie jedoch ganz und gar nicht unvermeidlich. Im 19. Jahrhundert gab es lange Perioden, in deren Verlauf die meisten Preise gefallen sind – ein Phänomen, das als *Deflation* bezeichnet wird.

Obwohl Inflation in der jüngsten Vergangenheit die Regel darstellte, waren beträchtliche Veränderungen der Preissteigerungsrate festzustellen. In der Bundesrepublik Deutschland haben sich die Preise in den letzten zehn Jahren im Durchschnitt um ca. 1 Prozent pro Jahr erhöht. Im Gegensatz dazu stiegen die Preise in den 1970er-Jahren und zu Beginn der 1980er-Jahre in einigen Jahren um mehr als 5 Prozent, sodass sich das Preisniveau innerhalb von 15 Jahren fast verdoppelt hatte. Die Öffentlichkeit betrachtet Inflationsraten von 5 Prozent und mehr bereits mit Sorgen.

Internationale Daten zeigen erhebliche Unterschiede in der Entwicklung der Inflation. Deutschland nach dem Ersten Weltkrieg stellt eines der spektakulärsten historischen Beispiele für Inflation dar. Der Preis einer Tageszeitung stieg von 0,30 Mark im Januar 1921 in weniger als zwei Jahren auf 70.000.000 Mark. Andere Preise wiesen ähnliche Zuwachsraten auf. Das Auftreten solch außergewöhnlich hoher Inflationsraten wird als *Hyperinflation* bezeichnet. Die Hyperinflation in Deutschland hatte eine so nachteilige Auswirkung auf die deutsche Volkswirtschaft, dass sie häufig als eine der Ursachen für den Aufstieg des Nationalsozialismus und damit für den Zweiten Weltkrieg angesehen wird. Im Verlauf der letzten 50 Jahre standen die deutschen Politiker der Inflation daher außerordentlich ablehnend gegenüber, und die Inflation in Deutschland war wesentlich niedriger als in den meisten anderen Ländern.

Aber auch in der jüngeren Vergangenheit gibt es immer wieder Beispiele für Hyperinflation. Im Februar 2008 gab die Zentralbank von Simbabwe bekannt, dass die Inflationsrate im Land einen Wert von 24.000 Prozent erreicht hat. Ein einfacher ungelernter Arbeiter verdiente 200.000.000.000 Simbabwe-Dollar im Monat, das entsprach damals ungefähr 10 Dollar. Im Juli 2008 gab die Zentralbank sogar Geldscheine mit 100-Billionen-Simbabwe-Dollar-Noten in den Umlauf. Aber damit hätte man sich gerade mal ein Brot kaufen können.

Wovon hängt es ab, ob in einem Land Inflation auftritt, und wie hoch sie ist? Das vorliegende Kapitel beantwortet diese Frage mithilfe der Quantitätstheorie des Geldes. In Kapitel 1 wurde diese Theorie bereits kurz angerissen: Die Preise steigen, wenn zu viel Geld in Umlauf gesetzt wird. Dieses Verständnis hat unter Volkswirten eine lange und ehrwürdige Tradition. Die Quantitätstheorie wurde von David Hume diskutiert, dem berühmten Philosophen des 18. Jahrhunderts, und in jüngerer Zeit von dem bekannten Volkswirt Milton Friedman vertreten. Diese Inflationstheorie kann sowohl moderate Inflationen, wie sie z. B. in den 1970er-Jahren in einigen großen Volkswirtschaften zu beobachten waren, als auch Hyperinflationen erklären, wie sie in Deutschland zwischen den beiden Weltkriegen und auch in anderen Ländern in jüngerer Zeit immer wieder aufgetreten sind.

Nach der Entwicklung einer Inflationstheorie wenden wir uns einer wichtigen Frage im Zusammenhang mit der Inflation zu: Warum stellt Inflation ein Problem dar? Auf den ersten Blick erscheint die Antwort auf diese Frage offensichtlich: Inflation ist ein Problem, weil die Menschen sie nicht mögen. In den 1970er-Jahren, als die Inflationsrate in den USA relativ hoch war, war die Inflation laut Meinungsumfragen das wichtigste Problem des Landes. Der damalige US-Präsident Ford brachte diese Sichtweise 1974 zum Ausdruck, als er die Inflation den »öffentlichen Feind Nr. 1« nannte.

Aber worin genau bestehen die Kosten der Inflation für die Gesellschaft? Die Antwort wird Sie vielleicht überraschen. Die Kosten der Inflation zu ermitteln ist nicht so einfach, wie es auf den ersten Blick erscheinen mag. Zwar stimmen alle Volkswirte darin überein, dass Hyperinflationen für die betroffenen Gesellschaften eine erhebliche Belastung darstellen, doch sind manche Volkswirte der Ansicht, dass die Kosten moderater Inflationen bei weitem nicht so hoch sind, wie von der breiten Öffentlichkeit angenommen.

26.1 Die klassische Inflationstheorie

Wir beginnen unsere Untersuchung der Inflation mit der Entwicklung der Quantitätstheorie des Geldes. Die Quantitätstheorie wird häufig als »klassische« Theorie bezeichnet, da sie im 18. Jahrhundert von einigen der ersten ökonomischen Gelehrten wie David Hume entwickelt wurde, von denen man oft als »klassische Ökonomen« spricht. Die meisten Volkswirte greifen heute auf diese Theorie für die Erklärung der langfristigen Bestimmungsfaktoren des Preisniveaus und der Inflationsrate zurück.

Preisniveau und Geldwert

Angenommen, der Preis für eine Kugel Eis verzehnfacht sich im Verlauf einer bestimmten Zeitperiode. Welche Schlussfolgerung sollten wir aus der Tatsache ziehen, dass die Menschen bereit sind, so viel mehr Geld für eine Kugel Eis zu bezahlen? Es wäre möglich, dass die Menschen Eiscreme mehr mögen als zuvor (vielleicht weil einige Chemiker eine wunderbare neue Geschmacksrichtung entwickelt haben). Dies ist jedoch wahrscheinlich nicht der Fall. Es ist eher wahrscheinlich, dass die Vorliebe der Menschen für Eiscreme dieselbe geblieben ist und dass das Geld, das für den Kauf von Eiscreme verwendet wird, im Zeitablauf an Wert verloren hat. Damit besteht eine erste Erkenntnis hinsichtlich der Inflation darin, dass sie mehr mit dem Wert des Geldes zu tun hat als mit dem Wert der Güter.

Diese Erkenntnis hilft, den Weg in Richtung einer Theorie der Inflation zu weisen. Wenn der Verbraucherpreisindex und andere Maße für das Preisniveau ansteigen, sind Beobachter oftmals versucht, auf die vielen Einzelpreise zu schauen, die in diese Preisindizes eingehen: »Der Verbraucherpreisindex ist im letzten Monat um 3 Prozent gestiegen, vor allem durch einen 20-prozentigen Anstieg des Kaffeepreises und einen 30-prozentigen Anstieg des Heizölpreises.« Obwohl diese Betrachtungsweise einige interessante Informationen über die Vorgänge in der Volkswirtschaft beinhaltet, übersieht sie einen wesentlichen Punkt: Inflation ist ein die gesamte Volkswirtschaft umfassendes Phänomen, das vor allem den Wert des in der Volkswirtschaft verwendeten Tauschmittels betrifft.

Das Preisniveau der Volkswirtschaft kann aus zwei Blickwinkeln betrachtet werden. Bisher haben wir das Preisniveau als Preis eines Warenkorbs angesehen. Wenn das Preisniveau steigt, müssen die Menschen mehr für die Waren und Dienstleistungen bezahlen, die sie kaufen. Alternativ können wir das Preisniveau als Maß für den Geldwert betrachten. Ein Anstieg des Preisniveaus bedeutet einen geringeren Geldwert, da Sie mit jedem Euro in Ihrer Brieftasche eine geringere Menge an Waren und Dienstleistungen kaufen können.

Es erscheint hilfreich, diese Gedanken mathematisch auszudrücken. Angenommen P ist das Preisniveau, das z. B. mithilfe des Verbraucherpreisindex oder des BIP-Deflators gemessen wurde. P gibt dann die Geldmenge an, die für den Kauf eines Warenkorbs benötigt wird. Andersherum betrachtet: Die Menge der Waren und Dienstleistungen, die mit einem Euro gekauft werden kann, entspricht $1/P$. Anders ausgedrückt, ist P der in Geld gemessene Preis der Waren und Dienstleistungen, dann ist $1/P$ der in Gütern gemessene Wert des Geldes.

Die Mathematik lässt sich am einfachsten verstehen, wenn man sich eine Volkswirtschaft vorstellt, die nur ein einziges Gut produziert. In unserem Fall ist das Eiscreme. P würde dann für den Preis für eine Kugel Eiscreme stehen (Geldeinheiten pro 1 Kugel Eiscreme). Bei einem Preis von 1 Euro für eine Kugel Eiscreme beläuft sich der Wert eines Euro ($1/P$) genau auf 1 Kugel Eiscreme. Steigt der Preis auf 2 Euro, dann fällt der Wert eines Euro auf ½ Kugel Eiscreme. Eine reale Volkswirtschaft produziert Tausende Waren und Dienstleistungen, sodass wir dann auf einen Preisindex zurückgreifen und nicht auf den Preis eines einzelnen Gutes. Aber die Logik bleibt gleich: Ein Anstieg des Preisniveaus führt zu einem Rückgang des Geldwerts.

Geldangebot, Geldnachfrage und monetäres Gleichgewicht

Wodurch wird der Wert des Geldes bestimmt? Wie so oft in den Wirtschaftswissenschaften lautet die Antwort auf diese Frage: durch Angebot und Nachfrage. Genauso wie Angebot und Nachfrage nach Bananen den Preis für Bananen bestimmen, wird der

26.1 Geldmengenwachstum und Inflation
Die klassische Inflationstheorie

Wert des Geldes durch Angebot und Nachfrage nach Geld bestimmt. Unser nächster Schritt bei der Entwicklung der Quantitätstheorie des Geldes besteht daher in einer Betrachtung der Bestimmungsfaktoren von Geldangebot und Geldnachfrage.

Wir betrachten zunächst das Geldangebot. Im letzten Kapitel haben wir diskutiert, wie die EZB im Zusammenspiel mit dem Bankensystem das Geldangebot bestimmt. Mit dem Verkauf von Wertpapieren nimmt die EZB Geld aus dem Markt und verknappt damit die Geldmenge. Durch den Ankauf von Wertpapieren gibt die EZB Geld in den Markt und vergrößert auf diese Weise die Geldmenge. Wenn zudem ein Teil des zusätzlichen Geldes bei den Banken eingezahlt wird, die diese Einlagen als Reserven halten, kommt der Geldschöpfungsmultiplikator ins Spiel, sodass die Wirkung dieser Offenmarktgeschäfte auf die Geldmenge noch stärker ausfällt. Für unsere Zwecke in diesem Kapitel sind diese Details jedoch nicht von zentraler Bedeutung. Es genügt, einfach anzunehmen, dass die EZB das Geldangebot direkt steuern kann.

Betrachten wir nun die Geldnachfrage. Es gibt zahlreiche Bestimmungsfaktoren der nachgefragten Geldmenge, ebenso wie es viele Bestimmungsfaktoren der nachgefragten Mengen von Waren und Dienstleistungen gibt. Wie viel Geld die Menschen z. B. in ihrer Brieftasche zu halten wünschen, hängt davon ab, inwieweit sie auf Kreditkarten vertrauen und ob leicht ein Geldautomat zu finden ist. Wie wir in einem späteren Kapitel sehen werden, hängt die Geldnachfrage ferner von dem Zinssatz ab, den jemand erhält, wenn er sein Geld zinsbringend anlegt, anstatt es in der Brieftasche oder auf einem Girokonto mit niedriger Verzinsung zu belassen.

Obwohl sich viele Größen auf die Geldnachfrage auswirken, ist eine der Variablen von herausragender Bedeutung: das durchschnittliche Preisniveau der Volkswirtschaft. Die Menschen halten Geld, da es ein Tauschmittel darstellt. Sie können Geld, im Gegensatz zu anderen Vermögenswerten wie z. B. Anleihen oder Aktien, dazu verwenden, die Waren und Dienstleistungen auf ihrer Einkaufsliste zu kaufen. Wie viel Geld sie zu diesem Zweck zu halten wünschen, hängt von den Preisen der Waren und Dienstleistungen ab. Je höher die Preise sind, umso mehr Geld erfordern die typischen Transaktionen und umso mehr Geld werden die Menschen in ihren Brieftaschen und auf ihren Girokonten halten. Ein höheres Preisniveau (ein niedrigerer Geldwert) erhöht somit die nachgefragte Geldmenge.

Wodurch wird sichergestellt, dass das von der EZB bereitgestellte Geldangebot der von den Menschen nachgefragten Geldmenge entspricht? Die Antwort hängt, wie sich herausstellen wird, vom betrachteten Zeithorizont ab. Bei einer kurzfristigen Betrachtung spielen, wie wir später in diesem Buch noch sehen werden, die Zinssätze eine entscheidende Rolle. Auf lange Sicht fällt die Antwort dagegen anders und viel einfacher aus. *Auf lange Sicht passt sich das allgemeine Preisniveau an das Niveau an, bei dem die Geldnachfrage dem Geldangebot entspricht.* Dieser Sachverhalt ist in Abbildung 26-1 dargestellt. Auf der waagerechten Achse der beiden Diagramme ist die Geldmenge abgetragen. Die senkrechte Achse auf der linken Seite zeigt jeweils den Geldwert $1/P$, die senkrechte Achse auf der rechten Seite das Preisniveau P. Die Skalierung der Preisachse auf der rechten Seite verläuft entgegengesetzt: Ein niedriges Preisniveau wird oben abgetragen, ein hohes Preisniveau dagegen unten. Auf diese Weise wird verdeutlicht, dass ein hoher Geldwert (auf der linken Seite) mit einem niedrigen Preisniveau (auf der rechten Seite) einhergeht.

Die klassische Inflationstheorie 26.1

Abb. 26-1

Die Bestimmung des Gleichgewichtspreisniveaus durch Geldangebot und Geldnachfrage

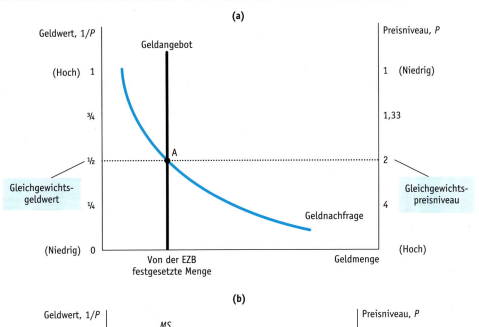

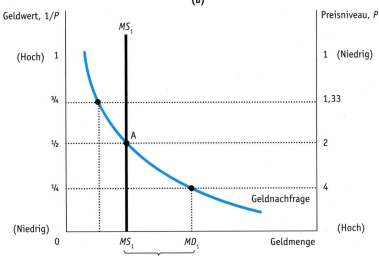

Auf der waagerechten Achse ist die Geldmenge abgetragen. Die linke senkrechte Achse zeigt den Geldwert, die rechte senkrechte Achse das Preisniveau. Die Geldangebotskurve verläuft senkrecht, da die angebotene Geldmenge von der EZB festgesetzt wird. Die Geldnachfragekurve ist abwärts geneigt, weil die Leute mehr Geld halten wollen, wenn der Geldwert geringer ist. In Diagramm (a) befindet sich der Geldmarkt im Punkt A im Gleichgewicht. Geldwert und Preisniveau haben sich angepasst und die angebotene Geldmenge entspricht der nachgefragten. Liegt das Preisniveau aber z.B. bei 4, wie in Diagramm (b) dargestellt, übersteigt die Geldnachfrage das vorhandene Geldangebot, sodass das Preisniveau sinken muss, damit sich ein Gleichgewicht am Geldmarkt einstellt.

26.1 Geldmengenwachstum und Inflation
Die klassische Inflationstheorie

In Abbildung 26-1 sind die Kurven des Geldangebots und der Geldnachfrage dargestellt. Die Kurve des Geldangebots verläuft in dieser Abbildung senkrecht, was bedeutet, dass die von der EZB angebotene Geldmenge fest ist. Die Kurve der Geldnachfrage ist abwärts geneigt, wodurch zum Ausdruck kommt, dass die Menschen bei einem niedrigen Geldwert eine größere Geldmenge nachfragen, um Waren und Dienstleistungen zu kaufen. Im Gleichgewicht, das in der Abbildung im Punkt A liegt, entspricht die nachgefragte Geldmenge der angebotenen Geldmenge. Dieses Gleichgewicht von Geldangebot und Geldnachfrage bestimmt den Geldwert und das Preisniveau.

Liegt das Preisniveau über dem Gleichgewichtsniveau (wie z. B. bei 4 in Diagramm (b)), dann übersteigt die Geldnachfrage das Geldangebot, sodass das Preisniveau sinken muss, um Angebot und Nachfrage zum Ausgleich zu bringen. Liegt das Preisniveau dagegen unter dem Gleichgewichtsniveau (wie z. B. bei 1,33 in Diagramm (b)), übersteigt das Geldangebot die Geldnachfrage, und das Preisniveau muss steigen, um Angebot und Nachfrage zum Ausgleich zu bringen. Beim Gleichgewichtspreisniveau entspricht die nachgefragte Geldmenge genau der von der EZB angebotenen Geldmenge.

Abb. 26-2

Die Auswirkungen einer Erhöhung des Geldangebots

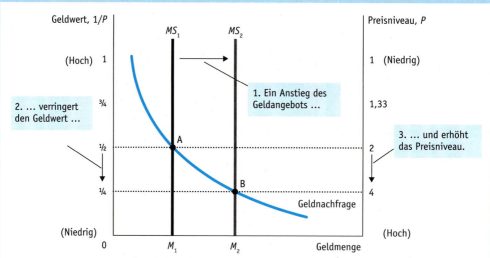

Wenn die EZB das Geldangebot ausweitet, verschiebt sich die Geldangebotskurve von MS_1 nach MS_2. Der Geldwert (auf der linken Achse) und das Preisniveau (auf der rechten Achse) passen sich an, um das Angebot und die Nachfrage wieder ins Gleichgewicht zu bringen. Das Gleichgewicht verschiebt sich von Punkt A nach Punkt B. Wenn ein Anstieg des Geldangebots die Menge an Euros erhöht, kommt es also zu einem Anstieg des Preisniveaus, der den Wert jedes Euro verringert.

Auswirkungen einer Erhöhung der Geldmenge

Wir wollen im Folgenden die Auswirkungen einer Änderung der Geldpolitik betrachten. Stellen Sie sich dafür vor, dass sich die Volkswirtschaft zunächst im Gleichgewicht befindet, plötzlich aber verdoppelt die EZB die Geldmenge, indem sie Geld druckt und von einem Hubschrauber aus über das Land verteilt. Weniger dramatisch und deutlich realistischer wäre es, sich vorzustellen, dass die EZB das Geldangebot erhöht, indem sie einfach Staatsanleihen im Rahmen von Offenmarktoperationen ankauft. Was geschieht nach einer solchen Ausweitung der Geldmenge? Wo liegt das neue Gleichgewicht, verglichen mit dem alten?

Abbildung 26-2 zeigt, was passiert. Die Geldmengenerhöhung verschiebt die Angebotskurve nach rechts von MS_1 nach MS_2 und das Gleichgewicht von Punkt A nach Punkt B. Infolgedessen sinkt der Geldwert (abgetragen auf der linken Achse) von 1/2 auf 1/4 und das Gleichgewichtspreisniveau (abgetragen auf der rechten Achse) steigt von 2 auf 4. Anders ausgedrückt, wenn ein Anstieg des Geldangebots die Menge an Euro erhöht, kommt es zu einem Anstieg des Preisniveaus, der den Wert jedes Euro verringert.

Diese Erklärung, wie das Preisniveau bestimmt wird und weshalb es im Zeitablauf zu Veränderungen des Preisniveaus kommen kann, wird als **Quantitätstheorie des Geldes** bezeichnet. Nach der Quantitätstheorie bestimmt die in der Volkswirtschaft vorhandene Geldmenge den Geldwert, und das Wachstum der Geldmenge stellt die primäre Inflationsursache dar. Inflation ist demnach immer ein monetäres Phänomen.

> **Quantitätstheorie des Geldes**
> Eine Theorie, die besagt, dass die verfügbare Geldmenge das Preisniveau und die Wachstumsrate der Geldmenge die Inflationsrate bestimmt.

Ein kurzer Blick auf den Anpassungsprozess

Bisher haben wir das alte Gleichgewicht und das neue Gleichgewicht nach einer Ausweitung der Geldmenge verglichen. Aber wie gelangt die Volkswirtschaft vom alten zum neuen Gleichgewicht? Eine vollständige Beantwortung dieser Frage erfordert ein Verständnis für die kurzfristigen Schwankungen in der Volkswirtschaft, die wir später in diesem Buch untersuchen. Es ist jedoch bereits an dieser Stelle aufschlussreich, kurz den Anpassungsprozess zu betrachten, der nach einer Änderung des Geldangebots abläuft.

Der unmittelbare Effekt einer Ausweitung der Geldmenge besteht darin, dass ein Überangebot an Geld geschaffen wird. Vor der Ausweitung befand sich die Volkswirtschaft im Gleichgewicht (Punkt A in Abbildung 26-2). Zum herrschenden Preisniveau verfügten die Menschen genau über so viel Geld, wie sie wollten. Nach der Geldmengenausweitung haben die Unternehmen und Konsumenten mehr Geld in ihren Brieftaschen, als sie für den Kauf von Waren und Dienstleistungen benötigen. Die angebotene Geldmenge übersteigt nun die zum herrschenden Preisniveau nachgefragte Geldmenge.

Das Überangebot an Geld wird für verschiedene Zwecke genutzt. Es werden mehr Rohstoffe, Waren und Dienstleistungen gekauft. Oder es werden Kredite an andere Personen vergeben, indem Schuldverschreibungen gekauft werden oder das Geld auf einem Sparbuch bei einer Bank angelegt wird. Diese Kredite erlauben es anderen Men-

26.1 Geldmengenwachstum und Inflation
Die klassische Inflationstheorie

schen, Waren und Dienstleistungen zu kaufen. In jedem Fall erhöht die Ausweitung der Geldmenge die Nachfrage nach Waren und Dienstleistungen.

Die Fähigkeit der Volkswirtschaft, Waren und Dienstleistungen herzustellen, hat sich jedoch nicht verändert. Wie wir im Kapitel 21 gelernt haben, wird das Produktionsniveau einer Volkswirtschaft über die Produktivität durch die Verfügbarkeit von Arbeitskräften, Realkapitalbestand, Humankapital und technologischem Wissen bestimmt. Durch die Erhöhung der Geldmenge hat sich keine dieser Determinanten verändert.

Aus diesem Grund führt die gestiegene Güternachfrage zu einem Anstieg der Preise der Waren und Dienstleistungen. Die Erhöhung des Preisniveaus wiederum bewirkt einen Anstieg der nachgefragten Geldmenge, da die Menschen für ihre Transaktionen Geld benötigen. Schließlich erreicht die Volkswirtschaft ein neues Gleichgewicht (Punkt B in Abbildung 26-2), in dem die nachgefragte Geldmenge wiederum der angebotenen Geldmenge entspricht. Auf diese Weise passt sich das allgemeine Preisniveau an, um Geldangebot und Geldnachfrage ins Gleichgewicht zu bringen.

Klassische Dichotomie und die Neutralität des Geldes

Wir haben gesehen, wie Änderungen des Geldangebots zu Änderungen des Preisniveaus führen. Wie wirken sich diese monetären Änderungen auf andere wichtige makroökonomische Größen aus, wie z. B. Produktion, Beschäftigung, Reallohnsätze und Realzinssätze? Diese Frage fasziniert die Volkswirte schon seit langem. Der große Philosoph David Hume hat darüber bereits im 18. Jahrhundert geschrieben. Die Antwort, die heutzutage auf diese Frage gegeben wird, ist größtenteils Humes Analyse zu verdanken.

Nominale Größen
Variablen, die in Geldeinheiten ausgedrückt werden.

Hume und seine Zeitgenossen waren der Ansicht, dass alle wirtschaftlichen Variablen in zwei Gruppen unterteilt werden sollten. Die erste Gruppe besteht aus **nominalen Größen** – Variablen, die in Geldeinheiten ausgedrückt werden. Die zweite Gruppe umfasst **reale Größen** – Variablen, die in Mengeneinheiten ausgedrückt werden. Der Preis für Mais z. B. stellt eine nominale Größe dar, da er in Euro ausgedrückt wird, während die hergestellte Maismenge eine reale Größe darstellt, da sie in Kilogramm ausgedrückt wird. Entsprechend ist das nominale BIP eine nominale Größe, da es den Wert der produzierten Güter in Euro misst, also der Menge an Waren und Dienstleistungen, die eine Volkswirtschaft während eines bestimmten Zeitraums produziert. Das reale BIP dagegen ist eine reale Größe, da es die gesamte hergestellte Menge an Waren und Dienstleistungen misst und nicht durch das laufende Preisniveau dieser Waren und Dienstleistungen beeinflusst wird. Diese Unterteilung der Größen in zwei Gruppen wird als die **klassische Dichotomie** bezeichnet. (*Dichotomie* bezeichnet eine Einteilung in zwei Gruppen und *klassisch* bezieht sich auf die frühen Ökonomen.)

Reale Größen
Variablen, die in Mengeneinheiten ausgedrückt werden.

Klassische Dichotomie
Die Trennung zwischen nominalen und realen Größen in der klassischen Theorie.

Das Konzept der klassischen Dichotomie wird ein wenig komplizierter, wenn wir uns mit Preisen beschäftigen. Preise werden in einer Volkswirtschaft normalerweise in Geldeinheiten angegeben. Wenn wir beispielsweise sagen, dass der Preis für ein Kilogramm Mais 2 Euro beträgt oder sich der Preis für ein Kilogramm Weizen auf 1 Euro beläuft, dann stellen beide Preise nominale Größen dar. Aber wie sieht es mit einem *relativen Preis* aus – mit dem Preis eines Gutes in Relation zum Preis eines anderen Gutes? In unserem Beispiel könnten wir sagen, dass der Preis von einem Kilogramm Mais zwei Kilogramm Weizen beträgt. Relative Preise werden demnach nicht mehr in Geldeinheiten gemessen. Wenn man den Preis von zwei Gütern ins (mathematische) Verhältnis setzt, dann kürzt sich die Geldeinheit heraus, und das Ergebnis liegt in Mengeneinheiten vor. Während also Euro-Preise nominale Größen darstellen, sind relative Preise reale Größen.

Aus dieser Erkenntnis ergeben sich einige wichtige Schlussfolgerungen. Denken wir an den Nominallohnsatz. Nehmen wir an, eine Person kauft nur Bananen und ein Kilogramm Bananen kostet 2 Euro. Beträgt der Nominallohnsatz nun 10 Euro pro Stunde, dann kann sich diese Person davon 5 Kilogramm Bananen kaufen. 10 Euro pro Stunde ist der Nominallohnsatz, der in Geldeinheiten ausgedrückt wird. Der **Reallohnsatz** spiegelt die Menge an Gütern wider, die zum gegebenen Preisniveau mit dem Nominallohnsatz gekauft werden können und wird über das Verhältnis von Nominallohnsatz zum Preisniveau gemessen. In unserem Beispiel wird der Reallohnsatz durch das Verhältnis vom Nominallohnsatz zum Preis für ein Kilogramm Bananen bestimmt (W/P) und beträgt 5 Kilogramm Bananen pro Stunde. Um sich 5 Kilogramm Bananen leisten zu können, muss die Person eine Stunde arbeiten. Ändern sich Nominallohnsatz und Preise, dann spiegelt der Reallohnsatz wider, wie die Person von diesen Änderungen betroffen ist. Steigt z. B. der Nominallohnsatz auf 12 Euro je Stunde und der Preis für ein Kilogramm Bananen auf 3 Euro, dann sinkt der Reallohnsatz auf 4 Bananen pro Stunde und die Person ist damit schlechter gestellt als vor den Änderungen. Für eine Stunde Arbeit kann sich die Person jetzt nur noch 4 Bananen leisten. Der Reallohnsatz (also der Nominallohnsatz bereinigt um die Inflation) ist eine reale Größe, da er angibt, welche Menge an Waren und Dienstleistungen sich in der Volkswirtschaft gegen eine Arbeitseinheit eintauschen lässt. Auch der Realzinssatz (Nominalzinssatz bereinigt um die Inflation) ist eine reale Größe, da er ausdrückt, welche Menge an heute hergestellten Gütern sich in der Volkswirtschaft gegen eine in der Zukunft hergestellte Gütermenge eintauschen lässt.

Aber warum machen wir uns die Mühe, die Variablen in diese zwei Gruppen zu unterteilen? Die klassische Dichotomie ist hilfreich für Analysen der Volkswirtschaft, da unterschiedliche Faktoren die realen und nominalen Variablen beeinflussen. Insbesondere werden nominale Größen durch Veränderungen der Geldmenge erheblich beeinflusst, während die Geldmenge weitgehend irrelevant für das Verständnis der Bestimmungsfaktoren wichtiger realer Größen ist.

Die Vorstellung von Hume liegt auch (stillschweigend) unseren früheren Überlegungen zur langfristigen Entwicklung volkswirtschaftlicher Variablen zugrunde. Reales BIP, Ersparnis, Investitionen, Realzinssätze und Arbeitslosigkeit werden erklärt, ohne die Existenz des Geldes zu erwähnen. Die Herstellung von Waren und Dienstleistungen in einer Volkswirtschaft wird von Produktivität und Faktorangebot bestimmt; der Realzinssatz passt sich an, um Angebot und Nachfrage nach Kreditmitteln ins Gleichgewicht zu bringen; der Reallohn passt sich an, um Arbeitsangebot und Arbeitsnachfrage anzugleichen, und Arbeitslosigkeit entsteht, wenn der Reallohnsatz aus irgendeinem Grund über dem Gleichgewichtsniveau liegt. Diese wichtigen Schlussfolgerungen haben nichts mit der angebotenen Geldmenge zu tun.

Reallohnsatz
Er spiegelt die Menge an Gütern wider, die zum gegebenen Preisniveau mit dem Nominallohnsatz gekauft werden können, gemessen durch das Verhältnis von Nominallohnsatz zum Preisniveau.

26.1 Geldmengenwachstum und Inflation
Die klassische Inflationstheorie

Nach der klassischen Dichotomie beeinflussen Änderungen des Geldangebots die nominalen Variablen, nicht aber die realen Variablen. Wenn die EZB das Geldangebot verdoppelt, verdoppeln sich das Preisniveau, die Nominallöhne und alle anderen in Geldeinheiten ausgedrückten Variablen. Die realen Größen, wie z. B. Produktionsniveau, Arbeitslosigkeit, Reallohnsätze und Realzinssätze bleiben unverändert. Diese Irrelevanz von Geldmengenänderungen im Hinblick auf reale Größen wird als **Neutralität des Geldes** bezeichnet.

Eine Analogie kann die Bedeutung der Neutralität des Geldes veranschaulichen. Erinnern Sie sich, dass Geld als Recheneinheit den Maßstab darstellt, mit dem wir ökonomische Transaktionen messen. Wenn die Zentralbank die Geldmenge verdoppelt, verdoppeln sich alle Preise, und der Wert der Recheneinheit sinkt um die Hälfte. Eine ähnliche Änderung würde sich ergeben, wenn der Staat beschließen würde, die Länge eines Meters von 100 cm auf 50 cm zu verkürzen. Als ein Ergebnis der neuen Maßeinheit würden sich alle *gemessenen* Entfernungen (nominale Größen) verdoppeln, aber die *tatsächlichen* Entfernungen (reale Größen) würden gleich bleiben. Der Euro ist, ebenso wie der Meter, lediglich eine Maßeinheit, sodass eine Änderung seines Werts keine wichtigen realen Auswirkungen haben sollte.

Ist diese Schlussfolgerung im Hinblick auf die Neutralität des Geldes eine realistische Beschreibung der Welt, in der wir leben? Die Antwort lautet: nicht ganz. Eine Änderung der Länge eines Meters von 100 cm in 50 cm würde auf lange Sicht nicht viel ausmachen, auf kurze Sicht jedoch würde es sicherlich zu Verwirrung und vielen Fehlern kommen. Entsprechend vermuten die meisten Volkswirte heute, dass Änderungen der Geldmenge für kurze Zeiträume von ein bis zwei Jahren erhebliche Auswirkungen auf reale Größen haben. Hume zweifelte selbst ebenfalls an der Neutralität des Geldes auf kurze Sicht. (Wir werden in einem späteren Kapitel auf dieses Problem zurückkommen und uns dabei mit den Gründen beschäftigen, warum die EZB die Geldmenge im Zeitablauf ändert.)

Die meisten Volkswirte akzeptieren die klassische Theorie heute als eine Beschreibung der Volkswirtschaft auf lange Sicht. Im Lauf eines Jahrzehnts z. B. haben Änderungen der Geldmenge erhebliche Auswirkungen auf nominale Größen (z. B. das Preisniveau), aber nur unbedeutende Auswirkungen auf reale Größen (z. B. das reale BIP). Für eine Untersuchung langfristiger Änderungen in der Volkswirtschaft bietet die Neutralität des Geldes also eine geeignete Beschreibung der Welt, in der wir leben.

Umlaufgeschwindigkeit des Geldes und Quantitätsgleichung

Eine andere Perspektive der Quantitätstheorie des Geldes ergibt sich durch die folgende Frage: Wie häufig wird ein Euro pro Jahr im Durchschnitt dazu verwendet, um neu hergestellte Waren und Dienstleistungen zu bezahlen? Die Antwort auf diese Frage gibt eine Größe, die als **Umlaufgeschwindigkeit** des Geldes bezeichnet wird. In der Physik misst die Geschwindigkeit das Tempo, mit dem sich Objekte bewegen. Aus einer ökonomischen Perspektive misst die Umlaufgeschwindigkeit des Geldes das Tempo, mit dem ein Euro in der Wirtschaft den Besitzer wechselt.

Neutralität des Geldes
Die Annahme, dass Änderungen der Geldmenge keine Auswirkungen auf reale Größen haben.

Umlaufgeschwindigkeit des Geldes
Das Tempo, mit dem das Geld in der Wirtschaft zirkuliert.

26.1 Die klassische Inflationstheorie

Für die Berechnung der Umlaufgeschwindigkeit des Geldes dividieren wir den nominalen Wert der insgesamt produzierten Güter (das nominale BIP) durch die Geldmenge. Bezeichnet P das Preisniveau (den BIP-Deflator), Y das Produktionsniveau (das reale BIP) und M die Geldmenge, dann berechnet sich die Umlaufgeschwindigkeit V (»velocity«) als

$V = (P \times Y)/M$.

Zur Veranschaulichung wollen wir ein Beispiel betrachten. Stellen Sie sich eine einfache Volkswirtschaft vor, in der nur Pizza hergestellt wird. Es wird angenommen, dass in der Wirtschaft pro Jahr 100 Pizzen zum Preis von 10 Euro verkauft werden und die Geldmenge 50 Euro (bestehend aus 1-Euro-Münzen) beträgt. Für die Umlaufgeschwindigkeit des Geldes ermitteln wir dann einen Wert von

$V = (10\,€ \times 100) / 50\,€$
$= 20$.

In dieser Wirtschaft geben die Menschen insgesamt 1.000 Euro pro Jahr für Pizza aus. Damit diese Ausgaben in Höhe von 1.000 Euro bei einer Geldmenge von nur 50 Euro getätigt werden können, muss jeder Euro im Durchschnitt 20-mal pro Jahr den Besitzer wechseln.

Nach einigen einfachen mathematischen Umformungen lässt sich diese Gleichung schreiben als

$M \times V = P \times Y$.

Diese Gleichung besagt, dass das Produkt aus Geldmenge (M) und Umlaufgeschwindigkeit des Geldes (V) dem Produkt aus Preisniveau (P) und Produktionsniveau (Y) entspricht. Die Gleichung wird **Quantitätsgleichung** genannt, da sie die Geldmenge (M) in Beziehung zum nominalen Wert der insgesamt produzierten Güter ($P \times Y$) setzt. Die Quantitätsgleichung zeigt, dass sich ein Anstieg der Geldmenge in der Volkswirtschaft in einer der drei anderen Größen widerspiegeln muss: Entweder muss das Preisniveau steigen oder das Produktionsniveau muss zunehmen oder die Umlaufgeschwindigkeit des Geldes muss sinken.

Die Quantitätsgleichung geht auf den US-Ökonom Irving Fisher (1867–1947) zurück und zeigt die Verbindung zwischen Änderungen der Geldmenge und Änderungen im Preisniveau. Dabei wird unterstellt, dass die Umlaufgeschwindigkeit des Geldes (V) im Zeitablauf relativ stabil ist. Damit führen Änderungen der Geldmenge (M) durch die Zentralbank zu einer proportionalen Änderung des nominalen Werts der Produktion ($P \times Y$). Die Produktion der Volkswirtschaft von Waren und Dienstleistungen (Y) wird in erster Linie vom Faktorangebot und der vorhandenen Technologie bestimmt. Da Geld neutral ist, hat es keinen Einfluss auf die Höhe der Produktion. Wenn aber die Höhe der Produktion (Y) durch Faktorangebot und Technologie bestimmt wird, spiegeln sich eine Änderung des Geldangebots (M) durch die Zentralbank und parallel dazu eine Änderung des nominalen Werts der Produktion ($P \times Y$) in einer Änderung des Preisniveaus (P) wider. Die Folge einer schnellen Erhöhung des Geldangebots durch die Zentralbank ist daher eine hohe Inflationsrate.

Quantitätsgleichung
Die Gleichung $M \times V = P \times Y$, die die Beziehung zwischen der Geldmenge, der Umlaufgeschwindigkeit des Geldes und dem Wert der insgesamt produzierten Güter einer Volkswirtschaft angibt.

26.1 Geldmengenwachstum und Inflation
Die klassische Inflationstheorie

> **Fallstudie**
>
> ### Die Österreichische Schule und die Umlaufgeschwindigkeit des Geldes
>
> Mit der Quantitätstheorie des Geldes geht die Annahme einher, dass die Umlaufgeschwindigkeit des Geldes im Zeitablauf stabil ist. Aber ist diese Annahme wirklich realistisch? Die Antwort auf diese Frage hängt auch davon ab, was man unter »stabil« versteht und welchen Zeitraum man betrachtet.
>
> Aber ist die Annahme einer stabilen Umlaufgeschwindigkeit überhaupt von Bedeutung? Auch wenn viele Ökonomen der Quantitätstheorie eine gewisse Bedeutung beimessen, gibt es einige Ökonomen, die ihre Gültigkeit infrage stellen. Diese Gruppe von Ökonomen gehört der sogenannten Österreichischen Schule an. Sie zweifeln an der generellen Aussagekraft der Größe V in der Quantitätsgleichung.
>
> Dabei argumentieren sie wie folgt. Wenn Personen Transaktionen auf Märkten durchführen, dann bezahlen sie dabei mit dem Wert der Waren und Dienstleistungen, die sie selbst produzieren. Ein Universitätsprofessor bezahlt die Lebensmittel, der er konsumiert, durch den Wert der Vorlesungen, die er hält. Geld ist in erster Linie ein Mittel, um den Tausch zu erleichtern, also ein Tauschmittel. Wie oft ein 10-Euro-Schein den Besitzer wechselt, hat nichts mit der Fähigkeit des Professors zu tun, seinen Lebensunterhalt zu bestreiten. Es ist seine Fähigkeit, Vorlesungen, Seminare und Übungen zu halten, die ihm die Möglichkeit verschafft, Lebensmittel für den täglichen Bedarf und noch vieles mehr zu kaufen. Der Professor tauscht seine Dienstleistung nur deswegen gegen Geld, damit er Transaktionen auf anderen Märkten tätigen kann. Der Lebensmittelhändler bietet wiederum seine Dienstleistungen auch gegen Geld an, damit er mit dem Geld Lebensmittel und andere Dienstleistungen kaufen kann. In einer Transaktion geben beide Seiten der Transaktion einen Wert mit Blick auf ihre eigene individuelle Situation. Nach Ansicht der Österreichischen Schule sind es die Handlungen der einzelnen Personen, die den Preis der Waren und Dienstleistungen bestimmen, und nicht die Geschwindigkeit, mit der das Geld den Besitzer wechselt. Damit hat V auch keine Aussagekraft in Bezug auf das durchschnittliche Preisniveau oder die Kaufkraft des Geldes. V ist eine bloße Rechengröße, die sich durch $(V = (P \times Y)/M)$ ergibt, also Preis multipliziert mit dem Produktionsniveau dividiert durch die Geldmenge. Ohne die Größen P, Y und M kann man den Wert von V nicht ermitteln. Damit kann V auch nicht die Ursache für irgendetwas sein. Und das bedeutet, dass die inflationäre Wirkung einer Geldmengenerhöhung nicht durch eine sinkende Umlaufgeschwindigkeit kompensiert werden kann.
>
> Für die Österreichische Schule ist die Umlaufgeschwindigkeit des Geldes unmittelbar mit der Geldnachfrage verknüpft. Wenn sich die Umlaufgeschwindigkeit ändert, schwankt auch die Geldnachfrage. Aber warum sollte es ein Problem sein, wenn die Individuen ihre Entscheidung bezüglich der Geldhaltung aufgrund von persönlichen Umständen ändern? Die Nachfrage nach Geld ändert sich im Zeitablauf genauso, wie sich die Nachfrage nach Waren und Dienstleistungen ändert. Es wäre absurd zu erwarten, dass die Nachfrage nach Fisch im Zeitablauf konstant ist, warum sollte das also für die Geldnachfrage gelten?
>
> Die Österreichische Schule verneint nicht den Zusammenhang zwischen der Geldmenge und den Preisen, stellt aber die Quantitätstheorie als korrekte Reflektion der Volkswirtschaft infrage. Glaubt man an die Gültigkeit der Quantitätstheorie, so ihre Meinung, dann zieht man daraus falsche wirtschaftspolitische Schlüsse.

Die Inflationssteuer

Wenn Inflation so einfach zu erklären ist, warum kommt es dann in manchen Ländern zu Hyperinflation? Warum setzen die Zentralbanken in diesen Ländern die Notenpresse so stark in Gang, dass der Geldwert im Zeitablauf schnell sinkt?

Die Antwort lautet, dass der Staat seine Ausgaben in diesen Ländern durch Geldschöpfung finanziert. Wenn der Staat Straßen bauen, die Gehälter der Polizeibeamten bezahlen oder Transferzahlungen für arme und alte Menschen leisten will, muss er zunächst die dafür notwendigen Mittel einnehmen. Normalerweise erzielt der Staat Einnahmen, indem er Steuern erhebt, wie z. B. die Lohn- und Einkommensteuer, und

Kredite aufnimmt, indem er Staatsanleihen verkauft. Der Staat kann seine Ausgaben jedoch auch ganz einfach dadurch finanzieren, dass er das benötigte Geld druckt.

Wenn der Staat Einnahmen durch das Drucken von Geld erzielt, spricht man von einer **Inflationssteuer**. Die Inflationssteuer unterscheidet sich jedoch von anderen Steuern, denn schließlich erhält niemand einen Steuerbescheid vom Staat für diese Steuer. Die Inflationssteuer ist stattdessen subtiler. Wenn der Staat Geld druckt, erhöht sich das Preisniveau, und die Euro-Beträge, die sich in den Brieftaschen befinden, verlieren an Wert. Die Inflationssteuer stellt daher eine Steuer auf das Halten von Geld dar. Sie wirkt sogar progressiv, denn je mehr ein Einkommen eine Person erzielt, desto mehr Geld wird sie halten und umso stärker wird sie von der Inflation betroffen sein.

Inflationssteuer
Die Einnahmen, die der Staat durch Geldschöpfung erzielt.

Die Bedeutung der Inflationssteuer zeigt sich in Fällen von extrem hoher Inflation, die man als **Hyperinflation** bezeichnet. Während einer Hyperinflation liegen die Preissteigerungsraten auf einem extrem hohen Niveau und nehmen immer weiter zu. Während der Zeit der Hyperinflation in Deutschland zu Beginn der 1920er-Jahre, in einigen lateinamerikanischen Ländern in den 1970er- und 1980er-Jahren sowie in Jugoslawien und Simbabwe vor gar nicht allzu langer Zeit wird die Inflationssteuer beträchtlich gewesen sein.

Hyperinflation
Eine Periode mit extrem hohen und immer größer werdenden Preissteigerungsraten.

Fast alle Hyperinflationen folgen dem gleichen Muster. Der Staat hat hohe Ausgaben, die Steuereinnahmen sind unzulänglich und die Möglichkeiten der Kreditaufnahme begrenzt. Infolgedessen bedient sich der Staat der Notenpresse, um seine Ausgaben zu finanzieren. Der massive Anstieg der Geldmenge führt zu extremer Inflation. Die Inflation wird beendet, wenn der Staat fiskalische Reformen durchführt – wie z. B. eine Kürzung der Staatsausgaben – und damit die Notwendigkeit einer Inflationssteuer entfällt.

Wenn die Möglichkeiten der Kreditaufnahme zur Deckung der Staatsausgaben begrenzt sind, ist die Verlockung für den Staat groß, einfach Geld für die Deckung der Staatsausgaben zu drucken. Darauf wies bereits der berühmte Ökonom John Maynard Keynes hin. Schließlich ist die Last einer Inflationssteuer gleichmäßig auf alle Bürger verteilt, niemand kann ihr ausweichen, die Erhebungskosten sind null und sie steigt mit dem (Geld-)Vermögen der Bürger. Da sich Keynes jedoch auch des großen Schadens bewusst war, den eine Inflationssteuer in der Volkswirtschaft anrichtet, versah er die Vorteile einer Inflationssteuer mit dem Attribut »vordergründig«.

Der Fisher-Effekt

Nach dem Prinzip der Neutralität des Geldes erhöht ein Anstieg der Wachstumsrate der Geldmenge die Inflationsrate, wirkt sich jedoch nicht auf reale Größen aus. Eine wichtige Anwendung dieses Prinzips betrifft die Wirkung des Geldes auf Zinssätze. Das Verständnis der Zinssätze ist für Volkswirte wichtig, da sie die Wirtschaft der Gegenwart und die Wirtschaft der Zukunft durch ihre Auswirkungen auf Ersparnis und Investition verbinden.

Um die Beziehung zwischen Geld, Inflation und Zinssätzen zu verstehen, erinnern wir uns an die Unterscheidung zwischen Nominalzinssatz und Realzinssatz. Der *Nomi-*

26.1 Geldmengenwachstum und Inflation
Die klassische Inflationstheorie

nalzinssatz ist der Zinssatz, den Ihnen Ihre Bank mitteilt. Wenn Sie z. B. ein Sparkonto haben, gibt Ihnen der Nominalzinssatz an, wie schnell Ihr Sparguthaben im Zeitablauf ansteigt. Der *Realzinssatz* korrigiert den Nominalzinssatz um die Wirkung der Inflation und gibt an, wie schnell die Kaufkraft Ihres Sparguthabens im Zeitablauf ansteigt. Der Realzinssatz entspricht dem Nominalzinssatz abzüglich der Inflationsrate:

Realzinssatz = Nominalzinssatz − Inflationsrate

Wenn die Bank einen Nominalzinssatz von 7 Prozent pro Jahr gewährt und die Inflationsrate 3 Prozent pro Jahr beträgt, wächst der reale Wert der Bankeinlagen um 4 Prozent pro Jahr.

Aus der obigen Gleichung lässt sich nach Umformung erkennen, dass der Nominalzinssatz der Summe aus Realzinssatz und Inflationsrate entspricht:

Nominalzinssatz = Realzinssatz + Inflationsrate

Diese Betrachtungsweise des Nominalzinssatzes ist hilfreich, da die beiden Größen auf der rechten Seite der Gleichung durch unterschiedliche ökonomische Kräfte bestimmt werden. Wie wir bereits gelernt haben, wird der Realzinssatz durch Angebot und Nachfrage nach Mitteln bestimmt, die für Kredite zur Verfügung stehen. Und nach der Quantitätstheorie des Geldes bestimmt das Wachstum der Geldmenge die Inflationsrate.

Wir wollen im Folgenden betrachten, wie sich das Wachstum der Geldmenge auf die Zinssätze auswirkt. Auf lange Sicht ist Geld neutral und daher sollte eine Änderung des Wachstums der Geldmenge keinen Einfluss auf den Realzinssatz haben. Der Realzinssatz ist schließlich eine reale Größe. Damit der Realzinssatz unverändert bleibt, muss sich der Nominalzinssatz eins zu eins an die Änderungen der Inflationsrate anpassen. Eine Erhöhung des Geldmengenwachstums durch die Zentralbank hat somit sowohl eine höhere Inflationsrate als auch einen höheren Nominalzinssatz zur Folge. Diese Anpassung des Nominalzinssatzes an die Inflationsrate wird nach dem Wirtschaftswissenschaftler Irving Fisher (1867–1947) als **Fisher-Effekt** bezeichnet.

Fisher-Effekt
Die Eins-zu-eins-Anpassung des Nominalzinssatzes an die Inflationsrate.

Die Anpassung des Nominalzinssatzes an die Inflationsrate muss jedoch aus einer langfristigen Perspektive betrachtet werden. Der Fisher-Effekt gilt nicht auf kurze Sicht, wenn es zu unerwarteter Inflation kommt. Ein Nominalzinssatz ist Bestandteil eines Kreditvertrags und wird in der Regel zu Beginn des Kreditgeschäfts festgesetzt. Kommt es zwischenzeitlich zu unerwarteter Inflation, dann kann der Nominalzinssatz des Kreditgeschäfts diesen Preisanstieg natürlich nicht widerspiegeln. Wenn man es genau nimmt, sagt der Fisher-Effekt also aus, dass sich der Nominalzinssatz an die erwartete Inflationsrate anpasst. Langfristig bewegt sich die erwartete Inflation in gleicher Weise wie die tatsächliche Inflation, kurzfristig kann es dagegen anders aussehen.

In der Tat ist der Fisher-Effekt entscheidend für das Verständnis der Veränderungen des Nominalzinssatzes im Zeitablauf. Abbildung 26-3 zeigt die Entwicklung des Nominalzinssatzes und der Inflationsrate in Deutschland seit 1971. Die enge Verbindung zwischen beiden Größen ist deutlich erkennbar. Bei einer zunehmenden Inflationsrate steigt auch der Nominalzinssatz an. Dies gilt sowohl in Zeiten einer hohen

Die klassische Inflationstheorie 26.1

Abb. 26-3

Nominalzinssatz und Inflationsrate

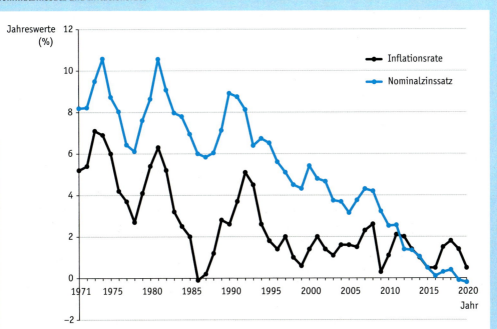

In dieser Abbildung ist die Entwicklung des Nominalzinssatzes, gemessen an der Umlaufrendite für festverzinsliche Wertpapiere inländischer Emittenten (Kapitalmarktzins), und der Inflationsrate in Deutschland seit 1971 dargestellt. Der Fisher-Effekt wird sichtbar: Wenn die Inflationsrate steigt, dann erhöht sich in der Regel auch der Nominalzinssatz.

Quelle: Statistisches Bundesamt, Deutsche Bundesbank

Inflationsrate wie zu Beginn der 1970er- und der 1990er-Jahre als auch in Phasen geringer Inflationsraten wie seit Mitte der 1990er-Jahre.

> **Kurztest**
> Die Regierung eines Landes erhöht die Wachstumsrate der Geldmenge von jährlich 5 Prozent auf 50 Prozent pro Jahr. Was geschieht mit den Preisen und den Nominalzinssätzen? Was könnte die Regierung dazu veranlassen, eine solche Maßnahme durchzuführen?

26.2 Die Kosten der Inflation

Obwohl die Preissteigerung in den führenden Volkswirtschaften in den vergangenen Jahren auf einem niedrigen Niveau gewesen ist, wird die Entwicklung der Inflationsrate aufmerksam beobachtet und weithin diskutiert. Aber stellt Inflation wirklich ein wirtschaftliches Problem dar? Und wenn ja, warum?

Ein Rückgang der Kaufkraft? Der Trugschluss aus der Inflation

Wenn Sie den »Mann auf der Straße« fragen, warum Inflation ein Problem darstellt, wird er Ihnen sagen, dass die Antwort offensichtlich ist: Die Inflation raubt ihm einen Teil der Kaufkraft seines sauer verdienten Geldes. Wenn die Preise steigen, können mit jedem Euro Einkommen weniger Waren und Dienstleistungen gekauft werden. Dadurch könnte nun der Eindruck entstehen, als verringere die Inflation direkt den Lebensstandard.

Weitere Überlegungen zeigen jedoch, dass hier ein Trugschluss vorliegt. Wenn die Preise steigen, müssen die Käufer von Waren und Dienstleistungen mehr für ihre Käufe bezahlen. Gleichzeitig jedoch erhalten die Verkäufer für die Waren und Dienstleistungen, die sie verkaufen, mehr Geld. Da die meisten Menschen ihr Einkommen damit verdienen, dass sie ihre Dienste verkaufen, z. B. ihre Arbeitskraft, ist eine Inflation bei den Preisen mit einer Inflation bei den Einkommen verbunden. *Die Inflation an sich führt daher nicht zu einer Verringerung der realen Kaufkraft der Bevölkerung.*

Die Menschen unterliegen diesem Trugschluss, da sie sich der Neutralität des Geldes nicht bewusst sind. Eine Arbeitskraft, die eine jährliche Lohnsteigerung von 10 Prozent erhält, ist tendenziell geneigt, diese Lohnerhöhung als eine Belohnung für die eigene Begabung und Anstrengung anzusehen. Wenn eine Inflationsrate von 6 Prozent den realen Wert der Lohnerhöhung auf lediglich 4 Prozent verringert, fühlt sich die Arbeitskraft möglicherweise um etwas betrogen, was ihr rechtmäßig zusteht. Wie wir im Kapitel 21 gelernt haben, werden die Realeinkommen durch reale Größen wie z. B. Realkapital, Humankapital, natürliche Ressourcen und die verfügbare Produktionstechnologie bestimmt. Die Nominaleinkommen werden dagegen nicht durch diese Faktoren, sondern auch das Preisniveau beeinflusst. Wenn die EZB die Inflationsrate von 6 Prozent auf 0 Prozent absenkt, würde die Lohnerhöhung der betrachteten Arbeitskraft von 10 Prozent auf 4 Prozent absinken. Die Arbeitskraft würde sich auf diese Weise zwar nicht von der Inflation beraubt fühlen, aber ihr Realeinkommen würde auch nicht schneller steigen.

Wenn aber die Nominaleinkommen tendenziell mit der Inflation Schritt halten, warum stellt Inflation dann ein Problem dar? Auf diese Frage gibt es keine einfache Antwort. Volkswirte haben verschiedene Kosten der Inflation ermittelt. Jede dieser Kosten veranschaulicht auf eine bestimmte Weise, wie sich ein dauerhaftes Wachstum der Geldmenge tatsächlich auf reale Größen auswirken kann.

»Schuhsohlen-Kosten«

Wie wir bereits wissen, wirkt die Inflation wie eine Steuer auf das Halten von Geld. Die Steuer an sich stellt keine Kosten für die Gesellschaft dar: Es handelt sich lediglich um einen Transfer von Ressourcen von den Haushalten zum Staat. Die meisten Steuern bewirken bei den Menschen jedoch einen Anreiz, ihr Verhalten zu ändern, um die Steuer zu vermeiden. Diese Verzerrung von Anreizen verursacht Nettowohlfahrtsverluste für die Gesellschaft als Ganzes. Wie andere Steuerarten verursacht auch die Inflationssteuer Nettowohlfahrtsverluste in dem Maße, wie die Menschen knappe Ressourcen bei dem Versuch verschwenden, die Steuer zu vermeiden.

Wie kann eine Person die Inflationssteuer vermeiden? Da die Inflation den realen Wert des Geldes in Ihrer Brieftasche verringert, können Sie die Inflationssteuer vermeiden, indem Sie weniger Geld halten. Eine Möglichkeit, dies zu tun, besteht darin, öfter zur Bank zu gehen. Beispielsweise können Sie jede Woche 100 Euro abheben statt alle vier Wochen 400 Euro. Indem sie häufiger zur Bank gehen, können Sie einen größeren Teil Ihres Vermögens in zinsbringenden Anlageformen belassen statt in Ihrer Brieftasche, in der es nur an Wert verliert.

Die Kosten einer Verringerung der Kassenhaltung werden als **»Schuhsohlen-Kosten«** der Inflation bezeichnet, da wegen der häufigen Wege zur Bank die Schuhsohlen schneller abgelaufen werden. Natürlich ist dieser Begriff nicht wörtlich zu nehmen: Die tatsächlichen Kosten einer Verringerung Ihrer Kassenhaltung bestehen nicht in der Abnutzung Ihrer Schuhe, sondern in der Zeit und der Annehmlichkeit, die Sie dafür opfern müssen, um weniger Geld in der Brieftasche zu haben, als wenn es keine Inflation gäbe – es handelt sich also tatsächlich um Opportunitätskosten für die Wege zur Bank.

Die »Schuhsohlen-Kosten« mögen belanglos erscheinen und sind es auch in Volkswirtschaften mit nur moderater Inflation. In Ländern mit Hyperinflation sind diese Kosten jedoch beträchtlich, wie auch die nachfolgende Fallstudie über Simbabwe zeigt. Bei einer hohen Inflationsrate können es sich die Menschen nicht leisten, die einheimische Währung als Wertaufbewahrungsmittel zu verwenden. Stattdessen sind die Menschen gezwungen, das Geld so schnell wie möglich gegen Güter oder in eine andere Währung, oft Dollar, einzutauschen, die ein besseres Wertaufbewahrungsmittel darstellen. Die Zeit und der Aufwand der Menschen, um die Kassenhaltung zu verringern, sind eine Ressourcenverschwendung. Wenn die Währungsbehörden eine Politik der niedrigen Inflation verfolgen, würden die Menschen gern ihr Geld in einheimischer Währung halten und die Zeit und die Anstrengungen für andere Dinge sinnvoll verwenden.

> **»Schuhsohlen-Kosten«**
> Die Ressourcen, die verschwendet werden, wenn Menschen aufgrund der Inflation ihre Kassenhaltung reduzieren.

»Speisekarten-Kosten«

Die meisten Unternehmen ändern nicht jeden Tag die Preise ihrer Produkte. Stattdessen geben Unternehmen oftmals ihre Preise bekannt und lassen sie dann für Wochen, Monate oder sogar Jahre unverändert.

Unternehmen ändern Preise selten, da Preisänderungen Kosten verursachen. Die mit Preisänderungen verbundenen Kosten werden als »Speisekarten-Kosten« bezeichnet, ein Begriff, der auf die Kosten verweist, die Restaurants entstehen, wenn sie neue Speisekarten drucken lassen. Die »Speisekarten-Kosten« umfassen die Kosten für den Druck und die Verteilung neuer Preislisten und Kataloge, die Kosten für die Auszeichnung der Produkte mit den neuen Preisen, die Kosten der Entscheidung über neue Preise und sogar die Kosten der Auseinandersetzung mit der Verärgerung der Kunden durch die Preisänderungen.

»Speisekarten-Kosten«
Die Kosten von Preisänderungen.

Inflation erhöht die **»Speisekarten-Kosten«** der Unternehmen. In Volkswirtschaften mit niedriger Inflationsrate sind jährliche Preisanpassungen eine geeignete Unternehmensstrategie für viele Unternehmen. Wenn jedoch eine hohe Inflation zu einem schnellen Anstieg der Kosten für die Unternehmen führt, sind Preisanpassungen lediglich einmal pro Jahr nicht haltbar. Während Hyperinflationen z. B. müssen Unternehmen ihre Preise täglich oder sogar noch öfter ändern, um mit all den anderen Preisen in der Volkswirtschaft Schritt zu halten. Auf dem Höhepunkt der Hyperinflation in Deutschland im Jahr 1923 bestanden die Menschen in Restaurants manchmal darauf, die Rechnung bereits vor dem Essen zu bezahlen, weil die Preise während des Essens stiegen.

Variabilität der relativen Preise und Fehlallokation der Ressourcen

Stellen Sie sich vor, ein Restaurant lässt immer im Januar eine Preisliste mit neuen Preisen drucken, die dann den Rest des Jahres über unverändert bleiben. Ohne Inflation sind die relativen Preise des Restaurants – die Preise seiner Mahlzeiten relativ zu den anderen Preisen in der Volkswirtschaft – im Verlauf des Jahres konstant. Bei einer jährlichen Inflationsrate von 12 Prozent dagegen sinken die relativen Preise des Restaurants automatisch um 1 Prozent jeden Monat. Die Preise des Restaurants sind zu Beginn des Jahres, nachdem gerade die neue Preisliste gedruckt wurde, relativ hoch, später im Jahr dann relativ niedrig. Mit zunehmender Inflationsrate steigt die Variabilität der relativen Preise. Da die Preise nur in größeren Zeitabständen angepasst werden, verändern sich die relativen Preise infolge der Inflation stärker als sonst.

Warum ist dies wichtig? Der Grund besteht darin, dass in Marktwirtschaften die relativen Preise für die Allokation knapper Ressourcen verantwortlich sind. Die Konsumenten treffen ihre Kaufentscheidungen auf der Basis von Vergleichen der Qualität und des Preises verschiedener Waren und Dienstleistungen. Durch diese Entscheidungen bestimmen sie, wie die knappen Produktionsfaktoren unter den Branchen und Unternehmen aufgeteilt werden. Bei einer Verzerrung der relativen Preise durch die Inflation werden auch die Konsumentscheidungen verzerrt und eine effiziente Allokation der Ressourcen über die Märkte ist nicht möglich.

Inflationsbedingte Steuerverzerrungen

Beinahe alle Steuern verzerren Anreize, veranlassen die Menschen dazu, ihr Verhalten zu ändern und führen zu einer ineffizienten Ressourcenallokation in der Wirtschaft. Bei vielen Steuern verschärfen sich die Probleme jedoch noch im Fall einer Inflation. Der Grund besteht darin, dass Inflationseffekte in den Steuergesetzen häufig ignoriert werden. Aufgrund von Untersuchungen des Einkommensteuerrechts gelangten einige Volkswirte zu dem Schluss, dass die Inflation tendenziell die Steuerbelastung bei Einkommen erhöht, die mithilfe der Ersparnis gebildet werden.

Ein Beispiel, wie die Inflation die Spareignung verringert, ist die steuerliche Behandlung der *Kapitalgewinne* (Gewinne, die erzielt werden, wenn Vermögenswerte zu einem ihren Kaufpreis übersteigenden Wert verkauft werden). Stellen Sie sich vor, Sie hätten im Jahr 2005 einen Teil ihrer Ersparnisse dazu verwendet, eine Bayer-Aktie für 20 Euro zu kaufen, und hätten diese Aktie im Jahr 2020 für 60 Euro wieder verkauft. Nach dem Steuerrecht hätten Sie einen Kapitalgewinn von 40 Euro, der dem zu versteuernden Einkommen hinzugerechnet werden muss. Angenommen, das Preisniveau hat sich von 2005 bis 2020 verdoppelt (was in der Realität nicht der Fall war). In diesem Fall entsprechen die 20 Euro, die Sie 2005 investiert haben, (von der Kaufkraft her gesehen) 40 Euro im Jahr 2020. Wenn Sie Ihre Aktie für 60 Euro verkauft haben, beträgt ihr realer Kapitalgewinn (ein Anstieg der Kaufkraft) also 20 Euro. Da die Inflationswirkungen in der entsprechenden Steuervorschrift jedoch unberücksichtigt bleiben, ergibt sich ein steuerlicher Gewinn von 40 Euro, für den Steuern abzuführen sind. Die Inflation überzeichnet also die Höhe der Kapitalgewinne und erhöht die Steuerbelastung bei dieser Art von Einkommen.

Ein weiteres Beispiel stellt die steuerliche Behandlung von Zinseinkünften dar. Die Einkommensteuer betrachtet die nominalen Zinseinkünfte als Einkommen, selbst wenn ein Teil des Nominalzinssatzes lediglich für die Inflation entschädigt. Betrachten wir hierzu das Zahlenbeispiel in Tabelle 26-1. In der Tabelle werden zwei Volkswirtschaften verglichen, die beide die Zinseinkünfte mit einem Steuersatz von 25 Prozent belegt haben. In der Volkswirtschaft A liegt die Inflationsrate bei 0 Prozent, und sowohl der Nominal- als auch der Realzinssatz betragen 4 Prozent. In diesem Fall führt der Steuersatz von 25 Prozent auf Zinseinkünfte zu einer Verringerung des Realzinssatzes von 4 auf 3 Prozent. In Volkswirtschaft B beträgt der Realzinssatz wiederum 4 Prozent, die Inflationsrate jedoch 8 Prozent. Infolge des Fisher-Effekts beträgt der Nominalzinssatz 12 Prozent. Da laut Steuerrecht die gesamten 12 Prozent Zinsen als Einkommen betrachtet werden, besteuert der Staat sie mit einem Steuersatz von 25 Prozent, was zu einem Nominalzinssatz nach Steuer in Höhe von 9 Prozent und zu einem Realzinssatz nach Steuer in Höhe von 1 Prozent führt. In diesem Fall führt der Steuersatz von 25 Prozent auf Zinseinkünfte zu einer Verringerung des Realzinssatzes von 4 auf 1 Prozent. Da der Sparanreiz vom Realzinssatz nach Steuer abhängt, ist Sparen in der Volkswirtschaft mit Inflation (Volkswirtschaft B) weit weniger attraktiv als in der Volkswirtschaft mit stabilen Preisen (Volkswirtschaft A).

Die Besteuerung der Kapitalgewinne und der nominalen Zinseinkünfte sind zwei Beispiele dafür, wie die Inflation die Steuerbelastung auf eine Art und Weise verändern kann, die vom Gesetzgeber nicht beabsichtigt war. Es gibt noch viele andere

26.2 Geldmengenwachstum und Inflation
Die Kosten der Inflation

Tab. 26-1

Erhöhung der Steuerbelastung der Ersparnisse durch die Inflation

Liegt die Inflation bei null, dann reduziert eine Einkommensteuer in Höhe von 25 Prozent den Realzinssatz von 4 Prozent auf 3 Prozent. Herrscht dagegen eine Inflationsrate von 8 Prozent, dann sinkt der Realzinssatz durch die Einkommensteuer von 4 Prozent auf 1 Prozent.

	Volkswirtschaft A (Preisstabilität)	Volkswirtschaft B (Inflation)
Realzinssatz	4 %	4 %
Inflationsrate	0 %	8 %
Nominalzinssatz (Realzinssatz + Inflationsrate)	4 %	12 %
Verringerter Zins aufgrund des Steuersatzes von 25 Prozent (0,25 × Nominalzinssatz)	1 %	3 %
Nominalzinssatz nach Steuer (0,75 × Nominalzinssatz)	3 %	9 %
Realzinssatz nach Steuer (Nominalzinssatz nach Steuer – Inflationsrate)	3 %	1 %

Beispiele. Aufgrund der Änderungen der Steuerbelastung durch die Inflation verringert eine höhere Inflation tendenziell die Sparanreize für die Menschen. Erinnern wir uns daran, dass die Ersparnis der Volkswirtschaft die erforderlichen Ressourcen für Investitionen bereitstellt, die wiederum die primären Voraussetzungen für das langfristige Wirtschaftswachstum darstellen. Wenn die Inflation die Steuerbelastung der Ersparnisse erhöht, verringert sie tendenziell die Rate des langfristigen Wirtschaftswachstums. Unter Volkswirten herrscht allerdings keine Einigkeit über das Ausmaß dieses Effekts.

Eine Möglichkeit, dieses Problem zu lösen, besteht in einer Indexierung des Steuersystems. Das bedeutet, dass die Steuergesetze so umgeschrieben werden, dass die Wirkung der Inflation mit berücksichtigt wird. Im Fall von Kapitalgewinnen könnten die Steuervorschriften vorschreiben, dass Aktienkurse mithilfe eines Preisindex angepasst werden und sich die Steuer auf diese Weise nur am realen Kapitalgewinn bemisst. Im Fall von Zinseinkommen könnte nur das reale Zinseinkommen besteuert werden, indem der Teil der Zinseinkünfte, der lediglich eine Kompensation für den Kaufkraftverlust der Inflation darstellt, aus der Besteuerung herausgenommen wird.

In einer vollkommenen Welt würden Steuergesetze so geschrieben, dass die Inflation die Steuerschuld einer Person nicht beeinflusst. In der Welt, in der wir leben, sind die Steuergesetze jedoch weit davon entfernt, vollkommen zu sein. Sicherlich wäre eine vollständige Indexierung der Steuergesetze wünschenswert. Aber dies würde nur zu einer weiteren Verkomplizierung des Steuersystems führen, das von vielen ohnehin schon als zu komplex angesehen wird.

Verwirrung und Unannehmlichkeiten

Stellen Sie sich vor, wir hätten eine Umfrage vorgenommen und den Leuten die folgende Frage gestellt: »Dieses Jahr entspricht der Meter 100 Zentimetern. Wie viele Zentimeter, denken Sie, sollte der Meter im nächsten Jahr haben?« Unter der Voraussetzung, dass wir die Leute dazu gebracht hätten, uns ernst zu nehmen, würden sie uns geantwortet haben, dass der Meter seine Länge behalten sollte – 100 Zentimeter. Alles andere würde das Leben nur unnötig komplizieren.

Was hat diese Erkenntnis mit Inflation zu tun? Erinnern Sie sich, dass das Geld als Recheneinheit die Möglichkeit liefert, Preise auszudrücken und Schulden aufzuzeichnen. Anders ausgedrückt, Geld ist der Maßstab, mit dem wir ökonomische Transaktionen messen. Die Aufgabe der EZB hat eine gewisse Ähnlichkeit mit der Aufgabe des Deutschen Instituts für Normung e. V. – nämlich für die Verlässlichkeit einer allgemein verwendeten Maßeinheit zu sorgen. Wenn die EZB das Geldangebot erhöht und Inflation verursacht, dann verringert sie den Realwert einer Recheneinheit.

Es macht Schwierigkeiten, die Inflationskosten in Form von Verwirrung und Unannehmlichkeiten zu beurteilen. Weiter oben haben wir diskutiert, wie das Steuerrecht bei Vorhandensein von Inflation eine inkorrekte Messung der Realeinkommen zur Folge hat. Entsprechend messen Buchhalter die Einnahmen eines Unternehmens inkorrekt, wenn die Preise im Zeitablauf steigen. Da Geldbeträge von unterschiedlichen Zeitpunkten aufgrund der Inflation unterschiedliche Realwerte aufweisen, ist die Berechnung des Gewinns eines Unternehmens – der Differenz zwischen ihren Erträgen und ihren Kosten – in einer Volkswirtschaft mit Inflation komplizierter. In einem gewissen Maß wird es daher durch die Inflation für Investoren schwieriger, erfolgreiche Unternehmen von weniger erfolgreichen zu unterscheiden, was wiederum dazu führt, dass die Finanzmärkte in ihrer Funktion, die Ersparnisse der Volkswirtschaft alternativen Arten von Investitionen zuzuführen, behindert werden.

Spezielle Kosten einer unerwarteten Inflation: Willkürliche Vermögensumverteilungen

Die bisher diskutierten Inflationskosten entstehen selbst bei einer stetigen und vorhersehbaren Inflation. Inflation ist jedoch mit zusätzlichen Kosten verbunden, wenn sie überraschend eintritt. Unerwartete Inflation führt zu einer Umverteilung von Vermögen unter der Bevölkerung auf eine Art und Weise, die weder mit Leistung noch mit Bedarf zu tun hat. Es kommt zu diesen Umverteilungen, da viele Kredite in der Volkswirtschaft über nominale Beträge aufgenommen werden.

Betrachten wir ein Beispiel. Angenommen, Summer nimmt einen zinslosen Studienkredit über 20.000 Euro bei einer Bank auf, um ihr Studium zu finanzieren. Die Rückzahlung des Kredits wird nach zehn Jahren fällig. Dann schuldet Summer der Bank 20.000 Euro. Der Realwert dieser Schuld hängt von der Inflation im Lauf dieses Jahrzehnts ab. Wenn Summer Glück hat, wird die Volkswirtschaft eine Hyperinflation erleben. In diesem Fall werden die Löhne und Preise derart steigen, dass Summer in der Lage sein wird, die Schuld in Höhe von 20.000 Euro mit dem Kleingeld aus dem

Geldbeutel zu bezahlen. Wird die Volkswirtschaft jedoch durch eine Deflation größeren Ausmaßes gehen, werden die Löhne und Preise fallen, und die Schuld von 20.000 Euro wird für Summer eine größere Last darstellen als erwartet.

Dieses Beispiel zeigt, dass unerwartete Preisänderungen das Vermögen zwischen Schuldnern und Gläubigern umverteilen. Eine Hyperinflation beschert Summer einen Vorteil zulasten der Bank, da sie den Realwert der Schuld verringert; Summer kann die Schuld in Euro zurückzahlen, die weniger wert sind als erwartet. Für den Fall einer Deflation ergibt sich für die Bank ein Gewinn, für Summer hingegen ein Verlust, da die Deflation den Realwert der Schuld erhöht; in diesem Fall muss Summer die Schuld in Euro zurückzahlen, die mehr wert sind als erwartet. Wäre die Inflation vorhersehbar, könnten die Bank und Summer die Inflation bei der Festsetzung des Nominalzinssatzes berücksichtigen. (Denken Sie an den Fisher-Effekt.) Ist die Inflation jedoch schwer vorhersehbar, stellt sie für Summer und die Bank ein Risiko dar, das beide lieber vermeiden würden.

Es ist wichtig, diese Form von Kosten unerwarteter Inflation in Zusammenhang mit einer anderen Tatsache zu betrachten: Inflation ist besonders unstetig und unsicher im Fall einer hohen durchschnittlichen Inflationsrate. Dies lässt sich am einfachsten anhand einer Untersuchung der Erfahrungen verschiedener Länder zeigen. Länder mit niedriger durchschnittlicher Inflation, wie z. B. Deutschland im späten 20. Jahrhundert, weisen tendenziell eine stabile Inflation auf. Länder mit hoher durchschnittlicher Inflation, wie z. B. viele Länder in Lateinamerika, sind durch starke jährliche Schwankungen der Inflationsrate gekennzeichnet. Es sind keine Beispiele für Volkswirtschaften mit hoher, stabiler Inflation bekannt. Diese Beziehung zwischen Höhe und Variabilität der Inflation weist auf eine andere Form von Inflationskosten hin. Ein Land, das eine inflationäre Geldpolitik betreibt, muss nicht nur die Kosten einer hohen erwarteten Inflation tragen, sondern sieht sich ebenfalls den willkürlichen Vermögensumverteilungsprozessen ausgesetzt, die mit unerwarteter Inflation verbunden sind.

Auch Deflation kann ein Problem sein

In der Bundesrepublik Deutschland ist das Preisniveau fast jedes Jahr gestiegen. Es gibt aber auch Volkswirtschaften, wie z.B. die Vereinigten Staaten oder auch Japan, in denen das Preisniveau über einen gewissen Zeitraum gesunken ist. Wir wollen unsere Analyse der Kosten der Inflation für die Gesellschaft mit einem Blick auf das Gegenteil von Inflation abschließen: Deflation. Bei einer Deflation fallen die Preise (und das allgemeine Preisniveau sinkt) – nicht zu verwechseln mit einer sinkenden Inflationsrate, bei der (nur) die Preissteigerungsrate zurückgeht.

Einige Ökonomen halten ein geringes und planbares Maß an Deflation in der Volkswirtschaft für wünschenswert. Der berühmte US-Ökonom Milton Friedman wies darauf hin, dass Deflation (über den Fisher-Effekt) eine Senkung des Nominalzinssatzes bewirkt. Und der niedrigere Nominalzinssatz würde wiederum die Kosten der Bargeldhaltung für die Menschen senken. Die »Schuhsohlen-Kosten« der Bargeldhaltung würden bei einen Nominalzinssatz nahe null praktisch verschwinden, so Friedman. Diese Empfehlung einer moderaten Deflation wird auch als *Friedman Rule* bezeichnet.

Aber es gibt natürlich auch Kosten einer Deflation. Einige dieser Kosten spiegeln die uns bereits bekannten Kosten der Inflation. »Speisekarten-Kosten« entstehen gleichermaßen bei steigenden und fallenden Preisen. Deflation führt auch zu einer willkürlichen Vermögensumverteilung, diesmal jedoch zu einer Umverteilung zulasten der Schuldner und zugunsten der Gläubiger.

Oft tritt Deflation im Zusammenhang mit größeren gesamtwirtschaftlichen Problemen auf. Wie wir im weiteren Verlauf des Buches noch lernen werden, kommt es zu sinkenden Preisen, wenn die Nachfrage nach Waren und Dienstleistungen in der Volkswirtschaft zurückgeht. Die sinkende Nachfrage führt zu einem Rückgang des gesamtwirtschaftlichen Einkommens und einem Anstieg der Arbeitslosigkeit. Deflation ist demnach ein Symptom für tiefergehende Probleme in einer Volkswirtschaft.

Deflation kann für die Volkswirtschaft also genauso schädlich sein wie Inflation. Wie wir im nächsten Abschnitt erfahren werden, sind Zentralbanken aus diesem Grund bestrebt, die Inflationsrate um die Marke von 2 Prozent zu halten. Ein gewisses Maß an Inflation wird als förderlich für die Volkswirtschaft angesehen. Nur wenn die Preise zu stark steigen, dann kommt es zu den Problemen, die wir bereits erörtert haben. Aber das bedeutet nicht, dass fallende Preise besser wären.

> **Kurztest**
> Nennen und erläutern Sie sechs Formen von Inflationskosten.

26.3 Das Inflationsziel der Zentralbank

Inflation bringt nichts Gutes für eine Gesellschaft, aber sie verursacht volkswirtschaftliche Kosten. Einige Ökonomen halten diese Kosten für gering und vernachlässigbar, vor allem angesichts der moderaten Inflationsraten in den letzten Jahrzehnten. Andere Ökonomen befürchten sogar bei niedrigen Inflationsraten ernste Inflationsschäden für eine Volkswirtschaft. Klar ist, dass Inflationen bei der Bevölkerung unbeliebt sind. Sobald sich eine Inflation aufheizt, erscheint sie in Meinungsumfragen – nach der Arbeitslosigkeit – als ein vorrangiges nationales Problem.

Man könnte daher zu der Auffassung kommen, dass die Zentralbank eine Inflationsrate von null anstreben sollte. Doch selbstverständlich muss der mögliche Nutzen einer Nullinflation mit den Kosten zur Erreichung der völligen Preisniveaustabilität verglichen werden. Wie wir im weiteren Verlauf dieses Buches noch erfahren werden, ist eine Absenkung der Inflationsrate nicht ohne einen deutlichen Anstieg der Arbeitslosenquote (und einen entsprechenden Rückgang der gesamtwirtschaftlichen Produktion) möglich. Eine Reduktion der Inflationsrate ist demzufolge mit Nutzen und Kosten gleichermaßen verbunden.

Für die Mehrheit der Ökonomen ist der Nutzenunterschied zwischen einer moderaten Inflation und einer Nullinflation gering, wohingegen die Kosten zum Erreichen einer Nullinflation beträchtlich sind. Nach empirischen Schätzungen kann eine Senkung der Inflationsrate um 1 Prozentpunkt (also z.B. von 3 Prozent auf 2 Prozent) einen Rückgang des gesamtwirtschaftlichen Produktionsniveaus um bis zu 5 Prozent mit sich bringen.

26.3 Geldmengenwachstum und Inflation
Das Inflationsziel der Zentralbank

Außerdem besteht beim Ziel einer Nullinflation grundsätzlich die Gefahr, dass die Inflationsrate durch die geldpolitischen Interventionen der Zentralbank unter null sinkt. Bei sinkenden Preisen (Deflation) werden die Konsumenten ihre Ausgaben bremsen, weil sie darauf warten, dass die Waren und Dienstleistungen noch billiger werden. Für die Unternehmen gibt es bei sinkenden Absatzzahlen keinen Grund, in neue Produktionsanlagen zu investieren. Durch das Wechselspiel von sinkenden Konsum- und Investitionsausgaben kann die Volkswirtschaft schnell in eine Deflationsspirale geraten.

Viele Zentralbanken verfolgen daher in ihrer geldpolitischen Steuerung ein moderates Inflationsziel. Das Inflationsziel liegt in der Regel bei einer Inflationsrate zwischen 1 und 3 Prozent. Das bedeutet natürlich nicht, dass die Zentralbank sofort aktiv wird, wenn die Inflationsrate unter oder über dem Zielwert liegt. Das Inflationsziel ist eher als Zielgröße zu sehen, die auf mittlere Sicht nicht über- oder unterschritten werden soll.

Aber wie erreicht die Zentralbank ihr Inflationsziel? Über eine Steuerung des Zinssatzes. Die Zinsen stehen unter der Kontrolle der Zentralbank und dienen als wichtiges geldpolitisches Instrument. Steigende Zinsen dämpfen die aggregierte Nachfrage und bremsen damit die Inflation. Die Zentralbank könnte also immer dann die Zinsen anheben, wenn die Inflation über den angestrebten Zielwert oder Zielkorridor hinaus ansteigt. Dies wäre eine sehr einfache Form eines Inflationsziels.

Allerdings gibt es damit zwei Probleme. Zunächst wird natürlich eine Änderung der Zinsen heute nicht die Inflationsrate heute, sondern die Inflationsrate in der Zukunft

Information

Die Taylor-Regel

Im Jahr 1993 hat der US-amerikanische Ökonom John Taylor von der Standford University das Verhalten des Federal Open Market Committee (FOMC) der US-amerikanischen Zentralbank genauer beobachtet. Auf der Grundlage seiner Beobachtung formulierte Taylor eine Gleichung, die als sogenannte »Taylor-Regel« bekannt wurde und die seit ihrer Veröffentlichung große Aufmerksamkeit gefunden hat. Viele Ökonomen sind seither der Frage nachgegangen, inwieweit Zinsentscheidungen weltweit dieser Regel folgen und, wenn ja, in welchem Ausmaß.

John Taylor analysierte in seiner Arbeit die US-amerikanische Volkswirtschaft und die Arbeit des FOMC. Da die Inflationsrate in den 1980er-Jahren wesentlich stärker durch das FOMC kontrolliert wurde, schlussfolgerte Taylor, dass das FOMC seit dem Amtsantritt von Paul Volcker im Jahr 1979 deutlich aggressiver gegen Inflationserscheinungen vorgegangen war. Seine Beobachtungen führten ihn zu der Vermutung, dass sich das Gremium bei der Entscheidung über die Höhe des Zinsniveaus mit Blick auf die Inflation quasi »gegen den Wind lehnt« – bei Inflationsgefahr eine stärkere Bereitschaft zur Zinsanhebung besteht.

Taylor war der Auffassung, dass das Verhalten des FOMC bei Zinsentscheidungen im Zeitraum von 1979 bis 1992 durch eine Formel abgebildet werden kann. Vereinfacht hat diese Formel folgendes Aussehen (alle Variablen werden in Prozent angegeben):

$i = \hat{p} + 0{,}5 \times y - 0{,}5 \times (\hat{p} - 2\,\%) + 2\,\%$

Dabei steht i für das kurzfristige Zinsniveau (auf Jahresbasis), $\hat{p}$ für die Inflationsrate während der letzten vier Quartale (gemessen über den BIP-Deflator) und y für den Abstand zwischen dem Produktionsniveau und dem Produktionspotenzial (die »Outputlücke«).

Bei der Ableitung seiner Formel hat Taylor eine Reihe von Annahmen für die US-Wirtschaft getroffen. Er ging davon aus, dass das FOMC ein Inflationsziel hatte, das er bei 2 Prozent ansetzte. Er nahm weiterhin an, dass das gleichgewichtige Zinsniveau ebenfalls bei 2 Prozent lag. Die Formel liefert der Politik also eine Entscheidungshilfe bezüglich der Höhe des Zinsniveaus, wenn es ein Inflationsziel von 2 Prozent gibt. Das Zinsniveau wird faktisch als Reaktion auf

Fortsetzung auf Folgeseite

26.3 Das Inflationsziel der Zentralbank

beeinflussen, da es einige Zeit dauert, bis die Zinsänderung ihre Wirkung in der Volkswirtschaft entfaltet hat. Außerdem gibt es noch andere Faktoren, die die zukünftige Inflationsrate beeinflussen. Nehmen wir zum Beispiel an, dass die Inflationsrate genau dem Inflationsziel von 2 Prozent pro Jahr entspricht. In diesem Fall würde sich die Zentralbank dafür entscheiden, die Zinsen unverändert zu lassen, da das Inflationsziel erreicht wurde. Nehmen wir nun gleichzeitig an, dass es in der Volkswirtschaft eine Reihe von hohen Lohnabschlüssen gegeben hat. Für die nächsten Monate kann man davon ausgehen, dass es zu einem Preisanstieg in der Volkswirtschaft kommt, da die Beschäftigten mehr Geld ausgeben und die Unternehmen gleichzeitig versuchen werden, die gestiegenen Löhne durch höhere Preise zu kompensieren. Sollte die Zentralbank in diesem Fall warten, bis die Inflationsrate tatsächlich angestiegen ist, oder sollte die Zentralbank die Zinsen in Erwartung des Inflationsdrucks durch die gestiegenen Löhne bereits heute anheben? Selbstverständlich wäre es besser, sich nicht an der gegenwärtigen Inflation orientieren, da es sowieso zu spät ist, um diese zu beeinflussen, sondern die erwartete Inflationsrate für die Zukunft ins Blickfeld zu nehmen. Da natürlich niemand mit Sicherheit weiß, wie sich die Inflationsrate in der Zukunft entwickeln wird, stützt sich die Geldpolitik bei einem Inflationsziel immer auf eine prognostizierte Inflationsrate.

Auch die EZB verfolgt seit ihrer Gründung im Jahr 1998 ein Inflationsziel. Dabei strebt die EZB mittelfristig eine Preissteigerungsrate – abgebildet durch den Harmonisierten Verbraucherpreisindex (HVPI) – von unter, aber nahe 2 Prozent an. Zur Zielerreichung stützt sich die EZB auf eine sogenannte Zwei-Säulen-Strategie, die sich aus einer wirtschaftlichen und einer monetären Analyse zusammensetzt. Im Rahmen der monetären Analyse werden Inflationsrisiken im Euroraum untersucht, die sich aus dem Wachstum der Geldmenge ergeben können. Die wirtschaftliche Analyse beschäf-

---

Fortsetzung von Vorseite

Abweichungen der Inflationsrate vom Inflationsziel und auf Abweichungen des Produktionsniveaus vom Produktionspotenzial festgesetzt. Damit geht die Formel davon aus, dass Abweichungen vom Inflationsziel oder vom Produktionspotenzial durch eine entgegengesetzte Reaktion der Geldpolitik begegnet werden soll – man sollte sich also »gegen den Wind lehnen«.

Nehmen wir beispielsweise an, dass die Outputlücke null wäre – das Produktionsniveau also dem Produktionspotenzial entspricht –, die Inflationsrate läge dagegen bei 5 Prozent, also 3 Prozentpunkte über dem Inflationsziel von 2 Prozent. In diesem Fall würde die Taylor-Regel vorgeben, dass die Zentralbank das (kurzfristige) Zinsniveau bei 8,5 Prozent festsetzen sollte, was einem Realzinssatz von 8,5 Prozent – 5 Prozent = 3,5 Prozent entspräche. Läge dagegen das BIP um 2 Prozent unter dem Produktionspotenzial, sodass es eine Outputlücke von –2 Prozent gäbe, dann wäre nach der Taylor-Regel ein geringeres (nominales) Zinsniveau von 7,5 Prozent angemessen.

Und wie treffsicher ist die Taylor-Regel? Verschiedene Studien haben gezeigt, dass es eine Reihe von Ländern gibt, in denen die Zinsbewegungen ziemlich nahe an der Taylor-Regel liegen. Taylor und andere Ökonomen sind sich natürlich der Tatsache bewusst, dass sich die geldpolitischen Entscheidungsträger nicht immer starr an eine solche Regel halten können, da außergewöhnliche Umstände manchmal ein entsprechendes Eingreifen erfordern. Solche Umstände gab es beispielsweise durch die Terroranschläge vom 11. September 2001 oder durch die Finanzkrise von 2007 bis 2009, bei denen die Taylor-Regel zugunsten einer pragmatischen Zinspolitik aufgegeben wurde. Unbestritten hat die Taylor-Regel der Wirtschaftsforschung neue Impulse geliefert, sich näher mit dem Zustandekommen von geldpolitischen Entscheidungen zu beschäftigen. Gleichzeitig gibt die Taylor-Regel den Finanzmärkten die Möglichkeit, Entscheidungen der Zentralbank und ihre Hintergründe besser zu antizipieren.

26.3 Geldmengenwachstum und Inflation
Das Inflationsziel der Zentralbank

tigt sich dagegen mit der Beurteilung der aktuellen konjunkturellen und finanziellen Entwicklung und deren Auswirkungen auf die mittelfristige Preisstabilität.

Wegbereiter für die Einführung eines Inflationsziels war die Zentralbank von Neuseeland, die 1991 erstmals eine entsprechende Zielgröße festgelegt hat. Nur ein Jahr später folgte Kanada, danach 1992 Großbritannien und Schweden. Mittlerweile haben viele weitere Zentralbanken ein Inflationsziel eingeführt. Auch die US-amerikanische Zentralbank Fed hat sich im Jahr 2012 in ihren geldpolitischen Leitlinien öffentlich zu einem Inflationsziel (von 2 Prozent) bekannt und damit in den Augen vieler Beobachter das ausgesprochen, was bereits seit geraumer Zeit das geldpolitische Handeln der Fed bestimmt hat.

Kurztest
Warum streben die Zentralbanken in der Regel keine Inflationsrate von null an?

Information

Die Steuerung des nominalen BIP

Einige Ökonomen haben vorgeschlagen, dass die Zentralbank nicht die Inflationsrate, sondern eine Zielgröße für das nominale BIP (»Nominal Gross Domestic Product targeting«) ansteuern sollte. Das nominale BIP gibt, wie wir aus Kapitel 20 wissen, die Produktion von Waren und Dienstleistungen bewertet zu laufenden Preisen wieder. Die gesamtwirtschaftlichen Ausgaben für die produzierten Waren und Dienstleistungen steigen, wenn sich das Preisniveau erhöht, wenn mehr Waren und Dienstleistungen produziert und gekauft werden oder wenn sich beide Größen erhöhen. Steigen die Preise um 1 Prozent und werden 2 Prozent mehr Waren und Dienstleistungen gekauft, dann erhöht sich das nominale BIP um 3 Prozent.

Bei einer Zielgröße für das nominale BIP richtet sich die Geldpolitik der Zentralbank nicht mehr nach einer bestimmten Inflationsrate, sondern an einer bestimmten Wachstumsrate für das nominale BIP aus. Liegt die Wachstumsrate des nominalen BIP unter der Zielgröße, versucht die Zentralbank durch Zinssenkungen und den Kauf von Anleihen im Rahmen von Offenmarktoperationen einen stärkeren Anstieg der gesamtwirtschaftlichen Ausgaben zu induzieren. Steigt die Wachstumsrate des nominalen BIP über das Zielniveau, versucht die Zentralbank durch Zinserhöhungen und den Verkauf von Anleihen den Anstieg der gesamtwirtschaftlichen Ausgaben zu bremsen.

Befürworter dieses Konzepts sind davon überzeugt, dass sich durch das geldpolitische Steuern einer Zielgröße für das nominale BIP eine stetigere gesamtwirtschaftliche Entwicklung mit deutlich geringeren Schwankungen der Arbeitslosigkeit erreichen lässt. Wenn die gesamtwirtschaftlichen Ausgaben in einer Wirtschaftskrise sinken, reagieren die Unternehmen auf die Situation mit der Entlassung von Arbeitskräften, da Lohnsenkungen in der Regel nicht (sofort) durchsetzbar sind. Bei einer Zielgröße für das nominale BIP würde die Zentralbank in der Krise sofort gegensteuern und versuchen, durch eine Erhöhung der Geldmenge die gesamtwirtschaftlichen Ausgaben zu stimulieren, sodass die Unternehmen weniger Grund haben, Arbeitskräfte zu entlassen. Letztlich steckt hinter dem Konzept einer Steuerung des nominalen BIP die Annahme, dass die kurz- bis mittelfristigen Kosten einer höheren Inflation aus volkswirtschaftlicher Sicht deutlich niedriger einzuschätzen sind als die Kosten einer höheren Arbeitslosigkeit, die sich bei einer Zielgröße für die Inflationsrate einstellen würden.

26.4 Fazit

In diesem Kapitel wurden die Ursachen und Kosten der Inflation diskutiert. Die primäre Ursache der Inflation besteht ganz einfach in einem Wachstum der Geldmenge. Eine Erhöhung der Geldmenge durch die EZB in erheblichem Ausmaß führt dazu, dass der Geldwert im Zeitablauf schnell sinkt. Für die Aufrechterhaltung stabiler Preise ist eine strenge Kontrolle der Geldmenge durch die EZB erforderlich.

Bei den Kosten der Inflation handelt es sich um eine subtilere Problematik. Die Inflationskosten umfassen die »Schuhsohlen-Kosten«, die »Speisekarten-Kosten«, eine erhöhte Variabilität der relativen Preise, unbeabsichtigte Änderungen der Steuerschuld, Verwirrung und Unannehmlichkeiten sowie willkürliche Vermögensumverteilungen. Sind diese Kosten insgesamt hoch oder niedrig? Die Volkswirte sind sich darüber einig, dass diese Kosten bei Hyperinflationen ein beträchtliches Ausmaß annehmen. Über ihren Umfang in moderaten Inflationen – mit einem Preisanstieg von weniger als 10 Prozent pro Jahr – herrscht Uneinigkeit.

Obwohl in diesem Kapitel viele der wichtigsten Fragen im Zusammenhang mit der Inflation behandelt wurden, ist die Analyse unvollständig. Wird die Wachstumsrate der Geldmenge durch die EZB verringert, steigen nach der Quantitätstheorie die Preise weniger schnell. Beim Übergang der Volkswirtschaft zu dieser niedrigeren Inflationsrate kommt es jedoch zu störenden Auswirkungen auf Produktion und Beschäftigung. Selbst wenn die Geldpolitik auf lange Sicht neutral ist, hat sie kurzfristig bedeutende Auswirkungen auf reale Größen. Im weiteren Verlauf des Buches werden wir erfahren, warum Geld auf kurze Sicht nicht neutral ist und dadurch die Ursachen und die Kosten von Inflation noch besser verstehen.

Aus der Praxis

Hyperinflationen

Zu einer Hyperinflation kommt es, wenn der Staat in großen Mengen Geld ausgibt (und vorher druckt), das er nicht hat, und die Menschen das Vertrauen in den Staat verloren haben. Der US-Ökonom Steve Hanke, Professor an der Johns Hopkins Universität in Baltimore (USA), gilt als einer der Experten auf dem Gebiet von Hyperinflationen und hat das Problem einer Hyperinflation in folgendem Satz zusammengefasst: »Wenn die Menschen nicht mehr dem Geld vertrauen, dann vertrauen sie nichts und niemandem mehr.« Gemeinsam mit seinem Kollegen Nicholas Krus hat Professor Hanke 58 Hyperinflationen untersucht, angefangen von der Hyperinflation in Deutschland zu Beginn der 1920er-Jahre bis hin zur Hyperinflation, die in den letzten Jahren in Venezuela zu beobachten ist.

Trotz riesiger Ölvorkommen steckt Venezuela seit 2013 in einer tiefen Wirtschaftskrise. Das Bruttoinlandsprodukt ist (real) um mehr 60 Prozent gesunken, die (jährliche) Inflationsrate lag nach Schätzungen des Internationalen Währungsfonds in den letzten Jahren bei über 100.000 Prozent.

Die Hyperinflation sowie die chronische Knappheit an Lebensmitteln und Medikamenten haben viele der knapp 30 Millionen Einwohner des Landes verarmen lassen. Neun von zehn Bewohnern des Landes verdienen nicht genügend, um ausreichend Lebensmittel kaufen zu können. Nach aktuellen Untersuchungen hat jeder Einwohner Venezuelas in den Jahren der Krise durchschnittlich fast 10 Kilogramm an Körpergewicht verloren. Die Malaria breitet sich aus und ebenso die Kriminalität. Mehrere Millionen Menschen haben das Land mittlerweile verlassen.

Fortsetzung auf Folgeseite

26.4 Geldmengenwachstum und Inflation
Fazit

Fortsetzung von Vorseite

Für uns ist eine derartige Situation (glücklicherweise) unvorstellbar. Aber für unsere Ur- und Ururgroßeltern war sie vor rund 100 Jahren harte Realität. Zu Beginn der 1920er-Jahre kam es in Deutschland zu einer Hyperinflation, nachdem der Staat über Jahre hinweg seine wachsenden Ausgaben, zunächst für die Kriegsfinanzierung, anschließend für die Finanzierung der Reparationszahlungen an die Siegermächte, einfach durch eine massive Ausweitung der Geldmenge bezahlte. Ende 1923 kostete ein Ei 320.000.000.000 Reichsmark und ein Dollar entsprach 4.210.000.000.000 Reichsmark. Löhne und Gehälter wurden zweimal am Tag ausgezahlt und die Menschen hetzten mit Koffern voller Geldscheinen zu den Geschäften, um sich mit dem vielen Geld vielleicht gerade noch ein Brot oder 1 Kilo Kartoffeln kaufen zu können.

In Ungarn kam es nach dem Ende des Zweiten Weltkrieges zur stärksten Hyperinflation überhaupt. Im Juli 1946 verdoppelten sich die Preise alle 15 Stunden. Die monatliche Inflationsrate stieg auf 4.190.000.000.000 Prozent. Angesichts dieser unvorstellbaren Geldentwertung gingen die Menschen wieder zum Tauschhandel über.

Man könnte denken, eine Hyperinflation ist einfach eine Inflation, die sich verselbstständigt hat. Aber dem ist nicht so. Eine Hyperinflation entsteht durch die ganz bewusste Entscheidung des Staates, wachsende Ausgaben durch eine Ausweitung der Geldmenge zu bezahlen. Dieses geldpolitische Fehlverhalten führt zu einer Spirale aus Versorgungsengpässen, Preissprüngen und Währungsabwertungen. Die Wohlhabenden in der Gesellschaft, die ihr Vermögen in Immobilien, Aktien und Luxusgütern angelegt haben, sind von einer Hyperinflation kaum betroffen. Es ist die breite Masse der Gesellschaft, die Stück für Stück verarmt, weil sie von Löhnen und Gehältern, Ersparnissen, Renten und Pensionen lebt, deren Wert bei einer Hyperinflation quasi jede Sekunde schrumpft und die gar nicht schnell genug angepasst werden können.

Oft sind es Kriege oder Naturkatastrophen, die zu steigenden Staatsausgaben führen und den Staat dazu verleiten, seine Ausgaben durch frisches Geld aus der Notenpresse zu decken. In Venezuela war das allerdings nicht der Fall. Mit seinen riesigen Ölvorkommen sollte das Land eigentlich keine Finanzprobleme haben. Doch die Ölindustrie wurde in den 2000er-Jahren verstaatlicht, damit die Einnahmen aus der Ölförderung direkt in den Staatshaushalt fließen. Finanziert wurden damit Wohlfahrtsprogramme und Lebensmittelimporte für die Armen. Als die Produktionsanlagen verschlissen waren und die Ölpreise sanken, fehlten dem Staat die Einnahmen und die unheilvolle Entwicklung nahm ihren Lauf.

Quellen: Hanke, S. H./Krus, N.: World Hyperinflations, CATO Working Paper, 2012; The Hanke-Krus World Hyperinflation Table, https://www.cato.org/sites/cato.org/files/pubs/pdf/hanke-krus-hyperinflation-table-may-2013.pdf

Fragen
1. Auf welche Weise hat die sinkende Wirtschaftsleistung zur Hyperinflation in Venezuela beigetragen?
2. Auf welche Weise hat wiederum die Hyperinflation die Wirtschaftsleistung gesenkt?
3. Warum greifen Politiker zu Maßnahmen, die zu Hyperinflation führen?

Stichwörter

- Quantitätstheorie des Geldes
- nominale Größen
- reale Größen
- klassische Dichotomie
- Reallohnsatz
- Neutralität des Geldes
- Umlaufgeschwindigkeit des Geldes
- Quantitätsgleichung
- Inflationssteuer
- Hyperinflation
- Fisher-Effekt
- Schuhsohlen-Kosten
- Speisekarten-Kosten

Zusammenfassung

- Das allgemeine Preisniveau einer Volkswirtschaft passt sich an, um Geldangebot und Geldnachfrage ins Gleichgewicht zu bringen. Eine Erhöhung des Geldangebots durch die EZB verursacht einen Anstieg des Preisniveaus. Ein dauerhaftes Wachstum der angebotenen Geldmenge führt zu fortgesetzter Inflation.
- Das Prinzip der Neutralität des Geldes besagt, dass Änderungen der Geldmenge nominale Größen beeinflussen, nicht aber reale. Die meisten Volkswirte sind der Ansicht, dass die Neutralität des Geldes näherungsweise das Verhalten der Volkswirtschaft auf lange Sicht beschreibt.
- Der Staat kann einen Teil seiner Ausgaben einfach über die Notenpresse finanzieren. Stützen sich Länder allzu sehr auf diese »Inflationssteuer«, kommt es zu Hyperinflation.

- Der Fisher-Effekt basiert auf dem Prinzip der Neutralität des Geldes. Ein Anstieg der Inflationsrate führt nach dem Fisher-Effekt zu einer entsprechenden Erhöhung des Nominalzinssatzes, sodass der Realzinssatz unverändert bleibt.
- Viele Menschen denken, dass sie durch die Inflation ärmer werden, da die Inflation die Preise der von ihnen gekauften Güter erhöht. Diese Sichtweise stellt jedoch einen Trugschluss dar, da die Inflation die Nominaleinkommen ebenfalls erhöht.
- Die Volkswirte haben sechs Formen von Inflationskosten ermittelt: die mit einer verringerten Geldhaltung verbundenen »Schuhsohlen-Kosten«, die mit einer häufigeren Anpassung der Preise verbundenen »Speisekarten-Kosten«, eine erhöhte Variabilität der relativen Preise, unbeabsichtigte Änderungen der Steuerschuld aufgrund der Vernachlässigung von Inflationseffekten in den Steuergesetzen, Verwirrung und Unannehmlichkeiten infolge von Wertänderungen der Recheneinheit sowie willkürliche Vermögensumverteilungen zwischen Schuldnern und Gläubigern. Viele dieser Kosten sind während Hyperinflationen sehr hoch, über ihr Ausmaß in moderaten Inflationen besteht jedoch Unklarheit.
- Wenn die Preise fallen, kommt es zu Deflation. Ebenso wie eine zu hohe Inflation kann auch Deflation schädliche Auswirkungen auf die Volkswirtschaft haben. Aus diesem Grund verfolgen viele Zentralbanken in ihrer geldpolitischen Steuerung ein moderates Inflationsziel, das in der Regel bei einer Inflationsrate zwischen 1 und 3 Prozent liegt.

Wiederholungsfragen

1. *Erklären Sie, inwiefern sich ein Anstieg des Preisniveaus auf den realen Wert des Geldes auswirkt.*
2. *Worin besteht nach der Quantitätstheorie des Geldes die Auswirkung einer Erhöhung der Geldmenge?*
3. *Erklären Sie den Unterschied zwischen nominalen und realen Größen und nennen Sie jeweils zwei Beispiele. Welche Größen werden nach dem Prinzip der Neutralität des Geldes durch Änderungen der Geldmenge beeinflusst?*
4. *Inwiefern stellt Inflation eine Art Steuer dar? Wie kann die Sichtweise der Inflation als eine Art von Steuer dazu beitragen, Hyperinflationen zu erklären?*
5. *Wie wirkt sich nach dem Fisher-Effekt ein Anstieg der Inflationsrate auf den Real- und den Nominalzinssatz aus?*
6. *Welches sind die Kosten der Inflation? Welche dieser Kosten sind Ihrer Meinung nach für die deutsche Wirtschaft am wichtigsten?*
7. *Wer profitiert davon, wenn die Inflationsrate niedriger ist als erwartet – die Schuldner oder die Gläubiger? Begründen Sie Ihre Antwort.*
8. *Warum kann eine Deflation schädliche Auswirkungen haben?*

Aufgaben und Anwendungen

1. Nehmen wir an, dass die Politik der Zentralbank darauf abzielt, die Inflationsrate auf 0 Prozent zurückzuführen. Angenommen, die Umlaufgeschwindigkeit des Geldes ist konstant. Macht das Ziel einer Inflationsrate von 0 Prozent eine Wachstumsrate der Geldmenge von 0 Prozent erforderlich? Wenn ja, erklären Sie, warum. Wenn nein, erklären Sie, wie hoch die Wachstumsrate der Geldmenge sein sollte.

2. Nehmen Sie an, die Geldmenge in einer Volkswirtschaft beträgt heute 500 Milliarden Euro, das nominale BIP beträgt 10 Billionen Euro und das reale BIP beläuft sich auf 5 Billionen Euro.
    a. Wie hoch ist das Preisniveau? Wie groß ist die Umlaufgeschwindigkeit des Geldes?
    b. Nehmen Sie an, die Umlaufgeschwindigkeit des Geldes bliebe konstant und das Produktionsniveau der Volkswirtschaft wachse um 5 Prozent pro Jahr. Wie entwickeln sich nominales BIP und Preisniveau, wenn die Zentralbank die Geldmenge unverändert lässt?
    c. Welche Geldmenge sollte die Zentralbank festsetzen, wenn sie für das kommende Jahr ein stabiles Preisniveau anstrebt?

3. Der Ökonom John Maynard Keynes hat geschrieben: »Es heißt, dass Lenin behauptet habe, der beste Weg, das kapitalistische System zu zerstören bestehe darin, die Währung zu verderben. Bei einem fortgesetzten Inflationsprozess könne der Staat, heimlich und unbeobachtet, einen beträchtlichen Teil des Vermögens seiner Bürger beschlagnahmen.« Erklären Sie Lenins Behauptung.

4. Stellen Sie sich vor, die Inflationsrate eines Landes steigt stark an. Was geschieht mit der Inflationssteuer? Können Sie sich vorstellen, wie die Besitzer von Sparbüchern durch einen Anstieg der Inflationsrate Schaden erleiden könnten?

5. Hyperinflationen treten in Ländern mit einer von der Regierung unabhängigen Zentralbank äußerst selten auf. Was könnte der Grund hierfür sein?

6. Stellen Sie sich vor, Bob und Rita sind Landwirte. Bob baut Bohnen an, Rita Reis. Bob und Rita konsumieren beide immer die gleichen Mengen an Reis und Bohnen. Der Einfachheit halber wollen wir außerdem annehmen, dass in der Volkswirtschaft jedes Jahr die gleichen Mengen an Bohnen und Reis produziert und konsumiert werden. Im Jahr 2019 betrug der Bohnenpreis 1 Euro und der Preis für Reis 3 Euro.
    a. Angenommen, im Jahr 2020 betrug der Preis für Bohnen 2 Euro und der Preis für Reis 6 Euro. Wie hoch war die Inflation? Wurde Bob durch die Preisänderungen besser oder schlechter gestellt oder blieb seine Lage unverändert? Wie sah es für Rita aus?

b. Nehmen wir nun an, im Jahr 2020 betrug der Preis für Bohnen 2 Euro und der Preis für Reis 4 Euro. Wie hoch war die Inflation? Wurde Bob durch die Preisänderungen besser oder schlechter gestellt oder blieb seine Lage unverändert? Wie sah es für Rita aus?

c. Nehmen wir abschließend an, im Jahr 2020 betrug der Preis für Bohnen 2 Euro und der Preis für Reis 1,50 Euro. Wie hoch war die Inflation? Wurde Bob durch die Preisänderungen besser oder schlechter gestellt oder blieb seine Lage unverändert? Wie sah es für Rita aus?

7. In diesem Kapitel wurde der Realzinssatz als Nominalzinssatz abzüglich Inflationsrate definiert. Da nach dem deutschen Einkommensteuerrecht nominale Zinseinkünfte besteuert werden, können wir den Realzinssatz nach Steuer als Nominalzinssatz nach Steuer abzüglich Inflationsrate definieren.

   a. Nehmen Sie an, die Inflationsrate beträgt 0 Prozent, der Nominalzinssatz 3 Prozent und der Steuersatz 33 Prozent. Wie hoch ist der Realzinssatz vor Steuern? Wie hoch ist der Realzinssatz nach Steuern? Wie hoch ist der effektive Steuersatz auf die realen Zinseinkünfte (die prozentuale Verringerung der realen Zinseinkünfte aufgrund der Steuer?)

   b. Nehmen Sie nun an, die Inflationsrate steigt auf 3 Prozent, der Nominalzinssatz auf 6 Prozent Wie hoch ist jetzt der Realzinssatz vor Steuern? Wie hoch ist der Realzinssatz nach Steuern? Wie hoch ist der effektive Steuersatz auf die realen Zinseinkünfte?

   c. Einige Volkswirte vertreten die Ansicht, dass die Inflation aufgrund unserer Einkommensteuer zu einer Verringerung des Sparanreizes führe. Erklären Sie diese Sichtweise unter Zuhilfenahme Ihrer Antworten zu den Teilfragen a und b.

8. Worin bestehen Ihre »Schuhsohlen-Kosten«? Wie könnten Sie diese Kosten in Euro messen? Wie unterscheiden sich Ihrer Meinung nach die »Schuhsohlen-Kosten« Ihres Universitätspräsidenten von Ihren eigenen?

9. Erinnern Sie sich, dass Geld drei Funktionen in der Volkswirtschaft erfüllt. Worin bestehen diese Funktionen? Wie wirkt sich Inflation auf die Fähigkeit des Geldes aus, jede dieser Funktionen zu erfüllen?

10. Stellen Sie sich vor, die Deutschen erwarten für das nächste Jahr eine Inflation von 2 Prozent, tatsächlich steigen die Preise aber um 4 Prozent. Inwiefern würde sich diese unerwartet hohe Inflation vorteilhaft oder nachteilig auswirken für:
    a. die Bundesregierung,
    b. einen Hausbesitzer mit einem festen Hypothekenzinssatz,
    c. für Arbeitnehmer mit einem zweijährigen Tarifvertrag,
    d. für einen Rentner, der seine Ersparnisse in Staatsanleihen investiert hat?

11. Erläutern Sie eine schädliche Wirkung, die mit unerwarteter Inflation, nicht aber mit erwarteter Inflation verbunden ist. Erläutern Sie eine schädliche Wirkung, die sowohl mit erwarteter als auch mit unerwarteter Inflation verbunden ist.

12. Sind die folgenden Aussagen wahr, falsch oder ungewiss? Begründen Sie Ihre Antworten.
   a. »Inflation benachteiligt Kreditnehmer und begünstigt Kreditgeber, da die Kreditnehmer einen höheren Zinssatz bezahlen müssen.«
   b. »Wenn sich die Preise in einer Art und Weise ändern, die das allgemeine Preisniveau unverändert lässt, dann wird niemand besser oder schlechter gestellt.«
   c. »Inflation verringert die Kaufkraft der meisten Arbeitskräfte nicht.«

27 Grundsätzliches über die offene Volkswirtschaft

Wenn Sie im Supermarkt an der Ecke Obst kaufen wollen, so werden Sie die Wahl zwischen einheimischen Früchten (z. B. Äpfel, Birnen oder Pflaumen) und tropischen Früchten (z. B. Mango, Bananen oder Ananas) haben. Wenn Sie Ihren nächsten Urlaub planen, so werden Sie möglicherweise überlegen, ob Sie diesen an der Ostsee oder in den Vereinigten Staaten verbringen sollen. Wenn Sie eine Arbeitsstelle antreten und zusätzlich zu Ihrer Rente für den Ruhestand sparen möchten, so können Sie z. B. zwischen einem Investmentfonds wählen, der ausschließlich Aktien deutscher Unternehmen umfasst, oder einem anderen, der US-amerikanische oder japanische Aktien im Depot hält. In jedem dieser Fälle sind Sie nicht nur ein Teil der deutschen Volkswirtschaft, sondern auch Teil der Volkswirtschaften weltweit.

Es gibt klare Vorteile, am internationalen Handel teilzunehmen: Handel ermöglicht es den Menschen, das zu produzieren, was sie am besten können, und eine Vielzahl an unterschiedlichen Waren und Dienstleistungen zu erwerben, die weltweit hergestellt werden. Durch Handel können sich also alle Beteiligten besser stellen. Wir haben gelernt, dass der internationale Handel den Lebensstandard in allen Ländern heben kann, indem er es ermöglicht, dass jedes Land sich darauf spezialisiert, diejenigen Güter zu produzieren, bei deren Herstellung es komparative Vorteile aufweist.

Bislang haben wir in unserer Modellierung der makroökonomischen Zusammenhänge die Interaktionen einer Volkswirtschaft mit anderen Volkswirtschaften rund um den Globus weitgehend ignoriert. Für die meisten makroökonomischen Fragestellungen liegen internationale Aspekte am Rande. So konnten wir z. B. bei der Analyse der natürlichen Arbeitslosenquote und der Ursachen für Inflation die Auswirkungen des internationalen Handels ohne weiteres vernachlässigen. In der Tat arbeiten Ökonomen, um ihre Analysen einfach zu halten, oftmals mit der Annahme einer *geschlossenen Volkswirtschaft* – also einer Volkswirtschaft, die nicht mit anderen Volkswirtschaften in Beziehung steht.

In einer *offenen Volkswirtschaft*, also einer Volkswirtschaft, die ohne Beschränkungen mit anderen Volkswirtschaften in der Welt interagiert, treten dagegen einige neue makroökonomische Fragen auf. In diesem und im nächsten Kapitel erhalten Sie daher eine Einführung in die Makroökonomik offener Volkswirtschaften. Wir beginnen dieses Kapitel mit der Untersuchung der makroökonomischen Schlüsselgrößen, die die Interaktionen einer offenen Volkswirtschaft auf den Weltmärkten beschreiben. Sie sind sicherlich in der Zeitung oder im Internet schon auf Begriffe wie Exporte, Importe, Leistungsbilanz und Wechselkurse gestoßen. Unsere erste Aufgabe besteht darin zu verstehen, was diese Begriffe aussagen. Im anschließenden Kapitel werden wir dann ein Modell entwickeln, das erklärt, wie diese Größen bestimmt und wie sie durch verschiedene wirtschaftspolitische Maßnahmen beeinflusst werden.

27.1 Die internationalen Güter- und Kapitalströme

Die Unternehmen in einer Volkswirtschaft kaufen und verkaufen Waren und Dienstleistungen auf den internationalen Produktmärkten und kaufen und verkaufen Kapital auf den internationalen Finanzmärkten. Im Folgenden werden wir diese beiden Aktivitäten und die enge Verbindung zwischen diesen untersuchen.

Die Güterströme: Exporte, Importe und Nettoexporte

Exporte sind im Inland produzierte Waren und Dienstleistungen, die ins Ausland verkauft werden, während Importe im Ausland produzierte Waren und Dienstleistungen sind, die im Inland verkauft werden. Wenn die Allianz Versicherungsgesellschaft ein Bürogebäude in Boston versichert, dann zahlt der Eigentümer des Bürogebäudes der Allianz dafür eine Versicherungsprämie. Der Verkauf einer Versicherungsdienstleistung durch die Allianz stellt einen Export für die Bundesrepublik Deutschland und einen Import für die USA dar. Baut BMW, ein deutscher Automobilhersteller, ein Auto und verkauft dieses nach Japan, so ist dieser Verkauf ein Export für Deutschland und ein Import für Japan. Baut Toyota, ein japanischer Automobilhersteller, ein Auto und verkauft dieses nach Deutschland, so ist dieser Verkauf ein Import für Deutschland und ein Export für Japan.

Die *Nettoexporte* eines Landes ergeben sich aus der Differenz zwischen den Ausgaben von Ausländern für im Inland produzierte Güter (Exporte von Waren und Dienstleistungen) und den Ausgaben von Inländern für im Ausland produzierte Güter (Importe von Waren und Dienstleistungen). Der BMW-Verkauf erhöht die deutschen Nettoexporte, und der Toyota-Kauf reduziert die deutschen Nettoexporte. Da uns die Nettoexporte Aufschluss darüber geben, ob ein Land – insgesamt betrachtet – ein Verkäufer oder ein Käufer auf den internationalen Märkten für Waren und Dienstleistungen ist, werden die Nettoexporte auch **Leistungsbilanz (Außenbeitrag)** genannt. Sind die Nettoexporte bzw. der Außenbeitrag positiv, so sind die Exporte höher als die Importe, also verkauft das entsprechende Land mehr Güter ins Ausland, als es von anderen Ländern kauft. In diesem Fall spricht man davon, dass ein **Leistungsbilanzüberschuss (positiver Außenbeitrag)** vorliegt. Sind die Nettoexporte bzw. der Außenbeitrag dagegen negativ, so spricht man von einem **Leistungsbilanzdefizit (negativer Außenbeitrag)**. Betragen die Nettoexporte genau null, sind also Exporte und Importe genau gleich groß, so sagt man, das entsprechende Land weist eine **ausgeglichene Leistungsbilanz** auf.

Genau genommen gliedert sich die Leistungsbilanz in drei Unterbilanzen: In der *Handelsbilanz* werden die Warenströme zwischen In- und Ausland erfasst; in der *Dienstleistungsbilanz* wird der Austausch von Dienstleistungen zwischen In- und Ausland abgebildet; der dritte Bestandteil der Leistungsbilanz ist die *Übertragungsbilanz*.

Auch wenn wir noch kein Modell zur Erklärung der Leistungsbilanz kennen, fällt uns bereits jetzt eine Reihe von Faktoren ein, die möglicherweise Einfluss auf die Exporte, Importe und Nettoexporte eines Landes haben. Dazu zählen:

Leistungsbilanz (Außenbeitrag)
Der Wert der Exporte eines Landes abzüglich des Werts der Importe eines Landes, auch als Nettoexporte bezeichnet.

Leistungsbilanzüberschuss (positiver Außenbeitrag)
Die Exporte sind höher als die Importe.

Leistungsbilanzdefizit (negativer Außenbeitrag)
Die Importe sind höher als die Exporte.

Ausgeglichene Leistungsbilanz
Eine Situation, in der die Exporte und Importe gleich sind.

27.1 Die internationalen Güter- und Kapitalströme

- die geschmacklichen Vorlieben der Verbraucher bezüglich inländischer und ausländischer Güter,
- die Preise der inländischen und ausländischen Güter,
- die Wechselkurse, zu denen die heimische Währung in ausländische Währungen getauscht werden kann,
- das Einkommen der Verbraucher im Inland und im Ausland,
- die Kosten, die durch den Transport der Güter von Land zu Land anfallen,
- die Einstellung und damit die Politik der Regierung in Bezug auf den internationalen Handel.

Das Ausmaß des internationalen Handels ändert sich mit der Veränderung dieser Variablen im Zeitablauf.

Fallstudie

Die Offenheit der deutschen Volkswirtschaft

In der Abbildung 27-1 lässt sich die starke Außenhandelsverflechtung der Bundesrepublik Deutschland und deren steigende Bedeutung von 1970 bis 2020 ablesen. Dort wird der Gesamtwert der Güterexporte und Güterimporte abgebildet, ausgedrückt als Prozentsatz des BIP. Man erkennt deutlich, dass schon in den 1970er-Jahren die Ex- und Importe ein beträchtliches Ausmaß von 20 Prozent des BIP und mehr aufwiesen und dass sich dieser Anteil im weiteren Entwicklungsprozess – wenn auch nicht kontinuierlich – stark erhöht hat.

Wichtige Gründe für die allgemeine Zunahme des internationalen Handels liegen in verbesserten und verbilligten Transportmöglichkeiten und einer verbesserten weltweiten Informationssituation, die nicht zuletzt durch rasante Fortschritte in der Telekommunikation erreicht werden konnte. Ebenso hat der technologische Fortschritt einen positiven

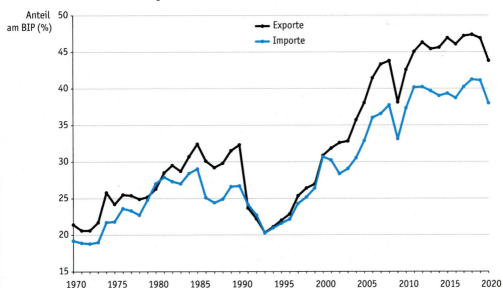

Abb. 27-1: Die Internationalisierung der deutschen Volkswirtschaft

Diese Grafik gibt die Exporte und Importe Deutschlands als Prozentsatz des deutschen Bruttoinlandsprodukts seit 1970 an. Der starke Anstieg im Zeitablauf zeigt die zunehmende Bedeutung des internationalen Handels.

Quelle: Statistisches Bundesamt, Fachserie 18, Reihe 1.5

Fortsetzung auf Folgeseite

> *Fortsetzung von Vorseite*
>
> Einfluss auf den Welthandel gehabt. Denn die Art der produzierten und gehandelten Güter hat sich dadurch stark verändert. Während früher schwere, unhandliche Waren, wie z. B. Rohstoffe, einen Großteil des Handels einnahmen, sind es heute kleinere, leichtere Waren, wie z. B. Produkte der Unterhaltungselektronik mit sehr viel höherem Wert pro Gewichts- und damit Transporteinheit, oder gar immaterielle Dienstleistungen, die einen hohen Anteil des Welthandels ausmachen. Aber auch die Außenhandelspolitik der Staaten darf bei dieser Aufzählung nicht vergessen werden. Internationale Abkommen haben zu einem starken Abbau von tarifären und nichttarifären Handelshemmnissen wie Zöllen oder Importquoten geführt. Als Beispiele sind insbesondere das GATT (General Agreement on Tariffs and Trade), die EG/EU (Europäische Gemeinschaft/Union) sowie die NAFTA (North American Free Trade Agreement) anzuführen.

Die Kapitalströme: Der Nettokapitalabfluss

Bislang haben wir uns überlegt, wie die Bewohner einer offenen Volkswirtschaft am Weltmarkt für Waren und Dienstleistungen teilhaben. Zusätzlich haben die Bewohner einer offenen Volkswirtschaft jedoch auch Zugang zu den internationalen Finanzmärkten. Ein Bundesbürger, der 20.000 Euro besitzt, kann dieses Geld dazu verwenden, einen Toyota zu kaufen; er könnte sein Geld jedoch ebenso dafür verwenden, Aktien des Unternehmens Toyota zu erwerben. Die erste Transaktion stellt einen Güterstrom, die zweite einen Kapitalstrom dar.

Der Ausdruck **Nettokapitalabfluss** bezieht sich auf den Erwerb ausländischer Aktiva durch Inländer abzüglich des Erwerbs inländischer Aktiva durch Ausländer (manchmal auch als *Nettoauslandsinvestition* bezeichnet).

Erwirbt ein in Deutschland ansässiger Bürger Aktien der US-amerikanischen Telekommunikationsgesellschaft AT&T, so erhöht dieser Kauf den deutschen Nettokapitalabfluss. Erwirbt ein in Japan ansässiger Bürger hingegen deutsche Staatsanleihen, so vermindert dieser Kauf den deutschen Nettokapitalabfluss.

Auslandsinvestitionen können in zwei unterschiedlichen Formen auftreten. Eröffnet ein deutscher Modeschöpfer einen Salon in Moskau, so ist das ein Beispiel für eine *ausländische Direktinvestition*. Kauft hingegen ein Deutscher Aktien eines russischen Unternehmens, so ist dies ein Beispiel für eine *ausländische Portfolioinvestition*. Im ersten Fall kümmert der deutsche Eigentümer sich aktiv um seine Investition, im zweiten Fall nimmt der deutsche Aktienbesitzer eine eher passive Rolle ein. In beiden Fällen erwerben in Deutschland ansässige Bürger Aktiva, die sich in einem anderen Land befinden, also tragen beide Käufe zum deutschen Nettokapitalabfluss bei.

Bevor wir im nächsten Kapitel ein Modell zur Erklärung des Nettokapitalabflusses entwickeln werden, wollen wir kurz einige der wichtigen Größen, die den Nettokapitalabfluss beeinflussen, betrachten:

- ▶ der Realzins, der auf Auslandsaktiva gezahlt wird;
- ▶ der Realzins, der auf inländische Aktiva gezahlt wird;
- ▶ die erwarteten ökonomischen und politischen Risiken, die mit dem Halten ausländischer Aktiva verbunden sind;
- ▶ die wirtschaftspolitischen Maßnahmen, die den Besitz von inländischen Aktiva durch Ausländer betreffen.

Nettokapitalabfluss
Der Erwerb ausländischer Aktiva durch Inländer abzüglich des Erwerbs inländischer Aktiva durch Ausländer.

Nehmen wir beispielsweise einen deutschen Investor, der sich zwischen dem Erwerb einer deutschen und dem Erwerb einer mexikanischen Staatsanleihe entscheiden möchte. Um diese Entscheidung zu treffen, wird der deutsche Investor die Realverzinsungen der beiden Anleihen vergleichen. Je höher die Realverzinsung einer Anleihe ist, desto attraktiver ist sie. Bei diesem Vergleich muss der Investor jedoch ebenfalls das Risiko mit in Betracht ziehen, dass eine der beiden Regierungen möglicherweise die *Zahlungsunfähigkeit* erklären muss (d. h., die Zinszahlungen bzw. die Rückzahlung bei Fälligkeit können ausfallen). Zudem gilt es, mögliche Beschränkungen zu bedenken, die die mexikanische Regierung ausländischen Investoren auferlegt hat oder noch auferlegen mag.

Die Übereinstimmung von Nettoexporten und Nettokapitalabfluss

Wir haben gelernt, dass eine offene Volkswirtschaft auf zwei Wegen mit den übrigen Ländern interagiert: über die internationalen Gütermärkte und über die internationalen Finanzmärkte. Nettoexporte und Nettokapitalabfluss messen jeweils ein Ungleichgewicht auf den entsprechenden Märkten. Die Nettoexporte messen ein Ungleichgewicht zwischen den Exporten eines Landes und seinen Importen. Der Nettokapitalabfluss misst ein Ungleichgewicht zwischen dem Wert der ausländischen Aktiva, die von Inländern erworben werden, und dem Wert der inländischen Aktiva, die von Ausländern erworben werden.

Eine wichtige, aber etwas komplizierte buchhalterische Tatsache besteht darin, dass sich – für eine Volkswirtschaft insgesamt gesehen – diese zwei Ungleichgewichte entsprechen müssen. Daher ist der Nettokapitalabfluss (NCO, net capital outflow) stets gleich den Nettoexporten (NX, net exports):

$NCO = NX$.

Diese Gleichung ist stets erfüllt, denn jede Transaktion, die eine Seite dieser Gleichung betrifft, betrifft auch die andere Seite in genau der gleichen Höhe. Diese Gleichung ist eine *Identität* – eine Gleichung, die aufgrund der Definition und Messung der in ihr enthaltenen Variablen erfüllt sein muss.

Um zu verstehen, warum diese buchhalterische Identität tatsächlich wahr ist, betrachten wir ein Beispiel. Nehmen wir an, das deutsche Familienunternehmen Liqui Moly verkauft Motorenöl an ein japanisches Unternehmen und erhält dafür Yen. Dabei sind zwei Dinge gleichzeitig passiert. Da eine Ware, die in Deutschland hergestellt wurde, an das Ausland verkauft wird (das Motorenöl), handelt es sich um einen Export, und der Verkauf erhöht die deutschen Nettoexporte. Außerdem hat Liqui Moly ausländische Vermögenswerte erworben (Yen) und das erhöht den deutschen Nettokapitalabfluss.

Auch wenn Liqui Moly die Yen aus dem Verkauf des Motorenöls wahrscheinlich nicht behalten wird, bleibt die Identität von Nettoexporten und Nettokapitalabfluss bei allen folgenden Transaktionen bestehen. Verwendet Liqui Moly die 10.000 Yen für den Kauf von japanischen Aktien oder Anleihen, dann erwirbt ein in Deutschland ansässiges Unternehmen ausländische Aktiva. Der Anstieg im deutschen Nettokapitalabfluss (der Kauf der japanischen Aktien oder Anleihen) entspricht dem Anstieg der deutschen Nettoexporte (Verkauf des Motorenöls).

Es könnte ebenso sein, dass Liqui Moly die Yen nicht für japanische Aktien oder Anleihen, sondern für neue Computer von Toshiba ausgibt. Durch den Kauf der Computer steigen die deutschen Importe. Der Verkauf des Motorenöls und der Kauf der Computer führen zu einem ausgeglichenen Handel. Da sich Exporte und Importe um den gleichen Betrag erhöhen, bleiben die Nettoexporte konstant. Und da in diesem Fall kein in Deutschland ansässiges Unternehmen ausländische Aktiva erwirbt und kein ausländischer Investor deutsche Aktiva erwirbt, bleibt der Nettokapitalabfluss vollkommen unberührt.

Die Identität von Nettoexporten und Nettokapitalabfluss beruht darauf, dass jede internationale Transaktion ein Tausch ist. Wenn ein Land Waren oder Dienstleistungen an ein anderes Land liefert, dann gibt das Käuferland Vermögenswerte ab, um die Waren oder Dienstleistungen zu bezahlen. Die Vermögenswerte entsprechen dem Wert der verkauften Waren und Dienstleistungen. Am Ende muss der Nettowert der Waren und Dienstleistungen, die von einem Land verkauft wurden (NX), dem erworbenen Nettovermögenswert (NCO) entsprechen.

Ausgehend von unserem Beispiel können wir für die Volkswirtschaft insgesamt verallgemeinern:

- Hat ein Land einen Leistungsbilanzüberschuss ($NX > 0$), dann werden mehr Waren und Dienstleistungen an das Ausland verkauft, als aus dem Ausland eingekauft werden. Der Einnahmeüberschuss an ausländischer Währung wird zum Kauf von ausländischen Aktiva verwendet. Es fließt Kapital aus dem Land ab ($NCO > 0$).
- Hat ein Land ein Leistungsbilanzdefizit ($NX < 0$), dann werden mehr Waren und Dienstleistungen aus dem Ausland gekauft, als an das Ausland verkauft werden. Das Defizit muss durch den Verkauf von inländischen Aktiva an das Ausland finanziert werden. Es fließt Kapital in das Land ($NCO < 0$).

Die internationalen Waren- und Dienstleistungsströme und die internationalen Kapitalströme sind also zwei Seiten ein und derselben Medaille.

Ersparnisse und Investitionen sowie deren Beziehung zu den internationalen Güter- und Kapitalströmen

Die Ersparnisse und die Investitionen eines Landes sind die zentralen Bestimmungsgrößen für das langfristige wirtschaftliche Wachstum. Lassen Sie uns daher betrachten, in welchem Zusammenhang diese Größen mit den internationalen Güter- und Kapitalströmen stehen, gemessen über die Nettoexporte und den Nettokapitalabfluss.

Das Bruttoinlandsprodukt einer Volkswirtschaft (Y) setzt sich aus vier Komponenten zusammen: Konsum (C), Investitionen (I), Staatsverbrauch (G) und Nettoexporte (NX). Wir schreiben dies als

$$Y = C + I + G + NX$$

Die gesamten Ausgaben für die produzierten Güter einer Volkswirtschaft ergeben sich als Summe der Ausgaben für Konsum, Investitionen, Staatsverbrauch und Nettoexporte. Da jeder Euro an Ausgaben einer dieser vier Komponenten zugeordnet werden kann, ist diese Gleichung eine buchhalterische Identität: Sie muss erfüllt sein, da die Variablen so definiert sind und gemessen werden.

Erinnern Sie sich auch daran, dass die Ersparnis dasjenige gesamtwirtschaftliche Einkommen eines Landes ist, das nach Abzug der Ausgaben für den laufenden Konsum und den Staatsverbrauch verbleibt. Die Ersparnis (S) entspricht $Y - C - G$. Wenn wir die obige Gleichung so umstellen, dass diese Tatsache deutlich wird, so erhalten wir

$Y - C - G = I + NX$
$S = I + NX$.

Da die Nettoexporte (NX) auch dem Nettokapitalabfluss (NCO) entsprechen, können wir diese Gleichung auch schreiben als

$S = I + NCO$
Ersparnis = inländische Investitionen + Nettokapitalabfluss

Diese Gleichung zeigt, dass die Ersparnis eines Landes dessen inländischen Investitionen zuzüglich des Nettokapitalabflusses entsprechen muss. Anders ausgedrückt bedeutet dies: Wenn die Deutschen einen Euro ihres Einkommens für zukünftige Zwecke sparen, so kann dieser Euro dazu genutzt werden, die Akkumulation inländischen Kapitals zu ermöglichen, oder sie kann dazu dienen, den Erwerb von Kapital im Ausland zu finanzieren.

Diese Gleichung kommt uns irgendwie bekannt vor. In einer geschlossenen Volkswirtschaft beläuft sich der Nettokapitalabfluss auf null ($NCO = 0$), sodass Ersparnis und Investitionen übereinstimmen ($S = I$). Im Gegensatz dazu hat eine offene Volkswirtschaft zwei Verwendungen für die Ersparnis: inländische Investitionen und Nettokapitalabfluss.

Wie zuvor steht auch hier das Finanzsystem zwischen den zwei Seiten dieser Identität. Nehmen Sie beispielsweise an, Familie Müller entschließt sich, einen Teil ihres Einkommens für den Ruhestand zu sparen. Diese Entscheidung trägt zur Ersparnis bei, der linken Seite unserer Gleichung. Legen die Müllers ihr Geld in einem Investmentfonds an, so könnte die Investmentgesellschaft z. B. einen Teil des Geldes dazu verwenden, neu herausgegebene Aktien der Volkswagen AG zu kaufen, die die Einnahmen dazu benutzen möchten, ihr Werk in Wolfsburg auszubauen. Zudem kann die Investmentgesellschaft einen Teil der Einlagen der Familie Müller dazu verwenden, neu herausgegebene Aktien von Toyota zu kaufen, die mit den Einnahmen ein neues Werk in Osaka bauen möchten. Diese Transaktionen tauchen auf der rechten Seite der Gleichung auf. Aus deutscher Sicht sind die Ausgaben von Volkswagen für die Werkserweiterung in Wolfsburg inländische Investitionen, der Kauf von japanischen Aktien durch eine deutsche Investmentgesellschaft zählt zum Nettokapitalabfluss. Daher tauchen also alle Ersparnisse der deutschen Volkswirtschaft entweder als Investitionen in Deutschland oder als Nettokapitalabfluss wieder auf.

Eine kurze Zusammenfassung

Die Tabelle 27-1 fasst viele der Gedanken zusammen, die bislang in diesem Kapitel dargelegt wurden. In der Tabelle sind drei mögliche Konstellationen für eine offene Volkswirtschaft dargestellt: ein Land mit einem Leistungsbilanzdefizit, ein Land mit einer ausgeglichenen Leistungsbilanz und ein Land mit einem Leistungsbilanzüberschuss.

Betrachten wir zuerst ein Land mit einem Leistungsbilanzüberschuss. Per Definition bedeutet ein Leistungsbilanzüberschuss, dass der Wert der Exporte den Wert der Importe übersteigt. Da die Nettoexporte die Differenz zwischen Exporten und Importen abbilden, sind die Nettoexporte (NX) bei einem Leistungsbilanzüberschuss größer als null. Daraus folgt, dass das gesamtwirtschaftliche Einkommen des Landes ($Y = C + I + G + NX$) größer ist als die inländischen Ausgaben ($C + I + G$). Wenn jedoch Y größer als $C + I + G$ ist, dann muss $Y - C - G$ auch größer als I sein. Das heißt, die Ersparnis des Landes muss die Investitionen übersteigen. Wenn das Land mehr spart, als es investiert, dann muss es einen Teil seiner Ersparnisse im Ausland anlegen. Demzufolge muss der Nettokapitalabfluss auch größer als null sein.

Die umgekehrte Logik gilt für ein Land mit einem Leistungsbilanzdefizit (wie die US-amerikanische Volkswirtschaft). Per Definition bedeutet ein Leistungsbilanzdefizit, dass der Wert der exportierten Waren und Dienstleistungen unter dem Wert der importierten Waren und Dienstleistungen liegt. Die Nettoexporte (NX) als Differenz zwischen Exporten und Importen sind demzufolge negativ. Damit muss das gesamtwirtschaftliche Einkommen des Landes ($Y = C + I + G + NX$) kleiner als die inländischen Ausgaben ($C + I + G$) sein. Ist Y kleiner als $C + I + G$, dann muss $Y - C - G$ auch kleiner als I sein. Demzufolge ist der Nettokapitalabfluss negativ.

Ein Land mit einer ausgeglichenen Leistungsbilanz liegt genau dazwischen. Die Exporte entsprechen den Importen, sodass die Nettoexporte null sind. Das gesamtwirtschaftliche Einkommen des Landes ist genauso groß wie die inländischen Ausgaben, und die Ersparnis entspricht den Investitionen. Der Nettokapitalabfluss ist null.

Tab. 27-1

Die internationalen Güter- und Kapitalströme: eine Zusammenfassung

Die Tabelle zeigt drei mögliche Konstellationen für eine offene Volkswirtschaft.

Leistungsbilanzdefizit	Ausgeglichene Leistungsbilanz	Leistungsbilanzüberschuss
Exporte < Importe	Exporte = Importe	Exporte > Importe
Nettoexporte < 0	Nettoexporte = 0	Nettoexporte > 0
$Y < C + I + G$	$Y = C + I + G$	$Y > C + I + G$
Ersparnis < Investitionen	Ersparnis = Investitionen	Ersparnis > Investitionen
Nettokapitalabfluss < 0	Nettokapitalabfluss = 0	Nettokapitalabfluss > 0

> **Kurztest**
> Definieren Sie die Größen Nettoexporte und Nettokapitalabfluss. Erklären Sie, wie diese miteinander in Verbindung stehen.

27.2 Die Preise für internationale Transaktionen: Nominale und reale Wechselkurse

Bislang haben wir die Güterströme und die Kapitalströme über die Grenzen eines Landes hinaus untersucht. Zusätzlich zu diesen quantitativen Größen befassen sich Makroökonomen auch mit den Größen, die die Preise messen, zu denen die internationalen Transaktionen abgewickelt werden. Genauso wie der Preis auf einem beliebigen inländischen Markt die wichtige Aufgabe übernimmt, für eine Koordination der Käufer und Verkäufer auf diesem Markt zu sorgen, so dienen internationale Preise dazu, die Entscheidungen von Konsumenten und Produzenten in deren Interaktionen auf den Weltmärkten zu koordinieren. Wir werden hier die zwei wichtigsten internationalen Preise untersuchen – die nominalen und die realen Wechselkurse.

Nominale Wechselkurse

Der **nominale Wechselkurs** ist das Verhältnis, zu dem die Währung eines Landes gegen die Währung eines anderen Landes getauscht werden kann. Wenn ein deutsches Unternehmen für eine Transaktion mit einem US-amerikanischen Unternehmen Dollar benötigt, dann ist für das Unternehmen der Wechselkurs des Euro gegenüber dem Dollar relevant. Beträgt der Wechselkurs beispielsweise 0,87 Euro, dann erhält das Unternehmen für 0,87 Euro genau einen Dollar und bekommt für einen Dollar 0,87 Euro. (Tatsächlich wird die Bank geringfügig unterschiedliche Preise für den Verkauf und den Ankauf von Dollar verlangen. Die Differenz ist die Gewinnspanne der Bank, ohne die sie den Wechseldienst nicht anbieten würde. Für unsere Zwecke werden wir diese Abweichungen zwischen An- und Verkaufskurs im Weiteren vernachlässigen.)

Ein Wechselkurs kann auf zwei verschiedene Arten ausgedrückt werden. Wird der Wechselkurs mit 0,87 Euro pro Dollar ausgewiesen, so ist dies die *Preisnotierung*, die in Deutschland zu Zeiten der D-Mark üblich war – diese gibt an, wie viele inländische Geldeinheiten eine ausländische Geldeinheit wert ist. Seit der Einführung des Euro wird wie in vielen, insbesondere angelsächsischen Ländern, die *Mengennotierung* verwendet (vgl. »Devisenkursstatistik« der Deutschen Bundesbank) – diese gibt an, wie viele ausländische Geldeinheiten man für eine inländische Geldeinheit erhält; in unserem Beispiel würde der Wechselkurs in Mengennotierung 1,15 Dollar je Euro betragen. Im weiteren Verlauf des Buches werden wir den nominalen Wechselkurs in Mengennotierung verwenden.

Verändert sich der Wechselkurs so, dass für den Erwerb einer Einheit ausländischer Währung weniger Einheiten inländischer Währung vonnöten sind als zuvor, so wird diese Veränderung **Aufwertung** *der inländischen Währung* genannt. Verändert sich der

---

Nominaler Wechselkurs
Das Verhältnis, zu dem die Währung eines Landes in die Währung eines anderen Landes getauscht werden kann.

Aufwertung
Ein Anstieg des Werts einer Währung, gemessen an der Menge an ausländischer Währung, die man mit einer Einheit inländischer Währung erwerben kann.

27.2 Grundsätzliches über die offene Volkswirtschaft
Die Preise für internationale Transaktionen: Nominale und reale Wechselkurse

Abwertung
Ein Rückgang des Werts einer Währung, gemessen an der Menge an ausländischer Währung, die man mit einer Einheit inländischer Währung erwerben kann.

Wechselkurs so, dass für den Erwerb einer Einheit ausländischer Währung mehr Einheiten inländischer Währung vonnöten sind als zuvor, so wird diese Veränderung **Abwertung** *der inländischen Währung* genannt. Steigt also beispielsweise der Wechselkurs des Dollar zum Euro von 1,40 Dollar auf 1,45 Dollar, so wurde der Euro aufgewertet. Zugleich bedeutet dies, dass der Dollar abgewertet wurde, da mit einem Dollar nun weniger Euro erworben werden können. Sinkt der Wechselkurs des Dollar zum Euro von 1,40 Dollar auf 1,35 Dollar, so spricht man von einer Abwertung des Euro und damit einer Aufwertung des Dollar.

Manchmal hört oder liest man in den Medien von einer »starken« oder »schwachen« Währung. Diese Beschreibungen beziehen sich in der Regel auf Veränderungen der nominalen Wechselkurse in der nahen Vergangenheit. Wird eine Währung aufgewertet, so spricht man davon, dass sie »stärker« wird, da dann für eine Einheit ausländischer Währung weniger Einheiten inländischer Währung gezahlt werden müssen bzw. mit einer Einheit inländischer Währung mehr Einheiten ausländischer Währung erworben werden können. Analog spricht man im Fall einer Abwertung davon, dass die Währung »schwächer« wird.

Für jedes Land gibt es viele nominale Wechselkurse. Im Euroraum kann der Euro dazu verwendet werden, Dollar, japanische Yen, indische Rupien, britische Pfund, mexikanische Pesos u. v. m. zu kaufen. Untersuchen Ökonomen die Veränderungen der Wechselkurse, so verwenden sie dazu häufig Indizes, die einen Durchschnitt aus vielen Wechselkursen abbilden. Ebenso wie der Verbraucherpreisindex viele Preise der Volkswirtschaft zu einem gemeinsamen Maß des Preisniveaus zusammenfasst, so fasst ein Wechselkursindex die vielen verschiedenen Wechselkurse zu einer einzigen Maßzahl für den internationalen Wert einer Währung zusammen. Wenn also Ökonomen von einer Auf- oder Abwertung des Euro sprechen, beziehen sie sich dabei oftmals auf einen Wechselkursindex, der viele einzelne Wechselkurse beinhaltet.

Fallstudie

Wechselkurse und politische Entscheidungen

Die Händler an den Devisenmärkten beobachten politische Entwicklungen mit großer Aufmerksamkeit. Sie wissen, dass politische Entscheidungen Angebot und Nachfrage auf dem Devisenmarkt beeinflussen können und damit auch die Richtung, in die sich die Wechselkurse bewegen.

Auf den europäischen Devisenmärkten stand die Wechselkursentwicklung in den letzten Jahren immer wieder im Zeichen der Verhandlungen über den Austritt Großbritanniens aus der Europäischen Union, nachdem sich die Bürger des Landes in einer Volksabstimmung am 23. Juni 2016 für einen Austritt aus der EU ausgesprochen hatten.

Ein Jahr vor der Abstimmung lag der Wechselkurs des Britischen Pfunds gegenüber dem Dollar noch bei rund 1,60 Dollar. Die wachsende Unsicherheit über den Ausgang der Abstimmung führte dazu, dass der Wechselkurs bereits im Vorfeld der Abstimmung unter 1,45 Dollar fiel. Am Tag nach der Abstimmung lag der Wechselkurs nur noch bei 1,32 Dollar. Und bis Ende 2016 fiel der Wechselkurs sogar fast bis auf 1,20 Dollar. In der Folgezeit zeigte der Wechselkurs des Britischen Pfunds ein ständiges Auf und Ab und spiegelte damit den aktuellen Stand im politischen Tauziehen über die Modalitäten des Ausstiegs aus der EU wider. Hoffnungen auf eine einvernehmliche Lösung zwischen Großbritannien und der EU ließen den Wechselkurs ansteigen, aufkommende Ängste über einen ungeregelten Austritt drückten den Wechselkurs nach unten. Als sich im Verlauf des Jahres 2020 abzeichnete, dass sich beide Seiten möglicherweise nicht auf ein Austrittsabkommen einigen würden, fiel der Wechselkurs des britischen Pfunds gegenüber dem Dollar auf den tiefsten Stand seit 1985.

Reale Wechselkurse

Der **reale Wechselkurs** ist das Verhältnis, zu dem Waren und Dienstleistungen eines Landes gegen Waren und Dienstleistungen eines anderen Landes getauscht werden können. Nehmen Sie beispielsweise an, Sie gehen einkaufen und stellen fest, dass ein Kilogramm Schweizer Käse doppelt so teuer ist wie ein Kilogramm deutscher Käse. Wir würden dann davon sprechen, dass der reale Wechselkurs ein halbes Kilogramm Schweizer Käse pro Kilogramm deutscher Käse beträgt. Beachten Sie dabei, dass wir den realen Wechselkurs, in Analogie zum nominalen Wechselkurs, in Einheiten des ausländischen Produkts pro einer Einheit des inländischen Produkts ausrücken.

Reale und nominale Wechselkurse stehen in enger Verbindung. Betrachten wir dazu ein Beispiel. Nehmen wir an, ein Kilogramm deutsches Mehl kostet 4 Euro und ein Kilogramm Schweizer Mehl kostet 1 Schweizer Franken. Was ist der reale Wechselkurs zwischen deutschem und Schweizer Mehl? Um diese Frage zu beantworten, müssen wir zuerst einmal den nominalen Wechselkurs dazu verwenden, die Preise in eine gemeinsame Währung umzurechnen. Beträgt der nominale Wechselkurs 0,50 Schweizer Franken je Euro, so ist ein Preis von 4 Euro pro Kilogramm deutsches Mehl äquivalent zu einem Preis von 2 Schweizer Franken pro Kilogramm. Schweizer Mehl kostet aber nur 1 Schweizer Franken pro Kilogramm, sodass deutsches Mehl doppelt so teuer ist wie Schweizer Mehl. Der reale Wechselkurs beträgt also 2 Kilogramm Schweizer Mehl pro Kilogramm deutsches Mehl.

Verwendet man den Wechselkurs in Mengennotierung, so kann man die obige Kalkulation des realen Wechselkurses in der folgenden Formel zusammenfassen:

$$\text{Realer Wechselkurs} = \frac{\text{nominaler Wechselkurs} \times \text{inländischer Preis}}{\text{ausländischer Preis}}$$

Mit den Zahlen unseres Beispiels ergibt sich sodann:

$$\text{Realer Wechselkurs} = \frac{(0{,}50 \text{ SFr pro } €) \times (4 \text{ € pro kg deutsches Mehl})}{(1 \text{ SFr pro kg Schweizer Mehl})}$$

$$= 2 \text{ Kilogramm Schweizer Mehl pro Kilogramm deutsches Mehl.}$$

Somit hängt also der reale Wechselkurs vom nominalen Wechselkurs sowie den Preisen des entsprechenden Gutes in den jeweiligen Ländern ab, gemessen in jeweils nationaler Währung.

Aber warum ist der reale Wechselkurs überhaupt von Bedeutung? Der reale Wechselkurs bestimmt, wie viel ein Land exportiert und importiert. Wenn beispielsweise die Nudelfabrik Birkel entscheidet, ob sie den Nudelteig mit deutschem oder US-amerikanischem Weizen herstellen soll, so wird sie danach fragen, welcher Weizen billiger ist. Der reale Wechselkurs gibt die Antwort. Stellen Sie sich als weiteres Beispiel vor, Sie überlegen sich, ob Sie Ihren Urlaub an der deutschen Ostseeküste oder in Dänemark verbringen möchten. Sie werden sich möglicherweise bei Ihrem Reisebüro erkundigen, wie viel eine Übernachtung in Deutschland (gemessen in Euro) und wie viel eine Übernachtung in Dänemark (gemessen in Dänischen Kronen) kostet und wie der Wechselkurs steht. Wenn Sie sich aufgrund der Kostenunterschiede entscheiden,

---

Realer Wechselkurs
Das Verhältnis, zu dem Waren und Dienstleistungen eines Landes gegen Waren und Dienstleistungen eines anderen Landes getauscht werden können.

wo Sie Ihren Urlaub verbringen möchten, so ist Ihre Entscheidungsgrundlage der reale Wechselkurs.

Wenn Makroökonomen die Volkswirtschaft als Ganzes betrachten, so schauen sie eher auf die gesamten Preise als auf die Preise einzelner Güter. Um den realen Wechselkurs zu messen, verwenden sie also Preisindizes, wie z. B. den Verbraucherpreisindex. Verwenden wir einen Preisindex für den Euroraum (P), einen Preisindex für die Preise im Ausland (P^*) und den nominalen Wechselkurs zwischen dem Euro und den ausländischen Währungen in Mengennotierung (e), so können wir den realen Wechselkurs zwischen dem Euroraum und dem Ausland wie folgt berechnen:

Realer Wechselkurs = $(e \times P)/P^*$

Dieser reale Wechselkurs misst den Preis eines inländischen Güterbündels in Relation zu einem ausländischen Güterbündel.

Der reale Wechselkurs ist eine Schlüsselgröße für die Nettoexporte an Waren und Dienstleistungen eines Landes. Ein Steigen des realen Wechselkurses bedeutet, dass die deutschen Produkte verglichen mit den ausländischen Gütern relativ teurer geworden sind. Diese Änderung veranlasst die inländischen und die ausländischen Konsumenten, weniger deutsche Produkte und mehr Güter aus anderen Ländern zu kaufen. Im Ergebnis sinken die deutschen Exporte, während die deutschen Importe steigen, und beide Änderungen senken die Nettoexporte. Umgekehrt bedeutet ein Sinken des realen Wechselkurses eine relative Verbilligung der deutschen Güter im Vergleich zu ausländischen Produkten, woraufhin die Nettoexporte steigen.

Wenn wir über eine Verteuerung oder eine Verbilligung von Exporten oder Importen sprechen, dann bleiben die Preise für diese Waren und Dienstleistungen im Inland stets unverändert. Der Preis für eine Flasche Riesling vom Weingut Schloss Proschwitz in Sachsen beträgt z. B. 20 Euro. Beträgt der Wechselkurs des Dollar zum Euro 1,50 Dollar je Euro, dann muss ein Weinliebhaber aus Boston für diese Flasche Weißwein 30 Dollar bezahlen. Wird der Euro schwächer und der Wechselkurs des Dollar zum Euro fällt auf 1,20 Dollar je Euro, dann muss der Weinliebhaber aus Boston nur noch 24 Dollar für die gleiche Flasche Riesling bezahlen. Während sich der Preis für die Flasche Weißwein in Euro nicht verändert hat, ist der Preis in Dollar gesunken. Gleichermaßen führt eine Aufwertung des Euro und ein Anstieg des Wechselkurses vom Dollar zum Euro auf 1,80 Dollar je Euro dazu, dass in den USA für die Flasche Weißwein aus Sachsen nun 36 Dollar zu zahlen sind. Wiederum hat sich der Preis in Euro nicht verändert, aber der Preis in Dollar ist durch die Änderung des Wechselkurses vom Dollar zum Euro gestiegen.

> **Kurztest**
> Definieren Sie den *nominalen Wechselkurs* und den *realen Wechselkurs* und erklären Sie, wie diese miteinander in Verbindung stehen. Wenn der nominale Wechselkurs von 120 Yen je Euro auf 150 Yen je Euro steigt, handelt es sich dann um eine Aufwertung oder eine Abwertung des Euro?

27.3 Eine Erklärung der Wechselkursbestimmung: Die Kaufkraftparitätentheorie

Wechselkurse schwanken beträchtlich im Zeitablauf. Im Jahr 1970 konnte man für ein Britisches Pfund 2,40 Dollar kaufen (der Pfund-Dollar-Wechselkurs betrug also 2,40 Dollar je Pfund), im Jahr 1985 bei einem Wechselkurs von 1,25 Dollar je Pfund dagegen nur noch rund die Hälfte. Im März 2008 betrug der Wechselkurs dann wieder 2,00 Dollar je Pfund. Über einen Zeitraum von fast vierzig Jahren hat sich der Wert des Britischen Pfundes gegenüber dem Dollar zunächst fast halbiert, um dann wieder um 60 Prozent anzusteigen. Erhielt man im Jahr 1970 für einen Dollar noch 3,65 D-Mark oder 627 italienische Lira, lag der Wechselkurs im Jahr 1998 bei 1,76 D-Mark je Dollar und bei 1.737 Lira je Dollar. In diesem Zeitraum fiel also der Wert des Dollars um mehr als die Hälfte, verglichen mit dem Wert der D-Mark, während er sich gegenüber dem Wert der italienischen Lira mehr als verdoppelte.

Wie lassen sich diese großen Wechselkursschwankungen erklären? Ökonomen haben viele Modelle zur Erklärung der Wechselkursbestimmung entwickelt und jedes davon betont einige der vielen Kräfte, die dabei am Werk sind. Hier werden wir uns die einfachste Wechselkurstheorie anschauen, die *Kaufkraftparitätentheorie*. Diese Theorie besagt, dass man mit einer Einheit einer jeden Währung in jedem Land dieselbe Menge an Gütern erwerben kann, dass also eine Währungseinheit überall dieselbe Kaufkraft hat. Viele Ökonomen glauben daran, dass die **Kaufkraftparitätentheorie** die Kräfte beschreibt, die langfristig für die Bestimmung der Wechselkurse maßgeblich sind. Wir wenden uns jetzt der Logik zu, auf der diese Theorie der langfristigen Wechselkursbestimmung beruht; ebenso werden wir die Implikationen und die Beschränkungen dieser Theorie kennenlernen.

> **Kaufkraftparitätentheorie**
> Eine Theorie der Wechselkursbestimmung, wobei angenommen wird, dass mit einer Einheit einer jeden Währung in jedem Land dieselbe Menge an Gütern erworben werden kann.

Die grundsätzliche Logik der Kaufkraftparitätentheorie

Die Theorie der Kaufkraftparität basiert auf dem Grundsatz *des Gesetzes vom einheitlichen Preis*. Dieses Gesetz besagt, dass ein Gut sich allerorten zum gleichen Preis verkaufen muss. Ansonsten gäbe es nicht ausgenutzte Gewinnmöglichkeiten durch Arbitrage. Nehmen wir z. B. an, Kaffeebohnen würden in Hamburg weniger kosten als in Bremen. Jemand könnte nun Kaffeebohnen in Hamburg für 3 Euro pro Pfund kaufen und diese dann in Bremen für 4 Euro pro Pfund verkaufen, wobei er aus der Preisdifferenz jeweils 1 Euro Gewinn pro Pfund erzielt. Den Vorgang, dass man Vorteile aus einer unterschiedlichen Preissetzung auf unterschiedlichen Märkten zieht, nennt man *Arbitrage*. Wenn die Menschen in unserem Beispiel Vorteile aus dieser Arbitragemöglichkeit ziehen, so passiert Folgendes: Die Nachfrage nach Kaffeebohnen in Hamburg wird steigen und das Angebot an Kaffeebohnen in Bremen wird steigen. Dieser Prozess würde sich so lange fortsetzen, bis sich die Preise in den beiden Märkten angeglichen haben.

Wenden wir nun das Gesetz von der Einheitlichkeit des Preises auf den internationalen Markt an. Wenn ein Euro (oder auch jede andere Währung) in Deutschland mehr Kaffee kaufen kann als in den Vereinigten Staaten, dann könnten internationale Händler davon profitieren, in Deutschland Kaffee einzukaufen und diesen in den Vereinigten Staaten zu verkaufen. Dieser Kaffeeexport von Deutschland in die USA würde die deutschen Kaffeepreise erhöhen und die US-amerikanischen Kaffeepreise sinken lassen. Könnte man umgekehrt für einen Euro in den Vereinigten Staaten größere Mengen an Kaffee kaufen als in Deutschland, so würden Händler Kaffee in den USA einkaufen und diesen in Deutschland verkaufen. Dieser Kaffeeimport nach Deutschland würde die deutschen Preise senken und die US-amerikanischen Preise erhöhen. Letztendlich jedoch sagt uns das Gesetz von der Einheitlichkeit des Preises, dass man mit einem Euro die gleiche Menge an Kaffee in allen Ländern erwerben können muss.

Diese Überlegungen führen uns zur Theorie der Kaufkraftparitäten. Gemäß dieser Theorie muss eine Währungseinheit in allen Ländern die gleiche Kaufkraft haben. Für einen Euro muss man sich also dieselbe Gütermenge in Deutschland und in den USA kaufen können. In der Tat beschreibt damit der Name diese Theorie genau. *Parität* bedeutet Gleichheit und *Kaufkraft* bezieht sich auf den Wert des Geldes. *Kaufkraftparität* besagt also, dass eine Einheit einer Währung denselben realen Wert in jedem Land haben muss.

Implikationen der Kaufkraftparitätentheorie

Was sagt die Kaufkraftparitätentheorie über die Wechselkurse aus? Sie sagt uns, dass der nominale Wechselkurs zwischen den Währungen zweier Länder vom Preisniveau in diesen Ländern abhängt. Wenn man sich für einen Euro die gleiche Gütermenge in Deutschland (wo die Preise in Euro angegeben werden) wie in den Vereinigten Staaten (wo die Preise in Dollar angegeben werden) kaufen kann, dann muss die Anzahl der Dollar je Euro die Güterpreise in Deutschland und den USA reflektieren. Kostet ein Pfund Kaffee beispielsweise 3 Euro in Deutschland und 3 Dollar in den USA, so muss der nominale Wechselkurs 1 Dollar je Euro betragen. Ansonsten wäre die Kaufkraft des Euro nicht dieselbe in beiden Ländern.

Um genauer zu verstehen, wie diese Theorie funktioniert, ist es hilfreich, ein wenig Mathematik zurate zu ziehen. Nehmen wir an, P sei das deutsche Preisniveau (gemessen in Euro), P^* sei das US-amerikanische Preisniveau (gemessen in Dollar) und e der nominale Wechselkurs in Mengennotierung (die Menge an Dollar, die man für einen Euro erhält). Betrachten wir nun die Menge an Gütern, die man für einen Euro im Inland bzw. im Ausland erwerben kann. Im Inland herrscht das Preisniveau P, also beträgt die Kaufkraft eines Euro im Inland $1/P$. Im Ausland kann ein Euro in e Einheiten Auslandswährung getauscht werden, die sodann die Kaufkraft e/P^* haben. Damit die Kaufkraft eines Euro in beiden Ländern dieselbe ist, muss gelten:

$1/P = e/P^*$.

Durch Umstellen dieser Gleichung erhält man

$1 = e \times P/P^*$.

Beachten Sie, dass die linke Seite der Gleichung eine Konstante ist, während die rechte Seite den realen Wechselkurs abbildet. Man erkennt daher Folgendes: *Ist die Kaufkraft eines Euro stets dieselbe im Inland wie im Ausland, so kann sich der reale Wechselkurs – also der relative Preis von inländischen und ausländischen Gütern – nicht ändern.*

Um die Folgen dieser Analyse für den nominalen Wechselkurs zu erkennen, lösen wir die obige Gleichung nach dem nominalen Wechselkurs auf:

$e = P^*/P$.

Damit entspricht der nominale Wechselkurs dem Verhältnis zwischen ausländischem Preisniveau (gemessen in Einheiten der ausländischen Währung) und inländischem Preisniveau (gemessen in Einheiten der inländischen Währung). *Gemäß der Theorie der Kaufkraftparität muss also der nominale Wechselkurs zwischen den Währungen zweier Länder die unterschiedlichen Preisniveaus dieser Länder widerspiegeln.*

Eine zentrale Schlussfolgerung dieser Theorie besagt, dass sich die nominalen Wechselkurse bei Änderungen des Preisniveaus anpassen. Wie wir bereits wissen, bringt das Preisniveau (in jedem Land) die angebotene und nachgefragte Geldmenge ins Gleichgewicht. Da der nominale Wechselkurs vom Preisniveau abhängt, hängt er damit auch vom Geldangebot und von der Geldnachfrage in den betreffenden Ländern ab. Erhöht also die Zentralbank in einem Land die Geldmenge und bewirkt damit einen Anstieg des Preisniveaus, so ist damit gleichzeitig eine Abwertung der entsprechenden Währung im Vergleich zu den anderen Währungen der Welt verbunden. Anders ausgedrückt bedeutet dies, dass die starke Erhöhung des Geldangebots durch die Zentralbank nicht nur einen Wertverlust dieses Geldes in der Hinsicht auslöst, dass weniger Waren und Dienstleistungen pro Geldeinheit erworben werden können, sondern auch, dass mit einer inländischen Geldeinheit nur noch eine geringere Menge an Auslandswährung erworben werden kann.

Wir können nun die Frage beantworten, mit der wir diesen Abschnitt begonnen hatten: Warum hatte das Britische Pfund zwischen 1970 und 1985 gegenüber dem Dollar an Wert verloren? Ein großer Teil der Wechselkursveränderung ist auf die unterschiedliche Inflationsentwicklung in beiden Ländern zurückzuführen. Zwischen 1970 und 1985 verfolgte die US-amerikanische Zentralbank Fed eine weniger inflationäre Geldpolitik im Vergleich zur Bank of England. Während sich die US-amerikanische Inflationsrate auf durchschnittlich 6,5 Prozent pro Jahr belief, stiegen die Preise in Großbritannien in diesem Zeitraum um durchschnittlich 10,5 Prozent pro Jahr. So wie die Preise in Großbritannien relativ zu den US-amerikanischen Preisen stiegen, verlor das Britische Pfund in Relation zum Dollar an Wert.

Und wie lassen sich die Wechselkursbewegungen zwischen der italienischen Lira und dem Dollar oder zwischen der D-Mark und dem Dollar erklären? Auch hier sind die Wechselkursveränderungen zum großen Teil auf die unterschiedliche Geldpolitik in den einzelnen Ländern zurückzuführen. Deutschland hat eine weniger inflationäre Geldpolitik als die Vereinigten Staaten betrieben, Italien dagegen eine deutlich stärker inflationäre Geldpolitik. Zwischen 1970 und 1998 betrug die US-amerikanische Inflationsrate pro Jahr durchschnittlich 5,3 Prozent. Im Gegensatz dazu belief sich die Inflation in Deutschland nur auf 3,5 Prozent, in Italien dagegen auf 9,6 Prozent. So

> **Information**
>
> ### Kaufkraftstandard
>
> Wenn man sich Statistiken von Eurostat anschaut, dem Statistischen Amt der Europäischen Union, dann findet man häufig Daten, die in Kaufkraftstandards (KKS, englisch: Purchasing Power Standard – PPS) ausgedrückt sind. Der Kaufkraftstandard stellt eine Erweiterung der Idee der Kaufkraftparitäten für die Europäische Union dar. Der Kaufkraftstandard ist eine fiktive Geldeinheit, die die Kaufkraft der 27 EU-Staaten in Bezug auf den Euro misst. Ein KKS entspricht der Menge an Waren und Dienstleistungen, die man in dem jeweiligen EU-Mitgliedsland für 1 Euro kaufen kann. Da es zwischen den einzelnen EU-Mitgliedstaaten Preisunterschiede gibt, muss man für die gleiche Menge an Waren und Dienstleistungen einen unterschiedlich großen Euro-Betrag bezahlen. Diese Unterschiede werden über den Kaufkraftstandard berücksichtigt.
>
> Der Kaufkraftstandard wird bestimmt, indem man eine volkswirtschaftliche Größe eines Landes wie beispielsweise das BIP durch die zugehörige Kaufkraftparität teilt. Damit kann der KKS als Wechselkurs zwischen der Kaufkraftparität und dem Euro angesehen werden. Über den KKS ist es möglich, die Daten zwischen den verschiedenen EU-Staaten besser miteinander zu vergleichen. Setzt man den Kaufkraftstandard für alle 27 EU-Staaten bei 100 an, dann zeigen Werte zum BIP in KKS, die größer als 100 sind, dass ein beliebiges Land über dem EU-Durchschnitt liegt. Werte zum BIP in KKS kleiner als 100 weisen darauf hin, dass das Land unter dem EU-Durchschnitt liegt.
>
> Im Jahr 2019 hatte Deutschland ein BIP pro Kopf (in KKS) von 121, Irland wies sogar einen Wert von 191 auf. Beide Länder befinden sich damit deutlich über dem EU-Durchschnitt. Dagegen lagen Polen und Rumänien mit Werten von 73 und 69 deutlich unter dem EU-Durchschnitt.

wie die US-amerikanischen Preise relativ zu den deutschen Preisen anstiegen, verlor der Dollar in Relation zur D-Mark an Wert. Und so wie die italienischen Preise relativ zu den US-amerikanischen Preisen stiegen, verlor die italienische Lira in Relation zum Dollar an Wert.

Deutschland und Italien sind heute Teil eines gemeinsamen Währungsraums und die gemeinsame Währung ist der Euro. Das bedeutet, dass diese beiden Länder nur eine Geldpolitik betreiben und die Inflationsraten in beiden Ländern demzufolge eng miteinander verknüpft sind. Die Erkenntnisse aus der historischen Entwicklung der Wechselkurse der D-Mark und der Lira gelten auch für den Euro. Ob man für einen Euro in zwanzig Jahren mehr oder weniger Dollar als heute bekommt, wird davon abhängen, ob die EZB für geringere Inflationsraten im Euroraum sorgen kann als die Fed in den USA.

Die Grenzen der Kaufkraftparitätentheorie

Die Kaufkraftparitätentheorie liefert uns ein einfaches Modell zur Bestimmung der Wechselkurse. Diese Theorie kann dazu dienen, viele ökonomische Phänomene zu erklären. Insbesondere lassen sich damit viele langfristige Entwicklungen erklären, wie die Aufwertung der D-Mark bzw. des Euro gegenüber dem Dollar in den vergangenen Jahrzehnten. Ebenso lassen sich damit die starken Wechselkursbewegungen erklären, die während einer Hyperinflation auftreten.

Jedoch stimmt die Kaufkraftparitätentheorie nicht immer hundertprozentig. Wechselkurse verhalten sich nicht immer so, dass ein Euro denselben Wert in allen

27.3 Eine Erklärung der Wechselkursbestimmung: Die Kaufkraftparitätentheorie

Ländern über alle Zeiten hat. Es gibt zwei Gründe dafür, dass die Kaufkraftparitätentheorie in der Realität nicht immer zutrifft.

Der erste Grund liegt darin, dass nicht alle Güter leicht handelbar sind. Stellen Sie sich z. B. vor, dass Haarschnitte in London teurer sind als in Berlin. International Reisende werden es vermeiden, in London zum Friseur zu gehen, und einige Friseure ziehen vielleicht von Berlin nach London. Aber solche Arbitragebewegungen sind vom Umfang her sicherlich zu klein, um die Preisdifferenzen auszugleichen. Daher wird die Abweichung von der Kaufkraftparität bestehen bleiben, und ein Euro wird weiterhin weniger an Friseurleistung in London wert sein als in Berlin.

Der zweite Grund dafür, dass die Kaufkraftparität nicht stets erfüllt ist, liegt in der Tatsache, dass auch handelbare Güter nicht immer vollständige Substitute darstellen, wenn sie in unterschiedlichen Ländern hergestellt werden. Beispielsweise bevorzugen einige Konsumenten deutsche Autos, andere japanische Autos. Außerdem unterliegen die Konsumentenpräferenzen Veränderungen im Zeitablauf. Werden deutsche Autos auf einmal beliebter, so wird der Nachfrageanstieg nach deutschen Autos den Preis in die Höhe treiben. Aber trotz dieser Preisdifferenz in den beiden Märkten gibt es voraussichtlich keine Möglichkeit zu gewinnträchtigen Arbitragebewegungen, da die Konsumenten die Autos nicht als äquivalent ansehen.

Da einige Güter nicht handelbar sind und andere Güter keine vollständigen Substitute darstellen, ist also die Kaufkraftparitätentheorie keine perfekte und rundum gültige Theorie zur Bestimmung und Erklärung der Wechselkurse. Aus diesen Gründen schwanken die realen Wechselkurse in der Tat im Zeitablauf. Nichtsdestotrotz stellt die Kaufkraftparitätentheorie einen wichtigen ersten Schritt hin zum Verständnis der Wechselkurse dar. Die zugrunde liegende Logik ist überzeugend: Weicht der reale Wechselkurs von dem Niveau ab, das die Kaufkraftparitätentheorie errechnet, liegen stärkere Anreize vor, Güter über nationale Grenzen zu bewegen. Auch wenn die Kräfte der Kaufkraftparitätentheorie nicht vollständig ausreichen, den realen Wechselkurs zu bestimmen, lassen sie erwarten, dass Veränderungen in den realen Wechselkursen oftmals nur von geringem Ausmaß und vorübergehend sein werden. Im Ergebnis können wir festhalten, dass große und anhaltende Schwankungen der nominalen Wechselkurse Veränderungen des Preisniveaus im Inland und/oder im Ausland reflektieren.

> **Kurztest**
> Venezuela hatte in den vergangenen zwanzig Jahren eine hohe Inflationsrate, Japan dagegen eine niedrige. Wie hat sich Ihrer Meinung nach die Anzahl an Bolivar (Währung in Venezuela) verändert, die man mit einem japanischen Yen erwerben kann?

Fallstudie

Der Hamburger-Standard

Wenn Ökonomen die Kaufkraftparitätentheorie zur Erklärung von Wechselkursen heranziehen, dann benötigen sie Preisdaten für einen repräsentativen Warenkorb aus den einzelnen Ländern. Eine derartige Untersuchung wird auch vom internationalen Wirtschaftsmagazin *The Economist* durchgeführt. Das Wirtschaftsmagazin sammelt in bestimmten Abständen Daten über einen Warenkorb, der aus Gütern wie »zwei Scheiben Hackfleisch, Spezialsoße, Kopfsalat, Käse, Gewürzgurken, Zwiebeln und einem Sesambrötchen« besteht. Das Ganze nennt sich »Big Mac« und wird weltweit bei McDonald's verkauft.

Mithilfe der Preisdaten für einen Big Mac aus zwei verschiedenen Ländern in der jeweiligen Landeswährung können wir den Wechselkurs berechnen, der aus der Kaufkraftparitätentheorie folgt. Mit dieser Vorgehensweise ermitteln wir den Wechselkurs, bei dem die Kosten eines Big Mac in zwei Ländern gleich hoch sind. Kostet ein Big Mac in den Vereinigten Staaten beispielsweise 5 Dollar und in Großbritannien 5 Britische Pfund (GBP), dann folgt aus der Kaufkraftparitätentheorie ein Wechselkurs (in Mengennotierung) von 1,00 Dollar/GBP. Liegt der tatsächliche Wechselkurs z.B. bei 1,25 Dollar/GBP, dann wäre das Britische Pfund gegenüber dem Dollar überbewertet. Man würde (am Devisenmarkt) 25 Cent mehr für ein Britisches Pfund bekommen, als es nach der Kaufkraftparität angemessen wäre. Setzt man die 25 Cent je GBP ins Verhältnis zum nominalen Wechselkurs nach der Kaufkraftparitätentheorie, dann kann man das Ausmaß der Über- oder Unterbewertung in Prozent angeben. Bei einem Wechselkurs von 1,25 Dollar/GBP wäre das Britische Pfund also gegenüber dem Dollar um 25 Prozent überbewertet, wenn ein Big Mac in den USA 5 Dollar kostet und in Großbritannien 5 Britische Pfund.

Wie gut funktioniert die Kaufkraftparität bei der Anwendung auf »Big Mac«-Preise? Unten finden Sie einige Beispiele vom Januar 2021, als ein »Big Mac« in den USA im Durchschnitt 5,66 Dollar kostete. Die Wechselkurse in Mengennotierung sind angegeben als Dollar pro inländische Geldeinheit.

Wir sehen, dass der berechnete und der tatsächliche Wechselkurs nicht ganz identisch sind. Trotzdem dürfte es nicht leicht sein, die vorhandenen Preisdifferenzen zu Arbitragegeschäften zu nutzen.

Die Kaufkraftparitätentheorie mag keine Methode zur exakten Bestimmung der Wechselkurse sein (und noch weniger der Hamburger-Standard), und sie scheint auch für bestimmte Länder wie z. B. Indien und Ungarn nicht wirklich gut zu funktionieren. Sie liefert jedoch in vielen Fällen einen ersten vernünftigen Schätzwert.

Land	Preis eines »Big Mac«	Tatsächlicher Wechselkurs	Wechselkurs nach Kaufkraftparität	Bewertung gegenüber Dollar
Indien	190 Rupien	0,0136 $/Rupien	0,0298 $/Rupien	−54,4 %
Ungarn	900 Forint	0,0034 $/Forint	0,0063 $/Forint	−46,0 %
Euroraum	4,25 Euro	1,1251 $/Euro	1,3318 $/Euro	−8,8 %
Schweden	52,88 Schwedische Kronen	0,1206 $/SEK	0,1070 $/SEK	12,7 %
Schweiz	6,50 Schweizer Franken	1,1216 $/SFr	0,8708 $/SFr	28,8 %

Quelle: http://www.economist.com/content/big-mac-index, Zugriff am 26.02.2021

27.4 Fazit

In diesem Kapitel haben wir einige grundlegende Konzepte entwickelt, die Makroökonomen verwenden, um offene Volkswirtschaften zu untersuchen. Sie sollten nun verstehen, in welcher Beziehung die Leistungsbilanz eines Landes zu den internationalen Kapitalflüssen steht und warum in einer offenen Volkswirtschaft die Ersparnis eines Landes von den inländischen Investitionen abweichen kann. Sie sollten ebenfalls wissen, dass ein Leistungsbilanzüberschuss dazu führt, dass ein Land Kapital im Ausland investiert, während ein Leistungsbilanzdefizit durch einen Kapitalzufluss aus dem Aus-

Aus der Praxis

Sind große Leistungsbilanzdefizite ein Problem?

Sie haben möglicherweise schon gehört oder gelesen, dass die Vereinigten Staaten der größte Schuldner der Welt sind. Diese Bezeichnung geht auf die Tatsache zurück, dass die Vereinigten Staaten seit Mitte der 1970er-Jahre Leistungsbilanzdefizite einfahren und diese Defizite über die internationalen Kapitalmärkte finanzieren. Im Jahr 2020 überstieg der Wert der Importe von Waren und Dienstleistungen in die Vereinigten Staaten den Wert der US-amerikanischen Exporte um mehr als 680 Milliarden Dollar, im Jahr 2006 lag das Defizit sogar bei fast 770 Milliarden Dollar. Diese astronomisch hohen Summen führen unweigerlich zu der Frage, ob derart hohe Leistungsbilanzdefizite nicht grundsätzlich ein Problem für die US-amerikanische Volkswirtschaft darstellen. Um diese Frage zu beantworten, ist es wichtig, einen Blick auf Ersparnis und Investitionen in der US-amerikanischen Volkswirtschaft zu werfen.

In den 1980er-Jahren und auch wieder in den 2000er-Jahren lag die Ursache für das US-Leistungsbilanzdefizit in einem Rückgang der Ersparnis. Die US-Amerikaner haben nur noch einen immer kleiner werdenden Teil ihres Einkommens für ihre Bedürfnisse in der Zukunft beiseitegelegt. Bei einem Rückgang der Ersparnis ist ein entstehendes Leistungsbilanzdefizit jedoch kein Grund zur Besorgnis. Wäre der Rückgang der Ersparnis nicht von einem Leistungsbilanzdefizit begleitet worden, hätten die inländischen Investitionen in den Vereinigten Staaten fallen müssen. Der Rückgang der Investitionen hätte wiederum das Wachstum des Realkapitalbestands, die Produktivität und die Reallöhne negativ beeinflusst. Mit anderen Worten, wenn die Ersparnis in den Vereinigten Staaten zurückgegangen ist (und damit weniger Mittel für inländische Investitionen zur Verfügung standen), dann war es besser, dass ausländische Investoren in den Vereinigten Staaten investieren haben, als wenn dies niemand getan hätte.

Während der 1980er-Jahre wiesen die Vereinigten Staaten nicht nur große Leistungsbilanzdefizite, sondern – bedingt durch massive Steuersenkungen und hohe Staatsausgaben – auch hohe Budgetdefizite auf. Dafür wurde der Begriff des »Zwillingsdefizits« (twin deficits) geprägt. Höhere Budgetdefizite bedeuten eine geringere staatliche Ersparnis. Das Konzept der Zwillingsdefizite bezeichnet also den Fall, dass der Rückgang der Ersparnis auf einen Rückgang der staatlichen Ersparnis zurückzuführen ist und durch einen negativen Nettokapitalzufluss aus dem Ausland ausgeglichen wird – also einen Nettokapitalzufluss –, der wiederum mit einem größeren Leistungsbilanzdefizit einhergeht.

In den 1990er-Jahren war das Leistungsbilanzdefizit dagegen auf einen Investitionsboom zurückzuführen. In diesem Fall finanzierte die US-amerikanische Volkswirtschaft ihre Investitionen über ausländisches Kapital. Wenn die zusätzlichen Investitionen mit einem entsprechenden Ertrag in Form einer höheren Produktion von Waren und Dienstleistungen einhergehen, dann sollten die entstehenden Schulden für die Volkswirtschaft kein Problem darstellen. Führen die zusätzlichen Investitionen dagegen nicht zu den erwarteten Ergebnissen, dann wird sich die Schulden im Nachhinein als weniger wünschenswert darstellen.

Letztendlich gibt es keine einfache Antwort auf die Frage. So wie sich eine einzelne Person besonnen oder leichtsinnig verschuldet, kann dies auch eine Volkswirtschaft. Das Leistungsbilanzdefizit an sich ist nicht ein Problem, aber es kann manchmal ein Anzeichen für ein Problem sein.

Fragen

1. Warum werden die Vereinigten Staaten als größter Schuldner der Welt bezeichnet?
2. Sind große Leistungsbilanzdefizite per se als negativ anzusehen?
3. Was versteht man unter einem Zwillingsdefizit (twin deficits)?
4. Wann führt ein Rückgang der Ersparnis zu einem Rückgang der Investitionen?

---

land finanziert werden muss. Sie sollten auch die Bedeutung der nominalen und realen Wechselkurse verstanden haben, ebenso wie die Implikationen und Beschränkungen des Konzepts der Kaufkraftparität als Theorie der Wechselkursbestimmung.

Die hier definierten makroökonomischen Variablen stellen den Ausgangspunkt für die Analyse der Verflechtungen einer offenen Volkswirtschaft mit dem Rest der Welt dar. Im anschließenden Kapitel werden wir ein Modell entwickeln, das erklären kann, wodurch diese Variablen bestimmt werden. Wir können untersuchen, wie verschiedene Ereignisse oder wirtschaftspolitische Maßnahmen die Leistungsbilanz eines Landes beeinflussen und die Wechselkurse auf den Weltmärkten verändern.

Zusammenfassung

- Die Nettoexporte geben den Wert der inländischen Waren und Dienstleistungen an, die im Ausland verkauft werden, abzüglich des Werts der ausländischen Güter, die im Inland verkauft werden. Der Erwerb ausländischer Aktiva durch Inländer abzüglich des Erwerbs inländischer Aktiva durch Ausländer wird Nettokapitalabfluss genannt. Da jede internationale Transaktion den Austausch eines Aktivums gegen eine Ware oder Dienstleistung beinhaltet (wenn wir die unentgeltlichen Übertragungen vernachlässigen), entspricht der Nettokapitalabfluss einer Volkswirtschaft stets den Nettoexporten.
- Die Ersparnis einer Volkswirtschaft kann entweder dazu verwendet werden, um Investitionen im Inland zu finanzieren oder um ausländische Aktiva zu erwerben. Daher entspricht die Ersparnis den inländischen Investitionen zuzüglich des Nettokapitalabflusses.
- Der nominale Wechselkurs ist der relative Preis der Währungen zweier Länder; der reale Wechselkurs ist der relative Preis der Waren und Dienstleistungen zweier Länder. Ändert sich der nominale Wechselkurs so, dass man mit jeder Einheit inländischer Währung mehr Einheiten ausländischer Währung kaufen kann, so spricht man von einer Aufwertung oder Stärkung der inländischen Währung. Ändert sich der nominale Wechselkurs jedoch so, dass man mit jeder Einheit inländischer Währung weniger Einheiten ausländischer Währung kaufen kann, so spricht man von einer Abwertung oder Schwächung der inländischen Währung.
- Gemäß der Kaufkraftparitätentheorie kann man mit einer Einheit einer Währung, z. B. eines Euro, in allen Ländern die gleiche Menge an Gütern erwerben. Diese Theorie impliziert, dass der nominale Wechselkurs zwischen den Währungen zweier Länder die Preisniveaus dieser Länder widerspiegelt. Im Ergebnis sollten die Währungen von Ländern mit relativ hoher Inflation eine Abwertung erfahren, während die Währungen von Ländern mit relativ niedriger Inflation einer Aufwertung ausgesetzt sind.

Stichwörter

- Leistungsbilanz (Außenbeitrag)
- Leistungsbilanzüberschuss (positiver Außenbeitrag)
- Leistungsbilanzdefizit (negativer Außenbeitrag)
- ausgeglichene Leistungsbilanz
- Nettokapitalabfluss
- nominaler Wechselkurs
- Aufwertung
- Abwertung
- realer Wechselkurs
- Kaufkraftparitätentheorie

Wiederholungsfragen

1. Wenn deutsche Urlauber ihren Sommerurlaub in der Türkei verbringen, stellt das für die Bundesrepublik Deutschland einen Import oder einen Export dar?
2. Definieren Sie die Begriffe »Nettoexporte« und »Nettokapitalabfluss«. Erläutern Sie, wie und warum diese Begriffe miteinander in Verbindung stehen.
3. Erläutern Sie den Zusammenhang zwischen Ersparnis, Investitionen und Nettokapitalabfluss.
4. Wenn ein japanisches Auto 500.000 Yen, ein vergleichbares deutsches Auto 10.000 Euro kostet und wenn ein Euro 100 Yen wert ist, wie lauten dann die nominalen und realen Wechselkurse?

5. Beschreiben Sie die ökonomische Logik, die der Kaufkraftparitätentheorie zugrunde liegt.
6. Nehmen wir an, die EZB beschließt, die Geldmenge im Euroraum deutlich zu erhöhen. Hätte dies Einfluss auf die Menge an Yen, die man mit einem Euro kaufen kann? Warum?

Aufgaben und Anwendungen

1. Wie werden die folgenden Transaktionen die deutschen Nettoexporte beeinflussen?
    a. Ein deutscher Professor verbringt seinen Sommerurlaub in den Rocky Mountains.
    b. Eine große Anzahl Pariser Studierender schaut sich die neueste deutsche Komödie im Kino an.
    c. Ihr Onkel kauft einen neuen Volvo.
    d. Ein Londoner Supermarkt verkauft deutsches Nutella.
    e. Ein Japaner kauft in Deutschland Parfüm ein, um die japanischen Steuern zu umgehen.

2. Nennen Sie einige Gründe, warum jedes der unten aufgeführten Produkte heute stärker international gehandelt wird als früher.
    a. Weizen
    b. Bankdienstleistungen
    c. Computersoftware
    d. Autos

3. Wie werden die folgenden Transaktionen den deutschen Nettokapitalabfluss beeinflussen?
    a. Ein deutsches Mobilfunkunternehmen eröffnet ein Büro in der Tschechischen Republik.
    b. Ein US-amerikanischer Hedgefonds kauft Aktien von Volkswagen.
    c. Honda eröffnet eine deutsche Produktionsstätte.
    d. Eine deutsche Investmentgesellschaft verkauft ihre BMW-Aktien an einen französischen Investor.

4. Wird ein Anstieg des Nettokapitalabflusses bei konstanter inländischer Ersparnis die Akkumulation inländischen Kapitals eines Landes erhöhen, senken oder unbeeinflusst lassen?

5. Der Wirtschaftsteil der meisten größeren Zeitungen enthält eine Wechselkursübersicht. Suchen Sie eine solche Übersicht und beantworten Sie mit deren Hilfe die folgenden Fragen.
    a. Werden dort nominale oder reale Wechselkurse angegeben? Erläutern Sie Ihre Ansicht.

b. Wie lauten die Wechselkurse zwischen dem Euroraum und den Vereinigten Staaten und zwischen dem Euroraum und Japan? Berechnen Sie den Wechselkurs zwischen den Vereinigten Staaten und Japan.
c. Wenn im Verlauf des nächsten Jahres die Inflation im Euroraum über der US-amerikanischen liegt, würden Sie dann eine Aufwertung oder eine Abwertung des Euro gegenüber dem Dollar erwarten?

6. Welche der folgenden Gruppen würde sich über eine Aufwertung des Dollar freuen, welche würde sich ärgern? Erläutern Sie Ihre Antwort.
   a. US-amerikanische Pensionsfonds, die deutsche Staatsanleihen halten;
   b. das Verarbeitende Gewerbe der USA;
   c. australische Touristen, die eine Reise in die USA planen;
   d. ein US-amerikanisches Unternehmen, das in Europa investieren möchte.

7. Was passiert mit dem realen Wechselkurs des Euroraums in jeder der folgenden Situationen? Erläutern Sie Ihre Antwort.
   a. Der nominale Wechselkurs des Euro gegenüber dem Ausland ist unverändert, aber die Preise steigen im Euroraum schneller als im Ausland.
   b. Der nominale Wechselkurs des Euro gegenüber dem Ausland ist unverändert, aber die Preise steigen im Ausland schneller als im Euroraum.
   c. Der nominale Wechselkurs des Euro gegenüber dem Ausland sinkt (Abwertung des Euro), die Preise im Euroraum und Ausland bleiben unverändert.
   d. Der nominale Wechselkurs des Euro gegenüber dem Ausland sinkt (Abwertung des Euro), und die Preise im Ausland steigen schneller als im Euroraum.

8. Nennen Sie drei Güter, für die das Gesetz von der Einheitlichkeit der Preise keine Gültigkeit beanspruchen kann. Begründen Sie Ihre Wahl.

9. Eine Dose Bier kostet 0,75 Dollar in den Vereinigten Staaten und 0,60 Euro in Deutschland. Wie lautet der Euro-Dollar-Wechselkurs, wenn die Kaufkraftparitätentheorie gültig ist? Wenn eine expansive Geldpolitik in den USA dazu führt, dass sich der Preis für eine Dose Bier verdoppelt, welche Auswirkungen hätte dies auf den Euro-Dollar-Wechselkurs?

10. Nehmen Sie an, eine Tonne Weizen kostet in Deutschland 50 Euro, in den USA dagegen 90 Dollar, und der nominale Wechselkurs beträgt 1,50 Dollar pro Euro.
    a. Erläutern Sie, wie Sie aus dieser Situation Profit schlagen könnten. Wie hoch wäre Ihr Gewinn pro Tonne Weizen? Wenn auch andere diese Profitmöglichkeit nutzen würden, was würde mit dem Weizenpreis in Deutschland und in den Vereinigten Staaten passieren?
    b. Nehmen Sie an, Weizen wäre das einzige Gut in der Welt. Was würde mit dem realen Wechselkurs zwischen Deutschland und den USA passieren?

28 Eine makroökonomische Theorie der offenen Volkswirtschaft

Deutschland ist auch als »Exportweltmeister« bekannt, d. h., Deutschland exportiert mehr Waren und Dienstleistungen, als es importiert. Die deutschen Nettoexporte sind demnach positiv. Lediglich in den ersten Jahren nach der deutschen Wiedervereinigung gingen die hohen Handelsbilanzüberschüsse aufgrund einer stark anwachsenden Güternachfrage im Inland vorübergehend zurück. Andere Länder – wie beispielsweise die Vereinigten Staaten – weisen über viele Jahre ein Handels- und Leistungsbilanzdefizit auf, importieren also mehr Güter, als sie exportieren.

Was kann eine Regierung tun, um ein Leistungsbilanzdefizit zu beseitigen? Sollte die Regierung Importbeschränkungen einführen, beispielsweise in Form von Einfuhrquoten für den Import von bestimmten Gütern aus bestimmten Ländern? Oder gibt es andere Wege, um die Leistungsbilanz eines Landes zu beeinflussen?

Um zu verstehen, welche Faktoren die Leistungsbilanz eines Landes bestimmen und welchen Einfluss wirtschaftspolitische Maßnahmen haben können, benötigen wir eine makroökonomische Theorie der offenen Volkswirtschaft. Im vorangegangenen Kapitel haben wir einige makroökonomische Schlüsselgrößen kennengelernt, die die Beziehungen eines Landes mit anderen Ländern beschreiben – darunter fanden sich so wichtige Stichworte wie Nettoexporte, Nettokapitalabfluss und reale und nominale Wechselkurse. In diesem Kapitel soll ein Modell entwickelt werden, das die Bestimmungsgründe dieser Variablen sowie die zugrunde liegenden Zusammenhänge aufzeigt.

Um dieses makroökonomische Modell der offenen Volkswirtschaft aufzustellen, bauen wir in doppelter Hinsicht auf den vorangegangenen Analysen auf. Erstens geht das Modell von einem gegebenen BIP für die betrachtete Volkswirtschaft aus. Die Produktion von Waren und Dienstleistungen, wie sie durch das reale BIP gemessen wird, wird annahmegemäß durch das Angebot an Produktionsfaktoren und durch die verfügbare Produktionstechnologie bestimmt, die diese Inputfaktoren in Output verwandelt. Zweitens gehen wir in dem Modell von einem gegebenen Preisniveau aus. Das Preisniveau bringt annahmegemäß Geldangebot und Geldnachfrage zum Ausgleich. Anders ausgedrückt nimmt dieses Kapitel die Lektionen, die wir in den vorangegangenen Kapiteln über die Bestimmung der gesamtwirtschaftlichen Produktion und des Preisniveaus gelernt haben, als Ausgangspunkt.

Das Ziel der Modellierung in diesem Kapitel besteht darin, diejenigen Faktoren zu identifizieren, die die Leistungsbilanz und den Wechselkurs einer Volkswirtschaft maßgeblich bestimmen. In einer Hinsicht ist das Modell sehr einfach: Es wendet fast ausschließlich die uns schon lange bekannten Instrumente von Angebot und Nachfrage auf die offene Volkswirtschaft an. In anderer Hinsicht ist es jedoch komplizierter als andere Modelle, die wir bislang betrachtet haben, da es hier erforderlich ist, zwei miteinander in Verbindung stehende Märkte gleichzeitig zu betrachten – den Kreditmarkt und den Devisenmarkt. Nachdem wir dieses Modell einer offenen Volkswirtschaft entwickelt haben, werden wir mit dessen Hilfe untersuchen, wie verschiedene Ereignisse und wirtschaftspolitische Maßnahmen die Leistungsbilanz und den Wechselkurs beeinflussen. Und dann wissen wir auch, welche wirtschaftspolitischen Maßnahmen am ehesten in der Lage sind, ein Leistungsbilanzdefizit abzubauen.

28.1 Das Angebot an und die Nachfrage nach Kreditmitteln und Devisen

Um die Kräfte zu verstehen, die in einer offenen Volkswirtschaft am Werk sind, richten wir unser Augenmerk auf Angebot und Nachfrage auf zwei Märkten. Der erste ist der Kreditmarkt, auf dem Ersparnisse und Investitionen (einschließlich des Nettokapitalabflusses) koordiniert werden. Der zweite ist der Devisenmarkt, der die Handlungen der Menschen koordiniert, die inländische gegen ausländische Währung und umgekehrt handeln wollen. In den beiden folgenden Abschnitten analysieren wir Angebot und Nachfrage auf jedem dieser Märkte. Im daran anschließenden Abschnitt betrachten wir diese Märkte gemeinsam, um das Gesamtgleichgewicht für die offene Volkswirtschaft herzuleiten.

Der Kreditmarkt

Als wir im Kapitel 23 zum ersten Mal die Rolle des Finanzsystems untersuchten, haben wir die vereinfachende Annahme getroffen, dass das Finanzsystem nur aus einem Markt besteht, dem *Kreditmarkt*. Alle Sparer legen auf diesem Markt ihre Ersparnisse an und alle Schuldner wenden sich dorthin, um Kredite zu erhalten. Auf diesem Markt existiert ein Zinssatz, der gleichzeitig den Ertrag der Ersparnis und die Kosten der Kreditaufnahme darstellt.

Um den Kreditmarkt in einer offenen Volkswirtschaft zu verstehen, müssen wir an der Identität, die wir im vorangegangenen Kapitel diskutiert haben, anknüpfen:

$S = I + NCO$

Ersparnis = inländische Investitionen + Nettokapitalabfluss.

Immer dann, wenn ein Land einen Teil seines Einkommens spart, kann dieser Teil dazu verwendet werden, entweder den Erwerb von inländischem Kapital oder den Kauf von ausländischen Aktiva zu finanzieren. Die zwei Seiten dieser Identität verkörpern die zwei Seiten des Kreditmarkts. Das Angebot an Kreditmitteln stammt aus der inländischen Ersparnis (S). Die Nachfrage nach Kreditmitteln stammt aus inländischen Investitionswünschen (I) und dem Nettokapitalabfluss (NCO). Denken Sie daran, dass der Erwerb von Kapital die Kreditnachfrage erhöht, unabhängig davon, ob das zu erwerbende Aktivum sich im Inland oder im Ausland befindet. Da der Nettokapitalabfluss entweder positiv oder negativ ausfallen kann, wird sich dadurch die Kreditnachfrage entweder erhöhen oder vermindern.

28.1 Das Angebot an und die Nachfrage nach Kreditmitteln und Devisen

Wie wir im Kapitel 23 gelernt haben, hängen die angebotenen und nachgefragten Kreditmittel vom Realzinssatz ab. Eine höhere reale Verzinsung bietet einen Anreiz zu höherer Ersparnis und erhöht aus diesem Grund das Angebot an Kreditmitteln. Ein höherer Zinssatz verteuert jedoch auch die Kreditaufnahme zur Finanzierung geplanter Projekte, hemmt damit die Investitionsbereitschaft und reduziert die Nachfrage nach Kreditmitteln.

Der Realzins beeinflusst aber nicht nur die inländischen Ersparnisse und Investitionen, sondern auch den Nettokapitalabfluss eines Landes. Lassen Sie uns dazu zwei Investmentgesellschaften betrachten – eine deutsche und eine US-amerikanische –, die beide vor der Entscheidung stehen, entweder deutsche oder US-amerikanische Staatsanleihen zu kaufen. Zumindest zu einem Teil wird die Entscheidung der Investmentgesellschaften von einem Vergleich der Realverzinsung in der Bundesrepublik Deutschland und den Vereinigten Staaten abhängen. Steigt die reale Verzinsung in Deutschland, so wird die deutsche Staatsanleihe für beide Gesellschaften attraktiver. Also hält ein Anstieg der deutschen Zinsen Inländer davon ab, ausländische Aktiva zu erwerben, und ermutigt Ausländer, inländische Aktiva zu kaufen. Aus beiden Gründen reduziert ein hohes deutsches Realzinsniveau den deutschen Nettokapitalabfluss.

In der Abbildung 28-1 zeichnen wir den Kreditmarkt im üblichen Angebots-Nachfrage-Diagramm. Wie in unserer früheren Analyse des Finanzsystems verläuft die Angebotskurve steigend, da ein höherer Zinssatz für ein höheres Angebot an Kreditmitteln sorgt, während die Nachfragekurve fallend verläuft, da ein höherer Zinssatz

Abb. 28-1

Der Kreditmarkt

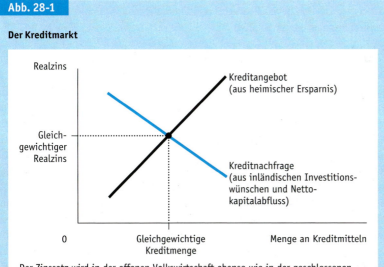

Der Zinssatz wird in der offenen Volkswirtschaft ebenso wie in der geschlossenen Volkswirtschaft durch Angebot an und Nachfrage nach Kreditmitteln bestimmt. Die heimische Ersparnis stellt dabei die Quelle für das Kreditangebot dar. Inländische Investitionen und Nettokapitalabfluss sind die Quellen für die Kreditnachfrage. Zum gleichgewichtigen Zinssatz entspricht der Betrag, den die Menschen sparen möchten, genau dem Betrag, den die Menschen an Kredit aufnehmen möchten, um inländisches Kapital und ausländische Aktiva zu erwerben.

die Nachfrage nach Kreditmitteln dämpft. Anders als in unseren vorangegangenen Analysen besteht jedoch jetzt die Nachfrageseite des Markts aus inländischer Investitionsnachfrage und dem Nettokapitalabfluss. In einer offenen Volkswirtschaft stammt die Nachfrage nach Kreditmitteln also nicht nur von denjenigen, die Kredite zum Erwerb inländischer Kapitalgüter aufnehmen wollen, sondern auch von denjenigen, die Mittel zum Erwerb ausländischer Aktiva benötigen.

Der Zinssatz passt sich so an, dass Kreditangebot und Kreditnachfrage ins Gleichgewicht gebracht werden. Läge der Zinssatz unter dem gleichgewichtigen Niveau, so wäre das Kreditangebot geringer als die Kreditnachfrage. Die resultierende Verknappung von Kreditmitteln würde den Zinssatz in die Höhe treiben. Läge umgekehrt der Zinssatz über dem gleichgewichtigen Niveau, so wäre das Kreditangebot größer als die Kreditnachfrage. Das Überangebot an Kreditmitteln würde dämpfend auf den Zinssatz wirken. Zum gleichgewichtigen Zinssatz entspricht das Kreditangebot genau der Kreditnachfrage, sodass der Betrag, den die Menschen sparen möchten, genau mit dem für inländische Investitionszwecke und Nettokapitalabfluss gewünschten Betrag übereinstimmt.

Der Devisenmarkt

Der zweite Markt in unserem Modell der offenen Volkswirtschaft ist der Devisenmarkt. Die Teilnehmer auf diesem Markt handeln z. B. Euro im Austausch gegen ausländische Währungen. Um den Devisenmarkt zu verstehen, nehmen wir Bezug auf eine weitere Identität aus dem letzten Kapitel:

$NCO = NX$
Nettokapitalabfluss = Nettoexporte

Diese Identität verdeutlicht die Tatsache, dass das Ungleichgewicht zwischen dem Kauf von Kapital im Ausland und dem Verkauf von Kapital an das Ausland (NCO) genau dem Ungleichgewicht zwischen Exporten und Importen von Waren und Dienstleistungen (NX) entspricht. Sind die Nettoexporte eines Landes (z. B. Deutschland) positiv ($NX > 0$), so heißt das, dass Ausländer mehr deutsche Waren und Dienstleistungen kaufen als Deutsche an ausländischen Waren und Dienstleistungen erwerben. Was machen nun die Deutschen mit den ausländischen Währungen (Devisen), die sie aus diesem Nettoverkauf von Gütern ins Ausland im Gegenzug erhalten? Die Deviseneinnahmen erhöhen die Bestände an ausländischen Aktiva. Dieser Erwerb ausländischer Aktiva spiegelt sich in einem positiven Wert des Nettokapitalabflusses wider ($NCO > 0$). Sind die Nettoexporte Deutschlands dagegen negativ ($NX < 0$), geben die Deutschen mehr für ausländische Waren und Dienstleistungen aus, als Ausländer an deutschen Waren und Dienstleistungen erwerben. Ein Teil der Ausgaben der Deutschen muss demzufolge durch den Verkauf von Aktiva an das Ausland finanziert werden, was zu einem negativen Wert des Nettokapitalabflusses ($NCO < 0$) führt.

Wir können die zwei Seiten dieser Identität als Darstellung der zwei Seiten des Devisenmarkts interpretieren. Der Nettokapitalabfluss repräsentiert die Menge an Euros, die zum Erwerb von Auslandsaktiva angeboten werden. Möchte z. B. eine deutsche Investmentgesellschaft japanische Staatsanleihen kaufen, so muss sie Euro in Yen umtauschen; es werden also Euros auf dem Devisenmarkt angeboten. Die Nettoexporte repräsentieren die Menge an Euros, die zum Erwerb der deutschen Nettoexporte an Waren und Dienstleistungen nachgefragt werden. Möchte z. B. ein japanischer Kaufhauskonzern deutsche Kuckucksuhren kaufen, so muss er Yen in Euro wechseln; es werden also Euros auf dem Devisenmarkt nachgefragt.

Und was ist nun der Preis, der Angebot und Nachfrage auf dem Devisenmarkt in Übereinstimmung bringt? Die Antwort lautet: der reale Wechselkurs. Wie wir im vorangegangenen Kapitel gesehen haben, ist der reale Wechselkurs der relative Preis inländischer und ausländischer Güter und daher eine Schlüsselgröße für die Bestimmung der Nettoexporte. So bedeutet beispielsweise eine Aufwertung des Euro gegenüber dem Dollar, dass die Güter des Euroraums im Vergleich zu US-amerikanischen Gütern teurer werden, dass also im Euroraum produzierte Güter für die Konsumenten im Euroraum und in den Vereinigten Staaten weniger attraktiv werden. Im Ergebnis werden die Exporte der Länder des Euroraums in die USA zurückgehen und die US-amerikanischen Importe nach Europa ansteigen. Aus diesen beiden Entwicklungen

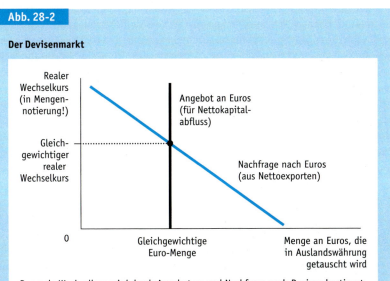

Abb. 28-2

Der Devisenmarkt

Der reale Wechselkurs wird durch Angebot an und Nachfrage nach Devisen bestimmt. Das Angebot an Euros, die die Marktteilnehmer in Auslandswährung umtauschen möchten, stammt aus dem Nettokapitalabfluss. Da der Nettokapitalabfluss nicht vom realen Wechselkurs abhängt, verläuft die Angebotskurve senkrecht. Die Nachfrage nach Euros resultiert aus den Nettoexporten. Da ein niedrigerer realer Wechselkurs (also eine Abwertung des Euro) die Nettoexporte fördert (und damit die Menge an Euros, die zur Bezahlung dieser Nettoexporte nachgefragt werden, erhöht), verläuft die Nachfragekurve fallend. Zum gleichgewichtigen realen Wechselkurs entspricht die Menge an Euros, die die Marktteilnehmer anbieten, um ausländische Aktiva zu erwerben, genau der Menge an Euros, die von den Marktteilnehmern nachgefragt wird, um Nettoexporte zu kaufen.

heraus werden die Nettoexporte zurückgehen. Eine Aufwertung einer Währung verringert also die nachgefragte Menge an heimischer Währung auf dem Devisenmarkt.

Die Abbildung 28-2 zeigt Angebot und Nachfrage auf dem Markt für Währungen. Wir sprechen hier verkürzend vom Devisenmarkt, abgebildet werden aber das Angebot an Euro (um dafür im Gegenzug ausländische Währung zu erhalten) sowie die Nachfrage nach Euro (der spiegelbildlich ein Angebot an ausländischer Währung gegenübersteht). Das Euro-Angebot steht damit für Devisennachfrage, während die Euro-Nachfrage für Devisenangebot steht. Die Nachfragekurve für Euros (also das Angebot an Auslandswährung) verläuft aus den oben genannten Gründen fallend. Ein höherer realer Wechselkurs (eine Aufwertung) verteuert die Waren des Euroraums und verringert daher die nachgefragte Euro-Menge, um diese Waren zu erwerben, und umgekehrt. Die Angebotskurve für Euros (also die Nachfrage nach Auslandswährung) verläuft senkrecht, da die angebotene Menge an Euros zum Zweck des Nettokapitalabflusses nicht vom realen Wechselkurs abhängig ist. (Wie vorangehend erläutert, hängt der Nettokapitalabfluss vom Realzins ab. Wenn wir den Devisenmarkt betrachten, so nehmen wir den Realzins sowie den Nettokapitalabfluss als gegeben an.)

Der reale Wechselkurs bringt das Angebot an und die Nachfrage nach Euro in Übereinstimmung, so wie jeder Preis auf einem bestimmten Markt Angebot und Nachfrage des auf diesem Markt gehandelten Gutes zum Ausgleich bringt. Läge der reale Wechselkurs unter seinem gleichgewichtigen Niveau, so wäre die nachgefragte Euro-Menge größer als die angebotene. Der Nachfrageüberhang würde den Wert des Euro erhöhen, den Wechselkurs also ansteigen lassen (Aufwertung des Euro). Läge der reale Wechselkurs über seinem gleichgewichtigen Niveau, so wäre die Nachfrage nach Euros kleiner als das Angebot an Euros. Die fehlende Nachfrage, also der Überschuss an Euros, würde den Wert des Euro schwächen, den Wechselkurs also sinken lassen (Abwertung des Euro). Zum gleichgewichtigen Wechselkurs entspricht die Nachfrage nach Euros zum Erwerb von Nettoexporten (durch Nicht-Europäer) genau dem Angebot an Euros zum Erwerb von Auslandsaktiva (im Euroraum).

> **Kurztest**
> Beschreiben Sie die Einflussgrößen von Angebot und Nachfrage auf dem Kreditmarkt und dem Devisenmarkt.

28.2 Das Gleichgewicht in der offenen Volkswirtschaft

Bislang haben wir Angebot und Nachfrage auf zwei Märkten betrachtet – dem Kreditmarkt und dem Devisenmarkt. Nun wollen wir untersuchen, in welcher Verbindung diese beiden Märkte stehen.

Der Nettokapitalabfluss als Bindeglied zwischen den beiden Märkten

Wir wissen, wie in einer Volkswirtschaft die vier wichtigen makroökonomischen Schlüsselgrößen – inländische Ersparnis (*S*), inländische Investitionen (*I*), Nettokapitalabfluss (*NCO*) und Nettoexporte (*NX*) – koordiniert werden. Behalten Sie vor allem die folgenden Identitäten im Gedächtnis:

$S = I + NCO$

und

$NCO = NX$.

Auf dem Kreditmarkt stammt das Angebot aus der Ersparnis, die Nachfrage resultiert aus den inländischen Investitionen und dem Nettokapitalabfluss; der Realzins bringt Angebot und Nachfrage zum Ausgleich. Auf dem Devisenmarkt werden die Angebotsseite durch den Nettokapitalabfluss und die Nachfrageseite durch die Nettoexporte bestimmt; der reale Wechselkurs bringt Angebot und Nachfrage in Übereinstimmung. Der Nettokapitalabfluss ist diejenige Größe, die beide Märkte verbindet. Auf dem Kreditmarkt stellt der Nettokapitalabfluss einen Bestandteil der Nachfrage dar. Will jemand ein Aktivum im Ausland erwerben, so muss er diesen Kauf über den Kreditmarkt finanzieren. Auf dem Devisenmarkt stellt der Nettokapitalabfluss die Quelle für das Angebot dar. Möchte jemand Aktiva im Ausland erwerben, so muss er Euros anbieten, um diese gegen die entsprechende Fremdwährung zu tauschen.

Die Hauptbestimmungsgröße des Nettokapitalabflusses ist – wie vorne erläutert – der Realzins. Sind die Zinsen im Euroraum hoch, so ist es attraktiv, Aktiva aus dem Euroraum zu besitzen, und der Nettokapitalabfluss aus dem Euroraum fällt gering oder

Information

Die Kaufkraftparität als Spezialfall

Im vorangegangenen Kapitel haben wir eine einfache Wechselkurstheorie entwickelt, die Kaufkraftparitätentheorie. Diese Theorie besagt, dass man mit einer Einheit einer beliebigen Währung in jedem Land die gleiche Menge an Waren und Dienstleistungen erwerben kann. Im Ergebnis bedeutet dies, dass der reale Wechselkurs ein Fixum ist und alle Veränderungen im nominalen Wechselkurs zwischen zwei Ländern nur Änderungen in den Preisniveaus der beiden Länder widerspiegeln.

In welcher Beziehung steht nun das hier entwickelte Modell der Wechselkursbestimmung zur Kaufkraftparitätentheorie? Gemäß der Kaufkraftparitätentheorie reagiert der internationale Handel sehr schnell auf internationale Preisdifferenzen. Wäre ein Gut in einem Land billiger als in einem anderen, so würde so lange ein Export aus dem ersten Land in das zweite Land stattfinden, bis die Preisdifferenz verschwunden wäre. Anders ausgedrückt nimmt die Kaufkraftparitätentheorie an, dass die Nettoexporte sehr schnell auf kleine Änderungen der realen Wechselkurse reagieren. Wären die Nettoexporte tatsächlich so reagibel oder elastisch, so würde die Nachfragekurve in Abbildung 28-2 waagerecht verlaufen.

Damit ist die Kaufkraftparitätentheorie ein Sonderfall des hier betrachteten Modells. In diesem speziellen Fall würde die Nachfragekurve für Devisen waagerecht auf genau jenem Niveau des realen Wechselkurses verlaufen, das die Gültigkeit der Kaufkraftparität im In- und Ausland garantiert. In diesem Kapitel beschäftigen wir uns jedoch mit dem realistischen Fall einer fallenden Nachfragekurve für Devisen. Diese Annahme lässt Änderungen des realen Wechselkurses zu, die auch in der Realität auftreten.

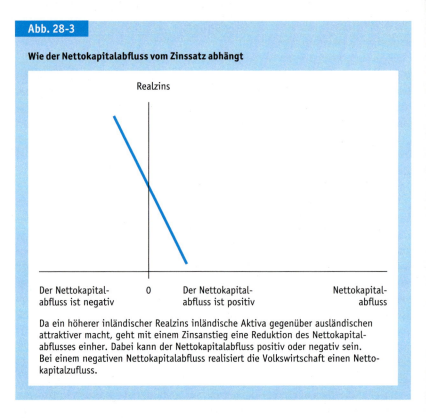

Abb. 28-3

Wie der Nettokapitalabfluss vom Zinssatz abhängt

Da ein höherer inländischer Realzins inländische Aktiva gegenüber ausländischen attraktiver macht, geht mit einem Zinsanstieg eine Reduktion des Nettokapitalabflusses einher. Dabei kann der Nettokapitalabfluss positiv oder negativ sein. Bei einem negativen Nettokapitalabfluss realisiert die Volkswirtschaft einen Nettokapitalzufluss.

gar negativ aus. Die Abbildung 28-3 zeigt diesen negativen Zusammenhang zwischen Zinsniveau und Nettokapitalabfluss. Die Nettokapitalabflusskurve ist das Bindeglied zwischen dem Kreditmarkt und dem Devisenmarkt.

Das simultane Gleichgewicht auf beiden Märkten

Wir können nun alle Einzelteile unseres Modells in Abbildung 28-4 zusammenfassen. Diese Grafik zeigt, wie auf dem Kreditmarkt und dem Devisenmarkt gemeinsam die wichtigen makroökonomischen Variablen einer offenen Volkswirtschaft bestimmt werden.

Das Diagramm (a) der Abbildung zeigt den Kreditmarkt (wie er aus Abbildung 28-1 übernommen wurde). Die Ersparnis bestimmt das Angebot an Kreditmitteln. Inländische Investitionen und Nettokapitalabfluss führen zur Nachfrage nach Kreditmitteln. Der gleichgewichtige Realzins (r_1) balanciert Kreditangebot und Kreditnachfrage aus.

Das Diagramm (b) zeigt den Nettokapitalabfluss (wie er aus der Abbildung 28-3 übernommen wurde). Dort wird dargestellt, wie der in Diagramm (a) ermittelte Zinssatz die Höhe des Nettokapitalabflusses definiert. Ein höherer Zinssatz im Inland macht inländische Aktiva attraktiver, was wiederum den Nettokapitalabfluss reduziert. Daher verläuft die Kurve des Nettokapitalabflusses in Diagramm (b) fallend.

28.2 Das Gleichgewicht in der offenen Volkswirtschaft

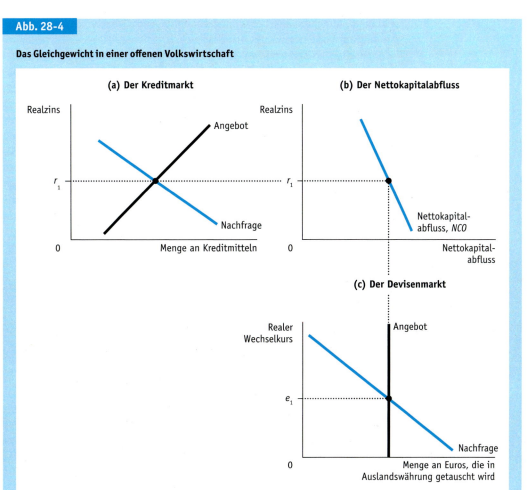

Abb. 28-4

Das Gleichgewicht in einer offenen Volkswirtschaft

In Diagramm (a) bestimmen Kreditangebot und -nachfrage den Realzinssatz. In Diagramm (b) bestimmt dieser Zinssatz die Höhe des Nettokapitalabflusses, der wiederum für das Angebot an heimischer Währung auf dem Devisenmarkt verantwortlich ist. In Diagramm (c) wird durch Angebot an und Nachfrage nach heimischer Währung auf dem Devisenmarkt der reale Wechselkurs festgelegt.

Das Diagramm (c) stellt den Devisenmarkt dar (wie er aus Abbildung 28-2 übernommen wurde). Da der Nettokapitalabfluss mit Auslandswährung bezahlt werden muss, bestimmt die Höhe des Nettokapitalabflusses aus Diagramm (b) das Angebot an Inlandswährung (Euro), die in Auslandswährung getauscht werden soll. Der reale Wechselkurs spielt für den Nettokapitalabfluss keine Rolle, daher verläuft die Angebotskurve senkrecht. Die Nachfrage nach heimischer Währung ergibt sich aus den Nettoexporten. Da eine Abwertung der Inlandswährung (gleichbedeutend mit einem Rückgang des Wechselkurses in Mengennotierung) die Nettoexporte erhöht, verläuft die Nachfragekurve auf dem Devisenmarkt fallend. Der gleichgewichtige reale Wechselkurs (e_1) bringt das Angebot an Inlandswährung und die Nachfrage nach Inlandswährung auf dem Devisenmarkt zum Ausgleich.

Auf den beiden Märkten in Abbildung 28-4 werden zwei relative Preise ermittelt – der Realzins und der reale Wechselkurs. Der Realzinssatz, der in Diagramm (a) bestimmt wird, ist der Preis der Güter heute im Vergleich zu Gütern in der Zukunft. Der reale Wechselkurs, der sich in Diagramm (c) ergibt, ist der Preis inländischer Güter im Vergleich zu ausländischen Gütern. Diese zwei relativen Preise passen sich simultan an, sodass Angebot und Nachfrage auf den zwei Märkten in Übereinstimmung gebracht werden. Und damit bestimmen sie auch die Ersparnis, die inländischen Investitionen, den Nettokapitalabfluss und die Nettoexporte. Im Anschluss werden wir dieses Modell dazu verwenden, um zu untersuchen, wie sich all diese Variablen ändern, wenn eine wirtschaftspolitische Maßnahme oder ein bestimmtes Ereignis eine dieser Kurven verschiebt.

Information

Angebot und Nachfrage entwirren

Nehmen wir an, der Besitzer einer Apfelplantage entschließt sich, einige seiner Äpfel selbst zu essen. Stellt seine Entscheidung nun einen Anstieg der Nachfrage nach Äpfeln oder einen Rückgang des Angebots an Äpfeln dar? Beide Antworten sind vertretbar, und solange man in der nachfolgenden Analyse sorgfältig vorgeht, spielt es keine Rolle, für welche Antwort man sich entscheidet. Manchmal erscheint es zugegebenermaßen ein wenig willkürlich, wie wir Aktivitäten der Angebots- und Nachfrageseite zuordnen. Auch in unserem makroökonomischen Modell der offenen Volkswirtschaft in diesem Kapitel ist die Zuordnung zu »Angebot« und »Nachfrage« ein wenig willkürlich. Das betrifft sowohl den Kreditmarkt als auch den Devisenmarkt. Betrachten wir zunächst den Kreditmarkt. Im Modell bildet der Nettokapitalabfluss einen Teil der Nachfrage nach Kreditmitteln. Aber anstatt $S = I + NCO$ hätten wir auch leicht $S - NCO = I$ schreiben können. In dieser Betrachtung reduziert der Nettokapitalabfluss das Angebot an Kreditmitteln, das für Investitionen im Inland verwendet werden kann. Und beide Darstellungen hätten gepasst. Die erste Darstellung ($S = I + NCO$) unterstreicht, dass die im Inland geschaffenen Kreditmittel entweder im Inland oder im Ausland genutzt werden. Die zweite Darstellung ($S - NCO = I$) unterstreicht, dass die Menge an Kreditmitteln, die für inländische Investitionen zur Verfügung stehen, entweder im Inland oder im Ausland generiert wird. Der Unterschied zwischen beiden Darstellungen ist mehr semantisch als substanziell. Betrachten wir nun in gleicher Weise den Devisenmarkt. In unserem Modell resultiert die Nachfrage nach Euros aus den Nettoexporten, während der Nettokapitalabfluss mit dem Angebot verknüpft ist. Wenn also ein Bundesbürger ein japanisches Auto importiert, dann wird das in unserem Modell als ein Rückgang der Nachfrage nach Euros (da die Nettoexporte sinken) abgebildet und nicht als ein Anstieg des Angebots an Euros. In gleicher Weise führt der Kauf von deutschen Staatsanleihen durch einen japanischen Staatsbürger zu einem Rückgang des Angebots an Euros (da der Nettokapitalabfluss sinkt) und nicht zu einem Anstieg der Nachfrage nach Euros. Diese begrifflichen Festlegungen wirken auf den ersten Blick künstlich. Aber sie werden sich in der folgenden Analyse als nützlich erweisen.

Kurztest
In dem gerade entwickelten Modell einer offenen Volkswirtschaft werden zwei relative Preise auf zwei Märkten bestimmt. Um welche Märkte und um welche relativen Preise handelt es sich dabei?

28.3 Wie wirtschaftspolitische Maßnahmen und andere Ereignisse eine offene Volkswirtschaft beeinflussen

Nachdem wir ein Modell zur Bestimmung der makroökonomischen Schlüsselgrößen in einer offenen Volkswirtschaft entwickelt haben, können wir mithilfe dieses Modells nun analysieren, wie Änderungen der (Wirtschafts-)Politik und andere Ereignisse das Gleichgewicht der Volkswirtschaft beeinflussen. Dabei basiert unser Modell auf der Interaktion von Angebot und Nachfrage in zwei Märkten, dem Kreditmarkt und dem Devisenmarkt.

Staatliche Budgetdefizite

Als wir uns zum ersten Mal mit Kreditangebot und Kreditnachfrage beschäftigt haben, untersuchten wir die Wirkungen von staatlichen Budgetdefiziten, die dann auftreten, wenn die Staatsausgaben die Einnahmen übersteigen. Da ein staatliches Budgetdefizit nichts anderes ist als eine negative öffentliche Ersparnis, wird dadurch die Ersparnis (die Summe aus privater und öffentlicher Ersparnis) reduziert. Ein staatliches Budgetdefizit verringert also das Angebot an Kreditmitteln, erhöht den Zinssatz und verdrängt Investitionen.

Lassen Sie uns nun die Wirkungen eines Budgetdefizits in einer offenen Volkswirtschaft untersuchen. Erstens: Welche Kurve in unserem Modell wird davon beeinflusst? Wie in einer geschlossenen Volkswirtschaft beeinflusst das Budgetdefizit zunächst einmal die Ersparnis und wirkt sich damit auf die Kreditangebotskurve aus. Zweitens: In welche Richtung verschiebt sich die Angebotskurve? Auch hier wieder, wie in der geschlossenen Volkswirtschaft, stellt das Budgetdefizit eine negative öffentliche Ersparnis dar, es verringert also die Ersparnis und verschiebt die Kreditangebotskurve nach links. Dies wird grafisch als Verschiebung von S_1 nach S_2 in Diagramm (a) der Abbildung 28-5 verdeutlicht.

Unsere dritte und letzte Aufgabe besteht darin, das alte und das neue Gleichgewicht zu vergleichen. Diagramm (a) zeigt die Wirkung eines Budgetdefizits auf den inländischen Kreditmarkt. Durch den Rückgang des Angebots steigt der Zinssatz von r_1 auf r_2, um Angebot und Nachfrage zur Übereinstimmung zu bringen. Sehen sich die Kreditnehmer einem höheren Zinssatz auf dem Kreditmarkt gegenüber, so reduzieren sie ihre Kreditwünsche. Diese Veränderung ist in der Grafik als Bewegung von Punkt A zu Punkt B entlang der Kreditnachfragekurve ersichtlich. Insbesondere Haushalte und Unternehmen nehmen ihre Kapitalgüterkäufe zurück. Wie in einer geschlossenen Volkswirtschaft verdrängen Budgetdefizite auch hier inländische Investitionen.

In einer offenen Volkswirtschaft hat der Rückgang im Kreditangebot jedoch noch zusätzliche Wirkungen. Das Diagramm (b) zeigt, dass der Zinsanstieg von r_1 auf r_2 den Nettokapitalabfluss reduziert. (Dieser Rückgang des Nettokapitalabflusses spiegelt sich auch im Rückgang der nachgefragten Kreditsumme in der Bewegung von Punkt A nach Punkt B in Diagramm (a) wider.) Da die Ersparnis, die im Inland bleibt, nun

Abb. 28-5

Die Wirkungen eines Budgetdefizits

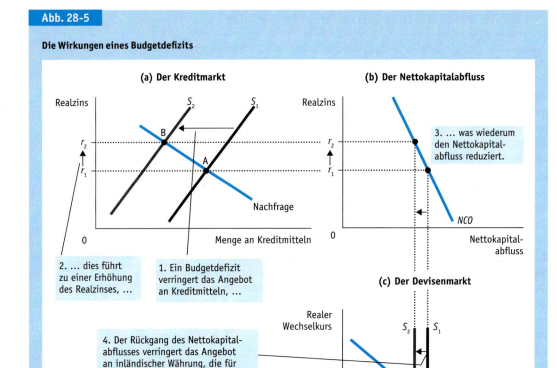

Kommt es zu einem Budgetdefizit, so reduziert dies das Kreditangebot von S_1 auf S_2 in Diagramm (a). Um Angebot und Nachfrage wieder zum Ausgleich zu bringen, steigt der Zinssatz von r_1 auf r_2. Der höhere Zinssatz führt zu einem Rückgang des Nettokapitalabflusses, wie in Diagramm (b) zu sehen ist. Dadurch verringert sich das Angebot an heimischer Währung (Euro) auf dem Devisenmarkt von S_1 auf S_2, wie Diagramm (c) zeigt. Der Rückgang des Euro-Angebots führt zu einem Anstieg des Wechselkurses von e_1 auf e_2, also einer Aufwertung des Euro. Die Aufwertung der heimischen Währung bewirkt eine Verschlechterung der Leistungsbilanz.

höhere Erträge erbringt, werden Investitionen im Ausland weniger attraktiv, und die Inländer erwerben weniger ausländische Aktiva. Höhere Zinssätze ziehen zudem ausländische Investoren an, die an den höheren Erträgen der inländischen Aktiva teilhaben wollen. Erhöht sich der Zinssatz im Zuge eines Budgetdefizits, so wird aufgrund des Verhaltens der in- und ausländischen Investoren der Nettokapitalabfluss des betrachteten Landes zurückgehen.

Das Diagramm (c) verdeutlicht, was Budgetdefizite für den Devisenmarkt bedeuten. Da der Nettokapitalabfluss gesunken ist, benötigen die Marktteilnehmer weniger ausländische Währung zum Erwerb ausländischer Aktiva, was zu einer Linksverschiebung der Angebotskurve für inländische Währung auf dem Devisenmarkt von S_1 nach S_2 führt. Das reduzierte Angebot an inländischer Währung bewirkt ein Steigen des Wechselkurses von e_1 auf e_2, also eine Aufwertung der heimischen Währung, d. h., der Euro wird stärker im Vergleich zu ausländischen Währungen. Diese Aufwertung der heimischen Währung verteuert im Gegenzug inländische gegenüber ausländischen Waren. Da die Marktteilnehmer im In- und Ausland deshalb von den relativ teuren inländischen auf relativ billige ausländische Produkte umschwenken, werden die inländischen Exporte sinken und die Importe aus dem Ausland ansteigen. Aus diesen beiden Gründen werden die Nettoexporte zurückgehen. In einer offenen Volkswirtschaft bewirken also staatliche Budgetdefizite einen Anstieg der Realzinsen, eine Verdrängung inländischer Investitionen, eine Aufwertung der heimischen Währung und eine Verschlechterung der Leistungsbilanz.

Haushaltsdefizit und Leistungsbilanzdefizit sind in Theorie und Praxis so eng miteinander verknüpft, dass man dafür einen speziellen Begriff geprägt hat: Zwillingsdefizit (»twin deficit«). Dabei sind die beiden Defizite natürlich nicht identisch, denn neben der Fiskalpolitik wird das Leistungsbilanzdefizit noch vielen anderen Faktoren beeinflusst.

Handelspolitik

Unter **(Außen-)Handelspolitik** sind staatliche Maßnahmen zu verstehen, die die Menge an Waren und Dienstleistungen, die ein Land importiert oder exportiert, unmittelbar beeinflussen. Es gibt verschiedene handelspolitische Maßnahmen. Eine übliche handelspolitische Maßnahme ist der *Zoll*, also die Erhebung einer Steuer auf importierte Güter (tarifäres Handelshemmnis). Eine weitere Maßnahme kann in der Einführung einer *Importquote* bestehen, also einer mengenmäßigen Begrenzung des Imports eines im Ausland produzierten Gutes (nichttarifäres Handelshemmnis). Handelspolitische Maßnahmen finden weltweit große Verbreitung, obwohl sie manchmal unter einem Deckmantel auftreten. So gab es beispielsweise bis zum Jahr 2000 eine Übereinkunft zwischen Japan und der Europäischen Union über eine Begrenzung der japanischen Autoexporte nach Großbritannien, Frankreich, Italien, Portugal und Spanien auf 1,1 Millionen Fahrzeuge pro Jahr (ausgenommen von der Regelung waren Fahrzeuge, die von japanischen Herstellern in der Europäischen Union gefertigt wurden). Diese sogenannten »freiwilligen Export(selbst)beschränkungen« sind jedoch in der Regel nicht wirklich freiwillig und daher eigentlich als eine Form von Importquoten zu werten.

Wir wollen nun die makroökonomischen Auswirkungen der Handelspolitik betrachten. Nehmen wir an, dass die europäische Automobilindustrie besorgt ist über die japanische Konkurrenz und daher die EU-Kommission überzeugen kann, eine Importquote für die Anzahl an Autos, die aus Japan importiert werden dürfen, zu verhängen. Zur Unterstützung ihrer Argumentation verweisen Lobbyisten der Autoindustrie darauf, dass diese Handelsbeschränkung das Außenhandelsdefizit der EU gegenüber

(Außen-)Handelspolitik Staatliche Maßnahmen, um die Menge der Waren und Dienstleistungen, die ein Land importiert oder exportiert, zu beeinflussen.

Japan verringern werde. Trifft diese Argumentation zu? Unser Modell – grafisch dargestellt in Abbildung 28-6 – liefert eine Antwort auf diese Frage.

Der erste Schritt unserer Analyse der Handelspolitik besteht darin festzustellen, welche Kurve auf welchem Markt verschoben wird. Eine unmittelbare Wirkung hat die Verhängung einer Importquote erwartungsgemäß auf die Importe. Da sich Nettoexporte aus Exporten minus Importen berechnen, hat diese Politik selbstverständlich auch Auswirkungen auf die Nettoexporte. Und da Nettoexporte die Ursache für die Nachfrage nach heimischer Währung (Euro) auf dem Devisenmarkt sind, wird eine solche Politik auch die Nachfragekurve auf dem Devisenmarkt beeinflussen.

Im zweiten Schritt muss jetzt überlegt werden, in welche Richtung sich die Nachfragekurve auf dem Devisenmarkt verschiebt. Da die Importquote die Anzahl an japanischen Autos beschränkt, die in der EU verkauft werden dürfen, werden zu jedem gegebenen realen Wechselkurs die Importe reduziert. Die Nettoexporte werden demnach für jeden gegebenen realen Wechselkurs steigen. Da die Ausländer Euros benötigen, um die Nettoexporte zu bezahlen, gibt es eine erhöhte Nachfrage nach inländischer Währung auf dem Devisenmarkt. Dieser Anstieg der Euro-Nachfrage ist in Diagramm (c) als Verschiebung von D_1 nach D_2 gezeichnet.

Im dritten Schritt müssen wir nun noch das alte und das neue Gleichgewicht vergleichen. Wie wir im Diagramm (c) sehen können, bewirkt der Anstieg in der Nachfrage nach Euros eine Aufwertung, also einen Anstieg des realen Wechselkurses von e_1 auf e_2. Da auf dem Kreditmarkt in Diagramm (a) nichts passiert ist, ergibt sich keine Veränderung des Zinssatzes. Es ergibt sich auch keine Veränderung des Nettokapitalabflusses, der in Diagramm (b) abgetragen ist. Und da sich der Nettokapitalabfluss nicht ändert, kann sich auch keine Änderung in den Nettoexporten ergeben, obwohl die Einführung einer Importquote die Importe reduziert hat.

Der Grund dafür, warum die Nettoexporte trotz sinkender Importe unverändert bleiben können, liegt in der Veränderung des realen Wechselkurses. Wenn der Wechselkurs auf dem Devisenmarkt steigt, der Euro also eine Aufwertung erfährt, werden inländische Güter im Vergleich zu ausländischen relativ gesehen teurer. Diese Aufwertung fördert die Importe und hemmt die Exporte – diese beiden Entwicklungen arbeiten in entgegengesetzter Richtung zum ursprünglichen Anstieg der Nettoexporte aufgrund der Einführung einer Importquote. Letztendlich reduziert die Importquote sowohl die Importe als auch die Exporte, die Nettoexporte (Exporte minus Importe) bleiben jedoch unverändert.

Damit haben wir ein überraschendes Ergebnis erzielt: Handelspolitik hat keine Wirkung auf den Außenbeitrag. Wirtschaftspolitische Maßnahmen, die direkt auf eine Beeinflussung der Importe oder der Exporte abzielen, lassen demnach die Nettoexporte unverändert. Diese Schlussfolgerung erscheint weniger überraschend, wenn wir uns nochmals die buchhalterische Identität vor Augen halten:

$NX = NCO = S − I$.

Die Nettoexporte entsprechen dem Nettokapitalabfluss, der wiederum der Ersparnis abzüglich der inländischen Investitionen entspricht. Handelspolitik hat keinen Einfluss auf die Handelsbilanz, da davon die Ersparnis und die inländischen Investitionen unberührt bleiben. Für eine gegebene Höhe der Ersparnis und der inländischen Inves-

28.3 Wie wirtschaftspolitische Maßnahmen eine offene Volkswirtschaft beeinflussen

Abb. 28-6

Die Wirkungen einer Importquote

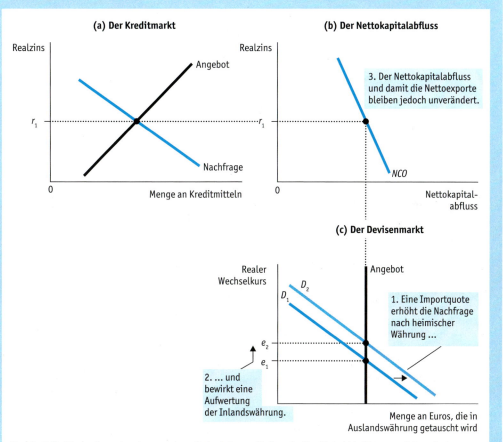

Verhängt die EU eine Importquote gegen japanische Autos, so bleiben der Kreditmarkt in Diagramm (a) sowie der Nettokapitalabfluss in Diagramm (b) unverändert. Die einzige Wirkung besteht in einer Erhöhung der Nettoexporte (Exporte minus Importe) bei jedem gegebenen realen Wechselkurs. Im Ergebnis nimmt die Nachfrage nach inländischer Währung auf dem Devisenmarkt zu, was sich grafisch in der Verschiebung von D_1 nach D_2 in Diagramm (c) auswirkt. Dieser Anstieg der Euro-Nachfrage bewirkt eine Aufwertung des Euro, wie durch das Steigen des Wechselkurses von e_1 auf e_2 deutlich wird. Die Aufwertung der Inlandswährung bewirkt einen Rückgang der Nettoexporte, womit der direkte Effekt der Einführung einer Importquote auf den Außenbeitrag wieder aufgehoben wird.

titionen passt sich der reale Wechselkurs so an, dass der Außenbeitrag unverändert bleibt, unabhängig von der Ausgestaltung der Handelspolitik der Regierung.

Obwohl die hier diskutierten handelspolitischen Maßnahmen den Leistungsbilanzsaldo eines Landes insgesamt nicht beeinflussen, haben sie doch Auswirkungen auf bestimmte Unternehmen, Branchen und Länder. Führt die EU eine Importquote für japanische Autos ein, so sieht sich die europäische Automobilindustrie einem geringeren Wettbewerbsdruck ausgesetzt und wird mehr Autos verkaufen können.

28.3 Eine makroökonomische Theorie der offenen Volkswirtschaft
Wie wirtschaftspolitische Maßnahmen eine offene Volkswirtschaft beeinflussen

Gleichzeitig wird es jedoch aufgrund der Euro-Aufwertung für Airbus, einen europäischen Flugzeughersteller, schwieriger, mit Boeing, einem US-amerikanischen Flugzeugbauer, zu konkurrieren. Die europäischen Flugzeugexporte werden zurückgehen, während die Flugzeugimporte aus den Vereinigten Staaten ansteigen werden. In diesem Beispiel wird die Importquote auf japanische Autos die Nettoautoexporte erhöhen und die Nettoflugzeugexporte senken. Zusammengefasst werden also die Nettoexporte aus der EU nach Japan zunehmen, während die Nettoexporte aus der EU in die USA abnehmen werden. Der Außenbeitrag der EU insgesamt bleibt jedoch unverändert.

Die Wirkungen handelspolitischer Maßnahmen liegen daher eher auf mikroökonomischer denn auf makroökonomischer Ebene. Auch wenn Befürworter der Handels-

Fallstudie

Warum eine starke Währung nicht immer gut und eine schwache Währung nicht immer schlecht für eine Volkswirtschaft ist

In Kapitel 27 haben wir erfahren, dass in den Medien beim Thema Wechselkurse oft von einer »starken« oder »schwachen« Währung die Rede ist. Steigt der Wechselkurs einer Währung (in Mengennotierung), bekommt man also für eine Einheit inländischer Währung mehr Einheiten ausländischer Währung, dann wird die inländische Währung aufgewertet und damit »stärker«. Sinkt der Wechselkurs, wird die inländische Währung abgewertet und damit »schwächer«. Aber ist eine starke Währung wirklich gut für eine Volkswirtschaft? Und ist eine schwache Währung für eine Volkswirtschaft wirklich schlecht?

Um diese Fragen zu beantworten, muss man die Ursachen für die Wechselkursbewegung näher beleuchten. Der Wechselkurs ergibt sich am Devisenmarkt aus dem Zusammenspiel von Nachfrage und Angebot. Sinkt das Angebot an inländischer Währung oder steigt die Nachfrage nach inländischer Währung, dann steigt der Wechselkurs und die inländische Währung wird stärker. Steigt dagegen das Angebot an inländischer Währung oder sinkt die Nachfrage nach inländischer Währung, dann sinkt der Wechselkurs und die inländische Währung wird schwächer.

Betrachten wir dazu zwei Fälle. Nehmen wir zunächst an, in der Volkswirtschaft werden verschiedene neue Güter entwickelt und diese innovativen Güter werden weltweit nachgefragt. Dadurch steigt im Ausland die Nachfrage nach inländischer Währung und der Wechselkurs steigt. Aber auch die Inländer werden verstärkt die neuen einheimischen Güter kaufen und damit weniger Güter aus dem Ausland nachfragen. Dadurch sinkt das Angebot an inländischer Währung auf dem Devisenmarkt, wodurch der Wechselkurs zusätzlich gestärkt wird.

Nehmen wir im zweiten Fall an, dass es in der Volkswirtschaft zu großen Budgetdefiziten kommt, die zu einem Anstieg des Zinsniveaus am Kreditmarkt führen. Durch den Zinsanstieg werden mehr Ausländer und mehr Inländer Geld im Inland anlegen, sodass die Nachfrage nach inländischer Währung steigt, während das Angebot zurückgeht. Auch in diesem Fall steigt der Wechselkurs und die inländische Währung wird stärker.

In beiden Fällen ist die einheimische Währung stärker geworden. Als positiv für die Volkswirtschaft ist jedoch nur die Entwicklung im ersten Fall anzusehen. Wechselkursbewegungen sind demnach nicht per se als gut oder schlecht einzuschätzen. Es kommt immer auf die Ursachen für die Veränderungen an.

Gleichzeitig hängt die Einschätzung des Wechselkurses auch immer vom aktuellen Zustand der Volkswirtschaft ab. Geht es der Volkswirtschaft gut und herrscht Vollbeschäftigung, dann wirkt sich eine starke Währung positiv auf den Lebensstandard der Bevölkerung aus. Je höher der Wechselkurs der inländischen Währung ist, desto mehr ausländische Güter können die Inländer mit ihrem Einkommen erwerben. In Krisenzeiten mit hoher Arbeitslosigkeit ist eine starke Währung dagegen nicht unbedingt wünschenswert. Eine schwache inländische Währung würde die Exporte der Volkswirtschaft stärken und die Importe senken. Die Produktion im Inland würde steigen und die Beschäftigung erhöhen. Natürlich verteuert eine schwache Währung auch die Importe für die Bevölkerung. Aber mit Blick auf die Situation am Arbeitsmarkt (Arbeitslosigkeit) wäre ein niedriger Wechselkurs zumindest für einen gewissen Zeitraum wünschenswert.

Aus all diesen Gründen lässt sich nicht so einfach sagen, dass eine starke Währung immer gut und eine schwache Währung immer schlecht für eine Volkswirtschaft ist.

politik manchmal (ungerechtfertigterweise, wie wir gesehen haben) behaupten, diese Maßnahmen könnten den Leistungsbilanzsaldo eines Landes beeinflussen, werden sie in der Regel eher von Sorgen um bestimmte Unternehmen oder Industriezweige getrieben. Es sollte daher nicht überraschen, wenn ein VW-Manager eine Importquote für japanische Autos fordert. Ökonomen stehen solchen Praktiken fast immer ablehnend gegenüber, denn freier Handel ermöglicht den Ländern eine Spezialisierung auf die Güter und Fertigungstechniken, die sie am besten beherrschen. Damit können sich die Beteiligten in allen Ländern besser stellen. Handelsbeschränkungen behindern diese Handelsgewinne und verringern damit die Wohlfahrt.

Kapitalflucht

Ein groß angelegter und umfangreicher Rückzug von Finanzmitteln aus einem Land wird als **Kapitalflucht** bezeichnet. Um die Auswirkungen einer Kapitalflucht auf die Volkswirtschaft zu erkennen, werden wir wieder in drei Schritten vorgehen.

Überlegen wir uns zuerst, welche Kurven unseres Modells durch die Kapitalflucht verschoben werden. Wir werden dabei das Beispiel Russland verwenden. Durch die geopolitischen Spannungen und die Sanktionsmaßnahmen der EU und der USA infolge des Ukraine-Konflikts haben Investoren im Jahr 2014 rund 150 Milliarden Dollar aus Russland abgezogen. Wenn sich Investoren weltweit dazu entscheiden, einen Teil ihrer russischen Vermögenswerte zu verkaufen und im Gegenzug US-amerikanische oder europäische Aktiva zu erwerben, dann erhöht sich dadurch der Nettokapitalabfluss aus Russland. Damit kommt es zu Veränderungen auf beiden Märkten unseres Modells. In erster Linie ist selbstverständlich die Kurve des Nettokapitalabflusses betroffen, worüber wiederum das Angebot an Rubel (Währung in Russland) auf dem Devisenmarkt beeinflusst wird. Zusätzlich hat die Kapitalflucht Auswirkungen auf die Nachfragekurve des Kreditmarkts, denn die Nachfrage nach Kreditmitteln stammt sowohl aus den heimischen Investitionen als auch aus dem Nettokapitalabfluss.

Betrachten wir nun, in welche Richtung diese Kurven verschoben werden. Steigt der Nettokapitalabfluss an, fällt zu jedem Zinssatz der Nettokapitalabfluss höher aus. Die Kurve des Nettokapitalflusses verschiebt sich nach rechts, von NCO_1 nach NCO_2, wie aus Diagramm (b) ersichtlich ist. Am Devisenmarkt verschiebt sich die Angebotskurve nach rechts von S_1 auf S_2, wie aus Diagramm (c) ersichtlich ist. Am Kreditmarkt wächst die Nachfrage nach Kreditmitteln, um den Erwerb der entsprechenden Aktiva zu finanzieren. Daher ergibt sich eine Verschiebung der Kreditnachfragekurve nach rechts von D_1 auf D_2, wie Diagramm (a) in Abbildung 28-7 zeigt.

Um die Auswirkungen der Kapitalflucht auf die gesamte Volkswirtschaft zu erkennen, vergleichen wir abschließend die alten und neuen Gleichgewichte. Aus dem Diagramm (a) der Abbildung 28-7 erkennen wir, dass sich im Zuge der erhöhten Kreditnachfrage ein Zinsanstieg in Russland von r_1 auf r_2 eingestellt hat. Das Diagramm (b) zeigt den Anstieg des Nettokapitalabflusses. (Obwohl der Zinsanstieg russische Aktiva attraktiver macht, können dadurch die Auswirkungen der Kapitalflucht auf den Nettokapitalabfluss nur teilweise kompensiert werden.) In Diagramm (c) ist dargestellt, wie der Anstieg des Nettokapitalabflusses das Angebot an Rubel auf dem Devisenmarkt

Kapitalflucht
Ein groß angelegter und plötzlicher Rückgang der Nachfrage nach Vermögenswerten eines bestimmten Landes.

28.3 Eine makroökonomische Theorie der offenen Volkswirtschaft
Wie wirtschaftspolitische Maßnahmen eine offene Volkswirtschaft beeinflussen

Abb. 28-7

Die Wirkungen einer Kapitalflucht

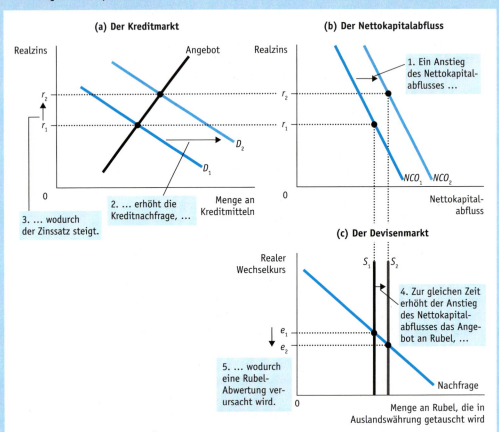

Wenn die Marktteilnehmer zu der Überzeugung gelangen, dass Russland ein riskanter Ort zur Anlage ihrer Ersparnisse ist, so werden sie ihr Kapital in ein anderes Land transferieren, was sich in einem Anstieg des russischen Nettokapitalabflusses niederschlägt. Da der Nettokapitalabfluss nun zu jedem Zinssatz höher ausfällt, verschiebt sich die Kurve des Nettokapitalabflusses in Diagramm (b) von NCO_1 auf NCO_2 nach rechts. Zur gleichen Zeit steigt auf dem Devisenmarkt das Angebot an Rubel von S_1 auf S_2, wie aus Diagramm (c) ersichtlich ist. Dieser Anstieg des Angebots an Rubel verursacht eine Abwertung des Rubels, also einen Rückgang des Wechselkurses von e_1 auf e_2, sodass der Rubel im Vergleich zu anderen Währungen einen geringeren Wert aufweist als zuvor. Am Kreditmarkt steigt die Kreditnachfrage in Russland von D_1 auf D_2, wie in Diagramm (a) erkennbar ist. Dies wiederum wirkt sich erhöhend auf den Zinssatz aus, der von r_1 auf r_2 steigt.

von S_1 auf S_2 erhöht. Wenn die Marktteilnehmer versuchen, ihre russischen Vermögenswerte loszuwerden, führt dies zu einem erhöhten Angebot an Rubel, die in andere Währungen umgetauscht werden sollen. Diese Erhöhung des Angebots führt zu einer Abwertung des Rubels, also einem Sinken des Wechselkurses von e_1 auf e_2. Die Kapitalflucht aus Russland erhöht demnach die russischen Zinsen auf dem Kreditmarkt und mindert den Wert der russischen Währung auf dem Devisenmarkt. Genau diese Entwicklungen ließen sich 2014 in Russland beobachten. So wertete der Rubel im Jahresverlauf 2014 um mehr als 50 Prozent gegenüber dem Dollar ab, während sich das Zinsniveau nahezu verdoppelte.

Die Preisänderungen, die durch die Kapitalflucht zustande gekommen sind, beeinflussen wichtige makroökonomische Größen. Die Abwertung der einheimischen Währung verbilligt Exporte und verteuert Importe, sodass sich die Handelsbilanz verbessert. Gleichzeitig bremst der Zinsanstieg jedoch die inländischen Investitionen, was zu einer Verringerung von Kapitalakkumulation und Wachstum führt.

Obwohl die Auswirkungen der Kapitalflucht natürlich im betroffenen Land am stärksten ausfallen, bleiben auch andere Länder nicht unbeeinflusst. Wenn Aktiva aus Russland abgezogen werden und stattdessen in den USA angelegt werden, so führt dies zu gegenläufigen Effekten in der US-Wirtschaft. Während der Nettokapitalabfluss aus Russland steigt, sinkt der Nettokapitalabfluss aus den USA. Während der Rubel abgewertet wird und die russischen Zinsen steigen, erfährt der Dollar eine Aufwertung, und die Zinsen in den USA sinken. Insgesamt betrachtet bleiben die Auswirkungen auf die US-Wirtschaft jedoch überschaubar, da die US-amerikanische Volkswirtschaft deutlich größer als die russische Volkswirtschaft ist.

> **Kurztest**
> Nehmen Sie an, die Einwohner in der EU würden sich dazu entschließen, einen geringeren Prozentsatz ihres Einkommens zu sparen. Welche Wirkung hätte dies auf Ersparnis, Investitionen, Zinsen, reale Wechselkurse und den Leistungsbilanzsaldo der EU?

28.4 Fazit

Historisch gesehen hat der internationale Handel in den meisten europäischen Ländern stets eine sehr bedeutende Rolle gespielt. In den letzten zwei Jahrhunderten hat auch der internationale Kapitalverkehr stetig an Bedeutung gewonnen. Die Länder der EU kaufen immer mehr Güter, die im Ausland hergestellt werden, und produzieren auch immer mehr für den Export. Über Investmentgesellschaften und andere Finanzinstitutionen sind sie Schuldner und Gläubiger auf den internationalen Kapitalmärkten.

Es ist offensichtlich, dass eine vollständige Analyse der Volkswirtschaften Wissen und Verständnis erfordert, wie eine Volkswirtschaft mit anderen Volkswirtschaften in Interaktion steht. Dieses Kapitel hat uns ein Grundmodell geliefert, nach dem wir uns die Funktionsweise einer offenen Volkswirtschaft vorstellen können.

28.4 Fazit

Aus der Praxis

Wechselkurspolitik durch Nettokapitalabfluss

Durch unsere Überlegungen zum Thema Wechselkurs und Nettokapitalabfluss wissen wir, dass ein Anstieg des Nettokapitalabflusses zu einer Abwertung der Währung auf den Devisenmärkten und zu einem Leistungsbilanzüberschuss für das Land führt, aus dem das Kapital abfließt, und zu einer Aufwertung der Währung auf den Devisenmärkten und einem Leistungsbilanzdefizit für das Land, in das das Kapital fließt.

Mit diesem Wissen im Hinterkopf wollen wir nun die folgende Situation betrachten. Nehmen wir an, ein Land verfolgt das Ziel, ausländische Vermögenswerte zu erwerben, beispielsweise durch den Kauf von ausländischen Staatsanleihen. Welche Auswirkungen wird eine solche Politik auf dieses Land haben? Die Antwort auf die Frage kennen wir bereits. Der höhere Nettokapitalabfluss führt zu einer schwächeren Landeswährung, die wiederum über höhere Nettoexporte eine Verbesserung der Leistungsbilanz bewirkt.

Eine solche Politik hat die chinesische Regierung in der Vergangenheit verfolgt. Durch den Kauf von ausländischen Vermögenswerten, darunter auch beträchtliche Mengen an US-amerikanischen Staatsanleihen und Staatsanleihen von EU-Staaten, stiegen die chinesischen Reserven an ausländischen Vermögenswerten von 160 Milliarden Dollar im Jahr 2000 auf rund 4 Billionen Dollar im Jahr 2014. Die dadurch ausgelöste Schwächung der chinesischen Landeswährung Renminbi wiederum führte zu einem deutlichen Anstieg des Leistungsbilanzüberschusses. So wuchs allein der Handelsbilanzüberschuss Chinas gegenüber den Vereinigten Staaten von etwas mehr als 80 Milliarden Dollar im Jahr 2000 auf über 350 Milliarden Dollar im Jahr 2015.

Die US-amerikanische Regierung hat mehrfach gegen die (indirekten) Eingriffe der chinesischen Regierung an den Devisenmärkten protestiert. Einige Mitglieder des US-Kongresses forderten sogar die Einführung von Zöllen auf chinesische Importe, solange China seine »Wechselkurspolitik« nicht beendet.

Dennoch waren die Auswirkungen der chinesischen Politik auf die Volkswirtschaft in den Vereinigten Staaten und in der Europäischen Union keinesfalls nur negativ. Die Konsumenten profitierten von sinkenden Preisen durch die verbilligten chinesischen Importe. Gleichzeitig führte der Kapitalzufluss aus China zu fallenden Zinsen, was sich positiv auf die Investitionstätigkeit in den Volkswirtschaften auswirkte. Auf diese Weise finanzierte China sogar in einem gewissen Ausmaß das Wachstum in den Vereinigten Staaten und in den EU-Staaten. Es gab also bei Weitem nicht nur Verlierer durch die Wechselkurspolitik der chinesischen Regierung.

Weitaus schwieriger ist die Frage nach den Motiven der chinesischen Politik zu beantworten. Warum hatte die chinesische Regierung ein Interesse daran, Exportgüter herzustellen und Kapital im Ausland zu investieren, anstatt für den einheimischen Konsum zu produzieren und im eigenen Land zu investieren? Darauf gibt es keine eindeutige Antwort. Es ist jedoch denkbar, dass die chinesische Regierung auf diese Weise versucht hat, eine Reserve an ausländischem Vermögen aufzubauen, auf die sie in schlechten Zeiten zurückgreifen kann.

Wie auch immer, in den letzten Jahren scheint die chinesische Regierung diese Politik nicht weiter verfolgt zu haben. Seit 2015 ist der Bestand an ausländischen Vermögenswerten um mehr als 1 Billion Dollar gesunken.

Fragen
1. Warum wurde der chinesischen Regierung eine Schwächung ihrer Landeswährung vorgeworfen?
2. Welche positiven Auswirkungen hatte die chinesische Politik auf andere Volkswirtschaften?
3. Warum könnte die chinesische Regierung diese Politik nach 2014 nicht mehr verfolgt haben?

Zusammenfassung

Stichwörter
- (Außen-)Handelspolitik
- Kapitalflucht

▸ Für die makroökonomische Analyse offener Volkswirtschaften sind zwei Märkte zentral – der Kreditmarkt und der Devisenmarkt. Auf dem Kreditmarkt sorgt der Zinssatz für einen Ausgleich zwischen dem Kreditangebot (aus der inländischen Ersparnis) und der Kreditnachfrage (aus den inländischen Investitionen und dem Nettokapitalabfluss). Auf dem Devisenmarkt bringt der reale

Wechselkurs das Angebot an heimischer Währung (aus dem Nettokapitalabfluss) und die Nachfrage nach heimischer Währung (aus den Nettoexporten) ins Gleichgewicht. Da der Nettokapitalabfluss einen Teil der Kreditnachfrage bildet und für das Angebot an heimischer Währung auf dem Devisenmarkt sorgt, stellt er das Bindeglied zwischen diesen beiden Märkten dar.

- Wirtschaftspolitische Entscheidungen, die die inländische Ersparnis reduzieren, wie beispielsweise ein Budgetdefizit, verringern das Angebot an Kreditmitteln und treiben den Zinssatz in die Höhe. Der höhere Zinssatz wirkt senkend auf den Nettokapitalabfluss, was wiederum das Angebot an heimischer Währung auf dem Devisenmarkt reduziert. Dies führt zu einer Aufwertung der Inlandswährung und damit zu einem Rückgang der Nettoexporte.
- Obwohl restriktive handelspolitische Maßnahmen wie Zölle oder Importquoten manchmal als Möglichkeit zur Steuerung des Leistungsbilanzsaldos angesehen werden, haben sie nicht notwendigerweise diese Wirkung. Eine Handelsbeschränkung erhöht bei gegebenem Wechselkurs die Nettoexporte und damit die Nachfrage nach heimischer Währung auf dem Devisenmarkt. In der Folge ergibt sich eine Aufwertung der Inlandswährung, die heimische Güter im Vergleich zu ausländischen teurer macht. Damit konterkariert die Aufwertung die ursprüngliche Wirkung der Handelsbeschränkung auf die Nettoexporte.
- Ändern Investoren ihre Meinung bezüglich der Risikobewertung eines Landes, so können daraus gravierende Folgen für die betreffende Volkswirtschaft erwachsen. Insbesondere kann politische Instabilität zu Kapitalflucht führen, wodurch sich tendenziell in dem betroffenen Land Zinserhöhungen sowie eine Abwertung der entsprechenden Währung ergeben.

Wiederholungsfragen

1. Beschreiben Sie Angebot und Nachfrage auf dem Kreditmarkt und dem Devisenmarkt. Wie stehen diese Märkte miteinander in Verbindung?
2. Warum bezeichnet man die gleichzeitige Existenz eines Haushaltsdefizits und eines Leistungsbilanzdefizits als Zwillingsdefizit (»twin deficit«)?
3. Welche Wirkung hätte Ihrer Meinung nach ein Budgetüberschuss auf den Wechselkurs? Erläutern Sie Ihre Antwort.
4. Stellen Sie sich vor, eine Textilarbeitergewerkschaft hält die Konsumenten dazu an, nur im Inland produzierte Kleidung zu kaufen. Wie würde sich eine solche Politik auf den Außenbeitrag und den realen Wechselkurs auswirken? Welches wäre die Wirkung auf die Textilindustrie? Was würde in der Automobilindustrie passieren?
5. Was versteht man unter Kapitalflucht? Wenn es in einem Land zu einer Kapitalflucht kommt, welche Auswirkungen hat dies auf das Zinsniveau und den Wechselkurs?

28 Eine makroökonomische Theorie der offenen Volkswirtschaft
Aufgaben und Anwendungen

Aufgaben und Anwendungen

1. In der Regel hat Japan in den vergangenen Jahren einen deutlichen Leistungsbilanzüberschuss aufgewiesen. Auf was ist dies Ihrer Einschätzung nach zurückzuführen: auf die hohe ausländische Nachfrage nach japanischen Gütern, auf die niedrige japanische Nachfrage nach ausländischen Gütern, auf die im Vergleich zu den japanischen Investitionen hohe Sparquote in Japan oder auf strukturelle Importbeschränkungen Japans? Erläutern Sie ihre Antwort.

2. Wie würde sich ein Anstieg des Einkommens im Ausland auf die deutschen Nettoexporte auswirken? Wie würde dies den Wert des Euro auf dem Devisenmarkt beeinflussen?

3. Stellen Sie sich vor, der US-Präsident gibt auf einer Pressekonferenz bekannt, dass man auf dem Weg der Haushaltskonsolidierung ist und dass damit der Dollar attraktiver für ausländische Investoren wird. Führt der Abbau des Haushaltsdefizits Ihrer Meinung nach wirklich zu einem stärkeren Dollar?

4. Nehmen Sie an, der US-amerikanische Kongress würde ein Gesetz zur steuerlichen Subvention von inländischen Investitionen verabschieden. Welche Auswirkungen hätte eine derartige Maßnahme auf die inländischen Investitionen, den Zinssatz, die Ersparnis, den Nettokapitalabfluss, den Wechselkurs und die Nettoexporte?

5. Der Handelsminister von Einfuhrana gibt auf einer Pressekonferenz bekannt, dass man das Handelsbilanzdefizit des Landes reduzieren wolle. Und da man wisse, dass Importquoten die Handelspartner eher verärgern, habe man sich entschlossen, stattdessen Exportsubventionen einzuführen. Zeigen Sie grafisch unter Verwendung unserer dreiteiligen Abbildung die Wirkung einer Exportsubvention auf die Nettoexporte und den realen Wechselkurs. Stimmen Sie dem Handelsminister zu?

6. Angenommen, die Franzosen würden plötzlich eine starke Präferenz für kalifornische Weine entwickeln. Beantworten Sie die folgenden Fragen verbal und grafisch.
   a. Was passiert mit der Nachfrage nach Dollars auf dem Devisenmarkt?
   b. Wie wirkt sich dies auf den Wert des Dollar auf dem Devisenmarkt aus?
   c. Und was geschieht mit den Nettoexporten der USA?

7. Nehmen Sie an, die US-amerikanischen Realzinsen stiegen an. Erläutern Sie, wie dies den japanischen Nettokapitalabfluss beeinflusst. Erklären Sie sodann unter Verwendung einer Formel aus diesem Kapitel sowie mithilfe einer grafischen Darstellung, wie diese Veränderung auf die japanischen Nettoexporte wirkt. Was wird mit dem realen Wechselkurs Japans gegenüber den USA passieren?

8. Stellen Sie sich vor, die Deutschen würden beschließen, mehr zu sparen.
   a. Wenn die Elastizität des deutschen Nettokapitalabflusses gegenüber dem Realzinssatz sehr hoch ist, wird dann der Anstieg der privaten Ersparnis eine starke oder schwache Wirkung auf den deutschen Nettokapitalabfluss haben?
   b. Wenn die Elastizität des deutschen Nettokapitalabflusses gegenüber dem Realzinssatz sehr gering ist, wird dann der Anstieg der privaten Ersparnis eine starke oder schwache Wirkung auf den deutschen Nettokapitalabfluss haben?

9. Nehmen Sie an, die Europäer entwickelten auf einmal ein starkes Interesse an Investitionen in Kanada.
   a. Was passiert mit dem kanadischen Nettokapitalabfluss?
   b. Welche Wirkung hat dies auf die kanadische private Ersparnis und die kanadischen Investitionen im eigenen Land?
   c. Welche langfristigen Auswirkungen wird dies auf den kanadischen Kapitalstock haben?

10. In der Vergangenheit wurde ein Teil der chinesischen Ersparnis dazu verwendet, US-amerikanische Investitionen zu finanzieren, d. h., die Chinesen haben Vermögenswerte in den USA gekauft.
   a. Was würde auf dem US-amerikanischen Kreditmarkt passieren, wenn die Chinesen auf einmal nicht länger US-amerikanische Aktiva kaufen wollten? Wie würde sich dies insbesondere auf die US-amerikanischen Zinssätze, die US-amerikanische Ersparnis und die US-amerikanischen Investitionen auswirken?
   b. Was würde auf dem Devisenmarkt geschehen? Wie würde sich diese Entwicklung insbesondere auf den Wert des Dollar und die US-amerikanische Leistungsbilanz auswirken?

11. Nachdem Argentinien im Jahr 2014 die Rückzahlung seiner Auslandsschulden vorübergehend ausgesetzt hat, zogen Investoren weltweit ein sicheres Engagement in US-Staatsanleihen vor. Welche Auswirkungen hatte die Flucht in den sicheren Hafen der US-Staatsanleihen auf die US-amerikanische Volkswirtschaft? Erläutern Sie die Auswirkungen auf die inländischen Investitionen, den Zinssatz, die Ersparnis, den Nettokapitalabfluss, den Wechselkurs und die Nettoexporte.

29 Konjunkturzyklen

Im Frühjahr 2020 kam es in vielen Volkswirtschaften zu einem Einbruch des gesamtwirtschaftlichen Wachstums. In der Bundesrepublik Deutschland sank das reale BIP im zweiten Quartal 2020 im Vergleich zum ersten Quartal 2020 um fast 10 Prozent, ebenso in den Vereinigten Staaten. Im gesamten Euroraum belief sich der Rückgang des BIP sogar auf über 12 Prozent. Auslöser dieses Wachstumseinbruchs ungeahnten Ausmaßes waren die staatlichen Maßnahmen zur Eindämmung der Covid-19-Pandemie (»Lockdown«), die nicht nur das öffentliche Leben, sondern auch die Wirtschaftstätigkeit in vielen Bereichen lahmlegten.

Schaut man auf die gesamtwirtschaftliche Entwicklung der Bundesrepublik Deutschland in den letzten Jahren und Jahrzehnten zurück, lässt sich ein Auf und Ab beobachten, das einem bestimmten Muster folgt. Längere Phasen eines wirtschaftlichen Aufschwungs wechseln sich mit kürzeren Phasen eines wirtschaftlichen Abschwungs ab.

Wirtschaftskrisen sind nicht immer gleich, sie unterscheiden sich bezüglich ihrer Dauer und Intensität. Während das gesamtwirtschaftliche Einkommen in Deutschland in der Weltwirtschaftskrise von 1929 bis 1932 in vier aufeinanderfolgenden Jahren um insgesamt mehr als 25 Prozent sank, waren wirtschaftliche Abschwünge in der zweiten Hälfte des 20. Jahrhunderts in der Regel nach einem kurzen Zeitraum von 12 bis 18 Monaten überwunden. In diesen kurzen Abschwüngen ist die deutsche Volkswirtschaft um höchstens 1 Prozent pro Jahr geschrumpft. Zu einem deutlich stärkeren Einbruch in der gesamtwirtschaftlichen Entwicklung kam es erst wieder während der Finanz- und Wirtschaftskrise von 2007 bis 2009 und in der Wirtschaftskrise 2020 infolge der Covid-19-Pandemie.

Schwankungen im Wirtschaftswachstum um einen Wachstumstrend herum werden als Konjunkturzyklus bezeichnet. Der Begriff *Konjunkturzyklus* ist dabei jedoch ein wenig irreführend, da er auf die Vorstellung anspielt, die konjunkturellen Schwankungen folgten einem regelmäßigen und vorhersehbaren Muster.

Während sich die Ökonomen über die Ursachen von langfristigen Veränderungen des gesamtwirtschaftlichen Gleichgewichts weitgehend einig sind, besteht über die Ursachen von kurzfristigen wirtschaftlichen Schwankungen ein größerer Dissens. Einige Modelle verweisen auf Schocks, die durch plötzliche Änderungen der Konsum- und Investitionsausgaben hervorgerufen werden. Andere Modelle setzen an Änderungen der gesamtwirtschaftlichen Produktivität an, ausgelöst durch technologische Neuerungen. Eine zentrale Rolle bei kurzfristigen gesamtwirtschaftlichen Schwankungen wird der Geldpolitik zugeschrieben. Wenn die Zentralbank den Zinssatz verändert oder die Geldmenge anpasst, resultieren daraus häufig kurzfristige Schwankungen in der Wirtschaftstätigkeit.

29.1 Trendwachstum

Zeitreihendaten
Beobachtungen über die Ausprägung einer Größe innerhalb eines bestimmten Zeitabschnitts. Die Beobachtungen sind nach dem Zeitablauf geordnet.

Die meisten Daten, mit denen wir uns in diesem Kapitel beschäftigen werden, sind **Zeitreihendaten**: Beobachtungen über die Ausprägung einer Größe innerhalb eines bestimmten Zeitabschnitts. Die Beobachtungen sind nach dem Zeitablauf geordnet.

Die Analyse des Konjunkturzyklus setzt an der Entwicklung des Bruttoinlandsprodukts im Zeitablauf an. Abbildung 29-1 zeigt den Verlauf für das reale BIP in der Bundesrepublik Deutschland seit 1970 (als Indexwert). Der Abbildung ist zu entnehmen, dass das reale BIP seit 1970 deutlich gewachsen ist. Der Kurve ist eine Trendlinie hinzugefügt worden, die den durchschnittlichen Anstieg des realen BIP in Deutschland im Zeitablauf widerspiegelt. Gleichzeitig verdeutlicht die Trendlinie, wie stark das reale BIP um den Trend herum schwankt, und dass es bei den Abweichungen bestimmte Muster gibt. In den 1970er-Jahren lag das BIP annähernd auf dem Trendwachstum, in den 1980er-Jahren deutlich darunter, in den 1990er-Jahren deutlich darüber. Diese Muster mit Jahren, in denen das Wachstum über dem Trend bzw. unter dem Trend liegt, wiederholen sich im Zeitablauf. Gleichzeitig fällt auf, dass das reale

Abb. 29-1

Das reale Bruttoinlandsprodukt in der Bundesrepublik Deutschland, 1970–2020

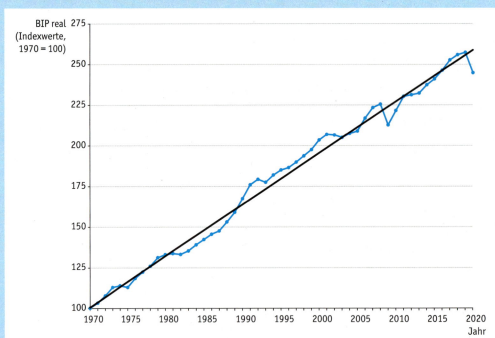

Die Abbildung zeigt das reale BIP in Deutschland als Indexwert (mit 1970 = 100) im Zeitraum von 1970 bis 2020.
Quelle: Statistisches Bundesamt

BIP infolge der Finanzkrise deutlich unter seinen Trend gerutscht ist und erst seit 2017 wieder oberhalb des Trendwachstums lag. Im Zuge der Wirtschaftskrise 2020 ist das reale BIP dann erneut deutlich unter seinen Trendwachstumspfad gerutscht.

Die Frage nach den Ursachen von Wirtschaftsschwankungen steht seit der Weltwirtschaftskrise in den 1930er-Jahren auf der Agenda der Volkswirte und es wurden viele Modelle entwickelt, um die makroökonomischen Schwankungen zu erklären. Festzuhalten bleibt, dass Ökonomen unterschiedliche Auffassungen über die Ursachen von Wirtschaftsschwankungen und die Notwendigkeit von wirtschaftspolitischen Eingriffen zur Beseitigung von Wohlfahrtsproblemen vertreten. Wohlfahrtsprobleme treten auf, weil sich die Volkswirtschaft von ihrem gleichgewichtigen Wachstumspfad entfernt hat. Durch wirtschaftspolitische Eingriffe wird versucht, die entstehenden Wohlfahrtsprobleme zu beseitigen. Einige Ökonomen glauben, dass sich die Volkswirtschaft nicht von ihrem Gleichgewicht weg, sondern von einem Gleichgewicht zum nächsten bewegt, sodass für wirtschaftspolitische Eingriffe keine Notwendigkeit besteht, denn im Gleichgewicht gibt es keine Wohlfahrtsprobleme. Wir werden uns mit den unterschiedlichen Positionen der Ökonomen im Verlauf dieses Kapitels noch ausführlicher beschäftigen.

Datenanalyse

Wenn man sich mit makroökonomischen Größen beschäftigt, stößt man auf eine Reihe von Begriffen, die in der Analyse zur Anwendung kommen. Abbildung 29-2 zeigt die Wachstumsrate des BIP für die Bundesrepublik Deutschland im Zeitraum 1971–2020 und verdeutlicht die Schwankungen der Wachstumsrate im Zeitablauf. Zu Beginn der 1970er-Jahre ist die deutsche Volkswirtschaft mit jährlichen Veränderungsraten von bis zu 5 Prozent kräftig gewachsen. Infolge des ersten Ölpreisschocks ist die Wachstumsrate innerhalb von zwei Jahren bis auf –0,9 Prozent im Jahr 1975 gefallen, nur ein Jahr später wieder auf 4,9 Prozent angestiegen. Nachdem die Auswirkungen des zweiten Ölpreisschocks im Jahr 1982 überstanden waren, ist die Wachstumsrate bis Anfang der 1990er-Jahre fast stetig angestiegen und dann innerhalb von nur zwei Jahren auf –1,0 Prozent im Jahr 1993 gesunken. Diese Muster von steigenden und fallenden Wachstumsraten wiederholen sich ständig im Zeitablauf mit weiteren Abschwüngen in den Jahren 2002/2003, im Jahr 2009 sowie im Jahr 2020.

Die Wachstumsrate des BIP zeigt also eine Abfolge von Höhen und Tiefen, von Phasen mit steigenden und sinkenden Wachstumsraten und sogar Jahre eines negativen Wachstums. Perioden mit negativen Wachstumsraten, in denen die Einkommen schrumpfen und die Arbeitslosigkeit steigt, werden auch als **Rezession** bezeichnet. Eine starke Rezession mit negativen Wachstumsraten über einen längeren Zeitraum nennt man **Depression**. Auf dem **Gipfel der konjunkturellen Entwicklung** erreicht das Wachstum seinen Höchststand und danach beginnt die Wachstumsrate zu sinken. In der **Talsohle der konjunkturellen Entwicklung** erreicht die Wirtschaftstätigkeit ihren Tiefpunkt und der Niedergang findet ein Ende. Beide Punkte markieren damit Wendepunkte in der wirtschaftlichen Entwicklung.

Rezession
Eine Periode mit negativen Wachstumsraten, schrumpfenden Einkommen und steigender Arbeitslosigkeit. In Fachkreisen spricht man von einer Rezession, wenn das Wirtschaftswachstum einer Volkswirtschaft in mindestens zwei aufeinanderfolgenden Quartalen negativ ausgefallen ist.

Depression
Eine kräftige Rezession.

Gipfel der konjunkturellen Entwicklung
An diesem Punkt erreicht das Wachstum seinen Höchststand und die Wachstumsrate beginnt danach zu sinken.

Talsohle der konjunkturellen Entwicklung
An diesem Punkt erreicht das Wachstum seinen Tiefpunkt und der Niedergang findet ein Ende.

29.1 Konjunkturzyklen
Trendwachstum

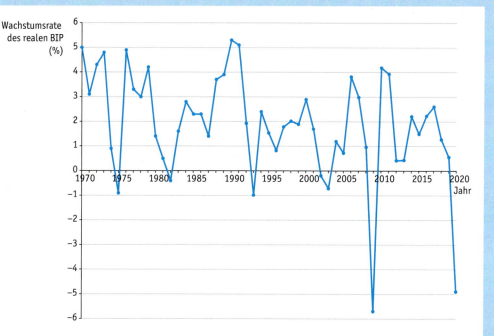

Abb. 29-2

Die Wachstumsrate des realen Bruttoinlandsprodukts in der Bundesrepublik Deutschland, 1971–2020

Die Wachstumsrate schwankt im Zeitablauf zwischen verschiedenen Hoch- und Tiefpunkten. In Phasen, in denen die Wachstumsrate positiv ist, wächst die Volkswirtschaft. Negative Wachstumsraten signalisieren ein Schrumpfen der Volkswirtschaft.

Quelle: Statistisches Bundesamt

Beschleunigt sich die konjunkturelle Entwicklung und die Wachstumsrate nimmt von Jahr zu Jahr zu, dann durchläuft die Volkswirtschaft eine Aufschwungphase. Steigt die gesamtwirtschaftliche Produktion schnell an, spricht man von einer Hochkonjunktur oder einem *Boom*. Im Jahr 2006 ist die deutsche Volkswirtschaft um 3,8 Prozent gewachsen, im Jahr 2007 um 3,0 Prozent. Obwohl sich das Wirtschaftswachstum verlangsamt hat, ist die deutsche Volkswirtschaft trotzdem weiter gewachsen. Zur Verdeutlichung ein kleines Beispiel: Nehmen wir an, die Wirtschaftstätigkeit wird durch die Stahlproduktion wiedergegeben (in Tonnen). Wenn die Produktionsmenge im Jahr 2005 bei 100 Millionen Tonnen lag und im Jahr 2006 bei 103,8 Millionen, dann beträgt die Wachstumsrate 3,8 Prozent. Liegt die Produktionsmenge im Jahr 2007 bei 106,9 Tonnen, dann hat sich das Wachstum der Volkswirtschaft auf 3,0 Prozent verlangsamt. Dennoch hat die Volkswirtschaft im Jahr 2007 mehr Stahl produziert als im Jahr 2006. Wir verwenden die Bezeichnungen

»zunehmend« und »nachlassend«, wenn wir Veränderungen der (positiven) Wachstumsrate beschreiben.

Sinkt jedoch das Produktionsniveau, dann kommt es zu einer **Schrumpfung** der Volkswirtschaft. Würde die Stahlproduktion im Jahr 2007 nur bei 101 Millionen Tonnen liegen, wäre die Volkswirtschaft geschrumpft. Im Vergleich zu 2006 wäre dann weniger Stahl produziert worden und die Wachstumsrate läge bei −2,7 Prozent.

Liegt das Wachstum einer Volkswirtschaft deutlich über dem Trend, kann man von einem Boom sprechen. Eine angemessene Wahl der Begriffe spielt bei der objektiven Analyse des Wirtschaftswachstums eine wichtige Rolle. In den Medien fallen nur allzu oft Schlagworte wie Boom oder Rezession, wenn die neuesten Daten zum Wirtschaftswachstum kommentiert werden. Aber sollte man bei einer Wachstumsrate von 1,5 Prozent von einem Boom sprechen? Wohl eher nicht.

Mit den Daten, die der Abbildung 29-2 zugrunde liegen, lässt sich die durchschnittliche Wachstumsrate im Betrachtungszeitraum ermitteln. Sie betrug rund 1,9 Prozent. Zur Einordnung von einzelnen Wachstumsphasen können wir die aktuelle Wachstumsrate mit der durchschnittlichen Wachstumsrate vergleichen. Damit kann der Zeitraum von 1988 bis 1991 mit einem durchschnittlichen Wachstum von 4,5 Prozent und einem maximalen Wachstum von 5,3 Prozent zu Recht als Boom bezeichnet werden. Im Unterschied dazu lag das Wachstum im Zeitraum von 2001 bis 2005 mit 0,5 Prozent deutlich unter dem durchschnittlichen Wert von 1,9 Prozent.

Der Abstand zwischen dem Gipfel und der Talsohle der konjunkturellen Entwicklung nennt man **Amplitude**. Der Blick auf Abbildung 29-2 zeigt, dass sich die Größe der Amplitude im Zeitablauf verändert. So lag die Amplitude in den 1970er-Jahren bei 5,9 Prozentpunkten, in den 1980er-Jahren dagegen nur bei 4,3 Prozentpunkten und in den 2000er-Jahren wieder höher, bei 9,5 Prozentpunkten. Und auch die zeitlichen Abstände zwischen Krisenjahren schwanken. Während in den 1970er-, 1980er- und 1990er-Jahren nur jeweils in einem Jahr keine positiven Wachstumsraten zu verzeichnen waren, gab es in den 2000er-Jahren gleich drei Jahre, in denen die deutsche Volkswirtschaft nicht gewachsen ist.

Trends

Inwieweit Zeitreihendaten Trends unterliegen, darüber gibt es zwischen Ökonomen unterschiedliche Auffassungen. Ein **Trend** beschreibt die Grundrichtung der langfristigen Veränderung einer Zeitreihe. Es gibt steigende, fallende oder konstante Trends. Einen ersten Ansatzpunkt für die Bestimmung eines Trends kann der Mittelwert einer Zeitreihe von Daten liefern.

In der Abbildung 29-1 haben wir der grafischen Darstellung des (realen) BIP im Zeitablauf eine Trendlinie hinzugefügt, die im betrachteten Zeitraum einen steigenden Verlauf aufweist. Trends können Veränderungsmuster in den Daten aufzeigen, die man als *stationär* oder *nichtstationär* bezeichnet. Bei **stationären Zeitreihen von Daten** weisen die Daten im Zeitablauf einen konstanten Mittelwert auf, während der Mittelwert der Daten bei **nichtstationären Zeitreihen von Daten** im Zeitablauf steigt oder sinkt. Anhand der Daten in Abbildung 29-1 würde man für das reale BIP Nicht-

Schrumpfung
Wenn das Produktionsniveau in der Volkswirtschaft im Vergleich zur Vorperiode sinkt.

Amplitude
Der Abstand zwischen dem Gipfel und der Talsohle der konjunkturellen Entwicklung.

Trend
Beschreibt die Grundrichtung der langfristigen Veränderung einer Zeitreihe.

Stationäre Zeitreihen von Daten
Die Daten weisen im Zeitablauf einen konstanten Mittelwert auf.

Nichtstationäre Zeitreihen von Daten
Die Daten weisen im Zeitablauf einen steigenden oder fallenden Mittelwert auf.

29.1 Konjunkturzyklen
Trendwachstum

stationarität mit einem steigenden Trend konstatieren. Andere makroökonomische Größen wie z. B. die Arbeitslosenquote zeigen dagegen Stationarität. Derartige Aussagen können allerdings keine Allgemeingültigkeit beanspruchen. Es kommt immer darauf an, welche Daten aus welcher Datenquelle für welchen Zeitraum mit welchen statistischen Verfahren untersucht wurden. Bei der Frage nach geeigneten statistischen Tests und Verfahren in ökonomischen Analysen herrscht oft Uneinigkeit.

Die Diskussion über die Anwendung von statistischen Tests würde den Rahmen dieses Lehrbuches sprengen. Es ist aber wichtig zu wissen, dass die unterschiedlichen Ansichten von Ökonomen über wichtige Fragen, wie z. B. die Abfolge von Konjunkturzyklen und die geeigneten wirtschaftspolitischen Maßnahmen, zu großen Teilen aus unterschiedlichen Einschätzungen über die Güte und Verlässlichkeit von statistischen Methoden resultieren. Aus einem Trend im Zeitablauf lassen sich wichtige Schlussfolgerungen ableiten. So lässt der Blick auf Abbildung 29-1 (eigentlich) keinen Zweifel daran aufkommen, dass das reale Bruttoinlandsprodukt Deutschlands auch in den nächsten Jahren zunehmen wird. Nichtstationäre Daten können einem deterministischen Trend unterliegen. Bei einem **deterministischen Trend** sind die Abweichungen von einem Trend stationär, d. h., es gibt immer wieder eine Tendenz zurück zum Trend. So könnte das BIP auf kurze Sicht vom Trend abweichen, kehrt aber auf lange Sicht gesehen zum Trend zurück. Im Unterschied dazu beschreiben **stochastische Trends** ein Verhalten, bei dem sich immer wieder Abweichungen vom Trend ergeben, die vollkommen zufällig auftreten (random walk). Schreibt man makroökonomischen Größen auf der Grundlage einer statistischen Analyse einen deterministischen Trend zu – z. B. das reale BIP wächst im Durchschnitt um 2,0 Prozent –, dann sollten wirtschaftspolitischen Maßnahmen dann ansetzen, wenn es zu Abweichungen von diesem Trend kommt. Die Abweichungen des BIP von seinem Trend werden in diesem Fall als ein vorübergehendes Phänomen aufgefasst. Damit muss die Ursache für diese Abweichungen auch vorübergehender Natur sein und damit beeinflussbar.

Aber was ist, wenn sich ein unterstellter deterministischer Trend als Illusion erweist, weil wir die falschen statistischen Methoden zur Zeitreihenanalyse herangezogen haben? Zeigen die Daten tatsächlich einen stochastischen Trend, dann kommen wirtschaftspolitische Maßnahmen zur Anwendung, die bestenfalls ungeeignet, aber schlimmstenfalls verzerrende Effekte haben werden. Bei einem stochastischen Trend kehrt die Variable nicht »automatisch« irgendwann zum Trend zurück, sondern bewegt sich vollkommen zufällig. Nach dem Gesetz der großen Zahlen nähert sich der Durchschnittswert der Beobachtungen mit zunehmender Anzahl an Beobachtungen dem Mittelwert der Grundgesamtheit an. Wenn wir beispielsweise zehnmal eine Münze werfen, dann erhalten wir vielleicht sechsmal Kopf und viermal Zahl. Der durchschnittliche Anteil von Kopf auf der Grundlage der zehn Beobachtungen ist dann 6/10 oder 0,6. Werfen wir die Münze 90-mal, erhalten wir für diese 90 Würfe vielleicht 42-mal Kopf und 48-mal Zahl, der Anteil von Kopf ist dann 42/90, also 0,467. Der Durchschnittswert für Kopf bei allen (bisherigen) Beobachtungen beträgt 48/100 = 0,48. Werfen wir die Münze 10.000-mal, dann wird der Anteil für Kopf wahrscheinlich nahe bei 0,5 liegen. Und wenn wir weiter die Münze werfen würden und die Ergebnisse beobachten, würde sich sehr wahrscheinlich irgendein Wert um 0,5 herum ergeben. Legt man nur eine bestimmte (eingeschränkte) Zahl an Beobachtungen zugrunde,

---

Deterministische Trends
Die Abweichungen von einem Trend sind stationär.

Stochastische Trends
Die Trendvariablen verändern sich immer wieder durch zufällige Abweichungen (random walk).

dann weicht der durchschnittliche Wert vom Mittelwert ab. Aber je größer die Zahl der Beobachtungen ist, desto wahrscheinlicher ist es, dass wir als Ergebnis den Mittelwert erhalten. Und es wäre plausibel anzunehmen, dass der Mittelwert auch in der Zukunft 0,5 ist.

Wenn sich allerdings etwas an der Münze ändert oder am Luftwiderstand oder die Oberfläche, auf die die Münze fällt, dann werden dadurch die Ergebnisse des Münzwurfs beeinflusst, sodass der Mittelwert, den wir beobachten, zu jeder Zeit vollkommen zufällig ist. Und dann ist der Blick auf die Grundgesamtheit nach dem Gesetz der großen Zahlen nicht sinnvoll.

Dieser kurze Abstecher in die Statistik wird uns bei der Analyse von kurzfristigen Schwankungen von makroökonomischen Größen von Nutzen sein. Die Zeitreihenanalyse ist ein komplexes Thema, und wenn wir uns mit den unterschiedlichen wirtschaftstheoretischen Denkrichtungen beschäftigen, sollten wir stets im Hinterkopf behalten, dass ein großer Teil der Meinungsverschiedenheiten auf die unterschiedliche Anwendung und Interpretation von Statistiken zurückzuführen ist.

Prozyklische und antizyklische Bewegungen in makroökonomischen Daten

Nehmen wir an, das reale BIP eines Landes zeigt einen deterministischen Trend und das Trendwachstum in einer bestimmten Periode beträgt 2,4 Prozent. Angenommen das BIP ist nun in einem Zeitraum von 18 Monaten um 1,3 Prozent gewachsen: Welche Schlussfolgerungen können wir daraus für wichtige makroökonomische Größen ziehen? Liegt der BIP-Anstieg unter dem Trendwachstum, dann könnte man annehmen, dass die Zahl der Arbeitslosen gestiegen ist, die Inflation zurückgegangen ist, die Geldmenge geschrumpft ist und dass die Reallöhne gefallen sind. Beobachtungen im Zeitablauf zeigen, dass es bei einer Verlangsamung der Wirtschaftstätigkeit zu einem Anstieg der Arbeitslosigkeit und zu einem Rückgang der Preissteigerungsrate kommt. Das ist sinnvoll. Wenn die Unternehmen die Produktion zurückfahren, was eine Verlangsamung des BIP-Wachstums impliziert, dann benötigen sie nicht mehr so viele Arbeitskräfte. Gleichzeitig werden die Unternehmen aus Angst vor Umsatzeinbußen vor Preiserhöhungen zurückschrecken und vielleicht sogar über Preissenkungen nachdenken, um die Nachfrage anzukurbeln.

Ökonomen untersuchen häufig, inwiefern es bei zwei makroökonomischen Größen einen **Gleichlauf** im Zeitablauf gibt. Eine dieser Variablen ist in der Regel das BIP, dessen Entwicklung im Zeitablauf dann mit der Entwicklung von anderen Größen wie der Inflationsrate oder der Beschäftigung verglichen und auf einen Zusammenhang hin untersucht wird.

Aus einem positiven oder negativen Gleichlauf von zwei Größen lassen sich bestimmte Beziehungen zwischen den Variablen ableiten. Bewegt sich eine makroökonomische Größe in die gleiche Richtung wie das BIP, dann zeigt diese Variable ein **prozyklisches Verhalten** im Konjunkturverlauf. Steigt das BIP an, dann steigen in der Regel auch makroökonomische Größen wie Inflation und Beschäftigung an und zeigen damit ein prozyklisches Verhalten. Auch Reallöhne und Nominalzinsen gelten als

Gleichlauf
Die korrelierte Bewegung zweier makroökonomischer Größen im Zeitablauf.

Prozyklisches Verhalten
Die gleich gerichtete Bewegung einer makroökonomischen Größe zum BIP.

Antizyklisches Verhalten
Die entgegengesetzte Bewegung einer makroökonomischen Größe zum BIP.

prozyklische Variablen. Bewegt sich eine makroökonomische Größe dagegen in die entgegengesetzte Richtung wie das BIP, dann zeigt diese Variable im Konjunkturverlauf ein **antizyklisches Verhalten**. Ein Beispiel für eine antizyklische Größe ist die Arbeitslosenquote, die bei einem steigenden BIP (mit einer gewissen Verzögerung) zurückgeht.

Konjunkturindikatoren

Ökonomen sind keine Wahrsager. Um Hinweise über die zukünftige konjunkturelle Entwicklung zu erhalten, sammeln sie Informationen darüber, inwieweit die Bewegung einzelner oder mehrerer ökonomischen Größen Hinweise auf Abweichungen vom Trend geben. Untersuchungen von Wesley C. Mitchell und Arthur F. Burns in den 1930er-Jahren in den Vereinigten Staaten haben zur Entwicklung von Konjunkturindikatoren beigetragen, die heute von der Organisation für wirtschaftliche Zusammenarbeit und Entwicklung (OECD, Organisation for Economic Cooperation and Develop-

Abb. 29-3

Der Index der Composite Leading Indicators (CLI) für die Weltwirtschaft im Zeitraum 2000–2020

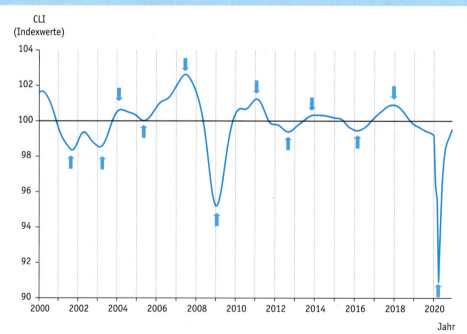

Der CLI-Index zeigt die Wendepunkte in der konjunkturellen Entwicklung der Weltwirtschaft seit 2000.
Quelle: OECD, https://data.oecd.org/leadind/composite-leading-indicator-cli.htm

ment) genutzt werden, um Wendepunkte in der konjunkturellen Entwicklung zu identifizieren. Abbildung 29-3 zeigt den Index der Composite Leading Indicators (CLI) für die größten Volkswirtschaften für den Zeitraum 2000 bis 2020. Der Composite Leading Indicator wird für jede Volkswirtschaft individuell auf der Grundlage von verschiedenen Einzelindikatoren ermittelt und soll Hinweise auf die zukünftige Wirtschaftsentwicklung geben. Die Pfeile markieren einzelne Wendepunkte in der konjunkturellen Entwicklung. Ab Mitte 2007 begann der Indikator zu sinken und es folgte eine globale Wirtschaftskrise. Anfang 2009 begann der Indikator wieder zu steigen und markierte damit einen Wendepunkt, der auf eine Erholung der wirtschaftlichen Entwicklung hindeutete. Der Indikator zeigt auch, dass die Dynamik der Wirtschaftsentwicklung in den großen Volkswirtschaften bereits vor der durch die Covid-19-Pandemie ausgelösten Wirtschaftskrise 2020 nachgelassen hatte. Dem starken Einbruch im Frühjahr 2020 folgte ein fast ebenso steiler Anstieg in den Folgemonaten, der auf eine rasche wirtschaftliche Erholung hoffen ließ.

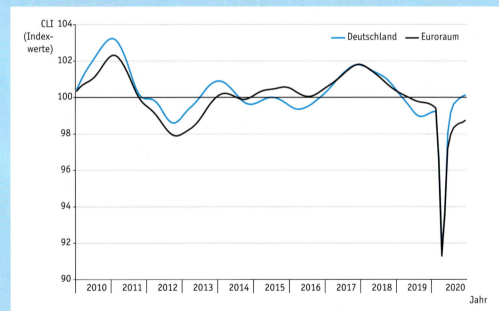

Abb. 29-4

Der Composite Leading Index (CLI) für die Bundesrepublik Deutschland und den Euroraum im Zeitraum von Januar 2010 bis Dezember 2020

Bis Ende 2017 zeigte der CLI-Index sowohl für Deutschland als auch für den Euroraum einen Aufwärtstrend. Anschließend ist eine Abkühlung in der konjunkturellen Entwicklung zu beobachten, bevor es im Frühjahr 2020 durch die Covid-19-Pandemie zu einem Einbruch kam.

Quelle: OECD, http://www.oecd.org/std/leading-indicators/

Frühindikatoren
Vorlaufende Konjunkturindikatoren, die Hinweise auf die zukünftige Wirtschaftsentwicklung geben.

Spätindikatoren
Nachlaufende Konjunkturindikatoren, die die konjunkturelle Entwicklung der Vergangenheit nachzeichnen.

Präsenzindikatoren
Gleichlaufende Konjunkturindikatoren, die die aktuelle Wirtschaftsentwicklung reflektieren.

Man unterscheidet vorlaufende, gleichlaufende und nachlaufende Konjunkturindikatoren. Vorlaufende Indikatoren – **Frühindikatoren** – geben Hinweise auf die zukünftige Wirtschaftsentwicklung. Nachlaufende Indikatoren – **Spätindikatoren** – zeichnen die konjunkturelle Entwicklung der Vergangenheit nach. Gleichlaufende Indikatoren – **Präsenzindikatoren** – reflektieren die aktuelle wirtschaftliche Entwicklung. Der CLI-Index der OECD zählt zur Gruppe der Frühindikatoren. In Abbildung 29-4 ist der CLI-Index für Deutschland und den Euroraum für den Zeitraum Januar 2010 bis Dezember 2020 wiedergegeben. Der Index zeigt, dass die konjunkturelle Entwicklung in Deutschland und auch im Euroraum bis Ende 2017 im Aufwärtstrend war. Anschließend kam es zu einer leichten, aber stetigen Abkühlung in der konjunkturellen Entwicklung, bevor im Frühjahr 2020 durch die Covid-19-Pandemie ein regelrechter Einbruch erfolgte.

Der bekannteste Konjunkturindikator in Deutschland ist der ifo-Geschäftsklimaindex für die gewerbliche Wirtschaft, der monatlich auf der Grundlage von Unternehmensbefragungen vom ifo Institut – Leibniz Institut für Wirtschaftsforschung an der Universität München ermittelt wird. Neben dem ifo-Geschäftsklimaindex liest man in den Medien auch häufig Meldungen über die Entwicklung des Auftragseingangsindex im Verarbeitenden Gewerbe, über den das Statistische Bundesamt in Wiesbaden berichtet. Ein weiteres wichtiges Konjunkturbarometer ist der ZEW-Index des gleichnamigen Mannheimer Zentrums für Europäische Wirtschaftsforschung (ZEW), der auf den Erwartungen von Analysten und institutionellen Anlegern über die Konjunktur- und Kapitalmarktentwicklung basiert.

> **Kurztest**
> Verhält sich die Inflationsrate Ihrer Meinung nach prozyklisch oder antizyklisch, wenn die Wirtschaftstätigkeit abnimmt? Begründen Sie Ihre Antwort. Wie verhalten sich die Reallohnsätze in einem Wirtschaftsaufschwung?

29.2 Ursachen für Konjunkturzyklen

Nachdem wir uns angeschaut haben, wie makroökonomische Daten mithilfe von statistischen Analysen Anhaltspunkte über den Verlauf eines Konjunkturzyklus liefern können, wollen wir uns nun der Frage nach den Ursachen von Schwankungen im Wirtschaftswachstum um einen Wachstumstrend herum oder kurz von Wirtschaftsschwankungen zuwenden. Die Volkswirtschaft setzt sich aus Unternehmen und Haushalten zusammen. Daher ist die Vermutung naheliegend, dass das Verhalten von Unternehmen und Haushalten bei Veränderungen in der Wirtschaftstätigkeit eine Rolle spielt. Und Unternehmen und Haushalte treffen Entscheidungen.

Die Ausgabenentscheidungen der Haushalte

Die Haushalte entscheiden darüber, wie viel sie arbeiten möchten. Das Arbeitsangebot hängt zum Teil vom Reallohnsatz ab. Die Wachstumsrate der Lohnsätze im Verhältnis zu der der Preise bestimmt die Kaufkraft der Konsumenten. Die Wahrnehmung von Änderungen der Reallohnsätze durch die Konsumenten beeinflusst ihre Entscheidungen. Die Haushalte treffen Konsumentscheidungen über Güter des täglichen Bedarfs, über Freizeit- und Unterhaltungsangebote, über sogenannte »große Anschaffungen« von langlebigen Konsumgütern wie z. B. Fernseher, Waschmaschinen und Trockner, Autos oder Kühlschränke, und auch über den Kauf von Immobilien. Diese Kaufentscheidungen sind oft zyklisch. Wenn sich ein frisch vermähltes Paar z. B. ein Haus kauft, dann wird das Paar im darauf folgenden Jahr mit einer gewissen Wahrscheinlichkeit auch Ausgaben für neue Möbel, Geschirr und Töpfe und andere Einrichtungsgegenstände tätigen. Nach einigen Jahren sind diese Dinge dann verschlissen und müssen durch neue ersetzt werden.

Die Entscheidungen der Haushalte werden auch durch Zinsänderungen, Steueränderungen und Änderungen bei den Immobilienpreisen ausgelöst. Ein Zinsanstieg führt zu höherer Ersparnis und geringeren Konsumausgaben. Änderungen der Immobilienpreise wirken auf das Vermögen der Menschen und können dadurch zu Ausgabenänderungen führen. Und auch Steueränderungen beeinflussen die Menschen auf unterschiedliche Weise und haben signifikante Auswirkungen auf das Verhalten.

Die Entscheidungen der Unternehmen

Die Unternehmen treffen Entscheidungen über die Produktionsmenge – wie viel produziert wird – in Abhängigkeit von der erwarteten Absatzmenge. Sehen sich die Unternehmen einer starken Nachfrage gegenüber, dann werden sie mit großer Wahrscheinlichkeit die Produktionsmenge erhöhen und dafür mehr Arbeitskräfte einstellen, mehr Rohstoffe und Zwischenprodukte einkaufen, um die zusätzliche Nachfrage zu bedienen. Einige Unternehmen werden durch den Kauf von neuen Anlagen und Maschinen oder durch Kauf von neuen Räumlichkeiten ihre Produktionskapazitäten erweitern. Die Unternehmen treffen die Entscheidung über die Einstellung oder Entlassung von neuen Arbeitskräften mit Blick auf den Reallohnsatz und das Produktivitätsniveau. Sinkt der Reallohnsatz, dann kann es sich das Unternehmen leisten, mehr Arbeitskräfte einzustellen. Bei einer höheren Produktivität sinken die Produktionskosten und die Unternehmen sind wettbewerbsfähiger. Steigende Lagerbestände deuten auf rückläufige Absatzmengen hin, sinkende Lagerbestände auf starke und steigende Umsätze. Die Unternehmen reagieren auf Änderungen in den Lagerbeständen durch eine Anpassung der Produktionsmenge. Auch der Staat spielt eine wichtige Rolle bei Unternehmensentscheidungen, bestimmt er doch die Höhe der Steuersätze und die Höhe der öffentlichen Ausgaben sowie die zur Finanzierung der Ausgaben erforderliche Kreditaufnahme.

Einflüsse aus dem Ausland

Die Wirtschaftstätigkeit wird auch durch Ereignisse im Ausland beeinflusst. In einer offenen Volkswirtschaft bestimmen Wechselkursbewegungen die Wettbewerbsfähigkeit der einheimischen und ausländischen Unternehmen, da sich dadurch Import- und Exportpreise ändern. Über Änderungen in den Konsum- und Investitionsausgaben hat die wirtschaftliche Entwicklung im Ausland einen Einfluss auf die einheimische Volkswirtschaft. So wird die konjunkturelle Entwicklung in Deutschland zu einem großen Teil durch den großen Leistungsbilanzüberschuss getragen.

Aber auch Naturkatastrophen wie Dürren, Überschwemmungen, Erdbeben, schwere Stürme oder Kälteeinbrüche sowie geopolitische Krisen, Terrorismus oder Kriege können weitreichende Folgen für einzelne Länder und die gesamte Weltwirtschaft haben.

Entscheidungen der Regierung

Der Staat kontrolliert einen beträchtlichen Teil der Wirtschaftstätigkeit. Der Staat legt die Steuersätze fest und muss dabei die Anreizwirkungen von Steuerhöhe und Steueränderungen mit berücksichtigen. Auch Entscheidungen über große Infrastrukturinvestitionen werden durch den Staat getroffen und haben Auswirkungen auf die gesamte Volkswirtschaft. Und ohne Rechtsstaatlichkeit und die Sicherung von Eigentumsrechten kann sich die Wirtschaftstätigkeit in einer Volkswirtschaft nicht voll entfalten.

Vertrauen und Erwartungen

Haushalte und Unternehmen treffen ihre Entscheidungen nicht nur auf der Grundlage von gegenwärtigen Bedürfnissen, sondern auch mit Blick auf die Zukunft. Es ist nicht sehr wahrscheinlich, dass jemand einen Kredit in Höhe von 15.000 Euro zum Kauf eines neuen Pkws aufnimmt, wenn er Angst um seinen Arbeitsplatz hat. Die Medien liefern fast tagtäglich Informationen über die aktuelle konjunkturelle Entwicklung, die führenden Wirtschaftsforschungsinstitute prognostizieren zweimal im Jahr in einer Gemeinschaftsdiagnose die zukünftige Entwicklung, führende Vertreter aus Politik und Wirtschaft nehmen regelmäßig zu Fragen über den gegenwärtigen und zukünftigen Zustand der Volkswirtschaft Stellung. Die Beschäftigten entwickeln ein Gefühl für die Lage in dem Unternehmen, in dem sie arbeiten. Angestellte im öffentlichen Dienst verfolgen die Personalentscheidungen der öffentlichen Arbeitgeber. Die Arbeitskräfte schauen auf die gegenwärtige Inflationsrate und ihren Lohnanstieg, treffen eine Einschätzung über die Inflationsrate in der Zukunft und welchen Lohnanstieg sie benötigen, um ihren gegenwärtigen Lebensstandard aufrechtzuerhalten. Auch für Unternehmen spielt die Inflationsrate eine zentrale Rolle. Annahmen über die zukünftige Inflationsrate und mögliche Kostensteigerungen bei Rohstoffen bilden die Grundlage für Entscheidungen über Preissteigerungen für die Konsumenten.

Unsere Erwartungen über die Zukunft formen unsere Entscheidungen. Das Vertrauen der Unternehmen und der Haushalte als Grundlage für Entscheidungen lässt sich nur schwer quantifizieren. Gleiches gilt für Änderungen im Vertrauen. Wann beginnt ein Einzelner zu glauben, dass die Immobilienpreise ihren Höhepunkt erreicht haben, wann wird ein Unternehmen Entlassungen vornehmen und warum nimmt das Vertrauen zu oder ab? All diese Fragen des »Wann« und des »Warum« sind kaum verlässlich zu beantworten. Dennoch spielen Vertrauen und Erwartungen bei Änderungen in der gesamtwirtschaftlichen Entwicklung eine wichtige Rolle.

> **Kurztest**
> Nehmen Sie an, der Bundeswirtschaftsminister gibt auf einer Pressekonferenz bekannt, dass die Bundesregierung davon ausgeht, dass das BIP im nächsten Jahr aufgrund von ungünstigen weltwirtschaftlichen Rahmenbedingungen sinkt. Wie wird sich diese Ankündigung Ihrer Meinung nach auf das Vertrauen und die Erwartungen der Haushalte und Unternehmen auswirken?

29.3 Konjunkturmodelle

Die Bemühungen, Licht ins das Dunkel der Konjunkturzyklen zu bringen, haben zur Entwicklung von verschiedenen Modellen geführt, die sich hinsichtlich der unterstellten Modellannahmen voneinander unterscheiden. Es gibt Modelle, die davon ausgehen, dass die Märkte schnell geräumt werden und zum Gleichgewicht tendieren, sodass die Wohlfahrt der beteiligten Akteure (Haushalte und Unternehmen) maximiert wird und es keinen Grund gibt, warum die Akteure ihr Verhalten ändern sollten. Andere Modelle unterstellen, dass sich Märkte aufgrund von Starrheiten, insbesondere bei Lohnsätzen und Preisen, nur langsam anpassen, sodass für eine gewisse Zeit die Wohlfahrt aller Beteiligten nicht maximiert wird.

Wir werden im Folgenden einen Überblick über verschiedene Konjunkturmodelle geben, die entweder die Angebotsseite oder die Nachfrageseite der Volkswirtschaft betrachten. Teile dieser theoretischen Ansätze werden von *dynamischen stochastischen allgemeinen Gleichgewichtsmodellen* aufgegriffen, auf die wir am Ende des Kapitels näher eingehen wollen.

Die Angebotsseite in der Neuen Klassischen Makroökonomik

Die Neue Klassische Makroökonomik basiert auf der Analyse der Angebotsseite der Volkswirtschaft und der Funktionsweise des Arbeitsmarkts. Es wird unterstellt, dass der Arbeitsmarkt jederzeit geräumt ist, auch wenn die Arbeitskräfte nur über unvollkommene Informationen verfügen. Dreh- und Angelpunkt des Modells sind vorhersehbare und nicht vorhersehbare Preisänderungen. Sind die Arbeitskräfte in der Lage, Preisänderungen korrekt vorherzusehen, dann werden sie ihr Verhalten so gestalten, dass Reallohnsatz und Arbeitsangebot den Markt ins Gleichgewicht bringen. Steigt

z. B. das Preisniveau, dann sinkt der Reallohnsatz und die Unternehmen fragen mehr Arbeitskräfte nach. Sehen die Arbeitskräfte den Preisanstieg voraus, dann werden sie erkennen, dass der Reallohnsatz gesunken ist und die Angebotsmenge an Arbeit sinkt. Dadurch ist die Arbeitsnachfrage größer als das Arbeitsangebot und der Nominallohnsatz steigt, bis im neuen Gleichgewicht der Reallohnsatz wieder sein ursprüngliches Niveau erreicht hat.

Können die Arbeitskräfte dagegen Preisänderungen nicht vorhersehen, dann bleibt das Arbeitsangebot bei einem sinkenden Reallohnsatz und einem Anstieg der nachgefragten Menge durch die Unternehmen unverändert. Das Ungleichgewicht auf dem Arbeitsmarkt wird wiederum durch einen Anstieg des Nominallohnsatzes abgebaut. Allerdings fällt der Nominallohnsatzanstieg kleiner aus als der Preisanstieg. Dadurch sinkt der Reallohnsatz und das Produktionsniveau steigt an. Durch den Anstieg des Produktionsniveaus liegt das gesamtwirtschaftliche Einkommen oberhalb seines Trendpfades. In diesem Modell kommt es also zu einer Abweichung vom gleichgewichtigen Produktionsniveau, weil die Arbeitskräfte nur über unvollkommene Informationen verfügen und sich der Auswirkungen der Preisänderungen nicht bewusst sind.

Angebotsschocks. Die Neue Klassische Makroökonomik beschäftigt sich auch damit, wie Angebotsschocks zu Abweichungen vom Trendpfad beitragen können. Angebotsschocks wirken auf die Produktivität der Produktionsfaktoren und können entweder vorübergehender Natur – wie bei Naturkatastrophen – oder dauerhafter Natur sein – wie bei technologischen Neuerungen. So hat beispielsweise die Entwicklung der Computertechnologie in den letzten 30 Jahren einen dauerhaften Effekt auf die Produktivität gehabt, den nur wenige vorhergesagt haben.

Sind Angebotsschocks vorübergehender Natur, wie z. B. die Auswirkungen eines Erdbebens, dann sinkt die Produktivität, und die Nachfrage nach Arbeit und anderen Produktionsfaktoren sinkt, wodurch das Produktionsniveau und das gesamtwirtschaftliche Einkommen unter den Trendpfad fallen. Diese Entwicklung konnte man in der Vergangenheit beobachten, als ein Erdbeben im Norden Japans im Jahr 2011 große Zerstörungen angerichtet hat und die Warenlieferungen rund um den Globus gestört wurden. Unternehmen fehlte der Nachschub bei Rohstoffen und Einsatzteilen und einige Unternehmen waren sogar gezwungen, Arbeitskräfte zu entlassen und die Produktion stillzulegen, bis die Lieferungen wieder aufgenommen wurden. Durch die zunehmende Vernetzung der Volkswirtschaften weltweit (Globalisierung) können regional begrenzte Naturkatastrophen gravierende Auswirkungen weltweit haben.

Die Angebotsseite im Keynesianischen Modell

Im Kapitel 30 werden wir uns im Detail mit dem Beitrag von John Maynard Keynes zur Entwicklung der makroökonomischen Theorie beschäftigen. Eine der wichtigsten Thesen von Keynes war, dass Märkte nicht so schnell zum Gleichgewicht tendieren, wie es die klassische Theorie unterstellt. Keynes vertrat die Auffassung, dass die Bewegungen des Gütermarkts und des Arbeitsmarkts (zurück) zum Gleichgewicht durch die Existenz von *starren Löhnen* und *starren Preisen* behindert werden.

Auf Arbeitsmärkten gibt es vertragliche Vereinbarungen zwischen Unternehmen und Beschäftigten. Außerdem gelten bestimmte gesetzliche Regelungen (z. B. Kündigungsschutz), sodass die Unternehmen die Anzahl der Beschäftigten nicht so einfach an die wirtschaftliche Entwicklung anpassen können. Nachfrage- oder Angebotsüberschüsse werden aufgrund der starren Lohnsätze nicht sofort durch Lohnsatzänderungen abgebaut. Dies gilt insbesondere bei Lohnsatzanpassungen nach unten, sodass es für Unternehmen bei einem Angebotsüberschuss, ausgelöst durch Änderungen in den makroökonomischen Rahmenbedingungen, wie z. B. einer Änderung des Preisniveaus, nicht möglich ist, die Lohnsätze zu senken.

Starre Preise treten dann auf, wenn Preisänderungen für die Unternehmen mit Kosten verbunden sind. Wir haben dazu im Kapitel 26 die »Speisekarten«-Kosten kennengelernt. So können veränderte gesamtwirtschaftliche Rahmenbedingungen auf Gütermärkten nach einer Preisänderung verlangen, um den Markt wieder ins Gleichgewicht zu bringen, doch die Unternehmen passen die Preise aufgrund der damit verbundenen Kosten nur selten an. Außerdem haben Unternehmen in der Regel vertragliche Preisvereinbarungen mit Kunden und Lieferanten, die nur in bestimmten zeitlichen Abständen neu verhandelt und angepasst werden dürfen. Durch »Speisekarten«-Kosten sind Preise inflexibel, sodass die Märkte nicht sofort zum Gleichgewicht zurückkehren (können).

Die Nachfrageseite in der Neuen Klassischen Makroökonomik

Wir haben bereits gelernt, dass sich die gesamtwirtschaftliche Nachfrage aus den Konsumausgaben, den Investitionsausgaben, den Staatsausgaben und den Nettoexporten zusammensetzt. Änderungen in einer oder in allen Komponenten der gesamtwirtschaftlichen Nachfrage führen dazu, dass das gesamtwirtschaftliche Produktionsniveau von seinem Trend abweicht. Wir werden uns weiter hinten in diesem Buch noch genauer mit den Ursachen für Verschiebungen der gesamtwirtschaftlichen Nachfrage beschäftigen. Jetzt sollen uns nur die Auswirkungen einer Änderung der gesamtwirtschaftlichen Nachfrage interessieren. Ein Anstieg der gesamtwirtschaftlichen Nachfrage führt, *ceteris paribus*, zum einem höheren Preisniveau. Durch den Preisanstieg sinkt der Reallohnsatz und die Unternehmen stellen mehr Arbeitskräfte ein, sodass der Nominallohnsatz steigt. Damit führt der Anstieg der gesamtwirtschaftlichen Nachfrage bei höheren Preisen zu einem größeren Produktionsniveau. Da die Anzahl der Beschäftigten steigt, sinkt die Arbeitslosenquote. In der Neuen Klassischen Makroökonomik hängt alles von der Fehlinterpretation der Arbeitskräfte ab, die einen Anstieg des Nominallohnsatzes als Anstieg des Reallohnsatzes auffassen und damit die Wirkungen des Preisanstiegs auf den Reallohnsatz nicht vollständig berücksichtigen.

Letztlich bewegt sich die Volkswirtschaft zu einem neuen temporären Gleichgewicht, das die (fehlerhaften) Erwartungen einiger Akteure nicht korrekt widerspiegelt. Mit der Zeit erkennen die Arbeitskräfte jedoch, dass sich auch der Reallohnsatz geändert hat und werden ihr Verhalten entsprechend anpassen. Um ihren Lebensstandard halten zu können, werden die Beschäftigten Nominallohnsteigerungen von den

Unternehmen verlangen. Die Kosten für die Unternehmen steigen, und einige Unternehmen werden gezwungen sein, ihre Produktion zurückzufahren. Dadurch sinkt das gesamtwirtschaftliche Produktionsniveau und die Volkswirtschaft kehrt wieder zum Trendpfad zurück, allerdings bei einem höheren Preisniveau, nachdem sich die Erwartungen angepasst haben.

Sinkt die gesamtwirtschaftliche Nachfrage, dann gerät die Volkswirtschaft in eine Abschwungphase. Gesamtwirtschaftliches Produktionsniveau und Preisniveau werden kurzfristig sinken. Damit wird ein umgekehrter Prozess ausgelöst. Durch die sinkenden Preise steigt der Reallohnsatz, die Unternehmen fahren ihre Produktion zurück, die Arbeitslosenquote nimmt zu. Die Arbeitsnachfrage ist kleiner als das Arbeitsangebot und der Nominallohnsatz geht zurück. Die Beschäftigten fassen die Senkung des Nominallohnsatzes zunächst als reale Senkung des Lohnsatzes auf, werden aber im Lauf der Zeit ihre Erwartungen anpassen und den Rückgang im allgemeinen Preisniveau erkennen, sodass das gesamtwirtschaftliche Produktionsniveau letztlich zu seinem Trendpfad zurückkehrt.

Rückschlüsse auf den Konjunkturzyklus. Aus der obigen Analyse lassen sich Rückschlüsse auf das Verhalten von wichtigen makroökonomischen Größen im Konjunkturzyklus ziehen. Liegt das gesamtwirtschaftliche Produktionsniveau über ihrem Trendpfad, dann verhält sich die Arbeitslosenquote antizyklisch und die Beschäftigung prozyklisch. Auch die Inflationsrate zeigt ein prozyklisches Verhalten, während der Reallohnsatz antizyklisch ist, da der Reallohnsatz mit steigendem Produktionsniveau sinkt.

Die Nachfrageseite im Keynesianischen Modell

Wir wissen, dass die Keynes'sche Analyse von starren Lohnsätzen und starren Preisen ausgeht. Damit passen sich Lohnsätze und Preise bei einem Anstieg der gesamtwirtschaftlichen Nachfrage nur ganz allmählich an. Durch die höhere Nachfrage beginnen die Lagerbestände der Unternehmen zu sinken. Die Unternehmen werden die Produktion ausdehnen und dafür die Beschäftigung erhöhen. Auf kurze Sicht steigt also das gesamtwirtschaftliche Produktionsniveau, während das Preisniveau aufgrund der starren Preise unverändert bleibt.

Im Lauf der Zeit fällt die Volkswirtschaft allerdings auf ihren Trendpfad zurück, da sowohl Preise als auch Nominallohnsätze anfangen zu steigen. Durch den Anstieg der Nominallohnsätze erhöhen sich die Produktionskosten der Unternehmen, einige Unternehmen werden die Produktion zurückfahren, das gesamtwirtschaftliche Produktionsniveau kehrt zum Trendpfad zurück, allerdings bei einem nun höheren Preisniveau. Damit ergibt sich das gleiche Ergebnis wie in der Neuen Klassischen Makroökonomik, lediglich der Anpassungsprozess der Volkswirtschaft vollzieht sich auf anderen Wegen. Bei einer Senkung der gesamtwirtschaftlichen Nachfrage kommt es genau zu den entgegengesetzten Effekten, die das Entstehen einer Rezession begründen.

Die Geschwindigkeit, mit der die Volkswirtschaft nach einem Nachfrageschock wieder zum Trend zurückkehrt, hängt davon ab, wie schnell sich Preise und Lohnsätze an die geänderten Bedingungen anpassen. Im Keynesianischen Modell verhalten sich Beschäftigung, Reallohnsätze und Inflation prozyklisch, nur die Arbeitslosenquote ist antizyklisch.

Die Theorie realer Konjunkturzyklen (Real-Business-Cycle-Modelle)

Im Zentrum von Real-Business-Cycle-Modellen (RBC-Modelle) des Konjunkturzyklus stehen positive oder negative Technologieschocks, die unabhängig vom Reallohnsatz Auswirkungen auf die Produktivität haben. RBC-Modelle unterstellen vollkommene Märkte, Nutzenmaximierung für Haushalte und Gewinnmaximierung für Unternehmen sowie geräumte Märkte. Auf Grundlage dieser Annahmen führen z. B. positive Technologieschocks zu einer Erhöhung der Arbeitsproduktivität. Dadurch steigt das gesamtwirtschaftliche Produktionsniveau, denn die höhere Produktivität veranlasst

Fallstudie

Reale Konjunkturzyklen

Finn E. Kydland und Edward C. Prescott sind im Jahr 2004 für ihre Arbeit zum Thema Konjunkturzyklen mit dem Nobelpreis für Wirtschaftswissenschaften ausgezeichnet worden. Die beiden Ökonomen aus Norwegen (Kydland) und den USA (Prescott) haben sich in ihrer Arbeit mit Konjunkturzyklen beschäftigt, die durch reale und nicht durch nominale Schocks in der Volkswirtschaft ausgelöst wurden. Dabei waren beide in erster Linie an den typischen Mustern interessiert, das Produktionsniveau und Beschäftigung bei der Bewegung um den Trend herum im Konjunkturzyklus immer wieder zeigen.

Viele Lehrbücher definieren den Konjunkturzyklus über vier Phasen: Hochkonjunktur (Boom), Abschwung, Rezession und Aufschwung. Der Begriff Zyklus legt nahe, dass die Volkswirtschaft immer eine bestimmte Abfolge von Phasen durchläuft. Die Volkswirtschaft entwickelt sich so, dass es immer einen Boom gibt, der dann in einen Abschwung übergeht, der in einer Rezession mündet, die von einem Aufschwung beendet wird und einen neuen Boom auslöst. Kydland und Prescott fassen den Begriff Zyklus dagegen als einen Prozess auf, der sich auf einen Ausgangspunkt bezieht – in diesem Fall den Trend des Wirtschaftswachstums – und dann immer Abweichungen vom Ausgangspunkt zeigt.

Kydland und Prescott vertreten die Auffassung, dass Konjunkturzyklen als periodische Abweichungen vom Trendwachstum anzusehen sind und damit weder unvermeidbar noch evolutorisch sind. Die Erklärung für einen Abschwung in der wirtschaftlichen Entwicklung kann nicht in den Gründen für das zuvor stattgefundene Wachstum gefunden werden. Und gleichzeitig kann eine Rezession auch keine Gründe für den folgenden wirtschaftlichen Aufschwung liefern.

Auf der Grundlage der Analyse der Abweichungen vom Trend haben Kydland und Prescott einige grundlegende Erkenntnisse im Zusammenhang mit Konjunkturzyklen infrage gestellt. So würde man beispielsweise davon ausgehen, dass das Preisniveau in einem Wirtschaftsabschwung sinkt und bei einem starken Wirtschaftswachstum steigt, sich die Inflationsrate also prozyklisch verhält. In einer Abschwungphase versuchen die Unternehmen, durch Preissenkungen ihre Absatzmengen zu steigern, und haben aufgrund der schwachen Nachfrage keine Möglichkeit, Preisanhebungen zur Gewinnsteigerung durchzusetzen. In Zeiten eines kräftigen Wachstums sehen sich die Unternehmen einer wachsenden Nachfrage und höheren Kosten gegenüber und können die Preise aufgrund der starken Nachfrage zur Verbesserung der Gewinnsituation ohne große Verluste anheben.

Die beiden Ökonomen gehen jedoch davon aus, dass sich Preise antizyklisch verhalten. Schrumpft die Volkswirtschaft, dann steigen die Preise. Wächst die Volkswirtschaft, dann sinken die Preise. Und auch die Reallohnsätze sinken ihrer Meinung nach in einer Wachstumsphase und steigen in der Krise (oder zeigen gar keinen Zusammenhang mit dem Konjunkturzyklus).

Fortsetzung auf Folgeseite

29.3 Konjunkturzyklen
Konjunkturmodelle

Fortsetzung von Vorseite

Verhalten sich Preise wirklich prozyklisch, dann hätte dies Auswirkungen auf die Untersuchung der Ursachen von Wirtschaftsschwankungen. Schließlich würde man bei der Ursachenforschung davon ausgehen, dass irgendetwas Wichtiges dafür verantwortlich sein muss, wie z. B. ein großer Preisanstieg oder Schocks durch Änderungen der Geldmenge. Verhalten sich Preise jedoch nicht prozyklisch, dann geht die Analyse der Ursachen von Änderungen im Konjunkturzyklus in die falsche Richtung. Denken Sie dazu an ein Thermometer in einem Raum. Das Thermometer zeigt uns die Raumtemperatur an, aber nicht, warum es so warm oder kalt ist. Und dann würde uns auch eine detaillierte Analyse des Thermometers nicht weiterhelfen.

Nach Kydland und Prescott ist die Entscheidung der Menschen zwischen Freizeit und Arbeit (Geldverdienen) ein wichtiger Faktor bei der Erklärung von Konjunkturzyklen. Bei der Analyse möglicher Einflussfaktoren des Konjunkturzyklus sind sie zu folgenden Ergebnissen gekommen:

- Die Anzahl der geleisteten Arbeitsstunden (als Maß für den Arbeitseinsatz) ist eng mit Änderungen im BIP verbunden. Dabei wird natürlich unterstellt, dass jede geleistete Arbeitsstunde den gleichen Beitrag zum BIP erbringt. Kydland und Prescott weisen aber darauf hin, dass der Beitrag eines Gehirnchirurgen in einer Arbeitsstunde nicht der gleiche ist wie der eines Pförtners. Dies in Betracht ziehend schlussfolgern beide Ökonomen, dass die Reallohnsätze prozyklisch sind, was im Widerspruch zur traditionellen Konjunkturforschung steht.
- Der Kapitalstock ist nicht direkt, sondern zeitverzögert (um ein Jahr) mit dem realen BIP korreliert.
- Konsum und Investitionen verhalten sich prozyklisch, während die Staatsausgaben keinen Zusammenhang mit dem Konjunkturzyklus zeigen.
- Auch Importe und Exporte verhalten sich prozyklisch, allerdings mit einer Verzögerung von sechs Monaten bis zu einem Jahr.
- Lohn- und Kapitaleinkommen sind stark mit dem Konjunkturzyklus korreliert.
- Es gibt keinen Zusammenhang zwischen der Geldmenge (M1) und dem Konjunkturzyklus. Ein Geldmengenwachstum hat also keinen Einfluss auf den Wachstumspfad.
- Die Ausgestaltung von Kreditverträgen wird mit großer Wahrscheinlichkeit eine wichtige Rolle bei der Analyse von Konjunkturzyklen in der Zukunft spielen.
- Das Preisniveau zeigt ein antizyklisches Verhalten.

Die Untersuchungen von Kydland und Prescott haben eine Reihe von neuen Forschungsarbeiten zu dieser Thematik angestoßen. Dabei hat sich der Schwerpunkt von einer qualitativen auf eine quantitative Analyse verschoben. Es geht weniger darum zu überlegen, was die Daten andeuten könnten, sondern darum herauszufinden, was aus den Daten tatsächlich ablesbar ist. Verbunden damit ist eine Neubewertung der statistischen Analyse in den Wirtschaftswissenschaften, insbesondere mit Blick auf die Zeitreihenanalyse. Im Mittelpunkt steht die Frage, was lange Zeitreihen für kurze Zeiträume aussagen können.

Nach der Theorie der realen Konjunkturzyklen sind Aufschwünge und Abschwünge nicht auf ein Versagen in der Volkswirtschaft zurückzuführen. Kydland und Prescott verweisen darauf, dass sich Konjunkturzyklen aus nachvollziehbaren Reaktionen der Volkswirtschaft auf einen (exogenen) Schock ergeben. Weder Preisstarrheiten noch falsche Wahrnehmungen können aus Sicht der beiden Ökonomen den Konjunkturzyklus erklären. Wirkliche Erkenntnisse kann nur die Analyse von realen Schocks und der ausgelösten Anpassungsprozesse in der Volkswirtschaft liefern. Letzten Endes vertreten Kydland und Prescott die Auffassung, dass Konjunkturzyklen auf natürliche Weise auch in Märkten mit vollständiger Konkurrenz entstehen können, und stehen damit im Gegensatz zur klassischen Theorie, nach der es in einer Welt vollständiger Konkurrenz nicht lange zu Arbeitslosigkeit kommen kann.

Natürlich ist die Theorie realer Konjunkturzyklen nicht ohne Widerspruch geblieben. Kritisiert wurde insbesondere, dass Angebotsschocks dauerhafte Auswirkungen auf die Volkswirtschaft zugeschrieben werden, die das Entstehen von Wirtschaftskrisen erklären sollen. Auch empirische Studien hegen Zweifel, dass die Annahmen der RBC-Modelle und ihre Vorhersagen zu Schwankungen von makroökonomischen Größen zu den empirischen Befunden passen.

die Unternehmen, mehr Produktionsfaktoren nachzufragen und in der Produktion einzusetzen. Damit steigen auch die Arbeitskräftenachfrage und die Investitionsgüternachfrage. Ob der Nachfrageanstieg größer ausfällt als der Angebotsanstieg, hängt davon ab, inwieweit der technologische Schock als dauerhaft (oder zumindestens als langfristig) eingeschätzt wird. Ist dies der Fall, dann sind die Arbeitskräfte bereit, ihr Arbeitsangebot auszudehnen. Das wiederum veranlasst die Unternehmen, verstärkt in die neuen Technologien zu investieren, sodass letzten Endes der Nachfrageanstieg größer ausfällt als der Angebotsanstieg. Im neuen Gleichgewicht ergeben sich ein höheres Produktions- und Einkommensniveau und ein höherer Realzins. Ist der technologische Schock dagegen nur vorübergehend, dann reagiert das Angebot stärker als Nachfrage. Im neuen Gleichgewicht ist das Produktions- und Einkommensniveau nicht so stark angestiegen und der Realzinssatz ist gesunken.

Die Ursache für die Entstehung von Konjunkturzyklen sind also Technologieschocks, die zu Verschiebungen des gesamtwirtschaftlichen Angebots führen. Nominale Größen haben keinen Einfluss auf die gesamtwirtschaftliche Entwicklung und können damit gesamtwirtschaftliche Schwankungen auch nicht erklären. Die Theorie realer Konjunkturzyklen sieht das Wachstum der Volkswirtschaft nicht durch einen deterministischen, sondern durch einen stochastischen Trend bestimmt. In RBC-Modellen verhalten sich Beschäftigung, Arbeitsproduktivität und Reallohnsätze prozyklisch.

Dynamische stochastische allgemeine Gleichgewichtsmodelle

Bei dynamischen stochastischen allgemeinen Gleichgewichtsmodellen, auch als DSGE-Modelle (dynamic stochastic general equilibrium) bezeichnet, handelt es sich um komplexe Theoriegebäude, die auf zahlreichen Gleichungen beruhen, die Zusammenhänge zwischen wichtigen makroökonomischen Größen abbilden. In den Modellen lassen sich einzelne Parameter variieren, um die Auswirkungen bestimmter politischer Maßnahmen abzuschätzen. Die Modellergebnisse werden empirischen Beobachtungen gegenübergestellt, um die Güte und Verlässlichkeit der Modelle zu bestätigen.

DSGE-Modelle werden heutzutage insbesondere von Zentralbanken wie z. B. der EZB benutzt, um Geschehenes zu analysieren, Zukünftiges vorherzusagen und aktuelle Entscheidungen zu treffen. Ihre Dynamik erhalten die Modelle durch die Modellierung von intertemporalen Entscheidungen. Das Handeln der Akteure basiert nicht nur auf den gegenwärtigen Gegebenheiten, sondern auch auf erwarteten zukünftigen Entwicklungen. Die Modelle integrieren zufällige (stochastische) Schocks, die auf die Volkswirtschaft wirken, zu Schwankungen in der gesamtwirtschaftlichen Entwicklung und damit zu Abweichungen vom langfristigen Wachstumstrend führen. Als allgemeine Gleichgewichtsmodelle unterstellen DSGE-Modelle, dass sich Preise, Lohnsätze und Zinssätze an Angebots- und Nachfrageänderungen in Märkten anpassen.

Nicht alle DSGE-Modelle sind in gleicher Weise aufgebaut. Viele DSGE-Modelle haben jedoch folgende grundlegende Bausteine: Haushalte, Unternehmen und eine geldpolitische Instanz (die Zentralbank).

Haushalte. Die Haushalte stellen die Nachfrageseite der Volkswirtschaft dar, die wiederum das BIP bestimmt. Die Gleichungen zur Abbildung des Verhaltens der Haushalte enthalten den Realzinssatz und Erwartungen über zukünftige Entwicklungen. Es wird unterstellt, dass die Haushalte unter Berücksichtigung der Budgetbeschränkung ihre Wohlfahrt maximieren. Diese mikroökonomische Fundierung ist ein wesentliches Element von DSGE-Modellen. Das Maximierungsverhalten der Haushalte wird zunehmend durch neue verhaltensökonomische Erkenntnisse erweitert, wie z. B. den Einfluss des Konsumverhaltens in der Vergangenheit auf die Entscheidungen der Haushalte.

In DSGE-Modellen spielt der Realzinssatz eine entscheidende Rolle. Wenn der Realzinssatz fällt, haben die Haushalte einen Anreiz, mehr zu konsumieren und weniger zu sparen, was zu einem Nachfrageanstieg führt. Bei einem steigenden Realzinssatz kommt es zu einer entgegengesetzten Reaktion. Es gibt demnach einen negativen Zusammenhang zwischen dem Realzinssatz und den gewünschten Konsumausgaben der Haushalte. Zu einem Anstieg der Nachfrage kommt es – unabhängig vom Zinsniveau – ebenfalls, wenn die Erwartungen der Haushalte über die zukünftige wirtschaftliche Entwicklung positiv sind. Negative Erwartungen der Haushalte führen zu einem Nachfragerückgang. Die Nachfrage wiederum beeinflusst die Preisentwicklung und die Erwartungen über die zukünftige Preisentwicklung.

Die Haushalte bieten auf dem Arbeitsmarkt ihre Arbeitskraft an. Die Haushalte stehen vor der Entscheidung zwischen Arbeit und Freizeit. Die Höhe des Konsums wird durch die Anzahl der Arbeitsstunden determiniert, die ihrerseits das Arbeitsangebot bestimmen. Wollen die Haushalte mehr konsumieren, müssen sie mehr Arbeitsstunden anbieten. Die Lohnzahlungen, die sie erhalten, können sie entweder ausgeben oder sparen. Die Gütermenge, die die Haushalte mit ihren Lohnzahlungen erwerben können, wird durch die Preisentwicklung beeinflusst. Die Höhe der Ersparnis hängt von den möglichen Zinseinkünften ab, die durch den Realzinssatz bestimmt sind.

Zu Schocks auf der Nachfrageseite kann es kommen, wenn sich die Haushalte zur Finanzierung von Konsumausgaben stark verschulden und dann irgendwann ihre Konsumausgaben kürzen, um die Schulden zurückzahlen zu können.

Unternehmen. Es wird unterstellt, dass die Unternehmen in der Produktion Technologie, Realkapital und Arbeit einsetzen und das Ziel der Gewinnmaximierung verfolgen. Die Kostenstrukturen der Unternehmen werden ganz wesentlich durch den Produktionsfaktor Arbeit definiert. Die Technologie wiederum bestimmt die Faktorproduktivität. Den Unternehmen wird im Modell ein gewisser Preissetzungsspielraum zugestanden. Der Preis, den die Unternehmen verlangen, ergibt sich durch einen Aufschlag auf die Grenzkosten der Produktion, die ihrerseits durch die Arbeitskosten beeinflusst werden. Die Höhe des Aufschlages hängt von den für die Zukunft erwarteten Gewinnen ab. Diese Verknüpfung verdeutlicht die Rolle der Erwartungen für die Entscheidung der Unternehmen im Modell. Aufgrund von Speisekarten-Kosten kommt es nur selten zu Preisanpassungen durch die Unternehmen.

Um ihre Produktion in Zeiten eines wirtschaftlichen Wachstums steigern zu können, müssen die Unternehmen den Arbeitskräften Anreize bieten. Bei steigenden Lohnsätzen werden von den Arbeitskräften mehr Arbeitsstunden angeboten. Das führt allerdings auch zu höheren Grenzkosten in der Produktion, die Preiserhöhungen auslösen können. Es gibt also eine direkte Verknüpfung zwischen den realwirtschaftlichen Handlungen und der Preisentwicklung.

Der Realkapitalbestand der Unternehmen hängt sowohl von den Sparentscheidungen der Haushalte als auch von der Effizienz des Finanzsektors ab. Je schlechter der Finanzsektor funktioniert, desto schwerer kommen die Unternehmen zu einem bestimmten Zeitpunkt an die benötigten Finanzmittel, und die Kosten für den Zugang zu Finanzmitteln steigen.

Schocks auf der Angebotsseite können durch technologische Änderungen verursacht werden, die die Produktivität und den Reallohnsatz beeinflussen.

Die geldpolitische Instanz. Angebot und Nachfrage auf Güter- und Arbeitsmärkten bestimmen die geldpolitischen Entscheidungen der Zentralbank, die das kurzfristige Zinsniveau steuert. Die Höhe der Zinssätze setzt die Zentralbank in Abhängigkeit von der gegenwärtigen Inflation, der erwarteten zukünftigen Inflation und der gesamtwirtschaftlichen Entwicklung. Dabei gilt die sogenannte *Taylor-Regel* (die wir im Kapitel 26 kennengelernt haben), bei der das aktuelle Zinsniveau an eine Zielgröße für die Inflationsrate und den Abstand zwischen Produktionsniveau und Produktionspotenzial (»Outputlücke«) angepasst wird. Beobachtet die Zentralbank inflationäre Tendenzen in der Volkswirtschaft, kommt es zu einer Zinsanhebung, die die Entscheidungen von Haushalten und Unternehmen gleichermaßen beeinflusst. Auf sinkende Inflationsraten reagiert die Zentralbank mit Zinssenkungen, um die gesamtwirtschaftliche Entwicklung anzukurbeln und die Einhaltung des Inflationsziels sicherzustellen.

Anwendung von DSGE-Modellen. DSGE-Modelle gehören mittlerweile zum Standardwerkzeugkasten der geldpolitischen Entscheidungsträger. Mithilfe von DSGE-Modellen lassen sich zukünftige Entwicklungen vorhersagen und Auswirkungen von verschiedenen wirtschaftspolitischen Maßnahmen analysieren. Untersuchungen zeigen, dass DSGE-Modelle über einen Zeitraum von bis zu einem Jahr verlässliche Aussagen über die zukünftige Entwicklung von BIP und Inflation treffen.

Die Mehrzahl der Ökonomen vertritt die Auffassung, dass DSGE-Modelle bei weitem nicht perfekt, aber gut genug und besser als andere Modelle dazu geeignet sind, Hilfestellung für die Wirtschaftspolitik zu leisten. Bei Störungen der gesamtwirtschaftlichen Entwicklung können DSGE-Modelle wertvolle Hinweise über die Art des Schocks sowie dessen Ausmaß und Auswirkungen liefern und damit Hinweise für die geeigneten wirtschaftspolitischen Maßnahmen geben. Zu den Schwächen der Modelle gehört die Annahme, dass Konsum, Löhne, Investitionen und Produktion langfristig mit der gleichen Rate wachsen. Diese Annahme lässt sich durch empirische Beobachtungen nicht wirklich bestätigen. Zudem hat die Finanzkrise gezeigt, dass dem Finanzsektor in zukünftigen Modellentwürfen eine größere Bedeutung zukommen muss. Gleiches gilt für die Auswirkungen von staatlichen Eingriffen in die gesamtwirtschaftliche Entwicklung. Die notwendigen Anpassungen der DSGE-Modelle sind in vollem Gange und liefern ein anschauliches Beispiel für den ständigen Veränderungsprozess, dem die Volkswirtschaftslehre durch beobachtete Entwicklungen unterliegt, und der dazu beiträgt, unser Verständnis über die Volkswirtschaft weiter zu verbessern.

29.3 Konjunkturzyklen
Konjunkturmodelle

Aus der Praxis

Der Blick zurück auf die konjunkturelle Entwicklung in der Bundesrepublik Deutschland

In der Abbildung 29-2 haben wir bereits einen ersten Blick auf die konjunkturelle Entwicklung in der Bundesrepublik Deutschland seit 1971 geworfen. Wir wollen im Folgenden einen Blick hinter die Zeitreihe der jährlichen Wachstumsrate werfen, einzelne Aufschwung- und Abschwungphasen ein wenig näher beleuchten und dabei auch auf die Anfangsjahre der Bundesrepublik Deutschland schauen.

Die konjunkturelle Entwicklung in den 1950er-Jahren zeichnet sich, wie in Abbildung 29-5 zu sehen, durch zwei Besonderheiten aus: (1) Die deutsche Volkswirtschaft ist mit Raten zwischen 4 Prozent und 12 Prozent kräftig gewachsen. Die durchschnittliche Wachstumsrate betrug 8,2 Prozent – ein Wachstumsniveau, das die deutsche Volkswirtschaft in den folgenden Dekaden nie mehr erreicht hat. (2) Es gab kein Jahr mit negativen Wachstumsraten, die deutsche Volkswirtschaft ist also kontinuierlich gewachsen. Durch das starke Wirtschaftswachstum stieg der Arbeitskräftebedarf enorm an. Die Arbeitslosenquote sank von 11 Prozent im Jahr 1950 auf unter 1 Prozent Anfang der 1960er-Jahre, bereits Mitte der 1950er-Jahre begann die Anwerbung von Gastarbeitern. Für die wirtschaftliche Entwicklung in den 1950er-Jahren wurde der Begriff »Wirtschaftswunder« geprägt.

Zu den Gründen für das deutsche »Wirtschaftswunder« in den 1950er- und zu Beginn der 1960er-Jahre gibt es eine Reihe von Erklärungsansätzen. Eine Theorie setzt an dem uns bereits bekannten *Catch-up-Effekt* an. Der Catch-up-Effekt besagt, dass Länder mit einem geringen Pro-Kopf-Einkommen, von einem gegebenen Ausgangspunkt betrachtet, tendenziell ein schnelleres Wachstum erreichen als Länder mit hohem Pro-Kopf-Einkommen, da bereits geringe Investitionen in Realkapital die Produktivität der Arbeitskräfte beträchtlich erhöhen. Und genau das konnte man im Nachkriegsdeutschland der 1950er-Jahre beobachten. Nach dem Krieg war ein Teil der Produktionsanlagen zerstört, die Wirtschaft lag am Boden, das Pro-Kopf-Einkommen lag unter dem Niveau von 1928. In dieser Situation führte der Investitionsboom zu einem rasanten Produktivitätswachstum und damit zu einem hohen Wirtschaftswachstum.

Nachdem das Wirtschaftswachstum 1966 nur noch bei 2,8 Prozent lag, passierte im darauf folgenden Jahr etwas, mit dem niemand gerechnet hatte. Die deutsche Volkswirt-

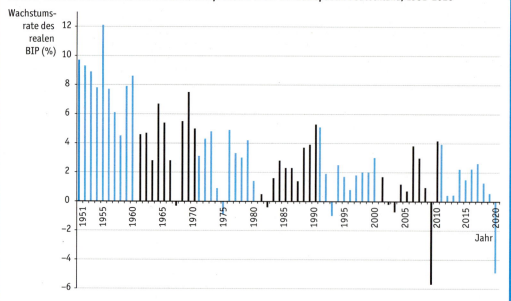

Abb. 29-5: Die Wachstumsrate des Bruttoinlandsprodukts in der Bundesrepublik Deutschland, 1951–2020

Quelle: Statistisches Bundesamt

Fortsetzung auf Folgeseite

Fortsetzung von Vorseite

schaft schrumpfte. Die Wachstumsrate des (realen) BIP lag mit –0,3 Prozent erstmals seit Gründung der Bundesrepublik Deutschland im negativen Bereich. Die Zahl der Arbeitslosen verdreifachte sich innerhalb eines Jahres, die Arbeitslosenquote stieg von 0,7 Prozent auf 2,1 Prozent. Diese erste Wirtschaftskrise war im Wesentlichen auf eine ausgeprägte Investitionsschwäche zurückzuführen. Der Arbeitskräftemangel hatte zu kräftigen Lohnsteigerungen geführt, die die Unternehmen von neuen Investitionen abhielten und gleichzeitig die Inflationsrate erhöhten. Die Bundesbank reagierte darauf mit Zinserhöhungen, die die Investitionsnachfrage zusätzlich drückten. Rückläufige Steuereinnahmen führten zu sinkenden öffentlichen Investitionen. Die Krise führte im Sommer 1967 zur Verabschiedung des Gesetzes zur Förderung der Stabilität und des Wachstums der Wirtschaft (auch als Stabilitäts- und Wachstumsgesetz bekannt), in dem die gesamtwirtschaftlichen Ziele Preisniveaustabilität, hoher Beschäftigungsstand und außenwirtschaftliches Gleichgewicht bei einem angemessenen und stetigen Wirtschaftswachstum als sogenanntes »Magisches Viereck« des gesamtwirtschaftlichen Gleichgewichts als Staatsziel definiert wurden. Letztendlich war die leichte Rezession von 1967 nur von kurzer Dauer und wurde in der Öffentlichkeit nur deshalb so stark wahrgenommen, weil man in der Nachkriegsgeschichte bis dahin kein negatives Wachstum kannte. Das sollte sich in den folgenden Jahren ändern.

Bis zum nächsten Abschwung dauerte es nur wenige Jahre. Diesmal kam die Krise von außen und wurde durch einen drastischen Preisanstieg von Rohöl auf dem Weltmarkt ausgelöst. Rohöl war und ist ein wichtiger Rohstoff für Unternehmen in der Mineralölindustrie (zur Herstellung von Benzin, Heizöl und Schmiermitteln), in der Kunststoffindustrie (z. B. zur Herstellung von Reifen) und in der chemischen Industrie (z. B. zur Herstellung von Kerzen). Nachdem sich der Preis für Rohöl im Jahr 1974 im Vergleich zum Vorjahr nahezu vervierfacht hatte, führte der damit einhergehende Kostenanstieg zu einem Rückgang der Industrieproduktion. Der Ölpreisanstieg führte zusammen mit hohen Lohnabschlüssen im öffentlichen Dienst zu einem deutlichen Anstieg der Inflationsrate, die 1974 auf über 7 Prozent stieg. Zur Bekämpfung der hohen Inflation erhöhte die Bundesbank die Zinsen. Die Wachstumsrate des (realen) BIP fiel innerhalb eines Jahres von 4,8 Prozent (1973) auf 0,9 Prozent (1974). Im Jahr 1975 schrumpfte die deutsche Volkswirtschaft dann sogar (–0,9 Prozent). Die Arbeitslosenquote stieg im Zeitraum 1973–1975 von 1,2 Prozent auf 4,7 Prozent. Nur wenige Jahre später führte ein erneuter starker Anstieg des Ölpreises 1979/1980 die deutsche Volkswirtschaft im Jahr 1982 erneut in die Talsohle.

Ab Mitte der 1980er-Jahre schlug die deutsche Volkswirtschaft dank sinkender Inflationsraten und gestützt auf den stetigen Anstieg der Exporte einen moderaten Wachstumskurs ein, der durch die deutsche Wiedervereinigung und den damit einhergehenden Nachfrageboom Wachstumsraten von über 5 Prozent produzierte, aber 1993 ein jähes Ende nahm. Sinkende Investitionen aufgrund von Überkapazitäten und hohe Zinsen, rückläufige Exporte durch ein schwaches weltwirtschaftliches Umfeld und eine nachlassende Konsumnachfrage verursachen die bis dato »schwerste« Wirtschaftskrise in der Geschichte der Bundesrepublik, und das (reale) BIP sank um 1,0 Prozent.

Die deutsche Volkswirtschaft erholte sich schnell und kehrte bereits ein Jahr später in die Wachstumszone zurück. In den folgenden Jahren stützte sich das Wachstum vor allem auf die Exportnachfrage, während die Konsumnachfrage verhalten blieb. Der Zusammenbruch der Dotcom-Blase, zahlreiche Unternehmensskandale, die Anschläge des 11. September 2001 und der Krieg im Irak führten zu Beginn der 2000er-Jahre weltweit zu Vertrauensverlust und Unsicherheit. Dieser Entwicklung konnte sich auch die deutsche Volkswirtschaft nicht entziehen und sie stagnierte in den Jahren 2002 und 2003. Die von den Zentralbanken als Reaktion auf den Abschwung eingeleiteten Zinssenkungen führten bald zu einem Anziehen der Konjunktur, begünstigten aber gleichzeitig das Entstehen einer Spekulationsblase, die nur wenige Jahre später in der Finanzkrise gipfelte.

Der wirtschaftliche Abschwung, der der Finanzkrise folgte und der im Herbst 2008 einsetzte, führte zur schwersten Rezession seit der Weltwirtschaftskrise in den 1930er-Jahren. Das BIP sank im Jahr 2009 um 5,7 Prozent. Zur Stabilisierung von Wachstum und Beschäftigung brachte die Bundesregierung im Herbst 2008 und Anfang 2009 zwei Konjunkturpakete auf den Weg, die staatliche Investitionen in Infrastruktur, Steuersenkungen sowie Subventionen (»Abwrackprämie«) umfassten. Insgesamt hatten die Konjunkturpakete I und II ein Finanzvolumen von mehr als 100 Milliarden Euro und verhinderten, dass die deutsche Volkswirtschaft in eine lange und tiefe Rezession abglitt. Bereits ab 2010 konnte die deutsche Volkswirtschaft wieder positive Wachstumsraten vorweisen. Insgesamt blieb die Wachstumsdynamik in den 2010er-Jahren mit einer durchschnittlichen Wachstumsrate von 1,9 Prozent eher verhalten. Aber die Zahl der Arbeitslosen sank stetig und

Fortsetzung auf Folgeseite

> *Fortsetzung von Vorseite*
>
> der Schuldenstand der öffentlichen Haushalte war erstmals seit Jahrzehnten wieder rückläufig. Dieser ruhige, aber stetige Aufschwung fand mit der Covid-19-Pandemie ein jähes Ende.
>
> Im Auf und Ab der konjunkturellen Entwicklung seit 1951 sieht man, dass Rezessionsphasen weder in regelmäßigen Abständen noch mit gleicher Intensität wiederkehren. Gleichzeitig ist zu erkennen, dass sich auch die Frage nach dem Trendwachstum der deutschen Volkswirtschaft nicht durch eine Zahl beantworten lässt. Über alle Jahre ergibt sich zwar eine durchschnittliche Wachstumsrate von 3,1 Prozent. Allerdings lag die durchschnittliche Wachstumsrate in den 1950er-Jahren bei 8,2 Prozent, in den 1990er-Jahren nur noch bei 2,2 Prozent, in den 2000er-Jahren sogar nur noch bei 0,7 Prozent. Die Wachstumsrate des (realen) BIP scheint also eher ein nichtstationäres Verhalten zu zeigen.
>
> **Fragen**
> 1. Warum werden die 1950er-Jahre allgemein als »Wirtschaftswunderjahre« bezeichnet? Was könnte die Ursache für das starke Wirtschaftswachstum gewesen sein?
> 2. Warum wurde die kurze Rezession von 1967 in der Öffentlichkeit so stark wahrgenommen?
> 3. Was lässt sich über das Trendwachstum der deutschen Volkswirtschaft sagen?

29.4 Fazit

In diesem Kapitel haben wir die Grundlagen für die detaillierte Analyse von kurzfristigen Schwankungen in den nächsten Kapiteln gelegt. Dies gilt es im Hinterkopf zu behalten, wenn wir das Verhalten von makroökonomischen Schlüsselgrößen im Zeitablauf näher untersuchen.

Es gibt unterschiedliche Auffassungen unter Ökonomen über den Konjunkturzyklus, die aus unterschiedlichen Annahmen über die Funktionsweise der Volkswirtschaft, ihre Tendenz hin zum Gleichgewicht und das Verhalten der einzelnen Akteure herrühren. Konjunkturmodelle schauen sowohl auf die Angebotsseite als auch auf die Nachfrageseite. Im Zusammenhang mit wirtschaftspolitischen Entscheidungen, die die Schwankungen im Trendwachstum glätten sollen, stellen sich verschiedene Fragen. Belastbare Antworten darauf lassen sich mit großer Wahrscheinlichkeit nur im Zusammenspiel der unterschiedlichen Modelle finden.

Die Theorie realer Konjunkturzyklen und ihre RBC-Modelle hinterfragen, inwieweit die Trends, die wir in Zeitreihendaten erkennen und die die Grundlage der Analyse bilden, tatsächlich vorhanden sind. Entsprechend konzipierte wirtschaftspolitische Maßnahmen würden dann in die falsche Richtung gehen.

Zusammenfassung

▸ In Volkswirtschaften kommt es zu Schwankungen in der Wirtschaftstätigkeit.
▸ Wichtige makroökonomische Daten sind in der Regel Zeitreihendaten. Eine verlässliche statistisch-ökonometrische Analyse von Zeitreihendaten geht über die Standardinstrumente der Statistik und Ökonometrie weit hinaus.
▸ Das Wirtschaftswachstum scheint im Zeitablauf einem steigenden Trend zu folgen.
▸ Abweichungen von diesem Trend werden als Konjunkturzyklus bezeichnet.

- Der Konjunkturzyklus besteht aus vier Phasen: Boom (Hochkonjunktur), Abschwung, Rezession und Aufschwung mit wichtigen Wendepunkten zwischen den einzelnen Phasen.
- Zeitreihendaten können ein stationäres oder ein nichtstationäres Verhalten zeigen. Nichtstationäre Daten können einem deterministischen Trend folgen, bei dem die Abweichungen vom Trend stationär sind, oder einem stochastischen Trend, bei dem Abweichungen zufällig sind (random walk).
- Ökonomen untersuchen häufig, inwiefern es zwischen einer makroökonomischen Größe und dem BIP im Zeitablauf einen Gleichlauf gibt. Dabei kann die Variable ein prozyklisches oder ein antizyklisches Verhalten in Bezug auf das BIP zeigen.
- Mithilfe von makroökonomischen Daten lassen sich Konjunkturindikatoren definieren. Dabei gibt es vorlaufende, gleichlaufende und nachlaufende Indikatoren (Frühindikatoren, Präsenzindikatoren und Spätindikatoren).
- Konjunkturelle Schwankungen können durch Änderungen in den Entscheidungen von Haushalten und Unternehmen entstehen, indem sie auf externe Schocks, die Wirtschaftspolitik und Vertrauens- oder Erwartungsänderungen reagieren.
- Konjunkturmodelle unterscheiden sich hinsichtlich ihrer Annahmen zur Markträumung und zur Beziehung zwischen Angebotsseite und Nachfrageseite einer Volkswirtschaft.
- Die Theorie realer Konjunkturzyklen stellt Technologieänderungen als Ursache von Wirtschaftsschwankungen in den Mittelpunkt.

Stichwörter

- Zeitreihendaten
- Depression
- Gipfel der konjunkturellen Entwicklung
- Rezession
- Talsohle der konjunkturellen Entwicklung
- Schrumpfung
- Amplitude
- Trend
- stationäre Zeitreihen von Daten
- nichtstationäre Zeitreihen von Daten
- deterministische Trends
- stochastische Trends
- Gleichlauf
- prozyklisches Verhalten
- antizyklisches Verhalten
- Frühindikatoren
- Spätindikatoren
- Präsenzindikatoren

Wiederholungsfragen

1. Was sind Zeitreihendaten? Nennen Sie drei Beispiele für makroökonomische Zeitreihendaten.
2. Erläutern Sie die verschiedenen Phasen eines Konjunkturzyklus.
3. Worin besteht der Unterschied zwischen einem deterministischen und einem stochastischen Trend?
4. Was ist der wesentliche Unterschied zwischen RBC-Modellen und anderen Konjunkturmodellen?

Aufgaben und Anwendungen

1. Nehmen Sie an, die Wachstumsrate des BIP beträgt in einem bestimmten Jahr 3,4 Prozent, während das Trendwachstum 2,4 Prozent beträgt. In den nächsten beiden Jahren sinkt das Wachstum auf 2,8 Prozent, dann auf 2,0 Prozent und im aktuellen Jahr auf 0,5 Prozent. Besteht die Gefahr, dass die Volkswirtschaft in eine Rezession gerät? Erläutern Sie Ihre Antwort.

Konjunkturzyklen
Aufgaben und Anwendungen

2. Gehen Sie auf die Webseite des Statistischen Bundesamtes (www.destatis.de) und recherchieren Sie die Werte für die Inflationsrate und die Erwerbslosenquote in den letzten 50 Jahren. Tragen Sie die Werte jeweils in einem Diagramm ab. Sind die Zeitreihen stationär oder folgen die Zeitreihen einem Trend?

3. Erläutern Sie, ob die folgenden Größen in der Bundesrepublik Deutschland ein prozyklisches oder ein antizyklisches Verhalten zeigen:
   a. Inflationsrate
   b. Beschäftigungsniveau
   c. Erwerbslosenquote

4. Unternehmen stellen fest, dass ihre Lagerbestände angestiegen sind. Erläutern Sie, wie es dazu gekommen sein könnte, wie die Unternehmen Ihrer Meinung nach darauf reagieren werden und welche Auswirkungen diese Reaktion auf das gesamtwirtschaftliche Produktionsniveau haben wird.

5. Nehmen Sie an, das Preisniveau sinkt, was von den Arbeitskräften nicht vorhergesehen wird. Welche Effekte werden sich daraus auf das gesamtwirtschaftliche Produktionsniveau ergeben?

6. Ihr Mitbewohner liest auf der Internetseite des Statistischen Bundesamtes (www.destatis.de), dass der Auftragseingangsindex der deutschen Industrie deutlich angestiegen ist, gleichzeitig aber auch die Erwerbslosenquote. Können Sie diesen (vermeintlichen) Widerspruch erklären?

30 Keynes, Keynesianer und die IS-LM-Analyse

Im Jahr 1936 veröffentlichte der Nationalökonom John Maynard Keynes (1883–1946) ein – inzwischen berühmtes – Buch mit dem Titel *The General Theory of Employment, Interest, and Money* (deutscher Titel: *Allgemeine Theorie der Beschäftigung, des Zinses und des Geldes*). Darin untersuchte er Konjunkturschwankungen im Allgemeinen und die Weltwirtschaftskrise im Besonderen. Vor der Veröffentlichung des berühmten Werks von Keynes bestimmte die klassische Theorie der Selbstheilung von Märkten durch einen stetigen Drang zum Gleichgewicht hin das ökonomische Denken. Eine eigenständige makroökonomische Theorie entstand erst in der Folge der Weltwirtschaftskrise; sie entsprang gleichermaßen dem Wunsch, das empirisch Beobachtete zu erklären und das Scheitern der klassischen Ökonomik verstehen zu wollen. Dabei war Keynes streng genommen nicht der erste Nationalökonom, der die klassische Theorie infrage gestellt hat. Wir haben im vorangegangenen Kapitel schon auf die Arbeiten des US-amerikanischen Nationalökonomen Wesley C. Mitchell verwiesen, der seine Untersuchungen zum Konjunkturzyklus bereits zwanzig Jahre vor der Weltwirtschaftskrise veröffentlichte. Keynes hat diese Arbeit aufgegriffen und das Interesse auf die Analyse gesamtwirtschaftlicher Entwicklungen gelenkt.

Keynes' wichtigste Aussage war, dass Wirtschaftskrisen deshalb eintreten können, weil die gesamtwirtschaftliche Nachfrage unzureichend ist. Keynes hatte bereits lange zuvor die klassische Nationalökonomie kritisiert, da sie nur langfristige Wirkungen der Wirtschaftspolitik erklären könne. Einige Jahre vor der Veröffentlichung seines großen Werks hatte Keynes bereits über die klassische Nationalökonomie geschrieben: »Die lange Frist der Betrachtung ist für die jeweils aktuellen Probleme verfehlt. Langfristig sind wir alle tot. Nationalökonomen machen es sich zu leicht mit der in stürmischen Zeiten nutzlosen Aussage, dass das Meer wieder ruhig sein wird, lange nachdem der Sturm vorbei ist.«

Keynes' Botschaft richtete sich an Wirtschaftspolitiker wie an Wirtschaftswissenschaftler. Als die Volkswirtschaften der Welt unter hoher Arbeitslosigkeit litten, trat Keynes für eine Steigerung der gesamtwirtschaftlichen Nachfrage ein – und sei es durch Regierungsaufträge für öffentliche Arbeiten. Anstatt einfach auf das irgendwann von selbst eintretende langfristige Gleichgewicht zu warten, könnten sich kurzfristige stabilisierende Eingriffe des Staates in die Volkswirtschaft seiner Auffassung nach als vorteilhaft erweisen.

Die modische Bevorzugung von Geldpolitik und Angebotspolitik zur Steuerung der hochentwickelten Volkswirtschaften hat dazu geführt, dass die Keynes'schen Ideen zur Nachfragepolitik in die Geschichtsbücher abgedrängt wurden. Erst die globale Finanz- und Wirtschaftskrise von 2007 bis 2009 führte zu einer Wiederbelebung makroökonomischen Denkens nach Keynes. Die Beiträge von Keynes zum wirtschaftlichen Denken sind weithin bekannt und geschätzt. Man sollte sie kennen. Dazu lädt das vorliegende Kapitel ein.

30.1 Das Keynesianische Kreuz

Klassische Ökonomen hatten ein festes Grundvertrauen in die Wirksamkeit der Marktprozesse und die Räumung der Märkte. Makroökonomisch folgte daraus, dass bei Ungleichgewichten und herrschender Arbeitslosigkeit durch Lohnsatz- und Preisänderungen die wünschenswerten Anpassungen ausgelöst werden und die Volkswirtschaft dadurch zu Gleichgewicht und Vollbeschäftigung zurückfindet. **Vollbeschäftigung** wird dabei so definiert, dass die Arbeitskräfte, die zum herrschenden Lohnsatz arbeiten möchten, einen Arbeitsplatz finden. Alle dennoch bestehende Arbeitslosigkeit gilt als »freiwillige« Arbeitslosigkeit. Die Erfahrung der Weltwirtschaftskrise der 1930er-Jahre führte jedoch zu einer genauen Überprüfung der klassischen Annahmen. Millionen arbeitsloser Menschen konnten zum herrschenden Lohnsatz wohl kaum freiwillig arbeitslos sein. Es handelte sich um »unfreiwillig« Arbeitslose.

Vollbeschäftigung
Bei Vollbeschäftigung finden die Arbeitskräfte, die zum herrschenden Lohnsatz arbeiten möchten, einen Arbeitsplatz.

Geplante und tatsächliche Ausgaben

Grundlegend für die Analyse nach Keynes ist die Unterscheidung von geplanten und tatsächlichen Entscheidungen der Haushalte und Unternehmen. **Geplante Ausgaben, Ersparnisse** oder **Investitionen** beziehen sich auf Erwünschtes oder Beabsichtigtes von Haushalten und Unternehmen. Ein Verleger plant vielleicht den Verkauf von 100.000 Lehrbuchexemplaren in den ersten drei Monaten eines Jahres, eine Familie mag einen Sommerurlaub in der Türkei planen und vielleicht möchte ein junges Paar 1.000 Euro für eine Hochzeitsreise ansparen.

Geplante Ausgaben, Ersparnisse oder **Investitionen**
Erwünschte oder beabsichtigte Aktionen von Haushalten oder Unternehmen.

Tatsächliche Ausgaben, Ersparnisse oder **Investitionen** betreffen realisierte Ergebnisse ex post. Der erwähnte Verleger verkauft in der betreffenden Zeit vielleicht nur 80.000 Bücher und behält 20.000 auf Lager. Ein Familienmitglied wird vielleicht krank und reiseunfähig, sodass der tatsächliche Konsum niedriger ausfällt und ungeplante Ersparnisse eintreten. Die Hochzeitsreisenden sind vielleicht durch einen Hochwasserschaden gezwungen, ihre Reise zu verschieben.

Tatsächliche Ausgaben, Ersparnisse oder **Investitionen**
Die tatsächlichen oder Ex-post-Ergebnisse von Aktionen von Haushalten oder Unternehmen.

Geplante und tatsächliche Ergebnisse können demnach sehr unterschiedlich ausfallen, wie die Beispiele zeigen. Davon ausgehend kam Keynes zu der Überlegung, dass es keine Gründe gibt, weshalb ein gleichgewichtiges gesamtwirtschaftliches Einkommen zugleich auch zu Vollbeschäftigung führt. Lohnsätze und Preise sind auf kurze Sicht nicht hinreichend flexibel, es gibt starre Preise und Lohnsätze. Eine Volkswirtschaft kann demnach in einer Situation sein, in der die gesamtwirtschaftliche Nachfrage nicht für Vollbeschäftigung ausreicht. Die Massenarbeitslosigkeit der 1930er-Jahre könnte durch staatliche Maßnahmen zur Anhebung der Nachfrage gemildert werden, argumentierte Keynes.

Das Gleichgewicht in der Volkswirtschaft

Das Bruttoinlandsprodukt (oder gesamtwirtschaftliches Einkommen Y) spaltet sich in vier Komponenten auf: Konsum, Investitionen, Staatsausgaben und Nettoexporte (Außenbeitrag, d. h. Exporte minus Importe). Stellen wir uns eine Situation vor, in der die Ausgaben einer Volkswirtschaft, also $C + I + G + NX$, stets den Einnahmen entsprechen. Die Abbildung 30-1 greift diese Situation auf. In den Diagrammen (a) und (b) der Abbildung 30-1 markiert die 45-Grad-Linie alle Punkte mit Übereinstimmung von Gesamtausgaben und gesamtwirtschaftlichem Einkommen. Diese Linie kann man auch als Kapazitätslinie oder Kurve des aggregierten Angebots (AS) deuten.

Die Gerade $C + I + G + NX$ ist einkommensabhängig, die Höhe der Ausgaben hängt also von der Höhe des (gesamtwirtschaftlichen) Einkommens ab. Je höher das gesamtwirtschaftliche Einkommen ausfällt, desto größer sind auch die Gesamtausgaben. Die Steigung der Geraden $C + I + G + NX$ ist damit positiv. Der Schnittpunkt der Ausgabengeraden $C + I + G + NX$ mit der Ordinate markiert die Höhe der **autonomen Ausgaben**, in diesem Fall E_0. Die autonomen Ausgaben stellen eine Ausgabengröße dar, die nicht durch die Höhe des (gesamtwirtschaftlichen) Einkommens bestimmt wird. Bei autonomen Ausgaben geht es vorrangig um Staatsausgaben.

In dem Punkt, in dem die tatsächlichen Ausgaben den geplanten Ausgaben entsprechen, befindet sich die Volkswirtschaft kurzfristig im Gleichgewicht. Dabei bezeichnet der Ausdruck »Gleichgewicht« hier nicht ein optimales oder erwünschtes Marktergebnis sondern kennzeichnet lediglich den Punkt, in dem tatsächliche und geplante Ausgaben übereinstimmen. Die Volkswirtschaft befindet sich dort im Gleichgewicht, wo die Gerade $C + I + G + NX$ die 45-Grad-Linie schneidet (zunächst jeweils bei Y_1). Diese Darstellung wird auch als *Keynesianisches Kreuz* bezeichnet. Man kann sich nun einen Realausgleich von Angebot und Nachfrage bei konstanten Preisen vorstellen, aber auch einen Preisausgleich, wobei die Preise bei überschießender Nachfrage ansteigen (deshalb inflatorische Lücke) und bei zu geringer Nachfrage sinken können (deshalb deflatorische Lücke). Im Diagramm (a) ist das Gleichgewichtseinkommen Y_1 kleiner als das Vollbeschäftigungseinkommen Y_f. Dabei bestehen Leerkapazitäten und Arbeitslosigkeit. Beim Vollbeschäftigungseinkommen Y_f liegt die Ausgabengerade $C + I + G + NX$ unter der für das Vollbeschäftigungseinkommen erforderlichen Ausgabengeraden $C_1 + I_1 + G_1 + NX_1$, die Differenz wird **deflatorische Lücke** genannt. Um die deflatorische Lücke zu beseitigen, müssen die Ausgaben auf $C_1 + I_1 + G_1 + NX_1$ steigen, und damit um den Abstand zwischen den tatsächlichen Ausgaben und den Ausgaben, die zur Erreichung von Vollbeschäftigung notwendig sind.

Im Diagramm (b) dagegen stellt sich im Schnittpunkt der Ausgabengeraden $C + I + G + NX$ mit der 45-Grad-Linie zunächst ein Einkommen Y_1 ein, das über dem Vollbeschäftigungseinkommen Y_f liegt. In dieser Situation verfügt die Volkswirtschaft nicht mehr über genügend freie Kapazitäten, um die tatsächlichen Ausgaben zu befriedigen. Dadurch kommen inflatorische Anspannungen in die Volkswirtschaft. Beim Vollbeschäftigungseinkommen Y_f liegt die Ausgabengerade (oder die aggregierte Nachfrage) $C + I + G + NX$ über der für das Vollbeschäftigungseinkommen erforderlichen Ausgabengerade $C_2 + I_2 + G_2 + NX_2$, die Differenz wird **inflatorische Lücke** genannt. Um

Autonome Ausgaben
Ausgaben, die nicht einkommensabhängig sind.

Deflatorische Lücke
Die Differenz zwischen dem Ausgabenniveau, das für die Erreichung von Vollbeschäftigung notwendig ist, und den tatsächlichen Ausgaben, die unter den für die Erreichung des Vollbeschäftigungsniveaus notwendigen Ausgaben liegen.

Inflatorische Lücke
Die Differenz zwischen dem Ausgabenniveau, das für die Erreichung von Vollbeschäftigung notwendig ist, und den tatsächlichen Ausgaben, die über den für die Erreichung des Vollbeschäftigungsniveaus notwendigen Ausgaben liegen.

30.1 Keynes, Keynesianer und die IS-LM-Analyse
Das Keynesianische Kreuz

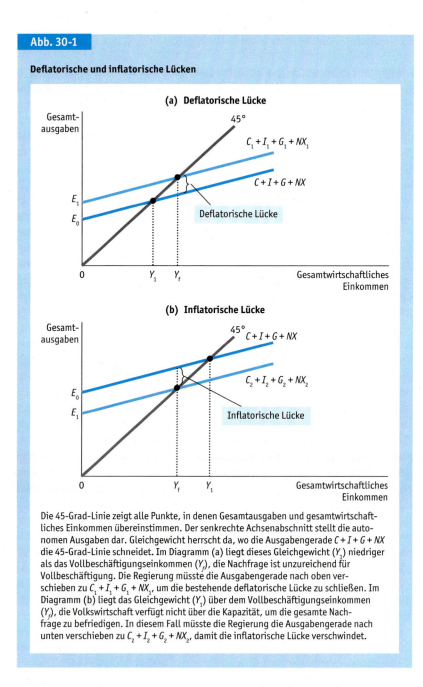

Abb. 30-1

Deflatorische und inflatorische Lücken

(a) Deflatorische Lücke

(b) Inflatorische Lücke

Die 45-Grad-Linie zeigt alle Punkte, in denen Gesamtausgaben und gesamtwirtschaftliches Einkommen übereinstimmen. Der senkrechte Achsenabschnitt stellt die autonomen Ausgaben dar. Gleichgewicht herrscht da, wo die Ausgabengerade $C + I + G + NX$ die 45-Grad-Linie schneidet. Im Diagramm (a) liegt dieses Gleichgewicht (Y_1) niedriger als das Vollbeschäftigungseinkommen (Y_f), die Nachfrage ist unzureichend für Vollbeschäftigung. Die Regierung müsste die Ausgabengerade nach oben verschieben zu $C_1 + I_1 + G_1 + NX_1$, um die bestehende deflatorische Lücke zu schließen. Im Diagramm (b) liegt das Gleichgewicht (Y_1) über dem Vollbeschäftigungseinkommen (Y_f), die Volkswirtschaft verfügt nicht über die Kapazität, um die gesamte Nachfrage zu befriedigen. In diesem Fall müsste die Regierung die Ausgabengerade nach unten verschieben zu $C_2 + I_2 + G_2 + NX_2$, damit die inflatorische Lücke verschwindet.

die inflatorische Lücke zu beseitigen, müssen die Ausgaben auf $C_2 + I_2 + G_2 + NX_2$ sinken, damit die tatsächlichen Ausgaben den Ausgaben entsprechen, die zur Erreichung von Vollbeschäftigung notwendig sind.

Das Keynesianische Kreuz   30.1

Nachfragesteuerung. Nach der Keynes'schen Analyse sind konjunkturelle Schwankungen auf Einflüsse von der Nachfrageseite zurückzuführen. Der Grundgedanke, der dahinter steht, ist einfach und einleuchtend. Es kommt zu konjunkturellen Schwankungen, wenn die Unternehmen nicht die Menge an Waren und Dienstleistungen verkaufen können, die sie geplant haben. Wenn die Kunden (und damit sind nicht nur Endkunden, sondern auch andere Unternehmen gemeint) weniger Waren und Dienstleistungen kaufen, müssen die Unternehmen nicht so viel produzieren und fahren ihre Produktion zurück. Das führt zu Kurzarbeit oder Entlassungen bei den Beschäftigten, die Arbeitslosigkeit steigt. Die betroffenen Arbeitskräfte haben Einkommenseinbußen zu verzeichnen und senken ihre Ausgaben, wodurch sich die Lage für die Unternehmen weiter verschärft.

Die Ursache für einen Rückgang der Konsumausgaben ist oft nicht so einfach zu identifizieren. Mangelndes Vertrauen in die Arbeit der Regierung kann dafür ebenso verantwortlich sein wie düstere Erwartungen für die Zukunft. Manchmal entsteht eine Krise erst, weil alle, insbesondere die Medien, darüber reden und alle anfangen, daran zu glauben. Denkbar sind auch einfach Änderungen im Konsumverhalten, die dazu führen, dass einige Unternehmen rückläufige Absätze zu beklagen haben und der ausgelöste Strukturwandel auch gesamtwirtschaftlich mit Nachfrageverwerfungen einhergeht. Beschäftigte, die arbeitslos geworden sind, verfügen nicht über die erforderlichen Qualifikationen, um in den neuen Wachstumsbranchen Fuß zu fassen und bleiben langzeitarbeitslos.

Keynes vertrat die Auffassung, dass der Staat mithilfe von geld- und insbesondere fiskalpolitischen Maßnahmen die gesamtwirtschaftliche Nachfrage steuern sollte, um deflatorische und inflatorische Lücken zu schließen. Steuern führen zu Abflüssen aus dem Wirtschaftskreislauf, deren Höhe durch den Staat festgelegt wird. Gleichzeitig kann der Staat auch die Höhe seiner Ausgaben variieren. Durch die Kombination von Steuer- und Staatsausgabenänderungen verfügt der Staat über die entsprechenden Hebel, um die gesamtwirtschaftliche Nachfrage zu steuern und die Volkswirtschaft in Richtung Gleichgewicht bei Vollbeschäftigung zu bewegen. Nehmen wir an, das Einkommensniveau bei Vollbeschäftigung liegt bei 1 Billion Euro (1.000.000.000.000), aber die tatsächlichen Ausgaben belaufen sich nur auf 800 Milliarden Euro (800.000.000.000). Dann existiert eine deflatorische Lücke in Höhe von 200 Milliarden Euro (200.000.000.000). Der Staat könnte in einer solchen Situation durch Steuersenkungen und höhere Ausgaben die fehlenden 200 Milliarden Euro an Ausgaben generieren. Mit dem Einsatz dieser fiskalpolitischen Hebel sind einige interessante Aspekte verknüpft, die wir uns im Folgenden näher anschauen wollen.

> **Kurztest**
>
> Warum könnten geplante und tatsächliche Ausgaben voneinander abweichen? Liegen die geplanten Ausgaben in einer Volkswirtschaft bei 500 Milliarden Euro, die tatsächlichen Ausgaben dagegen bei 400 Milliarden Euro, gibt es dann eine inflatorische oder eine deflatorische Lücke? Was könnte der Staat in einer solchen Situation tun, um die Ausgaben an das Niveau heranzuführen, das zur Vollbeschäftigung erforderlich ist?

30.2 Der Multiplikatoreffekt

Die Ausgabengerade $C + I + G + NX$ wird auch als Ausgabenfunktion bezeichnet. Die geplanten Ausgaben E hängen von der Höhe der Konsumausgaben, der Investitionsausgaben, der Staatsausgaben und den Nettoexporten ab:

$E = C + I + G + NX$

Die tatsächlichen Ausgaben werden mit Y bezeichnet. Die Volkswirtschaft befindet sich dann im Gleichgewicht, wenn die geplanten Ausgaben den tatsächlichen Ausgaben entsprechen: $E = Y$.

Der steigende Verlauf der Ausgabenfunktion bedeutet, dass die geplanten Ausgaben mit steigendem Einkommen zunehmen. Aber wovon hängt die Steigung der Ausgabenfunktion ab? Auf diese Frage wollen wir im Folgenden eine Antwort finden.

Sofern eine Regierung Geld für Güterkäufe ausgibt, beispielsweise 10 Milliarden Euro für neue Gaskraftwerke, haben diese Staatsausgaben Auswirkungen auf die gesamte Volkswirtschaft. Die Erstwirkung der zusätzlichen Staatsausgaben zeigt sich in Umsatz, Beschäftigung und Gewinn der Bauwirtschaft, hier gezeigt am Beispiel des fiktiven Unternehmens PowerGas. PowerGas muss Verschiedenes zukaufen, um den Auftrag ausführen zu können. Auch dabei entstehen Nachfrage und Beschäftigung, jetzt bei anderen Unternehmen. Sobald dann die Beschäftigten höhere Löhne und die Unternehmenseigner höhere Gewinne erzielen, folgt daraus ein erhöhter Konsum. Am Ende steigt durch die zusätzlichen Staatsausgaben an PowerGas die Nachfrage bei zahlreichen weiteren Unternehmen und in der Volkswirtschaft insgesamt. Da jeder Euro an Staatsausgaben die aggregierte Nachfrage um mehr als einen Euro steigert, haben Staatsausgaben einen **Multiplikatoreffekt** auf die aggregierte Nachfrage.

Der Multiplikatoreffekt setzt sich über die »erste Runde« hinweg fort. Sofern die Konsumausgaben steigen, stellen die Konsumgüterproduzenten mehr Arbeitskräfte ein und sie erzielen höhere Gewinne. Höhere Einkommen und Gewinne stimulieren die Konsumnachfrage erneut. Es besteht also eine positive Rückkopplung. Die Gesamtwirkung auf die Nachfrage vermag den ersten Anstoß durch höhere Staatsausgaben um ein Vielfaches zu übersteigen.

Dieser Multiplikatoreffekt, der sich aus Reaktionen des Konsums ergibt, kann sich weiter verstärken, wenn man Rückwirkungen auf die Investitionen berücksichtigt. So investiert in unserem Beispiel PowerGas vielleicht in Kräne oder andere Baumaschinen. Höhere Staatsausgaben vermögen also durchaus auch die Investitionen zu beleben. Diese Zusammenhänge werden oft unter der Überschrift Investitionsakzelerator oder *Akzeleratorprinzip* erörtert.

Eine Formel für den Ausgabenmultiplikator

Ein wenig Algebra macht es möglich, eine Formel für die Größe des Multiplikatoreffekts herzuleiten, der sich aus einer Steigerung der Konsumausgaben ergibt. Eine wichtige Größe in dieser Formel ist die **marginale Konsumquote** – der Anteil, den ein Haushalt vom zusätzlichen Einkommen konsumiert (statt zu sparen). Beträgt die mar-

---

Multiplikatoreffekt
Die zusätzliche aggregierte Nachfrage, die sich ergibt, wenn eine expansive Fiskalpolitik (Staatsausgabenmultiplikator) das Einkommen und dadurch auch den Konsum erhöht.

Marginale Konsumquote
Der Anteil, den ein Haushalt vom zusätzlichen Einkommen konsumiert (statt zu sparen).

Der Multiplikatoreffekt 30.2

Fallstudie

Das Akzeleratorprinzip

Das Akzeleratorprinzip findet man in wirtschaftstheoretischen Lehrbüchern als eine spezielle makroökonomische Investitionsfunktion verzeichnet: Investitionen sind mit einem bestimmtem Faktor (dem Akzelerator) von den Änderungen (!) der Nachfrage, des Umsatzes oder des gesamtwirtschaftlichen Einkommens abhängig. Die Reaktion der Investitionen auf Differenzen der aggregierten Nachfrage oder des gesamtwirtschaftlichen Einkommens wird dabei bisweilen mit Verzögerungen um eine bestimmte »Reaktionsperiode« modelliert. Um Güter herzustellen, braucht ein Unternehmen Maschinen. Stellen wir uns eine Maschine vor, die pro Woche 1.000 Tablet-PCs erzeugen kann. Die Nachfrage nach Tablet-PCs betrage 800 Stück. Bei einem Anstieg der Nachfrage um weitere 200 Tablet-PCs braucht man nicht in neue Maschinen zu investieren, man kommt mit der vorhandenen Maschine aus. Sofern jedoch das Nachfragewachstum anhält, kann es notwendig werden, in eine zusätzliche Maschine zu investieren.

Im ersten Jahr wachse die Nachfrage nach Tablet-PCs um 10 Prozent auf 880 Stück. Dies ist mit der vorhandenen Aus-rüstung zu bewältigen. Im zweiten Jahr steige die Nachfrage nach Tablet-PCs um 20 Prozent auf nunmehr 1.056 Stück an. Angesichts dieser geringfügigen Übernachfrage entscheidet man sich zu einer Preiserhöhung statt zu einer Investition in eine zusätzliche Maschine. Im dritten Jahr jedoch steigt die Nachfrage um weitere 25 Prozent auf eine Höhe von nunmehr 1.320 Stück, wobei die vorhandene Maschine nur 1.000 Tablet-PCs zu bewältigen vermag. Nunmehr fällt die Entscheidung zur Investition in eine zusätzliche Maschine. Demnach stellen die Maschinenhersteller einen Anstieg ihrer Aufträge aufgrund einer Nachfragesteigerung fest. Ein Nachfrageanstieg um 25 Prozent hat zu einem »beschleunigten« Anstieg der Investitionen von 100 Prozent geführt. Investitionen sind eine Komponente der gesamtwirtschaftlichen Nachfrage und deshalb interessieren sich Volkswirte dafür, wie sich die Investitionen an Nachfrageveränderungen anpassen. Wie das kleine Beispiel hier zeigt, ist der Zusammenhang zwischen einem Nachfrageanstieg und einem Anstieg der Investitionen nicht so ganz einfach.

---

ginale Konsumquote (marginal propensity to consume – MPC) in einer Volkswirtschaft beispielsweise 0,75, dann bedeutet das, dass von jeder zusätzlichen Einheit des Einkommens (ob Dollar oder Euro) 0,75 Einheiten in den Konsum fließen und 0,25 gespart werden. Man kann daraus ohne Weiteres auch die marginale Sparquote (marginal propensity to save – MPS) als Bruchteil ablesen: Die **marginale Sparquote** ist der Anteil, den ein Haushalt vom zusätzlichen Einkommen nicht für Konsumzwecke ausgibt, sondern spart. Bei einer marginalen Konsumquote von 0,75 geben Arbeitnehmer und Eigentümer der oben erwähnten Firma PowerGas bei einer Einkommenssteigerung um 10 Milliarden Euro durch einen Regierungsauftrag insgesamt 7,5 Milliarden Euro (d. h. 0,75 × 10 Milliarden Euro) zusätzlich für den Konsum aus. Beiläufig sieht man, dass die marginale Konsumquote und die marginale Sparquote zusammen eins ergeben.

> **Marginale Sparquote**
> Der Anteil, den ein Haushalt vom zusätzlichen Einkommen nicht für Konsumzwecke ausgibt, sondern spart.

Um die Gesamtwirkung der Nachfrageveränderung durch eine staatliche Ausgabensteigerung zu bestimmen, gehen wir Schritt für Schritt vor. Am Anfang stehen zusätzliche Staatsausgaben von 10 Milliarden Euro, wobei das gesamtwirtschaftliche Einkommen ebenfalls um diesen Betrag ansteigt. Die Einkommenssteigerung wiederum führt zum Anstieg der Konsumausgaben um 0,75 mal 10 Milliarden Euro, was in der Konsumgüterindustrie erneut zu einer Expansion führt: 0,75 × (0,75 × 10 Milliarden Euro). Diese Rückkoppelungseffekte gehen immer weiter. Alle diese Einzelwirkungen in den aufeinanderfolgenden Perioden sind zu addieren, um den Gesamteffekt abzuschätzen. Das Ergebnis erschließt sich als Summe einer Reihe für unendlich viele Perioden:

Veränderung der Staatsausgaben	= 10 Milliarden Euro
Erste Konsumänderung	= MPC × 10 Milliarden Euro
Zweite Konsumänderung	= MPC^2 × 10 Milliarden Euro
Dritte Konsumänderung	= MPC^3 × 10 Milliarden Euro
.	.
.	.
.	.
Gesamtänderung der Nachfrage	= $(1 + MPC + MPC^2 + MPC^3 + \ldots)$ × 10 Milliarden Euro

In der Klammer steht »…« für eine unendliche Anzahl ähnlicher Terme. Aus der Schulzeit können Sie sich vielleicht an die unendliche geometrische Reihe erinnern. Wenn für x gilt $-1 < x < 1$, dann folgt:

$1 + x + x^2 + x^3 + \ldots = 1/(1-x)$

In unserem Falle ist $x = MPC$, sodass der

Multiplikator = $1/(1 - MPC)$

beträgt.

Da nach den Überlegungen zuvor $MPC + MPS = 1$ gilt, kann man den Multiplikator auch so formulieren:

Multiplikator = $1/MPS$

Wenn MPC z. B. 0,75 beträgt, ist der Multiplikator $1/(1 - 0{,}75)$ oder 4. In diesem Fall führen 10 Milliarden Euro zusätzlicher Staatsausgaben insgesamt zu 40 Milliarden Euro zusätzlicher Güternachfrage (und entsprechend mehr Beschäftigung).

Die Multiplikatorformel führt zu einer wichtigen Erkenntnis: Die Größe des Multiplikators hängt von der marginalen Konsumquote ab, einer Verhaltenskonstanten der Bevölkerung. Während eine marginale Konsumquote von 0,75 zu einem Multiplikator von 4 führt, bewirkt eine marginale Konsumquote von nur 0,50 lediglich einen Multiplikator in Höhe von 2. Eine größere marginale Konsumquote bedeutet einen größeren Multiplikator. Um dies einzusehen, muss man daran denken, wie höhere Einkommen höhere Konsumausgaben anregen. Je höher die marginale Konsumquote ist, umso größer sind gleichsam die »induzierten« Konsumausgaben und der Multiplikator.

Weitere Anwendungen des Multiplikators

Aufgrund der Multiplikatorwirkungen kann also ein zusätzlicher Euro an Staatsausgaben mehr als einen zusätzlichen Euro an aggregierter Nachfrage erzeugen. Doch ist die Logik der Multiplikatorwirkungen nicht auf den Staatsausgabenmultiplikator beschränkt. Multiplikatoreffekte können überall eintreten, wo sich Komponenten des gesamtwirtschaftlichen Einkommens verändern – beim Konsum, bei den Investitionen, bei den Staatsausgaben und bei den Nettoexporten.

Nehmen wir z. B. an, dass Konjunktureinbrüche im Ausland die deutschen Nettoexporte um 1 Milliarde Euro vermindern. Diese verminderten Ausgaben für Waren und Dienstleistungen aus Deutschland dämpfen das deutsche gesamtwirtschaftliche Einkommen, woraus wiederum ein Rückgang der Konsumausgaben im Inland folgt. Bei einer marginalen Konsumquote von 0,75 und einem Multiplikator von 4 bedeutet der Einbruch der Nettoexporte um 1 Milliarde Euro einen Rückgang der aggregierten Nachfrage um 4 Milliarden Euro.

Ein anderes Beispiel knüpft an den Aktienmarkt an: Kursanstiege führen für den Haushaltssektor zu einem Vermögenszuwachs, woraus zusätzliche Konsumausgaben für Waren und Dienstleistungen in Höhe von 2 Milliarden Euro entstehen. Diese zusätzlichen Konsumausgaben steigern das gesamtwirtschaftliche Einkommen, woraus wiederum noch mehr Einkommen und Konsum entstehen. Bei einer marginalen Konsumquote von 0,75 und einem Multiplikator von 4 bedeutet der erste Impuls von 2 Milliarden Euro einen Anstieg der aggregierten Nachfrage um 8 Milliarden Euro.

Der Multiplikatorbegriff ist eine wichtige makroökonomische Konzeption, die zeigt, wie eine Volkswirtschaft aufgrund der bestehenden Systemzusammenhänge die Anstöße aus Nachfragezuwächsen insgesamt vergrößern kann. Ein kleiner erster Anstoß beim Konsum, bei den Investitionen, bei den Staatsausgaben oder bei den Nettoexporten kann schließlich zu einer großen Wirkung auf die aggregierte Nachfrage sowie die Produktion von Gütern und die Beschäftigung führen.

Eine weitere wichtige begriffliche Konzeption in diesem Zusammenhang betrifft die *autonomen Ausgaben*. Die Ausgaben, die in jeder Ausgabenrunde zusätzlich stattfinden, werden auch als induzierte Ausgaben bezeichnet. Der Multiplikator zeigt, wie der letztendliche Einkommensanstieg von der Größe von *MPC* und von *MPS* abhängt. Je höher die marginale Konsumquote ist, desto größer fällt der Multiplikatoreffekt aus.

In einer offenen Volkswirtschaft mit Staatsaktivität wird ein zusätzlicher Euro jedoch nicht einfach nur ausgegeben oder gespart (S), sondern er kann auch für Importe (IM) sowie für Steuern (T) ausgegeben werden. Man spricht dabei oft vom Abfluss aus dem Kreislauf (W). Diese Abflüsse aus dem volkswirtschaftlichen Kreislauf werden als *endogen* klassifiziert, wenn sie unmittelbar mit der Einkommensentwicklung verknüpft sind (z. B. Einkommen- oder Körperschaftsteuer). Es gibt auf der anderen Seite auch Zuflüsse zum Kreislauf (Steuern werden in der Regel für Waren oder Dienstleistungen ausgegeben). Zuflüsse zum Kreislauf nennt man *exogen*, sofern sie nicht vom volkswirtschaftlichen Einkommensniveau abhängig sind wie die erwähnten autonomen Ausgaben. Es handelt sich dabei um Investitionen (I), Staatsausgaben (G) und Exporterlöse (EX).

Die Steigung der Ausgabengeraden hängt damit davon ab, wie viel von einem zusätzlichen Euro aus dem Kreislauf abfließt. Mit Blick auf die möglichen Abflüsse (W) aus dem volkswirtschaftlichen Kreislauf geht es nicht nur um Ersparnisse als Nachfrageausfall, sondern um weitere Komponenten. Man hat neben der marginalen Sparquote (*MPS*) zusätzlich die marginale Steuerquote (*MPT*) und die marginale Importquote (*MPM*) zu berücksichtigen. Damit steht ein zusätzlicher Euro an Einkommen nicht vollständig als verfügbares Einkommen für den Konsum zur Verfügung. Daraus ergeben sich eine marginale Kreislaufentzugsquote (*MPW*) und ein komplexer Multiplikator (k):

$$k = 1/(MPS + MPT + MPM)$$

oder

$k = 1/MPW$

Die marginale Kreislaufentzugsquote (*MPW*) vermindert den oben abgeleiteten Multiplikator und dadurch auch die Anstoßwirkung auf das gesamtwirtschaftliche Einkommen. Die Größe des Multiplikators bestimmt die Steigung der Ausgabengeraden: Je größer der Anstieg der Ausgabengeraden, desto größer ist der Multiplikator. Abbildung 30-2 veranschaulicht diesen Zusammenhang.

Das Gleichgewicht von geplanten Abflüssen und Zuflüssen

Der Blick auf den volkswirtschaftlichen Kreislauf ist hilfreich für das Verständnis der Nachfragesteuerung. Beginnen wir mit der gesamtwirtschaftlichen Einkommensidentität:

Produktionsniveau ≡ Ausgaben ≡ Einkommen

Im makroökonomischen Kreislaufgleichgewicht müssten die geplanten Abflüsse aus dem Kreislauf mit den geplanten Zuflüssen in den Kreislauf übereinstimmen:

$S + T + IM$ (geplant) $= I + G + EX$ (geplant)

In dieser Situation würde das gesamte Güterangebot der Volkswirtschaft durch Haushalte und Unternehmen »gekauft«. Bei Ungleichgewichten der einen oder anderen Art gilt das aber nicht. Wenn die tatsächlichen Abflüsse aus dem Kreislauf größer sind als die geplanten Zuflüsse, wird die Volkswirtschaft eine Schwächung der Nachfrage erfahren. Unterstellen wir beispielsweise ein Vollbeschäftigungseinkommen von 120 Milliarden Euro. Die Abflüsse aus dem Kreislauf sind einkommensabhängig:

$S = 0{,}1 \times Y$
$T = 0{,}2 \times Y$
$IM = 0{,}2 \times Y$

Ein Einkommensanstieg von einem Euro führt also zu einem Anstieg der Ersparnis von 10 Cent.

Nehmen wir weiter an, die Investitionsausgaben belaufen sich auf 20 Milliarden Euro, die Staatsausgaben ebenfalls auf 20 Milliarden Euro und die Exporte auf 10 Milliarden Euro.

Mit diesen Angaben lässt sich das Gleichgewichtsniveau des gesamtwirtschaftlichen Einkommens wie folgt berechnen:

$S + T + IM$ (geplant) $= I + G + EX$ (geplant)
$0{,}1 \times Y + 0{,}2 \times Y + 0{,}2 \times Y = 20 + 20 + 10$
$0{,}5 \times Y = 50$
$Y = 100$

30.2 Der Multiplikatoreffekt

Abb. 30-2

Steigung der Ausgabengeraden und Veränderungen autonomer Ausgaben

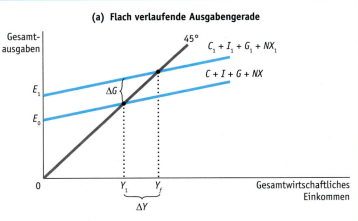
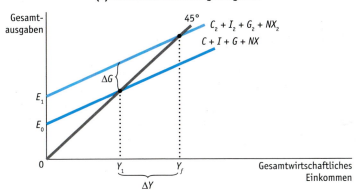

Diagramm (a) zeigt eine verhältnismäßig flache Ausgabengerade, wobei die marginale Kreislaufentzugsquote (*MPW*) hoch und der Multiplikator niedrig ist. Die Auswirkung einer Staatsausgabenänderung (ΔG) auf das gesamtwirtschaftliche Einkommen (ΔY) fällt geringer aus als in der Konstellation, die anschließend gezeigt wird. Im Diagramm (b) verläuft die Ausgabengerade steiler und lässt auf eine niedrigere marginale Kreislaufentzugsquote (*MPW*) sowie einen größeren Multiplikator schließen. Hier bewirkt die gleiche Staatsausgabenerhöhung eine größere Erhöhung des gesamtwirtschaftlichen Einkommens als in Diagramm (a).

Im Gleichgewicht liegt das gesamtwirtschaftliche Einkommen um 20 Milliarden Euro unter Vollbeschäftigungseinkommen. Der Staat kann nun auf unterschiedliche Weise versuchen, die Nachfrage zur Erreichung des Vollbeschäftigungsniveaus zu steigern. Denkbar ist eine Erhöhung der Staatsausgaben um 10 Milliarden Euro, was über den

Multiplikatoreffekt zum einen Anstieg des gesamtwirtschaftlichen Einkommens auf 120 Milliarden Euro führt.

$S + T + IM$ (geplant) $= I + G + EX$ (geplant)
$0{,}1 \times Y + 0{,}2 \times Y + 0{,}2 \times Y = 20 + 30 + 10$
$0{,}5 \times Y = 60$
$Y = 120$

In einer offenen Volkswirtschaft kann der Staat auch daran interessiert sein, die Handelsbilanz auszugleichen. Nehmen wir an, das gesamtwirtschaftliche Einkommen liegt bei 120 Milliarden Euro, die Exporte belaufen sich auf 10 Milliarden Euro, aber die Importe ergeben sich über $0{,}2 \times Y$ und wären damit 24 Milliarden Euro. Ist der Staat bestrebt, die Nettoexporte auf null zu bringen, so kann er entweder die Staatsausgaben senken oder die Steuersätze verändern, sodass die marginale Steuerquote steigt. Werden die Staatsausgaben um 5 Milliarden Euro gesenkt und die marginale Steuerquote steigt auf 0,4, dann stellen sich Nettoexporte von null ein.

$S + T + IM$ (geplant) $= I + G + EX$ (geplant)
$0{,}1 \times Y + 0{,}4 \times Y + 0{,}2 \times Y = 20 + 5 + 10$
$0{,}7 \times Y = 35$
$Y = 50$

Diese Politik hat allerdings gravierende Auswirkungen auf das gesamtwirtschaftliche Einkommen. Daran wird deutlich, dass der Staat durch Fiskalpolitik die Nachfrage steuern kann, damit aber Auswirkungen auf andere Bereiche der Volkswirtschaft einhergehen, die längerfristige Effekte haben können. Versucht der Staat durch eine Ankurbelung der Nachfrage die Arbeitslosigkeit zu senken, dann senkt diese Politik die Nettoexporte und das Land erfährt Handelsbilanzdefizit ($NX < 0$).

Wir haben gelernt, wie der Handel den Nettokapitalabfluss und den Wechselkurs bestimmt. Wechselkursänderungen haben Auswirkungen auf die Wettbewerbsfähigkeit der Unternehmen in einer Volkswirtschaft. Selbst wenn der Staat also in der Lage ist, die Arbeitslosigkeit zu senken, kann diese Politik langfristige Auswirkungen haben, die dann wiederum einen Eingriff des Staates notwendig machen (beispielsweise bei einer Währungskrise), mit dem Effekt, dass das gesamtwirtschaftliche Einkommen sinkt und die Arbeitslosigkeit wieder steigt.

In der Nachkriegszeit schien die Politik der Nachfragesteuerung in vielen Volkswirtschaften erfolgreich zu sein. Ab Mitte der 1960er-Jahre traten aber immer mehr Probleme zutage, die die Zweifel an der Wirksamkeit einer Nachfragesteuerung mehrten und dazu führten, dass die keynesianisch geprägte Wirtschaftspolitik von der Bildfläche verschwand.

30.3 Die IS- und die LM-Kurve

Das sogenannte Keynesianische Kreuz vermittelt das Bild einer Volkswirtschaft im kurzfristigen Gleichgewicht. (Wenn Sie ein Exemplar von Keynes' *General Theory* durchblättern, werden Sie überrascht sein, dort nicht ein Diagramm mit einem Keynesianischen Kreuz zu finden. Die grafische Darstellung des Keynesianischen Kreuzes wurde von Ökonomen erst im Nachhinein entwickelt, um die Ideen von Keynes besser zu veranschaulichen). Im Gleichgewicht stimmen die geplante Ausgaben mit dem tatsächlichen Einkommen überein ($E = Y$). Man deutet dieses Gleichgewicht als ein Makro-Marktgleichgewicht auf dem Gütermarkt. Das Gleichgewicht auf dem Geldmarkt befindet sich im Schnittpunkt der Nachfrage nach und des Angebots an realem Geld oder **Realkasse**.

Beide Makromärkte – Gütermarkt und Geldmarkt – sind durch den Zinssatz miteinander verbunden. Die Keynes'sche Analyse des Gütermarkts und des Geldmarkts (mithilfe der Liquiditätspräferenztheorie, die wir im weiteren Verlauf des Buches noch im Detail kennenlernen werden), hat John Hicks (1904–1989), ein britischer Ökonom und Nobelpreisträger, für viele leicht verständlich formalisiert (weshalb die Darstellung auch in allen Lehrbüchern zu finden war) und zusammengebracht, wobei literarisch hoch gebildete Keynesianer gewisse Vorbehalte geltend machen. Der Entwurf ist als IS-LM-Modell bekannt.

Die IS- und die LM-Kurve beschreiben das Gleichgewicht auf zwei Makromärkten (Gütermarkt und Geldmarkt), woraus sich das gesamtwirtschaftliche oder *allgemeine Gleichgewicht* einer Volkswirtschaft bei einem bestimmten Zinssatz und einem bestimmten Einkommensniveau ergibt (Schnittpunkt der beiden Kurven). Die weiteren Ausführungen hier sollen das IS-LM-Modell näher erläutern. Darauf bauen viele makroökonomische Lehrveranstaltungen auf, obwohl die Analyse zeitweilig als unmodern galt und sogar die Frage gestellt wurde, ob man die betreffenden Seiten nicht aus den Lehrbüchern entfernen sollte, weil das Modell die Funktionsweise von modernen Volkswirtschaften insbesondere nach der Finanzkrise (angeblich) nicht mehr abbilden kann. Wir werden uns hier um eine alternative Darstellung des Modells bemühen, die wesentlichen Einwänden Rechnung tragen soll.

Trotz aller Kritik hilft das IS-LM-Modell, die Interaktion von Gütermarkt und Geldmarkt zu untersuchen und die Wirkungen von Geld- und Fiskalpolitik zu erkennen und zu verstehen. IS steht dabei für Investitionen und Sparen; LM steht für Liquidität und Geld. Die verbindende Variable zwischen den beiden Makromärkten ist der Zinssatz (i).

> **Realkasse**
> Güteräquivalent, das man beim herrschenden Preisniveau (P) mit dem vorhandenen Geldangebot (M) kaufen kann (M/P).

Die IS-Kurve

Die IS-Kurve zeigt jene Kombinationen von Zinssatz (i) und Einkommensniveau (Y), bei denen ein Gleichgewicht auf dem Gütermarkt herrscht. Die IS-Kurve ist gleichsam der geometrische Ort aller Gütermarktgleichgewichte mit den Punkten (i, Y). Das Diagramm (a) der Abbildung 30-3 knüpft an die Abbildung 30-2 an. Der Gleichgewichtspunkt a ist der Schnittpunkt der Ausgabengeraden $C + I + G + NX$ und der 45-Grad-Linie.

30.3 Keynes, Keynesianer und die IS-LM-Analyse
Die IS- und die LM-Kurve

Das Diagramm (b) zeigt dazu die IS-Kurve. Auf der senkrechten Achse ist der Zinssatz abgetragen, auf der waagerechten das gesamtwirtschaftliche Einkommen. Das Gleichgewicht a im Diagramm (a) geht mit dem Zinssatz i_1 einher – im Diagramm (b) ist es als Punkt $a*$ gezeichnet. Bei einem Rückgang des Zinsniveaus (von i_1 zu i_2) verschiebt sich die Ausgabengerade nach oben zu $C_1 + I_1 + G_1 + NX_1$ in den neuen Schnittpunkt b mit der 45-Grad-Linie. In Diagramm (b) ist dieses Gleichgewicht bei niedrigerem Zinssatz und höherem Einkommen als Punkt $b*$ auf der IS-Kurve bezeichnet. Die Kurve zeigt alle möglichen Gleichgewichtspunkte im Gütermarkt, die mit einem bestimmten Zinssatz und einem bestimmten Einkommensniveau korrespondieren.

Die IS-Kurve zeigt einen gegenläufigen Zusammenhang von Zinssatz und Einkommen: Höhere Zinssätze sind mit niedrigeren Einkommen und niedrigere Zinssätze mit höheren Einkommen verbunden. Die Höhe des Einkommensanstiegs hängt vom Zinsniveau und der Größe des Multiplikators ab. Die Steigung der IS-Kurve ergibt sich aus der Zinsabhängigkeit der Konsumausgaben und der Investitionsausgaben. Unter Ökonomen ist nicht der tendenzielle Zusammenhang strittig, sondern nur das Ausmaß der Zinsabhängigkeit. Je größer die Zinsabhängigkeit von Konsum und Investitionen ist, umso flacher verläuft die IS-Kurve.

Verschiebungen der IS-Kurve. Verschiebungen der IS-Kurve entstehen durch Änderungen in den autonomen Ausgaben. Kommt es beispielsweise zu höheren Staatsausgaben, dann geschieht dies unabhängig von möglichen Zinsänderungen. Steigen die autonomen Ausgaben, dann verschiebt sich die IS-Kurve nach rechts. Zum herrschenden Zinsniveau gibt es nun ein höheres Einkommensniveau. Sinkende autonome Ausgaben verschieben die IS-Kurve nach links, beim gegebenen Zinsniveau ist das gesamtwirtschaftliche Einkommen zurückgegangen.

Die LM-Kurve

Die LM-Kurve zeigt alle Kombinationen von Zinssatz (i) und Einkommen (Y), bei denen Gleichgewicht auf dem Geldmarkt herrscht. In der Abbildung 30-4 weist das Diagramm (a) eine gegenläufige Abhängigkeit der realen Geldnachfrage vom Zinssatz aus. Das reale Geldangebot erscheint dagegen als eine senkrechte Linie, da die (nominale) Geldmenge durch die Zentralbank festgelegt wird (die Geldmenge ist für alle nur denkbaren Zinssätze festgelegt). Das Gleichgewicht auf dem Makro-Geldmarkt liegt da, wo die Kurve der realen Geldnachfrage MD/P die Kurve des realen Geldangebots MS/P schneidet. Der Schnittpunkt a ist mit einem bestimmten Zinssatz i_1 und mit einer bestimmten Realkasse M/P zu beschreiben. Im Diagramm (b) ist die LM-Kurve abgetragen, mit dem Zinssatz auf der senkrechten und dem gesamtwirtschaftlichen Einkommen auf der waagerechten Achse. Der Gleichgewichtspunkt a im Geldmarkt entspricht dem Punkt $a*$ auf der LM-Kurve im Diagramm (b). Einkommenszuwächse wirken sich auf die Geldnachfrage aus und beeinflussen bei gegebener Geldmenge das gleichgewichtige Zinsniveau. Nehmen wir an, das gesamtwirtschaftliche Einkommen steigt. Dann würde sich die Geldnachfrage von MD/P auf MD_1/P verschieben, da die Menschen nun bei jedem Zinsniveau mehr Realkasse halten wollen. Zum vorherr-

30.3 Die IS- und die LM-Kurve

Abb. 30-3
Die IS-Kurve

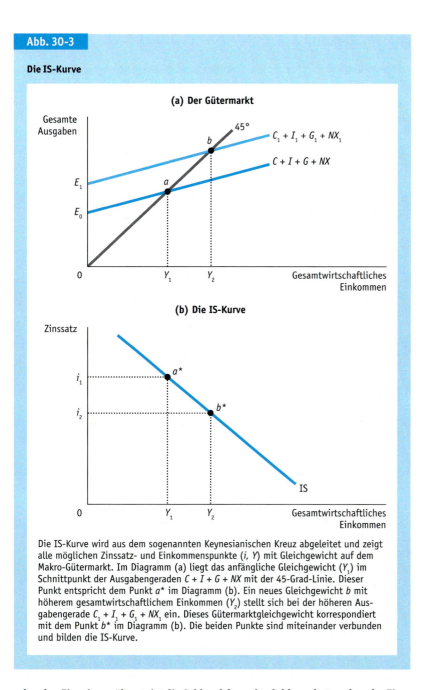

Die IS-Kurve wird aus dem sogenannten Keynesianischen Kreuz abgeleitet und zeigt alle möglichen Zinssatz- und Einkommenspunkte (i, Y) mit Gleichgewicht auf dem Makro-Gütermarkt. Im Diagramm (a) liegt das anfängliche Gleichgewicht (Y_1) im Schnittpunkt der Ausgabengeraden $C + I + G + NX$ mit der 45-Grad-Linie. Dieser Punkt entspricht dem Punkt a^* im Diagramm (b). Ein neues Gleichgewicht b mit höherem gesamtwirtschaftlichem Einkommen (Y_2) stellt sich bei der höheren Ausgabengerade $C_1 + I_1 + G_1 + NX_1$ ein. Dieses Gütermarktgleichgewicht korrespondiert mit dem Punkt b^* im Diagramm (b). Die beiden Punkte sind miteinander verbunden und bilden die IS-Kurve.

schenden Zinsniveau übersteigt die Geldnachfrage das Geldangebot, sodass der Zinssatz steigt. Das neue Geldmarktgleichgewicht befindet sich im Punkt b und wird im LM-Diagramm durch den Punkt b^* gespiegelt. Verbinden wir beide Punkte, a^* und b^*,

30.3 Keynes, Keynesianer und die IS-LM-Analyse
Die IS- und die LM-Kurve

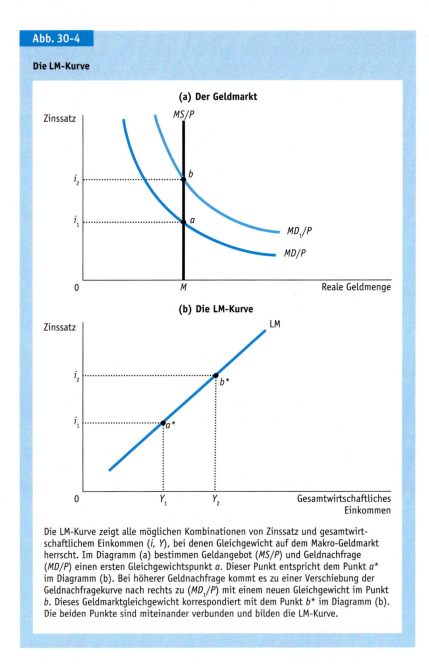

Abb. 30-4

Die LM-Kurve

Die LM-Kurve zeigt alle möglichen Kombinationen von Zinssatz und gesamtwirtschaftlichem Einkommen (i, Y), bei denen Gleichgewicht auf dem Makro-Geldmarkt herrscht. Im Diagramm (a) bestimmen Geldangebot (MS/P) und Geldnachfrage (MD/P) einen ersten Gleichgewichtspunkt a. Dieser Punkt entspricht dem Punkt $a*$ im Diagramm (b). Bei höherer Geldnachfrage kommt es zu einer Verschiebung der Geldnachfragekurve nach rechts zu (MD_1/P) mit einem neuen Gleichgewicht im Punkt b. Dieses Geldmarktgleichgewicht korrespondiert mit dem Punkt $b*$ im Diagramm (b). Die beiden Punkte sind miteinander verbunden und bilden die LM-Kurve.

erhalten wir die LM-Kurve. Die LM-Kurve zeigt alle möglichen Kombinationen von Zinssatz und Einkommen, bei denen der Geldmarkt im Gleichgewicht ist.

Die Steigung der LM-Kurve ist positiv, da höhere Zinssätze mit höherem gesamtwirtschaftlichen Einkommen einhergehen und umgekehrt niedrigere Zinssätze mit niedrigeren Einkommen. Die exakte Steigung der LM-Kurve wird durch die Zinsabhängigkeit der Geldnachfrage festgelegt. Über das Ausmaß dieser Zinsabhängigkeit gibt es unterschiedliche Ansichten unter Ökonomen.

Verschiebungen der LM-Kurve. Mit einer Ausdehnung oder Einschränkung der Geldmenge durch die Zentralbank verschiebt sich die LM-Kurve (wie es dazu kommen könnte, lesen Sie weiter unten). Bei einem konstanten gesamtwirtschaftlichen Einkommen führt eine expansive Geldpolitik über eine Geldmengensteigerung zu einem Rückgang des Zinsniveaus. Das ist verbunden mit einer Verschiebung der LM-Kurve nach rechts, sodass sich neue Kombinationen von Zinssatz und Einkommen ergeben, bei denen der Geldmarkt im Gleichgewicht ist.

30.4 Das gesamtwirtschaftliche Gleichgewicht im IS-LM-Modell

Wo sich IS-Kurve und LM-Kurve schneiden, liegt das gesamtwirtschaftliche Gleichgewicht. Jeder Punkt auf der IS-Kurve und auf der LM-Kurve spiegelt bei gegebenem Zinssatz und gegebenem Einkommen ein Gleichgewicht auf dem Gütermarkt und auf dem Geldmarkt wider. Im Schnittpunkt der IS-Kurve mit der LM-Kurve in der Abbildung 30-5 sind damit beide Märkte bei einem Zinssatz i_e und bei einem gesamtwirtschaftlichen Einkommen Y_e im Gleichgewicht. Im Punkt des gesamtwirtschaftlichen Gleichgewichts stimmen geplante und tatsächliche Ausgaben ($E = Y$) sowie Nachfrage und Angebot auf dem Geldmarkt ($MD/P = MS/P$) überein.

Mit diesem Modell kann man die möglichen Wirkungen fiskalpolitischer und geldpolitischer Maßnahmen diskutieren. Allerdings kommt es bei wirtschaftspolitischen Folgerungen aus dem Modell sehr darauf an, die empirisch gültigen Verhaltensparameter und Funktionen zu kennen. Das allerdings liegt außerhalb der Reichweite des vorliegenden Buches. Insbesondere kann der empirische Verlauf der LM-Kurve für bestimmte Länder und Zeiten zu kontroversen Politikempfehlungen führen. Im Anschluss an Keynes sowie Hicks darf man die gleichsam »pathologischen« Randbereiche der LM-Kurve nicht unterschlagen oder ausklammern. Wir wollen uns im Folgenden mit den wichtigsten Schlussfolgerungen aus dem IS-LM-Modell beschäftigen.

Fiskal- und Geldpolitik im IS-LM-Modell

Nehmen wir an, die Regierung möchte durch höhere Staatsausgaben die Volkswirtschaft »ankurbeln«. Dieser Anstieg autonomer Ausgaben verschiebt die IS-Kurve nach rechts, wie man im Diagramm (a) der Abbildung 30-6 sieht. Als Ergebnis werden gesamtwirtschaftliches Einkommen und Zinsniveau ansteigen. Oftmals wird vermutet, dass eine Steuersenkung Ähnliches bewirken könnte. Welche Maßnahmen sich wie auswirken, erfordert die Kenntnis der empirisch gültigen Parameter und Multiplikatoren der betrachteten Volkswirtschaft zu einem bestimmten Zeitpunkt. Bei einer

30.4 Keynes, Keynesianer und die IS-LM-Analyse
Das gesamtwirtschaftliche Gleichgewicht im IS-LM-Modell

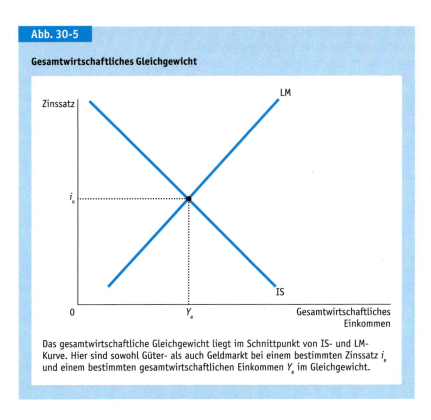

Abb. 30-5

Gesamtwirtschaftliches Gleichgewicht

Das gesamtwirtschaftliche Gleichgewicht liegt im Schnittpunkt von IS- und LM-Kurve. Hier sind sowohl Güter- als auch Geldmarkt bei einem bestimmten Zinssatz i_e und einem bestimmten gesamtwirtschaftlichen Einkommen Y_e im Gleichgewicht.

Senkung der Staatsausgaben oder Steuererhöhungen würden Einkommen und Zinssatz dagegen sinken.

Entschließt sich die Zentralbank, die Geldmenge auszuweiten, so kommt es – wie im Diagramm (b) der Abbildung 30-6 dargestellt – zu einer Rechtsverschiebung der LM-Kurve. Im neuen Gleichgewicht ist das gesamtwirtschaftliche Einkommen gestiegen, während der Zinssatz gesunken ist. Bei einer Verknappung der Geldmenge durch Zentralbank käme es zu genau entgegengesetzten Wirkungen.

In der Realität sind die Zentralbanken zumeist von der Regierung unabhängig und vorrangig dem Stabilitätsziel verpflichtet (d. h., in der Regel sollen sie Inflation, Preisniveauanstieg und Kaufkraftverlust vermeiden, aber in Ausnahmesituationen auch Deflation, Preisniveaurückgang und Kaufkraftanstieg vorbeugen). In der Bundesrepublik Deutschland hat sich die Unabhängigkeit der Deutschen Bundesbank (anfangs Bank deutscher Länder) aus bitteren historischen Erfahrungen mit Geldentwertungen ergeben. Auch die Europäische Zentralbank soll institutionell eine vergleichbar unabhängige Stellung einnehmen, wenngleich dort multinationale Einflüsse zur Geltung kommen. Im praktischen Wirtschaftsleben werden die unabhängigen Zentralbanken zumeist auch die übrigen gesamtwirtschaftlichen Ziele der Regierung mit in Betracht ziehen (u. a. Wachstums-, Beschäftigungs- und Außenwirtschaftsziele).

30.4 Das gesamtwirtschaftliche Gleichgewicht im IS-LM-Modell

Abb. 30-6

Die Wirkungen von Fiskal- und Geldpolitik

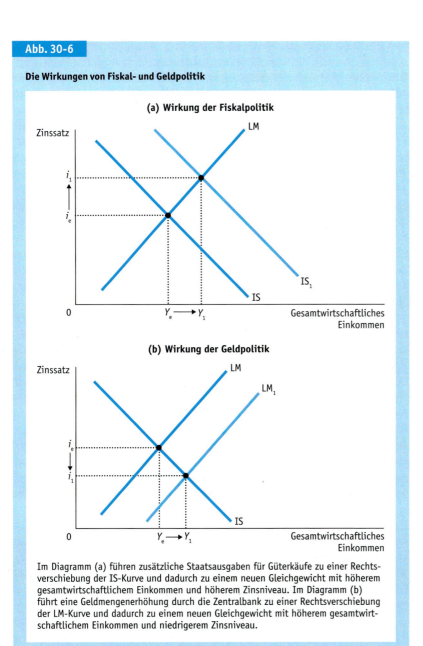

Im Diagramm (a) führen zusätzliche Staatsausgaben für Güterkäufe zu einer Rechtsverschiebung der IS-Kurve und dadurch zu einem neuen Gleichgewicht mit höherem gesamtwirtschaftlichem Einkommen und höherem Zinsniveau. Im Diagramm (b) führt eine Geldmengenerhöhung durch die Zentralbank zu einer Rechtsverschiebung der LM-Kurve und dadurch zu einem neuen Gleichgewicht mit höherem gesamtwirtschaftlichem Einkommen und niedrigerem Zinsniveau.

An dieser Stelle muss man an die Zielkonflikte der Wirtschaftspolitik insgesamt erinnern. Ein Gesamtgleichgewicht mit Harmonie auf allen Ebenen und verlässlichem Wachstum stellt sich weder von alleine noch durch staatliches Wirken ein. Der Deutsche Bundestag hat die Wirtschaftspolitik (die Geldpolitik ist ja unabhängig institutionalisiert) per Gesetz in den 1960er-Jahren auf die Vermeidung von Inflation (Stabilität des Preisniveaus), die Vermeidung von Arbeitslosigkeit (hoher Beschäftigungsstand), die Vermeidung von großem Verschuldungs- und Forderungsaufbau gegenüber dem Ausland (außenwirtschaftliches Gleichgewicht) sowie die Vermeidung von Stagnation und Konjunkturen (stetiges und angemessenes Wirtschaftswachstum) verpflichtet.

Je nach empirischer Lage und den besonderen Neigungen von politischen Koalitionen ergeben sich im Regierungsalltag unterschiedliche Gewichtungen der gesamtwirtschaftlichen Ziele. Wegen bestehender Zielkonflikte hat man sehr früh schon vom »magischen Dreieck« und von größeren »magischen Vielecken« gesprochen. »Magisch« deshalb, weil eine gleichzeitige Verwirklichung der unterschiedlichen gesamtwirtschaftlichen Ziele ein wenig »Hexerei« erfordert. Nicht zu vergessen ist der »Rahmen der marktwirtschaftlichen Ordnung« und der nachrangige und in Marktwirtschaften meist unerfüllbare Wunsch, eine gleichmäßigere Einkommens- und Vermögensverteilung zu erhalten. Es liegt auf der Hand, dass eine unabhängige Zentralbank mit dem alleinigen Ziel der Preisniveau- oder Geldwertstabilität leicht in Konflikt mit einer Regierung und ihrem breiteren Fächer an gesamtwirtschaftlichen Zielen geraten kann.

Durch fiskalpolitische Maßnahmen der Regierung, die primär das Beschäftigungsziel verwirklichen sollen, ergeben sich bisweilen inflatorische Impulse, die von der Zentralbank beobachtet und evtl. nach Möglichkeit neutralisiert werden. Welche Folgen haben nun Steuersenkungen, durch die Ausgaben im privaten Sektor und Beschäftigungsmöglichkeiten steigen könnten? Auch dadurch wird die IS-Kurve nach rechts verlagert, das gesamtwirtschaftliche Einkommen steigt von Y_e auf Y_1 (siehe Abbildung 30-7). Die Fiskalpolitik wird zweckmäßigerweise durch die Geldpolitik flankiert: Wenn die Zentralbank den Zinssatz konstant halten möchte, muss sie die Geldmenge erhöhen. Dann verschiebt sich die LM-Kurve nach rechts, das Einkommen steigt bei konstantem Zinssatz auf Y_2. Würde die Zentralbank die Geldmenge unverändert lassen, dann würde ein Teil der expansiven Wirkungen der Steuersenkung durch den Zinsanstieg kompensiert werden, da die Ausgaben bei einem höheren Zinsniveau zurückgehen.

Bei einer Steuererhöhung verschiebt sich die IS-Kurve nach links, gesamtwirtschaftliches Einkommen und Zinsniveau sinken. Hätte die Zentralbank das Ziel, das Zinsniveau konstant zu halten, wäre eine Verknappung der Geldmenge notwendig, wodurch der Rückgang des gesamtwirtschaftlichen Einkommens noch größer ausfallen würde. Ein Rückgang des gesamtwirtschaftlichen Einkommens ließe sich nur durch eine Geldmengenausweitung vermeiden.

Ist die Fiskalpolitik oder die Geldpolitik wirksamer?

Es gab unter Volkswirten jahrzehntelange Kontroversen darüber, ob zum Zweck einer politisch wünschenswerten »Ankurbelung« der Konjunktur, d. h. einer Steigerung des gesamtwirtschaftlichen Einkommens, fiskal- oder geldpolitische Maßnahmen den Vorzug verdienen. Zur Beantwortung dieser Frage kann man das IS-LM-Modell heranziehen. Die Keynes'sche IS-LM-Analyse der Konjunkturpolitik (Fiskalpolitik

30.4 Das gesamtwirtschaftliche Gleichgewicht im IS-LM-Modell

Abb. 30-7

Sicherung eines konstanten Zinsniveaus im IS-LM-Modell

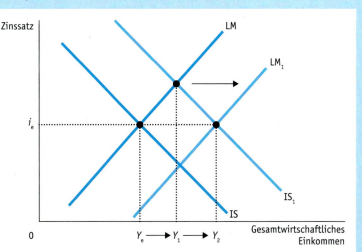

Eine Rechtsverschiebung der IS-Kurve (z.B. durch Erhöhung staatlicher Investitionen) würde zwar das gesamtwirtschaftliche Einkommen steigern, ohne eine flankierende Mitwirkung der Zentralbank aber auch das Zinsniveau erhöhen. Deshalb muss die Zentralbank die Geldmenge erhöhen (Rechtsverschiebung der LM-Kurve), wenn sie das Zinsniveau stabil halten möchte.

und/oder Geldpolitik) gewinnt durch Randbereiche der LM-Kurve, die gesondert behandelt werden müssen, an Bedeutung für politische Empfehlungen. Neben dem »Normalbereich«, in dem Geldmarktgleichgewichte bei höheren Zinsniveaus mit höheren gesamtwirtschaftlichen Einkommen einhergehen, gibt es – aufgrund empirischer Analysen für ein bestimmtes Land und eine bestimmte Zeit – evtl. zwei Randbereiche:

1. Einen »Keynes-Bereich« links unten mit waagerechtem Verlauf der LM-Kurve. Niemand legt Geld an, jeder wartet auf sinkende Kurse und steigende Zinsen. Der Teil der Geldhaltung, der nicht Transaktionszwecken sondern der Geldanlage dient (sogenannte »Spekulationskasse«), kann bei einem niedrigen Zinsniveau unendlich groß werden. Geldmengensteigerungen versinken konjunkturpolitisch wirkungslos in dieser »Liquiditätsfalle«; nur eine Steigerung der Staatsausgaben (Fiskalpolitik) vermag ein größeres gesamtwirtschaftliches Einkommen herbeizuführen.
2. Einen »klassischen Bereich« rechts oben mit senkrechtem Verlauf der LM-Kurve. Jeder hat bereits angelegt; die Spekulationskassenhaltung entfällt. Die Geldhaltung dient lediglich Transaktionszwecken und reicht (ohne Rücksicht auf Zinssätze) nur für ein bestimmtes gesamtwirtschaftliches Einkommen. In dieser Lage begrenzt das Geldvolumen eine weitere Ausdehnung des gesamtwirtschaftlichen Einkommens. Die Fiskalpolitik wäre wirkungslos.

30.4 Keynes, Keynesianer und die IS-LM-Analyse
Das gesamtwirtschaftliche Gleichgewicht im IS-LM-Modell

Abb. 30-8
Fiskal- und Geldpolitik bei drei markanten Bereichen der LM-Kurve

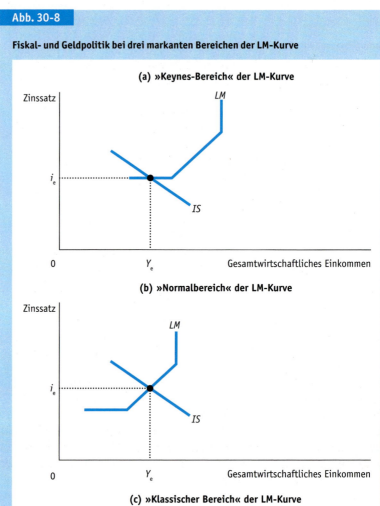

(a) »Keynes-Bereich« der LM-Kurve

(b) »Normalbereich« der LM-Kurve

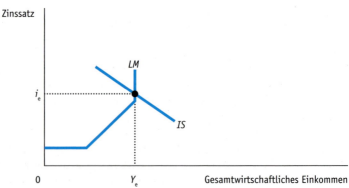

(c) »Klassischer Bereich« der LM-Kurve

Es kommt also auf die Ausgangslage an, in der sich die betrachtete Volkswirtschaft befindet. Die drei grundsätzlich verschiedenen Ausgangslagen (aufgrund der drei zu unterscheidenden Bereiche der LM-Kurve) werden nun in Abbildung 30-8 gezeigt.

- Diagramm (a): Das Güter- und Geldmarktgleichgewicht (i_e, Y_e) ist dadurch charakterisiert, dass die IS-Kurve die LM-Kurve im sogenannten Keynes-Bereich schneidet.
- Diagramm (b): Das Güter- und Geldmarktgleichgewicht (i_e, Y_e) ist dadurch charakterisiert, dass die IS-Kurve die LM-Kurve im Normalbereich schneidet (siehe Abbildung 30-5).
- Diagramm (c): Das Güter- und Geldmarktgleichgewicht (i_e, Y_e) ist dadurch charakterisiert, dass die IS-Kurve die LM-Kurve im sogenannten klassischen Bereich schneidet.

Anhand der drei Diagramme (a), (b) und (c) lässt sich nun die kontroverse Diskussion über Fiskalpolitik oder Geldpolitik leicht aufklären:

1. Von einer Wirtschaftslage aus, die dem sogenannten »Keynes-Bereich« der LM-Kurve zuzuordnen ist, führt allein die Fiskalpolitik (mit einer Rechtsverschiebung der IS-Kurve) zu einem höheren gesamtwirtschaftlichen Einkommen (eine Geldmengensteigerung bliebe in der »Liquiditätsfalle« wirkungslos).
2. Von einer Wirtschaftslage aus, die dem Normalbereich der LM-Kurve zuzuordnen ist, führen sowohl die Fiskalpolitik (mit einer Rechtsverschiebung der IS-Kurve) als auch die Geldmengenpolitik (mit einer Rechtsverschiebung der LM-Kurve) zu einem höheren gesamtwirtschaftlichen Einkommen.
3. Von einer Wirtschaftslage aus, die dem sogenannten »klassischen Bereich« der LM-Kurve zuzuordnen ist, kann allein die Geldpolitik (mit einer Rechtsverschiebung der LM-Kurve) zu einem höheren gesamtwirtschaftlichen Einkommen führen.

Bei der Analyse der Auswirkungen von Fiskalpolitik und Geldpolitik im IS-LM-Modell im vorherigen Abschnitt haben wir uns auf den Normalbereich der LM-Kurve [Diagramm (b)] in Abbildung 30-8 beschränkt.

30.5 Vom IS-LM-Modell zur aggregierten Nachfragekurve

Vom IS-LM-Modell ist es nur ein kleiner Schritt zum Modell der aggregierten Nachfrage und des aggregierten Angebots, das wir im weiteren Verlauf des Buches noch genauer kennenlernen werden. Erinnern Sie sich an die realen Kassenbestände, die mit einer tatsächlich gegebenen Geldmenge M bei einem bestimmten Preisniveau P etwas über das damit »zu kaufende« Gütervolumen (M/P) aussagen. Nehmen wir an, der durchschnittliche Preis für eine Gütereinheit in der Volkswirtschaft liegt bei 10 Euro und die Geldmenge beläuft sich auf 100 Euro. Daraus ergibt sich ein zu kaufendes Gütervolumen von (100/10) = 10. Beim herrschenden Preisniveau kann man mit der vorhandenen Geldmenge also 10 Gütereinheiten kaufen. Steigt das Preisniveau auf 20 Euro und

30.5 Keynes, Keynesianer und die IS-LM-Analyse
Vom IS-LM-Modell zur aggregierten Nachfragekurve

Abb. 30-9

Die Ableitung der aggregierten Nachfragekurve

(a) Das IS-LM-Modell

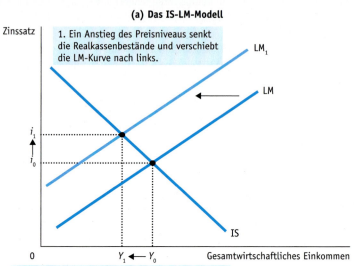

1. Ein Anstieg des Preisniveaus senkt die Realkassenbestände und verschiebt die LM-Kurve nach links.

2. Die Verschiebung der LM-Kurve führt zu einem Anstieg des Zinssatzes und zu einem Rückgang des gesamtwirtschaftlichen Einkommens.

(b) Aggregierte Nachfragekurve

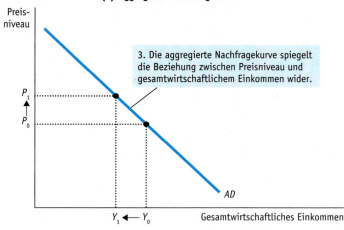

3. Die aggregierte Nachfragekurve spiegelt die Beziehung zwischen Preisniveau und gesamtwirtschaftlichem Einkommen wider.

Im Diagramm (a) senkt ein Anstieg des Preisniveaus die Realkassenbestände und die LM-Kurve verschiebt sich nach links zu LM_1. Dies führt zu einem Anstieg des Zinssatzes auf i_1 und einem Rückgang des gesamtwirtschaftlichen Einkommens von Y_0 auf Y_1. Die gegenläufige Beziehung zwischen Preisniveau und gesamtwirtschaftlichem Einkommen ist in Diagramm (b) abgetragen. Ein Anstieg des Preisniveaus von P_0 auf P_1 bedingt einen Rückgang im gesamtwirtschaftlichen Einkommen von Y_0 auf Y_1. Die aggregierte Nachfragekurve hat also einen fallenden Verlauf.

30.5 Vom IS-LM-Modell zur aggregierten Nachfragekurve

Abb. 30-10

Verschiebungen der aggregierten Nachfragekurve durch Geld- und Fiskalpolitik

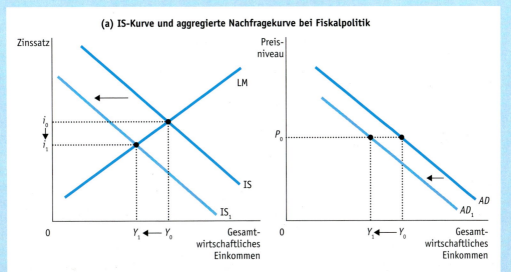

(a) IS-Kurve und aggregierte Nachfragekurve bei Fiskalpolitik

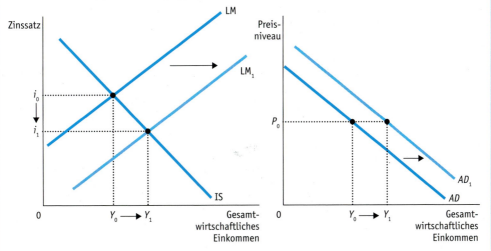

(b) LM-Kurve und aggregierte Nachfragekurve bei Geldpolitik

Diagramm (a) zeigt eine Situation, in der der Staat eine kontraktive Fiskalpolitik betreibt, wodurch sich die IS-Kurve nach links verschiebt und das gesamtwirtschaftliche Einkommen sinkt. Dadurch verschiebt sich auch die aggregierte Nachfragekurve und beim gegebenen Preisniveau herrscht nun ein niedrigeres gesamtwirtschaftliches Einkommen. Die Auswirkungen einer expansiven Geldpolitik sind im Diagramm (b) dargestellt. Die LM-Kurve verschiebt sich nach rechts, das gesamtwirtschaftliche Einkommen steigt. Auch die aggregierte Nachfragekurve verschiebt sich nach rechts, das gesamtwirtschaftliche Einkommen ist angestiegen.

die Geldmenge bleibt konstant, dann fällt die Realkasse auf 5 Gütereinheiten. Ein Rückgang der Realkassenbestände führt über eine Verschiebung der LM-Kurve zu einem steigenden Zinsniveau und einem sinkenden gesamtwirtschaftlichen Einkommen, wie in Diagramm (a) der Abbildung 30-9 dargestellt. Es besteht also eine gegenläufige Beziehung zwischen Preisniveau und gesamtwirtschaftlichem Einkommen. Stellt man die Beziehung zwischen Preisniveau und gesamtwirtschaftlichem Einkommen grafisch dar, ergibt sich die aggregierte Nachfragekurve in Diagramm (b) der Abbildung 30-9 mit ihrem fallenden Verlauf.

Verschiebungen der aggregierten Nachfragekurve. Bei einem konstanten Preisniveau führt eine Änderung des gesamtwirtschaftlichen Einkommens im IS-LM-Modell zu einer Verschiebung der aggregierten Nachfragekurve. Durch Geld- und Fiskalpolitik lässt sich also, ein konstantes Preisniveau vorausgesetzt, die aggregierte Nachfrage steuern. Setzt der Staat eine Sparpolitik mit sinkenden Staatsausgaben und höheren Steuern um, dann verschiebt sich die IS-Kurve bei einem gegebenen Preisniveau nach links und das gesamtwirtschaftliche Einkommen geht zurück. Die aggregierte Nachfrage ist nun bei jedem Preisniveau geringer, sodass sich auch die aggregierte Nachfragekurve nach links verschiebt, wie in Diagramm (a) der Abbildung 30-10 zu sehen.

Dehnt die Zentralbank die Geldmenge aus (vielleicht durch Offenmarktgeschäfte), dann verschiebt sich die LM-Kurve und das gesamtwirtschaftliche Einkommen steigt. Die aggregierte Nachfrage ist nun bei jedem Preisniveau höher, die aggregierte Nachfragekurve verschiebt sich nach rechts und das gesamtwirtschaftliche Einkommen ist beim gegebenen Preisniveau gestiegen, wie in Diagramm (b) der Abbildung 30-10 zu sehen. Eine expansive Fiskalpolitik (höhere Staatsausgaben und/oder niedrigere Steuern) führt zu einer Verschiebung der IS-Kurve und der aggregierten Nachfragekurve nach rechts, eine Verknappung der Geldmenge zu einer Verschiebung der LM-Kurve und der aggregierten Nachfragekurve nach links.

> **Kurztest**
> Zeigen Sie mithilfe von Diagrammen, wie a) eine Steuererhöhung zur Senkung der Staatsverschuldung und b) eine Zinsanhebung durch die Zentralbank das Zinsniveau und das gesamtwirtschaftliche Einkommen beeinflussen.

> **Information**
>
> ### Die Weiterentwicklung des IS-LM-Modells: Das Romer-Modell
>
> Die Diskussion über und rund um das IS-LM-Modell hat eine Fülle an fruchtbaren Forschungsbeiträgen hervorgebracht, die unser Verständnis von der Funktionsweise der Volkswirtschaft als Ganzes geschärft haben. Dennoch ist die Kritik am IS-LM-Modell nicht abgebrochen. Einer der Einwände richtet sich gegen eine zentrale Annahme des Modells. Im Unterschied zu den 1930er-Jahren, als das Modell entstand, agieren Zentralbanken heute nicht mehr über eine Steuerung der Geldmenge, sondern durch eine Zinspolitik.
> Der US-Ökonom David Romer hat das Grundkonzept des IS-LM-Modells aufgegriffen und ein sogenanntes IS-MP-Modell entwickelt, um dem veränderten geldpolitischen Ansatz der Zentralbanken Rechnung zu tragen. Dem IS-MP-Modell liegt die Annahme zugrunde, dass die Zentralbanken die Geldmenge (z. B. durch Offenmarktgeschäfte) anpassen, um das gewünschte Zinsniveau sicherzustellen. Das gewünschte Zinsniveau ergibt sich wiederum aus dem Inflationsziel der Zentralbank. Während im IS-LM-Modell das Geldangebot exogen gegeben ist, wird im IS-MP-Modell eine Geldangebotsfunktion (sogenannte MP-Funktion – monetary policy function) modelliert. Romer geht davon aus, dass die Zentralbank bei einer hohen Inflationsrate das Zinsniveau anhebt, um Inflationstendenzen entgegenzusteuern. Bei einer niedrigen Inflationsrate wird dagegen das Zinsniveau reduziert, um das Preisniveau konstant zu halten.
> Die MP-Funktion berücksichtigt demnach, dass Zentralbanken heutzutage Inflationsziele durch Zinspolitik steuern und nicht nur einfach die Geldmenge festgesetzt wird, und sich der Zins dann zum Ausgleich von Geldnachfrage und Geldangebot anpasst. Damit geht Romer davon aus, dass Inflationsänderungen zu einer Verschiebung der MP-Kurve führen können.
> Wie effektiv die Zentralbank durch eine Zinspolitik ihr Inflationsziel verfolgen kann, hängt in hohem Maße davon ab, wie flexibel die Preise reagieren und welche Inflationserwartungen in der Volkswirtschaft vorherrschen. Die Weiterentwicklung des IS-LM-Modells ist damit eng mit der mikroökonomischen Fundierung makroökonomischer Modelle verknüpft, mit der wir uns im weiteren Verlauf dieses Buches noch genauer beschäftigen werden.

30.6 Fazit

Es gibt immer noch lebhafte wissenschaftliche Diskussionen über den Nutzen und die Bedeutung des IS-LM-Modells. Gleiches gilt für die Frage, inwieweit eine aktive Nachfragesteuerung durch den Staat vor dem Hintergrund der gegenwärtigen wirtschaftlichen Entwicklungen nach der Finanzkrise ein taugliches Instrument der Wirtschaftspolitik ist. Studierende erfahren davon mehr oder auch weniger, je nach den Neigungen der Makroökonomik-Professoren an ihren jeweiligen Hochschulen. Ohne jeden Zweifel vermittelt das IS-LM-Modell, wie es John Hicks formalisiert hat, nützliche Einsichten über mögliche Verknüpfungen des Gütermarkts mit dem Geldmarkt und über theoretische Vorgaben für eine Herleitung gesamtwirtschaftlicher Modelle von Volkswirtschaften überhaupt. Grundlegendes darüber zu wissen ist hilfreich für das Verständnis der Zusammenhänge zwischen Geldmenge, Zinsniveau und wirtschaftlicher Entwicklung.

30.6 Keynes, Keynesianer und die IS-LM-Analyse
Fazit

Aus der Praxis

Rückkehr zum Keynesianismus?

Im Zuge der Finanz- und Wirtschaftskrise von 2007 bis 2009 mehrten sich Forderungen nach staatlichen Eingriffen zur Stärkung der gesamtwirtschaftlichen Nachfrage nach dem Vorbild von Keynes. Die Diskussion um den Nutzen der keynesianischen Politik der Nachfragesteuerung flammte wieder auf und führte zu teilweise kontroversen Debatten zwischen Befürwortern expansiver fiskalpolitischer Maßnahmen und Anhängern einer strikten Sparpolitik.

Ungeachtet der Diskussion setzten einige Länder fiskalpolitische Maßnahmenpakete zur Ankurbelung der wirtschaftlichen Entwicklung um. So brachte auch die Bundesregierung zur Stabilisierung von Wachstum und Beschäftigung in Deutschland im Herbst 2008 mit dem Konjunkturpaket I und Anfang 2009 mit dem Konjunkturpaket II entsprechende Maßnahmenpakete mit einem Finanzvolumen von mehr als 100 Milliarden Euro auf den Weg. Für die Europäische Union insgesamt wird das Volumen der staatlichen Konjunkturpakete auf über 200 Milliarden Euro geschätzt. Für die USA werden 800 Milliarden Dollar genannt, für China 586 Milliarden Dollar, für Japan 275 Milliarden Dollar. Kritiker monierten, dass die umgesetzten Maßnahmen entweder nicht dazu geeignet waren, die wirtschaftliche Entwicklung zu beleben, oder aber mögliche positive Wirkungen durch den Verdrängungseffekt neutralisiert wurden.

So kamen die Ökonomen Saha und Weizsäcker in einer Analyse der Auswirkungen der Maßnahmenpakete in der EU im Februar 2009 zu dem Ergebnis, dass der letztendliche Effekt auf die aggregierte Nachfrage in der näheren Zukunft deutlich geringer ausfallen wird, als es die Ausgabenzahlen vermuten lassen. Für die italienische Volkswirtschaft kamen die beiden Ökonomen sogar zu dem Ergebnis, dass das Maßnahmenpaket mit einem Volumen von 80 Milliarden Euro zu einem negativen Effekt auf die aggregierte Nachfrage in Höhe von 0,3 Milliarden Euro führen wird. Gleichzeitig gab es in vielen Teilen Europas Befürchtungen, dass die zusätzlichen Ausgaben die Verschuldung der einzelnen Länder weiter in die Höhe treiben und damit die Stabilität des Euro und des gesamten Euroraums gefährden.

Die Bedenken gegen jegliche Art von staatlichen Hilfspaketen zur Unterstützung der konjunkturellen Entwicklung betreffen in erster Linie die Frage, inwieweit damit überhaupt ein realer Wohlstandsgewinn zu erreichen ist. Zweifellos gibt der Staat mehr Geld aus, aber wofür? Wird das Geld für öffentliche Bauvorhaben ausgegeben, für den Bau neuer Schulen, Krankenhäuser oder Straßen, dann kurbelt das sicherlich die gesamtwirtschaftliche Nachfrage an. Zur Finanzierung der zusätzlichen Ausgaben wird der Staat aber entweder die Steuern oder die Kreditaufnahme erhöhen, wie beispielsweise in Deutschland geschehen. Zusätzliche staatliche Ausgaben für neue Schulen und Straßen bringen Geld in die Taschen der Bauunternehmen und der Beschäftigten in der Bauwirtschaft, aber bei einer Finanzierung über höhere Steuern wird ein Teil der positiven Effekte des staatlichen Hilfspakets wieder aufgehoben. Werden die zusätzlichen finanziellen Mittel zur Unterstützung der Arbeitslosen verwendet, dann trägt der Staat mit dem Hilfspaket nicht wirklich zur Erhöhung des gesamtwirtschaftlichen Wohlstands bei. Die Betroffenen werden die finanziellen Mittel für Lebensmittel und andere Güter ausgeben, aber sie können natürlich selbst keinen zusätzlichen Wohlstand für die Gesellschaft schaffen.

Finanziert der Staat die zusätzlichen Ausgaben durch Kreditaufnahme, dann kommt es zur Verdrängung von privaten Investitionen, da der Staat mit dem privaten Sektor um Kreditmittel konkurriert. In Anbetracht eines begrenzten Kreditangebots führt eine höhere Kreditnachfrage des Staates zu einer Verdrängung der Kreditnachfrage des privaten Sektors. Unterstellt man außerdem, dass der private Sektor finanzielle Mittel effizienter einsetzt als der Staat, dann verdrängt ein Konjunkturpaket nicht nur die private Investitionsnachfrage, sondern führt auch zu einer Umleitung von Finanzmitteln in weniger rentable Investitionsprojekte.

Gleichzeitig gibt es Stimmen, die die Auffassung vertreten, dass außergewöhnliche Zeiten außergewöhnliche Maßnahmen erfordern. Eine dieser Stimmen gehört Paul Krugman. Krugman verwies darauf, dass das Ausmaß der weltweiten Finanz- und Wirtschaftskrise so groß war, dass staatliche Hilfsmaßnahmen erforderlich waren, um die Volkswirtschaften aus einer Liquiditätsfalle zu retten. Zu einer Liquiditätsfalle kommt es, wenn die Geldpolitik nicht mehr in der Lage ist, die gesamtwirtschaftliche Entwicklung mit ihren Instrumenten zu erreichen, weil bei niedrigen Zinsen die Erhöhung der Geldmenge nicht mehr zu einer Erhöhung der Konsum- und Investitionsausgaben, sondern nur noch zu einer Erhöhung der Spekulationskasse führt. Mit Blick auf das Zinsniveau in den großen Volkswirtschaften war diese Überlegung keinesfalls abwegig. So senkte die US-amerikanische Zentralbank den Leitzins auf ein Zielband zwischen 0 und 0,25 Prozent, die EZB reduzierte den Leitzins bis auf 0,05 Prozent.

In Anbetracht der schweren Wirtschaftskrise waren die privaten Investitionen drastisch eingebrochen. In einer derartigen Situation, so Krugman, reagieren die Investitionen deutlich stärker auf die Güternachfrage als auf den Zinssatz.

Fortsetzung auf Folgeseite

30.6 Fazit

Fortsetzung von Vorseite

Wenn der Staat also ein passendes Maßnahmenpaket beschließt, dann verbessert sich dadurch die Lage der Volkswirtschaft und die private Investitionstätigkeit nimmt wieder zu. Durch ein Anspringen der privaten Investitionen ist die Volkswirtschaft dann in der Lage, die Krise zu überwinden. Ein staatliches Hilfspaket, so Krugman, verdrängt in einer schweren Krise also nicht die privaten Investitionen sondern wird im Gegenteil zum Wegbereiter der privaten Investitionen.

Kritische Stimmen vertreten weiterhin die Ansicht, dass die erhöhten Staatsausgaben in einem gewissen Ausmaß immer zu einem Verdrängungseffekt führen. Damit müssen die positiven Effekte eines staatlichen Hilfspakets immer den negativen Auswirkungen auf die privaten Investitionen gegenübergestellt werden. Außerdem hängt der langfristige Erfolg eines Hilfspakets, gerade auch für zukünftige Generationen, davon ab, wofür die staatlichen Mittel ausgegeben werden. Ausgaben für neue Schulen und die Verkehrsinfrastruktur erhöhen das Produktionspotenzial der Volkswirtschaft in der Zukunft. Gleichzeitig können jedoch zusätzliche staatliche Ausgaben Lobbyismus und gegenseitige Absprachen fördern. Vertreter von bestimmten Interessengruppen werden versuchen, Einfluss auf die Ausgabenentscheidungen zu nehmen. Außerdem kann es zu Absprachen zwischen den politischen Entscheidungsträgern kommen, um einzelne Ausgabeentscheidungen in eine bestimmte Richtung zu beeinflussen. Letztlich kann die öffentliche Hand die Allokation der Ressourcen nie besser, sondern nur schlechter als die private Hand vornehmen. Und vor diesem Hintergrund ist stets der (vermeintliche) Nutzen von öffentlichen Ausgaben im Rahmen von fiskalpolitischen Maßnahmenpaketen zu bewerten.

Fragen
1. Warum ist im Zuge der weltweiten Wirtschaftskrise der Ruf nach staatlichen Eingriffen zur Stärkung der gesamtwirtschaftlichen Nachfrage laut geworden?
2. Inwiefern ist es von Bedeutung, wofür die zusätzlichen Ausgaben verwendet werden?
3. Führen höhere Staatsausgaben immer zu einer Verdrängung von privaten Investitionen?

Zusammenfassung

▸ Keynes entwickelte seine Allgemeine Theorie als Reaktion auf die bestehende Massenarbeitslosigkeit in den 1930er-Jahren.
▸ Er trat dafür ein, dass Regierungen sich für die unmittelbare Stärkung der gesamtwirtschaftlichen Nachfrage einsetzen.
▸ Das sogenannte Keynesianische Kreuz zeigt, wie eine Volkswirtschaft makroökonomisch im Gleichgewicht sein kann ($E = Y$).
▸ Dieses Gleichgewicht führt vielleicht nicht zu Vollbeschäftigung. Deshalb kann die Regierung durch Stärkung der Nachfrage auf eine Beschäftigungssteigerung hinwirken.
▸ John Hicks verdanken wir die Verdichtung der Gedanken von John M. Keynes zum IS-LM-Modell und zur präzisen Analyse eines makroökonomischen gesamtwirtschaftlichen Gleichgewichts.
▸ Die IS-Kurve (Investitionen-Ersparnis-Kurve) ist der geometrische Ort aller Kombinationen von Zinssatz und gesamtwirtschaftlichem Einkommen, bei denen der Gütermarkt sich im Gleichgewicht befindet.
▸ Die LM-Kurve (Liquiditäts-Geldangebots-Kurve) ist der geometrische Ort aller Kombinationen von Zinssatz und gesamtwirtschaftlichem Einkommen, bei denen der Geldmarkt sich im Gleichgewicht befindet.
▸ Im Schnittpunkt von IS- und LM-Kurve sind beide Makromärkte im Gleichgewicht; es herrscht das allgemeine oder gesamtwirtschaftliche Gleichgewicht.

Stichwörter

▸ Vollbeschäftigung
▸ geplante Ausgaben, Ersparnisse oder Investitionen
▸ tatsächliche Ausgaben, Ersparnisse oder Investitionen
▸ autonome Ausgaben
▸ deflatorische Lücke
▸ inflatorische Lücke
▸ Multiplikatoreffekt
▸ marginale Konsumquote
▸ marginale Sparquote
▸ Realkasse

- Fiskalpolitische und geldpolitische Maßnahmen können Verschiebungen der IS-Kurve sowie der LM-Kurve bewirken und dadurch das gesamtwirtschaftliche Gleichgewicht beeinflussen. Welches neue Gleichgewicht sich ergibt, ist letztlich eine Frage der empirischen Wirtschaftsforschung (Abklärung verschiedener Parameter des Verhaltens, der Institutionen und der Technologie sowie überhaupt der empirisch gültigen Gleichungen für eine bestimmte Volkswirtschaft und einen bestimmten Zeitpunkt). Erfahrungsunabhängiges, logisches Schließen allein genügt hierfür nicht.
- Die Hauptkritik am IS-LM-Modell richtet sich dagegen, dass das Modell nicht zur Geldpolitik moderner Volkswirtschaften passt. Volkswirte haben neue Modelle entwickelt, um den Änderungen in der Geldpolitik Rechnung zu tragen.

Wiederholungsfragen

1. Was war nach John M. Keynes die Hauptursache für konjunkturelle Abschwünge? Welche Schlussfolgerungen leitete Keynes daraus für die Wirtschaftspolitik ab?
2. Erläutern Sie den Unterschied zwischen geplanten und tatsächlichen Ausgaben.
3. Was sagt die IS-Kurve aus? Was bestimmt die Steigung der IS-Kurve?
4. Was sagt die LM-Kurve aus? Was bestimmt die Steigung der LM-Kurve?
5. Warum gab es mit Blick auf das IS-LM-Modell unter Volkswirten jahrzehntelang Kontroversen darüber, ob fiskalpolitische oder geldpolitische Maßnahmen zur Ankurbelung der Konjunktur vorzuziehen sind?

Aufgaben und Anwendungen

1. Veranschaulichen Sie unter Zuhilfenahme einer grafischen Darstellung, wie es zu einer deflatorischen Lücke kommen kann und wie diese Lücke beseitigt werden kann.

2. Nehmen Sie zu folgender Aussage Stellung: Je geringer die marginale Kreislaufentzugsquote ist, desto größer fällt der Einkommensanstieg bei einer autonomen Ausgabenerhöhung (Erhöhung der Staatsausgaben) aus.

3. Angenommen, empirische Wirtschaftsforscher beobachten, dass ein Anstieg der Staatsausgaben um 10 Milliarden Euro die gesamtwirtschaftliche Nachfrage in der Volkswirtschaft um 30 Milliarden Euro erhöht.
   a. Wie hoch würden die Wirtschaftsforscher – bei Vernachlässigung eines Verdrängungseffekts – die marginale Konsumquote schätzen?
   b. Würde die Schätzung der marginalen Konsumquote bei gleichzeitiger Veranschlagung eines Verdrängungseffekts größer oder kleiner ausfallen als in a?

4. Nehmen wir an, der Staat senkt die Steuern um 20 Milliarden Euro, es herrscht keine Verdrängung von Privatnachfrage durch Staatsausgaben und die marginale Konsumquote beträgt 0,75.
   a. Wie groß ist die Erstwirkung der Steuersenkung auf die aggregierte Nachfrage?
   b. Welche weiteren Wirkungen folgen dieser Erstwirkung? Wie groß fällt der Effekt der Steuersenkung auf die aggregierte Nachfrage insgesamt aus?
   c. Vergleichen Sie die Wirkungen einer Steuersenkung um 20 Milliarden Euro und einer Staatsausgabensteigerung um 20 Milliarden Euro miteinander. Wie sieht das Ergebnis aus?

5. Nehmen Sie an, die Volkswirtschaft befindet sich im Gleichgewicht. Wie würde sich eine Senkung der autonomen Ausgaben auf das gesamtwirtschaftliche Einkommen und die Arbeitslosigkeit auswirken? Unterlegen Sie Ihre Aussagen mit einem Diagramm.

6. Klären Sie mithilfe des IS-LM-Modells die Auswirkungen der nachfolgenden Maßnahmen auf die Volkswirtschaft. Unterstellen Sie dabei, dass die IS-Kurve die LM-Kurve im »normalen« Bereich schneidet:
   a. die Regierung senkt die Staatsausgaben,
   b. die Zentralbank erhöht die Geldmenge,
   c. die Regierung senkt die Steuern,
   d. die Zentralbank erhöht den Zinssatz.

7. Neben der »Liquiditätsfalle« kann es in einer Volkswirtschaft auch zu einer »Investitionsfalle« kommen, in der die Investitionen nicht mehr auf Zinsänderungen reagieren. Welche Auswirkungen hätte eine »Investitionsfalle« auf das IS-LM-Modell?

31 Gesamtwirtschaftliche Nachfrage und gesamtwirtschaftliches Angebot

Die wirtschaftliche Aktivität schwankt von Jahr zu Jahr. Was sind die Ursachen der kurzfristigen wirtschaftlichen Schwankungen? Was kann die Wirtschaftspolitik – wenn überhaupt – vorbeugend gegen rückläufiges Wirtschaftswachstum und steigende Arbeitslosigkeit im Abschwung unternehmen? Wie können die Wirtschaftspolitiker die Dauer und die Intensität einer Rezession oder Depression mildern? Dies sind einige der Fragen, die wir im Weiteren aufgreifen werden.

Die relevanten ökonomischen Größen haben wir größtenteils bereits in früheren Kapiteln angesprochen. Dazu gehören das Bruttoinlandsprodukt (BIP), die Arbeitslosenquote und das Preisniveau. Vertraut sind uns auch wirtschaftspolitische Maßnahmen, die zu einer Änderung der Staatsausgaben, der Steuern, des Geldangebots und des Zinsniveaus führen. Neu ist in den beiden folgenden Kapiteln der Zeithorizont der Betrachtung. Nun konzentrieren wir den Blick auf die kurzfristigen Wirtschaftsschwankungen um den langfristigen Trend herum.

Obwohl unter Volkswirten unterschiedliche Ansichten darüber bestehen, wie man die kurzfristigen Schwankungen untersuchen sollte, und wir bereits das IS-LM-Modell kennengelernt haben, basiert unsere Analyse im Folgenden auf dem Modell der aggregierten Nachfrage und des aggregierten Angebots, das unter Ökonomen weit verbreitet ist. Unser wichtigstes Lernziel ist, mit diesem Modell umgehen zu können und die kurzfristigen Auswirkungen von unterschiedlichen Ereignissen und wirtschaftspolitischen Maßnahmen zu untersuchen.

31.1 Drei wichtige Befunde zu den konjunkturellen Schwankungen

Kurzfristige Schwankungen der gesamtwirtschaftlichen Aktivität gibt es in allen Ländern der Erde und gab es zu allen Zeiten in der Geschichte. Für die Untersuchung der jährlichen oder mehrjährigen Auf- und Abschwünge sollen zunächst die drei wichtigsten Befunde hervorgehoben werden.

Befund 1: Konjunkturelle Schwankungen sind unregelmäßig und nicht prognostizierbar

Konjunkturelle Schwankungen werden durch Änderungen im wirtschaftlichen Umfeld hervorgerufen. Bei einem starken Wachstum des realen BIP läuft die Konjunktur gut. Die Unternehmen haben reichlich Kunden, ihre Gewinne nehmen zu. Bei gedämpftem Wachstum oder gar schrumpfendem BIP kommen die Unternehmen in Schwierigkeiten. In einer Rezession verzeichnen fast alle Unternehmen rückläufige Umsätze und Gewinne. Wir haben im Kapitel 29 gelernt, dass konjunkturelle Schwankungen nicht regelmäßig und nicht in gleicher Intensität auftreten, und man kann sie kaum mit einiger Treffsicherheit vorhersagen.

Befund 2: Die meisten makroökonomischen Variablen schwanken gemeinsam

Um kurzfristige Schwankungen der wirtschaftlichen Aktivität einer Volkswirtschaft abzubilden, verwendet man zumeist das reale Bruttoinlandsprodukt, da es die umfassendste Größe für die unternehmerischen Aktivitäten auf dem Territorium einer Volkswirtschaft darstellt. Das reale BIP, das Bruttoinlandsprodukt in konstanten Preisen des Vorjahres, misst den Wert aller in einer bestimmten Periode produzierten Waren und Dienstleistungen (Güter) für Endnachfrager. Es misst auch das (inflationsbereinigte) Einkommen aller Menschen einer Volkswirtschaft.

Bei der Beobachtung der kurzfristigen Wirtschaftsschwankungen stellt sich heraus, dass es keinen großen Unterschied ausmacht, welches Maß für die Wirtschaftsaktivität man heranzieht. Die meisten makroökonomischen Variablen, die irgendwie das Einkommen, die Ausgaben oder die gesamtwirtschaftliche Produktion beschreiben, unterliegen gemeinsamen Schwankungen. Wenn in einer Rezession die Wachstumsraten des realen BIP zurückgehen, fallen auch Arbeitnehmereinkommen und Gewinne, Konsumausgaben, Investitionsausgaben, Industrieproduktion sowie Groß- und Einzelhandelsumsätze auf niedrigere Wachstumsraten zurück. Da Konjunkturschwankungen und Rezessionen die gesamte Volkswirtschaft umfassen, zeigen sie sich in zahlreichen Daten von makroökonomischen Variablen.

Obwohl viele makroökonomische Variablen gemeinsam schwanken, so schwanken sie doch in unterschiedlichem Ausmaß. So unterliegen die Investitionen sehr intensiven Schwankungen im Konjunkturzyklus. Obwohl Investitionen in der Regel nur ein Siebentel des BIP ausmachen, sind Investitionen für zwei Drittel des Einkommensrückgangs während einer Rezession verantwortlich. Mit anderen Worten: Eine Verringerung im Niveau der gesamtwirtschaftlichen Aktivität ist zum großen Teil auf sinkende Ausgaben für neue Produktionsanlagen, Gebäude und Lagerbestände zurückzuführen.

Befund 3: Der Produktionsrückgang ist mit einem Anstieg der Arbeitslosigkeit verknüpft

Okunsches Gesetz
Ein empirisch fundierter Zusammenhang, der besagt, dass das reale BIP-Wachstum nahe oder am potenziellen Wachstum liegen muss, damit die Arbeitslosenquote stabil bleibt.

Veränderungen der gesamtwirtschaftlichen Produktion sind eng mit einem veränderten Arbeitseinsatz korreliert. Bei einem Rückgang des realen BIP wird es also zu einem Anstieg der Arbeitslosenquote kommen. Der negative Zusammenhang zwischen der Arbeitslosenquote und dem realen BIP ist auch als das **Okunsche Gesetz** bekannt, benannt nach dem Ökonomen *Arthur Melvin Okun*, der als Professor in Yale entsprechende Forschungsergebnisse für die USA veröffentlicht hat. Okun fand heraus, dass das Wachstum des realen BIP nahe oder auf dem potenziellen BIP-Wachstum liegen muss, damit die Arbeitslosenquote stabil bleibt. Eine Senkung der Arbeitslosenquote ist nur dann möglich, wenn das reale BIP-Wachstum größer als das potenzielle BIP-Wachstum ist. So muss das reale BIP-Wachstum um zwei Prozentpunkte über dem potenziellen BIP-Wachstum liegen, um die Arbeitslosenquote um einen Prozentpunkt abzusenken.

Okuns Forschungsergebnisse sind nicht wirklich überraschend. Wenn Unternehmen die Produktion einschränken, werden sie Arbeitskräfte entlassen und so zum Anstieg der Arbeitslosenzahlen beitragen. Dabei ist allerdings ein zeitlicher Versatz zwischen der konjunkturellen Aktivität und dem Anstieg der Arbeitslosigkeit zu beobachten. Selbst wenn sich Volkswirtschaft schon wieder auf dem Aufwärtstrend befindet, wird die Arbeitslosigkeit noch eine Zeit lang weiter zunehmen. Aus diesem Grund gilt die Arbeitslosenquote, wie wir bereits im Kapitel 29 gelernt haben, auch als nachlaufender Konjunkturindikator.

31.2 Zur Erklärung von kurzfristigen konjunkturellen Schwankungen

Die Entwicklungsmuster statistisch zu beschreiben, denen Volkswirtschaften im Lauf der Zeit durch konjunkturelle Schwankungen unterliegen, ist leicht. Erheblich schwerer ist es jedoch, die ursächliche Begründung dafür zu erarbeiten. Verglichen mit den anderen Themen in den Kapiteln zuvor bestehen bei der Theorie konjunktureller Schwankungen erheblich größere Unterschiede in den Lehrmeinungen. Wir skizzieren hier und in den nächsten beiden Kapiteln das am häufigsten zur Erklärung verwendete Modell.

Die Volkswirtschaft auf kurze und auf lange Sicht

In den vorangegangenen Kapiteln haben wir Ansätze zur Erklärung der wichtigsten makroökonomischen Größen in der langfristigen Betrachtung entwickelt. Wir haben Höhe und Wachstum der Produktivität und des realen BIP untersucht, erfahren, wie das Finanzsystem funktioniert und der Realzinssatz Ersparnisse und Investitionen in Einklang bringt. Wir wissen, warum in einer Volkswirtschaft ein bestimmtes Niveau an Arbeitslosigkeit unvermeidbar ist, haben das monetäre System erklärt und danach gefragt, wie Änderungen des Geldangebots auf das Preisniveau, die Inflationsrate und den Nominalzinssatz wirken und schließlich unsere Analyse auf offene Volkswirtschaften erweitert, um den Außenhandelssaldo und den Wechselkurs begründen zu können.

Unsere bisherigen Analysen beruhen auf zwei verwandten Vorstellungen: der Idee der klassischen Dichotomie und der Idee der Neutralität des Geldes. Die klassische Dichotomie bedeutet – wie wir wissen – Separierbarkeit in einerseits reale Variablen (die Mengen und relative Preise darstellen) und andererseits nominale Variablen (die Geldgrößen darstellen). Nach klassischer makroökonomischer Theorie wirken sich Änderungen des Geldangebots nur auf die nominalen, nicht auf die realen Variablen aus. Aufgrund dieser Vorstellung von der Neutralität des Geldes war es uns möglich, die Bestimmung der realwirtschaftlichen Größen (reales BIP, realer Zinssatz und Arbeitslosigkeit) ohne die nominalen Variablen (Geldangebot und Preisniveau) vorzunehmen.

Gelten die Annahmen der klassischen Makroökonomik auch in der Welt, in der wir leben? Die Antwort ist von zentraler Bedeutung für das Bild vom Funktionieren der Volkswirtschaft. Die meisten Volkswirte sind der Auffassung, dass die klassische makroökonomische Theorie die Welt langfristig richtig beschreibt, aber nicht kurzfristig. Änderungen in der Geldmenge haben mit einem gewissen zeitlichen Abstand von einigen Jahren betrachtet nur Auswirkungen auf das Preisniveau und andere nominalen Größen, während das reale BIP, die Arbeitslosigkeit und andere reale Größen unverändert bleiben. Wenn man aber die volkswirtschaftlichen Veränderungen von Jahr zu Jahr untersucht, ist die Annahme der Neutralität des Geldes nicht länger stichhaltig. Die meisten Fachleute sind überzeugt, dass reale und nominale Größen bei kurzfristiger Betrachtung in hohem Maß verflochten sind und dass Änderungen der Geldmenge das reale BIP vorübergehend von seinem langfristigen Wachstumspfad abbringen können.

Um das Funktionieren einer Volkswirtschaft auf kurze Sicht verstehen zu können, ist ein neues Modell erforderlich. Dieses Modell wird aus vielen zuvor schon behandelten Teilen aufgebaut, jedoch ohne die Vorstellung der klassischen Dichotomie oder der Neutralität des Geldes.

Modell der aggregierten Nachfrage und des aggregierten Angebots
Das Modell, das von den meisten Volkswirten zur Erklärung kurzfristiger Schwankungen der Wirtschaft um den langfristigen Trend herum verwendet wird.

Das Modell der aggregierten Nachfrage und des aggregierten Angebots

Unser Modell der kurzfristigen Wirtschaftsschwankungen stellt zwei Variablen in den Mittelpunkt: zum einen das mit dem realen BIP gemessene Produktionsniveau (das ist die Gütermenge, die in der Gesamtwirtschaft in einem bestimmten Zeitraum angeboten und nachgefragt wird), zum anderen das mit dem Verbraucherpreisindex oder dem BIP-Deflator gemessene allgemeine Preisniveau. Dabei ist das Produktionsniveau eine realwirtschaftliche Größe, das Preisniveau jedoch eine nominale Variable. Mit dem Blick auf den Zusammenhang der beiden Größen heben wir schlaglichtartig die Ungültigkeit der klassischen Dichotomie hervor.

Aggregierte Nachfragekurve
Eine Kurve mit den Gütermengen, die Haushalte, Unternehmen und der Staat bei unterschiedlichen Preisniveaus kaufen wollen.

Aggregierte Angebotskurve
Eine Kurve mit den Gütermengen, die Unternehmen bei verschiedenen Preisniveaus herstellen und verkaufen möchten.

Wir analysieren gesamtwirtschaftliche Schwankungen der Volkswirtschaft mithilfe des **Modells der aggregierten Nachfrage** (*AD*) **und des aggregierten Angebots** (*AS*). Dieses AD-AS-Modell wird in Abbildung 31-1 illustriert. Auf der senkrechten Achse ist das allgemeine Preisniveau der Volkswirtschaft abgetragen, auf der waagerechten Achse des Diagramms wird das Produktionsniveau gemessen. Die **aggregierte Nachfragekurve** weist die Gütermengen aus, die Haushalte, Unternehmen und der Staat bei den unterschiedlichen Preisniveaus kaufen wollen. Da die aggregierte Nachfragekurve die gesamte Nachfrage in der Volkswirtschaft widerspiegelt, wird auch oft von der gesamtwirtschaftlichen Nachfragekurve gesprochen. Entsprechend zeigt die **aggregierte Angebotskurve** – oder auch gesamtwirtschaftliche Angebotskurve – jene Gütermengen, die Unternehmen zu den verschiedenen Preisniveaus herstellen und verkaufen möchten. Dem Modell zufolge gibt es Preisniveau- und Mengenanpassungen zur Angleichung von aggregierter Nachfrage und aggregiertem Angebot.

Die Versuchung ist groß, das Modell der aggregierten Nachfrage und des aggregierten Angebots nur als eine erweiterte Version des Marktmodells aus dem Kapitel 3 zu betrachten. Doch tatsächlich ist unser vorliegendes Modell jenseits der oberflächlichen formalen Ähnlichkeit ganz anders. Wenn wir Nachfrage und Angebot auf einem einzelnen Markt (etwa dem Markt für Tablet-PCs) betrachten, hängt das Verhalten von Nachfragern und Anbietern wesentlich von der Beweglichkeit der Ressourcen zwischen den einzelnen Märkten ab. Bei einem Preisanstieg von Tablet-PCs sinkt die nachgefragte Menge deshalb, weil die Käufer ihr Einkommen nun für andere Güter verwenden. Entsprechend erhöht sich bei steigendem Preis die Angebotsmenge deshalb, weil die Unternehmen die Produktion durch Abwerbung von Arbeitskräften aus anderen Bereichen der Volkswirtschaft steigern können. Diese *mikroökonomische* Substitution zwischen den einzelnen Märkten ist auszuschließen, wenn wir die Volkswirtschaft insgesamt betrachten. Die Gütermenge, die unser nun vorliegendes Modell erklären will, ist ja das reale Bruttoinlandsprodukt, das sämtliche in einer Volkswirtschaft hergestellte Güter enthält. Um die negative Steigung der aggregierten Nachfragekurve und die positive Steigung der aggregierten Angebotskurve zu begründen,

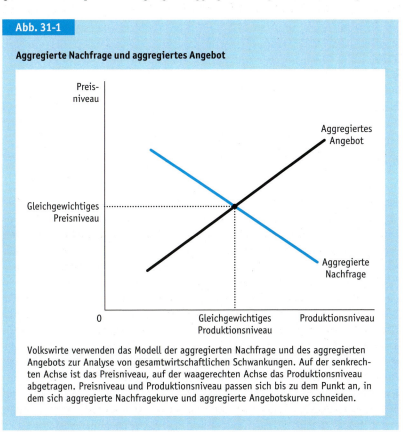

Abb. 31-1

Aggregierte Nachfrage und aggregiertes Angebot

Volkswirte verwenden das Modell der aggregierten Nachfrage und des aggregierten Angebots zur Analyse von gesamtwirtschaftlichen Schwankungen. Auf der senkrechten Achse ist das Preisniveau, auf der waagerechten Achse das Produktionsniveau abgetragen. Preisniveau und Produktionsniveau passen sich bis zu dem Punkt an, in dem sich aggregierte Nachfragekurve und aggregierte Angebotskurve schneiden.

benötigen wir eine *makroökonomische* Theorie. Um die Entwicklung dieser Theorie geht es zunächst.

> **Kurztest**
> Wie unterscheidet sich die gesamtwirtschaftliche Aktivität auf kurze Sicht von der auf lange Sicht? Zeichnen Sie bitte das Diagramm mit aggregierter Nachfragekurve und aggregierter Angebotskurve. Erläutern Sie die Achsenbeschriftungen.

31.3 Die aggregierte Nachfragekurve

Die aggregierte Nachfragekurve stellt die Menge aller Waren und Dienstleistungen dar, die in der Volkswirtschaft bei verschiedenen Preisniveaus nachgefragt werden. Wie die Abbildung 31-2 zeigt, verläuft die aggregierte Nachfragekurve fallend (wie eine normale Marktnachfragekurve). Danach wird – unter sonst gleichen Bedingungen – bei einem Rückgang des gesamtwirtschaftlichen Preisniveaus (z. B. von P_1 auf P_2) die nachgefragte Menge an Gütern in der Volkswirtschaft ansteigen (z. B. von Y_1 auf Y_2).

Warum die Steigung der aggregierten Nachfragekurve negativ ist

Warum führt ein Rückgang des Preisniveaus zu einem Anstieg der aggregierten Nachfrage? Um diese Frage zu beantworten, müssen wir uns zunächst in Erinnerung rufen, dass sich das Bruttoinlandsprodukt (Y) aus der Summe von Konsum (C), Investitionen (I), Staatsausgaben (G) und Nettoexporten (NX) ergibt:

$$Y = C + I + G + NX$$

Jede der vier Komponenten trägt zur aggregierten Güternachfrage bei. Die Staatsausgaben betrachtet man als eine durch Haushaltsbeschlüsse politisch fixierte Variable. Die übrigen drei Variablen jedoch – Konsum, Investitionen und Nettoexporte – sind ökonomisch bestimmt und insbesondere vom Preisniveau abhängig. Die negative Steigung der aggregierten Nachfragekurve erklärt sich danach, wie das Preisniveau jede einzelne der makroökonomischen Variablen Konsum, Investitionen und Nettoexporte beeinflusst.

Das Preisniveau und der Konsum: Der Pigou-Vermögenseffekt. Denken Sie an das Geld in Ihrer Brieftasche und auf Ihrem Bankkonto. Nominal ist der Betrag eindeutig festgelegt: Ein Euro ist immer einen Euro wert. Der reale Wert in Gütern ist jedoch variabel. Bei einem Rückgang des Preisniveaus ist ein Euro mehr wert, weil man dafür mehr Waren und Dienstleistungen kaufen kann. *Ein Preisrückgang erhöht demnach den realen Wert des Geldes und macht die Konsumenten wohlhabender, was sie zu höheren Ausgaben ermutigt. Die höheren Ausgaben der Konsumenten sind gleichbedeutend mit einem Anstieg der nachgefragten Gütermenge.* Der Effekt ist nach Arthur C. Pigou (1877–1959) benannt, der ihn in die volkswirtschaftliche Literatur eingeführt hat.

31.3 Die aggregierte Nachfragekurve

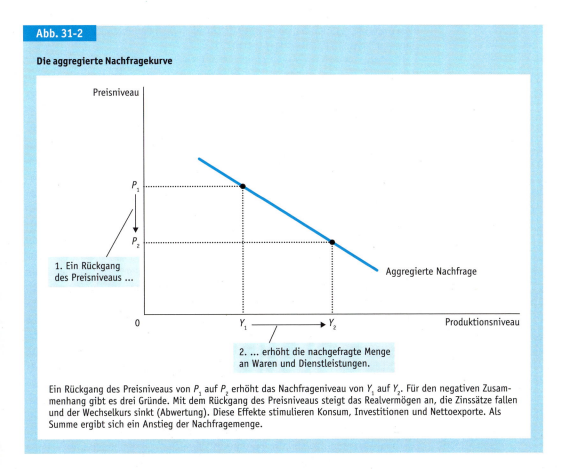

Abb. 31-2

Die aggregierte Nachfragekurve

Ein Rückgang des Preisniveaus von P_1 auf P_2 erhöht das Nachfrageniveau von Y_1 auf Y_2. Für den negativen Zusammenhang gibt es drei Gründe. Mit dem Rückgang des Preisniveaus steigt das Realvermögen an, die Zinssätze fallen und der Wechselkurs sinkt (Abwertung). Diese Effekte stimulieren Konsum, Investitionen und Nettoexporte. Als Summe ergibt sich ein Anstieg der Nachfragemenge.

Das Preisniveau und die Investitionen: Der Keynes-Zinssatzeffekt. Das Preisniveau ist eine Bestimmungsgröße der Geldnachfrage. Je niedriger das Preisniveau ist, umso weniger Geld halten die Haushalte als Transaktionskasse für ihr übliches Nachfrageniveau an Gütern. Wenn das Preisniveau fällt, werden also die Haushalte ihre Geldhaltung reduzieren, indem sie einen Teil des Geldes verleihen. So könnten die Haushalte ihren Überschuss an Geld beispielsweise für den Kauf verzinslicher Wertpapiere verwenden. Oder sie zahlen das Geld als verzinsliche längerfristige Spareinlagen bei einem Kreditinstitut ein, das damit seine Kreditvergabe erhöht. In jedem dieser Fälle geht es für die privaten Haushalte darum, einen Teil ihrer Kassenbestände in verzinsliche Vermögensteile umzuwandeln. Damit drücken sie den Zinssatz nach unten. Da niedrigere Zinssätze die Kosten der Kreditaufnahme reduzieren, werden die Unternehmen angeregt, Kredite für Investitionen in Bauten und Ausrüstungen aufzunehmen, während die Haushalte mehr Kredite für den Hausbau nachfragen. Auf diese Weise führt ein niedrigeres Zinsniveau zu einem Anstieg der nachgefragten Gütermenge. *Ein niedrigeres Preisniveau senkt demnach die Zinsen, was zu einem Anstieg der Investitionsausgaben führt und auf diese Weise die nachgefragte Gütermenge erhöht.*

Dieser Effekt trägt den Namen Keynes-Effekt nach dem berühmten Nationalökonomen John Maynard Keynes (1883–1946).

Das Preisniveau und die Nettoexporte: Der Mundell-Fleming-Wechselkurseffekt.
Eben haben wir uns vor Augen geführt, wie ein niedrigeres Preisniveau zu einem niedrigeren Zinsniveau führt und damit u. a. die unternehmerischen Investitionen in Realkapital anregt. Als Reaktion auf das niedrigere Zinsniveau werden jedoch einige Anleger umdisponieren, und zwar von der Anlage im Inland auf eine höher verzinsliche Anlage im Ausland. Bei einem Rückgang der Verzinsung deutscher Bundesanleihen werden die Anleger z. B. zu US-Staatsanleihen wechseln. Dabei steigern sie das Euro-Angebot und die Dollar-Nachfrage auf dem Devisenmarkt. Es kommt zu einer Euro-Abwertung und der reale Wechselkurs, also der relative Preis von inländischen und ausländischen Gütern, sinkt. Da man für jeden Euro nun weniger Dollar bekommt, werden ausländische Güter im Vergleich zu inländischen Gütern teurer. Diese Änderung in den relativen Preisen beeinflusst die Ausgaben sowohl im Inland als auch im Ausland. Da ausländische Güter nun teurer sind, werden die Deutschen weniger Güter aus dem Ausland kaufen, sodass die Importe nach Deutschland zurückgehen. Gleichzeitig steigt im Ausland die Nachfrage nach deutschen Gütern, die durch die Euro-Abwertung billiger geworden sind, sodass die deutschen Exporte ansteigen. Gehen die Importe zurück, während die Exporte zunehmen, dann steigen die Nettoexporte. *Wenn also ein Preisrückgang dazu führt, dass das Zinsniveau sinkt, dann verringert sich der Wert der inländischen Währung auf dem Devisenmarkt. Die Abwertung der inländischen Währung steigert die Nettoexporte und trägt auf diese Weise zu einem Anstieg der nachgefragten Gütermenge bei.* Diesen Wechselkurseffekt haben die Nationalökonomen Robert Mundell und Marcus Fleming herausgearbeitet.

Zusammenfassung. Es gibt also drei unterschiedliche und miteinander verknüpfte Begründungen dafür, dass ein Rückgang des Preisniveaus die Menge der insgesamt nachgefragten Güter erhöht: (1) Die Konsumenten fühlen sich wohlhabender und werden dadurch zu einer weiteren Nachfrage nach Gütern angeregt. (2) Die Zinssätze sinken und regen zu weiteren Investitionsgüterkäufen an. (3) Eine Abwertung der Landeswährung stimuliert die Nettoexporte. Aus diesen drei Gründen verläuft die aggregierte Nachfragekurve fallend.

Zu betonen ist noch einmal, dass die aggregierte Nachfragekurve (wie jede Nachfragekurve) unter der Annahme »sonst gleicher Bedingungen« gezeichnet wird. Insbesondere implizieren unsere eben erläuterten drei Begründungen für den fallenden Verlauf der Kurve ein unverändertes Geldangebot. Wir haben also die Auswirkungen eines veränderlichen Preisniveaus auf die Güternachfrage bei konstantem Geldangebot untersucht. Wie wir sehen werden, führen Veränderungen des Geldangebots zu Verschiebungen der aggregierten Nachfragekurve. Denken Sie also daran, dass die aggregierte Nachfragekurve jeweils nur für eine ganz bestimmte Geldmenge Gültigkeit hat.

Warum es zur Verschiebung der aggregierten Nachfragekurve kommen kann

Im Kapitel 30 haben wir gelernt, wie geld- und fiskalpolitische Maßnahmen nicht nur die LM- und IS-Kurve verschieben können, sondern bei einem gegebenen Preisniveau auch die aggregierte Nachfragekurve. Wir werden uns im Folgenden genauer mit Verschiebungen der AD-Kurve beschäftigen. Weil die aggregierte Nachfragekurve mit negativer Steigung verläuft, wird ein Rückgang des Preisniveaus die aggregierte Nachfrage erhöhen. Die aggregierte Nachfrage in einer Volkswirtschaft ist jedoch auch noch von vielen anderen Einflussgrößen abhängig. Wenn sich eine dieser anderen Bestimmungsgrößen ändert, erfolgt eine Verschiebung der aggregierten Nachfragekurve.

Wir wollen im Folgenden beispielhaft einige Ereignisse betrachten, die eine Verschiebung der aggregierten Nachfragekurve auslösen. Dabei können wir die Ereignisse danach kategorisieren, welche Ausgabenkomponente am stärksten beeinflusst wird.

Verschiebungen durch Änderungen in den Konsumausgaben. Nehmen Sie an, eine anhaltende politische Debatte um die Zukunft der gesetzlichen Rentenversicherung in Deutschland führt dazu, dass die Deutschen beschließen, für ihre Altersvorsorge mehr zu sparen und ihre laufenden Konsumausgaben zu reduzieren. Da die Menge der nachgefragten Waren und Dienstleistungen nun bei jedem Preisniveau geringer ist, verschiebt sich die aggregierte Nachfragekurve nach links. Andererseits könnten wir uns vorstellen, dass ein Boom an den Aktienmärkten zu mehr Wohlstand in der Bevölkerung führt, sodass die Menschen für ihre Absicherung in der Zukunft weniger sparen. Der daraus folgende Anstieg der Konsumausgaben erhöht die Menge der nachgefragten Waren und Dienstleistungen bei jedem Preisniveau. Die aggregierte Nachfragekurve verschiebt sich nach rechts.

Jedes Ereignis, das die Konsumausgaben der Menschen bei einem beliebigen Preisniveau verändert, verschiebt die aggregierte Nachfragekurve. Ein solcher Einflussfaktor ist beispielsweise die Höhe der Besteuerung. Eine Steuersenkung erhöht das verfügbare Einkommen der Menschen und veranlasst sie, höhere Ausgaben zu tätigen. Die aggregierte Nachfragekurve verschiebt sich nach rechts. Eine Steuererhöhung reduziert dagegen die Konsumausgaben der Menschen und verschiebt die aggregierte Nachfragekurve nach links.

Verschiebungen durch Änderungen in den Investitionsausgaben. Jedes Ereignis, das die Investitionsausgaben der Unternehmen bei einem beliebigen Preisniveau beeinflusst, führt auch zu einer Verschiebung der aggregierten Nachfragekurve. Stellen Sie sich vor, es kommt eine neue Generation wesentlich leistungsfähigerer Computer auf den Markt, und die meisten Unternehmen investieren in neue Computer. Da die zu jedem beliebigen Preisniveau nachgefragte Gütermenge nun größer wird, erfolgt eine Rechtsverschiebung der aggregierten Nachfragekurve. Haben dagegen die Unternehmen pessimistische Erwartungen über die zukünftige Entwicklung, so könnten sie ihre Investitionsausgaben reduzieren, und die aggregierte Nachfragekurve würde sich nach links verschieben.

Auch die Steuerpolitik beeinflusst die aggregierte Nachfrage über die Höhe der Investitionen. So erhöht eine Investitionssteuergutschrift die Menge der Investitionsgüter, die die Unternehmen bei einem beliebigen Preisniveau nachfragen. Dadurch verschiebt sich die aggregierte Nachfragekurve nach rechts. Die Abschaffung einer Investitionssteuergutschrift würde dagegen die Investitionsausgaben senken und die aggregierte Nachfragekurve nach links verschieben.

Eine weitere Einflussgröße der Investitionen und damit der aggregierten Nachfrage ist das Geldangebot. Ein Anstieg der Geldmenge führt kurzfristig zu sinkenden Zinsen. Dadurch wird für Investoren die Aufnahme von Krediten billiger, was die Investitionstätigkeit stimuliert und so zu einer Verschiebung der aggregierten Nachfragekurve nach rechts führt. Eine Verknappung des Geldangebots bewirkt dagegen einen Anstieg des Zinsniveaus. Die Investitionstätigkeit geht zurück, und die aggregierte Nachfragekurve verschiebt sich nach links. Viele Ökonomen sind der Auffassung, dass die Geldpolitik der Europäischen Zentralbank (EZB) einen erheblichen Einfluss auf die aggregierte Güternachfrage ausübt.

Verschiebungen durch Änderungen in den Staatsausgaben. Politiker können die aggregierte Nachfragekurve direkt durch die Höhe der Staatsausgaben beeinflussen. Entscheidet sich beispielsweise der Bundestag für eine Halbierung der Ausgaben für neue Waffensysteme, so wird die zu jedem beliebigen Preisniveau nachgefragte Gütermenge kleiner. Es erfolgt eine Linksverschiebung der aggregierten Nachfragekurve. Beschließt der Bundestag dagegen eine Aufstockung des Etats für den Straßenbau, dann steigt die zu jedem Preisniveau nachgefragte Menge an Gütern. Die aggregierte Nachfragekurve verschiebt sich nach rechts.

Verschiebungen durch Änderungen der Nettoexporte. Jedes Ereignis, das die Nettoexporte bei einem beliebigen Preisniveau verändert, verschiebt auch die aggregierte Nachfragekurve. Herrscht beispielsweise in den USA eine Rezession, so werden die deutschen Exporte in die USA zurückgehen. Damit reduzieren sich die deutschen Nettoexporte und die aggregierte Nachfragekurve verschiebt sich nach links. Erholen sich die USA von der Krise, so steigen die deutschen Exporte und damit die Nettoexporte in die USA wieder an. Die aggregierte Nachfragekurve verschiebt sich nach rechts.

Änderungen der Nettoexporte können manchmal auch durch Wechselkursschwankungen verursacht werden. Führen beispielsweise Spekulationen an den internationalen Finanzmärkten zu einem Anstieg des Werts des Euro gegenüber anderen Währungen, so verteuern sich deutsche Güter im nichteuropäischen Ausland. Die deutschen Nettoexporte sinken und die aggregierte Nachfragekurve verschiebt sich links. Auf der anderen Seite verbilligt ein schwacher Euro die deutschen Exporte, die Nettoexporte steigen und die aggregierte Nachfragekurve verschiebt sich nach rechts.

31.3 Die aggregierte Nachfragekurve

Tab. 31-1

Die aggregierte Nachfragekurve: Eine Zusammenfassung

Warum ist die Steigung der aggregierten Nachfragekurve negativ?

1. Der *Vermögenseffekt*: Ein niedrigeres Preisniveau erhöht das reale Vermögen und fördert auf diese Weise Konsumausgaben.
2. Der *Zinssatzeffekt*: Ein niedrigeres Preisniveau reduziert das Zinsniveau und regt dadurch zu höheren Investitionen an.
3. Der *Wechselkurseffekt*: Ein niedrigeres Preisniveau führt zu einer Abwertung. Der Wechselkurs sinkt und lässt die Nettoexporte ansteigen.

Warum kann sich die aggregierte Nachfragekurve verschieben?

1. *Verschiebungen durch Änderungen in den Konsumausgaben*: Ein Ereignis, das die Konsumenten dazu veranlasst, bei einem gegebenen Preisniveau mehr Konsumausgaben zu tätigen (bspw. durch eine Steuersenkung oder einen Aktienboom), verschiebt die aggregierte Nachfragekurve nach rechts. Ein Ereignis, das bei einem gegebenen Preisniveau zu niedrigeren Konsumausgaben führt (Steueranhebung, Kurssturz am Aktienmarkt), verschiebt die aggregierte Nachfragekurve nach links.
2. *Verschiebungen durch Änderungen in den Investitionsausgaben*: Ein Ereignis, das die Unternehmen dazu veranlasst, bei einem gegebenen Preisniveau mehr zu investieren (optimistische Erwartungen, Zinsrückgang aufgrund einer Geldmengenausweitung), verschiebt die aggregierte Nachfragekurve nach rechts. Ein Ereignis, das bei einem gegebenen Preisniveau zu einem Rückgang der Investitionen führt (pessimistische Erwartungen, Zinsanstieg aufgrund einer Geldmengenverknappung), verschiebt die aggregierte Nachfragekurve nach links.
3. *Verschiebungen durch Änderungen in den Staatsausgaben*: Ein Anstieg der Ausgaben des Staates für Güter (höhere Ausgaben für Verteidigung oder Straßenbau) verschiebt die aggregierte Nachfragekurve nach rechts. Ein Rückgang der Staatsausgaben (geringere Ausgaben für Verteidigung oder Straßenbau) verschiebt die aggregierte Nachfragekurve nach links.
4. *Verschiebungen durch Änderungen der Nettoexporte*: Ein Ereignis, das bei einem gegebenen Preisniveau zu höheren Nettoexporten führt (Abwertung – Rückgang des Wechselkurses, wirtschaftlicher Aufschwung im Ausland), verschiebt die aggregierte Nachfragekurve nach rechts. Ein Ereignis, das die Nettoexporte bei einem gegebenen Preisniveau senkt (Aufwertung – Anstieg des Wechselkurses, Rezession im Ausland), verschiebt die aggregierte Nachfragekurve nach links.

Zusammenfassung. Im nächsten Abschnitt wollen wir analysieren, wie die AD-Kurve auf geld- und fiskalpolitische Maßnahmen reagiert und inwieweit die Wirtschaftspolitik auf diese Maßnahmen zurückgreifen sollte. Dazu sollten Sie wissen, warum die aggregierte Nachfragekurve eine negative Steigung aufweist und welche Ereignisse oder Maßnahmen zu Kurvenverschiebungen führen können. Die Tabelle 31-1 zeigt eine Zusammenfassung des bislang Gelernten.

Kurztest

Erläutern Sie die drei Gründe für die negative Steigung der aggregierten Nachfragekurve. Nennen Sie ein Beispiel für ein Ereignis, das zu einer Verschiebung der aggregierten Nachfragekurve führen würde. In welche Richtung würde die Verschiebung eintreten?

31.4 Die aggregierte Angebotskurve

Die aggregierte Angebotskurve gibt die Menge an Gütern an, die Unternehmen bei einem bestimmten Preisniveau produzieren und verkaufen möchten. Der Zusammenhang zwischen dem Preisniveau und dem Produktionsniveau ist je nach dem Zeithorizont der Betrachtung unterschiedlich. *Langfristig verläuft die* aggregierte *Angebotskurve senkrecht, kurzfristig hingegen weist sie eine positive Steigung auf.* Um kurzfristige Wirtschaftsschwankungen und die Unterschiede zwischen kurz- und langfristiger Wirtschaftsentwicklung verstehen zu können, müssen wir sowohl die kurzfristige als auch die langfristige aggregierte Angebotskurve untersuchen.

Warum die langfristige aggregierte Angebotskurve senkrecht verläuft

Wovon hängt die langfristig angebotene Menge an Gütern ab? Diese Frage wurde indirekt bereits an anderer Stelle in diesem Buch beantwortet, als es um den Prozess des wirtschaftlichen Wachstums ging. *Langfristig hängt das Angebot einer Volkswirtschaft an Gütern von ihrer Faktorausstattung mit Arbeit und Kapital sowie von der verfügbaren*

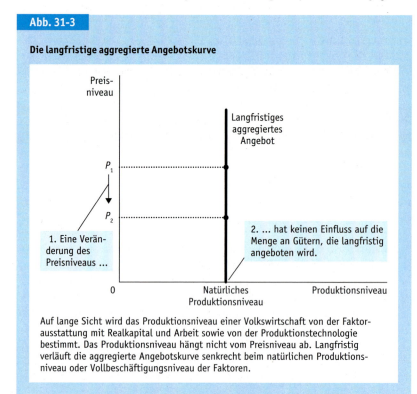

Abb. 31-3

Die langfristige aggregierte Angebotskurve

Auf lange Sicht wird das Produktionsniveau einer Volkswirtschaft von der Faktorausstattung mit Realkapital und Arbeit sowie von der Produktionstechnologie bestimmt. Das Produktionsniveau hängt nicht vom Preisniveau ab. Langfristig verläuft die aggregierte Angebotskurve senkrecht beim natürlichen Produktionsniveau oder Vollbeschäftigungsniveau der Faktoren.

Technologie zur Umwandlung der Produktionsfaktoren in Produkte ab. Da das Preisniveau die langfristigen Bestimmungsgrößen des realen BIP nicht berührt, verläuft die langfristige aggregierte Angebotskurve senkrecht wie in Abbildung 31-3. Realkapital, Arbeitskräftepotenzial und Technologie bestimmen die langfristig angebotene Gütermenge einer Volkswirtschaft, und diese Menge ist vollkommen unabhängig vom herrschenden Preisniveau.

Die senkrechte langfristige aggregierte Angebotskurve ist in gewisser Weise auch ein Ausdruck der klassischen Dichotomie und der Neutralität des Geldes. Wie wir bereits wissen, beruht die klassische makroökonomische Theorie auf der Annahme, dass die realen Variablen nicht von den nominalen Variablen abhängen. Mit dieser Konzeption ist die langfristige aggregierte Angebotskurve vereinbar, denn das Produktionsniveau (eine reale Variable) hängt nicht vom Preisniveau (einer nominalen Variablen) ab. Wie zuvor schon ausgeführt, glauben die meisten Volkswirte, dass dieses Prinzip beim langfristigen Studium volkswirtschaftlicher Zusammenhänge gut anwendbar ist, jedoch nicht bei den kurzfristigen Veränderungen von Jahr zu Jahr zum Tragen kommt. Nur auf lange Sicht ist die aggregierte Angebotskurve eine Senkrechte.

In diesem Zusammenhang mag sich mancher die Frage stellen, wie Angebotskurven für einzelne Güter einen steigenden Verlauf haben können, wenn die langfristige aggregierte Angebotskurve senkrecht verläuft. Die Antwort lautet: Das Angebot an einzelnen Gütern hängt von *relativen Preisen* ab, also den Preisen dieser Güter in Relation zu anderen Preisen in der Volkswirtschaft. Steigt beispielsweise der Preis für Tablet-PCs und alle anderen Preise bleiben unverändert, dann gibt es einen Anreiz für die Anbieter von Tablet-PCs, ihre Produktion zu erhöhen, indem sie Maschinen, Rohstoffe und Arbeitskräfte aus anderen Bereichen abziehen, wie z. B. der Produktion von Mobiltelefonen oder Laptops. Im Unterschied dazu ist die gesamtwirtschaftliche Produktion einer Volkswirtschaft durch die vorhandenen Arbeitskräfte und die verfügbaren Ressourcen und Technologien begrenzt. Wenn in der Volkswirtschaft alle Preise steigen, dann ändert sich die gesamte Menge der angebotenen Güter nicht, da sich die relativen Preise und damit auch die Anreize nicht geändert haben.

Warum sich die langfristige aggregierte Angebotskurve verschieben kann

Die langfristige aggregierte Angebotskurve zeigt die Gütermenge, die eine Volkswirtschaft nach der klassischen makroökonomischen Theorie produzieren kann. Dieses Produktionsniveau wird bisweilen als *potenzielles Produktionsniveau* oder *Vollbeschäftigungs-Produktionsniveau* bezeichnet. Ein wenig irreführend sind diese Bezeichnungen insofern, als das Produktionsniveau kurzfristig größer oder kleiner werden kann. Zweckmäßig erscheint der Begriff **natürliches Produktionsniveau**, um das volkswirtschaftliche Produktionsniveau bei bestehender natürlicher oder normaler Arbeitslosenquote auszudrücken. Das natürliche Produktionsniveau ist jenes Produktionsniveau, zu dem die ökonomischen Kräfte langfristig hinführen.

Jede volkswirtschaftliche Veränderung, die sich auf das natürliche Produktionsniveau auswirkt, führt zu einer Verschiebung der langfristigen aggregierten Angebots-

Natürliches Produktionsniveau
Das Produktionsniveau einer Volkswirtschaft bei vollständiger Auslastung aller Produktionsfaktoren (Boden, Arbeit, Kapital und Technologie) und einer Arbeitslosigkeit in Höhe der natürlichen Arbeitslosenquote.

kurve. Da das Produktionsniveau im klassischen Modell vom Arbeitskräftepotenzial, vom Realkapital, von den natürlichen Ressourcen und von der Technologie abhängt, können wir die Verschiebungen der langfristigen aggregierten Angebotskurve nach deren Ursachen kategorisieren.

Verschiebungen durch Änderungen des Arbeitskräftepotenzials. Stellen Sie sich vor, in einer Volkswirtschaft kommt es zu einer verstärkten Einwanderung von Arbeitskräften aus dem Ausland. Mit der zunehmenden Zahl an Arbeitskräften steigt auch die Menge der angebotenen Güter. Die langfristige aggregierte Angebotskurve würde sich nach rechts verschieben. Wandern dagegen Arbeitskräfte aus einer Volkswirtschaft ins Ausland ab, verschiebt sich die langfristige aggregierte Angebotskurve nach links.

Die Lage der langfristigen aggregierten Angebotskurve hängt auch von der Höhe der natürlichen Arbeitslosenquote ab. Deshalb kommt es bei Änderungen der natürlichen Arbeitslosenquote auch zu Änderungen des natürlichen Produktionsniveaus und zu Verschiebungen der langfristigen aggregierten Angebotskurve. So steigt die natürliche Arbeitslosenquote bei gesetzlichen und tarifvertraglichen Vorschriften, die zu einem höheren Mindestlohn führen, an. Die Volkswirtschaft produziert eine kleinere Menge an Gütern, sodass es zu einer Linksverschiebung der langfristigen aggregierten Angebotskurve kommt. Umgekehrt kann eine Reform der Arbeitslosenversicherung (Hartz- Reformen) Arbeitslose dazu veranlassen, sich intensiver um einen neuen Arbeitsplatz zu bemühen. Die natürliche Arbeitslosenquote würde zurückgehen und die langfristige aggregierte Angebotskurve verschiebt sich nach rechts.

Verschiebungen durch Änderungen im Kapitalbestand. Das Wachstum des volkswirtschaftlichen Realkapitalbestands erhöht die Produktionsmöglichkeiten und dadurch das aggregierte Angebot. Die langfristige aggregierte Angebotskurve wird deshalb nach rechts verschoben. Umgekehrt würde eine Abnahme des volkswirtschaftlichen Realkapitalbestands – etwa durch einen Krieg – die Produktionsmöglichkeiten vermindern und die langfristige aggregierte Angebotskurve nach links verschieben.

Dieser Zusammenhang gilt unabhängig davon, ob wir Realkapital oder Humankapital betrachten. Mehr Maschinen erhöhen das Produktionspotenzial der Volkswirtschaft genauso wie ein Anstieg der Anzahl der Hochschulabschlüsse. Beide Faktoren würden die langfristige aggregierte Angebotskurve nach rechts verschieben.

Verschiebungen durch Änderungen in den natürlichen Ressourcen. Das Produktionsniveau in einer Volkswirtschaft hängt auch von den verfügbaren natürlichen Ressourcen ab, wie beispielsweise Boden, Rohstoffe und Klima. Die Entdeckung von neuen Rohstoffvorkommen wird die langfristige aggregierte Angebotskurve nach rechts verschieben. Der Klimawandel wirkt sich negativ auf die Landwirtschaft aus und verschiebt die langfristige aggregierte Angebotskurve nach links. Viele Volkswirtschaften sind darauf angewiesen, wichtige Rohstoffe zu importieren. Eine Änderung in der Verfügbarkeit dieser Ressourcen kann auch zu einer Verschiebung der langfristigen aggregierten Angebotskurve führen.

Verschiebungen durch Änderungen der Technologie. Der technologische Fortschritt ist vielleicht der wichtigste Grund dafür, dass eine Volkswirtschaft heutzutage mehr Waren und Dienstleistungen produziert als vor fünfzig oder hundert Jahren. So ermöglicht beispielsweise die Erfindung des Computers, mit dem gegebenen Bestand an Arbeitskräften, Real- und Humankapital und natürlichen Ressourcen mehr zu produzieren als vorher. Die langfristige aggregierte Angebotskurve hat sich dadurch nach rechts verschoben.

Obwohl nicht im wörtlichen Sinne als technologisch zu bezeichnen, haben viele Ereignisse wie eine Änderung der verfügbaren Technologie gewirkt. Wie wir gelernt haben, ist die Wirkung des internationalen Handels für eine Volkswirtschaft mit der Erfindung einer neuen Produktionstechnologie gleichzusetzen und führt damit zu einer Rechtsverschiebung der langfristigen aggregierten Angebotskurve. Würde der Bundestag dagegen ein gesetzliches Verbot der Gentechnologie (aus ethischen Gründen) beschließen, verschiebt sich die langfristige aggregierte Angebotskurve nach links.

Zusammenfassung. Die langfristige aggregierte Angebotskurve spiegelt das klassische Modell der Volkswirtschaft wider, das wir aus vorhergehenden Kapiteln kennen. Jedes Ereignis und jede politische Maßnahme, die zur Steigerung des realen BIP führen, erscheinen nun als Erhöhung des langfristigen aggregierten Angebots und als Rechtsverschiebung der langfristigen aggregierten Angebotskurve. Umgekehrt könnte alles, was zur Minderung des realen BIP führt, als Linksverschiebung der aggregierte Angebotskurve betrachtet werden.

Eine neue Darstellung von langfristigem Wachstum und Inflation

Nachdem wir die aggregierte Nachfragekurve und die langfristige aggregierte Angebotskurve einer Volkswirtschaft eingeführt haben, besitzen wir die Möglichkeit, die langfristige Entwicklung einer Volkswirtschaft auf eine neue Art und Weise darzustellen. Die Abbildung 31-4 zeigt die Veränderungen in einer Volkswirtschaft, die im Lauf von Jahrzehnten auftreten. Dabei ist zu erkennen, dass sich beide Kurven verschieben. Obwohl zahlreiche Faktoren die Volkswirtschaft auf lange Sicht beeinflussen und grundsätzlich zu Verschiebungen der aggregierten Angebots- und aggregierten Nachfragekurve führen, gibt es in der Praxis zwei entscheidende Einflussgrößen: die Geldpolitik und die verfügbare Technologie. Der technologische Fortschritt vergrößert stetig das Produktionspotenzial der Volkswirtschaft und verschiebt die aggregierte Angebotskurve kontinuierlich nach rechts. Gleichzeitig führt das stetige Geldmengenwachstum (durch die EZB) dazu, dass sich die aggregierte Nachfragekurve auch nach rechts verschiebt. Wie die Abbildung 31-4 zeigt, ergeben sich dadurch ein Wachstumstrend für das Produktionsniveau (ausgedrückt durch einen Anstieg von Y) und eine fortdauernde Inflation (ausgedrückt durch einen Anstieg von P). Die Abbildung 31-4 ist nur eine weitere Möglichkeit, die klassische Analyse von Wachstum und Inflation, die wir bereits kennen, zu veranschaulichen.

31.4 Gesamtwirtschaftliche Nachfrage und gesamtwirtschaftliches Angebot
Die aggregierte Angebotskurve

Die Entwicklung des Modells der aggregierten Nachfrage und des aggregierten Angebots geschah jedoch nicht mit der Absicht, unsere Erkenntnisse über die langfristigen Zusammenhänge in der Volkswirtschaft in einem neuen Gewand zu präsentieren. Stattdessen wollen wir mit unserem Modell die Grundlagen für die kurzfristige Analyse legen, zu der wir gleich kommen werden. Bei der Entwicklung des kurzfristigen Modells werden wir die Analyse vereinfachen und die stetige Veränderung von Wachstum und Inflation in Abbildung 31-4 vernachlässigen. Denken Sie jedoch immer

Abb. 31-4

Langfristiges Wachstum und Inflation im Modell der aggregierten Nachfrage und des aggregierten Angebots

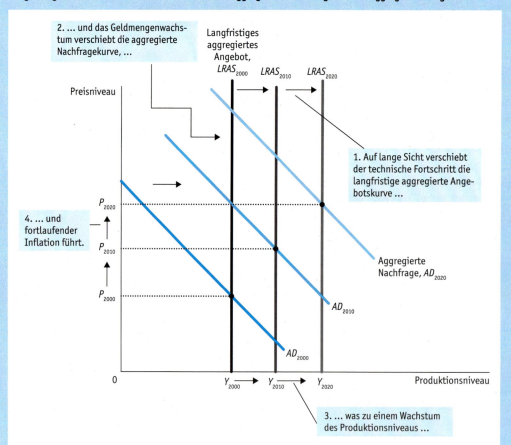

Wenn die Volkswirtschaft im Lauf der Zeit durch technischen Fortschritt immer mehr Waren und Dienstleistungen produzieren kann, verschiebt sich die langfristige aggregierte Angebotskurve nach rechts. Gleichzeitig führt das stetige Geldmengenwachstum (durch die EZB) dazu, dass sich die aggregierte Nachfragekurve auch nach rechts verschiebt. In der Abbildung erhöht sich das Produktionsniveau von Y_{2000} auf Y_{2010} und dann auf Y_{2020}, und das Preisniveau steigt von P_{2000} auf P_{2010} und dann auf P_{2020}. Das Modell der aggregierten Nachfrage und des aggregierten Angebots bietet damit eine neue Möglichkeit, das klassische Modell von Wachstum und Inflation zu veranschaulichen.

daran, dass die langfristigen Entwicklungstendenzen den Hintergrund für kurzfristige Schwankungen bilden. *Kurzfristige Schwankungen des Produktionsniveaus und des Preisniveaus müssen als Abweichungen von ihrem langfristigen Wachstumstrend angesehen werden.*

Warum die Steigung der kurzfristigen aggregierten Angebotskurve positiv ist

Der Hauptunterschied zwischen dem kurzfristigen und dem langfristigen Modell liegt im aggregierten Angebot. Die langfristige aggregierte Angebotskurve verläuft senkrecht. Im Unterschied dazu weist die kurzfristige aggregierte Angebotskurve eine positive Steigung auf, wie in Abbildung 31-5 dargestellt. Über einen Zeitraum von ein oder zwei Jahren wird ein Anstieg aller Preise in der Volkswirtschaft zu einer höheren gesamtwirtschaftlichen Produktion führen, während sinkende Preise kurzfristig einen Rückgang in der gesamtwirtschaftlichen Produktion verursachen.

Was steckt ursächlich hinter dem positiven Zusammenhang von Preisen und aggregiertem Angebot? Makroökonomen haben drei Theorien zur Begründung einer positiven Steigung der kurzfristigen aggregierten Angebotskurve vorgeschlagen. In jedem dieser Ansätze führen spezielle Marktunvollkommenheiten dazu, dass sich die

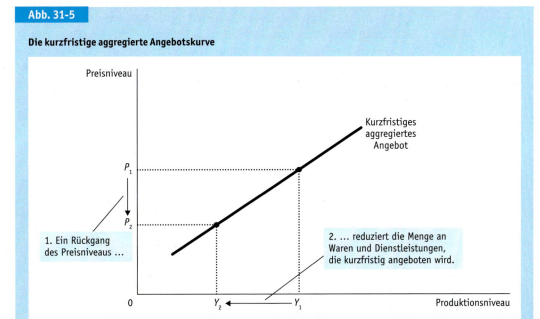

Abb. 31-5

Die kurzfristige aggregierte Angebotskurve

Auf kurze Sicht wird ein Rückgang des Preisniveaus von P_1 auf P_2 zu einem Absinken des Produktionsniveaus von Y_1 auf Y_2 führen. Der positive Zusammenhang kann mit Fehleinschätzungen, starren Lohnsätzen oder starren Preisen zu tun haben. Im Lauf der Zeit wird es dennoch zu Anpassungsbewegungen kommen, sodass der positive Zusammenhang von Preisniveau und Produktionsniveau nur ein temporärer ist.

Angebotsseite einer Volkswirtschaft kurzfristig und langfristig unterschiedlich verhält. Obwohl jede der nachfolgenden Theorien im Detail anders ist, haben sie alle einen gemeinsamen Ansatz: *Das aggregierte Angebot weicht vom langfristigen oder »natürlichen« Produktionsniveau ab, wenn und solange das Preisniveau von dem von der Bevölkerung erwarteten Preisniveau divergiert.* Sofern sich das Preisniveau über das erwartete Preisniveau hinaus erhöht, wird die Produktion über das natürliche Produktionsniveau hinaus gesteigert. Und wenn das Preisniveau unter seinen Erwartungswert fällt, wird umgekehrt eine Absenkung der Produktion unter das natürliche Produktionsniveau eintreten.

Die Keynes'sche Theorie starrer Lohnsätze. Die erste Erklärung für eine positive Steigung der kurzfristigen aggregierten Angebotskurve liefert die Theorie starrer Lohnsätze, die auf das Werk von John Maynard Keynes zurückgeht und die wir bereits im Kapitel 30 kennengelernt haben. Nach Keynes und vielen seiner Anhänger (Keynesianer) steigt die aggregierte Angebotskurve deshalb an, weil sich die Nominallohnsätze nur langsam anpassen oder kurzfristig »starr« sind. In einem gewissen Ausmaß ist die langsame, zögerliche Veränderung der Nominallohnsätze durch längerfristige Anstellungs- und Tarifverträge bestimmt. Soziale Normen und Regeln der Fairness mögen ein Übriges zur langsamen Veränderung der Entlohnung beitragen.

Um zu sehen, was starre Entlohnungssätze für das aggregierte Angebot bedeuten, stellen wir uns kurz vor, ein Unternehmen hat sich, ausgehend von seinen Erwartungen für das zukünftige Preisniveau, vorab mit seinen Beschäftigten auf einen bestimmten Nominallohnsatz geeinigt. Liegt das Preisniveau P dann tatsächlich unter dem erwarteten Preisniveau und der Nominallohnsatz bleibt auf dem vereinbarten Niveau W, dann steigt der Reallohnsatz W/P über die vom Unternehmen geplante Höhe. Da die Lohnzahlungen einen erheblichen Anteil an den Produktionskosten haben, führt ein höherer Reallohnsatz W/P auch zu höheren realen Kosten für das Unternehmen. Die Unternehmen reagieren auf den Kostenanstieg, indem sie weniger Arbeitskräfte beschäftigen und die Produktion drosseln. Mit anderen Worten: Da sich die Lohnsätze nicht sofort an das Preisniveau anpassen, machen niedrigere Preise Beschäftigung und Produktion weniger rentabel und die Unternehmen reduzieren die Menge an Gütern, die sie anbieten.

Neukeynesianische Theorie starrer Preise. Einige Volkswirte vertreten eine weitere Theorie zum Verlauf der kurzfristigen aggregierten Angebotskurve, die man als Neukeynesianische Theorie bezeichnet. Wie eben erwähnt, hat Keynes ursprünglich betont, dass sich die Nominallöhne im Lauf der Zeit nur langsam anpassen. Die Neukeynesianer meinen nun, auch die Preise einiger Waren und Dienstleistungen würden Veränderungen der volkswirtschaftlichen Lage nur schleppend folgen. Die langsame Preisanpassung ist zum Teil auf Kosten einer Preisänderung zurückzuführen, die man Menükosten oder Speisekarten-Kosten nennt. Diese Menükosten umfassen z. B. den Druck und den Versand neuer Kataloge sowie die Änderung der Preisschilder. Wegen dieser Kosten sind die Preise ebenso wie die Löhne auf kurze Sicht nur zäh veränderlich.

31.4 Die aggregierte Angebotskurve

Um zu verstehen, wie starre Preise zu einer positiven Steigung der kurzfristigen aggregierten Angebotskurve führen, stellen wir uns vor, dass jedes Unternehmen einer Volkswirtschaft auf der Grundlage von Erwartungen über die wirtschaftliche Aktivität im nächsten Jahr seine Preise im Voraus anzeigt. Nach Bekanntgabe der Preise erfährt nun die Volkswirtschaft eine unerwartete Kontraktion der Geldmenge, die – wie wir bereits wissen – das Preisniveau auf lange Sicht vermindern wird. Obwohl einige Unternehmen sofort reagieren und ihre Preise senken werden, werden andere

Information

Neue Keynesianische Makroökonomik

Wie wir bereits wissen, geht die keynesianische Wirtschaftstheorie auf den Nationalökonomen Keynes zurück, der seine Allgemeine Theorie als Reaktion auf die bestehende Massenarbeitslosigkeit und die fehlende Selbstheilungskraft der Märkte während der Weltwirtschaftskrise entwickelte. Keynesianische Ideen bestimmten maßgeblich die Wirtschaftspolitik in der Nachkriegsära. Die Volkswirte waren davon überzeugt, dass man ganz gut in der Lage sei, die makroökonomischen Zusammenhänge und Gesetzmäßigkeiten in einer Volkswirtschaft darzustellen. Ende der 1960er-Jahre zeigten sich in der Realwirtschaft jedoch zunehmend Entwicklungen, die sich mit dem vorhandenen Theorien und Modellen nicht erklären ließen. Dem Zusammenbruch des Bretton-Woods-System der festen Wechselkurse und dem Ölpreisschock zu Beginn der 1970er-Jahre folgten Jahre der Stagflation in vielen Volkswirtschaften, die die Volkswirte in Erklärungsnot brachten.

Die Volkswirtschaftslehre wurde zum Schauplatz einer Diskussion zwischen Keynesianern, die darauf hinwiesen, dass Märkte sich nur langsam zum Gleichgewicht hin bewegen, und Vertretern der Neuen Klassischen Makroökonomik, die die Effizienz von Märkten betonten und die Auffassung vertraten, dass die Mikroökonomik die Grundlage für das Verständnis der gesamtwirtschaftlichen Zusammenhänge bildet. In dieser Diskussion entstand eine neue Denkrichtung, die als Neuer Keynesianismus oder auch Neue Keynesianische Makroökonomik bezeichnet wird. Vertreter der Neuen Keynesianischen Makroökonomik sind sich der Notwendigkeit einer mikroökonomischen Fundierung der keynesianischen Wirtschaftstheorie bewusst und versuchen, Lohn- und Preisstarrheiten durch eine mikroökonomische Analyse der Arbeitsmärkte und der Preissetzung durch Unternehmen zu erklären.

Auch Vertreter der Neuen Keynesianischen Makroökonomik verweisen darauf, dass kurzfristige Schwankungen von realen Größen im Widerspruch zum Postulat der klassischen Dichotomie stehen. Änderungen von nominalen Größen wie beispielsweise der Geldmenge haben sehr wohl einen Einfluss auf Produktionsniveau und Beschäftigung. Um konjunkturelle Veränderungen zu erklären, sei es notwendig, so argumentieren sie, sich mit den Unvollkommenheiten auf Märkten näher zu beschäftigen: Unternehmen agieren nicht unter vollständiger Konkurrenz, Konsumenten und Unternehmen unterliegen unvollkommenen Informationen, Preis- und Lohnanpassungen werden durch Starrheiten behindert.

Kann man daraus schlussfolgern, dass Vertreter der Neuen Keynesianischen Makroökonomik eine Steuerung der gesamtwirtschaftlichen Nachfrage mit Einschränkungen befürworten? Die Antwort lautet: nein. Die Einordnung wirtschaftstheoretischer Denkweisen in einzelne Schubladen dient höchstens dazu, Unterschiede in den Ansichten auf einfache Weise darzustellen. Tatsächlich herrscht zwischen den meisten Ökonomen mehr Einigkeit, als man vermuten würde. Dissens gibt es hinsichtlich einiger Grundannahmen und hinsichtlich der Größe von Modellparametern. Für viele Ökonomen ist es unbestritten, dass Änderungen der Geldmenge die aggregierte Nachfrage beeinflussen (eine These des Monetarismus) und dass es aufgrund von mikroökonomischen Unvollkommenheiten zu makroökonomischen Preisstarrheiten kommt (eine These der Neuen Keynesianischen Makroökonomik). Einige Vertreter des Neuen Keynesianismus würden sich gegen eine staatliche Steuerung der aggregierten Nachfrage zur Korrektur von kurzfristigen konjunkturellen Schwankungen aussprechen und dabei auf die Verzögerungen (lags) hinweisen, die mit der Umsetzung bestimmter wirtschaftspolitischer Maßnahmen einhergehen und die dazu führen können, dass sich das wirtschaftliche Umfeld vor dem Wirksamwerden der Maßnahmen bereits wieder verändert hat.

Unlängst hat die Finanzkrise die Diskussion um ein aktives Eingreifen von Staat und Zentralbank zur Stabilisierung der gesamtwirtschaftlichen Aktivität wieder aufleben lassen. Dabei ist es immer leicht, Ökonomen aufgrund von einzelnen Aussagen in bestimmte Schubladen zu stecken. Aber wir haben gelernt, dass die Komplexität der Volkswirtschaft stets eine detaillierte Analyse des Gesagten erfordert, um herauszufinden, ob und warum Ökonomen bei bestimmten Fragestellungen übereinstimmen oder nicht.

Unternehmen die Menükosten scheuen und nur mit Verzögerung handeln. Da die zögerlichen Unternehmen nun zu hohe Preise verlangen, werden ihre Absätze sinken. Sinkende Absätze wiederum veranlassen die Unternehmen zu Einschnitten bei Produktion und Beschäftigung. Da sich nicht alle Preise sofort den veränderten Bedingungen anpassen, wird es einige Unternehmen mit höheren als den erwünschten Preisen geben, die zu Absatzrückgängen führen und die Unternehmen zu Produktions- und Angebotssenkungen veranlassen.

Neuklassische Theorie der Wahrnehmungsstörungen. Ein dritter Erklärungsansatz zum Verlauf der kurzfristigen aggregierten Angebotskurve, der auf Arbeiten der Ökonomen *Milton Friedman* und *Robert Lucas* beruht, ist die neuklassische Theorie der Wahrnehmungsstörungen. Danach können Veränderungen des Preisniveaus die Anbieter zeitweilig über die wirklichen Vorgänge auf den Märkten im Unklaren lassen und in die Irre führen. Als Ergebnis der kurzfristigen Wahrnehmungsstörungen reagieren die Anbieter mit Mengensteigerungen auf Erhöhungen des Preisniveaus, was zur positiven Steigung der *aggregierten* Angebotskurve führt.

Stellen wir uns vor, das Preisniveau sinke unter das von den Menschen erwartete Preisniveau. Wenn die Anbieter die Preise ihrer Produkte fallen sehen, glauben sie vielleicht irrtümlich, es handle sich um einen Rückgang ihrer *relativen* Preise. Sie glauben also, dass die Preise ihrer Produkte im Vergleich zu anderen Preisen in der Volkswirtschaft gefallen sind. So registrieren die Landwirte zuerst einen Preisrückgang bei Weizen, ehe sie bemerken, dass viele andere Güter, die sie als Konsumenten kaufen, ebenfalls Preisrückgänge aufweisen. Sie schließen aus ihrer Beobachtung, dass der finanzielle Erfolg der Weizenerzeugung gegenwärtig niedrig ist, und sie antworten darauf mit einer Kürzung der Angebotsmenge. Ähnlich – und zwar sofort – registrieren Arbeiter und Angestellte zunächst Nominallohnsenkungen, ehe sie eine Verbilligung ihrer Konsumgüter bemerken. Sie könnten die Nominallohnsenkung für eine Reallohnsenkung halten und ihren Arbeitseinsatz reduzieren. In beiden Fällen verursacht ein niedrigeres Preisniveau falsche Vorstellungen über die relativen Preise, und diese Wahrnehmungsstörungen veranlassen die Anbieter, auf das niedrigere Preisniveau mit Senkungen der Angebotsmengen an Gütern zu reagieren.

Zusammenfassung. Es gibt also drei unterschiedliche Erklärungen für die positive Steigung der kurzfristigen aggregierten Angebotskurve: (1) starre Lohnsätze, (2) starre Preise und (3) Wahrnehmungsstörungen. Unter den Ökonomen wird darüber diskutiert, welche dieser Theorien genauer ist und überwiegend empirische Gültigkeit hat. Für die Zwecke des vorliegenden Lehrbuches sind die Gemeinsamkeiten der Ansätze jedoch wichtiger als bestehende Unterschiede. Alle drei Theorien sagen, dass das gesamtwirtschaftliche Produktionsniveau vom natürlichen Produktionsniveau abweicht, wenn das Preisniveau nicht mit dem erwarteten Preisniveau der Menschen übereinstimmt. Wir können dies mathematisch wie folgt ausdrücken:

Gesamtwirtschaftliches Produktionsniveau = Natürliches Produktionsniveau
+ a × (tatsächliches Preisniveau – erwartetes Preisniveau)

wobei *a* einen Parameter darstellt, der angibt, wie stark das Produktionsniveau auf unerwartete Änderungen des Preisniveaus reagiert.

Alle drei Ansätze betonen ein Problem, das wahrscheinlich nur vorübergehend besteht. Ob nun die positive Steigung der kurzfristigen aggregierten Angebotskurve starren Lohnsätzen, starren Preisen oder irgendwelchen Wahrnehmungsstörungen zuzuschreiben sein mag, diese Umstände werden nicht für immer anhalten. Letztlich passen die Menschen ihre Erwartungen an, sodass die Wahrnehmungen korrigiert werden, die Nominallöhne adjustiert werden und die Preise in Bewegung kommen. Auf lange Sicht stimmt das erwartete Preisniveau mit dem tatsächlichen Preisniveau überein und die aggregierte Angebotskurve verläuft nicht mehr mit einer positiven Steigung, sondern senkrecht.

Warum es zur Verschiebung der kurzfristigen aggregierten Angebotskurve kommen kann

Die kurzfristige aggregierte Angebotskurve zeigt uns die Menge der Güter, die kurzfristig bei einem bestimmten Preisniveau angeboten wird. Diese Kurve unterscheidet sich von der langfristigen aggregierten Angebotskurve nur dadurch, dass die Existenz von starren Lohnsätzen, starren Preisen und Wahrnehmungsstörungen zu einer positiven Steigung der Kurve führt. Wenn wir also über eine Verschiebung der kurzfristigen aggregierten Angebotskurve nachdenken, müssen wir all die Faktoren in unsere Überlegungen einbeziehen, die auch die langfristige aggregierte Angebotskurve beeinflussen. Hinzu kommt die Höhe des erwarteten Preisniveaus, die die starren Lohnsätze und Preise sowie die Wahrnehmungsstörungen beeinflusst.

Beginnen wir mit dem, was wir über die langfristige aggregierte Angebotskurve wissen. Wie wir bereits analysiert haben, werden Verschiebungen der langfristigen aggregierten Angebotskurve durch Änderungen im Arbeitskräftepotenzial, im Kapitalbestand, in den natürlichen Ressourcen und in der Technologie hervorgerufen. All diese Faktoren beeinflussen auch die kurzfristige aggregierte Angebotskurve. Wenn etwa ein Zuwachs des volkswirtschaftlichen Bestands an Realkapital die Produktionsmöglichkeiten erhöht, so wird sich eine Rechtsverschiebung sowohl der kurzfristigen als auch der langfristigen aggregierten Angebotskurve einstellen. Wenn ein Anstieg der Mindestlöhne die natürliche Arbeitslosenquote erhöht, so werden kurz- und langfristige aggregierte Angebotskurve einer Linksverschiebung ausgesetzt.

Es gibt jedoch eine sehr wichtige neue Variable, die auf die Lage der kurzfristigen aggregierten Angebotskurve einwirkt: die Erwartungen über das Preisniveau. Wie wir erörtert haben, hängt die Menge der angebotenen Güter kurzfristig von Wahrnehmungsstörungen, von starren Lohnsätzen und starren Preisen ab. Doch Wahrnehmungen, Lohnsätze und Preise beruhen auf bestimmten Erwartungen vom Preisniveau. Ändern sich diese Erwartungen, so verschiebt sich die kurzfristige aggregierte Angebotskurve.

Um unsere Überlegungen zu konkretisieren, wenden wir uns einem speziellen Erklärungsansatz der kurzfristigen aggregierten Angebotskurve zu, der Theorie starrer Lohnsätze. Nach dieser Theorie führt die Erwartung eines steigenden Preisniveaus dazu, dass sich Arbeitnehmer und Arbeitgeber bei ihren Lohnverhandlungen auf höhere Löhne einigen. Die gestiegenen Lohnzahlungen erhöhen die unternehmerischen Kosten, sodass die angebotene Menge an Gütern durch das Unternehmen bei jedem Preisniveau zurückgeht. Demzufolge gilt: Wenn sich der Erwartungswert des Preisniveaus erhöht, steigen die Löhne, die Kosten nehmen zu und die Unternehmen bieten bei jedem Preisniveau eine kleinere Menge an Gütern an. Die kurzfristige aggregierte Angebotskurve verschiebt sich nach links. Umgekehrt führt die Erwartung eines sinkenden Preisniveaus zu sinkenden Lohnsätzen, die unternehmerischen Kosten gehen zurück und die Unternehmen dehnen ihre Produktion bei jedem beliebigen Preisniveau aus. Die kurzfristige aggregierte Angebotskurve verschiebt sich nach rechts.

Dieser Wirkungszusammenhang gilt für jede der Theorien der kurzfristigen aggregierten Angebotskurve. Daraus lässt sich folgende allgemeine Erkenntnis ableiten:

▸ Ein Anstieg des erwarteten Preisniveaus reduziert die Menge der angebotenen Güter und verschiebt die kurzfristige aggregierte Angebotskurve nach links.
▸ Ein Rückgang des erwarteten Preisniveaus erhöht die Menge der angebotenen Güter und verschiebt die kurzfristige aggregierte Angebotskurve nach rechts.

Wir werden im nächsten Abschnitt erfahren, dass der Einfluss der Erwartungen auf die Lage der kurzfristigen aggregierten Angebotskurve eine entscheidende Rolle dabei

Tab. 31-2

Die kurzfristige aggregierte Angebotskurve: Eine Zusammenfassung

Warum weist die kurzfristige aggregierte Angebotskurve eine positive Steigung auf?
1. Die *Theorie der starren Lohnsätze*: Ein unerwartet niedriges Preisniveau erhöht den Reallohn, was die Unternehmen dazu veranlasst, weniger Arbeitskräfte einzustellen und eine geringere Menge an Gütern zu produzieren.
2. Die *Theorie der starren Preise*: Bei einem unerwartet niedrigen Preisniveau werden einige Unternehmen ihre Güter noch zu den »alten«, zu hohen Preisen anbieten. Der Absatz an Gütern dieser Unternehmen sinkt, was die betroffenen Unternehmen dazu veranlasst, ihre Produktion zu drosseln.
3. Die *Theorie der Wahrnehmungsstörungen*: Ein unerwartet niedriges Preisniveau lässt einige Unternehmen annehmen, dass ihre relativen Preise gefallen sind, und veranlasst sie zu einem Produktionsrückgang.

Warum kann sich die kurzfristige aggregierte Angebotskurve verschieben?
1. *Verschiebungen durch Änderungen im Arbeitskräftepotenzial:* Ein Anstieg der Zahl der verfügbaren Arbeitskräfte (möglicherweise zurückzuführen auf einen Rückgang der natürlichen Arbeitslosenquote) verschiebt die aggregierte Angebotskurve nach rechts. Ein Rückgang der Zahl der verfügbaren Arbeitskräfte (möglicherweise zurückzuführen auf einen Anstieg der natürlichen Arbeitslosenquote) verschiebt die aggregierte Angebotskurve nach links.
2. *Verschiebungen durch Änderungen im Real- und Humankapitalbestand*: Ein Anstieg von Real- oder Humankapital verschiebt die aggregierte Angebotskurve nach rechts. Ein Rückgang von Real- oder Humankapital verschiebt die aggregierte Angebotskurve nach links.
3. *Verschiebungen durch Änderungen der natürlichen Ressourcen*: Eine Zunahme der verfügbaren natürlichen Ressourcen verschiebt die aggregierte Angebotskurve nach rechts. Ein Rückgang der verfügbaren natürlichen Ressourcen verschiebt die aggregierte Angebotskurve nach links.
4. *Verschiebungen durch Änderungen in der Technologie*: Technologischer Fortschritt verschiebt die aggregierte Angebotskurve nach rechts. Ein Rückgang der verfügbaren Technologien (möglicherweise zurückzuführen auf staatliche Eingriffe) verschiebt die aggregierte Angebotskurve nach links.
5. *Verschiebungen durch Änderungen des erwarteten Preisniveaus*: Sinkt das erwartete Preisniveau, so verschiebt sich die aggregierte Angebotskurve nach rechts. Steigt das erwartete Preisniveau, verschiebt sich die aggregierte Angebotskurve nach links.

spielt, kurzfristiges und langfristiges Systemverhalten der Volkswirtschaft in Einklang zu bringen. Kurzfristig sind die Erwartungen fix und die Volkswirtschaft befindet sich im Schnittpunkt der aggregierten Nachfragekurve und der kurzfristigen aggregierten Angebotskurve. Langfristig jedoch passen sich die Erwartungen an, und die kurzfristige aggregierte Angebotskurve verschiebt sich. Diese Verschiebung trägt dazu bei, dass sich die Volkswirtschaft möglicherweise im Schnittpunkt von aggregierter Nachfragekurve und langfristiger aggregierter Angebotskurve wiederfindet.

Sie sollten jetzt verstehen, warum die kurzfristige aggregierte Angebotskurve eine positive Steigung aufweist, und welche Ereignisse oder politische Maßnahmen eine Verschiebung der *aggregierten* Angebotskurve verursachen können. Die Tabelle 31-2 fasst die Ergebnisse unserer Überlegungen noch einmal zusammen.

> **Kurztest**
> Erklären Sie, weshalb die langfristige aggregierte Angebotskurve senkrecht verläuft. Erläutern Sie drei Möglichkeiten, weshalb die kurzfristige aggregierte Angebotskurve ansteigt.

31.5 Zwei Ursachen von kurzfristigen Wirtschaftsschwankungen

Mit dem Modell der aggregierten Nachfrage und des aggregierten Angebots verfügen wir über die notwendigen Werkzeuge zur Untersuchung von kurzfristigen Wirtschaftsschwankungen. Wir sind jetzt bereits in der Lage, damit die beiden grundlegenden Ursachen von kurzfristigen Wirtschaftsschwankungen zu analysieren.

Die Abbildung 31-6 zeigt eine Volkswirtschaft im langfristigen Gleichgewicht. Gleichgewichtiges Produktionsniveau und gleichgewichtiges Preisniveau werden im Schnittpunkt A von aggregierter Nachfragekurve und aggregierter Angebotskurve bestimmt. In diesem Punkt ist das natürliche Produktionsniveau verwirklicht. Die kurzfristige aggregierte Angebotskurve verläuft gleichfalls durch diesen Punkt und zeigt damit an, dass Erwartungen, Löhne und Preise sich dem langfristigen Gleichgewicht vollständig angepasst haben. Sofern sich eine Volkswirtschaft in ihrem langfristigen Gleichgewicht befindet, müssen sich Wahrnehmungen, Lohnsätze und Preise so eingespielt haben, dass der Schnittpunkt der aggregierten Nachfragekurve mit der kurzfristigen aggregierten Angebotskurve derselbe ist wie der Schnittpunkt der aggregierten Nachfragekurve mit der langfristigen aggregierten Angebotskurve.

Die Wirkungen einer Verschiebung der aggregierten Nachfragekurve

Angenommen, aus irgendeinem Grund schwappt eine Welle des Pessimismus über die Volkswirtschaft. Sie könnte von einem Skandal im Bankwesen herrühren, von einem Kursrutsch an der Börse kommen oder durch den Ausbruch einer Pandemie ausgelöst

31.5 Gesamtwirtschaftliche Nachfrage und gesamtwirtschaftliches Angebot
Zwei Ursachen von kurzfristigen Wirtschaftsschwankungen

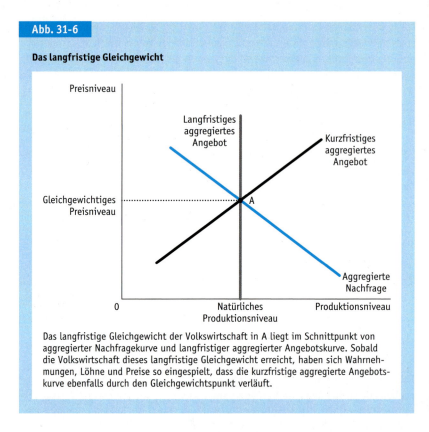

Abb. 31-6

Das langfristige Gleichgewicht

Das langfristige Gleichgewicht der Volkswirtschaft in A liegt im Schnittpunkt von aggregierter Nachfragekurve und langfristiger aggregierter Angebotskurve. Sobald die Volkswirtschaft dieses langfristige Gleichgewicht erreicht, haben sich Wahrnehmungen, Löhne und Preise so eingespielt, dass die kurzfristige aggregierte Angebotskurve ebenfalls durch den Gleichgewichtspunkt verläuft.

sein. Wegen derartiger Ereignisse verlieren Menschen ihr Vertrauen in die Zukunft und sie ändern ihre Pläne. Die Haushalte schrauben ihre Ausgaben zurück und verschieben größere Anschaffungen. Die Unternehmen vertagen Investitionen in neue Maschinen und Gebäude.

Wie wirkt sich solch eine Welle des Pessimismus auf die Volkswirtschaft aus? Da eine Welle von Pessimismus die geplanten Ausgaben beeinflusst, ist die aggregierte Nachfragekurve betroffen. Und da die Haushalte und Unternehmen nun zu jedem Preisniveau eine geringere Menge an Gütern kaufen wollen, reduziert sich die aggregierte Nachfrage, sodass sich die aggregierte Nachfragekurve in Abbildung 31-7 von AD_1 zu AD_2 verschiebt.

In der Abbildung können wir auch die Auswirkungen eines Rückgangs der aggregierten Nachfrage auf das Gleichgewicht verfolgen. Kurzfristig bewegt sich die Volkswirtschaft entlang der ursprünglichen kurzfristigen aggregierten Angebotskurve AS_1 vom Punkt A zum Punkt B. Bei der Bewegung von A nach B fällt das Produktionsniveau von Y_1 auf Y_2 und das Preisniveau geht von P_1 auf P_2 zurück. Das rückläufige Produktionsniveau ist ein Indikator dafür, dass sich die Volkswirtschaft in einer Rezession befindet. Obwohl dies in der Abbildung nicht zu sehen ist, reagieren die Unternehmen auf niedrigere Absätze und Produktionsmengen auch mit einer Einschränkung der

31.5 Zwei Ursachen von kurzfristigen Wirtschaftsschwankungen

Abb. 31-7

Eine Kontraktion der aggregierten Nachfrage

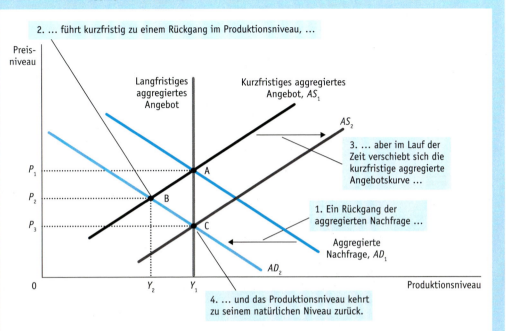

Ein Abfall der aggregierten Nachfrage, der einer Welle des Pessimismus folgen könnte, zeigt sich in einer Linksverschiebung der aggregierten Nachfragekurve von AD_1 zu AD_2. Die Volkswirtschaft bewegt sich von A nach B, wobei das Produktionsniveau von Y_1 auf Y_2 zurückgeht und das Preisniveau von P_1 auf P_2 sinkt. Im Lauf der Zeit, wenn sich Wahrnehmungen, Löhne und Preise anpassen, wird sich die kurzfristige aggregierte Angebotskurve von AS_1 zu AS_2 nach rechts verschieben und die Volkswirtschaft den Punkt C erreichen. Dort schneidet die neue aggregierte Nachfragekurve die langfristige aggregierte Angebotskurve. Das Preisniveau fällt auf P_3 und das Produktionsniveau kehrt zum natürlichen Produktionsniveau Y_1 zurück.

Beschäftigung. Auf diese Weise erreicht der Pessimismus, der die Ursache der Verschiebung der aggregierten Nachfragekurve ist, ein gewisses Maß an Selbstbestätigung: Pessimismus für die Zukunft führt zu fallenden Einkommen und steigender Arbeitslosigkeit.

Was sollten Wirtschaftspolitiker bei einem plötzlichen Rückgang der gesamtwirtschaftlichen Nachfrage tun? In unserer Analyse haben wir unterstellt, dass die Wirtschaftspolitik gar nichts unternimmt. Eine andere Möglichkeit besteht darin, Aktivitäten zur Erhöhung der aggregierten Nachfrage zu entfalten, wenn die Volkswirtschaft in eine Rezession gleitet (Bewegung vom Punkt A zum Punkt B). Wie früher bereits vermerkt, würde eine Steigerung der Staatsausgaben oder eine Erhöhung des Geldangebots zu einem Anwachsen der Güternachfrage bei jedem denkbaren Preisniveau führen und somit eine Rechtsverschiebung der aggregierten Nachfragekurve bewirken. Wenn die Politiker hinreichend schnell und genau handeln, vermögen sie die primäre Verschiebung der aggregierten Nachfragekurve auszugleichen und sie auf AD_1

sowie die Volkswirtschaft in den Punkt A zurückzuführen. (Im nächsten Kapitel werden wir die geld- und fiskalpolitische Maßnahmen zur Steuerung der aggregierten Nachfrage sowie auch die praktischen Probleme beim Einsatz der wirtschaftspolitischen Instrumente genauer analysieren.)

Aber auch ohne einen wirtschaftspolitischen Eingriff wird sich die wirtschaftliche Lage im Lauf der Zeit verbessern. Durch den Rückgang der aggregierten Nachfrage ist das Preisniveau gefallen. Obwohl die Menschen von diesem Preisrückgang vielleicht kurzfristig überrascht sind, werden sie ihre Erwartungen an die veränderten Gegebenheiten anpassen und ihre Preisniveauerwartungen korrigieren. Der Rückgang des erwarteten Preisniveaus beeinflusst Löhne, Preise und Wahrnehmungen und verschiebt damit die kurzfristige aggregierte Angebotskurve in Abbildung 31-7 nach rechts von AS_1 zu AS_2. Durch die Verschiebung gelangt die Volkswirtschaft zum Punkt C, wo die neue aggregierte Nachfragekurve (AD_2) die langfristige aggregierte Angebotskurve schneidet.

Im langfristigen Gleichgewichtspunkt C nimmt das Produktionsniveau wieder seine natürliche Höhe ein. Obwohl die Welle des Pessimismus die aggregierte Nachfrage vermindert, fällt das Preisniveau hinreichend weit (auf P_3), um die Verschiebung der aggregierten Nachfragekurve zu kompensieren, und die Menschen werden dieses neue niedrigere Preisniveau auch erwarten. Somit spiegelt sich die Verschiebung der aggregierten Nachfragekurve auf lange Sicht vollständig im Preisniveau wider (und nicht im Produktionsniveau). Der langfristige Effekt einer Verschiebung der aggregierten Nachfragekurve besteht mit anderen Worten in einer nominalen Änderung (das Preisniveau ist niedriger) und nicht in einer realen Veränderung (das Produktionsniveau ist gleich).

Zusammenfassend sind aus der Analyse einer Verschiebung der aggregierten Nachfragekurve zwei wichtige Fakten festzuhalten:

- Auf kurze Sicht verursachen Verschiebungen der aggregierten Nachfragekurve Schwankungen des Produktionsniveaus.
- Auf lange Sicht führen Verschiebungen der aggregierten Nachfragekurve zu Veränderungen des Preisniveaus, aber sind ohne Auswirkungen auf das Produktionsniveau.

Die Wirkungen einer Verschiebung der kurzfristigen aggregierten Angebotskurve

Stellen wir uns noch einmal eine Volkswirtschaft im langfristigen Gleichgewicht vor. Nehmen wir an, einige Unternehmen verzeichnen einen sprunghaften Kostenanstieg. Zum Beispiel könnte schlechtes Wetter in ländlichen Gegenden die Ernte zerstören und die Kosten der Nahrungsmittelproduktion nach oben drücken. Denkbar wäre auch, dass ein Konflikt im Nahen Osten die Verschiffung von Rohöl unterbricht und so die Kosten von Ölprodukten in die Höhe treibt.

Welche makroökonomischen Auswirkungen hat ein Anstieg der Produktionskosten? Durch die höheren Produktionskosten ist der Verkauf von Gütern weniger rentabel, sodass die Unternehmen nun zu jedem Preisniveau eine kleinere Menge an Gütern

31.5 Zwei Ursachen von kurzfristigen Wirtschaftsschwankungen

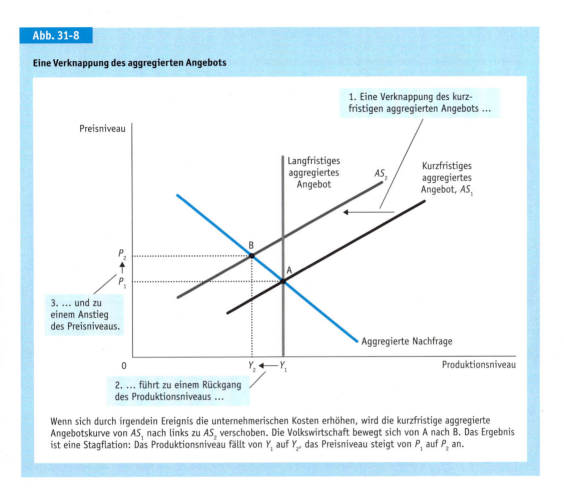

Abb. 31-8

Eine Verknappung des aggregierten Angebots

Wenn sich durch irgendein Ereignis die unternehmerischen Kosten erhöhen, wird die kurzfristige aggregierte Angebotskurve von AS_1 nach links zu AS_2 verschoben. Die Volkswirtschaft bewegt sich von A nach B. Das Ergebnis ist eine Stagflation: Das Produktionsniveau fällt von Y_1 auf Y_2, das Preisniveau steigt von P_1 auf P_2 an.

anbieten. Damit verschiebt sich die kurzfristige aggregierte Angebotskurve in Abbildung 31-8 von AS_1 nach links zu AS_2. (Je nach dem auslösenden Ereignis kann sich auch die langfristige aggregierte Angebotskurve verschieben. Zur Vereinfachung bleiben wir dabei, dass sie es nicht tut.)

In Abbildung 31-8 können wir auch die Auswirkungen der Linksverschiebung auf das alte und neue Gleichgewicht verfolgen. Kurzfristig bewegt sich die Volkswirtschaft auf der bestehenden aggregierten Nachfragekurve vom Punkt A zum Punkt B. Das Produktionsniveau fällt von Y_1 auf Y_2 und das Preisniveau steigt von P_1 auf P_2. Da die Volkswirtschaft sowohl eine *Stagnation* (fallendes oder gleichbleibendes Produktionsniveau) als auch eine *Inflation* (Preisniveauanstieg) aufweist, spricht man bisweilen von einer **Stagflation**.

Und was sollte die Wirtschaftspolitik in einer solchen Situation tun? Eine einfache Lösung gibt es nicht. Eine Möglichkeit besteht darin, nichts zu tun. In diesem Fall verharrt die Volkswirtschaft für eine Weile in der Rezession. Aber an irgendeinem Punkt wird sich die Spirale von stetig steigenden Löhnen und Preisen verlangsamen.

Stagflation
Eine Zeit mit rückläufigem Produktionsniveau und steigendem Preisniveau.

31.5 Gesamtwirtschaftliche Nachfrage und gesamtwirtschaftliches Angebot
Zwei Ursachen von kurzfristigen Wirtschaftsschwankungen

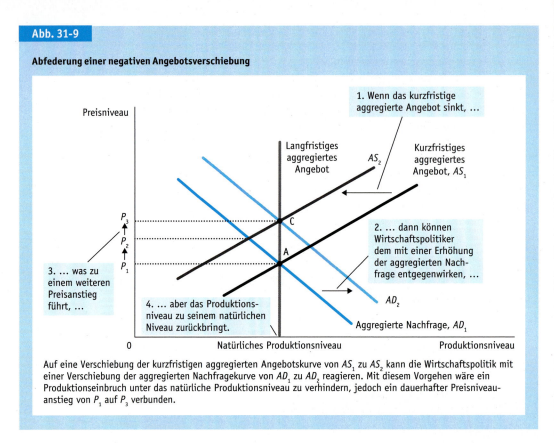

Abb. 31-9

Abfederung einer negativen Angebotsverschiebung

Auf eine Verschiebung der kurzfristigen aggregierten Angebotskurve von AS_1 zu AS_2 kann die Wirtschaftspolitik mit einer Verschiebung der aggregierten Nachfragekurve von AD_1 zu AD_2 reagieren. Mit diesem Vorgehen wäre ein Produktionseinbruch unter das natürliche Produktionsniveau zu verhindern, jedoch ein dauerhafter Preisniveauanstieg von P_1 auf P_3 verbunden.

Das niedrige Produktions- und Beschäftigungsniveau wird Druck auf die Entlohnung der Arbeitskräfte ausüben, da die Arbeitskräfte in Zeiten hoher Arbeitslosigkeit über weniger Verhandlungsmacht verfügen. Mit sinkenden Nominallöhnen wird die gesamtwirtschaftliche Produktion rentabler und die kurzfristige aggregierte Angebotskurve verschiebt sich nach rechts. Mit der Verschiebung zurück zu AS_1 fällt das Preisniveau und das Produktionsniveau erreicht wieder das natürliche Niveau. Auf lange Sicht kehrt die Volkswirtschaft zum Punkt A zurück, in dem sich die aggregierte Nachfragekurve und die langfristige aggregierte Angebotskurve schneiden. Das ist die Ansicht, die Verfechter von freien Märkten vertreten.

Wirtschaftspolitiker, die sowohl die Geldpolitik als auch die Fiskalpolitik einsetzen können, könnten versuchen, einige Auswirkungen der Verschiebung der kurzfristigen aggregierten Angebotskurve durch eine Verschiebung der aggregierten Nachfragekurve zu kompensieren. In Abbildung 31-9 wird diese Möglichkeit illustriert.

Durch politische Maßnahmen wird die aggregierte Nachfragekurve von AD_1 zu AD_2 verschoben, sodass ein von der Verschiebung AS_1 nach AS_2 zu befürchtender Rückgang des Produktionsniveaus aufgefangen werden kann. Die Volkswirtschaft bewegt sich unmittelbar von A nach C. Die Produktion bleibt auf dem natürlichen Produktionsniveau, doch das Preisniveau steigt von P_1 auf P_3 an. Die Wirtschaftspolitik versucht,

31.5 Zwei Ursachen von kurzfristigen Wirtschaftsschwankungen

sich in diesem Fall also an die Verschiebung der aggregierten Angebotskurve *anzupassen*. Mit dieser Anpassungspolitik lassen sich die Auswirkungen auf das Produktions- und Beschäftigungsniveau neutralisieren. Dafür herrscht in der Volkswirtschaft jedoch ein höheres Preisniveau. Wirtschaftspolitische Eingriffe dieser Art wären aus Sicht der Keynesianer wünschenswert. Die unterschiedlichen Ansichten über ein Eingreifen der Wirtschaftspolitik bei kurzfristigen wirtschaftlichen Schwankungen sind einer der Hauptgründe für anhaltende Diskussionen zwischen Ökonomen.

Zusammenfassend lassen sich zu Verschiebungen der aggregierten Angebotskurve zwei wichtige Punkte festhalten:

▸ Verschiebungen der aggregierten Angebotskurve können zu Stagflation führen – einer Kombination aus Rezession (stagnierendes oder fallendes Produktionsniveau) und Inflation (Anstieg des Preisniveaus).

Fallstudie

Stagflation in Island?

Die isländische Volkswirtschaft wurde besonders stark durch die Finanzkrise getroffen. Alle drei großen Geschäftsbanken – Kaupthing, Landsbanki und Glitnir – wurden zahlungsunfähig. Der Zusammenbruch des Bankensektors führte in Island zu einer schweren Wirtschaftskrise.

Abbildung 31-10 zeigt, wie stark das Wachstum seit dem vierten Quartal 2007 in Island zurückgegangen ist. Vom dritten Quartal 2008 bis zum vierten Quartal 2010, also mehr als zwei Jahre lang, ist die isländische Volkswirtschaft sogar geschrumpft, ganz besonders stark im Jahr 2009.

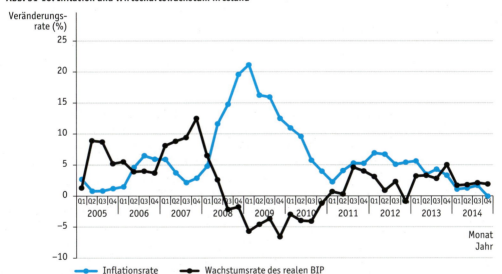

Abb. 31-10: Inflation und Wirtschaftswachstum in Island

Die Abbildung zeigt Inflation und Wirtschaftswachstum in Island zwischen 2005 und 2014, gemessen als Veränderung zum Vorjahresquartal.

Quelle: Statistics Iceland

Fortsetzung auf Folgeseite

31.6 Gesamtwirtschaftliche Nachfrage und gesamtwirtschaftliches Angebot
Fazit

Fortsetzung von Vorseite

Ende 2010/Anfang 2011 begann sich die Wirtschaft langsam zu erholen, bevor der Aufschwung im Jahr 2012 ins Stocken geriet.

Gleichzeitig wurde auch die Inflation immer mehr zum Problem. Ende 2005 lag die Inflationsrate noch unter 2 Prozent, stieg dann sehr schnell auf über 5 Prozent an, beruhigte sich im Verlauf des Jahres 2007 aber zunächst wieder. Als die Auswirkungen der Finanzkrise immer stärker spürbar wurden, nahm die Inflationsrate rasant zu, bis auf 21,1 Prozent im ersten Quartal 2009. Danach sank die Inflationsrate wieder auf unter 5 Prozent, stieg von Mitte 2011 bis Anfang 2012 wieder auf fast 7 Prozent an, ist seitdem aber auf unter 2 Prozent gesunken.

Infolge der Finanzkrise hatte Island also mit zwei Problemen gleichzeitig zu kämpfen: mit einer wachsenden Inflation und mit einer sinkenden Wirtschaftsleistung. Der Zusammenbruch des Bankensektors hatte sicherlich einen großen Anteil daran, dass die isländische Volkswirtschaft diese Phase der Stagflation durchleben musste. Anfang 2013 hatte das Land diese Probleme überwunden. Die Inflationsrate fiel deutlich unter 5 Prozent, während die isländische Volkswirtschaft ein robustes Wachstum zeigte.

▶ Wirtschaftspolitiker, die zu einer Einflussnahme auf die aggregierte Nachfrage in der Lage sind, können die negativen Wirkungen auf das Produktionsniveau nur um den Preis von Inflation kompensieren.

Kurztest
Nehmen wir an, der Ausgang der letzten Bundestagswahl stärkt ganz plötzlich die Zuversicht der Menschen in die weitere Entwicklung der wirtschaftlichen Aktivitäten. Benutzen Sie das Modell der aggregierten Nachfrage und des aggregierten Angebots, um die möglichen Auswirkungen auf die Volkswirtschaft zu analysieren.

31.6 Fazit

In diesem Kapitel haben wir zwei Lernziele erreicht. Zunächst haben wir drei wichtige Befunde zu konjunkturellen Schwankungen erörtert. Außerdem haben wir ein Grundmodell für die Erklärung dieser Schwankungen der wirtschaftlichen Aktivität eingeführt, das Modell der aggregierten Nachfrage und des aggregierten Angebots (AD-AS-Modell). Wir werden dieses Modell in nachfolgenden Kapiteln verwenden, um die Ursachen der wirtschaftlichen Schwankungen und mögliche wirtschaftspolitische Gegenmaßnahmen noch besser verstehen zu können.

Aus der Praxis

Rohöl und die Volkswirtschaft

Einige der stärksten Wirtschaftskrisen hatten ihren Ursprung auf den Ölfeldern des Nahen Ostens. Rohöl ist ein wichtiger Inputfaktor bei vielen Produktionsverfahren. Aus Saudi-Arabien, Kuwait und anderen nahöstlichen Ländern kommt ein Großteil des Rohöls. Sobald durch irgendein Ereignis (zumeist politischen Ursprungs) der Rohölfluss aus dieser Region unterbrochen oder vermindert wird, steigt der Preis des Rohöls überall auf der Welt. Unternehmen, die Benzin, Reifen und viele andere Produkte herstellen, erfahren Kostensteigerungen, sodass es für sie nun weniger rentabel ist, ihre Güter anzubieten. Das makroökonomische Ergebnis ist eine Linksverschiebung der aggregierten Angebotskurve wie in Abbildung 31-8, wodurch es zu Stagflation kommt.

Zum ersten Mal passierte das Mitte der 1970er-Jahre. Seit 1960 waren die Länder mit großen Ölvorräten in der OPEC, der Organisation Erdöl exportierender Länder, zusammengeschlossen. Die OPEC ist ein *Kartell* – eine Gruppe von Anbietern, die den Wettbewerb ausschalten und die Produktionsmenge zwecks Preiserhöhung senken wollen. Zum damaligen Zeitpunkt kontrollierten die Mitgliedsländer der OPEC mehr als 50 Prozent der weltweiten Ölproduktion. Nachdem die OPEC im Oktober 1973 (aus politischen Gründen) ein Ölembargo gegenüber den westlichen Industrieländern verhängte, stieg der Ölpreis innerhalb weniger Monate von 3 Dollar je Barrel (1 Barrel ≈ 158,98 Liter) auf über 12 Dollar. Dieser rasante Ölpreisanstieg ging als »Erster Ölpreisschock« in die Geschichte ein. Die westlichen Industrienationen, die stark von Ölimporten abhängig waren, spürten die Auswirkungen in vollem Umfang. In den USA brach die Wachstumsrate des (realen) BIP von 5,6 Prozent (1973) auf –0,5 Prozent (1974) ein, die Inflationsrate stieg auf über 11 Prozent (1974), die Arbeitslosenquote verdoppelte sich nahezu. Auch Deutschland blieb von den negativen Auswirkungen des Ölpreisschocks nicht verschont. Die Inflationsrate stieg auf über 7 Prozent (1974), die Wachstumsrate des (realen) BIP fiel innerhalb eines Jahres von 4,8 Prozent (1973) auf 0,9 Prozent (1974). Im Jahr 1975 schrumpfte die deutsche Volkswirtschaft dann sogar (–0,9 Prozent). Und die Arbeitslosenquote kletterte im Zeitraum 1973–1975 von 1,2 Prozent auf 4,7 Prozent. Ähnlich war es einige Jahre später. Ende der 1970er-Jahre und Anfang der 1980er-Jahre kam es aufgrund von Spannungen im Nahen Osten (Iranische Revolution 1979, Ausbruch des »Ersten Golfkrieges« zwischen dem Irak und Iran 1980) erneut zu Angebotsausfällen. Obwohl der Angebotsrückgang nicht einmal 10 Prozent betrug, machte sich weltweit Panik breit und der Ölpreis stieg rasant an (»Zweiter Ölpreisschock«). Lag der Preis für Rohöl im Jahr 1978 noch bei knapp 15 Dollar pro Barrel, kletterte er bis 1980 auf über 38 Dollar. Der Preisanstieg bei Rohöl ließ zu Beginn der 1980er-Jahre die Inflationsraten in den westlichen Industrienationen erneut nach oben schnellen und das Wirtschaftswachstum ging stetig zurück. In Deutschland kletterte die Inflationsrate auf 6,5 Prozent (1981), die Wachstumsrate des (realen) BIP sank von über 4 Prozent im Jahr 1979 auf –0,4 Prozent im Jahr 1982, die Arbeitslosenquote stieg von 3,8 Prozent (1979) auf über 9 Prozent (1983) an. Es kam also wieder zur Stagflation.

Gelegentlich kann der Weltmarkt für Rohöl auch positive Verschiebungen der aggregierten Angebotskurve bewirken. Nach der Preisexplosion Ende der 1970er- und zu Beginn der 1980er-Jahre kam es im Jahr 1986 zu Differenzen in der OPEC und die Kartellabsprachen zur Mengenbeschränkung wurden nicht mehr respektiert. Der Preis des Rohöls sank auf unter 15 Dollar je Barrel und blieb bis zum Beginn des »Zweiten Golfkrieges« 1990 unter der Marke von 20 Dollar. Durch die Rechtsverschiebung der kurzfristigen aggregierten Angebotskurve trat nun das Gegenteil von Stagflation ein: Das Produktionsniveau wuchs beträchtlich, die Arbeitslosenquote ging zurück und die Inflationsrate sank. In den USA lagen die Wachstumsraten bei bis zu 4 Prozent pro Jahr, in Deutschland ebenso. Die Arbeitslosenquote sank in beiden Volkswirtschaften auf rund 5 Prozent und während die Inflationsrate in den USA auf knapp unter 2 Prozent (1986) fiel, herrschte in Deutschland in den Jahren 1986/87 sogar Preisstabilität.

Mittlerweile ist der Einfluss des Rohölpreises auf die Weltwirtschaft geringer geworden. Auf der einen Seite hat der Einfluss der OPEC auf den Rohölpreis stetig abgenommen. Neue Ölvorkommen in Kanada (Ölsande) und in den USA (Schieferöl) haben dazu geführt, dass die Mitgliedsländer der OPEC nur noch ein Drittel der weltweiten Rohölproduktion kontrollieren. Durch den raschen Ausbau der Schieferölproduktion gehören die USA wieder zu den größten Ölproduzenten der Welt. Auf der anderen Seite ist die Abhängigkeit der großen Volkswirtschaften vom Rohöl durch technologische Änderungen, Maßnahmen zur Energieeinsparung und die verstärkte Nutzung von erneuerbaren Energien beträchtlich gesunken. Trotzdem wäre es verfrüht, daraus zu schließen, dass der Rohölpreis für die Weltwirtschaft keine Rolle mehr spielt. Politische Spannungen, Naturkatastrophen, die wachsende Ölnachfrage der

Fortsetzung auf Folgeseite

31.6 Gesamtwirtschaftliche Nachfrage und gesamtwirtschaftliches Angebot
Fazit

Fortsetzung von Vorseite

aufstrebenden asiatischen Volkswirtschaften (China, Indien) und nicht zuletzt Spekulationen führen immer wieder zu starken Preisschwankungen auf dem Weltmarkt für Rohöl.

In den Jahren seit der Finanzkrise ist Rohöl verstärkt in den Blickpunkt von Finanzanlegern geraten. Die fortgesetzte Politik des billigen Geldes (Quantitative Easing) durch die Zentralbanken zur Stützung der konjunkturellen Aktivität in den großen Volkswirtschaften hat neben Aktien auch Rohstoffe und hier insbesondere Rohöl als Anlagemöglichkeit für Finanzanleger interessant gemacht. Der Ölpreis ist dadurch mehr und mehr zum Spielball von Finanzanlegern an Rohstoffmärkten geworden.

Fragen

1. Warum hatte der Rohölpreis insbesondere in der Vergangenheit einen großen Einfluss auf die gesamtwirtschaftliche Aktivität?
2. Welche Folgen hatte der Ölpreisschock Mitte der 1970er-Jahre und Anfang der 1980er-Jahre in den USA und in der Bundesrepublik Deutschland?
3. Warum ist der Einfluss des Rohölpreises auf die Weltwirtschaft mittlerweile geringer geworden?

Zusammenfassung

Stichwörter

- Okunsches Gesetz
- Modell der aggregierten Nachfrage und des aggregierten Angebots
- aggregierte Nachfragekurve
- aggregierte Angebotskurve
- natürliches Produktionsniveau
- Stagflation

▸ Alle Volkswirtschaften verzeichnen kurzfristige Wirtschaftsschwankungen um den langfristigen Trend der wirtschaftlichen Entwicklung herum. Die Schwankungen sind unregelmäßig und kaum prognostizierbar. Bei einer Rezession gehen das reale Bruttoinlandsprodukt und andere Einkommens-, Ausgaben- und Produktionsgrößen zurück und die Arbeitslosenquote steigt an.

▸ Volkswirte analysieren kurzfristige Wirtschaftsschwankungen mit dem Modell der aggregierten Nachfrage und des aggregierten Angebots (AD-AS-Modell). Nach diesem Modell verändern sich Produktionsniveau und Preisniveau so, dass es zur Angleichung von aggregierter Nachfrage und aggregiertem Angebot kommt.

▸ Die aggregierte Nachfragekurve weist aus drei Gründen eine negative Steigung auf. Erstens erhöht ein niedrigeres Preisniveau den realen Wert der privaten Geldvermögen, wodurch die Konsumausgaben angeregt werden. Zum Zweiten verringert ein niedrigeres Preisniveau die Geldnachfrage der Haushalte, wodurch es zu vermehrten verzinslichen Anlagen, Senkungen des Zinsniveaus und Impulsen für Investitionen kommt. Zum Dritten wird die von der Preisniveausenkung ausgelöste Zinssatzsenkung auf dem Devisenmarkt zur Abwertung der Inlandswährung und dadurch zur Verstärkung des Nettoexports führen.

▸ Jedes Ereignis, das bei einem gegebenen Preisniveau zu einem Anstieg der Konsumausgaben, der Investitionen, der Staatsausgaben oder der Nettoexporte führt, erhöht die aggregierte Nachfrage und verschiebt die aggregierte Nachfragekurve nach rechts. Jedes Ereignis, das die Konsumausgaben, die Investitionen, die Staatsausgaben oder die Nettoexporte bei einem gegebenen Preisniveau senkt, verringert die aggregierte Nachfrage und verschiebt die aggregierte Nachfragekurve nach links.

- Die langfristige aggregierte Angebotskurve verläuft senkrecht. Auf lange Sicht hängt die von einer Volkswirtschaft bereitgestellte Menge an Gütern von der Ausstattung mit Produktionsfaktoren (Realkapital, Arbeit und Technologie) ab. Das Preisniveau hat langfristig keinen Einfluss.
- Die Steigung der kurzfristigen aggregierten Angebotskurve ist positiv. Als Begründung dafür gibt es drei Theorien. Nach der neuklassischen Theorie missverstehen die Anbieter einen unerwarteten Rückgang des Preisniveaus als ein Sinken ihres relativen Preises und sie vermindern daraufhin die Angebotsmenge. Nach der Keynes'schen Theorie starrer Lohnsätze erhöht ein Rückgang des Preisniveaus zeitweilig die Reallöhne, was zu Beschäftigungs- und Produktionseinschränkungen Anlass gibt. Nach der Neukeynesianischen Theorie starrer Preise bleiben nach einem Rückgang des Preisniveaus einige Unternehmen mit zeitweilig zu hohen Preisen übrig, wodurch ihre Absätze und ihre Produktion zurückgehen.
- Ereignisse, die auf das Produktionspotenzial einer Volkswirtschaft wirken, wie z. B. Änderungen im Bestand der Arbeitskräfte, im Real- oder Humankapitalbestand, in den natürlichen Ressourcen oder der verfügbaren Technologien, verschieben die kurzfristige aggregierte Angebotskurve (und die langfristige aggregierte Angebotskurve gleichermaßen). Zusätzlich hängt die Lage der kurzfristigen aggregierten Angebotskurve vom erwarteten Preisniveau ab.
- Eine mögliche Ursache für eine Rezession besteht im Rückgang der aggregierten Nachfrage. Bei einer Linksverschiebung der aggregierten Nachfragekurve werden Produktionsniveau und Preisniveau kurzfristig fallen. Im Lauf der Zeit – bei Anpassung der Wahrnehmung, der Löhne und der Preise – kommt es zu einer Rechtsverschiebung der kurzfristigen aggregierten Angebotskurve und als Folge davon wieder zum natürlichen Produktionsniveau, allerdings bei einem niedrigeren Preisniveau.
- Eine zweite mögliche Ursache für eine Rezession besteht in einer negativen Verschiebung der kurzfristigen aggregierten Angebotskurve. Bei einer Linksverschiebung der kurzfristigen aggregierten Angebotskurve kommt es kurzfristig zu fallender gesamtwirtschaftlicher Produktion und steigendem Preisniveau, also zu Stagflation. Im Lauf der Zeit jedoch – bei Anpassung der Wahrnehmung, der Löhne und der Preise – tritt eine Erholung des Produktionsniveaus und ein Rückgang des Preisniveaus ein.
- Die Neue Keynesianische Makroökonomik ist eine Denkrichtung, die die klassische Dichotomie infrage stellt und in Unvollkommenheiten von Märkten die wesentliche Ursache für kurzfristige Wirtschaftsschwankungen sieht.

Wiederholungsfragen

1. Zeichnen Sie ein Diagramm mit aggregierter Nachfragekurve, kurzfristiger aggregierter Angebotskurve und langfristiger aggregierter Angebotskurve. Wählen Sie die Achsenbezeichnungen mit Sorgfalt.
2. Zählen Sie die drei Gründe für eine negative Steigung der aggregierten Nachfragekurve auf und erläutern Sie diese.

3. Begründen Sie, warum die langfristige aggregierte Angebotskurve senkrecht verläuft.
4. Zählen Sie die drei Gründe für eine positive Steigung der kurzfristigen aggregierten Angebotskurve auf und erläutern Sie diese.
5. Wodurch könnte es zu einer Linksverschiebung der aggregierten Nachfragekurve kommen? Verwenden Sie das Modell der aggregierten Nachfrage und des aggregierten Angebots, um die Auswirkungen der Linksverschiebung durchzuspielen.
6. Wodurch könnte eine Linksverschiebung der aggregierten Angebotskurve eintreten? Verwenden Sie das Modell der aggregierten Nachfrage und des aggregierten Angebots, um den Vorgang zu erläutern.

Aufgaben und Anwendungen

1. Nehmen Sie an, die Volkswirtschaft befindet sich im langfristigen Gleichgewicht.
   a. Skizzieren Sie den augenblicklichen Stand der Volkswirtschaft in einem Diagramm mit aggregierter Nachfragekurve und aggregierter Angebotskurve.
   b. Nehmen Sie nun an, dass eine Finanzkrise zu einem Rückgang der gesamtwirtschaftlichen Nachfrage führt. Zeigen Sie grafisch die kurzfristigen Auswirkungen auf das Preisniveau und das Produktionsniveau. Was wird mit der Arbeitslosenquote passieren?
   c. Welche langfristigen Auswirkungen erwarten Sie? Welche Rolle spielen dabei die Preiserwartungen? Veranschaulichen Sie Ihre Erklärungen anhand eines Diagramms.

2. Entscheiden Sie, welches der nachfolgend genannten Ereignisse das langfristige aggregierte Angebot erhöht, vermindert oder unverändert lässt.
   a. Deutschland erlebt eine Einwanderungswelle.
   b. In der Automobilindustrie setzt die Arbeitnehmerseite eine unerwartet hohe Steigerung der Tariflöhne durch.
   c. Infineon erfindet einen neuen und leistungsstarken Computerchip.
   d. Ein Hochwasser an der Oder demoliert Werkstätten und Fabriken.

3. Nehmen Sie an, die Volkswirtschaft befindet sich im langfristigen Gleichgewicht.
   a. Benutzen Sie das Modell der aggregierten Nachfrage und des aggregierten Angebots, um das ursprüngliche Gleichgewicht (Punkt A genannt) zu veranschaulichen.
   b. Die Zentralbank erhöht die Geldmenge um 5 Prozent. Zeigen Sie mithilfe des Diagramms, welche Auswirkungen auf Produktionsniveau und Preise sich ergeben, wenn sich die Volkswirtschaft zum neuen kurzfristigen Gleichgewicht (Punkt B genannt) bewegt.
   c. Zeigen Sie den Punkt des neuen langfristigen Gleichgewichts (Punkt C genannt). Warum bewegt sich die Volkswirtschaft vom Punkt B zum Punkt C?

d. Wie hoch sind die Nominallöhne im Punkt A im Vergleich zum Punkt B nach der Keynes'schen Theorie starrer Lohnsätze? Und wie hoch sind die Nominallöhne im Punkt A im Vergleich zum Punkt C?

e. Wie hoch sind die Reallöhne im Punkt A im Vergleich zum Punkt B nach der Keynes'schen Theorie starrer Lohnsätze? Und wie hoch sind die Reallöhne im Punkt A im Vergleich zum Punkt C?

f. Vergleichen Sie die Auswirkungen einer Änderung der Geldmenge auf die Nominallöhne und die Reallöhne. Passen die beobachteten Änderungen zu der Feststellung, dass Änderungen der Geldmenge nur auf kurze Sicht reale Auswirkungen haben?

4. Warum sind die nachfolgenden Aussagen falsch?
   a. »Die Steigung der aggregierten Nachfragekurve ist negativ, weil sie die Addition der individuellen Nachfragekurven auf der waagerechten Achse darstellt.«
   b. »Die langfristige aggregierte Angebotskurve verläuft senkrecht, weil die wirtschaftlichen Kräfte das langfristige aggregierte Angebot nicht beeinflussen.«
   c. »Wenn die Unternehmen ihre Preise täglich anpassen würden, dann wäre die kurzfristige aggregierte Angebotskurve eine waagerechte Linie.«
   d. »Wann immer die Volkswirtschaft in eine Rezession eintritt, verschiebt sich ihre langfristige aggregierte Angebotskurve nach links.«

5. Denken Sie an jede der drei Theorien, die eine positive Steigung der kurzfristigen aggregierten Angebotskurve begründen, und erläutern Sie,
   a. wie sich eine Volkswirtschaft ohne wirtschaftspolitische Eingriffe von einer Rezession erholt und in ihr langfristiges Gleichgewicht zurückkehrt,
   b. wovon die für die Erholung erforderliche Zeit abhängt.

6. Angenommen eine Volkswirtschaft befindet sich gerade in einer Rezession. Wie wird die Entwicklung verlaufen, wenn die Wirtschaftspolitiker nichts unternehmen? Nennen Sie dazu verbale und grafische Erläuterungen.

7. Angenommen Arbeitnehmer und Arbeitgeber kommen plötzlich zu der Überzeugung, dass die Inflationsrate im kommenden Jahr ziemlich hoch sein wird. Angenommen ebenfalls, dass sich die Wirtschaft zunächst im langfristigen Gleichgewicht befindet und keine Verschiebung der aggregierten Nachfragekurve eintreten wird.
   a. Wie verändern sich die Lohnsätze (nominal und real)?
   b. Zeigen Sie anhand des Diagramms der aggregierten Nachfrage und des aggregierten Angebots die Wirkungen der veränderten Erwartungen auf das kurzfristige und auf das langfristige Niveau von Produktion und Preis.
   c. Waren die Erwartungen einer hohen Inflationsrate zutreffend?

8. In diesem Kapitel wurde ausgeführt, dass die Volkswirtschaft vielleicht ohne wirtschaftspolitische Aktivitäten aus der Rezession herausfindet. Warum werden Politiker dennoch aktiv?

9. Begründen Sie zu jedem der nachfolgend genannten Ereignisse, ob es zu einer Verschiebung der kurzfristigen aggregierten Angebotskurve, der aggregierten Nachfragekurve, beider Kurven oder keiner der Kurven kommt. Bei Verschiebungen benutzen Sie ein Diagramm zur Erläuterung.
   a. Die privaten Haushalte entschließen sich zu einer höheren Sparquote.
   b. Die deutschen Winzer verlieren durch Witterungseinflüsse all ihre Weinstöcke.
   c. Neun Monate nach einem landesweiten Stromausfall schnellt die Geburtenrate in die Höhe.

10. Nehmen Sie an, die Unternehmen blicken optimistisch in die Zukunft und investieren in großem Umfang in neue Produktionsanlagen.
    a. Zeigen Sie anhand des Diagramms der aggregierten Nachfrage und des aggregierten Angebots die kurzfristigen Auswirkungen. Warum ändert sich das gesamtwirtschaftliche Produktionsniveau?
    b. Zeigen Sie mithilfe des Diagramms unter a das neue langfristige Gleichgewicht (unterstellen Sie dabei, dass das langfristige aggregierte Angebot zunächst unverändert bleibt). Erklären Sie, warum sich die aggregierte Nachfrage auf kurze und auf lange Sicht unterscheidet.
    c. Wie werden die zusätzlichen Investitionen das langfristige aggregierte Angebot beeinflussen?

11. In der Volkswirtschaft A vereinbaren alle Arbeitskräfte im Voraus, welchen Nominallohn ihnen der Arbeitgeber zahlen wird. In der Volkswirtschaft B hat dagegen nur die Hälfte aller Arbeitskräfte einen solchen Nominallohnvertrag. Die andere Hälfte der Arbeitskräfte hat einen indexierten Arbeitsvertrag, sodass sich die Lohnhöhe automatisch mit dem Preisniveau verändert. In welcher Volkswirtschaft verläuft die kurzfristige aggregierte Angebotskurve steiler nach der Keynes'schen Theorie starrer Lohnsätze? In welcher Volkswirtschaft würde eine Erhöhung der Geldmenge um 5 Prozent einen größeren Effekt auf das Produktionsniveau ausüben? In welcher Volkswirtschaft ergäbe sich ein größerer Effekt auf das Preisniveau? Begründen Sie Ihre Antworten.

32 Der Einfluss von Geldpolitik und Fiskalpolitik auf die gesamtwirtschaftliche Nachfrage

Stellen Sie sich vor, Sie sitzen mit am Tisch, wenn die EZB ihren geldpolitischen Kurs festlegt. Sie haben aus zuverlässigen Quellen erfahren, dass die öffentlichen Haushalte durch beträchtliche Ausgabenkürzungen dem Budgetausgleich näher gekommen sind. Wie reagiert die Geldpolitik auf diese Entwicklung der Fiskalpolitik? Soll die Geldmenge ausgedehnt, verringert oder wie bisher beibehalten werden?

Um die Frage zu beantworten, benötigen Sie Kenntnisse vom Einfluss der Geldpolitik und der Fiskalpolitik auf die Volkswirtschaft. Im vorigen Kapitel haben wir das Modell der aggregierten Nachfrage und des aggregierten Angebots kennengelernt, mit dem man die kurzfristigen Wirtschaftsschwankungen erklärt. Wenn es zu Verschiebungen der aggregierten Nachfragekurve oder der kurzfristigen aggregierten Angebotskurve kommt, resultieren daraus Schwankungen des gesamtwirtschaftlichen Produktionsniveaus sowie des Preisniveaus. Geldpolitik und Fiskalpolitik können für sich genommen – wie im vorigen Kapitel dargelegt – die aggregierte Nachfrage beeinflussen. Deshalb führen geld- und fiskalpolitische Maßnahmen zu kurzfristigen Schwankungen des Produktionsniveaus und des Preisniveaus. Wirtschaftspolitiker sind daran interessiert, diese Wirkungen zu antizipieren und die beiden Instrumente nach Möglichkeit aufeinander abzustimmen.

Wir untersuchen im vorliegenden Kapitel noch eingehender, wie die geld- und fiskalpolitischen Maßnahmen die Lage der aggregierten Nachfragekurve beeinflussen. Im Vorfeld haben wir die langfristigen Auswirkungen der Maßnahmen erörtert. In den Kapiteln 21 und 23 ging es um den Einfluss der Fiskalpolitik auf Ersparnisbildung, Investitionen und Wirtschaftswachstum. In den Kapiteln 25 und 26 haben wir gelernt, wie die Zentralbank die Geldmenge kontrolliert und Änderungen der Geldmenge langfristig auf das Preisniveau wirken. Wir werden nun erfahren, wie alle diese Maßnahmen zur Verschiebung der aggregierten Nachfragekurve beitragen und damit auch an kurzfristigen Wirtschaftsschwankungen beteiligt sind.

Wie wir wissen, beeinflussen neben geld- und fiskalpolitischen Maßnahmen viele andere Faktoren die aggregierte Nachfrage. Insbesondere die erwünschten und geplanten Ausgaben der Haushalte und der Unternehmen bestimmen die gesamtwirtschaftliche Nachfrage nach Gütern. Wenn sich die geplanten Ausgaben verändern, verschiebt sich auch die aggregierte Nachfragekurve. Sofern die Wirtschaftspolitiker darauf nicht reagieren, kommt es in der Volkswirtschaft zu kurzfristigen Schwankungen im Produktionsniveau und im Preisniveau. Deshalb setzen die politisch Verantwortlichen ihre verfügbaren Hebel oft dazu ein, die absehbaren Veränderungen der aggregierten Nachfragekurve auszugleichen und dadurch die volkswirtschaftliche Entwicklung zu stabilisieren. In diesem Kapitel gilt unser Interesse der zugrunde liegenden Theorie und einigen Anwendungsschwierigkeiten in der Praxis.

32.1 Wie die Geldpolitik auf die gesamtwirtschaftliche Nachfrage wirkt

Die aggregierte Nachfragekurve spiegelt die bei jedem beliebigen Preisniveau insgesamt nachgefragte Menge an Gütern wider. Aus dem vorangegangenen Kapitel wissen Sie bereits, dass die aggregierte Nachfragekurve aus drei Gründen eine negative Steigung aufweist:

- *Pigou-Vermögenseffekt*. Ein niedrigeres Preisniveau erhöht den Realwert der Geldvermögen bei den privaten Haushalten, und ein höherer realer Vermögenswert regt zu Konsumausgaben an.
- *Keynes-Zinssatzeffekt*. Ein niedrigeres Preisniveau vermindert wegen erhöhter Kreditvergabe und Anlage überflüssiger Kassenbestände das Zinsniveau, und das niedrigere Zinsniveau stimuliert zu Investitionsausgaben.
- *Mundell-Fleming-Wechselkurseffekt*. Wenn ein niedrigeres Preisniveau den Zinssatz senkt, werden die Anleger und Portfolio-Investoren einen Teil ihrer Anlagen in das Ausland übertragen und auf diese Weise zu einer Abwertung der Landeswährung beitragen. Die Abwertung der heimischen Währung macht die im Inland produzierten Güter relativ billiger und regt damit die Nettoexporte an.

Diese drei Effekte schließen einander nicht aus, sondern führen gemeinsam zu einem Anstieg der insgesamt nachgefragten Menge an Gütern, wenn das Preisniveau sinkt, und zu einem Rückgang dieser Menge, wenn das Preisniveau steigt. Obwohl die drei Effekte bei einer Erklärung der negativen Steigung der aggregierten Nachfragekurve zusammenwirken, kommt ihnen empirisch nicht die gleiche Bedeutung zu. Da das Geldvermögen zumeist nur einen kleinen Teil des Vermögens der Haushalte ausmacht, hat der Pigou-Vermögenseffekt das geringste Gewicht. Überdies ist der Mundell-Fleming-Wechselkurseffekt in vielen Volkswirtschaften deshalb nicht sehr groß, weil der Außenbeitrag (Exporte minus Importe) nur einen geringen Prozentsatz des realen BIP ausmacht. In kleinen Volkswirtschaften mit einem typischerweise hohen Anteil des Außenhandels und in den Ländern der EU ist der Effekt wichtiger. Aber selbst in Volkswirtschaften mit einer hohen außenwirtschaftlichen Verknüpfung kommt dem Keynes-Zinssatzeffekt auf die Investitionen eine noch größere Bedeutung für die negative Steigung der aggregierten Nachfragekurve zu, und das aus zwei Gründen. Zunächst beeinflusst der Keynes-Zinssatzeffekt über die Konsumenten, die Immobilienkäufer und die Unternehmen unmittelbar die gesamte Volkswirtschaft, während sich der Wechselkurseffekt auf die Unternehmen beschränkt, die Güter für den Handel mit dem Ausland produzieren, sowie auf die Konsumenten, die diese Güter konsumieren. Außerdem haben viele Länder der EU mit dem Euro eine gemeinsame Währung, sodass der Wechselkurseffekt beim Handel untereinander entfällt.

Um die aggregierte Nachfrage besser zu verstehen, werden wir im Folgenden die kurzfristigen Bestimmungsgründe des Zinssatzes genauer analysieren. Wir wenden uns nun der sogenannten **Theorie der Liquiditätspräferenz** zur Erklärung des Zinssatzes nach Keynes zu. Diese Theorie wird uns dabei helfen, die negative Steigung der aggregierten Nachfragekurve zu erklären und den Einfluss von Geld- und Fiskalpolitik

---

Theorie der Liquiditätspräferenz
Keynes' Theorie, wonach sich der Zinssatz so anpasst, dass sich Geldangebot und Geldnachfrage angleichen.

32.1 Wie die Geldpolitik auf die gesamtwirtschaftliche Nachfrage wirkt

auf die aggregierte Nachfragekurve zu analysieren. Durch die neuen Erkenntnisse über die aggregierte Nachfragekurve, die uns die Liquiditätspräferenztheorie verschafft, können wir unser Verständnis für die kurzfristigen wirtschaftlichen Schwankungen und mögliche wirtschaftspolitische Korrekturmaßnahmen erweitern und vertiefen.

Die Theorie der Liquiditätspräferenz

In seinem klassischen Buch *The General Theory of Employment, Interest, and Money* entwickelte Keynes die Theorie der Liquiditätspräferenz zur Klärung der Frage, welche Faktoren die Höhe des Zinssatzes einer Volkswirtschaft bestimmen. Im Wesentlichen besteht diese Theorie nur in einer Anwendung des Prinzips von Angebot und Nachfrage. Nach Keynes spielt sich der Zinssatz so ein, dass es zur Übereinstimmung von Geldangebot und Geldnachfrage kommt. Einige Elemente dieser Theorie haben wir schon im Rahmen des IS-LM-Modells in Kapitel 30 kennengelernt.

Sie können sich vielleicht daran erinnern, dass Volkswirte zwischen zwei Zinssätzen unterscheiden. Der *Nominalzinssatz* ist der Zinssatz, der überall zu lesen ist. Der um die Inflationsrate bereinigte Zinssatz wird als *Realzinssatz* bezeichnet. Wenn es keine Inflation gibt, sind beide Zinssätze identisch. Wenn jedoch Kreditgeber und Kreditnehmer davon ausgehen, dass die Preise während der Kreditlaufzeit steigen, dann werden sie einen nominalen Zinssatz vereinbaren, der den realen Zinssatz um die Höhe der Inflationsrate übersteigt. Der höhere Nominalzinssatz stellt eine Form der Kompensation dafür dar, dass der zurückgezahlte Kreditbetrag weniger wert ist.

Aber welchen Zinssatz wollen wir mit der Theorie der Liquiditätspräferenz erklären? Die Antwort lautet: beide. In der folgenden Analyse unterstellen wir konstante Inflationserwartungen. Auf kurze Sicht, die wir auch betrachten, ist diese Annahme vertretbar. Das bedeutet, dass mit Änderungen des Nominalzinssatzes der Realzinssatz, den die Menschen erwarten, im gleichen Maße schwankt. Wenn wir im Verlauf dieses Kapitels Änderungen des Zinsniveaus analysieren, dann sollten Sie sich vergegenwärtigen, dass Nominalzinssatz und Realzinssatz sich in die gleiche Richtung verändern.

Befassen wir uns jetzt mit dem Geldangebot und der Geldnachfrage sowie deren Abhängigkeit vom Zinssatz.

Das Geldangebot. Der erste Baustein der Theorie der Liquiditätspräferenz ist das Geldangebot. Das Geldangebot wird in jeder Volkswirtschaft von der Zentralbank gesteuert. Die Zentralbank verändert das Geldangebot vor allem dadurch, dass sie über Offenmarktgeschäfte Einfluss auf die Höhe der Sichteinlagen nimmt, die die Banken bei der Zentralbank halten. Wenn die EZB am offenen Markt von einer Bank Wertpapiere kauft, dann wird der Geldbetrag für diese Transaktion der Bank als Sichteinlage auf ihrem Konto bei der EZB gutgeschrieben und die Bank kann darüber verfügen. Wenn die EZB am offenen Markt Wertpapiere verkauft, dann werden die Euros, die die EZB dafür erhält, dem Bankensystem entzogen, und die Sichteinlagen der Banken sinken. Die Änderungen in den Sichteinlagen der Banken bei der EZB beeinflussen wiederum die Möglichkeiten der Banken, Kredite zu vergeben und Geld zu

32.1 Der Einfluss von Geldpolitik und Fiskalpolitik
Wie die Geldpolitik auf die gesamtwirtschaftliche Nachfrage wirkt

schöpfen. Neben den Offenmarktgeschäften kann die EZB zur Steuerung der Geldmenge auch auf Änderungen des Refinanzierungssatzes und der Mindestreserven zurückgreifen.

Diese Details der Geldmengensteuerung sind jedoch nur für die Umsetzung der geldpolitischen Leitlinien der EZB von Bedeutung. Sie spielen jedoch keine Rolle bei der Klärung der Frage, wie die Geldmenge die aggregierte Nachfrage beeinflusst. Aus diesem Grund können wir die Details der Geldmengensteuerung der EZB außer Acht lassen und einfach unterstellen, dass die EZB die Geldmenge direkt steuert. Das heißt, dass die Geldmenge sich stets auf dem Niveau befindet, das die EZB anstrebt.

Da die angebotene Geldmenge von der EZB fixiert wird, hängt sie nicht von anderen ökonomischen Variablen ab. Insbesondere hängt die angebotene Geldmenge nicht vom Zinssatz ab. Sobald die politische Entscheidung für eine bestimmte Geldmenge gefallen ist, bleibt es dabei – ohne Rücksicht auf den vorherrschenden Zinssatz. Diesen Tatbestand des fixen Geldangebots stellt man mit einer senkrecht verlaufenden Angebotslinie wie in Abbildung 32-1 dar.

Abb. 32-1

Das Gleichgewicht auf dem Geldmarkt

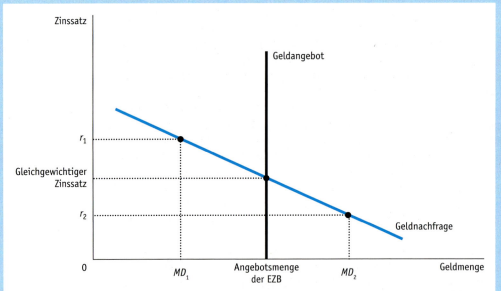

Nach der Liquiditätspräferenztheorie spielt sich der Zinssatz zur Angleichung von Geldangebot und Geldnachfrage ein. Befindet sich der Zinssatz über dem Gleichgewichtsniveau (wie etwa bei r_1), so ist die nachgefragte Geldmenge (MD_1) niedriger als die von der EZB vorgegebene Geldmenge. Der Angebotsüberschuss führt zur Zinssenkung. Umgekehrt ist bei einem niedrigeren Zinssatz als dem Gleichgewichtszinssatz (z.B. bei r_2) die Geldnachfrage (MD_2) größer als das Geldangebot der EZB. Der Nachfrageüberschuss bewirkt einen Anstieg des Zinssatzes. Auf diese Weise führen die Marktkräfte von Angebot und Nachfrage den Zinssatz zum Gleichgewichtsniveau hin, bei dem Zufriedenheit herrscht, weil die von der Bevölkerung gewünschte Geldhaltung mit der von der EZB angebotenen Geldmenge übereinstimmt.

Die Geldnachfrage. Der zweite Baustein der Theorie der Liquiditätspräferenz ist die Geldnachfrage. Erinnern wir uns zunächst an den *Liquiditätsgrad* eines beliebigen Vermögens- oder Aktivpostens der Bilanz: die Leichtigkeit, mit der man den Gegenstand zu Geld machen kann. Geld ist das Tausch- und Zahlungsmittel einer Volkswirtschaft; es ist deshalb per Definition der Vermögenswert mit dem höchstmöglichen Liquiditätsgrad. Der Liquiditätsgrad des Geldes erklärt die Nachfrage nach Geld: Menschen entscheiden sich für die Geldhaltung statt für andere rentierliche Vermögensarten, weil Geld zum Kauf von Gütern eingesetzt werden kann.

Obwohl es noch viele andere Einflussgrößen auf die Geldnachfrage gibt, folgt aus der Liquiditätspräferenztheorie, dass die wichtigste Einflussgröße der Zinssatz ist. Der Zinssatz stellt die Opportunitätskosten oder den Schattenpreis der Geldhaltung dar. Wenn man also sein Vermögen in Form von Bargeld in der Hosentasche herumträgt statt damit verzinsliche Wertpapiere zu kaufen, büßt man den möglichen Zinsertrag ein. Ein Anstieg des Zinssatzes erhöht die Kosten der Bargeldhaltung und vermindert damit die Nachfrage nach Geld. Ein Rückgang des Zinssatzes senkt die Kosten der Bargeldhaltung und steigert die Geldnachfrage. Somit verläuft die Geldnachfragekurve mit negativer Steigung, wie in Abbildung 32-1 dargestellt.

Das Gleichgewicht auf dem Geldmarkt. Nach der Liquiditätspräferenztheorie spielt sich der Zinssatz so ein, dass Geldangebot und Geldnachfrage übereinstimmen. Abbildung 32-1 zeigt diesen Sachverhalt. Es gibt nur einen Zinssatz, den *Gleichgewichtszinssatz*, bei dem angebotene und nachgefragte Geldmenge genau gleich sind. Befindet sich der Zinssatz bei irgendeinem anderen Niveau, werden Menschen ihre Vermögensbestände umdisponieren, womit sie den Zinssatz zum Gleichgewichtsniveau hin drängen.

Nehmen wir z. B. an, der Zinssatz befinde sich über dem Gleichgewichtsniveau bei r_1 in Abbildung 32-1. In diesem Fall liegt die von der Bevölkerung nachgefragte Geldmenge MD_1 unter der von der EZB angebotenen Geldmenge. Wer Teile des Überschussangebots an Geld hält, wird es durch eine verzinsliche Anlage oder den Kauf verzinslicher Wertpapiere loswerden wollen. Da die Banken und die Wertpapieremittenten lieber niedrige als hohe Zinsen bezahlen, werden sie auf das Überschussangebot mit einer Zinssenkung reagieren. Bei fallendem Zinssatz neigen nach und nach immer mehr Menschen zu höherer Geldhaltung, bis schließlich alle die Geldmenge nachfragen, die die EZB anbietet.

Umgekehrt ist die nachgefragte Geldmenge MD_2 beim Zinssatz r_2 größer als die von der EZB angebotene Geldmenge. Die Menschen wollen mehr Geld halten und durch einen Verkauf ihrer Wertpapiere oder Auflösung der verzinslichen Einlagen zu höheren Kassen- und Sichteinlagenbeständen kommen. Banken und Wertpapieremittenten werden höhere Zinssätze bieten, um Anleger und Käufer anzuziehen. So steigt der Zinssatz nach und nach bis zum Gleichgewichtsniveau.

32.1 Der Einfluss von Geldpolitik und Fiskalpolitik
Wie die Geldpolitik auf die gesamtwirtschaftliche Nachfrage wirkt

Information

Der Zinssatz auf lange und auf kurze Sicht

Halten wir hier kurz inne, um über eine merkwürdige Sache in unserer Modellierung nachzudenken. Es hat den Anschein, als verfügen wir über zwei Theorien zur Bestimmung des Zinssatzes. Im Kapitel 23 haben wir gesagt, dass sich der Zinssatz so anpasst, dass Angebot und Nachfrage nach Kreditmitteln (d. h. Ersparnisse und geplante Investitionen) übereinstimmen. Nach dem vorliegenden Kapitel jedoch spielt sich der Zinssatz so ein, dass Geldangebot und Geldnachfrage übereinstimmen. Wie passen beide Theorien zusammen?

Um diese Frage zu beantworten, müssen wir den Unterschied zwischen dem kurzfristigen und dem langfristigen Verhalten einer Volkswirtschaft näher betrachten. Drei makroökonomische Variablen sind dabei von zentraler Bedeutung: das Produktionsniveau, der Zinssatz und das Preisniveau. Nach der klassischen Makroökonomik, die wir bereits entwickelt haben, sind diese Variablen wie folgt bestimmt:

1. Das *Produktionsniveau* erklärt sich aus den in einer Volkswirtschaft verfügbaren Produktionsfaktoren Realkapital, Arbeit und Technologie (das Wissen zur Umsetzung der Inputs in Output).
2. Bei jedem beliebigen Produktionsniveau stellt sich der *Zinssatz* so ein, dass Angebot und Nachfrage nach Kreditmitteln (Geld für Investitionszwecke) angeglichen werden.
3. Das *Preisniveau* bewirkt die Übereinstimmung von Geldangebot und Geldnachfrage. Veränderungen des Geldangebots führen zu proportionalen Änderungen des Preisniveaus.

Dies sind drei zentrale Thesen der klassischen ökonomischen Theorie. Die meisten Volkswirte sind überzeugt, dass sich dieser Denkansatz gut dazu eignet, das Funktionieren einer Volkswirtschaft *langfristig* zu beschreiben.
Doch zur Erklärung der kurzfristigen volkswirtschaftlichen Abläufe ist der Denkansatz nicht zutreffend. Wie wir aus dem vorangegangenen Kapitel wissen, passen sich zahlreiche Preise nur sehr langsam den Veränderungen des Geldangebots an. Dies spiegelt sich darin wider, dass die kurzfristige aggregierte Angebotskurve nicht senkrecht, sondern mit einer positiven Steigung verläuft. Demzufolge ist das Preisniveau gar nicht in der Lage, kurzfristig Geldangebot und Geldnachfrage anzugleichen. Die Preisstarrheit zwingt den Zinssatz dazu, für ein Geldmarktgleichgewicht zu sorgen. Die Veränderungen des Zinssatzes wiederum beeinflussen die aggregierte Nachfrage. Mit den Schwankungen der aggregierten Nachfrage jedoch, auf die sich das aktuelle Produktionsniveau einstellt, wird das von den Produktionsfaktoren her mögliche Produktionsniveau verfehlt.

Wenn man das kurzfristige Funktionieren einer Volkswirtschaft erklären möchte, dreht man die oben angeführte Ordnung und Verknüpfung der drei zentralen Makrovariablen am besten um:

1. Das *Preisniveau* ist kurzfristig bei einem gegebenen Niveau starr und reagiert kaum auf Veränderungen der volkswirtschaftlichen Lage.
2. Beim gegebenen Preisniveau bringt der *Zinssatz* Geldangebot und Geldnachfrage ins Gleichgewicht.
3. Das *Produktionsniveau* passt sich dem veränderlichen Niveau der aggregierten Nachfrage an, das teilweise vom Zinssatz bestimmt wird, der den Geldmarkt im Gleichgewicht hält.

Damit wird die Reihenfolge in der Analyse im Vergleich zur langfristigen Betrachtung genau umgedreht. Die unterschiedlichen Theorien zur Erklärung des Zinssatzes sind für unterschiedliche Aufgaben geeignet.
Wenn man über die langfristigen Bestimmungsgründe des Zinssatzes etwas aussagen will, setzt man am besten an der Zinstheorie an, nach der die Höhe des Zinssatzes durch die Ersparnisse als Angebot an Kreditmitteln für Investitionszwecke und durch die Investitionen als Nachfrage nach Kreditmitteln für Investitionszwecke bestimmt wird (»loanable funds theory«). Ganz anders ist es mit den kurzfristigen Bestimmungsgründen des Zinssatzes, die man zweckmäßigerweise mit der Theorie der Liquiditätspräferenz angeht. Diese Theorie betont die Bedeutung der Geldpolitik.

Die negative Steigung der aggregierten Nachfragekurve

Nachdem wir mit der Theorie der Liquiditätspräferenz den Gleichgewichtszinssatz der Volkswirtschaft bestimmt haben, gehen wir jetzt einen Schritt weiter zur aggregierten Nachfrage (der gesamtwirtschaftlichen Nachfrage nach Gütern). Zuerst benutzen wir die Liquiditätspräferenztheorie für die Erklärung der negativen Steigung der aggregierten Nachfragekurve. Speziell wollen wir nun unterstellen, dass das Preisniveau der Volkswirtschaft ansteigt. Was geschieht mit dem Zinssatz, der Angebot und Nachfrage auf dem Geldmarkt zur Übereinstimmung bringt, und wie wirkt sich das alles auf die aggregierte Nachfrage aus?

Wie wir aus dem Kapitel 26 wissen, ist das Preisniveau eine Determinante der nachgefragten Geldmenge. Bei höheren Preisen wird jedes Mal bei Käufen und Verkäufen mehr Geld bewegt. Deshalb werden sich die Menschen zu einer größeren Kassenhaltung entschließen. Bei einem höheren Preisniveau wird also zu einem beliebigen gegebenen Zinssatz stets mehr Geld nachgefragt. Somit wird im Diagramm (a) der Abbildung 32-2 bei einem Anstieg des Preisniveaus von P_1 auf P_2 die Geldnachfragekurve von MD_1 nach rechts verschoben zu MD_2.

Achten Sie darauf, wie diese Verschiebung der Geldnachfrage das Gleichgewicht auf dem Geldmarkt verändert. Bei fixer Geldangebotsmenge muss der Zinssatz zur Angleichung von Angebot an und Nachfrage nach Geld ansteigen. Das höhere Preisniveau hat die gewünschte Kassenhaltung erhöht und die Geldnachfragekurve nach rechts verschoben. Da die angebotene Geldmenge jedoch unverändert bleibt, muss der Zinssatz von r_1 auf r_2 steigen, um die zusätzliche Geldnachfrage zurückzudrängen.

Dieser Anstieg des Zinssatzes hat nicht nur Auswirkungen auf den Geldmarkt, sondern auch auf die nachgefragte Gütermenge, wie man im Diagramm (b) der Abbildung 32-2 sieht. Bei einem gestiegenen Zinssatz sind die Kosten für Kredite und die Erträge aus Ersparnissen höher. Weniger Privatleute werden für den Hausbau Kredite aufnehmen, und wer es dennoch tut, wird kleiner und billiger bauen, sodass die Nachfragekomponente der Wohnungsbauinvestitionen zurückgeht. Ebenso werden weniger Unternehmen Kredite für den Bau neuer Fabriken und für den Kauf neuer Ausrüstungen aufnehmen, sodass auch die Nachfragekomponente der Unternehmensinvestitionen reduziert wird. Damit wird ein Anstieg des Preisniveaus von P_1 auf P_2 die Geldnachfrage von MD_1 auf MD_2 und den Zinssatz von r_1 auf r_2 erhöhen, sodass die aggregierte Nachfrage von Y_1 auf Y_2 zurückgeht.

Die Analyse des Keynes-Zinssatzeffekts kann in drei Schritten zusammengefasst werden:
1. Ein höheres Preisniveau erhöht die Geldnachfrage.
2. Die höhere Geldnachfrage führt zu einem höheren Zinssatz.
3. Ein höherer Zinssatz vermindert die aggregierte Nachfrage.

Natürlich wirkt der gleiche Mechanismus auch in die entgegengesetzte Richtung: Ein geringeres Preisniveau senkt die Geldnachfrage, was zu rückläufigen Zinsen führt, sodass die gesamtwirtschaftliche Nachfrage nach Gütern steigt. Das Endergebnis dieser Analyse ist eine negative, gegenläufige Beziehung zwischen dem Preisniveau und der aggregierten Nachfrage. Der Zusammenhang findet in der negativen Steigung der aggregierten Nachfragekurve Ausdruck. Damit kommen wir zum selben Ergebnis wie in Kapitel 30, als wir die Auswirkungen einer Verschiebung der LM-Kurve untersuchten.

32.1 Der Einfluss von Geldpolitik und Fiskalpolitik
Wie die Geldpolitik auf die gesamtwirtschaftliche Nachfrage wirkt

Abb. 32-2

Der Geldmarkt und die Steigung der aggregierten Nachfragekurve

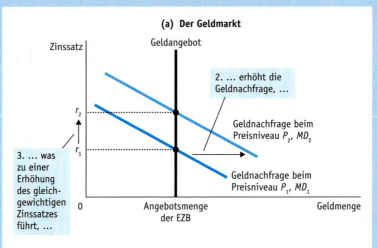

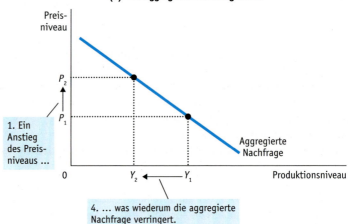

Ein Anstieg des Preisniveaus von P_1 auf P_2 führt zu einer Rechtsverschiebung der Geldnachfragekurve wie im Diagramm (a). Diese Erhöhung der Geldnachfrage führt zu einer Erhöhung des Zinssatzes von r_1 auf r_2. Da der Zinssatz die Kosten der Kreditaufnahme darstellt, vermindert der Zinsanstieg die gesamtwirtschaftliche Nachfrage nach Gütern von Y_1 auf Y_2. Dieser negative Zusammenhang zwischen dem Preisniveau und der gesamtwirtschaftlichen Nachfrage macht die negative Steigung der aggregierten Nachfragekurve im Diagramm (b) aus.

Veränderungen der Geldmenge

Bis hierher haben wir die Theorie der Liquiditätspräferenz dazu verwendet, um ausführlich zu zeigen, wie die aggregierte Nachfrage auf Änderungen des Preisniveaus reagiert. Wir haben demzufolge Bewegungen entlang der fallenden aggregierten Nachfragekurve betrachtet. Mithilfe der Theorie der Liquiditätspräferenz lassen sich jedoch auch die Auswirkungen anderer Ereignisse analysieren, die die aggregierte Nachfrage beeinflussen. Immer dann, wenn sich die aggregierte Nachfrage bei einem gegebenen Preisniveau ändert, verschiebt sich die aggregierte Nachfragekurve.

Eine wichtige Einflussgröße, die die aggregierte Nachfragekurve verschiebt, ist die Geldpolitik. Um die kurzfristigen Effekte der Geldpolitik auf die Volkswirtschaft zu zeigen, wollen wir annehmen, dass die EZB die Geldmenge durch den Kauf von Wertpapieren bei Offenmarktgeschäften ausgedehnt hat. (Warum die EZB dies tun könnte, wollen wir klären, nachdem wir die Auswirkungen dieser Maßnahme untersucht haben.) Wir wollen zunächst betrachten, welchen Einfluss die Erhöhung der Geldmenge bei einem gegebenen Preisniveau auf das gleichgewichtige Zinsniveau hat. Dadurch werden wir erfahren, wie sich die Erhöhung der Geldmenge auf die Lage der aggregierten Nachfragekurve auswirkt.

Wie das Diagramm (a) in Abbildung 32-3 zeigt, kommt es durch eine Steigerung der Geldmenge zu einer Rechtsverschiebung der Geldangebotskurve von MS_1 zu MS_2. Da in diesem Fall die Geldnachfrage unverändert bleibt, muss der Zinssatz zur Angleichung von Geldangebot und Geldnachfrage von r_1 auf r_2 sinken. Nur bei einem gesunkenen Zinssatz sind die Nachfrager bereit, das von der EZB zusätzlich ausgegebene Geld im Kassenbestand zu halten.

Erneut beeinflusst der Zinssatz – wie man im Diagramm (b) der Abbildung 32-3 sieht – die aggregierte Nachfrage. Der niedrigere Zinssatz reduziert die Kosten der Kreditaufnahme und die Erträge der Ersparnisse. Die Haushalte kaufen mehr und größere Häuser und stimulieren so insgesamt die Bauinvestitionen. Die Unternehmen geben ebenfalls mehr für neue Fabrikgebäude und neue Ausrüstungen aus und verstärken so die Unternehmensinvestitionen. Dadurch wird die bei einem bestimmten Preisniveau $\bar{P}$ nachgefragte aggregierte Nachfrage von Y_1 auf Y_2 ansteigen. Am Preisniveau $\bar{P}$ ist jedoch nichts Besonderes: Die Geldmengenerhöhung steigert die nachgefragte Menge nach Gütern bei jedem Preisniveau. Damit verschiebt sich die aggregierte Nachfragekurve nach rechts.

Fassen wir zusammen: Wenn die EZB die Geldmenge erhöht, sinkt das Zinsniveau, und die bei jedem Preisniveau nachgefragte Gütermenge steigt an, sodass sich die aggregierte Nachfragekurve nach rechts verschiebt. In umgekehrter Weise führt eine Verknappung der Geldmenge zu steigenden Zinsen, sodass die bei jedem Preisniveau nachgefragte Gütermenge sinkt. Die aggregierte Nachfragekurve verschiebt sich nach links.

Im Rahmen der IS-LM-Analyse im Kapitel 30 haben wir den gleichen Wirkungsmechanismus kennengelernt. Dort führte eine expansive Geldpolitik zu einer Rechtsverschiebung der LM-Kurve, sodass sich die aggregierte Nachfragekurve bei jedem Preisniveau nach rechts verschob (und umgekehrt).

32.1 Der Einfluss von Geldpolitik und Fiskalpolitik
Wie die Geldpolitik auf die gesamtwirtschaftliche Nachfrage wirkt

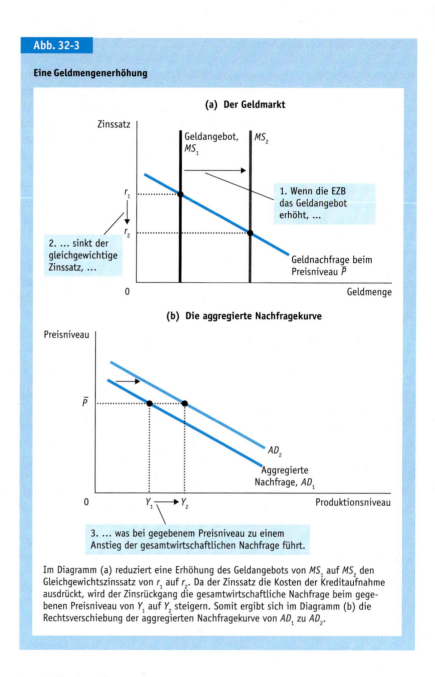

Abb. 32-3

Eine Geldmengenerhöhung

(a) Der Geldmarkt

1. Wenn die EZB das Geldangebot erhöht, …
2. … sinkt der gleichgewichtige Zinssatz, …

(b) Die aggregierte Nachfragekurve

3. … was bei gegebenem Preisniveau zu einem Anstieg der gesamtwirtschaftlichen Nachfrage führt.

Im Diagramm (a) reduziert eine Erhöhung des Geldangebots von MS_1 auf MS_2 den Gleichgewichtszinssatz von r_1 auf r_2. Da der Zinssatz die Kosten der Kreditaufnahme ausdrückt, wird der Zinsrückgang die gesamtwirtschaftliche Nachfrage beim gegebenen Preisniveau von Y_1 auf Y_2 steigern. Somit ergibt sich im Diagramm (b) die Rechtsverschiebung der aggregierten Nachfragekurve von AD_1 zu AD_2.

Zur Rolle der Zinsen

Bislang haben wir unterstellt, dass die Veränderung der Geldmenge das wichtigste geldpolitische Instrument der Zentralbank ist. Durch Ankäufe von Wertpapieren über Offenmarktgeschäfte kann in der Offenmarktpolitik die Geldmenge erhöht und die

32.1 Wie die Geldpolitik auf die gesamtwirtschaftliche Nachfrage wirkt

aggregierte Nachfrage gesteigert werden, durch Verkäufe von Wertpapieren kann die Zentralbank die im Umlauf befindliche Geldmenge verringern und die aggregierte Nachfrage senken.

Diskussionen um die Zentralbankpolitik drehen sich jedoch oft in erster Linie um Zinssätze und nicht um die Geldmenge. Einige Zentralbanken steuern den Geldmarkt durch die Festsetzung des Zinsniveaus, zu dem sie dem Bankensektor Liquidität zur Verfügung stellten – wie beispielsweise die EZB mit dem Refinanzierungssatz oder die Fed mit dem Diskontsatz.

Fallstudie

Negative Zinsen

In den Jahren nach der Finanzkrise befanden sich die Zinsen in Europa und in den USA auf einem historisch niedrigen Niveau. Die Zentralbanken griffen auf geldpolitische Instrumente wie die Politik der Quantitativen Lockerung (Quantitative Easing) zurück, um die Geldmenge zu erhöhen, die Kreditklemme zu beseitigen und damit die Konsum- und Investitionsausgaben zu beleben. Die Geldpolitik erwies sich jedoch in vielen Volkswirtschaften als machtlos, die gesamtwirtschaftliche Entwicklung nachhaltig zu beleben. Die zusätzliche Liquidität, die die Zentralbanken zur Verfügung stellten, wurde von den Banken zur Verbesserung der eigenen Bilanzen genutzt, aber nicht zur Kreditvergabe an Unternehmen und Verbraucher.

Wenn die traditionellen Hebel der Geldpolitik nicht wirken, hilft vielleicht ein wenig Kreativität weiter. Im Jahr 2009 schlug Professor Mankiw in einem Artikel in der *New York Times* negative Zinsen vor. Wenn man sich heute 1.000 Euro leiht, würden negative Zinsen dazu führen, dass man in der Zukunft weniger als 1.000 Euro zurückzahlen muss. Bei einem Zinssatz von –4 Prozent müsste man bei einer Kreditsumme von 1.000 Euro nach einem Jahr nur noch 960 Euro zurückzahlen. In seinem Artikel bezog sich Professor Mankiw auf eine Diskussion mit einem Studierenden, der einen interessanten Vorschlag unterbreitet hatte. Der Studierende schlug vor, dass die Zentralbank bekannt geben soll, dass sie in einem Jahr eine Zahl zwischen 1 und 9 auslosen wird und dass jeder Geldschein, dessen Nummer mit dieser Zahl endet, dann ab sofort ungültig wird. Wenn alle wissen, dass in einem Jahr 10 Prozent ihres Bargeldes wertlos sind, was würden sie machen? Wahrscheinlich würden alle das Geld ausgeben. Durch die zusätzlichen Ausgaben würde die gesamtwirtschaftliche Nachfrage steigen, was die konjunkturelle Entwicklung ankurbelt. In solcher Situation könnten die Zentralbanken auch negative Zinsen festsetzen, vorausgesetzt der Zinssatz ist nicht kleiner als –10 Prozent. Dann würde es immer noch einen Anreiz geben, Geld zu –4 Prozent verleihen, anstatt 10 Prozent des Geldes zu verlieren.

Mankiw verwies darauf, dass die Idee negativer Zinsen nicht grundsätzlich neu ist. Der Nationalökonom Silvio Gesell hat bereits Ende des 19. Jahrhunderts die Möglichkeit negativer Zinsen thematisiert und seine Idee wurde von Keynes aufgegriffen. Keynes bekannte, dass er zunächst dachte, das wäre die Idee eines Spinners, als er davon zum ersten Mal las. Aber er änderte seine Meinung schnell und bezeichnete Gesell später als einen »zu Unrecht verkannten Propheten«. Fast genau hundert Jahre, nachdem Silvio Gesell im Jahr 1916 sein Hauptwerk »Die natürliche Wirtschaftsordnung durch Freiland und Freigeld« veröffentlichte, sind negative Zinsen zur Realität geworden. Im Juni 2014 gab die EZB bekannt, den Zinssatz auf Einlagen der Geschäftsbanken bei der EZB auf –0,1 Prozent zu senken. Im September 2014 wurde der Zinssatz in einem weiteren Schritt auf –0,2 Prozent abgesenkt, und ab September 2019 lag der Zinssatz sogar bei –0,5 Prozent (Stand: März 2021). Das bedeutet, dass Geschäftsbanken, die sonst bei der EZB kurzfristig nicht benötigtes Geld zu einem positiven Zinssatz anlegen konnten (sogenannte Einlagefazilitäten), nun für ihre Einlage bei der EZB bezahlen müssen.

Die EZB erhoffte sich von dieser Maßnahme eine Ankurbelung der Kreditvergabe im Euroraum, um die konjunkturelle Entwicklung zu beleben und gleichzeitig einer sich möglicherweise abzeichnenden Deflation entgegenzusteuern. Dieser radikale geldpolitische Schritt hat unter Ökonomen eine heftige Diskussion entfacht. Kritiker der EZB verweisen darauf, dass mit negativen Zinsen ernsthafte negative Effekte für die Volkswirtschaft einhergehen: Negative Zinsen fördern die Verschuldungsmentalität, sie verzerren die Anreize zum Sparen und haben damit langfristig negative Auswirkungen auf Investitionen und Wachstum. Kapitalanleger werden verstärkt in Aktien, Rohstoffe und Immobilien investieren, wodurch es zu neuen Spekulationswellen kommen kann. Letztlich bekämpfen negative Zinsen nur die Symptome einer Krise, beseitigen aber nicht die Ursachen der Probleme.

Verfolgt die Zentralbank eine Zinspolitik und zielt nicht auf ein bestimmtes Niveau (oder eine bestimmte Wachstumsrate) der Geldmenge ab, dann steht dies jedoch nicht im Widerspruch zu unserer Analyse der Geldpolitik hier in diesem Kapitel. Die Theorie der Liquiditätspräferenz verdeutlicht, dass Geldpolitik entweder über die Steuerung der Geldmenge oder die Steuerung des Zinsniveaus erfolgen kann. Wenn die Zentralbank den Refinanzierungssatz festsetzt, dann bedeutet das nicht anderes, als dass so lange Offenmarktoperationen durchgeführt werden, bis der Gleichgewichtszins genau diesem Referenzwert entspricht. Mit anderen Worten: Wenn die Zentralbank ein Zinsziel festlegt, dann verpflichtet sie sich selbst dazu, die Geldmenge so anzupassen, dass das Gleichgewicht auf dem Geldmarkt dieses Ziel auch erfüllt.

Die Geldpolitik einer Zentralbank kann demnach sowohl über das Geldangebot als auch über das Zinsniveau beschrieben werden. Wenn die EZB den Zinssatz senkt, dann wird die EZB so lange Wertpapiere über Offenmarktoperationen kaufen, bis das wachsende Geldangebot dazu führt, dass der Zinssatz seinen neuen Zielwert erreicht (wie in Abbildung 32-3 zu sehen).

Damit kann eine expansive Geldpolitik entweder mit einer Geldmengensteigerung oder mit einer Zinssatzsenkung durchgeführt und beschrieben werden, eine kontraktive Geldpolitik durch eine Verknappung der Geldmenge oder eine Zinsanhebung.

> **Kurztest**
> Erklären Sie anhand der Theorie der Liquiditätspräferenz, wie eine Senkung des Geldangebots den Gleichgewichtszinssatz verändert. Wie beeinflusst die Änderung der Geldpolitik die aggregierte Nachfrage?

32.2 Der Einfluss der Fiskalpolitik auf die gesamtwirtschaftliche Nachfrage

Nicht nur durch die Geldpolitik einer Zentralbank, sondern auch durch die Fiskalpolitik des Staates kann die Entwicklung einer Volkswirtschaft bestimmt werden. Die Fiskalpolitik hat mit den Einnahmen und den Ausgaben des Staates zu tun, insbesondere mit der Bemessung von Steuern sowie von Investitions- und Konsumgüterkäufen. Weiter vorne im Buch haben wir uns bereits überlegt, wie die Fiskalpolitik langfristig das Sparverhalten, die Investitionen und das Wirtschaftswachstum beeinflusst. Kurzfristig betrifft die Fiskalpolitik nur die aggregierte Nachfrage.

Veränderungen der Staatsausgaben

Wir haben bereits gelernt, dass eine Veränderung in den autonomen Ausgaben eine vielfache Veränderung im Ausgabenniveau der Volkswirtschaft bewirken kann. Durch den Multiplikatoreffekt führt eine Erhöhung der Staatsausgaben zu einem noch größeren Anstieg der aggregierten Nachfrage. Es gibt jedoch auch einen Verdrängungseffekt, der genau in die entgegengesetzte Richtung wirkt, sodass der Anstieg der aggregierten Nachfrage *geringer* ausfallen kann als der ursprüngliche Ausgabenanstieg.

Zur Veranschaulichung des Verdrängungseffekts schauen wir noch einmal auf unser Beispiel aus Kapitel 30, bei dem die Bundesregierung neue Gaskraftwerke bei PowerGas kauft. Wie wir schon wissen, erhöht die zusätzliche Nachfrage nach Gaskraftwerken die Einkommen der Beschäftigten und der Unternehmer (sowie wegen des Multiplikatoreffekts auch die Einkommen der anderen Unternehmen). Bei Einkommenssteigerungen planen die Haushalte eine größere Güternachfrage und deshalb auch eine höhere Kassenhaltung. Die von den zusätzlichen Staatsausgaben verursachte Einkommenssteigerung wird also die Geldnachfrage erhöhen.

Diesen Effekt der Geldnachfragesteigerung sehen wir im Diagramm (a) der Abbildung 32-4. Wenn – das soll annahmegemäß so sein – die EZB das Geldangebot unverändert lässt, so haben wir eine unveränderte senkrechte Geldangebotskurve sowie zwei Geldnachfragekurven MD_1 und MD_2. Mit der Rechtsverschiebung der Geldnachfragekurve stellt sich zur Angleichung von Geldangebot und Geldnachfrage ein Anstieg des Zinssatzes von r_1 auf r_2 ein.

Der Anstieg des Zinssatzes wiederum vermindert die nachgefragte Gütermenge. Insbesondere werden die privaten Wohnungsbau- und die unternehmerischen Bauinvestitionen wegen der verteuerten Kreditfinanzierung zurückgehen. Die Steigerung der Staatsausgaben für Güterkäufe wird also die aggregierte Nachfrage erhöhen, doch wird es dadurch auch zur Verdrängung von privater Investitionsnachfrage kommen. Der Verdrängungseffekt der Staatsausgaben kompensiert somit – wie aus dem Diagramm (b) der Abbildung 32-4 zu entnehmen ist – teilweise die ursprüngliche Multiplikatorwirkung auf die aggregierte Nachfrage. Der ursprüngliche Nachfrageschub durch zusätzliche Staatsausgaben verschiebt zwar die aggregierte Nachfragekurve von AD_1 auf AD_2, doch fällt im Fall eines Verdrängungseffekts die aggregierte Nachfragekurve auf AD_3 zurück.

Fassen wir zusammen: *Wenn die Staatsausgaben für Waren und Dienstleistungen um eine bestimmte Summe erhöht werden, so kann die aggregierte Nachfrage um mehr oder auch um weniger ansteigen – je nachdem, ob Multiplikatoreffekt oder Verdrängungseffekt dominieren.*

Veränderungen der Steuern

Ein weiteres wichtiges Instrument der Fiskalpolitik ist die Höhe der Besteuerung. Mit Steuersenkungen vergrößert der Staat die verfügbaren Einkommen der privaten Haushalte. Von den zusätzlichen verfügbaren Einkommensteilen werden die Haushalte einiges sparen, doch wird der überwiegende Teil in zusätzliche Konsumgüternachfrage fließen. Die aggregierte Nachfragekurve wird deshalb bei Steuersenkungen nach rechts verschoben. Entsprechend würde eine Steuererhöhung eine Linksverschiebung der aggregierten Nachfragekurve auslösen.

Auch die Nachfrageänderung aufgrund von Steueränderungen wird erstens vom Multiplikatoreffekt und zweitens vom Verdrängungseffekt bestimmt. Sofern Steuersenkungen wirksam werden, wird der Konsum angeregt, und durch die zusätzlichen Einkommen werden die Konsumausgaben nochmals stimuliert. Das ist der Multiplika-

32.2 Der Einfluss von Geldpolitik und Fiskalpolitik
Der Einfluss der Fiskalpolitik auf die gesamtwirtschaftliche Nachfrage

Abb. 32-4

Der Verdrängungseffekt

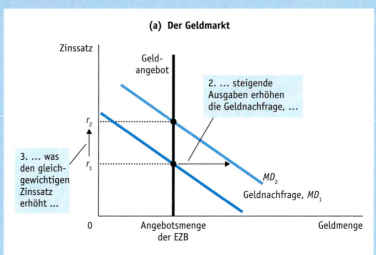

(a) Der Geldmarkt

- 2. ... steigende Ausgaben erhöhen die Geldnachfrage, ...
- 3. ... was den gleichgewichtigen Zinssatz erhöht ...

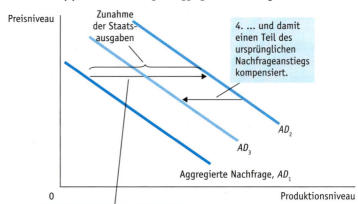

(b) Die Verschiebung der aggregierten Nachfragekurve

- 4. ... und damit einen Teil des ursprünglichen Nachfrageanstiegs kompensiert.
- 1. Der Anstieg der Staatsausgaben erhöht die aggregierte Nachfrage, ...

Diagramm (a) zeigt den Geldmarkt. Wenn die Staatsausgaben für Güter steigen, werden die nachfolgenden Einkommensänderungen die Geldnachfrage von MD_1 auf MD_2 ansteigen lassen, woraus ein Anstieg des Zinssatzes von r_1 auf r_2 folgen muss. Die Wirkungen auf die aggregierte Nachfrage zeigt das Diagramm (b). Der erste Nachfrageanstieg durch die zusätzlichen Staatsausgaben würde die aggregierte Nachfragekurve via Multiplikatoreffekt von AD_1 nach AD_2 verschieben. Da jedoch der Zinssatz die Kosten der Kreditaufnahme für Investitionen widerspiegelt, wird eine Zinssatzsteigerung die aggregierte Nachfrage dämpfen, indem insbesondere die privaten Investitionen zurückgedrängt werden. Diese Verdrängung von Investitionen vermindert die positive Multiplikatorwirkung auf die aggregierte Nachfrage. Am Ende wird sich die aggregierte Nachfragekurve nur auf AD_3 hin verschieben.

toreffekt. Zugleich führen höhere Einkommen zu größerer Geldnachfrage und höheren Zinssätzen. Die höheren Zinssätze verteuern die Kreditaufnahme und dämpfen die Investitionsausgaben. Dies ist der Verdrängungseffekt. Je nachdem, ob der Multiplikatoreffekt oder der Verdrängungseffekt dominiert, kann die Nachfrageänderung insgesamt größer oder kleiner als die ursächliche Steueränderung ausfallen.

Zusätzlich zu Multiplikator- und Verdrängungseffekten gibt es noch einen weiteren wichtigen Bestimmungsgrund für das Ausmaß der Nachfrageänderung durch eine Steueränderung: Die Einschätzung der Haushalte, ob die Steueränderung dauerhaft ist oder vorübergehend bleibt. Nehmen wir z. B. an, es wird ein Steuernachlass von 1.000 Euro pro Jahr verfügt. Bei der Verwendungsentscheidung fragen sich die Haushaltsmitglieder, wie lange diese Einkommenserhöhung wohl andauern wird. Wenn die Haushalte den Steuernachlass für dauerhaft halten, werden sie ihn als einen substanziellen Beitrag zu ihren finanziellen Ressourcen werten und ihre Ausgaben deshalb nachhaltig um einen großen Betrag erhöhen. Der Steuernachlass verursacht in diesem Fall eine große Nachfragewirkung. Im Gegensatz dazu könnten die Haushalte den Steuernachlass als temporär einschätzen und ihre Ausgaben nur geringfügig anpassen. Ein temporärer Steuernachlass hätte also nur eine bescheidene Wirkung auf die aggregierte Nachfrage.

Außerdem können fiskalpolitischen Maßnahmen auch auf das aggregierte Angebot wirken. Damit werden wir uns eingehender im Kapitel 34 beschäftigen.

> **Kurztest**
> Angenommen, die Ausgaben für den Bau von Bundesautobahnen werden um 1 Milliarde Euro gesenkt. In welche Richtung wird sich die aggregierte Nachfragekurve verschieben? Erläutern Sie, weshalb die Verschiebung größer als 1 Milliarde Euro ausfallen kann, warum es aber auch zu einer geringeren Verschiebung kommen könnte.

32.3 Der Einsatz der Geld- und Fiskalpolitik zur Stabilisierung der Volkswirtschaft

Wir wissen nun, wie die geldpolitischen und die fiskalpolitischen Maßnahmen die aggregierte Nachfrage verändern können. Von den theoretischen Erkenntnissen gelangt man zu einer bedeutsamen Frage: Ist es für die Wirtschaftspolitik empfehlenswert, diese Instrumente tatsächlich einzusetzen, um die gesamtwirtschaftliche Nachfrage zu steuern und damit die Volkswirtschaft zu stabilisieren? Falls ja: Wann? Falls nein: Warum nicht?

Für eine aktive Stabilisierungspolitik

Kehren wir zur Frage am Anfang des Kapitels zurück. Wie soll die Geldpolitik reagieren, wenn der Staat seine Ausgaben senkt? Wie wir gesehen haben, sind die Staatsausgaben eine der Bestimmungsgrößen der aggregierten Nachfrage. Sobald die Staatsausgaben beschnitten werden, geht die aggregierte Nachfrage zurück, wodurch sich

32.3 Der Einfluss von Geldpolitik und Fiskalpolitik
Der Einsatz der Geld- und Fiskalpolitik zur Stabilisierung der Volkswirtschaft

kurzfristig ein Produktions- und Beschäftigungsrückgang einstellt. Wenn die Zentralbank diesem negativen Effekt der Fiskalpolitik vorbeugen will, kann sie das Geldangebot erhöhen. Eine monetäre Expansion würde den Zinssatz senken sowie Konsum- und Investitionsausgaben anregen. Wenn die Geldpolitik angemessen reagiert, so wird durch die kombinierten Änderungswirkungen der Geldpolitik und der Fiskalpolitik eine unveränderte aggregierte Nachfrage ermöglicht.

Diese Betrachtungsweise ist in den Leitungsgremien der Zentralbanken gang und gäbe. Alle Beteiligten wissen, dass die Geldpolitik einen erheblichen Einfluss auf die aggregierte Nachfrage ausübt. Sie wissen aber auch, dass es noch andere wichtige Einflussgrößen gibt – einschließlich fiskalpolitischer Maßnahmen. Deshalb verfolgt man in der Zentralbank alle Diskussionen über die Fiskalpolitik und mögliche Maßnahmen sehr aufmerksam.

Die Reaktion der Geldpolitik auf fiskalpolitische Maßnahmen ist nur ein Beispiel aus dem größeren Problemkreis wirtschaftspolitischer Stabilisierung der aggregierten Nachfrage, sodass dadurch auch Produktion und Beschäftigung gesichert sind. Wir haben im Kapitel 30 gelernt, dass die Weltwirtschaftskrise in den 1930er-Jahren und deren wirtschaftstheoretische Aufarbeitung durch Keynes staatliche Eingriffe zur Stabilisierung der gesamtwirtschaftlichen Nachfrage auf die wirtschaftspolitische Agenda gebracht haben. In den USA ist diese Konzeption der Stabilisierung der gesamtwirtschaftlichen Entwicklung als staatliche Aufgabe seit dem Employment Act von 1946 allgemein verbindlich. Es heißt darin u. a.: »The Government accepts as one of their primary aims and responsibilities the maintenance of a high and stable level of employment after the war.« Der Staat hat sich mit der Geld- und Fiskalpolitik in der Verantwortung für die kurzfristige makroökonomische Entwicklung gesehen. In Deutschland ist die Denkweise in damals aktuell verfeinerter Weise in zwei Gesetze eingeflossen, die für die Globalsteuerung der Volkswirtschaft gedacht waren: das Gesetz über die Bildung eines Sachverständigenrats zur Begutachtung der gesamtwirtschaftlichen Entwicklung vom 14. August 1963 und das Gesetz zur Förderung der Stabilität und des Wachstums der Wirtschaft vom 8. Juni 1967.

Alle diese Gesetze beruhten auf zwei Grundgedanken. Der erste, recht schlichte Grundgedanke bestand darin, dass der Staat nicht zum Verursacher von Konjunkturschwankungen werden sollte. Folglich wenden sich die meisten Volkswirte gegen große und plötzliche Änderungen in der Geld- und Fiskalpolitik, da derartige Veränderungen am ehesten zu Wirtschaftsschwankungen führen. Und wenn es doch zu großen Änderungen kommt, dann sollten sich die Entscheidungsträger der Geld- und der Fiskalpolitik gegenseitig ihrer Maßnahmen bewusst sein und entsprechend darauf reagieren.

Der zweite, anspruchsvollere Grundgedanke lautete dagegen, dass die staatliche Wirtschaftspolitik kompensatorisch auf privatwirtschaftliche Impulse reagieren sollte. Diesem Ansatz ist die Wirtschaftspolitik in den Jahren nach 1945 für einige Zeit gefolgt. Die Motive für eine aktive Stabilisierungspolitik sind in der Weltwirtschaftskrise in den 1930er-Jahren zu finden, die nicht nur zu Arbeitslosigkeit und Armut für große Teile der Bevölkerung führte, sondern auch den Aufstieg des Extremismus begünstigte. Es sollte unter allen Umständen verhindert werden, dass es noch einmal zu einer derart langen und schweren Wirtschaftskrise kommt. Die Umsetzung der

Grundprinzipien der keynesianischen Nachfragesteuerung schien der geeignete wirtschaftspolitische Weg zur Vollbeschäftigung sein.

Keynes und seine vielen Anhänger behaupteten, die aggregierte Nachfrage schwanke wegen irrationaler Wellen von Pessimismus und Optimismus. Der Ausdruck »animal spirits« sollte die willkürlichen Änderungen von Einstellungen angemessen beschreiben. Bei vorherrschendem Pessimismus geben die Haushalte weniger für Konsumgüter und die Unternehmen weniger für Investitionsgüter aus. Es kommt zu verringerter aggregierter Nachfrage, zu niedrigerer Produktion und höherer Arbeitslosigkeit. Umgekehrt werden private Haushalte und Unternehmen bei allgemein verbreitetem Optimismus mehr für die Güternachfrage ausgeben. Es kommt zu gesteigerter aggregierter Nachfrage, zu höherer Produktion und zu niedrigerer Arbeitslosigkeit sowie ferner auch zu einem gewissen Inflationsdruck. Die Verhaltensänderungen bewahrheiten sich dabei in einem gewissen Ausmaß selbst.

Grundsätzlich kann der Staat die Fiskalpolitik und die Geldpolitik passend auf Wellen von Optimismus und Pessimismus abstimmen und damit die aggregierte Nachfrage stabilisieren. Wenn Menschen z. B. überaus pessimistisch sind, wird die Zentralbank das Geldangebot ausweiten. Bei übergroßem Optimismus dagegen empfiehlt sich eine Verringerung des Geldangebots, damit eine kontraktive Wirkung auf die aggregierte Nachfrage entsteht.

Gegen eine aktive Stabilisierungspolitik

Einige Volkswirte bestehen darauf, dass der Staat keine geld- oder fiskalpolitischen Maßnahmen zur Stabilisierung der Wirtschaft einsetzen sollte. Sie wollen diese Maßnahmen für bestimmte langfristige Ziele – wie etwa rasches Wirtschaftswachstum und eine niedrige Inflationsrate – reserviert wissen. Mit den kurzfristigen Schwankungen solle die Wirtschaft allein zurechtkommen. Obwohl diese Ökonomen von der Logik her einräumen, dass die Geld- und die Fiskalpolitik zur Stabilisierung der volkswirtschaftlichen Entwicklung in der Lage sind, zweifeln sie doch sehr an der entsprechenden praktischen Wirkung.

In engem Zusammenhang mit der Skepsis gegenüber antizyklischen konjunkturpolitischen Maßnahmen steht das vehemente Eintreten für eine von Weisungen der Regierung unabhängige Zentralbank, die vorrangig nur der Geldwertstabilität verpflichtet ist. In Deutschland waren es die empirischen Befunde aus der Zeit der Hyperinflation in den 1920er-Jahren und der Rüstungsfinanzierung über die Notenpresse im Zweiten Weltkrieg, die von Anfang an bei der Gründung der Bank deutscher Länder im Jahr 1948 als Vorläuferinstitution der Deutschen Bundesbank nach allgemeinem Willen zur Unabhängigkeit führten. Im Euroraum liegt die Verantwortung für die Geldpolitik seit 1999 in der Hand der EZB, die politisch unabhängig von den Mitgliedstaaten der Europäischen Währungsunion agiert. Das vorrangige Ziel der EZB ist im AEU-Vertrag (Artikel 127) auf die Sicherung der Preisstabilität fixiert.

Die Hauptargumente gegen eine aktive Geld- und Fiskalpolitik setzen bei den erheblichen Wirkungsverzögerungen der Maßnahmen in der Praxis an. Die Geldpolitik wirkt über die Veränderung von Zinssätzen, von denen die Investitionsentscheidungen bestimmt werden. Doch Haushalte planen den Kauf von Häusern und Grundstücken viele Monate im Voraus, ebenso wie Unternehmen ihre Investitionen in Maschinen und Gebäude. Deshalb glaubt man, monetäre Maßnahmen wirken erst mit einer Verzögerung von mindestens sechs Monaten auf Produktion und Beschäftigung. Manchmal können die Verzögerungen (»lags«) auch – für bestimmte Länder und Zeiten – einige Jahre betragen. Eine von den Keynesianern lange propagierte Feinsteuerung sei der Zentralbank deshalb gar nicht möglich. Die Zentralbank kommt mit ihren Maßnahmen oft viel zu spät und dann – bei erneutem Konjunkturumschwung – in die falsche Richtung zum Zug. Statt konjunkturelle Ausschläge zu beseitigen, werden geldpolitische Maßnahmen zu Ursachen für neue Wirtschaftsschwankungen. Die Gegner einer aktiven Politik treten für eine passive Geldpolitik ein, wie z.B. eine stetige Ausdehnung des Geldangebots mit mäßiger Rate.

Auch die Fiskalpolitik hat Wirkungsverzögerungen. Doch anders als bei der Geldpolitik sind »lags« der Fiskalpolitik weitgehend den politischen Entscheidungsprozessen anzulasten. Ehe es zu Änderungen der Staatsausgaben für Güter kommt, müssen bei Bund, Ländern und Kommunen entsprechende Haushaltsgesetze beschlossen werden, die einen langen Weg der Vorberatung durch Ausschüsse gehen. Impulse zu derartigen Vorlagen setzen wiederum eine frühzeitige geeignete Wahrnehmung der Problemlage voraus. Am Ende dann liegt zwischen dem Beschluss eines Haushaltsgesetzes und der ökonomisch relevanten kassenmäßigen Umsetzung nochmals eine nicht unerhebliche Verzögerung. Der gesamte Prozess von der Wahrnehmung der Problemlage bis zur Auszahlung der Geldbeträge dauert viele Monate und manchmal sogar Jahre. So können die fiskalpolitischen Maßnahmen schließlich in einer völlig veränderten Volkswirtschaft wirksam und damit vielleicht kontraproduktiv werden.

Das Lag-Problem der Geldpolitik und der Fiskalpolitik wird noch dadurch verschlimmert, dass erforderliche Prognosen überaus ungenau sind. Nur dann, wenn die Prognostiker Exaktes über die volkswirtschaftliche Lage in einem Jahr im Voraus sagen könnten, wäre den Geld- und Fiskalpolitikern eine vorausschauende Politik möglich. Lediglich in diesem Fall wäre trotz der Verzögerungen eine wirksame Stabilisierungspolitik durchführbar. Im praktischen Wirtschaftsleben jedoch treffen Rezessionen und Depressionen oft ohne jede Vorwarnung der beobachtenden Statistiker und Ökonometriker ein. Das Beste, was Wirtschaftspolitiker machen können, ist dann reagieren, wenn Veränderungen oder Schwankungen sichtbar werden.

Automatische Stabilisatoren

Automatische Stabilisatoren
Nachfragestützende fiskalpolitische Wirkungen, die ohne besondere politische Aktivität »automatisch« dann eintreten, wenn die Volkswirtschaft in eine Rezession oder in einen Boom gerät.

Alle Volkswirte – Gegner wie Befürworter von Stabilisierungspolitik – stimmen in ihrer Ansicht über die bestehenden Wirkungsverzögerungen überein: Sie entwerten die wirtschaftspolitischen Maßnahmen für eine kurzfristige Stabilisierung. Die Volkswirtschaft wäre stabiler oder leichter zu stabilisieren, wenn es den wirtschaftspolitischen Fachleuten gelänge, einige der Verzögerungen zu beseitigen oder zu überspielen. Dies gelingt mit automatischen Stabilisatoren. **Automatische Stabilisatoren** sind fiskalpolitische Wirkungen auf der Nachfrageseite, die ohne eine besondere politische Aktivität »automatisch« dann eintreten, wenn die Volkswirtschaft in eine Rezession oder in einen Boom gerät.

Der Einsatz der Geld- und Fiskalpolitik zur Stabilisierung der Volkswirtschaft

Ein automatischer Stabilisator mit überragender Bedeutung ist das Steuersystem. In einer Rezession nimmt das Steueraufkommen des Staates automatisch ab, weil die meisten Steuern an wirtschaftlichen Aktivitäten ansetzen. So hängt die Lohn- und Einkommensteuer vom Einkommen der Haushalte ab, die Körperschaftsteuer von den Gewinnen der Unternehmen. Gerät die Volkswirtschaft in eine Krise, sinken die Einkommen der Haushalte und die Gewinne der Unternehmen und damit auch die Steuereinnahmen des Staates. Die automatische Steuersenkung erhöht das verfügbare Einkommen und regt über höhere Konsum- und Investitionsausgaben die aggregierte Nachfrage an. Bei einem Wirtschaftsaufschwung steigen die Steuereinnahmen dagegen (automatisch) an. Die automatischen Steueränderungen wirken also entweder expansiv oder kontraktiv auf die gesamtwirtschaftliche Nachfrage und glätten auf diese Weise konjunkturelle Schwankungen.

Die Staatsausgaben wirken ebenfalls als automatische Stabilisatoren. Insbesondere dann, wenn eine Volkswirtschaft in eine Rezession gerät und Arbeitskräfte entlassen werden, nehmen mehr Arbeitskräfte Arbeitslosenunterstützung oder Sozialhilfe in Anspruch. Die Staatsausgaben zur Einkommensstützung stimulieren die aggregierte Nachfrage gerade dann, wenn sie einbricht und unzureichend für die Beibehaltung einer hohen Beschäftigung ist. Bei der Einführung der Sozialversicherung – in den USA erst in den 1930er-Jahren – wurde vereinzelt bereits auf die Wirkung der automatischen Stabilisatoren hingewiesen. Die zusätzlichen Ausgaben des Staates für Transferzahlungen können jedoch (bei sinkenden Steuereinnahmen) nur durch eine Kreditaufnahme finanziert werden. Dadurch wird das Zinsniveau nach oben gedrückt, was den Gesamteffekt der zusätzlichen Staatsausgaben schmälert.

Selbstverständlich sind die automatischen Stabilisatoren prinzipiell nicht stark genug, um die konjunkturbedingten Ausschläge nach oben und nach unten völlig zu kompensieren (so wird z. B. die Arbeitslosenunterstützung nie den vollen Arbeitslohn ausgleichen). Eine Dämpfung der Wirtschaftsschwankungen durch die automatischen Stabilisatoren ist jedoch nicht zu übersehen. Aus diesem Grund sprechen sich Ökonomen auch dagegen aus, immer das Ziel eines ausgeglichenen Haushalts zu verfolgen, wie von einigen Politikern gefordert. Sobald die Volkswirtschaft in eine Rezession gerät, sinken die Steuern, steigen die Staatsausgaben zur Einkommensstützung und das Budget wird defizitär. Wenn die öffentlichen Haushalte stets völlig ausgeglichen sein müssten, so käme man um spezielle Sondermaßnahmen (Steuererhöhung, Ausgabenkürzung) zum Budgetausgleich nicht herum. Ein Zwang zu einem **ausgeglichenen Budget** würde die Wirkung der automatischen Stabilisatoren zunichtemachen und käme einem »automatischen Destabilisator« gleich.

Ausgeglichenes Budget
Bei einem ausgeglichenen Budget sind die gesamten Einnahmen des Staates aus Steuereinnahmen und Zinserträgen genauso groß wie seine gesamten Ausgaben, einschließlich der Zinszahlungen auf Staatsschulden.

Kurztest
Mit Blick auf die Zukunft werden die Unternehmen ganz plötzlich pessimistisch. Wie wirkt dies auf die aggregierte Nachfrage? Wie müsste die EZB das Geldangebot verändern, wenn sie zur Stabilisierung der aggregierten Nachfrage aktiv werden wollte? Wenn sie in dieser Weise handelt, wie beeinflusst sie damit das Zinsniveau? Warum könnte sich die EZB dazu entschließen, nicht in dieser Weise aktiv zu werden?

32.4 Fazit

Ehe die Wirtschaftspolitiker ihre Maßnahmen festlegen, müssen sie die Auswirkungen ihrer Entscheidungen abwägen. In den vorangegangenen Kapiteln haben wir klassische Modelle der Volkswirtschaft zur Betrachtung von langfristigen Effekten der Geldpolitik und der Fiskalpolitik untersucht. Dabei haben wir gesehen, wie die Fiskalpolitik das Sparen, die Investitionen und das langfristige Wachstum beeinflusst und wie die Geldpolitik auf das Preisniveau und auf die Inflationsrate wirkt.

Im vorliegenden Kapitel ging es um die Analyse der kurzfristigen Wirkungen geldpolitischer und fiskalpolitischer Maßnahmen. Wir konnten sehen, wie diese Instrumente die aggregierte Nachfrage verändern und dadurch auf kurze Sicht das Produktionsniveau und die Beschäftigung beeinflussen können. Wenn der Deutsche Bundestag oder die Landtage die Staatsausgaben senken, um dem Budgetausgleich näher zu kommen, so müssen die Parlamentarier dabei sowohl die langfristigen Wirkungen auf Ersparnisse und Wirtschaftswachstum als auch die kurzfristigen Effekte auf die aggregierte Nachfrage und die Beschäftigung beachten. Wenn die EZB die Wachstumsrate der Geldmenge senkt, so muss der EZB-Rat bei der Beschlussfassung sowohl die langfristige Wirkung auf die Inflation als auch den kurzfristigen Effekt auf das Produktionsniveau mit in Betracht ziehen. Im nächsten Kapitel erörtern wir den Übergang zwischen kurzfristiger und langfristiger Betrachtung noch ausführlicher. Dabei wird sich zeigen, dass Wirtschaftspolitiker oft vor einem Zielkonflikt zwischen langfristiger und kurzfristiger Politik stehen.

Zusammenfassung

Stichwörter

- Theorie der Liquiditätspräferenz
- automatische Stabilisatoren
- ausgeglichenes Budget

- Im Rahmen einer Erklärung von kurzfristigen Wirtschaftsschwankungen schlug Keynes die Theorie der Liquiditätspräferenz als Erklärungsansatz für den Zinssatz vor. Nach dieser Theorie spielt sich der Zinssatz so ein, dass Geldangebot und Geldnachfrage übereinstimmen.
- Ein Anstieg des Preisniveaus erhöht die Geldnachfrage und den Zinssatz, der für das Geldmarktgleichgewicht sorgt. Da der Zinssatz auch die Finanzierungskosten widerspiegelt, senkt ein höherer Zinssatz die Investitionen und dadurch die aggregierte Nachfrage. Die negative Steigung der aggregierten Nachfragekurve bringt die negative, gegenläufige Beziehung zwischen Preisniveau und aggregierter Nachfrage zum Ausdruck.
- Mit den Mitteln der Geldpolitik kann man die aggregierte Nachfrage beeinflussen. Ein Anstieg des Geldangebots lässt bei gegebenem Preisniveau den Zinssatz sinken. Da ein niedrigerer Zinssatz die Investitionen anregt, wird die aggregierte Nachfragekurve nach rechts verschoben. Umgekehrt wird ein Rückgang des Geldangebots bei einem beliebigen Preisniveau den Gleichgewichtszinssatz erhöhen und die aggregierte Nachfragekurve nach links verschieben.

Aus der Praxis

Viel Lärm um den Multiplikator

Die Theorie klingt einleuchtend: Wenn der Staat für ein wichtiges Infrastrukturprojekt Geld ausgibt, dann führen die zusätzlichen Ausgaben zu zusätzlichen Einkommen, die wiederum ausgegeben werden und sich damit auf andere Bereiche der Volkswirtschaft verteilen, sodass am Ende der Anstieg des gesamtwirtschaftlichen Einkommens deutlich größer ausfällt als die ursprüngliche Ausgabenerhöhung. Auch wenn die meisten Ökonomen den Multiplikatoreffekt grundsätzlich anerkennen, bestehen unterschiedliche Ansichten über die Größe des Multiplikators und darüber, ob es wirklich Sinn macht, kurzfristige gesamtwirtschaftliche Schwankungen durch fiskalpolitische Eingriffe auszugleichen. Es gibt zahlreiche Untersuchungen, die sich mit der Größe des Staatsausgabenmultiplikators beschäftigen, also mit der Änderung des gesamtwirtschaftlichen Einkommens, die durch eine Erhöhung der Staatsausgaben entsteht, der erstmals von Richard Kahn, einem Studierenden von John Maynard Keynes, im Jahr 1931 als solcher abgeleitet und formalisiert wurde. Die Aktualität dieser Frage ergibt sich durch die konjunkturellen Entwicklungen der letzten Jahre. Viele Staaten haben im Zuge der Finanz- und Wirtschaftskrise Hilfspakete zur Stützung der gesamtwirtschaftlichen Entwicklung auf den Weg gebracht, der Handlungsspielraum der Geldpolitik ist bei Zinsen von null oder nahe null nahezu erschöpft, und die anhaltende wirtschaftliche Krise hat in einigen Ländern sogar den Ruf nach neuen Hilfspaketen laut werden lassen, obwohl die Staatsverschuldung in vielen Staaten ein gefährliches Ausmaß angenommen hat.

Aber warum ist die Größe des Multiplikators so wichtig? Schauen wir dazu zunächst einmal auf die Schätzungen von zwei führenden Makroökonomen. Robert J. Barro, Professor in Harvard, schrieb in einem Aufsatz im Jahr 2009, dass der Multiplikator in Friedenszeiten nahe null ist. Nach Christina Romer, Professorin an der Universität von Kalifornien in Berkeley und ehemalige Vorsitzende des Council of Economic Advisers von US-Präsident Barack Obama, liegt der Multiplikator dagegen ungefähr bei 1,6. Bewertet man das von der US-amerikanischen Regierung im Jahr 2009 im Zuge der Finanzkrise auf den Weg gebrachte Hilfspaket in Höhe von 787 Milliarden Dollar auf der Grundlage dieser beiden Schätzungen, dann unterscheiden sich die Effekte in Bezug auf den US-amerikanischen Arbeitsmarkt allein um 3,75 Millionen neue Arbeitsplätze, wie eine Untersuchung der drei Ökonomen Enrique G. Mendoza, Carlos A. Végh und Ethan Ilzetzki zeigt.

Die Analyse der drei Ökonomen macht deutlich, dass die Größe des Multiplikators von einer ganzen Reihe von Faktoren abhängt. Der Staatsausgabenmultiplikator ist in hoch entwickelten Volkswirtschaften ein anderer als in Entwicklungsländern, seine Höhe hängt auch davon ab, ob das Ausgabenpaket bereits erwartet wurde oder überraschend kommt, wie offen die betreffende Volkswirtschaft für den Handel mit dem Ausland ist, welches Wechselkursregime gilt (feste Wechselkurse oder frei bewegliche Wechselkurse, die auf Marktänderungen reagieren können), und ob die Volkswirtschaft eine Finanz- oder eine Schuldenkrise erlebt.

Von entscheidender Bedeutung ist auch die Frage, ob die Menschen eher eine Gegenwartspräferenz oder eher eine Zukunftspräferenz haben, also ob sie eher im Heute leben oder aber mehr an die Zukunft denken. Welcher Teil des Einkommensanstiegs, der durch den fiskalischen Impuls ausgelöst wurde, wird von den Menschen heute konsumiert und welcher Teil wird für die Zukunft gespart und wie stark berücksichtigen die Menschen bei ihrer Entscheidung die Wahrscheinlichkeit, dass die Ausgabenerhöhung irgendwann in der Zukunft durch eine Steuererhöhung kompensiert werden muss? Die Annahme, dass die Menschen einen Großteil der durch eine Steigerung der Staatsausgaben ausgelösten Einkommenserhöhung sparen, weil sie erwarten, in der Zukunft höhere Steuern zahlen zu müssen, wird als »Ricardianische Äquivalenz« bezeichnet und geht auf den klassischen Ökonomen David Ricardo zurück. Das Konzept von Ricardo aus dem 19. Jahrhundert wurde von Robert J. Barro in den 1970er-Jahren neu aufgegriffen und weiterentwickelt. Die Höhe des Staatsausgabenmultiplikators hängt demnach auch davon ab, wie »ricardianisch« die Menschen auf eine Erhöhung der Staatsausgaben reagieren.

In einem Diskussionspapier weisen Gilberto Marcheggiano und David Miles daraufhin, dass empirische Untersuchungen zur Messung des Multiplikators grundsätzlich eine große Herausforderung darstellen. Es ist schwierig, die exogenen fiskalischen Schocks zu identifizieren und von den anderen Faktoren zu trennen, die ebenfalls zu einer Einkommenserhöhung beitragen können, wie z. B. die Wirkung der automatischen Stabilisatoren. Die beiden Ökonomen stellen fest, dass einige Studien zu Größenordnungen für den Staatsausgabenmultiplikator zwischen 1,2 und 1,8 kommen, andere dagegen zu Größenordnungen zwischen 0,8 und 1,5.

Letztendlich müssen sich die Ökonomen eingestehen, dass es nahezu unmöglich ist, die Größe des Multiplikators exakt

Fortsetzung auf Folgeseite

32.4 Fazit

Fortsetzung von Vorseite

zu bestimmten. Machbar und belastbar sind relative Aussagen. Vorübergehende Steuersenkungen haben eine geringere Wirkung auf das gesamtwirtschaftliche Einkommen als permanente Steuersenkungen. Der Staatsausgabenmultiplikator ist in Schuldenländern kleiner als in Ländern mit gesunden Staatsfinanzen. Exakte Schätzungen der Größe des Multiplikators aber bleiben eine Illusion.
Quellen: Ilzetzki, E./Mendoza, E. G./Végh, C. A.: How Big (Small) are Fiscal Multipliers? National Bureau of Economic Research, Working Paper 16479, Cambridge, Oktober 2010; Marcheggiano, G./Miles, D.: Fiscal Multipliers and Time Preference, Bank of England, External MPC Unit, Discussion Paper No. 39, Januar 2013.

Fragen

1. Warum kommen Robert J. Barro und Christina Romer Ihrer Meinung nach zu so unterschiedlichen Ergebnissen für die Größe des Multiplikators?
2. Die Größe des Multiplikators hängt auch davon ab, wie »ricardianisch« die Menschen auf eine Erhöhung der Staatsausgaben reagieren. Wie würde es die Ausgabenentscheidung der Menschen heute beeinflussen, wenn sie für die Zukunft eine Steuererhöhung erwarten?
3. Wenn es so schwierig ist, die Größe des Multiplikators zu bestimmen, sollten dann die Politiker auf fiskalpolitische Maßnahmen zur Steuerung der gesamtwirtschaftlichen Entwicklung verzichten? Begründen Sie Ihre Antwort.

▸ Mit den Mitteln der Fiskalpolitik kann man die aggregierte Nachfrage ebenfalls beeinflussen. Ein Anstieg der Staatsausgaben oder eine Steuersenkung verschiebt die aggregierte Nachfragekurve nach rechts. Ein Rückgang der Staatsausgaben oder eine Steuererhöhung verschiebt dagegen die aggregierte Nachfragekurve nach links.

▸ Sofern der Staat seine Ausgaben oder die Steuern ändert, kann sich im Vergleich zur anfänglichen fiskalischen Änderung eine größere oder eine kleinere Verschiebung der aggregierten Nachfragekurve ergeben. Der Multiplikatoreffekt tendiert zu einer Vergrößerung der fiskalischen Wirkung auf die aggregierte Nachfrage. Der Verdrängungseffekt jedoch vermag den fiskalpolitischen Effekt auf die aggregierte Nachfrage zu dämpfen.

▸ Da sowohl die Fiskalpolitik als auch die Geldpolitik die aggregierte Nachfrage beeinflussen, werden in manchen Staaten beide Instrumente zur Stabilisierung der Volkswirtschaft eingesetzt. Ökonomen sind unterschiedlicher Ansicht über den Umfang, in dem diese beiden Instrumente eingesetzt werden sollten. Nach Meinung der Befürworter einer aktiven Stabilisierungspolitik führen veränderte Einstellungen bei Haushalten und Unternehmen zur Verschiebung der aggregierten Nachfragekurve und ohne staatliche Maßnahmen ergeben sich daraus unerwünschte und unnötige Wirtschaftsschwankungen bei Produktion und Beschäftigung. Nach Meinung der Kritiker einer aktiven Stabilisierungspolitik jedoch wirken Geld- und Fiskalpolitik mit derartig langen Verzögerungen, dass Stabilisierungsversuche oft in einer Destabilisierung der Volkswirtschaft enden.

Wiederholungsfragen

1. Worin besteht die Theorie der Liquiditätspräferenz? Wie trägt die Theorie der Liquiditätspräferenz zur Erklärung der negativen Steigung der aggregierten Nachfragekurve bei?
2. Wenden Sie die Theorie der Liquiditätspräferenz an, um zu erklären, wie eine Erhöhung des Geldangebots die aggregierte Nachfragekurve verschiebt.
3. Angenommen, der Freistaat Sachsen gibt 500 Millionen Euro zur Anschaffung von neuen Polizeiautos aus. Erklären Sie zunächst, weshalb die aggregierte Nachfrage um mehr als 500 Millionen Euro ansteigen könnte. Erklären Sie sodann, warum die aggregierte Nachfrage vielleicht um weniger als 500 Millionen Euro steigt.
4. Angenommen, Meinungsumfragen bei den Verbrauchern zeigen eine Welle von Pessimismus für das ganze Land. Wie wird sich die aggregierte Nachfrage verändern, falls die Politiker nichts unternehmen? Was könnte eine Zentralbank tun, um die gesamtwirtschaftliche Nachfrage zu stabilisieren? Falls die Zentralbank – mit ziemlicher Sicherheit – nichts unternimmt, was könnte dann das Parlament zur Stabilisierung der aggregierten Nachfrage beschließen?
5. Welche Argumente lassen für und gegen einen Einsatz von Geld- und Fiskalpolitik zur kurzfristigen Stabilisierung der Volkswirtschaft finden?
6. Nennen Sie beispielhaft eine politische Maßnahme oder Regelung, die als automatischer Stabilisator wirkt. Erklären Sie, warum es zu einer automatischen Stabilisierung kommt.
7. Warum entfalten geldpolitische Maßnahmen über unterschiedliche Zeiträume unterschiedliche Wirkungen?

Aufgaben und Anwendungen

1. Erklären Sie, wie jede der folgenden Entwicklungen auf das Geldangebot, die Geldnachfrage und den Zinssatz wirken würde. Illustrieren Sie Ihre Antworten anhand von Diagrammen.
    a. Eine Welle des Optimismus führt zu einem Schub an Investitionen.
    b. Die EZB kauft Anleihen im Rahmen von Offenmarktoperationen.
    c. Ein Anstieg der Rohölpreise verschiebt die kurzfristige aggregierte Angebotskurve nach links.
    d. Die Haushalte entschließen sich aufgrund hoher Unsicherheit während einer weltweiten Pandemie zu höherer Kassenhaltung.

2. Nehmen Sie an, die Sparkassen installieren an jeder Straßenecke Geldautomaten, sodass die Kassenhaltung mit Bargeld zurückgeht.
    a. Was geschieht nach der Theorie der Liquiditätspräferenz – bei unverändertem Geldangebot der Zentralbank – mit dem Zinssatz? Wie wird die aggregierte Nachfrage beeinflusst?
    b. Wie sollte die Zentralbank reagieren, wenn sie die aggregierte Nachfrage stabilisieren möchte?

3. Angenommen, die Volkswirtschaft befindet sich in einer Rezession mit hoher Arbeitslosigkeit und geringer Produktion.
   a. Stellen Sie die Situation in einem Diagramm mit aggregierter Nachfrage, kurzfristigem aggregiertem Angebot und langfristigem aggregiertem Angebot dar.
   b. Welche Offenmarktoperation der Zentralbank könnte die Volkswirtschaft auf ihr natürliches Niveau zurückführen? Stellen Sie die Wirkung dieser Offenmarktoperation in einem Geldmarktdiagramm dar. Zeigen Sie dabei die Zinsänderung, die sich ergibt.
   c. Veranschaulichen Sie die Auswirkungen der Offenmarktoperation auf das Produktionsniveau und das Preisniveau in dem Diagramm, das Sie unter a gezeichnet haben. Erklären Sie, wie es zu diesen Effekten gekommen ist.

4. Untersuchen Sie zwei politische Maßnahmen: eine Steuersenkung für ein Jahr und eine als dauerhaft geplante Steuersenkung. Welche der Maßnahmen wird Konsumausgabensteigerungen bewirken? Welche der Maßnahmen wird die größere Gesamtwirkung auf die Nachfrage entfalten?

5. Die Ausführungen des Kapitels erläutern, inwiefern eine expansive Geldpolitik den Zinssatz senkt und damit die Nachfrage nach Konsum- und Investitionsgütern anregt. Erklären Sie, wie eine derartige Politik die Nettoexporte stimuliert.

6. Nehmen Sie an, die Staatsausgaben steigen. Wäre die Wirkung der steigenden Staatsausgaben auf die gesamtwirtschaftliche Nachfrage größer, wenn die Zentralbank nichts tun würde oder wenn die Zentralbank dazu verpflichtet wäre, das Zinsniveau konstant zu halten? Erläutern Sie Ihre Antwort.

7. Unter welchen der nachfolgend beschriebenen Umstände führt eine expansive Fiskalpolitik mit größerer Wahrscheinlichkeit zu einem Anstieg des gesamtwirtschaftlichen Einkommens:
   a. Bei großem oder kleinem Akzelerator?
   b. Bei hoher oder bei geringer Zinsabhängigkeit der Investitionen?

8. Angenommen, die Volkswirtschaft befindet sich in einer Rezession. Erklären Sie, wie jede der nachfolgend beschriebenen Maßnahmen auf Konsum und Investitionen wirkt. Nennen Sie direkte Effekte, indirekte Effekte, Änderungen durch Veränderungen des Produktionsniveaus, Änderungen durch Zinssatzänderungen sowie Gesamtwirkungen. Weisen Sie darauf hin, wenn es gegenläufige Effekte mit zweifelhaften Gesamtergebnissen gibt.
   a. Zunahme der Staatsausgaben
   b. Senkung der Steuern
   c. Ausdehnung der Geldmenge

9. Aus verschiedenen Gründen verändert sich die Fiskalpolitik bei Schwankungen des Produktionsniveaus und der Beschäftigung automatisch.
   a. Erklären Sie, warum in einer Rezession das Steueraufkommen sinkt.
   b. Erklären Sie, inwiefern sich in einer Rezession die Staatsausgaben verändern.
   c. Angenommen, eine Regierung ist strikt zum Budgetausgleich verpflichtet. Was müsste sie in einer Rezession unternehmen? Würde die Rezession dadurch mehr oder weniger gravierend?

10. Es gibt verschiedene Reaktionen auf eine Erhöhung der Geldmenge. Wären die kurzfristigen und die langfristigen Wirkungen auf die folgenden Größen gleich oder unterschiedlich?
    a. Konsumausgaben
    b. Preisniveau
    c. Zinssatz
    d. Produktionsniveau

11. Angenommen, die EZB beschließt eine Erhöhung der Geldmenge.
    a. Welche Wirkungen gehen davon kurzfristig auf den Zinssatz aus? Zeichnen Sie ein Diagramm dazu.
    b. Wie fällt die langfristige Wirkung auf den Zinssatz aus? Woher wissen Sie das?
    c. Welche Eigenschaft einer Volkswirtschaft ist ausschlaggebend dafür, dass sich kurzfristige und langfristige Wirkung einer Erhöhung des Geldangebots unterscheiden?

33 Inflation und Arbeitslosigkeit als kurzfristige Alternativen

Arbeitslosigkeit und Inflation sind zwei volkswirtschaftliche Indikatoren, die scharf beobachtet werden. Im Fernsehen und in allen deutschen Zeitungen wird darüber berichtet, wenn der Vorstandsvorsitzende der Bundesagentur für Arbeit in Nürnberg die monatlichen Arbeitsmarktdaten und insbesondere die Arbeitslosenquote bekannt gibt. Arbeitslosigkeit und Inflation waren in den USA, in Deutschland und in fast allen westeuropäischen Ländern lange Zeit zwei ähnlich große volkswirtschaftliche Probleme. Der US-amerikanische Ökonom Arthur Okun hat den sogenannten *Elendsindex* aus der Summe von Arbeitslosenquote und Inflationsrate als Wirtschaftsindikator in die wissenschaftliche Diskussion eingeführt. Inzwischen hat eine verbreitete Stabilität des Preisniveaus die Inflation abgelöst. Seit eh und je lastet jedoch das Problem der Arbeitslosigkeit auf den Volkswirtschaften.

Dennoch ist die Frage nach der Wechselwirkung zwischen Arbeitslosigkeit und Inflation auch für die Zukunft wichtig. Wie sind die beiden Indikatoren des wirtschaftlichen Wohlergehens funktional verknüpft? In den vorangegangenen Kapiteln dieses Buches haben wir die langfristigen Bestimmungsgründe der Arbeitslosigkeit und die langfristigen Determinanten der Inflation erörtert. Wir konnten sehen, dass die natürliche Arbeitslosenquote auf verschiedenen Eigenschaften des Arbeitsmarkts beruht, wie etwa Mindestlohnvorschriften, der Marktmacht der Gewerkschaften, der Rolle der Effizienzlöhne und der Effektivität der Stellensuche. Die Inflationsrate dagegen hängt in erster Linie vom Wachstum der Geldmenge ab, das die Zentralbank steuert. Auf lange Sicht sind die Probleme der Arbeitslosigkeit und der Inflation deshalb weitgehend unverbunden.

In der kurzfristigen Betrachtung trifft das Gegenteil zu. Die Gesellschaft hat kurzfristig zwischen Inflation und Arbeitslosigkeit zu wählen. Sofern Geldpolitik und Fiskalpolitik mit expansiven Maßnahmen die aggregierte Nachfrage steigern, können sie zwar kurzfristig die Arbeitslosenquote vermindern, doch nur um den Preis einer höheren Inflationsrate. Wenn sie die aggregierte Nachfrage senken, werden sie damit die Inflationsrate vermindern, jedoch nur um den Preis einer höheren Arbeitslosenquote.

Im vorliegenden Kapitel wollen wir den kurzfristigen Zusammenhang von Inflation und Arbeitslosigkeit genauer untersuchen. Die Beziehung zwischen Inflationsrate und Arbeitslosenquote ist ein interessantes Thema, das die Aufmerksamkeit der bedeutendsten Wirtschaftswissenschaftler der vergangenen fünfzig Jahre auf sich lenkte. Die lehrgeschichtliche Entwicklung der Gedanken ist nützlich für das Verständnis der Problemverknüpfung. Sie ist im Übrigen unlöslich mit der Wirtschaftsgeschichte seit den 1950er-Jahren verbunden. Diese beiden historischen Linien helfen zu verstehen, warum Arbeitslosigkeit und Inflation als kurzfristige Alternativen vorliegen, warum dies langfristig anders ist, und welche Fragen mit all dem für die Akteure der Wirtschaftspolitik aufgeworfen sind.

33.1 Die Phillips-Kurve

»Die Phillips-Kurve ist möglicherweise der wichtigste makroökonomische Zusammenhang«. Das sind die Worte des Ökonomen George Akerlof anlässlich seiner Rede zur Entgegennahme des Nobelpreises im Jahr 2001. Die *Phillips-Kurve* gibt die kurzfristige Beziehung zwischen Inflationsrate und Arbeitslosenquote wieder. Wir wollen uns zunächst anschauen, wie die Phillipskurve entstanden ist.

Ursprünge der Phillips-Kurve

Im Jahr 1958 veröffentlichte der Wirtschaftswissenschaftler A. W. Phillips in der britischen Fachzeitschrift *Economica* einen Aufsatz, der ihn berühmt machen sollte. Der Artikel trug die Überschrift »The Relationship between Unemployment and the Rate of Change of Money Wages in the United Kingdom, 1861–1957«. Darin wies Phillips eine negative Korrelation zwischen Arbeitslosenquote und Inflationsrate nach. Jahre mit niedriger Arbeitslosenquote tendierten zu einer hohen Inflationsrate, und Jahre mit hoher Arbeitslosenquote hatten in der Regel eine niedrige Inflationsrate. (Phillips maß die statistische Inflationsrate über die Nominallöhne statt über die Preise, doch der Unterschied ist für unsere Zwecke nicht wichtig. Die beiden Maßzahlen zeigen meist übereinstimmende Bewegungen.) Phillips folgerte, dass zwei wichtige makroökonomische Variablen – Inflationsrate und Arbeitslosenquote – auf eine Art und Weise verknüpft sind, die von Volkswirten zuvor nicht genügend beachtet wurde.

Obwohl Phillips' Entdeckung auf statistischen Daten für Großbritannien beruhte, dehnten andere Wissenschaftler die Untersuchung rasch auf andere Länder aus. Zwei Jahre nachdem Phillips seinen Aufsatz publiziert hatte, veröffentlichten die Ökonomen *Paul Samuelson* und *Robert Solow* im *American Economic Review* einen Aufsatz mit der Überschrift »Analytics of Anti-Inflation Policy«, mit dem sie eine ähnliche negative Korrelation zwischen Inflationsrate und Arbeitslosenquote für die Vereinigten Staaten nachweisen konnten. Sie führten die Korrelation darauf zurück, dass niedrige Arbeitslosigkeit mit einer hohen aggregierten Nachfrage einhergeht und ein hohes Nachfrageniveau eine Sogwirkung auf Löhne und Preise entfaltet. Samuelson und Solow gaben der negativen Verknüpfung zwischen Inflation und Arbeitslosigkeit den Namen **Phillips-Kurve**. Die Abbildung 33-1 zeigt das Beispiel einer Phillips-Kurve ähnlich der von Samuelson und Solow festgestellten.

Wie der Titel ihres Aufsatzes verrät, waren Samuelson und Solow deshalb an der Phillips-Kurve interessiert, weil sie glaubten, sie enthalte bedeutsame Aussagen für die praktische Wirtschaftspolitik. Sie dachten sogar, die Kurve biete den Wirtschaftspolitikern wie eine Speisekarte wählbare volkswirtschaftliche Ergebnisse. Irgendeinen beliebigen Punkt der Kurve sollte man durch geeignete Variation geld- und fiskalpolitischer Maßnahmen und damit der aggregierten Nachfrage erreichen können. Der Punkt A bietet eine hohe Arbeitslosenquote und eine niedrige Inflationsrate. Der Punkt B bringt eine niedrige Arbeitslosenquote und eine hohe Inflationsrate mit sich. Wirtschaftspolitiker würden es selbstverständlich vorziehen, sowohl eine niedrige Arbeitslosenquote als auch eine niedrige Inflationsrate zu erreichen, doch die in der

---

Phillips-Kurve
Eine Kurve, die Inflation und Arbeitslosigkeit als kurzfristige Alternative zeigt.

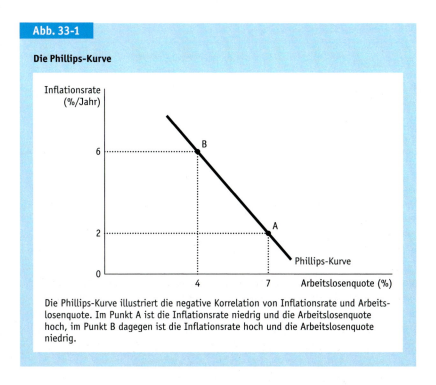

Abb. 33-1

Die Phillips-Kurve

Die Phillips-Kurve illustriert die negative Korrelation von Inflationsrate und Arbeitslosenquote. Im Punkt A ist die Inflationsrate niedrig und die Arbeitslosenquote hoch, im Punkt B dagegen ist die Inflationsrate hoch und die Arbeitslosenquote niedrig.

Phillips-Kurve verdichteten statistischen Informationen weisen diese Kombination als unerreichbar aus. Nach Samuelson und Solow musste die Wirtschaftspolitik zwischen Inflation und Arbeitslosigkeit entscheiden und dieser Zusammenhang spiegelte sich in der Phillips-Kurve wider.

Aggregierte Nachfrage, aggregiertes Angebot und die Phillips-Kurve

Das Modell der aggregierten Nachfrage und des aggregierten Angebots bietet eine eingängige Erklärung für die mit der Phillips-Kurve ausgebreitete »Speisekarte« möglicher volkswirtschaftlicher Zustände. *Die Phillips-Kurve zeigt einfach die Kombinationen von Inflation und Arbeitslosigkeit, die kurzfristig entstehen, wenn sich die Volkswirtschaft durch Verschiebungen der aggregierten Nachfragekurve entlang der kurzfristigen aggregierten Angebotskurve bewegt.* Wie wir wissen, führt ein Anstieg der aggregierten Nachfrage auf kurze Sicht zu einem höheren Produktionsniveau und zu einem höheren Preisniveau. Ein höheres Produktionsniveau bringt eine niedrigere Arbeitslosenquote mit sich. Zusätzlich bedingt ein höheres Preisniveau im laufenden Jahr, unabhängig vom Preisniveau des Vorjahres, eine umso größere Inflationsrate. Somit bewegt eine Steigerung der aggregierten Nachfrage die Volkswirtschaft kurzfristig zu einem Punkt mit niedrigerer Arbeitslosenquote und höherer Inflationsrate, wie durch die Phillips-Kurve abgebildet.

33.1 Inflation und Arbeitslosigkeit als kurzfristige Alternativen
Die Phillips-Kurve

> **Information**
>
> ### Arbeitslosigkeit und Inflation
>
> Mit dem Zusammenhang zwischen Arbeitslosigkeit und Inflation haben sich viele berühmte Ökonomen auseinandergesetzt.
>
> Schon Mitte des 18. Jahrhunderts beschäftigte sich der schottische Philosoph, Historiker und Ökonom David Hume (1711–1776) mit dem Einfluss der Geldmenge auf die gesamtwirtschaftliche Entwicklung. Er vertrat die Auffassung, dass eine Ausdehnung der Geldmenge zu höheren Ausgaben und damit zu Wachstum führt, wenn in der Volkswirtschaft keine Vollbeschäftigung herrscht. In der Folge stellen die Unternehmen mehr Arbeitskräfte ein und die Arbeitslosigkeit sinkt. Gleichzeitig geht die höhere Nachfrage nach Arbeitskräften mit einem Anstieg der Lohnkosten einher. Diesen Kostenanstieg reichen die Unternehmen über höhere Preise an die Konsumenten weiter. Hume stellte damit eine Verbindung zwischen Änderungen der Geldmenge und Änderungen des gesamtwirtschaftlichen Einkommens her und deutete indirekt eine gegenläufige Beziehung zwischen Inflation und Arbeitslosigkeit an.
>
> Jan Tinbergen, Nobelpreisträger für Wirtschaftswissenschaften, führte Ende der 1930er-Jahre empirische Untersuchungen über den Zusammenhang zwischen Inflation und Arbeitslosigkeit durch. Er konzentrierte sich in seinen Studien auf die Arbeitsnachfrage, Lohnsätze und Preise und formulierte ein Modell über die Wechselwirkungen zwischen Lohnsteigerungen und Ungleichgewichten auf dem Arbeitsmarkt. Die Arbeiten von Jan Tinbergen wurden in den 1940er- und 1950er-Jahren durch den US-Ökonomen Lawrence Klein weitergeführt. In seinem Modell der US-amerikanischen Volkswirtschaft ging Klein davon aus, dass die Lohnforderungen der Arbeitskräfte nicht nur durch die gegenwärtige Inflation und die erwartete Inflation, sondern auch durch die vorherrschende Arbeitslosigkeit bestimmt werden.
>
> Auch der britische Ökonom Arthur Brown beschäftigte sich in seiner Arbeit intensiv mit den Ursachen von Inflation. Im Jahr 1955 veröffentlichte er ein Buch mit dem Titel »*The Great Inflation, 1939–1951*«. Darin findet sich eine Vielzahl von Schaubildern, bei denen auf der senkrechten Achse Änderungen des Lohnsatzes und auf der waagerechten Achse die Arbeitslosigkeit abgetragen sind. Damit hat Brown die Aussage der Phillips-Kurve bereits vorweggenommen. Aus diesem Grund sind einige Ökonomen sogar der Meinung, dass die Phillips-Kurve eigentlich als »Brown-Kurve« bezeichnet werden müsste.

Betrachten wir dazu ein Beispiel. Um einfache Zahlen zu erhalten, wählen wir für das Jahr 2021 das Preisniveau 100 (gemessen z. B. am Verbraucherpreisindex). Die Abbildung 33-2 zeigt zweierlei denkbare Ergebnisse für das Jahr 2022. Diagramm (a) illustriert die möglichen Konstellationen anhand des Modells der aggregierten Nachfrage und des aggregierten Angebots. Diagramm (b) verwendet dazu die Phillips-Kurve.

Im Diagramm (a) der Abbildung sehen wir die Implikationen für Produktions- und Preisniveau im Jahr 2022. Bei vergleichsweise niedrigem Nachfrageniveau stellt sich für die Volkswirtschaft das Szenario A ein. Das Produktionsniveau beläuft sich auf 7.500 Mengeneinheiten und das Preisniveau auf 102. Bei relativ hoher aggregierter Nachfrage jedoch erlebt die Volkswirtschaft das Szenario B. Dort beträgt das Produktionsniveau 8.000 Mengeneinheiten und das Preisniveau 106. Somit führt eine höhere aggregierte Nachfrage zu einem Gleichgewicht mit größerem Produktionsniveau und höherem Preisniveau.

Im Diagramm (b) der Abbildung 33-2 können wir erkennen, welche Ergebnisse sich für die Arbeitslosenquote und die Inflationsrate einstellen. Da die Unternehmen bei einer höheren Produktion mehr Arbeitskräfte benötigen, ist die Arbeitslosenquote im Szenario B geringer als im Szenario A. In unserem Beispiel fällt die Arbeitslosenquote bei einem Anstieg des Produktionsniveaus von 7.500 auf 8.000 von 7 Prozent auf 4 Prozent. Und da das Preisniveau im Szenario B höher ist als im Szenario A, ist auch

Abb. 33-2

Wie die Phillips-Kurve mit dem Modell der aggregierten Nachfrage und des aggregierten Angebots zusammenhängt

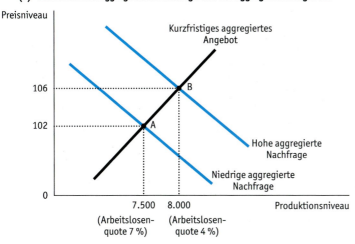

(a) Das Modell der aggregierten Nachfrage und des aggregierten Angebots

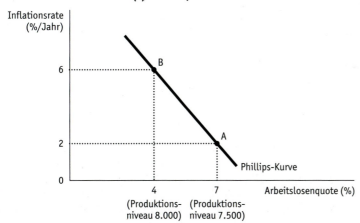

(b) Die Phillips-Kurve

Die Abbildung geht von einem Preisniveau von 100 im Jahr 2021 aus und stellt mögliche Ergebnisse für das Jahr 2022 dar. Diagramm (a) zeigt das Modell der aggregierten Nachfrage und des aggregierten Angebots. Bei niedriger aggregierter Nachfrage befindet sich die Wirtschaft im Punkt A (Produktion 7.500, Preisniveau 102), bei hoher aggregierter Nachfrage ergibt sich der Punkt B (Produktion 8.000, Preisniveau 106). Diagramm (b) zeigt die Implikationen für die Phillips-Kurve. Der Punkt A, der bei niedriger aggregierter Nachfrage eintritt, hat eine hohe Arbeitslosenquote (7 Prozent) und eine niedrige Inflationsrate (2 Prozent). Der Punkt B dagegen, der einer hohen aggregierten Nachfrage zugeordnet ist, weist eine niedrige Arbeitslosenquote (4 Prozent) und eine hohe Inflationsrate (6 Prozent) auf.

die Inflationsrate größer. Ausgehend vom Preisniveau von 100 im Jahr 2021 beläuft sich die Inflationsrate im Szenario A auf 2 Prozent und im Szenario B auf 6 Prozent. Die beiden möglichen Szenarien für die Volkswirtschaft können also entweder über die Determinanten Produktionsniveau und Preise (Modell der aggregierten Nachfrage und des aggregierten Angebots) oder über die Determinanten Arbeitslosigkeit und Inflation (Phillips-Kurve) miteinander verglichen werden.

Wie wir gelernt haben, können Geldpolitik und Fiskalpolitik die aggregierte Nachfragekurve verschieben. Damit sind Geldpolitik und Fiskalpolitik in der Lage, eine Volkswirtschaft entlang der Phillips-Kurve zu bewegen. Höheres Geldangebot, höhere Staatsausgaben oder Steuersenkungen verschieben die aggregierte Nachfragekurve nach rechts und bewegen die Volkswirtschaft zu einem Punkt der Phillips-Kurve mit niedrigerer Arbeitslosenquote und höherer Inflationsrate. Niedrigeres Geldangebot, niedrigere Staatsausgaben oder Steuererhöhungen verschieben die aggregierte Nachfragekurve nach links und bewegen die Volkswirtschaft zu einem Punkt der Phillips-Kurve mit höherer Arbeitslosenquote und niedrigerer Inflationsrate. In diesem Sinn bietet die Phillips-Kurve den Wirtschaftspolitikern eine Speisekarte unterschiedlicher Kombinationen von Inflation und Arbeitslosigkeit zur Auswahl an.

> **Kurztest**
> Zeichnen Sie eine Phillips-Kurve. Verwenden Sie dann das Modell der aggregierten Nachfrage und des aggregierten Angebots, um zu zeigen, wie wirtschaftspolitische Maßnahmen die Volkswirtschaft von einem Punkt auf der Kurve mit hoher Inflation zu einem Punkt mit niedriger Inflationsrate bewegen können.

33.2 Verschiebungen der Phillips-Kurve: Die Rolle von Erwartungen

Die Phillips-Kurve scheint den Wirtschaftspolitikern eine Wahlmöglichkeit zwischen verschiedenen Kombinationen von Inflation und Arbeitslosigkeit anzubieten. Doch bleiben die Auswahlmöglichkeiten über die Zeit hinweg stabil? Stellt die Phillips-Kurve einen Zusammenhang dar, auf den sich die Politiker verlassen können? Dies sind Fragen der Ökonomen aus den 1960er-Jahren, kurz nachdem Samuelson und Solow die Phillips-Kurve in makroökonomische Debatten eingeführt hatten.

Die langfristige Phillips-Kurve

Im Jahr 1968 veröffentlichte *Milton Friedman* im *American Economic Review* einen Aufsatz, dessen Inhalt zuvor schon als Ansprache vor der American Economic Association bekannt wurde. »The Role of Monetary Policy« war der schlichte Titel. Der Aufsatz enthielt die Abschnitte »What Monetary Policy Can Do« und »What Monetary Policy Cannot Do«. Eines von dem, was die Geldpolitik nach Friedmans Überzeugung nicht

Verschiebungen der Phillips-Kurve: Die Rolle von Erwartungen

leisten kann, besteht in der Auswahl einer bestimmten Kombination von Inflation und Arbeitslosigkeit auf der Phillips-Kurve. Zur selben Zeit etwa veröffentlichte ein anderer Ökonom, *Edmund Phelps*, ebenfalls einen Aufsatz, indem er die Existenz einer langfristigen Alternative zwischen Inflation und Arbeitslosigkeit in der Theorie bestritt.

Friedman und Phelps argumentierten von der klassischen Makroökonomik aus, die das Geldmengenwachstum als die primäre Inflationsquelle betrachtet. Die klassische Makroökonomik hält auch daran fest, dass ein Geldmengenwachstum keine realwirtschaftlichen Effekte haben kann – es verändert nur die Preise und die Nominaleinkommen proportional. Insbesondere verändert das Geldmengenwachstum nicht jene Faktoren, von denen die Arbeitslosenquote abhängt (etwa Marktmacht der Gewerkschaften, Effizienzlöhne oder Suchprozesse). Friedman und Phelps konnten keine Ursache für eine *langfristige* funktionale Verknüpfung von Inflationsrate und Arbeitslosenquote erkennen.

Lesen wir Friedmans eigene Ausführungen dazu:

»*The monetary authority controls nominal quantities – directly, the quantity of its own liabilities [currency plus bank reserves]. In principle, it can use this control to peg a nominal quantity – an exchange rate, the price level, the nominal level of national income, the quantity of money by one definition or another – or to peg the change in a nominal quantity – the rate of inflation or deflation, the rate of growth or decline in nominal national income, the rate of growth of the quantity of money. It cannot use its control over nominal quantities to peg a real quantity – the real rate of interest, the rate of unemployment, the level of real national income, the real quantity of money, the rate of growth of real national income, or the rate of growth of the real quantity of money.*«

Diese Sichtweisen decken bedeutsame Voraussetzungen der Phillips-Kurve auf. Vor allem zeigen sie, dass die Geldpolitiker letztlich eine senkrecht verlaufende langfristige Phillips-Kurve wie in Abbildung 33-3 hinnehmen müssen. Falls die Geldmenge langsam ausgedehnt wird, ist die Inflationsrate niedrig, und die Volkswirtschaft befindet sich im Punkt A. Bei rascherer Ausdehnung der Geldmenge ist die Inflationsrate höher und die Volkswirtschaft gelangt zum Punkt B. In beiden Fällen tendiert die Arbeitslosenquote zu ihrem Normalniveau hin, zur sogenannten *natürlichen Arbeitslosenquote*. Die senkrechte langfristige Phillips-Kurve illustriert die Behauptung, dass die Arbeitslosenquote auf lange Sicht nicht vom Geldmengenwachstum oder der Inflationsrate abhängt.

Die senkrechte Phillips-Kurve ist im Wesentlichen ein Ausdruck für die klassische Vorstellung der Neutralität des Geldes. Wie Sie sich erinnern, wurde dies bereits im Kapitel 31 mit einer senkrechten langfristigen aggregierten Angebotskurve zum Ausdruck gebracht. Die senkrechte langfristige Phillips-Kurve und die senkrechte langfristige aggregierte Angebotskurve sind in der Tat zwei Seiten derselben Medaille. Im Diagramm (a) der Abbildung 33-4 verschiebt eine Erhöhung des Geldangebots die aggregierte Nachfragekurve von AD_1 nach rechts zu AD_2. Infolge der Rechtsverschiebung verlagert sich das langfristige Gleichgewicht von A nach B.

Das Preisniveau steigt dabei von P_1 auf P_2 an. Doch das Produktionsniveau bleibt unverändert, weil die langfristige aggregierte Angebotskurve senkrecht verläuft. Im Diagramm (b) steigert ein rascheres Geldmengenwachstum mit der Bewegung von A

33.2 Inflation und Arbeitslosigkeit als kurzfristige Alternativen
Verschiebungen der Phillips-Kurve: Die Rolle von Erwartungen

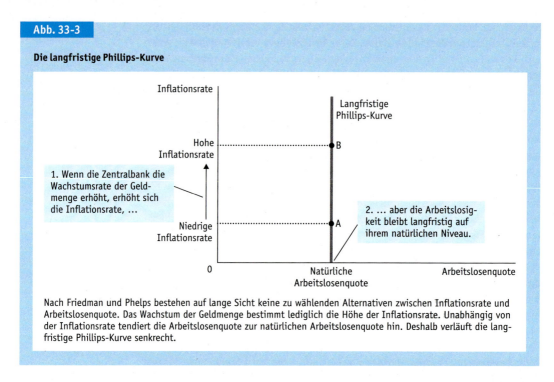

Abb. 33-3

Die langfristige Phillips-Kurve

Nach Friedman und Phelps bestehen auf lange Sicht keine zu wählenden Alternativen zwischen Inflationsrate und Arbeitslosenquote. Das Wachstum der Geldmenge bestimmt lediglich die Höhe der Inflationsrate. Unabhängig von der Inflationsrate tendiert die Arbeitslosenquote zur natürlichen Arbeitslosenquote hin. Deshalb verläuft die langfristige Phillips-Kurve senkrecht.

nach B nur die Inflationsrate. Da die Phillips-Kurve eine Senkrechte ist, ist die Arbeitslosenquote in beiden Punkten gleich hoch. Somit enthalten sowohl die senkrechte langfristige Phillips-Kurve als auch die senkrechte langfristige aggregierte Angebotskurve die These, dass die Geldpolitik nur Einfluss auf das Niveau von nominalen Variablen hat (Preisniveau und Inflationsrate), nicht aber auf die Höhe von realen Variablen (Produktionsniveau und Arbeitslosigkeit). Unabhängig vom Kurs der Geldpolitik verharren Produktionsniveau und Arbeitslosigkeit auf lange Sicht bei ihren natürlichen Größen.

Die natürliche Arbeitslosenquote. Was ist so »natürlich« an der natürlichen Arbeitslosenquote? Friedman und Phelps benutzten den Ausdruck für jene Arbeitslosenquote, zu der die Wirtschaft langfristig neigt. Doch die natürliche Arbeitslosenquote ist selbstverständlich nicht die gesellschaftspolitisch wünschenswerte Arbeitslosenquote. Sie bleibt auch nicht konstant über die Zeit hinweg. Man denke z. B. an die Gründung einer Gewerkschaft, die sich für die Arbeitskräfte in einem neuen Berufsfeld einsetzt und dabei ihre Marktmacht gebraucht. Dadurch wird für einen Teil der Beschäftigten der Reallohnsatz über das Gleichgewichtsniveau hinaus erhöht. Es kommt zu einem Überangebot an Arbeitskräften und danach zu einer höheren natürlichen Arbeitslosenquote. Die Arbeitslosenquote heißt nicht deshalb »natürlich«, weil sie gut ist, sondern weil sie außerhalb des Einflusses der Geldpolitik liegt. Ein rascheres Geldmengenwachstum würde weder die Marktmacht der Gewerkschaft noch das Niveau der Arbeitslosenquote verringern. Nur zu einer höheren Inflationsrate käme es durch die Geldpolitik.

33.2 Verschiebungen der Phillips-Kurve: Die Rolle von Erwartungen

Abb. 33-4

Wie die langfristige Phillips-Kurve mit dem Modell der aggregierten Nachfrage und des aggregierten Angebots zusammenhängt

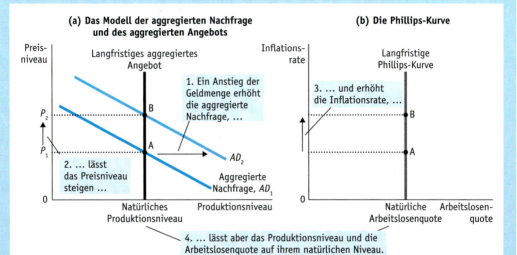

Diagramm (a) zeigt das Modell der aggregierten Nachfrage und des aggregierten Angebots. Sobald eine expansive Geldpolitik die aggregierte Nachfragekurve von AD_1 nach rechts verschiebt zu AD_2, wandert der Gleichgewichtspunkt von A nach B. Bei unverändertem Produktionsniveau steigt das Preisniveau von P_1 auf P_2 an. Diagramm (b) zeigt die langfristige Phillips-Kurve, die auf Höhe der natürlichen Arbeitslosenquote senkrecht verläuft. Eine expansive Geldpolitik bringt die Volkswirtschaft – ohne Veränderung der Arbeitslosenquote – von einer niedrigen Inflationsrate (Punkt A) zu einer hohen Inflationsrate (Punkt B).

Obwohl die Geldpolitik die natürliche Arbeitslosenquote nicht beeinflussen kann, sind dafür andere Arten politischer Maßnahmen geeignet. Zwecks Senkung der natürlichen Arbeitslosenquote sollten die Wirtschaftspolitiker danach streben, das Funktionieren des Arbeitsmarkts zu verbessern. Bereits in den vorangehenden Kapiteln haben wir unterschiedliche arbeitsmarktpolitische Maßnahmen angesprochen. Mindestlohnvorschriften, Regeln für Tarifverhandlungen, Arbeitslosenversicherung und Ausbildungsprogramme beeinflussen die Höhe der natürlichen Arbeitslosenquote. Politische Maßnahmen, die sich zu einer Verringerung der natürlichen Arbeitslosenquote eignen, würden die langfristige Phillips-Kurve nach links verschieben. Zum anderen käme es – da eine niedrigere Arbeitslosenquote eine höhere Beschäftigungsquote bei der Herstellung von Waren und Dienstleistungen bedeutet – bei jedem Preisniveau zu einem höheren Produktionsniveau; die langfristige aggregierte Angebotskurve würde also nach rechts verschoben. Bei jeder beliebigen Geldmengenwachstumsrate und Inflationsrate würde sich die Volkswirtschaft einer niedrigeren Arbeitslosenquote und eines höheren Produktionsniveaus erfreuen. Wir werden uns mit wirtschaftspolitischen Maßnahmen zur Steuerung der Angebotsseite einer Volkswirtschaft im Kapitel 34 näher beschäftigen.

Die Zusammenführung von Theorie und Praxis

Zunächst mag die Ablehnung einer langfristig bestehenden Alternative zwischen Inflationsraten- und Arbeitslosenquotenhöhe durch Friedman und Phelps nicht sehr überzeugend vorkommen. Sie geschah unter Berufung auf die *Theorie*. Im Gegensatz dazu basierte ja die diagnostizierte negative Korrelation zwischen Inflationsrate und Arbeitslosenquote durch Phillips, Samuelson und Solow auf *Daten*. Warum sollte irgendjemand überzeugt sein, Wirtschaftspolitiker hätten es mit einer senkrechten Phillips-Kurve zu tun, wenn die Welt durch statistische Daten doch anscheinend eine Phillips-Kurve mit negativer Steigung liefert? Sollten uns nicht die empirischen Befunde von Phillips, Samuelson und Solow vielmehr dazu veranlassen, die klassische Hypothese der Neutralität des Geldes zu verwerfen?

Friedman und Phelps waren sich dieses Widerspruchs bewusst und entwickelten einen Ansatz, der die klassische makroökonomische Theorie mit den empirischen Befunden einer fallenden Phillips-Kurve in Einklang bringt. Sie behaupteten, der negative Zusammenhang sei nur kurzfristig, aber nicht langfristig gültig. Mit anderen Worten könne man eine gewisse Zeit lang durch expansive Geldpolitik zu niedrigeren Arbeitslosenquoten gelangen, doch schließlich werde die Arbeitslosigkeit zur natürlichen Arbeitslosenquote zurückkehren und von der expansiven Geldpolitik blieben nur höhere Inflationsraten übrig.

Friedman und Phelps stellten die gleichen Überlegungen an wie wir im Kapitel 31, als es darum ging, den Unterschied zwischen der kurzfristigen und der langfristigen aggregierten Angebotskurve zu erklären. Wie Sie sich hoffentlich erinnern, verläuft die langfristige aggregierte Angebotskurve senkrecht und bringt damit zum Ausdruck, dass das Preisniveau auf lange Sicht keinen Einfluss auf die angebotenen Gütermengen ausübt. Die kurzfristige aggregierte Angebotskurve weist dagegen eine positive Steigung auf. Dafür gibt es, wie wir wissen, drei Erklärungsansätze: die Keynes'sche Theorie der starren Lohnsätze, die Neukeynesianische Theorie starrer Preise und die Neuklassische Theorie der Wahrnehmungsstörungen. Da sich die Preiserwartungen und die Nominallöhne im Lauf der Zeit den veränderten ökonomischen Bedingungen schließlich doch anpassen, gilt der positive Zusammenhang zwischen dem Preisniveau und den angebotenen Produktionsmengen nur auf kurze Sicht. Friedman und Phelps haben diese Denkweise auf die Phillips-Kurve übertragen. So wie die aggregierte Angebotskurve nur auf kurze Sicht eine positive Steigung aufweist, gilt auch der Zusammenhang zwischen Inflation und Arbeitslosigkeit nur kurzfristig. Und so wie die langfristige aggregierte Angebotskurve senkrecht verläuft, verläuft auch die langfristige Phillips-Kurve senkrecht.

Um den Unterschied zwischen den langfristigen und den kurzfristigen Zusammenhängen von Inflationsrate und Arbeitslosenquote besser zu vermitteln, haben Friedman und Phelps eine neue Variable in die Analyse eingeführt: die *Inflationserwartung* oder die *erwartete Inflationsrate*. Die erwartete Inflationsrate drückt aus, wie viel Preissteigerung die Bevölkerung erwartet. Wie wir im Kapitel 31 gelernt haben, beeinflusst das erwartete Preisniveau die Festsetzung der Lohnsätze und Preise sowie die Wahrnehmungen der relativen Preise, die daraus resultieren. Dadurch wird die erwartete Inflationsrate zu einer Bestimmungsgröße für die Lage der kurzfristigen aggregierten Angebotskurve. Auf kurze Sicht kann jede Zentralbank die erwartete Inflationsrate (und damit auch die kurzfristige aggregierte Angebotskurve) als gegeben annehmen. Wenn sich die Geldmenge ändert, so tritt eine Verschiebung der aggregierten Nachfragekurve ein, und die Volkswirtschaft bewegt sich auf der kurzfristigen aggregierten Angebotskurve. Auf kurze Sicht führen deshalb monetäre Änderungen zu unerwarteten Fluktuationen des Produktionsniveaus, der Preise, der Arbeitslosigkeit und der Inflation. Auf diese Weise versuchten Friedman und Phelps die fallende Phillips-Kurve zu erklären, die Phillips, Samuelson und Solow empirisch belegt hatten.

Allerdings besteht die Möglichkeit für die Zentralbank, mit einer Erhöhung der Geldmenge eine unerwartete Inflation auszulösen, nur kurzfristig. Auf lange Sicht werden sich die Menschen bei ihren Erwartungen jene Inflationsrate zu eigen machen, die ihre Zentralbank »produziert«, und die Nominallöhne werden sich mit der Inflationsrate anpassen, sodass die langfristige aggregierte Angebotskurve senkrecht verläuft. In diesem Fall werden Nachfrageänderungen so wenig wie Änderungen des Geldangebots das Produktionsniveau oder das Beschäftigungsniveau beeinflussen. Friedman und Phelps zogen deshalb die Schlussfolgerung, die Arbeitslosenquote werde langfristig gesehen mit dem Niveau der natürlichen Arbeitslosenquote übereinstimmen.

Die kurzfristige Phillips-Kurve

Die Überlegungen von Friedman und Phelps lassen sich mit folgender Gleichung zusammenfassen:

Arbeitslosenquote = natürliche Arbeitslosenquote –
$\quad\quad\quad\quad a \times$ (tatsächliche Inflationsrate – erwartete Inflationsrate)

In dieser Gleichung (die im Wesentlichen nur eine andere Darstellung der kurzfristigen aggregierten Angebotskurve ist, die wir bereits im Kapitel 31 kennengelernt haben) wird die Arbeitslosenquote mit der natürlichen Arbeitslosenquote, der tatsächlichen Inflationsrate und der erwarteten Inflationsrate verknüpft. Für die kurzfristige Analyse ist die erwartete Inflationsrate empirisch vorgegeben. Deshalb führt eine höhere tatsächlich Inflationsrate zu einer niedrigeren Arbeitslosenquote. (Der Zusammenhang ist genauer mit dem Parameter a zu bestimmen, der angibt, wie stark die Arbeitslosigkeit auf eine unerwartete Inflation reagiert, und der mithilfe der empirischen Wirtschaftsforschung bestimmt werden muss.) Langfristig jedoch richten sich Menschen auf jene Inflationsrate ein, die eine Zentralbank durch ihre Maßnahmen generiert, sodass die tatsächliche Inflation der erwarteten entspricht und sich die Arbeitslosenquote auf ihrem natürlichen Niveau befindet.

Die Gleichung zeigt außerdem, dass die kurzfristige Phillips-Kurve nicht stabil ist. Jede kurzfristige Phillips-Kurve spiegelt eine ganz bestimmte Inflationserwartung wider (genau genommen schneidet die kurzfristige Phillips-Kurve die langfristige Phillips-Kurve im Punkt der erwarteten Inflationsrate). Ändert sich die Inflationserwartung, dann verschiebt sich auch die kurzfristige Phillips-Kurve.

Nach Friedman und Phelps ist es gefährlich, die Phillips-Kurve als eine Speisekarte für Wahlmöglichkeiten zwischen verschiedenen Kombinationen an Inflation und Arbeitslosigkeit anzusehen. Zur Begründung betrachten wir eine Volkswirtschaft, die ihre natürliche Arbeitslosenquote mit einer niedrigen tatsächlichen und erwarteten Inflationsrate – wie im Punkt A der Abbildung 33-5 – erreicht hat. Nun unterstellen wir, die Wirtschaftspolitik versuche, eine bestehende Alternative zwischen Inflationsrate und Arbeitslosenquote auszunutzen und dazu expansive Maßnahmen der Geldpolitik und/oder der Fiskalpolitik einzusetzen. Auf kurze Sicht – bei gegebener erwarteter Inflationsrate – wandert die Modellwirtschaft vom Punkt A zum Punkt B. Die Arbeitslosigkeit sinkt unter die natürliche Arbeitslosenquote ab und die tatsächliche Inflationsrate steigt über die erwartete Inflationsrate an. Die Situation wird jedoch nicht so bleiben. Mit der Zeit gewöhnt sich die Bevölkerung an die höhere Inflationsrate und passt ihre erwartete Inflationsrate entsprechend an. Sobald die erwartete Inflationsrate steigt, werden Unternehmen und Arbeitskräfte die gestiegene Inflationsrate bei der Festlegung der Löhne mit berücksichtigen. Die kurzfristige Phillips-Kurve verschiebt sich nach rechts, wie in Abbildung 33-5 dargestellt. Die Wirtschaft gelangt schließlich zum Punkt C mit einer höheren Inflationsrate als im Punkt A, aber mit gleicher Arbeitslosenquote.

Friedman und Phelps schlussfolgerten daraus, dass die Wirtschaftspolitik keine dauerhafte Wahlmöglichkeit zwischen Arbeitslosigkeit und Inflation hat, sondern nur eine temporäre. Auf lange Sicht führt die Ausdehnung der aggregierten Nachfrage zu höherer Inflation, ohne dass sich das Beschäftigungsniveau verändert.

Das Realexperiment zur Hypothese der natürlichen Arbeitslosenquote

Friedman und Phelps hatten 1968 eine kühne Vorhersage gewagt: Sofern sich die Wirtschaftspolitiker auf die Phillips-Kurve stützen, um durch eine höhere Inflationsrate die Arbeitslosenquote zu senken, werden sie mit der Senkung der Arbeitslosenquote nur kurzfristig Erfolg haben. Diese Ansicht – dass die Arbeitslosenquote schließlich ohne Rücksicht auf die Höhe der Inflationsrate zur natürlichen Arbeitslosenquote zurückkehren wird – wird als die **Hypothese der natürlichen Arbeitslosenquote** (natural rate hypothesis) bezeichnet.

Hypothese der natürlichen Arbeitslosenquote
Die Annahme, dass die Arbeitslosenquote im Lauf der Zeit ungeachtet der Höhe der Inflationsrate zu ihrem natürlichen Niveau zurückkehrt.

Zu der Zeit, als Friedman und Phelps die Vorhersage trafen, ergab eine zeichnerische Darstellung der Wertepaare für Inflationsrate und Arbeitslosenquote für die US-amerikanische Volkswirtschaft von 1961 bis 1968 eine typische Phillips-Kurve mit negativer Steigung. Während dieser acht Jahre bis 1968 ging die Arbeitslosenquote mit steigender Inflationsrate zurück. Der scheinbare Erfolg der Phillips-Kurve in den 1960er-Jahren ließ die Friedman-Phelps-Vorhersage daher als besonders mutig erscheinen.

Doch der Zusammenbruch der Phillips-Kurve trat tatsächlich ein. In den späten 1960er-Jahren begannen die USA mit staatlichen Maßnahmen zur Ausdehnung der aggregierten Nachfrage. Teilweise ging die Expansion auf das Konto der Fiskalpolitik: Die Staatsausgaben stiegen mit der Verschärfung des Krieges in Vietnam an. Zum Teil

33.2 Verschiebungen der Phillips-Kurve: Die Rolle von Erwartungen

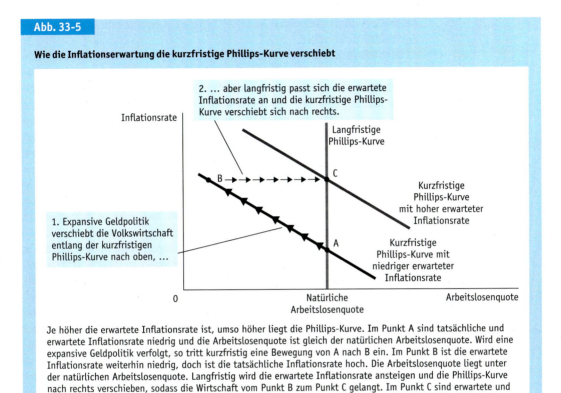

Abb. 33-5

Wie die Inflationserwartung die kurzfristige Phillips-Kurve verschiebt

Je höher die erwartete Inflationsrate ist, umso höher liegt die Phillips-Kurve. Im Punkt A sind tatsächliche und erwartete Inflationsrate niedrig und die Arbeitslosenquote ist gleich der natürlichen Arbeitslosenquote. Wird eine expansive Geldpolitik verfolgt, so tritt kurzfristig eine Bewegung von A nach B ein. Im Punkt B ist die erwartete Inflationsrate weiterhin niedrig, doch ist die tatsächliche Inflationsrate hoch. Die Arbeitslosenquote liegt unter der natürlichen Arbeitslosenquote. Langfristig wird die erwartete Inflationsrate ansteigen und die Phillips-Kurve nach rechts verschieben, sodass die Wirtschaft vom Punkt B zum Punkt C gelangt. Im Punkt C sind erwartete und tatsächliche Inflationsrate hoch; die Arbeitslosenquote liegt wieder auf dem Niveau der natürlichen Arbeitslosenquote.

war die Expansion auch das Werk der Geldpolitik: Die US-amerikanische Zentralbank versuchte angesichts der expansiven Fiskalpolitik das Zinsniveau niedrig zu halten und musste deshalb das Geldangebot erhöhen. Doch genau so wie es Friedman und Phelps vorausgesagt hatten, ließ sich die Arbeitslosenquote nicht auf einem niedrigen Niveau halten.

Vom Ende des Zweiten Weltkrieges bis in die späten 1970er-Jahre hinein haben viele Regierungen in der westlichen Welt bei der Steuerung der Volkswirtschaften auf keynesianische Prinzipien zurückgegriffen. Man war bestrebt, die Arbeitslosenquote auf einem niedrigen Niveau zu halten. Nach der Weltwirtschaftskrise mit Massenarbeitslosigkeit, Not und Elend und dem Erstarken des Extremismus war der Politik in Europa und in den USA klar, dass eine stabile wirtschaftliche und politische Entwicklung ohne eine Steuerung der Arbeitslosigkeit nicht möglich ist. Aus diesem Grund dominierte in den 1950er- und 1960er-Jahren die Fiskalpolitik. In Zeiten steigender Arbeitslosigkeit wurden die finanzpolitischen Zügel gelockert und bei steigender Inflation wieder angezogen. Zur Feinsteuerung der Volkswirtschaft griff der Staat auf die zwei fiskalpolitischen Hebel Steuern und Staatsausgaben zurück. In den Zeiten

33.2 Inflation und Arbeitslosigkeit als kurzfristige Alternativen
Verschiebungen der Phillips-Kurve: Die Rolle von Erwartungen

des Wiederaufbaus nach dem Krieg schien Inflation allerdings kein ernstzunehmendes Problem darzustellen.

Die Fokussierung des Staates auf die Fiskalpolitik hat in den Augen einiger Volkswirte allerdings dazu geführt, dass die Haushalte nicht nur Erwartungen über die Inflationsrate, sondern auch über die Wirtschaftspolitik gebildet haben. In vielen europäischen Ländern befanden sich Unternehmen aus wichtigen Branchen wie dem Schienenverkehr, der Stromversorgung, dem Kohlebergbau, dem Flugverkehr oder dem Post- und Fernmeldewesen im Staatsbesitz. Außerdem verfügten die Gewerkschaften über großen Einfluss. Die Beschäftigten gingen daher jedes Jahr von Reallohnsatzsteigerungen aus, die durch eine geldpolitische Expansion begleitet wurden. Bei einer Verlangsamung der wirtschaftlichen Entwicklung griff der Staat zusätzlich durch fiskalpolitische Maßnahmen ein. Dies hat letztlich zu einem Rückgang der Produktivität und einem wachsenden Inflationsdruck geführt. Die Wirtschaft wurde schwerfällig, es mangelt ihr an Flexibilität, und die Wettbewerbsfähigkeit ging verloren.

Diese Umstände führten zu steigender Inflation und der Staat war nicht mehr in der Lage, die Arbeitslosenquote unter ihr natürliches Niveau zu senken. Nach der ersten Ölkrise 1973 gerieten viele Volkswirtschaften in die Spirale steigender Inflationsraten und einer stagnierenden Wirtschaftsentwicklung. Die Arbeitslosigkeit nahm zu. Dies führte zu einer Abkehr der Wirtschaftspolitik vom keynesianischen Grundsatz der Nachfragesteuerung. Gestützt auf geld- und angebotspolitische Maßnahmen versuchte man, die Inflation in den Griff zu bekommen und die natürliche Arbeitslosenquote zu senken. Während in den 1980er-Jahren insbesondere in den USA und in Großbritannien wiederholt und sehr einseitig die Vorzüge der Angebotspolitik hervorgehoben wurden, setzte sich in der Bundesrepublik Deutschland ein ausgewogener Politikansatz durch. Wie wir im nächsten Kapitel noch genauer erfahren werden, zielen angebotspolitische Maßnahmen darauf ab, das Produktionspotenzial der Volkswirtschaft zu erhöhen und damit die langfristige aggregierte Angebotskurve nach rechts zu verschieben. Im Mittelpunkt der Angebotspolitik stehen die Unternehmen. Durch Deregulierung, Steuersenkungen, Kürzungen der Staatsausgaben, eine Beschränkung der Macht der Gewerkschaften sowie Investitionen in Bildung und Forschung sollen dabei die Funktionsweise und die Flexibilität von Märkten auf lange Sicht verbessert werden.

> **Kurztest**
> Zeichnen Sie die kurzfristige Phillips-Kurve und dazu eine langfristige Phillips-Kurve. Erklären Sie den Unterschied.

Verschiebungen der Phillips-Kurve: Die Rolle von Erwartungen 33.2

> **Information**
>
> ### Die langfristig senkrecht verlaufende Phillips-Kurve: Ein überzeugendes Argument für die Unabhängigkeit der Zentralbank
>
> Wer sollte Ihrer Meinung nach für die Geldpolitik verantwortlich sein – die Regierung oder die Zentralbank? Die meisten Ökonomen – zumindest die Mehrheit derjenigen, die an eine langfristig senkrecht verlaufende Phillips-Kurve glauben – würden die Kontrolle über die Geldpolitik lieber in die Hände der Zentralbank legen, insbesondere dann, wenn sich die Zentralbank dem strikten Ziel der Preisstabilität verpflichtet fühlt und ein klares und öffentlich bekanntes Inflationsziel vertritt. Die Gründe dafür erkennen wir durch einen Blick zurück auf Abbildung 33-5. Nehmen wir an, die Volkswirtschaft befindet sich im Punkt A im Niveau der natürlichen Arbeitslosenquote und einer geringen Inflationsrate, die Regierung sei für die Geldpolitik verantwortlich und in wenigen Monaten stehen die nächsten Wahlen an. Da man mit Arbeitslosigkeit selten Wahlen gewinnt, wird die Regierung in der Versuchung sein, die Zinsen zu senken und die Geldmenge zu erhöhen, damit sich die Volkswirtschaft vom Punkt A zum Punkt B bewegt und die Arbeitslosigkeit sinkt. Aufgrund der Wirkungsverzögerungen der Geldpolitik kann die Regierung natürlich nicht sicher sein, dass die Volkswirtschaft noch vor der Wahl auch wirklich den Punkt B erreicht, aber die Volkswirtschaft wird sich zumindest entlang der kurzfristigen Phillips-Kurve in diese Richtung bewegen und die tatsächliche Inflationsrate steigt über das erwartete Niveau. Finden die Wahlen statt, bevor sich die erwartete Inflationsrate an das tatsächliche Niveau angepasst hat, dann sehen die Chancen der Regierung für eine Wiederwahl gut aus: Die Arbeitslosigkeit sinkt bei (noch) geringen Inflationserwartungen. Nachdem sich die Inflationserwartungen jedoch an das tatsächliche Niveau angepasst haben und die Volkswirtschaft sich zum Punkt C bewegt hat, wird von der positiven Stimmung nicht mehr viel übrig sein. Aber dann ist es zu spät – die Wahl ist vorbei und die bisherige Regierung im Amt bestätigt.
> Natürlich gehen wir in unserer Geschichte davon aus, dass sich die Menschen ziemlich leicht täuschen lassen. Eigentlich wird jedem bewusst sein, dass die Regierung kurz vor der Wahl einen starken Anreiz für eine expansive Geldpolitik hat. Und so könnten Unternehmen und Beschäftigte Preise und Löhne bereits vor der anstehenden Wahl in Erwartung der expansiven Geldpolitik anheben, sodass sich die Volkswirtschaft vom Punkt A direkt zum neuen langfristigen Gleichgewicht im Punkt C bewegt. Und dann würde sich auch keine (vorübergehende) Senkung der Arbeitslosigkeit einstellen.
> Stellen wir uns nun vor, die Verantwortung für die Geldpolitik liegt in den Händen der Zentralbank, die den klaren Auftrag hat, die Inflation unter einem bestimmten Niveau zu halten, unabhängig davon, wie hoch die Arbeitslosigkeit ist. Die Zielgröße für die Inflation sei das Niveau im Punkt A in Abbildung 33-5. Da die Zentralbank keinen Anreiz hat, die Arbeitslosigkeit zu senken, gehen die Menschen davon aus, dass die Volkswirtschaft im Punkt A bleibt und die Inflationserwartungen entsprechen der tatsächlichen Inflation. Hat also die Zentralbank die Kontrolle über die Geldpolitik, dann ist die Arbeitslosigkeit genauso groß, als ob die Regierung in der Verantwortung wäre, aber die Inflation ist geringer.
> Aber welches Interesse kann die Regierung daran haben, der Zentralbank die Verantwortung für die Geldpolitik zu überlassen? Wenn wir davon ausgehen, dass die Politiker nicht nur kurzfristige Wahlerfolge, sondern auch die langfristige Entwicklung der Volkswirtschaft im Auge haben, dann wird sich die Regierung der Tatsache bewusst sein, dass die Unternehmen und Beschäftigten ihre Inflationserwartungen anpassen und die Volkswirtschaft nicht im Punkt B verbleibt, sondern sich zum Punkt C bewegt. Natürlich könnte die Regierung im Punkt C wiederum versuchen, über eine erneute expansive Geldpolitik eine Verringerung der Arbeitslosigkeit zu erreichen. Durch die Anpassung der Inflationserwartungen aber wird die Volkswirtschaft immer wieder zur natürlichen Arbeitslosenquote zurückkehren und sich damit letzten Endes nur immer weiter nach oben auf der langfristig senkrecht verlaufenden Phillips-Kurve bewegen.
> Irgendwann wird die Inflationsrate so hoch sein, dass die Regierung vor einer weiteren geldpolitischen Expansion zurückschreckt, auch wenn sich damit noch kurzfristig eine kleine Senkung der Arbeitslosigkeit erreichen ließe. Wenn die Unternehmen und die Arbeitskräfte dieses Inflationsniveau ungefähr abschätzen können, dann werden die Preise und Löhne so gesetzt, dass die Volkswirtschaft direkt diesen Punkt erreicht – der Einfachheit halber wollen wir davon ausgehen, dass das bereits der Punkt C ist. Im Punkt C hat die Regierung kein Interesse mehr an expansiver Geldpolitik, und wenn die Unternehmen und Arbeitskräfte das wissen, haben sie auch keine Veranlassung mehr, ihre Preise und Löhne weiter anzupassen.
> Im Punkt C sind die Chancen auf eine Wiederwahl für die Regierung aber schlechter als im Punkt A, da die Arbeitslosigkeit immer noch auf ihrem natürlichen Niveau verharrt und gleichzeitig die Inflationsrate noch oben geschnellt ist. Damit ist es für die Wahlchancen der Regierung letzten Endes am besten, wenn die Kontrolle über die Geldpolitik in den Händen einer unabhängigen Zentralbank liegt – natürlich vorausgesetzt, dass sich die Zentralbank dem Ziel der Preisniveaustabilität (und damit dem Punkt A) verpflichtet fühlt. Diesen überzeugenden Argumenten der makroökonomischen Theorie sind viele Staaten weltweit gefolgt und haben ihren Zentralbanken geldpolitische Unabhängigkeit gewährt.

33.3 Verschiebungen der Phillips-Kurve: Zur Rolle von Angebotsschocks

Friedman und Phelps hatten 1968 behauptet, dass Veränderungen der erwarteten Inflationsrate zur Verschiebung der kurzfristigen Phillips-Kurve führen, und die beiden hatten Recht. Die empirischen Befunde der frühen 1970er-Jahre überzeugten auch die meisten Ökonomen. Nach einigen Jahren jedoch richtete die Fachwelt ihre Aufmerksamkeit auf eine ganz andere Quelle für Verschiebungen der kurzfristigen Phillips-Kurven: auf Schocks des aggregierten Angebots.

Diesmal kam der Anstoß nicht von US-amerikanischen Wirtschaftsprofessoren, sondern von einer Gruppe arabischer Scheichs. Im Jahr 1974 fing die Organisation Erdöl exportierender Länder (OPEC) damit an, ihre Marktmacht als Kartell systematisch auf dem Weltmarkt für Rohöl einzusetzen, um die Gewinne ihrer Mitglieder zu steigern. Die OPEC-Länder, wie z. B. Saudi-Arabien, Kuwait und Irak, schränkten die Förderung und den Verkauf von Rohöl auf dem Weltmarkt ein. Innerhalb weniger Jahre führte die Senkung des Angebots fast zu einer Verdoppelung des Preises auf dem Weltmarkt für Rohöl.

Ein starker Anstieg des Ölpreises ist ein Beispiel für einen *Angebotsschock*. Ein **Angebotsschock** wird durch ein Ereignis ausgelöst, das die Produktionskosten der Unternehmen und damit auch ihre Absatzpreise unmittelbar beeinflusst, sodass sich die kurzfristige aggregierte Angebotskurve der Volkswirtschaft und damit auch die Phillips-Kurve verschieben. Ein Anstieg des Ölpreises erhöht beispielsweise die Produktionskosten für Benzin, Heizöl, Reifen, Erzeugnisse aus Kunststoff und für viele weitere Produkte. Dadurch sinkt die bei jedem Preisniveau angebotene Gütermenge. Wie Diagramm (a) der Abbildung 33-6 zeigt, äußert sich der Angebotsrückgang in einer Linksverschiebung der kurzfristigen aggregierten Angebotskurve von AS_1 zu AS_2. Das Preisniveau steigt von P_1 auf P_2 an, das Produktionsniveau geht von Y_1 auf Y_2 zurück und die Volkswirtschaft gerät in die *Stagflation*.

Die Verschiebung der kurzfristigen aggregierten Angebotskurve ist mit einer ähnlichen Verschiebung der kurzfristigen Phillips-Kurve verbunden, wie man sie im Diagramm (b) sieht. Da die Unternehmen zur Produktion einer geringeren Menge weniger Arbeitskräfte benötigen, geht die Beschäftigung zurück und die Arbeitslosigkeit steigt an. Die Inflationsrate (die prozentuale Veränderung des Preisniveaus im Vergleich zum Vorjahr) ist höher, weil nun auch das Preisniveau höher ist. Auf diese Weise führt die Verschiebung der kurzfristigen aggregierten Angebotskurve zu mehr Arbeitslosigkeit und mehr Inflation. Die Kurve der kurzfristigen Alternativen zwischen Arbeitslosigkeit und Inflation verschiebt sich von PC_1 nach rechts hin zu PC_2.

Bei einer Linksverschiebung der kurzfristigen aggregierten Angebotskurve infolge eines negativen Angebotsschocks haben die politisch Verantwortlichen eine schwere Wahl. Sofern sie sich zur Inflationsbekämpfung über eine Senkung der aggregierten Nachfrage entschließen, wird die Arbeitslosigkeit noch weiter steigen. Sofern sie zur Bekämpfung der Arbeitslosigkeit die aggregierte Nachfrage ausdehnen, werden sie die Inflationsgefahr erhöhen. Die wirtschaftspolitisch Verantwortlichen stehen vor weniger günstigen Alternativen von Inflation und Arbeitslosigkeit als vor der Kurvenverschiebung. Sie müssen bei gegebener Arbeitslosenquote mit einer höheren

---

Angebotsschock
Ein Ereignis, das unmittelbar die Kosten und Preise der Unternehmen verändert, sodass sich die kurzfristige aggregierte Angebotskurve der Volkswirtschaft und damit auch die Phillips-Kurve verschieben.

33.3 Verschiebungen der Phillips-Kurve: Zur Rolle von Angebotsschocks

Inflationsrate leben oder sie müssen eine höhere Arbeitslosenquote bei gegebener Inflationsrate oder sonstige Kombinationen aus hoher Arbeitslosigkeit und hoher Inflationsrate akzeptieren.

Abb. 33-6

Ein negativer Schock auf das aggregierte Angebot

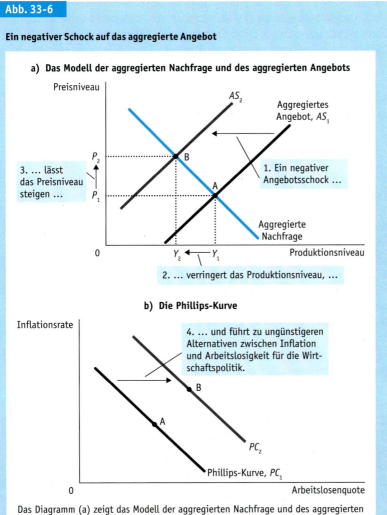

Das Diagramm (a) zeigt das Modell der aggregierten Nachfrage und des aggregierten Angebots. Bei einer Linksverschiebung der aggregierten Angebotskurve von AS_1 zu AS_2 wandert der Gleichgewichtspunkt von A nach B. Das Produktionsniveau fällt von Y_1 auf Y_2 und das Preisniveau steigt von P_1 auf P_2. Dazu zeigt das Diagramm (b) die kurzfristige Alternative zwischen Inflation und Arbeitslosigkeit. Der negative Schock auf das aggregierte Angebot bringt die Volkswirtschaft von einem Punkt A mit niedrigerer Arbeitslosigkeit und niedrigerer Inflation zu einem Punkt B mit höherer Arbeitslosenquote und höherer Inflationsrate. Die kurzfristige Phillips-Kurve wird von PC_1 nach PC_2 verlagert. Nun bestehen für die Wirtschaftspolitik ungünstigere Alternativen von Inflationsrate und Arbeitslosenquote.

Eine entscheidende Frage richtet sich darauf, ob die ungünstige Verschiebung der Phillips-Kurve eine vorübergehende oder eine dauerhafte ist. Die Antwort hängt davon ab, wie sich die Inflationserwartung verändert. Wenn die Menschen das Ereignis als temporär einstufen, bleibt die Inflationserwartung unverändert und die Phillips-Kurve wird rasch in ihre frühere Position zurückkehren. Wenn die Menschen jedoch mit dem Schock die Erwartung verbinden, man trete in eine neue Zeit mit höherer Inflation ein, dann steigt die erwartete Inflationsrate und die Phillips-Kurve bleibt in der neuen, weniger günstigen Position.

> **Kurztest**
> Nennen Sie ein Beispiel für einen positiven Angebotsschock. Zeigen Sie anhand des Modells der aggregierten Nachfrage und des aggregierten Angebots die Auswirkungen. Wie verändert sich dabei die Phillips-Kurve?

33.4 Die Kosten einer Senkung der Inflationsrate

Als die OPEC im Oktober 1979 zum zweiten Mal im damaligen Jahrzehnt für alle Volkswirtschaften der Welt negative Angebotsschocks verursachte, entschied sich die US-amerikanische Zentralbank mit vielen anderen Zentralbanken, etwas gegen die inzwischen völlig unannehmbar hohen Inflationsraten zu unternehmen. Man musste sich einer Politik der Desinflation zuwenden, einer Senkung der Inflationsrate. Ganz gewiss ist eine Senkung der Inflationsrate durch Maßnahmen der Geldpolitik möglich. Die Frage bleibt, zu welchem Preis die Inflationsrate kurzfristig gesenkt werden kann.

Der Opferquotient

Zur Senkung der Inflationsrate ist eine kontraktive Geldpolitik notwendig. Die Konsequenzen sind in stilisierter Form in Abbildung 33-7 zu sehen. Wenn die Zentralbank das Geldmengenwachstum dämpft, wird die aggregierte Nachfrage gebremst. Eine Abnahme der aggregierten Nachfrage wiederum führt über ein Sinken des Produktionsniveaus zu einem Beschäftigungsrückgang. Die Volkswirtschaft befindet sich anfänglich im Punkt A der Abbildung und bewegt sich entlang der kurzfristigen Phillips-Kurve zum Punkt B. Eine niedrigere Inflationsrate wird durch eine höhere Arbeitslosenquote erkauft. Im Lauf der Zeit gewinnt die Bevölkerung schließlich die Überzeugung, dass die Preise langsamer ansteigen werden. Die erwartete Inflationsrate geht zurück, und damit verlagert sich die kurzfristige Phillips-Kurve zum Ursprung hin. Die Volkswirtschaft bewegt sich vom Punkt B zum Punkt C. Die Inflationsrate ist nun niedriger als im Ausgangspunkt A, und die Arbeitslosenquote liegt wieder bei der natürlichen Arbeitslosenquote.

Die Volkswirtschaft muss also eine gewisse Zeit erhöhter Arbeitslosigkeit und gedämpfter Produktion durchstehen, wenn man die Inflation nachhaltig senken will. Der Weg ist schematisch in Abbildung 33-7 zu verfolgen: vom Punkt A über den

33.4 Die Kosten einer Senkung der Inflationsrate

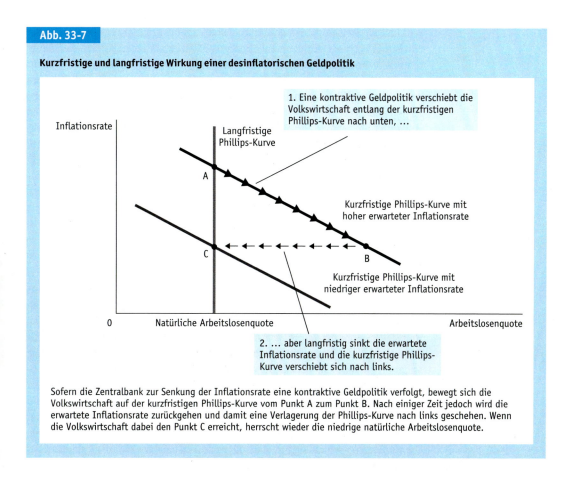

Abb. 33-7

Kurzfristige und langfristige Wirkung einer desinflatorischen Geldpolitik

1. Eine kontraktive Geldpolitik verschiebt die Volkswirtschaft entlang der kurzfristigen Phillips-Kurve nach unten, …

2. … aber langfristig sinkt die erwartete Inflationsrate und die kurzfristige Phillips-Kurve verschiebt sich nach links.

Sofern die Zentralbank zur Senkung der Inflationsrate eine kontraktive Geldpolitik verfolgt, bewegt sich die Volkswirtschaft auf der kurzfristigen Phillips-Kurve vom Punkt A zum Punkt B. Nach einiger Zeit jedoch wird die erwartete Inflationsrate zurückgehen und damit eine Verlagerung der Phillips-Kurve nach links geschehen. Wenn die Volkswirtschaft dabei den Punkt C erreicht, herrscht wieder die niedrige natürliche Arbeitslosenquote.

Punkt B zum Punkt C. Die Höhe der Kosten einer Senkung der Inflationsrate hängen erstens von der Steigung der Phillips-Kurve und zweitens vom Anpassungszeitraum der Inflationserwartungen an die neue geldpolitische Linie ab.

Zahlreiche Studien haben Daten der deskriptiven Statistik über Inflationsraten und Arbeitslosenquoten ausgewertet, um zu einer Maßgröße für die Kosten einer Senkung des Inflationstempos zu gelangen. Als Quintessenz der Forschungen wird oft ein sogenannter **Opferquotient** genannt. Der Opferquotient gibt den prozentualen Rückgang im Produktionsniveau je Prozentpunkt erreichter Absenkung der Inflationsrate an. Als ein mittlerer Wert für den Opferquotienten werden Zahlen zwischen 3 und 5 genannt, d. h., für 1 Prozentpunkt Senkung des Inflationstempos müssen in der Zeit des Übergangs zwischen 3 und 5 Prozent des Produktionsniveaus »geopfert« werden.

Opferquotient
Prozentpunkte an jährlichem Produktionsrückgang je Prozentpunkt an Senkung der Inflationsrate.

Nach verschiedenen Studien zur Phillips-Kurve und den Kosten der Inflationsrückführung kann der Verlust an gesamtwirtschaftlicher Produktion jedoch auf unterschiedliche Weise getragen werden. Nehmen wir an, die Inflationsrate liegt bei 10 Prozent und die Regierung will die Inflationsrate auf 5 Prozent absenken. Wenn jeder Prozentpunkt einer niedrigeren Inflationsrate 3 Prozentpunkte an jährlichem Produktionsrückgang kostet, dann würde die beabsichtigte Inflationssenkung in einem Jahr zu einem Produktionsrückgang von 15 Prozent führen. Dieser drastische Rückgang ließe sich vermeiden, wenn der Produktionsrückgang über einen Zeitraum von mehreren Jahren verteilt wird. Wenn beispielsweise die Senkung der Inflationsrate in einem Zeitraum von 5 Jahren erfolgt, dann würde die gesamtwirtschaftliche Produktion jedes Jahr nur noch um 3 Prozent unter dem Wachstumspfad liegen. Und eine Desinflationspolitik, die sich über einen Zeitraum von 10 Jahren erstreckt, würde noch moderater ausfallen. Welcher Weg auch immer eingeschlagen wird, eine Inflationssenkung wird nicht einfach sein.

Rationale Erwartungen und Möglichkeiten einer kostenlosen Inflationsrückführung

Als man um das Jahr 1980 herum über die Kosten einer Inflationsrückführung diskutierte und dabei mangels besserer Maßzahlen Schätzwerte des Opferquotienten zugrunde legte, meldeten sich Ökonomen mit revolutionierenden neuen Gedanken zu Wort. Eine Gruppe um *Robert Lucas, Thomas Sargent, Robert Barro* und andere präsentierte einen neuen Denkansatz für Theorie und Politik, den man inzwischen unter dem Stichwort der rationalen Erwartungen kennt.

Das Modell der rationalen Erwartungen verdrängte das vorherrschende Modell der **adaptiven Erwartungen**, das unterstellte, dass die Konsumenten und Unternehmen ihre Erwartungen zur zukünftigen Entwicklung von ökonomischen Variablen auf der Grundlage der Werte der vergangenen Jahre bilden. Kritiker der Theorie der adaptiven Erwartungen wiesen darauf hin, dass die Menschen bei ihrer Erwartungsbildung auf mehr Informationen zurückgreifen als nur auf die Vergangenheit. Das Modell der rationalen Erwartungen berücksichtigt alle verfügbaren Informationen. Und nach der Theorie der **rationalen Erwartungen** nutzen die Menschen bei Vorhersagen über die Zukunft alle ihnen verfügbaren Informationen, einschließlich der Informationen über die Politik.

Dieser neue Ansatz hatte tief greifende Auswirkungen auf viele Gebiete der Makroökonomik. Doch für keine Fragestellung hatte die Theorie rationaler Erwartungen eine größere Bedeutung als für den Zusammenhang zwischen Arbeitslosigkeit und Inflation. Wie Friedman und Phelps als erste hervorgehoben hatten, kann die erwartete Inflationsrate als maßgebliche Einflussgröße erklären, warum auf kurze Sicht ein Zusammenhang zwischen Inflationsrate und Arbeitslosigkeit besteht, langfristig jedoch nicht. Wie rasch die kurzfristige Beziehung zwischen Inflation und Arbeitslosigkeit verschwindet, hängt davon ab, wie schnell sich die Erwartungen der Menschen ändern und der Faktenlage anpassen. Verfechter der rationalen Erwartungen knüpften an die Analyse von Friedman und Phelps an und behaupteten, dass die Menschen ihre Inflationserwartungen nach einem Politikwechsel entsprechend anpassen. Untersuchungen zum Inflations- und Beschäftigungsproblem, die sich auf ökonometrische Schätzungen des Opferquotienten stützten, hatten die unmittelbaren Wirkun-

---

Adaptive Erwartungen
Eine Theorie, wonach die Menschen bei der Vorhersage der zukünftigen Entwicklung von ökonomischen Variablen auf die Werte der vergangenen Jahre schauen.

Rationale Erwartungen
Eine Theorie, wonach die Menschen bei der Vorhersage der zukünftigen Entwicklung alle ihnen verfügbaren Informationen (einschließlich der Informationen über politische Maßnahmen) nutzen.

Die Kosten einer Senkung der Inflationsrate 33.4

Information

Zur Theorie der Lohnkurve

Wir haben bereits angemerkt, dass Phillips eigentlich den Zusammenhang zwischen der Wachstumsrate der Löhne und der Arbeitslosenquote untersucht hat. Vom Zusammenhang zwischen Lohnsatz und Arbeitslosenquote ist es nur ein kleiner Schritt zur Beziehung zwischen Inflation und Arbeitslosigkeit. Schließlich beeinflussen Lohnsatzsteigerungen in hohem Maße das allgemeine Preisniveau in der Volkswirtschaft. Löhne sind ein wichtiger Kostenfaktor für Unternehmen, und Lohnsatzsteigerungen werden Unternehmen in der Regel dazu veranlassen, die Preise ihrer Produkte anzuheben. Und wenn die Löhne in der gesamten Volkswirtschaft steigen, dann werden sich auch die Waren und Dienstleistungen verteuern, und es kommt zu Inflation. Verlangsamt sich die Wachstumsrate der Löhne, ist dies ein Zeichen für einen schwächelnden Arbeitsmarkt. Normalerweise würde man erwarten, dass ein schwächelnder Arbeitsmarkt zu sinkenden Lohnsätzen führt. Aber in der Realität zeigt er sich eher an geringeren Wachstumsraten.

Umfangreiche Forschungsarbeiten haben aus dem empirisch ermittelten Sachverhalt letztlich eine um Erwartungen erweiterte Phillips-Kurve geformt, nach der die Änderung der Inflationsrate in einer bestimmten Periode der für diese Periode erwarteten Inflationsrate zuzüglich der Differenz zwischen der natürlichen und der tatsächlichen Arbeitslosenquote in einer Volkswirtschaft entspricht. Auf der Grundlage dieses Zusammenhangs ließen sich die Entwicklungen in vielen westlichen Volkswirtschaften in den 1970er-Jahren erklären. Die Haushalte gingen von Inflation aus und berücksichtigten dies bei ihren Entscheidungen und in ihrem Verhalten, sodass sich die kurzfristige Phillips-Kurve verschob. Am Ende kam es zu steigender Arbeitslosigkeit und steigender Inflation, es herrschte Stagflation.

Es hat jedoch immer eine Reihe von Volkswirten gegeben, die die Existenz der Phillips-Kurve grundsätzlich infrage gestellt haben. Zu ihnen gehört der britische Ökonom David Blanchflower, der u. a. an der University of Surrey und der Warwick University tätig war, und mittlerweile am Dartmouth College in den USA lehrt.

Die Phillips-Kurve basiert auf der Annahme, dass es einen Zusammenhang zwischen der Wachstumsrate der Nominallöhne und der Arbeitslosigkeit gibt. Wenn die Arbeitslosigkeit zunimmt, geht die Wachstumsrate der Nominallöhne zurück und umgekehrt. Das ist plausibel, schließlich werden die Beschäftigten bei hoher Arbeitslosigkeit kaum höhere Löhne fordern, aus Angst, dann selbst arbeitslos zu werden.

Blanchflower behauptet dagegen, dass die Phillips-Kurve prinzipiell falsch ist. Die traditionelle Phillips-Kurve stellt einen Zusammenhang zwischen der Wachstumsrate der Nominallöhne und der Arbeitslosenquote her. Hohe Arbeitslosenquoten gehen mit einem schwachen Wachstum der Nominallöhne einher, niedrige Arbeitslosenquoten mit einem starken Wachstum der Nominallöhne. Die Phillips-Kurve beschreibt mithin eher einen makroökonomischen als einen mikroökonomischen Zusammenhang, das bedeutet, sie gilt für die Volkswirtschaft als Ganzes. Nimmt die Arbeitslosigkeit zu, dann folgt daraus ein Angebotsüberschuss auf dem Arbeitsmarkt. Der Arbeitsmarkt passt sich an und die Wachstumsrate der Nominallöhne geht zurück, um den Angebotsüberschuss abzubauen.

Blanchflower und sein Kollege Andrew Oswald haben den Zusammenhang zwischen Arbeitslosigkeit und Lohnsätzen auf der *mikroökonomischen* Ebene untersucht und dabei herausgefunden, dass die Beziehung in Abhängigkeit von der betrachteten Region variiert. Dabei haben sie sich allerdings das Lohn- und Gehalts*niveau* und nicht die *Wachstumsrate* der Lohnsätze angeschaut. Nach ihren Untersuchungen war nicht die Wachstumsrate der Löhne, sondern das Lohn- und Gehaltsniveau negativ mit der Arbeitslosigkeit korreliert.

Das bedeutet, dass ein Beschäftigter in der Region A, in der eine hohe Arbeitslosigkeit herrscht, einen geringeren Lohn bekommt als ein Beschäftigter in der Region B, in der die Arbeitslosigkeit niedriger ist. Damit standen Blanchflower und Oswald im Widerspruch zu den Standardaussagen der Regional- und Arbeitsmarktökonomik, nach denen zwischen dem Lohnsatz und der Arbeitslosigkeit in einem Gebiet ein positiver Zusammenhang besteht: Je größer die Arbeitslosigkeit ist, umso höher muss das Lohnniveau sein, damit Arbeitskräfte bereit sind, in dieser Region zu arbeiten.

Die Arbeiten von Blanchflower und Oswald stellten einige grundlegende Aussagen der Wirtschaftstheorie infrage, vor allem in Bezug auf Mindestlöhne. Nach der vorherrschenden Meinung verursacht die Einführung von Mindestlöhnen einen Anstieg der Arbeitslosigkeit. Blanchflower und Oswald vertraten die Auffassung, dass dies nicht notwendigerweise der Fall sein muss, und es in einigen Regionen durch die Einführung eines Mindestlohnsatzes sogar zu einem Anstieg der Beschäftigung kommen kann.

Fortsetzung auf Folgeseite

33.4 Inflation und Arbeitslosigkeit als kurzfristige Alternativen
Die Kosten einer Senkung der Inflationsrate

Fortsetzung von Vorseite

Abbildung 33-8 stellt die Mehrheitsmeinung über die Wirkung eines Mindestlohnsatzes dar, der über dem Gleichgewichtsniveau W_1 liegt. Durch den Mindestlohnsatz MW sinkt die nachgefragte Menge an Arbeitskräften, während die angebotene Menge an Arbeitskräften steigt (Bewegungen entlang der Arbeitsnachfragekurve und der Arbeitsangebotskurve), es kommt zu Arbeitslosigkeit ($Q_3 - Q_2$).
In diesem Zusammenhang ist ein Blick zurück auf das Standardmodell des Arbeitsmarkts wichtig, zu sehen in Abbildung 33-9. Steigt die Arbeitsnachfrage durch eine Verschiebung der Arbeitsnachfragekurve nach rechts, kommt es zu einem Nachfrageüberschuss in Höhe von $Q_2 - Q_1$. Zum Abbau des Nachfrageüberschusses würde der Lohnsatz steigen und im neuen Gleichgewicht würden mehr Arbeitskräfte (Q_3) zu einem höheren Lohnsatz (W_2) beschäftigt sein. Ein Anstieg des Lohnsatzes geht also mit einem Rückgang der Arbeitslosigkeit einher und umgekehrt.

Blanchflower und Oswald haben auf der Grundlage von Millionen von Datensätzen Lohnkurven für 16 Länder abgeleitet. Seit der Veröffentlichung ihrer Studie im Jahr 1994 sind ihre Ergebnisse von mehreren Ökonomen bestätigt worden. Nach Blanchflower und Oswald hat die Lohnkurve eine Elastizität von –0,1. Die Elastizität zeigt an, wie stark der Lohnsatz auf Änderungen der Arbeitslosenquote reagiert. Wenn also in einer Region A die Arbeitslosenquote bei 4 Prozent liegt, in einer Region B dagegen bei 2 Prozent, dann sind die Löhne in Region A um 10 Prozent niedriger als in Region B. Es besteht also ein kausaler Zusammenhang zwischen der Höhe der Arbeitslosigkeit und dem Lohniveau in einer Region und nicht umgekehrt.

Der allgemein unterstellte Zusammenhang zwischen der Wachstumsrate der Nominallöhne (und damit der Inflation) und der Arbeitslosigkeit, hat, wie wir in diesem Kapitel erfahren haben, Auswirkungen auf wirtschaftspolitische Entscheidungen, wenn man über eine Kontrolle der Wachstumsrate der Nominallöhne (und damit der Inflation) versucht, die Arbeitslosigkeit zu steuern. Stimmen jedoch die Untersuchungen von Blanchflower und Oswald zur Lohnkurve, dann verändert sich der Fokus der Wirtschaftspolitik gleichermaßen auf mikro- und makroökonomischer Ebene. Nehmen wir an, in einer Region herrscht eine hohe Arbeitslosenquote und der Staat ist daran interessiert, die Arbeitslosigkeit zu senken. Auf der Grundlage der klassischen makroökonomischen Modelle des Arbeitsmarkts wäre die Senkung des Lohnsatzes eine mögliche Stellschraube für die Wirtschaftspolitik.

Gilt dagegen die Lohnkurve, dann würde eine Senkung des Lohnsatzes genau das Gegenteil bewirken, nämlich einen Anstieg der Arbeitslosigkeit. Außerdem könnte die Wirtschaftspolitik davon ausgehen, dass Maßnahmen zur Senkung der Arbeitslosigkeit bei den Gruppen ansetzen sollten, die eine hohe Arbeitslosenrate aufweisen, also beispielsweise bei gering qualifizierten Arbeitskräften. Diese Arbeitskräfte sollten am ehesten von einer Senkung des Lohnsatzes profitieren, die zusätzliche Arbeitsplätze schafft, sodass man die Arbeitslosigkeit ohne große Auswirkungen auf Inflation senken könnte. Auch für diesen Ansatz liefert die Existenz der Lohnkurve ein Gegenargument, denn es ist das *Lohnniveau* und nicht die Wachstumsrate der Nominallöhne, das für die Höhe der Arbeitslosigkeit verantwortlich ist.

Abb. 33-8: Die traditionelle Sicht auf die Wirkung eines Mindestlohnsatzes oberhalb des Gleichgewichtsniveaus

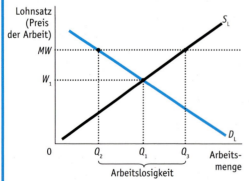

Abb. 33-9: Das Standardmodell des Arbeitsmarkts

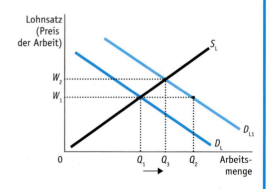

gen der Politik auf die Erwartungsbildung außer Acht gelassen. Die Schätzungen des Opferquotienten konnten deshalb nach Meinung jener Volkswirte, die der Theorie rationaler Erwartungen anhingen, keine brauchbaren Entscheidungsgrundlagen für die Geldpolitik liefern.

In einem Fachbeitrag mit dem Titel »The End of Four Big Inflations« von 1982 beschrieb *Thomas Sargent* die neue Sicht wie folgt:

»*An alternative ›rational expectations‹ view denies that there is any inherent momentum to the present process of inflation. This view maintains that firms and workers have now come to expect high rates of inflation in the future and that they strike inflationary bargains in light of these expectations. However, it is held that people expect high rates of inflation in the future precisely because the government's current and prospective monetary and fiscal policies warrant those expectations. ... An implication of this view is that inflation can be stopped much more quickly than advocates of the ›momentum‹ view have indicated and that their estimates of the length of time and the costs of stopping inflation in terms of foregone output are erroneous. ... This is not to say that it would be easy to eradicate inflation. On the contrary, it would require more than a few temporary restrictive fiscal and monetary actions. It would require a change in the policy regime. ... How costly such a move would be in terms of foregone output and how long it would be in taking effect would depend partly on how resolute and evident the government's commitment was.*«

Alles in allem konnte nach Sargents Ausführungen der Opferquotient sehr viel kleiner sein, als man dies zuvor annehmen musste. Im Extremfall beträgt der Opferquotient null – doch das ist eine empirische Angelegenheit. Wenn eine Regierung oder eine Zentralbank ein völlig zweifelsfreies Bekenntnis zu einer Stabilitätspolitik mit einer Inflationsrate von null ablegt, so würden die Menschen vernünftig genug sein, ihre erwartete Inflationsrate sofort herabzusetzen. Die kurzfristige Phillips-Kurve würde sich sehr rasch nach unten in Richtung Ursprung des Koordinatensystems verlagern und die Volkswirtschaft könnte ohne die Kosten einer vorübergehend hohen Arbeitslosenquote und eines reduzierten Produktionsniveaus rasch eine niedrige Inflationsrate erreichen. Die Glaubwürdigkeit der Geldpolitik ist demnach von entscheidender Bedeutung.

33.5 Empirische Befunde zur Phillips-Kurve

Der Einfluss der Phillips-Kurve auf das makroökonomische Denken ist unbestritten. Die fundamentale Botschaft einer kurzfristigen Wechselwirkung von Inflation und Arbeitslosigkeit ist unter Ökonomen immer wieder intensiv diskutiert worden. In den 1970er-Jahren schienen hohe und weiter steigende Inflationsraten denjenigen Recht zu geben, die nicht an die Botschaft der Phillips-Kurve glaubten. Auch in der weiteren Folge bestimmten die empirischen Befunde die Aufmerksamkeit, die die Volkswirtschaftslehre der Phillips-Kurve widmete.

In Abbildung 33-10 sind mit den Achsenbeschriftungen der Phillips-Kurve Kombinationen von Inflationsrate und Arbeitslosenquote für die Bundesrepublik Deutschland seit 1970 eingetragen. Verbindet man die zeitlich aufeinanderfolgenden Jahrespunkte miteinander, so entstehen Zyklusdiagramme, die Spielraum für Deutungen lassen.

33.5 Inflation und Arbeitslosigkeit als kurzfristige Alternativen
Empirische Befunde zur Phillips-Kurve

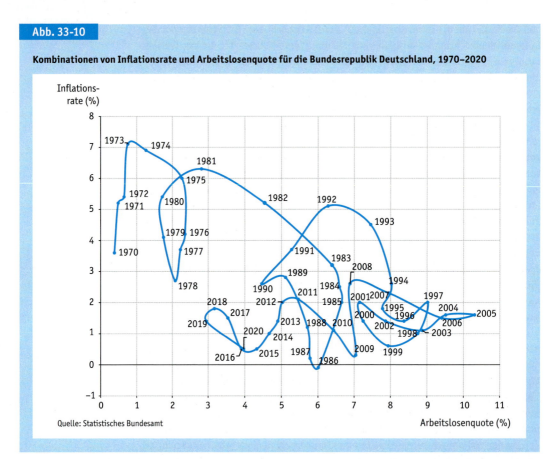

Abb. 33-10

Kombinationen von Inflationsrate und Arbeitslosenquote für die Bundesrepublik Deutschland, 1970–2020

Quelle: Statistisches Bundesamt

Verbindungslinien der Jahrespunkte mit negativer Steigung wie zu Beginn der 1980er-Jahre passen zu Bewegungen auf einer ursprünglichen oder kurzfristigen Phillips-Kurve. Verbindungslinien mit positiver Steigung wie zu Beginn der 1990er-Jahre können als Übergänge zwischen Phillips-Kurven unterschiedlicher Lagen aufgefasst werden, die von den veränderlichen erwarteten Inflationsraten herrühren.

Seit der Finanz- und Wirtschaftskrise von 2007 bis 2009 verläuft die Verbindungslinie der Jahrespunkte bei sinkenden Arbeitslosenquoten wellenförmig in einem engen Wertebereich der Inflationsraten. Dieser Verlauf der Phillips-Kurve lässt sich auch in anderen Volkswirtschaften beobachten und passt nicht zu dem, was Ökonomen eigentlich erwartet hätten. Wenn die Arbeitslosigkeit unter die natürliche Arbeitslosenquote sinkt, sollte man eigentlich davon ausgehen, dass die Löhne schneller steigen, da die Unternehmen in einem engen Arbeitsmarkt um die wenigen noch verfügbaren Arbeitskräfte konkurrieren. Höhere Lohnsteigerungsraten führen wiederum zu höheren Produktionskosten bei den Unternehmen und höheren Konsumausgaben bei den Verbrauchern. Beide Effekte lassen die Inflationsrate ansteigen. Aber die Inflationsrate liegt in den großen Volkswirtschaften seit Jahren stabil unterhalb des Inflationsziels der Zentralbanken. Die sinkende Arbeitslosigkeit hat also – entgegen der Botschaft der Phillips-Kurve – nicht zu einem höheren Lohnwachstum geführt.

Und wie in den 1970er-Jahren hat auch dieser empirische Befund einige Ökonomen dazu veranlasst, das Ende der Phillips-Kurve zu auszurufen. Andere Ökonomen haben nach Erklärungen gesucht und verweisen auf zwei Möglichkeiten.

Zunächst einmal könnte sich die Phillips-Kurve verschoben haben. Eine Verschiebung der Phillips-Kurve nach links unten zum Koordinatenursprung hin bedeutet niedrigere Kombinationen von Inflationsrate und Arbeitslosenquote. Die niedrigeren Inflationsraten können das Ergebnis von stabilen Inflationserwartungen sein, die die an einem festen Inflationsziel ausgerichtete Geldpolitik der großen Zentralbanken der letzten Jahre widerspiegeln. Bei stabilen Inflationserwartungen gibt es keinen zusätzlichen Druck für Lohnsteigerungen im Arbeitsmarkt. Gleichzeitig könnte die natürliche Arbeitslosenquote durch eine geringere Sucharbeitslosigkeit gesunken sein, da die Suchprozesse auf dem Arbeitsmarkt im digitalen Zeitalter wesentlich effizienter vonstattengehen. Zudem sind die Arbeitskräfte immer besser ausgebildet und finden so schneller eine neue Beschäftigung.

Denkbar ist auch, dass sich die Steigung der Phillips-Kurve verändert hat. Die (kurzfristige) Phillips-Kurve verläuft fallend und zeigt, wie stark die Inflationsrate als abhängige Größe auf Änderungen der Arbeitslosenquote reagiert. Je flacher die Phillips-Kurve verläuft, desto kleiner fallen die Änderungen der Inflationsrate bei Änderungen der Arbeitslosenquote aus. Eine Senkung der Arbeitslosenquote würde dann nur zu einem geringen Anstieg der Inflationsrate führen. Genau dieser Befund passt zur Entwicklung seit der Finanz- und Wirtschaftskrise von 2007 bis 2009. Während die Arbeitslosenquote deutlich zurückgegangen ist, hat die Inflationsrate nur unwesentlich zugenommen. Eine Erklärung für diese Entwicklung setzt an einer Änderung in der Risikobereitschaft der Arbeitskräfte an. Der starke Einbruch in der gesamtwirtschaftlichen Entwicklung und der sprunghafte Anstieg der Arbeitslosigkeit während der Finanz- und Wirtschaftskrise hat viele Menschen verunsichert. Diese Verunsicherung hat die Einschätzung der eigenen Verhandlungsstärke beeinflusst, sodass viele Arbeitskräfte bereit waren, in Verhandlungen mit den Unternehmen geringere Lohnsteigerungen zu akzeptieren. Verstärkt worden sein könnte diese Entwicklung durch die zunehmende Auslagerung von Arbeitsplätzen ins Ausland im Rahmen der Globalisierung.

Auf die Frage, ob sich die Phillips-Kurve nun verschoben oder abgeflacht hat, gibt es keine eindeutige Antwort. Vielleicht hat sich die Phillips-Kurve verschoben und abgeflacht?! Die Diskussion der Ökonomen zu diesem Thema ist noch lange nicht abgeschlossen, ebenso wenig wie die Forschung zur Wechselwirkung von Inflationsrate und Arbeitslosenquote. Und damit gibt es auch keinen Grund, die Phillips-Kurve voreilig ins historische Archiv der Volkswirtschaftslehre abzuschieben.

33.6 Fazit

In diesem Kapitel haben wir erfahren, wie sich die Theorien der Volkswirte über Inflation und Arbeitslosigkeit im Zeitverlauf weiterentwickelt haben. Es wurde über die Entwürfe herausragender Ökonomen des 20. Jahrhunderts gesprochen: über Phillips, Samuelson und Solow mit der Phillips-Kurve, über Friedman und Phelps mit der Hypothese der natürlichen Arbeitslosenquote, über Lucas, Sargent und Barro mit der Theorie rationaler Erwartungen. Fünf der erwähnten Ökonomen wurden bereits mit dem Nobelpreis für Wirtschaftswissenschaften ausgezeichnet, und vielleicht werden noch einige in den kommenden Jahren damit geehrt.

Obwohl um den Zusammenhang zwischen Inflation und Arbeitslosigkeit in den vergangenen vierzig Jahren viel intellektuelles Durcheinander entstand, kamen dabei doch bestimmte Erkenntnisse zutage, die heutzutage Zustimmung verlangen. Lesen wir dazu noch einmal die Ausführungen über den Zusammenhang von Inflation und Arbeitslosigkeit, die Milton Friedman im Jahr 1968 formuliert hatte:

»*There is always a temporary trade-off between inflation and unemployment; there is no permanent trade-off. The temporary trade-off comes not from inflation per se, but from unanticipated inflation, which generally means, from a rising rate of inflation. The widespread belief that there is a permanent trade-off is a sophisticated version of the confusion between ›high‹ and ›rising‹ that we all recognize in simpler forms. A rising rate of inflation may reduce unemployment, a high rate will not. – But how long, you will say, is ›temporary‹? ... I can at most venture a personal judgement, based on some examination of the historical evidence, that the initial effects of a higher and unanticipated rate of inflation last for something like two to five years.*«

Heute, mehr als fünfzig Jahre später, hat diese Stellungnahme von Friedman immer noch als Kurzfassung zum Stand der Wissenschaft Gültigkeit.

Aus der Praxis

Warum waren Inflationsrate und Arbeitslosenquote in den USA in den 1990er-Jahren so niedrig?

Am Ende des 20. Jahrhunderts erlebten die Vereinigten Staaten die niedrigsten Inflationsraten und Arbeitslosenquoten seit Jahren. Dabei betrug die Inflationsrate zu Beginn der 1990er-Jahre noch fast 4 Prozent, die Arbeitslosenquote fast 7 Prozent. Im Verlauf der 1990er-Jahre gingen jedoch Inflationsrate und Arbeitslosenquote stetig zurück. Bis 1998 war beispielsweise die Arbeitslosenquote auf 4,5 Prozent gefallen, während sich die Inflationsrate auf nur noch 1,6 Prozent pro Jahr belief. Die Vereinigten Staaten erlebten eine Periode eines ungewöhnlich langen und kräftigen Aufschwungs mit einer durchschnittlichen Wachstumsrate von fast 4 Prozent pro Jahr.

Einige Beobachter waren der Auffassung, dass diese Entwicklung die Zweifel an der Theorie der Phillips-Kurve mehrt. Tatsächlich könnte die Kombination von niedriger Inflation und geringer Arbeitslosigkeit darauf hindeuten, dass der Zusammenhang zwischen beiden Größen nicht länger existiert. Die Mehrheit der Volkswirte interpretierte diese Entwicklung jedoch weniger dramatisch. Wie wir in diesem Kapitel gelernt haben, verschiebt sich die Phillips-Kurve, der kurzfristige Zusammenhang zwischen Inflationsrate und Arbeitslosenquote, im Zeitablauf. Und in den 1990er-Jahren hat sich der Zusammenhang wahrscheinlich nach links verschoben, sodass die US-amerikanische Volkswirtschaft gleichzeitig durch eine geringe Arbeitslosigkeit und eine niedrige Inflation gekennzeichnet war.

Aber was waren die Ursachen für die wahrscheinliche Verschiebung der kurzfristigen Phillips-Kurve? Ein Grund für die Verschiebung ist sicherlich in den gesunkenen Inflationserwartungen zu suchen. In den 1970er- und zu Beginn der 1980er-Jahre lag die Inflationsrate in den USA mehrfach über 10 Prozent. Unter der Leitung von Paul Volcker und später von Alan Greenspan hat die US-amerikanische Zentralbank (Fed) daraufhin seit Beginn der 1980er-Jahre eine inflationssenkende Geldpolitik verfolgt. Im Lauf der Zeit zeigte die Geldpolitik der Fed Wirkung. Die Inflationsrate sank von 13,5 Prozent (1980) auf unter 5 Prozent Ende der 1980er-Jahre. Die US-amerikanische Zentralbank gewann ein vermehrtes Vertrauen in der Öffentlichkeit, dass sie ihre Politik der Inflationsbekämpfung bei Bedarf konsequent fortführen würde. Das gestiegene Vertrauen bewirkte einen Rückgang der erwarteten Inflationsrate, was zu einer Linksverschiebung der kurzfristigen Phillips-Kurve führte.

Fortsetzung auf Folgeseite

Fazit 33.6

Fortsetzung von Vorseite

Zusätzlich zur Verschiebung aufgrund gesunkener Inflationserwartungen glauben viele Volkswirte, dass die US-amerikanische Volkswirtschaft in den 1990er-Jahren einen positiven Angebotsschock erfahren hat. (Denken Sie daran, dass ein positiver Angebotsschock die kurzfristige aggregierte Angebotskurve bei steigendem Produktionsniveau und sinkenden Preisen nach rechts verschiebt. Dadurch werden Inflation und Arbeitslosigkeit gleichermaßen reduziert.) Die Verschiebung des aggregierten Angebots kann im Wesentlichen auf drei Faktoren zurückgeführt werden.

- *Rückläufige Güterpreise*: In den späten 1990er-Jahren sind die Weltmarktpreise von vielen Rohstoffen (z. B. Rohöl) gesunken. Der Rückgang der Rohstoffpreise wurde zum Teil durch eine tiefe Wirtschaftskrise in Japan und anderen asiatischen Ländern ausgelöst, die mit einer rückläufigen Nachfrage nach Rohstoffen einherging. Da Rohstoffe ein bedeutender Inputfaktor bei der Produktion sind, reduzierten die sinkenden Rohstoffpreise die Produktionskosten und wirkten auf diese Weise als ein positiver Angebotsschock für die US-amerikanische Volkswirtschaft.
- *Veränderungen auf dem Arbeitsmarkt*: Einige Volkswirte vertreten die Auffassung, dass eine Verschiebung in der Altersstruktur der US-amerikanischen Arbeitskräfte eine grundlegende Veränderung auf dem Arbeitsmarkt hervorgerufen hat. Da sich ältere Arbeitnehmer in der Regel in stabileren Beschäftigungsverhältnissen befinden als jüngere Arbeitnehmer, führte der Anstieg des Durchschnittsalters der Arbeitskräfte zu einem Rückgang der natürlichen Arbeitslosenquote.
- *Technologischer Fortschritt*: Einige Volkswirte verweisen darauf, dass die US-amerikanische Volkswirtschaft in den 1990er-Jahren in eine Periode rasanten technologischen Wandels eingetreten ist. Fortschritte auf dem Gebiet der Informationstechnologien wie beispielsweise das Internet haben viele Bereiche der Volkswirtschaft nachhaltig beeinflusst. Dieser technologische Fortschritt führte zu einem Produktivitätsanstieg und wirkte damit als ein positiver Angebotsschock.

Welcher dieser Faktoren die größere Relevanz für die Erklärung der Verschiebung der Phillips-Kurve besitzt, ist unter Volkswirten umstritten. Letztendlich werden jedoch alle drei Faktoren einen Einfluss auf die Verschiebung der Phillips-Kurve ausgeübt haben. Aber keiner dieser drei Erklärungsansätze stellt die grundlegende Erkenntnis der Phillips-Kurve infrage. Die 1990er-Jahre erinnern uns lediglich daran, dass sich der Zusammenhang zwischen beiden Größen in eine Richtung verschieben kann, die manchmal schwer vorherzusagen ist.

Fragen

1. Warum waren einige Beobachter der Auffassung, dass die gesamtwirtschaftliche Entwicklung in den Vereinigten Staaten in den 1990er-Jahren die Zweifel an der Theorie der Phillips-Kurve mehren könnte?
2. Welche Rolle haben die Inflationserwartungen in diesem Zusammenhang gespielt?
3. Auf welche Faktoren lässt sich der vermutete positive Angebotsschock zurückführen?

Zusammenfassung

- Die Phillips-Kurve beschreibt einen negativen Zusammenhang von Inflationsrate und Arbeitslosenquote. Durch Expansion der aggregierten Nachfrage können die Politiker einen Punkt auf der Phillips-Kurve mit höherer Inflationsrate und niedrigerer Arbeitslosenquote erreichen. Durch Kontraktion der aggregierten Nachfrage kann man einen Punkt mit niedrigerer Inflationsrate und höherer Arbeitslosenquote auf der Phillips-Kurve erreichen.
- Die von der Phillips-Kurve beschriebenen Alternativen von Inflation und Arbeitslosigkeit gelten nur kurzfristig. Auf lange Sicht passt sich die erwartete Inflationsrate den Veränderungen der tatsächlichen Inflationsrate an und bewirkt so eine Verschiebung der kurzfristigen Phillips-Kurve. Die langfristige Phillips-Kurve verläuft senkrecht bei der natürlichen Arbeitslosenquote.

Stichwörter

- Phillips-Kurve
- Hypothese der natürlichen Arbeitslosenquote
- Angebotsschock
- Opferquotient
- adaptive Erwartungen
- rationale Erwartungen

- Verschiebungen der kurzfristigen Phillips-Kurve treten auch durch Schocks des aggregierten Angebots ein. Ein negativer Angebotsschock, wie beispielsweise bei den Steigerungen des Rohölpreises in den 1970er-Jahren, liefert der Wirtschaftspolitik eine ungünstigere kurzfristige Phillips-Kurve. Nach einem negativen Angebotsschock hat man zu jeder Arbeitslosenquote höhere Inflationsraten oder zu jeder beliebigen Inflationsrate höhere Arbeitslosenquoten.
- Sofern die Zentralbank das Wachstum der Geldmenge reduziert, um die Inflation zu dämpfen, bewegt sie die Volkswirtschaft entlang einer kurzfristigen Phillips-Kurve hin zu einer größeren Arbeitslosenquote. Die Kosten der Inflationsrückführung hängen davon ab, wie rasch die erwartete Inflationsrate sinkt. Einige Volkswirte sind der Meinung, dass ein glaubhaftes Bekenntnis der Zentralbank zu einer niedrigen Inflationsrate die Kosten der Inflationsrückführung durch eine rasche Anpassung der erwarteten Inflationsrate senkt.

Wiederholungsfragen

1. Phillips hat den Zusammenhang zwischen der Veränderungsrate der Nominallöhne und der Arbeitslosenquote analysiert. Die Phillips-Kurve beschreibt jedoch den Zusammenhang zwischen der Inflationsrate und der Arbeitslosenquote. Wie hängen die Inflationsrate und die Veränderungsrate der Nominallöhne zusammen?
2. Zeichnen Sie eine kurzfristige Phillips-Kurve. Wie kann die Volkswirtschaft durch geldpolitische Maßnahmen der Zentralbank von einem Punkt der Kurve zu einem anderen gelangen?
3. Zeichnen Sie eine langfristige Phillips-Kurve und erklären Sie bestehende Zusammenhänge mit der kurzfristigen Phillips-Kurve.
4. Was ist »natürlich« an der natürlichen Arbeitslosenquote? Warum unterscheiden sich die natürlichen Arbeitslosenquoten zwischen den einzelnen Ländern?
5. Angenommen, eine Dürre zerstört die Ernten und treibt die Nahrungsmittelpreise in die Höhe. Welche Wirkungen hat dies auf die kurzfristig bestehenden Alternativen zwischen Inflation und Arbeitslosigkeit?
6. Warum sollten Zentralbanken in ihren geldpolitischen Entscheidungen unabhängig sein?
7. Die EZB fasst den Entschluss, die Inflationsrate zu senken. Benutzen Sie die Phillips-Kurve, um die kurzfristigen und die langfristigen Auswirkungen der geldpolitischen Maßnahme zu illustrieren. Wie könnte man die kurzfristigen Kosten senken, die mit der Senkung der Inflationsrate verbunden sind?
8. Worin besteht der Unterschied zwischen rationalen Erwartungen und adaptiven Erwartungen?

Aufgaben und Anwendungen

1. Wir nehmen eine natürliche Arbeitslosenquote von 6 Prozent an. Tragen Sie in ein Diagramm zwei Phillips-Kurven ein, mit denen man die nachfolgenden vier Situationen beschreiben kann. Beschriften Sie die einzelnen Kurvenpunkte zu den Situationen:

a. tatsächliche Inflationsrate 5 Prozent, erwartete Inflationsrate 3 Prozent,
   b. tatsächliche Inflationsrate 3 Prozent, erwartete Inflationsrate 5 Prozent,
   c. tatsächliche Inflationsrate 5 Prozent, erwartete Inflationsrate 5 Prozent,
   d. tatsächliche Inflationsrate 3 Prozent, erwartete Inflationsrate 3 Prozent.

2. Illustrieren und erläutern Sie mit kurzfristiger und langfristiger Phillips-Kurve die Auswirkungen der nachfolgenden Entwicklungen:
   a. Anstieg der natürlichen Arbeitslosenquote,
   b. Rückgang des Preises für importiertes Rohöl,
   c. Anstieg der Staatsausgaben,
   d. Rückgang der erwarteten Inflationsrate.

3. Angenommen, rückläufige private Konsumausgaben verursachen eine Rezession.
   a. Veranschaulichen Sie die eintretenden Änderungen in der Volkswirtschaft mit einem Diagramm der aggregierten Nachfrage und des aggregierten Angebots sowie mit einem Phillips-Kurven-Diagramm.
   b. Nehmen Sie an, dass sich im Lauf der Zeit die erwartete Inflationsrate in dieselbe Richtung verändert wie die tatsächliche Inflationsrate. Welche Auswirkungen erwarten Sie von der Anpassung der Erwartungen auf die Lage der kurzfristigen Phillips-Kurve? Sieht sich die Volkswirtschaft nach dem Ende der Rezession einer besseren oder einer schlechteren Kombination von Arbeitslosigkeit und Inflation gegenüber?

4. Angenommen, die Volkswirtschaft befindet sich in einem langfristigen Gleichgewicht.
   a. Zeichnen Sie die kurzfristige und die langfristige Phillips-Kurve für diese Volkswirtschaft.
   b. Eine Welle des Pessimismus in der Geschäftswelt vermindert die aggregierte Nachfrage. Zeigen Sie die Auswirkungen dieses Schocks anhand des Diagramms zu a. Kann die Volkswirtschaft mit expansiver Geldpolitik zur ursprünglichen Inflationsrate und zur ursprünglichen Arbeitslosenquote zurückkehren?
   c. Nun nehmen wir an, die Volkswirtschaft ist wieder im langfristigen Gleichgewicht, und dann steigt der Preis für importiertes Rohöl an. Zeigen Sie den Effekt mit einem neuen Diagramm wie in a. Kann die Zentralbank die Volkswirtschaft mit expansiver Geldpolitik zur ursprünglichen Arbeitslosenquote und zur ursprünglichen Inflationsrate zurückbringen? Kann die Volkswirtschaft mit kontraktiver Geldpolitik zur ursprünglichen Arbeitslosenquote und zur ursprünglichen Inflationsrate zurückkehren? Warum unterscheidet sich die Situation von der in b?

5. Die Zentralbank diagnostiziert eine tatsächliche Arbeitslosenquote von 5,5 Prozent und schätzt die natürliche Arbeitslosenquote auf 6 Prozent. Was geschieht in dieser Volkswirtschaft, wenn die Zentralbank mit ihrem Informationsstand Maßnahmen ergreift?

6. Die Zentralbank gibt bekannt, dass sie zur Senkung der Inflationsrate eine kontraktive Geldpolitik betreibt. Würde die nachfolgende Rezession unter den folgenden Randbedingungen stärker oder milder ausfallen?
   a. Tarifverträge haben eine kurze Laufzeit.
   b. Man hat wenig Zutrauen zur Stabilitätspolitik der Zentralbank.
   c. Die erwartete Inflationsrate passt sich sehr schnell der tatsächlichen Inflationsrate an.

7. Sowohl 1998 als auch 2014 kam es zu einem starken Rückgang der Rohölpreise.
   a. Zeigen Sie die Auswirkungen dieses Preiseinbruchs in einem Diagramm der aggregierten Nachfrage und des aggregierten Angebots sowie in einem Phillips-Kurven-Diagramm.
   b. Lassen die Änderungen von Inflationsrate und Arbeitslosigkeit darauf schließen, dass es keinen kurzfristigen Zusammenhang zwischen beiden Größen mehr gibt?

8. Die Inflationsrate betrage 10 Prozent und die Zentralbank erwägt, das Wachstum der Geldmenge zu bremsen, um die Inflation auf 5 Prozent zu senken. Volkswirt Jens glaubt, dass sich die Inflationserwartungen in der Bevölkerung rasch an die geldpolitische Maßnahme anpassen werden. Volkswirtin Sabine vertritt dagegen die Auffassung, dass sich die Erwartungen nur langsam auf die geänderte Situation einstellen. Wer von beiden wird sich eher für die vorgeschlagene Änderung der Geldpolitik aussprechen? Begründen Sie Ihre Antwort.

9. Warum befassen sich gewählte Parlamentarier und Politiker nicht ständig mit der Senkung der Inflationsrate, wenn doch die Inflation so sehr unpopulär ist? Volkswirte sind der Meinung, dass die Kosten einer Desinflationspolitik dann niedriger ausfallen, wenn die Zentralbank autonom ist. Trifft das Ihrer Meinung nach zu?

34 Angebotspolitik

Nach dem Ende des Zweiten Weltkrieges konzentrierte sich die Wirtschaftspolitik in erster Linie auf die aggregierte Nachfrage. Das Konzept der Nachfragesteuerung wurde jedoch Ende der 1960er-Jahre immer stärker infrage gestellt. Einige Ökonomen begannen, ihre Aufmerksamkeit auf das Produktionspotenzial der Volkswirtschaft zu richten – das aggregierte Angebot. Dabei analysierten sie insbesondere die Auswirkungen von häufigen Steueränderungen – ein zentrales Instrument der Nachfragesteuerung – auf die Angebotsseite einer Volkswirtschaft.

Wir wissen, dass die aggregierte Angebotskurve auf lange Sicht senkrecht verläuft, auf kurze Sicht aber einen steigenden Verlauf aufweist. Eine Verschiebung der langfristigen aggregierten Angebotskurve nach rechts erhöht das Produktionspotenzial der Volkswirtschaft, steigert das Produktionsniveau (und senkt damit die Arbeitslosigkeit) und reduziert den Inflationsdruck. Eine Fokussierung der Wirtschaftspolitik auf die Angebotsseite könnte demnach zu einem nachhaltigen Wirtschaftswachstum führen: ein höheres Einkommenswachstum bei geringerer Arbeitslosigkeit und stabilen oder sogar niedrigeren Preissteigerungsraten. Im Zentrum der Angebotspolitik stehen also Maßnahmen, die auf die Bestimmungsgrößen des aggregierten Angebots wirken. Und da das aggregierte Angebot die gesamtwirtschaftliche Menge an Waren und Dienstleistungen widerspiegelt, die die Unternehmen bei verschiedenen Preisen produzieren, sollte man sich zunächst anschauen, welche Maßnahmen das Verhalten der Unternehmen beeinflussen.

34.1 Verschiebungen der aggregierten Angebotskurve

Wir wissen, dass es eine Reihe von Faktoren gibt, die eine Verschiebung der kurzfristigen aggregierten Angebotskurve auslösen können: Änderungen des Arbeitskräftepotenzials, Änderungen im (Real-)Kapitalbestand, Änderungen in den natürlichen Ressourcen, Änderungen der Technologie und Änderungen in den Preiserwartungen. An diesen Faktoren müssen wir für eine detaillierte Analyse von Verschiebungen der aggregierten Angebotskurve ansetzen.

Bislang sind wir davon ausgegangen, dass die kurzfristige aggregierte Angebotskurve ansteigt, die langfristige aggregierte Angebotskurve dagegen senkrecht verläuft. Der senkrechte Verlauf der langfristigen aggregierten Angebotskurve ist intuitiv plausibel, wenn man die aggregierte Angebotskurve als Ausdruck für das Produktionspotenzial einer Volkswirtschaft begreift. Wenn in einer Volkswirtschaft jeder Einzelne, der bereit ist, zum herrschenden Lohnsatz zu arbeiten, auch Arbeit findet (es herrscht also Vollbeschäftigung), und die Unternehmen ihre Produktionskapazitäten

34.1 Angebotspolitik
Verschiebungen der aggregierten Angebotskurve

voll auslasten, dann produziert die Volkswirtschaft an der Kapazitätsgrenze. Diesen Punkt des Produktionspotenzials bezeichnen wir mit Y_f.

Wir wissen, dass Verschiebungen der aggregierten Angebotskurve kurzfristig zu Abweichungen vom Produktionspotenzial führen können. Aber wenn sich die Preise, Lohnsätze und Wahrnehmungen an die geänderten Umstände angepasst haben, wird das Produktionsniveau zu seinem langfristigen Gleichgewicht zurückkehren. Veränderungen der aggregierten Nachfrage verursachen Wirtschaftsschwankungen, die der Staat mithilfe von Geld- und Fiskalpolitik zu steuern und auszugleichen versucht. Inwieweit wirtschaftspolitische Maßnahmen zur Ankurbelung der aggregierten Nachfrage ihr Ziel erreichen, hängt jedoch auch davon ab, wie groß die existierende Outputlücke (Abstand zwischen dem Produktionsniveau und dem Produktionspotenzial) ist und wie flexibel die Volkswirtschaft auf eine höhere Nachfrage reagiert. Dies gilt gleichermaßen für die angestrebte Senkung der Arbeitslosigkeit und das Ausmaß der ausgelösten Preisreaktion.

Abbildung 34-1 zeigt eine andere Form für die aggregierte Angebotskurve, als wir bisher kennengelernt haben. Beim Produktionspotenzial verläuft die aggregierte Angebotskurve senkrecht, aber zwischen Y_1 und Y_f nimmt die Kurve einen zunehmend

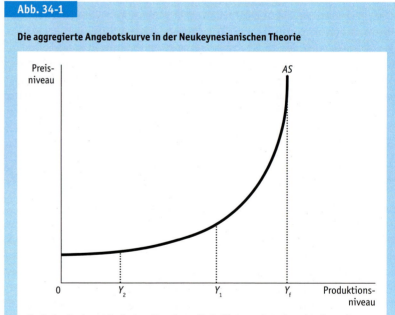

Abb. 34-1

Die aggregierte Angebotskurve in der Neukeynesianischen Theorie

Nach der Neukeynesianischen Theorie verläuft die aggregierte Angebotskurve im Punkt der Vollbeschäftigung senkrecht. Bei einem niedrigen Produktionsniveau (Y_2) verläuft die Kurve dagegen fast waagerecht, da es genügend freie Produktionskapazitäten gibt. Mit steigender Produktion (Y_1) wird es für die Unternehmen immer schwieriger, die Produktion weiter auszudehnen, sodass die aggregierte Angebotskurve immer steiler wird und schließlich bei einem Produktionsniveau bei Vollbeschäftigung (Y_f) senkrecht verläuft.

steilen Verlauf. Und zwischen Y_2 und Y_1 verläuft die Kurve fast waagerecht. Diese Form der aggregierten Angebotskurve findet man in der Neukeynesianischen Theorie.

Zwischen 0 und Y_2 gibt es in der Volkswirtschaft viele freie Produktionskapazitäten. Je mehr sich das Produktionsniveau allerdings dem Vollbeschäftigungsniveau Y_f annähert, desto knapper werden freie Kapazitäten. Das hat Auswirkungen auf das Produktionsniveau und das Preisniveau, wenn sich die aggregierte Nachfragekurve verschiebt, wie in Abbildung 34-2 zu sehen. Befindet sich die Volkswirtschaft im Punkt Y_1 zum Preisniveau P_1, dann sind ausreichend freie Kapazitäten vorhanden und dementsprechend groß ist die Outputlücke. Bewegt Geld- oder Fiskalpolitik die aggregierte Nachfragekurve nach rechts, dann steigt das Produktionsniveau um einen vergleichsweise großen Betrag an (von Y_1 auf Y_2). Der korrespondierende Preisniveauanstieg ist dagegen klein. Die Phillips-Kurve verläuft demzufolge eher flach mit einer günstigen Wechselwirkung zwischen Arbeitslosigkeit und Inflation. Führt die Wirtschaftspolitik zu einer weiteren Verschiebung der aggregierten Nachfragekurve nach rechts, dann verändert sich die Wechselwirkung und der Anstieg des Produktionsniveaus wird immer kleiner, je mehr sich die Volkswirtschaft dem Produktionspotenzial annähert, während das Preisniveau immer schneller wächst.

Abb. 34-2

Die aggregierte Angebotskurve und Produktionsengpässe

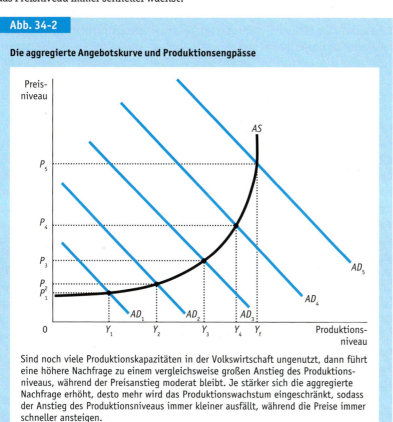

Sind noch viele Produktionskapazitäten in der Volkswirtschaft ungenutzt, dann führt eine höhere Nachfrage zu einem vergleichsweise großen Anstieg des Produktionsniveaus, während der Preisanstieg moderat bleibt. Je stärker sich die aggregierte Nachfrage erhöht, desto mehr wird das Produktionswachstum eingeschränkt, sodass der Anstieg des Produktionsniveaus immer kleiner ausfällt, während die Preise immer schneller ansteigen.

Aber warum wird die Wechselwirkung zwischen Arbeitslosigkeit und Inflation im Zeitverlauf immer ungünstiger? Die Ursache dafür liegt darin, dass mit wachsender aggregierter Nachfrage der Druck auf die knappen Ressourcen der Volkswirtschaft immer größer wird. Verschiebt sich beispielsweise die aggregierte Nachfragekurve von AD_3 zu AD_4, dann sind die Unternehmen bestrebt, ihre Produktion auszudehnen, um die zusätzliche Nachfrage zu befriedigen und würden aus diesem Grund mehr Produktionsfaktoren nachfragen. Durch die steigende Nachfrage nach Produktionsfaktoren steigt deren Preis. In bestimmten Industriezweigen beginnen die Arbeitskräfte knapp zu werden, sodass es zu einem starken Anstieg des Lohnsatzes in diesen Branchen kommt. Während die Nachfrage nach hoch qualifizierten Arbeitskräften schnell steigt, ist das Angebot auf kurze Sicht eher unelastisch. Die Ausbildung von Arbeitskräften benötigt Zeit. Hoch qualifizierte Arbeitskräfte werden sich einer gestiegenen Nachfrage gegenübersehen und profitieren von Lohnsatzsteigerungen. Durch die höheren Löhne steigen die Produktionskosten der Unternehmen. Angesichts der steigenden Nachfrage gehen die Unternehmen aber davon aus, dass sie die gestiegenen Kosten über höhere Preise auf die Konsumenten überwälzen können. Dadurch nimmt die Inflation zu. Je mehr sich die Volkswirtschaft dem Produktionspotenzial nähert, desto größer werden die Engpässe in der Produktion durch die immer knapper werdenden Ressourcen. Die Preise steigen immer stärker an, während das zusätzliche Produktionswachstum immer kleiner wird.

Die Bedeutung der Outputlücke

Um die Größe der Outputlücke zu einem bestimmten Zeitpunkt festzustellen, muss man wissen, auf welchem Punkt der aggregierten Angebotskurve sich die Volkswirtschaft gerade befindet. Das ist kein triviales Problem. Grundsätzlich gibt es zwei Möglichkeiten, um die Outputlücke abzuschätzen. Entweder ermittelt man (1) die Differenz zwischen dem Produktionspotenzial und dem tatsächlichen Produktionsniveau, indem man für das Produktionspotenzial vollständige Konkurrenz auf allen Märkten unterstellt. Oder man berechnet (2) die Differenz zwischen dem natürlichen Produktionsniveau und dem tatsächlichen Produktionsniveau, wobei das natürliche Produktionsniveau unvollständige Konkurrenz sowie rigide Preise und Löhne mit berücksichtigt. Wir haben gelernt, wie Geld- und Fiskalpolitik zur Steuerung der Volkswirtschaft eingesetzt werden kann, und selbst wenn der Staat nicht bewusst versucht, die aggregierte Nachfrage zu steuern, haben Änderungen bei Steuern und Staatsausgaben Auswirkungen auf die aggregierte Nachfrage, während die Geldpolitik Einfluss auf Investitionsentscheidungen, Wechselkurse und damit auf den Außenbeitrag ausübt. Selbst wenn Geld- und Fiskalpolitik insgesamt zu einer Ankurbelung der aggregierten Nachfrage führen, hängt das Ausmaß des Produktions- und des Preisanstiegs von der vorherrschenden Outputlücke ab.

Dieser Zusammenhang ist in Abbildung 34-3 dargestellt. Nehmen wir an, die Volkswirtschaft befindet sich im Diagramm (a) im Gleichgewicht bei Y_1. Dann ergibt sich die Outputlücke durch die Differenz zwischen dem Produktionspotenzial Y_f und dem tatsächlichen Produktionsniveau Y_1 mit $Y_f - Y_1$. Eine Verschiebung der aggregierten Nachfragekurve von AD_1 zu AD_2 würde zu einem Anstieg des Produktionsniveaus auf Y_2 und einem Anstieg des Preisniveaus auf P_2 führen. Die Outputlücke verringert sich, aber es kommt in der Volkswirtschaft mehr und mehr zu Kapazitätsengpässen in der Produktion. Der Anstieg des Produktionsniveaus wird also mit einer zunehmenden Inflation erkauft. Jede weitere Steigerung der aggregierten Nachfrage würde zu einer Überhitzung der Volkswirtschaft führen, da die Engpässe auf der Angebotsseite starke Preissteigerungen verursachen.

Auch im Diagramm (b) befindet sich die Volkswirtschaft im Punkt Y_1 im Gleichgewicht, aber die Outputlücke $Y_f - Y_1$ ist dieses Mal deutlich kleiner. Die aggregierte Nachfragekurve schneidet die aggregierte Angebotskurve im fast senkrechten Bereich. Jede Erhöhung der Nachfrage führt jetzt nur noch zu einem kleinen Anstieg des Produktionsniveaus, aber zu einem großen Preisanstieg. Die Volkswirtschaft ist dabei zu überhitzen, und hat nicht mehr genügend freie Produktionskapazitäten, um den Nachfrageanstieg zu befriedigen, sodass die Preise entsprechend stark reagieren.

Die Größe der Outputlücke ist in den Abbildungen leicht zu bestimmen, in der Realität aber nur schwer abzuschätzen. Es gibt unterschiedliche Modelle mit unterschiedlichen Parametern, die zu unterschiedlichen Ergebnissen kommen. Legt die Wirtschaftspolitik ihren Entscheidungen eine falsche Annahme über die Größe der

Abb. 34-3

Der Einfluss der Outputlücke

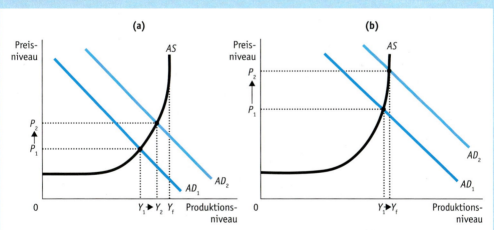

Das Diagramm (a) zeigt die Auswirkungen, die ein Anstieg der aggregierten Nachfrage auf das Produktionsniveau und das Preisniveau hat, wenn die Outputlücke eher groß ist. Im Unterschied dazu ist in Diagramm (b) zu sehen, dass ein Anstieg der aggregierten Nachfrage bei einer kleinen Outputlücke einen deutlichen größeren Preisanstieg auslöst.

Outputlücke zugrunde, dann werden sich nicht die erwarteten Ergebnisse einstellen. Aus diesem Grund plädieren Angebotsökonomen dafür, dass in der Wirtschaftspolitik der Fokus auf der Erweiterung des Produktionspotenzials der Volkswirtschaft liegen sollte.

Nachhaltiges Wirtschaftswachstum

Vertreter der Angebotspolitik sind der Auffassung, dass sich über eine Erweiterung des Produktionspotenzials langfristig ein Anstieg des Produktionsniveaus bei stabilen Preisen erreichen lässt. Betrachten wir dazu Abbildung 34-4. Die Volkswirtschaft befindet sich im Gleichgewicht im Schnittpunkt A der aggregierten Angebotskurve AS_1 mit der aggregierten Nachfragekurve AD_1. Das Preisniveau liegt bei P_1, das Produktionsniveau bei Y_1. Bei einer Verschiebung der aggregierten Nachfragekurve von AD_1 nach AD_2 durch einen Nachfrageanstieg und bei der gegebenen aggregierten Angebotskurve AS_1 stellen sich in der Volkswirtschaft immer mehr Produktionsengpässe ein

Abb. 34-4

Nachhaltiges Wirtschaftswachstum

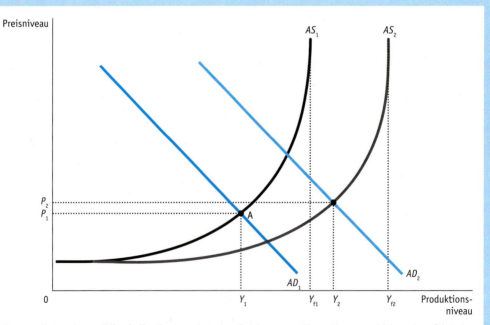

Wenn es die Angebotspolitik schafft, die aggregierte Angebotskurve von AS_1 zu AS_2 zu verschieben, dann führt ein Anstieg der aggregierten Nachfrage, dargestellt durch eine Verschiebung der AD-Kurve von AD_1 zu AD_2, zu einem eher großen Anstieg des Produktionsniveaus, während sich das Preisniveau nur geringfügig von P_1 auf P_2 erhöht. Mit der neuen aggregierten Angebotskurve geht ein höheres Produktionspotenzial der Volkswirtschaft einher, sodass das Produktionsniveau bei Vollbeschäftigung von Y_{f1} auf Y_{f2} steigt.

und das Preisniveau steigt schnell an. Eine erfolgreiche Angebotspolitik könnte hier die aggregierte Angebotskurve nach AS_2 verschieben. Dadurch würde das Produktionspotenzial von Y_{f1} auf Y_{f2} steigen. In diesem Fall würde die Verschiebung der aggregierten Nachfragekurve auf AD_2 zu einem deutlichen Anstieg des Produktionsniveaus von Y_1 auf Y_2 führen, während sich das Preisniveau nur von P_1 auf P_2 erhöht. Viele Ökonomen sind der Auffassung, dass ein gewisses Maß an Inflation von Vorteil für die Volkswirtschaft ist, da dadurch Anreize für die Unternehmen zur Produktion und zur Produktionsausdehnung geschaffen werden. Durch eine Verschiebung der aggregierten Angebotskurve nach rechts könnte die Volkswirtschaft einen höheren Lebensstandard generieren, die Arbeitslosigkeit senken und das Preisniveau stabil halten (wobei Preisniveaustabilität meint, dass die Inflationsrate dem Inflationsziel entspricht) und dadurch nachhaltiges Wachstum schaffen.

> **Kurztest**
> Welche Faktoren können eine Verschiebung der aggregierten Angebotskurve nach rechts bewirken? Was ist in diesem Zusammenhang mit Produktionsengpässen gemeint?

34.2 Angebotspolitische Maßnahmen

Angebotsökonomen glauben an die Kraft der Märkte und daran, dass der private Sektor für eine effiziente Ressourcenallokation sorgt – zumindest im Vergleich zu einer Ressourcenallokation durch den Staat. Maßnahmen, die darauf gerichtet sind, die Funktionsweise von Märkten in einer Volkswirtschaft zu verbessern, um eine effiziente Allokation der Ressourcen sicherzustellen, werden als **marktorientierte Angebotspolitik** bezeichnet. Der Staat sollte nur dann direkt in den Wirtschaftskreislauf eingreifen, wenn es um Investitionen in Ressourcen geht, die die Leistungsfähigkeit der Volkswirtschaft erhöhen, wie beispielsweise die Infrastruktur, Forschung und Entwicklung und das Bildungswesen. Diese Art von Maßnahmen wird auch als **interventionistische Angebotspolitik** bezeichnet. Wir werden uns mit einzelnen Maßnahmen aus diesen beiden Kategorien im Folgenden näher beschäftigen.

Marktorientierte Angebotspolitik
Wirtschaftspolitische Maßnahmen, die dazu dienen, durch die Liberalisierung von Märkten die Ressourcenallokation durch wirksamere Preissignale zu verbessern.

Interventionistische Angebotspolitik
Wirtschaftspolitische Maßnahmen, die dazu dienen, das Funktionieren der Märkte durch Investitionen in Infrastruktur, Bildung sowie Forschung und Entwicklung zu verbessern.

Marktorientierte Angebotspolitik

Marktorientierte Angebotspolitik zielt darauf ab, die Wirksamkeit von Preissignalen zu erhöhen, sodass die Märkte besser funktionieren und die Ressourcen auf effiziente Weise alloziert werden. Dem liegt der Glaube zugrunde, dass Märkte am besten in der Lage sind, die Ressourcen einer Volkswirtschaft aufzuteilen. Das keynesianische Konzept der Nachfragesteuerung hat dazu geführt, dass der Staat immer stärker in den Wirtschaftskreislauf eingegriffen hat, sodass letztlich einzelne Unternehmen oder sogar ganze Branchen unter staatlicher Kontrolle standen. In vielen Volkswirtschaften ist das staatliche Wohlfahrtssystem systemisch ausgebaut worden, um den Bedürftigen besser helfen zu können. Die zusätzlichen Staatsausgaben mussten über höhere Steuern finanziert werden.

Größere Aufmerksamkeit gewann die Angebotspolitik in den 1980er-Jahren, als viele Volkswirtschaften mit dem Problem der Stagflation zu kämpfen hatten. Ohne allzu tief in die Geschichte einzutauchen, wollen wir uns im Folgenden mit der Wirtschaftspolitik in dieser Zeit befassen, um die wesentlichen Aspekte der Angebotspolitik darzustellen. Das Ziel der Wirtschaftspolitik zur damaligen Zeit bestand im Wesentlichen darin, den staatlichen Einfluss auf die Wirtschaft zu reduzieren, die Staatsausgaben zu senken, die Steuer- und Sozialsysteme zu reformieren, um die ökonomischen Anreize zu verbessern, den Arbeitsmarkt zu flexibilisieren sowie das Unternehmertum in der Gesellschaft zu fördern. Viele wirtschaftspolitische Maßnahmen dienten letztlich dazu, die Anreize zu verbessern.

Reform der Steuer- und Sozialsysteme. Wir wissen, dass Steuern Anreize verzerren und das Marktergebnis verfälschen. Transferzahlungen können als negative Steuern angesehen werden, die den Menschen in Krisenzeiten finanzielle Unterstützung geben. Sicherlich haben nur wenige etwas dagegen einzuwenden, dass der Staat zur Erzielung von Einnahmen Unternehmen, Personen und Güter besteuert und gleichzeitig durch bestimmte Steuern auch versucht, Verhaltensänderungen in erwünschte Richtungen zu erreichen, wie eine Reduktion des Tabakkonsums oder eine stärkere Müllvermeidung. Wenn wir grundsätzlich die Tatsache anerkennen, dass Steuern das Marktergebnis verändern, ist man unmittelbar bei der Frage der Höhe der Besteuerung.

In vielen europäischen Ländern und in den USA waren die Einkommen- und Unternehmenssteuern in den 1970er- und 1980er-Jahren vergleichsweise hoch. In Deutschland lag der Spitzensteuersatz in der Einkommensteuer und der Körperschaftsteuer bei 56 Prozent. In den Vereinigten Staaten reichten die Einkommensteuersätze von 14 Prozent bis 70 Prozent, die Steuersätze für Unternehmen lagen bei fast 50 Prozent. In Großbritannien reichten die Steuersätze für Unternehmen von 42 Prozent bis 53 Prozent, in Norwegen lagen sie bei knapp über 50 Prozent, in den Niederlanden bei 48 Prozent und in Schweden sogar bei 58 Prozent. Tabelle 34-1 gibt einen Überblick über die Spitzensteuersätze in der Einkommensteuer für neun ausgewählte europäische Länder in den Jahren 1979, 1995 und 2018.

Nach Auffassung der Angebotsökonomen haben die hohen Einkommen- und Unternehmenssteuersätze negative Anreize auf Personen und Unternehmen ausgeübt. Wichtig in diesem Zusammenhang ist die Unterscheidung zwischen Durchschnitts- und Grenzsteuersatz. Am Grenzsteuersatz lässt sich ablesen, welcher Steuerbetrag auf ein zusätzliches Einkommen von 1 Euro fällig wird. Bei einem Grenzsteuersatz von 56 Prozent erhält der Staat von jedem mehr verdienten Euro 56 Cent, während dem Einkommensverdiener nur 44 Cent bleiben. An dieser Stelle haken die Angebotsökonomen ein und weisen darauf hin, dass eine solch hohe Steuerbelastung einen negativen Anreiz auf Mehrarbeit und Unternehmertum ausübt, da die Belohnung für die Anstrengungen (also das zusätzliche Einkommen) zum überwiegenden Teil beim Staat verbleibt.

Eine Senkung der Einkommen- und Unternehmenssteuersätze könnte positive Anreize für zusätzliche Arbeit setzen, da dann ein größerer Teil der Einkommenserhöhung den Arbeitnehmern oder Unternehmern zufließt. Die Einkommensteuersätze

Tab. 34-1

Spitzensteuersätze in der Einkommensteuer für neun europäische Länder in den Jahren 1979, 1995 und 2018

Land	Spitzensteuersatz 1979 (in %)	Spitzensteuersatz 1995 (in %)	Spitzensteuersatz 2018 (in %)
Belgien	76,3	55,0	53,7
Dänemark	66,0	63,5	55,8
Deutschland	56,0	53,0	47,5
Großbritannien	83,0	40,0	45,0
Irland	60,0	48,0	41,0
Niederlande	72,0	60,0	52,0
Norwegen	75,4	13,7	38,5
Portugal	80,0	40,0	48,0
Schweden	86,5	30,0	61,8

Quelle: OECD

beeinflussen unmittelbar die Entscheidung eines jeden Einzelnen zwischen Arbeit und Freizeit. Höhere Steuersätze senken die Opportunitätskosten der Freizeit, sodass sich die Menschen dazu entschließen, weniger zu arbeiten und mehr Freizeit zu genießen. Würden die Steuersätze gesenkt, so die Argumentation der Angebotsökonomen, dann könnten die Menschen einen größeren Teil des Einkommens behalten, was letztlich für sie wie eine Lohnerhöhung wirkt.

Hohe Einkommen- und Unternehmenssteuer können auch Steuerflucht und Steuerhinterziehung verursachen. Unternehmen und Personen suchen nach Wegen, wie sich ihre Steuerlast reduzieren lässt, sei es durch Geldanlagen in Steueroasen, durch den Kauf von steuerabzugsfähigen Vermögenswerten, die keine Auswirkung auf die Produktivität haben (wie beispielsweise der Kauf von luxuriösen Büros, kostspieligen Firmenwagen oder die Nutzung von teuren Konferenzräumen) oder durch die Umleitung von finanziellen Mitteln in Offshore-Unternehmen, die das Geld anschließend in Form von Krediten wieder zurückzahlen, worauf keine Einkommensteuer fällig wird. Derartige Transaktionen sind zwar nicht illegal, aber zumindest moralisch fragwürdig. Steuerhinterziehung, also die Nichtangabe von Einkünften, die steuerpflichtig sind, ist dagegen strafbar. Das reicht vom Verschweigen von Barzahlungen bis hin zu komplexen Geldwäschesystemen. Allein für Deutschland werden die jährlichen Verluste an Steuereinnahmen durch Steuerhinterziehung auf 100 Milliarden Euro geschätzt.

Steuersenkungen erhöhen damit nicht nur den Anreiz zum Arbeiten, sondern auch den Anreiz zum Steuerzahlen. Damit können Steuersenkungen sogar zu einer Erhöhung der Steuereinnahmen führen. Betrachten wir dazu ein einfaches Beispiel. Nehmen wir an, der Spitzensteuersatz in der Einkommensteuer in einem Land liegt bei 80 Prozent und dieser Steuersatz bezieht sich auf alle Einkünfte eines Steuerpflichtigen (in der Regel sind die meisten Steuertarife natürlich progressiv und stufenweise ausgestaltet, sodass geringe Einkommen einem niedrigen Steuersatz unterliegen und für hohe Einkommen ein hoher Steuersatz gilt). Eine Person mit Einkünften in Höhe von 500.000 Euro müsste dann 400.000 Euro an Steuern zahlen und könnte 100.000 Euro behalten. Senkt der Staat den Steuersatz auf 60 Prozent, dann kann eine Person von jedem zusätzlich verdienten Euro nun mehr behalten und hat damit einen starken Anreiz mehr zu arbeiten. Durch die Mehrarbeit steigen die Einkünfte der Person im nächsten Jahr auf 750.000 Euro. Auf dieses Einkommen müssen 450.000 Euro Steuern gezahlt werden, und es bleiben nach Steuern 300.000 Euro übrig. Durch die Steuersenkung hat der Einzelne den Anreiz mehr zu arbeiten, da er nun einen größeren Anteil des Einkommenszuwachses behalten kann, und der Staat verzeichnet höhere Steuereinnahmen.

In den 1980er- und zu Beginn der 1990er-Jahre wurden in vielen europäischen Ländern die Einkommen- und Unternehmenssteuersätze reduziert. Neben der Senkung der Steuersätze kann der Staat im Steuertarif auch die Grundfreibeträge erhöhen, die die Einkommenshöhe angeben, auf die keine Steuern gezahlt werden muss. In Deutschland ist der Grundfreibetrag innerhalb von 40 Jahren von 1.887 Euro im Jahr 1980 auf 9.744 Euro im Jahr 2021 gestiegen. Steueränderungen erhöhen nicht nur die Anreize, mehr zu arbeiten und unternehmerisch tätig zu sein, sie haben auch Auswirkungen auf Arbeitsuchende. Bei hohen Steuersätzen und/oder niedrigen Grundfreibeträgen ist der Anreiz für Arbeitsuchende, die staatliche Transferleistungen erhalten, zur Arbeitsaufnahme gering. Nehmen wir an, eine Person, die 10.000 Euro an staatlichen Transferzahlungen pro Jahr erhält und keine Einkommensteuer zahlen muss, erhält ein Stellenangebot mit einem Jahresgehalt von 12.000 Euro. Nimmt die Person das Angebot an, dann muss sie Einkommensteuer zahlen, und es wird ein Steuersatz von 25 Prozent auf alle Einkünfte fällig. Nach Abzug der Steuern bleiben dann noch 9.000 Euro übrig. Damit hat die Person natürlich keinen Anreiz, auf die staatlichen Transferzahlungen zu verzichten und die Stelle anzunehmen. Anders sieht es aus, wenn der Steuersatz auf 10 Prozent gesenkt wird. Dann hätte die Person nach Abzug der Steuern ein Einkommen von 10.800 Euro, wäre damit besser gestellt als ohne Arbeitsstelle und hätte einen Anreiz, auf die staatlichen Leistungen zu verzichten und das Angebot anzunehmen. Der Staat wäre nicht nur dadurch besser gestellt, dass er keine Transferzahlungen mehr zu leisten hat, er würde auch noch 1.200 Euro an Steuereinnahmen realisieren. Zu berücksichtigen wäre außerdem noch der Abbau von (negativen) externen Effekten, die durch die Kosten der Arbeitslosigkeit von Einzelnen für die Gesellschaft entstehen.

Eine Reform des Steuersystems geht Hand in Hand mit einer Reform der Sozialsysteme, um falsche Anreize von Sozialleistungen zu beseitigen und Menschen ohne Beschäftigung zu ermutigen, aktiv Arbeit zu suchen und sich nicht auf den Staat zu verlassen. Durch eine eingeschränkte Bewilligung von Sozialleistungen werden die Menschen dazu gezwungen, ihre persönliche Lage zu überdenken und nach Möglichkeiten zu suchen, sich selbst zu helfen und sich weniger auf den Sozialstaat zu verlassen. Nach einer Reform der Sozialsysteme könnten Bezieher von Sozialleistungen eher bereit sein eine Beschäftigung anzunehmen, die sie vorher noch abgelehnt hätten, weil die Arbeitsstelle möglicherweise nicht ihren Erwartungen, ihren Gehaltsvorstellungen oder ihrer fachlichen Qualifikation entsprach.

Insgesamt betrachtet könnte durch eine Reform der Steuer- und Sozialsysteme die Effizienz am Arbeitsmarkt steigen, da weniger Menschen freiwillig ohne Beschäftigung wären, die bereits Beschäftigten bereit wären, länger und produktiver zu arbeiten, und Unternehmertum stärker belohnt wird.

Inwieweit sich diese offensichtlichen Auswirkungen auch in der Realität einstellen, hängt vor allem von der Einkommenselastizität des Arbeitsangebots ab. Reagiert das Arbeitsangebot nur wenig auf Einkommenssteigerungen, dann werden Lohnsteigerungen durch Steuersenkungen auch nur zu einer geringen Ausweitung des Arbeitsangebots führen. Bei einer Einkommenselastizität des Arbeitsangebots von 0,1 geht ein Anstieg des Lohnsatzes um 5 Prozent nur mit einem Anstieg des Arbeitsangebots um 0,5 Prozent einher. Es ist allerdings davon auszugehen, dass die Elastizität des Arbeitsangebots auf lange Sicht größer ausfällt, da die Beschäftigten dann mehr Zeit haben, ihr Verhalten entsprechend anzupassen. Empirische Untersuchungen des Nobelpreisträgers Edward Prescott im Jahr 2002 haben gezeigt, dass die großen Unterschiede bei der Arbeitsangebotselastizität zwischen den USA und Frankreich in erster Linie auf die verschiedenen Steuersysteme in beiden Ländern zurückzuführen sind.

Laffer-Kurve
Sie zeigt den Zusammenhang zwischen dem Steuersatz und dem Steueraufkommen.

Fallstudie

Die Laffer-Kurve

Man erzählt sich, dass der Volkswirt Arthur Laffer eines Tages im Jahr 1974 in einem Washingtoner Restaurant mit einigen bekannten Journalisten und Politikern zusammensaß. Er nahm eine Papierserviette und kritzelte eine Kurve darauf, mit der er den Zusammenhang zwischen Steuersatz und Steueraufkommen zeigen wollte. Sie sah ziemlich genau so aus wie die Kurve in Abbildung 34-5. Laffer behauptete dann, die USA befänden sich auf dem fallenden Teil der Kurve, weshalb man mit einer Steuersenkung einen Anstieg der Steuereinnahmen erreichen könne.

Nur wenige Volkswirte nahmen Laffers Vorschlag ernst. Als theoretische Erwägung mochte der Gedanke ja einiges für sich haben, doch ob in der Praxis nach einer Steuersenkung tatsächlich höhere Steuereinnahmen zu erzielen wären, war fraglich. Aus der empirischen Wirtschaftsforschung gab es keine Befunde für die USA, die einen Wendepunkt oder überhaupt einen derartigen Kurvenverlauf stützen konnten. Dennoch hatte der Grundgedanke der **Laffer-Kurve**, wie man sie später nannte, einen großen politischen Einfluss in den 1980er-Jahren, besonders in den USA während der Amtszeit von US-Präsident Reagan und auch in Großbritannien unter der Regierung von Margaret Thatcher. In beiden Ländern wurden in den 1980er-Jahren die Steuersätze – und dabei vor allem die Einkommensteuersätze – drastisch gesenkt.

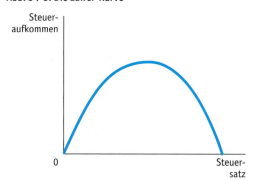

Abb. 34-5: Die Laffer-Kurve

Die Laffer-Kurve bezeichnet den Zusammenhang zwischen der Höhe des Steuersatzes und dem Steueraufkommen. Bei einem Steuersatz von 0 Prozent gibt es kein Steueraufkommen. Aber bei einem Steuersatz von 100 Prozent ist das Steueraufkommen auch null. Zwischen diesen beiden Extremwerten schwankt das Steueraufkommen mit dem Steuersatz. Die Laffer-Kurve zeigt, dass eine Senkung des Steuersatzes zu einem höheren Steueraufkommen führen kann.

Fortsetzung auf Folgeseite

34.2 Angebotspolitik
Angebotspolitische Maßnahmen

Fortsetzung von Vorseite

In Großbritannien wurde beispielsweise unter Premierministerin Thatcher der Spitzensteuersatz in der Einkommensteuer im Jahr 1980 von 83 Prozent auf 60 Prozent gesenkt, und im Jahr 1988 noch einmal von 60 Prozent auf 40 Prozent. Gleichwohl konnte man eine Auswirkung auf das Steueraufkommen – wie sie die Laffer-Kurve vermuten ließ – kaum nachweisen. So kommt eine Studie des UK Institute for Fiscal Studies zu dem Schluss, dass sich bestenfalls 3 Prozent des Anstiegs im Steueraufkommen zwischen 1980 und 1986 auf die Steuersenkung von 1980 zurückführen lassen.

In den USA verfolgte Präsident Reagan ebenfalls die Strategie kräftiger Steuersenkungen. Dies führte jedoch nicht zu steigenden, sondern zu sinkenden Steuereinnahmen. So sanken die Steuereinnahmen aus der Einkommensteuer (inflationsbereinigt, je Steuerpflichtigem) von 1980 bis 1984 um 9 Prozent, obwohl das durchschnittliche Einkommen pro Beschäftigtem in diesem Zeitraum um 4 Prozent gestiegen war. Durch die fehlende Bereitschaft der US-Politik zur Begrenzung der Ausgaben markierte die Steuersenkung sogar den Beginn eines langen Zeitraums, in dem die US-Regierung mehr ausgab, als an Steuern eingenommen wurde. Während der beiden Amtsperioden von Präsident Reagan und noch für viele Jahre später kam es zu großen Haushaltsdefiziten.

Gleichwohl hat sich Laffer mit der von ihm ausgelösten Diskussion gewisse Verdienste erworben. Obwohl eine pauschale Senkung aller Steuersätze das Steueraufkommen reduziert, mag es ja einige Steuerpflichtige geben, die sich auf der falschen Seite der Laffer-Kurve befinden. Wenn man die Idee, mit Senkungen des Steuersatzes das Steueraufkommen zu erhöhen, auf die Gruppe der Spitzenverdiener mit hohen Grenzsteuersätzen anwendet, mag sie korrekt sein. Allerdings sind die Grenzsteuersätze für die meisten Bürger eher gering. Würde sich jedoch ein durchschnittlicher Arbeiter am oberen Ende der Laffer-Kurve befinden, dann könnte eine Senkung der Steuersätze durchaus erfolgreich sein. In Schweden galt für einen durchschnittlichen Arbeiter z. B. während der 1980er-Jahre ein Grenzsteuersatz von rund 80 Prozent. Ein so hoher Steuersatz wirkt sich sicherlich nicht positiv auf den Leistungswillen aus. Empirische Studien zeigen, dass Schweden durch eine Senkung der Steuersätze tatsächlich ein höheres Steueraufkommen hätte erzielen können.

Unter Politikern ist der von Laffer postulierte Zusammenhang zwischen Steuersatz und Steueraufkommen umstritten, auch aufgrund von unterschiedlichen Annahmen über die Größe der relevanten Elastizitäten. Je elastischer Angebot und Nachfrage auf den Märkten reagieren, desto eher führen Steuern zu Verzerrungen der Marktergebnisse und desto wahrscheinlicher ist es, dass eine Senkung der Steuersätze mit einem höheren Steueraufkommen einhergeht. Die grundsätzliche Erkenntnis ist allerdings unbestritten: Die Frage, ob eine Anpassung der Steuersätze zu Mehr- oder Mindereinnahmen des Staates führt, lässt sich nicht allein durch einen Blick auf die Steuersätze klären. Die Antwort hängt davon ab, in welcher Weise die Steueränderungen das Verhalten der Menschen beeinflussen.

Kurztest

Betrachten Sie die Größe des Einkommens- und des Substitutionseffekts einer Steuersenkung in Bezug auf die Arbeitsangebotskurve. Unter welchen Umständen würde eine Senkung der Steuersätze tatsächlich zu einer gekrümmten Arbeitsangebotskurve (*backward bending supply curve*) führen?

Flexible Arbeitsmärkte. Zusätzlich zu einer Reform des Steuer- und Sozialsystems fordern Angebotsökonomen eine Flexibilisierung des Arbeitsmarkts. Unmittelbar damit verknüpft sind Fragen nach dem Einfluss der Gewerkschaften und der Güte von Marktsignalen für Arbeitgeber und Arbeitnehmer. Wir haben gelernt, dass Gewerkschaften den Lohnsatz über das Gleichgewichtsniveau hinaus anheben können. Je mächtiger Gewerkschaften sind, desto größer ist auch ihr Einfluss auf die Lohnsetzung. In den 1970er- bis hinein in die 1980er-Jahre verfügten beispielsweise die Gewerkschaften in Großbritannien über einen erheblichen Einfluss. So fielen in dieser Zeit rund 12,8 Millionen Arbeitstage pro Jahr durch Streiks aus. Die britische Regierung war daher der Auffassung, dass die Gewerkschaften über zu viel Macht verfügten und verabschiedete eine Reihe von Gesetzen, die den Spielraum der Gewerkschaften erheblich einschränkten. Die Gewerkschaften mussten ihr Verhalten an die neuen gesetzlichen Vorgaben anpassen, und die Anzahl der Streiktage sowie die Zahl der Gewerkschaftsmitglieder ist seit Ende der 1980er-Jahre stetig gesunken. Mehr und mehr Beschäftigte verhandeln ihre Entlohnung individuell und lassen sich nicht mehr durch die Gewerkschaften vertreten. Nach Auffassung der Angebotsökonomen hat diese Entwicklung dazu geführt, dass die Entlohnung die gegebenen Marktbedingungen immer besser widerspiegelt.

Eine Flexibilisierung des Arbeitsmarkts ließe sich durch eine entsprechende Anpassung von arbeitsrechtlichen Vorschriften erreichen, beispielsweise durch eine Lockerung des Kündigungsschutzes. Je flexibler der Arbeitsmarkt ausgestaltet ist, desto weniger Restriktionen unterliegen die Unternehmen. So könnten verstärkt Arbeitskräfte mit befristeten Arbeitsverträgen angestellt werden. Damit wären die Unternehmen in der Lage, schneller auf saisonale oder konjunkturelle Schwankungen der Wirtschaftsaktivität zu reagieren.

Durch den Aufschwung der *Gig Economy* hat die Debatte um die Flexibilisierung des Arbeitsmarkts eine weitere Dimension bekommen. Unter **Gig Economy** versteht man den Teil des Arbeitsmarkts, bei dem Arbeitskräfte keine feste Anstellung bei einem Unternehmen haben, sondern auf zeitlich befristeter Basis Aufträge von Unternehmen (oder Privatpersonen) annehmen und ausführen. Der Begriff ist der Musikbranche entnommen, wo Musiker für einen Auftritt (Gig) bezahlt werden. Bekannte Beispiele für die Gig Economy sind Plattformen für die Vermittlung von Personenbeförderungen (Uber), Unterkünfte (Airbnb), Handwerkerdienstleistungen (MyHammer) und Reinigungskräfte (Helping). In den meisten Fällen stellt der Auftragnehmer neben seiner Arbeitskraft noch weitere Ressourcen zur Verfügung (z.B. ein eigenes Fahrzeug, ein eigenes Mobiltelefon u.v.m.) und trägt dafür die Kosten.

Die Gig Economy hat ihren Ursprung in den Vereinigten Staaten. Im Zuge der Finanz- und Wirtschaftskrise von 2007 bis 2009 versuchten viele arbeitslose Arbeitskräfte, sich durch kleine Auftragstätigkeiten finanziell über Wasser zu halten und boten über verschiedene Online-Plattformen ihre Dienste an.

Für die Auftraggeber (Unternehmen, aber auch Privatpersonen) hat diese Form der (extrem) kurzfristigen Beschäftigung den Vorteil, unglaublich flexibel auf Nachfrageänderungen reagieren zu können. Die Auftragnehmer (Arbeitskräfte) wiederum haben die Freiheit, selbst zu bestimmen, wann und für wen sie arbeiten. Aber vor allem für die Auftragnehmer hat die Gig Economy bei Weitem nicht nur Vorteile. Sie müssen schlechte Arbeitsbedingungen hinnehmen, erhalten für ihre Tätigkeiten selten eine angemessene Bezahlung und sind sozial nicht abgesichert. Daher werden Forderungen nach regulierenden Eingriffen durch den Staat inzwischen immer lauter.

Eine Flexibilisierung der Arbeitsmärkte lässt sich auch durch einen besseren Informationsaustausch zwischen Anbietern und Nachfragern erreichen. Haben Arbeitsuchende mehr Informationen über freie Stellen und erforderliche Qualifikationen und wissen Arbeitgeber, wo sie geeignete Bewerber für freie Stellen finden, dann können Arbeitsmärkte schneller reagieren. Aus diesem Grund gibt es in vielen Ländern eine staatliche Arbeitsvermittlung, die gleichermaßen als Anlaufstelle für Arbeitgeber und Arbeitnehmer fungiert. In Deutschland haben Unternehmen die

Gig Economy
Unter Gig Economy versteht man den Teil des Arbeitsmarkts, bei dem Arbeitskräfte keine feste Anstellung bei einem Unternehmen haben, sondern auf zeitlich befristeter Basis Aufträge von Unternehmen (oder Privatpersonen) annehmen und ausführen.

34.2 Angebotspolitik
Angebotspolitische Maßnahmen

Möglichkeit, über die Job-Center gezielt nach Arbeitskräften zu suchen, während Arbeitsuchende dort Hilfestellung bei Bewerbungsunterlagen und Vorstellungsgesprächen erhalten.

Kürzung der öffentlichen Ausgaben. Je höher die öffentlichen Ausgaben sind, desto mehr finanzielle Mittel muss der Staat zur Finanzierung der Ausgaben bereitstellen, sei es durch Steuern oder Kreditaufnahme. Wir haben gelernt, dass die expansive Wirkung höherer Staatsausgaben durch den Crowding-out-Effekt gebremst wird. Bei einer Kürzung der Staatsausgaben kommt es zu einem umgekehrten Effekt, der auch als Crowding-in bezeichnet wird. Ein Element der rigorosen Sparprogramme, die in vielen europäischen Ländern als Reaktion auf die Schuldenkrise umgesetzt werden mussten, war die Begrenzung der staatlichen Kreditaufnahme. Geht die staatliche Kreditaufnahme zurück, dann sinken die Zinsen, was sich positiv auf die Investitionsentscheidung der Unternehmen auswirkt.

Neben dem Crowding-in-Effekt verweisen Angebotsökonomen auf einen weiteren wichtigen Aspekt im Zusammenhang mit einer Kürzung der öffentlichen Ausgaben. Angebotsökonomen vertreten die Auffassung, dass öffentliche Ausgaben grundsätzlich weniger wirksam sind als vergleichbare Ausgaben des privaten Sektors. Zieht sich der Staat aus dem Wirtschaftskreislauf zurück und überlässt er die Allokation der Ressourcen dem privaten Sektor, dann werden die finanziellen Mittel sinnvoll und wirksam eingesetzt, sodass die Leistungskraft der Volkswirtschaft steigt.

In der Praxis ist es für viele Staaten nicht einfach, die Ausgaben zu senken. Die Kürzung von öffentlichen Ausgaben beeinträchtigt die Bereitstellung von Dienstleistungen durch die öffentliche Hand. Davon sind in der Regel diejenigen betroffen, die zu den Bedürftigsten in der Gesellschaft gehören, wie ältere Menschen, psychisch Kranke, Kinder und andere Menschen, die aus sozialen oder medizinischen Gründen auf staatliche Hilfe angewiesen sind. Das macht es nicht einfach, die notwendigen politischen Entscheidungen zu treffen. Durch die Schließung von Krankenhäusern, Pflegeheimen, Schulen, Universitäten, Theatern und die Kürzung von Renten und Gehältern im öffentlichen Dienst kann die Regierung die Ausgaben zwar deutlich reduzieren, muss aber gleichzeitig befürchten, bei der nächsten Wahl nicht wiedergewählt zu werden.

Privatisierung und Deregulierung. Unter der **Privatisierung** versteht man die Übertragung von Staatsvermögen in Privatbesitz. Durch die Privatisierung steigt die Bedeutung von privaten Unternehmen bei der Bereitstellung von öffentlichen Leistungen. In den letzten Jahrzehnten ist es in vielen europäischen Ländern wie Deutschland, Österreich, Dänemark, Finnland, Frankreich, Irland, Italien, Großbritannien, den Niederlanden oder Spanien zu Privatisierungen gekommen.

In Deutschland waren Bereiche wie Post- und Fernmeldedienste, die Strom-, Gas-, und Wasserversorgung sowie der Personennah- und Fernverkehr lange Zeit vollständig im Besitz der öffentlichen Hand. Seit Ende der 1980er-Jahre sind viele öffentliche Unternehmen aus diesen Bereichen privatisiert worden. Prominente Beispiele sind die Deutsche Telekom AG, die Deutsche Post AG und die Deutsche Bahn AG.

Privatisierung
Die Übertragung von Staatsvermögen in Privatbesitz.

Auch der Privatisierung von öffentlichen Unternehmen liegt der Gedanke zugrunde, dass der private Sektor durch einen hohen Qualitätsanspruch und dem Streben nach Gewinnen in der Lage ist, den Menschen die Güter zu geringeren Kosten, mit einer höheren Produktivität und damit deutlicher effizienter anzubieten als der öffentliche Sektor. Durch die Privatisierung von einstmals öffentlichen Unternehmen und der damit verbundenen Liberalisierung der Märkte wird gleichzeitig der Wettbewerb gestärkt, sodass die Verbraucher von einer höheren Auswahl zu geringeren Preisen profitieren.

Es ist allerdings umstritten, inwieweit die Vorteile, die als wesentliche Gründe für die Privatisierung angeführt wurden, sich tatsächlich realisiert haben. So hat die Privatisierung von Unternehmen in einigen Bereichen (Telekommunikation, Strom, Gas) zu einem komplexen System von unzähligen Anbietern, Produkten und Tarifen geführt, was ungeachtet einer Marktaufsicht durch staatliche Regulierungsbehörden für erhebliche Unsicherheit aufseiten der Verbraucher gesorgt hat. Empirische Untersuchungen zeigen allerdings, dass die Privatisierung nicht nur zu einer größeren Auswahl und neuen Produkten, sondern auch zu einem besseren Serviceangebot und zu geringeren Preisen geführt hat.

Zusätzlich zur Privatisierung von Unternehmen sind in vielen Ländern neue gesetzliche Regelungen eingeführt worden, um bestehende Beschränkungen in Bezug auf Finanz- und Gütermärkte aufzuheben. Zweifellos hat die Deregulierung einen Teil der Unvollkommenheiten im Markt beseitigen können. Aber auch wenn dadurch positive Effekte auf die wirtschaftliche Entwicklung in den 1990er-Jahren und zu Beginn der 2000er-Jahre zu verzeichnen waren, vertreten viele Volkswirte die Auffassung, dass die Deregulierung insgesamt zu weit ging und es zu wenig Kontroll- und Eingriffsmöglichkeiten gab, um den Ausbruch der Finanzkrise zu verhindern.

> **Kurztest**
> Warum sollten wirtschaftspolitische Maßnahmen zur Verbesserung der Flexibilität im Arbeitsmarkt Arbeitgeber- und Arbeitnehmerrechte gleichermaßen berücksichtigen?

Interventionistische Angebotspolitik

Wir haben gelernt, dass Wissen ein öffentliches Gut ist und Unternehmen als Trittbrettfahrer von Wissen profitieren können, das andere geschaffen haben. Das führt dazu, dass zu wenig in Forschung und Entwicklung investiert wird. Zudem sind Investitionen in die Infrastruktur wie Kommunikationsnetze, Straßen, Schienen, Häfen und Flughäfen von entscheidender Bedeutung für die Leistungsfähigkeit einer Volkswirtschaft. Die dafür notwendigen Investitionsmittel sind sehr umfangreich, die damit verbundenen Risiken hoch und eine gewinnorientierte Nutzung durch Unternehmen ist weder einfach noch (in einigen Fällen) wünschenswert. So führt beispielsweise der Bau von neuen Straßen zu Bedenken bei den Anwohnern, die von den negativen externen Effekten betroffen sein werden, und bei Umweltschützern. Der Planungsprozess kann viele Jahre dauern und neben den eigentlichen Baukosten immense Planungskosten verursachen. Aus diesem Grund übernimmt oft der Staat die Verantwortung bei der Bereitstellung von Infrastruktur und greift dabei dann auf private Unternehmen zurück. Interventionistische Angebotspolitik zielt darauf, dass der Staat Investitionen in Bildung und Ausbildung, in Forschung und Entwicklung, in Infrastruktur und die Ansiedlung von Unternehmen fördert, damit die Volkswirtschaft besser funktioniert.

Infrastrukturinvestitionen. Die Finanzierung von Investitionen in Infrastrukturprojekte, von denen ein langfristiger Nutzen für die Volkswirtschaft erwartet wird, obliegt in der Regel dem Staat. Vom Staat unterstützte Projekte helfen Unternehmen dabei, Kosten zu senken, unnötige Ausgaben zu vermeiden und Lieferwege zu verbessern. Durch bessere Straßen, Schienen, Häfen und Flughäfen können Unternehmen schneller liefern und beliefert werden. Neue Kommunikationsnetze helfen der Dienstleistungsbranche, Verbesserungen in der Energie- und Wasserversorgung durch neue Kraftwerke und Leitungsnetze sichern den Energiebedarf der Unternehmen und senken die Kosten der Energieversorgung.

Aus- und Weiterbildung. Bei der Verbesserung der Humankapitalausstattung einer Volkswirtschaft nehmen die Schulen und Hochschulen eine wichtige Rolle ein. Auch wenn es auf den ersten Blick nicht so erscheint, bestimmen die Fähigkeiten und Kenntnisse, die an Schulen und Universitäten gelehrt werden, die Produktivität in der Volkswirtschaft. Schüler und Studierende können als eine Art »Arbeitskräfte« betrachtet werden, die die wichtige Aufgabe haben, das Humankapital herzustellen, das zukünftig in der Produktion eingesetzt wird. Und die Produktivität hat, wie wir wissen, einen wesentlichen Einfluss auf das Wirtschaftswachstum und den Lebensstandard.

Der Fokus liegt auf der Ausgestaltung des Bildungssystems eines Landes. Viele Länder sind bestrebt, höhere Bildungsstandards umzusetzen. Aber welche Qualifikationen sind wichtig für ein Land? In einigen Ländern liegen die Schwerpunkte der Ausbildung auf Naturwissenschaften und Ingenieurwissenschaften, durch die neues Wissen und Innovationen in der Industrie entstehen. Um das Interesse an diesen Studiengängen zu wecken, kann der Staat Stipendien oder andere Unterstützungsleistungen vergeben. Gibt es einen Mangel an qualifizierten Lehrkräften, dann können (finanzielle) Anreize durch den Staat Hochschulabsolventen dazu bewegen, die Lehrerlaufbahn einzuschlagen.

Auch bei der Berufsausbildung gibt es für den Staat Möglichkeiten unterstützend einzugreifen. In der Berufsausbildung sind Unternehmen mit dem Problem konfrontiert, dass sie sich nicht sicher sein können, welchen Weg die Auszubildenden nach dem Abschluss der Berufsausbildung mit dem erworbenen Wissen gehen. Auf der einen Seite bringen gut ausgebildete Arbeitskräfte einen Vorteil für die Unternehmen, da die Produktivität steigt. Auf der anderen Seite sind gut ausgebildete Arbeitskräfte auf dem ganzen Arbeitsmarkt begehrt. Wenn diese Arbeitskräfte zu einem Konkurrenten wechseln, dann profitiert das ausbildende Unternehmen nicht mehr von seinen Ausbildungsanstrengungen. Hier kann der Staat Hilfe und Unterstützung anbieten, um das Problem eines möglichen Trittbrettfahrer-Verhaltens zu überwinden.

Forschung und Entwicklung. Ohne Forschung und Entwicklung ist die Schaffung von neuem Wissen, die Entwicklung von neuen Produkten und Prozessen nicht denkbar. Aber Forschung und Entwicklung sind sehr kostspielig und wenn die Forschungsergebnisse nicht durch ein Patent geschützt werden, sind sie ein öffentliches Gut. Aus diesem Grund engagiert sich der Staat in der Finanzierung von Forschung und Entwicklung. Dazu können beispielsweise Forschungsstellen eingerichtet werden, die von Unternehmen, Hochschulen oder Instituten Anträge auf Förderung von Forschungsvorhaben annehmen, anhand von objektiven, festgelegten Kriterien über die Vergabe der Mittel entscheiden und die Verwendung der Gelder überwachen. Außerdem kann der Staat Steuergutschriften, Steuererleichterungen oder Zuschüsse gewähren, um Forschung und Entwicklung vor allem in kleinen und mittelständischen Unternehmen zu fördern.

Regional- oder Industriepolitik. In vielen europäischen Ländern werden die wirtschaftlichen Unterschiede zwischen einzelnen Regionen immer kleiner. Dennoch gibt es ärmere und reichere Regionen. Unternehmen konzentrieren sich in ihren Standortentscheidungen oft auf Regionen mit großen Absatzmärkten oder auf Regionen mit guter Infrastruktur. Einige der ärmeren Regionen waren früher große Industriezentren und sind Opfer des Strukturwandels geworden. Der Verlust von Arbeitsplätzen durch den Niedergang in einigen Branchen, wie beispielsweise dem Schiffbau, dem Kohlebergbau oder der Stahlindustrie, konnte nicht durch neue Industrien aufgefangen werden, sodass die betroffenen Regionen für lange Zeit hinter der gesamtwirtschaftlichen Entwicklung zurückbleiben werden. Hier könnte der Staat versuchen, durch regionales Engagement die ökonomischen Ungleichgewichte zu reduzieren, indem durch konkrete Maßnahmen wie Investitionszuschüsse, Beschäftigungsbeihilfen oder Mietnachlässe für Gewerbeimmobilien die Ansiedlung von Unternehmen vor Ort und damit die Schaffung von neuen Arbeitsplätzen gefördert wird. Verknüpft mit den staatlichen Maßnahmen ist die Hoffnung, dass es in diesen Regionen zu einem regionalen Multiplikatoreffekt kommt.

> **Kurztest**
> Warum haben Bildungsinvestitionen einen großen Stellenwert in der interventionistischen Angebotspolitik?

34.3 Fazit

Wirtschaftspolitische Maßnahmen, die auf eine Stärkung der Angebotsseite zielen, erscheinen auf den ersten Blick sinnvoll. Die angestrebte Verschiebung der aggregierten Angebotskurve nach rechts durch eine Vergrößerung des Produktionspotenzials ist allerdings ein langwieriger Prozess. Investitionen in Bildung und Ausbildung sowie Forschung und Entwicklung verbessern die Humankapitalausstattung einer Volkswirtschaft. Der Nutzen dieser Maßnahmen für die Volkswirtschaft – ein größeres Wirtschaftswachstum und ein höherer Lebensstandard – realisiert sich aber erst viel spä-

34.3 Angebotspolitik
Fazit

Aus der Praxis

Indien will sein BIP verdoppeln

Indien gehört neben Brasilien, Russland, China und Südafrika zu einer Gruppe aufstrebender Volkswirtschaften, die auch als BRICS-Staaten bezeichnet werden. Im November 2019 verkündete der seinerzeitige indische Premierminister Narendra Modi auf einem Gipfeltreffen der BRICS-Staaten in der brasilianischen Hauptstadt Brasilia ein ehrgeiziges Ziel. Das Bruttoinlandsprodukt (BIP) der indischen Volkswirtschaft sollte bis zum Jahr 2024 auf mehr als 5 Billionen Dollar anwachsen. Damit würde sich das BIP des Landes innerhalb weniger Jahre verdoppeln, und die indische Volkswirtschaft wäre größer als die deutsche Volkswirtschaft.

Nach seinem Amtsantritt im Jahr 2014 hatte Modi bereits verschiedene wirtschaftspolitische Programme wie »Make in India«, »Skill India« oder »Digital India« auf den Weg gebracht, um dem Wachstum der indischen Volkswirtschaft neuen Schwung zu verleihen. Unter seinem Amtsvorgänger Manmohan Singh war das Wachstumstempo der indischen Volkswirtschaft nach anfänglichen Erfolgen mit jährlichen Wachstumsraten von bis 10 Prozent ins Stocken geraten. Ein Grund für das schwächelnde Wachstum wurde darin gesehen, dass der indische Staat immer wieder Kredite aufnahm, das Geld aber nicht für Maßnahmen ausgab, die das gesamtwirtschaftliche Angebot stärkten. Anstatt in die Infrastruktur zu investieren und die Investitionstätigkeit der indischen Volkswirtschaft zu unterstützen, finanzierte der indische Staat mit den Krediten Preissubventionen bei Lebensmitteln und Energie. Kritiker monierten, dass die hohe staatliche Kreditaufnahme zu einer Verdrängung der privaten Investitionen und zu einer Kreditklemme geführt hat, die das Wirtschaftswachstum nachhaltig gebremst hat.

Nach Auffassung von Wirtschaftsexperten muss das Hauptaugenmerk der indischen Wirtschaftspolitik auf einer Mischung von marktorientierter und interventionistischer Angebotspolitik liegen. Dazu gehören u.a.
- massive staatliche Investitionen in die Infrastruktur,
- die Privatisierung von unwirtschaftlich arbeitenden Staatsunternehmen,
- der Abbau von Subventionen wie der Stützung der Strom- und Benzinpreise,
- die Erleichterung ausländischer Investitionen durch den Abbau von Restriktionen beim Beteiligungserwerb,
- eine grundlegende Reform des komplizierten Steuersystems, verbunden mit Steuererleichterungen, sowie
- die entschlossene Bekämpfung der Korruption.

Einige dieser Schritte wurden bereits in Angriff genommen. So kam es Anfang 2017 mit der landesweiten Einführung einer »Goods and Service Tax« zu einer grundlegenden Vereinfachung des Umsatzsteuersystems. Von der in 2019 beschlossenen Senkung der Körperschaftsteuer von 30 auf 22 Prozent erhofft sich die indische Regierung eine weitere Stärkung der Wettbewerbsfähigkeit des Unternehmenssektors und eine Ankurbelung der privaten Investitionstätigkeit.

Gleichzeitig treibt die indische Regierung den weiteren Ausbau der Infrastruktur mit Hochdruck voran. Es ist geplant, bis zum Jahr 2024 mehr als 1.000 Milliarden Euro in Verkehrswege, die Energie- und Wasserversorgung sowie den Telekommunikationssektor zu investieren.

Ein weiteres wichtiges Projekt auf der Reformliste ist die Einführung einer landesweiten Krankenversicherung, auch bekannt als »Modicare«. Nach Plänen der indischen Regierung sollen landesweit bis zu 500 Millionen Inder durch Modicare Zugang zu einer Krankenversicherung erhalten. Der Erfolg der eingeleiteten Maßnahmen wird wesentlich davon abhängen, inwieweit der Wachstumskurs der indischen Volkswirtschaft auch der breiten Bevölkerung zugutekommt. So geriet die indische Regierung Anfang 2020 durch steigende Arbeitslosenzahlen und steigende Preise von Grundnahrungsmitteln zunehmend unter öffentlichen Druck. Und nach dem Beschluss über die Privatisierung von defizitären staatlichen Unternehmen wie der Fluggesellschaft Air India und des Ölunternehmens Bharat Petroleum kam es im ganzen Land zu einer großen Streikwelle.

Fragen
1. Warum sollte sich die Wirtschaftspolitik in Indien auf die Stärkung der Angebotsseite konzentrieren?
2. Ordnen Sie die vorgeschlagenen Maßnahmen der marktorientierten oder der interventionistischen Angebotspolitik zu.
3. Erläutern Sie, inwieweit die Einführung einer landesweiten Krankenversicherung zu einer Stärkung des gesamtwirtschaftlichen Angebots führen kann.

ter. Marktorientierte Maßnahmen wie Steuersenkungen und Kürzungen bei den öffentlichen Ausgaben sind lobenswert, allein fehlt bislang der überzeugende empirische Beweis für die Wirksamkeit dieser Maßnahmen. Sicher ist, dass angebotspolitische Maßnahmen nur dann ihr Ziel erreichen können, wenn sie Hand in Hand mit anderen wirtschaftspolitischen Maßnahmen gehen und nicht als Gegenstück zur Geld-

und Fiskalpolitik gesehen werden. Manchmal verschwimmen sogar die Unterschiede zwischen Geld-, Fiskal- und Angebotspolitik. Wenn der Staat Milliarden in den Ausbau des Breitband-Internets investiert, ist das nun ein fiskalpolitischer Impuls oder wird dadurch die Angebotsseite der Volkswirtschaft gestärkt?

Zusammenfassung

- Angebotspolitische Maßnahmen gewannen in den 1980er-Jahren und zu Beginn der 1990er-Jahre in vielen Ländern mehr und mehr an Bedeutung.
- Angebotspolitik zielt darauf ab, die aggregierte Angebotskurve nach rechts zu verschieben.
- Die Verschiebung der aggregierten Angebotskurve nach rechts kann zu nachhaltigem Wirtschaftswachstum führen, bei dem das Produktionsniveau steigt und das Preisniveau stabil bleibt, da Produktionsengpässe vermieden werden, die bei einer Stimulierung der aggregierten Nachfrage durch Geld- oder Fiskalpolitik auftreten können.
- Man unterscheidet zwischen marktorientierter und interventionistischer Angebotspolitik.
- Marktorientierte Angebotspolitik zielt darauf ab, die Märkte zu liberalisieren, damit es zu einer besseren Allokation der Ressourcen kommt.
- Interventionistische Maßnahmen sind darauf gerichtet, die Funktionsweise von Märkten zu verbessern und erfordern staatliche Eingriffe, um notwendige Investitionen in Infrastruktur, Bildung, Ausbildung, Forschung und Entwicklung zu ermöglichen.

Stichwörter

- marktorientierte Angebotspolitik
- interventionistische Angebotspolitik
- Laffer-Kurve
- Gig Economy
- Privatisierung

Wiederholungsfragen

1. Welchen Verlauf hat die aggregierte Angebotskurve der Neukeynesianischen Theorie zufolge?
2. Welchen Zusammenhang beschreibt die Laffer-Kurve? Führt eine Senkung des Steuersatzes immer zu einer Erhöhung des Steueraufkommens?
3. Welche beiden Kategorien von angebotspolitischen Maßnahmen gibt es und worin liegt der grundlegende Unterschied zwischen beiden Ansätzen?
4. Warum sollte der Staat in Bildung und Ausbildung sowie in Forschung und Entwicklung investieren?

Aufgaben und Anwendungen

1. Warum ist die Outputlücke für die Wirtschaftspolitik von Bedeutung? Welche Schwierigkeit kann es für den Staat geben, die Größe der Outputlücke abzuschätzen? Verwenden Sie ein Diagramm mit aggregierter Nachfragekurve und aggregierter Angebotskurve und zeigen Sie, wann ein Anstieg der aggregierten Nachfrage zu einem höheren Produktionsniveau führt, ohne dass sich das Preisniveau ändert.

2. Zeigen Sie mithilfe eines Diagramms mit aggregierter Nachfragekurve und aggregierter Angebotskurve, wie durch Angebotspolitik der Inflationsdruck in der Volkswirtschaft gemindert werden kann.

3. Was passiert mit der Phillips-Kurve, wenn sich die aggregierte Angebotskurve durch erfolgreiche wirtschaftspolitische Maßnahmen des Staates nach rechts verschiebt?

4. Was versteht man unter dem Crowding-in-Effekt? Warum fällt es dem Staat in der Regel schwer, seine Ausgaben zu reduzieren?

5. Nehmen wir an, die Bundesregierung kündigt ein Bildungspaket mit höheren Ausgaben für die Hochschulen an, mit dem Ziel, den Anteil der Schulabgänger deutlich zu erhöhen, der nach der Schule ein Studium aufnimmt.
    a. Inwiefern ist der Anteil der Schulabgänger, die sich für ein Hochschulstudium entscheiden, für die Humankapitalausstattung einer Volkswirtschaft von Bedeutung?
    b. Inwiefern kann die Wahl der Studiengänge von Bedeutung sein?
    c. Nach der Bekanntgabe des neuen Bildungspakets kritisieren Vertreter von Unternehmen, dass die Bundesregierung der betrieblichen Ausbildung zu wenig Aufmerksamkeit schenkt. Sollte die Bundesregierung Ihrer Meinung auch die berufliche Ausbildung in Unternehmen unterstützen? Begründen Sie Ihre Antwort.

35 Gebiete mit einheitlicher Währung und die Europäische Währungsunion

In den 1990er-Jahren entschlossen sich mehrere europäische Länder zum Eintritt in die Europäische Wirtschafts- und Währungsunion (EWWU bzw. Economic and Monetary Union – EMU). Gleichzeitig gaben sie ihre nationalen Währungen auf und führten eine neue gemeinsame Währung ein, den Euro. Weshalb kamen die Länder zu dieser Entscheidung? Welches sind die Kosten und die Vorteile der Einführung einer Gemeinschaftswährung in diesen Ländern? Ist es vielleicht »optimal« für Europa, eine einzige Währung zu haben? Im vorliegenden Kapitel werden wir einige dieser Fragen genauer untersuchen.

Eine **Währungsunion (Gebiet gemeinschaftlicher Währung)** ist ein geografisch abgegrenztes Gebiet, in dem ein einziges Geld als Tauschmittel zirkuliert. Ein anderer Ausdruck dafür: Gebiet der gemeinsamen Währung. Eine so verbundene Ländergruppe hat praktisch auf Dauer und nicht umkehrbar feste Wechselkurse zwischen ihren alten nationalen Währungen vereinbart. Neben dem Begriff *Währungsunion* werden im vorliegenden Kapitel ähnliche, sinngleiche Umschreibungen verwendet. Bisweilen spricht man von *Geld- und Währungsunion*. Dabei werden zwei Seiten ein und derselben »Sache« – Euro – akzentuiert: Es handelt sich erstens um die tatsächlichen Geldfunktionen in Volkswirtschaften (Geld als Tausch- oder Zahlungsmittel, Recheneinheit, Wertaufbewahrungsmittel und wirtschaftliches Handlungspotenzial), und zweitens um die rechtliche Verankerung einer Währungseinheit im nationalen und multinationalen Rahmen, die beide Male vom Euro ausgeübt werden.

Sofern eine Währungsunion einfach die Verwendung eines einzigen Geldes bedeutet, lässt sich der Begriff in einem trivialen Sinne auf viele Länder anwenden. Doch sprechen wir genau dann von einer Währungsunion, wenn sich die Menschen einer bestimmten Anzahl nationaler Volkswirtschaften – wie bei der europäischen Währungsunion – dafür entschieden haben, fortan eine gemeinsame Währung als ihr einziges Tauschmittel zu verwenden. Werfen wir einen genaueren Blick auf die Europäische Wirtschafts- und Währungsunion und den Euro.

> **Währungsunion (Gebiet gemeinschaftlicher Währung)**
> Ein geografisch abgegrenztes Gebiet, in dem ein einziges Geld als Tauschmittel zirkuliert.

35.1 Der Euro

Seit dem Beitritt Lettlands zum 1. Januar 2014 und dem Litauens zum 1. Januar 2015 sind es 19 Länder, die der **Europäischen Wirtschafts- und Währungsunion (EWWU)** angehören. Die weiteren Länder der Europäischen Wirtschafts- und Währungsunion, oft auch einfach Euroraum oder Eurozone genannt, sind Belgien, Deutschland, Estland, Finnland, Frankreich, Griechenland, Irland, Italien, Luxemburg, Malta, die Niederlande, Österreich, Portugal, die Slowakei, Slowenien, Spanien und Zypern. Der Weg

> **Europäische Wirtschafts- und Währungsunion (EWWU)**
> Die Europäische Währungsunion, die den Euro als ihre Gemeinschaftswährung gewählt hat, wobei im Begriff Wirtschafts- und Währungsunion die engste Form der multinationalen Integration als beabsichtigter Endzustand anklingt (freier Wirtschafts- und Geldverkehr, vereinheitlichte Wirtschaftspolitik).

35.1 Gebiete mit einheitlicher Währung und die Europäische Währungsunion
Der Euro

hin zur Gemeinschaftswährung hat eine sehr lange Vorgeschichte, und wir können hier nicht im Einzelnen darüber berichten. Nur einige Meilensteine seien erwähnt. Im Jahr 1992 kam es zunächst zum Maastricht-Vertrag (förmlich als »Vertrag über die Europäische Union« bekannt), der u. a. festlegte, unter welchen Bedingungen Staaten an der vorgesehenen Währungsunion teilnehmen können. Um sich an der neuen Einheitswährung zu beteiligen, mussten die Mitgliedstaaten einige strenge Kriterien erfüllen: ein Haushaltsdefizit von weniger als 3 Prozent des Bruttoinlandsprodukts, ein Verhältnis der Staatsschulden zum Bruttoinlandsprodukt von weniger als 60 Prozent, verbunden mit niedrigen Inflationsraten und Zinssätzen nahe am EU-Durchschnitt. Der Maastricht-Vertrag enthielt auch einen Zeitplan für die Einführung der neuen Währung sowie Regeln für die Errichtung einer Europäischen Zentralbank (EZB). Die EZB kam im Juni 1998 zustande und bildet zusammen mit den nationalen Zentralbanken des Euroraums das Europäische System der Zentralbanken (ESZB), dem die Sicherung der Preisstabilität und der Aufbau einer einheitlichen europäischen Geldpolitik obliegt.

Offiziell wurde die einheitliche europäische Währung – der Euro – am 1. Januar 1999 geschaffen (Griechenland trat dem Euroraum erst am 1. Januar 2001 bei). An diesem Tag wurden die Wechselkurse zwischen den alten nationalen Währungen im Euroraum unwiderruflich festgeschrieben, und einige Tage danach begannen die Finanzmärkte damit, den Euro gegen andere Währungen (wie etwa den Dollar) oder Wertpapiere auf Euro-Basis zu handeln. Von 1999 bis Anfang 2002 durchlebten wir eine Übergangsphase mit weiterhin zirkulierenden alten nationalen Währungen in den Volkswirtschaften des Euroraums und mit doppelten Preisauszeichnungen (in alter Währung und in Euro) in den Geschäften. Am 1. Januar 2002 kamen die ersten Euro-Noten und -Münzen in Umlauf, und es dauerte nur einige Monate, bis das neue Geld in der gesamten Union vollständig eingeführt war.

Für die zunächst betroffenen zwölf Volkswirtschaften war die Bildung der EWWU ein recht kühner Schritt. Die meisten der nationalen Währungen, die über Jahrhunderte gültig waren, wurden mit einem Mal durch den Euro ersetzt. Warum erachteten es diese Länder als so wichtig, ihre alten Währungen aufzugeben und eine gemeinsame Währung einzuführen? Zweifellos enthält die Antwort auf diese Frage zum einen rein politische und zum anderen rein volkswirtschaftliche Aspekte. Auf jeden Fall war man überzeugt, dass eine Gemeinschaftswährung dazu verhilft, den gemeinsamen europäischen Markt für Waren, Dienstleistungen und Produktionsfaktoren zu vollenden. Dieser große gemeinsame Markt war ein Dauerprojekt der Nachkriegszeit. Kosten und Vorteile des Übergangs zur Gemeinschaftswährung können mit den analytischen Werkzeugen der makroökonomischen Theorie analysiert werden. Betrachten wir nun den Euro und seine Bedeutung für den gemeinsamen Markt näher.

35.2 Der europäische Binnenmarkt

Nach den Verwüstungen durch die beiden Weltkriege von 1914 bis 1918 und von 1939 bis 1945, die jeweils als europäische Konflikte begannen, drückten bedeutende europäische Länder (insbesondere Frankreich und Deutschland) den sehnlichen Wunsch aus, künftige Kriege durch einen ausgeprägten Prozess der wirtschaftlichen Integration unmöglich zu machen. Man erhoffte sich davon eine größere soziale und politische Harmonie in Europa. Dies führte zur **Europäischen Union**, auch als EU bezeichnet.

Anfangs bestand die EU aus nur sechs Ländern: Belgien, Deutschland, Frankreich, Italien, Luxemburg und den Niederlanden. Im Jahre 1973 kamen Dänemark, Irland und Großbritannien hinzu. Griechenland trat 1981 bei, Spanien und Portugal 1986 und Österreich, Finnland sowie Schweden 1995. Im Jahre 2004 fand mit zehn neuen Beitrittsländern die größte Erweiterung aller Zeiten statt. Nachdem im Jahr 2007 Bulgarien und Rumänien sowie im Jahr 2013 Kroatien aufgenommen wurden, bestand die EU aus 28 Mitgliedstaaten, bis Großbritannien zum 31. Januar 2020 aus der EU ausgetreten ist. Außerdem gibt es mit der Türkei, Nordmazedonien, Montenegro, Albanien und Serbien derzeit fünf Länder, die den offiziellen Status eines Beitrittskandidaten haben. Die Homepage der EU (https://europa.eu/) definiert die Europäische Union als »eine Familie demokratischer europäischer Länder, die sich der Zusammenarbeit für Frieden und Wohlstand verpflichtet fühlen«.

Die EU ist gewiss in ihrem ursprünglichen zentralen Anliegen der Friedenssicherung erfolgreich gewesen. In der Tat kann man sich bewaffnete Konflikte zwischen EU-Mitgliedstaaten im modernen Europa kaum vorstellen. Das hat dazu geführt, dass man nun das zweite Ziel der EU stärker betonte – Wohlstand –, und zu diesem Zweck beabsichtigte, einen gemeinsamen europäischen Markt, den **europäischen Binnenmarkt** zu schaffen, mit freier Mobilität von Arbeit, Kapital, Waren und Dienstleistungen.

In dem Maße, in dem Handelshemmnisse zwischen den Mitgliedsländern wegfielen, wurde argumentiert, würden die Unternehmen sich über den europäischen Markt ausdehnen und Größenvorteile (economies of scale) nutzen. Zugleich würden ineffiziente Unternehmen einem verstärkten, grenzüberschreitenden Wettbewerb ausgesetzt, der sie entweder zur Steigerung ihrer Effizienz oder zur Geschäftsaufgabe zwingen würde. Das Ziel bestand darin, den Unternehmen ein faires Wettbewerbsumfeld zu bieten, in dem Größenvorteile möglich sind und sich eine breite Basis an Konsumenten entwickelt, die es den Unternehmen ermöglichen, in die Weltmärkte zu expandieren. Die privaten Haushalte würden von niedrigeren Preisen profitieren, einer größeren Vielfalt an Waren und Dienstleistungen sowie von neuen Arbeitsmöglichkeiten in anderen Regionen, während sich die Volkswirtschaften eines höheren Wirtschaftswachstums erfreuen würden.

Erste Schritte zur Schaffung des gemeinsamen Markts führten 1968 zur Abschaffung der Binnenzölle und Handelsschranken (Zollunion), zur allmählichen Harmonisierung von indirekten Steuern und gewerblichen Vorschriften sowie zu einer gemeinsamen Landwirtschafts- und Fischereipolitik.

Dennoch erwies es sich als schwierig, die weniger greifbaren Hemmnisse für den freien Austausch von Waren, Dienstleistungen, Kapital und Arbeit abzubauen. So blieben z. B. trotz Abschaffung von Binnenzöllen und Importquoten in der EU die örtli-

> **Europäische Union (EU)**
> Eine Familie demokratischer europäischer Länder, die sich zur Zusammenarbeit für Frieden und Wohlstand verpflichtet fühlen.

> **Europäischer Binnenmarkt**
> Ein (noch unvollständiger) EU-weiter Markt, in dem sich Arbeit, Kapital, Waren und Dienstleistungen frei bewegen können.

chen Steuervorschriften und technischen Bestimmungen für Waren und Dienstleistungen in den Ländern unterschiedlich. Daraus ergaben sich oftmals Schwierigkeiten, von einem Land in ein anderes zu exportieren. Ein in Großbritannien hergestelltes Kraftfahrzeug muss z. B. in unterschiedlichen Ländern unterschiedlichen Sicherheits- und Emissionsnormen genügen. Ein diplomierter Ingenieur könnte Schwierigkeiten bekommen, wenn er seine in Italien erworbene Qualifikation in Deutschland anerkennen lassen wollte. Auch aus diesen Gründen ist das Wirtschaftswachstum der EU-Mitgliedstaaten während der 1970er-Jahre und der frühen 1980er-Jahre deutlich hinter dem der internationalen Wettbewerber geblieben – vor allem hinter dem der USA und Japan. Die EU-Kommission hat deshalb im Jahr 1985 ein Diskussionspapier verfasst (»White Paper« im EU-Jargon), das anschließend 1986 zur Einheitlichen Europäischen Akte führte. Darin wurden etwa 300 verschiedene Maßnahmen zusammengestellt, die auf die Vervollständigung des Europäischen Binnenmarkts bis zum 31. Dezember 1992 als dem letzten Termin gerichtet waren. Der Binnenmarkt wurde durch EU-Direktiven verwirklicht, die den Regierungen der Mitgliedstaaten die Schritte zur Verwirklichung der folgenden vier Ziele aufgaben:

▸ der freie Verkehr für Waren, Dienstleistungen, Arbeit und Kapital zwischen den EU-Mitgliedstaaten;
▸ die Annäherung wichtiger Gesetze, Regelungen und Verwaltungsvorschriften zwischen den Mitgliedstaaten;
▸ eine gemeinsame, europaweite Wettbewerbspolitik, die von der EU-Kommission ausgeübt wurde;
▸ ein System gemeinsamer Außenzölle gegenüber den Nicht-EU-Ländern.

Auch mehr als dreißig Jahre nach der Einheitlichen Europäischen Akte ist der gemeinsame europäische Markt noch keineswegs vollständig verwirklicht. In den einzelnen EU-Staaten gibt es noch immer sehr unterschiedliche nationale fiskalpolitische Systeme, nicht vergleichbare akademische und berufliche Qualifikationen und eine noch immer niedrige Arbeitskräftemobilität. Einige der Ursachen dafür sind nur mit großen Mühen zu überwinden: Sprachbarrieren und unterschiedliche wirtschaftliche Entwicklungsniveaus behindern die Mobilität der Produktionsfaktoren. Die Mitgliedstaaten wetteifern wirtschaftlich miteinander, indem sie ihr eigenes nationales Interesse über das höhere Interesse der EU stellen.

Gleichwohl gab es in den Jahren von 1985 bis 1992 einige bedeutende Schritte hin zur Entwicklung eines Binnenmarkts, und diese Ergebnisse konnten sich sehen lassen: Die EU-Kommission schätzt, dass das Projekt Europäischer Binnenmarkt zur Schaffung von 2,5 Millionen neuen Arbeitsplätzen führte und im nachfolgenden Jahrzehnt ab 1993 einen zusätzlichen sozialen Nutzen (der schwierig zu messen ist) von rund 800 Milliarden Euro erbracht hat.

In Verbindung mit dem Projekt EU-Binnenmarkt bot sich sodann eine gemeinsame Währung als letzter Schritt zur »Vervollständigung des gemeinsamen europäischen Markts« an. Dabei ging es um zweierlei: Man wollte (a) die Transaktionskosten des innergemeinschaftlichen Handels beseitigen, die durch unterschiedliche Währungen entstehen (und ähnlich wirken wie ein Zoll), und man wollte (b) Veränderungen der nationalen Wettbewerbsfähigkeit durch schwankende Wechselkurse ausschließen.

Als die Währungsunion noch nicht bestand, gehörten die meisten europäischen Länder dem Europäischen Wechselkurssystem (EWS) an, das Schwankungen der Wechselkurse zwischen den Mitgliedsländern begrenzen sollte. Es zeigte sich aber, dass dieses System kein sehr wirksames Mittel zur Verringerung der Volatilität der Wechselkurse war und jedenfalls nicht zur Beseitigung der Transaktionskosten (z. B. Bankgebühren für Devisenumtausch) führte, die mit der Abwicklung des innereuropäischen Handels verbunden waren.

Natürlich ist es wichtig, die Europäische Währungsunion in einem größeren europäischen Rahmen zu sehen und insbesondere im Zusammenhang mit dem Projekt des gemeinsamen europäischen Markts. Gleichwohl kann man mit makroökonomischer Theorie allein bereits die Vorteile analysieren, die sich aus der Einführung einer gemeinsamen Währung in einem geografisch abgegrenzten Gebiet ergeben. Darüber hinaus müssen diese Vorteile gegen die Kosten der gemeinsamen Währung abgewogen werden.

35.3 Vorteile und Kosten einer Gemeinschaftswährung

Die Vorteile einer gemeinsamen Währung

Beseitigung von Transaktionskosten. Ein ganz offenkundiger und unmittelbarer Vorteil einer Gemeinschaftswährung besteht darin, dass der Handel zwischen den Mitgliedsländern leichter fällt und insbesondere die mit dem Handel verbundenen Transaktionskosten sinken. Wenn ein deutsches Unternehmen französischen Wein importiert, zahlt es keine Gebühren mehr für den Umtausch von D-Mark in Francs (zur Bezahlung des Weinexporteurs). Das Unternehmen zahlt einfach in Euro. Obwohl die Banken durch den Wegfall der Gebühren weniger Einnahmen haben, ist die Senkung der Transaktionskosten insgesamt betrachtet vorteilhaft. Die Gebühren für den Währungsumtausch sind Kosten für die Unternehmen, denen keine greifbaren Gegenleistungen gegenüberstehen.

Abbau von Preisdifferenzierung. Bisweilen wird behauptet, dass es bei einer Gemeinschaftswährung durch den Abbau von Preisdifferenzierung zu einem weiteren, wenn auch indirekten Vorteil für die Teilnehmerländer kommt. Da die Güterpreise alle in einheitlicher Währung ausgezeichnet sind, wird es für die Unternehmen schwieriger, regionale Preisdifferenzierungen durchzusetzen. Wie wir wissen, geht Preisdifferenzierung mit einem Nettowohlfahrtsverlust für die gesamte Volkswirtschaft einher. Die bessere Preistransparenz in einem gemeinsamen Währungsraum führt zu Arbitragegeschäften bei Gütern: Man wird dort einkaufen, wo Güter billiger sind (wodurch die Preise an diesen Orten ansteigen) und die Einkäufe an den Orten mit höheren Preisen verringern (wodurch die Preise dort zurückgehen).

Insgesamt gesehen wird die Europäische Währungsunion die Preisdifferenzierung im Euroraum jedoch nicht völlig beseitigen. Für Güter etwa des täglichen Bedarfs mit relativ hohen (im Vergleich zum Preis der Güter) Transport- und Wegekosten wird die gemeinsame Währung nicht zur Konvergenz der Preise im jetzt größeren Wirtschaftsgebiet führen. Niemand wird in ein anderes Land zum Haushaltseinkauf fahren, nur weil dort die Preise niedriger sind. Vielleicht macht man das in Grenzgebieten und dann, wenn man Essen und Trinken für einen ganzen Monat einkaufen kann. Doch auch dann wäre die Wirkung auf die Preisangleichung beschränkt. Auf der anderen Seite aber gibt es Haushaltsgeräte und Elektronik mit Transport- und Transaktionskosten von weniger als einem Prozent des Warenwerts. Doch auch hier ist Arbitrage großen Umfangs über Ländergrenzen hinweg unwahrscheinlich, weil ja Garantieleistungen und Service vor Ort verlässlich sein müssen. Niemand wird einen Gefrierschrank in einem anderen Land kaufen, wenn Mängelbeseitigung und Rückgabe des Gerätes am Verkaufsort erfolgen müssen, von unterschiedlichen Steckern und Steckdosen in den einzelnen EU-Ländern einmal ganz abgesehen.

Verringerung der Wechselkursschwankungen. Ein drittes Argument zugunsten der Währungsunion stellt die Verringerung der Wechselkursschwankungen und die damit verbundene geringere Unsicherheit in den Mittelpunkt. Wechselkurse können schon von Tag zu Tag erheblich schwanken und über längere Fristen hinweg noch stärker. Man stelle sich vor, ein Supermarkt in Deutschland würde Wein aus Frankreich importieren, der in drei Monaten geliefert wird und dann bezahlt werden muss. Ehe die Währungsunion bestand, musste der deutsche Supermarkt genau darauf achten, was ein Franc in D-Mark wert ist und wie sich demnach die Beschaffungskosten des Weins (in D-Mark) entwickelten. Diese Unsicherheit konnte den Supermarkt davon abhalten, überhaupt Wein aus Frankreich zu importieren und sich stattdessen darauf zu beschränken, deutschen Wein im Sortiment zu führen und damit auf die Vorteile aus dem Handel zu verzichten, sodass es zu Wohlfahrtsverlusten kam. Natürlich hätte der Supermarkt seine Einkäufe über eine Bank auf dem Terminmarkt absichern können (Abschluss eines Vertrags auf zukünftigen Devisenkauf). Aber dafür wären wiederum zusätzliche Kosten durch Bankgebühren angefallen, die letzten Endes wie ein Zoll auf Weinimporte wirken und damit Wohlfahrtsverluste für die Gesellschaft mit sich bringen.

Die Verringerung der Unsicherheit, die durch Wechselkursschwankungen hervorgerufen wird, wirkt sich auch auf das Investitionsverhalten in der Volkswirtschaft aus. Dies trifft auf jeden Fall für Unternehmen zu, die einen Großteil ihrer Produktion in andere Länder des Euroraums exportieren. Wenn die Unsicherheit über die Höhe der Exporterlöse sinkt, dann kann das Unternehmen in der Zukunft mit weniger Risiko planen, sodass Investitionsprojekte wie etwa der Bau neuer Fabrikanlagen weniger riskant sind. Und ein Anstieg der Investitionen und, als Folge, höheres Wachstum kommen der gesamten Volkswirtschaft zugute.

Die Kosten einer gemeinsamen Währung

Die größten Kosten beim Eintritt in ein gemeinsames Währungsgebiet bestehen darin, dass ein Land seine nationale Währung und seine eigenständige nationale Geldpolitik aufgibt und damit die Möglichkeit, gesamtwirtschaftliche Anpassungen über Wechselkursveränderungen durchzuführen. Selbstverständlich kann es für die nationalen Volkswirtschaften des Euroraums mit ihrer Einheitswährung auch nur noch eine einheitliche Geldpolitik geben, die von der Europäischen Zentralbank durchgeführt wird. Dies muss auch deshalb so sein, weil bei einheitlicher Währung national unterschiedliche Zinssätze und Zinsstrukturen nicht möglich sind. Warum könnte darin ein Problem liegen?

Nehmen wir z. B. an, im Euroraum änderten sich die Konsumentenpräferenzen, weg von Waren und Dienstleistungen aus Deutschland und hin zu Gütern aus Frankreich. Dieser Fall wird in Abbildung 35-1 dargestellt, die eine Linksverschiebung in der aggregierten Nachfragekurve Deutschlands (Diagramm (a)) und eine Rechtsverschiebung in der entsprechenden aggregierten Nachfragekurve Frankreichs (Diagramm (b)) zeigt. Was sollten Wirtschaftspolitiker in Deutschland und Frankreich daraufhin unternehmen? Eine Antwort lautet: nichts. Denn auf lange Sicht werden beide Volkswirtschaften wieder zu ihrem natürlichen Produktionsniveau zurückkehren. In Deutschland wird dies dadurch geschehen, dass das Preisniveau sinkt und Löhne, Preise und Wahrnehmungen sich anpassen. Durch die steigende Arbeitslosigkeit geht das Lohnniveau in Deutschland zurück. Niedrigere Lohnsätze lassen die Kosten der Unternehmen sinken, und auf diese Weise kann es bei gegebenem Preisniveau zu mehr Beschäftigung kommen. Mit anderen Worten wird sich die kurzfristige aggregierte Angebotskurve von Deutschland nach rechts verschieben, bis sie schließlich die neue aggregierte Nachfragekurve bei dem gleichgewichtigen Produktionsniveau schneidet. In Frankreich verläuft die Änderung andersherum, wobei sich die kurzfristige aggregierte Angebotskurve nach links verschiebt. Die jeweilige Anpassung an das Gleichgewichtsniveau der Produktion ist in Abbildung 35-1 zu sehen.

Hätten Deutschland und Frankreich eine eigene nationale Währung und flexible Wechselkurse (wie in Abbildung 35-2 dargestellt), so würden die kurzfristigen Schwankungen der aggregierten Nachfrage durch Wechselkursanpassungen ausgeglichen werden: Ein Anstieg der Nachfrage nach französischen Gütern (Diagramm (b)) und ein Rückgang der Nachfrage nach deutschen Gütern (Diagramm (a)) würden die Nachfrage nach Francs steigern und die Nachfrage nach D-Mark verringern. Auf dem Devisenmarkt würde der Wert des Francs (in D-Mark gerechnet) ansteigen. Dies würde französische Güter für die deutsche Bevölkerung verteuern, da man nun (in D-Mark gerechnet) mehr für einen bestimmten Betrag in Francs bezahlen muss. Auf ähnliche Weise würden deutsche Güter für die französische Bevölkerung billiger. Die französischen Nettoexporte gingen zurück und ließen die aggregierte Nachfrage sinken. Das sieht man in Abbildung 35-2, Diagramm (b). Die aggregierte Nachfragekurve für Frankreich verschiebt sich nach links zurück, bis sich altes Gleichgewicht und Produktionsniveau wieder einstellen. Umgekehrt – ebenfalls aus Abbildung 35-2, Diagramm (a) abzulesen – steigen die deutschen Nettoexporte und die aggregierte Nachfragekurve für Deutschland verschiebt sich nach rechts zum alten Gleichgewicht zurück.

In einer Währungsunion ist diese automatische Anpassung jedoch nicht möglich, da ja beide Länder dieselbe Währung haben – den Euro. Was man in diesem Fall machen kann, ist abzuwarten, bis sich Lohnsätze und Preise in Frankreich und Deutschland anpassen, sodass sich in jeder der beiden Volkswirtschaften die kurzfristige aggre-

35.3 Gebiete mit einheitlicher Währung und die Europäische Währungsunion
Vorteile und Kosten einer Gemeinschaftswährung

Abb. 35-1

Eine Änderung der Konsumentenpräferenzen von deutschen zu französischen Gütern

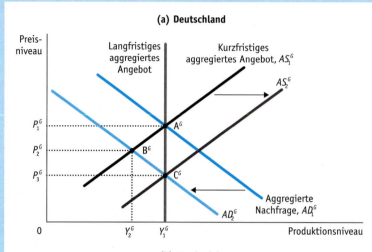

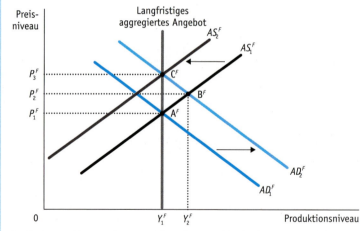

Der Rückgang der aggregierten Nachfrage in Deutschland (Diagramm (a)) führt zu einem Rückgang des Produktionsniveaus von Y_1^G zu Y_2^G und zu einer Senkung des Preisniveaus von P_1^G auf P_2^G. Der Anstieg der aggregierten Nachfrage in Frankreich (Diagramm (b)) erhöht das Produktionsniveau von Y_1^F auf Y_2^F. Mit der Zeit werden sich Lohnsätze, Preise und Wahrnehmungen anpassen, sodass die Produktion in Deutschland und Frankreich wieder auf ihr natürliches Niveau zurückkehrt, bei niedrigeren Preisen in Deutschland (P_3^G) und höheren Preisen in Frankreich (P_3^F).

Abb. 35-2

Eine Änderung der Konsumentenpräferenzen bei flexiblen Wechselkursen

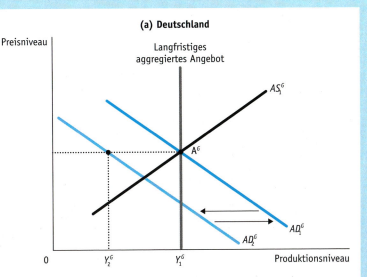

(a) Deutschland

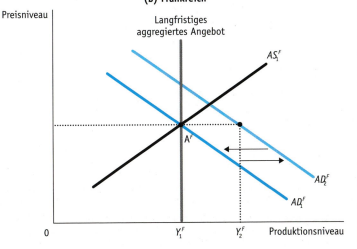

(b) Frankreich

Der Rückgang der aggregierten Nachfrage in Deutschland (Diagramm (a)) führt (ehe die Preise Zeit zur Anpassung haben) zu einem Rückgang des Produktionsniveaus von Y_1^G zu Y_2^G. Da dies allerdings mit einem Rückgang der Nettoexporte verbunden ist, fällt der Wert der deutschen Währung, sodass die deutschen Güter im Ausland billiger werden. Dadurch steigen die Nettoexporte wieder und bringen die aggregierte Nachfrage auf das alte Niveau. Umgekehrtes spielt sich in Frankreich ab (Diagramm (b)). Weil die Nettoexporte Frankreichs steigen, steigt der Außenwert der französischen Währung, wodurch die französischen Güter im Ausland teurer werden, die Nettoexporte sinken und die aggregierte Nachfrage auf das alte Niveau fällt.

gierte Angebotskurve so verschiebt, wie man es in Abbildung 35-1 sehen kann. Die resultierenden Veränderungen von Produktionsniveau und Arbeitslosenquote in den beiden Ländern werden zu Spannungen innerhalb der Währungsunion führen. Denken Sie an den Anstieg der Arbeitslosigkeit in Deutschland und die höhere Inflation in Frankreich. Deutsche Politiker – durch den Anstieg der Arbeitslosigkeit besorgt – werden vielleicht für eine Senkung des Zinsniveaus eintreten, damit die Nachfrage in ihrem Land angekurbelt wird. Ihr französischer Gegenpart – besorgt über den Inflationsanstieg – wird nach Zinserhöhungen rufen, um die aggregierte Nachfrage in Frankreich zu senken. Die Europäische Zentralbank kann nicht beide Länder gleichzeitig zufriedenstellen. Die EZB verfolgt das Ziel der Preisstabilität und legt dabei einen harmonisierten Verbraucherpreisindex zugrunde, der einen Durchschnitt über die Europäische Währungsunion abbildet. Liegt die tatsächliche oder erwartete Inflationsrate eines Landes unter dem europäischen Durchschnitt, fällt die Geldpolitik der EZB zu restriktiv für diese Volkswirtschaft aus. Bei einer überdurchschnittlich hohen Inflationsrate gerät die Geldpolitik der EZB zu expansiv für diese Volkswirtschaft. Es gibt eben nur eine einheitliche Geldpolitik. Genau aus diesem Grund ist der Beitritt zum Euroraum an bestimmte (Konvergenz-)Kriterien geknüpft, die sicherstellen sollen, dass das Inflations- und Zinsniveau der Länder nicht weit vom EU-Durchschnitt entfernt liegt.

> **Kurztest**
> Zählen Sie die wichtigsten Kosten und Vorteile eines Beitritts zu einer Währungsunion auf und erörtern Sie diese.

35.4 Die Theorie optimaler Währungsräume

Optimaler Währungsraum
Eine Gruppe von Ländern, für die es günstig ist, eine gemeinsame Währung anzunehmen und eine Währungsunion zu bilden.

Die Theorie des **optimalen Währungsraums** sucht nach Kriterien, die zeigen, wann es für eine Gruppe von Ländern optimal ist, eine gemeinsame Währung einzuführen. »Optimal« bezieht sich auf die Fähigkeit der einzelnen Länder, die Kosten der Währungsunion zu begrenzen und die per Saldo größeren Vorteile für sich zu erschließen. Es handelt sich um einen unscharfen Begriff, da keine Möglichkeit besteht, eine Kosten-Nutzen-Analyse für Gegenwart und Zukunft durchzuführen. Oftmals werden die Länder einige, aber nicht alle Kriterien für einen optimalen Währungsraum erfüllen.

Eigenschaften von Volkswirtschaften, die die Beitrittskosten reduzieren

Stellen wir vorab einige Überlegungen dazu an, welche Eigenschaften von Volkswirtschaften die Kosten des Übergangs zu einer Gemeinschaftswährung gering halten. Wie bereits gesagt, bestehen die größten Kosten darin, dass man mit dem Beitritt zu einer Währungsunion die nationale monetäre Autonomie und die Möglichkeit verliert, makroökonomische Anpassungsprozesse durch Wechselkurspolitik zu unterstützen. Aus dem Verlust des Instruments der Wechselkurspolitik und der Unterordnung unter eine einheitliche Geldpolitik für den gesamten Währungsraum resultieren wirtschaftliche (und politische) Spannungen. Eine Möglichkeit, sie zu mildern, besteht in einer raschen Anpassung einer Volkswirtschaft an das langfristige Gleichgewicht nach einem makroökonomischen Schock. Die Wahl zwischen Inflation und Arbeitslosigkeit existiert nur kurzfristig. Daher gilt: Je schneller eine Volkswirtschaft wieder zum langfristigen Gleichgewicht zurückkehrt (mit den natürlichen, gleichgewichtigen Niveaus von Produktion und Arbeitslosenquote), umso besser ist es für sie. Die Anpassungsgeschwindigkeit an das natürliche Produktionsniveau wird dann besonders hoch sein, wenn im Gebiet der Gemeinschaftswährung eine hohe Flexibilität der Löhne und/oder eine hohe Mobilität der Arbeitskräfte bestehen.

Ein anderer Weg zur Lösung der Spannungen innerhalb der Währungsunion ergäbe sich, wenn alle Länder denselben Nachfrageschocks unterlägen (z. B. wenn die Nachfrage in allen Ländern gleichzeitig zurückginge). Denn dann neigten alle Länder zu ähnlichen wirtschaftspolitischen Entscheidungen (z. B. einer Senkung der Zinssätze). Betrachten wir nun all diese Gesichtspunkte nacheinander.

Flexibilität der Reallöhne. Angenommen, in jedem Mitgliedsland der Währungsunion besteht eine hohe Flexibilität der Reallöhne, sodass die Reallohnsätze kräftig auf Anstieg und Rückgang der Arbeitslosigkeit reagieren. Darauf folgt eine sehr rasche Anpassung an das natürliche Produktionsniveau entsprechend der Abbildung 35-1. In unserem Beispiel führt eine Linksverschiebung der aggregierten Nachfragekurve in Deutschland zu Lohnsatzsenkungen, sodass die Unternehmen zum gegebenen Preisniveau höhere Gewinne erzielen. Die kurzfristige aggregierte Angebotskurve verschiebt sich nach rechts und Deutschland kehrt zum gleichgewichtigen Produktionsniveau zurück. Sind die Lohnsätze sehr beweglich, so geschieht die Anpassung sehr rasch, sodass das kurzfristige Gleichgewicht wirklich nur kurz existiert. Vergleichbares gilt für Frankreich: Die Rechtsverschiebung der aggregierten Nachfrage bewirkt einen raschen Anstieg der Lohnsätze. Für die Unternehmen wird die Produktion damit weniger rentabel; die kurzfristige aggregierte Angebotskurve wird sich nach links verschieben, und ein neues Gleichgewicht ergibt sich beim natürlichen oder gleichgewichtigen Produktionsniveau. Auf diese Weise werden die Spannungen in der Währungsunion sehr rasch verschwinden, weil die kurzfristigen Übergangsphasen nicht lange dauern.

Beachten Sie in diesem Zusammenhang, dass es hier um den Reallohn geht: Die Reallohnsätze müssen sich anpassen, damit sich die Produktion für die Unternehmen bei jedem gegebenen Preis wieder lohnt und sich damit die kurzfristige aggregierte Angebotskurve verschiebt.

Mobilität der Arbeitskräfte. Die Anpassungsprobleme fallen auch dann geringer aus, wenn die Mobilität der Arbeitskräfte zwischen den Mitgliedsländern des gemeinsamen Währungsraums relativ hoch ist. Arbeitslose deutsche Arbeitskräfte würden ganz einfach nach Frankreich gehen, um Beschäftigung zu finden. Dadurch würde das makroökonomische Ungleichgewicht aufgelöst; die Arbeitslosigkeit in Deutschland ginge zurück, und der Inflationsdruck in Frankreich ginge in dem Maße zurück, wie

35.4 Gebiete mit einheitlicher Währung und die Europäische Währungsunion
Die Theorie optimaler Währungsräume

Asymmetrischer Schock
Eine Situation, in der es zu unterschiedlichen Reaktionen der aggregierten Nachfrage und/oder des aggregierten Angebots in den einzelnen Ländern kommt.

das Arbeitskräftepotenzial expandiert. Insofern sollte klar sein, dass die Mobilität der Arbeitskräfte die **asymmetrischen Schocks**, bei denen es zu unterschiedlichen Reaktionen der aggregierten Nachfrage und des aggregierte Angebots in den einzelnen Ländern kommt, einer Währungsunion abzufedern vermag. Dieses Szenario der zwischenstaatlichen Wanderungen kann – in langfristiger Perspektive – vertieft werden mit zusätzlichen demografischen Wachstums- oder Schrumpfungsbewegungen.

Kapitalmobilität. Bisweilen behaupten Volkswirte, dass die Kapitalmobilität ebenfalls den Verlust an nationaler geldpolitischer Autonomie und den Wegfall von Wechselkursanpassungen zwischen den Mitgliedsländern einer Währungsunion kompensieren könne. Hier hat man zu unterscheiden zwischen Realkapital oder physischem Kapital (wie Fabrikanlagen oder Maschinen) und Finanzkapital (Aktien, Obligationen und Bankkredite). Um eine Währungsunion gegen asymmetrische Schocks abzufedern, können Verlagerungen von *Realkapital* insofern helfen, als die Produktionskapazitäten in Wachstumsländern durch Investitionen aus anderen Mitgliedsländern erhöht werden. Die langen Ausreifungszeiten von Investitionen in Fabrikgebäude und Maschinenausrüstung bewirken jedoch, dass die Mobilität von Realkapital weniger zum Ausgleich kurzfristiger Schocks als vielmehr zur allmählichen Angleichung regionaler Unterschiede beiträgt.

Besser geeignet für die Abfederung kurzfristiger Schocks der Produktion sind Bewegungen des *Finanzkapitals*. So trachten z. B. Einwohner eines Landes im konjunkturellen Abschwung danach, von Einwohnern eines Wachstumslandes Geld aufzunehmen, um ihre kurzfristigen Schwierigkeiten zu überwinden. Angewandt auf unser Zwei-Länder-Beispiel: Deutsche würden von Franzosen Kredite aufnehmen, um ihren vorübergehenden Einkommens- oder Umsatzrückgang zu kompensieren. Das setzt selbstverständlich entsprechende Möglichkeiten auf dem Kreditmarkt voraus, was man bei hoch integrierten Volkswirtschaften unterstellen darf. Wenn etwa eine Bank über Niederlassungen in mehreren Ländern verfügt, sind Kreditaufnahme und Kreditvergabe zwischen Bewohnern von Wachstums- und Krisenländern nahezu automatisch möglich (etwa so: im Wachstumsland nehmen die Guthaben zu, im Krisenland die Überziehungskredite).

Diese Überlegungen führen zum Begriff des permanenten Einkommens und zum Kreditmarkt. Wir wissen, dass die Kaufkraft einer Familie weitgehend vom permanenten oder langfristigen Einkommen abhängt (auch normales oder durchschnittliches Einkommen genannt), wobei vorübergehende Schwankungen des Einkommens über Kreditaufnahme und -vergabe ausgeglichen werden. Wenn nun ein Schock die aggregierte Nachfrage der deutschen Volkswirtschaft negativ beeinflusst, wird eine große Zahl von Haushalten einen Rückgang des tatsächlichen oder transitorischen Einkommens feststellen und zum Ausgleich Kredite aufnehmen. Wegen der starken Kreditnachfrage zahlreicher Haushalte werden jedoch – falls die Kreditaufnahme nur auf dem Kreditmarkt in Deutschland möglich ist – die Zinssätze steigen und die Kreditaufnahme wird schwieriger werden. Nach dem Modell des Kreditmarkts ist zu erwarten, dass bei einem auf das Inland beschränkten Markt das Kreditangebot in Abschwungs- oder Rezessionsphasen zurückgeht, die Kreditnachfrage jedoch steigt.

Deshalb steigen die Zinssätze. Dadurch wird die Investitionsneigung geschwächt und der Konjunkturabschwung noch verstärkt.

In Frankreich verläuft der Prozess spiegelbildlich. Der Aufschwung bringt für viele Haushalte Einkommen oberhalb des permanenten oder durchschnittlichen Niveaus mit sich, die zu einer Zunahme der Ersparnis führen. Wenn nun die Deutschen von den Franzosen Kredite aufnehmen können, weil sich der Kreditmarkt über Deutschland und Frankreich erstreckt, können alle Haushalte ihrem permanenten Einkommen entsprechend konsumieren (bei nur geringem Effekt auf die Zinsen). Das Angebot an finanziellen Mitteln steigt, weil die französischen Einwohner mehr sparen und vielleicht sogar den Kreditnachfrageanstieg der Deutschen vollständig kompensieren. Sobald die deutsche Volkswirtschaft den Konjunkturabschwung überwindet und in den Aufschwung übergeht, werden die deutschen Haushalte ihre vorübergehenden Darlehen zurückzahlen.

Das Prinzip des Ausgleichs zwischen einer Volkswirtschaft im Abschwung und einer Volkswirtschaft im Aufschwung gilt nicht nur für Bankkredite, sondern auch für andere Finanztitel wie etwa Anleihen oder Aktien. Ist der Markt für Finanzkapital über nationale Volkswirtschaften hinweg integriert, so vermögen sich die Haushalte gegenseitig gegen asymmetrische Schocks abzusichern. Die Schwankungen des Konsums über die Zyklen hinweg werden verringert.

Symmetrische makroökonomische Schocks. Bei der Analyse der Kosten einer Währungsunion haben wir bislang nur das Beispiel gegenläufiger Konjunkturzyklen in zwei Ländern betrachtet: ein positiver Nachfrageschock im einen und ein negativer Nachfrageschock im anderen Land. Ähnliche Analyseergebnisse sind zu erwarten, wenn nur in einem Land entweder ein positiver oder ein negativer Nachfrageschock aufträte. Entscheidend bei der Betrachtung eines asymmetrischen Nachfrageschocks war, dass die verschiedenen Mitgliedsländer des Währungsraums auf unterschiedliche Weise berührt werden, und es dort zu verschiedenen kurzfristigen politischen Reaktionen kommt. Bei einem symmetrischen Schock gibt es dagegen überhaupt keine Probleme. Sofern z. B. die aggregierte Nachfrage gleichzeitig in allen Mitgliedsländern ansteigen würde und damit Inflationserwartungen auslöst, würden Zinssatzsteigerungen in allen Mitgliedsländern der Währungsunion »begrüßt« (wie es Politiker formulieren). Gleiches gilt, wenn die Konjunktur- oder Wachstumszyklen in allen Mitgliedsländern synchron verlaufen, d. h., wenn Aufschwung- und Krisenphasen überall zu gleichen Zeiten einsetzen und damit Meinungsverschiedenheiten über eine zweckmäßige Zinspolitik unwahrscheinlich sind.

Eigenschaften von Volkswirtschaften, die die Vorteile einer gemeinsamen Währung erhöhen

Hohe Handelsintegration. Je größer das Handelsvolumen zwischen Ländern ist – d. h., je höher der Grad der Handelsintegration ist –, umso mehr werden die Länder von einer gemeinsamen Währung profitieren. In einer Währungsunion sinken vor allem die Transaktionskosten. Denken Sie an die vielen Umtauschaktionen von einer

Währung in eine andere in einem System mit vielen Währungen, die bei einer Währungsunion entfallen. Je größer das Handelsvolumen und damit das Volumen der Transaktionen in ausländischer Währung sind, umso größer sind die eingesparten Transaktionskosten.

Die Verminderung von Wechselkursschwankungen – ein weiterer Vorteil einer Einheitswährung – wird sich selbstverständlich auch umso stärker positiv auswirken, je größer das Handelsvolumen ist. Die Unternehmen können bei gemeinsamer Währung die Umsätze genauer kalkulieren; sie unterliegen keinen Währungsrisiken, die sie mit Gegengeschäften (Hedging) absichern müssten.

> **Kurztest**
> Was stellen Sie sich unter einem »optimalen Währungsraum« vor? Welches sind die wichtigsten Eigenschaften eines optimalen Währungsraums? Diskutieren Sie diese Eigenschaften.

35.5 Ist Europa ein optimaler Währungsraum?

Nachdem wir nun die Eigenschaften von Ländern beschrieben haben, die die Vorteile einer Gemeinschaftswährung erhöhen und die Kosten reduzieren, können wir einen genaueren Blick auf die Situation in Europa werfen. Bilden die 19 Mitgliedsländer des Euroraums tatsächlich einen optimalen Währungsraum?

Handelsintegration

Der Grad der Handelsintegration lässt sich durch einen Blick auf die innergemeinschaftlichen Importe und Exporte in Relation zum jeweiligen BIP der EU-Staaten ermitteln. Dabei zeigt sich, dass der Grad der Handelsintegration quer durch Europa trotz einiger Schwankungen im Durchschnitt ziemlich hoch ist – mit Ausnahme von Griechenland. Gleichzeitig ist der Grad der Handelsintegration im Lauf der Zeit in fast allen Ländern angestiegen, in einigen Ländern (Österreich) aber deutlich stärker als in anderen Ländern (Italien). Ein Bericht der EU-Kommission aus dem Jahr 2018 zeigt, dass im Jahr 2016 mehr als zwei Drittel des gesamten Handelsvolumens der EU-Mitgliedstaaten (Waren und Dienstleistungen) zwischen den EU-Mitgliedstaaten stattfand. Beim Warenhandel wurde der Grad der Handelsintegration für 13 Länder als »überdurchschnittlich« klassifiziert und nur für drei Länder (Griechenland, Italien, Großbritannien) als »unterdurchschnittlich«. Beim Handel mit Dienstleistungen wurde die Handelsintegration für zehn Länder als »überdurchschnittlich« eingeschätzt und für neun Länder als »unterdurchschnittlich«.

Einige Volkswirte sind daher der Auffassung, dass bestimmte Merkmale eines optimalen Währungsraums wie beispielsweise eine hohe Handelsintegration eher Ergebnis einer gemeinsamen Währung und nicht Voraussetzung für eine gemeinsame Währung sind: Erst der Beitritt zu einem gemeinsamen Währungsraum führt zu einer höheren Handelsintegration zwischen den Mitgliedstaaten, weil sich in einem gemeinsamen Währungsraum die Transaktionskosten des Handels untereinander verringern.

Alles in allem haben sich für die meisten europäischen Länder – wenn nicht sogar für alle – durch die Einführung des Euro Vorteile aus der Absenkung der Transaktionskosten ergeben. Man schätzt diese Vorteile auf insgesamt 0,25 Prozent bis 0,50 Prozent des BIP im Euroraum. Das mag nicht sehr eindrucksvoll klingen, doch bedenken Sie, dass Transaktionskosten einen Nettowohlfahrtsverlust darstellen. Überdies stellen sich die Vorteile nicht nur einmal ein, sie summieren sich kontinuierlich, solange der gemeinsame Währungsraum besteht. Und je stärker die Handelsintegration im Verlauf der Zeit steigt, umso größer werden auch die Vorteile aus den vermiedenen Transaktionskosten.

Gleichzeitig profitieren die Länder bei einem hohen Grad der Handelsintegration auch davon, dass es in einem gemeinsamen Währungsraum keine Unsicherheiten aufgrund von Wechselkursschwankungen mehr gibt. Diese Vorteile sind sehr schwer zu quantifizieren, aber dürfen deswegen nicht vernachlässigt werden.

Flexibilität der Reallöhne

Viele Forschungsarbeiten untersuchen die Flexibilität der Reallöhne in Europa. Beinahe alle kommen zu dem Schluss, dass die kontinentaleuropäischen Arbeitsmärkte zu den rigidesten der Welt gehören. Ein Grund dafür ist, dass in allen Ländern des Euroraums zumindest in einigen Branchen gesetzlich fixierte Mindestlöhne existieren. Vielleicht noch wichtiger ist die große Bedeutung von Tarifverhandlungen in Kontinentaleuropa (Lohnvereinbarungen für eine große Zahl von Arbeitskräften).

Die Einführung der gemeinsamen europäischen Währung kann die Lohnflexibilität in Europa negativ beeinflusst haben, da sich betriebliche Tarifvereinbarungen in einem Land oft auf Niederlassungen der gleichen Unternehmen im Ausland auswirken. Die Gemeinschaftswährung bringt Transparenz in die nationalen Lohnunterschiede, so wie sie auch die Preistransparenz auf Gütermärkten erhöht. In unserem Beispiel eines negativen Nachfrageschocks in Deutschland und eines positiven Schocks in Frankreich wäre ein Unternehmen mit Niederlassungen und Beschäftigten in beiden Ländern beispielsweise kaum dazu in der Lage, die Reallöhne in Deutschland zu senken und in Frankreich zu erhöhen.

Zudem ist das Arbeitsrecht in vielen kontinentaleuropäischen Ländern sehr viel restriktiver als in Großbritannien oder in den USA, so wie auch die Höhe der Lohnsteuer, sodass unternehmerische Kosten für Entlassungen und Neueinstellungen hoch sein können. Selbst dann, wenn es Bewegungen der Reallöhne gäbe, würden Unternehmen Produktion und Beschäftigung nur langsam und vorsichtig erhöhen oder senken. Verschiebungen des aggregierten Angebots stellen sich deshalb auch nur langsam ein. Alles in allem fallen deshalb Anpassungen an asymmetrische Nachfrageschocks durch Reallohnänderungen im Euroraum eher gering aus.

Mobilität der Arbeitskräfte

In Europa sind Arbeitskräfte üblicherweise wenig mobil. Schließlich gibt es ja eine soziologisch-kulturelle Bindung der Menschen und ihrer Familien an eine regional und national geprägte Heimat. Dies gilt für die 19 Länder des Euroraums sowie Dänemark und Schweden. Wegen des wirtschaftlichen Gefälles verhält es sich anders bei Zuwanderern aus den neuen EU-Mitgliedsländern im Osten Europas, wie etwa Polen, Rumänien und Bulgarien. Dennoch erschweren Sprache, Kultur und soziale Institutionen den Arbeitskräften die Mobilität. Arbeitskräfte zeigen sogar wenig Neigung, innerhalb ihrer eigenen Volkswirtschaften regional zu wandern. Tatsächlich ist der Mobilitätsgrad der Arbeitskräfte, gemessen als Anteil der geografisch Wandernden am Arbeitskräftepotenzial, innerhalb eines europäischen Landes zu allen Zeiten erheblich niedriger als innerhalb der Vereinigten Staaten und nochmals niedriger innerhalb des Euroraums. Insofern schneidet Europa beim Kriterium Arbeitskräftemobilität nicht sehr gut ab.

Mobilität des Finanzkapitals

Wenn man die Mobilität des Finanzkapitals untersucht, muss man zunächst zwischen großen und kleinen Finanzmärkten unterscheiden. Auf den großen Finanzmärkten agieren Finanzintermediäre (Banken, Investmentfonds) und Großunternehmen, wohingegen auf den kleinen Finanzmärkten (der Geschäftsbanken und Sparkassen) private Haushalte sowie kleine und mittelgroße Unternehmen agieren. Vor der Einführung des Euro war die europäische Finanzmarktintegration recht niedrig. Nach der Euro-Einführung jedoch ist der Integrationsgrad der großen Finanzmärkte dramatisch angestiegen. So entstand ein liquider Euro-Geldmarkt mit einheitlichen Zinssätzen unter den Banken. Danach kann etwa eine Bank in Luxemburg Euro ebenso leicht und zum selben Zinssatz bei einer Bank in Frankfurt wie bei einer Bank in der gleichen Straße in Luxemburg aufnehmen. Auch im Markt für Staatsanleihen ist der Integrationsgrad hoch, denn die Zinssätze für Staatsanleihen verschiedener Länder des Euroraums liegen sehr nahe beieinander und verändern sich tendenziell gleich gerichtet (die Schuldenkrise hat hier allerdings zu einer gegenläufigen Entwicklung bei den Krisenländern geführt). Der Integrationsgrad der kleinen Finanzmärkte für die Haushalte und die kleinen und mittelständischen Unternehmen hinkt dagegen noch hinterher. Dies belegen deutliche und starre Unterschiede in den Zinssätzen für Bankkredite in verschiedenen Ländern sowie das volumenmäßig geringe grenzüberschreitende Geschäft der Banken. Die nationalen Bankensektoren sind noch ziemlich voneinander getrennt, die grenzüberschreitende Durchdringung ist nur marginal.

Symmetrische Nachfrageschocks

Auf den ersten Blick scheint es, als bestünde über die Euro-Länder hinweg ein positiver Konjunkturzusammenhang, sodass Auf- und Abschwünge, Booms und Rezessionen gleichzeitig eintreten. So liegt der Verlauf der Wachstumsraten für viele europäische Volkswirtschaften nahe beieinander. Ein asymmetrischer Nachfrageschock, so wie wir ihn bei der theoretischen Analyse eines gemeinsamen Währungsraums betrachtet haben, lässt sich in den Daten nicht finden.

Für einige europäische Volkswirtschaften wie Irland, Griechenland oder Zypern lässt sich indes beobachten, dass die Wachstumsraten für bestimmte Zeiträume deutlich über oder unter der durchschnittlichen europäischen Wachstumsrate lagen. Für diese Volkswirtschaften hat die europäische Geldpolitik demnach phasenweise nicht zur gesamtwirtschaftlichen Entwicklung gepasst.

Insgesamt erscheint der empirische Befund daher nicht eindeutig, wenngleich sich andeutet, dass asymmetrische Nachfrageschocks keine große Rolle unter den Mitgliedsländern spielen. Das schließt aber nicht die Möglichkeit aus, dass es Schocks auf anderen volkswirtschaftlichen Ebenen gibt. Wirtschaftsforscher haben herausgefunden, dass Schocks zumeist spezifische Regionen und Industriezweige betreffen, nicht so sehr die Volkswirtschaft insgesamt. Dieses Problem verschlimmert sich nicht durch den Beitritt zu einer Währungsunion. Krisen in bestimmten Regionen oder Wirtschaftszweigen lassen sich auch bei autonomer Geld- oder Wechselkurspolitik nicht beseitigen, ohne damit auf nationaler Ebene Ungleichgewichte in anderen Regionen oder Wirtschaftszweigen hervorzurufen.

Die Schuldenprobleme in Ländern wie Portugal, Irland, Italien, Griechenland und Spanien (auch unter dem Begriff PIIGS-Länder zusammengefasst) verdeutlichen, dass es in der EU Mitgliedsländer gibt, die besser als andere wirtschaftliche Turbulenzen überstehen. Deutschland, Frankreich, die Niederlande, Dänemark und Schweden haben sich wesentlich schneller von der Finanzkrise erholt als die PIIGS-Länder.

Ökonomen haben darauf hingewiesen, dass die Fähigkeit der Länder, sich von Wirtschaftskrisen zu erholen, in hohem Maße auch davon abhängt, wie stark die einzelnen Länder in den Euroraum und die EU integriert sind. Exportgetriebenes Wachstum geht mit einer hohen Abhängigkeit der einzelnen EU-Mitgliedsländer untereinander einher. Die strikte Sparpolitik in einigen Ländern als Antwort auf die Schuldenkrise führt dann gleichermaßen zu einem Nachfragerückgang im Inland und in anderen Volkswirtschaften, sodass das Wachstum im gesamten Euroraum und in der EU in Mitleidenschaft gezogen wird.

Zusammenfassung: Ist Europa also ein optimaler Währungsraum?

Auf diese Frage gibt es keine einfache, eindeutige Antwort, wie sich in zahlreichen volkswirtschaftlichen Debatten gezeigt hat. Gewiss haben viele europäische Länder einen beachtlichen innereuropäischen Handel und Konjunktur- oder Wachstumszyklen, die mehr oder weniger zeitgleich verlaufen. Doch sind die Mobilität der Arbeitskräfte und die Flexibilität der Reallöhne (sowie die Flexibilität des Arbeitsmarkts allgemein) in Europa sehr niedrig. Mit Blick auf die Finanzmärkte bleibt das Urteil zwiespältig: Die großen Finanzmärkte sind europaweit gut integriert; die kleinen Finanzmärkte für das Massengeschäft mit kleinen und mittelständischen Unternehmen und privaten Haushalten sind weiterhin national separiert.

Deshalb wird man das Fehlen nationaler geld- und wechselkurspolitischer Instrumente in Europa dann schmerzlich wahrnehmen und bedauern, wenn sehr starke Unterschiede in den nationalen Konjunktur- und Wachstumszyklen auftreten. Daraus schließen einige Volkswirte, dass der Euroraum – so wie er ist – kein optimaler Währungsraum ist. Gleichwohl soll nicht ausgeschlossen werden, dass einige der Kriterien optimaler Währungsräume eher Ergebnis als Voraussetzung sind. Wahrscheinlich ist, dass die Gemeinschaftswährung zu einem noch größeren Handel zwischen den Mitgliedstaaten führen wird. Damit werden sich auch die Konjunkturzyklen in den einzelnen Ländern immer stärker annähern, denn Nachfrageschocks in einem Land wirken sich immer stärker auch auf andere Länder des Euroraums aus. Dies wird sicherlich nicht von heute auf morgen passieren. Die Finanzkrise hat eher die Unterschiede in der Wirtschaftskraft der einzelnen Länder zum Vorschein gebracht und den Euroraum an den Rand des Zusammenbruchs geführt.

Auf lange Sicht kann durch die Gemeinschaftswährung vielleicht auch die Mobilität der Arbeitskräfte ansteigen. Schließlich löst die einheitliche Währung viele Probleme, die beim Arbeiten im Ausland hinderlich sein können. Kreditkarten und neue elektronische Zahlungsmittel werden – zusammen mit einem gewissen Druck der EU-Kommission und der Großbanken – vielleicht auch zu einer stärkeren multinationalen Integration des Massengeschäfts der kleinen nationalen Finanzmärkte führen.

Der einzige wahre Beleg dafür, dass der Euroraum ein optimaler Währungsraum ist (oder werden kann), besteht im langfristigen Überleben der Europäischen Währungsunion. Die großen Probleme, denen der Euroraum seit der Finanzkrise gegenübersteht, mehren allerdings die Zweifel an seinem weiteren Bestehen. Die Notwendigkeit struktureller Reformen, insbesondere auf den Gebieten Finanzmarktregulierung und öffentliche Finanzen, sind Gegenstand anhaltender Diskussionen. Wir wollen uns im Folgenden mit der Fiskalpolitik näher beschäftigen.

35.6 Fiskalpolitik und Währungsunion

Bisher war die Erörterung der Währungsunion vorrangig ordnungspolitischer Natur, konzentriert auf den Wegfall nationaler geldpolitischer Autonomie. Gleichwohl lässt die Einführung einer Währungsunion den Mitgliedsländern ihre eigenständige Fiskalpolitik. So könnten – im schon verwendeten Beispiel asymmetrischer Nachfrageschocks in Frankreich und Deutschland – Deutschland und Frankreich antizyklische Fiskalpolitik zur möglichen Glättung der zyklischen Ausschläge einsetzen. Bei einem positiven privaten Nachfrageschock in Frankreich könnte die französische Regierung kompensatorisch die Staatsausgaben zurücknehmen, und die deutsche Regierung könnte die Staatsausgaben zum teilweisen Ausgleich eines negativen Nachfrageschocks der Privatwirtschaft zeitweilig erhöhen. Selbst wenn Deutschland und Frankreich – wegen starrer Reallöhne und niedriger Mobilität der Arbeitskräfte – keinen optimalen Währungsraum ergäben, könnte die Fiskalpolitik den Verlust nationaler geldpolitischer Autorität mildern. Betrachten wir das Thema Fiskalpolitik und Währungsunion noch ein wenig ausführlicher.

Fiskalischer Föderalismus

Nehmen wir an, es gäbe in einer Währungsunion eine gemeinsame, einheitliche Fiskalpolitik, mit einem einzigen Budget, das Steuern und Ausgabenentscheidungen für den gesamten Euroraum abbildet. Die Fiskalpolitik in der Währungsunion würde ähnlich wie die nationale Fiskalpolitik in einem Land funktionieren. Ein Ausgabenüberschuss in einem Land müsste im Prinzip durch einen Einnahmenüberschuss in einem anderen Land ausgeglichen werden. Die Länder der Gemeinschaft wären in der Rolle von Regionen einer nationalen Volkswirtschaft. Schauen wir noch einmal auf unser Beispiel eines asymmetrischen Nachfrageschocks, der die aggregierte Nachfrage in Frankreich ausweitet und in Deutschland einschränkt (siehe Abbildung 35-1). Da beinahe alle Steuern eng mit der Wirtschaftsleistung verbunden sind, würden die Steuerzahlungen in Deutschland »automatisch« sinken, wenn die Volkswirtschaft infolge des negativen Nachfrageschocks in eine Rezession abgleitet. Zugleich würden die Transferzahlungen in Deutschland (Arbeitslosenunterstützung, Sozialhilfe) ansteigen. Diese Effekte bezeichnet man als automatische Stabilisatoren, die in die Fiskalpolitik eingebaut sind, um die aggregierte Nachfrage ohne einen bewussten wirtschaftspolitischen Eingriff des Staates quasi automatisch genau dann zu stimulieren, wenn die Volkswirtschaft auf eine Krise zusteuert. In Frankreich würde es zu einer entgegengesetzten Entwicklung kommen. Dort würden die automatischen Stabilisatoren dazu führen, dass infolge der konjunkturellen Entwicklung die Transferzahlungen sinken und die Steuereinnahmen steigen. Die automatischen Stabilisatoren vermögen also die gegenläufigen Nachfrageschocks in Deutschland und in Frankreich bis zu einem gewissen Grad auszugleichen.

Hätten nun die Regierungen Deutschlands und Frankreichs ein gemeinsames Budget, dann könnten – wie bei Regionen oder Bundesländern in Deutschland – sich Anstieg und Rückgang der Einkommen kompensieren. Durch einen gemeinsamen Staatshaushalt würden die nationalen Konjunkturprobleme zu regionalökonomischen Unterschieden herabgestuft. Dieses institutionelle Arrangement, ein fiskalisches System für eine Gruppe von Ländern mit gemeinsamem Budget sowie einem System von Steuern und Transferzahlungen für das gesamte Gebiet, heißt **fiskalischer Föderalismus**. Die Probleme dabei sind bekannt: Steuerzahler der reichen Regionen oder Volkswirtschaften (im Beispiel Frankreich) zahlen nicht gerne für die ärmeren Regionen oder Volkswirtschaften (im Beispiel Deutschland).

> **Fiskalischer Föderalismus**
> Ein Fiskalsystem für eine Ländergruppe mit gemeinschaftlichem Budget, Steuersystem und Transfers.

Nationale Fiskalpolitik in einer Währungsunion: Das Trittbrettfahrerproblem (Free Rider)

Sofern die Option des fiskalischen Föderalismus für eine Währungsunion aus politischen Gründen entfällt, stellt sich die Frage, inwieweit asymmetrischen Nachfrageschocks mit nationaler Fiskalpolitik beizukommen ist, da eine gemeinschaftliche Geldpolitik nichts gegen sie tun kann. In unserem Beispiel: Was ist falsch daran, wenn Deutschland die Staatsausgaben erhöht und ein großes Haushaltsdefizit zum konjunkturellen Gegensteuern zulässt? Eine Antwort hätte bei der Auswirkung des Schuldenanstiegs in Deutschland auf die anderen Mitgliedsländer der Währungsunion anzusetzen.

35.6 Gebiete mit einheitlicher Währung und die Europäische Währungsunion
Fiskalpolitik und Währungsunion

Wann immer eine Regierung eine hohe Staatsverschuldung zulässt, besteht die Gefahr, dass sie den Verbindlichkeiten nicht nachkommen kann. Grundsätzlich kann sie sich der Staatsschulden dann auf zweierlei Weise entledigen, sofern sie keiner Währungsunion angehört: (1.) Sie kann durch starke Vergrößerung der Geldmenge einen Inflationsschub bewerkstelligen, der den realen Wert der Schulden verringert. Man sieht hier deutlich – nebenbei bemerkt –, wie wichtig eine unabhängige Zentralbank ist (keine Unterordnung unter ein Schatzamt oder ein Finanzministerium, wie in einzelnen Ländern). (2.) Bei einem starken Anstieg der Preise wird sich zumeist eine Abwertung der Währung einstellen. Damit reduziert sich die Last der Staatsschulden, auch in Fremdwährung gerechnet. Regierungen können sich also der Staatsschulden auf zweierlei Weise unredlich entledigen: durch interne und externe Geldentwertung. In den Geschichtsbüchern findet man Beispiele für beide Wege.

Anders verhält es sich, wenn ein Land seine geldpolitische Autonomie an eine Währungsunion abgegeben hat und deswegen keine externe Abwertung vornehmen kann. Dann bleibt am Ende nur der Staatsbankrott, um sich der Verpflichtungen als Schuldner zu entledigen (z. B. die Einstellung der Zinszahlungen und/oder fälliger Tilgungen). Im Allgemeinen werden die Finanzmärkte Länder mit hoher Staatsverschuldung wirksam disziplinieren. Schon bei leichten Zweifeln an der verlässlichen Rückzahlung der Staatsschulden müssen Länder hohe Zinsen zahlen. So stieg zum Beispiel der Zinssatz auf zehnjährige griechische Staatsanleihen von 8,4 Prozent im Dezember 2012 auf 30 Prozent im April 2015. Im gleichen Zeitraum sank der Zinssatz auf zehnjährige deutsche Staatsanleihen von 0,6 Prozent auf 0,1 Prozent. Die hohen Zinsen auf griechische Staatsanleihen spiegelten die prekäre wirtschaftliche Lage des Landes wider. Es war nahezu unmöglich für das Land, sich Geld an den internationalen Finanzmärkten zu leihen. Gleichzeitig ist der Schuldendienst bei Zinsen über 7 Prozent eigentlich langfristig nicht tragbar, insbesondere dann, wenn das Wirtschaftswachstum so schwach ist wie in Griechenland. Bei derart hohen Zinsen ist es sehr wahrscheinlich, dass die Schuldenprobleme noch größer werden und ein Land an den Rand der Zahlungsunfähigkeit gerät.

Im Rahmen einer Währungsunion würden einzelne Länder mit exzessiver Ausgabe von staatlichen Schuldverschreibungen zum Zinsanstieg in der gesamten Währungsunion beitragen. Die Europäische Zentralbank kontrolliert durch ihre Geldpolitik zwar die kurzfristigen Zinssätze, jedoch nicht die Zinssätze für zehn- bis zwanzigjährige Staatsanleihen. Fiskalische Verschwendung in einem Land der Union treibt somit die Finanzierungskosten in der gesamten Währungsunion in die Höhe.

Möglicherweise können die Zinsen aber gar nicht stark genug ansteigen, um eine Regierung mit hoher Verschuldungsneigung hinreichend zu disziplinieren, da die Finanzmärkte der Ansicht sind, dass die übrigen Mitgliedsländer der Währungsunion das Schuldenland letztlich vor dem Staatsbankrott bewahren. Und sind die Märkte davon überzeugt, dass die übrigen Mitgliedsländer ein Schuldnerland im Notfall vor der Zahlungsunfähigkeit bewahren, dann werden die hohen Staatsschulden nicht als besonders riskant angesehen, und die Zinsen, die das Schuldnerland auf seine Verbindlichkeiten entrichten muss, sind deutlich niedriger als sonst. Im Euroraum ist genau das passiert. Durch das gemeinsame Eingreifen der EZB, der EU-Finanzminister und des IWF sind Griechenland, Irland und andere Länder vor der Zahlungsunfähigkeit gerettet worden.

Durch das stillschweigende Vertrauen der Märkte auf die Hilfe anderer Länder zahlt ein Schuldnerland letztendlich geringere Zinsen, während die übrigen Länder der Währungsunion höhere Zinsen auf ihre Verbindlichkeiten entrichten müssen, da das Schuld-

Fallstudie

Der Stabilitäts- und Wachstumspakt – ein Papiertiger

Beim Stabilitäts- und Wachstumspakt handelt es sich um ein formales Regelwerk, an das sich die Länder der Europäischen Währungsunion in ihrer nationalen Fiskalpolitik halten sollen. Hauptsächlich geht es darum:

- Die Mitgliedsländer müssen ausgeglichene Haushalte anstreben.
- Mitgliedsländer mit einem Budgetdefizit von mehr als 3 Prozent des Bruttoinlandsprodukts werden mit Bußgeldern belegt, bis zur Höhe von 0,5 Prozent des Bruttoinlandsprodukts, sofern das Land nicht außerordentlichen Belastungen wie etwa Naturkatastrophen ausgesetzt war oder einen kräftigen konjunkturellen Abschwung (Schrumpfungsraten von mehr als 2 Prozent) in einem einzigen Jahr erfahren hat.

Damit waren Trittbrettfahrerprobleme ausgeschlossen, sofern sich ausnahmslos alle Mitgliedsländer an den Stabilitäts- und Wachstumspakt gehalten hätten. Durch die Beschränkungen der nationalen Budgets war eigentlich exzessiven Staatsausgaben und übermäßiger Staatsverschuldung in einzelnen Ländern vorgebeugt. Die Defizitgrenze von 3 Prozent des BIP geht auf eine Klausel im Maastricht-Vertrag von 1992 zurück, die vorsah, dass eine vertretbare Schuldenquote bei höchstens 60 Prozent des Bruttoinlandsprodukts liegen sollte. Dies war wohl ein wenig willkürlich, doch die Zahl lag nahe an der tatsächlichen Schuldenquote Deutschlands im Jahr 1992.

Die folgende Mathematik zeigt einen überraschenden Zusammenhang zwischen einer Schuldenquote von 60 Prozent des BIP und Budgetdefiziten von nicht mehr als 3 Prozent des Bruttoinlandsprodukts pro Jahr. Nehmen wir an, eine Volkswirtschaft weist eine reale jährliche Wachstumsrate von 3 Prozent und eine jährliche Inflationsrate von 2 Prozent auf, sodass das nominale BIP mit 5 Prozent pro Jahr wächst. In diesem Fall könnten auch die Staatsschulden mit 5 Prozent pro Jahr wachsen, ohne dass sich die Schuldenquote verändert. Das Produkt aus Schuldenquote und Wachstumsrate der Verschuldung entspricht wiederum dem Budgetdefizit (als Prozentsatz des Bruttoinlandsprodukts). Wenn also die Schuldenquote 60 Prozent des BIP beträgt und die Verschuldung um 5 Prozent wächst, entspricht dies einem (jährlichen) Budgetdefizit von 3 Prozent. Kurzum: Ein Budgetdefizit von 3 Prozent pro Jahr wäre also vertretbar.

Eine gewisse Logik sprach also für ein maximales Budgetdefizit von 3 Prozent pro Jahr (bei maximaler Schuldenquote von 60 Prozent des BIP), doch es ist nicht einsichtig, weshalb der Stabilitäts- und Wachstumspakt den Mitgliedsländern das Ziel eines ausgeglichenen Haushalts vorgab. Wie unser kleiner Exkurs in Sachen Budgetmathematik gerade gezeigt hat, sind kleine Budgetdefizite für Volkswirtschaften mit einem anhaltenden Wirtschaftswachstum durchaus zu verkraften. Die Reglementierung der Fiskalpolitik in den einzelnen Mitgliedsländern durch den Stabilitäts- und Wachstumspakt entsprang vermutlich eher dem Wunsch der Architekten des Vertragswerks, der EZB ein Monopol auf die Konjunkturpolitik einzuräumen, das nicht durch nationale Fiskalpolitiken unterlaufen werden sollte.

Die entscheidende Frage lautete jedoch, ob die Defizitgrenzen des Stabilitäts- und Wachstumspakts noch das Wirken der automatischen Stabilisatoren im Fall einer Rezession zulassen oder nicht. Diese Frage ist in einer Währungsunion besonders wichtig, da die Mitgliedsländer ja bereits auf ihre geld- und wechselkurspolitischen Instrumente verzichtet haben.

In der Praxis hat sich der Stabilitäts- und Wachstumspakt als »zahnloser Tiger« erwiesen. Als der Euroraum in den frühen Jahren der Währungsunion Wachstumsschwächen erlebte, haben einige Länder – speziell Frankreich und Deutschland, zwei der größten Volkswirtschaften – die Defizitkriterien des Stabilitäts- und Wachstumspakts verletzt. Doch Frankreich und Deutschland schafften es, mit anderen Ländern eine Mehrheit zu organisieren, sodass ihnen Bußgelder erspart blieben. Im Jahr 2004 erließ die Europäische Kommission Richtlinien zur Anpassung des Stabilitäts- und Wachstumspakts. Diese Richtlinien liefen darauf hinaus, die Nachhaltigkeit der nationalen staatlichen Finanzpolitik auf individueller Basis zu überprüfen und dabei nicht so sehr das jährliche Budgetdefizit, sondern die Lasten und langfristigen Verpflichtungen (z. B. auch Pensionen) stärker zu berücksichtigen. Die Euro-Schuldenkrise hat die Grenzen des Stabilitäts- und Wachstumspakts noch deutlicher aufgezeigt.

nerland die Finanzmärkte mit Staatspapieren in Euro überflutet hat. Und genau darin besteht im Wesentlichen das Trittbrettfahrerproblem: Ein Schuldnerland erfährt die Vorteile einer expansiven Fiskalpolitik, ohne dafür die vollen Kosten tragen zu müssen.

Zusätzlich kann die Antiinflationspolitik der Europäischen Zentralbank erschwert werden, sofern das Schuldnerland seine Kreditaufnahme konsequent zur Finanzierung seiner Staatsausgaben und damit der Steigerung der aggregierten Nachfrage einsetzt. Um derartige Probleme zu umgehen, können die Mitglieder der Währungsunion ein Nicht-Beistandsabkommen schließen (»no bail-out« agreement), wonach Länder mit hohen Budgetdefiziten nicht auf die Hilfe der anderen Staaten zählen können, sobald die Staatsverschuldung in den Schuldnerländern nicht mehr tragfähig ist. Allerdings müssen die Märkte das Abkommen für glaubhaft halten. Tatsächlich existiert ein solches Abkommen unter den Mitgliedsländern der Europäischen Währungsunion. Aber es ist nicht glaubwürdig, wie die Maßnahmenpakete zur Rettung der Problemländer in der Euro-Schuldenkrise beweisen. Würde ein Mitgliedsland des Euroraums tatsächlich seine Zahlungsunfähigkeit erklären, hätte dies gravierende Auswirkungen auf den gesamten Euroraum. Dann würden die internationalen Finanzmärkte ihr Vertrauen in die Zahlungsfähigkeit der anderen Mitgliedsländer verlieren und die Händler würden im großen Stil Euros an den Devisenmärkten verkaufen. Um ein derartiges Szenario zu vermeiden, haben sich die Mitgliedstaaten des Euroraums zur Rettung der Krisenländer entschlossen.

Die Mitgliedsländer der Währungsunion sind demnach daran interessiert, verbindliche Regeln für fiskalpolitisches Handeln zu vereinbaren, um dem finanziellen Kollaps eines einzelnen Schuldnerlandes vorzubeugen. Zu Beginn der Europäischen Währungsunion wurden bereits derartige Regeln entworfen und von jedem Land akzeptiert. Dieses Regelwerk wurde als »Stabilitäts- und Wachstumspakt« bekannt. Darin sind nicht nur strenge Regeln für höchstmögliche Haushaltsdefizite, sondern auch Schuldenobergrenzen (in Relation zum Bruttoinlandsprodukt) festgelegt. Es wurden harte Strafen für Verstöße beschlossen: Bußgelder bis zur Höhe von 0,5 Prozent des Bruttoinlandsprodukts. In konkreten Fällen aber gelang es einigen Ländern, z. B. Frankreich und Deutschland, bei Verletzungen der Regeln andere Länder dazu zu bringen, keine Strafen zu verhängen. Im Ernstfall stellen Nationalstolz und politische Verhandlungen den Stabilitäts- und Wachstumspakt auf die Probe.

Der Fiskalpakt

Nach langen Verhandlungen haben sich die EU-Mitgliedstaaten Anfang 2012 mit dem Europäischen Stabilitätsmechanismus (ESM) auf einen dauerhaften Stabilisierungsmechanismus zur Rettung von Krisenländern geeinigt. Voraussetzung für die Gewährung von Hilfen durch den ESM ist die Zustimmung zum Europäischen Fiskalpakt. Der Europäische Fiskalpakt trat am 1. Januar 2013 in Kraft, sieht strenge Obergrenzen für die Höhe der Staatsschulden vor und legt gleichzeitig automatische Sanktionen für die Länder fest, die diese Vorgaben verletzen. Die Regelungen des Europäischen Fiskalpakts zielen letztlich darauf ab, dass die nationalen Haushalte der Mitgliedsländer ausgeglichen sind oder sogar einen Überschuss aufweisen.

In diesem Zusammenhang sind zwei Arten von Budgetdefiziten zu unterscheiden. Ein **konjunkturelles Budgetdefizit** kommt zustande, wenn die Einnahmen und Ausgaben des Staates durch »normale« konjunkturbedingte Schwankungen aus dem Gleichgewicht geraten sind. In Zeiten eines Wirtschaftsaufschwungs steigen die Steuereinnahmen des Staates, während die Transferausgaben sinken, sodass sich die öffentlichen Finanzen ins Plus bewegen (oder sich das Defizit verringert). In Krisenzeiten passiert genau das Gegenteil, und das Budgetdefizit steigt (oder der Budgetüberschuss sinkt). Ein **strukturelles Budgetdefizit** bezeichnet dagegen eine Situation, in der das Budgetdefizit nicht durch konjunkturelle Schwankungen entsteht, sondern der Staat schlichtweg über seine Verhältnisse lebt und dauerhaft Geld ausgibt, das er nicht hat.

Der Europäische Fiskalpakt sieht vor, dass das strukturelle Defizit eines Landes nicht mehr als 0,5 Prozent des (nominalen) BIP betragen darf. Liegt die Schuldenquote eines Landes deutlich unter 60 Prozent des (nominalen) BIP, dann darf das strukturelle Defizit auch 1 Prozent des BIP betragen. Verstößt ein Land gegen diese Vorgaben, dann werden Strafzahlungen in Höhe von bis zu 0,1 Prozent des BIP fällig. Gleichzeitig müssen Maßnahmen zur Haushaltskonsolidierung in die Wege geleitet werden, deren Umsetzung von der Europäischen Union überwacht werden. Nach der Ratifizierung des Europäischen Fiskalpakts durch die Mitgliedstaaten der Europäischen Union (mit Ausnahme Tschechiens) besteht die Hoffnung, dass diese Regelungen mehr Wirkung entfalten als der Stabilitäts- und Wachstumspakt.

Viele Beobachter glauben allerdings, dass die Schuldenkrise im Euroraum damit noch lange nicht ausgestanden ist und die geforderten Sparmaßnahmen und wirtschaftlichen Reformen von Griechenland und den anderen Krisenländern einfach nicht zu schaffen sind. Ohne Aussicht auf Wirtschaftswachstum und durch die rigiden Sparmaßnahmen, die die Bevölkerung unter massiven Druck setzen, ist eine nachhaltige Verbesserung der Lage in den nächsten Jahren nicht in Sicht. Selbst wenn die vorhandenen Finanzmittel des ESM ausreichen sollten, um die betroffenen Länder vor der Zahlungsunfähigkeit zu bewähren, bleibt das Vertrauen der Märkte nachhaltig gestört und die Zukunft des Euro ist ungewiss.

Die gesamtwirtschaftlichen Auswirkungen der Sparpolitik sind komplex. Dies lässt sich anhand eines einfachen und bereits bekannten Modells zeigen. Erinnern wir uns daran, dass im Gleichgewicht einer geschlossenen Volkswirtschaft Ersparnis und Investitionen gleich groß sind, und es gilt $S = I$. Ist das Budget ausgeglichen, dann entsprechen die Steuereinnahmen T den Staatsausgaben G: $T = G$. Die Leistungsbilanz der Volkswirtschaft wird durch die Nettoexporte NX wiedergegeben. Wie wir im Kapitel 27 gelernt haben, führt ein Ungleichgewicht zwischen der privaten Ersparnis und dem Budget des Staates zum Nettokapitalabfluss. Die Verbindung zwischen dem Kreditmarkt und dem Devisenmarkt wird durch die Identität $S = I + NX$ hergestellt. Daraus ergibt sich unter Einbeziehung des staatlichen Budgets $(S - I) + (T - G) = NX$. Ist das Budget des Staates ausgeglichen, dann sind auch die anderen volkswirtschaftlichen Größen ausgeglichen. Aber das ist nicht so einfach.

Ist der Staat gezwungen, zum Budgetausgleich die Ausgaben zu kürzen und die Steuern zu erhöhen, dann sinkt *ceteris paribus* das Produktionsniveau. Eine Steuererhöhung wirkt sich negativ auf die private Ersparnis aus. Mit sinkender Ersparnis stei-

---

Konjunkturelles Budgetdefizit
Eine Situation, in der die Einnahmen und Ausgaben des Staates durch »normale« konjunkturbedingte Schwankungen aus dem Gleichgewicht geraten sind.

Strukturelles Budgetdefizit
Eine Situation, in der das Budgetdefizit nicht durch konjunkturelle Schwankungen entsteht.

gen die Zinsen, die Investitionen gehen zurück und die Beschäftigung nimmt ab. Gleichzeitig führen die niedrigeren Investitionen mit der Zeit zu einem sinkenden Realkapitalbestand. Mit einem niedrigeren Realkapitalbestand geht die Produktivität zurück, die Reallöhne fallen und das Produktionsniveau sinkt. Die wirtschaftlichen Konsequenzen eines angestrebten Budgetausgleichs sind für die Regierung demnach nicht zu unterschätzen und können zu politischer Instabilität führen, wodurch das Vertrauen der Märkte weiter sinkt.

> **Kurztest**
> Was ist fiskalpolitischer Föderalismus? Inwiefern vermag er das Funktionieren der Währungsunion im Euroraum zu unterstützen?

35.7 Fazit

Dieses Kapitel hat mit Blick auf die Europäische Wirtschafts- und Währungsunion (EWWU) wichtige Aspekte eines gemeinsamen Währungsraums erörtert. Volkswirtschaften mit einem intensiven zwischenstaatlichen Handel ziehen Vorteile aus einer gemeinsamen Währung; durch die Senkung der Transaktionskosten im Handel und den Wegfall der Unsicherheit durch Wechselkursschwankungen. Doch gibt es auch Kosten eines Beitritts zur Währungsunion, hauptsächlich verbunden – erstens – mit der Aufgabe nationaler geldpolitischer Autonomie (Mitgliedsländer können nicht mehr selbst die Zinssätze bestimmen) sowie – zweitens – mit dem Wegfall von Wechselkurspolitik (zur Erleichterung makroökonomischer Anpassungsprozesse). Jede Entscheidung für eine Währungsunion muss Vorteile und Kosten gegeneinander abwägen und einen Nettovorteil anstreben. Langfristig halten Volkswirte den Verzicht auf nationale Geldpolitik und Wechselkurspolitik mit Blick auf die Gleichgewichtsniveaus von Produktion und Beschäftigung für nicht sehr wichtig, doch mag es kurzfristige Schwankungen dieser Größen geben, die vom Beitritt zu einer Währungsunion ausgelöst werden. Besonders dann trifft die Erwartung kurzfristiger Schwankungen zu, wenn asymmetrische Nachfrageschocks vorkommen, denen eine einheitliche Geldpolitik für alle Länder nicht begegnen kann. Kurzfristige Anpassungsprozesse können sich dann als schwierig und langwierig erweisen, wenn die Flexibilität der Reallöhne nicht sehr hoch ist. Man hofft allerdings auf eine Steigerung der Mobilität der Arbeitskräfte als Ersatz für die Erhöhung der Reallohnflexibilität.

Von einem optimalen Währungsraum spricht man bei einer Gruppe von Ländern, die von einer Währungsunion relativ niedrige Kosten und vergleichsweise hohe Vorteile erwarten darf. Unter den Mitgliedsländern der europäischen Währungsunion ist der Grad der handelspolitischen Integration bemerkenswert hoch, und die Konjunktur- oder Wachstumszyklen scheinen (mit wenigen Ausnahmen) nach und nach synchron und mit ähnlicher Stärke zu verlaufen. Niedrig sind in Europa die Mobilität der Arbeitskräfte, die Flexibilität der Reallöhne sowie der Integrationsgrad der kleinen Finanzmärkte mit dem Massengeschäft der Banken. Demnach ist die europäische Währungsunion insgesamt (noch?) kein optimaler Währungsraum. Gleichwohl scheinen

Fazit 35.7

Aus der Praxis

Der Brexit

Am 23. Juni 2016 wurden die Wahlberechtigten in Großbritannien für eine Abstimmung an die Wahlurne gerufen. Sie sollten eine (vermeintlich) einfache Frage beantworten: »Soll Großbritannien Mitglied in der Europäischen Union bleiben?« Daraufhin sprachen sich 16.141.241 Briten (48,1 Prozent der abgegebenen Stimmen) für einen Verbleib in der EU aus, für ein Verlassen der EU votierten dagegen 17.410.742 Briten (51,9 Prozent der abgegebenen Stimmen). Dieses Abstimmungsergebnis leitete den Ausstieg Großbritanniens aus der EU ein, der fortan unter dem Begriff *Brexit* (*Br*itain und *exit*) immer wieder die Schlagzeilen der nächsten Jahre dominieren sollte.

Das Abstimmungsergebnis war so nicht erwartet worden. Es herrschte zunächst Unsicherheit darüber, wie es konkret weitergehen sollte. Die Unsicherheit über die weitere Entwicklung führte an den Devisenmärkten zu einem Rückgang der Nachfrage nach britischen Pfund, sodass der Wechselkurs des britischen Pfunds unter Druck geriet. Durch die Abwertung der Landeswährung verteuerten sich nach Großbritannien importierte Waren und Dienstleistungen, was wiederum die Inflationsrate erhöhte. Die negativen Auswirkungen auf die gesamtwirtschaftliche Entwicklung hielten sich allerdings insgesamt in Grenzen. Die Inflationsrate sank bald wieder unter 3 Prozent, das BIP setzte sein bescheidenes, aber stetiges Wachstum fort, und die Arbeitslosenquote sank sogar unter die Marke von 4 Prozent.

An der Wahlurne hatten die Briten über eine einfache Frage entschieden. Die sich daraus ergebenden Konsequenzen waren allerdings enorm und unglaublich komplex. Zum Zeitpunkt der Abstimmung war Großbritannien bereits mehr als 43 Jahre lang Mitglied in der Europäischen Union und durch diesen langen Zeitraum politisch, rechtlich und wirtschaftlich stark mit der EU verknüpft. Das Land konnte also nicht so einfach aus der EU austreten. Es gab eine Vielzahl von Dingen, die vor einem Austritt geregelt werden mussten. Ein wichtiger Punkt betraf die Ausgestaltung der zukünftigen Handelsbeziehungen zwischen der EU und Großbritannien. Ohne eine entsprechende vertragliche Regelung führt ein Austritt aus der EU dazu, dass das Land aus der EU-Zollunion ausscheidet und den Zutritt zum europäischen Binnenmarkt verliert. Dann unterliegen alle Waren und Dienstleistungen, die das Land in die EU liefert, den Zoll- und Einfuhrbestimmungen der EU. Für britische Unternehmen bestand also die Gefahr, dass sich zukünftig ihre Waren und Dienstleistungen in der EU durch Zölle verteuern.

Und natürlich ging es auch um viel Geld. Während seiner langen Mitgliedschaft in der EU war Großbritannien eine Vielzahl von finanziellen Verpflichtungen eingegangen, die auch nach einem Austritt aus der EU weiterhin Bestand hatten. Dabei ging es z.B. um die Beteiligung an regionaler Wirtschaftsförderung, um die Einhaltung von Zusagen für Pensionszahlungen an EU-Mitarbeiter, um die Beteiligung an den Kosten für den notwendigen Umzug von EU-Institutionen sowie um die Mitfinanzierung von Bauprojekten. Die unterschiedlichen Interessenlagen beider Seiten zu diesen und weiteren Themen machten die Verhandlungen über einen Austrittsvertrag extrem kompliziert. Mehrfach standen die Verhandlungen vor dem Abbruch. Es bestand die Gefahr, dass es zu einem sogenannten »harten« Brexit kommt, einem Ausscheiden Großbritanniens aus der EU ohne vertragliche Regelungen. Aber nach fast zwei Jahren konnten sich die Unterhändler beider Seiten schließlich im November 2018 auf ein fast 600 Seiten umfassendes Vertragswerk einigen. Das britische Parlament weigerte sich jedoch, dem Vertrag zuzustimmen und forderte Nachbesserungen. Nach erneuten Verhandlungen, verbunden mit einer (mehrfachen) Verschiebung des Austrittsdatums, Regierungsumbildungen und sogar Neuwahlen in Großbritannien, konnten sich beide Seiten letztlich doch noch auf ein Vertragswerk einigen, und Großbritannien ist zum 31. Januar 2020 nach 47 Jahren Mitgliedschaft aus der EU ausgetreten.

Eine Reihe von strittigen Punkten konnte in den Verhandlungen nicht abschließend geklärt werden, sodass man sich auf zeitlich befristete Übergangsregelungen geeinigt hat. Dies betrifft auch die Ausgestaltung der zukünftigen Handelsbeziehungen zwischen der EU und Großbritannien. Ohne weitere Verhandlungen kann der Brexit in einigen Bereichen daher doch noch zu einem harten Brexit werden.

Fragen
1. Warum führte die Entscheidung für einen Brexit zunächst zu einem Anstieg der Inflationsrate?
2. Warum gestalteten sich die Verhandlungen zwischen der EU und Großbritannien über den Brexit so schwierig?
3. Welche Auswirkungen hat ein harter Brexit auf die zukünftigen Handelsbeziehungen zwischen der EU und Großbritannien?

35.7 Gebiete mit einheitlicher Währung und die Europäische Währungsunion
Fazit

sich einige der wünschenswerten Eigenschaften eines optimalen Währungsraums im Lauf der Zeit im Euroraum einzustellen: Die europäische Währungsunion wird zu wachsender wirtschaftlicher Integration führen und dadurch wiederum für die einzelnen Mitgliedsländer die Vorteile steigern und die Kosten weiter senken.

Zusammenfassung

Stichwörter

- Währungsunion (Gebiet gemeinschaftlicher Währung)
- Europäische Wirtschafts- und Währungsunion (EWWU)
- Europäische Union (EU)
- Europäischer Binnenmarkt
- optimaler Währungsraum
- asymmetrischer Schock
- fiskalischer Föderalismus
- konjunkturelles Budgetdefizit
- strukturelles Budgetdefizit

- Ein Gebiet gemeinschaftlicher Währung (Währungsunion oder Wirtschafts- und Währungsunion) ist ein geografisch abgegrenztes Gebiet, in dem eine einzige Währung als Tauschmittel gilt.
- Die Bildung einer Währungsunion kann den Mitgliedsländern bedeutende Vorteile verschaffen, besonders dann, wenn bereits in hohem Maße internationaler Handel zwischen diesen Ländern stattfindet (d. h. ein hohes Niveau an Handelsintegration besteht). Die Vorteile entstehen durch die Senkung der Transaktionskosten, die mit dem Handel verbunden sind, und durch den Wegfall der Unsicherheit, die durch Wechselkursschwankungen erzeugt wird.
- Es gibt jedoch auch Kosten des Beitritts zu einer Währungsunion, die hauptsächlich im Wegfall wirtschaftspolitischer Instrumente auf nationaler Ebene bestehen (so vor allem der Verlust der eigenständigen nationalen Geldpolitik und der Wechselkurspolitik als Mittel makroökonomischer Anpassung). Der Wegfall dieser wirtschaftspolitischen Instrumente berührt bei einer langfristig senkrechten aggregierten Angebotskurve jedoch nur kurzfristige makroökonomische Anpassungsprozesse.
- Die Kosten dieser Anpassungsprozesse fallen umso niedriger aus, je höher der Grad der Reallohnflexibilität, der Arbeitskräftemobilität und der Finanzmarktintegration ist und je seltener asymmetrische Nachfrageschocks in der Währungsunion auftreten.
- Eine Gruppe von Ländern mit hochgradiger Handelsintegration, hoher Arbeitskräftemobilität und Reallohnflexibilität sowie hoher Finanzmarktintegration und fehlenden asymmetrischen Nachfrageschocks nennt man einen optimalen Währungsraum. Diese Gruppe profitiert von einer Währungsunion.
- Vielleicht entsteht aus einer Währungsunion im Lauf der Zeit ein optimaler Währungsraum. Die gemeinsame Währung wird vermutlich die Handelsverbindungen vertiefen und dadurch die Konjunkturzyklen der Länder einander annähern. Die gemeinsame Währung wird im Lauf der Zeit auch zu einer Steigerung der Arbeitskräftemobilität und der Finanzmarktintegration führen.
- Der heutige Euroraum zeichnet sich durch eine hohe Handelsintegration und nur wenige asymmetrische Nachfrageschocks aus. Gleichzeitig herrschen jedoch eine niedrige Reallohnflexibilität und eine geringe Arbeitskräftemobilität. Während die Einführung des Euro zu einer hochgradigen Integration der großen Finanzmärkte geführt hat, sind die kleinen Finanzmärkte für das Massengeschäft noch national

getrennt. Alles in allem ist der Euroraum gegenwärtig kein optimaler Währungsraum, doch er könnte sich dazu entwickeln.
▸ Die Anpassungsprobleme in einem Währungsraum, der kein optimaler Währungsraum ist, können durch den fiskalischen Föderalismus erleichtert werden (ein gemeinsames Budget mit einem Steuersystem und Transfers über alle Mitgliedsländer hinweg). Aus politischen Gründen ist das System des fiskalischen Föderalismus in der Praxis nur schwer zu verwirklichen.
▸ Durch die nationale Fiskalpolitik der Mitgliedsländer einer Währungsunion kann es zu Trittbrettfahrererscheinungen kommen. Ein Land mit hoher Verschuldungsneigung trägt eine niedrigere Zinslast als im autonomen Zustand; die übrigen Mitgliedsländer tragen wegen dieses einen Landes eine höhere Zinslast. Aus diesen Gründen sind die Mitgliedsländer einer Währungsunion bestrebt, verbindliche Verhaltensregeln für die Fiskalpolitik der einzelnen Länder zu vereinbaren.

Wiederholungsfragen

1. Welches sind die wesentlichen Vorteile der Bildung einer Währungsunion? Welches sind die wesentlichen Nachteile? Sind die Vor- und Nachteile eher kurzfristiger oder eher langfristiger Natur?
2. Besteht ein wesentlicher Vorteil einer Währungsunion auch darin, dass es zu einer Reduktion der Preisdifferenzierung in der Währungsunion kommt?
3. Wodurch können sich die Kosten des Beitritts zu einer Währungsunion reduzieren?
4. Was ist ein optimaler Währungsraum? Welche Charakteristika weist ein optimaler Währungsraum auf? Ist der Euroraum ein optimaler Währungsraum?
5. Worin besteht fiskalischer Föderalismus? Auf welche Weise könnten die Probleme bei einer makroökonomischen Anpassung in einer Währungsunion durch fiskalischen Föderalismus erleichtert werden?
6. Weshalb besteht unter den Mitgliedern einer Währungsunion der Wunsch, Verhaltensregeln für die nationale Fiskalpolitik zu vereinbaren?

Aufgaben und Anwendungen

1. Betrachten Sie zwei Länder – Kornpommern und Technopfalz – mit ausgedehntem gegenseitigem Handel. Die nationalen Währungen sind »Korn« (in Kornpommern) und »Byte« (in Technopfalz). In Kornpommern besteht das Produktionsvolumen hauptsächlich aus landwirtschaftlichen Produkten, in Technopfalz weitgehend aus Elektronik. Die Länder befinden sich in einem langfristigen makroökonomischen Gleichgewicht.
   a. Veranschaulichen Sie die beiden Volkswirtschaften anhand von Diagrammen (mit aggregierter Nachfrage, kurzfristigem aggregiertem Angebot und langfristigem aggregiertem Angebot).

b. Nun sollen in beiden Ländern zugleich ein Anstieg der Nachfrage nach Elektronik und ein Rückgang der Nachfrage nach landwirtschaftlichen Produkten eintreten. Zeigen Sie anhand der Diagramme, was kurzfristig in beiden Volkswirtschaften mit Produktionsniveau und Preisniveau geschieht. Wie verändern sich die Arbeitslosenquoten in beiden Ländern?
c. Zeigen Sie anhand der Diagramme, wie jedes Land die kurzfristigen Schwankungen des Produktionsniveaus mittels geldpolitischer Maßnahmen dämpfen könnte.
d. Zeigen Sie anhand der Diagramme, wie Veränderungen des Korn/Byte-Wechselkurses zur Dämpfung der Schwankungen in jedem Land beitragen könnten.

2. Angenommen, Technopfalz und Kornpommern bilden eine Währungsunion und einigen sich auf die Gemeinschaftswährung »Kornbyte«. Wiederum soll nun in beiden Ländern die Nachfrage nach Elektronik steigen und nach Agrarprodukten sinken. Würde der Präsident der Zentralbank der Währungsunion den »Kornbyte«-Zinssatz erhöhen, senken oder unverändert lassen? Begründen Sie Ihre Antwort. (Hinweis: Vorrangiges Ziel sei eine niedrige und stabile Inflationsrate im gesamten Gebiet der Währungsunion.)

3. Angenommen, Technopfalz und Kornpommern entscheiden sich für fiskalischen Föderalismus und einen gemeinsamen Staatshaushalt.
   a. Zeigen Sie mithilfe der Diagramme der aggregierten Nachfrage und des aggregierten Angebots, wie die Fiskalpolitik dazu dienen kann, die kurzfristigen Schwankungen auszugleichen, die von den asymmetrischen Nachfrageschocks herrühren.
   b. Wenn man die typischen Wirkungsverzögerungen fiskalpolitischer Maßnahmen bedenkt, soll man sie dann überhaupt zur Glättung kurzfristiger Schwankungen einsetzen?

4. Die Vereinigten Staaten von Amerika kann man sich als eine komplexe Währungsunion vorstellen, denn dort gibt es eine gemeinsame Währung und volkswirtschaftliche Probleme ähnlich wie unter den europäischen Volkswirtschaften. Man kann sich die USA als eine erfolgreiche Währungsunion vorstellen, da es dort seit 200 Jahren eine gemeinsame Währung gibt. Doch zahlreiche US-amerikanische Bundesstaaten produzieren sehr unterschiedliche Waren und Dienstleistungen, sodass sie im Lauf der Zeit von ganz unterschiedlichen makroökonomischen (Aufschwungs- oder Abschwungs-)Schocks erfasst werden. So produziert Texas z. B. Öl, während Kansas Agrarprodukte herstellt. Wie erklären Sie sich – mit Blick auf diese Unterschiede – den langfristigen Erfolg der US-Währungsunion? Können Sie aus den US-Erfahrungen Lehren oder Vorhersagen für Europa ableiten?

5. Begründen Sie, warum die nachfolgenden Aussagen wahr oder falsch sind.
   a. »Eine hochgradige Handelsverflechtung zwischen einer Gruppe von Volkswirtschaften lässt erwarten, dass die Einführung einer gemeinsamen Währung und die Bildung einer Währungsunion ihnen Vorteile bringt.«

b. »Eine hochgradige Handelsverflechtung zwischen einer Gruppe von Volkswirtschaften lässt mit Sicherheit erwarten, dass die Länder sich auf eine gemeinsame Währung und die Bildung einer Währungsunion einigen.«

6. Nehmen Sie an, die Verzinsung von spanischen Staatsanleihen steigt, während die Verzinsung von deutschen Staatsanleihen sinkt.
   a. Was sagt das allgemein darüber aus, wie die Finanzmärkte die Lage in beiden Ländern einschätzen?
   b. Was kann man über den Preis einer Anleihe sagen, deren Verzinsung steigt?

36 Die Finanzkrise und die Staatsverschuldung in Europa

Was die Volkswirtschaftslehre so faszinierend macht, ist die Geschwindigkeit, mit der sich Dinge ändern können. Im Jahr 2005 haben nur wenige geahnt, was in den folgenden drei Jahren passieren würde. Sicherlich haben einige Beobachter darauf hingewiesen, dass der Anstieg der Immobilienpreise in den USA und auch in Großbritannien nicht so weitergehen kann. Aber niemand wusste genau, wann die Spekulationsblase auslaufen würde, wie sie zum Stillstand kommen würde, wie groß die anschließende Korrektur am Immobilienmarkt ausfallen würde und welche Auswirkungen das insgesamt auf die Volkswirtschaft haben könnte. In einer Rede im Jahr 2004 (http://www.federalreserve.gov/newsevents/bernanke20070517a.htm) sagte Ben Bernanke (in den Jahren von 2006 bis 2014 Vorsitzender des Federal Reserve Board): »Eine der auffälligsten Entwicklungen in der ökonomischen Landschaft in den letzten 20 Jahren ist der Rückgang der makroökonomischen Volatilität.« Er prägte dafür den Begriff »The Great Moderation« (die große Mäßigung). Bernanke führte den deutlichen Rückgang der gesamtwirtschaftlichen Schwankungen auf strukturelle Änderungen zurück und auf bessere makroökonomische Politikansätze, die auf stabile und niedrige Inflationsraten fokussiert waren. Und dann kam alles anders.

Auch in Deutschland war man vom anhaltenden Aufschwung überzeugt. Noch im Sommer 2008 gingen die großen deutschen Wirtschaftsforschungsinstitute von einem Wachstum in allen großen Industrieländern für 2009 aus. Nur wenige Monate später erlebte die Weltwirtschaft eine der schwersten Wirtschaftskrisen in der Geschichte. Da stellt sich die Frage, ob es nicht Anzeichen für die nahenden Probleme gab und wie es so schnell zu einer dramatischen Umkehr in der Wirtschaftsentwicklung kommen konnte.

36.1 Die Finanzkrise

Finanzkrisen können Wirtschaftskrisen auslösen. Und Wirtschaftskrisen können zu Finanzkrisen führen. Finanzkrisen betreffen die Finanzwirtschaft einer Volkswirtschaft. Die **Finanzwirtschaft** umfasst im weitesten Sinne Käufe und Verkäufe von Vermögenswerten auf Finanzmärkten. Wirtschaftskrisen treten dagegen in der **Realwirtschaft** auf. Das ist der Teil der Volkswirtschaft, in dem Waren und Dienstleistungen hergestellt werden. Die Finanzwirtschaft dient als »Schmiermittel« für die Realwirtschaft. Transaktionen von Vermögenswerten führen für sich genommen allerdings nicht dazu, dass irgendetwas produziert wird.

Wirtschaftskrisen und Finanzkrisen können, müssen aber nicht gleichzeitig auftreten, da die Zyklen in diesen beiden Bereichen der Volkswirtschaft nicht gleich verlaufen. Der Konjunkturzyklus der Realwirtschaft wird durch Angebotsschocks, Nach-

Finanzwirtschaft
Die Finanzwirtschaft umfasst im weitesten Sinne Käufe und Verkäufe von Vermögenswerten auf Finanzmärkten.

Realwirtschaft
Der Teil der Volkswirtschaft, in dem Waren und Dienstleistungen hergestellt werden.

frageschocks oder eine Kombination aus beiden bestimmt. Diese Schocks treten in Form von schwankenden Rohstoffpreisen oder bahnbrechenden technologischen Neuerungen auf, aber auch in Form von Schwankungen bei der Investitionsgüternachfrage und den Staatsausgaben. Trotz der ausgelösten Veränderungen bei Beschäftigung, Einkommen und Produktivität in der Realwirtschaft kann die Finanzwirtschaft weiterhin problemlos funktionieren.

Die Schwankungen in der Finanzwirtschaft sind deutlich größer als in der Realwirtschaft. In einem Aufschwung steigen in der Finanzwirtschaft die Gewinne der Banken, das Kreditvolumen nimmt zu und die Vermögenspreise klettern nach oben. In einem Abschwung passiert genau das Gegenteil. Der *Finanzzyklus* kann Auswirkungen auf die Realwirtschaft haben, sowohl im Aufschwung als auch im Abschwung. Bei einem starken Abschwung kann sich eine Krise in der Finanzwirtschaft auf die Realwirtschaft ausbreiten und zu einer tiefen Wirtschaftskrise führen. Dabei lässt sich beobachten, dass Wirtschaftskrisen, die durch Finanzkrisen ausgelöst wurden, deutlich stärker ausfallen und länger andauern als Wirtschaftskrisen, die durch einen Schock auf die Realwirtschaft entstanden sind. In einer Finanzkrise senken Unternehmen und Haushalte ihre Ausgaben, um ihren Zahlungsverpflichtungen nachkommen zu können. Der Rückgang bei den Investitions- und Konsumausgaben senkt die gesamtwirtschaftliche Nachfrage und zieht die Realwirtschaft mit in die Krise.

Eine wichtige Aufgabe des Staates besteht darin, durch regulatorische Vorgaben den Handlungsrahmen für die Finanzwirtschaft zu setzen und damit für Stabilität in der Finanzwirtschaft zu sorgen. Kommt der Staat dieser Aufgabe nicht oder nicht mehr in ausreichendem Maße nach, kann das nicht nur für die Finanzwirtschaft gravierende Auswirkungen haben.

Deregulierung

In den 1980er-Jahren führte der Wechsel zur angebotsorientierten Wirtschaftspolitik zu einer Phase der Deregulierung. Es herrschte die Überzeugung, dass eine umfassende Regulierung die Leistungsfähigkeit der gesamtwirtschaftlichen Angebotsseite zu sehr einschränkt. Mit der weitgehenden Deregulierung in den USA und auch in Großbritannien veränderte sich der Banken- und Finanzbereich dramatisch. Regeln und Vorschriften um das Wirken der Banken und Bausparkassen herum wurden abgeschafft oder gelockert. Damit war es möglich, neue Finanzprodukte zu entwickeln und in den eng verknüpften internationalen Finanzmärkten einzusetzen. Auch technologische Entwicklungen brachten einige Neuerungen mit sich.

Die Deregulierung führte dazu, dass der einfache Mann von der Straße auf einmal viel leichter als früher einen Kredit erhalten konnte. In den USA und in Großbritannien wurde diese Entwicklung noch durch einen starken Anstieg der Immobilienpreise begünstigt. Damit stieg das Eigenkapital der Hausbesitzer, die den Wertzuwachs ihrer Immobilie als Sicherheit bei einer Kreditaufnahme nutzen konnten. Und da die Verwendung der Kredite in keiner Weise mehr eingeschränkt war, konnten die Hausbesitzer sich damit Autos kaufen, Urlaubsreisen bezahlen, Hochzeiten finanzieren oder ihr Haus vergrößern und verschönern.

In den USA hatten der Zusammenbruch der Dotcom-Blase und die Anschläge des 11. September 2001 zu Konjunktureinbrüchen geführt. Die Fed reagierte darauf, indem sie die Zinsen senkte und dem Markt zusätzliche liquide Mittel zur Verfügung stellte. Gleichzeitig hatte viele große Finanzinstitutionen aus Angst vor dem (vermeintlichen) Millennium-Bug (Computerproblem beim Wechsel vom Jahr 1999 ins Jahr 2000) stark in IT-Technologien investiert. Diese Investitionen ermöglichten den Finanzinstitutionen deutliche Produktivitätszuwächse, sodass die Gewinne der Banken trotz eines schwächelnden Geschäfts bei Konsumentenkrediten sogar stiegen.

In ihrer Suche nach ertragreichen Geschäften sahen sich die Banken nach neuen Märkten und Anlagemöglichkeiten um, um ihre Erträge weiter zu steigern. Und angesichts des geringen Zinsniveaus wurden Investitionsmöglichkeiten mit hohen Renditen umso attraktiver, zumal auch die Bonuszahlungen für die Mitarbeiter an die Höhe der Erträge gekoppelt waren. Die Deregulierung erleichterte grenzüberschreitende Geschäfte. Man konnte in Niedrigzinsländern Geld aufnehmen (in Japan gab es zu Beginn der 2000er-Jahre sogar negative Zinsen) und die Mittel dann in Vermögenswerte in Ländern mit Hochzinswährungen investieren.

Der Anstieg der Immobilienpreise

Den unstillbaren Durst nach Krediten auf beiden Seiten des Atlantiks, insbesondere in Form von Hypothekendarlehen, sehen viele mit als Grund für die Immobilienblase an. Die Abbildung 36-1 (a) illustriert die Entwicklung des Häusermarkts in Großbritannien von 1983 bis 2014. Von den späten 1990er-Jahren bis zum Jahr 2007 stiegen die Häuserpreise dramatisch an. Die vergleichbare Abbildung 36-1 (b) zeigt Ähnliches für die USA. Dort sind die Häuserpreise von 2000 bis 2006 um rund 80 Prozent angestiegen.

Gleichzeitig trug der Preisanstieg am Immobilienmarkt zum Wirtschaftswachstum bei, die Zahl der Beschäftigten im Immobiliensektor stieg stark an. Zwischen 2001 und 2005 wurden im Immobilienmarkt in den USA mehr als 788.000 neue Jobs geschaffen, das waren rund 40 Prozent des gesamten Beschäftigungszuwachses im Land.

Mit dem Anstieg der Häuserpreise nahm auch die Differenz zwischen dem Wert des Hauses und dem geliehenen Kapital stetig zu und damit das positive Eigenkapital. Hat jemand beispielsweise eine Hypothek über 250.000 Euro, aber eine Immobilie, die 375.000 Euro wert ist, dann beträgt das positive Eigenkapital 125.000 Euro. Die Banken hatten nichts dagegen, dass die Hausbesitzer diese Entwicklung des Eigenkapitals für sich nutzten und vergaben bereitwillig Kredite, schließlich gab es Sachwerte als Sicherheiten, deren Preise – so nahm man an – weiter steigen würden.

Die Auswirkungen der Deregulierung, das niedrige Zinsniveau, die stabile wirtschaftliche Entwicklung und die zunehmende Risikofreude der Finanzinstitutionen führten zusammen zu einem Anstieg der Immobilienpreise, der durch eine steigende Nachfrage nach Immobilien und einen leichteren Zugang zu Krediten getrieben wurde. Banken und Bausparkassen entwickelten neue Produkte und ermöglichten so Personen den Zugang zu Hypothekendarlehen, die bislang außen vor waren. Als die Häuserpreise stiegen, wuchs bei vielen der Wunsch nach den eigenen vier Wänden, sodass die Nachfrage weiter angetrieben wurde. Diejenigen, die bereits ein Haus hat-

36.1 Die Finanzkrise und die Staatsverschuldung in Europa
Die Finanzkrise

Abb. 36-1

Der Anstieg der Immobilienpreise

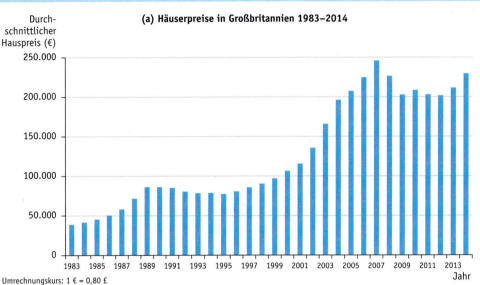

Umrechnungskurs: 1 € = 0,80 £
Quelle für die Zahlen: Halifax House Price Index, www.lloydsbankinggroup.com

Quelle für die Zahlen: Standard & Poor's, www.standardandpoors.com

Diagramm (a) zeigt den Anstieg der Häuserpreise in Großbritannien von 1983 bis 2014. Im Jahr 1983 betrug der durchschnittliche Preis für ein Haus knapp 40.000 Euro, 2007 dagegen fast 250.000 Euro. In Diagramm (b) spiegelt der Immobilienpreisindex für die USA (S&P/Case-Shiller-Index) den starken Anstieg der Immobilienpreise wider.

ten, profitierten von der positiven Wertentwicklung und finanzierten über neue Kredite den Kauf eines Autos, eine Urlaubsreise oder immer häufiger eine zweite Immobilie. Das war dann vielleicht ein Ferienhaus am Meer oder im Grünen, eine Ferienwohnung in Spanien oder eine Immobilie, die man anschließend vermieten wollte, um die zweite Hypothek zu bezahlen.

Die Spekulationsblase platzt

Durch die Ausweitung des CDS-Geschäfts auf Hypothekenanleihen und den Zusammenbruch des Hypothekenmarkts im Jahr 2007 standen die Finanzmärkte vor einem großen Problem. Und das Problem wurde dadurch verschärft, dass der Handel mit CDS-Papieren bei Banken und anderen Finanzinstituten auch ohne die zugrunde liegende Vermögensposition (Anleihen) erfolgte. Die CDS-Papiere konnten (in spekulativer Absicht) einzeln weiterverkauft und -gekauft werden, sodass ein sehr unübersichtliches Netz wechselseitiger Abhängigkeiten entstand – und dies alles auf der Grundlage einer Bündelung von Subprime-Hypotheken. Die Akteure auf dem Finanzparkett kauften ganz bewusst CDS-Papiere in der Erwartung, dass die zugrunde liegenden Anleihen ausfallen. In diesem Fall erhielt der Verkäufer den versicherten Nennwert der Anleihen oder Erstattungen aus den gebildeten Rücklagen. Der Markt hatte sich gewandelt – von einem Markt, der Inhaber von Anleihen gegen Risiken absichert, hin zu einem Markt, auf dem messerscharf kalkulierende Spekulanten viel Geld verdienen wollten. Wer solche Papiere (auch als Derivate bezeichnet, weil ihr Wert auf dem Wert einer anderen Vermögensposition basiert) kauft, hat allenfalls eine vage Vorstellung vom Wert der zugrunde liegenden Vermögensposition.

Ein anderes großes Problem im Zusammenhang mit CDS-Papieren bestand darin, dass dieser Markt nie Gegenstand irgendwelcher Regulierungen war. Man spricht von »Over the counter«-Geschäften und meint dabei, dass es um private Transaktionen zwischen zwei Parteien geht (ohne etwa die Zwischenschaltung einer Börse). So gab es auch keine offiziellen Aufzeichnungen oder Berichte darüber, wer was mit wem gehandelt hat oder ob der Verkäufer seine Verpflichtungen überhaupt nachkommen kann. Demnach ist auch das Marktvolumen nur sehr schwer zu bestimmen. Für das Jahr 2007 geht man davon aus, dass der Markt mit CDS-Papieren eine Größe von 45 bis 60 Billionen Dollar hatte. Zum Vergleich: 60 Billionen Dollar waren mehr als das gesamte BIP weltweit von 55 Billionen Dollar. Die Anzahl der Transaktionen von CDS-Papieren und von Derivaten insgesamt war keineswegs leicht zu bestimmen, und man wusste nicht, wer wie viel an Ansprüchen hält. Eine Anzahl großer Banken einschließlich Lehman Brothers, Barclays, RBS und isländische Banken sowie Versicherungsgesellschaften wie AIG hatten riesige Posten in ihren Büchern.

In den Jahren 2006 und 2007 ging es den Zentralbanken hauptsächlich darum, dem Inflationsdruck zu begegnen. In Großbritannien z. B. stieg die Inflationsrate im September 2008 auf ein Hoch von 5,2 Prozent. Bereits im Juni 2006 hatte die Bank of England damit begonnen, in kleinen Schritten das Zinsniveau anzuheben. Im Juli 2007 lagen die Zinsen bei 5,75 Prozent. In den USA erhöhte die Fed in über 16 aufeinanderfolgenden Monaten bis 2006 das Zinsniveau bis auf 5,25 Prozent. Und auch die

36.1 Die Finanzkrise und die Staatsverschuldung in Europa
Die Finanzkrise

Europäische Zentralbank (EZB) hob die Zinsen ab Frühjahr 2006 in kleinen Schritten sukzessive an. Mit dem Anstieg des Zinsniveaus kamen speziell die Kreditnehmer am Subprime-Markt unter Druck, und die Berichte über Zahlungsausfälle bei Subprime-Krediten häuften sich.

Als die Zahl der notleidenden Hypotheken beträchtlich anstieg, waren viele Finanzinstitute betroffen und ihre Risikopositionen wurden mehr und mehr sichtbar. Das gesamte Konstrukt basierte auf der Erwartung, dass die Einkommensströme weiterhin aus den zugrunde liegenden Vermögenswerten fließen würden, oder – mit anderen Worten – dass die große Mehrheit der Hypothekenschuldner weiterhin termingetreu pro Monat zahlen würde. Wie kam es dann zur Hypothekenkrise? Wir haben bereits erfahren, welche anfänglichen Zins- und Tilgungserleichterungen manche Kreditnehmer zur Aufnahme von Hypothekendarlehen verleiteten, ohne dass sie die Zusammenhänge und ihre Verpflichtungen wirklich verstanden. Nach der Anfangsphase mit ihren Erleichterungen mussten die Hypotheken schließlich regulär bedient werden. Die regulären Kreditraten beinhalteten sowohl einen gewissen Ausgleich für die anfänglichen Erleichterungen als auch ein Äquivalent für das höhere Risiko der Kreditnehmer.

Bei den höheren Zinssätzen fiel es den Hypothekenschuldnern nach und nach immer schwerer, ihren monatlichen Zahlungsverpflichtungen nachzukommen. Auf einige von ihnen kamen eine regelrechte Verdoppelung der Lasten und mehr zu. Für viele der bonitätsschwachen Kreditnehmer im Subprime-Markt war die drastische Erhöhung der monatlichen Belastung nicht mehr tragbar. Aber auch denjenigen, die Zweithäuser oder Mietimmobilien erworben hatten, fiel es immer schwerer, ihren Zahlungsverpflichtungen nachzukommen.

Angesichts der untragbaren Lasten entschlossen sich viele zum Verkauf von Häusern und Grundstücken oder – nach anglo-amerikanischem Recht – zur Abgabe des Eigentums an die Bank (»foreclosure«). Mit der Zunahme von Verkäufen und Rückgaben an die Bank gerieten die Haus- und Grundstückspreise unter Druck. Und als die Immobilienpreise fielen, sahen sich mehr und mehr Menschen mit der Tatsache konfrontiert, dass ihre Schulden den Wert ihres Hauses und Grundstücks überstiegen. Durch einen Verkauf aus der Schuldenfalle zu entkommen, war vielen damit nicht mehr möglich. Auch nach dem Verkauf der Immobilie blieben sie auf einem Berg an Schulden sitzen, den sie nicht abzahlen konnten. In einigen Gegenden der USA war die Situation besonders kritisch, wie etwa in Las Vegas, in Los Angeles oder in Miami. Dort kam die Rückgabe der Immobilie an die Bank am häufigsten vor. Damit stieg jedoch das Angebot auf dem Haus- und Grundstücksmarkt nochmals an. Und nach den bekannten Regeln von Angebot und Nachfrage fielen dann die Preise noch weiter.

Im Verlauf der Krise am Subprime-Markt wurden die zweifelhaften Engagements der Banken immer deutlicher, viele Banken mussten Abschreibungen vornehmen und machten Verluste. Das Vertrauen in das Bankensystem, das so überaus wichtig zum guten Funktionieren ist, begann zu schwinden. Die Banken schauten wechselseitig auf ihre zweifelhaften Forderungen, die als »toxisch« bezeichnet wurden. Die Bereitschaft der Banken zur gegenseitigen Kreditvergabe im Interbankenmarkt ging immer mehr zurück und kam letzten Endes faktisch zum Stillstand.

Der Stillstand auf den Kreditmärkten hatte weltweite Auswirkungen. In Island brachen die drei großen Geschäftsbanken zusammen, die Ukraine musste den Internationalen Währungsfonds (IWF) um einen Kredit in Höhe von 16,5 Milliarden Dollar bitten, während Ungarn auf einen Kredit in Höhe von 10 Milliarden Dollar angewiesen war, nachdem das Land bereits 5 Milliarden Euro von der EZB erhalten und den Zinssatz von 3,5 Prozent auf 11 Prozent angehoben hatte. Auch die Türkei, Weißrussland und Serbien waren auf Finanzhilfen angewiesen, nachdem die Länder zunehmend Schwierigkeiten hatten, ihren Zahlungsverpflichtungen nachzukommen. In der Ukraine verlor die einheimische Währung, die Hrywnja, 20 Prozent ihres Werts, und der Aktienmarkt brach um 80 Prozent ein. Die ukrainische Zentralbank war gezwungen, mit ihren Reserven Hrywnja zu kaufen, um sie zu stützen. Die Aktienkurse in Russland sanken zwischen Mai und Oktober 2008 um fast 66 Prozent. Letzten Endes hatten die meisten Banken einfach zu viele Kredite vergeben, hatten durch den Kauf von CDS-Papieren offene Risikopositionen und konnten fälligen Zahlungsverpflichtungen nicht nachkommen. Ohne Finanzhilfen wären diese Finanzinstitutionen pleitegegangen und hätten das Finanzsystem in diesen und weiteren Ländern zum Stillstand gebracht.

Der Zusammenbruch von Lehman Brothers

Das Bankhaus Lehman Brothers stand als Investmentbank an vorderster Front bei Subprime-Krediten und Credit Default Swaps. Die Geschäftstätigkeit wurde sehr stark mit Fremdkapital finanziert (»leveraging«) und erlaubte dadurch – im Erfolgsfall – eine hohe Rendite auf das eingesetzte schmale Eigenkapital. Als am Wochenende des 13./14. September 2008 ein letzter Rettungsversuch erfolglos blieb, war Lehman Brothers nicht mehr zu retten. Das Volumen der Verpflichtungen sowie das Ausmaß der Risikopositionen bei Subprime-Hypotheken und CDS-Papieren waren zu groß. Lehman Brothers musste am 15. September 2008 Insolvenz anmelden und beantragte Gläubigerschutz nach dem US-amerikanischen Insolvenzrecht (Chapter 11). Als Lehman zusammenbrach, entstanden Milliarden Dollar an Forderungen aus CDS-Papieren von Lehmann. Um diese Forderungen wenigstens teilweise zu erfüllen, wurden Lehman-Anleihen per Auktion für 8 Cent pro Dollar versteigert. Damit war eine Anleihe im Wert von 10 Millionen Dollar für gerade einmal 800.000 Dollar zu haben. Der Restbetrag von 9.200.000 Dollar musste von den Verkäufern der CDS-Papiere abgedeckt werden, um die Verpflichtungen aus den Credit Default Swaps zu erfüllen. Mit geschätzten Gesamtansprüchen zwischen 400 bis 600 Milliarden Dollar lastete durch den Zusammenbruch von Lehman Brothers ein gewaltiger Druck auf dem Finanzsystem. Viele Banken, die CDS-Papiere auf Lehman verkauft hatten, standen nun kurz davor, selbst pleitezugehen. Die Banken mussten Zahlungsverpflichtungen nachkommen, es fehlten ihnen aber die dazu nötigen liquiden Mittel. Die um ihr Überleben kämpfenden Banken versuchten, die erforderlichen Gelder im Interbankenmarkt aufzutreiben. Die Kreditvergabe im Interbankenmarkt war jedoch fast gänzlich zum Stillstand gekommen. Je deutlicher die Verflechtungen der Banken untereinander zutage traten, desto schwieriger wurde die Lage. Ehemals verbriefte Kreditforderungen mussten von den Banken wieder in ihre Bilanzen übernommen werden. Dafür mussten neue Reserven gebildet werden, was den Spielraum der Banken zur Kreditvergabe zusätzlich einschränkte. Das Hauptaugenmerk der Banken lag auf der Wiederherstellung der Bilanzen und nicht auf der Kreditvergabe.

Alles, was tröpfchenweise an Informationen aus den Banken – ob groß ob klein – durchsickerte, bekräftigte den allgemeinen Vertrauensverlust der Öffentlichkeit in das Bankensystem. Wenn selbst Lehman Brothers zusammenbrechen konnte, wie stand es dann um die übrigen Banken? Banken, die zu Zahlungen verpflichtet waren, mussten dies entweder aus ihrem Eigenkapital finanzieren oder sie mussten die Zahlungsverpflichtungen der Zweckgesellschaften übernehmen und in ihre Bilanzen aufnehmen. In beiden Fällen verschlechterte sich die wirtschaftliche Lage der Banken. Mit den anschließenden Herabstufungen durch Ratingagenturen setzte ein Teufelskreis ein, der die Banken noch weiter unter Druck setzte.

Der Zusammenbruch von Lehman Brothers war ein spektakuläres Ereignis, das zeigte, dass die Zentralbanken nicht darauf vorbereitet waren, jede beliebige notleidende Bank zu stützen. Die US-Investmentbanken Bear Stearns und Merrill Lynch hatten überlebt, weil sie durch JPMorgan Chase aufgekauft wurden. Die Bank of America und die US-amerikanische Regierung bewahrten die Hypothekenbanken Fannie Mae und Freddie Mac vor dem Aus. Bald nach dem Lehman-Zusammenbruch ließ die Nachricht aufhorchen, die große Versicherungsgruppe AIG wäre in Nöten. AIG hatte sehr stark als Verkäufer im CDS-Geschäft engagiert, und die Lehmann-Pleite führte bei AIG zu einer großen Risikoposition. In diesem Fall entschied sich die US-Regierung für eine Rettung, denn ein Zusammenbruch von AIG hätte zahlreiche andere Institutionen in die Knie gezwungen und die Realwirtschaft schwer geschädigt. In Großbritannien erhielten Northern Rock, die Royal Bank of Scotland (RBS) und die Halifax Bank of Scotland (HBOS) auf ganz unterschiedliche Weise staatliche Hilfen. Auch in Deutschland wurden Banken durch den Staat vor dem Zusammenbruch bewahrt. Prominente Beispiele sind die Hypo Real Estate (HRE), die Commerzbank und die Mittelstandsbank IKB. Einige Marktbeobachter vertraten die Auffassung, mit Lehman Brothers habe man ein Exempel statuiert, damit der Markt nicht generell zu der Ansicht gelangte, der Staat würde letztlich jede gefährdete Institution retten.

Der Weg in den weltweiten Abschwung

Die Schwierigkeiten auf den Finanzmärkten begannen – entgegen manchen Ansichten namhafter Volkswirte – sehr rasch auf die Realwirtschaft überzugreifen. Für viele Menschen führte die Krise auf dem Haus- und Grundstücksmarkt am Ende zu Arbeitslosigkeit. Der wachsende Vertrauensverlust lähmte die konjunkturelle Entwicklung weltweit. Verschärft wurden die rezessiven Wirkungen durch den engen Kreditmarkt. Insbesondere kleine Unternehmen sind für ihr Überleben auf einen stetigen Zahlungsfluss angewiesen. Als die Umsatzeinbrüche Überziehungskredite erforderten, waren die Unternehmen auf ein Entgegenkommen ihrer Hausbank angewiesen. Der enge Kreditmarkt und die damit verbundene Kreditklemme aber führten dazu, dass viele Unternehmen entweder keine neuen Kredite mehr von ihrer Hausbank erhielten oder die Zinssätze prohibitiv hoch waren. Aufgrund von Liquiditätsproblemen und Finanzierungsschwierigkeiten kam es zum Zusammenbruch nicht weniger kleinerer Unternehmen. Aber auch große Unternehmen blieben von diesen Problemen nicht verschont. So erlebte die Fahrzeugindustrie erhebliche Umsatzrückgänge. Im Januar 2008 wurden in den USA noch monatlich 817.767 Fahrzeuge hergestellt, im Februar 2009 waren es nur noch 388.267 Fahrzeuge (also im Jahresverlauf 52,2 Prozent weniger). Der Jahresumsatz der deutschen Automobilindustrie sank zwischen 2008 und 2009 um mehr als 20 Prozent. Der Produktionsrückgang erfasste selbstverständlich auch die Zulieferindustrien; ein negativer Multiplikatoreffekt bahnte sich nach und nach den Weg durch die gesamte Volkswirtschaft.

Als die Nachfrage sank und viele Unternehmen schließen mussten, stieg die Arbeitslosigkeit an. In den Vereinigten Staaten nahm die Arbeitslosenquote von 6,2 Prozent im August 2008 auf 9,7 Prozent ein Jahr später zu. In Deutschland fiel der Anstieg der Arbeitslosenquote mit 1,4 Prozentpunkten von Oktober 2008 bis April 2009 geringer aus. Die steigende Arbeitslosigkeit dämpfte das Geschäftsklima. Die Umsätze der Einzelhandelsgeschäfte gingen in vielen Ländern zurück, und gerade bei Gütern mit hoher Einkommenselastizität kam es zu Umsatzeinbrüchen. Die sinkenden Umsätze belasteten wiederum die Liquidität der Unternehmen. Viele Unternehmen stornierten Bestellungen und bauten ihre Lagerbestände ab, sodass weitere Unternehmen entlang der Wertschöpfungskette in den Abwärtsstrudel gerieten. Die Boston Consulting Group (BCG) schätzte im September 2009 den weltweiten Vermögensrückgang im Jahr 2008 in einer Studie (Global Wealth Report) auf 11,7 Prozent oder etwa 72 Billionen Euro.

Die Rolle der Zentralbanken

Als sich die Banken- und Finanzkrise ausweitete, waren alle Augen auf die Reaktionen der Zentralbanken rund um den Erdball gerichtet. Der Geldpolitik kam bei der Abmilderung der schlimmsten Auswirkungen der Finanzkrise und der damit einhergehenden Wirtschaftskrise eine bedeutende Rolle zu. Über die Effektivität der Maßnahmen der Notenbanker ist seither viel diskutiert worden. Für die Märkte waren bei der Zentralbankpolitik drei Aspekte entscheidend: die Schnelligkeit des Eingreifens, die Einführung neuer Maßnahmen und die Koordination der Maßnahmen. Schaut man auf die Geldpolitik der großen Zentralbanken während der Finanz- und Wirtschaftskrise, so findet man bei allen Gemeinsamkeiten, aber auch deutliche Unterschiede, schließlich müssen die Zentralbanken in einem vorgegebenen Handlungsrahmen agieren.

Frühe Anzeichen der Krise zeigten sich im Jahr 2007, als zunehmende Ausfälle bei Subprime-Hypotheken zu beobachten waren. Im Juli stuften Standard & Poor's sowie Moody's das Rating von Anleihen herunter, die durch Subprime-Hypotheken besichert waren. Noch im gleichen Monat kam die IKB Deutsche Kreditbank aus Düsseldorf in große Finanzierungsprobleme. Die IKB hatte eine Zweckgesellschaft gegründet, die Kredite und verbriefte Wertpapiere ankaufte. Da sich die Zweckgesellschaft am Interbankenmarkt nicht mehr refinanzieren konnte, griff sie auf Kreditzusagen der IKB zurück, die diese ihrerseits aber nicht einhalten konnte. Die IKB musste schließlich in einer gemeinsamen Aktion von der KfW Bankengruppe und privaten Banken gerettet werden. Kurze Zeit später geriet auf vergleichbare Weise die Sachsen LB (Landes-

36.1 Die Finanzkrise und die Staatsverschuldung in Europa
Die Finanzkrise

bank) in Schwierigkeiten. Über eine Tochtergesellschaft war sie an einer Zweckgesellschaft beteiligt, die verbriefte Kreditprodukte aufgekauft hatte. Im August 2007 konnte die Zweckgesellschaft sich nicht mehr refinanzieren, sodass infolge dieser Entwicklung die Sachsen LB zunächst gestützt und schließlich an die Landesbank Baden-Württemberg verkauft wurde.

Anfang August 2007 wurden die Folgen durch die Herabstufung bei den Anleihen deutlicher sichtbar. Die US-amerikanische Investmentbank Bear Stearns informierte am 3. August nach dem Zusammenbruch von zwei eigenen Hedgefonds und dem folgenden Kurseinbruch der Aktie die Aktionäre über die Lage. Am 9. August verkündete die französische Bank BNP Paribas, dass sie den Handel von Anteilsscheinen an drei ihrer Investmentfonds einstellte, was die Kreditmärkte nahezu in Schockstarre versetzte. Als die Banken nach und nach erkannten, wie groß das Ausmaß ihrer Risikopositionen im Subprime-Markt sein könnte, kam der Interbankenmarkt zum Erliegen.

Der Stillstand auf den Kreditmärkten war das Signal für das geldpolitische Eingreifen der Zentralbanken rund um den Erdball. Die EZB unter ihrem damaligen Präsidenten Trichet reagierte als eine der ersten und bewilligte am 9. August eine Liquiditätsspritze in Höhe von 95 Milliarden Euro zur Vermeidung von Liquiditätsengpässen im Bankensystem. Einen Tag später folgte eine weitere Liquiditätsspritze von 61 Milliarden Euro. Unmittelbar nach der EZB reagierte auch die Fed und verkündete Liquiditätshilfen in Höhe von 38 Milliarden Dollar. Die Bank of England folgte nicht sofort. Sie hatte zunächst mit den wachsenden Problemen der Northern Rock Bank zu tun, die nach einem fremdkapitalfinanzierten Expansionskurs ins Schlingern geriet, weil die Kreditmärkte nun zum Stillstand gekommen waren. In den folgenden Wochen wurden die Schwierigkeiten bei Northern Rock in der Öffentlichkeit bekannt, und es setzte ein Run auf die Bank ein. Vor den Schaltern bildeten sich Schlangen von Kontoinhabern, die ihr Geld retten und abziehen wollten. Nachdem sich die Lage nicht beruhigte, musste die britische Regierung am 17. September in Absprache mit der Bank of England die Sicherheit aller Einlagen bei Northern Rock garantieren.

Nachdem immer mehr Banken finanziell angeschlagen waren, standen die Notenbanker vor der Entscheidung, welche Banken gerettet werden sollten und welche nicht. Gleichzeitig versuchten die führenden Notenbanker, die Öffentlichkeit zu beruhigen und Ängsten vor einem Übergriff der Subprime-Krise auf die Weltwirtschaft zu begegnen. Offen bleibt, ob diese Versuche lediglich der psychologischen Einflussnahme auf die Märkte dienen sollten, oder ob die Notenbanker das wahre Ausmaß der Krise unterschätzten. Im Nachhinein ist es immer leicht, sich einzelne Aussagen herauszupicken und anschließend mit dem Finger auf die Zentralbanken zu zeigen.

Als die Krise an Fahrt gewann, kam es überall auf der Welt zur Lockerung der Geldpolitik. Die Fed hatte den Zinssatz bereits im September 2007 um 0,5 Prozentpunkte gesenkt und brachte den Zinssatz in sechs weiteren Schritten bis zum Sommer 2008 auf 2,0 Prozent. Im Verlauf des Jahres 2008 zeigte sich immer deutlicher, dass die Finanzkrise auf die Wirtschaft übersprang. Die Industrieproduktion ging weltweit zurück. Die Probleme wurden so akut, dass im Oktober 2008 in sieben wichtigen Volkswirtschaften – in Großbritannien, den USA, China, in der EU, in Kanada, den Vereinigten Arabischen Emiraten und in Schweden – das Zinsniveau in einer konzertierten

Aktion um 0,5 Prozentpunkte abgesenkt wurde. Ende Oktober senkte die Fed den Zinssatz nochmals um 0,5 Prozentpunkte auf nur noch 1,0 Prozent.

In den USA wurde noch im Oktober 2008 ein Hilfsfonds zur Stabilisierung des Finanzsektors mit einem Umfang von 700 Milliarden Dollar eingerichtet (Troubled Asses Relief Plan – TARP). Die Fed senkte erneut die Zinsen, sie bewegten sich dann in einem Korridor zwischen 0,00 und 0,25 Prozent. Das Zinsniveau in Großbritannien lag im März 2009 bei 0,5 Prozent und war damit so niedrig wie noch nie seit Bestehen der Bank of England im Jahr 1694. Auch die EZB drehte weiter an der Zinsschraube, sodass das Zinsniveau im Euroraum im Mai 2009 bei 1,0 Prozent lag. Das Ausmaß der geldpolitischen Eingriffe der Zentralbanken und der fiskalpolitischen Stabilisierungsprogramme zeigte in aller Deutlichkeit, wie ernst die Lage war. Die Krise am Subprime-Markt, der Zusammenbruch der Banken weltweit und die einbrechende Industrieproduktion verdeutlichten, dass nun eine Weltwirtschaftswirtschaftskrise und nicht eine steigende Inflation die reale Bedrohung war.

Es gibt Stimmen, die der Auffassung sind, dass die Zentralbanken unter den gegebenen Umständen den drei entscheidenden Aspekten der Zentralpolitik, die wir eingangs erwähnt haben, gerecht geworden sind. Auch wenn die einzelnen Zentralbanken aus technischen oder ideologischen Gründen unterschiedlich schnell und unterschiedlich stark interveniert haben, wird ihnen in dieser außergewöhnlichen Situation eine entscheidende Rolle zugeschrieben. Als die Inflationsgefahr zurückging, haben die Zentralbanken die geldpolitischen Zügel gelockert und in einer abgestimmten Aktion im Oktober 2008 die Zinsen gesenkt. Gleichzeitig mussten die Zentralbanken flexibel und innovativ auf Probleme reagieren, die ihnen praktisch völlig unbekannt waren. Dabei haben die Zentralbanken ihre Rolle ausgebaut, neue Befugnisse und Zuständigkeiten übernommen und neue geldpolitische Instrumente eingeführt. Dazu gehörte in erster Linie die Politik der quantitativen Lockerung (Quantitative Easing) sowie bilaterale Währungstauschgeschäfte zwischen Zentralbanken verschiedener Länder.

Die Lehren aus der Krise

Die Organisation für wirtschaftliche Zusammenarbeit und Entwicklung (Organisation for Economic Cooperation and Development – OECD) führte den Ausbruch der Finanzkrise auf vier Faktoren zurück:

1. Das Bestreben von Teilen der Politik, der ärmeren Bevölkerung zu Haus- und Grundbesitz zu verhelfen. Die Lockerung bestimmter Regeln führte zu einer ungesunden Ausweitung der Immobilienfinanzierung. Namentlich kann man für die Vereinigten Staaten den Präsidenten Clinton und seine Nachfolger nennen, und in Großbritannien ist »New Labour« anzusprechen. Die Aufsichtsbehörden haben tatenlos zugesehen, als die Subprime-Hypotheken in den USA rasant zunahmen und in Großbritannien Häuser und Grundstücke mit teilweise 125 Prozent ihres Werts beliehen wurden. Hinzu kamen die Ausweitung des Geschäfts mit Kreditkarten und überhaupt eine allzu nachlässige Prüfung der Kreditwürdigkeit von Kunden.

36.1 Die Finanzkrise und die Staatsverschuldung in Europa
Die Finanzkrise

2. Änderungen in den ordnungspolitischen Strukturen, insbesondere in den USA, die den Einstieg neuer Unternehmen in das Hypothekengeschäft ermöglichten.
3. Die Regulierung des Finanzsektors auf der Grundlage von Basel II gab Banken die Möglichkeit und die Anreize, bestimmte Aktivitäten abseits der Bankbilanzen zu entwickeln. (Mit Basel II bezeichnet man eine Reihe von Eigenkapitalvorschriften für Finanzinstitute, die der Sicherung einer angemessenen Eigenkapitalausstattung sowie der Schaffung einheitlicher Wettbewerbsbedingungen im Finanzsektor dienen sollen.)
4. Die Lockerung der Vorschriften durch die nationalen Aufsichtsbehörden (vor allem in den USA und in Großbritannien), die es den Banken erlaubten, nun mit einem viel höheren Verschuldungsgrad (das Verhältnis von Schulden zu Eigenkapital) zu arbeiten. Der Verschuldungsgrad stieg von etwa 15:1 auf 40:1.

Die OECD sah insbesondere das Wirken der nationalen Aufsichtsbehörden kritisch. Es hat Schwächen bei der Bankenregulierung gegeben, und die Regulierung hat das Entstehen der Banken- und Finanzkrise nicht nur nicht verhindert, sondern sogar auch noch gefördert. Dabei hat die OECD folgende wesentliche Schwachpunkte genannt:
- die Bonuskultur,
- die Arbeitsweise der Ratingagenturen,
- das Versagen der Unternehmensführung (»Corporate Governance«), sowie
- ein schlechtes Risikomanagement und ein unzureichendes Verständnis der eingegangenen Risiken.

Der IWF stimmte in seiner Einschätzung weitgehend mit der OECD überein. Die Finanzinstitute und Investoren waren gleichermaßen zu optimistisch, was die Preisentwicklung von Vermögenswerten und das Entstehen von Risiken betraf. Niedrige Zinsen und innovative Finanzprodukte (ermöglicht durch die veränderte Finanzregulierung) führten zu einer übermäßigen Verschuldung, die die wechselseitigen Abhängigkeiten der verschiedenen Finanzprodukte erhöhte und mit undurchschaubaren Risiken einherging. Der IWF kritisierte insbesondere die mangelnde Koordination zwischen den einzelnen nationalen Aufsichtsbehörden und gesetzliche Beschränkungen, die einen größeren Informationsaustausch zwischen den Aufsichtsbehörden verhinderten, sodass die Behörden nur eine unzulängliche Vorstellung vom tatsächlichen Ausmaß der Entwicklung hatten.

Es gab keine einheitliche Vorgehensweise der nationalen Aufsichtsbehörden bei Bankenzusammenbrüchen und Insolvenzen. In vielen Fällen waren die betroffenen Banken weltweit präsent, die nationalen Aufsichtsbehörden aber gingen nicht koordiniert vor. Stattdessen erfolgten die Eingriffe der Behörden nur punktuell und waren nicht abgestimmt, sodass die einzelnen Maßnahmen ihr Ziel oft nicht erreichten und es in manchen Fällen sogar zu Marktverwerfungen kam. Gleichzeitig hat der IWF deutlich gemacht, dass einigen Zentralbanken auch schlichtweg die geeigneten Instrumente fehlten, um die notwendigen Liquiditätshilfen in Krisenzeiten leisten zu können.

Kritisiert wurde außerdem, dass das vorhandene Regelwerk der Aufsichtsbehörden nicht mehr mit der hohen Geschwindigkeit der modernen Finanzwelt mithalten kann. Anstatt die auftretenden Probleme zu erkennen und dagegen anzugehen, hätten sich die Regulierungsbehörden lieber an ihre formalen Regeln gehalten und die Verantwortung für die entstandene Situation von sich gewiesen. So gab es beispielsweise Tochtergesellschaften von isländischen Banken in Großbritannien, aber die britische Bankenaufsicht war der Ansicht, juristisch gesehen sei sie für diese Institute nicht verantwortlich. Nach Schätzungen belief sich in den USA Ende 2007 das Vermögen von Gesellschaften, die außerhalb des beaufsichtigten Bankensystems agierten, aber wie Banken operierten, auf einen Wert von 10 Billionen Dollar, was ungefähr dem Volumen des »offiziellen« Bankensektors entsprach. Diese Gesellschaften bezeichnet man in ihrer Gesamtheit auch als **Schattenbankensystem.**

Eine wichtige Rolle haben auch interne Defizite der Aufsichtsbehörden gespielt. Das Personal der Behörden muss exzellent ausgebildet und erfahren sein, was nach verbreiteter Meinung nicht mit der relativ bescheidenen Entlohnung zu verwirklichen ist. Warum sollte jemand für 100.000 Euro Jahresgehalt für die Regulierungsbehörde arbeiten, wenn er von den Banken für sein Können mit mehr als dem Zehnfachen entlohnt wird? Durch eine zu starke Deregulierung entstanden Anreize zur Entwicklung neuer Finanzprodukte. Diese neuen Finanzprodukte waren hoch komplex und damit unüberschaubar für die Regulierer. Selbst leitende Bankangestellte sollen mit der Mathematik in den Risikomodellen überfordert gewesen sein und konnten insbesondere das Risiko extremer Verluste nicht einschätzen. Und wenn diejenigen, die mit den Modellen arbeiten, sie schon nicht verstehen, wie sollen die Regulierungsbehörden sie dann verstehen?

> **Schattenbankensystem**
> Finanzintermediäre, die wie Banken agieren, sich aber außerhalb der Bankenaufsicht bewegen.

> **Kurztest**
> Erklären Sie mithilfe des Multiplikatoransatzes, wie sich die Finanzkrise zu einer weltweiten Wirtschaftskrise entwickeln konnte.

36.2 Die Schuldenkrise in Europa

Im Zuge der Finanzkrise ist das Problem der hohen Staatsschulden in einigen Ländern Europas verstärkt in das Bewusstsein der Öffentlichkeit gerückt. Staatsschulden entstehen, wenn die Staatsausgaben nicht durch die Steuereinnahmen gedeckt sind. Die Defizite werden durch staatliche Kreditaufnahme finanziert und mit steigender Kreditaufnahme steigen auch die Staatsschulden. Die Staaten müssen sicherstellen, dass sie über ausreichend finanzielle Mittel verfügen, um die Zinsen zu bezahlen und die Staatsanleihen bei Fälligkeit zu bedienen. Die Vergabe von Krediten an Staaten ist lange Zeit als vergleichsweise risikolos angesehen worden. Nach der Finanzkrise wurde allerdings deutlich, dass dies nicht für alle Staaten zutrifft.

Die Finanzkrise hat zu einem weltweiten Wirtschaftsabschwung geführt. In einer Wirtschaftskrise sinken die Steuereinnahmen, während die Staatsausgaben für die Sozialsysteme ansteigen. Und auch wenn die automatischen Stabilisatoren sicherlich dämpfend auf das Defizit wirken, ist ihr Einfluss in einer schweren Wirtschaftskrise begrenzt. Dann sind die Staaten gezwungen, zusätzliche Kredite aufzunehmen. Bestehen in den Märkten allerdings Zweifel darüber, ob einige Staaten ihre Kredite auch zurückzahlen werden, dann können diese Staaten an den Rand der Zahlungsunfähigkeit geraten. Sie sind dann nicht mehr in der Lage, ausreichend finanzielle Mittel zu beschaffen, um ihren Zahlungsverpflichtungen aus Schuldendienst und Staatsausgaben nachzukommen.

Die Schuldenkrise in Griechenland

Beim Stichwort Schuldenkrise denkt man in Europa sofort an Griechenland. Mit seinen Problemen steht Griechenland aber nicht alleine da. Auch Länder wie Spanien, Italien und Portugal hatten und haben mit hohen Staatsschulden zu kämpfen. Im Jahr 2009 gab Griechenland bekannt, dass sich das Haushaltsdefizit auf fast 13 Prozent des BIP beläuft, und damit doppelt so hoch war wie noch vor einem Jahr erwartet. Zu Beginn des Jahres 2010 wurden die Staatsschulden mit 300 Milliarden Euro angegeben und lagen damit über dem BIP. Tatsächlich betrugen die Staatsschulden sogar 115 Prozent des BIP, obwohl der europäische Stabilitätspakt eigentlich vorschreibt, dass die Staatsschulden eines Landes bei maximal 60 Prozent des BIP liegen sollten. Das Haushaltsdefizit stieg im gleichen Jahr auf 14 Prozent des BIP und lag damit deutlich über der im Euroraum geltenden Grenze von 3 Prozent. Einige EU-Mitgliedstaaten, darunter auch die Bundesrepublik Deutschland, warfen Griechenland Verschwendung vor und beschuldigten das Land, auf Kosten des Euroraums über seinen Verhältnissen gelebt zu haben.

Griechenland musste im Jahr 2010 50 Milliarden Euro an finanziellen Mitteln auftreiben, um seinen Zahlungsverpflichtungen nachkommen zu können. Allein am 19. Mai 2010 hatte das Land 8,5 Milliarden Euro an seine Gläubiger zurückzuzahlen. Aus diesem Grund versuchte Griechenland Anfang 2010, sich an den internationalen Kapitalmärkten durch die Ausgabe von neuen Staatsanleihen liquide Mittel zu beschaffen. Überraschenderweise überstieg die Nachfrage nach diesen Anleihen das Angebot. Der Grund dafür war einfach. Mit einer Rendite von 6,1 Prozent wiesen die Anleihen eine außergewöhnlich hohe Verzinsung auf (mehr als 4 Prozentpunkte über der Verzinsung deutscher Staatsanleihen), um potenzielle Investoren in Anbetracht des Risikos zu einer Zeichnung der Anleihe zu bewegen. Je größer der Zinsabstand zwischen den Staatsanleihen zweier Länder ist, desto höher wird von Investoren das Risiko eines Zahlungsausfalls eingeschätzt, in diesem Fall für die griechischen Staatsanleihen.

Nachdem die griechische Regierung im Februar/März 2010 umfangreiche Ausgabenkürzungen und Einsparungen bekannt gab, kam es im ganzen Land zu großen Unruhen und Protesten unter der Bevölkerung. Die Schwierigkeiten der griechischen Regierung, die notwendigen und angestrebten Ausgabenkürzungen auch umzusetzen, waren offensichtlich. Das Defizit und die Schulden wurden immer größer. Es wurde für Griechenland immer schwieriger, sich neue liquide Mittel zur Erfüllung der Zahlungsverpflichtungen zu beschaffen. Dies führte zu einer fortdauernden Herabstufung der Kreditwürdigkeit des Landes auf den internationalen Kapitalmärkten und Ende April 2010 waren die griechischen Staatsanleihen nur noch Ramschpapiere.

Auch der Zinsabstand zwischen griechischen und deutschen Staatsanleihen wurde immer größer und lag Ende April 2010 bereits bei 19 Prozentpunkten für zweijährigen

Papiere und 11,3 Prozentpunkten für zehnjährige Papiere. Die Nervosität der Finanzmärkte führte dazu, dass auch andere EU-Staaten wie Portugal, Irland, Italien und Spanien, für die man eine ähnliche Entwicklung wie in Griechenland befürchtete, für die Kreditaufnahme höhere Zinsen zahlen mussten. Gleichzeitig führte die Angst vor einer Zahlungsunfähigkeit Griechenlands dazu, dass der Wechselkurs des Euro dramatisch sank. Verstärkt wurde diese Entwicklung durch Spekulationsgeschäfte an den Finanzmärkten, bei denen die Händler Positionen auf einen fallenden Euro eingingen. Allein im Februar 2010 wurden an der Chicago Mercantile Exchange Euro-Kontrakte im Wert von 8 Milliarden Dollar gehandelt.

Die Krise begann sich zuzuspitzen und die Märkte warteten gespannt, welche Rettungsmaßnahmen die EU-Staaten ergreifen würden. Am 10. April 2010 gaben die Finanzminister des Euroraums bekannt, dass man sich auf ein erstes Kreditpaket in Höhe von 30 Milliarden Euro zur Unterstützung Griechenlands verständigt habe. Nur eine Woche später wurde klar, dass Griechenland entgegen ersten anderslautenden Statements dringend auf diese finanziellen Mittel angewiesen war. Gleichzeitig ging man davon aus, dass der Finanzbedarf Griechenlands insgesamt bei über 100 Milliarden Euro liegen würde.

Auch wenn die Notwendigkeit eines Hilfspakets für Griechenland unter den EU-Staaten unumstritten war, so gab es intensive Diskussion über die Bedingungen, die an die Kreditzusagen geknüpft werden sollten. Insbesondere die Bundesrepublik Deutschland, die einen Anteil von 8,4 Milliarden Euro am ersten Hilfspaket trug, bestand auf verbindlichen Zusagen der griechischen Regierung für weitere deutliche Ausgabenkürzungen und verwies darauf, dass es nicht fair sei, dass die deutschen Steuerzahler für die Schulden eines Landes aufkommen müssen, das sich nicht an die Regeln des Stabilitätspakts gehalten hat. Viele Griechen dagegen hatten das Gefühl, dass die Zukunft ihres Landes von nun an von Anderen bestimmt werden würde, allen voran von den Deutschen. Die griechische Regierung stand von allen Seiten unter Druck. Auf den internationalen Finanzmärkten gab es Befürchtungen, dass die Schuldenkrise in Griechenland auf andere Länder des Euroraums überschwappen und die gesamtwirtschaftliche Entwicklung im gesamten Euroraum belasten könnte.

Der Verlauf der Krise

Weder Griechenland noch Italien hatten es je geschafft, unter der Verschuldungsgrenze von 60 Prozent des BIP zu bleiben, die eigentlich Voraussetzung für die Aufnahme in die Währungsunion war. Seit den 1990er-Jahren lag die Verschuldung in beiden Ländern permanent über 90 Prozent. Irland, Spanien und Portugal brauchten bis zum Jahr 2007, um erstmalig unter der Verschuldungsgrenze von 60 Prozent zu liegen. Zu dieser Zeit waren die Zinsunterschiede in den Staatsanleihen der einzelnen Euroländer vergleichsweise gering, ein Anzeichen dafür, dass die Märkte die bevorstehenden Schuldenprobleme noch nicht ahnten. Gleichzeitig stieg das Kreditvolumen im privaten Sektor in Portugal, Spanien, Irland und Griechenland stark an. In Griechenland erhöhte sich der Anteil der inländischen Kredite am BIP von 32 Prozent im Jahr 1998 auf 84 Prozent im Jahr 2007. In Irland kam es zu einem Anstieg von 81 Pro-

36.2 Die Finanzkrise und die Staatsverschuldung in Europa
Die Schuldenkrise in Europa

zent auf 184 Prozent, in Portugal von 92 Prozent auf fast 160 Prozent und in Spanien von knapp 81 Prozent auf 168,5 Prozent. Der starke Anstieg der Kreditvolumina ist auch darauf zurückzuführen, dass sich die Banken die liquiden Mittel (in Euro) auf den internationalen Finanzmärkten problemlos beschaffen konnten. Vor der Einführung des Euro mussten sich die Banken das Geld in anderen Währungen leihen und waren dem Risiko von Wechselkursschwankungen ausgesetzt. Natürlich wurde die Kreditaufnahme auch durch das niedrige Zinsniveau begünstigt, das vor allem zu Beginn der 2000er-Jahre herrschte.

Die Kredite wurden zur Finanzierung des Booms in der Bauwirtschaft (Immobilien) genutzt, der in diesen Ländern maßgeblich zum Wirtschaftswachstum beitrug. Durch die Finanzkrise und die einsetzende Kreditverknappung wurden der Immobilienmarkt und die Bauwirtschaft hart getroffen. Die Banken in Europa versuchten, das Ausmaß der eigenen Risikopositionen zu bestimmen, mögliche Verluste zu identifizieren und den Kreditbedarf zur Vermeidung von kurzfristigen Liquiditätsengpässen abzuschätzen. Durch die Kreditverknappung war eine Kreditaufnahme allerdings schwierig, auf jeden Fall sehr teuer. Länder wie Griechenland, Irland, Spanien und Portugal, die davon abhängig waren, dass man sich an den internationalen Kapitalmärkten finanzieren konnte, waren von der Kreditverknappung besonders betroffen. Als Banken in diesen Ländern kurz vor dem Bankrott standen, wurden die Rufe nach staatlicher Hilfe immer lauter. Wenn die Regierungen der Entwicklung tatenlos zugeschaut hätten, wären die gesamtwirtschaftlichen Auswirkungen verheerend gewesen. Um den Bankensektor zu stützen, mussten die einzelnen Staaten den Banken Kredite gewähren, was ohne eine höhere staatliche Kreditaufnahme nicht zu realisieren war.

Gleichzeitig begann die Wirtschaftskrise ihre Auswirkungen auf Steuereinnahmen und Staatsausgaben zu zeigen. In Ländern wie Spanien und Irland sanken die Steuereinnahmen durch den Einbruch in der Bauwirtschaft, die vor der Krise noch ein Wachstumsmotor war. Durch die sinkenden Steuereinnahmen stiegen die Haushaltsdefizite an und bei einem sinkenden BIP führte dies zu einem Anstieg der Defizitquote. Als immer deutlicher wurde, dass die Länder die Vorgaben des Stabilitätspakts verletzen würden und angesichts der Notwendigkeit, den notleidenden Banken noch stärker unter die Arme greifen zu müssen, sank das Vertrauen der Finanzmärkte und die Zinsen auf Staatsanleihen dieser Länder stiegen. In Abgrenzung zu den starken Volkswirtschaften im Euroraum wie Deutschland, den Niederlanden und Frankreich wurden mit dem Fortschreiten der Krise Länder wie Portugal, Spanien, Irland und Griechenland immer häufiger als »Peripherieländer« bezeichnet.

Nachdem Griechenland im April 2010 als erstes Land Finanzhilfen erhielt, bat die irische Regierung im November 2010 um Unterstützung. Nur wenig später, im Mai 2011, folgte auch Portugal. Im Juni 2011 wurde deutlich, dass Griechenland auf ein zweites Rettungspaket angewiesen war. Nach langen Verhandlungen konnte man sich im März 2012 auf ein neues Rettungspaket verständigen. Das Hilfspaket sah u. a. vor, dass die privaten Gläubiger Griechenlands einen Schuldenschnitt von 50 Prozent akzeptierten. Nachdem immer mehr Länder des Euroraums in die Schuldenkrise rutschten und angesichts der eher chaotisch anmutenden Reaktionen in der EU zur Krisenbewältigung, stieg die Nervosität an den internationalen Finanzmärkten und der Zinsaufschlag für die Peripherieländer im Vergleich zu den starken Volkswirtschaften des Euroraums wurde immer größer. Spekulative Geschäfte an den Kapitalmärkten verstärkten diese Entwicklung nur noch. Krisenländer haben eine höhere Wahrscheinlichkeit für einen Zahlungsausfall und müssen aus diesem Grund Investoren für den Kauf ihrer Staatsanleihen höhere Zinsen bieten. Durch eine höhere Zinslast der Staatsverschuldung aber steigt wiederum das Risiko eines Zahlungsausfalls.

Warum fiel die Reaktion auf die Schuldenkrise so chaotisch aus? Ein Grund dafür lag in der klaren Trennung innerhalb des Euroraums zwischen Ländern, die eine Ausgabenzurückhaltung gezeigt hatten, und den Peripherieländern, die quasi als Trittbrettfahrer von der Mitgliedschaft im Euroraum profitiert hatten. Gleichzeitig war der Druck auf die jeweiligen nationalen Regierungen immens. Wirtschaftlich starke Länder wie Deutschland mussten eine klare Haltung gegenüber den ausgabenfreudigeren Ländern zeigen. Die Hilfspakete waren daher mit harten Auflagen zur Haushaltssanierung durch Ausgabensenkungen und Steuererhöhungen verbunden. Die Fokussierung auf eine fiskalpolitische Konsolidierung war notwendig, um die Finanzmärkte vom Willen zur Ausgabendisziplin und zur Einhaltung der Vorgaben des Stabilitätspakts zu überzeugen.

Natürlich waren sich die Regierungen bewusst, dass die eingeleitete Sparpolitik extrem unpopulär sein und zu großen Belastungen für die Bevölkerung führen würde. Aus politischer Sicht kamen die Sparmaßnahmen einem Selbstmord gleich. Nur wenige Regierungen konnten damit rechnen, bei den nächsten Wahlen im Amt bestätigt zu werden. Der Opposition fiel es dagegen leicht, gegen die Sparpakete zu wettern und den Menschen, die von Lohnkürzungen, Arbeitslosigkeit, Rentenkürzungen, der Streichung von öffentlichen Leistungen und Steuererhöhungen betroffen waren, einen Kurswechsel zu versprechen. Nach einem Wahlsieg musste die Opposition aber dann feststellen, dass ein Kurswechsel kein Ausweg war. Denn gerät ein Land in die Zahlungsunfähigkeit, dann sind die Auswirkungen für die Bevölkerung noch viel schlimmer.

Im Juni 2012 bat Spanien um Unterstützung und im März 2013 stand das Bankensystem in Zypern kurz vor dem Zusammenbruch. Die Banken des Landes waren für fast zwei Wochen geschlossen, während die zypriotische Regierung mit der EU und dem IWF über Hilfszusagen verhandelte. Eine erste Einigung sah eine Steuer auf alle Spareinlagen vor, um die in dem Rettungsplan vereinbarte Eigenleistung des Landes von 5,8 Milliarden Euro zu erbringen. Das Parlament lehnte allerdings die Steuer ab, und nach erneuten Verhandlungen einigte man sich darauf, dass nur Spareinlagen mit einem Umfang von mehr als 100.000 Euro zur Finanzierung der 5,8 Milliarden Euro herangezogen werden sollen. Es mag den Anschein haben, als ob dadurch Personen mit hohen Spareinlagen die größte Last zu tragen hatten und dazu gehörten auch die sogenannten russischen Oligarchen, die, aus welchen Gründen auch immer, große Guthaben in Zypern angelegt hatten. Aber nicht nur die wohlhabenden Russen waren von Einlagenverlust bei den Banken betroffen, auch einheimische Unternehmen. Die zypriotischen Banken wurden komplett umstrukturiert. Gleichzeitig wurden Kapitalverkehrskontrollen eingeführt, die mittlerweile Schritt für Schritt gelockert werden konnten. Nach einem Konjunktureinbruch um 6,0 Prozent im Jahr 2013 konnte sich die zypriotische Volkswirtschaft in den Folgejahren stabilisieren und wieder positive Wachstumsraten verzeichnen. Nach der erfolgreichen Umsetzung der Reformen bewilligte der IWF im Jahr 2015 weitere Finanzhilfen in Höhe von 280 Millionen Euro. Seit 2016 ist das Land nicht mehr auf Finanzhilfen angewiesen.

Die Erholung in Griechenland verlief deutlich langsamer. Nach einem Regierungswechsel Anfang 2015 kam es zu intensiven Gesprächen zwischen der neuen griechischen Regierung und der »Troika« aus EZB, IWF und EU. Mehrfach schien der Austritt Griechenlands aus dem Euroraum kurz bevorzustehen. Die griechische Regierung unter Führung von Ministerpräsident Tsipras war nicht bereit, als Gegenleistung für neue Finanzhilfen zusätzliche Sparauflagen zu akzeptieren. Im Juli 2015 einigten sich schließlich die Beteiligten auf ein drittes Rettungspaket mit Finanzhilfen von bis zu 86 Milliarden Euro für einen Zeitraum von drei Jahren. Dafür musste Griechenland eine Reihe von Reformen umsetzen und weitere Schritte zur Haushaltskonsolidierung unternehmen. Nach dem Auslaufen des dritten (und letzten) Hilfspakets im Sommer 2018 ist das Land darauf angewiesen, sich wieder vollständig selbst an den internationalen Kapitalmärkten zu finanzieren.

Insgesamt flossen mehr als 260 Milliarden Euro an Finanzhilfen nach Griechenland, ohne dass das Schuldenproblem des Landes nachhaltig gelöst werden konnte. Erreicht wurden lediglich eine Umschuldung und ein damit verbundener Aufschub der Rückzahlung in die Zeit nach 2030. Ohne ein robustes Wirtschaftswachstun wird Griechenland seine Schuldenquote von fast 180 Prozent nicht nachhaltig senken können. Ob das Land nach dem rigiden Sparkurs der letzten zehn Jahre dazu in der Lage sein wird, bleibt abzuwarten.

Der Euro-Rettungsschirm und der europäische Stabilitätsmechanismus (ESM)

Um in Krisensituationen rasch handeln zu können und die betroffenen Länder im Euroraum effektiv zu unterstützen, beschlossen die Euro-Mitgliedstaaten Anfang Mai 2010 ein Programm zur Stabilisierung des Euro (Euro-Stabilisierungsmechanismus oder auch Euro-Rettungsschirm genannt). Dieser vorläufige Rettungsschirm wurde bis Ende Juni 2013 befristet und setzte sich im Wesentlichen aus bereitgestellten Krediten von bis zu 60 Milliarden Euro aus dem Gemeinschaftshaushalt der EU und Kreditgarantien der Euro-Mitgliedstaaten von insgesamt bis zu 440 Milliarden Euro zusammen (über die neu geschaffene Zweckgesellschaft EFSF – Europäische Finanzstabilisierungsfazilität). Zudem stellt der IWF Kredite von bis zu 250 Milliarden Euro zur Verfügung. Aus dem Euro-Rettungsschirm gingen 160 Milliarden Euro an Griechenland, 85 Milliarden Euro an Irland und 80 Milliarden Euro an Portugal. Durch den Euro-Rettungsschirm konnten zwar die Probleme der größten Sorgenkinder gemildert werden. Gleichzeitig wendeten die Märkte ihre Aufmerksamkeit aber anderen Krisenländern wie Spanien und Italien zu.

Insbesondere Italien war von großer Bedeutung, da das Land einen wesentlichen größeren Anteil am BIP des Euroraums hat als Griechenland. Eine Zahlungsunfähigkeit Italiens hätte schwerwiegende Folgen für den Euroraum und die Weltwirtschaft gehabt. Italien hat die drittgrößte Volkswirtschaft Europas, aber gleichzeitig auch eine Staatsverschuldung von mehr als 2 Billionen Euro (mehr als fünfmal so groß wie in Griechenland). Zwischen 2011 und 2014 musste Italien allein Schulden in Höhe von 656 Milliarden Euro zurückzahlen. Die Zinsen auf die italienischen Staatsschulden lagen bei 6,75 Prozent, sodass der Schuldendienst in Zeiten der Wirtschaftskrise die Regierung vor große Probleme stellte. Ein weiterer Zinsanstieg von einem Prozentpunkt hätte für Italien eine Mehrbelastung von 38 Milliarden Euro über drei Jahre, 78 Milliarden Euro über fünf Jahre und 313 Milliarden Euro über die gesamte Laufzeit bedeutet. Dann wäre Italien gezwungen gewesen, für den Schuldendienst noch höhere Kredite aufzunehmen.

Im Jahr 2012 einigten sich die EU-Mitgliedstaaten mit dem Europäischen Stabilitätsmechanismus (ESM) auf einen dauerhaften Stabilisierungsmechanismus und lösten damit den Euro-Rettungsschirm ab. Der ESM ist eine zwischenstaatliche Organisation mit Sitz in Luxemburg. Der ESM besteht aus einer Kombination aus festgelegten Einzahlungen der einzelnen Mitgliedstaaten und abrufbaren Kreditgarantien. Er verfügt über ein Stammkapital in Höhe von 700 Milliarden Euro, das sich aus Einzahlungen der Mitgliedstaaten in Höhe von 80 Milliarden Euro (der Anteil der Bundesrepublik Deutschland beläuft sich auf knapp 22 Milliarden Euro) und Garantien in Höhe von 620 Milliarden Euro (der deutsche Anteil liegt hier bei rund 168 Milliarden Euro) zusammensetzt. Der ESM kann maximal 500 Milliarden Euro an Darlehen vergeben. Mitgliedstaaten mit Schuldenproblemen können durch den ESM Kredite zu günstigen Konditionen erhalten. Dazu wird der ESM liquide Mittel auf den Kapitalmärkten beschaffen und sich gemeinsam mit dem IWF um die Mitgliedstaaten kümmern, die um Hilfe ersucht haben. Der ESM ist eng mit dem neuen Europäischen Fiskalpakt verknüpft, denn Voraussetzung für die Gewährung von Krediten oder Bürgschaften an Mitgliedstaaten durch den ESM ist die Zustimmung zum Europäischen Fiskalpakt. Dadurch soll sichergestellt werden, dass die einzelnen Mitgliedstaaten nicht nur die notwendigen Finanzhilfen erhalten, sondern auch gleichzeitig die notwendigen strukturellen und fiskalpolitischen Reformen durchsetzen.

Die Rettungspakete wurden teilweise dazu genutzt, um den Bankensektor in den einzelnen Ländern zu stützen und den Banken bei der Rekapitalisierung behilflich zu sein. Inländische Banken haben in der Regel aber einen hohen Anteil an Staatsanleihen im Portfolio. Gerät das Land an den Rand der Zahlungsunfähigkeit, dann sind auch die Banken gefährdet. Da diese Länder Teil einer gemeinsamen Währung sind und, wie wir gesehen haben, die Finanzmärkte immer stärker vernetzt sind, kann die Gefahr der Zahlungsunfähigkeit eines Landes auf andere europäische Länder übergreifen. Dies ist eines der entscheidenden Merkmale der europäischen Schuldenkrise.

36.3 Die eingeleitete Sparpolitik

Im Zuge der Schuldenkrise haben die betroffenen Länder eine rigorose Sparpolitik eingeführt, die eine drastische Kürzung der öffentlichen Ausgaben, Steuererhöhungen und strukturelle Reformen beinhaltete. Natürlich ist es naheliegend, dass ein

Die Finanzkrise und die Staatsverschuldung in Europa
Die eingeleitete Sparpolitik

Land mit einem Haushaltsdefizit und hoher Verschuldung seine Ausgaben senken und seine Einnahmen erhöhen muss. Die praktische Umsetzung ist allerdings wesentlich komplexer und komplizierter. In einer Wirtschaftskrise treffen die Sparmaßnahmen die Bevölkerung besonders hart und führen dazu, dass das gesamtwirtschaftliche Einkommen sinkt und die Arbeitslosigkeit steigt. In einer tiefen und lang andauernden Krise wie in Griechenland fehlt die Perspektive einer nachhaltigen wirtschaftlichen Erholung. Bei Wachstumsraten von −7 Prozent (wie in Griechenland) sind die Aussichten, über höhere Steuereinnahmen die Schulden zurückzuzahlen und in die Volkswirtschaft zu investieren, eher gering. Stattdessen laufen noch mehr Unternehmen Gefahr, wirtschaftliche Probleme zu bekommen. Das Risiko eines Zahlungsausfalls steigt, was dazu führt, dass Kredite für Unternehmen knapper und teurer werden. Bei hohen Zinsen können sich die Unternehmen Kredite nicht mehr leisten, sodass notwendige Investitionen unterbleiben und die Leistungsfähigkeit der Volkswirtschaft sinkt. Die Peripherieländer sind also in einer komplizierten Situation.

Strukturelle und konjunkturelle Defizite

In der Diskussion der öffentlichen Finanzen sind zwei Arten von Budgetdefiziten zu unterscheiden. Ein *konjunkturelles Budgetdefizit* kommt zustande, wenn die Einnahmen und Ausgaben des Staates durch »normale« konjunkturbedingte Schwankungen aus dem Gleichgewicht geraten sind. In Zeiten eines Wirtschaftsaufschwungs steigen die Steuereinnahmen des Staates, während die Transferausgaben sinken, sodass sich die öffentlichen Finanzen ins Plus bewegen (oder sich die Schulden verringern). In Krisenzeiten passiert genau das Gegenteil, und das Budgetdefizit steigt (oder der Überschuss sinkt). Ein *strukturelles Budgetdefizit* bezeichnet dagegen eine Situation, in der das Defizit nicht durch konjunkturelle Schwankungen entsteht, sondern der Staat schlichtweg über seine Verhältnisse lebt und dauerhaft Geld ausgibt, das er nicht hat.

In der Frage der strukturellen Defizite herrscht Uneinigkeit zwischen den Ökonomen. Die unterschiedlichen Positionen lassen sich wie folgt zusammenfassen:

These 1: Die Politik sollte strukturelle Defizite beseitigen. Die Existenz von strukturellen Defiziten führt dazu, dass die öffentlichen Finanzen in Krisenzeiten noch schlechter dastehen, sodass mehr Kredite aufgenommen werden müssen. Das ist langfristig nicht nachhaltig. Konjunkturelle Effekte werden das Defizit nur noch größer machen. Dies kann man deutlich an den Haushaltsdefiziten in Europa im Jahr 2010 erkennen, die vielfach neue Höchststände erreichten und dadurch zustande kamen, dass in »guten Zeiten« zu viel Geld ausgegeben wurde.

Diese Defizite führen dazu, dass die Wahrscheinlichkeit einer Zahlungsunfähigkeit für ein Land steigt, insbesondere dann, wenn der Schuldendienst immer schwerer zu bewerkstelligen ist und die Kosten dafür steigen. Das führt auch zu Unsicherheit auf den Finanzmärkten und bedroht letztlich die Zukunft des Euro. Eine Konsolidierung der Haushalte ist demnach dringend notwendig, um die langfristigen Zinsen zu senken, die Währungsunsicherheiten zu reduzieren und Wirtschaftswachstum zu fördern. Dabei sollte zur Haushaltskonsolidierung in erster Linie auf Ausgabenkürzungen und nicht auf Steuererhöhungen zurückgegriffen werden, um negative Effekte auf Investitionen und Beschäftigung zu vermeiden.

These 2: Das Konzept des strukturellen Defizits ist ein Mythos. Die Annahme, dass Haushaltsdefizite struktureller Natur sind, ist nicht hilfreich. Man geht dabei davon aus, dass der Staat Kredite aufnehmen muss, weil die Ausgaben die Einnahmen übersteigen. Aber kann man wirklich mit Sicherheit feststellen, ob der Staat nur aufgrund von Änderungen in den öffentlichen Finanzen, ausgelöst durch eine Wirtschaftskrise, Kredite aufnehmen muss? Das Konzept eines strukturellen Defizits impliziert, dass man mit Blick auf die Kreditaufnahme des Staates eine Situation simulieren kann, in der die Volkswirtschaft ihrem Trendwachstum folgt. Und dazu muss man wiederum die Outputlücke kennen, also wissen, wie weit die Volkswirtschaft unterhalb ihres Trendwachstums liegt.

Es gibt jedoch unterschiedliche Auffassungen über die Größe der Outputlücke. Unbestritten ist, dass eine Wirtschaftskrise Produktionspotenzial vernichtet, unklar ist, wie viel. Es gibt eine Reihe von Studien, die versucht haben, die Auswirkungen von Wirtschaftskrisen auf das Produktionspotenzial abzuschätzen und deren Ergebnisse variieren erheblich. So kommt das Institute for Fiscal Studies (IFS) beispielsweise für Großbritannien für das Jahr 2008 zu einem Produktionsverlust von 7,5 Prozent, während das britische Finanzministerium von 5 Prozent ausgeht und andere Schätzungen bei 2 Prozent liegen.

Die Größe der Outputlücke ist aber entscheidend, denn sie hat einen direkten Einfluss auf die Höhe des konjunkturellen Defizits – je größer die Outputlücke, desto größer ist die konjunkturelle Komponente und umso kleiner damit die strukturelle Komponente. Das wiederum bestimmt die notwendige Kreditaufnahme und damit die Größe des strukturellen Defizits. Außerdem hängt die Ermittlung des strukturellen Defizits von Annahmen über die Reaktion der Steuereinnahmen und Staatsausgaben auf Änderungen im BIP ab. Dies hängt wiederum davon ab, wie viele Menschen bei einem Wirtschaftsaufschwung Arbeit finden und damit nicht mehr auf Transferzahlungen angewiesen sind, wie die Konsumausgaben auf konjunkturpolitische Maßnahmen reagieren, aber auch davon, welches Produktionspotenzial in der Krise zuvor vernichtet wurde.

Es sind also zahlreiche Annahmen notwendig, um das strukturelle Defizit zu berechnen, und die Spannbreite der Ergebnisse ist demzufolge entsprechend groß. Aber welches Ergebnis soll nun für politische Entscheidungen herangezogen werden? Und macht es dann überhaupt Sinn, über das Konzept des strukturellen Defizits nachzudenken?

Die Konsolidierung der Staatsfinanzen

Seit Jahren wird unter Ökonomen intensiv über Pro und Kontra von Budgetdefiziten diskutiert. Sparmaßnahmen zielen darauf ab, Budgetdefizite zu verringern und den Haushalt zu einer schwarzen Null zu bringen. Für die Bundesrepublik Deutschland sei hier auf die im Grundgesetz verankerte Schuldenbremse verwiesen. Als wir uns im

36.3 Die Finanzkrise und die Staatsverschuldung in Europa
Die eingeleitete Sparpolitik

Kapitel 23 näher mit den Finanzmärkten beschäftigt haben, wurde uns klar, wie Budgetdefizite die Ersparnisbildung, die Investitionen und das Zinsniveau beeinflussen. Doch wie ernst ist das Problem des Budgetdefizits wirklich?

These 1: Der Staat sollte zu einem strikten Budgetausgleich verpflichtet sein. Übersteigen die Ausgaben des Staates seine Einnahmen, dann muss sich der Staat zur Deckung des Defizits Geld durch die Ausgabe von Staatsanleihen leihen. Durch permanente Budgetdefizite baut der Staat einen Schuldenberg auf. Ein offensichtlicher und unmittelbarer Effekt der Staatsverschuldung ist die Belastung der künftigen Steuerzahler. Wenn die Zinsen fällig werden und die Schulden zurückgezahlt werden müssen, kommen auf die künftigen Steuerzahler entweder höhere Steuern oder Kürzungen bei den öffentlichen Ausgaben zu – oder sogar beides. Oder man verschiebt den Tag der Wahrheit einfach weiter in die Zukunft, indem neue Schulden zur Tilgung der alten Schulden aufgenommen werden. Mit einem Budgetdefizit wird also den gegenwärtigen Steuerzahlern ermöglicht, einen Teil der Rechnungen für heutige Ausgaben an die nachkommenden Steuerzahler zur Begleichung weiterzureichen. Ergeben wird sich daraus in jedem Fall eine Verringerung des Lebensstandards künftiger Generationen. Eine demografische Strukturänderung kann die Last künftiger Generationen zusätzlich vergrößern.

Neben den unmittelbaren Auswirkungen einer steigenden Staatsverschuldung durch Budgetdefizite, die sich anschaulich mit den subjektiven Folgewirkungen belegen lassen, gibt es einige indirekte Effekte. Budgetdefizite stellen makroökonomisch negative Ersparnisse und eine negative »Vermögensänderung« in der Volkswirtschaftlichen Gesamtrechnung dar. Deshalb schmälern Staatsdefizite die volkswirtschaftliche Vermögensbildung durch akkumulierte und investierte Ersparnisse in der Summe. Eine staatsbedingte Verringerung der Ersparnisse verursacht einen Anstieg des realen Zinssatzes und einen Rückgang der Investitionen in Realkapital. Daraus ergibt sich nach und nach ein kleinerer Realkapitalbestand als ohne Staatsdefizite mit den bekannten Folgen für das Produktionsniveau, für die Arbeitsproduktivität und das Reallohnniveau. Künftige Generationen werden also in eine Volkswirtschaft mit geringeren Einkommen und mit höherer Steuerbelastung hineingeboren.

Bisweilen kann ein Budgetdefizit des Staates jedoch zu rechtfertigen sein. Die Deutschen denken dabei an den historisch einmaligen Fall der deutsch-deutschen Vereinigung. In der Regel wird man auf Fälle von Landesverteidigung oder allgemein auf Kriege verweisen. Zur Kriegsfinanzierung waren stets besondere Kredite über den Kapitalmarkt aufzunehmen (»Kriegsanleihen«). Mit der periodengerechten Zuordnung der Militärausgaben auf den laufenden Haushalt wären die gerade lebenden Steuerzahler, die vielleicht sogar mehrheitlich gegen die Austragung des militärischen Konflikts votiert haben mögen, finanziell überfordert. Man hält es auch für unfair, einer Kriegsgeneration zusätzlich zu den persönlichen Menschenopfern die finanziellen Lasten aufzubürden. Mit der Unterstellung einer positiven Leistung für die Zukunft wälzt man die Kosten eines Krieges auf die Nachfahren ab.

Ein temporäres Budgetdefizit kann außerdem gerechtfertigt sein, um einen konjunkturellen Abschwung durch eine Stärkung der gesamtwirtschaftlichen Nachfrage abzufedern. In einer Rezession sinken die Steuereinnahmen automatisch, da bei festen Steuersätzen die Bemessungsgrundlagen (Einkommen, Umsätze) zurückgehen, während die Transferzahlungen infolge der gestiegenen Arbeitslosigkeit zunehmen. Zum Budgetausgleich müsste der Staat entweder die Steuersätze erhöhen oder die Transferzahlungen in Zeiten hoher Arbeitslosigkeit reduzieren. Diese Vorgehensweise hätte zusätzliche und verstärkende depressive Wirkungen auf die Konjunktur in einer Zeit, in der man sich eigentlich einen expansiven Impuls erhofft. Das Gegenteil ist allerdings der Fall, wenn sich die Wirtschaft wieder erholt. Bei einem wirtschaftlichen Aufschwung steigen die Steuereinnahmen und die Transferzahlungen sinken. In einer solchen Situation sollte der Staat eigentlich einen Budgetüberschuss erwirtschaften und diesen dazu nutzen, um die angelaufenen Staatsschulden zu reduzieren.

Damit gibt es eigentlich keinen Grund dafür, warum der Staat über einen gesamten Konjunkturzyklus hinweg gesehen nicht in der Lage sein sollte, ein ausgeglichenes Budget zu erreichen. Budgetdefizite in Wirtschaftskrisen gleichen sich durch Budgetüberschüsse in Zeiten des Wirtschaftsaufschwunges aus. Im Unterschied zu den gegenwärtigen dauerhaften Budgetdefiziten würde ein ausgeglichenes Budget (zumindest über den gesamten Konjunkturzyklus hinweg) zu einer höheren gesamtwirtschaftlichen Ersparnis, höheren Investition und damit zu einem höheren Wirtschaftswachstum führen. Zukünftige Generationen würden dann in eine leistungsstärkere Volkswirtschaft geboren.

These 2: Der Staat sollte nicht nach einem ausgeglichenen Budget streben. Bisweilen wird bei den staatlichen Budgetdefiziten zu sehr dramatisiert. In einem günstigeren Licht erscheinen die steigenden Staatsschulden, wenn man die Bevölkerungsentwicklung mit berücksichtigt und die Schuldensumme in Relation zur Einwohnerzahl betrachtet. Zum Jahresende 2019 betrug der Schuldenstand der öffentlichen Haushalte in Deutschland ca. 1,9 Billionen Euro – eine unvorstellbar große Zahl. Umgerechnet auf die Einwohnerzahl wird die Größe mit rund 23.000 Euro je Einwohner überschaubar. Man darf in diesem Zusammenhang auch nicht die Perspektive einer gesamten Volkswirtschaft mit der eines einzelnen Menschen vermischen. Die meisten Menschen möchten am Ende ihres Lebens Verwandten und Freunden irgendeine Art von Vermächtnis hinterlassen, auf jeden Fall aber keine großen Schulden. Volkswirtschaften haben dagegen in bestimmter Hinsicht ein unendlich langes Leben und es gibt keinen Grund, die Schulden zu einem bestimmten Zeitpunkt komplett zurückzuzahlen.

Kritiker von Budgetdefiziten vertreten manchmal die Ansicht, die Steigerung der Staatsverschuldung könne ja nicht ständig weitergehen. Sie kann! Ebenso wie sich eine Bank mit Blick auf die Einkommensentwicklung eines Kreditnehmers dazu entschließen mag, den Kreditrahmen immer weiter auszudehnen, kann auch die Staatsverschuldung am ständig wachsenden gesamtwirtschaftlichen Einkommen gemessen und die Zunahme toleriert werden. Bevölkerungswachstum und technologischer Fortschritt führen zu einem steigenden gesamtwirtschaftlichen Einkommen. Und damit steigt auch die Fähigkeit eines Landes, die Zinsen auf die Staatsschulden zu zahlen. Solange die Wachstumsrate der Staatsschulden niedriger ist als die Wachstumsrate des gesamtwirtschaftlichen Einkommens, besteht keine Notwendigkeit, die Staatsverschuldung zu senken. In diesem Zusammenhang bietet sich der Blick auf ein Zahlenbeispiel an. Nehmen wir an, das reale BIP wächst durchschnittlich um 3 Prozent pro Jahr. Bei einer Inflationsrate von 2 Prozent beträgt die jährliche Wachstumsrate des nominalen BIP also 5 Prozent. Damit kann die Verschuldung der öffentlichen Haushalte jedes Jahr um 5 Prozent wachsen, ohne dass sich der Anteil der Staatsverschuldung am BIP verändert.

Es ist auch ein wenig irreführend, die Budgetdefizite isoliert zu betrachten. Das Budgetdefizit bildet jeweils nur einen kleinen Ausschnitt des großen Gesamtbildes der Staatsaktivität. Mit den fiskalpolitischen Entscheidungen nehmen die Finanzpolitiker in vielfältiger Weise auf unterschiedliche Gruppen der Bevölkerung Einfluss, die zeitgleich und nacheinander in einer Volkswirtschaft leben. Das Budgetdefizit sollte bei Berücksichtigung all dessen gewertet werden, was auf der Einnahmen- und auf der Ausgabenseite mit sachlichen und temporalen Fernwirkungen verknüpft ist. Nehmen wir als Beispiel eine Senkung des Budgetdefizits durch Senkung der Ausgaben für Bildung und Ausbildung. Wir geraten damit unversehens in die Tagespolitik aller deutschen Bundesländer und des Bundes hinein. Werden die jungen Leute mit den Kürzungen besser gestellt? Tendenziell wird ihre Schulden- und Steuerlast zwar kleiner, wenn sie in das aktive Erwerbsleben eintreten, doch mit einer schlechteren Bildung und Ausbildung werden die Jugendlichen – sofern sie überhaupt eine Anstellung finden – weniger produktiv sein und weniger verdienen. Alles in allem wird eine Konsolidierung des Staatshaushalts durch Einschnitte in den Bildungsetat nachfolgende Generationen schlechter stellen. Es ist also ein Unterschied, ob die staatliche Kreditaufnahme dazu dient, Investitionen zu finanzieren, die die Leistungsfähigkeit der Volkswirtschaft erhöhen, oder nur die laufenden Ausgaben des Staates finanzieren soll.

Orientiert sich ein Budgetausgleich nicht am Haushaltsjahr, sondern am Konjunkturzyklus, dann können die automatischen Stabilisatoren ihre Wirkung entfalten. In einer Rezession stützen steigende Transferzahlungen des Staates und sinkende Steuereinnahmen »automatisch« die aggregierte Nachfrage und tragen damit zur Glättung von konjunkturellen Schwankungen bei. Gleichzeitig ist es sinnvoll, für bestimmte Investitionsvorhaben Budgetdefizite zuzulassen, auch wenn dadurch die Verschuldung kurzfristig ansteigt. Langfristig ergeben sich durch die zusätzlichen Ausgaben für Bildung und Infrastruktur zusätzliche Wachstumspotenziale. Die Forderung an den Staat, sein Budget stets ausgeglichen zu halten, unabhängig davon, wofür die Mittel verwendet werden und unabhängig von der aktuellen wirtschaftlichen Entwicklung, greift demnach zu kurz.

Strikte Sparpolitik oder Wachstum?

Unmittelbar verknüpft mit der Diskussion um ein ausgeglichenes Budget ist die Frage, inwieweit Sparmaßnahmen zur Senkung der Staatsverschuldung wirklich zielführend sind. Unbestritten ist, dass die Länder ihre Staatsfinanzen besser kontrollieren müssen. Die gegenwärtig umgesetzten Maßnahmen wirken jedoch nach Meinung einiger Beobachter eher kontraproduktiv.

These 1: Für eine strikte Sparpolitik. Die betroffenen Länder müssen endlich die öffentlichen Finanzen in den Griff bekommen. Versucht man dem wirtschaftlichen Abschwung durch neue Kredite für zusätzliche Ausgaben zu begegnen, kommt es zu höherer Inflation und steigenden Finanzierungskosten im gesamten Euroraum und die Existenz des Euroraums insgesamt wäre in Gefahr. Gleichzeitig gibt es eine moralische Verpflichtung zum Sparen. Schließlich wäre es nicht fair, von den Ländern, die sich eine solide Finanzbasis erhalten und sich an die Regeln des Euroraums gehalten haben, zu erwarten, dass sie für das Ausgabeverhalten von Regierungen in anderen Ländern bezahlen müssen.

Sicherlich ist eine strikte Sparpolitik auf kurze und mittlere Sicht mit schmerzhaften Einschnitten verbunden, aber die langfristigen Vorteile durch gesunde Staatsfinanzen, strukturelle Reformen und einen starken Bankensektor werden dazu führen, dass die Länder in Europa wettbewerbsfähiger werden und von einem starken und nachhaltigen Wachstum profitieren.

These 2: Gegen eine strikte Sparpolitik, für Wachstum. Die derzeitigen Probleme sind nicht auf die hohe Staatsverschuldung, sondern auf die Finanzkrise zurückzuführen. Eine strikte Sparpolitik in Zeiten einer Wirtschaftskrise wird die Volkswirtschaften massiv in Mitleidenschaft ziehen. Die Kreditknappheit im Bankensektor wird dies noch zusätzlich verstärken. Ohne eine ausreichende Kreditversorgung werden die Konsum- und Investitionsausgaben zurückgehen, sodass sich die wirtschaftliche Lage weiter verschärft. Bricht die Wirtschaft ein, sinken die Steuereinnahmen, und die Transferzahlungen steigen, sodass die staatliche Kreditaufnahme letzten Endes nicht sinken, sondern steigen wird. Der einzige Weg zur Lösung der Schuldenkrise ist die Rückkehr zum Wirtschaftswachstum. Dafür müssen die Staaten nach Keynes'schem Vorbild ihre Ausgaben erhöhen. In einem Wirtschaftsaufschwung steigen die Steuereinnahmen, und bei sinkender Arbeitslosigkeit gehen auch die Transferzahlungen zurück, sodass vonseiten des Staates weniger Kredite aufgenommen werden müssen.

> **Kurztest**
> Warum sollte man bei den laufenden Staatsausgaben zwischen Konsumausgaben und Investitionsausgaben unterscheiden? Und warum sollte man bei der Einschätzung von Budgetdefiziten stets die aktuelle wirtschaftliche Lage mit im Blick haben?

36.4 Fazit

Mit der Finanz- und Wirtschaftskrise von 2007 bis 2009 fand eine fast zwanzig Jahre andauernde Periode eines stetigen wirtschaftlichen Aufwärtstrends der Weltwirtschaft ein abruptes Ende. Der »Great Moderation« folgte die »Great Recession« (die große Rezession). Die Ursachen der Krise sind in den letzten Jahren von den Ökono-

36.4 Die Finanzkrise und die Staatsverschuldung in Europa
Fazit

Aus der Praxis

Eine Finanztransaktionssteuer in der EU?

Auf dem EU-Gipfel im Juli 2020 haben die Staats- und Regierungschefs der EU-Mitgliedstaaten beschlossen, einen gemeinsamen Wiederaufbaufonds in Höhe von 750 Milliarden Euro zu schaffen. Damit soll die schwere Wirtschaftskrise in der EU infolge der Covid-19-Pandemie bewältigt werden. Ein Baustein zur Finanzierung des Wiederaufbaufonds soll eine Finanztransaktionssteuer sein. Dabei hatten sich Deutschland und neun weitere EU-Staaten bereits im Jahr 2014 darauf verständigt, ab 2016 eine Finanztransaktionssteuer einzuführen. Die Abgabe sollte schrittweise in Kraft treten und zunächst den Handel mit Aktien und bestimmten Derivaten betreffen. Dieser Entscheidung ging eine jahrelange kontroverse Diskussion unter den EU-Mitgliedstaaten voraus. Insbesondere Großbritannien und Schweden, aber auch Luxemburg und die Niederlande sprachen sich wiederholt vehement gegen die einheitliche Einführung einer solchen Steuer aus. Dies führte dazu, dass die ursprüngliche Zielsetzung einer Einführung in der gesamten EU im Sommer 2012 aufgegeben wurde und die befürwortenden EU-Länder übereinkamen, die Finanztransaktionssteuer nur in ihren Ländern einzuführen. Zu den Befürwortern gehören neben Deutschland Österreich, Belgien, Estland, Frankreich, Griechenland, Italien, Portugal, die Slowakei und Spanien.

Auch wenn im Zusammenhang mit der Finanztransaktionssteuer oft der Begriff Tobin-Steuer fällt, war es der berühmte britische Ökonom John Maynard Keynes, der im Zuge der Weltwirtschaftskrise in seinem berühmten Werk »Allgemeine Theorie der Beschäftigung, des Zinses und des Geldes« erstmals Überlegungen zu einer Finanztransaktionssteuer in Bezug auf den Aktienmarkt anstellte. Das Ziel einer solchen Steuer sollte nach Keynes darin bestehen, die Unternehmen durch die Beschneidung von Gewinnen aus kurzfristiger Spekulation zu einer langfristigen nachhaltigen Gewinnmaximierung zu bewegen.

Die Tobin-Steuer geht auf den gleichnamigen US-amerikanischen Ökonom und Nobelpreisträger James Tobin zurück, der im Gefolge des Zusammenbruchs des Bretton-Woods-Systems im Jahr 1971 eine Besteuerung von Devisentransaktionen vorschlug. Das System von Bretton Woods hatte die Währungen an den Dollar gebunden, dessen Wert wiederum an das Gold gekoppelt war. Nach dem Zusammenbruch dieses Systems fester Wechselkurse folgte eine Zeit sehr stark schwankender Wechselkurse. Tobins Idee bestand darin, auf alle Währungstransaktionen eine ganz niedrige Steuer von vielleicht 0,5 Prozent des Transaktionsvolumens zu erheben. Die Steuer sollte klein genug sein, damit die Transaktionen nicht gänzlich unterblieben, aber doch groß genug, sodass eine gewisse Einschränkung spekulativen Verhaltens angeregt würde. Als eine große Einkommensquelle für den Staat war die Tobin-Steuer nicht gedacht; sie sollte lediglich gesamtwirtschaftlich unerwünschte spekulative Transaktionen einschränken.

Die Idee einer Tobin-Steuer taucht von Zeit zu Zeit immer wieder einmal auf. Einen großen Zuspruch unter den Politikern fand die Steuer selten. Das änderte sich grundlegend mit der Finanzkrise. Die Politik vertrat nunmehr die Auffassung, dass auch der Finanzsektor einen angemessenen und substanziellen Beitrag zu den öffentlichen Finanzen leisten und zumindest einen Teil der Finanzmittel zurückzahlen sollte, die der Staat und damit die Steuerzahler im Zusammenhang mit den verschiedenen Rettungsmaßnahmen den Finanzinstitutionen zur Verfügung gestellt hatten. In der politischen Diskussion nach der Finanzkrise ist das Konzept der Tobin-Steuer rasch auf eine allgemeine Finanztransaktionssteuer (»Spekulationssteuer«) erweitert worden.

Für die Einführung einer Finanztransaktionssteuer lassen sich im Allgemeinen vier Motive identifizieren: die Korrektur von Marktversagen, die Erzielung von Steuereinnahmen, eine gerechtere Steuerlastverteilung sowie die Vermeidung zukünftiger Finanzkrisen. Während Ökonomen wie Keynes oder Tobin die Aufgabe einer Finanztransaktionssteuer vor allem in der Korrektur von Marktversagen sahen, konzentriert sich die politische Diskussion auf die Vermeidung zukünftiger Finanzkrisen und die Erzielung von Steuereinnahmen durch eine solche Steuer. Ein Gutachten im Auftrag des Bundesfinanzministeriums aus dem Jahr 2014 geht davon aus, dass die geplante Einführung einer Umsatzsteuer auf Finanzmarktgeschäfte in Deutschland zu Einnahmen von mindestens 17,6 Milliarden Euro jährlich führen könnte. Ohne Steuervermeidungseffekte wären sogar 88 Milliarden Euro möglich. Damit ließen sich theoretisch viele Brücken und Straßen, Kindergärten und Schulen bauen. Inwieweit Einnahmen in dieser Höhe realistisch sind, ist zu bezweifeln. Unabhängig von der konkreten Ausgestaltung einer Finanztransaktionssteuer sind mit der Umsetzung einige Probleme verbunden. Dies betrifft zuallererst das Problem der Steuervermeidung. Damit eine derartige Steuer auch die beabsichtigte Wirkung erzielt, müsste sie eigentlich weltweit eingeführt werden und für alle Finanztransaktionen gelten. Anderenfalls würden sich die Finanzgeschäfte in die Länder und auf die Produkte verlagern, in denen und für die es keine Finanztransaktionssteuer gibt. Durch den Übergang vom klassischen Parketthandel zum Computerhandel können Finanzgeschäfte in Sekundenbruchteilen weltweit per Maus-

Fortsetzung auf Folgeseite

Fortsetzung von Vorseite

klick ausgeführt werden. Die Einführung einer Finanztransaktionssteuer auf internationaler Ebene wäre eine große Herausforderung. Man müsste sich zunächst auf eine einheitliche steuerliche Regelung einigen, eine einheitliche Umsetzung in allen Ländern koordinieren, die Verwaltung und Verteilung der Steuereinnahmen organisieren usw. Wie schwierig und langwierig die Verständigung auf verbindliche Regeln auf internationaler Ebene sein kann, zeigt jedoch die Diskussion um ein neues internationales Klimaabkommen.

Gleichzeitig besteht die Gefahr, dass die finanzielle Belastung durch eine Finanztransaktionssteuer auf die Kunden der Finanzinstitute, also Unternehmen und Haushalte, überwälzt wird. Die Finanzinstitute könnten versucht sein, nicht nur die Steuerbelastung für Finanzgeschäfte, die sie im Auftrag von Kunden durchführen, auf diese Kunden zu überwälzen, sondern zusätzlich auch noch die Steuer, die auf eigene Finanzgeschäfte (sogenannter Eigenhandel) anfällt, den Kunden über höhere Gebühren oder höhere Zinsen aufzubürden. Inwieweit es zu einer Überwälzung der Steuerlast kommt, hängt maßgeblich vom Wettbewerb zwischen den Finanzinstituten bei Finanzdienstleistungen ab. Überhöhte Dispo-Zinsen und hohe Gebühren für Fremdabhebungen zeigen, dass der Wettbewerb zwischen den Finanzinstituten derzeit (noch) nicht seine volle Wirkung entfaltet. Müssen die Kunden letzten Endes einen Teil der Steuerbelastung selbst tragen, dann wäre ein wesentliches Ziel einer Finanztransaktionssteuer verfehlt – die Beteiligung des Finanzsektors an den Kosten der Finanzkrise.

Fragen
1. Mit welchen berühmten Ökonomen ist die Idee einer Finanztransaktionssteuer verbunden?
2. Welche Probleme müssen bei der Einführung einer Finanztransaktionssteuer gelöst werden?
3. Wer trägt die Last einer Finanztransaktionssteuer?

---

men ausführlich thematisiert und analysiert worden. Aus dieser Diskussion sind wichtige Empfehlungen für notwendiges wirtschaftspolitisches Handeln entstanden.

Das Problem der hohen Staatsschulden in einigen Ländern Europas bestand schon lange vor der Finanz- und Wirtschaftskrise. Sinkende Steuereinnahmen und steigende Staatsausgaben für die Sozialsysteme während und auch nach der Krise haben das Problem deutlich verschärft. Die Debatte um den Weg aus der Schuldenkrise ist nach wie vor im Gang und lässt sich nicht auf eine Schwarz-Weiß-Diskussion reduzieren: entweder Sparen um jeden Preis oder Wachstum um jeden Preis.

Die EU-Kommission hat darauf verwiesen, dass die hohen Zinsen auf die Staatsschulden einzelner Länder auch die berechtigten Sorgen vor einer drohenden Zahlungsunfähigkeit widerspiegelten und nicht nur das Ergebnis von Spekulationsgeschäften an den Finanzmärkten waren. Durch spezielle Offenmarktgeschäfte in Form von *Outright Monetary Transactions* (OMT), bei denen die EZB Staatsanleihen von hochverschuldeten europäischen Staaten kauft, wird versucht, den Preis der Staatsanleihen zu stützen und die Verzinsung zu senken. Auf diese Weise werden nicht nur die Kosten für den Schuldendienst gesenkt. Gleichzeitig wird an den internationalen Finanzmärkten ein Zeichen der Stärke für den Euro gesetzt. Diese Maßnahmen bringen allerdings nur dann nachhaltigen Erfolg, wenn sie durch strukturelle Reformen und Maßnahmen zur Haushaltskonsolidierung begleitet werden. Die positiven Effekte von strukturellen Reformen, die zu einer höheren Flexibilität auf den Arbeits- und Gütermärkten führen, stellen sich erst nach einer gewissen Zeit ein. Sie sind aber unverzichtbar, damit Europa in der Welt weiterhin wettbewerbsfähig bleibt. Nach Auffassung der EZB zeigen die sinkenden Zinsen auf die Staatsschulden der Problemländer, dass die eingeleiteten Maßnahmen beginnen, ihre Wirkung zu entfalten.

36 Die Finanzkrise und die Staatsverschuldung in Europa
Wiederholungsfragen

Zusammenfassung

Stichwörter

- Finanzwirtschaft
- Realwirtschaft
- Schattenbankensystem

- Die Deregulierung der Finanzmärkte förderte neue Bankgeschäfte und erleichterte den Zugang zu Krediten. Das vergleichsweise milde wirtschaftliche Klima der frühen 2000er-Jahre ermutigte die Kreditinstitute, allgemein höhere Risiken einzugehen.
- Die Banken weltweit weiteten ihre Kreditvergabe im Immobiliensektor kräftig aus und trugen damit zum Anstieg der Immobilienpreise bei.
- Als die Zentralbanken begannen, mit Zinsanhebungen der zunehmenden Inflation entgegenzusteuern, stieg die Anzahl der Kreditausfälle im Subprime-Markt rasant an. Nachdem die wechselseitigen Verflechtungen der Finanzinstitutionen immer deutlicher zutage traten, ging die Kreditvergabe stark zurück.
- Durch die Bankenkrise kam es zu einem starken Einbruch der Kreditvergabe am Interbankenmarkt. Die Kreditverknappung schlug durch den Zusammenbruch des Immobilienmarkts schnell auf die Realwirtschaft durch. Die Wirtschaftsleistung ging zurück, die Arbeitslosigkeit stieg.
- Die Zentralbanken versuchten in der Finanzkrise durch Zinssenkungen und den Einsatz neuer Instrumente (wie z. B. Politik der quantitativen Lockerung), geldpolitische Impulse zu setzen.
- Sowohl die Zentralbanken als auch die staatlichen Aufsichtsbehörden wurden wegen ihrer Rolle in der Finanzkrise kritisiert. Notwendige Reformen des Bankensystems und der Aufsichtsbehörden werden weiter diskutiert.
- Die Schuldenkrise in Europa hat sich im Sog der Finanzkrise entwickelt. In der nachfolgenden Wirtschaftskrise stieg die Kreditaufnahme vieler Staaten, und die Höhe der Staatsverschuldung sorgte in Anbetracht einer möglichen Zahlungsunfähigkeit einzelner Staaten für Nervosität an den Finanzmärkten.
- Die Zinsen auf die Staatsschulden der Krisenländer stiegen in den Jahren 2010 und 2011 stark an, sodass eine Reihe von Ländern auf Finanzhilfen angewiesen war. Mit dem Europäischen Stabilitätsmechanismus (ESM) wurde ein dauerhafter Stabilisierungsmechanismus geschaffen, um Krisenländern finanziell beizustehen.
- Die Debatte über den richtigen Weg aus der Schuldenkrise hält nach wie vor an.

Wiederholungsfragen

1. *Was versteht man unter der »Deregulierung der Finanzmärkte«?*
2. *Erklären Sie, wie die zunehmende Vergabe von Hypothekendarlehen zu einem rapiden Anstieg der Häuserpreise geführt hat.*
3. *Was waren die wesentlichen Ursachen der Finanzkrise?*
4. *Welche Aufgaben kamen auf die Zentralbanken während der Finanzkrise zu?*
5. *Welche Hauptargumente lassen sich für und gegen die Fortsetzung einer strikten Sparpolitik in den Krisenländern finden?*

Aufgaben und Anwendungen

1. Erklären Sie, wie die Deregulierung der Finanzmärkte die folgenden Situationen beeinflusst hat:
   a. Ein junges Ehepaar, frisch verheiratet, hat nach dem Studium den ersten Job angetreten und wollte ein Haus kaufen.
   b. Die Besitzer eines Hauses im Wert von 350.000 Euro, auf dem bereits eine Hypothek von 200.000 Euro liegt, wollten ihren 25. Hochzeitstag mit einer Kreuzfahrt feiern und dafür einen Kredit aufnehmen.
   c. Eine Familie mit vier Kindern wollte sich trotz fehlender Ersparnisse ein Haus auf dem Land kaufen und sich für die langen Wege in die Stadt gleichzeitig noch einen neuen Minivan anschaffen.

2. Warum wird eine Zentralbank im Angesicht einer Krise auf den Finanzmärkten wie beispielsweise nach den Terroranschlägen des 11. September 2001 mit Zinssenkungen und der Bereitstellung von Liquidität reagieren?

3. Sind die Budgetdefizite der Krisenländer eher konjunktureller oder eher struktureller Natur? Begründen Sie Ihre Antwort.

4. Umfragen haben ermittelt, dass die meisten Menschen gegen Budgetdefizite sind, aber die gleichen Menschen wählen Repräsentanten, die Budgets verabschieden, die schon bedeutende Defizite aufweisen. Warum mag die Kritik an Budgetdefiziten in der Theorie stärker sein als in der Praxis?

5. Nehmen Sie an, der Staat senkt die Steuern und erhöht die Ausgaben, sodass das Budgetdefizit auf 12 Prozent des BIP steigt. Kann das Land dauerhaft mit einem solchen Defizit leben, wenn das nominale BIP pro Jahr um 7 Prozent steigt? Erläutern Sie Ihre Antwort. Was passiert Ihrer Meinung nach mit den Steuern der zukünftigen Steuerzahler, wenn das Budgetdefizit über 20 Jahre auf diesem hohen Niveau bleibt?

6. In diesem Kapitel haben Sie erfahren, dass Budgetdefizite auf der einen Seite das Einkommen zukünftiger Generationen schmälern, auf der andere Seite aber erhöhend auf Einkommen und Beschäftigung in einer Wirtschaftskrise wirken können. Erklären Sie, wie diese beiden Aussagen zusammenpassen.

Glossar

Abgeleitete Nachfrage
Situation, in der sich die Nachfrage eines Unternehmens nach einem Produktionsfaktor auf dem jeweiligen Faktormarkt von der unternehmerischen Entscheidung ableitet, ein bestimmtes Gut auf einem anderen Markt anzubieten.

Abnehmender Grenznutzen
Tendenz, dass die zusätzliche Bedürfnisbefriedigung durch den Konsum eines Gutes mit jeder weiteren konsumierten Gütereinheit immer geringer wird.

Abnehmendes Grenzprodukt
Eigenschaft der Produktionsfunktion, dass mit steigendem Input (Einsatz von Produktionsfaktoren) das Grenzprodukt dieses Inputs abnimmt.

Abnehmende Skalenerträge (Diseconomies of Scale)
Die langfristigen durchschnittlichen Gesamtkosten steigen mit steigender Produktionsmenge.

Absolute Armut
Besteht, wenn die Grundversorgung eines Menschen mit Nahrung, Kleidung und Unterkunft nicht gesichert ist.

Absoluter Vorteil
Besteht, wenn ein Produzent eine kleinere Inputmenge zur Produktion eines Gutes benötigt als ein anderer.

Abwertung
Ein Rückgang des Werts einer Währung, gemessen an der Menge an ausländischer Währung, die man mit einer Einheit inländischer Währung erwerben kann.

Adaptive Erwartungen
Eine Theorie, wonach die Menschen bei der Vorhersage der zukünftigen Entwicklung von ökonomischen Variablen auf die Werte der vergangenen Jahre schauen.

Adverse Selektion (negative Auslese)
Sie tritt auf, wenn ein Agent (z. B. ein Verkäufer oder ein Versicherter) vor Vertragsabschluss mehr Informationen über seine eigene Situation hat als der Prinzipal (z. B. ein Käufer oder Versicherer), was dazu führt, dass der Prinzipal mit ihm keine Geschäfte tätigen will.

Agent
Eine Person oder Organisation, die im Auftrag einer anderen Person oder Organisation (Prinzipal) handelt.

Aggregierte Angebotskurve
Eine Kurve mit den Gütermengen, die Unternehmen bei verschiedenen Preisniveaus herstellen und verkaufen möchten.

Aggregierte Nachfragekurve
Eine Kurve mit den Gütermengen, die Haushalte, Unternehmen und der Staat bei unterschiedlichen Preisniveaus kaufen wollen.

Aktie (stock)
Ein Eigentumsanteil an einem Unternehmen (Aktiengesellschaft).

Allgemeines (oder simultanes) Gleichgewicht
Die Vorstellung, dass die Entscheidungen und Wahlmöglichkeiten der ökonomischen Akteure auf allen Teilmärkten der Volkswirtschaft aufeinander abgestimmt sind (Markträumung).

Allmendegüter
Güter, die zwar eine rivalisierende Nutzung aufweisen, aber nicht ausschließbar sind.

Allokationseffizienz
Eine Allokation (Zuteilung) der Ressourcen, bei der die Verkäufer der Produktion einer Gütermenge genau den gleichen Nutzen beimessen wie die Käufer dem Konsum dieser Gütermenge.

Amplitude
Der Abstand zwischen dem Gipfel und der Talsohle der konjunkturellen Entwicklung.

Angebotskurve
Ein Graph für die Zuordnungen von Güterpreisen und Angebotsmengen.

Angebotsmenge
Die Gütermenge, die Verkäufer veräußern wollen und können.

Angebotsplan, Angebotstabelle
Eine Tabelle für die zusammengehörigen Wertepaare Güterpreis und Angebotsmenge.

Angebotsschock
Ein Ereignis, das unmittelbar die Kosten und Preise der Unternehmen verändert, sodass sich die kurzfristige aggregierte Angebotskurve der Volkswirtschaft und damit auch die Phillips-Kurve verschieben.

Glossar

Angebotsüberschuss
Eine Situation, in der die zum Marktpreis angebotene Menge größer ist als die Nachfragemenge.

Anleihe/Rentenpapier (bond)
Eine Schuldverschreibung.

Antizyklisches Verhalten
Die entgegensetzte Bewegung einer makroökonomischen Größe zum BIP.

Äquivalenzprinzip
Prinzip, nach dem jeder Bürger Steuern entsprechend seiner aus den staatlichen Leistungen empfangenen Vorteile zahlt.

Arbeit
Die – geistige und körperliche – menschliche Leistung, die in die Produktion einfließt.

Arbeitslosenversicherung
Teil der Sozialversicherung, der die Einkommen bei Arbeitslosigkeit teilweise durch Arbeitslosengeld sichert.

Arbeitsplatzsuche
Der Prozess, in dem Arbeitskräfte die zu ihren Fähigkeiten und Neigungen passenden Arbeitsplätze finden.

Arbitrage
Der Einkauf des Gutes zum niedrigen Preis in einem Markt und der Wiederverkauf zum höheren Preis in einem anderen Markt, um so Gewinne aus der Preisdifferenz zu erzielen.

Armutsgrenze
Einkommensgrenze, bei deren Unterschreiten Armut besteht; i. d. R. 60 Prozent des mittleren Nettoäquivalenzeinkommens.

Armutsrisikoquote
Anteil der Personen mit einem Einkommen unterhalb der Armutsgrenze in Prozent der Gesamtbevölkerung.

Asymmetrische Information
Eine Situation, in der zwei Parteien unterschiedlichen Zugang zu Informationen haben.

Asymmetrischer Schock
Eine Situation, in der es zu unterschiedlichen Reaktionen der aggregierten Nachfrage und/oder des aggregierten Angebots in den einzelnen Ländern kommt.

Auf kurze Sicht (kurzfristig)
Zeitraum, in dem einige Produktionsfaktoren unveränderbar sind.

Auf lange Sicht (langfristig)
Zeitraum, in dem alle Produktionsfaktoren verändert werden können.

Aufwertung
Ein Anstieg des Werts einer Währung, gemessen an der Menge an ausländischer Währung, die man mit einer Einheit inländischer Währung erwerben kann.

Aufzinsung (Zinseszins)
Höhere Zinszahlungen einer Geldanlage (Zinseszins), die daraus resultieren, dass bereits realisierte Zinszahlungen den angelegten Geldbetrag vergrößern.

Ausgeglichene Leistungsbilanz
Eine Situation, in der die Exporte und Importe gleich sind.

Ausgeglichenes Budget
Bei einem ausgeglichenen Budget sind die gesamten Einnahmen des Staates aus Steuereinnahmen und Zinserträgen genauso groß wie seine gesamten Ausgaben, einschließlich der Zinszahlungen auf Staatsschulden.

Ausgelassene Variable
Variable, die statt der betrachteten Variablen die Untersuchungsergebnisse erklären kann.

Ausländische Direktinvestition
Eine Investition, die von einem ausländischen Wirtschaftssubjekt finanziert und durchgeführt wird.

Ausländische Portfolioinvestition
Eine Investition, die mit Geld aus dem Ausland finanziert, aber von Inländern durchgeführt wird.

Ausschließbarkeit von der Güternutzung
Eigenschaft eines Gutes, nach der Personen, die nicht dafür zahlen, von dessen Nutzung ausgeschlossen werden können.

(Außen-)Handelspolitik
Staatliche Maßnahmen, um die Menge der Waren und Dienstleistungen, die ein Land importiert oder exportiert, zu beeinflussen.

Außergewöhnlicher Gewinn
Ein Gewinn, der größer als der Normalgewinn ist.

Auswahlmenge
Die Menge der Handlungsalternativen, die dem Konsumenten zur Verfügung stehen.

Auszahlungsmatrix
Matrix, die ausgehend von der Strategie jedes Spielers die

möglichen Kombinationen von Ergebnissen (Auszahlungen) darstellt.

Automatische Stabilisatoren
Nachfragestützende fiskalpolitische Wirkungen, die ohne besondere politische Aktivität »automatisch« dann eintreten, wenn die Volkswirtschaft in eine Rezession oder in einen Boom gerät.

Autonome Ausgaben
Ausgaben, die nicht einkommensabhängig sind.

Bargeld
Scheine und Münzen in den Händen der privaten Wirtschaftseinheiten.

Barwert
Der Geldbetrag, der nötig ist, um bei gegebenem Zinsniveau eine bestimmte Geldsumme in der Zukunft zu generieren.

Begrenzte Rationalität
Die Vorstellung, dass Menschen ihre Entscheidungen unter den Bedingungen begrenzter und manchmal nicht verlässlicher Informationen treffen.

Besitzeffekt
Der Wert einer Sache wird durch den Besitzer höher bemessen als durch jemanden, der das Gut nicht in seinem Besitz hat.

Bestreitbarer Markt
Ein Markt, der frei und kostenlos betreten und wieder verlassen werden kann.

BIP-Deflator
Maß für das Preisniveau, errechnet als Verhältnis aus nominalem und realem BIP mal 100.

BIP zu konstanten Preisen
Das BIP wird zu Preisen eines festgelegten Basisjahres bewertet, wodurch durch Preisbewegungen verursachte Veränderungen berücksichtigt werden.

BIP zu Marktpreisen
Das BIP zu Marktpreisen wird errechnet, indem die Gesamtproduktion an Waren und Dienstleistungen mit deren Preisen im Berichtsjahr multipliziert wird.

Boden
Alle natürlichen Ressourcen der Welt.

Brain Drain
Die Abwanderung von hoch qualifizierten Arbeitskräften aus armen Ländern in reiche Länder.

Bruttoinlandsprodukt (BIP)
Der Marktwert aller für den Endverbrauch bestimmten Waren und Dienstleistungen, die in einem Land in einem bestimmten Zeitabschnitt hergestellt werden.

Bruttoinlandsprodukt pro Kopf
Das Durchschnittseinkommen pro Kopf einer Population.

Bruttonationaleinkommen (BNE)
Der Marktwert aller für den Endverbrauch bestimmten Waren und Dienstleistungen, die von den dauerhaft in einem Land lebenden Personen in einem bestimmten Zeitabschnitt hergestellt werden.

Buchhalterischer Gewinn
Gesamterlös minus explizite Kosten.

Budgetbeschränkung
Derjenige Geldbetrag, der dem Konsumenten zum Erwerb von Konsumgüterbündeln zur Verfügung steht (Einkommen).

Budgetdefizit
Gibt der Staat mehr aus, als er über die Steuern einnimmt, liegt ein Budgetdefizit vor.

Budgetgerade
Die grafische Darstellung der Budgetbeschränkung des Konsumenten.

Budgetüberschuss
Übersteigen die Steuereinnahmen die Staatsausgaben, dann erzielt der Staat einen Budgetüberschuss.

Catch-up-Effekt (Aufholeffekt)
Arme Länder erreichen, von einem gegebenen Ausgangspunkt betrachtet, tendenziell ein schnelleres Wachstum als reiche Länder.

ceteris paribus (unter sonst gleichen Bedingungen)
Ein Begriff, der zur Beschreibung von Analysen verwendet wird, bei denen eine Variable im Modell variiert wird, während andere konstant gehalten werden.

Clubgüter
Güter, die zwar dem Ausschlussprinzip unterliegen, bei denen jedoch keine Rivalität der Güternutzung besteht.

Coase-Theorem
Die Aussage, dass die Marktteilnehmer das Problem der Externalitäten selbst lösen können, wenn sie die Allokation der Ressourcen verhandeln können, ohne dass ihnen Kosten entstehen.

Collateralized Debt Obligations (CDOs)
Ein Finanzinstrument, das aus einem Portfolio von forderungsbesicherten Wertpapieren besteht.

Copyright
Das alleinige Recht einer Person oder Organisation an der Idee bzw. dem geistigen Werk verbunden mit der Garantie, dass niemand dieses ohne Einwilligung des Copyrightinhabers kopieren und verkaufen darf.

Credit Default Swap (CDS)
Ein Finanzinstrument, mit dem man sich gegen das Risiko eines Zahlungsausfalls bei Anleihen oder Kreditforderungen absichern kann.

Crowding-out (Verdrängung)
Ein Rückgang der Investitionen, der aus der Kreditaufnahme des Staates resultiert.

Deflatorische Lücke
Die Differenz zwischen dem Ausgabenniveau, das für die Erreichung von Vollbeschäftigung notwendig ist, und den tatsächlichen Ausgaben, die unter den für die Erreichung des Vollbeschäftigungsniveaus notwendigen Ausgaben liegen.

Demeritorische Güter
Güter, die überkonsumiert werden, wenn sie dem Mechanismus des freien Markts überlassen werden, und die sowohl private als auch soziale Kosten verursachen, die durch den Konsumenten bei seiner Wahlentscheidung nicht berücksichtigt werden.

Depression
Eine kräftige Rezession.

Deterministische Trends
Die Abweichungen von einem Trend sind stationär.

Direkte Steuern
Steuern, die auf Einkommen und Erträge erhoben werden (Ertragssteuern). Steuerzahler und Steuerdestinatar sind identisch.

Diskontsatz
Der Zinssatz, zu dem das Federal Reserve System auf kurzfristige Basis Geldmittel für den US-amerikanischen Bankensektor zur Verfügung stellt.

Diskriminierung
Eine ungleiche Behandlung vergleichbarer Individuen, die sich nur im Hinblick auf Rasse, ethnische Gruppe, Geschlecht, Alter oder andere persönliche Merkmale unterscheiden.

Diversifikation
Risikominderung, die dadurch erreicht wird, dass man ein einziges Risiko durch viele kleine Risiken, die miteinander nicht in Beziehung stehen, ersetzt (Risikomischung).

Dominante Strategie
Die beste Strategie für einen Spieler, unabhängig davon, welche Strategien andere Spieler wählen.

Durchschnittliche fixe Kosten (AFC)
Fixe Kosten dividiert durch die Produktionsmenge.

Durchschnittliche Gesamtkosten (ATC)
Gesamtkosten dividiert durch die Produktionsmenge.

Durchschnittliche variable Kosten (AVC)
Variable Kosten dividiert durch die Produktionsmenge.

Durchschnittserlös, Durchschnittsumsatz
Gesamterlös (Umsatz) dividiert durch die verkaufte Menge.

Durchschnittssteuersatz
Verhältnis des Steuerbetrags zum steuerpflichtigen Einkommen.

Dynamische Spiele
Spiele, bei denen die Spieler ihre Entscheidungen sequenziell, also der Reihe nach treffen, wobei einige Spieler die strategischen Entscheidungen der anderen beobachten können und als Reaktion darauf wiederum ihre Entscheidung treffen.

Effiziente Produktionsmenge, effiziente Betriebsgröße, Betriebsoptimum
Produktionsmenge, die zur Minimierung der durchschnittlichen Gesamtkosten führt.

Effizienz
Eine Allokation der Ressourcen, welche die Gesamtrente aller Mitglieder der Gesellschaft maximiert.

Effizienzlöhne
Löhne über dem Gleichgewichtsniveau, die Unternehmen freiwillig zahlen, um die Arbeitsproduktivität zu steigern.

Effizienzmarkthypothese
Die These, dass Vermögenspreise alle öffentlich zugänglichen Informationen, den Wert der Vermögensposition betreffend, widerspiegeln.

Egalitärer Liberalismus
Politische Philosophie, wonach der Staat Maßnahmen ergreifen sollte, die von einem unparteiischen Beobachter

hinter einem »Schleier des Nichtwissens« für gerecht erachtet werden.

Eigenkapitalanforderungen
Gesetzliche Vorgaben zur Mindesthöhe des Eigenkapitals von Banken.

Eigenkapital einer Bank
Die finanziellen Mittel, die die Eigentümer einer Bank zur Verfügung stellen.

Eigentumsrechte
Das alleinige Recht einer Person, einer Gruppe oder einer Organisation, über die Verwendung einer Ressource zu entscheiden.

Einkommenseffekt
Diejenige Veränderung der Konsummenge, die sich ergibt, wenn eine Preisänderung den Konsumenten auf eine höher oder niedriger liegende Indifferenzkurve gelangen lässt.

Einkommenselastizität der Nachfrage
Ein Maß dafür, wie stark die Nachfragemenge eines Gutes auf eine Veränderung des Verbrauchereinkommens reagiert – gemessen als prozentuale Veränderung der Nachfragemenge dividiert durch die prozentuale Einkommensänderung.

Elastizität
Ein Maß für die Stärke, mit der die Nachfragemenge oder die Angebotsmenge auf eine Veränderung der Gegebenheiten im Markt reagiert.

Endgültige Offenmarktgeschäfte
Definitiver An- und Verkauf von Wertpapieren durch die Zentralbank im Bankensektor ohne die Vereinbarung über eine entsprechende Gegentransaktion zu einem späteren Zeitpunkt.

Endogene Variable
Eine Variable, deren Wert durch die Lösung des Modells bestimmt wird.

Endogene Wachstumstheorie
Nach der endogenen Wachstumstheorie wird die langfristige Wachstumsrate einer Volkswirtschaft durch die Wachstumsrate des technischen Fortschritts bestimmt.

Endwert
Der Geldbetrag in der Zukunft, den eine Geldanlage heute bei gegebenem Zinssatz generiert.

Engel-Kurve
Eine Kurve, welche das Verhältnis von unterschiedlichen Einkommensniveaus und der Nachfrage darstellt.

Ersparnis (gesamtwirtschaftliche Ersparnis)
Das Gesamteinkommen einer Volkswirtschaft, das nach Abzug der Ausgaben für Konsum und Staatsverbrauch übrig bleibt.

Erwartungsnutzentheorie
Die Vorstellung, dass die Käufer bezüglich ihrer Präferenzen Rangordnungen bilden können und dies auch tun.

Erwerbslosenquote
Erwerbslose in Prozent des Arbeitskräftepotenzials.

Erwerbspersonen (Arbeitskräftepotenzial)
Gesamtzahl der Arbeitskräfte eines Landes (zu einem bestimmten Zeitpunkt), und zwar der beschäftigten wie der erwerbslosen Menschen.

Erwerbsquote
Erwerbspersonen (Arbeitskräftepotenzial) in Prozent der Bevölkerung (Wohnbevölkerung eines Landes zu einem bestimmten Zeitpunkt).

Erzeugerpreisindex (PPI)
Ein Maß für die Preisentwicklung der von Unternehmen gekauften landwirtschaftlichen, forstwirtschaftlichen oder gewerblichen Produkte.

Europäischer Binnenmarkt
Ein (noch unvollständiger) EU-weiter Markt, in dem sich Arbeit, Kapital, Waren und Dienstleistungen frei bewegen können.

Europäische Union (EU)
Eine Familie demokratischer europäischer Länder, die sich zur Zusammenarbeit für Frieden und Wohlstand verpflichtet fühlen.

Europäische Wirtschafts- und Währungsunion (EWWU)
Die Europäische Währungsunion, die den Euro als ihre Gemeinschaftswährung gewählt hat, wobei im Begriff Wirtschafts- und Währungsunion die engste Form der multinationalen Integration als beabsichtigter Endzustand anklingt (freier Wirtschafts- und Geldverkehr, vereinheitlichte Wirtschaftspolitik).

Europäische Zentralbank (EZB)
Die gemeinsame Zentralbank der Mitgliedstaaten der Europäischen Währungsunion.

Eurosystem
Der funktionale Verbund zwischen der EZB und den nationalen Zentralbanken der Mitgliedstaaten der Europäischen Währungsunion.

Exogene Variable
Eine Variable, deren Wert außerhalb des Modells bestimmt wird.

Explizite Kosten
Kosten, die mit einer Geldauszahlung des Unternehmens verbunden sind.

Exporte
Güter (Waren und Dienstleistungen), die im Inland produziert und im Ausland verkauft werden, was zu einem Zahlungsmittelzugang im exportierenden Land führt.

Externalität, externer Effekt
Kosten oder Nutzen der Entscheidung einer Person, die von dieser nicht berücksichtigt wurden und die das ökonomische Wohlergehen eines unbeteiligten Dritten beeinflussen.

Externe Skalenerträge
Vorteile einer groß angelegten Produktion durch Wachstum und Konzentration einer Branche.

Federal Reserve System (Fed)
Das Zentralbanksystem der Vereinigten Staaten.

Finanzierung
Ein Fachgebiet, das untersucht, wie die Menschen Entscheidungen über die Aufteilung ihrer (finanziellen) Ressourcen treffen und wie sie mit Risiko umgehen.

Finanzintermediäre
Finanzinstitutionen, durch die Sparer indirekt Mittel für Schuldner bereitstellen können.

Finanzmärkte
Finanzinstitutionen, durch die Sparer Mittel direkt an Schuldner weitergeben können.

Finanzsystem
Eine Gruppe von Institutionen in einer Volkswirtschaft, die helfen, die Ersparnisse einer Person mit den Investitionswünschen einer anderen Person zusammenzubringen.

Finanzwirtschaft
Die Finanzwirtschaft umfasst im weitesten Sinne Käufe und Verkäufe von Vermögenswerten auf Finanzmärkten.

Fisher-Effekt
Die Eins-zu-eins-Anpassung des Nominalzinssatzes an die Inflationsrate.

Fiskalischer Föderalismus
Ein Fiskalsystem für eine Ländergruppe mit gemeinschaftlichem Budget, Steuersystem und Transfers.

Fixe Kosten (*FC*)
Kosten, die von der Produktionsmenge unabhängig sind.

Framing-Effekt
Menschen reagieren in Entscheidungssituationen je nachdem, wie ihnen die zur Auswahl stehenden Alternativen präsentiert werden.

Friktionelle Arbeitslosigkeit (Übergangsarbeitslosigkeit)
Arbeitslosigkeit, die durch die Zeit verursacht wird, die die Arbeitskräfte benötigen, um den Arbeitsplatz zu finden, der am besten zu ihren Fähigkeiten und Neigungen passt.

Frühindikatoren
Vorlaufende Konjunkturindikatoren, die Hinweise auf die zukünftige Wirtschaftsentwicklung geben.

Fundamentalanalyse
Die Analyse einer Vermögensposition, um deren Wert zu bestimmen.

Gefangenendilemma
Ein besonderes »Spiel« zwischen zwei Gefangenen, das zeigt, warum Kooperation selbst dann schwerfällt, wenn sie für beide Seiten Vorteile bringt.

Geldangebot
Die in einer Volkswirtschaft verfügbare Geldmenge.

Geld
Ein Bündel von Aktiva, das die Menschen in einer Volkswirtschaft regelmäßig dazu verwenden, Waren und Dienstleistungen von anderen Menschen zu erwerben.

Geldmarkt
Der Markt, in dem sich Geschäftsbanken untereinander auf kurzfristiger Basis Geld leihen.

Geldmenge
Die Menge an Geld, die in einer Volkswirtschaft zirkuliert.

Geldpolitik
Die Steuerung der Geldmenge durch die Zentralbank.

Geldschöpfungsmultiplikator
Geldbetrag, den das Bankensystem mit jedem Euro an ursprünglichen Einlagen bzw. Reserven erzeugt.

Geplante Ausgaben, Ersparnisse oder **Investitionen**
Erwünschte oder beabsichtigte Aktionen von Haushalten oder Unternehmen.

Gesamtausgaben
Geldbetrag, der von den Käufern gezahlt wird, berechnet als Produkt aus Güterpreis und gekaufter Menge.

Gesamterlös (Umsatz)
Geldbetrag, der von den Verkäufern eines Gutes eingenommen wird, berechnet als Produkt aus Güterpreis und verkaufter Menge.

Gesamtnutzen
Die Bedürfnisbefriedigung, die durch den Konsum eines Gutes erlangt wird.

Gesamtrente
Gesamtwert eines Gutes für die Käufer, gemessen anhand der Zahlungsbereitschaft der Käufer minus der Kosten der Verkäufer. Oder einfach: Summe aus Konsumenten- und Produzentenrente.

Gesamtwirtschaftliche Aktivität
Alle Käufe und Verkäufe in einer Volkswirtschaft innerhalb eines bestimmten Zeitraums.

Gesellschaftlich notwendige Arbeit
Die durchschnittliche Arbeitszeit, die unter normalen Arbeitsbedingungen in die Produktion eines Gutes eingeflossen ist.

Gesetz der Nachfrage
Unter sonst gleichen Bedingungen (Ceteris-paribus-Annahme) sinkt die nachgefragte Menge eines Gutes bei steigendem Preis des Gutes.

Gesetz des Angebots
Unter sonst gleichen Bedingungen (Ceteris-paribus-Annahme) steigt die angebotene Menge eines Gutes bei steigendem Preis des Gutes.

Gesetz von Angebot und Nachfrage
Preisanpassungen zur Angleichung angebotener und nachgefragter Gütermengen auf Märkten.

Gewerkschaft
Eine Arbeitnehmervereinigung, die mit den Arbeitgebern über Entlohnung und Arbeitsbedingungen verhandelt.

Gewerkschaftlicher Organisationsgrad
Nennt (als Anteil) die Zahl der Beschäftigten, die Mitglied einer Gewerkschaft sind, im Verhältnis zur Zahl aller Beschäftigten.

Giffen-Gut
Ein Gut, bei dem ein Preisanstieg einen Anstieg der Nachfragemenge auslöst.

Gig Economy
Unter Gig Economy versteht man den Teil des Arbeitsmarkts, bei dem Arbeitskräfte keine feste Anstellung bei einem Unternehmen haben, sondern auf zeitlich befristeter Basis Aufträge von Unternehmen (oder Privatpersonen) annehmen und ausführen.

Gini-Koeffizient
Ein Maß für die Einkommensungleichheit in einem Land.

Gipfel der konjunkturellen Entwicklung
An diesem Punkt erreicht das Wachstum seinen Höchststand und die Wachstumsrate beginnt danach zu sinken.

Gleichgewichtsmenge
Angebotene und nachgefragte Menge zum Gleichgewichtspreis.

Gleichgewichtspreis
Der Preis, bei dem die Nachfragemenge gleich der Angebotsmenge ist.

Gleichlauf
Die korrelierte Bewegung zweier makroökonomischer Größen im Zeitablauf.

Graph
Stellt Zusammenhänge zwischen Variablen visuell dar.

Grenzerlös, Grenzumsatz
Die Veränderung des Gesamterlöses durch den Verkauf einer zusätzlichen Produkteinheit.

Grenzkosten (MC)
Betrag, um den die Gesamtkosten bei der Herstellung einer zusätzlichen Produktionseinheit ansteigen.

Grenzkosten der Verschmutzungsvermeidung
Die Kosten der letzten Einheit nicht emittierter (vermiedener) Umweltverschmutzung.

Grenznachfrager
Der Nachfrager, der den Markt bei einer Preiserhöhung als erster verlässt.

Grenznutzen
Der zusätzliche Nutzen, den der Konsum einer zusätzlichen Einheit eines Gutes stiftet.

Grenzprodukt
Der Zuwachs der Produktionsmenge, den man durch den Einsatz einer zusätzlichen Einheit eines Produktionsfaktors erzielt.

Grenzprodukt der Arbeit
Der Zuwachs der Produktionsmenge je zusätzlicher Arbeitseinheit.

Grenzrate der Substitution
Das Verhältnis, zu welchem ein Konsument bereit ist, ein Gut durch das andere zu ersetzen.

Grenzrate der technischen Substitution (MRTS)
Das Größenverhältnis, mit dem bei Produktion einer festgelegten Menge ein Produktionsfaktor durch einen anderen ersetzt werden kann.

Grenzsteuersatz
Die auf eine zusätzliche Einheit steuerpflichtigen Einkommens zusätzlich gezahlte Steuer.

Gut
Oberbegriff für Ware (materielles Gut) und Dienstleistung (immaterielles Gut).

Hauptrefinanzierungssatz
Der Zinssatz, zu dem die Europäische Zentralbank für einen Zeitraum von einer Woche Liquidität für Banken im Euroraum zur Verfügung stellt.

Herleitung
Schlussfolgerung oder Erklärung, die aus den Beweisen und der Argumentation abgeleitet wurde.

Heterodox
Die Bezeichnung verschiedener Denkschulen in der Volkswirtschaftslehre außerhalb des »Mainstreams« der Wirtschaftstheorie.

Heuristiken
Vereinfachungen oder Faustregeln, die Menschen bei Entscheidungen nutzen.

Horizontale Gerechtigkeit
Die Vorstellung, dass Steuerzahler mit gleicher steuerlicher Leistungsfähigkeit den gleichen Steuerbetrag zahlen sollen.

Humankapital
Die Summe der Investitionen in Menschen, insbesondere in Form von Aus- und Weiterbildung.

Hyperinflation
Eine Periode mit extrem hohen und immer größer werdenden Preissteigerungsraten.

Hypothekendarlehen
Hypothekendarlehen sind Darlehen, bei denen der Kreditnehmer dem Kreditgeber eine Immobilie als Sicherheit hinterlegt.

Hypothese
Eine Annahme, vorläufige Vorhersage, Erklärung oder Vermutung für etwas.

Hypothese der natürlichen Arbeitslosenquote
Die Annahme, dass die Arbeitslosenquote im Lauf der Zeit ungeachtet der Höhe der Inflationsrate zu ihrem natürlichen Niveau zurückkehrt.

Implizite Kosten
Kosten, die nicht mit einer Geldauszahlung des Unternehmens verbunden sind.

Importe
Güter (Waren und Dienstleistungen), die im Ausland produziert und im Inland verkauft werden, was zu einem Zahlungsmittelabgang im importierenden Land führt.

Importquote
Mengenbeschränkung für ein Gut, das im Ausland produziert und im Inland verkauft wird.

Indexierung
Die vertraglich oder gesetzlich festgelegte automatische Inflationsbereinigung von Geldwerten.

Indifferenzkurve
Eine Kurve, die all jene Güterbündel angibt, die dem Konsumenten den gleichen Grad an Bedürfnisbefriedigung stiften.

Indirekte Steuern
Steuern, die auf Ausgaben (bzw. den Verkauf von Gütern) erhoben werden. Steuerzahler und Steuerdestinatar sind nicht identisch.

Inferiores Gut
Ein Gut, dessen nachgefragte Menge bei einem Einkommenszuwachs sinkt (und andersherum).

Inflation
Ein Anstieg sämtlicher Preise der Volkswirtschaft.

Inflationsrate
Die prozentuale Veränderung des Preisindex gegenüber der Vorperiode.

Inflationssteuer
Die Einnahmen, die der Staat durch Geldschöpfung erzielt.

Inflatorische Lücke
Die Differenz zwischen dem Ausgabenniveau, das für die Erreichung von Vollbeschäftigung notwendig ist, und den tatsächlichen Ausgaben, die über den für die Erreichung des Vollbeschäftigungsniveaus notwendigen Ausgaben liegen.

Informationseffizient
Die Widerspiegelung aller verfügbaren Informationen in rationaler Weise.

Institutionen
Regeln in Form von Vorschriften, Gesetzen, sozialen Normen oder anderen Konventionen, die das Verhalten von Menschen in der Wirtschaft lenken.

Interessengruppeneffekt
Zustand, in dem der Nutzen einer kleinen Gruppe von den Kosten, die daraus der Mehrheit der Bevölkerung entstehen, überwogen wird.

Internalisierung externer Effekte
Eine Veränderung der Anreize derart, dass die Menschen die externen Effekte ihrer Aktivitäten bei Entscheidungen mit berücksichtigen.

Interne Skalenerträge
Sie bezeichnen die Vorteile der Größe einer Produktion, die durch das Wachstum des Unternehmens entstehen.

Intertemporale Wahlentscheidungen
Wahlhandlungen, bei denen eine Entscheidung heute die Wahlmöglichkeiten von Individuen in der Zukunft beeinflussen kann.

Interventionistische Angebotspolitik
Wirtschaftspolitische Maßnahmen, die dazu dienen, das Funktionieren der Märkte durch Investitionen in Infrastruktur, Bildung sowie Forschung und Entwicklung zu verbessern.

Investitionen
Ausgaben für die Anschaffung von Gütern, die zukünftig zur Produktion von neuen Waren und Dienstleistungen dienen, z. B. Ausgaben für Kapitalausstattung, Lagerbestände und Bauten einschließlich der Ausgaben der Haushalte für den Erwerb von Grundstücken und Gebäuden sowie den Neubau von Häusern und Wohnungen.

Investmentgesellschaft
Eine Institution, die Anteile an die Öffentlichkeit ausgibt und die Einnahmen daraus dazu verwendet, ein Portfolio aus Aktien und Anleihen (Investmentfonds) zu kaufen.

Isokostenlinie
Eine Gerade, welche die unterschiedlichen Faktorkombinationen wiedergibt, die ein Unternehmen mit einem gegebenen Budget erwerben kann.

Isoquante
Funktion, die alle möglichen Kombinationen an Produktionsfaktoren zur Herstellung einer bestimmten Produktionsmenge darstellt.

Kapitalflucht
Ein groß angelegter und plötzlicher Rückgang der Nachfrage nach Vermögenswerten eines bestimmten Landes.

Kapitalistische Wirtschaftsordnung
Sie beinhaltet das Prinzip des Privateigentums an Produktionsfaktoren, um Waren und Dienstleistungen zu produzieren, die mittels eines Preismechanismus ausgetauscht werden; die Produktion wird dabei vor allem zu Gewinnzwecken ausgeführt.

Kapital
Ausrüstung und Anlagen, die genutzt werden, um Waren und Dienstleistungen zu produzieren.

Kartell
Gruppe von Unternehmen, die einvernehmlich (per Kollusion) agieren.

Kaufkraftparitätentheorie
Eine Theorie der Wechselkursbestimmung, wobei angenommen wird, dass mit einer Einheit einer jeden Währung in jedem Land dieselbe Menge an Gütern erworben werden kann.

Klassische Dichotomie
Die Trennung zwischen nominalen und realen Größen in der klassischen Theorie.

Knappheit
Die Gesellschaft hat weniger anzubieten, als die Menschen haben wollen.

Kollektive Lohnverhandlungen
Der Prozess, in dem sich Gewerkschaften und Arbeitgeberverbände über die Bedingungen der Beschäftigung einigen.

Kollusion
Absprache von Unternehmen über Produktionsmengen und Preise.

Komparativer Vorteil
Der Vergleich von zwei Produzenten eines Gutes in Bezug auf ihre Opportunitätskosten. Der Produzent mit den niedrigeren Opportunitätskosten eines Gutes hat – wie man sagt – einen komparativen Vorteil bei der Herstellung dieses Gutes.

Komparative Statik
Vergleich eines ursprünglichen Gleichgewichtszustands mit einem anderen.

Komplemente oder **komplementäre Güter**
Zwei Güter, bei denen der Preisanstieg des einen Gutes einen Nachfragerückgang (auch) des anderen Gutes bewirkt.

Konjunkturelles Budgetdefizit
Eine Situation, in der die Einnahmen und Ausgaben des Staates durch »normale« konjunkturbedingte Schwankungen aus dem Gleichgewicht geraten sind.

Konstante Skalenerträge
Die langfristigen durchschnittlichen Gesamtkosten werden von einer Veränderung der Produktionsmenge nicht beeinflusst.

Konsumentenrente
Zahlungsbereitschaft (persönlicher Höchstpreis) des Käufers minus des tatsächlich gezahlten Preises.

Konsum, privater Verbrauch
Ausgaben der Haushalte für Waren und Dienstleistungen mit Ausnahme des Erwerbs von Grundstücken und Gebäuden sowie des Neubaus von Häusern und Wohnungen.

Kontrafaktisch
Eine Analyse, die unter der Prämisse durchgeführt wird, was geschehen wäre, wenn etwas nicht passiert wäre.

Konzentrationsrate
Gibt den Marktanteil an, der auf eine bestimmte Anzahl von Unternehmen entfällt.

Koordinatensystem
Eröffnet die Möglichkeit, zwei Variablen (eine auf der x-Achse, eine auf der y-Achse) in ihrer Abhängigkeit voneinander visuell darzustellen.

Kosten-Nutzen-Analyse
Eine Untersuchung, welche Kosten und Nutzen vergleicht, die der Volkswirtschaft als Ganzes aus der Bereitstellung eines öffentlichen Gutes entstehen.

Kosten
Wert von allem, worauf ein Verkäufer bei der Herstellung eines Gutes verzichten muss (explizite und implizite Kosten).

Kreditmarkt
Der Markt, auf dem diejenigen, die sparen möchten, Mittel anbieten, und diejenigen, die investieren wollen, Mittel nachfragen.

Kreuzpreiselastizität der Nachfrage
Ein Maß dafür, wie stark die Nachfragemenge eines Gutes auf die Preisänderung eines anderen Gutes reagiert – gemessen als prozentuale Änderung der Nachfragemenge des ersten Gutes dividiert durch die prozentuale Preisänderung des zweiten Gutes.

Laffer-Kurve
Sie zeigt den Zusammenhang zwischen dem Steuersatz und dem Steueraufkommen.

Lebendige Arbeit
Die Arbeitszeit, die direkt in den aktuellen Produktionsprozess eines Gutes eingeht.

Lebenshaltungskosten
Drückt aus, was Menschen ausgeben müssen, um einen gewissen Lebensstandard in Form einer bestimmten Menge konsumierter Waren und Dienstleistungen aufrechtzuerhalten.

Lebensstandard
Bezieht sich auf die Menge an Waren und Dienstleistungen, die von der Bevölkerung eines Landes gekauft werden kann.

Lebenszyklus
Die Entwicklung des Einkommens einer Person im Lauf ihres Lebens nach einem regelmäßigen Muster.

Leistungsbilanz (Außenbeitrag)
Der Wert der Exporte eines Landes abzüglich des Werts der Importe eines Landes, auch als Nettoexporte bezeichnet.

Leistungsbilanzdefizit (negativer Außenbeitrag)
Die Importe sind höher als die Exporte.

Leistungsbilanzüberschuss (positiver Außenbeitrag)
Die Exporte sind höher als die Importe.

Leistungsfähigkeitsprinzip
Prinzip, nach dem jeder Bürger entsprechend seiner steuerlichen Leistungsfähigkeit an der Aufbringung des Steueraufkommens beteiligt werden soll.

Libertarismus
Politische Philosophie, wonach der Staat Verbrechen bestrafen und für die Einhaltung freiwilliger Verträge sorgen, nicht aber Einkommen umverteilen sollte.

Liquiditätsgrad
Die Leichtigkeit, mit der ein Aktivum in das Tauschmittel der entsprechenden Volkswirtschaft umgewandelt werden kann.

Lohndifferenzierung
Ein Lohnunterschied, welcher die nichtmonetären Eigenschaften verschiedener Tätigkeiten kompensiert.

Lorenzkurve
Kurve, welche die Einkommensverteilung als das Verhältnis zwischen dem kumulierten Prozentsatz der Bevölkerung und dem kumulierten Prozentsatz des Einkommens wiedergibt.

Makroökonomik
Die Untersuchung gesamtwirtschaftlicher Phänomene einschließlich Inflation, Arbeitslosigkeit und Wirtschaftswachstum.

Marginale Konsumquote
Der Anteil, den ein Haushalt vom zusätzlichen Einkommen konsumiert (statt zu sparen).

Marginale Sparquote
Der Anteil, den ein Haushalt vom zusätzlichen Einkommen nicht für Konsumzwecke ausgibt, sondern spart.

Marginale Veränderungen
Kleine, schrittweise Änderungen einer geplanten Aktivität.

Markenbildung (Branding)
Instrument, mit dessen Hilfe ein Unternehmen eine Identität für sich selbst schafft und damit verdeutlicht, wodurch es sich von der Konkurrenz unterscheidet.

Markenproliferation
Eine strategische Markteintrittsbarriere, bei der Unternehmen innerhalb einer Produktlinie eine Fülle unterschiedlicher Marken produzieren und damit die Möglichkeit verringern, dass neue Wettbewerber Marktanteile erlangen können.

Marktanteil
Der Anteil am Absatzmarkt, der auf das jeweilige Unternehmen entfällt.

Markteintrittsbarriere
Etwas, das ein Unternehmen davon abhält, in einen Markt oder eine Branche einzutreten.

Markteintrittsverhindernde Preise (entry limit pricing)
Eine Situation, in der Unternehmen im Markt ihre Preise niedriger ansetzen als sie könnten, um den Markteintritt für andere Unternehmen unattraktiv zu machen.

Eine Markt für Subprime-Hypothekendarlehen (Subprime-Markt)
Markt für bonitätsschwache Kreditnehmer, die aufgrund ihres Kreditrisikos keinen Zugang zum (normalen) Kreditmarkt hatten.

Markt
Gruppen potenzieller Käufer und Verkäufer einer bestimmten Ware oder Dienstleistung.

Marktmacht
Die Fähigkeit eines Einzelnen oder einer kleinen Gruppe, den Marktpreis maßgeblich zu beeinflussen.

Marktorientierte Angebotspolitik
Wirtschaftspolitische Maßnahmen, die dazu dienen, durch die Liberalisierung von Märkten die Ressourcenallokation durch wirksamere Preissignale zu verbessern.

Marktrisiko
Risiko, das alle Unternehmen des Aktienmarkts gleichzeitig betrifft.

Marktsegment
Unterteilung der Kunden in Gruppen mit ähnlichen Kaufgewohnheiten oder Merkmalen.

Marktversagen
Eine Situation, in der es einem sich selbst überlassenen Markt nicht gelingt, die Ressourcen effizient zuzuteilen.

Marktwirtschaft
Die drei Grundfragen des ökonomischen Problems werden durch dezentralisierte Entscheidungen vieler Unternehmen und Haushalte beantwortet, die auf Märkten in Bezug auf Waren und Dienstleistungen miteinander interagieren.

Maximin-Kriterium
Die Forderung, dass der Staat darauf abzielen sollte, die Wohlfahrt des am schlechtesten gestellten Gesellschaftsmitglieds zu maximieren.

Mengenanpasser oder **Preisnehmer**
Anbieter und Nachfrager müssen den gegebenen Marktpreis akzeptieren.

Mengensteuer
Eine Steuer, die als fester Betrag pro Mengeneinheit einer Ware oder Dienstleistung erhoben wird.

Meritorische Güter
Güter, die der freie Markt zwar bereitstellen kann, die jedoch unterkonsumiert werden können.

Mikroökonomik
Die Analyse, wie Haushalte und Unternehmen Entscheidungen treffen und auf den Märkten interagieren.

Mindestreserveanforderungen
Festlegungen über die Mindesthöhe von Reserven, die die Banken auf ihre Einlagen halten müssen.

Modell der aggregierten Nachfrage und des aggregierten Angebots
Das Modell, das von den meisten Volkswirten zur Erklärung kurzfristiger Schwankungen der Wirtschaft um den langfristigen Trend herum verwendet wird.

Monopolist
Ein Unternehmen, das der Alleinanbieter eines Gutes ist, für das es keine nahen Substitute gibt.

Monopolistische Konkurrenz
Ein Markt mit vielen Anbietern ähnlicher, aber nicht gleicher Produkte.

Monopson
Markt mit nur einem Nachfrager.

Moral Hazard (moralische Versuchung)
Die Neigung einer Person, deren Verhalten unzulänglich beobachtbar ist, sich unehrlich oder auf andere Weise unerwünscht zu verhalten.

Multiplikatoreffekt
Die zusätzliche aggregierte Nachfrage, die sich ergibt, wenn eine expansive Fiskalpolitik (Staatsausgabenmultiplikator) das Einkommen und dadurch auch den Konsum erhöht.

Nachfragekurve
Grafische Darstellung der Korrelation zwischen Preisen und Nachfragemengen eines Gutes.

Nachfragemenge
Die Menge eines Gutes, welche die Käufer zu unterschiedlichen Preisen erwerben wollen und können.

Nachfrageplan, Nachfragetabelle
Eine Tabelle für die zusammengehörigen Wertepaare Güterpreis und Nachfragemenge.

Nachfrageüberschuss
Eine Situation, in der die zum Marktpreis nachgefragte Menge größer ist als die Angebotsmenge.

Nash-Gleichgewicht
Eine Situation, in der wechselweise miteinander verbundene Akteure einzeln ihre bestmögliche Strategie wählen – vorausgesetzt, alle übrigen Akteure bleiben bei den von ihnen gewählten Strategien.

Natürliche Arbeitslosenquote
Die normale (gleichgewichtige) Arbeitslosenquote, um die herum die Arbeitslosenquoten zyklisch schwanken.

Natürliche Ressourcen
Bei der Produktion von Waren und Dienstleistungen eingesetzte Inputs, die von der Natur bereitgestellt werden, z. B. Land, Flüsse und Bodenschätze.

Natürliches Monopol
Ein Monopol, das deshalb entsteht, weil ein einzelnes Unternehmen ein bestimmtes Gut für den gesamten Markt zu niedrigeren Kosten als zwei oder mehr Unternehmen produzieren kann.

Natürliches Produktionsniveau
Das Produktionsniveau einer Volkswirtschaft bei vollständiger Auslastung aller Produktionsfaktoren (Boden, Arbeit, Kapital und Technologie) und einer Arbeitslosigkeit in Höhe der natürlichen Arbeitslosenquote.

Negative Einkommensteuer
Eine Einkommensteuer, bei der einkommensstarke Haushalte Abgaben leisten müssen und einkommensschwache Haushalte Transferzahlungen erhalten.

Negativer externer Effekt
Die Kosten einer Entscheidung, die einem unbeteiligten Dritten aufgebürdet werden.

Neoklassischer Ansatz
Danach ist der Markt die zentrale Institution, die drei Grundfragen beantwortet, Entscheidungen basieren auf Rationalität und ökonomische Akteure handeln aus Eigeninteresse und autonom.

Nettoexporte (Außenbeitrag)
Ausgaben von Ausländern für im Inland produzierte Güter

(Exporte) abzüglich der Ausgaben von Inländern für im Ausland produzierte Güter (Importe).

Nettokapitalabfluss
Der Erwerb ausländischer Aktiva durch Inländer abzüglich des Erwerbs inländischer Aktiva durch Ausländer.

Nettowohlfahrtsverlust (Deadweight loss)
Der Verlust an Gesamtrente als Resultat einer Marktverzerrung, z. B. durch eine Steuer.

Neue Politische Ökonomie, Public-Choice-Theorie
Ökonomische Analyse des Regierungsverhaltens sowie des Verhaltens von Individuen, die mit der Regierung interagieren.

Neutralität des Geldes
Die Annahme, dass Änderungen der Geldmenge keine Auswirkungen auf reale Größen haben.

Nichtstationäre Zeitreihen von Daten
Die Daten weisen im Zeitablauf einen steigenden oder fallenden Mittelwert auf.

Nominale Größen
Variablen, die in Geldeinheiten ausgedrückt werden.

Nominaler Wechselkurs
Das Verhältnis, zu dem die Währung eines Landes in die Währung eines anderen Landes getauscht werden kann.

Nominales BIP
Die Produktion von Waren und Dienstleistungen bewertet zu laufenden Preisen.

Nominalzinssatz
Zinssatz ohne Bereinigung um die Wirkungen der Inflation.

Normales Gut
Ein Gut, dessen nachgefragte Menge bei einem Einkommenszuwachs ansteigt (und andersherum).

Normalgewinn
Der Minimalbetrag, den ein Unternehmen abwerfen muss, damit die Produktionsfaktoren im Betrieb gehalten werden können.

Normative Aussagen
Sind präskriptiv und zielen darauf ab, wie die Welt sein sollte.

Nutzen
Die Zufriedenheit, die aus dem Konsum einer bestimmten Menge eines Produkts resultiert.

Offenmarktpolitik
Der Ankauf von Wertpapieren vom Bankensektor und der Verkauf von Wertpapieren an den Bankensektor durch die Zentralbank zur Steuerung der Geldmenge.

Öffentliche Ersparnis (staatliche Ersparnis)
Die Steuereinnahmen, die dem Staat nach Abzug der Staatsausgaben verbleiben.

Öffentliche Güter
Güter, die weder eine ausschließbare noch eine rivalisierende Nutzung aufweisen.

Öffentlicher Sektor
Der Teil der Volkswirtschaft, in dem die Geschäftstätigkeit im Staatsbesitz ist und durch diesen finanziert und kontrolliert wird. Die Waren und Dienstleistungen des öffentlichen Sektors werden durch den Staat im Interesse der gesamten Bevölkerung bereitgestellt.

Öffentliches Interesse
Prinzip, nach dem Entscheidungen mit dem Ziel getroffen werden, den Nutzen des größten Teils der Bevölkerung mit minimalen Kosten zu maximieren.

Ökonomische Arbeitslosigkeit
Diskrepanz zwischen Arbeitskräfteangebot und Arbeitskräftenachfrage zum herrschenden Lohnsatz.

Ökonomische Rente
Der Teil des Einkommens eines Produktionsfaktors, der über den Transfererträgen liegt.

Okunsches Gesetz
Ein empirisch fundierter Zusammenhang, der besagt, dass das reale BIP-Wachstum nahe oder am potenziellen Wachstum liegen muss, damit die Arbeitslosenquote stabil bleibt.

Oligopol
Wettbewerb einiger Weniger – eine Marktstruktur, in der nur wenige Verkäufer ähnliche oder identische Produkte anbieten und den Markt dominieren.

Opferquotient
Prozentpunkte an jährlichem Produktionsrückgang je Prozentpunkt an Senkung der Inflationsrate.

Opportunitätskosten
Was aufgegeben werden muss, um etwas anderes zu erlangen.

Optimaler Währungsraum
Eine Gruppe von Ländern, für die es günstig ist, eine gemeinsame Währung anzunehmen und eine Währungsunion zu bilden.

Pareto-Verbesserung
Wenn eine Umverteilung der Ressourcen mindestens einen ökonomischen Akteur besser stellt, ohne einen anderen ökonomischen Akteur schlechter zu stellen.

Patent
Das für einen bestimmten Zeitraum zugesicherte Recht, ein Produkt allein herzustellen und zu verkaufen.

Pauschalsteuer
Steuer, bei der alle Bürger einen Steuerbetrag in gleicher Höhe zu entrichten haben.

Permanente Einkommenshypothese
Eine Theorie, die unterstellt, dass Individuen ihren Konsum an ihr antizipiertes permanentes Einkommen, d.h. ihr antizipiertes durchschnittliches Lebenszeiteinkommen anpassen.

Phillips-Kurve
Eine Kurve, die Inflation und Arbeitslosigkeit als kurzfristige Alternative zeigt.

Pigou-Steuer
Eine Steuer zur Korrektur negativer externer Effekte.

Positionales Wettrüsten
Situationen, in denen Individuen in eine Reihe vermeintlich vorteilsbringender Maßnahmen investieren, die sich jedoch gegenseitig aufheben.

Positionsexternalitäten
Käufe oder andere Entscheidungen, die darauf beruhen, dass Individuen den Nutzen von Positionsgütern mit dem anderer Güter vergleichen.

Positive Aussagen
Sind deskriptiv und beschreiben, wie die Welt ist.

Positiver externer Effekt
Der Nutzen, den eine Entscheidung einem unbeteiligten Dritten verschafft.

Präsenzindikatoren
Gleichlaufende Konjunkturindikatoren, die die aktuelle Wirtschaftsentwicklung reflektieren.

Prebisch-Singer-These
These, die besagt, dass sich das reale Austauschverhältnis (Terms of Trade) der Primärgüter zu den Fertigwaren im Lauf der Zeit verschlechtert. Länder, die auf die Produktion von Primärgütern spezialisiert sind, werden folglich ärmer.

Preisdifferenzierung
Die Geschäftspraktik, das gleiche Gut an verschiedene Kunden zu unterschiedlichen Preisen zu verkaufen.

Preiselastizität der Nachfrage
Ein Maß für die Stärke, mit der die Nachfragemenge eines Gutes auf Änderungen seines Preises reagiert – berechnet als Quotient von prozentualer Änderung der Nachfragemenge und prozentualer Preisänderung.

Preiselastizität des Angebots
Ein Maß dessen, wie stark die Angebotsmenge eines Gutes auf Änderungen des Preises reagiert – gemessen als Quotient von prozentualer Änderung der Angebotsmenge und prozentualer Änderung des Preises.

Preis-Konsum-Kurve
Eine Kurve, die die Entwicklung des Haushaltsoptimums für zwei Güter wiedergibt, wenn sich der Preis des einen Gutes ändert, vorausgesetzt, Einkommen und Preis des anderen Gutes werden konstant gehalten (Ceteris-paribus-Annahme).

Preisniveau
Ergibt sich durch die Erfassung der Preise für Waren und Dienstleistungen in einer Volkswirtschaft zu einem konkreten Zeitpunkt.

Preisobergrenze
Gesetzlich festgelegter Höchstpreis, zu dem ein Gut angeboten werden darf.

Preisuntergrenze
Gesetzlich festgelegter Mindestpreis, zu dem ein Gut angeboten werden darf.

Prinzipal
Eine Person oder Organisation, für die eine andere Person oder Organisation, Agent genannt, eine Handlung ausführt.

Private Ersparnis
Das Einkommen, das den Haushalten nach Abzug der Steuern und Konsumausgaben verbleibt.

Private Güter
Güter mit ausschließbarer und rivalisierender Nutzung.

Privater Sektor
Der Teil der Volkswirtschaft, in dem die Geschäftstätigkeit im Besitz privater Unternehmen ist und durch diese finanziert und kontrolliert wird.

Privatisierung
Die Übertragung von Staatsvermögen in Privatbesitz.

Produktionsfunktion
Das Verhältnis zwischen der Inputmenge (d.h. der Menge der eingesetzten Produktionsfaktoren) und der erzielten Produktionsmenge.

Produktionsmöglichkeitenkurve
Ein Graph, der die verschiedenen Outputkombinationen zeigt, die einer Volkswirtschaft mit den vorhandenen Produktionsfaktoren und der gegebenen Produktionstechnik möglich sind.

Produktivität
Die Menge der pro Arbeitsstunde produzierten Güter.

Produzentenrente
Verkaufspreis minus Produktionskosten eines Gutes.

Progressive Steuer
Steuer, bei der Steuerzahler mit hohem Einkommen einen größeren Bruchteil ihres Einkommens zahlen als Steuerzahler mit niedrigem Einkommen.

Proportionale Steuer (Flat Tax)
Steuer, bei der Steuerzahler mit hohem Einkommen und Steuerzahler mit niedrigem Einkommen denselben Bruchteil ihres Einkommens zahlen.

Prospect Theory
Eine Theorie, nach der Menschen Gewinne und Verluste im Verhältnis zu einem Bezugspunkt unterschiedlich bewerten.

Prozyklisches Verhalten
Die gleich gerichtete Bewegung einer makroökonomischen Größe zum BIP.

Quantitätsgleichung
Die Gleichung $M \times V = P \times Y$, die die Beziehung zwischen der Geldmenge, der Umlaufgeschwindigkeit des Geldes und dem Wert der insgesamt produzierten Güter einer Volkswirtschaft angibt.

Quantitätstheorie des Geldes
Eine Theorie, die besagt, dass die verfügbare Geldmenge das Preisniveau und die Wachstumsrate der Geldmenge die Inflationsrate bestimmt.

Quersubventionierung
Eine Situation, in der Unternehmen für einige Güter niedrigere Gewinne oder sogar Verluste in Kauf nehmen, um Konkurrenten abzuwehren. Diese niedrigeren Gewinne oder Verluste werden durch höhere Gewinne bei anderen Gütern des Unternehmens im selben Markt subventioniert.

Rational
Die Annahme, dass Entscheidungsträger konsistent zwischen Alternativen wählen.

Rationale Erwartungen
Eine Theorie, wonach die Menschen bei der Vorhersage der zukünftigen Entwicklung alle ihnen verfügbaren Informationen (einschließlich der Informationen über politische Maßnahmen) nutzen.

Rationale Ignoranz
Die Tendenz, dass Wähler sich nicht darum bemühen, vor einer Wahlentscheidung genügend Informationen einzuholen, sodass eine informierte Entscheidung nicht möglich ist.

Reale Größen
Variablen, die in Mengeneinheiten ausgedrückt werden.

Realer Wechselkurs
Das Verhältnis, zu dem Waren und Dienstleistungen eines Landes gegen Waren und Dienstleistungen eines anderen Landes getauscht werden können.

Reales BIP
Ein Maß für die Gesamtproduktion einer Volkswirtschaft unter Berücksichtigung von Preisschwankungen.

Realkasse
Güteräquivalent, das man beim herrschenden Preisniveau (P) mit dem vorhandenen Geldangebot (M) kaufen kann (M/P).

Reallohnsatz
Er spiegelt die Menge an Gütern wider, die zum gegebenen Preisniveau mit dem Nominallohnsatz gekauft werden können, gemessen durch das Verhältnis von Nominallohnsatz zum Preisniveau.

Realwirtschaft
Der Teil der Volkswirtschaft, in dem Waren und Dienstleistungen hergestellt werden.

Realzinssatz
Zinssatz, der um die Wirkungen der Inflation bereinigt ist.

Recheneinheit
Der Maßstab, den die Menschen zur Preissetzung und Schuldenangabe verwenden.

Rechengeld
Geld ohne intrinsischen Wert, das vom Staat zu Geld erklärt wird.

Regressive Steuer
Steuer, bei der Steuerzahler mit hohem Einkommen einen geringeren Bruchteil ihres Einkommens zahlen als Steuerzahler mit niedrigem Einkommen.

Relative Armut
Besteht, wenn ein Mensch von dem ausgeschlossen ist, was in einer Gesellschaft als normaler und notwendiger Lebensstandard gilt.

Rent Seeking
Das Streben von Individuen oder Gruppen, eine Reallokation der Ressourcen zu erreichen, durch die sie für sich oder ihre Gruppe Einkommen (Renten) erzielen.

Reserven
Einlagen, die Banken erhalten haben, aber nicht verleihen.

Reservesatz
Prozentsatz der Einlagen, den die Bank als Reserven hält.

Rezession
Eine Periode mit schrumpfenden Einkommen und steigender Arbeitslosigkeit. In Fachkreisen spricht man von einer Rezession, wenn das Wirtschaftswachstum einer Volkswirtschaft in mindestens zwei aufeinanderfolgenden Quartalen negativ ausgefallen ist.

Risiko
Die Möglichkeit, dass mit einer bestimmten Wahrscheinlichkeit etwas passiert, das zu einem Verlust oder zu einem Schaden führt.

Risikoavers (risikoscheu)
Abneigung gegenüber Unsicherheit.

Rivalität der Güternutzung
Eigenschaft eines Gutes, nach der dessen Nutzung durch eine Person die Möglichkeiten der Nutzung durch eine andere Person verringert.

Ruinöser Preiskampf
Eine Situation, in der Unternehmen für einen bestimmten Zeitraum den Preis unter den Durchschnittskosten halten, um Konkurrenz aus dem Markt zu drängen oder am Markteintritt zu hindern.

Sachtransfers
Transferleistungen an Bedürftige in Form von Waren und Dienstleistungen anstelle von Geldzahlungen.

Satisfizierer
Menschen, die, anstatt das optimale Ergebnis anzustreben, Entscheidungen treffen, die lediglich ein befriedigendes Ergebnis sichern.

Schattenbankensystem
Finanzintermediäre, die wie Banken agieren, sich aber außerhalb der Bankenaufsicht bewegen.

Schöpferische Zerstörung
Mit dem Begriff der schöpferischen Zerstörung wird der Prozess bezeichnet, bei dem alte Technologien durch neue Technologien abgelöst werden. Die neuen Technologien erfordern neues Wissen, wodurch die bestehenden Kenntnisse überholt sind.

Schrumpfung
Wenn das Produktionsniveau in der Volkswirtschaft im Vergleich zur Vorperiode sinkt.

»Schuhsohlen-Kosten«
Die Ressourcen, die verschwendet werden, wenn Menschen aufgrund der Inflation ihre Kassenhaltung reduzieren.

Screening
Eine Aktion einer uninformierten Partei mit dem Ziel, die informierte Partei zur Preisgabe von Informationen zu veranlassen.

Sichteinlagen (Buchgeld)
Einlagen auf Bankkonten, die sofort liquidierbar sind (z. B. per Girokarte).

Signalling
Handlungen, die von einer informierten Partei unternommen werden, um ihre privaten Informationen glaubhaft an andere zu transportieren.

Soziale oder **externe Kosten**
Kosten, die unbeteiligten Dritten aus den Entscheidungen (Konsum- oder Produktionsentscheidungen) anderer entstehen.

Soziale Wohlfahrtsfunktion
Der Gesamtnutzen einer Gesellschaft, der durch Konsumenten- und Produzentenrente abgebildet wird.

Spätindikatoren
Nachlaufende Konjunkturindikatoren, die die konjunkturelle Entwicklung der Vergangenheit nachzeichnen.

»Speisekarten-Kosten«
Die Kosten von Preisänderungen.

Spekulationsblase
Sie entsteht, wenn die Preise von Vermögenswerten über ihren tatsächlichen, fundamentalen Wert steigen.

Spieltheorie
Die Analyse menschlichen Verhaltens in strategischen Situationen.

Spitzenrefinanzierungssatz
Der Zinssatz, zu dem die Europäische Zentralbank über Nacht Liquidität für Banken im Euroraum zur Verfügung stellt.

Staatsausgaben
Ausgaben der Gebietskörperschaften (Länder, Städte und Gemeinden) und des Bundes für Waren und Dienstleistungen.

Staatsversagen
Eine Situation, in der Machtfragen und Anreize die politische Entscheidungsfindung derart verzerren, dass ökonomisch ineffiziente Entscheidungen getroffen werden.

Stagflation
Eine Zeit mit rückläufigem Produktionsniveau und steigendem Preisniveau.

Stationäre Zeitreihen von Daten
Die Daten weisen im Zeitablauf einen konstanten Mittelwert auf.

Steigung
Das Verhältnis von senkrechtem zu waagerechtem Abstand, der beim Übergang zwischen zwei Punkten zurückgelegt wird.

Steuerinzidenz
Die Art und Weise, auf welche die Steuerlast auf die Marktteilnehmer (die Steuerträger) verteilt ist.

Stillschweigende Kollusion (tacit collusion)
Eine Situation, in der allein das Bewusstsein der Unternehmen für ihre Interdependenz zu einem Marktergebnis führt, das den Anschein einer wettbewerbsbeschränkenden Absprache erweckt.

Stimmentausch (logrolling)
Vereinbarung unter Politikern, sich gegenseitig bei Abstimmungen zu unterstützen.

Stochastische Trends
Die Trendvariablen verändern sich immer wieder durch zufällige Abweichungen (random walk).

Streik
Der gewerkschaftlich organisierte Abzug der Arbeitskräfte aus den Unternehmen.

Streudiagramm
Wertepaare (geordnete Paare) in einem Koordinatensystem, die durch Punkte markiert sind.

Strukturelle Arbeitslosigkeit
Arbeitslosigkeit, die daraus resultiert, dass die Zahl der verfügbaren Arbeitsplätze nicht ausreicht, um jedem Arbeitswilligen einen Arbeitsplatz zu geben.

Strukturelles Budgetdefizit
Eine Situation, in der das Budgetdefizit nicht durch konjunkturelle Schwankungen entsteht.

Substitute oder **substitutive Güter**
Zwei Güter, bei denen der Preisanstieg des einen Gutes einen Nachfrageanstieg des anderen Gutes auslöst.

Substitutionseffekt
Diejenige Veränderung der Konsummenge, die sich ergibt, wenn eine Preisänderung eine Bewegung entlang einer gegebenen Indifferenzkurve hin zu einem Punkt mit einer neuen Grenzrate der Substitution auslöst.

Subvention
Eine Zahlung an Käufer und Verkäufer mit dem Ziel, das Einkommen zu erhöhen oder die Produktionskosten zu senken und dadurch dem Empfänger der Subvention einen Vorteil zu verschaffen.

Synergien
Der Nutzen, der aus den zusammengeführten Prozessen resultiert und der von den Unternehmen vor dem Zusammenschluss nicht generiert werden konnte.

System partieller Reservehaltung
Bankensystem, in dem die Banken nur einen bestimmten Prozentsatz ihrer Einlagen als Reserven halten.

Talsohle der konjunkturellen Entwicklung
An diesem Punkt erreicht das Wachstum seinen Tiefpunkt und der Niedergang findet ein Ende.

Tatsächliche Ausgaben, Ersparnisse oder **Investitionen**
Die tatsächlichen oder Ex-post-Ergebnisse von Aktionen von Haushalten oder Unternehmen.

Tauschhandel
Der Austausch eines Gutes gegen ein anderes.

Tauschmittel/Zahlungsmittel
Etwas, das Käufer an Verkäufer geben, wenn sie Waren und Dienstleistungen erwerben wollen.

Technologisches Wissen
Das Wissen der Gesellschaft um die besten Wege zur Herstellung von Waren und Dienstleistungen.

Theorie der Liquiditätspräferenz
Keynes' Theorie, wonach sich der Zinssatz so anpasst, dass sich Geldangebot und Geldnachfrage angleichen.

Tote Arbeit
Die Arbeitszeit, die in der Vergangenheit in die Produktion von Rohstoffen und weiteren Gütern eingeflossen ist, die nun ihrerseits für die Produktion eines Gutes eingesetzt werden.

Toxische Papiere
Hypothekenbesicherte Wertpapiere und andere Schuldpapiere (wie z. B. Anleihen), die in vielen Fällen nicht zurückgezahlt werden können, da der zugrunde liegende Vermögenswert stark gesunken ist.

Trade-off
Der Verzicht auf die Vorteile aus einer entgangenen oder aufgegebenen Option im Vergleich zu den Vorteilen aus der getroffenen Wahl.

Tragik der Allmende
Eine Parabel, die illustriert, warum Allmendegüter aus gesellschaftlicher Sicht übernutzt werden.

Transaktionskosten
Die Kosten, welche den Beteiligten im Zuge der Aushandlung und Umsetzung einer Vereinbarung entstehen (können).

Transfererträge
Die minimal notwendige Entlohnung, um einen Produktionsfaktor in seiner derzeitigen Nutzung zu halten.

Transferleistungen
Eine Zahlung des Staates, der im Austausch kein produziertes Gut gegenübersteht.

Trend
Beschreibt die Grundrichtung der langfristigen Veränderung einer Zeitreihe.

Trittbrettfahrer (Free Rider)
Eine Person, die den Nutzen eines Gutes erlangt, ohne dafür zu bezahlen.

Umgekehrte Kausalität
Die Richtung der Verursachung wird verkehrt herum gelesen.

Umlaufgeschwindigkeit des Geldes
Das Tempo, mit dem das Geld in der Wirtschaft zirkuliert.

Unternehmensspezifisches Risiko
Risiko, das nur ein einzelnes Unternehmen betrifft.

Unvollständige Konkurrenz
Eine Situation, in der Unternehmen ihr Produkt auf irgendeine Weise von anderen Produkten abheben und somit Einfluss auf den Güterpreis nehmen können.

Utilitarismus
Politische Philosophie, wonach der Staat Maßnahmen ergreifen sollte, die den Gesamtnutzen aller Gesellschaftsmitglieder maximieren.

Variable Kosten (VC)
Kosten, die von der Produktionsmenge abhängig sind.

Verallgemeinerung
Eine Handlung, allgemeine Konzepte oder Erklärungen zu formulieren, indem aus bestimmten Fällen eines Ereignisses oder Verhaltens gefolgert wird.

Verbraucherpreisindex
(VPI, engl. consumer price index, CPI)
Ein Maß für die Preisentwicklung der von einem »durchschnittlichen« Konsumenten gekauften Waren und Dienstleistungen.

Verbriefung
Die Ausstellung von Wertpapieren auf ein Bündel aus Krediten.

Verbundeffekte
Sie liegen vor, wenn ein Unternehmen seine durchschnittlichen Gesamtkosten oder Stückkosten dadurch senken kann, dass es die Produktion von Gütern zusammenlegt, die den Einsatz gleicher oder ähnlicher Produktionsfaktoren erfordern.

Verdeckte Arbeitslosigkeit
Die statistisch nicht ausgewiesene Arbeitslosigkeit.

Verkaufsbereitschaft
Minimumpreis, zu dem ein Verkäufer zum Verkauf eines Gutes bereit ist (entspricht den Kosten).

Vermögen
Die Summe aller Wertaufbewahrungsmittel, sowohl monetäre als auch nichtmonetäre Aktiva.

Verschuldung (»leverage«)
Die Aufnahme von Fremdkapital, um die vorhandenen Mittel zur Finanzierung von Investitionen aufzubessern.

Verschuldungsquote (»leverage ratio«)
Das Verhältnis der Summe der Vermögenspositionen einer Bank zum Eigenkapital.

Versunkene Kosten (Sunk Costs)
Bereits angefallene Kosten, die nicht mehr zurückgeholt werden können.

Verteilungsgerechtigkeit
Die Fähigkeit einer Gesellschaft, die wirtschaftliche Wohlfahrt fair auf ihre Mitglieder aufzuteilen.

Vertikale Gerechtigkeit
Die Vorstellung, dass Steuerzahler mit größerer steuerlicher Leistungsfähigkeit größere Steuerbeträge zahlen sollen.

Vetternwirtschaft
Eine Situation, in der die Ressourcenallokation im Markt zum Teil mehr durch politische Entscheidungen und Vorteilsnahmen gesteuert wird als durch die Marktkräfte.

Volkswirtschaft
Die Gesamtheit aller täglichen Produktions- und Handelsaktivitäten.

Volkswirtschaftliche Kosten
Summe aus privaten oder betriebswirtschaftlichen Kosten der Produktion und sozialen oder externen Kosten, welche unbeteiligten Dritten durch die Produktion entstehen.

Volkswirtschaftslehre
Sie befasst sich mit den Entscheidungen einer Gesellschaft, wie mit den knappen Ressourcen umzugehen ist, sowie mit den Konsequenzen dieser Entscheidungen.

Vollbeschäftigung
Bei Vollbeschäftigung finden die Arbeitskräfte, die zum herrschenden Lohnsatz arbeiten möchten, einen Arbeitsplatz.

Vollkommene Komplemente
Zwei Güter, deren Indifferenzkurven rechtwinklig verlaufen.

Vollkommene Substitute
Zwei Güter, deren Indifferenzkurven linear verlaufen.

Vollständige Preisdifferenzierung
Ein Unternehmen kennt die Zahlungsbereitschaft jedes einzelnen Kunden und nutzt sie durch einen individuell passenden Preis.

Wachstumsgleichgewicht (steady-state equilibrium)
Das Wachstumsgleichgewicht einer Volkswirtschaft liegt in dem Punkt, in dem die Pro-Kopf-Investitionen den Realkapitalabgängen pro Kopf entsprechen, sodass die Kapitalintensität unverändert bleibt.

Währungsunion (Gebiet gemeinschaftlicher Währung)
Ein geografisch abgegrenztes Gebiet, in dem ein einziges Geld als Tauschmittel zirkuliert.

Warengeld
Geld in Form einer Ware mit intrinsischem (innerem/eigenem) Wert.

Weltmarktpreis
Preis eines Gutes, der auf den Weltmärkten vorherrscht.

Wertaufbewahrungsmittel
Etwas, das die Menschen verwenden können, um Kaufkraft von der Gegenwart in die Zukunft zu transferieren.

Wertgrenzprodukt
Das Grenzprodukt eines Faktoreinsatzes multipliziert mit dem Güterpreis.

(Wertpapier-)Pensionsgeschäft
Verkauf von Wertpapieren durch die Zentralbank an den Bankensektor mit einer Vereinbarung zum Rückkauf zu einem vereinbarten Preis.

Wertsteuer
Eine Steuer, die als Prozentsatz des Preises einer Ware oder Dienstleistung erhoben wird.

Wettbewerbsmarkt
Ein Markt mit sehr vielen Anbietern und Nachfragern, sodass der Einzelne einen verschwindend kleinen und ihm selbst unbekannten Einfluss auf den Marktpreis hat.

Wettbewerbsvorteile
Vorteile einiger Unternehmen gegenüber anderen in Form schützbarer Alleinstellungsmerkmale.

Wirtschaft
Haushalte und Unternehmen in einer bestimmten geografischen Region zusammengenommen.

Wirtschaftlicher Gewinn
Gesamterlös minus Gesamtkosten, die aus impliziten und expliziten Kosten bestehen.

Wirtschaftsordnung
Ein Rahmen, in dem Ressourcen organisiert und aufgeteilt werden, um die Bedürfnisse der Wirtschaftsbürgerinnen und -bürger zu erfüllen.

Wirtschaftstätigkeit
Der Umfang der Interaktion zwischen Haushalten und Unternehmen – der Umfang des Kaufens und Verkaufens.

Wirtschaftssubjekt
Ein Individuum, ein Unternehmen oder eine Organisation, das oder die in irgendeiner Weise Einfluss auf die Wirtschaft hat.

Wirtschaftswachstum
Die prozentuale Veränderung der Menge an Waren und Dienstleistungen, die in einer Volkswirtschaft innerhalb eines bestimmten Zeitraums produziert wurden.

Wohlfahrt
Die subjektive Zufriedenheit der Individuen mit ihren Lebensumständen und die objektive Lebensqualität, die mithilfe von Indikatoren gemessen wird.

Wohlfahrtsökonomik
Die Lehre davon, wie die Allokation der Ressourcen die wirtschaftliche Wohlfahrt beeinflusst.

X-Ineffizienz
Das Versagen eines Unternehmens, mit maximaler Effizienz zu arbeiten, aufgrund von fehlendem Wettbewerbsdruck und reduzierten Anreizen zur Kostenkontrolle.

Zahlungsbereitschaft
Der höchste Preis, den ein Käufer für ein Gut zu zahlen bereit ist.

Zeitreihendaten
Beobachtungen über die Ausprägung einer Größe innerhalb eines bestimmten Zeitabschnitts. Die Beobachtungen sind nach dem Zeitablauf geordnet.

Zentralbank
Eine Institution, die das Bankensystem überwachen und die Geldmenge in einer Volkswirtschaft regulieren soll.

Zentralverwaltungswirtschaften
Kommunistische Systeme oder Befehlswirtschaften.

Zinssatz für die Einlagefazilität oder **Einlagenzinssatz**
Der Zinssatz für die Einlagefazilität ist der Zins, zu dem Banken über Nacht bei der EZB Überschussreserven anlegen können.

Zoll
Eine Steuer auf die im Ausland produzierten und im Inland verkauften Güter.

Zufallspfad (Random Walk)
Auf der Grundlage der verfügbaren Informationen sind Änderungen der Aktienkurse nicht prognostizierbar.

Zunehmende Skalenerträge (Economies of Scale)
Die langfristigen durchschnittlichen Gesamtkosten gehen mit steigender Produktionsmenge zurück.

Zyklische Arbeitslosigkeit
Die Abweichungen der Arbeitslosenquote von der natürlichen Arbeitslosenquote.

Fachbegriffe Deutsch-Englisch

Begriff	englische Übersetzung	Kapitel
abgeleitete Nachfrage	derived demand	15
abnehmende Skalenerträge	diseconomies of scale	5
abnehmender Grenznutzen	diminishing marginal utility	4
abnehmendes Grenzprodukt	diminishing marginal product	5
absolute Armut	absolute poverty	16
absoluter Vorteil	absolute advantage	17
Abwertung	depreciation	27
adaptive Erwartungen	adaptive expectations	33
adverse Selektion (negative Auslese)	adverse selection	18
Agent	agent	18
aggregierte Angebotskurve	aggregate supply curve	31
aggregierte Nachfragekurve	aggregate demand curve	31
Aktie	stock	23
allgemeines Gleichgewicht	general equilibrium	6
Allmendegüter	common resources	8
Allokationseffizienz	allocative efficiency	6
Amplitude	amplitude	29
Angebotskurve	supply curve	3
Angebotsmenge	quantity supplied	3
Angebotsplan, Angebotstabelle	supply schedule	3
Angebotsschock	supply shock	33
Angebotsüberschuss	excess supply	3
Anleihe/Rentenpapier	bond	23
antizyklisches Verhalten	countercyclical	29
Äquivalenzprinzip	benefits principle	7
Arbeit	labour	1
Arbeitslosenversicherung	unemployment insurance	22
Arbeitsplatzsuche	job search	22
Arbitrage	arbitrage	11
Armutsgrenze	poverty line	16
Armutsrisikoquote	at-risk-of-poverty rate	16
asymmetrische Information	asymmetric information	18
asymmetrischer Schock	asymmetric shock	35
auf kurze Sicht (kurzfristig)	short run	5
auf lange Sicht (langfristig)	long run	5
Aufwertung	appreciation	27
Aufzinsung (Zinseszins)	compounding	24
ausgeglichene Leistungsbilanz	balanced trade	27
ausgeglichenes Budget	balanced budget	32
ausgelassene Variable	omitted variable	2
ausländische Direktinvestition	foreign direct investment	21
ausländische Portfolioinvestition	foreign portfolio investment	21

Fachbegriffe Deutsch-Englisch

Begriff	englische Übersetzung	Kapitel
Ausschließbarkeit von der Güternutzung	excludability	8
(Außen-)Handelspolitik	trade policy	28
außergewöhnlicher Gewinn	abnormal profit	5
Auswahlmenge	choice set	4
Auszahlungsmatrix	payoff matrix	13
automatische Stabilisatoren	automatic stabilizer	32
autonome Ausgaben	autonomous expenditure	30
Bargeld	currency	25
Barwert	present value	24
begrenzte Rationalität	bounded rationality	4
Besitzeffekt	endowment effect	18
bestreitbarer Markt	contestable market	14
BIP zu konstanten Preisen	GDP	20
BIP zu Marktpreisen	GDP at constant prices	20
BIP-Deflator	GDP deflator	20
Boden	land	1
Brain Drain	brain drain	21
Bruttoinlandsprodukt (BIP)	gross domestic product (GDP)	20
Bruttoinlandsprodukt pro Kopf, Pro-Kopf-Einkommen	gross domestic product (GDP) per capita	1, 20
Bruttonationaleinkommen (BNE)	gross national product (GNP)	20
buchhalterischer Gewinn	accounting profit	5
Budgetbeschränkung	budget constraint	4
Budgetdefizit	budget deficit	23
Budgetgerade	budget line	4
Budgetüberschuss	budget surplus	23
Catch-up-Effekt (Aufholeffekt)	catch-up effect	21
ceteris paribus (unter sonst gleichen Bedingungen)	ceteris paribus (other things equal)	2
Clubgüter	club goods	8
Coase-Theorem	Coase theorem	9
Collateralized Debt Obligations (CDOs)	Collateralized Debt Obligations	24
Copyright	copyright	11
Credit Default Swap (CDS)	credit default swap	24
Crowding-out (Verdrängung)	crowding out	23
deflatorische Lücke	deflationary gap	30
demeritorische Güter	demerit goods	8
Depression	depression	29
deterministische Trends	deterministic trends	29
direkte Steuern	direct taxes	7
Diskontsatz	discount rate	25
Diskriminierung	discrimination	15
Diversifikation	diversification	24
dominante Strategie	dominant strategy	13
durchschnittliche fixe Kosten (AFC)	average fixed cost	5
durchschnittliche Gesamtkosten (ATC)	average total cost	5
durchschnittliche variable Kosten (AVC)	average variable cost	5

Begriff	englische Übersetzung	Kapitel
Durchschnittserlös, Durchschnittsumsatz	average revenue	5
Durchschnittssteuersatz	average tax rate	7
dynamische Spiele	sequential move games	13
effiziente Produktionsmenge, effiziente Betriebsgröße, Betriebsoptimum	efficient scale	5
Effizienz	efficiency	6
Effizienzlöhne	efficiency wages	15
Effizienzmarkthypothese	efficient markets hypothesis	24
egalitärer Liberalismus	liberalism	16
Eigenkapital einer Bank	equity capital of a bank	25
Eigenkapitalanforderungen	equity requirement	25
Eigentumsrechte	property rights	9
Einkommenseffekt	income effect	4
Einkommenselastizität der Nachfrage	income elasticity of demand	3
Elastizität	elasticity	3
endgültige Offenmarktgeschäfte	outright open market operations	25
endogene Variable	endogenous variable	2
endogene Wachstumstheorie	endogenous growth theory	21
Endwert	future value	24
Engel-Kurve	Engel curve	4
Ersparnis (gesamtwirtschaftliche Ersparnis)	national saving (saving)	23
Erwartungsnutzentheorie	expected utility theory	4
Erwerbslosenquote	unemployment rate	22
Erwerbspersonen (Arbeitskräftepotenzial)	labour force	22
Erwerbsquote	labour-force participation rate	22
Erzeugerpreisindex (PPI)	producer price index	20
Europäische Union (EU)	European Union	35
Europäische Wirtschafts- und Währungsunion (EWWU)	European Economic and Monetary Union (EMU)	35
Europäische Zentralbank (EZB)	European Central Bank (ECB)	25
Europäischer Binnenmarkt	Single European Market	35
Eurosystem	eurosystem	25
exogene Variable	exogenous variable	2
explizite Kosten	explicit cost	5
Exporte	exports	17
Externalität, externer Effekt	externality	1, 9
externe Skalenerträge	external economies of scale	5
Federal Reserve System (Fed)	Federal Reserve	25
Finanzierung	finance	24
Finanzintermediäre	financial intermediaries	23
Finanzmärkte	financial markets	23
Finanzsystem	financial system	23
Finanzwirtschaft	financial economy	36
Fisher-Effekt	Fisher effect	26
fiskalischer Föderalismus	fiscal federalism	35
fixe Kosten (FC)	fixed cost	5

Begriff	englische Übersetzung	Kapitel
Framing-Effekt	framing effect	4
friktionelle Arbeitslosigkeit (Übergangsarbeitslosigkeit)	frictional unemployment	22
Frühindikatoren	leading indicator	29
Fundamentalanalyse	fundamental analysis	24
Gefangenendilemma	prisoners' dilemma	13
Geld	money	25
Geldangebot	money supply	25
Geldmarkt	money market	25
Geldmenge	money stock	24
Geldpolitik	monetary policy	25
Geldschöpfungsmultiplikator	money multiplier	25
geplante Ausgaben, Ersparnisse oder Investitionen	planned spending	30
Gesamtausgaben	total revenue	3
Gesamterlös (Umsatz)	total revenue (for a firm)	3
Gesamtnutzen	total utility	4
Gesamtrente	total surplus	6
gesamtwirtschaftliche Aktivität	economic activity	1
gesellschaftlich notwendige Arbeit	socially necessary time	15
Gesetz der Nachfrage	law of demand	3
Gesetz des Angebots	law of supply	3
Gesetz von Angebot und Nachfrage	law of supply and demand	3
Gewerkschaft	union	15
gewerkschaftlicher Organisationsgrad	union density	22
Giffen-Gut	Giffen good	4
Gig Economy	gig economy	34
Gini-Koeffizient	Gini coefficient	16
Gipfel der konjunkturellen Entwicklung	peak	29
Gleichgewichtsmenge	equilibrium quantity	3
Gleichgewichtspreis	equilibrium price	3
Gleichlauf	comovement	29
Graph	graph	2
Grenzerlös, Grenzumsatz	marginal revenue	5
Grenzkosten (*MC*)	marginal cost	5
Grenzkosten der Verschmutzungsvermeidung	marginal abatement cost	9
Grenznachfrager	marginal buyer	6
Grenznutzen	marginal utility	4
Grenzprodukt	marginal product	5
Grenzprodukt der Arbeit	marginal product of labour	15
Grenzrate der Substitution	marginal rate of substitution	4
Grenzrate der technischen Substitution (*MRTS*)	marginal rate of technical substitution	10
Grenzsteuersatz	marginal tax rate	7
Gut	good	1
Hauptrefinanzierungssatz	refinancing rate	25
Herleitung	inference	2
heterodox	heterodox	19

Begriff	englische Übersetzung	Kapitel
Heuristiken	heuristics	4
horizontale Gerechtigkeit	horizontal equity	7
Humankapital	human capital	15
Hyperinflation	hyperinflation	26
Hypothekendarlehen	sub-prime mortgages	24
Hypothese	hypothesis	2
Hypothese der natürlichen Arbeitslosenquote	natural-rate hypothesis	33
implizite Kosten	implicit cost	5
Importe	imports	17
Importquote	import quota	17
Indexierung	indexation	20
Indifferenzkurve	indifference curve	4
indirekte Steuern	indirect taxes	7
inferiores Gut	inferior good	3
Inflation	inflation	1
Inflationsrate	inflation rate	20
Inflationssteuer	inflation tax	26
inflatorische Lücke	inflationary gap	30
informationseffizient	informationally efficient	24
Institutionen	institutions	19
Interessengruppeneffekt	special interest effect	9
Internalisierung externer Effekte	internalizing an externality	9
interne Skalenerträge	internal economies of scale	5
intertemporale Wahlentscheidungen	intertemporal choices	8
interventionistische Angebotspolitik	interventionist supply-side policies	34
Investitionen	investment	20
Investmentgesellschaft	mutual fund	23
Isokostenlinie	isocost line	10
Isoquante	production isoquant	10
Kapital	capital	1
Kapitalflucht	capital flight	28
kapitalistische Wirtschaftsordnung	capitalist economic system	1
Kartell	cartel	13
Kaufkraftparitätentheorie	purchasing-power parity	27
klassische Dichotomie	classical dichotomy	26
Knappheit	scarcity	1
kollektive Lohnverhandlungen	collective bargaining	22
Kollusion	collusion	13
komparative Statik	comparative statics	3
komparativer Vorteil	comparative advantage	17
Komplemente oder komplementäre Güter	complements, complementary goods	3
konjunkturelles Budgetdefizit	structural deficit	35
konstante Skalenerträge	constant returns to scale	5
Konsum, privater Verbrauch	consumption	20
Konsumentenrente	consumer surplus	6

Begriff	englische Übersetzung	Kapitel
kontrafaktisch	counterfactual	2
Konzentrationsrate	concentration ratio	13
Koordinatensystem	coordinate system	2
Kosten	cost	6
Kosten-Nutzen-Analyse	cost-benefit analysis	8
Kreditmarkt	market for loanable funds	23
Kreuzpreiselastizität der Nachfrage	cross-price elasticity of demand	3
Laffer-Kurve	Laffer curve	34
lebendige Arbeit	living labour	15
Lebenshaltungskosten	cost of living	20
Lebensstandard	standard of living	1
Lebenszyklus	life cycle	16
Leistungsbilanz (Außenbeitrag)	current account	27
Leistungsbilanzdefizit (negativer Außenbeitrag)	trade deficit	27
Leistungsbilanzüberschuss (positiver Außenbeitrag)	trade surplus	27
Leistungsfähigkeitsprinzip	ability-to-pay principle	7
Libertarismus	libertarianism	16
Liquiditätsgrad	liquidity	25
Lohndifferenzierung	compensating differential	15
Lorenzkurve	Lorenz curve	16
Makroökonomik	macroeconomics	1
marginale Konsumquote	marginal propensity to consume	30
marginale Sparquote	marginal propensity to save	30
marginale Veränderungen	marginal changes	1
Markenbildung (Branding)	branding	12
Markenproliferation	brand proliferation	13
Markt	market	3
Markt für Subprime-Hypothekendarlehen (Subprime-Markt)	sub-prime market	24
Marktanteil	market share	11
Markteintrittsbarriere	barriers to entry	11
markteintrittsverhindernde Preise	entry limit pricing	14
Marktmacht	market power	1
marktorientierte Angebotspolitik	market-orientated supply-side policies	34
Marktrisiko	aggregate risk	24
Marktsegment	market segment	13
Marktversagen	market failure	1
Marktwirtschaft	market economy	1
Maximin-Kriterium	maximin criterion	16
Mengenanpasser oder Preisnehmer	price taker	3
Mengensteuer	specific tax	7
meritorische Güter	merit goods	8
Mikroökonomik	microeconomics	1
Mindestreserveanforderungen	reserve requirements	25
Modell der aggregierten Nachfrage und des aggregierten Angebots	model of aggregate demand and aggregate supply	31

Begriff	englische Übersetzung	Kapitel
Monopolist	monopoly	11
monopolistische Konkurrenz	monopolistic competition	12
Monopson	monopsony	15
Moral Hazard (moralische Versuchung)	moral hazard	18
Multiplikatoreffekt	multiplier effect	30
Nachfragekurve	demand curve	3
Nachfragemenge	quantity demanded	3
Nachfrageplan, Nachfragetabelle	demand schedule	3
Nachfrageüberschuss	excess demand	3
Nash-Gleichgewicht	Nash equilibrium	13
natürliche Arbeitslosenquote	natural rate of unemployment	22
natürliche Ressourcen	natural resources	21
natürliches Monopol	natural monopoly	11
natürliches Produktionsniveau	natural rate of output	31
negative Einkommensteuer	negative income tax	16
negativer externer Effekt	negative externality	9
Nettoexporte (Außenbeitrag)	net exports	20
Nettokapitalabfluss	net capital outflow	27
Nettowohlfahrtsverlust	deadweight loss	7
Neue Politische Ökonomie, Public-Choice-Theorie	public choice theory	9
Neutralität des Geldes	monetary neutrality	26
nichtstationäre Zeitreihen von Daten	nonstationary data	29
nominale Größen	nominal variables	26
nominaler Wechselkurs	nominal exchange rate	27
nominales BIP	nominal GDP	20
Nominalzinssatz	nominal interest rate	20
normales Gut	normal good	3
Normalgewinn	normal profit	5
normative Aussagen	normative statements	2
Nutzen	utility	4
Offenmarktpolitik	open market operations	25
öffentliche Ersparnis (staatliche Ersparnis)	public saving	23
öffentliche Güter	public goods	8
öffentlicher Sektor	public sector	8
öffentliches Interesse	public interest	9
ökonomische Arbeitslosigkeit	structural unemployment	22
ökonomische Rente	economic rent	15
Okunsches Gesetz	Okun's law	31
Oligopol	oligopoly	13
Opferquotient	sacrifice ratio	33
Opportunitätskosten	opportunity cost	1
optimaler Währungsraum	optimum currency area	35
Pareto-Verbesserung	Pareto improvement	6
Patent	patent	11
Pauschalsteuer	lump-sum tax	7

Begriff	englische Übersetzung	Kapitel
permanente Einkommenshypothese	permanent income hypothesis	16
Phillips-Kurve	Phillips curve	33
Pigou-Steuer	Pigovian tax	9
positionales Wettrüsten	positional arms race	9
Positionsexternalitäten	positional externality	9
positive Aussagen	positive statements	2
positiver externer Effekt	positive externality	9
Präsenzindikatoren	coincident indicator	29
Prebisch-Singer-These	Prebisch-Singer hypothesis	17
Preisdifferenzierung	price discrimination	11
Preiselastizität der Nachfrage	price elasticity of demand	3
Preiselastizität des Angebots	price elasticity of supply	3
Preis-Konsum-Kurve	price-consumption curve	4
Preisniveau	price level	20
Preisobergrenze	price ceiling	7
Preisuntergrenze	price floor	7
Prinzipal	principal	18
private Ersparnis	private saving	23
private Güter	private goods	8
privater Sektor	private sector	8
Privatisierung	privatization	9, 34
Produktionsfunktion	production function	5
Produktionsmöglichkeitenkurve	production possibilities frontier	17
Produktivität	productivity	1
Produzentenrente	producer surplus	6
progressive Steuer	progressive tax	7
proportionale Steuer (Flat Tax)	proportional tax (flat tax)	7
Prospect Theory	prospect theory	18
prozyklisches Verhalten	procyclical	29
Quantitätsgleichung	quantity equation	26
Quantitätstheorie des Geldes	quantity theory of money	26
Quersubventionierung	cross-subsidies	14
rational	rational	1
rationale Erwartungen	rational expectations	33
rationale Ignoranz	rational ignorance	9
reale Größen	real variables	26
realer Wechselkurs	real exchange rate	27
reales BIP	real GDP	20
Realkasse	real money balances	30
Reallohnsatz	real wage	26
Realwirtschaft	real economy	36
Realzinssatz	real interest rate	20
Recheneinheit	unit of account	25
Rechengeld	fiat money	25
regressive Steuer	regressive tax	7

Begriff	englische Übersetzung	Kapitel
relative Armut	relative poverty	16
Rent Seeking	rent seeking	9
Reserven	reserves	25
Reservesatz	reserve ratio	25
Rezession	recession	29
Risiko	risk	24
risikoavers (risikoscheu)	risk averse	24
Rivalität der Güternutzung	rivalness	8
ruinöser Preiskampf	predatory or destroyer pricing	13
Sachtransfers	in-kind transfers	16
Satisfizierer	satisficer	18
Schattenbankensystem	shadow banking system	36
schöpferische Zerstörung	creative destruction	21
Schrumpfung	contraction	29
Schuhsohlen-Kosten	shoeleather-cost	26
Screening	screening	18
Sichteinlagen (Buchgeld)	demand deposits	25
Signalling	signalling	18
soziale bzw. externe Kosten	social or external cost	8
Soziale Wohlfahrtsfunktion	social welfare function	6
Spätindikatoren	lagging indicator	29
Speisekarten-Kosten	menu cost	26
Spekulationsblase	bubble	24
Spieltheorie	game theory	13
Spitzenrefinanzierungssatz	marginal lending rate	25
Staatsausgaben	government purchases	20
Staatsversagen	government failure	9
Stagflation	stagflation	31
stationäre Zeitreihen von Daten	stationary data	29
Steigung	slope	2
Steuerinzidenz	tax incidence	7
stillschweigende Kollusion	tacit collusion	13
Stimmentausch	logrolling	9
stochastische Trends	stochastic trends	29
Streik	strike	15
Streudiagramm	scatter diagram	2
strukturelle Arbeitslosigkeit	structural unemployment	22
strukturelles Budgetdefizit	structural deficit	35
Substitute oder substitutive Güter	substitutes	3
Substitutionseffekt	substitution effect	4
Subvention	subsidy	7
Synergien	synergies	11
System partieller Reservehaltung	fractional-reserve banking	25
Talsohle der konjunkturellen Entwicklung	trough	29
tatsächliche Ausgaben, Ersparnisse oder Investitionen	actual spending	30

Begriff	englische Übersetzung	Kapitel
Tauschhandel	barter	25
Tauschmittel/Zahlungsmittel	medium of exchange	25
technologisches Wissen	technological knowledge	21
Theorie der Liquiditätspräferenz	theory of liquidity preference	32
tote Arbeit	dead labour	15
toxische Papiere	toxic debt	24
Trade-off	trade-off	1
Tragik der Allmende	tragedy of the commons	8
Transaktionskosten	transaction cost	9
Transfererträge	transfer earnings	15
Transferleistungen	in-kind transfers	20
Trend	trend	29
Trittbrettfahrer	free rider	8
umgekehrte Kausalität	reversed causality	2
Umlaufgeschwindigkeit des Geldes	velocity of money	26
unternehmensspezifisches Risiko	firm specific risk	24
unvollständige Konkurrenz	imperfect competition	11
Utilitarismus	utilitarianism	16
variable Kosten (VC)	variable cost	5
Verallgemeinerung	generalization	2
Verbraucherpreisindex (VPI)	consumer price index (CPI)	20
Verbriefung	securitization	24
Verbundeffekte	economies of scope	14
verdeckte Arbeitslosigkeit	hidden unemployment	22
Verkaufsbereitschaft	willingness to sell	6
Vermögen	wealth	25
Verschuldung	leverage	25
Verschuldungsquote	leverage ratio	25
versunkene Kosten	sunk costs	5
Verteilungsgerechtigkeit	equity	1, 6
vertikale Gerechtigkeit	vertical equity	7
Vetternwirtschaft	cronyism	9
Volkswirtschaft	economy	1
volkswirtschaftliche Kosten	social cost	9
Volkswirtschaftslehre	economics	1
Vollbeschäftigung	full employment	30
vollkommene Komplemente	perfect complements	4
vollkommene Substitute	perfect substitutes	4
vollständige Preisdifferenzierung	perfect price discrimination	11
Wachstumsgleichgewicht	steady-state equilibrium	21
Währungsunion (Gebiet gemeinschaftlicher Währung)	common currency area	35
Warengeld	commodity money	25
Weltmarktpreis	world price	17
Wertaufbewahrungsmittel	store of value	25
Wertgrenzprodukt	value of the marginal product	15

Begriff	englische Übersetzung	Kapitel
(Wertpapier-)Pensionsgeschäft	repurchase agreement	25
Wertsteuer	ad-valorem tax	7
Wettbewerbsmarkt	competitive market	3
Wettbewerbsvorteile	competitive advantage	14
Wirtschaft	economy	1
wirtschaftlicher Gewinn	economic profit	5
Wirtschaftsordnung	economic system	1
Wirtschaftssubjekt	economic agent	1
Wirtschaftstätigkeit	economic activity	1
Wirtschaftswachstum	economic growth	1
Wohlfahrt	welfare	6
Wohlfahrtsökonomik	welfare economics	6
X-Ineffizienz	x-inefficiency	5
Zahlungsbereitschaft	willingness to pay	6
Zeitreihendaten	time series data	29
Zentralbank	central bank	25
Zentralverwaltungswirtschaften	planned economic systems	1
Zinssatz für die Einlagefazilität oder Einlagenzinssatz	rate on the deposit facility	25
Zoll	tariff	17
Zufallspfad	random walk	24
zunehmende Skalenerträge	economies of scale	5
zyklische Arbeitslosigkeit	cyclical unemployment	22

Stichwortverzeichnis

Symbole
70er-Regel 706

A
absoluter Vorteil 579
Abwertung 904
AD-AS-Modell 1002
adverse Selektion 620
- Arbeitsmarkt 622
- Gebrauchtwagenmarkt 621
- verborgene Eigenschaften 621
- Versicherungsmarkt 623
aggregierte Angebotskurve 1002, 1010
- abweichende Form 1092
- Angebotsschock 1076
- Kapitalbestand 1012
- kurzfristig 1015
- langfristig 1010
- Neukeynesianische Theorie 1092
- Outputlücke 1094
- Produktionsengpässe 1094
- starre Lohnsätze 1016
- starre Preise 1016
- Verschiebung 1011
- Wachstum 1096
- Wirkung einer Verschiebung 1024
aggregierte Nachfrage 1002
- Fiskalpolitik 1035, 1046
- Geldpolitik 1035
- Investitionsausgaben 1007
- IS-LM-Modell 989
- Konsumausgaben 1007
- Nettoexporte 1008
- Phillips-Kurve 1063
- Staatsausgaben 1008
aggregierte Nachfragekurve 1002
- Ableitung 992
- Definition 1004
- Geldmarkt 1041
- negative Steigung 1004
- Überblick 1009
- Verschiebung 992, 1007
- Wirkung einer Verschiebung 1022
aggregiertes Angebot 1002
- negativer Schock 1076
- Phillips-Kurve 1063
Aktie 770
- Eigenkapitalfinanzierung 770

- Index 774
Aktienmarkt 770
Aktivität, gesamtwirtschaftliche 3
Akzeleratorprinzip 973
Akzeptanzlohnsatz 758
Allmendegut 312
- Beispiele 313
- Gefangenendilemma 446
- Tragik der Allmende 312
Allokationseffizienz 233
Amplitude 945
Angebot
- aggregiertes 1002, 1010
- Angebotsmenge 74
- Angebotsplan 74
- Angebotstabelle 74
- Angebotsüberschuss 82
- Anstieg 77
- beim Monopol 387
- bei monopolistischer Konkurrenz 413
- bei vollständiger Konkurrenz 74
- Bestimmungsgrößen 80
- gesamtwirtschaftliches 999
- Gesetz des 74
- Inputpreise 79
- Kurve 74
- kurzfristig 218
- langfristig 219
- Markt 218
- Marktangebot 76
- Plan 74
- Rentabilität 79
- Rückgang 77
- Tabelle 74
Angebotskurve 74
- Ableitung aus Produktionsentscheidung 209
- Bewegung entlang 74
- kurzfristig 209
- langfristig 223
- Marktangebotskurve 218
- und Grenzkostenkurve 209
- unterschiedliche Fälle 111
- Verschiebung 77
Angebots-Nachfrage-Diagramm 85
- Kreditmarkt 919
Angebots-Nachfrage-Modell 81

Angebotspolitik 1091
- Allokationseffizienz 1097
- Aus- und Weiterbildung 1106
- Deregulierung 1105
- Flexibilisierung des Arbeitsmarkts 1102
- Forschung und Entwicklung 1107
- Infrastrukturinvestitionen 1106
- interventionistische 1097
- Laffer-Kurve 1101
- marktorientierte 1097
- negative Anreize 1098
- Privatisierung 1104
- Regional- oder Industriepolitik 1107
- Senkung der Staatsausgaben 1104
- Steuer- und Sozialsystem 1098
- Wachstum 1096
Angebotsschock 954
- Phillips-Kurve 1076
Angebotsverknappung
- wirtschaftspolitische Maßnahmen 1026
Anleihe 768
Anschaffungspreis 517
antizyklisches Verhalten 948
Äquivalenzprinzip 290
Arbeit
- gesellschaftlich notwendige 501
- lebendige 501
- tote 501
Arbeitsangebot 491
Arbeitsangebotskurve
- Einwanderung 496
- fallender Verlauf 493
- Opportunitätskosten 492
- Substitutionseffekt 493
- Verschiebung 496
Arbeitskräftepotenzial 740
- aggregierte Angebotskurve 1012
Arbeitslosenquote 739
- amtliche 742
- Inflationsrate 1062
- natürliche 742
Arbeitslosenversicherung 749
Arbeitslosigkeit 1061
- Beschäftigungskomponente 741
- Dauer 745
- Definition 738

- demografische Komponente 741
- Einkommensverlust 759
- friktionelle 746
- gesellschaftliche Kosten 760
- Gesundheit 759
- Gewerkschaften 752
- industrielle Reservearmee 757
- kollektive Lohnverhandlungen 752
- Kosten 758
- Messung 739
- Mindestlohn 750
- offene Stellen 763
- ökonomische 744
- Qualifikationsverlust 760
- soziales Problem 759
- statistische 744
- strukturelle 746, 750
- Suche 747
- Ursachen 745
- verdeckte 744
- zyklische 742

Arbeitsmarkt
- adverse Selektion 622
- Ausbildung 509
- Begabung und Zufall 508
- Diskriminierung 511
- Effizienzlöhne 511
- feministische Ökonomik 503
- Gewerkschaften 511
- Gleichgewicht 497
- Humankapital 508
- Lohndifferenzierung 507
- marxistische Theorie 500
- Mindestlohn 510
- Monopson 505
- Streik 511
- Verschiebung der Arbeitsangebotskurve 498
- Verschiebung der Arbeitsnachfragekurve 498

Arbeitsnachfrage 488

Arbeitsnachfragekurve
- andere Produktionsfaktoren 491
- bei vollständiger Konkurrenz 489
- Verschiebung 490

Arbeitsplatzsuche 747, 749
Arbitrage 395, 907
Argumentation
- deduktive 26
- induktive 28
Armutsbekämpfung 553
Armutsmaße 546

Armutsrisikoquote 543
- Deutschland 545
Arzneimittel
- Konkurrenzpreise 388
- Monopolpreise 388
asymmetrische Information 336, 618
- Gebrauchtwagenmarkt 621
- Moral Hazard 619
- Politik 625
- Screening 625
- Signalling 623
Aufholeffekt 723
Aufwertung 903
Aufzinsung 706, 798
Ausgaben
- autonome 969
- geplante 968
- tatsächliche 968
Auslandsinvestition 723
- Direktinvestition 898
- Portfolioinvestition 898
Aussage
- normative 39
- positive 38
Außenbeitrag 896
Außenhandel
- Bestimmungsfaktoren 583
- Gewinner und Verlierer 586
- Handelsbeschränkungen 592
- Heckscher-Ohlin-Theorem 603
- Hypothese der Nachahmungsverzögerung 607
- komparativer Vorteil 580
- Linder-Hypothese 608
- Produktlebenszyklustheorie 608
- Stolper-Samuelson-Theorem 605
- Theorie der technologischen Lücke 607
- und Oligopol 439
- Vorteile 591
- Wohlfahrtseffekte 586
Außenhandelspolitik 929
Auszahlungsmatrix 440
automatische Stabilisatoren 1052

B

Bank 775
- Bank Run 857
- Verschuldung 848
Bargeld 836
Barro, Robert J. 1055, 1080
Barwert 798
Basisjahr 676, 685

Besitzeffekt 628
Betriebsgröße, effiziente 189
Betriebsoptimum 189
Big-Mac-Index 912
Bilanzierung 778
Binnenmarkt, europäischer 1113
BIP-Deflator 677
Boden 2
Bond 768
Brain Drain 726
Branding 425
Brexit 1135
Bruttoinlandsprodukt 664
- als Wohlfahrtsmaß 678
- Ausgabenkomponenten 778
- Basisjahr 676
- Berechnung durch Statistisches Bundesamt 677
- Berechnungsbeispiel 675
- Bestandteile 671
- Definition 667
- Deflator 677
- in Deutschland 679
- internationale Unterschiede 682
- Lebensqualität 682
- nominales 676
- pro Kopf 674
- reales 674
- zu konstanten Preisen 674
- zu Marktpreisen 674
Bruttoinlandsprodukt (BIP) pro Kopf 13
Bruttonationaleinkommen 669
Buchgeld 838
Budget, ausgeglichenes 1053
Budgetbeschränkung 132
- Konsument 132
- Unternehmen 369
Budgetdefizit 780
- Fiskalpakt 1133
- konjunkturelles 1133, 1160
- offene Volkswirtschaft 927
- Produktionslücke 1161
- staatliches 788
- strukturelles 1133, 1160
Budgetgerade 132
Budgetüberschuss 780
Bundesagentur für Arbeit 739

C

Catch-up-Effekt 723
ceteris paribus 24
Ceteris-paribus-Annahme 70

Stichwortverzeichnis

Clubgüter 305
Coase-Theorem 334
Collateralized Debt Obligations (CDOs) 816
Copyright 378
Credit Default Swaps (CDS) 817
Crowding-out 789

D

Dark Pools 776
Datenanalyse, antizyklische Bewegung 948
Daten, makroökonomische 947
David Ricardo 581
Deflation 884
− Kosten 885
deflatorische Lücke 969
demeritorische Güter 318
Depression 943
Deregulierung 1105, 1142
Desinflation 1078
− kostenlose 1080
Devisenmarkt 920
− Angebot und Nachfrage 921
− Nettokapitalabfluss 923
Dichotomie, klassische 870
Direktinvestition, ausländische 723
Diskontsatz 852
Diskriminierung 511
− durch Kunden 515
− durch Staat 517
− durch Unternehmen 514
− Employer-Taste-Modell 516
− Messung 512
− und Wettbewerb 514
Diversifikation 804
dominante Strategie 443
Drei-Schritte-Analyse 85
− Mengensteuer 265
− Steuer 265
− Subvention 273
− Veränderung der Nachfrage 85
− Veränderung des Angebots 87
− Veränderung von Angebot und Nachfrage 88
− Wertsteuer 268
DSGE-Modelle 959
− Anwendung 961
Duopol 435
durchschnittliche Gesamtkosten
− kurzfristige und langfristige 192
− u-förmiger Verlauf 187
− und Grenzkosten 189

Durchschnittserlös 204
Durchschnittssteuersatz 288
Durchschnittsumsatz 204
Dynamische Spiele 454

E

Effekt, externer 324
Effizienz 4
− ökonomische 247
− Pareto-Effizienz 248
− und Verteilungsgerechtigkeit 251
Effizienzlohntheorie 755
Effizienzmarkthypothese 808, 819
− Informationen 823
Eigenkapital
− Anforderungen 849
− Bank 847
Eigenkapitalfinanzierung 770
Eigentumsrechte 344, 727
− Probleme der Einführung 346
Einheitliche Europäische Akte 1114
Einkommen
− der privaten Haushalte 670
− Lebenszyklus 541
− permanentes 542
− pro Kopf 674
− transitorisches 542
− verfügbares 670
Einkommenseffekt
− Arbeitsangebot 495
− Güternachfrage 154
− Güternachfrage 68
Einkommenselastizität der Nachfrage 105
Einkommensexpansionspfad 160
Einkommensteuer 288
− Durchschnittssteuersatz 288
− Grenzsteuersatz 288
− negative 555
Einkommensungleichheit
− Gini-Koeffizient 536
− Lorenzkurve 533
− Messung 532
− Problematik der Messung 541
− Quantilsdarstellung 532
− wirtschaftliche Mobilität 543
Einkommensunterschiede
− Ausbildung 509
− Begabung und Zufall 508
− gleichgewichtiger Lohnsatz 510
− Humankapital 508
− Leistung 508
− Lohndifferenzierung 507
− Superstar 510

Einkommensverteilung 531, 532
− Armutsrisikoquote 543
− Gini-Koeffizient 536
− Lorenzkurve 533
Einlagefazilität, Zinssatz 852
Einlagenzinssatz 852
Elastizität 92
− Angebot 107
− Nachfrage 92
− und Steuerinzidenz 271
Endwert 798
Engel-Kurve 162
Erkenntnisgewinnung 26
Erlös 205
Erneuerbare-Energien-Gesetz 355
Ersparnis 779
− Bedeutung 781
− gesamtwirtschaftliche 779
− offene Volkswirtschaft 900
− private 780
− staatliche 780
Ertragspreis 517
Erwartungen
− adaptive 1080
− rationale 1080
Erwartungsnutzentheorie 170
Erwerbslosenquote 740
Erwerbspersonen 740
Erzeugerpreisindizes 686
Euro 1111
Europäische Union 1113
Europäische Wirtschafts- und Währungsunion 1111
Europäische Zentralbank (EZB) 840
− Preisstabilität 841
Euroraum 1111
− Fiskalpakt 1132
− Handelsintegration 1124
− Mobilität des Finanzkapitals 1126
− optimaler Währungsraum 1127
− Reallohnflexibilität 1125
− Stabilitäts- und Wachstumspakt 1131
− symmetrische Nachfrageschocks 1126
Eurosystem 840
ex ante 478
Exporte 896
− Definition 582
ex post 478
Externalität 324
externe Effekte
− asymmetrische Information 336
− Coase-Theorem 334

- Eigeninteresse 333
- Eigentumsrechte 344
- Geschäftsminderung 421
- handelbare Umweltzertifikate 340
- Internalisierung 329
- marktbasierte Maßnahmen 337
- Markineffizienz 326
- moralisches Verhalten 333
- negative 324, 327
- ordnungsrechtliche Regulierung 337
- Pigou-Steuer 338
- Positionsexternalität 332
- positive 324
- Produktvielfalt 421
- soziale Normen 333
- staatliche Lösungen 345
- Transaktionskosten 336
- Typen 325

F

Fairness 629
Faktoreinsatzkombination 368
Faktornachfrage
- Boden 518
- Kapital 518

Faktorproportionentheorem 603
Falsifizierbarkeit 32
Federal Reserve System (Fed) 842
Fehlallokation durch Inflation 880
feministische Ökonomik 36, 647
Feudalsystem 638
finanzielle Instabilität 824
Finanzierung 797
Finanzierungsinstrumente 816
Finanzinstitutionen 768
Finanzintermediäre 774
Finanzkrise 1141
- Abschwung 1148
- Deregulierung 1142
- Förderung durch Bankenregulierung 1152
- Immobilienpreise 1143
- Keynesianismus 994
- Lehmann Brothers 1147
- Lehren 1151
- Rolle der Zentralbanken 1149
- staatliche Eingriffe 994

Finanzmarkt 768, 811
- Irrationalität 809

Finanzsystem 767
Finanzwirtschaft 1141
First Mover 454
Fisher-Effekt 875

Fiskalpolitik
- ausgeglichenes Budget 1053
- konjunkturelles Budgetdefizit 1133
- Outputlücke 1094
- strukturelles Budgetdefizit 1133
- Trittbrettfahrerproblem 1129
- Währungsunion 1128
- Wirksamkeit 986

Fixkosten 184
- Markteintrittsbarriere 477

Framing-Effekt 171
Free Rider 306
Freihandel 729
Fremdkapitalfinanzierung 770
Friedman, Milton 1018
Friedman Rule 884
Frühindikator 950
Fundamentalanalyse 808
Funktion 46

G

Gefangenendilemma
- Beispiele 445
- soziale Wohlfahrt 451

Geld
- Definition 832
- Formen 834
- Funktionen 833
- Geldmenge 836
- Kaufkraftstandard 910
- Neutralität 872
- Quantitätstheorie 869
- Rechengeld 834
- Tauschmittel 833
- Umlaufgeschwindigkeit 872
- Warengeld 834
- Zahlungsmittel 833

Geldangebot 839, 865
- Geldschöpfungsmultiplikator 846
- Kontrollprobleme 855
- Rolle der Banken 842

Geldmarkt 851
- Gleichgewicht 1039

Geldmenge 836
- Aggregate 838
- Erhöhung 869
- Wachstum 863

Geldnachfrage 865
Geldpolitik 839
- desinflatorische 1078
- Geldangebot 1046
- Glaubwürdigkeit 1083
- kontraktive 1078

- Mindestreserveanforderungen 852
- Nullinflation 885
- Offenmarktgeschäft 850
- Offenmarktpolitik 839
- Outputlücke 1094
- Pensionsgeschäft 851
- Quantitative Lockerung 853
- Refinanzierungssatz 850
- Steuerung nominales BIP 888
- Taylor-Regel 886
- Wertpapierpensionsgeschäft 851
- Wirksamkeit 986
- Zinspolitik 1046

Geldschöpfung
- Multiplikator 845
- Reservehaltung 844

Geldwert 864, 866
General Theory 967
Gerade 48
- Steigung 56

Gerechtigkeit
- horizontale 291
- vertikale 291

Gesamtausgaben 100
Gesamterlös 100
Gesamtrente 248
Gesetz von Angebot und Nachfrage 83
Gewerkschaft 754
Gewinn
- außergewöhnlicher 209
- bei vollständiger Konkurrenz 216
- buchhalterischer 206
- Definition 205
- Maximierung 207
- Normalgewinn 209
- wirtschaftlicher 206

Giffen-Gut 160
Gig Economy 1103
Gini-Koeffizient 536
Gleichgewicht
- allgemeines 247, 640
- Definition 81
- IS-LM-Modell 983
- monetäres 865
- offene Volkswirtschaft 922, 924
- Zuführungen und Entzüge 976

Gleichgewichtsmenge 81
Gleichgewichtsmodell, dynamisches stochastisches 959
Gleichgewichtspreis 81
Gleichheit und Effizienz 549
Gleichlauf 947
Gleichung, lineare 46
grafische Darstellung 46

Graph 47
- linearer 48
Grenzerlös 205
Grenzkosten 186
- bei monopolistischer Konkurrenz 418
- steigende 187
- und Angebotsentscheidung 209
- und durchschnittliche Gesamtkosten 189
Grenznachfrager 235
Grenznutzen
- eines Gutes 143
- öffentliches Gut 310
- sozialer 310
Grenzprodukt 180
- abnehmendes 180
- der Arbeit 486
Grenzrate der Substitution 144
Grenzrate der technischen Substitution 363
Grenzsteuersatz 288
Grenzumsatz 205
Gut
- Allmendegut 304
- demeritorisches 318
- Giffen 160
- inferiores 72, 152, 161
- Komplement 72
- meritorisches 315
- natürliches Monopol 304
- normales 72, 152
- öffentliches 304, 306
- privates 304
- Rivalität 304
- Substitute 72
Güterströme, internationale 896

H
Handelsbeschränkung
- Importquote 594
- nichttarifäre Handelshemmnisse 597
- Zoll 592
Handelsbilanzdefizit als Problem 913
Handelspolitik 929
Handelsvorteil
- absoluter Vorteil 579
- komparativer Vorteil 580
Hauptrefinanzierungssatz 851
Heckscher-Ohlin-Theorem 604
Helikopter-Geld 854
Herdenmentalität 628, 820
Heuristiken 168

»Hit and run«-Strategie 473
Humankapital 508, 709
- Gesundheit und Ernährung 726
Hyperinflation 863, 875, 889
Hypothekendarlehen 812
- Paket 816
- Subprime 812
Hypothese 26
Hypothese der Nachahmungsverzögerung 607
Hypothese der natürlichen Arbeitslosenquote 1072

I
Identität 778
Immobilienblase 1143
Importe 896
- Definition 582
- Quote für 594
Importquote 929
- marginale 975
Indexierung 694
Indifferenzkurven 139
- Eigenschaften 141
- grafische Darstellung 140
- vollkommene Komplemente 146
- vollkommene Substitute 145
Ineffizienz
- unvollständige Konkurrenz 471
Inflation 14, 863
- Fehlallokation 880
- Fisher-Effekt 876
- im AD-AS-Modell 1013
- Inflationssteuer 874
- Kaufkraftrückgang 878
- Kosten 878
- Opferquotient 1079
- rationale Erwartungen 1080
- Schuhsohlen-Kosten 879
- Speisekarten-Kosten 880
- Steuerverzerrungen 881
- Theorie 864
- Unannehmlichkeiten 883
- Vermögensumverteilung 883
- Verwirrung 883
Inflationsbereinigung 693
- automatische 694
- Zinssatz 694
Inflationsrate
- Arbeitslosenquote 1062
- Berechnung 684
- Definition 685
- erwartete 1070
- Kosten der Senkung 1078

Inflationssteuer 875
Inflationstheorie, klassische 864
Inflationsziel 886
inflatorische Lücke 969
Information, asymmetrische 618
Informationseffizienz 809
Informationsübermittlung
- Screening 625
- Signalling 623
Institution 642
Institutionenökonomik 641
- Teildisziplinen 644
Interessengruppeneffekt 350
intertemporale Wahlentscheidung 315
Investieren 767
Investition 779
- Bedeutung 781
- Definition 671
- Steuerfreibetrag 786
Investmentfonds 775
Investmentgesellschaft 775
IS-Kurve 979
- Verschiebung 980
IS-LM-Modell 979
- aggregierte Nachfrage 989
- Fiskalpolitik 983
- Geldpolitik 983
- Gleichgewicht 983
IS-MP-Modell 993
Isokostenlinie 365
- Steigung 366
Isoquante 362
- Grenzrate der technischen Substitution 363
- Steigung 363

K
Kampfpreis 474
Kapitalflucht 933
Kapitalströme, internationale 898
Kartell 436
- Gewerkschaft 753
- Verbot 460
Kartellverbot 460
Kaufkraftparitätentheorie 907
- als Spezialfall 923
- Arbitrage 907
- Grenzen 910
- Hamburger-Standard 912
- Implikationen 908
- Inflation 909
Kaufkraftstandard 910
Kausalität 59
Keynesianisches Kreuz 968

- geplante Größen 968
- Gleichgewicht 969
- Multiplikatoreffekt 972
- Nachfragesteuerung 971
- tatsächliche Größen 968

Keynesianisches Modell, Nachfrage 956
keynesianische Wirtschaftstheorie 661
Keynesianismus 661
Keynes, John Maynard 967
Keynes'sche Theorie starrer Lohnsätze 1016
Keynes-Zinssatzeffekt 1005
klassische Nationalökonomie 639
Knappheit 2, 3
Kollusion 436
- stillschweigend 452

komparativer Vorteil 580
- Handel 581
- Kritik 602

komparative Statik 83
Komplemente 72
- vollkommene 146

Komplexitätsökonomik 652
Konjunktur
- Amplitude 945
- Angebotsschock 954
- Deutschland 962
- Frühindikator 950
- Gipfel 943
- Gleichlauf 947
- Indikator 948
- Präsenzindikator 950
- Schrumpfung 945
- Schwankungen 999
- Spätindikator 950
- Talsohle 943
- Ursachen 1021
- wichtige Befunde 999

Konjunkturmodell
- Neue Klassische Makroökonomik 953
- Real-Business-Cycle-Modell 957

Konjunkturzyklus
- Ausland 952
- Erklärung 1001
- Erwartungen 952
- Haushaltsentscheidungen 951
- Modelle 953
- realer 957
- Unternehmensentscheidungen 951
- Ursachen 950

Konkurrenz, vollständige 64
Konsum 779
- Definition 671

Konsumentenrente 234
- als Maß für Wohlfahrt 240
- Messung 235
- Preisänderung 238

Konsumentenverhalten
- Auswahlmenge 139
- begrenzte Rationalität 167
- Budgetbeschränkung 132
- Budgetgerade 132
- Einkommen 135
- Erwartungsnutzentheorie 170
- Heuristiken 168
- Indifferenzkurve 139
- Nutzen 130
- Preisänderung 132
- rational 129
- Standardtheorie 129
- Verhaltensökonomie 167
- Wertschätzung 130
- Zielkonflikt 134

Konsumentscheidung
- Einkommensänderung 150
- Einkommenseffekt 154
- Einkommensexpansionspfad 160
- Haushaltsoptimum 149
- Herleitung der Nachfragekurve 157
- optimale 147
- Preisänderungen 153
- Preis-Konsum-Kurve 157
- Relevanz des Standardmodells 166
- Substitutionseffekt 154

Konsumquote, marginale 972
kontrafaktisch 23
Konzentrationsrate 433
Kooperation
- Bedingungen 452
- Kollusion 452

Koordinatensystem 50
Kopplungsgeschäfte 463
Kosten 5, 241
- der Verschmutzungsvermeidung 339
- durchschnittliche fixe 186
- durchschnittliche Gesamtkosten 186
- durchschnittliche variable 186
- Durchschnittskosten 186
- explizite 178
- externe 316
- fixe 184

- Gesamtkosten 205
- Grenzkosten 186
- implizite 178
- kurz- und langfristiger Verlauf 192
- siehe Opportunitätskosten 5
- soziale 316
- typische Kostenkurven 189
- Überblick 194
- variable 185
- versunkene 214
- versunkene 477
- volkswirtschaftliche 327

Kosten-Nutzen-Analyse 308
Kreditmarkt 782
- Budgetdefizite 788
- Crowding-out 789
- Funktionsweise 782
- Investitionsförderung 786
- Nettokapitalabfluss 923
- offene Volkswirtschaft 918
- Sparförderung 785

Kreditmittel
- Kreditmarkt 782
- offene Volkswirtschaft 918

Kreislauf
- Abflüsse 665
- Zuflüsse 665

Kreuzpreiselastizität der Nachfrage 106
Kryptowährung 835
kurzfristig 179
kurzfristige aggregierte Angebotskurve
- starre Lohnsätze 1016
- starre Preise 1016
- Steigung 1015
- Überblick 1021
- Verschiebung 1019
- Wahrnehmungsstörungen 1018

L

Laffer-Kurve 1101
Lagerbestände 672
langfristig 179
Lebenshaltungskosten 684
Lebensstandard 14
Lehman Brothers 1147
Leistungsbilanz 896
Leistungsfähigkeitsprinzip 291
Liberalismus, egalitärer 549
libertärer Paternalismus 552
Libertarismus 551
Linder-Hypothese 608
Liquiditätsgrad 833

LM-Kurve 982
- Keynes-Bereich 987
- klassischer Bereich 987
- Verschiebung 983
loanable funds 782
Lohndifferenzierung 507
Lohndrift 752
Lohnkurve 1081
Lohnsatz, starrer 1016
Lohnunterschiede 512
Lorenzkurve 533
Lucas, Robert 1018

M

Makroökonomik 13
- Denkschulen 659
marginale Veränderung 6
Marke 421
- als Qualitätssignal 425
- Bildung 425
- Namen 425
Markenproliferation 459
Markt 63
- bestreitbarer 471, 472
- Effizienz 246
- Eintrittsbarriere 376
- Funktion der Regierung 10
- für Boden 517, 519
- für Kapital 517, 519
- Gleichgewicht 81
- Güterbereitstellung 303
- Konzentrationsrate 433
- Marktanteil 375
- Marktmacht 375
- Monopol 376
- Rationierungsverfahren 260
- Segmente 434
- Ungleichgewicht 82
- unvollständige Konkurrenz 375
- Versagen 253
- vollständige Konkurrenz 64
Marktangebotskurve
- kurzfristig 218
- langfristig 223
Marktaustritt 215, 219
- bei monopolistischer Konkurrenz 416
- bestreitbarer Markt 472
Markteintritt 215, 219
- Barrieren 376
- bei monopolistischer Konkurrenz 413, 416
- bestreitbarer Markt 472
- Oligopolmarkt 459

- Produktdifferenzierung 479
- und Preis 479
- Ursache externer Effekte 421
Marktergebnis
- bei Höchstpreis 260
- bei Mengensteuer 265
- bei Subvention 273
- bei Wertsteuer 268
- externe Effekte 326
- Größe des Oligopols 438
- Ineffizienz 473
- Ineffizienz durch Steuer 279
- Oligopol 438
- und Wohlfahrt 238
- Veränderung durch Steuer 275
- volkswirtschaftlich effizientes 328
Markt für Kreditmittel 782
Marktgleichgewicht
- Änderungen 91
- bei vollständiger Konkurrenz 81
- Definition 81
- Drei-Schritte-Analyse 85
- effizientes bei vollständiger Konkurrenz 250
- ineffizientes bei Monopol 390
- kurzfristig bei monopolistischer Konkurrenz 414
- langfristig bei monopolistischer Konkurrenz 416
- Monopol 385
- Nash-Gleichgewicht 437
- Oligopol 437, 438
Marktmacht 11
Marktnachfragekurve 68
Markträumungspreis 82
Marktrisiko 805
Marktsegmente 434
Marktversagen 11
Marktwirtschaft 9
marxistische Ökonomik 37
marxistische Wirtschaftstheorie 659
Maximin-Kriterium 550
Measure of Domestic Progress 682
Mengenanpasser 64
Mengensteuer 265
- Drei-Schritte-Analyse 265
meritorisches Gut 315
Methodologie 22
- Annahmen 34
- Experimente 29
- Falsifizierbarkeit 32
- Modelle 23
- Theorien 31
Mikroökonomik 13

mikroökonomisches Standardmodell
- Abweichungen 626
- begrenzte Rationalität 627
- Nichtrationalität 626
Mindestlohn 750
- Armutsbekämpfung 553
Mindestpreis 259, 262
Mindestreserveanforderungen 852
Mindestreservesatz 844, 853
Minimalkostenkombination 367
Modell 23
Modell der aggregierten Nachfrage und des aggregierten Angebots 999, 1002
- Stagflation 1028
Monetarismus 662
Monopol 375
- Arzneimittel 388
- Entstehung 376
- externes Wachstum 380
- Ineffizienz 390
- Nachfragekurve 381
- natürliches 378
- Nettowohlfahrtsverlust 390
- Patent 378
- Preisentscheidung 381
- Produktionsentscheidung 381
- staatlich geschaffen 377
- Synergien 400
- Urheberrecht 378
- Verbreitung 403
- Vergleich mit Konkurrenz 404
- Verstaatlichung 402
- wirtschaftspolitische Maßnahmen 399
- Wohlfahrtseinbußen 389
Monopolist 376
- Angebotskurve 387
- Gewinn als Wohlfahrtsverlust 392
- Gewinnmaximierung 385
- Grenzerlös 383, 386
- Grenzkosten 386
- Macht 404
- Preisdifferenzierung 393
monopolistische Konkurrenz 413
- Beispiele 413
- Definition 413
- Grenzkosten 418
- Marken 421
- Nettowohlfahrtsverlust 420
- Überkapazität 418
- Unternehmensverhalten kurzfristig 414

Stichwortverzeichnis

- Unternehmensverhalten langfristig 416
- Vergleich mit vollständiger Konkurrenz 418
- Werbung 421
- Wohlfahrt 420

Monopolpolitik
- Intensivierung des Wettbewerbs 399
- Nichtstun 403
- Regulierung 401
- Verstaatlichung 402

Monopson 505
Moral Hazard 619
- adverse Selektion 620
- Beschäftigungsverhältnis 619
- Versicherung 802

Multiplikatoreffekt 972
- Anwendungen 974
- Größe 1055
- umgekehrter 761

Mundell-Fleming-Wechselkurseffekt 1006

N

Nachfrage 66
- abgeleitete 486
- aggregierte 1002
- Anstieg 70, 71, 221
- Bestimmungsgrößen 73
- Bevölkerung 72
- Einkommenselastizität 105
- gesamtwirtschaftliche 999
- Gesetz der 66
- Kreuzpreiselastizität 106
- Kurve 66
- Menge 66
- nach Produktionsfaktor 486
- Plan 66
- Preiselastizität 92
- Rückgang 70, 71
- Tabelle 66
- Überschuss 83

Nachfragekontraktion 1022
Nachfragekurve
- Ableitung aus Konsumentscheidung 157
- bei monopolistischer Konkurrenz 414
- Bewegung entlang 68
- fallender Verlauf 158
- geknickte 310
- Gesamtausgaben 103
- Giffen-Gut 160

- im Koordinatensystem 52
- lineare 103
- ökonomischer Vorteil 238
- Preiselastizität 103
- und Konsumentenrente 235
- unterschiedliche Fälle 98

Nachfrageüberschuss 260
Nash-Gleichgewicht 437, 447
natürliche Ressourcen
- aggregierte Angebotskurve 1012

natürliches Monopol 378
natürliches Produktionsniveau 1011
- Arbeitskräftepotenzial 1012
- Kapitalbestand 1012
- natürliche Ressourcen 1012
- Technologie 1013

neoklassische Ökonomik 36
neoklassische Theorie 640
Nettoäquivalenzeinkommen 532
Nettoexporte 896
- Budgetdefizit 929
- Definition 672
- Importquote 930
- Investition und Ersparnis 900
- Kapitalflucht 935
- Nettokapitalabfluss 899

Nettokapitalabfluss 898, 923
- Budgetdefizit 927
- Importquote 930
- Investition und Ersparnis 900
- Kapitalflucht 933
- Nettoexporte 899

Nettonationaleinkommen 670
Nettowohlfahrtsverlust
- bei monopolistischer Konkurrenz 420
- durch Steuer 279
- Größe 281
- Kosten der Steuerhebung 286
- Monopol 390
- Preiselastizität des Angebots 281
- und Steueraufkommen 283
- und Steuersatz 283

Neue Keynesianische Makroökonomik 1017
Neue Klassische Makroökonomik 953
- Angebotsschock 954
- Nachfrage 955

Neue Politische Ökonomie 348
Neukeynesianische Theorie starrer Preise 1016
Neuklassische Theorie der Wahrnehmungsstörungen 1018
Neutralität des Geldes 872

Newcomer 473
nichttarifäre Handelshemmnisse 597
nominale Größe 870
Nominalzinssatz 695
Nonprofit-Sektor 303
Normalgewinn 209
Nullinflation 885
Nutzen 130
- abnehmender Grenznutzen 144
- Gesamtnutzen 143
- Grenznutzen 143
- Grenzrate der Substitution 144

O

offene Volkswirtschaft
- Devisenmarkt 920
- Gleichgewicht 924
- Handelspolitik 929
- Importquote 929
- Kapitalflucht 933
- Kreditmarkt 918
- makroökonomische Theorie 917
- Nettokapitalabfluss 923
- staatliche Budgetdefizite 927

Offenmarktgeschäft 850
Offenmarktpolitik 839
öffentliche Güter
- Allmendegüter 312
- Beispiele 307
- effiziente Bereitstellung 309
- Kosten-Nutzen-Analyse 308
- optimale Bereitstellung 310
- Trittbrettfahrer 306

öffentlicher Sektor 303
- Ineffizienz 353
- Ineffizienz des Steuersystems 354
- Vetternwirtschaft 353

öffentliches Interesse 348
Ökonomie
- des Glücks 680

ökonomische Effizienz 247
ökonomisches Problem 1
Okunsches Gesetz 1000
Oligopol
- als Gefangenendilemma 443
- Außenhandel 439
- Definition 433
- Duopol 435
- Interdependenz 434
- Kooperation 440
- Produktdifferenzierung 434
- Spieltheorie 440
- Vergleich mit vollständiger Konkurrenz 439

Stichwortverzeichnis

- wirtschaftspolitische Maßnahmen 460
- Opferquotient 1079
- Opportunitätskosten 5, 177, 492
  - Berechnung 134
  - komparativer Vorteil 580
  - Produktionsmöglichkeitenkurve 567
- optimaler Währungsraum 1120
- Optimierung, beschränkte 60
- Optimierungsproblem
  - Konsumentscheidung 147
  - Produktionsentscheidung 207, 361
- Optimum, volkswirtschaftliches 328
- Österreichische Schule 37, 660
- Outputlücke 1095

P

- Pareto-Optimum 248
- Pareto-Verbesserung 249
- Patent 378
- Pauschalsteuer 289
- permanente Einkommenshypothese 541
- Phelps, Edmund 1067
- Phillips, A.W. 1062
- Phillips-Kurve 1062
  - AD-AS-Modell 1063
  - Angebotsschock 1076
  - empirische Befunde 1083
  - erwartete Inflationsrate 1071
  - Erwartungen 1066
  - kurzfristig 1071
  - langfristig 1067
  - Unabhängigkeit der Zentralbank 1075
  - Verschiebung 1072
- Pigou-Steuer 338
- Pigou-Vermögenseffekt 1004
- politische Stabilität 727
- Portfolioinvestition, ausländische 723
- positionales Wettrüsten 332
- Positionsexternalitäten 331, 332
- Präferenzen 72, 139
  - Transitivitätsaxiom 139
  - Vollständigkeitsaxiom 139
- Präsenzindikator 950
- Prebisch-Singer-These 603
- Preis
  - Anschaffungspreis 517
  - Ertragspreis 517

- markteintrittsverhindernder 479
- nominale Größe 870
- reale Größe 870
- relativer 870
- ruinöser Preiskampf 462
- Signalwirkung 83
- starrer 1016
- Preisbindung 461
- Preisdifferenzierung
  - Analyse 396
  - Arbitrage 395
  - Beispiele 398
  - Monopol 393
  - vollständige 396
- Preiselastizität der Nachfrage 92
  - Anwendungsfälle 115
  - Bestimmungsgrößen 94
  - einheitselastisch 96
  - Einkommen 95
  - elastisch 96
  - Gesamtausgaben 100
  - Gesamterlös 100
  - Größe 102
  - Luxusgüter 94
  - Marktabgrenzung 94
  - Mittelwert 96
  - notwendige Güter 94
  - Punktelastizität 97
  - Substitute 94
  - unelastisch 96
  - Zeithorizont 95
- Preiselastizität des Angebots 107
  - Anwendungsfälle 115
  - Berechnung 109
  - Einflussgrößen 107
  - Gesamterlös 113
  - Größe 109
  - Lagermöglichkeiten 109
  - Mittelwert 110
  - Mobilität der Produktionsfaktoren 108
  - Produktionskapazität 107
  - Punktelastizität 110
  - Umsatz 113
  - Unternehmensgröße 108
  - Zeitraum 107
- Preis-Konsum-Kurve 157
- Preiskontrolle 259
- Preisnehmer 64
- Preisniveau 684, 864, 1002
  - monetäres Gleichgewicht 866
- Preisobergrenze 259
  - Höchstpreis 260
  - Mietpreisbindung 259

- Nachfrageüberschuss 260
- Rationierung 261
- Preisuntergrenze 259, 262
  - Angebotsüberschuss 263
- Prinzipal-Agenten-Theorie 617
- privater Sektor 303
- privater Verbrauch 671
- Privatisierung 353
- Produktdifferenzierung 471
  - monopolistische Konkurrenz 413
  - Oligopol 434
- Produktion
  - Produktionsfunktion 179
  - Spezialisierung 576
- Produktionseinstellung
  - kurzfristig 212
  - langfristig 215
- Produktionsentscheidung 212
  - Kostenminimierung 361
  - kurzfristig 179
  - maximale Produktionsmenge 361
  - Minimalkostenkombination 367
- Produktionsfaktor
  - Arbeit 517
  - Isoquante 362
  - Kapital 517
  - Transfererträge 521
  - Wertgrenzprodukt 488, 519
  - Zusammenhänge 519
- Produktionsfunktion 179, 710
  - Grenzprodukt 180
  - Grenzprodukt der Arbeit 486
  - Isoquante 362
  - Kostenkurve 181
  - Skalenerträge 195
- Produktionskosten, als Opportunitätskosten 177
- Produktionsmenge, effiziente 189
- Produktionsmöglichkeitenkurve 565
  - Opportunitätskosten 567
  - Verlauf 568
  - Verschiebung 570
- Produktivität 14, 707
  - Bestimmung 708
  - Paradoxon 731
  - und Wachstum 707
- Produktlebenszyklustheorie 608
- Produzentenrente 241
- Prohibitivpreis für Nachfrager 66
- Prospect Theory 628
- prozyklisches Verhalten 947
- Public-Choice-Theorie 348
  - Anreize der Bürokraten 350
  - Anreize der Politiker 349

Stichwortverzeichnis

- Anreize der Wähler 349
- Interessengruppeneffekt 350
- Rent Seeking 352
- Staatsversagen 348
- Stimmentausch 351

Q

Quantilsdarstellung 532
Quantitative Easing 853, 854
Quantitative Finance 826
Quantitätsgleichung 873
Quantitätstheorie 864, 869
Quersubventionierung 474

R

Random Walk 809
rational 6
rationale Ignoranz 349
Rationalität
- begrenzte 167, 644
- Konsumentscheidung 129

Rationalverhalten 7
reale Größe 870
Realkapital 708
Realkasse 979
Realwirtschaft 1141
Realzinssatz 695
Recheneinheit 833
Rechengeld 834
Refinanzierungssatz 850
Regierungsführung 727
Rendite
- Risiko 806
- vereinfachte Berechnung 770

Rentenmarkt 768
Rentenpapier 768
Rente, ökonomische 521
Rent Seeking 352
Reservehaltung
- hundertprozentig 843
- partiell 844

Reserven 843
Reservesatz 844
Ressourcen 2
- natürliche 709

Rezession 943
Risiko 800
- Bewertung 803
- Diversifikation 804
- Rendite 806
- unternehmensspezifisches 805

Risikoaversion 800
- und Nutzenfunktion 801

Romer-Modell 993

S

Sachtransfers 556
Sargent, Thomas 1080, 1083
Schattenbankensystem 1153
Schuldenbremse 790
Schuldenkrise
- Budgetausgleich 1162
- Budgetdefizit 1160
- Europa 1153
- europäischer Stabilitätsmechanismus 1158
- Euro-Rettungsschirm 1158
- Finanztransaktionssteuer 1166
- Griechenland 1154
- Konsolidierung der Staatsfinanzen 1161
- Sparpolitik 1159, 1164
- Verlauf 1155
- Wachstum 1164

Screening 625
Sichteinlagen 838
Signalling 623
- Geschenke 624
- Theorie der Bildung 509

Skalenerträge 195
- abnehmende 196
- bestreitbarer Markt 475
- externe 199
- interne 196
- konstante 195
- Schifffahrt 202
- zunehmende 196

Smith, Adam 11
soziale Sicherung 554
Soziale Wohlfahrtsfunktion 252
Sozialversicherungssystem 554
Sparen 767
Sparquote, marginale 973
Spätindikator 950
Spekulationsblase 810
Spezialisierung 576
Spielbaum 454
Spieltheorie 440
- Auszahlungsmatrix 440
- dominante Strategie 443
- dynamische Spiele 454
- Gefangenendilemma 441
- Glaubwürdigkeit 456, 459
- Kollusion 452
- kooperative Spiele 449
- Nash-Gleichgewicht 447
- nichtkooperative Spiele 449
- Spielbaum 454

Spitzenrefinanzierungssatz 851
Staatsausgaben
- aggregierte Nachfrage 1047
- Definition 672

Staatshaushalt
- Defizit 781
- Schulden 781

Staatsversagen 348
- Interessengruppeneffekt 350
- Neue Politische Ökonomie 348

Staatsverschuldung
- Europa 1141, 1153
- Griechenland 1154
- Konsolidierung in Europa 1161
- und Budgetdefizite 788

Stabilisierungspolitik
- automatische Stabilisatoren 1052
- Geld- und Fiskalpolitik 1049
- Pro und Kontra 1049

Stabilitäts- und Wachstumspakt 1131
Stagflation 1025
Standardmodell
- mikroökonomisches 129
- Rationalitätsannahme 129
- Zweifel 167

steady-state equilibrium 713
Steigung 56
Steuer 264
- Äquivalenzprinzip 290
- direkte 264
- Drei-Schritte-Analyse 265
- Handelsvorteile 280
- horizontale Gerechtigkeit 291
- indirekte 265
- Kosten der Erhebung 286
- Leistungsfähigkeitsprinzip 291
- Mengensteuer 265
- progressive 291
- proportionale 291
- regressive 291
- Steueraufkommen 276
- Steuerbetrag 276
- Steuerinzidenz 265
- und Effizienz 275
- und Gerechtigkeit 289
- und Konsumentenrente 276
- und Marktteilnehmer 276
- und Produzentenrente 276
- Wertsteuer 265
- Wohlfahrtswirkungen 277, 279

Steuerinzidenz
- Elastizität 271
- Fliegenfängertheorie 292
- Steuergerechtigkeit 292

Steuern
- aggregierte Nachfrage 1047
- Hinterziehung 286
- Vermeidung 286
- Verzerrung durch Inflation 881

Steuerquote, marginale 975

Steuersystem
- Ausgestaltung 287
- Durchschnittssteuersatz 288
- Erhebungsaufwand 286
- Grenzsteuersatz 288
- Ineffizienz 354
- Pauschalsteuer 289
- Schlüsselkonzepte 288
- Vereinfachung 286

Stolper-Samuelson-Theorem 605
Streik 753
Streudiagramm 50
Subprime-Hypothekendarlehen 812
Substitute 72
- Preiselastizität der Nachfrage 94
- vollkommene 145

Substitutionseffekt
- Arbeitsangebot 493
- Güternachfrage 68, 154

Subvention 273
- Bewertung 274
- Drei-Schritte-Analyse 273

Sucharbeitslosigkeit 747
- und Wirtschaftspolitik 748

Südseeblase 820
Synergien 400
System, monetäres 831

T

Talsohle 943
Tarifhoheit 754
Tauschhandel 831
Tauschmittel 833
Taylor-Regel 886
Technologie
- aggregierte Angebotskurve 1013
- Wissen 710

Theorie 31
Theorie der Liquiditätspräferenz 1036
- Geldangebot 1037
- Geldmarktgleichgewicht 1039
- Geldmengenerhöhung 1043
- Geldnachfrage 1039

Theorie der technologischen
    Lücke 607
toxische Papiere 817
Trade-off 3
Tragik der Allmende 312, 315

Transaktionen, Arten 642
Transaktion, internationale 903
Transaktionskosten 336, 879
Transfererträge 521
Trend 945
- deterministischer 946
- stochastischer 946
- Wachstum 942

Trittbrettfahrer 306
- Währungsunion 1129

U

Übergangsarbeitslosigkeit 746
Überschussreserve 844
Umlaufgeschwindigkeit des
    Geldes 872
Umsatz 100, 203
Umweltzertifikate 340
- Einwände 346
- Emissionsrechte 342

unsichtbare Hand 11
- und öffentliches Interesse 349

Unternehmen
- Entscheidung über Produktions-
    menge 361
- Gewinn bei vollständiger
    Konkurrenz 216
- monopolistische Konkurrenz 414
- Oligopol 434
- Produktionsentscheidung 361

Unternehmensverhalten
- bei monopolistischer
    Konkurrenz 420
- bei vollständiger Konkurrenz 209

unvollständige Konkurrenz 375
- Ineffizienz 471

Urheberrecht 378
Ursache und Wirkung 24
Utilitarismus 548

V

Variable
- ausgelassene 57
- endogene 24
- exogene 24

Verallgemeinerung 28
Veränderung
- marginale 6

Verbraucherpreisindex 684
- Basisjahr 685
- Berechnung 684
- gefühlte Inflation 690
- harmonisierter 691
- Inflationsrate 685

- neue Güter 688
- Problematik 687
- Qualitätsänderungen 688
- Relevanz 690
- Substitutionsverzerrung 687
- Wägungsschema 689
- Warenkorb 689

Verbriefung 814
Verbundeffekte 475
Verhaltensökonomik 617
- Konsumentenverhalten 167

Verkaufsbereitschaft 241
Vermögensbewertung 807
Vermögensposition 821
Verschuldung 848
Verschuldungsquote 848
Verschwendung 247
Versicherung 802
- adverse Selektion 802
- gesamtwirtschaftliche
    Funktion 802
- Moral Hazard 802

versunkene Kosten 214
- Markteintrittsbarriere 477

Verteilungsgerechtigkeit 4, 252
Volkseinkommen 670
Volkswirtschaft 3
- auf kurze und lange Sicht 1001
- Ausgaben 664
- außenwirtschaftliche Konstella-
    tionen 902
- Einkommen 664
- geschlossene 779, 895
- langfristiges Gleichgewicht 1021
- offene 779, 895, 917
- Offenheit 897
- Stabilisierungspolitik 1049

Volkswirtschaftslehre 2
- als Wissenschaft 22
- Entscheidungstheorie 41
- Experiment 29
- heterodox 641
- Instrumente 46
- Kritik nach Finanzkrise 640
- Theorieschulen 36
- unterschiedliche Werturteile 40
- unterschiedliche wissenschaftliche
    Urteile 39

Vollbeschäftigung 968
vollständige Konkurrenz
- Marktangebotskurve 218
- Nachfragekurve 381
- Unternehmensumsatz 203
- Vergleich mit Monopol 404

Stichwortverzeichnis

- Vergleich mit monopolistischer Konkurrenz 418
- Vergleich mit Oligopol 439

W

Wachstum
- Angebotspolitik 1097
- Aufholeffekt 723
- im AD-AS-Modell 1013

Wachstumsgleichgewicht 713
- Determinanten 714

Wachstumsrate des realen BIP 676

Wachstumstheorie
- endogene 720
- Solow-Swan 712

Währung
- Abwertung 903
- Aufwertung 903

Währungsunion 1111
- Europa als optimaler Währungsraum 1127
- Europäische 1111
- fiskalischer Föderalismus 1129
- Fiskalpolitik 1128
- Kosten 1116
- Nachfrageschock 1117
- Preisdifferenzierung 1115
- Transaktionskosten 1115
- Trittbrettfahrerproblem 1129
- Vorteile 1115
- Wechselkursschwankungen 1116

Warengeld 834

Wechselkurs
- Index 904
- Kaufkraftparitätentheorie 907
- Mengennotierung 903
- nominaler 903
- Preisnotierung 903
- realer 905

Wechselkurspolitik 936
Weltmarktpreis 585
Werbung 421
- Pro und Kontra 422
- und Gefangenendilemma 446
- Zweck 424

Wertaufbewahrungsmittel 833
Wertgrenzprodukt 488
Wertsteuer 265, 268
Wettbewerbsmarkt 64, 203
- Umsatz eines Unternehmens 203

Wettbewerbsvorteile 480
Wirtschaft 1
Wirtschaftsordnung 9
- kapitalistische 9
- Marktwirtschaft 9
- Zentralverwaltungswirtschaften 10

wirtschaftspolitische Maßnahmen
- Preiskontrolle 259
- Steuer 264
- Subvention 273

Wirtschaftsschwankungen
- kurzfristige 1021
- Ursachen 1021

Wirtschaftssubjekt 6
Wirtschaftstätigkeit 1
Wirtschaftswachstum 13, 704
- Ausbildung 725
- Auslandsinvestitionen 723
- Bevölkerungswachstum 730
- Ersparnis 721
- Freihandel 729
- Gesundheit und Ernährung 726
- Investitionen 721
- politische Stabilität 727
- Regierungsführung 727
- Schutz von Eigentumsrechten 727
- staatliche Politik 721

Wohlfahrt 233
- Gefangenendilemma 451
- Konsumentenrente 234, 240
- mit Steuer 278
- ohne Steuer 277
- Produzentenrente 241

Wohlfahrtsökonomik 233

X

X-Effizienz 201

Z

Zahlungsbereitschaft 234
Zahlungsmittel 833
Zeitinkonsistenz 630
Zeitreihe 945
Zeitreihendaten 942
Zentralbank 839
- ESZB 840
- Finanzkrise 1149
- geldpolitische Instrumente 849
- Rolle 839
- Unabhängigkeit und Phillips-Kurve 1075

Zentralverwaltungswirtschaften 10
Zerstörung, schöpferische 721
Zins
- Fisher-Effekt 875
- Gleichgewicht 1039
- kurzfristig 1040
- langfristig 1040
- Liquiditätspräferenz 1037
- Nettokapitalabfluss 923
- Nominalzins 695, 876
- Realzins 695, 876
- Zinseszins 798

Zoll 592
Zufallspfad 809

SCHÄFFER POESCHEL

Ihr Feedback ist uns wichtig!
Bitte nehmen Sie sich eine Minute Zeit

www.schaeffer-poeschel.de/feedback-buch